DICŢIONAR ROMAN-COREEAN

루마니아어-한국어사전

이 문 수 · 김 성 기

한국외국어대학교 출판부

이 책은 한국학술진흥재단의 지원에 의하여 제작되었습니다.

구 소련을 비롯한 중·동유럽 사회주의 국가들의 개혁 및 개방 정책에 발맞춰 우리나라 당시 문교부의 지원을 받아 이 「루마니아어-한국어사전」 작업을 시작한지도 어언 10년이 훨씬 넘어서 애당초 계획했던 기간보다 두 배 이상이 걸렸으나 아직도 미흡한 부분이 많이 남아 있다는 점이 못내 아쉽기는 하지만 이제는 사전출판 작업을 더 이상 미룰 수 없는 상황에 봉착해 있는 형편이므로 마무리 작업을 하지 않을 수 없었다는 것을 밝혀두는 바이다.

사전편찬 작업을 시작할 무렵에는 루마니아어 학과가 신설 된지 불과 몇 년밖에 되지 않았었기 때문에 강의준비와 연구 및 학생지도 등의 업무로 여념이 없을 때였으므로 주로 방학기간을 활용하여 작업을 할 수밖에 없었다. 또한 설상가상으로 사전작업을 진행하고 있는 도중에 루마니아어 맞춤법이 개정됨으로 인하여 사전편찬 작업상에 적지 않은 차질을 가져오게 되었었다는 사실도 언급하지 않을 수 없다.

이 「루마니아어-한국어사전」을 제작하는데 가장 주안점을 두었던 부분은 루마니아어를 배우거나 익히려는 학습자들로 하여금 사전을 참고하여 쉽게 루마니아 어휘를 이해할 수 있도록 표제어에서부터 어간과 어미를 분리하여 표기하였으며, 문법형태소들을 제시함으로써 이 사전의 사용자들이 비교적 복잡한 루마니아어의 곡용 및 활용어미 변화를 이해하는데 도움을 주고자 노력하였다.

루마니아어가 라틴어로부터 유래된 로망스어군에 속해 있는 언어이기 때문에 발음상에 특이한 점들이 많은 편은 아니므로 표제어에 발음기호를 표기하는 것을 생략한 대신에 서두에 별도로 루마니아어의 자모와 발음법 및 그에 상응하는 한글표기법과 더불어 루마니아어의 기본적인 어형변화표를 제시함으로써 사용자들로 하여금 사전을 보다 유용하게 활용할 수 있도록 제작하였다.

이「루마니아어-한국어사전」에 수록된 어휘 수는 총 6만 여에 달하며 사전 제작에 참고한 주요 자료로는 무엇보다도 새로 개정된 루마니아어 맞춤법을 준수하여 비교적 최근에 루마니아 학술원의 언어연구소에서 출판한「DICȚIONARUL EXPLICATIV AL LIMBII ROMÂNE」, București(1996)을 비롯하여 DICȚIONAR GENERAL AL LIMBII ROMÂNE」, Editura științifică și enciclopedică, București(1987);「DICȚIONAR ROMÂN-ENGLEZ」, Editura științifică, București (1973);「DICȚIONAR ROMÎN-GERMAN」, Editura științifică, București(1963) 등을 들 수 있으며 그 밖에도 수많은 국내 · 외 사전류를 참고문헌으로 활용하였다.

이「루마니아어-한국어사전」의 기본적인 편찬 작업은 주로 책임연구자인 이문수 교수(A~L)와 공동연구자인 김성기 교수(M~Z)가 분담하여 수행하였지만 이 사전이 출판되기까지는 일일이 모두 다 거명할 수 없을 정도로 수많은 사람들이 노고를 아끼지 않고 도와주셨으며 특히 현재 한국외국어대학교 루마니아어과에 재직 중인 교 · 강사 여러분들의 도움이 없었다면 아마도 이 사전이 태어날 수가 없었을 것이다. 또한 이 사전이 출판되기를 학수고대하며 직·간접적으로 성원과 도움을 준 모든 루마니아어과 학생들과 누구보다도 바쁘고 어려운 형편에서도 처음부터 끝까지 사전제작에 참여하였던 엄태현 박사에게 이 자리를 빌어서 다시 한번 심심한 사의를 전하며, 루마니아어-한국어사전으로는 첫 번째로 출판되는 이 사전이 토대가 되어 향후 보다 더 훌륭한 사전들이 제작되어서 그 동안 애쓰신 여러분들이 다소나마 보람을 찾을 수 있기를 바랄 따름이다.

사전편찬 책임교수 이문수

I. 표제어(Titlul articolelor)

1. 활자체 및 배열

일반 표제어는 획이 굵고 진한 활자체로 표시하였다.
표제어는 루마니아어 알파벳 순서에 따라 배열하는 것을 원칙으로 하였다.

2. 문법 형태소 표기

1) 공간을 보다 경제적으로 활용하기 위하여 가급적 대부분 표제어들의 어간과 어미 사이에 수직선을 그어 구분하였다.

예: **abandon|are,** -ări, s.f.
bâțâi|ală, -eli, s.f.
călător|i, -esc, -ii, -it, vi.
dorm|i, dorm, -ii, -it, vi.
spălător|easă, -ese, s.f.
tâlhăr|esc, -ească, -eşti, adj.
vacan|t, -tă, -ți, -te adj.
zbucium|eală, -eli, s.f. 등

2) 아래의 예시들에서 볼 수 있듯이 표제어 다음에 이어서 기본적인 문법 형태소들을 표기함으로써 이용자들로 하여금 루마니아어 어형 변화를 보다 용이하게 이해할 수 있도록 하였다.

명 사: 명사의 경우엔 복수형 어미 및 명사의 성을 명시하였다.

apartenenț|ă, -e, s.f.

cântăr|eț, -eață, -eți, -ețe, s.m.

câmp, ~uri, s.n.

câmp|eancă, -ence, s.f.

spectat|or, -oare, -ori, -oare, s.m.

동 사: 동사의 경우엔 직설법 현재 및 단순과거의 1 인칭 단수형과 과거분사형 어미를 각각 제시하였다.

anunț|a, anunț, -ai, -at, vt.

bucur|a, bucur, -ai, -at, vr.

cânt|a, cânt, -ai, -at, vt.

lucra, -ez, ai, at, vi.

speri|a, sperii, -ai, at, vt.

형용사: 형용사의 경우엔 피수식어의 성과 수에 따른 형용사의 곡용형태를 제시하였다.

ano|st, -stă, -şti, -ste, adj.

bucur|os, -oasă, -osi, -oase, adj.

câin|esc, -ească, -eşti, adj.

lucit|or, -oare, -ori, -oare, adj.

zbuciumăt|or, -oare, -ori, -oare, adj. 등.

3) 표제어가 반복해서 사용될 경우엔 반복 기호 ~ 로 표기함으로써 중복하여 표기하는 것을 피했다.

예: **anus,** ~uri, s.n.

căldărar, ~i, s.m.

călduț, ~ă, ~i, ~e, adj.

expresiv, ~ă, ~i, ~e, adj.

stabiliment, ~e, s.n. 등.

3. 표제어의 뜻풀이

1) 의미의 중요성 및 사용빈도가 높은 순서대로 아라비아숫자를 사용하여 구분하였다.

예: **câmp,** ~uri, s.n. **1.** 들(판) **2.** 평원, 평지 **3.** 들(판) **4.** 땅, 지면 **5.** 변두리, 가장자리, 한계 **6.** 들, 구, 영역, 영토, 열, 범위 ; ~ de activitate 활동분야 ; ~ de acţiune 행동영역 ; ~ de bătălie/luptă 전장, 투쟁장소 ; a-şi lărgi ~ul 활동범위를 넓히다 ; a fi la munca ~ului 현장에서 근무라고 있다, 현장근무 중이다 ; pe ~ 출정 중으로, 경기에 참가하여 ; a o lua peste ~ 국토를 횡단하다 II. s.m. a bate ~ii 고함치다, 소리 지르다 ; a lua/apuca ~ii 미쳐 날뛰다

recepţi|e, -i, s.f. **1.** 받기, 수령, 수납; (전기)수신 **2.** 리셉션, 접대, 접견

strig|ă, ~e, s.n. **1.** 외치는 소리 **2.** 알림, 명령 **3.** 동물이나 새소리 **4.** 큰 소리로 부르는 소리 **5.** 춤출 때 내는 소리

2) 한 어휘가 동시에 두 가지 이상의 문법적인 범주의 기능을 가지고 있는 경우엔 로마숫자를 사용하여 구분하였다.

예: **amoreza|t,** -tă, -ţi, -te, I. adj. 매혹된, 반한, 사로잡힌, 사랑에 빠진 사람 II. s.m. şi f. 애인

conform, ~ă, ~i, ~e, I. adj. **1.** -에 따르는, 준거하는, -와 일치하는, 상응하는 **2.** 순종하는 II. prep. (여격 지배) -에 상응하여, -에 따라서 ; planul va fi îndeplinit conform prevederilor 계획은 예견에 따라(예견대로) 이루어질 것이다.

scutur|a, scutur, -ai, -at, I. vt. **1.** 흔들다 ; a ~ mâna cuiva 악수하다 **2.** 흔들어 부풀게 하다 ; a ~ pernele 방석을 흔들어 부풀게 하다 **3.** 흔들어 떨어뜨리다, 털어버리다, 털다 ; a ~ praful 먼지를 털어버리다 **4.** 털어내다 ; a ~ buzunarele (또는 punga) cuiva 또는 a ~ pe cinva de bani 누구의 주머니를 (돈을) 털다 II. vr. **1.** (de ceva) 털어버리다 **2.** 떨어지다 ; se scutură frunzele 잎들이 떨어지다 III. vi. **1.** 깨끗하게 하다, 청소하다 **2.** (de din) 흔들리다 ; a ~ din cap 머리가 흔들리다

II. 루마니아어의 자모 및 발음법(Alfabetul şi pronunțarea)

1. 루마니아어 자모(Alfabetul românesc)

현대 루마니아어의 모음체계는 8개의 모음들(a, ă, â, e, i, î, o, u,)로 구성되어 있으나, 실제로는 모음 â/ɨ/ 의 발음과 모음 î/ɨ/ 의 발음이 동일하므로 모음소는 7개이다.

자음체계는 모두 19개(b, c, d, f, g, h, j, l, m, n, p, r, s, ş, t, ţ, v, x, z)의 자음들과 외래어들을 표기하기 위한 자음들 4개(k, q, w, y)가 있다.

A	a	[a]	[아]	Ă	ă	[ə]	[어]
Â	â	[ɨ]	[으]	B	b	[be]	[베]
C	c	[ʧe]	[체]	D	d	[de]	[데]
E	e	[e]	[에]	F	f	[fe]	[페]
G	g	[ghe]	[게]	H	h	[ha]	[하]
I	i	[i]	[이]	Î	î	[ɨ]	[으]
J	j	[ʒe]	[제]	K	k	[ka]	[카]
L	l	[le]	[레]	M	m	[me]	[메]
N	n	[ne]	[네]	O	o	[o]	[오]
P	p	[pe]	[페]	R	r	[re]	[레]
S	s	[se]	[세]	Ş	ş	[ʃe]	[쉐]
T	t	[te]	[테]	Ţ	ţ	[ʦe]	[체]
U	u	[u]	[우]	V	v	[ve]	[베]
X	x	[iks]	[익스]	Z	z	[ze]	[제]

K	k	[ka]	[카]	Q	q	[kiu]	[큐]
W	w	[dublu ve]	[두블루 베]				
Y	y	[igrek]	[이그렉]				

2. 발음법(pronunțarea)

* 모음 â와 î는 모두 [으]로 동일하게 발음된다.

* 어두음 e 는 일부 인칭대명사와 a fi(~이다, ~있다) 동사의 활용형태 에서 소위 '[이]모음화 현상' 으로 인하여 [예]로 발음된다.

예: el[옐], ea[예아], ele[옐레], este[예스테], era[예라], e[예]

* c는 전설모음(e, i) 앞에서는 각각 [ㅊ]로, 그 밖의 모음들(a, ă, â, î, o, u) 앞에서는 [ㅋ]로 발음된다. 마찬가지로 g 는 전설모음(e, i) 앞에서는 각각 [ㅈ]로, 그 밖의 모음들(a, ă, â, î, o, u) 앞에서는 [ㄱ]로 발음된다.

예: Cernavodă 체르나보더, Cisnădie 치스너디에
Carpați 카르파치, Constanța 콘스탄차
Germania 제르마니아, Gigel 지젤
Galați 갈라치, Gogoșanu 고고샤누

* ş 는 뒤따르는 모음과 결합하여 1음절로 적는다.

예: Botoşani 보토샤니, Timişoara 티미쇼아라, Iaşi 야쉬

* ţ 음은 실제로는 경음 [ㅉ]에 가까운 소리지만 외래어 표기법 상 [ㅊ]로 적는다.

* x 는 개별 용례에 따라 유성음 [gz] 또는 무성음 [ks]로 발음된다.

예: Alexandru 알렉산드루, taxi 탁시,
excavator 엑스카바토르, examen 엑자멘,
exemplu 엑젬플루, exerciţiu 엑제르치치우

* ch, gh는 단자음은 아니지만 전설모음 앞에서 연구개 파열음 [k], [g] 의 변이음이다.

예: cheia 케이아, China 키나,
Gheorghe 게오르게, Sighişoara 시기쇼아라

* oa 와 ea 는 루마니아어에서 이중 모음이지만 외래어 표기법에 따라 이미 굳어진 어휘를 제외하고는 복모음으로 표기한다.

예: Timişoara 티미쇼아라, soare 소아레, seară 세아러,
Oradea 오라데아, Ceauşescu 차우셰스쿠, ceai 차이

3. 한글 표기법(Scriere)

1) 자음(Consoane)

자음	발음	한글		보기
		모음앞	자음앞 어말	
b	[be]	ㅂ	ㅂ,브	Bucureşti 부쿠레슈티 Bucegi 부체지 slab 슬랍
c	[ʧe]	ㅋ,ㅊ	ㄱ,크	Cernavodă 체르나보더 Craiova 크라이오바 Slănic 슬러닉
d	[de]	ㄷ	드	Doru 도루 Dâmboviţa 듬보비차 Brad 브라드
f	[fe]	ㅍ	프	Făgăraş 퍼거라슈 Focşani 폭샤니 Franţa 프란차 praf 프라프
g	[ge]	ㄱ,ㅈ	그	Galaţi 갈라치 Germania 제르마니아 Grecia 그레치아 Şag 샤그
h	[ha]	ㅎ	흐	horă 호러 Mihail 미하일 hrană 흐라너 duh 두흐
j	[ʒe]	ㅈ	지	Jebeleanu 제벨레아누 Jiu 지우 Cluj 클루지 Dej 데지
l	[le]	ㄹ, ㄹㄹ	ㄹ	Livada 리바다 Predeal 프레데알 Maramureş 마라무레슈
m	[me]	ㅁ	ㅁ	Moldova 몰도바 Avram 아브람 Neamţ 네암츠 Nicolae 니콜라이
n	[ne]	ㄴ	ㄴ,느	Neptun 넵툰 Bran 브란
p	[pe]	ㅍ	ㅂ,프	pui 푸이 Ploieşti 플로이에슈티 dulap 둘랍
r	[re]	ㄹ	르	Radu 라두 Turda 투르다 Tudor 투도르
s	[se]	ㅅ	스	Sinaia 시나이아 Snagov 스나고브 Venus 베누스
ş	[ʃe]	*	슈	Şag 샤그 Bucureşti 부쿠레슈티 Iaşi 야쉬 Mureş 무레슈
t	[te]	ㅌ	트	Timişoara 티미쇼아라 Traian 트라이안 Nucet 누체트
ţ	[ʦe]	ㅊ	츠	Ţepeş 체페슈 Constanţa 콘스탄차 Neamţ 네암츠
v	[ve]	ㅂ	브	Craiova 크라이오바 Moldova 몰도바 Braşov 브라쇼브
x	[iks]	ㄱㅅ, 그ㅈ	ㄱㅅ, ㄱ스	examen 엑자멘 taxi 탁시 extrem 엑스트렘 lux 룩스
z	[ze]	ㅈ	즈	Zaharia 자하리아 zmeu 즈메우 praz 프라즈

2) 모음(Vocale)

자음	발음	한글		보기
		모음앞	자음앞 어말	
a	[a]	아		Arad 아라드 Ana 아나 Angela 안젤라 Avram 아브람
ă	[ə]	어		Făgăraş 퍼거라슈 Creangă 크레앙거
â	[ɨ]	으		România 로므니아 Câmpina 큼피나
e	[e]	에		Elena 엘레나 Enescu 에네스쿠 Eminescu 에미네스쿠
I	[i]	이		Ioan 요안 Iliescu 일리에스쿠
î	[ɨ]	으		în 은 învăța 은버차 coborî 코보르
o	[o]	오		Oradea 오라데아 Oltenia 올테니아 Bogdan 보그단
u	[u]	우		Urian 우리안 Radu 라두 Popescu 포페스쿠

약어표기 목록 *LISTA PRESCURTĂRILOR ŞI A SEMNELOR*

ac. - acuzativ(목적격)
adj. - adjectiv(형용사)
adv. - adverb(부사)
agr. - agricultură(농업)
anat. - anatomie(해부학)
arheol. - arheologie(고고학)
arhit. - arhitectură(건축학)
art. - articol(관사)
astron. - astronomie(천문학)
auto. - automobilism (자동차 운행)
av. - aviație(항공)
biol. - biologie(생물학)
bis. - biserică(교회)
bot. - botanică(식물)
card. - cardinal(기수)
chim. - chimie(화학)
chir. - chirurgie(외과)
cinem. - cinematografie(영화)
col. - colectiv(집합)
conj. - conjucție(접속사)
dat. - dativ(여격)
dem. - demonstrativ(지시사)
dim. - diminutiv(축소사)
etc. - et caetera(등 등)
f. - feminin(여성)
fam. - familiar(일상적인)
fig. - figurat(추상적인)
fil. - filosofie(철학)
filol. - filologie(문헌학)
fiz. - fizică(물리학)
fiziol. - fiziologie(생물학)
fon. - fonetică(음성학)
fot. - fotografie(사진)
gen. - genitiv(소유격)
geogr. - geografie(지리학)
gram. - gramatică(문법)
hot. - hotărât(한정적인)
imperf. - imperfect(불완료과거)
indic. - indicativ(직설법)
inf. - infinitiv(부정법)
interj. - interjecție(감탄사)
interog. - interogativ(의문사)
invar. - invariabil(불변의)
ist. - istorie(역사)
lat. - latin(라틴어)
ligv. - lingvistică(언어학)
lit. - literatură(문학)
log. - logică(논리학)
m. - masculin(남성)

mat.	- matematică(수학)	pol.	- politică(정치학)
med.	- medicină(의학)	pop.	- popular(대중적인)
met.	- meteorologie(기상학)	pos.	- posesiv(소유 대명사)
mil.	- militar(군사의)	prep.	- prepoziție(전치사)
miner.	- mineralogie(광물학)	pron.	- pronume(대명사)
mitol.	- mitologie(신화)	psih.	- psihologie(심리학)
muz.	- muzică(음악)	reg.	- regionalism(방언)
n.	- neutru(중성)	rel.	- relativ(관계 대명사)
nehot.	- nehotărât(부정의, 한정되지 않은)	ret.	- retorică(수사학)
		s.	- substantiv(명사)
nom.	- nominativ(주격)	sg.	- singular(단수)
num.	- numeral(수, 수사)	stil.	- stilistică(문체론)
onom.	- onomatopee(의성어)	top.	- topografie(지형학)
ord.	- ordinal(서수)	univ.	- universitar(대학의)
part.	- particiriu(분사)	v.	- vezi(참조)
peior.	- peiorativ(경멸어)	vb.	- verb(동사)
perf.	- perfect(과거시제, 완료)	vi.	- verb intranzitiv(자동사)
pers.	- personal(인칭 대명사)	vt.	- verb tranzitiv(타동사)
pl.	- plural(복수)	vr.	- verb reflexiv(재귀동사)

목 차 *CUPRINS*

A

A, a, s.m. A, a, 루마니아어 알파벳의 첫 번째 자 de la A la Z A.에서 Z까지, 시작에서부터 끝까지

a[1]**,** prep. 동사원형을 나타내는 전치사

a[2]**,** art. hot. fem. (여성 정관사) ; ~ doua 두 번째 (것)

a[3]**,** pron. (여성 지시대명사) ; ~ de colo 저기 (있는) 저것

a[4]**,** art. pos. (여성 소유관사) ; ~ mea 나의 것 ; ~ lui Radu 라두의 것

a[5]**,** (avea 동사의) 직설법 복합 과거 시제(perfect compus) 단수 3인칭에서 사용되는 조동사형 ; (el) nu a ~ scris acest roman 그는 이 소설을 쓰지 않았다

a[6]**,** prep. **1.** 각각의, 하나에 대하여 **2.** -와 같이, -의 **3.** -의 표시로 **4.** -위에 ; trei volume ~ 100 pagini (fiecare) 세 권에 각 100페이지씩 ; de-~ dreapta 오른쪽에 ; aduce ~ poveste 그것은 마치 동화처럼 들리는데 ; ce simt eu nu-i ~ bună 나는 걱정이 된다, 나는 불안하다 ; seamănă ~ ploaie 비가 올 것 같다

a[7]**,** interj. **1.** (여러 감정의 상태를 나타내는 감탄사) 아! 오! **2.** (고통을 나타내는)아! 오! **3.** 아주 좋다! 매우 좋다!

aba, ~le, s.f. **1.** 두꺼운 천 **2.** 거친 모(털) **3.** 두꺼운 외투 **4.** 거친 모직 외투 **5.** 곰 가죽 외투

abac, ~e, s.n. **1.** 주판 **2.** [건축](원기둥 머리의) 관판

abac|ă, -e, s.f. **1.** 관판(冠板) **2.** 마닐라 삼 **3.** 도형, 도식 **4.** [건축]원주두(圓柱頭)의 관판(冠板), 대접받침 **5.** [식물]마닐라삼(필리핀 주산), 그 섬유, 아바카

abagi|u, -i, s.m. **1.** 직물상, 포목상 **2.** 직물 짜는 사람

abajur, ~uri, s.n. **1.** 갓, 그늘, 그늘진 곳 **2.** 막이 **3.** 종이 음영

abandon, ~uri, s.n. **1.** 포기 **2.** 권리의 포기 **3.** (아내 혹은 자식에 대한) 포기 **4.** [법률]유기, 포기 ; abandonul de copii 아동 유기 ; abandonul de familie 가족 유기 ; abandonul de mărfuri 사고로 인한 상품 포기 ; abandonul vasului scufundat 난파 선박 포기

abandon|a, -ez, -ai, -at, I. vt. **1.** 포기하다, 버리다, 떠나다 **2.** 기권하다 **3.** 내버리다 **4.** 단념하다 **5.** 끝내다 II. vi. 기권하다

abandon|are, -ări, s.f. **1.** 포기, 단념, 끝내기 **2.** [법률]기권, 포기 ; abandonare a urmăririi judiciare: 법적 권리 포기

abano|s, -şi, s.m. **1.** 흑단목 **2.** 흑단 **3.** 흑옥색 ; negru ca abanos 흑단처럼 검은 ; păr de abanos 검은 머리 ; a sta/a se ține abanos 젊음을 유지하다, 나이보다 젊다(머리가 세지

않고 아직 검다는 뜻)

abataj, ~e, s.n. [광산] **1.** 채광장, 채광업 **2.** 채광, 채탄, 자르기 **3.** (나무) 베기 **4.** 도살, 학살 ; ~ frontal 장벽법(탄층을 전부 채굴하는 방법) ; ~ normal 정상적인 막장

aba|te¹ -ţi, s.m. **1.** 대수도원장 **2.** 하나님 아버지

abate² abat, abătui, abătut, I. vt. **1.** 돌아가다 **2.** (도중에) 방향을 돌리다 **3.** 밀어 제치다 **4.** 빗나가게 하다 **5.** (주의를)돌리다 ; a ~ de la 설득하여 단념시키다 ; a ~ atenţia cuiva de la (누구의) 주의를 돌리게 하다 ; a ~ cursul râului 강 줄기를 돌리다(틀다) ; a ~ gândurile cuiva de la (누구의) 생각을 바꾸게 하다 ; ce vânt te ~ pe aici? 너 여기 어쩐 일이냐? II. vr. **1.** 정도에서 벗어나다, 방향을 바꾸다 **2.** 빗나가다, 벗어나다, 일탈하다 **3.** (아래로)떨어지다, 추락하다 ; a se ~ asupra(여격지배) (어디로) 떨어지다, 돌진하다 ; a se ~ de la... -로부터 제외되다, 예외가 되다 ; a i se ~ că... -하는 것이 마음에 떠오르다, 생각나다

abater|e, -i, s.f. **1.** 전환 **2.** 탈선, 본제를 벗어남 **3.** 위반, 파계 **4.** 무례 **5.** 불일치 **6.** 편차 ~ standard 표준편차 **7.** (물의 방향들을) 전환시킴 **8.** 의무의 태만 **9.** (규칙의) 예외 **10.** [법률]규칙의 위반 ; abatere judiciară: 재판 절차상 부정한 행위

abatiz|ă, -e, s.f. 철조망

abat|or, -oare, s.n. **1.** 도살장 **2.** 공설 도살장 **3.** 비틀거림, 살육

abaţ|ie, -ii, s.f. **1.** 대수도원 **2.** 대수도원장의 직

abătu|t, -tă, -ţi, -te, adj. **1.** 침체된, 사기가 저하된, 낙담한, 의기소침한 **2.** 실망한, 용기를 잃은, 맥이 풀린 **3.** 슬픈, 우울한

abces, ~e, s.n. 종기, 농양, 부스럼

abd|ica, -ic, -icai, -icat, vi. **1.** 퇴위하다, 사퇴하다 **2.** 사임하다, (a renunţa) **3.** 포기하다, 버리다 ; a ~ de la (a renunţa la) **4.** 버리다, 포기하다 (cu acuz.)

abdic|are, -ări, s.f. 포기, 퇴위, 퇴임

abdomen, ~e, s.n. 배, 복부

abdominal, ~ă, ~i, ~e, adj. **1.** 배의, 복부의 **2.** 체강의 ; cavitate ~ă 복강 ; durere ~ă 복통

abductor, ~i s.m. (근육 등의) 외전(外轉)의 ; muşchi ~ 외전근

abducţie, s.f. (근육 등의) 외전(外轉)

abecedar, ~e, s.n. 초보용 입문서

aberan|t, -tă, -ţi, -te, adj. **1.** 이상한 형태의 **2.** 변태적인 (greşit) **3.** 잘못된

aberaţ|ie, -ii, s.f. **1.** 탈선, 편차 **2.** 정신이상 **3.** (absurditate) 불합리, 오류

abia, adv. **1.** 거의 - 하기 어렵게 **2.** 거의 - 없게 **3.** 없는 것과 마찬가지로 **4.** 바로, 단지, 오로지 **5.** 적어도 **6.** 하자마자 ; ~ acum 지금 막, 방금 전에 ; ~ atunci 그때 비로소 ; ~ peste două zile 이틀 이전에(이틀은 안 걸린다) ; ~ ajunge 거의 충분치 않다 ; voi afla ~ mâine 내일이나 되어서 알게 될 것이다

abil, ~ă, ~i, ~e, I. adj **1.** 기술이 좋은, 숙련된 **2.** 재빠른 **3.** 현명한 **4.** 귀여운 **5.** 휴대가 용이한 **6.** 정교한 **7.** 다

재다능한 **8.** 경향이 있는 **9.** 명인의 **10.** 기술이 좋은, 편리한 **11.** 능력이 있는 **12.** 잘 맞는, 유능한 **13.** 재능 있는, 창의적인, 예술적인 **14.** 민감한 **15.** 영리한 **16.** 교활한 II. adv. 솜씨 좋게, 기술적으로

abilit|a, -ez, -ai, at, vt. **1.** -을 가능하게 하다 **2.** 대학 강단에 세우다

abilit|ate, -ăți, s.f. **1.** 능력 **2.** 적성 **3.** 기술, 솜씨 좋은 **4.** 영리함 **5.** 용이함 **6.** 예술, 재능 **7.** 재주, 정교함 **8.** 재치 **9.** 교묘한 방법

abis, ~uri, s.n. **1.** 심연, 깊게 갈라진 틈, 만 **2.** 깊이 **3.** 벼랑, 절벽 **4.** 산골짜기, 협곡 **5.** 깊은 구멍 **6.** 끝없는 혼돈 **7.** 심연 **8.** 지옥 ; la/pe marginea ~ului 벼랑 끝에서, 위기에 처해 있는

abisal, ~ă. ~i. ~e, adj. **1.** 심연의, 나락의, 끝없이 깊은 **2.** 심연지대의

abisinian, ~ă. ~i. ~e, adj. s.m. **1.** 아비시니아의, 아비시니아말, 아비시니아 사람 **2.** 에디오피아의, 에디오피아말, 에디오피아사람

abitaclu, s.n. [항해]나침판의 가대

abitație, s.f. **1.** 점거 **2.** 동물의 서식지 **3.** [법률]주거권한

abitir, adv. **1.** 더 많은 **2.** 더 좋은 **3.** 더 빠른 **4.** 더 빨리 **5.** 더 강한 **6.** 더 강하게

abjec|t, -tă, -ți, -te, I. adj. **1.** 비굴한 (josnic) **2.** 천한, 열등한 (respingător) **3.** 불쾌한 (infam) **4.** 악명 높은 (servil) **5.** 노예근성의 **6.** 저열한 II. adv 비굴하게

abjecț|ie, -ii, s.f. **1.** 천함, 비열(infamie), 악명 높은 행동 **2.** 수치 (egradare)

abjur|a, abjur, -ai, -at, vt. **1.** (종교) 맹세코 버리다, (선서, 맹세)를 통해 포기하다 **2.** 포기하다 (a renunța la)

abjur|are, -ări, s.f. 포기, 버림

ablativ, -e, s.n. [문법]탈격 ; ~ absolut 탈격 독립어구

ablație, s.f. v. ablațiune

ablațiun|e, -i, s.f. (빙하, 암석 등의) 삭마(削磨), (수술에 의한) 절제

ablaut, s.n. 모음 전환

abnegație, s.f. 자제, 극기 ; plin de ~ 헌신적으로 ; spirit de ~ 자제력, 헌신

abol|i, -esc, -ii, -it, vt. (a desființa) 철폐하다, 취소하다

abolir|e, -i, s.f. (desființare) 철폐, 폐지, 취소

abolitionism, s.n. (노예제도) 폐지론

aboliționist, s.m. (노예제도) 폐지론자

abominabil, ~ă, ~i, ~e, I. adj. 지긋지긋한, 혐오스러운, 고약한, (respingător) 불쾌한, (oribil) 무시무시한 II. adv. 혐오스럽게

abon|a, -ez, -ai, -at, I. vt. 응모자(대기자) 명단에 올리다, la (신문 등을-를 위해) 구독하다, -을 위해 (신문 등을) 구독하다 II. vr. 정기 구독하다, 구독자가 되다, 신문 등을 받다, -의 정기권을 사다, 식권을 사다, 전화 사용자가 되다

abonament, ~e, s.n. **1.** (la un ziar etc.) -의 정기구독 **2.** (정기간행물의)정기 구독 가격 **3.** (ca bilet) (la teatru, tramvai etc.)정기권 ; ~ anual 연 중 입장권 ; a face un ~ 정기 구독하다

abon|are, -ări, s.f. 구독자 명단에 이름 올리기

abona|t, -tă, -ți, -te, I. adj. 구독자 명단에 이름이 올라간 a fi - la un ziar 신문을 정기하는 것 II. s.m. (la un ziar, la televiziune etc) 신문, 텔레비전 등의 정기구독자, (la tramvai etc) 정기권 소유자, (la electricitate etc) 소비자, 전화기 사용자, (la restaurant) 식권 소유자

abord|a, -ez, -ai, -at, I. vi. **1.** [항해](a trage la țărm) 착륙하다, a acosta 정박하다 **2.** [항해](a se alătura lângă o navă) 승선하다 II. vt. **1.** [항해]충돌하다, 승선하다 **2.** fig. (pe cineva) (-에게) 자신을 소개하다, 접근하다, -에게 말을 건네다 **3.** fig. 공격하다, 토론을 시작하다 III. vr. [항해]충돌하다

abordabil, ~ă, ~i, ~e, adj. 접근할 수 있는, (사람에게만) 붙임성 있는, 사귀기 쉬운, 접근이 용이한

abordaj, ~e, s.n. [항해]충돌, 승선

abord|are, -ări, s.f. 접근, 연구방법 ; ~ planificată (현금유동상황에 대한 평가에 사용되는) 계획 접근법 ; ~ sistemică 구조적 접근법 ; ~a comparativă a puterii 주식시장의 상대적 성장 가능성에 근거한 접근법

aborigen, ~ă, ~i, ~e, adj. 원래의, 토착의, 그 지방에서 형성된

abortiv, ~ă, ~i, ~e, I. adj. 발육부진의, 유산의 II. s.n. 낙태약

abracadabra, s.f. (옛날 병 예방의 부적으로 사용했던) 주문(呪文) 미신적 숭배의 대상

abracadabran|t, -tă, -ți, -te, adj. **1.** 특별한, 이상야릇한, 환상적인 **2.** (de neînțeles) 난해한, 심오한

abradant, s.m. 분쇄 물질

abraș, ~ă, ~i, ~e, adj. **1.** (d. cai) 사악한 **2.** (d. cineva) 까다로운, (rău) 악의, 악한, (periculos) 위험한, (violent) 폭력적인 **3.** (de acțiuni) 실패한, 허사의 **4.** (de piază rea) 불길한, 재수 없는 ; a ieși/a rămâne ~ 실패하다, 성공하지 못하게 되다 ; el are o gură ~ă 그는 악령의 예언자이다, 그는 불길한 예언을 하는 사람이다

abraziun|e, -i, s.f. 연마, 마모, 침식

abraziv, ~ă, ~i, ~e, I. adj. 문질러, 닳게 하는 II. s.m. 연마재, 연마시키는 물질

abrazor, s.n. 연마기의 칼날 혹은 디스크

abtămească, s.f. 황색, 용암속

abrevi|a, -ez, -ai, -at, vt. 생략하다, (a prescurta) 요약하다, 단축하다

abrevia|t, -tă, -ți, -te, adj. 생략된, 단축된

abreviaț|ie, -ii, s.f. 생략, 단축

abreviere, s.f. **1.** 생략 **2.** 약어

abrog|a, abrog, -ai, -at,[법률]I. vt. 철화하다, 폐지하다 II. vr. 철회되다, 폐지되다

abrog|are, -ări, s.f. [법률]철회. 폐지 abrogare a unei legi: 어떤 법을 폐기하다

abrup|t, -tă, -ți, -te, I. adj. **1.** 갑작스러운, 황급한, 허둥대는, 위험천만의 **2.** fig. (de stil) 가혹한 **3.** fig. (nelegat) 연결이 끊어진, 뒤죽박죽의 II. s.m. (지리) 급격한 경사면 III. adv. 갑자기, 황급히

abrutiz|a, -ez, -ai, -at, I. vt. 잔인하게 하다, (mintea, simțirea) 멍하게 하다, 취하게 하다 II. vr. 잔인해지다, 동물처럼 행동하다

abrutizan|t, -tă, -ți, -te, adj. 잔인하게 하는, 멍한, 취하게 된

abrutiz|are, -ări, s.f. 잔인, 야수성을 띰, 잔인한 행위

abrutiza|t, -tă, -ți, -te, adj. 잔인하게 된, 멍하게 된, 취한

abscis|ă, -e, s.f. 가로 좌표

absciziun|e, -i, s.f. 절단, 절제

abscons, 심오한, 난해한

absen|t, -tă, -ți, -te, I. adj. **1.** 빈, 없는, 출석하지 않은, (plecat din) -로부터 떠난 **2.** (de ceva)(din) 결여된, (pier- dut etc) 잃어버린 **3.** fig.방심한 상태의(neatent) II. adv, 멍하게, 부주의하게 III. s.m. 그리고 f. 결석자 ; listă de absenți 출석표(부)

absent|a, -ez, -ai, -at, vi. 결석하다, (a fi plecat de acasă) 집에서 떠나다, (de la scoală) 학교에 결석하다

absentare, s.f. 결석하는 것, 결석, 부재, 떨어져 있음

absenteism, s.n. [경제]부재지주제도

absentei|st, -stă, -şti, -ste, s.m. 부재자, 외국에 거주하고 있으면서 본국으로부터의 송금으로 생활하는 자

absenț|ă, -e, s.f. **1.** (lipsă la) 부재, 불참석 **2.** 결여 **3.** (neatenție) 부주의 ; ~ nejustificată [군사]1일 이상 3일 이하의 탈영 ; sentință în ~ 결석심판

absid|ă, -e, s.f. 교회당 동쪽 끝에 내민 반원형의 부분

absint, ~uri, s.n. **1.** 프랑의 독한 술 **2.** 쓴 쑥, 고뇌

absolu|t, -tă, -ți, -te, I. adj. **1.** 절대의 **2.** 완벽한, 완결한 **3.** 완전한, 전부 **4.** 긍정적인, 무조건적인 **5.** 끊임없는 **6.** 제한 없는 **7.** 권위 없는 **8.** 엄격한 **9.** 맑은 **10.** 도전을 받지 않은 II. adv. **1.** 양도할 수 없는 **2.** 완벽하게, 절대적으로 **3.** 끊임없이 **4.** 완벽히 **5.** 확실하게 III. s.n. ~ul 완벽

absolutism, s.n. 전제주의, 절대론

absoluti|st, -stă, -şti, -ste, s.m. 그리고 f. 전제주의자, 독재론자

absolutiza, I. vt. 절대화하다, 전제화하다, 일반화하다 II. vr. 전제화하다

absolutiz|are, s.f. 전제화, 일반화

absolven|t, -tă, -ți, -te, s.m. absolventă s.f. (de şcoală) **1.** 이학자(離學者) **2.** 대학 졸업자

absolvenț|ă, -e, s.f. (마지막 시험 없이) 학업의 과정을 마치는 것, 졸업

absolv|i, -esc (şi absolv) -ii, -it, vt. **1.** 대학에서 학업을 마치다 **2.** -을 용서하다 **3.** 무죄로 하다 **4.** 용서하다, 사면해주다

absolvire, s.f. **1.** 용서 **2.** 석방, 부채 등의 변제 **3.** 사면, 해방 **4.** 노예해방 **5.** 사면 **6.** 학업의 완성 **7.** 졸업 ; examen de ~ 졸업시험

absorban|t, -tă, -ți, -te I. adj. **1.** 흡수성의 **2.** 몰두하는 매혹적인 II. s.n. 흡수제

absorb|i, absorb, -ii, -it, I. vt. **1.** 흡수하다, 빨아들이다, 마시다 **2.** 들이마시다, 몰두시키다, 매혹시키다, 황홀케 하다, 섭취하다 II. vr. 흡수되

다

absorbir|e, -i, s.f. 흡수

absorbi|t, -tă, -ți, -te adj. **1.** 흡수된, 들이마신 **2.** 몰두한, 매혹된

absorbit|or, -oare, -ori, -oare, adj. **1.** 흡수성의, 흡수하는 **2.** 빨아들이는

absorbți|e, -i, s.f. 흡수, 흡수능력

abstinen|t, -tă, -ți, -te I. adj. 절제하는, 금욕하는, 절대적인, 정숙한 II. s.m. 그리고 f. 금주자 금욕적인 사람

abstinent|ă, -e, s.f. 절제, 금욕, 절제(술에 대해서) 정숙함

abstrac|t, -tă, -ți, -te I. adj. **1.** 추상적인 **2.** 이론적인, 이상적인, 실제적이지 않은 **3.** 구상(具象)파가 아닌 **4.** 난해한, 추상적 개념 **5.** 추상명사 II. adv. 추상적으로, 추상적인 방법으로 III. s.n. 추상성, (문법) 동사적 명사, 동사에서 파생된 명사 ; în ~ 추상적으로

abstractiz|a, -ez, -ai, -at, vt. 추상화하다

abstractiz|are, -ări, s.f. 요약, 추상화하기

abstracți|e, -i, s.f. **1.** 추상, **2.** 추상적 개념

abstracționism, s.n. 추상주의

abstracționist, s.m. 추상주의자

abstracțiune, s.f. 추상, 추출, 방심

abs|trage, -trag, -trăsei, -tras vt. 추상화하다, 분리하다, 떨어지게 하다

abstrager|e, -i, s.f. **1.** 추상, 추출, 방심 **2.** 분리 **3.** 분리, 이탈, 분견대 **4.** 추상

abstrus, adj. **1.** 난해한, 심오한 **2.** 혼돈스러운 **3.** 복잡한

absur|d, -dă, -zi, -de, I. adj. **1.** 불합리한 **2.** 비논리적인 **3.** 비합리적인 **4.** 비상식적인 **5.** 얼빠진 **6.** 바보 같은 **7.** 우스운, 조롱받을 만한 **8.** 거짓의 II. s.n. **1.** 불합리 **2.** 부조리 prin ~ 모든 이유에 모순 되게 teatrul ~ului 부조리극 III. adv. 불합리하게, 비논리적으로

absurdit|ate, -ăți, s.f. **1.** 불합리 **2.** 비합리 **3.** 불합리성 **4.** 비상식 **5.** 바보 같은 행위 **6.** 무의미 **7.** 탈선, 오류 **8.** 허튼소리, 무의미

abțibild, ~uri, s.n. **1.** (사진)을 전사함 **2.** 하찮은 것 **3.** 하찮은 일들 **4.** 속임수 **5.** 교묘하게 속이는 것

abțin|e, abțin, -ui, -ut, vr. **1.** 삼가다, 절제하다, 끊다 **2.** 기권하다, 그만두다 **3.** 견디다 **4.** 거절하다 **5.** -에 참여하지 않다 **6.** -의 열망을 조절하다 **7.** 자제하다 **8.** (선거에서)기권하다 ; a se ~ de la băutură 금주(절주)하다 ; nu m-am putut ~ să nu râd 웃음을 참을 수가 없었다

abulic, ~ă, ~i, ~e, [의학]I. adj. 의지를 상실한 II. s.m. 의지를 상실한 사람

abulie, s.f. [의학]의지 상실

abund|a, abund, -ai, -at, vi.**1.** 풍부하다 **2.** 풍족하게 되다 **3.** 풍요롭게 있다 **4.** -에 풍족하다 **5.** -로 풍요롭다, -이 많다

abunden|t, -tă, -ți, -te I. adj. 풍부한, 풍요한 **2.** 부유한 **3.** 지식이 풍부한 **4.** 사치스러운 **5.** 넉넉한 **6.** 마음이 후한 **7.** 인심이 후한, 통이 큰 **8.** 과도한 ; recoltă ~ă 풍작 II. adv. **1.** 풍부하게, 풍요롭게

abundență, s.f. **1.** 풍요, 풍부 **2.** 부

유 **3.** 학식이 풍부한 **4.** 인심이 후함 **5.** 풍요, 윤택 ; din ~ 풍요롭게

abur, -i, s.m. **1.** 수증기 **2.** 증기 **3.** 연기 **4.** 김 **5.** 습기 **6.** 증기 **7.** 안개 **8.** 연기 **9.** 미풍 **10.** 호흡 **11.** 유령, 귀신, 환상

aburc|a, aburc, -ai, -at, I. vt. 위로 들어올리다 II. vr. (위로) 올라가다, 날개 짓하다, 비상하다

aburcare, s.f. 이륙

abure|ală, -eli, s.f. **1.** 증기 **2.** 연기 **3.** 김 **4.** fig. 쓸데없는 말, 거짓말

abur|i, -esc, -ii, -it, I. vt. **1.** 증발하다, 증기로 나아가다 **2.** 증기로 나타나다 **3.** 증기로 가득 차다 **4.** 그을리다 II. vr. **1.** 연기로 뒤덮이다 **2.** 안개로 덮이다 **3.** 축축해지다 **4.** 희미해지다 **5.** 미풍이 불다

aburir|e, -i, s.f. 증기, 수증기, 연기

aburi|t, -tă, -ți, -te, adj. **1.** 연기, 증기 등으로 뒤덮인 **2.** 얼굴이 붉어진 **3.** 붉어진

aburitor, s.n.(기술) 기선, 증기기관

abur|os, -oasă, -oşi, -oase, adj. **1.** 연기로 가득 찬 **2.** 연기를 만들어 내는 **3.** 증기의, 연기의 **4.** 안개 낀 **5.** 증기 같은 **6.** 흐릿한, 모호한 **7.** 공기같이 가벼운

abuz, ~uri, s.n. **1.** 남용 **2.** 무절제 **3.** 오용, 왜곡 **4.** 악습 **5.** 학대 **6.** [법률] 불법적 행위 **7.** 오용 ; ~ de încredere 배임 ; abuzul în serviciu contra intereselor persoanelor 직권남용

abuz|a, -ez, -ai, -at, I. vi. **1.** 과장하다 **2.** -에 대해 너무 빠져들다 **3.** 불공평한 특혜를 주다 **4.** (게임, 스포츠 등을) 즐기다 **5.** 오용하다 **6.** 나쁘게 사용하다 **7.** 잘못 적용하다 **8.** 왜곡하다 **9.** 과장하다 **10.** 잠식하다, 손해를 끼치다 ; a ~ de o femeie 한 여자를 타락시키다, 유혹하다 ; a ~ de medicamente 약을 과용하다 II. vr. 악용되다, 오용되다 ; a se ~ de... -이 남용되다

abuziv, ~ă, ~i, ~e, adj. **1.** 모욕적인 **2.** 부적당한, 못마땅한 **3.** 독단적인 **4.** 불법적인 **5.** 모욕적인 **6.** 부적당한

ac, ~e, s.n. **1.** 바늘 **2.** 침(자침 등) **3.** 잎(침엽수의) **4.** 뾰족한 잎 **5.** 가시 **6.** 식물의 바늘 **7.** (고슴도치의)침 **8.** 찌르기 **9.** 주사 **10.** 전철기 **11.** 변환기 **12.** 쏘기 **13.** 자극물 **14.** 고통 **15.** 비웃음 ; ~ de albină 벌의 침(쏨) ; ~ de păr 머리핀 ; ~ de siguranță 안전핀 ; ~ orar 시(계)침 ; ca pe ~e 조바심 나서, 마음을 졸여 ; a căuta ~ul în carul cu fân 찾을 가망성이 없는 것을 찾다, 매우 어려운 일을 하다, 헛수고 하다 ; a sta ca pe ~e 바늘방석에 앉아 있다

acad|ea, -ele, s.f. **1.** 캐러멜 **2.** 사탕

academic, ~ă, ~i, ~e, I. adj. **1.** 학문적인, 학술적인 **2.** 대학의 **3.** 장엄한, 엄숙한 **4.** 대학 수준의 교육을 받은 ; a confer cuiva un titlu ~ -에게 학위를 수여하다 ; a primi un titlu ~ 학위를 받다 II. adv. 학문적으로 III. s.m. 그리고 f. 학술원 회원

academici|an, -ană, -eni, -ene, s.m. 학자, 학술인, 학술원 회원

academi|e, -i, s.f. **1.** 학술원, 협회, 학원 **2.** 아카데미학파, 플라톤 철학 **3.** 아카데미 숲 **4.** 순수예술 대학 **5.** 대학수준의 고등교육기관 ; Academia Republicii România 루마니아 학술원 ; ~ de arte frumoase 예술원 ;

~ comercială 상업(실업)학교 ; ~ de ştiinţe 학문 ; ~ militară 군사학교

academism, s.n. 전통주의, 형식주의

acaju, s.m. **1.** 마호가니(나무) **2.** 옻나무과의 식물 **3.** 마호가니(숲)

acalmie, s.f. **1.** 잠잠함 **2.** 조용함 **3.** 중지, 보류 **4.** 연기, 일시적 중단 **5.** 휴전, 휴전조약

acana, adv. **1.** 덤으로 **2.** 부업으로 **3.** 벗어난, 별난, 극단적인

acant, s.n. 아칸더스 잎 장식

acantacee, s.f. pl. 아칸더스 나무

acant|ă, -e, s.f. **1.** 아칸더스 나무 **2.** 아칸더스 잎 장식

acapar|a, -ez, -ai, -at, vt. **1.** 몽땅 다 사다 **2.** 매점하다 **3.** 독점하다

acapar|are, -ări, s.f. 매점

acaparat|or, -oare, -ori, -oare, I. adj. **1.** 매점, 독점하는 **2.** 욕심 많은 **3.** 독점하는 II. s.m. 그리고 f. **1.** 매점 매석하는 자 **2.** 식량 축적자 **3.** 독점자

acar[1] ~i, s.m. **1.** 바늘, 핀 등을 만드는 사람 **2.** (철도의) 전철수

acar[2] s.n. **1.** 바늘이나 핀의 상자 **2.** 바늘방석

acaret, ~uri, s.n. **1.** 별관, **2.** 큰 빌딩 **3.** 농기구

acarioză, s.f. 진딧물, 병(곤충학)

acarniţ|ă, -e, s.f. 바늘, 쿠션

acasă, adv, **1.** 집에서 **2.** 집으로 ; ca ~ 집에서와 같이, 편안하게 ; a ajunge ~ 집에 도착하다 ; a aduce pe cineva ~ (누구를) 집으로 데려오다 ; a sta ~ 집에 머무르다 ; a veni ~ 집에 (돌아)오다 ; a fi dus de ~ 집으로부터 (멀리) 떨어져 있다 ; a scrie ~ 집에(가족에게) 편지를 쓰다

acatină, s.f. **1.** 구기자나무 **2.** 넝쿨이 있는 식물의 총칭

acatist, ~e, s.n. **1.** 죽음을 위한 기도 **2.** 마리아에게 기도하거나 찬송하는 일

acătării, adj. **1.** 분별 있는 **2.** 슬기로운, 현명한 **3.** 의지가 되는 **4.** 가치 있는 **5.** 마치 이루어져야하는 것처럼 **6.** 적당한 **7.** 타당한 **8.** 좋은 **9.** 아름다운

acceler|a, -ez, -ai, -at, I. vt. **1.** 가속하다 **2.** -을 촉진하다 **3.** 서두르다 **4.** 재촉하다 II. vr. **1.** 빨라지다 III. vi. **1.** 가속하다 **2.** 속력을 내다

accelerando, adv. 점점 빠르게

acceler|are, -ări, s.f. 가속, 서두름, 속도

accelera|t, -tă, -ţi, -te, I. adj. 신속한, 빠른 II. s.n. 급행열차

accelerat|or, -oare, -ori, -oare, I. adj. 신속한 II. s.m. 가속기, 촉진제

acceleraţi|e, -i, s.f. 가속

accent, -e, s.n. **1.** 악센트, 강세 **2.** 발음 **3.** 어조 **4.** 강조 ; ~ ascuţit 양음부호 ~ circumflex 곡절음부호 ; ~ grav 억음부호 ; ~ greşit 잘못된 강세 ; are un ~ foarte pronunţat 그는 사투리가 심하다 ; a pune ~ul pe, fig.(v. accentua 4.) -을 강조하다, 강세를 두다

accentu|a, -ez, -ai, -at, I. vt. **1.** (모음, 음절, 단어 따위에) 악센트를 붙여 발음하다, -에 악센트부호를 붙이다 **2.** 강조하다 II. vr. **1.** 강조되다 **2.** 더욱 눈에 띄게 되다, 더욱 중요하게 되다 **3.** 나빠지다 **4.** 증가하다

accentu|are, -ări, s.f. 억양(법)

accentua|t, -tă, -ţi, -te, adj. **1.** 강조된 **2.** 강조되는 **3.** 중요시되는 **4.** 명확한 **5.** 탁월한

accept, -e, s.n. 수락, 용인, 수용, 받아들임

accepta, accept, -ai, -at, I. vt. **1.** -을 받아들이다, -을 받다 **2.** -을 채택하다 **3.** -을 접수하다 **4.** (제의 따위에) 동의하다 ; a fi ~t de cineva -에 의해 채택되다 II. vr. 받아들여지다, 채택되다, 통과하다

acceptabil, ~ă, ~i, ~e, I. adj. 받아들일 수 있는 **2.** 수락할 수 있는 **3.** 꽤 괜찮은 **4.** 입맛에 맞는 **5.** 그럴듯한 **6.** 이치에 맞는 **7.** 공정한 II. adv. 받아들일 수 있게

acceptan|t, -tă, -ţi, -te, s.m. **1.** 수납자, 승낙자 **2.** 어음 인수인

accept|are, -ări, s.f. 받아들임, 수용, 수락

accepţi(un)|e, -i, s.f. **1.** (보통의) 뜻, 의미 **2.** 의의

acces[1], ~e, s.n. **1.** 접근 **2.** 들어감, 입장 ; drept de acces (공기, 물, 일조 등에 대한) 접근권리

acces[2], ~e, s.n. **1.** (병의)발작, (감정의)복받침 **2.** (분노, 폭동, 전쟁, 유행병 따위의) 돌발, 발생 **3.** 발병

accesibil, ~ă, ~i, ~e, I. adj. **1.** 접근 가능한 **2.** 접근하기 힘든 **3.** 접근하기 쉬운 II. adv. 접근하기 쉽게

accesibilitate, s.f. 근접, 접근

accesiune, s.f. 취득, 계승, 추가, 증가, 첨가

accesori|u, ~ă, ~i, ~e, I. adj. **1.** 부속의 **2.** 부수적인 **3.** 부수적인 지출 II. -i, s.n. **1.** 부속물 **2.** 연장, 도구

accident, -e, I. s.n. **1.** 우연, **2.** 우연한 일(사건) **3.** 불행 **4.** 사고 ; ~ de automobil 차량사고 ; asigurare pentru ~: 상해 보험 ; a suferi un ~ 사고를 입다 **5.** 사건 **6.** 조짐 II. s.m. [음악]임시음(音)

accident|a, -ez, -ai, -at, I. vt. 상처를 입히다 II. vr. **1.** -와 만나다 **2.** 사고로 상처를 입다 **3.** 사고로 희생되다 **4.** 자해하다

accidental, ~ă, ~i, ~e, I. adj. **1.** 우연한, 뜻밖의 **2.** 부수적인 **3.** 기능한 **4.** (본래의 것이 아닌)외래의, 우연히 얻은 II. adv. 우연히. 뜻하지 않게, 부수적으로

accidenta|t, -tă, -ţi, -te, I. adj. **1.** 상처 입은 **2.** 깨진, 거친 **3.** 울퉁불퉁한 **4.** 기복이 많은 II. s.m. 상처 입은 사람, 부상자, 희생자

accidentă, s.f. [인쇄]조판법

acciz, ~e, s.n. 물품세, 국내소비세

accizar, s.m. 간접(소비)세 징수관

acea, adj. dem. v. aceea II.

aceasta, pron. dem. fem. 이것, 저것, 이사람, 저사람 (지시대명사 여성형) ; cu ~ 이와 함께, 이와 더불어 ; prin ~ 이것을 통하여, 이것에 의하여 ; nu voi face una ca ~ 나는 이런 일은 하고 싶지 않다 ; nu e nevoie de ~ 전혀 그럴 필요가 없다 ; este ~ posibil? 이것이 가능합니까? ; ~ e tot 이것이 전부다 ; cam ~ e tot 이것이 거의 다(전부)다

această, adj. 이것의 (지시형용사)

aceea, I. pron, dem. fem. **1.** 저것 (지시대명사 여성형) **2.** 저것(특정한 것을 가리킴) **3.** de ~ 따라서, 그러므로 II. adj. 거기에

aceeaşi, I. adj. **1.** 같은 **2.** 그것과 같

은 **3.** 매우 똑같은 ; ~... ca şi -와 같은 ; în ~ lună 같은 달에 ; în ~ zi 같은 날에 II. pron. 같은(것)

acefal, ~ă, ~i, ~e, adj. 지도자가 없는

aceia, I. pron. dem. pl. (지시대명사 복수형) 그것들

aceiaşi, I. adj. dem, pl. (지시형용사 복수형) **1.** -와 같은 **2.** 바로 그것과 같은 **3.** 동일한, (의견 따위가)꼭 일치하는

acela, aceea, aceia, acelea I. pron, dem, masc. (지시대명사 남성형) **1.** 저것 **2.** 저(그)사람 II. adj. dem. masc. (지시형용사) 거기에

acelaşi, aceeaşi, aceiaşi, aceleaşi, I. adj. dem. masc.(지시형용사 남성형) **1.** -와 같은 **2.** -와 같은 종류 **3.** -와 관계된 **4.** -와 유사함 ; acum lucrezi cu alt profesor? 지금 다른 교수와 연구합니까? ; nu, lucrez cu acelaşi (profesor) de anul trecut 아니요, 작년의 바로 그 교수와 연구하고 있습니다 II. pron, dem. masc. (지시대명사 남성형)동일한 물건, 동일한 일, 동일인

acelea, I. pron, dem. pl. fem. **1.** (지시대명사 여성복수형) 그것들 **2.** -한 그들 II. adj. dem pl. fem. (지시형용사 여성 복수형) 그(것)들의, 저(것)들의

acerb, ~ă, ~i, ~e, I. adj. **1.** [맛이]쓴, 괴로운, 쓰라린 **2.** 날카로운 II. adv. 지독히, 몹시, 잔인하게

acerbitate, s.f. (표정 따위의)엄함, 가혹함

acesta, aceasta, aceştia, acestea, I. pron. pos. masc. (지시대명사) **1.** 이것 **2.** 저것 **3.** 그것 **4.** 바로 이것(특정한 것을 가리킬 때), 바로 저것 (특정한 것을 가리킬 때) **5.** 그 **6.** 그녀 **7.** (전자에 대비하여)후자 II. adj. dem. masc.(지시형용사) 이, 여기 있는

aceste, adj. dem. pl. fem. şi neutru v. acestea II.

acestea, I. pron, dem. pl. **1.** 이것들, 이들 **2.** 그 사람들, 그것들, 저들, 사람들 **3.** 바로 이것들(특정한 것), 바로 그것들(특정한 것) ; cu toate ~ 그러나, 아직, 그럼에도 불구하고 II. adj. dem. pl. fem. **1.** 이(것)들의 **2.** 저(것)들의 **3.** 이런저런 모든 것들의 ; zilele ~ 일전(전날 밤)에, 며칠 전에, 며칠 후에

aceştia, I. pron. dem. pl. **1.** 이(것)들 **2.** 그들 **3.** 후자 II. adj. 이것들의 그것들의

acetaldehidă, s.f. 아세트알데히드

acetamidă, s.f. [화학]아세트아미드

aceta|t, -ţi, s.m. **1.** 초산염 **2.** 은초산염 **3.** 구리 초산염 **4.** 납 초산염 **5.** 폴리초산비질

acetic, ~ă, ~i, ~e, adj. 초의, 초 같은, 맛이 신 ; acid ~ 초산

acetifica, acetific, -ai, -at, I. vt. [화학]초화하다, 초산처럼 만들다 II. vr. pas. 시큼해지다

acetificare, s.f. 초화(醋化)

acetil, s.n. 아세틸

acetilenă, s.f. **1.** 아세틸렌(가스) **2.** 아세틸렌 램프

acetonă, s.f. 아세톤

achen|ă, -e, s.f. 수과(일종의 열매)

achit|a, achit, -ai, -at, I. vt. **1.** 지불하다 **2.** (빚 따위를) 갚다 **3.** -을 위해

일하다 **4.** 계산하다 **5.** 셈을 치르다 II. vr. **1.** 계산하다 **2.** 실행하다 **3.** 빚을 청산하다, 의무를 이행하다 III. vi. (빚 따위를) 전액 갚다, (남)에게 급료를 청산해 주고 해고하다

achit|are, -ări, s.f. **1.** 지불, **2.** 빚의 변제 **3.** 석방 **4.** 면제

achiu[1], s.m. 셀러리

achiu[2], s.n. **1.** 당구를 칠 때 맨 먼저 치는 공 **2.** (당구에서) 한 큐 (한번 치는 행위)

achizit|or, -oare, -ori, -oare, s.m. **1.** 소비자나 구매자 **2.** 수집가

achiziț|ie, -ii, s.f. **1.** 상품 **2.** 설비 **3.** [경제]취득 ; ~ prin levier 차입매수 ; ~ speculativă 투기성 취득, **4.** 발견 **5.** 귀중품 **6.** 뜻하지 않은 행운 **7.** 획득물

achizițion|a, -ez, -ai, -at, I. vt. **1.** 구입하다 **2.** 획득하다 **3.** 얻다 **4.** 소유하다 **5.** 수집하다 모으다 II. vr. 얻어지다

achiziționa|re, -ări, s.f. 취득, 구입, 획득

aciclic, ~ă, ~i, ~e, [화학] 비환식(非環式)의, [식물] 비윤생(非輪生)의, 나사모양의

acicular, adj. 바늘 모양의

aci|d, -dă, -zi, -de, I. adj. (맛이)신 II. s.m. 산성, 산

acidimetru, s.n. 산 정량기

aciditate, s.f. **1.** 신맛 **2.** 위산 **3.** 신 성질(산성) **4.** 산성도

acidoliză, s.f. 산과다증

acidoză, s.f. 산중독, 산성증

acidul|a, -ez, -ai, -at, I. vt. 신맛을 가하다, 시게 하다 II. vr. 시게 되다

acidul|are, -ări, s.f. 신맛이 되기

acidula|t, -tă, -ți, -te, adj. 신맛을 띈 ; apă ~ă 산성수

acil, s.m. 마실기(基)

acioaie, s.f. **1.** 청동 **2.** 청동 벨 **3.** 합금

acioal|ă, -e, s.f. **1.** 피난처 **2.** 거주지 **3.** 숙박소 **4.** 집

acipenseri|d, -zi, s.m. 철갑상어

aciu|a, -ez, -ai, -at, I. vt. **1.** 숨기다 **2.** 보호하다 **3.** 수호하다 **4.** 머무르다, 숙박하다 II. vr. **1.** 숨다, 피난하다 **2.** 휴식을 취하다

aciuare, s.f. 거주지, 은신처

aciua|t, -tă, -ți, -te, adj. **1.** 방어의, 안전한 **2.** 은신의, 숨겨진

aclam|a, aclam, -ai, -at, vt. **1.** 기쁘게 하다, 갈채를 보내다 **2.** 환호하다

aclam|are, -ări, s.f. 환호, 갈채

aclamați|e, -i, s.f. pl 갈채, 환호, 환영받은 제안

aclimatiz|a, -ez, -ai, -at, I. vt. 익숙해지다, 익숙하도록 하다 II. vr. **1.** 적응하다, 순응하다 **2.** 새로운 환경에 적응하다 **3.** 정착하다

aclimatiz|are, -ări, s.f. 적응, 순응

acnee, s.f. 여드름

acolad|ă, -e, s.f. 받침대

acolea, adv. 저곳 넘어, 거기에

acoli|t, -ți, s.m. **1.** (미사 때 신부를 돕는) 복사(服事) **2.** 조수

acolo, adv. 그곳에, 그곳의, 그곳으로 ; ~ afară 저(쪽) 밖에 ; ~ jos 저 밑에 ; ~ sus 저 위에 ; cam pe ~ (대략) 거기쯤에 ; chiar ~ 바로 거기에 ; de ~ 거기로부터 ; pe ~ 거기에, 그곳에 ; până ~ 거기까지 ; drumul ce duce ~ 그 길은 그곳으로 나 있다(이어진다) ; cât (de parte) e până ~? 거기

(그곳)까지 얼마나 멉니까?

acomod|a, -ez, -ai, -at, vr. **1.** 적응하다 **2.** 적응하다 **3.** 옷을 입다 **4.** 어울리다 **5.** 익숙해지다

acomodabil, ~ă, ~i, ~e, adj. **1.** 적응할 수 있는 **2.** 융통성 있는

acomod|are, -ări, s.f. **1.** 적응 **2.** 조화 **3.** 동화, 흡수 **4.** 편안한 눈

acomoda|t, -tă, -ți, -te, adj. **1.** 적응된 **2.** 조화된

acompani|a, -ez, -ai, -at, vt. **1.** 동반하다 **2.** 함께 가다 **3.** 수반하다 **4.** 이끌다

acompaniament, ~e, s.n. 부수물

acompaniat|or, -oare, -ori, -oare, s.m. 그리고 f. 피아노 반주자

acompaniere, s.f. **1.** 동반, 부수물 **2.** 반주(부)

acont, ~uri, s.n. 지불(액), 예금, 현금 지불, 수입액, 선불, 지불액 ; a plăti un ~ cuiva -에게 선금으로 지불하다

acont|a, -ez, -ai, -at, vt. **1.** 셈을 치르다 **2.** 적립하다, 저축하다

acont|are, -ări, s.f. 지불, 적립, 저축

acoperă|mânt, -minte, s.n. **1.** 덮게 **2.** 지붕 **3.** 피난(소) **4.** 무화과

acoper|i, acopăr, -ii, -it, I. vt. **1.** 덮다 **2.** 싸다 **3.** 지붕을 덮다 **4.** 타일을 붙이다 **5.** 지붕을 덮다 **6.** 감추다 **7.** 보호하다 **8.** 은신하다 **9.** 감추다 **10.** 채우다 **11.** 덮다 ; a ~ costul 비용을 충당하다 ; a ~ un deficit 결손(부족)을 보충하다, 변상하다 ; a-ș ~ fața cu mâinile 손으로 얼굴을 가리다 II. vr. **1.** 덮이다 **2.** 모자를 쓰다 **3.** -와 일치하다,.-에 들어맞다 **4.** (하늘에) 구름이 덮이다 ; a se ~ cu flori 꽃으로 장식하다 ; acoperiț-vă! 모자를 쓰시오!

acoperir|e, -i, s.f. **1.** 덮개 **2.** 비밀 **3.** [경제]보증(금) **4.** 예비 **5.** 저장품 **6.** 예방 **7.** 코팅 **8.** 도금 ; ~ bancară 은행 보증금 ; ~ monetară 통화준비금

acoperiș, ~uri, s.n. 지붕 ; ~ conic 원추형 추녀마루(지붕) ; ~ de protecție 방공호, 옥상창고, 옥상의 집 ; a trăi sub același ~ -와 한(같은) 지붕 밑에서 살다

acoperit, ~ă, ~i, ~e, adj. **1.** 덮인 **2.** 보이지 않는 **3.** 흐린 **4.** 비밀의 **5.** 미스테리의

acoperit|oare, -ori, s.f. 덮개

acord, ~uri, s.n. **1.** 화음, 화현(和絃) **2.** 하모니 **3.** 노랫가락, 선율 **4.** 동의, 일치, 화합 **5.** 조화 **6.** 합치 **7.** 적응 **8.** 적합 **9.** 상응 **10.** 일치, 부합 **11.** (문법)성, 인칭 등의 일치, 호응 **12.** 쌍방의 일치(합의) **13.** [경제]무역협정 ; ~ asupra prețurilor 가격동의 ; ~ comercial și de plăți 통상 및 결재에 관한 협정 ; ~ de barter 구상무역협정 ; ~ de clearing (어음) 교환협정 ; ~ de cooperare economică internațională 국제경제협력협정 ; ~ de evitare a dublei impuneri 이중과세방지협정 ; ~ de garantare a investițiilor 투자보호협정 ; ~ de răscumpărare 환매(還買)협정 ; ~ economic 경제협정 ; ~ economic internațional 국제경제협정 ; ~ general de împrumut 차용에 관한 일반 협정 ; ~ internațional de produse 국제생산품협정 ; ~ Monetar European 유럽통화협정 ; ~ vânzare și închiriere 구매 및 임대협정

; de ~ 동의하는, 의견(마음)이 일치하는 ; a cădea de ~ 동의하다, 합의하다 ; a fi de ~ 동의하다 ; a fi de ~ cu... -와 의견이 일치하다 ; a pune de ~ 중재하다, 화해시키다 ; a fi în ~ cu... -에 부합하다, 상응하다 ; a lucra/ munci în ~ 계약에 따라 일하다

acord|a, acord, -ai, -at, I. vt. **1.** 조율하다 **2.** -에 맞추다 **3.** 동의하다 **4.** 제공하다 **5.** 주다 **6.** 허락하다 **7.** 면허를 주다, 허용하다 **8.** 조정하다 **9.** 도움을 주다 ; a ~ ajutor cuiva -을 원조하다 ; a ~ vioară după pian 피아노에 맞춰서 바이올린을 키다 II. vr. **1.** (인칭, 성, 수, 격 따위가]) 일치하다 **2.** 호응하다 subiectul se acoedă în număr cu predicatul 주어는 술어와 수에서 일치한다

acordan|t, -tă, -ți, -te, s.m. 그리고 f. 노동자

acord|are, -ări, s.f. 조정, 조율

acordat, -tă, -ți, -te, adj. **1.** 조정의 **2.** [문법] (성, 수 따위의) 일치의

acorde|on, -oane, s.n. **1.** 아코디언 **2.** 멜로디언

acordeoni|st, -stă, -ști, -ste, s.m. 그리고 f. 아코디언이나 콘서티나 연주가

acord|or, I. ~i, s.m. [음악](악기 등의)조율자 II. -oare, s.n. 조율키

acost|a, -ez, -ai, -at, I. vt. **1.** -에게 말을 걸다, 다가가서 말을 건네다 **2.** 멈추다 II. vi. 정박하다

acostament, ~e, s.n. **1.** 보도 **2.** 도로변

acost|are, -ări, s.f. **1.** 다가가서 말을 건네는 것 **2.** 통로

acotiled|on, -onă, -oni, -one, adj. v. acotiledonat

acotiledona|t, -tă, -ți, -te, adj. 무자엽 식물의

acotiledonate, s.f. pl. 무자엽 식물

acr|eală, -eli, s.f. **1.** 시큼함 **2.** 까다로움 **3.** 신 음식 **4.** 쓴맛 ; ~ la stomac 위산

acredit|a, -ez, -ai, -at, I. vt. **1.** 믿음을 주다 **2.** 권력을 주다 **3.** 믿다 II. vr. 신용을 얻다

acredit|are, -ări, s.f. **1.** 인가, 승인 **2.** (대사, 공사에 대한) 신임장

acredita|t, -tă, -ți, -te, I. adj. 공인된, 인정받은 II. s.m. 전권대사(공사, 사절, 위원)

acreditiv, ~e, s.n. [경제]신용장 ~ confirmat 확인신용장 ; ~ cu plata la vedere 일람급신용장 ; ~ documentar 신용장 (증서) ; ~ irevocabil 취소불능신용장 ; ~ revocabil 취소가능신용장 ; ~ subsidiar 상계(相計)신용장 ; ~ transferabil 양도가능신용장

acrescă|mânt, -minte, s.n. [법률] (충적 따위, 자연의 작용에 의한 소유지 따위의) 자연증가, 자연적 증식(증대)

acr|i, -esc, -ii, -it, I. vt. **1.** 시게 하다 **2.** 소금물에 절이다 **3.** 유독하게 하다 II. vr. **1.** 시어지다 **2.** 시게 하다 **3.** 응결하다 **4.** (맥주 등을) 시게 하다 ; a i se ~ (de) -에 싫증이 나다

acridă, s.f. 메뚜기류

acridin|ă, -e, s.f. 아크리딘

acrila|t, -ți, s.m. 아크릴레이트

acrime, s.f. **1.** 신맛 **2.** 적의 **3.** 원한

acrimoni|os, -oasă, -oși, -oase,

adj. 신랄한
acrir|e, -i, s.f. 신(맛)
acriş, s.m. [식물] **1.** 매자나무 속의 열매 **2.** 악의 파편
acrişor, -oară, -ori, -oare, adj. 시큼한
acri|t, -tă, -ți, -te, I. adj. **1.** 시큼한 **2.** 소금에 절여진 **3.** 손상된 **4.** 오래된 **5.** 지친
acritur|ă, -i, s.f. **1.** 신 음식 **2.** 신 음료 **3.** 피클
acroba|t, -tă, -ți, -te, s.m. 곡예사
acrobatic, ~ă, ~i, ~e, adj. 곡예적인
acrobați|e, -i, s.f. **1.** 곡예 **2.** 곡예비행 **3.** 재주를 부리다
acromatic, ~ă, ~i, ~e, adj. 무색의
acromatism, s.n. 무색(無色)
acromatopsie, s.f. 수색성(收色性)
acropol|ă, -e, s.f. (고대 그리스 도시의) 성채(城砦)
acrostih, ~uri, s.n. 이합체 시
acroş|a, -ez, -ai, -at, I. vt. **1.** 걸다, **2.** 잇다 **3.** .붙잡다 **4.** 끌어들이다 II. vr. 고착하다, 밀착하다
acr|u¹, ~ă, ~i, ~e, I. adj. **1.** 시큼한 **2.** 성미 급한 **3.** 까다로운 **4.** 식초 같은 **5.** 신 **6.** 익지 않은 **7.** 화가 난 **8.** 침울한 **9.** 심술궂은 **10.** 쓴 **11.** 고통스러운 **12.** 새콤한 **13.** 신맛의 II. adv. 까다롭게
acru², acri, s.m. 에이커(a.)
act, ~e, s.n. **1.** 행위 **2.** 문서 **3.** 법적 기관 **4.** 증서 **5.** 증명서 **6.** 막 **7.** [법률]조항 ; act administrativ 행정법 ; act autentic 인증에 관한 법률 ; act de dispoziție 재산의 포기, 이전, 획득에 관한 법률 ; act de execuție: 범법행위 ; act de forță majoră: 불가항력 ; act de încredere a urmăririi penale: 형사 소추령 ; act fictiv: 현품 없이하는 거래
actinic, ~ă, ~i, ~e, adj. 화학선 작용의
actini|e, -i, s.f. 말미잘
actinism, s.m. 화학선 작용
actiniu, s.n. 악티늄
actinometr|u, -e, s.n. 감광계
activ, ~ă, ~i, ~e, I. adj. **1.** 활동적인 **2.** 근면한 **3.** 바쁜 **4.** 작용하는 **5.** 기인하는 ; armată ~ă 정규군 ; membru ~ 활동 멤버 ; remediu ~ 효율적 치료 ; sprijin ~ 효율적 지원 ; vulcan ~ 활화산 ; a lua parte ~ă la... -에 적극적으로 참가하다 II. adv. 활동적으로 III. -e, s.n. [경제]자산 ; ~ circulante (= ~ curente) ; ~ curente 유동자산 ; ~ curente temporare 단기성 유동자산 ; ~ de capital 고정자산 ; ~ fictive 가상자산 ; ~ financiare 금융자산 ; ~ fixe 고정자산 ; ~ fixe brute 총고정자산 ; ~ fixe nete 순고정자산 ; ~ intangibile 비유형자산 ; ~ lichide 유동자산 ; ~ permanente curente 장기유동자산(1년 이상) ; ~ reale 실물자산 ; ~ tangibile 실물자산
activ|a, -ez, -ai, -at, I. vt.. **1.** 격렬하게 하다 **2.** 가속하다 **3.** 서두르다 **4.** 활발해지다 **5.** 자극하다 II. vr. **1.** 격렬하게 되다 **2.** 증가하다 **3.** 정규군에 들어가다 III. vi. **1.** 일하다 **2.** 행하다
activ|are, -ări, s.f. 격화, 강화
activat|or, -oare, -ori, -oare, adj. s.n. 활성 작용제
activi|st, -stă, -şti, -ste, s.m. 그리고

f. **1.** 실천주의자 **2.** (공산당의)행동 위원 **3.** 공무원

activit|ate, -ăți, s.f. **1.** 활동**2.** 일 **3.** 직업 **4.** 사업 **5.** 운동

activiz|a, -ez, -ai, -at,I. vt. **1.** 더 활동적이도록 하다 **2.** 선동하다 II. vr. 활동적이 되다, 생기를 불어넣다

activiz|are, -ări, s.f. 활성

actor, ~i, s.m. **1.** 배우, 연기자 **2.** 예술가 **3.** 코미디언 **4.** 비극 배우 **5.** 주연

actoraş, ~i, s.m. 삼류 배우, 엉터리 배우

actoric|esc, -ească, -eşti, adj. **1.** 배우의 **2.** 연극의

actori|e, -i, s.f. 실행, 행위

actriț|ă, -e, s.f. 여배우, 비극(의) 여배우, 희극(의) 여배우

actual, ~ă, ~i, ~e, adj. **1.** 현재의 **2.** 동시대의 **3.** 존재하는 **4.** 통용되는 **5.** 최신의 **6.** 최근의 **7.** 적절한 ; limba engleză ~ă 최근 통용되는 영어 ; pețurile ~e 현재가격 ; starea ~ă de lucruri 현재상황

actualit|ate, -ăți, s.f. **1.** 현재, 현재시간 **2.** 현재조건이나 상황 **3.** 화제, 논제, 시사문제 **4.** 현재의 중요성, 현재의 관심, 현재의 유행, 최근 사건 ; de ~ 현재의, 최근의, 최신의

actualiz|a, -ez, -ai, -at, I. vt. 화제를 이끌다 II. vr. 화제(주제)가 되다

actualiz|are, -ări, s.f. (논거, 화제 따위를) 내놓는 것

actualmente, adv. **1.** 현재에, 지금에 **2.** 요즈음, 최근에

actuar, ~i, s.m. 보험 회계사

acțion|a, -ez, -ai, -at, I. vi. **1.** 행동을 취하다 **2.** 나아가다 **3.** -에 영향을 미치다 **4.** 수술하다, 작용하다 **5.** -에게 영향을 미치다 **6.** -에게 납득시키다 **7.** -에 효과가 있다 **8.** 반응하다 II. vt. **1.** 운전하다, 동작하다 **2.** 소송하다

acționar, ~ă, ~i, ~e, s.m. 그리고 f. [경제]주주(주식 소유자) ; ~ cu participare majoritară 대주주 ; ~ cu participare minoritară 소액주주

acțion|are, -ări, s.f. 행위, 동작, 행동 ; ~ în judecată [법률] 소송 ; ~ mecanică (기계의) 작동, 발동 ; ~ prin transmisie 전동장치 ; cu ~ mecanică 발동기를 장비한

acțiun|e, -i, s.f. **1.** 행위, 동작 **2.** [법률] 소송 **3.** 약속, 작동 **3.** (연)극 **4.** 주식 ; ~a în justiție 소송 ; acțiune mixtă (civilă şi penală): 민형사 소송 ; acțiunea penală: 형사소송 ; ~ bursieră 주식 ; ~ de tezaur 금고주(金庫株 취득한 자사주) ; ~ neemisă 미발행주 ; ~ nominativă 기명주식 ; ~ comune 보통주 ; ~ cu drept plural 복수의결권주식 ; ~ de capital autorizate 수권(授權)자본액 ; ~ de prioritate 우선주 ; ~ industriale 공업주 ; ~ neachitate integral 미완불회사주식 ; ~ oferite sau vândute angajaților 종업원주식

acuaforte, s.f. 에칭(동판에 바늘로 그림 따위를 새겨서 이것을 산으로 부식시켜 원판을 만듦)

acuarel|ă, -e, s.f. 수채화(법)

acuareli|st, -stă, -şti, -ste, s.m. 그리고 f. 수채화가

acuitate, s.f. **1.** 예민함 **2.** 통렬함(고통) **3.** 날카로움 **4.** 청력의 날카로움 **5.** 예민한 귀 **6.** 시력의 날카로움

acum(a), adv. **1.** 지금 **2.** 현재 **3.** 이

순간에 **4.** 오늘 **5.** 요즘 **6.** 오늘날 **7.** 그러면 **8.** 방금 **9.** 얼마 전에 **10.** 이전에 **11.** 다음에 **12.** 즉시, 지금 곧 ~..., ~... 때로는 -이고 때로는 -이다 ; ~ un an 일년 전에 ; ca ~ 지금과(현재와) 같이 ; chiar ~ 방금 de ~ 현재의, 오늘날의, 지금(현재)부터 ; până ~ 지금까지 ; ~ e monentul 지금이 바로 그(그 것을 할) 시간이다

acuminat, ~ă, ~ți, ~e, adj. (식물이) 끝이 뾰족한

acumul|a, -ez, -ai, -at, I. vt. **1.** 퇴적하다 **2.** 쌓아올리다 **3.** 저축하다 **4.** 미리 사놓다, 매점 하다 **5.** 저장하다 **6.** 덩어리로 만들다, 뭉치다 **7.** 모으다 **8.** 증가시키다 **9.** 축적하다 II. vr. **1.** 퇴적되다 **2.** 쌓이다 **3.** 뭉쳐지다 **4.** 모으다 **5.** 증가되다, 늘어나다

acumul|are, -ări, s.f. **1.** 퇴적 **2.** 축적 **3.** 수집 **4.** 자금의 축적 **5.** 지식의 축적 **6.** (형제용어) **7.** 빠른 축적

accumulat|or, -oare, s.n. **1.** 축전지, 충전 배터리 **2.** (열 따위의) 축적, 장치 **3.** (수력의) 축적 장치

acupl|a, -ez, -ai, -at, I. vt. -을 둘로 나누다, 짝을 이루다 II. vr. 둘로 되다, 결합되다, 짝이 되다

acuplaj, ~e, s.n. 연결 장치, 커플링

acuplare, s.f. 동료가 되는 것

acupunctură, s.f. 침술

acuratețe|ă, -e s.f. 정확, 확실

acustic, ~ă, ~i, ~e, adj. 청각의, 음향상의

acustică, s.f. **1.** 음향학 **2.** 음향 효과

acustici|an, -ană, -eni, -ene, s.m. 그리고 f. 청음기사, 음향기사

acuşa, adv. v. acuşi

acuşi, adv. 바로, 지금 즉시

acuşica, adv. 곧, 즉시

acuş|or, -oare, s.n. 작은 바늘이나 작은 핀

acu|t, -tă, -ți, -te, I. adj. **1.** 날카로운, 예리한 **2.** 강한 **3.** 격렬한 **4.** 심각한, 심한 **5.** (병이)급성의 **6.** 비판적인 **7.** (음성이)날카로운 ; febră ~ă 높은 발열 ; registru ~ (음성)두성성역 (=head voice) II. adv. **1.** 날카롭게 **2.** 강하게 **3.** 격렬하게 **4.** 심하게

acuz|a, acuz, -ai, -at, I. vt. **1.** -에게 죄를 씌우다 **2.** -을 비난하다 **3.** -을 책망하다 **4.** -을 고소하다 **5.** 탄핵하다 **6.** 예시, 암시하다 **7.** 대역죄로 -을 탄핵하다 II. vr. **1.** 자신을 책망하다, 비난하다 **2.** 서로를 비난하다 **3.** 비난받다

acuzabil, adj. 비난할 만한, 책망할 만한, 고소해야할, 탄핵 할만한

acuz|are, -ări, s.f. **1.** 비난, 규탄 **2.** 죄, 죄과 죄상 **3.** 고소, 고발 **4.** 기소 **5.** 탄핵 **6.** (죄를 남에게)씌우기, 전가

acuza|t, -tă, -ți, -te, I. adj. 죄에 몰린 II. s.m. 그리고 f. **1.** 피고 **2.** (영국, 미국 등에서) 피고 **3.** 죄수 **4.** (이혼소송에서) 피 항소인

acuzativ, ~e, s.n. 직접목적격, 대격, 목적격, 이중 목적격, 동족목적어

acuzat|or, -oare, -ori, -oare I. adj. **1.** 비난하는 것 같은 **2.** 비난의, 고소의 II. s.m. 그리고 f. **1.** 고발자, 원고, 고소인, 비난자, 기소자 **2.** 공소관, 검사 ; ~ public 검찰(형법절차에서 고소인)

acuzaț|ie, -ii, s.f. 고발, 고소 ; ~ de furi 절도죄로의 고소, 고발 ; sub acuzația de 고소상태의 ; a aduce o ~ împotriva cuiva -을 고발하다, 기

소하다

acuz|ă, -e, s.f. 고발, 고소

acvaforte, s.n. 에칭, 동판 부식술(식각법), 부식 동판

acvamarin, s.n. 남옥(藍玉)

acvaplan, s.n. 파도타기 하는 보드

acvar|iu, -ii, s.n. 수족관

acvatic, ~ă, ~i, ~e, adj. 물의, 물 속의

acvifer, ~ă, ~i, ~e, adj. 수생(水生)의, 물의, 물의 함유가 많은

acvil|ă, -e, s.f. **1.** 독수리 **2.** 주피터의 새 **3.** 금독수리(후두부에 황갈색의 깃털이 있다) **4.** (깃발이나 문장 따위의) 독수리가 그려진 깃발 **5.** 독수리의 새끼

acvilin, ~ă, ~i, ~e, adj. 독수리의 ; nas ~ 독수리 같은 매부리코 ; privire ~ă 독수리눈처럼 매섭고 날카로운 눈초리

acvilon, s.n. 북풍, 살을 에는 듯한 돌풍

adagio, [음악] I. adv. 느리게, 천천히 II. s.n. 아다지오 곡

adagi|u, -i, s.n. 속담

Adam, nume, masc, 아담

adamant, ~e, s.n. 다이아몬드

adamantin, ~ă, ~i, ~e, adj. 다이아몬드의, 다이아몬드 같은

adamic, adj. 아담의

adaos, ~uri, s.n. **1.** 부가 **2.** 첨가 **3.** 증가 **4.** 여분 **5.** 보충 **6.** 확대 **7.** 이어짐 **8.** 속편 ; ~ de chetuieli 추가비용 ; ~ de salariu 봉급인상 ; cu un ~ de -의 혼합으로

adapt|a, -ez, -ai, -at, I. vt. **1.** -를 적응시키다 **2.** 순응시키다 **3.** 조절하다 **4.** 시간을 맞추다 (조절하다) **5.** -을 일치시키다, 동의하다 **6.** (형상, 성질)을 같아지게 하다 **7.** 새로운 환경에 길들이다 **8.** -을 맞게 하다, 끼우다 **9.** 조절하다(조정하여) 맞게 끼우다 **10.** -을 적합하게 하다 **11.** 개작하다, 각색하다 **12.** 개조하다 **13.** 다시 쓰다 ; a ~ la... -에 익숙하게 하다 II. vr. **1.** -을 평등하게 하다, 같은 놀이가 되게 하다 **2.** 스스로 적응하다, 조정하다, 시간을 맞추다, 새로운 환경에 적응하다 **3.** (수동) 적응되다 ; a se ~ la 익숙해지다 ; a se împrejurărilor 스스로 환경에 잘 적응하다 ; a se ~ mediului 스스로를 주위환경에 맞추다

adaptabil, ~ă, ~i, ~e, adj. 적응할 수 있는, 순응하는

adapt|are, -ări, s.f. **1.** 적합, 적응 **2.** 순응, 조와 **3.** [생물]적응 **4.** 각색 **5.** 번안 **6.** 각색

adaptat, -ă, -ți, -e adj. 알맞은, 적합한, 개작된

adăp|a, adăp, -ai, -at, I. vt. **1.** (동물에)물을 먹이다, 물을 뿌리다 **2.** -에게 물을 주다 **3.** 술에 취하게 하다 **4.** -에 관개하다, 물을 대다 II. vr. **1.** 물을 마시다(동물) **2.** (사람)물을 마시다, 갈증을 해소하다 **3.** 실컷 마시다 ; a se ~ din/la 빨아들이다, (숨을)들이쉬다, -로부터 빌리다 ; a se ~ în aceeași apă cu cineva -와 한배를 타다

adăpare, s.f. 살수, 급수

adăpăt|oare, -ori, s.f. (가축들이) 물을 먹는 곳 **2.** (강, 호수 등의) 물, 도랑, 개울 등 **3.** 물통, 물받이

adăpost, ~uri, s.n. **1.** 피난처, 은신처 **2.** 방공호 **3.** 집 **4.** 지붕 **5.** 보호소,

수용서 **6.** 피난, 은신 **7.** 휴식 **8.** 성역(聖域) **9.** 보호 **10.** 방패, 방어물 **11.** 지지 **12.** 도움, 원조 **13.** 덮개 **14.** 예방 **15.** 방공호 fără ~ 집이 없는, 기르는 주인이 없는, 은신처가 없는, 갈 곳이 없는 ; la ~ 안전한, 안전하게 ; la ~ de... -로부터 보호된(안전한) ; la ~ul(여격지배) -의 보호(방어) 하에 ; a căuta ~ 은신처를 찾다 ; a da ~ cuiva -에게 은신처를 제공하다

adăpost|i, -esc, -ii, -it, I. vt. **1.** 피난하다 **2.** 잠자리를 제공하다 **3.** 숙박시키다 (병사를)숙영시키다 **4.** 숨겨주다 **5.** 보호하다 **6.** 안전한 곳에 데려가다 **7.** 치우다, 치워두다 **8.** (방 따위를)찾다 II. vr. **1.** 스스로 피난하다 은신처를 구하다 **2.** 스스로 보호하다, 숨다

adăpostire, s.f. 피난, 은신

adăposti|t, -tă, -ţi, -te adj. **1.** 피난하는, 안전한 **2.** 위험 없는 **3.** 숨겨진 ; ~ de vânt 바람을 피하는, 바람을 피할 수 있는

adăst|a, adăst, -ai, -at, I. vi. **1.** 기다리다 **2.** 정지시키다, 멈추게 하다 II. vt. **1.** -를 기다리다 **2.** -에게 유예(연기)를 해주다

adăug|a, adaug, -ai, -at, I. vt. **1.** 더하다, 보태다, 부가하다 **2.** 증가하다 **3.** 확장, 확대하다 **4.** [수학]덧셈을 하다, 더하다 **5.** 결합하다, 합병하다 **6.** -을 붙이다, 첨부하다 **7.** 삽입하다, 끼워 넣다 **8.** 완성하다, 채우다 ; fără a mai ~/să mai adăugăm 보태 없이, 전혀 언급하지 않고, 포함되지 않은 II. vr. **1.** 더해지다 **2.** 잇따라 일어나다 **3.** 나타나다 ; la acestea se mai adăugă 이것에 덧붙여서 III. vi. 더하다

adăug|are, -ări, s.f. 첨가, 부가, 덧셈

adăugit, adj. 첨가된, 부가된, 개정증보판

adăugit|or, -oare, -ori, -oare, adj. 부가적인, 증가의

adânc, I. ~ă, ~i, ~i, adj. **1.** 깊은 **2|.** 짙은, 밀집한 **3.** 거대한 **4.** 완전한, 빈틈이 없는 **5.** 전체의 **6.** 끝없는 **7.** 비밀의, 신비로운 **8.** 애매한, 분명하지 않은 ; linişte ~ă 깊은(긴) 침묵(고요함, 적막함) ; noapte ~ă 한 밤중 II. adv. 깊게, 심오하게, 완전하게 ; a fi ~ cufundat în gânduri 생각에 깊이 잠겨 있다 III. ~uri, s.n. **1.** 깊이, 밑바닥 **2.** 거리 **3.** 구멍, 함정 **4.** 깊은 물 **5.** 지옥 **6.** 은닉처, 도피처

adânca|t, -tă, -ţi, -te, adj. 깊은, 심오한

adânc|i, -esc, -ii, -it, I. vt. **1.** 깊게 하다, 짙게 하다 **2.** 파다 **3.** 깎다 ; a-şi ~ cunoştinţele 지식(견문)을 넓이다(깊게 하다) ; a ~ problemă 문제를 (심오하게) 검토하다 II. vr, **1.** 더 깊어지다, 더 짙어지다 **2.** 깊어지다 **3.** 깊이 들어가다 **4.** 안으로 가다 ; a se ~ în... -에 몰두해 있다, -에 빠져 있다

adâncim|e, -i, s.f. **1.** 깊이, 심오 **2.** 길이 **3.** 넓이, 폭 **4.** 높이 **5.** 거리, 간격 **6.** 저하, 낮은 곳 **7.** 우묵한 곳, 구멍 **8.** 멀리 떨어짐, 먼 곳 **9.** 심오함, 심각함 ; din ~a timpurilor 태고적부터 ; la o ~ de 8 metri 8 미터 깊이에 ; a avea o ~ de o milă 1 마일의 깊이를 가지고 있다

adâncir|e, -i, s.f. 깊이

adânci|t, -tă, -ți, -te, adj. 깊은, 심오한 ; ~ în gânduri 깊은 생각에 빠져 있는 ; ~ în studiu 연구에 깊이 몰두해 있는

adâncitur|ă, -i, s.f. **1.** 움푹 들어간 땅, 분지 **2.** 협곡 **3.** 깊숙한 곳, 굽어 들어간 곳 **4.** 저하 **5.** 구멍, 함정 **6.** 골짜기 **7.** 경사, 비탈 **8.** 굴, 동굴

addenda, s.f. 부가(물), 무록, 증보

addison, 에디슨 병(부신(副腎)의 병으로, 무력증, 저혈압 또는 갈색화 따위가 특징)

adecua|t, -tă, -ți, -te, adj. v. adecvat

adecva|t, -tă, -ți, -te, I. adj. 적당한, 적절한, 알맞은, 어울리는 II. adv. 적당히, 적절하게

ademen|i, -esc, -ii, -it, I. vt. **1.** -을 끌다, 끌어당기다 **2.** (그럴듯한 미끼로) 꾀다, 끌어들이다 **3.** -에 매료시키다 **4.** (여자)를 자기 것으로 하다 **5.** -을 매혹하다 **6.** (남을) 부추기다, 교사하다 **7.** 나쁜 길로 유혹하다 **8.** 유인하다 **9.** 집으로부터 유괴하다 ; a ~ să... -하도록 꼬드기다 ; a ~ pe cineva cu vorbe -를 말로써 설득하다 **12.** -을 어느 장소로 오도록 유인하다 II. vr. **1.** -에 끌리다 **2.** 스스로 속이다

ademenir|e, -i, s.f. **1.** 끌어당기기, 유인 **2.** 매력, 매혹 **3.** 황홀, 환희

ademenit|or, -oare, -ori, -oare I. adj. 사람을 끌어당기는, 매력 있는, 매혹적인 II. adv. 매력적으로, 매혹적으로 III. s.m. 그리고 f. 유혹하는 사람

ademptiune, s.f. [법률]유증 철회(유언자가 사망하고 유산이 이미 없는 경우)

adenit|ă, -e, s..f 선염(腺炎)

adenoi|d, -dă, -zi, -de, adj. 아데노이드의, 임파선의

adenom, s.n. 아데노마, 선종(腺腫)

adep|t, -tă, -ți, -te, s.m. adeptă, s.f. **1.** 열성당원, **2.** 추종자, **3.** 후원자, 후견인, 지지자, **4.** 제자, 문하생 **5.** (사상적)전향자, **6.** 열성적 신자, 광신자

ader|a, ader, -ai, -at, vi. ; a ~ la... **1.** (가입, 동의 등)을 표명하다, **2.** 달라붙다 **3.** 접착하다 **4.** -에 점착(고착)하다, -에 집착하다 **5.** -에 연결하다, 접합하다 **6.** -에 붙다 **7.** -의 편에 서다 **8.** -에 가입하다 **9.** -을 입양하다 **10.** -을 받아들이다, 채택하다 **11.** 동의하다 **12.** -에 서명하다

ader|are, -ări, s.f. **1.** 접착, 부착, 점착 **2.** 집착, 애착 **3.** 동의, 가입

aderen|t, -tă, -ți, -te, adj. **1.** 접착성의 **2.** 들러붙는, 끈적끈적한 **3.** 당원, 가맹자 **4.** 신봉자, 지지자

aderentor, s.n.**1.** (변리) 유착(癒着) **2.** 점착, 부착 **3.** 결합, 연결 **4.** 부착(력) **5.** 집착, 고집

adesea, adv. **1.** 종종, 자주, 빈번히 **2.** 반복적으로, 여러 번 ; mai ~ 특히, 주로 ; vine ~ pe la noi 그는 가끔씩 우리를 보러온다

adet, ~uri, s.n. 세금

adevăr, ~uri, s.n. **1.** 진실 **2.** 참 **3.** 자명한 이치 **4.** 현실 **5.** 사실 **6.** 확실(성) **7.** 정확(성) 공정(성) **8.** 진실성, 정직 **9.** 현실(성) **10.** 자명한 이치, 진부한 사실 ; în(tr-) ~ 정말로, 실제로, 진실로 ; a afla ~ul 진실을 배우다, 터득하다 ; ca să spun ~ul 진실을 말하

자면 ; a spune ~ul cuiva (누구에게) 진실을 말하다 ; e mai aproape de ~ 그것은 거의 진실에 가깝다

adevăra|t, -tă, -ți, -te, I. adj. **1.** 진실의, 사실의 **2.** 확실한 **3.** 참된 **4.** 적출의 **5.** 같은 계보의 **6.** 100% 순도의 **7.** 진짜의 **8.** 합법의, 합법적인 **9.** 자연적인 **10.** 순수한 **11.** 옳은 정확한 **12.** 적당한 **13.** 진실을 말하는, 성실한 **14.** 솔직한 **15.** 충성스러운, 정직한 **16.** 성실한 ; cu ~ 진실로, 정말로 ; un englez ~ 순수한(토박이) 영국인 ; frate ~ 친형제 ; mamă ~ă 친엄마 ; un prieten ~ 진실된 친구 ; a crede că ceva e ~ (무엇이) 진실이라고 믿다 II. adv. **1.** 실제로, 정말로 **2.** 솔직하게 **3.** 정직하게 **4.** 공공연히, 내놓고 **5.** 긍정적으로 **6.** 참으로

adever|i, -esc, -ii, -it, I. vt. **1.** 확실히 하다 **2.** 확증하다 **3.** 증언하다 **4.** 보장하다, 보증하다 **5.** 입증하다, 증언하다 **6.** 증명하다 **7.** 지지하다, 뒷받침하다, 증거를 대다 II. vr. **1.** 확실하게 되다 **2.** 사실임이 입증되다 **3.** (꿈 등이) 현실화되다 ; a nu se ~ 잘못 증명하다

adeverinț|ă, -e, s.f. **1.** 영수증 **2.** 보증서 **3.** 수령증, 증표, 증명서 ; a elibera o ~ 영수증(증명서)을 제출하다, 증명하다

adeverir|e, -i, s.f. 확증, 확립, 증거, 증언

adeverit|or, -oare, -ori, -oare, adj. 확인하는, 확인 할 수 있는

adeziun|e, -i, s.f. **1.** 접착, 부착, 고착 **2.** 집착, 고수 **3.** 접착력

adeziv, ~ă, ~i, ~e, I. adj. 들러붙는, 접착력이 있는 II. s.m. 접착력 있는 것, 접착제

adezivitate, s.f. 접착성

ad-hoc, adv. (특수한 목적) 이 때문에, 이 목적으로

adi|a, pers.3, adie, -e, -at, I. vi. **1.** (바람이)붙다, 흩날리다 부드럽게 숨쉬다 **2.** (냄새가)밀려오다 **3.** 느껴지다 **4.** 돌아다니다 **5.** 살랑살랑(소리를 내며) 움직이다 **6.** 펄럭이다, 휘날리다 **7.** 산들바람이 불다 **8.** 살랑살랑 소리를 내다 **9.** 속삭이다 **10.** 낮은 목소리로 노래를 부르다 **11.** 콧노래를 부르다 **12.** 가볍게 건드리다 **13.** 솔질하다 **14.** 애무하다, 어루만지다 II. vt. 속삭이다, 낮은 소리로 말하다

adiabat|ă, -e, s.f. 단열

adiabatic, ~ă, ~i, ~e, adj. 단열의

adiacen|t, -tă, -ți, -te, adj. 인접한, 근접한 ; unghiuri ~e 인접각(角)

adiat|or, -oare, s.n., adj. 무관심한, 공평한, 상관없는

adică, adv. **1.** 즉, 말하자면 **2.** -와 대등한, -에 지나지 않는 **3.** 사실상 ; cum ~? 어떻게?, 무슨 의미이냐?, 정확한 의미가 무엇이냐? ; la o ~ 결국, 사실로, 실제로, 주로, 일반적으로 ; când va fi la o ~ 요점에 들어가자면

adier|e, -i, s.f. **1.** 온화한 바람 **2.** 산들바람(불기) ; nu se simte nici o ~ 바람 한 점 없다

adinamie, s.f. 무력, 허약

adineaori, adv. v. adineauri

adineauri, adv. 지금 막, 막, 오래지 않기, 얼마 전까지, 지금까지

adins, s.n. într- ~ 일부러, 고의로

ad-interim, adj. 중간시기, 짬

adio, I. interj. 안녕! 잘 가! II. s.n. 작별(인사), 고별 ; a-şi lua ~작별인사를 하다 ; a-şi lua ~ de la ceva 무언가를 잃은 것으로 단념하다 ; a-şi lua ~ de la cineva -에게 작별을 고하다

adip|os, -oasă, -oşi, -oase, adj. 지방의, 지방조직

adipozitate, s.f. 지방, 지방성 비만

aditiv, ~ă, ~i, ~e, I. adj. 추가의, II. s.n. 추가

adiţ|ie, -ii, s.f. 추가, 가산, 더하기

adiţion|a, -ez, -ai, -at, vt. 더하다, 추가하다

adiţional, ~ă, ~i, ~e, adj. **1.** 추가의, **2.** 부차적인

adiţion|are, -ări, s.f. 추가

adjectiv, ~e, s.n. **1.** 형용사, **2.** 동사적 형용사

adjectival, ~ă, ~i, ~e, (문법). I. adj. 형용사의 **2.** 형용사적 기능의 II. adv. 형용사로(사용되는), 형용사적으로

adjudec|a, adjudec, -ai, -at, vt. 1~의 소유라고 결정하다, **2.** 수여하다

adjudec|are, -ări, s.f. **1.** 판결, 수상 **2.** 수여 **3.** 공적 판결 ; ~ de bunuri 재산분할 ; ~ la preţ de bonificaţie 최저 입찰자에 대한 분할

adjudecatar, s.m. 입찰자, 값을 부르는 사람, 구입자, 취득자

adjunc|t, -tă, -ţi, -te, I. adj. 대리의, 부의, 대리 경영자, 장관 대의, 편집차장 II. s.m. 보조자, 대리인

adjutan|t, -ţi, s.m. **1.** 부관, 조수 **2.** 연대부관 **3.** (육해군) 부관 **4.** 주임상사

adjutantură, s.f. 부관의 직

ad litteram, lat. I. adj. 문자의 II. adv. 문자 그대로, 축어적으로

administr|a, -ez, -ai, -at, I. vt. **1.** 관리하다, 담당하다 **2.** 돌보다 **3.** 책임을 지다 **4.** (빌, 정의)를 주다 **5.** -을 매로 다스리다 **6.** 환자에게 약을 투여하다 **7.** 자산을 관리하다 II. vr. 관리되다, 조장되다

administrabil, adj. 관리할 수 있는

administr|are, -ări, s.f. 관리, 경영

administrativ, ~ă, ~i, ~e, I. adj. 관리의, 경영의 ; drept ~ 행정법 ; tribunal ~ 행정심판원 II. adv. 행정적으로

administrat|or, -oare, -ori, -oare, s.m. şi f .**1.** 행정관, 경영자, 통치자 **2.** 이사 **3.** 사무장, 지배인 **4.** 관리인 **5.** 회계담당자, 출납관 **6.** 경영책임자

administraţ|ie, -ii, s.f. **1.** 관리, 경영 **2.** 이사회 **3.** 지휘, 감독 **4.** 통치, 지배, 정부 **5.** (육군의) 병참부 **6.** 관리부서 **7.** 세무서 **8.** 관리비, 경영비 **9.** 경영위원회 **10.** 병참 장교

admir|a, admir, -ai, -at, I. vt. 감탄하다, 칭찬하다, 존경하다, 매우 칭찬받다 II. vr. 자찬하다, 서로 칭찬하다

admirabil, ~ă, ~i, ~e, I. adj. **1.** 칭찬할 만한 **2.** 훌륭한 **3.** 놀라운 II. adv. 뛰어나게, 아주 좋게, 훌륭하게

admirativ, ~ă, ~i, ~e, I. adj. 감탄하는, 감동한 II. adv. 감동으로

admirat|or, -oare, -ori, -oare, s.m. **1.** 찬양자, 숭배자 **2.** 여성을 흠모하는 사람, 애인 **3.** 멋쟁이, 정부

admiratoare, s.f. 찬양자, 숭배자

admiraţ|ie, -ii, s.f. 감탄, 찬양, 감동, 존경 ; cu ~ 감탄(탄복)하여, 감동적

으로

admis, adj. **1.** 인정받는, 용인된 **2.** 인식된 **3.** 시험에서 통과된

admisibil, ~ă, ~i, ~e, adj. **1.** 용인되는, **2.** 인정되는 **3.** 묵인되는, 관용되는 **4.** 좋은

admisibilitate, s.f. 용인되기, 허용성

admisi(un)|e, -i, s.f. **1.** 인정, 승인 **2.** 입학(입회)허가, 들어가기 **3.** 흡입, 흡수 **4.** 증기흡수

admitanță, s.f. 입장(허가)

admi|te, -t, -sei, -s, I. vt. **1.** 옳다고 인정하다, 시인하다 **2.** 당연히 여기다 **3.** 허락하다, 묵인하다 **4.** 동의하다 **5.** -에 들이다 **6.** (요구를)수용하다 **7.** 받아들이다 **8.** 입장(입학, 입회)을 허락하다 **9.** 대학 입학을 허가하다 **10.** 포함하다 **11.** 임명하다 **12.** 소개하다, 도입하다 ; a admis că nu are dreptate 그는 그가 옳지 않다는 것을 시인했다(받아 들였다) ; admițând că... -인 것을 시인하면서; ~ o margine de... -의 여운(여지)을 남기다 ; a ~ la examen 시험을 치를 자격을 주다 ; cererea v-a fost admisă 당신의 (요)청이 받아들여졌다 II. vr. **1.** 인정되다, 수용되다

admiter|e, -i, s.f. **1.** 인정, 승인 **2.** 수용, 받아들이기 **3.** 입학(입장, 입회) 허가 **4.** 대학 입학 허가 **5.** 입장, 입구 **6.** 기록, 등록 **7.** 채용, 채택 **8.** 인식 **9.** 용인 ; ~ de noi 신규회원 입회 ; ~ la un examen 시험의 입학허가 ; bilet de ~ 입장권, 입장표 ; cerere de ~ 채용원서 ; examen de ~ 입학시험

admonest|a, -ez, -ai, -at, vt. 충고하다, 경고하다, 징계하다

admonest|are, -ări, s.f. 충고, 경고

admoniție, s.f. 충고, 훈계

adnot|a, -ez, -ai, -at, vt. 주석 하다, 주를 달다

adnot|are, -ări, s.f. **1.** 주석, 주해 **2.** 설명 **3.** 여백의 주

adnota|t, -tă, -ți, -te, adj. 주가 달린

adnotat|or, -oare, -ori, -oare, s.m. 주석자, 해설자

adolescen|t, -tă, -ți, -te, s.m. 젊은이, 10대 소년(소녀) **2.** 풋내기 **3.** 청년기, 젊음

adolescență, s.f. 청년기, 10대, 젊음

adonis, s.m. (그리스신화) 여신 Venus에게 사랑 받은 미청년, 잘생긴 남자

adopt|a, adopt, -ai, -at, vt. **1.** 양자로 삼다 **2.** 포착하다, 채택하다 **3.** 선정하다 **4.** 취하다, 떠맡다 **5.** 본받다, 모방하다 **6.** 받아들이다 ; a ~ o părere 한 의견을 채택하다 ; a ~ un proiect de lege 법안을 가결하다 ; a ~ o rezoluție 해결책을 취하다 ; a ~ un ton sever 진지한 어조로 말을 하다, 심한 말을 하다

adopt|are, -ări, s.f. **1.** 채용 **2.** 양자로 삼기

adoptat, s.m. 양자

adoptator, -oare, -ori, -oare, s.m. 양자, 채택자, 채용자

adoptiv, ~ă, ~i, ~e, adj. 양자관계의, 양자(녀) ; fiică adoptivă 양녀 ; fiu adoptiv 양자

adopți(un)|e, -i, s.f. 양자로 삼기, 양자관계

ador|a, ador, -ai, -at, vt. **1.** 경배하다, 숭배하다 **2.** 영광을 찬미하다 **3.**

열애하다 **4.** 외경하다, 존경하다

adorabil, ~ă, ~i, ~e, adj. 숭배할 수 있는, 예쁜, 귀여운, 칭찬할 만한, 훌륭한, 썩 좋은, 탁월한

adorare, s.f. 숭배, 경배

adora|t, -tă, -ți, -te, I. adj. 숭배할 수 있는, 사랑스러운, 존경스러운 II. s.m. 가장 사랑하는 사람

adorat|or, -oare, -ori, -oare, I. adj. 숭배하는, 흠모하는 II. s.m. 숭배자, 사교도, 경외자, 청원자, 청혼자

adorație, s.f. 숭배하므로

adorm|i, adorm, -ii, -it, I. vt. **1.** 잠자리에 들다 **2.** 부르다가 잠들다 **3.** 읽다가 잠들다 **4.** 최면술을 걸다 **5.** 잘 달래다, 안심시키다 **6.** 줄이다, 적어지다 ; a ~ un copil 어린아이를 제우다 ; a ~ durerea 통증을 가라앉히다 II. vi. **1.** 잠이 들다 **2.** 꾸벅꾸벅 졸다 **3.** 사라져가다 **4.** 마비되다 **5.** 죽다 ; a nu putea ~ 잠이 들지 않다

adormire, s.f. **1.** 푹 잠, 숙면 **2.** 죽음, 사라짐 **3.** 성모, 몸소 승천 **4.** 졸린 사람

adormi|t, -tă, -ți, -te, I. adj. **1.** 자고 있는, 졸린 **2.** 게으른 **3.** 태만한, 무관심한 **4.** 침체한 **5.** 무감각의 **6.** 죽은

adormi|tor, -oare, -ori, -oare, adj. **1.** 자고 있는, **2.** 수면용의 **3.** 지루한

adormitele, s.f. [식물] **1.** (부활절 무렵에 피는)서양 할미꽃 **2.** 바람꽃

adragant, s.n. **1.** 콩과 살갈퀴 속의 각종 초본 **2.** 트라가칸스 고무

adrenalină, s.f. 아드레날린

adres|a, -ez, -ai, -at, I. vt. **1.** (편지에)주소, 성명을 쓰다 **2.** 위탁하다 **3.** -을 향해서 말하다, 제출하다 ; a ~ complimente cuiva -에게 찬사를 보내다 ; a ~ o întrebare cuiva -에게 질문을 하다 ; a ~ mulțumiri cuiva -에게 감사의 표시를 전하다 ; a ~ reproşuri cuiva pentru... -에게 -대해 나무라다 ; a ~ o scrisoare cuiva -에게 편지를 쓰다 ; a ~ greşit (우편물의)주소를 잘못 쓰다 ; scrisoarea nu mi-e ~tă 그 편지는 내게 온 것이 아니다 II. vr. a se ~ **1.** -에게 말을 걸다, -에게 접근하다 **2.** 문의하다 **3.** 호소하다 **4.** -에 의지하다 **5.** -에 돌리다 **6.** 정보를 주다 ; unde să mă adresez? 어디로 가봐야 하지요?

adresan|t, -tă, -ți, -te, s.m. 수신인, 수탁자, 인수인

adresare, s.f. 주소

adres|ă, -e, s.f. **1.** 주소 **2.** 거주지 **3.** 목적지 **4.** 의사소통 **5.** 대화 ; un atac la adresa (여격) -을 향한 공격 ; la adresa lui **1.** 그를 대항하여 **2.** 그를 위하여 **3.** 그의 주소로 ; a greşi adresa 주소를 잘못 쓰다, 편지가 잘못 전달되다

adsorban|t, -ți, s.m. 흡착제, 흡착성 물질

adsorbție, s.f. 흡착제

aducăt|or, -oare, -ori, -oare, I. adj. 가져오는 ; ~ de nenorociri 파괴적인, 치명적인 ; ~ de ploaie 비가 오는 ; ~ de venituri 풍부히 생산하는, 수확이 좋은, 유리한 II. s.m. 그리고 f. 운반자, 짐꾼, 물건 나르는 사람

adu|ce, aduc, adusei, adus, I. vt. **1.** 가져오다 **2.** 운반하다, 운송하다 **3.** 생산하다 **4.** 공급하다 **5.** 획득하다, 얻다 **6.** 제공하다 **7.** 설득하다, 설복시키다 **8.** 야기 시키다 **9.** 의미하다 **10.** 동반하다 **11.** 모으다 **12.** 굽히다,

구부리다 **13.** 발휘하다, 행사하다 ; a ~ ajutoare 강화하다, 보강하다 ; a-şi aduce aminte....~에게 ..~.를 생각나게 하다 ; a ~ folos 소용이 되다, 도움이 되다, 유용하다 ; a ~ la cunoştinţa cuiva -에게 -에관한 정보를 제공하다 ; a ~ mulţumiri 감사를 표하다 a ~ nenoroc 조의를 표하다 ; a ~ noroc 행운을 가져오다 ; a ~ rpofit 이익을 가져오다 ; ce te ~ aici? 너 (여기에) 어쩐 일이냐? II. vi. a ~ cu... -을 닮다, -와 비슷하다 ; a ~ de departe cu... -와 거리가 있다 III. vr. **1.** 가져오게 되다 **2.** -을 알게 되다

aducer|e, -i, s.f. 가져옴, 기억, 추억, 회상, 알림, 공고, 수행, 실시

aductor, ~i, adj. 내전근의, 내전 하는 muşchi ~ 내전근

aducţi(un)|e, -i, s.f. **1.** 인용, 내전 **2.** 공급 **3.** 급수관

adul|a, -ez, -ai, -at, vt. 아첨하다, 칭찬하다, 농락하다, 부추겨서 ... 시키다

adul|are, -ări, s.f. 아첨

adulat|or, -oare, -ori, -oare, I. adj. 아첨하는, 빌붙는, 농락하는 II. s.m. 그리고 f.아첨하는 사람, 빌붙는 사람

adulmec|a, adulmec, -ai, -at, vt. **1.** -의 뒤를 따라가다 **2.** 냄새를 찾아내다 **3.** 냄새를 맡다 **4.** 의심하다, 눈치채다 **5.** 추적하다 **6.** 추측하다 **7.** 예견하다

adulmecare, s.f. 추적, 쫓기

adulmecăt|or, -oare, -ori, -oare, adj. 추적하는 쫓아가는

adul|t, -tă, -ţi, -te, I. adj. 자란, 나이가 찬, 성인의, 어른의 II. s.m. 성인 어른

adulter, I. adj. 간통의 II. s.m. 간부 III. -e, s.n. 간통, 간음 ; a comite (un) ~ 간음을 범하다

adulteră, s.f. 간부

adulterin, ~ă, ~i, ~e, adj. 간통의, 위법의

adumbr|i, -esc, -ii, -it, I. vt. 그늘지게 하다 희미하게 윤곽을 보여주다, 애매하게 하다 II. vr. 그늘진 곳에 앉다

adumbrire, s.f. 그늘지게 함, 명암

adun|a, adun, -ai, -at, I. vt. **1.** 모으다 **2.** 쌓다, 저장하다 **3.** 수집하다 **4.** 집합시키다, 소집하다 **5.** 거두어들이다, 추수하다 **6.** 줍다 **7.** 더하다 **8.** 부를 쌓다 **9.** 돈을 모으다 ; a ~ bucatele 수확하다 ; a ~ cunoştinţe 지식(견문)을 넓이다 ; a ~ fonduri 기금을 마련하다, 모금하다 II. vr. **1.** 소집하다, 모으다 **2.** -와 제휴하다

adun|are, -ări, s.f. **1.** 축척 **2.** 소집, 군중 **3.** 만남 **4.** 회의 **5.** 회담, 상담 **6.** 단체, 집합 ; ~a constituantă 헌법제정(개정) 회의 ; ~ electorală 유권자 집합 ; ~a legislativă 입법위 ; drept de ~ 집회권

aduntor, s.m. **1.** 수집자 **2.** 건초 모으는 사람

adunătur|ă, -i, s.f. **1.** 군중, 인파 **2.** 폭민(경멸적으로)민중 **3.** 모임 **4.** 무리, 떼 **5.** 더미, 다수 **6.** 뒤섞은 것, 긁어모은 것 **7.** 잡동사니, 고물도구 **8.** 누더기 옷, 헌옷

adu|s, -să, -şi, -se, I. adj. 구부러진, 몸을 굽힌, 편곡된, 각색된, 왜곡된, 조작된 II. s.n. 선물

adventism, s.n. 그리스로 재림설

adventi|st, -stă, -şti, -ste, I. adj. [종교]그리스도 재림론의 II. s.m. 그리스도 재림론자

adventiv, ~ă, ~i, ~e, adj. 비정상적인 곳에서 발생한, 외래의

adverb, ~e, s.n. 부사, 양적부자, 부사급, 장소부사, 양태부사, 빈도부사, 부사적으로

adverbial, ~ă, ~i, ~e, [문법]I. adj. 부사의, 부사적인, 부사구의 II. adv. 부사적으로

adver|s, -să, -şi, -se, adj. 반대의, 역의, 반대의견, 야당, 반대자, 적

adversar, ~ă, ~i, ~e, s.m. 적수, 반대자,, 논쟁하는 사람, 습격자, 공격자, 경쟁자

adversativ, ~ă, ~i, ~e, adj. 반의, 대조를 나타내는, 반의 접속사

adversit|ate, -ăţi, s.f. 역경, 재난, 불운

ae|d, -zi, s.m. 음유시인, 가수

aer, s.n. **1.** 공기 **2.** 숨 **3.** 외단, 외견, 풍채 **4.** 예법, 예의 **5.** 비슷함, 닮음 **6.** 태도 ; ~ atmosferic 대기 ; ~ comrrimat 압축공기, 기압 ; ~ condiţionat 조절된 공기, 공기조절 장치, 에어컨 ; ~ proaspăt 맑은(신선한) 공기 ; cu ~ condiţionat 공기가 조절되는, 에어컨 시설을 갖춘; curent de ~ 공기소통, 통풍 ; presă cu ~ 공기압력 ; presiunea ~ului 기압 ; a trăi cu ~ 아무것도 먹지 않고 있다 ; a umple ~ 공기를 채우다(넣다) ; a expune la ~ 호흡하다, 바람을 쐬다 ; a ieşi la ~ 바람 쐬러 나가다

aera, -ez, -ai, -at, vt. 불다 (부채 따위로) 부치다

aeraj, s.n. 통풍, 환기

aer|are, -ări, s.f. 통풍 공기통

aerat, adj. 공기를 쐰

aeri|an, -ană, -eni, -ene, adj. **1.** 공기의, 공주의 **2.** 기체의 **3.** 미풍이 있는 **4.** 가벼운 **5.** 투명한 **6.** 공기의, 공허한 ; bătălie ~ă 공중전(투) ; călătolie ~ă 항공여행 ; plantă ~ă 위성

aerifer, ~ă, ~i, ~e, adj. 공기를 나르는, 공기를 포함하는

aeriform, ~ă, ~i, ~e, adj. 기체의, 실체가 없는

aeris|i, -esc, -ii, -it, I. vt. (대기, 추위 따위에) -을 드러내다, 노출시키다 II. vr. -에 공기를 채우다

aerisir|e, -i, s.f. 환기, 통풍, 공기의 유통, 통기, 탄산가스 포화

aerisit, adj. 바람이 잘 들어오는, 공기가 잘 통하는

aerob, ~ă, ~i, ~e, adj. (조직, 또는 유기물이) 공기를 필요로 하는, 호기성의, 산소에 의한

aerodinamic, ~ă, ~i, ~e, adj. 공기역학(상)의

aerodinamică, s.f. (단수 취급) 공기역학, 항공 역학

aerodină, s.f. 중(重)항공기 (비행선, 경기구 따위 이외의 항공기)

aerodr|om, -oame, s.n. 공항, 비행장

aerofagie, s.f. 공기 연하증(공기를 무의식적으로 삼키는 현상으로, 신경증 환자에게서 볼 수 있음)

aerofob, adj. 비행, 공포증이 있는 사람

aerofobie, s.f. (정신병) 현기증, 비행, 공포증

aerofon, s.n. 취주 악기

aerof|or, -oare, s.n. **1.** 통풍기 **2.** 환기기 **3.** 휴대용 압착 공기 장치로써 질식증의 치료에 쓰인다
aerofotografie, s.f. 항공 지도 제작
aerog|ară, -ări, s.f. 항공기 발착장(격납고가 있는 곳), 공항 건물
aerograf, ~e, s.n. (고층의 기온, 기압, 습도 따위의) 자동기록기, 에어로 그래프, 무선기
aerografie, s.f. 기상기록, 기상학
aerogram|ă, -e, s.f. 무선전보, 항공편, 항공서한
aeroli|t, -ţi, s.m. (석결의)운석
aerologie, s.f. 고층 기상학, 기상학
aerometrie, s.f. 양기학, 기학
aerometr|u, -e, s.n. 기량계 (공기 또는 다른 가스체의 중량 또는 밀도를 측정하는 것)
aeromobil, ~e, s.n. 비행기 동체
aeromodel, ~e, s.n. 비행기 모델(형)
aeromodelism, s.n. 시범 비행
aeromodelist, s.m. 비행기 모형 건설자
aeronau|t, -tă, -ţi, -te, s.m. 경기구류의 조종사, 비행선 탑승자(객)
aeronautic, ~ă, ~i, ~e, adj. 비행(술)의 비행선 탑승자의
aeronautic, ~ă, ~i, ~e, adj. 비행술의
aeronautic|ă, -e, s.f. 항해술
aeronav|ă, -e, s.f. 비행선, 우주선
aeronavigaţie, s.f. 항공(술)
aeroplan, ~e, s.n. 비행기 항공기
aeroport, ~uri, s.n. 공항
aeropurta|t, -tă, -ţi, -te, adj. (군사) 공수의 trupe ~e 공수부대
aer|os, -oasă, -oşi, -oase, adj. 통풍이 잘 되는, 공기의, 공중의
aerosc|op, -oape, s.n. 대기 검사기 (대기 속에서 극미의 물체를 모으는 장치)
aerosol, ~i, s.m. 에어로또 연무질 (기체 속에 교질 입자가 분산된 상태)
aerostat, ~e, s.n. 경항공기, (장난감)고무풍선
aerostatic, ~ă, ~i, ~e, adj. 경항공기의, 항공학(술)의
aerostatică, s.f. (경항공기의)항공술(학), 기체정역학
aerostaţ|ie, -ii, s.f. 경항공기 조종(법)
aerotaxi, s.n. 전세기
aerotehnică, s.f. 항공 기술, 항공학
aeroterapie, s.f. 대기요법(환자가 들이마시는 공기의 기압, 조성 따위를 변화시킴)
aerotopograf, ~e, s.m. 항로
aerotopografie, s.f. 항로지도
afabil, ~ă, ~i, ~e, I. adj. 붙임성 있는, 상냥한, 예의바른, 공손한 II. adv. 붙임성있게, 공손하게
afabilitate, s.f. 상냥함, 부드러움, 예의바름
afacer|e, -i, s.f. **1.** 일, 사건, 문제, 관심사 **2.** 거래, 매매, 상업, 통상, 무역 **3.** (업무의)처리, 절충 **4.** 심사숙고, 사색 **5.** 사업에 있어서의 공적, 업적 ; ~ bună 값싼 좋은 물건, 특가품 ; ~ civil 민사소송 ; ~ criminală 형사소송 ~ importantă 중대업무 ; ~ publică 공공업무, 공무 ; ~ urgentă 급무 ; afaceri externe 외무 ; afaceri interne 내무 ; a face o ~ 거래를 맺다, 흥정이 되다 ; a face afaceri 사

업을 수행하다 ; a face afaceri cu... -을 거래하다

afacerism, s.n. **1.** 부담이득행위 **2.** 상업의 태도, 실무적인 방법(태도)

afaceri|st, -stă, -şti, -ste, s.m. 그리고 f. 사업가, 실업가, 부정거래를 하는 사람(경멸적)상인

afară, I. adv. **1.** 밖에, 밖으로 **2.** 바깥쪽, 외주, -외에 ; în ~ de... **1.** -을 제외하고 **2.** -(이)외에도 ; ~ de aceasta 그 밖에, 게다가 ; ~ (numai) dacă... 단지 -이라면 ; a dormi ~ 야영하다 ; a vrea (să iasă) ~ 밖으로 나가기를 원하다 II. s.f. pe din ~ **1.** 밖에서, 밖으로 **2.** 암기로, 외워서

afazic, ~ă, ~i, ~e, [의학]I. adj. 실어증에 걸린, 실어증의 II. s.m. 실어증환자

afazie, s.f. 실어증

afân|a, -ez, -ai, -at, vt. -을 분리하다, 세분하다, 해체하다, (속박 따위로부터) -을 풀어주다, 자유롭게 해주다, -을 휘젓다, 뒤섞다

afân|are, -ări, s.f. 파괴, 절단, 단선, 길들이기, 조련

afâna|t, -tă, -ţi, -te, adj. 자유로운, 풀려난 (옷 따위가) 헐거운, 해면의, 작은 구멍이 많은, 흡수력(성)이 있는

afect, -e, s.n. 애정, 감정, 기분, 정

afect|a, -ez, -ai, -at, I. vt. **1.** -에 영향을 미치다 **2.** -이라 가정하다, -을 추측하다 **3.** -을 가장하다, -인 체하다 **4.** -을 자극하다, 격려하다 **5.** -을 본받다, -를 흉내 내다 모방하다 **6.** -에 관계하다, -을 걱정하다 **7.** (정신적으로)-을 괴롭히다 난처하게 하다. **8.** 움직이다, 이동하다 **9.** (손이나 손가락으로) -에 대다, 만지다 **10.** (심신을) 괴롭히다, 들볶다, 깊이 슬퍼하다 **11.** -의 감정을 해치다, -을 화나게 하다 **12.** (모양, 성질 따위를) 변경하다, 수정하다 **13.** -을 할당하다, 배정하다, (사람)을 선임하다 ; nu mă afectează câtuşi de puţin 그것은 나를 전혀 감동시키지 않고(못하고) 있다 II. vr. -인 체하다, -처럼 보이게 하다

afect|are, -ări, s.f. **1.** 사람의 마음을 움직이는, 감동적인 **2.** 애정, 감정 **3.** (감정 의사 등을)숨기기, 가장, 시치미 떼기 **4.** 모방, 흉내, 모조품 **5.** 까다로움, 결벽함, 꼼꼼함 **6.** 혹평 **7.** 점잔빼, 새침함, 고상한 체함 **8.** (걸음걸이, 태도 따위가) 뽐내는, 으스대는 **9.** 침착함, 새치름함, 얌전한 체함

afecta|t, -tă, -ţi, -te, I. adj. **1.** 영향 받은, 침범된, -의 감정을 가진 **2.** 의도적인, 고의의, 계획적인 **3.** 정성들인, 공들인, 잔손질이 많이 간 **4.** (사물을) 알고 싶어 하는, 호기심이 강한, 신기한 **5.** 꽤 까다로운, 결백한, 꼼꼼한 **6.** 까다로운, 새침한, 말끔한 **7.** 뽐내는, 으스대는, 거드름 피우는 **8.** 뿜어(솟아)나오는, 감정을 과장하여 나타내는 **9.** (글이나 문체가) 과식적인, 미사여구를 늘어놓는 **10.** 슬픈, 슬픔에 잠겨있는 II. adv. **1.** 가식적으로 **2.** 품위 있게, 침착하게, 성실하게 ; a vorbi ~ (말)을 삼가서하다, 콧소리로 말하다

afectiv, ~ă, ~i, ~e, adj. **1.** 정적인, 감정적인, 감동적인 **2.** 애정이 있는, 따뜻한, 자애로운 **3.** 민감한, 예민한, 섬세한, 감수성이 강한

afectivitate, s.f. 정서성, 민감, 예민,

과민

afectu|os, -oasă, -oşi, -oase, I. adj. **1.** 애정이 있는, 따뜻한, 자애로운 **2.** 사랑하는, 사랑(인정)이 깃든 II. adv. **1.** 사랑하여 **2.** 친절히 **3.** 애정이 넘치게, 다정하게

afecțiun|e, -i, s.f. **1.** 애정, 애착, 사랑 **2.** 동정, 연민 **3.** (인간, 동식물의) 병, 질병 **4.** 격렬한 감정, 격정, 열정 ; ~ nervoasă 신경질적인 감정 ; a avea o ~ pentru cineva -를 향한 감정을 느끼다, -를 좋아하다

afeliu, s.n. 원일점(행성, 혜성, 인공위성 등이 태양에서 가장 멀어지는 점)

afemeia|t, -ți, I. adj. 음탕한, 방탕한, 호색의 II. s.m. 여자의 꽁무니를 쫓아다니는 사내, 호색가

afera|t, -tă, -ți, -te, adj. **1.** 바쁜 체하는 (하찮은 일에)법석을 떠는, 까다로운 **2.** 거만한, 으스대는, 자만심이 강한

aferen|t, -tă, -ți, -te, adj. **1.** 마땅히 치러야 할, 권리로서 지급 받아야 한 **2.** (신경이나 혈관 따위가) 수입의, 구심(성)의 **3.** 점착(부착)성의, 고집하는 ; nerv ~ 수감(受感)신경 ; vase ~e 수감(受感)관

aferez|ă, -e, s.f. (음성)어두음 소설

aferim, interj. 브라보! 잘한다! 축하합니다.

afet, ~uri, s.n. (군사)포차(砲車), 포가(砲架), 이동하기 쉬운 포차, 분해된 대포, 총 ; a pune tunul pe ~ 대포를 설치하다, 갖추어 놓다

afgan, s.m. 아프가니스타인, 아프가니스탄어, 아프가니스탄민의, 아프카니스탄어의

afili|a, -ez, -ai, -at, vt. -을 합병하다 (동료로서) -을 가입시키다, 제휴하다, 협력하다

afilia|t, -tă, -ți, -te, adj. **1.** 가입(가맹)한, 관련이 있는, 지부의 **2.** (기원, 성질, 질 따위가) 근연의, 동족의, 동류의, 유사한 **3.** 동맹을 맺고 있는, 제휴하고 있는

afiliație, s.f. 입회, 가입, 가맹, 병합, 합동, 제휴, 협력

afiliere, s.f. 입회, 가입, 가맹, 병합, 합동, 제휴, 협력

afin[1] ~i, s.m. 월귤나무속의 관목(월귤나무, 팽나무 등)

afin[2] ~i, s.m. 친척, 인척, 일가, 관계, 관련, 사이, (남자)친척, 일가친척이 되는 남자, 인척인 사람

afin[3] ~i, adj. 동맹을 맺고 있는, 제휴하고 있는, 동류의, 유사한, 관계(관련)있는, 친척의

afin|a, -ez, -ai, -at, vt. -을 순화하다, 정제하다, 맑아지다

afinaj, ~e, s.n. 정제, 정련, 순화

afinat|ă, -e, s.f. 월귤나무속의 관목 브랜디(술)

afin|ă, -e, s.f. 월귤나무속의 관목 (월귤나무, 팽나무), 그 열매

afiniş, ~uri, s.n. 월귤나무속의 관목림(숲)

afinit|ate, -ăți, s.f. **1.** 취미 기호 **2.** (성질, 취미 등의) 합치, 서로 맞는 성미, 적합성 **3.** 유사, 닮음, 유사점, 닮은 얼굴 **4.** 분자 친화력

afinor, ~i, s.m. 세련된, 품위 있는 사람

afion, s.n. 아편, 활동 불능(상태), 마비(상태) 무감각

a-fir-a-păr, adv. 털끝만큼도(한 치

도) 틀림없이, 정확하게

afirm|a, afirm, -ai, -at, I. vt. **1.** -을 단언하다, 확언하다, 주장하다 **2.** -을 계속하다, 유지하다, 보존하다 **3.** (명확하게)-을 진술하다, 말하다, 알리다, 선언하다 **4.** -을 앞으로 내밀다, 전진시키다 **5.** -을 단정하다 ; pot ~ că... -라고 말하는 것을 꺼리지 않는다, -라고 (감히) 말할 수 있다 II. vr. **1.** 단언하다, 승인하다 **2.** 눈에 띄게 하다, 이름이 알려지다 **3.** 존경받게 되다 **4.** 구별하다, 구별 짓다 **5.** 꽝(펑, 땡) 하는 소리로 알리다, 크게 선전하다 ; se afirmă că a spus... 그가 -라고 말했다고 주장되고 있다

afirm|are, -ări, s.f. 확언, 단언, 주장

afirmativ, ~ă, ~i, ~e, I. adj. 확언적인, 확정적인, 긍정적인 **2.** 긍정적, 동의하는 II. adv. 확언적으로, 확정적으로, 긍정적으로

afirmaț|ie, -ii, s.f. **1.** 성명, 진술, 성명서 **2.** 주장, 단언, 독단 **3.** 증언, 서언, 단언 **4.** 보증, 보장, 확신, 자신 a face o ~ 주장하다, 단언하다

afiş, -e, s.n. **1.** 플래카드, 포스터 게시, 방문(榜文), 광고 **2.** 게시판, 광고판 ; om- ~ 샌드위치맨 ; piesa aceasta ține ~ul de trei luni 이 작품은 3개월 동안 계속되었다

afiş|a, -ez, -ai, -at, I. vt. **1.** (전단 따위를) -에 붙이다, -을 게시하다 -을 포스터로 알리다 (광고하다) **2.** -을 발행하다, 출판하다, 간행하다 **3.** -을 공식(정식)으로 발표하다, 공표하다 **4.** -을 보여주다, -을 진열하다, 전시하다 **5.** (숨 따위를)훅 불다, (연기 따위가) 푹푹 나오다, 숨을 헐떡이다, 숨차하다 II. vr. **1.** 돋보이게 행동하다, 유별나게 행동하다 **2.** 소문나다 **3.** 악명을 얻다, 나쁜 평판을 받다 ; a se ~ ca... -인 체하다, -처럼 보이게 하다 ; a se ~ cu cineva -와 외출하다, 사귀다, 놀러 다니다

afişaj, ~e, s.n. **1.** 광고지(전단지) 붙이기 **2.** 일반에게 알려져 있음, 주지, 공표, 선전광고 **3.** 보이기, 명시, 과시, 진열품, 전람회 **4.** 훅하고 불기

afiş|are, -ări, s.f. 광고 붙이기

afişier, ~e, s.n. 알림판, 게시판, 팻말

afiş|or, -oare, -ori, -oare, s.m. 광고, 삐라를 붙이는 사람, (풀을 묻힌)스티커, 벽보

afix, ~e, s.n. 첨부물, (문법)접사 (접두사, 접미사, 삽입사)

afix|a, vt. -을 첨부하다, (우표 따위)를 붙이다, 접사를 붙이다

afixal, ~ă, ~i, ~e, adj. 첨부된, 접사가 붙은

afixare, s.f. 첨부, 붙이기, 첨가 (문법)접사 첨가

afl|a, aflu, -ai, -at, I. vt. **1.** -이 뜻밖에 눈에 띄다, 우연히 -을 만나다 **2.** -을 발견하다 **3.** -을 발명하다, 창안하다, 고안하다 **4.** -을 보다, -을 알다, 이해하다 **5.** -을 듣다, 들어 알다, -을 배우다, 익히다 **6.** -을 생각하다, 숙고하다, -이라 가정하다 **7.** -을 결정하다, 확정하다, -를 해결하다 **8.** (사건 따위가)일어나다, 생기다, 닥치다 **9.** (생각 따위가 마음에) 떠오르다, 생각나다 ; uşor de ~t 찾기 쉬운 ; de unde ai ~t asta? 너 그것을 어디서 들었니? ; am ~t că... 나는 -을 들었다 ; am ~t din ziar că... 나는 -을 신문에서 읽었다 ; a ~ mijloace 나는 방법을 찾았다 II. vr. **1.** 존재하다

있다 **2.** 나타나다, 출현하다 ; se află -이 있다 ; a se ~ de față 참석 중이다, 출석이다 III. vi. **1.** -에 대해 듣다, 알게 되다 **2.** 정보(소식)를 얻다 ; din câte am ~t 내가 듣기로는

aflare, s.f. **1.** (유형, 무형의) 존재, 실재, 인생 **2.** 있음, 존재함, 출석

aflăt|or, -oare, -ori, -oare, adj. **1.** 현재 존재하고 있는, 가까운 장래의 **2.** 현재의, 오늘날의 지금의

afloriment, s.n. (지층, 광맥 따위의) 노출(부), 발생, 나타남

afluen|t, -ți, s.m. (강의)지류, 먹을 것(먹이)을 주는 사람, 사육자

afluenț|ă, -e, s.f. **1.** (물질적인) 풍요함, 풍부, 부유, 유복 **2.** 군중, 인파, 붐빔, 다수 **3.** 돌진, 돌격, 쇄도

aflux, ~uri, s.n. **1.** 유입, 쇄도 **2.** 흐름, 흘러내림, 유동(생각, 말 따위의) 거침, 없는 흐름 **3.** 음악의 유입

afon, ~ă, ~i, ~e, adj. 무성의, 벙어리의, 무언의

afonie, s.f. 무성, 실성증, 무성증

aforism, ~e, s.n. 금언, 격언, 경구

aforistic, ~ă, ~i, ~e, adj. 격언(금언, 경구)이 많은, 즐겨 금언을 많이 인용하는

african, ~ă, ~i, ~e, adj. s.m. 아프리카(인)의, 흑인의, 아프리카인, 아프리카흑인

africand, s.m. 남아프리카태생의 백인

africat|ă, -e, s.f. [음성]파찰음

afrodiziac, I. s.n. ~e, 최음제, II. adj. ~ă, ~i, ~e, 최음제의, 성욕을 일으키는

afront, ~uri, s.n. 모욕, 치욕, 무례한 언동

aft|ă, -e, s.f. 우유 아구창 (젖먹이에게 많은 구내염), 입안의 궤양

aftos, adj. 가의 발과 입에 자주 걸리는 전염병의, 아구창(鵝口瘡)의

afum|a, afum, -ai, -at, I. vt. **1.** 연기를 내다, 흡연하다 (담배 따위를)피우다 **2.** (연어 따위)를 소금에 절여 말리다, 훈제하다 **3.** 어둡게 하다 **4.** 열로 인해 변색하다, 타다 **5.** -에 만연하다, 들끓다 **6.** .-을 연기로 그을리다, 훈증하다 **7.** -을 황화하다, 유황과 화합시키다 II. vr. **1.** 담배연기로 가득 차다 **2.** 담배연기로 뒤덮이다.

afum|are, -ări, s.f. 연기를 냄 (특히 상습적인)흡연

afuma|t, -tă, -ți, -te, I. adj. **1.** 연기가 나는, 흡연을 하는 흡연의 **2.** 훈제로 한, 훈제의 **3.** 술 취한, 술고래의 ; cârnat ~ 훈제한 소시지 ; carne ~ă 훈제된 고기 II. s.n. v. afumare

afumăt|oare[1], -ori, s.f. 향기 나는 펜, (쇠사슬에 매단)향료

afumătoare[2], -ori, s.f. 향수류, 향료, 향수

afumător, s.n. **1.** 흡연자, 연기를 내는 것 **2.** (살코기, 물고기 따위의) 훈제소(실)

afumători|e, -i, s.f. (살코기, 물고기 따위의)훈제소(실)

afumătur|ă, -i, s.f. 훈제된 식용짐승고기

afund, I. adj. **1.** (바닥이)깊은, (폭이) 넓은, 깊이가 -인 **2.** (키, 높이 따위가) 낮은, 낮은 위치에 있는 II. adv. 하부 기슭에, 아래쪽으로, 깊숙하게, 깊숙한 곳에 ; a băga/ da ~ 살짝 적시다, 가라앉히다, 던져 넣다 ; a se da ~ 가라앉다, 사라지다, 숨다 III. s.n. 하부, 아래쪽, 바닥, 깊이

afund|a, afund, -ai, -at, I. vt. **1.** 가라앉다, 침몰하다 **2.** -을 살짝 담그다 (적시다) **3.** -을 처넣다, 찌르다 **4.** (물 속으로) 뛰어들다 (손 따위)를 찔러 넣다 **5.** 잠기다, 젖다, 스며들다, -을 적시다 **6.** -을 깊게 하다 II. vr. **1.** 가라앉다 **2.** 밑바닥까지 가라앉다 **3.** (아래로)기울다, 경사지다 **4.** -을 빨아들이다, 빠져들게 하다 **5.** 떨어지다, 낙하하다 ; a se ~ în cugetări 생각에 몰두하다

afund|are, -ări, s.f. 가라앉기, 침몰, 함몰

afundat, ~ă, ~i, ~e, adj. (거리적으로)먼, 멀리 떨어진, 외딴

afundător, s.m. 물에 뛰어드는 사람, 잠수부, 잠수업자

afundătur|ă, -i, s.f. **1.** 좁은 길, 골목길, 샛길 **2.** 깊숙한 모퉁이 **3.** 하부

afundiş, ~uri, s.n. 깊이, 깊숙함

afurc|a, afurc, -ai, -at, vt. 배를 정박시키다

afuriseni|e, -i, s.f. **1.** 금지(령), 공시, 포교 **2.** (교회에서 이단자들에게 내리는) 선고, 파문 (일반적으로) 저주, 악담

afuris|i, -esc, -ii, -it, I. vt. **1.** 교회의 금지 하에 놓이다 **2.** (특히 교회가)-을 파문하다, 추방하다 **3.** (신의 가호)를 받다, 축원하다 **4.** -을 유해하다고 판정하다, -을 저주하다 II. vr. (하나님께) 맹세하다, 서약하다

afurisi|t, -tă, -ți, -te, I. adj. **1.** 저주받은, 몹시 싫은, 몰락한 **2.** 괘씸한, 지독한 **3.** (보통아이가)장난꾸러기인, 행실이 나쁜 ; femeie ~ă 잔소리 심한 여자 II. s.m. 불량배, 건달, 머슴

agale, adv. **1.** 늦게, 더디게, 느리게 **2.** 서두르지 않는, 유유한, 느긋한, 여유 있는 **3.** 차츰, 서서히 **4.** 게으르게, 느긋하게 **5.** 부주의하게, 경솔하게, 무관심하게 ; a merge ~ 산책하다, 어슬렁거리다

agap|ă, -e, s.f. **1.** 인간 상호간의 사랑, 기독교적인 사랑 **2.** (masă comună) 친한 사람과의 식사

agar-agar, s.n. 한천(寒天)

agaric, s.m. 주름버섯(속의)

agas|a, -ez, -ai, -at, vt. 걱정하다, 고민하다, (남)을 괴롭히다, 고통을 주다, -을 짜증나게 하다, 약 올리다, 자극하다

agasan|t, -tă, -ți -te, adj. 난체한, 귀찮은, 성가신, 화나는, 약 오르는, 속상하는

agat, -e, s.n. 마노, (마노 또는 유리제의) 구슬

agav|ă, -e, s.f. 용설란

ag|ă, -i, s.m. 고관대작, 장군

agăț|a, agăt, -ai, -at, I. vt. **1.** -을 애달다, 걸다 **2.** -을 붙이다, 첨부하다 **3.** (기계, 기구)로 조립하다 **4.** -에게 말을 걸다 II. vr. 매달리다, 걸리다 ; a se ~ de **1.** 흠을 찾다, 나무라다, 비난하다 **2.** 잔소리하다, 귀찮게 볶아치다 **3.** 집요하게 조르다, 귀찮게 부탁하다 **4.** 공격하다, 습격하다 **5.** 고집하다, 충실히 지키다 **6.** 달라붙다, 밀착하다 **7.** 소유하다, 손에 쥐다 **8.** 기회를 포착하다, 쥐다 ; se agață de fiecare cuvânt 그는 말끝마다 헐뜯는다

agățare, s.f. 교살, 교수형, 매달기, 매달린 상태

agăţăt|oare, -ori, s.f. (의복 따위의) 드림, 소매 옷걸이
agăţăt|or, oare, -ori, -oari, adj. (나무, 줄 따위를)기어오르는, (산 계단 따위를)오르는
ageami|u, -e, -i, s.m.그리고 f. 풋내기, 초심자, 무경험자
agend|ă, -e, s.f. **1.** 메모, 비망록, 기록 **2.** 포켓형의 책, 수첩 **3.** 협의사항, 비망록, 예정표
agen|t, -ţi, s.m. **1.** 대리인, 대리점, 작용력 **2.** 중개인 **3.** 사 무원, 회사원 ; ~ comercial 상업적 대리인 ; ~ de schimb 교환 대리인 ; ~ în afaceri imobilare 부동산 중개인 ; ~ de schimb valutar 환전원 ; ~ atmosferic 작용물, 약물 ; ~ chimic 화공약품상 ; ~ de poliţie 경찰관 ; ~ de legătură 연 락 장교, 접속 파일, 주식 중매인 ; ~ diplomatic 외교상의 중개인 ; ~ monetar 통화(화폐, 수표, 어음 따 위) ; ~ provocator (경찰의)앞잡이, 밀정, 미끼, 유혹자 ; ~ sanitar 위생 관, 검역관 ; agenţii poliţiei 사복 경찰, 사복형사
agentur|ă, -i, s.f. 대리점, 중개
agenţ|ie, -ii, s.f. **1.** 중간, 중개 **2.** 대리점, 상회 **3.** 힘, 발동력 ~ de publicitate 광고대리점 ; ~ de voiaj 여행사 ; ~ telegrafică 전신국
ager, ~ă, ~i, ~e, adj. **1.** 관통하는, 날카로운, 예리한 **2.** 민첩한, 빠른 **3.** 부지런히 활동하는 **4.** 영리한, 빈틈없는, 깜찍한 **5.** 솜씨 좋은 **6.** 활기찬 **7.** 신뢰할 수 있는 ; ochi ~ 날카로운 눈
agerime, s.f. **1.** 날카로움, 총명함 **2.** 통찰력 **3.** 식별, 인식 **4.** 예민, 정교
agheasmatar, -e, s.n. **1.** (교회 입구에 놓는) 성수반(聖水盤) **2.** 성수를 뿌리는 동안 암송하는 기도문이 들어있는 책
agheasmă, s.f. **1.** 성수 **2.** (속어, 방언, 익살) 술, 알콜, (특히)위스키 ; a stropi cu ~ 성수를 뿌리다
aghesmu|i, -iesc, -ii, -it, I. vt. **1.** 성수를 뿌리다 **2.** ...을 찰싹 때리다 **3.** 흩뿌리다 (욕설 따위를) 퍼붓다 **4.** 부풀리다, 속이다, 훔치다 II. vr. 취하게 되다
aghesmuire, s.f. 성수를 뿌림
aghesmui|t, -tă, -ţi, -te, I. adj. 술 취한, 거나한 II. s.n. v. aghesmuire
aghi|os, -oase, s.n.교회에서 부르는 노래
aghiuţă, s.m. 악마 ; lua-te-ar ~! 빌어먹을! 뒈져버려라!
agi|e, -i, s.f. (지방의)경찰서
agil, ~ă, ~i, ~e, I. adj. 민첩한, 재빠른 II. adv. 민첩하게, 경쾌하게
agilitate, s.f. 민첩, 경쾌
agi|o, ~uri, s.n. (통화의)환전 수수료, (외국환 어음, 따위에 대한) 할인(액)
agiot|a, -ez, -ai, -at, vi. **1.** (주식의) 중개를 하다 **2.** 주식에 손을 대다 투기하다
agiotaj, ~e, s.n. 환전업, 주식중매
agiotar, s.m. 환전업자, 주식중매자
agit|a, agit, -ai, -at, I. vt. **1.** -을 움직이다, 이송시키다 **2.** 움직여서 -하게 하다 **3.** 흔들다, 휘두르다 동요하게 하다 **4.** 불안하게 하다, 걱정 끼치다 방해하다 **5.** 자극하다, 선동하다 **6.** 문제를 곰곰 생각하다 II. vr. **1.** 움직여지다, 이동되다 **2.** 고민하다, 초조해하다 **3.** 안절부절못하다, 주저주

저하다

agitare, s.f. 움직임, 선동

agita|t, -tă, -ţi, -te, adj. **1.** 휘저어 놓은 **2.** 흥분한 **3.** 짜증나는 **4.** 성난, 화난 **5.** 들뜬 **6.** 불안한 **7.** 안절부절못하는

agitat|or[1], -oare, -ori, -oare, s.m. 그리고 f.선전자, 운동자, 유세자

agitator[2], s.n. 뒤섞는 사람, 혼합기, 믹서

agitatoric, ~ă ~i, ~e, adj. 휘저어 섞는, 동요하는, 선전하는

agitaţ|ie[1] -ii, s.f. 휘젓기, 휘저어 섞기, (민심의)동요, 격동, 동란선동, 타도

agitaţ|ie[2] -ii, s.f. **1.** 감격, 감동 **2.** 흥분, 자극 **3.** 혼란, 동요 **4.** 참을 수 없음, 조바심하기 **5.** 걱정, 불안 **6.** 안절부절못함, 허겁지겁함 **7.** 열, 발열

aglic|ă, -e, s.f. [식물] 서양의 터리풀(류), 미나리(류)

aglicon, s.n. [생화학]아글루콘 (배당체의 당 이외의 부분, 당과 결합하여 배당체를 형성함)

aglomer|a, -ez, -ai, -at, I. vt. **1.** -을 모으다, **2.** 덩어리로 만들다 **3.** -을 축적하다, 쌓아올리다 **4.** -을 억지로 채워 넣다, II. vr. 쌓이다, 모이다, 축적하다, 늘다, 증대하다

aglomeran|t, -ţi, s.m. 고정 대리점, (계약 맺은) 대리점

aglomer|are, -ări, s.f. (뭉쳐서 된) 덩어리, 덩어리로 만들기

aglomerat, ~e, s.n. 집괴, 덩어리,

aglomeraţ|ie, -ii, s.f. (뭉쳐서 된)덩어리, 군중, 사람 무리, 많은 사람들

aglutin|a, -ez, -ai, -at, vt. (아교 따위로) 접착하다, [단어, 주문 따위] 교착어법으로 구성하다

aglutinan|t, -tă, -ţi, -te, adj. 교착하는, 접합하는, [언어]교착어형의 ; limbi ~e 교착어(한국어, 일본어, 터키어 따위)

aglutin|are, -ări, s.f. 접착, 접합, [언어]교착어법

agnostic, ~ă, ~i, ~e, adj. , s.m. 불가지론(자)의, 불가지론자

agnosticism, s.n. 불가지론

agonă, s.f. [지자기(地磁氣)의]무편각선(無偏角線)

agonic, ~ă, ~i, ~e, adj. **1.** 고통스러운, 고통을 주는 **2.** 각을 이루지 않는

agoni|e, -i, s.f. **1.** 죽음의 고통, 몸부림 **2.** 오래 끄는 죽음 **3.** 최후의 호흡

agonis|eală, -eli, s.f. **1.** 부, 재산 **2.** 이익, 이득 **3.** 획득 **4.** 소득, 벌이, 임금 **5.** 저금, 저축(액)

agonis|i, -esc, -ii, -it, vt. **1.** 얻다, 취득하다 **2.** 생활비를 벌다 (금전 따위를) 일해서 얻다 **3.** 재산을 취득하다 **4.** 풍부한 지식을 습득하다

agonisire, s.f. (지식, 기예 등 무형의 것의) 취득, 습득, 입수

agoniz|a, -ez, -ai, -at, vi. 괴로워하다, 고통에 몸부림치다

agonizan|t, -tă, -ţi, -te, adj. 고통스러운, 고통을 주는

agonizare, s.f. 고통스러움

agora, s.f. (고대 그리스의)시민정치 집회, (정치 집회가 열린)집회장, 시장

agorafobi|e, -i, s.f, (정신병) 광장(공간), 공포증

agraf|ă, -e, s.f. **1.** 브로치, 장식핀 **2.** 머리핀 **3.** 안전핀 **4.** [외과](상처의) 꿰멘 자리, 봉합

agrama|t, -tă, -ți, -te, I. adj. 문맹의, 무학의, 배우지 않은 II. s.m. 문맹자
agrar, ~ă, ~i, ~e, adj. 토지의, 농업의, 농지의
agrav|a, -ez, -ai, -at, I. vt. 더욱 악화시키다, (병 따위를) 악화시키다 II. vr. 악화하다, 나빠지다, 타락하다
agravan|t, -tă, -ți, -te, adj. 더욱 악화하는, 상황이 악화되는
agrav|are, -ări, s.f. 더욱 악화함
agre|a, -ez, -ai, -at, vt. **1.** -을 좋아하다, 마음에 들다 **2.** -에 호의를 보이다 **3.** 찬성하다, 승인하다, 동의하다
agreabil, ~ă, ~i, ~e, I. adj. **1.** 기분 좋은, 느낌이 좋은, 마음에 드는 **2.** 기쁨을 주는, 즐거운 **3.** 재미있는, 신나는 ; are un gust ~ 맛이 훌륭하다 II. adv. 기분 좋게, 유쾌하게 III. s.n. 동의자
agreg|a, (3인칭으로만 사용) agregă, -ai, -at, vr. -(물건이) 서로 달라붙다.
agregat, ~e, s.n. **1.** (지질) 집합암 **2.** 모임, 집합
agregație, s.f. 집합체, 집성체, 집단, 집합, 집성
agrement, ~e, s.n. **1.** (의견, 감정 따위를)일치, 동의 **2.** 기분풀이, 오락, 놀이 ; de ~ 즐거움의, 기쁨의
agrement|a, -ez, -ai, -at, vt. **1.** 채색하다 **2.** 밝게 하다, -을 빛나게 하다 **3.** -을 꾸미다, 장식하다 **4.** (책 따위에)도해(삽화)를 넣다 **5.** 기쁘게 하다
agresiun|e, -i, s.f. 침략, 공격
agresiv, ~ă, ~i, ~e, I. adj. 침략적인, 공격적인 II. adv. 공격적으로
agresivit|ate, -ăți, s.f. 공격적임, 침략적임
agre|sor, -oare, -ori, -oare, s.m. 침략자, 공격자
agricea, s.f. (英)구륜앵초, (美)눈동이 나물
agricol, ~ă, ~i, ~e, adj. 농업의, 농사의, 농경의
agricult|or, -oare, -ori, -oare, s.m. si f. **1.** 농장 경영자, 농업가, **2.** 농학자 **3.** 농부, 소작인
agricultur|ă, -i, s.f. 농업, 농경, 농사
agrimensor, ~i, s.m. (특히 토지의) 측량기사 조사관
agrimensură, s.f. 측량(술), 측지학
agriș, ~i, s.m. 구스베리, 그 열매, 그 나무 **2.** 매발톱나무속의 관목, 그 열매(붉고 타원형이며 신맛이 남) **3.** 까막 까치밥나무(노란 꽃과 검은 열매를 맺음)
agriș|ă, -e, s.f. **1.** 구스베리, 그 열매, 그 나무 **2.** 매발톱나무의 관목, 그 열매 (붉고 타원형이며 신맛이 남)
agrobilolog, ~ă, ~i, ~e, s.m. 농업생물학자
agrobiologic, ~ă, ~i, ~e, adj. 농업생물학의
agrobiologie, s.f. 농업 생물학
agrochimie, s.f. 농예 화학
agrogeologie, s.f. 농업 지질학
agrologie, s.f. 농업 토양학
agrominim, s.n. 농경법
agronom,~ă, ~i, ~e s.m. **1.** 농경가, **2.** 농학자, 농업 전문가
agronomic, ~ă, ~i, ~e, adj. 농경법의, 농업 경영의, 작물학의
agronomie, s.f. 농경법, 농업경영, 농경학

agrosilvic, adj. 농림(학)의

agrotehnic, ~ă, ~i, ~e, adj. 농업기술의

agrotehnică, s.f. 농업기술, 농경 공학

agrotehnici|an, -ană, -eni, -ene, s.m. 그리고 f. 농업 기술자, 농경 전문가

agrozootehnic, ~ă, ~i, ~e, adj. 농축산(학)의

agrozootehnic|ă, -e, s.f. 농축산학

agrozootehnician, s.m. 축산(학) 전문가

agu|d, -zi, s.m. 뽕나무

agud|ă, -e, s.f. 뽕나무

aguridar, s.m. 담쟁이, 덩쿨

agurid|ă, -e, s.f. **1.** 신포도, 덜 익은 포도 **2.** 풋과일, 익지 않은 과일

agurij|oară, -oare, s.f. 채송화, 쇠비름 속(분홍, 보라, 빨강, 백색, 노랑 따위의 고운 꽃이 핌)

agurizar, s.m. v. aguridar

ah, I. interj. **1.** (고통, 놀람, 연민, 불만, 혐오, 기쁨, 슬픔 따위를 나타내는 소리) 아아 **2.** 아아(비참하다) **3.** 이것 참! (실망, 놀라움) **4.** 큰일이군! **5.** 행운을! **6.** (만족, 기쁨의) 오! **7.** 훌륭해! 좋았어! II. s.n. 한숨, 신음, 불평

aha, interj. **1.** 알겠어! **2.** 예(네)

aho, interj. **1.** 여어! 호오! 흥! [주의, 기쁨, 으스댐, 놀람, 냉소 따위를 나타내는 소리]**2.** 충분해 ! **3.** 그것 봐! 호오! [냉소, 조소]

ahti|a, -ez, -ai, -at, vr. 열망하다. 갈망하다, 열중하다

ahtia|t, -tă, -ți, -te, adj. 동경하는, 갈망하는

ai[1], interj. (의심, 놀람, 질문 따위를 나타낼 때) 뭐, 뭐라고 에. **2.** 그래서, 그런데 **3.** (상대의 주의를 끌기 위해) 야, 이봐

ai[2], art. pos, masc. pl. -의, -에 속하는

ai[3], s.m. (일반적으로) 파속(屬) Allium의 식물, 실달래, 유럽산 백합과의 다년초식물(마늘처럼 씀)

aia, adj. 바로 그거야, 그 점이야, 알았어, 바로 그대로야 ; ~ e 안성맞춤이다, 바로 사실이다, 진실이다

aici, adv. **1.** 이 장소에서, 여기에 **2.** 이리로, 여기로 **3.** 이 점에서 **4.** 이 지역에서 **5.** 이쪽(편)에서 ; aici..., aici... 교대로, 때론 -하고, 때론 -하다 ; cât pe ~ 거의 de ~ 여기서부터, 지금부터 ; de ~ până acolo 여기부터 저기까지

aidoma, adj. **1.** 한결같이, 똑같이, **2.** 차별 없이 **3.** 동일한, **4.** (의견 따위가) 일치하는

aievea, I. adv. 실제로, 현실로, 마주대하여, 마주보고 II. adj. 현실의, 실제의

ainfas, s.n. 가, 가장자리, 경계(선), 국경선

aior, s.m. **1.** 대주과에 속하는 Euphorbia 식물의 호칭 **2.** 대주과에 속하는 Euphorbia 광엽식물(활엽)

aisberg, ~uri, s.n. 빙산

aisfild, ~uri, s.n. 빙판

aisoară, s.f. 울타리 겨자, 높이 50cm 정도의 십자화과

aişor, ~i, s.m. **1.** 스노드롭(초봄에 순백한 꽃이 핌), 아네모네의 일종 **2.** 백합속(屬)

aiur|a, -ez, -ai, -at, vi. **1.** 허튼 소리

를 하다 **2.** 철없는 소리를 하다 **3.** 종잡을 수 없는 말을 하다 **4.** 미치광이 같은 말을 하다 **5.** 노망하다 **6.** 꿈꾸다, 상상하다 **7.** 산만하게 말하다

aiur|are, -ări, s.f. **1.** (병리) 일시적 정신 착란 **2.** 헛소리 **3.** 방랑

aiurea, I. adv. **1.** 멍하게 **2.** 허튼 소리를 하는 ; a se gândi ~ 정신이 나가 있다 II. adj. 허튼소리의 III. interj. **1.** 흥! **2.** 쓸데없이! **3.** 닥쳐!

aiur|eală, -eli, s.f. **1.** (병리)일시적 정신 착란, 허튼 소리 **2.** 쓸데없는 말, 군소리, 노망 **3.** 어리석은 것, 바보짓 **4.** 생각이 모자람, 경솔함 **5.** 혼란, 소동 **6.** 무질서, 뒤범벅, 동요

aiuri, vt. **1.** ..을 놀리다, 조롱하다 **2.** -을 속이다, 협잡하다

aiuri|t, -tă, -ți, -te, I. adj. **1.** 지각없는 **2.** 바보 같은, 생각이 모자라는 **3.** 눈치가 없는 **4.** 부주의한 II. s.m. **1.** 철없는 소리를 하는 사람, 바보 **2.** 교통 신호를 무시한 도로 횡단자

ajun, ~uri, s.n. **1.** 전야, 전날 밤, [사건]의 직전 **2.** 단식 **3.** 섣달 그믐달에 **4.** 어제저녁 ; în ~ -의 직전에, -의 전날에 ; în ~ul plecării sale 그의출발 직전에

ajun|a, -ez, -ai, -at, vi. 단식하다

ajunare, s.f. 단식

ajun|ge, ajung, ajunsei, ajuns, I. vt. **1.** -에 따라가다, 다가가다 **2.** 어울리다, -과 대등하다 **3.** 따라잡다 **4.** (재난 따위가) 갑자기 덮치다 **5.** 공급하다, 주다 **6.** 합쳐지다, 하나가 되다 **7.** 붙잡다 **8.** -에 충돌하다 **9.** -에 대다, 만지다**10.** 도달하다 **11.** 얻다, 확보하다, 보장하다 ; a-l ~ -을 이겨내다, 극복하다, 압도하다 ; a ~ fundul 바닥에 이르다 ; a face după cum îl ~ capul 적절히 처리하다 ; nu-l ~ capul 그는 바보다(그의 머리는 비어 있다) ; a nu-l ~ puterile 기운(힘)을 잃다, 약해지다 ; a-și ~ scopul 목적을 달성하다 ; a ~ din urmă 따라붙다, 만회하다 II. vr. **1.** 만나다, 아는 사이가 되다, 서로 접하다 **2.** 충분하다, 족하다 **3.** 이름을 떨치다, 좋은 위치에 있다 ; cum de s-a ajuns la asta? 어떻게 이런 일이 일어나게 되었니? ; s-a ajuns la ceartă 말다툼을 하게 되다 III. vi. **1.** -에 오다, 도착하다 **2.** 충분하다, 족하다 **3.** -이 되다, 만들어지다 **4.** (결과, 상태 따위)에 이르다 **5.** 얻다, 획득하다 **6.** (특정한 장소, 사람, 상태, 금액 따위에)이르다 **7.** 성공하다, 잘되다 ; a ~ să... -하기시작하다, -을 착수하다 ; a ~ la o înțelegere 이해하게 되다 ; a ajuns la situația că... 그는 (충분히) -할 위치(입장)에 있다 ; a ~ acasă 집에 도착하다 ; a ~ bine 높은 지위에 오르다, 출세하다 ; a ~ târziu 지각하다 ~! 충분하다! ; sper că o să ajungă 이제 다 되었을 것으로 믿는다

ajungere, s.f. 접근, 도래, 도착

ajun|s, I. -să, -și, -se, adj. **1.** 압도적인, 이기는 **2.** 일치한, 동의한 **3.** 안정된, 확고부동한 **4.** 성공한, 좋은 결과의 ; ~ de cao/minte 영리한, 총명한, 이해가 빠른, 현명한 ; ~ de oboseală 지친, 녹초가 된 II. s.n. v. ajungere bun ~! 환영합니다!, 잘 오셨습니다!

ajur, ~uri, s.n. (천 따위의) 비쳐 보이게 하는 세공

ajur|a, -ez, -ai, -at, vt. -을 꿰뚫다,

관통하다, (구멍)을 뚫다

ajurat, adj. **1.** 구멍이 난, 구멍이 뚫린 **2.** (천 따위의)비쳐 보이게 하는 세공의 **3.** 투조의(면을 도려내어 도안을 나타내는 조각법의)

ajust|a, -ez, -ai, -at, I. vt. **1.** 조절하다 **2.** 정리, 정돈하다 **3.** 적응(부합)시키다 **4.** -을 (-에)맞추다 ; a ~ piesele unei masini 기계의 부품을 맞추다 (조정하다) II. vr. 조절되다

ajustaj, s.n. 정비

ajustare, s.f. 조절, 적응

ajust|or, -oare, -ori, -oare, s.m **1.** 조정자 **2.** 조립공, 설비공

ajuta, ajut, -ai, -at, I. vt. **1.** -를 돕다 **2.** 원조하다 **3.** 지원하다 **4.** 후원하다 **5.** -의 보조인(후견인)이 되다 **6.** 구원하다 **7.** -에게 도움의 손길을 뻗치다 **8.** -의 편이 되다 **9.** 위로하다 **10.** 용기를 북돋우다 **11.** 봉사하다, -에 도움이 되다 **12.** 호의를 베풀다 ; nu mă ajută picioarele 다리가 더 이상 말을 듣지 않는다(더 이상 다리를 움직일 수가 없다) II. vr. **1.** 서로 돕다 **2.** 서로 의지하다, 서로 지원해주다 ; a se ~cu... -의 힘을 빌다 -를 이용하다 III. vi. ; a ~ la... **1.** -에 도움이 되다, -에 유용하다 **2.** -에 기여하다, 공헌하다 **3.** -을 교정하다, 구제하다, (병 따위를)고치다 **4.** 수선하다 ; la ce ajută asta? 이것은 무슨 소용(도움)이 있느냐?

ajutaj, s.n. 수도꼭지 (펌프 등의)주둥이, 접합용 파이프

ajutăt|or, -oare, -ori, -oare, adj. **1.** 도움이 되는 **2.** 보조의 **3.** 종속적인 **4.** 제 2(류)의 **5.** 부차적인 ; verb ~ 조동사

ajut|or, -oare, I. s.n. **1.** 도움, **2.** 협력 **3.** 원조 **4.** 지원 **5.** 구조 **6.** 구원 **7.** 치료 **8.** 구출 **9.** 기여, 공헌 **10.** 수당 ; ~ de boală 질병수당 ; ~ de familie 가족수당 ; ~ de şomaj 실업수당 ; ~ prompt 신속한 지원, 응급조치 ; ~ reciproc 상호 원조 ; cu ~ul(여격지배) -의 도움으로 ; fără ~ 도움없이 ; a cere ~ cuiva -에게(누구의) 도움을 청하다 ; a da ~ cuiva (누구에게) 도움을 주다 ; a primi ~ 도움을 받다 ; a striga după ~ 도와달라고 외치다 II. -oare, -ori, -oare, s.m. s.n. **1.** 도와주는 사람, 지원자, 원조자 **2.** 후원자, 후견인 **3.** 보좌관, 부관 **4.** 구조자, 구출자 **5.** 공범자, 연루자 ; ~ de bucătar 요리 보조자, 보조 주방장 ; ~ de chirurg 외과 보조의사(인턴) ; ~ de judecător 재판관 보좌인(판사)

ajutor|are, -ări, s.f. 도움

al, a, ai, ale, art. pos, masc, -의 (남성, 중성의 소유관사)

ala-bala, interj. ; ce mai ~?무슨 소식 있니?, 요약하면, 결론은

alabastru, s.n. 설화석고(雪花石膏)

alac, ~e, s.n. 스펠트밀(가축의 사료)

alai, ~uri, s.n. **1.** 호화, 장관 **2.** 화려한 구경거리, 눈부신 전시 **3.** 퍼레이드 **4.** 시종 **5.** 수행원 **6.** 신하 **7.** 하인 **8.** 예배, 행진 **9.** 호송원, 호위, 호송 **10.** 진열, 대열 **11.** 연속 **12.** 장례 행렬**13.** 소동, 소란

alaltăieri, adv. 어제 그제, 엊그제, 철부지 시절에

alaltăseară, adv. 엊그제 밤(저녁)

al|amă, -ămuri, s.f. **1.** 놋쇠, 황동 **2.** 놋쇠 제품 **3.** 금관악기 **4.** 놋쇠 판, 놋

쇠문패 **5.** 놋쇠 철사

alambic, ~uri, s.n. 증류기, 정화기

alambi|ca, -chez, -cai, -cat, vt. 정류시키다, 정화하다

alambica|t, -tă, -ți, -te, adj. 정교한, 난해한, 심오한

alandala, adv. **1.** 잘못하여, 틀리게, 거꾸로 **2.** 엉망진창으로, 뒤죽박죽으로 **3.** 멋대로, 닥치는 대로 ; a vorbi ~ 멋대로 이야기하다, 말도 안 되는 소리를 하다

alarm|a, -ez, -ai, -at, I. vt. **1.** -에 경보하다 **2.** -을 깜짝 놀라게 하다 **3.** -을 불안하게 하다 II. vr. 불안하게 되다, 위급함이 알려지다

alarman|t, -tă, -ți, -te, adj. 놀랄만한, 불안한

alarm|are, -ări, s.f. 놀람, 경악, 경보

alarmat, adj. 놀람, 경보의, 불안한, 걱정스러운

alarmi|st, -stă, -şti, -ste, I.adj. 세상을 소란케 하는 II. s.m 세상을 소란케 하는 사람, 기우가 심한 사람

alarm|ă, -e, s.f. **1.** 경보 **2.** 공포, 경악 **3.** 불안

alamină, s.f. 유산(乳酸)

alaun, s.n. 명반

alămar, ~i, s.m. **1.** 놋쇠 만드는 사람 **2.** 놋쇠 세공인 **3.** 놋쇠 제품 파는 사람

alămări|e, -i, s.f. **1.** 놋쇠거래 **2.** 놋쇠 노(爐) **3.** 놋쇠공장

alămi, vt. -에 놋쇠를 입히다

alămi|u, -e, -i, adj. 놋쇠로 만든, 놋쇠를 입힌, 놋쇠 같은

alăpt|a, -ez, -ai, -at, I. vt. -에게 젖을 먹이다 II. vi. 아이에게 젖을 먹이다

alăptare, s.f. 젖먹이기, 젖먹이, 유아

alătura, I. vt. **1.** 추가하다, 덧붙이다 **2.** 부가하다, 첨가하다 **3.** 포함하다, 동봉하다 **4.** 가까이로 끌어당기다 **5.** 비교하다 **6.** 대조하다 **7.** -에 직면하다 II. vr. **1.** 접근하다 **2.** -에 속하게 되다, 구성원이 되다

alătur|are, -ări, s.f. 복가, 첨가

alătura|t, -tă, -ți, -te, I. adj. **1.** 이웃의, 인접한, 근접한 **2.** 추가된, 부가된 **3.** 인접각 II. adv. 이것에 덧붙여서, 이것과 함께

alături, adv. **1.** 옆에, 가까이에 **2.** 이웃에 **3.** 함께(하여), 합쳐서 **4.** 곁에, 떨어져서 **5.** 도로와 나란히 **6.** -의 옆에, -의 곁에 **7.** 이웃에 **8.** 가까이에

alb, ~ă, ~i, ~e, I. adj. **1.** 흰, 백색의 ; a semna în ~ 완성되지 않은 서류에 서명하다 ; cec în ~ 백지수표 ; ~ ca varul 종이 장처럼 흰 ; ~ ca zăpada 눈처럼 흰 ; noapte ~ă 잠 못 이루는 밤 **2.** 백발의, 눈으로 덮힘 **3.** 깨끗한, 순결한 **4.** 공백의, 여백의 **5.** 왕당파의, 극우적인, 반공의 **6.** 소리 없는, 무성의 **7.** 설백(雪白)의 **8.** 백지처럼 하얀, (공포로) 창백한 **9.** 눈처럼 하얀 II. s.n. **1.** 흰색 **2.** 백연 **3.** 달걀의 흰자 **4.** 새벽, 동틀 녘 ; a deosebi ~ul de negru 검은 것과 흰 것을 구분하다, 구별하다 III. s.m. **1.** 백인, 창백한 얼굴 **2.** 보수주의자

albanez, ~ă, ~i, ~e, adj. s.m. 그리고 f. 알바니아인의, 알바니아어의, 알바니아인, 알바니아어

alba|stru, -stră, -ştri, -stre, I. adj. **1.** 푸른 **2.** 하늘빛의, 남색의 **3.** 사파이어 빛의 **4.** 아이리스 (붓꽃과의 식물)의 II. s.n. **1.** 파란색 **2.** 하늘색 **3.**

아닐린 (벤젠으로 만드는 물질, 합성수지의 원료)의 푸른색 **4.** 파란색 염료, (세탁용) 파란색의 가루
albatro|s, -şi, s.m. (새)신천옹
albă, s.f. **1.** 흰색의 동물 **2.** 새벽, 동틀녘 **3.** 밀가루 **4.** 린넨류의 제품(옷 등) **5.** 설백(雪白) ; a fi mâncat ca alba de ham 힘든 경험을 쌓다, 베테랑이 되다 ; a trecut alba dealul 죽을 고비를 넘기다 ; a venit alba în sat. 눈이 내리다, 새벽이 오다
albăstr|ea, -ele, s.f. 달구지 국화
albăstreală, s.f. **1.** 파랑, 청색 **2.** 하늘색, 남색
albăstr|i, -esc, -ii, -it, I. vt. -을 푸르게 하다, 푸르게 물들이다 II. vr. 푸르게 변하다(되다) III. vi. 파랗게 빛나다
albăstrim|e, -i, s.f. **1.** 파랑, 푸른색 **2.** 하늘색, 남색 **3.** 도시사람
albăstri|u, -e, -i, adj. 푸르스름한, 푸른
alb|eală, -eli, s.f. (화장용)분
albeață, s,f, 흰색, 흰 점, 백혈병
alb|i, -esc,-ii, -it, I. vi. **1.** -을 희게 칠하다, 희게 하다 **2.** -을 표백하다 **3.** 색이 바래다 **4.** 백발이 되다, 늙다 **5.** 하얗게 빛나다 **6.** 공포로 창백해지다 **7.** 머리가 백발이 되다 II. vt. **1.** 희게 하다, 표백하다 **2.** 백발이 되게 하다 **3.** 깨끗하게 하다, 청소하다 **4.** 흰 반죽을 바르다, 백색 도료를 칠하다
albici|os, -oasă, -oşi, -oase, adj. 약간 흰, 하얀
albi|e, -i, s.f. **1.** 강바닥 **2.** 물통, 여물통 **3.** 씻을 물을 받는 통 **4.** 통, 목욕통
albiliț|ă, -e, s.f. (곤충)큰 배추흰나비
albinar, s.m. 양봉가
albin|ă, -e, s.f. **1.** 벌, 꿀벌 2벌꽃 **3.** 수펄(생식에만 관여하며 꿀은 모으지 않음) **4.** 여왕벌 **5.** 일벌 **6.** 땅벌 **7.** 양봉(업)자 **8.** 양봉
albinăre, s.f. 벌떼, 벌집, 양봉
albinărit, s.n. 양봉(업)
albinism, s.n. 선천성 색소 결핍증, 백피증
albin|os, -oasă, -oşi, -oase, s.m. 그리고 f. 선천성 색소 결핍증(백피증)인 사람(식물)
albire, s.f. **1.** 표백 **2.** 백발이 되는 상태
albişoar|ă, -e, s.f. **1.** 잉어과의 민물고기 (은빛 비닐은 모조진주의 원료, 유럽산) **2.** 포도의 일종
albiş|or, -oare, -ori, -oare, I. adj. 흰색의 하얀 II. s.m. 은화(동전)
albit[1] s.n. **1.** 소다 장석(長石) **2.** 씻기, 세탁, 표백
albit[2] -tă, -ți, -te, adj. **1.** 백발의 **2.** 밝은
albitori|e, -i, s.f. 표백하는 작업장
albitur|ă, -i, s.f. **1.** 여백 **2.** 린넨류의 제품(옷 등) **3.** 파슬리
albit|ă, -e, s.f. 냉이
album, ~e, s.n. 앨범, 스크랩북, 스케치북, 사진 앨범, 우표첩, 시를 모아 놓은 스크랩북
album|eală, -ele, s.f. 에델바이스
albumen, s.n. (종자의) 배유(胚乳)
albumin|ă, -e, s.f. 알부민(단백질의 일종)
albuminiza, vt. -을 단백 액으로 처리하다
albuminoi|d, -dă, -zi, -de, adj. 경

(硬)단백질, 골격 단백질

albumin|os, -oasă, -oşi, oase, adj. 알부민의, 알부민을 함유하는, 배유가 있는

albuminurie, s.f. 단백뇨증

alburn, ~uri, s.n. 백욕질 (나무의 심재 (心材)와 외피사이의 연질부)

albuş, ~uri, s.n. 달걀의 흰자, 눈의 흰자(부분)

alcaic, adj. (그리스의 시인)알카이오스의, 알카이오스격의 (韻律)

alcalescent, adj. 알칼리성의

alcalimetrie, s.f. 알칼리정량(적정)

alcalimetr|u, -e, s.n. 알칼리 미터, 탄산 정량기

alcalin, ~ă, ~i, ~e, adj. 알칼리(성)의, 알칼리성 금속

alcalinitate, s.f. 알칼리성(질)

alcaliniz|a, -ez, -ai, -at, vt. -을 알칼리화하다

alcalie, s.f. 알칼리

alcaloi|d, -zi, s.m. [화학]알칼로이드, 식물 염기

alcătu|i, -iesc, -ii, -it, I. vt. **1.** 만들다 **2.** -을 창조하다 **3.** -을 짓다, 건설하다 **4.** -을 올려놓다, 갖추다 **5.** -을 조직하다 **6.** -을 구성하다 **7.** 스케치하다, 묘사하다 **8.** 작성, 작곡하다 **9.** 글을 쓰다, 짓다 **10.** 발명하다 **11.** 형성하다, 형태를 만들다 ; a ~ un plan 계획을 짜다 II. vr. 만들어지다, 구성되다 ; a se ~ din... -로 구성되다, -로 형성되다

alcătui|ală, -eli, s.f. 건축

alcătuir|e, -i, s.f. **1.** 만들기, 제조 **2.** 구조 **3.** 조직

alcătuit|or, -oare, -ori, -oare, adj. 구성요소를 이루는, 구성하는

alchimic, s.f. 연금술, 연단술

alchimi|st, -stă, -şti, -ste, s.m. 연금술사, 연금술 학자

alcion, ~i, s.m. 물총새

alcool, ~i, s.n. **1.** 알코올, 주정음료 **2.** 순알콜, 무수(無水)알코올

alcoolic, ~ă, ~i, ~e, I. adj. **1.** 알코올성의, 알코올이든 **2.** 알코올 중독의 **3.** 주정음료 **4.** 알코올 물질 II. s.m. 그리고 f. 알코올 중독자

alcoolism, s.n. 알코올 중독

alcoolizare, s.f. 알코올 포화, 알코올 화

alcoolmetr|u, -e, s.n. 알코올 성분 계량기, 알코올 비중계(計)

alcoolometric, adj. 알코올 정량의

alcoolometrie, s.f. 알코올의 정량, 주정 정량, 알코올 함유측정(법)

alcov, ~uri, s.n. (실내 벽의 일부를 안으로 들어가게 한) 작은 방, 방안의 들어간 곳

aldămaş, ~uri, s.n. 술자리에서 맺는 매매계약, 술자리에서 계약을 맺다

alde, art. -와 같은 사람, 주변의 사람의

aldehid|ă, -e, s.f. 알데히드, 포름알데히드

aldin, ~ă, ~i, ~e, adj. 알더스판(版)의 (베니스의 Aldus Manutius 집안이 인쇄 간행한 고전의 호화판)

aldoz|ă, -e, s.f. 알도스 HOH_2 (CHO H)nCHO: 알데히드기(基) (-CHO)가 있는 단당류의 총칭

ale, art. (여성과 중성 복수 소유관사) ; ~ lui Vasile 바실레의 것

alea, adj. 지시대명사 (그것들)

alean, ~uri, s.n. **1.** 열망, 갈망, 향수

2. 노고, 수난, 고통, 슬픔
aleasă, s.f. 애인, 연인
aleatori|u, -e, -i, adj. (계약 따위의) 우연에 의한
ale|e, -i, s.f. 작은길, 골목길
aleg|a, -hez, -ai, -at, vt. -을 진술하다
alegați(un)|e, -i, s.f. 주장, 진술
alegăt|or, -oare, -ori, -oare, s.m. 그리고 f. **1.** 고르는 사람 **2.** 투표자, **3.** 유권자
ale|ge, aleg, -sei, -s, I. vt. **1.** 고르다, 선택하다 **2.** (즉석에서)고프다 **3.** 투표하다, 선거를 치르다 **4.** 체로 치다, 체로 걸러내다, -를 엄밀히 조사하다 **5.** 정하다 고르다 **6.** -의 편에 들다 **7.** 분리하다, 떼어놓다 **8.** 구별하다, 차별하다 **9.** 결정하다 ; a-şi ~ un domiciliu 주거지를 정하다, 정착하다 ; a ~ un timp nepotrivit 안 좋은 시간을 택하다 II. vr. **1.** 선택되다 **2.** 분리되다, 갈라지다, 떼어지다 **3.** 결정되다 **4.** 되다 **5.** 나타나다 **6.** 분리되다, 떨어지다 **7.** -와 구별되다 ; a se ~cu... -로 남다, -로 되다 III. vi. 선택하다 ; a nu avea de ales 선택의 여지가 없다 ; a ~ bine 좋은 선택을 하다
aleger|e, -i, s.f. **1.** 고르는 행위 **2.** 선택 **3.** 선택권 **4.** 양자택일 **5.** 선거 **6.** 결정 **7.** 분류, 유별 **8.** 분리 **9.** 구별 ; la ~ (누구의) 선택에 따라서 ; a face o ~ 선택하다
alegoric, ~ă, ~i, ~e, I. adj. 우의적, 풍유적, 비유적인, 야외극, 풍유적 의미 II. adv. 우의적으로, 비유적으로
alegori|e, -i, s.f. 풍유, 비유, 우화
alegorist, s.m. 풍유가, 우화작가
alelei, interj. **1.** (감탄사로서) 아! 오! **2.** 아, 슬프도다! (비애, 한탄, 연신, 걱정 따위의 소리)
aleluia, interj. **1.** 할렐루야 **2.** 안녕히! a face cuiva ~ -을 몰아대다, 궁지에 빠뜨리다
alemandă, s.f. 알망드 (17-18세기의 프랑스 궁정 댄스), 독일 포크 댄스의 일종
alene, I. adv. 빈둥거리며, 게으르며, 졸며, 부주의하게, 느리게, 부드럽게, 온화하게, 서서히, 만만하게 II. adj. 게으른, 빈둥거리는, 졸리는, 부주의한, 느린, 유순한, 온화한, 점차적인, 만만한
alerg|a, alerg, -ai, -at, I. vi. **1.** 도망치다, 도주하다 **2.** 달리다, 뛰다 **3.** (기차 등이)달리다, 다니다, 지나가다 **4.** 흐르다 **5.** 서두르다 **6.** 돌진하다, 급히 달리다 **7.** 날다 **8.** (시간이) 흐르다, 경과하다 ; a ~ după... -를 뒤쫓다 ; a ~ la... -에 적용되다, 적합하다 ; a ~ ca nebun 미친 듯이 뛰다 ; a ~ după cineva (누구를) 쫓아서 (부르려고) 달려가다 II. vt. **1.** 뒤쫓다, 추적하다 **2.** -을 몰아대다 **3.** 떠돌아다니다 a ~ un cal 말을 몰다 ; a-şi ~ ochii peste... -을 눈으로 훑어보다
alerg|are, -ări, s.f. **1.** 달리기 **2.** 비행, 활주 **3.** 경주 **4.** 피곤함 **5.** 추적 **6.** 경마
alergăt|oare, -ori, s.f. **1.** 실을 감은 틀 **2.** 맷돌(아래위 2개의 돌 가운데 위의 것)
alergăt|or, -oare, -ori, -oare, I. adj. **1.** 달리는 **2.** 활동적인, 부지런한 **3.**

구보 II. s.m. 그리고 f. **1.** 달리는 사람 **2.** 심부름꾼, 급사(急使)

alergătur|ă, -i, s.f. **1.** 달리기 **2.** 막다른 골목, 도피할 수 없는 상황

alergic, ~ă, ~i, ~e, adj. 알레르기(성)의

alergic, s.f. 알레르기

alerta, -ez, -ai, -at, vt. -에 경계 태세를 취하다

alert|ă, -e, s.f. 경계, 조심, 경보

al|es, -easă, -eşi, -ese, I. adj. **1.** 선택된, 골라진 **2.** 드문 **3.** 구별되는 **4.** 우수한 **5.** 일류의 **6.** 칭찬할 만한, 감탄할만한 **7.** 최고의 **8.** 고상한 **9.** 주목할 만한 II. adv. ; mai ~ 특히, 더욱더, 오히려 III. s.n. 선택 ; pe ~(e) 마음대로, 골라잡아 IV. s.m. 그리고 f. 선택된 사람

Alexandrie, s.f. 알렉산더의 책, 알렉산더의 전설

alexandrin, ~i, I. adj. 알렉산더 대와의, 알렉산드리아 시(市)의 II. s.m. 알렉산드르격(格)[의시]

alez|a, -ez, -ai, -at, vt. 구멍을 뚫다

alezaj, ~e, s.n. 구멍 뚫기, 전공 작업, 보링

alez|or, -oare, -ori, -oare, s.n. 리머, 확공기(擴孔器), 구멍을 넓히는 공구

alfa¹, s.m. 알파(그리스 알파벳의 첫째자), (일반적으로 사물의)시작, 최초 ; a fi ~ şi omega 천지의 주인이 되다 ; de la ~ la omega 처음과 끝이다

alfa², s.f. [풀이름]아프리카 나래새

alfabet, ~e, s.n. 알파벳, ABC

alfabetic, ~ă, ~i, ~e, I. adj. 알파벳(ABC) 순의 II. adv. 알파벳순으로

alfabetism, s.n. 알파벳 표기법

alfabetiz|a, -ez, -ai, -at, vt. **1.** -에게 읽기와 쓰기를 가르치다 **2.** 알파벳 순서대로 정리하다

alfabetizare, s.f. 읽기, 쓰기, 지도, 문맹 퇴치

alfenid, s.n. 알페니드 광석

alg|ă, -e, s.f. 말, 조(藻) ; ~ marină 해조류(미역 등)

algebră, s.f. 대수학

algebric, ~ă, ~i, ~e, I. adj. 대수학상의, 대수학상의 계산, 대수학적인 기능 II. adv. 대수학 상으로

algeri|an, -ană, -eni, -ene, adj., s.m. 그리고 f. **1.** 알제리아의 **2.** 알제리아인

algi|d, -dă, -zi, -de, adj. 추운, 한기가 드는

ali|a, -ez, -ai, -at, I. vt. **1.** (결혼을 통하여) 동맹, 연합하다 **2.** -의 합금을 만들다 II. vr. **1.** 동맹하다 **2.** 동맹관계가 되다 **3.** 합금이 되다 ; a se ~ cu... -와 제휴하다, 동맹을 맺다

aliaj, ~e, s.n. 합금

alianţ|ă, -e, s.f. **1.** 동맹 **2.** 가맹(국), 연맹(국) **3.** 연합(국) **4.** 결혼 **5.** 인척관계 **6.** 협조, 협력 prin ~ 혈연관계로, 친척으로 **7.** 신성동맹(러시아, 오스트리아, 프러시아 사이에 1815년에 체결되고 1825년까지 지속됨) **8.** 삼국동맹 ; a încheia un tratat de ~ 동맹을 맺다, 협정을 체결하다

alia|t, -tă, -ţi, -te, I. adj. 동맹의 II. s.m 동맹국, 연합국, 동맹자, 제휴자

alibi, ~uri, s.n. 알리바이, 현장부재증명 ; a stabili un ~ 알리바이를 증명하다

alic|ă, -e, s.f. **1.** (작은)총알 **2.** 자갈, 조약돌

alicot|ă, -e, s.f. 나누워 떨어지는 수

alidad|ă, -e, s.f. [측량]앨리데이드(평판 측량에서 측선의 방향을 측정하는 기구)

alien|a, -ez, -ai, -at, vt. -을 멀리하다, 미간하다, -을 양도하다

alienabil, ~ă, ~i, ~e, adj. 양도할 수 있는

alien|are, -ări, s.f. (소유권의)양도, 멀리하게, 이간

aliena|t, -tă, -ți, -te, I. adj. **1.** 양도된 **2.** 정신 착란의 II. s.m. 정신이상자 ; spital de alienați 정신병원

alienație, s.f. 정신이상, 정신착란

alieni|st, -stă, -şti, -ste, s.m. 그리고 f. 정신병의사

alifi|e, -i, s.f. **1.** 연고(약) **2.** 방향, 향기, 위안물, 달래는 것

aligator, ~i, s.m. (미국의)악어

aliment, ~e, s.n. **1.** 음식, 식품 **2.** (이혼 또는 별거 후에 남편이 아내에게 주는)생활비, 부양금, 생계비 **3.** 유동식(流動食)

aliment|a, -ez, -ai, -at, I.vt. **1.** -에게 먹을 것을 주다, 배급하다 **2.** 불을 지피다 **3.** 배급하다 **4.** -을 지원하다 **5.** 생활을 유지하다 **6.** -에 연료를 공급하다 II. vr. 먹을 것을 받다, 배급받다

alimentar, ~ă, ~i, ~e, adj. 음식물의, 영양의

alimentar|ă, -e, s.f. 식료품점

aliment|are, -ări, s.f. **1.** 음식 공급, **2.** 전기, 물, 에너지 등의 공급 **3.** 보급, 배급, 급식

alimentat|or, -oare, s.n. 먹을 것을 주는 사람

alimentați|e, -i, s.f. 음식물, 영양분

alin|a, alin, -ai, -at, I. vt. **1.** (분노, 슬픔 등을) 누그러뜨리다, 가라앉히다 **2.** 가볍게 하다 **3.** 달래다 **4.** 감소시키다 **5.** (병 따위를)완화시키다 **6.** 고통을 덜어주다 II. vr. **1.** 가라앉다 **2.** (폭풍 등이)누그러지다

alin|are, -ări, s.f. **1.** 진정 **2.** 완화, 안심 **3.** 위안

alinăt|or, -oare, -ori, -oare, adj. 위안의, 위로가 되는

alini|a, -ez, -ai, -at, I. vt. **1.** 일직선으로 세우다 **2.** 정렬하다 II. vr. **1.** 일직선으로 서다 **2.** 한 줄로 정렬되다

aliniament, ~e, s.n. 일직선으로 세우기, 정렬, 배치, 배열

aliniat, I. s.n. 톱니모양의 선, 단락 II. adj. 일직선의

alinier|e, -i, s.f. **1.** 일직선으로 하기 **2.** 정렬, 배열

alint, ~uri, s.n. 애무, 사랑 받음

alint|a, alint, -ai, -at, I. vt. **1.** 애무하다 **2.** 지나치게 귀여워하여 -을 망치다 **3.** 응석받이로 기르다 II. vr. **1.** 까불다 **2.** -을 전후(좌우)로 흔들다 **3.** 애무하다 **4.** 영향을 받다

alint|are, -ări, s.f. 애무, 사랑의 말

alinta|t, -tă, -ți, -te, adj. (지나치게 귀여워하여) 응석받이가 된, 못 쓰게 되는, 버릇없는

alintăt|or, -oare, -ori, -oare, adj. 애무하는, 애무의

alintătură, s.f. **1.** (지나치게 귀여워하여)응석받이가 된 아이

alior, ~i, s.m. 등대 풀 속의 식물

alip|i, -esc, -ii, -it, I. vt. -을 결합하다, 접근하다 II. vr. **1.** 합병하다, 합하다 **2.** 달라붙다 **3.** 고수하다

alipir|e, -i, s.f. 결합

alişveriş, ~uri, s.n. 판매, 비즈니스 ; a face ~ cuiva -로부터 구입하다
alitera, vt. -에 두운(頭韻)을 밟게 하다, -을 두운에 쓰다
aliterați|e, -i, s.f. 두운(법)(시문의 일련의 몇 단어를 같은 음 또는 같은 자로 시작하는 일종의 압운법)
aliv|ancă, -enci, s.f. (밀가루 버터, 우유, 치즈 등을 넣어 만든 몰도바식 케익)
alivanta, adv. 거꾸로, 쏜살같이, 완전히 ; a se da ~ 재주를 넘다, 공중제비를 하다
alizarină, s.f. 알리자린(적황색 염료의 일종)
alize|u, -e s.n. 무역풍
allegretto, adv. [음악] 알레그레토(allegro와 andante의 중간), 약간 빠르게
allegro, adv. [음악] 알레그로(presto 와 allegretto와의 중간의 빠른 가락), 빠르게
almanah, ~uri, s.n 역서, 연감
alo, interj. (전화해서)여보세요! 이봐!
aloc|a, aloc, -ai, -at, vt. -을 할당(배분)하다, (특정, 목적을 위해) -을 따로 제쳐놓다, 지정하다
aloc|are, -ări, s.f. 할당, 배분
alocați|e, -i, s.f. **1.** 할당, 배분 **2.** 무상원조 **3.** 수당 ; ~ de companie 직장 보조금 ; ~ de locuință 주거 보조금 ; ~ de stat 국가 보조금 ; ~ de șomaj 실업 보조금; ~ temporară: 일시적 보조금
alocuri, adv. 여기저기
alocuțiun|e, -i, s.f. 연설, 강연
alodial, ~ă, ~i, -e, adj. 완전 사유지의
alodi|u, -i, s.n. 완전 사유지
aloe, s.f. [식물]알로에
alogen, ~ă, ~i, ~e, adj. 타생(他生)의, 암석의 구성물질(의 일부)가 현재 그것을 함유하고 있는 암석 속에서가 아니라 다른 장소에서 형성된 것)
alonj|ă, -e, s.f. **1.** 갈게 늘리거나 연장하는 것 **2.** 어댑터 **3.** (복싱) 리치, 팔 길이
alopa|t, -ți, s.m. 역증요법(逆症療法), 역증요법가
alopatie, s.f. 역증요법, 이종(異種)
alotropic, ~ă, ~i, ~e, adj. 동소체의, 동질이형(同質異形)의
alotropie, s.f. 동소체, 동질이형, 흑연과 다이아몬드처럼 같은 원소가 다른 물질을 구성하고 있는 일
alpaca¹, s.f. **1.** 알파카(남미의 털이 긴 양의 일종) **2.** 알파카의 털, 직물
alpaca², s.f. 양은(구리, 아연, 니켈의 합금)
alpe|stru, -stră, -ştri, -stre, adj. 높은 산의, 알프스 산맥의
alpinism, s.n. 등산
alpini|st, -stă, -şti, -ste, s.m. 그리고 f. 등산가
alsacian, ~ă, ~i, ~e, adj., s.m. 그리고 f. 알자스의, 알자스 사람의, 알자스 사람
al|t, -tă, -ți, -te, I. adj. **1.** 그 밖의, 다른 **2.** 또 하나의 **3.** 추가의 부가의 II. pron, **1.** (대명사로서) 또 하나의 것, 또 하나 **2.** 나머지, 나머지의 것 **3.** 다른 것, 또 하나
altaic, ~ă, ~i, ~e, adj. 알타이어족(사람의), 알타이산맥의

altar, -e, s.n. **1.** 제단 **2.** 교회 제단 주변의 사제석 **3.** [성인, 성자의 유물 또는 유골을 모신]성골함, 제단, 사당 등 ; a duce la ~ 결혼하다
altădată, adv. **1.** 과거에 **2.** 다른 때에는, 평소에는 **3.** 다음기회에, 다음에, 언젠가 ; de ~ 과거의, 이전의
altcândva, adv. 언젠가, 다른 날에
altceva, pron, nehot. (부정대명사) 다른 것, 다른 어떤 것
altcineva, pron, nehot. 다른 누군가, 다른 어떤 누구
altcum, adv. **1.** 그렇지 않으면, 다른 경우라면 **2.** 다르게
altele, pron, fem. 그 밖의 것들, 다른 것들
alteori, adv. 다른 때에는, 평소에는
alter|a, -ez, -ai, -at, I. vt. **1.** 바꾸다, 고치다, 개조하다 **2.** 망가뜨리다 **3.** -의 품질을 떨어뜨리다 **4.** (고기 따위를)썩히다 **5.** 부패시키다 타락시키다 **6.** 변조하다, 위조하다 II. vr. 바뀌다, 개조되다, 부패되다, 썩다
alterabil, ~ă, ~i, ~e, adj. 바꿀 수 있는, 개조 할 수 있는
alter|are, -ări, s.f. 변경, 개조
altera|t, -tă, -ţi, -te, adj. 혼합의, 저급품질의
altercaţi|e, -i, s.f. 언쟁, 격론
altern, ~ă, ~i, ~e, adj. **1.** 교대의, 번갈아 하는, 교체되는, 하나씩 거른, 교류의 **2.** 윤작의
altern|a, -ez, -ai, -at, vt. 교대로 하다, 엇갈리게 하다, 교체하다, 교류하다(전류)
alternan|t, -tă, -ţi, -te, adj. **1.** 교류의, 교호(交互)의 **2.** 윤작의
alternanţ|ă, -e, s.f. **1.** 교대, 교체, 하나씩 거름 **2.** 모음 전환(교체)
alternare, s.f. 교대, 교체
alternativ, ~ă, ~i, ~e, I. adj. 양자택일의, (전기)교류 II. adv. 양자택일로
alternativ|ă, -e, s.f. 둘 가운데서의 선택, 양자택일
alternat|or, -oare, s.n. 교류(발전)기
alteţ|ă, -e, s.f. 전하(왕의 호칭)
altfel, adv. **1.** 다르게, 다른 방법으로 **2.** 또는 그렇지 않으면 ; ~ de... -와 다른 cu totul ~ 아주 다르게 ; de ~ 사실, 게다가, 그렇지 않으면 ; nici nu se poate ~ 당연한 일이다
altimetrie, s.f. (고도)측량
altimetr|u, -e, s.n. 고도계(高度計)
alti|st, -stă, -şti, -ste, s.m. 그리고 f. 알토(고음의 성악가)
altitudin|e, -i, s.f. 높이, 고도
altiţ|ă, -e, s.f. **1.** 농민 옷의 장식품 일종 **2.** 셔츠
alto, s.m. 알토(남성 고음) **2.** 테너 바이올린
alto|i[1], -iesc, -ii, -it, I. vt. **1.** 접목하다, 접붙이다 **2.** (사상, 주의 등을) 주입하다 **3.** (병균을) 접종하다 백신을 투여하다 II. vr. **1.** 접목되다, 주입되다 **2.** 술에 취하다
alt|oi[2], -oaie, s.n. **1.** 접붙이기, 접목(법) **2.** 접붙이기한 나무(원래의 나무) **3.** 백신
altoir|e, -i, s.f. 접목(법)
altoi|t, -tă, -ţi, -te, I. s.n. 접목(법) II. adj. 접목된, 이식된
altruism, s.n. 이타(利他)주의
altrui|st, -stă, -şti, -ste, adj. 이타적인

al|tul, -ta, -ții, -tele pron. masc. (남성 및 중성 단수 부정대명사) 또 하나의, 다른
altundeva, adv. 다른 어딘가에
alții, pron, masc. pl. (남성 복수 부정대명사) 다른 것들, 나머지 것들
aluat, ~uri, s.n. 가루반죽,, 같은 양의, 같은 종류, 모두 같은 종류(양)이다.
alumină, s.f. 알루미나, 반토(礬土)
aluminiu, s.n. 알루미늄(기호 AL.)
alumin|os, -oasă, -oşi, -oase, adj. 백반의, 알루미늄을 함유하는
aluminotermie, s.f. 알루미늄 세라믹
alun, ~i, s.m. 호두, 개암나무, 개암나무
alunar, ~i, s.m. **1.** 호두, 개암, 따위를 파는 사람 **2.** 호두 까는 연장 **3.** 동면 쥐(다람쥐와 쥐의 중간) **4.** (새의 일종)동고비
alun|ă, -e, s.f. 호두, 개암 따위, 땅콩
alunec|a, alunec, -ai, -at, vi. **1.** 미끄러지다 **2.** 미끄러져 내려가다 **3.** 미끄러져 넘어지다, 실수로 넘어지다 **4.** 배가 물위를 미끄러지듯 내려가다 **5.** 손에서 미끄러져 빠져나가다 **6.** 뱀장어처럼 미끈미끈하다, 요리조리 잘 빠져나가서 잡히지 않다
alunec|are, -ări, s.f. **1.** 미끄러짐 **2.** 미끄러져 넘어짐, 실수
alunec|os, -oasă, -oşi, -oase, adj. 미끄러운
alune|l, -i, s.m. 루마니아 춤의 일종
alunele, s.f. pl **1.** 서양 가새풀(톱풀) **2.** 땅콩 **3.** 햇볕에 탐
alung|a, alung, -ai, -at, I. vt. **1.** 뒤쫓다 **2.** 추적하다 **3.** 몰아내다 **4.** 쫓아내다 **5.** 추방하다 **6.** 내쫓다, 면직시키다 **7.** 파리를 쫓아버리다 **8.** 슬픔(비통)을 씻어버리다 II. vr. 서로를 뒤쫓다
alung|are, -ări, s.f. 뒤쫓음, 추적
aluniş, ~uri, s.n. 개암나무
alunț|ă, -e, s.f. (피부의)검은 점
alun|iu, -ie, -ii, adj. 개암나무의
alură, s.f. **1.** 몸가짐, 태도 **2.** 외양, 용모 **3.** 걷는 속도, 페이스
aluvial, ~ă, ~i, ~e, adj. 충적(沖積)의
aluviu, s.n. 충적층, 충적토
aluviun|e, -i, s.f. 충적물
aluzi|e, -i, s.f. **1.** 암시 **2.** 언급 ; ~ răutăcioasă 비꼼, 풍자, 빈정대는 말 ; ~ transparentă/vădită 명백한(뻔한) 암시 ; prin ~ la... -의 암시로 ; a face ~ la... -에 암시하다 ; a face o ~ 힌트를 주다
alveolar, ~ă, ~i, ~e, adj. **1.** 소와 기포(小窩氣胞)가 있는 **2.** [음성학]치조의 **3.** (음성학)치경음의
alveolat, adj. 소와기포가 있는
alveol|ă, -e, s.f. **1.** 벌집의 구멍 **2.** 치마에 난 구멍 **3.** 과일에 난 구멍
alviță, s.f. 누가(설탕과 땅콩 등으로 만든 과자)
amabil, ~ă, ~i, ~e, I. adj. **1.** 마음씨 고운 **2.** 붙임성이 있는 **3.** 친절한 **4.** 기분 좋은, 상냥한 **5.** 예의바른 **6.** 공손한 ; sunteți foarte ~ 당신께서는 정말로 친절 하십니다 II. adv. 친절하게, 예의 바르게
amabilit|ate, -ăți, s.f. 사랑스러움, 상냥함, 친절, 예의바름
amalgam, ~e, s.n. **1.** 아말감(수은과 다른 금속과의 합금) **2.** 혼합물
amalgam|a, -ez, -ai, -at, I. vt. 아말

감을 만들다, 수은과 혼합하다 II. vr. 혼합시키다, 섞다

amalgam|are, -ări, s.f. **1.** 아말감으로 함 **2.** 아말감법 **3.** 혼합, 융합

aman, I. interj. 아이구! 저런! II. s.n. ; la ~ 진퇴양난에 빠져

amanet, ~e, s.n. **1.** 전당(물) **2.** 저당 casă de ~ 전당포 ; a da/ lăsa ~ 전당 잡히다

amanet|a, -ez, -ai, -at, vt. 전당잡히다

amanet|are, -ări, s.f. 전당잡힘

aman|t, -tă, -ți, -te, s.m. 그리고 f. 연인, 구혼자

amar, I.~ă, ~i, ~e, adj. **1.** 쓴(맛)의 **2.** 쓰라린, 고통스러운 **3.** 가혹한, 잔인한 **4.** 통곡할, 슬픈 **5.** 비참한 ; durere ~ă 쓰라린 아픔(고통) II. adv **1.** 쓰게 **2.** 몹시, 심하게 III. (rar) ~uri, s.n. 씀, 쓴맛, 비통, 쓰라림 de atâta ~ de vreme 영원히 ; a bea tot ~ul 슬픔의 잔을 비우다

amarnic, ~ă, ~i, ~e, I. adj. 지독한, 심한 II. adv. 심하게, 지독하게

amat|or, -oare, -ori, -oare, I. adj. **1.** ~을 좋아하는 II. s.m. 그리고 f. **1.** 연인, 사랑하는 사람 **2.** 아마츄어 ; ~ de concerte 콘서트에 자주 가는 사람 ; ~ de teatru 연극 보러 자주 가는 사람 ; de ~i 아마츄어의 ; spectacol de ~ 아마츄어 연극

amatorism, s.n. 아마츄어 정신

amazoan|ă, -e, s.f. **1.** (그리스 전설의) 여장부 **2.** 여걸, 여자 승마 기수 **3.** 부인용 승마복

amăg|eală, -eli, s.f. 현혹, 기만

amăg|i, -esc, -ii, -it, I. vt. **1.** 현혹하다, 속이다, 기만하다 **2.** 유혹하다, 꾀다 **3.** 부추기다, 타락시키다 II. vr. 스스로 속다, 현혹되다

amăgir|e, -i, s.f. 속임, 기만

amăgit|or, -oare, -ori, -oare, I. adj. 속이는 기만하는 II. s.m. 그리고 f. 사기꾼, 현혹자

amănunt, ~e, s.n. **1.** 세부(항목), 사정, 상황 **2.** 세부(항목) **3.** 하찮은 일, 사소한 것 ; cu ~ul 소매로 ; în ~ / cu de ~ul / în tot ~ul 자세하게

amănunț|i, -esc, -ii, -it, vt. **1.** 땅을 갈다 **2.** 상술(열거)하다 **3.** 자세히 이야기하다

amănunțime, s.f. 세부, 상세, 아주 상세히

amănunți|t, -tă, -ți, -te, I. adj. 자세한, 상세한, 정황적인 II. adv. 자세하게, 정황적으로

amărătăciun|e, -i, s.f. **1.** 씀, 쓴맛 **2.** 쓰라림, 비통 **3.** 쓰게, 몹시, 심하게

amăreală, -eli, s.f. **1.** 씀, 쓴맛 **2.** 염신초, 애기풀

amărâ|t, -tă, -ți, -te, I. adj. **1.** 슬픈 **2.** 풀이 죽은, 기가 꺾인 **3.** 격분된 II. adv. 슬프게 III. s.m. 그리고 f. 가련한, 불쌍한 사람 **2.** 불행한 사람

amăr|î, -ăsc, -âi, -ât, I. vt. **1.** 쓰라리게 하다 **2.** 슬프게 하다 **3.** 격분시키다 II. vr. **1.** 쓰라리게 되다 **2.** 마음이 상하다 **3.** 슬퍼지다

amări|u, -e, -i, adj. 씁쓸한

amâna, amân, -ai, -at, vt. **1.** 미루다, 연기하다 **2.** 정회하다 폐회를 명하다 **3.** 휴정하다

amân|are, -ări, s.f. 연기, 휴정 ; ~a executării pedepsei închisorii 집행 유예

amân|doi, -donă, num. pron. 모두

둘 다
ambal|a, -ez, -ai, -at, I. vt. **1.** (짐 등을) 싸다, 덮다 **2.** 흥분(감동) 시키다 **3.** 경주시키다 II. vr. 경주하다, 달리다
ambalaj, ~e, s.n. **1.** 싸개, 덮개, 싸는 사람(것)
ambl|are, -ări, s.f. 짐꾸림, 포장
ambaras|a, -ez, -ai, -at, vt. 어리둥절하게 하다, 난처하게 하다
ambaras|ant, -antă, -anți, -ante, adj. 난처한, 곤란한
ambarcați|e, -i, s.f. 보트, 선박
ambasad|ă, -e, s.f. 대사관
ambasad|or, -oară, -ori,-oare, s.m. 그리고 f. 대사
ambian|t, -tă, -ți, -te, adj. 포위한, 에워싼, 주변의
ambianț|ă, -e, s.f. 주위, 환경
ambidextr|u, ~ă, ~i, ~e, I. adj. 양손을 모두 사용하는, 두 마음을 품은 II. s.m. 그리고 f. 양손잡이, 두 마음을 품은 사람
ambigen, ~ă, ~i, ~e, adj. 남녀 양성을 가진(중성의)
ambiguit|ate, -ăți, s.f. 모호(성)
ambigu|u, -ă, -i, I. adj. 모호한 II. adv. 모호하게
amb|ii, -ele, num, col. 둘 다, 양쪽모두
ambiți|e, -i, s.f. 야심, 소망, 바람, 포부
ambiți|on|a, -ez, -ai, -at, I. vt. 자극하다, 남을 자극하여 -을 하게 하다 II. vr. (고집 또는 주장을) 굽히지 않다, 완고하다, 고집하다
ambiți|os, -oasă, -oşi, -oase, adj. 야심찬, 포부가 있는, 굽힐 줄 모르는, 완고한
ambranşament, ~e, s.n. **1.** 갈래 **2.** 교차로 **3.** 갈아타는 역
ambrazur|ă, -i, s.f. 나팔꽃처럼 안쪽을 바깥쪽보다 넓게 낸 창이나 창구멍
ambrei|a, -ez, -ai, -at, I. vt. 결합 연결하다, 클러치를 밟다 II. vr. 기어(제동장치)가 걸리다 걸다 III. vi. 클러치에서 발을 떼다
ambreiaj, ~e, s.n. 클러치, 연결기, 클러치페달
ambreiare, ambreiere, s.f. 기어 걸기, 연결, 결합
ambroziac, ~ă, ~i, ~e, adj. 아주 맛이 좋은, 향기로운, 신성한
ambrozie, s.f. 신들의 음식(그리스나 로마 신화에서 나오는 먹으면 늙지 않고 죽지 않는 음식), 맛이나 냄새가 매우 좋은 음식
ambulan|t, -tă, -ți, -te, adj. 순방(순회)하는, 떠돌아다니는, 지방 순회하는 배우, 잡상인, 떠돌이 상인
ambulanț|ă, -e, s.f. 앰블런스
ambulatori|u, -e, -i, I. adj. 보행의, 이동성의 II.-i, s.n. 외래환자 진료부
ambuscad|ă, -e, s.f. 매복(埋伏), 매복장소
amelior|a, -ez, -ai, -at, I. vt. 개선하다, 개량하다 II. vr. 개선되다, 나아지다
amelior|are, -ări, s.f. 개선, 개량
amenaj|a, -ez, -ai, -at, I. vt. 정렬, 배열하다, 정리 정돈하다, 계획을 세우다 II. vr. 정리되다, 정렬되다
amenajament, ~e, s.n. 삼림 계획
amenajare, s.f. 정리, 정돈, 배열
amend|a, -ez, -ai, -at, vt. **1.** 고치다,

수정하다 **2.** (법 따위를) 개정하다 **3.** 벌금을 부과하다

amendabil, ~ă, ~i, ~e, adj. 수정 할 수 있는

amendament, ~e, s.n. 개정, 수정

amend|are, -ări, s.f. 수정, 개정

amen|dă, -zi, s.f. 벌금 ; ~ judiciară 검찰에 의해 발행되는 벌금 ; ~ penală: 벌금형

ameninț|a, ameninț, -ai, -at, vt. 협박하다, 위협하다

ameninț|are, -ări, s.f. 위협, 협박

amenințăt|or, -oare, -ori, -oare, I. adj. 위협적인, 협박하는 II. adv 위협적으로

amenitate, s.f. 쾌적함, 즐거움, 오락시설

America, s.f. 아메리카

american, ~ă, ~i, ~e, adj. s.m. 그리고 f. 아메리카의, 미국의, 아메리카 사람, 미국인

americanism, s.n. 아메리카 숭배(정신), 아메리카의 어법(말)

americaniz|a, -ez, -ai, -at, vt. 아메리카화(化)하다

americă, s.f. 품질이 떨어지는 면직물의 일종

americăn|esc, -ească, -eşti, adj. 아메리카의 미국의

americăneşte, adv. 아메리카 식으로, 미국식으로

ameriz|a, -ez, -ai, -at, vi. 바다에 내리다, 착수(着水)하다

ameriz|are, -ări, s.f. 착수(着水), 바다위로의 착륙

amestec, ~uri, s.n. **1.** 혼합물 **2.** 그러모은 것 뒤섞은 것 **3.** 난잡, 무질서, 엉망 **4.** 논집, 집록 ; a nu avea nici un ~ în... -와 아무런 상관이 없다

amesteca, amestec, -ai, -at, I. vt. **1.** 혼합하다 **2.** 결합시키다 **3.** 뒤섞다 **4.** 희석하다 **5.** 얽히게 하다, 걸리게 하다 **6.** 관련시키다 **7.** 교차시키다, 교배하다 **8.** 섞다, 녹아들다 ; a ~ culorile 색을 혼합하다 ; a-şi ~ hârtiile 종이를 흐트러뜨리다 ; a ~ vinul cu apa 포도주와 물을 섞다 II. vr. **1.** 혼합되다 **2.** 섞이다 **3.** 간섭하다 ; a nu se ~ în... -에 관여하지 않다, -에 참견하지 않다

amestec|are, -ări, s.f. 혼합, 섞임

amesteca|t, -tă, -ți, -te, I. adj. **1.** 혼합된 **2.** 다양한 ; a fi ~ în... -에 관계하고 있다 ; a fi ~ în ceva -에 끼어들다 II. adv. 그저 그렇게

amestecăt|or, -oare, s.n. 혼합한 것

ametist, s.n. 자수정, 자석영

ameț|eală, -eli, s.f. 어지러움, 현기증 ; a-l apuca amețeala 현기증이 나다

ameț|i, -esc, -ii, -it, I.vt. **1.** 마약을 먹이다, 마취시키다 **2.** 기절시키다 **3.** 깜짝 놀라게 하다 **4.** 당황하게 하다 **5.** (술로) 취하게 하다 **7.** 빼앗다 II. vr. **1.** 현기증 나다 **2.** 술 취하다

ameți|t, -tă, -ți, -te, adj. 어지러운, 당황한 **2.** 술에 취한

amețit|or, -oare, -ori, -oare, adj. 기절시키는, 어지러운

amfibi|u, -e, -i, I. adj. 양서류의, 수륙 양용의 II. s.n. 수륙 양용 비행기(전차)

amfibol, -i, s.m. 각섬석

amfibologi|e, -i, s.f. 양서류학, 양서동물론

amfibrah, -i, s.m. 단장단격, 약강약

격

amfiteatr|u, -e, s.n. **1.** 원형극장, **2.** 강의실, (외과 수술 견학용으로 설비된)계단강의실

amfitri|on, -oană, -oni, -oane, s.m. 그리고 f. 주인

amfor|ă, -e, s.f. 그리스 고대 로마사회에서 사용된 단지

ami|ază, -ezi, s.f. **1.** 낮, 정오 **2.** 천정 **3.** 오후 ; după ~ 오후에 ; înainte de ~ 오전에 ; la ~ 정오에 ; ziua(-n) amiaza mare 대낮에

amib|ă, -e, s.f. 아메바

amic, ~ă, ~i, ~e, s.m. 그리고 f. 친구, 벗

amical, ~ă, ~i, ~e, I. adj. 친한, 우호적인, 친밀한 관계의 II. adv. 친하게, 우호적으로

amiciț|ie, -ii, s.f. 친근함, 호의, 우정

amid|ă, -e, s.f. 아미드

amidon, s.n. 전분, 녹말

amigdal|ă, -e, s.f. 편도선

amigdalită, s.f. 편도선염

amigdaloid, I. adj. 아먼드과의, 편도의 II. s.m. 행인상 암석

amil, s.m. 아밀로이드

amilace|u, -e, -i, -e, adj. 전분(질)의

amin, interj. 아멘

amină, s.f. 아민, 암모니아 염기로 수소원자를 유기기로 치환한 화합물

aminte, adv. (expre.) ; a-şi aduce aminte기억하다, 회상하다 ; a lua ~ la... -에 유념하다, -을 고려하다

amint|i, -esc, -ii, -it, I. vt. **1.** 생각나게 하다 **2.** 언급하다 II. vr. **1.** 언급되다 III. vi. a-i ~ de(spre)... -에게 -을 생각나게 하다 ; a-şi ~ de... -이 기억나다 ; după câte îmi amintesc 내가 기억하고 있는 한(내 기억으로는) ; îmi amintesc perfect de bine 완전히 기억하고 있다

amintir|e, -i, s.f. **1.** 기억, 회상 **2.** 증표, 기념물 ; ca ~ 기념으로 ; în ~a (소유격 지배) -의 기억 속에

amiral, ~i, s.m. 해군, 장성, 해군 대장, 해군 윌수, 해군소장 ; vas ~ 기함 ; vice-~ 부 해군대장, 부함장

amiralit|ate, -ăți, s.f. 해군본부, 해군성

amnar, ~e, s.n. **1.** 부싯돌 **2.** 기둥 ; cât ai da în ~ 곧, 당장

amnezi|e, -i, s.f. 기억 상실, 건망증

amnios, ~uri, s.n. 양막

amniotic, ~ă, ~i, ~e, adj. 양막의

amnisti|a, -ez, -ai, -at, vt. 용서하다, 은사를 내리다

amnistiat, I. adj. 용서받은 II. s.m. 용서받은 자

amnisț|ie(re), -i, s.f. 은사, 특사, 간과

amoc, s.n. 정신이상

amoniac, s.n. 암모니아

amoniacal, ~ă, ~i, ~e, adj. 암모니아(성)의

amoni|t, -ți, s.n. 암모나이트, 국석(두족류의 화석)

amoniu, s.n. 암모늄

amonte, adv. ; în ~ 상류의, 흐름을 거스르는

amor, ~uri, s.n. 사랑 ; ~ propriu 자존심, 자신감

amoral, ~ă, ~i, ~e, adj. 도덕관념이 없는

amoralitate, s.f. 무도덕성

amoraş, ~i, s.m. (로마 신화) 큐피

드, 사랑의 사자
amorez, ~i, s.m. 사랑하는 사람
amorez|a, -ez, -ai, -at, vr. 사랑에 빠지다, 반하다
amoreza|t, -tă, -ţi, -te, I. adj. 매혹된, 반한, 사로잡힌 ; ~ lulea (de) 사랑에 빠진 사람 II. s.m. 그리고 f. 애인, 사랑하는 사람
amorf, ~ă, ~i, ~e, adj. 일정한 형태가 없는, 무정형의
amorfie, s.f. 무정형, 허무주의
amor|os, -oasă, -oşi, -oase, adj. 호색의, 사랑의, 애욕의 ; intrigă amoroasă 간통
amors|a, -ez, -ai, -at, I. vt. **1.** 화약을 재다, 뇌관을 달다 **2.** 미끼를 달다 **3.** 시작하다 II. vr. 착수하다
amors|ă, -e, s.f. **1.** 도화선 **2.** 미끼 유혹 **3.** 도로 편 **4.** 감독, 지휘자
amortisment, ~e, s.n. 사들임, 청산, 변제
amortiz|a, -ez, -ai, -at, I. vt. **1.** 지불하다, 변제하다 **2.** 되찾다, 회복하다 **3.** 영구 양도하다 **4.** 완화하다 II. vr. 변제 받다
amortizabil, ~ă, ~i, ~e, adj. 되살릴 수 있는, 상환할 수 있는
amortiz|are, -ări, s.f. 청산, 변제, 감채 기금 ; ~ anticipată 사전 변제 ; casă de ~ 변제 기금
amortiz|or, -oare, s.n. 조절판, 제동자
amorţ|eală, -eli, s.f. **1.** 무감각 **2.** 동면, 활발하지 못함 **3.** 졸림 **4.** 나약
amorţ|i, -esc, -ii, -it, I. vi. **1.** 무감각해지다 느려지다 **2.** 굳어지다 **3.** 침묵을 지키다 ; mi-a ~t un picior 나의 다리가 마비되었다 II. vt. **1.** 무감각하게 하다, 마비시키다 **2.** -을 꺾어내다, 그만두게 하다
amorţir|e, -i, s.f. 무감각, 마비
amorţi|t, -tă, -ţi, -te, adj. 마비된, 죽어서, 잠들어
amovibil, ~ă, ~i, ~e, adj. 움직일 수 있는, 면직 할 수 있는
amovibilitate, s.f. 이동 할 수 있음, 해임할 수 있음
ampenaj, ~e, s.n. (항공기의) 미익, 꼬리날개
amper, ~i, s.m. (전류의 단위) 암페어
amperaj, ~e, s.n. 암페어 수
ampermetr|u, -e, s.n. 전류계, 암페어계
amplas|a, -ez, -ai, -at, vt. 장소를 정하다, 위치하다
amplasament, ~e, s.n. **1.** 포좌, 총좌 **2.** 장소
amplific|a, amplific, -ai, -at, vt. **1.** 확대하다 **2.** 크게 보이게 하다
amplific|are, -ări, s.f. **1.** 배율, 증폭 **2.** 확대
amplificat|or, -oare, s.n. 증폭기, 확대경
amplitudin|e, -i, s.f. **1.** 넓음, 크기, 풍부 **2.** 하루, 주간
amploare, s.f. 넓음, 풍부, 크기, 확장, 거대한 중대한
amploia|t, -tă, -ţi, -te, s.m. 점원, 피고용인
ampl|u, ~ă, ~i, ~e, I. adj. **1.** 커다란, 넓은 **2.** 엄청난 II. adv. 크게, 충분히
amprent|ă, -e, s.f. 인쇄, 총 부수, 지문 ; a-şi lăsa/pune ampurenta asupra ... 흔적을 남기다, 영향을 끼치다

amput|a, -ez, -ai, -at, vt. 절단하다
amput|are, -ări, s.f. 절단(수술)
amulet|ă, -e, s.f. 호신부, 부적, 액막이
amurg, ~uri, s.n. **1.** 어스름, 황혼 **2.** (인생의)마지막 무렵, 쇠퇴 ; în ~ 해 질녘에
amurgi, pers.3, amurgeşte, vi. **1.** 어두워지다 **2.** 희미해지다, 바래다
amuţ|i, -esc, -ii, -it, I. vi. 말을 못하다, 잠자코 있다, 말문이 막히다 II. vt. 침묵케 하다, 조용하게 하다
amuţir|e, -i, s.f. 말 안함, 침묵
amuz|a, amuz, -ai, -at, I. vt. 흥겹게 하다, 기분을 풀다 II. vr. 즐거운 시간을 보내다, 즐기다
amuzament, ~e, s.n. 재미, 오락
amuzan|t, -tă, -ţi, -te, adj. 재미있는, 우스운
amuza|t, -tă, -ţi, -te, I. adj. 재미있어하는, 즐거운 II. adv. 재밌게, 즐겁게
amv|on, -oane, s.n. 설교(단), 목사
an, I. ~i, s.m. 해, 년, 12달, II. adv. 지난해, 일 년 전
ana, s.f. 고기 잡는 그물의 윗부분
anabaptism, s.n. 재세례주의
anabapti|st, -stă, -şti, -ste, s.m. 재세례파 신도
anabolism, s.n. 동화 작용
anacolut, ~e, s.n. 파격 구문
anacreontic, ~ă, ~i, ~e, adj. 사랑과 술을 읊은
anacronic, ~ă, ~i, ~e, adj. 시대착오의
anacronism, ~e, s.n. 시대착오
anaerob, ~ă, ~i, ~e, adj. 혐기성의, 공기 없이도 살 수 있는
anafilactic, adj. (이물에 대한) 과민성의
anafor|ă, -e, s.f. [수사] 첫말(구)의 되풀이, [문법] 대용, 앞쪽 대응
anaforic, ~ă, ~i, ~e, adj. 대용의, 앞쪽 대응의
anafură, s.f. 효모를 넣지 않고 구운 빵
anaglif|ă, -e, s.f. 얕은 돋을 새김 장식, 입체 사진
anagram|ă, -e, s.f. 철자 바꾸기
anahore|t, -tă, -ţi, -te, s.m. 은둔자
anal, ~ă, ~i, ~e, adj. 항문의
anale, s.f. 연보, 회지
analecte, s.f. 선집, 어록
analfabetism, s.n. 무학, 읽고 쓸 수 없음
analfabe|t, -tă, -ţi, -te, I. adj. 읽고 쓸 줄 모르는, 무학의, 문맹의 II. s.m. 무학자, 문맹자
analgezie, s.f. 통각 상실(증)
anali|st, -stă, -şti, -ste, s.m. [화학] 분석가
analitic, ~ă, ~i, ~e, adj. **1.** 분석의 **2.** 해석적(인)
analiz|a, -ez, -a, -at, I. vt. **1.** 분해하다, 분석하다 **2.** (글을) 해부하다 II. vr. **1.** 스스로 분해하다 **2.** 분석되어지다
analizabil, ~ă, ~i, ~e, adj. 분석 할 수 있는
analizare, s.f. 분석, 분해
analizat|or, -oare, s.n. 분석하는 사람, 분석기
analiz|ă, -e, s.f. **1.** 분석, 분해 **2.** 추상 **3.** 검토, 비판 **4.** [경제]분석 ; ~a costurilor 비용분석 ; ~a creditului 신용분석 ; ~a tranzacţiei 거래분석 ;

~a trendului 추세분석 ; ~a valorii 가치분석 ; ~ calitativă 질적분석 ; ~ cantitativă 양적분석 ; ~ contabilă 회계분석 ; ~ costzbeneficiu 비용편익분석 ; ~ dinamică 동태분석 ; ~ economică 경제분석 ; ~ financiară 재무분석 ; ~ fundamentală 기초분석 ; ~ inputzoutput 투입산출분석 ; ~ marginală 한계분석 ; ~ statică 정태분석 ; ~ statistică 통계적 분석 ; ~ structurală 구조적 분석 ; ~ tehnică 기술적 분석

analiz|or, -oare, s.n. 분석하는 사람, 분석기

analog¹, ~ă, ~i, ~e, I. adj. 유사한, 많은 II. adv. 유사하게

analog², s.n. 성서 낭독대, 독서대

analogic, ~ă, ~i, ~e, adj. 유사한

analogi|e, -i, s.f. 유사, 유추 ; prin ~ 비슷하게, 유추에 의해 ; prin ~ cu... -을 본떠서

anana|s, -şi, s.m. **1.** 솔, 소나무 **2.** 파인애플(나무)

ananghie, s.f. 곤란, 곤경, 상태, 처지, 부족, 결여 ; a fi la ~ 진퇴양난에 빠지다

anapest, s.m. 약약강격, 단단장격

anaplasti|e, -i, s.f. 정형외과

anapoda, I. adj. 토라진, 까다로운 II. adv. 길을 잃어

anarhic, ~ă, ~i, ~e, I. adj. 무정부주의의, 무질서의 II. adv. 무질서하게

anarhie, s.f. 무정부, 무질서

anarhism, s.n. 무정부주의, 무정부(상태)

anarho-individualism, s.n. 무정부-개인주의

anarho-şindicalist, s.m. 무정부 노동조합주의자

anasâna, s.f. cu ~ 힘에 의한, 부득이, 강제적으로, 내키지 않게

anason, s.m. **1.** 아니스(의 열매) **2.** 회향풀 **3.** 아니스의 술(강심제)

anastatic, ~ă, ~i, ~e, adj. 철판의

anastigmat(ic), ~ă, ~i, ~e, adj. 수차보정렌즈의, 아나스티그마트의

anastigmatism, s.n. 비점수차 (非點收差), 구면(球面)수차, 색수차(色收差) 및 상면(像面) 의 굴곡 따위를 보정(補正)하는것

anastomoz|ă, -e, s.f. 접합, 합류 (가지, 혈관 따위의)

anastrof|ă, -e, s.f. 도치법

anatem|ă, -e, s.f. 파문, 저주

anatemiz|a, -ez, -ai, -at, vt. 저주하다, 파문하다

anatemizare, s.f. 저주, 파문

anatomic, ~ă, ~i, ~e, I. adj. 해부의 II. adv. 해부적으로

anatomie, s.f. 해부학

anatomi|st, -stă, -şti, -ste, s.m. 해부학자

anatomo-patologic, adj. 해부 병리학의

ancestral, ~ă, ~i, ~e, adj. 조상의

anchet|a, -ez, -ai, -at, I. vt. 조사하다, 연구하다 II. vi. 질문(심문)하다

anchetare, s.f. 조사

anchetat|or, -oare, -ori, -oare, s.m. 그리고 f. 조사자, 심문자

anchet|ă, -e, s.f. **1.** 조사, 연구 **2.** 심문 **3.** 측량 ; ~ judiciară 법적 조사 ; ~ socială 사회 조사 ; a face o ~ 조사하다

anchiloz|a, -ez, -ai, -at, I. vt. 교착시키다, II. vr. 교착되다, 골화(骨化)

되다
anchilozare, s.f. 경직, 강화, 보강
anchiloza|t, -tă, -ţi, -te, adj. **1.** 굳은, 고착된 **2.** 완고한 **3.** (가축이)말라 빠진, (수목의)껍질이 말라붙은, 도량이 좁은
anchiloz|ă, -e, s.f. (관절의) 교착
anci|e, -i, s.f. (관현악단의) 리드 악기(부)
ancor|a, -ez, -ai, -at, vi. **1.** 고정시키다 **2.** 머물다, 쉬다
ancoraj, -e, s.n. 닻 내림, 정박, 닻
ancor|are, -ări, s.f. 닻, 정박
ancorat, adj. 정박 중의
ancor|ă, -e, s.f. **1.** 닻 **2.** 소형 닻 **3.** 버팀대 **4.** 변천, 추이
ancorot, ~e, s.n. 버섯모양의 닻
ancrasa, pers.3, ancrasează, I. vt. 더럽히다, 막히다, -에 기름을 바르다 II. vr. 더러워지다
ancras|are, -ări, s.f. 더러움, 오물, 반칙
ancrasa|t, -tă, -ţi, -te, adj. 더러운, 방해의
andaluz, ~ă, ~i, ~e, adj. 안달루시아 (스페인의 남부 지방)의
andante, adv. [음악]안단테, 좀 느리게
andantino, adv. [음악]안단테보다 조금 빠르게, 안단티노
andezit, -e, s.n. 안산암(安山岩)
andiv|ă, -e, s.f. 꽃 상치
andos|a, -ez, -ai, -at, vt. 배서하다
andosan|t, -tă, -ţi, -te, s.m. 배서인
andosa|t, -tă, -ţi, -te, adj. 피 배서인
androgin, ~ă, ~i, ~e, adj. 자웅동체의
anecdot|ă, -e, s.f. 일화
anecdotic, ~ă, ~i, ~e, adj. 일화의
anelide, s.n. pl. 환형동물류
anemi|a, -ez, -ai, -at, I. vt. 빈혈에 걸리게 하다, 약화시키다, 쇠약하게 하다 II. vr. 빈혈에 걸리다, 쇠약해지다
anemia|t, -tă, -ţi, -te, adj. 빈혈의, 약화된
anemic, ~ă, ~i, ~e, adj. 빈혈에 걸린, 연약한 II. adv. 약하게
anemie, s.f. 빈혈
anemier|e, -i, s.f. 쇠약
anemograf, ~e, s.n. 자기 풍속계
anemonetrie, s.f. 풍력 측정(법)
anemometr|u, -e, s.n. 풍속계
anemonă, -e, s.f. 아네모네
anemosc|op, -oape, s.n 풍향계, 바람개비
aneroid, -e, adj. 아네로이드, 아네로이드 기압계
anestezi|a, -ez, -ai, -at, vt. 마취시키다
anestezic, ~ă, ~i, ~e, adj. 마취의
anestezi|e, -i, s.f. 마취, 마비
anevoie, adv. 힘들게
anevoi|os, -oasă, -oşi, -oase, adj. 어려운, 힘든, 비평의
anevrism, ~e, s.n. 동맥류
anex, ~ă, ~cşi, ~e, adj. 부가된, 동봉된
anex|a, -ez, -ai, -at, vt. 부가하다, 추가하다, 결합하다, 더하다, 덧붙이다, 동봉하다
anexare, s.f. 부가(물) 합병
anexa|t, -tă, -ţi, -te, I. adj. 부가된, 추가된 II. adv. 동봉하여
anex|ă, -e, s.f. **1.** 부가물, 부록 **2.** 첨부서류 **3.** 종속물, 속국 **4.** 추가

anexiun|e, -i, s.f. 부가(물) 합병
anfilad|ă, -e, s.f. **1.** 종사 **2.** 연속(물)
angaj|a, -ez, -ai, -at, I. vt. **1.** 약속하다 **2.** 속박하다 **3.** 바쁘게 하다 **4.** 고용되다, 종사하다 **5.** 쓰다, 고용하다 **6.** 초대하다 **7.** 시작하다 **8.** 수반하다 II. vr. (필연적인 결과로써) 일으키다.
angajament, ~e, s.n. 약속, 계약 ; a-şi îndeplini ~ul 약속하여 만나다, 의무를 수행(이행)하다 ; a-şi lua un ~ 맹세하다 ; a-şi lua ~ul de a face ceva -하는 것에 서약하다, -하는 것에 관여하다
angaj|are, -ări, s.f. 약속, 계약, 약혼
angaja|t, -tă, -ţi,-te, s.m. 고용된 사람
angambament, s.n. 뜻이 다음 행에 계속되는 일
angara, ~le, s.f. **1.** 무보수의 일 **2.** 의무적인 일 **3.** 지출
angeli|c, ~ă, ~i, ~e, adj. 천사의, 천진스러운
anghelică, s.f. 멧두릅속의 식물
anghilă, s.f. 뱀장어
anghinare, s.f. [식물] 아티초우크 (엉겅퀴과의 식물)
anghină, s.f. 후두염, 편도선염
angiosperm, ~ă, ~i, ~e, adj. 피자식물의
angiospermă, s.f. 피자식물
anglican, ~ă, ~i, ~e, I. adj. 영국 국교의 II. s.m. 성공회
anglicanism, s.n. 영국 국교회주의
anglicism, ~e, s.n. 영국식 풍(경향)
angli|st, -stă, -şti, -ste, s.m. 그리고 f. 영어(영문)학자
anglistică, s.f. 영어(영문)학
anglofobie, s.f. 영국 혐오
anglomanie, s.f. 영국 숭상
anglo-saxon, ~ă, ~i, ~e, adj. 앵글로-색슨 사람
angora, s.f. 앙고라, 앙고라 토끼, 앙고라 고양이
angren|a, -ez, -ai, -at, I. vt. **1.** 기아를 변속하다 **2.** v. antrena II. vr. 변속되다
angrenaj, ~e, s.n. 전동장치, 기아변속장치 ; ~ cu lanţ 체인 전동
angren|are, -ări, s.f. 전동(장치)
angro, adv. 도매로, 대규모로, 대강
angrosi|st, -stă, -şti, -ste, s.m. 도매상
angstrom, -i, s.m. 옴스프롱 (1 억분의 1 센티, 단파장의 측정 단위)
angular, ~ă, ~i, ~e, adj. 모난, 각이 진
anhidrid|ă, -e, s.f. 무수물(無水物), 산화가스
anhidr|u, ~ă, ~i, ~e, adj. 무수의(無水)
anihil|a, -ez, -ai, -at, vt. 파괴하다
anihil|are, -ări, s.f. 소멸
anilină, s.f. 아닐린
anima, anim, -ai, -at, I. vt. **1.** 생기를 불어넣다 **2.** 살리다 **3.** 작동하다 **4.** -한 마음을 품다 II. vr. **1.** 살게 되다 **2.** 생기를 얻다 **3.** 밝아지다
animal, I.~e, s.n. **1.** 동물 **2.** 짐승 II.~ă, ~i, ~e, adj. **1.** 동물의 **2.** 짐승의
animalic, ~ă, ~i, ~e, I. adj. **1.** 동물의 관능적인, 야수적인 II. adv. 동물적으로
animalier, ~ă, ~i, ~e, adj. 동물적인, 동물 같은, 동물의

animalitate, s.f. 동물성
anima|t, -tă, -ți, -te, adj. 활기 있는, 생기로 가득 찬
animat|or, -oare, -ori, -oare, I. adj. 생기를 주는 II. s.n. 활력소
animație, s.f. 생기, 활력
animism, s.n. **1.** 에니미즘, 물활론, 정령설 **2.** 정령신앙
animi|st, -stă, -şti, -ste, I. adj 정령숭배적인 II. s.m. 정령숭배자
animozit|ate, -ăți, s.f. 원한, 악의
anin|a, anin, -ai, -at, I. vt. **1.** 건다 매달다 **2.** 잇다 **3.** 못에 옷이 걸리다 **4.** 옷을 못에 걸다 II. vr. **1.** 붙잡히다 **2.** 기울어지다 **3.** 결정을 발견하다
aninare, s.f. 걸기
anion, ~i, s.m. 음이온
anivers|a, -ez, -ai, -at, I. vt. 경축하다 II. vr. 축하 받다
aniversar, ~ă, ~i, ~e, adj. 기령의
anivers|are, -ări, s.f. 기념, 생일
ano|d, -zi, s.m. (전지, 축전지의) 양극
anodic, ~ă, ~i, ~e, adj. 양극의
anodin, ~ă, ~i, ~e, adj. 해가 없는, 악의 없는
anofel, ~i, s.m. 말라리아의 모기
anomali|e, -i, s.f. 변칙
anonim, ~ă, ~i, ~e, I. adj. 권위 없는, 무명의 II. adv. 변칙적인 III. s.m. 그리고 f. 변칙적인 사람, 무명작가
anonimat, s.n. 익명
anonimă, s.f. 익명의 편지
anorganic, ~ă, ~i, ~e, adj. 무생물의, 무기화학
anormal, ~ă, ~i, ~e, I. adj, 이상한, 정신병의 II. adv. 이상하게
ano|st, -stă, -şti, -ste, adj. 재미없는, 신선하지 않은, 둔한, 무딘, 답답한
anotimp, ~uri, s.n. 계절
ansamblu, ~ri, s.n. **1.** 총체, 집합체 **2.** 대의(大意) **3.** [음악]앙상블, 합주곡
anşoa, s.n. 멸치류
antagonic, ~ă, ~i, ~e, adj. 적대적인
antagonism, ~e, s.n. 적대, 대립
antagoni|st, -stă, -şti, -ste, adj. 적대의, 반대하는
antant|ă, -e, s.f. 협정, 협상
antarctic, ~ă, ~i, ~e, adj. 남극의
antebelic, ~ă, ~i, ~e, adj. 전전(戰前)의
antebrat, ~e, s.n. 전박(前膊), 팔의 앞부분
antecedente, s.n. pl. **1.** 앞선 사건(상황), 선행자, 전례, 조상 **2.** 사례사(개인, 가족, 단체 따위에 관하여 수집되는 모든 자료로서 사회사업 정신병학, 의학 따위에 사용됨)
antecesor, -oare, -ori, -oare, s.m. 그리고 f. **1.** 전임자, 선배 **2.** 전의 것 **3.** 선구자 **4.** 예고, 징후
antedat|a, -ez, -ai, -at, vt. (날짜가) -보다 앞서다, (시간적으로) -에 앞서다
antediluvi|an, -ană, -eni, -ene, adj. 노아(Noah)의 홍수 이전의, 예스러운, 고풍의, 태고의 원시시대의
antemeridian, ~ă, ~i, ~e, adj. 오전의(a.m)
anten|ă, -e, s.f. **1.** (라디오, 텔레비전 등의)안테나 공중선 **2.** 만져보는 사람, 떠보는 사람, 탐지, 염탐
antepenultim, ~ă, ~i, ~e, adj. 뒤에서 세 번째 음절의, 끝에서부터 셀

때 세 번째 음절의
anteproiect, ~e, s.n. 초안
anter|ă, -e, s.f. 꽃밥, 약(葯)
anteri|or, -oară, -ori, -oare, I.adj. **1.** 앞면의, 앞부분의, 앞쪽의 **2.** 먼저의, 이전의, 과거의, 옛날의 **3.** 이른 빠른 (-보다) **4.** 보다 중요한, 우선하는, -에 앞서, 전에 **5.** 전방의, 정면의 II. adv. **1.** 그에 앞서, 미리 **2.** (장소, 위치) 앞에, 앞으로, (시간) 이전에, 전에, 이미
anterioritate, s.f. **1.** (시간, 순서가) 앞섬, 이름 **2.** 앞(쪽)에 있음, 앞 위치 **3.** (순서, 중요성 등에 있어서의) 상위, 우위, 우선
anteri|u, -e, s.n. 짧은 백의(白衣)
antet, ~uri, s.n. 머리(전면)의 부분, 편지의 서두, (장 따위의) 표제(어), 제목
antetren, ~uri, s.n. 맨 앞의 마차
antetrupiță, s.f. (쟁기의 술 바닥에 대는) 보습 끝의 날, 접합하는 사람(것), 접합기
antevorbit|or, -oare, -ori, -oare, s.m. 그리고 f. 앞에 만한 연설자, 이전의 연설자
antiaeri|an, -ană, -eni, -ene, adj. **1.** 방공용의 **2.** 대공의, 대(對)항공기용의
antialcoolic, ~ă, ~i, ~e, I. adj. 반알콜성의 II. s.m. 그리고 f. 금주가, 절대 금주(주의)자
antibiotic, ~ă, ~i, ~e, I. adj. 항생작용의 (이 있는), 항생물질의 II. s.n. 항생물질
antic, ~ă, ~i, ~e, I. adj. **1.** 태고의 먼 옛날의 고대의, 예부터의, 옛날 유행했던, 고풍의, 구식의, 진부한 II. s.m. 그리고 f. 고대인, 고대문명인 (특히 고대 그리스, 로마 헤브라이 사람)
anticamer|ă, -e, s.f. 곁방, 대기실
anticar[1] ~i, adj. 대전차의
anticar[2] ~i, s.m. **1.** 헌 책방 **2.** 고고학자, 고물, 골동품 수집가, 골동품상인
anticariat, ~e, s.n. 헌 책방, 중고책 서점
anticato|d, -zi, s.m. **1.** (전자공학) 대(對)음극 **2.** X선관 따위의 양극
antichi|ate, -ăți, s.f. **1.** 낡음, 고색, 먼 옛날, 태고, 고대 **2.** 골동품 (골동품으로서의 가치가 있는) 미술품
anticicl|on, -oane, s.n. **1.** (고기압에 의한) 이심(離心)선풍 **2.** 역선풍 **3.** 고기압권
anticip|a, -ez, -ai, -at, vi. **1.** -을 얘기하다, 예상하다, 예견하다, 미리 알다 **2.** -의 기선을 제하다, 선수를 치다 **3.** -을 앞지르다
anticipabil, ~ă, ~i, ~e, adj. 미리 알 수 있는, 예언할 수 있는
anticip|are, -ări, s.f. 예상, 기대, 예감, 예견, 기선을 제하기, 앞지르기
anticipa|t, -tă, -ți, -te, I. adj. 예견하는, 미리 알고 있는, 선반의, 앞서가는, 미리 하는, 앞서서하는 II. adv. **1.** 미리, 사전에, 전부터 **2.** (그때부터) 이전에(는) ; mulțumindu-vă ~ (청탁 편지 따위의 맺음말로써)미리 감사드립니다
anticipaț|ie, -ii, s.f. 예상, 기대, 예감, 예견, 공상과학소설(SF)
anticlerical, ~ă, ~i, ~e, adj. (정치적 문제 따위에 대해) 교권의 개입을 반대하는, 반교권적인

anticlericalism, s.n. 반(反)교권주의

anticlinal, s.n. **1.** 배사습곡(중축에서 양쪽으로 내려간 습곡) **2.** (두 산봉우리를 잇는) 등마루, 산등성이

anticolonial, adj. 반식민지의

anticolonialism, s.n. 반(反)식민지풍(기질), 반식민지주의, 반식민정책

anticoloniali|st, -stă, -şti, -ste, adj. 반(反)식민지주의자, 반(反)식민지주의의

anticoncepţional, ~ă, ~i, ~e, I. adj. 피임(용)의 II. s.n. 피임약, 피임구

anticonstitutional,~ă, ~i, ~e, adj. 법에 반대되는, 위법적인

anticorp, ~i, s.m. 항체(면역혈청 속에 있으며, 항독, 살균 작용을 한다)

antidăunător, s.m. 살충제

antidemocratic, ~ă, ~i, ~e, I. adj. 반민주주의의 II. adv. 반민주주의적으로

antiderapan|t, -tă, -ţi, -te, adj. (자동차의 타이어 따위가) 미끄러지지 않는(않게 되어있는)

antidot, ~uri, s.n. 해독제, 소독약, 교정법(수단), 해독제거물

antiepidemic, ~ă, ~i, ~e, adj. (병이) 유행되는 것을 막는

antifermen|t, -ţi, s.m. 항효소

antifascist, adj. 반파시스트

antif|on, -oane, s.n. (두 패가 번갈아 부르는)응답합창(시), 성가, (예배 전후에 부르는)송가

antigripal, ~ă, ~i, ~e, adj. 유행성 감기를 예방하는

antiguvernamental, ~ă, ~i, ~e, adj. 반(反)정부의, 반정부세력의

antihrist, -şti, s.m. 반(反)그리스도(그리스도의 강한 적수로서 말세에 출현한다고 하는 인물) 그리스도의 적, 그리스도(교) 반대자, 대(大) 악마

antiimperiali|st, -stă, -şti, -ste, adj. 반제국주의자

antilop|ă, -e, s.f. **1.** (주로 아프리카, 아시아산의)영양 **2.** 스위스 영양(소과의 동물, 뿔은 원추형으로 갈고리 모양, 험한 산악에서 근거)

antimarxi|st, -stă, -şti, -ste, adj. 반(反)마르크스주의의, 반 마르크스의

antimonarhic, ~ă, ~i, ~e, adj. 군주정치에 반대하는, 반군주제의, 군주정치반대의

antimoniu, s.n. 안티몬, 안티모니 [원자기호 Sb]

antimuncitor|esc, -ească, -eşti, adj. 노동자계급에 반대하는

antinaţional, ~ă, ~i, ~e, adj. 반국가적인, 국가주의 반대의

antinevralgic, ~e, I. adj. 항(抗)신경통의, 신경통치료(예방)의 II. s.n. 신경통 치료약

antinomic, ~ă, ~i, ~e, adj. 모순된, 이율배반의

antinomi|e, -i, s.f. 모순, 자가당착, [철학]이율배반

antipartinic, ~ă, ~i, ~e, adj. 당정책(지도부)에 반대하는

antipatic, ~ă, ~i, ~e, adj. 좋아하지 않는, 달갑지 않은, 싫은, 불쾌한, 비위에 거슬리는

antipat|ie, -ii, s.f. 천성적으로 싫어함, 혐오감(뿌리 깊은 반감)

antipiretic, ~ă, ~i, ~e, adj. 해열의,

열을 내리는, 해열제

antipirin|ă, -e, s.f. 안티피린 (진정제, 해열제, 류머티즘 약, 진통제 따위에 사용)

antipo|d, -zi, s.m. 정반대의 것

antirabic, ~ă, ~i, ~e, adj. 광견병에 효력이 있는, 광견병을 예방(치료)하는

antirăzboinic, ~ă, ~i, ~e, adj. 전쟁반대의, 반전의

antireali|st, -stă, -şti, -ste, adj. 비현실적인, 비현실주의(자)의

antiregali|st, -stă, -şti, -ste, I. adj. 군주정치에 반대하는, 반군주제의 II.s.m. 그리고 f. 반 왕정주의자

antireligi|os, -oasă, -oşi, -oase, adj. 반종교(상)의, 반종교적인

antisclavagi|st, -stă, -şti, -ste, adj. 노예제도를 반대하는

antisemi|t, -tă, -ţi, -te, I. adj. 반유대주의의, 유대인배척의, 유대인혐오의 II. s.m. 그리고 f. 반유대주의자, 유대인 배척자

antisemitism, s.n. 반유대주의, 유대인 배척론(운동)

antispasmodic, ~ă, ~i, ~e, adj. 경련을 멈추게 하는, 진경제(鎭痙)의

antistatal, ~ă, ~i, ~e, adj. 반국가적인, 국가에 반대하는

antiseptic, ~ă, ~i, ~e, adj. 방부성의, 방부제

antisepsie, s.f. 방부(법) 소독(법)

antistrof|ă, -e, s.f. 고대 그리스 연극의 역무(합창대가 무대왼쪽에서 오른쪽으로 되돌아가는 동작 및 그 때 부르는 합창곡의 일부)

antişoc, adj. (시계 기계 따위가)내진성(耐震性)의

antiştiintific, ~ă, ~i, ~e, I. adj. 인간성을 무시하는 과학에 반대하는, 반과학의 II. adv. 인간성을 무시한 과학에 반대하여

antitanc, adj. 대전차의

antiteatru, s.n. 반극, 반연극

antitetic, ~ă, ~i, ~e, adj. 대조적인, 정반대의, 대조법의, 대구의

antitez|ă, -e, s.f. 대조, 대립, 정반대, 대조법

antitoxin|ă, -e, s.f. 항독소, 면역소

antologic, ~ă, ~i, ~e, adj. 사화집(詞華集)의 명시선집의

antologi|e, -i, s.f. 명시선집, 사화집(詞華集) [한작 가의]선집, 작품집

antonică, s.f. 파둘리류의 식물(샐러드용)

antonim, ~e, I. adj. 반의어의 II. s.n. 반의어

antonimi|e, -i, s.f. 반의어, 반의대조

antonomasie, s.f. **1.** 환칭(換稱) **2.** 칭호, 직함 따위를 써서 특정인을 지칭하기

antracen, ~i, s.m. 안트라센(콜타르를 증류하여 얻는 알리자린 염료의 중요한 원료)

antrachinon|ă, -e, s.f. 안트라키논(화학물질)

antracit, ~e, s.n. 무연탄

antract, ~e, s.n. (시간적)간격, 사이, 휴지(休止)기간, (연극, 가극 따위의)막간

antrax, ~e, s.n. 옹, 정, 부스럼, 여드름, 겉은 적갈색

antren, s.n. 원기, 활기, 명랑, 활발

antren|a, -ez, -ai, -at, I. vt. **1.** (경기 따위에 대비하여) 단련하다 **2.** 가르

치다, 교육하다, 양성하다 **3.** -을 자극하다 II. vr. 훈련을 받다, (시합 따위에 대비하여) 신체를 길들이다

antrenament, ~e, s.n. **1.** 훈련, 단련 **2.** 양성, 교육, 가르치기

antrenan|t, -tă, -ți, -te, adj. **1.** 자극적인, 격려가 되는 **2.** 흥겨운, 재미있는, 유쾌한, 신나는 **3.** 매혹적인 **4.** 힘찬, 활기찬, 반란한, 쾌활한

antrenare, s.f. 훈련, 단련, 양성, 교육, 가르치기

antren|or, -oare, -ori, -oare, s.m. 그리고 f. 훈련자, 코치, 지도자, 트레이너

antrepozit, -e, s.n. **1.** 창고, **2.** 도매상, **3.** 큰소매상점 **4.** 보존(저장)용기, **5.** 진열소

antrepren|or, -oare, -ori, -oare, s.m. 그리고 f. **1.** 계약자, **2.** 기업가, **3.** 사업가 **4.** 장의사

antrepriz|ă, -e, s.f. **1.** 민간기업, 개인기업, 사회, 회사, 상사 **2.** 협정, 계약, 규약

antreu, ~ri, s.n. 곁방, 대기실, 현관 [철도객 차의]연결 복도, 복도, 통로

antric|ot, -oate, s.n. 갈비 살에서 베어낸 스테이크, 갈비뼈 사이의 스테이크용 살코기

antropofag, ~ă, ~i, ~e, I. adj. 사람고기를 먹는, 식인의 II. s.m. 그리고 f. 식인종, 사람을 먹는 사람, 동족끼리 잡아먹는 동물

antropofagic, s.f. 식인(의 풍습)

antropogeneză, s.f. 인류발생론

antropogeografie, s.f. 인류지리(학)

antropoi|d, -dă, -zi, -de, adj. 인류비슷한, 유인원

antropolog, ~i, s.m. 인류학자

antropologic, ~ă, ~i, ~e, adj. 인류학[상]의

antropologie, s.f. 인류학

antropometric, ~ă, ~i, ~e, adj. 인체측정[학]의

antropometrie, s.f. 인체측정(학)

antropomorf, ~ă, ~i, ~e, adj. 사람의 모습을 한, 의인화된

antroponim(ic) adj. 신인동형동성론의

antropomorfism, s.n. (신, 자연을 인간의 형태, 속성을 가진 것으로 표현하는)의인법, 신인(神人)동형법, 신인동형동성론(神人同形同性論)

antroponimic, s.f. 인명학

antum, ~ă, ~i, ~e, adj. 작가가 살아 있는 동안 출판된

anturaj. ~e, s.n. 주위(외계)의 정황, 환경 수행자 일행, 측근자들

anțărț, adv. 2년 전에, 대략(약) 2년 전에, 2-3년 전에

anual, ~ă, ~i, ~e, I. adj, 연간의, 매년의, 연1회의, 연보(年報), 1년 생식물, 연금, 연부금 II. adv. 매년, 해마다, 1년 걸려서

anuar, ~e, s.n. 연보, 연감

anuit|ate, -ăți, s.f. 연금, 연부금

anul|a, -ez, -ai, -at, I. vt. -을 무효로 하다, -을 취소하다, [법률 따위를]를 폐지하다, -을 지우다, 삭제하다, -을 포기하다 II. vr. 무효로 되다, 취소되다

anul|are, -ări, s.f. 무효화, 취소, [법률]파기 ; ~ a unui act juridic 법률파기 ; ~ a unui conract 계약 파기 ; ~ a unei judecăți 선고취소 ; ~ a unui testament 유언철회

anume, I. adj. **1.** 특수한, 특별한, 전문의, 전공의, 별난, 특이한, 예외의 **2.** 특정한, 일정한, 어떤, 어느, 모(某) II. adv. **1.** 지명된, 지정된 **2.** 다시 말하면, 환언하면, 즉

anumi|t, -tă, -ți, -te, adj. (사람이)틀림없는, 믿을 수 있는, 특정한, 일정한, 어떤, 어느

anunț, ~uri, s.n. **1.** 고지, 포고, **2.** 발표, 공표, **3.** 공고, **4.** 통지 **5.** 통지서

anunț|a, anunț, -ai, -at, I. vt. **1.** -을 알리다, 발표(공표)하다, -을 고지하다, 공표하다 **2.** -을 광고하다, -을 선전하다 **3.** -을 안내하다 **4.** -을 예고하다, 예언하다, -을 약속하다, 약정하다 II. vr. (라디오, 텔레비전의)아나운서 노릇을 하다

anunț|are, -ări, s.f. 고지 포고, 발표, 공시

anus, ~uri, s.n. 항문

anvelop|ă, -e, s.f. **1.** 타이어, 바퀴테 **2.** (우편) 봉투 **3.** (음반의) 커버, 자켓, (떼어낼 수 있는 책의) 커버, 자켓

anvergur|ă, -i, s.f. **1.** 폭, 넓이, [항공]비행기 날개길이 (폭) **2.** (관찰, 활동의) 범위

anxietate, s.f. 걱정, 근심, 불안, 갈망, 열망

aoleu, interj. **1.** (고통)아아! **2.** (구어) 야아! **3.** 깜짝이야, **4.** (비애, 유감 등으로) 아아, 젠장 **5.** (마땅찮을 때 혀 차는 소리) 체! 쯧쯧!

aorist, ~e, s.n. (그리스어 동사시제의 일종) 부정과거 (영어의 과거에 해당)

aort|ă, -e, s.f. [해부]대동맥

apanaj, ~e, s.f. (국왕의 세자 이외의 왕자들에게 주는) 영지, 봉토(封土), (관직상의) 특권, 부수입

aparat, ~e, s.n. **1.** 기계, 기구, 장치 **2.** [생리](어떤 기능을 가진 한 계통의) 기관(器官) 계통 **3.** (정치 따위의) 기구, 조직, 기관 **4.** (집합적) 직원, 부원, 사원

aparatur|ă, -i, s.f. **1.** [특수한 용도에 쓰이는 한 벌의]기계, 기구, 장치 **2.** 기관(器官) **3.** 기구, 조직

aparen|t, -tă, -ți, -te, I. adj. **1.** 눈에 보이는, 외관상의, 겉보기의, 가짜의, 허위의, 모조의, 옳지 못한 **2.** 명백한, 분명한 II. adv. 명백히, 분명히, 외관상으로는, 어느 모로 보나, 언뜻 보기에는

aparent|ă, -e, s.f. **1.** 외관, 외견, 모양, 겉보기

apariț|ie, -ii, s.f. **1.** 출현, 등장 **2.** 도래 **3.** 출판, 간행, 발행

apartament, ~e, s.n. 아파트

aparte, I. adj. **1.** 기묘한, 별난 **2.** 이상한 **3.** 특별한 II. adv. **1.** 따로 따로 뿔뿔이, 구별하여 **2.** [연극] 방백으로

apartenenț|ă, -e, s.f. 소속물, 부속품, 가입, 입회, (어떤 단체의) 일원임, 회원자격

aparteu, s.n. [연극] (극중 관객에게 큰 소리로 하는) 방백, (제 3자에게 일부러 들리도록 하는) 혼잣말

apartheid, s.n. 민족 격리 정책, 인종차별 정책

aparțin|e, aparțin, -ui, -ut, vi. -에 속하다, 관계되다

apaș, ~i, s.m. 불량배, 악당, 불한당, 깡패, 건달

apatic, ~ă, ~i, ~e, I. adj. 무감동한,

감정이 없는, 마음이 내키지 않은, 무관심한 II. adv. 무관심하게

apatie, s.f. 무감동, 무감정, 냉담, 무관심

apatit, s.n. 인회석(燐灰石)

apatri|d, -dă, -zi, -de, adj. 나라가 없는 사람, 국적이 없는 사람

ap|ă, -e, s.f. **1.** 물 **2.** 수로, 항로 **3.** 강 **4.** 바다 **5.** 대양 **6.** 흐르는 물 ; ~ curgătoare 흐르는 물 ; ~ de băut 마시는 물 ; ~ de izvor 샘물 ; ~ de mare 바닷물 ; ~ de mină 갱내수 ; ~ de ploaie 빗물 ; ~ minerală 광천수, 탄산수 ; ca apa(ca pe ~) 물 흐르듯이, 유창하게 ; n-are după ce bea ~ 그는 더 이상 먹을 것이 없다, 그는 굶주리고 있다 ; opreşte apa! 물을 잠그시오! ; a călători pe ~ 수로로 여행하다 ; sunt (tot) o ~ 나는 땀으로 범벅이가 되었다(땀이 물 흐르듯이 흐른다)

apăr|a, apăr, -ai, -at, I.vt. -을 막다, 지키다, 방어하다, -을 지탱하다, 버티다, -을 계속하다, 유지하다 ; a ~ numai în vorbe 입에 발린 소리만 하다 II. vr. **1.** 스스로 방어하다 **2.** 지켜지다, 방어되다

apăr|are, -ări, s.f. **1.** 방어, 방위, 수비 **2.** 변명, 변론, 해명 **3.** [법률]변호, 항변, 피고측 ; în ~a (소유격) -의 방어로 ; legitimă ~ 정당방어 ; a lua ~a cuiva -을 옹호(변호)하다

apărăt|oare, -ori, s.f. **1.** 보호자, 후원자 방어물, 보호물 **2.** 보호(안전) 장치 ; ~ de muşte 파리채 ; ~ de noroi 진흙 받이 (자동차 자전거 등의) ; ~ de soare (빛을 차단하는) 색유리

apărăt|or, -oare, -ori, -oare, I. adj. 보호하는, 방어하는 II. s.m. 그리고 f. 보호자, 후원자, 보호물, 보호 장치

apăr|ea, apar, -ai, -at, vi. **1.** 나타나다, 출현하다 **2.** 발생하다 **3.** 출판되다 **4.** 갑자기 보이게 되다 **5.** (꽃봉오리가)피다 ; a ~ ca... -이다, -인 듯싶다, -로 밝혀지다 ; a ~ pe firmament/ la orizont 등장(등단)하다, 보이기 시작하다

apărie, s.f. (특히 흙탕물의)웅덩이, 저수지, 진흙, 반죽

apăs|a, apăs, -ai, -at, I. vt. **1.** 무게를 달다 **2.** -을 누르다 **3.** -을 압박하다 **4.** 강조하다 **5.** 억압하다 **6.** 고문하다, 고통을 주다 II. vi. -의 무게가 있다, 압박을 가하다

apăs|are, -ări, s.f. **1.** 누르기, 압박, 프레스(인쇄)하기 **2.** [물리]압력, **3.** (전기)전압 **4.** 중압감, 우울 **5.** 고통

apăsa|t, -tă, -ţi, -te, I. adj. **1.** 무거움, 무게가 있는 **2.** 강세가 있는, 힘을 준 **3.** 신중한 **4.** 활동적인, 정력적인 II. adv 무겁게, 묵직하게

apăsăt|or, -oare, -ori, -oare, I. adj. **1.** 압도적인 **2.** 참을 수 없는 **3.** 참지 못한 만큼 괴로운 **4.** 엄격한 **5.** 가혹한, 포악한 II. adv. 압도적으로

apăt|os, -oasă, -oşi, -oase, adj. 물의, 물과 같은, 습기가 있는, [지질](암석이)수성(水成)의

apeduct, ~e, s.n. 수로(水路), 물길, 지하수도

apel, ~uri, s.n. **1.** 간청, 애원 **2.** 부르기, 부르는 소리 **3.** 점호, 출석 조사 **4.** (전화 따위의) 통화 **5.** [법률]항소, 상고 ; ~ nefondat 사실이 확인되지

않은 상소 ; a declara ~ 상소를 신청하다 ; reclamant în ~ 원고 **6.** 원자력 병기 금지 항소 **7.** 항소 법원 **8.** 최종 판결

apel|a, -ez, -ai, -at, vi. ; a ~ la... 간청하다, 애원하다, 호소하다

apelativ, ~ă, ~i, ~e, I. 명칭적인, 호칭의 II. s.n. [문법] (고유명사에 대해) 보통명사, 명칭, 통칭

apelpisi|t, -tă, -ți, -te, adj. **1.** 자포자기의, **2.** 될 대로 되라는 식의 **3.** 낙담한 **4.** 광적인, 미쳐 날뛰는, 열광한

apendice, s.n. **1.** [해부]돌기(突起), 충양(蟲樣)돌기, **2.** 부속물, 첨가물, 추가물 **3.** (서적, 신문, 잡지의) 부록, 증보 (增補)

apendicit|ă, -e, s.f. [병리]충수염

aperceptiv, ~ă, ~i, ~e, adj. [심리] 지각의, 통각의, 유화적인

apercepț|ie, -ii, s.f. [심리]통각, 유화

aperitiv, ~e, s.n. **1.** 식욕을 돋구는 것 (술, 전채 따위) **2.**건위제, 소화제 **3.** 자극물

apetisan|t, -tă, -ți, -te, adj. 식욕을 돋구는, 맛있어 보이는

apetit, ~uri, s.n. 식욕, 시장기, 성욕

apical, ~ă, ~i, ~e, adj. 점점(꼭대기)의, [음성]혀끝의, 혀끝을 쏘는

apicol, ~ă, ~i, ~e, adj. 꿀벌의, 양보의, 꿀벌 사육[법]의

apicult|or, -oare, -ori, -oare, s.m. 양봉가, 꿀벌 사육가

apicultură, s.f. 양봉, 꿀벌 사육[법]

aplan|a, -ez, -ai, -at, I. vt. -을 놓다, 설치하다, 진정시키다, (분쟁을) 수습하다, 조정하다 II. vr. 정리되다, 해결되다

aplanare, s.f. 결정, 해결, 진정, 안정

aplaud|a, aplaud, -ai, -at, I. vi. 박수갈채 하다, 성원하다, 칭찬하다 II. vt. -을 성원하다, 박수를 보내다, 환영하다, 환호하며 맞이하다, 칭찬하다, 찬양하다 III. vr. 기뻐하다, 자랑스러워하다

aplauze, s.n. **1.** 박수갈채 **2.** 성원 **3.** 칭찬

aplec|a, aplec, -ai, -at, I. vt. **1.** (마음을)돌리다, 기울이다 **2.** 구부리다, 숙이다 **3.** 낮게 하다, 내리다 **4.** (시선)을 내리깔다 **5.** 기울이다, 경사지게 하다 **6.** 완화하다, 억누르다 ; a ~ urechea la... -에 귀를 기울이다 II. vr. **1.** 마음이 기울이다 (내키다) **2.** 기울다, 굽다 **3.** (-쪽으로)향하다, 구부러지다 **4.** (배, 건물 따위가)한쪽으로 기울다 **5.** 허리를 구부리다, 절을 하다 ; a-i se ~ 병들다, 몸 상태가 안 좋다 ; a se ~ asupra... -을 보살펴 주다, 감독하다 ; a se ~ pe fereastră 창문에서 상체를 내밀다

aplec|are, -ări, s.f. **1.** 구부러짐, 휨 (-쪽으로) 향함 **2.** (마음의)경향, 성향, 애호물, 기호(물)

apleca|t, -tă, -ți, -te, adj. **1.** 구부러진, 만족한, 경사진 **2.** -할 생각이 있는, -의 경향이 있는

aplic|a, aplic, -ai, -at, I. vt. **1.** 적용하다, 응용하다 **2.** (수당 따위로) 주다 ; a ~ cuiva o corecție 누군가를 체벌하다, 징벌하다 ; a ~ frâna 브레이크를 걸다 ; a ~ legea 법을 시행하다 II. vr. 적용되다, 응용되다

aplicabil, ~ă, ~i, ~e, adj. 응용할 수 있는, 적절(적당)한, 적합한, 해당되는

aplic|are, -ări, s.f. 적용, 응용, 신청, 지원, 출원 ; ~a legii 법의 적용 ; ~ maximului de pedeapsă 법정최고형적용 ; regula de ~ 적용 규칙

aplica|t, -tă, -ți, -te, adj. **1.** (과학이 실제로)적용된 응용 **2.** (장식용으로)꿰매 붙인, (의복에)꿰매 붙인, 끼워 박아 놓은 **3.** 부지런한, 근면한, 성실한, 진지한 ; științe ~e 응용과학

aplicaț|ie, -ii, s.f. **1.** 사용, 이용 **2.** 재능, 재주, 소질 **3.** 숙달, 숙련, 능숙 **4.** 꿰매 붙이는 장식, 아플리케(헝겊 따위를 무늬가 되게 잘라 딴 천에 꿰매 붙인 것)

aplic|ă, -e, s.f. **1.** (원리 공식 따위의) 적용, 응용 **2.** 신청, 지원, 근면, 전념 **2.** (까치발로 받친) 선반, 벽에 붙인 전등(가스등)

aplomb, s.n. **1.** 태연자약 **2.** 침착 **3.** 평정 **4.** 냉담

apocalips, s.n. [성서] 요한 계시록, 계시, 묵시

apocaliptic, ~ă, ~i, ~e, adj. 천계(天啓)의, 묵시의, 계시록의

apocop|ă, -e, s.f. [음성학] 어말음 소실

apocrif, ~ă, ~i, ~e, adj. (저작, 작품 등의)작자나 전거가 의심스러운, (일반적으로) 가짜의, (신학)외전의, 경외서의 ; cărți ~e (성서와 같은 시대의 신앙에 관한 윤서로서 정전(正典)으로 인정받지 못한)외전(外典), 경외서(經外書)

apod, ~ă, ~i, ~e, adj. [동물]발이 없는, 배지느러미가 없는

apodictic, ~ă, ~i, ~e, adj. **1.** (논증되어)의심할 여지없는 **2.** 명백한 **3.** [논리](판단, 증명 따위가)필연적인

apodoză, s.f. [문법]조건문의 귀결점, 결구[結句]

apofiz|ă, -e, s.f. [해부, 식물] **1.** 혹, 돌기, 융기 **2.** 결절(結節)

apoftegm|ă, -e, s.f. 경구, 격언 (apgorism), 잠언(箴言)

apoge|u, -e, s.n. **1.** [천문]원지점(달, 인공위성 따위가 궤도상에서 지구와 가장 떨어지는 위치) **2.** 절정, 극치, 정점, 전성기 ; a ajunge la ~ (종기가)곪아서 터질듯하다, (기회가)무르익다, (사태가)위기에 빠지다, 전기(轉機)를 맞이하다

apogiatur|ă, -i, s.f. 앞꾸밈음

apoi, adv. **1.** 그 다음에는, 그리고 나서, 그 뒤 곧 **2.** 뒤에, 그 후 ; d- ~... -에 관하여 전혀 언급하지 않다 ; d- ~ cum (nu)? 확실해? ; de ~ 마지막(의) și-~ 그리고, 그밖에도

apolitic, ~ă, ~i, ~e, I. adj. 비정치적인 II. s.m. 비정치(권)인사

apolitism, s.n. 비정치주의, 정치적 무관심

apolog, ~uri, s.n. 교훈담, 교훈적 우화, 우화

apologe|t, -ți, s.m. **1.** 변명자 **2.** [신학](기독교의) 변증자 **3.** 호교론자(護教論者)

apologetic, ~ă, ~i, ~e, I. adj. 찬사의, 찬미의, 칭찬하는, [속담]내 등을 긁어주면 네 등도 긁어주겠다, 오는 정이 있어야 가는 정이 있다 II. adv. 찬사로, 칭찬하며

apologetică, s.f. (단수취급) [신학] 변증론, 호교론(기독교를 변호하는 이론)

apologi|e, -i, s.f. 사과, 사죄, 변명

apometr|u, -e, s.n. (파이프 안의 유

수량을 재는) 수량계, 유량계

aponevrotic, ~ă, ~i, ~e, adj. [해부] 건막 (腱膜)의

aponevroz|ă, -e, s.f. [해부] 건막 (건이 넓어져서 형성된 흰 선유서의 막)

apoplectic, I. ~ă, ~i, ~e, adj. 졸중 (卒中)의, 졸중에 걸리기 쉬운 II. s.m. 졸증환자, 졸중성의 사람

apoplexi|e, -i, s.f. [병리]졸중, 일혈 (溢血), 출혈(hemorrhage), 갑작스런 졸중, 뇌일혈의 발작

aport[1] I. interj. (사냥개에게 명령하여)가지고 와! II. s.n. 리트리버(총에 맞은 사냥감을 찾아오도록 훈련된 사냥개의 일종)

aport[2] ~uri, s.n. **1.** 기부, 출자, 공헌, 기여 **2.** 기부금, 자본금 **3.** 공급, 지원

ap|os, -oasă, -oşi, -oase, adj. 물의, 물과 같은, 습기가 있는, [지질]암석이 수성(水成)의

aposta|t, -tă, -ţi, -te, I. adj.**1.** 배교적인 **2.** 배신적인 **3.** 변질적인 II. s.m. 배신자, 변절자, 탈당자

apostazi|e, -i, s.f. 배교(背教), 배신, 변절, 탈당

aposteriori, adv. 결과에서 원인으로 거슬러 올라가는, 귀납적(으로), 후천적으로

apostilă, s.f. 추천, 천거, 추천장, 취할점, 장점, 서명, 사인, [음악]기호

apostol, ~i, s.m. **1.** [주의, 정책 등의]주창자, 선구자, 개척자, (A-) 사도(그리스도의 12제자의 한사람) **2.** [성서] 사도행전 (신약 성서중의 한 서)

apostolat, s.n. [기독교]사도의 직, 사도의 신분, 선구자(주창자)의 직분

apostoleşte, adv. 일어서서, 걸어서, 도보로, 걸어서 가다, 타지 않고 걸어가다, 터벅터벅 걷다

apostolic, ~ă, ~i, ~e, adj. 사도의, 사도다운, 사도에게서 전해진, 사도에 의한

apostrof, ~uri, s.n. 어포스트러피 (부호), 소유격 부호, 생략 부호, 복수 부호

apostrof|a, -ez, -ai, -at vt. -에 어포스트러피를 붙이다, (연설 따위)를 돈호법으로 말하다

apostrofare, s.f. 어포스트러피 붙이기, 돈호법으로 말하기

apostrof|ă, -e, s.f. 돈호법(시, 문장, 연설의 도중에 감정이 고조되어, 보통의 어세에서 급변하여 다른 사람, 사물을 부르는 표현법)

apotem|ă, -e, s.f. [기하]변심, 거리, 정다각형의 중심에서 변까지의 수선(垂線)거리

apoteoz|a, -ez, -ai, -at, vt. -을 신으로 모시다, 신격화하다, 신성시하다, -을 찬미하다

apoteoz|ă, -e, s.f. 신으로 모시기, 신격화, 찬양, 이상, 이상적인 것(사람)

apoziţ|ie, -ii, s.f. **1.** [문법]동격 **2.** 나란히 놓기, 병렬

apreci|a, -ez, -ai, -at, vt. **1.** -을 평가하다, -의 값을 매기다 **2.** (거리, 성분 따위를) 측정(산정)하다 **3.** (인물, 능력 따위를)판단하다 **4.** 견적하다, 계산하다 **5.** -의 가격(시세)을 올리다

apreciabil, ~ă, ~i, ~e, I. adj. 인지(감지)할 수 있는 (있을 만큼의), 평가할 수 있음, 상당한, 두드러지는

II. adv. 인지(감지) 할 수 있을 만큼, 다소, 약간은, 두드러지게

aprecia|t, -tă, -ți, -te, adj. **1.** 성공한 **2.** 좋은 평가를 받는 **3.** 좋은 결과의 **4.** 번영하는 **5.** 예의바른, 공손한, 값비싼, 귀중한, 소중한

apreciativ, adj. 감식력이 있는, 눈이 높은, 진가를 아는, 감상하는, 호의적인, 승낙의, 찬성의

aprecier|e, -i, s.f. **1.** 견적, 어림, 계산, 평가, 견해, 판단 **2.** (값의) 등귀 **3.** (고어)평가 ; a face aprecieri asupra (소유격) -에 대한 평가를 하다 ; a lăsa ceva la ~a -의 판단에 맡기다(일임하다)

aprehensiun|e, -i, s.f. 이해, 이해력, 불안, 걱정, 의견, 견해

apret, s.n. 마지막 준비

apret|a, -ez, -ai, -at, vt. -에게 옷을 입히다, (교육 과정을)수료하다, 마치다

apretare, s.f. 치장, 옷차림, 옷매무새, 장식, 마무리(재료) 손질

aprig, ~ă, ~i, ~e, I. adj. **1.** 불의, 화염의, 열화의, 불같은 **2.** 열렬한, 열심인, 정열적인 **3.** 성급한 충동적인, 사나운 **4.** 혈기왕성한, (말 등이)성미가 사나운, 고집이 센 **5.** 엄격한, 가혹한, 무자비한 **6.** 잔인한, 거친 **7.** 험준한, 가파른, 가파른 II. adv. **1.** 열렬하게, 사납게 **2.** 엄격히, 엄하게

aprilie s.m. **1.** 사월 **2.** 봄

aprin|de, aprind, -sei, -s, I. vt. **1.** -을 밝히다 -에 점화하다 **2.** 스위치를 돌리다(틀다) **3.** -에 불을 지피다, 방화하다 **4.** (마찰하여) -에 불(꽃)이 나게 하다 **5.** -을 활기 띠게 하다, 북돋우다 **6.** 감정을 부추기다, 성미를 돋우다 ; a ~ lampa 등불을 켜다 ; a ~ radioul 라디오를 켜다 II. vr. **1.** (불, 가연물이)타기 시작하다 **2.** 밝아지다 **3.** (화재 따위가)일어나다 **4.** 얼굴을 붉히다, 붉어지다 **5.** 어떤 문제에 열중하다 **6.** 흥분되다, 활발해지다 **7.** 확 타오르다 격분하다 **8.** 부어오르다, 염증이 나다 **9.** 수척해지다, 쇠약하다

aprinder|e, -i, s.f. **1.** 불쏘시개, 점화, 발화 **2.** 열심, 열성, 정열 **3.** 격노, 격분 **4.** 높이기, 올리기, 고양(高揚), 의기 양양 **5.** 힘(물건을 움직이는), 반동력 ; ~a plamânilor 폐렴 ; cu ~ 열심히 열렬히, 격렬하게

aprin|s, -să, -şi, -se, I. adj. **1.** 타오르고 있는, 연소중인 **2.** 빛나는, 눈부신 **3.** 격렬한, 열렬한 **4.** 강렬한, 선명한 **5.** 불시의, 갑작스러운 **6.** 열심인 **7.** 불타는 듯한, 불같은 **8.** 얼굴에 홍조를 띤 II. s.n. v. ; aprindere ; la ~ul luminilor 해질 무렵에

aprinzăt|or, -oare, s.n. 점화 장치

a priori, adv. [논리]원인에서 결과로(의), 연역적인(으로) 선천적으로, 추측적인(으로)

aprioric, ~ă, ~i, ~e, adj. 앞서는, 선행하는, (~보다) 앞의, 추정적인, 연역적인

apriorism, s.n. 연역적, 추론, 연역법

apriorist, s.m. 연역(적)추론자

aproape, I. adv. **1.** 가까이, 접근하여 **2.** 부르면 들리는 곳에, 가까운 곳에 **3.** 곧, 얼마 안 있어 **4.** 거의, 얼추, 대략 II. s.m. 이웃, 같은 인간, 동포

aprob|a, aprob, -ai, -at, I. vt. **1.** (-을) 찬성하다, 승인하다 **2.** 의견이

일치하다, 동감이다 **3.** (제안에) 동의하다 **4.** (조약 따위를) 비준하다, 재가하다 II. vr. **1.** 승인되다, 찬성되어지다 III. vi. 승인하다, 찬성하다

aprob|are, -ări, s.f. **1.** 승인, 찬성, 인가 **2.** 성원, 칭찬 **3.** 찬성하다, 승인하다

aproba|tor, -oare, -ori, -oare, I. adj. 찬성의, 만족의 II. adv 찬성으로

apro|d, -zi, s.m. **1.** [법률]영장송달인, 집달리 **2.** 안내원, 문지기, 접수원

aprofun|da, -ez, -ai, -at, vt. 철저하게 연구하다

aprofund|are, -ări, s.f. 깊이 있는 학문

aprofunda|t, -tă, -ți, -te, I. adj. 정성들인, 공들인, 주의 깊은, 조심성 깊은 II. adv. 공들여서, 정성 들여서, 정밀하게

apropi|a, apropii, -ai, -at, I. vt. **1.** -을 오게 하다, 가까이 가다 **2.** 끌어당기다 **3.** 긁어모으다, 합치다 II. vr. **1.** 접근하다, 가까워지다 **2.** 돌아오다 (시간 따위가) 다가오다 **3.** 친구가 되다 ; a se ~ de adevărul 진실에 가깝다 ; a se ~ de cineva 누군가가 좋아지다, 마음에 들다

apropia|t, -tă, -ți, -te, adj. [장소, 시간이]가까이, 접근하여 **2.** 친밀한, 친한, 사이가 좋은 **3.** 친애하는, 사랑하는, 귀여운; prieten ~ 절친한 친구

apropier|e, -i, s.f. **1.** 다가가기, 접근하기 **2.** (시간, 공간 따위가) 가장 가까움, 인접함 **3.** 친밀, 친교, 친분 ; în ~ 바로 곁에 있는, 지척의 ; prin ~ 이 근처 어딘가에

apropo, I. adv. **1.** 그런데 **2.** 말이 난 김에 **3.** -에 관하여, -와 관련하여, II. s.n. 힌트, 암시, 유의사항

apropri|a, aproprii, -ai, -at, vt. 제 것으로 만들다, 도용하다, 어떤 것을 사물화 하다

appropria|t, -tă, -ți, -te, adj. 적당한, 타당한, 특유의, 고유의

aproprier|e, -i, s.f. 사물화, 전유, 도용, 충당

aprovizion|a, -ez, -ai, -at, I. vt. 지급하다, 주다 II. vr. 사들이다, 구입하다, 겨울을 대비해 장작을 사들여 저장해 놓다

aprovizion|are, -ări, s.f. 공급

aproxim|a, -ez, -ai, -at, vt. 평가하다, (수량 등이) -에 접근하다, -와 비슷하다

aproximativ, ~ă, ~i, ~e, I. adj. 대략의, 비슷한(刑) II. adv. 대략적으로, 비슷하게

aproximaț|ie, -ii, s.f. 근접, 추측

apsid|ă, -e, s.f. 후진(後陣), 교회당 동쪽 끝에 내민 반원형 부분으로 성가대 뒤

ap|t, -tă, -ți, -te, adj. 가능한, 할 수 있는, 적절한, 어울리는

aptitudin|e, -i, s.f. 적성, 경향, 천성

apuc|a, apuc, -ai, -at, I. vt. **1.** 잡다, (꽉)쥐다 **2.** 생포하다 **3.** 손대다 **4.** 갑자기 잡다 **5.** 취하다 **6.** (기차 등을) 잡다 **7.** 발견하다 **8.** 놀라게 하다 **9.** 따라잡다, 만회하다 **10.** 경험하다 **11.** 이해하다 **12.** 잡다 ; a ~ să... -하기 시작하다, 착수하다 II. vr. ; a se ~cu -와 함께 착수하기 시작하다 ; a se ~ de... **1.** -에 (사로)잡히다 **2.** 종사하다 **3.** 시작하다, 착수하다 **4.** 떠맡다 **5.** -을 시작하다 III. vi.; a ~ spre

-로 향하다, -을 향해가다 ; a ~ cuiva înainte (누구)를 앞지르다, (누구)를 뒤쳐지게 하다
apucare, s.f. 잡기, 꼭 쥠, 점유
apuca|t¹, s.n. 무엇을 시작하기, 무엇을 잡기
apuca|t², -tă, -ţi, -te, I. adj. (유령, 악마 등에) 잡힌, 고생하는
apucăt|or, -oare, -ori, -oare, I. adj. 탐욕스러운 II. s.n. (흙 등을 쳐대는) 그래브
apucătur|ă, -i, s.f. **1.** 움켜잡기 **2.** 습관, 행위, (복수) 풍습, 예절
apu|ne, apun, -sei, -s vi. **1.** (해가)지다, 저물다 **2.** 사라지다, 쇠퇴하다 **3.** 죽다
apu|s, I.-să, -şi, -se, adj. 사라진, 죽은 일몰(해넘이) II. ~uri, s.n. 쇠퇴, 죽음, 서쪽
apus|ean, -eană, -eni, -ene, I. adj. 서쪽의, 서양의 II. s.m. 서구사람, 서쪽나라 사람
ar, ~i, s.m. 아르 (미터법의 면적단위, 100평방미터(약 30.25))
ar|a, ar, -ai, -at, vt. (밭을)갈다, 경작하다, 쟁기질하다
arab, ~ă, ~i, ~e, I. adj. 아랍의, 아랍사람의 II. s.m. 아랍사람, 아랍민족, 아랍말
arabă, s.f. 아랍말(아랍어)
arabesc, ~uri, s.n. 아랍식 의장(意匠), 아라베스크
arabic, ~ă, ~i, ~e, adj. 아랍문학(말)의, 아랍식의, 아랍사람의
arabil, ~ă, ~i, ~e, adj. 경작할 수 있는, 경작하기 알맞은
arac, ~i, s.m. 포도나무 버팀목
aragaz, ~uri, s.n. **1.** 가스(연료용) **2.** 가스레인지, 가스난로, 스토브
aragonit, s.n. 광물, 광석, 무기물
arahid|ă, -e, s.f. [식물]완두콩
arahnide, s.f. 거미류의 동물 (거미, 진드기 등)
arahnoidă, s.f. 거미망막(網膜)
aramaic, adj. Aram(아람)의, 아람인의
aramaică, s.f. 아람(Aram)말
ar|amă, -ămuri, s.f. 구리(금속), 종, 대포
aranj|a, -ez, -ai, -at, I. vt. **1.** 정리하다, 정돈하다 **2.** (넥타이등을)조여매다, 조절하다 **3.** (머리카락)단정히 하다 **4.** (방을)정돈하다 **5.** 조직하다, 편성하다 **6.** 자리잡게 하다 **7.** -을 깨끗이 만들다 II. vr. **1.** 정돈되다 **2.** 단장하다, 장식하다
aranjament, ~e, s.n. **1.** 정리 정돈 **2.** 승인, 인정
aranj|are, -ări, s.f. 정리, 정돈
aranja|t, -tă, -ţi, -te, adj. **1.** 잘 정리(정돈)된 **2.** (사람) 깔끔한 **3.** 자리잡은, 해결된
arap, ~i, s.m. 검둥이
arar(eori), adv. 드물게, 좀처럼 -않게
arat¹, s.n. 쟁기질, 밭갈이
ara|t², -tă, -ţi, -te, adj. 쟁기질을 한 땅의
arăb|esc, -ească, -eşti, adj. 아랍의, 아랍사람의
arăbeşte, adv. **1.** 아랍사람처럼, 아랍사람 같은, 아랍사람 다운 **2.** 아랍어로
arăc|i, -esc, -ii, -it, 버팀목 등 지지대를 세우다
arămar, ~i, s.m. 놋쇠장이

arămări|e, -i, s.f. **1.** (구리)놋쇠 주물 **2.** (구리) 놋쇠 세공품

arăm|i, -esc, -ii, -it, vt. 구리를 입히다

arămire, s.f. 구리작업

arămi|u, -e, -i, adj. 구리 색의(구리 빛의)

arăta, arăt, -ai, -at, I. vt. **1.** 보여주다 **2.** 전시하다 **3.** 가리키다, 지시하다 **4.** 눈에 띄게 하다 II. vr. 자신을 들어내다 **2.** 나타나다 **3.** 보다

arăt|are, -ări, s.f. **1.** 정세, 형세, 전시(회) 전람, 상영 **2.** 유령, 귀신, 괴물

arătăt|or, -oare, s.n. 집게손가락 (곤충의 집게)

arăt|or, -oare, -ori, -oare, adj. (땅에 대해서) 쟁기질하기 좋은

arăt|os, -oasă, -oşi, -oase, adj. 위엄 있는, 품위 있는, 잘 생긴

arătur|ă, -i, s.f. 경작지(地)

arbalet|ă, -e, s.f. 석궁(石弓)-중세무기

arbitr|a, -ez, -ai, -at, I. vt. **1.** 중재(조정)하다 II. vi. (경기)심판보다

arbitraj, -e, s.n 중재, 조정(調停) ; ~ internațional 국제 중재재판 ; ~ obligatoriu 강제 조정

arbitral, ~ă, ~i, ~e, adj. 중재의 ; a da o sentință ~ 조정심판을 내리다 ; compromis ~ 조정안 동의 ; instanță ~ 소송사건 중재

arbitrar, ~ă, ~i, ~e, I. adj. 멋대로인, 변덕스러운, 독단적인 II. adv. 독단적으로, 제멋대로

arbitr|u, -i, s.m. **1.** 중재자 심판자 **2.** 심판 **3.** 판사

arbor|a, -ez, -ai, -at, vt. **1.** (깃발을)(들어)올리다, 감아올리다 **2.** (마음을)들어내다, 표현하다

arborad|ă, -e, s.f. (배의)돛대, 기둥

arbor|e, -i, s.m. **1.** 나무, 수목, 교목 **2.** 돛대 **3.** 축, [기계]샤프트 **4.** (자동차의) 차축

arborescen|t, -tă, -ți, -te, adj. 나무(나무 가지)모양의

arborescenț|ă, -e, s.f. 나무(결정) 모양

arboret, ~uri, s.n. 과수원, 수원, 묘포

arboricultor, ~i, s.m. 수목 재배자

arboricultură, s.f. 수목 재배

arbu|st, -şti, s.m. 잡목, 수풀

arc, ~uri, s.n. **1.** 활 **2.** (건물 등)의 아치 **3.** 원천(천연가스등)

arcad|ă, -e, s.f. 아치 밑의 통로(아케이드)

arcan, ~e, s.n. 올가미 덫 c)올가미로 잡다

arcaş, ~i, s.m. 궁사(弓士)

arca|t, -tă, -ți, -te, adj. 아치형의 활 모양의

arcă, s.f. 방주(方舟) ; arca lui Noe - 노아의 방주

archebuz|ă, -e, s.f. 화승총

archebuzier, ~i, s.m. 화승총으로 무장한 병사

arctic, ~ă, ~i, ~e, adj. 북극의, 극한의

arcu|i, -iesc, -ii, -it, vt. (활처럼)휘다, 아치형을 만들다

arcuş, ~uri, s.n. (바이올린 등)현악기의 활

ar|de, ard, -sei, -s, I. vi. **1.** 타다, 불붙다, 불을 켜다, 열을 주다 **2.** 뜨겁다, 열나다 ; a ~ de dorința de a.. -을 학수고대하다 ; îmi ~ fața 내 얼굴이

달아오른다 ; lemnele nu ard 나무가 타지 않는다 ; îți ard mâinile 네 손이 뜨거웁겠다 II. vt. **1.** 태우다, 타게 하다, 데우다, 연소시키다, 파괴하다 **2.** 타다, 끓어오르다, (태양 등이) 이글거리다

ardei, s.m. 고추, 피망

ardei|a, -ez, -ai, -at, vt. 맵게 하다

ardeia|t, -tă, -ți, -te, adj. 매운

ardel|ean, -eană, -eni, -ene, adj. s.m. 트란실바니아의, 트란실바니아 사람

ardel|eancă, -ence, s.f. 트란실바니아 여자

ardelen|esc, -ească, -ești, adj. 트란실바니아의

ardelenism, ~e, s.n. 트란실바니아의 단어, 말

arder|e, -i, s.f. 연소, 산화, 내부연소

ardezi|e, -i, s.f. (지붕의) 널조각, 판자 조각

ardoare, s.f. 열정, 열심, 열정을 가지고

aren|ă, -e, s.f. 원형경기장, 투기장

arend|a, -ez, -ai, -at, vt. (토지, 가옥 등) 임대(임차)하다

arend|are, -ări, s.f. 임대(임차)

arendaș, ~i, s.m. 임차인, 소작인

aren|dă, -zi, s.f. 임대, 임차 ; ~ pe termen lung 장기 소작 주기 ; ~ pe viață 평생 소작 주기 ; a lua în ~ un teren 소작할 땅을 얻다 ; a rezilia un contract de ~ 소작계약을 하다

areolar, ~ă, ~i, ~e, adj. 그물코 모양의, 소공의

areometr|u, -i, s.n. 액체 비중계

areopag, ~uri, s.n. 아레오파고스 (Areopagus), 고대 아테네의 최고 재판소 (아테네 언덕)

arest, ~uri, s.n. **1.** 체포 **2.** 감옥 **3.** 구금 ; ~ la domiciliu 주거지에서의 체포 ; a lansa un mandat de ~ 체포영장의 발행 ; ordin de ~ 체포령

arest|a, -ez, -ai, -at, vt. 체포하다, 구금하다, 감금하다

arest|are, -ări, s.f. **1.** 체포함, 구금함 **2.** 체포하기, 구금하기

aresta|t, -tă, -ți, -te, I. adj. 체포된, 구금된, 죄인의 II. s.m. 구속인, 죄인

arga|t, -ți, s.m. 하인, 머슴

argăs|eală, -eli, s.f. **1.** 무두질하기, 조제하기 **2.** (나무의)껍질을 벗김

argăs|i, -esc, -ii, -it, vi. **1.** (가죽을) 무두질하다, 조제하다 **2.** (나무의) 껍질을 벗기다

argăsitor, ~i, s.m. 무두장이, 제혁공, 제혁업자

argăț|i, -esc, -ii, -it, vi. (하인신분으로) 근무하다, 고용되어 있다, 종복(하인)이다

argăție, s.f. 하인(머슴)의 일, 천역, 고역

argățime, s.f. **1.** 하인의 신분, 예속, 굴종 **2.** 하인, 노예, 머슴

arg|ea, -ele, s.f. **1.** 베틀 **2.** 오두막, 판자 집, 대피소

argentifer, ~ă, ~i, ~e, adj. 은이 들어 있는

argentit, s.n. **1.** 은의 광채, 은빛 윤 **2.** [광물]휘은광

argilă, -e, s.f. 점토, 반토, 도토, 오지그릇

argilos, -oasă, -oși, -oase, adj. 점토질의

arghezian, ~ă, ~i, ~e, adj. 아르게지에 대한

argint, s.n. 은
arginta, -ez, -ai, -at, 은으로 도금하다
argintar, ~i, s.m. 은을 장사하는 사람 또는 만드는 사람
argintat, -tă, -ți, -te, adj. 은으로 덮힌
argon, s.n. 아르곤 가스
argument, -e, s.n. 논쟁, 논의
agrumenta, -ez, -ai, -at, vt. 논쟁하다, 논의하다, 증명하다
argumentare, -ări, 논쟁, 논의의 결과
argumentaț|ie, -ii, v. argumentare
argus, s.m. 날카로운 눈빛의 사람, 무엇인가를 지키는 사람
arhaic, I. ~ă, ~i, ~e, adj. 고전적인, 고풍스러운, II. s.n. 지질학적으로 오래된 시기
arhism, ~e, 고전적 단어, 어휘
arhaitate, s.f. 고전적인 상태
arhaizan|t, -tă, -ți, -te, adj. 고전적인 표현 (더 이상 사용되지 않는)
arhipelag, ~uri, s.n. 다도해
arhitect, ~ă, ~i, ~e, 건축가
arhitectural, ~ă, ~i, ~e, 건축의
arhitectură, s.f. 건축
arhiv|ă, -e, s.f. **1.** (기관 도시 등의) 문서 총계 **2.** 이전 자료를 수집하고 보관하는 기관이나 연구소
arhivi|st, -stă, -şti, -ste, 자료수집 및 보관 전문가
arian, ~ă, ~i, ~e, I. adj. 아리안에 속하는 II. s.m. 그리고 f. 아리안 족의 사람
arip|ă, -i, s.m. **1.** 날개 **2.** 날개와 같은 기능을 하는 물체 **3.** 건물의 측면부
aripioar|ă, -e, s.f. **1.** 작은 날개 **2.** 지느러미 **3.** 보조 날개
aristocra|t, -tă, -ți, -te, s.m. 귀족
aristocratic, ~ă, ~i, ~e, adj. 귀족의, 귀족적인, 품위 당당한
aristocraț|ie, -ii, s.f. 귀족계급, 귀족 정치
aritmetic, ~ă, ~i, ~e, I. adj. 산수의, 계산의 II. adv. (부사) 계산적으로
aritmetică, s.f. 산수, 셈
aritmograf, ~e, s.n. 계산기
aritmogrif, ~e, s.n. 숫자 퍼즐
aritmometr|u, -e, s.n. 계산기
arivism, s.n. 이기주의, 자기본위
arivi|st, -stă, -şti, -ste, I. s.n. 이기주의자, 자기본위자 II. adj. 적극적인, 나서기 좋아하는
arlechin, ~i, s.m. **1.** 어릿광대 **2.** [연극] 조명
arm|a, -e, -ai, -at, vt. **1.** 장전하다, 화약을 걸다 **2.** [건축]보강하다 **3.** (배 등을)취역시키다 **4.** (병력 등을) 배치하다
armament, ~e, s.n. 무기, 무기류
arman, ~e, s.n. 탈곡장
arm|are, -ări, s.f. **1.** 장비, 채비, 무장 **2.** 장전 **3.** 배치
armaş, ~i, s.m. 헌병 사령관
arma|t, -tă, -ți, -te, adj. 무장한 **2.** 위로 젖혀진 ; conflict ~ 무장 투쟁 ; forțe ~e 군(대), 군사력
armat|ă, -e s.f. **1.** 군대 **2.** 육군 ; ~ permanentă 정규군 ; a face ~ 군대에 종사하다 ; a intra în ~ 군에 입대하다
armator, ~i, s.m. 배의 주인
armatur|ă, -i, s.f. (5선지 첫머리에 기입한) 조표

arm|ă, -e, s.f. **1.** 무기 **2.** 군대 **3.** 총
armăsar, ~i, s.m. 망아지, 애송이, 말, 승마
armătur|ă, -i, s.f. **1.** 갑옷과 투구 **2.** 싸개, 덮개 **3.** 입혀보기 **4.** 장착물
arm|ean, -eană, -eni, -ene, adj. 아르메니아인, 아르메니아어
arm|eancă, -ence, s.f. 아르메니아 여인
armen|esc, -ească, -eşti, adj. 아르메니아인의
arminden, -i, s.m. **1.** 5월제, 노동절 **2.** 5월의 기둥
armistiț|iu, -ii s.n. **1.** 휴전 **2.** 쉼 ; a încheia un ~ 휴전협정을 체결하다
armoarii, s.f. pl. 문장(紋章)
armonic, ~ă, ~i, ~e, adj. **1.** 음악적인, 회성의 **2.** 조화된
armonic|ă, -i, s.f. 아코디언, 콘체르티나, 풍금
armoni|e, -i, s.f. 조화, 일치, 합의
armoni|os, -oasă, -oşi, -oase, I. adj. 조화로운 II. adv. 조화롭게
armoni|st, -stă, -şti, -ste, s.m. **1.** 화성학자 **2.** 아코디언이나 콘체르티나 연주자
armoniu, s.n. 소형 오르간
armoniz|a, -ez, -ai, -at, I. vt. **1.** 조화하다 **2.** 가락을 맞추다 **3.** 배색하다 II. vr. 조화되다 **2.** 배합하다
armoniz|are, -ări, s.f. 조화, 일치, 화합
armur|ă, -i, s.f. **1.** 방비 **2.** 쇠 비늘 갑옷 **3.** 양식 **4.** 전극
armurărie, s.f. **1.** 총포사 **2.** 무기 공장 **3.** 병기고
armurier, ~i, s.m. 병기공, 병기 공장
arnău|t, I. adj. 알제이의 II.-ți, s.m. 알제리인, 고용된 사람
arnăutesc, adj. **1.** 알바니아인의 **2.** 고용된 사람의
arnici, ~uri, s.n. 염색된 무명실
arog|a, arog, -ai, -at, vt. 취하다, 떠맡다, 침해하다
arogan|t, -tă, -ți, -te, I. adj. 거만한 건방진 II. adv. 거만하게
aroganță, s.f. 거만, 오만
aromat, -tă, -ți, -te, adj. 향기로운, 풍미를 곁들인 II. -e, s.n. 양념, 향료
aromatic, ~ă, ~i, ~e, adj. 향기로운, 향식료의
aromatiz|a, -ez, -ai, -at, vt. 향기롭게 하다
arom|ă, -e, s.f. 향기 기품, 인상 영향
aromân, I. adj. 마케도니아계 루마니아인의, 아루마니아인의 II. s.m. 마케도니아계 루마니아인, 아루마니아인
arom|eală, -eli, s.f. 졸기, 겉잠
arom|i, -esc, -ii, -it, vi. 졸다, 얕은 잠에 빠지다
aromit|or, -oare, -ori, -oare, adj. 냄새 좋은, 유쾌한 **2.** 졸리는
arpacaş, s.m. 프랑스 보리, 희고 둥글둥글한 알갱이로 찧은 보리
arpagic, s.n. 골파(조미료)
arpeg|iu, -ii s.n. 아프페지오
ar|s, -să, -şi, -se, adj. **1.** 탄 **2.** 마른 **3.** 뜨거운 **4.** 갈색의 **5.** 낭비의 ; a sări ca ~ 주춤하다
arsătur|ă, -i, s.f. 탐, 화상
arsenal, -e, s.n. 무기고 **2.** 저장고 **3.** 충전
arsenic, I. adj. 비산 II. s.n. 비소제
arsenios, adj. 비소의 ; acid ~ 아비산

arsur|ă, -i, s.f. **1.** 탐, 화상 **2.** 화상, 썩음 **3.** 가슴앓이, 질투, 시기
arşic, ~e, s.n. 복사뼈
arşin, ~i, s.m. 궁모양, 호
arşiţ|ă, -e, s.f. **1.** 격렬함 **2.** 태움 **3.** 삼복
art|ă, -e, s.f. 예술, 기술, 숙달, 솜씨, 기능
artel, ~uri, s.n. (소련의)협동조합
arter|ă, -e, s.f. **1.** 동맥 **2.** 주요도로 (배가 통하는)하천, 수로 **3.** 통신수단 **4.** 왕래 ; ~ de circulaţie 중추도로 ; ~ de magistrală 간선도로(수로)
arterial, ~ă, ~i, ~e, adj. 동맥의
arterioscleroză, s.f. 동맥 경화(증)
artezi|an, -ană, -eni, -ene, adj. 분수 같은 fântână ~ă 분수, 우물
articol, ~e, s.n. **1.** 기사, 사설 **2.** 조항 **3.** 한 품목 **4.** 상품 **5.** 기입 **6.** 표제 ; ~e de larg consum 소비상품 ; ~e de menaj 가재용품 ; ~ hotărât 정관사 ; ~ nehotarât 부정관사
articul|a, -ez, -ai, -at, I. vt. **1.** 분명히 말하다 **2.** 명사를 이용하다 II. vr. **1.** 결합되다 **2.** 관사를 사용하다
articular, ~ă, ~i, ~e, adj. 관절의
articulare, s.f. 유절 발음, 자음, 절
articula|t, -tă, -ţi, -te, adj. 분명한, 명확한 **2.** 관사를 이용한
articulaţ|ie, -ii, s.f. **1.** 관 절 **2.** 마디, 이음매
artificial, ~ă, ~i, ~e, I. adj. 인공의, 강요된, 부자연스런, 인공적인, 인위적인 II. adv. 인공적으로, 인위적으로
artificialitate, s.f. 인공물, 부자연
artificier, ~i, s.m. 폭발물 전문가, 제조자, 기술병
artific|iu, -ii s.n. **1.** 솜씨 **2.** 고안(考案) **3.** 수단, 방편 **4.** 불꽃(놀이) 봉화
artileri|e, -i, s.f. 포(병대), 방공포, 지대공포, 장거리 포, 중(야전)포병, 해안포병, 중포병, 경포병
artileri|st, -şti, s.m. 포병, 포수
arti|st, -stă, -şti, -ste, s.m. **1.** 예술가 **2.** 예능인, 기능인 **3.** 전문가 **4.** 행위자 **5.** 명인, 장인, 책략가
artistic, ~ă, ~i, ~e, I. adj. 예술의, 예술적인 II. adv. 예술적으로
artizan, ~i, s.m. 장색, 기술공, 숙련공
artizanat, ~e, s.n. **1.** 수제공, 수예 **2.** 수제공인, 장색 **3.** 수공업 제품 **4.** 수공업
artrit|ă, -e, s.f. 관절염
artritic, I. ~ă, ~i, ~e, adj. 관절염의, 통풍의, II. s.m. 관절염환자, 통풍환자
artritism, s.n. 통풍
artropod, -e, s.n. 절지동물
arţag, ~uri, s.n. 시비, 호전적임, 역정 a avea ~ 성질을 내다 ; a-i veni ~ul 무일푼이 되다
arţar, ~i, s.m. 단풍나무
arţăg|os, -oasă, -oşi, -oase, adj. 싸우기를 좋아하는, 까다로운
arunc|a, arunc, -ai, -at, I. vt. **1.** 던지다 **2.** 팽개치다 **3.** 집어던지다 **4.** (공따위를)던지다 **5.** (시선을)던지다 **6.** 떨어뜨리다 **7.** 떨쳐버리다 ; aruncă-mi mingea! 그 공을 내게로 던져! ; a-şi ~ ochii asupra/la/spre ... -을 빤히 쳐다보다 II. vr. **1.** -에 몸을 맡기다 **2.** -에 참가하다 3 .-에 던져지다, 포기하다 **4.** 물 속으로 던지다 **5.** 돌진하다 ; a se ~ în apă 물에

빠지다 III. vi. ; a ~ cu... în... .-에게 -을 던지다 ; a ~ cu pietre în cineva -에게 돌을 던지다

arunc|are, -ări, s.f. 던짐, 팽개침, ~a ciocanului [경기]투포환 ; ~a suliței 투창

aruncăt|or[1] -oare, s.n. 발사기, 화염방사기, 모르타르

aruncător[2] ~i, s.m. 해머 투척자

aruncătur|ă, -i, s.f. 던짐 ; ~ de ochi 시선을 던짐(줌) ; la o ~ de piatră -에 돌을 던짐

arvun|ă, -e, s.f. 계약금, 보증금 ; a da o ~ 매매를 성사시키다

arvun|i, -esc, -ii, -it, I. vt. -에 계약금을 걸다, 보증금을 지불하다 II. vr. **1.** 고용되다, 고용살이하다 **2.** -와 일치(부합)하다, 화합하다

arzăt|or, I.-oare, -ori -oare, adj. 타는, 뜨거운, 간절한 **2.** 화제의 **3.** 간절한 소망 II. adv. 간절하게, 열렬하게 III-oare, s.n. 버너

as, ași, s.m. **1.** 한번 쳐서 얻은 점수 **2.** 에이스 **3.** 천재 **4.** 챔피언 **5.** 자동차 경주 운전자

asalt, ~uri, s.n. 공습, 습격 탱크; mâncă în ~ 비정규적인 작업 ; trupe de ~ 돌격대 ; a da ~ (여격) -에 공습하다, 폭행하다, -에 강습하여 빼앗다

asalt|a, -ez, -ai, -at, vt. **1.** 강습하다, 공습하다 **2.** 공격하다 **3.** 질문으로 공격하다

asambl|a, -ez, -ai, -at, I. vt. 모으다 조립하다 II. vr. 조립되다

asamblare, s.f. 집회, 조립(품)

asan|a, -ez, -ai, -at, vt. **1.** -에 제방을 쌓다 **2.** 개간(개척)하다 **3.** 하수구를 개량하다 (정비하다) **4.** 개량하다 **5.** 교정하다 **6.** 재조직하다

asan|are, -ări, s.f. 제방, 독, 위생(설비), 위생도

asasin, ~ă, ~i, ~e, s.m. 살인자, 암살자

asasin|a, -ez, -ai, -at, vt. **1.** 암살하다 **2.** 살인하다

asasin|are, -ări, s.f. 살인, 암살

asasinat, ~e, s.n. 살인, 암살, 계획적인 암살, 모살, 범죄

ascendent, -tă, -ți, -te, I. adj. 오르는, 상승의, 상승 곡선 II. s.n. 우월, 우세 III. s.m. 조상, 선조, 우세, 우위

ascendent|ă, -e, s.f. 상승곡선, 조상, 원조, 기원, 혈통

ascensiun|e, -i, s.f. **1.** 오름, 상승 **2.** 향상, 승진 **3.** 진보 ; în ~ 진행 중에 있는 ; a face o ~ (산 따위에)오르다

ascens|or, -oare, s.n. 승강기

asce|t, -tă, -ți, -te, s.m. 금욕주의자, 수도자, 은둔자

ascetic, ~ă, ~i, ~e, adj. 고해의, 수도의

ascetism, s.n. 금욕주의

ascită, s.f. 복수(腹水)

ascult|a, ascult, -ai, -at, I. vt. **1.** 듣다 **2.** 시험보다 **3.** 믿다 **4.** 경청하다 **5.** 복종하다 II. vi. 듣다, 경청하다

ascult|are, -ări, s.f. **1.** 청취 **2.** 복종, 순종 **3.** 청음초

ascultăt|or, -oare, -ori, -oare, I. adj. 순종의, 복종의, 의무적인 II. adv. 순종적으로 III. s.m. 청취자

ascun|de, ascund, -sei, -s, I. vt. **1.** 숨기다 **2.** 감추다 **3.** 덮다 **4.** 감추다 II. vr. 숨다

ascuns, I.-să, -și, -se, adj. **1.** 숨긴,

비밀의 **2.** 미스테리의 II. s.n. 비밀 ; în/pe ~ 비밀스럽게, 은근히
ascunselea, s.f. 숨바꼭질(놀이)
ascunzăt|oare, -ori, s.f. 숨은 곳, 은신처, 하숙집
ascunziş, ~uri, s.n. 비밀
ascuţ|i, ascut, -ii, -it, I. vt. **1.** 날카롭게 하다 **2.** 갈다 **3.** 자극하다 **4.** 혁지에 갈다 **5.** 정련하다 **6.** 경작하다 **7.** 귀를 기울이다 II. vr. 날카로워지다
ascuţime, s.f. 날카로움, 예민함, 총명
ascuţir|e, -i, s.f. 날카로운 것, 긴장
ascuţiş, ~uri, s.n. **1.** 테두리, 모서리 **2.** 날 **3.** 날카로운 것
ascuţi|t, -tă, -ţi, -te, I. adj. **1.** 날카로운 **2.** 요점의 **3.** 재치 있는 **4.** 예민한 **5.** 꿰지르는
ascuţit|oare, -ori, s.f. **1.** 칼 **2.** 칼 가는 숫돌 **3.** 연필 깎는 기구
aseară, adv. 지난 밤, 어젯밤
asedi|a, -ez, -ai, -at, vt. -에워싸다, 포위하여 공격하다
asediator, -i, I. adj. 포위하는, 에워싸는 II. s.m 포위자, 포위군
asedier|e, -i, s.f. 포위(공격)
ased|iu, -ii, s.n. 포위공격, 공성 ; stare de ~ 계엄 상태 ; a proclama starea de ~ într-un oraş 한 도시에 계엄을 선포하다 ; a ridica ~l 포위를 풀다
asemăn|a, asemăn, -ai, -at, I. vt. 비유하다, II. vr. -와 닮았다, -처럼 되다
asemăn|are, -ări, s.f. **1.** 유사, **2.** 유사점 ; fără ~비할 바 없이, 비교가 안 되는 ; după chipul şi ~a -로 가장 하여 ; a avea ~ cu... -와 닮다 ; a face o ~ între... -을 비교하다
asemănăt|or, -oare, -ori, -oare, I. adj. 유사한, 비슷하여, 유사하여 II. adv. 유사하여
asemenea, asemeni, asemine, I. adj. -처럼, -와 비슷한, -와 마찬가지인 II. adv. 역시
asemuire, s.f. **1.** 비유 **2.** 직유
asemuit, adj. **1.** -처럼, -와 같은 **2.** 동일한
asentiment, s.n. 동의, 찬성, 승인; cu ~ul 동의를 얻어서, 승낙(허락)과 함께 ; a-şi da ~ul 찬성하다, -와 의견이 일치하다, -에 동의하다
asepsie, s.f. 무균
aseptic, ~ă, ~i, ~e, adj. 무균의
asertoric, ~ă, ~i, ~e, adj. 독단적인, 단언적인
aserţiun|e, -i, s.f. 단언, 주장, 성명
aserv|i, -esc, -ii, -it, vt. 노예로 하다, 예속시키다
aservir|e, -i, s.f. **1.** 노예 상태 **2.** 농노의 신분
aservi|t, -tă, -ţi, -te, adj. 노예의, -하라는 대로 하는
ases|or, -oare, -ori, -oare, s.m. 그리고 f. 재산평가인, 국민의 사정관
asexua|t, -tă, -ţi, -te, adj. 무성의(無性)
asezon|a, -ez, -ai, -at, vt. -에 맛을 내다, 간을 맞추다
asfalt, ~uri, s.n. 아스팔트, 역청물질, 역청, 암갈색
asfalt|a, -ez, -ai, -at, vt. 아스팔트로 포장하다
asfaltat, adj. 아스팔트로 덮인
asfaltare, s.f. 아스팔트로 덮기(깔기)

asfinț|i, -este, -i,-it, vi. **1.** 가라앉다, 내려가다 **2.** 쇠퇴하다, 약해지다

asfințit, s.n. **1.** 일몰, 해질녘 **2.** 서쪽 ; la ~ul soarelui 해질녘에

asfixi|a, -ez, -ai, -at, I. vt. 질식시키다, 가사상태에 이르다 II. vr. 석탄연기에 질식하다

asfixia|t, -tă, -ți, -te, adj. 질식된, 숨이 막힌

asfixian|t, -tă, -ți, -te, adj. 질식하는, 독(성)이 있는

asfixi|e, -i, s.f. 가사, 질식

asfixiere, s.f. 가사, 질식

asiatic, ~ă, ~i, ~e, adj. 아시아인(의)

asiduitate, s.f. 근면, 꾸준함

asidu|u,~ă, ~i, ~e, I. adj. 근면한, 꾸준한 II. adv. 근면하게 꾸준히

asignaț|ie, -ii, s.f. 아시냐 지폐 (프랑스 혁명정부가 발행한 지폐, 인플레이션 때문에 곧 가치가 하락하였음)

asigur|a, asigur, -ai, -at, I. vt. **1.** -에 준비하다, 대비하다 **2.** 확신시키다, 안심시키다 II. vr. -을 대비해 보험에 들다

asigur|are, -ări, s.f. **1.** 확신 **2.** 보증, 안전, 주장, 단언 **3.** [경제]보험 ; ~ auto generală 자동차 종합보험 (= CASCO) ; ~ de avioane 비행기보험 ; ~ în favoarea unor terțe persoane 제3자에 의한 보험 ; ~ de rentă viageră 종신연금보험 ; ~ imobiliară 재산보험 ; ~ împotriva șomajului 실업보험 ; ~ mobiliară 동산에 대한 보험 ; ~ pe animale 동물에 대한 보험 ; ~ pentru caz de incendiu 화재보험 ; ~ pentru cazul accidentelor de muncă 산재보험 ; agent de ~ 보험설계사 ; poliță de ~ 보험증서 ; sucursală de ~ 보험사무소 (지점)

asigura|t, -tă, -ți, -te, I. adj. 준비된, 확실한 수입 II. s.m. 그리고 f. 보험자

asimetric, ~ă, ~i, ~e, adj. 균형이 잡히지 않은, 비대칭의

asimetrie, s.f. 불균형 비대칭

asimil|a, -ez, -ai, -at, I. vt. 동화시키다 II. vr. 비교하다, 비유하다

asimilabil, ~ă, ~i, ~e, adj. 동화할 수 있는 **2.** 비교할 수 있는

asimil|are, -ări, asimilație, s.f. 동화, 융합

asimptot|ă, -e, s.f. [수학]점근선

asindetic, adj. 접속사의

asiri|an, -ană, -eni, -ene, adj. 아시리아인(어)의

asist|a, asist, -ai, -at, I. vi. 출석하다, 참석하다 II. vt. 시중들다, 도와주다

asisten|t, -tă, -ți, -te, I. adj. 출석하는 현재의 II. s.m. 보좌관, 조수, 조교수, 구경꾼, 부감독, 부지배인

asistentă, s.f. **1.** 있음, 존재 **2.** 접견 **3.** 조합, 회사 **3.** 도움 ; ~ judiciară 법률조언, 법률자문 ; ~ mutuală 국가간 상호 방위 ; ~ publică 국민구제

asmuț|i, asmut, -ii, -it, vt. 부추기다, 격려하다

asmuțir|e, -i, s.f. 격려, 부추김

asocia, -ez, -ai, -at I. vt. 연합시키다, 참가시키다 II. vr. -와 사귀다, 교제하다, -와 제휴하다, 지지하다, 격찬하다, -에 가담하다

asocia|t, -tă, -ți, -te, s.m. 그리고 f. **1.** 친구, 동료 **2.** 동업자 제휴자 **3.** 조

합원 ; ~ comanditar 유한책임사원 ; ~ cu drepturi şi obligaţii limitate 유한사원 ; ~ garant 조합의 영업 담당사원

asociativ, ~ă, ~i, ~e, adj. 연합의, 결합적인

asociaţ|ie, -ii, s.f. **1.** 연합, 제휴 **2.** 조합, 단체 **3.** 교제, 관계 ; ~ de binefacere 자선단체 ; ~ de proprietari 주민회 ; ~ de utilitate publică 공공 목적의 단체 ; ~ juriştilor din România 루마니아 법률인 단체 ; ~ muncitoreasca 노동자 연합 ; ~ non profit: 비영리 단체 ; ~ patronală: 사업주 연합

asocier|e, -i, s.f. 연합, 제휴

asolament, ~e, s.n. 농작물의 윤작

asonanţ|ă, -e, s.f. 유음, 반해음, 화음, 압운

asort|a, -ez, -ai, -at, I. vt. 분류하다, 맞추다, 조화하다 II. vr. 비축하다, 저장하다

asort|are, -ări, s.f. 분류, 조화, 어울림

asorta|t, -tă, -ţi, -te, adj. 분류된, 조화된, 잘 저장된, 어울리는

asortiment, ~e, s.n. 분류, 고루 갖추기

aspect, ~e, s.n. **1.** 외관, 측면 **2.** 상(동사에 관한 문법 형식) ; sub ~ul (소유격지배) -의 관점에서 ; sub toate ~ele 모든 (방)면에서 ; a cerceta o problemă sub toate ~ele 모든 면에서 문제를 생각해보다

aspectu|os, -oasă, -oşi, -oase, adj. 현란한, 화려한

asperit|ate, -ăţi, s.f. 오톨도톨함, 꺼칠꺼칠함, 비뚤어짐, 퉁명스러움

aspic, s.n. 요리용 고기 젤리

aspid|ă, ~e, s.f. 애스프(각종 독사를 뜻함)

aspir|a, aspir, -ai, -at, I. vt. **1.** 들이마시다, 흡입하다 **2.** (낱말이나 음절을) 기식음으로 시작하다, 기식음을 내다 II. vi. **1.** 들이마시다 **2.** 바라다, 갈망하다

aspiran|t, -tă, -ţi, -te, s.m. **1.** 지망자, 지원자 **2.** 대학원생 ; ~ de marină 해군사관학교 생도

aspirantură, s.f. 대학원생, 대학원 과정

aspir|are, -ări, s.f. 흡입 숨을 들이마시기

aspira|t, -tă,, -ţi, -te, adj. 기식음의, 대기음의

aspirat|or, -oare, I. adj. 빨아들이는, II. s.n. 흡인기, 흡출기, (진공)청소기

aspiraţ|ie, -ii. s.f. **1.** 흡인법, 빨기 **2.** 동경, 갈망, 열망

aspirin|ă, -e, s.f. 아스피린

asprim|e, -i, s.f. **1.** (피부에 생긴)옷, 피부경결 **2.** 오톨도톨함, 꺼칠꺼칠함 **3.** 무성함, 더부룩함 **4.** 퉁명스러움 **5.** 엄격함, 매정함, 혹독함

aspr|u,~ă, ~i, ~e, I. adj. **1.** 단단한, 딱딱한 **2.** 거친 **3.** 무성한, 우거진 **4.** 발이 성긴, 거슬거슬한 **5.** 엄격한 혹독한 **6.** 정확한 II. adv. 혹독하게, 몹시, 엄격하게

asta, I. adj. 이것의, 저것의 II. pron. 이것, 저것 ; ~ e! 바로 그렇다, 그뿐이다

astă, adj. (지시형용사) v. asta ; de ~ dată 이번(에)

astăzi, adv. 오늘, (in zilele noastre)

요즘, (în prezent) 최근에 ; de ~ 오늘날의, 최근의, 현대의
astâmpăr, s.n. 평화, 안식
astâmpăra, astâmpăr, -ai, -at, I. vt. (a potoli) 조용히 시키다, (setea eyc.) 해소하다, 진정시키다. II. vr. (a se linişti) 조용해지다
astâmpăra|t, -tă, -ţi, -te, adj. 조용한
astenic, I. ~ă, ~i, ~e, adj, [의학]. 무력증의, 쇠약한, 허약한 II. s.f. 무력증, (slăbiciune), 쇠약.
astereală, s.f. [건축] 지붕을 이는 재료
asterie, s.f. [동물] v. stea de mare
asterisc, s.n. 별표, 별모양
asteroid, s.m. astr. 소행성, (planetă mică) 소행성
astfel, adv. 따라서, 이런 방식으로, (aşa) 그렇게, (în felul următor) 다음과 같은 방식으로 ; ~ că... 그러므로 -이다 ; ~de... 이러한, 이와 같은
astigmatic, ~ă, ~i, ~e, adj. [의학] 난시의
astigmatism, s.n. [의학]난시, 난시안
astmatic, ~ă, ~i, ~e, [의학]I. adj. 천식의, II. s.m. 천식증
astm|ă, -e, s.f. [의학]천식.
astragal, -e, s.n. **1.** [해부]복사뼈, 거골(距骨. **2.** [건축]염주 쇠시리, (관(管)의) 두둑한 부분, 포구(砲口)의 볼록한 테
astrahan, s.n. 아스트라한 (Astrakhan 지방산의 작은 양모피).
astral, ~ă, ~i, ~e, adj. 별이 많은, 별세계의.
astringen|t, -tă, -ţi, -te, adj. **1.** (표현 등이) 통렬한, 신랄한, (성격·태도 등이) 엄(격)한 **2.** (맛이) 시큼한, 짜릿한.
astringenţă, s.f. 엄격, 간소.
astrofizică, s.f. 천체물리학
astrolog, ~ă, ~i, ~e, s.m. 그리고 f. 점성가
astrologic, ~ă, ~i, ~e, adj. 정성학의
astrologie, s.f. 점성학
astronau|t, -ţi, s.m. 우주비행사
astronautică, s.f. 우주비행학
astronom, ~ă, ~i, ~e, s.m. 그리고 f. 천문학자
astronomic, ~ă, ~i, ~e, adj. 천문학상의
astronomie, s.f. 천문학
astru, aştri, s.m. 천체, 별
astup|a, astup, -ai, -at, I. vt. **1.** 구멍을 막다 **2.** 병을 뚜껑이나 코르크 등으로 틀어막다 **3.** 누군가를 조용히 시키다 **4.** (a înveli) 덮다 **5.** 흐르는 것을 막다, (a bloca) **6.** 차단하다 **7.** (관을) 막다, II. vr. 정지되다
astup|are, -ări, s.f. 정지시키기 v. astupa.
astupăt|oare, -ori, s.f. 덮개, 마개
astupuş, ~uri, s.n. v. astupătoare.
asud|a, vi. **1.** 땀을 흘리다, 발한(發汗)하다, 증발(蒸發)하다 **2.** (a se aburi) 김이 나다, 증기가 나오다, (a scoate aburi) 증기를 빼다 **3.** fig. (고된 일에) 꾸준히 정진하다
asuda|t, -tă, -ţi, -te, adj. 땀이나는, (de mâini) 손이 끈적거리는
asum|a, asum, -ai, -at, vt. 임무등을 떠맡다 ; a-şi~ răspunderea/responsabilitatea 책임을 지다 ; a-şi~

riscul 위험을 감수하다
asupra, prep. 2격 지배 전치사 **1.** (대상) -에 대해서 ; avertizarea asupra poluării 공해에 대한 경고 **2.** (방향) -쪽으로 ; privirile asupra lui 그에 대한 시선들 **3.** (장소) -위에서 ; cocoşul cântă asupra scaunului 닭이 의자위에서 운다
asupr|i, -esc, -ii, -it, vt. 억압하다, (a nedreptăţi) -을 잘못되게 하다, (a exploata) 착취하다
asuprir|e, -i, s.f. 억압, 학대, 착취
asupri|t, -tă, -ţi, -te, I. adj. 억압된, II. s.m. 그리고 f. 억압된 사람,
asuprit|or, -oare, -ori, -oare, I. s.m. 그리고 f. 독재자, 독재 군주, 착취자 II. adj. 독재적인
asurz|i, -esc, -ii, -it, I. vi. 귀머거리가 되다, (갑자기) 청력을 잃다 II. vt. 청력을 잃게 하다, 귀머거리가 되게 하다
asurzire, s.f. 청력상실
asurzit|or, -oare, -ori, -oare, adj. 귀머거리의
aş[1], aux. 조건 및 원망법의 단수 1인칭 조동사 ; eu ~ merge 나는 갔으면 한다.
aş[2], interj. 전혀
aşa, I. adj. 그런, 이와 같은 ; ~ ceva 이런 것, 이와 같은 것 II. adv. **1.** 그래서, (astfel) 따라서, 이와 같이, 이런 방식으로, (în felul următor) 다음과 같이 **2.** (întocmai) 네, 바로 그것이다, 당연하다 **3.** (interogativ) 정말로? ; ~ că... 그러므로 -이다 ; ~ de... -같은 când ~, când ~ 때로는 이렇게 때로는 저렇게 ; cum ~? 어째서 그렇지? ; nu-i ~? 안 그래? ~ e bine 잘 됐어 ; dacă e ~ 만일 그렇다면 e mai bine ~ 그게 더 좋다 ; ~ merge 좋아 ; ~ se pare 그런 것 같다 III. interj. 좋다!, 됐어! 훌륭해!
aşadar, adv. (deci) 따라서, 결과적으로, (astfel) 이런 방식으로
aşchi|a, -ez, -ai, -at, vt. 찢다, 째다, 자르다
aşchi|e, -i, s.f. 부서진 조각
aşchiere, s.f. 부셔지기
aşez|a, aşez, -ai, -at, I. vt. **1.** -을 앉히다. 자리를 주다 **2.** -을 정리하다 **3.** 놓다 **4.** 정리하다 **5.** 기초를 세우다 **6.** 조직하다 **7.** 고정하다 II. vr. **1.** 앉다 **2.** 자리 잡다 **3.** 집 등의 자리를 마련하다
aşez|are, -ări, s.f. **1.** (ca acţiune) 자리 잡기 **2.** (situaţie) 위치 **3.** 정착
aşeza|t, -tă, -ţi, -te, I. adj. **1.** 위치한, 자리 잡은 **2.** 진실한, 믿을만한, 조용한, 현명한, 합리적인 II. adv. 진실하게
aşeză|mânt, -minte, s.m. 설립
aşijderea, adv. 역시, 마찬가지로
aştept|a, aştept, -ai, -at, I. vt. **1.** -을 기다리다, (cu nerăbdare) 학수고대하다, (a se ~ la) 기대하다 **2.** (a păsui) 연기하다 II. vr. 예상(기대)하다 III. vi. 기다리다
aştept|are, -ări, s.f. **1.** 기다림 **2.** pl. fig. 기대, 희망
aşteptat, s.n. 기다리기
aştern|e, aştern I. vt. **1.** (a întinde pe jos etc.) 펼치다 **2.** (a scrie) 글을 쓰다 **3.** (a trânti) 떨어뜨리다 II. vr. **1.** 펼치다 **2.** (de zăpadă etc.) 눈 등이 떨어지다(내리다)
aşternut, s.n. **1.** 침대보 **2.** (strat) 층

3. [인쇄] (오프셋 인쇄기의) 블랭킷 4. (culcuş) 침구

atac, ~uri, s.n. **1.** 공격, (asalt) 강습, 맹공격, (ofensivă) 공세 **2.** fig. 공격 **3.** [의학](uşor) 두드리기, 졸중, 일혈(溢血)

atac|a, atac, -ai, -at, I. vt. **1.** (군사) 공격하다, 습격하다 **2.** (de acizi) 스며들다 (de boli) 퍼지다 **3.** (a începe) 시작하다 II. vi. 공격하다

atacabil, ~ă, ~i, ~e,[1] adj. (de o părere etc.) 다툴만한, 논쟁하기 좋아하는,

atacare, s.f. 공격 v. ataca.

ataca|t, -tă, -ți, -te, adj. **1.** 공격당한 **2.** (la plămâni) 폐병(질)의, 폐병에 걸린

atacat|or, -oare, -ori, -oare, s.m. 그리고 f. 공격자

ataman, ~i, s.m. 대표 어부

ataraxie, s.f. [의학]냉정, 무감정.

atare, adj, -와 같은

ataş, ~e, s.n. 오토바이에 옆에 붙어 있는 바퀴가 달린 일종의 탈것으로 사람이 타거나 물건을 신는데 사용되는 운송장비

ataş|a, -ez, -ai, -at, I. vt. 첨부하다, II. vr. ; a se ~ de... 에 첨가되다, -에 달라붙다

ataşabil, ~ă, ~i, ~e, adj. 첨부할 수 있는

ataşament, -e, s.n. (pentru / față de) 첨부

ataş|are, -ări, s.f. 첨부하기

ataşa|t, -ți, s.m. (대사·공사의) 수행원, 공사(대사)관원, 외교관보.

atavic, ~ă, ~i, ~e, adj. 격세(隔世)유전의

atavism, s.n. 격세유전, 그 실례

atârn|a, atârn, -ai, -at, I. vi. **1.** 늘어지다, (a fi atârnat) 늘어진, (în jos) 아래로 처진 **2.** (a cântări)무게를 재다, (a valora) 가치를 측정하다, II. vt.늘어트리다 III. vr. 늘어지다

atârn|are, -ări, s.f. **1.** 늘어짐 **2.** (dependență) 의존

atârnăt|oare, -ori, s.f. 갈고리, 후크

atât, adj. nehot. v. atâta I. adv. 그렇게, 그만큼 ; cu ~ mai mult 더 많을 수 록 ; cu ~ mai mult cu cât... 더 많으면 많을수록 ; cu ~ mai puțin 더 적으면 적을수록 ; tot ~ de... -한 만큼

atâta, I. adj. nehot. (부정형용사) **1.** 그렇게도 **2.** (singurul) 유일한 II. pron. nehot. **1.** 그렇게 많이 (temporal) 그렇게 오랫동안 **2.** atâția 그렇게도 많은 사람 또는 물건 **3.** (numai atât) 더 이상 -아니다 ; ~tot! 그것이 다야! III. adv. 그렇게도 v. atât. ; ~ mi-a fost 그것이 나에겐 전부였다

atâtea, 1. adj. 그렇게 많이. II. pron. 그렇게 많은 사람들, 물건들

atâtica, adj. 그 정도

atâția, 1. adj. 그렇게 많이. II. pron. masc. pl. 그렇게 많은 사람들

atebrină, s.f. [화학]아테브린

ateism, s.n. 무신론, 무신앙 생활.

atei|st, -stă, -şti, -ste, adj. 문신론자의

atelaj, ~e, s.n. 말 한쌍

atelă, s.f. [의학]비골(腓骨), (수의학) 관골류(管骨瘤)

atelier, ~e, s.n. **1.** 일터, 작업장 **2.** (de pictor etc.) 스튜디오

atemporal, ~ă, ~i, ~e, adj.시간과 관련 없는, 시간에 영향 받지 않는, 무시간의

atemporalitate, s.f. 무시간성

atenans|ă, -e, s.f. 속국, 보호령, 의존(상태), 의존물, 종속물, 부속건물, 별관.

ateneu, s.n. 아테네 신전(옛 그리스의 학자·시인이 모여 시문(詩文)을 평론한 곳), 문예(학술)협회, 도서관(실), 문고.

atenian, ~ă, ~i, ~e, I. adj. 아테네의 II. s.m. 아테네 사람.

aten|t, -tă, -ţi, -te, I. adj. **1.** (la) -에 신중한, -에 사려 깊은, (de o cercetare) 신중한, (acurat) 정확한 **2.** 예의바른, 정중한, 친절한 II. adv. 친절하게, 주의 깊게

atent|a, -ez, -ai, -at, vi. (서서히) 침입하다, 잠식(침해)하다, (남의 재산·권리 등을) 침해하다, (남의 시간을) 빼앗다

atentat, ~e, s.n. **1.** (la) 강습, 습격, 맹렬한 비난, 공격, 침범, 위반, 불법행위. **2.** 범죄시도 ; ~ la bunele moravuri 비도덕적 공격 ; ~ la pudoare 야비한 공격 ; ~ la siguranţa statutului 국가 반역 ; a săvârşi un ~ la viaţa cuiva -의 목숨을 빼앗으려 기도하다

atentator, -oare, -ori, -oare, s.m. 그리고 f. 자객

atenţ|ie, -ii, s.f. **1.** [심리]주의, 관심 **2.** 주목, (grijă) 염려, 걱정 **3.** fig. 고려, 숙고, (cadou) 선물 **4.** (interjecţional) 조심해! ; ~ la tren! 기차 조심해라!, ~ vopsit! 페인트 주의! ; cu ~ 주의 깊게, 조심스럽게, 정확하게 ; a acorda ~ 조심하다 ; a da ~ 주의를 기울이다 ; a atrage cuiva atenţia 의 주의를 끌다

atenu|a, -ez, -ai, -at, vt. **1.** 묽게 하다 **2.** 가늘게 하다 **3.** 얇게 하다 **4.** 약하게 하다 **5.** 누그러뜨리다 **6.** 가라앉히다 **7.** 완화하다 **8.** (형벌 따위를) 가볍게 하다, 경감하다

atenua|t, -tă, -ţi, -te, adj. ; circumstanţe ~e / 죄를 가볍게 하는, 참작할 수 있는, 누그러지게 하는 상황

atenu|are, -ări, s.f. 감량, 쇠약, 수척, 희석, 감소 v. atenua.

ateriz|a, -ez, -ai, -at, vi.착륙하다

aterizaj, -e, s.n. v. aterizare.

ateriz|are, -ări, s.f. 착륙 ; ~ forţată 강제착륙 ; teren de ~ 착륙지 ; tren de ~ (비행기의) 착륙 장치.

ateroscleroză, s.f. [의학]동맥 경화증.

atest|a, atest, -ai, -at, vt. 증명하다, 입증하다

atest|are, -ări, s.f. 증명, 증거, 증언, 증명서, 인증(認證), 선서, 인증.

atestat, ~e, s.n. 증명서, 검정서, 면(허)장

at|eu, -ee, -ei, -ee, s.m. 그리고 f. 무신론자

atic, ~ă, ~i, ~e, adj. (옛 그리스의) 아티카(아테네)의, 아테네식의, 고전풍의, 우아한.

atică, s.f. [건축]애틱(돌림띠 위의 장식벽 또는 낮은 이층)

aticism, s.n. 아테네 문학의 특징, 아테네 어법, 점잖은 말씨, (기지가 풍부한) 간결·우아한 표현, 아테네 찬미.

atingăt|or, -oare, -ori, -oare, adj. **1.**

해로운, 유해한 **2.** 귀찮은, 성가신 **3.** 애처로운, 애수에 찬. 감동적인.

atinge, ating, atinsei, atins, I. vt. **1.** 만지다, 두드리다 **2.** (aderanja) 방해하다 **3.** 감동시키다 ; a-şi ~ scopul 목적을 달성하다 II. vr. 접촉하고 있다, 인접해 있다 ; a se ~ de... -와 접촉하다

atingere, s.f. **1.** 감동시키기 **2.** 감동 **3.** 편견, 피해

atins, adj. 감동받은, 자극받은

atitudin|e, -i, s.f. **1.** 태도, **2.** (a corpului) 자세, 몸가짐

atlant, s.m. pl. [건축]남상주(男像柱)

atlas, -e, s.n. **1.** [지리]지도, 지도책 **2.** [해부]환추(環椎), 제1경추(頸椎)

atlaz, s.n. 인디언 새틴

atle|t, -tă, -ţi, -te, s.m. 그리고 f. 운동가, 경기 참여자

atletic, ~ă, ~i, ~e, adj. **1.** 운동의, 체육의, 체육적인, 경기의 **2.** 운동가의, 운동을 잘하는 **3.** 강건한, 체력이 있는, 매우 씽씽한

atletică, s.f. 운동경기, 체육실기이론

atletism, s.n. 운동경기

atmosfer|ă, -e, s.f, **1.** si fig. 대기, 공기 **2.** fig. 분위기

atmosferic, ~ă, ~i, ~e, adj. 대기의, 공기의, 분위기의

atoate, v. atot....

atol, ~i, s.m. 환상(環狀) 산호섬

atom, ~i, s.m. 원자, 미분자

atomic, ~ă, ~i, ~e, adj. 원자의, 원자력에 의한, 극소의, 극미한

atomism, s.n. **1.** [철학]원자론 **2.** [화학]원자이론

atomi|st, -stă, -şti, -ste, I. adj. 원자의 II. s.m. 그리고 f. **1.** [철학]원자이론학자 **2.** [물리]원자론 전문가

atomiz|a, -ez, -ai, -at, vt. **1.** -을 원자로 하다(만들다), 세분화하다 **2.** 원폭으로 들부수다 **3.** (물약을) 분무(噴霧)하다.

atomizat|or, -oare, s.n. (약제,향수의)분무기

aton, ~ă, ~i, ~e, adj. [해부]악센트 없는, 무성의

atonalism, s.n. [음악](작곡상의) 무조(無調)주의

atonalit|ate, -ăţi, s.f. [음악]무조성(無調性)(일정한 조성(調性)에 입각하지 않은 작곡 양식), 무조주의(형식)

atonie, s.f. [해부]이완(弛緩), 무력

atotcuprinzăt|or, -oare, -ori, -oare, adj. 일체를 포함한, 총괄적인

atotputernic, ~ă, ~i, ~e, I. adj. 전능한, 절대력을 가진 II. s.m. 전능한 존재, 신

atotputernicie, s.f. 전능, 신

atotştiut|or, -oare, -ori, -oare, adj. 모두 알고 있는

atotvăzăt|or, -oare, -ori, -oare, adj. 모두보이는

atractiv, ~ă, ~i, ~e, adj. (atrăgător) 매력적인, 관심을 끄는, 재미있는 v. şi atrăgător.

atracţ|ie, -ii, s.f. **1.** 끌어당김, 견인 **2.** fig. 매력, 마력 **3.** pl. fig. 즐거움, 위안 ; ~ moleculară 분자 인력 ; ~ universală 중력 ; forţă/putere de ~ 매력

atrag|e, atrag, -eai, atras **1.** vt. I. (자력 등) 끌어당기다 **2.** fig. 마음을 끌

다, 매혹하다 (a momi) 유혹하다, 부추기다 ; a-şi ~ (ura, blamul) -을 초래하다, (critica, eloglile) (칭찬, 비난 등을) 받다 ; a ~ după sine 남기다, 과하다, [법률] 상속인을 한정하여 양도하다 II. vr. 서로 관심을 가지다

atrager|e, -i, s.f. 끄는 힘, 매력

atrăgăt|or, -oare, -ori, -oare, I. adj. 매력적인, 인력이 있는(ademenitor) 유혹하는, 매혹적인 (distractiv) 재미있는 (frumos) 아름다운 II. adv. 매력적으로

atribu|i, atribui, -ii, -it, **1.** vt. I. (cu dat.) 할당하다, 배당하다 (a acorda) 수여하다, 증여하다 (un rol, teatru) 배역을 맡기다 **2.** (cu dat.) ~에게 돌리다, 탓으로 하다 (un proiect etc.) -의 소유로 생각하다 ; a-şi ~... 떠맡다 II. vr. pas. 재산을 양도하다

atribuir|e, -i, s.f. 할당, 수여 v. atribui.

atribut, ~e, s.n. **1.** 특성 (simbol) 상징; (semn) 기호 **2.** gram. 한정사

atributiv, ~ă, ~i, ~e, gram. **1.** adj. 한정적인, 관형적인 II. adv. 한정적으로

atribuţ|ie -ii, s.f. 특권, 능력, 자질; (domeniu) 범위, 분야 ; (însărcinare) 의무

atrium, s.n. [건축]안마당

atroce, **1.** adj. 흉악한, 잔인한 II. adv. 흉학하게, 잔인하게

atrocit|ate, -ăţi, s.f. **1.** 흉학, 잔학 **2.** (ca act) 잔혹행위, 흉악범죄.

atrofia, vr. 위축시키다

atrofia|t, -tă, -ţi, -te, adj. [의학]위축된

atrofi|e, -i, s.f. [의학]위축

atrofier|e, -i, s.f. 위축, 성장장애

atropină, s.f. [화학]아트로핀(경련완화제).

atu, ~uri, s.n. si fig. (카드놀이의) 으뜸패

atunci, adv. **1.** 그 때에, 그 당시에 **2.** (deci) 그 다음에, 결과적으로, 따라서 **3.** (în acest caz) 그 경우에 ; ~ când... 그때에 ; chiar/ tocmai ~ 마침 그때 ; chiar ~ când... 바로 그때 ; de ~ 그 때이후로 ; pe ~ 그 후, 그 당시에 ; până ~ 그때까지 ; tot ~ 동시에

aţ|ă, -e, s.f. **1.** (în diferite sensuri) 줄거리, 맥락 **2.** [식물] (섬유) 실 ; ca pe ~ 똑바로, 직접적으로 ; cusut cu ~ albă ←F 명백한

aţâţ|a, aţâţ, -ai, -at, vt. I. (a aprinde) 불을 켜다, 불을 붙이다, (a înteţi) 손질하다, 개선하다 **2.** fig. 분발시키다, (a asmuţi) 부추기다, (a instiga) 선동하다, 자극시키다

aţâţ|are, -ări, s.f. 빛을 냄, 조명시설

aţâţat, ~ă, ~i, ~e, adj. 분발시키는, 부추기는, 선동하는

aţâţăt|or, -oare, -ori, -oare, I. adj, 선동하는 v. aţâţa II. s.m. 선동자, 주모자 ; ~ la război 전쟁 도발자, 전쟁광, 주전론자

aţică, s.f. 값싼 면직물의 종류

aţin|e, aţin, -eai, aţinut, I. vt. (사람을) 불러 세우다, 대기하게 하다, 지켜보게 하다, 붙잡다 II. vr. 지켜보다 ; (a fi gata) 준비하다

aţint|i, -esc, -ai, -at, I. vt. **1.** 조정하다, 고정시키다 ; (a concentra) 집중하다 **2.** [군사]겨냥하다 II. vr. 응시

하다.
ațintir|e, -i s.f. 조정, 고정 v. aținti.
aținti|t, -tă, -ți, -te, I. adj. 고정된, 집중된 II. adv. 고정되게, 집중되게
ațipeală, ațipeli, s.f. 졸음, 선잠, 낮잠
ațip|i, -esc, -eai, -t, vi. 꾸벅 졸다, 선잠자다
aț|os, -oasă, -oși, -oase, adj. 섬유질의
au, I. adv. 아마도 II. conj. 또는 III. interj, 오!
audi|a, -ez, -ai, -at, vt. **1.** jur. 심문하다, 질문하다 **2.** (cursuri) 출석하다 **3.** (a asculta) 경청하다, 듣다
audibilitate, s.f. 청취할[들을]수 있음; 가청도(可聽度)
audienț|ă, -e, s.f. 청중, 경청
audier|e, -i, s.f. 조사, 심문, 경청, 심리 ; ~ cu ușile închise 독방에서의 심리 ; ~ imparțială 공평한 심리 ; ~a martorilor 증인 심리
audiometr|u, -e, s.n. 청력계(聽力計), 청력 측정기
audiovizual, ~ă, ~i, ~e, adj. 청각시각적인, 시청각의
auditiv, ~ă, ~i, ~e, adj. [해부]청각기관의
audit|or, -oare, -ori, -oare s.m. 청자, 듣는 사람
auditori|u, -i, s.n. **1.** (sală) 청중석, 방청석 **2.** (persoane) 청중, 관객
audiț|ie, -ii, s.f, 들어줌, 들려줌, 오디션 ; (concert) 연주회
augment, ~e, s.n. lingv. 접두 모음자.
augmentativ, ~ă, ~i, ~e, adj. lingv. 뜻을 확대하는
augur, ~i, I. s.n 점, 전조, 예감 II. s.m. 점쟁이, 예언가
august[1]**,** s.m. 8월
augu|st[2]**,** -stă, -ști, -ste, adj. 당당한; 존엄한; 황공한
aui, vi. v. hăui.
aul|ă, -e, s.f. univ. 교실, 대강당
aur, s.n. **1.** [화학]금 **2.** col. 부, 돈, 재력
aurar, ~i, s.m. **1.** 금세공인 **2.** (băies) 금세척인
aură, s.f. 기운, (해·달의) 무리, 후광
aurări|e, -i, s.f. col. 금제품
aureola|t, -tă, -ți, -te, adj. 무리가 생긴, 후광이 된
aureol|ă, -e, s.f. 후광, 원광
aureomicină, s.f. 오레오마이신(항생물질)
aur|i, -esc, -ii, -it, vb. si fig. 금도금하다, 금빛이 나게 하다
auricul, ~e, s.n. [해부]외이(外耳), 귓바퀴; (심장의) 심이(心耳)
auricular, ~ă, ~i, ~e, adj. **1.** [해부]귀(청각)의, 청각기관의 **2.** (d. martori) 귀속말(비밀얘기)의
auricul|ă, -e, s.f. [해부]외이(外耳)
aurifer, ~ă, ~i, ~e, adj. 금을 산출하는; 금을 함유하는
aurir|e, -i, s.f. 도금(술), 금박, 허례
auri|t, -tă, -ți, -te, adj. 금박을 입힌, 금도금한; 금빛 나는
auriu, ~i, adj. **1.** 금빛의, 황금빛의 **2.** fig. 빛나는, 광채 나는
auror|ă, -e, s.f. 새벽, 동틀 녘; 여명
auscult|a, ascult, -ai, -at, vt. [의학] 청진기로 진찰하다
auscultaț|ie, -ii, s.f. [의학] 청진(법)

auspici|u, -i, s.n. (점술에 의한) 전조, (특히) 길조
auster, ~ă, ~i, ~e, adj. 엄(격)한, 준엄한, 가혹한
austeritate, s.f. 엄격, 준엄
austral, ~ă, ~i, ~e, adj. 남쪽의, 남쪽에 있는
australian, ~ă, ~i, ~e, adj., s.m. 그리고 f. 오스트레일리아인(의), 호주인(의)
austriac, ~ă, ~i, ~e, adj., s.m. 오스트레일리아인(의)
austru, s.n. 남서쪽 건조한 바람 (in Romania).
auşe|l, -i, s.m. omit. [조류] 상모솔새
aut, ~uri, I. s.n. [스포츠]아웃 II. adv. 경기에서 아웃되어
autarhic, I, adj. 독재의, 전제(정치)의 II. adv. 독재적으로
autarhi|e, -i, s.f. 독재권, 전제정치, 독재(전제)국
autentic, ~ă, ~i, ~e, adj. 확실한, 근거가 있는, (d.o copie) 증명된, 보증된
autenticitate, s.f. 확실성, 신빙성
autentifica, autentific, -ai, -at, vt. 인정하다, 공인하다; 적법화(합법화)하다
autentific|are, -ări, s.f. 입증, 인증
auto, adj. **1.** 자동차의, 자동추진의 **2.** 자신의, 자기의
autoadministr|a, -ez, -zi, -zt, vr. 독립적으로 되다
autoamăgir|e, -i, s.f. 자기만족, 피해망상
autoapărare, s.f. 자기방어
autoaprindere, s.f. 자연 발화
autobascul(ant)ă, s.f. 화물 자동차
autobaz|ă, -e, s.f. 운송수단의 종착지, 정류장
autobiografic, ~ă, ~i, ~e, I. adj. 자서전(체)의, 자전(自專)(식)의 II. adv. 자서전체로
autobiografi|e -i, s.f. 자서전, 자서(自敍) 문학; 자서전의 저술
autoblindat, ~e, s.n. [군사]무장차량
autobuz, ~e, s.n. 대형버스
autocamion, ~e, s.n. 화물 트럭
autocamionet|ă, -e, s.f. (소형)트럭
autocar, ~e, s.n. **1.** 4륜의 탈것 **2.** 도시 간 왕복 버스
autocefal, ~ă, ~i, ~e, adj. 그리스정교, 자주적인, 독립 자치의(교회 따위)
autocistern|ă, -e, s.f. 전차, 탱크
autoclav|ă, -e, s.f. 압력솥(냄비), 고압솥(소독·요리용)
autoconservare, s.f. 자기보호
autocra|t, -ți, s.m. 독재 군주; 독재자
autocratic, ~ă, ~i, ~e, I. adj. 독재자의; 독재적인; 독재[전제]정치의 II. adv. 독재적으로
autocraț|ie, -ii, s.f.독재 (전제) 정치; 독재권
autocritic, ~ă, ~i, ~e, I. adj. 자아비판적인 II. adv. 자아 비판적으로
autocritică, s.f. 자아비판
autodemasca, autodemasc, -ai, -at, vr. -에 몸을 드러내다, 노출되다
autodemasc|are, -ări, s.f. 노출
autodetermin|are, -ări, s.f. 단독결정

autodidac|t, -tă, -ți, -te, s.m. 그리고 f. 독학자
autodistrugere, s.f. 자기파멸.
autodrezin|ă, -e, s.f. ferov. 트럭, 차
autodub|ă, -e, s.f. 화물용 차
autofecund|are, -ări, s.f. [생물]자가 수정
autoflagel|a, -ez, -ai, -at, vb. refl. 자신을 채찍질하다, 스스로를 격려하다
autoflagel|are, -ări, s.f. 자학(매질, 채찍질)
autofurgonet|ă, -e, s.f. 짐 트럭
autogară, autogări, s.f. 버스 터미널
autogen|ă, -e, adj. 자생적인
autogir, ~e, s.n. 오토자이로(cf. 헬리콥터)
autograf, ~ă, ~i, ~e, I. adj 자필의, 서명의 II. s.n. 자필, 서명
autoguvern|a, -ez, -ai, -at, vr. 자제하다, 처신하다
autohton, ~ă, ~i, ~e, I. adj. 원생의, 토착의, 자생적인 II. s.m. 원주민, 토착인, 원산의 동물(식물)
autoimpuner|e, -i, s.f. 자진과세
autoîncântare, s.f. 자기만족, 자기과찬
autoliniştire, s.f. 만족, 안심
automa|t, -tă, -ți, -te, I. adj. 자동의, 자동적인; 기계적인 II. s.n. **1.** 자동기계; (담배, 음료수 등) 자판기 **2.** fig. 기계적으로 행동하는 사람(동물)
automatic, ~ă, ~i, ~e, adj. **1.** 자동의, 자동적인 **2.** 무의식적인, 습관적인, 필연적인
automatism, s.n. 자동성, 자동 작용, 자동[기계]적 활동
automatiz|a, -ez, -ai, -at, vb. vt. 자동화하다
automatiz|are, -ări, s.f. [심리]자동현상
automobill, ~ă, ~i, ~e, I. adj. 자력추진의 II. s.n. 차, 차량 ; ~ blindat (군사) 무장된 차량 ; ~ de curse 레이스전용차량 ; ~ sport 스포츠카 ; fabrică de ~ 자동차 공장
automobilism, s.n. 자동차 운전(술)
automobili|st, -stă, -şti, -ste, s.m. 그리고 f. (자가용) 자동차 운전자(여행자)
automobilistic, ~ă, ~i, ~e, adj. 자동차(용)의; 자동차에 의한
automotor, ~e, s.n. ferov. 자동차쇼
automulțumire, s.f. 자기만족
automutil|a, -ez, -ai, -at, vr. 자해하다
automutil|are, -ări, s.f. 자해
autonom, ~ă, ~i, ~e, adj. 자치권이 있는, 자치의; 자율의; 독립한
autonomie, s.f. 자치, 자치권, 자치국가(단체), 독립(권), 통치(권)
autoobserv|are, -ări, s.f. 자기분석, 자기반성, 자기억제
autoplast|ie -ii, s.f. [의학]자기 조직 이식술, 성형 외과(술)
autoportret, ~e, s.n. 자화상(화가), 자신의 그림
autopropulsat, -tă, -ți, -te, 자력추진
autopropuls|or, -oare, adj. 자력추진의
autopsi|e, -i, s.f. 검시(檢屍), 검시

(檢視), 시체 해부, 부검(剖檢); 실지 검증

aut|or, -oare, -ori, -oare, s.m. 그리고 f. **1.** 작가, 제조자, 창시자 **2.** 필기자, 서기 **3.** 범죄자, 가해자 ; ~ de carte 책의 저자 ; drept de ~ 저작권

autorapid, ~e, s.n. 디젤기관차

autoreclam|ă, -e, s.f. 자기광고

autoreglaj, ~e, I. s.n., (장기(臟器)·생물·생태계 등의) 자기 조절 기능 II. s.f. 자기 조정

autoritar, ~ă, ~i, ~e, I. adj. 권위 있는, 정식의, 위압적인, 엄연한 II. adv. 권위적으로

autorit|ate, -ăți, s.f. 권위, 권한, 직권, 권위자, [법률]판결(례) ; în mâna autorităților 법의 수호아래 ; ~ civilă 시민권 ; ~ de lucru judecat 법원 판결의 권한 ; ~ executivă 집행권 ; ~ maritală 아내에 대한 남편의 권리 ; ~ publice 공권력 ; ~a tetulară 보호권, 감독권 ; a avea ~ asupra ~보다 우위에 있다 ; a fi o ~ în materie de... -의 권한으로, -의 허가를 얻어

autoriz|a, -ez, -ai, -at, vt. **1.** -에게 권한을 주다 (a permite) 허락하다 **2.** 위임하다

autoriz|are, -ări, s.f. 권한 부여, 위임; 공인, 관허, (법적인) 강제력[권]; ~ dată de instanță 법원의 승인 ; ~ de circulație 자동차 운행 허가 ; ~ de reşedință 거주 허가

autoriza|t, -tă, -ți, -te, adj. 공인된, 검정필인; 권한을 부여받은 ; 확실한, 신뢰성 있는

autorizaț|ie, -ii, s.f. 허가, 면허

autosanitar|ă, -e, s.f. 병원차, 구급차

autoservire, s.f. **1.** 자원봉사 **2.** (ca magazin) 셀프-서비스식 가게, 식당

autostop, ~uri, s.n. **1.** 교통 신호 **2.** 철도 폐색 (구간) 신호 **3.** 히치하이크(지나가는 자동차에 편승하면서 하는 도보 여행) ; cu ~ul 히치하이크로

autostradă, autostrăzi, s.f. 자동차 도로, 고속도로

autostropit|oare, -ori, s.f. 살수(급수)차

autosugest|ie, -ii, s.f. 심리학, 자기암시

autotipi|e, -i, s.f. 오토타이프(단색 사진판) 사진

autotract|or, -oare, s.n. 트랙터, 견인차

autoturism, ~e, s.n. 자동차

autovaccin, ~uri, s.n. 내생적, 내인적 백신

autovehicul, ~e, s.n. 자동차

auxiliar, ~ă, ~i, ~e, adj. 보조의, 부(副)의, 예비의 부가적인, 특별한

auz, -uri, s.n. 청력, 듣기 ; a-i lua cuiva ~ul ~의 귀청을 터지게 하다

auz|i, aud, -ii, -it, I. vt. 듣다, -이 들리다, 경청하다, -에 귀를 기울이다, (강연·연주 따위를) 들으러 가다; (강의를) 방청(청강)하다 II. vr. pas. (소문 따위를) 퍼뜨리다

auzit, s.n. 청력, 듣기

aval¹, s.n. 흐름, 경향 등의 하위부분 ; în ~ 하류에, 강 아래로

aval², s.n. [경제]구매 보증

avalanş|ă, -e, s.f. 눈사태, 소나기

avan, ~ă, ~i, ~e, I. adj. 무서운, 두려

운, 불의의, 잔혹한 II. adv. 무섭게, 지독하게, 매우

avang|ardă, -ărzi, s.f. **1.** [군사]전위, 선봉 **2.** fig. 선도자, 선구 **3.** lit. etc. 아방가르드

avangardism, s.n. 아방가르드 주의

avangardi|st -stă, -şti, -ste, s.m. 그리고 f. 아방가르드 주의 추종자

avanport, ~uri, s.n. nav. 외부 항구

avanpost, ~uri, s.n. [군사]전초(前硝), 전초 부대(지점), 전진기지

avanpremier|ă, -e, s.f. 예비검사, (방송) 예고편, 사전 연습

avans, ~uri, s.n. **1.** 선불, 선금 ; ~ asupra navului 선수 운임 ; ~ asupra titlurilor de rentă 유가증권 선수금 ; a plăti prin ~ 선불하다 **2.** tehn. 전진, 진보, 향상 **3.** 접근 **4.** (운동) 출발, 앞섬

avans|a, -ez, -ai, -at, I. vi. **1.** (a înainta) 나아가게 하다, 앞으로 나아가다, 전진[진출]하다. **2.** (a progresa) 발전하다, 촉진하다, 증진하다. **3.** (în slujbă) 진급[승급]시키다; 끌어 올리다 ; (în grad) 향상되다 II. vt. **1.** (pe cineva) 승진시키다 **2.** (bani) 값을 올리다 **3.** (군사) 부대를 전진배치 시키다

avans|are, -ări, s.f. 승진, 승격, 진급

avansa|t, -tă, -ți, -te, I. adj. 진보한, 상급의, 나아간 II. s.m. 그리고 f. 상급생

avanscen|ă, -e, s.f. 극장 앞무대

avantaj, ~e, s.n. 유리, 이익, 편의, 우세, 우월

avantaj|a, -ez, -ai, -at, vt. 유리하게 하다, 우월한 위치에 서게 하다

avantajare, s.f. 유리함, 이익

avantaja|t -tă, -ți, -te, adj. **1.** (față de) 혜택 받은, 유리한 위치에 있는 **2.** (운동경기) 상대보다 우위에 있는

avantaj|os -oasă, -oşi, -oase, I. adj. 유리한, 형편이 좋은 II. adv. 유리하게, 형편이 좋게

avantren, ~uri, s.n. agr. 선두 마차

avar, ~ă, ~i, ~e, I. adj. **1.** 인색한, 탐욕스러운 **2.** 아바르족의 II. s.m. 그리고 f. **1.** 구두쇠 **2.** 아바르족

avari|a, -ez, -ai, -at, I. vt. 손상시키다, 망치다 II. vr. (질·, 가치 등이) 떨어지다, 악화하다, 저하하다

avari|e, -i, s.f. 손해, 손상, 상해, 쇠약 ; ~ comună 공동해손 ; ~ simplă 단독해손

avarier|e, -i, s.f. 손해, 손상

avariție, s.f. 탐욕, 허욕(虛慾)

ava|t, -ți, s.m. iht. 육식 잉어

avânt, ~uri, s.n. **1.** (la fugă) 달리기 출발하기; (la salt) 달려 점프하기 ; (la plonjare) 달려 뛰어들기 ; (salt) 뛰어 오름 **2.** (dezvoltare) 발달, 발전 ; (progres) 전진, 진보 **3.** (elan) 약진, (impuls) 추진력, 운동량, (entuziasm) 열중, 열광, (însufletire) 생기, 활발

avânt|a, avânt, -ai, -at, I. vt. (a însufleți) 분발시키다, 원기를 북돋우다, (a înviora) 활기를 띠게 하다 II. vr. 돌진하다, 뛰어오르다

avânta|t -tă, -ți, -te, adj. 열성적인, 열렬한, 고귀한, (지위, 신분이) 높은

av|ea, am, -ai, avut, I. vt. **1.** 가지다, 갖고 있다 ; (a poseda) 소유하다 ; (a se bucura de) 받다, 누리다, (이익 등을) 얻다 **2.** (a fi compus din) 되다, (부분·요소로) 이루어져 있다 **3.** (a purta) 몸에 지니고 있다(haine) **4.** (a fi de o anumită înălţime etc.) -이 되다 **5.** (a simţi) (감정·생각 따위를) 갖고 있다 ; ce ai? 무슨 일이니? ce ai cu mine? 내게 무엇을 원하니? are 15 ani. 그(녀)는 15살이다 ; n-are nimic! 아무 일도 아니다 II. vb. (과거형 등) 조동사 용법 ; am fost. 난 거기 간 적이 있다 ; am să mă duc. 난 갈 것이다 III. vr. ; a se ~ bine cu cineva ~와 친하게 되다 ; a se ~ rău cu cineva ~와 안 좋게 되다

aventur|a, -ez, -ai, -at, vr. -에 몸을 드러내다, 노출하다

aventur|ă, -i, s.f. **1.** 모험, 체험담 **2.** (amoroasă) 음모, 출책 ; 불륜의 연애(관계) ; roman de aventuri 모험담

aventurier, ~ă, ~i, ~e, s.m. 모험가, 투기꾼

aventurism, s.n. 무모함, 모험

aventur|os, -oasă, -oşi, -oase, adj. 모험적인, 대담한

aver|e, -i, s.f. 운, 재산, 부(富), (bani) 돈 (proprietate) 소유물 ; ~ imobilă 부동산

avers|ă, -e, s.f. (비·눈 따위가) 쏟아짐, 낙하

aversiun|e, -i, s.f. (faţă de) 혐오, 반감

avertisment, ~e, s.n. 경고, 주의, (înştiintare) 통지, 통고

avertiz|a, -ez, -ai, -at, vt. 경고하다, (a înştiinţa) 주의를 주다

avertizare, -ări, s.f. 경고

avertiz|or, -oare, s.f. tehn. 경보, 비상 신호(소집)

aviatic, ~ă, ~i, ~e, adj. 항공(기)의

aviat|or, -oare, -ori, -oare, s.m. 그리고 f. (비행기,우주선 등의) 조종사,항공기 승무원; 공군 요원(병사)

aviaţ|ie, -ii, s.f. 비행, 항공, 항공기 조종술, 항공학 (forţă aeriană) 공군, 항공기 ; ~ civilă 민항기 ; ~ de bombardament 폭격기 ; ~ de vânătoare 전투기 ; ~ tilitară 항공 서비스

avicult|or,-oare, -ori, -oare, s.m. (식용(食用)의) 가금(家禽) 류 사육자

avicultură, s.f. 가금류의 사육

avid, ~ă, avizi, ~e, I.adj. 욕심 많은, 갈망하는 II. adv. 욕심내어

avidit|ate, -ăţi, s.f. 탐욕, 욕심

avi|on, -oane, s.n. 비행기, 항공기 ; ~ cu reacţie jet plane 제트엔진 항공기 ; ~ de pasageri 여객 항공기, ~ sanitar 응급구조 항공기 ; prin ~ 항공우편으로.

avionet|ă, -e, s.f. 경 비행기

avitaminoz|ă, -e, s.f. [의학] 비타민 결핍증

aviz, ~e, s.n. **1.** 통지, 통고, 공고, 발표 **2.** (sfat) 충고, (părere) 의견, 견해, 언급, (punct de vedere) 관점

aviz|a, -ez, -ai, -at, I. vt. ~에게 주의를 주다, (a avertiza) 경고하다, (a înştiinţa) -에게 알리다, 보고하다 II. vi. (a hotărî) 결심하다

aviz|are, -ări, s.f. 통보, 주의, 경고

avizier, ~e, s.n. 게시판, 알림판

avoca|t, -tă, -ţi, -te, s.m. 그리고 f. **1.** 변호사 ; 법적 대리인 (법정의) 변호인(단); 신청인 **2.** (în Anglia) 법정

(法廷)변호사 ; ~ul poporului 국민 변호인 (공권력으로부터 국민의 기본권을 보호하기 위해서 만들어진 기관, 상원에서 임명)

avocatură, -i, s.f. 변호사업

avocăț|esc, -ească, -ești, adj. 변호사의, 변호사업에 대한

avocățește, adv. 변호사 같이

avocățime, s.f. 변호사업

avort, ~uri, s.n. 실패, 잘못 전달됨, 유산

avort|a, -ez, -ai, -at, vi. 실패하다, 잘못 전달하다, 유산하다

avorton, ~i, s.m. 기형적인 것(사람)

avrămeas(c)ă, s.f. [식물]히솝풀 (약재로 사용된 차조기과 식물)

avuabil, ~ă, ~i, ~e, adj. 인정한, 자백한

avut, ~ă, ~ți, ~e, I. adj. 부자의, 부유한, 넉넉한 II. s.n. 부(富), 재산, 부자 ; ~ obștesc 공공소유물

avuț|ie, -ii, s.f. 부(富), 재산

ax, ~e, s.n. tehn. (차륜의) 굴대, 축, 차축

ax|a, -ez, -ai, -at, v.t. v.r. și fig. (pe/în jurul) 중심을 두다, -의 중심에 있다, 중심이 되다

ax|are, -ări, s.f. 중심

ax|ă, -e, s.f. 굴대,축(軸),축선(軸線)

axial ~ă, ~i, ~e, adj. tehn. 굴대(모양)의, 축(軸)의; 축성(軸性)의; 축을 이루는; 축의 둘레의; 축 방향의

axilar ~ă, ~i, ~e, adj. [해부]겨드랑이의, [식물]잎겨드랑이의, 액상(腋生)의

axiomatic, ~ă, ~i, ~e, I. adj. 공리의, 통칙의; 자명한; 격언조의, 경구가 많은 II. adv. 자명하게; 공리(公理)로서

axiom|ă, -e, s.f. 자명한 이치, 원리, 원칙, 통칙; 격언, 금언

azalee azalee, s.f. [식물] 진달래

azbest s.n. [광물] 아스베스토, 석면; 방화(放火)커튼

azbuche, s.f. fig. (기초 교육으로서의) 읽기·쓰기·셈 등 (reading, writing, arithmetic etc.)

azi, s.n. adv. 오늘(의) v. astăzi. ; ~ -mâine 일간 ; de ~ înainte 금후, 앞으로는 ; de ~ pe mâine 하루 벌어 하루 사는

azil, ~uri, s.n. **1.** 보호시설 (pentru bătrâni, săraci) **2.** fig. 은신처, 피난처, (군사) 방공호 ; ~ de nebuni 정신병원 ; ~ de noapte 밤 숙소 ; ~ pentru săraci 빈민수용시설 ; ~ politic 정치적 피난처 ; drept de ~ (교회 등의) 죄인 비호(권) ; a acorda ~ politic 정치적 망명을 받아들이다

azim|ă, -e, s.f. 이스트 넣지 않은 빵

azimut, -uri, s.n. astr. 방위; 방위각

azot, s.n. [화학] 질소(기호N; 번호 7)

azotat, [화학] I. adj. 질소의, 질소를 함유하는 II. s.m. 질산염[에스테르]

azotic, ~i, adj. [화학]질소의, 질소를 함유하는; 초석의 ; acid ~ 질산

azoto|s, -și, adj. 질소의, 질소를 함유하는; 초석의; acid ~ 질산

azur, s.n. 하늘색, 담청색, 남빛, 푸른빛 안료

azuri|u, -i, adj. 하늘색의, 담청의, 푸른 하늘의, 맑은

azvârl|i, azvârl, -ii, -it, I. vt. (a arunca) 던지다, (afară) 내던지다, (în sus) 던져 올리다 II. vr. (a se arunca) (성나서) 급히 -을 떠나게 하다; -의 몸을 던지게 하다; -을 몰두하게 하다 III. vi. (animale) 걷어차다 ; a ~ cu...-을 내던지다

azvârlir|e, -i, s.f. (내)던지기, 투척

azvârlit|ă, -e, s.f. ; a da de-a ~ cu... **1.** -을 던져 올리다 **2.** 동전던지기를 하다; 동전을 던져서 정하다

azvârlitur|ă, -i, s.f. 던짐, 던지기 ; la o ~ de băț 돌을 던져서 닿는 곳(거리)에 (위치하고 있는)

Ă

Ă, ă, s.m. 루마니아어 알파벳의 2번째 자

ăi(a), 원접 지시 대명사 및 형용사 남성 복수 주격, 목적격 구어체 형태, din acei(a)

ăl, 원접 지시 대명사 및 형용사 남성, 중성 단수 주격, 목적격 구어체 형태, din acel

ăla, 원접 지시 대명사 및 형용사 남성, 중성 단수 주격, 목적격 구어체 형태, din acela.

ălălalt, 원접 지시 대명사 및 형용사 남성, 중성 단수 주격, 목적격 구어체 형태 , din celălalt. (ăl(a) + alalt)

ăst, 근접 지시 대명사 및 형용사 남성, 중성 단수 주격, 목적격 구어체 형태, din acest.

ăsta, 근접 지시 대명사 및 형용사 남성, 중성 단수 주격, 목적격 구어체 형태, din acesta.

ăstălalt, 근접 지시 대명사 및 형용사 남성, 중성 단수 주격, 목적격 구어체 형태, (ăst + alalt)

ăştia, 근접 지시 대명사 및 형용사 남성 복수 주격, 목적격 구어체 형태, din aceştia.

Â

Â, â, s.m. 루마니아어 알파벳의 3번째 자

B

B, b, s.m. 루마니아어 알파벳의 4번째 자

ba, adv. **1.** 아니오, 절대 안 됩니다, **2.** -에 반하여, 그러하기는커녕 **3.** 그 위에, 게다가, 더욱~..., ~... 때로는-이지만, 또한 때로는-이다, 절반은-이지만, 절반은-이다 ; ~aici, ~ acolo 여기저기 ; ~ că chiar 전혀 -이 아니다 ; ~ chiar -조차도, -까지도 ; ~ nu 아니오, 전혀 아니오 ; da ori ~ 예 또는 아니오 ; a răspunde ~ 부정적으로 대답하다 ; a spune ~ 동의하지 않다, 인정하지 않다 ; mergi ori ~? 갈 것이니 아니니?

baba, ~le, s.f. 계선, 정박, 계선주, 배 매는 기둥

babac|ă, -i, s.m. **1.** 보스 **2.** 통치자

babalâc, s.m. 늙은이, 노후된 것, 고물

baban, ~ă, ~i, ~e, adj. 특대의, 큰, 거대한, 상당한 크기의

bab|ă, -e, s.f. **1.** 노파, 할머니 **2.** 쪼그랑할멈, 마귀할멈 **3.** (나이 지긋하고 점잖은) 기혼부인, 나이가 든 여인 **4.** 할머니 **5.** 나약한 남자, 졸장부 **6.** 마나님, 마누라 **7.** 아주머니 **8.** (강에서 사는) 메기 등과 같이 머리가 큰 물고기 **9.** 갈고리, 쇠갈고리 **10.** 대들보 ; a se juca de-a baba-oarba 술래잡기 놀이를 하다

babet|ă, -e, s.f. **1.** 쪼그랑할멈, 까다로운 할머니 **2.** 턱받이

babetică, s.f. v. baveta

babic, s.n. 평평한 모양으로 양념된 양고기 소시지의 한 종류

babilonian, ~ă, ~i, ~e, I. s.m. 그리고 f. 바빌로니아 사람, II. adj. 바빌로니아의

babilonie, s.f. **1.** 혼란, 혼돈, **2.** 왁자지껄, 소음, **3.** 야단법석, 소란

babiț|ă[1], -e, s.f. **1.** (보통의) 펠리칸 **2.** 모균류의 암버섯 **3.** 모균류의 숫버섯

babiț|ă[2], -e, s.f. 배빗 합금 (주석, 안티몬, 납, 구리의 합금)

baboi, s.m. **1.** (지느러미에 가시가 많은) 농어류의 물고기 **2.** (작은 생선)생선 튀김

babord, ~uri, s. n. 좌현(海), (선박의)왼쪽 뱃전

babornit|ă, -e, s.f. 심술궂은 노파, 마귀할멈.

baboş|ă, -e, s.f. (보통의) 펠리칸

babuin, ~i, s.m. 비비, 개코 원숭이

babuş|că, -te, s.f. **1.** 잉어과의 민물고기, 눈이 빨간 물고기

bac[1], ~uri, s.n. 나룻배

bac[2], ~uri, s.n. (기구의) 측면, 턱 ; ~ de răcire 냉각기, 냉각조 ; ~ de filetat/filieră 실 꿰는 틀 ; ~-scafandru 잠수(다이빙)보트

bacalaurea|t, -tă, -ți, -te, I. s.n. 대학입학시험 II. s.m. 그리고 f. 대학입학 시험을 통과한 자

bacanal|ă, -e, s.f. 주신 바카스의 신도, 바커스 제(祭), 떠들썩한 술잔치, (옛 그리스 로마에서 비밀리에 행하던) 주신제
bacant|ă, -e, s.f. 바커스 신의 여사제(여신도), 여주객
bacara[1], s.f. 바카라(도박 카드놀이)
bacara[2], s.f. 바카라에서 만들어진 수정
bac|ă, -e, s.f. 장과(漿果), 딸기류의 과실
bacăul, s.m. ; a-şi găsi bacăul (cu cineva)궁지에 빠지다
bacc|ea, -ele, s.f. 늙은이, 오래된 고물
baccel|i, -esc, -ii, -it, 폐인이 되다, 고물이 되다.
bachelită s.f. 베이클 라이트 (합성수지)
baci, s.m. 양우리를 맡고 있는 양치기
bacil, ~i, s.m. 바칠루스, 간상균
baciloz|ă, -e, s.f. 바칠루스 전염병
bacilar, ~ă,~i, ~e, adj. 바칠루스(간상균)의
baciliform, ~ă, ~i, ~e, adj. 작은막대기 모양의
baciloz|ă, -e, s.f. 바칠루스(간상균) 감염
baclava, ~le, s.f. 터키식 쿠기, 케잌
bacşiş, ~uri, s.n. 팁, 사례금, 술값, 술 밑천, (터키 이란 등에서) 팁 ; a da cuiva un ~ -에게 팁을 주다
bacteri|an, -ană, -eni, -ene, adj. 박테리아(세균)의
bacterici|d, -dă, -zi, -de, adj. 살균의, 살균제
bacteri|e, -i, s.f. 박테리아
bacteriofag, ~i, s.m. 세균 분해 바이러스, (장내(腸內)등의) 용균소(溶菌素).
bacteriofagie, s.f. 세균분해
bacteriofog, ~i, s.m. 세균학자
bacteriologic, ~ă, ~i, ~e, adj. 세균학의
bacteriologie, s.f. 세균학
bacteriostatic, I. ~ă, ~i, ~e, [생물]adj. 세균 발육 저지제의 II. s.n. 세균 발육 저지제
bacterioz|ă, -e, s.f. 박테리아로 인한 식물의 질병
bade, s.m. **1.** 형, 오빠 **2.** 여보게, 당신 **3.** 애인 **4.** 시골 멋쟁이
badijon|a, -ez, -ai, -at, vt. (약 등을) 바르다
badijonaj, ~e, s.n. 약바르기(약칠)
badineri|e, -i, s.f. **1.** 농담, 익살, 희롱 **2.** 야유
baedeker, s.n. 여행자 안내(책)
baft|ă, -e, s.f. I. s.f. **1.** 행운 **2.** 운, 행운 II. interj. 행운이 깃들길!
baga, s.f. 남생이(거북) 껍질(귀갑, 별갑)
bagaj, ~e, s.n. **1.** 수하물, 짐, 군용행낭 **2.** 축적 **3.** 지식(정보)의 축적 ; a face ~ (짐을)꾸리다, 포장하다
bagatel|ă, -e, s.f. **1.** 자질구레한 장신구 **2.** 하찮은 것 **3.** (피아노를 위한) 소곡(小曲)
bagateliz|a, -ez, -ai, -at, vt. 경시하다, 무시하다, 과소평가하다
bagatelizare, s.f. 경멸, 무시
bagdadi|e, -i, s.f. 천장
baghet|ă, -e, s.f. **1.** 지팡이, 막대기, 마술 지팡이 **2.** 점치는 막대기 **3.** 지휘봉 **4.** 피스톤 봉 **5.** 쇠시리, 가느다

란 장방형으로 깍은 보석

bahi|c, ~ă, ~i, ~e, adj. 바커스의, 술 취한, 취하여 떠들어대는

bahn|ă, -e, s.f. 늪, 습지

bai, ~uri, s.n. 걱정, 근심 ; nu-i (nici un) ~ 신경 쓰지 마라, 걱정하지 마라, 괜찮다, 별것 아니다

B

baiader|ă, -e, s.f. 가로줄 무늬 직물 (힌두교의) 무희

baie, băi, s.f. **1.** 목욕 **2.** 일광욕 **3.** 해수욕 **4.** 수염 **5.** 목욕탕, 목욕장, 목욕통 **6.** 공중목욕탕(옛 그리스 및 로마의)

baieră, băieri, s.f. **1.** 밴드, 가죽 끈 **2.** (자루, 옷자락 등을) 졸라매는 끈 **3.** 실 **4.** 심장 혈관 **5.** 주머니 끈

baionet|ă, -e, s.f. **1.** 총검 허리에 차는 무기 **2.** 대형 주머니칼 ; a străpungecubaioneta 총검으로 찌르다

bairam, ~uri, s.n. **1.** 이슬람의 두 번째 큰 종교축제 **2.** 식사, 맛있는 음식, 배불리 먹을 수 있는 식사, 성찬

baironian, adj. 바이런식의(비장하면서도 낭만적임)

baiț , ~uri, s.n. **1.** 착색료, 탈회액, 무두질액 **2.** 가성(苛性)의 착색제

baiu, interj. 결코 -않다(아니다), 물론 그렇지 않습니다 ; a zice ~ 동의하지 않다, 거절하다

bal¹, ~uri, s.n. 무도회

bal², ~uri, s.n. 화물, 짐짝, 꾸러미, 소포

balad|ă, -e, s.f. **1.** 민요, 감상적인 곡의 유행가 **2.** 음율 무시의 민요 **3.** 역사적인 민요 **4.** 민중 민요

balad|esc, -ească, -şti, adj. 민요풍의

balafră, s.f. 흉터(화상, 부스럼의)자국

balalaic|ă, -i, s.f. 발랄라이카(기타 비슷한 러시아의 악기)

balama, ~le, s.f. **1.** 경첩, 돌쩌귀 **2.** 이음매, 관절(접합) **3.** 요점, 중심점 **4.** 고리, 테, 올가미

balamuc, ~uri, s.n. **1.** 정신 병원 **2.** 왁자지껄, 소음 **3.** 혼란, 동요, 무질서

balanga, interj. 땡땡(종소리)

bal|angă, -ăngi, s.f. 소 또는 말의 목에 단 방울

balans, ~uri, s.n. **1.** 동요, **2.** 균형

balans|a, -ez, -ai, -at, I. vt. **1.** 평형(균형)을 잡다 **2.** 균형 잡히다 II. vr. **1.** 흔들다, 동요시키다 **2.** 흔들리다 동요되다

balans|are, -ări, s.f. **1.** 균형 **2.** 균형을 잡다, 균형 잡히다

balansier, -e, s.n. **1.** 들보 **2.** (시계의) 평형 바퀴 **3.** 동형(動형), 줄타기에 사용되는 긴 막대기

balansin|ă, -e, s.f. 활대 줄, 리프트

balansoar, ~e, s.n. 흔들의자

balans|or, -oare, s.n. 들보

balanț|ă, -e, s.f. **1.** 저울, 대형 계량기, 앉은뱅이저울 **2.** 균형 **3.** 천칭자리 **4.** [경제]균형 ; ~ comercială 무역 균형 ; ~ de conturi 국제수지 ; ~ de verificare 시산표

balaoacheş, ~ă, ~i, ~e, 갈색의 (얼굴이) 거무스레한 가무잡잡한

balast, ~uri, s.n. **1.** 밸러스트, 바닥짐 (배에 실은 바닥짐이 적을 때 배의 안전을 위하여 바닥에 싣는 돌, 모래) **2.** (생명) 자생력이 없는 사람, 물체의 중량 **3.** 쓸데없는 물건

balasta, -ez, -ai, -at, vt. 바닥짐을 싣

다, 자갈을 깔다
balastier|ă, -e, s.f. 밸러스트 핏
balaur, ~i, s.m. **1.** 용, 독수리의 머리 날개에 사자의 몸통을 가진 괴수 (헤라클레스가 죽인 괴물, 머리 하나를 자르자 그 자리에 머리가 둘 생겼다고 함) **2.** 용자리
bal|ă, -e, s.f. **1.** 괴물, 용 **2.** 야수
balcaniadă, s.f. 발칸 게임
baleanie, ~ă, ~i, ~e, adj. 발칸 반도 (제국, 산맥)의
balcanism, s.n. 발칸주의
balc|on, -oane, s.n. **1.** 발코니 **2.** 극장의 특등석(2층 정면석)
baldachin, ~uri, s.n. 천개(天蓋), 달집, 금란
bale, s.f. **1.** 군침 **2.** 거품(동물의)
baleia, vt. **1.** 청소하다, 배기하다 **2.** 자세히 조사하다
baleiaj. -e, s.n. **1.** 청소 배기 **2.** 스캐닝
balegă, s.f. baliga
balenar, s.m. 고래잡이(사람), 포경선
balen|ă, -e, s.f. **1.** 고래 **2.** 고래수염 **3.** 늑골 **4.** 고래 기름
balenier|ă, -e, s.f. 포경선
balercă,-i, s.f. 작은 나무통
balerin, ~ă, ~i, ~e, s.m. 그리고 f. 무용가
balet, ~e, s.n. 발레 ; ~ comic 희극 발레 ; corp de ~ 발레단 ; maestru de ~ 발레 교사
baleti|st, -stă, -şti, -ste, s.m. 발레 댄서
balig|ă, -i, s.f. **1.** 똥 **2.** 거름
balimez, ~uri, s.n. [고어] 폭격
balistă, s.f. 투석기
balistie, ~ă, ~i, ~e, adj. 탄도(학)의 ; rachetă ~ă 탄도 미사일, 로켓트
balistică, s.f. 탄도학
balistician, s.m. 탄도학자
balivern|ă, -e, s.f. 쓸데없는 이야기
baliz|a, -ez, -ai, -at, vt. 인도하다, -에 표시를 달다
balizaj, ~e, s.n. 횃불, 표시, 봉화
baliz|ă, -e, s.f. **1.** 등대 **2.** 부표, **3.** 경계표
balmoş, s.n. 옥수수 가루와 치즈를 섞어 우유에 넣고 끓인 목동들의 음식
balmuş, s.n. v. balmoş
balnear, ~ă, ~i, ~e, adj. 해수 온천의
balneoclimateric, ~ă, ~i, ~e, adj, 온천과 기후의
balneolog, ~i, s.m. 온천학자
balneologic, ~ă, ~i, ~e, adj. 온천(학)의
balneologie s.f. 온천학, 온천요법
balneoterapie s.f. 광천(온천)요법
bal|on, -oane, s.n. **1.** 기구 풍선 **2.** 공 **3.** 고무 입힌 방수포 **4.** 우비 **5.** 비누거품 **6.** 연 모양의 계류기구 **7.** 관측용 기구 **8.** 산소통
balon|a, -ez, -ai, -at, I. vt. 넓히다 II. vr. 팽창하다, 부풀다
balon|are, -ări, s.f. **1.** 팽창 **2.** 확장
balonaş, ~e, s.n. balon의 축약형
balona|t, -tă, -ţi, -te, adj. 팽창된, 부풀어 오른
balot[1], ~uri, s.n. 철끈
balot[2], ~uri, s.n. (수송, 보관을 위하여 꾸린)고리 가마니, 짐짝, 곤포
balotaj, ~e, s.n. 결선투표
balsam, ~uri, s.n. **1.** 발삼수지 (방향성, 약용, 향료, 공업용), 방향성 기

B

름, 향유 **2.** 진통제 **3.** 린스

balsamic, ~ă, ~i, ~e, adj. **1.** 발삼의, 방향성의 **2.** 진통의

balt, s.m. Baltic의 약자. 발트어(인도유럽 어족에 속함)

baltag, ~e, s.n. **1.** 손도끼 **2.** 미늘창(15-16세기에 사용되었던 창과 도끼를 결합한 무기), **3.** 곤봉, **4.** 철퇴

baltă, bălți, **1.** 늪, 습지, 소택지 **2.** 호수 **3.** 못, 샘 **4.** 황무지, 황야 **5.** 저습지대 **6.** 진구렁의 저지 **7.** 양어지(池)

baltic, ~ă, ~i, ~e, adj. 발트해의, 발트해 부근의

balustrad|ă, -e, s.f. **1.** [건축](baluster가 있는)난간 **2.** (계단의)난간 **3.** (발코니, 지붕, 다리 등의) 난간 **4.** 울타리

balzacian, ~ă, ~i, ~e, adj. 발자크의

balustr|ă, v. balustru

balu|stru, -ştri, s.m. **1.** [건축]난간기둥 **2.** 원호를 그릴 때 사용하는 컴퍼스

bam|ă, -e, s.f. 오크라 (아욱과 닥풀의 일종)

bambu|s, -şi, s.m. 대나무, [건축]죽재

ban¹, ~i, s.m. 돈, 화폐 단위 ; (은어) bani gheață 현금 ; compensație în bani 현금 보상 ; prestație în bancă 충당금

ban², ~i, s.m. 공시 포고, (봉건시대의)가신에의 소집령

banal, ~ă, ~i, ~e, adj. I. adj. **1.** 진부한, 흔해빠진 **2.** 일과, 보통의, 여느 때와 같은 **3.** 평범한 II. adv. 보통의 방법으로

banalit|ate, -ăți, s.f. **1.** 진부, 보통, 평범 **2.** 잔돈, 잡담

banalz|a, -ez, -ai, -at, **1.** -을 평범하게 하다 **2.** 진부하게 되다, 흔해빠지게 되다

banalizare, s.f. 비속화, 속화, 통속화, 대중화

banan, ~i, s.m. 바나나 나무, 바나나(열매)

banan|ă, -e, s.f. **1.** 바나나 **2.** [전지] 단자, 전극

bananier, ~i, s.n. banan

banat, s.n. 바나트 (루마니아 북서부의 한 지역)

banc¹, ~uri, s.n. **1.** 모래톱, 모래언덕 **2.** 평원모양의 큰 부빙(浮氷) **3.** 암초, 사주(砂洲) **4.** 얕은 여울, 주(洲) **5.** 굴양식장

banc², ~uri, s.n. **1.** 침대, 잠자리 **2.** 긴의자

banc³, ~uri, s.n. **1.** 일종의 카드놀이 도박 **2.** 재치 있는 대사, 익살스러운 말 **3.** 거짓말 **4.** 가짜, 속임수 **5.** 우스워서 견딜 수 없는 농담 **6.** 엉터리, 허튼소리 **7.** 묘미 없는 농담, 진부한 농담 ; a spune un ~ bun 재미있는 농담을 하다

bancar, ~ă, ~i, ~e, adj. 은행업의, 은행의

bancă¹, bănci, s.f. **1.** 긴 의자, 의석 **2.** 책상 **3.** 피고석 **4.** (교회의) 벤치형 좌석 **5.** 첫 줄에

bancă², bănci, s.f. 은행 ; ~ agricolă 농업은행 ; ~ de emisie 발행은행 ; ~ de virament 어음청산은행 ; ~ ipotecară 부동산 중개은행

bancher, ~i, s.m. **1.** 은행가, 은행직원 **2.** 금융업자, 자본가 **3.** (도박의) 물주

banchet, ~e, s.n. **1.** 연회, 향연, 축연

2. 축제, 축일, 제일
banchet|ă, -e, s.f. **1.** 등받이 있는 긴 의자 **2.** (벽에 만들어 붙인) 긴 의자
banchiz|ă, -e, s.f. 북극 등의 어름 평원
bancnot|ă, -e, s.f. 지폐, 은행어음, 은행권
bancrut|ă, -e, s.f. 파산(상태) 도산, 파탄, (명성 따위의)실추
bandaj. ~e, s.n. **1.** 붕대, 안대, 상처 따위의 치료용품 **2.** [의학]헤르니아(탈장)대 **3.** 고무 물갈퀴
bandaj|a, -ez, -ai, -at, vt. -에 붕대를 감다
bandajare, s.f. (상처 따위의)치료용품, 붕대
band|ă¹, -e, s.f. 한 떼, 일당, 도당, 붕당, 파벌, 한패, 동아리, 군 취주 악대
bandă², benzi, s.f. **1.** 테, 띠 **2.** 길고 가느다란 조각 **3.** 가죽 끈, 혁대 **4.** 리본, (장식용)띠 **5.** 납작한 끈, 각종 테이프, (결승점의)테이프 **6.** 자기 테이프
banderil|ă, -e, s.f. [투우](소의 목, 어깨를 찌르는데 쓰는 장식이 달린) 창
banderol|ă, -e, s.f. **1.** (돛대나 창끝에 다는) 작은 기, (보통 문자를 써놓은])리본처럼 가늘고 긴 기 **2.** (신문, 잡지의) 봉(封), 띠
bandier|ă, -e, s.f. (국가, 군대, 단체 등의)기, (표어 따위를 적은)기, 깃발
bandi|t, -ți, s.m. **1.** (특히 지중해 산악지대의) 산적, 강도, 노상강도 **2.** 살인자 **3.** 악당, 불한당, 깡패
bandit|esc, -ească, -eşti, adj. **1.** 약탈하는, 약탈성의 **2.** 노상 약탈의
banditeşte, adv. 약탈하는, 약탈성의
banditism, ~e, s.n. 강도(행위), 산적행위
bandotecă, s.f. 녹음 테이프 수집
bandulier|ă, -e, s.f. 십자탄 띠 (탄약대)
bandurar, ~i, s.m. 반도라 연주가
bandur|ă, -e, s.f. 반도라 (악기의 일종)
bang, interj. 땡! 땡! (종소리)
bangăt, ~e, s.n. 길게 울려 퍼지는 종소리
banier|ă, -e, s.f. 봉건시대의 군사 부대
banița|ă, -e, s.f. 부셸 (곡식 따위의 계량단위, 8갤런, 36리터)
banjo, ~uri, s.n. [음악]밴조
bantă, benți, s.f. **1.** (샤스 따위의) 소맷부리, 커프스 **2.** 칼라 깃
bantu, s.m., adj. 반투족 (중앙 및 남아프리카에 사는 니그로의 한 종족), 반투어, 반투족의, 반투어의
baobab, ~i, s.m. 바오밥 나무 (열대 아프리카-인도 산의 거목)
baptism s.n. 세례, 침례, 침례교
bapti|st, -stă, -şti, -ste, s.m. 침례교도, 세례를 행하는 사람, 침례파, 침례교회 신자
baptisteriu, s.n. 세례당, (침례교회의)세례(침례)용 물통
bar¹, ~i, s.m. 모기장
bar², ~uri, s.n. **1.** 나이트클럽 **2.** [술 따위의 판매대 카운터, 식당, 술집
bar|a, -ez, -ai, -at, vt. **1.** (길)을 막다, -을 방해하다 **2.** -을 둑으로 막다, -에 둑을 쌓다 **3.** -에 돌, 나무 따위를 쌓다(놓다) **4.** -에 줄을 그어 지우다,

B

(숫자 따위에) -에 횡선을 긋다

baraboi, s.m. **1.** 양방풍 나물, 그 뿌리(식용) **2.** 루마니아의 민속 춤

barabul|ă, -e, s.f. 감자

baracament, ~e, s.n. **1.** 임시 막사 숙영, 오두막에 묵기 **2.** (군대의)막사 건설 자재

bar|acă, -ăci, s.f. **1.** [군사]임시 막사, 오두막, 임시가옥 **2.** (시장 따위의) 포장마차, 매점, 노점, 임시진열장 **3.** 장난감 총을 쏘는 오락장, 사격 연습장

baraj, ~e, s.n. **1.** 둑, 댐 **2.** [군사]탄막, 탄막 사격, 일제엄호 사격 **3.** 우산 **4.** 탄막(포화) **5.** [군사]기구 조색 (적의 공습을 막기 위해 진지의 상공에 둘러친 기구의 열)

bara|t, -tă, -ţi, -te, adj. 빗장을 지른, 장벽이 있는, 줄무늬가 있는

bar|ă, -e, s.f. **1.** (나무, 금속 따위의) 막대, 막대 모양의 것 **2.** 금은괴 **3.** 들보, 도리 **4.** 가로장, 빗장 **5.** 지레, 지렛대 **6.** (새의)횃대, 횃대가 되는 나뭇가지 따위) **7.** 막대기, 매, 곤봉 (나무로 만든) **8.** [음악]소점, **9.** [법정] 간 막이, 피고석, **10.** (높이뛰기의) 가로대 **11.** 선, 줄, 경계선 ; ~ de direc (배, 자동차 따위의) 조타장치 ; ~ de protecţie (자동차 앞뒤의) 범퍼, 완충기 ; ~ de tracţiune (기관차, 차량의) 연결봉, 견인용 철봉 ; ~ fixă (체조용의) 수평봉, 철봉; bare transversale (축구 따위의) 골대 ; a o da în ~ 실수하다, 대 실책을 범하다

barbacan|ă, -e, s.f. 우는 사람, 울보, 상장, 검은 베일

barbar, ~ă, ~i, ~e, **1.** 미개의, 야만의, 야만인의 **2.** 저속한, 난폭한, 잔인한 **3.** 저속하게 난폭하게 **4.** 야만인, 교양 없는 사람

barbaresc, adj. 베르베르 사람의, 베르베르 말의

barbari|e, -i, s.f. **1.** 야만인, 미개인 **2.** 잔학, 잔인, 만행

barbarism, ~e, s.n. (언어, 문장의) 조잡함, 난잡함, 파격적인 말, 비순정용법

barbă, bărbi, s.f. **1.** 턱수염, 수염 **2.** (물고기의) 수염 **3.** 아래턱, 턱 끝 **4.** [식물](보리 따위의) 까끄라기 **5.** 사소한 (악의 없는) 거짓말 **6.** 선모(仙茅) (뿌리를 식용으로 하는 식물) **7.** 구륜 **8.** 팬지 **9.** 분꽃

barbăcot, s.m. (자고, 뇌조 등의) 새끼, 젖먹이

barbe|t, -ţi, s.m. 프랑스 푸들(개)

barbet|ă, -e, s.f. **1.** 구레나룻 **2.** [해군](군함의) 포탑

barbiş|on, -oane, s.n. 황제수염, (사람의)염소수염

barblturic, -e, s.n. I. adj. [화학] 바르비투르산의 II. s.n. 바르비투르산염 유도체 (진정, 최면제)

barboteză, s.f. 장난치며 뛰노는 사람, (경주, 경마에서)수월하게 빨리 뛰는 사람 또는 말

barbotină, s.f. 극장 무대 옆 출입구

barbugiu, s.m. 크랩(craps) 노름 을 하는 사람, 주사위 도박사

barbun, ~i, s.m. 노랑 촉수(촉수과의 물고기)

barbut, s.m. **1.** 주사위 게임 **2.** 크랩 놀이

barcag|iu, -ii, s.m. 보트 젓는 사람, 뱃사공

barcan|ă, -e, s.f. 유사(流砂), 표사(漂砂)

barcarol|ă, -e, s.f. 뱃노래풍의 곡 , [베니스의]곤돌라의 뱃노래

barcaz, ~uri, s.n. [항해](범선에 싣는)대형 보트

barcă, bărci, s.f. **1.** 거룻배, 화물 운반선 **2.** 어선 **3.** 카누, 통나무 배 **4.** (선박에 딸린) 소형 보트, 잡용 보트 **5.** 나룻배, 도선 ; ~ cu motor 모터보트 ; ~ cu pânze 범선, 요트 ; ~ cu rame/ vâsle 노로 젓는 배, 보트 ; ~ de salvare 구명정, 구조선

bar|d, -zi, s.m. **1.** (고대 켈트족의)음유시인 **2.** (일반적으로) 시인

bardă, bărzi, s.f. **1.** 손도끼 **2.** 전투용 도끼

barem¹, adv. 적어도, 최소한, 여하튼

barem², -e, s.n. **1.** 표준, 기준, 규범 **2.** 계산 조견표(早見表)

baret|ă, -e, s.f. **1.** 가죽 끈, 혁대, (전차 따위의) 손잡이 **2.** (모자의)턱 끈, (미용용의)턱 끈, 고삐의 일부

barhet s.n. 성기게 짠 두꺼운 무명(삼베)

baricad|a, -ez, -ai, -at, bt. I. vt. -를 방해하다, 봉쇄하다, -에 바리케이드를 쌓다, (길 따위를) 방책으로 가로막다

baricad|ă, -e, s.f. (방어를 위해 급히 쌓은)방책, 바리케이트

baricentr|u, -e, s.n. 무게중심

barie, s.f. 압력을 재는 단위 (1 평방센티미터 당 1 다인의 압력과 동일)

barier|ă, -e, s.f. **1.** 방벽, 방책 **2.** 담장 **3.** (배승강구의) 창살뚜껑, 창살 널빤지 **4.** 법정 **5.** 통행료 징수소 **6.** 디딤단, 계단 **7.** 장애물 **8.** 국경선

baril, ~i, s.m. 통, 원통형의 것 (배럴)

barisferă, s.f. 중권(암석권에 에워싸인 지구 내부)

bariş, ~e, s.n. 명주실과 털실로 짠 얇은 천

barit|ă, -e, s.f. 바리타 (산화바륨)

bariton, ~i, s.m. 바리톤 가수(tenor와 bass사이의 남성)

baritin|ă, -e, s.f. 중정석

bariu, s.n. 바륨(알카리 토금속 원소)

baroan|ă, -e, s.f. (Baroneasa) 남작의 부인 또는 딸

baroc, ~ă, ~i, ~e, adj. I. adj. **1.** 바로크 양식의 **2.** 기괴하게 장식한, 그로테스크한 II. s.n. 바로크 양식

barograf, ~e, s.n. 자기기압계

barogramă, s.f. 기압기록

barometric, ~ă, ~i, ~e, adj. 기압의

barometr|u, -e, s.n. **1.** 기압계, 청우계 **2.** 수은 기압계

baron, ~i, s.m. 남작, 호족, 대 실업가

baron|easă, -ese, s.f. 남작부인, 남작 딸

barone|t, -ţi, s.m. 준 남작 (baron 아래의 세습위계)

baroni|e, -i, s.f. 남작, 귀족계급

bar|os, -oase (şi -osuri), s.n. 큰 망치, 모루채

barosan, ~ă, ~i, ~e, I. adj. **1.** 꽤 큰, 상당한 크기의 **2.** 엄청난, 거대한 **3.** 무거운 **4.** 키가 크고 건장한, 몸집이 큰 II. s.m. 부자, 갑부

baroscop, s.n. 기압계

barou. s.n. 변호사업, 변호사들

barză, berze, s.f. 황새

ba|s, -şi I. s.m. 베이스, 저음부 II.

s.n. 유포늄, 베이스 색소폰
ba|s,-şi, s.m. 저음 가수
basamac s.n. 저급 브랜디
basc[1], ~ă, ~i, ~e, s.m., adj.바스크인(의), 바스크어(의), 바스크 지방(의)
basc[2], ~uri, s.n. v. bască
bască, s.f. **1.** 뾰쪽하지 않은 모자, 베레모 **2.** (스코틀랜드 사람들이 쓰는) 큰 두건 같은 모자
baschet s.n. 같은 것 중 눈에 띄게 큰 것
basculan|t, -tă, -ţi, -te, adj. 경사진, 젖혀 일으킬 수 있는 ; vagon ~ 젖혀 일으킬 수 있는 마차
bascul|are, -ări, s.f. 팁
basculat|or, -oare, s.n. 팁을 주는 사람
bascul|ă, -e, s.f. 중량계, 체중계
base|t, -ţi, s.m. 바셋 견(프랑스 원산의 사냥개)
basfond, s.n. 얕은 여울
basi|st, -şti, s.m. **1.** 저음가수 **2.** 엠포늄 연주가
baschet, (bal) s.n. 농구
baschetbalist, s.m. 농구 선수
basm, -e, s.n. **1.** 동화 **2.** 허구 **3.** 터무니없는 이야기 **4.** 거짓말 ; basmul cu ~ 황당무계한 긴 이야기 ; carte cu ~e 동화책 ; a spune ~e 이야기를 하다 ; astea-s ~e! 당치도 않은! 시시한!
basma, ~le, s.f. 여성용 머리에 두르는 천
basmang|iu, -ii s.m. basmale를 만드는 사람 또는 파는 사람
basn|ă, -e, s.f. 꾸며낸 이야기, 거짓 이야기
basorelief, ~uri, s.n. 얕은 돋을 새김
basta adv. 더 이상 - 아니다 ; şicuasta ~ 그게 전부다, 그뿐이다, 그것으로 충분하다
bastar|d, -dă, -zi, -de, s.m. **1.** 서출의, 가짜의 **2.** 세자 사생아 녀석 **3.** (동식물의) 잡종, 혼종어
bastiment, ~e, s.n 배, 선박 ; ~ de comerţ 상선 ; ~ de război전함 ; ~ şcoală 교육용 선박
bastingaj, ~e, s.n **1.** 성채, 보루 방파제 **2.** 건현(흘수선 위쪽의 뱃전), (갑판보다) 위로 올라온 뱃전
basti|on, -oane, s.n **1.** 요새, 성채 **2.** 방파제, 방어물
bast|on, -oane, s.n **1.** 잔가지 나뭇가지 **2.** 막대기 **3.** 지휘봉 **4.** 지팡이 **5.** 지주 기둥 **6.** 윤군원수의 곤봉
bastonad|ă, -e, s.f. **1.** 날개치기 **2.** 채찍, 매질하기
bastonş, ~e, s.n. baston의 축약형
baş, I. (접두사) 최고의, 주된, 으뜸의 II. adv. 실제로, 정말로
baş-aga, ~le, s.n. 오토만 군대의 계급 중 하나
baş-boier, ~i, s.m. (고어) 가장 높은 귀족
başbuzuc, ~i, s.m. (19세기) 터키의 기마 용병대 (약탈과 잔인한 행위로 유명)
başca[1], adv. **1.** 갈라져 따로따로 **2.** 게다가 **3.** 상이하게 다르게 **4.** -외에도
başcă[2], s.f. 지하 저장실
başoldină s.f. 초라한 옷차림의 여자
baştină, s.f. **1.** 모국, 국가 **2.** 기원, 계승 ; de ~ 유전하는, 선조대대로 ; loc

de ~ 태어난 곳, 출생지 ; țară de ~ 조국, 고향

batal[1], s.m. 거세된 숫양

batal[2], s.n. 갱, 함정, 덫

batali|on, -oane, s.n. 대대 군대

batant, I. adj. 위세 좋은, 활기찬, 활발한, 기운찬 II. s.m. 날개, 잎

bastar|d, -dă, -zi, -de, adj. 왜곡된

batardou, ~ri, s.n. 임시 물막이, 잠함

batată, s.f. 고구마

bată, bete, s.f. **1.** 바지 허리띠 **2.** 솔기, 이음매 **3.** 가장자리, 테두리 **4.** 벨트, 허리띠 ; a dape bete afară 밖으로 나가다 ; a da pe bete 물러나다, 후퇴하다

bate, bat, bătui, bătut, I. vt. **1.** 치다 두드리다 **2.** 매질하다 **3.** 찰싹 때리다, 세게 치다 **4.** 벌하다, 혼내주다 **5.** 패배시키다, 무찌르다 **6.** 절단하다 **7.** 빗다 ,빗질하다 ; a ~ albuşul 계란 흰자위를 휘젓다 ; a ~ laptele 고유기로 (우유나 크림을) 휘젓다 ; a ~ un cui în... -에 못을 박다 ; a-l ~ gândul să ... -할 작정이다, 예정이다, 계획이다 ; a ~ palma 끝내다, 결말을 내다 ; a-şi ~ picioarele (일이 많아서) 피로에 지치다 II. vr. **1.** 싸우다, 다투다 **2.** 전투하다 ; a se ~ cu pumnii în piept 주먹으로 자신의 가슴을 치다 III. vi. **1.** 박자(리듬)에 맞춰서 (고동)치다, 울리다 **2.** 노크하다 **3.** (말 등이) 뒷발질하다 **4.** 바람이 불다 **5.** 빛나다 ; a ~ cu... -을 좋아하다 ; ceasul va ~ în curând 9 9시에 가까이 온다 ; a ~ în ... -할 경향이 있다, -하려고 한다

batăr adv. 적어도

batere,-i, s.f. 치기, 날개치기, 매질하기

bateri|e, -i, s.f. 기계, 포대 전지 **2.** 냉각기 **3.** (오케스트라)타악기 ; ~ de acumulatoare/ condensatoare 축전지 ; bateria s-a terminat/ epuizat 전지가 나가다

batială, adj. f. 수심 200 - 2,500 미터의 바다(의), 심해(의)

batic, ~uri, s.n. **1.** 비단모자, 머리에 꼭 맞는 모자 **2.** 견직물, 명주실

batiscaf. s.n. 심해 잠수정

batisferă, s.f. 구형 잠수 장치

batist, -uri, s.n. 얇은 고급 면 (모) 직물

batist|ă, -e, s.f. **1.** 손수건 **2.** 아동용 손수건

batiu, -uri, s.n. **1.** 구조 골격 **2.** 기둥, 스탠드 꽂이

batir, ~e, s.n. 무명실

batjocor|i, -esc, -ii, -it, vt. **1.** 조롱하다, 비웃다 **2.** 경멸하다, 멸시하다 **3.** 모욕하다 **4.** 남용하다, 더럽히다 **5.** 강간하다, 학대하다 **6.** 공격하다

batjocorir|e, -i, s.n. 비웃음, 조소

batjocorit|or, -oare, -ori, -oare, adj. I. adj. 우롱하는, 비웃는, 경멸적인, 깔보는 듯이 II. adv. 깔보고, 조롱하여 III. s.m. 조소(냉소)하는 사람

batjocur|ă, -i, s.f. **1.** 우롱 조롱 **2.** 모욕 **3.** 어설픈 일 **4.** 희화 익살 ; a ajunge de ~ 웃음거리가 되다 ; a face de ~ 수치스러워하다 ; a lua în ~ 비웃다, 조소하다

batoc, ~uri, s.n. batog,

batog, s.n. **1.** 건어물 **2.** 대구의 일종 **3.** 대구

batolit, s.m. [광물]서반(꼴이 불규칙한 화성암의 큰 덩어리)
bat|on, -oane, s.n. **1.** 막대기 원통모양의 물건 **2.** 막대모양의 초콜릿
batozar, ~i, s.m. 탈곡하는 사람
bato|ză, -ze, s.f. 탈곡기
batură, s.f. 반턱맞춤 은촉붙임(이음매의 일종)
batraci|an, -eni, s.m. 꼬리 없는 양서류
bau, interj. [의성어]윽! 악!
bauxită, s.f. 보크사이트 (알루미늄 원강)
bavarez, ~ă, ~i, ~e, adj., s.m. 바바리아(오늘날 독일 바이에른)에서 태어나고 자란 (사람)
bavetă, bavetică, s.f. 턱받이 가슴박이
bavur|ă, -i, s.f.새긴 자리, 깔쭉깔쭉한 자리
baz|a, -ez, -ai, -at I. vt. 기초를 세우다, -을 기반으로 하다 II. vr. -에 의지하다, -에 달려있다
bazaconi|e, -i, s.f. **1.** 이색, 변동, 상궤를 벗어남 **2.** 어리석음 우둔 **3.** 장난 희롱
bazalt, ~uri, s.n. 현무암
bazaltic, ~ă, ~i, ~e, adj. 현무암의
baza|ochi, -oache, adj. 사팔뜨기의
bazar, ~uri, s.n. **1.** 바자, 시장 **2.** 잡동사니를 싸게 파는 자선시장 **3.** 장난감바자
baz|ă, -e, s.f. **1.** 기초 토대 **2.** 바닥 저지대 **3.** 근거 입장 **4.** 기반지지 **5.** [화학]염기 **6.** (통계의) 기수 근 **7.** 주성분 요소 **8.** 근거지 기지 **9.** 군사기지
bazedov, s.n. 바제도병, (안구 돌출증의) 갑상선종
bazedovi|an, -ană, -eni, -ene, adj. 바제도병의
bazic, ~ă, ~i, ~e, adj. 염기성의, 알카리성의
bazicitate, s.f. 염기도
bazilic|ă, -i, s.f. 바실리카 (고대 로마의 장방형 건조물)
bazilisc, s.m. 바실리스크, 등지느러미도마뱀
bazin, ~e, s.n. **1.** 장식용 호수 **2.** 수영장 풀장 **3.** (극장의) 오케스트라석(席), (극장의)아래층 **4.** 습선거(해안이나 하안(河岸)을 파서 만든 배의 수리, 청소, 건조용 건조물)
bă interj. (Măi!) 야!, 어이!
băb|aică, -ăici, s.f. (배를 젓는) 노
băbăti|e, -i, s.f. 노파, 인정머리 없는 노파, 심술궂은 노파, 추한 노파
băb|esc, -easca, -eşti, adj. 노파의, 노파 같은, 귀찮은, 잔소리가 심한 ; leac ~ 엉터리 요(약)법
băbeşte adv. **1.** 노파같이, 귀찮게 **2.** 경험주의로, 돌팔이 의사 같게 **3.** 간단하게
băbuş|că, -ți, s.f. **1.** 할머니 **2.** 늙은 노래하는 새
băbuț|ă, -e, s.f. baba의 축약형
băcan[1], s.m. 식료품 장수, 식료잡화상
băcan[2], s.n. **1.** 로그우드 (중미나 서인도 제도산(産) 콩과(科)의 나무 심재(心材)에서 갈색 염료를 채취한다) **2.** (화장용)연지, 입술연지, 루즈
băcăni|e, -i, s.f. **1.** 식료품점, 식료잡화점 **2.** 식료품 상업 식료품 장사 **3.** 양념류, 향신료 **4.** 바보짓을 하다, 웃음거리가 되다
băciț|ă, -e, s.f. 여자 양치기

băciu|i, -iesc, -ii, -it, vi. **1.** 치즈를 만들다 **2.** 늦게 다다르다

bădăran, ~ă, ~i, ~e, **1.** 거친 사람, 야인 버릇없는 사람 **2.** 농부 시골뜨기, 상스러운 사람 **3.** 비신사적인 남자

bădăranc|ă, -e, s.f. 버릇없는 여자

bădărani|e, -i, s.f. **1.** 거침, 버릇없음, 농사꾼 같음 **2.** 무례함

băftos, adj. 운이 좋은, 행운의, (결과가)다행한

băg|a, bag, -ai, -at, I. vt. **1.** -을 넣다 **2.** -을 (어떤)장소에 넣다 **3.** 예약하다, 고용하다 **4.** 집어넣다 ; bagă-ţi asta în cap! 이것을 모자 속에 집어넣어라! ; a ~ aţa în ac 실을 바늘에 끼우다 ; a-şi ~ nasul în cărţi 숙독하다, 책에 몰두하다 ; a-şi ~ nasul peste tot 남의 일에 간섭하다 ; a ~ de seamă 주목하다, 주시하다, 관찰하다 ; a ~ cineva la apă/în bucluc 누구를 궁지로 몰다 II. vr. **1.** 들어가다 **2.** 참견하다, 간섭하다 ; a se ~ singur în gura lupului 누구의 목에 굴레가 씌워지다, 교수형에 처해지다 ; a se ~ în vorbă 참견하다, 간섭하다 ; a se ~ la stăpân 해고되다 ; nu vrea să se bage 그는 전혀 개의치 않으려고 한다 ; nu te ~! 잔디에 들어가지 마라!, 참견하지 말라!

băgare, s.f. 집어넣기

băgăci|os, -oasă, -oşi, -oase, adj. 참견하기 좋아하는

băgăr|eţ, -eaţă, -eţi, -eţe, adj. I. adj. 참견하는 II. s.m. **1.** 침입자, 주제넘게 나서는 사람, 방해자 **2.** 남자이름

băgăt|or, -oare, -ori, -oare, adj. 조심성 있는, 주의 깊은, 신중한

băi|aş, -eşi, s.m. 목욕탕 돌보는 사람

băi|at, -eţi, s.m. **1.** 소년, 사내아이 **2.** 어린이 아동 **3.** 청년기, 청춘기, 청년, 젊은이 **4.** 아들, 자식, 남자아이 **5.** 남자 사나이 ; un ~ bun 좋은(훌륭한) 품종, 종류의 사람 ; ~ de prăvălie (어린)점원, 사환, 사동

băi|ată, -ete, s.f. [방언]소녀, 여자

băieş, ~i, s.m. 금광(광산)에서 일하는 광부

băieşiţ|ă, -e, s.f. 목욕탕 시중드는 사람(여자)

băieţan, ~i, s.m. v. baietel

băieţănaş, ~i, s.m. baietan의 축약형

băieţandr|u, -i, s.m. **1.** 청년, 젊은이, 청춘남녀, 젊은이도 **2.** 어린이 (특히 원기 왕성한) 소년, 동물의 새끼

băieţaş, -i, s.m. **1.** 작은 남자아이 **2.** 애새끼, 꼬마 녀석(보통 화가 났을 때 씀)

băiţ|ă, -e, s.f. baie의 축약형

băieţe|l, -i, s.m. baiat의 축약형

băieţ|esc, -ească, -eşti, adj. 소년의, 소년다운, 잚은, 쾌활한

băieţeşte, adv. 소년답게, 젊게, 쾌활하게

băietism, s.n. 말괄량이 같은 행동

băieţoasă adj. 말괄량이의 말괄량이 같은

băieţoi, s.m. **1.** 청년, 풋내기, 약지 못한 청년 **2.** 말괄량이

băiţui, ~esc, -i, -t, vt. **1.** -을 흠뻑 젖게 하다 **2.** 숨을 죽이다, 억제하다, 참다 **3.** -을 더럽히다, -에 얼룩지게 하다

băjenar, ~i, s.m. 피난자, 망명자, 도

B

망자, 난민
băjenăr|i, -esc, -ii, -it, vr. 서둘러 달아나다, 피난하다
băjenări|e, -i, s.f. v. băjenie
băjen|i, -esc, -ii, -it, vi. vr. 피난가다
băjeni|e, -i, s.f. 피난, 망명, 유랑, 망명자

B

bălai, -e, adj. **1.** 공평한, 공정한 **2.** (여자가 금발, 흰 피부 푸른 눈을 가져서) 아름다운 **3.** 가벼운, (양, 정도 따위가)적은 **4.** 아마로 만든, 아마 같은, 아마(담황)색의 **5.** 금발의
bălan, ~ă, ~i, ~e, adj. 금발의
bălăbăn|eală, -eli, s.f. 흔들흔들함, 매달림
bălăbăn|i, -esc, -ii, -it, I. vt. **1.** -을 흔들리게 하다 **2.** (거칠게) -을 던지다, 내던지다, 내팽개치다 II. vr. 흔들리다, 흔들거리다
bălăbăni|t, -tă, -ţi, -te, adj. 비틀거리는, 비틀 비틀 걷는
bălăcăr|i, -esc, -ii, -it, vi. vr. 물장난하다
bălăceală, -eli s.f. 물장구, 물장난
bălăc|i, -esc, -ii, -it, vi. **1.** (짐승이 물 눈, 진흙탕, 먼지 따위의 속을) 뒹굴다 **2.** 흙탕물이 튀다, 튀기다 **3.** (노를 저어)물을 헤치고 나아가다, 조용히 젓다
bălăcire, s.f. 물장구 물장난
bălălău, I. adj. **1.** 무뚝뚝한 **2.** 무지한 II. s.m. 덩치만 크고 멍청한 사람, 무뚝뚝한 (서투른) 사람
bălăngăn|i, -esc, -ii, -it, (작은 방울 따위가)딸랑딸랑(짤랑짤랑) 울리다, 교회 종소리가 울리다
bălării, s.f. (특히 미망인의) 상부
bălbisă, s.f. 쐐기풀속(屬)의 식물
bălboare, s.f. 금매화속의 식물
bălăngănit, s.n. (교회 등의) 종소리
bălări|e, -i, s.f. 황무지에 자라는 잡초
bălig|a, pers. baligă, băligă -at, vr. **1.** 땅에 거름을 주다 **2.** (부상하여 죽어서)쓰러지다
băligar, ~e, s.n. **1.** 비료, 거름 **2.** (동물의)똥 **3.** 합성물, 혼합물, (특히)혼합비료, 퇴비 **4.** 똥(거름)더미, 지저분한 곳
bălmăj|eală, -eli, s.f. **1.** 혼란, 난잡, 소란, 소동 **2.** 뒤범벅, 잡동사니, 잡화 **3.** 멍청한 (몽롱한) 상태, 갈팡질팡 당황, 곤혹
bălmăj|i, -esc, -ii, -it, vt. **1.** -을 잘 섞다, -을 혼동하다 **2.** 혼란상태에 빠지다 **3.** 입안에서 중얼중얼(우물우물)말하다 **4.** (분명치 않게 무의미하게) 재잘재잘 지껄이다
băl|os, -oasă, -oşi, -oase, adj. 국물이 흐르는
băloş|i, -esc, -ii, -it, vr. 국물이 흐르다, 생기다
băloşire s.f. 국물이 흐르는 것
băloşi|t, -tă, -ţi, -te, adj. 국물이 된
băltăr|eţ, -eaţă, -eţi, -eţe, **1.** 늪지대의 **2.** 루마니아에서 부는 따뜻한 남풍 **3.** 늪지대에 사는 주민 거주자
bălti, pers.3, bălteşte, vr. 늪(수렁)에 가라앉다, 늪(수렁)에 빠지다
băltire, s.f. 늪(수렁)에 빠짐
băltiş, ~uri, s.n. 늪 습지, 소택지(沼澤地)
bălt|oi, -oaie, s.n. 큰 웅덩이
băltos, adj. 수렁의, 진흙투성이인, 더러운, 불결한
băltoac|ă, -e, s.f. (특히 흙탕물의)

웅덩이, (점토와 모래를 물로 이긴) 진흙 반죽

băl|ța, -ez, -ai, -at, vt. **1.** -에 줄무늬를 넣다 **2.** -에 반점을 찍다, -을 얼룩덜룩하게 하다 **3.** -을 채색하다, 색칠하다, 물들이다

bălța|t, -tă, -ți, -te, adj. **1.** 줄무늬가 있는, 줄무늬가 든 **2.** 여러 가지 빛깔의 얼럭덜럭한 **3.** 가지각색의 변화가 있는, 다양성이 많은 **4.** 섞인 혼합된, 뒤섞인

bălțătur|ă, -i, s.f. (유럽원산의) 야생 쓴 박하, 그것에서 짜낸 쓴 즙(기침약)

bănat, ~uri, s.n. **1.** 귀찮은(성가신) 것(사람), 곤혹, 난처함, 골치 아픔, 폐단 **2.** 짜증 **3.** 슬픔, 비애, 비탄, 애도 **4.** 걱정(거리), 고민, 난처함, 괴로움, 고뇌 **5.** 노여움, 화, 성 **6.** 악의, 심술, 앙심 **7.** 원한, 유한, 유감 **8.** 비난, 질책 **9.** 치욕거리 비난의 대상 **10.** 의심, 의혹, 수상쩍음 ; a-i fi ~ 미안하게 여기다, 후회하다 ; a-i fi cu ~ 성내다

bănănă|i, -iesc, -ii, -it, vi. (a se bălăbăni) 흔들리다

bănăț|ean, -eană, -eni, -ene, I. adj. 바나트(Banat) 출신의 II. s.m. 바나트 거주인, 바나트주(시)민, 바나트인

bănăț|eancă, -ence, s.f. 바나트(Banat) 지방의 여자

bănățen|esc, -ească, -eşti, adj. 바나트 사람의 (bănătean)

bănățeneşte, adv. 바나트식의, 바나트 사람 같은

băncuț|ă, -e, s.f. 작은 동전, 전

băn|esc -ească, -eşti, adj. **1.** 돈, 금전 화폐의, 재정상의 **2.** 재정난

băneşte, adv. 금전상으로, 재정상으로

bănet, s.n. 많은 양의 돈

bănie, s.f. 15세기 이후 바나트(Banat)나 올테니아 (oltenia) 등지의 행정관료, 영주의 직위 (또는 거소)

bănicer, ~i, s.m. 나무껍질로 바구니 만드는 사람

bănicioar|ă, -e, s.f bănita의 축약형

băni|e, -e, s.f. (중세 헝가리 국경 지역의) 행정관직

bănişor, -i, s.m. ban(돈)의 축약형

băn|os, -oasă, -oşi, -oase, adj. (돈을) 지불하는, 돈이 벌리는, 지불의

bănui, -esc, -i, -t, vt. **1.** -이라 가정하다 -이라고 추측하다 생각하다 **2.** -을 공상하다 상상하다, 마음속에 그리다 **3.** -이라고 깨닫다, -이라고 느끼다, -이라는 느낌이 들다 **4.** -을 예지하다 예견하다, -사전에 알다 **5.** (.-을)-이라고 여기다, 생각하다 , -이라고 판단하다, 보다 **6.** -을 수상하게 여기다, 의심하다 **7.** -을 믿지 않다 ; a nu ~ nimic 전혀 의심의 여지가 없다 ; nimeni nu ~a ceva 아무도 의심치 않았다

bănui|ală, -eli, s.f. **1.** 상상, 추측, 가정, 가설 **2.** 일반개념, 관념, 생각, 의견, 견해 **3.** 의심, 의혹, 의문점, 불확실함, 미심쩍음 ; a fi mai presus de orice ~ 전혀 혐의가 없다 ; a intra la ~ 수상쩍다

bănuire, s.f. 상상, 추측, 억측

bănui|t, -tă, -ți, -te, adj. 의심을 불러일으키다, 의심하게 되다

bănuit|or, -oare -ori, oare, adj. 의

심많은, 의심하는 듯한, 의심스러운, 수상쩍은

bănuț, ~i, s.m. **1.** (영국의 화폐단위) 페니 **2.** (영국의 최소액의 청동화, 1/4 pemy, 1961년시 폐지됨) 파딩 동화(銅貨)

bănuțe|l, -i, s.m. 데이지

B

bărăgan, ~uri, s.n. **1.** 광야 **2.** (나무가 자라지 않는)대초원 **3.** 황야, 황무지, 습지초원 **4.** 히이드(황무지에 무성하게 피는 석남과의 상록관목)

bărăți|e, -i, s.f. 가톨릭교회

bărba|t, -ți, s.m. **1.** 남자, 성년, 어른 **2.** 남편 **3.** 남성, 동물의 수컷 **4.** 수사슴 **5.** (거세하지 않은)황소, (코끼리 고래 따위의 큰 짐승의)수컷 **6.** 정치가 **7.** 용모가 아름다운(훌륭한) 남자

bărba|t, -tă, -ți, -te, adj. 남자다운, 용감한

bărbăt|esc, -ească, -ești, adj. **1.** 남자의 남성의 남성적인, 사내다운 **2.** 결심이 굳은, 단호한, 확고한 **3.** 용감한, 씩씩한, 굳센

bărbăteşte adv. 사내답게, 씩씩하게, 용감하게, 과단성 있게

bărbătos, -oare, -ori, -oare, adj. 남자다운, 씩씩한 굳센

bărbătuş, ~i, s.m. 수컷

bărbățe|l, -i, s.m. 남편

bărbăție s.f. **1.** 사내다움, 남자임, 성년 **2.** 용감함, 굳셈 **3.** 단호함, 확고함 **4.** 정력, 원기, 활력 **5.** 성년

bărbățoi, s.m. **1.** 악녀, 바가지 긁는 여자 잔소리, 심한 여자 **2.** 여장부 (고어)

bărbi|e, -i, s.f. **1.** 아래턱, 턱끝 **2.** (어류의) 아가미 **3.** (소 따위의) 목 밑에 처진 군살 **4.** (젖먹이의) 턱받이 **5.** 먹을 것(먹이)을 주는 사람, 사육자 **6.** 귓볼 ; a mângâia pe cineva pe sub ~ 누군가의 턱을 가볍게 치다

bărbier, ~i, s.m. **1.** 이발사 이용사 **2.** 사소한(악의 없는)거짓말을 하는 사람 **3.** 이야기꾼

bărbier|eală, -eli, s.f. **1.** 면도 **2.** 사소한(악의 없는) 거짓말

bărbier|esc, -ească, -ești, adj. 거짓말의

bărbier|i, -esc, -ii, -it **1.** 남의 얼굴을 면도하다, (수염 따위를) 깎다 **2.** 속이다 **3.** 수염을 깎다, 면도하다 **4.** 이야기 하다, 거짓말을 하다, 허풍을 떨다 ; nu te ~! 과장하지 말고 말해봐!

bărbierit s.n. (얼굴을)면도함, 면도, 깎아냄

bărbiț|a, -e, s.f. **1.** (사람의)염소수염 **2.** (물고기의)수염 **3.** (젖먹이의) 턱받이

bărboas|ă, -e, s.f. 미국 산(產) 잎이 풀같이 가늘고 흰 꽃이 피는 백합과의 식물

bărb|os, -oasă, -oşi, -oase, adj. 수염을 기른

bărbuşoară, s.f. [식물]꺼끄러기

bărbuț|ă, -e, s.f. barbă의 축약형

bărdacă, -e, s.f. (도자기 금속, 유리 따위로 만든 보통 아가리가 넓고 손잡이가 달린) 주전자 단지

bărdăcuț|ă, -e, s.f. bărdacă의 축약형

bărdui, -esc, -i, -t, vt. 손도끼로 조각하다

bărdaş, s.m. 목수, 목공, 선장(船匠)

bărzăun, ~i, s.m. 작은 벌

băsmăluț|ă, -e, s.f. basma의 축약

형

băsnar, ~i, s.m. 거짓 이야기나 정보를 꾸며내는 사람

băsn|i, -esc, -ii, -it, vi. 거짓 이야기를 꾸며내다

băşic|a, băsic, -ai, -at, I. vt. 수포(기포)를 만들다 II. vr. 수포(기포)가 만들어지다

băşica|t, -tă, -ţi, -te, adj. 기포, 수포로 가득 찬

băsic|ă, -i, s.f. **1.** 방광 **2.** 수포 **3.** (물고기)부레

băsicut|ă, -e, s.f. băsică의 축약형

băsicător, adj. 물집이 생긴(잡힌)

băstinas, I. ~ă, ~i, ~e, adj. 타고난, 생태의, 토착의 II. s.m. 토착민, 원주민

băt|aie, -ăi, s.f. **1.** 때리기, 치기, 침 **2.** 싸움, 전투 **3.** 눈 깜박거림 **4.** 채찍질하기 **5.** 탈곡, 타작 ; ~ de perne 베개를 서로 던지는 싸움 ; ~ de cap 근심, 걱정, (정신적)부담 ; ~ de joc 조롱, 비웃음, 깔보기 ; câmp de ~ 전쟁터, 전장 ; în ordine de ~ 전투명령 ; a- da ~ 서두르다 ; acest lucru îmi dă multă ~ de cap 이 일이 몹시 걱정스럽다 ; a primi/mânca o ~ bună 호되게 당하다 ; a pune la ~ 이용하다 ; a lua în ~ de joc -을 비웃다, 조롱하다

bătăiaş, ~i, s.m. (사냥 등에서) 두들기는 사람, 몰이꾼

bătăi|os, -oasă, -oşi, -oase, adj. 싸울 준비가 된

bătăiţ|ă, -e, s.f. bătaie의 축약형

bătăli|e, -i, s.f. 전투 ; a căstiga o - 전투에서 승리하다

bătătarnică, 개쑥갓

bătătoare, s.f. 빨래방망이

bătăt|or[1], ~i, s,m. (빨래) 방망이

bătăt|or[2], -oare s.n. **1.** (pt lapte) 가는 막대기 **2.** (pt spălat)방망이 **3.** (pt covoare) 카페트 털이

bătăt|or[3], -oare, -ori, -oare adj. **1.** 너무 눈부신 **2.** 분명한 **3.** 의심스러운

bătător|i, -esc, -ii, -it, I. vt. **1.** 밟다, 두드리다 **2.** constr 다지다, 연타하다 II. vr. 굳어지다 경화하다

bătătorie, s.f. 두드리기

bătătorit, s.n. 땅을 밟기, 단단하게 다지기

bătători|t, -tă, -ţi, -te, adj. **1.** 땅이 단단한 **2.** (손 등에) 굳은살이 배긴

bătătur|ă, -i, s.f. **1.** (în faţa casei) 앞뜰 **2.** (직물) 짠 것 **3.** (피부가) 굳은살

bătăuş, ~ă, ~i, ~e, I. adj. v. bătăios II. s.m. **1.** 치는 사람, 두드리는 사람 **2.** 소동을 일으키는 사람

băt|eală, -eli, s.f. (직물의) 씨실

bătelişt|e, -i, s.f. **1.** 일반적으로 가축들이 있는 땅 (소 등이 계속 밟고 있어서 딱딱함) **2.** 모이는 장소

bătrâi|or, -oară, -ori, -oare, adj. 늙은

bătrân, I. adj. 나이가 많은, 오래된 II. s.m. **1.** 늙은이, 노인 **2.** 할아버지

bătrână, s.f. **1.** 늙은 여인, 노파 **2.** 할머니

bătrân|el, -ieă, -ei, ele, s.m. 늙은 사람

bătrân|esc, -ească, -eşti, adj. 늙은, 구식의

bătrâneşte, adv. 늙은이 같은, 전통적으로

bătrâneț|e, -i, s.f. 노화, 노인
bătrânici|os, -oasă, osi, -oase, adj. 나이에 비해 더 늙은,
bătuc|i, -esc, -ii, -it, I. vt. (땅을) 다지다, 짓밟다 II. vr. 굳은살이 배기다
bătucit, adj. **1.** (땅, 특히 길 등을) 잘 다진, 단단하게 다진 **2.** (손 등이) 딱딱하게 굳어진

B

bătu|t, I. -ă, -ți, -te adj., 두들겨 맞은, 얻어맞은 (숙어로) ; ~ de gânduri 걱정으로 가득한 ; ~ de soare 태양(햇빛)에 탄(거스른) ; aur ~ 순금 ; bani bătuti 현금 lapte bătut 신맛이 나는 숙성시킨 우유 ; a se da ~ 포기하다 ; a nu se da ~ 양보하지 않다, 포기하지 않다 II. s.n. **1.** 민속춤 중의 하나 **2.** 치기, 때림
bătut|ă, -e, s.f. 루마니아 민속춤의 일종
băț, bețe, **1.** 지팡이, 막대기 **2.** 줄기 **3.** 장딴지, 족(足) ; ~ de chibrit 성냥 ; ~ de ski 스키 폴(대) ; ~ de tobă 드럼스틱 ; a se lua în bețe cu cineva -에게 질문 공세를 퍼붓다, 힐문하다, -을 야유하다
băț|os, -oasă, -oși, -oase, I. adj. **1.** 딱딱한, 경직된 **2.** 형식적인 **3.** 거대한, 어눌한 **4.** (성격이) 까다로운 화를 잘 내는 II. adv. 완고하게
bău|t, I. -tă, -ți, -te, adj. 마신, 마셔버린 II. s.n. **1.** 마심, 음용 **2.** 마시는 물(음료수) ; apă de ~ 음용수, 마시는 물
băut|or, -oare, -ori, -oare, s.m. 술꾼
băutur|ă, -i, s.f. **1.** 음료수 **2.** 달인 즙 ~ răcoritoare 청량음료 ; ~ slabă 약한 술; ~ tare 강한 술(독주) ; băuturi spritoase 알코올 음료 ; al ~ 거나한 기분으로, 술에 취해서 ; a se apuca de ~ 술 마시는 버릇이 생기다
băuturică,-i, s.f. 음료수
bâcsai, s.m. **1.** (목재, 치즈, 고기, 빵 따위의) 두꺼운 조각 **2.** 상당한 양
bâigu|i, bligui, -ii, -it, vr. **1.** 중얼중얼 말하다, 우물우물 먹다 **2.** 말을 더듬다 **3.** 실없는 말을 하다, 허튼소리를 하다
bâigui|ală, -eli, s.f. 중얼중얼 말함
bâigui|t, -tă, -ți, -te, adj. **1.** (단어에 사용)뚜렷하지 않은, 분명치 않은, 희미한 **2.** (사람이) 깜짝 놀란, 말문이 막힌
bâjbâ|i, bâjbâi, -ii, -it, vr. **1.** 손으로 더듬다 (어둠 속에서) **2.** 가득 차다, 풍부하다
bâjbâi|ală, -eli, s.f. 어둠 속에서 손으로 더듬기
bâlbâ|i, bâlbâi, -ii, -it, vr. **1.** 말을 더듬다 **2.** 재잘거리다, 빠르게 말하다
bâlbâi|ală, -eli, s.f. 더듬으며 말함
bâlbâi|t, I. -tă, -ți, -te, adj. 말을 더듬는 II. -ți, s.m. 말더듬이
bâlci, ~uri, s.n. **1.** 박람회 **2.** (정기적으로 서는) 장, 장날 ; de ~ 떠들썩한, 시끄러운, 값싼, 비속한, 저속한, 웃기는, 터무니없는, 우스꽝스러운
bâldibie, interj. 텀벙, 털썩, 딱, 쾅!
bântu|i, bântui, -ii, -it, vi. **1.** (해충, 짐승 등이)만연하다, 들끓다 **2.** (적들이) 침입하다, 파괴하다 **3.** (전염병이) 휩쓸다, 만연하다 **4.** (유령들이) 출몰하다, 자주 나타나다 **5.** 격노하다, 날뛰다
bântui|ală, -eli, s.f. 불행, 재난, 화
bântuir|e, -i, s.f. v. bântuială
bântuit, adj. 도깨비가 나오는, 고뇌

에 시달린
bâr, interj. 양을 몰 때 내는 소리
bârdan, -e, s.n. 되새김질 하는 동물의 위
bârfă, s.f. **1.** 비방, 불명예, 소문 **2.** 수다 장이, 소문을 퍼뜨리는 사람
bârf|eală, -eli, s.f. **1.** 욕설, 불명예, 험담, 비방 **2.** 소문, 잡담, 쓸데없는 말
bârf|i, -esc, -ii, -it, I. vt. 퍼뜨리다, 허위선전하다, 폭로하다, 훼손하다, 비방하다 II. vi. 소문을 퍼뜨리다, 불명예스럽게 하다, 잡담을 하다, 재잘거리다
bârfire, s.f. 허위선전
bârfit, adj. 헐뜯는, 비방하는
bârfit|or, -oare, -ori, -oare, **1.** 비방적인, 남을 즐겨 중상(비방)하는 **2.** 비방하는 사람, 중상가
bârlig|a, bârlig, -ai, -at, vt. 곱슬곱슬하게 하다, 꼬다 비틀다, 돌리다
bârlog, ~uri, s.n. **1.** 동굴 소굴 은신처, **2.** 개집 **3.** (돼지) 우리, **4.** (도둑) 소굴 **5.** (오두막집) 광
bârn|ă, -e, s.f. (마루나 천정 등을 받치는) 장선 대들보 떠받치는 기둥
bârsan, ~ă, ~i, ~e, adj. 길고 거친 양털을 가진
bârs|ă, -e, s.f. **1.** (건축용) 나무 삼각대 **2.** (체조) 평균대
bârzoi, adv. 기분이 좋아서 **2.** 슬그머니 도망가다
bârzoi|a, -ez, -ai, -at, vr. 베개를 부풀려 채워 넣다
bârzoia|t, -tă, -ți, -te, adj. (동물의 꼬리가) 위로 올라간
bât|ă, -e, s.f. **1.** 곤장, 곤봉 **2.** 때림, 침
bâț|âi, bâtâi, -âi, -âit, vr. **1.** 떨다 **2.** 꿈틀거리다, 경련을 일으키다 **3.** 손발로 발버둥치다 **4.** 안절부절 못하다, 허둥거리다 **5.** 요란스럽게 춤을 추다, 지르박을 추다, 다리를 흔들다
bâțâi|ală, -eli, s.f. 신경과민, 초조, 떨림
bâtlan, ~i, s.m. 왜가리, 일반적으로 백로과 새의 총칭
bâz, interj. 케케묵은 이야기다!
bâză, bâza, s.f. 난로, 스토브
bâzâi|ală, -eli, s.f. 곤충들이 날으면서 내는 소리
bâzâilă, s.m. 잘 우는 아이, 울보
bâzâit, s.n. **1.** 콧노래, 윙윙 **2.** 단조로운 저음 **3.** 흐느낌 훌쩍거림
bâzâit|oare, -ori, s.f. 왈각달각 소리, 덜거덕거리는 소리, 딸랑이 소리
bâzâit|or, -oară, -ori, -oare, adj. 윙윙거리는
bâzâitură, s.f. 윙윙거림
bâzdâc, s.n. 유머
bâzdâgani|e, -i, s.f. 괴물, 도깨비, 괴상한(거대한) 것
bâzâ|i, bâzâi, -ii, -it, vr. **1.** 윙윙거리다, 콧노래를 부르다 **2.** 낮은 소리로 단조롭게 노래하다(이야기하다) **3.** 으르렁거리다, 투덜거리다, 불평하다 **4.** 울다 **5.** 훌쩍훌쩍 울다 ; îmi ~e în urechi 내 귀가 윙윙거린다
bea, beau, băui, băut, I. vt. **1.** 마시다 **2.** 약을 먹다 **3.** 목을 축이다 **4.** 물을 뿌리다, 적시다, 급수하다 ; își ~ banii 그는 재산을 술로 탕진한다(다 써버리다) ; a ~ gaz/benzină 말도 안되는 얘기를 하다, 실없는 소리를

하다 II. vi. 술을 마시다 ; a-i place să ~ 음주의 버릇이 있다 ; a ~ serios 과음하다

beat[1], beată, beți, bete, adj. 술 취한 ~ ca un porc 몹시 취한 ; pe jumătate ~ 얼근하게 취한, 비틀거리는

B

beat[2] [bi:t] adj. [음악, 문학]비트(beat)의, 비트족의

beatific|a, bealific, -ai, -at, vt. **1.** 신이 천복을 내리게 하다 **2.** (교황이) 시복을 선포하다 **3.** 매우 행복하게 하다

beatific|are, -ări, s.f. 시복, 시복식

beatitudine s.f. 행복 지복(至福)

beatnic, beatnik, s.m. 비트족 사람

bebe(luş) s.m. **1.** 아기 **2.** 꼬마

bec, ~uri, s.n. **1.** 전구 **2.** 전등 **3.** 입(턱) 구강

becar, -i, s.m. [음악]제자리표, 제자리음

becaț|ă, -e, s.f. 도요새

becațină, s.f. 작은 도요새

becher, I. ~ă, ~i, ~e, adj. 독신의, 부인이 없는 II. ~i, s.m. 독신 남, 홀아비

becherie, s.f. 홀아비의 삶, 홀아비의 신세

bechie s.f. **1.** (비행기의 꼬리) 활재(滑材) **2.** (수레의) 바퀴 멈춤 대

beci, ~uri, s.n. **1.** 지하실 **2.** 감옥(지하)

becisnic, I. ~ă, ~i, ~e, adj. **1.** 무기력한 **2.** 병약한 **3.** 마른 **4.** 가난한 II. s.m. ~i 무기력한 사람, 약골, 노쇠자, 성교 불능자

becisnici|e, -i, s.f. 무기력, 병약

bedreag, ~uri, s.n. 수공인들이 작업할 때 앉는 의자

beduin, -a, -i, -e 베두인 사람 (사막 지방에서 유목 생활을 하는 아랍인)

beethoveni|an, -ană, -eni, -ene, adj. 베토벤의

begonie s.f. [식물]베고니아

behă|i, behăi, -ii, -it, vi. **1.** 재잘재잘 대다 **2.** (염소, 양 등이) 울다

behăit s.n. (양, 염소 등의) 울음

behăit|or, -oare, -ori, -oare, adj. (양, 염소 등이) 소리내어 우는

behăitur|ă, -i, s.f. (양, 염소 등의) 울음소리

behehe interj. [의성어](양, 염소 등의) 매애

behliț|ă, -e, s.f. 물고기의 새끼, 치어

bei, s.m. (오스만 제국의) 지방 장관, (옛 터키, 이집트의) 고관, 귀족 명칭

beilerbei, s.m. (오스만 제국의) 지방 장관

beilic, ~uri, s.n. **1.** (오스만 제국의) 지방 장관이 거주하던 집 **2.** (오스만 제국에 의해 정해진 가격으로 루마니아인들에게는 불합리하게 행하여졌던) 양의 강매

beizad|ea, -ele, s.f. 술탄의 아들, 어린 왕자

bej adj. **1.** 베이지색의 **2.** 베이지색

bejanie, bejenie, s.f. **1.** 소달구지 여행 **2.** (일반적으로) 고된 여행 ; a pleca în ~ 고된 여행길을 떠나다(여행 중이다)

bel s.n. (전압 전류 소리) 강도 단위

beladonă s.f. 벨라도나 (가지과의 유독식물)

belali|u, -e, -i, adj. **1.** 민감한 **2.** 화를 잘 내는 **3.** 어려운

belciug, -e, s.n. **1.** 금속링 **2.** 후크

belciuga|t, -tă, -ți, -te, 반지모양의
beldi|e, -i, s.f. 줄기, 가지
bel|ea, -ele, s.f. **1.** 문제 **2.** 불행, 실패 a-şi lua o ~ pe cap 스스로에게 부담을 주다, 부담을 느끼다 ; a da de ~/ a intra în ~/a-şi găsi ~ua 문제를 일으키다, 야단 맞을 입장에 있다 ; a scăpa de o ~/a scoate din ~ 장애물로부터 벗어나다 ; a fi o ~ pe capul 짐(장애물)이 되다
bele-arte s.f. 순수예술
belemni|t, -ți, s.m. 전석, 벨렘나이트(중고대의 오징어 비슷한 동물의 화석)
beletrist, s.m. 저술가
beletristic, ~ă, ~i, ~e, adj. 예술적인, (문체에서) 문학적인
beletristică, s.f. 순수문학
belfer, -i, s.m. 학자티를 내는 사람
belgi|an, -ană, -eni, -ene, 벨기에의
bel|i, -esc, -ii, -it, vt. **1.** (짐승의) 가죽을 벗기다 **2.** (과일 나무의)껍질을 벗기다 **3.** 눈을 크게 뜨다 **4.** (이빨을) 보여주다
belici|st, -stă, -şti, -ste, adj. 호전적인, 호의적인
belic|os, -oasă, -oşi, -oase, adj. 호전적인
beligeran|t, -tă, -ți, -te, **1.** 교전중인 **2.** 교전국
beligeranță, s.f. 전쟁(행위) **2.** 호전성 투쟁성
belinograf, -e, s.n. 벨린(블랭)식 전송사진기
belinogramă, s.f. 벨린(블랭)식 전송사진
beli|t, -tă, -ți, -te, adj. **1.** (재산 등이) 거덜난 **2.** 눈이 휘둥그렇게 된
belşiț|ă, -e, s.f. 칸나 (열대 원산의 관상식물)
belşug s.n. **1.** 풍부함 **2.** 풍부, 사치, 넘침 **3.** 부유함
belvedere s.n. 전망대, 망루
Belzebut s.m. 마왕 악마
bemol, ~i, s.m. 변음, 내림기호
ben|ă, -e, s.f. **1.** 저장 창고 **2.** 깔때기 모양의 그릇, 홉퍼(가공재료 및 연료 따위를 넣음)
benchet, -e, s.n. 큰 파티
benchetu|i, -esc, -ii, -it, vi. 파티를 하다
benchetui|ală, -eli, s.f. 파티하며 놀기
benedictin, ~ă, ~i, ~e, s.m. **1.** 베네딕트파의 수도사 **2.** 박식한 사람, 학자
benedictină, s.f. 베네딕트 수녀
benefici|a, -ez, -ai, -at, vi. 이익을 얻다, -에서 이익을 유도하다
beneficiar, ~ă, ~i, ~e, s.m. I. adj. 수익성의 II. s.m. 수익자
beneficiere, s.f. **1.** 유희 **2.** 이익
benefic|iu, -ii, s.n. 이익, 수익 ; ~ de brut 총수익 ; ~ de net 순이익 ; ~ de discuție 주 채무자에 대한 사전압류 소송 ; ~ de diviziune: 분리되어 보석될 권리 ; a realiza un ~ 이익을 내다
benevol, ~ă, ~i, ~e, adj. I. adj. 자발적인 II. adv. 자발적으로
bengal adj. 인도 벵골(지방)의 (숙어로) foc bengal 불꽃놀이, 폭죽
benghi, ~uri, s.n. **1.** 만들어 붙인 점 **2.** 명승지, 절경
benign, ~ă, ~i, ~e, adj. 양성의(良性)
bentiț|ă, -e, s.f 리본 끈

bentos, s.n. [생물] 해저에 사는 동식물
bentonită, s.f. 벤토나이트, 화산재의 분해로 생긴 점토
benzaldehidă, s.f. 벤즈 알데히드
benzedrină, s.f. 벤제드린
benzen, s.n. 벤젠
benzenic, adj. 벤젠의
benzil, s.n. 벤질
benzină, s.f. **1.** auto (자동차) 기름 연료 **2.** 석유 ; ~ cu cifră octanică ridicată 옥탄 량이 많은(옥탄 수치가 높은) 휘발유 ; ~ grea 중유 ~ uşoară 경유
benzinărie, s.f. 주유소
benzoa|t, -ţi, s.n. [화학]안식향 산염
benzoic, ~ă, ~i, ~e, adj. 안식향성의
benzol, s.n. 벤졸
benzolism, s.n. 벤졸 취급으로 생기는 질병
benzonaftol, s.n. 벤조나프톨
benzopiridină, s.f. 퀴놀린
berar, ~i, s.m. 양조업자
berări|e, -i, s.f. **1.** 양조장 **2.** 선술집 (맥주집)
berban|t, -ţi, s.m. 갈퀴
berbantlâc, ~uri, s.n. 방탕, 무절제
berbec(e), ~i, s.m. 숫양
berbeca|t. -tă, -ţi, -te, adj. (동물의 머리가) 양 머리처럼 돌출된
berbece|l, -i, s.m. berbec 의 축약형
berbec|i, -esc, -ii, -it, vt. 세게 부딪히다, 세게 때리다.
berc, bearcă, -i,-e, adj. 꼬리가 짧은 혹은 없는
ber|e, -i, s.f. 맥주
berechet 충분하게, 풍족하게
beregat|ă, -e, s.f. 목구멍, 식도
beret|ă, -e, s.f. 학사 모
bergamotă, s.f. (식물)배
beri-beri s.n. 약함, 허약함
beril, ~uri, s.n. 에메랄드
beriliu s.n. 베릴륨(원소기호 4번)
berlin|ă, -e, s.f. 베를린(독일 수도)
berlinez, ~ă, ~i, ~e, I. adj. 베를린의 II. s.m. 베를린 사람
berm|ă, -e, s.f. 언덕, 대지(臺地)
bernardin, ~i, s.m. **1.** 성 베르나르도 **2.** (개 품종) 베르나르도종
bernă s.f. 조기(조의를 표하려고 반기를 다는 것)
berneveci, bernevici s.m. 헐렁한 바지(회교국에서 입는)
besact|ea, -ele, s.f. 상자 보석함
beschi|e, -i, s.f. 가로 켜는 톱
bestial, ~ă, ~i, ~e, adj. **1.** 짐승 같은 **2.** 짐승같이
bestialit|ate, -ăţi, s.f. **1.** 짐승 같은 것 **2.** 음탕, 부정
besti|e, -i, s.f. 야수, 들짐승 (길들여지지 않은)
beşniţă, s.f. **1.** 게으른 여자 **2.** 뚱보 여자
beşl|eagă, -egi, s.m. 터기 기병의 대장, 어리석은 노인
beşl|iu, -ii, s.m. 터키 기병
beşteleală, s.f. **1.** 남용 **2.** 욕설
beştel|i, -esc, -ii, -it, vt. -를 비난하다, -욕하다
betatr|on, -oane, s.n. 자기(磁氣) 유도 전자 가속기
bet|eag, -eagă, -egi, -ege, adj. **1.** (육체적으로) 가냘픈 **2.** 아픈, 병든
beteală s.f. **1.** 은박 **2.** 금박
betej|i, -esc, -ii, -it, I. vt. **1.** 무능하

게 만들다 **2.** 망치다 **3.** 상처를 입히다 II. vr. 병에 걸리다

beteli|e, -i, s.f. 허리띠

beteşug, ~uri, s.n. **1.** 결핍, 부족 **2.** 장애, 약점

beton s.n. **1.** 콘크리트 **2.** 철근 콘크리트 **3.** (포커)로얄 플러쉬, 같은 모양의 끝수가 가장 높은 5장 모으기 ; ~ de ciment 시멘트 콘크리트 ; ~ precomprimat 철근을 집어넣어 강화된 콘크리트 ; ~ prefabricat 조립식(미리 만들어 놓은) 콘크리트

beton|a, -ez, -ai, -at, vt. 콘크리트로 만들다

beton|are, -ări, s.f. 콘크리트로 만들기

betonier, -i, s.m. 콘트리트 공(일꾼)

betonier|ă, -e, s.f. 콘크리트 혼합기

betoni|st, -stă, -ste, s.m. 콘크리트 치는 사람

beți|e, -i, s.f. **1.** 취하기, 알코올중독 **2.** 술잔치, 떠들썩한 잔치 **3.** 술 취함 ; ~ de cuvinte 다변 장황한 말 ; cântec de ~ 음주의 즐거움을 찬양하는 노래 ; a avea darul ~i 술에 빠지다(탐닉하다)

bețigaş, -e, s.n. **1.** 막대기 **2.** 젓가락

bețiv, ~ă, ~i, ~e, 술고래, 알코올 중독자

bețivan, ~ă, ~i, ~e, s.m. 술고래

bez adv. prep. -을 제외하고

bez|ea, -ele, s.f. **1.** 인사로서 손에 키스하는 것 **2.** 머랭 (계란 흰자와 설탕을 섞어 구운 것)

bezmetic, I. ~ă, ~i, ~e, adj. 머리가 나쁜, 미친 II. s.m. 미친 사람, 앞뒤를 가리지 않는 사람, 물불을 가리지 않는 사람

bezmetic|i, bezmetic, -ii, -it, vt. 정신없이 돌아다니다

bezmetici|t, -tă, -ți, -te, adj. v. bezmetic

bezna, -e, s.f. **1.** 어둠, 어둑어둑함, 모호 불분명 **2.** 침울, 우울, 은둔 **3.** 새까만, 캄캄한

beznatic, ~ă, ~i, ~e, adj. 칠흑같이 어두운

bezn|ă, -e, s.f. 칠흑 같은 어둠

biaci|d, -zi, adj. 산, 산성

bianual, ~ă, ~i, ~e, adj. 연 2회의

biarticulat, adj. 2음절, 두 마디(뼈)의

biatomic, adj. 2원자의

biban, ~i, s.m. (지느러미에 가시가 많은) 농어류의 물고기

bibazic, ~ă, ~i, ~e, adj. 이염기성(二塩基性)의

bibelou, ~ri, s.n. 하찮은 장식(보석) 자질구레한 물건 작은 장식품, 보석, 의류, 가구

biber, ~i, s.m. 비버, 해리(海狸)

bibernil, s.m. [식물](식 용) 오이풀의 일종

biber|on, -oane, s.n. 어린아이의 젖병, 우유병 ; a hrăni cu~ul 병 우유를 먹이다

bibică, -i, s.m. 여보 ! 자기!

bibilic|ă, -i, s.f. **1.** 꿩과(科) 새의 일종 **2.** 황제의 왕관

bibiluri s.n. 테두리 장식, 장식

biblic, ~ă, ~i, ~e, adj. **1.** 성경의, 성경에 관한(있는) **2.** 성서에 의거한 **3.** 성경에 관하여, 성경에서의

bibli|e, -i, s.f. 성경, 성서

bibliobuz, -e, s.n. 이동 도서관

bibliofil, ~ă, ~i, ~e, s.m. **1.** 애서가

(愛書家) **2.** 서적 수집가
bibliofilie, s.f. 애서(愛書), 좋아하는 책
bibliograf, s.m. 서지학자(書誌學)
bibliografic, ~ă, ~i, ~e, adj. 서지학(書誌學)의
bibliografi|e, -i, s.f. (어떤 저자 주제에 관한) 저서목록, 서지학(書誌學)
bibliologie s.f. 성서문학, 서지학(書誌學, 도서의 고증, 감정, 해제에 관한 학문)
biblioman, s.m. 서적 수집광, 독서광
bibliomanie, s.f. 광적인 서적 수집
biblioraft, s.n. 서류 서류철
bibliotecar, ~ă, ~i, ~e, s.m. 도서관원, 사서(司書)
bibliotec|ă, -i, s.f. **1.** 도서관 **2.** 책꽂이 **3.** 책장 **4.** (카드의 완전한) 한 벌(흔히 52장) ; ~ de împrumut 대출 도서관 ; ~ documentară 참고 도서관 ; ~ portativă (트럭에 의한) 이동 서점(도서관)
biblioteconomie s.f. 사서의 직(일)
bicameral, -ă, -i, -e, adj. 양원제(兩院制)의
bicapsular, adj. 2개의 꼬투리로 나눈, 이중의 막으로 둘러싸인
bicarbona|t, -ți, s.m. 중탄산염
bicefal, ~ă, ~i, ~e, adj. 머리가 둘 달린
bicep|s, -şi, s.m. 이두박근(二頭膊筋)
bic|i, -e, s.n. **1.** 채찍 **2.** 말채찍 **3.** (아홉의 꼬리달린) 고양이 **4.** 채찍질 **5.** (징벌에 쓰는) 채찍 매 **6.** 신의 벌 ; în ~ 최대의 속도로 ; a da bice(여격) 매(채찍)를 때리다 ; a-i da bice 박차를 가하다, 서두르다 ; a lua în vârf de ~ (회초리나 채찍으로) 후려갈기다, 벌을 주다, 채찍질하다
biciclet|ă, -e, s.f. **1.** 자전거 **2.** 여성용 자전거 **3.** 경주 선수 **4.** (흔히 2인용의) 지붕이 없는 무개자동차 **5.** 안경
bicicli|st, -sta, -şti, -ste, s.m. 자전거(오토바이)를 타는 사람, 선수
bicisnic, ~ă, ~i, ~e, adj. 힘없는, 약한
biciu|i, -esc, -ii, -it, vt. **1.** 채찍질하다, 세게 때리다, (회초리나 채찍으로) 후려갈기다 **2.** 비난하다, 나무라다, 비평(비판)하다
biciuială, s.f. 채찍질
biciuit|or, -oare, -ori, -oare, adj. **1.** 날카로운, 신랄한 **2.** 거친 거슬리는, 불쾌한 **3.** 엄(격)한, 매서운, 맹렬한
biciuşcă, s.f. 말/승마 채찍
bicolor, ~ă, ~i, ~e, adj. 얼룩덜룩한, 여러 색으로 물들인
biconcav, ~ă, ~i, ~e, adj. 오목한, 옴폭한
biconjugat, adj. [문법] 두 가지로 활용되는
biconve|x, -xă, -cşi, -xe, adj. 양면이 볼록한
bicorn, ~uri, s.n., adj. 두 개의 뿔이 (있는)
bicromat s.n. 중 크롬산염의
bics, s.n. **1.** 담배꽁초 **2.** 도장, 인장, 소인, 스탬프 **3.** (남은)찌꺼기, 쓸데없는 부분
bideu, ~ri, s.n. 비데(국부 세척기)
bidimensional. adj. 2 차원의
bidin|ea, -ele, s.f. 석(石) 공(석수)의

솔

bidiv|iu, -ii, s.m. 야만, 미개한 상태

bid|on, -oane, s.n. **1.** 깡통, 캔 **2.** (군인의) 납작한 술병(군인의) 식기, 수통

bidonvil, -uri, s.n. (도시의) 빈민가, (도시 변두리의) 판자촌

bief, -uri, s.n. **1.** 유역, 수평선 **2.** 수로 물레방아용 수로 **3.** 물표면 **4.** 상류 윗물 **5.** 하류 아랫물

biel|ă, -e, s.f. **1.** 연결 축, 연결막대 **2.** 피스톤 축

bieletă, s.f. 보조, 연결 막대

bieloru|s, -să, -şi, -se, adj., s.m. 벨로루시의, 벨로루시어의, 벨로루시인, 벨로루시어

bienal, ~ă, ~i, ~e, adj. 2년간 지속되는, 2년에 한 번 일어나는, 2년마다

bienală, s.f. 2년마다 열리는 전시회, 출품회, 비엔날레

bi|et, -ată, -eți, -ete, adj. **1.** 가난한, 궁핍한, 빈민의 **2.** 무일푼의 **3.** 동정심을 자아내는 불운한, 불상한 비참한 ; ~ul copil! 가엾은 어린이! ; ~ul de el! 불쌍한(가난한, 가엾은) 사람(친구, 놈)!

bif, s.n. 턱수염을 기른 사람을 농담조로 부르는 말

bif|a, -ez, -ai, -at, vt. 표시하다, 표를 하다

bifazat, ~ă, ~i, ~e, adj. 이면(二面)의, 두 단계의

bif|are, -ări s.f. 표시, 표, 점

bifi|d, -dă, -zi, -de, adj. 똑같은 두개로 갈라진, 한가운데서 둘로 갈라진

biflor, ~ă, ~i, ~e, adj. 두개의 꽃무늬로 장식한, 양쪽을 꽃무늬로 장식한

biftec, ~uri, s.n. **1.** (소고기) 스테이크 **2.** (잘) 구운 스테이크

bi|furca, pers. **1.** (길, 감 나뭇가지 등이) 두 갈래로 잘려지다 **2.** 분기하다, 갈라지다

bifurc|are, -ări, s.f. **1.** 갈라짐 분기, 두 갈래 **2.** 연합, 접함, 만남, 합류점, 교차점, 연결점

bigam, ~ă, ~i, ~e, I. adj. 중후(죄)의 이중결혼의 II. s.m. 중혼자

bigami|e, -i, s.f. 중혼, 이중결혼

big|ă, -i, s.f. 데릭 (특히 배에서 무거운 짐을 달아 올리는 큰 기중기) 짐을 싣거나 부리는 기둥

bigo|t, -tă, -ți, -te, adj. I. adj. (종교 따위에서) 완고한, 편협한, 신앙심이 두터운 II. s.m. 고집쟁이

bigotism, -e, s.n. 고집, 편협, 그러한 행동

bigudiu, -ri, s.n. 컬러(머리를 곱슬곱슬 하게 하는것)

biguire, s.f. biguit, 굽음, 휨, 만곡, 커브, 매듭

bihunc|ă, -i, s.f. 일반적으로 말 한 마리가 끄는 가벼운 마차

bijuteri|e, -i, s.f. **1.** (다이아몬드 루비 따위의) 보석 **2.** (총칭)보석류, 장신구류 **3.** 인조 장신구, 광석

bijutier, ~i, s.m. 보석상, 귀금속상

bikini, s.n. 비키니(투피스의 여자 수영복)

bilabial, ~ă, ~i, ~e, adj. 양순음(兩脣音)의

bilabia|t, -tă, -ți, -te, adj, (화관 따위가)양순의(two-lipped)

bilanț, ~uri, s.n. **1.** [경제]대차 대조표 ; ~ al investiției 투자 대차대조표 ; ~ anual 연차결산 ; ~ consolidat 연결재무제표 ; ~ social 사회회계 **2.**

전체, 총계, 총합 **3.** 결과, 성과, 계산의 결과, 답 **4.** 균형 **5.** 에너지 균형, 조화

bilateral, ~ă, ~i, ~e, adj. **1.** 양면의, 두면이 있는 **2.** 서로간의 상호의 (계약 따위가) 쌍무적(雙務的)인

bil|ă, -e, s.f. **1.** 공, 당구공, **2.** 담즙(膽汁), 쓸개(즙) **3.** 나무토막, 통나무, 말뚝

bilbochet, s.n. 죽방울 놀이

bildungsroman, -e, (문학) s.n. 빌둥스 로만, 교양 소설, 주인공의 정신적 성장 과정을 다룬 소설

bilet, -e, s.n. **1.** 짧은 편지 **2.** 청구서 **3.** 티켓, 입장권 **4.** 기차표 **5.** 조사표, 검사표, 진찰권 **6.** [경제]증권 ; ~ cu preț redus 할인된(싼) 입장권 ; ~ de bancă 화폐 ; ~ la ordin 약속어음 ; ~ dus şi întors 왕복 표(승차권) ; ~ la vedere 지급어음

bilet|ă, -e, s.f. 굵은 막대

bilețel, -e, s.n. 얇은 종이, 가느다란 종이조각 감축, 자름, 끊기 절단

biliar, ~ă, ~i, ~e, adj. [생리]담즙의, 담즙을 나르는

biliard, -e, s.n. **1.** 당구 **2.** 당구대 ; a juca ~ 당구를 치다

biliarg|iu, -ii s.m. 당구치는 사람, 당구에 빠진 (탐닉 하는)사람

bilingv, ~ă, ~i, ~e, adj. 2개 국어를 하는, 두 나라 말을 구사하는

bilingvism, s.n. 2개 국어 사용

bili|on, -oane, s.n. 10억

bili|os, -oasă, -oşi, -oase, adj. 과즙 과다의(로 인한) 성마른, (인생을) 비관하는

biloba|t, -tă, -ți, -te, adj. 두개 잎 모양의

bilunar, ~ă, ~i, ~e, adj. 2개월 마다, 2개월 동안 지속되는

biman, ~ă, ~i, ~e, 양손이 있는

bimbaş|ă, -i, s.m. (터키 군대) 천명 이상의 군사를 거느린 장교

bimensual, ~ă, ~i, ~e, adj. 월 2 회의

bimetal, s.n. 바이메탈 (2개의 금속으로 된 스위치)

bimetalic, ~ă, ~i, ~e, adj. (금은) 복본위제(複本位制)의

bimetalism, s.n. 두개의 금속의 시스템, 복본위제(複本位制)

bimilenar, ~ă, ~i, ~e, adj. 2천년마다, 2천년동안

bimolecular, adj. 이분자의, 두개의 분자로 된

bimot|or, -oare, -ori, -oare, adj. 두개 엔진의, 쌍발의

bimzuire, s.f. 경석(輕石) 솜털, 깃털

bina, ~le, s.f. **1.** (건물을 건축하거나 수리할 때 건물 주위에 세우는) 발판, 비계 **2.** 수리중인 건물

binag|iu, -ii s.m. 건축주, 건축가

binar, ~ă, ~i, ~e, adj. **1.** 둘(쌍)의 둘(두개)을 포함하는 2원(二元)의 **2.** 이진법(二進法), 0과 1

bine, I. adv. **1.** 좋은, 잘한, 올바른 **2.** 적당한, 알맞은 **3.** 잘 익은, 완전히 익힌 **4.** 좋은 의도의(의미의) ; ~ fript 잘 구워진 ~ intenționat 선의의 ; ~ îmbrăcat 잘 차려 입은(정장의) ; cu atât mai ~ 더욱 좋은 ; din ce în ce mai ~ 점 점 더 좋아지는 ; mai ~ 더 좋은, 오히려 ; mai ~ de o sută de oameni 백 명이 넘는 사람들; prea ~ 매우 좋은 ; puțin mai ~ 다소 좋은 ; a cunoaşte ~ pe cineva

누구를 잘 알다 ; e ~ aşa? 괜찮습니까? ; nu ți-e ~?/nu te simți ~? 건강(상태)이 안 좋습니까? ; a-i merge ~ 몸에 잘 맞다, 편안하다 ; a-i merge ~ 나아(좋아)지다 ; a-i părea ~ 기쁘다, 즐겁다 ; a sta ~ cu cineva snrndhk 잘 지내다 ; a se ține ~ 잘 보존되다 II. s.n. **1.** 선 **2.** 이익, 이로움, 유리함, 행운, 보상 cu ~ 안전하게 ; pentru ~ul (여격지배) -을 위하여 ; a dori ~le cuiva -의 안녕을 기원하다 ; a face un ~ cuiva -을 잘 대하다 ; mergi cu ~! 잘 가게! ; a vorbi de ~ pe cineva 누구를 칭찬하다 III. adj. **1.** 멋진 **2.** 우아한 **3.** 잘 교육(양육)된 **4.** 존경스러운, 영예로운 IV. interj. 좋아!, 좋소!

binecrescu|t, -tă, -ți, -te, adj. 잘 자란

binecuvânt|a, -ez, -ai, -at, vt. **1.** (신의) 은총을 빌다, 축복하다 **2.** 칭찬하다, 찬미하다

binecuvint|are, -ări, s.f. **1.** 신의 은총, 신의 축복 **2.** 행복, 행운

binecuvinta|t, -tă, -ți, -te, adj. 행복한 신성한, 성스러운

binefacer|e, -i, s.f. **1.** 좋은(친절한) 행동 자비심, 동포애, 자선, 박애, 동정 **2.** 청탁, 은혜, 이익, 축복, 이점 ; serbare de ~ 자선잔치(기금 마련을 위한) 축연, 잔치

binefăcăt|or, -oare, -ori, -oare, I .adj. **1.** 선행을 하는, 동정심 있는, 친절한 **2.** 자비로운, 관대한, 자선적인 **3.** 유익한, 도움이 되는 **4.** 진작(振作) 시키는, II. s.m. 그리고 f. 재정적 후원자, 선행자

bineînțe|es, adv. 물론, 당연히, 확실히, 말할 것도 없이

bine|merita, -merit, -meritai, -meritat, vi. -할만한 충분한 자격이 있다.

binemerita|t, -tă, -ți, -te, adj. -할만한 충분한 자격이 있는

binemirosit|or, -oare, -ori, -oare, adj. 달콤한 향기의, 냄새가 좋은

binețe, s.f. pl. (expr.) ; a-și da binețe, -누구에게 인사하다

bineveni|t, -tă, -ți, -te, adj. **1.** 환영받는, 즐거움을 주는 **2.** 계절(절기)에 맞는, 때에 알맞은 시의(時宜) 적절한, 적시에

binevo|i, -iesc, -ii, -it, vt. **1.** 기꺼이 하다, 기뻐하다, 만족하다 **2.** 겸손하게 -하다, 친히 -해주다 ; cum ~ți 네가 좋은(원하는) 대로 ; dacă ~ți 네가 원한다면

binevoit|or, -oare, -ori, -oare, adj. **1.** 호의를 가진, 호의적으로, 마음씨 고운 **2.** 잘되기를 바라는

binigiu, s.m. 말 길들이는 사람, 조련사, 주인

binişor, I. adv. **1.** 괜찮은, 쓸만한, 꽤 확실하다고 믿는 **2.** 부드럽게 조용히, 온화하게 **3.** 가벼운, 부드러운 **4.** 천천히 ; ia-o ~! 천천히 하게!, 편안히 생각하게! ; îmi merge ~ 나는 점점 나아(좋아)진다 II. s.n. ; cu ~ul 갈수록 더욱 더(점 점), 부드럽게, 우회하여 III. interj. 천천히!

binoclu, ~ri, s.n. **1.** 쌍안경, 쌍안망원경 **2.** 오페라 글라스(극장에서 사용하는 소형 쌍안경)

binocular, ~ă, ~i, ~e, adj. 두 눈의

bin|om, -oame, s.m. 2항(項)의 2항식(式)의 ex) (a2-3b)

binominal, adj. 2항의 2항식의
bint|ă, -e, s.f. 비트(배의 갑판위에 돌출한 기둥)
biobibliografic, ~ă, ~i, ~e, adj. 저자의 간략한 전기(傳記)를 포함하는 문헌 목록의
biobibliografi|e, -i, s.f. 전기(傳記) 목록
biocatalizator, ~i, s.m. 생체 촉매(산소와 같은 생체의 화학 변화에 관여하는 촉매)
biocenoz|ă, -e, s.f. 생물공동체, 생물군집
biochimic, ~ă, ~i, ~e, adj. 생화학의
biochimie, s.f. 생화학
biochimi|st, -stă, -şti, -ste, s.m. 생화학자
biodinamic, ~ă, ~i, ~e, I. adj. s.f. 생(生) 동력학의 II. s.f. 생동력학
biofizic, ~ă, ~i, ~e, I. adj. 생물리학의, II. s.f. 생물리학
biogen, ~ă, ~i, ~e, adj. 비오겐, 활소(活笑)
biograf, ~i, s.m. 전기(傳記)작가
biografi|c, -i, s.f. 전기(傳記)의, 전기적으로
biografi|e, -i, s.f. 전기(傳記) 전기문학
biolog, ~i, s.m. 생물학자
biologic, ~ă, ~i, ~e, I. adj. 생물학적인 II. adv. 생물학적으로.
biologie, s.f. 생물학
bioluminescență, s.f. 생물 발광(發光)
biomecanică, s.f. 생물 역학
biometrie, s.f. 생물 측정(통계)학
biosferă, s.f. 생활권, 생물권
biotic, ~ă, ~i, ~e, adj. 생명의
biotină, s.f. 비오틴
bioxi|d, -zi, s.m. **1.** 산화물 **2.** 탄산가스
biparti|t, -tă, -ți, -te, adj. **1.** 둘로 나누어진 **2.** 양당의
bipartiție, s.f. 양자 공유
bipătra|t, -tă, -ți, -te, adj. 4차의
bipe|d, -dă, -zi, -de, I. adj. 두발의 II. s.m. 두발짐승
bipenat, adj. 이회우상(二回羽狀)의
biplan, -e, s.n. 복엽비행기
bipolar, ~ă, ~i, ~e, adj. 두 극이 있는
bipolaritate, s.f. 이 극성
bir, ~uri, s.n. **1.** 부과금, 세금 **2.** 이탈하다, 도망치다
biraport, s.n. 크로스레이트
birefringen|t, -tă, -ți, -te, adj. 복굴절의
birefringen|ță, -e, s.f. 복굴절
birem|ă, -e s.f. 뱃전에 2단의 노를 갖춘 대형 전함
birjar, ~i, s.m. **1.** 운전사, 조종사 **2.** 사공처럼, 맹세하다
birj|ă, -e, f. **1.** 마차 운반차 **2.** 구식 사륜마차 **3.** (2인식) 포장마차 **4.** 한 필의 말이 끄는 마차
birjăr|esc, -ească, -eşti, adj. 운전사의, 조종사의, 마부의
birjăreşte, adv. **1.** 운전사(마부) 같은 **2.** 사공처럼 맹세하는
birlic, ~i, s.m. 에이스
birocra|t, -tă, -ți, -te, s.m. 그리고 f. **1.** 공무원, 관료 **2.** 관료적인 사람
birocratic, ~ă, ~i, ~e, adj. **1.** 관료적인, **2.** 형식주의의, 관료주의의
birocratism, s.n. **1.** 관료제도, 공무원, 관료 **2.** 관료주의
birocratizare, s.f. 관료주의 상태,

상황

birocrați|e, -i, s.f. 관료주의, 형식주의

birou1, ~ri, s.n. **1.** 책상 **2.** 접는 식의 뚜껑이 달린 책상 **3.** 사무실 **4.** 방 침실 **5.** 사무국 **6.** 사무소 **7.** 관리실

birou², ~ri, s.n. **1.** 사무실 **2.** 행정기관 단위 ; ~ de brevete 특허청 ; ~ de informații 공보처

birt, ~uri, s.n. **1.** 술집 오두막집 **2.** 시끄러운 상점

birtaş, -i, s.m. 지주, 집주인

birtăşiț|ă, -e, s.f. 여주인, 안주인

biru|i, birui, -ii, -it, vt. vi. **1.** 침략하다, 정복하다 **2.** 통과하다 **3.** 이겨내다, 극복하다 **4.** -에 숙달하다 **5.** 승리를 얻다, 정복하다

biruinț|ă, -e s.f. 승리

biruit|or, -oare, -ori, -oare, I. adj. 승리를 거둔, 이긴, 승리의 II. adv. 승리로써 III. s.m. 승리자, 정복자

bis, I. adv. 두 번의 II. interj. 한 번 더!

bis|a, -ez, -ai, -at, vt. 재청하다

biscui|t, -ți, s.m. **1.** 비스켓 **2.** 크레커

bisec|t, -ți, s.m. 윤련

bisect|or, -oare, -ori, -oare, I. adj. 양분의 II. s.f. **1.** 등분선 **2.** 양분하는 것

biseric|ă, -i, s.f. 교회

biseric|esc, -ească, -eşti, adj. **1.** 교회의 **2.** 성직자의 **3.** 종교적인

biseric|os, -oasă, -oşi, -oase, adj. **1.** 교회의식을 중시하는 **2.** 믿음이 깊은 **3.** 신성한

bisericuț|ă, -e, s.f. 파벌, 친구, 그룹

bisexti|l, -i, adj. 윤년의

bisexual, ~ă, ~i, ~e, adj. **1.** 자웅동체의 **2.** 양성의

bisexua|t, -tă, -ți, -te, adj. 양성의

bisexualit|ate, -ăți, s.f. 양성(兩性)

bisilabic, ~ă, ~i, ~e, adj. 그 음절의

bismut, s.n. **1.** 비스무트, 창연 **2.** 얇은 유리컵

bismutat, s.m. 창연(금속원소, 기호 Ri, 번호 83)

bisturi|u, -e, s.n. **1.** 외과용 메스 **2.** 해부용 메스

bisulfa|t, -ți, s.m. 중(重)황산염

bisulfi|t, -ți, s.m. 중(重)아황산염

bisulfură, s.f. 이황화물

bişnițar, ~i, s.m. 사업하는 사람

bişniț|ă, -e, 사업

bitum, ~uri, s.n. 역청(타르), 아스팔트

bitumen, s.n. 아스팔트, 역청

bitum|a, -ez, -ai, -at, vt. 타르(역청)를 칠하다, 아스팔트로 포장하다

bitumaj, s.n. 역청 칠하기, 아스팔트 포장

bituminiz|are, -ări, s.f. 아스팔트를 섞기

bitumin|os, -oasă, -oşi, -oase, adj. 역청질의

biuret|ă, -e, s.f. **1.** 뷰렛 **2.** 유조선, 유조탱크

biută, s.f. **1.** 외판언덕 **2.** 종소리 **3.** 작은 언덕

biv, adj. 이전의

bivalen|t, -tă, -ți, -te, adj. 이가(二價)의

bivalv, ~ă, ~i, ~e, adj. 쌍각의

bivol, ~i, m. 버팔로, (인도 원산의) 물소, (북미 원산의) 들소 ; când vor zbura ~ii 소가 집에 돌아왔을 때

bivolar, ~i, s.m. 소치는 소년

bivolit|ă, -e, s.f. 버팔로(소)

bivuac, ~uri, s.n. 야영(지)
bivuac|a, -hez, -ai, -at, vi. 야영하다, 야숙하다
bizam, ~i, s.m. 사향뒤쥐
bizantin, I. ~ă, ~i, ~e, adj. 비잔틴 양식의, 미로 같은, 복잡한 II. s.m. 비잔틴 사람, 비잔틴파의 건축가 화가
bizantinism, s.n. **1.** 비잔틴 풍(특히 건축양식) **2.** 언행에 표리가 있음, 겉과 속이 다름, 이중성
bizantinis|t, -tă, -ţi, -te, s.m. 그리고 f. 비잔틴 문화연구가
bizantinolog, ~i, -ă, -e, s.m. 그리고 f. 비잔틴 학문을 하는 학생
bizantinologi|e, -i, s.f. 비잔틴 품(식)
bizar, ~ă, ~i, ~e, adj. **1.** 기이한, 이상한 **2.** 별스러워 재미있는, 별난, 색다른
bizareri|e, -i, s.f. **1.** 기이함, 괴상함 **2.** 기묘하고 별난 행동, 괴짜, 기인
bizon, ~i, s.m. 아메리카들소(흔히 buffalo라 함)
bizeţ, s.n. **1.** (구두의) 앞닫이, 솔기, 이은자리 **2.** 장식품, 부속품, 고명, 깎아 낸 것, 깎아 낸 양모
bizu|i, bizui, -ii, -it, vr. 의지하다, 신뢰하다 믿다
blacheu, ~ri, s.n. 철 끝, 철 조각
blagosloveni|e, -i, s.f. 은총 축복
blagoslov|i, -esc, -ii, -it, vr. 축복하다, 은총내리다
blagoslovire, s.f. 축복
blagoslovi|t, -tă, -ţi, -te, adj. 축복받은, 운이 좋은
Blagoveştenie, s.f. 예고, 가브리엘 천사가 성모 마리아에게 그리스도의 수태를 알린 일
blajin, ~ă, ~i, ~e, I. adj. 부드러움, 너그러운 마음의, 선한, 관대한 친절한, 상냥한 달콤한 II. adv. 친절하게, 부드럽게
blajinătate, s.f. 부드러움, 너그러움, 선함
blam, ~uri, s.n. **1.** 비난 **2.** 불신임 결의 ; ~ public 공공의 불신임 ; vot de ~ 불신임안 투표
blam|a, -ez, -ai, -at, **1.** 비난하다, 호통치다 **2.** 반대하다 **3.** 비평하다
blam|are, -ări, s.f. 비난하는
blamabil, ~ă, ~i, ~e, adj. 비난 받을 만한
blană, blăni, s.f. **1.** 모피, 짐승의 외피, 털 **2.** 판자 **3.** 모피 망토 **4.** 밍크 **5.** 털 달린 동물 **6.** 모피 칼라 **7.** 털옷
blanc, ~uri, s.n. 빈 공간
blanchet|ă, -e, s.f. **1.** 방식, 형식 **2.** 전보형식 ; a completa o ~ 서식에 기입하다
blanşiruire, s.f. 희게 칠하다
blasfem|a, -ez, -ai, -at, vt. 모독하다
blasfemat|or, -oare, -ori, -oare, adj. (내용이나 말이) 불경스러운, 모독적인
blasfemie, s.f. 신에 대한 불경, 모독
blat, s.n. **1.** 속임수, 술책 **2.** 책임 회피
blaz|a, -ez, -ai, -at, **1.** 지치게 하다 싫증나게 하다 **2.** 권태를 느끼다, 싫증나다
blazare, s.f. 식상함, 물림, 실증, 포만
blaza|t, -tă, -ţi, -te, adj. 인생에 지친
blaz|on, -oane, s.n. 가문(家紋), 문장(紋章)

blănar, ~i, s.m. 모피(양털) 상인, 상인

blănăr|easă, -ese, s.f. 모피 옷을 만드는 여자

blănări|e, -i, s.f. **1.** 모피(양털) 상점 **2.** 모피 상업 **3.** 모피 제품

blăniț|ă, -e, s.f. blană 의 축약형

blăn|os, -oasă, -oşi, -oase, adj. 부드러운 털로 덮인

blănu|i, -iesc, -ii, -it, vr. 양털로 덮다

blân|d, -dă, -zi, -de, adj. **1.** 상냥한, 인정 많은, 자애로운, 친절한, 관대한, 아량 있는, 너그러운, 온화한, 차분한, 유순한, **2.** 안정된, 조용한, **3.** (날씨가) 온화한, 따뜻한, 화창한

blândețe, s.f. **1.** 친절, 호의, 관대, 자비, 온순 **2.** 평온, 침착 **3.** 길들임 착실 불변, 한결같음

bleaşcă, adj. [방언]암컷 사자의

bleau, ~ri, s.n. 마차 축을 덮는 철판

blefarit|ă, -e, s.f. 안검 염(눈꺼풀 염증)

bleg, bleagă, ~i, ~e, adj. **1.** 귀가 축 늘어진 **2.** 의지 결핍의

bleg|i, -esc, -ii, -it, vr. **1.** 귀가 축 늘어지다 **2.** 의지가 결핍되다

blegit, ~ă, ~i, ~e, adj. 늘어진, 쳐진

blendă, s.f. 섬(閃), 아연광

blenoragi|e, -i, s,f, [의학]임질

bleojd|i, -esc, -ii, -it, **1.** 눈을 크게 뜨다, -바라보다 **2.** 바라보다

bleojdi|t, -tă, -ți, -te, adj 바라보는, 노려보는.

bleotocăr|eală, -li, s.f. **1.** 빠르게, 지껄이다 **2.** 철벅 철벅 소리를 내다

bleotocăr|i, -esc, -ii, -it, vi. **1.** 재잘거리다 **2.** 물에서 첨벙거리며 놀다, 흙탕물을 튀기며 나아가다

blestem, -e, s.n. **1.** 저주 **2.** 저주의 말, 악담, 독설 **3.** 고난, 재난 ; a fi un ~ pentru -에게 저주하다

blestem|a, blestem, -ai, -at, **1.** -을 욕하다 -저주하다 **2.** 저주하다

blestem|are, -ări, s.f. 저주하기, 저주의 말, 악담

blestema|t, -tă, -ți, -te, **1.** 저주받은, 지긋지긋한, 몹시, 싫은, 저주한 **2.** 악랄한 무뢰한의, 악인 같은, 비천한, 초라한, 고약한 **3.** 불같은, 성깔스러운, 무시무시한, 지독한, 굉장한, 사악한, 부도덕한, 심술궂은 **4.** 악마 같은, 극악무도한, 악마적인 ; ~ să fie! 저주받게 될 것이다, 저주나 받아라! ; e un frig ~ 지독한 추위이다

blestemăți|e, -i, s.f. **1.** 악행, 악당근성, 속임수, 사기,계교, 책략 **2.** 때, 더러움, 음담패설, 호색, 야비 **3.** 비천, 비열, 조악, 추행, 불명예, 악명, 서출, 비행

bleşt|i, -esc, -ii, -it, vi. **1.** 힘들게 숨쉬다 **2.** 힘들게 이야기 하다 **3.** 재잘거리다

bleu, adj. 하늘색, 담청색, 남색

bleumarin, adj. 짙은 감색, 어두운 청색

blid, ~e, s.n. **1.** 접시, 냄비, 주발, 나무 그릇, 무기, 뚜껑달린 움푹한 그릇(수프용) **2.** 취사도구 **3.** 한 그릇의 죽, 값 비싼 희생을 치르고 얻은) 눈앞의 작은 이익, 물질적 쾌락 ; ~ de linte 포타아즈(야채 또는 야채와 고기의 진한 수프)

blind|a, -ez, -ai, -at, vt. **1.** 덮다 **2.** 장갑하다 **3.** 어둡게 하다 **4.** 가리다,

가려숨기다, 은닉하다

blindaj, ~e, s.n. **1.** 덮어 가리는 것 블라인드, 갑옷 **2.** 가리기 싸는 것 숨기기, 보호물, 가리개

blind|are, -ări, s.f. 덮기, 가리기

blind|at, -tă, -ți, -te, **1.** 장갑의, 철갑의, 철판을 댄 ; adăpost ~(폭탄을 피할)방공(대피)호 ; tren ~장갑차, 장갑열차 ; vas ~ 장갑함

blini|e, -i, s.f. 밀가루 반죽으로 만드는 러시아 음식

bliț, s.n. 플래시건(카메라의 섬광 장치)

bloc, ~uri, s.n. **1.** 큰 토막(제재용의) 원목 **2.** 표석 **3.** 집 **4.** 아파트의 한 동 **5.** 덩어리

bloc|a, -hez, -ai, -at, vt. **1.** 막다 **2.** 닫다 **3.** 저지하다 **4.** 방어하다 **5.** 블로킹하다, 스크린 플레이하다 **6.** 잠그다 **7.** 닫다.

blocad|ă, -e, s.f. (항구 따위의) 봉쇄, 폐색, (교통의) 방해 ; a ridica blocada 봉쇄를 풀다

blocaj, -e, s.n. 정지, 멈춤

bloc|are, -ări, s.f. (도로의) 교통을 차단 (물 가스 따위를) 잠금

bloca|t, -tă, -ți, -te, adj. **1.** 막힌, 폐쇄된 **2.** 비바람에 출항하지 못하는

blochaus, ~uri, s.n. 아파트 주택, 건물

blocnotes, ~uri, s.n. 공책, 메모장

blodogor|i, -esc, -ii, -it, vi. 알아듣지 하는 외국어로 말하다. 중얼거리다

blon|d, I. -dă, -zi, -de, adj. 금발의 ; bere ~ă 알코올 함유량이 적은 맥주 II. s.m. 금발의 남자

blondă, -e, s.f. 금발의 여자

blondin, ~ă, ~i, ~e, I. adj. 금발의 II. s.m. 금발을 가지고 있는 사람

blondină, -e, s.f. 금발의 여자

bluf, ~uri, s.n. 허세, 야바위, 짓궂은 장난

blugi, s.m. 청바지

blum, ~uri, s.n. 꽃, 꽃의 만발

bluming, s.n. 분괴 압연기(공장)

blutstein, s.n. 혈석, 적철광

bluza|t, -tă, -ți, -te, adj. (옷을) 길고 폭 넓게 만든

bluz|ă, -e, s.f. **1.** 블라우스 **2.** 군복의 상의 **3.** 작업복

boa, s.m. **1.** 구렁이, 방울 뱀 **2.** (레이스, 모피 등의) 여성용 칼라

boabab, sm v. baobab

boab|ă, -e, s.f. **1.** 곡물, 낱알 **2.** 씨앗

boacăn, ~ă, ~i, ~e, adj. 터무니없는, 큰 실수를 한

boacănă, I. adj. 아주 나쁜, 단순한, 어리석은 ; a o face ~ 실패하다, 곤경에 빠지다 II. s.f. 대 실수, 실패

boait|ă, -e, s.f. **1.** 야윈 말 **2.** 교구 목사, 성직자

boal|ă, boli, s.f. **1.** 병, 질병 **2.** 고통 ; ~ contagioasă 전염병 ; ~ de inimă 심장질환 ~ de ochi 눈병 ; ~ piele 피부질환 ; ~ de plămâni 폐질환 ; ~ de stomac 위장질환 ; ~ de zahăr 당뇨병 ; ~ mintală 정신질환 ; boli de femei 부인병 ; a muri de ~ 병으로 (인하여) 사망하다

boar, ~i, s.m. 소치는 사람

boare s.f. 산들바람

boarf|ă, -e, s.f. **1.** 누더기, 낡은 옷, 케케묵은 옷 **2.** 의류(특히) 제복, 군복 **3.** 몸가짐이 헤픈 여자

boarț|ă, -e, s.f. 민물에 사는 작은 물

고기의 일종
bob¹, boabe, s.n. 씨앗, 낟알, 완두콩
bob², ~uri, s.n. 봅슬레이, 썰매의 일종
bober, ~i, s.m. 봅슬레이 타는 사람 선수
bob|i, -esc, -ii, -it, vt. 이해하다
bobin|a, -ez, -ai, -at, vt. (줄, 전선 등으로) 감다
bobinaj, ~e, s.n. 감기, 둘러치기
bobin|are, -ări, s.f. 감기
bobinat|or, -oare, -ori, -oare, s.m. 얼레를 고치는 사람
bobin|ă, -e, s.f. **1.** 얼레 **2.** 사리(밧줄, 철사 등의) 감은 것 **3.** (필름의) 1권 **4.** 점화, 코인 **5.** 유도(감응) 코일
bobiț|ă, -e, s.f. boabă의 축소명사
bobițel s.m. 열매
bobârnac, -e, s.n. **1.** 손가락으로 튀기기, 가벼운 지극 **2.** 윽박지르다, 냉대하다 **3.** 손가락으로 튀기다
bobl|eț, -eață, -eți, -ețe, adj. [방언] 어리석은
boboc, ~i, s.m. **1.** 싹, 봉오리 **2.** 풋내기 **3.** 루키 **4.** 대학교 1학년생 un ~ de fată 귀여운 소녀 ; frumoasă ca un ~ de trandafir 매혹적인 ; a paşte bobocii (바보처럼)잘 속다
boboce|l, -i, s.m. boboc의 축소명사
boboşi|t, -ți, adj. 눈을 휘둥그렇게 뜬
bobot, ~e, s.n. **1.** 불길, 화재 **2.** 격노, 격분 **3.** 허튼(무책임한) 소리
bobot|aie, -ăi, s.f. 큰 불꽃
bobotează s.f. 예수가 세 동방박사를 통하여 메시아임을 드러낸 일, (가톨릭에서) 공현축일, (그리스 정교회에서) 신현제
bobot|i, -esc, -ii, -it, vi. **1.** 빛나다, 반짝이다 **2.** 타오르다
bobslei s.n. 봅슬레이
bobuleț, ~e, s.n. bob의 축약형
boc, interj. 쿵 꽝
boc, ~uri, s.n. 나무다리
bocal, ~e, s.n. (손잡이가 없고 사발 모양의) 술잔
bocanc, ~i, s.m. **1.** 작업용 부츠 **2.** 군화 **3.** 축구화
bocapor|t, -ți, s.n. 출구
bocăn|eală, -eli, s.f. 노크(소리)
bocăn|i, -esc, -ii, -it, vi. **1.** 치다 두드리다 **2.** 망치로 치다 **3.** 쿵쿵거리며 걷다, 발을 구르다
bocănit, s.n. 노크
bocănitoare s.f 딱따구리
bocănitur|ă, -i, s.f. 타격, 가격
bocc|ea, -ele, s.f. **1.** 묶음 꾸러미 **2.** 담배, 쌈지 **3.** 덮개 솥 **4.** 머릿수건
bocceag|iu, -ii s.m. 행상인
bocceluț|ă, -e, s.f. boccea의 축약형
bocci|u, -e, -i, I. adj. 추한, 못생긴 II. s.m. **1.** 소작농, 촌놈 **2.** 멍텅구리, 얼간이
boc|eală, -eli, s.f. 통곡
bocet, ~e, s.n. **1.** 비탄 애도 **2.** 신음소리 끙끙대기 **3.** 만가, 애도가
boc|i, -esc, -ii, -it, vi, vr. **1.** 슬퍼하다, 비탄하다 **2.** 한탄하다
bocit|or, -oare, -ori, -oare, s.m. 그리고 f. 장례식에서 큰 소리로 애도하는 여자, 목 놓아 우는 사람
bocnă, s.f. (în expr.) a fi - **1.** 언, 결빙한 **2.** 추위로 감각을 잃은, 마비된 **3.** (완전히) 언

bocluc s.n. v. bucluc

bocş|ă, -e, s.f. **1.** 숯가마 **2.** 쌓아 올린 것, 더미, 퇴적

bodaproste interj. v. bogdaproste

bodeg|ă, -i, s.f. 선술집

bodogăn|eală, -eli, s.f. 중얼거림, 속삼임, 불평

bodogăn|i, -esc, -ii, -it, vr. 중얼거리다, 불평하다, 투덜거리다

boem, ~ă, ~i, ~e, adj. 보헤미아(인)의, 체코말(의)

boem|ă, -e, s.f. 보헤미아(체코의 서부지방), 자유분방한 세계

bogasier, ~i, s.m. 옷을 만드는 고운 천을 파는 상인

bogasieri|e, -i, s.f. bogasier의 직업 또는 제품

bogasiu, ~ri s.n. 동양에서 수입되는 고운 천

boga|t, -tă, -ți, -te, I. adj. **1.** 돈이 많은 **2.** 풍족한 **3.** 가치 있는, 소중한 ; masă ~ă 풍요로운 식탁(식사) ; de ~ 부유하게 풍족하게 ; recoltă ~ă 풍작 ; a deveni ~ 부자가 되다 II. adv. 풍요롭게, 충만하여, 매우 높게 ; ~ în semnificații 의미심장하게 III. s.m. 갑부, 부자, 상류층

bogătan ~ă, ~i, ~e, s.m. 그리고 f. 부자

bogătaş, -i, s.m. (매우 큰)부자

bogăți|e, -i, s.f. **1.** 부, 재산, 자력 **2.** 풍부 **3.** 가치 있는 것

bogdaproste, interj. **1.** 당신에게 행복이 내리길! **2.** 고마워라!

boghe|t, -tă, -ți, -te, adj. 깃털이 있는, 훌륭한

boghiu, -ri, s.n. **1.** 전향 대차(轉向臺車), 보기차(車)(차축이 자유롭게 움직이는 차량), **2.** [기계](탱크의) 무한궤도 내륜(內輪), **3.** 낮고 견고한 짐수레(트럭)

bogomil, -i, s.m. 보고밀파(波), 중세 불가리아에서 번성한 이원론제 그리스도교의 한 종파

bogomilism, s.n. 보고밀주의

bohoci, s.n. 흰 배추나방

bo|i, -iesc, -ii, -it **1.** 색칠하다, 염색하다 **2.** 속이다 **3.** 화장하다, 분장하다

boi, ~uri, s.n. **1.** 만들다, 모양 짓다 **2.** 크기

boi|a, -ele, s.f. **1.** 색, 색조, 빛깔 **2.** 화장 **3.** 입술, 연지 **4.** 후추 **5.** 소스

boiangerie, s.f. 염색집(공장)

boiangiu, s.m. 염색공, 염색하는 사람

boicot, ~uri, s.n. 불매동맹 보이콧

boicot|a -ez, -ai, -at, vt. 보이콧하다 배척하다, 참가를 거부하다

boicotare, -ări, s.f 보이콧 불매동맹

boier, ~i, s.m. **1.** 귀족 계층 **2.** 지주, 부농 **3.** 귀족, 신사 ; a face pe ~ul 안하무인으로 행세를 하다, 뻐기다 ; a trăi ca un ~ 호화롭게 살다

boier|easă, -ese, s.f. 여자 귀족

boieresc, I. s.m. **1.** (옛 루마니아의) 특권 계급의 사람 **2.** 귀족 **3.** 영주 II. -ească, -eşti, adj. 귀족의, 지주계층의, 주인의, 귀인다운

boiereşte adv. 귀족답게, 귀족같이, 남을 착취하는

boier|i, -esc, -ii, -it, vt. **1.** 귀족으로 출세시키다 **2.** 귀족처럼 행세하다

boieri|e, -i, s.f. **1.** 존엄, 위엄 **2.** 귀족의 자격 **3.** 군주다움, 숭고함

boierime s.f. 고귀, 고결함

boier(i)naş, -i, s.m. **1.** 신사 **2.** (왕가의) 시종 **3.** 지주, 시골, 유지(그 지방의) 대지주

boieroaic|ă, -e, s.f. 귀부인, 숙녀, 양가의 부인

boier|os, -oasă, -oşi, -oase, adj. **1.** 까다로운, 가리는 **2.** 오만한, 자만하는 **3.** 고자세의 거만한

boiler, ~e, s.n. **1.** 보일러 **2.** 온수기

boir|e, -i, s.f. 염색, 분 바르기

boişt|ean, -eni, s.m. 잉어과의 작은 물고기

boit, s.n. 착색(법) 채색, 혈색, 색소, 그림 물감의 사용법

boitar, ~i, s.m. 돼지 사육사의 조수

bojdeuc|ă, -i, s.f. **1.** 토굴, 토목 **2.** 오두막, 판자집, 광

bojoc, ~i, s.m. **1.** 가축의 허파 바람통 **2.** 창자, 내장, 장

bojogar, ~i, s.m. 옷 또는 빨래 도둑, 좀도둑

bol, ~uri, s.n. **1.** 큰 환약 **2.** 나무줄기 **3.** 나무공, 사발, 주발

bolar|d, -zi, s.m. (잔교, 부두의) 배 매는 기둥

bolboros|eală, -eli, s.f. 말더듬기, 더듬거리며 말하기

bolboros|i, -esc, -ii, -it, I. vt. **1.** 말을 더듬다, 더듬으며 말하다(말이 막혀), (에에)하고 말하다, 웅얼웅얼 말하다, 중얼거리다, 속삭이다, 투덜거리다, 종알거리다 **2.** (물이) 졸졸 흐르다, 살랑거리다, 거품이 일다, 끓어오르다, 방울방울 솟아오르다 **3.** (칠면조가) 골골 울다 **4.** 중얼거리게 하다, 말을 더듬게 하다 II. vi. **1.** 중얼중얼 말하다 **2.** 우물우물 씹다

bolborosir|e, -i, s.f. 말더듬기, 더듬거리며 말하기

bolboş|a, -ez, -ai, -at, vt. ; a ~ ochii 응시하다, 노려보다, 눈을 크게 뜨다

bolboşa|t, -tă, -ţi, -te, adj. 눈을 크게 뜬, 눈이 휘둥그런

bold, ~uri, s.n. **1.** 핀, 못핀, 마개 쐐기, 안전핀 가시 바늘 **2.** 찌름, 상처, 비꼼, 신랄함 **3.** 찌름 대, 막대기 **4.** 자극, 고무, 유인, 동기, 격려, 흥분제

boldei, s.m. 오소리 테리어(사냥 애완용의 개)

boldeic|ă, -i, s.f. 오소리 테리어의 새끼

bold|i, -esc, -ii, -it, I. vt. **1.** 선동하다, 격려하다, 재촉하다, 촉진하다, 서두르다, 몰아대다, 밀고 나가다, 우기다, 주장하다, 쫓다, 몰다 **2.** 따끔하게 찌르다, 쑤시다, 괴롭히다, 자극하다, 물들게 하다, 초조하게 하다, 열광하게 하다 **3.** (눈을) 크게 뜨다, 활짝 열다 II. vi. 눈이 크게 떠지다, 응시하다, 노려보다

boldi|t, -tă, -ţi, -te, adj. 활짝 열린 훤히 트인, 단속이 허술한, 갈라진

bol|eaznă, -ezne s.f. v. bolesniţă

bolero, ~uri, s.n. **1.** 볼레로 (경쾌한, 4분의 3박자의 에스파냐 춤), 볼레로 곡 **2.** (여자용의) 짧은 웃옷, 볼레로

bolesniţ|ă, -e, s.f. **1.** 크게 심각하지 않은 유행[전염]병 **2.** 전염성의 병

bolf|ă, -e, s.f. 팽창, 부어오름, 혹, 종기, 기복, 언덕, 융기, (돌출)부, 증대, 인구가 많은 대도시

bol|i, -esc, -ii, -it, vi. 병들다, 골골하

다, 병약하다, 메스껍다, 창백하다, 건강에 해를 끼치다

boli|d, -zi, s.m. 유성, 별똥별, 운석, 불덩어리

bolişt|e, -i, s.f. v. bolesniță

bolivian, ~ă, ~i, ~e, adj. 볼리비아의 사람 볼리비아인

bolnav, ~ă, ~i, ~e, I. adj. **1.** 병든, 앓는, 병이 나는, 몸이 불편한, 괴로운, 허약한, 쇠약한, 약한 **2.** 미친, 어지러운 **3.** 고통 받는 **4.** 아픈/약한 ; ~ de dragoste 상사병 ; a arăta ~ 아픈 듯이 보이다 ; se preface ~ 그는 아픈 척한다 II. s.m. 환자 ; ~cronic 만성병(자) ; a face pe ~ul 꾀병을 부리다

bolnăvici|os, -oasă, -oşi, -oase, adj. **1.** 병이 잘 걸리는 **2.** 병약한, 골골 하는, 병자 같은 **3.** 창백한, 허약한, 연약한, 약한 **4.** 홀쭉한 호리호리한

bolnăvi|or, -oară, -ori, -oare, adj. **1.** 병약한, 골골하는, 메스꺼운, 창백한, 지겨운 **2.** 가난한, 빈약한, 신통찮은

bolniț|ă, -e, s.f. 병실, 진료소, 병원

boloboc s.n. 통, 원통,

bolovan, ~i, s.m. **1.** 덩어리 조각, 나무토막, 큰 건물, 방해물 **2.** 조약돌, 돌, 둥근 돌, 옥석, 표석

bolovăniş, ~uri, s.n. 덩어리들, 조각들, 나무토막들, 큰 건물들, 방해물들

bolovăn|os, -oasă, -oşi, -oase, adj. **1.** 돌로, 돌로 된, 돌의 **2.** 거친, 울퉁불퉁한 고르지 못한, 평탄하지 않은 **3.** 더러워진, 더러운, 불결한, 검게 된, 외설 한, 상스러운, 음탕한

bolşevic, ~ă, ~i, ~e, adj. **1.** 볼셰비키의(1원) **2.** 볼셰비키(러시아 사회 민주 노동당의 다수파) 의(1원)

bolşevism s.n. 볼셰비키의 정책(사상)

bolşeviz|a, -ez, -ai, -at, vt. 볼셰비키의 일원이 되게 하다, 볼셰비키에 힘을 다하다

bolşeviz|are, -ări, s.f. 볼셰비키로 선회함, 볼셰비키 일원이 됨

bolt|ă, -ți, s.f. **1.** 둥근 천장, 아치, 녹문, 홍예문,, 홍예문 밑의 통로, 아치길 **2.** 카운터, (배의) 고물의 돌출부 **3.** 창공 하늘 천체 **4.** (포도나무, 덩굴 등을 올린) 정자 초당 **5.** (아치 꼭대기의)홍예머리, 아치의 둥근 꼭대기

bolt|i, -esc, -ii, -it, vt., vr. 둥근 천장으로 만들다, -에 둥근 천장을 달다, -에 아치를 만들다, 둥근(아치형) 모양을 이루다

boltir|e, -i, s.f. 둥근 천장, 아치모양, 아치

bolti|t, -tă, -ți, -te, adj. 둥근, 아치 모양의 아치의 ; frunte ~ă 둥근 이마, 둥그스름하게 튀어나온 이마

boltitur|ă, -i, s.f. boltă 의 둥근 부분

bolț, ~uri, s.n. 볼트, 수나사, 핀, 못바늘, 쐐기

bolțar, -i, s.m. 아치형을 만들기 위한 돌조각 또는 콘크리트 조각

bomb|a, -ez, -ai, -at, vt. vr. **1.** 튀어나오다, 불룩해지다, 부풀다, 불룩한 원인이 되다, 튀어나가게 만들다

bombag|iu, -ii, s.m. **1.** 소문 퍼뜨리기 좋아하는 사람, 남 말하기를 좋아하는 사람, 수다쟁이 밀고자 **2.** 술판을 벌이는 사람, 홍청대는 사람, 난봉꾼 **3.** 공포정치가, 폭력(혁명)주

의자, 테러리스트, 폭도, 폭민

bombard|a, -ez, -ai, -at, vt. 포격(폭격)하다, 맹렬히 공격하다, 벌하다, 퍼붓다

bombard|are, -ări, s.f. 폭격

bombard|ă, -e, s.f. 중세시대의 투석기

bombardament, ~e, s.n. **1.** 공습, 포격, 충격 **2.** 포화, 연속포격, 폭격 ; ~ în picaj 급강하 폭격 ; avion de ~ 폭격기

bombardier, ~e, s.n. **1.** 폭격기 (비행기) **2.** 중폭격기

bombard|on, -oane, s.n. 봄바르동, 저음 금속악기의 일종

bombastic, ~ă, ~i, ~e, I. adj. 과장된, 과대한, 과장한, 시시한, 부푼, 떠벌리는, 호언장담하는 II. adv. 과장되게, 과대하게

bombasticism, s.n. 호언장담, 큰소리, 과장, 허튼소리, 허풍

bomba|t, -tă, -ți, -te, adj. 불룩한 모양의, 굽은, 곡선모양의, 불룩한

bomb|ă, -e, s.f. **1.** 폭탄, 수류탄, 포탄, 투하물, 투하폭탄, 수뢰, 어뢰 **2.** 강타, 충돌, 분쇄 **3.** 놀라운 뉴스 ; ~ atomică 원자폭탄 ; ~ cu hidrogen 수소폭탄 ; ~ cu întrâziere 시한폭탄 ; ca o ~ 갑자기, 부지중에 ; a alnsa bombe asupra (여격지배) -위에 폭탄을 투하하다

bombăn|eală, -eli, s.f. 투덜거리기, 불평

bombăn|i, -esc, -ii, -it, vi. **1.** 투덜거리다, 불평하다, 으르렁거리다, 잔소리하다, 야단치다, 고함치다, 성내어 말하다, 지껄여대다 **2.** 놀리다, 곯리다, 괴롭히다,

bombăni|t, -tă, -ți, -te, I. adj. 투덜거리는, 불평하는, 꾀까다로운, 기분이 언짢은 II. s.n. 불평, 투덜거리기

bombănitor, adj. 투덜대는, 불평하는, 퉁명스러운

bombeu, -ri, s.n. (구두의) 앞닫이, 콧등의 장식

bombiț|ă, -e, s.f. 작은 공, 구, 구체, 구형

bomboan|ă, -e, s.f. **1.** 설탕과자, 당과, 막대 사탕 **2.** 레몬 사탕, 설탕절임, 사탕 과자, 과일 절임 과일 사탕 **3.** 굵은 설탕(과자 따위의 장식으로 뿌리는)

bomboneri|e, -i, s.f. 사탕과자 가게

bombonier|ă, -e, s.f. 사탕그릇, 사탕 접시, 사탕용기

bomfaier, ~e, s.n.쇠톱(금속을 자르는)

bompres, ~e, s.n. (배의) 제1사장

bon, ~uri, s.n. **1.** 계산서, 청구서, 주문, 영수증, **2.** 매상전표 **3.** 배달 전표 **4.** 표, 입장권, 정가표 **5.** 배급통장(카드) **6.** [경제]바우처 ; ~ de casă 현금표 (계산대에 돈을 내고 물건 파는 곳에 가서 물건과 교환하는 표) ; ~ de livrare 인도지시서 ; ~ de predare 교환권 ; ~ de tezaur 단기 재정 증권

bon|ă, -e, s.f. 유모, 보모, 간호원, 보모 겸 가정교사, 보모

bonca, interj. 망치로 칠 때 나는 소리

boncăi, pers. 3, boncăieşte vi, vr. (사슴 등이 발정기 때) 소리 내어 울다

boncălu|i, -iesc, -ii, -it, vr. (사슴 등

이 발정기 때) 소리 내어 울다
boncăluit s.n. (사슴 등이 발정기 때 내는) 울음소리
bondar, ~i, s.m. **1.** 벌 **2.** 큰 벌
bondăraş, ~i, s.m. bondar의 축약형
bond|oc, I. -oacă, -oci, -oace, adj. **1.** 땅딸마한, 굵직한 건장하게 생긴 **2.** 배가 불룩한 II. s.m. **1.** 큰사람, 허우대가 좋은 사람, 풍채가 좋은 사람 **2.** 불룩한 배(의 사람), 배불뚝이, (어린이 말)배
bondocel, s.m. 지방질의, 기름진, 지방과다의
bonet|ă, -e, s.f. **1.** 머리 **2.** (자동차의) 본네트 ; ~ de baie 목욕용 모자 ; ~ de noapte 나이트캡(잠잘 때 쓰는 모자) ; ~ de operaţie 수술용 모자 ; ~ de vânătoare 사냥용 모자
boneţ|ică, -ele, s.f. bonetă의 축약형
bongoase s.f. 아이들을 위한 재미있고 짧은 이야기
bonier,~e, s.n. 표나 영수증 묶음, 다발
bonific|a, bonific, -ai, -at, vt. **1.** 합계에서 공제하다 **2.** 할인하다
bonificare, -ări, s.f. 할인, 공제, 할인된 금액
bonificaţi|e, -i, s.f. 이익금으로 주는 보너스
bonit|are, -ări, s.f. 품질평가
bonit|ate, -ăţi, s.f. 지불능력
bonjur, interj. 안녕, 좋은 오후
bonjurism, s.n. 프랑스화 된 루마니아 문화
bonjuri|st, -şti, s.m. 프랑스화 된 사람, 프랑스주의자
bonom, ~i, I. s.m. 좋은 가문의 사람, 온화한 사람 II. adj. 온화한 III. adv. 온화하게
bonomie s.f. 온화함
bont, boantă, bonţi, boante, adj. **1.** 튀어나온 부분이 없는, 뭉툭한 **2.** (손이나 발이) 짧고 굵은
bont|i, -esc, -ii, -it, vr. 튀어나온 부분을 뭉툭하게 하다.
bonton s.n. 상류사회에 어울리는 태도나 말씨
bonz, ~i, s.m. [불교]승려
bonzai s.m. 파리
bor[1], s.m. [화학]붕소
bor[2], ~uri, s.n. 모자의 테두리
bora, s.n. 보라(아드리아 해안의 북쪽 또는 북동쪽에서 부는 세고 건조한 바람)
boraci, s.m. 미니 톱니바퀴 드릴
borangic, ~uri, s.n 누에고치, 명주솜
bora|t, -ţi, s.m. 붕산염
borax s.n. 붕산나트륨
bor|î, -ăsc, -âi, -âit, vi. 구토하다
borcan ~e, s.n. **1.** 유리병(실험용) **2.** 교통경찰이 서있는 조그만 자리 ; a încurca ~ele -을 망쳐놓다
borcănaş, -e, s.n. 작은 병
borcăna|t, -tă, -ţi, -te, adj. 부풀린
borceag, ~uri, s.n. 헝가리의 살 갈퀴 덩굴(완구속의 식물)
bord, ~uri, s.n. **1.** 갑판 **2.** 경계 **3.** 자동차의 계기판 ; franco la ~ FOB ; jurnal de ~ 항해일지 ; la ~ 선상(선내)에, 차안에 ; pe ~ 선상에 ; a arunca peste ~ 물속에 던지다, (꾀한 바를) 포기하다
bordaj, ~e, s.n. 마루판자

bordei, ~e, s.n. 오두막집
bordeiaş, -e, s.n. bordei의 축약형
bordel, ~uri, s.n. 사창가
borderou, ~uri, s.n. **1.** 일정 **2.** 정관 ; ~ individual 개인 일정표 ; ~ de credit 대변표 ; ~ de debit 차변표
bordo adj. **1.** 보르도(Bordeaux) **2.** 진홍색의
bordur|ă, -i, s.f. 관을 잇는 데 쓰는 플랜지를 붙이다
bordură, s.f. **1.** 인도에서 가장자리(덕) **2.** 옷의 테두리 **3.** 액자
boreal, ~ă, ~i, ~e, adj. 북쪽의
borfaş, ~i, s.m. 옷이나 빨래도둑, 좀도둑
borfăşie, s.f. 미약한 절도행각
borghis, s.n. 부르조아, 유산계급
borhot, ~uri, s.n. 곡물 등의 찌꺼기
boric, -că, -ci, -ce, adj. 붕소의
borica|t, -tă, -ţi, -te, adj. 붕소를 함유한
borâtur|ă, -i, s.f. 구토
bormaşin|ă, -i, s.f. 드릴
born|a, -ez, -ai, -at, vt. (담, 대문 옆에 세운) 경계석을 세우다, 도로의 이정표를 세우다
born|ă, -e, s.f. **1.** 경계표, 경계석, 이정표, **2.** (건전지 따위의) 전극(電極)
boroan|ă, -e, s.f. 써레
boroboaţ|ă, -e, s.f. 사기 장난
boron|i, -esc, -ii, -it, vt. 써레질하다
boronit, s.n. 써레질
borş, ~uri, s.n. **1.** 밀이나 사탕무우를 물과 섞어 발효시켜 만든 신 국물 **2.** 수프 **3.** 클라레트(프랑스 산 포도주의 일종) **4.** 자홍색 ; a mânca ~ 늡다, 과장하다 ; a sufla cuiva în ~ 남의 일에 참견하다
borş|i, pers.3, borşeşte **1.** 시게 되다 **2.** 음식들이 상하다
borşi|t, -tă, -ţi, -te, adj. 시게 되어 상한
borşişor, ~i, s.m. 돌 나무과 바위 솔속의 일종
bort|ă, -e, s.f. [방언]구멍, 웅덩이
bortel|i, -esc, -ii, -it, vt. 구멍을 내다
borti|t, -tă, -ţi, -te, adj. 구멍난, 구멍이 뚫린
borţ|os, -oasă, -oşi, -oase, adj. 배가 나온, 임신한
borur|ă, -i, s.f. 붕산화물
borviz s.n. 미네랄워터, 광천수
bos|ă, -e s.f. (몸에 난) 혹, 곱사등
boscar, ~i, s.m. 서커스에서 마술하는 사람
boscări|e, -i, s.f. (눈을 속이는) 마술
boschet, ~e, s.n. 관상을 위한 또는 그늘을 만들기 위한 숲
boscorod|eală, -eli, s.f. 중얼거림
boscorod|i, -esc, -ii, -it, vr. 중얼거리다
bosniac, ~ă, ~i, ~e, adj., s.m. 보스니아인(의), 보스니아어(의)
bostan, ~i, s.m. **1.** 호박 **2.** 멜론
bostang|iu, -ii, s.m. 터키 술탄의 호위병
bostănar, -i, s.m. 수박밭을 지키는 사람, 수박을 파는 사람
bostănări|e, -i, s.f. 수박밭
bostăne|l, -i, s.m. bostan의 축약형
bosumfl|a, bosumflu, -ai, -at, vr. 얼굴을 찡그리며 화내다
bosumfla|t, -tă, -ţi, -te, adj. 화가 난
boşor|og, -oagă, -ogi, -oage, adj. s.m. 탈장된 (사람), 늙은 (사람)

boşorog|eală, -eli, s.f. 탈장(脫腸)

boşorog|i, -esc, -ii, -it, vr. 탈장(脫腸)이 되다

boştin|ă, -e, s.f. 밀랍(蜜蠟), 으깬 포도의 껍대기

bot, ~uri, s.n. **1.** 동물의 주둥이 **2.** 턱, 입 **3.** 꼭대기, 끝 ; a-şi băga ~ul 꼬치꼬치 캐다 ; a face ~ 입(술)을 삐죽 내밀다, 토라지다 ; a pune pe cineva cu ~ul pe labe 누구를 밀어내고 제가 들어앉다, 남의 계획을 좌절시키다 ; a atinge pe cineva la ~ 누구의 얼굴을 가격하다 ; a da cuiva peste ~ 남의 콧대를 꺾다

botanic, ~ă, ~i, ~e, adj. 식물의

botanică, s.f. 식물학

botani|st, -stă, -şti, -ste, s.m. 식물학자

bot|ă, -e, s.f. (나무로 만든) 물병, 술병

botaniza, vt. 식물 생태를 연구하다

botez, ~uri, s.n. 세례

botez|a, botez, -ai, -at, vt. I. vt. (종교적으로) 아이를 세례하다 II. vr. 세례를 받게 되다 III. vi. 세례식을 하다

botezare, s.f. 세례하기

boteza|t, -tă, -ți, -te, adj. 세례를 받은

botfor, ~i, s.m. 장화

botgro|s, -şi, s.m. (가축, 새 등의) 콕시디움증

botin|ă, -e, s.f. 짧은 부츠

botiş|or, -oare, s.n. bot의 축약형

botniț|ă, -e, s.f. (동물의) 입·코 부분, 부리, 주둥이를 막는 입마개

bot|os, -oasă, -oşi, -oase, adj. 입이 큰 **2.** 삐진

botoşel, s.m. 털실로 짠, 아기 신발

botroş, ~i, s.m. 유럽 멋쟁이 새

bou, boi, s.m. **1.** 황소 **2.** 바보, 서투른(우둔한) 사람 **3.** 물 팔매치기 놀이, 물수제비 뜨기 ; ~ de noapte 수리 부엉이 ; ~l luin Dumnezeu 무당벌레 ; coada ~lui 현삼과의 식물 ; limba ~lui 지치과의 약초 ; ochiul ~lui 해국, 탱알, 성상체 ; a face ~l 물수제비 뜨기 놀이를 하다 ; a-şi pune boii în plugcucineva -에게 싸움을 걸다 ; a merge ca cu boii 느릿느릿 걷다 ; a lăsa pe cineva în boii lui 누구를 홀로 남겨두다

bouar, ~i, s.m. 소치는 사람

boul|ean, -eni, s.m 수송아지.

bour, ~i, s.m. 유럽산 들소

bour|ean, -eană, -eni, -ene, adj. bou의 축소명사

bour|el, -ei, s.m. I. adj. 뿔이 있는 II. s.m. 달팽이

bour|esc, -ească, -eşti, adj. 뿔이 있는

bouşor, -i, bou의 축소명사

bovin, ~ă, ~i, ~e, adj. 소의, 소 같은, 둔감한

bovarism, s.n. 보바리즘, 제 멋대로 환상을 품음

box¹, s.n. 소가죽

box², s.n. 권투

box|a, -ez, -ai, -at, I. vt. -와 권투하다 II. vi. 권투하다

box|ă, -e, s.f. **1.** 소, 말 등의 무리 **2.** 선창, 부두 **3.** 자리 ; boxa martorilor 증인석

boxer, ~i, s.m. 권투선수

brac¹, ~uri, s.n. 하찮은 것, 쓸모없는 것

brac², s.m. 개구리 매
bracon|a, -ez, -ai, -at, vt. 밀렵하다
braconaj, -e s.n. 밀렵
braconier, ~i, s.m. 밀렵꾼
bractee, s.f. [식물]포엽, 포(苞)
bra|d, -zi, s.m. 전나무 ; ~ alb/~ roşu 낙엽송 ; ac de ~ 바늘, 솔잎 ; con de ~ 전나무 열매 ; lemn de ~ 전나무 목재 ; pădure de ~ 전나무 숲
bragageri|e, -i, s.f. 일종의 술집
bragag|iu, -ii, s.m. bragă를 파는 사람
bragă, bragi, s.f. 곡물을 발효시켜 만든 신맛의 (러시아) 음료
braghină, s.f. 일찍 익고 빨간 토종 포도씨앗
brahă s.f. 술을 만들고 난 찌꺼기
brahial, ~ă, ~i, ~e, adj. (척추동물) 앞다리의
brahicefal, ~ă, ~i, ~e, adj. 단두(短頭)의
brahman, ~ă, ~i, ~e, adj. 바라문, 힌두교
brahmanic, ~ă, ~i, ~e, adj. 바라문의, 힌두교의
brahmanism, s.n. 바라문교
bram|ă, -e, s.f. (금속 등의) 넓은 후판(厚板)
brambur|i, -esc, -ii, -it, vt. **1.** 흩트려놓다 **2.** 쓸데없이 돌아다니다
brancard|ă, -e, s.f. (부상자 등을 운반하기 위한) 들것
brancardier, s.m. 들것
branciog, ~uri, s.n. 비옥하지 않은 자갈이 많은 땅
brand, ~uri, s.n. 포수, 폭탄을 던지는 군인
brandenburg, ~uri, s.n. 옷에 달린 장식품
branhi|e, -i, s.f. 아가미
branişt|e, -i, s.f. 숲
branş|a, -ez, -ai, -at, vt. 분리하다
branşament, -e, s.n. **1.** (전기의) 도입선 **2.** [기술] 분기 파이프
branş|ă, -e, s.f. 가지, 분점, 지역
branț, ~uri, s.n. 구두, 안창
bras s.n. 배영(수영에서)
brasaj, s.n. **1.** 휘저어 섞기 **2.** (술) 양조
brasard|ă, -e, s.f. **1.** 팔찌 **2.** 짧은 소매
braseri|e, -i, s.f. 식사, 맥주를 내놓는 레스토랑
brasier|ă, -e, s.f. 소매가 없는 셔츠 (속옷)
braşoav|ă, -e, s.f. 퍼지, 엿비슷한 과자
braşov|ean, -eni, s.m. 브라쇼브에 사는/출신의 사람, 브라쇼브인
braşov|eancă, -ence, s.f. 브라쇼브에 사는/출신의 여자
braşoven|esc, -ească, -eşti, adj. 브라쇼브 같은, 브라쇼브의
braşoveneşte adv. 브라쇼브 식으로
braşovenie s.f. (고어) 브라쇼브 제품
braț, ~e, s.n. **1.** 팔, **2.** 한 아름 **3.** (mav.) 패덤 **4.** 일군, 노동자, 근로자 **5.** 힘 ; ~ de ancoră 닻가지 ; ~ de fotoliu (의자의) 팔걸이 ; un ~ de lemne 한 아름의 나무; ~ de mare 포구; ~ de râu 하구, 강의 지류 ; ~e de muncă 노동력 ; cu ~ul/~ele 손으로 ; la ~ cu -와 팔짱을 끼고 ; sub ~ 겨드랑이 밑에 ; a da/oferi ~ul

cuiva -에게 팔을 내밀다, 제휴를 제의하다 ; a lua ~ul cuiva 내민 팔을 잡다, 제휴하다 ; a primi cu ~ele deschise 양손을 벌려(진심으로) 환영하다 ; a se sprijini de ~ul cuiva 누구의 팔에 기대다, -에 의지하다 ; a merge ~ la ~ cu... -와 팔짱을 끼고 가다

brav, ~ă, ~i, ~e, I. adj. 용감한, 용기 있는, 씩씩한, 당당한, 훌륭한 II. adv. 용감하게, 당당하게, 훌륭하게

brava, interj. 브라보

bravad|ă, -e, s.f. 허세, 허장성세

bravisimo interj. (칭찬할 때 사용하는) 잘했어!

bravo interj. 브라보

bravur|ă, -i, s.f. 용감한 정신(행위)

brazd|ă, -e, s.f. **1.** 골, 밭고랑 **2.** 바퀴 자국 **3.** 철로 **4.** 궤도 ; ~ de flori 화단 ; ~ de iarbă 잔디, 뗏장, 잔디밭 ; a da pe ~ (말 등에) 재갈 쇠를 달다, 억제하다 ; a se da pe ~ 익숙해지다, 나쁜 습관을 버리다

brazilian, ~ă, ~i, ~e, s.m. 그리고 f. adj. 브라질의, 브라질 사람

brăcinar, ~e, s.n. (스커트, 바지 등의) 허리부분에 두르는 띠

brăcu|i, -iesc, -ii, -it, vt. 못쓰는 것을 버리다, 좋은 것은 다 고르고 나쁜 것만 남겨두다

brăcuir|e, -i, s.f. 버리기

brăcui|t, -tă, -ți, -te, adj. 찌꺼기만 남은, 쓸모없는 것만 남은

brădet, -uri, s.n. 전나무 숲

brădiş, -uri, s.n. 붕어마름

brădişor, ~i, s.m. 석송속의 일종

brăduleț, ~i, s.m. brad의 축약형

brăhn|i, pers.3, -eşte vb. (사슴 등이 공포를 느낄 때) 울음소리를 내다

brăhnit s.n. (사슴 등이 공포를 느낄 때 내는) 울음소리

brăț|ară, -ări, s.f. **1.** 팔찌 **2.** 반지 **3.** tehn. 꺽쇠, 쇠 집게

brăzd|a, -ez, -ai, -at, vt. **1.** 골, 밭고랑 **2.** 협곡

brăzdar, -e, s.n. 쟁기 의 날

brăzda|t, -tă, -ți, -te, adj. 주름진

brăzdătură, s.f. 주름, 골, 고랑

brânc|ă, -e, s.f. **1.** 동물의 앞발 **2.** 밀음, 공격 **3.** 가축(특히 소 등의) 전염병 **4.** [식물]퉁퉁마디속 ; a da brânci cuiva -을 떼밀다 ; a-i da inim brânci să... -하려고 하다 ; a-şi da brânci 서로 밀치다, 다투어 서로 빼앗다 ; a da/cădea în/pe brânci 지쳐서 녹초가 되다 ; a da pe cineva în brânci afară -을 차서 밖으로 밀어내다

brânduş|ă, -e, s.f. 콜키움 (유럽산 백합과의 식물)

brâniş|or, -oare, s.n. brau 의 축약형

brânzar, ~i, s.m. 치즈를 제조하는(파는) 사람

brânz|ă, -eturi, s.f. 치즈 ; ~ bună în burduf de câine 연마하지 않은 다이아몬드, 연마하지 않은 보석, 수양이 덜 되고 거칠지만 훌륭한 소질이 있는 사람 ; ~ de capră 염소치즈 ; ~ de oaie 야유로 만든 치즈 ; ~ de Olandă 네덜란드산 치즈 ; plăcintă cu ~ 치즈과자 ; a nu face ~ cu cineva 누가 쓸모가 없어지다

brânzări|e, -i, s.f. 치즈 파는 곳, 치즈 만드는 곳

brânzi pers.3, brânzeşte, vr. 치즈가 되다

brânzi|t, -tă, -te, adj. 응결된
brânzoaic|ă, -e, s.f. **1.** 응유(치즈의 원료) **2.** 치즈과자
brânz|os, -oasă, -oşi, -oase, adj. 치즈 같은, 치즈의
brâ|u, -ie, s.n. **1.** 코르셋, 거들, 벨트 ,(허리)띠, 끈 **2.** 시골사람들이 입는 양털 등으로 만든 몸에 걸치는 옷 **3.** 허리(부분) **4.** 붕대 ; ~ de mătase 실크로 된 허리띠 ; ~ de munţi 산맥 ; cu apa până la ~ 물이 허리까지 차다, 상황이 어렵게 되다 ; de la ~ în sus 허리(부분)서부터 ; a fi de ~ (cu cineva) -와 친근한 사이다
brâuleţ, -e, s.n. brau의 축약형
bre, interj. (주의, 격려, 기쁨 등의) 여, 야, 우아
breaslă, bresle, s.f. 조합, 단체
breaz, -ă, breji, breze, adj. I. adj. 흰점의 II. s.m. 얼룩말
breb, ~i, s.m. [동물]비버의 일종
brec, ~uri, s.n. 대형 사륜마차
breci|e, -i, s.f. [지질]각력암
bref, adv. 짧게 말해서
brei s.m. 빙카 (협죽도과의 식물)
breloc, ~uri, s.n. 열쇠고리
breslaş, ~i, s.m. 협동조합의 구성원
breş|ă, -e s.f. 구멍, 틈
bretel|ă, -e, s.f. 멜빵바지
bret|on, -oane, s.n. (여자 머리위에) 내린 앞머리
breton, ~ă, ~i, ~e, adj. 브르타뉴의
brevet, ~e, s.n. 특허(증), 허가(증) ; a obţine un ~ 특허를 얻다 ; oficiu de acordare a brevetelor 특허인증 사무서
brevet|a, -ez, -ai, -at, vt. 특허(증)을 주다
breviar, ~e, s.n. 안내서, 편람, 요약본, (교회의) 기도서
brez|aie, -ăi, s.f. 어릿광대
brezătur|ă, -i, s.f. **1.** 소머리의 흰점 **2.** (벽에 흰색을 칠하기 전에 미리 칠해 놓는) 흰색 점
briantină, s.f. 머릿기름의 일종
briboi, s.m. 쥐손이풀 속의 식물
bric, ~uri, s.n. 가로돛의 쌍 돛대 범선의 일종
bric|eag, -ege, s.n. 소형 칼, 주머니칼
brichet|a, -ez, -ai, -at, vt. (분탄 등을) 개어서 굳혀 연탄을 만들다
brichet|ă, -e, s.f. **1.** 라이터 **2.** 연탄, 조개탄
bric|i, -e, s.n. 면도칼, 면도기
brid|ă, -e, s.f. 고리, 올가미
bridge s.n. 카드 게임의 일종
bri|e, -i, s.f. 봉선화 속의 초본
brig|adă, -ăzi, s.f. [군사]여단, 대부대
brigadier, ~i, s.m. 여단장, 대부대장, 소속 군인
brigan|d, -zi, s.m. 노상강도(사람)
brigandaj, ~e, s.n. 노상강도(행위)
brigantin|ă, -e, s.f. 쌍 돛대 범선의 일종
brilian|t, I. -e, s.n. **1.** 다이아몬드 **2.** 광채 **3.** 수재, 천재 II. ~ă, ~i, ~e, adj. 빛나는, 광채가 나는, 반짝거리는
briliantin, -ă, adj. 다이아몬드처럼 광택이 나는
brio, s.n. **1.** 생기 **2.** 원기, 활기 **3.** [음악]활발
brioş|ă, -e, s.f. 카스테라 종류의 빵
brişcar, ~i, s.m. 마부
britanic, ~ă, ~i, ~e, adj. 영국의

brizan|t, -tă, -ţi, -te, adj. 파괴적인, 파괴성이 강한
brizanţă s.f. 폭발물
briz|ă, -e, s.f. 산들바람
brizbiz, ~e, s.n. 창문 아래쪽 반만 가리는 투명하고 하얀 커튼
broa|scă, -ste, s.f. **1.** 개구리 **2.** 거미 **3.** 프라이팬 **4.** 자물쇠 **5.** (눈)다래끼 **6.** (놀이)등 넘기 ; broasca apei 붕어마름(수생 식물) ; ~ de siguranţă 안전 자물쇠 ; a se face ~ la/pe pământ 웅크리다, 주저앉다, 쭈그리고 앉다
broatec, ~i, s.m.(v. brotac) 청개구리
broboad|ă, -e, s.f. (여성용) 숄
broboan|ă, -e, s.f. **1.** 딸기 유의 과실 **2.** 땀방울
brobon|i vt. (땀방울이) 떨어지다
brocart, ~uri, s.n. 문직(무늬를 도드라지게 짠 옷감)
broda, -ez, -ai, -at, I. vt. **1.** 수를 놓다 **2.** 확대(확충)하다, 자세히 진술하다 **3.** (이야기를) 꾸며내다 II. vi. **1.** 수놓다 **2.** 긴 이야기를 늘어놓다
brod|eală, -eli, s.f. 좋은 결말
broderi|e, -i, s.f. 수놓기, 자수
brodez|ă, -e, s.f. 수놓는 여자
brod|i, -esc, -ii, -it, I. vt. **1.** 만나다, 우연히 만나다, 뜻밖에 마주치다 **2.** 발견하다, 추측하다, 맞추다 ; a o ~ (제대로) 추측하다 ; l-am ~t acasă 나는 그를 우연하게 집에서 보았다(만났다) ; ai ~t-o prost 너는 좋지 않은 시간(시즌)에 왔다 II. vr. **1.** (일 따위가) 잘 매듭지어지다 **2.** 우연하게 일어나다(발생하다) ; a se ~ bine 적합한(편리한(시간에 오다 ; nu ştiu cum s-a ~t 어떻게 그런 일이 일어났는지 모르겠다
brom, s.n. [화학]취소(할로겐족 원소의 하나)
broma|t, -ţi, s.m. [화학]취소산염, 브롬산염
bromhidric, adj. 브롬화수소의
bromic, adj. 취소의, 브롬의 ; acid ~ 브롬산
bromism, s.n. 취소산염 중독, 브롬 중독
bromur|ă, -i, s.f. **1.** [화학]브롬화물 **2.** [사진]브로마이드 프린트
bronhial, ~ă, ~i, ~e, adj. 기관지의
bronhi|e, -i, s.f. 기관지
bronhopneumoni|e, -i, s.f. 기관지 폐렴
bronşit|ă, -e, s.f. 기관지염
brontozaur, ~i, s.m. 브론토 사우르스, 뇌룡(쥐라기에 아메리카에 살던 공룡의 일종)
bronz, ~uri, s.n. 청동
bronz|a, -ez, -ai, -at, vt. **1.** 청동으로 도금하다 **2.** 일광욕을 하다
bronz|are, -ări, s.f. **1.** 청동 도금 **2.** 일광욕
bronza|t, -tă, -ţi, -te, adj. **1.** 청동 도금된 **2.** 일광욕으로 태운
broscăr|esc, -ească, -eşti, adj. 개구리의
broscări|e, -i, s.f. 개구리가 많은 연못
broscoi, s.m. 수컷 개구리
broscu|ţ, -ţi, s.m. 수컷 새끼 개구리
broscuţ|ă, -e, s.f. broasca 의 축약형
broş|a, -ez, -ai, -at, vt. 꿰매다, (책 등을) 제본하다

broş|are ări, s.f. 꿰매기, 제본
broşa|t, -tă, -ţi, -te, adj. 제본된, 꿰맨
broş|ă, -e, s.f. 브로치
broşur|ă, -i, s.f. 팜플렛, 소책자
broşur|ică, -ele, s.f. brosura의 축약형
brotac, ~i, s.m. 청개구리
brotace|l, -i, s.m. brotac의 축약형
brr, interj. interj. 아주 추울 때 내뱉는 말
bruceloz|ă, -e, s.f. [질병] 브루셀라병
brudin|ă, -e, s.f. 강을 건너기 위해 운행되는 배의 요금
brudi|u, -e, -i, adj. 젊은, 어린
bruftui|ală, eli, s.f. **1.** 벽토 바르기 **2.** 거칠게 다룸
bruftulu|i, -iesc, -ii, -it, vt. **1.** 벽토를 바르다 **2.** 거칠게 다루다
brui|a -ez, -ai, -at, vt. (전파나 방송 또는) 전화의 수신을 방해하다
bruiaj, s.n. 전화 수신 장애
brum|a, pers.3, brumează, 서리가 내리다
bruma|t, -tă, -ţi, -te, adj. 서리가 내린
brumă s.f. 서리
brumărel, s.m. 10월 (포도 수확 철)
brumări|u, -e, -i, adj. 서리색의
brum|os, -oasă, -oşi, -oase, adj. **1.** 서리가 낀 **2.** 안개가 낀
brun|, ~ă, ~i, ~e, adj. 갈색의
brune|t, -tă, -ţi, -te, adj. 검은 머리의
bru|sc, -scă, -şte, adj. 갑자기
bruscheţe, s.f. 무례, 난폭
brustur|e, -i, s.m. 가시 돋친 껍질이 있는 식물
bru|t, -tă, -ţi, -te, adj. **1.** 날것의, 가공되지 않은 **2.** 총계의, (소득 등에서) 경비 등을 공제하지 않은 ; diamant ~ 연마하지 않은 다이아몬드 ; fier ~ 무쇠, 천연 그대로의 쇠 ; petrol ~ 원유 ; piele ~ă (가죽) 원피
brutal, ~ă, ~i, ~e, adj. 잔인한
brutalit|ate, -ăţi, s.f. 잔인성
brutallz|a, -ez, -ai, -at, vt. 잔인한 짓을 하다
brutar, ~i, s.m. 빵 만들거나 파는 사람 (남자)
brut|ă, -e, s.f. 짐승
brutăr|easă, -ese, s.f. 빵을 만들거나 파는 사람(여자)
brutări|e, -i, s.f. 빵 가게, 제과점
bruto, adv. 총액으로, 전체적으로
bub|ă, -e, s.f. **1.** 충돌 **2.** 융기, 혹 **3.** 어려움, 장애물 ; ~ rea/neagră [의학]옹, 정 ; aici e buba 그것이 주안점이다, 관건이다
bubiţ|ă, -e, s.f. bubuliţa
bub|oi, -oaie, s.n. 피부, 피하조직 등에 생기는 악성종기
bub|os, -oasă, -oşi, -oase, adj. **1.** 궤양의. 궤양에 걸린 **2.** 매듭이 있는, 뒤엉킨
bubu|i, pers. bubuie, vt. (천둥, 총소리 등과 같은) 굉음을 내다
bubuit, s.n. (천둥, 총 등의) 굉음
bubuitur|ă, -i, s.f. bubuit
bubuliţ|ă, -e, s.f. buba 의 축약형
bubur|os, -oasă, -oşi, -oase, adj. v. bubos
buburuz|ă, -e. s.f. 무당벌레
buc, ~i, s.m. (옥수수나 곡식을 탈곡하고 난 뒤의) 찌꺼기

bucal, ~ă, ~i, ~e, adj. [해부]볼의, 입의

buc|ată, -ăți, s.f. **1.** 조각, 부스러기 **2.** 추출물, 발췌 **3.** (신문 등의) 기사 **4.** (가축 등의) 머리 ; ~ aleasă 추출물, 정제 ; ~ cu ~ 부분 부분, 조금씩 ; ~ de hârtie 종이의 장 ; ~ de iarbă (잔디의) 뗏장 ; ~ de pâine 빵 조각 ; o ~ de vreme 한동안, 한때 o bună ~ de vreme 오랫동안 ; de la o ~ de vreme 잠시동안, 최근에 ; mi-a făcut bucata 그가 나를 속였다 ; a tăia în bucăți (고기를) 잘게 저미다, 조심스럽게 말하다

buc|ă, -i, s.f. **1.** 뺨, 볼 **2.** 엉덩이 한쪽

bucăl|aie, -ăi, s.f. [동물]주둥이가 검은 양

bucăla|t, -tă, -ți, -te, adj. 오동통한, 포동포동한

bucătar, ~i, s.m. 요리사

bucătăr|easă, -ese, s.f. 여자 요리사

bucătări|e, -i, s.f. 부엌

bucătărioar|ă, -e, s.f. 작은 부엌

bucătur|ă, -i, s.f. 한 입 (가득)

bucățel, s.m. 식물의 일종

bucățel|i, -esc, -ii, -it, vt. 조각으로 자르다

bucăț|ică, -ele, s.f. 작은 조각

buc|ea, -ele, s.f. (기계의 마찰 방지용) 덧입힘 쇠, 깔판

buch|e, -i, s.f. 문자, 알파벳, 키릴문자의 두 번째 알파벳

bucher, ~i, s.m. 공부만 파는 사람, 공부벌레

bucherește adv. 공부벌레 같이

bucher|i, -esc, -ii, -it, vt. 음절로 나누다

bucherie s.f. 쓰기와 읽기 배우기, 알파벳 배우기

buchet, -e, s.n. 꽃의 묶음, 부케

buchetier|ă, -e, s.f. 꽃을 파는 여자

buchini|st, -ști, s.m. 고서점(헌책방) 점원

buchiris|i, -esc, -ii, -it, vt,. vr. v. buchisi

buchis|i, -esc, -ii, -it, vt. **1.** 힘들이고 일하다 **2.** 억지로 하다

buciard|a, -ez, -ai, -at, vt. (표면을) 거칠게 하다

buciardare, s.f. (표면을) 거칠게 하는 것

buciard|ă, -e. s.f. (표면을) 거칠게 만드는 망치

bucin, s.m. v. bucium

bucium, -e, s.n. **1.** 긴 피리 **2.** 포도밭 **3.** 마차 바퀴 중간의 축(심)

bucium|a, bucium, -ai, -at, vi. bucium을 불다

buciumaș, ~i, s.m. bucium을 부는 사람

bucl|a, -ez, -ai, -at, vt. [미용]곱슬머리로 하다

bucla|t, -tă, -ți, -te, adj. 곱슬머리의

bucl|ă, -e, s.f. 곱슬머리

bucluc, ~uri, s.n. 걱정, 고민, 재난

buclucaș, ~ă, ~i, ~e, I. adj. 걱정의, 재난의, II. s.m. 그리고 f. 문제아, 골칫덩이

bucoavn|ă, -e, s.f. 키릴문자로 쓰여진 책

bucolic, ~ă, ~i, ~e, I. adj. 양치기의, 목가적인, 시골의, 전원의 II. s.f. 전원시, 목가시

bucovin|ean, -eană, -eni, -ene, adj.

부코비나(지방)의
bucovin|eancă, -ence, s.f. 부코비나 여자
bucş|ă, -e, v. bucea
bucş|i, -esc, -ii, -it, vt. 채워 넣다, 채우다, 가득 따르다
bucur|a, bucur, -ai, -at, I. vt. 기쁘게 해주다, 즐겁게 해주다 II. vr. 기쁘다, 반갑다 ; a se ~ de... -로 (인하여) 기쁘다, -을 즐기다
bucureşt|ean, -ean(c)ă, -eni, -en(c)e, I. adj. 부쿠레슈티(사람)의 II. s.m. 부쿠레슈티 시민, 부쿠레슈티 사람
bucuri|e, -i, s.f. 기쁨, 즐거움 ; cu ~ 기쁘게, 즐겁게 ; lacrimi de ~ 기쁨의 눈물 ; lipsit de ~ 기쁨(즐거움) 없이 ; a umple de ~ 기쁨으로 충만하다
bucur|os, I. -oasă, -oşi, -oase, adj. 기쁜, 즐거운, 감사하는 ; a fi ~ de -으로 인해 기쁘다 II. adv. 기뻐서, 즐겁게, 기꺼이 III. interj. 물론!
bud|ă, -e, s.f. 산에 벌목하는 사람들이 기거하는 오두막집
budinc|ă, -i, s.f. (음식) 푸딩 ; ~ cu stafide 푸딩케이크, 푸딩과자 ; ~ de mere 사과푸딩
budism, s.m. 불교
budi|st, I. -stă, -şti, -ste, adj. 불교의 II. s.m. 불교신자
budoar, ~e, s.n. 여성의 침실 또는 거실
buf, interj. (폭발음, 무너지는 소리 등) 꽝!
bufan|t, -tă, -ţi, -te, adj. (바지 등이) 헐렁한
bufet, -e, s.n. **1.** 부엌찬장, 선반 **2.** 작은 식당 **3.** 뷔페식 레스토랑 ; ~ ambulant (목장, 농장 등의) 취사차 ; ~ expres 간이식당, 카페테리아
bufetier, ~ă, ~i, ~e, s.m. 그리고 f. 식당 종업원
buflei, -i, s.m. 통통한 아이
bufn|eală, -eli, s.f. v. bufnitură
bufn|i, -esc, -ii, -it, vt. 쾅음을 내다
bufnitur|ă, -i, s.f. (폭발, 추락 등으로 발생한) 쾅음
bufniţ|ă, -e, s.f. 올빼미
bufon s.m. (중세 귀족이나 왕들이 거느리던) 어릿광대
bufoneri|e, -i, s.f. 광대가 하는 농담이나 익살
buft, ~uri, s.n. (동물이나 사람의) 복부
buftea, s.m. 뚱뚱한 사람
buge|d, -dă, -zi -de, adj. (얼굴 등이) 부어오른
buget, -e, s.n. 예산
bugetar, ~ă, ~i, ~e, adj. 예산의
bugetivor, ~ă, ~i, ~e, adj. 정부의 예산으로 겨우 먹고 살아가는
buh, s.n. (expr.) ; a-i merge buhul. 유명하게 되다
buhai, s.m. 황소
buhav, ~ă, ~i, ~e, adj. (신체부위가) 말랑말랑한
buh|ă, -e, s.f. 올빼미
buhă|i, -iesc, -ii, -it, vt. 얼굴이 부어오르다
buhăi|ală, -eli, s.f. 얼굴이 부어오른 것
buhăi|t, -tă, -ţi, -te, adj. 얼굴이 부은
buh|os, -oasă, -oşi, -oase, adj. (머리 따위가) 단정하지 않은, 엉망인, 흐트러진

bu|i, -iesc, -ii, -it, vt. **1.** 덤벼들다, 달려들다 **2.** 밀어 붙이다
buiandrug, ~i, s.m. (창, 입구 따위의 위쪽 가로대) 상인방
buiec|i -esc, -ii, -it, vt. (동식물 등이) 표준보다 과도하게 자라다.
buiestraş, ~i, s.m. 측보대로 걷는 말
buiestru s.n. 측보대 (말이 같은 쪽의 두발을 동시에 올려 걷는 걸음)
bui|estru, -astră, -eştri, -eştre, adj. 측보대로 걷는
buimac, ~ă, ~i, ~e, adj. 어지러운
buimăc|eală, -eli, s.f. 어지러움
buimăci, -esc, -ii, -it, vt. 어지럽게 되다
buimăci|t, -tă, -ţi, -te, adj. 어지러운
bujeniţ|ă, -e, s.f. 훈제한 고기
buji|e, -i, s.f. 점화플러그
bujor, ~i, s.m. [식물]작약, 모란
bujore|l, -i, s.m. v. bujor
bul|ă, -e, s.f. 수포, 공기방울
bulb, ~i, s.m. (백합, 양파 따위의) 구근식물
bulboac|ă, -e, s.f. 소용돌이
bulboan|ă, -e, s.f. 강물의 깊은 곳 (소용돌이치는 곳)
bulb|os, -oasă, -oşi, -oase, adj. 구근 모양의, 통통한
bulbuc, ~i, s.m. 물방울, 비눗방울
bulbuc|a, bulbuc, -ai, -at, vt. **1.** 눈을 부릅뜨다 **2.** 공기방울을 만들다
bulbuca|t, -tă, -ţi, -te, adj. **1.** 튀어나온 **2.** 눈을 크게 뜬
bulbucătur|ă, -i, s.f. 돌출부, 둥근 융기
bulbuc|i, pers.3, bulbuceşte, 공기(물)방울을 만들다. 물 등이 끓어서 물방울이 생기다
buldog, ~i, s.m. 불독
buldozer, ~e, s.n. 불도저
bul|eandră, -endre, s.f. 헤지고 오래된 옷, 넝마
buletin, ~e, s.n. **1.** 게시, 고시, 뉴스 **2.** 영수증 **3.** 보고서 **4.** 양식(규격) ; ~ de ştiri 뉴스
bulevard, ~e, s.n. 넓은 가로수 길, 대로
bulevardier, ~ă, ~i, ~e, adj. **1.** 대로의 **2.** (작품 등이) 보잘 것 없는, 재미는 있으나 작품성이 떨어지는
bulgar, ~ă, ~i, ~e, adj. s.m. 불가리아의, 불가리아인(의)
bulgăraş, ~i, s.m. bulgăre의 축소명사
bulgăr(e), ~i, s.m. (고형물질, 흙 등의) 조각, 뭉치
bulgăr|esc, -ească, -eşti, adj. 불가리아(식)의
bulgăreşte adv. 불가리아어로, 불가리아 식으로
bulgăr|i, -esc, -ii, -it, vt. **1.** 흙뭉치를 던지다 **2.** (외양간 등을 만들기 위해 짚 등과) 흙뭉치를 섞어서 붙이다
bulgări|e, -i, s.f. 채소를 재배하는 마당
bulgăroaic|ă, -e, s.f. 불가리아 여자
bulgăros, -oasă, -oşi, -oase, adj. 흙뭉치의
bulimie s.f. 다식증, 신경성 과식증
bulin, -e, s.n. [약학]캡슐
bulion s.n. **1.** (통조림의) 토마토 소스 **2.** 연한 수프, 고기국물 ; ~ de legume 야채수프 ; ~ de pui/găină 닭고기 수프
bul|on, -oane, s.n. 볼트, 수나사

bulon|a, -ez, -ai, -at, vt. 볼트로 조이다

buluc, ~uri, s.n. 군중

buluc|i, -esc, -ii, -it, vt. 떼를 짓다, 모여들다

bulumac, ~i, s.m. (집 등을 지탱하는) 기둥, 지주

bulz, ~i, s.m. 치즈 넣은 옥수수 죽

bum, interj. (대포 등의 소리) 꽝!

bumb, ~i, s.m. [고어] 단추

bumbac s.m. [직물]면화, 솜

bumbăcar, ~i, s.m. 면화를 재배 또는 파는 사람

bumbăcăr|easă, -ese, s.f. 솜을 짜는 여자

bumbăcări|e, -i, s.f. **1.** 면화 무역, 면화 가공회사 **2.** 면화 짜는 일

bumbăc|eală, -eli, s.f. **1.** (솜) 두들기기, 뭉치기, 두들겨 펴기 **2.** 채찍질

bumbăcel s.n. 면사(솜실)

bumbăc|i, -esc, -ii, -it, vt. **1.** 솜을 뭉치다 **2.** 때리다

bumerang, ~uri, s.n. 부메랑

bun[1], ~ă, ~i, ~e, I. adj. **1.** 좋은, 착한, 친절한 **2.** 적합한, 올바른 **3.** 행운의, 행복한 **4.** 영리한, 재주기 많은 ; o ~ă cată de drum 가기 좋은(편한) 길 ; ~ă dimineața! 좋은 아침(아침인사)! ; ~ de mână 재주가 많은 ; ~ de mâncat 먹기 좋은 ; ~ la inimă 친절한(마음씨를 가진) ; la ce ~? 그것의 좋은 점이 무엇이냐? ; nici ~, nici rău 좋지도 나쁘지도 않은 ; toate ~e până acum 지금까지는 모든 것이 잘되고 있다 ; a avea un miros ~ 냄새가 좋다 ; a avea o zi ~ă 즐거운(행복한) 하루를(시간을) 보내다 ; a fi ~ cu.., -에게 친절하다 ; e o zi ~ă pentru plimbare 산책하기 좋은 날이다 ; o ține una și ~ă 그는 양보(굴복)하려고 하지 않는다 ; vreți să fiți și să... -하는 것을 꺼리십니까(좋아하지 않습니까)? II. adv., interj. 좋소! III. s.n. v. bun[2], ~uri, s.n. **1.** 영토, 세력범위 **2.** 재산, 소유물 **3.** 상품 ; ~ imobil 부동산 ; ~uri mobile 순수 동산 IV. s.m. 할아버지bu

bun[2], ~uri, s.n. 물건, 재산 ; bunuri abandonate 유기된 물건 ; bunuri comune 공동소유물건 ; bunuri corporale 유형의 재산 ; bunuri imobile 부동산 ; bunuri incorporale 무형의 재산 ; bunuri indivize 공동 상속 부동산 ; bunuri mobile 동산 ; bunuri prezente 실제자산

buna s.f. [화학]부나 (천연고무와 가장 유사한 인공고무)

bunavestire s.f. 성 수태 고지 축제일 (3월 25일)

bună-credință s.f. 신뢰, 신념

bună-cuviință s.f. 단정함, 예의바름

bună-dimineața s.f. 나팔꽃

bunăoară adv. 예를 들면, 예로서

bunăstare s.f. 좋은 상태, 번영

bunăt|ate, -ăți, s.f. 양호, 친절

bunăvoie, s.f. (숙어로) ; de bunăvoie 자발적으로

bunăvoință, s.f. 자발, 자의

buncăr, ~e, s.n. **1.** (석탄 등의) 큰 저장 상자 **2.** [군사]엄폐호

bund|ă, -e, s.f. 남자들이 입는 긴 털 코트

bune|l, -i, s.m. 할아버지

bunget, ~uri, s.n. 나무들이 무성하고 어두운 숲

bun-gust, s.n. 좋은 맛, 좋은 취향

bunic, ~i, s.m. 할아버지

bunic|ă, -i, s.f. 할머니

bunic|el, -ică, -ei, -ele, adj. (bun 의 축약형) 좋은

bunicuț|ă, -e, s.f. (bunica의 축약형) 할머니

buniș|or, -oară, -ori, -oare, adj. 좋은

bun-simț, s.n. 바른 예절, 좋은 성격,

bur|a, pers.3, burează 이슬비(안개비)가 내리다

burat, ~e, s.n. 밀 깍지를 제거하는 기계

buratec, ~i, s.m. v. buratic

bură, s.f. 이슬비 (안개비)

burduf, ~uri, s.n. **1.** 양, 소 따위의 허파 또는 뱃가죽으로 만든 천연 주머니 (치즈, 물 등을 보관하거나 운반시 사용됨) **2.** 악기의 일부로도 사용함 ; ~ de sticlă 병의 허리(부분) ; e ~ de carte 그는 지나칠 정도로 박식하다 ; a face spinarea cuiva ~ -을 때리다, 괴롭히다 ; a lega ~ 단단히 연결하다

burduhan -e, s.n. (고어) 동물의 위 (가죽)

burduhăn|os, -oasă, -oși, -oase, adj. **1.** 배가 나온 **2.** (임신으로) 배가 나온

burduș, v. burduf

burduș|eală, -eli, s.f. 위장에 가스 차기

burdușel, -e, s.n. (burduș의 축약형) 작은 가죽 주머니

burduș|i, -esc, -ii, -it, vt. **1.** 위장에 가스 등이 차다 **2.** 채우다

buret, s,n, 명주실

bure|te, -ți, s.m. **1.** 해면동물 **2.** (칠판) 지우개 **3.** 버섯 ; ~ de rouă 양송이(의 일종) ; ~ șerpesc 송이버섯 ; a tăia dracului bureți 축 늘어져 쉬다 ; a-i toca gura bureți 큰소리치다, 허튼소리를 하다 ; a bea/suge ca un ~ 술을 많이 들이마시다 ; a da/șterge cu ~le 해면(지우개)으로 지우다, -을 깨끗이 잊다

buret|os, -oasă, -oși, -oase, adj. 흡수성이 많은

burg, ~uri, s.n. 중세 성곽, 중세 도시

burghez, ~ă, ~i, ~e, adj. 중산계급의, 부르주아의

burghezi|e, -i, s.f. 중산계급, 부르주아

burghezime s.f. 부르주아, 다수의 부르주아

burghi|u, -e, s.n. 구멍 뚫는 도구, 송곳

burhai, ~e, s.n. 비 온 뒤 피어오르는 안개

buric, ~e, s.n. 배꼽

buri|u, -e, s.n. 시골에서 술 등을 담아 놓는 백 리터 이상의 큰 통

burlac, ~i, s.m. 미혼 남자

burlan, ~e, s.n. 파이프, 관

burlăc|i, -esc, -ii, -it, vt. 미혼(독신)으로 살다

burlăcie s.f. 미혼(독신) 생활

burle|sc, -scă, -ști, I. adj. 익살맞은, 광대의, 코믹한, 희화화한 II. s.n. 광대짓, 저속한 희극

burniț|a, pers.3, burnițează 이슬비가 내리다 (a bura)

burniț|ă, -e, s.f. 이슬비 (bură)

burniț|os, -oasă, -oși, -oase, adj. 안개비가 내리는

burs|ă, -e, s.f. **1.** 시장, 거래소 **2.** 장학금 ; ~ comercială 상품시장 ; ~ de valori 증권시장 ; operații de ~ 증권업 **2.** 장학금 ; a da lovitură de ~ (주식투자에서) 운 좋게 들어맞다 ; a juca ~ 증권(주식)투자하다
bursier, ~ă, ~i, ~e, I. adj. 장학생의, 장학금을 지원받은 II. s.m. 장학생, 학자
bursuc, ~i, s.m. 오소리
bursuc|a, bursuc, -ai, -at, vr. 갑자기 화내다
bursuce|l, -i, s.m. 오소리 새끼 (또는 오소리의 축약형)
bur|tă, -ți, s.f. **1.** 배, 복부 **2.** 내장, 창자 **3.** 배로 수면을 치며 뛰어들기 ; culcat pe ~ 엎드려서 ; durere de ~ 복통, 위병 ; a-și umple burta (누구의) 배를 채우다 a da cu burta de pământ 때려눕히다 ; a fi cu burta mare 임신 중이다 ; a scoate din ~ 발명하다, 고안하다 ; a sta cu burta la soare 햇볕을 쏘이다 ; a se bate pe ~ cu cineva -와 친밀하게 지내다
burtăverde, s.m. 부르주아, 상인
burtic|ă, -i, s.f. burtă의 축약형
burt|os, -oasă, -oși, -oase, adj. 배가 나온, 배가 큰
burui|ană, -eni, s.f. 잡초
buruieniș, ~uri, s.n. 많은(무성한) 잡초
buruien|os, -oasă, -oși, -oase, adj. 잡초가 무성한
burzulu|i, -iesc, -ii, -it, vt. 갑자기 화내다 (a bursuca)
burzului|ală, -eli, s.f. (갑작스런) 화, 분노
burzului|t, -tă, -ți, -te, adj. 화난, 성난
busol|ă, -e, s.f. 나침반
bust, ~uri, s.n. **1.** 흉상, 반신상 **2.** 가슴, 흉부
busuioc s.n. 나륵풀 (박하 비슷한 꿀풀과의 일년초 식물)
busui|oc, -oacă, -oci, -oace, adj. 나륵풀 (향)의
buș|eală, -eli, s.f. 주먹질, 펀치
buș|i, -esc, -ii, -it, vt. 주먹으로 때리다
buș|on, -oane, s.m. 마개, 틀어막는 것
buşt|ean, -eni, s.m. 자른 원목
bușum|a, -ez, -ai, -at, vt. 짚으로 말을 문지르다
but, s.n. 고기조각, 돼지 등의 허벅다리
butac, ~ă, ~i, ~e, adj. 굵고 짧은 뿔을 가진
butad|ă, -e, s.f. 재치 있는 말, 경구
butadienă s.f. 뷰타디엔 (무색, 가연성 탄화수소)
butan, ~i, s.n. 부탄가스
butaș, ~i, s.m. [원예]삽목용의 잘라낸 가지, 꺾꽂이 순
butăși, -esc, -ii, -it, vt. 꺾꽂이를 하여 묘목을 번식시키다
bu|te, -ți, s.f. 큰 통
butelc|ă, -e, s.f. 병, 목이 가는 큰 병
buteli|e, -e, s.f. (가스 등을 넣는) 통
buterol|ă, -e, s.f. 대갈못 머리를 납작하게 하는 도구
butirometr|u, -e, s.n. 우유의 지방 함유량을 측정하는 도구
butnar, ~i, s.m. 통 만드는 사람
butnări|e, -i, s.f. 통 만드는 작업실
but|oi, -oaie, s.n. 나무 통

butoiaş, -e, s.n. butoi의 축약형
but|on, -oane, s.n **1.** 버튼, 단추 **2.** 손잡이 **3.** 핀 **4.** 초인종의 장치 ; a răsuci ~ul (전기 스위치를 돌려서) 전등을 키다(또는 끄다), 돌려서 열다(또는 닫다) ; a apăsa pe ~ 초인종을 누르다
butonier|ă, -e, s.f. 단추를 끼우기 위한 구멍
butuc, ~i s.m. **1.** 베어낸 통나무 **2.** 차바퀴의 중심부
butucăn|os, -oasă, -oşi, -oase, adj. 뭉툭한, 촌스러운
buturug|ă, -i, s.f. 옹이가 있는 통나무 조각 (butuc, buture)
buza|t, -tă, -ţi, -te, adj. 입술이 크고 두터운
buz|ă, -e, s.f. **1.** 입술 **2.** 가장자리, 변두리 **3.** 테, 외륜 **4.** 아가리, 틈 ; buza de jos 아랫입술 ; buza de sus 윗입술 ; a lăsa buzele (입술을) 실쭉하다, 부루퉁해지다 ; a rămâne cu buzele umflate/cu buza friptă 아무것도 아닌 일로 애를 쓰다, 지각하다 ; a-i crăpa buza după ceva -을 간절히 바라다 ; a lăsa pe cineva cu buza umflată -을 퇴짜 놓다
buzdugan, ~e, s.n. 철퇴
buzdugăn|i, -esc, -ii, -it, vt. 철퇴를 휘두르다
buzişoar|ă, -e, s.f. buză의 축약형
buzna, adv. 갑자기 ; a da ~ în... -로 돌진하다 ; a da ~ peste cineva -에게 달려들다
buz|oi, -oaie, s.n. buză의 확대명사
buzunar, -e, s.n. 주머니 ; ~ aplicat 따로 덧붙인 주머니 ; bani de ~ 주머니(쌈지) 돈 ; batistă de ~ 손수건 ; calendar de ~ 연감 ; ceas de ~ 주머니 시계 ; dicţionar de ~ 포켓(주머니) 사전; hoţ de ~ 소매치기 ; a plăti din ~ 누구의 주머니에서 지불하다, 자비로 지불하다
buzunăraş, -e, s.n. buzunar의 축약형, 바지 등의 시계주머니
buzunăr|i, -esc, -ii, -it, vt. 남의 주머니를 털다, 도둑질 하다

C

C, c, s.m. 루마니아어 알파벳의 5번째 자

ca, adv. **1.** -처럼, -같이 **2.** -보다 **3.** -자격으로, -로서 **4.** -의 관점에서, -을 고려하여 ; ~ altădată 전과같이 ; ca să... -하기 위하여 ; ~ şi -처럼, -와 같이 ; ~ şi cum... 마치 -인 것처럼 ; o fată ~ de/la 12 ani 12살가량의 소녀 ; înainte ca să... -하기 이전에 ; toate ~ toate, dar ... 모두 다 좋지만 그러나 ; nu e ~ mine 그는 나와 같지 않다 ; fă ~ mine 내가 하는 대로(만) 하게나 ; ziceam aşa 말하자면 ; ~ şi cum I-aş cere eu asta 마치 내가 그에게 그것을 하라고 부탁(요청)한 것처럼 ; e ~ şi mort 그는 죽은 것이나 마찬가지다

cabal|ă, -e, s.f. **1.** (중세 유대교 학자들의) 신비 철학, 카발라 **2.** 신비적인 교리

cabalin, ~ă, ~i, ~e, adj. 말의, 말 모양의, 말 같은

cabaline, I.s.f [학술용어] 말(馬)의 명칭 II. adj. 말이 속한, 말의

cabalistic, ~ă, ~i, ~e, adj. 신비한

caban|ă, -e, s.f. 오두막, 산의 대피소

cabanier, ~ă, ~i, ~e, adj. cabană 관리인

cabaniț|ă, -e, s.f. (고어) 과거 귀족들이 입던 길고 두꺼운 외투

cabano|s, -şi, s.m. 쇠고기와 돼지고기로 만든 가늘고 긴 소시지

cabaret, ~e, s.n. 카바레, 나이트클럽

cabestan, ~e, s.n. 닻 등 무거운 물건을 들어올리는 장치

cabin|ă, -e, s.f. **1.** 통나무집, 작은집 **2.** 선실, 조종실; ~ telefonică 공중전화부스

cabinet, ~e, s.n. **1.** 방, 사무실, 집무실 **2.** 내각, 정부 ; ~ de lectură 열람실, 독회실 ; şef de ~ 수석 비서관, 총리

cabl|a, -ez, -ai, -at, vt. 전화선을 연결하다

cablogram|ă, -e, s.f. 해저 전신, 해외 전보

cablu, ~ri, s.n. **1.** (전기, 전화용) 케이블 **2.** 선의 길이 ; ~ submarin 해저선 ; ~ subteran 지하(지중)선

cabotaj, s.n. 연안 항해, 연안 무역

cabotier, ~e, s.n. 연안 무역선, 연안 무역자

cabotin, s.m 뜨내기 배우, 서투른 배우

cabotinism, s.n. 연극조의 행동이나 허세

cabr|a, -ez, -ai, -at, vt. **1.** (말 을) 뒷발로 서게 하다 **2.** (비행기의 기수를) 위로 향하게 하다

cabraj, ~e, s.n. 급상승

cabriolet|ă, ~e, s.f. **1.** (포장을 뒤로 젖힐 수 있는) 2륜 마차 **2.** (덮개를

뗄 수 있는) 자동차
cacao, s.f. 카카오
cacealma, ~le, s.f. **1.** 허세 **2.** (카드 놀이에서 허세를 부려 자기 끗수가) 높은 채하기
cacofonic, ~ă, ~i, ~e, adj. 부조화음의
cacofoni|e, -i, s.f. 부조화음(不調和音)
cactee, s.f. 선인장과(科)
cactu|s, -şi, s.m. 선인장
cadastr|a, -ez, -ai, -at, vt. 토지대장을 기입하다, 토지대장을 기입하다
cadastral, ~ă, ~i, ~e, adj. 토지대장의
cadastru s.n. 토지대장
cadaveric, ~ă, ~i, ~e, adj. 시체의, 송장 같은
cadavr|u, -e, s.n. 시체
cadă, căzi s.f. 목욕욕조
cadenţ|a, -ez, -ai, -at, vt. 운율을 붙이다, 박자를 맞추다
cadenţa|t, -tă, -ţi, -te, adj. 운율이 고운, 박자가 맞는
cadenţ|ă, -e, s.f. 운율, 음율, 박자
cade|t, -ţi, -s.m. **1.** 병졸로 처음 출정한 청년 귀족 **2.** 군사학교 학생
cad|iu, -ii, s.m. 옛 터키의 판사
cadmiu, s.n. [화학]카드뮴
cadou, ~ri, s.n. 선물 ; a face un ~ cuiva -에게 선물하다 ; a primi ... ~ -을 선물로 받다
cadr|a, pers.3, cadrează -와 일치(합치)하다
cadran ~e, s.n. **1.** (시계의) 문자판 **2.** (기계의) 지침판
cadr|ă, -e, s.f. v. cadru
cadril, ~uri, s.n. 8인 내지 12인 씩의 남녀 4조가 추는 무도의 이름
cadrilat, -tă, -ţi, -te, adj. 격자무늬의, 바둑판무늬의
cadru, -e, s.n. **1.** 틀, 그림틀 **2.** 범위, 한계, 구역 **3.** 뼈대, 윤곽 ; cadre cu studii superioare 대학원 생, 전문가(그룹) ; în ~i (여격지배) -의 범위 내에서, -의 틀 안에서, -의 주최로(후원으로), -하는 동안에
caduc, ~ă, ~i, ~e, adj. **1.** 무너져 가는, 낙후된 **2.** 덧없는, 일시적인
caducitate s,f. **1.** 노후, 노쇠 **2.** 무효
cafas, ~uri, s.n **1.** (집이나 탑의) 전망대 **2.** 교회에서 노래를 부르는 발코니
caf|ea, -ele, s.f. **1.** 커피 **2.** 커피마시는 시간 ; ~ boabe 원두커피 ; ~ neagră 블랙커피 ; ~ turcească 터키산 커피 ; o ceaşcă de ~ 한 잔의 커피 ; ibric de ~ 커피포트 ; a bea ~ 커피를 마시다
cafegioaic|ă, -e, s.f. **1.** 커피숍 여주인 **2.** 커피를 즐기는 여자
cafeg|iu, -ii, s.m. **1.** 커피숍의 남자 주인 **2.** 커피를 즐기는 남자
cafeină s.f. 카페인
cafeluţ|ă, -e. s.f. **1.** cafea의 축약형 **2.** 하얀색의 루핀 (콩과에 속하는 다년생 풀)
cafen|ea, -ele, s.f. 커피숍, 카페
cafeni|u, -e, -i, adj. 커피색의
caftan, ~e, s.n. 고대 영주들이 입던 흰색의 길고 금장식을 한 걸치는 외투
caia, ~le, s.f. 동물의 발굽을 잡는데 사용되는 쇠
caiac, ~e, s.n. [스포츠]카약
caiaf|ă, -e, s.f. 위선자

caic, ~e, s.n. 앞뒤가 좁고, 높고, 뾰족한 작은 배

caicc|iu, -ii, s.m. caic을 타고 조종하는 사람

caier, ~e, s.n. (머리카락, 실 등의) 작은 술, 작은 타래, 작은 뭉치

caiet, ~e, s.n. 공책, 노트

caimac, ~uri, s.n. **1.** (끓인 우유 등의 위에 뜨는) 지방 물질 **2.** (커피에 타마시는) 크림

caiman, ~i, s.m. (중남미에 사는) 악어

cainic, ~ă, ~i, ~e, adj. 불행의

cai|s, -şi, s.m. 살구나무

cais|ă, ~e, s.n. 살구 열매

cal, cai, s.m. **1.** 말(馬) **2.** [서양장기] 기사 **3.** 장난감 말 ; cursă de cai 경마 ; păr de ~ 말총 ; a spune cai verzi pe pereți 말을 함부로 하다, 허튼 소리하다 ; a umbla după cai verzi pe pereți 보잘 것 없는 일을 추구하다 ; e cunoscut ca un ~ breaz 그는 도처에서 잘 알려져 있다 ; a munci ca un ~ 그는 밤낮으로 일(만)한다 ; a se da jos de pe ~ 말에서 내리다 ; a ajunge din ~ măgar 몰락하다, 악화되다, 망하다 ; a face pe cineva din ~ măgar -의 신용을 손상시키다, -을 깍아 내리다 ; mănânci/vrei ~ule ovăz/orz? 그것에 대해서는 의심에 여지가 없다

cal|a, -ez, -ai, -at, vt. (굄목 등으로) 움직이지 않게 괴다, 고정시키다

calabalâc, ~uri, s.n **1.** (정리정돈이 안된) 물건 **2.** 여행 가방

calafat s.n. 뱃밥 (낡은 뱃줄을 풀어서 물이 새지 않도록 선재(船材)의 틈에 메워 넣는 것

calaican s.n. [화학]녹반(綠礬), 황산제일철(염료, 의약품, 잉크 따위의 제조용), 녹색의 황산(염)

calambur, ~uri, s.n (동음이의어의) 말재롱, 결말

calamină, s.f. (차 엔진 따위에 끼는) 휘발유의 앙금

calamit|ate, -ăți, s.f. 재난, 재해, 비운

calandr|u, -e, s.n. 윤내는 기계, 광택기

calapăr s.n. 연복초, 발삼국화

calap|od, -oade, s.n. 신발을 손으로 만들때 사용하는 발 모양의 나무모형

cal|ă, -e, s.f. 화물창, (짐 싣는) 선창

calc, ~uri, s.n **1.** 번역 차용어 **2.** 트레이싱(투사)종이

calcan, ~e, s.n. 넙치유의 생선

calcar, ~e, s.n. 석회질, 석회암

calcar|os, -oasă, -oşi, -oase, adj. 석회질을 함유한

calcavur|ă, -i, s.f. (장난스런) 싸움 또는 때림

calcedonie s.f. (광물) 옥수(玉髓)

calchi|a, -ez, -ai, -at, vt. **1.** 투사(복사)하다 **2.** 모방하다

calcifi|a, -ez, -ai, -at, vt. v. calcifica

calcific|a, pers.3, calcifică, -ă, -at, vr. 석회질로 되다, 칼슘의 침전물로 경화시키다.

calcific|are, -ări, s.f. 석회화, 조직내 석회 침착(沈着)

calcifica|t, -tă, -ți, -te, adj. 칼슘(석회)을 함유하는

calcifier|e, -i, s.f. v. calcificare

calcin|a, -ez, -ai, -at, vt. 석회석을 태워서 석회를 만들다, 하소하다

(물질을 태워서 휘발 성문을 없애고 재모양의 물질로 만들다)

calcin|are, -ări, s,f. 석회화

calcinat|or, -oare, s.n. 하소로(煆燒爐)

calcinați|e, -i, s.f. 하소(煆燒)

calcit s.n. 방해석(方解石)

calciu s.n. 칼슘

calcograf, ~i, s.m. 동판조각가

calcografi|a, -ez, -ai, -at, vt. -동판에 조각하다

calcografie s.f. 동판조각

calcopirită s.f. [광물]황동광

calcul, ~e, s.n. **1.** 계산, 셈, 산수 **2.** 계책, 계략 **3.** 예측

calcul|a, -ez, -ai, -at, vt. **1.** 계산하다 **2.** 계획하다 **3.** 예측하다

calculabil, ~ă, ~i, ~e, adj. **1.** 계산할 수 있는 **2.** 예측할 수 있는

calcula|t, -tă, -ți, -te, adj. **1.** 계산된 **2.** 예측된

calculat|or, -oare, s.n. **1.** 계산기 **2.** 컴퓨터

calculați|e, -i, s.f. 계산

cal|d, -dă, -zi, -de, I. adj. **1.** 따뜻한, 포근한 **2.** (마음이) 따뜻한 **3.** 참신한, 새로운; apă ~ă 따뜻한 물 ; baie ~ă 따뜻한 (물로 하는) 목욕 ; cu inima ~ă 따뜻한 마음으로 ; cuvinte ~e 친절한(따뜻한) 말로 ; nici ~ nici rece 미지근한 ; vreme ~ă 온화한 날씨 ; a face o baie ~ă 따뜻한 (물로) 목욕을 하다 ; mi-e ~ 나에겐 좀 덥다(덥게 느껴진다) ; bate fierul cât e ~ 쇠도 뜨거울 때 쳐라(일을 제때에 해라) II. adv. 따듯하게 III. s.n. 따듯함, 더움, 뜨거움 ; a-l lua cu ~ 열이 있다 ; a ține cuiva ~ 몸을 따듯하게 유지하다 ; a ține la ~ 자리(지위)에 머물다

cale, căi, s.f. **1.** 길, 도로, 거리, 궤도 **2.** 여행 **3.** 과정, 경로 ; ~a de mijloc 중용 ; ~ de acces 접근 ; ~ de o oră 한 시간의 산보(여행) ; din ~ afară de... 예외적으로, 유독 ; în ~ 도중에 ; în ~a lui 그 대신에 ; pe ~ ierarhică 정상적인 절차를 밟아, 단계를 밟아 ; pe ~ legală 합법적으로 ; pe ~ pașnică 평화적으로 ; a arăta cuiva ~a -에게 길을 안내하다 ; a pregăti ~a pentru... -로의 길을 개척하다 ; a găsi cu ~ 잘 생각하다 ; a se abate din ~ 길을 잃다 ; a sta în ~a cuiva -의 길을 방해하다 ; a ieşi la ~ cu cineva -와 서로 이해하다, 동의하다 ; a pune la ~ 계획하다, 준비하다, 동의하다 ; a pune pe cineva la ~ -을 가르치다, -에게 지시하다 ; a fi pe ~ de a/să... (막) -하려하다

caleidosc|op, -oape, s.n. 만화경(萬華鏡), 끊임없는 변화

caleidoscopic, ~ă, ~i, ~e, adj. 만화경적인, 끊임없이 변화하는

calemg|iu, -ii, s.m. (고어)공공기관 공무원

calendar, ~e, s.n. **1.** 달력 **2.** 행사 예정표, 일정표 ; a-i face cuiva capul ~ -의 머리를 변하게(우쭐하게) 만들다 ; a se uita ca pisica/mâța în ~ 난처해지다

calendaristic, ~ă, ~i, ~e, adj. 달력에 따라, 달력의

calende s.f. 초하루

calfat|a, -ez, -ai, -at, vt. (뱃밥으로 선체의) 틈을 막다

calf|ă, -e, s.f. 숙련된 노동자

calibr|a, -ez, -ai, -at, vt. **1.** (총, 포 등의) 구경을 측정(결정)하다 **2.** 크기에 따라 분류하다 **3.** 눈금을 매기다
calibr|u, -e, s.n. **1.** (총, 포 등의) 구경, (탄알의) 지름 **2.** 송곳 **3.** 도량, 재간
calic, ~ă, ~i, ~e, adj. 궁핍한, 가난한
calicenie s.f. 가난, 궁핍
caliceşte adv. 인색하게
calicie s.f. v. calicenie
calicime s.f. 가난뱅이, 거지
calicire s.f. 가난함
calici|u, -i s,n. **1.** 술잔, 성배 **2.** [식물]꽃받침
calif, ~i, s.m. 칼리프 (마호메트의 후예로서 교권과 정권을 아울러 장악하는 회교국왕의 칭호)
califat, ~e, s.n. 칼리프의 직위 (통치 또는 관할구)
calific|a, calific, -ai, -at, vr. **1.** 자격, 권한을 부여하다 **2.** 칭호를 주다 **3.** 예선을 통과하다
calific|are, -ări, s.f. **1.** 자질, 자격 **2.** 자격부여 **3.** 예선통과
calificat|t, -tă, -ţi, -te, adj. **1.** 자질이 있는, 자격이 있는 **2.** 예선을 통과한
calificat|iv, ~e, s.n. 질적인
caligraf, ~i, s.m. 서예가, 달필, 명필
caligrafi|a, -ez, -ai, -at, vt. 글씨를 잘 쓰다
caligrafic, ~ă, ~i, ~e, adj. 글씨를 잘 쓰는
caligrafi|e, -i, s.f. 서예, 아름다운 글씨, 달필
calit|ate, -ăţi, s.f. **1.** (사람의) 질, 성질 **2.** (물질의) 양질, 특질, 품질 **3.** 종류 **4.** 위치, 능력 **5.** 타이틀, 주제 ; de aceeaşi ~ 똑 같은 품질로 ; de bună ~ 양질로 ; de ~ superioară 최상의 품질로 ; în ~a mea de... 나의 입장(능력)에 맞게(따라)
calitativ, ~ă, ~i, ~e, adj. 질에 관한, 질적인
calm I. s.n. 고요함, 잔잔함, 침착 II. ~ă, ~i, ~e adj. 고요한, 잔잔한, 부드러운 III. adv. 고요하게
calm|a, -ez, -ai, -at, vt. 진정시키다, 침착하게 하다
calman|t, -tă, -ţi, -te, adj. 고통을 가라앉히는 s.n. 진통제
calomel s.n. [화학]甘汞 (염화 제일수은)
calomni|a, -ez, -ai, -at, vt. 헐뜯다, 중상모략하다
calomniat|or, -oare, -ori, -oare, adj. 헐뜯는 s.n. 헐뜯는 사람
calomni|e, -i, s.f. 험구, 중상모략
calomni|os, -oasă, -oşi, -oase, adj. 헐뜯는, 중상적인
caloric, ~ă, ~i, ~e, adj 칼로리의
calori|e, -i, s.f. 열량, 칼로리
calorifer, ~e, s.n. 난로, 히터
calorific, ~ă, ~i, ~e, adj 열을 발생하는
calorimetrie s.f. 열량 측정(법)
calorimetr|u, -e, s.n. 열량 측정기
cal|os, -oasă, -oşi, -oase, adj. 굳은살이 생긴
calot|ă, -e, s.f. **1.** (성직자들의) 반구형의 검은 모자 **2.** (모자의) 꼭대기 **3.** (건축의) 반(半) 돔, 둥근 지붕
calp, ~ă, ~i, ~e, adj. (고어) 가짜의, 위조의
calpuzan, s.m. 화폐 위조자, 나쁜 사람
caltaboş, ~i, s.m. (쌀과 돼지고기

등을 섞어서 만든) 소시지의 일종
calup, ~uri, s.n. 틀, 거푸집
calvar, ~uri, s.n. 고난, 수난
calvin, ~ă, ~i, ~e, adj. 칼뱅주의의
calvinism, s.n. 칼뱅주의
calvinist, s.n. 칼뱅주의자
calviți|e, -i, s.f. 대머리
cam, adv. **1.** 대략, 대충 **2.** 조금, 약간 ; ~ așa (ceva) 이것과 같은(것) ; ~ o sută de lei 100레이 정도 ; e ~ de vârsta mea 그는 대략 내 나이 또래이다, 내 연배다 ; ar ~ fi timpul 이제 시간이 되었다 ; e ~ târziu 다소(조금) 늦었다 ; sunt ~ la fel 그(것)들은 거의 비슷하다
camara|d, -dă, -zi, -de, a.m. 동료, 전우, 동기
camarader|esc, -ească. -ești, adj. 동료의, 전우의
camaradeşte, adv. 동료답게, 전우답게
camaraderi|e, -i, s.f. 동료애, 전우애
camaril|ă, -e, s.f. 도당(徒黨)
cam|ătă, -ete, s.f. (빌려준 돈에 대한) 이자
cambial, ~ă, ~i, ~e, adj. 환전(換錢)의
cambi|e, -i, s.f. 환전(換錢) 영수증, 환 어음, 지급 명령서
cambium, s.n. (해마다 뿌리, 줄기를) 만드는 형성층, 부름켜 (cambiu)
cambul|ă, -e, s.f. 가자미 과의 물고기
cambuz|ă, -e, s.f. (선박의) 식량저장고
camee, s.f. 까메오 세공(보석 따위에 돋을 새김)
cameleon, ~i, s.m. **1.** [동물]카멜레온 **2.** 지조없는 사람, 변덕쟁이
cameleonism s.n. **1.** 변생기능 **2.** 변덕
cameli|e, -i, s.f. [식물]동백(꽃)
camer|ă, -e, s.f. **1.** 방, 침실 **2.** 사무실 : Camera Comunelor 하원 ; ~ de agricultură 농업회의소 ; ~ de comerț: 상공회의소 ; ~ de consiliu 지방의회 ; Camera Lorzilor 상원
camerier, ~i, s.m. (고어) 침실에서 주인의 시중드는 하인
cameri|st, ~şti, s.m. (사무실 등의) 남자 청소부
camerist|ă, -e, s.f. 여자 청소부
camerton, ~uri, s.n. 소리굽쇠
camfor s.n. 장뇌(樟腦)
camfora|t, -tă, -ți, -te, adj. 장뇌(성분)를 함유한
camgarn, s.n. 털실
cami|on, -oane, s.n. 트럭
camionag|iu, -ii, s.m. 트럭 운전수
camionaj, ~e, s.n. (트럭)운송
camionar, ~i, s.m. camionagiu
camionet|ă, -e, s.f. 픽업(트럭)
camizol, ~e, s.n. 캐미솔(가정용 여성 옷)
camp|a, -ez, -ai, -at, vt. 캠프를 치다
campadur|ă, -i, s.f. (지붕에 연기가 나가도록 한)통로
campament, ~e, s.n. 야영, 야영지
campani|e, -i, s.f. **1.** [군사]출정, 군사행동 **2.** 조직적인 활동, 운동, 선거운동
campanil|ă, -e, s.f. 탑 위에 설치된 종
campanul|ă, -e, s.f. 종 모양의 꽃이

피는 식물, 초롱꽃
campi|on, -oană, -oni, -oane, s.m. 챔피언, 우승자
campionat, ~e, s.n. 선수권 대회, 우승
camufl|a, -ez, -ai, -at, vt. 위장하다, 변장하다
camuflaj, ~e, s.n. 위장, 변장
camufla|t, -tă, -ți, -te, adj. 위장한, 변장한, 숨은
cana s.f. v. canea
canadi|an, -ană, -eni, -ene, adj. 캐나다 (사람)의
canadian|ă, -ene, s.f. 안에 털을 댄 짧은 외투
canaf, ~uri, s.n. 장식 술, 술, 옥수수의 수염
canafas, s.n. (자수용 헝겊으로 쓰이는) 빳빳한 천
canal, ~uri si ~e, s.n. 수로, 운하, 하수도
canalag|iu, -ii, s.m. 운하에서 일하는 사람
canali|e, -i, s.f. 불량배, 건달, 파렴치한
canaliz|a, -ez, -ai, -at, vt. 수로, 운하를 만들다, 하수도를 만들다
canalizabil, ~ă, ~i, ~e, adj 운하로 만들 수 있는
canaliz|are, -ări, s.f. 하수도, 하수공사, 하수처리
canaliza|t, -tă, -ți, -te, adj. 하수도 시설이 되어 있는(시설을 갖춘)
canalizat|or, -oare, -ori, -oare, adj. 하수도를 만드는, 운하를 만드는
canalizați|e, -i, s.f. 운하개착, 운하화, 도관에 의한 수송
canap|ea, -ele, s.f. (침대로도 쓸 수 있는) 소파
canar, ~i, s.m. [조류]카나리아
canara, ~le, s.f. 바다의 암초
canaris|i, -esc, -ii, -it, vt. 배가 한쪽으로 기울다
canat, ~uri, s.n. **1.** (가축, 생선 등을 반으로 잘랐을 때의) 반쪽 **2.** (2개의 문이나 창문 중의) 하나 (반쪽 부분)
canava, ~le, s.f. 수예용 두꺼운 헝겊
cană, căni, s.f. (술이나 물을 담는) 병, 머그 잔(컵)
cancan, ~uri, s.n. 캉캉 춤
cancelar, ~i, s.m. (고대 귀족원의) 원장, 지방장관
cancelari|e, -i, s.f. **1.** 행정기관의 사무실 **2.** 교수 연구실
cancer s.n. [질병]암
cancerigen, ~ă, ~i, ~e, adj 암을 발생시키는
cancerologie s.f. 암 연구, 암 종학
cancer|os, -oasă, -oşi, -oase, I. adj. 종양의, 암 환자의 II. s.m. 그리고 f. 암 환자
cancioc, ~uri, s.n. (시멘트를 바를 때 사용하는 손잡이가 달린) 도구
candel s.n. 설탕과자
candelabr|u, -e, s.n. 가지가 많이 달린 큰 촛대
candel|ă, -e, s.f. (장례식 때나 성화 앞에 놓는) 호롱불
candi|d, -dă, -zi, -de, adj. 순진한, 순박한
candid|a, -ez, -ai, -at, vt. (선거에) 출마하다
candida|t, -tă, -ți, -te, adj. 출마한
candidatur|ă, -i, s.f. 출마
candoare, s.f. 순박함, 천진난만함

C

candri|u, -e, -i, adj. 어리석은, 술에 취해 어지러운
can|ea, -ele, s.f. 꼭지, 마개
canela|t, -tă, -ți, -te, adj. 세로로 홈을 판, 주름진, 골이진
canelur|ă, ~i, s.f. [건축]기둥 따위에 길게 판 홈, 세로의 홈
canevas, ~uri, s.n. 자수의 바탕천
cangren|a, pers. -ează, -ă, -ad, vr. 괴저(壞疽)에 걸리다, 부패하다
cangrena|t, -tă, -ți, -te, adj. 괴저에 걸린, 부패한
cangren|ă, -e, s.f. 괴저(壞疽), 부패
cangren|os, -oasă, -oşi, -oase, adj. 괴저병의
cangur, ~i, s.m. 캥거루
canibal, ~ă, ~i, ~e, s.m. 식인(종), 잔인한 사람
canibalic, ~ă, ~i, ~e, s.m. 식인의
canibalism s.n. 식인 풍습, 잔인
canicular, ~ă, ~i, ~e, adj. 타는듯한 더위의, 폭염의
canicul|ă, -e, s.f. 폭염
canin, I. ~ă, ~i, ~e, adj. [동물]개의, 개와 같은 II. s.m. **1.** 개 **2.** 견치
canistr|ă, -e, s.f. 통조림통
canoe, s.f. 카누
can|on, -oane, s.n. 교회법규, 기준
canonad|ă, -e, s.f. 포격
canon|eală, -eli, s.f. 고통, 고생
canon|i, -esc, -ii-it, vr. 고통 받다, 고생하다
canonic, ~ă, ~i, ~e, adj. 교회법에 따른, 교회법규의 ; drept ~교회법 ; vârstă canonică 교회법상의 나이
canonier|ă, -e, s.f. [군사](하천, 연안 용의) 포함(砲艦)
canoniz|a, -ez, -ai, -at, vt. [종교]시성(諡聖)하다, 성인품에 올리다
canoniz|are, -ări, s.f. 시성식, 성인품에 올리기
canotaj s.n. 보트 젓기, 보트 놀이
canotier, ~ă, ~i, ~e, s.m. 그리고 f. 조정경기 선수
cant, ~uri, s.n. 모서리
cantabile adv. 노래하듯이
cantarag|iu, -ii, s.m. 역이나 세관에서 짐의 무게를 재는 역무원 또는 세관원
cantarid|ă, -e, s.f. 칸타리스
cantat|ă, -e, s.f. 칸타타(성악곡)
cantilen|ă, -e, s.f. 애가, 영탄곡
cantin|ă, -e, s.f. 구내식당
cantinier, ~ă, ~i, ~e, s.m. 구내식당 주인(관리인)
cantit|ate, -ăți, s.f. 양, 분량, 다량
cantitativ, ~ă, ~i, ~e, s.m. 양적인, 양에 관한
canto s.n. [음악]칸토
cant|on, -oane, s.n. **1.** (도로나 철도를 관리하는) 관리소 **2.** 산림감시소
canton|a, -ez, -ai, -at, I. vt. 숙영하다, 야영하다 II. vr. 제 자리에 머물다
cantonament, ~e, s.n. **1.** 숙영, 야영 **2.** [스포츠] 합숙훈련
cantonier, ~ă, ~i, ~e, s.m. 도로나 철도를 관리, 감독하는 사람
cantor, ~i, s.m. [방언]교회에서 성가를 부르는 사람
canțonă, -e, s.f. (이탈리아 음악) 칸초네
canul|ă, -e s.f. [의학](세척기, 관장기의) 노즐, 분출구
canură s.f. (양털 천 따위를 빗 등으로 긁어 고른 후에 그 빗에 남은) 작

은 양털

caolin s.n. 고령토(高嶺土)

caos s.n. 대혼란 (haos)

cap, I. ~ete, s.n. **1.** 머리 **2.** 생각, 기억, 정신 **4.** 개인, 개체 **5.** (책의) 장 **6.** 시작 **7.** 끝 ; basma de ~ 두건 ; clătinare de ~ 머리저음 ; cu ~ul gol 민머리로, 대머리의 ; din ~ până în picioare 머리끝에서 발끝까지 ; durere de ~ 두통 ; om cu ~ 현명한(명석한) 사람 ; a avea un ~ bun 좋은 두되를 가지고 있다, 명석하다 ; a bate ~ul cuiva -을 괴롭히다 ; a-şi bate ~ul cu... -로 골치아파하다(고민하다) ; a nu şti unde să-şi băge ~ul 어느 쪽으로 회전을 해야 할지 모르다 ; îmi pun ~ul pentru... -에 대하여 내가 책임지겠다 ; a-şi pierde ~ul 목을 잘리다, 침착성을 잃다, 당황하다 ; a tăia ~ul cuiva -의 목을 베다, -을 참수형에 처하다 ; e un om cu ~(ul între umeri) 그는 지각 있는 사람이다 ; a-şi face de ~ 제멋대로다, 방자하다, 바보같이 행동하다 ; a se ține de ~ul cuiva -을 성가시게 하다, -을 괴롭히다 ; a da din ~ 목을 끄떡이다(긍정적인 표현), 목을 흔들다(부정적 표현) ; a-şi scoate ceva din ~ -의 일을 생각하지 않게 되다(믿지 않다) ; a face toate după ~ul lui 제멋대로 행동하다, 고집쟁이다, 행동이 방자하다 ; a se bate ~ în ~ 대립 중이다, 대채 상태이다 ; a băga ceva în ~ul cuiva -을 -에게 상기시키다 ; a-şibăga în ~ că... -을 생각하다, -이 생각나다, -을 믿게 되다 ; a-ş lua lumea în ~ 넓은 세상으로 나가다 ; a se culca cu noaptea în ~ 아침 일찍 일어나다 ; a merge în ~ul(여격지배) -로 향하다 ; a bate pe cineva la ~ -을 괴롭히다 ; a-i da cuiva la ~ -을 욕하다, -을 야단치다 ; a o lua da la ~ 처음부터 다시 시작하다 ; a o scoate la ~ cu... -을 끝내다, 마무리 짓다 ; a da pe cineva peste ~ -을 패배시키다 ; a fi până peste ~ în datorii 빚 때문에 꼼짝달삭 할 수 없다 ; mă doare ~ul 나는 두통이 있다, 머리가 아프다 ; nu mă taie ~ul 나는 이해 할 수가 없다 II. s.m. 우두머리, 대장, 보스 III. ~uri, s.n. 곶, 갑, 꼭대기

capabil, ~ă, ~i, ~e, adj. 할 수 있는, 할 만한

capac, ~e, s.n. 뚜껑, 덮개, 마개

capacit|ate, -ăți, s.f. **1.** 용적, 용량 **2.** 능력, 역량 ; ~ penală 형법상의 책임능력 ; ~ succesorală 상속받을 능력

cap|ă, -e, s.f. **1.** 소매 없는 망토 **2.** (사나운 날씨 때문에) 돛을 줄인 상태

cap|ăt, -ete, s.n. **1.** 끝, 마지막, 가장자리 **2.** 조각 **3.** 시작, 시초, 발단 ; de la un ~ la celălalt 한 족 끝에서 다른 쪽 끝까지, 처음부터 끝까지 ; la ~ul săptămânii 주말에 ; la ~ul străzii 땅 바닥(위)에 ; a pune ~ (여격, la...) -하는 것을 끝내다 ; a scoate/duce la ~ -의 끝을 내다 ; a o scoate la ~ cu cineva -와 사이좋게 잘 지내다

capcan|ă, -e, s.f. 함정

capelan, ~i, s.m. [가톨릭]신부의 계급 중 하나

capel|ă, -e, s.f. **1.** (이탈리아) 군인

C

모자의 일종 **2.** 작은 교회, (교회 내 재단을 모셔놓은 곳 **3.** 반주 없는 교회풍의 합창
capelmai|stru, -ştri, s.m. **1.** 작은 교향악단의 지휘자 **2.** 군악대의 책임자
capeş, ~ă, ~i, ~e, adj. [방언]에너지가 넘치는
capilar, ~ă, ~i, ~e, adj. **1.** 머리털 같이 가는 **2.** 모세혈관의
capilaritate s.f. 모세혈관 염
capiş|on, -oane, s.n. (외투 따위에 딸린) 모자
capişt|e, -i, s.f. (고어) 고대의 재단
capital, ~uri, s.n. 자본, 원금
capital, ~ă, ~i, ~e, adj. **1.** 중요한, 중대한 **2.** 대문자의
capital|ă, -e, s.f. 수도, 도읍지
capitalism s.n. 자본주의
capitali|st, -stă, -şti, -ste, I. adj. 자본주의의, 자본가의 II. s.m. 자본가
capitaliz|a, -ez, -ai, -at, vt. 자본화하다, 자본을 축적하다.
capitaţi|e, -i, s.f. 인두세(人頭稅)
capitel, ~uri, s.n. 기둥의 더 두꺼운 윗부분
capitol, ~e, s.n. 조항, 항목
capiton|a, -ez, -ai, -at, vt. **1.** (소파 등에) 솜을 틀어박다 **2.** (벽이나 문 등에 방음을 위하여)막다.
capitona|t, -tă, -ţi, -te, adj. **1.** 솜을 틀어박은 **2.** (문 등에) 방음을 한
capitul, ~e, s.n. [식물]두상화(頭狀花)
capitul|a, -ez, -ai, -at, vt. **1.** 항복하다, 굴복하다 **2.** 그만두다, 중지하다
capitulan|t, I. -tă, -ţi, -te, adj. 항복한, 굴복한 II. s.m. 항복자
capitul|are, -ări, s.f. 항복, 굴복
capitulaţi|e, -i, s.f. **1.** 타협 **2.** 항복조항
capoc, ~e, s.n. (식물성 섬유의 일종) 케이폭
capodoper|ă, -e, s.f. 명작, 훌륭한 작품
caporal, ~i, s.m. [군사]하사
cap|ot, -oate, s.n. **1.** (여성용) 잠옷 **2.** (특히 선박의 장치들을 덮는) 덮개
capot|a, -ez, -ai, -at, vt. **1.** (자동차 등이) 뒤집히다. **2.** (비행기 등이) 추락하다
capot|ă, -e, s.f. (마차나 자동차의) 덮개, 본네트
capr|ă, -e, s.f. **1.** 염소, 사슴, 양 **2.** (마차의) 마부(좌)석 **3.** 디딤대 **4.** (놀이) 등 넘기 ; a împăca (şi) capra şi varza 양쪽을 화해시키다 ; a se juca de-a capra 등 넘기 놀이를 하다
caprici|os, -oasă, -oşi, -oase, adj. 변덕이 심한, 예측을 할 수 없는
capric|iu, -ii, s.n. 변덕, 투정, 어리광, 보챔
capricorn, s.n. **1.** 하늘소, 영양 **2.** (별자리) 염소자리
caps|a, -ez, -ai, -at, vt. (스테이플로) 철하다, 묶다
caps|ă, -e, s.f. 스테이플
capsul|ă, -e, s.f. 캡슐
capt|a, -ez, -ai, -at, vt. (가스나 물을 저장탱크 등에) 저장하다
captaţi|e, -i, s.f. (유산 따위를 착복하기 위해 쓰는) 술책행위, 사취행위
captiv, ~ă, ~i, ~e, adj. 포로가 된, 사로잡힌

captiv|a, -ez, -ai, -at, vt. **1.** 포로로 잡다 **2.** 사로잡다, 호리다, 매혹하다

captivan|t, -tă, -ți, -te, adj. **1.** 포로가 된 **2.** 매혹된

captivitate s.f. 포로상태, 사로잡힌 상태

captur|a, -ez, -ai, -at, vt. 잡다, 체포하다, 포획하다

captur|are, -ări, s.f. 체포, 나포, 포획

captur|ă, -i, s.f. 체포, 나포, 포획

capuținer, ~e, s.n. [고어]우유를 탄 커피

car, ~e, s.n. **1.** 마차, 카트 **2.** 마차짐 **3.** 경(주)마차 cu ~ul 많이, 풍부히 ; a pune ~ul înaintea boilor 본말을 전도하다

car, ~i, s.m. (지네 과의) 벌레

carabin|ă, -e, s.f. 가벼운 소총, 공기총, 기병총

carabinier, ~i, s.m. 기병총을 가진 기병 또는 보병

caracatiț|ă, -e, s.f. 문어 류

caracter, ~e, s.n. **1.** 성질, 성격 **2.** 특성, 특징 **3.** 인물, 인간 ; comedie de ~ 성격 희극 ; defect de ~ 성격결함 특성(특징)이 없는 ; lipsă de ~ 변덕(스러움) ; om de ~ 품성이 훌륭한 사람

caracteristic, ~ă, ~i, ~e, adj. 특징적인, 독특한

caracteristic|ă, -i, s.f. **1.** 특징, 특색 **2.** 지표

caracteriz|a, -ez, -ai, -at, vt. 특징을 짓다, 특성을 나타내다

caracteriz|are, -ări, s.f. 특징화, 특성화

caracul s.m. (중앙아시아산) 양의 일종

caraf|ă, -e, s.f. (호리병 모양의) 물병

caraghi|os, -oasă, -oşi, -oase, adj. 웃기는, 코믹한

caraghioslâc, ~uri s.n. 웃기는 행동

carambol, ~uri, s.n. (4구) 당구

caramel s.n. [재료]카라멜, 소당(흑맥주 따위의 착색제)

caramel|ă, -e, s.f. (사탕) 카라멜

carantină, -e, s.f. (전염병 등을 우려하여 사람들 또는 물건을 격리하는) 격리소

carapace, s.f. 딱딱한 껍질, 등딱지, 갑각

carat, ~e, s.n. **1.** 보석 따위의 무게 **2.** 순금함유도

caraul|ă, -e, s.f. 호위대, 경비

caravan|ă, -e, s.f. **1.** 대상(隊商) **2.** (여행, 순회하는) 단체 **3.** [방언]마차

caravanserai, ~uri, s.n. 특히 동양에서 대상(隊商)의 숙소, 여관

caravel|ă, -e, s.f. (15-16세기 스페인이나 포르투갈에서 탐험에 이용된) 쾌속 범선

carbid s.n. 카바이드, 탄화물

carboanț|ă, -e, s.f. (과거 루마니아에서 통용되던 1 러시아 루블 상당의) 은전 또는 지폐

carboav|ă, -e, s.f. v. carboanță

carbon, s.n. **1.** [화학]탄소 **2.** 카본지, 묵지

carbonar, ~i, s.m. (19세기 이탈리아 정부군을 대상으로 전투를 벌였던) 이탈리아 비밀조직의 구성원

carbona|t, -ți, s.m. 탄산염

carbonie, ~ă, ~i, ~e, adj. 탄소를 함유한, 탄화된
carbonifer, s.n. 석탄기 adj. 석탄을 함유한, 석탄기의
carboniz|a, -ez, -ai, -at, vt. 탄화시키다, 숯이 되게 태우다
carboniz|are, -ări, s.f. 탄화
carborundum s.n. [화학]카아보런덤, 탄화규소, 금강사

C

carbur|a, -ez, -ai, -at, vt. **1.** 탄소와 화합시키다 **2.** (연료를) 기화시키다
carburan|t, -ţi, s.m. 발동기용 연료
carbur|are, -ări, s.f. 탄소화합, 기화
carburat|or, -oare, s.n. 기화기, 카뷰레터
carburaţi|e, -i, s.f. 연료를 기화시키는 공정
carbur|ă, -i, s.f. 탄화물, 탄화칼슘
carcas|ă, -e, s.f. **1.** (동물의) 뼈대, 골격 **2.** (건물, 기계의) 뼈대, 틀
carcer|ă, -e, s.f. **1.** 감옥 **2.** (학교 등에서 임시로 학생들을 체벌하기 위해 넣어두는) 작은 공간
card|a, -ez, -ai, -at, vt. (양털 따위를) 손질하다.
card|ă, -e, s.f. 양털을 고르는 기계
cardiac, ~ă, ~i, ~e, adj. 심장의, 심장병의 s.m. 심장병환자
cardinal, ~i, adj. **1.** 중요한, 기본적인 **2.** 기수(基數)의 s.m. 추기경
cardiograf, ~e, s.n. 심장박동 기록술
cardiogram|ă, -e, s.f. 심장박동 곡선도
cardiolog, ~i, s.m. 심장병 전문의
cardiologie, s.f. 심장병학
cardiovascular, ~ă, ~i, ~e, s.m. 심장 혈관의
care, pron rel. (관계대명사) 영어의 that 에 해당함
caren|ă, -e, s.f. **1.** 선저, 선복, 배의 밑바닥 **2.** (콩과 식물) 용골(龍骨) 꽃잎
caren|t, -tă, -ţi, -te, adj. 결핍의, 결여의
carenţ|ă, -ţe, s.f. 결핍
careu, ~ri, s.n. **1.** 사각형, 네모꼴 **2.** (축구장, 테니스장에서) 흰색으로 칠한 네모선 (특히 축구장에서는 페널티 존) **3.** (선박에서 고급 장교들의) 식당
careva pron, nehot. (부정대명사) 어떤 것, 어떤 사람
cargobot, ~uri, s.n. 화물선
cari|a, pers.3, -ază, -ă, -at, vr. 이가 썩다, 충치가 생기다
caria|t, -tă, -ţi, -te, adj. 이가 썩은, 충치의
cariatid|ă, -e, s.f. [건축]기둥이나 지붕을 지탱하는 여자 상(像)
caricatural, ~ă, ~i, ~e, adj. 만화적인, 풍자적인, 과장된
caricatur|ă, -i, s.f. 만화, 풍자화
caricaturi|st, -stă, -şti, -ste, s.m. 풍자화가, 희화가
caricaturiz|a, -ez, -ai, -at, vt. 희화로 그리다, 만평을 그리다.
cari|e, -i, s.f. 골양(骨瘍), 골저(骨疽), 카리에스(뼈, 이 따위의 부식)
carier|ă, -e, s.f. **1.** 직업, 경력 **2.** 채석장
carierism s.n. 이기주의, 자기본위
carieri|st, -stă, -şti, -ste, s.m. 자기본위주의자, 이기주의자
cariops|ă, -e, s.f. [과일]영과(穎果)
caritabil, ~ă, ~i, ~e, adj. 인자한, 자

비심이 많은
caritate s.f. 인자, 자비
carling|ă, -i, s.f. **1.** 선박의 내용골(內龍骨) **2.** 비행기의 동체
carmajin s.n. 진한 빨간색으로 염색된 가죽
carmin s.n. 진홍색, 진한 빨강
carnaj, ~e, s.n. 학살, 대학살
carnal, ~ă, ~i, ~e, adj. 고기의, 육류의
carnasier, ~ă, ~i, ~e, I. adj. 육식을 하는 II. s.f. 육식동물의 송곳니
carnați|e, -i, s.f. 살색, 살색의 묘사
carnaval, ~uri, s.n. 사육제
carnaval|esc, -escă, -ești, adj. 사육제의, 사육제에 어울리는
carne, cărnuri, s.f. **1.** 고기, 육류 **2.** 육류음식 **3.** 살, 살찜, 살코기 ; ~ afumată 훈제고기 ; ~ conservată 통조림 고기 ; ~ crudă 생고기, 날고기 ; ~ de porc 돼지고기 ; ~ de vacă 소고기 ; în ~ şi oase 산 몸이 되어, 살아서 ; supă de ~ 고기수프 ; a pune ~ pe el 살이 찌다 ; a tăia/da în ~ vie 온 힘을 다하여 가격하다, 근절하다
carnet, ~e, s.n. **1.** 작은 수첩 **2.** (한 장씩 떼어 쓰는) 철, 帖 ; ~ de cecuri 수표장 ; ~ de comenzi 주문서 ; ~ de economii 통장 ; ~ de identitate 신분증 ; ~ de muncă 노동증(노동한 기간이 기입된 카드) ; ~ de sănătate 진료카드
carnețel, ~e, s.n. carnet의 축약형
car|o, -ale, s.n. (트럼프에서) 빨간색 다이아몬드
carosabil, ~ă, ~i, ~e, adj. 자동차 통행의, 자동차가 통행할 수 있는
caroseri|e, -i, s.f. (자동차의) 차체
carotaj, ~e, s.n. (지질조사용으로 채취하는) 원통형의 암석 채취하기
carot|ă, -e, s.f. **1.** 당근 **2.** (지질조사용으로 채취하는) 원통형의 암석
carotid|ă, -e, s.f. 경동맥(頸動脈)
carou, ~ri, s.n. 작은 정사각형, 바둑판 무늬
carp s.n. 손목관절
carpatic, ~ă, ~i, ~e, adj. 카르파치 산맥의
carpel|ă, -e, s.f. [식물]심피(心皮)
carpet|ă, -e, s.f. 카페트, 양탄자
cart, ~uri, s.n. **1.** 소형자동차, 어린이용 소형 자동차 **2.** (보통 4시간 교대의) 당직근무
cart|a, -ez, -ai, -at, vt. (편지 따위를 주소에 맞게) 분류하다
cart|ă, -e, s.f. 헌장(憲章), 인정서
carte, cărți, s.f. **1.** 책 **2.** 두꺼운 종이 **3.** 카드놀이 **4.** 읽기, 쓰기, 배우기, 지식, 학습 **5.** 편지 **6.** 서류 ; ~ de vizită 명함 ; ~ poștală 우편엽서 ; ca la ~, cum scrie la ~ 완벽하게, 완전히 ; dulap de cărți 책장 ; om cu ~ 지식인 ; a juca cărți 카드놀이를 하다 ; a(-şi) juca ultima ~ 최후의 수단을 쓰다 ; a publica o ~ 책을 출판하다 ; a tăia cărțile 카드를 떼다(섞다) ; a vorbi ca din ~ 상세히 말하다 ; a ghici/da cuiva în cărți 누구의 운세를 말하다 ; a da la ~ 학교에 보내다 ; a juca totul pe o ~ 모든 것을 도박에 걸다 ; ai ~, ai parte 지식이 재산이다
cartel, ~uri, s.n. 카르텔, 기업 연합
cartel|a, -ez, -ai, -at, vt. 카르텔을 형성하다

C

cartel|ă, -e, s.f. **1.** 작은 종이 조각 **2.** 카드, 증
carter, ~e, s.n. (기계장치 등을 보호하는) 덮개, 케이스
cartezi|an, -ană, -eni, -ene, adj. 데카르트의, 데카르트 철학의, 논리적인, 명료한
cartezianism, s.n. 데카르트 철학
cartier, ~e, s.n. **1.** 도시의 구(區), 구역 **2.** (군대) 병영
cartilagin|os, -oasă, -oşi, -oase, adj. 연골(軟骨)의
cartilag|iu, -ii, cartilaj, ~e, s.n. [해부]연골(軟骨)
cartiru|i, -iesc, -ii, -it, vt. [군사]숙영하다, 야영하다
cartiruir|e, -i, s.f. 숙영, 야영
cartof, ~i, s.m. 감자 ; ~ dulce 고구마 ; ~i fierți 삶은 감자 ; ~i prăjiți 튀긴 감자 ; câmp de ~i 감자밭 ; cultura ~ilor 감자재배 ; salată de ~i 감자샐러드 ; a curăța ~i 감자의 껍질을 벗기다 ; a pune/semăna ~i 감자 씨를 뿌리다
cartofor, ~ă, ~i, ~e, s.m. 카드놀이꾼
cartograf, ~ă, ~i, ~e, s.m. 제도사
cartografic, ~ă, ~i, ~e, s.m. 지도 제작의
cartografie s.f. 제도(작)법, 지도 제작법
cartogram|ă, -e, s.f. 통계지도
cart|on, -oane, s.n. 마분지, 판지, 박스용 종지
carton|a, -ez, -ai, -at, vt. (마분지로) 묶다, 포장하다
cartonaj, ~e, s.n. 판지 제조, 판지 상자
cartona|t, -tă, -ți, -te, adj. 판지로 묶은, 판지로 된, 판지로 포장한
cartotec|ă, -i, s.f. 카드식 색인, 색인 카드
cartuş, ~e, s.n. **1.** 탄약통, 약포 **2.** 장식 벽판, 장식판 **3.** 작은 상자
cartuşier|ă, -e, s.f. **1.** 탄약통 **2.** (잉크 따위의) 카트리지
carusel, ~e, s.n. 회전목마
cas|a, -ez, -ai, -at, vt. **1.** (판결, 결정 등을) 파기하다, 취소하다 **2.** 폐기하다 **3.** 부수다, 파괴하다
casabil, ~ă, ~i, ~e, adj. 파기할 수 있는, 취소 할 수 있는
casap, ~i, s.m. 백정(白丁), 도살자, 도살업자
casație s.f. (최고재판소) 파기원, 파기
cas|ă, -e, s.f. **1.** 집 **2.** 가정 **3.** (요금 등을 내는) 작은 부스, 계산대 **4.** 돈 통, 현금 출납기 ; afară de ~ (집)밖에서 ; făcut în ~ 가내수공의 ; fără ~ 무주택의, 집이 없는, 잘 곳이 없는 ; haină de ~ 일상복 ; a duce ~ bună cu cineva -와 부부처럼 지내다, -와 매우 친근한 사이다 ; a ține/face ~ cu cineva -와 결혼하다, -와 동거하다 ; a da pe cineva afară din ~ -을 쫓아내다 ; a sta în ~ 집안에 머물다 ; a fi la casa lui 결혼하다, 정착하다
cascad|ă, -e, s,f. **1.** 폭포 **2.** (어떤 일이) 갑자기 밀어닥치기
cască, căști, s.f. **1.** 투구, 철모, 헬멧 **2.** 헤드폰
cascǎ-gură, s.m. 입이 딱 벌어지게 하는 일(사람)
caschet|ă, -e, s.f. 챙 달린 모자, 캡
caset|ă, -e, s.f. **1.** 작은 상자, 궤 **2.** 카

세트 테이프
casier, ~ă, ~i, ~e, s.m. 수납인, 캐셔
casieri|e, -i, s.f. 수납처, 돈 내는 곳
casieriț|ă, -e, s.f. 수납하는 여자, 여자경리
casiterit s.n. (광물) 주석광
casi|u, -i, s.n. 도로를 가로지르는 도랑, 배수로
casnic, I. ~ă, ~i, ~e, adj. **1.** 가정의, 집안의, 국내의 **2.** 기혼의 **3.** 가정적인 ; indusrie ~ă 가내공업 ; om ~ 기혼자 ; viață ~ă 가정생활 II. s.m. 기혼자
casnic|ă, -e, s.f. 전업주부
casolet|ă, -e, s.f. 향로
cas|t, -stă, -şti, -ste, adj. 순수한, 깨끗한, 흠집하나 없는
castan, ~i, s.m. 밤나무
castan|ă, -e, s.f. 밤(열매)
castaniet|ă, -e, s.f. [음악]캐스터네츠
castani|u, -e, -i, adj. 밤색의
cast|ă, -e, s.f. (인도의) 카스트, 세습적 사회계급
castel, ~e, s.n. 성(城)
castelan, ~ă, ~i, ~e, s.m. (과거) 성채의 사령관, 성주(城主)
castit|ate,-ăți, s.f. 순결, 정절, 결백
castor, ~i, s.m. [동물]비버
castr|a, -ez, -ai, -at, vt. 거세하다
castr|are, -ări, s.f. 거세
castravecior, ~i, s.m. castravete의 축약형
castrave|te, -ți, s.m. 오이
castr|on, -oane, s.n. 스튜 냄비, 스튜 접시
caş, ~uri, s.n. 유장(乳漿) 치즈
caşalo|t, -ți, s.m. 향유고래
caşcaval s.n. 루마니아식의 (양유 등으로 만든) 치즈
caşet|ă, -e, s.f. 약포(藥包), 가루약을 싸는 종이
caşexie s.f. (암, 결핵 따위의 말기에 나타나는) 전신쇠약
caşmir s.n. **1.** 카시미르 지방에 사는 사슴 **2.** 카시미르 사슴 털로 만든 제품
cat, ~uri, s.n. (건물의) 층
cataclism, ~e, s.n. 지각의 대 격변, 대 이변, 재난
catacomb|ă, -e, s.f. 지하묘지
catadics|i, -esc, -ii, -it, vt. 기꺼이 하다
catafalc, ~uri, s.n. 영구대(靈柩臺)
catagrafi|e, -i, s.f. **1.** 목록, 재고품 목록 **2.** 인구조사, (여론)조사
catahrez|ă, -e, s.f. 그릇된 전용(轉用)
catalectic, ~e, adj. [음율]운각(韻脚)이 불완전한
catalepsie s.f. (근육) 강직증
cataleptic, ~ă, ~i, ~e, s.m. 강직증의
catalige s.f. 죽마(竹馬)(두 개의 나무로 만든 장대에 적당한 높이의 발걸이를 끼워 놓은 장대를 타고 그 윗부분을 잡고서 걷거나 뛰는 것)
catalitic, ~ă, ~i, ~e, adj 촉매의
cataliz|a, -ez, -ai, -at, vt. 촉매에 작용을 미치다
catalizator, ~i, s.m. 촉매, 촉매장치
cataliz|ă, -e, s.f. 촉매작용
catal|og, -oage, s.n. 목록, 카탈로그
catalog|a, -ghez, -ai, -at, vt. **1.** 목록을 작성하다 **2.** 종류별로 나누다
catapet|easmă, -esme, s.f. (정교

C

회에서) 제단과 나머지 부분 사이에 만든 벽

cataplasm|ă, -e, s.f. 찜질 약 (약초 가루 따위의 반죽)

catapult|a, -ez, -ai, -at, vt. **1.** (비행기를) 캐터펄트로 쏘아 올리다 **2.** 발사하다

catapult|ă, -e, s.f. 캐터펄트, 노포(弩砲)

catar, ~uri, s.n. [질병]카타르, 심한 감기

cataract|ă, -e, s.f. **1.** 폭포 **2.** 백내장(白內障)

cataral, ~ă, ~i, ~e, adj. [질병]카타르의

cataram|ă, -e, s.f. **1.** 버클, 혁대 쇠, **2.** 금속 따위의 장식품

catarg, ~e, s.n. **1.** 기둥 **2.** 돛대, 마스트

catastif, ~e, s.n. 등록부

catastrofal, ~ă, ~i, ~e, adj. 파국적인, 비극의, 절망적인 재난의

catastrofă, -e, s.f. **1.** 재난, 재앙 **2.** (희곡의) 비극적 결말

catâr, ~i, s.m. 노새 (수나귀와 암말의 잡종)

catedral|ă, -e, s.f. 대주교가 있는 성당 또는 교회

catedr|ă, -e, s,.f. **1.** 교탁 **2.** (대학의) 학과

categoric, ~ă, ~i, ~e, adj. **1.** (아리스토 텔레스 철학에서) 정언(定言)적인 **2.** 확실한, 명확한

categori|e, -i, s.f. 범주, 카테고리

categoris|i, -esc, -ii, -it, vt. 범주에 따라 분류하다

catehism, ~e, s.n. [종교]교리문답

catehiz|a, -ez, -ai, -at, vt. 교리문답을 가르치다

caten|ă, -e, s.f. **1.** 산맥 **2.** [화학]연쇄

cateris|i, -esc, -ii, -it, vt. 법의를 벗기다, 성직에서 해직하다, 특권을 박탈하다

caterpilar, ~e, s.n. 무한궤도식 트랙터, 캐터필러

catetometr|u, -e, s.n. 카티토 미터 (두 지점의 높이를 재는 기계)

catgut s.n. 장선 (양 따위의 창자로 만든 질긴 줄, 악기의 현, 테니스 라켓 줄 등으로 사용된다.)

catif|ea, -ele, s.f. 벨벳 (첨모직 중 하나)

catifela|t, -tă, -ți, -te, adj. **1.** 벨벳처럼 부드러운 **2.** 부드럽고 상냥한 목소리의

catihe|t, -ți, s.m. 교리문답 교사

cation, ~i, s.m. [전자]양이온

cato|d, -zi, s.m. [전자]음극(陰極)

catodic, ~ă, ~i, ~e, s.m. 음극의, 음극에서 나오는

catolic, ~ă, ~i, ~e, adj. 가톨릭교의 s.m. 가톨릭신자

catolicism s.n. [종교]가톨릭교(사상)

catrafuse s.f. 휴대품, 소지품

catran s.n. **1.** 타르(tar) **2.** 몹시 화남

catren, ~e, s.n. 4행시

catrinț|ă, -e, s.f. (루마니아 시골의 여성들이 입는) 치마

cațaveic|ă, -i, s.f. (루마니아 시골 사람들이 입는) 소매가 길고, 짧은 웃옷

caț|ă, -e, s.f. (목동이 사용하는 지팡이처럼 생긴) 긴 막대기

caua s.f. 도깨비, 유령

caucazi|an, -ană, -eni, -ene, adj. 코카서스(인)의

cauciuc, ~uri, s.n. **1.** (탄성) 고무 **2.** 타이어

canciuca|t, -tă, -ți, -te, adj. 탄성 고무의

causti|c, ~ă, ~i, ~e, adj. 부식성의, 가성(苛性)의

causticitate s.f. 부식성, 가성도(苛性度)

cauter, ~e, s.n. 소작(燒灼) 도구

cauteriz|a, -ez, -ai, -at, vt. 뜸을 뜨다, 부식시키다. 마비시키다.

cauteriz|are, -ări, s.f. 부식, 뜸

cauțiun|e, -i, s.f. **1.** 증서, 보안, 방위 보증, 당담 **2.** 보석(금), 보석보증인

cauz|a, -ez, -ai, -at, vt. **1.** -의 원인이 되다, 일으키다. **2.** 산출하다. 생산하다. **3.** (용기 따위를)불러일으키다. 환기하다.

cauzal, ~ă, ~i, ~e, s.m. **1.** 원인의, 인과율의 **2.** 인과문장.

cauzalitate s.f. 인과(관계)율

cauzativ, ~e, adj. 원인이 되는, 사역(使役)의 원인 표시의

cauzat|or, -oare, -ori, -oare, adj.

cauz|ă, -e, s.f. **1.** 원인, 이유, **2.** 판례, 소송(사건), 진술, 주장 ; din această ~ 이런 이유로 ; din care ~? 무슨 이유로? ; din cauza (소유격 지배) -의 이유로 ; din ~ că... -라는 이유에서, 왜냐하면 ; din ~ de... -의 이유로, -때문에 ; a face ~ comună cu cineva -와 제휴하다 ; a scoate pe cineva din ~ -사건을 담판으로 해결하다 ; a fi în ~ -에 연관되어 있다 ; a pune pe cineva în ~ -을 고소(고발)하다

cavaf, ~i, s.m. 신발장수

caval, ~e, s.n. 긴 양치기 파이프

cavalcad|ă, -e s.f. 기마대, 기마행렬

cavaler, ~i, s.m. **1.** 기사 **2.** 호위 **3.** 파트너, 상대자 **4.** 찬미자, 구애자 **5.** 신사 **6.** 미혼(독신)남자 ; ~ al ordinului 나이트작, 사작 ; ~ de onoare 결혼식에서 신랑 들러리

cavaler|esc, -ească, -eşti, adj. **1.** 기사의, 기사다운, 의협적인 **2.** 용감한

cavalereşte, adv. **1.** 용감하게, 정중히, 친절히 **2.** 솔직히(하게)

cavaleri|e[1]**,** -i, s.f. **1.** 기병(대), 기갑부대 **2.** 기마대, 기사

cavaleri|e[2]**,** -i, s.f. 기사계급

cavalerime, s.f. [고어] 기병(대)

cavalerism, s..n. 기사도 (정신)

cavaleri|st, -şti, s.m. 기병, 기마대, 정찰대

cavalin, ~ă, ~i, ~e, adj. 말의, 말에 관한

cava|s, -şi, s.m. (고어) 순사, 경찰

cavern|ă, -e, s.f. **1.** 굴, 동굴 **2.** (이빨의)구멍, 충치 **3.** 혈거인, 야인

cavern|os, -oasă, -oşi, -oase, adj. **1.** 동굴의, 동굴이 많은, 동굴모양의 **2.** (눈이)움푹 들어간 **3.** 공허한, 힘없는

caviar, s.n. 케비어(철갑상어의 알젓), 진미, 별미

cavit|ate, -ăți, s.f. **1.** 구멍, 동혈(洞穴) **2.** [의학]강(腔), 와(窩)

cavitați|e, -i, s.f. 공동(空洞) 현상 (프로펠러 회전 때문에 후방에 생기는 진공현상)

cavou, ~ri, s.n. 가족 납골당

caz, ~uri, s.n. **1.** 병증 **2.** 사건, 사고 **3.** 실례, 예증 **4.** 사례, 소송 **5.** [문법]격

~ul nominativ 주격 ; ~ de forță majoră 불가항력 ; ~ de speță 구체적 사건 ; ~ fortuit 우발적 사건 ; în acest ~ 이 경우에 ; în ~ că..., în~ul când... -일 경우에, -라는 가정 하에 ; în ~ de... -의 경우에 ; în orice ~ 어떤 경우에도 ; a face ~ de... -을 존중하다 ; e ~ul să... -하는 것이 당연하다

C

caz|a, -ez, -ai, -at, vt. **1.** 숙사를 할당하다 **2.** 숙박시키다.
cazac, ~i, s.m. 카자흐사람(기병)
cazac|ă, -e, s.f. 소매가 긴 셔츠
cazacioc, s.n. 우크라이나 민속춤의 일종
cazan, ~e, s.n. (물, 팔링커 등을 끓이기 위한) 대형 냄비
cazangeri|e, -i, s.f. 보일러실
cazang|iu, -ii, s.m. 보일러 수리공
cazani|e, -i, s.f. **1.** 설교, 훈계 **2.** 설교 책
caz|are, -ări, s.f. **1.** 숙사, 군인막사 **2.** 숙박
cazarmament s.n. 군대의 침구류들을 총칭하는 말
caz|armă, -ărmi, s.f. 막사, 병영
cazeină, s.f. 카세인, 건락소
cazemat|ă, -e, s.f. 포대, (군함의)포탑
cazier, ~e, s.n. **1.** 범죄기록, 처벌기록 **2.** 비둘기장
cazinou, ~ri, s.n. 카지노, 도박장
cazma, ~le, s.f. **1.** 다래, 삽 **2.** 끌로 절개하기
cazn|ă, -e, s.f. **1.** 고문 **2.** 고통 **3.** 노력 ; cu multă ~ 많은 어려움으로 ; fără (nici o) ~ 별 어려움 없이, 쉽게
cazon, ~ă, ~i, ~e, adj. **1.** 막사(병영)의 **2.** 군(대)의, 군인다운 **3.** 굳은, 완고한
cazual, ~ă, ~i, ~e, adj. **1.** 우연한, 뜻밖의 **2.** 임시의
cazualism, s.n. 우연론
cazualit|ate, -ăți, s.f. 우연, 임시
cazuar, ~i, s.m. 화식조(오스트레일리아, 뉴기니 및 그 인근 섬들에 분포하고 있는 조류의 일종)
cazui|st, -stă, -şti, -ste, s.m. 결의론자, 도학가, 궤변가
cazuistic, ~ă, ~i, ~e, s.m. 그리고 f. adj. 결의론(법), 궤변
că conj. 접속사, 연결사(관계대명사) ; cu toate ~ -에도 불구하고 ; pe lângă ~... -이외에도, 게다가 ; pentru ~... 왜냐하면
căci conj. 왜냐하면(-이기 때문이다),
căciular, ~i, s.m. 양털 모자를 만드는 사람
căciul|ă, -i, s.f. 양털모자 ; a da cu căciula în câini 바보의 흉내를 내다, 까불다 ; a se şti/simți cu musca pe ~ 양심의 가책을 느끼다 ; a-i ieşi părul prin ~ 지칠 때까지 기다리다, 물릴 때까지 기다리다, 간신히 살아가다, 몰락하다
căciul|eală, -eli, s.f. 양털 모자를 쓰는 행위
căciul|i, -esc, -ii, -it, vr. -을 얻기 위해 머리를 숙이다, 겸손하다.
căciulir|e, -i, s.f. căciuleală
căciuliț|ă, -e, s.f. **1.** 보네트 (턱밑에서 끈을 매개되어있는 챙없는 모자, 어린이용 모자) **2.** căciulă의 축약형
că|dea, cad. -zui,- zut, I. vi. **1.** 떨어지다. 내리다, 붕괴하다, 가라앉다.

2. 도착하다, 나타나다 3. 낮추다, 낮게 하다 4. 정도에서 벗어나다, 잘못(실수)하다 5. 부숴버리다, 실패하다 6. 도약대로부터 점프하다, 쾅하고 떨어지다 ; a ~ asupra (소유격 지배) -위로 떨어지다 ; a ~ capul în jos ; a ~ de acord 동의하다 ; a ~ de oboseală 몹시 지치다 ; a ~ de pe bicicletă 자전거에서 떨어지다 ; a ~ pe spate 뒤로(등 쪽으로) 넘어지다 ; a ~ peste cap 쓰러지다 ; a ~ bine 제 철을 만나다 ; a ~ mort 떵져서(넘어져서) 죽다 II. vr. 적당하다, 알맞다, 어울리다 ; a-i se ~ 마땅히 -할 만하다 ; nu se cade să vorbeşti aşa 너는 그렇게 말해서는 안 된다

cădelniț|a, -ez, -ai, -at, vi. **1.** -에 향을 피우다 **2.** -에 버터를 바르다 **3.** -을 찬미하다

cădelniț|ă, -e, s.f. 검열관

căder|e, -i, s.f. **1.** 붕괴, 낙하, 추락 **2.** 실패 **3.** 수용량, 품질 **4.** 단정, 예의바름 **5.** 탈모 **6.** 폭포

căftăn|i, -esc, -ii, -it, vt. 작위를 수여하다

că|i, -iesc, -ii, -it, vr. 후회하다. 유감으로 생각하다

căin|a, -ez, -ai, -at, vi. **1.** 동정하다, 불쌍히 여기다 **2.** 슬퍼(한탄)하다 **3.** 애도하다, 애석해하다.

căinț|ă, -e, s.f. 후회, 회개

căişor, ~i, s.m. cal의 축약형

căiță, -e, s.f. 보네트 (턱밑에서 끈을 매게 되어 있는 챙 없는 여자 어린이용의 모자)

călare adj., adv. 말에 탄, 말을 타고

călăfătu|i, -iesc, -ii, -it, vr. -에 뾰족 징을 박다, 뾰족 징으로 상처 내다, -에 뱃밥을 끼워 넣다

călăraş, ~i, s.m. 기병

călăr|eț, -eață, -eți, s.m. 승마자, 기수, 말을 키우는 사람

călăr|i, -esc, -ii, -it, vr. **1.** (말을) 타다, 타고 가다 **2.** (말을 타고) 전속력으로 달리다, 질주하다

călărie, s.f. 승마

călărim|e, -i, s.f. (고어) 기사도 정신

călărit, s.n. 승마

călăt|or, -oare, -ori, -oare, adj. **1.** 여행(용)의, 여행하는, 이주하는 **2.** 질주하는, 쏜살같은 s.m. **1.** 여행자 **2.** 철새

călător|i, -esc, -ii, -it, I. vt. **1.** 여행하다 **2.** 방황하다 ; a ~ cu trenul 기차로 여행하다 ; a ~ pe jos 도보로 여행하다 ; a ~ pe mare 항해하다 II. vr. **1.** 멀리 떠나다 **2.** 끝나다 **3.** 죽다

călători|e, -i, s.f. 여행, 승마, 드라이브 ; a face o ~ 여행하다 ; a pleca în ~ 여행을 출발하다, 외국으로 나가다

călă|u, -i, s.m. 교수형 집행인

călăuz|ă, -e, s.f. 안내(자), 안내책자, 안내수칙

călăuz|i, -esc, -ii, -it, vr. **1.** 안내하다, 인솔하다 **2.** 충고하다 **3.** 가르치다 **4.** 안내를 받다 **5.** -을 따라가다

călăuzire, s.f. 안내(하기)

călăuzit|or, -oare, -ori, -oare, adj. 안내하는, 인도하는

călc|a, calc, -ai, -at, I. vt. **1.** 밟다 **2.** 방문하다 **3.** 급습하다 **4.** 침입하다 **5.** 다림질하다 **6.** 교미하다 **7.** 짓밟다, 뭉개버리다 **8.** (약속을) 깨다 ; a ~ o distanță de... 떨어져서 가다 ; a ~ legea 법을 어기다 ; a ~ o pălărie 모자를 다림질하다 ; a ~ în picioare ~의 발을 밟

다, 짓밟다, 유린하다 걷다 II. vi. **1.** 땅을 밟다 **2.** 다림질하다 ; a ~ pe urmele cuiva 누구의 발자국을 쫓다

călc|are, -ări, s.f. .**1.** 밟음, 발걸음 **2.** 파괴, 침략

călcat, s.n. 다림질(하기)

călcăt|or, -oare, -ori, -oare, s.m. **1.** 다림질 하는 사람 **2.** 법을 위반하는 사람

călcător|easă, -ese, s.f. 다림질 하는 여자

călcători|e, -i, s.f. 다림질 하는 곳 (세탁소 같은 곳)

călcătur|ă, -i, s.f. **1.** 발자국 **2.** 발걸음

călcâi, ~e, s.n. **1.** 뒤꿈치 **2.** 뒤축 **3.** 아킬레스건

căld|are, -ări, s.f. **1.** 들통 **2.** 보일러 **3.** 구리세공인

căldărar, ~i, s.m. 보일러 만드는 사람

căldăruş|ă, -e, s.f. [식물]매 발톱 꽃

căldic|el, -ică, -ei, -ele, adj. cald의 축약형

căldur|ă, -i, s.f. **1.** 온기 **2.** 열정, 열의 **3.** 열 **4.** 열 **5.** 무더위

căldurică s.f. căldură의 축약형

căldur|os, -oare, -ori, -oare, adj. 따뜻한, 열정의

călduț, ~ă, ~i, ~e, adj. 미지근한, 열의 없는, 시들한

căl|i, -esc, -ii, -it, I. vr. **1.** (강철 따위를) 단련(鍛鍊)하다. 굳히다, 강하게 되다 **2.** 푹 끓이다 **3.** 딱딱해지다, 강해지다 II. vt. 강화시키다

călim|ară, -ări, s.f. 잉크병, 잉크스탠드

călin, ~i, s.m. 불두화 나무

călin|ă, -e, s.f. 불두화 나무의 열매

călir|e, -i, s.f. 담금질, 단련

călit, s.n. 단련(鍛鍊)

căli|t, -tă, -ți, -te, adj. 단련의

călțun, ~i, s.m. [식물]미국 산 뱀무우, (영국)데이지

călțunar, ~i, s.m. [방언]신부에게 선물을 주는 남자

călțunaş, ~, s.m. **1.** (pl.) 엉겨 굳어진 것, 혹은 경단 **2.** 제비꽃 **3.** 한련 속의 식물

călțunăr|easă, -ese, s.f. 신부에게 선물을 주는 여자

călugăr, ~i, s.m. 수(도)사

călugăr|esc, -ească, -eşti, adj. 수사의, 수도 생활의 금욕적인

călugăreşte adv. 수사답게

călugăr|i, -esc, -ii, -it, vr. 성직에 취임하다, **2.** 수도원에 들어가다, 수녀가 되라

călugărie s.f. **1.** 수도사 생활 **2.** 금욕 생활

călugăriț|ă, -e, s.f. 수녀

căluş, ~uri, s.n. **1.** 재갈 **2.** (바이올린의) 활 **3.** 화판

căluşar, ~i, s.m. **1.** 루마니아 전통 춤의 일종 **2.** 그 춤을 추는 사람들

căluşe|l, -i, s.m. 완곡한 말투, 회전목마

căluț, ~i, s.m. 망아지 (말의 축소형)

căm|ară, -ări, s.f. **1.** 식료품 (저장)실, 찬방 **2.** 방

căm|aşă, -ări, s.f. **1.** 셔츠 **2.** 자켓 **3.** 케이블 외장 **4.** 얇은 껍질 **5.** (책의) 커버 **6.** (물건의) 딱딱한 외피 ; cămaşa cepei 양파껍질 ; în ~ 셔츠차림으로 ; a-şi da şi cămaşa de pe el 모든 것을 양보하다, 희생하다, 헌신하다 ; a-şi pune o ~ curată 깨끗한 셔츠로 갈아입다 ; a-şi scoate/ dezbrăca cămaşa 셔츠를 벗다 ; a lăsa pe cineva în ~ 누

구의 옷을 홀랑(모두) 벗기다 ; cămaşa e mai aproape decât haina 자에는 우선 가정에서부터

cămăraş, ~i, s.m. (고대 영주의 방을 관리하던) 하인

cămărăşe|l, -i, s.m. 하인, 시중드는 아이

cămărăşiț|ă, -e, s.f. **1.** cămăraş의 부인 **2.** 여자하인

cămăr|uie, -ui, s.f. v. cămăruță

cămăruț|ă, -e, s.f. cămară의 축약형

cămăşuță, -e s.f. 작은 셔츠, (셔츠의 축소형)

cămătar, ~i, s.m. 고리대금업자

cămătăr|esc, -ească, -eşti, adj. 고리를 받는, 고리대금의

cămătăreşte adv. 고리대금으로

cămătări|e, -i s.f. 고리로 돈을 빌림. 고리대금업

cămilar, s.m. 낙타를 타는 사람

cămil|ă, -e, s.f. 낙타

cămin, ~e, s.n. **1.** 난로, 벽로 **2.** 굴뚝 **3.** 가정 자택 **4.** 학생의 (기숙사)

căminar, ~i, s.m. 중세에 루마니아의 세금 징수를 담당한 사람

căn|eală, -eli, s.f. (고어) 머리 염색하는 검은색의 염색약

căn|i, -esc, -ii, -it, vr. 물들이다, 염색하다

cănire s.f. 염색(법), 염색 업

căniț|ă,-e, s.f. cană의 축약형

căpăcel, ~e, s.n. capac의 축약형

căp|ăstru, -estre, s.n. (필의)고삐, 목조르는 밧줄, 구속

căpăt|a, capăt, -ai, -at, I. vt. **1.** 손에 넣다, 획득하다, 받다 **2.** (태도, 임무, 책임 따위를) 취하다, 떠맡다 **3.** 약정하다. a ~ curaj 용기를 내다 ; a ~ guturai 감기(에) 걸리다 ; a ~ o deprindere 한 버릇이 들다 ; a ~ voie/permisiune 허가를 얻다 II. vr. 얻어지다

căpătat, s.n. 구걸(하기)

căpătâi, ~e, s.n. **1.** (침대의)윗부분 **2.** 베개 **3.** 버팀, 지지 **4.** 조각 **5.** 시작 **6.** 끝 **7.** 주택 **8.** 지붕, 은신처 ; de ~ 기본적으로, 기초로부터 ; fără ~ 정착하지 않은, 집이 없는, 실업(자)의, 목적이 없이, 정처 없이 ; om fără ~ 실업자, 백수 ; a -şi face un ~ 직업을 구하다, 정착하다 ; a da de ~ 정돈하다, (문제를) 풀다 ; a umbla fără ~ 빈둥거리다, 방랑하다 ; a scoate ceva la ~ -을 종결하다

căpătu|i, -iesc, -ii, -it, I. vt. **1.** 놓다, 두다 **2.** 지명하다 **3.** -와 결혼하다 II. vr. **1.** 자리 잡다, 취업하다, 출산하다 **2.** 결혼하다

căpătui|ală, -eli, s.f. **1.** 장소, 곳 **2.** 좋은 숙소 **3.** 행운 **4.** 돈

căpătui|t, -tă, -ți, -te, adj. 자리 잡은

căpățân|ă, -i, s.f. **1.** (소의) 머리 **2.** (사람의) 머리 **3.** 두개골 **4.** 구근 **5.** (치륜의) 바퀴통

căpățân|os, -oasă, -oşi, -oase, adj. **1.** 큰머리의 **2.** 두개골이 두꺼운, 우둔한 **3.** 고집이 센

căpcăun, ~i, s.m. **1.** 사람을 잡아먹는 귀신 (동화에 나오는 거인) 괴물 **2.** 식인종

căpeteni|e, -i, s.f. **1.** 장, 우두머리 **2.** 지휘관, 명령자

căpețel, ~e, s.n. 작은 조각 소량, 조금

căpi|a, -ez, -ai, -at, vt. **1.** (양이나 소 등이) 어지럼병에 걸리다. **2.** 미치다

căpia|t, -tă, -ți, -te, adj. **1.** 어지럼병에 걸린 **2.** 분별없는, 머리가 돈

căpiere, s.f. 어지럼병에 걸림

căpister|e, -i, s.f. (나무로 된) 반죽통

căpitan, ~i, s.m. **1.** 육군 대위 **2.** 선장 해군, 대령 **3.** 주장(스포츠의) ; ~ de cursă lungă 해도 ; ~ fregată 지휘관, 명령권자 ; ~ de pompieri 소방관 ; ~ul unei echipe de fotbal 축구팀 주장

căpităn|easă, -ese, s.f (육군 대위, 선장, 주장의) 부인.

căpităni|e, -i, s.f. 항만국 ; căpitănia portului 항무관의 사무실

căpiț|ă, -e, s.f. (원뿔 모양의) 건초 더미

căprar, ~i, s.m. **1.** 상등병 **2.** 염소지기

căprări|e, -i, s.f. **1.** (상등병 명령하의) 부대 **2.** 훈련 **3.** 무리

căpr|esc, -ească, -ești, adj. 염소의

căprioar|ă, -e, s.f. **1.** 사슴, 노루의 수컷 **2.** 새끼 염소

căprior, ~i, s.m. **1.** 노루 **2.** (지붕의) 서까래 **3.** 톱 켜는 사람

căprior|eală, -eli, s.f. (집합적) 노루

căprior|i, -esc, -ii, -it, vt. 서까래를 설치하다.

căprișor, s.n. 삼나무의 일종

căpriț|ă, -e, s.f. 새끼염소

căpr|iu, -e, -i, adj. v. căprui

căpr|ui, -ie, adj. 노루색깔의 (특히 눈 색깔이)

căpș|or, -oare, s.n. cap의 축약형

căpșun, ~i, s.m. 딸기 (장피 과의 다년초)

căpșun|ă, -e, s.f. (열매) 딸기

căptuș|eală, -eli, s.f. **1.** (옷장 따위의) 안대기 **2.** 널판장 **3.** 덮음, 씌우개 **4.** 목재 **5.** 속이기

căptuș|i, -esc, -ii, -it, vt. I.. **1.** -에 선을 긋다 **2.** -에 편하다, -로 향하다 **3.** 재복으로 받치다 **4.** -에 채우다 **5.** 속이다 **6.** 불룩하게 하다, 자루에 넣다 **7.** -을 접다, 붙들라 **8.** (누구를) 궁지에 몰아넣다 II. vr. **1.** 선이 그어지다 **2.** 술 취하다, 비틀거리다

căptușire, s.f. 선긋기

căpu|i, -iesc, -ii, -it, vt. (어떤 사람을) 잡다, 획득하다, 얻다.

căpui|t, -tă, -ți, -te, adj. 예상된, 추측된

căpuit|or, -oare, s.n 리벳 죄는 기계, 대갈못을 박는 기계.

căpuș|ă, -e, s.f. **1.** 양의 이 **2.** 아주까리 ; ce-i în gușă și-n ~ 개방된, 솔직한

căput|a, -ez, -ai, -at, vt. (양팔의) 바닥을 갈아대다

căput|ă, -e, s.f. **1.** 발 **2.** (구두의) 앞닫이

căr|a, car, -ai, -at, vt. I. **1.** 운반하다 **2.** 가지고 가버리다 **3.** 배불리 먹다 ; a ~ pumni (여격 지배) 주먹으로 치다, 주먹질하다 ; a ~ în spinare 등에 지고 운반하다 II. vr. **1.** 떠나다 **2.** 운반되다

căr|are, -ări, s.f. **1.** 통로 **2.** (작은)길 **3.** 가르마 ; ~ bătută 밟아 길들여진 길 ; ~ lăturalică 간도, 사이길 ; cărări întortochiate 꾸불꾸불한 길 ; cu ~ la mijloc (이발) 가리마를 중아에 낸 ; a umbla pe două cărări 얼근하게 취하다, 위선적이다, 가면적이다

cărat s.n. 운송, 적재

cărăbăn|i, -ez, -ai, -at, vt. **1.** 운반하다 **2.** 가지고 가버리다, 제거하다 **3.**

다루다, 처리하다
cărăbuş, ~i, s.m. 풍뎅이
cărămidar, ~i, s.m. 벽돌 제조인
cărămi|dă, -zi, s.f. 벽돌
cărămidări|e, -i, s.f. **1.** 벽돌, 제조 공장 **2.** 벽돌 굽는 가마
cărămizi|u, -e, -i, adj. 붉은 벽돌 빛의
cărărui|e, -i s.f. cărare의 축약형
cărăruş|ă, -e, s.f. cărăruie
cărător, ~i, s.m. 나르는 사람, 짐꾼
cărătur|ă, -i, s.f. 나르기, 운송
cărăuş, ~i, s.m. 짐마차 꾼, 마부
cărăuş|i, -esc, -ii, -it, vt. 짐마차 꾼이 되다, 마부로 생활비를 벌다
cărăuşi|e, -i, s.f. **1.** 운송업 **2.** 짐수레(트럭) 운송(료)
cărbunar, ~i, s.m. **1.** 탄광 주 **2.** 석탄 상인 **3.** 카르보나리 (19세기 초 이탈리아 급진 공화주의자의 결사)
cărbunări|e, -i, s.f. **1.** 숯가마 **2.** 저탄장
cărbun|e, -i, s.m. **1.** 석탄 **2.** 타다 남은 것, 깜부기불 **3.** (보리들의) 깜부기 **4.** 탄저 **5.** 탄소(비금속 원소, 기초 C, 번호6) **6.** 크레용 ; ~ acoperit 위선자 ; ~ alb 백탄 ~ brun 갈탄 ; a preface în ~ 탄화하다, 숯으로 만들다 ; a se preface în ~ 숯으로 되다, 탄화되다 ; a sta pe cărbuni (aprinşi) 가시방석위에 앉아 있다, 불안에 떨다
cărdăşi|e, -i, s.f. 공모 (사교, 문학 연구 따위를 위해 자주 모이는) 한패 친구, 동인
cărindar, s.m. (고어) 1월
cărnărie, s.f. 많은 양의 고기
cărniţ|ă, -e, s.f. carne의 축약형
cărn|os, -oasă, -oşi, -oase, adj. **1.** 살(근육)의 **2.** 펄프모양의, 실쭉한 **3.** 뚱뚱한, 살찐
cărnos|i, -esc, -ii, -it, vt. (가죽에 남은 고기를)떼어내다, 발라내다.
cărpăn|os, -oasă, -oşi, -oase, adj. 인색한, 빈약한
cărpănoşie, s.f. 인색함
cărpiniş, ~uri, s.n. 자작나무 과의 낙엽수, 그 목재
cărtic|ică, -ele, s.f. **1.** 소책자, 팜플렛 **2.** 편지
cărturar, ~i, s.m. 학자, 학식이 있는 사람
cărturăr|easă, -ese, s.f. 점술인
cărturăr|esc, -ească, -eşti, adj. **1.** 학자다운, 학문적인 **2.** 문학의, 문학에 종사하는
cărturăreşte adv. 학자처럼
cărturări|e, -i, s.f. 교육
cărţuli|e, -i, s.f. 소책자, 팜플렛
căruci|or, -oare, s.n. **1.** 유모차 **2.** 손수레
cărun|t, -tă, -ţi, -te, adj. **1.** (머리가) 희게 되는 **2.** 옛날의, 고대의
căruntețe s.f. 머리카락이 희게 되는 현상
cărunţ|i, -esc, -ii, -it, vt. 머리카락이 희게 되다.
căruţ, ~uri, s.n. **1.** 작은 수레 **2.** 유모차 **3.** 화물 자동차
căruţaş, ~i, s.m. 짐마차꾼, 마부
căruţ|ă, -e, s.f. **1.** 짐마차 **2.** 한 수레의 (분량)
căruţări|e, -i, s.f. **1.** 마차를 만드는 장인 **2.** 마차를 만드는 작업장
căsăp|i, -esc, -ii, -it, vt. **1.** 도살하다 **2.** 죽이다 난도질하다
căsăpi|e, -i, s.f. **1.** 고깃간 **2.** 도살장

căsător|i, -esc, -ii, -it, vt. I.. (누구를) 시집(장가) 보내다 II. vr. -와 결혼하다

căsători|e, -i, s.f. 결혼(식) ; ~ nulă: 법적 구속력이 없는 결혼 ; ~ prin procură 위임계약결혼 ; copii din aceeaşi ~ 혼인관계에서 낳은 아이 ; contract de ~ 결혼 계약 ; a da cuiva în ~ -에게 시집보내다 ; a lua în ~ pe cineva -을 사위로 맞다

căsători|t, -tă, -ţi, -te, adj. 결혼한

căsc|a, casc, -ai, -at, I. vt. 열다, 조금 열다 a ~ gura 하품하다, 멍하니 서 있다 a ~ gura la ceva -을 입을 딱 벌리고 바라보다 II. vr. **1.** 입을 벌려 하품을 하다 **2.** (입이) 열리다, (문이) 조금 열리다 III. vi. 하품하다

căscat[1], ~uri, s.n. 하품, 입을 크게 벌림

căsca|t[2], I. -tă, -ţi, -te, adj. **1.** 열린, 열려있는 **2.** 입을 짝 벌리고, 멍하니 II. s.n. 하품하기, 하품

căscătur|ă, -i, s.f. **1.** 하품, **2.** 열기 배출구

căscăun|d, -dă, -zi, -de, s.m. 숙맥, 바보

căscioar|ă, -e, s.f. 작은 집

căs|ean, -eni, s.m. 가족 구성원, 같이 사는 사람, 동거인

căsnici|e, -i, s.f. 결혼 생활, 혼인

căsoaie, s.f. **1.** 고기 저장소, 식품창고 **2.** 대지주의 저택

căsuţ|ă, -e, s.f. **1.** 작은 집 **2.** 비둘기장의 드나드는 구멍

căşări|e, -i, s.f. 치즈 낙농장(업)

căşun|a, -ez, -ai, -at, vt. -의 원인이 되다 일으키다

căta, I. vt. v. căuta II. vi. **1.** (바라)보다 **2.** -하지 않으면 안 된다, 꼭 -하고 싶다

cătan|ă, -e, s.f. [고어] 오스트리아-헝가리 제국의 군인

căt|are, -ări, s.f. 봄, 보기

cătăn|esc, -ească, -eşti, adj. 군인 같은, 군인의,

cătăn|i, -esc, -ii, -it, vt. **1.** 군복무하다 **2.** 군대에 입대하다

cătăni|e, -i, s.f. 징병(제도)

cătin|ă, -i, s.f. 털갈매 나무

cătinel adv. 느릿느릿, 천천히, 부드럽게, 상냥하게 발끝으로

cătiniş, ~uri, s.n. 털갈매 나무의 집합

către, prep, v. către.

cătrăn|eală, -eli, s.f. cătrănire

cătrăn|i, -esc, -ii, -it, vt. **1.** (방어 목적으로) 통로나 벽을 막다 **2.**화나게 하다 **3.** 독을 넣다. 독살하다

cătrănir|e, -i, s.f. **1.** 통로나 벽 막기 **2.** 화, 성냄 **3.** 독살

cătrăni|t, -tă, -ţi, -te, adj. **1.** 통로나 벽을 막은 **2.** 성마른, 역정 내는 **3.** 독이 있는, 악의에 찬

către prep. **1.** (방향) -쪽으로, -로 향하여 ; către răsărit 동쪽을 향하여 **2.** (태도) -에 대해서 ; a fi înţelegător către dânsa 그녀에 대해서 이해심이 깊은 **3.** (시간) -무렵에 ; către dimineaţa 아침 무렵에

cătun, ~e, s.n. 작은 마을, 부락

cătuş|ă, -e, s.f. 수갑, 쇠고랑

căţă|i, căţăi, -ii, -it, vt. 재잘거리다, 쓸데없는 말을 하다

căţăr|a, caţăr, -ai, -at, vt. **1.** (산 따위에)오르다 **2.** 기어오르다

căţărare, -ări, s.f. 오름, 기어오름, 등

반

căţărăt|or¹, căţărătoare, s.f. **1.** 기어가는 것, 곤충 **2.** 딱다구리 **3.** 기어오르는 사람, 등산가 **4.** 덩굴식물

căţărăt|or², -oare, -ori, -oare, adj. 기어오르는, 상승하는

căţ|ea, -ele, s.f. **1.** 암컷 **2.** 심술궂은 여자, 말괄량이 **3.** 기관총

căţe|l, -i, s.m. **1.** 강아지 **2.** 아첨꾼

căţelandr|u, -i, s.m. 큰 강아지, 새끼, 애송이

căţeli, pers.3, căţeleşte, vt. **1.** 새끼를 낳다 **2.** 한 쌍이 되다, 짝짓다.

căţeluş, ~ă, ~i, ~e, s.m. 강아지

căţuie, căţui, s.f. 향로, 검열관

căuş s.n **1.** 국자 **2.** 두레박 **3.** 물통

căuşel, ~e, s.n. căuş의 축약형

căut|a, caut, -ai, -at, vt. I.. **1.** -을 찾다, -을 기다리다 **2.** 원하다 **3.** 돌보다, 간호하다 ; a ~ să... -하는 것을 시도하다, -하기를 원하다 ; a ~ o scuză 변명(구실)을 찾다 ; fără a ~ să se ascundă 전혀 숨김없이 ; a ~ ziua de ieri 터무니없는 행동을 하다, 헛된 시도를 하다 II. vr. **1.** -이 요구되다 **2.** 치료를 받다 III. vi. 구하다, 추구하다

căut|are, -ări, s.f. **1.** 추구, 참구 **2.** 요구(사항) **3.** 보호, 간호

căutat1 s.n. v. căutare

căuta|t2, -tă, -ţi, -te, adj. **1.** 선택된, 인정받은 **2.** 찾은

căutăt|or, -oare, -ori, -oare, s.m. 수색자, 조사자

căutătur|ă, -i, s.f. **1.** 흘긋 봄, 보기 **2.** 얼굴, 용모

căuzaş, ~i, s.m. 혁명가

căzăc|esc, -ească, -eşti, I. adj. 카자흐(사람)의, 카자흐 말의 II. s.f. 카자흐의 춤

căzăceşte adv. 카자흐사람 같이

căzăcime, s.f. pl. 카자흐 사람들

căzănel, ~e, s.n. cazan의 축약형

căzăt|or, -oare, -ori, -oare, adj. 떨어지는

căzătur|ă, -i, s.f. **1.** 떨어짐 **2.** 몰락한 집 **3.** 굽은 것 **4.** 난파 **5.** 황무지

căzn|i, -esc, -ii, -it, vt. **1.** 고문하다 **2.** 괴로워하다

căzni|t, -tă, -ţi, -te, adj. **1.** 고문의 **2.** (큰 성과 없이) 고생의

căzu|t, -tă, -ţi, -te, adj. 떨어진

câin|e, ~i, s.m. **1.** 개 **2.** 사냥개 **3.** 강아지 **4.** 멍멍이 **5.** 잡종 개 **6.** (네발) 짐승 ; ~ ciobănesc 양 지키는 개 ; ~ de vânătoare 사냥개 ; a trece ca ~le prin apă 일을 대충하다, 구사일생으로 도망치다 ; a tăia câinilor frunză 빈둥거리다 ; a trăi ca ~le la stână 호화롭게 살다

câin|esc, -easc ă, -eşti, -adj. **1.** 야비한, 개와 같은 **2.** 거친, 잔인한, 짐승 같은 dinte ~ 송곳니

câineşte adv. **1.** 개처럼, 개같이 **2.** 천하게, 비열하게 **3.** 무자비하게, 무정하게

câinie s.f. **1.** 몰인정, 무자비, 무정 **2.** 사악, 부정

câinişor, ~i, s.m. **1.** 강아지 **2.** 개, 멍멍이

câin|os, -oasă, -oşi, -oase, adj. 사악한, 잔혹한, 무자비한, 무감각한, 몰인정한

câlţi, s.m. **1.** 아마(삼 따위)의 거친 부스러기(밧줄을 만듦) **2.** 뱃밥(낡은 밧줄을 풀어서 누수방지용으로

틈새를 메움)

câlț|os, -oasă, -oşi, -oase, adj. 아마의, 거친, 부스러기처럼(같이)

câmp, ~uri, s.n. **1.** 들(판) **2.** 평원, 평지 **3.** 들(판) **4.** 땅, 지면 **5.** 변두리, 가장자리, 한계 **6.** 들, 구, 영역, 영토, 열, 범위 ; ~ de activitate 활동분야 ; ~ de acțiune 행동영역 ; ~ de bătălie/luptă 전장, 투쟁장소 ; a-şi lărgi ~ul 활동범위를 넓히다 ; a fi la munca ~ului 현장에서 근무라고 있다, 현장근무 중이다 ; pe ~ 출정 중으로, 경기에 참가하여 ; a o lua peste ~ 국토를 횡단하다 II. s.m. a bate ~ii 고함치다, 소리 지르다 ; a lua/apuca ~ii 미쳐 날뛰다

câmp|ean, -eană, -eni, -ene, I. adj. v. câmpenesc II. s.m. **1.** 저지인 **2.** 농부, 동국인, 시골사람, 촌뜨기

câmp|eancă, -ence, s.f. 시골여자, 촌뜨기

câmpen|esc, -easeă, -eşti, adj. **1.** 평온(평지)의, 들판의 **2.** 시골(풍)의, 단순한, 꾸밈없는 ; serbare câmpenească 소풍

câmpi|e, -i, s.f. **1.** 평원, 평지 **2.** 저지 pe/la ~ 평원에

când, I. adv. **1.** 언제? **2.** ~동안, 갑자기 II. conj. -할 때, -할 때마다 ; ~ aici, ~ acolo 여기저기, 이곳저곳 ~..., ~... 때로는 -이고 때로는 -이다 ; din ~ în ~ 때때로 ; ca şi ~ ... 마치 -인 것처럼 ; de ~? 언제부터? ; în/pe vremea ~ ... -할 때(당시) ; pe ~ ... -할 당시 ; nu am ~ 그럴 여가가 없다

cândva, adv. 언젠가 (과거의 사실에 대해서)

cânepar, ~i, s.m. 홍방울새

cânepă, s.f. **1.** (보통의)삼, 대마 **2.** (곡식을 베어들일 때의)맨 마지막 단 잡초 **3.** 삼 짚신 나물 **4.** 대마로 만든, 매다 같은 **5.** 대마로 만든 밧줄 **6.** 삼씨 **7.** 삼씨기름

cânepioar|ă, -e, s.f. [식물]등골나물의 일종

cânepişt|e, -i, s.f. 삼 들판/땅

cânepi|u, -e, -i, adj. 삼씨색깔의

cânt, ~uri, s.n. **1.** 노래 **2.** (장시의)편

cânt|a, cânt, -ai, -at, vt. **1.** 노래하다 **2.** 부르다, 영창하다 **3.** 연주하다, (음악이)들리게 하다 ; a ~ faptele cuiva -의 행적(공적)을 노래로 찬양하다 ; a ~ o melodie 한 곡 부르다 ; a ~ la pian 피아노 연주를 하다 ; a ~ bariton 바리톤으로(목소리로) 노래하다

cântar, ~e, s.n. **1.** 저울, 천칭, 계량기, 체중계 **2.** 용수철저울 **3.** 정밀 **4.** 대저울

cânt|are, -ări, s.f. **1.** 노래, **2.** 찬가, 찬송가

cântat s.n. 노래, 노래하기

cântăr|eală, -eli, s.f. 측량, 평형, 측정

cântăr|eț, -eață, -eți, -ețe, s.m. **1.** 노래하는 사람, 지저귀는 사람 **2.** 가수, **3.** 오페라, 가극 가수 **4.** 성가대원 **5.** (낮은 목소리로 부드럽게 노래하는) 유행가가수 **6.** (교회의 예배 때 성서 등의)낭독자 **7.** 시인, 음유시인

cântăr|i, -esc, -ii, -it, I. vt. **1.** -의 무게를 달다 **2.** 생각하다, 숙고하다 **3.** ~을 조사하다, 검토하다, 검사하다, 검열하다, 시험하다 ; a ~ pe cineva din ochi 남의 정체를 알다, ~을 꿰뚫어 보다 II. vi. 무게가 -이다(나가

다) III. vr. 체중을 달다

cântăt|or I. ~i, s.m. **1.** 가수 **2.** 수탉, 새의 수컷 II. oare, -ori, -oare adj. 노래하는

cântec, ~e, s.n. **1.** 노래, 창가, 소곡 **2.** 곡조, 선율 **3.** 합창곡, 무반주합창곡 **4.** 찬송가 **5.** 캔토, 편(장편시의 한 단락으로서 산문의 chapter에 해당) **6.** 의미, 뜻, 의의 ; ~ bătrânesc 민요 ; ~ de beție 주연의 노래, 주석에서 하는 노래 ; ~ de jale 비가, 장송가 ; ~ de lume 연가, 사랑의 노래 ; ~ de stea 성탄 송가 ; ~ de marinăresc (선원들이 일에 맞추어 부르는)뱃노래 ; ~ popular 대중적인 노래 ; carte de ~e 노래집, 찬송가집

cântecel, ~e, s.n. 노래, 동요

câr interj. **1.** 쉿(하고 쫓다) **2.** (까마귀, 해오라기, 개구리 등이) 우는 소리 ; a face ~-mâr 핑계를(구실을) 만들다 ; că-i ~, că-i mâr 망설임, 주저, 우유부단

câră, s.f. -을 조르다, 괴롭히다, 귀찮게 하다

cârâ|i, -cârâi, -ii, -it, I. vi. (까악 까악)울다 II. vt. 귀찮게 잔소리하다

cârâi|ală, -eli, s.f. **1.** 울음 **2.** 싸움

cârâi|t, -tă, -ți, -te, adj. (암탉이)우는, 울고 있는

cârâit|oare, -ori, s.f. 딸랑거리는 도구, 딸랑이, 딸랑거리는 장난감

cârâit|or, -oare, -ori, -oare, adj. 딸랑거리는, 딸랑거리는 소리가 나는

cârc interj. 침묵을 지키다

cârcă s.f. 엉망진창, 뒤죽박죽

cârcăi|ac, -eci, s.m. [동물]다족류

cârce|l, -i, s.m. **1.** 넝쿨손 **2.** 경련, 쥐 **3.** 진드기

cârci|og, ~uri, s.n. **1.** 지그 자그 **2.** 핑계, 구실, 책략

cârciogar, ~i, s.m. 선술집, 여인숙 주인

cârciumăr|i, -esc, -ii, -it, vi. 선술집(음식점)을 운영하다

cârciumărit, s.n. 선술집(음식점) 일, 운영

cârciumă, -mi, s.f **1.** 선술집, 여인숙 **2.** 길가의 여관, 술집 **3.** 시골 여인숙

cârciumăriț|ă, -e, s.f. **1.** 선술집, 여인숙 안주인 **2.** 국화과의 식물

cârciumioar|ă, -e, s.f. 작은 선술집, 호프집

cârcotaş, ~ă, ~i, ~e, adj. **1.** 헐뜯는, 흠잡기 좋아하는, 말꼬리 잡는, 억지 쓰는 **2.** 시대에 뒤진 사람, 완고한 사람, 하찮은 일로 투덜대는 사람, 불평가

cârcot|ă, ~e, s.f. 불화, 불일치, 불협화음

cârcot|i, -esc, -ii, -it, vi, si ur. 싸우다, 말다툼하다, 논쟁하다

cârd, ~uri, s.n. **1.** 떼, 무리, (짐승의) 무리 **2.** 그룹, 단체, 군대 ; ~uri, ~uri 무리를 지어 ; de un ~ de ani 여러 해 동안 ; a se pune în ~ cu cineva -와 말다툼하다, -와 무리 짓다(떼를 짓다)

cârdăşi|e, -i, s.f. **1.** 공모, 음모 **2.** 도당, 파벌 **3.** -와 짜고, -와 공모하여

cârj|ă, -e, s.f. **1.** 버팀나무, 지팡이 **2.** 사교장(vishop 또는,abbot의 직위 표시) **3.** 지지, 지원

cârlan, ~i, s.m. **1.** 동물의 1년생 **2.** (3살까지의)말

cârlănar, ~i, s.m. 목동

cârlig, ~e, s.n. **1.** 갈고리 **2.** 코바늘 **3.**

낚시 바늘

cârligaş, ~e, s.n. 작은 고리, 갈고랑이, 꺾쇠, 갈고리, 낚시 바늘

cârliga|t, -tă, -ţi, -te, adj. 갈고리 모양의

cârligătură, s.f. 굽음, 휨

cârlionţ, ~i, s.m. 머리털, 컬러머리칼

cârlionţ|a, -ez, -ai, -at, vt. (머리카락)을 컬하다, 고리모양으로 하다

cârlionţa|t, -tă, -ţi, -te, adj. 컬 모양의, 곱슬머리의

cârmaci, ~s.m. **1.** 키 잡는 사람, 타수 **2.** 항해사 **3.** 조 종사, 안내인

cârm|ă, -e, s.f. **1.** 배의 키 **2.** 지배, 지도, 지배적인 지위, 국가지도자, (배의)키를 잡다, 지배하다, 실권을 잡다

cârm|eală, -eli, s.f. **1.** 망설임 **2.** 우물거림, 얼버무림

cârm|i, -esc, -ii, -it, vi. 바뀌다, 전향하다

cârmir|e, -i, s.f. 전향, 방향이 바뀜

cârmâz, I. s.m. 양홍, 연지벌레

cârmâzi|u, -e, -i, adj. 삼홍색의, 피로물들인

cârm|oajă, -oji, s.f. (빵, 치즈 따위의) 겉껍질, 껍질

cârmu|i, -iesc, I. vi. **1.** 키를 조종하다 **2.** (어떤 방향으로) 향하다, 나아가다 **3.** 왕좌에 오르다 II. vt. **1.** 조종하다, 키를 잡다 **2.** (진로, 방향을) 향하게 하다 **3.** 지배하다, 다스리다, 안내하다

cârmuir|e, -i, s.f. **1.** 조종 **2.** 통치, 지배 **3.** 방향, 지침

cârmuit|or, -oare, -ori, -oare, s.m. 통치자, 지도자

cârn, -ă, ~i, ~e, adj. **1.** 들창코의 **2.** 뒤틀린, 일그러진

cârna|t, -ţi, s.m. 소시지

cârnăcior, ~i, s.m. 소시지의 축소형

cârnăţar, ~i, s.m. 소시지 만드는 사람, 소시지 판매하는 사람

cârnăţări|e, -i, s.f. **1.** 햄, 소고기 가게, 돼지고기 가게 **2.** 소시지 가게

cârnel|eagă, -gi, s.f. 사육제 축제기간

cârn|i, -esc, -ii, -it, I. vi. 뚱해 있다, 오만상을 짓다. II. vt. **1.** 우회하다, 회전하다 **2.** 끝을 자르다, 가위질하다, 베다, 끊다, 절감하다

cârnit, ~uri, s.n. 자름, 절단, 재단, 마름

cârnoş|i, -esc, -ii, -it, vt. 고기를 갈기갈기 찢다

cârpaci, s.m. 구둣방장이, 서투른 장인

cârp|ă, -e, s.f. **1.** 넝마 **2.** 식탁보 **3.** 총채, 걸레 **4.** 기저귀 **5.** 약한 사람, 동물

cârpăc|eală, -eli, s.f. 서투른 일솜씨, 서투른 작업

cârpăc|i, -esc, -ii, -it, vt. 실수하다, 서투르다

cârpăci|e, -i, s.f. 수선, 땜질, 기움질

cârpăt|or, -oare, s.n. 판목(목판 인쇄용)

cârp|eală, -eli, s.f. 수선, 수리

cârp|i, -esc, -ii, -it, vt. **1.** 고치다, 수리하다 **2.** 접합하다 **3.** 실수하다, 망치다, (일을)되는대로 해치우다

cârpit s.n. 수리

cârpitur|ă, -i, s.f. **1.** 서투른 일 **2.** 넝마 **3.** 거짓말

cârpuşoar|ă, -e, s.f. 행주, 누더기,

걸레

cârstei, s.m. 흰 눈썹 뜸부기

cârt|eală, -eli, s.f. 웅성거림, 중얼거림, 불평

cârt|i, -esc, -ii, -it, vi. **1.** 불평하다, 투덜거리다 **2.** 비난하다, 흠을 잡다 **3.** 괴롭히다, 성가시게 하다 **4.** 꾸짖다

cârtitor, -oare, -ori, -oare, adj. 투덜거리는, 불만족한, 불평하는

cârtiț|ă, -e, s.f. 사마귀, 두더지

cârt|og, -oage, s.n. 구멍

cârtire, -ri, s.f. 중얼거림, 투덜거림

câş interj. 쉿하고 쫓는 소리

câşiț|ă, ~e, s.f. [동물]치즈에 꾀는 구더기

câşlar, ~i, s.m. (양유) 착유자

câşl|ă, -e, s.f. 농장, 낙유장

câşlegi, s.f. 카니발, 사육제

câşti, ~uri, s.n. 비율, 율, 분할

câştig, ~uri, s.n. **1.** 이익, 이득, 수익, 수익금 **2.** 상품, 상금 **3.** 사용, 용도 **4.** 뜻밖의 행운 ; ~ net 순이익 ; ~ şi pierdere 이득과 손실 ; a avea ~ de cauză 승자가 되다 ; a fi în ~ 유리한 입장이 되다, 승자가 되다

câştiga, câştig, -ai, -at, I. vt. 얻다, 획득하다 ; a ~ un avantaj 이익을 얻다 ; a ~ o bătălie 전쟁에서 이기다 ; a ~ o cursă 경주에서 이기다 ; a căuta să câştigi pe cineva 비위를 맞추다, 아첨하다 ; a-şi ~ existența 생계를 세우다 II. vi.승리를 거두다, 성공하다

câştiga|t, -tă, -ți, -te, adj. 유리한, 유효한

câştigare s.f. 승리

câştigăt|or, -oare, -ori, -oare, I. adj. 승리의, 결승의, 이긴 II. s.m. 승자, 수상자

cât, I. adv. **1.** 어떻게 **2.** 얼마나 **3.** 얼마나 오래, 얼마나 많이 ; ~ de ~ 전혀 -이 아니다 ; ~ despre -에 관한 한(관하여) ; ~ mai ... 가능한 한 -하게 ; ~ pe ce/pe-aici 거의 -이다 ; cu ~ mai curând cu atât mai bine 빠르면 빠를 수록 좋다 ; cu ~ ... cu atât ... -에 비례하여 ; ~ doreşti 네가 원하는 만큼 ~ e până la ...? -까지 얼마나 멉니까? ; ~ e lumea (şi pământul) 항상(긍정), 결코(부정) II. conj. -하는 동안, -하는 한 ; ~ despre/pentru... -에 관한 한 atât... ~şi... 양족 모두

câ|t, -tă, -ți, -te, I. num. nehot. 어느, 얼마(나 많은) II. pron. inter. 얼마나 많은? 몇이나?

cât, ~uri, s.n. [수학]상

câtva, câtăva, câțiva, câteva, adj. 약간의, 몇몇의

câte prep. 각 각, 모두

câtelea, câta, num. nehot. (부정수사) 몇 번째의

câteodată adv. 때때로

câteşi, adv. 모두

câți, adj. cât의 남성 복수형태

câtim|e, -i, s.f. 양, 총량, 액, 총액

câtuşi adv. 최소한으로, 천만에

câtva, câtăva, câțiva, câteva, num. nehot. 얼마간, 몇몇

ce. I. pron, interog. **1.** 무슨, 무엇 **2.** (감탄문에서)정말이지, 얼마나 ; pentru ~? 왜? ; ~ am de plătit? 얼마 입니까? ; ~-icutine? 너 무슨일 있냐? ; ~ s-a întâmplat? 무슨 일이냐? ; a nu avea de ~ să... -할 아무런 이유가 없다 ; în ~

mă priveşte 나로 말하자면, 나에 관하여선 II. adv. 1. 얼마나, 얼만큼, 왜 ; ~ de... 얼마나 III. s.m. 어떤 것

cea¹, art. 그것

cea², interj. 감탄사

ceacâr, ~ă, ~i, ~e, s.m. 사팔눈의

ceac-pac adv. 그저 그런, 좋지도 나쁘지도 않은.

ceacşiri s.m. (고어) 터키식의 긴 바지

ceafă, cefe, s.f. 1. 목덜미 2. (가축의) 목살

ceahlă|u, -i, s.m. 털 많은 독수리

ceai, ~uri, s.n. 차(茶)

celinări|e, -i, s.f. 찻집

ceainic, ~e, s.n. 찻주전자

cealma, ~le, s.f. (고어) 터번, 머리두건

cealaltă, adj. 다른, 다른 것의

ceam, ~uri, s.n. 모래 운반선

ceambur, -uri, s.m. [방언](시골에서 흙집 등을 지을 때 사용되는) 짚

ceangă|u, -i, s.m. 바지우 지방의 헝가리식 생활

ceapă, cepe, s.f. 양파

ceapcân, ~i s.m. [방언]나쁜 사람

ceapraz, ~uri, s.n. 장식

ceaprazar, ~i, s.m. 장식을 만드는 사람

ceaprăzări|e, -i, s.f. 장신구 가게

ceară s.f. 밀랍, 밀

cearcăn, ~e, s.n. 1. 원 2. 왕관

cearceaf, ~uri, s.n. v. cearşaf

ceardaş, ~uri, s.n. 헝가리 민속 춤

cearşaf, ~uri, s.n. (침구)시트, 홑이불

ceartă, certuri, s.f. 싸움, 말다툼 ; a căuta ~ 싸우려고 벼르다 ; a căuta ~ cu luminarea 말다툼할(트집 잡을) 기회를 잡다 ; a fi în ~ cu cineva -와 사이가 안 좋다 ; a se lua la ~ 말다툼을 시작하다, 다투기 시작하다

ceas, ~uri, s.n. 1. 시간 2. 시계 ; ~ bun 행복한 시간 ; ~ de buzunar 주머니 시계 ; ~ de perete 벽시계 ; ~ deşteptător 자명종 시계 ; peste un ~ 한 시간 후에 ; o plimbare de un ~ 한 시간(거리)의 산책 ; a da ~ul înainte 시계를 빨리 가게 맞추다 ; a da ~ul înapoi 시계를 뒤로 가게 맞추다 ; a regla ~ul 시계를 맞추다 ; să fie întrun ~ bun! 행운을 빕니다! ; cât e ~ul? 몇 시 입니까? ; e ~ul trei 세 시입니다 ; ~ul meu întârzie cu cinci minute 내 시계는 5 분 늦다

ceasl|ov, -oave, s.n. (가톨릭의)일과 기도서

ceasornic, ~e, s.n. 1. 시계 2. 시계초

ceasornicar, ~i, s.m. 시계제조인(수리인)

ceasornicări|e, -i, s.f. 시계를 판매하거나 수리하는 곳

ceaşcă, ceşti, s.f. 컵, 잔

ceată, cete, s.f. 1. 한 무리의 사람들, 떼 2. (가운 따위의)한 벌

ceaţă, ceţuri, s.f. 안개

ceaun, ~e, s.n. 주철(무쇠)주전자

ceauş, ~i, s.m. 급사, 안내원

cec¹, ~uri, s.n. 수표 ~ în alb 백지수표 ; ~ la purtător 지참인 지불 수표 ; a gira un ~ 수표에 이서(배서)하다

cec², ~uri, s.n. [해부]맹장

cecitate, s.f. 문맹, 무지

cecum, s.n. 맹장

ced|a, -ez, -ai, -at, I. vt. 1. 포기하다, 양보하다, 체념하다 2. 양도하다, 인도하다 ; a ~ locul cuiva -에게 자

리를 양보하다 II. vi. **1.** 양보하다 **2.** 복종하다 ; a ~ dorințelor -에게 양보하다, 기대를 접다

ced|are, -ări, s.f. 포기

cedr|u, -i, s.m. 히말라야 상목

ceea, adj. ceea ce ~(한)것.

cefalic, ~ă, ~i, ~e, adj. 머리의

cefalopod, -e, s.n. 두족류의 동물 (오징어, 문어 따위)

cefalorahidi|an, -ană, -eni, -ene, adj. 뇌척수액

ceferi|st, -stă, -şti, -ste, s.m. 철도원

cegă, -i, s.f. (카스피 해의)작은 철갑상어

ceh, ~ă, ~i, ~e, adj. **1.** 체코의 **2.** 체코인

cehă s.f. **1.** 체코 여자 **2.** 체코어

ceh|esc, -ească, -eşti, adj. 체코의, 체코사람의

cehoslovac, I. ~ă, ~i, ~e, adj. 체코-슬로바키아인의 II. s.m. 체코-슬로바키아인

ceilonez, I. ~ă, ~i, ~e, adj. 실론(인)의 II. s.m. 실론인

cel, cea, cei, cele, I. art. adj. ~ mai bun (형용사의 최상급) 가장 좋은 II. pron, dem. 지시대명사 또는 지시형용사 ; ~ ce/care... -하는 바로 그 사람 ; ~ de-al doilea 두 번째 것 ; ~e de ma sus 위의 것(사실) ; ~ mult 많아야 ; ~ puțin 적어도

celar, ~e, s.n. 식료품 저장실

celălalt, cealaltă, ceilalți, celelalte, pron. (지시대명사 또는 지시형용사)또 다른 것, 또 다른 사람 adj. 또 다른 것의, 또 다른 사람의

cele art, adj. 여성복수의 지시형용사 또는 지시대명사

celebr|a, -ez, -ai, -at, vt. 경축하다, 찬양하다

celebr|are, -ări, s.f. 축하, 칭찬

celebrit|ate, -ăți, s.f. 명성

celebr|u, ~ă, ~i, ~e, adj. 유명한

celenterat, ~e, s.n. 강장동물

celeritate s.f. 신속, 민첩

cele|st, -stă, -şti, -ste, adj. **1.** 하늘의 **2.** 천국의

celest|ă, -e, s,f. 첼레스타(종소리 같은 음을 내는 작은 건반 악기)

celestină s.f. 천청석(天青石)

celibat s.n. 독신(주의), 금욕

celibatar, ~ă, ~i, ~e, adj. **1.** 결혼하지 않은 **2.** 미혼(독신)남자

celibatar|ă, -e, s.f. 미혼여자

celofan s.n. 셀로판

celofibr|ă, -e, s.f. 인조 견사, 레용

cel|t, -tă, -ți, -te, s.m. 켈트 사람

celtă, -e, s.f. **1.** 켈트 여자 **2.** 켈트어

celtic, ~ă, ~i, ~e, adj. 켈트(사람)의

celu|i, -iesc, -ii, -it, vt. 속이다, 기만하다

celular, ~ă, ~i, ~e, adj. 세포로 된, 세포질의

celul|ă, -e, s.f. 세포

celuloid s.m. 셀룰로이드, 영화(필름)

celuloz|ă, -e, s.f. 섬유소

cement, ~uri, s.n. 침탄재 (철을 강화시킬 때 철을 그 속에 넣고 가열하는 재료, 보통 목탄)

cement|a, -ez, -ai, -at, vt. (철을 침탄재로) 강화시키다

cement|are, -ări, s.f. 침탄(법)

cenaclu, ~ri, s.n. 문학 클럽, 서클, 클럽

cenobi|t, -ți, s.m. (수도원에서 공동

생활 하는) 수도사
cenotaf, ~e, s.n. 기념비
cens, -uri, s.n. **1.** 인구조사 **2.** (봉건 시대의)면역지대 **3.** 자격, 조건
cen|t, -ţi, s.m. (미국화폐 단위) 센트
centaur, ~i, s.f. 켄타우르스, 반인반 마의 괴물
centenar, I. ~e, s.n. 100살(의 사람), 100년간, 100주년 기념일 II. ~ă, ~i, ~e, adj. 100의, 100년(마다)의
centezimal, ~ă, ~i, ~e, adj. 100분의 1의, 백진법의
centiar, ~i, s.m. 센티아아르, 1제곱미터, 1평방미터
centigra|d, -dă, -zi, -de, adj. 100분도의, 섭씨의
centlgram, ~e, s.n. 센티그램, 100분의 1그램
centilitr|u, -i, s.m. 센티리터, 100분의 1리터
centim|ă, -e, s.f. **1.** 파아딩(영국의 화폐단위로서 4분의 1페니에 해당함) **2.** 상팀(프랑스의 화폐단위로서 프랑의 100분의 1에 해당함)
centimetr|u, -i, s.m. **1.** 센티미터, 1미터의 100분의 1 **2.** 줄자
centir|on, -oane, s.n. 띠, 벨트
centr|a, -ez, -ai, -at, vt. **1.** 중심에 두다 **2.** (공을)센터로 차다
central, ~ă, ~i, ~e, adj. **1.** 중심의 **2.** 기본적인, 주요한
central|ă, -e, s.f. 본점, 본부
centralism s.n. 집중화, 중앙 집권주의
centrali|st, -stă, -şti, -ste, adj. 중앙 집권주의자
centraliz|a, -ez, -ai, -at, vt. 중심으로 모으다. 집중하다
centraliz|are, -ări, s.f. 중앙화, 중앙 집권화, 집중
centralizat|or, -oare, -ori, -oare, adj. 집중하는, 중심으로 모으는
centra|t, -tă, -ţi, -te, adj. 중심의, 가운데의
centrifug|ă, -e, adj. 원심적인, 원심력의
centripet, ~ă, ~i, ~e, adj. 구심적인, 구심력의, 구심점의
centripetal, ~ă, ~i, ~e, adj. v. centripet
centrism, s.n. 중도주의, 온건주의
centri|st, -stă, -şti, -ste, s.m. 그리고 f. 중도파(의원)
centrozom, -i, s.m. 중심체
centr|u, -e, I. s.n. 중심 핵심, 중도파, 온건파 ; ~ cultural 문화의 중심 ; ~ comercial 상업(무역)의 중심 ; în ~l oraşului 도심에서 II. s.m. 센터 ~ înaintaş (스포츠) 센터포드
centur|ă, -i, s.f. 띠, 벨트
centuri|e, -i, s.f. 1세기, 백년
centurion, ~i, s.m. 백부장
cenuşar, ~e, s.n. (난로안의)재받이
cenuşar, ~i, s.m. **1.** (벽난로에서 타고난 재가 떨어지는) 작은 쇠 박스 **2.** (사람을 화장하고 난 뒤 그 재를 담은) 박스
cenuşă, s.f. **1.** 재 **2.** 먼지 ; ~ vulcanică 화산재 ; ploaie cu ~ 잿비 ; a nu avea nici ~ în vatră 완전히 황폐되다 ; a-i lua cuiva şi cenuşa din vatră 누구의 재산을 들어먹다 ; a-şi pune ~ pe cap 비애에 잠겨 참회하다 ; a trage cenuşa pe turta sa 자기 본위로만 생각하다 ; a se preface în

~ 재가 되다
cenuşăreasă, s.f. 신데렐라
cenuşărit, s.n. 석회 목욕
cenuşerniț|ă, -e, s.f. [고어] 재털이
cenuşi|u, -e, -i, adj. 회색의, 잿빛의
cenzitar, ~ă, ~i, ~e, adj 자격의, 조건의
cenzor, ~i, s.m. 검열관
cenzur|a, -ez, -ai, -at, vt. 검열하다
cenzura|t, -tă, -ți, -te, adj. 검열된
cenzur|ă, -i, s.f. 검열
cenzurare s.f. 검열하기
cep, ~uri, s.n. **1.** 마개 **2.** 주둥이, 꼭지
cepel|eag, -eagă, -egi, -ege, adj. 불완전하게 발음하는, 혀가 잘 돌지 않는, 혀짜래기의
cep(u)şoar|ă, -e, s.f. [식물]실파 류
cer[1], ~uri, s.n.**1.** 하늘 **2.** 천국 ; ~ înnorat 구름 낀 하늘 ; ~ senin 맑은 하늘 ; albastrul ~ului 하늘색(푸른 색) ; departe ca ; ~ul de pământ 육지에서 하늘까지 만큼의 먼(거리의) ; înalt cât ~ul 하늘만큼 높은 ; în înaltul ~urilor 고도에서, 고도의, 높은 ; a făgădui cuiva ~ul şi pământ 누구에게 무리한(지나친) 약속을 하다 ; a răsturna ~ul şi pământul 전력을 다하다 ; a se ruga cu ~ul şi cu pământul de cineva 누구에게 무릎을 꿇고 간청하다 ; a pica/cădea ca din ~ 하늘에서 떨어지다(뜻밖에 일이 실현되다) ; a dormi sub ~ul liber 노천에서 자다 ; parcă a căzut ·ul pe mine 부끄러워서 죽을 지경이다
cer[2], ~uri, s.n. 터키산 오크
ceramică s.f. 요업, 도자기류
cerami|st, -stă, -şti, -stem, s.m. 도예가
cera|t, -tă, -ți, -te, s.m. 윤을 내는, 광내는
cerb, ~i, s.m. 수사슴
cerber, ~i, s.m. [신화]케르베로스(지옥을 지키는 개)
cerbic|e, -i, s.f. **1.** 목덜미 **2.** 자존심
cerbicie s.f. 고집, 포기
cerboaic|ă, -e, s.f. 암사슴
cerc, ~uri, s.n. **1.** 원 **2.** 테, 굴렁쇠 **3.** 지역, 구역 ; ~ de prieteni 친구들의 그룹(모임) ; ~ de studii 스터디(연구)그룹 ; în ~ 한 그룹 내에서, 그룹을 지어 ; a face ~uri 잔물결을 일으키다, 파문을 일으키다 ; a se învârti într-un ~ vicios 담론하다
cerc|a, cerc, -ai, -at, vt. **1.** 연구하다, 조사하다 **2.** 질문하다 **3.** 찾다 **4.** 시도하다
cerc|are, -ări, s.f. 조사, 연구, 질문, 시도
cerca|t, -tă, -ți, -te, adj. **1.** 어려움을 이겨낸 **2.** 경험의, 숙련된
cercănat, -tă, -ți, -te, s.m. **1.** 원을 그린 **2.** 안경을 쓴
cerce|l, -i, s.m. 귀걸이
cercela|t, -tă, -ți, -te, s.m. 귀걸이의
cerceluş, ~i, s.m. 은방울꽃
cercet|a, -ez, -ai, -at, vt. **1.** 조사하다, 관찰하다 **2.** 알아내다, 밝혀내다 ; a ~ un caz 제소하다, 기소하다 ; a ~ o chestiune 일에 몰두하다 ; a ~ toate ungherele 샅샅이 뒤지다
cercet|are, -ări, s.f. 심문, 조사, 통제 a face cercetări în legătură cu... -에 대하여 조사하다
cercetaş, ~ă, ~i, ~e, adj **1.** 전초 척후병 **2.** 정찰병 **3.** 탐험가, 탐구자
cercetăşie s.f. 정찰활동, 소년단의

활동

cercetăt|or, -oare, -ori, -oare, adj. **1.** 수색하는, 조사하는 **2.** 학자, 연구원

cercev|ea, -ele, s.f. 뼈대, 구조, 틀, 테

cerchez, I. ~ă, ~i, ~e, adj 시르카시아(어)의 II. s.m. 러시아 남부 시르카시아 지방 원주민

cercheză, s.f. 시르카시아 여자, 시르카시아어

cercu|i, -iesc, -ii, -it, vt. **1.** (통을) 둥글게 만들다, 통 등에 테를 두르다 **2.** 에워싸다 **3.** 제한하다

cercuitor, ~i, s.m. 통 등에 테를 두르는 사람

cerculeț, ~e, s.n. 작은 원, 반지

cerdac, ~e, s.n. 베란다, 툇마루, 시계탑, 정자

cer|e, cer, -ui, -ut, I. vt. **1.** 묻다 **2.** 바라다, 열망하다 **3.** 간청하다 ; a ~ ceva de la cineva -에게 -을 요구하다, 간청하다 ; a ~ iertare 사과하다, 사과를 요구하다 ; vă cer ietare/scuze 실례지만 다시 한번 말씀해주시겠습니까 ; a ~ îndurare 자비(용서)를 빌다 ; pot să vă mai cer nişte...? 수고스럽지만 몇 가지 더 간청해도 되겠습니까? ; a ~ voie 허락해줄 것을 요청하다 ; a ~ de mâncare 먹을 것을 요청하다 ; a ~ în căsătorie 청혼하다 II. vr. **1.** 요구(요청)되다 **2.** 허락을 요청하다 ; mi s-a cerut s-o fac 나는 그것을 하도록 요청받았다 ; se ~ -이 (-하는 것이) 필요하다(요구된다)

cereal|ă, -e, s.f. 곡류, 곡물식품 (시리얼)

cereali|st, -şti, s.m. 곡물상인

cerealier, ~ă, ~i, ~e, adj. 곡루(곡물)의

cerebel, ~e, s.n. 뇌, 대뇌

cerebral, ~ă, ~i, ~e, adj **1.** 뇌의 **2.** 지적인, 사색적인

cerebrospinal, ~ă, ~i, ~e, adj 뇌척수의

ceremonial, ~e, s.n., adj. 의식(의), 의례(상의), 정식(의)

ceremoni|e, -i, s.f. 의식, 의례

ceremoni|os, -oasă, -oşi, -oase, adj. 예의의, 예의바른, 격식을 차리는

cerer|e, -i, s.f. 요청(서), 청구(서) ; ~ aprobată 승인된 탄원서 ; ~ de amânarea procesului penal 형사소송취하서 ; ~ de faliment 파산신청 ; ~ pentru reluarea procedurii 재심요청 ; ~ celui vătămat în drepturile sale prin acte administrative 권리구제를 위한 행정소송 **2.** 청원 **3.** 바램 **4.** 요구, 요망

cer|esc, -ească, -eşti, adj. 하늘의, 천국의, 천체의

cerezin|ă, -e s.f. 세레신, 왁스

cerg|ă, -i, s.f. 침대의 겉 덮개

cerinț|ă, -e, s.f. 필요, 욕망, 욕구

ceriu, s.n. 세륨(기호 Ce, 번호 58)

cern|e, cern -ui, -ut, vt. 체로 치다, 조리질하다

cern|eală, -eluri, s.f. 잉크

cern|i, -esc, -ii, -it, cernir|e, 검게 하다, 어둡게 하다

cernire, -i, s.f. 검정구두약, 흑색 도료

cerni|t, -tă, -ți, -te, s.m. **1.** 검게 된, 어둡게 된, 검은 **2.** 슬픈, 음울한

cernoziom, ~uri, s.n. 비옥한 흑토
cernu|t s.n. 체로 친, 걸러낸
cer|os, -oasă, -oşi, -oase, adj 납 같은, 창백한, 납빛의.
cerşetoare, s.f. 여자 거지, 가난뱅이
cerşet|or, -ori, s.m. 거지 가난뱅이, 구걸하는 사람
cerşetor|esc, -ease, -eşti, adj. 구걸하는, 거지의
cerşetor|i, -esc, -ii, -it, vt. 구걸하다
cerşetori|e, -i, s.f. 거지 생활, 구걸
cerşetorime s.f. 거지 신세
cerş|i, -esc, -ii, -it, vt. 빌다, 구걸하다
cerşit, s.n. 구걸
cer|t, -tă, -ţi, -te, adj. 확실한
cert|a, cert, -ai, -at, vr. 꾸짖다, 비난하다 ; a ~ cu cineva 누구와 다투다, 사이가 나빠지다 ; a se ~ pentru nimicuri 사소한 일로 다투다
certa|t, -tă, -ţi, -te, s.m. 꾸짖는, 잔소리하는, 호통 치는
certăr|eţ, -eaţă, -eţi, -eţe, adj. 싸우기를 좋아하는, 시비조의
certific|a, certific, -ai, -at, vt. 증명하다, 보증하다
certific|are, -ări, s.f. 증명, 보증
certificat, ~e, s.n. 증명서, 면장 ; ~ de origine 원산지 증명서 ; ~ de înmatriculare 주민등록 ; ~ de naştere 출생증명서, 호적
certitudin|e, -i, s.f. 확실성, 확신
ceru|i, -iesc, -ii, -it, vt. 윤을 내다
ceruire, s.f. 닦기, 광택
cerumen s.n. 귀지
cerut, s.n. 요청, 요구
ceruză s.f. 백연, 분
ceruzit, s.n. [광물]백연광
cervical, ~ă, ~i, ~e, adj 목의, 경부의
cesion|a, -ez, -ai, -at, vt. 인도하다, 양도하다
cesiu, s.n. 세슘 (기호 Cs, 번호 55)
cesiun|e, -i, s.f. **1.** 이동, 운반 **2.** 양도, 할양 ; ~ de drepturi 권리의 할양 ; ~ de obligaţii 의무의 할양
cest, ceastă, ceşti, ceste, adj. (고어, 방언) 지시 형용사 '이'
cesta, ceasta, ceştia, cestea, pron. [고어, 방언] (지시 대명사) 이 사람, 이 것
cestălalt, ceastălaltă, ceştilalţi, cestelalte, pron. (지시 대명사) 다른 사람, 다른 것
cesuleţ, ~e, s.n. ceas의 축약형
ceşcuţ|ă, -e, s.f. ceaşcă의 축약형
cetace|u, -e, s.n. 고래(류)의
cetaş, ~i, s.m. **1.** 그룹에서의 리더 **2.** 산적의 두목, 댄서의 리더
cet|ate, -ăţi, s.f. 요새
cetăţe|an, -ană, -eni, -ene, s.m. 시민
cetăţ|eancă, -ence, s.f. 여자시민
cetăţen|esc, -ească, -eşti, adj. 시민의, 문명(사회)의, 민간의
cetăţeneşte, adv 시민같이, 시민답게
cetăţeni|e, -i, s.f. 시민의 신분, 시민권, 국적
cetăţuie, cetăţui s.f. 성채, 포탑
ceter|a, -i, s.f. (reg.) 바이올린
ceteraş, ~i, s.m. 바이올리니스트
ceter|ă, -i, s.f. 바이올린
cetin|ă, -i, s.f. **1.** 전나무 가지 **2.** 전나무 잎

cetiniş, ~uri, s.n. 어린 전나무 숲
cetlu|i, -iesc, -ii, -it, vt. **1.** 묶다, 매달다 **2.** 치다, 두드리다
ceton|ă, -e, s.f. 커튼
ceţ|os, -oasă, -oşi, -oase, adj. 안개 낀, 희미한
ceuc|ă, -i, s.f. 까마귀의 일종
ceva, pron. I. (부정형용사) 어떤, 조금 II. (부정대명사) 무언가, 어떤 것 ; după două ore şi ~ 두 시간(그 이상) 후에 ; cum a putut să facă aşa ~? 그가 어떻게 그런 일을 할 수 있지? ; ţi s-a întâmplat ~? 너에게 무슨 일이 있었니? ; vreau să-ţi spun ~ 너에게 할 말이 좀 있어
cezar, ~i, s.m. 케사르(체사르, 카이사르), 로마황제
cezari|an, -ană, -eni, -ene, adj. 케사르의, 케사르 풍의, 로마황제의
cezariană, s.f. 제왕 절개술
cezur|ă, -i s.f. (행 (行)중의0 휴지(休止)
cheag, ~uri, s.n. **1.** 송아지 따위의 제사위(胃)의 내막 **2.** (반추동물의) 제사위 **3.** (엉긴) 덩어리 **4.** 자본, 자금, 저금
chebap, ~uri, s.n. 터키(아랍)식의 꼬챙이 구이
chef, ~uri, s.n. **1.** 유머 **2.** 변덕, 잘 변하는 마음 **3.** 소망 **4.** 연회 축제, 주연 ; fără ~ 유머감각 없이 ; are ~ de băutură 그는 술 한 잔 하고 싶은 기분이다 ; a avea ~ să/de... -하고 싶은 심정(기분)이다 ; a face ~ (a bea) 돈을 술 마시는데 다 써버리다 ; a fi cu ~ 술에 취해 있다 , 기분이 좋다 ; e un om de ~uri 그는 마시고 흥청대는 사람이다 ; a fi fără ~ 기분이 안 좋다
chefal, ~i, s.m. 숭어 과의 어류
chefălu|i, -iesc, -ii, -it, vr. 한잔하다, 마시다
chefir, ~uri, s.n. (코카서스 지방의) 유정(乳精)으로 빚은 음료
chefli|u, -e, -i, I. adj. 주연을 좋아하는 얼근히 취한 II. s.m. **1.** 쾌남아, 유쾌한 사람 **2.** 술꾼, 술고래
chefn|i, pers.3, -eşte, -i, -it- vi. **1.** (개가) 짖어대다 **2.** 욕설하다, 투덜거리다
chefu|i, -iesc, -ii, -it, vi. (술을)마시다, 술에 젖어 살다
chehai|a, -ele, s.f. **1.** 우체국장 **2.** 집사
chei, ~uri, s.n. 제방 쌓기, 둑, 제방
cheie, chei s.f. **1.** 열쇠 **2.** 전반 **3.** 방법 **4.** 골짜기, 골목길 ; a răsuci cheia în broască 문을 잠그다 ; a ţine ceva sub ~ -에 자물쇠를 잠가두다
cheiţ|ă, -e, s.f. **1.** 열쇄 **2.** 옷깃, 옷단
ch|el, -eală, -ei, -ele, I. adj. 대머리의 II. s.m. 대머리 사람
chelar, ~i, s.m. 집사
chelălă|i, pers, -e, -i, -it, vt. (개 여우 칠면조, 따위가) 캥캥하고 울다 (짖다) 소리치다 소리쳐 말하다
chelălăit s.n. 캥캥 짖는 (우는) 소리, 소리침, 비명
chelăr|easă, -ese, s.f. 여자 집사, 가정부
chelbe, s.f. (어린이의) 기계충 먹은 머리
chelb|os, -oasă, -oşi, -oase, adj., s.m. 그리고 f. 기계총 먹은 머리의 (어린이)
chelboş|i, -esc, -ii, -it, vi. **1.** 기계총

먹은 머리가 되다 **2.** 대머리가 되다

chelfăn|eală, -eli, s.f. 훑음, 한 번 훑기

chelfăn|i, -esc, -ii, -it, vi. 훑다

chel|i, -esc, -ii, -it, vi. 대머리가 되다

cheli|e, -i, s.f. 대머리

chelner, ~i, s.m. 웨이터, 급사, 보이

chelneriț|ă, -e, s.f. 웨이트리스, 여급

cheltu|i, -iesc, -ii, -it, vt. **1.** (시간, 노력 따위를) 들이다, 쓰다 **2.** 다 써 버리다, 소비하다

cheltui|ală, -eli, s.f. 지출, 비용, 청구금액 ; chetuieli de deplasare 여행 경비 ; chetuieli de exploatare 작업 경비 ; chetuieli de judecată 소송비용 ; chetuieli de magazinaj 창고비용 ; cheltuieli judiciare 소송경비 ; cheltuieli neprevăzute 예상치 못한 경비 ; cheltuieli anticipate 선급비용 ; cheltuieli de amortizare 감가상각비 ; cheltuieli de exploatare 영업비용 ; cheltuieli de producție 생산비용 ; cheltuieli efective 실질비용 ; cheltuieli ocazionale 수익적 지출 ; cheltuieli publice 공공지출 ; bani de ~ 용돈, 팁 ; cu mare ~ 막대한 비용으로 ; pe cheltuiala (소유격 지배) -의 비용으로 ; a-şi acoperi cheltuielile 비용을 충당하다 ; a face cheltuieli 비용(지출)을 초래하다 ; a lua toate cheltuielile asupra sa 모든 비용을 지불하다 ; a-şi reduce cheltuielile 비용을 절감하다(줄이다) ; a da cuiva de ~ -을 몹시 치다 ; a se pune pe ~ -하는데 (큰) 돈을 쓰다

cheltuire s.f. 지출 소비

cheltuit|or, -oare, -ori, -oare, I. adj. 돈을 헤프게 쓰는, 낭비하는 II. s.m. 돈을 헤프게 쓰는 사람, 낭비가

chem|a, chem, -ai, -at, I. vt. **1.** 부르다 (아무를) 소리 내여 부르다 **2.** (~을) 애원하다 **3.** 소집하다 **4.** 올리다 **5.** 인용하다 ; a-l ~ 불려지다 ; a ~ după ajutor 구호를 외치다 ; a ~ în ajutor (누구에게) 도움을 호소하다 II. vr. **1.** 불려지다, 이름이 -이다 **2.** 의미하다 s; e cheamă că... 사실은 -이다, 관건은 -이다 -관하여 말하자면 ; cum se cheamă asta? 이게 도대체 무슨 의미지? ; cum se cheamă asta în englezeşte? 이게 도대체 영어로 무엇이지?

chem|are, -ări, s.f. **1.** 부름, 외침 **2.** 호소 **3.** 초대 ; ~ telefonică 전화상의 호출 ; a-şi greşi ~a 적성에 맞지 않다 ; a răspunde la ~ 회신하다

chema|t, -tă, -ți, -te, s.m. 호명된, 자격이 있는, 적임인

chemăt|or, I. -oare, -ori, -oare, adj. 부르는, 외치는 II. s.m. 결혼식 하객을 초대하는 사람

chembric|ă, -i, s.f. 흰 삼베

chemoterapie s.f. 화학 요법

chenar, ~e, s.n. **1.** 뼈대, 구조 **2.** 가장자리 **3.** 테

chenăru|i, -iesc, -ii, -it, vt. 둘러싸다, 틀에 끼우다

chenzinal, ~ă, ~i, ~e, adj. 격주의, 2주일에 한번의, 격주 발행의

chenzin|ă, -e, s.f. **1.** 2주일간 **2.** 2주 임금

cheot|oare, -ori, s.f. **1.** 단추 구멍 **2.** 회중, 집합

chepeng, ~uri, s.n. (지붕, 마루 부대 따위의) 뚜껑문, 함정문, 들창
cheratină, s.f. 케라틴, 각소
cherchel|eală, -eli, s.f. 거나함, 도취, 명정, 얼근함
cherchel|i, -esc, -ii, -it, vr. 술을 많이 마시다
chercheli|t, -tă, -ţi, -te, s.m. 몹시 취한, 슬픈, 술 좋아하는
cherci, cherci, s.m. 청어(연어)를 훈제해 말린 것
cherem, s.n. ; a fi la cheremul cuiva, -의 마음대로 되다, -에 의해 좌우되다
cherest|ea, -ele, s.f. **1.** 재목, 목재 **2.** 만듦새, 구조, 건축
cherestegeri|e, -i, s.f. 건축용재 창고, 보관소
cheresteg|iu, -ii, s.m. 건축용재 상인
cherhana, ~le, s.f. 낚시터, 어장
chermes|ă, -e, s.f. 집밖, 야외
chersin, -e, s.n. (가루)반죽 통, 함지
chervan ~e, s.n. **1.** 여행 대, 대형트럭 열, 줄, 횡렬 **2.** 마차, 트럭
chesăg|i, -esc, -ii, -it, vt. 도살하다, 살육하다
ches|on, -oane, s.n. **1.** 탄약 (병기 군수품) 수송차 **2.** 탄약 상자, 폭약차
chesonier, ~i, s.m. 케송(물이 새지 않게 짠 상자)수리공, 잠함전문가
chesti|e, -i, s.f. 것, 물건, 일, 용건, 업무, 사무
chestion|a, -ez, -ai, -at, vt. 묻다, 요구하다, ~에게 질문하다, 시험하다, 검사하다
chestionar, ~e, s.n. 질문서, 앙케트
chestiun|e, -i, s.f. **1.** 질문 **2.** (시험) 문제 **3.** (해결한) 문제, 물건, 사실 **4.** 논의사항 ; ~i prealabile (형사소추가 시작되기 위한)전제사항 ; ~i prejudiciale 형사소송 전에 그 소송을 다른 재판으로 이관하는 사항 ; în afară de ~ 그 질문 이외에 ; a se abate de la ~ -로부터 벗어나다, 본제를 벗어나다 ; ~a e că... 사실(문제)은 -이다
chestor, ~i, s.m. **1.** 경관 **2.** 형사, 재판관
chestur|ă, -i, s.f. 경찰서
chet|ă, -e, s.f. 수집, 채집
chezaş, ~ă, ~i, ~e, s.m. 보증, 장담
chezăşi|e, -i, s.f. 서약, 맹세
chezăşu|i, -iesc, -ii, -it, vt. 보증하다, 보장하다, 정당화하다
chezăşuire, s.f. 보증, 보장
chiabur, ~ă, ~i, ~e, s.m. I. 부자의, 부유한 II. (제정 러시아의) 부농
chiabur|esc, -ească, -eşti, adj. 부농의
chiaburi, vr. 부농이 되다
chiaburime s.f. 부농
chiaburoaic|ă, -e, s.f. 여자 부농, 부농의 아내
chiar, adv. **1.** -조차(도), -라도 **2.** 자기 자신을(에) **3.** 바로, 방금, 정확하게
chiasm, ~e, s.n. 교차대구법 (말의 X자 모양배열 전환)
chibiţ, ~i, s.m. 노름의 구경꾼, 조롱하는 사람, 노름에서 중뻘나게 훈수하는 사람
chibiţ|a, -ez, -ai, -at, vi. 주제넘게 참견하다, 훈수, 조롱하다
chibrit, ~uri, s.n. 성냥

chibritelniț|ă, -e, s.f. 성냥갑을 고정시키는 받침대
chibz, ~uri, s.n. 심사숙고 ; a sta în(la) ~ 심사숙고하다
chibzu|i, -iesc, -ii, -it, vt. **1.** 판단하다 **2.** 잘 생각하다 **3.** 균형을 잡다 **4.** -을 생각하다 **5.** 계획하다 **6.** -와 협의하다 **7.** 사색하다, 숙고하다.
chibzui|ală, -eli, s.f. 생각(하기), 사고, 사색, 심사숙고
chibzuință s.f. 생각(하기), 사고, 사색
chibzui|t, -tă, -ți, -te, s.m. **1.** 깊이 생각하는, 신중한 **2.** 현명한 **3.** 균형이 잡힌
chic|ă, -i, s.f. **1.** 머리 **2.** (여성의) 이마에 드린 앞머리
chicheriț|ă, -e, s.f. 광, 헛간, 가축의 우리
chichin|eață, -ețe, s.f. 구멍, 둥지
chichi|on, -oane, s.n. 고생, 근심, 걱정
chichirez s.n. **1.** 감각, 느낌, 자극, 흥분, 선동, 도발 **2.** 유혹, 매력, 애교
chichiț|ă, -e, s.f. **1.** 구실 **2.** 핑계 **3.** 음모 **4.** 숙련된 기술, 비밀
chicinet|ă, -e, s.f. 작은 부엌
chiciură s.f. 흰 개구리
chicot, ~e, s.n. 킬킬거리는 웃음 **2.** (소리 내여) 웃는 웃음
chicot|eală, -eli, s.f. 연달아 킬킬거림
chicot|i, -esc, -ii, -it, vr. **1.** 킬킬거리다 **2.** (소리 내여) 웃음을 터뜨리다
chicotit, s.n. 킬킬거리고 웃기
chifl|ă, -e, s.f. (소용돌이 모양의) 케이크
chift|ea, -ele, s.f. 간 고기 완자
chifteluț|ă, -e, s.f. v. chiftea
chifteriț|ă, -e, s.f. 땅강아지
chift|i, -esc, -ii, -it, vr. 끓어 넘치다
chih|aie, -ăi, s.m. **1.** 임무관 **2.** 군인
chihă|i, -esc, -ii, -it, vt. 지분거리다, 애태우게 하다, 괴롭히다
chihlimbar, ~e, s.n. **1.** 호박 **2.** 흑옥(黑玉)
chihlimbari|u, -e, -i, adj. 호박색의, 황갈색의
chil[1], ~e, s.n. 유미(乳糜)
chil[2], s.n. 킬로(kilogram, kilometru, kilolifer의 간약형)
chil|ă, -e, s.f. 곡식을 측량하는 오래된 측량 단위
chiler, ~e, s.n. 저장실, 식료품 저장소
chilian, ~ă, ~i, ~e, adj. 칠레의, 칠레 사람
chili|e, -i, s.f. **1.** (수도원 따위의) 독방 **2.** 동굴 **3.** 작은 방
chilim, ~uri, s.n. 터키산 양탄자
chilioar|ă, -e, s.f. 작은 방, 작은 세포
chilipir, ~uri, s.n. **1.** 매출품, 싸게 산 물건 **2.** 하늘(하느님)의 선물, 뜻하지 않은 행운
chilipirg|iu, -ii, s.m. 싼 물건을 찾아다니는 사람
chiliuț|ă, -e, s.f. v. chilioară
chil|om, -oame, s.n. **1.** 전부, 철퇴 **2.** 주먹다짐
chiloman, ~e, s.n. 소란, 소동
chiloți, s.m. **1.** (속옷) 팬티, (수영) 팬티 **2.** (아랫단에 고무줄을 넣은 운동용) 여자용 반바지
chilug, s.n. 빻는 기계
chimen s.m. 케러웨이(회향풀의 일

종)

chimic, I. ~ă, ~i, ~e, adj. 화학(상)의, 약품에 의한 II. adv. 화학(적)으로

chimicale s.f. 화학제품(약품), 화학 공업주(株)

chimie s.f. **1.** 화학 (적 성질, 작용) **2.** 무기화학 **3.** 응용화학 **4.** 생화학 **5.** 유기 화학

chimion, s.n. 키민(미나리과의 식물), 그 열매

chimir, ~i, s.n. **1.** 농부용 허리띠 **2.** 돈 자루

chimi|st, -stă, -ste, s.m. 화학자

chimiz|a, -ez, -ai, -at, vi. 화학화 되다

chimizare, s.f. 화학화

chimono, ~uri, s.n. (일본 여성 전통 의상)기모노

chimval, ~e, s.n. (타악기) 심벌

chin, ~uri, s.n. **1.** 고문 **2.** 고통의 절정 **3.** (정신적인) 고통 **4.** 노력, 수고

chinchin|ă, -e, s.f. 기나나무, 기나수, 기나피

chindi|e, -i, s.f. **1.** 오후 **2.** 일몰, 해질녘 **3.** 루마니아 전통춤

chindis|i, -esc, -ii, -it, vt. 수놓다, 자수하다

chinez, ~ă, ~i, ~e, I. adj. 중국의, 중국인의 중국어의 II. s.m. 중국(사람)인

chineză, s.f. 중국어, 중국인

chinezări|e, -i, s.f. 중국 취향, 복잡함

chinez|esc, -ească, -eşti, adj. 중국의 중국 사람의

chinezeşte adv. **1.** 중국인과 같이 **2.** 중국어로

chinezoaic|ă, -e, s.f. 중국여자

ching|ă, -i, s.f. **1.** 말의 뱃대끈 **2.** 안장 띠 ; a slăbi din chingi 말의 안장 띠를 풀다, 굴레를 풀다(벗다) ; a strânge în chingi 말의 안장 띠를 조이다, 압박하다, 억압하다

chinin|ă, -e, s.f. 키니네, 기나 껍질

chinoros, chinoroz s.n. 염색 공장에서 사용되는 매우 가는 유연

chinovar s.n. 적색 황화, 수은

chinovi|e, -i, s.f. 수도승(수녀) 단체, 연합

chintal, ~e, s.n. 무게의 단위 (미국에서는1001b, 영국에서는 11216, 미터법에서는 100kg)

chintă, s.f. **1.** 5도 음정 **2.** (병의) 발작, 경련 **3.** (카드놀이) 스트레이트 플러시

chintesenţă s.f. (물질의) 가장 순수한 형체, 정수, 진수

chinu|i, -iesc, -ii, -it, I. vt. **1.** 고문하다 **2.** 괴롭히다, 애먹이다 **3.** 지루하게 하다 **4.** 머리를 짜내다 ; a-şi ~ creierii 머리를 쥐어짜다, 골똘히 생각하다 II. vr. **1.** 억척스럽게 일하다, 뼈 빠지게 일하다 **2.** 자학하다 **3.** 헛되이 자학하다, 헛되이 자신을 괴롭히다 ; a se ~ cu ceva -을(-일로) 일생동안 고역을 치루다

chinuir|e, -i, s.f. 괴롭히기, 고문하기

chinui|t, -tă, -ţi, -te, adj. **1.** 괴로워하는, 고민하는 **2.** 불쌍한 슬픈 **3.** 불안한 걱정되는 **4.** 폭풍우의, 날씨가 험악한 **5.** 지나친, 과도한

chinuit|or, -oare, -ori, -oare, adj. **1.** 고통스러운, 괴로운 **2.** 고통스럽게

chiolhan, ~uri, s.n. 흥청거림, 연회,

주연, 향연, 연

chiolhăn|os, -oasă, -oşi, -oase, I. adj. **1.** 비열한, **2.** 수치스러움 II. s.m. 악인, 악역

chi|omb (chi|omp), -oambă(-oampă), -ombi(-ompi), -oambe(-oampe), adj. **1.** 근시안적인 **2.** 어리석은, 멍청한

chiondor|eală, -eli, s.f. **1.** 사팔눈 **2.** 흘겨봄

chi|omp, oampă, -ompi, -oampe, adj. **1.** 빈소경의, 눈이 침침한 **2.** 우둔한, 어리석은

chiondorâş, adv. 옆으로, 비스듬히

chi|or, -oară, -ori, -oare, I. adj. **1.** 애꾸눈의, 외눈의 **2.** 눈먼 맹목적인 **3.** 근시안의, 선견지명이 없는 **4.** 흐린, 잘 안 보이는 II. s.m. **1.** 눈치 없는 젊은이, 애송이 **2.** 애꾸눈을 가진 사람, 외눈박이

chioră|i, pers.3, chiorăie, vi. **1.** 기생충이 들끓다 **2.** 내 자신이 지저분하다고 느끼다

chiorăi|ală, -eli, s.f. 투덜댐, 으르렁거림

chiorâş, adv. **1.** 옆으로, 비스듬히 **2.** 곁눈질하는

chior|i, -ăsc, -ii, -it, vi. **1.** 시력을 잃다 **2.** 눈멀게 하다 **3.** 속이다, 기만하다 **4.** 사팔 눈이 되다, 곁눈질을 하다 **6.** 응 시하다, 빤히 쳐다보다 **7.** 맹인이 되다

chiostec s.n 그루터기, 꽁초, 쓰다 남은 토막

chioşc, ~uri, s.n. **1.** 벽이 없는 오두막, 신문매점, 공중전화실 **2.** 노점, 매점 **3.** 담배 가게 **4.** 지붕이 있는, 야외 음악당 **5.** 반침, 다락마루

chioşcar, ~i, s.m. 노점상인, 담배 가게 주인

chiot, ~e, s.n. **1.** 고함, 울음소리 **2.** 소리치다. 외치다.

chiot|i, -esc, -ii, -it, vi. **1.** 큰소리를 내다 **2.** (날카롭게)외치다.

chip, ~uri, s.n. **1.** 모습, 모양 **2.** 초상(화) **3.** 사진 **4.** 비슷함, 닮은 얼굴 **5.** 얼굴, 외곤, 생김새 **6.** 방법, 방식, 수단 **7.** 가능성 ; cu ~ că... -을 가장하여 ; cu ~ să... -을 위하여, -하기 위하여 ; cu nici un ~ 결코(전혀) -아니다 ; fel şi ~ de ... 모든 종류의 ; în ~ de... -의 가장 하에 ; a-şi arăta ~ul adevărat 본색을 드러내다 ; nu e ~ să... -은 불가능하다

chiparoas|ă, -e, s.f. 월하향(月下香)

chiparo|s, -şi, s.m. 삼나무의 일종, 편백과의 나무 또는 그 재목

chipeş, ~ă, ~i, ~e, s.m. **1.** 잘생긴, 미모의 **2.** 잘 만들어진

chipi|u, -e, s.n. 챙 달린 모자

chip|os, -oasă, -ori, -oare, adj. v. chipeş

chir s.m. **1.** 주인 **2.** 신사 **3.** 주님

chipurile adv. **1.** 주장(하는 바)에 의하면, 소문(전해 진 바)에 의하면 **2.** 말하자면, 소위

chiră|i, pers.3, chirăie, vi. **1.** (푼 등이)날카롭게 삐걱거리다, (쥐, 새가) 찍찍(짹짹)울다. **2.** 소리 지르다, 고함치다

chirăit s.n. **1.** 매미, 귀뚜라미 **2.** 울음, 외침, 신음

chirc|i, -esc, -ii, -it, vi. **1.** 발육이 저해되다, 성장을 방해당하다 **2.** 쭈그러들다, 웅크리다

chircitur|ă, -i, s.f. **1.** 난장이, 꼬마 **2.**

분재 **3.** 굶주려서 여윈 사람

chirfos|eală, -eli, s.f. 소음, 혼란, 난잡

chirfos|i, -esc, -ii, -it, vi. 짓밟다, 밟아 으깨다

chiriaş, ~i, s.m. 하숙인, 세 들어 있는 사람

chiriaşă s.f. 여자 하숙인, 세 들어 사는 여자

chiri|e, -i, s.f. **1.** 집세, 임대료 **2.** 운임, 운반

chirig|iu, -ii, s.m. **1.** 차부, 마부, 인력거꾼 **2.** [천문학]마부좌

chirilic, ~ă, ~i, ~e, adj. 키릴 문자(지포)의 ; alfabetul ~ 키릴 문자

chiroman|t, -ţi, s.m. 손금장이

chiromanţi|e s.f. 손금조기, 수상술

chirpici s.n. (햇볕에 말려 만든)어도우비 벽돌(집)

chirurg, ~i, s.m. 외과의사

chirurgical, ~ă, ~i, ~e, I. s.m. 외과(수술) II. adj. 외과의, 외과적인, 외과의사의

chirurgi|e. -i. s.f. 외과(의술), 수술, 외과실

chis|ea, -ele, s.f. **1.** 잼 단지, **2.** 담배 쌈지

chiseliţ|ă, -e, s.f. **1.** 풍근 불로 끓인 오얏 **2.** 혼잡, 난잡

chisnova|t, -tă, -ţi, -te, adj. **1.** 익살스러운, 재치 있는 **2.** 우스꽝스러운

chist, ~uri, s.n. 포낭

chistic, ~ă, ~i, ~e, adj. 포낭의

chiş|că, -te, s.f. **1.** 푸딩(같이 말랑말랑 한 것) **2.** 소시지, 순대

chişiţ|ă, -e, s.f. (말굽 뒤쪽위의) 텁수룩한 털

chişleag, s.n. 엉긴 우유

chişt|oc, -oace, s.n. **1.** 꽁초 **2.** 작고 살찐 아이

chit[1], ~uri, s.n. 시멘트, 퍼티(창유리 따위의 접합제)

chit[2], chiţi, s.m. 고래

chit[3], adv. 자유로운, 면한 a fi ~ 무엇에서 해방되다

chitanţ|ă, -e, s.f. 인수증, 영수증

chitanţier, ~e, s.n. 수령대장

chitar|ă, -e, s.f. 기타

chitari|st, -stă, -şti, -ste, s.m şi s.f, 기타연주자

chit|ă, -e, s.f. 꽃다발

chit|eală, -eli, s.f. **1.** 심사숙고 **2.** 매만져 꾸미기

chit|i, -esc, -ii, -it, vi. **1.** 겨냥하다 **2.** (총으로)겨누다 **3.** -을보다 **4.** 생각하다 **5.** 의도하다 **6.** 상상하다 **7.** 배열하다 **8.** 일어나다, 발생하다

chitic, ~i, s.m. (막 부화된) 치어

chitină s.f. 각소(곤충, 갑각류의 표면을 덮고 있는 껍질)

chitin|os, -oasă, -ori, -oare, adj. 키틴질의

chiti|t, -tă, -ţi, -te, adj. 사려 깊은, 이성적인

chitonag, ~e, s.n. 잼, 마멀레이드, 오렌지 잼

chitr|ă, -e, s.f. 테폰 비슷한 식물

chitr|u, -i, s.m. 열대과일나무의 일종

chitu|i, -iesc, -ii, -it, vt. ~을 퍼티(창문 유리 따위를 접합제)로 접착하다, 메우다

chiţă|i, pers.3, chiţăie, vi. (어린애가) 앙앙 울다, (차, 악기, 구두 등이) 삐거덕거리다, (쥐가)찍찍 울다

chiţăit s.n. (어린애의)앙앙 우는 소

리, (차, 악기, 구두의)삐거덕 소리, (쥐의)찍찍거리는 소리
chițcan, ~i, s.m. 들쥐, 산쥐
chițibuș, ~uri, s.n. **1.** 사소한 일 **2.** 몸을 피함, 수단, 발뺌 **3.** 걸림, 계략
chițibușar, I. ~ă, ~i, ~e, adj. (하찮은 일에)이론을 제기하는, 트집 잡는, 흠잡는 II. ~i, s.m.트집 장이, 궤변가
chițibușări|e, -i, s.f. **1.** 소매 품, 잡화 **2.** 소매상
chiu s.n. **1.** 외침, 큰소리, 함성 **2.** 고함(외치는)소리 **3.** (날카로운)외침(웃음)소리, 비명, 예리한 소리 **4.** 환호, 환성
chiu|i, chiui, -ii, -it, vi. **1.** 외치다, 큰소리로 말하다 **2.** 고함치다 **3.** (날카롭게)비명을 지르다 **4.** 크게 기뻐하며 소리를 지르다 **5.** 날카로운 비명을 지르다
chiuit, ~uri, s.n. 외침, 큰소리, 함성
chiuitur|ă, -i, s.f. **1.** 외침, 큰소리, 환성 **2.** 즉흥적 작곡(연주)
chiuită s.f. 덩이, 다수, 무리 ; cu chiuita 덩이로 다수로
chiul, ~uri, s.n, **1.** 무단결석, 꾀부림, 게으름 피기 **2.** 사기, 속임, 속임수
chiulang|iu, -ie, -ii, s.m. 그리고 f. **1.** 책임회피자, 병역 기피자 **2.** 게으른 사람 **3.** 무단결석자, 꾀부리는 학생 **4.** 사기꾼, 협잡꾼
chiulangioaic|ă, -e, s.f. 여자 사기꾼, 여자 협잡꾼
chiulas|ă, -e, s.f. **1.** 총의 개머리, 포미 **2.** 연소 겉면
chiul|i, -esc, -ii, -it, vi. **1.** 학교를 무단결석하다 **2.** (학교에서) 농땡이를 부리다 **3.** -을 경유해서 전해주다, 알려지다
chiup, ~uri, s.n. **1.** 큰 항아리(단지)
chiuretaj, s.n. **1.** [의학]인공임신, 중절
chiuret|ă, -e, s.f. **1.** 큐레트(날카로운 숟갈 모양의 외과 수술용 기구) **2.** (이물질을 떠내는)큰 숟가락
chiuvet|ă, -e, s.f. **1.** (부엌 따위의)싱크대, 물 버리는 곳, 수채 **2.** (손 씻는)세면기
chiv|ără, -ere, s.f. **1.** 샤코 모자(깃털 장식이 있는 원통형의 군모)
chivernis|eală, -eli, s.f. **1.** 처리, 경영 **2.** 관리, 지배 **3.** 생활수단 **4.** 영양, 생계, 지탱 **5.** 살림살이, 생계 **6.** 음식, 생활비, 생계 **7.** (명목뿐이며 책무가 별로 없는)한직 **8.** 이익이 많은 직업 **9.** 높은 지위
chivernis|i, -esc, -ii, -it, vt. **1.** -을 관리하다 **2.** -을 처리하다 **3.** -을 모으다, 저축하다 **4.** -을 벌다, 획득하다 **5.** -을 주다. 공급하다 **6.** -을 설치하다, -을 확립시키다, (움직이지 않도록) -을 놓다 **7.** 정착할 장소를 잡다 **8.** 직업을 잡다 **9.** [항해](배가 움직이지 않는) 아늑한 자리를 잡다 **10.** 검소하게 살다
chivernisire s.f. 설치, 고정, 안정
chivernisi|t, -tă, -ți, -te, s.m. **1.** 순조로운 환경에 있는, 잘 되어가고 있는 **2.** 유복한
chivot, ~uri, s.n. [성서] **1.** (대홍수 때 Noah가 자기 가족과 지상의 모든 동물 한 쌍 씩을 태우고 피난했던)방주, 궤, 피난처 **2.** (성인, 성자들의 유물, 유골 따위를 모신)성골함, 제단 ; ~ul lui Noe 노아의 방주
chivuț|ă, -e, s.f. **1.** 백색도료 취급하

는 사람 2. 회 반죽하는 사람(벽, 천정 따위의 겉면에 바르는 것)

chix, ~uri, s.n. **1.** 실수, 실패, 오산 **2.** 쿵하고(소리 내며)떨어지기 **3.** 부족, 쇠약 **4.** 대실패, 완패 ; a da ~ 실패하다

ci, conj. **1.** 그러나 **2.** 꼭, 반드시, 기어이 ; nu el, ~ ea a făcut asta 그가 아니라 그녀가 그것을 했다 ; nu numai..., ~ şi... -뿐만 아니라, -도 역시

cian, s.n. [화학]시안

cianhidric, adj. [화학] **1.** 시안화수소의 **2.** 시안화수소산의, 청산의

cianur|ă, -i, s.f. [화학] **1.** 시안화수소(산) **2.** 청산칼리

cianogen, s.n. [화학]시안, 청소(靑素)(무색의 가연성 유독가스)

cibernetic, -ă, -i, -e, adj. 인공두뇌학의

cibernetică s.f. (단수취급)인공두뇌학, 사이버 네틱스(인간의 신경계통과 컴퓨터를 비교 연구하여 두뇌의 기능을 연구하는 학문)

cibernetici|an, -ană, -eni, -ene, s.m. şi s.f 인공 두뇌학자

cical|ă, -e, s.f. **1.** (병리)치아노제 **2.** 청색증(靑色症)

cicatrice, cicatrice(pl.), s.f. 자국, 흉터

cicatriz|a, -ez, -ai, -at, vr. (상처에) **1.** 자국이 생기다 **2.** 낫다, 아물다 **3.** 상처 자국을 남기다

cicatriz|are, -ări, s.f. **1.** 흉터(상처 자국의)형성 **2.** (상처가)아물어 붙음

cică, adv. **1.** -라고들 말한다, 세상에서는 -라고 말들 하고 있다 **2.** -라는 이야기이다 **3.** 말하자면, 마치 **4.** -이라고 말하다 **5.** -인체하다, 장난삼아 ~이라고 가정하다 **6.** 많지도 적지도 않은(어느 쪽도 -이 아닌) ; ~ era odată 옛날 옛적에(먼 옛날에) -이 있었는데(살았는데)

cicăl|eală, -eli, s.f. **1.** 집적거림, 괴롭힘, 괴롭히는 사람 **2.** 귀찮은 잔소리(하는 사람) **3.** 흠잡기, 책망 **4.** 짜증나게 하기 **5.** 괴롭히는 것

cicăl|i, -esc, -ii, -it, vi. **1.** -에게 계속 집적거리다 **2.** 잔소리로 괴롭히다 **3.** 언쟁하다, 말다툼하다 **4.** -을 괴롭히다, 성가시게 굴다

cicălit|or, -oare, -ori, -oare, I. adj. **1.** 끊임없이 잔소리하는, 성가시게 잔소리를 늘어놓는 **2.** 남의 흠만 찾는, 잔소리하는 **3.** 난처한, 귀찮은, 성가신 II. s.m. 불평(잔소리)을 하는 사람 **6.** 투덜대는 사람, 불평가

ciceron|e, -i, s.m. 외국인 안내자(명소 등)

ciclam|ă, -e, s.f. [식물]시클라멘

ciclamen s.n. **1.** 시클라멘(앵초과의 식물) **2.** 시클라멘 색

ciclic, ~ă, ~i, ~e, adj. **1.** 순환의, 주기적인 **2.** 순환적으로, 주기적으로

ciclism s.n. 사이클링, 자전거 타기, 자전거 여행

cicli|st, -stă, -şti, -ste, s.m. 자전거(삼륜차, 오토바이)타는 사람, 자전거 여행자

ciclocros, ~uri, s.n. **1.** 클로스 컨트리 레이스, 전야 횡단 경주 **2.** 야외나 벌판을 가로질러 나가는 경마, 장애경마

cicloidal, ~ă, ~i, ~e, adj. 파선의 원형(꼴)의, 사이클로이드의

cicloid|ă, -e, s.f. [수학, 건축]사이클로이드, 파선

cicl|on, -oane, s.n. **1.** 저기압 구역, 선풍, 회오리바람 **2.** 원심력을 이용한 먼지 흡출입기

ciclop, ~i, s.m. 애꾸눈, 외눈박이

ciclotr|on, -oane, s.n. 원자 파괴기, 사이클로트론

ciclu, ~ri, s.n. **1.** 순환, 운행, 주기, 권 **2.** 연속, 열, 총서, 연속 강의

cic|oare, -ori, s.f. [식물] **1.** 치커리 **2.** 치커리 액

cidru, s.n. 사과술

cifr|a, -ez, -ai, -at, vr. ~의 액수에 달하다

cifra|t, -tă, -ți, -te, adj. 암호로 쓰여진, 부첩으로 나타내진

cifr|ă, -e, s.f. **1.** 숫자, 수 **2.** 총액, 액수, 금액

cifric, ~ă, ~i, ~e, adj. 숫자로 표기된, 숫자로 나타내진

cifr|u, ~uri, s.n. 숫자, 암호, 부첩

cil, ~i, s.m. **1.** 속눈썹 **2.** 섬모

ciliar, ~ă, ~i, ~e, adj, 속눈썹의, 섬모의

cilibi|u, -e, -i, adj. 정교한, 우아한, 세련된

cilih|oi, -oaie, -oi, -oaie, s.m. 독수리의 일종

cilindric, ~ă, ~i, ~e, adj. 원주형의, 원통모양의

cilindr|u, -i, s.m. 원통, 원주, 기통, 실린더

cimbrişor s.m. 꿀풀과의 식물

cimbru s.m. [식물]조름나물, (요리용의)차조기과의 식물

ciment s.n. 시멘트, 양회

ciment|a, -ez, -ai, -at, I. vt. **1.** 굳게 결합시키다, 견고히 하다, 표면을 경화시티다, ~을 담금질하다 **2.** 접합하다, 잇다, 결합하다, 붙이다 **3.** 강화하다, 증강하다, 굳히다, 확고히 하다, 합병하다 II. vr. 견고하게 되다, 단단해지다, 강화되다

ciment|are, -ări, s.f. 시멘트, 접합, 결합, 굳힘, 굴레

cimil|i, -esc, -ii, -it, vi. 수수께끼를 내다, 어려운 문제를 내놓다

cimilitur|ă, -i, s.f. 수수께끼, 알아맞히기, 알 수 없는 것 ; a dezlega cimilituri 수수께끼를 풀다, 알아 맞추다

cimişir, ~i, s.m. 화양목, 화양목 재목

cimitir, ~e, s.n. **1.** 묘재, 묘소, 공동묘지, 매장지 **2.** (교외부속의)묘지

cimoti|e, -i, s.f. 먼 친척, 친지

cimpanze|u, -i, s.m. 침팬지

cimp|oi, -oaie, -oi, -oaie, s.m. 백파이프

cimpoiaş, ~i, cimpoier, ~i, s.m. 낭적을 부는 사람, 백파이프를 연주하는 사람

cimpoier, -i, s.m. 백파이프를 연주하는 사람

cin, ~uri, s.n. **1.** 품위, 고위, 고관 **2.** 승단, 교단, 수도회 **3.** 작은 배, 보트

cin|a, -ez, -ai, -at, vi. 저녁식사를 하다, 저녁밥을 먹다, 정찬을 하다

cinabru s.n. 진사, 적색 황화수은

cin|ă, -e, s.f. 저녁식사, 저녁만찬 ; după ~ 저녁식사 후에

cinătu|i, -iesc, -ii, -it, vt. (고기 따위를) 조리하다

cincantin s.n. 옥수수

cincăre|l, -i, s.m. 5년생 말

cinci num. **1.** (숫자)5 **2.** 불가사리, 오지상의 잎이나 꽃자루를 가진 식물 ; o piesă în ~ acte 5막(짜리) 연극 ; are ~ ani 그는 다섯 살이다 ; e ~ la sută 5% 이다 ; e ~ şi jumătate 다섯 시 반이다
cinci-degete, s.m. [식물]뱀 혀
cincilea, cincea, num.ord. (서수) 다섯 번째
cincim|e, -i, s.f. 5/1, 오분의 일
cincinal, ~ă, ~i, ~e, adj, 5년의
cincisprezece, num.card. (기수) 열다섯, 15, 열다섯의
cincispreze|celea, -cea, num. ord. (서수) 열다섯 번째의
cincizeci, num.card.(기수) 50, 쉰, 오십
cincizec|ilea, -ea, num.ord. (서수) 오십 번째
cine, pron. **1.** 누가 어느 사람 **2.** -인 그 **3.** -하는 누구든지 누가~하더라도 **4.** (누구)와 **5.** (누구)를 ; cu ~ ? 누구와 함께? ; pe ~ ? 누구를? ; ~ altul decât el? 그 남자 말고 다른 사람이? ; ~ nu munceşte, nu mănâncă 일하지 않은 사람은 먹지도 말아야 한다
cinefil, -i, s.m. 영화애호가.
cinea|st, -stă, -şti, -ste, s.m. 영화전문가
cinegetic, ~ă, ~i, ~e, adj. 사냥하는
cinel-cinel, interi. 추측해봐!
cinema, s.n. 영화관, 극장
cinemascop, s.n. 시네마스코프 (와이드 스크린에 영사하여 입체감 현실감을 줌)
cinematec|ă, -i, s.f. **1.** 필름 도서관
cinematic|ă, -i, s.f 운동학
cinematograf, ~e, s.n. **1.** 영화 **2.** 영화관 **3.** 시네마스코프
cinematografi|a, -ez, -ai, -at, vt. 영화를 만들다
cinematografic, ~ă, ~i, ~e, s.m. 영화의
cinematografi|e, -i, s.f. 영사기, 영화(기법)
cinematografiere, s.f. 영화 찍기, 영화제작
cinerar, ~ă, ~i, ~e, adj, 장례식의
cinetic, ~ă, ~i, ~e, adj, 운동의
cinetică, -e, s.f. 운동
cineva pron. **1.** 누군가 **2.** 아무나 ; ~ important 중요한 사람 ; e ~ 그는 보통 사람이 아니다(중요한 사람이다) ; vine ~ 저기 누가 온다
cingăt|oare, -ori, s.f. 허리띠, 벨트
cinghel, ~uri, s.n. 고기를 매달아 놓는 갈고랑이
cinic, ~ă, ~i, ~e, I. adj. **1.** 냉소적인, 비꼬는 **2.** 냉소적으로 Ⅱ. s.m. 냉소하는 사람, 비꼬는 사람
cinism s.n. 냉소주의
cinocefal, ~i, s.m. (전설상의) 개머리를 한 사람
cinste s.f. **1.** 정직 **2.** 충실, 미덕 **3.** 인정, 존경, 신용, 명성 **4.** 영광 호의 **5.** 화려, 장관 **6.** 선물 **7.** 대접 **8.** 음료수 ; cu ~ 영예롭게 ; cuvânt de ~ 약속(확언) ; om de ~ 정직한 사람 ; pe ~a mea 나의 명예를 걸고 ; am ~a să... -하는 영광을 갖다 ; a face ~ 비용(책임)을 부담하다 ; a trece un examen cu ~ 뛰어난 성적으로 시험에 합격하다 ; a 내채사 drept o ~ să... -하는 것을 영예(영광)로 생각하다 ; o facem în ~a lui 우리는 그 것을 그의 영예를 위하여(그를 기념

하기 위하여) 한다
cinsteț, s.m. 세이지(셀비어의 일종)
cinst|i, -esc, -ii, -it, vi. **1.** 존경(존중)하다 **2.** 존경을 표하다 **3.** 선물하다 **4.** 팁을 주다 **5.** 대접하다 **6.** 마시다, 꿀꺽꿀꺽 들이키다 **7.** 폭음하다
cinst|ire, -iri, s.f. **1.** 경의를 표하기 **2.** 대접
cinsti|t, -tă, -ți, -te, I. adj. **1.** 정직한 **2.** 진실한 성실한 **3.** 미덕의 **4.** 영광스러운 **5.** 존경할 만한 II. adv. 정직하게, 성실하게
cintez, ~i, s.m. 작은 새의 일종
cintezoi, cintezoi(pl.), s.m. [동물] 되새속
cinz|eacă, -eci, s.f. 파인트, 액량의 단위
cioand|ă, -e, s.f. 논쟁, 투쟁, 반목, 싸움
cioară, ciori, s.f. 까마귀 ; a sta înfipt ca cioara în par 건방지다, 거만하다, 젠체하다
cioareci s.m. 꽉 끼는 농부용 바지
cioars|ă, -e, s.f. 이 빠진 칼
ciob, ~uri, s.n. 조각, 파편
ciobac|ă, -e, s.f. (구유 모양의) 작은 배
cioban, ~i, s.m. **1.** 양치기 **2.** [천문학]거문고자리
ciobănaş, ~i, s.m. 양치기 소년
ciobăncuț|ă, -e, s.f. 양치기소녀
ciobăn|esc, -ească, -eşti, adj. 양치기의, 양치기처럼, 양치기다운
ciobăneşte adv. 양치기와 같이
ciobăn|i, -esc, -ii, -it, vt. **1.** (직업이) 양치기이다 **2.** 양치기가 되다
ciobănie, s.f. 양치기 생활
ciobănaț|ă, -e, s.f. **1.** 여자 양치기 **2.** 양치기의 부인
ciob|i, -esc, -ii, -it, vt. 조각내라
cioc¹, -uri, s.n, **1.** (육식조의) 부리, 주둥이 **2.** (주전자 따위의) 주둥이, (수도 등의)물 꼭지 **3.** 부리 모양의 돌기 **4.** (사람의) 염소수염 **5.** 속이다, 거짓말하다 a pune ~ civa -을 기만하다, 속이다
cioc², interj **1.** (노크할 때) 똑똑! **2.** (강타하는 소리) 빵! **3.** (물레방아 돌아갈 때) 짤까닥 짤까닥!
ciocan, ~e, s.n. **1.** 망치 **2.** 나무 메 **3.** (육상경기의) 해머 **4.** (긴 폭의)작은 잔 ; între ~ şi nicovală 진퇴양난에 빠져 있는 ; a sta ~ pe capul cuiva -에게 졸라대다
ciocăl|ău, -ăi, s.m. 옥수수 열매의 속대
ciocănar, ~i, s.m. 대장장이
ciocănaş, ~e, s.n. **1.** 작은 마치
ciocănaş, ~i, s.m. **1.** 염광 일꾼, 갱부, 광부 **2.** 딱따구리
ciocănel, ~e, s.n. 작은 마치
ciocăn|i, -esc, -ii, -it, vt. **1.** 망치로 치다 **2.** (부리로) 쪼다, 주워 먹다 **3.** 치다, 두드리다 **4.** (문을) 두드리다
ciocănir|e, -i, s.f. 망치로 침, 두드림
ciocănit, ~uri, s.n. 해머로 치는 일
ciocănit|oare, -ori, s.f. 딱따구리
ciocănitur|ă, -i, s.f. **1.** 노크, 문을 두드림 **2.** 망치질, 맹타
ciocârlan, ~i, s.m. 종다리
ciocârli|e, -i, s.f. **1.** 종다리 **2.** 루마니아 민속 노래와 춤
ciocârt|i, -esc, -ii, -it, vt. 잘게 썰다, 저미다
ciochi|e, -i, s.f. 통장이의 나무망치
ciochin|ă, -e, s.f. (칼의) 자루 끝, 안

장머리

cioclu, ~i, s.m. 관을 메는 사람

ciocmăn|i, -esc, -ii, -it, vt. 성가시게 굴다, 괴롭히다, 화나게 하다

ciocnet, ~e, s.n.충돌, 격돌

ciocn|i, -esc, -ii, -it, vt. **1.** -에 부딪히다, 충돌하다 **2.** 잔을 부딪치다 **3.** 쪼아 부서뜨리다 **4.** 부수다, 부숴버리다 **5.** 같이 부딪히다 **6.** -에 명중으로 부딪치다 **7.** (건배에서) 잔을 부딪치다

ciocnir|e, -i, s.f. **1.** 격동, 충격 **2.** (기차의) 충돌 **3.** 무력 충돌 **4.** (의견, 이해 따위의) 불일치

ciocni|t, -tă, -ţi, -te, adj. **1.** 부서진 **2.** 쪼개진, 분열된

ciocnitur|ă, -i, s.f. (유리그릇 따위의) 짤랑짤랑 땡그랑 소리

ciocoaic|ă, -e s.f. **1.** 영주의, 부인 **2.** 강요자, 강탈자

ciocoi, s.m. **1.** 영주 **2.** 강요자, 강탈자 **3.** 벼락부자, 어정뱅이 **4.** 아첨꾼, 추종자

cioco|i, -iesc, -ii, -it, vr. **1.** 기다, 포복하다 **2.** 비굴하다, 아부하다, 추종하다

ciocoi|esc, -ască, -eşti, adj. **1.** 영주의 **2.** 몰래하는, 겁 많은, 비열한

ciocoime s.f. 영주들 v. ciocoi

ciocoism, -e, s.n. **1.** 영주의 위치 (조권) **2.** 아첨주의, 하인근성

ciocolat|ă, -e, s.f. **1.** 초콜릿 **2.** 코코아 나무

cioflingar, ~i, s.m. 방랑자, 뜨내기, 부랑자

ciohodar, ~i, s.m. 시종, 왕가(귀족)의 일을 도맡아 보는 사람

ciolac, ~ă, ~i, ~e, adj. 외팔의

ciolan, ~e. s.n. **1.** 뼈, 다리 **2.** 뼈골, 골수 **3.** (사람, 동물의) 손발

ciolăn|os, -oasă, -oşi, -oase, adj 뼈의.

ciolpan, ~i, s.m. 그루터기

ciom|ag, -ege, s.n. **1.** 곤봉, 몽둥이 **2.** 타격, 강타

ciomăgar, ~i, s.m. 허세부리는 사람

ciomăg|eală, -eli, s.f. 몽둥이 내리치는 소리

ciomăg|i, -esc, -ii, -it, vt. 치다 (몽둥이로) 내리치다

ciondăn|eală, -eli, s.f. 잔소리, 질책, 말다툼, 언쟁

ciondăn|i, -esc, -ii, -it, vt. **1.** 꾸짖다, -에게 잔소리하다 **2.** -와 다투다, 싸우다

ciop|ată, -ăţi, s.f. 살코기, 살코기 덩이

ciopârţ|eală, -eli, s.f. v. ciopârţire

ciopârţ|i, -esc, -ii, -it, vt. **1.** 조각내다 **2.** 자르다 **3.** -의 손발을 자르다, 해체하다 **4.** 절단하다, 병신을 만들다

ciopârţir|e, -i, s.f. 조각내기

ciopl|eală, -eli, s.f. v. cioplire

ciopl|i, -esc, -ii, -it, vt. **1.** 나무를 자르다, 쪼개다 **2.** 편평하게 하다 **3.** 돌을 쪼다 **4.** (골로)깎다, 파다 **5.** -을 다듬다 **6.** 새겨지다 **7.** 다듬어지다

cioplir|e, -i, s.f. 나무에 조각하기

cioplit|or, -oare, s.n. **1.** 나무 조각가 **2.** 석수 **3.** 건목 대패, 막대패

cioplitur|ă, -i, s.f. 깎음, 면도질

ciop|or, -oare, s.n. **1.** 무리 **2.** 대중, 군중

ciorap, ~i, s.m. **1.** 스타킹, 긴 양말 **2.** 양말 **3.** 진공관, 브라운관

ciorăpar, s.m. 양말 장수

ciorăpări|e, -i, s.f. **1.** 양말(메리야스) 장사, 양말 류, 메리야스 류 **2.** 양말 제조소 **3.** 양말 가게

ciorb|ă, -e, s.f. 잘게 썬 야채를 넣은 고기 수프, 치오르바 ; ~ de vacă 소고기 수프 ; a se amesteca în ciorba cuiva 남이 일에 참견하다

ciorchin|e, -i, s.m. **1.** 포도 한 송이 **2.** 다발, 송이

ciord|eală, -eli, s.f. 구걸하기, 슬쩍 훔치기 눈 속이기

ciord|i, -esc, -ii, -it, vt. 구걸하다, 슬쩍 훔치다, 눈을 속이다

cior|esc, -ească, -ești, adj. 까마귀의, 까마귀 같은

ciormoiag s.m. [식물]며느리 밥풀속

ciorn|ă, -e, s.f. 초안, 초고

cioroaic|ă, -e s.f. [동물]까마귀속

cioroi, s.m. 까마귀

ciorovă|i, -iesc, -ii, -it, vr. 짖다, -에게 잔소리하다, 비웃다, 조소하다

ciorovăi|ală, -eli, s.f. 잔소리, 질책

ciorpac, ~e, s.n. 어망

ciorsă|i, -iesc, -ii, -it, vt. (고기 등을) 막 썰다, 토막 치다, (나무를) 톱질하다

ciortan, ~i, s.m. 잉어 (과의 물고기)

cioșmol|i, -esc, -ii, -it, vt. **1.** 침대에서 이리 저리 뒹굴다 **2.** 늑장부리다, 시간을 낭비하다

ciot, ~uri, s.n. **1.** 마디, 옹이 **2.** 그루터기 **3.** (잎을 따낸) 밑동 줄기 **4.** 송아지, 작은 동물, 꼬마

ciotcă s.f. **1.** 빽빽한 군중 **2.** 그루터기

ciotur|os, -oasă, -oși, -oase, adj 매듭이 (마디가) 있는 얽힌, 곤란한

ciovei, ~e, s.n. 양, 암양, 어미 양

ciov(e)ic|ă, -i, s.f. 작은 올빼미

ciozvârt|ă, -e, s.f. **1.** (도살된 동물의) 1/4 **2.** 큰 덩어리, 군살, 고깃덩어리

cipci|i, pers.3, cipciește, -i, -it, vb. 슬리퍼, 가벼운 실내화

cipic, ~i, s.m. 펠트 구두, 양털로 된 목이 긴 구두(반 부츠)

cir, ~uri, s.n. 옥수수 죽, 수프

cirac, ~i, s.m. **1.** 제자, 문하생, 사도 **2.** 지 지자, 자기편 **3.** 아첨꾼, 추종자 **4.** (경기의) 인기 선수

circ, ~uri, s.n. **1.** 서커스, 곡마단 **2.** 원형 광장, 원형 흥행장

circa, adv. 거의, 대략, 약

circă s.f. v. circumscripție

circuit, ~e, s.n. **1.** 회로, 회선, 배선도 **2.** (축구, 야구 등의)연맹 **3.** 순환 **4.** (화폐 따위의) 유통

circul|a, circul, -ai, -at, vi. **1.** 돌리다, 순환시키다 **2.** (차, 배 등이) 달리다 왕복(운행) 하다 **3.** 흐르다, 돌다 **4.** (통화 따위를) 유통하다, 발행하다 **5.** (소문 등이)떠돌다

circulan|t, -tă, -ți, -te, s.m. 순환하는, 순회하는

circular, ~ă, ~i, ~e, adj. 원(형)의, 고리모야의 순환성의, 순회의

circular|ă, -e, s.f. 회보, 회람장

circulat|or, -oare, -ori, -oare, adj. 순환 장치

circulați|e, -i, s.f. **1.** 순환 **2.** 교통, 왕래, 교통량 **3.** (혈액의) 순환 **4.** 사용, 이용 **5.** 일방통행 ; a da în ~ 통하게 하다 ; a pune în ~ (소문 등이) 퍼지다, 유포되다

circumferinț|ă, -e, s.f. **1.** 주변의 거리(길이) **2.** 표면, 겉 **3.** (나무의) 둘레 **4.** (주위의) 길이
circumfle|x, -xă, -cşi, -xe, adj. 곡절, 악센트가 붙은, (악센트가) 곡절적인, 구부러진
circumlocuți|e, -i, s.f. 완곡한 표현, (필요이상의) 수리, 말이 많음
circumnavi|ga, -ghez, -gai, -gat, vt. (세계, 섬 등을) 주항하다, -을 우회하다
circumnavigație, s.f. 주항, 우회
circumscri|e, -u, -sei, -s, vt. **1.** (영토 등의)주위에 경계선을 긋다 **2.** 한계를 정하다
circumscrier|e, -i, s.f. (주위를) 둘러싼, 제한, 한정
circumscripți|e, -i, s.f. 구역
circumscri|s, -să, -şi, -se, adj. 경계선을 긋는, 제한된
circumspec|t, -tă, -ți, -te, adj. 조심성 있는, 신중한
circumspecție, s.f. 주의 깊음, 용의주도함
circumstanț|ă, -e, s.f. **1.** 상황, 환경, 처지, 생활 형편 ; de ~ 가공의, 임시의, 우연한
circumstanțial, ~ă, ~i, ~e, adj. **1.** 부사의, 부사적 **2.** 상황에 의한, 추정상의
circumvoluți|e, -i, s.f. **1.** 소용돌이, 회선 **2.** 밀아 (감아) 들임, 빙빙 돎
circumvoluțiun|e, -i, s.f. v. circumvoluție
cir|eadă, -ezi, s.f. (소 말 등 짐승의) 무리
cir|eaşă, -ese, s.f. 체리, 버찌
cireş, ~i, s.m. 체리, 버찌 나무
cireşar, ~i, s.m. **1.** 6월 **2.** 콩새
cireşi|u, -e, -i, adj. 연분홍색의, 담홍색의
cirezar, ~i, s.m. **1.** 가축 도매상 **2.** 가축업자, 목동
cirip(-cirip) interj 새소리를 흉내 내는 의성어
cirip|i, -esc, -ii, -it, vt. **1.** 새가 지저귀다 **2.** (목소리를 떨며) 노래하다
ciripi|e, -i, s.f. 측량용 줄
ciripit, ~uri, s.n. 지저귐
ciripit|or, -oare, -ori, -oare, adj. (새가) 지저귀는, 짹짹 우는, 노래하는
ciriş, s.m. 밀가루 죽, 풀
cirite|l, -i, s.m. 관목 숲, 덤불, 총림
ciroz|ă, -e, s.f. (간장 따위의) 경변(증)
cirt|ă, -e, s.f. 일필, 일자 획
cirus, s.m. 새털구름
cisl|ă, -e, s.f. **1.** 씨족, 혈족, 일가 **2.** 과세, 조세
cisalpin, ~ă, ~i, ~e, adj. (로마에서 보아) 알프스 산맥 이쪽의, (남쪽의) 교황권 제한주의의
cislu|i, -iesc, -ii, -it, vi. 협의하다, 상의하다
cistern|ă, -e, s.f. 물통, 수조
cistic, ~ă, ~i, ~e, adj. 포낭의, 낭포의
cisticerc, ~i, s.m. 낭미충
cistit|ă, -e, s.f. 방광염
cistosc|op, -oape, s.n. 방광경
cistoscopi|e, -i, s.f. 방광경 검사(법)
cişm|ea, -ele, s.f. **1.** 펌프 **2.** 급수 (수도)전 **3.** 샘(물)
cit, -uri, s.n. 솜, 면화, 무명, 면직물
cit|a, -ez, -ai, -at, I. vt. **1.** 소환하다,

소집하다 **2.** 인용하다 언급하다 II. vr. 인용되다, 언급되다
citadel|ă, -e, s.f. (도시를 지키는) 성채, 아성
citadin, ~ă, ~i, ~e, I. adj. 도시의 II. s.m. 도시인
citani|e, -i, s.f. 독서, 읽기
cit|are, -ări, s.f. 소환, 소집
citat, ~e, s.n. 인용(구)
citați|e, -i, s.f. 소환, 호출, 소환장
cit|eț, -eață, -eți, -ețe, adj. **1.** (필적 인쇄가)읽기 쉬운, 환히 알 수 있는 **2.** 읽기 쉽게, 명료하게
cit|i, -esc, -ii, -it, I. vt. **1.** 읽다 **2.** 숙독하다, 해독하다, 번역하다 II. vr. 읽혀지다 III. vi. 독서하다, 숙독(정독)하다 ; a ~ greşit 잘못 읽다 ; a ~ în stele 별빛아래서 읽다 ; a ~ pentru examene 시험을 위하여(준비로) 독서하다 ; a ~t foarte mult 그는 독서를 많이 했다(책을 많이 읽었다)
citir|e, -i, s.f. **1.** 독서, 읽기 **2.** 독서 방법
citit1, s.n. **1.** 독서 **2.** 읽을거리, 작품
citi|t2, -tă, -ți, -te, adj. **1.** 읽혀진 **2.** 교양 있는, 교육을 받은
citit|or, -oare, -ori, -oare, s.m. 독자
citra|t, -ți, s.m. [화학]구연산염
citric, ~ă, ~i, ~e, adj. 구연산의, 레몬의
citronad|ă, -e, s.f. 레몬수
ciub|ăr, -ere, s.n. 대야, 통, 화분
ciubeic|ă, -i, s.f. 담뱃대, 파이프
ciubotar, ~i, s.m. 구두장이
ciubot|ă, -e, s.f. 장화
ciubotări|e, -i, s.f. 제화업, 구두장이 업
ciuboț|ică, -ele, s.f. 반장화, 반 부츠
ciubuc, ~e, s.n. **1.** 터키인의 수연통, 파이프 **2.** 머름, 소란
ciubuc, ~uri, s.n. 뇌물
ciubucar, ~e, s.n. 도제 수업
ciubucări|e -i, s.f. 추녀의 돌림띠, 머름
ciuciulet|e, -ți, s.m. (수프속의) 작은 경단, 작은 덩어리
ciuciul|i, -esc, -ii, -it, vr. 쭈그려 앉다, 움츠려 들다, 쪼그라지다, 덩어리지다
ciuciur|e, -i, s.m. [식물] 풍령초
ciucuraş, ~i, s.m. 작은 다발, 작은 솔(비)
ciucur|e, -i, s.m. **1.** 술 **2.** 술 모양의 꼬리 부분
ciuda|t, -tă, -ți, -te, adj. 독특한, 희귀한, 고유한
ciudă, -e, s.f. 불쾌, 불만, 분노 ; în ciuda (소유격 지배) -에도 불구하고 ; în ~ 고의로 ; a face cuiva ceva în ~ -을 괴롭히기 위하여 -을 하다 ; a avea/a-i fi ~ pe cineva -에게 앙심을 품다 ; mi-e ~ că... -인 것에 대하여 유감스럽다
ciudățeni|e, -i, s.f. 독특함, 고유함, 희귀함 **2.** 희귀한 물건
ciud|os, -oasă, -oşi, -oase, adj. 매우 화가 난, 몹시 불쾌한
ciuf1, ~i, s.m. 더벅머리
ciuf2, ~uri, s.n. 머리다발, 술
ciuful|i, -esc, -ii, -it, -vt. 쥐어뜯다,
ciufuli|t, -tă, -ți, -te, adj. **1.** 헝클어진, 흐트러진 **2.** 어지럽힌 **3.** 헝클어진(흐트러진)머리의
ciufu|t, -tă, -ți, -te, adj. **1.** 쩨쩨하게 구는, 인색한 **2.** 가죽모양의, 피질의 **3.** 신뢰할 수 없는, 무상한, 변덕스러

운, 별난 **4.** 약한, 기운이 없는, 침묵한

ciugul|eală, -eli, s.f. 절정, 최고점, 봉우리, 산꼭대기

ciugul|i, -esc, -ii, -it, vt. **1.** 쪼다, 부리로 쪼아 먹다 **2.** 마음에 내키지 않으며 먹다, -을 하며 즐기다 **3.** 조금씩 물어뜯다 **4.** (남녀가) 서로 애무하다 **5.** 키스하다, 부리를 서로 비벼대다

ciugulir|e, -i, s.f. 절정, 최고점, 봉우리, 꼭대기

ciuin, ~i, s.m. [식물]비누풀속(석죽과의 초본)

ciul, ~i, s.m. [동물]고기파리

ciulama, ~le, s.f. (하얀) 소스로 요리된 닭 또는 버섯

ciuleandra, s.f. art. 루마니아 춤의 종류

ciul|i, -esc, -ii, -it, -vt. (특히 개, 말 등이) 귀를 세우다, (비유) (사람이 남이 하는 말에) 귀를 곤두세우다, 주의하여 듣다

ciulin, ~i, s.m. **1.** 엉겅퀴(의 일종) **2.** 야생 산토끼 꽃 **3.** 사향 엉겅퀴

ciuma|t, I..-tă, -ți, -te, adj. 페스트에 걸린, 페스트를 오염시킨 (전염시킨) II. s.m. 페스트에 걸린 사람, 페스트 환자

cium|ă, -e, s.f. **1.** 치명적인 전염병 **2.** 흑사병, 페스트(14세기 유럽에서의) **3.** 격정, 격노, 포악한 여자, 용, 사나운 사람, 잔소리가 심한 사람 **4.** 허수아비, 초라한 사람 **5.** 마귀할멈, 흉악한 노파, 쭈그렁 할멈 **6.** 선 페스트

ciumăf|aie, -ăi, s.f. 산사나무 열매, 흰 독말풀

ciumăr|ea, -ele, s.f. [식물]금작화속

cium|os, -oasă, -oşi, -oase, adj. 역병에 걸린

ciump, ~i, s.m. **1.** 나머지, 끄트러기 **2.** 그루터기

ciumpav, ~ă, ~i, ~e, adj. 절뚝거리는, 편협한, 파행적인

ciumpăv|i, -esc, -ii, -it, (reg.) I. vi. 절음발이가 되다, 불구가 되다 II. vt. 끊어 내다, 잘라 내다, 베어 내다

ciung, I. ~ă, ~i, ~e, adj. **1.** 외팔의, 절음발이가 된 **2.** 불구가 된 **3.** 나뭇가지가 없는 **4.** 늘어진, 잘라낸, 제거한 II. ~i, s.m. 1 왼팔인자, 절음발이 **2.** 난창이, 왜소한 나무 **3.** 나뭇가지가 없는 나무, 늘어진 나무, 잘라낸 나무

ciung|i, -esc, -ii, -it, vt. **1.** 한 팔을 빼앗다, 한 팔을 자르다, 절음발이로 만들다, 몹시 손상(약화)시키다, 병신을 만들다 **2.** 치다, 잘라내다

ciun|t, -ta, -ți, -te, adj **1.** 왼팔의 **2.** 하나의 뿔이 난, 일각수 같은 **3.** 귀를 벤, 머리를 짧게 깎은 **4.** 짧게 자른 **5.** 꼬리를 자른

ciunt|i, -esc, -ii, -it, I. vt. **1.** 짧게 자르다, 짧게 하다, 단축하다 **2.** 잘라내다, 베어내다 **3.** 삭감하다 **4.** 자르다, 베다, 찢어내다 **5.** 치다, 잘라내다 **6.** 꼭대기를 달다, 정상을 자르다, -의 끝을 자르다 **7.** 다듬다, 손질하다, 다듬다 **8.** 무디게 (둔하게)하다 **9.** 날을 제거하다 **10.** 절단하다, 자르다, 무능케 하다 **11.** 절단하다, 삭제(정리)하다 **12.** -을 베어 넘기다, 줄이다 **13.** 박살내다, -에서 꼭대기(끝)를 자르다 **14.** 짧게 하다, 단축하다 **15.** 버려

놓다, 망치다, 쓸모없게 만들다 II. vr. **1.** 짧게 잘라지다 **2.** 무디게 되다

ciuntire, s.f. 짧게 베기, 절단

ciuntitur|ă, -i, s.f. **1.** 절단, 감축, 훼손, 삭제 **2.** 그루터기, 나머지(부분)

ciup, ~i, s.m. 딴 머리, 머리카락의 다발(묶음)

ciupag s.n. 수놓은 샤쓰의 가슴(부분)

ciup|eală, -eli, s.f. **1.** 훔치기, 좀도둑질 **2.** 표절, 표절물 **3.** 패거리 뇌물

ciuperc|ă, -i, s.f. **1.** 균류식물 **2.** 버섯 **3.** 우산모양을 한 버섯류 **4.** (먹기에 좋은, 독이 없는)버섯 ; a i mâncat ciuperci? 너 괜찮으니?, 너 제정신이니? ; a merge la cules ciuperci 버섯 따러가다

ciup|i, -esc, -ii, -it, vt. **1.** 집다, 꽉끼다, 꼬집어 비틀다 **2.** 궁둥이 따위를 찌르다 **3.** 찌르다, 쏘다 **4.** 잡다, 꼬집다 **5.** 훔치다, 좀도둑질하다, 표절하다 **6.** 짧게 자르다, 줄이다 **7.** -에 압박을 가하다, 무리하게 -하다

ciupire, s.f. 꼬집기, 집기

ciupi|t, -tă, -ți, -te, adj. **1.** 집는, 꼬집는 **2.** 마마자국이 있는

ciupitur|ă, -i, s.f. **1.** 집기, 꼬집기 **2.** 표절, 매우 잘 훔침 **3.** 자름, 타격, 치기, 밀기 **4.** 마마자국

ciur, ~uri, s.n. **1.** 체, 체질 2둥근 모직(나사)의 모자 **3.** (돌, 흙, 자갈, 타다 남은 찌꺼기 따위를 거는) 어레미 **4.** 큰 어레미 **5.** (체같이) 흔들어 뿌리는 그릇 (주로 조리에 쓰임) **6.** 체 **7.** 여과기 체 **8.** 벌집무늬로 된 장식(물)

ciurar, ~i, s.m. 체 제작자

ciurdar, ~i, s.m. 소를 치는 사람, 카우보이, 목동

ciurd|ă, ~e, s.f. 무리, 군중, 아이들

ciuruc, ~uri, s.n. **1.** 쓰레기, 폐물 **2.** 쓸모없는(사람), 망나니, 불우한 사람

ciuru|i, -esc, -ii, -it, **1.** 체질하다, 거르다, 체로 치다 **2.** -을 통해 찌르다 **3.** 똑똑 떨어지다 **4.** 줄줄 흐르다, 용솟음치다

ciurui|t, -tă, -ți, -te, adj. **1.** 총탄으로 구멍투성이로 만든 **2.** 마마자국이 있는.

ciuruit|or, -oare, s.n. 어레미, 선별기

ciuş, interj. 당나귀를 부를 때 내는 소리

ciuş|că, -te,s.f. 말린 고추

ciu|t, -ta, -ți, -te, adj **1.** 뿔 없는, 뿔을 잘린 **2.** 하나의 뿔이 난

ciut|ă, -e, s.f. 암사슴(특히 3세 이상의 붉은 사슴의 암컷) ; iarba ciutei 꿩의 비름과의 풀, 털갈매나무 ; pui de ~ 어린 사슴

ciutur|ă, -i, s.f. 물통, 두레박 ; a ploua cu ciutura (비가)억수로 쏟아지다, 심하게 비가 내리다

ciuvaş, ~i, s.m. I. 추바슈 사람, 추바슈어 II. adj. 추바슈 사람의, 추바슈어의

civic, ~ă, ~i, ~e, adj. **1.** 시정의, 시민의 **2.** 공민의, 인류사회의 ; îndatoriri ~e 시민의 임무 ; virtute ~ă 시민의 미덕/장점

civil, ~ă, ~i, ~e, I. adj. **1.** 민간인, 민간의 **2.** 시민의 ; act de stare ~ă 출생확인서 ; drept ~ 관습법, 불문율 ; curte ~ă 민사 법원 ; război ~ 시민전쟁 ; viață ~ă 시민생활 II. s.m. **1.**

시민의 직위, 시민의 신분 **2.** 민간인
civilie, s.f. 호적[법률]상의 (시민)신분
civiliz|a, -ez, -ai, -at, I. vt. **1.** 문명화하다, 개화시키다 **2.** 닦다, 세련시키다 II. vi. 문명화되다, 세련되다
civiliza|t, -tă, -ți, -te, adj. **1.** 문명화된, 개화된 **2.** 세련된
civilizat|or, -oare, -ori, -oare, adj. 문명화하고 있는, 개화하고 있는
civilizați|e, -i, s.f. **1.** 개화, 문명화 **2.** 문화, 문명
civism s.n. 공공심, 애시 정신
civi|t, -tă, -ți, -te, adj. 검푸른(색의)
cizel|a, -ez, ai, -at, vt. **1.** 쫒다, 추적하다, 파다, 새기다 **2.** 끌로 파다(깎다), 새기다 **3.** 닦다, 세련시키다 **4.** 윤광을 내다, 솔질하다 **5.** 추적되다 **6.** 세련시키다
cizelare, -ări, s.f. 추적하기
cizela|t, -ta, -ți, -te, adj. 추적된
cizelator s.m. 추적자, 조각사
cizmar, ~i, s.m. **1.** 구두 만드는 사람, 구두수선공 **2.** 서투른 직공
cizm|ă, -e, s.f. **1.** 장화 **2.** 승마구두 **3.** 긴 장화 **4.** 여성의 구두 **5.** 승마화 prost ca o ~ 멍청한, 바보 같은, 어리석은
cizmăr|esc, -ească, -ești, adj. 구둣가게의, 구두장사의
cizmări|e, -i, s.f. **1.** 구두장사 **2.** 구두가게
cizmuliț|ă, -e, s.f. 여성구두, 털실로 짠 어린이 구두
clac ~uri s.n. 오페라해트(접을 수 있는 실크해트)
claca, clachez, -ai, -at, vi. **1.** 인대를 다치다
clacă, clăci, s.f. **1.** (봉건 시대의)부역, 강제노역 **2.** 집단(사회)사업 **3.** 임시작업
clad|ă, -e, s.f. 더미, 무더기, 쌓아 올린 것
claie, clăi, s.f. **1.** 큰 건초더미 **2.** 옥수수더미 **3.** 더미, 무더기 **4.** 군중 **5.** 덥수룩한 머리 **6.** 많이
clam|ă, -e, s.f. **1.** 갈고리, 훅 **2.** 종이집게, 클립
clamp|ă, -e, s.f. v. clanță
clan, ~uri, s.n. **1.** 씨족 **2.** 도당, 파벌
clandestin, ~ă, ~i, ~e, I. adj. 은밀한, 비밀의, 불법의, 무허가의 II. adv. 은밀하게, 비밀스럽게
clanț interj. 딸깍(찰깍)하는 소리
clanț, ~uri, s.n. 주둥이, 부리, 입
clanț|ă, -e, s.f. **1.** 문손잡이 **2.** 잔소리꾼, 잔소리가 심한 여자 ; ține-ți clanța! 조용이해! ; a se lua la ~ -와 치고 싸우다, 말다툼하다
clap, interj. 쿵, 탕, 쾅
clap|ă, -e, s.f. **1.** (피아노의)건반, 키 **2.** 역행 방지 판 **3.** 뚜껑 **4.** 귀마개 **5.** (주머니의)덮개
clapcă, clăpci, s.f. **1.** 덫, 올가미 **2.** 함정, 계략, 책략
clapon, ~i, s.m. (배의)낮을 지탱하는 배 바깥쪽에 위치한 지지대
clar, ~ă, ~i, ~e, I. adj. **1.** 밝은, 맑은, 투명한, 명백한 **2.** 뚜렷한, 명료한 **3.** 이해할 수 있는, 알기 쉬운 **4.** 분명한 **5.** 검소한, 간소한 **6.** 투명한, 비치어 보이는 **7.** 순수한, 깨끗한 **8.** 청명한, 화창한 II. adv. 밝게, 깨끗하게, 뚜렷하게 ; vorbește tare și ~! 크고 뚜렷하게 애기해!
clarific|a, clarific, -ai, -at, -vt., vr. **1.**

깨끗하게 하다, 맑게 하다, 정화하다 **2.** 설명하다 **3.** 궁금증을 풀다 **4.** 깨끗하게 되다, 정화되다

clarific|are, -ări, s.f. 맑게 하기, 정화

clarificat|or, -oare, -ori, -oare, adj. 깨끗하게 하는, 맑아지는

clarinet, ~e, s.n. 클라리넷(목관악기)

clarineti|st, -stă, -şti, -ste, -s.m. 클라리넷 연주가

claritate s.f. 밝기, 투명, 명료도

clarobscur, -uri, s.n. 명암의 배합

clarvăzăt|or, -oare, -ori, -oare, adj. 투시의 천리안의

clarviziune s.f. 원시안, 선견지명

clas|a, -ez, -ai, -at, I. vt. **1.** 등급으로 나누다 **2.** 서류 양식에 기입하다 **3.** 가려내다, 추려내다 **4.** (판결, 명령 등을)파기하다, 무효로 하다 II. vr. 등급으로 나누어지다 ; a se ~ pe locul 우선하다, 우승하다

clasabil, ~ă, ~i, ~e, adj. 분류한, 항목별의

clasament, ~e, s.n. 등급 매김, 급수별

clas|are, -ări, s.f. 유별, 종별

clas|ă, ~e, s.f. **1.** 종류, 클래스, 범부 **2.** 계급, 계층 **3.** 교실, 학년 **4.** (동식물 분류간의)강 fără ~ 계층(계급) 구분 없이 ; luptă de ~ 계급투쟁

clasic, ~ă, ~i, ~e, I. adj. **1.** 고전의 **2.** 표준의 **3.** 고전적으로 ; un exemplu ~ 전형적인 예 ; limbi ~e 고전 언어 ; muzică ~ă 고전음악 II. s.m. (그리스, 라틴의)고전작가, 고전학자, 고전주의자

clasicism s.n. 고전주의

clasici|st, -stă, -şti, -ste, -s.m. 고전주의자

clasific|a, clasific, ~ai, -at, I. vt. 등급으로 나누다 II. vr. 분류되다, 나눠지다

clasific|are, -ări, s.f. 유별, 종별, 등급매김

clasificator, -oare, -ori, -oare, I. adj. 등급으로 나누는 II. s.m. 분류자, 조직자

clasificați|e, ~i, s.f. 유별, 종별, 등급 매김

clas|or, -oare, s.n. 서류(정리)서랍

claustr|a, -ez, -ai, -at, vr. **1.** 수녀가 되다, 수도회로 들어가다 **2.** 은둔하다

clauz|ă, -e, s.f. (문법)절, [법률]조항 ; ~ abrogatorie 폐기조항 ; ~ compromisorie 중재조항 ; ~ de reîntorcere 복귀조항 [경제]조항 ; ~ de indexare 물가연동 조항 ; ~ de protecție 상어구축수단 ; ~ națiunii celei mai favorizate 최혜국(最惠國) 조항 ; ~ compromisorie 절충조항 (소송, 분쟁시 중재를 통해서 문제를 해결하는 조항) ; ~ contra riscului valutar 계약상 외환 인수 시 환차로 인한 권리와 의무의 이행 조항 ; ~ de opțiune 선택조항

clavecin, ~e, s.n. 하프시코드(16-18세기 쓰인 건반 악기로서 피아노의 전신임)

claviatur|ă, ~i, s.f. 건반

clavicular, ~ă, ~i, ~e, adj. 쇄골의

clavicul|ă, ~e, s.f. 쇄골

clavir, ~e, s.n. 피아노

clax|on, -oane, s.n. 뿔(나팔)

claxon|a, -ez, -ai, -at, vi. 경적을 울

리다

clăbuc, ~i, s.m. **1.** 비누거품 **2.** 담배연기 ; a face ~i 거품을 일어나게 하다 ; a face ~i la gură 입가에 거품을 내다, 노발하다

clăbuc|i, -esc, -ii, -it, vi. **1.** 비누거품을 칠하다 **2.** 거품을 일게 하다 **3.** 거품을 내뿜다 **4.** (연기 등이)소용돌이 치며 올라가다 **5.** 비누거품을 칠하다

clăcaş, ~i, s.m. 남자노예, 농노

clăcăş|esc, -ească, -eşti, adj. 농노의

clăcăş|i, -esc, -ii, -it, vi. 부역하다, 강제노역하다

clădări|e, -i, s.f. cladă 의 축소형

clăd|i, -esc, -ii, -it, I. vt. **1.** 세우다, 건축하다 **2.** (다리를)놓다 **3.** 직립시키다, 곤두세우다 **4.** 기초를 두다 II. vr. 쌓아지다 III. vi.쌓아올리다 a ~ pe nisip 모래성을 쌓다

clădir|e, -i, s.f. **1.** 건축 **2.** 건물

clădi|t, -tă, ţi, -te, adj. **1.** 조립된 **2.** 잘 지어진, 잘 만들어진

clă|i, -iesc, -ii, -it, vi. 더미 짓다, 가리다

clămpăn|eală, -eli, s.f. 달가닥 달가닥하는 소리

clămpăn|i, -esc, -ii, -it, vi. **1.** 문고리를 잡아 흔들다 **2.** 달가닥 달가닥 울리게 하다 **3.** 재잘거리다 **4.** 수다쟁이마냥 재잘거리다 **5.** 딸깍 소리를 내다

clămpănit, -uri, s.n. 달가닥 달가닥하는 소리

clămpănitur|ă, -i, v. clămpănit

clăncă|i, pers.3, clăncăie, -ii, -it, vi. (두 개의 물체가) 부딪치는 소리를 내다

clănţăn|i, -esc, -ii, -it, vi. **1.** 이로 딱딱 소리를 내다 **2.** (벌벌)떨다, 흔들리다, 진동하다 **3.** (땡그랑)울리다 **4.** (땡그랑)울리다 **5.** 잔소리하다, 싸우다

clănţău, s.m. **1.** 수다쟁이 **2.** 입버릇이 상스러운 사람 **3.** 엉터리 변호사

clăpăug, -ă, -i, -e, adj. **1.** (귀가)축 늘어진 **2.** 머리가 둔한

clăpăug|i, -esc, -ii, -it, vi. (인간이나 동물) 귀가 밑으로 늘어지다, 늘어져 있다

clăt|i, -esc, -ii, -it, vt. vi. **1.** 헹구어 내다 **2.** 양치질하다 **3.** 씻다 **4.** 갑자기 물이 분출하다 **5.** 입을 씻다

clătina, clatin, -ai, -at, vi. **1.** 흔들다 **2.** 휘젓다 **3.** 소동을 일으키다 **4.** 진동시키다 **5.** 흔들리다 **6.** 느슨해지다, (이가)흔들리다 **7.** 비틀거리다 **8.** 머리를 흔들다 **9.** 끄덕이다, 인사하다

clătin|are, -ări, s.f. 흔듦, 동요

clătinăt|or, -oare, -ori, -oare, adj. 흔들리는, 떠는

clătinătur|ă, ~i, s.f. 동요, 흔듦

clătir|e, -i, s.f. 행구기

clătit|ă, ~e, s.f. 팬케이크

clean, cleni, s.m. 황어속의 민물고기, 처브(유럽산 잉어과)

clefă|i, clefăi, ~ii, -it, vi. **1.** 입맛을 다시다 **2.** (말이 여물을)우적우적 씹다

clefăit, ~uri, s.n. 입맛 다시기

clei, ~uri, s.n. **1.** 아교, 접착제 **2.** 풀, 반죽한 것 **3.** 부레풀 **4.** 나무의 진, 송진 **5.** 새잡는 끈끈이

cleionaj, -e, s.n. (사태를 막기 위해

말뚝에 나뭇가지를 엮은)책, 책을 치기
clei|os, -oase, -oşi, -oase, adj. **1.** 접착성의, 끈끈한, 냉습한 **2.** 아무것도 모르는, 무식한 **3.** (빵이)설구워진
clematit|ă, -e, s.f. 클레마티스(참으아리 속의 식물), 사위질빵
clem|ă, ~e, s.f. **1.** 꺾쇠, 거멀못 **2.** (전자의)단자
clemen|t, -tă, -ţi, -te, adj. 관용적인, 관대한
clemenţ|ă, ~e, s.f. 관용, 인자
clempuş, ~uri, s.n. U자못, 꺾쇠
clenci, ~uri, s.n. **1.** 갈고리, 훅 **2.** 가시 **3.** 핀, 못바늘 **4.** 분쟁의 원인 **5.** 논쟁, 분쟁 **6.** 계교, 책략
clepsidr|ă, ~e s.f. 물시계
clepsidr|u, s.f. v. clepsidră
cleptoman, ~ă, ~i, ~e, I. adj. 도벽의 II. s.m. 그리고 f. 도벽이 있는 자
cleptomanie, s.f. (병석)도벽, 절도광
cler, ~uri, s.n. 성직자(들)
cleric, ~i, s.m. (영국 국교회의)목사
clerical, ~ă, ~i, ~e, adj. 성직자의, 목사의
clericalism, s.n. 성직권주의
cleştar, ~e, s.n. **1.** 수정 ; caurat/ limpede ca ~ul 수정 같은, 맑고 투명한
cleşt|e, ~i. s.m. **1.** 집계, 젓가락, 족집게 **2.** 헤어 아이언 **3.** 설탕집게 **4.** (의과의)집게, 핀셋 **5.** (동물의)집게발
clevet|eală, ~eli, s.f. 중상, 욕설
clevet|i, -esc, -ii -it, vt. vi. 중상하다, 목욕하다, 허위선전하다, 험담하다
clevetir|e, ~i, s.f. 중상, 욕설
clevetit|or, -oare, -ori, -oare, adj, **1.** 중상적인, 입이 험한 **2.** 중상자
clic|ă, -i, s.f. (배타적인)도당, 파벌
clien|t, -tă, -ţi, -te, s.m. şi s.f, **1.** (로마귀족의)예속평민 **2.** (변호사 등의)의뢰인 **3.** 고객, 단골 **4.** 환자 **5.** 놈, 녀석
clientel|ă, -e, s.f. **1.** (로마귀족의)여자 예속평민 **2.** 단골, 고객(집합적) **3.** (의사의)개업 **4.** 의뢰인
climacteriu, s.n. 풍토병
climat, ~e, s.n. 기후, 환경
climat(er)ic, ~ă, ~i, ~e, adj. 기후상의, 풍토적인
climatologic, ă, ~i, ~e, adj. 기후(풍토)학의
climatologi|e, -i, s.f. 기후(풍토)학
clim|ă, -e, s.f. **1.** 기후 **2.** 풍조, 풍토
clin, ~uri, s.n. **1.** 삼각형의 헝겊, **2.** 삼각지대 ; a nu avea nici în ~, nici în mânecă -와 공통점이 하나도 없다
clin|ă, -e, s.f. 비탈, 사면
clinc, interj. v. cling
clincher, s.n. 단단한 벽돌
clinchet, ~e, s.n. (잔이나 종의)땡그랑 울리는 소리
cling, interj. (종이나 방울 소리) 땡땡
clinic|ă, -i, s.f. 진료소, 개인병원
clinometr|u, -e, s.n. 클리노미터, 경사 측정기
clint|i, -esc, -ii, -it, vt., vr. **1.** 움직이다, 건드리다 **2.** (보통 부정구문에서)움직이다, 태도, 견해를 바꾸다 **3.** 옮기다, 이동하다 **4.** 빗나가다
clip|ă, -e, s.f. 순간, 찰나 ; o ~! 잠시만! ; din clipa aceasta 지금부터 ; în

clipa când ~하는 순간에, ~하자마자 ; pentru o ~ 잠시 동안

clip|eală, -eli, s.f. 매순간(마다)

clip|i, -esc, -ii, -it, vi. **1.** (눈을)깜박거리다 **5.** 윙크하다, 눈짓하다 **6.** 반짝반짝 빛나다

clipiş, adv. 눈 깜작할 사이에, 순식간에, 잽싸게

clipir|e, -i, s.f. 깜박거림

clipit, s.n. 광휘, 윤

clipit|ă, -e, s.f. v. clipă ; într-o ~ 한순간에

clipoc|eală, -eli, s.f. 끄덕임, 꾸벅임

clipoc|i, -esc, -ii, -it, vi. **1.** 졸다 **2.** 졸졸 소리를 내다, 속삭이다

clipocir|e, -i, s.f. 꾸벅임, 졸기

clipocit, s.n. 졸졸 흐름, 중얼거림

cliring, (şi clearing) s.n. 어음교환

clironomi|e, -i, s.f. 상속, 상속권, 상속 재산, 유산

clis|ă, -e, s.f. **1.** 점토, 진흙 **2.** 누룩을 넣지 않은 빵

clism|ă, -e, s.f. 관장(제)

clis|os, ~oasă, -oşi, -oase, adj. 진흙의, 진흙 같은, 질척질척한

clistir, ~e, s.n. 관장(제)

clişe|u, -e, s.n. **1.** 상투적인 문구 **2.** 진부한 표현

cliv|a, (pers.3, clivează,) -ez, -ii -it, vi. 쪼개다, 틈을 내다

clivaj, ~e, s.n. 쪼개짐, 분할

cloac|ă, -e, s.f. **1.** 하수(도), 하수구 **2.** 저습지, 곤경, 난국

cloanț|ă, -e, s.f. **1.** 늙은 여자, 보기흉한 노파 **2.** 입, 턱 ; tacă-ți cloanța! 잠자코 있어!

cloc|eală, -eli, s.f. 부화하기

cloc|i, -esc, -ii, -it, vi, vt. **1.** 부화하다 **2.** 계획하다, 꾸미다 **3.** 알을 품다, 알을 안다 **4.** 빈둥거리고 있다

cloci|t, -tă, -ți, -te, adj. **1.** 썩은, 썩은 내가 나는 **2.** 부패한, 영양분이 없는 **3.** 악취가 나는

clocitoare, I. adj. **1.** 알을 품는 **2.** 부화하는 II. -ori, s.f. 부란용 난로

clocot, ~e, s.n. **1.** 격발, 용솟음, 분출 **2.** 회전, 선회 **3.** 흥분

clocot|i, -esc, -ii, -it, vi. **1.** 끓다 **2.** 으르렁거리다 **3.** 소용돌이치다 **4.** 울리다 **5.** 한창 진행 중이다, 신바람이 나다

clocotici, s.m. 작은 노란색 잎과 날카로운 잎으로 마취성분을 지닌 꽃

clocotiş, s.m. clocot의 축소형

clocotir|e, -i, s.f. 끓이기

clocoti|t, -tă, -ți, -te, adj. 끓어오르는, 끓인, 뜨거운

clocotit|or, -oare, -ori, -oare, adj. 끓어오르는, 뜨거운, 소용돌이치는, 거품을 일으키는, 울려 퍼지는, 지칠 줄 모르는

clocoțe|l, -i, s.m. [식물]클레머티스, 참으아리속의 식물(큰 꽃 으아리 따위)

clonc(a), interj. (암탉의) 우는 소리

cloncan, ~i, s.m. 갈 가마귀

cloncăni, pers.3, cloncănește, -it, (암탉이)울다

cloncănit, s.n. 꼬꼬울기

clondir, ~e, s.n. (짧은 목의)병

clonț, ~uri, s.n. **1.** 부리 **2.** 입

clonțar, ~i, s.m. **1.** 험한 바위산 **2.** 생쥐

clonța|t, -tă, -ți, -te, I. adj. **1.** 이가 큰, 큰 이빨의 II. s.f. v. cloanță

clonț|os, -oasă, -oşi, -oase, adj. **1.** 두꺼운 부리의 **2.** 뾰족한 부리의 **3.** 독설을 내뱉는 **4.** 심술궂은, 잘 싸우는

clopot, ~e, s.n. **1.** 종 **2.** 초인종 ; sunet de ~e 종소리 ; a suna/trage ~ele 종을 치다, 종이 울리다, (장례식에서)~의 조종을 울리다, ~에 접근하다

clopotar, ~i, s.m. 종지기

clopotărie, s.f. 주종소

clopotniț|ă, -e, s.f. 종루

clopoțe|l, -i, s.m. **1.** 작은 종, 핸드벨 **2.** 초롱꽃속 **3.** 파랑새 **4.** 아네모네 **5.** 은방울꽃

clopoțit, s.n. 울리기

clor, s.n. 염소(기호 C1, 번호 17)

cloral, s.n. 클로랄(마취제)

clora|t, -ți, s.m. 염소산염

clorhidra|t, -ți, s.m. 염화수소

clorhidric, -i, adj. 산성의 염화수소

cloric, -ă, -i, -e, adj. 산성의, 염소의

clorofilă, s.f. 엽록소

clorofili|an, -ană, -eni, -ene, adj. 엽록소의

clorizare, s.f. 염화, 염소로 소독하기

cloroform, s.n. 클로로포름(무색, 휘발성의 액체)

cloroformiz|a, -ez, -ai, -at, vt. 클로로포름으로 마취하다

cloroformiz|are, -ări, s.f. 클로로포름으로 마취하기

cloromicetină, s.f. [의학]클로로마이세틴

clorotic, ~ă, ~i, ~e, adj. 위황병의

cloroză, -e, s.f. 위황병

clorur|ă, -i, s.f. **1.** 염화물 **2.** 염화칼슘

closet, ~e, s.n. 수세식 변소, 화장실

cloş, -uri, s.n. 종(벨)모양의 재단(법)

cloş|că, -ți, -s.f. 알 품은 닭, 씨암탉

clovn, ~i, s.m. 어릿광대, 익살꾼, 시골뜨기

clovneri|e, -i, s.f. 우스운 것, 버릇없는 것

club, ~uri, s.n. 클럽

clucer, ~i, s.m. (짜라 로므네아스커나 몰도바 공국에서)왕의 법정에 변호를 맡던 사람

cn|eaz, -ezi, s.m. 왕자, 군주

cnezat, ~e, s.n. 공국

cnocaut, ~uri, s.n. 녹아웃, 결정적인 타격

cnut, ~uri, s.n. 매, 태형

coabit|a, -ez, -ai, -at, vi. (미혼 남녀가)동거하다

coacăz, ~i, s.m. **1.** 붉은 까치밥나무, 작은 씨 없는 건포도 **2.** 서양 까치밥나무의 열매

coacăz|ă, -e, s.f. 붉은 까치밥나무의 열매, 서양 까치밥나무의 열매

coace, coc, copsei, copt, vt. **1.** 빵을 굽다 **2.** (과일 등의)익히다, **3.** (빵을) 굽다

coacere, s.f. 빵 굽기

coacuza|t, -tă, -ți, -te, s.m. 보조피고의

coadă, cozi, s.f. **1.** (동물의)꼬리 **2.** 끌고 간 자국, 흔적 **3.** (과일, 꽃 등의)줄기, 대 **4.** 끝 **5.** 후미(부분) **6.** 변발, 땋아 늘인 머리 ; cu coada între picioare 풀이 죽어서 겁이 나서 ; pian cu ~ 그랜드 피아노 ; a-şi băga coada în ceva 남의 일에 간섭하다 ;

a face/a sta la ~ pentru ceva -을 위하여 줄을 서서 기다리다 ; a se uita la cineva cu coada dchiului -을 곁눈질로 몰래 보다 ; a face cuiva din coada ochiului -에게 윙크하다 ; a da din ~ 꼬리를 치다, 아첨하다 ; a fi în ~ 뒤처지다 ; a călca pe cineva pe ~ 누구의 전철을 밟다

coaf|a, -ez, -ai, -at, vt. (두발을) 다듬다, 조발하다, 머리하다

coafez|ă, -e, s.f. 여자 이발사, 여자 미용사

coafor, ~i, s.m. 이발사, 미용사

coafur|ă, -i, f. 이발, 조발

coagul|a, -ez, -ai, -at, vr. 응고하다, 응결하다

coagul|are, -ări, s.f. 응고, 응결

coajă, coji, s.f. 껍질, 껍데기, 딱지

coală, coli, s.f. 전지, 인쇄 전지

coalescenţă, s.f. 유착, 융합, 아물어 붙기

coaliţi|e, -i, s.f. 결합, 연합, 동맹, 합동

coaliz|a, -ez, -ai, -at, vr. 결합하다, 융합하다, 동맹하다

coaliz|are, -ări, s.f. 결합함, 동맹함, 연합함

coam|ă, -e, s.f. **1.** (사람의) 장발, (짐승의) 갈기 **2.** 산등, 산꼭대기, 산등성이 **3.** 용마루

coană, s.f. v. cucoană

coaps|ă, -e, s.f. 허벅다리, 넓적다리

coard|ă, -e, s.f. **1.** 밧줄, 노끈, 줄 **2.** 용수철, 태엽 **3.** 포도덩굴

coarn|ă, -e, s.f. **1.** (서양)산수유나무 열매 **2.** 산수유나무속

coas|ă, -e, s.f. **1.** 큰 낫, **2.** (풀)베기

coase, cos, cusui, cusut, vt. 꿰매다, 바느질하다

coasocia|t, -ţi, s.m. 공동 관여(계)자

coast|ă, -te, s.f. **1.** 늑골, 갈빗대 **2.** 옆구리, 허리, 측면

coate-goale, s.m. 적빈자, 기아에 시달리는 사람

coaut|or, -oare, -ori, -oare, s.m. şi s.f. 공동 집필자, 공동 저자, 협력자, 공동 행위자

cobalt, s.n. 코발트

cobaltină s.f. 코발트광

cobăi|t, -tă, -ţi, -te, adj. 쓸모없는, 소용없는, 가련한, 불쌍한

cobe, s.f. **1.** 조류의 혓병, 고질, 만성병 **2.** 혓병을 앓고 있는 닭, 재난을 알리는 (불길한) 새

cob|eală, -eli, s.f. 재해를 알림

cob|i, esc, -ii, -it, vi. 재해를 고지하다, 재해를 예측하다

cobiliţ|ă, -e, s.f. 멜대,

coborâr|e, -i, s.f. 내림, 내려옴, 하역, 하강

coborâş, ~uri, s.n. **1.** 하강, 몰락 **2.** 비탈, 언덕, 산허리, 산중턱

coborâtor, -oare, -ori, -oare, I. adj. **1.** 하강하는 몰락하는 **2.** 후손의, 후대의 II. s.m. 자손, 후예

cobor|î, cobor, -âi, -ât, I. vi. 내려오다, 내리다, 가라앉다 II. vt. 하역하다, 가라앉히다

cobr|ă, -e, s.f. [동물]코브라, 독사

cobur, ~i. s.m. 권총집, 권총 케이스

cobuz, ~e, s.n. 피리, 플루트

cobzar, ~i, s.m. cobză를 연주하는 사람

cobz|ă -e, s.f. [악기] 라우테

coc, ~uri, s.n. (머리털 등의) 꽂(나

비)매듭
coc|ă, -i, s.f. [식물]코카(남미산의 약용식물)
cocaină, s.f. 코카인(마취제)
cocainoman, ~ă, ~i, ~e, s.m. şi s.f. 코카인 중독자
cocard|ă, -e s.f. 모표, 휘장
cocârj|a, -ez, -ai, -at, vr. 굽어지다, 구부러지다, 휘다
cocârja|t, -tă, -ți, -te, adj. 굽은, 휜, 만곡한
cocârj|i, -esc, -ți, -it, vr. v. cocârja
coccis, ~uri, s.m. [해부학]미골
coc|ean, -eni, s.m. (옥수수)자루, 옥수수 열매의 속대
coche|t, -tă, -ți, -te, adj. **1.** 아양을 떠는, 교태를 부리는 **2.** 상냥한, 우아한
cochet|a, -ez, -ai, -at, vi. 아양 부리다, 아양 떨다
cochetări|e, -i, s.f. 미태, 교태, 술책
cochili|e, -i, s.f. **1.** 조개껍질 **2.** 조가비
cocin|ă, -i, s.f. 돼지우리, 오두막, 누추한 집
cocioab|ă, -e, s.f. 오두막, 판자 집, 원두막, 대피소
cociorb|ă (cociorv|ă), -e, s.f. 부지깽이, 고무래, 갈퀴
coclauri, s.n. 바위 틈, 바위투성이의 골짜기, 애로, 협곡
cocl|eală, -eli, s.f. [화학]녹청
cocleț, ~e, s.f. 얼레 통
cocl|i, pers.3, -eşte, -ii, -it, vr., vi. 녹이 슬다
cocli|t, -tă, -ți, -te, adj. 녹이 슨, 낡은
cocoaş|ă, -e, s.f. 혹, 종양, 등, 곱사등, 돌기
cocol|i, -esc, -ii, -it, I. vt. 호강 시키다, 응석을 부리게 하다, 악습에 물들게 하다, 유약하게 만들다 II. vr. 유약해지다, 악습에 물들다, 버릇없이 굴다
cocol|oş, -oaşe, s.n. 작은 덩어리, (수프의) 경단
cocoloş|i, -esc, -ii, -it, vt. **1.** 둥글게 하다, 둥근 덩이를 만들다, **2.** (의복을) 구기다, (종이를) 뭉치다
cocon, ~i, s.m. **1.** 귀공자, 젊은 귀족 **2.** 고치, (거미 등의) 알주머니
coconar, ~i, s.m. **1.** 삿갓 솔(남유럽산) **2.** 소나무 열매
cocor, ~i, s.m. **1.** 두루미, 두루미과의 조류 **2.** [천문학]두루미자리
cocostârc, ~i, s.m. 황새
cocoş, ~i, s.m. **1.** 수탉, 새의 수컷 **2.** (수도, 가스 등의) 꼭지
cocoş|a, -ez, -ai, -at, vr. 등이 굽다, 곱사등이 되다
cocoşar, ~i, s.m. [동물]티티새의 일종
cocoşa|t, -tă, -ți, -te, adj. 등이 굽은, 꼽추의, 곱사등을 가진
cocoşe|l, -i, s.m. **1.** 수탉 **2.** 금화
cocoşeşte, adv. 수탉 같이, 수탉 모양처럼, 수탉답게
cocoşn|eață, -ețe, s.f. 우스꽝스러울 정도로 지나치게 치장한 여자
cocotier, ~i, s.m. 야자수
cocoța, cocoț, -ai, -at, I. vr. 오르다. 인상하다 II. vt. 올리다, 높이다, 인상시키다
cocs, ~uri, s.n. **1.** 코크스, 해탄, 시시한 일 **2.** 코카인
cocsagâz, ~i, s.m. [식물]민들레
cocseri|e, -i, s.f. 코크스 제조(장)

cocsific|a, cocsific, -ai, -at, vt. 코크스를 만들다
cocsific|are, -ări, s.f. 코크스를 제조(함)
cocteil, ~uri, s.n. 칵테일, 혼합주
cocuț|ă, -e, s.f. 애인, 사랑하는 사람, 귀여운 것(사람)
cod, ~uri, s.n. 법전, 규칙, 규범 ; ~ul comercial 상법 ; ~ul de procedură civilă 민사소송법 ; ~ul de procedură penală al României 루마니아 형사소송법 ; Codul lui Hammu- rabi: 함무라비법전 ; Codul lui Justinian:유스티니아누스법전 ; Codul penal al României:루마니아 형법
codalb, ~ă, ~i, ~e, adj. 금발의
codan, ~ă, ~i, ~e, I. adj. 머리를 길게 딴, 꼬리달린 II. s.f. 계집아이, 여학생
codaş, ~ă, ~i, ~e, I. adj. 일하기 싫어하는 II. s.m. 낙제생, 낙오자
coda|t, -tă, -ți, -te, adj. **1.** (머리카락 등이) 긴, 길게 딴 **2.** 편도 모양의
cod|ă, -e, s.f. **1.** [음악]코다, 마침곡 **2.** 손잡이, 자루
codălb|i, -esc, -ii, -it, vi. 곤경(궁지)에 빠지다, 곤란하게 되다
codârl|ă, -e, s.f. **1.** 마차 뒤쪽의 짐칸 **2.** 짐마차의 마부석
codeină, s.f. 코데인(진정제)
codex, ~uri, s.n. **1.** 서적, 고사본, 수적본 **2.** 법전
cod|i, -esc, -ii, -it, vr. 주저하다, 머뭇거리다, 망설이다
codice, s.m. **1.** 법전, 규칙 **2.** 서적, 고사본, 수적본
codicil, ~e, s.n. 유언 보족서, 추가조항
codific|a, codific, -ai, -at, I. vt. **1.** 암호화하다 **2.** 암호문으로 쓰다 **3.** 성문화하다 II. vr. 성문화되다
codific|are, -ări, s.f. 성문화, 법전 편찬
codiriş|că, v. codirişte
codiriş|te, -ti, s.f. 채찍의 자루
codism, s.n. 결말페이지 하단에(아래에) 말하는 사항
codi|st, -stă, -şti, -ste, s.m. şi s.f. 결말 후부에 나오는(등장하는) 사람
codiț|ă, -e, s.f. **1.** 짧은 꼬리 **2.** 프랑스어의 C자 아래부호 **3.** 결점 **4.** 끝 **5.** 꼬리
codobatur|ă, -i, s.f. 할미새
codobelc, ~i, I. s.m. **1.** 달팽이, **2.** 달팽이처럼 굼뜬 사람, 느림보 II.~ă, ~i, ~e, adj. 굼뜬, 느린
codolan, ~i, s.m. 메기
cod|oş, -oasă, -oşi, -oase, s.m. **1.** 뚜쟁이, 포주 **2.** 밀고자 **3.** 고자질하는 사람(학생)
codoş|că, -te, s.f. 여자 중매인, 뚜쟁이
codoş|i, -esc, -i, -it, vi. **1.** 뚜쟁이질을 하다 **2.** 매춘부가 되다
codr|ean, -eană, -eni, -ene, s.m. 삼림 주민, 산 사람
codroş, ~i, s.m. [동물]딱새 류의 무리, 딱새류의 명금
codr|u, -i, s.m. **1.** 숲 **2.** 큰 덩어리의 빵, 머멀리거
codruleț, ~e, s.n. 수풀, 삼림 지대
coechipier, ~i, s.m. (한 팀의) 회원(동료)
coeficien|t, -ți, s.m. **1.** 공동작용 **2.** 가치, 진가 **3.** 신랄한 평가

coercibil, ~ă, ~i, ~e, adj. 압축할 수 있는, 압축성의
coercitiv, ~ă, ~i, ~e, adj. 강제적인 ; mijloc ~ 강제(적) 수단
coerciție, s.f. 강제
coere|de, -zi, s.m. 공동 상속인
coeren|t, -tă, -ți, -te, adj. **1.** 일관된 **2.** 일관되게
coerenț|ă, -e, s.f. 일관성
coexista, coexist, -ai, -at, vi. (~와) 공존하다
coexisten|t, -tă, -ți, -te, adj. 공존하는
coexistenț|ă, -e, s.f. 공존 ; ~ paşnică 평화적 공존
coeziun|e, -i. s.f. **1.** 점착 **2.** 응집력 **3.** 결합
cof|ă, -e, s.f. **1.** 나무로 된 들통, **2.** 과거에 물을 재던 단위
cofeină, s.f. v. cafeină
cofetar, ~i s.m. **1.** 과자 제조인 **2.** 가루를 반죽해서 만든 과자 요리사
cofetări|e, ~i, s.f. **1.** 제과점 **2.** 과자 가게 **3.** 이탈리아/스위스 카페(간이 식당)
cofeturi, s.n. **1.** 과자 **2.** 사탕
cofiț|ă, -e, s.f. 작은 통, 작은 두레박
cofleş|i, pers.3, -eşte, -ii, -it, vr. 시들다
cofra, -cofrez, -cofrai, -cofrat, vt. **1.** 덧문을 달다, 사진기에 셔터를 달다 **2.** 케이스(상자)에 넣다
cofraj, ~e, s.n. **1.** 포장 **2.** 미끄러지는 형태
cofrare, s.f. 포장
cofret, ~e, s.n. 전기 스위치 상자
cogeamite, adj. **1.** 거대한 **2.** 목숨만큼 대단한
cognoscibil, ~ă, ~i, ~e, adj. **1.** 인식할 수 있는 **2.** 알 수 있는 ; lumea este ~ă 세계는 인식할 수 있는 것이다
cognoscibilit|ate, s.f. [철학]인식
cohort|ă, -e, s.f. **1.** 군대, 일단 **2.** 대원 **3.** 일대, 떼 **4.** 군단 **5.** 다수의 군중
coinci|de, pers.3, coincide, -se, -s, vi. **1.** -와 부합하다 **2.** 일치하다 **3.** 동시에 일어나다 **4.** 부합시키다 **5.** 끼우다
coincident, ~ă, ~i, ~e, adj. **1.** 일치하는 **2.** 동시에 일어나는
coincidenț|ă, -e, s.f. **1.** 동시발생 **2.** 의견의 일치 **3.** 동시 **4.** 행운의 일치 **5.** 일치하는 사건
cointeres|a, -ez, -ai, -am, vt. **1.** 누군가가 한 사건에 고통관심을 가지다(지니다) **2.** 끌어들이다
cointeres|are, -ări, s.f. **1.** 끌어들이기 **2.** 개인적 관심 **3.** (준비한, 마련한)실질적 동기
cointeresa|t, -tă, -ți, -te, adj. **1.** 어떤 것에서 공통관심(흥미)을 함께 나누는 **2.** 동료의
coj|eală, -eli, s.f. v. cojire
coj|i, -esc, -ii, -it, I. vt. **1.** 나무껍질을 벗기다 **2.** 깍지를 벗기다 **3.** 껍질을 벗기다 **4.** -을 벗기다 **5.** 딱딱한 외피가 벗겨지다 **6.** 나무껍질이 벗겨지다 **7.** -에서 비늘을 벗기다 II. vr. **1.** 떨어지다 **2.** (어떤 일이)풀리다
cojir|e, -i, s.f. 나무껍질을 벗기기
coji|t, -tă, -ți, -te, adj. 나무껍질이 벗겨진
cojiț|ă, -e, s.f. **1.** 껍데기, 껍질 **2.** 빵 조각
coj|oc, -oace, s.n. **1.** 양가죽, 양피지

2. 양복조끼 ; a întoarce ~ul pe dos 마음을 바꾸다, 자제심을 잃다 ; a-şi păzi/ teme ~ul 생활이 쉽지 않다(인생이 고달프다) ; a scutura ~ul cui-va(a bate) -을 구타하다

cojocar, ~i, s.m. **1.** 모피상 **2.** 가죽상인

cojocăr|easă, -ese, s.f. 가죽상인의, 모피상의

cojocăr|esc, -ească, -eşti, adj. 모피가게

cojocări|e, -i, s.f. **1.** 모피장사 **2.** 모피가게

cojocel, ~e, s.n. cojoc의 축소명사, (소매 없는)양가죽 양복조끼

col, ~uri, s.n. **1.** 목, 치경부 **2.** 미국 Colorado (클로라도 주)의 약칭

cola, s.m. 콜라 나무 (아프리카 산)

colabor|a, -ez, -ai, -at, vi. **1.** 협력하다 **2.** 일을 거들다 **3.** 공동으로 일하다 **4.** 동업자가 되다 **5.** (신문에)기고하다

colabor|are, -ări, s.f. **1.** 협력 **2.** 협동 **3.** 기고, 투고 **4.** -와 협력하다

colaborat|or, -oare, -ori, -oare, s.m. 그리고 f. **1.** 동업자, 노동자 **2.** 조수 **3.** 협력자 **4.** 기고가, 기부자

colalboraționism, s.n. 협력, 합작

colaboraționi|st, -stă, -şti, -ste, s.m. 그리고 f. **1.** (점령군에 대한)협력자 **2.** 합작자 **3.** 매국노

colac, ~i, s.m. **1.** 빵의 일종 **2.** 둥근 것, 반지, 환 ; ~ de salvare/scăpare 둥근 형태의 구명대 ; a umbla după ~i calzi 단 것을 좋아하다, 돈벌이 되는 것을 찾아다니다 ; a se face ~ 몸을 감싸다

colagen, s.n. [생물]콜라겐

colaj, -e, s.n. 그림에서 서로 다른 요소를 합성하는 과정

colan, ~e, s.n. **1.** 목걸이 **2.** 허리띠 **3.** 띠 **4.** 주문품

colan|t, -tă, -ți, -te, adj. 들러붙는, 밀착성의

colaps, ~uri, 추락, 와해, (혈압 등의) 급격한 하락

cola|stră, -stre, s.f. (포유동물, 특히 소의)초유

colateral, ~ă, ~i, ~e, I. adj. 평행적인, 부수적인 II. adv. 평행적으로 III. s.m. 방계친족

colaționa, -ez, -ai, -at, vt. **1.** 대조하다 **2.** 필적하다

colațion|are, -ări, s.f. **1.** 대조 **2.** 필적

colațiun|e, -i s.f. **1.** 간식 **2.** 가벼운 식사

colăcar, ~i, s.m. **1.** 신랑 신부, 좋은(친절한)사람, 최고(최상)의 사람 **2.** 주례

colăcar|i, -esc, -ii, -it, vi. 주례사를 하다

colăce|l, -i, s.m. 고리 모양의 빵, 롤빵

colăc|i, -esc, -ii, -it, vt. 구애하다, 구혼하다

colărez, ~i, s.m. 밀가루 음식, 젤리

colb, ~uri, s.n. 먼지

colbă|i, -iesc, -ii, -it, I. vt. **1.** 먼지로 가리다 **2.** 먼지투성이를 만들다 II. vr. 먼지로 덮이다, 먼지투성이가 되다

colbăi|t, -tă, -ți, -te, adj. **1.** 먼지투성이의 **2.** 먼지로 뒤덮인

colbărie, s.f, 먼지

colcă|i, pers.3, colcăie **1.** -로 가득

차다, -이 풍부하다 **2.** 몰려들다, 군집하다

colcăi|ală, -eli, s.f. **1.** 끓임, 튀김, 삶음 **2.** 몰려듬, 군집

colea, adv. **1.** 저쪽에 **2.** 바로 가까이에 ; ba ici, ba ~ 어디든지, 도처에 ; cât ~ 다소 먼 ; ici ~, pe ici (pe) ~ 여기저기

col|eaşă, -eşe, s.f. 옥수수 죽, 보리죽

colecta, -ez, -ai, -at, vt, -을 모으다

colectant, -ți, s.n. 수집가

colect|are, -ări, s.f. **1.** 수집 **2.** 공급된 식품 **3.** 공급, 조달 **4.** 정부의 조달

colect|ă, ~e, s.f. **1.** 기부금 **2.** 기부, 서명 ; a face o ~ 기부하다

colectiv, ~ă, ~i, ~e, adj. **1.** 집단적인, 집합적인 **2.** 공동의, 합동의, 연대의 ; societate în nume ~ com., în ec. cap. 주식회사 ; substantiv ~ 집합명사 II. adv. 집단적으로, 단체로 III. s.n. 집단, 공동체, 단체, 그룹

colectiv|ă, -e, s.f. 집단 경영, 공동농장

colectivism, s.n. 집단(집산)주의

colectivist, -stă, -şti, -ste, s.m. 집단농장의 조합원, 집산주의자

colectivit|ate, -ăți, s.f. **1.** 집합성, 공동성 **2.** (사람의) 집단, 집합체

colectiviz|are, -ări, s.f. 집단화

colect|or, -oare, -ori, -oare, I. adj. (물, 가스 등을) 보관 하는, 수집하는, 징수하는 II. s.n. 수집기, 수집 장치, [전기] 집전기 III. s.m. **1.** 상품을 구매하는 사람 **2.** 수집가 **3.** 전환기, 정류자 **4.** 정부조달상인(업자) **5.** 수집 장치, 집전기

colectur|ă, -i, s.f. **1.** 구입처, 공급처 **2.** 추첨(복권)대리점, 취급소

colecți|e, -i, s.f. 모음, 집합, 컬렉션

colecționa, -ez, -ai, -at, vt. 모으다

colecționar, -ă, -i, -e, s.m. 그리고 f. 물건 등을 모으는 사람, 컬렉션을 하는 사람

coledoc, s.n. [해부] 수담관

coleg, ~ă, ~i, ~e, s.m. 그리고 f. 동료, 친구

colegatar, -ă, -i, -e s.m şi sf, 공동상속인

colegial, ~ă, ~i, ~e, adj. **1.** 대학의, 단체조직의 **2.** 동료 같은 **3.** 친구 같은 **4.** 동료들과 잘 어울리는

colegialitate, -ăți, s.f. 좋은(진실된) 우정

colegi|an, -eni, s.m. 중학생, 중급학습자

coleg|iu, -ii, s.n. 2년제 대학교

coleopter, ~e, s.n. 갑충, 곤충, 딱정벌레

coleric, ~ă, ~i, ~e, adj. **1.** 성마른, 화를 잘 내는 **2.** 성미가 까다로운

colesterină, s.f. 콜레스테롤

colet, -e, s.n. 소포, 작고 가벼운 꾸러미

coletări|e, -i, s.f. **1.** 소포우편 **2.** 배달

coif, ~uri, s.n. **1.** 헬멧 **2.** 투구

colhoz, ~uri, n. 집단농장

colhoznic, ~ă, ~i, ~e, adj. **1.** 집단농장 **2.** 집단농장 노동자

colibacil, ~i, s.m. 대장균

colib|ă, -e, s.f. **1.** 오두막 **2.** 노점, 공중전화박스

colibri, s.m. 벌새

colic|ă, -i, s.f. **1.** 복통, 산통 **2.** 독감

colier, ~e, s.n. **1.** 목걸이 **2.** 띠 **3.** 진주

목걸이

colili|e, -i, s.f. 깃털 같은 잔디

colili|u, -e, -i, adj. 새하얀

colimat|or, -oare, s.n. 시준기

colin|ă, ~e, s.f. **1.** 작은 언덕 **2.** (지위, 신분 등의)고위, 고귀

colind, ~e, s.n. **1.** 방랑, 유랑 **2.** 크리스마스 송가

colind|a, colind, -ai, -at, I. vt. 가가호호 다니며 크리스마스 송가를 부르다 II. vi. 방랑하다, 유랑하다,

colindat, s.n. 방랑(함), 유랑(함)

colind|ă, -e, s.f. **1.** 가다 **2.** 걷다 **3.** 산책하다 **4.** -에서 -로(이리저리) 돌아다니다

colindăt|or, -oare, -ori, s.m. **1.** 크리스마스 날 저녁에 집집마다 찬송가를 부르며 돌아다니는 성가대 **2.** 헤매는 사람, 방황하는 사람

colir, s.n. 안약

colit|ă, -te, s.f. 대장염, 결장염

colivar, ~i, s.m. 식객, 기식자

coliv|ă, -e, s.f. 시주(물), 의연금, 자선행위 ; a mirosi a ~ 죽어가고 있다, 죽음의 직전에 있다

colivi|e, -i, s.f. 새장, 우리 ; a pune/închide în ~ 감옥 또는 우리 등에 가두다

colivioar|ă, -e, s.f. 새장, 둥우리

coliziun|e, -i, s.f. 충돌, 불일치

colmat|are, -ări, s.f. **1.** 방해물, 막음 **2.** 휨, 비뚤어짐

coln|ă, -e, s.f. 오두막집, 피난처, 헛간, 광

colnic, ~e, s.n. **1.** 작은 언덕 **2.** 오솔길 **3.** 언덕을 지나 숲길

colniț|ă¹, -e, s.f. 차고, 마차 두는 곳

colniț|ă², -e, s.f. 작은 언덕

colo, adv. **1.** 저쪽에 **2.** 나중에 ; ~ afară 저기 밖에 ; când ~ 사실(인 즉은), 실제로, -대신에 ; cât ~ 멀리(떨어져서) ; cât de ~ 멀리서 ; de ~ până ~ 앞뒤로, 이리저리, 여기저기

coloan|ă, -e, s.f. **1.** 기둥 **2.** (사막의) 대상, 이동주택 **3.** 돛대 **4.** (함선의) 종렬 **5.** 기압의 기둥 **6.** 물기둥 (수은주) **7.** 폭풍우기둥 **8.** 전환기둥 **9.** (기관차의) 급수관

colocatar, ~ă, ~i, ~e, s.m., s.f., 그리고 f. **1.** 동거인 **2.** 부동산 공동소유자

colocați|e, -i, s.f. 병치, 배열

colocv|iu, -ii, s.n. **1.** 예비시험 **2.** 구술시험

colodiu, s,n. 콜로디온(긁힌 상처, 사진 필름에 바르는 용액)

colofoniu, s.n. 송진

coloi|d, -dă, -zi, -de, [화학] I. adj. 교질의 II. s.m. 교질

coloidal, ~ă, ~i, ~e, adj. 콜로이드(모양)의, 교질의

colon¹, ~uri, s.n. 식민지 개척자, (해외)이주민

colon², ~i, s.m. 콜론, 결장

colonad|ă, -e, s.f. [건축]열주, 주랑

colone|l, -i, s.m. **1.** 육군 대령 **2.** 총애 받는 사람

colonel|easă, -ese, s.f. 여자 육군 대령

colonial, ~ă, ~i, ~e, adj. **1.** 식민지의 **2. 3.** 식민지정책 **4.** 식민지주민 **5.** 식민지소유물, 재산 **6.** 식민지 문제 **7.** 식민지군대

coloniale, s.f. 식민지 생산물, 물품

colonialism, s.n. 식민지화 정책

coloniali|st, -stă, -şti, -ste, I. adj.

식민의, 식민지의 II. s.m. 식민지주의자

coloni|e, -i, s.f. **1.** 식민지 **2.** 여름캠프 **3.** 식민지노동 **4.** 생활 공동체

coloni|st, -stă, -şti, -ste, s.m. **1.** 식민지주의자 **2.** 대농장의 주인

coloniz|a, -ez, -ai, -at, vt. 식민지로 만들다

coloniz|are, -ări, s.f. 식민지 건설

colonizat|or, -oare, -ori, -oare, s.m. 그리고 f. 식민지 개척자

colontitlu, -ri, s.n. (책의 각 페이지 상단의)난외표제

color|a, -ez, -ai, -at, I. vt. **1.** 물들이다, 착색하다 **2.** 양 볼이 발갛게 물들게 하다 **3.** -에게 물감을 빌려주다 **4.** 과장하다 **5.** 화려하게 꾸미다 II. vr. 홍조를 띠다, 얼굴을 붉히다 ; a se ~ în... -색으로 변하다

coloran|t, -tă, -ţi, -te, adj., s.m., s.f. 채색의

color|are, -ări, s.f. 염색, 색소

colora|t, -tă, -ţi, -te, adj. **1.** 착색한, 유색의 **2.** 불그레한, 혈색 좋은 **3.** 다채로운 **4.** 그림 같은

coloratur|ă, -i, s.f. **1.** 콜로라투라(성악곡의 장식적인 부분의) **2.** 콜로라투라 소프라노

colorimetrie, s.f. 측색(학)

colorimetr|u, -e, s.n. 색도계

colori|st, -şti, s.m. 채색파 화가

coloristic, ~ă, ~i, ~e, adj. 색채의

coloristic|ă, -e, s.f. 채색(법), 안료

colorit, ~uri, s.n. **1.** 색조 **2.** 광택

colo|s, -şi, s.m. 거인, 괴물

colosal, ~ă, ~i, ~e, I. adj. **1.** 거대한 **2.** 훌륭한 II. adv. 거대하게, 훌륭하게

colport|a, -ez, -ai, -at, vt. **1.** 행상하다 **2.** (소문 따위를)퍼뜨리다

colportaj, -e, s.n. 행상(서적 등)

colportor, ~i, s.m. **1.** 행상인 **2.** 수다쟁이 **3.** 험담꾼 **4.** 이리저리 이동하는 책장사

colţ, ~uri, I. s.n. 구석, 끝 ; a face ~ul 코너를 돌다 ; a da din ~ în ~ 어느 길로 가야할지를 모르다 ; a pune ceva într-un ~ bine ascuns -을 눈에 안 띠게 숨기다 II. ~i, s.m. **1.** 이 **2.** 송곳니 **3.** (육식동물의)어금니 **4.** (부러진 이의)뿌리 **5.** 톱니 **6.** 싹 **7.** 절벽 ; ~ de pe frunte 앞머리 ; a-şi arăta ~ii 이를 드러내고 웃다, (개가) 으르렁거리다 ; a se lua la ~(i) 말다툼하다, 싸우다, 논쟁하다

colţan, ~i, s.m. 바위, 암석, 낭떠러지, 절벽

colţar, ~e, s.n. **1.** 방 귀퉁이의 찬장 **2.** 정사각형 **3.** 방구석의 기둥 **4.** 돌기 장식

colţa|t, -tă, -ţi, -te, adj. **1.** 구석(궁지)에 몰린 **2.** 큰 톱니모양의 **3.** 들쭉날쭉한 **4.** 바른말하는, 말이 신랄한 **5.** 심술궂은, 투정부리는

colţiş|or, I. -oare, s.n. 모서리, 구석, 각, 벽지 II. s.m. -ori 미나리냉이

colţ|os, -oasă, -oşi, -oase, adj. 모서리의, 구석의

colţun, ~i, s.m. **1.** 짧은 양말 **2.** 양말 **3.** 산울타리

colţunaş, ~i, s.m. 효모가 든 반죽으로 만든 러시아식 파이

colţur|os, -oasă, -oşi, -oase, adj. **1.** 각진, 모난 **2.** 거친 **3.** 깔쭉깔쭉한 **4.** 뼈와 같은, 뼈가 많은, 앙상한

columbar, ~e, s.n. 납골당

columb|ă, -e, s.f. 비둘기
column|ă, -e, s.f. 기둥, 원주
colun, ~i, s.m. 야생 나귀
com|a, s.f. 혼수, 실신, 혼수상태
comand|ă, -e, s.f. 용마루 지붕
comand|a, comand, -ai, -at, I. vt. **1.** 지휘하다 **2.** 명령하다 **3.** 주문하다 **4.** 예약하다 II. vi. **1.** 지휘(통솔)하다 **2.** 주문하다
comandament, ~e, s.n. **1.** 명령 **2.** 율법 **3.** 최고 지휘권(사령부)
comandan|t, -ți, s.m. **1.** 지휘관 **2.** 최고 사령관 **3.** 명령권자 **4.** 기업운영자
comand|are, -ări, s.f. 지휘, 명령
comandatur|ă, -i, s.f. 최고 지휘권
com|andă, -enzi, s.f. **1.** 지시, 명령 **2.** 지배 **3.** 다리의 차도 ; ~ automată 자동변속장치 ; ~ la distanță 리모컨 ; ~ supremă 주요명령 ; de ~ 주문에 의한 ; făcut de/la ~ 주문에 맞춰 만든(생산된) ; haine de ~ 맞춤복
comandir, ~i, s.m. 지휘권자, 명령권자
comandit|a, ez, -ai, -at, vt. 은행 등을 지원하다, ~의 자금을 공급(조달)하다, 융자하다
comanditar, ~ă, ~i, ~e, s.m. 그리고 f. (경영에 참여치 않는)익명사원
comandita|t, -tă, -ți, -te, s.m. 그리고 f. (합명회사의) 업무담당사원
comandit|ă, -te, s.f. **1.** 합자회사 **2.** 유한 책임회사 **3.** 익명조합원 ; ~ pe acțiuni 주식 소유에 제한적인 조합원 ; societate în ~ 익명조합원으로 구성된 회사
comandor, ~i, s.m. **1.** 육군대령 **2.** 사령관
comarnic, ~e, s.n. **1.** 치즈상자 **2.** 양치기를 위한 오두막
comas|a, -ez, -ai, -at, vt. 합병하다, 융합시키다
comas|are, -ări, s.f. 합병, 융합
com|ă, -e, s.f. **1.** 혼수상태 **2.** 코머, 구점 **3.** [음악]소음정
comănac, ~e, s.n. 승모
comând, ~uri, s.n. 묘비
comânda, comând, -ai, -at, vt. 묘비를 세우다
combaină, -e, s.f. (기업)합동
combainist, -stă, -şti, -ste, s.m., s.f., 합동경영자
combatan|t, -tă, -ți, -te I. adj. **1.** 싸우는 **2.** 싸우는 사람 **3.** 퇴역군인
com|bate, combat, -bătui, -bătut, I. vt. 투쟁하다, II. vi. 전투하다, 싸우다
combater|e, -i, s.f. 투쟁, 전투
combativ, ~ă, ~i, ~e, adj. 투쟁적인, 호전적인
combativit|ate, -ăți, s.f. 전투태세, 호전
combina, combin, -ai, -at, vt. **1.** 결합하다, 연결하다, 일치(동맹)시키다 **2.** 계획하다, 계산하다
combinat, ~e, s.n. 콤비나트, 기업결합
combinat|or, -oare, -ori, -oare, s.n. [농업]콤바인, 수확기
combinați|e, -i, s.f. [의류]콤비네이션, 위와 아래가 붙어 있는 속옷
combin|ă, -e, s.f. 수확 및 탈곡 병용기
combiner, ~ă, ~i, ~e, s.m., s.f., 콤바인 노무자, 콤바인 운전자
combinez|on, -oane, s.n. **1.** 콤비네

이션 **2.** 작업(운동)복

comburan|t, -tă, -ţi, -te, I. adj. 불타는, 가연성의 II. s.m. 불쏘시개, 가연물질

combustibil, ~i, I. s.m. 연료, 가연물 II. ~ă, ~i, ~e, adj. 가연성의

combusti|e, -i, s.f. **1.** 태움, 소각, 화장 **2.** 연소, 화상

comedian|(t), -(t)ă, -(t)i, -(t)e, s.m., s.f., 희극 작가(배우), 만담가, 익살꾼

comedi|e, -i, s.f. 극, 희극, 연극

comemor|a, -ez, -ai, -at, vt. 기념하다, 기념제를 올리다

comemor|are, -ări, s.f. 기념, 기념제

comemorativ, ~a, ~i, ~e, adj. 기념의, 기념하는

comenduir|e, -i, s.f. 사령부, 사령관 관저

comensurabil, ~ă, ~i, ~e, adj. 같은 표준으로 잴 수 있는, 같은 수로 나눠지는(약분할 수 있는)

coment|a, ~ez, -ai, -at, vt. **1.** 설명(해명)하다 **2.** 주석하다, 주석을 달다

comentar|iu, -ii, s.n. **1.** 주석, 주해 **2.** 주석서

comentat|or, -oare, -ori, -oare, s.m. 그리고 f. 주석자, 저자

comercial, I. ~ă, ~i, ~e, adj. 상업적인, 상술적인, 무역의, 교역의 ; acord ~ 무역협정 ; afacere ~ă 무역업무 ; agent ~ 무역회사 ; limbaj ~ 무역용어 ; tratative ~e 무역(통상) 협상 II. adv. 상업적으로

comercializ|a, -ez, -ai, -at, vt. 상업화하다

comercializ|are, -ări, s.f. 상업, 상업화

comercian|t, -ţi, s.m. 상인, 기업인, 사업가

comerţ, ~uri, s.n. 상업, 무역, 경영

comes|ean, -eană, -eni, -ene, s.m. 동숙인, 한 솥밥 먹는 친구

comestibil, ~ă, ~i, ~e, adj. 먹을 수 있는, 음미할 수 있는

comet|ă, -e, s.f. [천문학]살별, 혜성

comic, I. ~ă, ~i, ~e, adj. 희극의, 우스꽝스러운 II. ~i s.m. 희극 배우, 익살꾼 III. ~uri s.n. **1.** 익살, 우스움 **2.** 희극

comicări|e, -i, s.f. **1.** 우스꽝스러운 것 **2.** 희극

cominatori|u, -e, -i, s.f., adj., 협박하는, 위협적인

comina, s.f. **1.** 맥아즙(맥주 양주용) **2.** 맥아를 넣어 양조 준비하기

comi|s, -şi, s.m. **1.** 왕실(귀족)의 말을 관리하는 사람, 왕실의 무관 **2.** -uri, s.n.,(행)상인

comisar, ~i, s.m. (정부에서 특별히 임명하는) 위원, 병참 관, 경감

comisariat, ~e, s.n., 위원직, 병참관(경감) 직책, 병참부

comisi(un)|e, -i, s.f. **1.** 위임, 위탁 **2.** 위원회 **3.** 수수료, 사용료, 요금 ; comisia de anchetă parlamentară 국정조사위원회 ; comisia de cenzori 검열위원회 ; comisia de împăciuire 화해(중재)위원회 ; comisia de litigii 분쟁조정위원회 ; comisia de revizie 회계감사위원회

comisi|on, -oane, s.n. **1.** 위임 **2.** 거간 **3.** 계약

comisionar, ~i, s.m. **1.** 수임자, 거

간꾼, 중매인 **2.** 공인 수하물 운반인

comisori|u, -e, -i, adj. 무효를 초래하는, 무효를 야기하는

comitag|iu, -ii, s.m. (불가리아의) 자유 운동(당원), 폭도

comitat, ~e, s.n. **1.** 수행원, 근시 **2.** 백작령

comi|te, comiți, -sei, -s, I. vt. 범행하다, 범죄를 행하다, 저지르다(범죄, 나쁜 짓 따위를) ; a ~ o crimă 범죄행위를 범하다; a ~ o nedreptate 부정행위를 하다 II. vr. 범해지다

comi|te, -ți, s.m. 수행원(호위병) 대장, 우두머리

comiten|t, -ți, s.m. 위임자, 주문자

comitere, s.f. 나쁜 짓, 범행

comitet, ~e, s.n. 위원회 ; ~ central 중앙위원회 ; ~ de conducere 집행위원회 ; ~ permanent 상설위원회 ; a face parte din ~, a fi în ~ 위원이다, 위원회에 속해 있다

comiții, s.f. pl. 고대 로마의 의회

com|oară, -ori, s.f. 보물, 재산, 재화, 재물

como|d, I. -dă, -zi, -de, adj. **1.** 편안한, 간편한 **2.** 게으른 ; e prea ~ pentru a... 그는 너무 쉽게 -하고 있다(-하는 것을 너무 쉽게 생각하는 경향이 있다) II. adv. **1.** 편안하게 **2.** 게으르게 ; haina stă ~ 옷이 편안하게 잘 맞는다

comod|ă, -e, s.f. 서랍이 달린 장

comodit|ate, -ăți, s.f. **1.** 편안함 **2.** 게으름

comoți|e, -i, s.f. 진동, 동요, 소란, 감동, 감격

compac|t, -tă, -ți, -te, adj. 빈 틈 없이 꽉 찬, 뿌듯한, 긴밀한, 딱딱한

compact|a, -ez, -ai, -at, vt. 조밀(긴밀)하게 하다, 꽉 차게 하다

compani|e, -i, s.f. **1.** 회사, 상회 **2.** [군대]중대 **3.** 동아리, 반려

compani|on, -oană, -oni, -oane, s.m. **1.** 동료, 조합원, 사원, **2.** 협력자

compara, compar, -ai, -at, vt. 비교하다

comparabil, ~ă, ~i, ~e, adj. 비교할 수 있는, 비교가 되는

compar|are, -ări, s.f. 비교, 비교함

compara|t, -tă, -ți, -te, adj. 비교하는, 비교적인

comparativ, I. ~ă, ~i, ~e, adj., adv. 비교하는, 비교적인 방법으로 II. s.n. [문법]비교급 III. adv. 비교적으로, 비교하여 (말하자면)

comparat|or, -oare, s.n. 콤퍼레이터(물체의 길이를 정밀히 재는 기계)

comparați|e, -i, s.f. **1.** 비교 **2.** [문법]비교 변화 ; grade de ~ 비교급 ; în afară de orice ~ 비할 바 없는(없이) ; în ~ cu... -와 비교하면, -와 비교하여 ; prin ~ 비교적으로, 비교하자면 ; a face o ~ 비교하다 ; a nu suferi ~ cu... -와 비교가 안 된다

compartiment, ~e, s.n. **1.** 간, (기차의) 열차 간 **2.** 분야, 분과

compartiment|a, -ez, -ai, -at, vt. 구분하다, 구획을 나누다, 세분하다, 간을 나누다

compas, ~uri, s.n. **1.** 나침반 **2.** 구획

compasi|une, -uni, s.f. 동정, 동감, 공감

compatibil, ~ă, ~i, ~e, adj. 모순되지 않는, 양립할 수 있는

compatibilit|ate, -ăți, s.f. 일치, 양

립

compatri|ot, -oată, -oți, -oate, s.m. 동향인, 동국인

compăr|ea, compar, -ui, -ut, vi. (법정 등에) 출정하다

compătim|i. -esc, -ii, -it, I. vt. -을 불쌍히 여기다 II. vi. 동정하다, 교감하다

compătimir|e, -i, s.f. 동정, 인정, 연민

compătimit|or, -oare, -ori, -oare, adj. 동정심이 있는, 자비심이 깊은

compend|iu, -ii, s.n. 적요, 개요, 편람

compens|a, -ez, -ai, -at, I. vt. 변상(보상, 배상)하다 II. vr. 상쇄하다

compens|are, -ări, s.f. 변상, 보상, 배상, 보정, 상쇄

compensat|or, -oare, -ori, -oare, adj. 변상(보상, 배상)의, 변상(보상, 배상)되는

compensați|e, -i, s.f. v. compensare

competen|t, -tă, -ți, -te, adj. 권한이 있는, 권능이 있는

competen|ță, -e, s.f. **1.** 자격, 권한, 권능 **2.** 수입, 소득, 봉급 **3.** 경쟁

competit|or, -oare, -ori, -oare, s.m. 그리고 f. 경쟁자

competiți|e, -i, s.f. 경쟁, 경합

compil|a, -ez, -ai, -at, vt. 편찬하다

compilat|or, -oare, -ori, -oare, s.m. 그리고 f. 편찬자

compilați|e, -i, s.f. 편찬, 편찬한 책

complăc|ea, complac, -ui, -ut, vr. 마음에 들다

complement, ~e, s.n. **1.** 보충 **2.** [문법]보어

complementar, ~ă, ~i, ~e, adj. 보충의

comple|t, -tă, -ți, -te, adj. **1.** 완전한, 완벽한 **2.** adv, 가득 찬, 꽉 찬 **3.** -uri, s.n. ~ de judecată 법정

complet|a, -ez, -ai, -at, I. vt. **1.** 완성하다 **2.** 구성하다 **3.** 전 군인에게 물자를 보급하다 **4.** 채우다 II. vr 완성되다, 채워지다

completamente, adv. 완전하게

complet|are, -ări, s.f. **1.** 성취 **2.** 보충

completiv, -ă, -i, -e, adj. **1.** 목적절 **2.** 부사절

comple|x¹, -xă, -cşi, -xe. adj. 복잡한 ; numere ~e 복명수(5피트, 3인치 등과 같이 두개이상의 명칭으로 표시되는 수)

complex², ~e, s.n. **1.** 복합체, 전체 **2.** 대건축물 ; ~ de inferioritate 열등감 ; ~ sportiv 스포츠센터 ; mecanizare ~ă a proceselor de producție 전생산과정의 기계화

complexit|ate, -iți, s.f. 복잡성

complezen|t, -tă, -ți, -te, adj. 친절한, 호감을 주는

complezenț|ă, -e, s.f. 친절함, 공손함, 온정 ; din ~ 불친절하게

complica, complic, -ai, -at, vt. **1.** 복잡하게 하다 **2.** 복잡하게 되다

complic|are, -ări, s.f. 복잡

complica|t, -tă, -ți, -te, adj. **1.** 복잡한 **2.** 연관된 **3.** 어려운

complicați(un)|e, -i, s.f. **1.** 복잡 **2.** 연관 **3.** 복잡성

complic|e, -i, s.m. **1.** (法)종범, 방조자 **2.** 공범자 **3.** 교사자, 선동자

complicit|ate, -ăți, s.f. **1.** 공모 **2.** 범

행 방조

compliment, ~e, s.n. **1.** 경의 **2.** 인사 **3.** 사랑 **4.** 선물 **5.** 칭찬

compliment|a, -ez, -ai, -at, vt. 칭찬하다

complin|i, -esc, -ii, -it, vt. 완성하다

complinir|e, -i, s.f. 완성, 성취

complinit|or, -oare, -ori, -oare, adj. 완전한

complot, ~uri, s.n. 음모 ; a urzi un ~ 음모를 꾸미다

complot|a, -ez, -ai, -at, vi. 음모를 꾸미다

complot|are, -ări, s.f. 음모를 꾸미는 것, 음모꾸미기

comploti|st, -stă, -şti, -ste, s.m. 음모자

component, -tă, -ți, -te, I. adj. 구성하고 있는 II. s.m. 그리고 f. 성분, 요소

componenț|ă, -e, s.f. 구성, 합성, 조제, 조립

componi|st, -stă, -şti, -ste, s.m. 그리고 f. 작곡가

componistic, -ă -ci, -ce, adj. 작품의

comporta, comport, -ai, -at, I. vr. **1.** 구성하다, 이루다 II. vt. 허용하다, 용인하다, 요구하다

comportament, ~e, s.n. 행동

comport|are, -ări, s.f. 행동

compost|or, -oare, s.n. **1.** 번호 찍는 기계, 넘버링 **2.** 날짜 찍는 기계

compot, ~uri, s.n. **1.** 설탕에 절인 과일 **2.** 건포도

compotier|ă, -e, s.f. compot를 담는 용기, 주발, 접시

compozee, s.f. 국화과 식물

compozi|t, -tă, -ți, -te, I. adj. **1.** 혼성(합성)의 II. s.n. 절충식

compozit|or, -oare, -ori, -oare, s.m. 그리고 f. **1.** 작곡가 **2.** 식자공(植字工) **3.** 선구자

compoziți|e, -i, s.f. **1.** 구성 **2.** 기획 **3.** 풍속화 rol de ~teatru **1.** 복잡한(복합적인) 역할 **2.** 다 역

compozițional, ~ă, ~i, ~e, adj. 구성의, 합성의

comprehensibil, ~ă, ~i, ~e, adj. 이해 할 수 있는

comprehensi|une, -uni, s.f. 이해력

comperhensiv, ~ă, ~i, ~e, adj. 포괄적인

compre|să, ~e, s.f. 압박붕대

compresibil, ~ă, ~i, ~e, adj. 압축할 수 있는

compresibilit|ate, -ăți, s.f. [물리] 압축성

compresiun|e, -i, s.f. 압축

compres|or, -oare, s.n. **1.** 압축하는 물건 **2.** 압축기 **3.** (엔진의) 과급기

comprima, comprim, -ai, -at, vt. **1.** 압축하다 **2.** 농축하다 **3.** 억제하다 **4.** -한 상태를 떨어뜨리다

comprimabil, ~ă, ~i, ~e, adj. 압축할 수 있는

comprim|are, -ări, s.f. 압축

comprima|t, -tă, -ți, -te, I. adj. **1.** 압축된 **2.** 정제된 II. s.n. 정제

compromis[1], ~uri, s.n. **1.** 타협 **2.** 조정, 협의

compromi|s[2], -să, -şi, -se, adj. 치욕스런, 불명예의

compromi|te, compromit, -sei, -s, I. vt. **1.** -와 화해하다 **2.** -의 평판을

나쁘게 하다 **3.** (생명, 재산 따위를) 위태롭게 하다 **4.** (가치를) 손상하다 II. vr. 화해하다

compromite|re, -ri, s.f. 타협, 화해

compromițăt|or, -oare, -ori, -oare, adj. 명예를(평판을) 손상시키는

compuls|are, -ări, s.f. 참조, 참고

compu|ne, compun, -sei, -s, I. vt. **1.** 조립하다, 구성하다, 작곡하다 **2.** 끌어올리다, (문서를) 작성하다 **3.** (시문 따위를) 쓰다, 짓다 **4.** 만들다 **5.** 형성하다 II. vr. 구성되어 있다, (부분, 요소로) 이루어져 있다 ; a se ~ din... -로 구성되다 III. vi. 구성원이다, 회원이다

compuner|e, -i, s.f. **1.** 구성, 조립, 작문(법) 작곡(법) 혼합 **2.** 구조, 체계

compu|s, -să, -şi, -se, I. adj. 혼합의, 합성의, 복합의 perfect ~ 복합과거(시제) II. s.m. 결합, 연결, 접속, 복합

comun, I. ~ă, ~i, ~e, adj. **1.** 공통의, 공동의, 일반의 **2.** 사회의, 공동체의, 공동의 **3.** 보통의, 평범한, 흔한 **4.** 자주 일어나는, 빈번한, 흔히 있는 **5.** 보편적인, 일반적인 ; a face cauză ~ă -와 제휴하다, -와 공동전선을 펴다 II. s.n. ; în ~ 공동으로, 연합하여 ; a ieşi din ~ 구별되다, 차이가 나다 ; a avea ceva în cu cineva -와 공유하다

comunal, ~ă, ~i, ~e, adj. 사회의, 공동체의, 자치제의

comunar|d, -zi, s.m. 파리혁명 정부 지지자

comun|ă, -e, s.f. **1.** 최소 자치구 공동체 **2.** 소 교구, 행정교구 **3.** 마을, 촌락 **4.** 자유시, 자유로운 도시 **5.** 파리 혁명 정부 **6.** 초기 촌락, 최초의 공동체 **7.** 농경 공동체 **8.** 마을 **9.** 중심지, 도회지 **10.** 초기 공동체 조직

comunic|a, comunic, -ai, -at. I. vt. -을 전하다, 전달하다, 통신하다, 알리다 II. vi. **1.** 함께 어울리다, -의 기미가 있다 **2.** 서신 왕래하다, -와 통상관계를 갖다 III. vr. 통신하다, 통하다 교통이 이루어지다, -와 접촉을 유지하다

comunicabil, ~ă, ~i, ~e, adj. 전해지는, 전염성의

comunican|t, I. ~e, adj. -로 통하는 II. -tă, -ți, -te, s.m. 그리고 f. **1.** 성찬을 받는 사람 **2.** 전달자, 제보자

comunic|are, -ări, s.f. **1.** 전달, 전염, 통신 **2.** 한 토막의 뉴스 **3.** 교제, 친교, 통상 **4.** 연결, 결부, 결합 **5.** 관계 **6.** 종이, 신문, 짧은 논물 **7.** 수필, 에세이 **8.** 논문, 논설

comunicat, -e, s.n. 공식성명, 공식발표, 공식뉴스

comunicativ, ~ă, ~i, ~e, adj. **1.** 이야기하기를 좋아하는, 수다스러운 **2.** 감염성의, 옮기 쉬운

comnunicativit|ate, -ăți, s.f. 수다스러운 성격

comunicați|e, -i, s.f. **1.** 전달, 통신, 전달 **2.** 연결, 결부, 결합 **3.** 교제, 친교, 통상 ; mijloace de ~ 통신방법, 통신수단

comunism, s.n. 공산주의

comuni|st, -stă, -şti, -ste, I. adj. 공산주의자의, 공산당의 II. s.m. 그리고 f. 공산주의자, 공산당원

comunit|ate, -ăți, s.f. **1.** 재산의 공유 **2.** 공동소유권 **3.** 공동사회, 공동

체, 공동생활체 **4.** (종교적인)집회, 모임 ; ~ de interese 이해의 일치

comuniun|e, -i, s.f. 공유, 참여, 종교단체

comut|a, comut, -ai, -at, vt. -을 교환하다, 대체하다, 대용하다

comutabil, ~ă, ~i, ~e, adj. 교환(전환)할 수 있는, 대체할 수 있는

comutabilit|ate, -ăţi, s.f. 교환(전환)할 수 있음, 대체할 수 있음, 교환성, 호환성

comut|are, -ări, s.f. [법률]감형

comutat|or, -oare, s.n. **1.** (극을 바꾸는)스위치 **2.** (직류발전기의)정류자 **3.** 이동장치

con, ~uri, s.n. **1.** 원추형, 원추 **2.** (뾰족탑 따위처럼)끝이 뾰족한 것 **3.** [식물]구과(솔방울 따위) ; ~ de apă 물방울 ; ~ de brad 솔방울 ; trunchi de ~ 원추대

conabi|u, -e, -i, adj. 거무스름한 빨간색

conac, ~e, s.n. **1.** 귀족적인 집 **2.** 복도, 통로, 현관, 강당, 집회장 **3.** 주택, 주거, 저택, 큰 저택 **4.** 여인숙, 호텔, 여관 **5.** 숙박소 **6.** 휴게소, 잠시 쉬는 장소 **7.** 정류장, 정거장

conaţional, ~ă, ~i, ~e, s.m. 동향인, 동국자, 동포

conăcar, ~i, s.m. v. colăcar

conăcări|e, -i, s.f. 주례사

conăc|i, -esc, -ii, -it. I. vi. 휴식하다, 휴양하다 II. vt. 숙박시키다, 동거시키다

concas|a, -ez, -ai, -at, vt. -을 눌러 부수다, 밟아 으깨다, 깨다

concasa|t, -tă, -ţi, -te, adj. 부서진, 으깨진, 깨진

concas|or, -oare, s.n. **1.** 제분소, 제분기 **2.** 으깨는 것, 분쇄기 **3.** 제분하는 사람, 돌 깨는 사람

concav, ~ă, ~i, ~e, adj. 오목한, 요면의

concavit|ate, -ăţi, s.f. 오목한 상태, 오목한 것

conc|ede, conced, -edai, -edat, vt. -을 인정하다, 시인하다, -을 용인하다(권리, 특권으로서), 허용하다, 주다

concedi|a, -ez, -ai, -at, vt. **1.** 추방하다, 해고하다 **2.** 해고하다 **3.** (애인 등)을 퇴짜를 놓다, 뿌리치다 **4.** -을 포기하다 **5.** 해산시키다, 면직시키다

concedier|e, -i, s.f. **1.** 해산, 분산 **2.** 발포, 방출, 배출 **3.** 해고, 면직 해임

conced|iu, -ii s.f. **1.** 휴가, 방학 **2.** 휴일 ; ~ de boală 병가 ; ~ de naştere 출산휴가 ; ~ fără plată 무급휴가 ; în ~ 휴가로 ; a da ~ cuiva -에게 휴가를 주다(허락하다) ; a-şi lua ~ 휴가를 내다(갖다)

concentr|a, -ez, -ai, -at, I. vt. **1.** 압축하다, 밀어 넣다 **2.** -을 순환하다, 농축하다 II. vr. 집중하다, 주의를 기울이다

concentr|are, -ări, s.f. **1.** 압축, 농축 **2.** 집중, 집중상태

concentra|t, ~e, I. s.n. **1.** 농축물(식품) **2.** 예비병소집 II. -tă, -ţi, -te, adj. **1.** 집중적인, 밀집된 농축된 **2.** 주의를 집중하고 있는, 열의가 있는 **3.** 간결한, 간명한

concentraţi|e, -i, s.f. 집중하기, 집중상태

concentric, ~ă, ~i, ~e, adj. 동심의,

동일한 중심을 가진

concepe, concep, concepui, conceput, **1.** 기초하다, 초고를 작성하다 **2.** 착상하다, 계획을 세우다 **3.** -을 공식화하다, 고안하다 **4.** -을 스케치하다, -의 개략을 쓰다 **II.** vi. **1.** 수용하다 **2.** 임신하다

conceper|e, -ri, s.f. 개념작용, 개념화, 개념

concept, ~e, s.n. **1.** 초고 **2.** 개념, 관념 **3.** 일반 개념

conceptual, ~ă, ~i, ~e, adj. 개념의

concepți|e, -i, s.n. **1.** 개념, 관념, 견해 **2.** 착상, 고안 **3.** 세계관 **4.** 이데올로기, 관념 형태 **5.** 태도, 마음가짐

concern, -e, s.n. [상업]콘체른(여러 기업의 연합)

concert, ~e, s.n. **1.** 음악회, 연주회, 협조 **2.** 협주곡, 콘체르토(음악) **3.** 합창단, 코러스, 합창 ; a da un ~ 연주회(만찬회)를 갖다(베풀다) ; a frecventa ~ele 연주회에 가다

concert|a, -ez, -ai, -at, vi. **1.** 연주회를 갖다 **2.** 콘서트에서 연주하다 **3.** 콘서트에 출연하다

concertant, -ă, -ți, -te, adj. **1.** [음악] 협주곡의 **2.** 경쟁적인, 협력하는

concerti|st, -stă, -şti, -ste, s.m. 연주자, 콘서트 연주자

concertmae|stru, -ştri, s.m. [음악] 합주 부지휘자, (보통) 제 1 바이올린의 수석 연주자

concesi|e, -i, s.f. **1.** 양보, 허용, 허가, 인가

concesion|a, -ez, -ai, -at, vt. ~을 주다, 수여하다, 허가하다, ~을 인정하다

concesionar, ~i, s.m. **1.** 특권 소유자, 특허권 보유자 **2.** 면허증, 허가증, 특허 **3.** 양수인, 피수여자

concesion|are, -ări, s.f. 수여 교부, 허가, 인가

concesiun|e, -i, s.f. **1.** 면허, 이권, 특권 **2.** 허가, 면허, 인허, 승낙 **3.** (독점적) 권리, 특권

concesiv, ~ă, ~i, ~e, adj. **1.** 양보의, 양보하는 **2.** [문법]양보절의

concetățe|an, -ană, -eni, -ene, s.m. 시골사람, 지방민, 동향인, 동포

conchet|ă, -e, s.f. **1.** 정복, 약탈, 침략 **2.** 정복하여 얻은 것

conchi|de, conchid, -sei, -s, v.t. ~라고 추론하다, (추단으로) 결론을 내리다

conchistador, ~i, s.m. (16세기에 멕시코, 페루를 정복한 스페인 사람의) 정복자, (일반적으로) 정복자

conci, ~uri, s.n. (신, 끈 따위의) 고리 올가미

concili|a, -ez, -ai, -at, I. vt. **1.** -을 조정하다, -와 조화시키다, 일치시키다, -을 화해시키다 **2.** 달래다, 회유하다, 무마하다, (대립을) 조정하다 **3.** 달래다, (분쟁 따위를)진정 시키다 **II.** 조화되다, 일치되다

conciliabil, -ă, -i, -e, adj. 화해(조정) 할 수 있는, 조화시킬 수 있는

conciliabul, ~e, s.n. 비밀, 집회, 모임, 비밀 만남

concilian|t, -tă, -ți, -te, adj. **1.** 마음이 편한, 사귐성 있는 남을 잘 돌보는 **2.** 융화적인, 달래는, 회유적인 **3.** 용서하는, 관대한 **4.** 타협하는, 양보(화해하는)

conciliat|or, -oare, -ori, -oare, I.

adj. 융화적인, 달래는, 회유적인 II. s.m. 조정자, 회유자, 중재자

conciliați|e, -i, s.f. 중재, 조정, 회유

concilier|e, -i, s.f. 달램, 위로, 회유, 조정, 화해

concil|iu, -ii, s.n. 종교 회의

conci|s, -să, -şi, -se, adj. **1.** 간결한, 간명한, 짧은 잠시의 **2.** 짧으면서 의미심장한, 간결한, 말수 가 적은

concizie, -i, s.f. 간결, 간명, 절제

conclav, ~e, s.n. 비밀회의, 교황선거, (집합적) 추기경

concluden|t, -tă, -ți, -te, adj. **1.** 확정적인, 결정적인 끝내는 **2.** 무거운 중요한, 중대한, 유력한 **3.** 주장이 옳은, 타당한, 근거가 확실한, 유효한 **4.** 설득력 있는, 납득이 가는 **5.** 설득력 있는, 적절한

concluzi|e, -i, s.f. **1.** 결말, 종말, 결론, 결과 **2.** 추리, 추론, 결론 **3.** 결정, 추단 **4.** 변호의 말미부분 ; a trage o ~ 결론을 내리다, 단정하다 ; a ajunge la concluzia că... -라는 결론에 이르다

conclusiv, ~ă, ~i, ~e, adj. 귀결의, 결정적(인), 단정적(인)

concomiten|t, I. -tă, -ți, -te, adj. **1.** 상반하는, 수반하는, 부수적인 **2.** 보조적인, 종속적인 **3.** 동시에 일어나는 II. adv. **1.** 부수적으로, 상반적으로. **2.** 동시에, 일치되게

concomitenț|ă, -e, s.f. 부수, 공존

concorda, pers.3, concordă, vi. **1.** -을 조화시키다, 일치시키다 **2.** -을 맞추다, 일치시키다, -을 대조하다 **3.** -와 잘 어울리다 **4.** -와 조화되다, 일치하다 **5.** -에 부합하다, 상응하다 **6.** 의견이 일치되다, 화합하다

concordan|t, -tă, -ți, -te, adj. **1.** 일치한, 조화된 **2.** 화합한, 부드러운, 잘 조화된

concordanț|ă, -e, s.f. **1.** 일치 조화 **2.** 화합, 협조 **3.** 융합 **4.** 일관성 ; concordanta timpurilor 시제일치 ; a fi în ~ cu... -와 일치하다 ; a pune în ~ cu... -에 동의하다, -와 화합하다

concordat, ~e, s.n. 국가와 교회 간의 조약

concordie, s.f. 일치, 합치, 조화

concrescen|t, -tă, -ți, -te, adj. 합치의

concrescenț|ă, -țe, s.f. 합생, 유합

concre|t, -tă, -ți, -te, adj. **1.** 구체적인, 구상적인, 유형의 **2.** 진실의, 정말의, 진심의 **3.** 현실의, 실제의, 사실상의 **4.** 물질의, 실체적인 **5.** 명확한, 정확한

concretiz|a, -ez, -ai, -at, I. vt. **1.** -을 구체화시키다 **2.** -을 유형화하다, -을 실현시키다, **3.** 결과로서 -을 가져오다, 수행하다 **4.** -을 실행에 옮기다, 완성하다, 성취하다 II. vr. 성취되다, 실현되다

concretiz|are, -ări, s.f. 구체화

concrețiun|e, -i, s.f. **1.** 응고, 구상, 응결, 실형 (병리) **2.** [의학]유착, 결석

concubin, ~ă, ~i, ~e, s.m. 그리고 f. 내연관계에 있는 사람, 첩

concubinaj, -e, s.n. **1.** 첩을 둠, 첩의 신분, 내연관계 **2.** 첩과 함께 살다

concur|a, -ez, -ai, -at, vi. **1.** 협력하다, 협동하다 **2.** 다투다, 겨루다, 경쟁하다, 어깨를 겨루다

concuren|t, -tă, -ți, -te, I. adj. **1.** 협

동의, 협조적인 **2.** 경쟁의 II. s.m. 그리고 f. **1.** 경쟁적인 지원자, 지망자, 입후보자 **2.** 경쟁자, 대항자

concurenț|ă, -e, s.f. **1.** 경쟁, 겨룸 **2.** 누구와 겨루다

concurs, ~uri, s.n. **1.** 협동, 협력, 협조, 동의 **2.** 의견 일치, 동의, 협력 **3.** 조력, 원조, 보조, 자원 **4.** 참가, 가입 **5.** 경쟁, 겨룸 **6.** 경쟁시험 ; admis la ~ 경쟁시험을 통해서 선발된(승인된, 공인된) ; cu ~ul -의 도움으로, -의 진력으로 ; a-şi asigura ~ul cuiva 누구의 지원(도움)을 받다 ; a publica ~ pentru ocuparea unui loc 자리를 공모하다

condac, ~uri, s.n. 찬송가, 성가

condamn|a, condamn, -ai, -at, vt. **1.** 유죄의 판결을 내리다, 유죄를 결정하다, 형벌을 결정하다 **2.** 시인하지 않다, 비난하다, 반대하다

condamnabil, ~ă, ~i, ~e, adj. 벌하여야 할, 저주받아야 할, 괘씸한, 부도덕한, 사악한

condamn|are, -ări, s.f. **1.** 유죄판결 **2.** 벌하기, 저주

condamna|t, -tă, -ți, -te, I. adj. 유죄가 선고된, 유죄로 판결된 II. s.m. 그리고 f. 유죄 판결을 받은 사람, 유죄 선고를 받은 자, 죄수, 기결수

condei, ~e, s.n. **1.** 펜대 **2.** 깃펜 **3.** 자필 서체 **4.** 펜 **5.** 필체, 쓰는 솜씨, 서법 ; ~ de piatră 석필 ; un ~ frumos 달필, 글 솜씨가 좋음 ; are ~ 그는 달필이다 ; a o aduce din ~ 그는 잘 경영(관리)한다, 그는 잘하고 있다

condens|a, -ez, -ai, -at, I. vt. **1.** -을 응축시키다, 압축하다 **2.** 달이다, 삶아 졸이다, -을 요약하다, 줄이다 **3.** (불순물을 제거하여) -을 순화시키다 **4.** (기체)를 응축시키다, 액화하다. II. vr. 액화되다, 순화되다

condensabil, ~ă, ~i, ~e, adj. 응축할 수 있는, 압축 할 수 있는

condens|are, -ări, 응축, 압축, 축합, 액화, 압착, 농축, 응축, 농도

condensa|t, -tă, -ți, -te, adj. **1.** 압축된, 액화된, 농축된, 농축한 **2.** 요약한, 간결한 ; lapte ~ 연유

condensat|or, -oare, s.n. **1.** 응축자(물), 응결기, 액화장치 **2.** (증기기관) 응축기, 복수기, (復水器) **3.** 가변 콘덴서, 바리콘

condensor, ~i, s.m. 응결기, 집광렌즈, 집광장치

condescenden||t, -tă, -ți, -te, adj. 겸손한, 뽐내지 않는, 평민적인, 고분고분한, 친절한

condescendență, s.f. **1.** 낮추기 **2.** 겸손, 친절

condicar, ~i, s.m. 기록계, 문서계, 기록 수집가

condic|ă, -e, s.f. **1.** 기록부, 등록부, 회계부 **2.** 법전

condilom, s.n. [의학]첨형, 콘딜로마, (항문이나 음부 따위에 나는)종양, 종기

condiment, ~e, s.n. 양념, 향료, 조미료

condiment|a, -ez, -ai, -at, vt. 조미료를 치다, 양념을 뿌리다, 향료를 넣다

condiți|e, -i, s.f. **1.** 조건 **2.** 상태 **3.** 지위, 직(책) **4.** 상황, (주위)환경 ; condiții de locuit 주거환경 ; condiții de trai 생활환경 ; cu condiția ca... -이라는 조건(가정)에서 de ~ 믿을

수 있는 ; fără condiţii 무조건으로, 절대적으로 ; a-şi formula condiţiile 조건을 정하다, 상황을 설정하다 ; a pune condiţia ca... -을 규정하다, 명기하다 ; cu aceste condiţii accept 이런 조건에서 나는 수용한다

condiţion|a, -ez, -ai, -at, vt. **1.** 제한하다, ~에 조건을 달다 **2.** 고용하다, 약정하다, (임금을)정하다

condiţional, -ă, ~i, ~e, I. adj. 제한된, 조건부의 II. s.m. [문법]조건절

condiţion|are, -ări, s.f. 조건부(설정), (공기) 조절, (상품의) 검사

condiţiona|t, -tă, -ţi, -te, adj. **1.** 조건이 붙은, 조건부의 **2.** -한 상태에 있는 **3.** 조절(조정)된

condoleanţ|ă, -ţe, s.f. pl. 조의, 애도, 조상, 문상

condominiu, s.n. **1.** 공동 관리(통치) **2.** 공동 관리(통치) 지역

condor, ~i, s.m. [동물]콘도르(독수리류)

condotier, ~i, s.m. 용병 지휘자

conducăt|or, -oare, -ori, -oare, I. adj. 이끄는, 지도하는, 지휘하는, 안내하는 II. s.m. 그리고 f. **1.** 지도자, 안내자, 동반자 **2.** 운전자(사), 기사

cond|uce, conduc, -usei, -us, I. vt. **1.** 이끌다, 지휘하다, 안내하다, **2.** (자동차 등을) 몰다, 운전하다 **3.** 제어하다, 다스리다 **4.** 동행하다, 마중하다 ; a ~ o adunare 모임(회의)을 주도하다, 회장이 되다 ; a ~ o anchetă 설문조사를 하다 ; a ~ un popor 국민(민족)을 지배(지도)하다 II. vr. 이끌어지다 ; a se ~ după... -로 따라가다, -로 향하다 III. vi. **1.** 의장이 되다, 사회를 맡아보다 **2.** 주도권을 잡다, 선두로 나가다 **3.** 운전하다

conducer|e, -i, s.f. **1.** 안내, 지휘, 동반 **2.** 운전 ; sub ~a (소유격 지배) -의 지도 아래

conduct|ă, -e, s.f. (수도, 가스 따위의) 도관

conductibil, ~ă, ~i, ~e, adj. 지도할 수 있는, [물리]전도할 수 있는

conductibilitate, -ţi, s.f. [물리]전도율, 도전율

conductor, ~i, s.m. **1.** 향도 **2.** 차장

conduit|ă, -e, s.f. **1.** 행위, 품위, 행실, 행동 **2.** 지도, 안내, 행동방식 **3.** 처리법, 각색, 취향

condur, ~i, s.m. **1.** 여성용 고급 구두(신발) **2.** [식물]한련

conect|a, -ez, -ai, -at, vt. 결합하다, 조합하다, 합일하다, 연락하다, 접속하다

conect|or, -oare, -ori, -oare, adj. 결합하는, 접속하는, 종합적인

coneţ, s.n. 끝, 종결, 종료

cone|x, -xă, -cşi, -xe, adj. ~과 연관이 있는, ~에 속하는, ~에 인접하는

conex|a, -ez, -ai, -at, vt. 결합하다, 연락하다, 접속하다, ~과 연관시키다

conexiun|e, -i, s.f. 연관, 결합, 접속, 연결, 연락, 교통

confecţi(un)|e, -i, s.f. **1.** 기성복 **2.** 기성복의 재단 및 판매

confecţion|a, -ez, -ai, -at, vt. 재단하다, 제조하다, 완성하다, 생산하다

confecţion|are, -ări, s.f. 제조, 완성, 생산

confederativ, ~ă, ~i, ~e, adj. 동맹의, 연방의, 동맹 국가의

confederați|e, -i, s.f. 연방, 동맹 국가

conferenți|a, -ez, -ai, -at, vi. 강연하다, 강의하다, 보고하다

conferențiar, ~ă, ~i, s.m. 그리고 f. 연사, 강사, 보고자

conferi, confer, ~ii, ~it, I. vt. 빌리다, 임대하다 II. vi. 상의하다, 상담하다

conferinț|ă, -e, s.f. **1.** 진술, 개진, 보고 **2.** 상의, 회의, 보고

conferir|e, -i, s.f. 임대

confes|a, -ez, -ai, -at, vt. 고백하다, 시인하다

confesional, I. ~e, s.n. 고해소, 고해석, 고해 청문석 II. ~ă, ~i, ~e, adj. 신앙상의, 종파별의, 종파에 의한

confensiun|e, -i, s.f. 고백, 자백, 시인, 신앙 고백, 신앙 개조, 종파

confesor, ~i, s.m. 청죄자, 청죄사제, 고해 신부

confeti, s.f. pl. 콘페티(사탕 과자), 사육제 때 서로 던지는 작은 공 또는 종이 조각

confi|a, -ez, -ai, -at, I. vt. 맡기다, 위탁하다 II. vr. ~에게 속마음을 털어놓다

confiden|t, -tă, -ți, -te, s.m. 그리고 f. 막역한 벗, 친구

confidenț|ă, -e, s.f. 신임, 남 몰래 하는 말(얘기)

confidenți|al, -ă, -i, -e, adj. 신뢰하고 있는, 마음을 터놓은, 신임하는

configurați|e, -i, s.f. 형성, 형태

confina|t, -tă, -ți, -te, adj. (공기가) 탁한, 질식시키는, 숨이 막히는

confirm|a, confirm, -ai, -at, I. vt. 확인하다, 증명하다, 보증하다 II. vr. 증명되다, 확증되다

confirm|are, -ări, s.f. 확인, 확증

confisc|a, confisc, -ai, -at, vt. 몰수하다, 압류하다

confisc|are, -ări, s.f. 몰수, 압류

conflagrați|e, -i, s.f. 세계 대전

conflict, ~e, s.n. 충돌, 다툼, 갈등, 모순

confluen|t, -tă, -ți, -te, adj. 합류하는, 융합하는

confluenț|ă, -e, s.f. 합류, 사람들의 모임

conform, ~ă, ~i, ~e, I. adj. **1.** -에 따르는, 준거하는, -와 일치하는, 상응하는 **2.** 순종하는 II. prep. (여격 지배) -에 상응하여, -에 따라서 ; planul va fi îndeplinit conform prevederilor 계획은 예견에 따라(예견대로) 이루어질 것이다.

conform|a, -ez, -ai, -at, vr. 따르다, 일치하다 ; a se ~ dorințelor cuiva -의 기대에 부응하다 ; a se ~ unui ordin 지시에 따르다

conform|are, -ări, -s.f. 응낙, 추종

conforma|t, -tă, -ți, -te, adj. 꼴의, 꼴 잡힌

conformați|e, -i, s.f. **1.** 형태, 구조 **2.** 적합, 일치

conformism, s.n. **1.** 결합, 접합 **2.** 접목 **3.** 순응, 적응

conformi|st, -stă, -şti, -ste, I. adj. ~에 따르는, 일치하는, 순응하는 II. s.m. 그리고 f. 영국 국교 준봉자

conformitate, s.f. 같은 모양(꼴), 일치

confort, -uri, s.n. 쾌적, 안락, 편이,

안이
confortabil, ~ă, ~i, ~e, adj. 편안한, 쾌적한, 안락한
confra|te, -ți, s.m. 동료, 동직, 동아리
confreri|e, -i, s.f. 우의, 친목
confrunta, confrunt, -ai, -at, vi. 대결(대질)시키다, 비교하다
confrunt|are, -ări, s.f. 대결, 대질, 대심
confunda, confund, -ai, -at, I. vt. 혼동하다, 잘못 생각하다 II. vr. -에 간섭(관계)하다
confund|are, -ări, s.f. 혼동, 착오
confuz, I. ~ă, ~i, ~e, adj. 혼란한, 뒤죽박죽인, 어쩔 줄 모르는, 난처한, 당황한 II. adv. 혼란스럽게
confuzi|e, -i, s.f. 혼란, 뒤죽박죽, 난처함, 당황
confuziune, s.f. v. confuzie
congel|a, -ez, -ai, -at, vt. 냉동시키다, 얼리다
congel|are, -ări, s.f. 얼림, 냉동시킴
congelat|or, -oare s.n. 냉동기, 냉동고, 냉동장치
congenital, ~ă, ~i, ~e, adj. 타고난, 천성의
congesti|e, -i, s.f. 충혈, 울혈
congestion|a, -ez, -ai, -at, vr. 충혈되다
congestiona|t, -tă, -ți,-te, adj. 충혈된
conglăsu|i, -iesc, -ii, -it, vi. 일치하다
conglomerat, ~e, s.n. 덩어리, 뭉치, 집단
congregați|e, -i, s.f. **1.** 집합 **2.** [가톨릭교]연합회, 수도단, 수도회, 추기경회
congres, ~e, s.n. **1.** 회합, 회의 **2.** 의회
congresi|st, -stă, -ști, -ste, s.m. 그리고 f. 국회의원
congruen|t, -tă, -ți, -te, adj. 서로 일치하는, 적합한
congruenț|ă, -e, s.f. **1.** 일치, 적합, 합동 **2.** [문법]수의 일치
coniac, ~uri. s.n. 코냑
conic, ~ă, ~i, ~e, I. adj. 원추형의 II. s.f. [수학]원추 곡선
conifer, I. ~e, s.n. [식물]송백과 식물 II. ~i, s.m. 지도자, 우두머리, 수령, 대가 III. adj. 구과를 맺는
conіț|ă, -e. s.f. v. cuconiță
conivenț|ă, -e, s.f. 동의, 의견 일치, 양해
conjectur|ă, -i, s.f. 추측, 억단, 판독, 겨정
conjug|a, conjug, -ai, -at, I. vt. **1.** 접합하다 **2.** [문법]활용하다, 변화시키다 II. vr. 연결되다, 이어지다
conjugal, ~ă, ~i, ~e, adj. 부부의, 혼인(결혼)상의
conjug|are, -ări, s.f. **1.** 접합 **2.** [문법]활용, 변화
conjuga|t, -tă, -ți, -te, adj. 결합한, 이어진
conjunctiv, I. -ă, -i, -e, adj. 연결하는, 잇는 II. s.n. [문법]접속법, 가능법
conjunctiv|ă, -e, s.f. [의학]결막(눈의)
conjunctivit|ă, -e, s.f. 결막염, 과립성 결막염
conjunctur|ă, -i, s.f. **1.** 경우, 시기,

위기, 비상시 **2.** 찬동(의견의) 일치, 협력, 연합작용, 동시발생 **3.** 정치적 상황

conjuncți|e, -i, s.f. 접속사 ; ~ copulativă 계합 접속사

conjura, conjur, -ai, -at, I. vt. **1.** 탄원하다, 간절히 원하다 **2.** 불러내다, 불러일으키다 II. vr. 공모하다, 음로를 꾸미다

conjura|t, -ți, s.m. 공모자, 음모자

conjurați|e, -i. s.f. 공모, 모의 음모

conlocu|i, -iesc, -ii, -it, vi. 동거하다, 공생하다

conlocuir|e, -i, s.f. 공생

conlocuit|or, -oare, -ori, -oare, adj. 공생하는

conlucr|a, -ez, -ai, -at, vi. **1.** 협력하다, 제휴하다 **2.** 의견이 같다, 일치하다

conlucr|are, -ări, s.f. 협력, 합작

conopid|ă, -e, s.f. 꽃양배추

conosament, -e, s.n. 선하증권

consacr|a, consacru, -ai, -at, I. vt. **1.** 바치다, 전념하다 **2.** 할당하다 **3.** 제정하다, 설립하다 ; cât timp îmi puteți ~? 저에게 얼마나 많은 시간을 할애해주실 수 있습니까? II. vr. ; a se ~ (여격 지배) -에 전념하다, 몰두하다

consacr|are, -ări, s.f. 헌신, 전념

consacra|t, -tă, -ți, -te, adj. **1.** 헌신적인 **2.** 설립된, 제정된 **3.** 알려진, 인식된 ; expresie ~ă 판에 박은 문구

consangvin, ~ă, ~i, ~e, adj. 혈연의, 혈족의, 동족의

consăt|ean, -eană, -eni, -ene, s.m. 그리고 f. **1.** 이웃, 이웃 사람 **2.** 시골 사람

conscripți|e, -i, s.f. 징집, 징모

consecinț|ă, -e, s.f. **1.** 결과, 귀결, 결론 **2.** 절조, 언행일치

consecutiv, ~ă, ~i, ~e, adj. **1.** 연속적인 **2.** 결과의 **3.** 연속적으로, 연속하여

consecuți|e, -i, s.f. [문법]시제의 일치

consecven|t, -tă, -ți, -te, adj. **1.** 일치하는 모순이 없는 **2.** 일치하게, 일치하도록

consecvenț|ă, -e, s.f. **1.** 단단함 **2.** 농도, 밀도 **3.** 견실함 **4.** 일치, 조화 **5.** 결과, 귀결

consemn, ~e, s.n. **1.** 지휘, 명령, 지시 **2.** 제한, 국한, 유폐, 감금 **3.** 암호, 군호 모토, 표어

consemn|a, -ez, -ai, -at, vt. **1.** (돈을) 맡기다, 공탁하다 **2.** 기록하다 **3.** 한정(제한)하다, 가두어두다, 감금하다 **4.** 맡아두다

consemn|are, -ări, s.f. 기록, 등록

consemnațiun|e, -i, s.f. 융자 은행

consens, ~uri, s.n. (의견 따위의) 일치, 합의, 동의

conserv|a, conserv, -ai, -at, vt. **1.** 보호하다, 보존하다 **2.** 유지하다 **3.** 돌보다 **4.** 보호되다, 보존되다

conserv|are, -ări, s.f. **1.** 보존 보호 **2.** 저장 육 **3.** 자신 보존 욕구

conservat, -tă, -ți, -te, adj. **1.** 보호된, 보존된 **2.** 통 조림한 **3.** 좋은 상태에 있는

conservat(or)ism, s.f. 보수주의, 보수적 경향

conservativ, ~ă, ~i, ~e, adj. 보수적인, 보전적인

conservat|or[1], -oare, -ri, -oare, I.

adj. 보수적인 II. s.m. **1.** 보수주의자 **2.** 보수당원 III. s.n. 음악(예술) 전문학교

conservator², s.n. **1.** (프랑스의) 음악(미술, 예술)학교 **2.** 온실

conservatorism, s.n. 보수주의, 보수적 경향

conserv|ă, -e, s.f. **1.** 저장음식, 통조림 음식 **2.** 깡통, 통조림

consfătu|i, -i -esc, -ii, -it, vr. **1.** -와 의논(협의)하다 **2.** 심사숙고하다

consfătuir|e, -i, s.f. **1.** 회담, 회의 **2.** 심 의 심사숙고 **3.** 토론 **4.** 연출, 제작회의

consfinț|i, -esc, -ii, -it, vt. **1.** 승인하다, 인가(재가)하다 **2.** 합법화하다, 공인하다, 정당화하다 **3.** 확실하게 하다, 확인하다, 굳히다, 강화하다 **4.** 신성하게하다 ; drepturi ~te prin constituție 헌법에 기초한(명시된) 권리

consfințir|e, -i, s.f. **1.** 승인, 인가, 재가 **2.** 합법화, 공인

consider|a, consider, -ai, -at, I. vt. **1.** 깊이 생각하다, 숙고하다 **2.** 심사숙고하다 **3.** 조사하다, 심사하다, 검토하다 **4.** 생각하다, 판단하다 **5.** ~로 간주하다, 여기다 ; considerăm că e o greşeala a să... 우리는 -하는 것은 잘못이라고 생각한다 ; considerând că... -을 고려하여 II. vr. 고려되다, 간주되다, 여겨지다

considerabil, ~ă, ~i, ~e, adj. **1.** 상당히, 적지 않은, 분별 있는, 중요한 **2.** 중요한

considerare, s.f. 고려, 숙고, 고찰

considerați|e, -i, s.f. **1.** 고려, 숙고, 고찰 **2.** 조사, 시찰, 검사 **3.** 주의, 보살핌 **4.** 존중, 존경 ; demn de (luat în) ~ 고려할만한 가치가 있는 ; a lua în ~ -을 고려하다

consili|a, -ez, -ai, -at, vt. 권하다, 충고하다

considerent, -e, s.n. 동기, 근거, 이유

consignați|e, -i, s.f. **1.** (상품 따위의) 위탁판매, 탁송 2 위탁화물, 적송품

consilier, ~i, s.m. **1.** 고문, 상담자, 카운슬러 **2.** 고문관, 의원 **3.** 법률자문의원

consil|iu, -ii, s.n. **1.** 회의의 테이블, 의석, (개최중인)회의 **2.** 법인, 협회, 유인회사, 단체 **3.** 회의모임, 소집 **4.** 의논, 상담 ; ~ comunal 시의회(의원) ; ~ de administrație 이사회 ; ~ de familie 가족회의 ; cameră de ~ 비밀회의, 각료회의(실) ; a ține ~ 회의 개최하다

consimțăm|ânt, -inte, s.n. **1.** 동의, 찬성 **2.** 점착, 부착 **3.** 승인, 시인, 인가

consimț|i, consimt, -ii -it, vi. **1.** 동의하다, 승낙하다 **2.** 인정하다

consimțire, s.f. 동의, 승낙

consist|a, consist, -ii -it, vi. -로 구성되다, -로 이루어지다

consisten|t, -tă, -ți, -te, adj. **1.** 단단한, 견고한, 확실한 **2.** 짙은, 농후한, 밀집한 **3.** 자양분이 많은

consistență, -e, s.f. **1.** 일관성, 언행일치 **2.** 확고함 **3.** 불변, 부동, 확고함

consistor|iu, -ii s.n. **1.** 추기경 회의 **2.** 종교국 **3.** 장로회

consoan|ă, -e, s.f. 자음, 자음군 ; ~ muta무성자음 ; ~ sonoră 유성자음

consoart|ă, -e, s.f. 배우자, 부인

consol|a, -ez, -ai, -at, vt. **1.** 위로하다, 달래다 **2.** 편안하게, 만들다 **3.** 스스로 위로하다 **4.** 용기를 북돋우어 주다

consolan|t, -tă, -ţi, -te, adj. 위로가 되는, 위안을 주는

consol|are, -ări, s.f. 위로, 위안

consolat|or, -oare, -ori, -oare, adj. 위안이 되는, 편안한

consol|ă, -e, s.f. **1.** 콘솔, (벽에 달아 붙인)받침 **2.** 벽난로 둘레장식

consolid|a, -ez, -ai, -at, I. vt. **1.** 결합하다, 굳히다, 강화하다 **2.** 고정시키다. 죄다 **3.** 견고한 기초를 만들다 **4.** 공채에 투자하다, 적립하다 II. vr. **1.** 강화되다, 결합되다 **2.** 견고해 지다, 단단해지다

consolid|are, -ări, s.f. 강화, 단단함, 합동, 합병, 통합

consonan|t, -tă, -ţi, -te, adj. -와 일치하는, 협화음의, 자음의

consonant|ă, -e s.f. v. consoană

consonantic, ~ă, ~i, ~e, adj. 자음의, 자음적인

consonantism, s.n. 자음체계, 자음구조

consonanţ|ă, -e, s.f. 조화, 일치

consor|t, -ţi, s.m. 배우자, 동료

consorţ|iu, -ii s.n. **1.** 협회, 조합 **2.** 기업현황, 신디케이트 **3.** 법인, 조합, 유한회사

conspect, -e, s.n. **1.** 요약, 개요, 개관 **2.** 전반적인(개괄적인) 조사

conspect|a, -ez, -ai, -at, vt. 요약하다, 개요를 만들다

conspira, conspir, -ai, -at, vt. 공모하다, 꾸미다, 음모를(모반을) 꾀하다

conspirativ, I. ~ă, ~i, ~e, I. adj. **1.** 공모하는, 꾸미는 **2.** 비밀의 **3.** 불법의 **4.** 파괴적인, 전복하는 II. adv. **1.** 비밀스럽게 **2.** 불법으로

conspirat|or, -oare, -ori, -oare, s.m. 공모자, 음모자

conspiraţi|e, -i .s.f. 음모, 공모, 계획 a urzi o ~ 음모를 꾀하다

const|a, pers.3, constă, -ai, -at, vi. ; a ~ din... -로 이루어지다, 구성되다 ; a ~ în... -에 놓여있다, -에 있다, 존재하다

constan|t, -tă, -ţi, -te, adj. **1.** 일정한 **2.** 확고부동한, 불변의

constant|ă, -e, s.f. 불변의 가치

constanţă, s.f. **1.** 확고부동함 **2.** 보존 **3.** 견고, 확고, 결심의 굳음

constata, constat, -ai, -at, I. vt. **1.** 발견하다 **2.** 건립하다, 세우다 **3.** 적어두다, 쓰다 **4.** 보다 **5.** 기록하다, 진술하다 II. vr. 발견되다 ; se constată că... -라는 사실이 확인되었다, 밝혀졌다

constat|are, -ări, s.f. **1.** 설립, 확립, 창립 **2.** 확인된 사실

constela|t, -tă, adj. 별을 뿌린, 별이 총총한, 별을 박아놓은

constelaţi|e, -i, s.f. 별자리, 성좌

constern|a, -ez, -ai, -at, vt. **1.** 당황하게 만들다 **2.** 화나게 만들다

constern|are, -ări, s.f. **1.** 당황, 경악, 소스라치게 놀람 **2.** 낙담

constip|a, constip, -ai, -at, I. vt. 막다, 틀어막다 II. vr. [의학]변비가 되다

constipan|t, -tă, -ţi, -te, adj. **1.** 침체된, 둔한 **2.** 구속력이 있는, 의무적인

constipa|t, ~ă, -ți, ~e, adj. **1.** 막힌, **2.** 변비의 **3.** 무서운, 소름끼치는 **4.** 깜짝 놀란 **5.** 당황한

constitu|i, constitui, -ii, -it, I. vt. **1.** 구성하다, 형성하다, 설립하다, 발족하다 **2.** 그려내다, 묘사하다, 상연하다 II. vr. 형성(구성)되다, 설립되다 ; a se ~ parte civilă (형사)소송을 제기하다

constituir|e, -i, s.f. 형성, 구성, 설립, 발족

constitui|t, -tă, -ți, -te, adj. 설립된, 창립된, 구성된, 제정된

constitutiv, ~ă, ~i, ~e, adj. 구성적인, 본질을 규정하는

constituți|e, -i, s.f. **1.** 헌법 **2.** 체질, 구조 ; are o ~ puternică 그는 강한 체질을 가지고 있다

constituțional, ~ă, ~i, ~e, adj. **1.** 헌법에 의한, 입헌적인 **2.** 체질의

constituționalism, s.n. 입헌제, 입헌 정체

constituționali|st, -stă, -şti, -ste, s.m. 그리고 f. 입헌주의자

constituționalitate, s.f. 헌법에 입각함, 입헌제

constrângăt|or, oare, -ori, -oare, adj. 강제적인, 무리한, 불가항적인

constrân|ge, constrâng, -sei, -s, v.t. 강제로 ~을 시키다, 강요하다

constrânger|e, -i, s.f. 강요, 강압, 불가항력

constrictiv, ~ă, ~i, ~e, adj. **1.** 수축성의 **2.** [의학]수렴성의, 괄약적인

constrict|or, -oare, -ori, -oare, adj. 수축성의

constructiv, ~ă, ~i, ~e, adj. 구조상의, 구성적, 조직적

construct|or, -oare, -ori, -oare, I. adj. 건축(건설, 건립)의 II. s.m. 건축업자, 건설업자, 건립자

construcți|e, -i, s.f. **1.** 건설, 건축, 설립 **2.** 구조 **3.** 틀 **4.** 유기체 **5.** (직물) 조직, 스타일 ~ capitală 재산구조 ; ~ socialistă 사회주의구조 ; cheltuieli de construcții 건축비

constru|i, -iesc, -ii, -it, I. vt. **1.** 세우다, 건립하다, 설립하다 **2.** 구성하다, 맞추어 짜다 **3.** [수학]작도하다 **4.** 틀을 짜다 **5.** 도안하다 ; a ~ socialismul 사회주의를 건립하다 II. vr. 만들어지다, 설립되다 III. vi. 건축하다, 건조하다

construir|e, -i, s.f. 세움, 건립, 설립

consul, ~i, s.m. **1.** (고대 로마의) 집정관 **2.** 영사

consular, ~ă, ~i, ~e, adj. **1.** (고대 로마의) 집정관의 **2.** 영사의

consulat, ~e, s.n. **1.** (고대 로마의) 집정관의 직 **2.** 영사의 직, 영사관

consult|a, consult, -ai, -at, I. vt. ~와 상담하다, ~에게 조언(의견)을 구하다, (의사의) 진찰을 받다 ; a ~ un avocat 충고하다, 조언하다 ; a ~ un dicționar 사전을 참고하다 ; a ~ un doctor 의사의 진찰을 받다 II. vr. 자문을 구하다

consultan|t, -tă, -ți, -te, s.m. 법률 고문, 변호사

consult|are, -ări, s.f. 상담함, 자문을 구함

consultativ, ~ă, ~i, ~e, adj. 상의하는, 자문의, 조언을 구하는, 조언을 주는

consultați|e, -i, s.f. 상의, 협의, [의료]대진

consum, ~uri, s.n. 소비, 수요, 매상

consum|a, consum, -ai, -at, I. vt. **1.** 소비하다, 낭비하다, 소모하다 **2.** 없애다, 근절하다 II. vr. 닳아 없어지다, 기진맥진하다

consum|are, -ări, s.f. 소비, 소모, 써버림

consuma|t, -tă, -ți, -te, adj. 써서 낡은, 다 써버린

consumat|or, -oare, -ori, -oare, s.m. 소비자, 구매자

consumați|e, -i, s.f. **1.** 소비(량):몫 **2.** 계산서, 계산, 셈 **3.** (가벼운) 식사 local de ~ 공공시설(물), 음식점 a plăti ~ 계산하다, 지불하다

conşcolar, ~i, s.m. 학우, 동교생, 동창생

conştien|t, -tă, -ți, -te, I. adj. **1.** 인식하는, 잘 알고 있는 **2.** (~의) 중요성을 잘 알고 있는 **3.** 감성적인 **4.** 양심적인 ; a fi ~ de... -을 인지(인식)하다, -을 알다 II. adv. 의식(자각)하여 III. s.n. 자각, 인식

conştiinci|os, -oasă, -oşi, -oase, adj. **1.** 양심적인, 세심한 **2.** 양심적으로, 꼼꼼하게, 세심하게

conştiinciozitate, s.f. **1.** 양심 **2.** 꼼꼼한, 세심함

conştiinț|ă, -e, s.f. 양심, 자각, 의식 ; ~ a datoriei 의무감, 책임감 ; ~ curată 양심, 떳떳한 마음 ; ~ de clasă 계급의식 ; ~ de sine 자각, 자아인식 ; cu mâna pe ~ 나의 양심을 걸고 ; fără ~ 양심 없이; libertate de ~ 양심의 자유 ; problemă de ~ 양심의 문제 ; a avea conştiința încărcată 불양한 양심을 가지고 있다 ; a nu avea ~ 비양심적이다, 양심이 없다

cont, ~uri, s.n. **1.** 계산 **2.** 계정, 구좌, 대차계정 ; ~ curent 교호계정, 당좌계정 ; în ~ 외상으로, 신용대부로 ; în ~ul cuiva -의 비용으로, -을 위하여 ; pe ~ propriu -의 자비로, -의 부담(계산)으로 ; a da ~ de ceva -에 대하여 책임을 지다 ; a deschide un ~ 거래를 시작하다, 구좌를 트다 ; a ține ~ de ceva -을 고려하다, -을 허가해주다 ; a nu ține ~ de... -을 무시하다 ; a trece în ~ul cuiva -의 부담으로 떠넘기다

cont|a, -ez, -ai, -at, vi. 중요하다 ; a ~ pe... ~에 의존하다, 의지하다,.막연한 기대를 갖다 ; nu contează! 괜찮아!, 별일 아니야!

contabil, ~ă, ~i, ~e, I. adj. 부기상의 II. s.m. 그리고 f. **1.** 부기 **2.** 부기하는 사람, 회계사 **3.** 회계감사원장 **4.** 공인회계사

contabilic|esc, -ească, -eşti, adj. 부기의, 회계의

contabilit|ate, -ăți, s.f. **1.** 장부기입, 부기, 기장 **2.** (부기의)복식기입 **3.** (부기의)단식기입 ; a ține ~a 부기를 작성하다, 치부하다

contact, ~e, s.n. **1.** 접촉, 맞닿음 **2.** 관계, 교섭, 연줄 **3.** (전기)접촉, 접속장치 punct de ~ 접촉점 ; a face ~ cu pământul (전기의) 어어드(접지선)를 연결하다 ; a întrerupe ~ul 접속을 끊다, (전기 스위치를)끄다, 접촉을 끊다 ; a lua ~ cu... -와 접촉하다 ; a păstra ~ul (cu) -와 관계(접촉)를 유지하다 ; a intra/veni în ~ cu... -와 접촉하기 시작하다

contact|a, -ez, -ai, -at, vt. **1.** -와 접촉하다, 마주치다 **2.** (전류)접촉하

다 **3.** -와 관계를 유지하다 **4.** -와 연결하다

contact|or, -oare, s.n. (전기)접촉기

contagi|a, -ez, -ai, -at, vt., vr. **1.** (병을)감염시키다 **2.** (병에)감염되다, 걸리다

contagi|os, -oasă, -oşi, -oase, adj. 전염성의

contagiun|e, -i, s.f. (접촉에 의한 병의) 전염, 감염

contamin|a, -ez, -ai, -at, I. vt. **1.** 전염시키다 **2.** 오염시키다 **3.** 불순하게 하다 II. vr. (전염병)걸리다, 전염되다 ; s-a ~t de gripă 유행성 독감에 걸리다

contaminabil, ~ă, ~i, ~e, adj. 오염시킬 수 있는

contamin|are, -ări, s.f. 전염, 오염, 불순하게 함 **2.** 혼합, 혼성

con|te, -ţi, s.m. **1.** (영국의) 백작 **2.** (유럽에서의)백작

contempl|a, contemplu, -ai, -at, vt. **1.** 뚫어지게 보다, 응시하다 **2.** 연구하다, 오랫동안 생각하다

contempl|are, -ări, s.f. **1.** 응시 **2.** 숙고 **3.** 묵상

contemplativ, ~ă, ~i, -e, adj. **1.** 깊이 숙고하는 **2.** 묵상하는 **3.** 심사숙고하는

contemplat|or, -oare, -ori, -oare, s.m. 관찰자, 구경꾼

contemplaţi|e, -i, s.f. 구경, 관찰

contemporan, I. ~ă. ~i. ~e, adj. **1.** 현대의, 현존하는 **2.** 최근의 **3.** 동시대의, 그 당시의 II. s.m. 동시대의 사람, 동기생, 동년배의 사람, 동시대의 신문(잡지 따위)

contemporaneit|ate, s.f. 동시대, 현재

contenci|os, -oase, -s.n. 법률사무소

conten|i, -esc, -ii, -it, vt. 중지하다, 그만두다

contenir|e, -i, s.f. **1.** 중지 **2.** 끝, 종결

contes|ă, -e, s.f. 백작부인

contest|a, contest, -ai, -at, vt. **1.** 논쟁하다, 논박하다 **2.** 논의하다

contestabil, ~ă, ~i, ~e, adj. **1.** 논쟁할 만한, **2.** 의심스러운, 의문인, 문제가 될 만한 **3.** 논의할 여지가 있는

contestaţi|e, -i, s.f. **1.** 법적 논란 **2.** (고등법원에) 항소

context, ~e, s.n. 문맥, 배경, 정황

contiguit|ate, -ăţi, s.f. 접촉, 인접, 근접

contigu|u, ~ă, ~i, ~e, adj. 서로 인접한

continent, ~e, s.n. **1.** 대륙 **2.** 본토

continental, ~ă, ~i, ~e, adj. **1.** 대륙의 **2.** 본토의

continenţ|ă, -e, s.f. 가능성, 우연성, 부수적인 사건, 우연한 일

contingent, -tă, -ţi -te, s.n. **1.** 1년간의 생산물, 1년의 분, 동기생 **2.** 몫, 분담 액, (동맹군에 대한) 출병

contingenţ|ă, -e, s.f. **1.** 접촉, 관계 **2.** 우연히 일어난 일, 확실치 않은 일

continu|a, continuu, -ai, -at, I. vt. **1.** 계속하다, 이어지다 **2.** 다시 시작하다, 속행하다 ; a -şi ~ călătoria 여행을 진행하다 ; a ~ să existe 여전히 존재하고 있다 ; continuă să plouă 비가 계속해서 내리고 있다 ; nu mai pot ~ (de oboseală) 더 이상 갈 수가 없다 ; va ~ 속계될 것이다 II. vr. 계속되다, 존속되다, 지속되

다 III. vi. 유지해가다, 지속하다, 존속하다

continu|are, -ări, s.f. **1.** 계속, 연속 **2.** (이야기, 영화 따위의) 계속, 후편 în ~ 연속해서, 끊임없이, 더 멀리, 나중에, 그 후에, 그리고 나서

continuat|or, -oare, -ori, -oare, s.m. şi s.f, **1.** 계승자 **2.** 후임자, 상속인

continuit|ate, -ăţi, s.f. 연속(상태), 연속성, (TV)시나리오, 각 장면의 배열

continu|u, ~ă, ~i, ~e, I.adj. **1.** 영구적인, 불변의 **2.** 계속적인, 지속적인 **3.** 끊임없는 **4.** 부단한 **5.** 중단 없는, 멈추지 않는 **6.** 잇따른, 빈번한 II. adv. 빈번히, 계속하여

contonden|t, -tă, -ţi, -te, adj. **1.** 타박상을 입은 **2.** 무뚝뚝한, 둔한, 무뚝뚝한

contop|i, -esc, -ii, -it, vt. **1.** 녹이다, 융합시키다 **2.** 혼합하다, 섞다 **3.** 인수하다, 합병하다 II. vr. **1.** (서로)합병하다, 혼합되다, 하나가 되다

contopir|e, -i, s.f. **1.** 융해(물), 합동(체) **2.** 합병

cont|or, -oare, s.n. **1.** 계량기, 판매대 **2.** 전기계량기

contorsion|a, -ez, -ai, -at, vt., vr. 다하다, 써서 없애다, 소비하다, 쇠약해지다, 여위다

contorsiona|t, -tă, -ţi, -te, adj. **1.** 찌그러진, 일그러진 **2.** 꼬인, 왜곡된

contorsiun|e, -i, s.f. **1.** (몸)뒤틀기, 일그러짐, 찌그러짐, 왜곡 **2.** 찌푸린 얼굴

contra, prep. (소유격 지배 전치사) **1.** (방향) -에 반대로, (반대) -에 대항해서 ; alerg contra vântului 나는 바람 반대 방향으로 달린다 **2.** -을 대신하여 ; ~ dorinţei sale 그의 기대와는 달리 ; dacă zic contra părerii majoritare 다수의 의견에 반하여 말한다면 ; a duce război ~ (소유격) -와 전쟁을 개시하다, -을 공격하다

contraacuzaţi|e, -i, s.f. 반소, 항소

contraamiral, ~i, s.n. 해군장성, 제독

contraatac, ~uri, s.m. 역습, 반격

contra|ataca, -atac, -atacai, -atacat, vt. 역습하다, 반격하다

contrabalans|a, -ez, -ai, -at, vt. **1.** (반작용으로) 균형이 잡히게 하다, 보상하다 **2.** ~와 평형하다 **3.** 균형을 잡다 **4.** 서로 평형을 유지하다

contrabandă, -e, s.f. **1.** 밀수행위, 밀매매, 암거래 **2.** (주류)밀매 **3.** (총기)밀매 ; marfă de ~ 밀수품 ; prin ~ 불법적으로 ; a face ~ 밀수하다, 밀매하다

contrabandis|t, -tă, -şti, -te, s.m. **1.** 밀수업자, 밀매자 **2.** (주류)밀매업자

contrabas, ~uri, s.n., -şi, s.m. **1.** 더블베이스 **2.** 콘트라베이스

contrabasis|t, -tă, -ţi, -te s.m. 그리고 f. **1.** 더블베이스 (연주자) **2.** 콘트라베이스 연주자

contracandida|t, -tă, -ţi, -te, s.m. 그리고 f. **1.** 다투는 사람, 경쟁자 **2.** 차점자, 2위 팀

contracar|a, -ez, ai, -at, vt. -에 반대로 작용하다, 대항하다, (반대작용으로) 방해하다, 좌절시키다, (약 따위를) 중화시키다

contract, ~e, s.n. 계약 ,협정 ; ~ul bilateral 쌍무 계약 ; ~tul comercial de concesiune 독점상업계약 ; ~ul consensual 합의계약 ; ~ul de antrepriză 기업계약 ; ~ul de arendare 리스 계약 ; ~ul de asigurare 보험계약 ; ~ul de comodat 사용대차 계약 ; ~ul de consignaţie 위탁 계약 ; ~ul de donaţie 기부 계약 ; ~ul de depozit 창고 계약 ; ~ul de editură 출판 계약 ; ~ul de gaj 담보 계약 ; ~ul de garanţie 보증 계약 ; ~ul de mandat 위임 계약 ; ~ul de livrare 배송 계약 ; ~ul de rentă viageră 평생연금계약 ; ~ul de schimb: 교환계약 ; ~ul de transport 수송 계약 ; ~ul de vânzarecumpărare 매매 계약 ; ~ul nul şi neavenit 무효 계약 ; ~ul social 사회 계약 ; a încheia un ~ 계약(조약)을 체결하다 ; a fi legat printr-un ~ -에 도제 노릇을 하다 ; a realiza un ~ 계약을 실현(실행)하다

contract|a, -ez, -ai, -at, vt. **1.** 계약하다 **2.** (의무 따위를) 부과하다 **3.** 계약서를 작성하다 **4.** [언어]차용하다

contractan|t, -tă, -ţi, -te, I. adj. 계약하는 II. s.m. **1.** 계약당사자, 계약자 **2.** 적수

contract|are, -ări, s.f. (근육, 물질 따위의)수축, (통화, 자금, 지출, 신용 따위의) 축소, 절감, (낱말의) 축약형, (병에) 걸리기, (빚 따위를) 지기, (습관 따위에) 물들기

contractibilit|ate, -ăţi, s.f. 수축성

contract|or, -oare, -ori, -oare, v. contractant

contractual, ~ă, ~i, ~e, adj. (계약상에) 규정된, (계약조항으로서) 주장된

contracţi|e, -i, s.f. **1.** 수축, 축소, 절감 **2.** 찌그러짐, 비틀림, 왜곡, 변형

contracuren|t, -ţi, s.m. 역류, 대향류, 반류

contradans, ~uri, s.n. 시골(지방) 춤, 대무(남녀가 서로 마주 서서 추는 춤)

contradictori|u, -e, -i, adj. **1.** 모순된, 상반된, 정반대의 **2.** 서로 다투는, 충돌하는 **3.** 일치하지 않는

contradicţi|e, -i, s.f. **1.** 반박, 부정, 모순, 자가 당착 **2.** 반발심 **3.** 반발력, 대항

contraexpertiz|ă, -e, s.f. 재측량, 재평가

contra|face, -fac, -făcui, -făcut, vt. **1.** 위조하다 **2.** 흉내 내다 **3.** -의 서명을 위조하다

contrafacer|e, -i, s.f. **1.** 위조 **2.** 모방

contrafagot, ~uri, s.n. [음악] 콘트라 비순

contrafăcu|t, -tă, -ţi, -te, adj. 위조된, 가짜의

contrafort, ~uri, s.n. **1.** 버팀벽, 부벽 **2.** 인접, 접촉부, 돌출부

contr|age, contrag, -ăsei, -as, I. vt. **1.** 계약하다, 도급(청부)하다, (병에) 걸리다 (빚 따위를) 지다, 초래하다 (근육 따위) 수축시키다, 죄다 (눈썹 이마) 찡그리다, 찌푸리다, 줄이다, 축소시키다, 죄다, (문법) 축약하다 II. vr. 계약이 맺어지다, 줄이다, 단축되다

contrager|e, -i, s.f. **1.** 수축, 위축 **2.** [문법]모음 축약

contragreut|ate, -ăţi, s.f. **1.** 중심 무게, 무게 중심 **2.** 평형추, 안정, 평

형

contraindicat, -tă, -ți, -te, adj. (징후 따위가 어떤 치료 약 따위에서) 금지된, 금기된

contraindicați|e, -i, s.f. [의학](치료 상 어떤 약재 또는 수술 따위가 바람직하지 않은 증상에 대한) 금기

contralovitur|ă, -i, s.f. **1.** 역습, 반격 **2.** 일격

contralt|ă, -e, s.f. [음악]콘트랄토 (상차고음) 여자 성악가(가수)

contralto, s.n. 콘트랄토(소프라노와 테너의 중간 음) 콘트랄토 가수

contramai|stru, -ştri, s.m. 장인, 우두머리, 공장장

contramand|a, -ez, -ai, -at, vt. **1.** 취소하다, 철회하다 (반대명령을 내려) 소환하다 **2.** 반대 명령하다 **3.** (주문)취소하다

contramand|are, -ări, s.f. (명령 주문 등의) 취소, 반대명령

contram|arcă, -ărci, s.f. 수표

contramarş, -uri, s.n. 반대행진, 배진(背進), 후퇴, 역전

contramin|ă, -e, s.f. **1.** 대갱도 **2.** 대항책, [상업]매방(의 책동)

contraofensiv|ă, -e, s.f. 반공, 반격, 역습

contraordin, -e, s.n. 반대명령, (주문) 취소

contrapagin|ă, -i, s.f. **1.** 반대 페이지 **2.** 왼쪽 페이지, **3.** 뒤페이지

contrapant|ă, -e, s.f. **1.** 역 경사 **2.** 반대 경사

contraponder|e, -i, s.f. **1.** 평형추, 대중, 분동 **2.** 평형, 대항

contraproiect, ~e, s.n. 반대 계획

contrapropuner|e, -i, s.n. 반대 제안

contrapunct, -e, s.n. [음악]대위법, 대위법에 의한 작곡 대조 항목, 보단항목

contrar, I. ~ă, ~i, ~e, adj. **1.** 대조적인 **2.** 반대의 **3.** 역행의 **4.** 다른 **5.** 역순의 **6.** 심각한, 해로운, 무익한 **7.** -에 반대해서, -에 대항해서 **8.** -임에도 불구하고 II. s.n. **1.** 반대, 역 **2.** 반대자 III. prep.(여격 지배) -와 달리, -에 반대해서 ; contrar prognozei vremii temperatura e în scădere 기상예보와는 달리 온도는 떨어지고 있다.

contrareform|ă, -e, s.f. 반종교 개혁

contrarevoluți|e, -i, s.f. 반 혁명, 혁명에 대항하는 운동

contrarevoluționar, ~ă, ~i, ~e, adj. 반 혁명의 II. s.m. 그리고 f. 반혁명주의자

contrari|a, -ez, -ai, -at, vt. **1.** 당황하다 **2.** 성가시게 굴다, **3.** 화나게 하다 **4.** 난처하게 하다, 괴롭히다, 당혹시키다

contraria|t, -tă, -ți, -te, adj. 난처한, 당황한, 괴로운, 애타는, 귀찮은, 짜증나는, 화나게 하는, 성가신

contrarietate, s.f. 성가시게 굴기, 애태움, 괴로움, 고통

contrari|u, I. -i, s.n. 반대, 역 II. adj. **1.** 대조적인 **2.** 반대의 **3.** 역행의 **4.** 다른 **5.** 역순의

contra|s, -să, -şi, -se, adj. 수축된

contrasemn|a, -ez, ai, -at, vt. -에 사인하다, 서명하다

contrasemnătur|ă, -i, s.f. 부서(副署)

contraspionaj, -e, s.n. (적의 스파이 조직에 대한) 반 스파이 활동
contrast, -e, s.n. 대조
contrast|a, -ez, -ai, -at, vt. **1.** -와 대조시키다 **2.** -와 좋은 대조를 이루다
contratimp, ~i, s.m. **1.** [음악]절분(切分)음(법) **2.** [언어]중략 **3.** 적절하지 않은 시간(시점)
contratorpil|or, -oare, s.n. [軍]구축함
contraval|oare, -ori, s.f. 동치(同値)
contra|veni, -vin, -venii, -venit, vi. **1.** 침해하다 **2.** 위반하다 **3.** 모순되다
contravenien|t, -tă, -ţi, -te, adj. **1.** 침해의, 위반하는 s.m. 그리고 f. 침입자, 위반자
contravenţi|e, -i, s.f. 침해
contravizit|ă, -e, s.f. **1.** 2차 검역 **2.** 조사, 검사
contra|zice, -zic, -zisei, -zis, I. vt. **1.** 반대하다 **2.** 모순 되다 **3.** 논박하다
contrazicer|e, -i, s.f. 반박
contribuabil, ~ă, ~i, ~e, s.m. 기부자, 납세자, 의연자
contribu|i, contribui, -ii, -it, vi. 기여하다, 도움이 되다 ; a ~ la... -에 기여하다
contribuţi|e, -i, s.f. **1.** 기여 **2.** 역할 3 부분 **4.** 할 할당량 **5.** 참여 **6.** 세금 **7.** 의무; ~ benevolă 자선기여 ; ~ de război 강요된 기여 ; ~ directă 직접적 기여 ; ~ indirectă 간접적 기여 ; ~ voluntară 자선봉사 ; a pune ceva la... -을 이용(활용)하다 ; a-şi pune mintea la... -의 두뇌를 이용(활용)하다
contr|ol, -oale, s.n. **1.** 통제 **2.** 점검 검사 **3.** 진찰 **4.** 관리, 감독 **5.** 지배 **6.** 검열 ; bilet de ~ 수표 ; birou de ~ 가독부(국) ; sub ~ul (소유격 지배) -의 감독(관리)하에
control|a, -ez, -ai, -at, I. vt. **1.** 관리하다 **2.** 표를 떼다 **3.** (회계를) 감사하다 **4.** 조사하다 **5.** 증명하다 **6.** 통제하다 II. vr. 감독을 받다
controlabil, ~ă, ~i, ~e, adj. **1.** 증명할 수 있는 **2.** 통제 할 수 있는
control|or, -oare, -ori, -oare, s.m. şi s.f **1.** 감독관, 조사관 **2.** (극장의) 표창구 직원 **3.** 티켓 수집가 **4.** 버스 차장 **5.** 회 계 감독관 **6.** 통제 장치
controversa|t, -tă, -ţi, -te, adj. **1.** 논쟁의 **2.** 미해결의
controvers|ă, -e, s.f. **1.** 논쟁 **2.** 논쟁점
contumacie, s.f. **1.** 반항 **2.** [법]궐석 **3.** [의학]격리
contur, ~uri, s.n. **1.** 윤곽 **2.** 모서리 **3.** 형태
contur|a, -ez, -ai, -at, vt. **1.** ~의 윤곽을 그리다 **2.** 나타나다 **3.** 어렴풋이 보이다 **4.** 두드러지다
conturb|a, -conturb, -ai, -at, -vt. 방해하다
contuzi|e, -i, s.f. 멍듦, 타박상
contuzion|a, -ez -ai, -at, vt. -에게 타박상을 입히다
conţ, ~uri, s.m. (종이)첩, 공책, 필기장
con|ţine, pers.3, conţine, **1.** 포함하다, 함유하다 **2.** (물건 따위를)버티다, 지탱하다 **3.** ~로 구성되다
conţinut, ~uri, s.n. **1.** 내용 **2.** 용량 **3.** 성분 **4.** 분량 **5.** 물질 **6.** 방침 **7.** 내용

의 리스트 ; ~ şi formă 내용과 형식
conţopi|st, -şti, s.m. 서기
convalescen|t, -tă, -ţi, -te, I. adj. 차도를 보이는, 회복기(환자)의 II. s.m. 그리고 f. 회복기 환자
convalescenţ|ă, -e, s.f. 차도를 보임, 회복, 추완
convenabil, ~ă, ~i, ~e, I. adj. **1.** 적합한 **2.** 합리적인 **3.** 수용할 만 한 **4.** (값이) 정당한 II. adv. 적절하게
conven|i, convin, -ii, -it, vi. **1.** (의견이) 일치하다 **2.** 적합하다 ; am ~t 우리는 합의를 보았다(합의 했다) ; dacă îţi convine (너에게)괜찮다면
convenienţ|ă, -e, s.f. **1.** 적절성 **2.** 타당 **3.** 예의 바름 ; căsătorie de ~ 적절한 결혼
convenţi(un)|e, -i, s.f. **1.** 합의, 동의 **2.** 협정, 협약 **3.** 인습, 관습, 관례
convenţional, ~ă, ~i, ~e, I. adj. **1.** 인습적인, 틀에 박힌, 상투적인 **2.** 인조의, 인위적인, 모조의, 부자연한 **3.** 눈가림의, 위선의 가짜의 **4.** 임의의, 제멋대로의 변덕스러운, 독단적인 II. adv. 인습적으로, 관례대로, 상투적으로
convenţionalism, s.n. 인습존중, 상투적임, 판에 박힌 듯 함, 관례, 인습
converge, pers.3, pl. converg, vi. 한 점에 모이다, 수렴하다
convergen|t, -tă, -ţi, -te, adj. **1.** 한 점으로 모이는, 집중성의, 포위 집중적인, 수렴성의 **2.** 집중된, 응집된
convergenţ|ă, -e, s.f. **1.** 집중성, 한 점에 모여 듬, 수렴, 근사현상 **2.** 집중, 농축, 전심전력, 전렴
convers|a, -ez, -ai, -at, vi. (~와) 이야기를 나누다, 의논하다, 말하다, 애기하다
conversaţi|e, -i, s.f. 이야기, 담화, 좌담, 대화, 잡담 담소, 한담, 자유토론(토의), 강연, 소문, 화제, 교제 ; subiect de ~ (대화의) 화제, 논제, 토픽, 요지 ; ton de ~ (대화의) 어조, 말투, 논조 ; a avea o ~ cu cineva -와 대화를 나누다 ; a întrerupe o ~ 대화를 끊다 ; a întreţine o ~ 대화를 유지하다 ; a lega o ~ cu cineva -와 대화를 나누기 시작하다(대화에 돌입하다) ; a intra în ~ 맞장구치다
conversiun|e, -i, s.f. 전환, 전화, 개조, 전향, 귀의, 차환
convert|i, -esc, -ii, -it, vt., vr. **1.** 바꾸다, 변환시키다, 전환하다 변형시키다 **2.** 자기편에 끌어들이다 설복시키다, 개종시키다 **3.** 변형이 되다, 전환이 되다
convertibil, ~ă, ~i, ~e, adj. 바꿀 수 있는, 개조할 수 있는, 전환 할 수 있는, 차환 할 수 있는, 바꿔 말할 수 있는
convertibilt|ate, -ăţi, s.f. 태환성
convertir|e, -i, s.f. 전환, 전화, 개조, 전향, 귀의, 차환
convertiz|or, -oare, s.n **1.** 변환기, 변류(변압기) 주파수, 환기, 채널 변환기 **2.** 전로 **3.** 압연 공장, 압연기
conve|x, -xă, -cşi, -xe, adj. 볼록한 모양의
convexit|ate, -ăţi, s.f. 볼록한 모양, 볼록함, 철면(체)
convexo-concav, adj. 한 면이 볼록하고 다른 면이 오목한, 오목 볼록한
convieţu|i, -iesc, -ii, -it, vi. **1.** 함께

살다, 함께 살림을 차리다 **2.** 동서하다, 동거하다

convieţuir|e, -i, s.f. **1.** 함께 삶, 동거, 교우, 교제 **2.** 동서 **3.** 부부생활, 결혼생활

convingăt|or, -oare, -ori, -oare, adj. **1.** 설득력 있는, 납득(수긍)이 가는 **2.** 결정적인, 단호한

con|vinge, -ving, -vinsei, -vins, I. vt. 확신시키다, 설복시키다, 납득시키다, 설득하다, 깨닫게 하다 ; l-am convins că e adevărat 나는 그에게 그것이 사실이라는 것을 납득시켰다 ; l-am convins să plece 나는 그가 가도록 설득했다 II. vr. 확인하다, 납득하다 ; a se ~ de ceva cu propr III. ochi 스스로 보고 확인하다

convinger|e, -i, s.f. **1.** 설득, 확신, 신념, 소신, 신앙 **2.** 원리, 원칙, 본질, 본원 ; cu ~ 확고하게, 확신을 가지고, 열정적으로 ; a avea curajul convingerilor sale 확신을 가지다 ; a-şi schimba convingerile 마음을 바꾸다

convin|s, -să, -şi, -se, adj. 납득한, 확신되는

conviv, ~i, s.m. 한솥밥 먹는 친구, 동숙인

convoca, convoc, -ai, -at, vt. 소집하다, 소환하다, 호출하다, 모임을 열다

convoc|are, -ări, s.f. 소집, 집회, 회의, 소환, 호출

conv|oi, -oaie, s.n. **1.** 줄, 연속, 호위, 호송, 호위대, 호위함, 호송선 **2.** (마차)행진(행렬) **3.** 죄수호송 **4.** 장례의 행렬

convorbir|e, -i, s.f. **1.** 대화, 이야기, 대담, 담화 **2.** 전화통화

convulsi|e, -i, s.f. **1.** 경련 경기, 발작 **2.** 격동, 변동, 경련

convulsion|a, -ez, -ai, -at, vr. 비틀어 지다, 오만상이 되다

convulsiv, -ă, -i, -e, adj. 경련성의, 발작적인, 격동적인

cooper|a, -ai, -at, vi. **1.** 협력(협동)하다, 한데 작용하여 촉진시키다 **2.** 기부[기증]하다, 투고하다, 기여하다 공헌하다 **3.** 관여하다, 관계하다, 참가하다 ~의 기대가 있다

cooper|are, -ări, s.f. **1.** 협력, 협동, 협업, 협동조합 **2.** 일치, 동의, 집합 동시에 발생(작용)하기 **3.** 참여 관계 **4.** 조력, 원조, 보조

cooperati|st, -stă, -şti, -ste, adj. **1.** (농업 조합) 농업인 조합 **2.** 협력적인, 협동의, 조합의

cooperativ|ă, -e, s.f. **1.** 협동조합 **2.** 협동조합의 매점 **3.** 농업 협동조합 **4.** 소비조합 **5.** 생산조합

cooperat|or, -oare, -ori, -oare, s.m. 협력자, 협동 조합원

cooperaţie, -i, s.f. **1.** 협력, 협동, 협업 **2.** 협동조합, 협동조합 체계(제도) **3.** 생산 조합 체계, 생산 조합제도(방식)

coopt|a, -ez, -ai, -at, vt. 새 회원(임원)을 뽑다, 보궐 선거하다

coopt|are, -ări, s.f. 보궐선거

coordon|a, -ez, -ai -at, vt. 대등하게 하다, 통합하다, 조정하다

coordon|are, -ări, s.f. 동등, 대등관계, 공동 작용

coordona|t, -tă, -ţi, -te, I. adj. 협력의, 협동의 II. s.m. 좌표, 좌표의 축(축선)

coordonat|ă, -e, s.f. **1.** [문법]등위 접속사, 등위 절 **2.** 대등, 동등, 동격

coordonat|or, -oare, -ori, -oare, I. adj. 동등의, 동격의, 등위의 II. s.m. 등위 접속사

copac, ~i, s.m. **1.** 나무, 수목, 교목, 목구 **2.** (나뭇가지 포도덩굴, 담쟁이 따위를 올린) 정자, 초당, 나무그늘

cop|aie, ~ăi, s.f. 구유, 여물통, 물통, 수반, 골, 파곡

copaier, ~i, s.m. 코펄나무

copal, s.n. 코펄(열대산 수지), 와니스의 원료)

copastie, s.f. (갑판에 있는 배의) 선연, (보트 따위의 갑판이 없는 배의) 뱃전

copăce|l, -i, s.m. 작은 나무, 어린 나무, 관목, 떨기나무, 키 작은 나무

copăiț|ă, -e, s.f. **1.** 함지, 수조 **2.** 궤, 트렁크

copărtaş, ~ă, ~i, ~e, s.m. 그리고 f. 함께하는 사람, 공유자, 참가자, 동아리

copc|ă¹, -i, s.f. **1.** 걸쇠, 죔쇠, 고리 버클, 훰, 뒤틀림 **2.** 봉합선, 봉합 상처를 꿰맴 **3.** 혁대의 죔쇠(버클)

copcă², s.f. 구멍, 구덩이, 갱, 틈

copeic|ă, -i, s.f. 코펙 (소련의 화폐 단위)

copert|ă, -e, s.f. **1.** 덮개, 커버, 뚜껑, 표지, 포장지 **2.** 봉투, 덮개, 싸개, 외피

copi|a, -ez, -ai, -at, I. vt. **1.** 완전히 다 쓰다, 그대로 베끼다, 복사하다, **2.** 모사하다, 모방하다, 흉내 내다 **3.** 도용하다, 표절하다, 꾸며내다, 위조하다 속이다, 가장하다 II. vi. 커닝을 하다, 직역자습서를 사용하다

copiat, s.n. 완전히 다 씀, 완전히 고쳐 씀

copi|e, -i, s.f. **1.** 복사, 모사, 모방 **2.** 도용, 위조, 표절 ; a face o ~ 복사하다 ; e copia fidelă a lui taică-său 그는 그의 아버지를 꼭 빼어 닮았다

copier, ~e, s.f. 글씨본, 습자 책, 부본철, (편지, 문서의) 복사 본

copi|l, I. -i, s.m. **1.** 어린아이 ; ~ de țâță 젖먹이(어린아이) ; ~ dificil 문제아동 ; de mic ~ 어린시절부터 ; grădiniță de copii 유치원, 탁아소 ; nevinovat ca un nou-născut 갓난아이처럼 순수한(무죄의) ; poveşti pentru copii 동화 ; a adopta un ~ 어린아이를 입양하다 ; se poartă ca un ~ 그는 어린아이처럼 처신(행동)한다 ; a nu mai fi ~ 더 이상 어린아이가 아니다 II. ~e, s.n. [식물]가시, 가시덤불 III. ~i s.m. 옥수수 줄기

copilandr|ă, -e, s.f. 소녀, 숙녀, 말괄량이

copilandr|u, -i, s.m. 소년, 청년

copilaş, ~i, s.m. 아기, 갓난아기, 젖먹이, 아이, 유아

copil|ă, -e, s.f. 어린아이, 아동, 아이, 소녀, 어린소녀, 계집아이, 딸

copilăre|sc, -ească, -eşti, adj. v. copilăros

copilăreşte, adv. 어린아이 같이(처럼)

copilăr|i, -esc, -ii, -it, vi. 어린 시절을 보내다

copilări|e, -i, s.f. **1.** 어린시절, 유년시대, 유아기, 초기, 요람시대 **2.** 유치함, 어리석음

copilăr|os, -oase, -oşi, -oase, adj. 어린아이 같은, 어린이의, 미숙한,

어리석은
copileț, ~i, s.m. 옥수수 경작자(농부)
copil|i, -esc, -ii, -it, vt. **1.** 베어 내다, 깎다, 삭감하다 **2.** 밝게 하다, 트이게 하다, 성기다
copiliț|ă, -e, s.f. **1.** 작은 소녀, 귀여운 소녀 **2.** 되바라진 계집아이
copi|os, -oase, oşi, -oase, I. adj. **1.** 풍부한, 수많은, 윤택한, 부자인, 값비싼, 호화로운, 화려한, 사치스러운 **2.** 실속 있는, 알찬 II. adv. 풍부하게, 수많이
copi|st, -stă, -şti, -ste, s.m. **1.** 필생, 필경사, 모방자 **2.** 사자생, 등사자, 전사기
copit|ă, -e, s.f. 발굽 ; lovitură de ~ 말의 발길질 ; urmă de ~ 발자국, 발굽자국 ; a lovi cu copia 차버리다
copleş|i, -esc, -ii, -it, -vt. 압도하다, 굴복시키다, 지우다, 이기다, 정복하다, 전복시키다, 타도하다
copleşir|e, -i, s.f. 저항할 수 없음, 압도(압도적임)
copleşi|t, -tă, -ți, -te, adj. **1.** 압도적인, 저항 할 수 없는, 굴복시킨 **2.** 걱정근심으로 시달린(여윈)
copleşit|or, -oare, -ori, -oare, adj. 저항할 수 없는, 압도적인
copoi, s.m. **1.** 경찰견, 사냥개, 포인터종의 사냥개 **2.** 경찰, 순경
coprin|ă, -e, s.f. 수선화 속, 나팔수선
coproli|t, -ți, s.m. [지리]분석, 화석분
coproprietar, ~ă, ~i, ~e, s.m. 그리고 s.f, 공동소유주, 공동경영자, 공동지주, 공동임자
coproprietate, -ăți, s.f. 공동소유(권), 공동소유자임, 공동재산, 공동자산, 공동소유지
copt, I. ~uri, s.n. 구움, 익힘 ; a da în ~ 익기 시작하다, 익다, 성숙하다 II. coaptă, copți, coapte, adj. **1.** 익은, 난숙한, 완숙한, 한창의, 노련한, 성숙한, 원숙한 **2.** 구운, 익은, 마른, 말린, 건조시킨 **3.** 노련한, 숙달한, 판단력이 있는 ; pe jumătate ~ 설익은, 반쯤 익은
coptor(oş)i|t, -tă, -ți, -te, adj. 속이 빈, 공도의, 공허한, 헛된
coptur|ă, -i, s.f. **1.** 농양, 종기, 부스럼 **2.** 화농성의 (곪은)궤양, 고름, 농즙
copulativ, ~ă, ~i, ~e, adj. 연계적인
copulați|e, -i, s.f. 계합사, 계사, 접속사
copul|ă, -e, s.f. 연사, 계사, 계합사, 접합부, 연계동사
cor, ~uri, s.n. **1.** 성가대, 합창단, 합창, 합창곡, 일동의 합창, 후렴 **2.** (문학)코러스 **3.** [건축]성상안치소, 성가대석
cor|abie, -ăbii, s.f. 돛단배, (중세의) 경쾌한 범선, 배, 범선, 선박, 바크 형 범선, (작은)돛단배, 대상선 ; corabia lui Noe 노아의 방주
coral, I.~e, s.n. **1.** 산호 **2.** 분홍(산호)색 **3.** 산호초; II. ~ă, ~i, ~e, adj. 합창대의, 합창곡의, 합창의
coralin, ~ă, ~i, ~e, adj. 산호의
coralier, I. ~i, s.m. **1.** 산호 충 **2.** 산호 세공 II. adj. 산호 모양의
Coran, s.n. 코란(회교의 경전)
corap|ort, -oarte, s.n. 공동보고서, 공동리포트, 공동기사, 공동강연,

공동강의

coraportor, ~i, s.m. 공동강연자, 공동강사

corăbească, s.f. 민속춤

corăbier, ~i, s.m. **1.** 항해자, 뱃사람, 해원, 선원, 수병 **2.** 선주, 선박 소유자

corăbierie, s.f. **1.** 조선 **2.** 항해

corăbioar|ă, -e, s.f. 작은 배

corăsl|i, pers.3, -eşte, -itvi. **1.** 굳어지다, 엉기다, 응결하다, 응고시키다, 굳히다, 굳어지다 **2.** 변화시키다, 바꾸다, 고치다

corb, ~i, s.m. **1.** 갈 가마귀 **2.** 욕심 많은 사람, 탐욕스러운 사람, 사기꾼 **3.** 왜가리, 해오라기, 까마귀 ; negru ca ~ul/pana ~ului 까마귀처럼 검은(색) ; păr negru ca ~ul 까마귀처럼 검은 머리

corb|iu, -ie, -ii, adj. 새까만, 칠 흙의

corchez|i, -esc, -ii, -it, vt. 못쓰게 만들다, 망치다

corc|i, -esc, -ii, -it, vt. **1.** -의 잡종을 만들다, 이종 교배하다 **2.** -을 교배시키다, -을 이화(異花)수정시키다

corcir|e, -i, s.f. 가로지르기, 교배, 이화수정

corci|t, -tă, -ți, te, adj. **1.** 열십자의, 교차한 **2.** 잡종의, 혼혈의, 혼성의

corcitur|ă, -i, s.f. **1.** 잡종, 혼혈아, 혼성물 **2.** (종족, 동물, 식물 따위의) 이종(異種)교배, 혼혈, (동식물의) 잡종

corcode|l, -i, s.m. [동물](북극 산) 강 오리의 일종, 논병아리 류

corcoduş, ~i, s.m. [식물]황로(옻나무과의 낙엽교목)

corcoduş|ă, -e, s.f. [식물]오얏의 일종

corcon|i, -esc, -ii, -it, (reg) I. vt. 너무 귀하게 길러 유약하게(버릇없게) 만들다 II. vr. 시간을 낭비하다, 농담하다

cord, -uri, s.n. **1.** 심장, 심실 **2.** 심장병

cordaj, ~e, s.n. 전동장치, 기어

cordar, ~e, s.n. **1.** 혀, 언어능력, 말씨, 말투 **2.** 꼬리조각, (인쇄)장(章)

cord|ea, -ele, s.f. **1.** 장식용 띠, 리본 **2.** 촌충, 머리장식

cordel|ă, -e, s.f. [동물]붕장어

cordeluț|ă, -e, s.f. 가는 실, 가는 (노)끈

cordial, ~ă, ~i, ~e, I. adj. **1.** 진정한, 진심에서 우러나는, 마음으로부터의, 친절한, 깊이 느낀 **2.** 자극적인, 격려가 되는 ; primirew ~ă 온정스런 접대 II. adv. 정성껏, 진심으로, 정중하게 III. s.n. [의약] 강장제, 강심제

cordialitate, s.f. 진심, 온정, 성실

cord|on, -oane, s.n. **1.** 거들, 허리띠, 장식 띠, 띠, 끈 **2.** 초병선, 비상선 **3.** 줄, 열

cordovan, ~e, s.n. 염소 가죽

corec|t, -tă, -ți, -te, I. adj. **1.** 올바른, 결점 없는, 정확한 **2.** 완전무결한 **3.** 적당한, 어울리는, 알맞은 **4.** 정확한, 틀림없는, 주의 깊은 **5.** 정직한, 공정한, 성실한 II. adv. 올바르게, 정확히, 적당히

corect|a, -ez, -ai, -at, I. vt. **1.** 잘못을 고치다, 정정하다, -의 잘못을 지적하다 **2.** -을 바로잡다, 수정하다, 고치다, 개정하다 **3.** -을 완전하게 하다, -을 완성하다 **4.** -을 정정하다,

고치다 **5.** 개량하다, 더욱 좋게 하다 II. vr. 개선되다, 개량되다

corectare, -ări, s.f. 정정, 수정 교정

corectitudine, s.f. 정직, 성실, 솔직

corectiv, ~e, s.n. **1.** 교정물, 교정책, 중화제 **2.** 제한 조건, 한정, 감안, 자격

corect|or, -oare, -ori, -oare, s.m. 교정원

corectur|ă, -i, s.f. **1.** 증거, 시험, 실험 논증 **2.** 수정(판), 개정(판)

corecți|e, -i, s.f. **1.** 징벌 **2.** 체형(體刑) 특히 태형 **3.** 탈곡 채찍질 **4.** 감추기, 숨기, 은신처 **5.** 감화원, 소년원.

corecțional, ~ă, ~i, ~e, adj. 경범죄에 관하여

coree, s.f. **1.** 목도병(안면이나 수족에 극심한 경련 같은 운동을 일으킨다) **2.** 무도병(환자의 수호성인)

core|ean, -eană, -eni, -ene, I. adj. 한국의, 한국인의, 한국어의 II. s.m. 그리고 f. 한국인

coregraf, -ă, -i, -e, s.m.그리고 s.f (무용 특히 발레의) 안무가

coregrafic, ~ă, ~i, ~e, adj. 무용 특히 발레 안무(법)의, 무용술의, 발레의

coregrafie, s.f. 무용 특히 발레의 안무(법), 무용술, 발레

corela|t, -tă, -ți, -te, adj. 서로 관계가 있는, 상관적인

corelativ, ~ă, ~i, ~e, adj. 상호관계가 있는, 상관적인, 유사한

corelați|e, -i, s.f. 상호(상관) 관계

coreligionar, ~ă, ~i, ~e, s.m. 같은 종교의 신자

corepetit|or, -oare, -ori, -oare, s.m. 합창대장

corespond|a, -ez, -ai, -at, vi. 서신왕래하다, 서로 편지로 왕래하다, 교신하다 ; a ~ cu cineva -와 교신하다, 왕래하다

corresponden|t, -tă, -ți, -te, I. s.m. **1.** 통신회원 **2.** 동위각 **3.** 통신원 ; ~ al unui ziar 통신원, 기자(신문 잡지의) ; ~ special (신문) 특파원 II. adj. 서로 교신하는, 상응하는; membru ~ 교신원, 통신원

corespondenț|ă, -e, s.f. **1.** 편지왕래, 통신, 연락 일치 조화 **2.** 우편물, 우편 **3.** 결부, 결합, 연결, 접속 **4.** 갈아타는 승차권 ; prin ~ 교신(우편, 통신 등)으로 ; a deschide ~ 우편물을 개봉하다 ; a-și face corespondența 교신하다, 왕래하다, 교통하다 ; a fi în ~ cu cineva -와 교신 중이다, -와 왕래하고 있다

corespun|de, corespund, -sei, -s, vi. **1.** 일치하다, 부합하다 상응하다, 대응하다 **2.** -와 의견이 일치하다, 동감이다 **3.** (두 물건이)부합하다, 꼭 들어맞다

corespunzăt|or, -oare, -ori, -oare, I. adj. **1.** 상응하는, 대응하는, 유사한 **2.** 충분한 적당한, 적절한 **3.** 유능한, 상당한 ; în mod ~ 적당히, 충분히 II. adv. 따라서, 그래서, 그러므로

corf|ă, -e, s.f. **1.** 광주리, 바구니 **2.** [광산]수갱의 운반 철롱

corhan, ~i, s.f. [동물]바퀴 과의 벌레

corhan|ă, -e, s.f. 좁은 골짜기, 협곡, 애로

cori, s.m. [의학]홍역

coriandru, s.m. 고수(미나리과 식

물)

corid|or, -oare, s.n. **1.** 복도, 낭하 **2.** 통로 도로, 수로 **3.** 현관 **4.** 좁은 길, 골목길, 샛길

corife|u, -i, s.m. **1.** 합창대 지휘자 **2.** 지도자, 주도자, 두목

corigen|t, -tă, -ți, -te, I. s.m. 그리고 f. 재시험을 보는 학생 II. adj. 재시험의, 추가 시험의

corigenț|ă, -e, s.f. 추가(재) 시험

corigibil, ~ă, ~i, ~e, adj. 고칠 수 있는, 교정할 수 있는, 수정할 수 있는

corij|a, -ez, -ai, -at, vt. 개선하다, 개량하다, 교정하다, 수정하다

corimb, ~e, s.f. [식물]산방화서(繖房花序)

corindon, -oane, s.n. [광물]강옥(鋼玉)

corintic, ~ă, ~i, ~e, adj. **1.** 코린트의, 사치스러운, 화려한 코린트식의 **2.** 코린트 양식의

cori|st, -stă, -şti, -ste, s.m. 성가대원, 소년 성가대원

corist|ă, -e, s.f. [연극]노래 부르면서 춤추는 뮤지컬의 코러스 걸

cori|ză, -ze, s.f. 코감기, 코 카타르

corman|ă, -e, s.f. [농업](쟁기)의 볏, 쟁기의 술바닥

cormoran, ~i, s.m. [조류]가마우지 (비유적) 먹보, 게걸스럽게 먹는 사람, 대식가, 욕심꾸러기

corn¹, I. ~uri, s.m. **1.** (소 양 따위의) 뿔 **2.** (곤충 따위의) 더듬이, 안테나 **3.** 각재 **4.** 자부지(쟁기의 손잡이) **5.** 호른, 트럼펫, 나팔 **6.** 초승달, 상현달 ; a pune coarne unui bărbat 남편에게 충실치 못하다 ; a se lua în coarne cu cineva -와 격론하다

corn², ~i, s.m. 층층나무

cornac, ~i, s.m. 코끼리 다루는 사람

cornacee, cornacee(pl.), s.m. [식물]마름

cornalină, s.f. [광물]홍옥수

cornee, cornee, s.f. 각막

corner, -e, s.n. [운동]코너 킥

cornet, ~e, s.n. **1.** 코넷 삼각형 종이봉지 **2.** 코넷 **3.** 유건나팔

corni|st, -stă, -şti, -ste. s.m. **1.** 나팔수 **2.** 나팔을 부는 사람, 트럼펫 연주자

cornîş|ă, -e, s.f. [건축]처마 돌림띠(건물이나 벽의 꼭대기에서 수평으로 돌출한 부분)

cornîş|or, -oare, s.n. [식물]석송(石松)

corn|os, -oasă, -oşi, -oase adj. **1.** 뿔 모양의, 뿔과 같은 **2.** 뿔처럼 단단한, 굳어진

cornuleț, ~e, s.n. corn의 축소명사, 뿔 모양의 쿠키

cornu|t, -tă, -ți, -te, adj. **1.** 뿔이 있는, 뿔 모양을 한 **2.** 긴 뿔이 있는

cornuț, ~i, s.m. 조팝나무속의 식물, 물망초류

coroan|ă, -e, s.f. **1.** 화환, 화관 **2.** 왕의 왕관 **3.** 작은 관, 머리장식(금, 보석, 꽃 등으로 장식한 여성용), 화관 **4.** 고리(모양의 것), 환형 **5.** 가장자리 테 **6.** (치과) 치관(齒冠) **7.** 샹들리에 **8.** [건축]박공, 합각, 박공벽 **9.** [식물](수선화 따위의) 부관

corob|eață, -ețe, s.f. 야생 능금

corobor|a, -ez, -ai, -at, vt. **1.** 강화하다 **2.** 지지하다

coroi, s.m. [동물]매, 보라매

coroia|t, -tă, -ri, -te, adj. 휘어진, 꾸

부러진, 매부리코의

coroid|ă, -e, s.f. [의학](눈의) 맥락막

corolar, ~e, s.n. [수학]계, 추론, 결과

corol|ă, -e, s.f. [식물]화관

coronament, ~e, s.n. **1.** 즉위, 대관식, 수상식 **2.** 기와(돌)

coronişte, s.f. [식물] 살갈퀴 덩굴(완두속의 식물)

coroniț|ă, -e, s.f. 작은 관, 머리 장식

coropcar, ~i, s.m. 행상(인)

coropişniț|ă, -e, s.f. 땅강아지

corosiv, ~ă, ~i, ~e, I. adj. **1.** 부식성의, 부식하는 **2.** 살을 에는 듯한, 날카로운, 잘 드는 예리한 II. s.m. **1.** [화학]승홍(염화 제 2수온) **2.** 부식물, 부식제

coroziun|e, -i, s.f. 부식작용, 부식상태

corp, ~uri, s.n. **1.** 몸, 신체 **2.** 기관 ; ~ de armată 군대 ; ~ de gardă 수비대 ; ~ didactic 교수진 ; ~ diplomatic 외교관 ; ~ legislativ 입법기관 ; luptă la ~육박전을 치루다, 맨주먹으로 싸우다 ; membru al ~ului 신체부위 ; a face ~ cu... (전체의) 한 부분이 되다(부분을 이루다)

corpolen|t, -tă, -ți, -te, adj. 뚱뚱한, 비만한, 살찐, 튼튼한, 건장한

corpolență, s.f. 뚱뚱함, 비만

corporal, ~ă, ~i, ~e, adj **1.** 신체(상)의 물체의 **2.** 육체의, 동체의

corporativ, ~ă, ~i, ~e, adj. 법인조직의, 단체의, 공동의

corporați|e, -i, s.f. 사단법인, 조합, 협회

corpus, -uri, s.n. (문서의) 전체, 집성

corpuscul, ~i, s.m. 미소체, 혈소체

corpuscular, ~ă, ~i, ~,e, adj. 혈구의, 미소체의

corsaj, ~e, s.n. 여자용 소매 없는 조끼

corsar, ~i, s.m. **1.** 해적선, 약탈선 **2.** 해적, 약탈자

corset, ~e, s.n. 코르셋

corsican, -ă, -i, -e, s.m 그리고 adj. 코르시카 섬 사람(의)

cort, ~uri, s.n. **1.** 종 모양 천막 **2.** 대형천막, 가설건축물 **3.** 차양, 닫집

cortegi|u, -i, s.n. **1.** 종자, 시종, 수행원 **2.** 부수된 사정

cortical, ~ă, ~i, ~e, adj. **1.** [식물]피층의 **2.** [의학]피부의, 피질의

cortin|ă, -e, s.f. [극, 극장]막

corturar, ~ă, ~i, ~e, s.m. 그리고 f. 천막 거주자, 유랑자, 유목민

corupăt|or, -oare, -ori, -oare, I. adj. 부패한, 상하기 쉬운 II. s.m. 매수자

corupe, corup, -sei, -t, I. vt. -에게 뇌물을 주다, 매수하다, 매혹하다 II. vr. 부패되다, 상하다

coruper|e, -i, s.f. 부패, 타락, 부정행위

corup|t, -tă, -ți, -te, adj. 부패된, 매수된, 상한

coruptibil, ~ă, ~i, ~e, adj. 매수할 수 있는

corupți|e, -i, s.f. 부패, 타락, 패덕, 부정 행위

corv|adă, -ezi, s.f. 부역, 강제노동, 고역

corvet|ă, -e, s.f. (고대) 세 돛의 쾌주병선, 프리깃함

corv|oadă, -ezi, s.f. v. corvadă

cosac, ~i, s.f. 도미(잉어)의 일종

cosaş, ~i, s.m. **1.** 베는 사람, 풀 베는 사람, 수확자 **2.** 메뚜기

cosecant|ă, -e, s.f. [수학]여할

cos|i, -esc, -ii, -it, I. vt., vi. (풀을) 베다 II. vr. 걸리다, 얽히다

cosinus, ~uri, s.n. [수학]여현

cosit, s.n. **1.** (풀) 베기, 건초, 수확 **2.** 풀 베는(수확하는) 시기

cosit|oare, -ori, s.f. 벌초기, 건초기

cositor[1], s.n. [화학]주석, 백납

cosit|or[2], -oare, ori, oare, s.m. **1.** 풀 베는 사람, 수확자 **2.** 벌초기

cositor|i, -esc, -ii, -it, vt. 주석을 입히다, 주석 도금을 하다

cositur|ă, -i, s.f. **1.** 건초의 수확, 건초 **2.** 풀베기

cosiț|ă, -e, s.f. **1.** 편발, 땋은 머리, 상투 **2.** [식물]들완두

cosițe|l, -i, s.m. 셀러리(미나리과)

cosmetic, ~ă, ~i, ~e, I. adj. 미용법의, 화장용의, 미발용의 II. s.n. 화장품, 미용재

cosmetică, s.f. 미용법, 화장술

cosmetici|an, -ană, -eni, -ene, s.m. 미용사

cosmic, ~ă, ~i, ~e, adj. **1.** 우주의, 우주론의 **2.** 천체로서 질서가 있는, 조화된

cosmogonic, ~ă, ~i, ~e, adj. 천지 창조론의, 우주 진화(생성)론의

cosmografi|e, -i, s.f. 우주 형상지, 세계지, 세계 형상지, 천지학

cosmologie, s.f. 우주론, 세계 형질론

cosmonaut, -ți, s.m. 우주 비행사

cosmopoli|t, -tă, -ți, -te, I. adj. **1.** 세계주의의 **2.** [동·식물]세계적으로 분포되어 있는 II. s.m. **1.** 세계주의자, 사해 동포주의자 **2.** [동·식물]세계적으로 분포되어 있는 동·식물

cosmopolitism, s.n. 세계주의, 사해동포주의

cosmos, s.n. 세계, 우주, 세계 질서

cos|or, -oare, s.n. **1.** 가지 치는 칼 **2.** [식물]수초

cosor|î, -ăsc, -âi, -ât, vt. 베어내다, 깎다, 삭감하다

cosoroab|ă, -e, s.f. [건축]장선, 반자틀, 들보

cost, s.n. **1.** 가격, 경비 **2.** [경제]비용 ~ al vieții 생계비 ; cost, asigurare, navlu 운임z보험료를 포함한 매매가격 (CIF), ~ de producție 생산비용 ; ~ global fix 총고정비용 ; ~ global total 총비용 ; ~ global variabil 가변비용 ; ~ mediu 평균비용 ; ~ mediu fix 평균고정비용 ; ~ mediu total 평균총비용 ; ~ mediu variabil 평균가변비용 ; ~ standard 표준생산비용 ; ~ total 매출원가 ; ~ total de producție 총생산비 ; ~ unitar 비용가격 ; ~ul achitat 매몰원가 ; ~ul administrației (정부가 사용한) 일반행정비용 ; ~ul bunurilor vândute 매출원가 ; ~ul capitalului 자본비용 ; ~ul de oportunitate 기회비용 ; ~ul educației 교육비용 ; ~ul inițial 취득원가 ; ~ul marginal 한계생산비 ; ~ul marginal al capitalului 자본의 한계생산비 ; ~ul reformei 개혁비용 ; ~ul sănătății 건강유지비 ; ~ul vânzării 시장가격 ; ~uri de exploatare 영업비용 ; ~uri de stocaj 창고비용 ; ~uri fixe 고정비용 ; ~uri flotante 유동비용 ; ~uri implicite 묵시적 비용, 잠재적 비용 ; ~uri indirecte 간접비 ; ~uri sociale 사회적 비용 ; ~urile tranzacției 변환비용 ; a vinde în ~ 어떤 값에 팔다

cost|a, cost, -ai, -at, vi. 가격이 -에 달하다, 가격이 -이다, 비용이 -가 들다 ; cât costă? (값이) 얼마입니까? ; chiar dacă m-ar ~ viața 비록 나의 생명과 바꿀지라도(나의 목숨을 걸고라도)

costeliv, ~ă, ~i, ~e, adj. 마른, 수척한

costisit|or, -oare, -ori, -oare, adj. 돈이 드는, 값비싼, 사치스러운

costiş|ă, -e, s.f. **1.** 등받이, 팔걸이, 난간 **2.** 경사지

costiț|ă, -e, s.f. 늑골, 갈빗대

costrăş, ~i, s.m. [동물]농어 종류

costrei, -i, s.m. [식물]수수

costum, ~e, s.n. 의복(특히 남자용), 복장, 의상, 양복

costum|a, -ez, -ai, -at, vt., vr. -에게 의상을 입히다, 가장시키다, 의상을 걸치다, 입다

costuma|t, -tă, -ți, -te, adj. 의상을 걸친, 양복을 입은, 정장을 한

costumier, ~ă, ~i, ~e, s.m. 그리고 s.f 디자이너

coş, I. ~uri, s.n. **1.** 바구니, 광주리, 바스켓 **2.** (스포츠)농구골대 **3.** 굴뚝 **4.** 가슴, 흉부, 흉곽 ; ~ de fabrică 공장굴뚝 II. ~uri, s.n. 여드름, 뾰루지

coşar, I. ~e, s.n. **1.** 곡창, 헛간 **2.** (가축) 우리 II. ~i, s.m. 굴뚝 청소하는 사람

coşciug, ~e, s.n. **1.** 관 **2.** 장바구니

coşcogea(mite), adj. invar. pop. 거대한, 권력(세력)이 있는

coşcov, ~ă, ~i, ~e, adj. v. coşcovit

coşcov|i, pers.3, -eşte, -i, -it, vr. 벗겨지다, 긁혀 벗어지다, 잎이 떨어지다, [의학]탈피하다

coşcovi|t, -tă, -ți, -te, adj. **1.** 벗겨진, 잎이 떨어진 **2.** 거품 모양의, 기포가 많은

coşenil|ă, -e, s.f. [동물]연지 벌레

coş|i, -esc, -ii, -it, (reg.) I. vr. **1.** (배가) 불러지다 **2.** 뽐내다, 건방지게 굴다 II. vt. 호되게 때리다, 때려눕히다

coşmar, ~uri, s.n. **1.** 요마, 악령 **2.** 가위, 악몽

coşniț|ă, -e, s.f. **1.** 장바구니 **2.** 봉방, 꿀벌 통

coşuleț, ~e, s.n. 작은 바구니

cot, coate, s.n. **1.** 팔꿈치 **2.** 만곡, 곡선, **3.** (길)모퉁이 **4.** 모서리, 구석

cot|a, -ez, -ai, -at, vt. **1.** 표준 시세를 붙이다, 가격을 정하다, (상품의) 정찰을 붙이다 **2.** 번호를 붙이다

cotangen|tă, -e, s.f. [수학]여절

cotarl|ă, -e, s.f. **1.** 집지키는 개, 짖는 개 **2.** 삼 빗 **3.** 소농, 소작인

cot|ă, -e, s.f. **1.** 분수 **2.** 몫, 항당, 배당 **3.** 정점, 정상 **4.** 카르타이 번호, 철자(자모)

cotăr|i, -esc, -ii, -it, vt. 자기를 미루어 누구를 판단하다, 측정하다

cotărit, ~uri, s.n. 측정

cotcodac, interj. [의성어]수탉(거위 등의) 울음소리

cotcodăc|i, -esc, -ii, -it, vi. (수탉이) 꼬끼오 울다, (거위가) 꽥꽥 울다, 재잘거리다

cotcodăcit, ~uri, s.n. (거위 따위가)

꽥꽥 욺

cotei, s.m. 개의 일종

coteic|ă, -i, s.f. (오소리 등의) 암컷

coteri|e, -i, s.f. 도당, 당파, 패거리, 도배

coteț ~e, s.n. **1.** 닭장 **2.** 개집 **3.** 어살

cot|i, -esc, -ii, -it, vi. (길을) 돌다, 휘다, 굽어지다

cotidi|an, I. -ană, -eni, -ene, adj. 일상의, 나날이 II. ~e, s.n. 일간지, 일간 신문

cotigar, I. -e, s.n. 쓰레기 운반차 II. ~i, s.m. 쓰레기차 운전자

cotig|ă, -i, s.f. **1.** 수레 **2.** 쓰레기 차 **3.** 경운기

cotig|i, -esc, -ii, -it, vi. 옆으로 굽다, 빗나가다, (길 따위가) 갈라지다

cotiled|on, -oane, s.n. [식물]배종, 떡잎

cotiledona|t, -tă, -ți, -te, adj. 떡잎의, 자엽의

cotili|on, -oane, s.n. 코티용(군무)

cotiş adv. 지그자그로, Z자 모양으로

coti|t, -tă, -ți, -te, adj. 굽이굽이

cotitur|ă, -i, s.f. **1.** 만곡, 휘어짐 **2.** 전환점, 분기점

cotiz|a, -ez, -ai, -at, vi. 기여하다, 공헌하다, 기부하다, 촉진하다

cotizați|e, -i, s.f. 기여, 기부, 공헌, 촉진

cotlet, -e, s.n. **1.** 갈비 고기, 카틀렛, (카틀렛 용의) 엷게 저민 고기 **2.** 구레나룻

cotl|on, -oane, s.n. **1.** 오지, 외딴 곳 **2.** 화덕 **3.** [건축]니치

cotoi, s.m. **1.** 수코양이 **2.** 성미가 까다로운 사람

coton|og, -oagă, -ogi, -oage, adj. 절름발이의, 절룩거리는

cotonog|eală, -eli, s.f. **1.** 몽둥이, 막대기, 곤봉 **2.** 매질, 강타

cotonog|i, -esc, -ii, -it, vt. **1.** 난타하다, 마구 때리다 **2.** 때려서 부상을 (상처를) 입히다

cot|or, -oare, s.n. **1.** 줄기 **2.** 자루 **3.** 책의 등

cotoroanț|ă, -e, s.f. **1.** 마귀, 악독한 할멈, 요파 **2.** 타락한 여자, 음부

cotoros|i, -esc, -ii, -it, vr. 면하다, 벗어나다

cotoşman, ~i, s.m. 큰 수코양이

cotr|eanță, -ențe, s.f. 찢어진 조각, 넝마, 누더기, 걸레

cotrobă|i, -iesc, -ii, -it, vi.şi vt. 샅샅이 찾다, 찾아 헤매다, 수색하다, (엄중히) 검사하다

cotr|og, -oage, s.n. 피난소, 피난처, 숙(박)소, 취직자리

cotrop|i, -esc, -ii, -it, vt. 강제로 차지하다, 강압적으로 접수하다, 정복하다

cotropir|e, -i, s.f. 정복, 강압적인 차지

cotropit|or, -oare, -ori, -oare, I. adj. 투입성의, 몰려드는 II. s.m. 침입자, 약탈자

cotruț|ă, -e, s.f. [건축]작은 화덕(벽난로), 작은 니치

coturn, ~i, s.m. (고대 그리스의) 창이 두꺼운 반장화

coțcar, ~i, s.m. 못된 사람, 악한, 무뢰한

coțcă, s.f. v. coțcărie

coțcări|e, -i. s.f. **1.** 현기증, 어지러움 증, 현혹, 망상 **2.** 사기, 속임수, 거

짓말

coțof|ană, -ene, s.f. [동물]까치

coulomb, ~i, s.f. 쿨롱(전류량의 실용 단위)

covaci, s.m. **1.** 대장질 **2.** 대장장이

cov|ată, -eți, s.f. **1.** 함지, 수조 **2.** (방앗간의) 곡식(밀가루) 통

covăs|eală, -eli, s.f. **1.** (송아지 위 속의) 응결유 **2.** 송아지 위의 내막 **3.** 송아지의 위

covăs|i, -esc, -ii, -it, vt. 초를 치다, 시게 하다, 신맛을 나게 하다

covârş|i, -esc, -ii, -it, vt. **1.** (양, 정도, 크기, 기량, 능력 등에서) 보다 낫다, -을 능가하다 **2.** -을 압도하다 **3.** -을 패배시키다, -에 이기다

covârşit|or, -oare, ori, -oare, adj. **1.** 압도적인, 대항 할 수 없는 **2.** 압도적인, 과반수의

covercot, ~uri, s.n. 코트, 외투

coverg|ă, -i, s.f. **1.** 나무 그늘의 휴식장소, 정자 **2.** (보통 아무렇게나 만든) 헛간, 광

covert|ă, -e, s.f. (화물선의) 상갑판

coviltir, ~e, s.n. **1.** (마차, 보트 등의) 포장 덮개 차양, 비 막이 **2.** (타르 등을 칠한) 방수 시트, 방수모자, 선원용 외투

cov|or, -oare, s.n. **1.** 양탄자 **2.** (방바닥 마루 등의 일부에 까는) 융단, 깔개 **3.** 태피스트리(무늬를 놓은 양탄자)

covoraş, ~e, s.n. 작은 양탄자, 침대 곁에 까는 양탄자(융단)

covrig, ~i, s.m. 바삭바삭하게 구운 과자류, 막대 모양 비스켓의 일종 (프레첼)

covrigar, ~i, s.m. 빵 만드는 사람, 비스켓이나 프레첼(비스켓)을 파는 사람

covrig|i, -esc, -ii, -it, vr. 몸을 도사리다, (뱀 따위가) 서리다

covrige|l, -i, s.m. covrig 의 축소형 (작은 프레첼)

coxalgie, s.f. [의학]요통

coz, adv. 극단적으로, 극히, 최후로

cozonac, ~i, s.m. 파운드케이크

cozor|oc, -oace, s.n. (모자) 앞 챙

crab, -i, s.m. [동물] 게

crac, I. ~i, s.m. **1.** 다리 **2.** 정강이 **3.** 지류, 강줄기 **4.** 발 **5.** 가지를 뻗기 **6.** 팔 **7.** 산줄기 II. interj **1.** (요란한 소리를 내며) 산산이 부숴 지는 소리 **2.** 찰싹 때리(세게 치)는 소리

cracaj, ~e, s.n. [화학] 크래킹 분해 증류

cracă, crăci, s.f. 큰 가지

cracovi|ană, -ene, s.f. 폴란드 크라코프 지방 전통의 춤

crafl|ă, -e, s.f. 열쇠

crah, ~uri, s.n. 파산, 실패

crai, s.m. **1.** 왕, 황제 **2.** 방탕자, 난봉꾼, 불량배, 건달

craidon, ~i, s.m. 황제

crailâc, ~uri, s.n. **1.** 탈선, 극단 **2.** 부절제, 방탕

crainic, ~ă, ~i, ~e, s.m. **1.** 포고관(布告官) **2.** 라디오 아나운서, 방송자, 뉴스 보도원, 해설자

cram|ă, -e, s.f. 지하 저장실(포도주 따위의)

cramp|ă, -e, s.f. [의학] 경련, 쥐

cramp|on, -oane, s.n. **1.** 쇠갈고리, 꺽쇠 **2.** (구두창의) 미끄럼 방지용 징

crampon|a, -ez, -ii, -at, vr. 달라붙

다, 매달리다
crani|an, -ană, -eni, -ene, adj. 두개(골)의
craniologie, s.f. 두개골학
cran|iu, -ii, s.n. 두개골
crap, ~i, s.m. 잉어, 잉어과의 물고기
cra|s, -să, -şi, -se, adj. 우둔한, 어리석은
crater, ~e, s.n. 분화구, (달의) 환상산
cratim|ă, -e, s.f. 하이픈 연자(-) 부호
cratiț|ă, -e, s.f. 납작한 냄비, 스튜냄비, 튀김 냄비
crater, ~e, s.n. 콘베이어 벨트
craul, s.n. (수영) 크롤
craun, adv. 일이 없는, 아무것도 안 하는 놀고 있는, 실업(자)의
cravaş|a, -ez, -ai, -at, vt. ~을 말채찍으로 때리다
cravaş|ă, -e, s.f. 말채찍
cravat|ă, -e, s.f. 넥타이
crăcan|ă, -e, s.f. **1.** 쇠스랑, 갈퀴 **2.** 3각대 **3.** [X자형의]톱질 모탕 **4.** 다리
crăcăn|a, -ez, -ai, -at, vt. **1.** 큰 대(大)자로 드러눕다 **2.** 두 다리를 벌리다
crăcăna|t, -tă, -ți, -te, adj. **1.** 팔다리를 흉하게 쭉 뻗은, (도시, 가로등이) 불규칙하게 넓어지는(뻗어지는) **2.** 안짱다리의
crăc|i, -esc, -ii, -it, vt. v. crăcăna
crăciun, ~uri, s.n. 크리스마스
crăcuț|ă, -e, s.f. 잔가지, 작은 가지
crăi|asă, -ese, s.f. **1.** 여왕 **2.** 여제(女帝), 황후
crăi|esc, -ască, -eşti, adj. **1.** 국왕의, 왕가의, 훌륭한 **2.** 왕좌의, 거룩한, 장려한
crăieşte, adv. 왕답게, 당당하게
crăişor, -i, s.m. **1.** 왕자 **2.** 굴뚝새 **3.** 연어
crăiț|ă, -e, s.f. **1.** 전륜화(轉輪花) **2.** 여왕
crănțăn|i, -esc, vi. **1.** 아삭아삭 깨물다, 저벅저벅 밟다 **2.** (빠삭빠삭) 소리 내다
crăp|a, crăp, -ai, -at, I. vt. **1.** 분열시키다, 쪼개다, 벌어지게 하다 **2.** (문을) 조금 열다 **3.** 깨다, 부수다 ; a ~ capul cuiva -의 머리를(두개골을) 박살내다 II. vr. **1.** 금이 가다, 쪼개지다, 부서지다 **2.** 열려지다 ; se crapă de ziuă 도이 트다 III. vi. **1.** 쪼개지다, 금이 가다 **2.** 열려지다 **3.** 게걸스럽게 먹다, 잔뜩 처넣다 ; a ~ de ciudă/necaz 화가 폭발하다 ; e un frig de crapă pietrele/ouăle corbului 뼈를 자르는 듯이 몹시 춥다
crăpat, I. s.n. 갈라진(쪼개진) 틈, 균열 II. -tă, -ți, -te, adj. 갈라진, 쪼개진, 분열된
crăpătur|ă, -i, s.f. **1.** 갈라진 금, 틈 **2.** 결점, 약점, 위반
crăpelniță, s.f. **1.** 먹기, 대식 **2.** 먹이, 음식
crăticioar|ă, -e, s.f. 스튜 냄비, 찜 냄비
crâcn|i, -esc, -ii, -it, vi. 파편, 조각, 부서진 조각
crâncen, ~ă, ~i, ~e, adj. **1.** 무서운, 두려운 **2.** 불같은, 열렬한 **3.** 사나운, 횡포한 **4.** 무섭게
crâng, ~uri, s.n. **1.** 작은 숲 **2.** 숲, 수풀 **3.** 덤불
crânguleț, ~e, s.n. 작은 숲

crâsnic, I. ~e, s.n. 어망 II. ~i, s.m. 교회의 사찰, 미사의 조력자, 성물 간수인(보관자)

crâşmar, ~i, s.m. v. cârciumar

crâşmă, s.f. v. cârciumă

cre|a, -ez, -ai, -at, vt. **1.** 창조하다, 창작하다, 창립하다 **2.** 발명하다, 창안하다 **3.** 기초를 세우다, 설립하다 **4.** (감정 등을) 생기게 하다

creangă, crengi s.f. **1.** 가지 **2.** 파생물, **3.** 분과(分科)

creanţ|ă, -e, s.f. 빚, 부채 ; ~ cesibilă 양도 가능한 부채 ; ~ condiţională 조건부 부채 ; ~ exgibilă 요구 가능한 부채 ; ~ ipotecară 담보부채 ; ~ mobiliară 유동적 부채

cre|are, -ări, s.f. 창조, 창작

creastă, creste, s.f. **1.** (새의)볏, 빗 **2.** 봉우리, 산등성이

creat|or, -oare, -ori, -oare, I. adj. 창조적인, 창작적인 II. s.m. 창조자, 창작자

creatur|ă, -i, s.f. 창조물, 생물, 인간

creaţi|e, -i, s.f. 창조, 창작

cre|de, cred, -zui, -zut, I. vt. **1.** 믿다, (-라고) 생각하다 **2.** 숙고하다, 고려하다 **3.** 상상하다 ; cred că am dreptate 나는 내가 옳다고 생각한다 ; ~a că am plecat 그는 내가 갔다고 생각(상상)했다 II. vr. **1.** 간주하다, 상상하다, 생각하다 **2.** 가정하다 ; a se ~ (deştept) -라고 여기다, 간주하다 III. vi. 믿다, 신앙을 가지다, 종교를 믿다 ; nu-mi vine a ~, nu-mi vine să cred 나는 도대체 믿을 수가 없다

credinci|os, -oasă, -oşi, -oasă, I. adj. 믿음이 있는, 성실한, 충실한 II. s.m. 신자, 신봉자

credinţ|ă, -e, s.f. **1.** 신뢰, 신앙, 믿음 **2.** 유죄의 판결, 신념 **3.** 신임, 위탁 **4.** 충성, 충의

credit, ~e, s.n. **1.** 신뢰, **2.** [경제]신용, 대부 **3.** 공급, 배급, 지급 **4.** 영향, 세력 ; ~ bancar 은행신용(장), 보증대부 ; ~ comercial 상업신용 ; ~ de consum 소비자금융, 소비자신용 ; ~ de investiţie 투자금융 ; ~ ipotecar 담보부대부금 ; ~ în rate 할부신용 ; ~ încrucişat 스왑거래 ; ~ Lombard 독일중앙은행의 단기대부금 ; ~ pe termen mediu 중기성대부(금)

credit|a, -ez, -ai, -at, vt. **1.** 믿다 **2.** 신용하다

credit|or, -oare, -ori, -oare, I. adj. 신용이 있는 ; cont ~ 외상 구좌(계정) II. s.m. 채권자

credo, s.n. 신조, (종교상의) 신경(信經)

credul, ~ă, ~i, ~e, adj. 잘 믿는, 속기 쉬운

credulitate, s.f. 믿기 쉬움, 고지식함

creier, ~i, s.m. **1.** 뇌, 두뇌 **2.** 지능, 지성, 정보 **3.** 응어리, 핵심

creieraş, ~i, s.m. 소뇌

crei|on, -oane, s.n. **1.** 연필 **2.** 막대기, 지팡이 ; în ~ 연필로 ; desen în ~ 데생 ; a ascuţi un ~ 연필을 깎다 ; a scrie cu ~ul 연필로 쓰다

creion|a, -ez, -ai, -at, vt. 연필로 쓰다, 기입하다

creiţar, ~i, s.m. 옛 독일, 오스트리아에서 사용된 일종의 동화(銅貨)

crem, adj. 크림색의

cremalier|ă, -e, s.f. **1.** [공업]톱니

막대판 **2.** 치궤조
cremator|iu, -ii, s.n. 화장장, 소각장
crematiun|e, -i, s.f. 화장, 소각
crem|ă, -e, s.f. 크림
cremen|e, -i, s.f. 광물, 무기물, 석영(石英)
crenel, ~uri, s.n. 총안(銃眼)이 있는 흉벽
crenela|t, -tă, -ţi, -te, adj. 전투태세를 갖춘, 총안의, 흉벽이 있는
creng(ur)|os, -oasă, -oşi, -oase, adj. 가지가 있는(많은), 마디가 있는(많은)
crenguţ|ă, -e, s.f. 작은 가지
crenvurşt, ~i, s.m. Praguer 라는 소시지 종류
creol, ~ă, ~i, ~e, s.m., adj 크리올 사람(의), 크리올 말(의)
creolină, s.f. 크리올 여자
crep, -uri, s.n. **1.** 크레이프 고무 (잔주름이 가게 눌러 편 생고무, 구두 밑창에 사용) **2.** 검은 크레이프 상장(喪章)
crepitan|t, -tă, -ţi, -te, adj. 소음을 내는
crepitaţi|e, -i, s.f. (폐렴 때의) 염발음(捻髮音)
crepon, ~uri, s.n. 크레퐁(양털, 비단을 섞어 짠 주름 천)
creponat, -tă, -ţi, -te, adj. 물결모양의, 주름잡힌
crepuscul, -e, s.f. 어스름, 미광 땅거미
crepuscular, ~ă, ~i, ~e, adj. 어두컴컴한, 어둑어둑한
crescăt|or, -oare, -ori, -oare, I. adj. 성장하는, 증대하는 II. s.m. 종축(種畜)
crescători|e, -i, s.f. 농장, 사육장, 농가
crescân|d, -dă, -zi, -de, adj. 성장하는, 증가하는
crescendo, I. adv. 점점 세게, 차차 강하게 II. s.n. [음악]크레센도
crescu|t, -tă, -ţi, -te, adj. 성장한, 무성한
creson, ~i, s.m. [화학]크레졸
creson, s.n. 큰 다닥냉이(향신료, 샐러드 용 야채)
crest|a, -ez, -ai, -at, I. vt. 금을 긋다 옴폭 들어가게 하다, 절단하다, II. vr. 긁어서 상처를 내다
cresta|t, -tă, -ţi, -te, adj. 날카로운, 예리한, 끝이 뾰족한
crestătur|ă, -i, s.f. 베기, 절단, 새긴 금, 벤 자리
crestomaţi|e, -i, s.f. 독자 리더, 명문 집, 독본, 원고판정인
creş|ă, -e, s.f. 보육원, 탁아소
creşte, cresc, crescui, crescut, I. vt. **1.** 육성하다 **2.** 양성하다 길들이다 **3.** 양육하다 가르치다 **4.** 기르다 II. vr. 교육을 받다, 양육되다, 사육되다 III. vi.성장하다, 증가하다, 발전하다, 성숙하다, 발육하다, 오르다, 증가하다, 부풀다 ; îmi ~ inima de bucurie 내 가슴(마음)이 기쁨으로 부풀어 있다
creşter|e, -i, s.f. **1.** 성장 발육 **2.** 증가 **3.** 발달, 발육 **4.** 상승, 인상 **5.** 교육 ; ~a animalelor 가축 양육, 가축 사육
creştet, ~e, s.n. **1.** 왕관 **2.** 머리 꼭대기 **3.** 꼭대기, 정상, 절정
creştin, ~ă, ~i, ~e, I. adj. 기독교의

II. s.m. **1.** 기독교신자 **2.** 영혼, 사람

creştin|a, -ez, -ai, -at, I. vt. **1.** 기독교화하다 **2.** 기독교를 전파하다 II. vr. 기독교신자가 되다

creştinare, s.f. 기독교화

creştinătate, s.f. 기독교계, 기독교국

creştin|esc, -ească, -eşti, adj. 기독교의, 기독교도다운

creştineşte, adv. 기도교도다운, 기독교도답게

creştinism, s.n. 기독교, 기독교적 신앙(정신)

cretace|u, -e, -i, -e, adj. 백악질의, 백악색의

cretacic, s.n. 백악계

cret|ă, -e, s.f. 백악, 호분, 백묵, 분필

cretin, ~ă, ~i, ~e, I. s.m. 크레틴병, 백치, 바보, 멍청이 II. adj. 멍청한, 바보의

cretinism, s.n. 크레틴병, 백치병

cret|on, -oane, s.n. 백 마포(커튼, 의자커버용)

creț|os, -oasă, -oşi, -oase, adj. 백악질의, 백악을 함유한, 백악을 바른

creț, I. adj. creață, creți, crețe, **1.** 곱슬머리의, 곱슬곱슬한 **2.** 곱슬머리를 한 **3.** 돌돌말린, 바삭바삭한 **4.** 주름잡힌 II. ~uri, s.n.. **1.** 타래, 말린 머리 **2.** 곱슬머리 **3.** 주름, 주름살, 구김살

crețişoar|ă, -e, s.f. **1.** 여성용 외투 **2.** [식물]장미과의 한 속

crețuş|că, -te, s.f. [식물]왜조팝나무속의 각종 관목

creuzet, ~e, s.n. **1.** 도가니 **2.** 도가니

crevet|ă, -e, s.f. 작은 새우

crez, ~uri, s.n. 신경, 신조, 강령

crez|are, -ări, s.f. **1.** 신용 **2.** 신임

crezământ, -e, s.n. **1.** 신임, 신용 **2.** 이해, 통찰, 공감

cri, interj. 짹짹!

criblur|ă, -i, s.f. 자갈, 조약돌

cric, ~uri, s.n. 권양기, 굽은 축, 크랭크

crichet, s.n. 귀뚜라미, 땅강아지

crim|ă, -e, s.f. 범죄, 범행 ; crima capitală 자본 범죄 ; crima de fals 문서위조 ; crima organizată 조직범죄 ; tentativă de crimă 범죄시도

criminal, ~ă, ~i, ~e, I. adj. **1.** 범죄의 **2.** 범죄적으로, 죄를 범하여 II. s.m. 범죄자, 중죄범

criminali|st, -stă, -şti, -ste, s.m. **1.** 범죄전문가 **2.** 범죄학자

criminalistică, s.f. 범죄학

criminalitate, s.f. 범죄행위, 범죄성

criminologie, s.f. 범죄학

crin, ~i, s.m. 백합

crinolin|ă, -e, s.f. 둥근 테를 넣은 치마

crint|ă, -e, s.f. 건락 압착기

criolit, s.n. [광학]빙정석

cript|ă, -e, s.f. (교회 따위의) 지하실, 납골당

criptogam|ă, -e, s.f. 은화식물

criptografic, ~ă, ~i, ~e, adj. 암호의

criptografi|e, -i, s.f. 암호작성법

ciptogram|ă, -e, s.f. 암호(문)

crisalid|ă, -e, s.f. 번데기, 누에고치

crisp|a, -ez, -ai, -at, I. vt. **1.** -에 경련을 일으키다 **2.** 계약하다, 죄다 **3.** 나사로 조이다 **4.** 꽉 쥐다, 움켜잡다 II. vr. **1.** 오그라들다, 수축되다 **2.** (얼굴 등에) 주름이 잡히다

crisp|are, -ări, s.f. 단축, 수축

crispa|t, -tă, -ți, -te, adj. 경련을 일으킨
crispați|e, -i, s.f. v. crispare
cristal, I. ~e, s.n. 수정, 결정 II. ~uri, s.n. 크리스탈 컵, 크리스탈 제품
cristalin, I. ~e, s.n. 수정체(눈의) II. ~ă, ~i, ~e, adj. 수정같은, 투명한
cristliz|a, -ez, -ai, -at, vi. **1.** 결정시키다 **2.** ~에 형체를 부여하다
cristaliz|are, -ări, s.f. 정화, 결정체
cristaliz|or, -oare, s.n. 결정 장치, 결정기구
cristalografie, s.f. 결정학
cristaloi|d, I. -zi, s.m. [화학]정질 II. -dă, -zi, -de, adj. 결정상의, 결정질의
cristei, s.m. [동물]뜸부기
cristelniț|ă, -e, s.f. 세례반, 원천
criteri|u, -e, s.n. **1.** 표준, 기준 **2.** 표준, 규범
critic, I. ~i, s.m. **1.** 위기, 결정적 순간 **2.** 비판자, 비평가 II. ~ă, ~i, ~e, adj. **1.** 비평의, 비판적인 **2.** 결정적인, 단호한 **3.** 위험한, 위태로운 **4.** 비평적인, 식별력이 있는 **5.** 비판적인 **6.** 형편이 나쁜, 불리한
critic|a, critic, -ai, -at, vt. **1.** 비평하다, 비판하다 **2.** ~를 비난하다 **3.** 비난하다, 책망하다, 흠을 잡다 **4.** 중상하다, 모욕하다
criticabil, ~ă, ~i, ~e, adj. **1.** 비평할 만한 **2.** 비평을 받아야 할
critica|stru, -ştri, s.m. 추궁하는 사람, 잔소리꾼, 엉터리 비평가
critic|ă, -i, s.f. **1.** 비평, 비판 **2.** 비평, 평론 **3.** 비판자, 비평가 ; ~ acuștită 꿰뚫는 듯한(예리한) 비평 ~ de jos 아래로부터의 비난 ; ~ de text 원문대조비평, 작품분석비평 ; ~ şi autocritică 비판과 자기비판
criță, adv.극단적으로, 몹시
crivat, -uri, s.n. 잠자리, 침대, 침구류
crivăț, s.n. 겨울에 몰도바와 다뉴브 평원에 부는 차고 강한 바람
crizantem|ă, -e, s.f. 국화
criz|ă, -e, s.f. **1.** 위기, 고비 **2.** 공격, 습격 **3.** 경련, 마비 ; ~ de inimă 심장마비 ; ~ economică 경제위기(공황) ; a avea o ~ de... -의 공격을 받다
croa|t, -tă, -ți, -te, I. adj. 크로아티아의, 크로아티아인의 II. s.m. 크로아티아인
croazier|ă, -e, s.f. 순항하다
crocan|t, -tă, -ți, -te, adj. 바삭바삭한
crochet, s.n. 크로켓(공놀이의 일종)
crochet|ă, -e, s.f. [요리]감자튀김
crochiu, ~uri, s.n. 스케치, 초벌그림
crocodil, ~i, s.m. 악어
crohmăl|i, -esc, -ii, -it, vt. 강화하다, 힘을 돋우다, 유력하게 하다, 증원(증강)하다
croi|ală, -eli, s.f. **1.** 옷의 재단 방식, **2.** 존재 방식
croit, s.n. 베어냄, 절단
croitor, ~i, s.m. **1.** 재단사, 재봉사 **2.** 숙녀용 재단사
croitor|easă, -ese, s.f. 여 재봉사
croitori|e, -i, s.f. **1.** 재단 **2.** 재봉업, 재봉법
crom, s.n. 크롬
crom|a, -ez, -ai, -at, vt. 크롬(도금)하다
cromaj, s.n. 크롬도금

croma|t, -tă, -ți, -te, adj. 크롬으로 도금된
cromatic, ~ă, ~i, ~e, adj. 색채의, 염색성의
cromatic|ă, s.f. 색채론, 색채학
cromatism, s.n. 색채 환각
cromofotografic, s.f. 컬러사진
cromolitografi|e, -i, s.f. 착색 석판술
cromosferă, -e, s.f. 채층
cromotipi|e, -i, s.f. 원색 인쇄
cromozom, ~i, s.m. 염색체
croncan, ~i, s.m. [동물]까마귀속의 새
croncăn|i, -esc, -ii, -it, -vi. (까마귀, 개구리 따위가) 개굴개굴 울다, 까옥까옥 울다
croncănit, s.n. 개굴개굴(까옥까옥) 우는 소리
croncănit|or, -oare, -ori, -oare, adj. 개굴개굴(까옥까옥)우는 (소리의)
croncănitur|ă, -i, s.f 목쉰 소리, 불평
cronic, ~ă, ~i, ~e, adj. **1.** 만성의, 지병이 있는, 영속하는 만성이 된 **2.** 만성적으로
cronicar, ~i, s.m. **1.** 기록자, 연대기 편자 **2.** 특별기고가, 주석자
cronic|ă, -i, s.f. **1.** 연대기 **2.** 소식, 논평, 기록 **3.** 통지, 정보 **4.** 서평 **5.** 저작정보 **6.** 음악의 연대기
cronograf, I. ~e, s.n. 역사와 전설에 기초한 역사서 쓰기방법 II. s.n. 기초시계, 시간 표기기
cronografi|e, -i, s.f. 연대적 역사 편찬
cronologic, ~ă, ~i, ~e, I. adj. 연대순의, 연대기의 II. adv. 연대순으로
cronologi|e, -i, s.f. 연대기, 연표
cronometr|a, -ez, -ai, -at, vt. 시기에 맞추다, 시간을 재다
cronometraj, ~e, s.n. v. cronometrare
cronometr|are, -ări, s.f. 타이밍, 시간적 조절
cronometric, ~ă, ~i, ~e, adj. 크로모니터의, 크로모니터로 측정한
cronometrie, s.f. 시간측정(법)
cronometr|or, -oare, -ori, oare, I. adj. 시간측정의, II. s.m. 그리고 f. 시간 측정하는 사람
cronometr|u, -e, s.n. 크로노미터 (정밀한 경도 측정용 시계)
cros, ~uri, s.n. [스포츠]크로스-컨트리
cros|ă, -e, s.f. 하키스틱, 골프클럽
crosn|ă, -e, s.f. 복장, 의복, 의상
croşet|a, -ez, -ai, -at, vi. 크로세 뜨개질하다
croşet|ă, -e, s.f. 크로세 뜨개질, 레이스 뜨개질, 크로세 뜨개질용 바늘
crotal, -i, s.m. 방울뱀, 배반자
cruc|e, -i, s.f. **1.** 십자가 **2.** 기독교 **3.** 횡단, 교차 ; ~a nopții 자정(오밤중) ; în ~ 십자가 형태로 ; a face ~ 횡단하다 ; a-şi purta ~a 십자가를 지니다 ; a se pune ~ -쪽으로 향하다, -에 강하게 반발하다
cruc|i, -esc, -ii, -it, I. vr. **1.** 교차시키다, 가로지르다 **2.** 깜짝 놀라다
cruciad|ă, -e, s.f. 십자군
crucial, ~ă, ~i, ~e, adj. 결정적인, 중대한
crucia|t, -ți, s.m. 십자군전사, 개혁운동가

crucifer|ă, -e, s.f. [식물]겨자과 식물

crucifica, crucific, -ai, -at, vt. **1.** 십자가에 못 박다 **2.** 몹시 괴롭히다

crucific|are, -ări, s.f. **1.** 십자가에 다는 형, 책형 **2.** 그리스도 십자가 상

crucifix, ~e, s.n. 그리스도 수난상, 십자가

cruciform, ~ă, ~i, ~e, adj. 십자형의, 십자가 모양의

cruciş, adv. **1.** 십자형으로, 엇갈리게 **2.** 사팔눈의, 곁눈질하는

cruciş, ~ă, ~i, ~e, adj. 십자형으로, 열십자로, 가로 세로로

crucişăt|or, -oare, s.n. 순양함, 유람용 보트

cruci|t, -tă, -ţi, te, adj. 아연해 하는, 기막힌, 당황한

cruciuliţ|ă, -e, s.f. 작은 시자가(형태)

cru|d, -dă, -zi, -de, adj. **1.** 날것의, 가공하지 않은 **2.** 젊은, 한창의 **3.** 잔혹한, 잔인한

crudit|ate, -ăţi s.f. 날 음식

crug, ~uri, s.n. 순환, 회전, 선회, 운행

crun|t, -tă, -ţi, -te adj. 짐승의, 야수적인, 잔인한, 난폭한

crup, s.n. [의학]크루프, 위막성 후두염

crup|ă, -e, s.f. 껑거리끈(마구), 말 엉덩이

crup|on, -oane, s.n. 굵은 쪽 끝, 밑동

crupier, ~i. s.m. 도박장

crural, ~ă, ~i, ~e, adj. 대퇴부의, 허벅다리의, 넓적다리의

crustace|u, -e, s.m. 갑각류

crust|ă, -e, s.f. 빵 껍질, 딱딱한 표면

cruşăţ|ea, -ene, s.f. 유채과의 야채

cruş|i, -esc, -ii, -it, vt. 마무르다, 조제하다, 무두질하다

cruţa, cruţ, -ai, -at, vt. **1.** 용서하다 **2.** 보살피다 **3.** 절약하다, 저축하다

cruţ|are, -ări, s.f. **1.** 용서, 관용, 관대 **2.** 보살핌

cruţăt|or, -oare, -ori, -oare, adj. **1.** 자비심이 많은, 관대한 **2.** 절약하는, 검소한, 아끼는, 경제적인

cruzim|e, -i, s.f. **1.** 잔혹, 잔인, 무자비 **2.** 잔인(잔혹)한 행위

ctitor, ~ă, ~i, ~e, s.m. 그리고 f. 창설자(설립자), 건설(건립)자, 발기인

ctitor|easă, -ese, s.f. 여자 창설자(설립자)

ctitor|i, -esc, -ii, -it, vt. 세우다, 창설하다, 설립하다

ctitoric|esc, -ească, -eşti, adj. 창설의, 설립의, 발족의, 기부(기증)의

ctitori|e, -i, s.f. **1.** 종교 또는 자선기금 **2.** 자선단체(양로원, 양육원, 부양원 등) **3.** 수도원

cu, prep. (전치사) **1.** -와 함께, -을 가진 ; merg cu ea 난 그녀와 함께 간다; un poloboc cu vin 포두주통 **2.** (합치) -와, -가 있는 ; cafea cu lapte 우유가 들어간 커피 **3.** (본질) ~을 가진, ~의 ; om cu noroc 행운이 있는 사람 **4.** (종속) -와 ; Ochilă, frate cu orbilă 오르빌러와 형제인 오킬러 **5.** (도구) -을 가지고 pescuitul cu undiţă 낚씨 도구를 가지고 하는 낚시 **6.** (재료) ~을 가지고 ; masă se face cu lemn 탁자는 나무로 만들어진다 **7.** (태도) -하게 ; se luptă cu greutate 힘들게 싸운다 **8.** (유사) -와 ;

glasul ce semăna cu suspinul amorului 사람의 한숨과 비슷했던 목소리 **9.** (분리,접촉) -와 ; claea ferată merge pararel cu şosea 철길은 고속도로와 평행하게 간다 **10.** (시간의 지속) -동안 ; lipseşte cu săptămâni 몇 주간 자리를 비우다 **11.** (시간의 반복)-할 때마다 ; an cu an 해마다 **12.** (시간의 동시성) -와 함께 ; cu vărsarea serii 저녁과 함께 (저녁 무렵에) **13.** (원인) - 때문에 ; cu ezitarea ta pierdem mult timp 너의 주저함 때문에 우리는 많은 시간을 잃는다 **14.** (가격) -로 ; se vând cu 200,000 de lei 20만 레이로 팔린다

cuant|ă, -e, s.f. [물리학]양자

cuantic, ă, ~i, ~e, adj. 양자의

cuantum, ~uri, s.n. 양, 액수, 양자, 몫

cuarț, ~uri, s.n. [광물]석영

cuaternar, ~ă, ~i, ~e, adj. [지리]제 4 기(층)의

cub, ~uri, s.n. [수학]입방(체), 정 육면체, 세제곱

cubaj, -e, s.n. [수학]입체 구적법, 용적법

cubic, ~ă, ~i, ~e, adj. 입방체의, 세제곱의

cubilou, ~ri, s.n. 용선로

cubism, s.n. [회화]입체파

cubi|st, -stă, -şti, -ste, I. adj. 입체파의 II. s.m. 그리고 f. 입체파 화가

cubital, ~ă, ~i, ~e, adj. 팔꿈치의, 척골의

cubitus, s.n. 척골

cuc, ~i, s.m. 뻐꾸기

cucer|i, -esc, -ii, -it, I. vt. **1.** 정복하다 **2.** 마음을 사로잡다, 매혹하다 **3.** 얻다 II. vr. 굴복하다, 복종하다

cucerir|e, -i, s.f. 정복, 달성, 성취

cucerit|or, -oare, -ori, -oare, I. adj. **1.** 정복적인 **2.** 매혹적인, 사람의 마음을 끄는 II. s.m. 그리고 f. 정복자

cucernic, ~ă, ~i, ~e, adj. **1.** 경건한, 신심이 깊은, 믿음이 두터운 **2.** 정직한, 용감한

cucernicie, s.f. 경건, 경신, 신앙심이 깊음

cucoan|ă, -e, s.f. 부인, 여사, 숙녀

cucon, ~i, s.m. 신사, 주인

cuconet, ~uri, s.n. 여성 단체, 여성 무리

cucon|i, -esc, -ii, -it, I. vt. -에게 점잖게(신사, 숙녀처럼) 말을 걸다 II. vr. 거드럭거리다, 신사, 숙녀인 체 하다, 뽐내다

cuconiț|ă, -e, s.f. cucoană 의 축소형

cucov|ă, -e, s.f. 고니

cucui, ~e, s.n. **1.** 조창, 종양, 혹 **2.** 두건, 모자 **3.** 정수리, 볏

cucuia|t, -tă, -ți, -te, adj. 두건을 쓴, 볏이 있는, 선모가 있는

cucur|ă, -e, s.f. **1.** 전동, 화살통, 필통 **2.** 문의 빗장, 쟁기 자루

cucurbitacee, s.f. [식물]박과의 식물

cucurig|a, pers.3, cucurigă, -ai, -at, vi. **1.** (닭이) 울다 **2.** (사람이 날카롭게) 소리치다, 껄껄 웃다

cucurigu, I. interj. 꼬끼오(수 닭이 우는 소리) II. s.n. 파라다이스, 천국, 하늘

cucuruz, ~i, s.m. **1.** 옥수수 **2.** 잣송이, 전나무 솔방울

cucut|ă, -e, s.f. 독 당근, 독미나리
cucuv|aie, -ăi, s.f. v. cucuvea
cucuv|ea, -ele, s.f. [동물]금눈쇠올빼미
cuf|ăr, -ere, s.n. 여행용 가방
cufăraş, ~e, s.n. 작은 (손)가방
cufund|a, cufund, -ai, -at, I. vt. 가라앉히다, 물속에 잠기게 하다 ; a fi ~t în... -에 열중(몰두)하다 II. vr. 가라앉다, 잠수하다
cufundac, ~i, s.m. v. cufundar
cufundar, ~i, s.m. 잠수부
cufund|are, -ări, s.f. **1.** 잠수 **2.** 침몰 **3.** 몰락
cufundătur|ă, -i, s.f. 가라앉음, 침강, 함몰, 침몰
cuget, ~e, s.n. **1.** 이성, 오성, 개념 **2.** 생각, 아이디어 **3.** 양심, 도덕
cuget|a, cuget, -ai, -at, vi. **1.** 생각하다, 심사숙고하다 **2.** 의도하다
cuget|are, -ări, s.f. **1.** 생각, 사고, 숙고 **2.** 아이디어 **3.** 관찰, 고찰
cugetăt|or, -oare, -ori, -oare, s.m. 철학자, 사려가 깊은 사람
cuhni|e, -i, s.f. 부엌
cui, ~e, s.n. **1.** 못, 징, 핀, 바늘 **2.** [악기]선회 타법, 연타 ; a bate un ~ în... -에 못을 박다 ; a pune/atârna în ~ 못에 걸다
cuib, ~uri, s.n. **1.** 둥지, 둥우리, 요람, 고향 **2.** [화학]초모
cuib|a, -ez, -ai, -at, vi. 깃들이다, 집을 만들다
cuibar, ~e, s.n. **1.** 부화장 **2.** 발생지
cuib|ă, -e, s.f. (냄비, 주전자 따위의) 손잡이
cuibăr|i, -esc, -ii, -it, I. vr. 깃들이다, 정주하다 II. vt. 작은 더미를 만들다, 작게 쌓아 올리다
cuibuş|or, -oare, s.n. 작은 보금자리
cuier, ~e, s.n. 옷걸이
cuirasat, ~e, s.n. 장갑(철갑)함
cuiras|ă, -e, s.f. 갑옷, 철갑, 철판
cuişoare, s.n. [식물]정향(나무)
cuiş|or, -oare, s.n. **1.** 작은 손톱 **2.** 작은 못(징)
cuişorit|ă, -e, s.f. **1.** [건축]서까래 **2.** 지그자그 무늬
culac, ~i, s.m. (옛 러시아의) 부농
culan|t, -tă, -ţi, -te, adj. 친절한, 융화적인, 영합적인
culat|ă, -e, s.f. [군사](포의) 후신
cul|ă, -e, s.f. **1.** (루마니아의 올테니아지방 식의) 탑 모양의 건축양식 **2.** 둥근 탑 **3.** 보물 함 **4.** (시골) 산장, 별장
culăcime, s.f. 부농 계급(층)
culbec, ~i, s.m. 달팽이
culc|a, culc, -ai, -at, I. vt. **1.** 눕히다, 침대에 눕히다 **2.** 때려눕히다, 죽이다 II. vi. 눕다, 자다
culc|are, -ări, s.f. 눕힘, 취침 a se duce la ~ 자러가다 ; a trimite cop III. la ~ 어린아이를 재우다
culcuş, ~uri, s.n. **1.** 둥지, 둥우리 **2.** 잠자리, 침상, 잠자는 곳
culegar, ~e, s.n. **1.** [공학]곡척, 곱자 **2.** [인쇄]식자가, 스틱
culegăt|or, -oare, -ori, -oare, s.m. 수집가, 채집가, 수납자, 모금자, 편찬자
culege, culeg, culesei, cules, vt. **1.** 채집하다, 수집하다, 모으다 **2.** 수확하다, 거두다
culeger|e, -i, s.f. 채집, 수집, 수확

cules, -uri, s.n. **1.** 포도 따기, 수확, 채집 **2.** 수확시기, 수확기

culevrin|ă, -e, s.f. [군사]옛날의 장신포

culi, s.m. 쿨리(중국의), 날품팔이꾼

culinar, ~ă, ~i, ~e, adj. 요리(법)의, 미식가적인

culi|on, -oane, s.n. **1.** 승모 **2.** [식물] 바곳

culis|ă, -e, s.f. **1.** 무대의 측면 장치, 무대의 세트 **2.** 고랑, 도관, 하수구

culm|e, -i, s.f. **1.** 정상, 꼭대기 **2.** 절정, 정점, 극점 **3.** 자오선 통과 지점

culmin|a, -ez, -ai, -at, vi. **1.** 정상(정점)에 이르다 **2.** 자오선을 통과하다, 남중하다

culminan|t, -tă, -ţi, -te, adj. 정상의. 절정의, 정점(절정, 정상)에 이르는

culmiş, ~uri, s.n. v. culme

culoar, ~e, s.n. **1.** 복도, 낭하, 통로 **2.** [체육]트랙, 코스 **3.** [항공]활주로

cul|oare, -ori, s.f. **1.** 색, 색상, 색깔 **2.** 물감, 색상원료 ; de ~ 색깔이 있는 ; fără ~ 무색으로, 아무런 색깔도 없이 ; în culori favorabile 마음에 드는(밝은) 색상으로 ; a avea ~ 안색(혈색)이 좋다

culpabil, ~ă, ~i, ~e, adj. **1.** 빚이 있는, 부채가 있는 **2.** 처벌해야 할, 유죄의

culpabilit|ate, s.f. **1.** 빚, 부채 **2.** 유죄

culpaş, ~ă, ~i, ~e, s.m. 그리고 f. **1.** 채무자 **2.** 유죄자, 죄인

culp|ă, -e, s.f. **1.** 과실, **2.** 죄과 ; ~ delictuală 범죄 ; ~ gravă 중죄 ; ~ uşoară 경범죄

cult[1], ~e, s.n. **1.** (우상의) 숭배 **2.** 예배, 제식 **3.** 종교

cul|t[2], -tă, -ţi, -te, adj. 개화된, 교화된, 교양 있는, 세련된

cultiv|a, cultiv, -ai, -at, I. vt. **1.** 갈다, 재배하다 **2.** 기르다, 양육하다, 교육(교화)하다 II. vr. 교양을 얻다, 수양하다

cultivabil, ~ă, ~i, ~e, adj. 경작할 수 있는, 경작한

cultiv|are, -ări, s.f. **1.** 주문, 예약, 의탁 **2.** 경작 **3.** 돌봄, 교육, 사육

cultiva|t, -tă, -ţi, -te, adj. 교화된, 세련된, 교양을 갖춘

cultivat|or, I. -oare, s.n. 교토기, 경운기 II. s.m. 그리고 f. 경작자, 사육사, 지주

cultural, ~ă, ~i, ~e, adj. 문화적인, 문화의

culturaliceşte, adv. 문화적인 관점에서, 문화적으로

culturaliz|a, -ez, -ai, -at, vt. 문화사업을 하다, 문화를 전파(보급)하다

culturaliz|are, -ări, s.f. 문화사업, 문화보급

cultur|ă, -i, s.f. **1.** 문화 **2.** 육성, 교육, 교양 **3.** 사육, 재배 ; ~ generală 일반교육 ; om de mare ~ 교양 있는 사람

cum, I. adv. **1.** 어떻게 **2.** 얼마나(감탄의 표현) **3.** 뭐라고요? **4.** 왜요? ; ~ aşa? 어떻게? ; apoi ~ 물론이지, 말할 나위도 없다 ; ~ să ajung la...? -에 어떻게 가면 되지요? ; ~ merge? 그것이 어떻게 돼가고 있니? ; ~ îţi merge? 잘 지내지? ; ~ să spun 어떻게(무엇이라고) 말해야 하지 II. conj. **1.** 어떻게 **2.** -만큼 **3.** 왜냐하면 **4.** 비록~일지라도 **5.** -하는 한 **6.** 한

편 ; ~ s-ar zice 말하자면, 즉 ; ca şi ~... 마치 -인 것처럼 ; după ~... -처럼 III. interj. 뭐!, 무엇이!

cum|ătră, -etre, s.f. **1.** 대모, 교모 **2.** 백모, 숙모

cum|ătru, -etri, s.m. **1.** 대부, 교부 **2.** 백부, 삼촌

cumetr|i, -esc, -ii, -it, vr. 대부(대모)가 되다, 교부모가 되다

cumetri|e, -i, s.f. **1.** 대부모(교부모)가 됨 **2.** 세례 축연

cuminec|a, cuminec, -ai, -at, (종교) I. vt. 성찬을 베풀다, ~에게 성찬을 주다 II. vr. 연락(교통)하다, 성찬에 참여하다

cuminecătur|ă, -i, s.f. 성찬식

cumin|te, -ţi, adj. **1.** 점잖은, 얌전한 **2.** 이성적인, 사려가 깊은

cuminţenie, s.f. **1.** 점잖음, 얌전함 **2.** 이성적임, 현명함

cuminţ|i, -esc, -ii, -it, I. vt. -을 본심으로 돌아가게 하다, 이성교육을 시키다 II. vr. 이성교육을 받다, 교화되다, 개선(화)되다, 이성적이 되다

cuminţi|t, -tă, -ţi, -te, adj. 점잖은, 사려 깊은, 노련한, 개화된

cumnăţe|l, -i, s.m. cumnat의 축소형(처남, 매부)

cumnăţ|ică, -ele, s.f. cumnată 의 축소형(시누이, 올케 등)

cump|ănă, -ene, s.f. **1.** 자루, 손잡이, 두레박의 간짓대 **2.** 저울, 천칭, 평형

cumpăn|eală, -eli, s.f. **1.** 숙고, 심사숙고 **2.** 치수, 비율, 정도, 척도 **3.** 완화, 제한, 경감

cumpăn|i, -esc, -ii, -it, I. vt. **1.** (무게를) 달다 **2.** 곰곰이(골똘히) 생각하다 II. vr. 누그러지다, 완화되다, 절제하다

cumpănir|e, -i, s.f. **1.** 평형, 균형 **2.** 뜸, 부유

cumpăni|t, -tă, -ţi, -te, adj. 사려가(분별이) 있는, 신중한

cumpăr|a, cumpăr, -ai, -at, vt. 사다, 구입하다, ~를 위하여 ~을 구입하다, 누구에게 ~을 사주다

cumpăr|are, -ări, s.f. 구입 ; ~ pe credit 신용구매 ; ~ pe bani gata 현찰구매 ; factură de ~ 구매영수증

cumpărăt|or, -oare, -ori, -oare, s.m., s.f. 구입자

cumpărătur|ă, -i, s.f. 구입, 매입, 구입품

cumpăt, s.n. **1.** 마음의 평정, 안정, 침착 **2.** 파악, 포착

cumpăt|a, -ez, -ai, -at, vt., vr. 완화하다, 억제하다, 완화되다, 절제하다

cumpăt|are, -ări, s.f. 적당, 절제, 절식

cumpăta|t, -tă, -ţi, -te, adj. **1.** 분수를 지키는, 중용을 지키는, 절제(절도) 있는 **2.** 적당한, 알맞은

cumpli|t, -tă, -ţi, -te, adj., adv. **1.** 무섭게, 지독하게 **2.** 냉정한, 냉혹한 **3.** 몹시, 극히, 극단적으로

cumsecade, adj. 행실이 바른, 품위 있는, 단정한

cumsecădenie, s.f. **1.** 합리 **2.** 예의범절을 갖춤, 단정함 **3.** 예의범절을 갖춘 행동

cumul, ~uri, s.n. 퇴적, 누적, 축적

cumular|d, -zi, s.m. 이중 소득자, 겸직자

cumul|are, -ări, s.f. = cumul 퇴적,

축적, 누적

cumulativ, ~ă, ~i, ~e, adj. 퇴적하는, 점증적, 누적된

cumulus, s.m. [천문학]적운

cumva, adv. **1.** 어떻게 해서라도, 어쨌든 (간에) **2.** 아마도, 우연히

cuneiform, ~ă, ~i, ~e,, adj. 쐐기꼴의, 쐐기형태의

cun|oaşte, -osc, -oscui, -oscut, I. vt. **1.** 알다, 알게 되다, 인지하다 **2.** 확인하다 **3.** 만나다(만나보다) ; nu ~ lumea 그는 세상을 모른다 ; a ~ din vedere 봐서(만나봐서) 알고 있다 II. vr. 알게 되다, 사귀고 있다

cunoaşter|e, -i, s.f. 인지, 앎, 이해

cunoscăt|or, -oare, -ori, -oare, s.m. 그리고 f. **1.** 정통한 사람, 전문가, 숙련가 **2.** 미식가

cunoscu|t, -tă, -ți, -te, I. adj. 잘 알려진, 알고 있는 II. s.m. 그리고 f. 친분이 있는 사람

cunoştinț|ă, -e, s.f. **1.** 지식 **2.** 지각, 인식 **3.** 친분 ; o ~ întâmplătoare 마음 속을 알 수 없는 동아리(동료), 인사만하고 지낼 정도의 친분 ; a avea ~ de... -을 알다, 인식하다 ; a pune pe cineva în ~ de cauză -에게 -에 관한 정보를 주다 ; a face ~ cu cineva -을 알게 되다 ; a lua ~ de ceva -의 지식(정보)을 접하다 ; a aduce ceva la ~ cuiva -에게 -에 관한 정보를 제공하다(가져다주다)

cunun|a, cunun, -ai, -at, vt. **1.** 믿다, 신뢰(신용)하다 **2.** 위탁하다 II. vr. 결혼하다

cununa|t, -tă, -ți, -te, adj. 친한, 친밀한, 신뢰할 수 있는, 맡길 수 있는

cunun|ă, -i, s.f. **1.** 관, 왕관 **2.** 즉위, 대관식 **3.** 화환

cununi|e, -i, s.f. **1.** 결혼, 혼례 **2.** 신부의 화관 ; a lua cu ~ 결혼하다

cununiț|ă, -e, s.f. **1.** 작은 회환(화관) **2.** 무도회 **3.** [식물]왜조팝 나무속의 각종 관목

cup|ă, -e, s.f. **1.** 컵 **2.** [스포츠]컵, 배 **3.** 맥주잔(조끼)

cupeu, ~ri, s.n. **1.** 2인승 유개 마차 **2.** 쿠페 형(유개) 자동차 **3.** 간 막이 한 객차

cupi|d, -dă, -zi, -de, adj. 탐욕스러운

cupiditate, s.f. 탐욕, 금욕, 욕심

cupl|a, -ez, -ai, -at, vt. **1.** 결합하다, 연결하다, **2.** 중매하다, 주선하다

cuplaj, ~e, s.n. **1.** 연결 **2.** 연결장치, 커플링

cupl|are, -ări, s.f. v. cuplaj

cupl|ă, -e, s.f. v. cuplaj

cuplet, ~e, s.n. **1.** 재치 있는 시사풍자적인 노래 **2.** (시가의) 절, 단

cuplu, ~ri, s.n. **1.** 커플, 부부 **2.** (선박) 늑재 **3.** 회전 모멘트

cupol|ă, -e, s.f. [건축]둥근 지붕, 궁륭, 반구 천장, 둥근 탑

cup|on, -oane, s.n. **1.** 조각 **2.** 쿠폰, 잘라내어 쓰는 표, 회수권 **3.** [상업] 이자 지불표

cuprin|de, conprind, -sei, -s, I. vt. **1.** 포함하다, 내포하다, 포괄하다, 품다 **2.** 정복하다 **3.** 잡다, 포착하다, 파악하다, 이해하다 II. vr. **1.** 포옹하다 **2.** 함유되어 있다 **3.** 부자가 되다 ; a se ~ în... -로 진입하다, -로 이루어지다

cuprinder|e, -i, s.f. **1.** 정복, 이해, 고려 **2.** 초치

cuprin|s, I. ~uri, s.n. **1.** 내용, 내용물 **2.** 목차 **3.** 영역, 지역 **4.** 소유지 II. -să, -şi, -se, adj. **1.** 내포된, 포함된 2, 부유한

cuprinzăt|or, -oare, -ori, -oare, adj. **1.** 포괄적인, 확장된 **2.** 풍요한, 풍부한

cuprit, s.m. [광물]적동광

cupru, s.n. **1.** 구리, 동 **2.** 동판화 **3.** 동전

cupt|or, -oare, s.n. 아궁이, 화덕, 부뚜막, 화실, 부엌

cuptorar, ~i, s.m. **1.** 화부, 불 피우는 사람 **2.** 난로 놓는 사람

cur|a, -ez, -ai, -at, vt. 치료하다, 고치다

curabil, ~ă, ~i, ~e, adj. 치료(치유) 할 수 있는

curaj, s.n. 용기, 용감함

curaj|os, -oasă, -oşi, -oase, adj. 용기가 있는, 용맹스러운, 용감한

curaris|i, -esc, -ii, -it, vt., vr. **1.** 치료하다, 고치다, 낫게 하다 **2.** 낫다, 완치되다

cura|t, I. -tă, -ți, -te, adj. **1.** 깨끗한, 순수한, 맑은 **3.** 정직한, 결백한, 무죄의 **4.** 열려 있는, 개방된 ; aur ~ 순금 ; nu e lucru ~ 이상하다고 느끼다, 눈치 채다 ; a scrie ceva pe ~ 정서하다 II. adv. 정확하게, 올바르게, 똑바로

curatel|ă, -e, s.f. 재산관리, 후견, 보좌

curativ, ~ă, ~i, ~e, adj. 효과 있는, 치료효과가 있는, 교정하는, 구제하는

curator, ~i, s.m. **1.** 후견인, 보좌인, 재산 관리인 **2.** 감독관 **3.** 재단 이사

cur|ă, -e, s.f. 치료, 요양, 보양, 조리

curătur|ă, -e, s.f. 개간, 개간지

curăț|a, curăț, -ai, -at, vt. **1.** 깨끗이 하다, 청결하게 하다, 닦다, 세탁하다, 청소하다, -의 껍질을 벗기다 **2.** 제거하다 ; a ~ un canal 운하의 장애물을 제거하다 ; a ~ masa 탁자(식탁)를 깨끗이 정리하다(청결하게 하다) ; a ~ străzile de zăpadă 도로(위)의 눈을 제거하다 II. vr. 청결해지다, 깨끗해지다 ; a se ~ de... -이 제거되다

curăț|el, -ică, -ei, -ele, adj. 깨끗한, 말끔한, 청결한, 예쁜, 순결한

curățeni|e, -i, s.f. **1.** 청결, 순결, 청순 **2.** 세탁, 청소 **3.** [의학]하제, 설사제

curăț|i, curăț, -ii, -it, vt. v. curăța

curăție, s.f. 청렴, 청결, 결백

curățire, s.f. 세탁, 청소

curățit|or, -oare, -ori, -oare, adj. 청결하게 하는, 세탁의

curb, ~ă, ~i, ~e, adj. 굽은, 휘어진, 굴(만)곡된

curb|a, -ez, -ai, -at, vt., vr. 커브를 틀다, 회전하다, 우회하다

curb|are, -ări, s.f. 회전, 우회, 만곡

curbatur|ă, -i, s.f. **1.** 굳음, 뻣뻣함, 경직, 강직 **2.** 무뚝뚝함, 서투름, 어색함

curb|ă, -e, s.f. **1.** 커브길, 굽은 길 **2.** 만곡, 굴곡

curbilini|u, -e, -i, adj. 곡선의

curbur|ă, -e, s.f. v. curbare

curcan, ~i, s.m. 칠면조

curc|ă, -i, s.f. 칠면조 암컷

curcubet|ă, -e, s.f. [식물] **1.** 호리병박 **2.** 호박

curcube|u, -ie, s.n. **1.** 무지개 **2.** [식물]아메리카 동자꽃
cur|ea, -ele, s.f. 가죽 끈, 피대, 벨트
curechi, s.m. **1.** 야채, 채소 **2.** 양배추
curelar, ~i, s.m. 가죽 끈 제조자, 마구상, 가죽제품상
curelări|e, -i, s.f. 가죽제품 업, 가죽제품 제조업
cureluş|ă, -e, s.f. **1.** 가죽 끈 **2.** 가죽 장정의 책
curen|t, I. -ţi, s.m. **1.** 통기조절장치 **2.** 흐름, 진행, 운행 **3.** 유통, 동향, 경향 ; contra ~ului 흐름에 역행하여 II. ~e, s.n. 경향, 흐름, 코스 ; a fi în ~ cu... -을 알고 있다 ; a pune pe cineva în ~ cu... -에게 -에 관한 정보를 주다(알려주다) ; a se pune în ~ cu... -을 알게 되다 ; a se ţine la/în ~ cu... 시대에 뒤떨어지지 않다 III. ~ă, ~i, ~e, adj. 유통하는, 현행의, 현재의, 통상적인 IV. adv. 쉽게, 쾌히, 유창하게
curent|a, pers.3, -ează, -ă, -at, vt. **1.** 전류를 통하게 하다, 대전시키다, [의학]전기요법을 쓰다 **2.** 충격을 주다, 감동시키다
curgăt|or, -oare, -ori, -oare, adj. **1.** 흐르는 **2.** 흐르는 듯한, 유창한 **3.** 유동성의
cur|ge, pers.3, -se, -s, vi. **1.** 흐르다, 유동하다 **2.** 발생하다, 생기다 **3.** 새다, 새어 나오다 **4.** 지나가다, 날다
curger|e, -i, s.f. 흐름, 유통, 경과
curi|e, -i, s.f. **1.** 큐리아 족(고대 로마 귀족의 하나) **2.** 원로원 **3.** 로마 법왕청, 법정
curier, I. ~i, s.m. **1.** 파발꾼, 급사 II. ~e, s.n. 통신
curi|os, I. -oasă, -oşi, -oase, adj. **1.** 호기심이 많은 **2.** 드문, 독특한, 희귀한, 원래의 ; a fi foarte ~ 귀가 밝다 II. adv. 호기심으로, 신기하듯이 III. -oşi, s.m. 호기심이 많은 사람
curiozit|ate, -ăţi, s.f. **1.** 호기심 **2.** 기묘, 진기, 진품
curând, adv. 곧, 즉시 ; cât mai ~ 가능한 한 빨리 ; de ~ 최근에 ; mai ~ 전에 ; pe ~ 안녕!, 곧 다시 보자!, 잘 가!
curm|a, curm, -ai, -at, vt. **1.** 가로막다, 저지하다, 중단시키다 II. vr. 끝나다, 중단하다, 멈추다
curmal, ~i, s.m. [식물]대추야자(수)
curmal|ă, -e, s.f. [식물]대추야자의 열매
curma|t, -tă, -ţi, -te, adj. 중단된, 멈춘
curmătur|ă, -i, s.f. 산등성
curmei, ~e, s.n. **1.** 줄, 밧줄, 끈 **2.** 올가미, 함정 **3.** [식물]덩굴
curmeziş, adv. 가로, 비스듬히, 엇갈리게, 반대로
curpen, ~i, s.m. **1.** 덩굴 **2.** [식물]사위질빵
curs, ~uri, s.n. **1.** 흐름 **2.** 달리기, 질주 **3.** 진행, 운행, 운전, 진로, 방향, 코스 **4.** 환율 **5.** 수업, 강좌, 코스 ; anul în ~ 올해 ; în ~ de... -하는 과정에서 ; în ~ul -(하는) 동안에 ~ seral 야간강좌 ; a da ~ unei cereri 요구에 따르다(응하다) ; a lăsa lucrurile să-şi urmeze ~ul 진행되도록 놔두다, 흘러가듯이 놔두다 ; a ţine un ~ de istorie 역사 강좌가 개최되다, 역사 강의를 하다
curs|ă, -e, s.f. **1.** 진행, 여행, 항해,

항로, 진로 **2.** 돌봄, 주선, 관리 **3.** 경주, 달리기 **4.** 기차 ; ~cu obstacole 장애물 경주 ; ~ de fond 장거리 경주 ; a face curse 쇼핑(하러) 가다, 심부름(하러) 가다

cursier, ~i, s.m. **1.** 경주자, 질주자 **2.** 경마용 말, 군마

cursi|st, -stă, -şti, -ste, s.m. 강습생

cursiv, I. ~ă, ~i, ~e, adj. **1.** 흐르는, 유통하는 **2.** 사체의, 이탤릭체의 II. adv. 유창하게

cursivitate, s.f. **1.** 유동성, 유창함 **2.** 유동체, 액체

curs|or, -oare, s.n. **1.** 기마자, 기사, 파발꾼, 급사 **2.** 추, 분동(저울의)

curt|a, -ez, ai, -at, vt. 향응하다

curtaj, ~e, s.n. 중매업, 소개업

cur|te, -ţi, s.f. **1.** 뜰, 안마당, 정원 **2.** 저택, 궁전, 궁정 **3.** 법정 ; ~a constituţională 헌법재판소 ; ~a cu juraţi 배심원 법정(미국) ; ~a de apel 상소심 ; ~a de conturi 재정문제 조정 법원 (국회와 함께 국가 재정을 감시) ; ~a internaţională de justiţie 국제사법 ; ~a marţială 군사법원 ; ~a supremă de justiţie 대법원 ; a face ~ (unei femei) 한 여자의 환심을 사다, 구애하다, 유혹하다

curt|ean, -eni, s.m. **1.** 조신, 궁신, 궁내 관 **2.** 영주, 지주

curt|eancă, -ence, s.f. 궁녀, 궁내 여관

curten|esc, -ească, -eşti, adj. **1.** 궁궐의 **2.** 조신의, 아첨하는

curten|i, -esc, -ii, -it, vt. 향응하다

curtenie, s.f. 예의, 예의 바른 몸가짐, 세련된 몸가짐

curtenit|or, -oare, -ori, -oare, adj. 궁정식(풍)의, 우아한, 예의 바른, 공손한, 아첨하는

curtezan, ~i, s.m. **1.** 조관, 궁신, 아첨배 **2.** 구애자

curtezan|ă, -e, s.f. **1.** 궁녀 **2.** (왕후의) 정부, 고급 매음부, 바람둥이, 바람난 여자

curti|cică, -cele, s.f. 작은 뜰, 작은 안마당, 소가옥

curtier, ~i, s.m. 중매인, 브로커

curtin|ă, -e, s.f. **1.** [군사](두 능보를 연결하는) 막벽 **2.** [극장](무대 중앙의) 막

curtoazi|e, -i, s.f. 부인에 대한 기사적인 몸가짐, 은근

cusător|easă, -ese, s.f. 여재봉사, 바느질하는 여자, 침모

cusătur|ă, -i, s.f. 바느질, 뜨개질, 자수

cuscr|ă, -e, s.f. 안사돈(사위나 며느리의 모친)

cuscreni|e, cuscri|e, -i, s.f. 사돈관계, 사돈지간

cuscr|u, -i, s.m. 바깥사돈(사위나 며느리의 부친)

cuscută, -e, s.f. [식물]실세삼의 일종

custo|de, -zi, s.m. 감시(감독)자, 관리인, 보호자, 후견인

custodi|e, -i, s.f. 보관, 저장, 보호, 관리

custur|ă, -i, s.f. **1.** 칼, 칼날 **2.** 산의 능각

cusur, ~uri, s.n. **1.** 잘못, 실수 **2.** 부족, 궁핍, 결핍

cusurgioaic|ă, -e, s.f. 남을 흠뜯기를 좋아하는 여자, 신경질적인 여자

cusurg|iu, -ii, s.m. 남을 흠뜯기를

좋아하는 사람, 신경질적인 사람
cuş|că, -şti, s.f. 새장
cuşcuş, s.n. 면류의 일종
cuşm|ă, -e, s.f. 털모자
cuşniț|ă, -e. s.f. 대장간, 철공장, 단련 공장
cutana|t, -tă, -ți, -te, adj., 피부의
cutane|u, -e, adj. cutanat
cutare, pron. nehot. 그렇고 그런
cuta|t, -tă, -ți, -te, adj. 주름살이 있는(많은)
cut|ă, -e, s.f. 주름, 주름살
cutărică, (fam.) 어떤 (신사)분
cute, ~, s.f. 숫돌
cuter, ~e, s.n. 작은 배, 작은 범선, 커터
cutez|a, cutez, -ai, -at, vi. 무엇을 감히 하다, 감행하다, 대담하게도(뻔뻔스럽게도) ~을 하다, 대담해지다, 뻔뻔스러워지다
cutezanț|ă, -e, s.f. 대담함, 용감함
cutezăt|or, -oare, -ori, -oare, adj. 대담한, 용감한, 건방진, 뻔뻔스러운
cuticul|ă, -e, s.f. 표피
cuti|e, -i, s.f. **1.** 상자, 그릇, 용기 **2.** 서랍, 장롱 ; ~ de conserve 깡통, 통조림통
cutioar|ă, -e, v. cutiuță
cutiuț|ă, -e, s.f. 작은 상자, 작은 그릇
cutr|ă, -e, s.f. **1.** 음모가 **2.** 악인, 악역
cutreier|a, cutreier, -ai, -at, vt. 방랑하다, 편력하다
cutremur, ~e, s.n. 지진
cutremur|a, cutremur, -ai, -at, I. vr. 지진이 일다, 심하게 흔들리다 II. vt. 진동시키다
cutremur|are, -ări, s.f. **1.** 진동 **2.** 지진
cutremurăt|or, -oare, -ori, -oare, adj. **1.** 지진의 **2.** 흔들어 움직이게 하는, 감동적인
cutum|ă, -e, s.f. 관습법
cuțit, ~e, s.n. **1.** 칼, 단도, 부엌칼 **2.** 베는(자르는) 도구, 재단기, 절단기, 커터 ; a fi cu ~ul la gât 목에 칼이 있다(위험에 처해 있다) ; a-i ajunge ~ul la os 몹시 위축돼 있다
cuțitar, ~i, s.n. **1.** 도공 **2.** 깡패, 난폭한 사람
cuțitări|e, -i, s.f. **1.** 도공 **2.** 도공업
cuțitoaie, s.f. (양쪽에 손잡이가 있는) 앞으로 깎는 대패
cuțovlah, ~ă, ~i, ~e, s.m. 아루마니아 사람, 마케도루마니아 사람
cuțu, interj. 이리 와!(개 등을 부를 때 내는 소리)
cuțulache, s.m. 강아지(친밀함이나 귀여움을 나타낼 때 하는 말)
cuvă, s.f. **1.** 단지, 대접, 작은 그릇 **2.** 잔 모양의 꽃받침, 깍정이
cuv|ânt, -inte, s.n. **1.** 낱말, 단어 **2.** 대화, 담화 **3.** 언어 **4.** 이유, 동기, 계기 **5.** 의견, 견해 ; ~ bun 친절한 말 ; ~ cu ~ 한마디 한마디, 축어적으로 ; ~ de încheiere 맺는 말 ; ~ înainte 서론 ; într-un ~ 요컨대 ; om de ~ 약속을 지키는 사람 ; nu am cuvinte să descriu... 뭐라고 말하여야 할지 모르겠다 ; a avea un ~ de spus 할 말이 있다 ; a avea un schimb de cuvinte cu cineva -와 말다툼하다 ; a se ține de ~ 약속을 지키다 ; a crede pe cineva pe ~ -의 말을 곧이곧대로 받아들이다(믿다)

cuvânt|a, -ez, -ai, -at, vt., vi. **1.** 말하다, 얘기하다, 대화하다 **2.** (담화문을) 발표하다, 연설하다

cuvânt|are, -ări, s.f. **1.** 말, 이야기 **2.** 연설, 강연

cuvântăt|or, -oare, -ori, -oare, I. adj. 담화의, 이야기의, 이성적인 II. s.m. 화자, 연설자

cu|veni, pers.3, -vine, ~venit, vr. impers. **1.** 타당하다, 제격이다, (공적 등이) 누구에게 마땅히 돌아가야 할 터이다 **2.** 당연하다, 타당하다, 알맞다 ; aşa se cuvine 그렇게 하면 되겠다(됐다), 그렇게 하는 것이 보통이다 ; cum se cuvine 저당한, 알맞은, 제대로 ; nu se cuvine ca tu să... -하는 것은 너에게 어울리지 않다

cuveni|t, -tă, -ţi, -te, adj. 당연한, 지당한, 적당한, 제격인

cuvertur|ă, -i, s.f. 침대보, 침대 덮개, 이불

cuviinci|os, -oasă, -oşi, -oase, adj. **1.** 점잖은, 정중한, 존경할만한 **2.** 알맞은, 제격의, 적임의

cuviinţ|ă, -e, s.f. **1.** 의무, 책무, 책임 **2.** 타당, 예의 바름, 당연한 일

cuvinţel, ~e, s.n. cuvânt 의 축소형

cuvi|os, oasă, -oşi, -oase, adj. **1.** 경건한 **2.** 존경할만한 **3.** 신성한

cuvioşi|e, -i, s.f. **1.** 존경 **2.** 경건, 은근, 정중

cuzine|t, -ţi, s.m. [기계]베어링 통, (구멍 안쪽에 끼워 마찰을 방지하는) 축투

cvadragenar, ~ă, ~i, ~e, adj. 40(주)년의

cvadran|t, -ţi, s.m. [수학]사분원, 상한

cvadratură, s.f. [수학]구적법

cvadruman, ~ă. ~i, ~e, I. adj. 네 손가락의 II. s.m. 네 손가락을 가지고 있는 사람 또는 사물

cvadrupl|a, -ez, -ai, -at, vt. 네 제곱하다

cvadrupl|u, ~ă, ~i, ~e, adj. 네 배의, 네 제곱의

cvantă, s.f. v. cuantă

cvartal, ~e, s.n. **1.** 4분의 1년, 3개월, 4반기 **2.** 도시구획

cvart|ă, -e, s.f. **1.** [검도]제 4의 자세 **2.** [음악] 제 4도 음정

cvartet, ~e, s.n. **1.** [음악]4 중주 **2.** 카드놀이의 일종

cvartir, ~uri, s.n. 숙소, 주거, 거처, 하숙

cvarţ, s.n. v. cuarţ

cvasi, adv. 거의

cvint|ă, -e, s.f. **1.** [음악]제 5도 음정, 제 5현 **2.** [검도]제 5 자세

cvintesenţă, s.f. v. chintesenţă

cvintet, ~e, s.n. [음악] 5 중주, 5 중창

D

D

D, d, s.m. 루마니아어 알파벳의 6번째 자

da¹, adv. 네(긍정적인 대답) ; ba ~ 부정의문에 대한 긍정 대답

da², conj. v. 그러나

da³, dau, dădui, dat, I. vt. **1.** -을 주다, 수여하다, 제공하다 **2.** 돌려주다 **3.** 건네주다 **4.** 팔다 **5.** 생산하다 **6.** (카드 등을) 돌리다 **7.** 던지다 ; a ~ să... 막 -하려고 한다, -을 시도하다 ; a ~ un bun exemplu 좋은 예를 들다 ; a ~ un premiu 상을 수여하다 ; a-şi ~ mâna 악수하다 ; a ~ o mână de ajutor 도움을 주다 ; a ~ să înţeleagă că... -에 대한 힌트(암시)를 주다 ; a ~ un sfat 충고(조언)하다 ; a ~ la o parte 옆으로 밀어놓다 ; a ~ pe datorie 신용판매하다 II. vr. 복종하다, 굴복하다, 양보하다 ; a nu se ~ 포기하지 않다 ; a se ~ cu... -에 참여(기담)하다, 손을 맞잡다 ; a se ~ drept altceva decât este (iIn realitate) 실제보다 다른 척하다 III. vi. **1.** 치다, 때리다 **2.** 오다 **3.** (눈 따위가)떨어지다 ; a ~ de... -을 발견하다 ; a ~ (여격) cu piciorul 발로 차다 ; a(-i) ~ înainte 계속하다 ; a ~ înapoi 되돌려주다

dac, ~ă, ~i, ~e, I. adj. 다치아 또는 다키아(루마니아 지역의 고대 명칭)의, 다치아(다키아)어의 II. s.m. 그리고 f. 다치아인

dacapo, adv. [음악]처음부터, 반복하여

dacă1, s.f. **1.** 다치아(다키아) 여성. **2.** 다치아어

dacă2, conj. **1.** (în propoziţii condiţionale) 만약에, -의 경우에, (admiţând că) că 이하를 가정하여, (numai în cazul când) 단지 -인 경우에 **2.** 만일(만약) -이라면, -할 때, -한 후에 **3.** -하자마자 ; abia ~ 거의 -하지 않다 ; chiar ~ 비록 -일지라도 ; ~ ar fi aici 만일 그가 여기 있다면 (가정법) ; m-aş bucura ~ aş auzi că... -을 들어서 기쁘다 ; mă întreb ~ va veni sau nu 그가 올지 모르겠다 ; cinr ştie ~ nu cumva e aici 그가 여기에 있을지 누가 알겠나

dacian, s.n. geol. 다치아(왕국)

dacic, ~ă, ~i, ~e, adj. 다치아(왕국)의.

dacită, s.f. 석영안산암(石英安山巖)

dacoromân, ~ă, ~i, ~e, I. adj. 다코루마니아의, 다코루마니아어의, 다코루마니아인의 II. s.m. 다코루마니아인(사람)

dactil, ~i, s.m. metr. 강약 약 격, 장단 단 격

dactilic, ~ă, ~i, ~e, adj. metr. 강약약 격의, 장단 단 격의

dactilograf, ~ă, ~i, ~e, s.n. 타이피스트

dactilografi|a, -ez, ai, -at, vt. 타이

프하다
dactilografi|e, -i, s.f. 타이프로 치기
dactilografier|e, -i, s.f. 타이핑
dactilologi|e, -i, s.f. 지화술
dactiloscopi|e, -i, s.f. 지문감식
dadaism s.n. lit. 다다이즘
dadai|st, -stă, -şti, -ste, s.m. lit. 다다이스트
dafin, ~i, s.m. [식물]월계수(나무) ; foi de ~ 월계수의 잎
dagher(r)otip, ~uri, s.n. 은판 사진
dagher(e)otipi|e, -i, s.f. odin. fot. 은판사진법
daiboj, s.n. ; pe ~ 명색뿐인 집세로
daică, s.f. v. dadă
dair|ea, -ele, s.f. [음악]탬버린
dalac, s.n. **1.** vet. 탄저균. **2.** [의학]S →농포
dalai-lama, s.m. 달라이라마
dal|ă, -e, s.f. 석판
dalb, ~ă, ~i, ~e, adj. 시적인 **1.** (alb) (lily-) 하얀. **2.** (drăguț) 사랑스러운, 달콤한, (fermecator) 매혹적인, (plăcut) 기쁜
dali|e, -i, s.f. bot. 달리아
dalma|t, -tă, -ți, -te, I. adj. 달마티아의
dalmatic, dalmatin, ~ă, ~i, ~e, adj. s.m. 그리고 f. 달마티아어, 달마티아인
daltă, dălți, s.f. 끌, 평평한 끌
daltonism, s.n. 색맹
daltoni|st, -stă, -şti, -ste, s.m. 그리고 f. 색맹인 사람
damasc, ~uri, s.n. 다마스크 ; de ~ 다마스크의
dam|ă, -e, s.f. **1.** 숙녀 **2.** 품행이 나쁜 여자, 매춘부 **3.** [서양장기]여왕 **4.** pl. 서양장기 ; a juca dame 서양장기를 하다(두다)
dambla, s.f. **1.** [의학]중풍, 마비 **2.** 변덕, 야릇한 행동, 도락 **3.** 공상, 환상 ; a-l apuca/ lovi ~ua [의학]마비시키다, 꼼짝 못하게 하다
damblag|i, -esc, -ii, -it, vi. 중풍에 걸리다, 마비되다
damblagi|t, -tă, -ți, -te, adj. 마비된
damblagi|u, -e, -i, s.m. 그리고 f. **1.** [의학]중풍환자 **2.** fig. 괴팍한 사람
damig|eană, -ene, s.f. **1.** 버드나무 **2.** 채롱에 든 목이 가는 큰 병
damna|t, -tă -ți, -te, adj. 저주받은
damnațiun|e, -i, s.f. 비난, 악평
dan|ă, -e, s.f. [항해]선창
dancing, ~uri, s.n. 댄스홀
dandana, ~le, s.f. **1.** 소동, 시끄러움 **2.** 긁기
dandaratele, adv. 뒤(쪽으)로, 뒤에서
dandoaselea, adv. ; a începe ceva ~ -을 애당초 잘못 시작하다
dandi, s.m. 옷을 잘 차려입은 젊은이
danez, ~ă, ~i, ~e, I. adj. 덴마크 사람의, 덴마크어의. II. s.m. 그리고 f. 덴마크 사람
danga, ~le, s.f. 동물에 표기한 표지
dangăt, ~e, s.n. 전화벨 소리
dani|e, -i, s.f. 기부
dans, ~uri, s.n. **1.** 춤 **2.** 춤추기
dans|a, -ez, -ai, -at, I. vi. 춤추다 II. vt. (춤을) 추다, 댄스하다, 춤을 추게 하다 III. vr. ; se dasează bine aici 여기에선 춤추기가 좋다
dansan|t, -tă, -ți, -te, adj. 춤을 추는

D

; serată ~ă 무도회

dansat|or, -oare, -ori, -oare, s.m. 그리고 f. 댄서, 춤추는 사람

dantela|t, -tă, -ți, -te, adj. **1.** 레이스 장식된 **2.** 톱니 모양으로 된

dantel|ă, -e, s.f. 레이스 장식

dantelări|e, -i, s.f. 여러 종류의 레이스

dantur|ă, -e, s.f. 치아

danubi|an, -ană, -eni, -ene, adj. 다뉴브의

D

dar¹, I. conj. 그러나 ; ~ cum? 그러나 어떻게? ~ de ce? 그러나 왜? II. adv. **1.** 그러므로, 그래서 **2.** 물론

dar², ~uri, s.n. **1.** 선물 **2.** 습관 **3.** 악(덕) în ~ 선물로 a avea ~ul să... -하기 쉽다, -할 경향이 있다 a da ceva în ~ cuiva -에게 -을 선물하다

dara, ~le, s.f. (화물의) 포장 무게, 차체 중량, 용기의 중량 ; (e) mai mare ~ua decât ocaua 그 경기는 보람이 없다, 헛수고다

daraban|ă, -e, s.f. 북

darac, ~e, s.n. 양털 빗는 빗

daraver|ă, -i, şi ~uri, s.f. 사업

dară, conj. adv. v. dar[1]

darămite, conj. -더 많은

dare, dări, s.f. **1.** 주기 **2.** (impozit) 세금

darmite, conj. v. darămite

darn, adv. 쓸데없이

darnic, ~ă, ~i, ~e, adj. -을 하려고 하는, -을 주려고 하는

darwinism, s.n. 다윈니즘

darwini|st, -stă, -şti, -ste, I. adj. 다윈주의의 II. s.m. 그리고 f. 다윈주의자

dascăl, ~i, s.m. **1.** (profesor) 교수, 선생 **2.** 학자

da|t, -ă. -ți, -te, I. adj. 주어진 ; ~ fiind că... -을 봐서(고려하여) ; la un moment ~ 주어진 시간에 ; într-un caz 주어진 경우에 II. s.n. **1.** 줌 **2.** 습관, 관습, 전통 **3.** 논거, 자료 ; ~ul cărților [카드놀이]카드분배 ; aşa e ~ul (운명, 규정 등이) 그렇게 정해져 있다

dat|a, -ez, .-ai, -at, I. vt. 날짜를 세다, 날짜를 적다 II. vi. 날짜가 적혀 있다, 시작하다, 소급하다 ; datează din sec. al XVIII-lea 그것은 18세기부터 비롯된다(시작한다) ; e un obicei care datează de mult 그것은 오래된 전통이다

dat|are, -ări, s.f. 날짜 세기

data|t, -tă, -ți, -te, adj. (şi d. scrisori) 날짜가 적힌

dată, I. date, s.f. **1.** (timp precis) 날짜, 날 **2.** 자료, 정보, 사실 II. dăți, s.f. 순번, 번, 회 ; altă ~ 다음(번)에 ; de astă ~ 이번에 ; pe ~ 지금, 즉시, 갑자기 ; ce~ e astăzi? 오늘이 며칠이냐? ; e pentru prima ~ când... -하는 것은 이번이 처음이다

datin|ă, -i, s.f. 관습, 전통

dativ, ~e, s.n. [문법] 여격

dat|or, -oare, -ori, -oare, adj. **1.** (cu dat.) 빚진 **2.** 의무가 있는 ; a fi ~ 빚이 있다, 의무가 있다 ; cât îți sunt ~? 내가 너에게 얼마나 빚이 있지? ; mă simt ~ să... -하는 것이 나의 의무라고 생각한다

dator|a, -ez, -ai, -at, I. vt. 빚을 지다 ; lui îi datorez fercirea mea 나의 행복은 그의 덕택이다 II. vr. ; a se ~ (여격) -로부터 비롯하다, -의 결과

이다 ; toate acestea i se datorează lui 이 모든 것은 다 그의 덕분이다
datora|t, -tă, -ţi, -te, adj. 빚진
dator|i, -esc, ii, -it, vt. v. datora.
datori|e, -i, s.f. **1.** 빚, 채무 **2.** 의무 ; ~ consolidată 연결부채 ; ~ exigibilă 미상환부채 ; ~ flotantă 단기변제부채 ; la ~ 의무적으로 ; a-şi face datoria 의무를 수행하다, 본분을 다하다 ; a-şi face datoria până la capăt 끝까지 책임을 지다 ; a-şi îndeplini datoria 책임을 완수하다 ; este de datoria mea să... -하는 것은 내 임무(일)이다 ; a chema pe cineva la ~ -의 책무를 상기시키다
datorinţ|ă, -e, s.f. 도덕적 의무
datori|t, -tă, -ţi, -te, adj. 덕택에, 덕분에, 신세를 지고 있는, 빚을 지고 있는
datorită, prep. (여격 지배) -덕택에 ; datorită interveţiei prompte a pompierilor 소방수의 빠른 대처로
datornic, ~ă, ~i, ~e, s.m. **1.** (debitor) 채무자 **2.** 채권자 **3.** (대차대조의) 대변
daun|ă, -e, s.f. (paguba) 피해, 손해, 해, 파괴 ; daune interese [법률]손해배상 ; în dauna mea 내 비용으로
dădac|ă, -e, s.f. **1.** 보모 **2.** 거침없이 마구 비판(비난)하는 사람
dădăc|i, -esc, -ii, -it, vt. 아이를 돌보다
dăinu|i, -iesc, -i, -it, vi. 견디다
dălcăuc, -i, s.m. 잡배, 보잘 것 없는 사람
dălcăuţ, ~i, s.m. 친구
dăltiţ|ă, -e, s.f. daltă의 축소형 명사
dăltu|i, -i esc, -ii, -it, vt. 끌을 가지고 작업하다
dăltuitur|ă, -i, s.f. 끌로 판 홈
dăngăn|i, -esc, -ii, -it, vi. 종이 울리다
dăngănit, s.n. 종치기, 종의 울림
dănţu|i, -i esc, -it, -it, vi. 춤추다
dărab, -e, şi ~uri, s.n. 조각
dărăc|i, -esc, -ii, -it, vt. (양털 등을) 빗다
dărăcit|or, -oare, -ori, -oare, s.m. 양털 손질하는 사람
dărăpăn|a, -ai, -at, vr. 무너지다, 파괴되다
dărăpănare, s.f. 파괴
dărăpăna|t, -tă, -ţi, -te, adj.파괴된
dărâm|a, -ai, -at, I. vt. 파괴하다, 분쇄하다, 철거하다, 헐어버리다, 쳐서(잘라) 떨어뜨리다, 없애다 II. vr. 추락하다, 붕괴하다, 무너지다
dărâm|are, -ări, s.f. 붕괴, 무너짐
dărâmat, -tă, -ţi, -te, adj. 붕괴된
dărâmătur|ă, -i, s.f. 붕괴
dărnici|e, -i, s.f. 관대함
dăru|i, -i esc, -ii, -it, I. vt. **1.** (cu dat.) -에게 선물하다 **2.** 바치다, 맡기다 ; a ~ libertatea cuiva -에게 자유를 부여하다, -을 자유롭게 해주다 ; a ~ viaţa cuiva -을 살려주다, -의 목숨을 살려주다 II. vr. 일신을 바치다, 전념하다
dărui|ală, -eli, s.f. 선물
dăscălaş, -i, s.m. dascăl의 축소형 명사
dăscăl|esc, -ească -eşti, adj. 학교의, 교사의
dăscăl|i, -esc, -ii, -it, vt. -을 가르치다
dăscălime, -i s.f. **1.** (corp profe-

soral) 교사진 **2.** 교사 **3.** (목사를 대신하여 예배를 관장하는) 평신도

dăscălir|e, -i, s.f. 교육, 훈육

dăscăli|t, -tă, -ţi, -te, adj. 교육의

dăscăliţ|ă, -e, s.f. **1.** (profesoară) 여교사 **2.** 평신자의 부인

dătăt|or, -oare, -ori, -oare, I. adj. 주는 ; ~ de moarte 죽음을 가져오는, 치명적인 ; ~ de viaţă 삶을 주는, 생명을(생기를) 주는, 활기를 돋구는 II. s.m. 수여자, 주는 사람

D

dăun|a, -ez, -ai, -at, vt. (cu dat.) 피해를 입히다, 손해를 주다 (cu acuz.), -를 다치게 하다 (cu acuz.)

dăula|t, -tă, -ţi, -te, adj. 피해를 입은

dăunăt|or, -oare, -ori, -oare, I. adj. (cu dat.) 피해를 주는, 유해한, II. s.m. 흑사병

dâlm|ă, -e, s.f. 언덕, 흙더미

dâmb, ~uri, s.n. 언덕, 산등성, 융기

dâmbuleţ, ~e, s.n. 작은 언덕

dâmbuş|or, -oare, s.n. v. dâmbuleţ

dâns|a, I. pron. pers. f. (여성 3인칭 존칭 인칭대명사) 그분 II. s.f., pl. 악령, 악마

dânsul, pron. pers. m. (남성 3인칭 존칭 인칭대명사) 그분

dânşii, pron. pers. pl. (남성 3인칭 존칭 복수 인칭대명사) 그분들

dâr|ă, -e, s.f. **1.** 줄, 선 **2.** 자국 ; a face ~ în barbă 첫 걸음을 내딛다(착수하다)

dârda|ă, -e, s.f. 무위 도식자, 수다스러운 사람, 잔소리꾼

dârdâ|i, dârdâi, -ii, -it, vi. **1.** 흔들리다, 떨리다, 전율하다, 지진이 일다 **2.** 수다를 떨다 ; dârdâie rău de tot 그는 사지를 떨고 있다

dârdâi|ală, -eli, s.f. 떨림, 전율, 진동

dârdâit, s.n. v. dârdâială

dârdoră, s.f. 열기. 열정, 열의, 열, 불

dâr|î, -ăsc, -âi, -ât, vt. 발자국을 남기다, 발자취를 남기다, 흔적을 남기다

dârjal|ă, -e, s.f. 몽둥이, 곤봉, 통나무, 회초리

dârjeni|e, -i, s.f. v. dârzenie.

dârloag|ă, -e, s.f. 노마, 늙은 말 ; a se băga(a ajunge) slugă la ~ 쇠약해지다, 쇠퇴하다, 몰락하다, 타락하다

dârlog, ~i, s.m. 고삐, 구속, 속박, 억제

dârlog|el, -ei, s.m. 작은 고 삐

dârm|on, -oane, s.n. 수수께끼, 알 수 없는 것(일), 불가사의한 것 ; a trece prin ciur/ sită şi ~ 쓰라린 경험을 하다, 단련하다

dârmotin, ~i, s.m. [식물]가시가 많은 콩과의 뿌리가 질긴 잡초

dârmoz, ~i, s.m. **1.** 눈덩이, 눈싸움 **2.** [식물]까마귀밥나무

dârst|ă, -e, s.f. 절굿공이, 도쇄기, 도봉

dârval|ă, -e, s.f. **1.** 박피, 박피업, 박피장 **2.** 압박, 압제, 학대, 혹사, 착취

dâr|z, -ză, -ji, -ze, adj. **1.** 불굴의, 고집이 센, 완고한 , 완강한 **2.** 긍지가 높은, 자랑스러운, 거만한, 오만한, 자만하는, 불손한

dârzenie, s.f. **1.** 완고, 완강, 반항 **2.** 거만, 오만, 자만

dârzie, s.f. v. dârzenie.

de[1], conj. **1.** (종속관계를 보여 주는) -이면 **2.** (şi 뒤에 위치하여) 비록-이

라도 **3.** -하기 위해서 **4.** -이기 때문에 ; s-a dus de a adus apă 물을 가져오기 위해서 갔다

de², interj. **1.** (이해할 수 없는 상황에) ; de, nu se poate 에이 말도 않되 **2.** (부정적인 반응을 보이는 상황에서) 에이

de³, interj. (말을 몰 때 사용하는 의성어) 이랴!

de⁴, prep. **1.** -의, -로부터 ; nu departe de aici 여기에서 멀지 않은 ; o ceaşcă de ceai 한 잔의 차 **2.** -에 대하여 ; a discuta de -에 대하여 토론하다 **3.** -에 의하여, -의한 ; o carte de Cronin 크로닌의 책 **4.** (원인) ~으로 ; a dansa de bucurie 기쁨에 춤을 추다 **5.** -와 함께 ; m-am despărțit de ea 나는 그녀와 헤어졌다 ; de asemenea 그와 같이 ; de ce 왜 ; de acum încolo 지금부터는 ; de cinci ore 5시간 동안; de fapt 사실상 ; o sută de lei 백 레이 ; zi de zi 매일 ; de vreme ce... -하는 동안 ; de când... -부터(시간) ; cât de curând 가능한 빨리 ; cel de-al doilea 2번째의 ; m-a luat de nebun 난 바보 취급당했다 ; am terminat de citit cartea 난 책 읽기를 끝냈다 ; mort de oboseală 피곤해 죽겠다 ; de mult 오래전부터 ; de loc 전혀

deabinelea, adv. 완전하게, 완벽하게, 완전히

deabuşilea, adv. 네발로서, 포복으로

deacurmezişul, I. adv. 건너서, 가로질러 II. prep. -을 가로질러, -을 건너서

deadreptul, adv. v. drept

de-a dura, adv. 지속하는, 지속적으로

deal, ~uri, s.n. **1.** 언덕, 산등성, 융기 **2.** 포도원(밭) ; ce mai la ~ la vale 대충 말하면, 결국

de-a lungul, adv. 오랜, 오랫동안

deasupra, I. adv. -의 위로 ; a zbura deasupra munților 산위로 날라가다; camera mea este chiar deasupra 내 방은 바로 이 위쪽이다 II. prep. -을 넘어 ; ținea o umbrelă deasupra capului 그는 우산을 그의 머리 위쪽으로 잡고 있었다

debara, ~le, s.f. 작은 창고()

debaras|a, -ez, -ai, -at (de) I. vt. (de) 없애다, II. vr. (de) 없어지는

debaras|are, -ări, s.f. 소멸

debarc|a, debarc, -ai, -at (de) I. vt. 하역하다, 짐을 내리다, -에서 짐을 양육하다, 짐을 부리다, 상륙시키다 II. vi. 착륙하다, 하차하다, 내리다

debarcader, ~e, s.n. [항해]선창

debarc|are, -ări, s.f. 하역

debil, ~ă, ~i, ~e, adj. (d. copii) 약한, (bolnăvicios) 병약한

debilit|a, -ez, -ai, -at, I. vt. 병약하게 하다 II. vr. 병약해지다

debilitan|t, -tă, -ți, -te, adj. 병약한.

debilit|ate, -ăți, s.f. 약골, 허약

debit, ~e, s.n. **1.** 소매, 소매상 **2.** [부기]차변 **3.** 흐름, 유수, 유동 **4.** 말, 언사, 강연 ; ~ de băuturi spirtoase 포도주(술) 상점 ; ~ de tutun 담배상점

debit|a, -ez, -ai, -at, vt. **1.** -을 팔다, 소매업을 하다 **2.** 부기하다

debitan|t, -tă, -ți, -te, s.m. **1.** (vânzator) 소매상

debit|are, -ări, s.f. 소매업

debit|or, -oare, -ori, -oare, I. adj. **1.** 소매업의 **2.** 채무의 ; cont ~ 차변계정 ; sold ~ 차변잔액 II. s.m. **1.** 소매상 **2.** 채무

debleu, ~uri, s.n. 굴착

deblo|ca, -chez, -cai, -cat, vt. 방해물을 제거하다

debloc|are, -ări, s.f. 방해물 제거

debord|a, -ez, -ai, -at, vi. **1.** (d. ape) 범람하다 **2.** 토하다, 게우다 ; a ~ de... -로 가득하다 ; a ~ de bucurie 기뻐 날뛰다

D

debrei|a, -ez, -ai, -at, vt. vi. 기어를 바꾸다

debreiaj, -e, s.n. 기어변속

deburs|a, -ez, -ai, -at, vt. 돈을 쓰다, 소비하다

debuşeu, ~ri, s.n. com, 아웃렛 마켓, 시장

debut, ~uri, s.n. (inceput) 데뷔, (în lume, pe scena) 등단, 초연 ; de ~ 처녀의, 미혼의, 처음의 ; a-şi face ~ul 데뷔하다, 등단하다, 초연하다

debut|a, -ez, -ai, -at, vi. (영화 등에) 등단하다

decad|ă, -e, s.f. **1.** 열흘 **2.** 십년

decaden|t, -tă, -ţi, -te, I. adj. 만기일의. II. s.m. 만기일

decadentism, s.n. 데카당스파, 데카당스주의, 데카당스정신

decadenţ|ă, -e, s.f. 쇠락

decaedr|u, -e, s.n. geom. 10면체

decag|on, -oane, s.n. geom. 10변형

decagonal, ~ă, ~i, ~e, adj. geom. 10면체의

decagram, ~e, s.n. 무게 측량 단위 (10그램)

decalaj, -e, s.n. **1.** 차이 **2.** fig. 모순

decal|ca, -chez, -cai, -cat, vt. 옮겨 쓰다, 베껴 쓰다

decalcifi|a, -ez, -ai, -at, I. vt. to 석회질을 빼다 II. vr. 석회질이 빠지다

decalcifia|t, -tă, -ţi, -te, adj. 석회질이 빠진, 석회질이 부족한

decalcific|are, -ări, s.f. 석회질 부족

decalcifica|t, -tă, -ţi, te, adj. 석회질이 부족한

decalcifier|e, -i, s.f. 석회질 부족

decalibr|a, -ez, -ai, -at, vr. 잦은 사용으로 헐거워지다

decalibr|are, -ări, s.f. 늘어짐

decalibra|t, -tă, -ţi, -te, adj. 늘어진, 벌어진, 헐거워진

decalitr|u, -i, s.m. 부피단위 (10리터)

decan, ~i, s.n. [대학]학장, 학부장, 처장

decanat, ~e, s.n. **1.** (demnitate) 위엄, 존엄 **2.** 학장(처장)의 직위 **3.** (birou) 학장 사무실

decant|a, -ez, -ai, -at, vt. 용액을 따르다

decant|are, -ări, s.f. 용액 따르기

decant|or, -oare, s.n. 용액을 따르는데 사용되는 도구

decap|a, -ez, -ai, -at, vt. **1.** metal. 재다 **2.** constr. 수평하게 하다

decapit|a, -ez, -ai, -at, vt. 목을 자르다, 참수하다

decapit|are, -ări, s.f. 참수

decapod, -e, s.n. 다리 10개의 갑각류

decapotabil, ~ă, ~i, ~e, adj. **1.** 바꿀 수 있는, 개조(개장)할 수 있는, 전환

할 수 있는 **2.** [상업]차환할 수 있는, 태환할 수 있는

decar, -i, s.m. (la cărţi) 10 (카드놀이의 일종)

decarbur|a, -ez, -ai, -at, vt. 탈탄(脫炭)하다

decarbur|are, -ări, s.f. 탈탄(脫炭) 작용

decasilabic, ~ă, ~i, ~e, adj. metr. 10음절의

decaster, ~i, s.m. 10입방미터

decatl|on, -oane, s.n. 10종 경기

decă|dea, decad, -zui, -zut, vi. **1.** (d. lucruri) 망하다, 점점 기울다, 몰락하다 **2.** 나빠지다, 타락하다

decăder|e, -i, s.f. **1.** 폐망 **2.** (ruşine) 부끄러움

decăzu|t, -tă, -ţi, -te, adj. 퇴보된, 저하된, (corupt)부패한

decât, I. prep. -보다, -외의 ; cine altul ~ el? 그 (사람) 외에 다른 누가? ; nimeni ~ el 그 사람 외에는 아무도 - 이 아니다 ; nimic ~ ce trebuia să fac 내가 해야 하는 것 외에는 아무것도 없다(모두 내가 해야 할 일이다) ; e mai în vârstă ~ mine 그는 나보다 연장자다 II. conj. -보다 ; ~ să - 보다 오히려, -대신에 III. adv. 단지 ; n-ai ~ să faci ce vrei 네가 하고 싶은 대로 하든 말든 내가 알바가 아니다

deced|a, -ez, -ai, -at, vi. 죽다, 서거하다, 사망하다

deceda|t, -tă, -ţi, -te, I. adj. 죽은, 사망한, II. s.m. 그리고 f. 사자(死者)

decembrie, s.m. 12월

decembri|st, -stă, -şti, -ste, s.m. 데카브리스트 혁명자

decemvir, -i, s.m. ist. 고대 로마의 십인 위원

decenal, ~ă, ~i, ~e, adj. 십년마다의.

decen|iu, -ii, s.n. 10년

decen|t, -tă, -ţi, -te, adj. 좋은, 괜찮은 II. adv 점잖게

decenţ|ă, -e, s.f. 품위, 교양

decepţion|a, -ez, -ai, -at, vt. 실망시키다

decepţiona|t, -tă, -ţi, -te, adj. 실망한

decepţioni|st, -stă, -şti, -ste, I. adj. 19세기 예술과 문학에서 나타난 염세주의적인 II. s.m. 염세주의자

decern|a, -ez, -ai, -at, vt. (여격지배) **1.** (un premiu) 상을 주다. **2.** (un titlu) 직함을 주다

decern|are, -ări, s.f. (상, 직함 등의) 수여

deces, ~uri, s.n. 사망

deci, conj. 그러므로, 따라서

dec|ide, decid, -isei, -is, I. vt. 정하다, 결정하다 II. vr. 결정되다, 해결되다, 결심하다

decigram, ~e, s.n. 데시그람 (1/10 그램)

decim|a, -ez, -ai, -at, vt. (로마시대의 형벌로) 10사람 중 1명을 뽑아 죽이다, (질병, 전쟁으로) 대량의 인명이 죽다

decimal, ~ă, ~i, ~e, adj. I. 십진법의 II. s.n. 십진법

decimare, s.f. 대량학살

decim|ă, s.f. [음악]열 번째

decimetr|u, -i, s.m. 데시미터 (1/10 미터)

deci|s, -să, -şi, -se, adj. 결정된

decisiv, ~ă, ~i, ~e, adj. 결정적인, 확고한, 최후의

decizi|e, -i, s.f. (hotărâre) **1.** 결정 **2.** [법률]재판, 판결

declam|a, declam, -ai, -at, I. vt. 말하다, 읽다, II. vt. **1.** 읽다. **2.** 낭송하다

declam|are, -ări, s.f. 낭송

declamat|or, -oare, -ori, -oare, I. adj. 연설조의 II. s.m. 연설자

declamați|e, -i, s.f. 낭송, 웅변

D

declanş|a, -ez, -ai, -at, I. vt. **1.** [기술]풀어주다, 헐겁게 하다 **2.** 열다, 개시하다 II. vr. 풀어지다, 헐거워지다

declanş|are, -ări, s.f. 해제

declanşat|or, -oare, s.n.[기술]해방자, 석방자, 해발인(반사행동을 일으키게 하는 계기가 되는 자극)

declanş|or, -oare, s.n. v. declanşator

declar|a, declar, -ai, -at, vt. 선언하다

declar|are, -ări, s.f. 선언

declara|t, -tă, -ți, -te, adj. 선언된

declarați|e, -i, s.f. **1.** 선언, 확인, **2.** 신고(서) ; ~ de impozit 세금신고서 ; ~ de venit 소득신고서 ; ~ falsă 거짓신고 ; ~ vamală 통관신고 ; a face declarații de dragoste cuiva -에게 사랑을 고백하다(선언하다)

declas|a, -ez, -ai, -at, vr. 사회적으로 지위가 낮아지다

declasa|t, -tă, -ți, -te, adj. s.m. 지위가 낮아진

declin, ~uri, s.n. 기울기, 쇠락

declin|a, declin, -ai, -at, vt. **1.** [문법](명사나 형용사 등이) 변화하다, 곡용하다 **2.** 기울다, 거절하다

declinabil, ~ă, ~i, ~e, adj. [문법]곡용하는

declin|are, -ări, s.f. **1.** [문법]곡용(명사나 형용사 등의 변화) **2.** 거절, 기울음

declinați|e, -i, s.f. astr., fiz. 적위, 경사

declivit|ate, -ăți, s.f. (unghi) 내리받이, (pantă şi) 경사면

decofr|a, -ez, -ai, -at, vt. constr. 무너뜨리다

decofr|are, -ări, s.f. 파괴

decol|a, -ez, -ai, -at, vi. 이륙하다

decol|are, -ări, s.f. 이륙

decolor|a, -ez, -ai, -at, I. vt. -에서 색을 빼다, 탈색하다, 표백하다 II. vr. 탈색되다, 색이 발하다, 창백해지다

decoloran|t, -tă, -ți, -te, I. adj. 색이 빠진 II. s.m. 탈색(제)

decolor|are, -ări, s.f. **1.** 탈색

decolora|t, -tă, -ți, -te, adj. 탈색된

decolt|a, -ez, -ai, -at, I. vt. 옷의 목을 깊게 파다

decolta|t, -tă, -ți, -te, adj. 어깨부위까지 옷이 파인(트여져 있는)

decolteu, -ri, s.n. 깊게 파인 옷

decomand|a, decomand, -ai, -at, vt. 명령을 취소하다

deconcert|a, -ez, -ai, -at, vt. 당황하게 하다

deconcertan|t, -tă, -ți, -te, adj. 당혹스럽게 하는

deconcerta|t, -tă, -ți, -te, adj. 당혹해하는, 당황한

deconect|a, -ez, -ai, -at, vt. [기술] 연결을 끊다

decongel|a, -ez, -ai, -at, vt. 녹이다
decongel|are, -ări, s.f. 해동
decont, ~uri, s.n. fin. 디스카운트, 에누리, 할인
decont|a, -ez, -ai, -at, vt. fin. 서류에 따라서 후불 정산하다
decont|are, -ări, s.f. fin. 추후 정산
decor, ~uri, **1.** [건축]장식 **2.** 장식품, 장신구 **3.** 그림, 배경, 전경
decor|a, -ez, -ai, -at, vt. **1.** [군사]훈장을 주다 **2.** 장식하다
decorativ, ~ă, ~i, ~e, adj. 장식적인
decorat|or, -oare, -ori, -oare, s.m. **1.** 인테리어 장식가 **2.** 무대 디자이너 **3.** 쇼윈도우 디자이너
decorați|e, -i, s.f. **1.** 훈장 수여 **2.** 장식 예술
decorti|ca, -chez, -cai, -cat, vt. 껍질을 벗기다
decortica|t, -tă, -ți, -te, adj. 껍질이 벗겨진
decovil, -e, s.n. 협궤 철로
decrepi|t, -tă, -ți, -te, adj. 노망한
decrepitudin|e, -i, s.f. 노쇠
decrescendo, [음악] adv. 점점 작아지는
decret, -e, s.n. 명령, 포고
decret|a, -ez, -ai, -at, vt. 명령하다, (a institui) 설립하다
decup|a, -ez, -ai, -at, I. vt. 조각으로 잘라내다 II. vr. 조각으로 잘리다
decupaj, -e, s.n. **1.** 종이를 잘게 자름 **2.** [연극]감독의 대본
decup|are, -ări, s.f. 종이를 잘게 자르기
decupa|t, -tă, -ți, -te, adj. 잘게 잘린
decupl|a, -ez, -ai, -at, vt. (vagoane etc.) 연결을 해제하다, 동시접속 전화선을 해제하다 II. vr. 나누어지다
decupl|are, -ări, s.f. 한 쌍을 둘로 나누다
decupla|t, -tă, -ți, -te, adj. 둘로 나누어진
decur|ge, decurg, -sei, -s, vi. **1.** (a urma) (din) 결실을 맺다 **2.** (a se desfăşura) 진행하다, 발전하다
decuri|e, -i, s.f. (로마 군대에서) 10명의 군인으로 구성된 기병분대
decurion, ~i, s.m. decurie 단위의 분대를 이끄는 장교
decurs, s.n. (durată) 기간, (curs) 코스, (interval) 간격 ; în ~ul...(소유격지배) -이 경과하는 (도)중에 ; în ~ul vremii/timpului 시간이 흐름에 따라
decuvaj, ~e, s.n. 포도주를 다른 통에 옮기는 행위
deda, -u, -i, -t, vr. ; a se ~ (cu dat. sau la...) -에 익숙해지다
deda|t, -tă, -ți, -te, adj. 익숙해진
dedesubt, I. adv. -아래에, (la parter) 일층에 II. s.n. (parte de jos) 밑바닥
dedesubtul, prep. (cu gen.) -의 밑에
dedețe|l, -i, s.m. pl. bot. 일본 할미꽃 류
dedic|a, dedic, -ai, -at, I. vt. (o carte) (cu dat.) 봉헌하다, 헌납하다 ; a ~ (여격) -에게 봉헌하다, -에게 바치다 ; a-şi ~ timpul (여격 지배) -의 시간을 바치다(사용하다) ; a-şi ~ viața cercetărilor istorice 역사탐구에 일생을 바치다 II. vr. a se ~ (여격 지배) 일신을 바치다, 전념하다
dedicați|e, -i, s.f.봉헌, 헌납

D

dedițe|l, -i, s.m. pl. v. dedețel

dedubl|a, -ez, -ai, -at, I. vt. 둘로 나누다 II. vr. 둘로 나누어지다

dedubl|are, -ări, s.f. 나누기

de|duce, deduc, -dusei, -dus, I. vt. (un rezultat) 결론내리다, 추론하다 II. vr. 추론되다

deducer|e, -i, s.f. 결론, 추론

deductiv, ~ă, ~i, ~e, adj. 결론적인, 추론적인, 연역적인

deducți|e, -i, s.f. 결론, 추론, 연역 ; prin ~ 연역적으로

defal|ca, -chez, -cai, -cat, vt. I. (dintr-un întreg) 추출하다, 선별하다, (un teren etc.) 나누다 II. vr. 나누어지다

defalc|are, -ări, s.f. 추출

defavoare, s.f. 누군가의 이익에 반함, 불이익, 불리 ; e în ~a lui 그것은 그에게 불리하다

defavorabil, ~ă, ~i, ~e, adj. 불이익의, 불리한 ; a avea o influență ~ă asupra cuiva -에게 불리한 영향을 주다

defăim|a, -ez, -ai, -at, vt. **1.** -의 명예를 훼손하다 **2.** 비방하다

defăim|are, -ări, **1.** 명예훼손 **2.** 모략

defăimăt|or, -oare, -ori, -oare, I. adj. **1.** 명예 훼손의 **2.** 중상 모략적인

defe|ca, -chez, -cai, -cat, vt. **1.** 배변하다 **2.** 분명하게 하다 **3.** (어떤 장소에서) 주민을 대피시키다

defec|t¹, -te, s.n. **1.** 단점 **2.** 결점 **3.** 부족 **4.** 불완전함 **5.** 불리 **6.** 약점 **7.** 잘못 **8.** 결점 ; ~ de fabricație 위조(제작 상)의 결함 ; ~ de vorbire 연설(상)의 흠 ; ~ fizic 신체적 결점, 기형, 허약 체질 ; are multe ~e 그는 많은 결점을 지니고 있다 ; a descoperi ~ele cuiva -의 결점을 지적하다(밝히다)

defec|t², -tă, ți, -te, adj. **1.** 고장 난 **2.** 부족한 **3.** 수리가 필요한

defect|a, -ez, -ai, -at, vi. **1.** 망쳐지다 **2.** 악화되다, vr. 고장 나다

defect|are, -ări, s.f. 고장

defectiv, ~ă, ~i, ~e, adj. -이 부족한

defectosc|op, -oape, s.n. 고장진단 장치

defecțiun|e, -i, s.f. **1.** pol. 탈당 **2.** 피해, 변질

defectu|os, -oasă, -oşi, -oase,I. adj. **1.** 결점이 있는 **2.** 불완전한 II. adv **1.** 결점이 있게 **2.** 불완전하게

defectuozit|ate, -ăți, s.f. **1.** 부족함 **2.** 결점 **3.** 불완전

defensiv, ~ă, ~i, ~e, adj. 방어적인 ; alianță ~ă방어동맹 ; armă ~ă 방어용 무기 ; mijloace ~e 방어 수단 ; război ~ 방어적 전쟁

defensiv|ă, -e, s.f. **1.** 방어 **2.** 방어적인 입장

deferen|t, -tă, -ți, -te, adj. **1.** 경의를 표하는 **2.** 의무를 다하는

deferență, s.f. **1.** 복종 **2.** 존경

defer|i, defer, -ii, -it, vt. **1.** -을 언급하다 **2.** (법에) 복종하다

deferiz|a, -ez, -ai, -at, vt. 거푸집에서 넘친 쇳물을 걷어내다, 철(분)을 제거하다

defertiliz|a, -ez, -ai, -at, vt. 토지를 황폐화시키다

defertiliz|are, -ări, s.f. 토지의 황폐화

defetism, s.n. 패배주의

defeti|st, -stă, -şti, I. adj. **1.** 패배주의자의 **2.** 비관주의의 II. s.m. 그리고 f. **3.** 패배주의자 **4.** 도망자,

defibr|a, -ez, -ai, -at, vt. **1.** (삼, 솜 따위를) 쳐서 가려내다 **2.** -을 갈아 으깨다 **3.** 붕괴시키다

defibr|are, -ări, s.f. 으깨기, 붕괴

defibrat|or, -oare, s.n. **1.** (삼, 솜 따위를) 쳐서 가려내는 기계 **2.** 연속적으로 가는 기계

deficien|t, -tă, -ţi, -te, adj. 결여된

deficient|ă, -e, s.f. **1.** 결핍 **2.** 장애 **3.** 단점

deficit, ~e, s.n. **1.** 부족액 **2.** 결핍 **3.** 체중 미달 ; a fi în ~ 적자를 보다 ; a acoperi un ~ 적자를 만회하다

deficitar, ~ă, ~i, ~e, adj. **1.** 적자 성적의 **2.** 불리한 **3.** 불충분한 **4.** 부족한 수확물의 **5.** 드문 **6.** 헐뜯는

defil|a, -ez, -ai, -at, vi. **1.** -을 더럽히다 **2.** 줄서서 행진하다 **3.** 행진하면서 지나가다

defil|are, -ări, s.f. **1.** 더럽힘 **2.** 행진

defileu, ~ri, s.n. **1.** (좁은)길 **2.** 좁은 골짜기

defin|i, -esc, -ii, -it, vt. **1.** (말 개념)을 정리하다 **2.** 진단하다 **3.** 결정하다 **4.** 식별하다 **5.** -을 확인하다 **6.** 발견하다

definir|e, -i, s.f. 정의

defini|t, -tă, -ţi, -te, adj. **1.** 명확한 **2.** 정의된 **3.** 정확한

definitiv|are, -ări, s.f. 마지막 손질, 결말 맺기, 마무리

definitiv, I. ~ă, ~i, ~e, adj. **1.** 한정적인 **2.** 최종의 **3.** 최후의 **4.** 결정적인 ; în ~ 결국에, 마침내 ; profesor ~ 정교수 ; a da hotărâre 최종의 결정을 내리다, (공소가 없는) 최종판결을 발표하다 II. adv.뚜렷하게, 결정적으로, 영원히, 취소할 수 없게

definitiv|a, -ez, -ai, -at, vt. (a desăvârşi) 완수하다

definitivare, -ri, s.f. **1.** 완수, **2.** 끝냄

definitivat, -ă, s.n. 완수

definitori|u, -e, -i, adj. **1.** 정의를 내리는 **2.** 독특한

definiţi|e, -i, s.f. **1.** 정의 **2.** 정의하기

deflagraţi|e, -i, s.f. **1.** 폭연(작용) **2.** 연소

deflect|or, -oare, s.n. [기술](기류, 광선 등의) 전향 장치

deflexiun|e, -i, s.f. (전기, 기류 등의) 굴절

deflor|a, -ez, -ai, -at, vt. **1.** 처녀성을 범하다 **2.** 유혹하다

deforma, I. vt. **1.** -의 모양을 훼손시키다 **2.** -의 외관을 손상하다 **3.** 추하게 하다 **4.** 찌그러뜨리다 II. vr. 흉하게 일그러지다

deforma|t, -tă, -ţi, -te, adj. 일그러진, 왜곡된

deforman|t, -tă, -ţi, -te, adj. **1.** 변모시키는 **2.** 왜곡하는

deformaţi|e, -i, s.f. 왜곡, 훼손, 변모

defraud|a, -ez, -ai, -at, vt. **1.** (불법적으로) 속여서 -을 빼앗다 **2.** 횡령하다 **3.** 유용하다

defraud|are, -ări, s.f. 횡령, 유용

defraudat|or, -oare, -ori, -oare, s.m. 그리고 f. 횡령자

defriş|a, -ez, -ai, -at, vt. 나무나 잡초를 제거하다

defriş|are, -ări, s.f. 제목, 제초

defrişa|t, -tă, -ţi, -te, adj. 제초된, 벌

D

목된

defunc|t, -tă, -ţi, -te, adj. 죽은, 작고의

degaj|a, -ez, -ai, -at, I. vt. **1.** (열, 냄새 등을) 방출하다 **2.** 점진적으로 발전하다 **3.** 풀어주다 **4.** 분배하다 **5.** -을 구출하다 **6.** 구해내다 II. vr. **1.** 탈출하다, 얽힘이 풀리다 **2.** 퇴거하다, 후퇴하다 III. vi. 장애물을 제거하다, 치우다, (복싱 등에서) 선수들을 떼어놓다

degaj|are, -ări, s.f. **1.** 느슨함 **2.** 누출 **3.** 해방 **4.** 방출 **5.** 철거 **6.** 제거함

degaja|t, -tă, -ţi, -te, adj. 장애나 의무에서 벗어난

degaz|a, -ez, -ai, -at, vt. 가스를 빼내다

degaz|are, -ări, s.f. 가스 제거기

degazific|a, degazific, -ai, -at, vt. 석탄에서 가스를 제거하다

degeaba, adv. **1.** 불필요하게 **2.** 쓸데없이 **3.** 사소한 부탁으로 **4.** 헛되이 **5.** 동기 없이 **6.** 아무런 이유 없이

degener|a, -ez, -ai, -at, vi. -로 퇴화하다

degener|are, -ări, s.f. **1.** 저하 **2.** 악화 **3.** 타락

degenerat, -tă, -ţi, te, adj. 저하한, 저하의

degenerescen|t, -tă, -ţi, -te, adj. 몸의 기관이나 조직이 퇴행하는

deger|a, deger, -ai, -at, vi. **1.** 추위로 죽다 **2.** 얼어 죽다, 동사하다 **3.** 추위로 완전히 감각을 잃게 되다 **4.** 추위로 덜덜 떨다 **5.** 혹한으로 심하게 다치다, 혹한으로 죽다

degera|t, -tă, -ţi, -te, adj. **1.** 감각을 잃은 **2.** 얼어 죽은 **3.** 다친

degerătur|ă, -i, s.f. 동상

deget, ~e, s.n. **1.** (la mână) 손가락, (la picior) 발가락, **2.** (măsura de lungime 24,58 mm) 약 1 인치의 길이 단위 **3.** 핀, 캠(회전운동을 왕복운동으로 바꾸는 장치) ; a avea ~e lungi 손재주가 훌륭하다 ; a-şi muşca ~ele 불안하여 손톱을 물다 ; a pune/ duce ~ul la gură 손가락을 입에 대다 ; a arăta cu ~ul 손가락으로 가리키다 ; a se trage în ~e cu cineva -와 친한 사이다 ; a juca pe cineva pe ~e -을 무도회(춤)에 이끌다 ; a şti ceva pe ~e -에 정통하다

degetar, -e, s.n. **1.** 골무 **2.** 여우장갑

degetarit|ă, -e, s.f. bot. v. degetar

degeţel, -e, s.n. deget의 축소형 명사

deghiz|a, -ez, -ai, -at, I. vt. **1.** 변장하다, 위장하다, 변장시키다 **2.** 숨기다, 속이다 II. 변장하다, 마스크를 쓰다

deghiz|are, -ări, s.f. **1.** 변장 **2.** 화장

deglutiţi|e, -i, s.f. 삼키는 작용

degrabă, adv **1.** 빠르게 **2.** 곧 **3.** 머지않아 **4.** 당장 **5.** 다소, 오히려

degrad|a, -ez, -ai, -at, I. vt. **1.** 체면을 손상시키다 **2.** 품위를 떨어뜨리다 **3.** 더 낮아지다 **4.** 체면을 손상시키다 **5.** 저하시키다 **6.** (남을) 헐뜯다 II. vr. **1.** 가치가 떨어지다 **2.**자기 자신의 체면을 손상시키다, 자기 자신을 비하하다

degradan|t, -tă, -ţi, -te, adj. 체면을 손상하게 하는

degradat|or, -oare, -ori, -oare, adj. 낮아지는, 나빠지는

degrad|are, -ări, s.f. **1.** 체면손상 **2.**

타개 **3.** 수질 오염 **4.** 시민의 권리 손실

degres|a, -ez, -ai, -at, vt. 깨끗하게 하다

degresan|t, -ţi, s.m. 기름을 없애는 데 사용되는 물질

degres|are, -ări, s.f. 기름 없애기

degrev|a, -ez, -ai, -at, vt. **1.** -로부터 세금을 내려주다 **2.** 의무를 감소시키다

degrevan|t, -tă, -ţi, -te, adj. 세금 감면의

degrev|are, -ări, s.f. **1.** 삭감 **2.** 세금 감면, 감소

degreva|t, -tă, -ţi, te, adj. 세금이 감면된

degrosis|or, -oare, s.n.(기술) 사력층으로 이루어진 필터 시스템

degust|a, -ez, -ai, -at, vt. **1.** 맛보다 **2.** 맛있게 먹다

dehiscent, -tă, -ţi, -te, adj. (식물가운데에) 익으면 열리면서 씨앗을 뿌리는

dehiscenţ|ă, -e, s.f. 익으면 씨앗을 뿌리는 식물

dehula, v. dăula

deific|a, desfic, -ai, -at, vt. **1.** 신으로 섬기다 **2.** -을 숭배하다

deific|are, -ări, s.f. 신으로 숭상함

deism, s.n. 자연신론

dei|st, -stă, -şti, -ste, adj. s.m. 그리고 f. 자연신교 신봉자의

deistic, ~ă, ~i, ~e, adj. 자연신도교의

deîmpărţit, s.m. **1.** [주식]이익배당, 배당금 **2.** [수학]나뉨수, 피제수

deînmulţit, s.m. 증가수

deja, adv. **1.** 이미 **2.** -만큼이나, 오래전에

dejecţi|e, -i, s.f. 대피

dejuc|a, dejoc, -ai, -at, vt. **1.** -을 실패시키다 **2.** 방해하다 **3.** 좌절시키다 **4.** 낙담시키다

dejuc|are, -ări, s.f. **1.** 좌절 **2.** 패배 **3.** 쩔쩔맴 **4.** 당황

dejug|a, dejug, -ai, -at. I. vt. **1.** 분리시키다 **2.** (소 따위의) 멍에를 벗기다 II. vi. **1.** 굴레를 벗다 **2.** 정착하다

dejug|are, -ări, s.f. 분리

dejun, ~uri, s.n. **1.** 점심식사, **2.** 점심식사 시간 ; a lua ~ul 아침 또는 점심식사를 하다

dejun|a, -ez, -ai, -at, vi. 점심식사를 하다

dejurnă, adj. invar. **1.** 근무 중인, 근무를 하고 있는 **2.** 근무시간의 ; a fi ~ 근무 중이다

delapid|a, -ez, -ai, -at, vt. **1.** 공공기금을 낭비하다 **2.** 자금을 횡령하다 **3.** 횡령하다 **4.** 위탁금을 부당하게 횡령하여 없애다 **5.** (공금이나 맡은 돈을) 유용하다

delapid|are, -ări, s.f. **1.** 황폐 **2.** 쓰레기 **3.** 횡령 **4.** 위탁금 유용

delapidat|or, -oare, -ori, -oare, s.m. 그리고 f. **1.** 사치가 **2.** (공금) 횡령자

delat|or, -oare, -ori, oare, s.m. 그리고 f. 밀고자

delaţiun|e, -i, s.f. **1.** 고소 **2.** 탄핵

delăs|a, delas, -ai, -at, vr. 게을리 하다

delăs|are, -ări, s.f. 태만

delătur|a, delătur, -ai, -at, vt. 제거하다

deleatur, s.n. 삭제 부호

delect|a, -ez, -ai, -at, vt. **1.** 기쁘게

D

하다 **2.** 전환하다 **3.** 즐겁게 하다 **4.** 만족시키다 **5.** 아첨하다 **6.** 기쁘게 하다

delect|are, -ări, s.f. **1.** 기쁨 **2.** 전환 **3.** 향유 **4.** 환대 **5.** 즐거움 **6.** 재미

deleg|a, deleg, -ai, -at, vt. **1.** 파견하다 **2.** (-을) 대리자로 삼다 **3.** 임명하다 **4.** 권위를 갖게 하다

delegare, s.f. 대표 임명

delega|t, -tă, -ți, -te, s.m. 그리고 f. **1.** 명령 **2.** 파견 **3.** 대리 **4.** 대표자

delegați|e, -i, s.f. **1.** 위임 **2.** 명령 **3.** 대표 임명 **4.** 사절단 **5.** 대표 임명 **6.** 증명서(사람들에게 보낸 공식적 문서)

D

delfin, -i, s.m. [동물]돌고래

deliber|a, -ez, -ai, -at, vi. (asupra) 숙고하다, (în secret) 비밀회의에 참가하다

deliber|are, -ări, s.f. 숙고

deliberan|t, -tă, -ți, -te, adj. 숙고하는

deliberativ, ~ă, ~i, ~e, adj. 신중한

delica|t, -tă, -ți, -te, I. adj. **1.** (d. o floare, un copil,) 섬세한, (d. sănătate) 허약한, 병약한, (fragil) 깨지기 쉬운, (gingaș) 부드러운 II. adv. 부드럽게, 섬세하게

delicates|ă, -e, s.f. pl. 진미

delicateț|ă, -e, s.f. (gingaşie) 부드러움

delici|os, -oasă, -oşi, -oase, adj. **1.** (음식이) 맛있는 **2.** 멋있는

delic|iu, -ii, s.n. 기쁨

delict, -e, s.n. 범죄

delictu|os, -oasă, -oşi, -oase, adj. jur. 형을 받을 수 있는

delicvescen|t, -tă, -ți, -te, adj. [화학]조해성의

delimit|a, -ez, -ai, -at, vt. 제한하다, 한계를 짓다, 규정짓다

delimit|are, -ări, s.f. 한계

delincven|t, -tă, -ți, te, s.m. 그리고 f. 범죄자

delir, ~uri, s.n. **1.** [의학]정신착란 **2.** 격앙

delir|a, -ez, -ai, -at, vi. 격앙하다, 격앙해서 말하다, 제정신이 아니다

deliran|t, -tă, -ți, -te, adj. 미친 (d. imaginație etc.) 격노한

deli|u, -e, -i, adj. s.m. 그리고 f. 가벼운 터키산 말을 타는 기병

delt|ă, -e, s.f. [지리] 삼각형

deltoi|d, -zi, I. adj 삼각주 모양의 II. s.m. [해부]삼각근

delur|os, -oasă, -oşi, -oase, adj. 구릉이 있는, 언덕진

deluş|or, -oare, s.n. 작은 언덕

demachi|a, -ez, -ai, -at, vt. 화장을 지우다.

demagnetiz|a, -ez, -ai, -at, vt. -의 자성을 없애다

demagog, ~i, s.m. **1.** 선동자, 선동정치가 **2.** (고대의) 민중(군중)의 지도자

demagogic, ~ă, ~i, ~e, adj. 선동의, 선동가의

demagogi|e, -i, s.f. 선동책, 민중선동, 악선전

demar|a, -ez, -ai, -at, vi. 출발하다

demaraj, -e, s.n. **1.** 출발 **2.** [항해]닻을 올리기

demar|ca, chez, -cai, -cat, vt. 표기하다, 제한하다

demarcați|e, -i, s.f. 경계 설정, 한계

demar|or, -oare, s.n. (모터, 엔진 등

의) 스타터

demasc|a, demasc, -ai, -at, I. vt. **1.** 폭로하다 **2.** 노출하다, 마스크를 벗다 II. vr. 본색이 드러나다, 마스크가 벗겨지다

demasc|are, -ări, s.f. 노출, 드러내기

dematerializ|a, -ez, -ai, -at, vt. 비물질화하다

dematerializa|t, -tă, -ţi, -te, adj. 비물질화 된

demâncare, s.f. 음식

demen|t, -tă, -ţi, -te, I. adj. 제정신이 아닌, 미친 II. s.m. 그리고 f. 정신이상자, 미친 사람

demenţ|ă, -e, s.f. 광기(狂氣), 정신이상

demers, ~uri, s.n. 거리, 기간 ; a face - uri pe lângă cineva -에게 접근하다

demilitariz|a, -ez, -ai, -at, vt. 비무장화하다

demineraliz|a, -ez, -ai, -at, I. vt. 탈염하다

demineraliz|are, -ări, s.f. 탈염

demisi|e, -i, s.f. 사임, 사퇴 ; a-şi da înainta deminsia 사퇴하다

demision|a, -ez, -ai, -at, vi. 사퇴하다

demisol, ~uri, s.n. 지하

demiu, ~ri, s.n. 간절기용 외투

demn, ~ă, ~i, ~e, I. adj. 위엄 있는, 권위 있는 ; ~ de ... -의 가치가 있는 ; ~ de laudă 칭찬 받을 만한 (가치가 있는) ; nu e ~ de asta 그는 그럴만한 자격이 없다 II. adv. 위엄(권위) 있게

demnitar, ~i, -s.m. 고위간부, 높은 계급의 군인

demnit|ate, -ăţi, s.f. 위엄, 권위, 자부심 ; cred că nu e de ~a mea 나는 굴복하지 않을 생각이다

demobiliz|a, -ez, -ai, -at, vt. [군사] 군대를 해산하다

demobiliz|are, -ări, s.f. 군대해산

democra|t, -tă, -ţi, -te, I. adj. 민주적인, II. s.m. democrat 민주주의자

democratic, ~ă, ~i, ~e, adj. I. 민주적인 II. adv 민주적으로

democratism, s.n. 민주주의

democratiz|a, -ez, -ai, -at, vt. 민주주의화하다, II. vr. 민주화되다

democraţi|e, -i, s.f. 민주주의

demod|a, -ez, -ai, -at, vr. 구식 패션이 되다

demoda|t, -tă, -ţi, -te, adj. (패션, 양식 등이) 구식인

demograf, ~i, s.m. 인구통계학자

demografic, ~ă, ~i, ~e, adj. 인구통계의

demografi|e, -i, s.f. 인구(통계)학

demol|a, -ez, -ai, -at, vt. 무너지다

demol|are, -ări, s.f. 붕괴

demon, ~i, s.m. **1.** [신화]다이몬 **2.** (diavol) 악마

demonetiz|a, -ez, -ai, -at, I. vt. **1.** com. 통화로서의 사용을 금지하다 **2.** fig. 평가절하하다. II. vr. **1.** fig. 신용을 잃다

demonic, ~ă, ~i, ~e, adj. 악마 같은, 신들린, 귀신같은

demonstr|a, -ez, -ai, -at, vt. to 시위하다, 보여주다, 논증하다

demonstrabil, ~ă, ~i, ~e, adj. 보여줄 수 있는

demonstr|are, -ări, s.f. 논증, 시위

D

demonstrativ, ~ă, ~i, ~e, adj, **1.** (문법) 지시의, 지시적인 **2.** 명시적인 ; pronume ~ 지시대명사

demonstraţi|e, -i, s.f. **1.** v. 시위 **2.** (manifestaţie) 데모

demont|a, -ez, -ai, -at, I. vt. 분리하다, (un mecanism) 분해하다 II. vr. 분리되다, 분해되다

demontabil, ~ă, ~i, ~e, adj, 분해 될 수 있는

demont|are, -ări, s.f. 분해, 분리

demoraliz|a, -ez, -ai, -at, vt. -의 풍기를 문란하게 하다, 타락시키다, (a descuraja) 단념시키다

demoralizan|t, -tă, -ţi, -te, adj. 타락시키는, 실망시키는

demoraliz|are, -ări, s.f. 실망, 의기소침, 풍기문란

demult, adv. 오래전부터, (de multă vreme) 오랜 시간 동안

denatur|a, -ez, -ai, -at, vt. **1.** 잘못 진술하다, 허위 진술하다, (a interpreta fals) 거짓으로 해석하다 **2.** 성질을 바꾸다 ; a ~ faptele 사실을 왜곡하다

denatur|are, -ări, s.f. 거짓해석

denatura|t, -tă, -ţi, -te, adj. (d. un părinte etc.) 애정이 없는

dendrit|ă, -e, s.f. [해부](신경 세포의) 수지상 결정, 모수석, 수상돌기

dendrografic, ~ă, ~i, ~e, adj. 수목학의

dendrografi|e, -i, s.f. 수목학

dendrolog, ~i, s.m. 그리고 f. 수목학자

dendrologie, s.f. bot. 수목학

denicotiniz|a, -ez, -ai, -at, vt. 니코틴을 없애다

deni|e, -i, s.f. **1.** 밤샘, 철야, 불침번 **2.** pl. 밤의 근행, (철야로 기도하는) 축제일의 전야

denigr|a, -ez, -ai, -at, vt. 비방하다, 모략하다, 헐뜯다

denigr|are, -ări, s.f. 비방, 모략

denivel|a, -ez, -ai, -at, vr. 평평해지게 만들다

denivel|are, -ări, s.f. 수평화, 표면의 균일화

denominativ, ~ă, ~i, ~e, adj. (문법) 명명의, 이름의

denot|a, pers.3, denotă, vt. 증명하다

den|s, -să, -şi, -se, I. adj. **1.** 농도가 짙은 **2.** geol. (물, 광선 등이) 통하지 않는 II. adv. 진하게

densit|ate, -ăţi, s.f. 밀도, (la populaţie) 인구가 조밀함

dental, ~ă, ~i, ~e, adj. **1.** [음성]치음의 **2.** 치아의

dentală, ~ăs.f. [음성] 치음, 치자음

dentar, ~ă, ~i, ~e, adj. 치아의

dentină, s.f. anat, 상아질

denti|st, -stă, -şti, -ste, s.m. 그리고 f. 치과의사

dentistică, s.f. 치과

dentiţi|e, -i, s.f. 치아발생, 이가 남

denudaţi|e, -i, s.f. geol. 삭박, 침식.

denum|i, -esc, -ii, -it, vt. 명명하다, 이름을 지어주다

denumir|e, -i, s.f. **1.** 명명, **2.** 명명하기

denunţ, ~uri, s.n. 탄핵

denunţ|a, denunţ, -ai, -at, vt. (un tratat etc) 고발하다, 고소하다, 통고하다

denunţ|are, -ări, s.f. 탄핵하기

deoarece, conj. -때문에
deocamdată, adv. 잠시 동안, 당분간
deoche|a, deochi, -ai, -at, vt. 불행을 가져오다
deochea|t, -tă, -ţi, -te, adj. 불행을 가져오는
deochi, s.n. 악마의 눈
deodată, adv. (brusc) 갑자기, 한번에
deodorant, -e, s.n. 방취제, 탈취제, 디오도란트(체취 방지용 화장품)
deoparte, adv. 멀리
deopotrivă, I. adv. **1.** -같게, 동등하게 **2.** 동시에 II. adj 같은, 동등한
deoseb|i, -esc, -ii, -it, I. vt. **1.** (a distinge) 구별하다 **2.** (a separa) 나누다 ; e greu să-i deosebeşti 구별하기가 어렵다 II. vr. 달라지다
deosebir|e, -i, s.f. **1.** 차이점 **2.** (separare) 분리, 구별 ; ~ de vederi 견해차이 fără ~ 무차별하게 ; care e ~a? 차이가 무엇이냐? ; nu e nici o ~ 차이가 전혀 없다
deosebi|t, -tă, -ţi, -te, I. adj. **1.** (diferit) 다른 **2.** (ciudat) 특별한, 이상한, 독특한 ; nu are nici un talent ~ 그는 특별한 재주가 없다 ; nu e nimic ~ 특별한 것이 없다 II. adv. 특별히 ; ~ de... 특히, 게다가, -이외에도
depan|a, -ez, -ai, -at, vt. 고치다, 수리하다
depan|are, -ări, s.f. **1.** 수리 **2.** (serviciu) 긴급수리
depanator, ~i, s.m. 응급 수리공
deparafin|a, -ez, -ai, -at, vt. 파라핀을 제거하다
deparazit|a, -ez, -ai, -at, vt. 파괴하다
deparazit|are, -ări, s.f. 파괴
departament, -e, s.n. 부서
departamental, ~ă, ~i, ~e, adj. 부문별의, 구역별의
departe, adv. 먼, 멀리 떨어져 있는 ; ~ de... -로부터 먼(머리 떨어진) ; mai ~ 계속해서 ; de ~ 멀리에서, 제의(힌트)에 의해서, 안이하게, 쉽게 ; şi aşa mai ~ 등 등 ; şi mai ~? 그리고(그 다음에)? ; a ţine ~ 거리를 유지하다 ; a duce mai ~ 계속 이어지다, 계속되다 ; a merge prea ~ 너무 멀리 가다, 과장하다 ; a se ţine ~ de... -로부터 떨어져 있다, 초연해 있다
depăn|a, depăn, -ai, -at, I. vt. **1.** 감다, **2.** fig (o poveste)이야기를 늘어놓다 II. vr. -이 풀리다
depăn|are, -ări, s.f. 감기, 구부러짐
depăna|t, -ţi, s.n. (실 등을) 감기
depănat, -tă, -ţi, -te, adj. 감긴
depărt|a, -ez, -ai, -at, vt. **1.** 떠나다, 물러나다 **2.** 멀어지다 **3.** 제거하다 **4.** -을 무시하다 **5.** 사태를 수습하다 **6.** 치우다 **7.** 벗다 **8.** 돌리다
depărt|are, -ări, s.f. **1.** 원거리
depărta|t, -tă, -ţi, -te, adj. **1.** 먼 **2.** 퍼진
depărtişor, adv. 조금 먼
depăş|i, -esc, -ii, -it, vt. **1.** 능가하다, 앞서다 **2.** 월권행위를 하다 **3.** 과장하다 **4.** 몫이 초과하다 **5.** -보다 뛰어나다 **6.** -를 이기다 ; a-şi ~ autoritatea 권력(권한)을 초과하다 ; a ~ limitele/marginile 무리하다, 과용하다, 한계를 넘다 II. vr. a se ~ pe

D

sine 뛰어나다, 낫다, 잘하다
depăşir|e, -i, s.f. **1.** 능가 **2.** 추월
depăşi|t, -tă, -ţi, -te, adj. **1.** 표준 이상으로 달성한 **2.** 쇠퇴해버린, 시대에 뒤떨어진
dependen|t, -tă, -ţi, -te, adj. 의지하고 있는, 예속적인 ~ de... -에 의한(좌우되는), -에 달려있는
dependenţ|ă, -te, s.f. **1.** 의지함 **2.** 의존(상태), 속국 **3.** 예속시킴
dependinţ|ă, -e, s.f. 조그만 방
depeş|a, -ez, -ai, -at, (전보 등을) 발송하다
depeş|ă, -e, s.f. 전보, 전신
depil|a, -ez, -ai, -at, vt. 제모하다
depil|are, -ări, s.f. 제모
depilat|or, -oare, s.n. 제모제
depin|de, depind, depinsei, -s, vi. 달려있다 ; a ~ de... -에 맡겨져 있다, -에 달려 있다, -에 속해있다
depist|a, -ez, -ai, -at, vt. **1.** 추적하다 **2.** 수색하다 **3.** 발견하다, -을 찾아내다
depist|are, -ări, s.f. 추적, 수색
deplas|a, -ez, -ai, -at, vt. **1.** 이동하다, 제거하다 **2.** 자리를 바꾸다 **3.** 여행하다 **4.** 떠나다 **5.** 가다
deplasament, -e, s.n. 이동
deplas|are, -ări, s.f. **1.** 이동 **2.** 권력이동 **3.** 자리의 이동
deplasa|t, -tă, -ţi, -te, adj. **1.** 자기 자리에 있지 않는 **2.** 자리에서 벗어난 **3.** (부품, 부속 등이) 이탈된
deplân|ge, deplâng, -sei, -s, vt. **1.** 불쌍히 여기다 **2.** 애도하다
deplâns, adj. ; de ~ **1.** 불쌍한 **2.** 가련한, 비참한
deplin, ~ă, ~i, ~e, I..adj. **1.** 완전한 **2.** 전체의, 모든 **3.** 충분한 II. adv (pe ~) **1.** 완전히, **2.** 충분하게
deplinăt|ate, -ăţi, s.f. **1.** 완전 **2.** 충만
deplor|a, deplor, -ai, at, vt. 한탄하다
deplorabil, ~ă, ~i, ~e, I. adj. 불쌍한, 슬픈 II. adv. 불쌍하게, 슬프게
depolariz|a, -ez, -ai, -at, I. vt. 복극하다, 소극하다, -의 편광을 없애다 II. vr. 복극되다
depolarizan|t, -tă, -ţi, -te, adj. 감극된
depolariz|are, -ări, s.f. 감극, 편극소거
deponen|t, -tă, -ţi, -te, s.m. 그리고 f. 공탁자, 예금자
depopul|a, -ez, -ai, -at, vt. -의 주민을 줄이다, -의 주민을 절멸시키다
depopul|are, -ări, s.f. **1.** 인구감소(절멸) **2.** 이송, 국외추방
deport|a, -ez, -ai, -at, vt. (강제) 이송(수송)하다, 추방하다
deport|are, -ări, s.f. (강제) 이송(수송), 추방 ; ~ pe viaţă 종신추방
deporta|t, -tă, -ţi, -te, adj. 추방된
deposed|a, -ez, -ai, -at, vt. 빼앗다, 쫓아내다
deposed|are, -ări, s.f. 내쫓음, 강탈
depou, s.n. **1.** 창고 **2.** 기관차고
depozit, s.n. **1.** 창고, 저장소 **2.** (은행) 예금 **3.** 위탁 **4.** 침전물 **5.** 축적물 ; ~ de cărbuni 석탄 작업장 ; ~ de cărţi 서고 ; ~ de lemne 목재 작업장 ; ~ de muniţii (군사) 탄약 창고
depozit|a, -ez, **1.** (돈 따위를) 맡기다 **2.** 정착하다 **3.** (돈 따위를) 맡기게 되다

depozitar, -e, s.m. **1.** 관리인 **2.** 보관자

depozit|are, -ări, s.f. 저장소, 예금

depoziți|e, -i, s.f. 증언, 증거 ; a face o ~ 증거를 주다, 증언을 하다

deprav|a, -ez, -ai, -at, I. vt. 타락시키다 II. vr. 타락되다, 타락하다

deprav|are, -ări, s.f. 타락, 방탕

deprava|t, -tă, -ți, -te, adj. 타락한

depreci|a, -ez, -ai, -at, vt. **1.** 가치를 떨어뜨리다 **2.** 얕보다 **3.** 화폐의 자격을 박탈하다 **4.** 평가절하하다 **5.** 지우다

deprecia|t, -tă, -ți, -te, adj. 가치가 절하된

depreciativ, ~ă, ~i, ~e, adj. 경시의

deprecier|e, -i, s.f. **1.** 가치저하, 평가절하 **2.** 통용폐지

depresiun|e, -i, s.f. **1.** 의기소침 **2.** 우울 **3.** 저기압

depresiv, ~ă, ~i, ~e, adj. 의기소침하게 만드는, 의기소침한, 우울한

deprim|a, deprim, -ai, -at, vt. **1.** 슬프게 하다 **2.** 의기소침하다 **3.** 낙담시키다 **4.** 슬퍼지다

depriman|t, -tă, -ți, -te, adj. 침울한

deprim|are, -ări, s.f. 낙담, 우울

deprima|t, -tă, -ți, -te, adj. 낙담한, 풀이 죽은

depr|inde, -ind, -insei, -ins I. vt. v. obişnui.

deprinder|e, -i, s.f. **1.** 습관들임 **2.** 습관 **3.** 솜씨 좋음 **4.** 능숙 **5.** 쉬움 ; a căpăta o ~ 버릇을 몸에 익히다, 습관이 들다

deprin|s, -să, -şi, -se, adj. 경험 많은, 숙련된

depunăt|or, -oare, -ori, -oare, s.m. 예금주, 공탁자

dep|une, -un, -usei, -us, I. vt. **1.** 제출하다 **2.** 입금하다, 예금하다 **3.** 신청서를 내다 **4.** 증언하다 **5.** 투옥하다 **6.** 해고하다 ; a ~ armele 투항하다, 기권하다 ; a ~ bani la bancă 은행에 예금하다 ; a ~ o cerere 지원하다, 청구하다 ; a ~ eforturi 노력하다, 애쓰다 ; a ~ un examen 시험을 치루다 ; a ~ o plângere împotriva ... -을 고소하다 II. vr. 떨어지다, 내리다, 넘어지다

depuner|e, -i, s.f. **1.** 제출 **2.** 증언 **3.** 신청

deputa|t, -tă, -ți, -te, s.m. 그리고 f. **1.** 대리인, 대의원 **2.** 국회의 하원의원 **3.** 의원

deputăți|e, -i, s.f. **1.** 대표자의 통치위임 **2.** 대리, 대표

deraj|a, -ez, -ai, -at, vi. **1.** 탈선하다 **2.** 허튼 말하다 **3.** 고래고래 소리 지르다.

deraier|e, -i, s.f. 탈선

deranj|a, -ez, -ai, -at, I. vt. **1.** 방해하다 **2.** 간섭하다 **3.** 고장 나다, 망가지다 **4.** 괴롭히다, 걱정을 끼치다, -에게 폐를 끼치다 ; a ~ odihna cuiva -의 휴식을 방해하다 ; sper că nu vă deranjez 당신에게 방해(폐)가 안 되기를 바랍니다 II. vr. **1.** 애쓰다, 수고하다, 노고를 아끼지 않다 **2.** 고장 나다, 작동이 되지 않다 ; nu vă ~ți pentru mine 저 때문에 수고하시지 마세요(수고하실 필요가 없습니다)

deranjament, -e, s.n. **1.** [기술]고장, 악화 **2.** electr.누전

deranj, ~uri, s.n. **1.** 혼란 폐 **2.** 방해

3. 불편

deranj|are, -ări, s.f. **1.** 소동, 방해 **2.** 폐

deranjat, -ă, -ți, -te, adj. **1.** 어지러운, 불안한 **2.** 무질서, 혼란

derap|a, -ez, -ai, -at, vi. 옆으로 미끄러지다

derap|are, -ări, s.f. 옆으로 미끄러지기

deratiz|a, -ez, -ai, -at, vt. 쥐를 없애다

deratiz|are, -ări, s.f. 쥐잡기

derădere, s.f. 조롱, 우롱, 조소, 냉소 ; a lua pe cineva în ~ -을 조롱하다, 우롱하다

derbede|u, -i, s.m. **1.** 빈둥거리는 사람 **2.** 무뢰한 **3.** 부랑인

derdeluş, ~uri, s.n. 썰매 타는 경사면, 썰매장

deretica, deretic, -ai, -at, I. vi. 집안을 정리하다, 깨끗하게 하다, 청소하다 II. vt. 정리하다, 정돈하다

deriv|a, -deriv, -ai, -at, I. vt. **1.** 끌어내다 **2.** 전환하다 **3.** 옆으로 돌리다 II. vi. **1.** 갈라지다 **2.** 방향을 바꾸다 **3.** 파생하다, -의 자손이다, 내려가다 **4.** 일어나다, 떠내려 오다

deriv|are, -ări, s.f. **1.** 끌어내기, 유도 **2.** 전환 **3.** 파생

deriva|t, -tă, -ți, -te, adj. **1.** 파생한 **2.** 고차의 **3.** 현행의 **4.** 유래하는 **5.** 파생어의

derivat|ă, -e, s.f. **1.** 차별 **2.** 계수, 율 **3.**공동작용 ; ~ continuă 파생적인, 파생물

derivativ, ~ă, ~i, ~e, I. adj. 끌어낸, 파생적인 II. s.n. 파생물

derivație, -i, s.f. **1.** 파생 **2.** 가지

deriv|ă, -e, s.f. **1.** 풍압 **2.** 동향, 표류

derizori|u, -e, -i, s.f. 우스운, 어리석은 ; pe un preț ~ 싸구려의 ; preț ~ 턱없이 값이 싼

dermatit|ă, -e, s.f. 피부염

dermatolog, ~i, s.m. 그리고 f. 피부과 전문의

dermatologic, -ă, -i. -e, adj. 피부과의

dermatologie, -i, s.f. 피부의학

dermatoz|ă, -e, s.f. 피부병

derm|ă, -e, s.f. 가죽, 피부

dermic, ~ă, ~i, ~e, adj. 피부의

derog|a, -derog, -ai, -at, vi. 떠나다, 벗어나다

derog|are, -ări, s.f. 법의 가치 저하

derogatori|u, -e, -i, adj. 가치를 떨어뜨리는

derul|a, -ez, -ai, -at, vt. 풀다, 펼치다

derut|a, -ez, -ai, -at, vt. 그릇 인도하다, 혼동하다

derutan|t, -tă, -ți, -te, adj. 그릇 인도하는

deruta|t, -tă, -ți, -te, adj. (încurcat) 잘못 인도된, 혼동된

derută, s.f. [군사]패주, 퇴각, 무질서

derviş, -i, s.m. 회교 금욕파의 수도승

des, deasă, deşi, dese, I. adj. **1.** (compact) 빈번한 **2.** (repetat) 반복적인 ; vizite ~e 빈번한 방문 II. adv. (adesea) 자주, 빈번히, 반복적으로 ; a scrie ~ 편지를 자주 쓰다

desag|ă, -i, s.f. 전대, 배낭

desăguț|ă, -e, s.f. desagă의 축소형 명사

desăr|a, -ez, -ai, -at, vt. 소금을 일부 또는 전체 제거하다

desărcin|a, -ez, -ai, -at, vt. **1.** (din) 해제하다 **2.** 면제하다

desăvârş|i, -esc, -ii, -it, -I. vt. **1.** (a perfectiona) 완수하다, 향상하다 **2.** (a termina)끝내다 **3.** (a dezvolta) 발전하다 II. vr. **1.** 완수되다, **2.** 개선되다

desăvârşir|e, -i, s.f. 완성, 완수

desăvârşi|t, -tă, -ţi, -te, adj. 완전한, 완성된 II. adv.완전히

descalific|a, -descalific, -ai, -at, vt. **1.** 자격을 없애다 **2.** (스포츠에서) 출전 정지시키다 II. vr. 자격이 정지되다, 출전이 정지되다

descalific|are, -ări, s.f. 출전정지

descălc|a, descalc, -ai, -at, vt. 다리미로 주름을 없애다

descălec|a, descalc, -ai,-at, vi. 낙마하다

descălec|are, -ări, s.f. **1.** 하마, 말에서 내리기 **2.** 설립, 정착, 정착하기

descălţ|a, descalţ, -ai, -at, I. vt. (신 등을) 벗다, (신 등을) 벗기다 II. vr. 신 등을 벗다

descălţa|t, -tă, -ţi, -te, adj. 맨발의

descărc|a, descarc, -ai, -at, I. vt. **1.** 짐을 부리다, 하역하다, 비우다, 제거하다 **2.** 면하다, 해결하다 ; a ~ balastul dintr-un vas 배의 짐을 하역하다 ; a ~ mărfuri 상품을 하역하다 ; a-şi ~ stomacul -의 배를 비우다, 배변하다 II. vr. **1.** 하역되다 **2.** 구원되다, 구제되다 **3.** 분명해지다 **4.** 방전되다

descărc|are, -ări, s.f. 짐을 부리기, 하역하기, 방전

descărcătur|ă, -i, s.f. 하역될 짐

descărn|a, -ez, -ai, -at, I. vr. 여위다 II. vt. 살을 빼다

descătărăm|a, -ez, -ai, -at, vt. 장금장치를 풀다 II. vr.잠금장치가 풀리다

descătuş|are, -ări, s.f. 느슨하게 풀어주기

descăzut, ~uri, s.n. mat. 피감수

descânt|a, descânt, -ai, -at, vt. -에게 마법을 걸다, 호리다, 유혹하다

descântec, -e, s.n. 액 막기, 불제기도

descenden|t, -tă, -ţi, -te, I. adj. 후예의 II. s.m. 자손, 후예

descentraliz|are, -ări, s.f. 지방분권

deschei|a, deschei, -ai, -at, I. vt. (cămaşă etc.) 단추를 풀다 II. vr. 단추가 풀어지다

descheia|t, -tă, -ţi, te, adj. 단추가 풀린

deschiabur|i, -esc, -ii, -it, vt. 소유권을 박탈하다

deschiaburir|e, -i, s.f. pol. 소유권 박탈

des|chide, -chid, -chisei, -chis, I. vt. **1.** 열다, 개봉하다 **2.** (a inaugura) 기업(가게 등)을 개점하다, 개시하다, 설립하다 ; a ~ balul 무도회를 개최하다 ; a ~ o carte 책을 펴다 ; a ~ un cont/credit 구좌를 개설하다 ; a ~ un curs 강좌를 개설하다 ; a ~ o eră nouă 새로운 시대를 열다 ; a ~ drumul (소유격 지배) -의 길을 개척하다 ; a-şi ~ inima cuiva -에게 마음을 열다 ; a ~ o paranteză 괄호를 열다 II. vr. **1.** 개설되다 **2.** (brusc) 갑자기 열

려지다 **3.** 전개되다, 펼쳐지다 **4.** 마음을 열다 Ⅲ. vi. 열리다

deschider|e, -i, s.f. **1.** 개점, 개시 **2.** 오프닝 **3.** 노두 **4.** 입구 ; cuvânt de ~ 개회사 ; zi de ~ 개업일

deschi|s, I. -să, -şi, -se, adj. **1.** 열린 **2.** fig 솔직한, 열린 마음의 **3.** 명확한, 명백한 **4.** 대중적인 **5.** (색상 등이)밝은 un om ~ 솔직한 사람 Ⅱ. adv **1.** 개방적으로, 개방해서 **2.** (cu cărțile pe masă) 공명정대하게 ; a vorbi ~ 솔직하게(숨김없이) 말하다

deschizăt|or, I. -oare, -ori, -oare, adj. 여는 Ⅱ. ~i, s.m. 개척자, 선구자

deschizătur|ă, -i, s.f. **1.** 틈

descifrabil, ~ă, ~i, ~e, adj. (d. o inscripție) 판독할 수 있는

descifr|are, -ări, s.f. 판독

des|cinde, -cind, -cins -sei, -cis, vi. 계통을 잇다

descinder|e, s.f. **1.** (coborâre) 강하, 하산, 내려가기 **2.** 내리막길 **3.** 찾기

des|cinge, -cing, -cinsei, -cins, I. vt. 띠를 풀다 Ⅱ. vr. 띠가 풀리다

descin|s, -să, -şi, -se, adj. 끈이 풀린

desclei|a, -ez, -ai, -at, vt. 떨어져나가다

descleşt|a, -ez, -ai, -at, I. vt. 되돌리다, 열다 Ⅱ. vr. 열리다

des|coase, -cos, -cusui, -cusut, I. vt. **1.** 되돌리다, 원상으로 돌리다, 취소하다 **2.** (꿰맨 것을) 뜯다, 솔기를 뜯다 Ⅱ. vr.되돌려지다, 원상복구되다

descoj|i, -esc, -ii, -it, vt. I. 껍질을 벗기다 Ⅱ. vr. 껍질이 벗겨지다

descomplet|a, -ez, -ai, -at, I. vt. 망치다, 망치게 하다 Ⅱ. vr. 망가지다, 나빠지다

descom|pune, -pun, -pusei, -pus, I. vt. **1.** 분해하다, 나누다, 분열시키다 **2.** 부패하다 Ⅱ. vr. 분해 되다

descompuner|e, -i, s.f. 분해

descompu|s, -să, -şi, -se, adj. 분해된

desconsider|are, -ări, s.f. 무시, 경시, 경멸

descoper|i, descopăr, -ii, -it, I. vt. **1.** 발견하다 **2.** 폭로하다, 밝히다 **3.** 커버를 벗기다 **4.** 발명하다 Ⅱ. vr. 알려지다, 알게 되다, 밝혀지다

descoperir|e, -i, s.f. 발견

descoperi|t, -tă, -ți, -te, adj. 발견된

descoperit|or, -oare, -ori, -oare, s.m. 탐험가

descotoros|i, -esc, -ii, -it, I. vt. 없애다 Ⅱ. vr. 없어지다

descrescăt|or, -oare, -ori, -oare, adj. 줄어드는

descr|eşte, -esc, -escui, -escut, vi. **1.** 감소하다, -의 끝을 가늘게 하다 **2.** 점점 줄다, 줄어들다 **3.** 축소하다 **4.** 아래로 향하다, 차츰 작아지다, 쇠퇴하다 **5.** (가치가)내리다, 수축하다 ,희미해지다 **6.** (속도가) 늦어지다, 느슨해지다, 늦추다 **7.** 내려가다 **8.** 쇠퇴하다, (권력이) 약화되다 **9.** (달이) 기울기 시작하다 **10.** (분리되어) 떨어지다, (흥미가) 없어지다 **11.** (날이) 저물다, 오그라들게 하다 **12.** (폭풍 따위가) 누그러지다, 꺾이다 **13.** (추위가) 약해지다

descreşter|e, -i, s.f. 감소, 축소, 삭

감, 할인, (기둥 따위의) 끝이 차츰 가늘어지기

descreț|i, -esc, -ii, -it, I. vt. **1.** 매만지다, 펴다, **2.** 부드럽게 하다 II. vr. **1.** 매만져 지다, 펴지다 **2.** 부드러워지다 **3.** 순조로워지다

de|scrie, -scriu, -scrisei, -scris, vt. **1.** 서술하다, -라고 말하다 **2.** 표현하다, 묘사하다, -의 개략을 쓰다 **3.** (요령 있게) 잘 표현하다, 흉내 내다 **4.** 초상을 그리다, (풍경을) 묘사하다, 연기하다, 극적으로 표현하다 ; a ~ amănunțit 소상히 설명하다

descrier|e, -i, s.f. **1.** 서술, 기술, 묘사, 종류, 품목 **2.** 자세한 이야기 **3.** 소묘, 밑그림, 개략, 대요, 단편 **4.** 외형을 그리기, 묘사, 약도, 도형

descriptiv, ~ă, ~i, ~e, adj. 기술적인 묘사적인 (문법) 서술의, 비제한적인 ; geometrie ~ă 도형기하학

descuam|a, -ez, -ai, -at, I. vt. **1.** 박리하다 껍질을 벗기다 **2.** -을 벗겨내다 II. vr. **1.** (표피가) 벗겨지다, 떨어지다 **2.** 얇은 조각이 되어 떨어지다

descui|a, descui, -ai, -at, I. vt. **1.** 자물쇠를 풀다, -열다 드러내다 털어놓다 **2.** 열다, 펼치다 , (땅을) 개척하다, 개방하다, 개업하다, 시작하다, 폭로하다, 개발하다 II. vr. 열려지다, 드러나다, 폭로되다, 개발되다

descuia|t, -tă, -ți, -te, adj. **1.** 열려진, 드러난 **2.** 펼쳐진, 개방된, 시작된 **3.** 마음이 넓은, 관대한, 편견이 없는

desculț, ~ă, ~i, ~e, I. adj. 맨발의, 다리를 드러낸 II. adv. 맨발로 III. s.m. 그리고 f. 방랑자, 부랑인

desculț|a, desculț, -ai, -at, vt. (신, 양말 등을) 벗다

descumpăni, vt. **1.** 평형을 잃게 하다, 균형을 깨다 **2.** 당황케 하다, 어지럽히다

descumpăni|t, -tă, -ți, -te, adj. **1.** 당황한, 혼란한, 불안한, 균형을 잃은 **2.** 깊은 곳에 빠져서, 능력이 미치지 못하는

descuraj|a, -ez, -ai, -at, I. vt. **1.** 낙심시키다 의기소침하게 하다 **2.** 좌절시키다 II. vr. 기운이 없어지다, 용기를 잃다

descurajare, s.f. 낙담시키기, 만류, 의기소침, 실망, 기를 꺾는 것, 방해, 장애

descuraja|t, -tă, -ți, -te, adj. **1.** 기를 죽인, 위압된, 낙담시킨, 기가 죽은 **2.** 우울한, 용기를 잃은 **3.** 풀이 죽은, 의기소침한

descurajăt|or, -oară, -ori, -oare, adj. 낙담시키는, 비관적인, 가망이 희박한, 의기소침한

descurc|a, descurc, -ai, -at, I. vt. **1.** (얽힌 것을) 풀다, 해방시키다 끄르다, 밝히다 **2.** 풀다, 해결하다, 명확히 하다, **3.** 얽힌 것을 풀다 **4.** (혼란에서) -을 구해내다 II. vr. **1.** 혼란에서 벗어나다 **2.** 일을 해쳐나가다 **3.** 애쓰다, 노력하다 ; a se ~ în... -에 능숙하다

descurcăr|eț, -eață, -eți, -ețe, adj. **1.** 지모가 풍부한, 재력이 넉넉한, 탄력성이 있는, 쾌활한, 귀여운, 멋진, 영리한 **2.** 수완이 있는, 수상쩍은 **3.** 빈틈이 없는

descusu|t, -tă, -ți, -te, adj. 절개된, 폭로된, 밝혀진, 개봉된

deseară, adv. 오늘밤, 오늘밤에

desec|are, -ări, s.f. 방수로, 하수구, 유출, 지출, 소실, 고갈, 배수, (구어) 한 모금

desemn|a, -ez, -ai, -at, vt. **1.** 나타내다, 거시하다, -라고 이름을 짓다, 칭하다, -을 선정하다, 지명하다 **2.** 임명하다, 정하다 약속하다 (하늘 등의 권위가) 명하다, [법률]재산의 귀속을 결정하다

desemn|are, -ări, s.f. **1.** 지시 명시, 명칭, 칭호, 지명, 임명 **2.** 관직, 지위, 약속, 예약, 설비, 장비(군인, 말 따위)

desen, -e, s.n. **1.** 끌어내기, 작성하기 제도, 고안 **2.** 선묘 그림 **3.** 초안, 설계, 계획 **4.** 윤곽, 개요 **5.** 무늬, 도안 ; ~ artistic 예술화 ; ~ cu creionul 연필화 ; ~ de execuţie (공사의) 시공도 (기계의) 공작도 ; ~e animate 만화 영화 ; ~ în cerneală 잉크화 ; ~ liber 자재화, 자유묘사 ; ~ linear 선화 ; ~ technic 용기화제도

desen|a, -ez, -ai, -at, I. vt. **1.** 사생하다, 그림을 그리다 **2.** 잉크로 그리다 **3.** 사생하다 II. vr. 눈에 띄다, 돋보이다, 나타나다

desen|are, -ări, s.f. 사생

desenat|or, -oare, -ori, -oare, s.m. 제도사, 그림을 그리는 사람, 겨냥도를 그리는 사람

deseori, adv. 자주

desert, ~uri, s.n. **1.** 디저트, 후식 **2.** 단것, 과자, 캔디 **3.** (식사의 마지막 코스) 후식

deserv|i¹, -esc, -ii, -it, vt. **1.** -에게 몹쓸 짓을 하다 **2.** 손실을 주다, 불이익을 주다

deserv|i², -esc, -ii, -it, vt. **1.** 종사하다, 돌보다, 간호하다, 참여하다, 따르다, 시중들다, 제공하다 **2.** -의 역할을 하다, -의 노릇을 하다

deservir|e, -i, s.f. **1.** 쓰임, 근무, 봉직, 봉사, 공헌 예배 시중 서비스 **2.** (편의를 위한) 설비, 용이함, 고분고분함 ; ~ medico-sanitară 의료봉사, 의료서비스 ; personal de ~ 서비스 요원, 수행원

desetin|ă, -e, s.f. 10분의 1, 조금, 소부분

des|face, -fac, -făcui, -făcut, I. vt. **1.** 떼어놓다, 분리하다, 파견하다 **2.** 몰락하게 하다, **3.** (선물을) 풀다, **4.** 해방하다 석방하다, **5.** 느슨하게 하다, 자유롭게 하다 **6.** 분리하다, 끊다, 가르다 **7.** 분해하다, 해체하다 **8.** (의복 구두의) 끈을 풀다, **9.** 열다, 개방하다 ; a ~ o căsătorie 파혼하다, 결혼을 해소하다 ; a ~ un contract (계약을) 취소하다, 무효로 하다 ; a ~ mânerul 자제심을 잃다 ; a ~ o tovărăşie 동맹관계를 해소하다 II. vr. **1.** 자유로워지다, 산산조각이 나다 **2.** 느슨해지다 **3.** 풀어지다, 취소되다

desfacer|e, -i, s.f. **1.** 분리, 이탈, 냉담, 무관심 공평, 분견, 파견 **2.** 판매, 매각, 수요, 투매, 경매

desfăcu|t, -tă, -ţi, -te, adj. **1.** 떨어져 있는, 독립된, 공평한, 초연한, 파견된 **2.** 열린, 공개의, 제한되지 않은, 온화한, 솔직한, 편견이 없는, 관대한

desfăş|a, desfăş, -ai, -at, I. vt. (꾸러미를) 풀다, 펴다 II. vr. 풀리다, 펴지다

desfăşur|a, desfăşor şi desfăşur,

-ai, -at, I. vt. **1.** 펼치다, 열다 **2.** 전시하다, 내보이다 **3.** 벌리다, 뻗다, 늘이다, 진열하다 **4.** 보여주다, 늘어놓다 **5.** 경영하다, -처리하다, 계속하다 **6.** 전개하다, 개발하다, 개시하다 II. vr. **1.** (사실이) 밝혀지다 **2.** 사회주의자 경쟁이 전개되다 **3.** 펼쳐지다 **4.** 계속되다, 진행되다 **5.** 빨라지다 **6.** 개최되다, 열리다

desfăşur|are, -ări, s.f. **1.** 진보, 발전, 증진 **2.** 진열, 표시, 과시 ; ~ de forțe 힘의 과시

desfăşura|t, -tă, -ți, -te, adj. 펼쳐진, 드러난, 열린 ; construirea ~ă a socialismului 사회주의 건설에 총력을 기울인

desfăt|a, desfăt (şi -ez), -ai, -at, I. vt. **1.** 기쁘게 하다, 즐겁게 하다 좋아하다 **2.** -를 보며 즐기다 **3.** 맘껏 즐기다, -로 즐거워하다 **4.** 만족 시키다 II. vr. 유쾌하게 보내다, 즐기다, 기뻐하다

desfăt|are, -ări, s.f. **1.** 기쁨, 만족, 즐거움 **2.** 즐거움, 유쾌한 법석 **3.** 기쁨, 기뻐서 날뜀 **4.** 환희, 환호 ; e o ~ să-l vezi 그를 만나는 것이 너무나도 기쁘다

desfăta|t, -tă, -ți, -te, adj. **1.** 넓은, 긴 **2.** 기쁜, 유쾌한, 즐거운, 명랑한, 밝은

desfătăt|or, -oare, -ori, -oare, adj. **1.** 기쁨을 주는, 유쾌한, 즐거운 **2.** 아주 즐거운, 맛좋은 맛깔스러운 **3.** 더없이 행복한, 지복의

desfătui, vt. (충고나 설득으로) -에게 그만두게 하다, (-하지 않도록) 권하다

desferec|a, desferc, -ai, -at, vt. 족쇄를 풀다, 석방하다, 자유롭게 하다, 편견을 없애다

desfide, desfid vt. **1.** -에게 공공연히 반항하다, 대들다, 화나게 하다, 선동하다 **2.** 도전하다, 죽음을 걸다 **3.** 감히 - 하다

desfigur|a, -ez, -ai, -ar, I. vt. **1.** 형태를 망가뜨리다, 훼손시키다, **2.** 외관을 손상하다, 더럽히다 불구로 만들다 **3.** 쓸모없게 되다 손발을 잘라내다 망쳐놓다 II. vr. 망가지다

desfigur|are, -ări, s.f. **1.** 손상, 흠, 결점 **2.** 파손, 마모 (표면의) 상처 **3.** (손 발 따위의) 절단, 불구, 훼손, 불완전

desfigura|t, -tă, -ți, -te, adj. **1.** 훼손된, 손상된 **2.** 더럽혀진, 마손된, 말소된 **3.** 잘려진, 불완전한

desființ|a, -ez, -ai, -at, vt. **1.** (관례, 제도, 법률 따위를) 폐지하다, -을 금지하다, 억압하다 **2.** 취소하다, 무효로 하다 **3.** (정식으로) -을 취소하다, 폐기하다, (법률 습관을) 폐지하다 **4.** 해소하다, 해산되다 **5.** 없애다, 치우다 **6.** 억누르다 **7.** 파멸시키다, 쓸모없게 하다 II. vr. 무효화되다, 폐지되다

desființ|are, -ări, s.f. **1.** 전폐, 폐지 **2.** 폐기, 철회, 취소

desfoi|a, desfoi, -ai, -at, I. vt. **1.** (껍질 따위를) -를 벗기다, 발가벗기다 빼앗다, 제거하다, 노출시키다 **2.** -의 잎을 지게하다, 시들게 하다 II. vr. **1.** (잎이) 자연히 떨어지다 **2.** (꽃 따위가)피다

desfrân|a, -ez, -ai, -at, vr. 음탕하게 살다, 방자한 삶을 살다

desfrâna|t, -tă, -ți, -te, adj. **1.** 음란

한, 비열한, 품행이 나쁜, 거칠은, 난폭한 **2.** 부도덕한, 규칙을 무시한 **3.** 규칙에 따르지 않는, 날뛰는 **4.** 난봉꾼의, 방탕자의

desfrâ|u, ~uri, s.n. **1.** 무절제, 방탕 **2.** 방탕, 난봉, 흥청망청 놀기 **3.** 부도덕, 음탕 **4.** 낭비, 소실, 유흥

desfrunz|i, -esc, -ii, -it, I. vt. **1.** (껍질 따위를) 벗기다, 발가벗기다, 빼앗다 제거하다 **2.** -의 잎을 지게하다, 시들게 하다 **3.** 잎을 떨어뜨리다

desfrunzi|t, -tă, -ţi, -te, adj. **1.** 잎이 없는, 낙엽 진 **2.** 잎이 진, 시든

desfund|a, desfund, -ai, -at, I. vt. **1.** 장애물을 제거하다 **2.** 쓸어내다, 깨끗이 비우다 **3.** 개방하다 **4.** 뜯어내다, 부수다, 구멍을 뚫다, (말을)꺼내다, (통의 널을 뜯어내어 술을) 빼내다 **5.** -을 씻다 II. vr. 씻어지다, 부식하다, (토지를) 침식하다, -에 밀려오다

desfund|are, -ări, s.f. 청소, 세탁 (운동 경기에서의) 완패, 먼지, 티끌

defunda|t, -tă, -ţi, -te, adj. **1.** 매우 깊은, 헤아릴 수 없는, 끝없는 **2.** (길이) 울퉁불퉁한, 심한 동요를 일으키는, 깨진, 파기된, 기복이 있는 **3.** 통행 할 수 없는, 극복 될 수 없는, 실행 할 수 없는, 고집 센

deshăm|a, desham, -ai, -at, vt. **1.** -를 풀다, -의 갑옷을 벗기다, -을 무장해제하다 **2.** (말 따위의) 장구를 끄르다, 마구를 풀다

deshămare, -ri, s.f. 무장 해제, 풀기

deshidrat|a, -ez, -ai, -at, vt. 수분을 빼다, 탈수하다, (야채 과일 따위를) 건조시키다

deshidrat|are, -ări, s.f. 탈수, 건조

deshidrat|or, -oare, s.n.(기술) 건조기, 탈수기

deshum|a, desham, -ai, -at, vt. **1.** -을 발굴하다, (무덤을) 발굴하다, (비유적) -을 공개하다 **2.** -을 땅속에서 파내다, -을 세상에 알리다, 빛을 보게 하다

deshum|are, -ări, s.f. **1.** 발굴, 시체 발굴 **2.** 적발

desigil|a, -ez, -ai, -at, vt. 물건을 풀다, 열다

design|a, -ez, -ai, -at, vt. **1.** 나타내다, 명시하다, -라고 칭하다, 거명하다 **2.** 예시하다, 가리키다, 표시하다, 암시하다

desigur, adv. 확실히, 물론, 당연히

desim|e, -i, s.f. **1.** 밀집, 촘촘함, 농도, 농후 **2.** 촘촘함, 빽빽함, 우둔함 **3.** 조밀, 깊이, 밀도 **4.** 덤불, 잡목 숲

desinenţ|ă, -e, s.f. (문법) 굴절

desiş, ~uri, s.n. 덤불, 잡목 숲

desluş|i, -esc, -ii, -it, I. vt. **1.** 설명하다, 기술하다 **2.** (사실을) 밝히다, 분명히 하다, **3.** -의 뜻을 풀다, 해명하다, 해석하다 **4.** 인지하다, 승인하다 **5.** 분명히 인식하다, 지각하다, 이해하다, 깨닫다, 알아채다 **6.** -을 발견하다 **7.** 구별하다, 식별하다, 분간하다 II. vr. **1.** 설명되어지다 **2.** 분명해지다, 뚜렷해지다 **3.** 어렴풋이 나타나다 **4.** 매우 중대하게 생각되다

desluşir|e, -i, s.f. 설명

desluşi|t, -tă, -ţi, -te, I. adj. **1.** 두드러진, 확실한, 현저한 **2.** 명료한, 알기 쉬운 **3.** 명백한, 분명한 **4.** 읽기 쉬운, 명료한 II. adv. 뚜렷이, 명확히

desolidariz|a, -ez, -ai, -at, vr. **1.** 관계가 끊기다 **2.** 자기 뜻대로 하다 **3.**

-와의 관계가 끊어지다

desolidarizare, s.f. 분리, (물리, 화학) 해리

despachet|a, -ez, -ai, -at, vt. **1.** 열다, 펼쳐지다 **2.** -의 덮개를 벗기다, -을 펴 보이다 -을 분명하게 내보이다 **3.** -내용물을 꺼내다, -을 열다, -에게 마음을 털어놓다

despachet|are, -ări, s.f. 개방, 개시, 시작, 발단

despăduch|ea, -ez, -eai, -eat, vt. **1.** -에서 이를 잡다, 이를 잡아 없애다 **2.** (집)에서 해충을 제거하다

despădur|i, -esc, -ii, -it, vt. **1.** -의 숲을 쳐내다 **2.** 삼림을 벌채하다, -에 삼림법의 적용을 해제하다

despădurir|e, -i, s.f. **1.** 숲(산림, 수림)을 쳐내기 **2.** 삼림법 해제, 삼림 벌채

despăduri|t, -tă, -ți, -te, adj. 벌채된, 숲을 쳐낸, 삼림이 벌채된

despăgub|i, -esc, -ii, -it, vt. **1.** (손해를) 변상하다, 배상하다 보장하다, 면책하다 **2.** 변상하다, 갚다 **3.** -에게 -을 보상하다 **4.** -에 보답하다 **5.** -을 벌충하다

despăgubire, s.f. **1.** 보상 배상, 배상금 **2.** 대가, 보수, 급료 **3.** 반제 **4.** 변상 **5.** 보답, 급료 **6.** 비용, 경비 ; ~ de daună 피혜보상 ; ~ legală: 법적 보상 ; ~ pecuniară 금전적 보상 ; ~ pentru accidentele de muncă 산재 보상

despărț|i, despart, -ii, -it, I. vt.**1.** 분리하다 **2.** 가르다, 절단하다 **3.** 떼어놓다, 파견하다 **4.** -을 갈라놓다 **5.** 차단하다, -을 끊다 **6.** 분열시키다 **7.** 체로 치다, 가르다, 분류하다 **8.** 나누다 **9.** 분리시키다, 고립시키다 **10.** 이혼시키다, 격리시키다 **11.** 식별하다 II. vr. 헤어지다, 갈라지다

despărțir|e, -i, s.f. **1.** 분리, 분열, 구별, 이직 **2.** 고립, 격려, 유리, (전기) 절멸 **3.** 격리, 차단, 은퇴, 은둔

despărți|t, -tă, -ți, -te, adj.

despărțit|or, -oare, -ori, -oare, adj. **1.** 나누는, 분할하는 **2.** 경계, 벽, 격벽

despărțitur|ă, -i, s.f. **1.** 분할, 간 막이 구획 **2.** 부문 **3.** 분류 그룹, 집단 **4.** 경계 벽, 구획 **5.** 벽장, 상자, 보관소 **6.** 침실, 거실 **7.** 울로 둘러막은 땅, 구내, 울담

despătur|i, despătur, -ii, -it, vt. 펼치다, 나타내다, 설명하다, 내놓다

desper|a, desper, -ai, -at, I. vi. **1.** 실망하다, 낙심하다, 단념하다 **2.** 절망하다 II. vt. **1.** 포기하다 **2.** -을 절망으로 몰아넣다

desper|are, -ări, s.f. 절망 낙심, 단념 ; la ~ 절망하여 ; a duce/aduce la ~ 절망으로 몰아넣다

despera|t, -tă, -ți, -te, I. adj. **1.** 절망하여, 자포자기의 무모한 **2.** 가망이 없는, 절망한 II. adv. 절망적으로, 필사적으로

desperech|ea, -ez, -eai, -eat, I. vt. **1.** 풀어놓다, 떼어놓다 **2.** -의 끈을 풀다, 해방하다 **3.** 분리하다 세분하다 해체하다 II. vr. 불완전하게 되다

desperechea|t, -tă, -ți, -te adj. **1.** 여분의 **2.** 외짝의, 외짝인 **3.** 불완전한

desperecher|e, -i, s.f. 풀어놓기

despic|a, despic, -ai, -at, I. vt. **1.** 쪼개(지)다, 찢(어지)다, 갈라지다, 터

지다 분열하다, 가르다 갈리다 **2.** 비밀을 누설하다, 밀고하다 II. vr. **1.** 두 갈래로 갈리다 **2.** (사업체 등이) 새 방향으로 확장되다

despic|are, -ări, s.f. 째기, 쪼개기, 가르기, 쪼개진(갈라진)틈, 분리, 불화, 내분

despicătur|ă, -i, s.n. (나무, 금속 유리 따위의) 날카로운 조각, 가시, 파편

despiedic|a, despiedic, -ai, -at, vt. 풀다, 끄르다

despieptăna|t, -tă, -ți, te, adj. 헝클어진

desplet|i, -esc, -ii, -it, I. vt. **1.** (매듭, 단추 따위를) 풀다, 끄르다, 늦추다, 망치다, 원상태로 돌리다 **2.** (땋은 머리등을)풀다 II. vr. 풀리다, 실패하다, 파멸하다

despleti|t, -tă, -ți, -te, adj. **1.** 하지 않은, 미완성의 (사람이)몰락한, 타락한 **2.** 머리가 헝클어진, 흐트러진, (옷이) 단정치 못한

despodob|i, -esc, -ii, -it, vt. 장식을 벗기다

despo|t, -ți, s.m. 전제군주, 폭군

despotcov|i, -esc, -ii, -it, I. vt. **1.** 구두를 벗기다 **2.** 말에서 편자를 벗기다 II. vr. 벗겨지다, 편자가 풀리다

despotic, ~ă, ~i, ~e, I. adj. 전제의, 독재적인, 횡포한 II. adv. 전제적으로, 독재적으로

despotism, s.n. 독재, 전제정치, 전제국

despotmol|i, -esc, -ii, -it, vt. (침몰선 따위를) 다시 뜨게 하다 다시 떠오르다.

despovăr|a, -ez, -ai, -at, vt. **1.** (걱정 따위를) 덜다, 편하게 하다 **2.** (짐을)내리다

despre, prep. **1.** -에 대하여, -에 관하여, -의, **2.** -을 향하여

despres|ura, -or, ~uri, -urat, vt. **1.** 구제하다, (고통 따위를) 경감하다, 제거하다 **2.** -을 훔치다, 누구를 해임하다

despresur|are, -ări, s.f. 구제, 경감, 완화, 해방

despresurat, -ă, -ți, -te, adj. 구제된, 완화된, 해방된

desprimavăr|a, vr. impers. (a) se - 봄이 오다

desprimăvăr|are, -ări, s.f. 봄맞이

des|prinde, prind, -prinsei, -prins, vt. **1.** (단추 등을) 끄르다, 떼다 **2.** 빗기다 **3.** 풀다, 늦추다 **4.** 찢어지다 **5.** 석별하다 **6.** (싫은 사람을) 뿌리치고 떠나다

desprinder|e, -i, s.f. **1.** 분리, 이탈, 파견, 분견 **2.** 분리된 상태, 공평, 초탈, 초연함

despriponi, vt. 밧줄(사슬)로 잡아매다, 매어두다, 속박하다

desprin|s, -să, -şi, -se, adj.**1.** 분리된, **2.** 찢어진

des|puia, -poi, -puiai, -puit, I. vt. **1.** 발가벗기다, 노출시키다 **2.** (나무의) 껍질을 벗기다 ; a ~ scrutinul 개표하다 II. vr. **1.** (잎)이 떨어지다 **2.** 발가벗다, 노출되다

despuia|t, -tă, -ți, -te, adj. 벌거숭이의, 나체의, 드러난, 노출된

despuiere, ~ri, s.f. 발가벗김, 발가숭이(상태), 노출

destăinu|i, -iesc, -ii, -it, I. vt. 드러내다, 누설하다, 폭로하다 II. vr. **1.**

드러나다 **2.** 마음을 열다 ; a se ~ cuiva -에게 마음을 열다, -을 신임하다

destăinuir|e, -i, s.f. **1.** 신용 신임, 신뢰 믿음, 소신, 확신 **2.** 고백, 자백

destin, -e, s.n. **1.** 운명, 숙명 **2.** 불행, 재앙, 치명적인 영향 **3.** 우연, 운, 행운, 가능성

destin|a, -ez, -ai, -at, vt. **1.** 운명지어지다, 미리 정해지다 **2.** -하려고 생각하다, -할 작정이다 **3.** 의미하다 **4.** -에 바치다 봉납(헌납하다)

destinat, -ă, -ți, -te, adj. 예정된, 의도된, 계획된, 운명이 지어진

destinatar, ~i, s.m. 수령인

destinați|e, -i, s.f. **1.** 목적지, 행선지

des|tinde, -tind, -tinsei, -tins, I. vt. **1.** (몸, 수족을)뻗다, 펴다, 펼치다 **2.** -로부터 손을 떼다 (비유) 싫어하다 **3.** 크게 하다, 늘리다 **4.** 길게 하다 **5.** 완화하다 II. vr. 굴복하지 않다, 곧다

destinder|e, -i, s.f. 완화, 풀림, 이완

destin|s, -să, -şi, -se, 풀린, 이완된

destitu|i, destitui, -ii, -it, vt. **1.** 해고시키다 **2.** 잠시 정지하다, 보류하다, 권리 행사를 일시적으로 정지시키다

destituir|e, -i, s.f. 해고, 면직, 정직

destoinic, ~ă, ~i, ~e, adj. **1.** 유능한, 재능이 있는 **2.** -의 가치가 있는, 장점이 있는

destoinici|e, -i, s.f. 능력, 역량

destrăbăl|a, -ez, -ai, -at, vr. 타락하다, 방탕하게 되다

destrăbăl|are, -ări, s.f. 무절제, 방탕, 음란, 낭비

destrăbăla|t, -tă, -ți, -te, adj. 방탕한, 음란한, 분별없는, 무절제한

destrăm|a, destram, -ai, -at, I. vt. **1.** (짓궂게) 괴롭히다, 집적거리다 풀다 **2.** 째지다, 찢어지다 **3.** 해산하다 해체하다 **4.** (천 등을) 닳게 하다, 해어지게 하다 **5.** 분해 시키다 II. vr. 붕괴(분해)되다

destrăm|are, -ări, s.f. 짓궂게 괴롭히는, 들볶는, 귀찮은

destrăma|t, -tă, -ți, -te, adj. 해산된, 괴롭힘을 당한

destrămăt|or, -oare, s.n. 목화씨 따는 사람, 목화 재배자

destu|l, -lă, -i, -le, I. adj. 충분한 II. adv. 충분히 ; ~ de bun 충분히 좋은 ; ~ să spun că... -이라고 말하는 것으로 충분하다

destup|a, destup, -ai, -at, vt. 장애물을 제거하다, 처리하다

destup|are, -ări, -ai, -at, vt. 제거, 처리

desțelen|i, -esc, -ii, -it, vt. 땅을 휴경하다

desțepeni, vr. 기지개 켜다, 있는 힘을 다하여 몸을 펴다, 스트레칭하다

desue|t, -tă, ți, -te, adj. 구식의

desuetudine, s.f. 쇠퇴, 쓰이지 않음 a cădea în ~ 쇠퇴하다, 폐지되다, 구식이 되다

desuuri, s.n. 내의, 속옷

deszăpez|i, -esc, -ii, -it, vt. 눈을 치우다

deszăvor|î, -ăsc, -ii, -it, vt. (문 등의) 빗장을 벗기다

deşănța|t, -tă, -ți, -te, adj. **1.** 무질서한, 혼란한, 난잡한 **2.** 부적당한 **3.** 이상한, 기묘한 **4.** 부끄러운, 잡스러운

deşel|a, deşel, -ai, -at, I. vt. **1.** 녹초

가 되게 하다 **2.** 과로시키다 II. vr. 녹초가 되다, 과로하다, 지치다

deşela|t, -tă, -ţi, -te, adj. 무능한

deş|ert[1], ~uri, s.n. **1.** 사막, 황폐한 지역, 황무지 **2.** 공허 **3.** 진공

deş|ert[2] -eartă, -erţi, -erte, adj.**1.** 공허한 빈 **2.** 쓸모없는, 황폐한. 경작되지 않은 **3.** 무익한, 헛된, 쓸데없는

deşert|a, -deşert, -ai, -at, I. vt. 비우다, 해치우다 II. vr. 비워지다

deşert|are, -ări, s.f. 비우기, 해치우기

deşerta|t, -tă, -ţi, -te, adj. 빈, 공허한

deşertăciun|e, -i, s.f. 쓸데없음, 무익, 공허

deşeu, ~ri, s.f. 쓰레기

deşeu|a, -ez, -ai, -at, vt. (말의) 안장을 벗기다, (사람을) 말에서 떨어뜨리다

deşeuri, s.n. 쓰레기, 부산물, 폐기물

deşi, conj (비록) -임에도 불구하고 ; ~ nu ştie nimic 비록 그가 아무것도 모를지라도

deşir|a, deşir, -ai, -ar, I. vt. **1.** (감겨있는 것을) 풀다, 펴다 **2.** (이야기, 토론 등을) 질질 끌다 II. vr. **1.** (감긴 것이) 풀리다, 펴지다 **2.** 늘이다

deşira|t, -tă, -ţi, -te, adj. **1.** 감긴 것이 풀린, (나사가) 감겨 있지 않은 **2.** 말라빠진, 앙상한 **3.** 지루한, 장황한

deşt|ept, I. -eaptă, -epţi, -epte, adj. **1.** 깨어있는, 활동적인, 살아있는 **2.** 영리한, 현명한 II. **1.** 영리한 사람 **2.** 멍텅구리, 얼간이 III. adv. 현명하게

deştept|a, deştept, -ai, -at, I. vt. **1.** 깨우다 **2.** 활기를 띠게 하다, 활발하게 하다 II. vr. 깨다, 일어나다

deştept|are, -ări, s.f. (특히 불쾌한 것에 대한) 눈뜸, 각성

deşteptăciun|e, -i, s.f. **1.** 지성, 영리함 **2.** 어리석은 것, 무의미한 말

deşteptăt|or, -oare, I. adj.깨우치는, 각성의 II. s.n. 자명종(소리)

deşuchea|t, -tă, -ţi, -te, adj. **1.** 미친 **2.** 방탕한, 음란한

deşurub|a, -ez, -ai, -at, I. vt. -의 나사를 빼다. 나사를 늦추어서 떼다 II. vr. 나사가 빠지다(늦추어지다), 나사가 풀리다

deşurub|are, -ări, s.f. 나사풀림, 느슨함

deşuruba|t, -tă, -ţi, -te, adj. 나사가 빠진(늦추어진), 나사가 풀린

detaili|st, -ă, -şti, s.m. 그리고 s.f 소매상

detali|a, -ez, -ai, -at, I. vt. 묘사하다, 상술하다 II. vr. 나타나다, 드러나다, 두드러지다

detalia|t, -tă, -ţi, -te, I. adj. 자세한, 상세한 ; II.adv. 상세하게

detal|iu, -ii, s.n. **1.** 세부사실 **2.** 소매

detaş|a, -ez, -ai, -at, I. vt. **1.** 풀다, 떼다, 분리하다 **2.** 멀리하다, 이간하다, 양도하다 **3.** 파견하다 **4.** (군인, 부대 등을) 일시적으로 타 부대에 배속시키다, 소속시키다 II. vr. **1.** -에서 이탈하다 (벗어나다) **2.** 끝까지 버티다

detaşabil, ~ă, ~i, ~e, adj. 분리할 수 있는, 제거 할 수 있는

detaşament, -e, s.n. **1.** 분리, 이탈된 상태, 초연함 **2.** 조, 팀, 한때

detaşare, -ări, s.f. **1.** 분리 **2.** 이직 **3.** 담당업무, 할당업무, 임무

detaşa|t, I. -tă, -ți, -te, adj. 공평한, 편견이 없는, 분리한 II. adv. 분명히, 의심할 여지없이

detect|a, -ez, -ai, -at, vt. 찾아내다

detect|are, -ări, s.f. 발견

detectiv, ~i, s.m. 탐정, 형사

detect|or, -oare, s.n. **1.** 발견 **2.** 탐지기

detecți|e, -i, s.f. 탐지, 발견

detențiun|e, -i, s.f. 붙듦, 구류, 유치(재판하지 않은 죄수 따위)

deterior|a, -ez, -ai, -at, vt. 나쁘게 하다, 약화시키다, 손상시키다

deteriorare, -ări, s.f. 나쁘게 함, 악화

determin|a, determin, -ai, -at, vt. **1.** 결심하다 **2.** 깨닫게 하다, 설득하다 **3.** 야기하다, 유발하다 **.4.** 지정(결정)하다 **5.** 인식하다, 알아내다 **6.** 측정하다 **7.** 확인하다, 알아내다

determinabil, -ă, -i, -e, adj. 결정 할 수 있는

determinan|t, I. -tă, -ți, -te, adj. **1.** 결정적인 **2.** 결정력 있는, 확정적인 II. s.m[문법]한정사.

determin|are, -ări, s.f. 결심, 결정, 지정

determina|t, -tă, -ți, -te, adj. 결정된

determinativ, ~ă, ~i, ~e, adj. 결정력 있는, 확정적인, 한정하는

determinism, s.n. 결정론

determini|st, -stă, -şti, s.m.그리고 s.f 결정론자

detest|a, detest, -ai, -at, vt. 싫어하다, 혐오하다

detestabil, ~ă, ~i, ~e, adj. 미워하는, 싫어하는

detonan|t, -tă, -ți, -te, adj. I. 폭발하는, 작렬하는 II. s.m. 폭발

detonați|e, -i, s.f. **1.** 폭발 **2.** [음성] 파열음

detra|ca, -chez, -cai, -cat, vr. **1.** (사람) 미치다, 발광하다 **2.** (사물)고장나다, 망가지다

detraca|t, -tă, -ți, -te, adj. 혼란스러운, 부패한

detract|or, -oare, -ori, -oare, s.m. 그리고 f.비방자, 비방

detriment, ~e, s.n. 손해 ; în -ul cuiva -에게 손해를 입히는(손해 보는)

detritic, ~ă, ~i, ~e, adj. 쇄암질의

detritus, s.n. 암설, 쇄암

detron|a, -ez, -ai, -at, vt. 왕위에서 물러나게 하다, 폐위하다

detron|are, -ări, s.f. 폐위

de|tuna, detun, -ai, at, I. vt. 작렬시키다, 폭파시키다 II. vi. 폭발하다

detunătur|ă, -i, s.f. 천둥

deturn|a, -ez, -ai, -at, vt. 착복하다, 횡령하다

deturn|are, -ări, s.f.유용, 착복, 횡령

dețināt|or, -oare, -ori, s.m. 보유자

de|ține, -țin, -ținui, -ținut vt. **1.** 잡다, 유지하다 **2.** 붙들다, 유치하다

dețnu|t, -tă, -ți, -te, s.m. 그리고 s.f. 죄수

deunăzi, adv. 요즘, 최근에

devale, adv. 더 밑으로

devaloriz|a, -ez, -ai, -at, I. vt. 평가절하하다 II. vr. 가치가 하락하다

devaloriz|are, -ări, s.f. 가치절하, 평가절하

devast|a, -ez, -ai, -at, vt. 파괴하다

devast|are, -ări, s.f. 파괴

devălmaş, -i, s.m. 공동소유자
devălmăşi|e, -i, s.f. 공동소유
develop|a, -ez, -ai, -at, vt. **1.** 발전시키다, 진보시키다 **2.** 사진 등을 현상하다
develop|are, -ări, s.f. 현상
developat|or, -oare, s.n. 인화제
deven|ire, -iri, s.f. **1.** -이 되기, 진화 **2.** [철학]형성
dever, s.n. com. 총 매상고
devers|or, -oare, s.n. hidr. 배수로
devi|a, -ez, -ai, -at, vi. 이탈하다, 벗어나다
deviat|or, -oare, -ori, -oare s.m. (당노선 등의) 이탈자
deviați|e, -i, s.f. şi fig. 이탈
deviaționism, s.n. 이탈자적 태도
devier|e, -i, s.f. 이탈
deviz, ~e, s.n. 견적
deviz|ă, -e, s.f. 모토, 슬로건, 표어, 암호
devize, s.f. pl. 외환, 외채
devot|a, -ez, -ai, -at, vt. 헌신하다, 봉사하다
devotament, s.n. 헌신, 몰두
devota|t, -tă, -ți, -te, adj. 헌신하는, 충직한
dextrină, -e, s.f. 덱스트린, 호정(糊精), 고무풀 따위의 대용품
dextrogir, ~ă, ~i, ~e, adj.시계 바늘이 움직이는 방향의(으로), 오른쪽의(으로)
dezabuza|t, -tă, -ți, -te, adj. **1.** 환멸을 느낀, 환상에서 깨어난 **2.** 속지 않은, 현혹되지 않는
dezacord, ~uri, s.n. [음악] **1.** 불협화음, 부조화음, 불일치, 부조화, **2.** 분리, 분열 **3.** (단체, 정당 따위의) 분열, (동료간의) 불화, 분파 **4.** (의견 따위의) 충돌, 상이, 내분, 알력
dezacord|a, -ez, -ai, -at, I. vr. 불일치하다 II. vr. 조율되지 않다
dezacorda|t, -tă, -ți, -te, adj. [음악] 음이 조율되지 못한, 가락이 맞지 않은
dezagreabil, ~ă, ~i, ~e, adj. 불유쾌한, 싫은, 불쾌한, 사귀기 힘든, 기분이 나쁜
dezagreg|a, dezagreg, -ai, -at, I. vt. 분해하다, 허물다, -을 산산조각을 내다, 붕괴시키다 **2.** -을 비바람에 맞게 하다 II. vr. 분해 되다, 산산조각이 나다, 박살나다, 풍화하다
dezagreg|are, -ări, s.f. 분해, 붕괴, 분열, 풍화작용
dezagrega|t, -tă, -ți, -te, adj. 붕괴된, 분해된
dezamăg|i, -esc, -ii, -it, vt. **1.** -을 실망시키다, -의 기대에 어긋나다 **2.** -을 미몽(환상)에서 깨어나게 하다, -에게 환멸을 느끼게 하다
dezamăgire, s.f. 실망, 낙담, 실의의 상태
dezamăg|i, -esc, -ii, -it, vt. 실망하다
dezamăgir|e, -i, s.f. 실망
dezamăgi|t, -tă, -ți, -te, adj. 실망한
dezaprob|a, dezaprob, -ai, -at, -을 불가하다고 하다, 인가하지 않다, 승인하지 않다
dezaprob|are, -ări, s.f. 비승인, 불가, 불인가
dezaprobator, I. -oare, -ori, -oare, adj. 불찬성의 뜻을 나타내는, 비난하는 II. adv. 불찬성의 뜻을 나타내어, 불만을 나타내어

dezarm|a, -ez, -ai, -at, . vt. 무장해제하다, 부대해체하다
dezarm|are, -ări, s.f. 무장해제, 부대해체
dezarma|t, -tă, -ţi, -te, adj. 무장해제 된
dezarticul|a, -ez, -ai, -at. I. vt, 관절을 빠지게 하다, 탈구하다, II. vr. 관절이 빠지다
dezarticula|t, -tă, -ţi, -te, adj. 관절이 빠진
dezasimilaţi|e, -i, s.f. 분해
dezastr|u, -e, s.n. 재앙, 재난
dezastru|os, -oasă, -oşi, -oase, adj. 재난의, 재앙의
dezavantaj, ~e, s.n. 단점, 불이익
dezavantaj|a, -a, -ez, -ai, -at, vt. 불이익을 주다, 해를 끼치다
dezavantaj|os, -oasă, -oai, -oase, adj. 불리한
dezavu|a, -ez, -ai, -at, vt. 거부하다
dezaxa|t, -tă, -ţi, -te, adj. **1.** (기술) 다른, 상이한 **2.** 불균형의
dez|bate, -bat, -bătui, -bătut, I. vt. 토론하다, 논쟁하다, 논박하다, 비판하다 II. vr. 논의되다, 쪼개지다, 떨어지다
dezbater|e, -i, s.f. 토론, 논의, 논쟁, 비판
dezbăr|a, dezbar, -ai, -at, I. vt. 제거하다, 그만두다, 끊다 ; a ~ pe cineva de... -의 습관을 버리다 II. vr. a se - de... -로부터 면하다, -로부터 벗어나다
dezbin|a, dezbin, -ai, -at, vt. I. 나누다, 분리하다 II. vr. 서로 떨어지다
dezbin|are, -ări, s.f. 분리
dezbobin|a, -ez, -ai, -at, vt. 풀다
dezbrăc|a, dezbrac, -ai, -at, I. vt. 옷을 벗기다, II. vr. 옷을 벗다
dezbrăc|are, -ări, s.f. 탈의
dezbrăca|t, -tă, -ţi, -te, adj. 나체의, 옷을 벗은
dezdo|i, -i esc, -ii, -it, vt. 똑바로 펴다
dezechilibr|a, -ez, -ai, -at, vt. 불균형하게 하다
dezechilibra|t, -tă, -ţi, -te, adj. 불균형적인
dezechilibru, s.n. 불균형
dezechip|a, -ez, -ai, -at, vt. 장비를 해제하다, -의 장비를 떼어내다
dezechipa|t, -tă, -ţi, -te, adj. 장비를 내려놓은
dezert|a, -ez, -ai, -at, vi. 버리다
dezert|are, -ări, s.f. 유기
dezgheţ, ~uri, s.n. 해동, 눈 녹음
dezgheţ|a, dezgheţ, -ai, -at, vt.녹이다, 해동하다 II. vr. **1.** 녹다 **2.** 온도가 올라가다
dezgheţa|t, -tă, -ţi, -te, adj. **1.** 신속한, 기민한, 즉석의 **2.** 현명한, 명석한
dezghioc|a, dezghioc, -ai, -at, I. vt. 껍질을 벗기다, II. vr. 껍질이 벗겨지다
dezgol|i, -esc, -ii, -it, vt.발가벗기다 II. vr. 발가벗다
dezgoli|t, -tă, -ţi, -te, adj. 벗겨진
dezgrop|a, dezgrop, -ai, -at, vt. (시신 등을) 땅에서 꺼내다
dezgrop|are, -ări, s.f. 발굴, 땅에서 꺼내기
dezgust, s.n. 혐오
dezgust|a, dezgust, -ai, -at, vt. 혐오하다

dezgusta|t, -tă, -ți, -e, adj. 혐오스러운
dezgustăt|or, -oare, -ori, -oare, adj. 불쾌한
dez|ice, -ic, -isei, -is, I. vt. 부정하다 II. vr. 말을 돌리다
deziderat, ~e, s.n. 불만
deziluzi|e, -i, s.f. 실망
deziluzion|a, -ez, -ai, -at, vt. 실망시키다
dezinfect|a, -ez, -ai, -at, vt. 소독하다
dezinfectan|t, -tă, -ți, -te,, I. adj 살균하는 II. -te, s.n. 살균제, 소독제
dezinfect|are, -ări, s.f. 살균, 소독
dezintegr|a, -ez, -ai, -at, vt. 분해하다, 분열하다
dezintegr|are, -ări, s.f. 분해, 분열
dezinteres|a, -ez, -ai, -at, vr. 관심을 가지지 않다, 이익에 억매이지 않다
dezinteresare, -ri, s.f. 무관심, 이타
dezinteresa|t, -tă, -ți, -te, adj, 무관심한, 이기적이지 않은
dezintoxic|a, dezintoxic, -ai, -at, vt. 독성분으로부터 해방시키다, 독성을 제거하다
dezintoxic|are, -ări, s.f. 해독
dezinvoltur|ă, s.f. (Livr.) 편안함, 쉬움
dezlănțu|i, dezlănțui, -ii, -it, I. vt. 체인관계를 끊다, 구출하다, 풀어주다 II. vr. **1.** 탈출하다, 속박을 벗어나다 **2.** 격노하다, 호통 치다
dezlănțuir|e, -i, s.f. 체인해체
dezlâna|t, -tă, -ți, -te, I. adj. **1.** 괴롭히는, 희롱하는 **2.** 품행이 단정치 못한, 바람둥이인 **3.** 절름발이의 II. adv. 방종하게, 되는대로
dezleg|a, dezleg, -ai, -at, I. vt. **1.** 풀다 **2.** 증명하다 II. vr. 옷매무시를 다시 만지다
dezlipi, dezlipesc, -ii, -it, I. vi. **1.** -를 벗기다, -에서 벗어나게 하다 **2.** 분리하다, 나누다 **3.** -을 떼어놓다 II. vr. **1.** (붙어있던 것이) 떨어지다 **2.** (계획 따위가) 빗나가다, 실패하다 **3.** 떠나다 **4.** 떨어지다 **5.** -로부터 분리되다 **6.** 뿌리쳐 달아나다
dezlocui adj.**1.** [화학]치환된 **2.** 배제된, 억압된
dezmăț, ~uri, s.n. **1.** 방탕, 난봉, 유흥 **2.** 무정부 상태, 무질서, 혼란 **3.** 폭동, 소동 **4.** 술잔치, 흥청대기
dezmăț|a, -ez, -ai, -at, vr. 뻔뻔스러워지다, 방탕하다, 타락하다
dezmă|țat, -tă, -ți, -te, adj. **1.** 품행이 나쁜, 방탕한 **2.** 버릇이 없는
dezmembr|a, -ez, -ai, -at, I. vt. **1.** -의 사지를 절단하다 **2.** 해부하다, 절개하다 **3.** 해체하다 **4.** 분할하다, 분배하다 **5.** 세분하다
dezmembr|are, -ări, s.f. **1.** 사지절단 **2.** 분할 해체 **3.** 해부학, 해부술
dezmetic, ~ă, ~i, ~e, adj. 미친
dezmetic|i, -esc, -ii, -it, vt. 감정하다
dezmierd|a, dezmierd, -ai, -at, I. vt. **1.** 애무하다, 쓰다듬다, 귀여워하다 **2.** 지나치게 소중하게 하다 **3.** (남을) 즐겁게 해주다 **4.** -을 기쁘게 하다 II. vr. 즐기다
dezmierd|are, -ări, s.f. **1.** 애무 **2.** 매력 **3.** 관능, 요염 **4.** 애무 ; cuvinte de ~ 달콤한(부드러운, 사랑스런) 말

dezmierda|t, -tă, -ți, -te, adj. 즐겁게 해주는

dezmierdăt|or, -oară, -ori, -oare, adj. **1.** 애무하는, 귀여워하는 **2.** 애정이 있는, 애정이 넘치는 **3.** 사랑하는, 부드러운, 달콤한 **4.** 즐거운 **5.** 매력적인

dezminț|i, dezmint, -ii, -it, I. vt. **1.** -이 거짓이라는 것을 나타내다 **2.** 부정하다, -에게 이의를 제기하다, 거부하다 II. vr. **1.** 모순되다, 상반되다, 모순 된 말을 하다 **2.** 줄다, 차츰 없어지다

dezmințir|e, -i, s.f. **1.** 부정, 부인, 거부 거절 **2.** 단호한 거절 ; a da o ~ (여격) -에 부인하다, .-에 반대 주장을 하다, 반박하다, -이 거짓이라는 것으로 드러나다, -에 반(反)하다

dezmirişt|i, -esc, -ii, -it, vt. 추수 후 밭이랑을 갈다

dezmiriştir|e, -i, s.f. 밭 갈기

dezmorț|eală, -eli, s.f. (마취 등의 상태에서) 깨어나기

dezmorț|i, -esc, -ii, -it, I. vt. **1.** 재생하다 **2.** (손 등을) 비비다, 비벼서 따뜻하게 하다 II. vr. **1.** 감각을 잃다 **2.** 더워지다 **3.** 기뻐지다, 힘이 돋다

dezmorțir|e, -i, s.f. **1.** 마비의 제거 **2.** 소생, 부흥, 재기

dezmorți|t, -tă, -ți, -te, adj. **1.** 녹은, 완화된 **2.** 소생된 **3.** 되살아난, 부활한

dezmoşten|i, -esc, -ii, -it, vt. **1.** 상속권을 빼앗다 **2.** -을 자기 것이 아니라고 하다, (소유권 책임 관계 따위를) 부인하다, -을 포기하다

dezmoştenir|e, -i, s.f. 상속권 박탈

dezmoşteni|t, -tă, -ți, -te, adj. **1.** 상속권을 빼앗긴 **2.** 빈민의

deznaționaliz|a, -ez, -ai, -at, vt. -의 국유(화)를 해체하다, -의 국적을 빼앗다

deznaționalizare, -ri, s.f. 국적박탈, 비국유화

deznădăjdu|i, -iesc, -ii, -it, I. vi. 절망하다, 단념하다, 자포자기하다 II. vt. 절망으로 몰아넣다

deznădăjduir|e, -i, s.f. 절망

deznădăjdui|t, -tă, -ți, -te, adj. **1.** 자포자기의, 무모한, 결사적인 **2.** 비탄에 잠긴 **3.** 희망이 없는

deznădejde, s.f. 절망, 자포자기, 낙심, 의기소침

deznod|a, deznod, -ai, -at, vt. **1.** 원상으로 되돌리다, 취소하다 **2.** -의 매듭을 풀다(끄르다) **3.** 해결하다 **4.** -을 치우다, -을 해결하다 **5.** 일의 가장 힘든 대목 (대부분)을 끝내다, 고비를 넘기다

deznodat, -tă, -ț.i, -te, adj. **1.** (머리털이) 곱슬곱슬하지 않은, 풀린 **2.** 부정확한, 산만한

deznodăm|ânt, -inte, s.n. **1.** (극, 소설 따위의) 대단원, 해결, 결과 **2.** 결과, 성과 소산 **3.** 결론, (논쟁 따위의) 요지

dezobişnui, -iesc, -ii, -it, vi. vr. **1.** -에서 떼어놓다, 단념하게 하다 **2.** 버릇을 고치다, 악습을 버리게 하다 **3.** -을 그만두다, -에서 빠져나오다

dezodoriz|a, -ez, -ai, -at, vt. 탈취하다

dezol|a, -ez, -ai, -at, vt. -을 황폐하게 하다, -을 쓸쓸하게(외롭게) 하다, 들볶다

dezolan|t, -tă, -ți, -te, adj. 슬픈, 괴

롭히는, 고통을 주는, 비참한
dezolare, -ri, s.f. 황폐, 황량, 외로움, 쓸쓸함, 처량함, 슬픔, 고독함
dezola|t, -tă, -ți, -te, adj. 비탄에 잠긴, 불행한, 적적한
dezonoare, s.f. 불명예, 망신, 치욕
dezonor|a, -ez, -ai, -at, vt. **1.** -에게 불명예(치욕, 비만)를 초래하다 **2.** 남에게 창피를 주다, 남을 모욕하다
dezonoran|t, -tă, -ți, -te, adj. 망신시키는, 비열한
dezordin|e, -i, s.f. **1.** 무질서, 난잡, 소요 **2.** 혼란, 동란, 폭동
dezordona|t, -tă, -ți, -te, adj. **1.** 무질서한, 난잡한 **2.** 통제되지 않은 **3.** 울퉁불퉁한, 불규칙적인 (행동, 생활 따위가) 난잡한 **4.** 단정치 못한
dezorganiz|a, -ez, -ai, -at, I. vt. -의 조직 (질서 체계)을 파괴하다, 무질서하게 만들다 II. vr. 혼란에 빠지다
dezorganiz|are, -ări, s.f. 질서의 파괴, 해체, 분열, 혼란
dezorient|a, -ez, -ai, -at, vt. **1.** -을 어리둥절케 하다, 혼란시키다 **2.** -을 어찌 할 바를 모르게 하다 **3.** -을 당황케 하다 **4.** -을 쩔쩔매게 하다
dezorientare, -ri, s.f. **1.** 혼란 **2.** 당황 **3.** 주저 **4.** 무시
dezorienta|t, -tă, -ți, -te, adj. 당황한, 어리둥절한, 어찌 할 바를 모르는
dezoxid|a, -ez, -ai, -at, vt. -의 산소를 제거하다, (산화물을) 환원하다
dezoxid|are, -ări, s.f. 산소제거
dezoxidan|t, I. -tă, -ți, -te, adj. 산소를 제거하는, 환원하는 II. -ți, s.m. 탈산제, 환원제
dezrădăcin|a, -ez, -ai, -at, vt. **1.** 뿌리 채 뽑다 **2.** 근절하다, 박멸하다 **3.** 짓밟다 **4.** 전멸시키다, 멸종시키다
dezrădăcin|are, -ri, s.f., 근절, 절멸, 뿌리 채 뽑음
dezrădăcina|t, -tă, -ți, -te, adj. 근절된, 고립된 단절된, 두절된
dezrobi, -dezrobesc, -ii, -it, v.t., **1.** 노예를 석방(해방)하다 **2.** 자유롭게 하다, 해방(석방, 방면)하다 **3.** 방면하다, 가볍게 처벌하다 **4.** 자유의 몸이 되게 하다
dezrobir|e, -i, s.f. 해방, 이탈, 면제되기
dezrobit|or, -oare, -ori, -oare adj. **1.** 자유로운 **2.** 해방자, 구조자, 석방자
dezumaniz|a, -ez, -ai, -at, vt. -의 인간성을 빼앗다, 짐승같이 만들다
dezumaniz|are, -ări, s.f. 인간성 말살, 비인간화
dezumfl|a, dezumflu, -ai, -at, I. vt. **1.** (타이어 기구, 축구 공 따위를)의 공기를 빼다, 수축시키다 **2.** (물가를)내리다 줄이다 **3.** 남의 콧대를 꺾다 II. vr. **1.** (건물, 사업 계획 따위가) 무너지다, 내려앉다, 가라앉다 **2.** 가락(논조, 태도 등)이 바뀌다, 겸손해지다, 풀이 죽다
dezumfl|are, -ări, s.f 공기(가스)를 빼는 일, 가스 방출, 수축
dezumfla|t, -tă, -ți, -te, adj. 공기가 없는, 진공의
dezun|i, -dezunesc, -ii, -it, I. v.t. 떼다, 분할하다, 나누다 II. vr. **1.** 떨어지다, 분열되다 **2.** 다투다
dezunire, -ri, s.f 분리, 분열, 분통, 불일치, 변화
dezvălu|i, dezvălui, -ii, -it, I. vt. **1.**

나타내다, 폭로하다 **2.** (비밀 따위를) 누설하다 알리다 **3.** (비밀 따위를) 밝히다 **4.** 나타내다, 보여주다 II. vr. **1.** 나타나다, 보이다 **2.** 어렴풋이 나타나다, 흐릿하게 보이다 **3.** (풍경 따위가) 전개되다

dezvăluir|e, -i, s.f. 적발, 폭로, 누설, 발각

dezvăt, s.n. **1.** 버릇고치기 **2.** (나쁜 버릇을) 금하기 **3.** (습관) 상실

dezvăț|a, dezvăț, -ai, -at, I. vt. **1.** (버릇, 잘못 따위)없애버리다 (배운 것을) 잊다 **2.** (-에게 나쁜 버릇을)버리게 하다, 고치다, 떼어놓다 **3.** 그만두다, 금하다 II. vr. 습관을 버리다, 익숙하지 않게 되다, 낯설게 되다

dezvel|i, -esc, -ii, -at, I. vt. **1.** -의 뚜껑을(덮개를) 열다 **2.** (몸을) 알몸이 되게 하다, 드러내다 **3.** (지중을) 벗기다 **4.** (모자를) 벗다 **5.** (음모 따위를) 폭로하다, 터놓다 **6.** 베일을 벗기다 **7.** 탈모하다(경의, 인사의 표시) II. vr. **1.** 드러나다 **2.** 무방비상태가 되다

dezvelir|e, -i, s.f. 탈모, 적발, 열기, 개방

dezvinovăț|i, -esc, -ii, -it, I. vt. **1.** -을 무죄로 하다, -을 의무, 책임에서 면제시키다 **2.** -의 (의심 따위를)풀게 하다 **3.** (-에서) 결백함을 밝히다 II. vr. 밝혀지다, 해명되다

dezvinovățir|e, -i, s.f. 무죄로 함, 해명

dezvolt|a, -dezvolt, -ai, -at, I. vt. 발전시키다, 증진시키다, 개선하다 ; a ~ legăturile culturale 문화적인 교류를 증진시키다 II. vr. **1.** 성장하다, 발전하다 **2.** 증대하다, 증진되다 ; a se ~ în... -로 발전하다

dezvolt|are, -ări, s.f. **1.** 진행 **2.** 성장 **3.** 진전

dezvolta|t, -tă, -ți, -te, adj. 성장한

diabet, s.n. **1.** 당뇨병 **2.** 당뇨병환자

diabetic, ~ă, ~i, ~e, adj. 당뇨의, 당뇨병 환자의

diabolic, ~ă, ~i, ~e, I. adj. 악마의 II. adv. 악마 같은

diabolo, s.n. 공중 팽이치기 놀이

diac, diaci, s.m. 사무원, 학자

diacon, ~i, s.m. (신교의) 집사, (가톨릭교의) 부제

diacone|asă, -se, s.f. **1.** 여자 집사(여자 부제) **2.** 집사(부제)의 부인

diaconie, s.f. (가톨릭교의) 부제직위

diacritic, ~ă, ~i, ~e, adj. 구별을 위한, 변별적인, 구별자질의 ; semn ~ 구별적 (발음)기호

diacronie, s.f. 발전

diademă, -e, s.f. 왕관

diafan, ~ă, ~i, ~e, adj. **1.** 반투명한, **2.** 창백한

diafilm, ~e, s.n. 필름스트립(슬라이드 교재용의 필름)

diafragm|ă, -e, s.f. **1.** 횡경막 **2.** 방패

diagnostic, -e, s.n. **1.** 진찰 **2.** 진단

diagnosti|ca, -chez, -cai, -cat, vt. 진단하다

diagnostici|an, -eni, s.m. 진찰하는 사람

diagnoz|ă, -e, s.f. 진찰, 진단

diagonal, ~ă, ~i, ~e, adj. 대각선의, 대각선으로

diagonal|ă, -i, s.f. 대각선, 사선

diagram|ă, -e, s.f. 설계도, 도형

dialect, ~e, s.n. **1.** 방언 **2.** 이해할 수

없는 말

dialectal, ~ă, ~i, ~e, adj. 방언의

dialectic, ~ă, ~i, ~e, adj. **1.** 논법의 **2.** 유물론의 **3.** 변증(법)적인, 변증에 능한

dialectic|ă, -e, s.f. 변증법, 논법 ; dialectica naturii 자연의 법칙

dialectician, -ă, -i, -e, s.m.f. 변증가, 변증론자, 논법가

dialectolog, ~ă, ~i, ~e, s.m. 방언연구학자

dialectologic, -ă, -i, -e, adj. 방언의

dialectologi|e, -i, s.f. 방언학

dializ|ă, -e, s.f. 분해

dialog, ~uri, s.n. 대화, 대사

dialoga, dialoghez, -ai, -at, vi. 대화하다, 토론하다

dialogat, -tă, -ți, -te, adj. 대화체로 표현된

diamagnetic, ~ă, ~i, ~e, adj. 반사성의

diamant, ~e, s.n. **1.** 다이아몬드 **2.** 확고한 **3.** 다이아몬드 **4.** 왕관 **5.** 진주 ; ~ brut 거칠거칠한 다이아몬드 ca ~ul 다이아몬드 같은 ; câmp de ~e 다이아 몬드광산 ; de/din ~ 다이아몬드로 만들어진 ; inel de ~ 다이아몬드 반지 ; mină de ~ 다이아몬드 광산 ; nuntă de ~ 다이아몬드 결혼식

diamantin, ~ă, ~i,~e, adj. 금강석 같은, 견고한, 철석같은

diametral, ~ă, ~i, ~e, I. adj. 가로의 ; linie ~ă 교차선 II. adv. 완전히 직경으로 ; ~ opus 완전히 반대로

diamet|ru, -re, s.n. 1 지름 **2.** 구경(口徑)의 지름.

diapaz|on, -oane, s.n. **1.** 소리굽쇠 **2.** (음조 목소리의) 범위 **3.** (목소리의) 범위 **4.** 음계

diapozitiv, -e, s.n. **1.** (빛을 투과시켜 영상을 보여주는) 환등기의 슬라이드 **2.** 영화 슬라이드

diaree, s.f. 설사

diastaz|ă, -e, s.f. 디아스타제, 전분당화효소

diastol|ă, -e, s.f. 심장이완

diatermie, -i, s.f. 디아테르미 (전기투열 및 그 치료법)

diatez|ă, -e, s.f. **1.** 음성 **2.** 특이 체질 **3.** [문법]태

diatonic,~ă, ~i, ~e, adj. 전 음계적인

diatrib|ă, -e, s.f. 욕설

diavol, ~i, s.m. **1.** 악마 **2.** 꼬마 도깨비 **3.** 식초에 절인 것, 오이절임

diavol|esc, -ească, -eşti, adj. 악마 같은

diavoleşte, adv 맹렬하게, 지독하게

diavoli|ță, -e, 악녀

diavoloaic|ă, -e, s.f. 악녀

dibac|i, -e, -i, -e, adj. **1.** 숙련된 **2.** 적당한 **3.** 손재주가 있는 **4.** 현명한 **5.** 교묘한 **6.** 재치 있는 **7.** 교활한 **8.** 정제된

dibăc|i, -esc, -ii, -it, v.t. **1.** 치다, 때리다 **2.** 찾다 **3.** -을 (뜻밖에) 만나다 .4발견하다

dibăci|e, -i, s.f. **1.** 숙련 **2.** 재치 **3.** 현명함 **4.** 교묘함 **5.** 독창력 **6.** 교활함

diblă, -e, s.f. 바이올린

diblu, ~ri, s.n. 벽걸이용 지지대

dibu|i, -iesc, -ii, -it, I. vt. **1.** 손으로 더듬어 찾다 **2.** 발견하다 **3.** 치다 II. vi. (어둠 속에서) -의 길을 감지하

다, 느끼다
dibui|ală, -eli, s.f. 실수
dichis, ~uri, s.n. **1.** 적합함, 편리한 설비 **2.** 가구 **3.** 순서 정돈 **4.** 화려하고 아름다운 옷 **5.** 악세 사리 **6.** 몸단장 ; gătit cu tot ~ul정장하다
dichis|i, -esc, -ii, -it, I. vt. **1.** 손질하다 **2.** -을 꾸미다 **3.** 속이다 **4.** -을 꾸미다 **5.** 옷을 입다 **6.** 고치다 **7.** 정리하다 배열하다 II. vr. **1.** 스스로를 몸단장하다 **2.** 준비하다
dichisi|t, -tă, -ți, -te, adj.**1.** 정돈된 **2.** 깔끔한 **3.** 산뜻한 **4.** 걷는 것처럼 **5.** 종이 상자에서 나오는
dict|a, -ez, -ai, -at, vt. **1.** 불러주어 받아쓰게 하다 **2.** 지시하다 **3.** 격려하다
dictaf|on, -oane, s.n. (속기용) 구술 녹음기
dictando, s.n. 줄 처진 연습장
dict|are, -ări, s.f. **1.** 구술 **2.** -에서 받아 적다 **3.** 다른 사람의 구술을 받아 쓰다
dictat, ~e, s.n. 명령, 지시, 독재 ; politică de ~ 독재정치
dictator, ~i, s.m. 전제자, 독재자
dictatorial, ~ă, ~i, ~e, I. adj. 전제자의 II. adv. 독재적으로
dictatur|ă, -i, s.f. **1.** 독재 정부 **2.** 프롤레타리아 (노동자) 계급의 독재 정부
dicton, -oane, s.n. **1.** 명언 **2.** 격언 **3.** 톱 **4.** 속담
dicționar, ~e, s.n. **1.** 사전 **2.** 어휘, 용어 ; ~ de buzunar 휴대용 사전
dicțiun|e, -i, s.f. **1.** 말투 **2.** 또박또박한 발음 **3.** 발음 proastă ~ 나쁜 발음
didactic, ~ă, ~i, ~e, adj. 교훈적인, 교육의 ; corp ~ 교원, 교수단 ; gen ~ 교육방식(양식) ; poemaă 교훈적인 시
didacticism, s.n. **1.** 교훈 **2.** 까다로움
didactici|st, -stă, -şti, -ste, adj. 박식한 체 하는 사람의
didahi|e, -i, s.f. 교훈
diedr|u, -e, s.n. 두개의 평면
dielectric, ~ă, ~i, ~e, adj. 전류를 차단하는
dierez|ă, -e, s.f. [언어]단모음화 현상
diesel, s.n. 디젤 엔진, 섬유점화 엔진(트럭 버스에 이용)
diet|ă[1], -e, s.f. **1.** 음식물 **2.** 섭생(식사 운동에 의한), 양생법
dietă[2], -e, s.f. [정치](덴마크, 헝가리, 일본 등의) 국회, 의회
dietetică, ~ă, ~i, ~e, s.f. 영양학
dietetic, ~ă, ~i, ~e, adj. **1.** 식이성의 **2.** 음식의
diez, ~i, s.m. 날카로운 것, 올림음
diferend, -e, s.n. **1.** 차이점 **2.** 의견차이 **3.** 논쟁
diferenț|ă, -e, s.f. 차이, 구별, 구분 ; a face ~ între ... -의 사이에 차이를 만들다, -사이에서 구별, 식별하다 ; nu e nici o ~ 똑같다, 차이가 없다
diferenți|a, -ez, -ai, -at, I. vt. -을 구별하다, 식별하다 II. vr. -의 사이에 차이가 생기다.
diferențial, ~ă, ~i, ~e, I. adj. 차이가 있는 II. s.n. 차이, 차액
diferențial|ă, -e, s.f. 차이, 차액
diferențier|e, -i, s.f. **1.** 차이, 차액 **2.** 계층
difer|i, difer, -ii, -it, vi. -와 다르다,

다양하다

diferi|t, I. -tă, -ți, -te, adj. **1.** 다른 **2.** 비슷하지 않은 **3.** 다른 별개의 **4.** 다양한 ; de ~e feluri 갖가지 종류의 ; în ~e rânduri 다른 시간에 다른 경우에 ; de ~e mărimi 모든 크기의 II. adv. 다르게

dificil, ~ă, ~i, ~e, adj. **1.** 어려운 **2.** 까다로운 **3.** 부탁하기 힘든 어려운 **4.** 선택에 신중한 **5.** 위태로운 **6.** 강직한 **7.** 순종하지 않는 **8.** 얽힌 **9.** 당황스런, 혼란스런

dificult|ate, -ăți, s.f. **1.** 어려움 **2.** 불안정**3.** 복잡함 **4.** 방해물 ; fără ~ 어떤 문제/충돌 없이 ; a face dificultăți 어려움을 만들다 ; a învinge o ~ 어려움을 극복하다

diform, ~ă, ~i, ~e, adj. **1.** -의 모양을 훼손시킨 **2.** -형태의 **3.** 엄청나게 큰 **4.** 불균형적인 **5.** 거대한

diforma, vi. v. deforma

diformit|ate, -ăți, s.f. **1.** 추함 **2.** 기형 **3.** 단점

difracți|e, -i, s.f. 회절

difteric, ~ă, ~i, ~e, adj. 디프테리아성의, 디프테리아에 걸려 있는 ; anghina ~ă 디프테리아 (옥에 생기는 질병으로 숨쉬기 어려운 위험한 전염병)

difteri|c, -i, s.f. 디프테리아(목에 생기는 질환으로 숨쉬기 어려운 위험한 전염병)

diftin|ă, -e, s.f. **1.** 인조 스웨이드 **2.** 모방, 모조품 **3.** 면벨벳

diftong, ~i, s.m. [언어]이중 모음

difton|ga, -ghez, -gai, -gat, vt. 이중모음화하다, 이중모음으로 발음하다

diftong|are, -ări, s.f. 이중모음화 함

diftonga|t, -tă, -ți, -te, adj.

difuz, ~ă, ~i, ~e, adj. **1.** 확산된, 널리 퍼진 **2.** 퍼진, 산만한, 활짝 핀 **3.** 애매한, 분명치 않은

difuz|a, -ez, -ai, -at, I. vt. 보급하다, 퍼뜨리다, 확산하다 II. vr. 확산되다, 보급되다

difuz|are, -ări, s.f. 보급, 확산

difuzibil, ~ă, ~i, ~e, adj. 확산 가능한

difuziun|e, -i, s.f. 살포, 보급, 확산

difuz|or, -oare, s.n. **1.** 확성기 **2.** 입심 사나운 사람

dig, ~uri, s.n. **1.** 댐, 둑으로 막은 물 **2.** 도랑, 제방, 방벽 **3.** 방파제, 부두, 선창 **4.** 장벽, 장애물

diger|a, -ez, -ai, -at, I. vt. 소화하다, 이해하다, (모욕, 손해 따위를) 참다 II. vr. 소화되다, 이해되다

digerabil, ~ă, ~i, ~e, adj. 소화할 수 있는

digerare, -ări, s.f. 소화, 이해

digesti|e, -i, s.f. 소화(작용), 소화력

digestiv, ~ă, ~i, ~e, adj. 소화의, 소화력이 있는, 소화를 돕는 ; aparat ~ 소화기구, 장치 ; tub ~ 소화관

digital, ~ă, ~i, ~e, adj. **1.** 손가락의 **2.** 디지털 방식의 ; nerv ~ 손가락 신경 ; amprentă ~ă 손가락인쇄 자국

digita|t, -tă, -ți, -te, adj. **1.** 손가락이 있는 **2.** 손가락 모양의

digitați|e, -i, s.f. **1.** 손가락으로 만지작거림, 손장난 **2.** 운지법 **3.** 가는 털실

digresiun|e, -i, s.f. 지엽적으로 흐르기, 여담, 탈선 ; a face o ~ 옆으로 빗나가다, 주제를 벗어나다

dihai, adv. mai ~ 보다 더 좋게, 더 많이, 더 강하게
dih|anie, -ănii, s.f. **1.** 야수 **2.** 괴물
dihoni|e, -i, s.f. **1.** 불일치, 불화 **2.** 싸움, 불평, 싸움의 원인
dihor, ~i, s.m. **1.** (유럽산) 족제비류 **2.** 해안담비
dijmaş, ~i, s.m. **1.** (봉건시대의 부역을 피하기 위한) 면역조의 농부 **2.** 공동 소작인, 공공작물
dijm|ă, -e, s.f. **1.** 면역조 **2.** 반타작제도, 분익농법 **3.** 곡물 따위로 지불된 소작료 **4.** 10분의 1세, 소액의 세금 ; a lucra în ~ 산출하다
dijmu|i, -esc, -ii, -it, vt. 10분의 1세를 내는, 소액의 세금을 지불하는
dilat|a, -dilat, -ai, -at, I. vt. **1.** 펼치다, 소비하다 (시간, 노력 따위를) 쓰다 **2.** 부풀리다 **3.** 펼치다, 소비하다 **4.** 부어 오르(게 하)다 II. vr. 부풀려지다
dilatabil, ~ă, ~i, ~e, adj. 펼치는, 부푸는 퍼지는, 소비의
dilat|are, -ări, s.f. **1.** 확장, 팽창 **2.** 펼침, 퍼짐, 소비 ; ~ a inimii 심장(가슴)비대
dilata|t, -tă, -ţi, -te, adj. 부푼, 과장된 물이 붇는
dilatat|or, I. -oare, -ori, -oare, adj. 부풀게 하는 II. -oare, s.n. 확장기
dilatometr|u, -e, s.n. 팽창계(計)
dilatori|u, -e, -i, -e, adj. 꾸물거리는, 느린 더딘, 시간을 끄는
dilem|ă, -e, s.f. 딜레마, 진퇴양난 ; a fi în ~ 진퇴양난에 빠지다
diletan|t, -tă, -ţi, -te, s.m. **1.** (문학, 예술 등의) 애호가 **2.** 정부, 애인 **3.** 아마추어 평론가
diletantism, s.n. 아마추어 예술, 도락(樂)
diligen|t, -tă, -ţi, -te, adj. 부지런한
diligenţ|ă, -e, s.f. (우편 등 장거리의 정기운행) 마차
dilu|a, -ez, -ai, -at, I. vt. **1.** 묽게 하다, 희석하다, 약하게 하다 **2.** 물을 타서 묽게 하다 **3.** 배합하다, 씻다 **4.** 가늘게 하다, 묽게 하다 II. vr. 엷어지다, 희석되다
dilu|are, -ări, s.f. **1.** 묽게 하기 ,희석 **2.** (주식 따위의) 실질적 가치의 저하
diluan|t, -ţi, s.m. 희석제
diluţi|e, -i, s.f. 희석제와 원액의 혼합비율
diluvi|an, -ană, -eni, -ene, adj. 홍수로 생긴, 홍적세의
diluv|iu, -ii s.n. **1.** 범람, 대홍수 **2.** 홍적층
dimension|a, -ez, -ai, -at, vt. (규모, 크기, 넓이 등을)재다, 치수하다
dimensiun|e, -i, s.f. **1.** (길이, 폭 두께의) 치수, 크기 **2.** 넓이, 면적, 용적 **3.** 비율, 비, 균형 **4.** 차원
dimi|e, -i, s.f. 띠 모양의 장식(벽), 손으로 짠 직물, 수직물, 홈스펀
dimineaţa, adv. 아침에
dimin|eaţă, -eţi, s.f. **1.** 아침, 오전 **2.** 새벽, 새벽 녘 ; bună dimineaţa! 안녕하세요(아침인사)! ; de/cu ~ 아침에 오전에, 새벽녘에 ; de ~ până seara 아침부터 저녁까지 ; dis de ~ 이른 아침에 ; se face ~ 날이 밝아지다, 동이 트다 ; cine se scoală de ~ departe ajunge 부지런한(아침 일찍 일어나는) 새가 벌레를 잡는다
diminu|a, -ez, -ai, -at, vt. **1.** 줄이다,

감소하다 **2.** 반음내리다 **3.** 끝을 가늘어지게 하다

diminu|are, -ări, s.f. 감소 축소

diminutiv, I. ~ă, ~i, ~e, adj. **1.** 작은 소형의, 자그마한 **2.** 지소(指小)의 **3.** [문법]애칭의, 친애를 나타내는 II. ~e, s.n. [문법]애칭, 축소형

diminutival, ~ă, ~i, ~e, adj. 작은, 소형의, 자그마한, 지소(指小)의

dimpotrivă, adj. **1.** 이에 반하여, 그것은 고사하고 **2.** (정)반대로, 맞은 편의, 마주보고 있는, 서로 용납되지 않는, 대생의(對生)

dimprejur, adj., adv. **1.** 대략, 약, 거의 **2.** 근처의, 주위에 **3.** 여기저기에 **4.** 둘레에 **5.** 빙 돌아서, 반대의 위치(방향)로 **6.** 진행 중에 **7.** 차례로, 번갈아서 **8.** 빙 둘러 **9.** 도처에, 사방에

dimprejurul, prep. **1.** -의 주위에, 의 둘레에, -의 근처에, -의 주변에, 이곳저곳에, 여기저기에, -경에 **2.** -의 신변에

dimpreună, adv. **1.** 함께, 같이, 동반해서, 합쳐, 서로 **2.** 동시에, 일제히, 중단하지 않고, 계속하여

din, prep, **1.** -에서, -로부터 **2.** -에 의해서, -을 통하여, -와 더불어 ; ~ acest motiv 이런 이유로 ; ~ cauza (소유격 지배) -인 까닭에 ; ~ ce în ce mai... 점점 더 ; pe ~ afară 암기로, 외어서 ; unul ~ prietenii mei 나의 친구 중의 한명 ; a da pe cineva afară ~ casă -을 집에서 내쫓다 ; a bea ~tr-un pahar 컵으로 마시다 ; înțeleg ~ scrisoarea ta că... 나는 네 편지에서 -이라는 사실을 알게 되었다 ; a se compune ~ -으로 구성되다 ; a ieşi ~ -로부터 나가다

dinadins, adv. 고의로, 일부로, 의도적으로 ; cu ~ul 특히 유별나게, 따로, 각별히, 주로 ; cu tot ~ul 반드시, 기필코, 정말로 실제로

dinafara, prep. -의 밖에(서), -의 밖으로부터

dinafară, adv **1.** 바깥쪽으로부터 **2.** 밖에, 밖으로, 옥외에 **3.** 국외로, 옥외에, 외출하여, 널리, 일반적으로 ; pe ~ 암기로 ; a rămâne pe ~ 밖에서 머무르다

dinainte, I. adv. **1.** 앞에 전방에 **2.** 미리, 전부터, 선금으로 **3.** 때가 되기 전에, 달을 채우지 못하고 ; de ~ 전의, 앞서의 ; parte de ~ 앞부분, 처음 부분 ; picioarele de ~(동물의) 앞발, 다리 II. adj.**1.** 이전의, 앞서의 **2.** 첫 번째로, 가장먼저

dinaintea, prep. **1.** -의 앞에, -의 면전에, -보다 먼저, -에 앞서서 **2.** -의 정면에, -의 직면 하에

dinam, ~uri, s.n. **1.** 다이너모, 발전기 **2.** DYNAMO (컴퓨터) 다이너모 (시뮬레이터의 일종) **3.** dynamo - (힘, 동력) 이란 뜻의 연결형

dinamic, ~ă, ~i, ~e, adj. 동력의, 동적인, 역학상의, 동태의, 활동적인, 정력적인, 기능적인 ; frână ~ă 제동장치검사

dinamic|ă, -e, s.f. **1.** 역학, 동력, 기능, 변천, 변동 **2.** 전개, 발전, 진전

dinamism, s.n. **1.** 역본설, 동력론 **2.** 생명력, 활력, 체력, 활기, 생기, 지속성, 존속력

dinamit|a, -ez, -ai, -at, vt. 자극시키다, 흥분시키다, 기운을 돋우다, 격려하다, -을 깨우다, 일으키다 , 고무하다, 분발시키다; 다이너마이트로

폭파하다

dinamit|ă, -te, s.f. 다이너마이트, 굉장한 것, (충격적인) 위험을 내포한 것

dinamometric, -ă, -i, -e, adj. **1.** 동력계의 **2.** (망원경의) 배율계의

dinamomertr|u, -e, s.n. **1.** 동력계, 검력계, 역량계, **2.** (망원경의) 배율계

dinapoi, adv **1.** 뒤로, 후방으로, 안으로 **2.** 뒤쪽으로, 뒤에서 **3.** 후위, 후미에서 **4.** 뒤로부터 ; partea de ~ .뒷부분, 후부

dinapoia, prep. -의 뒤에, -의 배후에

dinar, ~i, s.m. 디나르 (이라크, 요르단, 튜니지아 등의 화폐단위)

dinastic, ~ă, ~i, ~e, adj. 왕조의, 왕가의

dinasti|e, -i, s.f. 왕조, 왕가

din|ă, -e, s.f. 다인 (1그램의 물체에 작용하여 1cm/sec^{2}의 가속도를 생기게 하는 힘)

dinăuntru, adv. 안에서부터 , 안에서 ; pe ~ -의 내부에, -의 안쪽에

dincoace, adv. **1.** 이쪽에서 **2.** 이 편에서, 이 면에서 **3.** 여기서부터

dincolo, adv. **1.** 다른 쪽에서, 다른 편으로 **2.** 저쪽에, 저쪽으로 ; ~ de 저 너머에, 다른 쪽에서부터

dincotro, adv. 어디로부터, 어떤 장소에서(부터), 어느 곳에서부터

dindărăt, adv. 뒤로

dindărătul, prep. -의 뒤에서

dineu, ~ri, s.n. 저녁식사파티, 저녁만찬

dinozaur, ~i, -s.m. 공룡

dinozauri|an, -eni, s.m. 공룡

dinspre, prep. **1.** -에서, -로부터 **2.** (변화, 상태) -에서 **3.** (출처, 유래) -에서 **4.** (원료, 재료) -에서 -로 **5.** (원인, 이유) -때문에, -인 까닭에 **6.** (구별) -에서 -와 **7.** (추출, 면제, 금지) -로부터

dintâi, I. (cel, cea-) adj. (invar.) **1.** 제1의, 첫 번째의, 1등의 최초의, 선두의 , 가장 중요한, 주요한, (자동차의) 1단 기어의 **2.** 최대의 II. adv. 첫째로, 다른 무엇보다 먼저 , 우선, 최초로, 처음으로

din|te, -ţi, s.m. 이, 치아 ; ~ artificial 의치 ; ~ de aur .금 이빨 ; ~ de lapte 유치 ; ~ pentru ~ 이에는 이 ; durere de dinţi 치통 ; roată cu dinţi 톱니바퀴 ; a-şi scoate un ~ 이를 빼다 ; a vorbi printre dinţi 중얼거리다 ; a scobi în dinţi 이를 후비다

dintre, prep. **1.** (두개)의 사이에, (둘이) 공동으로, -와 -와의 중간으로 **2.** (여럿이 있는) 가운데서, -사이에서, -중에 ; dintr-o dată 갑자기

dintru, prep. **1.** -에서, -로부터, -의 **2.** -이래, -이후, -때부터

dinţa, -ez. -ai, at, vt. **1.** (톱니바퀴의) 톱니를 만들다, (비유) 사회 등에서 필요하지만 보잘 것 없는 일을 하다 **2.** 부정 수단을 쓰다, 속이다

dinţar, ~e, s.n. 치과에서 사용되는 기구

dinţa|t, -tă, -ţi, -te, adj. **1.** 톱니바퀴가 달린 **2.** -에 눈금을 낸 **3.** 톱니와 같은 **4.** (잎의 가장자리 등이) 무딘, 톱니 꼴의

dinţişor, ~i, s.m. **1.** 작은 이 **2.** 작은 이 모양의 것 **3.** 작은 이 모양이 돌기

dintotdeauna, adv **1.** 항상, 언제나,

영속적으로 2. 죽, 계속하여

diod|ă, -e, s.f. [전자]2극 진공관, 다이오드

dioic, ~ă, ~i, ~e, adj. [생물]자웅이체의

dionisiac, ~ă, ~i, ~e, adj. **1.** 디오니소스의 **2.** 광란의, 질탕하게 떠드는 **3.** 디오니소스를 숭배하는

dionisiac|ă, ~e, s.f. 디오니소스 축제

dioptric, ~ă, ~i, ~e, adj. 광학의

dioptric|ă, -e, s.f. 광굴절학

dioptri|e, -i, s.f. **1.** [광물]디옵트리, 렌즈의 굴절률 단위 **2.** 디옵터, 원거리 물체측정기 **3.** 광굴절학, 굴절광선

dioram|ă, -e, s.f. **1.** 디오라마 **2.** 입체모형 **3.** 물건, 인물 등을 작은 모형으로 만들어서 그린 그림 **4.** 배경 앞에 놓고, 입체적으로 재현한 장면 **5.** 투시화

diori|t, -e, s.n. 섬록암, 주로 사장석, 각섬석으로 된 조립 화성암

dipetal, ~ă, ~i, ~e, adj. [식물]이판의, 꽃잎이 두개 있는

diplegi|e, -i, s.f. (손발, 안면 등의) 양(측) 마비

diploma|t, -tă, -ţi, -te, I. adj, **1.** 유자격의 **2.** 외교의, 외교상의, 외교에 관한 (종사하는), 외교적인, 외교적 수완이 있는 **3.** 고문서학의, 원문의 II. s.m. 그리고 f. **1.** 외교관, 교섭이 능한 사람, 외교가 **2.** 외교 수완이 뛰어난 사람, 흥정이 능숙한 사람

diplomatic, ~ă, ~i, ~e, adj. **1.** 외교상의, 외교에 관한 **2.** 외교에 능한, 외교적 수완이 있는 **3.** (태도 따위가) 애매한

diplomaţi|e, -i, s.f. **1.** 외교 **2.** 외교책(술) **3.** 외교적 수완

diplom|ă, -e, s.f. **1.** 졸업장, 학위증명서, **2.** 공문서 **3.** 졸업장

dipol, ~i, s.m. **1.** (물리, 전기, 화학) 쌍극자 **2.** (라디오 TV) 2극 (쌍극) 안테나

dipter, ~e, s.n. **1.** [곤충]쌍시류, **2.** [식물](종자, 줄기 따위의) 쌍 **3.** 쌍시류의 곤충, 파리

direc|t, -tă, -,ti, -te, I. adj. **1.** 똑바른, 일직선의 **2.** 명백한 솔직한 **3.** 형식적인, 정식의 **4.** 직접적인 ; [문법] complement ~ 직접 목적어 ; [문법]vorbire ~ă 직접화법 ; impozit ~ 직접세 ; linie ~ă (유전학) 직계 후손, 직선 ; tren ~ 직행열차 ; a cumpara ceva de la ~ producător 생산자로부터 직접 사다, II. adv. 똑바르게, 직접적으로

direct|ă, -e, s.f. **1.** 일직선 **2.** [복싱] 스트레이트 ; ~ de dreapta [복싱]라이트스트레이트

directiv|ă, -e, s.f. **1.** 표준, 기준, 규범, 모범 **2.** 평균 학력 **3.** 기준 노동량 **4.** 경계, 방침, 지시 명령, 지령 사용법, 지침서

direct|or[1], -oare, -ori, -oare, adj. **1.** 길 안내, 안내, 조언, 관리 **2.** [수학] 준선 ; roţi directoare 조종핸들

direct|or[2], -oare, -ori, -oare, s.m. 그리고 f. **1.** (al unei şcoli) 교장 **2.** (unei societăţ) 대표 경영자, 대표이사 **3.** 지도자, 중역, 이사 **4.** (unei bănci) **5.** . 영화 감독 ; ~ de editor 편집장 ; ~ de scenă 제작자 ; ~ general al poştelor우체국장 ; ~ tehnic 대표기술자

directorat, ~e, s.n. **1.** 지도자의 임기(직) **2.** 주소 및 성명록, 인명록, 지도서

directorial, ~ă, ~i, ~e, adj. 통솔의, 지도의, 지도자의, 통솔자의

direcți|e, -i, s.f. **1.** 경영자 사무실, **2.** 경영진 **3.** 취급, 조작, 처리, 조치 **4.** 방향, 코스 **5.**몸가짐, 자세, 행동 태도 ; a-şi schimba direcția 진로를 바꾸다

dirigenți|e, -i, s.f. 지도

dirigin|te, -ți, s.m. **1.** 담임선생님 **2.** 우체국장

diriguit|or, -oare, -ori, -oare, s.m. 그리고 ㄹ. 길안내, 안내, 관리 지도

dirij|a, -ez, -ai, -at, I. vt. **1.** 통하다, 안내하다, 관리하다, 경영하다 **2.** [음악]지휘하다 **3.** 길을 안내하다 **4.** 조언하다 **5.** 통제하다, 조종하다 **6.** 판결하다, 결정하다 II. vr.이끌어지다 III. vi. [음악]지휘하다

dirijabil, ~ă, ~i, ~e, adj. 조종할 수 있는, 지도 할 수 있는

dirij|are, -ări, s.f. **1.** 관리, **2.** 지배, 명령,

dirija|t, -tă, -ți, -te, adj. 제한된, 규정된, 명령된

dirijor, ~i, s.m. **1.** 지도자, **2.** 안내자, **3.** 지휘자 **4.** 악단의 지휘자, 악장

disc, ~uri, s.n. **1.** 얇은 원반, 음반, 접시, 금속판 **2.** 투원반 ; aruncarea discului 원반던지기 **3.** 쇠고리(밧줄 고리) 던지기 **4.** 디스크 기억 장치 **5.** [음악]음반, 레코드 **6.** (성찬식용) 접시 **7.** [기계]자동차의 제동장치의 일부분

discernăm|ânt, -inte, s.n. **1.** 식별력, 인식, 판단 **2.** 판별, 분간, 차별대우, 안목

discern|e, discern, -ui, -ut, vt. **1.** 차별대우하다, 분간하다, 식별하다 깨닫다, 확인하다 **2.** 구별하다 ; a ~ binele de rău 선악을 판별하다

disciplin|a, -ez, -ai, -at, vt. **1.** (훈육을 위하여) 훈련하다, 단련시키다 **2.** 징계하다

disciplinar, ~ă, ~i, ~e, adj. **1.** 훈련의, 규율상의, 징계의 **2.** 징벌 **3.** 훈련하는, 훈련을 위한 **4.** 징벌의 수단으로, 교정의 수단으로

disciplina|t, -tă, -ți, -te, adj. **1.** 훈련된 **2.** 잘 단련된

disciplin|ă, -e, s.f. **1.** 훈련, 규율, 제어, 종규 **2.** 지식분야 **3.** 학과, 과목, 교과 **4.** 과학 분야 ; ~a muncii 노동규율 ; ~ de partid 당의 규율

discipol, ~i, -s.m. **1.** (성서) 그리스도 12사도의 한사람, 제자, 문하생, 신봉자 **2.** 생도, 학생, (민법) 피후견인, 연소자

discont, -uri, s.n. 할인율, 은행일변, 공정이자율

discontinuit|ate, -ăți, s.f. 불연속, 단절

discontinu|u, ~ă, ~i, ~e, I. adj. 연속되지 않은, 두절된 II. adv. 연속되지 않게, 끊겨서, 끊어져서

discord|a, -ez, -ai, -at, vi. 맞지 않다, 일치하지 않다

discordan|t, -tă, -ți, -te, adj. **1.** 사이가 나쁜, 싸우는 **2.** 삐걱거리는, 귀에 거슬리는 **3.** 충돌하는, 부딪히는 **4.** (의견이) 불일치하는 ; notă ~ă 귀에 거슬리는 소리, 시끄러움, 잘못된 악보

discordanț|ă, -e, s.f. **1.** 부조화, 불

일치 **2.** 충돌 **3.** 부적합

discorda|t, -tă, -ţi, -te, adj. 적절하지 않은, 부적절한, 부적합한

discordi|e, -i, s.f. **1.** 불일치 (의견의) **2.** 말다툼

discotec|ă, -i, s.f. 축음기 음반 수집(관)

discredit, s.n. **1.** 불신임, 의심 **2.** 명예의 실추, 불명예, 망신 **3.** 냉대, 혐오

discredit|a, -ez, -ai, -at, I. vt. 신용을 떨어뜨리다, 의심하다, 믿지 않다 II. vr. 불명예스러워지다, 평판이 나빠지다

discredit|are, -ări, s.f. 불명예, 오명, 경시, 멸시, 악평, 불신

discredita|t, -tă, -ţi, -te, adj. 불명예스러운

discrepanţ|ă, -e, s.f. 차이, 불일치, 모순

discre|t, -tă, -ţi, -te, I. adj. **1.** 사려 깊은, 신중한 **2.** 참견하지 않는, 삼가는 **3.** 보류한, 예약한, 제한된, 내성적인, 예비의 **4.** 사방을 살피는, 심사숙고한 **5.** 조용한, 과묵한, 묵음의 **6.** 고요한, 잠잠해진, 비밀의 II. adv. 깊이 생각하여, 신중히

discreţi|e, -i, s.f. **1.** 사려분별 **2.** 알맞음, 중용, 절제 ; la ~ 임의로, 무조건으로 ; [법률] a fi la discreţia cuiva 유보하다, 연기하다 ; las asta la discreţia ta 너의 판단에 맡기겠다

discreţionar, ~ă, ~i, ~e, adj. 자유재량의, 임의의

discrimin|are, -ări, s.f. 구별, 식별, 분간, 차별대우, 안목, 판별력, 특수화, 분화, 미분 ; ~rasială 인종차별

discriminatori|u, -e, -i, -i, adj. 구별하는, 차별하는, 분석적인, 예리한, 식별력이 있는

disculp|a, disculp, -ai, -at, I. vt. **1.** 무죄를 밝히다 (혐의를) 풀다 면제하다, 해제하다 **2.** -아니라고 해명하다 II. vr. 결백함이 밝혀지다, 무죄로 판명되다

discurs, ~uri, s.n. **1.** 말, 발언, 언어능력 연설 **2.** 인사말, 강연, **3.** (문법) 화법 **4.** 연설 ; a ţine un discurs 연설하다, 강연하다

discursiv, ~ă, ~i, ~e, adj. 산만한, 두서없는, [철학]추론적인

discut|a, discut, -ai, -at, I. vt. 검토하다, 숙고하다, 토의하다 II. vi. 논쟁하다, 언쟁하다 III. vr. 탐구하다, 연구하다, 논쟁하다, 논의가 제기되다

discutabil, ~ă, ~i, ~e, adj, **1.** 논쟁의 여지가 있는 **2.** 미심쩍은, 수상한

discut|are, -ări, s.f. 논의, 토의

discuta|t, -tă, -ţi, -te, adj. 논쟁하기 좋아하는, 논쟁상의

discuţi|e, -i, s.f. **1.** 토의, 토론 **2.** 말다툼, 격론 ; fără ~ 논란의 여지없이, 의심의 여지도 없이 ; a pune în ~ (문제를) 제기하다, (요구 따위를) 주장하다

dis-de-dimineată, adv. 아침 일찍, 새벽에

diseară, adv 오늘밤

disec|a, disec, -ai, -at, vt. 절개하다, 해부하다

disecţi|e, disec, -ai, -at, vt. 절개, 해부, 정밀한 음미

disemin|are, -ări, s.f. 씨뿌리기, 보급, 선전

disensiun|e, -i, s.f. 의견차이, (pl)

분쟁
disenterie, s.f. 이질, 설사병
disertați|e, -i, s.f. 논문, 학위 논문
disiden|t, I. -tă, -ți, -te, adj. 반대의 견의, 반대의견을 가진 II. -ți, s.m. **1.** 반대의견을 가진 사람 **2.** 다른 신념을 가진 사람 **3.** 반대자, (D-) 비국교도
disidenț|ă -e, s.f. (의견, 성격 따위의)차이, 불일치
disilabic, ~ă, ~i, ~e, adj. 2음절어의
disimetri|e, -i, s.f. 불균형, 비대칭
disimil|a, -ez, -ai, -at, vr. 이화(異化)되다
disimil|are, -ări, s.f. 이화(異化)
disimilați|e, -i, s.f. 이화(異化)
disimul|a, -ez, -ai, -at, vr. 속이다, 가장하다
disimul|are, -ări, s.f. 속이기
disimula|t, -tă, -ți, -te, adj. 속은
disjunctiv, ~ă, ~i, ~e, adj. 차단의, 차단하는
disjunct|or, -oare, s.n. 자동차단기
disjun|ge, -g, -sei, -s, vt. **1.** -의 관절을 빼게 하다, 탈구시키다 **2.** 여러 토막으로 풀어 헤치다, 해체하다 **3.** 지리멸렬하게 하다 **4.** 떼어놓다, 별거시키다, 가르다, 갈라놓다
disloc|a, disloc, -ai, -at, I. vt. **1.** [해부]탈구시키다 (발목을)삐다 **2.** [군사] 배치하다 **3.** [기술]분해하다 II. vr. [군사] 배치되다, [기술] 분해 되다
disloc|are, -ări, s.f. **1.** 탈구, 혼란, [기간] 전위, 단층 **2.** [군사] 분포, 배열 배치 **3.** [기술] 단층, 전위, 치환, 이동 변이
disoci|a, -ez, -ai, -at, vt. **1.** 떼어놓다, 분리하다, 분리하여 생각하다 **2.** (의식, 인격을) 분열시키다
disociativ, ~ă, ~i, ~e, adj. **1.** 분리된 **2.** (의식, 인격 등이) 분열된
desocier|e, -i, s.f. **1.** 분리(작용, 상태) **2.** (의식, 인격의) 분열 **3.** 해리
disonan|t, -tă, -ți, -te, adj. 조화되지 않은, (생각이) 일치 하지 않은, 사이가 나쁜, (음성이) 귀에 거슬리는, 불협화음의
disonan|t, -tă, -ți, -te, adj. **1.** 불협화(음) **2.** 불일치, 부조화, 불화
dispara|t, -tă, -ți, -te, adj. **1.** (본질적으로) 다른, 공통점이 없는, -와 비슷하지 않은 **2.** 이종의, 이질의, 이질성분으로 된 **3.** 따로따로 떨어진, 연락이 끊긴 **4.** 어울리지 않는
disparit|ate, -ăți, s.f. 상이, 부등, 불균형, 같지 않음, 차이, 차이점
dispariți|e, -i, s.f. **1.** 사라짐, 소실, 소멸, 실종 **2.** 덧없음 **3.** 분실, 유실, 손실
dispăr|ea, dispar, -ui, -ut, vi. **1.** 사라지다, 소실하다, 소멸하다, 없어지다 **2.** 가버리다, 떠나다, 끝나다, 죽다 **3.** 양도하다, 종료시키다, 해소하다 **4.** (희미해서) 사라지다, 사라져가다, 소실되다
dispăru|t, -tă, -ți, -te, I. adj. **1.** 행방불명의 **2.** (생명, 희망 등이) 끊어진, 절멸한 **3.** 잃은, 분실한 II. s..m. 그리고 f. **1.** 행방불명자 **2.** 죽은 사람(전체)
dispecer, ~i, s.m. **1.** (회계 등의) 감사관, 검사역 (회사의) 경리부장 **2.** 지배자, 관리인 **3.** [항공]관제관 **4.** (전동기 등의) 제어(조종)장치
dispens|a, -ez, -ai, -at, I. vt. 분배하

다, 시행하다 II. vr. ; a se ~ de... -을 포기하다, -없이 끝내다 -을 조제하다

dispensar, ~e, s.n. [의학] 외과, 수술실, 진찰실, 보건소

dispens|ă, -e, s.f. **1.** (의무의) 면제, (법의) 적용 면제 **2.** 면허, 면허증, 인가서 **3.** 면제 증명서 ; ~ de căsătorie 결혼증명서 ; ~ de vârstă 나이 제한 포기(보류)

dispepsi|e, -i, s.f. 소화 불량, 위약

disper|s, -să, -şi, -se, adj. 흩어진, 해산된

dispers|a, -ez, -ai, -at, vt. 흩뿌리다

dispers|are, -ări, s.f. **1.** 흩트림, 산포, 분산 **2.** 흩어짐, 분해, 해체, 부패, 변질

dispersi|e, -i, s.f. 흩뿌리기

dispersiun|e, -i, s.f. 흩트림, 산포, 분산 흩어짐

dispersa|t, -tă, -ţi, -te, adj. 흩뿌려진

displ|ăcea, displac, -ăcui, -ăcut, vi. 불유쾌하다, 싫어하다, 화나다, 즐겁지 않다

displăcu|t, -tă, -ţi, -te, adj. 불쾌한, 즐겁지 않은, 마음에 들지 않는

dispnee, s.f. 발음곤란, 언어장애

disponibil, I. ~ă, ~i, ~e, adj. **1.** (재산 문제 등의) 처분에 있는, 양도할 값어치가 있는 **2.** 이용할 수 있는, 쓸모 있는, 처분할 수 있는, 마음대로 쓸 수 있는 **3.** 빈, 공허한, 한가한 ; a pune în cadru ~ 퇴거시키다, 해산하다, 해고하다 II. s.n. 유용(가용)자금, 재산

disponibilit|ate, -ăţi, s.f. **1.** 유효성, 유용성, 효용 **2.** 저축, 여축, 예비품, 예비, 자제, 신중, 겸양 ; a pune în ~ 방출하다, 배출하다, 해방하다, 제대시키다, 해고하다, 면직하다

dispozitiv, ~e, s.f. **1.** 장치, 고안품 고안, 방책, 계획, 모략, 계략 **2.** 배열, 처분, 성질, 기질 ; ~ de comandă (기관의) 구동장치 ; ~ de luptă 전투 배열, 작전 계획

dispoziţi|e, -i, s.f. **1.** (장래에 대한) 준비, 설비, 공급 식량, 양식, 필요 (전제)조건, 성질, 기질, 작전계획, 조항, 계약, 규정 **2.** 정돈, 명령, 주문, 지시 **3.** 정리, 배열 **4.** (재산 문제 등의) 처분, 처리, 양도 **5.** 순서, 질서 **6.** 배치, 분포(상태) **7.** 정신상태, 기분 ; ~ de plată 명령, 지시 ; la ~ 손에 넣어, 제어하여, 착수하여 ; până la noi dispoziţii 다음 지시가 있기까지 ; a lua dispoziţii ca să se facă ceva 무엇이 이루어지도록 필요한 조치를 취하다 ; a fi în bună ~ 기분이 매우 좋다 ; a fi la dispoziţia cuiva -의 뜻대로 되다, -의 마음대로 쓸 수 있다 ; stau la dispoziţia dvs. 처분만 내려주세요(당신의 처분에 따르겠습니다)

dispreţ, s.n. **1.** 경멸, 멸시, 조롱, 조소 비웃음, 냉소, 치욕, 창피, 경멸감, 오열, 거드름 **2.** (언어 태도의) 오만불손, 모욕, 무시, 경시 ; cu ~ 거만하게, 경멸하여 ; a arăta ~ faţă de cineva -을 경멸하다 ; a trata cu ~ 업신여기다 ; a vorbi cu ~ despre... -에 대하여 업신여기다, 얕보다

dispreţu|i, -i -esc, -ii, vt. **1.** 경멸하다, 멸시하다, 혐오하다 **2.** 모욕하다, 조소하다, -을 업신여기다, (물건을) 천히 여기다, -을 낮춰보다, -에

냉담하다, 경멸하다 **3.** 얕잡아 보다 **4.** -할 가치가 없다고 생각하다 **5.** (위험, 죽음에) 맞서다, 무시하다, 문제 삼지 않다 ; de ~t 경멸할만한, 멸시할만한, 비열한, 인정머리 없는

dispreţuir|e, -i, s.f. 경멸

dispreţui|t, -tă, -ţi, -te, adj. 경멸하는

dispreţuit|or, I. -oare, -ori, -oare, adj. 경멸적인, 조소적인, 사람을 얕잡아보는, 거드름 부리는 II. adv. 경멸적으로, 깔보아, 경시하여

disproporţi|e, -i, s.f. **1.** 불균형, 불균형한 것 **2.** 모순, 부적합, 부조화한 사물

disproporţiona|t, -tă, -ţi, -te, adj. **1.** 불균형의, 어울리지 않는 **2.** -와 균형이 안 잡히는

dis|pune, -pun, -pusei, -pus, I. vt. **1.** 정리하다, 정돈하다, 배열하다 명령하다, 지시하다, 배치하다, 배분하다 / 처리(처분)하다 **2.** 결심(결의)하다, 결정하다, 결심시키다, 해결하다 **3.** 명하다, (의무로서) ~을 과하다, 명령을 내리다, 요구하다, 규정하다, 지령(지시)하다 **4.** (군대 함대를) 배치하다, 배열하다 **5.** 두다, 정돈하다, 앉히다 II. vr. 기분이 나다, 기운이 나다 III. vi. 처리하다, 처치하다 ; a ~ de... -을 처분하다, -을 즐기다, -을 무찌르다 ; dreptul popoarelor de a ~ de ele însele 자결(독립)할 수 있는 민족의 권리

dispuner|e, -i, s.f. 배치 배열, 처리, 처치

dispu|s, -să, -şi, -se, adj. **1.** -하려고 하는, -할 경향이 있는, -할 준비가 되어 있는, -한 기분의 **2.** 배치된 ; bine ~ 기분이 좋은 ; a fi bine ~ 기분이 좋다 ; eşti ~ să mă conduci? 너 나와 함께 가주겠니? ; nu sunt ~ să-l ajut 나는 그를 도와주고 싶지 않다

disput|a, disput, -ai, -at, I. vt. 경쟁하다, 논쟁하다, 겨루다, 다투다 II. vr. (운동경기 등이) 열리다, (시합 등이) 개최되다

disput|ă, -e, s.f. **1.** 논쟁, 반론 **2.** 경쟁, 시합

distant, ~ă, ~i, ~e, adj. **1.** (거리가) 먼, 떨어진, 떨어져 있는 **2.** 희미한 **3.** (친척 따위의) 촌수가 먼

distanţ|a, -ai, -at, I. vt. **1.** 추월하다, -을 능가하다, -을 앞지르다 **2.** 일정한 간격을 두다, 사이를 떼다 II. vr. **1.** 떠나다 **2.** 출세하다 ; a se ~ de... -을 앞지르다

distanţă, -e, s.f. 거리, 차이 ; la o ~ de 3 km. 3킬로미터 거리에서(떨어져서) ; din ~ în ~ 거리를(간격을 두고) ; a urma de la ~ 거리를 두고(떨어져서) 따라가다 ; a ţine la ~ -와 거리를 두다

distanţier, -e, s.f. 분리기

distih, ~uri, s.n. 대구, 대련

distil|a, -ez, -ai, -at, vt. 증류하다

distil|are, -ări, s.f. 증류

distilat|or, -oare, s.n. 증류기

distileri|e, -i, s.f. 증류소, 양조장

distinc|t, I. -tă, -ţi, -te, adj. **1.** 분명한, 확실한 **2.** 갈라진, 끊어진, 떨어진, 격리된, 독립된 II. adv. 명백하게, 똑똑히, 틀림없이

distinctiv, ~ă, ~i, ~e, adj. 분명한

distincţi|e, -i s.f. **1.**분리 **2.** 차이, 구분, 구별, 차별 **3.** 우수성, 탁월

distin|ge, disting, -sei, -s, I. vt. 분리하다, 구분하다, 구별하다 II. vr. 구분되다, 차이가 나다 III. vi. a ~ între... -중에서 구별하다, 차별하다
distin|s, -să, -şi, -se, adj. 분리된, 특정적인, 걸출한, 주목되는
diston|a, -ez, -ai, -at, vi. 동의하지 않다, 의견이 일치하지 않다, 사이가 나쁘다, 다투다, 틀어지다
distonan|t, -tă, -ţi, -te, adj. 불협화음의, 일치하지 않은
distorsiun|e, -i, s.f. 왜곡
distr|a, -ez, -ai, -at, I. vt. 재미나게 하다, 즐겁게 하다, 위로하다 II. vr. 재미나게 놀다, 즐기다 ; cum te-ai ~t? 재미있었니?
distractiv, ~ă, ~i, ~e, adj. 즐거운, 흥겨운
distracţi|e, -i, s.f. 놀이, 즐거움, 흥겨움
dis|trage, -trag, -trăsei, -tras, vt. 전환하다
distra|t, I. -tă, -ţi, -te, adj. 방심한 상태의, 얼빠진, 멍하고 있는 II. adv. 방심하여, 멍하여, 정신이 나가(서)
distribu|i, distribui, -ii, -it, I. vt. 분배하다, 유통하다, 나누다, 할당하다 II. vr. 분배되다
distribuir|e, -i, s.f. 분배, 유통, 할당
distribuit|or, -oare, -ori, -oare, s.m. 그리고 f. 유통업자,
distributiv, ~ă, ~i, ~e, adj. 유통의, 배급의
distribuţi|e, -i, s.f. **1.** 유통, 분배 **2.** [연극]배역
district, ~e, s.n. 구역
districtual, ~ă, ~i, ~e, adj. 구역의, 지역의
distructiv, ~ă, ~i, ~e, adj. 파괴적인
distrugăt|or, -oare, -ori, -oare, adj. 파괴적인
distru|ge, distrug, -usei, -us, I. vt. -파괴하다, 무너뜨리다, 줄이다, 파멸시키다, 몰락시키다 II. vr. 파괴되다, 몰락하다
distruger|e, -i, s.f. 파괴, 몰락, 파멸
diurez|ă, -e, s.f. 이뇨제
diurn, ~ă, ~i, ~e, adj. 주간의, 매일의
diurn|ă, -e, s.f. 일급
diurni|st, -stă, -şti, -şte, s.m. 그리고 f. 일용직 노동자
diva|ga, -ghez, -gai, -gat, vi. 빗나가다, 탈선하다
divagaţi|e, -i, s.f. 탈선, 이탈
div|ă, -e, s.f. 프리마돈나
divergen|t, -tă, -ţi, -te, adj. 다양한
diver|s, -să, -şi, -se, adj. 서로 다른
diversific|a, diversific, -ai, -at, vt. 다양화하다
diversific|are, -ări, s.f. 다양화
diversioni|st, -stă, -şti, -ste, s.m. 다원주의자
diversit|ate, -ăţi, s.f. 다양성
diversiun|e, -i, s.f. 전환
divertisment, -e, s.f. **1.** 소모임, 작은 파티, **2.** 경쾌한 음악의 일종
divi|de, divid, -zai, -zat, -vt. 나누다
dividend, ~e, s.n. 주식배당금
divin, ~ă, ~i, ~e, adj. 신성한, 신의, 하늘의 ; serviciu ~ 예배식, 근행
divinaţi|e, -i, s.f. 숨겨진 능력
divinit|ate, -ăţi, s.f. 신성, 신성함
diviniz|a, -ez, -ai, -at, vt. 누군가를 몹시 사랑하다
diviz|a, -ez, -ai, -at, I. vt. -여러 부분

또는 분야로 나누다 II. vr. 나누어지다
diviza|t, -tă, -ţi, -te, adj. 나누어진
divizibil, ~ă, ~i, ~e, adj. 나누어질 수 있는
divizi|e, -i, s.f. 분할, 분배, 구획,
divizi|on, -oane, s.n. (군대에서) 대대 규모에 해당하는 기마부대 또는 포병부대
divizionar, ~ă, ~i, ~e, adj. **1.** 분야별의, 구분적인, 부분적인 **2.** [군사]사단의
diviziun|e, -i, s.f. 분할, 분배, 구획
divizor, -i, s.m. 분할기, 분배기
divorţa, -ez, -ai, -at, vi. 이혼하다
divorţa|t, -tă, -ţi, -te, adj. 이혼한, 해어진, 갈라진
divulga, divulg, ~i, ~t, vt. 폭로하다, 배반하다, (소문 따위를) 퍼트리다
divulg|are, -ări, s.f. 폭로
divulgat|or, -oare, -ori, -oare, s.m. 그리고 f. 폭로하는 사람, 누설자, 배반자
dizenteric, ~ă, ~i, ~e, adj. 설사의, 이질의
dizenteri|e, -i, s.f. 이질, 설사
dizertaţi|e, -i, s.f. 논설, 논문, 학위논문
dizeur, ~i, s.m. 가수, 예능인, 연예인
dizgraţi|a, -ez, -ai, -at, vt. 치욕스럽게 하다
dizgraţia|t, -tă, -ţi, -te, adj. 수치스러운, 창피스러운
dizgraţi|e, -i, s.f. **1.** 수치, 치욕 **2.** 냉대, 싫어함 ; a-şi atrage dizgraţia cuiva -의 기분을 상하게 하다; a cădea în ~ -의 미움을 사다, 인기를 잃다 ; a fi în ~ 미움을 받다
dizgraţi|os, -oasă, -oşi, -oase, adj. **1.** 치욕스러운, 수치스러운 **2.** 불행한, 불유쾌한
dizident, v. disident
dizolv|a, dizolv, -ai, -at, I. vt. 용해하다, 녹이다 II. 녹다
dizolvan|t, -tă, -ţi, -te, adj. 녹이는, 용해의
dizolv|are, -ări, s.f. 녹이기, 용해
do, s.m. (육군, 공군의) 소령, 전공과목 **2.** (악보의 첫 부분에 표시하는) 음자리표
doag|ă, -e, s.f. 그릇을 만드는데 사용되는 나무 조각
doamn|ă, -e, s.f. **1.** 여성 **2.** 기혼 여성에 대한 호칭 **3.** 부인 **4.** 주부, 안주인 **5.** 나이든 여자 **6.** (부유한) 기혼 부인
doar, doară adv. **1.** 단지, 그저 **2.** 아마도, 혹시 **3.** 바로, 꼭 **4.** 결국, 드디어 **5.** 확실히, 물론 ; fără ~ şi poate 의심의 여지없이 ; că ~ nu e copil 그는 어린아이가 아니야, 그렇지?
dobân|dă, -zi, s.f. 이자, 이득, 이용 ; a plăti cuiva cu ~ 상환하다, 반제하다, 보복하다, 앙갚음하다
dobând|i, -esc, -ii, -it, I. vt. **1.** 획득하다 **2.** 얻다 **3.** 확보하다 **4.** 찾다 II. vr. 획득하게 되다
dobândire, s.f. 획득
dobit|oc, -oacă. -oci, -oace, s.m.. 그리고 s.f. **1.** 동물 **2.** 바보, 얼간이
dobitoc|esc, -ească, -eşti, adj. **1.** 싫은 **2.** 짐승 같은 **3.** 우둔한
dobitoceşte, adv. 우둔하게, 악하게

dobitoci|e, -i s.f. **1.** 열악한 환경 **2.** 우둔함 **3.** 정신박약자 **4.** 어리석은 행동 **5.** 허튼소리 **6.** 타락
doborâr|e, -i, s.f. 거절, 제압, 철거
doborâ|t, -tă, -ţi, -te, adj. 제압된
doborât|or, -oare, -ori, -oare, adj. 제압하는
dobor|î, -dobor, -ii, -it, vt. **1.** 내던지다 **2.** 철거하다 **3.** 바닥으로 쓰러뜨리다 **4.** 베어 넘어뜨리다 **5.** 제압하다 **6.** -을 무찌르다 **7.** 제거하다 ; a ~ un copac 나무를 베다(처내다)
doboş, ~uri, s.n. 케잌의 일종
doboşar, ~i, s.m. v. toboşar
dobro|gean, I. -geană, -geni, -gene, adj. 도브로자의 II.-geni, s.m. 도브로자 거주민
dobro|geancă, -gence, s.f. 도브로자 여자
doc, ~uri, s.n. **1.** 부두 **2.** 창고 부두 **3.** 떠다니는 부두 **4.** 건선거, 중요한 부두
doc, ~uri, s.n. **1.** 오리 **2.** 범포
docar, ·e, s.n. 강아지가 이끄는 2륜 짐마차
docher, ~i, s.m. 부두인부
docil, ~ă, ~i, ~e, adj. **1.** 다루기 쉬운 **2.** 순한 **3.** 관리할 수 있는 **4.** 순한 **5.** 가르칠 수 있는
docilit|ate, -ăţi, s.f. 유순함, 온순함
doclad, ~uri, s.n. **1.** 보고 **2.** 국민 투표
doc|t, -tă, -ţi, -te, adj. 학구적인
doctor, ~i, s.m. **1.** 의사 **2.** 박사
doctoral, ~ă, ~i, ~e, adj. 박사의
doctoran|d, -dă, -zi, -de, s.m. 그리고 f. 박사학위 지원자, 박사학위 과정자
doctora|ş, -şi, s.m. doctor의 축소형명사 (젊은 의사)
doctorat, ~e, s.n. **1.** 의사 칭호, 직함 **2.** 의사 학위 시험 **3.** 의사 학위 **4.** 박사학위
doctori|e, -i, s.f. 약, 약물
doctoriţ|ă, -e, s.f. **1.** 여의사 **2.** 의사의 아내
doctrinar, ~ă, ~i, ~e, adj. 공론적인, 교조주의의
doctrin|ă, -e, s.f. 독트린, 교리, 주의, 원칙, 학설
document, ~e, s.n. 문서, 서류
decument|a, -ez, -ai, -at, vt. 증거자료를 모으다
documentar, ~ă, ~i, ~e, I. adj. 문서의, 증거의, 자료가 되는 II. s.n. 기록물, 기록영화, 도큐멘터리
document|are, -ări, s.f. 증서교부, 문서, 자료
documentaţi|e, -i, s.f. 자료
dodecaedric, ~ă, ~i, ~e, adj. 12면체의
dodecaedr|u, -e, s.n. geom.. 12면체
dodecag|on, -oane, s.n. geom. 12각형
dodecagonal, ~ă, ~i, ~e, adj. geom. 12각형의
dodecasilab, ~i, s.m. 12음절
dodecasilabic, ~ă, ~i, ~e, adj. 12음절의
dodii, s.f. pl. ; a vorbi în ~ 의미 없는 말을 하다
doftor, s.m. v. doctor
dog, ~i, s.m. 큰 개
dogar, ~i, s.m. 통 제조업자
dogări|e, -i, s.f. **1.** 통메장이의 일 **2.**

통메장이의 가게

dog|e, -i, s.m. (옛 베니스나 제노아의) 총독 직함

dog|i, -esc, -ii, -it, I. vt. 통널을 대다(붙이다) II. vr. (통, 베 등에) 구멍이 나다, 찌그러지다

dogi|t, -tă, -ți, -te, adj. **1.** 금이 간 **2.** 속이 빈

dogmatism, s.n. 독단주의, 독단론

dogmati|st, -stă, -şti, -ste, s.m., 그리고 f. 독단론자

dogm|ă, -e, s.f. **1.** (종교) 교의, 교리, **2.** 교조, 신조

dogoare, s.f. **1.** 적열, **2.** 불

dogor|eală, -eli, s.f. (태양 등) 매우 뜨거운 물체로부터의 열기

dogor|î, -esc, -ii, -it, I. vr. **1.** 달아오르다, 타오르다 **2.** 태양에 타다 II. vi. 벌겋게 타다

dogori|t, -tă, -ți, -te, adj. 달아오른, (태양에) 탄

dogorit|or, -oare, -ori, -oare, adj. 무더운, 찌는 듯한

dohot, ~uri, s.n. 짐차의 윤활유로 쓰이는 식물성 윤활유

doi, două, num. (기수) ; ~ cite ~ 2개씩

doic|ă, -i, s.f. 아이 돌보는 여자

doilea, doua (al doilea, a doua) num. card. (서수) 두 번째의

doim|e, -i, s.f. **1.** [수학]절반 **2.** [음악]절반

doinar, ~i, s.m. 도이나를 부르는 가수

doin|ă, -e, s.f. 루마니아 전형적인 스타일의 민속 음악인 애가 형식의 노래

doin|i, -esc, -ii, -it, vt. 도이나를 부르다

doinit|or, -oare, -ori, -oare, adj. 도이나를 노래하는

doisprezece, douăsprezece, num. 기수 12.

doisprezecelea, douăsprezecea (al doisprezecelea, a douăsprezecea), num. card. (서수) 12번째(의)

doj|ană, -eni s.f. 비난, 힐책, 징계

dojen|i, -esc, -ii, -it, vt. 비난하다, 징계하다, 힐책하다

dojenir|e, -i, s.f. 비난

dojenit|or, -oare, -ori, -oare, adj. 비난하는

dol, ~uri, s.n. [법률]악의나 강압에 의해서 강제로 만들어진 계약서

dolar, ~i, s.m. 달러(화폐 단위)

doldora, adj. invar. 억지로 채워진, 꽉 찬

doleanț|ă, -e, s.f. 불평, 불만, 요구사항

doli|e, -i, s.f. 비탄, 애도

dolihocefal, ~ă, ~i, ~e, adj. 두상이 앞에서 뒤로 길쭉한

dolihocefalie, s.f. 두상이 앞뒤로 긴 사람

dolin|ă, -e, s.f. 돌리네(석회암 지역의 구덩이)

doliu, ~ri, s.n. 비탄, 애도 ; haine de ~ 상복

dolman, ~e, s.n. 부란덴부르크 스타일로 장식된 장교용 복장, 망토식 겉옷

dolmen, ~e, s.n. 돌멘, 고인돌

dolofan, ~ă, ~i, ~e, adj. 부푼

dolomită, s.f. [지질]돌로마이트, 백운암

dolosiv, ~ă, ~i, ~e, adj. (계약서 등이) 사기로 만들어진

dom, ~uri, s.n. **1.** (catedrală) [거축] 둥근 지붕, 돔 **2.** (기술) 둥근지붕

domen|iu, -ii s.n. **1.** 분야 **2.** (학문의) 분야

domestic, ~ă, ~i, ~e, adj. **1.** 국내의 **2.** 집안의

domestic|i, -esc, -ii, -it, I. vt. **1.** (동물 따위를) 길들이다 **2.** (식물·이민 등을) 토지에 순화(馴化)시키다 **3.** (외국의 습관·말 따위를) 자기 집(나라)에 받아들이다 **4.** (야만인을) 교화하다 **5.** 가정에 익숙케 하다, 가정적으로 되게 하다 II. vr. 길들여지다

domesticir|e, -i, s.f. 길들이기, 순화하기

domestici|t, -tă, -ți, -te, adj. 길들여진

domicili|a, -ez, -ai, -at, vi. 거주지로 가지고 있다

domiciliar, ~ă, ~i, ~e, adj. 집에 대한

domicilia|t, -tă, -ți, -te, adj. 거주하는

domicil|iu, -ii, s.n. 주거지 ; domiciliu 민간 주거지 ; ~ legal 법적 주거지 ; violare de ~ 주거지 침입

domin|a, domin, -ai, -at, I. vt. 지배(통치)하다, 위압하다, (격정 따위를) 억제하다 II. vr. 자신을 억제하다 III. vi. 뛰어나다, 우세하다, 걸출하다, 탁월하다, 주권을 쥐다, 지배력을 갖다

dominan|t, -tă, -ți, -te, adj. 지배적인, 유력한, 우세한, 우위를 차지하고 있는, 현저한, 주(主)된. 우뚝 솟은.

dominanț|ă, -e, s.f. 우세, 우월, 다수

domin|are, -ări, s.f. 지배

dominați|e, -i, s.f. (힘, 권력 등을 통한) 지배

domini|on, -oane, s.n. 통치권, 주권

domin|o, ~uri, s.n. 도미노

domn, ~i, s.m. **1.** 신사 **2.** 주인, 영주 **3.** 왕, 왕자 ; doamne dumnezeule! (놀람의 소리) 아뿔싸!, 이런!, 야단났군! ; doamnelor şi domnilor 신사숙녀 여러분

domn|esc, -ească, -eşti, adj. **1.** 공국의 **2.** 영주의

domne|şte, adv. 신사답게

domn|i, -esc, -ii, -it, vt. 다스리다, 통치하다, 관리하다

domni|e, -i, s.f. **1.** 치세, 성대 **2.** 통치, 지배, 통치[지배]권, 힘, 세력, 권세 **3.** 왕의 위엄 **4.** 왕의 법정

domnişoar|ă, -e, s.f. 미혼여성

domnişor, -i, s.m. **1.** 젊은 영주 **2.** 신사

domnişoric|ă, -i, s.f. domnişoară의 축소형 명사

domnit|or, -oare, -ori, -oare, adj. I. 지배자의 II. s.m. odin. 터키 지배시대의 태수, 지배자

domniț|ă, -e, s.f. **1.** odin. 공주 또는 왕의 부인 **2.** fig. 젊은 여성을 칭하는 말

dom|ol, -oală, -oli, -oale I. adj. **1.** 느린, 부드러운, 조용한 **2.** (목소리 등이) 낮은, 온화한 II. adv. 천천히, 약하게, 점진적으로

domol|i, -esc, -ii, -it, I. vt. 천천히 가게 하다, 속력을 낮추다, 진정시

키다 II. vr. 진정되다, 안정(안심)하다

domoli|t, -tă, -ţi, -te, adj. 진정한

don|a, -ez, -ai, -at, vt. (자선 사업 등에) 기증[기부]하다, 주다

donare, s.f. v. donaţie

donatar, ~ă, ~i, ~e, s.m. 그리고 f. **1.** [법률]기증받는 사람, 수증자(受贈者), **2.** 지정권자(指定權者)(어떤 사람으로부터 그 재산의 수취인을 지명할 권한을 부여받은 사람), **3.** [의학](장기 따위의) 피(被)제공자, (특히) 수혈자(受血者)

donat|or, -oare, -ori, -oare, s.m. 그리고 f. **1.** 기증자, 시주(施主). 공여체(供與體), **2.** [법률]지정권 부여자(자기 재산의 수취인의 지명권을 타인에게 주는 사람)

donaţi|e, -i, s.f. 기부, 기탁

donchihotism, s.f. 돈키호테적인 성격

dondăn|i, -esc, -ii, -it, vi. (a bodogăni) 혼자서 중얼거리다

doniţ|ă, -e, s.f. **1.** 나무로 된 들통 **2.** 우유용 들통

dop, ~uri, s.n. 막이, 꼭지

dop|a, -ez, -ai, -at, vt. 스포츠 경기에 사용되는 불법 약물을 관리하다, 약물검사를 (실시)하다

dop|are, -ări, s.f. 약물관리

dopuş|or, -oare, s.n. dop의 축소형 명사

dor, ~uri, s.n. **1.** 동경, 갈망, 열망 **2.** 고통, 고뇌 **3.** 슬픔

dor|i, -esc, -ii, -it, vt. 기원하다, -을 탐내다, -을 원하다, 갖고(손에 넣고) 싶어 하다, -에게 볼일이 있다, -를 찾다, 수사하다.

dori|t, -tă, -ţi, -te, adj 바라는, 원하여지는

dorit|or, -oare, -ori, -oare, I. s.m. 그리고 f. 열망하는 사람, II. adj. 열망하는, 사랑하는

dori|an, -ană, -eni, -ene, adj. s.m. 그리고 f. 과거 소아시아 제국의 해안가, 그리스 섬과 펠로폰네소스에 거주하던 사람(의)

dormez|ă, -e, s.f. 침상, 소파, (문어·시어) 침석, 잠자리

dorm|i, dorm, -ii, -it, vi. 잠자다

dormir|e, -i, s.f. 잠자기

dormit|a, -ez, -ai, -at, vi. **1.** 졸다, 꾸벅꾸벅 졸다, 겉잠 들다 **2.** 살짝 잠에 들다

dormit|or, -oare, -s.n. 침실

dorn, ~uri, s.n.(기술) 낚시용 도구

dorni|c, ~ă, ~i, ~e, adj. 갈구하는, 몹시 원하는

dorobanţ, ~i, s.m. **1.** (월급을 받는) 군인(보병) **2.** (전투)경찰

dorobănţ|esc, -ească, -eşti, adj. 군인의, 보병의, 경찰의

dorobănţim|e, -i, s.f. (집합적으로) 군인

dorsal, ~ă, ~i, ~e, adj. [해부]등쪽의

dosar, -e, s.n. 서류(철)

dos|i, -esc, -ii, -it, vt, I. **1.** 숨기다, 비밀로 하다, 감추다, 속이다, 꾸미다 **2.** 훔치다, 몰래 빼앗다, 절취하다 II. vr. 숨다

dosir|e, -i s.f. 숨기, 감추기

dosi|t, -tă, -ţi, -te, adj. **1.** 숨은, 숨겨진 **2.** 고립된

dosnic, ~ă, ~i, ~e, adj. 격리된, 은퇴한, 인가에서 멀리 떨어진, 한적한.

dosnic, ~ă, ~i, ~e, I. adj. 숨겨진, 뒤

로 물러난 II. s.f. (합성어에서) ; dosnică-galbenă 노란색 꽃을 피우는 식물

dosp|i, -esc, -ii, -it, I. vi. **1.** 발효시키다, 부풀리다, 영향(잠재력)을 미치다, 기미를 띠게 하다 II. vi. **1.** 발효하다 **2.** 큰 법석을 떨다, 격동(동요)하다 **3.** 큰 난리를 치는 상황에 처하다

dospir|e, -i, s.f. 소요, 동요, 흥분

dospi|t, -tă, -ți, -te, adj. 소요된, 동요된, 흥분된

dot|a, -ez, -ai, -at, vt. **1.** -에게 주다, -에게 부여하다 **2.** 망부의 유산 일부를 그 미망인에게 주다

dotal, ~ă, ~i, ~e, adj. 지참금의

dot|ă, -e, s.f. 지참금

douăzeci, num. car. (기수) adj., s.m. 20, 스물(의)

douăzecilea, douăzecea (al două- zecilea, a douăzecea), num. ord. (서수) 20번째(의)

dov|adă, -ezi, s.f. **1.** 증명, 증거, 증거가 되는 것 **2.** [법률]증거서류, 증언., 논의, 논증, 논거, 논법 **3.** 삽화, 도해 **4.** 예해(例解), 실례, 예증

doved|i, -esc, -ii, -it, I. vt. **1.** 증명하다, 입증(立證)하다 **2.** 시험하다, 실험하다 **3.** 검증하다 **4.** 이겨내다, 극복하다, 정복하다 II. vr. 자기가 -임을 증명하다, -임이 증명되다, 밝혀지다

dovedir|e, -i, s.f. 입증

dovedit|or, -oare, -ori, -oare, adj. 설득력 있는, 납득이 가게 하는

dovl|eac, -eci, s.m. [식물]호박

dovlece|l, -i, s.m. 긴 형태의 호박 (cucurbita pepo ovifera)

doxă s.f. sg. 뇌, 뇌수(腦髓), 골, 두뇌, 지력

doză, -e, s.f. (약의) 1 회분, (1회의) 복용량, 한 첩.

drac, ~i, s.m. **1.** 악마, 악귀, 악령, 마왕, 사탄(Satan) **2.** (악덕의) 화신, **3.** 악당 ; ~e! (가벼운 저주의 뜻으로) 빌어먹을!, (의문사를 강조하여) 도대체 ; al ~ului 지독하게, 굉장하게, 맹렬히, 지독하게 ; la ~u cu el ! 지옥이나 가라(뒈져라)! ; pe ~u 빌어먹을 ; a avea ~i 기분이 나쁘다, 화가 나있다 ; a fugi de cineva ca ~ul de tămâie -을 마치 페스트 환자의 격리 병원처럼 멀리하다 ; a face pe ~ul în patru 전력을 다하다 ; e un ~ de femeie 그녀는 악마다 ; să fii al ~ului, ~ul să te ia, du-te ~ului, du-te la ~ul! 빌어먹을 뒈져라! să fiu al ~ului dacă... 만일 -이라면 내 목을 주겠다 ; e un frig al ~ului 매우 춥다 ; a toca ~ului breți 큰소리 치다, 허튼 소리를 하다 ; a băga pe cineva în toți ~ii 누구에 혹독한 고초를 겪게 하다, 누구를 몹시 꾸짖다 ; nu e ~ul atât de negru 한술 더 떠서 나쁘게 말하다

dracil|ă, -e, s.f. [식물]매자나무속(屬)의 식물(매발톱나무 따위), 그 열매 (Berberis vulgaris)

draconic, ~ă, ~i, ~e,. adj. 매우 가혹한

drag, I. ~ă, ~i, ~e,. adj. 사랑스러운, 귀여운, 친애하는, 좋아하는 , 총애하는, 마음에 드는 ; ~ă doamne 말하자면 ; ~ă prietene 친한(다정한) 친구 ; cu ~ă inimă 기꺼이 ; câi-e lumea mai ~ă 가장 행복한 순간, 갑

자기 ; mi-e ~ ca sarea iIn ochi 나는 그의 꼴도 보기 싫다 ; a avea ~ -을 좋아하다, 서로 좋아하다 ; a-i cădea ~ 사랑에 빠지다 II. s.n. 사랑, 목적, 이유 ; de ~ul (소유격 지배) -을 위하여 ; a-i cădea cineva (cu) ~ 누구와 사랑에 빠지다 ; am făcut-o de ~ul ei 나는 그녀를 위하여 그것을 했다 ; ți-era mai mare ~ul să te uiți la ea 그녀를 보는 것만으로도 매우 즐거웠다 III. s.m. 사랑, 사랑하는 사람, 애인 ; ~ul meu 내 사랑

dra|ga, -ghez, -gai, -gat, vt. (항만, 강 등을) 준설하다, -의 기뢰(지뢰)를 제거하다

dragaj, ~e, s.n. 준설

drag|ă, -e, s.f. 준설기, 준설삼태기

draglin|ă, -e, s.f. 기구 따위를 끄는 밧줄, 드래그라인

draglini|st, -stă, -şti, -ste, s.m. 그리고 f. 드래그라인으로 일하는 사람

dragoman, -i, s.m. odin. 통역 겸 안내원

dragon, ~i, s.m. **1.** mit. 용 **2.** [군사] 용

drag|or[1], -oare, s.n. [항해]전투함

dragor,[2], -i, s.m. 준설기를 다루는 사람

dragoste, s.f. **1.** 사랑 **2.** (persoana iunită) 사랑하는 사람, 애인 ; căsătorie din ~ 연애결혼 ; din ~ pentru ... -을 위하여, -을 사랑하여 ; a face ~ cu cineva -와 사랑에 빠지다 ; a nu mai putea de ~, a fi nebun de ~ 사랑에 미치다(눈이 멀다) ; e o veche ~ de-a mea 그(녀)는 나의 옛 애인이다

drahm|ă, -e, s.f. 드라크마(고대 그리스의 은화(銀貨) 이름, 현대 그리스의 화폐 단위)

draibăr, ~e, s.n. 송곳, 천공기, 착암기, 드릴

drajeu, ~uri, s.n. 설탕, 초콜릿으로 만든 단 과자

dram, ~uri, s.n. **1.** 최소의 건량(계량) **2.** 원자, 미소분자, 미진, 소량, 낟알 ; un ~ de adevăr 다소의 진실 ; nici un de ~ de... 전혀(조금도) -아니다

dramatic, I. -ă, -i, -e, adj. **1.** 드라마틱한, 극적인 **2.** 희곡의, 각본의, 연극의 II. adv 드라마틱하게, 극적으로

dramatism, s.n. 드라마적 특징, 스릴

dramati|za, -ez, -ai, -at, vt. 드라마화하다, 극적으로 표현하다

dramatiz|are, -ări, s.f. **1.** 드라마화하기 **2.** 드라마티이징

dramaturg, ~i, s.m. 희곡작가

dramaturgi|e, -i, s.f. 극작법, 연출법

dram|ă, -e, s.f. **1.** 희곡, 드라마 **2.** 비극

drap|a, -ez, --ai, -at, vt. (문, 창문 등을) 커튼으로 덮다 (장식하다)

drapel, ~e, s.n. 기, 깃발, 국기, 상징, 표상, 기치, 커튼 ; a coborî ~ul (국)기를 내리다 ; a flutura ~ul 국기가 펄럭이다 ; a înălța ~ul 국기를 게양하다 ; a fi sub ~ 군인이 되다

draperi|e, -i, s.f. 휘장, (perdele) 커튼, 막

drastic, I. ~ă, ~i, ~e, adj. 격렬한, 맹렬한, 강렬한, (수단 따위가) 과감한, 철저한. II. adv. 격렬하게, 과감하게

drăc|esc, -ească, -eşti, adj. 악마의, 악마 같은, 잔인한, 극악무도한

drăci|e, -i, s.f. 악마의 짓, 마법, 극악무도한 행위

drăc|os, -oasă, -oşi, -oase, adj. **1.** 악마 같은, 무서운, 극악무도한 **2.** 악한의, 악한 같은, 무뢰한의

dracoveni|e, -i, s.f. v. drăcie.

drăcu|i, -iesc, -şi, drăcuit, vt. -을 욕하다,

drăculeț, ~i, s.m. v. drăcuşor

drăcuşor, ~i, s.m. drac의 축소형 명사

drăgaic|ă, -e, s.f. **1.** 한여름, 성하(盛夏), 하지 무렵 **2.** 루마니아 전통춤

drăgălaş, ~ă, ~i, ~e, adj. 귀여운, 예쁜, 사랑스러운, 달콤한

drăgălăşeni|e, -i, s.f. **1.** 귀여움, 사랑스러움, 우아함 **2.** 애무

drăgălăşi|e, -i, s.f. v. **drăgălăşenie**

drăgăst|os, -oasă, -oşi, -oase, adj. I. 사랑하는 II. adv 사랑으로

drăgost|eală, -eli, s.f. 사랑

drăgost|i, -esc, -ii, -it, vt. 애무하다, 귀여워하다

drăguț, ~ă, ~i, ~e, adj. I. 매력적인, 아름다운, 호감이 가는 II. s.m.. 그리고 f. 사랑하는 사람

drămu|i, -iesc, -ii, -it, I. vt. 확인하다, 조사(調査)하다, 알아내다 II. vr. 조사되다, 알려지다, 확인되다

dregător, ~i, s.m. **1.** 고관 **2.** 지배자

dregători|e, -i, s.f. 고관, 위엄

drege, dreg, dresei, drese, I. vt. **1.** 수선하다, 고치다(repair) **2.** 개선하다(improve), (소행, 결점 등을) 고치다 ; nu ştia ce să facă , ce să dreagă 그는 어찌할 바를 몰랐다 ; a-şi ~ glasul (이야기하기 전에) 헛기침을 하다 II. vr. **1.** 개선되다, 고쳐지다 **2.** (날씨가) 맑아지다, 개다, 트이다, 개선(개량)되다

drel|ă, -e, s.f. (식용) 버섯

dren, ~uri, s.n. [의학]배농(排膿)관

dren|a, -ez, -ai, -at, vt. 배수하다

drenaj, ~e, s.n. 배수, 배수 방법, 배수로, 하수로, 배수 구역, (하천의) 유역.

drepn|ea, -ele, s.f. 제비와 비슷하게 생긴 새로 진한 커피색에 목은 흰색이다 (Cypelus apus)

drept[1], dreaptă, drepți, drepte, adj. **1.** 옳은, 올바른, (도덕상) 정당한. 정확한, 틀리지 않은 **2.** (고어·구어) 진짜의, 진정한, 속임 없는 **3.** 곧은, 곧게 선, 직각(直角)의 **4.** 적절한, 제격인, 어울리는 **5.** 형편 좋은, 안성맞춤의, 말할 나위 없는, 정상적인 **6.** 건강한, 제 정신의, 정연한, 상태가 좋은 **7.** 겉의, 표면의, 정면의 **8.** 오른쪽의, 우측의 **9.** 우파(右派), 보수의 **10.** 곧은, 일직선의, 수직의 II. adv. **1.** 직선으로, 똑바로, 곧장 **2.** 정확하게, 올바르게 III. prep. (ca) -로서.

drept[2], I. ~uri, s.n. **1.** 법 **2.** 권리, 권한 ; ~ de acrescământ 자연증가에 관한 권리 ; ~ de autor 저작권 ; ~ de magazinaj 창고권 ; ~ de patentă 특허권 ; ~ de preemțiune 선매권 ; ~ de preferință 우선권 ; ~ de răscumpărare 재구입권 ; ~ de retenție 선취 특권 ; ~ de trecere 통행권 ; ~ intern 국내법 ; ~ internațional 국제법 ; ~ nescris 불문법 ; ~ penal 형법 ; ~ pozitiv 실체법 ; ~ regalian 군주제의 법 ; ~ scris 성문법 ; ~ul Bizantin 비잔틴 법 ; ~ul civil 민법 ; ~ul de azil 망명권 ; ~ul de asociere 단체결성권 ; ~ul de opțiune 기사도법 ; ~ul de înregistrare 등록권 ; ~ul de vamă 관세권 ; ~ul natural 자연법 ; ~ul procesual civil 민사소송권 ; ~ul procesual penal 형사소추권 ; ~uri accesorii 부가적 법률 ; ~uri de legitimă apărare 정당방위권 ; ~urile omului 인권 ; are ~ul la aceasta 그는 그것(일)을 할 권리가 있다 ; a avea ~ul de a/să... -할 권리가(자격이) 있다 ; a da cuiva ~ul de a face ceva -에게 -할 자격(권한)을 부여하다 ; a face/studia ~ul 법(학)을 연구하다(전공하다) II. drepți, s.m. 법관, 재판관, 정의로운 사람 ; a călca cu ~ul 좋은 시작을 하다

dreptar, ~e, s.n. 수평계

drept|ate, -ăți, s.f. 정의, 공정함, 정당성, a avea -의 말이 옳다, -이 옳다

dreptunghi, ~uri, I. adj .직각의, 직사각형의, II. s.n. 직각

dreptunghiular, ~ă, ~i, ~e, adj. geom. 직각으로 된

dr|es, -easă, -eși, -ese, adj. **1.** 수리된 **2.** -에 양념이 추가된

dres, ~uri, 고치기, 수리

dres|a, -ez, -ai, -at, I. vt. **1.** 가르치다, 교육하다, 훈련하다, 양성하다 **2.** 작성하다, (운동경기 등에서 시간적으로) 얼마의 기록을 내다 II. vr. **1.** 훈련되다, 양성되다 **2.** 작성되다, 기록이 작성되다

dresaj, ~e, s.n. 훈련, 양성

dres|are, -ări, s.n. 훈련하기, 양성하기

dresa|t, -tă, -ți, -te, adj. 훈련된, 교육된

dresor, ~i, s.m. 동물 훈련시키는 사람

drezin|ă, -e, s.f. ferov. (소규모의) 철로에서 다니는 운송도구

driad|ă, -e, s.f. 그리스신화에 나오는 숲속의 요정

dribl|a, -ez, -ai, -at, vt. 공을 드리블하다

drebi|are, -ări, s.f. 공 드리블하기

dribling, ~uri, s.n. 드리블링

dric, ~uri, s.n. **1.** 짐차의 위쪽 뼈대 부분 **2.** 영구차 **3.** 전투용 차량

dricar, ~i, s.m. 장례업자

dril, ~uri, s.n. 이불잇, 감, 데님 천

driş|că, -te, s.f. 벽을 평평하게 하는 데 쓰이는 도구

drişcu|i, -iesc, -ii, -it, vt. 평평하게 하다

drişcuir|e, -i, s.f. 평평하게 하기

droag|ă, -e, s.f. 큰 마차

droaie, s.f. 많은 수의 사람, 동물

drob¹, ~i, s.m. 큰 덩어리 소금

drob², ~i, s.m. 나무명 (Sarothamnus scoparius)

drob3, ~uri, s.n. 양고기 덩어리

drobiț|ă, -e, s.f. **1.** 염색에 쓰는 목서초의 일종 **2.** 포도즙 짜는 양동이

drobuş|or, -ori, s.m. v. drobiță

drogheri|e, -i, s.f. 약제사

droghi|st, -stă, -şti, -ste, s.m. 약제사

drojdi|e, -i, s.f. **1.** [화학]앙금, 침전물 **2.** 퇴적물 **3.** 불결, 더러움 **4.** 오물 ; a fi pe ~ 돈이 궁하다, 용돈이 옹색하다

drojdioar|ă, -e, s.f. drojdie의 축소명사
dromader, -i, s.m. [동물]단봉낙타(camelus dromedarius)
dropic|ă, -e, s.f. 전신수종
dropi|e, -i, s.f. 능에(Otis tarda)
drot, ~uri, s.n. 머리 파마용 도구
drug, ~i, s.m. 철봉, 목봉 ; ~ de aur 금덩이 ; a se ține ~ de... -에 붙어 있다, -에 충실하다 -을 고집하다
druguleț, -e, s.n. grug의 축소형 명사
drui|d, -ez, s.f. druid
drum, ~uri, s.n. **1.** 길, 도로, 가도, 공도, 가(街) **2.** (în sens abstract) 진로, 행로, (길의) 흐름 **3.** (ruta) 노선 **4.** 인생경로, 경력, 이력 **5.** 여행 ; ~ bun! 안녕!, 즐거운 여행이 되기를 바랍니다! ; ~ de fier 철로 ; ~ de țară 국도, 지방도로 ; ~ul cel mai apropiat/scurt 지름길 ; ~ul mare 고속도로 ; în ~ 도중에, 노상에서 ; în ~ spre... -로 가는 도중(길)에 ; în spre casă 집으로 가는 길에 ; lângă/la margine de ~, la marginea ~ului 길가에(서) ; o oră de ~ 한 시간의 도보(걷기) 또는 운행(드라이브) ; peste ~ 건너편(의), 반대쪽(의) ; a arăta cuiva ~ul -에게 길을 안내하다(가리켜주다) ; a avea același ~ (-와) 같은 길(경로)을 가다 ; a curăța ~ul (de zăpadă) 길을 청소하다, (눈 따위를) 제거하다 ; a da ~ul la... -로 가는 길을 제공하다 ; a deschide un ~ 새로운 길을 개척하다 ; a face ~ (여격 지배) -위한 길(공간)을 내다 ; a face ~uri (d. curieri) 심부름하다 ; a lua ~ul cel mai scurt 지름길을 택하다 ; a rătăci ~ul 길을 잃다 ; a da cuiva ceva de ~ -에게 여행을 위하여 -을 주다 ; a porni la... -을 향하여 출발하다 ; a aduce pe cineva la/pe ~ul (cel) bun -을 옳은 길로 안내하다 ; a lăsa pe cineva pe ~uri -을 거지신세가 되게하다, 거지신세가 되다
drumar, ~i, s.m. 길에서 일하는 사람
drumaş, ~i, s.m. 여행객
drumeag, ~uri, s.m. 좁은 길
drum|eț, -ețe, s.m. 여행객, 지나가는 사람
drumeți|e, -i, s.f. 여행
drumu|i, -iesc, -ii, -it, vt. **1.** 가로지르다, 횡단하다 **2.** 트래버스 법으로 측량하다
drumuş|or, -oare, -s.n. 여행객
drupă, -e, s.f. 핵과(核果)
druşcă, druşte, s.f. 신부 들러리
dual, -e, s.n. [문법]양수
dualism, s.n. [철학]이원성
dualist, -stă, -şti, -ste, I. adj. 이원성의, 이원론의 II. s.m. 그리고 f. 이원론자
dualitate, -ăți, s.f. 이원성
dubeală, -eli, s.f. 다듬기
dubi, -esc, -ii, -it, (reg) I. vt. 손질하다 II. vr. 부드럽게 되다
dubios, -oase, -oşi, -oase, I. adj. 의심스러운, 미심쩍은 II. adv. 의심스럽게, 확실치 않게
dubire, -i, s.f. 의심
dubit, -tă, -ți, -te, adj. 의심된, 의심을 받은, 혐의를 받은
dubitativ, ~ă, ~i, ~e, adj. 의심을 표명하는

dub|iu, -ii s.n. 의혹, 불확실성
dubla, -ez, -ai, -at, I. vt. 두 배로 하다 II. vr. 두 배가 되다
dublaj, -e, s.n. 필름 더빙
dubl|u, ~ă, ~i, ~e, I. adj. 두 배의, 갑절의 ; ~ cicero [인쇄]두 선의 파이카 ; contabililtate dublă 복식부기, 복식 기장법 ; ~ fund ; (상자, 함선 등의) 이중 밑창 ; cuvânt cu sens ~ 두가지 뜻으로 해석되는 단어, 애매모호한 말 ; a duce o viață dublă 이중생활을 하다 II. adv. 두배로, 이중으로 ; a vedea ~ (물건이) 둘로 보이다
dublur|ă, -i, s.f. 연극에서의 대역 연습,임시 대역
ducal, ~ă, ~i, ~e, adj. 공작의
duca|t, -te, s.n. (teritoriu) 공국, (demnitate) 공작. II. -ți, s.m. odin. 금(은)화
ducă, s.f. (plecare) 출발, (mers) 여행 ; a fi pe (picior de) ~ 출발할 준비가 되어 있다
duc|e[1], -i, s.m. 듀크, 공작 ; mare ~ 대공작
duce[2], duc, dusei, dus. I. vt. **1.** 이끌다, 인도(안내)하다, 데리고 가다, 가져가다, -의 손을 잡아 이끌다, (고삐로) 끌다(말 따위를), 리드하다, **2.** (spre o țintă) -로 안내하다, -로 인도하다 ; a o ~ 살다, 삶을 영위하다 ; a ~ casa 살림을 꾸려 나가다 ; a ~ contabilitatea 부기를 작성하다 ; l-am dus(l-am condus) acasă 나는 그를 집에서 보았다, 그를 집에다 대려다 주었다 ; a ~ cores- pondență cu cineva -와 왕래하다, 교통하다 ; a o ~ bine 번영하다, 번창하다, 잘 지내다 ; a o ~ rău/prost ca vai de lume 어렵게 지내다 ; cum o duci? djEjgrp 지내니? ; a ~ o viață retrasă 은퇴생활을 하다 ; a ~ de mână 손을 잡아끌다 ; a ~ greşit 잘못 안내하다 ; coşul acesta e incomod de dus 이 바구니는 들기가 불편하다 II. vr. (a merge) (어떤 장소·방향으로) 가다, 향하다, 떠나다,, (a pleca) (뒤에) 남기다, 남기고 [두고]가다, 놓아두다, (유족을) 남기고 죽다 ; nu ştiu pe ce s-au dus banii 나는 이 돈을 어떻게 사용해야할지 모르겠다 ; mă duc să-l caut 나는 그를 찾으러 간다 III. vi. 저항하다, 반항하다, 이겨내다 ; a ~ la... -로 향하다 ; asta nu ~ la nimic 아무 소용이 없다, 헛수고 한다 ; unde ~ asta? 무슨 송용이 있냐?
ducer|e, -i, s.f. **1.** 가기, 떠남, **2.** (plecare) 출발 ; la ~ 떠나면서
duces|ă, -e, s.f. 공작부인 ; mare - 대공부인
ducipal, ~i, s.f. 빠른 말
ductil, ~ă, ~i, ~e, adj. (금속이) 잡아늘이기 쉬운, 연성(延性)이 있는
ductilitate, -ți, s.f. 연성
dud, duzi, s.m. [식물]뽕나무 (Morus alba).
dud|ă, -e, s.f. [식물]뽕나무
dud|ău, -aie, s.n. 풀잎
duduc|ă, -i, s.f. **1.** v. domnişoara. **2.** (stăpână) 여주인, 주부
dudu|i, dudui, -ii, -it, vi. (짐승 따위가) 으르렁거리다, 포효하다, 고함치다, 소리 지르다, 대갈하다, (d. maşini) 흔들리다, 진동하다, 전율하다, 떨다

duduie, dudui, s.f. 젊은 여성, (neurmat de nume) 부인

duduiț|ă, -e, s.f. duduie 의 축소명사

duel, ~uri, s.n. 결투 ; a provoca la ~ 결투를 신청하다

duel|a, -ez, -ai, -at, vr. I. 결투에서 싸우다 II. vi. 칼을 휘두르다, 검술하다 ; a ~ cu cuvintele (질문 등을) 잘 받아 넘기다

dueli|st, -şti, s.m. 결투에서 싸우는 자

duct, -e, s.m. [음악]이중창

dugh|eană, -ene, s.f. 작은 가게

dughi|e, -i, s.f. [식물]기장 (Setaria italica)

dugliş, ~ă, ~i, ~e, adj. 게으른 자

duh, ~uri, s.n. **1.** (suflet) (영)혼, 넋, 정신, 마음. **2.** 유령, 망령(亡靈), 사령(死靈), 원령(怨靈), 요괴, (영)혼, **3.** (inteligență) 기재, 재치 ; într-un ~ 단숨에 ; om de ~ 재치가 있는 사람 ; vorbă de ~ 재치 있는 말(솜씨) ; a-şi da ~ul 죽다

duhan, ~uri, s.n. 담배

duhăn|i, -esc, -ii, -it, vi. 담배 피우다

duhovnic, ~i, s.m. 고해 신부

duhovnic|esc, -ească, -eşti, adj. 고해 신부의

dui|os, I. -oasă, -oşi, -oase, adj. **1.** (plin de iubire) 애정을 느끼게 하는, 귀여운, 사랑스러운, 그리운. 애정 깊은, 사랑에 넘친. 다정한, 인정 많은 **2.** 슬픈 II. adv. 사랑스럽게

duioşi|e, -i, s.f. **1.** (gingăşie) 부드러움, 깨지기 쉬움 **2.** (melancolie) 멜랑콜리, 슬픔

duium, s.n. (mulțime) 큰 수

dul|amă, -ame, s.f. **1.** 농부들이 입는 두껍고 긴 털 옷 **2.** 영주들이 입던 의례용 복장

dulap[1]**,** ~i, s.m. 넓은 판자

dulap[2]**,** ~uri, s.n. 옷장

dulăpaş, -e, s.n. dulap 의 축소명사

dulă|u, -i, s.m. zool, 양치기 개 (canis pecuarius)

dulc|e, I. adj. **1.** (ant. acur, amar) şi fig. 단 **2.** (fermecător) 매력적인, 아름다운, 호감이 가는, 즐거운 ; ~ ca mierea 굴같이 달콤한 ; apă ~ 맑은 (신선한) 물 ; odihnă ~ 달콤한(유쾌한) 휴식 ; versuri dulci 연애 시 ; a face ochi dulci cuiva -에게 윙크하다 II. adv. 사랑스럽게 III. s.n. (desert) 디저트, 단 음식, 후식 ; a mânca de ~ 식사하다 ; o să-i zic ceva de ~ 나는 그에게 한마디 할 것이다, 직언할 것이다

dulc|eag, -eagă, -egi, -ege, adj. 단맛이 나는, 감미로운

dulc|eață, -ețe, s.f. **1.** (ca insușire) 잼, 단 것, 단 음식 **2.** pl (bunătăți) 진미 ; ~ de zmeură 나무딸기(산딸기) 잼

dulcegări|e, -i, s.f. 감미로운 말이나 행위

dulciş|or, -oară, -ori, -oare, I. adj. (맛이)약간 단, 달콤한 II. s.m. [식물]맨드라미

dulgher, ~i, s.m.목수

dulgheri|e, -i, s.m. **1.** (meserie) 가구업 **2.** (atelier) 가구점

dulgherit, s.n. v. dulgherie

duli|e, -i, s.f. **1.** electr, 램프에서 등을 고정하는 부분 **2.** mil, 탄약통

dum|ă, -e, s.f. (러시아의) 듀마
dumbr|avă, -ăvi, s.f. **1.** 떡갈나무 숲 **2.** 작은 숲, 관목 숲
dumbravnic, -i, s.m. **1.** 서양박하 **2.** 짚신나물
dumbraveanc|ă, -e, s.f. [조류]롤러카나리아
dum-dum, s.n. ; glonț ~ 덤덤탄
dumer|i, -esc, -ii, -it, I. vt. 분명히 하다, 밝히다, 확신시키다 II. vr. 이해하다, 확실해지다
dumerir|e, -i, s.f. 이해
dumesnic, ~ă, ~i, ~e, adj. (동물에 대해서) 집안의
dumica, dumic, -ai, -at, vt. **1.** (pâine) 부스러뜨리다, (요리에서) 빵가루를 묻히다, 빵가루를 넣어 (수프를) 걸게 하다 **2.** (a împărți) 나누다 II. vr. 조각들로 나눠지다
dumica|t, -ți, s.m. 한입(의 양), 한 조각, (gustos) 맛있는 음식물
duminec|ea, -ele, s.f. 노란 꽃을 가진 식물 (Lysimachia nummularia)
duminical, ~ă, ~i, ~e, adj. 일요일의
dumini|că, -ci, s.f. 일요일, 주일 ; duminica 주일에, 일요일에 ; duminicile şi sărbătorile 주일 및 공휴일에 ; haine de ~ 주일에 입는 예복 ; a se îmbrăca de ~ 예복을 입다
dumiri. v. dumeri.
dumitriț|ă, -e, s.f. 국화
dumitale, I. pron, pers.2, dat. (2인칭 단수 존칭 여격 대명사) 당신에게 II. adj. pos. (소유형용사) 당신의 ; al ~ 당신의 것
dumneaei, pron, pers.3, **1.** (3인칭 단수 존칭 대명사) 그 여자(분) **2.** 그녀에게
dumnealor, pron, pers.3, pl.(3인칭 복수 존칭 대명사) 그분들
dumneasa, pron, pers.3, **1.** (3인칭 단수 존칭 대명사) 그 여자분, 그 남자분 **2.** 그(녀)에게
dumneata, pron, pers.2, (2인칭 단수 존칭 대명사) 당신
dumneavoastră, pron, pers.2, nom, (2인칭 단복수의 존칭 대명사) 당신.
dumnezeie, s.f. 여신
dumnezei|esc, -ască, -eşti, adj. 신의, (splendid) 놀라운
dumnezeieşte, adv. şi fig. 신성의
Dumneze|u, -i, s.f. **1.** (일신교, 특히 기독교의) 신, 하느님, 조물주, 천주 (天主) 신상(神像), 신으로(신처럼) 떠받들리는 것 **2.** (idol) 우상, 시상 ; ~le! 주여! ; omul lui ~ 경건한 사람, 신앙이 두터운 사람 ; pentru ~ ! 제발! ; pentru numele lui ~ 주님의 이름으로 ; n-are nici un ~ 까닭도 이유도 없다 전혀 까닭을 알 수 없다
dumping, ~uri, s.n. 투매, 덤핑
dun|ă, -e, s.f. 모래 언덕
Dunăre, s.f. 다뉴브 강 ; a fi ~ turbată/ de mânie 분노하여 펄펄 뛰다
dunăr|ean, -eană, -eni, -ene, adj. 다뉴브강의
dunet|ă, -e, s.f. [항해]선미루, 갑판
dunga|t, -tă, -ți, -te, adj. 줄이 간
dung|ă, -i, s.f. **1.** (linie) 좁은 줄, 선 **2.** (brazda) 밭고랑 ; în dungi 선으로 되어 있는 , 선이 그어 있는 ; a fi într-o ~ 머리가 돌다, 미치다
dungăț|ea, -ele, s.f. [식물]남부유럽에서 기원한 식물로 자주색 꽃잎을 가지고 있으며 5개로 나뉘어 진

잎을 가지고 있음(Lotus tetragonolobus)

duo, s.n. [음악]이중창, 이인조

duodecimal, ~ă, ~i, ~e, adj. 12진법의

duoden, -e, s.n. anat, 십이지장

duodenal, ~ă, ~i, ~e, adj. [해부]십이지장의

dup, ~uri, s.n. 발걸음을 나타내는 의성어

după, prep. **1.** (temporal) (순서, 시간) 뒤(후)에, 다음에, 나중에, 늦게, 뒤쳐져서, -의 뒤에(뒤로) **2.** -을 지나서, -의 뒤를 따라(쫓아)서, -을 찾아(추구하여). -을(에) 따라서, -을 본받아(서), -식(풍)의, --에 대하여 (관하여 **3.** (공간적으로) 뒤의, 나중의, 후방의, (în spatele) 공간적으로 뒤쪽으로 ; ~ aceasta 이것 다음에 ; ~ aparențe 외견상으로 ; ~ mine 내 생각(의견)으로는, 나를 따라오게! ; ~ o oră 한 시간 후에 ; ~ părerea sa 그의 의견(견해)에 의하면 ; ~ terminarea lucrului 그 일을 마친 후에 ; a cânta ~ note [음악]악보에 따라 연주(노래)하다 ; îl cunosc numai ~ nume 나는 그를 단지 이름으로만 듣고 알 정도이다 ; a judeca ~... -으로 판단(판정)하다

după|i, -iesc, -ii, -it, vi. 뚜벅뚜벅 소리를 내면서 걷다

dupăi|t, s.n. 뚜벅뚜벅 거리는 소음

dupăolaltă, adv. 하나하나

duplic|a, duplic, -ai, -at, vt. 복제하다

duplicat, ~e, s.n. 복제품

duplicitate, -ți, s.f. **1.** 표리부동 **2.** 불성실 **3.** 사기 **4.** 이중성, 중복.

dupre, prep. v. după

dupur|os, -oasă, -oși, -oase, adj. 고통스러운

dur, ~ă, ~i, ~e, adj. **1.** 심한, 무자비한, 엄격한 **2.** 호된, 모진, 가혹한

dura[1], interj. 빨리 도는 어떤 사물에서 나는 소리를 묘사한 의성어 ; de-a ~ 깊이 들어가, 빼지도 박지도 못하게

dur|a[2], durez, -ai, -at, vt. 집을 짓다, 벽을 쌓다

dur|a[3], pers.3, durează, vi. 시간이 걸리다.

durat. s.n. 벽 쌓기

durat|ă, -e, s.f. 시간의 지속, 행위가 지속되는 시간 ; de ~ 시간이 오래 걸리는 ; pentru o ~ de 10 ani 10년의 기간 동안

dur|ea, pers.3, doare, -u, -ut, vt. -에게 고통을 주다, 마음 아프게 하다, 상처를 주다, 해치다 ; a atinge pe cineva unde-l doare -의 아픈 곳을 치다(건드리다) ; mă doare burta 나는 배가 아프다 ; mă doare capul 나는 두통이 있다 ; mă doare că trebuie să spun asta 내가 그렇게 말할 수밖에 없는 것에 대하여 안타깝게(미안하게) 생각한다 ; mă doare să văd că... -인 것을 보게 되니 마음이 아프다

durer|e, -i, s.f. **1.** 고통, 아픔 **2.** 슬픔, 비탄, 비통 ; ~ de dinți 치통 ; cu ~ 슬프게(도), 안타깝게(도) ; a simți dureri în tot corpul 전신이 다 아프다(쑤신다) ; a muri de ~ 슬퍼서 죽을 지경이다 ; a striga de ~ 고통으로 소리치다

durer|os, -oasă, -oși, -oase, adj. 고

통스러운

durit|ate, -ăți, s.f. 견고함, 경도, 굳기

dus¹, s.n., 출발, 가기, 감, 떠남

du|s², I. -să, -şi, -se, adj. **1.** 떠난, 현실에서 동떨어진 **2.** 지도 받는, 끌려가는 ; ~ de acasă 집에서 멀리 떨어진 ; ~ de pe lume 죽은, 작고한 ; ~ pe gânduri 정신이 나간 II. adv. a dormi ~ 숙면하다

duş, ~uri, s.n. 샤워(시설)

duşman, I. ~ă, ~i, ~e, adj. 적의, 적대 관계의 II. s.m. 그리고 f. 적, 원수, 반대자

duşmăni|e, -i, s.f. 적대감, 증오의 감정

duşmăn|os, -oasă, -oşi, -oase, adj. 적대적인

duz|ă, -e, s.f. 노즐

duzin|ă, -e, s.f. 다스, 12개 ; o ~ de pahare 한 다스(12개)의 잔(컵) ; un om de ~ 평범한 사람 ; un poet de ~ 엉터리 시인

E

E, e, s.m. 루마니아어 알파벳의 7번째 자

e, interj. 이리와! 지금!

ea, pron. pers. (인칭대명사 여성 3인칭 단수형) 그녀

eben, s.m. [식물]흑단(黑檀)

ebeni|st, -stă, -şti, -ste, s.m. 그리고 f. 가구 만드는 사람

ebonit|ă, -e, s.f. 에보나이트, 강화고무

eboş|a, -ez, -ai, -at, vt. **1.** 굴리다, 회전하다, **2.** 나아가다, 진행하다 **3.** 움직이다 **4.** 말다, 말아 만들다, 감싸다

eboş|are, -ări, s.f. 굴리기, 회전, (금속의) 압연

eboş|ă, -e, s.f. **1.** [금속] 얇은 철판 **2.** [예술] 대략적인 밑그림, 윤곽, 외형

ebraic, ~ă, ~i, ~e, adj. 고대 헤브라이의, [언어] 고대 헤브라이어의, 고대 구어체 셈어의

ebriet|ate, -ăţi, s.f. 술에 취함, 흥분, 도취,[의학]중독 ; în stare de ~ 술에 취한 상태의, 술에 취한

ebuliometr|u -e, s.n. 액체의 끓는점 측정기계

ebuliţi|e, -i, s.f. [화학]끓어오름, 거품이 읾, (감정의) 격발

ecaris|a -ez, -ai, -at, vt. **1.** 정사각형 모양으로 하다, **2.** 평평하게 하다 **3.** (적합하게) 하다, 적응시키다 **4.** 청산하다, 보복하다 **5.** (껍질, 가죽을) 벗기다

ecarisaj, ~e, s.n. **1.** (목재의) 정사각형화 작업 **2.** 죽은 동물가죽을 벗김

ecartament, ~e, s.n. **1.** 표준치수, 규격, (철도) 표준궤간, (자동차) 좌우 차륜의 거리 **2.** 계량기, 표준자 **3.** (인쇄) 게이지 **4.** 용적, 넓이, 범위, 한도 ; ~ îngust 협궤

echer, ~e, s.n. 정사각형, 광장

echidistant, -tă, -ţi, -te, adj. 같은 거리의, 등거리의

echidistanţ|ă, -e, s.f. 같은 거리, 등거리

echidn|ă, -e, s.f. [동물]가시 두더지

echilateral, ~ă, ~i, ~e, adj. 등변의 ; triunghi ~ 등변 3각형

echilibr|a, -ez, -ai, -at, I. vt. 평형시키다, 균형잡게 하다, 균형되게 하다. 평균화하다 ; a ~ cheltuielile şi veniturile 수입과 지출 간의 균형을 유지하다 II. vr. 평형하다, 균형을 잡다

echilibra|t, -tă, -ţi, -te, adj. 균형이 잡힌, 평형을 이루는

echilibri|st, -stă, -şti, -ste, s.m. 그리고 f. 줄타기 곡예사

echilibristic|ă, -i, s.f. 줄타기

echilibr|u, -e, s.n. **1.** 평형상태, 평정, 안정 **2.** fig. 평형상태 ; ~ de forţe 힘의 균형 ; ~ sufletesc 정신적인 안정 ; a-şi păstra ~l 균형을 유지하다 ; a-şi pierde ~l 균형을 잃다 ; a restabili ~l 균형을 회복하다, 다시 균

형(감각)을 찾다 ; a stabili ~l între... -사이에서 균형을 유지하다 ; a sta în ~ 균형을 유지하다

echimoz|ă, -e, s.f.[의학]타박으로 인한 피하 반상 출혈

echinocți|u, -ii s.n.[천문학]분점

echinoderm, ~e, s.n. [동물](불가사리, 성게 등) 극피동물

echip|a, -ez, -ai, -at, I. vt. **1.** [항해, 군사]장비하다, 준비하다 **2.** 다듬다. 분장하다, 꾸미다 ; a ~ o corabie 배를 의장하다 ; a ~ un soldat 군인을 무장시키다 II. vr. ; a-şi echipa ~ 몸에 지니다, 착용하다

echipaj, ~e, s.n. **1.** [항해, 군사]선장과 선원, 장교와 병사 **2.** 장비품, 설비

echipament, ~e, s.n. **1.** 장비, 설비 ; ~ de protecție 보호장구 **2.** [군사]장비, 의장, 군장 **3.** 운동 단체, 스포츠팀(클럽)

echipa|t, -tă, -ți -te, adj. 장비를 갖춘, 준비된

echip|ă, -e, s.f. **1.** 운동 팀 **2.** 팀, 단체, 그룹, 분대, 패거리

echipier, ~ă, ~i, ~e, s.m. 그리고 f. **1.** 단체의 일원 **2.** 운동팀의 일원

echitabil, ~ă, ~i, ~e, I. adj 공정한, 정당한, 근거 있는, 규칙에 맞는, 편견 없는 II. adv. 공정하게

echit|ate, -ăți, s.f. 공정, 공평, 정당

echitați|e, -i, s.f. 승마, 말타는 기술

echival|a, -ez, -ai, -at, I. vt. 필적하다, 같다, 평준화하다, 유효화하다 II. vr. 필적되다, 유효화되다 III. vi.; a ~ cu... -에 상응하다

echivalen|t, -tă, -ți, -te, I. adj. 동등한, 대등한, 상응하는 II. adv. 동등하게 III. s.m. 동등한 것, 상응하는 것, 유사어, 동의어

echivoc, ~uri, I. s.n. 불명료함, 다의적임, 의심 II. ~ă, ~i, ~e, adj. 불명료한, 의심이 적은, 풍속을 해치는, 외설적인

eclectic, ~ă, ~i, ~e, I. adj. 절충하는, 얽매이지 않는 II. adv. 절충하여 III. s.m. 그리고 f. 절충주의자

eclectism, s.n. 절충주의

Ecleziast, s.n. 전도서(구약성서 중 한 편)

ecleziastic, ~ă, ~i, ~e, adj . 성직자의

eclips|a, -ez, -ai, -at, I. vt. **1.** (천체가 다른 천체를) 가리다. 빛을 잃게 하다 **2.** 공적인 관심을 막다 II. vr. 사라지다 , 없어지다, 소멸하다

eclips|ă, -e, s.f. **1.** (해·달의) 식(蝕) **2.** 어둡게 함(됨), 모호함, 희미하게 함, 불명료화, 속임

ecliptic|ă, -e, s.f. 식(蝕)의

eclis|ă, -e, s.f. **1.** [건축]이음판 **2.** [음악]바이올린의 일부분

eclozionat|or, -oare, s.n. [동물]부화장

ecluz|ă, -e, s.f. (운하의) 수문(水門)

ecolog, ~i, s.m. 인류생태학자

ecologi|e, -i, s.f. 인류생태학

econ|om, -oamă, -omi, -oame, adj. **1.** 검약한, 검소한 절약하는 **2.** 주부, 살림꾼, 재무책임자

economic,.I. ~ă, ~i, ~e, adj. **1.** 경제학적인 **2.** 절약하는, 검소한 **3.** 경제적인, 값이 싼, 합리적 가격인 ; mijloc ~ de fabricare 경영상의 경제적인 운영방법 II. adv. 경제적으로

economic|os, -oasă, -oşi, -oase,

adj. 경제학의, 경제상의

economi|e, -i, s.f. **1.** 경제, 경제학 ; ~a bunăstării 복지경제학 ; ~ autocentrată 봉쇄적 경제 ; ~ capitalistă 자본주의경제 ; ~ clasică 고전적 경제 ; ~ de piață 시장경제 ; ~ de piață reală 실질시장경제 ; de schimb 교환경제 ; ~ deschisă 개방적 경제 ; ~ deschisă mare 대개방적 경제 ; ~ deschisă mică 소개방적 경제 ; ~ feudală 봉건적 경제 ; ~ informală 비공식적 경제 ; ~ închisă 폐쇄적 경제 ; ~ Keynesistă 케인즈경제학 ; ~ matematică 수리경제학 ; ~ mixtă 혼합경제 (국가독점자본주의) ; ~ mixtă contemporană 현대혼합경제 ; ~ mondială 세계경제 ; ~ naturală (자급자족상태의) 자연경제 ; ~ națională 국가경제 ; ~ politică 정치경제(학) ; ~ pozitivă 실증경제학 ; ~ regională 지역경제학 ; ~ socială de piață 사회주의 시장경제학 (시장의 자율적 기능과 사회주의적 성격을 혼합한 형태) ; ~ subterană 지하경제 ; ~ tradițională 전통적 경제 ; ~ de scară 규모의 경제, **2.** 절약 , 검약 ; aceasta va aduce o ~ de... 이것은 -을 절약하는데 효과가 있을 것이다 ; a face ~ de... -을 절약하다 ; a face economii 절약하다, 저축하다

economis|i, -esc, -sei, -it, vt. **1.** 돈을 절약하다, 아껴 쓰다 **2.** 아끼다 **3.** 경영하다, 관리하다, 감독하다

economism, s.n. 경제주의

economisir|e, -i, s.f. 절약, 경제적인 사용(이용)

economi|st, -stă, -şti, -ste, s.m. 그리고 f. 경제학자

economizator, s.n. (화력, 연료 등의) 절약 장치

economiz|or, -oare, s.n. 절약 장치

ecosez, ~ă, ~i, ~e, adj. 체크 무늬의, 바둑판 무늬의 ; stofă ~ 바둑판 무늬천

ecosez|ă, -e, s.f. 스코틀랜드 민속춤

ecou, ~ri, s.n. 메아리, 반향, 에코 ; a se face ~l (소유격 지배) 반향하다, 울리다, 메아리치다, -을 대변하다

ecran, ~e, s.n. **1.** 스크린, 영사막은막 **2.** 기계, 외장, 차폐물 **3.** 견제부대, 전위함

ecraniza, -ez, -ai, -at, vt. 영화를 만들다(찍다), 소설을 영상화하다

ecraniz|are, -ări, s.f. 영화를 만듬, 영화 촬영

ecruisaj, ~e, s.n. 냉간, 단조

ectoderm, -e, s.n. [생물]외배엽, 외피, 외세포층

ectoplasm|ă, -e, s.f. 외부 원형질

ecuator, s.n. **1.** 적도, 균분원 **2.** 천체의 적도; ~ magnetic 자기적도

ecuatorial, I. ~ă, ~i, ~e, adj. 적도의, 적도 부근의 ; climă ~ă 적도(열대)기후 ; linie ~ă 적도 II. ~e, s.n. 적도, 관측

ecuați|e, -i, s.f. **1.** 방정식, 등식, 오차, 차 **2.** 균분법 **3.** 평형(평균)상태 ; a rezolva o ~ cu o singură necunoscută 알려지지 않은 한 방정식을 풀다

ecumenic, ~ă, ~i, ~e, adj. 전 기독교회의, 교회동합운동의, 보편적인, 전반적인, 세계적인

ecve|stru, -stră, -ştri, -stre, adj.마

술의, 승마의 ; statuie ecvestră 승마상

eczem|ă, -e, s.f. 습진

edec, ~uri, s.n. **1.** 밧줄, 예선용 밧줄 예항식, 예선길, 굵은 밧줄 **2.** 잡동사니, 허접쓰레기, 성가신 물건 **3.** 부속품, 부가물, 보호령, 별관 ; a trage la ~ 끌고 가다, 견인하다, 예항하다

edem, ~e, s.n. (네덜란드산) 치즈

eden, s.n. **1.** 에덴동산 **2.** 낙원, 천국, 극락

edenta|t, -tă, -ți, -te, adj.빈치류 동물의 (개미핥기, 나무늘보 등)

edict, ~e, s.n. 포고, 칙령, 법령, 판결, 율법

edicul, ~e, s.n. 가옥, 예배당, 신문매점, 은신처,

edific|a, edific, ~i, ~t, vt. **1.** 세우다, 건설하다, **2.** 창설하다, 설립하다, 확립하다, 제정하다 **3.** 계발하다, 교화하다, 가르치다

edificativ, ~ă, ~i, ~e, adj. 계발된, 개명한, 명확한, 확신시킨, 납득시킨

edificat|or, -oare, -ori, -oare, adj. 유효한, 현저한, 눈부신 생생하게 그린, 사실과 같이 그린, 자명의

edifici|u, -i, s.n. **1.** 건물, 대건조물 **2.** 구조 조직, 구축, 기구 ; ~ social 사회구조

edilitar, ~ă, ~i, ~e, adj. 자치의, 시의, 시제의, 도회자의, 시내의 지방자치의

edil, ~i, s.m. **1.** 지방의회 의원 **2.** 자치행정, 자치 경영

edilit|ate, -ăți, s.f. 자치행정, 자치경영

edit|a, -ez, -ai, -at, I. vt. 발표하다, 출판하다, 발행하다, 편집하다, 간행하다, 인쇄하다, 유포하다 II. vr. 출판되다

edit|are, -ări, s.f. **1.** 출판, 간행, 발행 **2.** 출판물, 간행물

edit|or, -oare, -ori, -oare, s.m. 그리고 f. **1.** 출판사, 발행자, 출판업자 **2.** 편집자, 편집장

editorial, ~ă, ~i, ~e, adj. I. 편집장의, 편집의, 사실의 II. s.n. **1.** 출판사 **2.** 사설, 논설 주요기사 **3.** 논설위원

editur|ă, -i, s.f. 출판사

ediți|e, -i, s.f. 판, 총서, 호, 발행물, 번역, 각색 ; ~ de lux 고급판 ; ~ specială 증간

E

educ|a, educ, ~ai, ~at, I. vt. 교육하다, 훈육하다, 육성하다, 양성하다 II. vr. **1.** 교육받다, **2.** 훈육되다

educ|are, -ări, s.f. 교육, 훈육, 양성

educa|t, -tă, -ți, -te, adj. 교육을 받은, 교양 있는

educativ, ~ă, ~i, ~e, adj. 교육적인, 교훈적인, 교육이 되는, 유익한, 교육상 유효한

educat|or, -oare, -ori, -oare, I. adj. 교육적인, 교육상의, 교육이 되는 II. s.m.그리고 f. 교육자, 교사, 지도자

educați|e, -i, s.f. **1.** 교육, 양성 **2.** 태도, 예절 ; ~ bună 좋은 교육, 교양, 예의범절

edulcoran|t, -tă, -ți, -te, I. adj.. 감미로운, II. s.n. 약을 달게 하기 위해서 넣는 감미료

efeb, ~i, s.m. (고대그리스) 군사학교의 청년, (오늘날) 잘 생기고 멋진 청년

efect, ~e, s.n. **1.** 효과, 영향(력) **2.** 소유물 **3.** [군사]장비 ; ~ele hotărârii civile în penal 민사소송 선고의 형사 소송상에서의 권한인정 ; ~ele hotărârii judecătoreşti 법원 판결의 효력 ; ~ele hotărârii penale în civil 형사소송 선고의 민사소송상에서의 권한인정 ; legea n-are ~ retroactiv 그 법(율)은 소급력이 없다(소급하여 적용될 수 없다) ; a face ~ 효력이 있다, 효과적이다 ; a rămâne fără ~ , a nu avea nici un ~ 더 이상 효력이 없다 ; nu există ~ fără cauză 아니 땐 굴뚝에 연기 나랴

efectiv, ~ă, ~i, ~e, I. adj. **1.** 실제의, 사실상의 현실의 진정한 **2.** 실제로, 사실은, 사실상, 참으로, 실은 II. s.n. **1.** 전투실력, 실전 병력 **2.** 차액, 차감 잔고

efectu|a, -ez, -ai, -at, I. vt. **1.** 이행하다, 실행하다, 수행하다 **2.** -을 이루다, 성취하다 ; a ~ o operaţie 수술을 실시하다 II. vr. 이행되다, 성취되다, 일어나다, 발생하다

efectu|are, -ări, s.f. 달성, 수행 실시

efedrin|ă, -e, s.f. 에페드린(천식, 감기 따위의 약)

efemer, ~ă, ~i, ~e, adj. **1.** 하루살이 목숨의, 순식간의, 낮의 주간의 **2.** 단명한

efeminat, -tă, -ţi, -te, adj. 연약한, 여자 같은, 나약한, 유약한

efervescen|t, -tă, -ţi, -te, adj. **1.** 비등성의, 흥분한, 활기 있는 **2.** 끓는 듯 한 불타는 듯 한 열정적인

efervescenţ|ă, -e, s.f. **1.** 비등(沸騰) **2.** 분출, 소란, 흥분, 소동, 자극, 폭동

eficace, adj. 효력 있는, 유효한, 유능한, 효능이 있는

eficacit|ate, -ăţi, s.f. 유효, 효과, 효능, 효험

eficien|t, -tă, -ţi, -te, adj. **1.** 효과 있는, 유효한, 유능한, 능률적인 **2.** 동력인, 작용하는

eficienţ|ă, -e, s.f. 능률 능력, 효율

efigi|e, -i, s.f. 초상, 상, 화상, 위상

eflorescen|t, -tă, -ţi, -te, adj **1.** 풍화상의, 개화한 **2.** 꽃이 피는

eflorescenţ|ă, -e, s.f. 개화 풍화

efluviu, s.n. **1.** 발출, 증발, 취기, 악취 **2.** 유출, 방출 발산 ; efluvii de gaz 질식가스

efor, ~i, s.m. 보호자, 수호자, 감시자, 보증인, 후견인, 대부, 대모

efor|ie, -ii, s.f. 보호자, 수호자 감시자 보증인 후견인 대부, 대모

efort, ~uri, s.n. **1.** 노력, 수고, 진력 **2.** 노력의 결과, 역작, 노작 ; a depune un ~ 힘쓰다, 노력하다 ; a depune toate ~urile 전력을 다하다, 최대한의 노력을 경주하다 ; a face ~uri 노력하다, 애쓰다

efracţi|e, -i, s.f. (밤)도둑질, 야간주거침입, 가택침입, 강도(행위)

efuziun|e, -i, s.f. **1.** 유출, 심출, 발로 **2.** 유출량, 범람 **3.** 분출 ; ~ de sânge 출혈

efuziv, ~ă, ~i, ~e, adj. (감정이) 과장된, 분출(암)의

egal, ~ă, ~i, ~e, I. adj. 같은, 일치하는, 평등한, 일관성의, 균형잡힌, (운동경기) 동점의 ; ~ în drepturi 동등한 권리를 가진(권리상 동등한) ; de vârstă ~ă 동년배의 ; la înălţime ~ă 동등한 높이의(수준의) ; a se bucura de drepturi ~e 동등한 권리를 누리다 ; de două ori trei este ~ cu şase 3×2 =6(3의 제곱은 6이다) ; a fi ~ cu... -에 상응하다 II. s.m. 대등한 사람, 동료, 쌍의 한쪽, 필적자, 동등한 것 ; a fi fără ~ 뛰어나다, 비길 데 없다, 무적이다

egal|a, -ez, -ai, -at, I. vt. **1.** ~와 평등하게 만들다, 균등화하다 수평하게 하다 **2.** 동점을 만들다, 동점골을 넣다 II. vr. ~에 필적하다, 경쟁이 되다, 어울리다 III. vi.(스포츠) 동점이 되다

egal|are, -ări, s.f. 동등화, 평등화, 균등화

egalitar, ~ă, ~i, ~e, adj. 동등한, 평등한, (정치) 평등주의의

egalitarism, s.n. 평등주의

egalit|ate, -ăți, s.f. **1.** 동등, 평등, 대등, 균등, 동률, 유사 **2.** (스포츠, 투표) 동점 **3.** 균분법 ; a termina la ~ (cu) -와 비기다, -와 무승부로 끝나다 ; meciul s-a terminat la ~ 그 시합은 무승부로 끝났다

egaliz|a, -ez, -ai, -at, vt. **1.** 같게 하다, 평등하게 하다, 균등화하다 **2.** 고르다, 평탄하게 하다

egaliz|are, -ări, s.f. 동등화, 평등화, 균등화

egalizat|or, -oare, -ori, -oare, adj. 평준화의, 평등화의, 균등화의

egeean, ~ă, ~i, ~e, adj. 에게 해의

egid|ă, -e, s.f. **1.** 방패 **2.** 보호 비화, 옹호 후원 ; sub egida (소유격 지배) -의 보호를 받고, -의 후원 하에

egipt|ean, -eană, -eni, -ene, adj, s.m.그리고 f **1.** 이집트(사람, 말)의 **2.** 이집트 말의 **3.** 이집트 사람, 이집트 말

egipt|eancă, -ence, s.f. (여자 또는 소녀) 이집트 사람

egiptolog, ~i, s.m. 이집트 학자

egiptologi|e, -i, s.f. 이집트 학

eglog|ă, -e, s.f. 전원시, 목가시

egocentrism, s.n. 이기주의, 자기중심자기본위주의

egoism, s.n. 자기본위, 아집, 이기주의

egoi|st, -stă, -şti, -ste, I. adj. 이기적인, 자기본위의, 자애적인 II. s.m. 그리고 f. 이기주의자

egotism, s.n. 자기중심주의, 자만심

egren|a, -ez, -ai, -at, vt. 씨아에 걸다, 조면하다, 덫을 놓다

egren|are, -ări, s.f. **1.** 조면기, 덫, 씨앗 **2.** 방적공장

egret|ă, -e, s.f. **1.** 깃털장식 **2.** 백로, 해오라기

egumen, ~ă, ~i, ~e, s.m. 그리고 f. 수도원장 (남자) 수녀원장

eh, interj. 어머! 아이구! 아니!

ehei, interj. 오! 아이구!

ei[1], pron. pers. (인칭대명사 3인칭 복수주격 및 목적격 형) 그들(을), 그것들(을), 그 사람들(을)

ei[2], pron. pers. (인칭대명사 3인칭 단수 여성 소유격 및 여격 형) 그녀의, 그녀에게

ei[3], interj. **1.** 어이! 저! 이봐! **2.** 어이! 누구없소! **3.** 뭐? **4.** 좋아 **5.** 무슨 의미로 하는 것이냐?

eider, ~i, s.m. 물오리의 일종

ejacula, -ez, -ai, -at, vt. 갑자기 외치다, 별안간 소리 지르다, 사출하다, 방출하다

eject|or, -oare, s.n. 쫓아내는 사람, 방출자, 배출기

ejecți|e, -i, s.f. 방출, 배출

el, pron. pers. (인칭대명사 3인칭 단

E

수 주격 형) 그, 그가, 그는, 그것, 그것은, 그것이 ; ~ însuşi 그 자신 ; pe ~ 그를, 그 남자를

elabor|a, -ez, -ai, -at, I. vt. 다듬다, 애써서 만들다, 잘 되어가다, 작성하다, 고안하다, 조합하다, 준비하다, 편집하다 II. vr. 다듬어지다, 정교하게 되다

elabor|are, ~ări, s.f. 애써서 만듦, 공들임, 고심, 정교

elabora|t, -tă, -ţi, -te, adj. 공들인, 정교한, 애쓴

elan, ~uri, s.n. **1.** 온기, 열심, 열렬 **2.** 비상 비행, 고양 **3.** 부력, 부양성

elan, ~i, s.m. 고라니

elastic, I.~ă, ~i, ~e, adj. **1.** 탄성의, 탄력 있는, 신축성 있는 **2.** 쾌활한, 활달한, 낙천적인 **3.** 융통성 있는 ; conştiinţă ~ă 활달한(융통성 있는) 마음 II. adv. 탄력적으로, 융통성 있게 III. ~e, s.n. 고무줄, 고무 고리, 양말대님

elasticit|ate, -ăţi, s.f. 탄력, 탄성, 신축성

ele, pron. pers. fem. pl. (인칭대명사 여성 3인칭 복수 주격 형) 그녀들은, 그녀들이 ; pe ~ 그녀들을

electiv, ~ă, ~i, ~e, adj. 선거의, 선거에 의한, 선택의

elect|or, -oare, -ori, -oare, s.m. 그리고 f. 투표자, 유권자, 선거인

electoral, ~ă, ~i, ~e, adj. 선거의, 선거인의, 선거에 의한, 선택의 ; campanie ~ă 선거운동, 선거유세 ; corp ~ 선거인단, 선거구민, 유권자 ; drept ~ 선거권 ; lege ~ă 선거법 ; listă ~ă 선거인 명부 ; rezultate ~e 선거결과 ; sistem ~ 선거제도

electorat, -e, s.n. 선거민, 유권자

electric, I. ~ă, ~i, ~e, adj. 전기의, 전력의 ; aparat ~ 전기제품 ; cale ferată ~ă 전기화된 철로, 고속철로 ; ceas ~ 전자시계 ; lampă ~ă 전등 ; locomotivă ~ă 전동차 ; utilaj/ aparataj/ echipament ~ 전기(가전) 제품 ; ventilator ~ 환기장치 II. adv. 전기로, 전기에 의해, 전기학 상으로

electrici|an, -ană, -eni, -ene, s.m. 그리고 f. 전기학자 ; inginer ~ 전기기사

electricit|ate, -ăţi, s.f. 전기, 전류, 전기학 ; ~ dinamică 동력전기 ; ~ negativă 음전기 ; ~ pozitivă 양전기 ; ~ statică 공(정)전

electrific|a, electrific, -ai, -at, vt. 전기를 통하다, 대전시키다, 감전시키다, 충전하다, 전화하다

electrific|are, -ări, s.f. 대전, 감전, 충전, 전화

electriz|a, -ez, -ai, -at, I. vt. **1.** 전기를 통하다, 대전시키다, 충전하다, 감전시키다 **2.** -에 유전기를 통하다, 전기도금을 하다 **3.** 전류화하다, 충전하다 II. vr. **1.** 감전되다 **2.** 충전되다

electrizan|t, -tă, -ţi, -te, adj. 전기의, 전동의, 전력의

electriz|are, -ări, s.f. 대전, 감전, 충전, 전화

electroanaliz|ă, -e, s.f. 전기 분석

electrocardiografi|e, -i, s.f. 심전계

electrocardiogram|ă, -e, s.f. 심전도

eletrochimic, ~ă, ~i, ~e, adj. 전기

화학의
electrochimie, s.f. 전기 화학
electrocut|a, -ez, -ai, -at, vt. 전기 사형에 처하다, 전기 (사고)로 죽이다
electrocut|are, -ări, s.f. 감전사, 전기로 죽이기, 전기사형
electro|d, -zi, s.m. (전기) 전극(봉)
electrodinamic, ~ă, ~i, ~e, adj. 전기역학의, 전기력의
electrodinamic|ă, -i, s.f. (단수취급) 전기 역학
electrof|or, -oare, s.n. 전기쟁반, 기전반(起電盤)
electrogen, ~ă, ~i, ~e, adj. 전기 발생의
electroli|t, -ți, s.m. [화학]전해액
electrolitic, ~ă, ~i, ~e, adj. [화학] 전기분해의, 전해질의
electroliz|ă, -e, s.f. 전기분해, 전해
electromagne|t, -ți, s.m. 전자석
electromagnetic, ~ă, ~i, ~e, adj. 전자석의, 전자기의 ; unde ~e 전자파
electromagnetism, s.n. 전자기학
electrometr|u, -e, s.n. 전위계
electromiograf, ~e, s.n. 근전계(筋電界)
electromot|or, I. -oare, -ori, -oare, adj. 기전의, 전동의 II. -oare, s.n. 전기 발동기, 전동기, 전기모터
electron, ~i, s.m. 전자, 엘렉트론
electronegativ, ~ă, ~i, ~e, adj 음전기의, 전기음성의 산성의, 비금속의
electronic, ~ă, ~i, ~e, adj. 전자의 ; fizică ~전자공학 ; maşina de calculat ~ă 전자계산기, 컴퓨터
electronic|ă, -i, s.f. 전자공학
electropozitiv, ~ă, ~i, ~e, adj. 양전기의, 양전성의, 정전기의
electrosc|op, -oape, s.n. 검전기
electrostatică, s.f. 정전(기)학
electrotehnic, ~ă, ~i, ~e, adj. 전기공학적인, 전기공예학의 ; articole ~e 가전제품 ; industrie ~ă 전기산업
electroterapi|e, -i, s.f. 전기요법
elefan|t, -ți, s.m. 코끼리
elegan|t, -tă, -ți, -te, adj. **1.** 고상한, 우아한 **2.** 현대식의, 유행을 따르는 멋진 **3.** 맵시 있는, 모양이 좋은, 화려한
eleganț|ă, -e, s.f. 우아, 단정, 고상, 기품 ; cu ~ 우아하게, 고상하게
elegiac, ~ă, ~i, ~e, adj. **1.** 애가체의, 만가체의 **2.** 구슬픈, 가련한, 하소연하는 **3.** 슬픔에 잠긴, 애도의
elegi|e, -i, s.f. 애가, 만가, 비가
elei, interj 야 , 들어봐! 저기요!
element, ~e, s.n. **1.** 원소 **2.** 요소, 성분 **3.** 전지, 전극 ; ~ chimic 원료 ; a fi în ~ul său 본래의 활동 범위에 있다(물고기가 물속에 있다)
elementar, ~ă, ~i, ~e, adj **1.** 초등의, 초보의 **2.** 요소의 기본적인, 원리적인 **3.** 원리의, 기본의, 기초의
elen, I. ~ă, ~i, ~e, adj 그리스의, 그리스인의, 그리스풍의 II. ~i, s.m. 그리스 인, 그리스어
elenism, s.n. **1.** 그리스 정신, 그리스 사상 **2.** 고대 그리스 문화 헬레니즘
elenistic, ~ă, ~i, ~e, adj **1.** 헬레니즘의 **2.** 그리스(어)풍을 모방한
eleron, -oane, s.n. **1.** (항공기의) 보조익 **2.** (교회의 회랑 따위의) 벽
elev, ~ă, ~i, ~e, s.m. 그리고 f. **1.** 생

도, 학생 제자 **2.** 학자, 고전학자 **3.** 남학생

eleva|t, -tă, -ți, -te, adj. 훌륭한, 고귀한, 높은

elevat|or, -oare, s.n. **1.** 승강기, 엘리베이터, 기중기 **2.** 물통, 들통

elevați|e, -i, s.f. 고지, 높이, 고도, 해발, 승진, 올리기

elev|ă, -e, s.f. 여학생

elf, ~i, s.m. **1.** 작은(꼬마) 요정, 작은 사람 **2.** 귀신, 마귀, 요괴

eliber|a, -ez, -ai, -at, vt. **1.** 자유롭게 하다, 석방하다 **2.** 주다, 배달하다, 전하다

E

eliber|are, -ări, s.f. 해방, 석방, 가석방

eliberat|or, -oare, -ori -oare I. adj. 자유롭게 하는 II. s.m. 해방자, 석방하는 사람

elic|e, -e, s.f. **1.** 나선, 나선형의 것 **2.** 프로펠러

elicoid, ~e, s.n, **1.** 나선상의 **2.** 나선면체

elicoidal, ~ă, ~i, ~e, adj. 나선형의, 나선체의

elicopter, ~e, s.n. 헬리콥터

elid|a, -ez, -ai, -at, vt. [언어](모음, 음절의) 발음을 생략하다

elid|are, -ări, s.f. 모음 음절의 발음 생략

eligibil, ~ă, ~i, ~e, adj. 적임의, 적당한

eligibilit|ate, -ăți, s.f. 적임, 적격, 적격성, 입회자격

elimin|a, elimin, -ai, -at, I. vt. **1.** -을 옮기다, 이동시키다, 제거하다, -을 치우다, 삭제하다, 제외하다 **2.** -을 시골로 보내다, -을 촌스럽게 하다 **3.** -을 끌어내다, -을 환기시키다 II. vr. 제거되다, 제외되다

elimin|are, -ări, s.f. 제거, 삭제, 제외, 배제, 배출

eliminator|iu, -ie, -ii, adj. 제거하는, 제거 할 수 있는

elin|ă, -e, adj. 헬레나의, 고대 그리스적인, 고대 그리스풍의

elin|esc, -ească, -ești, adj 그리스의, 그리스인의 그리스풍의, 그리스 정교회의

elips|ă, -e, s.f. **1.** 타원, 장원 **2.** [문법] 생략법

elipsoid, ~e, s.n. [기하]타원체(면)

elipsoidal, ~ă, ~i, ~e, adj. 타원체의

eliptic, ~ă, ~i, ~e, adj. 타원의, 생략법의

elisabetan, ~ă, ~i, ~e, adj 엘리자베드 여왕 1세 시대의, 엘리자베드양식의, 엘리자베드조의, 엘리자베드식 문인의

elit|ă, -e, s.f. 선발된 사람들, 엘리트

elitr|ă, -e, s.f. (갑충류의) 겉날개

elixir, ~e, s.n. **1.** 만능약, 연금약액 **2.** 방향성 기증, 향유

elize|u, -e, s.n. (그리스 로마 신화) 극락

eliziun|e, -i, s.f. [언어]음의 생략, 음절의 발음생략

elocință, s.f. 웅변(술), 설득력

elocuțiun|e, -i, s.f. 웅변술, 연설법

elocven|t, -tă, -ți, -te, adj **1.** 말 잘하는, 능변인, 감명적인 **2.** 설명적인, 실례가 되는

elocvenț|ă, -e, s.f. 웅변법, 수사법

elogi|a, -ez, -ai, -at, vt. 칭찬하다, -에 찬사를 보내다

elogier|e, -i, s.f. 칭찬, 찬사

elogi|os, -oasă, -oşi, -oase, adj. 찬사의, 칭찬하는, 추천하는
elog|iu, -ii s.n. 찬사, 찬미, 찬양
elongați|e, -i, s.f. 늘어남, 연장, 신장(伸長)
elucid|a, -ez, -ai, -at, vt. **1.** -을 밝히다, 설명하다 **2.** 해결하다, 청명하게(뚜렷하게) 하다
elucubrați|e, -i, s.f. **1.** 그릇된 생각, 잘못 **2.** 이상, 상궤일탈
elud|a, -ez, -ai, -at, vt. -에서 피하다, -을 속이다
eluvi|u -i, s.n. 풍화잔류물, 잔류퇴적층
elveți|an, -ană, -eni, -ene, adj. s.m. 그리고 f. 스위스(사람)의, 스위스 국민
elveți|ancă, -ence, s.f. 스위스 사람(여자)
e-mail, ~uri s.n. E-mail
email, ~uri, s.n. 에나멜, 법랑, 유약
email|a, -ez, -ai, -at, vt. ~에 에나멜을 칠하다, 유약을 입히다
email|or, -oare -ori, -oare, s.m. 에나멜 칠하는 사람(전문가)
eman|a, eman, ~ai, ~at, vt. **1.** 발산하다, 유출하다 **2.** -을 내다, -을 공포하다, 출판하다 **3.** -을 숨기다, 비밀로 하다, -을 분비하다
emanați|e, -i, s.f. 유출, 발산, 방사
emancip|a, -ez, -ai, -at, vr. -을 해방하다, -을 자유롭게 하다
emancip|are, -ări, s.f. 해방, 자유, 이탈
emancipa|t, -tă, -ți, -te, adj. 해방된, 자유로운, 자주적인
emancipat|or, -ori, s.m. 해방자
embargo, ~uri, s.n. 출항금지, 통상정지 ; a pune un ~ asupra -에게 출항정지를 명하다 , -을 금지하다 ; a ridica ~ul 출항 정지 또는 금지령을 해제하다
embatic, ~uri, s.n. 등본 보유권
embaticar, ~i, s.m. 교정조수, 등본 보유권자
emblematic, ~ă, ~i, ~e, adj 상징적인
emblem|ă, -e, s.f. 상징, 표상
embol|ie, -ii, s.f. [의학]색전(증), (달력에) 윤일(윤달)을 끼움, 윤일, 윤달,
embriologie, s.f. 발생학, 태생학
embrion, ~i, s.m. [식물]배, (일반적으로) 쌀, 시발, (발단의) 초기 ; în ~ 미발달로, 초기상태로
embrionar, ~ă, ~i, ~e, adj. 배에 관한, 태아의, 미발달의
emergen|t, -tă, -ți, -te, adj. 긴급한, (물속에서) 나타나는, 새로 독립한
emergenț|ă, -e, s.f. (줄기 잎이 공중으로 뻗어있는) 수생(水生) 식물
emeri|t, -tă, -ți, -te, adj **1.** 가치가 있는, 당연한 **2.** -에 정통한, 잘 알고 있는, 친밀한
emersiun|e, -i, s.f. 재현, 출현
emfatic, ~ă, ~i, ~e, adj. 거드름 피우는
emfază, s.f. 거만, 오만, 과장
emfizem, ~e, s.n. 기종
emigr|a, -ez, -ai, -at, I. vi. **1.** (사람) 이주하다 **2.** (새, 물고기) 이주하다, 이동하다 vt. 이주시키다 II. vt. 이주시키다
emigran|t, -tă, -ți, -te, s.m. 그리고 f. **1.** (타국으로의) 이민, 이주민 **2.** 정치적 망명자

E

emigr|are, -ări, s.f. **1.** (타국으로의) 이주, 이민 **2.** (새 등의) 이동, 이주

emigra|t, -tă, -ţi, -te, s.m. 그리고 f. **1.** (정치적인) 망명, 국외생활, 유랑 **2.** 망명자, 유형자, 추방인

emigraţi|e, -i, s.f. **1.** (타국으로의) 이주, 이민 **2.** (타국으로의) 이민, 이주민

eminamente, adv. **1.** 뛰어나게, 현저하게 **2.** 몹시

eminen|t, -tă, -ţi, -te, adj. **1.** 저명한, 눈에 띄는, 특징적인, 현저한, 주목할 만한, 출중한 **2.** 훌륭한, 우수한, 뛰어난 **3.** 숙련된, 능숙한, 능란한

E

eminenţ|ă, -e, s.f. (지위, 신분의) 고위, 고귀, 고명, 명성

emir, ~i, s.m. 족장, 토후

emisar¹, ~i, s.m. 사자(使者), 밀사, 간첩

emisar², s.n. 배출구, 배수구, 하구(河口)

emisfer|ă, -e s.f. **1.** 반구 **2.** 남반구 **3.** 북반구

emisferic, -ă, -i, -e, adj 반구의

emisiun|e, -i, s.f. **1.** 방사, 발산, 방사물 **2.** (어음, 지폐) 발행 ; ~ de monedă 통화발행 ; ~a unui împrumut 단기변제부채 ; curs de ~ 변동가격 **3.** 발광

emistih, -uri, s.n. 시의 반구(半句), 반행(半行) 불완전행(行)

emitanţ|ă -e, s.f. (물리학) 방사율

emite, emit, emsei, emis, vt. **1.** (빛 열 냄새) 발하다, 내다, 방출하다 **2.** (지폐나 어음)발행하다, 내다 **3.** (위조지폐 등을) 유통시키다, 행사하다.

emiten|t, -tă, -ţi, -te, adj. (어음이나 지폐를) 발행하는, 내는

emiter|e, -i, s.f. 방사, 발산

emiţăt|or, -oare, -ori, -oare, I. adj. **1.** (어음, 지폐) 발행하는 **2.** 발송하는, 보내는, 방송(방영)하는 ; post ~ 방송국, 전달자, 송신기 II. s.n. 송신기, 발신기(장치)

emolien|t, -tă, -ţi, -te, adj. (피부) 면화제, 완화제

emotiv, ~ă, ~i, ~e, adj. 감동시키는, 감동을 나타내는, 감정을 일으키는

emotivitate, s.f. 감동성

emoţi|e, -i, s.f. **1.** 감동, 감격, 감정 **2.** 흥분, 격앙 **3.** 동요, 흥분

emoţion|a, -ez, -ai, -at, I. vt. **1.** 감동시키다, 감명을 주다 , (마음을) 동요(흥분)시키다, -을 놀라게 하다 **2.** 자극 선동하다, 흥분, 감동시키다 **3.** -의 마음을 움직이다, 감동시키다 II. vr. 감동을 받다, 감동되다

emoţional, ~ă, ~i, ~e, adj. 감정의, 감동하기 쉬운, 감동시키는

emoţionan|t, -tă, -ţi, -te, adj. **1.** 흥분시키는, 감격적인 **2.** 마음을 움직이는, 감격적인

emoţiona|t, -tă, -ţi, -te, adj 흥분한

empiric, ~ă, ~i, ~e, I. adj. 경험의, 경험적인 II. adv. 경험에 의해서, 실험, 관찰에 의해서, 경험으로 봐서

empiriocritic, ~ă, ~i, ~e, adj 경험비판론적

empiriocriticism, s.n. 경험 비판론

empirism, s.n. **1.** 경험주의, 경험의론주의 **2.** 돌팔이 의사에 의한 치료방법, 엉터리 치료, 엉터리 말

empiri|st, -stă, -şti, -ste, s.m. 그리고 f. 경험주의자

emplastr|u, -e, s.n. 회반죽, 분말석

고, 깁스, 구운석고

emul, ~i, s.m. 경쟁자, 라이벌, 적수

emulați|e, -i, s.f. 경쟁(심), 대항, 겨룸

emulsi|e, -i, s.f. 유상액, 유제

emulsion|a, -ez, -ai, -at, vt. 유제로 만들다, 유화하다

emuls|or, -oare, -s.n. 유화제

encefal, ~e, s.f. 뇌, 뇌수

encefalit|ă, -e, s.f. 뇌염

enciclică, s.f. 회칙(回勅) 동문통달 (특히 로마 교황이 모든 성직자에게 보내는 회칙)

enciclopedic, ~ă, ~i, ~e, adj. **1.** 백과사전의 **2.** 지식이 풍부한, 박식한 ; dicționar ~ 백과사전

enciclopedi|e, -i, s.f. 백과사전, 전문사전

enciclopedi|st, -stă, -şti, -ste, s.m 그리고 f. 백과전서파, 백과사전 편집가

enclav|ă, -e, s.f. 고립된 장소, 타국 영토로 둘러싸인 지역, 영지 전략요지의 중점 방어 전략

enclitic, ~ă, ~i, ~e, adj. 전접(前接)의 (지체의 악센트가 없어서 바로 앞말의 일부처럼 발음되는)

encomiastic, ~ă ~i, ~e adj. 칭찬의, 찬미의, 아부하는, 추종하는 adv. 추종하여

endecag|on, -oane, s.n. 11각형, 11변형

endecagonal, ~ă, ~i, ~e, adj. 11각형의

endecasilab(ic), ~ă, ~i, ~e, adj. 11음절의

endemic, ~ă, ~i, ~e, adj. 풍토병의, 지방병의, 지방의 고유한,

endemi|e, -i, s.f. 풍토병, 지방병

endivi|e, -i, s.f. 꽃 상치

endocard, ~uri, s.n. 심장 내막

endocardit|ă, -e, s.f. 심장 내막염

endocarp, ~uri, s.n. 내과피(內果皮)

endocrin, ~ă, ~i, ~e, adj. 내분비의, (도)관이 없는

endocrinolog, ~ă, ~i, ~e, s.m. 그리고 f. 내분비학자

endocrinologie, s.f. 내분비학

endoderm, ~e, s.n. 내비엽, 내피종

endogen, ~ă, ~i, ~e, adj. 내생(內生)의 내부로부터 성장하는

endosmoză, s.f. (내)침투, 침입

endotermic, ~ă ~i, ~e, adj. 흡열성의, 온혈성의

energetic, ~ă, ~i, ~e, adj. 강한, 강력한

energetică, s.f. 에너지 역학론

energic, ~ă, ~i, ~e, I. adj. **1.** 정력적인, 원기 왕성한, 활기 넘친 **2.** 박력 있는 **3.** 격렬한, 맹렬한 II. adv. 정력적으로, 활발하게, 맹렬하게

energi|e, -i, s.f. **1.** 정력, 활기, 원기, 힘, 에너지 활력 **2.** 생기 넘침, 팔팔함, 기운참 **3.** 박력, 분발, 적극적 기상, 생기, 정력, 기력 ; ~ atomică 원자 에너지 ; ~ electrică 전력 ; ~ nuclearaI 원자력 ; ~ potențială 잠재력 ; cu ~ 정력적으로, 활발하게, 원기왕성하게 ; lipsă de ~ 원기부족 ; e complet lipsit de ~ 그는 원기가 부족하다(패기가 부족하다)

enerv|a, -ez, -ai, -at, I. vt. **1.** 신경을 건드리다, 노하게 하다, 화나게 하다 초조하게하다, (신경을)약하게 하다, 혼란시키다 **2.** -을 놀라게 하다, **3.** 괴롭히다, 악화시키다 II. vr.

E

흥분하다, 화내다, 조급히 굴다

enervan|t, -tă, -ți, -te, adj. 신경을 건드리는, 초조하게 하는, 약을 올리는, 화나게 하는

enerv|are, -ări, s.f. 속타게 함, 안달, 초조

enervat, -ă, -ți, -te ,adj. -에 애태우고 있는, 감정이 격해있는, 흥분한

englez, ~ă, ~i, ~e, I. adj. 영국의, 영국사람의, 영어의 ; limbă ~ă 영어 II. s.m. 영국인

engleză, s.f. 영어

englez|esc, -ească, -ești, adj. **1.** 영국의, **2.** 영국인의, **3.** 영어의

E

englezește, adv. 영어로, 영국인처럼 ; a o șterge ~ 인사 없이 살짝 자리를 뜨다 ; a vorbi ~ 영어로 말하다, 영어를 구사하다

englezoaic|ă, -e, s.f. **1.** 잉글랜드 여자, 영국여성 **2.** 영국소녀

enigmatic, ~ă, ~i, ~e, adj. **1.** 수수께끼 같은, 정체모를, 어리둥절하게 하는, 영문 모를 **2.** 이해하기 어려운, 영문을 알 수 없는, 신비한, 원인불명의 **3.** 애매한, 불명료한, 분명치 않은

enigm|ă, -e, s.f. **1.** 수수께끼, 알아맞히기, 퍼즐 **2.** 불가사이 한 사물 **3.** 어려운 문제

enologi|e, -i, s.f. 포도주(양조)학(연구)

enoriaș, ~ă, ~i, ~e, adj. 교구민

enori|e, -i, s.f. 본당, 교구, 지역의 교회

enorm, ~ă, ~i, ~e, I. adj. **1.** 거대한, 막대한, 어마어마한 **2.** 굉장한, 엄청난 **3.** 엄청나게 큰 ; greșeală ~ă 엄청난 실수 II. adv. 엄청나게, 거대하게

enormit|ate, -ăți, s.f. **1.** 광대, 무한 **2.** 극악무도, 무시무시한 행동 ; a spune enormități 충격적인(쇼킹한) 것을 말하다

enterit|ă, -e, s.f. [의학]장염, 창자, 내장의 염증

enterocolit|ă, -e, s.f. [의학]전장염, 식중독

entimem|ă, -e, s.f. [논리]생략, 삼단 논법

entit|ate, -ăți, s.f. 실재, 실재물, 실체

entomolog, ~ă, ~i, ~e, s.m. 그리고 f. 곤충학자

entomologic, ~ă, ~i, ~e, adj 곤충학(상)의

entomologie, s.f. 곤충학

entors|ă, -e, s.f. 삠, 접질름, 비틂, 비틀기

entozoar, ~e, s.n. 체내 기생충류

entropi|e, -i, s.f. 엔트로피 **1.** [물리학]물체의 열역학적 상태를 나타내는 양. **2.** [정보이론]정보 전달의 효율을 나타내는 양.

entuziasm, s.n. 예기, 활기, 의기양양, 득의만면, 열중, 열광 ; ~ poetic 시적(시의) 황홀감, 무아지경, 격앙 열광, 환의, 기쁨 ; cu ~ 열광적으로, 열성적으로, 열렬하게

entuziasm|a, -ez, -ai, -at, I. vt. **1.** 도취시키다, 황홀케 하다 **2.** 흥분시키다, 놀라게 하다, 열광시키다 II. vr. 열중하다 , 흥분되다, 도취되다

entuziasman|t, -tă, -ți -te, adj. 의기양양한, 열광시키는, 열중시키는, 피가 끓는, 감격적인

entuziasma|t, -tă, -ți, -te, adj. 열광으로 가득한, 열중한

entuzia|st, -stă, -şti, -ste, I. adj. **1.** 열심인, 열광적인, 열렬한 **2.** (감정 따위가)넘쳐나는, 용솟음쳐 나오는 II. s.m. 그리고 f. 열광자, 팬, -광(狂)

enumer|a, enumer, -ai, -at, vt. 하나 하나 세어 나가다, 열거하다, 계산하다

enumer|are, -ări, s.f. 낱낱이 셈, 계산, 열거, 목록

enumerativ, ~ă, ~i, ~e, adj. 열거의, 계수상의

enunț, ~uri, s.n. 선언, 언명, 발음(방법)

enun|ța, enunț, -țai, -țat, vt. 발표하다, 선언하다, 성명을 내다, 공포하다, 설명하다

enunț|are, -ări, s.f. **1.** 공포, 선언, 언명 **2.** 명제

enunțiativ, ~ă, ~i, ~e, adj. propoziție ~ (문법)서술문

enzim|ă, -e, s.f. 효소

eocen, s.n. (제 구기의) 시신세(始新世)

eoli|an, -ană, -eni, -ene, adj. **1.** Aeolus신의 **2.** 바람의 ; eroziune ~ă 풍화(풍식)작용

eolitic, ~ă, ~i, ~e, I. adj. 원시시대의, 석기시대의 II. s.n. (유사이전의) 돌(청동)도끼

eparhial, ~ă, ~i, ~e, adj. 주교 관구의

eparhi|e, -i, s.f. 주교 관구

epat|a, -ez -ai, -at, vt. **1.** 놀라게 하다, 아연실색케 하다, -을 어이없이 말도 못하게 하다 **2.** 소스라쳐 놀라게 하다, 당황케 하다

epav|ă, -e, s.f. **1.** 유기물(바다위에 버려진 배), 배의 난파, 비참한 잔해 **2.** (사람의) 참혹하게 변한 모습, 패잔(몰락의) 몸

epentetic, ~ă, ~i, ~e, adj. 삽입문자의, 삽입음의

epentez|ă, -e, s.f. 삽입문자, 삽입음

epic, ~ă, ~i, ~e, adj. 서사시의, 사시(史詩)의 ; genul ~ 서사 문학, 서사시 ; poem ~ 서사시

epicarp, ~uri, s.n. 외과피(外果皮)

epicen, ~ă, ~i, ~e, adj. 양성통용어의, 남녀양성을 갖춘

epicentr|u, -e, s.n. 진앙, 진원지

epicherem|ă, -e, s.f. 정언 상단논법

epiciclu, s.m. 주전원(그 중심이 다른 큰 원의 둘레 위를 회전하는 작은 원)

epicuri|an, -ană, -eni, -ene, I. adj. **1.** 에피쿠로스파의, 쾌락주의의 **2.** 육욕에 빠지는, 육감적인, II. s.m. 그리고 f. 쾌락주의자, 호색가

epicurism, s.n. Epicurus 설(說)의 철학, 쾌락주의

epidemic, ~ă, ~i, ~e, adj. 유행(전염)병의

epidemi|e, -i, s.f. **1.** 전염병 **2.** 전염병의 발병

epidemiologie, s.f. 역학, 유행병학

epiderm|ă, -e, s.f. 표피, 외피, 세포성외피, 각

epidermic, ~ă, ~i, ~e, adj. 유행의, 전염병의

epidiasc|op, -oape, s.n. (투명체, 불투명체 양용의) 환등기

epifi|t, I. -tă, -ți, -te, adj. **1.** 착색의 **2.** 착생식물의 II. s.f. 착생(着生) 식물

epifiz|ă, -e, s.f. [해부]골단(연골로서 뼈의 본체에 부착되어 잇는 뼈의 일부분)

epigastric, ~ă, ~i, ~e, adj. 상복부 (위의 윗부분) 의
epigastru, s.n. 상복부(위의 윗부분)
epigenetic, ~ă, ~i, ~e, adj. [생물] 후성의, 후성적인, [지질](광상(鑛床) · 구조가) 후생적인
epiglot|ă, -e, s.f. 후두개, 회염 연골
epigon, ~i, s.m. 후계자, 후진, 아류, 모방자
epigonic, ~ă, ~i, ~e, adj. 후계자의, 후진의, 아류의, 모방자의
epigraf, ~e, s.n. 비문, 비평(서책 등의) 제사(題詞)
epigrafi|e, -i, s.f. 비문, 비명, 비명 연구, 금석학(金石學)
epigramatic, ~ă, ~i, ~e, adj. 경구의, 풍자(시)의, 경구투의
epigram|ă, -e, s.f. **1.** 경구, (짧은) 풍자시 **2.** 재치 있는 빈정댐, 비꼼, 풍자
epilepsi|e, -i, s.f. [의학]간질 ; atac de ~ 간질 발작, 발병
epileptic, ~ă, ~i, ~e, I. adj. 지랄병의, 간질의 II. s.m. 그리고 f. 간질 환자
epilog, ~uri, s.n. 결어(結語), 발문(跋文)
episcop¹, ~i, s.m. 주교
episc|op², -oape, s.n. 반사 투영기(反射投映機)
episcopal, ~ă, ~i, ~e, adj. 감독(제도)의, 감독파의
episcopat, ~e, s.n. **1.** 주교의 (감독의) 지위, 관구 **2.** 주교(감독의) 임기
episcopi|e, -i, s.f. **1.** 주교관구, 주교의 직(관구) **2.** 주교의 지위, 관구
epis|od, -oade, s.n. **1.** 에피소드, 삽화적 사건 **2.** 사건, 일어난 일, 작은 사건 **3.** 발생, 일어남 이벤트
episodic, I. ~ă, ~i, ~e adj. **1.** 에피소드적인, 우연적인 **2.** 흔히 있는, -에 일어나기 쉬운, 우발의 II. adv. 우연하게
epistolar ~ă, ~i, ~e, adj. 편지의, 편지에 의한, 서한체의
epistol|ă, -e, s.f. **1.** 편지, 서신 **2.** 사도서간, 서간경
epitaf, ~uri, s.n. 비명, 비문, 비문체의 시 (산문)
epitalam, -uri, s.n. 결혼 축시(축가)
epitel|iu, -ii s.n. 상피(上皮) 세포, 신피(新皮)
epitet, ~e, s.n. **1.** 성질을 나타내는 형용사 (형용어구), 통칭, 통명 **2.** 성(姓), 이명, 별명 **3.** 별명, 이칭
epitrop, ~i, s.m. 감시인, 관리인, 보관인
epitropi|e, -i, s.f. 후견인의, 임무(지휘) 수탁자의 지위(권능)
epi|u, -uri, s.n. 방파제
epizoar, -e, s.n. 체외 기생동물, 체외 기생충(균)
epizooti|e, -i, s.f. 가축의 유행병
epocal, ~ă, ~i, ~e, adj. 획기적인, 중대한, 기억할 만한, 잊지 못 할, 신기원의
epoc|ă, -i, s.f. **1.** 시대, 새 시대, 신기원 **2.** 기간, 기 **3.** 기원, 연대, 시대, -대(代), -기(紀) ; epoca de bronz 청동기시대 ; epoca de fier/ fierului 철기시대 ; epoca de piatră 석기시대 ; a face ~ 한 시대를 장식하다
epodă, -e, s.f. 고대의 서정시형(形)
epole|t, -ți, s.m. (장교 정복의) 견장
eponj, s.n. 해면모양의 흡수성의 천, 라티네 직물(매듭진 실로 짠 거친

직물)

epope|e, -i, s.f. **1.** 서사시, 사시(史詩) **2.** 초기의 구전 서사시, 고대의 서정시 형(形)

epos, -uri, s.n. 서사시, 사시

eprubet|ă, -e, s.f. 시험관, 시험용 컵

epuiz|a, -ez, -ai, -at, I. vt. **1.** 다 써버림, 소모시키다 **2.** 과로하게 하다, 지쳐버리게 하다, 녹초가 되게 만들다 **3.** 소모하다, 쓰다, 소비하다 II. vr. 지쳐버리다, 기진맥진해지다, 닳아지다, 절판되다

epuiz|are, -ări, s.f. **1.** 소모, 고갈, 피로 **2.** 권태, 피로, 지루함

epuiza|t, -tă, -ți, -te, adj. **1.** 소모된, 지친 **2.** 절판된

epur|a, -ez, -ai, -at, vt. **1.** 깨끗이 하다, 더러움을 제거하다, 여과하다 **2.** (유해물 죄 더러움 등을) 치우다,

epurație, s.f. 깨끗하게 함, 청소

epur|ă, -e, s.f. 도안, 도면

erat|ă, -e, s.f. 잘못, 틀림, 오자, 오식, 정오표(正誤表)

eratic, ~ă, ~i, ~e, adj. 일정하지 않은, 변하기 쉬운, 불규칙적인 ; blocuri ~e 표석

er|ă, -e, s.f. **1.** 기원, 연대, 시대 **2.** 기(紀) ; era primară 제 1기 ; în anul 750 al erei noastre A.D. 750 년에

erbacee, ~, adj. 초본(풀)의, 풀 비슷한, 풀이 난

erbivor, ~ă, ~i, ~e, I. adj. 초식성의 II. s.m. 그리고 f. 초식동물

erboriza, -ez, -ai, -at, vt. 식물을 채집하다, 약초를 모으다

erborizat|or, -oare, -ori, -oare, s.m. 그리고 f. 식물학자, 식물 채집가

erecți|e, -i, s.f. 전조물, 전설, 직립

ereditar, ~ă, ~i, ~e, adj. 세습의, 유전(성)의, 상속에 관한

eredit|ate, -ăți, s.f. **1.** 유전, 형질유전 **2.** 상속(권), 상속인 자격

eremi|t, -ți, s.m. 수행자, 신선, 도사, 은자

eres, ~uri, s.n. **1.** 이교, 이단, 비정통성 **2.** 미신 **3.** 잘못된 생각(의견, 신념)

ere|te, -ți, s.m. 새매

eretic, ~ă, ~i, ~e, I. adj. 이교의, 이단의 II. s.m. 그리고 f. 이교도, 이단자

erezi|e, -i, s.f. **1.** 이교, 이단 **2.** 궤변, 당치 않고 이론, 기만성, 잘못된 생각

erg, s.m. 에르그(에너지의 단위), 열의 일 당량, 1 dune의 힘이 작용하여 물체를 1cm 만큼 이동시키는 일의 양

ergotin|ă, -e, s.f. 에르고틴, 맥각소

ergotism, s.n. [의학]맥각 중독

erij|a, -ez, -ai, -at, vr. -을 자처하다, -이라고 주장하다, -인체하다, -을 가장하다

erizipel, -e, s.n. 단독(丹毒)

ermetic, I. ~ă, ~i, ~e, adj. **1.** 단단히 매어진, 밀봉된, 닫혀진, 밀폐된 **2.** 방수의 II. adv. 밀봉하여

ermetiz|are, -ări, s.f. 심원, 난해

ermetism s.n. 연금술학

ermi|t, -ți, s.m. v. eremit

ermitaj, ~e, s.n. 암자, 은자의 집, 외딴집

er|oare, -ori, s.f. **1.** 잘못, 실수, 틀림(무의식중의 실수) **2.** 잘못, 틀림 (원칙 규칙 등에 의한 무지, 판단의 잘못, 오해 따위로 일어나는 잘못) **3.**

E

빠뜨림, 못봄 ; ~ evidentă 명백한 실수 ; ~ judiciară 판결의 실수 ; ~ materială (소송서류에 존재하는) 물질적 실수 ; ~ radicală 근본적 실수 ; ~ reparabilă 수정될 수 있는 실수 ; ~a de fapt 형사사건 상 모든 관련 사실을 확인하지 못하여 발생한 실수

erodi|u, -i, s.m. 왜가리

eroic, ~ă, ~i, ~e, adj. **1.** 영웅적인, 씩씩한 **2.** 용맹스런, 대담함 **3.** 웅대한, 과장한

eroicomic, ~ă, ~i, ~e, adj. 용감하고 해학적인, 영웅시를 모방한 영웅을 풍자한

eroin|ă, -e, s.f. 여걸 여장부

eroism, s.n. **1.** 영웅적 자질, 영웅적 행위 **2.** 용기 담력, 배짱 **3.** 용맹, 무적, 대담

erona|t, -tă, -ți, -te, adj. **1.** 잘못된, 틀린 **2.** 정확하지 않은, 틀린 **3.** 잘못된

erotic, ~ă, ~i, ~e, adj. **1.** 성애의, 애욕의 **2.** 성애를 다룬, 색정적인

erotism, s.n. **1.** 성애적 경향, 호색, 에로티시즘 **2.** 성적 충동, 흥분

ero|u, -i, s.m. **1.** 영웅 **2.** 챔피언, 보유자, 우승자, 전사

eroziun|e, -i, s.f. **1.** 부식, 침식 **2.** 토양 침식 **3.** 삭박

eroziv, ă, -i, -e, adj. 부식성의, 침식의

erudi|t, I. -tă, -ți, -te, adj. 박식한, 학식 있는 II. s.m. 학자

erudiți|e, -i, s.f. 박학, 박식, 학식, 지식

e|rupe, -rup, -rupsei, -rupt, vi. **1.** 용솟음쳐 나오다, 분출하다, 돌발하다, 갑자기 나오다 **2.** 발진하다 **3.** (빛, 열 따위가) 발하다, 발산하다, 방사하다

eruptiv, ~ă, ~i, ~e, adj. 분출하는, 폭발하는, 발조성의

erupți|e, -i, s.f. **1.** 화산의, 분출, 폭발 **2.** 부스럼(피부) 발진, 뾰루지

erzaț, ~uri, s.n. 대용물, 대리자

escadr|ă, -e, s.f. 소함대, 전대(함대의 밑부)

escadril|ă, -e, s.f. **1.** 소함대, 전대, 소형선대 **2.** 비행중대, 항공대 **3.** 비행편대

escadr|on, -oane, s.n. **1.** 기갑부대, 기마대, 기병대대 **2.** 기병중대

escalad|a, -ez, -ai, -at, vt. 사다리로 오르다, (산 따위에) 올라가다

escalat|or, -oare, s.n. 에스컬레이터, 자동승강계단

escal|ă, -e, s.f. **1.** 들르는 곳, 기항지, 정박지 **2.** (배의) 기항 (열차의) 정차 ; zbor fără ~ 무착륙 비행, 직행편

escamot|a, -ez, -ai, -at, vt. **1.** 마법으로 쫓아버리다 **2.** 사라지게하다, 없어지게 하다 **3.** 위조하다, 왜곡하다

escamotabil, ~ă, ~i, ~e, adj. 안으로 들어가게 할 수 있는, 신축자재의, 취소할 수 있는

escapad|ă, -e, s.f. 멋대로 구는 것, 엉뚱한 것, 탈선행위

eschimo|s, I. -să, -şi, -se, adj. 에스키모인의, 에스키모의 II. s.m. 그리고 f. 에스키모인, 에스키모 종의 개

eschiv|a, -ez, -ai, -at, vr. 살짝(가만히) 가버리다, 살짝 떠나다, (방해가 안 되게) 비키다 ; a se ~ de la ...-로부터 벗어나다, 피하다, 면하다

escort|a, -ez, -ai, -at, vt. **1.** 호위하

E

다, 호송하다 (여성의) 파트너 역할을 하다 **2.** -을 동반하다
escort|ă, -e, s.f. 호위, 호송, 경호 ; sub ~ 경호(호위) 하에서 ; vas de ~ 경호선(함)
escr|oc, -oacă, -oci, -oace, s.m. 그리고 f. 악한, 사기꾼, 협잡꾼, 야바위꾼
escroc|a, -ai, -at, v.t. 기만하다, 속이다, 탈취하다, 빼앗다
escrocheri|e, -i, s.f. 사취, 사기, 가짜
esei|st, -stă, -şti, -ste, s.m. 그리고 f. 수필가, 평론가
esenț|ă, -e, s.f. **1.** 존재, 생존 **2.** 본질, 본성, 성질 **3.** 엑스, 정유, 정(精) ; în ~본질적으로, 본래
esențial, ~ă, ~i, ~e, adj. **1.** 필수불가결한, 필요한, 필수의 **2.** 매우 중요한 **3.** 근본적인, 기본의, 구성의
eseu, ~uri, s.n. 수필, 소론, 평론
esofag, ~uri, s.n. 식도
esoteric, ~ă, ~i, ~e, adj. **1.** 비교적인, 비법의, 비전의 **2.** 심원한, 알기 어려운, 난해한
espadrilă, -e, s.f. 텐트 천으로 만든 신
esperanto s.n. 에스페란토어(語)
esplanad|ă, -e, s.f. 산책길, 드라이브길
est, s.n. **1.** 동쪽, 동양, 동아시아 **2.** 아침 ; ~-nord-~ 동북동 ; de ~ 동쪽의, 동양의 ; la ~ de România 루마니아의 동쪽(에) ; vânt de ~ 동쪽에서 부는 바람
estacad|ă, -e, s.f. **1.** 부두, 잔교 **2.** 구각 교 **3.** (건축공사장의) 발판, 비계
ester, ~i, s.m. [화학]에스테르
este|t, -tă, -ți, -te, s.m. 그리고 .f. 탐미주의자, 심미가
estetic, I. -ă, -i,-e, adj. 미의, 미학의, 심미적인 II. adv. 미학적으로, 미적으로
estetică, s.f. 미학
esteticı|an, -ană, -eni, -ene, s.m. 그리고 f. 미학자
estetism, s.n. 유미주의, 예술지상주의
estetizan|t, -tă, -ți, -te, adj. 예술을 위한, 예술의, 예술지상주의의
estic, -ă, -i, -e adj. 동쪽의, 동쪽으로의, 동양의
estim|a, -ez, -ai, -at, vt. 평가하다, 어림잡다, 견적하다
estimativ, ~ă, ~i, ~e, adj. 평가 상의, 견적의
estimați|e, -i, s.f. 의견, 판단, 견적, 가치평가
estival, ~ă, ~i, ~e, adj. 여름의, 하계의, 여름 같은
estomp|a, -ez, -ai, -at, I. vt. **1.** 명암을 처리하다 **2.** 불분명하게하다, 흐리게 하다, 뚜렷하지 않게 하다 II. vr. 불분명해지다, 흐려지다
estompa|t, -tă, -ți, -te, adj. (형체·, 소리 따위가) 불분명한, 희미한
eston, ~ă, ~i, ~e, s.m. 그리고 f. 에스토니아인
estoni|an, -ană, -eni, -ene, I. adj. 에스토니아(사람)의, 에스토니아 말의 II. s.m. 그리고 f. 에스토니아사람, 에스토니아 어(語)
estorc|a, -hez, -ai, -at, vt. (돈 따위를) 억지로 빼앗다, 강탈하다, 강청(강요)하다
estrad|ă, -e, s.f. (홀 등의) 상단, 연

E

단, 교단 ; concert de ~ 유보 음악회(산책이나 댄스를 하면서 듣는 음악회) ; teatru de ~ 음악당

estropi|a, -ez, -ai, -at, v.t. 불구가 되게 하다, 절름발이로 만들다, 병신을 만들다

estuar, ~e, s.n. 큰 강의 어귀, 내포, 후미

eşafod, ~uri, s.n. 비계 (건축장 따위의)

eşafodaj, ~e, s.n. **1.** 비계, 발판, 발판재료 **2.** 구조, 구성, 구조물, 건조물

E

eşalon, -oane, s.n. 제형 편성, 삼각편대(비행기) 제대(梯隊)

eşalona, -ez, -ai, -at, vt. **1.** ~에 간격, 거리, 시간 등을 두다 **2.** 인터벌(틈, 간격 등)을 두다 **3.** [군사]부대를 깊숙이, 철저히(충분히) 배치하다

eşanti|on, -oane, s.n. 본보기, 견본, 표본, 모범

eşapament, ~e, s.n. **1.** (시계 톱니바퀴의) 자동 기구 (타자기의) 문자이동장치 **2.** 배틀, 배기, 배기장치 **3.** 엔진의 배기관

eşarf|ă, -e, s.f. **1.** 스카프, 목도리 **2.** 숄, 어깨걸치개 **3.** 머플러

eşec, ~uri, s.n. 좌절, 패배, 보패 ; a suferi un ~ 실패로 끝나다, 실패하다 저지당해서 실패하다

eşu|a, -ez, -ai, -at, vi. **1.** 좌초하다, (배에)암초에 얹히다 **2.** 실패하다, 망그러지다 그르치다, 실현되지 않다

etaj, ~e, s.n. **1.** 복도(내부에서 볼 때) **2.** 층(외부에서 볼 때) **3.** 지층, 층 ; la ~ul al doilea 2층에 ; casă cu ~ 2층집 ; locuiesc la al 4-lea ~ al unei case cu 5 ~e 5층 건물의 4층에서 산다

etaj|a, -ez, -ai, -at, vt. ~을 층층으로 줄지어 정렬하다(배치하다, 분류하다, 놓다)

etajer|ă, -e, s.f. **1.** 책장, 서안 **2.** 선반, 장식선반

etal|a, -ez, -ai, -at, I. vt. 진열하다, 출품하다, 전립하다, 과시하다, 돋보이게 하다 II. vr. 드러나다, 전시되다, 팔려고 내놓다, 자랑해보이다

etalaj, ~e, s.n. 허튼(시시한) 소리, 터무니없는 말, 모자라는 생각

etal|are, -ări, s.f. 전람, 전시, 전람회, 전람품

etal|on, -oane, s.n. 본위, 규정순도 ; ~ aur 금본위제

etalon|a, -ez, -ai, -at, vt. 표준, 규격 등에 맞추다, 표준화하다, -의 눈금을 조사 조정하다, -에 눈금을 긋다

etalon|are, -ări, s.f. 표준(규격)화

etambou, s.n. 선미재(船尾材)

etamin|ă, -e, s.f. 거칠고 올이 성긴 무명 모슬린(옥양목)

etan, s.n. [화학]에탄(무색, 무취의 가스)

etanş, ~ă, ~i, ~e, adj. 빈틈없는, (물 공기가) 새지 않는, (물 공기가) 스며들지 않는

etanş|a, -ez, -ai, -at, vt. 공기나 물이 새지 않게 하다

etanş|are, -ări, s.f. 견고, 죄임, 긴장, 갑갑함

etanşeitate, s.f. 견고, 죄임, (물 공기가) 스며들지 않음

etap|ă, -e, s.f. **1.** 역참 (여행도중의) 역 **2.** 단계, 시기, 기 **3.** 스테이지, 무

대, 연단

etate, s.f. **1.** 나이 **2.** 노년, 노후 ; în ~ 늙은 나이든, 오래된 ; e în ~ de 50 de ani 그는 50세이다

etatiz|a, -ez, -ai, -at, vt. 국유화 하다, 귀화시키다, 국영으로 하다

etatiz|are, -ări, s.f. 국영화, 국유화, 국명, 귀화

etc(etera), adv. 기타 등등,

eter, ~i, s.m. **1.** 에테르 **2.** 공기, 대기, 하늘 **3.** 창공

eteric, ~ă, ~i, ~e, adj. **1.** 에테르의 **2.** 바람이 잘 통하는, 공기의, 하늘의 ; uleiuri ~e 정유, 휘발성 식물유, 휘발성 기름

eterie, s.f. (옛 그리스의) 창부, 매춘부, 첩

etern, ~ă, ~i, ~e, I. adj. **1.** 영구한, 영원한 **2.** 끝이 없는, 영구적인, 불후의 **3.** 영속하는, 끊임없는, 부단한 II. adv. 영원히, 영구히 III. s.m. 영원, 영구; ~ feminin 영원한 여성, 여성의 본질

eternit|ate, -ăți, s.f. 영원, 영구, 불멸

eterniz|a, -ez, -ai, -at, I. vt. **1.** 영원한 것으로 하다, 불후하게 하다, 불멸하게 하다 **2.** 영속시키다 **3.** -에게 영원성을 주다 II. vr. 영원히 지속되다, 불후로 남다

eterocli|t, -tă, -ți -te, adj. 불규칙변화의

eterodo|x, -xă, -cşi, -xe, adj. 정통이 아닌, 이단의

eterogen, ~ă, ~i, ~e, adj. 이종의, 이질의, 다른

eterogenitate, s.f. 부동(不同), 차이, 이종, 불일치

etiaj, s.n. 최저(도), (궁핍의) 밑바닥

etic, ~ă, ~i, ~e, adj. 윤리의, 도덕의, 도덕적인

etică, s.f. 윤리학, 도덕론

etichet|a, -ez, -ai, -at, vt. **1.** 붙이다, 달다, -에 딱지를 붙이다 **2.** -에 부전을 달다, ~에 꼬리표를 달다 **3.** -에 표를 붙이다

etichet|ă, -e, s.f. **1.** 라벨, 딱지, 쪽지, 레테르 **2.** 꼬리표, 부전 **3.** 표, 전표, 정찰, 게시표 **4.** 예절, 예법, 예의범절 ; lasă eticheta 격식을 차리지 마라

etil, s.m. 에틸

etilenă, s.f. 에틸렌

etilic, ~ă, ~i, ~e, adj. 에틸의

etimologic, ~ă, ~i, ~e, adj. 어원의, 어원학의

etimologi|e, -i, s.f. 어원, 어원학, 어원론

etimologi|st, -stă, -şti, -ste, s.m. 그리고 f.어원학자

etiologic, ~ă, ~i, ~e, adj. 원인론의, 병인학의

etiologie s.f. 원인론, 병인학

etiopi|an, -ană, -eni, -ene, I. adj.이디오피아(사람)의 II. s.m. 그리고 f. 이디오피아인

etmoid, I. ~ă, ~i, ~e, adj. [해부]사골의, 체모양의 II. s.n. [해부]사골뼈

etnic, ~ă, ~i, ~e, adj. 인종의, 민족의, 인종학의

etnograf, ~ă, ~i, ~e, s.m. 그리고 f. 민족(민속)학 학자

etnografic, ~ă, ~i, ~e, adj 인종학적, 민족학적, 민족학상의

etnografie, s.f. 민족지학, 인종학, 민족학, 민속학

E

etnolog, ~ă, ~i, ~e, s.m. 그리고 f. 민족학자, 인종학자
etnologic, ~ă, ~i, ~e, adj. 인종학적인
etnologie, s.f. 인종학, 민족학
etrav|ă, -e, s.f. (초목의) 줄기, 대, 종족, 계통, 혈통
etrusc, I. ~ă, ~i, ~e, adj. 에트루리아(일명: 에트루스키아)의, 에트루리아 사람(말)의 II. s.m. 에트루리아 사람
eu, I. pron. pers. (인칭대명사 단수 1인칭 주격 형) 나는, 내가 ; ~ însumi 나 자신(이) ; ~ să fac asta? 그런 짓을 누가해 II. s.n. ; ~l 자아, 나
eucalip|t, -ți, s.m. 유우칼리 나무(상록의 거수 巨樹) ; ulei de ~ 유우칼리 기름(비누의 원료)
eufemism, ~e, s.n. 완곡어법
eufemistic, ~ă, ~i, ~e, adj. 완곡어법의, 완곡한
eufonic, ~ă, ~i, ~e, adj. **1.** 음조(音調)가 좋은 **2.** 음운 변화상의
eufoni|e, -i, s.f. 음운 변화 , 듣기 좋은 음조
euforb, s.m. **1.** 등대풀 **2.** 등대풀 속(屬)
euforic, ~ă, ~i, ~e, adj. **1.** 의기충천한 **2.** 행복감에 빠진
eufori|e, -i, s.f. **1.** 행복감, 다행증 **2.** 의기양양, 충천한 의기
eugenie, s.f. 우생학
euharistic, ~ă, ~i, ~e, adj. 성만찬
euharisti|e, -i, s.f. (가톨릭)성체(聖體), 성체 성사, 성찬식, 성체용(성찬용)의 빵과 포도주
eunuc, ~i, s.m. 거세된 사람, 남자 환관
euritmic, ~ă, ~i, ~e, adj. 리듬이 조화된, 유쾌한, 리듬의
euritmi|e, -i, s.f. 율동적인 운동, 조화된 동작
europ|ean, -eană, -eni, -ene, I. adj. 유럽인의, 유럽의 II. s.m. 그리고 f. 유럽인
europen|esc, -ească, -ești, 유럽의
europenește adv. 유럽풍으로, 유럽식으로
europeniz|a, -ez, -ai, -at, vt. 유럽화 하다, 유럽의 문화를 보급하다
ev, ~uri, s.n. **1.** 세기 **2.** 기간 **3.** 시대 ; ~ul mediu 중세
evacu|a, -ez, -ai, -at, vt. **1.** (내부를) 비우다, 중단하다 **2.** 던져내다 **3.** (공기 등을) 빼버리다, (물을)빼버리다 ; ~ți sala! 방을 치우시오!
evacu|are, -ări, s.f. 비움 철수, 배설
evacua|t, -ți, -te, s.m. 그리고 f. 피난민, (공습지대로부터) 철수자
evad|a, -ez, -ai, -at, vi. 피하다, 모면하다 ; a ~ din închisoare 탈옥하다
evadare, -ări s.f. 탈출 도피 ; ~ din realitate 현실 도피
evada|t, -tă, -ți, -te, s.m. 그리고 f. 탈주자, 도망자
evalua, -ez, -ai, -at vt.**1.** 평가하다 **2.** (자동차, 집 등을) 평가하다, 감정하다 **3.** (세금, 재산 등을) 사정하다, 평가하다
evaluare, s.f. 평가, 감정 ; ~ de bunuri 물건(상품) 평가 ; ~ de daune 손해평가 ; ~ la licitațiile publice 경매평가
evangheliar, -e, s.n. 가스펠, 복음, 복음서
evangheli|c, -că, -ci, -ce, adj **1.** 복

음의, 복음전도의 **2.** 복음주의자의, 신교도의

evangheli|e, -i, s.f **1.** 복음서 **2.** 진리 ; ca şi cum ar fi literă de ~ 마치 진리인 것처럼

evangheli|st, -stă, -şti -ste, s.m. **1.** 복음서 저자 (가태 마가 누가, 요한) **2.** 복음 전도자

evantai, ~e, (또는 ~uri) s.n. 선풍기 날개, 부채

evapor|a, -ez, -ai, -at, I. vt. 증발시키다 II. vr. 은퇴하다, 슬쩍 빠져 나가버리다

evapor|are, -ări, s.f. 증발, 발산

evaza|t, -tă, -ţi, -te, adj. (특히 치마가) 아래 절반 부분은 넓고 위의 절반 부분은 좁은 형태의

evazioni|st, -stă, -şti, -ste, s.m. 그리고 f. **1.** 도피주의자 **2.** 탈세자

evaziun|e, -i, s.f. (책임 의무의) 회피, 기피, 탈출 ; ~ fiscală 탈세

evaziv, I. ~ă, ~i, ~e, adj. 회피적인, 잡기 어려운 II. adv. 회피하여, 얼버무려

eveniment, ~e, s.n. **1.** 사건, 결과, 성과 **2.** 우연한, 사건 돌발적 사건 **3.** 발달, 전개, 새로운 단계 ; plin de ~ 사건이 많은 , 다사다난한

eventual, I. ~ă, ~i, ~e, adj.(şi adv.) **1.** 불확실한, 우연한, 일어날 수 있는 **2.** -에 부수하는, -을 조건으로 하는 II. adv. 우연하게, 아마도, 경우에 따라서

eventualit|ate, -ăţi, s.f. 우연한 사건, 우발사건, 우연성 ; pentru orice ~ 모든 우연을(경우를) 위해(대비하여)

evicţiun|e, -i, s.f. 축출, 쫓아 내기, 되찾음, 도로 찾음

eviden|t, I. -tă, -ţi, -te, adj. 분명한, 명백한, 투명한, 가시적인 II. adv. 분명히, 명백히

evidenţ|ă, -e, s.f. **1.** 증거, 형적, 눈에 보임 **2.** 진실, 현실 **3.** 상황, 상태, 위치 ; ~ contabilă 부기 ; a nega evidneţa 사실에 직면하다, 사실에 정면으로 반항하다 ; a fi în ~ 두드러지다, 뛰어나다 ; a pune în ~ 명백하게 하다, 명시하다, 증명하다 ; a scoate în ~ 강조하다, 지적하다

evidenţi|a, -ez, -ai, -at, I. vt. **1.** 강조하다 **2.** 구분하다 II. vr. 구분되다

evidenţia|t, -ţi, -te, s.m., s.f. 뛰어난 일꾼, 우수한 인력

evidenţier|e, -i, s.f. 명확함, 분명히 함

evit|a, -ai, -at, vt. **1.** (위험 등을)피하다, 제거하다 **2.** (의무 등을) 피하다, 벗어나다, 회피하다 **3.** ~을 피하다, 경원하다 ; nu se poate ~ 어찌할 수가 없다, 도울 방법이 없다

evitabil, ~ă, ~i, ~e, adj. 피할 수 있는, 무효로 할 수 있는

evit|are, -ări, s.f. 도피, 기피, 회피

evlavi|e, -i, s.f. **1.** 경건, 신앙심, 신앙 **2.** 존경심, 경애, 존경 ; cu ~ 경건하게

evlavi|os, -oasă, -oşi, -oase, adj. **1.** 경건한, 신앙심이 두터운, 독실한 **2.** 믿음이 깊은, 신을 공경하는 **3.** 고집불통의

evoc|a, -evoc, -ai, -at, vt. **1.** (영혼을)불러내다, (심상을) 일깨우다 **2.** 상기하다

evoc|are, -ări, s.f. (영혼을) 불러냄 , 환기

evocat|or, -oare, -ori, -oare, adj. -을 환기시키는

evolu|a, -ez, -ai, -at, vi. **1.** 전개해 나가다, 수행하다, **2.** 전개하다, 발전하다 **3.** 발달하다, 성장하다

evolua|t, -tă, -ţi, -te, adj. 발전된, 진보된

evolutiv, ~ă, ~i, ~e, adj. 진화적인 경향의, 진보적인, 전진하는

evoluţi|e, -i, s.f. **1.** 전개, 진화 **2.** 전진, 진보, 발달

evoluţionism, s.n. 진화론

evoluţioni|st, -stă, -şti, -ste, s.m. 그리고 f. 진화론자.

evreic|ă, -e, s.f. '유태인' 의 여성형, 유태여성(정결의 뜻)

evrei|esc, -ască, -eşti, adj. 유태의, 유태인의

evreieşte, adv. **1.** 유태인 같이, 유태인처럼 **2.** 유태인답게

evre|u, -i, s.m. 유태인, 돈 밖에 모르는 사람, 고리대금업자,

evrica, interj 유레카!, 알았다!, 왔다!(아르키메데스가 왕관 순도 측정법을 발견했을 때 외친 소리)

ex, part. (불변화사, 접두사) 앞선, 전(前)의, 이전의 ; ~-ministru 전(前) 장관

exacerba, -ez, -ai, -at,vt. (병 고통 등을) 악화시키다, (사람을) 격분시키다

exacerb|are, -ări, s.f. (병세의) 악화, 심화, (악감정의) 격화

exac|t, -tă, -ţi, -te, I. adj. **1.** 정확한, 꼼꼼한 **2.** 정밀한 **3.** 진실의, 진실한 ; traducere ~ă 충실한 번역 II. adv. 정확하게, 올바르게, 똑바로 ; ~ ca şi... 바로 -같이(처럼) ; e ora 6 ~ 정확히 6시이다 ; a se potrivi ~ 딱 (들어)맞다

exactitate s.f. **1.** 정확성, 정밀도 **2.** 정확, 정밀 **3.** 신중함

exager|a, -ez, -ai, -at, vt. **1.** 과장하다, 과대시하다 **2.** 허풍떨다 **3.** 과장하여 말하다

exager|are, -ări, s.f. 과장, 과대시, 과장된 표현

exagera|t, -tă, -ţi, te, adj. **1.** 과장된, 떠벌린 **2.** 과장하기 좋아하는

exal|a, -ez, -ai, -at, -vt. **1.** 발산하다, 방출하다 **2.** 숨을 내쉬다 **3.** 증발하다

exal|are, -ări, s.f. 발산함, 증발, 숨을 내쉼

exalaţi|e, -i, s.f. 발산, 발산물, 날숨

exalt|a, -ai, -at, I. vt. **1.** (신분 지위를) 올리다, 존엄하게 하다, 칭찬하다 **2.** 흥분시키다, (정열을)타오르게 하다 II. vr. 유명해지다, (저항을 뿌리치며) 올라가다

exalt|are, -ări, s.f. 높임, 고양 , 칭찬, 찬양, 기쁨, 승진

exalta|t, -tă, -ţi, -te, **1.** 열렬한, 열광적인 **2.** 성급한, 격하기 쉬운 **3.** 자아도취의

examen, ~e, s.n. **1.** 조사, 연구, 문의 **2.** 걱정 **3.** 확인, 조회, 입증 **4.** 시험

examin|a, -ez, -ai, -at, v.t. **1.** 검사하다, 조사하다, 심사하다, 시험하다 **2.** 자세히 관찰하다 **3.** 고찰하다, 음미하다

examin|are, -ări, s.f. 조사, 검사함, 시험, 심사, 고찰

examinat|or, -oare, -ori, -oare, I. adj. 검사하는, 조사하는, 시험하는 II. s.m.그리고 f. 검사관, 조사자, 연

구원 III. adv. 실험적으로

exantematic, ~ă, ~i, ~e, adj. 피부 발진성의, 발진의

exantem, ~e, s.n. 피부 발진, 발진성 열병

exarh, ~i, s.m. (비잔틴 제국의) 태수, 총독, 주교

exasper|a, -ez, -ai, -at, vt. **1.** 성나게 하다, 격분시키다, 화나게 하다, 더욱 악화시키다 **2.** 제 정신을 잃고 미쳐서 날뛰게 하다

exasperan|t, -tă, -ți, -te, adj. 화나(게 하)는, 분통 터지는

exasper|are, -ări, s.f. 격분, 분노, 악화

exaspera|t, -tă, -ți, -te, adj. ; ~ de ... -에 화난, -때문에 격분한

excav|a, -ez, -ai, -at, vt. **1.** (구멍을) 파다 굴착하다, 파내다 , 뚫어내다, 뚫다 **2.** 개척하다, 발굴하다

excav|are, -ări, s.f. (구멍·굴·구덩이를) 팜, 굴착, 개척, (기초공사의) 땅파기, (고고학)발굴

excavat|or, -oare. s.n. 구멍(굴)을 파는 사람(동물), 굴착하는 사람(도구), 굴착기(機), 발굴자

excavați|e, -i, s.f. (구멍·굴·구덩이를) 팜, 굴착, 개척, (기초공사의) 땅파기,(고고학)발굴

excedent, ~e, s.n. **1.** 나머지, 과잉, 잉여금, 여분 ; ~ de venituri 잉여수입 ; ~ de cheltuieli 초과지출, **2.** 초과, 지나침, 부절제 ; ~ bugetar 초과예산, 예산 초과

excedentar, ~ă, ~i, ~e, adj. 제한 초과의, 여분의

excel|a, -ez, -ai, -at, vi. 능가하다, -보다 낫다, 빼어나다

excelen|t, -tă, -ți, -te, adj. **1.** 우수한 **2.** 화려한, 멋진 훌륭한, 절묘한, 우아한 **3.** 주요한, 으뜸가는

excelenț|ă, -e, s.f. **1.** 우수함, 우수성 **2.** 우월, 탁월, 최상급의 품질(자격), 저명 **3.** 각하 (각하부인) ; prin ~ 우선, 탁월하게, 우수하게

excentric, ~ă, ~i, ~e, adj. **1.** 별난, 괴벽스러운 **2.** (행동 따위가) 별난, 지나친, 기묘한 **3.** 미친 II. s.m. 별스러운 사람, 괴짜 III. s.n. 편심기, 이심원(권)

excentricit|ate, -ăți, s.f. **1.** (옷차림, 행동 따위의) 남다름, 별남 **2.** 기괴한 행동, 희한함, 괴상함

except|a, -ez, -ai, -at, vt. 제외하다, 차단하다, 배제하다

excepți|e, -i, s.f. 제외, 예외 ; făcând ~ -을 제하고는, -외에는 ; cu excepția (소유격 지배) -을 제하고는, -외에는 ; fără ~ 예외 없이 ; a face ~ 예외를 두다(예외적이다) ; nu puteți face o ~ în favoarea mea? 저를 위하여 한번만 예외로 하실 수 없습니까? ; nu există regulă fără ~ 예외가 없는 규칙은 없다

excepțional, I. ~ă, ~i, ~e, adj. **1.** 예외적인 **2.** 보통에서 벗어난, 드문 **3.** 보기 드문, 진귀한 II. adv. 예외적으로 드물게, 훌륭하게

excerpte, s.n. 발췌록, 초록(抄錄), 인용구

exces, ~e, s.n. **1.** 초과, 초과량(액), 풍부, 사치 **2.** 위반, 위반행위 **3.** 부절제(폭식 폭음) ; a face ~ de... -을 남용하다, 오용하다 ; a face ~ de zel 욕심이 과하다, 과욕이다 ; a se deda la ~e 위반하다

excesiv, I. ~ă, ~i, ~e, adj. **1.** 과도의, 지나친, 엄청난 **2.** 극도의, 과격한 **3.** 거대한, 엄청난 II. adv. 지나치게, 과도하게, 과격하게 ; a lucra ~ 과로하다

excit|a, excit, -ai, -at, vt. **1.** -을 자극하다 격려하다 **2.** -을 흥분시키다, 분발시키다, -을 자극해 북돋우다

excitabil, ~ă, ~i, ~e, adj. **1.** 성미가 급한 **2.** 흥분하기 쉬운

excitan|t, I. ~tă, -ți, -te, adj. 흥분시키는, 자극하는 II. s.n. 자극성, 자극물

excit|are, ~ări, s.f. 자극, 흥분(의 원인)

excitat|or, I. -oare, -ori, -oare, adj. 흥분시키는, 자극하는 II. s.n. 자극제, 흥분제

excitați|e, -i, s.f. 자극, 흥분

exclam|a, exclam, ~ai, ~at, vt. 외치다, 큰 소리로 말하다

exclam|are, -ări, s.f. 외침, 절규 ; semnul exclamării 감탄사, 감탄 부호

exclamativ, I. ~ă, ~i, ~e, adj. 감탄의 II. adv. 감탄하게, 감탄적으로

exclamați|e, -i, s.f. **1.** 외침, 절규 **2.** 단언, 확언

ex|clude, -clud, -clusei, -clus, I. vt. **1.** 몰아내다, 들이지 않다 **2.** 쫓아내다 **3.** -에게서 변호사의 자격을 박탈하다 ; una nu o ~ pe cealaltă 하나가 다른 것을 제외하지는 않는다 ; alte posibilități sunt excluse 다른 가능성들은 배제되어 있다 II. vr. 배제되다, 박탈되다, 제외되다

excluder|e, -i, s.f. 제외, 배제 ; cu ~a (소유격 지배) -을 빼고, -을 제외하고

exclu|s, -să, -şi, -se, adj. 제외한 **2.** 불가능한 **3.** 문제가 되지 않는, 고려할 가치가 없는

exclusiv, ~ă, ~i, ~e, I. adj. 배타적인, 독점적인 II. adv. 독점적으로

exclusivism, s.m. 배타주의, 폐쇄주의

exclusivi|st, -stă, -şti, -ste, I. s.m. 그리고 f. 배타주의자, II. adj. 배타적으로

exclusivit|ate, -ăți, s.f. 배타, 제외, 독점

excomunic|a, excomunic, -ai, -at, vt. 파문하다, 제명하다 **2.** 쫓아내다, 쫓아버리다, 추방시키다

excomunic|are, -ări, s.f. **1.** 파문, 제명 **2.** 배제, 축출, 제명, 추방

excori|a, -ez, -ai, -at v.t. 피부를 벗기다, 가죽을 벗기다, 비난하다

excoriați|e -i, s.f. 피부를 벗김, 찰과상, 비난

excrement, ~e, s.n. 배설물

excrescenț|ă, -e, s.f. 자연적인 성장물, 자연적 결과

excret|a, -ez, -ai, -at, vt. 배설하다, 분비하다

excret|or, -oare, -ori, -oare, adj. 배설의, 분비의

excreți|e, -i, s.f. **1.** 배출, 배설 **2.** 배제, 제거, 배설물, 토해낸 물건

excurs, ~uri, s.n. 여담, 주제에서 벗어난 대화

excursi|e, -i, s.f. **1.** 여행, 소풍, 산책, 답사 **2.** fig. 부기(附記), 여담, 주제에서 벗어남 ; a face o ~ la... -로 산보(여행)하다

excursioni|st, -stă, -şti, -ste, s.m.

그리고 f.여행자, 관광객, 휴가 중인 사람

execrabil, ~ă, ~i, ~e, I. adj. 미운, 지겨운, 지독한, 저주할, 혐오스러운, II. adv. 밉게, 지겹게, 혐오스럽게

execut|a, execut, -ai, -at, I. vt. **1.** (a indeplini) 실행하다, 이행하다, 완수하다, 성취하다 **2.** (악기) 연주하다, 상연하다 **3.** 일하다, 임무를 다하다 ; a ~ un plan 계획을 수행하다(실천하다) ; a ~ porunca cuiva -의 지시(명령)를 시행하다 ; a ~ un proiect 한 기획 안을 달성하다 II. vr. 복종하다, 따르다, 감수하다

executan|t, -tă, -ţi, -te, s.n. **1.** (악기)연주가, 공연자 **2.** 행위자, 실행자, 집행자

execut|are, -ări, s.f. 실행, 공연, (법의) 집행, 강제

executiv, ~ă, ~i, ~e, adj. 실행의, 실행가능한, 행정상의, 집행상의

execut|or, -oare, -ori, -oare, s.m. 그리고 f. **1.** 실행자, 이행자, 행위자 **2.** (법의) 집행자, 사형 집행인

executori|u, -e, -i, adj. 행정상의, (법의) 미이행의, 장래 효력을 발생하는 ; titlu ~ 집행영장 ; sentinţă ~ 집행선고

execuţi|e, -i, s.f. **1.** 실행 **2.** 실시, (예술작품) 제작, [음악]연주, (배우) 연기 **3.** [법률]집행 ; ~ efectivă 실제 행위 ; ordonanţă de ~ 집행영장 ; ordin de ~ 사형집행영장

exege|t, -ţi, s.m. (성서) 석의(釋義) 학자

exegetic, ~ă, ~i, ~e, adj. 해설의, 해석의, 설명의

exegez|ă, -e, s.f. 설명, 해설, 석의(釋義), 해석, (특히 성서·경전의) 주석

exemplar ~ă, ~i, ~e, I. adj. **1.** 모범적인, 훌륭한 **2.** 본보기의, 전형적인 II. adv. 모범적으로, 본보기로 III. s.n. 견본, 표본, 사본, (같은 책의) 부, 권

exemplific|a, -ai, -at, vt. 예증하다. 예시하다, ~의 모범이 되다, 복사하다

exemplific|are, -ări, s.f. 예증(例證), 예시(例示), 모범

exempl|u, -e, s.n. **1.** 예시, 사례, 모범 **2.** 표본, 샘플, 본보기, 양식 **3.** 본때, 훈계 **4.** 비교, 대조 ; ca de ~ 예와 같이 ; de ~ 예를 들자면, 예로서 ; după ~l (소유격 지배) -의 예를 따라서 ; fără ~ 선례(전례)가 없는 ; a da un ~ 한 예를 제시하다 ; a urma ~l cuiva -의 예를 따르다 ; a da ca ~ 예로서 인용하다 ; a sluji/servi de/ca ~ (여격) -에 기준(표본)이 되다

exercit|a, exercit, -ai, -at, I. vt. (a practica) to 활동하다, 움직이다, 행사하다, 실행하다, (영향을) 미치다, 따르다 ; a-şi ~ corpul 신체를 단련하다 ; a-şi ~ dreptul 권리를 행사하다 ; a ~ o meserie 직무를 수행하다 II. vr. **1.** -에 숙달되어 있다 **2.** 운동을 하다, 움직이다, 연습하다

exerciţ|iu, -ii s.n. **1.** 실행, 활동, 연구, 연습 **2.** [군대] 훈련 **3.** [운동경기] (pl). 운동시합 **4.** 과제, 숙제 ; în ~l funcţiunii 임무를 수행하는데 (있어서) ; a face un ~ 임무를 수행하다, 과제를 하다 ; a face exerciţii la pian 피아노 연주를 하다 ; a-şi pierde ~l 서투르다

exfoli|a, -ai, -at, I. vt. 박리(剝離)하다, 벗기다 II. vr. (나무껍질·암석의 표피·피부 등이) 벗어지다, 벗겨져 떨어지다, .

exfolier|e, -i s.f. 벗겨져 나감, 박피

exhaustiv, ~ă, ~i, ~e, adj. 남김 없는, 철저한, 소모적인, 고갈시키는

exhaust|or, -oare, s.n. 배기장치, 배기기(機)

exhib|a, -ez, -ai, -at, vt. 내보이다, 전시하다

exhibiți|e, -i, s.n. 전시, 전시회, 박람회, 공개 연기, 시범경기

exhum|a, -ai, -at v.t. 파내다, (특히 시체를) 발굴하다, (숨은 인재·명작 등을) 찾아내다

exhum|are, -ări s.f. 발굴, 발굴물

exigen|t, -tă, -ți, -te, adj. 엄한, 강요하는, 착취적인, 가혹한

exigenț|ă, -e, s.f. 엄함, 강요, 착취, 가혹, 긴급

exigibil, ~ă, ~i, ~e, adj. 요구(강요)할 수 있는

exil, ~uri, s.n. 추방, 배척, 망명

exil|a, -ez, -ai, -at, I. vt. 추방하다, 내쫓다 II. vr. **1.** 망명하다, 유랑하다 **2.** 물러나다. 은퇴하다

exist|a, exist, -ai, -at, vi. **1.** 존재하다, 현존하다, 있다, 나타나다 **2.** 지탱하다, 지속하다 **3.** 살다. -로 살다 **4.** 이용할 수 있다, 가능하다

existen|t, -tă, -ți, -te, adj. 현존하는, 실재하는, 현재의

existenț|ă, -e, s.f. **1.** 존재, 실재 **2.** 삶, 생활 **3.** 사실, 현실 ; mijloace de ~ 생존수단 ; a-şi câştiga existența 삶을 영위하다, 생계를 꾸려가다 ; a duce o ~ de... -의 생활을 하다

existențialism, s.n. 실존주의

exmatricul|a, -ez, -ai, -at, vt. 쫓아내다, 물리치다, 구축하다 (해충 등을) 구제하다

exobiologi|e, -i s.f. 우주 생물학, 천체 생물학

exod, ~uri, s.n. 집단적 (대)이동(이주)

exogami|e, -i s.f. 외혼(제도), 족외혼(族外婚)

exoner|a -ez, -ai, -at v.t. -의 결백을 (무죄를) 증명하다, -의 혐의를 벗겨주다, (-을 의무·책임·곤란 따위에서) 면제(해제)하다, 해방하다.

exoner|are, -ări s.f. 무고(결백)함을 입증함, 면죄, (의무의) 면제, 책임 해제, 면책.

exorbitan|t, -tă, -ți, -te, adj. (욕망·요구·가격 따위가) 터무니없는, 과대한, 부당한, 엄청난

exorbitanț|ă, -e, s.f. 과대, 과도, 부당

exordi|u, -i, s.n. **1.** 첫머리, 서두, (강연·논문 등의) 서설, 서론 **2.** 시작, 처음

exoteric, ~ă, ~i, ~e, adj. 개방적인, 공개적인, 통속적인, 대중적인, 평범한

exotermic, ~ă, ~i, ~e, adj. 발열(성)의.

exotic, ~ă, ~i, ~e, adj. 외래의, 외국산의, 이국적인, 이국풍의, 이국적 취미(정서)의, 색다른

exotism, s.n. 이국적 취미(정서), 외국식 표현, 외래어

expansibil, ~ă, ~i, ~e, adj. 팽창(신장, 전개)할 수 있는, 팽창성의, 발전성 있는

expansionism, s.n. (상거래·통화 등의) 팽창주의, 팽창론, (영토 등의) 확장주의[정책]

expansiun|e, -i, s.f. **1.** [물리]팽창, 확장, 확대 **2.** 발전, (수의) 증가, 확장 **3.** 과다, 과잉, 충만

expansiv, ~ă, ~i, ~e, adj. **1.** 팽창력이 있는, 팽창성의, 확장적인, 전개적인, 확대(팽창)주의의 **2.** 심정을 토로하는, 솔직한, 감정이 넘쳐나는 듯한, 과장된

expatri|a, -ez, -ai, -at, I. vt. 국외로 추방하다 II. vr. 국적[조국]을 버리다

expectativ|ă -e s.f. 예상, 예기, 기대, 대망

expector|a, -ez, -ai, -at, vi. (가래·혈담 등을) 기침을 하여 뱉다, 뱉어 내다, 가래를(침을) 뱉다

expectoran|t, ~ă, ~i, ~e, adj. s.n. [의학]가래를 나오게 하는, 거담제(祛痰劑)

expedi|a, -ez, -ai, -at, vt. **1.** 보내다, 파견하다, 발송하다, 전송하다, (배로) 보내다 **2.** 급송(급파)하다 **3.** 게시하다 ; a ~ pe cineva -을 제거하다, 파면하다 ; a ~ pe cineva pe lumea cealaltă -을 위하여 (수고를) 하다, -을 대역하다 ; a ~ o scrisoare 편지를 우송하다

expedient ~e, s.n. 수단, 방편, 편법, 임기(응변)의 조치

expedier|e, -i, s.f. **1.** 급파, 특파, 급송. **2.** 속달(편), 급송 공문서,(신문) 급보, 특전, 전보 **3**. 재빠른 처리, 신속한 조치

expeditiv, ~ă, ~i, ~e, I. adj. 날쌘, 신속한, 급속한 II. adv. 빠르게, 신속하게

expedit|or, -oare, -ori, -oare, s.m. 그리고 f. **1.** 발송인, 보내는 사람 **2.** 운송업, 운송업자, 회송자(回送者)

expediți|e, -i, s.f. **1.** 발송, 전송 **2.** 송출 ; serviciu de ~ 송출업 ; borderou de ~ 송장 ; casă de ~ 송출회사 **3.** 탐험(원정,토벌)대, 원정함대(선단)

experienț|ă, -e, s.f. **1.** 실험, 시도, 시험, 시용, 시운전 **2.** 경험, 체험, 견문, 경력 ; experiențe cu arma atomică 원폭실험 ; din ~ 경험에 의하여 ; a face o ~ 경험하다, 실험하다 ; a face ceva titlu de ~ 경험으로 -을 하다 ; e un om cu ~ 그는 경험이 많은(노련한) 사람이다 ; știm din ~ că... 우리는 -을 경험에 의하여 알고 있다

experiment, ~e, s.n. (과학상의) 실험, (실지의) 시험, 시도(test)

experiment|a, -ez, -ai, -at, vt. **1.** 실험하다, 시험[시도]하다 **2.** 경험하다

experimental, ~ă, ~i, ~e, I. adj. 실험의, 시험적인, 경험의 II. adv 실험적으로

exper|t, -tă, -ți, -te, s.m. 그리고 f. 숙달자, 전문가, 숙련가, 달인, 명인, 권위자

expertiz|ă, -e, s.f. 조사, 검사, 심사, 고찰, 검토, 전문가의 검토(보고서)

expir|a, expir, ~ai, ~at, I. vt. (숨을) 내쉬다, 배출하다 II. vi. **1.** 숨을 거두다, 죽다 **2.** 끝나다, 만기가 되다, 종료(만료)되다, (만기가 되어) 실효하다. (권리·재산 따위가) 소멸하다 **3.** 숨을 내쉬다

expirat|or, -oare, -ori, -oare, adj.

숨을 내쉬는, 호기(呼氣)의

expirați|(un)e, -i, s.f. **1.** 종결, 만료, 만기, (권리 등의) 실효 **2.** 숨을 내쉼, 호기(呼氣) (작용)

expletiv, ~ă, ~i, ~e, I. adj. 부가적인, 덧붙이기의 II. s.n. 의미 없는 어구

explic|a, explic, -ai, -at, I. vt. 설명하다, 이유를 밝히다, 분명히 하다 II. vr. 자신의 입장을 밝히다, 변명하다

explicabil, ~ă, ~i, ~e, adj. 설명(해석)할 수 있는

explic|are, -ări, s.f. 설명, 해설, 해석, 석명, 해명, 변명

explicativ, ~ă, ~i, ~e, adj. 설명의, 설명을 위한, 설명적인, 해석의, 변명적인

explicat|or, -oare, -ori, -oare, adj. 설명의, 설명을 위한, 설명적인, 해석의, 변명적인

explicați|e, -i, s.f. **1.** 설명, 해설, 해석, 석명, 해명, 변명 **2.** 원인, 이유, 까닭, 근거, 동기 **3.** [법률](피고측의) 변명 **4.** 석의(釋義), 해석

explici|t, -tă, -ți, -te, I. adj. 뚜렷한, 명백한, 명시된, 숨김없는 II. adv 명백하게

exploat|a, -ez, -ai, -at, I. vt. **1.** (자원, 이득물 등을) 이용하다 **2.** (산야 등을) 개척하다, (자원을) 개발하다, **3.** (남을) 부당하게 이용하다, **4.** 활용하다, 이용하다 II. vr. 개발되다, 이용되다

exploat|are, -ări, s.f. **1.** 이용, 개발 **2.** 개척, 채굴, 벌채 **3.** 사리를 위한 이용, 불법이용, 착취 ; ~ auriferă 금광 ; ~ piscicolă 어업 ; cheltuieli de ~ 수술비 ; dare în ~ 시술

exploata|t, -tă, -ți, -te, I. adj. 이용된, 착취된 II. s.m.그리고 f. 착취당하는 자

exploatat|or, -oare, -ori, -oare, I. adj. 이용하는, 착취하는 II. s.m. 그리고 f. (이기적인) 이용자, 노동착취자

explod|a, -ez, -ai, -at, v.i. 폭발하다, 작렬하다, 파열하다, (사람이) 분격하다, (감정이) 격발하다, 급격히 양상을 바꾸다

explor|a, -ez, -ai, at, vt. **1.** (미지의 땅·바다 등을) 탐험하다, 답사하다, (우주를) 개발하다, (문제·사건 등을) 탐구하다, 조사하다. **2.** 들어가다, 돌진하다, 지나가다 **3.** 정찰하다, 수색하다

explorat|or, -oare, -ori, -oare, s.m. 그리고 f. 탐험가, 연구가, 조사자, 심사자

explozibil, ~ă, ~i, ~e, I. adj. **1.** 폭발하기 쉬운, 폭발성의 **2.** 감정이 격하기 쉬운, 격정적인 **3.** [음성]파열음의 II. s.n. **1.** 폭약 **2.** 파열음

explozi|e, -i, s.f. **1.** 폭발, 폭파, 파열, 폭발음 **2.** (감정의) 폭발, 표출 **3.** (음성) (폐쇄자음의) 파열

exploziv, ~ă, ~i, ~e, I. adj. **1.** 폭발성의, 폭발하기 쉬운 **2.** [음성]파열음(의) II. s.n. 폭약, 폭발성 물질

exponat, ~e, s.n. 공시, 전람, 전시, 전시물, 전시품

exponen|t, -tă, -ți, -te, s.m. 그리고 f. **1.** 표시물,[수학]지수, 멱(冪)지수,(컴퓨터)지수 **2.** 대변인, 대표자, 연설가

exponențial, ~ă, ~i, ~e, adj. [수학] 지수(指數)의, 기하급수적인

export, ~uri, s.n. **1.** 수출품 **2.** 수출 ; articol de ~ 수출(상)품 ; comerț de ~ 수출업 ; permis de ~ 수출허가 ; a face ~ 수출하다

export|a, -ez, -ai, -at, vt. 수출하다

exportat|or, -oare, -ori, -oare, I. adj. 수출하는, 수출되는 II. s.m. 수출업자

expozan|t, -tă, -ți, -te, s.m. 출품자, [법률]증[음악]제출자

expozeu, ~ri, s.n. 답변, 변명, 설명

expozitiv, ~ă, ~i, ~e, adj. 설명의, 해설의, 설명적인

expoziți|e, -i, s.f. 전람, 전시, 전시회, 박람회 ; sală de ~ 전시장 ; ~ de pictură 그림전시회

expre|s, -să, -şi, -se, I. adj. **1.** 명시된, 명백한, 명확한 **2.** 계획적인, 고의적인, 신중한 II. adv. 신중하게, 계획적으로, 고의적으로 III. s.n. 특급고속열차

expresi|e, -i, s.f. (사상, 감정의) 표현, 표시, 표현법, 말투, 어구 ; a da ~(여격 지배) 표현하다, 말하다

expresiv, ~ă, ~i, ~e, I. adj. 표현하는, 나타내는, 시사하는 II. adv. 표현상으로

expresivitate s.f. 표현, 표현법, 시사

exprim|a, ~ai, ~at, I. vt. 표현하다, 표시하다, 명백히 하다 II. vr. 생각하는 바를 말하다, 의중을 밝히다 ; a se ~ clar 분명하게 말하다, 잘 표현하다 ; a se ~ curgător 유창하게 말하다 ; a se ~ vulgar 무식하게(거칠게) 말하다

expropri|a, -ez, -ai, -at, vt. (토지·재산 등을) 빼앗다, (토지를) 수용하다, 소유권을 빼앗다

expropriator, ~i, s.m. (토지 등의) 몰수자, 징수자

exproprier|e, -i, s.f. (토지 등의) 몰수, 수용, 징수

expulsi|e, -i, s.f. 추방, 방출, 분출

expulz|a, -ez, -ai, -at, vt. **1.** 쫓아내다, 추방하다, 면직시키다 **2.** 분출하다, 배설하다 **3.** 방출하다, 발사하다

expulz|are, -ări, s.f. 추방 ; ~a străinilor 외국인 추방 ; ordin de ~ 추방령

ex|pune, -pun, -pusei, -pus, vt. **1.** 전람(전시)하다, 출품하다, 진열하다, 공개하다. **2.** (징후·감정 등을) 나타내다, 보이다, 드러내다, 표시하다 **3.** 위험에 처하게 하다, 내몰다 ; a ~ punctul de vedere al... -의 관점에서 언급하다 ; a-şi ~ viața 생명을 무릅쓰다 II. vr. **1.** (상황에) 접하게 되다 **2.** 에 몸을 드러내다, 노출하다 ; a se ~ primejdiei 위험이 초래하다

expuner|e, -i, s.f. **1.** 박람회, 전람회, (성유물(聖遺物) 등의) 공개 **2.** 답변, 변명, 설명 **3.** 연설(address), 인사, 강연, 담화, 대사

expurg|a, -ai, -at, vt. (책의 불온한 대목)을 삭제하다

expu|s, -să, -şi, -se, adj. **1.** 전시된, 보여진 **2.** (위험에) 노출된, 처한

extatic, ~ă, ~i, ~e, I. adj. 열중[몰두]한, 무아경의, 황홀한 II. adv. 열중하여

extaz, ~e, s.n. **1.** 열중, 무아경, 황홀, 희열 **2.** 실신 상태

extazia|t, -tă, -ți, -te, adj. 도취된, 황홀해진

extemporal, ~e, s.n. 연습문제, 과

제

extensibil, ~ă, ~i, ~e, adj. 넓힐[펼] 수 있는, 늘일 수 있는, 연장[확장]할 수 있는

extensiun|e, ~i s.f. **1.** 연장, 늘임, 연기, 확대, 확장, 넓힘, 진전 **2.** 펼쳐짐, 넓이, 범위 **3.** (어구, 의미의) 확장

extensiv, ~ă, ~i, ~e, adj. **1.** 광대한, 넓은, 포괄적인, 관대한 **2.** 넓힐(펼) 수 있는, 늘일 수 있는, 연장(확장)할 수 있는

extens|or, -oare, -ori, -oare, I. s.m (해부학)신근(伸筋) II. s.n. (운동 기구의) 엑스팬더

extenu|a, -ez, -ai, -at, I. v.r. 쇠약해지다, 약화되다, 소모하다. 낭비하다 II. v.t. (체력·인내력 따위를) 소모하다, (자원·지력 따위를) 고갈시키다

extenu|are, -ări, -s.f. 소모, 피로

extenuan|t, -tă, -ți, -te, adj. 소모적인, (심신을) 지치게 하는

extenua|t, -tă, -ți, -te, adj. 다 써 버린, 소모된, 고갈된, 기운이(향기가) 빠진, 지쳐 빠진

exteri|or, -oară, -ori, -oare, I. adj. 외부의, 외계의, 외국의 II. s.n. **1.** 외부, 외면, 표면, 외형 **2.** 외국, 다른 나라들 **3.** 외관, 겉보기, 양상, 체면, 생김새, 풍채(風采) ; în ~ 외부에서, 밖에서

exteriori|za, -ez, -ai, -at, vt. (무형의 것에) 형체를 부여하다, 구체화(객관화)하다, 외적 원인으로 돌리다, 밖으로 향하게 하다

exterioriz|are, ~ari, s.f. 외적 표현, 구체화, 객관화

exteritorial, ~ă, ~i, ~e, adj. 치외법권의

extermin|a, extermin, -ai, -at, vt. 뿌리째 뽑다, 근절하다, 박멸하다

exterminan|t, -tă, -ți, -te, adj. 근절시킨, 파괴적인, 파괴주의적인, 파멸적인

extermin|are, -ări, s.f. 근절, 박멸, 몰살

extermina|tor, -toare, tori, -toare, I. adj. 근절시킨, 파괴적인, 파괴주의적인, 파멸적인 II. s.m. 그리고 f. 해충(해수) 구제자(약)

extern, ~ă, ~i, ~e, I. adj. **1.** 외부의, 밖의, 외면의, 외계의 **2.** 표면의, 외관의, 겉의, 형식적인 **3.** 대외적인, 국제적인, 외래의, 외국의 II. s.m. 그리고 f. **1.** 주간 학생 **2.** [의학]비거주 의학생

externat, ~e, s.n. **1.** 주간 학교 **2.** [의학]비거주 의학생제도

externe, s.n. pl. ; ministerul de ~ 외무부 ; minstru de ~ 외무부 장관

extinct|or, -oare, -ori, -oare, I. adj. (빛·불 따위를) 끄다, (화재를) 소화시키다, 진화하다 II. s.n. 불 끄는 사람, 소화기, 스프링클러(물 뿌리는 장치)

extincți|e, -i, s.f. 소화, 소등, 소멸

ex|tinde, -tind, -tinsei, -tins, v.t., v.r. (손·발 따위를) 뻗다, 펴다, 연장하다, 확장하다, 늘어나다, 펴지다, 넓어지다, 연장되다

extinder|e, -i, s.f. 연장, 늘임, 연기, 확대, 확장, 넓힘, 진전

extirp|a, -ai, -at, vr. **1.** 근절시키다, 박멸하다, 구제(驅除)하다, 일소하다, (잡초 따위를) 뿌리째 뽑아 버리

다, (종족 따위를) 절멸시키다 **2.** [의학]적출하다, 제거하다

extirp|are, -ări, s.f. 근절, 박멸, 제거

extirpat|or, -oare, s.n. (농업) 근절자, 제초기(약)

extorc|a, extorchez, -ai, -at, vt. (돈 따위를) 억지로 빼앗다, 강탈하다, 강청(강요)하다

extrabugetar, ~ă, ~i, ~e, adj. 예산 밖의, 예산초과의

extract, ~e, s.n. **1.** 추출물, (정분을 내어 농축한) 진액, 달여 낸 즙 **2.** 초록(抄錄), 인용, 발췌, 초본 **3.** 증명서, 검증서

extractiv, ~ă, ~i, ~e, adj. 끌어낼 수 있는, 뽑아내는, 달일 수 있는(약초 따위), 짜낼 수 있는, 진액성(性)의, 발췌의

extract|or, -oare, -ori, -oare, I. adj 끌어낼 수 있는, 뽑아내는, 달일 수 있는(약초 따위), 짜낼 수 있는 II. s.n. **1.** 추출자 **2.** 추출, 채취 기구(기계)

extracți|e, -i, s.f. **1.** 뽑아냄, 빼어냄, 적출(법) **2.** [화학]추출, (즙·기름 등의) 짜냄, (약물 등의) 달여 냄,(광물·야금)채취(採取) **3.** 혈통, 태생 ; ~ a unei măsele 치아 축출(이 뽑음)

extragalactic, ~ă, ~i, ~e, adj. (천문학) 은하계 밖의

ex|trage, -trag, -trăsei, -tras, vt. **1.** 뽑아내다, 빼어내다, 캐내다, 잘라내다. **2.** (용매 사용 등으로 정분(精分) 따위를) 추출하다, 증류해서 추출하다, 짜내다, 달여 내다, (금속·광물·광석을) 추출(채취)하다. **3.** 발췌하다, 인용하다

extraneit|ate, ~ăți, s.f. 외국혈통, 외국인 신분

extraordinar, ~ă, ~i, ~e, I. adj. 대단한, 비상한, 보통이 아닌, 비범한, 엄청난, 특별한, 임시의 II. adv. 대단하게, 엄청나게, 이례적으로, 특별히, 터무니없이

extras, ~e, s.n. **1.** 추출물, (정분을 내어 농축한) 진액, 달여 낸 즙 **2.** 초록(抄錄), 인용, 발췌, 초본 **3.** 증서 ; extras de ~ 출생증명서 ; ~ de căsătorie 혼인증명서 ; ~ de cont: 통장잔액증명서

extrașcolar, ~ă, ~i, ~e, adj. 학교를 나와서, 졸업하여

extravagan|t, -tă, -ți, -te, I. adj. **1.** 돈을 함부로 쓰는, 낭비벽이 있는 **2.** 터무니없는, 지나친, 엄청난, 엉뚱한 II. adv. 낭비적으로, 엄청나게, 엉뚱하게

extravaganț|ă, -e, s.f. **1.** 사치, 무절제, 방종 **2.** 어리석은 행위, 외설적인 행동

extravaz|a, pers.3, extravează, vr. (혈액, 림프액 등이) (혈)관 밖으로 일출하다

extravilan, ~ă, ~i, ~e, adj. 도시 외곽의

extrăd|a, -ez, -ai, -at, vt. 인도하다 (외국의 도망 범죄인을 본국에), (~의) 인도를 받다, 양도하다

extrem, ~ă, ~i, ~e, I. adj. **1.** 극도의, 심한, 최대의, 최고의 **2.** 가장 먼, 맨 끝의, 최후의 ; ~ de... -을 초과하여, -을 벗어나서 ; de ~ă importanță 대단히 중요한 ; într-un caz ~ 극단적인(최악의) 경우에 II. adv. 극단(적)으로, 극도로, 대단히, 몹시

extremă, s.f. 극단, 극도, 극치, 극단

적인(과격한) 행위(수단, 조처), 극단의 상태 ; ~ dreaptă 극우 ; ~ stângă 극좌 ; a cădea dintr-o ~ într-alta 한 쪽 끝에서 다른 쪽 끝으로 떨어지다 ; a juca (pe) ~ (운동 경기) 양 쪽 가장자리(윙) 위치에서 경기를 하다

extremism, s.n. 극단적인 경향, 극단론, 과격주의

extremis|t, -tă, -ți, -te, I. s.m. 그리고 f. 극단주의자 II. adj. 과격한, 극단적인

extremit|ate, -ăți, s.f. **1.** 끝, 첨단 **2.** 종지, 멸망, 최후, 죽음, (죽음, 파멸, 멸망 등의) 근원, (세상의) 종말 **3.** (사건·극 따위의) 최고조, 절정, 정점

extrinsec, ~ă, ~i, ~e, adj. 고유(固有)하지 않은, 비본질적인, 외부의, 외부로부터의, 부대적(附帶的)인

exuberan|t, -tă, -ți, -te adj. (기쁨, 활력 등이) 넘치는, 열광적인, 열의가 넘치는, 원기 왕성한, (상상력, 재능 등이) 넘치게 풍부한

exuberanț|ă -e, s.f. 풍부, 충일(充溢), 무성

exult|a, exult, -ai, -at, v.i. 크게 기뻐하다, 기뻐 날뛰다

ezit|a, -ezit, -ai, -at, vi. **1.** 주저하다, 망설이다, 결단을 못 내리다. **2.** 떠듬거리다, 얼버무리다

ezit|are, -ări, s.f. **1.** 주저, 망설임 **2.** 말더듬

ezoteric, ~ă, ~i, ~e, adj. 비법의, 비전(秘傳)의, 비법을 이어받은, 비밀의, 내밀한, 불가사의한

ezoterism, s.n. **1.** [철학]비교 **2.** (작품의) 불가사의 **3.** 비밀주의

F

F, f, s.m. 루마니아어 알파벳의 8번째 자

fa, s.m. [음악]음계의 제 4음 파 ; cheie de ~ 저음부 기호

fabric|a, fabric, -ai, -at, I. vt. **1.** 제조하다 생산하다 **2.** 조합하다, 꾸며내다 **3.** 발명하다 II. vr. 제조되다, 생산되다

fabrican|t, -tă, -ţi, -te, s.m. 그리고 f. 제작자, 공장주

fabricaţi|e, -i, s.f. 제작, 조립

fabric|are, -ări, s.f. 제작 조립

fabricat, ~e, s.n. 제작물, 완성품 ; ~e textile 섬유제품

fabric|ă, -i, s.f. 공장, 제작소 ; ~ de cărămizi 벽돌 공장 ; ~ de chibrituri 성냥 공장 ; ~ de confecţii 기성복 제조 공장 ; ~ de mobilă 가구 공장 ; ~ de produse finite 완성품 공장 ; coş de ~ 공장굴뚝 ; director de ~ 공장장 ; mărfuri de ~ 제조품 ; preţ de ~ 공장도 가격 ; a lua pe cineva în ~ -을 호되게 꾸짖다

fabul|ă, -e, s.f. 우화 전설 소설

fabuli|st, -stă, -şti, -ste, s.m. 그리고 f. 우화소설가

fabul|os, -oasă, -oşi, -oase, adj. **1.** 신화적인, 전설적인 **2.** 거짓말 같은, 엄청난

face, fac, făcui, făcut, I. vt. 만들다 ; ea face oglinzi 그녀는 거울을 만든다 ; ea face patul 그녀는 침대를 정돈한다; ce face? 뭐라구 ; ce faci acolo? 너 거기서 뭐하니? ; ce mai faci? 어떻게 지내니? ; nu face nimic! 괜찮아! 상관없어! ; fă cum vrei 네 마음대로 해라! ; ce are a face ? 무슨 차이가 있냐? ; a face faţă 대응하다 ; ai face mai bine să citeşti 너는 책을 읽었어야 했다 ; cât fac roşiile? 이 토마토들은 값이 얼마나 합니까? ; a avea de-a face cu cineva -와 볼 일이 있다 II. vr. 만들어지다 ; a i se face rău 아프다 ; a i se face sete 목이 마르다 ; a se face roşu la faţă 얼굴이 빨게 지다 ; a se face bine 회복하다 ; se face târziu 지연되다 ; se face ziuă 날이 밝다; asta nu se face! 이런 것은 될 수가 없어! III. vi.가치가 있다, 비용이 들다, 전체가 -이다 ; a ~ la/spre... -을 향해 나아가다, -에 도움이 되다 ; a ~ pe... -인 것처럼 행동하다, -역을 하다 ; 5 ori 4 fac 20 5×4=20 ; ai să ai de-a ~ cu 디 sjsms 그와 거래(타협)를 해야만 할 것이다 ; trebuie să faci altfel 너는 달리 처신을 해야할 것이다 ; fă cum vrei! 네가 원하는 대로 해라! ; fă la stânga! 좌회전해라!

facer|e, -i, s.f. **1.** 만들기 **2.** 출산

fachir, ~i, s.m. (회교, 힌두교의) 고행승, 행자

facial, ~ă, ~i, ~e, adj. 얼굴의

facil, ~ă, ~i, ~e, adj. **1.** 쉬운 **2.** 피상적인, 깊지 않은

facilit|a, -ez, -ai, -at, vt. 용이하게 하다, 쉽게 하다

facilit|ate, -ăți, s.f. 용이 쉬움, 편의

fac|ă, -e, s.f. 횃불, 발광체, 선각자, 권위자, 별

facsimil, ~e, s.n. 팩시밀리 (복제, 복사) 사진전송

factic, ~ă, ~i, ~e, adj. 억지로 꾸민, 부자연스러운 인공적인, 모조의

factitiv, ~ă, ~i, ~e, adj. 작위(作爲)의, 사역의, (문법) 사역동사의

factor, -i, s.m. **1.** 요소, 인자 **2.** [수학]인자, 인수 **3.** [기계]계수 **4.** [생물]인자 ; ~ comun 공통인자(분모) ; ~ul de reținere a agresiunii 전쟁(군사) 억지력

F

factotum, s.m. 잡역부, 만물박사

factur|a, -ez, -ai, -at, vt. 송장(送狀), 영수증 등을 작성하다

factur|ă, -i, s.f. **1.** [경제]송장(送狀) ; ~ comercială 상업송장 ; ~ consulară 영사송장 ; ~ prozformă 견적송장 **2.** 구조, 표 흔적 스타일

facturier, -e, s.n. 판매기록부

facțiun|e, -i, s.f. 당파 파벌

facult|ate, -ăți, s.f. 재능, 능력, 학부(대학의) ; ~a de a gândi 지력, 정신능력 ; ~ de drept 법학부 ; ~ de litere 어문학부 ; ~ de științe 이학부

facultativ, I. ~ă, ~i, ~e, adj. 임의의, 선택적인 ; materie ~ă 선택과목 II. adv. 선택적으로

fad, -ă, fazi, -e, adj. 맛없는, 김빠진

faet|on, -oane, s.n. 사륜포장, 쌍두마차

fag, ~i, s.m. [식물]너도 밤나무

fagocit, ~e, s.n. 식(균)세포, (백혈구, 임파구등)

fagocitoz|ă, -e, s.f. 식균작용

fagot, ~uri, s.n.[음악] 바순(저음용 목관악기)

fagoi|st, -stă, -ști, -ste, s.m. 그리고 f. 바순 연주자

fagur|e, -i, s.m. 벌집

faianță, -e, s.f. 유약을 바른 채색도기

faim|ă, -e, s.f. 명성, 유명 ; a-și câștiga ~ 명성을 얻다, 유명해지다 ; i-a mers faima de om zgârcit 모든 사람이 그를 수전노라고 한다

faim|os, -oasă, -oși, -oasa, adj. 유명한, 저명한

fain, ~ă, ~i, ~e, adj. 주요한, 굉장한, 장대한, 중대한

falang|ă, -e, s.f. 밀집군(軍), 밀집, 동지들의 모임

fală, s.f. 영광, 명예, 장관, 화려, 자랑, 거만

falc|ă, -i, s.f. **1.** 턱 **2.** 볼, 뺨 ; cu o ~ în cer și cu alta în pământ 격노하여, 최고의 속력으로

fald, ~uri, s.n. 옷의 주름

falez|ă, -e, s.f. 절벽, 방파제

fali|e, -i, s.f. 터진 자리, 균열, 틈

faliment, -e, s.n. **1.** [경제]파산 **2.** 붕괴, 파멸 ; ~ fraudulos 부정파산 ; sentință declarativă de ~ 파산선고 ; dividend de ~ 파산의 배분 ; revocarea ~ului 파산철회 ; a cădea în ~ 파산하다 ; a da ~ 파산하다, 망하다 ; a declara pe cineva în stare de ~ -에게 파산을 선고하다

falimentar, adj. 지급불능의, 파산의, 파산한

fali|t, -tă, -ți, -te, adj. 지급불능(자), 파산(자)

falnic, I. ~ă, ~i, ~e, adj. **1.** 당당한, 위엄 있는, 영예로운, 명예의 **2.** 자부심이 굉장한, 자랑스러운, 거만한 II. adv. 자랑스럽게

fals, I. -ă, -falşi, -e, adj. 거짓의, 가짜의, 위조의 잘못된, 불성실한, 배반하는 II. ~uri, s.n. [법률]거짓, 위조 ; ~ testamentar 위증 ; ~ material în înscrisuri oficiale 공문서위조 ; ~ privind identitatea 신분위조 ; act de ~ 위조행위 ; date comerciale ~e 위조 상업 명세서 ; declarație ~ă 거짓신고 III. adv. 잘못으로, 실수로, 거짓으로, 부정하게 ; a cânta ~ 곡조가 틀리게 노래(연주)하다 ; a jura ~ 위증하다

falset, ~e, s.n. 가성의(假성)(특히 남성가수의)

falsific|a, falsific, -ai, -at, vt. -을 속이다, 위조하다, 불순물을 섞다, 품질을 떨어뜨리다

falsific|are, -ări, s.f. 변조, 위조, 반증, 위증 ; ~a de monedă 화폐위조 ; ~a de timbre, mărci sau bilete de transport 우표, 상표, 기차표 등의 위조 ; ~a de valori străine 외화위조 ; ~a unui document 서류위조 ; ~a unei semnături 서명위조

falsificat|or, -oare, -ori, -oare, s.m. 그리고 f.위조, 변조하는 사람, 품질을 나쁘게 하는 사람

falsitate, s.f. 거짓, 속임

falt, ~uri, s.m. (목재, 석재, 금속 등의) 홈, 바퀴자국, 작은 구멍

famelic, ~ă, ~i, ~e, adj. 굶주린

familial, ~ă, ~i, ~e,adj. 가족의, 집안의 ; din motive ~e 가족 때문에, 가족이라는 이유로

familiar, I. ~ă, ~i, ~e, adj. **1.** 친숙한, 허물없는 **2.** 보통의, 통상적인 ; limbaj ~ 일상(회화) 언어 ; a avea maniere ~e 너무 허물이 없이 대하다 ; a fi ~ cu cineva -와 친하다 II. adv. 친하게, 허물없이

familiarism, s.n 가족주의.

familiarit|ate, -ăți, s.f. **1.** 친밀함, 숙지 **2.** 허물없음, 격식 없음

familiariz|a, -ez, -ai, -at, I. vt. ; a ~ cu... -와 친하게 하다, 익숙하게 하다, 숙지시키다 II. vr. a se ~ cu... -와 친하게 되다, -에 익숙하게 되다, -에 익숙해지다

familiarizat, ~ă, ~i, ~e, adj. 친숙한

famili|e, -i, s.f. 가족 ; o ~ numeroasă 대가족 ; cu toată familia (şi rude) 모든 일가친척 ; e în ~ (집안의) 내력이다(가문이다) ; a intra într-o ~ 가족이 되다

famili|st, -stă, -şti, -ste, s.m. 그리고 f. 가족이 있는 사람, 결혼한 사람

fan|a, -ez, -ai, -at, vr. 시들다, 쇠퇴하다, 무기력해지다

fanar, ~e, s.m. 랜턴, 가로등

fanarag|iu, -ii, s.m. 가로등을 켜고 끄던 사람

fanario|t, -tă, -ți, -te, s.m. 그리고 f. 파나리오트(그리스 가문의 일종)

fanatic, ~ă, ~i, ~e, I. adj. 광신적인, 열광적인, 고집불통의 II. adv. 광신적으로, 열광적으로 III. s.m. 광신론자, 광신자, 열광자

fanatism, s.n. 광신, 열광

fand|a, -ez, -ai, -at, vt. 찌르다, 돌진하다

fand|are, -ări, s.f. 찌르기, 세게 밀기

fandos|eală, -eli, s.f. **1.** 거만함, 오만함, 뻔뻔스러움 **2.** 허세 부림, 가장, 수줍은 태도 **3.** 예식

fandos|i, -esc, -ii, -it, vr. 뽐내며 걷다, 허풍을 떨다, 젠 체하다

fandosi|t, -tă, -ţi, -te, I. adj. **1.** 우쭐대는, 자만하는 **2.** 잘난체하는 허세 부리는 멋을 부리는, (옷에) 까다로운 II. s.m. 잘난 체 하는 사람, 점잔 빼는 사람

fanerogam|ă, -e, s.f. [식물]현화 식물

fanfar|ă, -e, s.f. 팡파르

fanfar|on, -oană, -oni, -oane, s.m. 그리고 f. **1.** 자만심, 허영심이 강한 **2.** 허풍을 치는 사람, 호령(하는 사람)

fanfaronad|ă, -e, s.f. 자랑하다, 뽐내다, 호령하다

fani|on, -oane, s.n. (중세기사가 쓴) 긴 삼각기, 기, 페넌트

fan|on, -oane, s.n. 고래수염

fantasc, -scă, -şti, -ste, adj. 변덕스러운, 별난 기발한

fantasmagoric, ~ă, ~i, ~e, adj. 주마등같은, 환등의, 환상의

fantasmagori|e, -i, s.f. 주마등, 환등, 환상

fantasm|ă, -e, s.f. 환영, 환상, 가상, 망상

fanta|st, -stă, -şti, -ste, s.m. 그리고 f. 공상가, 몽상가

fantastic, I. ~ă, ~i, ~e, adj. **1.** 공상적인 **2.** 기발한, 별난 **3.** 무시무시한, 엄청난 II. adv. 기발하게, 엄청나게 III. s.n. 공삼적임, 허황됨, 변덕스러움, 기발한 생각, 착상

fantazie, s.f. v. fantezie

fant|ă, -e, s.f. 잘라낸 부위, 가늘고 긴 상처, 동전구멍

fant|e, -ţi, s.m. **1.** 악한, 깡패 **2.** 난봉꾼, 멋내는 사람

fantezi|e, -i, s.f. **1.** 공상, 상상 **2.** 일시적 기분, 변덕, 희한한 것 **3.** 꾸며낸 일, 소설 ; din simplă ~ 단순한 공상에서 ; plin de ~ 공상적으로

fantezi|st, I. -stă, -şti, -ste, adj. **1.** 공상적인, 환상적인 **2.** 변덕스러운, 괴짜의 **3.** 고안해낸, 날조의 II. adv. 공상적으로, 변덕스럽게

fantomati|c, ~ă, ~i, ~e, adj. **1.** 환상 같은, 유령과 같은 **2.** 막연한, 모호한

fantom|ă, -e, s.f. **1.** 유령, 귀신 **2.** 괴수, 괴물

fantoş|ă, -e, s.f. 인형, 꼭두각시

fapt, ~e, s.n. **1.** 행동 **2.** 실제, 사실 **3.** 사건 **4.** 요점, 의문(점) **5.** 시작 ; ~ autentic/stabilit 기정사실 ; ~e diverse 주요뉴스 ; de ~ 실제로, 사실로, 정말로, 결국 ; a surprinde asupra ~ului 현장에서 체포하다 ; a pune în faţa unui ~ împlinit 기정사실과 맞서다 ; a traduce în ~ 수행하다, 실행하다 ; ~ este că... -이 사실이다 ; nu corespunde ~elor 사실(진실)과 부합하지 않다, 사실(진실)이 아니다

fapt|ă, -e, s.f. **1.** 행동 **2.** 공훈, 공적, 공, 공로 **3.** 성취, 달성 ; ~ bună 선행 ; ~ de vitejie 용감한 행동 ; cu vorba şi cu fapta 언행이 일치하게 ; după ~ şi răsplată 일한 만큼 받는 ; faptele vorbesc 행위는 말보다 웅변

faptic, ~ă, ~i, ~e, adj. 사실의, 실제

F

의
far, ~uri, s.n. **1.** 봉화, 횃불 **2.** 신호등 **3.** 등대
fara|d, -zi, s.m. (정전용량의 실용단위) 패럿
farafastâc, ~uri, s.n. pl. **1.** 바보 같은 언행 **2.** 싸구려 장신구
faraon, ~i, s.m. 파라오, (카드놀이) 파로
fard, ~uri, s.n. 루즈, 화장품
fard|a, -ez, -ai, -at, vt. **1.** 화장하다 **2.** 그림 그리다
farfa|ra, -rele, s.f. 공기 주머니
farfuri|e, -i, s.f. 접시 ; ~ adâncă 수프용 접시 ; o ~ plină de... -을 한 접시 가득 ; a mânca o ~ de supă 수프를 한 접시 가득 먹다
farfurioar|ă, -e, s.f. 받침접시
faringe, s.n. 인두
faringian, ~ă, ~i, ~e, adj. 인두의
faringit|ă, -e, s.f. 인두염
fariseic, ~ă, ~i, ~e, I. adj. 위선의, 위선적인 II. adv. 위선적으로
farise|u, -i, s.m. 바리새, (종교상의) 위선자
farmaceutic|ă, ~ă, ~i, ~e, adj. 조제학의 ; produse ~e 의약(품)
farmaci|e, -i, s.f. 약국
farmaci|st, -stă, -şti, -ste, s.m. 그리고 f. 약사
farmacologic, ~ă, ~i, ~e, adj. 약리학의
farmacologie, -i, s.f. 약학
farmacope|e, -i, s.f. 약전
farmec, ~e, s.n. **1.** 매력, 마력 **2.** 마법, 요술, 마술, 우아함, 기쁨 ; ca prin ~ 신기하게도 ; a face ~e 마법(마술)을 걸다
fars|or, -oare, -ori, -oare, s.m. 그리고 f. 농담하는 사람
farsă, -e, s.f. 익살극, 광대극
fascicul, -e, s.n. 광속, 다발
fascicula|t, -tă, -ți, -te, adj. **1.** [식물]속생의, 총생의 **2.** [해부]섬유속의
fascicul|ă, -e, s.f. 작은 다발
fasci|e, -i, s.f. 한 묶음
fascin|a, -ez, -ai, -at, vt. 매혹하다, 뇌살하다, -의 혼을 빼앗다 ; a fi ~t de... -로 인하여 마음을 빼앗기다, 넋을 잃다
fascinan|t, -tă, -ți, -te, adj. 매혹적인
fascinați|e, -i, s.f. 매혹
fascin|ă, -e, s.f. 쇠막대 다발
fascism, s.n. 파시즘
fasci|st, -stă, -şti, -ste, s.m. 그리고 f. 파시스트 당원, 파시즘 신봉자
fasciz|a, -ez, -ai, -at, vt. 파시즘(파쇼)화 하다
fasciz|are, -ări, s.f. 파시즘(파쇼)화
fasole, s.f. 콩 ; a da/bate ca la ~ 모래부대를 두드리다(샌드백을 치다)
fas|on, -oane, s.n. 형태, 예의
fason|a, -ez, -ai, -at, I. vt. 형성하다, 유행시키다, 붐을 이루다 II. vr. 형성되어지다, 유행이 되다
fason|are, -ări, s.f. (인격, 모양 등을) 형성하기, 모델화하기,
fasona|t, -tă, -ți, -te, adj. (인격 등이) 형성된
fast, s.n. 허영
fastu|os, -oasă, -oşi, -oase, adj. 화려한
fasung, ~uri, s.n. 소켓
faşă, feşi, s.f. 붕대, 반창고, 지포대

F

기 ; a înăbuşi în ~ 새싹일 때 따다, 미연에 방지하다

fascin|ă, -e, s.f. 쇠막대 다발

fasonabil, ~ă, ~i, ~e, adj. 유행의, 멋진

fatal, ~ă, ~i, ~e, adj. **1.** 피할 수 없는, 운명적인 **2.** 치명적인 ; lovitură ~ă 치명적인 타격

fatalism, s.n. 운명론

falai|st, -stă, -şti, -ste, adj. 운명적인, 운명론자

fatalit|ate, -ăți, s.f. **1.** 운명, 숙명 **2.** 불운, 불행

fatalmente, adv. 피할 수 없게, 불가피하게

fată, fete s.f. **1.** 소녀, 젊은 여성, 처녀 **2.** 딸 ; ~ bătrână 노처녀 ; ~ în casă/la toată 허드렛일을 하는 하녀, 식모 ; ~ mare 결혼 정년기의(성숙한) 처녀, 미혼여성 ; de ~ 소녀 같은, 소녀의, 수줍은 ; a rămâne ~ bătrână 노처녀로 남다

fatidic, ~ă, ~i, ~e, adj. 예언의

fațad|ă, -e, s.f. (건물 등의) 정면, 표면, 외면

față, fete, s.f. **1.** 얼굴 **2.** 표면, 표정, 모습, 외면 **3.** 사람 **4.** 상, 인상, 색체 **5.** 지면, 페이지 **6.** 앞면, 앞부분 ; fața casei 집의 정면 ; fața pământului 지면 ; ~ cu... -앞에서, -에 직면하여, -와 비교하여 ; ~ de 직면한, 당면한 ; ~ de masă 탁자보(테이블보) ; ~ de pernă 베갯잇 ; ~ de plapumă 침대커버(시트) ; o ~ impenetrabilă 포커페이스 ; ~ în ~ 얼굴을 맞대고, 서로 반대하는 ; cu fața la... 얼굴을 -로 향하여 ; (de) ~ cu... -에 참석(출석)하여 ; de ~ 출석한, 현재의 ; galben la ~ 창백한 (얼굴의) ; în ~ 반대의, 다른 쪽의, 앞의 ; în fața mea 내 앞에서 ; în fața (소유격 지배) -의 정면(앞)에서 ; la fața locului 현장에서 ; pe ~ 솔직하게, 직선적으로 ; această chestiune are mai multe fețe 이 문제에 대하여는 여러(다양한) 접근방법이 있다 ; a-şi ascunde fața 얼굴을 숨기다 ; a da o ~ 물감을 들이다, 관택을 내다 ; a face ~ -에 대처(대항)하다 ; a fi de ~ la... -에 참석(출석) 중이다 ; a se întâlni ~ în ~ 서로 우연히 마주치다 ; a privi pe cineva în ~ -의 얼굴을 바라보다 ; a pune ~ în ~ 반대하다, 얼굴을 맞대다, 대응하다 ; a veni în ~ 앞으로 나오다 ; a schimba la ~ 안면몰수하다 ; a da pe ~ 감추다, 숨기다 ; a se da pe ~ 속이다, 기만하다 ; a lucra pe ~ 솔직하게(떳떳하게) 행동하다 ; a vorbi pe ~ 평범하게(무난하게) 말하다 ; a lovi pe cineva peste/în ~ -의 얼굴을 때리다(치다) ; a-i ieşi fața(de vopsea) (안색이) 빛을 잃다, 염색이 발하다

fațet|ă, -e, s.f. 측면, 판금, 경사

faun, ~i, s.m. 파우니 (반인 반양의 숲, 들 등에 사는 목초의 신)

faun|ă, -e, s.f. 동물(군)

faur¹, ~i, s.m. 2월

faur², ~i, s.m. 대장장이

faustian, -nă, adj. 파우스트적인

fav|oare, -oruri, s.f. 친절, 호의 , 은혜, 혜택 ; bilet de ~ 무료승차권(입장권), 우대석 ; dovadă de ~ 호의표시 ; în ~a cuiva -을 위하여(-가 유리하도록) ; a cere o ~ de la cineva -에게 부탁을 청하다 ; a se bucura de

~a cuiva -의 총애를 받고 있다 ; norocul era în ~a noastră 우리에게 행운이 따라주었다 ; totul pare să fie în ~a mea 모든 것이 나에게 유리한 것 같다

favorabil, I. ~ă, ~i, ~e, adj. **1.** 순조로운, **2.** 호의적인, 친철한 ; în cazul cel mai ~ 최상의 경우에 ; a aştepta momentul ~ 유리한 순간을(때를) 기다리다 ; dacă vremea e ~ă 날씨가 허락한다면 II. adv. 순조롭게, 유리하게

favori|t, -tă, -ți, -te, I. adj. 귀여움 받는, 사랑스러운, II. s.m. 그리고 f. **1.** 귀염둥이, 총아 **2.** 애완동물, 페트

favoritism, -e, s.n. 편애

favori|t, -ți, s.m. 구렛나루

favoriz|a, -ez, -ai, -at, vt. **1.** 호의를 베풀다 **2.** 촉진시키다

fazan, -i, s.m. 꿩

fazaneri|e, -i, s.f. 꿩을 보호하다

faz|ă, -e, s.f. 단계

fă, interj. 시골에서 여성을 부를 때 사용되는 호칭, 야!

făcăleț, -e, s.n. 머멀리거를 섞을 때 사용되는 두꺼운 나무막대기

făcălu|i, -esc, -ii, it, vt. **1.** 섞다, 뒤섞다, 휘젓다 **2.** 갈아 바수다, 찧어 바수다 **3.** 무두질하다, 후려갈기다

făcăt|or, I. -oare, -ori, -oare, adj. 일하는 II. s.m. 일꾼, 노동자, 창조자, 작가

făcătur|ă, -i, s.f. 매력, 마술

făc|ău, -aie, s.n. 작은 물레방아

făcli|e, -i, s.f. 횃불

făclier, ~i, s.m. 봉화하는 사람

făcu|t, I. -tă, -ți, -te, adj. **1.** 인조의, 인위적인, 모조의, 만들어진 **2.** 얼근히 취한, (취해서) 비틀거리는 ; ~ pentru... -을 위하여 태어난(만들어진) II. s.n. 제작, 생산, 성취

făgaş, -e, s.n. **1.** 바퀴자국, 발자국, 철도 길 **2.** 궤도, 트랙 ; a părăsi vechiul ~ 궤도(정도)를 벗어나다

făgădu|i, -iesc, -ii, -it, I. vt. 약속하다 , 보증하다 II. vr. 서약하다, 맹세하다, 구속되다

făgădui|ală, -eli, s.f. 약속, 서약, 맹세

făget, -e, s.n. 너도밤나무 숲

făinare, s.f. 곰팡이

făin|ă, ~uri, s.f. (밀)가루 ; ~ albă 흰(순수한) 밀가루 ; ~ de porumb 옥수수 가루 ; cu un ochi la ~ şi cu altul la slănină 애꾸눈의, 사팔 뜨기의 ; scump la tărâțe şi ieftin la ~ 한 푼을 아끼다 천량을 잃는다, 싼 것이 비지떡이다 ; altă ~ se macină acum la moară 형세가 역전 되었다

făin|os, -oase, s.f. (곡식)가루의; -oasă, -oşi, -oase, adj. 가루의

fălcariță, -țe, s.f. 파상풍

fălce|a, -ele, s.f. 썰매

fălc|os, -oasă, -oşi, -oase, adj. 턱이 높은

făl|i, -esc, -ii, -it, vr. **1.** 자랑하다 **2.** 과장하다 ; fără să mă fălesc 과장됨이 없이, 내 입으로 말하기는 좀 우습지만

fălnicie, s.f. 건방짐, 도도함, 고결함

făl|os, -oasă, -oşi, -oase, adj. 건방진, 도도한, 당당한

fălțu|i, -iesc, -ii, -it, vt. **1.** (종이 등을) 접다. **2.** 가죽을 평평하고 납작하게 펴다

fălțuit, s.n. 가죽 등을 펴기, 종이 등

F

을 접기 ; cuțit de ~ 종이 차단기 ; mașină de ~ 종이(서류)집게, 폴더
fălțuit|or, -oare, -ori. -oare, s.m. 그리고 f. 접는 책, 접지공
fălțuit|or, -oare, s.n. 반드럽게 미는 (마무리용) 대패
făpta|ş, ~i, s.m. 그리고 f. 잘못을 행한 자
făptu|i, -iesc, -ii, -it, vt. **1.** 하다 **2.** 범하다, 저지르다
făptuir|e, -i, s.f. 행동하기
făptuit|or, -oare, -ori, -oare, s.m. 그리고 f. **1.** 잘못한 사람, **2.** (드물게) 무엇인가를 이루어낸 사람
făptur|ă, -i, s.f. **1.** 창조물 **2.** 자연
făraş, -e, s.n. 삽
fără, I. prep. -없이, -을 제외하고, -외에 ; ~ (de) veste 갑자기, 얼떨결에 ; ~ inimă 무자비하게 ; ~ sfârşit 끝없이 ; ~ teamă 겁 없이 ; a muri ~ copii 후손을 남기지 않고 죽다 II. conj. -함이 없이(-하지 않고) ; ~ ca cineva să observe 아무도 알지 못하게 ; am plecat ~ să fiu văzut 나는 아무도 눈치 채지 않게 떠났다
fărădeleg|e, -i, s.f. 범죄(행위), 위반, 위배
fărâm|a, fărâm, -ai, -at, I. vt. (때려) 부수다 II. vr. 부서지다, 조각나다
fărâm|ă, -e, s.f. 조각, 파편 ; o ~ de adevăr 사실의 일부분; o ~ de speranță 한 가닥의 희망 ; a face fărâme 조각을 내다, 부수다
fărâmătur|ă, -i, s.f. 파편
fărâmici|os, -oasă, -oşi, -oase, adj. 쉽게 깨지는
fărâmitură, s.f. 작은 조각, 부서짐, 깨짐, 분열
fărâmiț|a, -ez, -ai, -at, vt. 작은 조각으로 깨다, 조각으로 부수다, 나누다
făt, feți, s.m. **1.** 소년, 어린아이 **2.** 아들 ; ~ul meu 내 아들
făt|a, pers.3, fată, -ă, -at, I. vt. (새끼를) 낳다 II. vi. 새끼를 낳다
fătălă|u, -i, s.m. 양성자, 자웅동체, 양성동물
fățarnic, ~ă, ~i, ~e, I. adj. 위선적인 II. s.m. 그리고 f. 위선자
fățărnici|e, -i, s..f 위선
fățiş, ~ă, ~i, ~e, I. adj. **1.** 숨김없이 말하는, 솔직한, 진지한 **2.** 용감한 II. adv. 솔직하게, 숨김없이 ; a vorbi ~ 솔직하게 말하다
fățu|i, -iesc, -ii -it, vt. 표면을 부드럽게 하다, 광택을 내다, 마무리하다
fățuir|e, -i, s.f. 표면을 매끄럽게 만들기
fățui|t, -tă, -ți, -te, adj. 표면이 매끄럽게 된
fățuit|or1, -oare, -ori. -oare, s.m. 그리고 f. 접지공
fățuit|or2, -oare, s.n. **1.** 반드럽게 미는(마무리하는) 대패 **2.** 접지주걱(칼)
fățuit|oare, -ori, s.f. 광을 내는 기구
făurar, ~i, s.m. 대장장이
făur|i, -esc, -ii, -it, vt. 만들다, 창조하다, 고안하다, 설계하다 ; a ~ destinul (cuiva) -의 운명을 결정하다
făurit|or, -oare, -ori, -oare, s.m. 그리고 f. 창조자, 저자, 고안자, 건축가
fâlfâi, fâlfâi, -ii, -it, vr. **1.** 펄럭이다 **2.** 흔들리다
fâlfâi|re, -ri, s.f. 펄럭이는

fân, s.n. 건초 ; vremea ~ului 건초 제조시기 ; a pune ~ul la uscat (풀 따위를) 널어서 말리다

fânat, ~e, ~uri, s.n. 마른 벌판

fânări|e, -i, s.f. 건초를 모아두는 곳

fântânar, ~i, s.m. 연못이, 분수 등을 고치는 사람

fântân|ă, -i, s.f. **1.** 우물, 샘 **2.** 근원, 원천 ; ~ arteziană 깊이 판 우물 ; ~ cu cumpănă 두레박으로 푸는 우물 ; a căra apă la ~ 쓸데없는 일을 하다, 헛수고하다

fârnâi|t, -tă, -ți, -te, I. adj. **1.** 코를 킁킁거리는, 콧소리가 나는 **2.** (시위, 현 따위가) 팅(윙) 소리 나는 II. s.n. **1.** 콧소리, 코멘소리 **2.** (활시위, 현 따위가) 팅(윙)하는 소리 III. s.m. 코를 실룩거리는 사람(동물)

fârta|t, -ți, s.m. 깊은(다정한) 친구

fâs, interj 뺑, 펑, 쾅(하는 소리) ; a face ~ 뺑, 펑, 쾅 소리를 내다

fâsâi, fâsâi, -i, -t, vi. **1.** 휙휙 소리 내다, 쉬 소리 내다 **2.** 뺑, 펑, 쾅 소리 내다

fâsâ|ială, -ieli, s.f. 소음내기, 소음

fâstâc|eală, -eli s.f. 당황

fâstâc|i, -esc, -ii, -it, vr. 어떤 상황에 대해서 당혹해하다

fâşie, -i, s.f. **1.** 조각, (종이) 장 **2.** 무리, 일단

fâşâi, fâşâi, -i, -t, vi. 바스락거리다

fâşâit, s.n. 바삭바삭(살랑살랑) 하는 소리

fâşi|oară, -oare, s.f. 일종의 러그

fâşne|ă, -tă, -ți, -te, adj. **1.** 생기 있는, 잽싼, 빠른 **2.** 요염한

fâță, -e, s.f. **1.** 빠른 수영하는 작은 물고기 **2.** 작은 새우 **3.** 속치마

fâță|i, fâțâi, -i, -t, I. vt. 흔들다, 흔들거리다 II. vi. (꼬리 따위를) 흔들다 III. vr. (꼬리 따위가) 흔들리다, 안절부절 못하다

fâțâial|ă, -ieli, s.f. 야단법석, 소동

febră, s.f. 열, 열기 ; a avea ~ 열이 있다, 열이 나다

febrifug, ~ă, ~i, ~e, adj., s.n. [의학] 해열제, 해열의

febril, ~ă, ~i, ~e, I. adj. 열병의 II. adv. 열병에 걸림 것 같이, 열광하여

febrili|tate, s.f. 열병

februarie, s.m. 2월

fecal, ~ă, ~i, ~e, adj. 배설물

fecioar|ă, -e, s.f. 처녀 ; (ca) de ~ 처녀같이, 처녀로서, 처녀답게

fecior, ~i, s.m. 아들

fecioraş, ~i, s.m. fecior의 축소명사

feciorelnic, ~ă, ~i, ~e, I. adj. 순결한, 깨끗한 II. adv. 순결하게, 깨끗하게

fecior|esc, -ească, -eşti, adj. 순결한

fecioreşte, adv 처녀같이, 순결하게

fecior|i, -esc, -ii, -it, vi. 소년(소녀) 시절을 보내다

feciori|e, -i, s.f. 순결

feculă, s.f. 녹말가루

fecun|d, -dă, -zi, -de, adj. 비옥한, 풍요로운, 다산의, 수확이 많은, (땅이) 기름진 ; pământ ~ 비옥한 땅

fecund|a, -ez, -ai, -at, vt. 비옥하게 하다, 풍요롭게 하다

fecundați|e, -i, s.f. 수태(수정)작용

fecunditate, -ți, s.f. 다산, 비옥

fedeleş, ~uri, -şi, ~uri, s.n. 작은 (물)통 ; a lega pe cineva ~ -을 꼭꼭 묶다

F

feder, ~e, s.n. 나무나 철 조각이 서로 잘 조합되도록 가장 자리에 만들어놓은 홈
federal, ~ă, ~i, ~e, adj. 연합의
federalism, s.n. 연방주의
federali|st, -stă, -şti, -ste, adj. s.m. 그리고 f. 그리고 f. 연방주의의, 연방주의자
federaliza, pers.3, federalizează, vt. 연방화하다
federaliz|are, -ări, s.f. 연방화, 동맹화
federativ, ~ă, ~i, ~e, adj. 연방의, 연합의
federați|e, -i, s.f. 연합, 동맹
feding, ~uri, s.n. 페이딩(전파의 강도가 시간적으로 변동하는 현상)
feeric, ~ă, ~i, ~e, adj. 신비한, 매혹적인
feeri|e, -i, s.f. 우아한 장면
fel, ~uri, s.n. **1.** 방법 **2.** 종류, 종족 **3.** 접시 **4.** 특성 **5.** 전통, 습관 ; ~ de ~ de oameni 모든 종류의 사람들 ce ~ de cărți? 어떤 종류의 책들? ; la ~ de... -와 똑 같은 ; la ~ de... ca (şi)... -만큼이나(-와 같이) ; după ~ul (소유격 지배) -류의(종류의) ; în ~ul acesta 이렇게, 이와 같이 ; la ~ cu... -와 같이 ; a-i face ~ul cuiva -을 죽이다, -에게 흉계를 꾸미다 ; e de ~ din... 그는 타고난 -이다
felcer, ~ă, ~i, ~e, s.m. 그리고 f. 중급 정도의 의학 수업을 마친 의사보조원
felceriț|ă, -e, s.f. felceră의 축소형 명사
feldmareşal, ~i, s.m. [군사]육군의 최고 사령관
feldspa|t, -ți, s.m. 장석
fele|gean, -gene, s.n. 터키식 커피용 찻잔
felendreş, s.n. 두터운 옷의 일종
feleşag, ~uri, s.n. 성격
felicita, felicit, -ii, -it, I. vt. 축하하다, -에 축하(축사)를 하다, -에게 경의를 나타내다, 칭찬하다 II. vr. 악수하다, 서로 축하하다
felicit|are, -ări, s.f. 축하 ; i-am exprimat felicitările mele pentru succes 나는 그의 성공을 축하해주었다
feli|e, -i, s.f. 얇은 조각
felin, ~ă, ~i, ~e, adj. 교활한
felinar, ~e, s.n. 가로등
felioar|ă, -e, s.f. 작은 조각
feluc|ă, -i, s.f. 지중해서 주로 사용되는 작고 좁은 배의 일종
felurim|e, -i, s.f. 종류
feluri|t,-tă, -ți, -te, adj. 다양한
femeie, femei, s.f. **1.** 여자, 숙녀, 여성 **2.** 부인 ; ~ cu experiență 과거를 가진 여자 ; ~ cu ziua 날품팔이 여자, 잡역부 ; ~ de moravuri uşoare 도덕적으로 해이한 여자, 창녀
femei|esc, -ască, -eşti, adj. 여성의, 여성스러운 ; port ~ 여성의류, 드레스
femeieşte, adv. 여자같이, 여성답게
femeiuş|că, -ți, s.f. 소녀, 계집아이
femel|ă, -e, s.f. 동물의 암컷
feminin, I. ~ă, ~i, ~e, adj. 여자의, 여성의 ; genul ~ [문법]여성 II. s.n. [문법]여성, 여성명사
femini|st, -stă, -şti, -ste, adj. s.m. 그리고 .f. 여성의 권리를 주장하는, 여권주의자
feminit|ate, -ăți, s.f. 여성스러움

femur, ~uri, s.n. 대퇴골
fenic, adj. [화학] ; acid fenic 페놀산, 석탄산(페놀의 옛 명칭)
fenici|an, -ană, -eni, -ene, adj. 페니키아 사람(말)의
fenil, s.n. [화학] 페닐기
feni|x, -cşi s.m. (mitol.) 불사조
fenol, ~i, s.m. 페놀
fenologie, s.f. 생물기후학
fenomen, ~e, s.n. 현상
fenomenal, I. ~ă, ~i, ~e, adj. 현상의, 비범한 II. adv. 경이롭게, 비범하게
fenomenalism, s.n. 현상론
fenomenolo|gie, - gii, s.f. 현상학(現象學)
fentă, -e, s.f. 가장, 시늉
fera|tă, -te, adj. 철도의, 철길의
ferăstr|ău, -aie, s.n. 톱 ; ~-bandă/ cu bandă 띠(모양의) 톱 ; ~ circular 둥근 톱 ; ~ pentru lemn 나무(써는) 톱 ; tăietor cu ~ul 톱질하는 사람 ; a tăia cu ~l 톱으로 썰다(자르다)
ferches, ~ă, ~i, ~e, adj. 산뜻한, 말쑥한
ferchezu|i, -iesc, -ii, -it, I. vt. 옷을 입히다, 멋을 내다, 예쁘게 꾸미다, 면도하다 II. vr. 옷을 입다, 몸치장하다 III. vi. 면도하다, 수염을 깎다
fere|ală, -li, s.f. **1.** 회피 **2.** 피난처
fer|eastră, -estre s.f. **1.** 창문 **2.** 창유리 **3.** 쇼윈도우 ; ~ dublă 이중창 ; ~ ghilotină 새시 ; a deschide(închide) fereastra 창문을 열다(닫다) ; a arunca pe ~ 창밖으로 던지다 ; a intra pe ~ 창문을 통해 들어오다 ; a privi pe ~ 창밖으로 내다보다
fereca, ferec, -i, -t, vt. **1.** 덮다, 씌우다 **2.** 쇠사슬을 두르다(감다) **3.** 체포하다 **4.** 잠그다 ; a ~ o roată 바퀴에 체인을 감다 ; a ~ cu pietre prețioase 값진 보석으로 상감하다 ; a ~ în aur 금으로 두르다, 도금하다
fered|eu, -eie, s.n. 공중목욕탕
fereg|ea, -ele, s.f. 일종의 망토
fereg|uță, -gele, s.f. 털미역, 고사리
fe|resträu, -răstraie s.n. v. ferăstrău
ferestrui, -esc, -ii, -it, vt. 톱질하다
ferestruic|ă, -i, s.f. 다락방
ferfeniț|ă, s.f. ; a face/ rupe ~ v. ferfeniți
ferfeniți, -esc, -ii, -it, I. vt. 갈기갈기 찢다, 조각조각으로 끊다, 토막 내다 II. vr. 토막 나다, 조각나다, 찢기다
feriți|os, -oasă, -oşi, -oase, adj. 찢긴, 조각난, 토막 난
fer|i, -esc, -ii, -it, I. vi. 옆으로 비키다(비켜서다), 뒤로 물러나다 ; ferească Dumnezeu/ ferit-a sfântul! 결단코 없다(없도록)! II. vt. 피하다, 막다, 방어하다, 구하다 ; a ~ de umezeală 습기를 방지하다 III. vr. 옆으로 서다(가다), 길을 비우다, 방어가 되다 ; a se ~ de... -로부터 방어하다 ; a se ~ din calea cuiva -의 길을 내다(-에게 길을 내주다) ; feriți-vă ca nu cumva ... -하지 않도록 조심(유의)하십시오 ; a se ~ din calea cuiva -을 (회)피하다
feribot, ~uri, s.n. 나룻배
feric, ~ă, ~i, ~e, adj. 철의
ferice, adj. 행복한, 행운의 ; ~ de el că ... -은 그에게는 행운이다
feric|i, esc, -ii, -it, I. vt. **1.** 행복을 느끼다 **2.** 행복하게 만들다 II. vr. 행운

F

이라고 생각하다

fericir|e, -i, s.f. **1.** 행복 **2.** 행운 ; din ~ 운이 좋게도, 다행스럽게도 ; din ~ pentru mine 나에게는 다행스럽게도 ; e o ~ pentru el că... -은 그에게 다행스런 일이다 ; sănătatea e o mare ~ 건강이 큰 자산이다

ferici|t, I. -tă, -ţi, -te, adj. **1.** 행복한 **2.** 행운의, 성공적인 **3.** 유리한 ; un gând ~ 행복한(긍정적인) 사고(생각) II. adv. 행복하게 III. s.m. 행복한 사람 ; ~ule! 행복한 친구야!

ferig|ă, -i, s.f. 양치류

ferit1, -tă, -ţi, -te, adj. **1.** 안전한 **2.** 감춰진, 숨겨진 ; ~ de ... -로부터 안전한

ferit2, -ţi, s.m. [화학]아철산염, 페라이트

ferit|ă, -e, s.f. [화학]아철산염, 페라이트

ferm, ~ă, ~i, ~e, adj. **1.** 단단한 **2.** 견고한

fermă, -e, s.f. **1.** 농장 **2.** (지붕, 다리) 등의 서까래(틀)

fermec|a, fermec, -ai, -at, vt. 매혹시키다, 유혹하다

fermecat, ~ă, ~ţi, ~e, adj. 기쁜

fermecăt|or, -oare, -ori, -oare, adj. 매력 있는; 즐겁게 만드는.

fermen|t, -ţi, s.m. 효소

ferment|a, -ez, -ai, -at, vi. 발효하다

fermenta|t, -tă, -ţi, -te, adj. 발효하는, 발효된

fermentaţi|e, -i, s.f. **1.** 발효 **2.** 분출

fermier, ~ă, ~i, ~e, s.m. 그리고 f. 땅이나 농장의 주인

fermit|ate, -ăţi, s.f. 견고함

fermoar, ~e, s.n. 지퍼

feroaliaj, ~e, s.n. 철근, 합금

feroc|e, -i, adj. 냉정한

ferocit|ate, -ăţi, s.f. 사나움

ferodou, ~ri, s.n. 금속 석면

feromagnetic, ~ă, ~i, ~e, adj. 강자성의

feromagnetism, ~e, s.n. 강자성

fer|os, -oasă, -oşi, -oase, adj. 철을 함유한

feroviar, ~ă, ~i, ~e, I. adj. 철도의, 철로의 II. s.m. 그리고 f. 철도원

fertil, ~ă, ~i, ~e, adj. 비옥한, 생산적인

fertilit|ate, -ăţi, s.f. 비옥

fertiliz|a, -ez, -ai, -at, vt. 비옥하게 하다

fertiliz|are, -ări, s.f. 비옥화

ferugin|os, -oasă, -oşi, -oase, adj. 철분을 함유한

ferven|t, -tă, -ţi, -te, adj. **1.** 뜨거운 **2.** 열심히

fervo|are, -ri, s.f 열정

fes, ~uri, s.n. 터어키 모자(회교도 남자가 쓰는 붉은 색 모자) ; a-i turti ~ul -의 기를 죽이다

fes|ă, -e, s.f. 엉덩이

fest|ă, -e, s.f. 장난 끼 있는 계략, 책략, 술책, 짓궂은 장난 ; a-i face / juca o ~ cuiva -을 속이다, -에게 장난을 치다

festin, -uri, s.n. 축제

festiv, ~ă, ~i, ~e, adj. 축제의

festival, ~uri, s.n 축제.

festivit|ate, -ăţi, s.n. 축제

fest|on, -oane, s.n. 꽃줄, 화환

feston|a, -ez, -ai, -at, vt. 꽃줄로 장식하다

festonat, ~ă, ~i, ~e, adj. 꽃으로 장

식된

feştel|i, -esc, -ii, -it, I. vt. **1.** 더럽히다 **2.** 해치다, 손상시키다, 망치다 ; a o ~ (일 따위를) 엉망을 만들다(망쳐 놓다) II. vr. 더러워지다

feştil|ă, -e, s.f. 양초

fet|esc, -ească, -eşti, adj. 소녀의

fet|i, -esc, -ii, -it, vi. 결혼까지 소녀처럼 시간을 보내다, 처녀(소녀)의 삶을 살다, 처녀로(미혼으로) 지내다

fetic|ă, -i, s.f. 작은 소녀

feti|d, -dă, -zi, -de, adj. 해로운

feti|e, -i, s.f. **1.** 소녀로 보내는 시기, **2.** 처녀성

fetiş, -e, -şi, ~uri, s.n. 물신, 숭배의 대상

fetişcan|ă, -e, s.f. 여자 아기 때부터 청소년까지의 시기

fetişism, s.n. **1.** 주물숭배, 물신숭배 **2.** 페티시즘

fetiț|ă, -e, s.f. **1.** 어린 소녀 **2.** 딸

fetru, s.n. 펠트, 모전 ; pălărie de ~ 펠트모자

fetu|s, -şi, s.m. 태아

feudal, ~ă, ~i, ~e, I. adj. **1.** 영주의 **2.** 지주의, 봉건의 II. s.m. 그리고 f. 영주, 지주

feudalism, s.n. 봉건제도

feud|ă, -e, s.f. 요금

fi¹, sunt, fusei, fost, vi. **1.** -이다, -이 되다 **2.** -이 있다, 존재하다 **3.** 살아 있다 **4.** -에 속하다 **5.** (비용이) 들다 **6.** (사건 등이) 일어나다 ; a-i ~ (느낌, 상태 등이) -이다 ; mi-e că... -이라는 생각이 든다 ; ce e cu tine? 너 무슨 일이 있니? ; cât e de aici până la... 여기서 -까지 얼마나 멉니까? ; e de aşteptat ca... -이 기대가 된다 ; e un an de când a venit 그가 이곳에 온지 일 년이 되었다 ; o ~ 아마도 ; a ~ cât pe ce să... -할 뻔하다, 막 -하려 하다 ; a-i ~ foame 배고프다 ; a fost o dată ca niciodată 옛날 옛적에 -이 있었다(살았다) ; nu-i de mers 가는 것은 불가능하다 ; n-am văzut aşa ceva de când sunt 나는 아직까지 그런 것은 본적이 없었다(처음 본다) ; sunt de părere că... 나는 -이라는 의견이다(-이라는 생각을 가지고 있다)

fi², interj. 아, 창피해라!

fiar|ă, -e, s.f. **1.** 야수 **2.** 잔혹

fiasco, s.n. 실패

fibr|ă, -e, s.f. 섬유

fibrilă, -e, s.f. 섬유를 구성하는 요소

fibrilar, ~ă, ~i, ~e, adj. 섬유의

fibrină, -e, s.f. 섬유소

fibros, -osă, -oşi, -oase, adj. 섬유의

fibrom, -oame, s.n. 섬유종(腫)

fibul|ă, -e, s.f. 브로치, 후크단추

fica|t, -ți, s.m. 간 ; boală de ~ 간 질환

ficățe|l, -i, s.m. ficat의 축소명사

fictiv, ~ă, ~i, ~e, I. adj 허구적인 II. adv. 허구적으로

ficțiun|e, -i, s.f. 허구

ficu|s, -şi, s.m. 무화가

fidea, s.f. 베르미첼리(스파게티보다 가는 국수) ; supă de ~ 베르미첼리 수프

fideism, s.n. 신앙주의

fideis|t -tă, -ți, -te, adj. s.m. 그리고 f. 신앙의, 신앙주의자

fidel, ă, -i, -e, I. adj. 헌신적인, 충직한 II. adv. 헌신적으로, 충직하게

F

fidelitate, s.f. 성실, 충직, 충성 ; cu ~ 헌신적으로, 충직하게, 성실하게
fider, ~e, s.n. 사육자
fiduciar, ~ă, ~i, ~e, adj. 신탁의, 신용발행의 ; monetă ~ă 명목화폐, 대용화폐
fie, conj. -이거나 ; ~ ..., ~ ... -이거나 -이다, -만큼
fiecare, I. adv. nehot. 각(각), 어떤 ; de ~ dată 매번 în ~ duminică 매 일요일에 de ~ dată când îl întreb 내가 그에게 물을(요청할) 때마다 II. pron. nehot. 각자, 누구나 ; ~ din noi 우리들 각자가
fiece, adj. 각각의
fiecine, pron. 각각
fiecum, adv. 어쨌거나
fief, ~uri, s.n. 봉건시대에 봉토
fi|er, -are, s.n. **1.** 철 **2.** 철제 연장 **3.** 칼 **4.** 체인 ; de ~ 철로 된 ; vârsta/epoca de ~ 철기시대 ; a da la ~ vechi 유회하다, 유보하다, 중지하다, 무기 연기하다 ; a-i trece un ~ ars prin inimă 심장에(가슴에) 칼로 베는 듯한 통증이 있다 ; bate ~ul cât/până e cald 쇠도 뜨거울 때 쳐야만 된다(무슨 일이든 제때에 해야 한다)
fierar, ~i, s.m. 대장장이, 금속 세공인
fierări|e, -i, s.f. **1.** 세공일 **2.** 대장간
fierbăt|or, -ori, adj. 끓어오르는 그릇(용기)
fierbe, fiersei, fiert, I. vt. **1.** 끓이다, 가열하다, 데우다 **2.** 고문하다 II. vr. 데워지다, 끓여지다, 쪄지다, 삶아지다 III. vi. (부글부글) 끓다, 끓어오르다, 발효하다, 흥분하다 ; ~ de mânie 그는 화가 나서 흥분하고 있다
fierber|e, -i, s.f. **1.** 끓음 **2.** 흥분
fierbinci|or, -oară, -ori, -oare, adj 뜨거운
ferbin|te, -ţi, adj. 뜨거운, 끓는 듯 한
fierbinţ|eală, -eli, s.f. 열
fiere, s.f. 짜증
fi|ert[1], -artă, -erţi, -erte, adj. 끓인, 삶은 ; ouă ~e 삶은 계란 ; a o face fiartă 엉망을 만들다, 망치다
fiert[2], s.n. 끓이기, 삶음 ; a pune la ~ 끓이다, 삶다
fiertur|ă, -i, s.f. 끓인 음식, 조제물, 수프
fieunde, adv. 어디든지, 도처에
figur|a, -ez, -ai, -at, vi. **1.** 나타나다, 생기다, 참석(출석) 중이다, 발견되다 **2.** (연극) 출연하다, 연기하다 ; a ~ ca... -로서 출연하다
figuran|t, -tă, -ţi, -te, s.m. 그리고 f. 발레의 무용수, 연극의 남녀 단역(배우), 임시 고용 배우, 엑스트라
figurat, I. ~ă, ~ţi, ~e, adj. **1.** 비유적인, 전의의 **2.** 수식구가 많은, 화려한 **3.** 상징적인 ; sens ~ 상징적인 의미 II. adv. 비유적으로, 상징적으로
figurativ, ~ă, ~i, ~e, adj. 비유적인, 비유가 많은, 형상적인
figuraţi|e, -i, s.f. 단역 배우
figur|ă, -i, s.f. **1.** 얼굴, 외관 , 모습, 상 **2.** 인상, 이미지 **3.** 카드의 그림, 패, 형태 ; a-i face cuiva figura 남을 속이다, (남에게) 장난치다 ; a face ~ bună 두각을 나타내다 ; a face ~ proastă 초라하게 보이다 ; a face ~ de... -인 체하다
figurin|ă, -e, s.f. 작은 상(像)
fiic|ă, -e, s.f. 딸

F

fijndcă, conj. 왜냐하면

ființ|ă, -e, s.f. **1.** 창조물, 인간 **2.** 존재, 삶 **3.** 실존, 요소 ; în ~ 정당한, 유효한, 합법적인, 실존하는, 현실의 ; a avea ~ 창조하다 ; a da ~ (여격 지배) 출산하다, 탄생시키다 ; a lua ~ 태어나다, 생겨나다

fil|a, -ez, -ai, -at, I. vt. **1.** 방적하다 **2.** 미행하다 II. vi. 흡연하다, 담배피우다, 끽연하다

filament, -e, s.n. **1.** 섬유, 섬유질 **2.** 단섬유, [전구]필라멘트, 진공관

filament|os, -oasă, -oşi, -oase, adj. 섬유의, 섬유가 많은, 섬유질의

filantro|p, ~apă, ~pi, ~ape, adj. s.m. 그리고 f. 인정 많은 사람, 박애주의자

filantropi|e, -i, s.f. 박애

filarmonic|ă, -i, -e, adj. s.f. **1.** 교향악단, **2.** 교향악단의

filatelic, -ă, -i, e, adj. 우표수집의

filateli|e, -i, s.f. 우표수집

filatelis|t, -tă, -ți, te, s.m. 그리고 f. 우표수집가

filat|or, -oare, -ori, -oare, s.m. 그리고 f. 방적공

filatur|ă, -i, s.f. 방적공장

fil|ă, -e, s.f. (책 종이의) 한 장 ; ~ cu ~ 상세하게

fildecos, s.n. 외올의 무명실

fildeş, ~i, s.m. **1.** 엄니, 뾰족한 끝 **2.** 상아 ; de ~ 상아로 된(만든)

fil|e, ~uri, s.n. 소 돼지 허리 부분의 연한 고기(살)

filet, ~uri, s.n. 가는 줄

filet|a, -ez, -ai, -at, vt. 자르다

filet|are, -ări, s.f.

file|u, ~uri, s.n. 그물, 망

filfizon, ~i, s.m. 신중하지 못하고 멋내기에만 열중하는 젊은이

filial, ~ă, ~i, ~e, adj. 자식의

filial|ă, -e, s.f. **1.** 가지 **2.** 자회사, 보조자(물), 부속물, [음악]종속악상

filiați|e, -i, s.f. **1.** 자식임, 자식의 부모에 대한 관계 **2.** 파생, 분기, 분파 **3.** 기원, 유래, 출생 **4.** [법률]서자의 인지

filier|ă, -e, s.f. **1.** 방적기, 노즐 **2.** 수로, 해협 **3.** 경로, 루트 **4.** [통신]채널, 주파수대 **5.** 연속

filiform, ~ă, ~i, ~e, adj. 실 모양의

filigran, -e, s.n. 가는 줄 세공

filigrana|t, -tă, -ți, -te, adj 가는 줄 세공을 한

filimic|ă, -i, s.f. [식물]금잔화

filipic|ă, -e, s.f. 격렬한 개인공격

filistin, ~i, s.m. 문예를 모르는 속물

filistinism, s.n. 속물근성

film, ~e, s.n. 영화 ; ~ artistic 장편 특작 영화 ; ~ de desene animate 만화영화 ; ~ documentar 기록영화, 다큐멘터리 ; a face un ~ 영화를 제작하다 ; a rula un ~ 영화를 상영하다 ; a turna un ~ 영화를 녹화방송하다 ; a transpune într-un ~ 촬영하다

film|a, -ez, -ai, -at, vt. 영화를 제작하다

film|are, -ări, s.f. 촬영

filmotec|ă, -i, s.f. 영화 도서관

filodendron, -i, s.m. [식물] 천남성과의 반요 식물

filodorm|ă, -e, s.f. 보증금

filogenetic, ~ă, ~i, ~e, adj 계통발생의, 계통의

filogeni|e, -i, s.f. 계통학

filolog, ~ă, ~i, ~e, s.m. 그리고 f. 문

헌학자, 어문학자
filologic, ~ă, ~i, ~e, adj. 언어학의, 문헌학의, 어문학의
filologie, -i, s.f. 문헌학, 어문학
filomel|ă, e, s.f. (그리스신화의) 필로멜라, 나이팅게일
fil|on, -oane, s.n. 광맥, 풍부한 원천
filoxer|ă, -e, s.f. 포도나무 뿌리 진디
filoz|of, -oafă, -ofi, -oafe, s.n. 철학자
filozof|a, -ez, -ai, -at, vi. 철학적으로 연구하다(설명하다), 사색하다
filozofal|ă, -e, adj. (în sintagmă) ; piatră filozofală 현자의 돌 (보통의 금속을 금으로 만드는 힘이 있다고 믿어 옛날 연금술사가 애써 찾던 것)
filozofic, ~ă, ~i, ~e, adj. 철학의
filozoficeşte, adv 철학적으로
filozofi|e, -i, s.f. 철학 ; facultate de ~ 철학부 ; nu e mare ~ 식은 죽 먹기다(쉬운 일이다)
filtr|a, -ez, -ai, -at, I. vt. 걸러내다 II. vr. 걸러지다, 여과되다
filtrabil, ~ă, ~i, ~e, adj. 거를 수 있는
filitr|are, -ări, s.f. 여과
filtra|t, -ă. -tă, -ţi, -te, adj. 여과된
filtr|u, -e, s.n. 여과기
filţ, ~uri, s.n. 펠트
fin¹, ~ă, ~i, ~e, s.m. 그리고 f. 대자(代子), 대녀(代女)
fin², I. ~ă, ~i, ~e, adj. 훌륭한, 섬세한, 일등급의 II. adv. 섬세하게, 주도면밀하게
final, I. ~ă, ~i, ~e, adj. 최후의, 궁극적인 ; scop ~ 궁극적인(최후의) 목표 II. s.n. 마지막, 끝, 결과, 죽음
final|ă, -e, s.f. **1.** 마지막 조항 **2.** 마지막 경기
finalism, s.n. 목적 원인론, 궁극 목적론
finalist, -stă, -şti, -ste, s.m. 그리고 f. **1.** 결승전 출장선수 **2.** 목적 원인론자, 궁극 목적론자
finalit|ate, -ăţi, s.f. 결말, 마지막
financiar, ~ă, ~i, ~e, adj. 재정의, 재정상의, 재무의, 금융(상)의 ; an ~ 회계연도
finanţ|a, -ez, -ai, -at, I. vt. 자금을 조달하다, 융자하다, 돈을 융통하다 II. vr. 자금이 융통되다, 조달되다
finanţe, s.f. **1.** 재정 **2.** 재원, 재력
fin|ă, -e, s.f 대녀(代女)
fine, s.n. 끝 ; în ~ 끝으로, 결국, 드디어, 한마디로 말해서, 요약하자면
finet, ~uri, s.n. 면플란넬
fineţ|e, ~uri, s.f. **1.** 훌륭함, 멋있음, 아름다움 **2.** (품질의) 우량 **3.** 순수도 **4.** (정신, 지능 따위의) 섬세함, 정밀
finis|a, -ez, -ai, -at, vt. 끝내다, 마무리 짓다
finisaj, ~uri, s.n. 최후의 마무리
finis|are, -ări, s.f. 마무리하기, 마무리 짓기
finis|or, -oare, -ori, -oare, I. adj. 완성의, 완성하는, 마무리 짓는 II. s.m. 완성자 III. -oare, s.n. 평탄하게 하는 장비
finiş, ~uri, s.n. 경기의 마지막 부분
fini|t, -tă, -ţi, -te, adj. **1.** 한정되어 있는, 유한의 **2.** 끝낸, 완성된 ; produse ~e 완성품
finlandez, ~ă, ~i, ~e, I. adj. 핀란드의 II. s.m 그리고 f. 핀란드 사람
fiol|ă, -e, s.f. 작은 유리병
fior, ~i, s.m. 스릴, 전율, 부르르 떨림 ; ~ de plăcere 오싹하는(가슴 설레

는)기쁨 ; a da ~i cuiva -에게 감명을 주다, -을 감동시키다
fiord, ~uri, s.n. 피오르드
fiorin, ~i, s.m. 폴로린 화폐
fioritur|ă, -i, s.f. [음악](일반적으로 복수로 사용됨) 장식음
fioro|s, I. -asă, -şi, -ase, adj. 난폭한, 거친, 사나운, 격렬한 II. adv. 무섭게, 끔찍하게, 사납게
fir, ~e, s.n. **1.** 실, 머리털, 지푸라기 **2.** 알곡 **3.** 실마리 **4.** 철사 ; ~ cu ~ 조각조각, 조금씩, 서서히 ; ~ul vieții 목숨 ; de-a ~ a păr 조금도 어김없이, 자세하게 ; e cineva pe ~ 통화 중이다 ; a relua ~ul unei povestiri 이야기의 실마리를 잇다
firav, ~ă, ~i, ~e, adj. 허약한, 덧없는, 일시적인, 부정한, 가느다란
fir|e, -i, s.f. **1.** 자연, 세상 **2.** 타고난 천성, 개성, 특성, 체질 ; bun din ~ 선천적으로 착한 ; iute la ~ 정열적인, 성미 급한, 격렬한 ; trebuie să-şi schimbe ~a 그는 성격을 바꿔야 한다 ; a-şi ține ~a 자제하다 ; a se pierde cu ~a 냉정(침착)함을 잃다, 용기를 잃다(= a-şi pierde curajul) ; ea e timidă din ~ 그녀는 선천적으로 수줍어하는 편이다 ; a-şi ieşi din ~ 인내심을 잃다 ; nu e în toată ~a 그는 완전히 제정신이 아니다 ; a-şi veni în ~ 제정신을 되찾다, 정신 차리다
fire|sc, -ască, -şti, adj. 자연의, 천연의, 타고난 천성의, 당연한, 자연스런 가식 없는
fireşte, adv. 물론, 말할 나위도 없이
firet, ~uri, s.n. 테두리, 가장자리, 자수
firid|ă, -e, s.f. 벽장
firimitur|ă, -i, s.f. 빵가루, 작은 조각
firişo|r, -are, s.n. fir의 축소명사
firmament, -e, s.n. 하늘, 창공, 승천 ; a părea pe ~ 잘 되어가다, 성공하다
firman, ~e, s.n. 칙령
firm|ă, -e, s.f. 회사
firnis, -uri, s.n. 유성 바니시(니스)
firosc|os, I. -oasă, -oşi, -oase, adj. 영리한, 솜씨 좋은 II. s.m. 현인인체 하는 사람
fiş|ă, -e, s.f. 동전
fisc, s.n. 재무부, 국고
fiscal, ~ă, ~i, ~e, adj. 국고의, 재무의 ; sarcină ~ă 세무 업무 ; an ~ 회계연도 ; drept ~ 회계권 ; lege ~ă 세금관련법
fiscalism, s.n. 과세정책
fiscalit|ate, -ăți, s.f. 재정, 재정정책
fision|a, -ez, -ai, -at, vt. 쪼개다, 분배하다, 분열시키다
fisiun|e, -i, s.f. 분열
fistic, -uri, s.m. 피스타치오(옻 나무과), 피스타치오 열매
fistichi|u, -ie, -i adj. 괴상한, 이상한, 수상한
fistul|ă, -e, s.f. 누공, 누관
fisur|a, -ez, -ai, -at, I. vt. 쪼개다, 가르다 II. vr. 쪼개지다
fisur|ă, -i, s.f. 갈라진 틈, 쪼개진 조각
fiş|a, -ez, -ai, -at, vt. 카드를 꺼내다, 카드를 찾다
fiş|ă, -e, s.f. 카드, 기록카드, 카르타이 ; ~ de evidență 등록카드 ; ~ personală 신원증명서, 이력서, 신분증
fişcă, fişti, s.f. 자물쇠가 있는 장

fişic, ~uri, s.n. **1.** 돈 뭉치 **2.** 두루마리

fişier, ~e, s.n. **1.** 색인, 카드식 색인 **2.** 색인 보관함

fişi|u, ~uri, s.n. 비단 손수건

fit, s.n. a trage la ~ (학교, 수업, 교회 따위를) 결석하다, 빼먹다

fitece, adj. 각각의

fitecine, pron. nehot. 각자, 누구나

fitil, ~uri, s.n. **1.** 등심 **2.** 도화선, 화승 ; a băga un ~/ ~uri 빗대어 말하다, 넌지시 말하다

fiting, ~uri, s.n. 배관의 연결부위에 사용되는 부속

fitopatologic, ~ă, ~i, ~e, adj. 식물 병리학의

fitopatologi|e, -i, s.f. 식물 병리학, 식물 사회학

fitu|i, -iesc, -ii, -it, I. vt. 소비하다, 낭비하다, 탕진하다 II. vr. 망하다, 망가지다

fițe, s.f. pl. **1.** 가식 **2.** 변덕스러움 ; a face ~ 젠체하며 행동(말)하다

fițuic|ă, -i, s.f. **1.** 여러 가지 메모를 적어두는 작은 종이조작, **2.** 시험에서 사용되는 것으로 부정행위를 위한 종이쪽지

f|iu, -ii s.m. **1.** 소년 **2.** 아들

fi|x, I. -xă, -cşi, -xe, adj. **1.** 고정된 **2.** 불변의, 한결같은, 영구적인 **3.** 정확한, 지정된, 확실한 ; idee ~ă 확고한 생각 ; locuință/reşedință ~ă (영구적) 거주지 ; preț ~ 고정가격 II. adv. 확고하게, 고정적으로 ; a privi ~ 응시하다, 노려보다 ; la ora şase ~ 6시 정각에

fix|a, -ez, -ai, -at, I. vt. **1.** 고정시키다, 못(핀)으로 박다(고정시키다) **2.** 밧줄로 감아 매다, 연결하다, 묶다 **3.** 확고히 하다 **4.** 정의를 내리다 **5.** 결정하다 정리(정돈)하다, 설비하다 **6.** 뚫어지게 바라보다 ; a veni la ora ~tă 약속시간에 맞춰 오다 II. vr. 고정되다, 정착하다

fix|are, -ări, s.f. 고정시키기, 조이기, 묶음, 확고히 함

fixativ, ~e, s.n. 고착제, 고정액

fixator, ~i, s.m. 접착제, 정착제, 고정시키는 용액

fixit|ate, -ăți, s.f. 고정, 정착, 뚫어지게 봄

fizic, I. ~ă ~i, ~e, adj. 신체의, 물리적인, 물질적인, 구체적인 II. s.n. 신체, 외형, 외모

fizic|ă, -i, s.f. 물리학 ; ~ aplicată 응용물리학 ; ~ atomică/ nucleară 핵물리학

fiziceşte, adv. **1.** 자연 과학적으로, 자연의 법칙에 따라 **2.** 신체적으로 **3.** 물리적으로

fizici|an, -ană, -eni, -ene, s.m. 그리고 f. 물리학자

fiziocra|t, -ți, s.m 중농주의자

fiziocrație, -i, s.f. 중농주의

fiziolog, ~ă, ~i, ~e, s.m. 그리고 f. 생리학자

fiziologic, ~ă, ~i, ~e, adj. 생리현상의, 생리적인

fiziologi|e, -i, s.f. **1.** 생리학 **2.** 생리

fizionomi|e, -i, s.f. **1.** 얼굴, 생김새 **2.** 표정 **3.** 상

fizionomi|st, -stă, -şti, -ste, s.m. 그리고 f. 중농주의자

fizioterapic, ~ă, ~i, ~e, adj. 물리치료의

fizioterapi|e, -i, s.f. 물리치료(법)

flaco|n, -oane s.n. **1.** 병, **2.** 포도주병
flagel, ~uri, s.n. **1.** 불행 **2.** 괴로움 **3.** 사회악
flagel|a, -ez, -ai, -at, vt. **1.**매질하다 **2.** 징계하다, 꾸짖다, 벌주다
flagran|t, -tă, -ți, -te, adj. **1.** (거짓말 등이)명백한, 확연히 드러나는 **2.** 악명 높은, 눈에 거슬리는
flaier, ~e, s.n. **1.** 속도 조정기 **2.** (방직기의) 플라이어(방추 위에 끼어 넣는 것), 실 꼬아 주는 부품
flajeolet, ~e, s.n. **1.** 플루트 **2.** 앞면에 네 구멍 뒷면에 두 구멍이 있는 목관악기
flaman|d, I.-dă, -zi, -de, adj. 플라망어의, 플라망의, 플라망어의 II. s.m. 그리고 f. 플라망인
flamand|ă, -e, s.f. **1.** 플라망 여인 **2.** 플라망어
flamb|a, -ez, -ai, -at, vt. **1.** 살균하다 **2.** -을 불임케 하다 **3.** (토지 등을) 메마르게 하다
flaming|o, -i, s.m. 홍학
flamur|ă, -i, s.f. 날개
flan|a, -ez, -ai, -at, vi. 배회하다
flanc, ~uri, s.n. 옆구리, 측면 ; atac de ~ 측면공격 ; a ataca din ~ 측면에서 공격하다
flan|ca, -chez, -eai, -eat, vt. 측면에 배치하다
flancl|ă, -e, s.f. **1.** 무명(타월) **2.** 셔츠
flanşă, -şe, s.f. 겹친 테두리
fla|sc, -scă, -sci, -sce, adj. 축처진, 무른
flaşnetar, ~i, s.m. 손풍금 연주자
flaşnet|ă, -e, s.f. 손풍금
flat|a, -ez, -ai, -at, vt. **1.** 아첨하다 **2.** 칭찬하다
flaut, ~e, s.n. 플루트
flauti|st, -stă, -şti, -ste, s.m. 그리고 f. 프루트 연주자
flăcăiandr|u, -i, s.m. 젊은이, 청년 (flăcău 보다 좀 더 어린)
flăcăraiş, ~i, s.m. flăcăus의 축소명사
flăcăr|aie, -ui, s.f. (큰) 불꽃
flăcăr|uie, -ui, s.f. 작은 불꽃
flăcă|u, -i, s.m. **1.** 시골청년 **2.** 젊은이, 청년 **3.** 미혼(독신)남자
flămân|d, -dă, -zi, -de, adj. **1.** 배고픈 **2.** 열망하는
flămânz|i, -esc, -ii, -it, I. vt. 굶주리게 하다 II. vi. 굶주리다
flămânzi|t, -tă, -ți, -te, adj. 굶주린
flămânzilă, s.f. 대식가, 포식가
fleac, ~uri, s.n. **1.** 하찮은 일, 시시한 일 **2.** 바보 같은 소리, 헛소리 **3.** 아무것도 아닌 사람, 하찮은 인간
fleancă, s.f. v. fleoancă 입
fleandur|ă, -i, s.f. 넝마, 누더기 옷
fleaşc, interj. 강타하는 소리 (탁, 쿵, 쾅 펑 ...)
fleaşcă, s.f. **1.** 얼굴을 후려갈김, 빰을 때림 **2.** 물렁물렁한 물체
flebit|ă, -e, s.f. 정맥염
flec, ~uri, s.n. 신발의 뒤축가죽
flecar, ~ă, ~i, ~e, I. adj. 수다스러운, 말이 많은 II. s.m. 그리고 f. 수다쟁이
flecăre|ală, -li, s.f. 잡담, 수다
flecăr|i, -esc, -ii, -it, vr. (뜻도 없이) 재잘 재잘 지껄이다
flecuşteț, ~e, s.n. fleac의 축소형 명사
flegmatic, ~ă, ~i, ~e, I. adj. **1.** 냉정

한, 2. 무관심한 3. 조용한 II. adv. 냉정하게, 무관심하게

flegm|ă, -e, s.f. **1.** 침, 담, 점액 **2.** 냉담.

flegmo|n, -ane, s.n. [의학]봉와직염, 급성 결체 조직염

fleic|ă, -i, s.f. 갈비(뼈가 붙어 있는 쇠고기)

flendur|os, -oasă, -oşi, -oase,, adj. 누더기 옷을 입은

fleoancă, s.f. 입

fler, s.n. **1.** 냄새, 향기 **2.** 후각

fleşcă|i, -iesc, -ii, -it, I. vi. (질벅질벅, 철벅 철벅) 소리 내다, 소리 내며 걷다 II. vr. 약화되다, 풀이 죽다, 시들다

fleşcăi|ală, -eli, s.f. v. fleaşcă

fleşcăi|t¹, s.n. 약화

fleşcăi|t², -tă, -ţi, -te, adj. 지친, 기진한

fleşcăraie, s.f. 물과 눈이 섞인 눈, 진창인 눈

flexibil, ~ă, ~i, ~e, adj. 구부리기 쉬운, 유연성이 있는

flexibilit|ate, -ăţi, s.f. 유연성

flexionar, ~ă, ~i, ~e, adj. (말이) 변화된, (언어가) 굴절이 있는

flexiun|e, -i, s.f. **1.** 굴곡 **2.** [문법]굴절, 어미변화

fligorn, ~uri, s.n. 군사용 나팔, 사냥꾼의 뿔피리

flint|ă, -e, s.f. 화승총

flirt, ~uri, s.n. 남녀의 새롱거리기, '불장난' 연애, 유희, 장난

flirt|a, -ez, -ai, -at, vi. (남녀가) 새롱(시시덕)거리다, 불장난하다

flit, ~uri, s.n. 파리 살충제

floare, flori, s.f. **1.** 꽃, 꽃나무, 꽃봉오리 **2.** 꽃다발 **3.** 부드러운 양털 **4.** 얼굴, 눈 ; ~a soarelui 해바라기 ; ~a vântului/paştelui 아네모네 ; ~a vârstei 장년기 ; buchet de flori 꽃다발 ; coroană de flori 화환 ; expoziţie de flori 꽃전시회 ; parfum/miros de flori 꽃향기(내음) ; a da (în) ~ 꽃이 피다 ; pomii sunt în ~ 그 나무들은 꽃이 만발해 있다 ; cu o ~ nu se face pri- măvară 제비 한 마리가 온 것으로 여름이 되지는 않는다(지레짐작은 금물이다)

floc, ~i, s.m. (실, 머리털, 새털 등의) 술, 한 뭉치의 양털(머리 털)

fl|oc, -oace, s.n. 지브, 이물의 3각 돛, 뱃머리의 삼각 돛

flocă|i, -iesc, -ii, -it, vt. 잡아 뜯다

floco|s, -asă, -şi, -ase, adj. 털이 많은

flocoş|ică, -ele s.f. 빗자루

floral, ~ă, ~i, ~e, adj. 꽃의 식물(군)의

florin|te, ţi, s.m. 방울새

florar, ~i, s.m. **1.** 꽃장수, 화초 재배자 (연구가) **2.** 5월 **3.** 운형자(곡선 제도용)

flor|ă, -e, s.f. **1.** (한 지방 또는 한 시대 특유한) 식물 상 **2.** (한 지방 또는 시대 특유한) 식물지

florăreas|ă, -e, s.f. 꽃장수, 화초 재배자 (연구가)

florări|e, -i, s.f. **1.** 꽃가게, 꽃집 **2.** 온실 **3.** 꽃밭, 화원

florentin|, ~ă, ~i, ~e, adj. 플로렌스 (이탈리아 중부도시)의

floret|ă, -e, s.f. **1.** 박, 얇은 금속조각 **2.** 돋보이게 하는 것 **3.** 잎사귀 모양의 장식

F

florice|a, -le, s.f. **1.** 작은 꽃 **2.** 팝콘 **3.** 과장된 말

florii, floriile, s.f. 종려 주일(부활제 직전의 일요일)

florilegi|u, -i, s.n. 명시선집, 시집

flotabil, ~ă, ~i, ~e, adj. 뜰 수 있는, 부력이 있는, 부양성의

flotabilit|ate, -ăți, s.f. 부력, 부양성

flotan|t, -tă, -ți, -te, I. adj. **1.** 떠있는 **2.** 부동적인, 일정치 않은 **3.** 억세게 재수 좋은 II. s.m. 그리고 f. 떠돌이, 부동 투표자

flotați|e, -i, s.f. **1.** 뜸, 부양 **2.** 기업의 자본 모으기, (회사의) 설립, 창업

flot|ă, -e, s.f. 함대, 해군력, 해군

flotil|ă, -e, s.f. 소함대, 소형 선대

floto|r, -are, s.n. 수상비행기의 부주

fluctu|a, -ez, pers. **1.** (의견, 감정, 행위 등이) 파동치다, 동요하다, 흔들리다 **2.** (양, 정도, 시세, 열 등이) 변동하다, 오르내리다

fluctuant, adj. 변동이 있는, 동요하는

fluctuați|e, -i, s.f. 흔들림, 동요

fluen|t, I. -tă, -ți, -te, adj. 유창한, 말 잘 하는 II. adv. 유창하게, 거침없이

fluență, s.f. 유창, 능변, 거침없음

flui|d, -dă, -zi, -de, adj. 유동성의

fluiditate s.f. 유동성, 유동질

fluier, ~e, s.n. **1.** 피리, 호각 **2.** 경골, 정강이뼈

fluier|a, fluier, -ai, -at, I. vt. **1.** (개 따위를) 휘파람으로 부르다, 호각으로 신호하다 **2.** (노래를) 휘파람으로 불다 ; a fi ~t teatru 야유를 받다, 해고되다 II. vi. **1.** 휘파람불다 **2.** 쉿 하는 소리를 내다 ; a ~ a pagubă 구슬프게 노래하다 ; a ~ în biserică 시세에 역행하다

fluierar, ~i, s.m. **1.** 휘파람, 피리부는 사람 **2.** [동물]물떼새

fluierat, ~e, s.n. **1.** 피리(희파람)불기, **2.** 피리(휘파람)소리

fluierător, adj. 피리를(휘파람을) 부는, 휘파람 같은 소리를 내는

fluierătură, s.f. 피리(휘파람) 불다

fluieră-vânt, s.m. 게으름뱅이

fluor, s.n. 불소

fluorescent, adj. 형광성의

fluorecență, s.f. 형광

fluorhidric, adj. 불화수소의

fluorină, s.f. 형석

fluorură, s.f. 불화물

fluşturatic, ~ă, ~i, ~e, I. adj. 경솔한, 생각이 없는 II. s.m. 그리고 f. 무모한 사람

flutura, **1.** 흔들다 **2.** (새, 박쥐 모기 따위가) 휠 휠 날다

fluturaş, s.m. 반짝거리는 것, 번쩍번쩍 하는 장식용 금속조각

flutur|e, -i, s.m. **1.** 나비 **2.** 반짝거리는 것 **3.** 조절판 **4.** 목구멍, 숨통

fluvial, ~ă, ~i, ~e, adj. 하천의, 강가의

fluviu, s.n. **1.** 강, 하천 **2.** 홍수 범람

flux, s.n. **1.** 조수, 만조 **2.** 계량 측량법, 측정법 **3.** 범람 ; ~ şi reflux 밀물과 썰물

foaie, foi, s.f. **1.** 꽃잎 **2.** (종이 등의) 한 장 **3.** 얇은 조각의 껍질 ; ~ de cort 텐트용 캔버스, 방수용 케이프(소매없는 외투) ; ~ de drum 여행(보)증서 ; a întoarce foaia/ a o întoarce pe foaia cealaltă 풀이 죽다, 겸손해지다

foaier, s.n. (호텔, 극장 따위의) 휴게

실, 로비

foale, s.n. **1.** (풍금 따위의) 바람통 **2.** 염소가죽의 가방 **3.** 폐, 허파

foame, s.f. **1.** 갈망, 열망 **2.** 기근, 아사, 기아, 궁핍 ; a-şi astâmpăra ~a 허기가 가시다 ; a muri de ~ 아사하다 ; a i se face ~ 배고프다, 허기를 느끼다 ; a-i fi ~ 배고프다, 시장하다 ; ~a e cel mai bun bucătar 식욕이 반찬이다

foamete, s.f. 기근, 아사, 궁핍

foarfec|ă, foarfece, s.f. v. foarfece

foarfec|e, -i, s.n. **1.** 가위 **2.** 발톱, 발톱모양의 것, (장도리 끝의) 못뽑이 ; a tăia cu ~le (풀 따위를) 가위로 깎아 다듬다, (털 따위를) 깎다, (잔디나 울타리 따위를) 쳐서 가지런히 하다, 손질하다

foarte adv. 대단히, 매우 크게, 극히 ; nici prea prea, nici ~ ~ 그럭저럭 ; ~ mulţumesc 대단히 감사합니다

fobi|e, -i, s.f. 공포증

foc, ~uri, s.n. **1.** 불 **2.** 방화 **3.** 발포 **4.** 열 **5.** 열정, 정열 **6.** 시련, 고통 **7.** 분노, 역정 **8.** 전쟁, 전투 ; ~ de artificii 불꽃놀이 ; ~ de tabără 캠프파이어 ; de mama ~ului 대단히, 몹시, 심히, 극히 ; în ~ul luptei 전재의 열기 속에서 ; lemne de ~ 장작, 땔나무 ; a aprinde/face ~ul 불을 붙이다(키다) ; a da ~ la... -에 불을 붙이다 ; a deschide ~~ul 사격개시하다 ; a spune tot ~ul cuiva -의 마음의 무거운 짐을 벗어주다; a stinge ~ul 불을 끄다 ; a-şi vărsa ~ul pe cineva -에게 화풀이 하다 ; a doricu ~ ... -을 갈망하다 ; a iubi cu ~ 열렬하게 사랑하다 ; a da în ~ 끓어오르다(넘치다) ; a sta ca pe ~ 마음을 졸이다 ; a trece prin ~ şi apă pentru cineva -을 위하여 물불을 가리지 않다 ; a se face ~ şi pară/ a se supăra ~ 격분하다, 울컥하다 ; (ea) era frumoasă de mama ~ului 그녀가 가장 매력적이었다

focal, ~ă, ~i, ~e, adj. 초점의

focar, ~e, s.n. 초점, 아궁이, 난로, 근원, 중심 ; ~ de război 전쟁의 온상

foc|ă, -e, s.f. 도장

fochi|st, -şti, s.m. (기관차, 기선 등의) 화부

foc|os[1], -oasă, -oşi, -oase, adj. 불타는, 열렬한

foc|os[2], -oase, s.n. 도화선, 퓨즈 ; ~ atomic/ nuclear 핵탄두

fofârlică s.f. : a umbla cu folfârlica 에둘러 말하다, 농간부리다

fof|ează, -esc, s.f. 돛

fofelniţ|ă, -e, s.f. **1.** 문고리, 방추, 실꾸리 **2.** 수다쟁이 여자

fofila, -ez, -ai, -at, vr. 미끄러지다, 피하다

fo|i, -iesc, -ii, -it, I. vi. 풍부하다, 충만하다 II. vr. 야단법석하다, 주저하다

foileton, s.n. (신문의) 문예단, 연속물

foiletonist, s.m. (신문 등의) 특약기고가

foi|os, -oare, s.n. 중판위 (반추동물의 제3위)

foios adj. 잎이 많은, 잎이 달린

foişor, s.m. 전망대, 발코니, 정자, 별관

foiţă, -e, s.f. 얇은 종이, 작은 잎

folclor, s.n. 민속학, 토속학, 민속 음

악(무용)

folclori|st, -stă, -şti, -ste, s.m. 그리고 f. 민속학자

foliat -ă, -ți adj. 잎이 난, 잎으로 장식 한

foliați|e, -i s.f. 잎이 남, 책의 장수를 매김

folicular, adj. 소낭 모양의, 대과 모양의 (과실)

foliculă, s.f. 소낭, 고치, 대과

foliculină, s.f. 에스트론 (호르몬)

foli|e, -i, s.f. 얇은 장

folio, s.n. **1.** 2절지, 2절 표지, 전지의 절반 크기의 판(책) **2.** [인쇄]장수번호

foliolă, s.f. 작은(어린)잎

fol|os, -oase, s.n. 사용, 이득, 이익, 과일 ; ce ~? 무슨 소용이 있니? ; cu ~ 유리하게, 유익하게 ; de puțin ~ 별로 도움이 안 되는(소용이 없는) ; în ~ul (소유격 지배) -을 위하여 ; a aduce un ~ 이롭다, 유익하다 ; a trage ~ de pe urma (소유격 지배) -에 의하여(-로서) 이익을 얻다 ; a fi de (mare) ~ (큰) 소용이 되다 ; nu-i de nici un ~ 전혀 소용이 없다

folos|i, -esc, -ii, -it, I. vt. 사용하다, 이용하다 II. vr. 사용되다 ; a se ~ de... -을 이용하다, -에 사용되다 ; nu mă pot ~ de această carte 나는 이 책을 이용할 수가 없다 ; a se ~ de ocazie 기회를 이용하다 III. vi. 소용(도움)이 되다 ; a ~ de pe urma (소유격) -로서 이익을 얻다

folosinț|ă, -e, s.f. 사용, 이용, 고용

folosire, s.f. 사용, 이용

folosit|or, -oare, -ori, -oare adj. 유용한, 유익한

fon, ~i, s.m. 전화

fond, ~uri, s.n. **1.** 기본, 기초 **2.** [경제]기금, 자금 ; ~ de amortizare 감채기금 ; ~ de asigurare 보험기금 ; ~ de comerț 상업자금 ; ~ de rulment 운영자금 ; ~ de stat 국가기금 ; ~ finaciar 기초자금, 부동산 ; a fi în ~uri 미리 준비를 갖추다(손을 쓰다) ; în ~ 기본적으로, 필수적으로, 사실상, 실제로

fondan|t, I. -tă, -ți, -te, adj. ; bomboana ~ă 퐁당(입에 넣으면 곧 녹는 당과) II. s.f. 퐁당 과자

fondant, ~e, s.n. 흐름

fondat|or, I. -oare, -ori, -oare, adj. 창립의, 창설의, 설립하는 II. s.m. 그리고 f. 설립자, 창건자, 재단 창설자, 기금 기부자

fonem, ~e, s.n. [언어학]음소

fonetic, ~ă, ~i, ~e, adj. 음성의, 음성론적인, 음성학의, 음성을 나타내는

fonetică, s.f. 음성학, 발음학

fonetici|an, -ană, -eni, -ene, s.m. 그리고 f. 음성학자

fonetism, s.n. 음성학 이론, 음성 기호법, 음성주의

foneti|st, -stă, -şti, -ste, s.m. 그리고 f. 음성학자, 음성론자

fonf, I. ~ă, ~i, ~e, adj. 비음의, 콧소리를 내는 II. s.m. 콧소리를 내는 사람, 코를 실룩거리는 사람(동물), 코먹은 소리를 내는 사람, 코멘소리를 내는 사람

fonfăi, vi. 콧소리로 말하다

fonic, ~ă, ~i, ~e, adj. 소리의, 음성의, 음의

fonie, s.f. 음질, 음성, 공명

fonograf, ~e, s.n. 축음기

fonogiam|ă, -e, s.f. 표음문자
fonolog, ~ă, ~i, ~e, s.m. 그리고 f. 음운학자, 음운론 학자
fonologic, ~ă, ~i, ~e, adj. [언어학] 음운론의, 음운론적인
fonologie s.f. [언어학]음운론
fontanel|ă, -e, s.f. 숫구멍
fontă s.f. 주철
for, ~uri, s.n. **1.** 로마의 포룸(대 경기장),공공광장 **2.** 법정, 법원, 관청
for|a, -ez, -ai, -at, vi. 구멍을 뚫다
foraibăr, ~e, s.n. 꺾쇠
foraj, ~e, s.n. 훈련, 구멍 뚫기
foraminifer, -e, s.n 유공충
forceps, ~uri, s.n. 핀셋
forestier, I. ~ă, ~i, ~e, adj. 숲의, 산림의 ; economie ~ă 임업 ; industrie ~ă 산림업 II. s.m. 산림경비대원
forfec|a, foarfec, -ai, -at, vt. **1.** 가위로 자르다, 찢다 **2.** 낭비하다 **3.** 비판하다, 비평하다
forfecuț|ă, -e, s.f. 손톱가위
forfetar, ~ă, ~i, ~e, adj. 계약상의
forfot|ă, -e, forfot|eală, -eli, s.f. 야단법석
forfot|i, -esc, -ii, -it, vi. 부산하게 움직이다, 부글부글 끓다
forint, -ți, s.m. 플로린 은화
forj|a, -ez, -ai, -at, vt. 위조하다
forjabil, ~ă, ~i, ~e, adj. 대장간에서 일하는, 위조하는
forjar, ~i, s.m. 대장장이, 거짓말쟁이
forj|are, -ări, s.f. 대장질, 위조
forj|ă, -e, s.f. 위조하다
forjeri|e, -i, s.f. 단조 공장
forjor, ~i, s.m. 위조자, 단련공
form|a, -ez, -ai, -at, I. vt. **1.** 형성하다, 양성하다, 구성하다 **2.** 개선하다, 개량하다, 발전시키다 **3.** 조직하다 ; a ~ caracterul 성격(특성)을 형성하다 ; a ~ un guvern 정부를 구성하다 II. vr. 형성(구성)되다, (튀어)오르다, 형태를 갖추다
formal, ~ă, ~i, ~e, adj. 형식적인, 명백한, 정식으로
formaldehidă s.f. 포름알데히드(방부제, 소독제), 의산알데히드
formalină, s.f. 포르말린(살균, 소독제)
formalism s.n. 형식주의
formalist, I. -stă, -şti, -ste, adj. 형식적인 II. s.m. 형식주의자
formalit|ate, -ăți, s.f. 정식, 절차, 의식 ; fără nici o altă ~ 그 이상 별일 없이, 그 다음은 순조롭게 ; a îndeplini o ~ 격식을 차리다 ; nu e decâi o ~ / e o pură ~ 단지 형식에 불과하다
formaliza, -ez, -ai, -at, vt. **1.** 악의로 해석하다, 성내다 **2.** 형식화하다, 의식화하다
form|are, -ări, s.f. 형성 ; ~a caracterului 성격형성
forma|t, -tă, -ți, -te, adj. 형성된
format, s.n. **1.** 사이즈, 크기 **2.** [화학] 포름산염
format|or, -oare, -ori, -oare, s.m. 그리고 f. 설립자, 조직자, 운영자
formați|e, -i, formațiun|e, -i, s.f. 형성, 조직, 팀, 훈련
form|ă, -e, s.f. **1.** 형태, 모습 **2.** 예식, 의식, 예절 **3.** [문법]태 **4.** 형세, 상태 ; ~ de guvernământ 저부의 형태 ; ~ şi conținut 형식과 내용 ; cu toată forma cuvenită 정식으로 ; de ~ 형

식을 위하여 ; sub forma (소유격 지배) -의 형태 하에서 ; a fi în ~ 최상의 상태이다

formic, ~ă, ~i, ~e, adj. ; acid ~ 포름산

formidabil, ~ă, ~i, ~e, I. adj. 무서운, 거대한, 환상적인 II. interj. 잘한다! 그렇게 말하지 마라! 절대로!

formol s.n. 포르말린(포름알데히드 수용액, 살균·방부제)

formul|a, -ez, -ai, -at, vt. **1.** 공식화하다 **2.** 표현하다 **3.** 짓다, 규정하다 **4.** [의약] 처방을 내리다

formular, ~e, s.n. 인쇄된 형태, 양식

formul|are, -ări, s.f. **1.** 공식화 **2.** 표현(법) ; ~ exactă 정확한 표현법(어법)

formul|ă, -e, s.f. 공식, 해결책, 방법 ; după ~ 규정에 따라

fornă|i, fornăi, -ii, -it, vi. 콧소리를 내다

forşpan, s.n. 트레일러

fort, ~uri, s.n. 요새

fortăr|eață, -ele, s.f. 요새

forte I. adj. 강한, 힘찬 ; a se face să... -을 착수하다 II. adv. [음악] 빠르게

fortifian|t, -tă, -ţi, -te, I. adj. 요새화하는, 강화하는, 기운을 돋구는 II. s.n. 강장제, 피로회복제, 알코올 음료

fortific|a, -ai, -at, I. vt. **1.** 요새화하다, 강화하다, **2.** 결합하다, 견고히 하다 II. vr. 강하게 되다, 힘이 세지다

fortificaţi|e, -i, s.f. 요새화, 축성술

fortui|t, -tă, -ţi, -te, adj. 우연의, 일시적인, 고의가 아닌

forţ|a, -ez, -ai, -at, I. vt. -에게 강제하다, 억지로 시키다, 강요하다 II. vr. 노력하다 ; a se ~ să râdă 억지로 웃다, 억지웃음을 짓다

forţa|t, -tă, -ţi, -te, adj. 강요된, 강제적인, 부자연스런

forţ|ă, -e, s.f. **1.** 힘, 폭력, 영향력 **2.** 무력, 군사력 ; forţa unei maşini 자동차 엔진의 힘(마력) ; ~ de muncă 노동력 ; de ~ 일등급의 ; a-şi măsura forţele cu ... -와 힘을 견주어 보다, -와 싸우다, -와 맞붙다 ; a folosi ~ 무력을 사용하다 ; a lua cu forţa 강제로 탈취하다

forzaţ, ~e, s.n. 면지(책의 앞머리와 뒷 끝의 백지), 여백 페이지

fos|ă, -e, s.f. (극장의) 오케스트라석, (무대의) 바로 앞자리 ; ~ nazală [해부]콧구멍, 비와 ; nasal fossa. 무대 바로 앞자리

fosfa|t, -ţi, s.m. [화학]인산염(비료)

fosfor, s.m. [화학]인(기호 P)

fosforescen|t, -tă, -ţi, -te, adj. [물리]인광성의

fosforescenţ|ă, -e, s.f. [물리]인광(을 냄), 발광성

fosforic, -ă -i, -e, adj. [화학]인의, 인을 함유한 ; acid ~ 인산

fosgen s.n. [화학]포스겐(독가스)

fosil|ă, -e, s.f. 화석

fo|st, -stă, -şti, -ste, I. adj. 이전의, 전자의, 지난, 맨 마지막의 ; ~ul secretar (이)전 비서 II. s.m. 그리고 f. 과거의 사람(것), 시대에 뒤진 사람(것)

foşnet, ~e, s.n. 바람소리, 옷 스치는 소리, 나뭇잎의 살랑거림

foşn|i, -esc, -ii, -it, vi. (바람이) 윙윙

거리다, 옷 스치는 소리가 나다, 바스락거리다, (물이) 졸졸 흐르다, 소용돌이치다

fo|t, -ţi, s.m. 포트(조명 단위, 1 ㎠ 당 1 lumen)

fot|ă, -e, s.f. 농촌풍의(촌스러운) 치마

fotbal s.n. 축구(경기) ; echipă de ~ 축구팀 ; meci de ~ 축구경기(시합) ; minge de ~ 축구공

fotbali|st, -stă, -şti, -ste, s.m. 그리고 f. 축구선수

fotochimic, ~ă, ~i, ~e, adj. 광화학(작용)의

fotochimi|e, -i, s.f. 광화학(작용)

fotoconductiv ~ă, ~i, ~e, adj. 광전도성의

fotocromi|e, -i, s.f. 천연색 사진술

fotoelasticit|ate -ăţi, s.f. 광탄성

fotoelectric, ~ă, ~i, ~e, adj. 광전자의, 광전효과의

fotoelectron, s.f. 광전자

fotogen ~ă, ~i, ~e, adj. 사진촬영에 적합한, 발광성의, 광원성의

fotogenic, ~ă, ~i, ~e, adj. 사진촬영에 적합한, 발광성의, 광원성의

fotograf, ~ă, ~i, ~e, s.m. 그리고 f. 사진사

fotografi|a, -ez, -ai, -at, vt. -의 사진을 찍다, 촬영하다 II. vr. (-의 인상을) 마음에 새기다

fotografic, ~ă, ~i, ~e, adj. 사진의, 사진에 의한, 사진용의

fotografi|e, -i, s.f. **1.** 사진술, 사진촬영 **2.** 사진

fotoframmetrie, s.f. 사진 측량(제도)법

fotol|iu, -ii, s.n. **1.** (1인용)의자, 안락의자 **2.** (오케스트라의) 극장 청중석(1등석)

fotoliz|ă, -e, s.f. [생물]광분해

fotomecanică s.f. 사진 제판법

fotometric, ~ă, ~i, ~e, adj. 광도 측정(법)의, 측광법의

fotometrie, s.f. 광도 측정(법)

fotometr|u, -e, s.n. [물리]광도계, 노출계

fotomontaj, -e, s.n. 합성 사진(법), 몽타주 사진, 포토몽타주

foton, ~i, s.m. 광양자, 광자

fotoreportaj, -e, s.n. 사진

fotoreporter, ~ă, ~i, ~e, s.m. 그리고 f. (신문, 잡지) 사진기사

fotosensibil, ~ă, ~i, ~e, adj. 광감성의

fotosferă, s.f. astr. 광구(태양, 항성 등)

fotosferic, ~ă, ~i, ~e, adj. 광구의

fotosintez|ă, -e, s.f. 광합성

fototelegrafie s.f. 사진 전송(기), 전송 사진

fototerapie s.f. [의학]광선요법

fototipi|e, -i, s.f. 포토타이프

fox, s.m. [동물]폭스-테리어(애완견)

frac, ~uri, s.n. 이브닝드레스, 코트

fractur|a, -ez, -ai, -at, vt. [의학]뼈를 부러뜨리다, 금가게 하다

fractur|ă, -i, s.f. [의학]골절, 좌상 ; ~ a piciorului 다리 골절

fractura|t, -tă, -ţi, -te, adj. 골절된

fracţi|e, -i, s.f. **1.** 파편, 단편, 조각 **2.** [수학]분수, [화학]분류

fracţion|a, -ez, -ai, -at, vt. 세분하다

fracţionar, ~ă, ~i, ~e, adj. mat. 분수(分數)의, 얼마 안 되는, 단편적인

fracţiona|t, -tă, -ţi, -te, adj. 단편적

인
fracționism, s.n. pol. 파벌주의, 당파성
fracțiun|e, -i, s.f. **1.** 파편, 단편, 조각 **2.** pol. 당파, 파벌, 당쟁
frag, ~i, s.m. [식물]산딸기
frag|ă, -i, s.f. 산딸기
frage|d, -dă, -zi, -de, adj. **1.** 부드러운 **2.** 무른, 허약한 **3.** 미숙한
fragil, ~ă, ~i, ~e, adj. 망가지기 쉬운
fragment, ~e, s.n. **1.** 파편, 조각, 부스러기 **2.** 발췌, 초록, 인용
fragment|a, -ez, -ai, -at, vt. 세분하다, 부수다, 나누다, 발췌하다
fragmentar, ~ă, ~i, ~e, I.. adj. 파편의, 단편적인, 미완성의 II. adv 단편적으로, 조각조각
fragment|are, -ări, s.f. 세분하다, 분해하다
fraht, ~uri, s.n. 화물운송, 운송증서, 탁송료, 운송운임(료)
franc, ~ă, ~i, ~e, I. adj. 프랑크족의, 프랑스인의 II. s.m. 그리고 f. **1.** 프랑크 사람, 프랑스인, 프랑스어 **2.** 프랑스 화폐단위 **3.** 동전
francez, ~ă, ~i, ~e, I. adj. 프랑스의, 프랑스어의 II. s.m. 그리고 f. 프랑스인
franchețe, s.f. 솔직함, 명백함
franciscan, ~ă, ~i, ~e, I. adj. 프란체스코 수도회의 II. s.m. 프란체스코 수도회 수사
francmason, ~i, s.m. 프리메이슨(공제(共濟)·우애(友愛)를 목적으로 하는 비밀 결사인 프리메이슨단(Free and Accepted Masons)의 조합원)
francmasonerie s.f. 프리메이슨주의, 우애적 이해, 암암리의 양해
franco adv. [상업]운임 무료로 ; ~ de chei 선측인도가격조건 ; ~ avarii comune 전손담보 ; ~ de avarii speciale 분손부담보약관
franctiror ~i, s.n. 비정규군, 저격수
franj, ~uri, s.n. (스카프·숄 따위의) 술장식, 여성의 앞머리
franțu|z, -ji, s.m. 프랑스 사람
franțuz|esc, -ească, -ești, adj. 프랑스(풍)의, 프랑스적인
franțuzește, adv. **1.** 프랑스어로 **2.** 프랑스풍으로 ; a vorbi ~ 프랑스어로 말하다
franțuz|i, -esc, -ii, -it, I. vr. 프랑스풍으로 하다, 프랑스화하다 II. vr. 프랑스식을 채택하다, 프랑스풍으로 되다.
franțuzism, -e, s.n. 프랑스어법, 프랑스식 습관
franțuzi|t, -tă, -ți, -te, I. adj. 프랑스풍적인 II. s.m. 그리고 f. 프랑스 심취자
franțuzoaic|ă, -e, s.f. 프랑스 여인.
franzel|ă, -e, s.f. 프랑스식 빵
franzeluț|ă, -e, s.f. 롤빵
frap|a, -ezi, -ai, -at, vt. 충격을 주다, 놀라게 하다
frapan|t, -tă, -ți, -te, adj. 인상적인, 충격적인, 의외의
frasin, ~i, s.m. (나무) 재
fra|te, -ți, s.m. **1.** 형제 **2.** 동료, 친구 **3.** (종교적) 수사, 신자 ; a trăi ca frații 형제처럼 지내다 ; bine, ~, de ce nu mi-ai spus nimica? 좋다, 형제여, 그런데 왜 나에게 아무 말도 안했니?
fratern, ~ă, ~i, ~e, adj. 형제의, 우애

의

fraternit|ate, -ăţi, s.f. 형제애

frada, -ez, -ai, -at, vt. 속이다

fraud|ă, -e, s.f. 사기, 속임, 부정수단

fraudul|os, -oasă, -oşi, -oase, adj. 부정한, 속이는 II. adv. 부정하게, 사기적으로

fraz|a, -ez, -ai, -at, vt. 각 악절로 나누다

frazare s.f. [음악]구절법

fraz|ă, -e, s.f. **1.** [음악]악절 **2.** [문법] 문장, 글

frazeolog, ~ă, ~i, ~e, s.m. 그리고 f. 어법(관용구) 연구가

frazeologie, ~ă, ~i, ~e, adj. 말씨의, 어법의

frazeologie s.f. **1.** 말씨, 어법, 표현 **2.** 무의미한 말, 빈 말

frăgez|i, -esc, -ii, -it, I. vr. 부드럽게 만들다 II. vr. 부드럽게 되다

frăgezime s.f. **1.** 부드러움, 연함, 상냥함, 온화 **2.** 섬세함, 정교함 **3.** 약점 **4.** 신선함, 새로움

frământ|a, -ai, -at, I. vt. **1.** 반죽하다, 혼합하다, 가공하다 **2.** fig 자극하다, 선동하다 **3.** fig. 숙고(숙의)하다 ; a-şi ~ capul/ creierii 머리를 쥐어짜다, 골몰하다, 골똘히 생각하다 ; a-şi ~ mâinile 손을 꽉 쥐다 II. vr. **1.** 분발하다, 노력하다

frământ|are, -ări, s.f. **1.** 반죽, 안마, 인격수행 **2.** 불안, 걱정

frăsine|l, -i, s.m. 박하의 일종

frăsinet, ~uri, s.n. 양물푸레나무(숲)

frăţ|esc, -ească, -eşti, adj. 형제의

frăţeşte, adv. 형제같이

frăţi|e, -i, s.f. **1.** 형제다움, 형제애 **2.** 형제관계, 형제사이

frână, -e, s.f. **1.** 제동장치, 브레이크 **2.** 방해(물), 장애(물) ; a pune frâna 제동을 걸다, 브레이크를 밟다 ; a deveni o ~ 장애가 되다

frânc, ~ă, ~i, ~e, s.m. 그리고 f. 과거에 루마니아인들이 서 유럽인들을 칭하던 명칭

frân|ge, frâng, -sei, -t, I. vt. **1.** 꺾다, 부수다, 쪼개다 **2.** 대패시키다, 쳐부수다 ; a-şi ~ gâtul 누구의 목을 부러트리다 II. vr. 깨지다, 쪼개지다

frânghi|e, -i s.f. 줄, 선, 케이블

frânghier, ~ă, ~i, ~e, s.m. 그리고 f. 줄 만드는 사람, 방적기, 스핀(회전)을 만드는 기계(사람)

frânt, ~ă, ~i, ~e, adj. 쪼개진, 부러진 ; linie ~ă 끊어진 선 ; sunt ~ 나는 몹시 피곤하다(지쳤다)

frâ|u, -ie, s.n. **1.** 고삐 **2.** 구속(력), 지배(권) ; a da ~ calului 말의 고삐를 풀어주다 ; a-şi da liber gândurilor -의 생각을 자유롭게 표현하다 ; a duce de ~ 고삐를 끌고 (잡고) 이끌다 ; a pune ~ (여격 지배) -에게 고삐를 채우다(구속하다)

freamăt, ~e, s.n. **1.** 바스락거리는 소리, (바람이) 윙윙거림 **2.** 큰 소동, 혼잡 **3.** 중얼거림, 속삭임

frec|a, frec, -ai, -at, I. vt. **1.** 문지르다 **2.** fig. 머리를 빗질하다, 머리를 빗어주다 **3.** -에 기름을(윤활유를) 바르다 ; a-şi ~ mâinile -의 손을 비비다 II. vr. **1.** 마찰하다, 스치다 **2.** 스스로 비비다 ; cât te-ai ~ la ochi 순식간에

frec|are, -ări, s.f. 마찰, 연마

freca|t, -tă, -ţi, -te, adj. 마찰된

frecăţei, s.m. pl. 수제비

frecuş, ~uri, s.n. **1.** 마찰, 연마 **2.** (옷이) 해짐, 닳음

frecven|t, I. -tă, -ţi, -te, adj. 빈번한 II. adv 종종, 자주

frecvent|a, -ez, -ai, -at, vt. 종종 방문하다, (상점 따위를) 단골로하다, 출석하다

frecvenţ|ă, -e, s.f. **1.** 출석 **2.** 자주 일어남, 반복, 재현 **3.** [전기]진동수, 주파수

fredon|a, -ez, -ai, -at, vi. 콧노래 부르다, 작게 노래하다

fregat|ă, -e, s.f. 프리깃함, 5000-9000톤급 대잠용 해상 호위함

fremăt|a, freamăt, -ai, -at, vi. **1.** 바스락소리가 나다, (바람이) 윙윙 불다 **2.** 소동피우다, 크게 떠들다 **3.** 오싹하다

fremătăt|or, -oare, -oşi, -oase, adj. **1.** 바스락 소리가 나는 **2.** fig. 동요하는, 안절부절 못하는, 조바심 내는

frenetic, I. ~ă, ~i, ~e, adj. 열광적인, 굉장한 II. adv. 열광적으로, 대단히

frenezi|e, -i, s.f. 열광, 격앙

frenic, ~ă, ~i, ~e, adj. 횡경막의

frenologie s.f. 골상학

fresc|ă, -e, s.f. 프레스코화법, 프레스코화

frez|a, -ez, -ai, -at, vt. 베다, 자르다, (금속 등을) 평탄하게 하다

frez|ă, -e, s.f. **1.** 이발, 헤어스타일 **2.** 절단기계, (치과용) 드릴

frezmaşin|ă, -i, s.f. 밀링 머신

frez|or, ~i, s.m. 밀링 머신 기사

friabil, ~ă, ~i, ~e, adj. 부서지기 쉬운, 무른, 약한

friabilitate s.f. 부서지기 쉬움, 연약함

fricativ, ~ă, ~i, ~e, I. adj. 마찰음의, 마찰로 생기는 II. s.f. ~ă [언어]마찰음

fric|ă, -i, s.f. 두려움, 무서움, 공포 ; cuprins de ~ 공포에 사로잡혀 ; fără ~ 겁 없이 ; a băga/vârî frica în cineva -을 겁주다 ; a prinde ~ 겁먹다 ; a muri de ~ 공포에 질려 죽을 지경이다 ; a tremura de ~ 공포로 전율하다 ; îi e veşnic ~ de sănătate 그는 항상 건강을 염려한다 ; a-i fi ~ (de) 두려워하다 ; a-i fi ~ pentru cineva -가 염려되다 ; nu-ţi fie ~! 두려워하지 마라!, 겁먹지 마라!

fric|os, -oasă, -oşi, -oase, I. adj. 두려운, 무서운, 공포에 찬, 소심한 II. s.m. 그리고 f. 겁쟁이, 비겁한 자

fricţion|a, -ez, -ai, -at, I. vt. 문지르다, 비비다 II. vr. **1.** 마찰하다 **2.** 스스로 문지르다

fricţiun|e, -i, s.f. **1.** 마찰, 안마, 마사지 **2.** 불화, 불일치

frig, ~uri, s.n. **1.** 추움, 참, 냉정함 **2.** pl. 열, 열병, 발열 ; ~uri galbene 황달 ; ~uri intermitente 학질, 오한, 말라리아 ; mă ia cu ~ 나는 한기가 느껴진다(나에게 한기가 든다) ; a îngheţa de ~ 얼다 ; a tremura de ~ 추위로 떨다 ; a pune la ~ 냉동시키다

frig|are, -ări s.f. 꼬치, 꼬치구이 기구

frigăn|ea, -eli, s.f. 빵 조각, 작은 조각

frigăr|uie, -ui, s.f. 꼬치에 구워진 고기

frige, frig, fripsei, fript, I. vt. **1.** 꼬치에 고기를 굽다 **2.** (불에)태우다 ;

a-şi ~ degetele (쓸데없는 참견을 하다) 손을 데다(욕을 보다) II. vr. **1.** 구워지다, 타오르다 **2.** 데다 III. vi. **1.** 열이 있다, 무덥다 **2.** (얼굴, 혀, 입, 목 등이) 화끈해지다, 달아오르다
frige-linte, s.m. 탐욕스러운 자, 구두쇠
frigid, ~ă, ~i, ~e, adj. 추운, 찬
frigi|an, -ană, -sni, -sns, adj. 프리지아 사람의, 프리지아어의
frigider, ~e, s.n. 냉장고, 냉각기
frigiditate s.f. 한랭, 무기력, 불감증
frigori|e, -i, s.f. 청량(냉각)정도 또는 등급
frigorifer, I. ~ă, ~i, ~e, adj. 냉각하는, 냉동의 II. ~e, s.n. 냉장고, 냉각기
frigorific, ~ă, ~i, ~e, adj. 냉각하는
frigorigen, ~ă, ~i, ~e, adj. 냉각하는
frigur|os, -oasă, -oşi, -oase adj. 추운, 찬, 추위를 타는, 냉담한
frip|t, -tă, -ţi, -te, adj. 구운, 튀긴
friptur|ă, -i, s.f. 구운 고기, 스테이크
friş|că, -ţi, s.f. 생크림
frivol, ~ă, ~i, ~e, adj. **1.** 경솔한, 하찮은, 무례한, 경박한 **2.** 피상적인, 천박한
frivolit|ate, -ăţi, s.f. 경솔함, 무분별함, 무자비함, 방종, 방탕
friz, ~uri, s.n.[건축]테두리, 경계
friz|a, -ez, -ai, -at, I. vt. **1.** 곱슬곱슬하게 하다, 꼬다, 비틀다 **2.** fig. 인접하다 II. vr. 머리가 곱슬곱슬하다, 머리손질하다
friz|ă, -e, s.f. **1.** [건축]처마 복공과 평방사이의 소벽 **2.** 외투용 모직물
frizer, ~i, s.m. 헤어디자이너, 이발사
frizeri|e, -i, s.f. 이발소
frizeriţ|ă, -e, s.f. 여자 이발사
frizur|ă, -i, s.f. 이발, 헤어스타일
frond|ă, -e, s.f. **1.** (프랑스 루이 14세 당시) 프롱드 당 **2.** 반항, 반대
front, ~uri, s.n. **1.** [군사]표면, 맞닿은 장소, 전쟁터, 전선 **2.** [건축]건물 정면 ; ~ popular 인민전선 ; a face ~ 전선을 구축하다 ; a lupta pe două ~uri 두 전선에서 싸우다
frontal, ~ă, ~i, ~e, adj. 앞쪽의, 정면의.
frontier|ă, -e, s.f. 국경, 영역
frontispic|iu, -ii s.n. [건축]건물 정면책의 표지그림
front|on, -oane s.n. [건축]박공벽
froti|u, -i, s.n. [의학](현미경 실험을 위한) 표본
fruct, ~e, s.f. si fig. 과일, 성과물
fructar, ~i, s.m. 과일 장수
fructări|e, -i, s.f. 과일 가게
fructier|ă, -e, s.f. 과일 접시
fructifer, ~ă, ~i, ~e, adj. (과일)열매를 맺은 ; pom ~ 과수
fructific|a, fructific, -ai, -at, vi. 열매를 맺다, 결실을 얻다, 이윤을 얻다
fructific|are, -ări, s.f. 과실, 결실
fructoză, s.f. [화학]과당
fruct|os, -oasă, -oşi, -oase, adj. 열매를 잘 맺는, 생산적인, 유익한
frugal, ~ă, ~i, ~e, adj. 검약한, 소박한
frugalit|ate, s.f. 검약, 검소
frumoasă -e s.f. 아름다움
frum|os, -oasă, -oşi, -oase, I. adj. **1.** 아름다운, 사랑스러운 **2.** 훌륭한, 뛰어난 **3.** 고결한 ; ani frumoşi/ vârstă

frumoasă 좋은 시기(청춘시기) ; o zi frumoasă 좋은 하루 ; e foarte ~ din partea lui că... 그는 친절하게도 (고맙게도) -을 한다 ; a se face ~ 멋 부리다, 말쑥하게 차려 입다 ; a face mai ~ 꾸미다, 장식하다, 치장하다 ; nu-i ~ 그는(그것은) 정당치 못하다 II. adv. **1.** 아름답게, 사랑스럽게 **2.** 천천히, 여유 있게, 훌륭하게, 잘 ; a face ~ (개가) 앞발을 들어 재롱부리다 ; a scrie ~ 글씨를 잘(아름답게) 쓰다 III. s.n. ; ~ul 아름다운 것

frumuseț|e, -i, s.f. **1.** 아름다움 **2.** 아름다운 여인

frumuş|el, -ieă, -ei, -ele I. adj. 귀여운, 잘 생긴, 매력 있는 II. adv **1.** 우아하게 **2.** 수수하게, 아주

fruntaş, ~ă, ~i, ~e, I. adj. 유명한, 뛰어난, 훌륭한, 현저한 II. s.m. 그리고 f. **1.** 주요인물 **2.** 지도자, 상사 ; ~ politic 정치지도자

frun|te, -ți, s.f. **1.** 이마, 앞머리 **2.** 건물 앞쪽 ; de ~ 저명한, 걸출한, 뛰어난 ; în ~ 앞에서 ; în ~a mesei 헤드테이블에 ; a se pune în ~a (소유격 지배) -의 주도권을 잡다 ; a sta/se afla în ~ 선두에 있다, 선두주자다

frunzar, -e, s.n. **1.** 잎이 우거진 그늘진 장소 **2.** 나뭇잎 장식

frunz|ă, -e, s.f. **1.** [식물]나뭇잎 **2.** (책의) 한 장

frunzăr|i, -esc, -ii, -it, vt. (책장, 신문 등을) 넘기다, 대강 훑어보다

frunziş, ~uri, s.n. 나뭇잎 장식

frunz|os, -oasă, -oşi, -oase, adj. 잎이 우거진, 잎 모양의

frunzuliț|ă, -e, s.f. 작은 잎, 전단지

frupt s.n. [종교]종교회 신자들이 금식기간에 금하는 음식, 우유로 만든 음식

fru|st, -stă, -şti, -ste, adj. **1.** 초췌한, 손상된 **2.** fig. 난폭한, 투박한

frustr|a, -ez, -ai, -at, vt. 헛되게 하다, 속이다, 사기치다

ftizic, ~ă, ~i, ~e, I. adj. [의학]폐결핵의, 폐병의 II. s.m. 그리고 f. [의학] 폐병환자

ftizie s.f. [의학]폐결핵

fudul, ~ă, ~i, ~e, adj. 오만한, 거만한 II. adv. 오만하게, 거만하게

fudul|i, -esc, -ii, -it, vt. **1.** 자랑하다, 과시하다 **2.** 활보하다

fuduli|e, -i, s.f. 오만, 자만, 거만, 교만

fuga I. adv. 빠르게, 계속해서, 서둘러서 II. interj. 서둘러!

fugac|i, -ă -i, -e, adj. 무상한, 덧없는, 조급한, 한때의, 단편적인 II. s.m. 철새의 일종

fugar, ~ă, ~i, ~e, I. adj. 무상한, 덧없는, 조급한, 한때의, 단편적인 II. s.m. 그리고 f. **1.** 도망자, 망명자, 유랑자 **2.** 뛰는 사람

fug|ă, -i, s.f. **1.** 달리기 **2.** 경주 **3.** 탈출 **4.** 인생행로 **5.** 거리 ; în ~ 서둘러서, 아무렇게나, 날림으로, 조잡하게 ; pe ~ 급히, 서둘러서 ; a se retrage în ~ 급히 퇴각하다 ; a o lua/rupe la ~ 도망하다 ; a pune pe ~ 참패시키다

fugăr|i, -esc, -ii, -it, vt. 뒤쫓다, 추적하다, 추방하다, 내쫓다

fugărir|e, -i, s.f. 추적

fug|i, -fug, -ii, -it, vi. **1.** 뛰다, 달리다, 돌진하다 **2.** 도망가다 **3.** (시간이) 경과하다 ; a ~ de... -을 피하다 ;

a ~ ca vântul/a ~ ca scăpat din puşcă/a ~ de-i iese sufletul/a ~ mâncând pământul/a ~ de scapără pietele (위험에서) 빠져 나오다 ; a ~ unul de altul 서로 피하다

fugitiv, ~ă, ~i, ~e, adj. 무상한, 덧없는, 조급한, 한때의, 단편적인, 일시적인

fuguță, I. adv. 빠르게, 계속해서 II. interj. 서둘러라!

fui|or, -oare, s.n. 견인, 꾸러미

fuitu|ială, -ieli, s.f. 틀어막기

fular, ~e, s.n. **1.** 목도리, 스카프 **2.** 풀라 천(얇은 비단 천), 손수건

fulg, ~i, s.m. **1.** 사소한 것, 하찮은 것 **2.** 눈송이 **3.** 얇은 조각

fulger, -e, s.n. **1.** 번개, 전광 **2.** fig. (눈, 생각 등을) 번뜩임

fulgera, -ez, -ai, -at, I. vt. 치다, 부딪히다, 말도 못할 정도로 질겁하게 하다 II. vi. 번개 치다, 번쩍이다 ; a ~ de mânie 화가 울컥 치밀다 ; a tuna şi a ~ 뇌우이다, 미쳐 날뛰다, 광란하다

fulger|are, -ări, s.f. **1.** 번개, **2.** 발작

fulgerăt|or, -oare, -ori, -oare, adj. **1.** 번개처럼 빠른, 즉시의, 동시적인 **2.** 번쩍이는, 전광석화 같은 II. adv. 광속으로, 빛처럼 빠르게

fulguran|t, -tă, -ți, -te, adj. 번쩍이는, 번개의, 전광석화의

fulgurați|e, -i, s.f. **1.** 번개 **2.** 발작

fuli|e, -i, s.f. [식물]시인의 나르시스

fulmicoton s.n. 면화약, 솜화약

fulminan|t, -tă, -ți, -te, adj. **1.** 폭발적인, 돌발적인 **2.** 격렬한, 큰소리를 내는, 굉장한

fulmina|t, -ți, s.n. [화학]돌발적인 발병

fum, ~uri, s.n. **1.** 연기 **2.** (난방기구의) 연기통로 ; a avea un miros de ~ 담배 냄새가 나다 ; a trage un ~ 담배연기를 빨아들이다(들이 마시다) ; a usca la ~ 훈제하다 ; a se alege ~ul 연기처럼 사라지다 ; nu vă supără ~ul (de țigară)? 제가 담배를 피우는 것이 실례가 되는지요?

fum|a, -ez, -ai, -at, vt. 연기를 내다, 담배를 피우다

fumar, ~e, s.n. 연기통로, 굴뚝

fumarolă, -e, s.f. pl (지질) (화산의) 분기공

fumat s.n. 흡연, 끽연, 발연, 수증기를 냄 ; ~ul oprit 금연

fumăraie, fumărie s.f. 자욱한 연기

fumăt|or, -oare, -ori, -oare, s.m. 그리고 f. 흡연자 ; compartiment pentru ~i 흡연실

fumeg|a, -fumeg, -ai, -at, vt. **1.** 연기를 내다, 담배피우다 **2.** 증기를 발생하다

fumeg|os, -oasă, -oşi, -oase, adj. **1.** 연기 나는, 담배 피우는 **2.** 김이 나는

fumigați|e, -i, s.f. 그을림, 향을 피움

fumigen, ~ă, ~i, ~e, adj. 연기를 내는

fumoar, ~e, s.n. 흡연실

fumuri|u, -e, -i, adj. 연기 나는, 연기가 자욱한, 그을린

funciar, ~ă, ~i, ~e, adj. **1.** 소유지의 **2.** 중요한, 근본적인 **3.** [경제]부동산의 ; concesiune~ă 토지전매권 ; impozit ~ 토지세 ; proprietar funciar: 토지소유자

funcți|e, -i, s.f. **1.** 기능, 구실 **2.** 역할,

임무 **3.** 의식, 행사 **4.** 함수 ; în ~ de... -에 달려 있는, -에 따라서 ; a deține/avea o ~ 책임을 완수하다 ; a îndeplini/exercita funcția de... -로서 직무를 수행하다 ; a intra în ~ 의무를 수행하다, 본분을 다하다

funcțion|a, -ez, -ai, -at, vt. **1.** 작동하다, 움직이다 **2.** 기능하다, 역할을 다하다 **3.** 일하다 ; a nu mai ~ 고장이 나다, 더 이상 작동이 안 되다

funcțional, ~ă, ~i, ~e, I adj. 기능의, 직무(상)의 II. adv 기능적으로, 직무상으로

funcționar, ~ă, ~i, ~e, s.m. 그리고 f. 사무원, 공무원, 직원, 피고용인

funcționăraș, ~i, s.m. 그리고 f. 아랫사람, 부하

funcționăr|esc, -ească, -ești, adj. 관료 정치의, 관료식의

funcționărime s.f. 공무원, 사무직원

funcțiun|e, -i, s.f. **1.** 기능, 구실 **2.** 역할, 임무 **3.** 의식, 행사 **4.** 함수 ; punere în ~ 시행, 실시, 효력, 효능 ; a intra în ~ 착수하다

fund, ~uri, s.n. **1.** 밑바닥 **2.** 뒷면, 뒤쪽 **3.** 끝단, 마지막부분 **4.** 쟁반 **5.** 엉덩이 ; fără ~ 밑(바닥)이 없는 ; cu ~ul în sus 거꾸로 ; ochi în ~ul capului 움푹한 눈 ; a atinge ~ul/ a da de ~ 물 밑바닥에 닿다, 좌초하다, (시세가) 뚝 떨어지다 ; a seda la ~/a se duce la ~ 가라앉다, 좌초하다 ; a bea până la ~ ! 건배(잔을 한번에 비우자)!

fund|a, -ez, -ai, -at, vt. 기초하다, 설립하다

fundal, ~e, s.n. 배경, 이면

fundament, -e, s.n. **1.** 창립, 건설 **2.** 기초, 근거, 토대 **3.** 활자판

fundament|a, -ez, -ai, -at, vt. 성립하다, 실증하다, 입증하다

fundamental, ~ă, ~i, ~e, adj. 기초적인, 근본적인

fundament|are, -ări, s.f. 실증, 입증, 실체화, 증거

fund|are, -ări, s.f. 창립, 건설, 기초

fundaș, ~i, s.m. [축구]최종수비수

fundați|e, -i, s.f. 설립, 창립, 건설, 시설(물)

fund|ă, -e, s.f. 활, (악기)활

fundătur|ă, -i, s.f. (정원, 숲 등의)오솔길

funduc, ~i, s.m. (18세기) 터키 금화

funebr|u, ~ă, ~i, ~e, adj. **1.** 장례식의장례식용의 **2.** 우울한, 침울한

funeralii, s.f. pl. 장례식(행렬)

funerar, ~ă, ~i, ~e, adj. 장례의

funest, -stă, -ști, -ste, adj. 극악한, 사악한, 치명적인

fungibil, ~ă, ~i, ~e, adj. 대체 가능한

fungicid, ~e, s.n. 살균제

funicular, -e, s.n. 케이블카

funi|e, -i, s.f. 줄, 코드, 케이블

funige|l, -i, s.m. pl. 잔 거미집, 실크천

funingine s.f. 매연, 그을림

fur|a, fur, -ai, -at, I. vt. **1.** 훔치다 **2.** 유용하다, 횡령하다 **3.** 유괴하다 **4.** 표절하다 **5.** (생명을) 빼앗다 ; moartea i-a ~t ce a avut mai scump 그 죽음이 그에게서 그가 가장 소중히 여기는 것을 앗아갔다 ; a ~ ochii cuiva -의 눈을 부시게 하다, -을 현혹시키다 ; îmi fură prea mult timp

그것은 너무 많은 시간을 빼앗는다 (너무 많은 시간이 걸린다) II. vi. 훔치다, 도둑질하다

furaj, ~e, s.n. 마초, 가축의 사료

furaj|a -ai, -at, vt. 가축에 사료주다

furajer, ~ă, ~i, ~e, adj. 가축 사료의

fura|t, -tă, -ţi, -te, adj. **1.** 훔침, 절도 **2.** 표절

furc|ă, -i, s.f. **1.** 건초용 포크, 삼지창 **2.** 실패, (물레의) 토리대, 물레질 ; dinte de ~ 갈래, 갈퀴, 쇠스랑 ; a avea de ~ cu... -와 함께 힘겹게 일하다, 어려운 일을 맡고 있다 ; a da de ~ cuiva (남의) 반감을 조장하다, (격렬히 반대하여) 견디지 못하게 하다

furche|t, -ţi, s.m. (보트의) 노걸이

furculiţ|ă, -e, s.f. **1.** 포크 **2.** 창의 자루

furda, ~le, s.f. 쓰레기

furg|on, -oane, sn. 유개트럭

furgonetă, s.f. 자동 배달 자동차

furibun|d, -dă, -zi, -de, adj. 미친

furi|e, -i, s.f. 격분, 열정, 광분, 폭력 ; a-şi revărsa furia asupra cuiva -에게 화풀이 하다 ; a fi cuprins de ~ 격노하다 ; a spumega de ~ 노발대발하다

furier, ~i, s.m. [군사] 급양하사, 급양계

furi|os, -oasă, -oşi, -ose, adj. 격분한, 격렬한

furiş, ~ă, ~i, ~e, adj. 몰래하는, 은밀한

furiş|a, -ez, -ai, -at, vr. 살금살금 도망치다, 좀 도둑질하다

furlandis|i, -esc, -ii, -at, vr. 부풀다

furnal, ~e, s.n. 용광로

furnali|st, -şti, s.m. 용광로 근로자

furnica, fuirnic, -ai, -at, I. vt. ; a-l ~ -을 간지럽게 하다, 손발이 저리다 vi. **1.** -을 하고 싶은 열망이 있다 **2.** 기어오르다 ; a ~ de... -이 풍부하다, 충만하다

furnicar[1] ~e, s.n. **1.** 개미산 **2.** 군중

furnicar[2] ~i, s.m. **1.** 개미핥기 **2.** 벌죽이는, 진흙 벽 **3.** 딱따구리

furnic|ă, -i, s.f. **1.** 개미 **2.** (손발이) 저림, 가려움 ; am furnici 나는 손발이 저리다, 가렵다

furnicătur|ă, -i, s.f. 가려움, 저림

furnir, s.n. (합판용) 얇은 판자

furnitur|ă, -i, s.f. 상품의 공급, 정돈

furniza, -ez, -ai, -at, vt. 배달하다, 분배하다, 제공하다

furnizor, -oare, -ori, -oare, s.m. 그리고 f. 식료품, 조달업자

fur|oare, -ori, s.f. 분노, 격앙, 열정 ; a face furori 센세이션을 불러일으키다, 대 평판거리가 되다

fursec, ~uri, s.n. 작은 케이크

furt, ~uri, s.n. 절도 ; ~ calificat 중죄의 절도 ; ~ prin efracţie 가택침입범죄 ; ~ simplu 단순절도 ; a comite un ~ 절도행위를 하다

furtişag, s.n. 경 절도죄

furtun, s.f. 호스

furtună, s.f. 폭풍, 태풍, 동요 ; se apropie/ pregăteşte o puternică ~ 태풍이 몰아친다 ; e ~ 폭풍이 부는 날씨다(폭풍이 분다) ; cine seamănă vânt culege ~ 나쁜 일을 하는 사람은 몇 배나 더한 벌을 받는다

furtun|os, -oasă, -oşi, -ose, I. adj. **1.** 폭풍의, 폭풍이 부는 **2.** 성급한 **3.** 격렬한, 거칠은 II. adv. 폭풍우가 휘

몰아 쳐서, 격렬하게

furuncul, ~e, s.n. [의학]부스럼, 종기, 절종

furunculoz|ă, -e, s.f. [의학]절종증

fus, I. ~e, s.n. 물레 가락, 방추 ; ca ~ul/ele 여윈, 홀쭉한 ; în ~ 방추 모양의 ; subțire ca un ~ 마른, 말라서 II. ~uri, s.n. **1.** 주신 **2.** 일지, 저널 **3.** 줄기 **4.** 자루, 대, 살대

fusce|l, -i, s.m. **1.** 임대차(계약) **2.** 긴 띠 **3.** 선반

fusiform, ~ă, ~i, ~e, adj. 방추 모양의, 긴 모양의

fustanel|ă, -e, s.f. 킬트, 킬트풍의 스커트

fust|ă, -e, s.f. **1.** 스커트 **2.** 페티코트 ; vânător de fuste 여자 뒤 (꽁무니)를 쫓는 사내 ; a alerga după toate fustele 여자 꽁무니를 쫓아다니다

futurist, s.n. 미래파 화가, 학자, 신자

futurism, s.n. (예술의) 미래주의

fuzel, s.m. 항공유

fuzelaj, ~e, s.n. 비행기의 동체

fuzet|ă, -e, s.f. 조타실, 조종실

fuzibil, ~ă, ~i, ~e, adj. 잘 녹는

fuzibilitate s.f. 가용성

fuzion|a, -ez, -ai, -at, vi. **1.** 제련하다, 녹이다 **2.** 합병하다

fuziun|e, -i, s.f. **1.** 용해 **2.** 핵융합 **3.** [상업] 연합, 합병 **4.** 퓨전; ~ prin absorbție 인수합병

G

G, g, s.m. 루마니아어 알파벳의 9번째 자

ga, interj. 오리 소리를 나타내는 의성어

gabar|ă, -e, s.f. **1.** 큰 거룻배 **2.** 유람선, 지붕 달린 배 **3.** (해군의) 대형 함정

gabardină, s.f. 개버딘 천

gabarit, -e, s.n. **1.** 제한 표준치수 **2.** 치수(사이즈)

gabi|e, -i, s.f. **1.** 까마귀의 둥지 **2.** 꼭대기

gabier, ~i, s.m. **1.** 장루원 **2.** 윗자리에 있는 사람

gabi|on, -oane, s.n. 돌이나 흙을 넣는 통(방축 둑 따위의 기초 공사용)

gadin|ă, -e, s.f **1.** 야생 짐승 **2.** 괴물

gaf|a, -ez, -ai, -at, vi. 실수하다

gaf|ă1, -e, s.f. 실수, 실책 ; a face o ~ 실수하다, 실책을 범하다

gaf|ă2, -e, s.f. (보트를 밀거나 당길 때 쓰는) 갈고리 달린 장대, 작살, 개프

gagist, ~ă, ~i, ~e, s.m. 그리고 f. **1.** 정원 외의 배우 **2.** 영향력 없는 음악가

gaibarace, s.f. pl. 다리, 의족

gaică, găici s.f. 가죽끈

gaid|ă, -e, s.f. [음악] (가죽 부대로 만든) 풍적

gaie, găi s.f. **1.** 솔개, 갈가마귀 **2.** 연 ; a se uita cu un ochi la ~ şi cu altul la tigaie 사방팔방 두리번거리다 ; a se ține ~ de/după cineva -에게 끝까지 매달리다(붙들고 늘어지다), 끈기 있게 쫓아다니다

gaiț|ă, -e, s.f. 수다쟁이 ; ~ de munte 오두 까는 집게(기구)

gaj, ~uri, s.n. **1.** 안전 **2.** 보증 **3.** 담보 ; dat în ~ 담보로 남은 ; drept de ~ 담보권 ; realizarea ~ului 담보물의 처리

gal, ~i, s.m. 갈리아(골) 사람

galactic, ~ă, ~i, ~e, adj. **1.** 최유(催乳)의 **2.** 은하수의

galactometru, s.n. 검유기(우유 밀도계)

galactoză, s.f. 갈락토오스

galalit, s.n. 갈랄리트(합성수지의 일종)

galan|t, I. -tă, -ți, te, adj. **1.** 용감한 **2.** 정중한 **3.** 관대한 II. adv. 용감하게, 용감히, 씩씩하게

galantar, ~e, s.n. 진열창

galanteri|e, -i, s.f. **1.** 용기 **2.** 신사용 장신구(점)

galant|om, I. -oană, -oni, -ane, adj. **1.** 관대한 **2.** 자유로운 II. adv. 관대하게, 자유롭게

galantoni|e, -i, s.f. 관대함

galaxi|e, -i, s.f. 은하수

gal|ă, -e, s.f. 축제

galben¹, ~ă, ~i, ~e, I. adj. **1.** 노란색의 **2.** 창백한 **3.** 금발의 ; ~ ca ceară/

turta de ceară 백지장같이 창백한 ; ~ de frică 공포로 인하여 창백한 ; friguri ~e 황달 ; a se face ~ 노랗게 변하다, 창백해지다 II. s.n. 노란색

galben² s.m. (옛날 유럽 대륙에서 사용된) 다커트 금(은)화, 화폐

gale, s.f. 오우크 몰식자(沒食子), 오배자(五倍子)

galenă, s.f. 방연광

galenți, s.m. 나막신

galer|ă, -e, s.f. 갤리선(옛날 노예나 죄수에게 노를 젓게 한 배)

galeri|e, -i, s.f. **1.** 복도 **2.** 화랑 **3.** 발코니, 낭하 **4.** 관람석, 방청석 **5.** 관중, 관객, 구경꾼 ; ~ de picturi 회화 전시장, 화랑, 미술관 ; a face ~ (여격 지배) -을 지지하다, 후원하다

galeş, I. ~ă, ~i, ~e, adj. **1.** 나른한 **2.** 슬픈 II. adv. 나른하게 ; a privi ~ la cineva -에게 추파를 던지다

galic, ~ă, ~i, ~e, adj. 갈리아의(갈리아인의)

galicism, -e, s.n. **1.** 프랑스 어법 **2.** 프랑스 적 풍습

galimatias, s.n. 혼동되는 말이나 글

galimatie, s.f. v. galimatias

galinacee, s.f. 순계류

gali|on, -oane, s.n. 갤리선

galiu, s.n. 갈륨 (희금속 원소)

galon, s.n. 묶는 (짠) 끈, 합사, 가느다란 끈(금이나 은 또는 비단으로 만든 것)

galona|t, -tă, -ți, -te, adj. 끈이 달린

galop, ~uri, s.n. **1.** (말의)질구, 갤럽 **2.** 갈롭(일종의 경쾌한 원무) ; în (plin) ~ 전속력으로 ; mers în ~ 갤럽, 질구

galop|a, -ez, -ai, -at, vi. (말, 기수 따위가) 질주하다, 달리다

galopan|t, -tă, -ți, -te, adj. ; tuberculoză ~ă 결핵, 폐병

galvanic, ~ă, ~i, ~e, adj. 갈바니 전기의, 동(직류)전기의, 전류의(에 의하여 생기는), 화학 반응으로 전류를 일으키는.

galvaniz|a, -ez, -ai, at, vt. **1.** [물리]-에 직류 전기를 통하다, **2.** 아연 도금을 하다. **3.** 활기를 띠게 하다,

galvaniz|are, -ări, s.f. **1.** 직류 통하기 **2.** 아연도금

galvaniza|t, -tă, -ți, te, adj. 아연 도금된, 직류 전류가 통한

galvanocauter, -e, s.n. [의학]전류 소작(술)

galvanometr|u, -e, s.n. 전류측정법

galvanoplasti|c, ~ă, ~i, ~e, adj. [인쇄]전기제판술의

galvanoplasti|e, -i, s.f. 전기제판술

galvanosc|op, -oape, s.n. (전기) 감류기, 검전기

galvanotehnică, s.f. (전기) 금속 제련업의 전기제판 분야

galvanoterapie, s.f. 전류 전기 요법

galvanotipi|e, -i, s.f. [물리]전기판

gam|a, -e, s.f. **1.** [음악]음계 **2.** (fig.) 범위

gamb|ă, -e, s.f. [해부]정강이 뼈

gambet|ă, -e, s.f. 중산모

gambit, ~uri, s.n. 체스에서 졸 등을 희생하며 시작하는 첫수

gamel|ă, -e, s.f. [군사]반합, 휴대용 밥통, 큰 냄비

game|t, -ți, s.m. [생물] 배우자, 접합자, 생식세포

gamopetal, ~ă, ~i, ~e, adj. bot, 합판의, 통꽃의

gamosepal, ~ă, ~i, ~e, adj. [식물] 통꽃받침

gang, ~uri, s.n. (pasaj) 통로, (coridor) 복도, (galerie) 갤러리

gang|ă, -e, s.f. 페석, 모암

ganglion, ~i, s.m. [해부]임파질

gangster, ~i, s.m. 갱의 일원, 악한, 갱스터

gar|a, -ez, -ai, -at, vt. (un tren) 전철하다, 측선에 넣다, (o maşină) 차고에 넣다, 보류하다

garaf|ă, -e, s.f. (식탁·침실·연단용) 유리 물병

garaj, ~e, s.n. 차고 ; linie de ~ (철도의) 측선, 대피선

garan|t, -ţi, s.m. 보증인, 담보, 보석(금)

G

garant|a, -ez, -ai, -at, I. vt. 보증하다, II. vi. 저당하다 ; a ~ pentru ... -을 보증하다, 장담하다

garanta|t, -tă, -ţi, -te, adj. 보장된

garanţie, -i, s.f. **1.** [상업](a calităţii etc.) 담보, 보증(서), 영장, 명령서, (정당한) 근거 **2.** (concret)보증 ; cu ~ 보증(장)된 ; scrisoare de ~ 보증서 ; a da ~ 보증하다 ; în aceasta stă garanţia succesului 이것으로 성공이 보장되어 있다

garanţină, s.f. [화학] 꼭두서니 염료

gară, gări, s.f. 기차역, (terminus) 종착역, 정류장 ; ~ de mărfuri 화물차역 ; ~ maritimă 항구

gard, ~uri, s.f. **1.** 담장(mai ales viu) 울타리 **2.** (pt. peşti) 역수(逆水), 둑에 부딪쳐 되밀리는 물, 배수(背水), **3.** [운동]허들, 장애물 ; 110 metri uri 110 미터 장애물 경기 ; a sări ~urile/peste ~uri 여자 꽁무니를 쫓아다니다 ; e prost să-l legi de ~/ e prost ca ~ul 그는 머리가 무척이나 둔하다, 그는 바보다 ; a lega pe cineva la ~ -을 조롱하다 ; a dezlega calul de la ~ (깜작 놀란 뒤에) 말문이 간신히 열리다 ; a o nimeri cu diştea în ~ 과녁을 매우 빗나가다, 크게 착각하다 ; a împrejumui cu un ~ 울타리를 치다

gardă, gărzi, s.f. **1.** 경호원, **2.** [군사] 근위병, (soldaţi)경비병 ; cameră de ~ 응급실 ; cavalerie de ~ 기마병 ; de ~ 경비(임무)중인, 당번인 ; a face ~/ a fi de ~ 근무중이다, 당번이다 ; a pune pe cineva în ~ împotriva (소유격 지배) -에게 -에 대하여 경고하다 ; a se pune în ~ 경비를 서다(보다)

gardeni|e, -i, s.f. 치자나무

garderob|ă, -e, s.f. **1.** 옷장 **2.** (cameră) 옷방 **3.** (îmbracaminte) 옷장, 옷 넣는 반침(벽장), (특히 극장의) 의상실(보관소), 레스토랑 등의 옷 보관소

garderobier, ~ă, ~i, ~e, s.m. 그리고 f. 옷 관리원

gardi|an, -eni, s.m. (păzitor) 보초, 경비원

gardi|st, -şti, s.m. 경찰

garf, ~uri, s.n. 돼지고기의 갈비살

gargară, s.f. [의학]가글, 목가시기

garnisaj, s.n.물건을 덮어두기 위한 층

garnis|i, -esc, -ii, -it, vt. 정리하다, (고기 등) 주 음식에 (감자 등을) 곁

들이다, 정돈하다

garnitur|ă, -i, s.f. **1.** (podoabe) 장식물 **2.** (unelte) 장비일체 **3.** 가구 **4.** (요리의) 고명 ; ~ de mobile 가구세트 ; ~ de pat 침구

garniț|ă, -e, s.f. 캔, (pt. lapte) 우유캔

garnizoan|ă, -e, s.f. [군사]수비대

garoaf|ă, -e, s.f. bot 카네이션 (Dian- thus caryophyllus)

garofiț|ă, -e, s.f. garoafă의 축소명사

garsonier|ă, -e, s.f. 원룸

gasteropod, ~e, s.n. 복족류(달팽이 따위)

gastralgi|e, -i, s.f. [의학]위통

gastric, ~ă, ~i, ~e, adj. [해부]위의

gastrit|ă, -e, s.f. [의학]위염, 위의 염증

gastrointestinal, ~ă, ~i, ~e, adj. 위장의

gastron|om, -oamă, -omi, -oame I adj. 요리법의, 미식법의, II. s.m. 그리고 f. 미식가, 식도락가

gastronomic, ~ă, ~i, ~e, adj. 요리법의, 식도락의

gastronomie, s.f. 요리방법, 미식

gastropod, ~e, s.n. v. gasteropod

gaşcă, -găşti, s.f. **1.** 갱단 **2.** (배타적인) 도당, 파벌 ; spirit de ~ 도당심, 배타심, 파벌심 ; toată gaşca 누구든지 모두

gata, adv. **1.** 준비가 된, 언제든지 -할 채비를 갖춘, 각오가 되어있는 **2.** (terminat) 끝낸, 끝마친, 완성된 **3.** (prompt) 신속한, 기민한, 즉석의 ; ~ de drum 떠날 채비가 되어 있는 ; ~ - ~ să ... -을 제외하곤, 거의 ; bani ~ 현금 ; fecior de bani ~ 마마보이, 응석받이 ; haine (de) ~ 기성복 ; pe bani ~ 현찰로 ; pe de-a ~(=pe gratis) 공짜로, 무료로 ; a da ~ 끝마치다, 수행하다, 죽이다 ; masa e ~ 식사준비가 다 됐다 ; a fi ~ să... -할 준비가 되어 있다, -하려고 한다, -할 예정이다 ; dacă vreți să plecăm acum eu sunt ~ 당신께서 지금 출발하기를 원하신다면 저는 좋습니다 (준비가 다 되어 있습니다)

gater, ~e, s.n. (기술) 제재소, 제재용 톱

gaură, găuri, s.f. **1.** 구멍, (deschizătură) 금, 갈라진 틈, 틈새, 짬, 간격, 빠끔히 벌어진 데 **2.** (a animalelor sălbatice) 서식지 ; gaura cheii/ ~ de broască 열쇠구멍 ; ~ de ac 바늘구멍 ; a avea găuri la ciorapi 양말(스타킹)에 구멍이 나있다 ; că doar nu s-o face ~ în cer 그것은 교수형을 받을 정도의 죄는 아니다 ; chiar de s-ar ascunde-n ~ de şarpe 비록 그가 숨었을지라도

gaus, gauşi, s.m. 가우스(자기(磁氣) 유도의 cgs 전자(電磁) 단위, 기호 G)

gavot|ă, -e, s.f. [음악]가보트(프랑스의 활발한 4/4박자의 춤), 그 곡

gaz1, ~e, s.n. **1.** (petrol lampant) 석유 **2.** (기술) 석유램프 ; ~ asfixiant/ de luptă 독가스 ; ~ metan 메탄가스 ; a arde ~ul 게으름 피우다, 빈둥빈둥 지내다 ; doar n-am băut ~ ca să... 나는 -할 정도로 어리석지는 않다

gaz2, ~e, s.n. 가제, 얇은 천, 사

gaz|a, -ez, -ai, -at, vt. -에 가스를 공

G

급하다. -에 가솔린을 공급하다(채우다), 급유하다, 독가스로 공격하다, 가스로 중독 시키다, 가스로 처리하다

gazbeton, s.n.[건축]열 차단 벽으로 사용되는 기포가 있는 벽돌

gazd|ă, -e, s.f. **1.** (amfitrion) 주인, 여주인 **2.** (chiriaş) 집주인, 여자 집주인 ; a intra/se aşeza în ~ la cineva -의 집에서 하숙하다 ; a sta/şedea în ~ 하숙(기숙)하다 ; a trage în ~ la cineva -의 집에서 숙박하다

gazel, ~uri, s.n. [문학]동양의 시로서 주로 포도주와 사랑에 대해서 노래하며 형식은 고정적이다.

gazel|ă, -e, s.f. [동물]가젤(유순하고 아름다운 눈을 가진 영양)

gazetar, ~i, s.m. 저널리스트, 신문 잡지 기자, 신문인, 신문 잡지업자, 신문 잡지 기고가, 취재(取材) 기자, 리포터

G

găzet|ă, -e, s.f. (ziar) 신문, 잡지 ; ~ de perete 벽신문

gazetăr|esc, -ească, -eşti, adj. 저널리즘의, 신문잡지적인, 신문잡지 기자류의 ; stil ~ 신문어법(문체), 신문(보도)용어, 신문조

gazetărie, s.f. 저널리즘, 보도(관계), 신문잡지

gazific|a, gaasific, -ai, -at, vt. 기화하다

gazific|are, -ări, s.f. 기화

gazifer, ~ă, ~i, ~e, adj. 가스를 포함하고 있는

gazogen, -e, s.n. 가스를 운송하는 장비나 장치

gazolină, s.f. [화학]휘발유

gazometr|u, -e, s.n. **1.** [기술]가스계량기, (특히 가스 회사의) 가스탱크(gasholder) **2.** (rezervor de gaz) 가스탱크

gazon, s.n. 잔디, 뗏장, 이토(泥土), 토탄(土炭) 초지(草地), 잔디

gazorniț|ă, -e, s.f. 구식 석유램프

gaz|os, -oasă, -oşi, -oase adj. 가스의, 기체의 ; apă gazoasă 소다수

găbj|i, -esc, -ii, -it, vt. 도망가는 사람을 잡다

găbu|i, -iesc, -ii, -it, vt. 잡다

găgăuț, ~ă, ~i, s.m. 그리고 f. 바보, 멍청이

găinaț, ~uri, s.n. 새똥

găin|a¹, pers.3, găinează, vr. 새똥을 누다

găin|a², ez, -ai, -at, vi. 오래 앓고 있다, 쇠약해 있다, 병들어 있다

găin|ă, -i, s.f. **1.** 암탉 **2.** 새 **3.** 가금 ; pui de ~ 병아리 ; a se culca odată cu găinile 일찍 자다 ; a-i se face pielea de ~ 소름이 끼치다 ; a mâncat picior de ~ 그는 겉과 속이 다른 말을 할 수 없다(그는 비꼬아 말할 리가 없다) ; în/ la casa lui cântă găina 그는 공처가다 ; are orbul găinilor 그는 야맹증을 가지고 있다

găinăr|easă, -se, s.f. 닭을 돌보는 여자(양계장 안주인)

găinări|e, -i, s.f. 닭을 키우는 곳

găinăț|a, -ez, -ai, -at, vr. 베들레헴의 별(예수의 강탄 때 나타난)

găinuş|ă, -e, s.f. [조류] **1.** 담갈색의 암탉 (Bonasia silvestris) **2.** 멧 닭, 쇠 물닭

găitan, ~e, s.f. 금속실(양털, 비단실 등과 함께 꼬아서 장식용으로 사용됨)

găitănar, ~i, s.m. găitan 을 만들거나 장사하는 상인
găităna|t, -tă, -ţi, -te, adj. găitan으로 장식된
gălăgi|e, -i, s.g. 소음
gălăgi|os, -oasă, -oşi, -oase, I. adj. 시끄러운 II. s.m. 야단법석을 떠는 사람, 폭도
gălăm|oz, -oaze, s.n. 덩어리
gălăţean, ~ă, ~i, ~e, s.m. Galaţi 주의 주민
gălăţeanc|ă, -e, s.f. Galaţi에서 태어난 여자
gălb|ează, -eze, s.f. 양이나 소의 간에 기생하는 기생충
gălbejeală, s.f. (얼굴의) 창백함
gălbej|i, -esc, -ii, -it, vr. 야위고 쇠약해지다
gălbeji|t, -tă, -ţi, -te, adj. 황달에 걸린
gălben|ea, -ele, s.f. 물냉이, 양갓냉이 (샐러드용)
gălben|eală, -eli, s.f. **1.** (얼굴의) 창백함 **2.** 노란색 물감
gălbenele, s.f. **1.** 미나리아재비, 젓가락나물 **2.** 금잔화 **3.** 식용버섯의 일종
gălben|i, -esc, -ii, -it, vt. 노랗게 되다
gălbeni|t, -tă, -ţi, -te, adj. 노랗게 된
gălbeni|u, -e, -i, adj. (얼굴이) 창백한
gălbenaş, ~uri, s.n. **1.** 황색 **2.** (알의) 노란 자위
gălbenuş, ~uri, s.n. 계란의 노른자
gălbin|are, -ări, s.f. 황달, 얼굴의 노란색
gălbinici|os, -oasă, -oşi, -oase, adj. 황색의, 황달의
gălbi|or, -oară, -ori, -oare adj. 황색을 띤
gălbi|u, -e, -i, adj. 누르스름한
gălbui, ~e, ~i, adj. 황색을 띤
găl|eată, -eiţi, s.f. 들통, 양동이
găligan, ~i, s.m. 거인
gălu|şcă, -şte, s.f. 경단 ; ~ de carne 고기완자 ; a-nghiţi găluşca 괴로운(싫은) 일을 억지로 하다(참고 견디다)
găman, I. ~ă, ~i, ~e, adj. 게걸들린, 탐욕스러운 II. ~i, s.m. 대식가, 끈덕진 사나이
gămăli|e, -i, s.f. 핀의 윗부분 ; ac cu ~ 핀
gă|oace, -oci, s.f. **1.** 껍질 **2.** 달팽이 껍질 **3.** 작은 집, 작은 방, 세포
grădinar, ~e, s.f. 정원 손질용 도구
gărdu|i, -i esc, -ii, -it, vt. 벽(담)을 치다
gărdui|t, -tă, -ţi, -te, adj. 담이 둘러쳐진
gărduleţ, -e, s.n. gard의 축소명사
gărgăriţ|ă, -e, s.f. **1.** 옥수수(곡식) 벌레 **2.** 무당벌레 ; gărgăriţa fructelor 과일벌레 ; ~ neagră/de bucate 옥수수 벌레
gărgăun, ~i, s.m. **1.** 말벌류 **2.** 구더기 ; are ~i în/la cap 그는 변덕스러운 생각을 품고 있다, 그는 몽상에 잠겨 있다 ; a băga cuiva ~i în cap 기분 좋게 하다, 우쭐하게 하다 ; a scoate cuiva ~ii din cap 제 정신이 들도록 하다, 정신을 차리게 하다
găselniţ|ă, -e, s.f. 작은 나비
găs|i, -esc, -ii, -it, I. vt. **1.** 알다, 깨닫다 **2.** 찾다, 발견하다, 생각하다, 고

려하다 ; a ~ aprobare 박수갈채를 받다 ; a ~ că e foarte drăguț din partea cuiva să... -가 -하는 것을 고맙게(친절하다고) 생각하다 ; a nu-şi ~ locul -의 좌석을 (자리를) 찾지 못하다 ; tocmai atunci mă ~ febra (하필이면) 바로 그 때 나는 열리 났다 ; am ~t în el un prieten 나는 그에게서 우정을 발견할 수 있었다 ; bine v-am ~t! 당신을 뵙게 되어서 반갑습니다 ! ; a ~ cu cale să... 나는 -하는 것이 옳다고 생각합니다 ; bun ~t! 만나서 반갑습니다 II. vr. -에 (놓여) 있다, -에 위치하다 -에서 발견되다 ; se găsesc ... -이 있다 ; unde se găseşte? 그것이 어디에 있습니까? ; a se ~ de față 출석 중이다

găsir|e, -i, s.f. 발견, 발견물

găsi|t, -tă, -ți, te, adj. 발견된, 찾아진

găsit|or, -oare, -ori, -oare, s.m. 발견자, 습득자

găt|a, gat, -ai, -at, vt., vr. v. găti

găt|eală, -eli, s.f. 장식 손질

gătej, ~e, s.n. 베어낸 나뭇가지, 숲(관목의)

găt|i, -esc, -ii, -it, I. vt. **1.** 장식하다 **2.** 끝손질하다, 마무리하다 **3.** 요리하다, 준비하다 II. vi. (음식물이) 삶아지다, 구워지다 III. vr. **1.** 채비하다 **2.** 요리되다 **3.** 치장하다

gătir|e, -i, s.f. 요리(법)

găti|t, -tă, -ți, -te, adj. **1.** 꾸민, 장식된 **2.** 요리된

găun|os, -oasă, -oşi, -oase, adj. **1.** 속이 빈 **2.** 내려앉은, 가라앉은 **3.** 얕은 ; cap ~ 머리가 빈, 어리석은, 천박한 ; cu obraji găunoşi 움푹 들어간 빰으로 ; ochi găunoşi 움푹 들어간 눈

găunoş|i, -esc, -ii, -it, I. vt. 속이 비게 만들다, 움푹 들어가게 하다, 파내다 II. vr. 속이 비다

găunoşitur|ă, -i, s.f. 우묵한 곳(계곡, 분지)

găure|a, -le, s.f. gaură의 축소형 명사

găur|i, -esc, -ii, -it, I. vt. **1.** 구멍을 뚫다 **2.** 꿰뚫다, 관통하다 II. vr. **1.** 관통되다, 뚫리다 **2.** 찢어지다, 찢기다

găurir|e, -i, s.f.구멍, 눈금

găuric|e, -i, s.f. 구멍

găuri|t, -tă, -ți, -te, adj. 구멍이 난

găvan, -e, s.n. **1.** 구멍 **2.** 구덩이 **3.** 국자, 거르는 기구

găvozd|i, -esc, -ii, -it, I. vt. 가득 채우다, 충전하다 II. vr. **1.** 차다, 막히다 **2.** 배불리 먹다 **3.** 변비증이 생기다

găzar, ~i, s.m. 석유판매인

găzări|e, -i, s.f. 석유펌프

găzdoaie, s.f. 집주인, 안주인

găzdu|i, -iesc, -ii, -it, I. vt. 숙박시키다, 기숙시키다, 한동안 집에서 살게 해주다, 거두어 주다 II. vi. 묵다, 하숙(기숙)하다

găzduir|e, -i, s.f. 숙박, 하숙

gâc|i, -esc, -ii, -it, vt. v. ghici

gâ|de, -zi, s.m. v. călău 사형집행인

gâdil|a, gâdil, -ai, -at, I. vt. 간질이다, 간지럽게 하다 II. vr. 간지럽다, 근질근질하다

gâdilătur|ă, -i, s.f. 간질임, 간지럽게 하기, 간질간질한 느낌 ; a simți o ~ 간질거리다, 간질간질한 느낌이 들다

G

gâdilici|os, -oasă, -oşi, -oase, adj. 간지럼 타는, 간지러운
gâdilitor, adj. 간지럽게 하는, 흥을 돋우는, 즐겁게 자극하는, 마음을 들뜨게 하는
gâfâ|i, gâfâi, -ii, -it, vi. 헐떡거리다, 숨이 차다, 숨을 헐떡거리다
gâfâit|or, -oare, -ori, -oare, adj. 헐떡거리는
gâgâ|i, gâlgâi, -ii, -it, vi. 꼬꼬댁 울다
gâgâi|ală, -eli, s.f. 거위 따위가 꽥꽥 우는 소리
gâgâit, ~uri, s.n. 꼬꼬댁 우는 소리
gâgâlice, s.f. **1.** 소인, 난장이, 꼬마 **2.** 하찮은 것, 사소한 일
gâgâltar|ă, -i, s.f. 바보, 얼간이
gâl, interj. 꼬꼬댁(닭이 우는 소리)
gâlc|ă, -i, s.f. **1.** 부품, 팽창 **2.** 편도선 **3.** 편도선염 ; a avea gâlci 편도선염을 앓다, 목쉰 소리로 말하다
gâlc|eavă, -evi, s.f. 다툼, 논쟁
gâlcev|i, -esc, -ii, -it, vr. 싸우다
gâlcevire, s.f. 싸우기
gâlcevit|or, -oare, -ori, -oare, I. adj. 싸우기를 좋아하는 II. s.m. 언쟁하는 사람, 싸우기를 좋아하는 사람
gâlgâ|i, -gâlgâi, -ii, -it, vi.콸콸(졸졸)흐르다, 꿀꺽 꿀꺽 소리를 내다
gâlgâi|ală, -eli, s.f. **1.** 목가심 하기, 콸콸(졸졸, 꿀꺽 꿀꺽) 소리 냄 **2.** 용출, 분출
gâlgâit, s.n. v. **gâlgâială** 콸콸 흐름
gâlgâit|or, -oare, -ori, -oare, adj. 콸콸(졸졸, 꿀꺽 꿀꺽) 흐르는(소리나는)
gâlgâitur|ă, -i, s.f. 꼴꼴(콸콸, 좔좔) 하는 소리
gând, ~uri, s.n. **1.** 사고, 이상, 이념 **2.** 생각, 두뇌, 머리, 지력 **3.** 계획 **4.** 명상 **5.** 의견, 견해 **6.** 참석, 출석 **7.** 바램, 의지 **8.** 상상 **9.** 확신, 신념 ; un ~ bun 기발한 생각 ; cu ~ul de a ... -의 도로 ; dus pe ~uri (깊은) 생각에 잠겨서 ; la simpul ~ al (소유격 지배) 단지 -생각에서 ; a abte ~urile cuiva de la ... -의 생각을 -로부터 돌리게 하다 ; a avea ~uri nobile 고상한 생각을 가지다 ; a-şi lua/muta ~ul 생각을 바꾸다 ; a face pe cineva să-şi mute/schimbe ~ul -로 하여금 생각을 바꾸도록 하다 ; a nutri un ~ 어떤(한) 생각을 품다 ; a-şi schimba ~ul -의 생각을 바꾸다 ; a fi cu ~ul aiurea 정신이 나가다 ; am făcut-o cu ~ul să ... 나는 -생각에서 그것을 했다 ; nici cu ~ul nu m-am gândit 전혀 생각이 나지 않다 ; a avea de ~ să ... -하려고 한다, -할 계획이다 ; a-şi face fel de fel de ~uri 걱정하다 ; a-şi scoate ceva din ~ -을 잊게 하다 ; a fi cufundat în ~uri -은 생각에 깊이 빠져 있다 ; a-i da/veni cuiva în ~/ a-i trece cuiva prin ~ -에게 생각이 떠오르다 ; a-şi pune în ~ să ... -하기로 결정(결심)하다 ; cum ai ajuns la ~ul? 어떻게 그런 생각을 하게 되었니? ; a face pe ~ul cuiva -의 희망에 따라 그것을 하다 ; a pune pe ~uri pe cineva -을 방해하다 ; a sta pe ~uri 주저하다, 명상하다 ; mi-a trecut prin ~ că ... 나에게 -라는 생각이 떠올랐다 ; mă bate ~ul să ... 나는 -할 생각이다
gândac, ~i, s.m. 풍뎅이, 바퀴벌레 ;

G

~ de mai 떡갈잎풍뎅이 ; ~ de mătase 누에
gândăce|l, -i, s.m. 갑충, 딱정벌레
gând|i, -esc, -ii, -it, I. vi. **1.** 생각하다, 숙고하다, 곰곰이 생각하다 **2.** 계산하다 **3.** 계획하다 ; îți dă de ~t 그것은 생각(심사숙고)할 일이다 II. vt. **1.** 희망하다 **2.** -로 간주하다 ; ce gândești despre asta? 네 생각은 어ㅏ떠니? III. vr. **1.** 사료되다, 간주되다 **2.** 주저하다, 명상하다 **3.** 망설이다 ; a se ~ la ... -을 생각하다, -을 기억하다, -을 심사숙고하다 ; a se ~ să ... -을 의미하다, -을 목표로 하다, -을 노리다, -하려고 하다 ; se gândește la însurătoare 그는 결혼(할 것)을 생각하고 있다 ; la ce te gândești? 너는 무슨 생각을 하고 있냐? ; fără să se gândească mult 주저함이 없이 ; mă gândesc că ... 나는-이라고 생각한다 ; a se ~ bine 심사숙고하다, 재고하다, 주저하다
gândir|e, -i, s.f. **1.** 생각, 사고 **2.** 사상
gândi|t, -tă, -ți, -te, I. adj. 잘 생각한, 심사숙고한 II. ~e, s.n. ; pe ~e 심사숙고 후에
gândit|or, -oare, -ori, -oare, adj. 사려 깊은, 생각에 잠기는, 곰곰이 생각하는
gâng|anie, -ănii, s.f. 작은 벌레, 곤충
gângav, ~ă, ~i, ~e, I. adj. 말을 더듬는 II. s.m. 그리고 f.말더듬이
gângăv|eală, -eli, s.f. 말더듬이
gângăv|i, -esc, -ii, -it, vi. 말을 더듬다
gângăvi|t, -tă, -ți, -te, I. adj. 말을 더듬는 II. s.n.말 더듬기
gângur|i, -esc, -ii, -it, vi. **1.** 어린애처럼 말하다 **2.** (비둘기가) 구구 소리를 내다
gângurit, ~e, s.n. **1.** 어린애처럼 말하는 것 **2.** (비둘기가) 꾸르륵 소리를 냄
gânsac, ~i, s.m. 거위의 수컷
gârbac|i, -e, s.n. 말채찍
gârbiț|ă, -e, s.f. (양, 말 등의) 어깨뼈 사이의 융기
gârbov, ~ă, ~i, ~e, adj. 구부러진
gârbov|i, -esc, -ii, -it, vt. 구부리다 II. vr. 구부러지다, 굽다
gârbovi|t, -tă, -ți, -te, adj. 구부러진
gârl|ă, -e, s.f. 시내, 개울 ; a da pe ~ -을 물 쓰듯 하다 ; a se duce pe ~ 곤궁에 빠지다, 영락하다
gârlic|i, -e, s.n. 입구, 병의 목
gârliț|ă[1], -e, s.f. 거위
gârniț|ă[2], -e, s.f. 작은 시내, 실개천
gâscan, ~i, s.m. 거위의 수컷
gâscar, ~i, s.m. 거위 치는 사람
gâscariț|ă, -e, s.f. 담쟁이
gâscă, s.f. **1.** 거위 **2.** 단순한 여자(아이) ; friptură de 거위를 군고기(요리) ; pană de ~ 거위 털 ; piept de ~ 거위가슴, 좁은 가슴 ; a prinde cu gâsca în traistă 현장에서 체포하다 ; asta e altă ~ 사정이 변했다
gâsculiț|ă, -e, s.f. 거위의 새끼
gât, ~uri, s.n. **1.** 목 **2.** 칼라, 깃 **3.** 병의 목(부분) **4.** 목구멍, 식도 ; până în ~ 목까지, 거의 끝까지, 몰두하여 ; a-și clăti ~ul (목을) 가시다(양치질하다) ; a face ~ 소동을 일으키다, -을 경멸하다 ; a-și frânge/rupe ~ul -의 목을 꺾다 ; a-și întinde ~ul 목을

G

앞으로 쭉 빼다 ; a sparge ~ul unei sticle (농담, 익살 등을) 터뜨리다 ; a trage un ~ 한 모금(한 잔) 마시다(들다) ; a lua pe cineva de ~ -의 목을 얼싸안다 ; a băga cuiva cuțtul în ~ -의 목에 칼을 갖다대다 ; a o lua în ~ 일을 맡다 ; a-i sta în ~ (뼈, 가시 따위가) 목에 걸리다 ; a da pe ~ 한 번에 쭉 마시다(들이키다) ; sunt sătul până-n ~ 나는 그것을 충분하게 가졌다(먹었다) ; a-l durea ~ul 목이 아프다

gâtar, ~e, s.n. 목에 매는 끈

gâtlan, ~e, s.n. 자두의 한 종류

gâtlej, ~uri, s.n. 목, 경부, 목구멍, 인두, 식도

gâtu|i, -iesc, vt. **1.** -의 목을 조르다, 질식시키다, 목 졸라 죽이다 **2.** 누르다, 억압하다 **3.** 꼬집다, 물다

gâtuitur|ă, -i, s.f. 연장(물건)의 좁은 부분

gâz|ă, -e, s.f. 곤충

geaba, adv. **1.** 무위로, 헛되이 **2.** 무료로, 공짜로

geala|t, -ți, s.f. 억센 남자

geal|ă, -e, s.f. 항아리, 단지

geală|u, -ie, s.n. 평삭기

geam, ~uri, s.n. 창문, 창유리 ; ~ de vitrină 쇼윈도우 ; ușă cu ~ 유리(로 된)문 ; a se uita pe ~ 창문(을 통하여) 밖을 내다보다

geamal|ă, -e, s.f. 두개의 머리와 네개의 손을 가지고 있는 전설속의 여인의 몸을 형상하고 있는 거대한 인형

geamandur|ă, -i, s.f. 부표, 신호소

geamantan, -e, s.n. 여행용 가방 ; a face ~ul (짐을) 꾸리다

geamantănaş, -e, s.n. geamantan의 축소명사

geamăn, -ă, gemeni, gemene, I. adj. 쌍둥이의 II. s.m. **1.** 쌍둥이 **2.** [천문]쌍둥이좌

geamăt, gemete s.n. 불평, 비탄

geambaş, ~i, s.m. **1.** 말 장수 **2.** 말 도둑

geambaşi|e, -i, s.f. 말 거래

geamgi|u, -ii, s.m. 유리 장수

geami|e, -i, s.f. (이슬람교의) 성원

geamlâc, ~uri, s.n. **1.** 유리 칸막이 **2.** 베란다, 툇마루

geamparale, s.f. **1.** 캐스터네츠 **2.** 떨리는 소리, 떨린 음 **3.** 생동감 있는 루마니아 고유의 멜로디

geană, gene s.f. 속눈썹 ; · de lumină 번갯불, 빛줄기 ; cu gene ostenite (somnoros) 졸린, 피곤한, 지친 ; a da ochii în gene 잠들다, 꾸벅꾸벅 졸다

G

geantă, genți, s.f. 손가방, 서류가방, 핸드백 ; a fi pe ~ 진퇴양난에 빠지다, 난처해지다, 파산하다

gear, ~uri, s.n. 동양식 솥

gel, ~uri, s.n. 교화체, 겔

gelatin|ă, -e, s.f. 젤라틴, 젤리

gelatiniz|are, -ări, s.f. 젤라틴화하기

gelatin|os, -oasă, -oşi, -oase, adj. 아교질의, 안정된, 젤라틴 모양의

geliv, ~ă, ~i, ~e, adj. (나무 등이) 추위로 터진, 갈라진

gelivit|ate, -ăți, s.f. 갈라지기 쉬운 성질

gel|os, -oasă, -oşi, -oase, adj. 질투심이 많은

gelozi|e, -i, s.f. 질투, 시기

gelu|i, -iesc, -ii, -it, vt. 편평하게 하다, 대패질하다
gem, ~uri, s.n. 잼
gem|ă, -e, s.f. 보석, 주옥 ; sare ~ 암염
gemănare, s.f. 삼지창
gemănariț|ă, -e, s.f. 난초
gemăt|or, -oare, -ori, -oare, adj. 탄식하는
gem|e, gem, -ui, -ut, vi. **1.** 탄식하다, 한숨쉬다 **2.** 신음하다, 괴로워하다, 번민하다 ; a ~ de ... -로 가득 차다, -이 많다
gemet, -e, v. geamăt
gemina|t, -tă, -ți, -te, adj. 쌍둥이의, 한 쌍의
geminați|e, -i, s.f. 쌍으로 묶기
gemut, s.n. 탄식, 비탄
gen, I. ~uri, s.n. **1.** [생물]성, 가족 **2.** 방식 **3.** 종류, 부류, 유형, 장르 **4.** [문법]성 ; ~ de viață 생활방식(습관) ; ~ul dramatic 드라마, 희곡 ; ~ul feminin (문법) 여성 ; ~ul masculin 남성 ; ~ul neutru 중성 ; cam în ~ul (소유격 지배) -와 다소 흡사한 ; nu e în ~ul meu 그것은 내 취향은 아니다 II. prep. -와 같은, -와유사한, -와 흡사한
gena|t, -tă, -ți, -te, adj. 눈썹이 긴
gen|ă, -e, s.f. 유전인자
genealogic, ~ă, ~i, ~e, adj. 가계(족보)의
genealogi|e, -i, s.f. 가계, 족보
genealogi|st, -stă, -ști, -ste, s.m. 그리고 f. 계보학자
gener|a, -ez, -ai, -at, 발생시키다, 야기하다, 초래하다
general¹, ~i, s.m. 육군(공군)대장, 장성
general², I. ~ă, ~i, ~e, adj. 일반적인, 공통적인, 총체적인 II. s.n. 일반, 전반, 총체 ; de la particular la ~ 세부적인(구체적인) 것부터 전반적인 것까지 ; în ~ 일반적으로, 대개, 주로
generalisim, ~i, s.m. 총사령관
generalit|ate, -ăți, s.f. 일반론, 일반성, 보편성, 일반적인 것
generaliz|a, -ez, -ai, -at, I. vi. 일반화하다 II. vr. 일반화되다
generaliz|are, -ări, s.f. **1.** 일반화, 보편화, 종합, 개괄 **2.** 통칙, 개념
generaliza|t, -tă, -ți, te, adj. 일반화된
generalizat|or, -oare, -ori, -oare, adj. 일반화하는, 보급시키는
gener|are, -ări, s.f. 발생
generatoare, s.f. 모체 발전기
generat|or, -oare, -ori, -oare, I. adj. 발전하는, 발생시키는 II. s.n. 발전기
generați|e, -i, s.f. 세대
genere, s.n.; în ~ 일반적으로, 원칙적으로, 보편적으로
generic, I. ~ă, ~i, ~e, adj. 속(屬)의, 속(屬)에 공유하는, 공통으로 갖는 II. s.n. 크레딧(출판물, 연극, 방송 따위에 쓰인 자료제공자에게 구두 또는 지상으로 표시하는 경의), 크레딧 라인, 크레딧 타이틀
gener|os, I. -oasă, -oși, -oase, adj 관대한. 인색하지 않은 II. adv. 푸짐하게, 관대하게
generozit|ate, s.f. 관대, 큼, 풍부함
genetic, ~ă, ~i, ~e, adj. 발생(기원)의

genetică, s.f. 유전학, 유전적 특질
genetici|an, -ană, -eni, -ene, s.m. 유전학자
genez|ă, -e, s.f. **1.** 발생, 기원 **2.** [성서]창세기
genial, I. ~ă, ~i, ~e, adj. 천재적인, 영감을 느낀, 계시를 받은 II. adv. 천재적으로, 기발하게
genialitate, s.f. 천재성
genist, -şti, s.m. 기술자, 공병
genital, ~ă, ~i, ~e, adj. 생식(기관)의 ; organe ~e 생식선, 생식기
genitiv, -e, s.n. 소유격
genitival, ~ă, ~i, ~e, I. adj. 소유격의 II. adv. 소유격으로
gen|iu, -ii, s.n. **1.** 천재(성) **2.** 요소, 선천적인 것 **3.** [군사]공병부대 ; ~ bun 선천적으로 선한 ; ~ rău 선천적으로 악한 ; trupe de ~ [군사]공병부대
genocid, ~uri, s.n. 계획적인 집단학살
genotip, ~uri, s.n. 유전자형
gentil, ~ă, I. ~i, ~e, adj. 온화한, 상냥한, 공손한, 유화한, 관대한 II. adv. 공손하게, 정중하게
gentilețe s.f. 공손
gentilic, ă, -i, -e, adj. 종족의, 친족의
gentilom, ~i, s.m. 신사
gentuliț|ă, -e, s.f. geantă의 축소명사
genunche. v. genunchi
genuflexiun|e, -i, s.f. 비굴함
genuin, ~ă, ~i, ~e, adj. 자연적인
genuncher, ~e, s.n. 무릎까지 오는 긴 양털 코트
genunchi, ~, s.m. **1.** 무릎 **2.** 구부러진 곳 ; cădere în ~ 무릎 꿇음 ; a pleca/îndoi genunchii 무릎을 꿇고 탄원하다, 절하다, 굴종하다 ; a cădea/se lasă/se pune în ~ 무릎을 꿇다 ; a cere ietare în ~ 무릎을 꿇고 용서를 빌다 ; a ține un copil pe ~ 어린아이를 무릎위에 앉히다
genunchier|ă, -e, s.f. **1.** 슬개골 **2.** 무릎받이
genun|e, -i, s.f. 심연, 나락, 심해, 혼돈
geocentric, ~ă, ~i, ~e, adj. 지구를 중심으로 한
geocentrism, s.n. 지구 중심설
geochimie, s.f. 지구 화학
geochimst, -stă, -şti, -ste, s.m. 지구화학 전문가
geod|ă, -e, s.f. 측지학
geodezic, ~ă, ~i, ~e, adj. 측지학의
geodezie, s.f. 측지학
geofizic, ~ă, ~i, ~e, adj. 지구물리학의 ; anul ~ internațional 국제(세계) 지구물리학의 해(경축일)
geofizică, s.f. 지구물리학
geofizici|an, -ană, -eni, -ene, s.m. 그리고 f. 지구물리학자
geof|on, -oane s.n. 수진기, 지중 청음기
geogenie, s.f. 지구생성론
geognozie, s.f. 지질학
geograf, ~i, s.m. 지리학자
geografic, I. ~ă, ~i, ~e, adj 지리적인 ; hartă ~ă 지도, 지리부도 II. adv. 지리적으로.
geografie, s.f. 지리 지리학
geoid, s.n. 평균해면과 그 연장으로 생각되는 상상의 면, 지오이드
geol|og, -oagă, -ogi, -oage s.m. 지

G

질학자

geologic, I. ~ă, ~i, ~e, adj. 지질학의, 지질의, 지질학(상)의 II. adv. 지질학적으로, 지질학상으로

geologie, s.f. 지질학

geometric, I. ~ă, ~i, ~e, adj. 기하학의, 기하학적인 ; progresie ~ă 기하급수 II. adv. 기하학적으로

geometri|e, -i, s.f. 기하학 ; ~ analitică 해석 기하학 ; ~ descriptivă 도형 기하학 ; ~ în spațiu 입체기하학 ; ~ plană 평면 기하학

geometr|u, -i, s.m.기하학자

geomorfologie, s.f. 지형학(서적)

geonomic, ~ă, ~i, ~e, adj. 지구과학의

geonomie, s.f. 지구과학

geopolitic, ~ă, ~i, ~e, adj. 지정학적인

G

geopolitică, s.f. 지정학

georgi|an, -ană, -eni, -ene, I. adj. **1.** (영국의 조오지 왕 시대의 **2.** (미국의) 조오지아주의 II. s.m. **1.** 영국의 조오지왕 시대의 사람 **2.** (미국의) 조오지아주의 주민 **3.** 그루지아 공화국 사람

Georgicele, s.f. 농경가 (로마의 시인 virgil이 지은 농경시)

geosinclinal, ~e, s.n. 지향사

geotehnică, s.f. 지질공학

geotermal, ~ă, ~i, ~e, adj. 지구열학의, 지열의

geotermie, s.f. 지구내부의 열기

geotropism, s.n. 굴지성, 향지성

gepi|d, -dă, -zi, -de, s.m. 그리고 f. 게피드인

ger, ~uri, s.n. **1.** 서리, 서리 발 **2.**강추위 **3.** 결빙, 동결 ; era un ~ de crăpau pietrele 몹시 추웠다

ger|a, -ez, -ai, -at, vt. 운영하다, 관리하다 ; a ~ afacerile cuiva -의 업무(사무)를 관리하다

gerah, ~i, s.m. (터키어) 외과의사

geran|t, I. -tă, -ți, te, adj. 관리하는, 운영하는 II. -ți, s.m. 관리자, 운영자

german, I. ~ă, ~i, ~e, adj. 독일의, 독일인의 II. ~i, s.m. 독일남자, 독일인

german|ă, -e, s.f. **1.** 독일 여자 **2.** 독일어

germanic, ~ă, ~i, ~e, adj. 게르만어의, 게르만족의 ; limbi ~e 게르만(제)어

germanism, -e, s.n. 게르만(민족)주의 **2.** 게르만어구

germani|st, -stă, -ști, -ste, s.m. 독일어문학자, 게르만어문학자

germanistică, s.f. 독일 문헌학, 독일어문학, 게르만문헌학, 게르만어문학

germaniu, s.n. 게르마늄

germanofil, ~ă, ~i, ~e, adj. 독일을 사랑하는, 친독일의

germen, ~i, s.m. 태아, 싹, 눈 ; în ~e 발아기에, 초기에 ; a înăbuși în ~ 봉우리(새싹)일 때 따다, 미연에 방지하다

germici|d, -zi, s.m. 살균

germin|a, -ez, -ai, -at, vi. (병원균 등이) 싹트다

germin|are, -ări, s.f. 발아, 발생

germinativ, ~ă, ~i, ~e, adj. 움트게 하는, 싹트게 하는

germinat|or, -oare, s.n. 발아시키는 사람(또는 기계)

germinați|e, -i, s.f. 발아, 발생

ger|os, -oasă, -oşi, -oase, adj. 몹시 추운

gern|i, pers. 얼다

gerui|ală, -eli, s.f. 매우 추운 날씨

gerundiv, -e, s.n. [문법]동명사, 분사

gerundival, ~ă, ~i, ~e, adj. [문법] 분사구문의

gerunz|iu, -ii, s.n. [문법]현재 분사

gest, ~uri, s.n. 몸짓, 손짓, 제스처 ; a face ~uri 몸짓(손짓)으로 표시(말)하다 ; a face un ~ 몸짓(손짓)을 하다 ; a exprima prin ~uri 몸짓(손짓)으로 표시(말)하다

gestaţi|e, -i, s.f. 임신(기간)

gesticul|a, -ez, -ai, -at vi. 손짓으로 의사소통하다

gesticul|are, -ări, s.f. 손짓

gesticulaţi|e, -i, s.f. 몸짓, 손짓

gestionar, ~ă, ~i, ~e, adj. 매니저, 책임자

gestiun|e, -i, s.f. 행정

ge|t, -tă, -ţi, -te, s.m. 그리고 f. 제티아인

get-beget, adj. **1.** 참된, 순수한 **2.** 흙의, 현세의

getic, ~ă, ~i, ~e, adj. 제티아의

gevr|ea, -ele, s.f. 손수건

ghear|ă, -e, s.f. **1.** 발톱 **2.** 꽉 잡기 **3.** 집게 ; a apuca cu ghearele 손(발)톱으로 할퀴다 ; a scăpa din ghearele morţii 구사일생하다 ; a cădea în ghearele (소유격 지배) -의 손아귀에 빠지다 ; a pune gheara pe cineva -을 손아귀에 넣다 ; gheaţa ţine/ rezistă 얼음이 깨지지 않고 지탱한다

ghe|ată, -te, s.f. 신발, 부츠 ; ghete de lac 페이던트(에나멜) 가죽 부츠

gheaţ|ă, ~uri, s.f. **1.** 얼음, 빙원 **2.** 추위 **3.** [식물]채송화류 **4.** 우박 ; la ~ 얼음으로 덮인, 얼음에 채운, 얼음으로 차게 한 ; a rupe/sparge gheaţa 얼음을 깨다(쪼개다), 탁 털어 놓다 ; a pune la ~ 얼리다 ; a se da pe ~ 미끄러지다

gheb, ~uri, s.n. 등어리의 혹 **2.** 흙으로 된 둔덕

gheb|os, -oasă, -oşi, -oase, adj. 등이 굽은

gheboş|ă, -ez, -ai, -at, vr. 몸을 구부리다, 곱사등을 하다

gheboşa|t, -tă, -ţi, -te, adj. 굽은, 몸이 굽은

gheenă, s.f. 1끝없는 나락 **2.** 아파트에 있는 쓰레기 투척구

gheiş|ă, -e, s.f. 기생

gheizer, ~e, s.m. 간헐천

ghem, ~e, s.n. **1.** 실 뭉치 **2.** 반추동물의 세 번째 위 ; a (se) face ~ v. ghemui

ghemu|i, -iesc, -ii, -it, I. vt. **1.** 감다, 붐비다 **2.** 처넣다, 뒤죽박죽 모으다 II. vr. 감기다, 움츠리다, 구부리다, 쭈그리다

ghemui|t, -tă, -ţi, -te, adj. 움츠린, 구부린, 쭈그린

ghepar|d, -zi, s.m. 치타

gherdan, ~e, s.n. **1.** 목걸이 **2.** 화환

gherdap, ~uri, s.n. 급류

gheret|ă, -e, s.f. **1.** 오두막집 **2.** 초소 **3.** 부스

gherghef, ~uri, s.n. 베틀

gherghin, s.m. [식물]산사나무

gherghin|ă, -e, s.f. 달리아(색)

gherid|on, -oane, s.n. 보수, 포상

G

gheri|ă, -e, s.f. 감옥
gherm|ea, -ele, s.f. 목재 접합용의 특수 못, 장부 못 , 맞춤 못
ghes, ~uri, s.n. 박차, 관성 ; a da ~ 박차를 가하다, 격려하다, 자극하다, 휘몰다, 몰아대다, 재촉하다
gheşeft, ~uri, s.n. 비즈니스, 사업
gheşeftar, ~i, s.m. 부정직한, 사업가
ghetou, ~ri, s.n. 게토
ghetr|ă, -e, s.f. 각반
ghetuț|ă, -e, s.f. 어린이 용 부츠(신발)
ghețar¹, ~i, s.m. 빙하
ghețar², ~e, s.n. 아이스박스, 냉장고
ghețări|e, -i, s.n. **1.** 얼음집 **2.** 매우 찬방
gheț|os, -oasă, -oşi, -oae, adj. 얼은, 얼음의
G
ghețus, ~uri, s.n. **1.** 얼은 땅 (얼음으로 뒤덮인 땅) **2.** 스케이트 장
ghiaur, ~i, s.m. 이단자
ghibirdic, ~i, s.m. 어린아이, 난쟁이
ghiborț, ~i, s.m. 강물에 사는 녹색의 물고기
ghic|i, -esc, -ii, -it, I. vt. 추측하다, 예측하다, 예언하다, 예견하다, 발견하다, 느끼다 ; a ~ o enigmă 수수께끼를 풀다 ; a ~ gândurile cuiva -의 생각을 읽다 ; a ~ intențiile cuiva -의 의도를 읽다(알아 맞추다) II. vi. 예견하다, 예언하다, 예측하다 III. vr. -로 추측되다, -로 여겨지다
ghicir|e, -i, s.f. 추측하기
ghicit, s.n.추측, 예측, 예언 ; pe ghicite 추측으로, 대충
ghicitoare, s.f. **1.** 수수께끼, 알아맞히기 **2.** 예언자
ghicit|or, -oare, -ori, -oare s.m. 그리고 f. 점쟁이
ghid, I. ghizi, s.m. (여행) 가이드, 동반자, 안내자 II. ~uri, s.n. 안내 책자, 가이드북, 여행일정
ghid|a, -ez, -ai, -at, I. vt. 가이드 하다, 안내하다 II. vr. ; a se ~ după ... -에 의하여 안내되다, -의 지시에 따르다, -의 영향을 받다
ghidaj, ~e, s.m. 가이드
ghid|are, -ări, s.f. 가이드하기
ghid|on, -oane, s.n. 핸들 바
ghiduş, I. ~ă, ~i, ~e, adj. 재미있는, 흥미를 돋우는 II. ~i, s.m. 흥겹게 떠들어내는 사람, 흥을 돋우는 사람
ghiduşi|e, -i, s.f. 농담
ghiftu|i, -iesc, -ii, -it, I. vt. 채워 넣다, 밀어 넣다 II. vr. 배불리 먹다, 과식하다 ; a se ~ cu prăjituri 과자를 배불리 먹다
ghiftui|t, -tă, -ți, -te, adj. 과식한
ghigorț, ~i, s.m. 주름 잡힌 옷깃
ghigos|i, -esc, -ii, -it, vt. 송이를 이루다
ghijoag|ă, -e, s.f. 늙고 약해진 말
ghileală, s.f. 흰색
ghil|i, -esc, -ii, -it, vt. 희게 하다, 표백하다
ghil|eală, -eli, s.f. 표백
ghilimele, , s.f. 따옴표, 인용부호 ; a deschide ~ 인용부호를 열다 ; a închide ~ 인용부호를 닫다
ghili|t, -tă, -ți, -te, adj. 희게 된
ghilos|i, -esc, -ii, -it, vt. 비누로 깨끗하게 씻다
ghilosi|t, -tă, -ți, -te, adj. 깨끗하게 씻긴
ghilotin|a, -ez, -ai, -at, vt. **1.** 단두대

로 목을 자르다 **2.** 절단기로 자르다
ghilotin|are, -ări, s.f. 단두대에서 처형함(하기)
ghilotin|ă, -e, s.f. **1.** 단두대 **2.** (종이 따위의) 절단기
ghimber, ghimbir, s.m. 생강
ghimi|e, -i, s.f. 작은 배
ghimirli|e, -i, s.f. **1.** 실톱 **2.** 오두막집
ghimpa|t, -tă, -ţi, -te, adj. ; sârma ~ă 가시가 있는, 가시를 지닌
ghimp|e, -i, s.m. **1.** 가시, 바늘 **2.** 눈의 아픔, 눈의 가시, 눈의 거슬림, 공격 ; a avea un ~ contra cuiva -에게 원한을 품다 ; a sta ca pe ghimpi 괴로워하다, 괴로움을 당하다
ghimpos, -oasă, -oşi, -oase, adj. **1.** 가시가 난 **2.** 비꼬는, 풍자적인 **3.** 거친, 엄한, 가혹한
ghin, ~uri, s.n. 곡괭이
ghind|ă, -e, s.f. 도토리
ghindur|ă, -i, s.f. 편도선
ghini|on, -oane, s.n. 불운, 불행 ; am ~ 나는 재수가 없다 ; a avea ~ 재수가(운이) 없다
ghinioni|st, -stă, -şti, -ste, s.m. 그리고 f.불운한 사람
ghint, ~uri, s.n. 나사못
ghintu|i, -iesc, -ii, -it, vt. 못을 박다
ghintui|t, -tă, -ţi, -te, adj. 라이플 총으로 무장된
ghinţ, ~uri, s.n. 구두 골(구두 모양을 변하지 않게 하기 위하여 구두 속에 넣음)
ghintur|ă, -e, s.f. 용담속의 식물
ghioag|ă, -e, s.f. 막대기처럼 생긴 무기
ghioc[1], ~uri, s.n. **1.** [동물]자패(紫貝), 그 조가비 (cypraea moneta). **2.** (scoică) 조개 ; a da în ~/ a da cu ~ul 조개껍질로 점을 치다(예언하다)
ghioc[2], ~i, s.m. [식물]수레국화, 선옹초 ; alb ca ~ul 백합처럼 흰, 눈처럼 흰
ghioce|l, -i, s.m. **1.** [식물]. 갈란투스, 스노드롭, 아네모네 (galanthus nivalis) **2.** pl. 첫 번째 흰 머리
ghioci, ~uri, s.n. 길이가 늘어날 수 있는 마차
ghiol, ~uri, s.n. 호수, 늪
ghionder, ~e, s.n. 뗏목의 막대기 (어획에 사용됨)
ghiold, ~uri, s.n. 팔꿈치로 슬쩍 찌르기
ghion|oaie, -oi, s.f. 딱따구리
ghion|oi, -oaie s.n. 쪼는 기구(곡괭이 등)
ghion|t, -ţi, s.m. 팔꿈치로 슬쩍 찌르기
ghiont|i, -esc, -ii, -it, vt. 팔꿈치로 슬쩍 찌르다
ghiordel, ~e, s.n. 양동이, 물레방아, 물받이, 펌프의 피스톤
ghiorlan, ~i, s.m. 소작농
ghiorţă|i, pers.3, ghiorţăie, -ii, -it, vi. 배에서 꼬르륵 소리가 나다
ghioş|ă, -e, s.f (금속판에 비스듬한 격자를 새기는) 끌
ghioturǎ, s.f. 무더기
ghiozdan, ~e, s.n. 작은 학생용 가방
ghipcan, ~i, s.m. 비취, 옥
ghips, ~uri, s.n. 석고, 석고상
ghircă, s.f. 단단한 밀 (마카로니 용)
ghirland|ă, -e, s.f. 화환
ghişe|u, -e, s.n. 카운터, 계산대, 창구

ghitar|ă, -e, s.f. 기타 ; ~ havaiană 하와아언 기타
ghitarist, ~ă, s.m. 그리고 f. 기타 연주자
ghiuden, ~uri, s.n. 말린 양고기 또는 소고기 소시지
ghiu, ~ri, s.n. 밧줄
ghiuj, ~i, s.m. 시골 영감
ghiul|ea, -ele, s.f. 포탄
ghivec|i¹, -e, 또는 -iuri, s.n. 꽃병
ghiveci², s.n. 야채 잡탕, 야채요리의 일종
ghivent, ~uri, s.n. 실
ghizd, ~uri, s.n. 우물, 샘 등의 외담
ghizdei, s.m. 콩과의 목초
ghizdu|i, -iesc, -ii, -it, vt. 우물의 담을 만들다
gibon, ~i, s.m. 긴 팔 원숭이
gig¹, ~uri, s.n. 작살
gig², ~uri, s.n. 소형보트
gigan|t, -ţi, s.m. 거인
gigantic, ~ă, ~i, ~e, adj 거대한
gigantism, s.n. 거인증
gigea, adj. 귀여운
gigolo, s.m. 기둥서방, 지골로, 제비족, 건달
gimna|st, -şti, s.m. 체조 선수
gimna|stic, ~ă, ~i, ~e, adj. 체조의
gimnastică, s.f. 체조 ; în pas de ~ 두 배로 ; a face ~ 체조(연습)하다
gimnazial, ~ă, ~i, ~e, adj. **1.** 고등학교의 **2.** (루마니아의 중·고등학교에서) 5-8학년의
gimnazi|st, -stă, -şti, -ste, s.m. 그리고 f. 짐나지우에 다니는 학생
gimnaz|iu, -ii, s.n. 한국의 중학교 기간에 상응하는 5-8학년 학생들을 위한 교육기관(학교)
gimnosperm, adj. 겉씨식물의, 나자식물의
gimnosperm|ă, -e, s.f. 나자식물, 겉씨식물
gimno|t, -ţi, s.m. 전기 뱀장어
gin, ~uri, s.n. 진(술의 일종)
ginece|u, -e, s.n. **1.** 고대 그리스의 집들에서 여성을 위해서 마련된 아파트, **2.** 고대 교회에서 여성을 위해서 마련한 집
ginecolog, ~i, s.m. 산부인과 의사
ginecologic, ~ă, ~i, ~e, adj. 산부인과의
ginecologie, s.f. 산부인과 의학
giner|e, -i, s.m.**1.** 사위 **2.** 신랑
giner|i, -esc, -ii, -it, vt. 딸을 (아내로) 주다, 사위로 삼사
gineri|e, -i, s.f. 사위자격
gingaş, I. ~ă, ~i, ~e, adj. **1.** 깨지기 쉬운, 예민한 **2.** 사랑스러운, 부드러운, 달콤한, 상냥한 **3.** 까다로운 II. adv. 부드럽게, 달콤하게, 상냥하게
gingăşi|e, -i, s.f. 깨지기 쉬움
gingi|e, -i, s.f. 잇몸
gingival, adj. 잇몸의
gingivit|ă, -e, s.f. 치은염
ginistru, s.n. [식물]금작화
gin|tă, -ţi, s.f. 부족, 종족
gioars|ă, -e, s.f. 낡은 옷
giol, gioale, s.n. 공기놀이에서 게임에 참여하는 사람이 한 경기에 놓아야 할 양
giolar, ~i, s.m. (양의 척골 조각을 가지고 노는) 공기놀이하는 사람
gionat, ~e, s.f. 다리
gips, ~uri, s.n. v. ghips
gir, ~uri, s.n. 이서 ; ~ în alb 백지식 배서 ; ~ condiţionat 한정적 배서 ; ~

de complezență 금융어음배서 ; a da ~ v. gira

gir|a, -ez, -ai, -at, vt. **1.** 이서하다 **2.** 보증하다

giraf|ă, -e, s.f. 기린

giran|t, -ți, s.m. 이서인, 보증인

giratoriu, adj. 로타리의, 돌아가는 ; sens ~ 우회적인 의미

giravi|on, -oane, s.n. 헬리콥터

girometru, s.n. 자이로 미터

giroplan, s.n. 풍차식 비행기

giroscop, s.n. 자이로 스코우프, 회전의, 환동륜(동요나 방향의 자동조절기)

giroscopic, ~ă, ~i, ~e, adj. 자이로 스코우프의, 회전의의

giub|ea, -ele, s.f. 과거에 루마니아의 영주들이(boieri)가 입고 다니던 길고 넓은 옷

giugiuc, ~ă, ~i, ~e, adj. 멋진

giugiul|eală, -eli, s.f. 귀여워하기, 어루만지기

giugiul|i, -esc, -ii, -it, I. vt. 귀여워하다, 어루만지다 II. vr. 정답게(격이 없이) 이야기하다

giulgiu, s.n. **1.** 고급 린넨 **2.** 수의

giumbuş, ~uri, s.n. 익살, 까불어 대기

giurgin|ă, -e, s.f. 터키풍의 춤

giurgiuv|ea, -ele, s.f. v. 프레임, 틀

giuvaier, -e, s.n. 보석

giuvaiergere|asă, -se, s.f. 보석상인

giuvaerg|iu, -ii, s.m. 보석상, 보석세공인

giuvaiericale, s.f. 보석류

glacial, I. ~ă, ~i, ~e, adj. 얼음으로 된, 차가운, 냉담한 II. adv. 얼음처럼, 쌀쌀하게

glabr|u, ~ă, ~i, ~e, adj. [생물]털이 없는, 반들반들한

glaciar, ~ă, ~i, ~e, adj. 얼음의, 빙하의 ; perioada/epoca ~ă 빙하기

glaciologie, s.f. 빙하학

gladiator, ~i, s.m. (고대 로마의) 검투사

gladiol|ă, -e, s.f. [식물]글라디올러스

glaf, ~uri, s.n. [건축]창, 입구 따위의 위쪽 가로대

glagolitic, ~ă, ~i, ~e, adj. ; alfabet ~ 고대 슬라브 문자

glagore s.f. 진취적 기상, 지혜 ; a avea ~ în cap 분별이 있다, 온건하다

glajă, glaji, s.f. 병

gland|ă, -e, s.f. 선(腺)

glandular, ~ă, ~i, ~e, adj. 선의, 선이 있는, 선과 같은

glandul|ă, -e, s.f. 소선(小腺)

glandul|os, -oasă, -soi, -ose, adj. 선이 있는, 선으로 된

glanț, -uri, s.n. 광택, 윤

glas, ~uri, s.n. **1.** 목소리 **2.** 소리, 소음 **3.** [음악]키이, 건, 장단의 조 ; ~ dulce 달콤한 소리 ; ~ frumos 아름다운 소리 ; ~ subțire 가는 목소리 ; ~ tare/puternic 큰/강한 목소리 ; fără ~ 소리 없이 ; într-un ~ 한 목소리로, 일치된 목소리로, 통일되게 ; a da ~ (여격 지배) -을 표현하다 ; a-şi drege ~ul (이야기하기 전에) 헛기침을 하다 ; a ridica ~ul 목소리를 높이다(올리다) ; a-i pier ~ul 벙어리가 되다, 아연실색하다

glas|a, -ez, -ai, -at, vt. **1.** 얼게 하다,

G

결빙시키다 2. 윤나게 하다, 반들반들하게 하다
glaspapir, s.n. 금강사로 만든 종이
glastră, s.f. 화분
glasvand, ~uri, s.n. 프랑스식 유리창문
glaucom, s.n. 녹내장
glazur|ă, -i, s.f. 광택, 윤
glăsu|i, -iesc, -ii, -it, I. vt. **1.** 노래하다, **2.** 말하다 II. vr. 노래 부르다, 울리다
glăvoacă, s.f. 보고도 못 본체 하기
glet, ~uri, s.n. 윤택 나는 석고 칠
glezn|ă, -e, s.f. 발목
glicin|ă, -e, s.f. 등나무
glicerină, s.f. 글리세린
glicol, s.n. 글리콜(자동차의 부동제로 쓰임)
glicometr|u, -e, s.n. 취도계
gli|e, -i, s.f. 땅, 흙
gliptic, ~ă, ~i, ~e, adj.조각의, 조각에 관한
glipticǎ s.f. 조각술
gliptotec|ă, -i, s.f 조각된 보석 수집.
glis|a, -ez, -ai, -at, vi. 미끄러지다
glisan|t, -tă, -ţi, -te, adj. 미끄러지는
glisier|ă, -e, s.f. 미끄럼 막대
gloab|ă, -e, s.f. 비취, 옥
gloată, s.f. 군중
glob, ~uri, s.n. 구, 천체
glob|i, -esc, -ii, -it, vt. -을 공 모양으로 만들다.
global, ~ă, ~i, ~e, adj. 구의, 지구 전체의
globular, ~ă, ~i, ~e, adj. 구형의, 구체로, 이루어지는
globul|ă, -e, s.f. **1.** 혈(소)구 **2.** 백혈구 **3.** 적혈구
globulină s.f. 글로불린 (단순 단백질의 일종)
globul|os, -oasă, -oşi, -oase, adj. 구형의
glod, ~uri, s.n. 진흙
glod|i, -esc, -ii, -it, vt. 닦다, 갈다
gloduros, -oasă, -oşi, -oase, adj. 진흙의, 질척한
glod|os, -oasă, -oşi, -oae, adj.진흙같은, 하찮은
glomerul|ă, -e, s.f. [식물]집단 화석(花序)
glonţ, gloanţe s.m. 총알
glori|e, -i, s.f. 영광, 명성, 명망 ; a-şi face o ~ din ... -을 자랑하다 ; a se acoperi de ~ 영광을 한 몸에 지니다
glorifica, glorific, -i, -t, vt. 찬송하다, 영광을 주다
glorific|are, -ări, s.f. 찬양, 찬미, 미화
glori|os, -oasă, -oşi, -oase, adj. 영광의, 장엄한
glosa, -ez, -ai, -at, vt.-에 주석(해석)을 달다.
glosar, ~e, s.m. 어휘, 용어 해설
glosator, ~i, s.m. 어휘 주해(편집)자
glos|ă, -e, s.f. 주해 주석
glotal, ~ă, ~i ,~e, adj. 성문(음)의
glot|ă, -e, s.f. 성문(聲門), 목구멍
glucini|u, s.n. 글루시늄 (금속원소의 하나)
glucoz|ă, -e, s.f. 포도당
glug|ă, -i, s.f. 두건, 씌우개
glum|ă, -e, s.f. 농담, 해학, 익살 ; de ~ 농담으로, 재미로 ; în ~ 농담조로, 농담으로 ; nu ~ 진실로, 정말로 ; a face o ~ 농담하다 ; a se întrece cu gluma 지나치게 하다, 과장하다 ; a

şti de ~ (적절한) 농담을 잘하다 ; n-a fost decât o ~ 단지 농담이었다 ; nu e ~ 농담이 아니다
g l um|eţ, I. -eaţă, -eţi, -eţe, adj. (사람에 대해서) 재미있는, 유머스러운, .농담 잘 하는 II. s.m. 농담을 잘하는 사람, 익살꾼
glum|i, -esc, -ii, -it, vi. 농담하다
gluten, s.n. 글루텐
gluton, ~i, s.m. 대식가
gnais, ~uri, s.n. 편마암
gnom, s.n. 늙은 난장이
gnomic, ~ă, ~i, ~e, adj. 변덕스러운
gnostic, I. ~ă, ~i, ~e, adj. 지식의, 영적의, 지식에 관한, 그노시스 파의 II. ~i, s.m. 그노시스파(의 사람), 이단 그리스교도
gnosticism, s.n. 그노시스주의 (원론적인 구제관)
goan|ă, -e, s.f. **1.** 추적 **2.** 달림 **3.** 박해, 졸라대기 **4.** [동물]합궁, 결합 ; în goana clului/în goana mare 전속력으로 ; a o lua la ~ 해고하다, 쫓아내다 ; a pune pe ~ 패주시키다
goang|ă, -e, s.f. 곤충, 벌레
goarn|ă, -e, s.f. 나팔
goblen, ~uri, s.n. 고블랑 직(織) 융단(양탄자)
godac, ~i, s.m. 어린 돼지
godet|ă, -e, s.f. 물감을 섞기 위한 받침그릇.
godeu, ~ri, s.n. 물통, 양동이, 두레박
godin, ~uri, s.n. 원통 쇠 난로
goelan|d, -zi, s.m. 바다 갈매기
goelet|ă, -e, s.f. 돛대가 2-4개 있는 범선
gofr|a, -ez, -ai, -at, vt. -에 주름을 잡다
gofraj, ~e, s.n. 주름 잡기
gogâlţ interj. 꼬꼬! (암탉이 우는 소리)
gog|oaşă, -oşi, s.f. **1.** 누에고치 **2.** 안구 **3.** 도우넛 **4.** 터무니없는 엉뚱한 이야기, 괴상망측한 이야기 ; a spune/ turna/vinde/înşira la gogoşi 일러바치다, 남의 소문을 퍼뜨리다, 비밀을 누설하다
gogoman, I. ~ă, ~i, ~e adj.어리석은 II. ~i, s.m. 어리석은 사람
gogomăni|e, -i, s.f. 어리석음
gogona|t, -tă, -ţi, -te, adj. 부은, 부풀어 오른
gogon|ea, -ele, s.f. 따다 남은 가을 토마토
gogon|eţ, -eaţă, -eţi, -eţe, adj. 부은
gogorit|ă, -e, s.f. 무서운 것, 도깨비
gogoşar, ~i, s.m. 후추나무의 일종
gol, I. goală, goi, goale, adj. **1.** 벌거벗은, 나체의 **2.** 불임의, 불모인, 메마른, 농작이 안되는 **3.** 텅 빈 **4.** 불합리한, 어리석은 **5.** 순수한 ; cu capul ~ 대머리의, 모자를 벗은 채, 모자를 쓰지 않은 ; cu picioarele goale 맨발로 ; pahar ~ 빈 잔 ; pe pământul ~ 맨 땅바닥 위에서 ; e taică-său ~ 그는 그의 아버지를 꼭 닮았다 II. ~uri, s.n. **1.** 빔, 공허, 텅 빈 곳, 진공 **2.** 사막, 불모지 **3.** (축구) 골대 **4.** 결손, 부족 **5.** 갭, 공백, 여백 ; în ~ 소용없이, 헛되이 ; moartea lui lăsase un ~ 그의 죽음은 가정에 공백을 남겼다 ; a marca un ~ (축구 등에서) 한 골을 넣다 ; a umple un ~ 공백을 메우다 ; a da de ~ 속이다, 기만하다, 누설하다 ; a funcţiona/ merge

în ~ (기계가) 헛돌아가다 ; a trage în ~ 적중하지 못하다, 목적을 이루지 못하다

golan, I. ~ă, ~i, ~e, adj. **1.** (옷이) 떨어진, 누덕누덕한, 다 해어진 **2.** 누더기를 입은, 초라한 II. ~i, s.m. **1.** 누더기를 입은 초라한 사람, 부랑아 **2.** 하는 일 없이 떠돌아다니는 사람, 건달

golanc|ă, -e, s.f. 할 일 없이 돌아다니는 여자

golaş, ~ă, ~i, ~e, adj. 깃털이 없는, 털이 없는, 대머리의

golaveraj, s.n. [스포츠]골 평균

golăne|l, -i, s.m. golan의 축소형 명사

golănesc, adj. 누더기 같은

golăni|e, -i, s.f. 불한당 같은 행위

golănime s.f. 가난한 사람, 악당

goldan, s.m. 오얏나무

goldan|ă, -e, s.f. 서양 오얏나무

golf, ~uri, s.n. **1.** [지리]만, 심연 **2.** [스포츠] 골프

gol|i, -esc, -ii, -it, I. vt. 비우다, 치우다 ; a ~ o cameră 방을 비우다(청소하다) ; a ~ un pahar 잔을 비우다(다 마시다) II. vr. 비워지다

goliciun|e, -i, s.f. 벌거숭이

golir|e, -i, s.f. 비우기, 비우는 행위

gologan, ~i, s.m. 작은 동전

golomoz, s.n. 개밀

gonaci, ~ (v. gonaş, ~), s.m. 말, 경주마, 군마

gonadă, s.f. 생식선

gonaş, ~, s.m. (v. gonaci)말(馬)

gondol|ă, -e, s.f. 곤돌라

gondolier, ~i, s.m. 곤돌라 사공

gong, ~uri, s.n. 징

gon|i, -esc, -ii, -it, I. vt. **1.** 추적하다, 사냥하다, 몰다 **2.** 추방하다, 쫓아내다, 귀양 보내다 II. vi. **1.** 달리다 **2.** (가축 등이) 교미하다

goniometric, ~ă, ~i, ~e, adj. 각도 측정의

goniometrie s.f. 각도 측정

goniometr|u, -e, s.n. 각도계, 방위계

gonitor, ~i, s.m. 송아지

goniță, -e, s.f. 곤충이름

gonococ, ~i, s.m. 임균

gonoree s.f. 임질

gordian adj. nordul ~ 고대 프리지아의 고르디우스 왕이 만든 매듭, 매우 어려운 일

gorgan, ~e, s.n. 상자 형 운반기

gorgon|ă, -e, s.f. 고르곤

goril|ă, -e, s.f. 고릴라

gorni|st, -şti, s.m. 나팔수

gorun, ~i, s.m. 오크나무

goruniş, s.n. 오크나무 숲

gospodar, I. ~ă, ~i, ~e, adj. 절약하는, 현명한 II. ~i, s.m **1.** 호주, 가장 **2.** 관리인, 지배인 **3.** 농부 **4.** 남편

gospodăr|esc, -ească, -eşti,. adj. **1.** 가족의, 일가의 **2.** 주부의 **3.** 관리인(지배인)의 **4.** 부유한, 관리를 잘한, 현명한

gospodăreşte, adv. 현명하게, 경제적으로

gospodăresc, adj. 가사의, 가정의

gospodăr|i, -esc, -ii, -it, I. vt. 가사를 돌보다, 가정을 돌보다 II. vi. 가정을 가지다, 살림을 꾸려 나가다 III. vr. 집을 마련하다

gospodări|e, -i, s.f. **1.** 농장 **2.** 집안일, 가사 **3.** 가계 ; ~ (agricolă) colectivă 집단농장

gospodărir|e, -i, s.f. 현명한 운영(경영)

gospodări|t, -tă, -ţi, -te, adj. 정확한, 고정된, 확립된

gospodăr|os, -oasă, -oşi, -ose, adj. 검약하는, 아끼는

gospodin|ă, -e, s.f. **1.** 주부 **2.** 가정적인 여자(부인)

got, goţi, s.m. 고트인

gotcan, ~i, s.m. 야생 수탉

got|că, -ci, s.f. 암탉

gotic, ~ă, ~i, ~e, adj. 고딕 양식의, 고트 사람의

grabă s.f. 서두름, 신속, 속력 ; în ~ 서둘러서 ; în mare ~ 매우 서둘러서, 전속력으로 ; mai de ~ 보다 빨리, 더 잘 ; a avea ~ 서두르다 ; nu e nici o ~ 시간이 충분하다

graben, ~e, s.n. [지리]도랑, 개천, 굴

grabnic, I. ~ă, ~i, ~e, adj. **1.** 신속한, 서두르는 **2.** 예상치 못한 ; însănăşire ~ă! 쾌유(쾌차)를 기원합니다! II. adv. 급히, 서둘러서

grad, ~e, s.n. **1.** 정도, 도(度) **2.** (문법) (비교)급 **3.** [음악]도 **4.** [수학]차 **5.** 계급, 신분 **6.** (학교) 학년, 등급 ; ~e universitare (대학의) 학위 ; în ~ul cel mai înalt 최고 등급에(수준에) ; termometrul arată 10 ~e 온도계가 10도를 가리키고 있다 ; a fi ridicat în ~ 승진하다

grad|a, -ez, -ai, -at, vt. **1.** -에게 학위를 수여하다, 졸업시키다 **2.** 등급을 매기다, 눈금을 매기다

grad|are, -ări, s.f. **1.** 학위 획득, 졸업 **2.** 등급(눈금)매기기

grada|t, -tă, -ţi, -te, adj. **1.** 졸업한 **2.** 눈금을 매긴

gradaţi|e, -i, s.f. 등급 매기기

gradel s.n. 능직 옷

graden, ~uri, s.n. 계단

graf, ~i, s.m. 그래프

grafic ~ă, ~i, ~e, adj. 그래픽의

grafică s.f. 그래픽 예술

grafici|an, -ană, -eni, -ene, s.m. 스케치 하는 사람

grafi|e, -i, s.f. 글 쓰는 방법

grafit, s.n. 석묵, 흑연

grafol|og, -oagă, -ogi, -oage s.m. 필적학자, 인쇄 예술가, 복제 기술자

grafologic, ~ă, ~i, ~e, adj. 필적의

grafologie s.f. 필적학, 인쇄(복제) 기술

grafometr|u, -e, s.n. 각도

grai, ~uri, s.n. **1.** 목소리 **2.** 언어 **3.** 연설 **4.** 담화법 **5.** 방언 **6.** 단어 ; într-un ~ 만장일치로 ; prin viu ~ 구두로 ; a pierde ~l 벙어리가 되다, 말문이 막히다 ; a prinde/ da ~ 말하기 시작하다

grajd, ~uri, s.n. 마구간

gram, ~e, s.n. 그램(g)

gramatic, ~i, s.m. 문법학자

gramatical, I. ~ă, ~i, ~e, adj. 문법의, 문법과 연관된 ; greşeală ~ă 문법적인 잘못(오류) ; reguli ~e 문법 규칙 ; face multe greşeli ~e 그는 많은 문법적인 오류를 범한다 II. adv. 문법적으로

gramatic|ă, -i, s.f. **1.** 문법 **2.** 문법책 ; ~ comparată 비교문법 ; ~ generală 일반 문법(학) ; a face o greşeală de ~ 문법적인 실수를 범하다

graminee, s.f. 풀, 목초
gramof|on, -oane, s.n. 축음기, 전축 ; plăci de ~ 전축 판, 축음기 음반
grana|t¹, -te, s.n. **1.** 딱따기새우의 일종 **2.** 석류석
grana|t², -ți, s.m. 화란 국화
granată, s.f. 석류 열매
grandilocven|t, -tă, -ți, -te, adj. 호언장담하는, 과장된
grandilocvență s.f. 허풍 과장
grandi|os, I. -oasă, -oși, -oae, adj. 거대한, 장대한, 의미심장한, 힘센 II. adv. 거대하게
grand|oare, -ori, s.f. 웅장함, 거대
grandoman, ~ă, ~i, ~e, s.m. 과대망상증 환자
grandomani|e, -i, s.f. 과대망상
grangur, ~i, s.m. 꾀꼬리
granit, ~uri, s.n. 화강암
granitic, ~ă, ~i, ~e, adj. 화강암의
graniț|ă, -e, s.f. **1.** 경계(선), 국경, 극단 **2.** 한계 ; a depăși granițele (소유격 지배) -의 한계를 넘다
granula, -ez, -ai, -at, vt. 알갱이로 만들다 (표면을) 오톨도톨하게 하다
granul|are, -ări, s.f. 알갱이로 만듦, 육아발생.
granula|t, -tă, -ți, -te, adj. 알갱이의
granulat|or, -oare, s.n. 알갱이로 만드는 기계, 사람
granulați|e, -i, s.f. 알갱이 모양으로 하기
grăunț|ă, -e, s.f. 작은 알갱이, 과립
granulit, s.n. 작은 알갱이
granul|om, -oame, s.n. [병리]육아종, 성병성 육아종
granulometric, ~ă, ~i, ~e, adj. ; dia gramă ~ă 체선
granulometrie, s.f. 곡식을 섞음
granul|os, -oasă, -oși, -oase, adj. 알갱이의
granulozit|ate, -ăți, s.f. 과립성 백혈구, 과립구
grapă, -e, s.f. 말이나 트랙터로 끌면서 밭갈이 하는 농기구의 일종
grapin|ă, -e, s.f. 배를 걸어서 당기는 갈고리
gra|s, -să, -și, -se, I. adj. **1.** (de natura grasimii) 지방이 많은, 기름기 있는, 기름 같은 **2.** 끈적끈적한 **3.** 풍요로운, 부유한 ; acid ~ 지방산 ; pământ ~ 비옥한 땅 ; e ~ ca un pepene 그는 돼지처럼 뚱뚱하다 II. adv. 훌륭하게, 너그러이, 많이 ; a câștiga ~ 돈을 많이 벌다
grasei|a, -ez, -ai, -at, vi. 실수하다
graseia|t, -tă, -ți, -te, adj. 소리가 울리는, 비음의
grat|ie, -i, s.f. (la case) 창살, 격자창, 격자모양으로 만든 것. pl. 격자 창살, 격자 세공, (la inchisoare etc.)
gratific|a, gratific, -ai, -at, vt. **1.** to 수여하다, 증서하다. **2.** (a rasplati) to 보답하다.
gratificați|e, -i, s.f. 상여금, 관대함.
gratis adv. 무료로, 공짜로.
gratui|t, -tă, -ți, te, I. adj. **1.** 무료의, 호의상의 **2.** (neintemeial) 이유 없는, 사실무근의, 소용없는 ; învățământ ~ 무상교육 ; supliment ~ 부록, 증판, 증간 II. adv. 무료로, 불필요하게, 보상 없이, 이유 없이
gratuit|ate, -ăți, s.f. 무료.
gratui|a, -ez, -ai, -at, vt. 칭찬하다.

찬사를 드리다.

grați|e, I. -i, s.f. **1.** 우아함 **2.** 정밀함 **3.** 약함 ; lovitură de ~ 마무리의 일필 ; a face grații 점잔빼다, 젠 체하다, 억지로 태도를 꾸미다 ; a intra în grațiile cuiva -의 호감을 사다, -의 마음에 들다 II. prep. (전치사적으로 사용되어 후치명사를 여격으로 취함) ~의 덕택에, -의 덕분에 ; grație participării ei 그녀의 참가 덕택에

grațier|e, -i, s.f. 용서

grați|os, -oasă, -oşi, -oase, I. adj. 우아한, 단아한 II. adv. 우아하게, 단아하게

grațiozit|ate, -ăți, s.f. 호의, 자비

graur, -i, graur|e, -i, s.m. [조류]찌르레기

grav, ~ă, ~i, ~e, I. adj. 근엄한, (solemn) 엄숙한, 진정한, 진지한, 완고한, 중요한 ; accent ~ [음성]억음 ; greşeală ~ă 큰 실수 ; rană ~ă 큰 상처 II. adv 엄숙하게, 심오하게, 중하게 ; e ~ bolnav 그는 매우 아프다

grav|a, -ez, -ai, -at, vt. 조각하다, 새기다, 자르다.

grav|are, -ări, s.f.조각.

grava|t, -tă, -ți, -te, adj. 새기는

gravid|ă, -e, I. adj. 임신한, 임신 중인 II. s.f. 임신한 여자.

gravidit|ate, -ăți s.f. 임신, 임신한 상태

gravit|a, -ez, -ai, -at, vi. 중력에 이끌리다, 회전하다, 자전하다.

gravit|ate, -ăți s.f. **1.** [물리]인력, 중력 **2.** (말의) 진지함 **3.** (병 등의) 심각함.

gravitație s.f. [물리]인력, 중력

gravor, ~i, s.m. 조각가

gravur|ă, -i, s.f. 조각, 판화, 조각술, 이칭

grăb|i, -esc, -ii, -it, I. vt. 서두르게 하다, 재촉하다, 촉진시키다 ; a ~ moartea cuiva -의 죽음을 재촉하다 ; a ~ pasul/ paşii 걸음을 재촉하다 II. vr. 서두르다 ; grăbeşte-te! 서둘러라! ; ceasul lui se grăbeşte 그의 시계는 빨리 간다 ; a se ~ să prindă trenul 기차를 타기 위하여 서두르다

grăbir|e, s.f. 서두름 ; cu ~ 급히, 급하게, 서둘러서

grăbi|t, I.-tă, -ți, -te, adj. 서두르는, 급한, 성급한, 조급한 II. adv. 급히, 급하게 ; a merge (pe stradă) 급히 가다

grădinar, ~i, s.m. 정원사

grădin|ă, -i, s.f. 정원, 과수원 ; ~ botanică 식물원 ; ~ de flori 화원 ; ~ publică 공원 ; o ~ de fată 예쁜 소녀 ; o ~ de om 호남아, 쾌남아

grădinăr|easă, -ese, s.f. 여자 정원사

grădinăr|esc, -ească, -eşti, adj. 정원의, 정원사의

grădinăr|i, -esc, -ii, -it, vi. 원예하다

grădinări|e, -i, s.f. 원예하기

grădinărit s.n. 조원, 원예

grădiniț|ă, -e, s.f. 유치원

grădişte, s.f. 작은 언덕

gră|i, -iesc, -ii, -it, I.vi. 말하다 II. vt. 말을 걸다 ; a ~ pe cineva de rău -을 나쁘게 말하다

grăit|or, -oare, -ori, -oare, adj. 웅변의, 능변의

grăjdar, ~i, s.m. 종복, 하인

grăm|adă, -eli, s.f. **1.** 무더기, 더미 **2.** 군중 **3.** 집합 ; o ~ de bani 돈더미 ; cu grămada 산더미 같이 ; a culca ~ pe cineva -을 때려눕히다, -을 죽이다 ; a strânge ~ 쌓아 올리다, 모으다 ; a se strânge ~ 모이다, 축적되다 ; a veni ~ 한 떼(집단)가 몰려오다

grămăd|i, -esc, -ii, -it, vi. 모으다, 집합하다.

grămădir|e, -i, s.f. 조합, 집합

grămătic, ~i, s.m. 타자수, 비서, 경리원

grănicer, -i, s.m. 국경, 수비대원

grănicer|esc, -ească, -eşti, adj. 국경 수비의

grăp|a, -ez, -ai, -at, vt. 써레질하다

grăp|are, -ări, s.f. 써레, 쇄토기

grăpat, s.n. 써레질

grăpătur|ă, -i, s.f. 써레질하는 여자

grăpiş adv. 포복하는, 살금살금 가는

grăsa|n, ~ă, ~i, ~e, s.m. 그리고 f. 뚱뚱한 사람을 농담조로 부르는 말, gras의 확대형 명사

grăsim|e, -i, s.f. **1.** 지방 **2.** 뚱뚱함 ; ~ de balenă 고래의 지방 ; ~ de porc 라아드

grăsuli|u, -e, adj. 약간 살이 찐

grăsun, ~ă, ~i, ~e, I. adj. v. grăsuliu II. s.m. 그리고 f. 새끼 돼지

grătar, ~e, s.n. 그릴, 불판

grăun|te, -ţi, s.m. **1.** 낟알, 씨, 종자 **2.** 곡물, 곡류 ; ~ de adevăr 약간의 진실 ; sac cu grăunţe 꼴망태

grăunţ|ă, -e, s.f. 씨, 종자

grăunţ|os, -oasă, -oşi, -oase, adj. 가루로 된

grânar, ~e, s.n. 곡물 창고

grâne s.n. 낟알, 곡물, (cereale) 곡류, 씨리얼

grâ|u, -ie, s.n. 밀, 소맥, 낟알, 곡물, 씨리얼(조반용) ; cultura ~lui 밀재배 ; pâine de ~ 호밀 빵 ; recoltă de ~ 밀 수확 ; un sac de ~ 밀 자루

grea, adj. (여성에게는) 임신한, (구어체로) 가족적인 ; a lăsa ~ 임신시키다 ; a rămâne ~ 임신하다

greabăn, s.n. (말이나 개 등의) 양 어깨 사이에 볼록하게 나온 부분, 등부분, 꼭대기, 산정, 봉우리

greacă, s.f. 그리스어

greaţă, greţuri, s.f. 욕지기, 배 멀미, 토할 것 같은 느낌, 메스꺼움

grebănar, ~e, s.n. (마구의) 목걸이, 멈춤 고삐

grebăn|os, -oasă, -oşi, -oae, adj. 현저하게 쇠퇴하는

grebl|a, -ez, -ai, -at, vt. 갈퀴로 긁다

grebl|ă, -e, s.f. 갈퀴

grec, I. greacă, greci, grece, adj 그리스인의, 그리스말의, 그리스 문명의 ; limba greacă 그리스어 II. s.m. 그리스인, 그리스어, 그리스 정교, 그리스 문화

grec|esc, -ească, -eşti, adj. 그리스인의, 그리스어의

greceşte, adv. **1.** 그리스 식으로 **2.** 그리스어로

grecoaică, -e, s.f. 그리스여자, 그리스 소녀

greco-catolic, ~ă, ~i, ~e, adj. 그리스 정교 신자

greco-oriental, ~ă, ~i, ~e, adj. 그리스정교

greco-roman, ~ă, ~i, ~e, adj. 그리스-로마의

greder, -e, s.n.[건축]그레이더, 땅 고르는 기계

gref|a, -ez, -ai, -at, vt.이식되다. 융합되다.

gref|ă, -e, s.f. 접목, 이식

grefier, ~i, s.m. [법]. 서기관 (법정에서).

gregar, ~ă, ~i, ~e, adj. 군거하는, 군생하는

gregori|an, -ană, -eni, -ene, adj. 로마교황의, 그레고리력의

greier, ~i, s.m. entom. 귀뚜라미

greier|el, -ei, s.m. 귀뚜라미

gernad|ă, -e, s.f. [군사]수류탄, 소화탄.

grenadier, ~i, s.m. [조류]콩새

grenadin|ă, -e, s.f. text. 명주로 짠 얇은 천

gre|oi, I. -oaie, -oi, -oaie, adj. **1.** 꼴사나운, 어색한 **2.** 무딘, 둔감한, 우둔한 II. adv 꼴사납게, 우둔하게

grepfrut, ~uri, s.n. [식물]그레이프프루우트 (citrus decumana)

gres|a, -ez, -ai, -at, vt. 기름을 바르다, 기름으로 더럽히다

gresaj, -e, s.n. 매끄럽게 함

gresi|e, -i, s.f. [광물], 사암, 천연

gres|or, -oare, s.n. 미끄럽게 하는 것, 윤활 장치

greş, ~uri, s.n. **1.** 실수, 잘못, **2.** (defect) 결점 ; fără ~ 실수 없이 ; a da ~ 실수하다, 실망하다, 실패하다

greş|eală, -eli, s.f. 실수, (scădere) 실패, 약점, 장애 , (vină) 결점, 흠, 간과, 죄, 죄악 ; din ~ 실수로 (인해) ; fără ~ 실수 없이 ; a face o ~ 실수하다, 실수를 범하다

greş|i, -esc, -ii, -it, I. vi. 잘못하다, 틀리다, (a face o greşeală) 머뭇거리다, 실수하다 ; a ~ împotriva legii 법을 어기다 ; a ~ la şcoală 잘못 계산하다, 오산하다, 실망하다 II. vt. 실수하다, 오해하다, (주소 등을) 잘못 찾다 ; a ~ adresa 집(주소)을 잘못 찾아가다, 틀리다 ; a-şi ~ vocația 적성이나 직업 등을 잘못 선택하다

greşi|t, I. -tă, -ți, -te, adj. (fals) 틀린, 오해한, 부정한, 불합리한, 잘못된 ; cale ~ă 잘못된 길(코스) ; socoteală ~ă 오산 II. adv 거짓으로, 속여서, 부정으로

greț|os, -oasă, -oşi, -oase, adj. 구역질나는, 정말 싫은, 지겨운

greu, grea, grei, grele, I. adj. **1.** (la cântar) 무거운 **2.** (grei) 어려운, 서투른 **3.** 견고한, 고정된 **4.** 혹독한 ; ~ de cap 아둔한 ; ~ de înțeles 이해하기 어려운 ; drum ~ 어려운 길, 역경 ; iarnă grea 혹독한 겨울 ; industrie grea 중공업 ; somn ~ 깊은 잠 ; a avea un cuvânt ~ de spus 이 문제에 결정권을 가지고 있다 ; a avea o mână grea 서투르다 ; a fi ~ de/la cap 아둔하다 II. adv (greoi) 무겁게, 힘들게, 위험하게 ; aude ~ 그는 잘 못 듣는다 ; a cădea ~ la stomac 소화가 잘 안되다 ; a dormi ~ 숙면하다 ; a fi ~ bolnav 중병을 앓고 있다 ; va fi ~ să-l facem să înțeleagă că ... 그가 -을 하도록 설득하기는 어려울 것이다 ; o să fie ~ să ... -하는 것은 쉽지 않겠다 ; îmi vine ~ să ... -하는 것은 어려울 것으로 여겨진다 III. s.n. 무게, 어려움, 힘듦 ; cu ~

어렵게, 간신히 ; a duce ~l -의 정면에 나서다 ; a da de ~ 곤경에 처하다 ; a munci ~ 열심히 일하다 ; a suspina din ~ 깊은(무거운) 한숨을 쉬다 IV. s.m. [스포츠] 헤비급(선수)

greut|ate, -ăţi, s.f. **1.** 무게, (povară) 무거운 짐 **2.** (dificultate) 어려움, 힘듦 **3.** (influenţă) 영향력, 권세 **4.** (스포츠) 아령 ; cu ~ 중요한, 영향력이 있는, 어렵게, 힘들게 겨우, 간신히 ; om cu ~ 영향력이 있는 사람 ; fără ~ 어려움 없이 ; lipsă la ~ 무게가 모자라는, 체중미달의 ; a avea ~ 중요하다 ; a avea o ~ de ... -의 무게가 나가다 ; a face greutăţi cuiva -을 곤란에 처하게 하다 ; a întâmpina greutăţi 어려움(곤경)에 처하다 ; a învinge greutăţi 어려움을 이겨내다 ; nu e nici o ~ 아무런 어려움이 없다

grev|a, -ez, -ai, -at, vt. 일으키다, 남기다, 수반하다.

grev|ă, -e, s.f. 작업 중지, 파업 ; ~ generală 총파업 ; spărgător de ~ 파업이탈자 ; ~ cu braţele încrucişate 연좌농성 ; a declara ~ 파업을 선언하다 ; a face ~/a se pune în ~ 파업하다

grevi|st, -stă, -şti, -ste, s.m. 그리고 f. 파업 참가자.

gri, adj. 회색의, 잿빛의, 창백한

grif|ă, -e, s.f. 떠들면서(소리치면서) 선전하는 사람.

grifon, ~i, s.m. (그리스 신화에서)독수리 머리, 날개에 사자의 몸통을 가지 괴수.

grij|ă, -i, s.f. **1.** 걱정, 근심, (nelinişte) 걱정, 불안 **2.** (atentie) 신중, 조심, 유의 ; cu ~ 신중하게, 조심스럽게 ; fără ~ 무관심하게, 조심하지 않고 ; în grija cuiva -을 걱정하여 ; prin grija (소유격 지배) -의 덕분에 ; a alunga toate grijile 모든 근심(걱정)을 떨쳐버리다 ; a avea ~ de cineva -을 돌보다 ; a nu avea ~/a fi fără ~ 마음 편하다 ; a da în grija cuiva -의 돌봄에 맡기다 ; a intra la ~ 걱정하다

grij|i, -esc, -ii, -it, I. vt. **1.** (a pregăti) 준비하다 **2.** 돌보다, 관리하다 II. vr. 공급(제공)되다 III. vi. ; a ~ prin cameră 방을 정리(정돈)하다

grijit|or, -oare, -ori, -oare, adj.**1.** 관리하는 **2.** 걱정하는

grijuli|u, -e, -i, adj. 주의 깊은, 세심한, (precaut) 경계하는, 신중한, (socotit) 생각 깊은.

grilaj, ~e, s.n. 격자

gril|ă, -e, s.f. **1.** 격자, 쇠창살 **2.** 창살문 **3.** (군사) 쇠창 장애물.

grim|a, -ez, -ai, -at, I. vt. 구성하다, 그리다. II. vr. (얼굴을) 화장하다.

grim|are, -ări, s.f. 화장, 치장

grimas|ă, -e, s.f. 얼굴을 찌푸림 ; a face grimase 얼굴을 찌푸리다

grima|t, -tă, -ţi, -te, adj. 만들어낸, 색칠한.

grim|ă, -e, s.f. 조립, 마무리, 화장

grind, ~uri, s.n. 둑, 제방, 언덕

grindă, grinzi, s.f. 대들보

grindei, -e, s.n. **1.** (de plug) 쟁기 **2.** (grinda mica) 들보 **3.** (fusul morii) 물레바퀴의 축대

grind|el, -ei, s.m. 미꾸라지

grindin|ă, -e, s.f. **1.** 우박, 싸락눈 **2.** 소나기 ; a da ~ 우박이 내리다

grindiş, ~uri, s.n. [건축]장선, 들보

grip|a, pers. 3, -ează, -ă, -at, vr. [기술](기계가 과열 등으로) 멈춰서다, 고장 나다.

gripa|t, -tă, -ţi, -te, adj. **1.** 고장난, 멈춰선 **2.** 독감으로 고통 받는

grip|ă, -e, s.f. [의학]인플루엔자, 독감,

gripc|ă, -i, s.f.긁는 기구, 깎는 기구

griş, s.n. (체질한 후에 남는)거친 밀가루

griv, ~ă, ~i, ~e, adj. 얼룩덜룩한, 반점이 있는

grizu, s.n. 폭발성 매탄 가스 (pit) 가스

groapă, gropi, s.f. **1.** 골짜기, 분지 **2.** 굴, 동굴 **3.** 구덩이, 구멍, 공동 ; a vârî/băga pe cineva în ~ -을 파묻다, 매장하다 ; e cu un picior în ~ 그는 죽음에 임박하여 있다 ; e prost de dă în gpropi 그는 엄청 어리석다 ; cine sapă groapa altuia cade singur într-însă 제 무덤을 파다

groază s.f. (갑자기 느끼는) 공포, 경악, 놀람 ; o ~ de bani 돈 더미 ; cuprins de ~ 공포에 사로잡혀 ; a băga groaza în cineva -을 겁주다 ; a se cutremura de ~ 공포로 떨다 ; mi-e ~ de ... 나는 -이 두렵다 ; mi-e ~ când/să mă gândesc 나는 -을 생각하기만 해도 치가 떨린다(두렵다) ; mă apucă/cuprins groaza 공포가 엄습한다

groaznic, I. ~ă, ~i, ~e, adj. 무서운, 두려운, 무시무시한 II. adv 대단히, 무섭게, 두렵게

grobi|an, -ană, -eni, -ene, I. adj. 버릇없는, 무례한 II. s.m. 버릇없는 녀석, 놈

grof, ~i, s.m. 헝가리 백작

grog, ~uri, s.n. 독주, 그로그주

grohă|i, grohăi, -ii, -it, vi. (돼지가) 꿀꿀거리다. (사람이)툴툴거리다

grohăit, s.n. 꿀꿀거림, 툴툴거림.

grohot|i, -esc, -ii, -it, vi. 으르렁거리다, 고함치다.

grohotiş, ~uri, s.n. [지질], 암설 파편, 부스러기.

gromovnic, ~e, s.n. (너도밤나무에서 글자를 세긴데서 유래해) 책, 서적

gropar, ~i, s.m. 무덤 파는 일꾼, 교회지기.

gropiş, ~uri, s.n. 황무지, 황야

gropiţ|ă, -e, s.f. (in obraji) 보조개

gropniţ|ă, -e, s.f. 지하 납골당

gros groasă, groşi, groase, I. adj. 두꺼운, 커다란, (voluminos) 부피가 큰, 다루기 힘든, (compact) 탄탄한, (ant. fin) 조잡한, 결이 거친, (dens) 밀집한, 빽빽한 ; carte groasă 두터운 책 ; ceaţă groasă 짙은 안개 ; cu buzele groase 두터운 입술을 가진 ; cu obrazul ~ 철면피의 ; voce groasă 베이스(목소리)의 II. adv. (mult) 많은, (f. mult) 매우 많이, 폭넓게, 충분하게 ; a fi îmbrăcat ~ (옷을) 두툼하게(따듯하게) 걸치다 ; pâinea e tăiată prea ~ 너무 굵게 썰어진 빵 III. s.m.. (bustean) 통나무 IV. s.n. **1.** 대부분, 다수 **2.** 감옥, 교도소

grosci|or, -oară, -ori, -oare, adj. 상당히 큰

grosim|e, -i, s.f. **1.** 두께 , 거대한 것 **2.** 치수, 폭, 너비, 높이, 깊이

grosolan, ~ă, ~i, ~e, adj. 거칠거칠

한, 다듬지 않은 II. adv 조잡하게, 야비하게

grosolăni|e, -i, s.f. 무례 ; a spune o ~ cuiva -에게 버릇없이 굴다, 무례한 언행을 하다

grot|ă, -e, s.f. 작은 동굴.

grote|sc, I. -scă, -st i, adj. 그로테스크풍의, , (nizar) 기괴한, 이상한 II. s.n. 그로테스크양식

grozamă, s.f. **1.** [식물]금작화 **2.** 비, 대비, 자루, 브러시(Genista).

grozav, ~ă, ~i, ~e, I. adj. **1.** 무서운, 끔찍한 **2.** 이상한, 비범한 ; ~ la vedere 보기에 무시무시한 ; a se crede ~ 스스로를(자신을) 과신하다 II. adv. (~ de) (extrem de) 극도에, 엄청나게, 지나치게 ; îmi pare ~ de rău de asta 이것에 대하여는 대단히 죄송하게 생각합니다 III. s.m. ; a face pe - ul 잘난 척하다

grozăveni|e, -i, s.f. 공포

grozăv|i, -esc, -ii, -it, vr. -인체 하다, 빼기다, 뽐내다, 자랑하다

grozăvi|e, -i, s.f. **1.** 흉악, 잔인, 공포 **2.** 괴물 ; nu e cine ştie ce ~ 그것은 전혀 이상하지 않다

grui, ~e, s.n. **1.** 언덕, 꼭대기, 정상 **2.** 조그만 산, 흙더미

gruie s.f. [조류]학, 두루미.

gruma|z, -ji, s.m. (gât) 목, (ceafa) 목덜미, (spate) 등(어리)

grund, ~uri, s.n. **1.** [예술] 바탕색, 바탕 **2.** [건축]회반죽

grunz, grunji s.m. s.n. 덩어리, 흙덩어리

grunzur|os, -oasă, -oşi, -oase, adj. 거친, 험악한

grup, ~uri, s.n. 떼, 그룹, (de oameni sau obiecte aşezate alături) 송이, 한 덩어리 ; fotografie în ~ 단체사진 ; studiu în ~ 그룹 스터디(함께 공부하는 것)

grup|a, -ez, -ai, -at, I. vt. 한 떼로 만들다. 모으다, 분류하다 ; a ~ în jurul său 그의 주변으로 모이게 하다 II. vr. 떼를 짓다, 모이다, (집단이)조화되어 있다 ; a se ~ în jurul partidului 당을 중심으로 세력을 가다듬다

grup|are, -ări, s.f. 모임, (clasificare) 분류

grup|ă, -e, s.f. [군사]부대, 그룹, 떼, 무리 ; ~ sanguină 혈액형 ; ~ sindicală 노동조합

guano s.m. 구아노

guar|d, -zi, s.m. [군사]보초, 파수꾼, 수비대, 감시원

guaş|ă, -e, s.f. arte 구아슈 수채화법.

guberni|e, -i, s.f. 주, 성, 지방

gudr|on, -oane, s.n. 콜타르피치, 아편, 커피

gudron|a, -ez, -ai, -at, vt. 타르로 칠하다. 오명을 씌우다, (배에) 타르칠하다.

gudron|are, -ări, s.n. 타르

gudrona|t, -tă, -ţi, -te, adj. 타르칠한.

gudura, gudur, -ai, -at, vr. **1.** (사슴이) 새끼를 낳다 , (개가) 꼬리를 치다 **2.** 아첨하다, 알랑거리다, 아첨하다

gugiuman, ~e, s.n. 검은 담비 털로 만든 모자

guguştiuc, ~i, s.m. **1.** 염주비둘기 **2.** 비둘기

guiţ interj. (의성어) 끽끽, 찍찍, 꿀꿀

(돼지나 쥐 따위의 울음소리)

guiț|a, guiț, -ai, -at, vi. 찍찍(꿀꿀)거리며 울다, 삐그덕 거리다.

guițat s.n. 찍찍(꿀꿀) 우는 소리, 비명.

gulaş, ~uri, s.n. 굴라시(맵게 한 쇠고기와 야채의 스튜요리), 헝가리풍의 요리

guler, -e, s.n. **1.** 칼라 깃, 폭이 넓은 넥타이 **2.** [기술]칼라, 이음 고리 ; ~ de cămaşă 샤츠 깃 ; ~ de haină 코트 깃 ; a apuca pe cineva de ~ -의 목덜미를 (붙)잡다

guleraş, ~e, s.n. (pt doamne) 여성용 칼라

gulera|t, -tă, -ți, -te, I. adj. **1.** 칼라를 단 **2.** 목 부위에 선이 그어진 II. s.m. 거들먹거리는 하급관리

guli|e, -i, s.f. [식물]일종의 무 (둥근 형태를 가짐)

gum|a, -ez, -ai, -at, vt. -에 고무를 바르다. 고무를 붙이다., -에 고무를 입히다.

guma|t, -tă, -ți, -te, I. adj. 고무질로 된 II. s.n. 고무질

gum|ă, -e, s.f. (cauciuc) **1.** 고무 **2.** 고무지우개 **3.** 나무의 진, 송진 ; ~ de maşină 타자용 지우개 ; ~ de mestecat (츄잉) 껌

gumilastic, ~e, s.n. **1.** 탄력성(string) **2.** 고무

gun|oi[1], -oaie, s.n. **1.** (murdarie) 쓰레기, 음식쓰레기, 폐기물, 잔반 **2.** (balegar) 똥, 거름, 비료 **3.** 떠있는 찌끼, 거품 ; carul cu ~ 쓰레기 수거차 ; a face ~ 어질러 놓다

gun|oi[2], -iesc, -ii, -it, I. vt. 비료를 주다, 땅을 갈다. II. vr. (a slabi de tot) 야위고 쇠약해지다.

gunoier, ~i, s.m. 쓰레기 청소부, 거리 청소부

gunoi|os, -oasă, -oşi, -oase, adj. 더러운

gunoi|t, -tă, -ți, -te, adj. 거름을(비료를) 준 II. s.n. 거름, 비료

gunoişt|e, -i, s.f. 많은 양의 쓰레기

guraliv, ~ă, ~i, ~e, adj. 말 많은, 수다스러운, 시끄러운

gur|ă, -i, s.f. **1.** 입 **2.** 한입의 (소)량 **3.** (동물의) 입, 주둥이 **4.** 구멍, 입구 **5.** 말, 연설 **6.** 말다툼 **7.** 어린아이, 호구 **8.** 맛, 미각 ; gura lumii 세상이야기, 뒷공론 ; ~ de cuțit 칼날 ; ~ de incendiu 소화전 ; ~ de vânt 환풍기 ; gurile rele 독설 ; apă de ~ 목을 행구는 물(약) ; cu jumătate de ~ 억지로 ; din~ în ~ 입에서 입으로, 구전되어 ; în gura mare 큰 소리로 ; mură-n ~ 부르면 즉시 오는 , 대기하여, [상업]청구하는 대로 ; n-am ~ 나는 섣불리 말하지 않겠다 ; are cinci guri de hrănit 그는 5명의 식솔을 거느리고 있다(먹여 살려야 한다) ; a-şi bate/răci gura degeaba 말해야 아무 소용없다, 쓸데없는 말을 하다 ; a da o ~ cuiva -에게 키스하다 ; a nu deschide gura 입을 열지 않는다 ; a face ~ 떠들어 대다 ; a închide gura cuiva -의 입을 막다, -을 침묵케 하다 ; a lega gura pânzei 저축하다 ; a trage o ~ cuiva -을 (불러다) 야단치다 ; a scăpa ca din gura lupului 구사일생으로 살아나오다 ; a fi cu gura mare 떠들어 대다, 말다툼을 걸다 ; a fi în gura lumii 세상에 회자되다 ; a râde cu jumătate de

~ 쓴 웃음을 짓다 ; a se pune cu gura pe cineva -에게 잔소리하다, 설교하다 ; a sări cu gura la cineva -에게 나쁜 감정을(원한을) 품고 있다 ; a vorbi cu gura plină 입에 가득 문체 말하다 ; a fi bun de ~ 말재주가 있다 ; a lua pâinea de la gura cuiva -의 빵을 가로채다 ; am auzit-o chiar din gura lui 그의 입으로부터 직접 들었다 ; dă din ~/îi umblă gura 그는 말을 너무 많이 한다 ; a grăi din ~ 말하다 ; a lua vorba din gura cuiva -의 이야기를 가로채다 ; taci din ~/ține-ți gura! 입닥쳐! ; a trece din ~ în ~ 입에서 입으로 구전되다 ; a fi gura tutulor 소문이 세상에 퍼지다 ; nu ia vin în ~ 그는 포도주를(술을) 입에도 대지 않는다 ; a intra în gura lumii 장안에 화제가 되다(소문이 퍼지다) ; n-am pus nimic în ~ 나는 아무것도 입에 대지 않았다 ; a-și duce degetul la ~ 손가락을 입에 대다 ; a-și ține gura 입을 다물다, 침묵하다 ; a fi liber la ~ 자유롭게 말하다 ; a trăi de la mână până la ~ 그는 겨우겨우 먹고 산다 ; a uita de la mână până la ~ 건망증이 심하다 ; cuvântul îmi umblă prin ~ 그 말이 입가에서 멤돈다 ; a căsca cât îl ține gura 하품을 하다 ; a-l lua gura pe dinainte 비밀을 잽싸게 지껄이다(누설하다) ; a striga cât îl ține gura 큰소리로(악을 쓰며) 말하다(외치다) ; ce intră în gura lupului nu se mai scoate 엎질러진 우유를 한탄한들 무슨 소용이 있으랴

gură-cască s.m. **1.** 입을 벌리고 멍하니 바라보는 사람 **2.** (놀라움 등으로)입을 딱 벌리고 응시함, 멍하니 바라봄 **3.** 쉽게 속는 사람, 숙맥 ; atitudine de ~ 속기 쉬움, 어리석음, 멍청함

gureș, ~ă, ~i, ~e, adj. 수다스러운, 말 많은

gurgui, ~e, s.n. **1.** (de ulcior) 주둥이, 입 **2.** 동물의 젖꼭지 **3.** (vârf de opinca)연장의 아래 끝 **4.** (vârf de deal) 언덕 꼭대기

guriț|ă, -e, s.f. **1.** (sărutare) 입맞춤, 키스 **2.** 한 입

gurman|d, -dă, -zi, -de, I. adj (lacom) 탐욕스러운, (amator de mincaruri bune) 풍미스러운 II. s.m. 그리고 f. 대식가

guru, s.m. 현자, 철학자

guru|i, pers.3, guruie, -ii, -it, vi. (의성어) 돼지 따위가 꿀꿀거리다

gust, ~uri, s.n. **1.** 미각, 맛, 입맛 **2.** 기호, 취미, 취향 **3.** 바램, 갈망, 희망사항 ; ~ acru 신맛 ; ~ amar 쓴맛 ; ~ dulce 단맛 ; cu ~ 맛좋은, 풍미 있는, 품위 있게, 아취 있게, 맛있게 ; o fată după ~ul lui rmdml 마음에 맞는 여자(소녀) ; fără ~ 맛없는, 무미건조한, 멋없는 ; numai așa de (un) ~ 단지 오락으로 ; pe ~ul cuiva -의 취향에 맞게 ; ai ~ de plimbare? 산책할 의향이 있느냐? ; albușul de ou nu are nici un ~ 계란 흰자는 아무런 맛이 없다 ; a avea ~ 맛이 있다 ; a avea ~ de ... -의 맛을 가지다, -할 경향이 있다 ; a-și satisface ~ul -의 욕구를(욕망을) 충족시키다 ; a fi pe ~ul cuiva -의 취향이다 ; mi-a trecut tot ~ul de așa ceva 나는 그것에

대한 기호를 잃었다(더 이상 좋아하지 않다) ; a-i veni ~ de ... -하고 싶어지다 ; ~urile nu se discută 취미는 백인백색이다

gusta, gust, -ai, -at, vt. **1.** 맛보다 **2.** 시도하다, 경험삼아 해보다, 즐기다

Gustar, s.m. 8월

gust|are, -ări, s.f. **1.** 맛보기, 시식하기, **2.** 스낵류, 애피타이저 ; ~a de dimineață 아침식사 ; a lua o mică ~ 간식하다, 요기하다

gusta|t, -tă, -ți, -te, adj. 감미한, 음미된, 경험한

gustativ, ~ă, ~i, ~e, adj. 미각의

gustărică s.f. 스낵, 간단한 식사.

gust|os, -oasă, -oşi, -oase, adj. 맛있는, 맛좋은, 풍미 있는, 향기로운 ; a pregăti un prânz ~ 맛있는 저녁식사를 준비(요리)하다 ; a fi ~ 맛있게(잘) 먹다, 맛있다

guşa|t, I. -tă, -ți, -te, adj. 갑상선종의 II. s.m. 갑상선종의 환자

guş|ă, -i, s.f. **1.** 수확, 작물 **2.** 혹, 종기, 갑상선종, 피지선 낭종 **3.** 두층으로 된 턱 ; cu ~ 갑상선종을 앓고 있는 ; a face ~ 선종(낭종)을 갖다(앓게 되다)

guşter, I. ~i, s.m. 초록색의 도마뱀 II. s.n. **1.** 목구멍 **2.** 위막성 후두염

gutapercă s.f. 구타페르카(수액을 건조시킨 고무 같은 물질)

gută s.f. 팔, 다리 등의 통증, 관절염 ; bolnav de ~ 관절염을 앓고 있는

gut|os, -oasă, -oşi, -oase, adj. 관절염의

gutui, s.m. [식물]마르멜로 나무

gutuie, gutui, s.f. 마르멜로 열매

guturai, ~uri, s.n. 감기 (두통), 콧물감기 ; cu ~ 감기에 걸린, 감기에 걸려서 ; a avea ~ 감기에 걸려 고생하다(앓다) ; a căpăta ~ 감기에 걸리다

gutural, ~ă, ~i, ~e, adj. **1.** 쉰 소리의, 후두음의 **2.** 후두의 ; sunet ~ 후두음

gutural|ă, -e, s.f. **1.** [음성]후두음 **2.** 후두

guvern, ~e, s.n. 정부, 내각 ; ~ republican 공화정(부)

guvern|a, -ez, -ai, -at, I. vt. **1.** 지배하다, 다스리다 **2.** (문법적으로) 지배하다 II. vi. 권좌에 머무르다, 실권을 쥐고 있다, 지도적 입장에 있다 III. vr. 통치되다, 지배되다

guvernamental, ~ă, ~i, ~e, adj. 정부의 ; birouri ~e 정부산하의 행정단위(국 등) ; ziar ~ 정부지(신문 등)

guvernan|t, I. -tă, -ți, -te, adj. 지배하는, 다스리는 II. ~i, s.m. 관료, 공무원

guvernant|ă, -e, s.f. 여자 가정교사, 간호사

guvern|are, -ări, s.f. 지휘, 통제, 행정 ; sistem de ~ 정부체제

guvernator, ~i, s.m. 지사, 통치자

guvernăm|ânt, -inte s.n. ; formă de ~ 정부형태

guvernor, ~i, s.m. 통치자, 지배자

guvi|d, -zi, s.m. 황어속의 물고기

guzgan, ~i, s.m. 쥐

H

H, h, s.m. 루마니아어 알파벳의 10 번째 자

ha, interj. s.m. 하!(놀람, 슬픔, 기쁨을 나타냄)

habar, s.n. 앎, 개념 (주로 표현에서) ; a nu avea habar de(또는 despre) ceva -에 대해서 전혀 모르다, -에 대해서 생각이 전혀 없다 ; nici să n-ai ~ 그것에 대하여선 아무런 걱정을 마라

habitaclu, s.n. [항해]나침판의 가대

haboca, s.f. ; cu~ 강제로, 폭력으로

habotnic, ~ă, ~i, ~e, adj. 편협한, 열광적인

habotnici|e, -i, s.f. 편협

hac¹, ~uri, s.n. **1.** (불만 등을 무마할) 처방 ; a-i veni cuiva de ... -에게 이기다 **2.** 월급,

hac², ~uri, s.n. **1.** 눈에 미끄러지기 않기 위해서 신발에 탈착하는 일조의 못(아이젠) **2.** 스노우 체인

hachițe, s.f. **1.** 발작, 경련 **2.** 변덕 ; când îi vin ~le 마음이 내키면, 기분이 좋으면

hagealâc, ~uri, s.n. 순례여행

hagiograf, ~i, s.m. 성문집의 저자 중 한사람

hagiografic, ~ă, ~i, ~e, adj. 성문집(유태인의 구약성서 중에서 율법서와 예언서에 속하지 않는 부분)

hagiografie, s.f. 성인전의 연구

hag|iu, -ii, s.m. 순례자

hahaler|ă, -e, s.f. 불량배, 지긋지긋한 놈

haham, ~i, s.m. 백정

hai, interj. (상대를 독려할 때 쓰는 감탄사) 자! 와라! 해라! ; ~, ~ 차츰차츰, 점차적으로, 여유 있게, 유유히

haida, interj. hai와 동의어 (독려할 때 사용) 자! 힘 내!

haidamac, I. ~i, s.m. 게으름뱅이, 말라깽이, 싱거운 사람, 사기꾼 II. ~e, s.n. 몽둥이, 곤봉, 회초리, 통나무

haidă|u, -i, s.m. 소치는 사람

haide, interj. hai 와 같은 뜻(독려를 위한 감탄사)

haidoş, ~ă, ~i, ~e, adj. 용감한, 산적 같은, 우락부락한

haiduc, ~i, s.m. **1.** 불한당, 무법자 **2.** 산적, 의적

haiduc|esc, -ească, -eşti, adj. **1.** 불한당의, 무법자의 **2.** 의적의, 산적의

haiduceşte, adv. **1.** 불한당처럼 **2.** 산적과 같이

haiduc|i, -esc, -ii, -it, vi. **1.** 불한당의 생활을 하다 **2.** 산적 질하다.

haiduci|e, s.f. **1.** 비합법화, 법률 무시 **2.** 의적(산적)노릇

haihui, ~e, I. adj. 어리석은, 주의가 부족한 II. adv. **1.** 목적 없이 **2.** 조심성 없이 ; a umbla ~ 배회하다, 방랑하다

hailaif, s.n. 상류사회(의 생활)
haimana, ~le, s.f. 게으름뱅이, 뜨내기, 방랑자
haimanalâc, ~uri, s.n. 빈둥댐, 건들거림, 어슬렁거림,
hain, I. ~ă, ~i, ~e, adj. 사악한, 잔인무도한, 악독한 II. adv. 잔인하게, 참혹하게
hain|ă, -e, s.f. **1.** 코트, 자켓 **2.** 의류, 옷, 입는 것의 총칭 ; ~ la două rânduri 2중의 가슴부분을 단 코트 ; ~ de blană 털 코트 ; ~ de lucru 작업복 ; ~ de sărbătoare 일요일에 입는 예복 ; ~ de seară 이브닝드레스 ; haine de gata 기성복 ; în haine civile 평범한 복장으로 ; un rând de haine 정장 한 벌 ; haina îi vine ca turnată 정장(양복)이 그에게 잘 맞는다 ; nu haina face pe om 옷이 사람을 만들지는 않는다
hain|i, -esc, -ii, -it, vr. 사악해지다, 잔혹해지다, 매정해지다, 무자비해지다
haini|e, -i, s.f. 사악함, 잔악함
haini|t, -tă, -ţi, -te, adj. **1.** haini의 과거 분사 형, **2.** 사악해진, 못된
hainlâc, ~uri, s.n. 폭동, 소요
haios, -oasă, -oşi, -oase adj. 웃기는
hait, interj. **1.** (두려운 일이나 안 좋은 일이 생겨) 놀랄 때 사용하는 감탄사 **2.** (강한 의심을 나타낼 때 사용하는 감탄사) 그래서 **3.** 그것이 전부다!
hait|ă, -e, s.f. (육식 동물의) 무리, 개떼, 이리떼
haitic, ~uri, s.n. 이리떼
haitiş, ~ă, ~i, ~e, adj. 안짱다리 모양의, (안으로) 휘어진, 굽은
haizas, ~e, s.n. **1.** 산비탈, 산중턱 **2.** 지붕
hal, s.n. (일반적으로 나쁜) 상태, 곤경, 참담한 상태, 슬픈 상태 ; a fi într-un ~ fără de ~ 초라한(비참한) 모습이다
halaj, s.n. 견인(배, 자동차등의)
halal, interj. ; ~ să-ţi fie! (일이 잘 마무리 되었을 때 사용하는 감탄사) 잘했어!, 훌륭해!
halat, s.n. 가운, 실내복, 작업복
hal|ă, -e, s.f. 공회당, 시장 등 지붕이 있고 넓은 실내 공간이 있는 광장식 건물 ; ~ de peşte 어물전(어물시장) ; ~ de vechituri 중고품시장
halău, s.m. 고기 담는 망태기
halb|ă, -e, s.f. 맥주잔, 크고 도톰한 잔
halca, ~le, s.f. 환(環), 고리
halcă, hălci s.n. 두툼한 덩어리
haldă, s.f. 쓰레기 더미
haleală, s.f. **1.** 게걸스러움 **2.** 음식을 게걸스럽게 먹음
halebard|ă, -e, s.f. 도끼 창
halebardier, ~i, s.m. 창부병(槍斧兵), 호위병
half, ~i, s.m. (축구 등 구기운동) (mijlocaş) 미드필더, 중간수비수
halenă, s.f. 숨, 숨결, 가벼운 호흡
hal|i, -esc, -ii, -it, I. vt. 게걸스럽게 먹다, 걸신들린 듯 먹다 II. vi. 음식을 먹다
halic|e, -i, s.f. (alică) (종이·빵·초 등의) 둥글게 뭉친 것, 돌멩이(투석용(投石用)), 작은 총알, (공기총 따위의) 탄알, 산탄, 작은 알약
halima, ~le, s.f. **1.** 아라비안나이트 (천일야화) **2.** 혼란(상태), 분규, 착

잡함, 당황, 얼떨떨함

halo, ~uri, s.n. **1.** (해·달의) 무리, 후광[그림에서 성인의 머리 위쪽에 나타내는 광륜(光輪) **2.** 렌즈에 정규 굴절 이외의 광선이 들어와 영상이 부옇게 되거나 둥근 흰 반점이 나타나는 현상. 플레어(flare)

halogen, ~i, s.m. 할로겐족 원소

haloi|d, -dă, -zi, -de, adj. 할로겐화된

halt, interj. (군대의 구령) 서!, 멈춰!

haltă, -e, s.f. **1.** (건물이 없는) 정거장, (전차·버스의) 정류소 **2.** 기차의 잠시 정차 **3.** 멈춤 ; a face o ~ 멈추다

halter|ă, -e, s.f. 역기

haltere, s.f. 역도 경기

halterofil, ~i, s.m. 역도선수

halterofilie, s.f. 역도 경기 (현대어에서는 사용 안 함)

halucinan|t, -tă, -ți, -te, adj. 환각을 일으키는

halucina|t, -tă, -ți, -te, s.m. 환각에 빠진

halucinație, s.f. 환각, 환영

halva, -le, s.f. 할바(으깬 깨나 아몬드 따위를 시럽으로 굳힌 터키·인도의 과자)

halvagi|u, -i, s.m. 할바를 만들거나 파는 사람

ham¹, ~uri, s.n. 마구 ; cal de ~ 짐수레용 말

ham², interj. 와!

hamac, ~uri, s.n. 달아맨 그물 침대

hamal, s.m. **1.** 수화물 운반인 **2.** 항만 노동자, 부두 하역 인부 ; a munci ca un ~ 하인(노예)처럼 일하다

hamalâc, s.n 천한 일

hambar, ~e, s.n. **1.** 광, 헛간, 차고 **2.** 창고, 곡식창고

hamei, s.n. [식물]홉(맥주의 쓴맛을 내는 향료

hamiş, ~ă, ~i, ~e, adj. 간사한, 악의에 찬

hamsie, -i, s.f. 안초비(멸치속의 작은 물고기)

hamut, ~uri, s.n. 말의 목걸이

han¹, ~uri, s.n. (길가의) 작은 여관

han², ~i, s.m. 칸(중세 타타르 몽고 등 여러 부족의 지배지) (아프가니스탄 파키스탄, 인도의 귀족, 고관의 존칭)

hanat, s.n. 칸의 통치 영토

handbal, s.n. [스포츠]핸드볼

handicap, ~uri, s.n. 불리한 조건

handicap|a, -ez, -ai, -at, vt. 불리한 입장에 서게 하다, 방해하다

handrală|u, -i, s.m. 아무 쓸모없는

hang, s.n. **1.** [음악]반주 **2.** 부속물 ; a ține ~ul cuiva -의 반주를 하다, -의 예속물이(부하가) 되다

hanger, ~e, s.n. **1.** 오두막집 **2.** 격납고, 차고, 곳간

hangioaic|ă, -e, s.f. 안주인

hang|iu, -ii, s.m. 여인숙 주인

hanorac, s.n. 방한용 웃옷

hant|ă, -e, s.f. **1.** 누더기 **2.** 입, 주둥이

haos, ~uri, s.n. 무질서 혼란

haotic, ~ă, ~i, ~e, adj. 대혼란의

hap¹, ~uri, s.n. 약, 의약 ; a înghiți ~ul 약을 삼키다

hap², interj. (같은 종류의 것을 발견했을 때 내는 소리) 이것과 같은 거다!

hapcă, s.f. 낚시 바늘, 낚시 도구 ; cu

H

~ 폭력으로, 강압적으로 ; a lua cu hapca 강압적으로 취하다
haple(a), s.m. 얼간이, 멍청이, 바보
hapsân, ~ă, ~i, ~e, adj. 사나운
har,~uri, s.n. 고상함
haraba, ~le, s.f. 탈것, 마차
harababură, -i, s.f. 혼동
harabagie, s.f. 마부의 직업, 마부일
harabagi|u, -i, s.m. 마부
harabaie, harabai s.f. **1.** 큰 집, 대궐 **2.** 큰 마차
harac, -i, s.m. 포도나 홉의 덩굴을 바치는 막대기
harachiri, s.n. 할복
haraci, ~uri, s.n. 공물, 공세
haraiman, s.n. 야단법석, 소동
haram, ~uri, s.n. 말, 야윈 말, 길들이지 않은 말, 노쇠한 말 ; ~ că ... -은 애석한 일이다(유감천만이다) ; un ~ de om 망나니, 밥벌레 ; de ~ 부정하게, 불법적으로, 무료로, 공짜로 ; a mânca ~ 큰소리치다 II.~ă, ~i, ~e, adj. 괘씸한, 저주받은 ; de ~ vine, de ~ se duce 얻기 쉬운 것은 잃기도 쉽다
harambaşă, ~i, s.m. 두목, 우두머리
haramin, ~i, s.m. 도둑, 강도, 악한
harancă, s.f. 마녀, 마왕
harapnic, ~e, s.n. 회초리
harbu|z, -ji, s.m. 수박
harbuzări|e, -i, s.f. 수박농원
harbuz|esc, -ească, -eşti, adj. 수박 모양의, 수박 같은
harceaparcea, adv. a face ~ 산산 조각을 내다
harchin|ă, -e, s.f. 덩어리(고기 등)
hardughi|e, -i, s.f. 폐허, 폐가
hardughi|t, -tă -ţi, -te, adj. 폐허가 된, 허물어진
harecilu|i, -iesc, -ii, -it, vt. 승인하다
harem, ~uri, s.n. 하렘 (회교국의 궁전이나 가옥의 규방)
harf|ă, -e, s.f. 하프(악기)
harhăt, -e, s.f. 외침, 소음
harmăsar, ~i, s.m. 망아지 수컷, 미숙한 젊은이
harnaşament, -e, s.n. (마차말의) 마구
harnic, I. ~ă, ~i, ~e, adj. 근면한, 부지런한 ; ~ ca o albină 벌처럼 바쁜 (부지런한) II. adv. 근면하게, 부지런하게, 바삐,
harpagon, ~i, s.m. 지독한 구두쇠
harp|ă, -e, s.f. 하프 ; a cânta ~ 하프를 연주하다
harpi|e, -i, s.f. [그리스 신화]하아피 (여자 머리와 새의 몸을 가진 부정하고 탐욕스런 괴물)
harpi|st, -stă, -şti, -ste, s.m. 하프 연주자
harp|on, -oane, s.n. (고래 등을 잡을 때 사용하는) 작살
harpsicord, s.n. 하프시코드 (피아노의 전신)
harşa, ~le, s.f. 안장 덮개, 밑 깔개
harşchină, s.f. 덩어리(고기 등)
hartan, ~e, s.n. 누더기, 넝마
hartă, hărţi, s.f. 지도 ; ~ a globului 세계지도
harto|i, -iesc, -ii, vt. 마차를 회전하다
hasmaţuchi, s.m. [식물]파아슬리류, 처빌(미나리과 수프, 샐러드 용 향미료)

H

haspel, ~uri, s.n. (기계의) 크랭크
haşcă, hăşti s.f. 마른 나무 가지
haşiş, s.n. 대마초
haşmaciucă, s.f. 전호(미나리과)
haşmă, s.f. 부추
haşur|a, -ez, -ai, -at, vt. (제도, 동판 등에) 선화를 그리다
haşura|t, -tă, -ţi, -te, adj. 선화로 그려진, 새겨진
haşuri, s.f. pl. 선화그리기, 새김
hat, ~uri, s.n. **1.** 경계통로 **2.** 미개간지 ; a fi ~ în ~ (sau într-un ~) cu cineva -의 논밭과 경계가 접하고 있다
hataia, s.f. 비단
hatâr, ~uri, s.n. **1.** 보호 **2.** 기쁨
hati|e, -i, s.f. 제방, 둑
hatişerif, ~uri, s.n. 터키 황제의 칙명, 훈령
hatman, ~i, s.m. **1.** 코작인의 추장 **2.** (몰도바 지방) 국방장관 **3.** (문테니아 지방) 경찰청장
haţ, interj. 이것과 같은 거다 ! (같은 종류의 것을 발견했을 때 내는 소리)
hau, interj. 와!
havadiş, ~uri, s.n. 보도, 정보
havaian|ă, -e, s.f. 우쿨렐레(하와이의 기타 비슷한 소형의 사현 악기)
havai|u, -e, adj. 하늘색의, 파란색의
havaj, s.n. 두들김
haval|ea, -eli, s.f. 강제노동, 부역
havan|ă, -e, s.f. 엽궐련
hav|are, -ări, s.f. 두들김
havez|ă, -e, s.f. 석탄 재단기
havr|ă, -e, s.f. 유대인의 교회당
havuz, ~uri, s.n **1.** 대야 **2.** 저수지.
haz, s.n. **1.** 유쾌함, 장난, 놀이 **2.** 매력 **3.** 요점 ; ştii că ai ~? 그런 것도 말할 줄 아니 멋진 친구다 ; are ~ (여자에게) 그녀는 멋쟁이다, 그녀는 유머감각이 있다, 재미가 없다 ; n-are nici un ~ 까닭도 이유도 없다, 전혀 까닭을 알 수 없다 ; n-are nici un ~ să-l întrebi pe el 그에게 물어보는 것은 아무 의미가 없다 ; aşa ~ n-am făcut de când sunt 나는 일찍이 없었던(내 생애에 처음으로) 즐거운 시간을 보냈다 ; ar avea ~ să ... -하면 재미있을 텐데 ; a face ~ de necaz 역경에 처해서도 얼굴에 미소를 짓다 ; a face ~ pe scoteala altuia -을 조롱하다 ; să vezi ~! 그것은 대단한 웃음거리였다!
hazard, ~uri, s.n. 위험, 기회, 위험부담 ; jocuri de ~ 운에 맡기고 승부를 겨루는 놀이(게임)
hazard|a, -ez, -ai, -at, I. vt. 위태롭게 하다, 위험에 빠뜨리다, 모험하다 II. vr. 위험을 무릅쓰다
hazarda|t, I. -tă, -ţi, -te, adj. 위험한 II. adv. 모험적으로
hazli|u, -e, -i, adj. 재미있는
hazna, ~le, s.f. **1.** 오물통 **2.** 국고, 금고
hazn|ă, -e, s.f. 유용, 유익, 이득, 소득
hă, interj. **1.** 에취! **2.** 아하!
hăbădic, ~uri, s.n. **1.** 물거리, 섶나무 **2.** 덤불, 총림
hăbăuc, ~ă, ~i, ~e, adj. **1.** 어리석은 **2.** 도와주는 사람이 없는, 어찌할 바를 모르는 ; a umbla hăbăuca 빈둥거리며 지내다, 방랑하다
hăbăuc|i, -esc, -ii, -it, I. vt. **1.** 엉클어지게 하다, 혼란시키다, 난해하게 하다 **2.** 당황하게 하다 II. vr. 엉클어

지다, 당황하다
hăbuc, ~i, s.m. 조각, 파편, 부스러기
hăbuc|i, -esc, -ii, -it, vt. **1.** 조각내다, 쪼개다 **2.** 파괴하다, 없애다
hăci, s.n. cât ~ul 아무런 흔적도 없다
hăcu|i, -iesc, -ii, -it, vt. 토막 내다, 마구 자르다
hădărag, ~i, s.m. (옛날에 형벌도구로 사용한) 곤봉
hăi, interj. 호이, 어미(외침)
hăimăn|i, -esc, -ii, -it, vi. 건달로 지내다, 떠돌아다니다, 유랑하다
hăinar, ~i, s.m. **1.** 옷장수 **2.** 재단사
hăinări|e, -i, s.f. 기성복 장사(매매업)
hăinişoar|ă, -e, s.f. 작은 의류, 자켓류
hăis(a), interj. 이랴! (말 등을 왼쪽으로 하게 하는 소리) ; unul zice ~ altul cea 그들은 서로 호흡이 잘 안 맞는다, 그들은 사이 좋게 알을 하지 못한다
hăitar, ~i, s.m. **1.** 몰아대는 사람, 몰이꾼 **2.** 목양자
hăitaş, ~i, s.m. **1.** (사냥 등에서) 몰이꾼 **2.** 두들기는 사람(도구)
hăitu|i, -iesc, -ii, -it, vt. **1.** (사냥 등에서) 때려서 뻗게 하다 **2.** 몰다 **3.** 사냥하다
hăitui|ală, -eli, s.f. 사냥감의 몰이
hăituş|că, -te, s.f. 악한, 무뢰한, 부랑자
hălăciug|ă, -i, s.f. 관목, 수풀, 숲
hălădui, -iesc, -ii, -it, vi. **1.** 살다 , 거주하다 **2.** 배회하다, 거닐다
hălălaie, s.f. 소동
hălălă|i, -iesc, -ii, -it, vi. 소리치다, 외치다, 떠들다
hălă|oi, -oaie, -oi, -oaie, adj. 둔중한, 졸렬한, 서투른, 당황한
hăldan, ~i, s.m. [식물] 대마
hălpă|i, hălpai, -ii, -it, vt. 허겁지겁 먹다, 마시다, 급히 삼키다
hămăi, hămăi, -ii, -it, vi. 개가 짖다
hămăi|ală, -eli, s.f. 짖어댐, 짖는 소리
hămăit, ~uri, s.n. 짖는 소리
hămeseală, s.f. **1.** 허기, 허기증 **2.** 갈망
hămes|i, -esc, -ii, -it, vi. 몹시 굶주리다, 배고프다
hămesi|t, -tă, -ţi, -te, adj. 굶주린, 배고픈
hămişl|iu, -ie, -ii, -adj. 교활한, 간사한,
hămu|i, -iesc, -ii, -it, vt. **1.** 가죽을 벗기다 **2.** 괴롭히다, 학대하다
hămurări|e, -i, s.f. 마구(안장) 제조업
hăpă|i, -iesc, -ii, -it, vt. 급히 삼키다
hărăb|or, -oară, -ori, -oare, adj. 건강한, 힘이 센
hărăci. v. arăci
hărăcs|i, -esc, -ii, -it, vt. 사혈법(방혈법)을 행하다(적용하다)
hărăţ|i, -esc, -ii, -it, vt. **1.** (막대기 등으로) 찌르다, 찔러서 일으키다 **2.** 자극하다
hărăz|i, -esc, -ii, -it, vt. **1.** 주다, 선물하다, 용인하다, 헌납하다 **2.** 정하다, 규정하다, 제정하다 ; i-a fost ~t să ... -하는 것이 그의 운명이었다
hărăzir|e, -i, s.f. 줌, 바침, 맡김, 헌정

H

hărăzi|t, -tă, -ți, -te, adj. 바친, 맡긴, 복종하는, 충실한
hărhăt|i, -esc, -ii, -it, vi. 외치다, 소리치다, 동시에 읽다
hărmălaie, -ai, s.f. 소음
hărnic|i, -esc, -ii, -it, I. vr. 부지런해지다 II. vt. 종용하다, 독촉하다 III. vi. 부지런하다
hărnicie, s.f. **1.** 부지런함 **2.** 값어치, 가치
hărnicuț, ~ă, ~i, ~e, adj. 부지런한, 활발한, 활동적인
hărşn|i, -esc, -ii, -it, vt. 베어 넘기다, 잘라서 떼어 내다
hărşu|i, -iesc, -ii, -it, vt. (움켜)잡다
hărtăn|i, -esc, -ii, -it, I. vt. **1.** -을 마구 자르다 **2.** -을 (오래 착용하여) 닳게 하다 II. vr. 닳다, 해지다
hărtănaş, -e, s.n. 조각
hărtăn|i, -esc, -ii, -it, vt. 잘게 쪼개다, 잘게 찢다, 잘게 썰다
hărtăni|t, -tă, -ți, -te, adj. 토막 난, 찢긴, 쪼개진
hărțaş, ~i, s.m. [군사]산병
hărțu|i, I. -iesc, -ii, -it, vt. 성가시게 굴다, 속 썩이다, 괴롭히다 II. vr. 말다툼하다, 싸우다
hărțui|ală, -eli, s.f. **1.** 싸움, 작은 충돌 **2.** 괴롭힘, 성가시게 굶음, 추격 ; război de ~ 소모전
hărițui|t, tă, -ți, -te, adj. 지친, 괴로운
hăt. adv 극단적으로 ; ~ departe 멀리 떨어진
hătmăn|easă, -ese, s.f. 여자 코작인 추장
hătmăn|esc, -ească, -eşti, adj. 코작인 추장의, 야전 사령관의
hătmăni|e, -i, s.f. 야전군 사령부
hăț, ~uri, s.n. 굴레 ; a ține ~urile în mână 굴레를 쥐어지다(씌우다) ; a duce de ~ 고삐를 잡고 이끌다
hățaş¹, ~i, s.m. 숲길
hățaş², ~uri, s.n. 견인마
hăț|i, -esc, -ii, -it, vt. **1.** 말에 굴레를 씌우다, 이리 저리 끌다, 당기다 **2.** 괴롭히다
hățiş, ~uri, s.n. 관목의 숲
hățu|i, -iesc, -ii, -it, vt. (말에) 굴레를 씌우다.
hău, ~ri, s.n. 심연, 심해
hău|i, -iesc, -ii, -it, vi. 울려 퍼지다
hăuit, s.n. 환성, 환호, 갈채
hăul|i, -esc, -ii, -it, vi. 환성을 지르다, 환호하다
hăulir|e, -i, s.f. 환성을 지름, 환호함
hăulit, ~uri, s.n. **1.** 가창 **2.** 노래, 가곡
hăz|os, -oasă, -oşi, -oase adj. 유쾌한
hâc, interj. 아하! 아!
hâcâi, hâcâi, ~, ~t, vi. 신음하다, 탄식하다
hâ|d, -dă, -zi, -de, adj. 추악한, 혐오스러운
hâlpav, ~ă, ~i, ~e, adj. 열망하는, 탐욕스러운
hâr, interj. (개 따위가) 으르렁거리는 소리 ; câinele face ~ 개가 으르렁거린다(짖는다) ; rotița face ~ 바퀴가 덜커덩 덜커덩(삐걱삐걱) 소리가 난다 ; că ~, că mâr 이것도 저것도 아닌
hâră, s.f. **1.** 싸움 **2.** 눈곱
hâră|u, -i, s.m. 매, 보라매
hârâ|i, hârâi, -ii, -it, I. vi. **1.** 딸랑딸

H

랑거리다(소리나다), 딸가닥딸가닥 거리다(소리나다) **2.** 콧소리로 말하다, 코를 골다 **3.** (짐승이) 으르렁거리다 II. vt. 자극하다, 도발하다 III. vr. 싸우다

hârâi|ală, -eli, s.f. 글그렁거림, 투덜댐, 싸움 v. hârâit

hârâi|t, -tă, -ţi, -te, I. adj. **1.** 딸랑딸랑거리는(소리나는), 딸가닥딸가닥거리는(소리나는) **2.** (목을) 글그렁거리는 **3.** (짐승이) 으르렁거리는 II. ~uri, s.n. **1.** 딸랑딸랑거림(소리냄), 딸가닥딸가닥거림(소리냄) **2.** (목을) 글그렁거림 **3.** (짐승이) 으르렁거림

hârâit|oare, -ori, s.f. 딸랑딸랑 소리나는 물건, 장난감(딸랑이)

hârâitur|ă, -i, s.f. 글그렁거림, 투덜댐

hârb, ~uri, s.n. **1.** 깨진 조각(도자기, 유리 등), 파편 **2.** 난파, 난파선, 조난 ; râde ~(ul) de oală spartă 똥 묻은 개가 겨 묻은 개를 나무란다

hârbar, ~ă, ~i, ~e, adj. 고향을 잃은, 주인을 잃은, 떠도는

hârbareţ, ~ă, ~i, ~e, adj. 식도락의

hârbu|i, -iesc, -ii, -it, I. vt. 쪼개다, 부수다, 망가뜨리다 II. vr. 부서지다, 쪼개지다

hârbui|t, -tă, -ţi, -te, adj. 쪼개진, 부서진

hârbuleţ, -e, s.n. 조각, 파편

hârc|ă, -i, s.m. 두개골, 해골, 머리

hârciog, ~i, s.m. [동물]산쥐, 햄스터

hârcâi, hârcâi, ~, ~t, vi. 글그렁거리다(숨쉴 때)

hârcâi|ală, -eli, s.f. 글그렁거림

hârd|ău, -aie, s.n. 통, 양동이 ; a turna/ băga pe cineva la ~/ ~ul lui Petrache -을 투옥시키다

hârjoan|ă, -e, s.f. 소전투, 수색전

hârjon|i, -esc, -ii, -it, vr. **1.** 희롱하다 **2.** 소전투를 하다, 싸우다

hârleţ, -e, s.m. 삽

hârlost|ea, -eli, s.f. 금 세광용 쳇불 상자

hârs|i, -esc, -ii, -it, vr. **1.** 탐내다, 인색하다, 인색하게 굴다 **2.** 익숙해지다

hârsi|t, -tă, -ţi, -te, adj. **1.** 열망하는 **2.** 탐내는, 인색한 **3.** 악한, 나쁜

hârşcâ|i, hârşcâi, -ii, -it, vi. v. hârşâi

hârşâ|i, hârşâi, -ii, -it, vi., vt. **1.** 문질러 씻다, 닦다, 문지르다 **2.** 긁다, 할퀴다

hârşâir|e, -i, s.f. 문지름, 긁음, 할퀌

hârşâi|t, -tă, -ţi, -te, adj. 할퀴어서 상처가 난, 긁어서 상처가 난

hârşâitur|ă, -i, s.f. **1.** 깎음, 문지름 **2.** 긁는 연장

hârşi|e, -i, s.f. 새끼양의 가죽

hârşti, interj. 벅벅(긁는 소리)

hârti|e, -i, s.f. **1.** 낱 장(종이) **2.** 종이, 서류, 기록, 문서 **3.** 지폐 ; ~ cerată 유지 ; ~ colorată 색종이 ; ~ de aruncat la coş 휴지 ; ~ de împachetat 포장지 ; ~ de ziare 신문지 ; bani de ~ 지폐 ; coală/foaie de ~ 종이 장 ; 잰 de/pentru hârtii 휴지통 ; pe ~ 종이(양식)에, 서면으로 ; a înfăşura în ~ de ziar 신문지로 싸다(포장하다) ; a pune/ asiterne pe ~ 적다, 쓰다

hârtioar|ă, -e, s.f. 종이 조각, 메모지

H

hârțoag|ă, -e, s.f., s.n. 파지, 휴지
hârtoap|ă, -e, s.f., hârtop, -oape s.n. **1.** 구멍 **2.** 균열, 틈(새기), 터진 금
hârz|ob, -oabe, s.n. **1.** 굵은 밧줄, 케이블 **2.** 어망 ; a cădea cu ~ul din cer 의외의 장소에서 나타나다
hâş, interj. 쉬!
hâsâ|i, hâsâi, -ii, -it vt. 으르대어 쫓아 버리다
hâ|ța, interj. (물건을 밀거나 올릴 때 내는 소리) 어여차!, 이영차!
hâțâ|i, hâțâi, -ii, -it, I. vt. 흔들다, 까불리다, 진동시키다 II. vr. 흔들리다, 동요하다
hâzeni|e, -i, s.f. **1.** 추악함 **2.** 괴물, 요괴, 허수아비
hâz|i, -esc, -ii, -it, vr. 추하게 되다, 흉측해지다
he, interj. 어! 어머나!
hebdomadar, I. ~ă, ~i, ~e, adj. 매주의 II.-e s.n. 주간지
hecatomb|ă, -e, s.f. **1.** (고대 그리스의) 황소 100마리의 제물 **2.** 다수의 희생, 대학살
hectar, ~e, s.n. 헥타르 (면적의 단위)
hectogram, ~e, s.n. 헥토그램
hectograf, s.n. 젤라틴 판 복사법, 복사기
hectolitr|u, -i, s.m 헥토리터(100리터)
hectometr|u, -i, s.m. 헥토미터(100미터)
hedonism, s.n. 쾌락주의
hedoni|st, -stă, -şti, -ste, s.m. 쾌락주의자
hegeli|an, -ană, -eni, -ene, I. adj. 헤겔학파의 II. s.m. 헤겔학파의 철학자
hegemon, ~i, s.m. 지도자
hegemoni|e, -i, s.f 지배권, 패권, 주도권
hei, interj. 어이! 야! (놀람, 기쁨 물음 주의 등의 소리)
heiț, s.m. (양고기 등의)지방분이 적은 살 고기
helbet, interj. **1.** 물론이지! **2.** 걱정마!
heleşte|u, -ie, s.n. (인공적인) 못, 연못, 늪
helg|e, -i, s.f. **1.** 족제비 **2.** 족제비의 모피
helic|on, -oane, s.n. [음악]저음 튜바
heliocentric, ~ă, ~i, ~e, adj. 태양 중심의
heliocentrism, s.n. 태양 중심론, 태양 중심주의
heliograf, ~e, s.n. 일조계, 일광반사 신호기
heliografic, ~ă, ~i, ~e, adj. 태양 사진술의, 일광 신호법의
heliografi|e, -i, s.f. 태양 촬영 (술), 사진 제판법, 회광 신호법
heliogravur|ă, -i, s.f. 그라비야 판, 사진 요판술, 사진판
heliometr|u, -e, s.n. 태양의
heliosc|op, -oape, s.n. 태양, 관측, 망원경
heliostat, ~e, s.n. 일광반사 장치
helioterapie, s.f. 일광 요법
heliotrop, s.n. 혈석(석염의 일종)
heliotropic, adj. 굴일성의
heliotropism, s.n. 굴일성
heliu, s.n. 헬륨

H

hematic, ~ă, ~i, ~e, adj. 혈액 생성의, 조혈의
hemati|e, -i, s.f. 적혈구
hematină, s.f. 헤마틴(헤모글로빈의 색소성분)
hematit, s.m. 적철광, 혈석
hemat|om, -oame, s.n. 혈종
hematopoetic, ~ă, ~i, ~e, adj. 조혈의
hematoză, s.f. 조혈
hematozoar, ~e, s.n. 말라리아 기생충
hemetu|i, -iesc, -ii, -it, vr. 배불리 먹다, 포식하다
hemiciclu, ~ri, s.n. 반원형, 반원형의 건물
hemion, ~i, s.m. 야생의 나귀
hemiplegic, ~ă, ~i, ~e, I. adj. 반신불수의, 절름발이의, 신체장애자의 II. s.m. 신체장애인
hemiplegi|e, -i, s.f. 절름발이, 반신불수, 신체장애
hemipter, ~e, s.n. 반시류
hemofilie, s.f. 혈우병
hemoglobină, s.f. 헤모글로빈
hemogram|ă, -e, s.f. 혈액 검사
hemoptiz|e, -i, s.f. 객혈
hemoragi|e, -i, s.f. 출혈
hemoroidal, ~ă, ~i, ~e, adj. 치질의
hemoroizi, s.m. 치질
hemostatic, -ă, ~i, ~e, adj. 지혈의, 지혈하는
hemostaz|ă, -e, s.f. 지혈
hemoterapi|e, -s.f. 지혈법
hends, s.n. [스포츠]손을 대기(반칙)
hep, interj. **1.** 어이! **2.** 여보!
hepatic, ~ă, ~i, ~e, adj. 간장의
hepatit|ă, -e, s.f. 간염
heptag|on, -oane, s.n. 7각(변)형
heral|d, -zi, s.m. 전령관, 군사
heraldic, ~ă, ~i, ~e, adj. 전령(관)의, 전례관의
heraldică, s.f. 문장학, 문장
herb, ~uri, s.n. 문장(방패꼴의)
herbar, s.n. 식물 표본집
hercule|an, -ană, -eni, -ene, adj. 헤라클레스의
hergheli|e, -i, s.f. **1.** 말떼 **2.** 종마목장, 양마소
hergheleg|iu, -ii, s.m. 양마사
hering, ~i, s.m. 청어
hermafrodi|t, -tă, -ți, -te, adj. 자웅동체
hermafroditism, s.n. **1.** 자웅 동체성 **2.** 잡종, 혼혈 종
hermelină, s.f. 어민(족제비속의 일종)
hermină,-e, s.f. 산족제비, 흰 담비
herni|e, -i, s.f. 탈장
herpes, -uri, s.n. 포진, 홍조 (열, 감기로 인한) 입가의 발진
hertz, ~i, s.m. 헤르츠, 전자파
hertzi|an, -ană, -eni, -ene, adj. 헤르츠파의, 전자파의
herți|an, -ană, -eni, -ene, adj. v. hertzian
heruvic, ~e, s.n. 찬송가 집
heruvim, ~i, s.m. 케루빔, 지품천사(9품 천사 중의 제2위로 지식의 천사) 아기 천사의 그림
heterocli|t, -tă, -ți, -te, adj. 불규칙 변화의, 기묘한
hexaedr|u, -e, s.n. 6면체
hexag|on, -oane, s.n. 6변(각)형
hexagonal, ~ă, ~i, ~e, adj. 6각형의

hexametric, adj. 6보격의
hexametr|u, -i, s.m. 6보격(의 시)
hexapo|d, -dă, -zi, -de, I. adj. 곤충의, 6각류(동물)의 II. s.m. 6각류 곤충(동물)
hi, interj. 호이! 야!
hiacint, ~uri, s.n. 히아신스, 풍신자석(zircor의 일종 으로 보석)
hiat, ~uri, s.n. 틈
hib|ă, -e, s.f. 부족(함), 결여
hibern|a, -ez, -ai, -at, vi. 동면하다, 칩거하다
hibern|are, -ări, s.f. 동면
hibri|d, -dă, -zi, -de, I. adj. 잡종의, 혼혈의 II. s.m. 잡종, 혼혈
hibrid|are, -ări, s.f. 이종 교배
hibriditat|e, -ăţi, s.f. 서자 신분, 잡종
hibridizare, -ări, s.f. 잡종 생식
hicori, s.n. [식물]히코리(북미산 호두나무과)
hidalgo, s.m. 스페인의 하급 귀족
hidatic, ~ă, ~i, ~e, adj. 비(낭)충의
hid|os, I. -oasă, -oşi, -oase, adj. 끔찍한, 불쾌한 II. adv. 끔찍하게
hidoşenie, s.f. 끔찍함
hidrant, ~e, s.n. 소화전
hidrargir, s.n. 수은
hidra|t, -ţi, s.m. 수산화물 ; ~ de sodiu 가성 소오다
hidrat|a, -ez, -ai, -at, vt. 수산화 시키다
hidrat|are, -ări, s.f. 수산화(작용)
hidrata|t, -tă, -ţi, -te, adj. 수산화된
hidraulic, ~ă, ~i, ~e, adj. 수력의 ; forţă ~ă 수력
hidraulică, s.f. 수력학
hidr|ă, -e, s.f. 히드라, 물뱀
hidrazidă, s.f. 하이드라짓(결핵 치료제)
hidrazină, s.f. 히드라진(환원제, 로켓 연료)
hidră, s.f. [그리스 신화]히드라(한개의 머리를 자르면 두개의 머리가 나왔다고 전해짐), 히드라 속(강장동물의 일종)
hidroaviaţie, s.f. 수상비행
hidroavi|on, -oane, s.n. 수상비행기
hidrocarbonat, s.n. 탄화수소화
hidrocarbur|ă, -i, s.f. 탄화수소
hidrocefal, ~ă, ~i, ~e, I. adj. 뇌 수종의
hidrocefalie, s.f. 뇌수종
hidrocentral|ă, -e, s.f. 수력 발전소
hidrodinamic, ~ă, ~i, ~e, adj. 수력학의, 유체 역학의
hidrodinamică, s.f. 수력학, 유체역학
hidroelectric, ~ă, ~i, ~e, adj. 수력전기의 ; centrală ~ă v. hidrocentrală 수력발전소
hidroenergetic, ~ă, ~i, ~e, adj. 수력의
hidrofil, ~ă, ~i, ~e, adj. 친수성의, 흡수성의
hidrofilie, s.f. 흡수성
hidrofob, ~ă, ~i, ~e, adj. 공수병의, 광견병의
hidrofobie, s.f. 공수병, 광견병
hidrofug, ~ă, ~i, ~e, adj. 방수의
hidrogen, s.n. 수소 ; ~ sulfrat 황화수소
hidrogeologie, s.f. 수로학
hidroglis|or, -oare, s.n. 쾌속정
hidrograf, ~i, s.m. 수로학자

hidrografic, ~ă, ~i, ~e, adj. 수로 측량의, 수로학의
hidrografie, s.f. 수로학, 수로 측량(술)
hidrolitic, ~ă, ~i, ~e, adj. 가수 분해의
hidroliză, s.f. 가수 분해
hidrolog, ~i, s.m. 수문학자
hidrologie, ~ă, ~i, ~e, adj. 수문학의
hidrologie, s.f. 수문학(육지 상의 물의 성질, 현상, 분포, 법칙 등을 연구함)
hidromecanic, ~ă, ~i, ~e, adj. 유체 역학의
hidromecanică, s.f. 유체 역학
hidromel, s.n. (발효하지 않은) 꿀물
hidrometric, ~ă, ~i, ~e, adj. 비중 측정의, 유속 측정의
hidrometrie, s.f. 액체 비중 측정(법), 유속 측정(법)
hidrometr|u, -e, s.n. 액체 비중계, 유속계
hidropie, ~ă, ~i, ~e, adj. 수종의
hidropizie, s.f. 수종(증)
hidrosferă, s.f. 대기 중의 수기, 수권
hidrostatic, ~ă, ~i, ~e, adj. 정수학의
hidrostatică, s.f. 정수학
hidrotehnic, ~ă, ~i, ~e, adj. 수력 공학의, 수리 건축학의
hidrotehnică, s.f. 수리 건축학, 수력 공학
hidrotehnici|an, -ană, -eni, -ene, s.m. 수력 공학자, 수리 건축학자
hidroterapic, ~ă, ~i, ~e, adj. 수치법의
hidroterapie, s.f. 수치법
hidroplan, s.n. 수상(비행)기 (잠수함의) 수평타
hidrosferă, s.f. (지구의) 수계, 대기 중의 수기
hidrostatic, -ă -i, -e, adj. 정수의
hidrostatică, s.f. 정수, 역학, 유체 정역학
hidroterapie, s.f. 수치 요법(환부를 광천수에 담가서 치료하는 방법)
hidrotermal, adj. 열수(작용)의
hidroxi|d,-zi, s.m. 수산화물
hidroxil, ~i, s.m. 수산기
hien|ă, -e, s.f. 하이에나
hieratic, ~ă, ~i, ~e, adj. 성직자 계급의, 사제의
hieroglifă, s.f. 상형문자, 그림문자
hieroglific, ~ă, ~i, ~e, adj. 상형문자로 쓰여진, 판독하기 어려운
higrograf, ~e, s.n. 습도계
higrometric, ~ă, ~i, ~e, adj. 습도 측정의
higrometrie, s.f. 습도측정(법)
higrometr|u, -e, s.n. 습도계
higrosc|op, -oape, s.n. 검습기
higroscopic, ~ă, ~i, ~e, adj. 검습기의, 습기 차기 쉬운 흡습성의
higrostat, ~e, s.n. 조정기
hil, ~uri, s.n. **1.** [식물] 배꼽 **2.** [해부] 문
hilar, ~ă, ~i, ~e, adj. 배꼽의
hiler, -e, s.n. 면적 측정단위(약 1/10 헥타르)
himen, ~e, s.n. 처녀막
himenopter, ~e, s.n. 막시류의 곤충
himer|ă, -e, s.f. 키메라, 환상, 망상
himeric, ~ă, ~i, ~e, adj. 괴물 같은, 공상적인, 터무니없는

hindu|s, -să, -şi, -se, I. adj. 인도사람의, 힌두교의 II. s.m. 인도사람
hindusă, s.f 인도여자, 힌디어(인도의 공용어)
hingher, ~i, s.m. 약탈자
hinterland, s.n. (강가, 해안 지대의) 후배지
hioid, I. adj. 설골의 ; os ~ 설골 II. ~e, s.n 설골
hinteu, hinteie, s.n. 마차
hiperaciditate, s.f. 위산 과다(증)
hiperbolic, ~ă, ~i, ~e, adj. 과장법의, 과대한
hiperbolă, s.f. 과장(법)
hiperbor|ean, -eană, -eni, -ene, adj. **1.** [그리스 신화] 북방의 살기 좋은 곳에서 살고 있는 사람의 **2.** 북극에 사는 사람의, 북극의, 몹시 추운
hipercritic, ~ă, ~i, ~e, adj. 혹평하는
hiperemic, ~ă, ~i, ~e, adj. 충혈된
hiperemi|e, -i, s.f. 충혈
hipermetr|op, -oapă, -opi, -oape, adj. 원시의
hipermetropi|e, s.f. 원시
hipersensibil, ~ă, ~i, ~e, adj. 과민한, 과민증의
hipersensibilit|ate, -ăți, s.f. 민감도, 감수성
hipertensiune, s.f. 고혈압
hipertensiv, ~ă, ~i, ~e, adj. 고혈압의
hipertiroidism, n. 갑상선(기능) 비대(증)
hipertrofi|a, -ez, -ai, -at, vr. 비대해지다
hipertrofic, ~ă, ~i, ~e, adj. 비대성의
hipertrofie, s.f. 비대, 영양과도, 이상발달
hiperurbanism, ~e, s.n. 거대 도시화
hipic, ~ă, ~i, ~e, adj. 말의, 말에 관한, 말 같은
hipism, s.n. **1.** 경마 **2.** 마작마술
hipnotic, ~ă, ~i, ~e, adj. 최면술의, 매혹적인
hipnotism, s.n. 최면(술), 최면상태, 매력
hipnotiz|a, -ez, -ai, -at, vt. 최면술을 걸다, 매혹하다
hipnotizan|t, -tă, -ți, -te, adj. 최면의, 마취성의, 마력이 있는, 매혹적인
hipnotiz|are, -ări, s.f. 최면을 걸음, 유혹함
hipnotiza|t, -tă, -ți, -te, adj. 체면에 걸린, 몽롱한
hipnotizator, ~i, s.m. 최면술사
hipnoz|ă, -e, s.f. 최면술, 최면(상태)
hipocondr|u, -i, s.m. 히포콘드리아증, 우울증
hipodrom, ~uri, s.n. 경마장, 곡마장, 마작마술 연기장
hipodermic, adj. 피하의, 피하 주사용의
hipofiz|ă, -e, s.f. 뇌하수체
hipogastric, ~ă, ~i, ~e, adj. 하복부의
hipogastru, s.n. 하복부
hipolog, ~ă, ~i, ~e, adj. 마학의
hipologie, s.f. 마학
hipometr|u, -e, s.n. 동물 생체 계측기
hipopotam, ~i, s.m. 하마
hipostază, s.f. 침하울혈, 요의 침전

물
hipotensiune, s.f. 저혈압(증)
hipotensiv, ~ă, ~i, ~e, adj. 저혈압(사람)의
hipostil, ~uri, s.n. 주랑, 주랑 현관
hipotensiune, s.f. 혈압 강하, 저혈압
hipotracțiune, s.f. 마차 운송
hipotrofie, s.f. 발육부전
hiritis|i, -esc, -ii, -it, vt. 축하하다
hiroton|i, -esc, -ii, -it, vt. 축성하다, 봉납하다
hirotoni|e, -i, s.f. 축성, 봉납, 봉헌
hirotonir|e, -i, s.f. 축성함, 봉납(봉헌)함
hirotonis|i, -esc, -ii, -it, I. vt. 서품하다, 안수례를 베풀다, 성직을 주다 II. vr. 서품을 받다, 안수례를 받다
hirotonisir|e, -i, s.f. v. hirotonire
hirotonisi|t, hirotoni|t, -ți, adj. 봉헌(봉납)된
hirsu|t, -tă, -ți, -te, adj. 털이 많은, 음침한(날씨), 상스러운
hirt|ă, -e, s.f. 면적 측정단위(1/8 헥타르)
hirurg, v. chirurg
histologie, s.f. 조직학
histrion, ~i, s.m. 배우, 어릿광대
hiti|t, -tă, -ți, -te,I. adj. 히타이트 족(소아시아의 고대민족)의, 히타이트어의, 히타이트 문화의 II. s.m. 히타이트사람
hitlerism, s.n. 히틀러주의(독일의 국수 사회주의)
hlamid|ă, -e, s.f. **1.** 막, 커튼 **2.** 어깨망토
hleab, ~uri, s.n. **1.** 고물, 쓰레기, 폐물 **2.** 허섭스레기 상자 **3.** 불구자, 병신
hlei, ~uri, s.n. 점토, 벽토, 진흙
hlei|os, -oasă, -oşi, -oase, adj. 적토의, 진흙의, 진창의
hliban, ~e, s.n. 빵
hliz|i, -esc, -ii, -it, vr. **1.** 웃다, 입을 비죽이며 웃다 **2.** 입을 크게 벌리다 **3.** 추파를 던지다
hlizi|t, -tă, -ți, -te, adj. 웃는, 입을 비죽이는
hlobăn|a, hlobăn -ai, -at, vt. 앞뒤로 흔들다, 흔들다, 요동시키다
hluj|an, -eni, s.m. 불거진 끝, (옥수수의) 이삭, 옥수수의 속대
hm, interj. 험! 에헴!
ho, interj. **1.** 야! **2.** 응, 그래!
hoanc|ă, -e, s.f. 마녀, 노처녀, 할멈
hoard|ă, -e, s.f. horde. 무리, 떼, 집단
hoasp|ă, -e, s.f. 껍질, 껍데기
hoaț|ă, -e, s.f. 여자 도둑
hob|aie, -ăi, s.f. 가파른 비탈, 언덕
hoban, ~e, s.n. (날개, 동체 등에 건너 맨) 버팀줄
hobâc, ~uri, s.n. 계곡
hobot, ~e, s.n. 베일, 면사포, 처네, 복면
hochei, s.n. 하키 ; ~ pe gheață 아이스하키 ; ~ pe iarbă 필드하키
hochei|st, -şti, s.m. 하키선수
hocus-pocus, s.n. 요술, 주문, 속임수
hodoroag|ă, -e, s.f. 못쓸 물건, 폐물(고철, 허섭스레기 따위)
hodorog, I. interj. (물건이 부서지는 소리) 뎅그렁, 우지끈, 쿵 II. ~i, s.m. 늙정이

hodorog|eală, -eli, s.f. (마차 등의) 덜커덩거리기

hodorog|i, -esc, -ii, -it, I. vi. (수레 따위가) 덜거덕거리며 지나가다, 덜커덩 소리 나다, II. vr. 노쇠해지다, 허약해지다

hodorogi|t, -tă, -ți, -te, adj. 망가진, 고장 난, 노쇠해진, 덜커덕거리는

hodoronc-tronc, interj. (떨어지거나 때릴 때의 둔탁한 소리) 쿵, 쾅, 탕

hog|e, -i, s.m. 회교 경전 학자

hogeac, ~uri, s.n. 굴뚝, 연통, 분화구

hoher, ~i, s.m. **1.** 박피공 **2.** 사형 집행인, 형리, 남을 괴롭히는 사람

hohot, ~e, s.n. **1.** (갑작스러운) 너털웃음 **2.** 흐느껴 움 ; a plânge cu ~e 흐느끼다, 훌쩍거리며 울다 ; a râde cu ~e 너털웃음을 웃다 ; a izbucni într-un ~ de plâns 왈칵 울음을 터트리다

hohot|i, -esc, -ii, -it, vi. 너털웃음을 웃다, 웃으며 말하다

hohotit, s.n. **1.** 너털웃음 **2.** 흐느낌

hohotit|or, -oare, -ori, -oare, adj. 흐느끼는, 우는

hoinar, ~ă, ~i, ~e, I. adj. 방랑하는, 떠도는 II. s.m. 방랑자, 떠돌이

hoinăre|ală, -eli, s.f. 방랑, 떠돌음

hoinăr|i, -esc, -ii, -it, vi. 떠돌다, 방랑하다

hoit, ~uri, s.n. **1.** 짐승의 먹이, 짐승의 시체 **2.** 망나니, 상놈

hoitar, ~i, s.m. 독수리류

hojbă|i, -iesc, -ii, -it, vi. **1.** 흩날리다 **2.** 샅샅이 찾다, 찾아다니다

hojma, adv. 끊임없이, 계속해서, 앞으로

hojmală|u, -i, s.m. 무뚝뚝한 사람, 버릇없는 놈

hol, ~uri, s.n. 홀, 회관, 현관

holb|a, -ez, -ai, -at, I. vt. ; a-și ~ ochii 눈을 크게 뜨다, 노려보다 II. vr. 응시하다, 빤히 쳐다보다

holb|are, -ări, s.f. 응시, 주시, 빤히 쳐다봄

holba|t, -tă, -ți, -te, adj. 뚫어지게 바라보는, 응시하고 있는, 눈이 휘둥그래진

hold|ă, -e, s.f. 파종된 경지, 농지, 논밭

holdiț|ă, -e, s.f. 소농지

holendr|u, -e, s.n. 포도주 여과기 ; ~ de rafinare 두들기는(휘젓는) 기구, 교반기

holer|ă, -e, s.f. 콜레라

holerc|ă, -i s.f. 소주, 화주(저질의)

holeric, ~ă, ~i, ~e, adj. 콜레라의

holerină, s.f. 경증 콜레라

holie, s.f. 악령, 미신

holm, ~uri, s.n. 언덕, 구릉, 고지

holmiu, s.n. (원소 이름) 홀뮴(기호 HO)

holocaust, s.n. **1.** 속죄의 희생, 제물 **2.** 전번제 **3.** 전소사, 대학살, 대파괴

holocen, s.n. [지질] 완신세

holoturi|e, -i, s.f. 해삼

holtei1, ~, s.m. 젊은이, 미혼남자, 총각, 독신자

holte|i2, -iesc, -ii, -it, vi. 독신으로 지내다

holteie, s.f. 독신 신세, 독신 생활

homar, ~i, s.m. 바다가재

homeopa|t, -ți, s.m. 유사 치료자

homeopatic, ~ă, ~i, ~e, adj. 유사 치료의

homeopatie, s.f. [의학] 유사요법(類似療法)

homeric, ~ă, ~i, ~e, adj. Homeric(호메로스 같이) 대단한, 그릇이 큰,

homosexual, I. ~ă, ~i, ~e, adj. 동성애의, 동성연애자의 II. s.m. 그리고 f. 동성연애자

homosexualit|ate, -ăți, s.f. 동성연애

hondrăn|i, -esc, -ii, -it, vi. 재잘재잘 지껄이다, 재잘거리다, 종알거리다

honips|i, -esc, -ii, -it, vt. (모욕 따위를) 참다, 견디다

honve|d, -zi, s.m. 중세 헝가리의 보병

hop1, ~uri s.n. **1.** (구덩이나 요철이 있는) 장애물 **2.** 난관, 장애, 애로(隘路), 난건(難件), 난경(難境), 곤경, 역경, 난항 ; cu ~uri 울퉁불퉁한, 차 따위가 덜커덩거리는

hop2, hopa, hopai, interj. **1.** 장애물 등을 간신히 뛰어 넘었을 때 내는 감탄사(마차나 자동차 등이 길 위의 장애물에 걸려 덜커덕거리는 상황을 묘사할 때 사용) **2.** 놀랐을 때 내는 감탄사

hopăi, hopăi, -it, vi. **1.** 뛰어오르며 'hop(호프)'하며 외치다 **2.** 팔짝 뛰다

hopur|os, -oasă, -oşi, -oase, adj. (길이나 땅이) 울퉁불퉁한, 험한, 굴곡이 많은

hor|ă, -e, s.f. **1.** 루마니아 민속춤, 원무(圓舞) **2.** 야단법석, 소동 ; a se găti ca de ~ 정장을 걸치다 ; a se prinde în/la ~ 호라춤의 무리에 가담하여 춤을 추다

horă|i, horăi, -ii, -it vi. 코를 골다

horăit, s.n. 코골기, 코를 곪

horăitur|ă, -i, s.f. 코골기, 코를 곪

horbot|ă, -e, s.f. (dantelă) 리본, 레이스

horcă|i, horcăi (또는 -iesc,) -ii, -it, vi. **1.** 그렁거리다, 그르렁그르렁하다, 그렁대다 **2.** 드르렁거리며 코를 골다

horcăi|ală, -eli, s.f. 그렁댐, 드르렁거림, 코를 곪

horhă|i, horhăi, -ii, -it, vi. 길을 잃고 헤매다, 방황하다

hor|i, -esc, -ii, -it, vi. **1.** 호라춤을 추다 **2.** 호라 가락을 읊조리다

horit|or, -oare, -ori, -oare, s.m.그리고 f. 호라 춤을 추는 사람

hormon, ~i, s.m. [생리학]호르몬, 각성소(覺醒素)

hormonal, ~ă, ~i, ~e, adj. [생리학] 호르몬의(영향을 받은)

horn, ~uri, s.n. 굴뚝, 통풍통(通風筒), 채광 구멍, 수갱(竪坑), 환기(바람)구멍, 엘리베이터의 통로

hornar, ~i, s.m. 굴뚝 청소부

hornbledă, -e s.f. 각섬석(角閃石)

horneț, ~e, s.n. horn 의 지소사(指小辭)

horosc|op, -oape, s.n. 점성, 탄생시의 별의 위치, 별자리운세

horp|ăi, -ăiesc, vt. (국 등을) 훌훌(쩝쩝) 소리를 내며 마시다(먹다)

horpă|ială, -eli, s.f. 쩝쩝거림, 훌훌 들이킴

horst, ~uri, s.n. **1.** 수풀, 덤불 **2.** 보금자리 **3.** 소굴

hortativ, ~ă, ~i, ~e, adj. 권고의, 장려의.

hortensi|e, -i, s.f. [식물]분단화(紛團花), 수구화(繡毬花), 자양화(紫陽花), 팔선화(八仙花)

horticol, ~ă, ~i, ~e, adj. 원예(학)의, 원예 농업의.

horticult|or, -oare, -ori, -oare s.m. 그리고 f. 정원사, 원정(園丁), 원예가, 채소 재배자

horticultur|ă, -i, s.f. 원예 농업, 원예학, 조원(造園)

horţiş, ~ă, ~i, ~e, adj. 경사진, 기운, 비스듬한

horţiş, adv. 비스듬하게, 기울어져

hosti|e, -i s.f. **1.** (신에게 바치는) 제물, 희생 **2.** 미사 때 성체를 이루기 위하여 쓰는 면병(麵餅)

hotar, ~e, s.n. 경계, 국경, 영역, 한계 ; de ~ 국경의, 국경선의, 한계선의 ; de peste ~e 외국으로부터, 해외로부터, 외부로부터 ; fără ~ 국경 없이, 한계 없이, 무한정 ; ambiţa lui nu are ~(e) 그의 야심은 끝이 없다

H

hotarnic, ~ă, ~i, ~e, I. adj. 경계의; inginer hotarnic 측량기사 II. s.m. (부동산 따위의) 감정인, 감시인, 감독자

hot|ă, -e, s.f. (벽난로의) 깔때기 모양의 굴뚝, 연통

hotărâr|e, -i, s.f. **1.** 결심, 결단 **2.** 결정, 해결 **3.** 결의, 판결, 판례, 결정서 **4.** [법률]명령 ; cu ~ 확고하게, 단호히, 확실히, 물론 ; ~ judecătorească 법원명령 ; ~ judecătorească de achitare 법원지불명령 ; ~ judecătorească civilă 민사에 대한 법원명령 ; ~ judecătorească în lipsă 법정모독에 대한 법원명령 ; ~ judecătorească declaratorie 법원의 단정적 명령 ; ~ judecătorească executorie 법원의 강제 집행령 ; ~ judecătorească de decădere din drepturi 법원의 금반언 명령 ; ~ judecătorească provizorie 법원의 가명령 ; a lua o ~ 결정하다, 결심하다 ; a ajunge la o ~ 각오하다, 결심하다

hotărâ|t, -tă, -ţi, -te, I. adj. **1.** 결정된, 이미 정해진 **2.** (sigur) 확실한, 단호한, 명확한 ; articolul ~ 정관사 ; la ora ~ă 약속된 시간에 ; refuz ~ 분별 있는 거절 ; a fi ~ să ... -하도록 결정되어 있다(정해져 있다) ; cred în mod ~ că ... 나는 -을 확신한다 II. adv. 확실하게, 단호하게, 견고하게

hotărât|or, -oare, -ori, -oare, adj. **1.** 결정적인, 결정하는, **2.** 의심할 여지가 없는, 단호한, 확고한

hotăr|î, -esc, -ii, -it, I. vt. **1.** 결정하다, 결심하다 **2.** 경계를 정하다 **3.** (조항 등을) 규정하다, 명기하다, 명문화하다, (법률 등이) 규정하다, 제정하다, 명하다, 조건으로서 요구하다, 약정하다 ; a ~ pe cineva să ... -을 -하도록 하다 ; l-am ~t să plece 나는 그를 떠나도록 설득했다 ; nimic nu-l putea ~ s-o facă 아무것도 그로 하여금 그것을 하도록 할 수가 없다(별 방법이 없다) ; a ~ preţul 가격을 정하다 ; a ~ timpul şi locul 시간과 장소를 정하다 ; II.. vr. 결정되다, 결심이 되어 있다 ; a se ~ să ... -하도록 정해져 있다(결심이 서있다) III. vi. 결정(결심)하다, 판결을 내리다 ; a ~ asupra (소유격 지배) -에 대한 판결을 내리다

hotărnic|i, -esc, -ii, -it, I. vt. 경계를

정하다, 소유 한계를 정하다 II. vr. (cu와 함께) -에 인접해 있다

hotel, ~uri, s.n. hotel 호텔

hotelier, I. ~i, s.m. 호텔주인, 호텔 경영인 II. ~ă, ~i, ~e, adj. 호텔에 속한

hotnog, -i, s.m. 중세 몰도바 공국의 군사 직위 (100명 정도의 군사를 지휘하는 지휘관, 백부장)

hoț, hoață, hoți, hoațe s.m. 그리고 f. **1.** 도둑, 절도범 **2.** 나쁜 놈, 사악한 자, 악당

hoț|esc, -ească, -eşti, adj. 도벽이 있는, 손버릇이 나쁜, 도둑(절도)의, 도둑 같은, 남몰래 하는

hoțeşte, adv. 도둑 같이, 남몰래, 비밀리

hoț|i, -esc, -ii, -it, I. vi. 도둑질하다, 훔치다 II. vt. 약탈하다, 노략질하다

hoți|e, -i, s.f. **1.** 도둑질, 절도 **2.** [법률]절도죄

hoțiş, adv. 도둑처럼

hoțoaic|ă, -e, s.f. 여자도둑

hoțoman, ~ă, ~i, ~e, s.m. 그리고 f. 상습적인 도둑, 직업적인 도박꾼, 사기꾼, 야바위꾼

hoțomăni|e, -i, s.f. 도둑심보, 사기기질

hram, ~uri, s.n. **1.** 주임목사 **2.** 본당(本堂) 이나 교구(教區)의 설립 기념일 **3.** 교회

hrană, s.f. 양식, 음식, 자양물, 영양물, 음식물 ; a da ~ (여격 지배) -에게 먹이를(먹을 것을) 주다

hrăn|i, -esc, -ii, -it, I. vt. **1.** 양식을 공급하다, **2.** (어린애 · 동물에게) 먹을 것을 주다, **3.** (음식을) 먹이다, (어린애에게) 젖을 먹이다, **4.** (가축에게) 사료를(풀을) 주다 ; a-şi ~ familia 가족을 부양하다 ; II. vr. 먹다 ; a se ~ cu ... -을 먹다, -로 생계를 유지하다

hrănire, s.f. 급식, 사양(飼養) 비육(肥育)

hrăni|t, -tă, -ți, -te, adj. 비육된, 영양을 공급받은, 자양분이 많은

hrănit|or, -oare, -ori, -oare, adj. 영양분이 있는, 영양의, 식용이 되는

hrăpăr|eț, -eață, -eți, -ețe, adj. 탐욕스러운, 집요한, 억척스러운, 승부욕에 눈이 먼

hrean, s.n. [식물]서양 고추냉이

hrenit|ă, -e, s.f. [식물]개갓냉이 무리의 식물, 물 냉이, 양갓냉이

hrentui, -iesc, -ii, -it, vr. 부서지다, 망가지다, 산산조각 나다

hrib, ~i, s.m. [식물]그물버섯

hrinc|ă, -i s.f. 큰 빵 조각, 옥수수죽 덩어리

hrincuț|ă, -e, s.f. 작은 빵 조각, 작은 옥수수죽 덩어리

hris|ov, -oave, s.n. (중세 루마니아의) 부동산 권리증서 (지위, 특권, 면세 등을 보장하는) 보증서

hrişcar, ~i, s.m. 풍뎅이의 일종

hrişcă, s.f. [식물]메밀

hronic, ~e, s.n. 연대기(年代記), 편년사(編年史), 연력(年歷)

hrub|ă, -e, s.f. **1.** 굴, 동굴 **2.** (지하의) 곳간 **3.** 움집

htonian, ~ă, ~i, ~e, I. adj. 땅의 정령의 II. s.m. 그리고 f. 땅의 정령

huceag, ~uri, s.n. 수풀, 덤불, 총림, 잡목 숲

hud|ă, -e s.f. (벽에 난) 구멍

hudub|aie, -ăi, s.f. **1.** 대저택 **2.** 거대

H

한 괴물

hudubl|eajă, -eje, s.f. 맹금(猛禽), 지조(鷙鳥)

hudud|oi. -oaie, s.n. 좁고 깊은 계곡

hugheno|t, -ți, s.m. 위그노파의 사람(16세기 프랑스 갈뱅파의 신교도)

huhur|a, huhur, -ai, -at, vi. 올빼미나 부엉이가) 울다

huhurez, ~i, s.m. 올빼미

hu|i, -iesc, -ii, -it, vi. 포효 소리가 나다, 크게 울리는 소리가 나다

hui|ală, -eli, s.f. **1.** 으르렁거림 **2.** 우웅 하고 울리는 소리

huideo, I. s.n. 야유 ; a da cu ~ cuiva -에게 야유하다 II. interj. 야유할 때 내는 소리

huldu|i, -iesc, -ii, -it, vt. 야유하다, 야료하다, 소리 내어 쫓아 버리다

huidui|ală, -eli, 야유

huiduitur|ă, -i, s.f. 야유

huidum|ă, -e, s.f. 크고 뚱뚱한 사람, 거인

huiet, ~e, s.n. **1.** (천둥·수레 따위의) 우르르, 덜커덕덜커덕, 울리는 소리 **2.** 고함 소리, 포효 소리

huilă, -e s.f. 석탄 ; ~ de cocs 해탄

huiț|a, huiț, -ai, -at, vr. (아기를 흔들요람에 올려놓고) 가볍게 흔들어주다

hula hoop, s.n. 훌라후프

hul|ă, -e, s.f. **1.** 저주, 방자 **2.** 중상, 비방 **3.** 큰 파도, 놀, (파도의) 굽이침. **4.** 우묵한 곳, 계곡, 분지, 구멍, 도랑, (통나무·바위의) 공동(空洞)

hul|i, -esc, -ii, -it, vt. 불경스러운 말을 하다, 모독하다, 욕하다, 저주하다

huligan, ~i, s.m. 부랑아, 폭력배, 불한당

huliganism, s.n. 난폭, 폭력, 깡패 기질, 마구잡이식

hulir|e, -i, s.f. 중상, 비방, [법률]구두 비난, 명예 훼손

huli|t, -tă, -ți, -te, adj. 욕먹는, 저주받은

hulit|or, -oare, -ori, -oare, s.m. 독설적인

hulpav, ~ă, ~i, ~e, I. adj. 걸신들린, 게걸스러운, II. adv 게걸스럽게

hulub, ~i, s.m. **1.** 비둘기 **2.** 털이나 날개가 산비둘기처럼 회색인 짐승을 가리키는 말

hulub|ă, -e, s.f. (수레의) 채, 끌채

hulubări|e, -i, s.f. 비둘기장

hulubaş, ~i, s.m. 작은 산비둘기

humă, s.f. 거푸집, 회반죽 따위를 만들 때 쓰는 모래·점토(짚 따위의 혼합물), 찰흙, 점토, 흙

humări|e, -i, s.f. humă를 생산하는 곳

humeral, ~ă, ~i, ~e, adj. [해부]상완(상박)골의, 상완(상박)부(部)의, 어깨의

humerus, s.n. [해부]상완(상박)골, 상완(상박)부

humor, s.n. v. umor 유머, 익살, 해학

humorescă, s.f. [음악]표일곡(飄逸曲), 유머레스크

hum|os, -oasă, -oşi, -oase, adj. 끈적끈적한, 찰흙 같은

humu|i, -iesc, -ii, -it, vt. (기름, 점토 따위를) 바르다, 문대다, 붙이다

humus, s.m. 부식토

hun, ~i, s.m. 훈족 사람

huo, interj. v. huideo 야유할 때 사용

하는 감탄사, 상대에 대한 불만이나 적개심을 표현하는 감탄사
hup, interj. **1.** 뛰어오를 때 내는 감탄사 **2.** 뛰어!
hurduc|a, hurduc, -ai, -at, vt. **1.** 앞뒤로 마구 흔들다. 흔들어 털다 **2.** (마차 따위가) 덜걱덜걱 흔들리면서 가다, 덜컹거리다
harducare, s.f. 흔들림, 덜컹거림
hurducă|i, -iesc, -ii, -it, vi. 뒤흔들다, 쥐고 흔들다
hurducă|ială, -ieli, s.f. v. hurducătură
hurducătur|ă, -i, s.f. (마차 따위의) 덜커덕거림, 덜컹거림
hurduz-burduz, adv. (간신히 매달려 마치 곧 떨어질 듯 흔들흔들 거리는 상태를 표현하고자 할 때 사용) 묶여서, 묶인 채
huri|e, -i, s.f. **1.** (이슬람)극락의 천녀 **2.** 매혹적인 미인, 요염한 여자
hurmuz, I. ~i, s.m. [식물]인동덩굴과의 관목 II. ~uri, s.n. 유리구슬, 염주, 모조진주
hurtă, s.f. cu hurta 덩어리로, 묶음으로 ; la hurta 선택의 여지없이 ; a cumpăra cu harta 도매로 구입하다
huru|i, hurui, -ii, -it, vi. (마차 따위가) 덜거덕거리며 달리다, 질주하다, 우르르 움직이다, 떨어지다
huruit, s.n. (huruitură)덜거덕거림, 덜걱덜걱 하는 소리
hurui|t, -tă, -ţi, -te adj. 무너진, 파괴된
husar, ~i, s.m. 경(輕)기병
hus|ă, -e, s.f. 덮개, 커버
hu|scă, -şti, s.f. 돌소금
husi|t, -tă, -ţi, -te, I. adj. [종교]Hus파의 II. s.m. 후스파의 교도
huşte, s.f. 밀기울, 겨, 왕겨
huşti, interj. [의성어]논이나 밭에 날아든 새를 쫓으며 내는 소리, 휙 하고 지나가는 사람이나 물체가 내는 소리
hutup|i, -esc, -ii, -it, vt. 게걸스럽게 먹다, 우걱우걱 먹다
huţa, interj. 아기를 안고 흔들어 주면서 내는 소리 ; a se da ~ 흔들리다, 진동하다, 매달리다
huţuţ|a, huţuţ, -ai, -at, vt. (아이를) 안고 흔들면서 어르다.
huzdup, interj. [의성어]무거운 물체가 떨어지는 소리
huzmet, ~uri, s.n. 중세 시대의 지주 직위의 일종
huzmetar, ~i s.m. 공무원
huzur, s.n. 유유자적, 무위, 안일.
huzur|i, -esc, -ii, -it, vi. **1.** 잘 살다, 여유 있게 살다, 행복하게 살다 **2.** 유유자적하다 **3.** 모든 일이 순조롭게 풀리다

I

I¹, i, s.m. 루마니아어 알파벳의 11번째 자
i², interj. 아! 오!
i³, pron, (인칭대명사) **1.** (여격) 그에게, 그녀에게, 그것에게 **2.** (목적격) 그들(을)
i⁴, a fi 동사의 3인칭 현재의 축약 형
ia, interj. **1.** 지금 **2.** 빨리 **3.** 그럼, 자 ; ~ aşa 단지 농담으로 ~ te uită la el! 저기 그를 좀 봐!
iac, ~i, s.m. 야크(티벳산 들소)
iacă, interj. **1.** 이것 참, 이거 **2.** 지금 **3.** 갑자기 ; ei, ~! 왜 아냐!
iacobin, ~i, I. s.m, 자코뱅 당원, 과격 정치가 II. adj. 자코뱅 당원의, 과격정치가의
iacut, adj. 야쿠트 족(동부 시베리아의 터키 인종의 일파)
iad, ~uri, s.n. 지옥
iadă, iede, s.f. 새끼 암 염소
iadeş, s.n. **1.** (새 가슴의)창사골(暢思骨), 차골(叉骨), 설레임 **2.** 내기 의 종류, 노름 종류
iahni|e, -i, s.f. 고기 또는 생선, 감자와 야채를 넣은 스튜
iaht, ~uri, s.n. 요트
ială, ~le, s.f. 자물통
iama, s.f. ; a da ~ 돌진하다, -에 몸을 던지다, 몰두하다, 앞으로 나아가다
iamb, ~i, s.m. 약강격, 단장격
iambic, ~ă, ~i, ~e, adj. **1.** (시 등의) 약강이나 단장격의 **2.** 약강 또는 단장 운율 (박자)
ianuarie, s.m. 1월
iapă, iepe s.f. **1.** 암말 **2.** 씨를 받기 위한 (암)말 ; unde a 연 mutu iapa 바다 밑에, 아득히 머나먼 곳에, 세상 끝에
iar¹, adv. **1.** 새로이, 다시 **2.** 다시 한번 **3.** 언제나, 계속해서
iar², conj. **1.** 그러나, 하지만 **2.** -하는 동안 **3.** 그리고
iarăşi, adv. 다시 한번
iarbă, ierburi, s.f. **1.** [식물]풀, 잔디 **2.** 목초, 풀밭 **3.** 화약 ; iarba câmpului 겨이삭 띠; iarba dracului 타바코 ; ~ lăptoasă 영신초 ; ~ de leac 약초 ; ~ de mare 해초, 해조 ; ~ rea 잡초 ; fir de ~ 풀잎
iarmar|oc, -oace, s.n. (정기)시장
iarnă, ierni, s.f. 겨울 ; iarna 겨울에 ; iarna asta 올겨울 ; astă iarnă 지난 겨울
iaroviz|a, -ez, -ai, -at, vt. 개화 결실을 촉진하다
iaroviz|are, -ări, s.f. 개화 결실 촉진
iască, s.f. 부싯깃
iasomi|e, -i, s.f. 자스민(인도 원산의 상록 관목)
iatac, ~uri, s.n. 반침, 주실에 이어진 골방, 침실
iatagan, ~e, s.n. 이슬람교도가 쓰는 날밑이 없는 긴 칼

iată, interj. **1.** 자!, 여기 보아라! **2.** (동사적 의미를 가지고) 여기에 ; ~ că 그래서, 그러나; iată-l pe Cosmin venind 저기 Cosmin이 오고 있다
iaurgiu, s.m. 요구르트 만드는 사람, 요구르트 파는 사람
iaurt, s.n. 요구르트
iavaş, adv. **1.** 천천히 **2.** 조용히 **3.** 수줍게
iavaşa, ~le, s.f. 경련, 꿈틀거림
iaz, ~uri, s.n. **1.** 못 **2.** 인공연못 **3.** 댐, 둑
iazmă, iezme, s.f. 유령
iberic, ~ă, ~i, ~e, adj. 이베리아 (스페인, 포르투갈) 반도 (사람, 말)의
ibidem, adv. 같은 장소(책, 페이지)에 (인용문 각주 등에 씀)
ibi|s, -şi, s.m. [동물] 따오기속의 새
ibovnic, ~i, s.m. 남자 정부
ibovnică, ~e, s.f. 여자 정부
ibric, ~e, s.n. **1.** 커피 끓이는 주전자 **2.** 차 주전자 **3.** 병 단지
ibriş|i, -e, s.n. 꼰 명주실
ici, adv. 여기에
icn|i, -esc, -ii, -it, vi. **1.** 신음하다 **2.** 딸꾹질하다
icoan|ă, -e, s.f. **1.** 예수나 성인의 성상 **2.** 상, 이미지 **3.** 삽화 초상
iconar, ~i, s.m. 성상(초상)등을 그리는 화가
iconiț|ă, -e, s.f. 성인의 성상이 삽화된 메달(목걸이 등)
iconocla|st, -stă, -şti, -ste, s.m. 그리고 f. 성상(우상) 파괴 (주의)자
iconograf, ~i, s.m. 도상학자
iconografic, ~ă, ~i, ~e, adj. 도해서법)의, 도상학의
iconografi|e, -i, s.f. 도해법
iconosc|op, -oape, s.n. 아이코노스코프(텔레비전 송상관)
iconostas, ~e, s.n. 성상벽
iconostr|of, -oafe, s.n. 송상관(送像管)(라디오의 microphone에 상당)
icosaedr|u, -e, s.n. 20면체
icre, s.f. **1.** 물고기의 알 **2.** 산란 알 **3.** 철갑상어 알
icter, ~e, s.n. 황달
icterie, **1.** 황달에 걸린 **2.** 황달 환자
ictu|s, ~uri, s.n. **1.** [운율]강음(强音), 양음(揚音) **2.** [의학]급발(急發) 증상, 발작.
ide, s.f. (고대 로마력의) nones 후의 8일째 (3, 5, 7,10월은 15일) 그 이외의 달은 13일
ideal, ~ă, ~i, ~e, I. s.n. 이상, 이상적인 것, 극치 II. adj. **1.** 이상적인 **2.** 완벽한 III. adv. 이상적으로
idealism, s.n. 이상주의
ideali|st, -stă, -şti, -ste, I. s.m. 그리고 f. 이상가, 이상주의자 II. adj. 이상주의(적)인, 관념론적인
idealit|ate, -ăți, s.f. 이상화
idealiz|a, -ez, -ai, -at, vt. **1.** 이상화하다 **2.** -을 이상적이라고 생각하다
idealiz|are, -ări, s.f. 이상화
idealiza|t, -tă, -ți, -te, adj. 이상화된
ideație, s.f. 관념화, 관념작용
ide|e, -i, s.f. **1.** 책상, 아이디어 **2.** 관념, 개념 **3.** 의견, 견해 ; ~ fixă 고정관념 ; ~ genială 놀라운 아이디어 ; ~ principală 주요 사상 ; bună idee! 좋은 생각이야! ; ce idee! 어디서 그런 생각이 났니! ; ai idee unde ar putea fi 그가 어디에 있는지 짐작이 가니? ; n-am nici cea mai mică ~ 아무런 아이디어도 없다 ; dă-mi o

idee! 나에게 좀 아이디어를 주어라! ; mi-a venit o idee 나에게 어떤 생각이 났다

idem, adv. 같은 저자 (책, 말)의 (인용 각주에서)

identic, ~ă, ~i, ~e, I. adj. 동일한, 같은 II. adv.동등하게, 꼭 같게

identific|a, identific, -ai, -at, I. vt. 확인 (감정, 증명)하다 II. vr. 신분을 밝히다 (증명하다)

identific|are, -ări, s.f. 동일함, 신원 확인

identit|ate, -ăți, s.f. [수학]항등(식, 함수) ; buletin de ~ 신분증명서

ideografic, ~ă, ~i, ~e, adj. 표의 문자의, 표의적인

ideografie, s.f. 표의 문자학(문자 상용)

ideogram|ă, -e, s.f. 표의 문자

ideolog, ~i, s.m. 특정 이데올로기 신봉자, 관념론자

ideologic, ~ă, ~i, ~e, adj. **1.** 이데올로기의, 관념학의 **2.** 이데올로기 (사상) 전선 **3.** 관념적으로

ideologi|e, -i, s.f. 이데올로기, 관념(론), 공리

idil|ă, -e, s.f. **1.** 전원시, 목가, (산문의) 전원문학,[음악]전원곡, 전원 풍경.

idilic, ~ă, ~i, ~e, adj. **1.** 전원시 (풍)의 **2.** 목가적인, 소박한

idilism, s.n. 전원(목가)주의

idiliz|a, -ez, -ai, -at, vt. 이상화하다

idilizare, s.f. 이상화, 목가화, 전원화

idiliza|t, -tă, -ți, -te adj. 이상적인, 아주 좋은, 전원적인

idiom, ~uri, s.n. **1.** 어풍, 관용어(구) **2.** 방언

idiomatic, ~ă, ~i, ~e, adj. **1.** 관용적인 **2.** 관용어(구)의 ; expresie ~ă 관용적 표현

idiosincrasi|e, -i, s.f. 특이 체질

idi|ot, -oată, -oți, -oate, I. adj. **1.** [의학]백치의, 바보스러운 **2.** 비상식적인 **3.** 무의미한 II. s.m. 그리고 f. 저능아, 바보, 천치 III. adv. 바보처럼

idiotism, -e, s.n. 관용어(구, 법, 표현)

idioțenie, s.f. **1.** 어리석음, 우둔 **2.** 어리석은, 언동

idioți|e, -i, s.f. 백치 (같은 행위)

idiş, s.n. 이디시 말(독일어, 히브리어 등의 혼성언어)

idol, ~i, s.m. **1.** 우상, 숭배물(사람) **2.** 선입적 오류 **3.** 우상화(시)하다

idolatri|e, -i s.f. **1.** 우상, 숭배 **2.** 예배, 숭배

idolatriz|a, -ez, -ai, -at, vt. **1.** 예배하다, 숭배하다 **2.** 경외(동경)하다

idolatriz|are, -ări, s.f. 우상화

idolatr|u, -i, s.m. **1.** 우상, 숭배적인 (하는) **2.** 우상 숭배자, 이교도

ie, ii, s.f. 수놓은 전통 블라우스

ied, -iezi, s.m. 새끼 숫염소

ieder|ă, -i, s.f. 담쟁이 덩굴

ieftin, ~ă, ~i, ~e, I. adj. **1.** 싼, 값싼 **2.** (가격이) 알맞은, 적당한 **3.** 인색한 **4.** 가치없는 II. adv. 싼 가격으로, 저렴하게 ; a scăpa ~ 싸게 벗어나다

ieftinăt|ate, -ăți, s.f. 염가, 값 쌈

ieftin|i, -esc, -ii, -it, I. vt. 싸게 하다, 값을 깎아주다 II. vr. 값이 싸지다, 가격이 떨어지다

ieftinir|e, -i, s.f. 세일, 염가

iele, s.f. (심술궂은) 요정들

ienibahar, s.n. **1.** 피멘토 나무; 올스파이스나무 **2.** 그 열매로 만든 향신료

ienicer, -i, s.m. [의학]터키의 친위보병 (1826년 폐지)

ienicer|esc, -ească, -eşti, adj. 터키 친위보병의

ienup|ăr, -eri, s.m. 노간주 나무

iepuraş, ~i, s.m. **1.** 어린 토끼 **2.** 새끼 토끼

iepur|e, -i, s.m. **1.** [동물]토끼 **2.** 어린 토끼 **3.** 어린 집토끼 ; fricos ca ~ 새 가슴 같은 ; a împuşca doi iepuri dintr-o dată 한 방에 두 마리 토끼를 잡다 ; cine aleargă după doi iepuri nu prinde nici unul 두 마리 토끼를 쫓는 자는 한 마리도 못 잡는다

iepureşte, adv. 귀 기울여, 주의 깊게 ; a dormi ~ 한 쪽 눈을 뜨고 자다

iepuroaic|ă, -e, 암 토끼

iepuroi, s.m. 숫 토끼 (확대형 명사)

ierarh, ~i, s.m. **1.** 성직자 계급(제도) **2.** 주교 **3.** 대주교(대감독)

ierarhic, ~ă, ~i, ~e, I. adj. **1.** 성직 계급 (조직)의, 교주의 **2.** 계층적인 II. 계층적으로

ierarhi|e, -i, s.f. **1.** 성직자 계급 제도 **2.** 계급 조직 **3.** 계급 **4.** 계층

ierarhiz|a, -ez, -ai, -at, vt. 성직 계급 제도에 의해서 -를 구성(임명)하다

ierbar, ~e, s.n. 식물 표본집 (표본 상자)

ierbăluţ|ă, -e, s.f. 풀의 일종으로 보라색 꽃과 뾰족한 잎을 가지고 있다

ierbici|d, -dă, -zi, -de, I. adj. 제초제의 II. s.n. 제초제

ierbivor, ~ă, ~i, ~e, adj. 초식성의

ierbări|e, -i, s.f. 상장, (미망인 등이 입는) 상복

ierb|os, -oasă, -oşi, -oase, adj. 풀의, 초본의

ieremiad|ă, -e, s.f. 비탄, 한탄, 넋두리

ieri, adv. **1.** 어제 **2.** 지난 날(에), 이전에 ; de ~, de alaltăieri 최근에 ; căuta ziua de ~ 헛된 시도를 하다

iern|a, -ez, -ai, -at, vi. 겨울을 보내다, 월동하다

iernat, ~uri, s.n. 월동

iernatic, ~ă, ~i, ~e, I. adj. **1.** 겨울의, 겨울같이 추운 **2.** (비유적으로) 백발의, 늙은 II. s.n. **1.** [영양]사료 **2.** [항해]월동장소

iernăt|or, -oare, s.n. 월동(피동) 연못

iert|a, -iert, -ai, -at, I. vt. **1.** 용서하다, 관대히 봐주다 **2.** 눈감아주다 **3.** (de) 면제하다 ; iertă mă că te contrazic 너에게 반론을 제기해서 미안하다 II. vr. 용서받다 III. vi 용서하다

iert|are, -ări, s.f. **1.** 용서하기 **2.** 용서 **3.** 관용, 관대 ; a cere ~ de la cineva ~로부터 용서를 구하다 ; să avem ~! 용서를 구합니다! ; vă cer ~ 당신에게 사과 합니다

iertăciun|e, -i, s.f. **1.** 용서, 관용, 면제 **2.** 허락, 허가

iertăt|or, -oare, -ori, -oare, adj. 용서하는, 관대한

ierunc|ă, -i, s.f. 개암나무(열매)

iesle, s.f. 여물통, 구유

ieş|i, -ies, -ii, -it, vi. **1.** -로부터 나오다 **2.** (집 등으로)부터 나오다 **3.** 산책하러 가다(나오다) ; a ~ din... -로부터 (나)오다, -로부터 파생하다, -

로부터 기인하다 ; a ~ de pe scenă 무대에서 사라지다, 나가다 ; ce-o să iasă din asta 이중 어떤 것이 나가니? ; a-şi ~ din obiceiuri 습관을 버리다 ; a ~ la pensie 은퇴하다 ; a ~ afară 나가다, 학교에 가다 ; a ~ bine 잘되다, 성공하다 ; a ~ rău/prost 실패하다, 잘못되다 ; nu iese nimic 전혀 결과가 나오지 않는다

ieşind, ~uri, s.n. 두드러짐, 돌기, 돌출

ieşir|e, -i, s.f. **1.** 나감 **2.** 퇴거, 퇴장, 출구, 배출 **3.** 분출, 쏟아져 나옴 ; fără ~ 희망 없이, 대책이 없이

ieşi|t, -tă, -ţi, -te, adj. 분출된

ieşitur|ă, -i, s.f. 돌기 돌출부

iezătur|ă, -i, s.f. 돌로 쌓아 올린 댐

iezer, ~e, s.n. (산정) 호수

iez|i, -esc, -ii, -it, vt.둑으로 막다, 못(늪)을 만들다

iezui|t, -ţi, I. adj. 예수회의, 제수이트의 II s.m. 예수회, 제수이트

iezuitism, s.n. 예수회 주의 (교리 등)

ififl|iu, -ie, -ii, adj. 무일푼의

ifose, s.n. **1.** 점잔빼 모습, 태 부림 **2.** 오만, 건방짐 ; a-şi da ~ 거드름 피우다, 점잔빼다

igienă, s.f. 위생(학)

igienic, ~ă, ~i, ~e, adj **1.** 위생의. 위생학상의 **2.** 보건상의 ; hârtie ~ă 휴지 (화장실 등의)

igieni|st, -stă, -şti, -ste, s.m. 그리고 f. 위생학자

igliţ|ă, -e, s.f. 작은 갈고리(모양의 것) 레이스

ignat, s.m. 스페인의 성직자, 예수회의 창설자

ignar, ~ă, ~i, ~e, adj. 무학의, 무지의

ignifug, ~ă, ~i, ~e, I. adj. 내화의, 불연성의 II. s.n. 내화성(불연성) 물질

ignobil, ~ă, ~i, ~e, adj. 저열한, 비천한

ignor|a, ignor, -ai, -at, vt. **1.** 모르다, 무지하다 **2.** 무시하다, 모르는 체하다 **3.** 간과하다, 너그럽게 보아주다

ignoran|t, -tă, -ţi, -te, I. adj. 무식한, 무지한 II. s.m. 무지한 사람, 무학자

ignoranţă, s.f. 무지, 무식 ; din ~ 무지 (무식)의 결과로, 무지해서

ignor|are, -ări, s.f. 무지 무식

igrasie, s.f. 습기, 물기

igrasi|os, -oasă, -oşi, -oase, adj. 습기 찬, 습한

ihneumon, ~i, s.m. 말벌

ihtiofag, ~ă, ~i, ~e, adj. 어류학의

ihtiologic, ~ă, ~i, ~e, adj. 어류학의

ihtiologie, s.f. 어류학

ihtiozaur, ~i, s.m. 어룡

ilarian|t, -tă, -ţi, -te, adj. 재미있는, 우스운 ; gaz ~ 웃음가스(치과의사가 마취용으로 쓰는 아산화질소)

ilarit|ate, -ăţi s.f. 환희, 유쾌 ; a provoca ~ 유쾌하게 하다, 웃음을 드높이다

ilegal, ~ă, ~i, ~e, I. adj. **1.** 불법의, 비합법적인 **2.** 불법으로, 비합법적으로 II. adv. 불법적으로

ilegali|st, -stă, -şti, -ste, s.m. 그리고 f. 불법행위자, 사회주의 시절, 지하 운동가

ilegailt|ate, -ăţi, s.f. **1.** 불법 **2.** 불법행위 ; a arunca în ~ 불법행위를 행하다 ; a intra în ~ 불법을 시작하다 ; a luptat în ~ 그는 지하(조직의) 운

동을 했다
ileon, ~uri, s.n. 회장(回腸)
iliac, ~ă, ~i, ~e, I. adj. 장골의 ; osul ~ 둔부 뼈 II. s.n. 둔부 뼈, 엉덩이 뼈
ilici|t, -tă, -ţi, -te, I. adj. 불법의, 불의의 II. adv. 불법으로, 불의로, 불법적으로
ilion, ~uri, s.n. 장골(腸骨)
ilizibil, ~ă, ~i, ~e, adj. 읽기 어려운, 판독이 불가능한
ilogic, ~ă, ~i, ~e, I. adj. 이치에 맞지 않는, 비논리적인 II. adv. 비논리적으로
ilo|t, -ţi, s.m. (고대 스파르타의) 노예
ilumin|a, -ez, -ai, -at, I. vt. **1.** -에 비치다(비추다) **2.** 조명하다, 비추다 **3.** 밝아지다, 밝히다 II. vr. 밝아지다, (표정이) 밝아지다
ilumin|are, -ări, s.f. **1.** 조명, 계몽 등 **2.** 영감, 착상
ilumina|t¹, -tă, -ţi, -te, I. adj 불이 켜진, 빛나는 II. s.m. 불을 밝혀주는 사람, 계몽가
iluminat², s.n. 채광, 조명, 점화
iluminaţi|e, -i, s.f. 비추기, 조명, 계몽
iluminism, s.n. 계몽주의
ilumini|st, -stă, -şti, -ste, s.m. 그리고 f. 교화(계발) 지원자, 계몽주의자
ilustr|a, -ez, -ai, -at, I. vt. **1.** 도해, 삽화 따위를 넣다 **2.** 설명하다 **3.** 예증하다 II. vr. **1.** 설명되다 **2.** 유명해지다, 명성을 얻다
ilustr|are, -ări, s.f. 설명, 해설, 예화, 도표, 삽화
ilustra|t, -tă, -ţi, -te, adj. 설명된, 삽화의 ; carte poştală ~ă 그림엽서
ilustrativ, ~ă, ~i, ~e, adj. 설명(해설)에 도움이 되는
ilustrat|or, -oare, -ori, -oare, s.m. 그리고 f. 삽화가, 설명가
ilustraţi|e, -i, s.f. 실례, 예화, 삽화, 도표
ilu|stru, -stră, -stri, -stre, adj. **1.** 빛나는, 저명한 **2.** 유명한
iluzi|e, -i, s.f. **1.** 착각 **2.** 환영, 환각, 환상 **3.** 현혹 기만
iluzionism s.n. **1.** 환영, 환상(의 습관) **2.** 환상론
iluzioni|st, -stă, -şti, -ste, s.m. 그리고 f. 환상가, 환상론자
iluzori|u, -e, -i, adj. **1.** 남을 속이는, 거짓의 **2.** 기만하는
imacula|t, -tă, -ţi, -te, adj. 티 없이 맑은, 순결한
imagin|a, -ez, -ai, -at, vt. **1.** 상상하다 **2.** 고안(궁리)하다 **3.** 마음에 품다 ; a-şi ~ că 공상하다
imaginabil, ~ă, ~i, ~e, adj. 상상 할 수 있는
imaginar, ~ă, ~i, ~e, adj. **1.** 상상의, 가상의 **2.** 가공의, 공상의
imagina|t, -tă, -ţi, -te, adj. 상상의
imaginativ, ~ă, ~i, ~e, adj. 상상의, 허구의
imaginaţi|e, -i, s.f. **1.** 상상력, 상상 **2.** 공상 ; printr-un efort al ~i 상상의 소산(노력)으로
imagin|e, -i, s.f. **1.** 모습, 상, 이미지 **2.** 반영, 영상, 반사 **3.** 표현, 묘사
imagistic, ~ă, ~i, ~e, adj. 사상주의(파)의
imagistică, s.f. 환상, 은유
imam, ~uri, s.m. (회교 사원의) 도사

(導師), 회교 교주(종교적 수장)
imanen|t, -tă, -ţi, -te, adj. 내재하고 있는, 마음속만의
imanenţ|ă, -e, s.f. 내재(함)
imaş, ~uri, s.n. 공공 방목(목초)지
imaterial, ~ă, ~i, ~e, adj. 비물질적인, 영적인
imaterialit|ate, -ăţi, s.f. 비 물질성
imatur, ~ă, ~i, ~e, adj 미숙한, 미완성의, 풋내기의
imaturit|ate, -ăţi, s.f. 미숙, 미완성
imbatabil, ~ă, ~i, ~e, adj 무적의, 이겨내기, 어려운
imbecil, ~ă, ~i, ~e, I. adj. 지능이 낮은, 매우 어리석은 II. s.m. 저능한 사람, 바보
imbecilit|ate, -ăţi, s.f. 저능, 우둔함, 어리석음
imbeciliz|a, -ez, -ai, -at, I. vt. **1.** 마취시키다, 멍하게 하다 **2.** 바보같이 보이게 하다 II. vr. 멍해지다, 마취되다, 취하다
imbeciliza|t, -tă, -ţi, -te, adj. 멍해진
imberb, ~i, I. adj. **1.** 수염이 없는 **2.** 아직 어린, 풋내기의 II. s.m.풋내기, 젊은이
imbold, ~uri, s.n. **1.** 충격, 추진력 **2.** 자극 격려 **3.** 암시 ; a da ~ (여격) -을 자극(독려)하다
imedia|t, -tă, -ţi, -te, I. adj. **1.** 직접적인, 즉석의 **2.** 긴급한, 절박한 II. adv. 즉시, 즉각, 곧 바로
imemorial, ~ă, ~i, ~e, adj. 기억 밖인, 아주 오래된 ; din timpuri ~e 아득한 옛날, 먼 옛날
imen|s, -să, -şi, -se, I. adj. **1.** 광대한, 거대한 **2.** 헤아릴 수 없는 **3.** 무한한, 경계 없는 II. adv. 거대하게
imensit|ate, -ăţi, s.f. **1.** 광대, 거대 **2.** 무한 **3.** 광막함
imersiun|e, -i, s.f. **1.** (물속에) 넣기 담그기, 침례 **2.** 침수, 침몰 **3.** 엄폐(한 천체가 다른 천체나 달에 의해 가려지는 것)
imigr|a, -ez, -ai, -at, vi. 이주하다(이민가다)
imigran|t, -ţi, s.m. 이주, 이주민
imigr|are, -ări,.s.f. 이민, 이주
iminen|t, -tă, -ţi, -te, adj. 절박한, 긴박한, 임박한
iminenţ|ă, -e, s.f. 절박, 급박
imit|a, imit, -ai, -at, vt. **1.** 본받다 **2.** 모방하다 **3.** 흉내 내다
imitativ, ~ă, ~i, ~e**,** adj. 모방의, 흉내 내는
imitat|or, -oare -ori, -oare, s,m. 그리고 f. 모방하는 사람, 위조하는 사람
imitaţi|e, -i, s.f. **1.** 흉내, 모방 **2.** 위조, 모조
imixtiun|e, -i, s.f. 방해, 간섭
imn, ~uri, s.f. **1.** 성가, 애국가 **2.** 찬송가 ; ~ naţional 애국가
imobil¹, ~e, s.n. **1.** 집, 부동산 **2.** 건물
imobil², ~ă, ~i, ~e, adj. **1.** 부동산의 **2.** 고정된, 움직일 수 없는 **3.** 확고한, 안정된
imobiliar, ~ă, ~i, ~e, adj. 부동산의
imobilit|ate, -ăţi s.f. 고정, 정지, 부동
imobiliza, -ez, -ai, -at, vt. 움직이지 않게 하다, 고정하다
imobiliz|are, -ări, s.f. 고정화, 유통을 막음
imobiliza|t, -tă, -ţi, -te, adj. **1.** 고정

I

된, 부동의 **2.** 사용하지 않은

imoral, ~ă, ~i, ~e, adj. 부도덕한, 사악한

imoralit|ate, -ăți s.f. **1.** 부도덕, 외설 **2.** 부도덕한(외설) 행위

imortaliza, -ez, -ai, -at, vt. 불사(불멸)하게 하다

imortaliz|are, -ări, s.f. 불멸

impacient|a, -ez, -ai, -at, vr. 인내하다, 참다

impalpabil, ~ă, ~i, ~e, adj. 느껴지지 않는, 만져 볼 수 없는

impar, ~ă, ~i, ~e, adj. 홀수의

imparisilabic, ~ă, ~i, ~e, adj. [문법]주격보다 속격 쪽의 음절이 많은(명사), (그리스-라틴 문법)

imparțial, ~ă, ~i, ~e, I. adj. **1.** 선입견에 사로잡히지 않은 **2.** 옳은 공평한 **3.** 정직한 II. adv. 공평하게

imparțialit|ate, -ăți, s.f. 무신경, 태연함

impas, ~uri, s.n. **1.** 막힘 **2.** 진퇴양난, 궁지 **3.** 딜레마 ; a ieşi dintr-un ~ 궁지에서 탈출하다

impasibil, ~ă, ~i, ~e, adj. 고통을 느끼지 않는, 둔감한

impasibilit|ate, -ăți, s.f. 둔감

impecabil, ~ă, ~i, ~e, I. adj. **1.** 죄가 없는 **2.** 결점이 없는 II. adv. 한 점 나무랄 곳 없이

impediment, ~e, s.n. 방해, 장애

impenetrabil, ~ă, ~i, ~e, adj. **1.** 통과 할 수 없는, 들어 갈 수 없는 **2.** 헤아릴 수 없는 **3.** 깊이를 알 수 없는, 이해 할 수 없는

imperativ, ~ă, ~i, ~e, I. adj. **1.** 명령적인, 단호한, 당당한 **2.** 명령하는 어조의 II. s.n. [문법]명령법

imperceptibil, ~ă, ~i, ~e, I. adj. 느껴지지 않는, 보이지 않는 II. adv. 감지 할 수 없을 정도로, 어느 틈엔가

imperfec|t, -tă, -ți, -te, adj. **1.** 불완전한, 결점 있는 **2.** 그릇된, 잘못된 **3.** [문법]미완료의, 반과거의

imperfectiv, ~ă, ~i, ~e, adj. 미완료의

imperfecțiun|e, -i, s.f. **1.** 불완전, 불충분함 **2.** 결점, 단점

imperial, ~ă, ~i, ~e, adj. 제국의

imperial|ă, -e, s.f. 상단, 바깥의

imperialism, s.n. 제국주의의, 침략주의

imperiali|st, -stă, -şti, -ste, I. adj. 제국주의의 ; lagărul ~ 제국주의 진영의 ; război ~ 제국주의 전쟁 II. s.m. 그리고 f. 제국주의자

imperi|os, -oasă, -oşi, -oase, I. adj. **1.** 긴급한, 필요한 **2.** 단호한, 당당한, 강압적인 II. adv. 단호하게, 급히 ; ~ necesar 피할 수 없는, 긴요한, 명령적인, 명령법의

imper|iu, -ii, s.n. **1.** 제국, 제정 **2.** 절대 지배권 ; sub ~l (소유격) -의 영향하에, -에 의해 행동하는

impermeabil, ~ă, ~i, ~e, I. adj. 통과할 수 없는, 스며들지 못하게 하는 II. s.n. **1.** 방수 **2.** 방수복, 비옷, 방수재료, 레인코트

impermeabilit|ate, -ăți, s.f. 불침투성, 방수성

impermeabiliz|a, -ez, -ai, -at, vt. 방수(처리)하다

impersonal, ~ă, ~i, ~e, adj. [문법] 비인칭의, 개인적이 아닌, 비인간적인

impertinen|t, -tă, -ți, -te, adj. 건방

I

진, 무례한, 뻔뻔스러운.

inpertinenț|ă, -e, s.f. 건방짐, 실례, 부적절

imperturbabil, ~ă, ~i, ~e, adj. **1.** 동요하지 않는, 냉정한 **2.** 태연히, 냉정히

impest|a, impestez, -ai, -at, vt. (드물게) **1.** 나쁜 병을 퍼뜨리다 **2.** 안 좋은 냄새를 퍼뜨리다

impetu|os, -oasă, -oşi, -oase, adj. 1.격렬한, 맹렬한 **2.** 맹렬히, 성급하게

impetuozit|ate, **-**ăți, s.f. 맹렬, 성급, 격렬함

impiega|t, -ți, s.m. **1.** 공무원 **2.** 관공리 관공서 직원 ; ~ de mişcare ferov. 교통 통제관

impiet|a, -ez, -ai, -at, vi. ; a ~ asupra (소유격) **1.** 비방하다, 경시하다 **2.** 훼손하다, 상하다, 침해하다

impiet|ate, -ăți, s.f. **1.** 불신앙, 믿음이 없음 **2.** 무법 **3.** 사악한(추잡한) 행동

implacabil, ~ă, ~i, ~e, adj. **1.** 냉혹한, 무자비한, 사정없는 **2.** 사정없이

implic|a, implic, -ai, -at, vt. **1.** 휩쓸리게 하다, 연좌시키다 **2.** 수반하다, 부과하다 **3.** 함축하다

implicați|e, -i, s.f. 얽힘, 연루, 함축

implici|t, -tă, -ți, -te, adj. **1.** 암묵의, 함축적인 .은연중에, 넌지시

implor|a, implor, -ai, -at, vt. 애원(탄원)하다

implor|are, -ări, s.f. 애원, 탄원

implorat|or, -oare, -ori, -oare, adj. 애원적인, 탄원의

impluv|iu, -ii, s.n. 안뜰의 빗물받이 작은 못

impoliteț|ă, -e, s.f. **1.** 무례, 실례 **2.** 버릇없음

imponderabil, ~ă, ~i, ~e, I. adj. 무게가 없는 II. s.n. 무게 없음

imponderabilit|ate, -ăți s.f. 잴 수 없음 평가 불능, 매우 가벼움

import, ~uri, s.n. **1.** [상업]수입 **2.** 수입업

import|a¹, import, -ai, -at, vt. [상업] 수입하다

import|a², import, -ai, -at, vi. 중요시하다 ; nu importă! 개념치마라!, 별 것 아냐!, 괜찮아!

importan|t, -tă, -ți, -te, I. adj. 중요한, 소중한 ; puțin ~ 중요하지 않은 II. s.m. ; a face pe ~ul 으쓱대다, 오만하다, 건방지다

importanț|ă, -e, s.f. **1.** 중요, 중요성 **2.** 무게, 값어치 **3.** 중대성 ; de mică ~ 중요하지 않게 ; de primă ~ 제일 중요하게 ; are vreo ~? 뭐 중요성이 있나? ; a avea ~ 중요하다, 중대하다 ; a da ~ (여격) -을 중시하다 ; a-şi da ~ 잘난 척(체)하다, 있는 척(체)하다

import|are, -ări, s.f. 수입(품)

importator, ~i, s.m. 수입업자

importun, ~ă, ~i, ~e, adj. 집요한, 끈덕진, 막무가내인

imposibil, ~ă, ~i, ~e, adj. **1.** 불가능한 **2.** 할 수 없는 **3.** (감탄사적으로) 참을 수 없는, 말도 안 되는 ; ~ de făcut 이루어질 수 없는 ; mi-e ~ 나는 그것을 할 수 없다 ; a-i face cuiva viața ~ă -의 인생에 부담(짐)이 되다, -을 괴롭히다 II. s.n. 불가능한 것 ; a face ~ul 불가능한 것을 하려고 하다

imposibilit|ate, -ăți, s.f. 불가능(한 일)
impost|or, -oare, -ori, -oare s.m. 그리고 f. 협잡꾼, 사기꾼
impostur|ă, -i, s.f. 속임수, 협잡
impoten|t, -tă, -ți, -te, I. adj. **1.** 무능한, 무력한 **2.** 성교불능의 (남성) II. s.m. 무력
impotenț|ă, -e s.f. **1.** 무력, 무능 **2.** 무기력, (남성의) 성교불능
impozabil, ~ă, ~i, ~e, adj. **1.** 과세할 수 있는 **2.** 평가할 수 있는
impozit, ~e, s.n. 세금, 조세 ; ~ adițional 부가세 ; ~ asupra beneficiilor 소득세~ imobiliar 재산세 ; ~ pe cifra de afaceri 영업총거래액에 대한 세금 ; ~ pe donații 기부에 대한 세금 ; ~ pe lux 사치성 물품에 대한 세금 ; ~ pe plus valoare 개량세 ; ~ progresiv pe valoare ; ~ restant 연체세금 ; declarație de ~ 세금신고 ; scutit de ~ 세금면제
impracticabil, ~ă, ~i, ~e, adj. 통과할 (지나갈)수 없는
imprecați|e, -i, s.f. 남을 저주하기, 저주
impreci|s, -să, -şi, -se, adj. **1.** 막연한, 모호한 **2.** 무한한, 명확하지 않은
imprecizi|e, -i, s.f. **1.** 정학성의 결여 **2.** 모호, 막연함 **3.** 느슨함, 헐거움
impregn|a, -ez, -ai, -at, I. vt. **1.** 임신(수태)시키다 **2.** 스며들게 하다 II. vr. 흠뻑 젖다, 빠지다 ; a se ~ cu (사상, 의견에) 빠지다
impregn|are, -ări, s.f. 수태, 수정, 포화
impresar, ~i, s.m. (가극 음악회 등의) 흥행자, 주최자
imprescriptibil, ~ă, ~i, ~e, adj. 불가침의, 빼앗을 수 없는
impresi|e, -i, s.f. 인상, 감명 ; a avea impresia că 인상을 받다; a da o ~ de 인상을 주다 ; a face ~ -에 대한 인상을 주다 ; a face o ~ bună 좋은 인상을 주다
impresion|a, -ez, -ai, -at, vt. **1.** 영향을 주다, 감동시키다 인상을 주다 **2.** 이미지(표)를 새기다
impresionabil, ~ă, ~i, ~e, adj. 감수성이 강한, 민감한, 예민한
impresionabilit|ate, -ăți, s.f. 감수성, 민감
impreslonan|t, -tă, -ți, -te, adj. 1. 깊은 인상을 주는 **2.** 감동적인
impreslonism, s.n. 인상주의
impresioni|st, -stă, -şti, -ste, I. adj. 인상주의 적인 II. s.m. 그리고 f. 인상주의자(예술가)
imprevizibil, ~ă, ~i, ~e, adj. 예견할 수 없는, 예측 불허의
imprim|a, imprim, -ai, -at, I. vt. **1.** 나누어주다, 전하다 **2.** 찍다, 인쇄하다 **3.** 날염하다 II. vr. 나누어지다, 보내지다
imprim|are, -ări, s.f. **1.** 기록, 인쇄 **2.** 연주
imprima|t, -tă, -ți, -te, I. adj. 인쇄된, 출판된 II. s.n. **1.** 양식 **2.** 인쇄물, 책
imprimeri|e, -i, s.f. **1.** 인쇄소 **2.** 인쇄물
imprimeu, ~ri, s.n. 인쇄물, 출판물, 판화
improbabil, ~ă, ~i, ~e, adj. 일어나기 어려운, 사실 같지도 않은
impropri|u, -e, -i, adj. 틀린, 그릇된,

I

부적당한

improviz|a, -ez, -ai, -at, I. vt. **1.** 즉흥적으로 하다 **2.** (연설을) 즉흥적으로 하다 II. vi. **1.** 준비 없이 말하다 **2.** (음악을) 준비 없이 연주하다

improviza|t, -tă, -ți, -te, adj. **1.** 즉석의, 즉흥의 **2.** 준비 없는, 즉흥적인 **3.** 사전 준비 없이, 즉석에서

improvizați|e, -i, s.f. **1.** 즉흥연설(발언) **2.** 즉흥시 **3.** 즉흥곡

impruden|t, -tă, -ți, -te, I. adj. **1.** 조심성 없는, 경솔한 II. adv. 분별없이, 경솔하게

imprudenț|ă, -e, s.f. **1.** 염치없음, 후안무치 **2.** 경솔한(뻔뻔한) 행동 ; ce ~! 철면피! ; a comite o ~ 염치없는(후안무치한) 행동을 하다

impudic, ~ă, ~i, ~e, adj. 무례한, 건방진

impuls, ~uri, s.n. 충동, 충격 ; sub ~ momentului 순간적인 충동으로

impulsi|e, -i, s.f. 충동, 자극, 추진

impulsiv, ~ă, ~i, ~e, adj. 추진하는, 충동적인

impulsivit|ate, -ăți, s.f. 추진 충동

impunăt|or, -oare, -ori, -oare, adj. **1.** 인상적인, 당당한, 위압하는 **2.** 품위 있는, 웅장한

im|pune, -pun, -pusei, -pus, I. vt. **1.** 과하다, 규정하다 **2.** 부과하다 **3.** 강요하다; a-şi ~ 책임을 맡다 II. vr. 놓여지다, 부과되다 ; se ~ să... -하는 것이 필요하다

impuner|e, -i, s.f. **1.** 부과, 강요 **2.** 강제 **3.** 과세

impur, ~ă, ~i, ~e, adj. **1.** 불결한, 더러운 **2.** [화학]불순물이 섞인

impurit|ate, -ăți, s.f. **1.** 불순, 불결 **2.** 불순물, 더러운 것

imput|a, -imput, -ai, -at, I. vt. **1.** (여격과 함께) -탓으로 하다 **2.** (돈 등을) 공제(부과)하다 ; a ~ cuiva o vină -의 탓으로 돌리다, -에게 죄를 씌우다 II. vr. 죄를 뒤집어쓰다 ; a i se ~ ceva -로 책임을 지게 되다

imputabil, ~ă, ~i, ~e, adj. **1.** (cuiva) 돌릴(지울)수 있는 **2.** [재정]부과할 수 있는

imput|are, -ări, s.f. **1.** 비난 오명 **2.** 꾸짖음 **3.** (돈 등과 함께) 부과

imuabil, ~ă, ~i, ~e, adj. 불변의

imun, ~ă, ~i, ~e, adj. 면제된, 면역의

imun|d, -dă, -zi, -de, adj. 더러운, 불결한

imunit|ate, -ăți, s.f. 면역, 면제 ; ~a diplomatică 외교관의 면책 ; ~a parlamentară 국회의원의 면책 ; ~a vamală 무관세수입

imuniz|a, -ez, -ai, -at, I. vt. 면역(면제)시키다 II. vr. 면역(면제)되다

in, s.n. **1.** [식물]아마, 린네르 **2.** (씨앗) 아마 ; de ~ 아마로 된 ; ulei de ~ 아마씨 기름

inabordabil, ~ă, ~i, ~e, adj. **1.** 접근할 수 없는 **2.** 값이 터무니없는, 엄청나게 비싼 **3.** 공략 할 수 없는(전략상)

inacceptabil, ~ă, ~i, ~e, adj. 수락할 수 없는, 받아들일 수 없는

inaccesibil, ~ă, ~i, ~e, adj. 도달할(들어갈 가까이할) 수 없는

inactiv, ~ă, ~i, ~e, adj. **1.** 활동력이 없는 **2.** 게으른 **3.** [화학]불활성의

inactivit|ate, -ăți, s.f. **1.** 활동하지 않음, 정지 **2.** 불활성 **3.** 정지, 게으름 ; în ~ 게으른, 일을 하지 않은

inactual, ~ă, ~i, ~e, adj. **1.** 계절에 맞지 않은, 때가 아닌, 철이 아닌 **2.** 구식의, 시대에 뒤진
inadaptabil, ~ă, ~i, ~e, adj. 적응(순응)할 수 없는.
inadaptabilit|ate, -ăți, s.f. 부적응, 조정 불량
inadecva|t, -tă, -ți, -te, adj. 부적당한, 불충분한
inadmisibil, ~ă, ~i, ~e, adj. **1.** 허용할 수 없는, 받아들일 수 없는 **2.** 상상 할 수 없는, 어림도 없는
inadvertent|ă, -e, s.f. **1.** 부주의, 태만 **2.** 소홀 **3.** 실수, 잘못
inalienabil, ~ă, ~i, ~e, adj. **1.** 양도할 수 없는 **2.** 무효화 시킬(파기할) 수 없는.
inalterabil, adj. **1.** 변경 할 수 없는, 불변의 **2.** 확실한, 틀림없는
inamic, ~ă, ~i, ~e, I. adj. 적대적인 II. s.m. 그리고 f. **1.** 적 **2.** 경쟁자
inamovibil, ~ă, ~i, ~e, adj. **1.** 옮길 수 없는 **2.** 종신직의 **3.** 면직할 수 없는
inamovibilit|ate, -ăți, s.f. 옮길 수 없음
inaniție, s.f. 공허, 쇠약, 기아 궁핍
inaplicabil, ~ă, ~i, ~e, adj. 응용(적용) 할 수 없는
inap|t, -tă, -ți, -te, adj. **1.** 부적당한 **2.** 적절치 않은
inaptitudin|e, -i, s.f. 부적당, 부적합
inatacabil, ~ă, ~i, ~e, adj. **1.** 난공불락의 **2.** 비난의 여지가 없는 **3.** 논쟁의 여지가 없는
inaugur|a, -ez, -ai, -at, I. vt. **1.** 취임시키다 **2.** 베일을 벗기다 **3.** 새로 열다, 개시하다 II. vr. 취임하다, 개시되다
inaugural, ~ă, ~i, ~e, adj. 발족에 즈음한, 개관의, 창립의
inaugur|are, -ări, s.f. 취임, 발족, 개시, 개업
incalculabil, ~ă, ~i, ~e, adj. 헤아릴 수 없는, 무수한
incalificabil, ~ă, ~i, ~e, adj. 말로 할 수 없는, 조건(질)에 맞을 수 없는
incandescen|t, ~ă, ~i, ~e, adj. 백열의, 매우 밝은 ; lampă cu ~백열전등
incandescență s.f. 백열 상태 ; lampă cu ~ 백열등
incapabil, ~ă, ~i, ~e, adj. **1.** 무능의, 불능의 **2.** [법률]능력이 없는, 자격이 없는
incapacit|ate, -ăți, s.f. **1.** 무능력, 무력 **2.** [법률]부적당(피)선거권이 없음 ; ~ temporară de muncă 일시적 무효, 노동에 대한 일시적 무능
incarn|a, -ez, -ai, -at, vt. 구체화(실현)하다
incarn|are, -ări, s.f. 구체화, 형상화
incarna|t, -tă, -ți, -te, adj. **1.** 구체화된, 구체적인 **2.** 상습적인, 만성의 **3.** 열렬한, 격렬한 ; unghie ~ă 살 안으로 파고드는 발(손)톱
incasabil, ~ă, ~i, ~e, adj. 깨지지 않는, 부서지지 않는
incendi|a, -ez, -ai, -at, vt. **1.** 불놓다, 불을 지르다 **2.** 타오르게 하다, 흥분시키다
incendiar, ~ă, ~i, ~e, adj. **1.** 방하의, 발화시키는 **2.** 선동적인 **3.** 붉은 핏발이 선
incendiat|or, -oare, -ori, -oare,

s.m. 그리고 f. **1.** 방화범 **2.** 선동자, 교사자

incendier|e, -i, s.f. **1.** 방화, 발화 **2.** 방화죄

imcend|iu, -ii, s.n. **1.** 불 **2.** 화재 ; pompă de ~ 소화펌프

incer|t, -tă, -ți, -te, adj. 불확실한, 의심스러운

incertitudine -i, s.f. **1.** 불확실 **2.** 의심

incest, ~uri, s.n. 근친상간

incestu|os, -oasă, -oşi, -oase adj. 근친상간의

inchizitor, ~i, s.m. 조사자, 심문자

inchizitorial, ~ă, ~i, ~e, adj. 종교재판관(소)의

inchiziți|e, -i s.f. 철저한 조사, 취조

inciden|t[1], -tă, -ți, -te, adj. **1.** (단어나 구 등이) 삽입되는, 괄호의 **2.** 부수적으로 일어나는 ; rază ~ă 입사광(선)

incident[2], s.n. **1.** 갑자기 일어난 일 **2.** 사건, 분쟁 **3.** 부대사물(권리, 의무등) ; ~ de frontieră 국경지역의 무력충돌

incidental, ~ă, ~i, ~e, adj. **1.** 부수적인, 우연한 **2.** 부수적으로 **3.** 우연히

incidenț|ă, -e, s.f. 일어남, 발생 ; unghi de ~ opt. 투사(입사)각

inciner|a, -ez, -ai, -at, vt. 소각하다

inciner|are, -ări, s.f. 소각

incint|ă, -e, s.f. 1관구, 경내, 영역 **2.** 울타리 **3.** 집회장, 큰방

incipien|t, -tă, -ți, -te, adj. 시작의, 초기의

incisiv, ~ă, ~i, ~e, adj. 예리한, 날카로운 ; dinți ~i 앞니

incit|a, incit, -ai, -at, vt. **1.** 자극하다, 고무하다

incizi|e, -i, s.f. 자국, 상처, 절개

in|clude, -clud, -clusei, -clus, I. vt. **1.** 포함(포괄)하다 **2.** 동봉하다, 끼워넣다 II. vr. 포함되다

includer|e, -i, s.f. 포함, 함유

inclusiv, adv. -을 포함하여 ; ~ operele lui Shelley 셸러의 작품이 포함된 ; de vineri până luni ~ 금요일을 포함하여 월요일까지

incluziun|e, -i, s.f. 함유, 이물질

incoativ, ~ă, ~i, ~e, adj. [문법](동사에 대해서) 어떤 행동의 개시를 나타내는

incoercibil, ~ă, ~i, ~e, adj. 강요할 수 없는, 액화 할 수 없는

incoeren|t, -tă, -ți, -te, adj. 앞뒤가 맞지 않는, 지리멸렬의

incoerenț|ă, -e s.f. 조리가 없는, 지리멸렬한

incognito, adv. 익명으로, 변장으로, 숨긴

incognoscibil, ~ă, ~i, ~e, adj. 알 수 없는

incolor, ~ă, ~i, ~e, adj. 무색의, 핏기가 없는

incomensurabil, ~ă, ~i, ~e, adj. **1.** 거대한, 끝없는, 헤아릴 수 없는 **2.** [수학]약분 할 수 없는

incomo|d, -dă, -zi, -de, adj. **1.** 불편한, 형편이 좋지 않은 **2.** 편치 않은 **3.** 비좁은

incomod|a, -ez, -ai, -at, vt. 불편하게하다, 불유쾌하게 하다, 폐를 끼치다 ; vă incomodează dacă fumez? 제가 담배를 피우면 불편하신가요?

incomparabil, ~ă, ~i, ~e, adj. **1.** 비

교할 수 없는 **2.** 비교가 안 될 만큼 **3.** 뛰어나게, 월등히

incompatibil, ~ă, ~i, ~e, adj. 서로 맞지 않는, 조화 되지 않는

incompatibilit|ate, -ăți, s.f. 서로 맞지 않음, 모순

incompeten|t, -tă, -ți, -te, adj. **1.** 무능한, 무력한 **2.** 무능력의, 무자격의

incompetenț|ă, -e, s.f. 무능, 부적격

incomple|t, -tă, -ți, -te, adj. 불완전한, 불충분한

incomprehensibil, ~ă, ~i, ~e, adj. 이해 할 수 없는, 불가해한

inconciliabil, ~ă, ~i, ~e, adj. 화해(양립)할 수 없는

incongruen|t, -tă, -ți, -te, adj. 맞지 않는, 일치하지 않는

incongruenț|ă, -e, s.f. 부적당, 불일치, 부조화

inconsecven|t, -tă, -ți, -te, adj. **1.** 조화되지 않은 **2.** 상반된 **3.** 앞뒤의 맥락이 없는

inconsecvenț|ă, -e, s.f. 불일치, 모순, 불합리

inconsisten|t, -tă, -ți, -te, adj. **1.** 부드러운, 늘어진 **2.** 무른, 박약한

inconsistență s.f. **1.** 부드러움, 관대함 **2.** 박약함, 빈약함

inconstan|t, -tă, -ți, -te, adj. 일정하지 않은, 변덕스러운

inconstant|ă, -e, s.f. 일정하지 않음, 동요

inconştien|t, tă, -ți, -te, I. adj. **1.** 모르는, 무의식의 **2.** 무책임한 II. adv. 무의식적으로, 모르게

inconstiență, s.f. **1.** 무의식, 의식불명 **2.** 무책임, 부주의

incontestabil, ~ă, ~i, ~e, I. adj. 논의(논쟁)의 여지가 없는 II. adv. 논의의 여지가 없을 정도로, 명백히

incontinență, s.f. 무절제, 자제력 없음

inconvenabil, ~ă, ~i, ~e, adj. 불편한, 적절치 않은

inconvenient, -e, s.n. 결점, 약점

incorec|t, -tă, -ți, -te, I. adj. **1.** 틀린, 그릇된 **2.** 부정직한 II. adv. 틀리게, 부정직하게

incorecitudin|e, -i, s.f. **1.** 틀림, 부정확 **2.** 옳지 않은 행위

incorigibil, ~ă, ~i, ~e, adj. 고칠 가망이 없는, 뿌리 깊은, 가망이 없는

incoruptibil, ~ă, ~i, ~e, adj. 부패하지 않은, 매수 할 수 없는

incoruptibilit|ate, -ăți s.f. 부패 하지 않음, 청렴결백

incredul, ~ă, ~i, ~e, adj. 쉽게 믿으려 하지 않는, 의심 많은

incrimin|a, -ez, -ai, -at, vt. 고소하다, 유죄로 하다

incrimi|nare, -ări, s.f. 죄를 씌우기

incrust|a, -ez, -ai, -at, I. vt. 1.박아 넣다 **2.** 명심하다, 감명시키다 II. vr. 아로새겨지다, 감명 받다

incrustați|e, -i, s.f. **1.** 상감, 아로 새김 **2.** 외피(외층)로 덮기 **3.** 박아 넣기

incubat|or, -oare, s.n. 부란기, 보육기

incubați|e, -i, s.f. **1.** 부화 **2.** 부화기, 부란기간

inculca, inculc, -ai, -at, vt. 심어주다, 가르치다

inculp|a, -inculp, -ai, -at, vt. 기소하다, 고발하다

inculpa|t, -tă, -ţi, -te, s.m. 그리고 f. 피고, 피고(자)

incul|t, -tă, -ţi, -te adj. **1.** 교육을 받지 못한, 무지의 **2.** 무식한, 교양이 없는 **3.** 글을 모르는

incultură, s.f. 교육 결여, 교육 받지 못함

in|cumba, pers.3, incumbă vi. -에게 맡기다, 위임하다

incunabul, -e, s.n. (인쇄술 초기, 특히 1500년 이전의) 초기 간행(본)

incurabil, ~ă, ~i, ~e, adj. 불치의, 고쳐지지 않는

incuri|e, -i, s.f. 태만 부주의

incursiun|e, -i, s.f. **1.** 침략, 약탈 **2.** 탈선

in-cvarto, adj. 사절판(팔절판)의

indecen|t, -tă, -ţi, -te, adj. 보기 흉한, 꼴사나운, 부적절한

indecenţ|ă, -e, s.f. 꼴사나움, 흉함, 외설

indeci|s, -să, -şi, -se, adj. 결단력이 없는, 우유부단한

indeclinabil, ~ă, ~i, ~e, adj. 어미변화를 하지 않는

indefinibil, ~ă, ~i, ~e, adj. 정의를 내릴 수 없는, 막연한 애매한

indefini|t, -tă, -ţi, -te, adj. **1.** 희미한 **2.** 애매한

indelicateţ|e, -i, s.f. **1.** 예절 없음, 상스러운 **2.** 천박(음탕)한 언행

indemnizaţi|e, -i, s.f. 손해 배상(금) **2.** 보상 ; ~ de somaj 실업보상 ; ~ de război 전쟁보상 ; ~ parlamentară 의회의 보상 ; ~ de călătorie 여행보상 ; drept la ~ 보상권

independen|t, -tă, -ţi, -te, adj. **1.** 별개의, 독립의 **2.** 자활하는, 자유로운 **3.** -와 관계없이 II. adv. 독립적으로 III. s.m. [정치]무소속

independenţ|ă, -e, s.f. **1.** 자립, 독립 **2.** 자유

indescifrabil, ~ă, ~i, ~e, adj. **1.** 해독(판독)할 수 없는 **2.** 읽기 어려운

indescriptibil, ~ă, ~i, ~e, adj. 말로 표현 할 수 없는, 형언할 수 없을 정도의

indestructibil, ~ă, ~i, ~e, adj. 파괴할 수 없는, 불멸의

index, ~uri, s.n. 색인, 표제 ; a pune la ~ 색인을 달다, (비유적 의미에서)금지 목록에 넣다

indezirabil, ~ă, ~i, ~e, adj 바람직하지 못한, 탐탁치 않는

indi|an, -ană, -eni, -ene, I.adj. 인도 사람의, 인디언의 II. s.m. 그리고 f. **1.** 인도 사람 **2.** 아메리카 인디언 III. s.n. [직조]무늬 새긴 옥양목, 프린트한 면포

indi|ană, -ene, s.f. 초코 크림 케익

indic|a, indic, -ai, -at, vt. **1.** 가리키다 **2.** 표시하다 **3.** 보여주다

indic|are, -ări, s.f. 지시 지적 표시

indica|t, -tă, -ţi, -te, adj. **1.** 가리키는, 지적된 **2.** 적당한, 적합한

indicativ, ~ă, ~i, ~e, I. adj. 가리키는, 지시하는 II. s.n. [문법] ; mod ~ 직설법

indicat|or, -i. -oare, -ori, -oare, I. adj. 지시하는, 표시하는 II. s.n. **1.** 표시, 척도, ; ~ al străzilor **2.** 도로표시; ~ de direcţe auto 자동차 교통 표지판 **3.** 계량기 ; ~ de nivel 게이지 표지 ; ~ de presiune ; 압력기; ~ de viteză 속도계 ; ~ optic 광학표지기

indicați|e, -i, s.f. 표시, 지시, 지적

indic|e, -i, s.m. **1.** 지수 **2.** 가치, 평가 **3.** 물가지수

indicibil, ~ă, ~i, ~e, adj. 말로 할 수 없는

indic|iu, -ii, s.n. 지시 지적, 징후, 표지

indiferen|t, -tă, -ți, -te, I. adj. **1.** 무관심한, 무감각한 **2.** 중요하지 않은 **3.** 냉담한 ; mi-e ~ 나에게는 아무런 상관이 없다 ; mi-e absolut ~ 나에겐 전혀 상관이 없다 II. adv. 무관심하게

indiferenț|ă, -e, s.f. **1.** 무관심, 관심 결여 **2.** 냉담

indigen, ~ă, ~i, ~e, I. adj. 고유의, 토착의 II. s.m. 그리고 f. 원주민

indige|st, -stă, -şti, -ste, adj. **1.** 소화가 잘 안되는 **2.** 받아들이기 힘든

indigesți|e, -i, s.f. 소화불량 ; a avea o ~ 소화불량(증)에 걸리다

indign|a, -ez, -ai, -at, I. vt. 격분시키다, 노하게 하다 II. vr. 노하다, 화내다, 격분하다

indign|are, -ări, s.f. 분개, 분노, 격분

indigna|t, -tă, -ți, -te, adj. 분개한, 성난

indigo, ~uri, s.n. [화학] 인디고, 남색

indirec|t, -tă, -ți, -te, adj. 우회하는, 간접적인, 부차적인

indisciplin|ă, -e, s.f. 규율 없음, 무질서, 훈련의 결여

indisciplina|t, -tă, -ți, -te, adj. 무차별의, 분별없는

indiscre|t, -tă, -ți, -te, adj. 무분별한, 지각없는, 경솔한

indiscreți|e, -i, s.f. 무분별, 철없음, 경솔

indiscutabil, ~ă, ~i, ~e, adj. 의심할 바 없는, 논의의 여지가 없는, 확실한

indisolubil, ~ă, ~i, ~e, adj. 용해(분해, 분리)시킬 수 없는, 해소(파기)할 수 없는, 확고한, 불변의, 영속성 있는

indispensabil, ~ă, ~i, ~e, adj. 불가결의, 없어서는 안 될, 절대 필요한, 긴요한

indispensabili, s.m. **1.** 속옷 **2.** 팬츠, 속바지

indisponibil, ~ă, ~i, ~e, adj. **1.** 손에 넣을 수 없는 **2.** 이용할 수 없는

indispoziți|e, -i, s.f. **1.** 가벼운 병 2. 불쾌함, 기분이 좋지 않음

indis|pune -pun, -pusei, -pus, I. vt. 기분 나쁘게 하다 II. vr. 우울해지다

indispu|s, -să, -şi, -se, adj. **1.** 편찮은, 불쾌한 **2.** 의기소침한, 울적한 **3.** 기운이 없는

indistinc|t, -tă, -ți, -te, I. adj. **1.** 뚜렷하지 않은 **2.** 희미한 II. adv. 희미하게

indiu, s.n. 인듐(In)

indivi|d, -zi, -s.m. **1.** [법률]한 단위, 개체 **2.** [생물]개인, 사람

individual, ~ă, ~i, ~e, I. adj. **1.** 개개의, 개인의 **2.** 개인적인 II. adv. 개인적으로

individualism, s.n. 개인주의, 이기주의

individuali|st, -stă, -şti, -ste, I. adj. 개인주의적인 II. s.m. 그리고 f. 개인주의자, 이기주의자

individualit|ate, -ăți, s.f. **1.** 개성 **2.**

I

인격

individualiz|a, -ez, -ai, -at, vt. 개성을 뚜렷하게 보이다, 개별적으로 하다

individualiz|are, -ări, s.f. 개별(개성)화

individualiza|t, -tă, -ţi, -te, adj.개별화된, 개인화된

indivizibil, ~ă, ~i, ~e, adj. 분할 할 수 없는, 불가분의

indivizibilit|ate, -ăţi, s.f. 불가분성

indiviziun|e, -i, s.f. 공동 소유(물), 공유, 각각, 단독 소유, 별도 ; succesiune în ~ 공동소유로 상속 ; proprietari în ~ 공동소유자

indo-europ|ean, -eană, -eni, -ene, adj. 인도 유럽어족의

indolen|t, -tă, -ţi, -te, adj. 게으른, 나태한

indolenţ|ă, -e s.f. 게으름, 빈둥거림

indruşaim, ~i, s.m. 스위트 피(콩과의 원예식물)

indubitabil, ~ă, ~i, ~e, adj. 의심할 여지없는

in|duce, -duc, -dus ei, -dus, vt. 권하다, -하게 하다 ; a ~ pe cineva în eroare 잘못 인도하다(이끌다)

inductiv, ~ă, ~i, ~e, adj. 유도의, 설득하는, 권하는

induct|or, -oare, -ori -oare, I. adj. 유도의, 감응의 II. s.n. 수직자, 유도자

inducţi|e, -i s.f. **1.** 앉히기 (지위, 직위 등에) **2.** 취임식 ; ~ magnetică 전자(전기) 유도

indulgen|t, -tă, -ţi, -te, I. adj. 관대한, 너그러운 II. adv. 관대하게

indulgenţ|ă, -e, s.f. **1.** 너그러움, 관용, 관대 **2.** 친절 **3.** 자비, 속량

industrial, ~ă, ~i, ~e, adj. 산업의, 공업의

industrializ|a, -ez, -ai, -at, I. vt. 산업(공업)화하다 II. vr. 산업(공업)화되다

industrializ|are, -ări, s.n. 산업(공업)화

industriaş, ~i, s.m. 기업가, 공업가

industri|e, -i, s.f. 산업, 공업 ; industria autovehiculelor 자동차 산업 ; ~ casnică 가내수공업 ; ~ grea 중공업 ; ~ petrolieră 석유화학공업; ~ minieră 광산업 ; ~ uşoasră 경공업

inedi|t, -tă, -ţi, -te, I. adj. **1.** 공개되지 않은, 출판 되지 않은 **2.** 새로운 **3.** 최초의, 본래의 II. s.n. 진기함, 새로움, 진기한 것(일, 경험 등)

inefabil, ~ă, ~i, ~e, adj. 말로 표현할 수없는, 형언 할 수 없는

ineficace, adj. **1.** 효과 없는, 효력 없는 **2.** 효험이 없는

indficult|ate, -ăţi s.f. 효과 없음, 무효, 헛됨

inegal, ~ă, ~i, ~e, I. adj. **1.** 불공평한 **2.** 불규칙한 **3.** 평탄하지 않은 II. adv. 불공평하게

inegalabil, ~ă, ~i, ~e, adj. 무적의, 비길데 없는

inegalit|ate, -ăţi, s.f. 부등(식), 부동, 불평등, 불균형

inel, ~e, s.n. **1.** 반지 **2.** 고리 **3.** 나이테 ; ~ de logodnă 결혼반지 ; tras (ca) prin ~ (강기슭 따위) 버들이 많은, (사람이) 가냘픈, 호리호리한

inelar, ~ă, ~i, ~e, I. adj. **1.** 고리 모양의 **2.** 둥근 II. s.n. 약손가락

inela|t, -tă, -ți, -te, adj. **1.** 곱슬머리의 **2.** 환형동물

inelegant|ă, -e, s.f. 우아하지 않음, 속악

ineluctabil, ~ă, ~i, ~e, adj. 피할 수 없는, 불가피한

inep|t, -tă, -ți, -te, adj. 부적당한, 불합리한, 어리석은

inepți|e, -i, s.f. 부적당, 어리석음

inepuizabil, ~ă, ~i, ~e, adj. 무진장의, 다 쓸 수없는, 지칠 줄 모르는

ineren|t, -tă, -ți, -te, I. adj. 본래 갖추어져 있는, 타고난 II. adv. 본래 갖추어져서, 본질적으로

iner|t, -tă, -ți, -te, adj. **1.** 둔한 **2.** [화학]불확성의, 활성이 없는

inerție, s.f. **1.** [물리]관성 **2.** 타성 **3.** 게으름

inerv|a, -ez, -ai, -at, vt. 신경을 분포(자극)시키다

inerv|are, -ări, 신경 지배, 신경 감응

inestetic, ~ă, ~i, ~e, I. adj. 무미의, 무미학적인 II. adv. 무미적으로

inestimabil, ~ă, ~i, ~e, adj. 헤아릴 수 없는

inevitabil, ~ă, ~i, ~e, I. adj. **1.** 피할 수 없는 **2.** 당연히 일어나는 II. adv. 필연적으로, 반드시

inevitabilit|ate, -ăți s.f. 필연성, 피할 수 없음

inexac|t, -tă, -ți, -te, I. adj. 부정확한, 잘못된 II. adv. 부정확하게, 소홀하게

inexactit|ate, -ăți, s.f. **1.** 부정확, 소홀 **2.** 실수

inexisten|t, -tă, -ți, -te, adj. 존재하지 않는

inexistență, s.f. 무존재, 결핍, 결여

inexorabil, ~ă, ~i, ~e, adj. 무자비한, 냉혹한

inexplicabil, ~ă, ~i, ~e, adj. 설명(해설)할 수 없는

inexpresiv, ~ă, ~i, ~e, adj. **1.** 무표정한 **2.** 표현이 없는, 무뚝뚝한

inexprimabil, ~ă, ~i, ~e, adj. 표현할 수 없는

inexpugnabil, ~ă, ~i, ~e, adj. 비난의 여지 가 있는

infailibil, ~ă, ~i, ~e, adj. **1.** 절대로 옳은 **2.** 확실한

infailibilit|ate, -ăți s.f. 과오 없음, 절대 확실

infam, ~ă, ~i, ~e, I. adj. 악명이 높은 평판이 나쁜 II. adv. 악명 높게

infaman|t, -tă, -ți, -te, adj. 신용을 떨어뜨리는, 불명예스러운

infami|e, -i, s.f. **1.** 악명, 악평 **2.** 비행, 사악한 행위

infanteri|e, -i, s.f. [군사]보병부대

infanteri|st, -şti, s.m. [군사]보병

infanticid, ~uri, s.n. [법률]유아(영아)살해

infantil, ~ă, ~i, ~e, adj. 유아의, 천진난만한

infarct, ~e, s.n. **1.** [의학]심근경색 **2.** 혈액이 공급되지 않아 죽어가는 국부조직

infatu|are, -ări, s.f. 자만, 허영

infatua|t, -tă, -ți, -te, adj. 자만에 빠진, 우쭐한

infec|t, -tă, -ți, -te, adj. **1.** 악취가 나는 **2.** 악취를 풍기는, 지독한 **3.** 불쾌한

infect|a, -ez, -ai, -at, I. vt. **1.** 오염시키다 **2.** 타락시키다 II. vr. 오염되다

infecți|e, -i, s.f. **1.** 오염, 전염, 감염

I

2. 악취

infecțio|s, -oasă, -oși, -oase, adj. 전염성의, 옮기 쉬운

inferi|or, -oară, -ori -oare, I. adj. **1.** 아래의, 낮은, 하급의 **2.** 천한, 천박한 **3.** -의 아래(쪽)에 II. s.m. 피지배자

inferiorit|ate, -ăți, s.f. 하급, 열등, 조악

infern, s.n. **1.** 지하 **2.** 저승 **3.** 지옥(단테의)

infernal, ~ă, ~i, ~e, I. adj. **1.** 황천의, 지옥의 **2.** 악마 같은, 지옥 같은 ; mașină ~ă 위장 폭파 장치 II. adv. 악마처럼, 극악무도하게, 지독하게

infidel, ~ă, ~i, ~e, adj. **1.** 성실(충실)하지 않은 **2.** 신뢰할 수 없는 **3.** 부정확한

infiltr|a, -ez, -ai, -at, vr. **1.** 스며들게 하다, 스며들다 **2.** 몰두하게 하다 **3.** 살금살금 걷다

infiltr|are, -ări, s.f. 스며듦, 침투

infiltrați|e, -i, s.f. 침윤, 침투물

infim, ~ă, ~i, ~e, adj. **1.** 작은 조그만 **2.** 지극히, 적은 극소의

infinit, ~uri, I. s.n. 무한, 무한한 것 II. ~ă, ~i, ~e, adj. **1.** 끝이 없는, 무한의 **2.** [문법]부정형의 III. adv. 끝이 없이, 무한하게

infinit|ate, -ăți, s.f. 무한 ; o ~ de 무한한, 끝없는

infinitezimal, ~ă, ~i, ~e, adj. 극소의, 무한소의

infinitiv, ~e, s.n. **1.** [문법]부정형의, 부정사의 **2.** 부정사

infinitival, ~ă, ~i, ~e, adj. [문법]부정사의

infirm, ~ă, ~i, ~e, I. adj. **1.** 약한, 허약한 **2.** 박약한, 불구의 II. s.m. 불구, 병자

infirm|a, infirm -ai, -at, vt. **1.** 논박하다, 반박하다 **2.** 약하게 하다, 약화시키다

infirm|are, -ări, s.f. 논박, 반박

infirmeri|e, -i, s.f. 병실

infirmier, ~ă, ~i, ~e, s.m. 그리고 f. 간병인, 남자간호사

infirmit|ate, -ăți, s.f. 병약, 노쇠

infix, -e, s.n. [문법]삽입사

inflam|a, -ez, -ai, -at, vr. **1.** 부풀다, 팽창하다, 자극되다, 끓어오르다 **2.** (상처가) 곪다, 쑤시다

inflamabil, ~ă, ~i, ~e, adj. **1.** 불붙기 쉬운, 가연성의 **2.** 흥분하기 쉬운

inflam|are, -ări, s.f. 점화, 발화, 염증

inflama|t, -tă, -ți, -te, adj. 1. 부어오른, 열나는 **2.** 욱신욱신한, 아픈 **3.** 격한, 격심한

inflamat|or, -oare, -ori, -oare adj. 발화시키는, 점화시키는

inflamați|e, -i, s.f. 점화 발화

inflați|e, -i, s.f. 팽창, 인플레이션, (통화 팽창)

inflaționi|st, -stă, -ști, -ste, adj. (재무) 인플레이션의, 인플레이션을 유발하는

inflexibil, ~ă, ~i, ~e, adj. 확고한, 불굴의

inflexibilit|ate, -ăți s.f. 불변성, 단호(함)

inflexiun|e, -i, s.f. 조음, 변조(음)

inflorescenț|ă, -e, s.f. 개화

influen|t, -tă, -ți, -te, adj. 영향을 미치는, 동기가 되는

influenț|a, -ez, -ai, -at, vt. **1.** 영향을

미치다, -에 작용하다 **2.** 편견을 갖게 하다
influențabil, ~ă, ~i, ~e, adj. 영향 받기 쉬운
influenț|ă, -e, s.f. 영향, 감화, 작용 **2.** 우월 **3.** 무게 ; a avea/exercita o ~ asupra (소유격) 영향을 끼치다, 영향력 행세를 하다
in-folio, adj. 2절의
inform, ~ă, ~i, ~e, adj. **1.** 모양 없는, 형태가 없는 **2.** 꼴사나운, 볼품없는 **3.** 보기 흉한
inform|a, -ez, -ai, -at, I. vt. 고하다, 알리다, 통지하다 **2.** 인지시키다 II. vr. 질문하다, 문의하다 ; a se ~ despre... -에 관하여 질의(문의)하다
inform|are, -ări, s.f. 통지, 인지보고
informa|t, -tă, -ți, -te, adj. **1.** 알고 있는 **2.** 지식이 있는, 견문이 넓은 **3.** 소식통인
informativ, ~ă, ~i, ~e, adj. 지식을 주는, 교육적인
informat|or, -oare, -ori, -oare, s.m. 그리고 f. 밀고자, 고발자
informați|e, -i, s.f. **1.** 전달, 통보, 전하기 **2.** 뉴스, 소식 **3.** 자료
infract|or, -oare, -ori, -oare, s.m.그리고 f. 범죄를 범한자
infracțiun|e, -i, s.f. 위반, 반칙, 범죄 ; ~ care împiedică înfăptuirea justiției 사법활동의 실현을 방해하는 범죄 ; ~ contra autorității 공공기관에 반하는 범죄 ; ~ contra demnității 존엄성에 반하는 범죄 ; ~ contra libertății persoanei 인간의 자유에 반하는 범죄 ; ~ contra reprezentantului unui stat străin 외국의 대표기관에 반하는 범죄 ; ~ cu privire la sindicate 노동조합과 관련된 위반 ; ~ cuprinse în codul penal român 루마니아 형법상 범죄행위 ; ~ de falsificare 위조하는 범죄 ; ~ de serviciu 직위를 이용한 범죄 ; ~ internațională 국제적 범죄 ; ~ prevăzute în legea contabilității 회계법상 규정된 범죄행위 ; ~ prevăzute în legi speciale 특별법에 규정되어있는 범법행위
infraroş|u, -ie, -ii, adj. 적외선의
infrastructur|ă, -i, s.f. 기초공사, 하부 구조
infrasunet, ~e, s.n. 가청(주파수)의
infructu|os, -oasă, -oşi, -oase, adj. **1.** 열매를 맺지 않는 **2.** 성공하지 못한, 실패한 **3.** 무익한, 쓸모없는
infuzi|e, -i, s.f. 주입(물)
infuzor[1], ~i s.n. 적충(류)
infuz|or[2], -oare s.n. 주입(침제) 용기
ingeni|os, -oasă, -oşi, -oase, I. adj. 영리한, 재능 있는 II. adv. 솜씨 있게, 교묘하게
ingeniozit|ate, -ăți s.f. 영리함, 재간
ingenu|u, -ă, -i, -e, I. adj. 정확한, 솔직한 II. s.f. 순정 소녀 역(여배우)
ingenuit|ate, -ăți, s.f. 소박함, 순진
ingerint|ă, -e, s.f. 침입, 잠식, 침해
inginer, ~a, ~i, ~e, s.m. 그리고 f. 기술자, 공학자 ; ~ agronom 농업전문가 ; ~ constructor 토목기사 ; ~ de construcții navale 조선기사 ; ~ electrician 전기기사 ; ~ mechanic 기계공학자
inginer|esc, -ească, -eşti, adj. 기술

I

의, 공학의
inginerie, s.f. 기술, 공학, 공사
ingra|t, -tă, -ți, -te, adj. **1.** 은혜를 모르는, 일한 보람이 없는 **2.** 불유쾌한
ingratitudin|e, -i, s.f. 배은망덕
ingredient, ~e, s.n. 성분, 원료, 재료
inhal|a, -ez, -ai, -at, vt. 빨아들이다 (폐로)
inhal|are, -ări, s.f. 흡입
inhalat|or, -oare, s.n. **1.** 산소호흡기 **2.** 흡입기
inhalați|e, -i, s.f. 흡입
inhib|a, -ez, -ai, -at, vt. 억누르다, 억제하다
inhibitor, -oare, -ori, -oare, adj. 금지의, 억제하는
inhibiți|e, -i, s.f. 금지, 억제
inimaginabil, ~ă, ~i, ~e, adj. 상상(생각, 추측)할 수 없는
inim|ă, -i, s.f. **1.** 심장 **2.** (stomac)위, 복부 **3.** (카드놀이에서) 하트 **4.** (비유적으로) 마음, 정신, 영혼, 양심, 성격 **5.** (비유적으로) (ființă)존재 **6.** (중간) 핵심, 중앙 ; inima codrului 숲의 한가운데; ~ albastră 슬픈 마음, 무거운 마음; ~ de piatră 비정한 마음 ; ~ rea 고통 ; boală de ~ 심장병 ; bolnav de ~ 마음 고생하는 ; cu dragă ~ 진심으로, cu toată ~ 온 마음을 다해서; cu mâna pe ~ 진심으로 ; din adâncul inimii 마음 깊은 곳으로부터 ; după pofta inimii 마음이 원하는 바에 따라서 ; pe ~ goală 속이 빈채로 ; tragere de ~ 경향 ; a avea inima deschisă 열린 마음을 가지다 ; n-are ~, om fără ~ 냉정한 ; a câștiga inima cuiva -의 마음을 얻다 ; a frânge/zdrobi inima cuiva -의 마음을 아프게 하다 ; a-și lua inima în dinți 용기를 가지다, 마음을 굳게 먹다 ; a muri de inima rea 심장병으로 죽다 ; a-i rămânea inima la -의 마음에 남다 ; mi s-a umflat inima de bucurie 나는 기쁨으로 가슴이 부풀어 오른다
inimitabil, ~ă, ~i, ~e, adj. 흉내 낼 수 없는, 비길 데 없는
inim|os, -oasă, -oși, -oase, adj. **1.** 용감한 **2.** 친절한, 선한 **3.** 관대한
ininteligibil, ~ă, ~i, ~e, I. adj. 이해하기 어려운, 난해한 II. adv. 난해하게
inițI|a, -ez, -ai, -at, I. vt. **1.** 시작하다 **2.** 착수하다, 창시하다 II. vr. 시작되다
inițial, ~ă, ~i, ~e, I. adj. 시작의, 초기의 II. adv. 처음으로
inițial|ă, -e, s.f. 머리글자, 단어의 첫 글자
iniția|t, -tă, -ți, -te, adj. **1.** 새로 입회(가입)한 **2.** 새로 가입한 사람 입문자
inițiativ|ă, -e, s.f. 솔선, 선도 ; din proprie ~ 자진해서, 자발적으로 ; a lua inițiativa de a - 솔선해서 -하다
inițiat|or, -oare, -ori, -oare, s.m. 그리고 f. 창시자, 주창자
inițier|e, -i, s.f. 개시 창업
inject|a, -ez, -ai, -at, I. vt. 주사하다, 주입하다 II. vr. **1.** 주입되다, 주사 맞다 **2.** (눈이) 충혈되다
injecta|t, -tă, -ți, -te, adj. **1.** 충혈된 **2.** 주사 맞은
injecți|e, -i, s.f. 주입 주사, 충혈
injector, s.n. **1.** (모터 등의) 주수 장

치 **2.** 연소기
injuri|e, -i, s.f. 모욕(적인 단어) 욕설
injuri|os, -oasă, -oşi, -oae, adj. 모욕적인, 무례한
inju|st, -stă, -şti, -ste, I. adj. 부당한, 불공정한 II. adv. 부당하게, 불공정하게
inobservabil, ~ă, ~i, ~e, adj. 알아차리지 못한, 부주의한
inocen|t, -tă, -ți, -te, adj. **1.** 깨끗한, 순결한 **2.** 죄 없는, 결백한 **3.** 순수한, 천진난만한
inocenț|ă, -e s.f. **1.** 깨끗함, 순결 **2.** 무죄, 결백 **3.** 순수함
in-octavo, adj. 8절판의
inocula, inoculez, -ai,-at, vt **1.** (균을)심다, 접종하다 **2.** (사상을) 심다, 불어넣다
inocul|are, -ări, s.f. 접종, 주입
inodor, ~ă, ~i, ~e, adj. 냄새가 없는, 무취의
inofensiv, ~ă, ~i, ~e, adj. 해롭지 않은, 해를 끼치지 않는
inoperan|t, -tă, -ți, -te, adj. 활동하고 있지 않는, 작용하지 않는
inopina|t, -tă, -ți, -te, adj. 갑작스런, 돌연한
inoportun, ~ă, ~i, ~e, adj. **1.** 계절에 맞지 않은 **2.** 때를 그르친, 시기를 놓친
inorog, ~i, s.m. 외뿔을 가진 들소, 유니콘
inospitailer, ~ă, ~i, ~e, adj. 대접이 나쁜, 무뚝뚝한
inov|a, -ez, -ai, -at, vi. 혁신하다, 개척하다
inovat|or, -oare, -ori, -oare, I. adj. 혁신적인 II. s.m.그리고 f. 혁신자, 쇄신자
inovați|e, -i, s.f. 개혁, 혁신, 쇄신, 신제도
inoxidabil, ~ă, ~i, ~e, adj. 녹이 없는, 녹슬지 않는
insalubrit|ate, -ăți s.f 건강에 좋지 않음, 비위생
insalubr|u, -ă, -i, -e, adj. **1.** 건강에 좋지 않은 **2.** 비위생적인
insațiabil, ~ă, ~i, ~e, adj. 만족할 줄 모르는, 탐욕스러운
inscripți|e, -i, s.f. **1.** 명각, 기입, 각명 **2.** 주의 통지
insectar, ~e, s.n. 곤충(관, 사육장)
insect|ă, -e, s.f. 곤충
insectici|d, -dă, -zi, -de adj. 살충의
insensibil, ~ă, ~i, ~e, adj. **1.** 무감각한 감지 할 수 없는 **2.** 감각이 없는 **3.** 느끼지 못하는, 둔감한
insensibilit|ate, -ăți s.f. 무감각, 둔감
insensibiliz|a, -ez, -ai, -at, vt. 무감각하게 만들다
inseparabil, ~ă, ~i, ~e, I. adj. 분리할 수 없는 II. adv. 분리 할 수 없게, 밀접하게
inser|a, -ez, -ai, -at, vt. **1.** 삽입하다, 끼워 넣다 **2.** 넣다, 놓다 **3.** 소개하다
inserți|e, -i, s.f. 삽입, 끼워 넣기
insesizabil, ~ă, ~i, ~e, adj. 파악할 수 없는, 희미한 감지 할 수 없는
insidi|os, -oasă, -oşi, -oase, adj. 속이 검은, 교활한
insign|ă, -e, s.f. 기장, 배지, 휘장, 견장
insignifian|t, -tă, -ți, -te, adj. 의미 없는, 중요하지 않는
insinu|a, -ez, -ai, -at, I. vt. 넌지시

말하다, 암시하다 II. vr. 꿰뚫다 ; a se ~ sub pielea cuiva -의 마음에 들다, -의 비위를 잘 맞추다

insinuan|t, -tă, -ţi, -te, adj. **1.** 교묘히 환심을 사는 **2.** 동요시키는

insinu|are, -ări, s.f. **1.** 넌지시 비춤, 빗대어 말함 **2.** 암시 **3.** 풍자, 비꼬는 말

insinuat|or, -oare, -ori, -oare, adj. 빗대어 말하는, 암시적인

insipi|d, -dă, -zi, -de, adj. **1.** 풍미가 없는 **2.** 김빠진 **3.** 맛없는

insist|a, insist, -ai, -at, vi. 주장하다, 강요(단언)하다 ; a ~ asupra... -을 강조하다, 유의하다

insisten|t, -tă, -ţi, -te, adj. **1.** 주장하는, 집요한 **2.** 고집이 센, 집요한

insistenţ|ă, -e, s.f. **1.** 주장, 단언, 역설 **2.** 고집 ; cu ~ 집요하게

insolaţi|e, -i, s.f. 일광욕, 일사병

insolen|t, -tă, -ţi, -te, I. adj. 무례한, 건방진 II. adv. 건방지게, 방자하게

insolenţ|ă, -e, s.f. 거만, 교만 무례

insoli|t, -tă, -ţi, -te, adj. 예사롭지 않은, 이상한

insolubil, ~ă, ~i, ~e, adj. **1.** 녹지 않는 **2.** 해결(해명)할 수 없는

insolvabil, ~ă, ~i, ~e, adj. [재정]지불불능의, 파산한

insolvabilit|ate, -ăţi, s.f. 지불, 불능, 파산

insomni|e, -i, s.f. 불면(증)

insondabil, ~ă, ~i, ~e, adj **1.** 정상적이지 않은, 건전하지 않은. **2.** 잴 수 없는, 측정하기 어려운

inspect|a -ez, -ai, -at, vt. **1.** 세밀하게 조사하다 **2.** 검사하다, 감사하다 **3.** 확인하다

inspect|are, -ări, s.f. 검사, 점검, 감사

inspect|or, -oare, -ori, -oare, s.m. 그리고 f. 검사관, 검열관

inspectorat, ~e, s.n. 검사관(검열관) 직위

inspecţi|e, -i, s.f. 검사, 감사, 점검 ; ~ la faţa locului 현장 검사(점검)

inspir|a, inspir, -ai, -at, I. vt. **1.** 들이마시다, 흡입하다 **2.** (사상, 감정 등을) 불어넣다, 주다, 불러일으키다 **3.** 조종하다 II. vr. ; a se ~ din... -로부터 영감을 얻다(받다)

inspir|are, -ări, s.f. 고무, 불어넣음, 감명

inspira|t, -tă, -ţi, -te, adj. 영감(계시)을 받은

inspirat|or, -oare, -ori, -oare, I. adj. 흡입(흡기)의 II. s.m. 그리고 f. 1. 흡입기 2. 영감을 주는 사람

inspectorat, ~e, s.n. **1.** 검열관직 **2.** 검열관 사무소

inspriaţi|e, -i, s.f. **1.** 영향, 감화 **2.** 영감, 시사 **3.** 영감의 원천, 선각자

instabil, ~ă, ~i, ~e, adj. 불안정한, 쓰러지기 쉬운

instabilit|ate, -ăţi, s.f. 불안정, 변덕

instal|a, -ez, -ai, -at, I. vt. **1.** 취임시키다, 자리에 앉히다 **2.** 설비(장치)하다 **3.** 고정시키다 II. vr. 고정(정착, 장착)되다, 설치되다

instal|are, -ări, s.f. 취임, 설치, 가설

instalat|or, -oare, -ori, -oare, s.m. 그리고 f. 정비공, 조립공

instalaţi|e, -i, s.f. **1.** 장비, 여장 **2.** 설비, 장치 **3.** (제조)공장

instantane|u, -e, -i, -e, I. adj. **1.** 즉석의, 즉시의 **2.** 갑자기의 II. adv. 갑

자기, 즉시 III. s.n. 스냅사진(촬영)
instanț|ă, -e, s.f. **1.** 소송절차 **2.** 법정 ; ~ arbitrală 중재법정 ; ~ civilă 민사법정 ; ~ de apel 상소법정 ; ~ de drept comun 일반법정 ; ~ penală 형사법정 ; tribunal de primă ~1심 법정 ; a lipsi din ~ [법률]궐석하다
instaura, -ez, -ai, -at, I. vt. **1.** 세우다 **2.** 설립하다 **3.** 시작(개시)하다 II. vr. 설립되다
instaur|are, -ări, s.f. 설립, 세움
instig|a, instig, -ai, -at, vt. 교사(충동질) 하다, 부추기다
instig|are, -ări, s.f. 교사, 선동, 충동질
instigat|or, -oare, -ori, -oare, s.m. 그리고 f. 선동자, 자극하는 것
instinct, ~e, s.n. 본능, 본성 ; ~ de conservare 자기 보존 본능
instinctiv, ~ă, ~i, ~e, I. adj. 본능적인 천성의 II. adv. 본능적으로, 직관으로
institu|i, institui, -ii, -it, I. vt. 마련하다, 설립(제정)하다 II. vr. 설립되다, 착수되다
instituir|e, -i, s.f. 설립, 세움, 마련
institut, ~e, s.n. 협회, 학회, 회관, 연구소 ; ~ de cosmetică 미용(연구)실
institut|or, -oare, -ori, -oare, s.m. 그리고 f. 교사 교원
instituți|e, -i, s.f. 설립(물) 학회, 협회, 이상의 목적에 사용되는 공공시설 ; ~ de bineafacere 자선 활동(사업) 시설
instructaj, ~e, s.n. 가르침, 교육, 알림, 지시
instructiv, ~ă, ~i, ~e, adj. 교육적인, 유익한
instruct|or, -oare, -ori, -oare, s.m. 그리고 f. 교사 지도자
instructi|e, -i, s.f. **1.** 교수, 교육 **2.** 훈련, 연습 **3.** 지시사항, 지침서
instrucțiun|e, -i, s.f. 지시 명령
instru|i, -iesc, -ii, -it, I. vt. **1.** 가르치다, 교육시키다 **2.** 훈련(연습)시키다 **3.** 조사(검사)하다 II. vr. 교화되다, 계몽되다, 지식을 얻다
instrui|t, -tă, -ți, -te, adj. **1.** 교육 받은, 배운 **2.** 책을 많이 읽은, 박식한 **3.** [군사]훈련된
instrument, ~e, s.n. **1.** 기기 기구 계기 **2.** 도구, 수단 ; ~ muzical 악기
instrument|a, -ez, -ai, -at, vt. [음악]악보에 써 넣다, 기악용으로 편곡하다
instrumental, ~ă, ~i, ~e, adj. **1.** 기계의 **2.** 도구의 **3.** 악기의
instrumentați|e, -i, s.f. [음악]기악 편성법, 관현악법
instrumenti|st, -stă, -şti, -şte, s.m. 그리고 f. [음악]기악가
insucces, ~e, s.n. 실패, 무산
insuficien|t, -tă, -ți, -te, I. adj. **1.** 불충분한 **2.** 부적당한, 불만스러운 II. adv. 부족하게
insuficienț|ă, -e, s.f. **1.** 불량, 결핍 **2.** 불충분, 부족
insufl|a, insuflu, -ai, -at, vt. **1.** 불어넣다, 뿜다 **2.** (사상, 감정 등)을 불어넣다
insular, ~ă, ~i, ~e, I. adj. 섬의, 섬에 사는 II. s.m. 그리고 f. 섬사람
insul|ă, -e, s.f. **1.** 섬 **2.** 작은 섬 **3.** 유동섬(연못이나 늪 등의 부유물이 뭉쳐 섬처럼 된 것)
insulină, s.f. 인슐린

insult|a, insult, -ai, -at, I. vt. 창피주다, 모욕하다 II. vr. 서로 경멸하다
insult|ă, -e, s.f. 모욕, 무례
insultător, -oare, -ori, -oare, adj. 창피한, 무례한, 모욕적인
insuportabil, ~ă, ~i, ~e, I. adj. **1.** 참을 수 없는, 견딜 수 없는 **2.** 비위에 거슬리는 II. adv. 참을(견딜) 수 없도록
insurecți|e, -i, s.f. 폭동 ; ~ armată 군사반란, 쿠데타
insurecțional, ~ă, ~i, ~e, adj. 반란의, 폭동의
insurgen|t, -tă, -ți, -te, s.m. 그리고 f. 반란자, 폭도
insurmontabil, ~ă, ~i, ~e adj 극복하기 어려운, 이겨내기 어려운
intac|t, -tă, -ți, -te, adj. **1.** 손대지 않은, 온전한 **2.** 결백한
intangibil, ~ă, ~i, ~e, adj. **1.** 만질 수 없는, 무형의 **2.** 신성한
integr|a, -ez, -ai, -at, I. vt. **1.** [수학] 적분하다 **2.** 흡수(병합)하다 II. vr. 통합되다 ; a se ~ în... -로 통합되다
integrabil, ~ă, ~i, ~e, adj. 적분 할 수 있는
integral, ~ă, ~i, ~e, I. adj. **1.** 완전한 **2.** 정수의, 적분의 **3.** 적분한 ; pâine ~ă 거친 밀가루 빵 II. adv. 전체적으로, 완전히
integral|ă, -e, s.f. [수학]적분, 정수
integran|t, -tă, -ți, -te, adj. 전체의 ; parte integrantă 전체부분
integr|are, -ări, s.f. 통합, 완성
integrit|ate, -ăți s.f. **1.** 완전무결 **2.** 성실 청렴, 결백
integr|u, -ă, -i, -e, adj. 바로 선 곧은, 올바른
intelect, ~e, s.n. 지성, 지능, 지렬
intelectual, ~ă, ~i, ~e, I. adj. **1.** 지성의, 지력의, 이지적인 II. s.m. 그리고 f. 지식인, 인텔리
intelectualicește, adv. 지적으로, 지성적인 점에서
intelectualism, s.n. 지성존중, 주지주의
intelectuali|st, -stă, -ști, -ste, s.m. 그리고 f. 주지주의자
intelectualit|ate, -ăți s.f. 인텔리, 지성
inteligen|t, -tă, -ți, -te, I. adj. **1.** 이성적인, 이해력 있는, 재치 있는 **2.** 영리한 **3.** 지적인, 총명한 II. adv. 이지적으로, 총명하게, 영리하게
inteligenț|ă, -e, s.f. **1.** 지성, 지력, 이해력 **2.** 이지, 예지 **3.** 지능
inteligibil, ~ă, ~i, ~e, I. adj. **1.** 알기 쉬운 **2.** 분명한 II. adv. 알기 쉽게, 명료하게
intemperi|e, -i, s.f. 거친(흐린) 날씨, 악천후
intempestiv, ~ă, ~i, ~e, adj. **1.** 때를 못 만난, 시기를 놓친 **2.** 예기치 않은, 뜻밖의
intenden|t, -tă, -ți, -te, s.m. 그리고 f. **1.** 장관, 감독관, 청지기 **2.** 경영인, 지배인
inten|s, -să, -și, -se, I. adj. **1.** 격렬한, 강렬한 **2.** 호된, 엄한 **3.** 집중적인 II. adv. 집중적으로
intensific|a, intensific, -ai, -at, I. vt. 강하게 하다, 강화시키다 II. vr. 강하게 되다
intensific|are, -ări, s.f. 강화 증대
intensit|ate, -ăți, s.f. **1.** 격렬 **2.** 긴장 **3.** 집중

intensiv, ~ă, ~i, ~e, adj. 강도의, 집중적인, 강조의

intent|a, -ez, -ai, -at, vt. ; a ~ un proces cuiva -에 반대하는 행위를 하다

intenți|e, -i, s.f. **1.** 의지, 의도 **2.** 목적, 의사 **3.** 바램 고의 ; cu cea mai bună ~ 최선의 바람으로 ; cu intenția să..-할 목적으로 ; cu ~ 의도적으로 ; a avea intenția să -할 의도를 가지다 ; a-şi ascunde intențile 의도를 감추다

intenție|a, -ez, -ai, -at, vt. **1.** 의도하다, -할 작정이다, -하려하다 **2.** 계획하다, 마음먹다

intenționa|t, -tă, -ți, -te, I. adj. [법률]계획적인, 고의의 ; bine ~ 호의를 가진 ; rău ~ 악의를 가진 II. adv. 고의적으로, 일부러

interacțiun|e, -i, s.f. 상호작용(영향)

interastral, ~ă, ~i, ~e, adj. 별들 사이의, 항성간의

intercal|a, -ez, -ai, -at, I. vt. 끼워 넣다, 삽입하다 II. vr. 삽입되다, 써 넣어지다, 게재되다

interbelic, ~ă, ~i, ~e, adj. 양차대전 사이의

intercal|are, -ări, s.f. 삽입(물 광고)

intercalați|e, -i, s.f. 윤일(윤달)을 넣음, 끼워 넣음

intercelular, ~ă, ~i, ~e, adj. 세포 사이의

intercept|a, -ez, -ai, -at, vt. 도중에 붙잡다(빼앗다) 가로 채다

intercept|are, -ări, s.f. 가로채기, 빼앗기

interconexiun|e, -i, s.f. 중간 접합부 연결

intercontinental, ~ă, ~i, ~e, adj. 대륙간의

intercostal, ~ă, ~i, ~e, adj. [해부] 늑간의

interdepartamental, ~ă, ~i, ~e, adj. 각 부처(국)간의

interdependen|t, -tă, -ți, -te, adj. 상호 의존하는, 서로 돕는

interdependenț|ă, -e s.f. 상호의존

interdicți|e, -i, s.f. **1.** 금지 **2.** 금지명령 **3.** [법률]금치산 선고 ; a pune sub ~ 금제하다, 금지시키다

interes, ~e, s.n. **1.** 관심, 흥미 **2.** 이익 **3.** 중요성 ; ~ față de -에 대한 관심 ; de ~ public 공공의 이익에서 ; în ~ul (소유격) -의 이익에서 ; ce ~ am? 내가 왜? ; îşi cunoaşte ~ul 그는 어느 쪽이 더 유리한 지를 잘 알고 있다 ; a-şi face ~ele 자기 자신을 위하여 행하다 ; a purta ~ cuiva -에게 관심을 갖다 ; e în ~ul tău să... -하는 것이 너에게 이익이다(좋을 것이다)

interes|a, -ez, -ai, -at, I. vt. **1.** 관심(흥미)을 갖게 하다 ; a-l ~ 관심을 가지게 되다 ; mă interesează prea puțin 나는 거의 관심이 없다 II. vr. ; a se ~ de 관심을 가지다, 관심으로 보다 ; a se ~ la (정보를 얻기 위해서) 주의를 기울이다 III. vi. -에 관심이 있다 ; nu interesează 관심이 없다

interesan|t, -tă, ți, -te, adj. **1.** 흥미있는 **2.** 재미있는 **3.** 끌리는

interesa|t, -tă, -ți, -te, adj **1.** 흥미를 가진 **2.** 이기적인

interfer|a, -ez, -ai -at, vi. 방해하다,

훼방놓다, 간섭하다

interferenț|ă, -e, s.f. 방해, 저촉, 간섭, 충돌

interimar, ~ă, ~i, ~e, adj. 임시의, 잠정적인, 일시적인

interimat, ~e, s.n. 중간 시기, 잠시, 짬

interi|or, -oare, -ori, -oare, I. adj. **1.** 안쪽의 **2.** 내부의 **3.** 안의 II. s.n. **1.** 내부 **2.** 주거 공간 **3.** (전화) 연장선 ; în ~ul (소유격) -의 안에

interjecți|e, -i, s.f. 감탄사

interlocut|or, -oare, -ori, -oare, s.m. 그리고 f. 대화자 강연자

interlop, ~ă, ~i, ~e, adj. 수상한, 의심스러운 ; lumea ~ă 지하(암흑)세계

interlud|iu, -ii, s.n. 막간, 시간과 시간사이

intermediar, ~ă, ~i, ~e, I. adj. 중간의, 거간의, 대리인의 II. s.m. 그리고 f. 대리인, 중개자, 거간꾼

intermed|iu, -ii, s.n. 매개체 ; prin ~ul -을 통하여, -의 중개에 의하여 ; -을 통해서, -한 방법으로

intermezzo, s.n. **1.** 막간 **2.** 여흥 **3.** [음악]간주곡

interminabil, ~ă, ~i, ~e, adj. 끝이 없는, 무한의

interministerial, ~ă, ~i, ~e, adj. 각부 간의

intermiten|t, -tă, -ți, -te, I. adj. **1.** 중절하는, 때때로 끊기는 **2.** 불규칙적인 II. adv. 띄엄띄엄, 불규칙적으로

intermitenț|ă, -e, s.f. **1.** 끊김, 간헐적임 ; cu ~ 간헐적으로, 띄엄띄엄, 불규칙적으로

intermolecular, ~ă, ~i, ~e, adj. 분자간의

intern, ~ă, ~i, ~e, I. adj. **1.** 안쪽의, 내부의 **2.** 국내의 ; afaceri ~e 국내무역 ; piața ~ă 내부시장 ; unghi ~ 내부의 각도 II . s.m. **1.** (학교)기숙생 **2.** [의학]인턴

intern|a, -ez, -ai, -at, I. vt. 병원에 수용하다 II. vr. 감금하다

intern|are, -ări, s.f. 억류 수용

interna|t, -e, s.f. **1.** 기숙사 학교 **2.** 기숙사 생

internațional, ~ă, ~i, ~e, adj. 국제적인, 세계의

internațional|ă, -e, s.f. 인터내셔널의 노래 (1871년 작곡된 공산주의자, 노동자의 혁명가)

internaționalism, s.n. 국제주의, 국제성 ; ~ proletar 무산 계급 국제주의

internaționali|st, -stă, -şti, -ste, I. adj. 국제주의의 II. s.m. 그리고 f. 국제주의자

interni|st, -stă, -şti, -ste, I. adj. 내과에 정통한 II. s.m. 그리고 f. 내과 의사

interog|a, interoghez, -ai, -at, vt.**1.** 심문하다 **2.** [학교]질문하다, 구두시험하다

interog|are, -ări, s.f. **1.** 심문, 의문 **2.** 질문

interogativ, ~ă, ~i, ~e, adj. 의문의, 질문의 ; pronume ~ [문법]의문대명사

interogator|iu, -ii, s.n. 질문, 심문, 추궁

interpel|a, -ez, -ai, -at, vt. (장관에게) 질문하다, 설명을 구하다

interpel|are, -ări, s.f. 질문, 질의

interpelat|or, -oară, -ori, -oare, s.m. 그리고 f. 질문자, 질의자

interpelați|e, -i, s.f. 스며듬, 침투, 관통

interplanetar, ~ă, ~i, ~e, adj. [천문]행성간의, 유성간의

interpol|a, -ez, -ai, -at, vt. 개찬하다, 삽입하다

interpol|are, -ări, s.f. 가필

interpre|t, -tă, -ți, -te, s.m. 그리고 f. **1.** 해석(해설)자 **2.** 통역자

interpret|a, -ez, -ai, -at, vt. **1.** 해석하다 **2.** 설명하다 **3.** 연출(연주)하다 ; a ~ greşit 잘못 설명하다, 오역하다, 오해하다

interpret|are, -ări, s.f. **1.** 해설, 설명 **2.** [음악]연주, 연출 ; a da o ~ falsă 잘못 해석하다

interpretativ, ~ă, ~i, ~e, adj. 해석의, 설명의

interpretat|or, -oare, -ori, -oare, s.m. 그리고 f. 통역자, 해설자

inter|pune, -pun, -pusei, -pus, vr. **1.** 사이에 넣다, 제기하다 **2.** 방해하다, 간섭하다

interraional, ~ă, ~i, ~e, adj. 지역(구역)사이에

interregn, ~uri, s.n. 궐위기간, 국왕의 공백 기간

intersect|a, -ez, -ai, -at, vt., vr. 가로지르다, 횡단하다, 교차하다, 서로 엇갈리다

intersecți|e, -i, s.f. 횡단, 교차(점) 사거리

interspaț|iu, -ii, s.n. 공간, 틈새

interstatal, ~ă, ~i, ~e, adj. 각 주 사이의

interstiț|iu, -ii s.n. **1.** 째진(갈라진) 틈 **2.** 놀이 오락

interşcolar, ~ă, ~i, ~e, adj. 학교간의

intertip, ~uri, s.n. 유형간의

interurban, ~ă , ~i, ~e, adj. 도시간의 ; convorbire telefonică ~ă 장거리 전화

interval, ~e, s.n. **1.** 간격 **2.** 거리 **3.** 공간

interven|i, intervin, -ii, -it vi. **1.** 사이에 있다 (끼다) **2.** 삽입하다, 끼워넣다, 말참견하다 **3.** 일어나다, 발생하다 ; a ~ pe lângă... -에게 항의하다 ; a ~ pentru cineva -을 위하여 중재하다

intervenți|e, -i, s.f. **1.** 사이에 들어있음, 개재 **2.** 중재, 조정 **3.** 청원, 탄원 ; ~ armată 군사개입

intervenționism, s.n. 간섭주의

intervenționi|st, -stă, -ste, -şti, I. adj. 내정간섭의 II. s.m.그리고 f. 간섭주의의, (내정) 간섭주의자

intervert|i, -esc, -ii, -it, vt. 뒤집다, 거꾸로 하다.

intervertir|e, -i, s.f. 벽, 전도, 반대

interviu, ~ri, s.n. 회견, 면접

intervocalic, ~ă, ~i, ~e, adj. 모음간의, 간모음의

inter|zice, -zic, -zisei, -zis, I. vt. 금하다 II. vr. 금지되다

interzicer|e, -i, s.f. 금지

interzi|s, -să, -şi, -se, I. adj. 금지된 ; fumatul ~ 금연 ; intrarea ~ă 출입금지 II. s.m. [법률]무자격(판결), 행위무능력(판결)

intestin, ~e, I. s.n. [해부]내장 ; ~ mare 대장 ; ~ subțire 소장 II. adj.체내의

intestinal, ~ă, ~i, ~e, adj. 장의, 장내의

intim, ~ă, ~i, ~e, I. adj. **1.** 친한, 친밀한 **2.** 안의, 내적인 ; relația intimă 친밀한 (주로 남녀) 관계 ; prieten ~ 친밀한 친구 II. adv. 친밀하게

intimida, -ez, -ai, -at, I. vt. **1.** 겁을 먹게 하다 **2.** 위협(협박)하다 II. vr. **1.** 자의식이 강해지다 **2.** 신경질적이 되다 **3.** 수줍어하다

intimidare, -ări, s.f. 위협, 협박, 으름장

intimit|ate, -ăți, s.f. **1.** 친함, 친밀 **2.** 사생활 **3.** 밀접

intitul|a, -ez, -ai, -at, I. vt. 제목을 붙이다 II. vr. **1.** 제목이 붙다 **2.** 자칭하다 **3.** 자신을 부각시키다

intitula|t, -tă, -ți, -te, adj. -라 제목이 붙은, -라 표제 된

intolerabil, ~ă, ~i, ~e, I. adj. **1.** 참을 수 없는, 견딜 수 없는 II. adv. 참을 수 없게, 견딜 수 없게

intoleran|t, -tă, -ți, -te, adj. 참지 못하는, 참을 수 없는, 편협한

intoleranț|ă, -e, s.f. **1.** 관용이 없음, 참을 수 없음 편협 **2.** 불내성

inton|a, -ez, -ai, -at, vt. 소리를 내다, 연주를 시작하다

intonați|e, -i, s.f. 조음, 발성법, 음조, 인토네이션

intoxic|a, intoxic, -ai, -at, I. vt. **1.** 독살하다 **2.** 취하게 하다 **3.** 중독 시키다 II. vr. 중독되다, 취하다

intoxicați|e -i, s.f. 독살, 취함, 중독

intr|a, intru, -ai, -at, vi. **1.** 들어가다, 참가(가입)하다 **2.** (pe furiș)몰래 들어가다 ; a ~ în spital 병원에 가다 ; a ~ într-o categorie -한 범주에 속하게 되다; a ~ la cineva (în trecere) (지나가는 길에) -에게 들리다 ; câți metri intră la o rochie? 원피스 만드는데 옷감이 몇 미터나 드니? ; cheia nu intră în lacăt 열쇠가 자물쇠 안에 들어가지 않는다

intracelular, ~ă, ~i, ~e, adj. 세포내의

intraductibil, ~ă, ~i, ~e, adj. 번역(통역)하기 힘든

intramuscular, ~ă, ~i, ~e, adj. 근육안의

intransigen|t, -tă, -ți, -te, adj. 비타협적인, 타협, 하지 않는

intransigenț|ă, -e, s.f. 비타협

intranzitiv, ~ă, ~i, ~e, adj. 자동사의

intr|are, -ări, s.f. **1.** 들어가기, 입장 **2.** 허락(입장), 입학 **3.** 입구, 현관 ; ~ din dos 뒷문 ; ~ în scenă (배우의) 무대 등장 ; ~ în vigoare 효력의 발생 ; ~a interzisă 출입금지

intratabil, ~ă, ~i, ~e, adj. 다루기 힘든, 제어하기 어려운

intraven|os -oasă, -oși, -oase, adj. 정맥내의

intrând, ~uri, s.n. 구석, 우묵한 곳, 후미진 곳

intrepi|d, -dă, -zi, -de, adj. 두려움 없는, 대담한

intrig|a, intrig, -ai, -at, vt. **1.** 음모를 꾸미다 **2.** 당황하게 하다, 어찌 할 바 모르게 하다

intrigan|t, -tă, -ți, -te, I. s.m. 그리고 f. 음모가, 고안자 II.~ă, ~i, ~e, adj. 음모를 꾸민, 술책의

intriga|t, -tă, -ți, -te, adj. **1.** 어리둥절한, 당황스런 **2.** 호기심 있는

intrig|ă, -i, s.f. **1.** 음모, 술책, 계략 **2.**

줄거리 구상 ; ~ amoroasă 간통, 정사

intrinsec, ~ă, ~i, ~e, I. adj.고유의, 본질적인 II. adv. 본질적으로, 본래

intro|duce, -duc, -dusei, -dus, I. vt. **1.** 소개하다 **2.** (집어)넣다 **3.** 놓다 II. vr. **1.** 자기 자신을 소개하다 **2.** (수동태) 소개되다

introducer|e, -i, s.f. **1.** 도입, 받아들이기, 소개 **2.** 소개(글, 장) **3.** 머리글, 서론, 서문

introductiv, ~ă, ~i, ~e, adj. 소개의, 서론의, 서문의

introdu|s, -să, -şi, -se, adj. 친한, 잘 알고 있는

introspectiv, ~ă, ~i, ~e, adj. 내성의, 내성적인

introspecţi|e, -i, s.f. 내성, 내관, 자기 반성

intru|s, -să, -şi, -se, s.m. 그리고 f. 방해하는 사람, 침입자

intruziun|e, -i, s.f. 관입

intu|i, -esc, -ii, -it, vt. 직관하다

intuir|e, -i, s.f. 직관, 직각

intuitiv, ~ă, ~i, ~e, I. adj. 직관에 관한 II. adv. 직관적으로

intuiţi|e, -i, s.f. 직관

inuman, ~ă, ~i, ~e, adj. **1.** 비인간적인 **2.** 비인도적인, 몰인정한

inund|a, inund, -ai, -at, vt. **1.** 침수시키다, 밀어 닥치다 **2.** 과잉공급하다 **3.** 대량 출혈하다

inundabil, ~ă, ~i, ~e, adj 침수되는, 범람하기 쉬운

inunda|t, -tă, -ţi, -te, adj. **1.** 범람하는 **2.** 침수된, 떠있는

inundaţi|e, -i, s.f. 침수, 홍수

inutil, ~ă, ~i, ~e, I. adj. 쓸모없는, 헛된, 이익이 없는, 실속 없는 II. adv. 쓸모없이

inutilit|ate, -ăţi, s.f. **1.** 무익, 무용 **2.** 불필요, 무가치

inutilizabil, ~ă, ~i, ~e, adj. **1.** 쓸모없는 **2.** 가치 없는 **3.** 고용(사용) 할 수 없는

inuzita|t, -tă, -ţi, -te, adj. 비실용적인

invad|a, -ez, -ai, -at, vt. **1.** 침공하다, 침입하다, 침략하다 **2.** -에 밀어닥치다, 휩쓸다

invadat|or, -oare, -ori, -oae, s.m. 그리고 f. 침입자, 침략자

invali|d, -dă, -zi, -de, I. adj. **1.** 건강하지 않은, 허약한 **2.** 무능력하게 된, 불구가 된 II. s.m. 그리고 f. 환자, 병약자, 부상병

invalid|a, -ez, -ai, -at, vt. 무효로 하다, 효력을 잃게 하다

invalid|are, -ări, s.f. 무효로 함(됨), 실효

invalidit|ate, -ăţi, s.f. 허약, 무효, 박약

invariabil, ~ă, ~i, ~e, I. adj. 바꿀 수 없는, 일정불변의 II. adv. 변함없이, 언제나

invariabilit|ate, -ăţi, s.f. 변하지 않음, 불변

invazi|e, -i, s.f. 침입, 침략, 침해

invectiv|ă, -e, s.f. 욕설, 매도, 비난, 학대

invent|a, -ez, -ai, -at, vt. **1.** 발명하다 **2.** 발견하다 **3.** 고안(궁리)하다

inventar, ~e, s.n. **1.** 명세록, 정리표 **2.** 재고목록 **3.** 요람, (행사) 일람표 ; ~ agricol 농기구재고 ; ~ mort 기구목록 ; ~ viu 가축목록 ; a face un ~

재고목록을 작성하다

inventari|a, -ez, -ai, -at, I. vt. 목록을 만들다, 재고 정리하다 II. vr. 목록에 기입되다

inventat|or, -oare, -ori, -oare, s.m. 그리고 f. 발명가, 창안(고안)자

inventiv, ~ă, ~i, ~e, adj. 발명의, 창의성이 풍부한

inventinit|ate, -ăți s.f. 창의력, 발명력

invenți|e, -i, s.f. **1.** 발명, 고안, 창안 **2.** 발견 **3.** 꾸밈, 제작, 조합

inver|s, -să, -şi, -se, I. adj. 역의, 반대의 ; ordinea ~ă 역순; sens ~ 반대 방향(통행 방향에 역행하는) ; raport ~ 반비례 ; II. adv. 반대로, 거꾸로

invers|a, -ez, -ai, -at, I. vt. 거꾸로 하다, 역으로 하다 II. vr. 반대로 되다, 거꾸로 되다

invers|are, -ări, s.f. 전도, 역전, 전치, 도치

inversiun|e, -i, s.f. 전도, 역전, 전치, 도치

invers|or, -oare, s.n 역용 회전 변류기

invert|i, -esc, zi, -it, vt. 투입하다, 투자하다, 주다, 부여하다

inverti|t, -ți, s.m. 남자동성연애자

investigați|e, -i, s.f. 조사, 조직적인 연구

investir|e, -i, s.f. 투자

investiți|e, -i, s.f. 투자(금) ; investiții capitale 자본(금) 투자

invetera|t, -tă, -ți, -te, adj. 장기간에 걸쳐 고정된, 완고한, 뿌리 깊은

invidi|a, -ez, -ai, -at, vt. **1.** 시기하다, 질투하다 **2.** 시샘하다 ; nu-l invidiez 나는 그의 자리를 시기하지 않는다

invidi|e, -i, s.f. 시기 질투, 시샘

invidi|os, -oasă, -oşi, -oase, I. adj. 시기하는, 질투하는 II. adv. 시기로, 부러워하며

invincibil, ~ă, ~i, ~e, adj. 이겨낼 수 없는, 무적의

invincibilit|ate, -ăți s.f. 이겨 낼 수 없음, 무적

inviolabil, ~ă, ~i, ~e, adj. **1.** 어겨서는 안 되는 **2.** 침범할 수 없는 **3.** 신성한

inviolabilit|ate, -ăți s.f. **1.** 어길 수 없음, 침범할 수 없음 **2.** 신성(불가침)

invit|a, invit, -ai, -at, vt. **1.** 초대(초청, 안내)하다 **2.** 소환하다 **3.** 마음을 끌다, 꾀다

invita|t, -tă, -ți, -te, s.m. 그리고 f. 손님, 내빈, 초청객

invitați|e, -i, s.f. **1.** 초대, 안내, 초청 **2.** la ~ cuiva (2격) -에의 초대(로)

invizibil, ~ă, ~i, ~e, adj. 눈에 보이지 않는, 투명의

invoc|a, invoc, -ai, -at, I. vt. **1.** 항소하다, 요구하다, 호소하다 **2.** 언급하다, 지시하다 II. vr. **1.** 언급되다 **2.** 받아들여지다 **3.** 요구되다

invoc|are, -ări, s.f. **1.** 기도, 기원 **2.** (법의) 발동, 실시

involucr|u, -e, s.n. [식물]총포, 피막

involuntar, ~ă, ~i, ~e, I. adj. **1.** 자신도 모르는, 무의식의 **2.** 내키지 않는, 본의가 아닌 II. adv. 저도 모르게, 본의 아니게

involuți|e, -i, s.f. **1.** 교착 **2.** 뒤얽힌

상태

invulnerabil, ~ă, ~i, ~e, adj. 상처(손해)를 입힐 수 없는, 불가침성의

invulnerabilit|ate, -ăți s.f. **1.** 불가침성 **2.** 불사신 **3.** 상처를 입힐 수 없음

iobag, ~i, s.m. 농노

iobăgi|e, -i, s.f. **1.** 속박 **2.** 농노의 신분 **3.** 강제 노역

ioc, adv. **1.** 조금도 없는 **2.** 아무것도 아닌

iod, s.n. 요드, 옥소(I 53)

iodat, ~e, s.n. 요드(옥소)의

iodic, ~ă, ~i, ~e, adj. 요드(옥소)산의 ; acid ~ 요드(옥소)산

iodiz|are, -ări, s.f. '요' 음화현상(접두어 e를 [ie]처럼 발음하기)

iodoform, s.n. 요드포름

iodur|ă, -i, s.f. 옥화물

iol|ă, -e, s.f. 작은 범선, 돛단배

ion, ~i, s.m. 이온

ioni|an, -ană, -eni, -ene, I. adj. 이오니아의 II. s.m. 그리고 f. 이오니아인

ionic, ~ă, ~i, ~e, adj. **1.** 이오니아(인)의 **2.** 이온의

ioniz|are, -ări, s.f. 이온화 전리

ionosferă, s.f. 전리층

iordan, ~e, s.n. 종교의례 (세례의 한 과정) ; a umbla cu ~e ; 공허한 소리를 하다, 경솔하게 행동하다

iotacism, s.n. [음성]음의 지나친 사용, 이오타(ι)를 다른 글자 대신에 지나치게 쓰는 일, 이오타화

iotaciz|a, pers 3. iotacizează, vr. 이오타화하다.

iotaciza|t, -tă, -ți, -te, adj. 이오타화의, 이오타화된

iot|ă, -e, s.f. ; nici o ~ 조금도 없는

iperită, s.f. 겨자탄

ipocri|t, -tă, -ți, -te, I. adj. **1.** 위선의, 위선적인 **2.** 거짓의 II. s.m. 그리고 f. 위선자

ipocrizi|e, -i, s.f. 위선, 은어

ipohondri|e, -i,s.f. 우울증

ipohondr|u, ~ă, ~i, ~e, I. adj. 우울증의 II. s.m. 그리고 f. 우울증 환자

ipostaz|ă, -e, s.f. **1.** 실재, 본질 **2.** 양상 국면 **3.** 상태, 사정

ipote|ca, -chez, -cai, -cat, vt. 저당하다, 저당에 넣다

ipotec|are, -ări, s.f. 저당(잡기), 저당에 넣기

ipotec|ă, -i, s.f. 저당, 양도(담보) 저당권 ; ~ de prim rang 일호저당 ; ~ generală 일반담보 ; ~ legală 법적 담보 ; stingerea unei ~i pe cale juridică 법적 방법을 통한 담보의 해소

ipotenuz|ă, -e, s.f. 직각 삼각형의 빗변

ipotetic, ~ă, ~i, ~e, I. adj.가설의, 가상적인 II. adv. 가정하여

ipotez|ă, -e, s.f. 가설, 전제, 가정

ipsos, s.n. 회반죽, 분말석고

iradi|a, -ez, -ai, -at, I. vt. 비추다, 밝게 하다 II. vi. 빛을 비추다

iradian|t, -tă, -ți, -te, adj. **1.** 빛나는 **2.** 계몽적인

iradiați|e, -i, s.f. **1.** 광휘 **2.** 방열 **3.** 계몽 **4.** 방사(방열) 증상

iradier|e, -i, s.f. **1.** 발광 **2.** 방열 **3.** 계몽

irascibil, ~ă, ~i, ~e, adj. 성급한, 성을 잘 내는

irascibilit|ate, -ăți s.f. 성급함, 성을

잘 냄, 토라짐

iraţional, ~ă, ~i, ~e, I. adj. 불합리한, 이성이 없는 II. adv. 불합리하게

iraţionalism, s.n. 비합리주의, 불합리

ireal, ~ă, ~i, ~e, adj. 비현실적인, 가공의

irealit|ate, -ăţi s.f. 비현실

irelizabil, ~ă, ~i, ~e, adj. 얻기 어려운 도달하기, 어려운

ireconciliabil, ~ă, ~i, ~e, adj. 협조(양립)할 수 없는

iredetism, s.n. (이탈리아의) 민족주의, 영토 통합주의

iredenti|st, -stă, -şti, -ste. I. adj. (이탈리아의) 민족주의의, II. s.m. 그리고 f. (이탈리아) 민족 통일 당원, 민족 통일 주의자

ireductibil, ~ă, ~i, ~e, adj. **1.** 맞지 않는, 되지 않는 **2.** 굴복하지 않는

irelevan|t, -tă, -ţi, -te, adj 적절하지 않은, 엉뚱한

iremediabil, ~ă, ~i, ~e, adj. **1.** 치료할 수 없는 **2.** 불치의, 낫지 않는 **3.** 회복(교정)할 수 없는

ireparabil, ~ă, ~i, ~e, I. adj. **1.** 수리(수선, 치료, 교정) 할 수 없는 **2.** 되찾을 수 없는, 회복 불능의 II. 회복 불능으로

ireproşabil, ~ă, ~i, ~e, I. adj. **1.** 나무랄 곳 없는 **2.** 결점이 없는 II. adv. 흠 없이, 완전하게

irespirabil, ~ă, ~i, ~e, adj. 숨 쉴 수 없는

iresponsabil, ~ă, ~i, ~e, adj. 책임이 없는

iresponsabilit|ate, -ăţi, s.f. 무책임

ireverenţi|os, -oasă, -oşi, -oase, I. adj. 불경의, 무례한 II. adv. 무례하게

ireversibil, ~ă, ~i, ~e, adj. 역으로(거꾸로) 할 수 없는, 철회할 수 없는

ireversibilit|ate, -ăţi, s.f. 역으로 할 수 없음, 무철회, 철회불가

irevocabil, ~ă, ~i, ~e, I. adj. 취소할 수 없는 II. adv. 취소(변경) 할 수 없도록

irezistibil, ~ă, ~i, ~e, I. adj. **1.** 저항할 수 없는 **2.** 이겨낼 수 없는 II. adv. **1.** 불문곡직하고 **2.** 아무리해도

iridium, s.n. 이리듐(Ir 77)

iri|ga, -ghez, -gai -gat, I. vt. 관개하다, 물을 대다 II. vi. 관개되다, 적셔지다

irigabil, ~ă, ~i, ~e, adj. 물을 댈 수 있는, 관개 할 수 있는

irig|are, -ări, s.f. 관개

irigat|or, -oare, s.n. [의학]세척, 관주기

irigaţi|e, -i, s.f. **1.** 관개 **2.** 세척, 세정 **3.** 관장

irimic, s.n. 뿔을 자른, 사슴(소) 가지를 잘라낸 나무

iri|s[1], -şi, s.m. 붓꽃과의 식물

iris[2], ~uri, s.n. [해부](안구의) 홍채

irit|a, -irit, -ai, -at, I. vt. **1.** 초조하게(짜증나게) 하다 **2.** 자극하다 **3.** 선동하다, 흥분시키다 II. vr. **1.** 화가 나다 **2.** 선동되다, 동요하다

iritabil, ~ă, ~i, ~e, adj. 화를 잘 내는, 성내는

iritabilit|ate, -ăţi s.f. 성마름, 성급함

iritan|t, -tă, -ţi, -te, adj. **1.** 자극하는, 초조하게 하는 **2.** 염증을 일으키는

irit|are, -ări, s.f. **1.** 화나게 하기 **2.** 초

조 3. 이상 과민
irita|t, -tă, -ţi, -te, adj. **1.** 초조한, 화난 **2.** 흥분된 **3.** 염증이 난
iriz|a, -ez, -ai, -at, vt. **1.** 번뜩이다 **2.** 무지개 색을 띄다
irizaţi|e, -i, s.f. 무지개 색
irlandez, ~ă, ~i, ~e, I. adj. **1.** 아일랜드어의 **2.** 아일랜드어의 II. s.m. 그리고 f. 아일랜드 사람
iro|d, -zi, s.m. **1.** 헤롯대왕 **2.** 광대 **3.** 바보
ironic, ~ă, ~i, ~e, I. adj. 반어적인, 비꼬는 II. adv. 반어적으로
ironi|e, -i, s.f. **1.** 반어법, 비꼼, 빈정댐 **2.** 아이러니 ; ironia soartei 운명의 아이러니
ironiz|a, -ez, -ai, -at, vt. 놀리다, 조롱하다 농담을 하다
iros|i, -esc, -ii, -it, vt. 헛되이 쓰다, 탕진하다, 낭비하다
isc|a, -isc, -ai, -at, I. vt. 태어나게 하다 II. vr. 태어나게 되다
iscăl|i, -esc, -ii, -it, I. vt.**1.** 서명하다 **2.** 신호하다, 표를 하다 II. vi. 서명하다 III. vr. 서명되다
iscălitur|ă, -i, s.f. 서명, 사인
ischion, ~uri, s.n. 좌골
iscoad|ă, -e, s.f. 스파이, 밀정
iscod|i, -esc, -ii, -it, I. vt. **1.** 꼬치꼬치 캐다 **2.** 동정을 살피다 II. vi. 조사하다
iscodit|or, -oare, -ori, -oare, I. adj. **1.** 엿보는 **2.** 의심스러운, 의심쩍은 ; om ~ 꼬치꼬치 캐기 좋아하는 사람 II. adv. 의심스럽게
iscusinţ|ă, -e, s.f. **1.** 기술 능력 **2.** 재능 **3.** 예술
iscusi|t, -tă, -ţi, -te, I. adj. **1.** 능란한, 숙련된 **2.** 영리한 II. adv. 능란하게
islam, s.n. 회교, 마호멧 (이슬람)
islamism, s.n. 마호멧(이슬람)교
islaz, ~uri, s.n. 공유(지, 권)
is|on, -oane, s.n. **1.** 부수물, 종속물 **2.** 배경음악, 반주음 ; a ţine cuiva ~ul/ a ţine cuiva hangul / a ţine ~ul (cu corul) -의 노래를 반주하다, -가 노래하는 것을 반주하다, -을 전적으로 지지하다, -의 의견을 찬성하다(동의하다)
isopod, ~e, s.n. 쥐며느리 따위 등각류의 동물
isoscel, ~ă, ~i, ~e, adj. 2등변의
ispas, ~uri, s.n. [종교]예수승천(일)
ispăş|i, -esc, -ii, -it, vt. 속죄하다, 보상(벌충)하다
ispăşir|e, -i, s.f. 속죄, 보상
ispăşit|or, -oare, -ori, -oare, adj. 속죄하는, 보상하는 ; ţap ~ 속죄의 염소, 희생양
ispit|ă, -e, s.f. **1.** 유혹 **2.** 미끼 **3.** 시련, 고된 체험
ispit|i, -esc, -ii, -it, vt. **1.** 마음을 끌다, 유혹하다 **2.** 유인하다 **3.** 노력하다
ispitir|e, -i, s.f. **1.** 유혹 **2.** 시련, 고된 체험
ispitit|or, -oare, -ori, -oare, adj. **1.** 유혹하는 **2.** 유인하는 **3.** 끄는, 당기는
isp|ol, -oale, s.n. 국자, 바가지
ispravnic, ~i, s.m. 과거에 주 단위 지역 또는 영토의 통치자
isprav|ă, -i, s.f. **1.** 행위, 실행, 사실 **2.** 위업, 공훈, 성취, 성공 **3.** 계략, 책략, 술책, 속임수 ; de ~ 가치가 있는 , 믿을 만한, 정직한, 친절한 ; fără

nici o ~ 아무런 결과도 없이 ; frumoasă ~ ai făcut! 잘했어!

isprăv|i, -esc, -ii, -it, I. vt. **1.** 끝내다 **2.** 종말을 고하다 **3.** 완성하다 II. vr. 종말을 맞이하게 되다, 끝나다 ; s-a ~t cu... -은 이제 그만 끝이다(끝났다)

isprăvit, s.n. 완성

isteric, ~ă, ~i, ~e, I. adj. I.병적으로 흥분한, 히스테리의 II. adv. 흥분하여 III. s.m. 그리고 f.히스테리 환자

istericale, s.f. 기질, 짜증, 화, 성미, 울화, 히스테리

isteri|e, -i, s.f. 병적 흥분, 히스테리

ist|eţ, -eată, -eli, -ele, adj. 영리한, 현명한

isteţi|e, -i, s.f. 현명, 영리함

istm, ~uri, s.n. 지협, 협부

istoric, ~ă, ~i, ~e, I. adj. **1.** 역사적인, 역사상 실재한 **2.** 역사적으로 중요한 II. s.m. 역사학자

istoriceşte, adv. 역사적으로

istoricit|ate, -ăţi, s.f. 사실성, 역사적 확실성

istori|e, -i, s.f. **1.** 역사 **2.** 이야기 **3.** 악이 없는 거짓말 ; ~ antică 고대역사

istorioar|ă, -e, s.f. **1.** 어린이 이야기 **2.** 일화, 기담

istoriograf, ~i, s.m. 역사가, 사료편찬원

istoriografi|e, -i, s.f. 역사(사료) 편찬

istoris|i, -esc, -ii, -it, vt. 서술하다, 말하다

istorisir|e, -i, s.f. 서술, 이야기, 화법

istorism, s.n. [철학]역사주의, 역사법칙설

istov, s.n. 끝, 결말 ; de ~ 완전히

istov|i, -esc, -ii, -it, I. vt. **1.** 다 써버리다, 소모하다 **2.** 닳아서 못 쓰게 하다 II. vr. 소모되다, 닳다

istovi|t, -tă, -ţi, -te, adj. 소모된, 지쳐버린

istovit|or, -oare, -ori, -oare, adj. 소모된, 지친, 혹사된

istroromân, ~ă, ~i, ~e, I. adj. 이스트로 로마니아어의, 이스트로 로마니아인)의 II. s.m. 그리고 f. 이스트로 로마니아인, 이스트로 로마니아어

italian, ~ă, ~i, ~e, I. adj. **1.** 이탈리아인의 **2.** 이탈리아어의 ; limba italiană 이탈리아어 II. s.m.이탈리아 사람

itali|ancă, -ence, s.f. 이탈리아 여자

italic, ~ă, ~i, ~e, adj. 이탤릭체의,

italice, s.f. 이탤릭체(활자)

italiene|sc, -ească, -eşti, adj. 이탈리아(인)의

italieneşte, adv. **1.** 이탈리아 사람(풍)처럼 **2.** 이탈리아어로

italienism, -e, s.n. 이탈리아 단어 또는 (관용)어구

iterativ, ~ă, ~i, ~e, adj. 반복(상)의

itinerar, ~e, s.n. **1.** 여정, 여로 **2.** (여행) 안내서

iţari, s.m. 손수 짠 농부 바지

iţ|ă, -e, s.f. **1.** (창, 도끼의) 자루 축 **2.** 거미 줄 **3.** 얽힌 줄 ; a descurca iţele 얽힌 일을 풀다 ; a încurca iţele 어떤 한 일에 휘말리게 하다, 얼키게 하다 ; a se încurca iţele 곤경(궁지)에 빠져 있다 ; s-au încurcat iţele (일이) 진척되지 않다

iț|i, -esc, -ii, -it, vr. **1.** 번득하다, 얼핏 나타나다 **2.** 갑자기 보이다 **3.** 살짝 들여다 보다, 엿보다

iu, interj. **1.**야호 **2.** 호오, 어이

iub|i, -esc, -ii, -it, I. vt. **1.** 사랑하다 **2.** -와 사랑에 빠지다 **3.** 좋아하다, 애호하다; a se face ~t de cineva -의 사랑을 얻어내다; a ~ la nebuie 미치도록 좋아하다 II. vr. 서로 사랑에 빠지다 III. vi. 사랑하다

iubir|e, -i, s.f. 사랑, 애정, 애호

iubi|t, -tă, -ți, -te, I. adj. **1.** 사랑하는 **2.** 경애하는 **3.** 선호하는 II. s.m. 그리고 f. 애인, 사랑하는 여자, 사랑하는 남자

iubit|or, -oare, -ori, -ore, I. adj. 사랑하고 있는, 애정이 깃든 II. adv. 사랑스런

iubițe|l, -i, s.m. 애인, 귀여운 사람

iudaic, ~ă, ~i, ~e, adj. 유(대)인의, 유대인 풍의

iud|ă, s.f. 유다, 배신자, 반역자

iuft, s.n. 러시아제 피력, 러시아제 가죽(제품)

iugoslav, ~ă, ~i, ~e, I. adj. 유고슬라비아의 II. s.m. 그리고 f. 유고슬라비아 사람

iulian, adj 줄리어스 시저의 ; calendar iulian 율리우스력의

iulie, s.m. 7월

iuncăr, ~i, s.m. **1.** 융커당(원) **2.** 사관생도

iunie, s.m. 6월

iureş, ~uri, s.n. **1.** 공격, 습격 **2.** 돌격 **3.** 추적

iută, s.f. 주트사람(5-6세기 영국에 침입한 게르만족)

iute, iuți, I. adj. **1.** 빠른, 민첩한 **2.** (성질이)급한 **3.** (음식 맛이) 매운; ~ de picior 발이 빠른 II. adv. 빨리

iuțar, ~i, s.m. [식물]후추버섯

iuț|eală, -eli, s.f. 신속, 민첩, 기민 ; cu iuțeala fulgerului 섬광 같은 속도로 ; cu iuțeala melcului 달팽이 걸음으로, 매우 느리게

iuț|i, -esc, -ii, it, I. vt. **1.** 빠르게 하다 **2.** 서두르다, 재촉하다 II. vr. 촉진(자극)되다

iveală, s.f. 출현, 등장 ; a ieşi la ~ 드러내다 ; a da ~ 보여주다

iv|i, -esc, -ii, -it, vr. **1.** 나타나다 **2.** 출현하다 **3.** 남 앞에 나타나다, 모습을 보이다

ivir|e, -i, s.f. 출현, 등장

ivoriu, s.n. 상아(색)

iz, ~uri, s.n. **1.** 맛 **2.** 풍미 **3.** 증기, 악취

izb|ă, -e, s.f. 러시아 전통 농가

izbăv|i, -esc, -ii, -it, I. vt. **1.** 전하다 **2.** 구하다, 구출하다 II. vr. 면하게 되다, 구조되다 ; a se ~ de ... -을 제거하다

izbăvir|e, -i, s.f. 구조, 구제

izbăvit|or, -oare, -ori, -oare, s.m. 그리고 f. 구조자, 구세주

izbân|dă, -zi, s.f. **1.** 성공 **2.** 승리 **3.** 위업, 승리

izbând|i, -esc, -ii, -it, vi. 성공하다, 출세하다 ; a ~ asupra (소유격) 쳐부수다, 꺾다 ; a ~ să... -하는 것을 성공하다

izbelişte, s.f. ; a lăsa de izbelişte 버려두다, 내버려두다 ; a fi în ~a (소유격) -의 처분에 달려 있다

izb|i, -esc, -ii, -it, I. vt. **1.** 때리다, 치다 **2.** 주먹으로 치다 **3.** 두드리다 II.

vr. 자신을 던지다 III. vi. 치다, 때리다

izbir|e, -i, s.f. 때리기, 치기

izbit|or, -oare, -ori -oare, adj. 치는, 공격하는

izbitur|ă, -i, s.f. 한바탕 불기, 송풍

izbucn|i, -esc, -ii, -it, vi. **1.** 돌발하다 **2.** 갑자기 - 하기 시작하다 ; a ~ în lacrimi 울음을 터트리다 ; a ~ în râs 웃음을 터트리다

izbucnir|e, -i, s.f. **1.** 돌발 **2.** 발발, 폭동, 소요

izbut|i, -esc, -ii, -it, .I. vt.-을 성공하다 II. vi.성공하다

izbuti|t, -tă, -ţi, -te, adj. 성공적인, 현저한

izgon|i, -esc, -ii, -it, vt. **1.** 쫓아버리다 **2.** 내쫓다 **3.** 몰아내다

izgonir|e, -i, s.f. 내쫓음, 몰아냄

izgoni|t, -tă, -ţi, -te, adj. 사라진

izlaz, -uri, s.n. 공유지, 공유권

izmă, s.f. 박하

izm|ană, -ene, s.f. 속옷

izmen|eală, -eli, s.f. 점잔빼는 자세, 지나치게 까다로움

izmen|i, -esc, -ii, -it, vr. 점잔빼며 걷다(말하다)

izmeni|t, -tă, -ţi, -te, adj. 점잔빼는, 몹시 신경을 쓰는

iznoavă, s.f. **1.** 악의 없는 거짓말, 이야기 **2.** 꾸며낸 일

izobar|ă, -e, s.f. 등압선

izocron, ~ă, ~i, ~e, adj. 같은 시대의, 등성의

izol|a, -ez, -ai, -at, I. vt.고립(격리)시키다 II. vr. **1.** 고립되다, 격리되다 **2.** 차단되다, 절연되다

izolan|t, -tă, -ţi, -te, I. adjl. 고립된, 격리된, 절연된 II. s.m. 그리고 f. 격리자, 절연체

izol|are, -ări, s.f. **1.** 격리, 고립, 고독 **2.** 쓸쓸함, 외로움, 절연

izola|t, -tă, -ţi, -te, adj. **1.** 고립된, 격리된 **2.** 분리된, 분견된 **3.** 떨어진, 외로운

izolat|or, -oare, -ori, -oare, I. adj. 격리된, 절연된 II. s.n. 격리자, 절연체, 애자, 뚱딴지

izolaţi|e, -i, s.f. 절연(물), 격리

izomer, ~ă, ~i, ~e, I. adj. [화학]동질이성의 II. s.m. [화학]이성체

izometric, ~ă, ~i, ~e, adj. (길이, 면적,용적 등이) 같은, 등각의, 등축의

izomorf, ~ă, ~i, ~e, adj. 동형의, 동일구조의

izomorfism, s.n. 등표현형, 동형

izoterm, ~ă, ~i, ~e, adj. 등온의, 등온선의

izotermă, s.f. 등온선

izotop, -i, s.m. **1.** [물리]동위원소 **2.** 방사성 동위 원소

izotrop, ~ă, ~i, ~e, adj. 등방성의

izotropi|e, -i, s.f. 등방성

izraelit, -tă, -ţi, -te, I. adj. **1.** 유태인의, 히브리말의 **2.** 이스라엘(사람)의 II. s.m. 그리고 f. 유태인, 이스라엘 사람

izv|or, -oare, s.n. **1.** 샘, 수원 **2.** 원천, 근원 ; ~ mineral 광천(수) 샘

izvor|î, izvorăsc, -ai, -at, vi. **1.** 솟아나다, 튀다, 생기다 **2.** 쏟아져 나오다 **3.** 흐르다 ; a ~ din... -로부터 유래하다, 기인하다

Î

Î, î, s.m. 루마니아어 알파벳의 12번째 자

îmbarc|a, îmbarc, -ai, -at, I. vt. **1.** [항해](배에) 태우다 **2.** 배로 나르다, 짐을 싣다 **3.** (기차에) 태우다 II. vr. 배에 타다, 승선하다, [수동태] 승선되다, 실려지다

îmbarc|are, -ări, s.f. **1.** 승선, 탑승 **2.** 출항 **3.** 적재

îmbăi|a, -ez, -ai, -at, I. vt. -를 목욕시키다, 씻기다 II. vr. 목욕하다

îmbăl|a, -ez, -ai, -at, vt. 군침을 흘리다, 침(음식물)으로 더럽히다

îmbăla|t, -tă, -ți, -te, adj. 침으로 젖은, 질척거리는

îmbălsăm|a, -ez, -ai, -at, vt. **1.** 냄새 맡다, 냄새로 풍기다 **2.** 시체를 방부처리하다

îmbălsăm|are, -ări, s.f. 시체 방부처리

îmbălsăma|t, -tă, -ți, -te, adj. 냄새나는, 풍기는

îmbărbăt|a, -ez, -ai, -at, vt. 북돋우다, 원기를 돋게 하다, 기운이 나게 하다

îmbărbăt|are, -ări, s.f. 원기 돋음, 사기진작

îmbăt|a, îmbăt, -ai, -at, I. vt. **1.** 취하게 하다, 만취시키다 **2.** 흥분시키다 II. vr. 만취하다, 정신을 잃다

îmbătare, s.f. 취함, 흥분, 중독

îmbăta|t, -tă, -ți, -te, adj.취한, 중독된 ; ~ de... -에 중독 된

îmbătăt|or, -oare, -ori, -oare, adj. 취한, 로 취된, 흥분한

îmbătrân|i, -esc, -ii, -it, I. vi. **1.** 늙다, 나이가 들다 ; a ~ cu zece ani 나이를 10년을 더 먹다 II. vt. **1.** 나이를 더 먹어보이게 만들다 **2.** (물건이) 오래되다

îmbătrânir|e, -i, s.f. 나이를 먹음

îmbătrâni|t, -tă, -ți, -te, adj. 늙은, 나이를 많이 먹은

îmbâcs|eală, -eli, s.f. 통풍이 잘 안 됨, 숨막힘, 잘 안 풀리는 일(사업)

îmbâcs|i, -esc, -ii, -it, vt. **1.** 채워 넣다, 집어넣다 **2.** 채우다, 빈칸에 써넣다

îmbâcsi|t, -tă, -ți, -te, adj. **1.** 채워넣은, 찬 **2.** 먼지가 많은 **3.** 더러운

îmbârliga, pers.3, îmbârligă, vt. 둘둘 말다, 감다

îmbelşug|a, îmbelşughez, -ai, -at, vt. 땅을 비옥하게 하다

îmbelşug|are, -ări, s.f. 풍부, 넉넉함, 충분함

îmbelşuga|t, -tă, -ți, -te, adj. **1.** 풍부한, 많은 **2.** 부유한 **3.** 결실이 풍성한

îmbi|a, îmbii, -ai, -at, I. vt. **1.** 권유(촉구)하다, 초대하다 **2.** 끌어당기다 **3.** 자극(재촉)하다 II. vr. 서로 초대하다

îmbib|a, îmbib, -ai, -at, I. vt. **1.** 흡수

하다, 적시다 II. vr. (cu) 물이 흠뻑 스며들다

îmbib|are, -ări, s.f. 흡수, 흠뻑 젖음, 흡입

îmbiba|t, -tă, -ţi, -te, adj. 흡수된, 흠뻑 젖은

îmbier|e, -i, s.f. 초대, 초빙, 권유

îmbiet|or, -oare, -ori, -oare, adj. **1.** 초대하는 **2.** 마음을 끄는 **3.** 매력적인

îmbin|a, îmbin, -ai, -at, I. vt. **1.** 결합시키다 **2.** 연결하다 II. vr. 연결되다, 결합되다, 합쳐지다

îmbin|are, -ări, s.f. **1.** 결합, 연합, 연결, 합침

îmbina|t, -tă, -ţi, -te, adj. 참가한, 합친, 합쳐진

îmblăci|u, -e, s.n. 도리깨

îmblăn|i, -esc, -ii, -it, vt. 모피(털 등)을 입히다 (덮다, 씌우다)

îmblăni|t, -tă, -ţi, -te, adj. 털(모피 등)을 안감으로 댄(채운)

îmblăt|i, -esc, -ii, -it, vt. **1.** 도리깨하다 **2.** 자루 끝 등으로 치다, 호되게 때리다

îmblătir|e, -i, s.f. 도리깨질

îmblăti|t, -tă, -ţi, -te, s.n. 초대

îmblânz|i, -esc, -ii, -it, I. vt. **1.** 길들이다, 가정적으로 만들다 **2.** (동물을) 훈련하다 **3.** 복종시키다 II. vr. **1.** 길들여지다 **2.** 조용해지다

îmblânzir|e, -i, s.f. **1.** 유순 **2.** 순종 **3.** 진정 **4.** 길들이기

îmblânzi|t, -tă, -ţi, -te, adj. 유순한

îmblânzit|or, -oare, -ori, -oare, s.m. 그리고 f. 길들이는 사람, 조련사

îmboboc|i, -esc, -ii, -it, vi. **1.** 싹트다, 꽃이 피다 **2.** 번영하다

îmbogăţ|i, -esc, -ii, -it, I. vt. **1.** 부유하게 만들다, 풍성하게 하다 **2.** 돈을 모으다 II. vr. 부자가 되다

îmbogăţir|e, -i, s.f. **1.** 부유하게 하기, 풍부해진 상태

îmbogăţi|t, -tă, -ţi, -te, adj. **1.** 부자가 된 **2.** 수가 늘어난

îmbold|i, -esc, -ii, -it, I. vt. **1.** (동물을) 몰다 **2.** 재촉해서 -하게 하다 II. vr. 서로 격려하다, 서로 선동하다

îmboldir|e, -i, s.f. **1.** (가축 등의)몰이 막대기 **2.** (정신적)자극(물), 격려(하는 것)

îmbolnăv|i, -esc, -ii, -it, I. vt. **1.** 구역질나게 하다, 메스껍게 하다 **2.** 아프게 하다 II. vr. **1.** 병이 나다, 병들다 **2.** 구역질나다

îmbolnăvir|e, -i, s.f. 질병에 걸림, 병이 듬

îmbrăc|a, îmbrac, -ai, -at, I. vt. **1.** 옷을 입히다 **2.** 정장시키다 **3.** 덮다, 싸다 II. vr. 옷을 입다

îmbrăc|are,-ări, s.f. **1.** 의류 **2.** 옷 입기, 몸단장

îmbrăcăminte, s.f. **1.** 의류, 옷 의복

îmbrătiş|a, -ez, -ai, -at, I. vt. **1.** 포옹하다, 껴안다 **2.** 둘러싸다, 포함하다 II. vr. 서로 포옹하다

îmbrăţiş|are, -ări, s.f. **1.** 포옹 **2.** 용인, 인정

îmbrânc|eală, -eli, s.f. **1.** 밀기, 떠밀기 **2.** 추진력

îmbrânc|i, -esc, -ii, -it, I. vt. 밀다, 떠밀다, 밀어제치다 II. vr.서로 밀어주다, 서로 의지하다

îmbrobod|i, -esc, -ii, -it, I. vt. **1.** 머리등에 수건을 두르다, 완전히 싸다,

덮다 **2.** 속이다, 기만하다 II. vr. 머리에 두건을 뒤집어쓰다
îmbrobodire, s.f. (수건 등으로) 두르는 행위, 두르기
îmbrobodi|t[1], s.n. v. îmbrobodire
îmbrobodi|t[2], -tă, -ți, -te, adj. **1.** 싸여진, 덮여진 **2.** 속은
îmbuc|a, îmbuc, -ii, -it, I. vt. **1.** 먹다 **2.** 게걸스럽게 먹다 **3.** 삼키다, 들이켜다 ; a ~ ceva 한 입 베어 물다 II. vr. 연결하다, 결합하다, 합류하다, 맞물리다
îmbucătăț|i, -esc, -ii, -it, vt. **1.** 조각내다, 조각으로 자르다 **2.** 잘게 썰다 **3.** 나누다
îmbucătur|ă, -i, s.f. **1.** 한 입 **2.** 이음매, 접합 부분
îmbucurăt|or, -oare, -ori, -oare, adj. **1.** 기쁜 **2.** 만족스러운, 행복한 **3.** 기뻐하는, 반가운
îmbufn|a, -ez, -ai, -at, vr. 골이 나다, 토라지다
îmbufna|t, -tă, -ți, -te, adj. 토라진, 골난, 샐쭉한
îmbuib|a, îmbuib, -ai, -at, I. vt. **1.** 채우다, 메우다 **2.** 배불리 먹다, 게걸스럽게 먹다 II. vr. 먹이다
îmbuib|are, -ări, s.f. 포식
îmbuiba|t, -tă, -ți, -te, adj. 충분히 만족한
îmbujor|a, -ez, -ai, -at, vr. 얼굴을 붉히다, 부끄러워 하다
îmbujor|are, -ări, s.f. 얼굴을 붉힘, 홍조
îmbujora|t, -tă, -ți, -te, adj. **1.** 얼굴을 붉힌, 빨개진 **2.** 홍조 띤, 수줍은
îmbulz|eală, -eli, s.f. 분쇄, 구기기, 으깨기
îmbulz|i, -esc, -ii, -it, vr. **1.** 밀어 제치다, 밀어 닥치다 **2.** 서로 밀다, 서로 떠밀다
îmbun|a, -ez, -ai, -at, I. vt. **1.** 길들이다 **2.** 달래다, 진정시키다 **3.** 조정(중재)하다 II. vr. 진정하다, 진정되다, 기분(마음)이 가라앉다
îmbun|are, -ări, s.f. **1.** 진정, 완화 **2.** 유화(정책)
îmbunătăț|i, -esc, zi, -it, I. vt. 개선(개량)하다 II. vr. 좋아지다, 개선되다
îmbunătățir|e, -i, s.f. 개선, 진보
îmburghez|i, -esc, -zi, -it, vr. **1.** 자본가가 되다. **2.** 중산층이 되다.
împachet|a, -ez, -ai, -at, vt. **1.** 꾸리다, 포장하다 **2.** 싸다 **3.** [의학]찜질하다, 팩을 하다
împachet|are, -ări, s.f. 포장
împăc|a, împac, -ai, -at, I. vt. **1.** 화해시키다 **2.** 안정시키다, 조정하다 **3.** 만족시키다 II. vr. 친구가 되다, 서로 이해하다 ; a se ~ cu... -와 잘 지내다, -와 타협하다, -에 익숙해지다 ; nu se prea împacă cu sora lui 그는 그의 누이(동생)와 잘 지내지 못한다 ; nu mă împac cu vinul 나에겐 포도주가 잘 받지를 않는다
împăc|are, -ări, s.f. 화해, 조정
împăciuir|e, -i, s.f. 화해, 조정, 조화
împăciuit|or, -oare, -ori, -oare, adj. 타협적인, 융화적인, 회유적인
împăciuitorism, s.n. 타협, 절충
împăciuitori|st, -stă, -şti, -ste, I. adj. 타협적인, 절충의 II. 타협자, 절충자
împădur|i, -esc, -ii, -it, vt. 식수하다, 조림하다

Î

împădurir|e, -i, s.f. 조림, 식림
împăi|a, -ez, -ai, -at, vt. 박제하다
împăia|t, -tă, -ţi, -te, adj. 박제된
împăienjen|i, pers.3, împăienjeneşte, vr. **1.** 천으로 둘러싸이다 **2.** (시각이) 흐려지다, 어둑해지다 **3.** (눈이) 충혈되다, 핏발 서다
împăienjeni|t, -tă, -ţi, -te, adj. **1.** (시각이) 흐려서 사물을 구별하지 못하는 **2.** 거미줄로 덮힌
împământen|i, -esc, -ii, -it, vr. **1.** 이식하다, 자연적으로 하다 **2.** 적응하다, 순응하다
împământenir|e, -i, s.f. **1.** 귀화 **2.** (외국어, 외국문화의)이입 **2.** (외국산 동, 식물의)이식 **3.** 자연화
împăn|a, -ez, -ai, -at, vt. **1.** -안에 넣다, 삽입하다 **2.** 섞다, 집어넣다 **3.** 채워 넣다
împăn|are, -ări, s.f. 삽입
împăna|t, -tă, -ţi, -te, adj. **1.** 깃털이 난, 깃 모양의 **2.** (불필요하게)꾸민, 윤색한 **3.** 가득 찬, 채워 진
împăra|t, -ţi, s.m. **1.** 황제 **2.** 왕
împărat|easă, -ese, s.f. **1.** 황후 **2.** 여왕
împărăt|esc, -ească, -eşti, adj. **1.** 제국의 **2.** 황제의 **3.** 장엄한, 웅장한
împărăteşte, adv. 왕으로서, 왕답게, 당당히
împărăţ|i, -esc, -ii, -it, vt. 지배하다, 통치하다
împărăţi|e, -i, s.f. **1.** 제국, 제정 **2.** 왕국, 왕정
împărtăşani|e, -i, s.f. (가톨릭의) 성체, 성사.
împărtăş|i, -esc, -ii, -it, I. vt. **1.** 나누어 주다 **2.** 나누다, 가르다 II. vr. 성체 (성사)를 하다 ; a se ~ din... -을 공유하다, 나누다
împărţ|eală, -eli, s.f. 분할, 배당
împărţ|i, împart, -ii, -it, I. vt. **1.** 나누다 **2.** 가르다, 분리하다 **3.** -을 갈라주다 **4.** 분배하다 ; a ~ în -으로 나누다 ; a nu avea ce ~, a nu avea nimic de ~t 나눌 것이 없다 ; a ~ dreptate 법을 집행하다 ; a-şi împărţi timpul -의 시간을 할애하다 II. vr. 나누어지다
împărţir|e, -i, s.f. **1.** 나눔, 분할, 배당 **2.** 나눗셈
împărţit|or, -ori, s.m. 제수, 약수 나누는 수
împătimir|e, -i, s.f. 사랑, 깊은 열정
împătimi|t, -tă, -ţi, -te, adj. **1.** 열렬한, 정열적인 **2.** 성미 급한, 성을 잘 내는
împătr|i, -esc, -ii, -it, I. vt. 4배로 하다 II. vr. 4배가 되다
împătri|t, -tă, -ţi, -te, adj. 4배의, 4중의
împătur|i, -esc, -ii, -it, vt. **1.** 접다, 포개다 **2.** 둘둘 말다, 동그래지다 **3.** 싸다, 덮다
împăturir|e, -i, s.f. (둘둘)접음
împăun|a, -ez, -ai, -at, vr. 허풍떨다 ; a se ~ cu... -을 자랑하다
împăun|are, -ări, s.f. **1.** 자랑(거리) **2.** 허풍
împânz|i, -esc, -ii, -it, vt. **1.** 장식용 못을 (온통) 박다 **2.** 덮다 **3.** 채우다
împânzi|t, -tă, -ţi, -te, adj. 장식된, 뿌연, 희미한
împâsl|i, -esc, -ii, -it, vr. **1.** 넘다, 통과하다, 온통 펼치다, 뒤덮다 **2.** 천을 빨거나 삶아서 올이 배게 하다

împâsli|t, -tă, -ți, -te, adj. 매트를 깐, 텁수룩한

împelița|t, -tă, -ți, -te, I. adj. **1.** 저주받은, 사악한 **2.** 극악무도한 II. s.m.. 악마

împerech|ea, -ez, -eai, -eat, I. vt. **1.** 한 쌍이 되게 하다 **2.** 짝 지우다, 결합하다 **3.** 한 쌍이 되도록 하다 II. vr. 짝이 지워지다, 한 쌍이 되다

împerecher|e, -i, s.f. 한 쌍, 결합

împestriț|a, -ez, -ai, -at, vt. 얼룩덜룩하게 하다

împestriț|are, -ări, s.f. **1.** 잡색 **2.** 얼룩덜룩함, 여러 색으로 물들임

împestrița|t, -tă, -ți, -te, adj. 얼룩덜룩한, 반점이 있는, 잡색의

împiedic|a, împiedic, -ai, -at, I. vt. **1.** 절름거리게 하다 **2.** (브레이크)를 걸다 **3.** 방해하다, 괴롭히다 ; a ~ de la/ să... -을 /-하는 것을 막다 II. vr. (돌부리 등에 걸려서) 넘어지다

împiedica|t, -tă, -ți, -te, adj **1.** 절름거리는, 서투른 **2.** 말을 더듬는

împietr|i, -esc, -ii, -it, I. vt. 돌로 변하게 하다, 석화시키다 II. vr. 석질화하다

împietrir|e, -i, s.f. **1.** 굳음, 무감각, 딱딱함

împietri|t, -tă, -ți, -te, adj. **1.** 돌이 된, 딱딱한 **2.** 무감각해진

împil|a, -ez, -ai, -at, vt. 압박하다, 학대하다

împil|are, -ări, s.f. 압박, 괴롭힘, 학대

împilăt|or, -oare, -ori, -oare, adj. 압박하는, 답답한

împing|e, împing, -sei, împins, I. vt. **1.** 밀다, 밀어제치다 **2.** 몰다, 몰아내다 II. vr. 서로 격려하다, 선동하다

împinger|e, -i, s.f. **1.** 밀기, 몰기, 추진력

împinsătur|ă, -i, s.f. 밀기, 떠밀기, 추진력

împistr|i, -esc, -ii, -it, vt. **1.** 반점을 붙이다, 얼룩덜룩하게 하다 **2.** (부활절 달걀을)칠하다

implânt|a, implânt, -ai, -at, vt. -안에 넣다, 찌르다

implânt|are, -ări, s.f. **1.** (와락)밀침 **2.** 찌름

implet|i, -esc, -ii, -it, I. vt. **1.** 짜다 **2.** 뜨다 **3.** 화환으로 만들다 (장식하다) II. vr. (옷감 등이) 짜여지다

impletic|i, -esc, -ii, -it, vr. **1.** 비틀거리다, 휘청거리다 **2.** 중얼거리다 **3.** 웅얼웅얼 말하다, 무성의하게 말하다 ; i se împleticesc picioarele 그는 비틀거린다

impletici|t, -tă, -ți, -te, adj. 비틀거리는, 휘청거리는

impletir|e, -i, s.f. **1.** 뜨개질 **2.** 편물

impletitur|ă, -i, s.f. **1.** 뜨개질, 편물 **2.** 뜨개질하기 **3.** (집합적) 바구니 (세공 기술)

implin|i, -esc, -ii, -it, I. vt. **1.** 나이가 차다, -살이 되다 **2.** 채우다, 충만하다, 달성하다, 완성하다 **3.** 성취하다, 만족하다 II. vr. **1.** 흐르다, 지나가다 **2.** 실현되다, 실행되다

implinire, s.f. 충만, 흡족, 가득한 양

împodob|i, -esc, -ii, -it, I. vt. 꾸미다, 장식하다, 돋보이게 하다 II. vr. **1.** 장식되다, 꾸며지다 **2.** 정장을 하다, 차려입다

împodobir|e, -i, s.f. 꾸밈, 장식(품)

împopoțon|a, -ez, -ai, -at, I. vt. 치장하다, 꾸미다 II. vr. 자기 몸을 치장 하다

împopoțona|t, -tă, -ți, -te, adj. 치장된, 꾸민, 겉이 번지르르 한

împotmol|i, -esc, -ii, -it, vr. **1.** 진흙 속에 빠져 꼼짝 못하다 **2.** 움직이지 않게 되다 **3.** 단단히 묶다, 꼼짝 못하다, 버둥거리다

împotomolir|e, -i, s.f. **1.** 가라앉음, 함몰 **2.** 쇠약, 풀죽음 **3.** 진흙에 빠짐

împotriva, prep. (소유격 지배) **1.** 마주 대하여, 반대하여 **2.** 그럼에도 불구하고 **3.** -대(對)

împotrivă, adv. 마주 대하여, 반대하여

împotriv|i, -esc, -ii, -it, vr. **1.** 반대하다, 이의를 제기하다 **2.** 저항(반항)하다 **3.** 반박하다

împotrivir|e, -i, s.f. 반대, 저항, 이의, 반박

împovăr|a, -ez, -ai, -at, vt. **1.** -을 싣다, 부담시키다 과적하다 **2.** 압도하다, 질리게 하다

împovăr|are, -ări s.f. **1.** 부담, 의무, 책임 **2.** 무거운 짐

împovăra|t, -tă, -ți, -te, adj. 부담되는, 짐을 실은

împovărăt|or, -oare, -ori, -oare, adj. (견딜 수 없이)부담이 되는, 귀찮은, 성가신, 고된, 어려운

împrăşti|a, împrăştii, -ai, -at, I. vt. **1.** 발산하다, 펴다 **2.** 뿌리다, 흩뜨리다 **3.** 분산시키다 II. vr. **1.** 흩어지다 **2.** (안개 등이) 사라지다

împrăştia|t, -tă, -ți, -te, adj **1.** 희박한, 드문 **2.** 뿔뿔이 흩어진, 산재된 **3.** 앞뒤가 맞지 않는 **4.** 혼란스러운

împrăştier|e, -i, s.f. **1.** 흩뿌리기 **2.** 흩어짐 **3.** 혼돈

împrejmu|i, -iesc, -ii, -it, vt. **1.** 둘러싸다, 에워싸다 **2.** 포위하다

împrejmuir|e, -i, s.f. **1.** 담 **2.** 울타리

împrejmuit|or, -oare, -ori, -oare, adj. 둘러싼, 에워싼

împrejur, adv. 주위에, 근처에 ; stânga ~! 좌향좌!

împrejur|are, -ări, s.f. **1.** 상황, 처지, 환경 **2.** 사실, 진상 **3.** 사건, 발생 ; in aceste împrejurări 이런 상황에서는

împrejurim|e, -i, s.f. **1.** 주위 환경 **2.** 측근 **3.** 포위, 에워싸기 ; a locui în ~le Bucureştiului 부쿠레슈티시 근교(근처)에 살고 있다

împrejurul, prep. (소유격 지배) **1.** 주위에, 근처에 **2.** 근처, 둘레에

împresur|a, împresor, -ai, -at, vt. **1.** 에워싸다, 둘러싸다 **2.** 포위하다

împreun|a, împreun (또는-ez), -ai, -at, I. vt. **1.** 연합하다, 함께하다 **2.** 참가하다 II. vr. 모이다, 연합하다, 결합하다, 쌍이 되다

împreun|are, -ări, s.f. 결합, 일치, 연합

împreună, adv 함께, 같이 ; (cu) -와 함께 ; ~ cu... -와 함께

împricin|a, -ez, -ai, -at, vr. **1.** 소송을 걸다 **2.** 다투다

împrecina|t, -tă,, -ți, -te, s.m.그리고 f. 소송, 당사자, 피고

împrieten|i, -esc, -ii, -it, vr. 교제하다, 사귀다 ; a se ~ cu cineva -와 친구가 되다, -와 손발이 잘 맞다, -와 친해지다(한 패가 되다)

împrimăvăr|a, pers.3, împrimăvărează vr. 봄이 되다(오다)

împroprietăr|i, -esc, -ii, -it, vt. (부동산 등)을 전용하다, 제 것으로 하다

împroprietărir|e, -i, s.f. 배당, 할당, 전유, 전용

împrospăt|a, -ez, -ai, -at, vt. 상쾌하게 하다, 기운이 나다

împrospăt|are, -ări, s.f. 원기 회복, 기운 차림

împroşc|a, împroşc, -ai, -at, vt. **1.** 튀기다, 얼룩지게 하다 **2.** 퍼붓다 **3.** 맹렬히 공격하다 ; a ~ pe cineva cu noroi -에게 흙탕물을 튀기다

împroşc|are, -ări, s.f. **1.** (물이나 잉크 등이)튀김 **2.** (명성, 인격의) 흠, 오점

împroşcătur|ă, -i, s.f. **1.** 튐, 튄 것 **2.** 먼 데서의 소리

împrumut, ~uri, s.n. **1.** 대여, 대부 **2.** 외래어, 차용어 **3.** 차용 ; ~ consolidat 장기이자부 채무 ; ~ cu garanție 담보부 융자 ; ~ rambursabil la cerere 초단기간의 융자 ; a face un ~ 공채를 모집하다, 차용하다 ; a da cu ~ -을 대여하다, -을 빌려주다

împrumut|a, împrumut, -ai, -at, I. vt. 빌려주다, 임대하다 II. vr. -에게서 빌리다, 꾸다

împrumută|tor -oare, -ori, -oare, s.m. 그리고 f. **1.** 빌려 쓰는 사람, 꾸는 사람 **2.** 차용자

împui|a, -ez, -ai, -at, vt. ; a ~ capul/urechile cuiva cu ceva -을 -에게 머리가 아프도록(귀가 따갑도록) 들려주다

îm|pung|e, -pung, -punsei, -puns, I. vt. **1.** (바늘 따위로)찌르다 **2.** 바느질하다, 꿰매다 **3.** 억지로 시키다, 찌르다 II. vr. (자기 자신을) 바늘로 찌르다

împunsătur|ă, -i, s.f. **1.** 찌르기, 쑤심, 한 바늘 **2.** 비웃기, 냉소, 조소

împurpur|a, -ez, -ai, -at, I. vt. 자주 빛으로 만들다 II. vr. 자주 빛으로 되다

împuşc|a, împuşc, -ai, -at, I. vt. 총을 쏴서 죽이다 II. vr. 총으로 자살하다 III. vi. 총 쏘다

împuşcătur|ă, -i, s.f. **1.** 발포, 발사 **2.** 총성

împuternic|i, -esc, -ii, -it, vt. **1.** 권한을 주다 **2.** 대리로 명하다, 위임하다

împuternicir|e, -i, s.f. **1.** 힘, 권한, (통치)위임 **2.** 근거, 인가 **3.** 위임장 **4.** 보증서

împuternici|t, -ți, s.m. **1.** 위임자 **2.** 대리자, 대리인

împuț|i, -esc (또는 împute) ,-ii, -it, I. vt. **1.** 감염시키다, 오염시키다 **2.** 비위를 거슬리다, 무례를 범하다 II. vr. (분위기가) 공격적으로 되다

împuțin|a, -ez, -ai, -at, I. vt. 감소시키다, 축소하다 II. vr. 감소되다, 축소되다

împuțin|are, ări, s.f. 감소, 축소

împuți|t, -tă, -ți, -te, I. adj **1.** 악취를 내는 **2.** 게으른 **3.** 사악한, 썩은, 부패한, 잔혹한, 살벌한 II. s.n. 스컹크

în, prep **1.** (장소, 상태 등의 동사와 함께) -안에, (동작동사와 함께) 속(안)으로 ; ~ cameră 방안에 ; ~ Bucureşti 부쿠레슈티에서 ; ~ cazul când -할 때 ; ~ ceea ce priveşte -에 대해서 , ~ ziar 신문에 **2.** (시간,

시간적 공간을 표시) -동안; în acea zi 그날에 ; în mai 5월에 ; ~ timp/vreme ce -하는 동안 **3.** (관계, 원인 등을 나타내며) - 때문에 ; boierul, în zgomotul acesta, se scoală şi el 영주 자신도 그 소음 때문에 잠에서 깼다 **4.** (목적) -을 위해서 ; Micu pleacă în peţit 미쿠는 청혼을 위해서 떠난다 **5.** (변화) -로 ; apă se poate transforma în gheaţă 물은 얼음으로 변할 수 있다 **6.** (도구) -로(-을 가지고) ; într-o cană ferecată cu aur 금으로 도금된 컵에, ~ creion 연필로 ;

înadins, adv. 일부러, 고의로

înaint|a, -ez, -ai, -at, I. vi. **1.** 나아가다, 진보하다 II. vt. **1.** 공격하다 **2.** (탄원서 등을) 제출하다 **3.** (공무원 등이) 승진하다

înaint|are, -ări, s.f. **1.** 전진, 진보, 촉진, 조장

înaintaş, ~ă, ~i, ~e, I. adj. 선임자, 선배, 선구자 II. s.m. **1.** [스포츠]포워드 **2.** 개척자

înainta|t, -tă, -ţi, -te, adj **1.** 나아가는, 진보된, 앞선 **2.** 전진하는, 향상하는 **3.** (나이가) 많은

înainte, adv. **1.** ~의 앞에 **2.** (시간적으로) ~의 전에 **3.** ~에 앞서 ~ de -전에 ; ~ vreme 전에 ; de azi ~ 오늘부터, 앞으로는, 향 후

înaintea, prep. (소유격지배) **1.** (공간적으로) 앞쪽에, 앞에 **2.** (시간적으로) 전에, 사전에, 이미 ; ~ ochilor 눈앞에 ; a o lua ~ -의 앞에 있다, -보다 앞서 있다

înal|t, -tă, -ţi, -te, I. adj. **1.** 높은, 고위의 **2.** 큰, 웅대한, 고귀한 **3.** 고상한 ; ~ de... -만큼 높이 II. s.n. 높이 ; ~ul cerului 창공, 상공, 하늘

înamor|a, -ez, -ai, -at, vr. 사랑에 빠지다

înamora|t, -tă, -ţi, -te, adj. 매혹된, 사랑에 빠진

înapoi, adv. **1.** 뒤로(에), 원상태로 **2.** 뒤쪽으로 (에) ; a da ~ 되돌려주다, 퇴각하다

înapoia[1], prep. (소유격지배) -뒤에, -의 뒤쪽에, 배후에, -의 이면에

înapoi|a[2], -ez, -ai, -at, I. vt. **1.** 되돌려주다, 반환하다 **2.** 상환하다 II. vr. 돌아오다

înapoia|t, -tă, -ţi, -te, adj. 뒤(쪽)에, 거꾸로 된, 원상태의

înapoier|e, -i, s.f. **1.** 반환, 상환 **2.** 원상복귀

înarip|a, -ez, -ai, -at, (poetic) vt. 날개를 달다, 날리다

înaripat, -tă, -ţi, -te, adj. **1.** 날개를 단 **2.** 영감을 받은, 열성적인

înarm|a, -ez, -ai, -at, I. vt. **1.** 무장시키다 **2.** (비유적으로) 요새화하다 II. vr. 무장하다, 전쟁 상태에 들어가다 ; a se ~ cu -로 무장하다 ; a se ~ cu răbdare 참다, 인내하다

înarm|are, -ări, s.f. **1.** 무장한 **2.** 군사력, 군비

înarma|t, -tă, -ţi, -te, adj. **1.** 무장한 **2.** 갖춘 **3.** 머리에서 발끝까지 무장한

înavuţ|i, -esc, -ii, -it, vr. 부유(풍요)해지다

înăbuş|eală, -eli, s.f. 무더위, 후덥지근함

înăbuş|i, -esc, -ii, -it, I. vt. **1.** 숨을 막다, 질식시키다 **2.** 막히게 하다 **3.**

Î

소리를 죽이다 II. vr. 질식되다
înăbuşir|e, -i, s.f. **1.** 질식, 질식시킴 **2.** 숨막힐 듯한, 답답한 (공기 등) **3.** 딱딱하고 거북한 (예절 등)
înăbuşi|t, -tă, -ţi, -te, adj. **1.** 소리를 죽인 **2.** (날씨가)우중충한, 흐린 **3.** (음색, 빛, 색 등이)분명치 않은
înăbuşit|or, -oare, -ori, -oare, adj. 질식 할 것 같은, 숨 막히는
înăcr|i, -esc, -ii, -it, vt. **1.** 시어지다 **2.** 불쾌해지다 **3.** (성미가)까다로워 지다 **4.** 시게 하다. **5.** 불쾌하게 만들다.
înăcrir|e, -i, s.f. **1.** 심 **2.** 톡 쏨
înăcri|t, -tă, -ţi, -te, adj. 신, 시큼한, 톡 쏘는
înălbăstr|i, -esc, -ii, -it, vt. 파란색으로 색칠(염색)하다.
înălb|i, -esc, -ii, -it, vt. **1.** 희게 하다 **2.** 표백하다
înălbit, s.n. 희게 함, 표백
înălţ|a, înalţ, -ai, -at, I. vt. **1.** 올리다, 높이 들다 **2.** (깃발 등을) 올리다 II. vr. 솟아오르다
înălţ|are, -ări, s.f. **1.** 높이 올림, 세움 **2.** [종교]예수 승천일
înălţăt|or[1], -oare, s.n. (총의) 가늠자, (측량의) 후시
înălţăt|or[2], -oare, -ori, -oare, adj. 높은, 높이 올린, 고상한, 고무된
înălţim|e, -i, s.f. **1.** 높이, 키, 절정, 극치 **2.** 높은 곳, 언덕, 고지 **3.** 정상 꼭대기 ; a fi la ~ 절정에 달하다, 절정(정상)에 있다, 최고 상태에 있다
înăspr|i, -esc, -ii, -it, I. vt. **1.** 굳히다, 딱딱하게 하다 **2.** 악화시키다 **3.** 보다 더 나쁘게 하다 II. vr. 굳다, 악화되다, 날카로워지다
înăsprir|e, -i, s.f. 단단함, 냉담함
înăspri|t, -tă, -ţi, -te, adj. 경화된, 단단해진 강해진, 철면피한
înăuntru, adv. 안에, 안쪽으로, 내부로
înăuntrul, prep. -의 안에, 내부에, -이내에
încadr|a, -ez, -ai, -at, I. vt. **1.** 뼈대를 만들다, 짜 맞추다 액자에 끼우다, 태를 두르다 **2.** 두르다, 에워싸다 II. vr. (정체성이 -에)속하다, a se ~ în... -에 속하다, -의 범주에 속하다
încadr|are, -ări, s.f. 1.구성, 구조 **2.** 엄명, 지명
încaltea, adv. 적어도, 하다못해, 아무튼
încarcer|a, -ez, -ai, -at, vt. 감금하다, 감옥에 투옥하다
încarcer|are, -ări, s.f. 투옥, 감금
încartiru|i, -iesc, -ii, -it, vt. **1.** [군사] 숙사를 배정하다. **2.** 숙박시키다
încartiruir|e, -i, s.f. **1.** (군대의)숙사 할당 **2.** 4등분
încas|a, -ez, -ai, -at, vt. **1.** 현금으로 바꾸다, 현금으로 하다 **2.** 받다, 접수하다 **3.** (세금 등을) 받다 모으다
încas|are, -ări, s.f. **1.** (현금 등을)받음, 접수 **2.** 수령, 수취 **3.** 반환, 상환
încasat|or, -oare, -ori, -oare, s.m. 그리고 f. 수금원, 징수관, 세관원
încastr|a, -ez, -ai, at, vt. **1.** 끼워 넣다, 묻다 **2.** 고정시키다, 꽉 채워 넣다
încastr|are, -ări, s.f. **1.** 깊숙이 박음 **2.** 주택공급 **3.** 피난처
încazarm|a, -ez, -ai, -at, vt. **1.** 막사 등에 수용하다 **2.** 집안에 가두다
încă, adv. **1.** 여전히, 그럼에도 불구

하고 **2.** 아직 **3.** 한층 더 ; ~ acum 3 ani 3년 전부터 ; ~ de copil 어린 아이 때부터 ; ~ de la începutul 시작(초기)부터 ; ~ doi 2개 더 ; ~ nu 아직 아니야 ; ~ o dată 한 번 더 ; frunzele sunt ~ verzi 나뭇잎이 아직은 푸르다 ; ~ nu l-am văzut 나는 아직 그를 보지 못했다

încăier|a, încaier, -ai, -at, vr. **1.** 꽉 움켜쥐다, 주먹질하다 **2.** 싸우기 시작하다

încăier|are, -ări, s.f. 난투, 주먹다짐

încăierat, s.n. 다툰, 싸운

încălc|a, -încalc, -ai, -at, vt. **1.** 침입(침범)하다 **2.** 잠식하다, 무단 이용하다 **3.** 어기다, 위반하다

încălc|are, -ări, s.f. 침해, 위반, 잠식, 침입, 침범

încălec|a, încalec, -ai, -at, I. vt. **1.** 오르다, 등단하다 **2.** 정복하다 II. vr. 겹치다, 중복되다 III. vi. 오르다

încălec|are, -ări, s.f. **1.** 오름, 정복 **2.** 위에 놓음

încălț|a, încalț, -ai, -at, I. vt. **1.** -을 - 위에 놓다 (바퀴, 밑창 등에) 덧대다 **2.** 기만하다, 속이다 II. vr. 신발 등을 신다

încălța|t, -tă, -ți, -te, adj. **1.** 신발은 신은 **2.** (새 등에서)깃털을 가진 발이 있는

încălțăminte, s.f. 신는 것, 신발류

încălțător, s.n. 구두주걱

încălz|i, -esc, -ii, -it, I. vt. **1.** 덥히다, 데우다 **2.** 따뜻하게 하다, 데우다 II. vr.**1.** 자신의 몸을 따뜻하게 하다, 일광욕 하다 **2.** (수동태) 따뜻해지다 **3.** 날씨가 따뜻해지다(풀리다) ; asta nu mă încăzeşte 나는 아직 만족하지 않는다

încălzir|e, -i, s.f. 데우기, 따뜻하게 하기 ; ~ centrală 중앙난방

încălzi|t, -tă, -ți, -te, adj. 난방이 되는, 가열된

încălzit|or, -oare, -ori, -oare, I. adj. 열을 방출하는 II. s.n. 전열기, 난방기

încăpăstr|a, -ez, -ai, -at, vt. **1.** (말에)굴레를 씌우다. 고삐를 달다 **2.** 제어하다, 구속하다

încăpăt|or, -oare, -ori, -oare, adj. **1.** 넓은, 넉넉한 **2.** 큰, 광대한 **3.** 편리한

încăpățân|a, -ez, -ai, -at, vr. **1.** 완고하다, 고집세다 **2.** 고집하다, 집착하다

încăpățân|are, -ări, s.f. 고집, 완고, 집착

încăpățâna|t, -tă,, -ți, te, I. adj.완고한, 고집 센, 완강한 II. s.m. 그리고 f. 고집스러운 사람

în|căpea, -cap, -căpui, -căput, I. vi. **1.** (어느 공간에) 수용되다, 넣다 **2.** (사물이) -에 속하게 되다 ; a ~ pe / în mâna (소유격) -의 수중에 들어가다 ; în sală încap 300 persoane 방은 300명을 수용한다 ; nu încape nici o îndoială 전혀 의심의 여지가 없다 ; (mai) încape vorbă 더 이상 말할 필요가 없다 II. vt.수용하다, 숙박하다

încăper|e, -i, s.f. **1.** 방 **2.** 공간 **3.** 수용

încărc|a, -ai -at, I. vt. **1.** 짐을 싣다, 탄환을 채우다 **2.** 적재하다 **3.** 충전하다 , 채우다 II. vr. 채워지다, 적재되다 III. vi. 짐을 지다, 짐을 싣다

încărc|are, -ări, s.f. **1.** 적하, 짐 싣기

Î

2. 충전 3. 부담

încărca|t, -tă, -ţi, -te, adj. **1.** 짐 실은, 태운 **2.** 밀집한, 폐쇄된 **3.** 긴장한, 강요된

încărcăt|or, -oare, I. s.n. **1.** 충전기 **2.** 무기고 II. s.m. -ori, 짐을 싣는 사람

încărcătur|ă, -i, s.f. **1.** 짐 **2.** 상품 **3.** 무게

încărunţ|i, -esc, -ii, -it, I. vi. **1.** 회색이 되다 **2.** 반백색 (회색)의 머리털이 되다 **3.** 누구(의 머리털)을 회색으로 만들다 II. vt. 머리카락을 희게 만들다

încărunţi|t, -tă, -ţi, -te, adj. **1.** 반백의 **2.** 회색의, 은발의

încătărăm|a, -ez, -ai, -at, I. vt. 걸쇠로 잠그다, 죔쇠(버클)로 죄다 II. vr. 걸쇠(죔쇠)로 채워지다

încătuş|a, -ez, -ai, -at, vt. **1.** 수갑을 채우다 **2.** 쇠창살 안에 가두다, 쇠사슬로 매다 **3.** 속박하다, 족쇄를 채우다

încâlc|eală, -eli, s.f. v. încâlcire

încâlc|i, -esc, -it, **1.** 엉키다, 얽히다 **2.** 분규가 일어나다

încâlcir|e,-i, 엉킴, 얽힘

încâlci|t, -tă, -ţi, -te adj. 얽힌, 엉킨

încânt|a, încânt, -ai, -at, vt.**1.** 기쁘게 하다 **2.** -을 속이다 **3.** -을 유혹하다

încânt|are, -ări, s.f. 기쁨, 환희, 매력

încânta|t, -tă, -ţi, -te, adj. **1.** 기쁜, 즐거운 **2.** -을 기뻐하는, 즐거운; voi fi ~ să vă văd 만나면 기쁠거에요! ; ~ de cunoştinţă! 만나서 반가워요!

încântăt|or, -oare, -ori, -oare, I. adj. **1.** 즐거운, 기쁜, 애교 있는 매혹적인 **2.** 즐겁게, 기쁘게 II. adv. 즐겁게

încârlig|a, încârlig, -ai, -at, I. vr. 구부리다, 굽히다 II. vt. 휘다, 구부러지다

încârliga|t, -tă, -ţi, -te, adj. 구부린, 휜, 굽은, 구부러진

încât, conj. -하기 위하여 ; ~ să -하기 위하여 ; nimeni nu era atât de hain ~ să nu-i dea o mână de ajutor 그 누구도 그를 도와주려하지 않을 정도로 그렇게 교활하지는 않았다

începăt|or, -oare, -ori, -oare, I. adj. 시작의, 처음의 II. s.m. 그리고 f. **1.** 초보자, 초심자, 개시자 **2.** 신참자, 신출내기

în|cepe, -cep, -cepui, -ceput, I. vi. **1.** 시작하다, 개시하다 **2.** ~ prin -에 의해 (-을 통해) 시작되다 **3.** 일어나다, 생기다, 출발하다 II. vt. 시작하다

începer|e, -i, s.f. 시작, 처음 ; cu ~ de la /din -에서 부터의

început, ~uri, s.n. **1.** 시작, 처음, 착수, 개시 **2.** 기원, 원천, 출처, 태생 **3.** 애초부터, 시작부터 ; de la ~, până la sfârşit 시작부터 끝까지; la ~ 시작할 때 ; la ~ul anului 올해의 시작에 ; ~ul e greu 모든 시작은 어려운 법이다

încerc|a, încerc, -ai, -at, I. vt. **1.** 노력하다, 시도하다 **2.** 애쓰다 II. vr. 시도되다 III. vi. mai încearcă! 한 번 더 해봐!

încerc|are, -ări, s.f. **1.** 시도, 기도 **2.** 노력 **3.** 시행 ; ~ zadarnică 쓸모없는 노력 ; cu titlu de ~ 시험 삼아, 시험

Î

적으로 ; de ~ 시험 삼아 ; a pune la ~ 시험하다

încerca|t, -tă, -ţi, -te, adj. **1.** 노력한. 시도된 **2.** 실험된 **3.** 강화된 능숙한, 숙련의

încercăna|t, -tă, -ţi, -te, adj 고리가 있는, 고리모양의

încercu|i, -iesc, -ii, -it, vt. **1.** 에워싸다 **2.** 둘러싸다 **3.** [군사]포위하다

încercuir|e, -i, s.f. 둘러쌈, 포위

însce|t, -tă, -ţi, -te, I. adj. **1.** 속도가 느린 **2.** 늦은, 더딘 **3.** 느긋한, 유유한 II. adv. 느리게 ; ~ul cu ~ul 한 걸음 한 걸음 씩, 차츰차츰

încet|a, -ez, -ai, -at, I. vi. **1.** 그치다 **2.** 그만두다 II. vt. 끝내다, 줄이다

încetare, s.f. **1.** 중지, 그침, 휴전 **2.** 정전, '사격중지'의 구령 **3.** 사망, 죽음

încetăţen|i, -esc, -ii, -it, vt. **1.** 귀화시키다 **2.** 소개하다, 받아들이다 II. vr. 귀화되다, 소개되다

încetăţenir|e, -i, s.f. 귀화

încetin|eală, -eli, s.f. **1.** 느림, 완만 **2.** 게으름

încetin|i, -esc, -ii, -it, vt. **1.** 속력을 늦추다, 연기하다 **2.** (리듬) 느슨해지다, 완만해지다

încetinir|e, -i, s.f. 느림, 완만

încetinit|or, -oare, s.n. **1.** 지연, 지체, 감속도 **2.** 느린 동작

încetişor, adv. (매우)살며시, 부드럽게, 섬세하게

înceţoş|a, -ez, -ai, -at, vr. **1.** 안개가 점점 끼다 **2.** 흐려지다, 어두워지다

înceţoşa|t, -tă, -ţi, te, adj. **1.** 안개가 낀 **2.** 흐린, 어둑한

încheg|a, încheg, -ai, -at, vr. **1.** 엉기게 하다, 응고시키다 **2.** 응축하다 **3.** 굵게 하다

închegăt|or, -oare, -ori, -oare, adj. (용액이)응고된

închei|a, închei, -ai, -at, I. vt. **1.** 단추를 끼우다 ; a-şi ~ haina 옷에 단추를 달다 **2.** 고정시키다 **3.** 결합시키다 **4.** (계약을) 체결하다 ; a-şi ~ haina 코트의 단추를 채우다 II. vr. **1.** (단추가) 채워지다 **2.** 종결지어지다 **3.** 고정되어지다

încheia|t, -tă, -ţi, -te, adj **1.** 단추가 채워진 **2.** 끝난, 종결된, 체결된 **3.** 여유 있는, 견실한, 확실한

încheier|e, -i, s.f. **1.** 단추 달기 (채우기) **2.** 마지막 부분 **3.** 끝마감, 폐쇄

încheiet|oare, -ori, s.f. 단추 구멍

încheietur|ă, -i, s.f. 이음매, 접합부, 관절, 마디

închiabur|i, -esc, -ii, -it, vr. 부농이 되다, 부자가 되다

închiaburir|e, -i, s.f. 부농화, 부유해짐

în|chide, -chid, -chisei, -chis, I. vt. **1.** (뭔가 열려진 것을) 닫다 **2.** -을 닫아 중단시키다 **3.** 눈을 감다 **4.** -을 감옥에 보내다 **5.** (학교, 공장 등을) 폐쇄하다 **6.** (전등을) 끄다 **7.** 잠그다 ; a ~ ochii la 묵과하다 II. vr. **1.** 닫기다 **2.** (색이) 진해지다 ; a se ~ în sine 오그라들다, 줄어들다, 갇히다

închider|e, -i, s.f. **1.** 닫음 **2.** 막음 **3.** 폐쇄

închin|a, închn, -ai, -at, I. vt. **1.** 바치다 **2.** 내어주다, 양도하다 **3.** 제압하다, 가라앉히다 II. vr. 기도하다, 성호를 긋다 ; a se ~ la... -을 숭배하다, 존경하다 III .vi. 잔을 들다, 건배

Î

제의를 하다

închin|are,-ări, s.f. **1.** 기도 **2.** (존경심을 표하는) 절

închinăciun|e, -i, s.f. **1.** 기도 **2.** 기도(하는 사람)

închinăt|or, -oare, -ori, -oare, s.m. 그리고 f. 예배자, 숭배자

înching|a, înching, -ai, -at, vt. **1.** 끈을 매다(졸라매다) **2.** 둘레의 치수를 재다

închipu|i, -esc, -ii, -it, I. vt. **1.** 상상(공상)하다 ; a-şi ~ că -로 상상하다 **2.** 조작(조합)하다 **3.** 기획하다 II. vr. (자기 자신을 -로) 상상하다

închipuir|e, -i, s.f. **1.** 공상, 상상 **2.** 상상력 **3.** 꿈

închipui|t, -tă, -ţi, te, I. adj. **1.** 상상의, 가상의, 공상의 **2.** 자만에 빠진, 우쭐한 II. s.m. 공상가

închiri|a, -ez, -ai, -at, I. vt. **1.** 빌려주다 **2.** 임대하다 **3.** 세내다 II. vr. 임차되다, 전(월)세가 나가다

închiria|t, -tă, -ţi, -te, I. adj. -을 빌린. II. s.m. 그리고 f. 임대(집)

închirier|e, -i, s.f. **1.** 임대, 임차, 전(월)세 **2.** 고용 ; ~ de imobile 부동산 임대차 ; ~ de servicii 용역임대차 ; ~ pe termen lung 장기임대차 ; ~ pe viaţă 평생임대차

închi|s, -să, -şi, -se, adj **1.** 닫힌, 밀폐한 **2.** 예비의, 감추어진 **3.** 탁한, 밀폐된, 흐린

închis|oare, -ori, s.f. 교도소, 감옥

închist|a, -ez, -ai, -at, vr. **1.** 포낭(낭포)을 유리시키다 **2.** 고립시키다, 격리하다

închist|are, -ări, s.f. 고립, 격리, 차단

închizăt|oare, -ori, s.f. **1.** 잠금 고안, 폐쇄책 **2.** 죔쇠, 잠그는 것

închizăt|or, -oare, s.n. **1.** (총의 놀이쇠) **2.** 포의 후미

încinc|i, -esc, -ii, -it, I. vt. 5배로 하다 II. vr. 5배가 되다

încinci|t, -tă, -ţi, -te, I. adj. 5배의, 5중의 II. adv. 5배로

în|cinge, -cing, -cinsei, -cins, I. vt. **1.** (허리띠를)졸라매다, 묶다 **2.** 에워싸다 **3.** 싸다, 덮다 II. vr. **1.** (거들, 벨트 등으로) 묶이다 **2.** 덥히다 **3.** (비유적으로)시작하다 **4.** (하늘이) 붉게 물들다

încin|s, -să, -şi, -se, adj. **1.** 졸라맨, 묶은 **2.** 뜨거운 **3.** 불같은, 불의

înciud|a, -ez, -ai, -at, I. vt. 초조하게 하다, 화나게 하다 II. vr. 악해지다, 원한을 품다

înciuda|t, -tă, -ţi, -te, adj. 원한을 품은, 화난, 초조한

înclei|a, înclei, -ai, -at, vt. **1.** (서로) 붙이다 **2.** 달라붙다, 점착하다

încleier|e, -i, s.f. 아교질, 풀칠

încleşt|a, -ez, -ai, -at, I. vt. **1.** 꽉 쥐다, 이를 악물다 **2.** (주먹 등을) 꽉 쥐다, 꽉 잡다 II. vr. **1.** (몸이) 저리다 **2.** (전쟁이) 가열되다 **3.** 용맹해지다

încleşt|are, -ări, s.f. **1.** 꽉 움켜쥠, 이를 악물기 **2.** 단단히 잡음 **3.** 수축

încleşta|t, -tă, -ţi, te, adj. **1.** (이로) 악 문 **2.** 꽉 진

înclin|a, înclin, -ai, -at, I. vt. **1.** 기울이다, 굽히다 **2.** 휘다, 구부리다 **3.** 기울게 하다 II. vr. **1.** 기울어지다 **2.**구부리다 **3.** [항해]배가 기울어지다 III. vi. a ~ să... -하는 것을 믿으려는 경향이 있다 ; a ~ spre... -하려고 하

다

înclin|are, -ări, s.f. **1.** 기울기, 경사 **2.** 경향, 성향 **3.** 적성, 천직

înclina|t, -tă, -ți, -te, adj. 휜, 구부러진, 기울은 ; ~ spre/ să... -로 기울어진, -할 경향이 있는, -에 관심이 있는

înclinați|e, -i, s.f. 기울기, 경사

încoace, adv. 여기에, 여기로 ; vino ~! 이쪽(말하는 사람)으로 와! ; ~ şi încolo 앞뒤로 ; mai ~ 더 가까이 ; de la o vreme ~ 과거에 어느 기간 동안 ; a se da ~ 더 가까이 다가오다

încolăc|i, -esc, -ii, -it, I. vt. **1.** 교차시키다, (발 따위를)꼬다 **2.** 감다, 둘러싸다 **3.** 누군가의 목둘레를 팔로 감싸다 II. vr. **1.** (도로, 물 길 등이) 구불구불하다 **2.** (벌레가) 구불구불 기다 **3.** (코일 등을) 감다

încolăcir|e, -i, s.f. 감음, 꼬다, 엮다.

încolo, adv. **1.** 떨어져, 저쪽으로 **2.** 따로 (두고) **3.** 더 있다가 ; de acum ~ (시간) 지금부터 앞으로 ; mai ~ 계속해서, 나중에, 이후에 ; mai dă-l ~! 그를 그냥 내버려두게! du-te ~! 뒈져라!, 저리 꺼져! ne vedem mai încolo! 우리 좀 있다가(나중에) 보자!

încolon|a, -ez, -ai, -at, vr. 기둥(원주)을 만들다, 기둥(원주) 모양이 되다

încolț|i, -esc, -ii, -it, I. vi. **1.** 싹이 트다 **2.** 나오다, 솟아오르다 **3.** 일어나다, 생기다 II. vt. **1.** 깨물다 **2.** 공격하다 **2.** (비유적으로) 궁지로 몰다

încolțir|e, -i, s.f. **1.** 싹틈 **2.** 발아

încondei|a, -ez, -ai, -at, vt. **1.** 염색하다 **2.** 얕보다, 비난하다, 힐책하다

înconjur, ~uri, s.n. **1.** 우회(로) **2.** 명백하게, 분명히 **3.** 돌아가다, 들르다

înconjur|a, înconjur (또는 înconjor), -ai, -at, I. vt. **1.** 에워싸다 **2.** 둘러싸다 **3.** 주위를 돌다 II. vr. 자기 자신을 감다, 포위되다

înconjurăt|or, -oare, -ori, -oare, adj. 주위의, 둘레의

încontinuu, adv. 끊임없는, 부단한

încontr|a, -ez, -ai, -at, vr. 논쟁하다, 반발하다, 이의를 제기하다.

încopci|a, -ez, -ai, -at, vt. **1.** 걸쇠로 잠그다 **2.** 철쇠(호치키스)로 박다

încopcier|e, -i, s.f. **1.** 버클, 걸쇠 **2.** (군에서의)전투 기장, 약장

încord|a, -ez, -ai, -at, I. vt. **1.** 잡아당기다, 무리를 하다 **2.** 악화시키다, 긴장시키다 **3.** 팽팽하게 하다, 크게 벌리다 ; a-şi ~ toate puterile 전력을 다하다 II. vr. 긴장하다

încord|are, -ări, s.f. **1.** 당기기 **2.** 긴장 **3.** 노력

încorda|t, -tă, -ți, -te, I. adj. **1.** 당겨진, 긴장된 **2.** 집중된 **3.** 열광적인 II. adv. 맹렬하게

încornor|a, -ez, -ai, -at, vt. **1.** -을 속여 부정한 짓을 하다, 꼬드겨 - 하게 하다 **2.** 과장하다, 지나치게 하다

încornora|t, -tă, -ți, -te, I. adj. **1.** 뿔이 있는 (달린) **2.** 부정한 짓을 한 **3.** 엄청난, 터무니없는 II. s.m. 빼꾸기

încoron|a, -ez, -ai, -at, I. vt. **1.** 왕위에 앉히다, 영예를 안겨주다 II. vr. 왕위에 앉다, 영광을 누리다

încorona|are, -ări, s.f. **1.** 왕위에 앉음, 정상을 이룸 **2.** 대관식, 즉위식

încorona|t, -tă, -ți, -te, adj. **1.** 명예를 얻은, 왕관 씌워진 **2.** 왕위, 왕권,

왕도 ; cap încoronat 군주

încorpor|a, -ez, -ai, -at, I. vt. **1.** 합치다, 통합하다 **2.** 소집하다, 징병하다 II. vr. 합치되다, 통합되다, 섞이다

încorpor|are, -ări, s.f. **1.** 합동 **2.** 합병 **3.** 징병

încorseta|t, -tă, -ți, -te, adj. **1.** 코르셋을 착용한 **2.** 엄격한, 엄밀한

încotoşmăn|a, -ez, -ai, -at, I. vt. 싸다, 감다, 덮다 II. vr. (머플러 등으로) 자신을 감다, 싸다

încotro, adv. (주로 의문문에서) **1.** 어디에, 어디로 ; ori ~ 어디나, 어디든지 ; a nu avea ~ 궁지에 빠지다, 난처하게 되다 ; n-am avut ~ 나는 어찌할 수가(방법이) 없었다

încotrova, adv. 어딘가에, 대략, -가량

încovoia, încovoi, -ii, -it, I. vt. 구부리다, 굽히다 II. vr. 휘다, 기울이다, 기울다

încovoia|t, -tă, -ți, -te, adj. 휜, 굽은

încovoier|e, -i, s.f. **1.** 구부림, 구부렁이 **2.** (여자의)곡선미

în|crede, -cred, -crezui, -crezut, vr. **1.** 신뢰하다, 신용하다, 믿다 **2.** 기대다, 의존하다 ; a se ~ în... -을 믿다, 신임하다

încreder|e, -i, s.f. **1.** 신뢰, 믿음, 확신 **2.** 신임 ; ~ în cineva ~에 대한 믿음 ; om de ~ 믿을 만한 사람, 심복 ; vot de ~ 신임투표 ; ~ în sine 자신감 ; a acorda ~ cuiva -에게 신임을 주다 ; a avea ~ în... -에 믿음을 가지다 ; a se bucura de ~a cuiva -의 신임을 기뻐하다 ; a da un vot de ~ (여격) -을 지지(신임)하는 투표를 하다 ; dintr-o sursă demnă de ~ 한 믿을 만한 출처로부터

încredinț|a, -ez, -ai, -at, I. vt. **1.** (누군가를) 보증하다 **2.** (누구에게) 맡기다, -에게 위임하다 ; a-şi ~ sufletul Domnului (임종하는 사람이) 영혼을 신에게 의탁하다, 사후의 명복을 빌다 II. vr. 확신하다 ; a se ~ că... -을 확신하다

încredinț|are, -ări, s.f. **1.** 확실, 맡김, 위임 **2.** 확신, 뉘우침, 양심의 가책

încredința|t, -tă, -ți, -te, adj. - 확신하는, 확신을 가진 ; ~ că... -은 명백한 (사실이다)

încremen|i, -esc, -ii, -it, vi. **1.** 돌처럼 굳은 채 (서)있다 **2.** 깜짝 놀라 어이없어 하다

încremeni|t, -tă, -ți, -te, adj. 돌처럼 굳은, 정지한, 멍한 채

încrengătur|ă, -i, s.f. [생물] (동식물 분류학상의) 문, [언어] 어족

încreț|i, -esc, -ii, -it, I. vt. **1.** 곱슬곱슬하게 하다 **2.** 잔물결을 일으키다 **3.** (옷 따위의)주름을 잡다 II. vr. **1.** (이마에) 주름이 지다 **2.** (물에) 파동이 일다 **3.** (머리카락이) 곱슬곱슬해지다 ; i se ~ carnea 오싹해지다 III. vi. ; a ~ din sprâncene 눈살을 찌푸리다

încrețir|e, -i, s.f. **1.** 요동 **2.** 구김, 주름

încreți|t, -tă, -ți, -te, adj. **1.** 곱슬곱슬한, 주름잡힌 **2.** 잔 물결치는

încrețitur|ă, -i, s.f. **1.** 주름 **2.** 구김살 **3.** 물결 굽이 침

încrezu|t, -tă, -ți, -te, adj. **1.** 자부심(허영심) 으로 찬, 주제넘은, 건방진

2. 자부심(허영심)에 가득 찬 ; a fi ~ 젠 체하다, 으쓱대다

încrop|i, -esc, -ii, -it, vt. **1.** 미지근하게 만들다 **2.** 데우다 **3.** 긁어모으다

încropi|t, -tă, -ți, -te, adj. 미지근한, 시들한

încrucişa|**a**, -ez, -ai, -at, I. vt. **1.** 교차시키다, 가로지르다 **2.** 재다, 정도를 나타내다 **3.** 교배시키다 II. vr. 서로 교차하다 III. vi. [항해]항해하다

încrucişare, -ări, s.f. **1.** 교차 **2.** 횡단 **3.** 교집

încrucişa|t, -tă, -ți, -te, adj. **1.** 교차된 가로지른 **2.** 사팔눈의 **3.** 악의 있는, 내사시의 ; cu brațele ~e 팔짱을 끼고 ; a sta cu brațele ~e 손을 주머니에 넣고 (서)있다

încrunt|a, încrunt, -ai, -at, I. vr. **1.** 찌푸리다 **2.** 눈살을 찌푸리다, 인상을 쓰다 II. vt. (눈썹을) 찌푸리다

încrunta|t, -tă, -ți, -te, adj. **1.** 눈살을 찌푸린 **2.** 시무룩한, 무뚝뚝한

încruntătur|ă, -i s.f. 찡그린 얼굴, 난색, 불쾌감

încui|a, încui, -ai, -at, I. vt. **1.** 잠그다, 자물쇠로 채우다 **2.** (비유적으로) 멍청해지다 II. vr. 잠기다

încuia|t, -tă, -ți, -te, I. adj. **1.** 잠긴, 닫힌 **2.** 둔한, 무딘 **3.** 마음이 좁은, 편협한 II. s.m. 잔소리꾼

încuib|a, -ez, (또는 încuib), -ai, -at, vr. **1.** 뿌리를 내리다, 둥지를 틀다 **2.** 자리를 잡다

încuiet|oare, -ori, s.f. **1.** 빗장 **2.** 문의 걸쇠 **3.** 당황, 곤혹

încumet|a, -încumet, -ai, -at, vr. **1.** 감히 -하다, 대담하게 -하다 **2.** 모험하다 **3.** 고집을 부리다, 완고하다

încunoştinț|a, -ez, -ai, -at, vt. **1.** -에게 알리다, 통지하다 **2.** 통보하다, 공고하다

încunoştinț|are, -ări, s.f. 통지, 통고

încunun|a, -ez, -ai, -at, I. vt.왕위에 앉히다, 영예를 안겨주다 II. vr. 왕위에 앉다, 영광을 누리다

încuraj|a, -ez, -ai, -at, I. vt. **1.** 고무하다, 용기를 북돋우다 **2.** 기운이 나게 하다 **3.** 지원(원조)하다 II. vr. 서로 용기를 주다

încuraj|are, -ări, s.f. 고무, 격려, 장려

încurajat|or, -oare, -ori, -oare, adj. 용기를 북돋우는, 고무하는

încurc|a, încurc, -ai, -at, I. vt. **1.** 엉키게 하다 **2.** 혼란시키다, 혼동시키다 **3.** 혼합하다, 뒤섞다 II. vr. **1.** (실등이) 서로 얽히다 **2.** (사람이) 혼란에 빠지다 **3.** (사건이) 복잡해지다 **4.** (두 사람의 관계가) 얽히다 ; a se ~ în datorii 빚 때문에 꼼짝달싹 할 수 없다 ; i se încurcă limba 중얼거리며 말하다, 중얼중얼하다

încurca|t, -tă, -ți, -te, adj. **1.** 얽힌, 혼란된 **2.** 구부러진, 구불구불한 **3.** 복잡한, 뒤얽힌 ; a o lăsa ~ă 그대로 놓아두다, 내버려두다

încurcă-lume, s.m. 어수룩한 사람, 혼란한 생각을 하는 사람

încurcătur|ă, -i, s.f. **1.** 혼동, 혼란 **2.** 혼잡, 뒤범벅 **3.** 근심, 고생 ; a pune pe cineva în ~ -을 당황하게 하다, -을 어리둥절하게 하다 ; a ieşi dintr-o ~ 어려움(곤경)에서 벗어나다 ; a scoate pe cineva din ~ -을 구출하다, 탈출시키다

încuscr|i, -esc, -ii, -it, vr. -에 관계 되다, 결부되다.

încuviinț|a, -ez, -ai, -at, I. vi. **1.** 동의하다 **2.** 찬성하다 II. vt. 허락하다, 허가하다

încuviinț|are, -ări, s.f. 동의 찬성

îndată, adv. 즉시, 곧 ; ~ ce... -하자마자 ; de ~ ce... -하자마자, -할 때마다

îndator|a, -ez, -ai, -at, I. vt. **1.** 의무를 지우다, 강요하다 **2.** 빚을 지우다 **3.** 채무(의무)를 지우다 II. vr. 빚을 지다, 의무를 가지게 되다

îndatora|t, -tă, -ți, -te, adj. **1.** 빚을 진 2. 신세진 은혜를 입은

îndatorir|e, -i, s.f. 의무, 책임, 채무

îndatorit|or, -oare, -ori, -oare, adj. 잘 돌봐주는, 친절한

îndărăt, adv. 뒤로

îndărătnic, ~ă, ~i, ~e, I. adj. 완고한, 완강한 II. adv. 완고하게

îndărătnic|i, -esc, -ii, -it, vr. 완고하다, 고집이 세다 ; a se ~ în... **-을** 고집하다, -에 집착하다

îndărătnici|e, -i, s.f. 완고함, 고집

îndărătul, prop. -의 뒤에, -의 안쪽에

îndătina|t, -tă, -ți, -te, adj. 관습상의, 관례적인

îndârj|i, -esc, -ii, -it, I. vt. **1.** 짜증나게 하다, 애태우다 **2.** 엄격하게 (완고하게) 다루다 II. vr. **1.** 딱딱해지다, 굳다 **2.** 고집이 세지다

îndârjire, s.f. 짜증나게 함, 화, 조바심

îndârji|t, -tă, -ți, -te, adj. **1.** 쓴, 흉포한, 쓰라린 **2.** 완고한, 완강한 **3.** 고집 있는, 끈덕진

îndeajuns, adv. 충분하게, 충분히 ; ~ de... -에 충분한

îndeaproape, adv. **1.** 바싹 다가서, 접근하여 **2.** 완전히 철저히, 완벽하게

îndelete, adv. **1.** 유유히, 천천히 **2.** 점차적으로, 차차

îndeletnic|i, -esc, -ii, -it, vr. ; a se ~ cu... -을 다루다, -을 취급하다

îndeletnicir|e, -i, s.f. **1.** 일, 직업, 근무 **2.** 고용, 업무, 사업

îndelung, ~ă, ~i, adj. 오랫동안

îndelunga|t, -tă, -ți, -te, I. adj. 오랜, 긴 II. adv. v. îndelung 오랫동안

îndemân|are, -ări, s.f. 솜씨, 기량, 능력

îndemânatic, ~ă, ~i, ~e, I. adj. **1.** 능란한, 능숙한, 교묘한 **2.** 솜씨 있는 **3.** 영리한, 현명한 II. adv. 교묘하게

îndemână, adv.; la ~ 손이 닿는 곳에, 근처에

îndemn, ~uri, s.m. 자극, 격려, 고무 **2.** 동기 권유 **3.** 충고 ; din/la ~ul (소유격) -에 의하여 고무된(자극받아)

îndemn|a, indemn, -ai, -at, I. vt. **1.** 재촉하다, 격려하다 자극하다 **2.** 사주하다, 선동하다 **3.** 충고하다 II. vr. 서로를 자극하다

îndeobşte, adv. **1.** 일반적으로, 대체적으로 **2.** 보통, 전반에 걸쳐 ; ~ cunoscut 잘 알려진

îndeosebi, adv. 특히, 특별히

îndepărt|a, -ez, -ai, -at, I. vt. **1.** 떠나다 **2.** 떠나게 하다, 멀리 보내다 **3.** 옮기다 II. vr. **1.** 떠나다 **2.** 후퇴하다 **3.** 퇴진하다 ; a se ~ de la subiect 변죽만 울리다, 주제에서 겉돌다

îndepărt|are, -ări, s.f. 멀리 떠남, 이

탈, 벗어남

îndepărta|t, -tă, -ţi, -te, adj. **1.** 멀리, 먼 **2.** 떨어진, 간격을 둔 **3.** 냉담한, 소홀한, 관계가 적은

îndeplin|i, -esc, -ii, -it, I. vt. **1.** -을 실행하다, 수행하다 **2.** 이행하다 **3.** 완수하다, 실현하다 ; a-şi ~ datoria 의무를 다하다 ; a ~ dorinţele cuiva -의 부탁을 들어주다 ; a-şi ~ obligaţiile 임무를 수행하다, 완수하다 II. vr. 완수되다

îndeplinir|e, -i, s.f. **1.** 실행, 수행, 실현 **2.** 실행(수행, 이행)하다

îndes|a, îndes, -ai, -at, I. vt. **1.** -로 채워 넣다 **2.** 메우다, 가득 채우다 **3.** 밀어 넣다, 눌러 넣다 II. vr. 모이다 ; a se ~ în... -로 밀어 닥치다, -로 떼 지어 모이다

îndesa|t, -tă, -ţi, -te, adj. **1.** 가득 찬, 충분한 **2.** 붐비는, 혼잡한 **3.** 빽빽한, 밀집한

îndes|i, -esc, -ii, -it, I. vt. **1.** 굵게 하다, 밀집되게 하다 **2.** 자주 일어나게 하다 빈번해지게 하다 II. vr. 밀집하다, 빽빽해지다

îndestul|a, -ez, -ai, -at, I. vt. **1.** -을 공급하다 **2.** 식량을 공급하다 **3.** 만족시키다 II. vr. 만족하다

îndestul|are, -ări, s.f. **1.** 공급 **2.** 충분, 풍부, 많음 ; cu ~ 충분히, 가득히, 풍부하게, 많이

îndestulăt|or, -oare, -ori, -oare, I. adj. **1.** 풍부한, 많은 **2.** 충분한 II. adv. 충분하게

îndigu|i, -iesc, -ii, -it, vt. 둑을 쌓다

îndiguir|e, -i, s.f. **1.** 댐(둑)쌓기 **2.** 댐

îndigui|t, -tă, -ţi, -te, adj. 댐이 쌓아진, 둑이 쌓아진

îndobitoc|i, -esc, -ii, -it, I. vt. 바보가 되게 만들다 II. vr. 바보가 되다, 멍청해지다

îndobitoci|t, -tă, -ţi -te, adj. 멍한, 바보 같은

îndoctrin|a, -ez, -ai, -at, vt. 사상이나 신앙 따위를 주입하다

îndoctrin|are, -ări, s.f. 교리의 주입, 교화, 가르침

îndo|i, -iesc, (또는 indoi), -ii, -it, I. vt. **1.** 구부리다, 휘다 **2.** 접다 II. vr. **1.** 몸을 구부리다 **2.** 인사하다 **3.** 의심하다

îndoi|ală, -eli, -s.f. **1.** 의심, 의혹 ; fără ~ 의심 없이 ; a avea îndoieli 의심을 하다 ; a cădea la ~ 의심하기 시작하다 ; a sta la ~ 주저하다, 망설이다 ; nu încape ~ că... -은 의심의 여지가 없다

îndoielnic, ~ă, ~i, ~e, adj. **1.** 의심스러운, 불확실한 **2.** 모호한 **3.** 의심쩍은

îndoi|t, -tă, -ţi, -te, I. adj. **1.** 휜, 굽은 **2.** (비유적으로) 주저하는, 망설이는 II. adv. 이중으로

îndoitur|ă, -i, s.f. **1.** 휘어짐, 굽힘 **2.** 주름, 접은 부분 **3.** [해부](관절의) 굴곡 부분

îndoli|a, -ez, -ai, -at, vt. **1.** 슬퍼하다. 애통해하다 **2.** 슬프게 하다, 마음 아프게 하다

îndolia|t, -tă, -ţi, -te, adj. 슬픈, 애통해 하는

îndop|a, -îndop, -ai, -at, I. vt. **1.** 살찌우다 **2.** 채워 넣다, 배불리 먹이다 II. vr. 지나치게 먹다

îndrăc|i, -esc, -ii -it, vr. **1.** 화나다, 성나다, 안절부절 못하다 부아가 나

다

îndrăci|t, -tă, -ți, -te, I. adj. **1.** 열중한, 홀린 **2.** 화난 성난 **3.** 저돌적인, 무모한 II. adv.' 열중하여

îndrăg|i, -esc, -ii, -it, I. vt. **1.** 사랑하다, 좋아하다 **2.** 사랑에 빠지다 II. vr. 서로 사랑하다

îndrăgost|i, -esc, -ii, -it, vr. **1.** 사랑에 빠지다 **2.** 서로 사랑하다 ; a se ~ de... -와 사랑에 빠지다

îndrăgosti|t, -tă, -ți, -te, I. adj. **1.** 사랑에 빠진, -에 반한, 현혹된 II. s.m. 그리고 f. 연인

îndrăzne|ală, -eli, s.f. **1.** 대담, 무모 **2.** 뻔뻔함, 몰염치

îndrăzn|eț, -eață, -eți, -ețe, I. adj. **1.** 대담한, 용기 있는 **2.** 불손한, 버릇없는 II. adv. 대담하게, 뻔뻔스럽게

îndrăzn|i, -esc, -ii, -it, vt. 감히 -하다, 대담하게 -하다

îndrept|a, îndrept, -ez, -ai, -at, I. vt. **1.** 똑바르게 하다 **2.** 개선(개량)하다 **3.** 수선하다, 고치다 **4.** [군사]조준하다 **5.** 길을 안내하다 II. vr. **1.** (자신을) 똑바로 펴다 **2.** 향상시키다 ; a se ~ spre... -로 향하다, -에 가서 문의하다

îndreptar, ~e, s.n. 안내서, 편람

îndrept|are, -ări, s.f. 개선, 개량

îndreptăț|i, -esc, -ii, -it, vt. 정당화하다, 자격을 주다 ; a nu ~ așteptările/ speranțele cuiva -의 기대에 못 미치다

îndreptă|it, -tă, -ți, -te, adj. 자격이 있는

îndritu|i, indrug, -ai, -at, -vt.(사람의 행위, 진술 등을)옳다고 하다, 정당화하다.

îndrug|a, îndrug, -ai, -at, vt. **1.** 실을 감다 **2.** 재잘거리다

îndrum|a, -ez, -ai, -at, I. vt. 안내하다, 유도하다 II. vr. ; a se ~ spre... v. îndrepta -로 향하다

îndrum|are, -ări, s.f. **1.** 지도, 안내 **2.** 충고

îndrumăt|or, -oare, -ori, -oare, I. adj. 안내하는, 유도하는 II. s.m. 그리고 f. 안내자, 감독관, (논문)지도자 III. s.n. v. îndreptar

înduioş|a, înduioşez, -ai, at, I. vt. 불쌍히 여기다, 감동시키다 II. vr. 감동받다

înduioş|are, -ări, s.f. 가벼운 흥분 , 감동

înduioşăt|or, -oare, -ori, -oare, adj. I. 감동시키는 II. adv. 감동적으로, 애처롭게

îndulc|i, -esc, -ii, -it, I. vt. **1.** (맛을) 달게 하다 **2.** 만족시키다 **3.** 즐겁게 하다 II. vr. **1.** 달게 되다 **2.** (목소리가) 부드러워지다, (날씨가) 따뜻해지다

îndulcir|e, -i s.f. 달게 하기

îndumneze|i, -iesc, -ii, -it, vt. 신성시(신격화)하다

înduplec|a, înduplec -ai, -at, I. vt. **1.** 결정(결심, 결의)하다 **2.** 설득하다, 납득시키다 **3.** 관대해지다, 느긋해지다 II. vr. 양보하다

îndur|a, -ez, -ai, -at, I. vt. **1.** 견디다, 감당하다, 버티다 II. vr. 동정하다 ; a nu se ~ să... -할 마음이 나지(들지) 않다

îndur|are, -ări, s.f. **1.** 동정, 연민 **2.** 자비

îndurăt|or, -oare, -ori, -oare, adj. **1.**

상냥한, 자비로운 **2.** 감당할 능력이 있는 **3.** 인내력이 있는

îndurer|a, -ez, -ai, -at, vt. **1.** 슬프게 하다, 마음 아프게 하다 **2.** 몹시 슬퍼하다, 비탄에 잠기다

îndurera|t, -tă, -ţi, -te, adj. **1.** 슬픈, 마음이 아픈 **2.** 슬픔에 잠긴

înec, ~uri, s.n. **1.** 익사 **2.** 범람 홍수

înec|a, înec, -ai, -at, I. vt. **1.** 물에 빠뜨리다, 익사 시키다 **2.** 가라앉히다 **3.** 범람시키다, 침수 하게 하다 II. vr.**1.** (스스로) 몸을 물에 던지다 **2.** (우연히) 몸이 물에 빠지다 **3.** (배가) 물에 가라앉다 **4.** (비유적으로) 자기 자신을 망치다

îneca|t, -tă, -ţi, -te, I. adj. 익사한, 물에 빠진, 물에 잠긴 II. s.m. 그리고 f. 익사자

înecăci|os, -oasă, -oşi, -oase, adj. 숨막히는, 질식하는

înecăciun|e, -i, s.f. 숨막힘, 목메인 듯함

înfăptu|i, -iesc, -ii, -it, I. vt. 실행하다, 수행하다 II. vr. 실행되다, 완성되다

înfăptuir|e, -i, s.f. 실행, 완성

înfăptuit|or, -oare, -ori, -oare, s.m. 그리고 f. 성취자, 실행가

înfăş|a, infăş, -ai, -at, vt. 포대기로 싸다, 붕대로 감다

înfăşur|a, înfăşor, -ai, -at, I. vt. **1.** 싸다 덮다 **2.** 감싸 숨기다, 덮어 버리다 II. vr. 자기 몸을 싸다

înfăşur|are, -ări, s.f. 포장, 쌈; (보통 pl.) 포장지, 보자기

înfăşurăt|or, -oare, -ori, -oare, adj. 종이 말이(롤)

înfăţ|a, înfăţ, -ai, -at, vt. 갈다, 교환하다, 바꾸다

înfăţiş|a, -ez, -ai, -at, I. vt. **1.** 보여주다 **2.** 나타내다 **3.** 대표하다 **4.** 설명하다 ; a-şi ~ imagine 상상하다 II. vr. **1.** 나타나다 **2.** [법률]출석하다

înfăţiş|are, -ări, s.f. **1.** 소개, 발표 **2.** [법률]출두, 출석 **3.** 출현

înfeud|a, -ez, -ai, -at, vt. 영지를 주다

înfeud|are, -ări, s.f. 영지(봉투) 수여

înfi|a, -ez, -ai, -at, vt. **1.** 양자로 삼다 **2.** 채택하다

înfia|t, -tă, -ţi, -te, adj. 양자로 채택된

înfier|a, -ez, -ai, -at, vt. **1.** 낙인을 찍다, 상표를 붙이다 **2.** 오명을 씌우다

înfierbânt|a, înfierbânt, -ai, -at, I. vt. **1.** 가열하다, 데우다 **2.** 초조하게 하다, 자극하다 II. vr. **1.** (술 등으로 인해서) 몸이 달아오르다 **2.** (비유적으로) 흥분하다 **3.** 열 받다, 과열되다

înfierbânta|t, -tă, -ţi, -te, adj. **1.** 가열된, 데워진, 과열된 **2.** 열이 있는, 소모열의

înfier|e, -i, s.f. 양자, 결연

înfigăr|eţ, -eaţă, -eţi, -eţe adj. 참견하기 좋아하는, 박력 있는

în|fige, -fig, -fipsei, fipt, I. vt. **1.** 찌르다, 쑤시다 **2.** 밀다, 밀어 붙이다 II. vr. **1.** 방해하다 **2.** 참견하다, 간섭하다,

înfiinţ|a, -ez, -ai, -at, I. vt. **1.** 세우다, 설립하다 **2.** 기초하다 **3.** 조직(편성)하다 **4.** 창조하다 II. vr. 설립되다

înfiinţ|are, -ări, s.f. 설립, 기초 조직, 형성, 개업

Î

înfior|a, -ez, -ai, -at, I. vt. **1.** 전율시키다 **2.** 두려워하게 하다 **3.** 요동(진동) 시키다 II. vr. 무서워서 떨다

înfior|are, -ări, s.f. 전율, 오싹함, 떨림

înfiorăt|or, -oare, -ori, -oare, adj. **1.** 무서운, 무시무시한 **2.** 무섭게 **3.** 두렵게, 아주 몹시

înfip|t, -tă, -ţi, -te, adj. **1.** 빳빳한, 굳은 **2.** 대담한 **3.** 직선적으로, 곧추, 솔직하게

înfirip|a, -ez, (또는 înfirip) -ai, -at, I. vt. **1.** 문지르다, 닦다 **2.** 긁어모으다 II. vr. 회복하다

înflăcăr|a, -ez, -ai, -at, vt. **1.** 불을 지르다, 점화하다 고무하다, 격려하다 **2.** 불이 나다, 격해지다, 활기를 띠다

înflăcăr|are, -ări, s.f. 열광, 열중

înflăcăra|t, -tă, -ţi, -te, adj. **1.** 뜨거운, 달아 오른 **2.** 열렬한, 열심인

înflor|a, -ez, -ai, -at, vt. 꽃으로 꾸미다(장식하다)

înflora|t, -tă, -ţi, -te, adj. 꽃으로 장식된, 꽃무늬로 장식한

înflor|i, -esc, -ii, -it, I. vt. v. înflora II. vi. **1.** 꽃이 피다 **2.** 꽃이 개화하다 **3.** 꽃이 만개하다

înflorir|e, -i, s.f. **1.** 개화(기), 만발 **2.** 번영, 번성

înflori|t, -tă, -ţi, -te, adj. **1.** 개화된, 만발한 **2.** 찬란한, 화려한

înflorit|or, -oare, -ori, -oare, adj. **1.** 꽃이 활짝 핀, 만발한 **2.** 번영하는, 번성하는

înfloritu|ră, -i, s.f. **1.** 꾸밈, 장식 **2.** 과장, 과대 **3.** 과시, 화려한 꾸밈

înfoc|a, -înfoc, -ai, -at, vr. **1.** (열, 불 등으로)덮이다, 달구다. **2.** 흥분시키다

înfoc|are, -ări, s.f. 열정, 열의

înfoca|t, -tă, -ţi, -te, adj. **1.** 뜨거운, 불같은 **2.** 밝은 **3.** 열렬한, 격렬한

înfofol|i, -esc, -ii, -it, I. vt. -을 완전히 싸다, 덮다 II. vr. 덮히다

înfoi|a, infoi şi -ez, -ai, -at, I. vt. 부풀리다, 늘리다 II. vr. **1.** 부풀다, 팽창하다, 증가하다 **2.** 허풍을 떨다

înfoia|t, -tă, -ţi, -te, adj. 주름장식이 있는, 주름투성이의, (옷감이)늘어진

înfomet|a, -ez, -ai, -at, vt. 굶기다, 굶주리게 하다

înfometa|t, -tă, -ţi, -te, adj. 굶주린, 굶은 **2.** 배고픈

înfrăţ|i, -esc, -ii, -it, I. vt. 의형제(관계)를 맺다 II. vr. 친하게 형제처럼 사귀다, 친하게 지내다

înfrăţir|e, -i, s.f. 결합, 연합

înfrân|a, -ez, -ai, -at, I. vt. **1.** 굴레를 씌우다 **2.** 길들이다, 복종시키다 **3.** 제어하다, 구속하다 II. vr. 자제하다

înfrân|are, -ări, s.f. **1.** 굴레를 씌움, 구속된 **2.** 억제된 제어된 **3.** 절제, 포기

înfrân|ge, înfrîng, -sei, -t, vt. **1.** 쳐부수다, 정복하다 **2.** 깨뜨리다, 부수다 **3.** 숨 막히게 하다, 질식시키다

înfrânger|e, -i, s.f. **1.** 쳐부수기, 정복 **2.** 패배, 타파, 좌절

înfrân|t, -tă, -ţi, -te, adj. 패배한, 부서진, 정복된

înfric|a, înfric, -ai, -at, vr. 무서워하다, 두려워하다

înfricoş|a, -ez, -ai, -at, I. vt. 두려워하게 하다 II. vr. 두려워하다, 무서워지다

înfricoşa|t, -tă, -ţi, -te, adj 무서운, 두려운

înfricoşăt|or, -oare, -ori, -oare, I. adj. 두려운, 무서운, 대단한 II. adv. 무섭게

înfrigur|are, -ări s.f. 흥분, 자극, 격려

înfrigura|t, -tă, -ţi, -te, adj. **1.** 추워서 떠는 **2.** 흥분한, 격한, 열망하는

înfrumuseţ|a, -ez, -ai, -at, vt. **1.** 꾸미다, 돋보이게 하다 **2.** 손질하다, 요리 장식하다 **3.** 과장하다

înfrumuseţ|are, -ări, s.f. **1.** 꾸밈, 장식 **2.** 미용, 미화

înfrunt|a, înfrunt, -ai, -at, vt. **1.** 면대하다, 직면하다, 맞서다 **2.** 도전하다, 반항하다

înfrunt|are, -ări, s.f. **1.** 직면, 면대, 맞섬 **2.** 싸움, 충돌

înfrunz|i, -esc, -ii, -it, vi. **1.** 새싹이 나다 **2.** 잎으로 덮다, 수목 사이에 숨기다

înfrunzi|t, -tă, -ţi, -te, adj. (식물에서)잎이 난

înfrupt|a, înfrupt, -ai, -at, vr. **1.** 한턱내다, 대접하다 환대하다 **2.** 대식하다, 실컷 먹다 **3.** 진수성찬을 즐기다

înfulec|a, înfulec, -ai, -at, I. vt. 게걸스럽게 먹다, 삼키다, 들이 키다 II. vi. 음식을 삼키다

înfumur|a, -ez, -ai, -at, vr. **1.** 허풍떨다 **2.** 잘난 척 하다 **3.** 거만하게 굴다

înfumur|are, -ări, s.f **1.** 자만, 자부심 **2.** 잘난체하는 놈

înfumura|t, -tă, -ţi, -te, adj. 잘난체하는, 오만한, 건방진

înfund|a, înfund, -ai, -at, I. vt. **1.** 마개를 하다, 막다 **2.** 틀어막다, 멈추다 **3.** 찔러 넣다 ; a ~ puşcăria 감옥으로 보내다 II. vr. **1.** (배관 등이) 막히다 **2.** (흙에) 빠지다 ; a se ~ în... -에 몰입하다 , -에 묻히다 ; a i se ~ 코너(궁지)에 몰리다

înfunda|t -tă, -ţi, -te, I. adj. **1.** 밑을 낸, 막은 **2.** (소리 등) 들리지 않는 **3.** 격리된, 차단된 II. s.n. ; pe ~e 조용하게, 은밀히, 몰래 ; a plânge pe ~e 남몰래 울다, 흐느껴 울다 ; a râde pe ~e 남몰래 웃다

înfundătur|ă, -i, s.f. **1.** 움푹한 곳, 파인 곳 **2.** 구석, 외딴곳

înfuri|a, înfurii, -ai, -at, I. vt. 성나게 하다, 화나게 하다 II. vr. 화내다, 성나다

înfuria|t, -tă, -ţi, -te, adj. 격노한, 격분한, 맹렬한

îngădui, îngădui, -ii, -it, I. vt. **1.** 허락하다, 허가하다 **2.** 관대하게 다루다 **3.** 허용하다 II. vr. 허용되다 III. vi. 기다리다

îngăduinţă, s.f. **1.** 허가, 허락, 허용 **2.** 승인, 찬성 **3.** 관대, 관용

îngăduit|or, -oare, -ori, -oare, adj. **1.** 관대한 **2.** 친절한 **3.** 인내심(참을성)이 있는

îngăim|a, ingăim, -ai, -at, vt. 중얼거리다, 더듬으며 말하다, 우물우물 말하다

îngăla|t, -tă, -ţi, -te, adj. **1.** 더러운, 단정치 못한, 난잡한 **2.** 희미한, 흐릿한

îngălben|i, -esc, -ii, -it, I. vt. 노랗게 만들다 II. vr. **1.** 노란색이 되다 **2.** 창백해지다, 바래다

îngălbeni|t, -tă, -ţi, -te, adj. **1.** 노랗

게 변한 **2.** 시든, 말라빠진
îngâmf|a, îngâmf, -ai, -at, vr. **1.** 허풍떨다, 젠체하다 **2.** 점잔 빼다
îngâmf|are, -ări, s.f. 오만, 건방, 거만
îngâmfa|t, -tă, -ți, -te, adj. **1.** 거만한, 거드름 부리는, 오만한 **2.** 거만하게 건방지게 **3.** 멋쟁이
îngân|a îngân, -ai, -at, I. vt. **1.** 모방하다, 따라하다 흉내 내다 **2.** 우물거리다, 웡웡거리다 **3.** 중얼거리다 II. vr. **1.** 서로를 따라하다 **2.** 섞이다
îngândur|a, -ez, -ai, -at, vt. **1.** 생각하게끔 만들다 **2.** 근심하게 만들다 **3.** 명상하게 하다
îngândur|are, -ări, s.f. **1.** 숙고, 명상 **2.** 걱정, 근심, 염원, 갈망
îngândura|t, -tă, -ți, -te, I. adj. **1.** 생각에 잠긴, 곰곰이 생각하는 **2.** 걱정하는, 열망하는 II. adv. 생각에 잠긴 채, 숙고하여
îngemăn|a,-ez şi îngemăn, -ai, -at, vt. **1.** 쌍둥이로 배다 **2.** 짝이 되게 하다
îngemăn|are, -ări, s.f. 결합자, 접합물
îngemăna|t, -tă, -ți, -te, adj. 2개로 된, 쌍의, 합쳐진
îngenunch|ea, -ez, -ai, -at, I. vi. 정복하다, 복종시키다 II. vi. 무릎 꿇다
îngenuncher|e, -i, s.f. 복종
înger, ~i, s.m. **1.** 천사 **2.** 수호천사
îngeraş, ~i, s.m. 작은 천사, 토실토실한 귀여운 아기, 동안인 사람
înger|esc, -ească, -eşti, adj. 천사의, 천사 같은
îngereşte adv. 천사같이
înghesui, înghesui, -ii, -it, I. vt. 내리 누르다, 꽉 들어차다, 군집하다 II. vr. 붐비다, 몰려들다
înghesui|ală, -eli, s.f. **1.** 압착 **2.** 분쇄 **3.** 복잡함
înghesui|t, -tă, -ți, te, adj. 사람들이 몰린
ingheț, -uri, s.n. 서리, 서릿발
îngheța, îngheț, -ai, -at, I. vi. **1.** 얼음이 얼다, 결빙하다 **2.** 무감각하게 되다, 바짝 얼다 ; îi ~se sângele în vine de frică 공포로 그의 피가 얼어붙었다 II. vt. 얼리다, 내동시키다
îngheț|are, -ări, s.n. **1.** 결빙, 동결, 혹한 **2.** ~a salariilor 임금 동결
îngheța|t, -tă, -ți, -te, adj. 동결된, 결빙된 ; ~ până la oase 뼈 속까지 파고 드는 냉기
îngheța|tă, -te, -ți, -te, I. adj. 얼어붙은, 언 II. s.f. 아이스크림
înghimp|a, înghimp, -ai, -at, I. vt. **1.** 따끔하게 찌르다 **2.** 자극하다, 격려하다 II. vr. 자신을 학대하다, 가책을 느끼다
înghiont|i, -esc, -ii, -it, I. vt. **1.** 밀다, 떼밀다, 밀치다 **2.** 슬쩍 찌르다 **3.** 서로 밀치다 (밀어 제치다) II. vr. (서로를) 밀어내다
înghiț|i, înghit, -ii, -it, I. vt. **1.** (꿀꺽) 삼키다, 들이키다 **2.** 통째로 (급히) 삼키다 **3.** 빨아들이다 **4.** 게걸스럽게 먹다 ; a-şi ~ ... 억누르다, 억제하다 ; a o ~ 약을 삼키다 ; nu-l pot ~ 나는 그를 참을 수 없다 ; n-o să înghit aşa ceva 난 그런 것을 참을 수 없다 II. vr. 삼켜지다 III. vi. 들이키다, 마시다 ; a ~ în sec 헛수고하다 ; a ~ strâmb 숨이 막히다, 목이 메다, 질식하다

înghițir|e, -i, s.f. **1.** 삼킴 **2.** (생리학적으로)삼키는 작용

înghițitur|ă, -i, s.f. **1.** 한 모금, 들이켜는 분량, 입속 하나 가득한 양 **2.** (음료의) 한 모금 **3.** 삼킴 한 모금 (입) 들이킴 ; dintr-o ~ 한 입에 ; a lua o ~ 한 입 베어 물다

înglob|a, -ez, -ai, -at, I. vt. 포함(함유)하다 II. vr. 포함되다

înglob|are, -ări, s.f. 포함, 포괄, 함유

înglod|a, -ez, -ai, -at, vt. (진흙에) 찌르다, 찔러 넣다 ; a se ~ în datorii 채무에 포함하다

îngrăd|i, -esc, -ii, -it, vt. **1.** 에워싸다, 둘러싸다 **2.** (길을)막다, 금하다 **3.** 제한하다, 한정하다

îngrădir|e, -i, s.f. **1.** 둘러쌈, 에워쌈 **2.** 구내, 울타리로 둘러싼 지역 **3.** 울타리, 담

îngrăditur|ă -i, s.f. 둘러쌈, 울타리 (담)을 에워쌈, 구내

îngrămăd|eală, -eli, s.f. 다량, 다수, 모임, 큰 덩어리, 떼, 무리

îngrămăd|i, -esc, -ii, -it, I. vt. **1.** 모으다, 축적하다, 겹쳐쌓다 **2.** (사람을) 소집하다 II. vr. 군집하다, 사람들로 붐비다

îngrămădir|e, -i, s.f. 축적, 모음, 쌓임

îngrăş|a, îngraş, -ai, -at, I. vt. **1.** 살찌우다 **2.** 기름지게 하다 II. vr. 살찌다, 비옥해지다

îngrăş|are, -ări, s.f. **1.** 살찜, 기름짐 **2.** 비옥화, 다산화, 기름지게 함

îngrăşăm|ânt, -inte, s.n. **1.** 비료, 거름 **2.** 화학 비료 등

îngrăşător, -oare, -ori, -oare, I. adj. 살이 찌는 II. s.f. 식물 (Sagina Procumbens)

îngrăşători|e, -i, s.f. 식용으로 가축을 키우는 농장

îngrețoş|a, -ez, -ai, -at, I. vt. **1.** 화나게 하다, 넌더리나게 하다, 싫증나게 하다 **2.** 넌더리나다, 메스꺼워지다, 구역질나게 하다 II. vr. 메스꺼워지다

îngrețoş|are, -ări, s.f. 혐오, 메스꺼움, 넌더리

îngreui|a, -ez, -ai, -at, I. vt., II. vr. v. îngreuna

îngreun|a, -ez, -ai, -at, I. vt. **1.** 어렵게 (힘들게) 만들다 **2.** 짐을 지우다, 부담시키다 **3.** 힘들게하다 II. vr. **1.** 몸이 무거워지다 **2.** 힘들어지다

îngrij|i, -esc, -ii, -it, I. vt. **1.** 주의하다, 돌보다, 주의하여 보다 **2.** 간호하다 II. vr. 자기 몸을 돌보다, 조심하다 ; a se ~ de... -에 주의하다, -을 막다

îngrijir|e, -i, s.f. **1.** 돌봄, 주의 **2.** 걱정, 근심 **3.** 감독, 관리; ~ medicală 의료 관리 ; sub ~a -의 감독 하에서, -관리 하에서 ; a primi îngrijiri 주의(눈총, 관심)를 받다

îngrijit|, -ă, -ți, -te, I. adj **1.** 조심성있는 **2.** 공들인, 정교한 **3.** 깔끔한, 깨끗한 II. adv. 조심스럽게

îngrijitoare, s.f. **1.** 유모, 보모 **2.** 가정부 **3.** 하녀, 사용인

îngrijit|or, -oare, -ori, -oare, I. s.m. 그리고 f. **1.** 감독자 (관) **2.** (기관, 집 등의) 청소부, 파출부 II. adj. 걱정하는, 초초해하는

îngrijor|a, -ez, -ai, -at, I. vt. 걱정시키다, 불안하게 하다 II. vr. 걱정하

다, 속을 태우다
îngrijor|are, -ări, s.f. **1.** 걱정, 근심 **2.** 두려움, 놀람, 공포
îngrijora|t, -tă, -ţi, -te, adj **1.** 걱정하는, 불안한 **2.** 근심스러운 ; era ~ pentru sănătate ei 그는 그여자의 건강을 염려했다
îngrijorăt|or, -oare, -ori, -oare, adj. 불안하게 하는, 걱정하게 하는
îngrop|a, îngrop, -ai, -at, I. vt. 파묻다, 매장하다, 묻다 II. vr. 은둔 생활을 하다 ; a se ~ în... -에 안장되다 ; a se ~ în datorii v. îngloda 채무에 포함하다
îngrop|are -ări, s.f. **1.** 매장, 파 묻음 **2.** 매장식
îngropat, s.n. 매장, 매몰
îngropăciun|e, -i, s.f. 매장(식)
îngroş|a, îngroş, -ai, -at, I. vt. **1.** 두껍게 하다 **2.** 늘리다, 불리다 **3.** 과장하다 II. vr. 살이 찌다
îngroş|are, -ări, s.f. 두껍게 (굵게) 함(됨)
îngroşăt|or, -oare, s.n. 침전(농축) 장치
îngroz|i, -esc, -ii, -it, I. vt. 소스라쳐 놀라게 하다, 섬뜩하게 하다 II. vr. 소스라치다, 겁내다, 떨다
îngrozi|t, -tă, -ţi, -te, adj. 놀란, 섬뜩한, 겁먹은
îngrozit|or, -oare, -ori, -oare, I. adj. **1.** 무서운, 두려운, 무시무시한 **2.** 무섭게, 무시무시하게 II. adv. 무섭게
îngurgit|a, -ez, -ai, -at, vt. **1.** 탐식하다, 게걸스럽게 마구 들이켜다 **2.** 가득 차게 하다
îngu|st, -stă, -şti, -ste, adj. **1.** 폭이 좁은 **2.** 얇은 **3.** 가는, 호리호리한 **4.** (비유적으로) 속이 좁은
îngust|a, -ez, -ai, -at, I. vt. **1.** 좁히다, 좁게 하다 **2.** 조이다 II. vr. 좁아지다, 가늘어지다
îngust|are, -ări, s.f. **1.** 좁힘 **2.** 좁은 부분 **3.** 줄어 듬, 가늘어짐
îngustim|e, -i, s.f. **1.** 좁음, 협소, 편협 **2.** 편협심, 협소 근성
înhăit|a, -ez, -ai, -at, vr. (나쁜 무리와) 일단이 되다, 한 패가 되다 ; a se ~ cu... -와 제휴(연합)하다
înhăma, înham, -ai, at, I. vt. **1.** (말, 소) 마구를 설치하다 II. vr. 정착하다, 자리를 잡다
înhăţ|a, înhaţ, -ai, -at, vt. **1.** (붙)잡다, 꽉 쥐다 **2.** 깃을 달다 **3.** 잡다, 움켜잡다
înhorbotat, adj 끈 (레이스) 이 달린 (장식된)
înhum|a, -ez, -ai, -at, vt. 묻다, 매장하다
înhum|are, -ări, s.f. 매장, 토장
înierb|a, înierbez, -ai, -at, vt. 풀씨를 뿌리다, 풀로 덮다.
înjgheb|a, înjgheb, -ai, -at, I. vt. **1.** 모으다, 집합시키다 **2.** 올리다, 모집하다 **3.** 애써 긁어모으다 II. vr. 모이다
înjgheb|are, -ări, s.f. 1모음, 소집, 집합 **2.** 건축, 건조, 빌딩 **3.** 정착, 정주, 안주 **4.** 식민지
înjos|i, -esc, -ii, -it, I. vt. 낮추다, 모욕하다 II. vr. 자기의 품격을 떨어뜨리다
înjosir|e, -i, s.f. 굴욕, 굴복, 창피
înjosit|or, -oare, -ori, -oare, adj. 굴욕적인, 품위를 떨어뜨리는, 치사한
înjug|a, înjug, -ai, -at, I. vt. 멍에를

얹다, 멍에를 씌우다 II. vr. 멍에를 쓰다 ; a se ~ la... -에 정착하다, 안주하다

înjumătăţ|i, -esc, -ii, -it, I. vt. **1.** 2등분하다, 반씩 나누다 **2.** 줄이다, 감소하다 **3.** 반으로 줄이다 II. 절반으로 줄어들다, 감소하다

înjumătăţir|e, -i, s.f. 반으로 줄임

înjunghi|a, înjunghii, -ai, -at, I. vt. **1.** 찔러 죽이다 **2.** (동물 등을) 죽이다 ; mă înjunghie în piept 가슴이 뜨끔뜨끔 아프다 II. vr. 스스로를 찌르다

înjunghietur|ă, -i, s.f. **1.** (총이나 활 등으로)맞춤 **2.** 갑작스러운 아픔, 고통

înjur|a, injur, -ai, -at, I. vt. 욕하다 II. vr.서로 욕설(독설)하다 III. vi.안 좋은 분위기를 만들다, 주님의 이름을 욕되게 하다(더럽히다) ; a ~ ca un birjar/ birjăreşte /ca la uşa cortului 난폭한 말(욕지거리)을 하다

înjurătur|ă, -i, s.f. **1.** 욕설 **2.** 상스러운 말

înlăcrima|t, -tă, -ţi, -te, adj. 눈물 젖은

înlănţu|i, -iesc, -ii, -it, I. vt. **1.** 상대방의 손(팔)을 꼭 쥐다 (깍지 끼다) **2.** (손을) 맞잡다, (팔을)끼다, 잇다 **3.** (마음이) 통하다 II. vr. 상호 연결되다

înlănţuir|e, -i, s.f. 연쇄, 연결, 연속, 결부

înlătur|a, înlătur, -ai, -at, I. vt. **1.** 옮기다, 이동하다, 치우다 **2.** 제거하다, 삭제하다 **3.** 저지하다, 피하다 II. 제거되다

înlătur|are, -ări, s.f. **1.** 면직, 해고 **2.** 제거

înlemn|i, -esc, -ii, -it, vi. 말문이 막히다, 어쩔 줄 모르게 되다

înlemni|t, -tă, -ţi, -te, adj. 말문이 막힌, 깜짝 놀란

înlesn|i, -esc, -ii, -it, vi. 용이하게 하다, 쉽게 하다

înlesnir|e, -i, s.f. **1.** 용이, 간편 **2.** 쉬움, 편리 **3.** 도움, 조력

înlocu|i, -iesc, -ii, -it, I. vt. -을 대신하다, 대체하다, 갈다, 바꾸다 II. -을 서로 자리를 바꾸다, -에 대체되다.

înlocuir|e, -i, s.f. 대체, 교체, 대리, 대용

înlocuit|or, -oare, -ori, -oare, s.m. 그리고 f. **1.** 대리인, 임시, 대리인 **2.** 대진 의사

înmagazin|a, -ez, -ai, -at, I. vt. **1.** 저장하다, 쌓아두다 **2.** 축적하다 **3.** 저장해 두다 II. vr. 저장되다

înmagazin|are, -ări, s.f. **1.** 저장, 보관 **2.** 창고

înmatricul|a, -ez, -ai, -at, vt. 명부에 올리다, 등록하다

înmatricul|are, -ări, s.f. **1.** (자동차) 등록 **2.** (학생)등록

înmănunch|ea, -ez, -eai, -eat, I. vt. **1.** 한 군데에 모으다 **2.** 모으다 **3.** 집중시키다, 응집하다 **4.** 결합시키다 II. vr. 결집되다

înmănuşa|t, -tă, -ţi, -te, adj. 장갑 낀

înmărmur|i, -esc, -ii, -it, vi. 깜짝 놀라다, 몹시 놀라다

înmărmuri|t, -tă, -ţi, -te, adj. 말문이 막힌, 몹시 놀란

înmân|a, -ez, -ai, -at, vt. **1.** 넘겨주다, 인도하다, 배달하다, 건네주다 **2.**

넘겨지다, 인도되다

înmân|are, -ări, s.f. 인도, 수교, 건넴

înmi|i, -esc, -ii, -it, vt. 수 천 배로 증가하다

înmii|t, -tă, -ți, -te, adj 천배의 (로)

înmiresm|a, -ez, -ai, -at, vt. 향수를 뿌리다.

înmiresma|t, -tă, -ți, -te, adj. **1.** 향기 나는, 방향의 **2.** 향료(약품)처리한

înmormânt|a, -ez, -ai, -at, I. vt. 매장 (토장)하다 II. **vr.** 매장되다 ; a se ~ în -에 자기 자신을 묻다 (비유적으로) 자기 자신을 고립시키다

înmormânt|are, -ări, s.f. 매장

înmugur|i, -esc, -ii, -it, vi. 싹트다, 발아하다

înmugurir|e, -i, s.f. **1.** 싹 뜸, 발아 **2.** 시작, 개시

înmui|a, înmoi, -ai, -at, vt. **1.** 부드럽게(연하게)하다. **2.** 적시다, 담그다

înmuia|t, -tă, -ți, -te, adj. 약화된, 부드럽게 된

înmuier|e, -i, s.f. 연화, 연수법

înmuiet|or, -oare, s.n. 액체를 담은 통(양조, 염색용등)

înmulț|i, -esc, -ii, -it, I. vt. **1.** 증가시키다, 곱하다 **2.** 증식(번식)시키다 **3.** 늘리다, 불리다 II. vr. 증가되다, 번식되다

înmulțir|e, -i, s.f. [수학]곱셈, 승법등, 증가, 증식, 번식

înmulțitor, ~i, s.n. 승수, 곱수

înnăd|i, -esc, -ii, -it, I. vt. **1.** 헝겊을 대고 깁다, 수선하다 **2.** 길게 늘이다 II. vr. 길들다 ; a se ~ la...-에 익숙해지다,

înnăditur|ă, -i, s.f. 헝겊 조각, 천 조각

înnămol|i, -esc, -ii, -it, vr. 진흙 (진창) 속에 찔러 넣다, 꽂히다

înnămolir|e, -i, s.f. 진흙에 빠짐

înnăscu|t, -tă, -ți, -te, adj. 타고난, 천부의 ; e un poet ~ 그는 선천적인 시인이다

înnebun|i, -esc, -ii, -it, I. vt. 미치게 만들다 ; nu mă ~ ! 나를 미치게 하지마! II. vi. 미치다, 미치게 되다, 격노하다 ; a ~ după...-로 인하여 미치다(미칠 지경이다), 격노하다

înnebuni|t, -tă, -ți, -te, adj. 미친, 눈이 뒤집힌, 화가 나 있는

înnebunit|or, -oare, -ori, -oare, adj. 미친

înnegr|i, -esc, -ii, -it, I. vt. 검게 하다, 어둡게 하다 II. vr. 어두워지다

înnegrir|e, -i, s.f. **1.** 어둡게 함 **2.** 박테리아에 의한 감자의 질병

înnegur|a, -ez, -ai, -at, I. vt. **1.** 안개를 덮다, 희미하게 하다 **2.** 어둡게 하다, 흐리게 하다 II. vr. 흐려지다, 안개가 낀 것처럼 뿌옇게 되다

înnegura|t, -tă, -ți, -te, adj. **1.** 안개 낀, 안개 자욱한 **2.** 어두운, 음울한

înnobil|a, -ez, -ai, -at, I. vt. **1.** 작위를 내리다, 귀족으로 만들다 **2.** 기품있게 하다 **3.** 드높이다, 앙양하다 II. vr. 귀족이 되다

înnobil|are, -ări, s.f. 작위 수여

înnod|a, înnod, -ai, -at, I. vt. **1.** 매다, 매듭을 짓다 **2.** v. înnădi II. vr. 매듭이 생기다

înnodătur|ă, -i, s.f. 매듭, 매는 끈

înno|i, -iesc, -ii, -it, I. vt. **1.** 일신하

다, 갱신하다 **2.** 상쾌하게 하다, 원기를 회복시키다 **3.** 보다 새롭게 하다 II. vr. 새로워지다

înnoir|e, -i, s.f. **1.** 수선 **2.** 혁신, 쇄신 **3.** 원기 회복

înnoit|or, -oare, -ori, -oare, adj. 혁신된, 쇄신하는, 새로운

înnopt|a, -ez, -ai, -at, I. vi. 밤을 보내다, 자다 II. vr. impers. 밤이 되다 ; (se) înnoptează 밤이 되다, 밤이 깊어지다

înnopt|are, -ări, s.f. 밤이 됨, 어두워짐

înnopta|t, -tă, -ţi, -te, I. adj. **1.** 밤이 된, 어두운 **2.** 선악을 분간 못하는 **3.** 어두침침한 II. s.n. 황혼

înnor|a, -ez, -ai, -at, vi. vr. **1.** 구름이 덮이다, 흐려지다 **2.** 흐리다, 구름으로 덮여 있다 **3.** 구름으로 덮다, 흐리게 하다 어둡게 하다 ; se înnorează 하늘에 구름이 덮여 있다, 하늘이 흐리다

înnora|t, -tă, -ţi, -te, adj. **1.** 구름에 덮인, 흐린 **2.** 흐릿한, 애매한, 어두운

înot, -uri, s.n. 수영 ; ~ pe spate 배영 ; a trece ~ 헤엄쳐 건너다

înot|a, înot, -ai, -at, vi. **1.** 헤엄치다, 수영하다 **2.** (물위에) 뜨다, 떠오르다 ; ochii îi ~au în lacrimi 그의 눈은 눈물에 젖어 있다 ; a ~ în bani 돈이 많다

înotătoare, s.f. **1.** [동물]지느러미 **2.** (잠수용)물갈퀴

înotăt|or, -oare, -ori, -oare, I. adj. 수영하는, 헤엄치는 II. s.m. 그리고 f. 수영하는 사람, 수영 선수

înrădăcin|a, -ez, -ai, -at, vr. **1.** 뿌리를 박다 **2.** (사상 등이) 뿌리내리다

înrădăcin|are, -ări, s.f. 뿌리 내림

înrădăcina|t, -tă, -ţi, -te, adj. **1.** 뿌리 깊은(내린) **2.** 뿌리 깊은

înră|i, -iesc, -ii, -it, I. vt. 쓰라리게 하다, 상하게 하다 II. vr. 사악해지다, 악독해지다

înrăi|t, -tă, -ţi, -te, adj. **1.** 사악한, 나쁜, 부도덕한, 악독한 **2.** 만성인, 상습적인

înrăm|a, -ez, -ai, -at, vt. 틀을 잡다, 짜 맞추다, 틀에 끼우다

înrăutăţ|i, -esc, -ii, -it, I. vt. 더 나쁘게 하다, 악화시키다 II. vr. 악화되다

înrăutăţir|e, -i, s.f. **1.** (기상에서의) 날씨악화 **2.** (병이)악화됨

înrăutăţi|t, -tă, -ţi, -te, adj. 보다 나쁜, 악화된

înrâur|i, -esc, -ii, -it, vt. **1.** 영향을 끼치다, 좌우하다 **2.** -에 작용하다, 중요하게 다루다

înrâurir|e, -i, s.f. 영향, 감화, 세력

înregiment|a, -ez, -ai, -at, vr.; a se ~ în... **1.** 결합하다 **2.** 참가하다 **3.** 한패가 되다, 합쳐지다

înregistr|are, -ări, s.f. 결합, 접합, 참가, 합침

înregistr|a, -ez, -ai, -at, vt. **1.** 기재하다, 등기(등록)하다 **2.** 기입하다 **3.** 기록하다 II. vr. 등록되다

înregistrare, s.f. 등록, 등기, 기명 ; ~ contabilă simplă 단식기장 ; ~ contabilă dublă 복식기장 ; ~ falsă 거짓기재 ; ~ ipotecară 담보기재 ; ~ în partidă dublă 복식기재 ; ~a unui act 법률의 등록 ; taxe de ~ 등록세

înregistrat|or, -oare, -ori, -oare, I. adj. **1.** 등록한, 등기한 **2.** 기명의, 기

록하는 II. s.n. 기록기, 녹음기

înrob|i, -esc, -ii, -it, vt. 노예로 만들다

înrobit|or, -oare, -ori, -oare, adj. 노예로 만드는

înrol|a, -ez, -ai, -at, I. vt. **1.** [군사]병적에 편입하다, 모병하다 **2.** 명부에 올리다, 입회시키다 II. vr. 징병에 응하다, 입대하다

înrol|are, -ări, s.f. 모병, 입대, 병적편입

înroş|i, -esc, -ii, -it, I. vt. **1.** 붉게 만들다 **2.** 루즈를 바르다 II. vr. 붉어지다, 무르익다

înrour|a, -ez, -ai, -at, vr. impers. 이슬 맺히다, 이슬로 덮이다

înroura|t, -tă, -ţi, -te, adj. 이슬 맺힌, 이슬 내리는

înrud|i, -esc, -ii, -it, vr. **1.** -와 관계(관련)되다 **2.** -와 친족관계가 되다

înrudir|e, -i, s.f. **1.** 관계, 친척 관계, 혈연 **2.** 친족 관계 **3.** 밀접한 관계, 유사성

înrudi|t, -tă, -ţi, -te, adj. **1.** 관계된, 관련된 **2.** 혈연의, 친족의 **3.** 동종(동족)의

însă, conj. **1.** 그러나, 그런데 **2.** 그렇지만, 게다가, 역시, 그럼에도 불구하고 **3.** 한 편으로

însăil|a, -ez, -ai, -at, vt. **1.** 압정으로 고정시키다, 꿰매다 **2.** 즉석에서 하다, 임시 대용으로 만들다 **3.** 상상하다

însăila|t, -tă, -ţi, -te, adj. **1.** 고정된, 꿰맨, 덧붙인 **2.** 임시대용의, 대충의

însămânţ|a, -ez, -ai, -at, **1.** (씨를) 뿌리다 **2.** 임신(수태)시키다 .

însămînţ|are, -ări, s.f. **1.** 씨 뿌리기 **2.** 수태 **3.** 인공수태(임신)

însămânţa|t, -tă, -ţi, -te, I. adj. **1.** 아로 새긴 **2.** 수놓은 **3.** 씨 뿌린 II. s.n. 씨뿌리기, 파종

însănătoş|i, -esc, -ii, -it, I. vt. **1.** 치료하다, 고치다 **2.** (병 등을) 이겨내게 하다 II. vr. 치료되다

însănătoşir|e, -i, s.f. **1.** 치료, 고침 **2.** 회복

însărcin|a, -ez, -ai, -at, I. vt. 임무를 부과하다, 부담시키다 II. vr. 신뢰하다, 맡기다, 위임하다 ; a se ~ cu... -을 떠맡다

însărcin|are, -ări, s.f. **1.** 부담지우기, 책임 **2.** 위임, 위탁 **3.** 임무

însărcina|t, -tă, -ţi, -te, I. adj. 위탁(위임)된, 사업상의 대리로 II. s.m. 그리고 f. ; ~ cu afaceri 대리인, 후견인

însărcinată, I. s.f. 임산부 II. adj 임신한 ; femeie ~ 임신부

însăşi, pron. **1.** 그 여자 자신 **2.** 그것 자체, 바로 그것 **3.** 그 자신

însăţi, pron. 당신 자신

însânger|a, -ez, -ai, -at, vt. **1.** 피로 얼룩지게 하다 **2.** 붉게 하다, 붉게 물들이다

însângera|t, -tă, -ţi, -te, adj. **1.** 피로 얼룩진 **2.** 붉은, 붉게 물든

înscăun|a, -ez, -ai, -at, I. vt. **1.** 왕위에 올리다 **2.** 설립하다, 수립하다 II. vr. 왕위에 오르다, 왕좌에 오르다

înscăun|are, -ări, s.f. 즉위(식), 추대, 취임

înscen|a, -ez, -ai, -at, vt. **1.** 상연하다 **2.** 가장하다, 꾸며대다 **3.** 조작(날조)하다, 만들다, 적합하게 하다

înscen|are, -ări, s.f. **1.** 상연 **2.** 음모,

허구

înscr|ie, -iu, -isei, -is, I. vt. **1.** 등록하다 **2.** 작성하다, 기입하다 **3.** 새기다, 각인하다 ; a ~ pe ordinea de zi 비망록에 기입하다 II. vr. (자기 자신이) 등록하다 ; a se ~ în... -에 가입하다, 동참하다 ; a se ~ la... -에 등록하다, 회원이 되다

înscrier|e, -i, s.f. **1.** 기록, 쓰기 **2.** 등록

înscris, -uri, s.n. 서류, 증명서

însele, pron. 그녀들 (그것들) 자신(이)

însemn|a, însemn (또는 -ez), -ai, -at, I. vt. **1.** 적다, 쓰다 **2.** 메모하다 **3.** 기록하다 ; ştii tu ce înseamnă să...? 어떻게 된 것인지 아니? II. vr. 기록되다 III. vi. 의미하다, 뜻하다, 보여주다, 나타나다 ; ce înseamnă toate astea? 이 모든 것들이 무엇을 뜻하느냐?

însemn|are, -ări, s.f. **1.** 기록, 적기, 쓰기 **2.** 문안, 메모 **3.** 기호, 신호, 표시

însemna|t, -tă, -ţi, -te, adj. **1.** 중요한, 의미 있는 **2.** 명성 있는 **3.** 유명한

însemnătate, s.f. **1.** 중요(성), 의미(있음) **2.** 가치 **3.** 취지, 의의, 의미 심장

însenin|a, -ez, -ai, -at, I. vt. **1.** 격려하다, 갈채하다 **2.** (얼굴이) 밝아지다 II. vr. **1.** (날씨가) 맑아지다 **2.** (하늘이) 깨끗해지다

însenin|are, -ări, s.f. 격려, 갈채, 밝아짐 맑음, 환함

înser|a, -ez, -ai, -at, I. vi. **1.** 밤이 닥쳐오다 **2.** 저녁을 보내다, 저녁(밤)을 지새다 II. vr. 어두워지다, 저녁(밤)이 되다 ; se înserează 저녁이 되다, 해가 지다

înser|are, -ări, s.f. **1.** 저녁때, 해질녘 **2.** 황혼

înserat, s.n. **1.** 저녁때 **2.** 황혼 ; pe ~(e) 해질 녘

înset|a, -ez, -ai, -at, vi. 목마르다

înseta|t, -tă, -ţi, -te, adj. 목마른 ; ~ de... -을 갈망(열망)하는

însiloz|a, -ez, -ai, -at, vt. (목초 등을) 사일로 (탑 모양의 저장고)에 저장하다

însiloz|are, -ări, s.f. (목초)저장, 사일로 등에 넣음

însingur|a, -ez, -ai, -at, vr. -에 은둔하다, -에 틀어박히다, 격리되다

însori|t, -tă, -ţi, -te, adj. 양지 바른, 햇볕이 잘 드는

însoţ|i, -esc, -ii, -it, I. vt. **1.** 동행하다 **2.** 배웅하다, 바래다 **3.** 호송하다 II. vr. **1.** 사귀다 **2.** 조화하다 ; spune-mi cu cine tensoţeşti ca să-ţi spun cine eşti 유유상종이다, 끼리끼리 모인다, 사귀는 친구를 보면 그 사람을 알 수 있다

însoţir|e, -i, s.f. **1.** 부속물 **2.** 결혼

însoţit|or, -oare, -ori, -oare, s.m. 그리고 f. **1.** 동행하는, 따르는 수행하는 **2.** 길동무 **3.** 안내자, 가이드

înspăimânt|a, -ez, -ai, -at, vr. 깜짝 놀라다

înspăimânta|t, -tă, -ţi, -te, adj. **1.** 깜짝 놀란, 겁먹은 **2.** 혼비백산한

înspăimântăt|or, -oare, -ori, -oare, I. adj. 무서운, 놀라운 무시무시한, 소름끼치는 II. adv. 무섭게, 무시무시하게

înspic|a, pers.3, înspică, vi. 이삭이

패다

înspica|t, -tă, -ţi, -te, adj. **1.** 이삭이 팬 (달린) **2.** 희뜩희뜩한 머리의 **3.** 회색의

înspre, prep. -쪽으로, -로 향하여, -편에

înspum|a, -ez, -ai, -at, vt. 거품을 일게 하다

înspuma|t, -tă, -ţi, -te, adj. 거품의, 거품이 이는

înstăr|i, -esc, -ii, -it, I. vt. 부자가 되게 하다 II. vr. 부자가 되다, 부유해지다

înstăr|it, -esc, -ii, -it, adj. **1.** 유복한 **2.** 부자인

înstel|a, pers.3, înstelează, vr. 별이 하늘에 가득하다

înstela|t, -tă, -ţi, -te, adj.**1.** 별이 많은, 별이 총총한 **2.** 별이 반짝이는

înstrăin|a, -ez, -ai, -at, I. vt. **1.** 양도하다 **2.** 위탁금을 유용하다 II. vr. 멀어지다

înstrăin|are, -ări, s.f. **1.** 양도 **2.** 이전 **3.** 소외감

înstrun|a, înstrun, -ai, -at, vt. **1.** 조율하다 **2.** 재갈을 물리다

însufleţ|i, -esc, -ii, -it, I. vt. **1.** 생명을 불어 넣다 활기 띠게 하다 **2.** 작동(가동)시키다 II. vr. **1.** 유쾌해지다 **2.** 활발해지다

însufleţir|e, -i, s.f. **1.** 힘, 기세, 열성 **2.** 생기, 활기

însufleţi|t, -tă, -ţi, -te, I. adj. **1.** 살아 있는 **2.** 생기 있는, 기운찬 **3.** 활기 있는 ; ~ de... -에 의하여 활기를 띤, 생기가 난 II. adv. 활기 있게

însufleţit|or, -oare, -ori, -oare, adj. **1.** 영감을 주는 **2.** 고무하는 **3.** 생기를 주는

însum|a, -ez, -ai, -at, vt. **1.** 합계하다, 총계하다 **2.** 포함하다

însumi, însămi, pron. 나 자신

însur|a, însor, -ai, -at, I. vt. 장가보내다(들이다) II. vr. 장가가다

însura|t, -tă, -ţi, -te, adj. 장가든(간)

însutrăt|oare, -ori, s.f. 결혼, 장가

însură|ţel, -ţei, s.m. **1.** 새 신랑 **2.** 신혼부부

însuş|i[1], -esc, -ii, -it, vt. ; a-şi ~ ... **1.** 전유하다, 자기 것으로 만들다 **2.** 동화(융화)시키다 **3.** 지배하다, 주인이 되다

însuşi[2], pron. **1.** 그 자신 **2.** 그것 자체, 바로 그것

însuşir|e, -i, s.f. **1.** 전유, 사용, 도용 **2.** 질, 특성(질) **3.** 특징

însut|i, -esc, -ii, -it, vt. 100배로 증가하다, 100배가 되다

însuti|t, -tă, -ţi, -te, adj. 100배의(로)

înşel|a, înşel, -ai, -at, I. vt. **1.** 속이다, 기만하다 **2.** 사취하다 **3.** 속여 빼앗다 II. vr. 속아 넘어가다, 속다, 사기 당하다 III. vi. 기만하다, 부정한 행위를 하다 ; a ~ la cântar 저울의 눈금을 속이다

înşelăciun|e, -i, s.f. **1.** 사기, 속임수, 협잡 **2.** 거짓말

înşelăt|or, -oare, -ori, -oare, I. adj. 속이는, 현혹시키는 II. s.m. 그리고 f. **1.** 사기꾼, 협잡꾼 **2.** 거짓말쟁이

înşeu|a, -ez, -ai, -at, vt. 안장을 얹다

înşeua|t, -tă, -ţi, -te, adj. 안장을 얹은

înşfăc|a, înşfăc, -ai, -at, vt. 잡다, 낚아채다.

înşine, pron, 우리 스스로 (자신)
înşir|a, înşir, -ai, -at, I. vt. **1.** 실에 꿰다 **2.** 일직선으로 하다 (맞추다) **3.** 낱낱이 들다, 열거하다 **4.** 말하다, 연설하다 II. vr. 실로 꿰여지다, 연속되다, 연잇다, 뒤따르다
înşir|are, -ări, s.f. **1.** 실(끈)로 꿴 것, 일련 **2.** 연속, 계승
înşiru|i, -iesc, -ii, -it, vt. v. înşira
înşişi, pron, 그들(그것들) 자신
înşivă, pron, 당신들 자신(스스로)
înştiinţ|a, -ez, -ai, -at, vt. **1.** 알려주다, 알리다, 알게 해주다 **2.** 통지(통보)하다 **3.** 광고(공시)하다 ; a ~ despre -에 관하여 알리다, 통고하다
înştiinţ|are, -ări, s.f. 정보, 충고, 통지, 공시, 보도
înşurub|a, înşurub|a, -ez, -ai, -at, vt. 죄다, 비틀다
înşurub|are, -ări, s.f. 조이기
întărât|a, întărât, -ai, -at, I. vt. **1.** 흥분시키다, 자극하다 **2.** 초조하게 하다, 괴롭히다 **3.** 선동하다, 격려하다 II. vr. 고무되다, 흥분하다, 활기를 띠다
întărât|are, -ări, s.f. **1.** 짜증나게 함 **2.** 짜증, 격양, 화
întărâta|t, -tă, -ţi, -te, adj. 화가 난, 성난, 맹렬한
întăr|i, -esc, -ii, -it, I. vt. **1.** 강하게 하다 **2.** 견고하게 하다 **3.** 요새화하다 II. vr. 강화되다, 강해지다, 강화되어가다
întărir|e, -i, s.f. 강해지기, 증강, 강화
întări|t, -tă, -ţi, -te, adj. 강화된
întărit|or, -oare, -ori, -oare, I. adj. 강한, 강렬한 II. s.n. 강장제, 강심제, 흥분제
întăritur|ă, -i, s.f. **1.** 강화, 축성 **2.** 보강
întâi, I. adv. **1.** 최초의 **2.** 하나의, 처음의 **3.** 첫 번째로 ; ~ şi ~ 최초로, 최고로, 우선, 무엇보다도 ; mai ~ 처음에, 처음으로, 첫(번)째로 II. num. ord. 첫째 ; pentru ~a oară 첫 번째로
întâiaşi, num. ord. 처음으로 ; ~ dată 최초로
întâiet|ate, -ăţi, s.f. **1.** 우선권, 선취권 **2.** 편애 **3.** 최고, 우월
întâln|i, -esc, -ii, -it, I. vt. **1.** 만나다 **2.** 마주치다, 교차하다 II. **vr.** 직면하다, 대처하다
întâlnir|e, -i, s.f. **1.** 만남, 약속 **2.** 마주침 **3.** 회합 ; a-şi da/ a fixa o ~ 약속을 정하다 ; a veni la ~ 약속을 지키다
întâmpin|a, întâmpin, -ai, -at, vt. **1.** 만나다, 마주치다 **2.** 인사하다 **3.** 뜻밖에 만나다
întâmpin|are, -ări, s.f. **1.** 만남, 마주침 **2.** 논쟁, 쟁점
întâmpla, pers.3, întâmplă, vr. 일어나다, 생기다, 발생하다 ; ce s-a ~t 무슨 일이 생긴 거야? ; s-a ~t ceva? 무슨 일이 있었어? ; i s-a ~t o nenorocire 그에게 불행한 일이 생겼어 ; orice s-ar ~ 무슨 일이든지 생길 수 있다 ; să nu se mai întâmple (a doua oară) 두 번 다시는 그런 일이 일어나지 않도록 해라 ; n-o să ţi se întâmplă nimic 너에게 아무 일도 일어나지 않을 거야
întâmpl|are, -ări s.f. **1.** 사건 일어난

일, 발생 **2.** 불행, 재난 **3.** 기회, 모험 ; din ~ 우연히 ; la ~ 임의로, 닥치는 대로 ; eram acolo din ~ 나는 우연히 그 곳에 있었다

întâmplăt|or, -oare, I. adj **1.** 우연한 **2.** 남은, 남짓의 II. adv.우연하게 ; ~ îl cunosc 나는 우연하게 그를 알게 되었다

întârzi|a, -i, -ai, -at, I. vi. **1.** 늦다, 늦게 오다 **2.** 연착하다 **3.** 늦게 오다(도착하다) ; a ~t 5 minute 그는 5분 지각했다 II. vt. 연기시키다, 지체시키다

întârzia|t, -tă, -ţi, -te, adj **1.** 늦은, 지각한, 밀린 뒤떨어진 **2.** 뒤쪽 (으로)의, 되돌아가는

întâzier|e, -i, s.f. **1.** 늦음, 늦게 옴, 지각 **2.** 지연, 연착 ; fără ~ 즉시, 곧 ; a fi în ~ 생각이 뒤떨어지다

întemei|a, -ez, -ai, -at, I. vt. **1.** (마을, 도시, 사업체 등을)설립하다, 기초하다 **2.** 창조하다, 만들다 II. vr. ; a se ~ pe... -에 기초를 두다, -이 설립되다

întemeia|t, -tă, -ţi, -te, adj. 근거가 충분한

întemeier|e, -i, s.f. 기초, 근거, 설립

întemeiet|or, -oare, -ori, -oare, s.m. 그리고 f. 설립자, 창립자

întemniţ|a, -ez, -ai, -at, vt. 투옥하다, 수감하다, 교도소에 보내다

întemniţ|are, -ări, s.f. 투옥

întemniţa|t, -tă, -ţi, -te, I. adj. 수감된, 감금된 II. s.m. 그리고 f. 죄수, 수감자

înteţ|i, -esc, -ii, -it, I. vt. 세게 만들다 II. vr. 세어지다, 격렬해지다

înteţir|e, -i, s.f. 강화, 격화, 세게함

întin|a, -ez, -ai, -at, (reg.) 더럽히다, 명성을 손상시키다

întin|are, -ări, s.f. 더럽힘, 손상, 모독

întind|e, întind, -întinsei, -întins, I. vt. **1.** 당기다 **2.** 늘이다 **3.** 길게 하다, 펼치다, 확장하다 ; a o ~ 서둘러 가다, 황급히 달리다, 허겁지겁 도망치다 ; a ~ masă 탁자를 펴다 ; a ~ mâna 손을 펼치다 ; a ~ mâna după... -을 향하여(잡으려고) 손을 뻗다(내밀다) ; a ~ o mână de ajutor 도움의 손길을 펼치다, 구원의 손을 내밀다 II. vr. **1.** 몸을 쭉 펴다, 스트레칭하다 **2.** 확장되다, 퍼지다, 팽창하다, 늘어지다 **3.** 자리에 눕다, 자다 **4.** 지속되다 şesul se ~ pe o distanţă de... 평야가 -나 펼쳐 있다, -나 된다

întinder|e, -i, s.f. **1.** 길게 뻗음, 늘어남 **2.** 정도, 범위, 크기, 길이 **3.** 표면

întiner|i, -esc, -ii, -it, vi. **1.** 다시 젊어지다 **2.** 다시 젊어지게 하다, 젊어 보이게 하다

întinerire, s.f. 젊어짐, 회춘

în|tinge, -ting, -tinsei, -tins, vt. 담그다, (액체에) 적시다

întin|s, -să, -şi, -se, I. adj. **1.** 뻗은 **2.** 폭 넓은, 광대한 **3.** 매끄러운, 평탄한 II. adv. 직접적으로

întins|oare, -ori, -s.f. 정도 범위, 넓이, 길이

întinzăt|or, -oare, s.n. 들것, 발판, 틀

întipări|-esc, -ii, -it, I. vt. 인쇄하다, 도장 따위를 누르다 II. vr. (고무)인이 찍히다, 인쇄되다

întipărir|e, -i, s.f. **1.** 인쇄, 날인, 인상 **2.** 소인, 스탬프

întoarce, întorc, întorsei, întors, I. vt. **1.** (되)돌리다, 다시 되돌리다 **2.** 감다 **3.** 뒤엎다, 거꾸로 하다 **4.** 불쑥 나타나다, 모습을 나타내다 **5.** 던져 올리다 ; a ~ foaia 행동(처지, 태도, 논조 등)을 바꾸다 ; a ~ şi pe o parte şi pe alta 철저히 시험하다 II. vr. **1.** 되돌아오다, 복귀하다 **2.** 생각을 바꾸다 **3.** 다른 방향으로 돌다 ; a se ~ spre -로 방향을 돌리다 ; a se ~ de la... -로부터 멀리하다, 변심하다 ; a se ~ spatele la 등을 -로 돌리다 ; să ne ~m călare sau pe jos? 말을 타고 돌아갈 것인지 아니면 걸어서?

întoarcer|e, -i, s.f. **1.** 선회, 회전, 방향 전환 **2.** 귀환, 반환

întocmai, adv **1.** 정확하게, 엄밀하게 **2.** 그렇게, 바로(그대로), 똑같이 **3.** 물론, 당연히 ; ~ ca...-와 같이 ; după cum... 바로 -처럼

întocm|i, -esc, -ii, -it, I. vt. **1.** (문서를) 작성하다 **2.** 쓰다 (글을)짓다 **3.** 조립하다, 작문하다 II. vr. 작성되다

întocmi|t, -tă, -ţi, -te, adj. 완성된, 작성된

înt|ors, -oarsă, -orşi, -oarse, I. adj. **1.** 돌려보내진, 돌아온 **2.** 남은 II. s.n. **1.** 반환 **2.** 귀환 **3.** 반송(품) ; bilet dus ~ 왕복표

întorsătur|ă, -i, s.f. **1.** 회전, 모퉁이, 구부러진 곳 커브 **2.** 변화, 전환

întortoch|ea, -ez, eai, -eat, I. vt. **1.** 감다, 칭칭 감다, 꼬다 **2.** 뒤섞다, 엉망으로 만들다 II. vr. **1.** 감기다 **2.** 꼬이다

întortochea|t, -tă, -ţi, -te, adj. **1.** 꾸불꾸불한, 물결모양의 **2.** 분명치 않은, 불명료한 **3.** 얽힌, 복잡한

întortocher|e, -i, s.f **1.** 정도를 벗어남 **2.** 솔직하지 않음

întotdeauna, adv. 항상, 언제나

întovărăş|i, -esc, -ii, -it, I. vt. 동반(동행)하다 II. vr. v. însoţi

întovărăşir|e, -i, s.f. **1.** 동반, 동행 **2.** 연합, 합동, 조합

întracoace, adv. **1.** 우리에게로 **2.** 이리로, 이쪽으로

întrajutorar|e, -ri, s.f. 상호부조, 공생

întraripa|t, -tă, -ţi, -te, adj. 날개 있는, 날 수 있는

între, prep. **1.** (공간) ~사이에 ; ai grijă să cadă mingea între flori 공이 꽃들 사이로 들어가지 않도록 주의하여라 **2.** (시간) ~사이에 ; casa e deschisă între 8 ş 17 창구는 8시에서 17시 사이에 열려있다 **3.** (관계) ~의 사이에 ; relaţa între noi este bună 우리들 사이에서의 관계는 좋다

între|ba, întreb, -ai, -at, I. vt. **1.** 묻다, 질문하다 **2.** 검사(조사, 시험)하다 **3.** -을 묻다 II. vi. ; a ~ de -에 대해 요구하다, -에 대하여 묻다 II. vr. 의아하게 생각하다, 스스로에게 묻다, 의심해보다

întreb|are, -ări, s.f. **1.** 질문 **2.** 문제, 사정 ; a pune o ~ 질문하다, 문제를 내다 ; a asalta cu întrebări 질문공세를 하다

întrebăt|or, -oare, -ori, -oare, I. adj. 따지는, 미심쩍어하는 II. adv. 질문조로, 미심쩍게

întrebuinţ|a, -ez, -ai, -at, I. vt. 사용하다, 취급하다 II. vr. -하는 것이 습관이다, 사용되다

întrebuinț|are, -ări, s.f. 사용, 활용

întrebuința|t, -tă, -ți, -te, adj. **1.** 익숙한, 사용된 **2.** 낡아 빠진, 허름한 **3.** 낡은

în|trece, întrec, -trecui, -trecut, I. vt. **1.** 따라가 앞서다 **2.** 두고 가다, 남기고 가다 **3.** 능가하다, 우월하다 II. 우열을 다투다, 겨루다, 경쟁하다

întrecer|e, -i, s.f. 경쟁, 콘테스트

întredeschi|de, întredeschid, -sei, -s, vt. **1.** 반쯤 열다 **2.** 조금 열려져 있는 상태로 두다

întredeschi|s, -să, -și, -se, adj **1.** 반쯤 열린 **2.** 조금 열려져 (있는)

întrefier, -uri, s.n. 공극(방전 때 또는 자극간의 간극)

într|eg, -eagă, -egi, I. adj. **1.** 전체의, 모든 **2.** 전부의, 완전한 **3.** 고스란히, 그대로인 ; numere ~i 정수 II. s.m. [수학]정수

întreg|i, -esc, -ii, -it, I. vt.완성하다 완료하다, 보충(증보)하다 II. vr. 완성 (보충)되다

întregim|e, -i, s.f. 완전성 ; în ~ 완전히, 모두

întregir|e, -i, s.f.완성, 완료

întregitor, -oare, -ori, -oare, adj 전부의, 부가적인, 추가의

între|i, -iesc, -ii, -it, vt. vr. 3배로 하다

întrei|t, -tă, -ți, -te, adj. adv. 3배의 세 곱의, 세 겹의

întrem|a, -ez, -ai, -at, vr.회복하다, 원상태로 복구되다

întrem|are, -ări, s.f.되찾기, 회복

întrema|t, -tă, -ți, -te, adj.**1.** 보다 나은 **2.** 나아져 가는, 차도가 있는

întremăt|or, -oare, -ori, -oare, adj. **1.** 강화된, 증강된 **2.** 기운 나게 하는, 원기를 돋우는

întrepătr|unde, -und, -unsei, -uns. vt. 침투하다, 스며들다

întreprin|de, intreprind, -sei, -s, vt. **1.** (떠)맡다, 내걸다 **2.** 정리(조정, 편제)하다 **3.** 취하다, 잡다 **4.** 시작하다, 착수하다

întreprindere s.f. **1.** 기업 **2.** 산업, 공장, 회사 **3.** 사업, 일 ; ~ comercială 상업회사 ; ~ de transport 운송회사 ; ~ industrială 공업회사 ; ~ particulară 사기업

întreprinzăt|or, -oare, -ori, -oare, adj. 기업의, 산업의

întrerupăt|or, -oare, s.n.스위치, 개폐기

între|rupe, -rup, -repsei, -rupt, I. vt.**1.** 가로막다, 중단시키다 **2.** (갑자기) 중지 (차단)하다 **3.** 깨뜨리다, 혼란시키다 II. vr. 중단되다

întreruper|e, -i, s.f. **1.** 중단 **2.** 방해, 불통 **3.** 중지, 멈춤

întrerup|t, -tă, -ți, -te, adj. 가로막힌, 중단된, 중절된

întretăi|a, intretai, -ai, -at, I. vt. **1.** 교차시키다, 가로지르다 **2.** 자르다, 끊다 **3.** 중단(중지)하다 II. vr. 교차되다

întretăia|t, -tă, -ți, te, adj.**1.** 교차된, 가로지른 **2.** 띄엄띄엄 하는 (말, 목소리)

întretăier|e, -i, s.f.**1.** 횡단 교차 **2.** 교차로, 십자로

întrețe|se, -s, -sui, -sut, I. vt. **1.** 뒤섞다, 섞어 짜다 **2.** 섞다, 혼합하다 **3.** 흩뜨리다, 흩뿌리다 II. vr. 섞어 넣다

întrețin|e, întrețin, -ui, -ut, vt.**1.** 지

속(유지, 부양)하다, 돌보다, 기르다 **2.** 보존하다, 지키다 **3.** 먹이를 주다 **II.** vr. **1.** (자신을) 유지하다 **2.** -와 대화하다

întreținer|e, -i, s.f. **1.** 지속, 유지, 보존 **2.** 부양, 생계

întreținu|t, -tă, -ți, -te, s.m. 그리고 f..애인, 정부, 첩

între|vedea, -văd, -văzui, -văzut, I. vt. **1.** -을 찾아내다, 흘끗 보다 **2.** 예견하다, 미리 알아차리다 **3.** 윤곽을 그리다 **II.** vr. 윤곽이 그려지다, 기대되다 ; se întrevede... -이 기대되다, -이 예상되다

întreveder|e, -i, s.f.만남, 회합

întrezăr|i, -esc, -ii, -it, vt. 식별하다. (눈으로)보고 분간한다.

întrist|a, -ez, -ai, -at, I. vt. 몹시 슬프게 하다 **II.** vr. 슬퍼지다

întrist|are, -ări, s.f.큰 슬픔, 비탄, 고통

întrista|t, -tă, -ți, -te, adj.슬픈, 기가 꺾인

întristăt|or, -oare, -ori, -oare, adj. 슬픈, 수심 띤, 우울한

întron|a, -ez, -ai, -at, I. vt. **1.** 왕위에 올리다 **2.** 설립(제정) 하다 **II.** vr. 왕위에 오르다

întru, prep. **1.** -안(속)에 (에서, 의) -에 있어서 **2.** -안(속)에 (으로) ; într-aceea 그 당시, 거기서, 그래서 ; într-una 계속해서, 끊임없이

întrucât, conj. -할 때부터, 왜냐하면 때문에

întrucâtva, adv. **1.** 어떻게든지, 어쩐지 **2.** 얼마간, 다소 **3.** 오히려, 차라리, 상당히

întruchip|a, -ez, -ai, -at, I. vt.**1.** 형태를 부여하다, 구체화하다 **2.** 나타내다 대표하다 **3.** 의인화하다 **II.** vr. 구체화 되다, 형체가 드러나다

întruchip|are, -ări, s.f.구체화, 구현

întrun|i, -esc, -ii, -it, I. vt. **1.** 결합시키다 **2.** 조화시키다 **3.** 취하다 **II.** vr. 모이다, 늘다, 집합하다, 회합하다

întrup|a, -ez, -ai, -at, vt. ; a se ~ din... -에서 비롯하다, 기인하다, 구체화하다

întrup|are, -ări, s.f. 구체화, 구현

întunec|a, întunec, -ai, -at, I. vt.**1.** 어둡게 하다 **2.** 흐리게 하다 **3.** 무디게 하다 **II.** vr. **1.** 어둡게 되다, 어두워지다 **2.** 음침(희미)해지다 **3.** 무디어지다

întunec|are, -ări, s.f.**1.** 어두워짐 땅거미 **2.** 둔함 **3.** 암흑, 어둠 **4.** 어둠침침함, 우울, 침울

întuneca|t, -tă, -ți, -te, adj. **1.** 어두운, 거무스름한 **2.** 음울한, 우울한

întunecim|e, -i, s.f.어둠, 암흑, 어두워짐, 불분명

întunec|os, -oasă, -oși, -oase, adj. 어두운

întuneric, s.n.어둠, 암흑, 밤

înturn|a, intorn, -ai, -at, (pop) vr.**1.** 돌아오다, 귀환하다 **2.** 퇴보하다

înturn|are, -ări, s.f.귀환, 반환, 반납, 회귀

înțărc|a, înțarc, -ai, -at, I. vt.**1.** 젖을 떼다 **2.** ~에서 떼어 놓다 **II.** vr. (물, 젖 등이) 마르다

înțărc|are, -ări, s.f. 젖떼기

înțelegăt|or, -oare, -ori, -oare, I. adj. **1.** 온화한, 친절한 **2.** 너그러운, 다정한 **3.** 인정 있는, 마음에 드는 **II.** adv. 잠잖게, 부드럽게

înțe|lege, -leg, -lesei, -les, I. vt.이해하다, 알아차리다 ; a ~ aluzia 힌트를 이해하다 ; a da cuiva să înțeleagă că... -에게 -을 이해시켜주다, -에게 -에 대한 힌트를 주다 ; ce înțelegi prin asta? 이것으로 무엇을 이해하니? ; m-ai înțeles greşit 너는 나를(내 말은) 오해했다 II. vr. **1.** 상호 이해하다 **2.** 서로의 이해 지점을 찾다 **3.** 구성하다 **4.** 분명히 하다 să ne ~m! 우리 서로 확실하게 하자! ; ne am înțeles? 우리 서로 동의 한거지? ; asta se ~ de la sine 이것은 자명하다 ; a se ~ ca câinile şi pisica 잘 지내지 못하다 III. vi.이해하다 ; a nu ~ de... -을 무시하다, -을 계산에 넣지 않다 ; ea nu ~ de glumă 그녀는 농담을 이해 못한다

înțeleger|e, -i, s.f. **1.** 이해, 납득 **2.** 동의, 약정 **3.** 공감, 동감

înțelen|i, -esc, -ii, -it, vi. 땅이 묵고 있다, 땅이 놀다

înțelenir|e, -i, s.f. 휴경, 휴작

înțeleni|t, -tă, -ți, -te, adj.경작하지 않은, 묵혀든

înțelepciun|e, -i, s.f. **1.** 현명, 지혜 **2.** 분별, 신중

înțel|ept, -eaptă, -epți, -epte, I.s.m. 그리고 f. 현인, 철인 II .adj. 현명한, 영리한 III.adv. 현명하게

înțelepţeşte, adv. 현명하게, 약삭빠르게

înțel|es[1], -easă, -eşi, -ese, adj. 이해가 된 ; (În loc.) ; de la sine ~ 의심할 여지없이

înțeles[2], ~uri, s.n. **1.** 의미, 뜻 **2.** 중요성 ; cu ~ 의미심장하게 ; de ~ 순진한, 고분고분한 ; fără ~ 아무 의미 없이 ; pe ~ 분명히, 물론 ; a da cuiva de ~ că... -에게 -을 이해시키다 ; e de la sine ~ că... -은 말할 나위도 없다, -은 당연하다

înțep|a, înțep, -ai, -at, I. vt. **1.** 따끔하게 찌르다 **2.** (침을)쏘다 **3.** 물다, 물어뜯다 II. vr. 자기 자신을 찌르다 III. vi. 물다, 찌르다

înțepa|t, -tă, -ți, -te, adj. **1.** 찌른, 따끔따끔한, 쏘인 **2.** 오만한, 건방진 **3.** 부루퉁한, 음침한

înțepăt|or, -oare, -ori, -oare, adj. **1.** 따끔따끔 찌르는 **2.** 날카로운, 예리한 **3.** 얼얼한, 입맛을 돋우는, 매운

înțepătur|ă, -i, s.f.**1.** (따끔) 찌르기 **2.** 주사 **3.** 찔린 자리, 날카로운 비평(주의)

înțepen|i, -esc, -ii, -it, I. vt. 고착(고정)시키다, 묶다, 붙이다 II. vr. 지위를 차지하다, 움직이지 않고 서있다 III. vi. 굳어지다

înțepeni|t, -tă, -ți, -te, adj. **1.** 고착(고정)된, 붙은 **2.** 뻣뻣한, 딱딱한

înțes|a, intes, -ai, -at, vt.꾸리다, 싸다, 채워 넣다

înțes|are, -ări, s.f. 짐 꾸리기, 밀어넣기, 채우기

înțesa|t, -tă, -ți, -te, adj. -로 꽉 찬, 채워진, 붐비는

înțol|i, -esc, -ii, -it, I. vt. **1.** 차려 입히다 **2.** 의장을 차리다 II. vr. 옷을 차례 입다

învălătuc|i, -esc, -ii, -it, vt. 말아 올리다, 둥글게 말다.

învălmăşag, ~uri, s.n. **1.** 혼동, 혼란 **2.** 소요, 폭동 **3.** 사람의 떼, 군중

învălmăş|eală, -eli, s,f. **1.** 야단법석, 소란, 얽힘 **2.** 군중, 다수 **3.** 왁자지껄, 소동

învălmăş|i, -esc, -ii, -it, I. vt. 어리둥절하게 만들다 II. vr. 뒤섞이다, 혼란시키다

învălmăşi|t, -tă, -ţi, -te, adj. **1.** 혼란스러운, 어리둥절한 당황한 **2.** 얼떨떨한 난처한

învălu|i, -iesc, -ii, -it, vt. **1.** 싸다, 봉하다, 덮어 싸다 **2.** 두르다, 감다 **3.** 둘러싸다, 에워싸다

învăluir|e, -i, s.f. 덮음, 덮어씌움, 덮개

învălui|t, -tă, -ţi, -te, adj. 베일로 덮인(가린), 둘러싼, 덮은

învălur|a, -ez, -ai, -at, vt. vr. 물결치다, 굽이치다, 흔들다

învălur|are, -ări s.f. 물결

învăpăi|a, -ez, -ai, -at, vr. **1.** 확 타오르다 **2.** 발화하다, 흥분하다 **3.** 타오르다, 불끈 화내다

învăpăia|t, -tă, -ţi, -te, adj. **1.** 불타는, 붉은 **2.** 뜨거운 **3.** 타오르는 듯한

învăpăier|e, -i, s.f. 열정, 열심, 충성, 작열

învăţ, ~uri, s.n. 버릇, 습관

învăţ|a, invăt, -ai, -at, I. vt. **1.** 가르치다 **2.** 배우다 ; a ~ pe de rost 암기하다 II. vi. 공부하다 III. vr. 습관이 되다, 익숙해지다 ; a se ~ minte 더 잘 알게 되다, 수업(레슨)을 받다

învăţ|are, -ări, s.f. 가르침, 배움, 공부

învăţa|t, -tă, -ţi, -te, I. adj. **1.** 박식한, 학식이 있는 **2.** 교육받은 **3.** 교화(세련)된 ; ~ cu... -에 익숙한 II. s.m. 학자

învăţăce|l, -i, s.m. **1.** 학생 (초등, 중학교) **2.** 문하생, 제자

învătăm|ânt, -inte, s.n. **1.** 교육 **2.** 학과, 수업 **3.** 교훈, 도덕 ; ~ elementar 초등교육 ; ~ mediu 중등교육 ; ~ profesional 직업교육 ; ~ superior 고등교육

învăţăt|or, -oare, -ori, -oare, s.m. 그리고 f. 초등학교, 유치원 교사

învăţătorime, s.f. 교사, 교직

învăţătur|ă, -i, s.f. **1.** 배움 학습 **2.** 가르침, 교훈; să-ţi fie de/spre ~! 교훈으로 삼게나!

învârst|a, -ez, -ai, -at, vt. 천에 줄무늬로 염색하다

învârst|are, -ări, s.f. 줄무늬를 붙임, 붙인 줄무늬

învârt|eală, -eli, s.f. 수상한 (의심스러운) 일 ; a umbla după învârteli -하려고 있는 힘을 다 쏟다, -하려고 열중하다.

învârtej|i, -esc, -ii, -it, vt. vr. 소용돌이치다, 회전하다

învârt|i, -esc, -ii, -it, I. vt. **1.** 소용돌이치게 하다, 빙빙 돌리다 **2.** (담배를) 말다 **3.** (춤을 추며) 돌다 **4.** 조정하다 ; a ~ pe cineva pe degete -을 자기 마음대로 하다, -을 손아귀에 넣고 부리다 II. vr. **1.** 돌다, 빙빙 돌아가다 **2.** 안절부절 못하다 ; mi se învârteşte capul 머리가 빙빙 도는 것 같다 ; a se ~ fără rost (prin casă) 꾸물거리며 일하다, 어슬렁거리다

învârtir|e, -i, s.f. 빙글빙글 돌기, 선회

învârti|t[1], s.n. 빙빙 돌기

învârti|t[2], -tă, -ţi, -te, I. adj. **1.** 빙글빙글 도는, 선회하는, 둘둘 말린 II. s.m. **1.** 의심스러운 방법으로 부를 이룬 자 **2.** 병역 기피자

învrâtit|ă, -e, s.f. 경쾌한 루마니아

전통 춤의 한 종류
învârtit|or, -oare, -ori, -oare, adj. 빙빙 도는
învârtitur|ă, -i, s.f.**1.** 뒤틀림, 부정직한, 비뚤어짐 **2.** 재주, 책략, 흉계
învârtoş|a, -ez, -ai, -at, I. vt. 굳히다, 강하게 하다 II. vr. 딱딱해지다, 강해지다
învech|i, -esc, -ii, -it, vr.**1.** 낡다, 오래되다 **2.** 닳다, 빠지다
învechir|e, -i, s.f.낡음, 헐음
învechi|t, -tă, -ţi, -te, adj. **1.** 낡은 노후한, 퇴화된 폐물의, 뒤떨어진 **2.** 굳어버린, 돌이 킬 수 없는, 회복 할 수 없는
învecin|a, -ez, -ai, -at, vr.**1.** 이웃하다 **2.** 가까이 하다 **3.** 인접(근접)하다 ; a se ~ cu... -에 가까이 있다, -에 인접(이웃)하다, -에 접하다, -와 경계를 이루다
învecina|t, -tă, -ţi, -te, adj. **1.** 이웃의 **2.** 인접한 **3.** 경계 (접경)된
înveder|a, -ez, -ai, -at, I. vt.시험하다, 입증하다, 증명하다 II. vr. 입증(증명)되다
învedera|t, -tă, -ţi, -te, adj.명백한, 분명한, 입증된
învel|i, -esc, -ii, -it, I. vt.**1.** 덮다 **2.** 싸다 **3.** 지붕을 덮다 II. vr. 자기 자신을 덮다
înveliş, ~uri, s.n.덮개
învelit|oare, -ori, s.f.**1.** 덮개 **2.** 식탁보 ; ~ de carte 책 포장지(싸개)
învenin|a, -ez, -ai, -at, vt.독을 넣다(바르다)
învenin|are, -ări, s.f.중독 (독살)
învenina|t, -tă, -ţi, -te, adj.**1.** 독이 있는 **2.** 유독한 **3.** 악의에 찬
înverşun|a, -ez, -ai, -at, vr. **1.** 화나다 **2.** 흥분하다, 격렬해지다
înverşun|are, -ări, s.f. **1.** 격노, 격분 **2.** 완고, 고집
înverşuna|t, -tă, -ţi, -te, adj. **1.** 화난, 제정신이 아닌 **2.** 불같은 **3.** 완고한, 완강한
înverz|i, -esc, -ii, -it, I. vt. 녹색으로 염색하다 II. vi.녹색으로 변하다, 푸르러지다
înverzi|t, -tă, -ţi, -te, adj.녹색의, 푸른
înveseI|i, -esc, -ii, -it, I. vt. 북돋우다, 기운 나게 하다 II. vr. 밝아지다, 명랑해지다
înveselir|e, -i, s.f. 기쁨, 환희, 환호함
înveselit|or, -oare, -ori, -oare, adj. 익살맞은, 상쾌한, 기분을 돋우는
învest|i, -esc, -ii, -it, vt.투자하다
învestir|e, -i, s.f. **1.** 투자 **2.** 위임
învestitur|ă, -i, s.f. 수여, 부여, 서임
înveşmânt|a, -ez, -ai, -at, I. vt. **1.** 옷을 입히다 **2.** 옷을 주다, 걸치게 하다 II. vr. **1.** 덮다, 걸치다 **2.** 옷을 입다
învi|a, invji, -ai, -at, I. vi. **1.** 다시 일어나다, 부활하다 **2.** 소생하다 II. vt. 소생시키다, 부활시키다
învier|e, -i, s.f. **1.** 소생, 재생, 부활, 새롭게 태어남 **2.** 재기, 부흥
învineţ|i, -esc, -ii, -it, I. vt. 푸르게(퍼렇게) 만들다, 멍들게 하다 II. vr. 멍들다, 검푸르게 변하다
învineţi|t, -tă, -ţi, -te, adj.푸른, 멍이 든
învingăt|or, -oare, -ori, -oare, I. adj. 승리의, 이긴 II. s.m. 그리고 f.

정복자, 승리자

învin|ge, înving, -sei, -s, I. vt. **1.** 쳐부수다, 좌절 시키다 **2.** 극복하다 **3.** 정복하다, 이기다 II. vi. 승리하다, 이기다

învinovăţ|i, -esc, -ii, -it, I. vt. **1.** 고소하다 **2.** 고발하다 **3.** 비난하다 II. vr. **1.** 스스로를 비난하다 **2.** 서로 비난하다, 맞고소하다

învinovăţir|e, -i, s.f. **1.**고소, 고발, 비난 **2.** 문책

învin|s, -să, -şi, -se, I. adj. 패한, 정복된 II. s.m. 그리고 f. 정복된 자

învinu|i, -iesc, -ii, -it, vt. 고발하다, -에게 죄를 추궁하다, 책망하다

învinuir|e, -i, s.f. 책망, 추궁, 고발

învinui|t, -tă, -ţi, -te, s.m. 그리고 f. (형사)피고인, 피의자

învior|a, -ez, -ai, -at, I. vt. **1.** 활기를 띠게 하다 **2.** 용기를 북돋우다 II. vr. 활기를 띠다, 밝아지다

învior|are, -ări, s.f. 활기, 생기, 활기 띠움

înviorăt|or, -oare, -ori, -oare, adj. **1.** 활기찬, 생명이 있는 **2.** 긴장시키는, 상쾌한 **3.** 산뜻한, 마음이 시원한

învo|i, -iesc, -i, -it, I. vt. **1.** 허가하다 **2.** 허락(허용)하다 II. vr. 서로 동의(이해)하다

învoi|ală, -eli, s.f. **1.** 동의, 일치, 협정, 계약 **2.** -와 -에 대하여 철저하게 논의하다

învoir|e, -i, s.f. **1.** 허가 **2.** 허락

învolbur|a, involbur, -ai, -at, vt. vr. 소용돌이치게 하다, (치다) 돌다, 돌리다

învolbur|are, -ări, s.f.빙글빙글 돌기, 선회

învolbura|t, -tă, -ţi, -te, adj. **1.** 번성한 **2.** 부유한, 풍부한 **3.** 두꺼운, 밀집한

înv|olt, -oaltă, -olţi, -oalte, adj. (꽃이) 번창하는, 활짝 핀

învrăjb|i, -esc, -ii, -it, vr. 싸움을 하다, 다투다, (두 집안 사이의 또는 여러 대에 걸친) 불화가 있다

învrăjbir|e, -i, s.f. 싸움, 불화

învrăjbi|t, -tă, -ţi, -te, adj. **1.** -와 불화적인, 다투고 있는 **2.** 적대적인

învrăjbit|or, -oare, -ori, -oare, **1.** adj. 갈라진 **2.** s.m.그리고 f. 선동자

învrednic|i, -esc, -ii, -it, I. vt. 호의를 보이다, 허용하다 ; n-o ~ cu un răspuns 그는 그녀에게 한마디 대답도 하지 않았다 II. vr. -할 수 있다, 성공하다 ; a se ~ să... -할 수 있다, -할 수 있는 행운을 얻다

înzăpez|i, -esc, -ii, -it, I. vt. 눈으로 뒤덮다 II. vr. 눈으로 덮이다

înzăpezi|t, -tă, -ţi, -te, adj.눈 덮인, 눈에 파묻힌

înzdrăven|i, -esc, -ii, -it, I. vt. 치료하다 II. vr. **1.** 극복하게 되다 **2.** 회복되다, 낫다

înzdrăvenir|e, -i, s.f.회복, 완쾌

înzec|i, -esc, -ii, -it, vt.10배가 되다, 10배로 하다 (곱하다)

înzeci|t, -tă, -ţi, -te, adj. 10배의

înzestr|a, -ez, -ai, -at, vt. **1.** -에게 과부산(죽은 남편의 유산중 과부가 받는 부분)을 주다 **2.** 주다, 기부하다 **3.** 설비하다, 갖추다

înzestr|are, -ări, s.f. **1.** 과부산, 증여 등 **2.** 재주, 소질, 능력 **3.** 천부적 재능

înzestra|t, -tă, -ţi, -te, adj. 타고난

재능이 있는, 첨부적인

înzid|i, -esc, -ii, -it, vt. 벽을 쌓다. 벽으로 봉하다(막다)

înzidir|e, -i, s.f. [건축]벽 쌓기, 벽돌 쌓기

înzorzon|a, -ez, -ai, -at, I. vt. **1.** 치장하다, 꾸미다 **2.** 야하게 꾸미다 II. vr. 멋을 부리다, 분장하다, 장식하다, 혼자서 꾸미다

înzorzona|t, -tă, -ți, -te, adj. 치장한, 꾸민

îra, interj **1.** 젠장! 제기랄! **2.** 오! 아이고! 저런!

J

J, j, s.m. 루마니아어 알파벳의 13번째 자

jabi|e, -i, s.n. (고사리류) 양치식물

jabo|u, ~uri, s.n.주름 장식 프릴(소매끝 옷깃 따위에 레이스 따위를 주름잡아 붙인것)

jacard, ~e, s.n. 자카드식 문직기(紋織機), 자카드식 직조기

jacard|ă, -e, s.n. 자카드직(織)

jachet|ă, -e, s.f. **1.** 남자용 짧은 웃옷, 자켓 **2.** (주로 선원이 입는) 두꺼운 나사천으로 된 짧은 상의 **3.** (주로 운동선수들이 입는 몸에 꼭 맞는) 스웨터

jad, ~uri, s.n. **1.** 비취 옥(玉), (경옥, 연옥 포함) **2.** 주로 연옥

jaf, ~uri, s.n. **1.** 약탈, 강탈, 탈취물 **2.** 대파괴, 참혹한 피해, 황폐 **3.** 강도

jaguar, ~i, s.m.재규어, 미국 호랑이

jalb|ă, -e, s.f. **1.** 진정(서) **2.** 각서, 비공식, 문서 **3.** 청원(서) ; a veni cu jabla în proțap -에 대하여 크게 불평하다, 이의를 제기하다

jale, s.f. **1.** 슬픔, 비애, 침울 **2.** 절망, 자포자기, 낙담, 실의 **3.** 불행 ; ~ adâncă 깊은 슬픔 ; cântec de ~ 슬픈 노래, 애가 ; cu ~ 슬프게, 우울하게, 슬픈듯이 ; a-i fi ~ de cineva -을 동정하다 ; a-i fi ~ după ceva -에 대하여 슬퍼하다 ; a-l cuprinde ~a 슬픔에 잠기다

jaleş, ~i, s.m. [식물] 샐비어, 개꽃

jalnic, ~ă, ~i, ~e, I. adj. **1.** 슬픈, 애도의, 가슴이 터질 것 같은 **2.** 상중의 **3.** 구슬픈, 가련한, 하소연하는 듯한 II. adv. 슬프게

jal|on, -oane, s.n. **1.** [측량]폴, 표척(標尺) **2.** 깃대, (측량용의) 표척 **3.** (측량 따위의)폴

jalon|a, -ez, -ai, -at, vt. **1.** 토지를 구획하다, 막대기를 세워 경계를 정하다 **2.** -을 구획하다, 가르다, -을 설계하다

jaluz|ea, -ele, s.f.블라인드, (발, 차양등) 가리는것

jambier|e, s.f. **1.** 각반(脚絆), 바지 등을 입을 때 발에 매는 것, (양쪽에 고무천을 넣은) 복사뼈까지 오는 구두 **2.** 스패츠 (복사뼈의 조금 위까지 덮는 각반) **3.** 레깅스(어린이용 겨울 바지의 일종)

jamb|on, -oane, s.n. (돼지의) 허벅다리(의 살), (돼지 허벅다리 살로 제조하는) 햄 ; ~ afumat 훈제 햄, 베이컨의 아래 끝부분(넓적 다리고기, 옆구리 고기)

jandarm, ~i, s.m. **1.** 헌병, 경찰관 **2.** 사나운 사람, 난폭한 사람

jandarmeri|e, -i, s.f. **1.** 헌병대, 경찰대, 보안대 **2.** 헌병, 경찰

janghin|ă, -e, s.f. 더러운 사람

janghin|os, -oasă, -oşi, -ose, I. adj. **1.** 불결한, 더러운 **2.** 이가 들끓는 **3.** (상처의) 딱지가 앉은 **4.** 야윈, 앙상

한 II. s.m. 누더기를 입은 사람, 초라한 사람, 부랑아

janilie, s.f. 셔닐 실(비로드처럼 보풀을 세운 장식용 비단실), 모충사 (毛蟲絲)

jant|ă, -e, s.f. (차 바퀴의) 테, 림 (타이어는 끼우는 외륜)

janț, s.n. 치즈 제작에 사용되는 버터밀크

jap, interj. 입맛 다시는 소리, 혀를 차는 소리, 찰싹 맞는 소리, 키스 할 때의 쪽 소리

japcă, s.f. ; a lua cu japca **1.** 힘으로 (강제로) 붙잡다 **2.** 빼앗다, 강탈하다 **3.** 물어뜯다

japonez, ~ă, ~i, ~e, I. adj. 일본어의, 일본사람의, II. s.m. 그리고 f. 일본사람

japş|ă, -e, s.f. (홍수 땜 따위의) 역류하는 물

jar¹, s.n. **1.** 타다 남은 불, 잔화(殘火) **2.** 백열(광), 적열(광), 열 **3.** 정열, 열성, 열광 ; pe ~ 불에 타서, 격하여, 격정에 불타서

jar², s.n. 짧은 앞머리

jardinier|ă, -e, s.f. 화분 (관상용) 화분

jarg|on, -oane, s.n. **1.** (특수한 직업, 집단 따위의 사람들이 쓰는) 특수용어, 은어 **2.** (점잔을 빼는 또는 겉으로만 열심인 체 하는) 위선적인 말, 빈말 ; ~ gazetăresc 신문(보도) 용어 ; ~ul hoților 도둑의 은어

jart, interj. 입맛 다시는 소리, 혀를 차는 소리, 잘싹 맞는 소리, 키스 할 때의 쪽 소리

jartier|ă, -e, s.f. **1.** 양말 대님, (와이셔츠의 소매를 올리는) 가터 **2.** 가터 훈위(勳位), (the Garter) 가터 훈장 (영국의 최고의 훈장)

jasp, s.n. 벽옥(碧玉)

javr|ă, -e, s.f. **1.** 똥개 **2.** 깽깽 짖는 개 **3.** 건달

jazband, s.n. [음악]재즈 밴드

jaz, ~uri, s.n. 재즈

jărăgai, s.n. **1.** 가슴앓이 **2.** 질투 **3.** (병리) 가슴앓이

jder, ~i, s.m. [동물]담비

jefu|i, -esc, -ii, -it, vt. **1.** 훔치다 **2.** 샅샅이 뒤져 훔치다 **3.** 약탈하다, 강탈하다

jefuir|e, -i, s.f. **1.** 훔치는 것 **2.** 강도 **3.** 강탈, 약탈

jefuit|or, -oare, -ori, -oare, I. adj. 약탈하는, 약탈적인 II. s.m. 그리고 f. 강도, 도둑, 약탈자

jeg, ~uri s.n. 먼지, 오물, 불결

jeg|os, -oasă, -oşi, -oase, adj. 불결한, 더러운, 얼룩진

jejun, ~uri, s.n. [해부]공장(空腸)

jele|u, ~uri, s.n. 젤리(과자 요리)

jel|i, -esc, -ii, -it, I. vt. **1.** 조의를 표하다 **2.** 매우 슬퍼하다 **3.** 비탄하다 II. vr. vi. 신음하다, 슬퍼하다

jelir|e, -i, s.f. 비탄 애도

jeli|t, -tă, -ți, -te, adj. 슬퍼하는

jelitor, -oare, -ori, -oare, adj. (장례식에서) 대곡(代哭)하는, 통곡하는

jelu|i, -iesc, -ii, -it, I. vt. **1.** 한탄하다, 신음소리를 내다 **2.** 불평하다 **3.** 크게 외치다 II. vr. 슬퍼하다, 비탄하다

jeluir|e, -i, s.f. **1.** 한탄 **2.** 불평 **3.** 탄원, 청원

jelui|t, -tă, -ți, -te, adj. 한탄하는, 불평하는

jeluit|or, -oare, -ori, -oare, I. adj. 한

J

탄하는, 불평하는 II. s.m. 그리고 f. 불평하는 사람

jen|a, -ez, -ai, -at, I. vt. **1.** -을 방해하다 **2.** 불편을 느끼게 하다, 폐를 끼치다 **3.** (비유적으로) 당황하게 하다 ; îl jenează haina 옷이 그를 불편하게 만든다 ; mă jenează pantofi 신발이 나를 불편하게 한다 ; dacă nu vă jenează 만약 당신을 불편하게 하지 않는다면 II. vr. 부끄러워하는 ; a nu se jena să facă ceva -하는 것을 불편해하지 않다 ; nu te jena! 편하게 있어(지내)!

jenan|t, -tă, -ți, -te, adj. **1.** 골치 아픈, 성가신 **2.** 불편한 **3.** 지루한, 따분한

jena|t, -tă, -ți, -te, adj. **1.** 난처한, 곤란한 **2.** 편하지 못한, 안절부절 못하는

jenă, s.f. **1.** 불쾌, 불안, 불편 **2.** 당황, 곤혹, 난처함 **3.** 걱정 ; fără ~ 거리낌 없이 ; lipsit de ~ 불편함 없이 ;

jep, ~i, s.m. 난장이 전나무

jeratic, s.n. **1.** 타고 있는 석탄 **2.** 빨갛게 타다 남은 것 ; (ca) pe ~ 불안한 상황에 처한 ; a sta ca pe ~ 마음을 졸이다, 조바심 나다

jerb|ă, -e, s.f. **1.** (과일 이나 꽃 따위의) 송이, 다발 **2.** (베어낸 곡물의) 단, 묶음 ; ~ de apă 물바다 ; ~ flori 꽃다발

jerpel|i, -esc, -ii, -it, . vt. 갈기갈기 찢다 II. vr. 닳아서 헤지다, 누더기가 되다, 초라해지다

jerpeli|t, -tă, -ți, -te, adj. **1.** (옷이) 초라한, 낡은 **2.** 헤진, 누더기의 II. s.m. 그리고 f. 누더기를 걸친 사람, 부랑아

jerse|u, ~uri, s.n. **1.** (선원, 운동가들이 입는)스웨터 **2.** 모직 양복감 **3.** 모직 천

jertf|ă, -e, s.f. **1.** 봉납(奉納) 헌납, 공물, 재물 **2.** 희생자 **3.** 순교자, 열사 ; a aduce o ~ 희생하다, 순교하다

jertf|i, -esc, -ii, -it, I. vt.**1.** 희생하다, 재물을 바치다 **2.** 죽이다 II. vr. **1.** 희생되다, 재물로 바쳐지다 **2.** 일신을 바치다, 전념하다, 몰두하다 ; a-şi ~ viața pentru patrie 조국을 위하여 자신의 일생을 바치다(희생하다)

jeru|i, -iesc, -ii, -it, vt. 훔치다

jet|on, -oane, s.n. 화폐, (모조)화폐 ; ~ de prezentă 토큰, 승차권

jeț, ~uri, s.n. 안락의자

jgheab, ~uri, s.n. **1.** 파이프 **2.** 길게 패인 홈, 바퀴자국 **3.** 하수도, 하수구 **4.** (물방아 따위에 물을 대는) 수로 **5.** 라이플 총, 선조총, 소총 ; ~urile cerului 수문, 방조문(밀물을 막음), 출구

jigani|e, -i, s.f. **1.** 괴물 **2.** 도깨비, 유령

jigăr|i, -esc, -ii, -it, vr. 살이 빠지다, 여위다

jigări|t, -tă, -ți, -te, I. adj. 마른, 여윈, 마른 II. s.m. 그리고 f. 마른 사람

jign|i, -esc, -ii, -it, vt. **1.** 공격하다 **2.** 모욕하다, 마음을 상하게 하다 **3.** 나쁜 짓을 하다 ; a ~ buna-cuviință 버릇없이 굴다(행동하다)

jignir|e, -i, s.f. **1.** 공격, 모욕 **2.** 명예 회손, 치욕, 무례 **3.** 잘못

jigni|t, -tă, -ți, -te, adj. 무시당한

jignit|or, -oare, -ori, -oare, adj.**1.** 공격적이고 **2.** 모욕적인 **3.** 상처를 입히는 해치는, (비평 등이) 신랄한, 통

렬한

jigodi|e, -i, s.f. **1.** 디스템퍼 (개의 급성전염병) **2.** 옴 **3.** 불량배, 건달

jigou, ~ri, s.n.양고기의 다리 부분

jilav, ~ă, ~i, ~e, adj. 축축한, 습기 있는

jilăv|i, -esc, -ii, -it, I. vt. **1.** 축축하게 하다 **2.** 적시다, 젖게 하다 **3.** 뿌리다, 흩뿌리다 II. vr. 촉촉해지다, 젖어들다

jilăvi|t, -tă, -ți, -te, adj. 촉촉한, 축축한

jiletc|ă, -i, s.f.(남자용) 조끼

jilip, ~uri, s.n. **1.** (석탄, 곡물 따위를 높은 곳에서 낮은 곳으로 내려 보내는 홈통이나 관) 활송 (滑送) 장치 **2.** 운반 장치, 수로

jilț, ~uri, s.n.안락의자

jimbl|ă, -e, s.f. 흰 빵 덩어리

jind, s.n. **1.** 욕망, 바램, 기대, 열망, 동경 **2.** 부러움, 선망, 시샘 ; a se uita cu ~ la ceva -을 선망의 시선으로 바라보다, -을 부러운 시선으로 바라보다

jindu|i, -iesc, -ii, -it, vt. **1.** -을 바래다, 몹시 원하다 **2.** (남의 것을)탐내다 **3.** 갈망하다

jindui|t, -tă, -ți, -te, adj. 원하는

jinduit|or, -oare, -ori, -oare, adj.탐내는, 동경하는

jintiț|ă, -e, s.f. **1.** 치즈를 만들 때의 침전물, 유장 **2.** 치즈와 섞은 유장

jir, s.n. 너도 밤나무 열매

jirebi|e, -i, s.f. 토지의 작은 지역, 구획

jitnicer, ~i, s.m.식량 공급자, 준비담당자

jiu-jitsu, s.n. [스포츠]유도

jivin|ă, -e, s.f. **1.** 동물 **2.** 야생 짐승 **3.** 소름끼치는, 무서운 동물

jneapăn, jnepeni, s.m. 향나무속의 식물

joacă, s.f. **1.** 놀이, 놀기 **2.** 실외 운동 **3.** 게임, 경기, 시합 ; de ~ 재미로 ; din ~ 농담으로, 장난으로 ; a strica joaca 흥미를 감소시키다, 흥을 깨다

joant|ă, -e, s.f.(철도의) 이음쇠, 접합 부분

joard|ă, -e, s.f. **1.** (회초리로 쓰는) 나뭇가지 매, 회초리 **2.** 회초리로 때리기

joben, ~uri, s.n.비단 모자

joc, ~uri, s.n. **1.** 놀이 **2.** 게임, 시합, 경기 **3.** (야외에서 하는) 스포츠, 운동 **4.** 레크리에이션 **5.** (놀이에 사용되는) 기구, 세트, (카드놀이) 카드 한 팩, (볼링에서) 9핀 **6.** [연극]연기 스타일 **7.** [음악]연주 스타일 **8.**[춤] 춤추기; a ~ cinstit 공정한 게임 ; ~ de apă 수중게임 ; ~ de bursă 증권투기 ; un ~ de cărți 카드게임 ; ~ de cuvinte 단어퍼즐게임 ; ~ de noroc 복권 ; ~ de salon 실내게임 ; ~ de mut teatru 무언극 ; ~ nevinovat 순수한 게임 ; ~uri olimpice 올림픽 경기 ; casă de ~ 도박장 ; masă de ~ 카지노 테이블 ; minje de ~ 경기용 공 ; noroc la ~ 게임의 운 ; regulă de ~ 게임의 룰 ; teren de ~ 경기장 ; a-şi bate ~ de -을 놀리다 ; a face ~ul 내기에 걸다(도박하다) ; a ieşi din ~ 게임에서 빠지다 mi era viața în ~ 내 삶은 도박 이었다 ; a fi în ~ 성패가 걸려 있다, 위태롭게 되어 있다 ; a intra în ~ / a-i veni rândul la joc

J

(놀이에서) -의 차례이다 ; a pune în ~ 위험을 무릅쓰다 ; a pierde la ~ 게임에서 지다

joche|u, -i, s.m.(경마) 기수

joi, s.f. **1.** 목요일 **2.** Joia mare 성(聖) 목요일 (부활절 직전의 목요일) ; de ~ până mai apoi 잠시 동안, 한 철에, 끊임없이 ; îi lipseşte o ~e 그는 머리가 돌았다

joian1, s.m. 목요일에 태어난 암소에게 지어지는 이름

joian2, s.m. [식물]낙화생, 땅콩

joiană, s.f. **1.** 목요일에 태어난 암소에게 지어지는 이름 **2.** 루마니아의 전통 춤

joimăriț|ă, -e, s.f. **1.** 여자의 형체를 한 상상속의 괴물 **2.** 노처녀, 미혼녀, 깐깐하고 잔소리 많은 사람 **3.** 마귀할멈

jonc|ă, -i, s.f. 바닥이 평평한 중국의 돛배

joncțiun|e, -i, s.f. 결합, 접합, 연합, 합동

jongl|a, -ez, -ai, -at, vi. **1.** (구슬 따위로) 마술을 부리다 **2.** 익살을 떨다, 말로 속이다

jongler, ~i, s.m. **1.** 마술사 **2.** 사기꾼, 협잡꾼

jongleri|e, -i, s.f. 마술, 요술

J

j|os, -oasă, -oşi, -oase, I. adj. **1.** 낮은 **2.** 비천한, 비열한 ; o casă joasă 비천한 집 ; cu o voce joasă 낮은 목소리로 ; un om de statură joasă 신분이 낮은 사람 II. adv. **1.** 낮게, 아래로 **2.** 땅으로 **3.** 1층에 **4.** 바닥에 **5.** (감탄사적으로) 아래로! 내려와! ; cel mai de ~ 가장 낮은 ; cu capul în ~ 머리를 땅에 숙이고 ; cu ochii în ~ 눈을 내리깔고 ; de sus până ~ 위에서부터 아래로, 머리에서 발끝까지 ; în jos 아래로 ; în sus şi în ~ 위로 아래로 ; mai ~ 더 밑으로 ; pe Dunăre în jos 다뉴브강 아래로 ; cum vom vedea mai ~ 아래에서 보게 될 것처럼 ; a se plimba în sus şi în ~ 아래위로(왔다 갔다) 산책하다 ; soarele e ~ 태양이 졌다 ; stai ~! 앉아! III. s.n. 아래 부분 ; în ~ul scărilor 계단 아래 부분에

josnic, ~ă, ~i, ~e, I. adj. 비열한, 천한 II. adv. 비천하게, 비열하게, 천하게

josnici|e, -i, s.f. **1.** 비열함, 천함 **2.** 비열한 행위, 악행

joule, -i, s.m. [물리]줄 (에너지의 절대 단위 에르그 (erg)의 10의 7배

jovial, ~ă, ~i, ~e, I. adj. 유쾌한, 명랑한, 즐거운 II. adv. 유쾌하게, 명랑하게, 즐겁게

jovialit|ate, -ăți, s.f. 유쾌함, 명랑, 기분 좋음

jubil|a, -ez, -ai, -at, vi. 환성을 지르며 기뻐하다, 환희하다, 들뜨다

jubil|are, -ări, s.f. 환희, 환호

jubile|u, -e, s.n. (25년, 50년, 60년, 75년 따위의) 기념(축)제

jubiliar, ~ă, ~i, ~e, adj. **1.** 기념의 **2.** 기념의 해 **3.** 기념노래

juc|a, joc, -ai, -at, I. vi. **1.** 놀다, 놀이를 하다 **2.** (경기를) 하다 **3.** (유희를) 즐기다 **4.** 춤을 추다 **5.** [기술](부품 등이)쉽게 움직이다, 헐거운 **6.** 떠다니다 **7.** 움직이다 ; cine joacă? 누가 출연하니? ; a ~ à la baisse (재무) 증권의 하향장세에서 매매하다 ; a ~ à la hausse (재무) 증권의 상향 장세

에서 매매하다 ; a ~ într-o piesă 어떤 극에서 연기하다 ; a ~ la bursă 증권시장에서 매매하다 ; a ~ la loterie 복권을 사다 ; a ~ la sigur 안전한 경기를 하다 II. vt. **1.** 놀다 **2.** (장기 등에서) 움직이다 **3.** 위험을 무릅쓰다 **4.** [연극]공연하다 **5.** 춤을 추다 ; a ~ pe... 허풍 치다 ; a ~ biliard 당구를 치다 ; a ~ o carte 카드놀이를 하다 ; a ~ o fată 소녀와 춤을 추다 ; ea ştie cum să-l joace 그녀는 그를 어떻게 다루어야하는지 안다; a ~ o piesă 작품을 연기하다 ; a ~ un rol de... -의 역할을 담당하다 ; a ~ un vals 왈츠 춤을 추다 III. vr. **1.** 놀다 **2.** 시간을 보내다 **3.** 장난치다 **4.** (수동) 공연되어지다 ; astă seară se joacă Hamlet 오늘 밤 햄릿이 공연된다 ; la Teatrul Național se joacă Othello 국립극장에서 오델로가 공연된다 ; a se ~ cu cuvintele 단어로 퍼즐놀이하다

jucări|e, -i, s.f. **1.** 장난감 **2.** 시시한 일, 단순한 놀이 **3.** (인형극의) 손가락으로 놀리는 인형 ; e o (simplă în mâna ei 그는 단지 그녀의 손안의 인형이다(인형이나 다름이 없다), 그는 그녀의 꼭두각시이다

jucăt|or, -oare, -ori, -oare, s.m. 그리고 f. **1.** 운동선수, 경기자 **2.** 카드게임 하는 사람

jucăuş, ~ă, ~i, ~e, adj. **1.** 춤추기 좋아하는 **2.** 놀기 좋아하는, 까불며 장난치는, 농담의, 우스꽝스러운 **3.** (눈을) 뒤룩거리는, 돌리는

judec|a, judec, -ai, -at, I. vt. **1.** [법률]재판하다 **2.** (비유적으로) 판결을 선고하다 ; a ~ pe cineva prea aspru -을 심하게 다루다, 비평하다 **3.** 생각하다 II. vr. **1.** (cu cineva) 소송을 하다 **2.** 스스로를 판단하다 **3.** (소송에서) 판결이 나다 ; procesul nu se judecă azi 오늘 판결이 나지 않는다 III. vi 결정하다, 판결하다 ; a ~ după aparențe 외모로 판단하다

judec|are, -ări, s.f. **1.** 재판 **2.** 비판, 비평 **3.** 비난

judec|ată, -ăți, s.f. **1.** [법률]판결 **2.** 의견, 판단 **3.** 선고(배심원의) 평결 **4.** 이해력, 지성 ; ~ în primă instanță 일심판결 ; ~ civilă 민사판결 ; ~ contencioasă 논쟁이 있는 문제에 대한 판결 ; ~ definitivă 결정적인 판결 ; ~ grațioasă 임의의 판결 ; ~ interlocutorie 잠정적인 판결 ; ~ în lipsă 궐석판결 ; ~ în ultima instanță 최종판결 ; ~ preparatorie 예비판결 ; ~ falsă/greşită 잘못된 평가; ~ publică 공론(公論) ; ~ sănătoasă 정의로운 판결 ; cheltuieli de ~ 소송비용 ; după judecata lumii 세인에 의해서 평가된 ; după judecata mea so 의견에 따르면 ; la ~ 법정 ; lipsit de ~ 공정하지 못한 ; zi de ~ 판결일 ; a merge la ~ 법원으로 가다 a se prezenta la ~ 법원에 나타나다

judecător, ~i, s.m. **1.** 재판관 **2.** 판사 **3.** 중재자 ; ~ suprem 대법관, 대법원 판사

judecător|esc, -ească, -eşti, adj. **1.** 재판의 **2.** 판결의 **3.** 법원

judecători|e, -i, s.f. **1.** 법원 **2.** 법정 ; ~ de ocol/pace 지방 법원

judecător|easă, -ese, s.f. 판사

județ, ~e, s.n. 루마니아의 행정구역

J

județean, ~ă, ~i, ~e, adj. 행정구역의, 행정구역 사람의
judiciar, ~ă, ~i, ~e, I. adj. **1.** 재판의 **2.** 판결의 **3.** 사법상의, 법률상의 II. 재판으로
judici|os, -oasă -oşi, -oase, I. adj. 사려분별이 있는 II. adv. 사리분별력 있게
judo, s.n. 유도
jug, ~uri, s.m. **1.** 멍에 (두 마리의 소 등을 서로 목 부분에서 연결하는 것) **2.** [건축]틀장선, 장선받이 모 ; boi de ~ 수레나 쟁기를 끄는 소 ; a pune la ~ 멍에를 씌우다, 멍에를 매다 ; a trage împreună la ~ 함께 일하다, 멍에를 함께 지다
jugan, -i, s.n. 거세한 짐승, (특히) 거세한 말
jugăn|i, -esc, -ii, -it, vt. (말 등을) 거세하다
jugăni|t, -ți, adj. 거세된
juga|stru, -ştri, s.m. 단풍나무
jugul|a, -ez, -ai, -at, vt. -을 목 졸라 죽이다, 질식 시키다
jugular, ~ă, ~i, ~e, adj. [해부]경부(經部)의 ; arteră ~ă 경동맥 ; vână ~ă 경정맥
jugular|ă, -e, adj. 경부의, 인후부의
jugul|are, -ări, s.f. 질식사
jul|i, -esc, -ii, -it, I. vt. -을 긁다, 생채기를 내다 (피부를) 까다, 찰과상을 입히다 II. vr. 긁히다, 까지다
juli|t, -tă, -ți, -te, adj. 긁힌
julitur|ă, -i, s.f. 긁기, 찰과상
jum|ară, -ări, s.f. (돼지의) 지방찌꺼기
jumăt|ate, -ăți, s.f. **1.** 반, 2분의 1 **2.** (한 쌍으로 되어 있는 것의) 한쪽, (댄스의) 상대, 아내 **3.** [음악]2분 음표 **4.** (불완전한 상태) 반쪽 ; o ~ de an 6개월 ; o ~ de milă 반 마일 ; o ~ de om (옛이야기의) 식인 ; o ~ de oră 반 시간(30분) ; o ~ de sticlă 반병 ; copt pe ~ 반만 익은, 설익은 ; cu ~ de preț 반값으로 ; cu ~ mai puțin 반도 안 되게 ; de o ~ de zi 반나절의 ; a rupe în ~ 절반으로 나누다 ; a se opri la ~ de drum 길의 중간에서 멈추다 ; asculta pe ~ 그는 건성으로 들었다 ; a face ceva pe ~ 일을 어중간하게 하다 ; a face/merge ~ 절반씩 나누다
jumuleală, s.f. **1.** 잡아 뜯기 **2.** 강탈
jumul|i, -esc, -ii, -it, vt. **1.** 깃털을 쥐어뜯다, 뽑다 **2.** 빼앗다, 강탈하다 **3.** (껍질 따위를) 벗기다, (나뭇잎 따위를) 뜯어내다, 잎을 지게하다, 시들게 하다
jun|ă, -e, s.f. **1.** 소녀 **2.** 하녀, 아가씨 **3.** 처녀
junc, ~i, s.m. 수송아지
juncan, ~i, s.m. 수송아지, 거세된 소
juncă, ~i, s.f. (아직 새끼를 낳지 않은 3세 이하의) 암소
jun|e, -ă, -i, -e, I. adj. 젊은, 왕성한, 팔팔한 II. s.m. **1.** 청년, 젊은이 **2.** 풋내기 **3.** 소년
jungher, ~e, s.n. (양날이 있는) 단도, 단검, 비수
junghi, ~uri, s.n. (일반적으로 몸 내부의) 쑤심, 격동, 고통, 쑤시는 듯한 아픔
junghietur|ă, -i, s.f. 목덜미, 목의 뒷부분
jungl|ă, -e, s.f. 밀림지대, 정글

junimea, s.f. 루마니아의 문학 단체(회)

junimism, s.n. 주니메아주의

junimi|st, -stă, -şti, -şte, s.m. 그리고 f. junimea의 구성원(회원)

juninc|ă, -i, s.f. 암소

juni|or, -oară, -ori, -oare, s.m. 그리고 f. 연소자

junt|ă, -e, s.f. (쿠테타 직후 정권을 장악하는) 군사 정부

jupan, ~i, s.m. 과거 루마니아의 공국에서 높은 관직에 있던 이들을 높이는 칭호

jup|ă, -e, s.f. 치마

jupân, ~i, s.m. **1.** 귀족 (루마니아의 옛날의) 특권 계급의 사람 **2.** 명인 대가, 우두머리 **3.** 성인 남자

jupân|easă, -ese, s.f. **1.** 작위가 있는 여자 **2.** 귀족의 아내 **3.** 아내, 배우자

jupânaiț|ă, -e, s.f. 젊은 귀족의 아내, 젊은 귀족가의 여자

jup|on, -oane s.n. 페티코트 (스커트 속에 입는 여성용 속옷의 일종)

jupu|i, -jupoi, -ii, -it, I. vt. (짐승 따위의) 가죽을 벗기다 II. vr. **1.** (나무 등의) 껍질이 벗겨지다 **2.** (피부) 벗겨지다

jupui|ală, -eli, s.f. **1.** (피부의) 까짐, 까진 곳 **2.** 강탈 **3.** (동물의 가죽을) 벗기기

jupui|t, -tă, -ți, -te, adj. 껍질이(피부가) 벗겨진, (농작물 등이) 탈곡된

jupuit|or, -oare, -ori, -oare, adj. **1.** 동물의 가죽을 벗기는 **2.** 약탈하는

jupuitur|ă, -i, s.f. **1.** 긁기, 할퀴기, 찰과상 **2.** (병리) 낙설, 박리

jur, s.n. **1.** ~ de fereastră 창틀 ; de ~ împrejur 주변에 ; în jur de -의 근처에, -할 때, -의 즈음에 ; în ~ de... 대략, -정도의 ; pomul are/măsoară trei metri de ~ împrejur 그 나무는 둘레가 3미터나 된다

jur|a, jur, -ai, -at, I. vt. [법률] -을 맹세하다, -을 서약하다 II. vr. (자신에게) 맹세하다 ; a se ~ pe... -에 대하여 맹세하다 III. vi. jur! 나는 맹세해! ; n-aş putea să jur 난 맹세할 수 없었다 ; a ~ fals/strâmb 거짓 맹세하다

jurasic, ~ă, ~i, ~e, adj. 쥐라기의

jura|t, -tă, -ți, -te, I, adj. **1.** 맹세한, 선서한 **2.** 저주받은 II. s.m. 그리고 f. 배심원

jurăm|ânt, -inte, s.n. **1.** 맹세, 서약 **2.** 증언, 서언 **3.** (국민으로서) 충성의 맹세 ; ~ decizoriu 결정적인 맹세 ; ~ul martorului 증인의 맹세 ; declarație sub ~ 맹세하의 진술 ; ~ de credință 충성의 서약 ; a-şi călca ~ul 맹세를(서약을) 깨다 ; a da/face un ~ 맹세(서약)하다 ; a depune ~ul (직책이나 임무 등을 맡으면서) 선서하다 ; a confirma prin ~ 맹세로 확증하다

juri, s.m., pl. ; curte cu ~ 순회 재판소

juridic, ~ă, ~i, ~e, adj. **1.** 사법의, 재판의 **2.** 법리학의 **3.** 적법의, 법정의

juridiceşte, adv. 적법하게, 재판으로

jurisconsul|t, -tă, -ți, -te, s.m. 그리고 f. **1.** 법률 고문 **2.** 법률 전문가

jurisdicți|e, -i, s.f. **1.** 사법권 ; ~ consulară 영사관의 사법권 ; ~ de arbitraj 중재권 ; ~ penală 형사권 ;

conflict de ~ 사법권의 동일한 권리 ; imunitate de ~ 재판에 결과에 대한 면책권 **2.** 재판권, 사법권이 미치는 범위

jurisprudenț|ă, -e, s.f. 법(리학)

juri|st, -stă, -şti, -ste, s.m. 그리고 f. 법(리)학자, 법률 전문가

juri|u, -i, s.n. **1.** 배심원 **2.** 배심원 명부

jurnal, ~e, s.n. **1.** 신문 **2.** (지역) 신문 **3.** 관보 ; după ultimul ~ 금일까지, 최신식으로, 현대적으로 ; radio ~ 뉴스

jurnali|st, -stă, -şti, -ste, s.m. 그리고 f. **1.** 신문기자, 저널리스트 **2.** 리포터

jurnalistic, ~ă, ~i, ~e, adj. 신문의

jurnalistică, s.f. 저널리즘, (집합적) 신문 잡지

jurubiț|ă, -e, s.f. 다발, 묶음

ju|st, -stă, -şti, -ste, I. adj. **1.** 정당한, 적당한 **2.** 정확한 **3.** 합법적인, 적법한 **4.** 정의로운, 올바른 II. adv. 정당하게, 올바르게, 합법적으로, 정당하게

justețe, s.f. **1.** 정의 **2.** 공정, 공명 정대 **3.** 적당

justific|a, justific, -ai, -at, I. vt. **1.** -의 정당함을 증명하다 **2.** -을 변호하다 II. vr. 자기 자신의 무죄를 밝히다

justificabil, ~ă, ~i, ~e, adj. 정당화되는, 옳다고 증명 할 수 있는

justific|are, -ări, s.f. **1.** 정당화 **2.** 변호, 옹호 **3.** 무죄의 해명

justifica|t, -tă, -ți, -te, adj. 정당화된

justificativ, ~ă, ~i, ~e, adj. 정당화하는 ; piese ~e 증명서류, 증거서류

justifiabil, ~ă, ~i, ~e, adj. 재판에 회부되어야 할, 재판 할 수 있는

justițiar, ~ă, ~i, ~e, adj. 올바르게 하는

justiție, s.f. **1.** 정의 **2.** 테미스 (정의, 법률을 관장하는 여신) **3.** 법 ; a chema pe cineva înaintea ~i -을 기소(고소)하다 ; a deferi pe cineva ~i -을 대항하여 소송을 제기하다

juv|ăt, -ețe, (si ățuri), s.n. 고를 낸 매듭 (종종 교수형과 관련시켜서 비유적으로 쓰인다) 올가미, 덫

juvelnic, -e, s.n. 양어지 (池), 양어장

juvenil, ~ă, ~i, ~e, adj. 어린, 유소년의

juve|te, -ți, s.m. 치어, 어린 물고기

juxtalinear, ~ă, ~i, ~e, adj. 행간의 ; traducere ~ă 행간의 번역 (원문 밑에 번역을 함께 써넣은 것)

juxta|pune, -pusei, -pus, I. vt. -을 나란히 놓다, 병치하다 II. vr. 나란히 놓이다, 병치되다

juxtapuner|e, -i, s.f. 병렬, 병치

juxtapu|s, -să, -şi, -se, adj. 병렬의

juxt|ă, -e, s.f. 자습서, 참고서 ; a se servi de/a traduce cu ~ (학과의) 예습을 자습서로 하다

K

K, k, s.m. 루마니아어 알파벳의 14번째 자

kaki, adj. 카키색의, 카키색 천의

kaliu, s.n. 칼륨 (금속 원소의 하나, 원자 기호 k)

kanti|an, -ană, -eni, -ene adj. 칸트의, 칸트 철학의

kantianism, kantism s.n. 칸트(독일의 철학자)주의

kilo, s.n. 킬로그램 (1000 그램)

kilocalori|e, -i, s.f. 칼로 칼로리 (열량의 단위, 1000 칼로리)

kilogram, ~e, s.n. **1.** 킬로그램 **2.** 리터

kilogrammetr|u, -i, s.m. [물리]킬로그램미터 (일의 단위, 1 킬로그램의 무개를 1미터 들어올리는 열량)

kilolitr|u, -i, s.m. 킬로리터 (1000리터)

kilometr|a, -ez, -ai, -at, vt. **1.** 1킬로미터로 구분하다, 가르다

kilometraj, ~e, s.n. **1.** 킬로미터의 측정 **2.** 1킬로미터의 거리 (간격) **3.** 마일리지 기록

kilometric, ~ă, ~i, ~e, adj. **1.** 킬로미터의 **2.** 끝없는, 무한의

kilometr|u, -i, s.f. 킬로미터 (1000미터)

kilowa|tt, -ți, s.m. 킬로와트(전력의 단위) ; ~-oră 킬로와트 시(時) (에너지, 전력 양의 단위)

kirghiz, ~ă, ~i, ~e, I. adj. 키르기즈인(중서부 아시아의 몽고계 인종)의, 키르기즈어의 II. s.m. 그리고 f. 키르기즈인, 키르기즈어

kiselgur, s.f. 규조토

kripton, s.n. 크립톤(가스류원소의 하나, 원자 기호 kr)

kulm, s.n. [지질]쿨름 (하부 석탄계의 암층)

L

L, l, s.m. 루마니아어 알파벳의 15번째 자

l, pron. person. (인칭대명사 3인칭 단수 목적격 îl 의 축소형) 그를, 그 남자를, 그것을

la¹, prep, I. **1.** (장소, 지점, 공간, 방향, 거리) -에, -로, (시간) -에 **2.** (경우) -때에 **3.** (분배) -로 **4.** (다양한 관계) -에서 ; rănit la picior 다리를 다친 ; a se duce la Bucureşti 부쿠레슈티로 가다 ; la pagina trei 3쪽에 ; la doi aprilie 4월 2일에 ; la anul 내년에 ; la ora două 두 시에 ; la prânz 오후 시간에 ; la deal 언덕에 ; la vale 계곡에 ; ea stă la părinți 그녀는 부모와 함께 산다 ; la masă 식사 때에 ; ~ un an o ată 일년에 한번 ; ~ aceeaşi oră 같은 시간에 ; ~ îndemâna 가까이 ; ~ curte 법정으로 (또는 정원으로) ; ~ doi paşi de aici 매우 가까운 거리에서 ; o dată la două zile 이틀에 한번씩 (여격을 대신해서) -에게 ; n-am bani la mine 나에게는 돈이 없다 ; ~ o examinare serioasă 세심한 검사에서 ; ~ fel 똑같은 ; ~ fiecare două zile 매 이틀마다 ; ~ noi 우리에게는 ; ~ pas 천천히 ; ~ persoana întâi [문법]일인칭에서 ; ~ plecare 출발에 ; ~ prețul zilei 현재가격에 ; ~ prezentarea poliței 영수증 제출에서 ; ~ putere 권좌에서 ; ~ prânz 점심때 ; ~ Slatina 슬라티나에서 ; ~ teatru 극장에서 ; ~ țară 시골에서; ~ urma urmei 결국에는 ; ~ vale 계곡에서 ; pe ~ -정도에서 ; a-şi face serviciul militar ~ artilerie 군대에서 포병으로 근무하다 ; ~ ce te gândeşti? 너 무슨 생각하니? ; a merge ~ culcare 잠자러가다 ; s-a găsit o scrisoare ~ ea 그녀에게서 한통의 편지가 발견되었다 ; se duce ~ fratele său 그의 형에게로 가다 ; a lucra ~ lumina lămpii 전등 밑에서 일하다 ; n-am bani ~ mine 나에게는 돈이 없다 ; vino pe ~ noi! 우리에게로 와라! ; ea trăieşte la părinți 그녀는 부모님과 함께 산다 ; e ~ spital 그는 병원에 있다 ; a se întoarce ~ stânga 왼쪽으로 돌다(좌회전하다) ; vino ~ subiect! 주제로 돌아와라! ; a se uita ~... -을 쳐다보다

la², s.m. [음악] 라 (전음계의 여섯째 음)

la³, lau, lăui, lăut, I. vt. 씻기다, 씻겨주다, 머리를 감겨주다 ; la/ lă-mă-mamă 바보, 버릇(예의)없는 사람 II. vr. 씻다, 머리를 감다

lab|ă, -e, s.f. **1.** (동물의) 다리 **2.** 발 **3.** 앞다리 ; bate laba! 그것으로 정했다! ; a pune laba pe cineva -을 손아귀에(수중에) 넣다 ; a cădea în laba cuiva -의 손아귀에 빠지다

labial, ~ă, ~i, ~e, adj. **1.** 입술의 **2.**

[음성]순음의
labial|ă, -e, s.f. [음성]순음 (脣音)
labiliz|are, -ări, s.f. 순음화
labia|t, -tă, -ţi, -te, adj. 화관의, 순형 화관의
labiate, s.f. 화관 (花冠)
labil, ~ă, ~i, ~e, adj. 변화를 일으키기 쉬운, 불안정한
labio-dental, ~ă, ~i, ~e, adj. 순치음(脣齒音)의
labio-dental|ă, -e, s.f. 순치음
labirint, ~uri, s.n. **1.** 미로 **2.** 미궁
laboran|t, -tă, -ţi, -te, s.m. 그리고 f. 실험 조교
laborat|or, -oare, s.n. 실험실, 연구실, 시험소
laborios, -oasă, -oşi, -oase, I. adj. **1.** 힘든, 고난의 **2.** 끈기 있는, 노력하는 II. adv. 힘들여, 고생하여
lac[1], ~uri, s.n. 호수, 못, 연못, 늪 ; ~ sărat 소금 호수
lac[2], s.n. **1.** 니스, 래커, 유약 **2.** 칠기, 옻 **3.** 에나멜 ; a da cu ~ 광(윤)을 내다
lacăt, ~e, s.n. 자물쇠 ; a închide cu ~ul 잠그다 ; a-şi pune ~ la gură 입을 막다, 말을 못하게 하다
lacherd|ă, -e, s.f. **1.** 청색의 물고기 **2.** 전갱이류의 식용어
lache|u, -i, s.m. **1.** 하인 중복 **2.** 제복을 입은 하인, 허드레 일꾼
lacom, ~i, ~ă ~e, I. adj. **1.** 욕심스런, 탐욕한 **2.** 갈망하는, 열망하는 II. adv. 탐욕스럽게
laconic, ~ă, ~i, ~e, I. adj.간결한 II. adv. 간결하게
laconism, s.n. 간결, 간략함
lacrimal, ~ă, ~i, ~e, adj. 눈물의 ; canal ~ 누선 (涙腺) ; glandă ~ 눈물선(샘)
lacrim|ă, -i, s.f. **1.** 눈물 **2.** 비탄, 슬픔 **3.** (눈물의 한)방울; lacrimi amare 비통한(통렬한) 눈물 ; până la lacrimi 눈물이 날 때까지 ; lacrimi de crocodil 악어의 눈물 ; a avea lacrimi în ochi 눈물을 글썽이다 ; a plânge cu lacrimi amare 비통하게 울다 ; a râde cu lacrimi 크게 웃다 ; ochii i se umplură de lacrimi 그의 눈에는 눈물이 고였다 ; a izbucni în lacrimi 왈칵 울음을 터뜨리다
lacrimogen, ~ă, ~i, ~e, adj. **1.** 눈물을 자아내는 **2.** 지나치게 감상적인 ; gaz ~최루가스
lacta|t, -tă, -ţi, -te, adj. 젖 같은, 젖의 ; produse ~e 유제품
lactaţi|e, -i, s.f. 육아
lactee, adj. ; Calea ~ 은하수
lactic, adj. ; acid ~ 젖산
lactobar, s.n. 우유나 아이스크림 등을 파는 가게
lactometr|u, -e, s.n. 우유 계량기, 검유기
lacto-vegetari|an, -ană, -eni, -ene, adj. 유제품과 식물성(채식)만 섭취하는
lactoză, s.f. 유당 (乳糖)
lacunar, ~ă, ~i, ~e, adj. 틈의, 공백의
lacun|ă, -e, s.f. **1.** 틈, 간격 **2.** 공백
lacu|stru, stră, -stri, -stre, adj. **1.** 호수의, 호상의 **2.** 호상에서 생활하는(사는)
ladă, lăzi, s.f. **1.** 박스 **2.** 궤 **3.** 상자 ; ~ cu zestre 혼수가 들어있는 상자
lagăr[1], -e, s.n. 베어링, 축받이 ; ~ cu

볼 베어링, 공 모양의 연결부

lagăr², s.n. 감옥, 막사 ; ~ de concentrare 수용소

lagun|ă, -e, s.f. 개펄, 석호(潟湖), 초호 (礁湖)

laibăr, ~e, s.n. **1.** 몸에 꼭 끼는 자켓 **2.** 패딩 처리한(안감을 누빈) 조끼

laic, ~ă, ~i, ~e, I. adj. **1.** 속인의, 세속의 **2.** 문외한의 II. s.m. 그리고 f. 문외한

laiciz|a, -ez, -ai, -at, vt. 환속시키다, 속인에게 개방하다

laiciz|are, -ări, s.f. 세속화

laie, s.f. **1.** 집시무리 **2.** 무리

laitmotiv, ~e, s.n. **1.** 주악상, 중심 테마 **2.** 주지, 요지, 취지

lal|ea, -ele, s.f. 튤립

lama, s.m. 라마승 (불교)

lam|ă, -e, s.f. **1.** (칼 등의) 날 **2.** 얇은 쇠 판자 ; ~ de oțel 쇠날, 칼날 ; ~ de ras 면도날

lamă, s.f. 라마 (아메리카 낙타)

lambar, ~e, s.n. 은촉이음, 은촉 홈, 반턱맞춤

lamb|ă, -e, s.f. **1.** 마소를 매는 사슬이나 밧줄 **2.** 장부촉, 은촉 **3.** 깃, 깃털

lambrechin, ~e, s.n. 선반, 창 또는 출입구 위쪽에 드리운 장식 천

lamelar, ~ă, ~i, ~e, adj. 얇은 잎의, 얇은 판 모양의

lamela|t, -tă, -ți, -te, adj. 얇은 판 모양의, 박판(薄板) 조직의

lamel|ă, -e, s.f. **1.** (조직 세포막 따위의) 얇은 잎 **2.** 얇은 층(판) 층판

lamelibranhia|t, -tă, -ți, -te, I. adj. 판새류의 II. s.f. 판새류의 동물(대합, 굴, 홍합 등)

lament|a, -ez, -ai, -at, vr. 애도하다, 비탄하다

lamentabil, ~ă, ~i, ~e, I. adj. **1.** 슬픈, 통탄할 **2.** 비참한, 애처로운, 유감스러운, 서투른 II. adv. 통탄스럽게도, 심하게

lament|are, -ări, s.f. 비탄, 한탄

lamin|a, -ez, -ai, -at, I. vt. 얇은 판 모양으로 만들다, 펴서 늘리다 II. vr. 얇은 조각이 되다

laminat¹, ~e, s.n. 박편(판), 박편 모양으로 만든 쇠판이나 물건

lamina|t², -tă, -ți, -te, adj. 박편 작업의, 박편의, 박편 처리가 된

laminat|or, -oare, s.n. 압연기, 롤러

lamin|or, -oare, -s.n. 압연기 ; ~ universal 만능 연삭반(압연기)

lampadar, ~e, s.n. 가로등 기둥

lampagi|u, -i, s.m. 점등원, 점등 용구

lampan|t, -tă, -ți, -te, adj. 램프의 ; petrol ~ 램프 오일, 등유

lampas, ~uri, s.n. 제복 바지에 있는 줄무늬

lampă, lămpi, s.f. **1.** 램프 **2.** 전구 **3.** 벨브, 튜브 ; ~ cu petrol/ gaz/ oil/ paraffin 등유나 가스 등 ; ~ cu spirit 알코올램프 ; ~ de masă 식탁(탁자, 책상)용 등

lampi|on, -oane, s.n. (장식 등을 위한) 꼬마전등

lamură, s.f. **1.** 꽃의 개화 상태 **2.** 가장 좋은 시기 (부분), 한창때, 성시

lan, ~uri, s.n. 들판, 벌판, 개간 지대

lance, lănci, s.f. 창, 작살

lanecola|t, -tă, -ți, -te, adj. (잎이) 창 끝 모아의, 피침형의

land|ă, -e, s.f. **1.** 모래 투성이의황무

지(황야) **2.** 히스 따위의 관목이 무성한 황야
landou, ~ri, s.n. **1.** 4륜 마차 **2.** 유모차
langur|os, -oasă, -oşi, -oase, I. adj. 나른한, 권태로운 II. adv. 나른하게
langust|ă, -e, s.f. 대하
lanolină, s.f. 라놀린, 정제 양모지(연고, 화장품 연료)
lans|a, -ez, -ai, -at, I. vt. **1.** (배, 항공기 등을) 진수시키다 **2.** (계획에) 착수하다 **3.** [군사]공격하다 **4.** 확산시키다 **5.** (영화를) 배포하다 **6.** (패션) 상품을 출시하다 II. vr. **1.** 돌진하다 **2.** (사업 따위에) 나서다, 시작하다
lans|are, -ări, s.f. 착수, 시작, 시도, 진수, 발진
lansa|t, -tă, -ți, -te, adj. 진수된, 발사된, 발표된
lantern|ă, -e, s.f. **1.** (옥외용의) 휴대램프, 손전등 **2.** 채광이나 통풍창이 있는 작은 옥상 지붕 **3.** 손전등 ; ~ de buzunar 휴대용 전등 ; ~ magică 요술(마술)램프 ; ~ venețiană 중국식 램프
lanternou, ~ri, s.n. [건축]채광창
lanț, ~uri, s.n. **1.** 체인, 사슬 **2.** 케이블 **3.** 연결 줄 ; ~ de ceas 시계 줄 ; în ~uri 구속(구금)되어 있는 ; reacție în ~uri 연쇄반응 ; a forma un ~ (de oameni) 연결고리를 형성하다 ; a da drumul din ~ 사슬에서 풀다, 해방하다 ; a pune în ~ 사슬을 걸다, 속박하다 ; a se ține ~uri 연속적으로 일어나다
lanțet|ă, -e, s.f. 피침 (披針), 작은 창, 예첨창
laolaltă, adv. 함께, 합쳐서 하나로 된 ,하나로 뭉쳐지게
laparatomi|e, -i, s.f. 개복 수술
lapid|a, -ez, -ai, -at, vt. 돌을 던지다, 돌팔매질 하다
lapidar, ~ă, ~i, ~e, adj. **1.** 돌의, 보석의 **2.** 간결한, 간명한
lapis, (lazuli) s.n. 청금석
lapon, ~ă, ~i, ~e, I. adj. 랍란드인의, 랍란드어의 II. s.m. 그리고 f. 랍란드어 , 랍란드 사람
lapoviță, s.f. 진눈깨비, 도로의 살얼음
lapsus, ~uri, s.n. **1.** 오류, 공백 **2.** 공허, 기억상의 잘못 ; ~ calami 글의 실수 ; ~ liguae 말의 실수
lapte, lapturi, s.n. 우유 ; ~ acidulat 유산균 우유 ; ~ acru 시큼한 우유 ; ~ pasteurizat 파스퇴르 우유 ; ~ praf 분말우유 ; ~ proaspăt/ dulce 신선한 우유 ; Calea ~lui 은하수 ; dinți de ~ 유치 ; vacă cu lapte 젖소 ; vițel de ~ 젖먹이 송아지
lapți, s.m. (물고기의) 이리
larg, ~ă, ~i, ~e, I. adj. **1.** 넓은 **2.** 뻗은 **3.** 광대한 ; cu un gest mare 너그러운 제스쳐 ; c u mână ~ă 자유롭게 ; într-un sens ~ 광의로 ; pe ~ 폭넓게 II. s.n. **1.** 공간 **2.** 심해 **3.** v. lărgime ; în ~ 바다에서 în ~ul coastei Noii Anglii 뉴잉글랜드 해변에서 ; a fi/ se simți în/ la ~ul său 마음이 편하다, 마음 편히 쉬다 ; a ieşi/ porni în ~ (ul mării) 바다로 나가다
largheţe, s.f. 관대, 너그러움
largo, adv. [음악]아주 느리게, 장엄하게
lari, s.m. 고대 로마에서 집을 지켜주는 조상의 영혼

laringe, s.n. [해부]후두
laringal, ~ă, ~i, ~e, adj.**1.** [해부]후두의 **2.** [음성]후두음의 ; sunet ~ 후두음
laringial, ~ă, ~i, ~e, adj. [해부]후두의
laringit|ă, -e, s.f. [의학]후두염
laringosc|op, -oape, s.n. 후두경
larm|ă, -e, s.f. **1.** 소란, 소동 **2.** 소음 ; a face ~ 소란을 피우다
larv|ă, -e, s.f. **1.** 애벌레 **2.** 유충
larvar, ~ă, ~i, ~e, adj. 유충의
lasciv, ~ă, ~i, ~e, adj. 음탕한, 방자한, 추잡한
laş, ~ă, ~i, ~e, I. adj. 겁많은, 소심한 II. adv. 소심하게, 비겁하게 III. s.m. 그리고 f. 겁쟁이, 비겁자
lasso, s.n. 올가미 밧줄
laşit|ate, -ăţi, s.f. **1.** 겁, 소심 **2.** 비겁(한 행동)
la|t, -tă, -ţi, -te, I. adj. **1.** 넓은 **2.** 폭 넓은 **3.** 쭉 뻗은 ; ~ în piept 넓은 가슴 ; ~ în spate 등이 넓은 ; vorbe mari şi ~e 허풍스러운 이야기 ; a face o ~ă 실컷마시다 ; a lasă ~ pe cineva -를 내버려두다 ; a cădea ~ 발딱 넘어지다 ; a rămâne ~ -지점에 멈추다 ; II. s.n. 넓이 ; ~ de palmă 손바닥 넓이 ; de-a -ul 지나가는, 엇갈리는 ; în ~ 넓이로
laten|t, -tă, -ţi, -te, I. adj. **1.** 숨어있는, 잠복기의 **2.** 숨겨진, 잠재한 ; căldură ~ 잠열(潛熱) ; stare ~ă 잠복, 잠재 II. adv. 보이지 않게, 잠복하여, 잠재적으로
lateral, ~ă, ~i, ~e, I. adj. **1.** 옆의, 측면의 **2.** [음성]설측음의 II. adv. 옆쪽으로
latex, s.n. [식물]라텍스, 액체고무
latifundiar, ~ă, ~i, ~e, s.m. 그리고 f. 대지주, 큰 땅의 주인
latifund|iu, -ii, s.n. 거대 소유지, 대부동산
latin, ~ă, ~i, ~e, adj. 라틴의, 라틴 사람(어)의
latină, s.f. **1.** 라틴 사람(고대 로마인) **2.** 라틴어 ; ~ vulagară (통)속 라틴어, 민중 라틴어
latin|esc, -ească, -eşti, adj. 라틴 사람의, 라틴어의
latineşte, adv. 라틴식으로, 라틴어로
latinism, ~e, s.n. **1.** 라틴 어법, 라틴 말투 **2.** 라틴 성향
latini|st, -stă, -şti, -şte, I. adj. 라틴식의, 라틴화의, 라틴어의 II. s.m. 그리고 f. 라틴어 학자, 라틴어법 숙련자
latinitate, s.f. 라틴어 사용, 라틴어 어법
latiniz|a, -ez, -ai, -at, vt. 라틴어 식으로 하다, 라틴화 하다
latinizan|t, -tă, -ţi, -te, adj. 라틴식의, 라틴 양식의
latitudin|e, -i, s.f. **1.** [지리]위도 **2.** (비유적) 자유 ; la 20 grade ~ nordică 북위 20도 ;; a avea de plină ~a de a -할 자유를 가지다 ; ai toată ~a 너는 모든 자유를 가지고 있다 ; a lăsa la ~a cuiva să -에게 -하도록 내버려두다 ; rămâne la ~a ta să 그것은 너에게 달려있다
latrin|ă, -e, s.f. 공중 화장실
latur|ă, -i, s.f. **1.** 쪽, 면, 옆, 변 **2.** 측면, 국면, 양상 ; în lături 옆에서, 옆으로, (감탄사적) 옆으로 비켜!, 간

접적으로 ; a se da în lături 옆으로 비키다 ; a nu se da în lături de la... -에 대하여 아무렇지도 않게 생각하다

laț, ~uri, s.n. **1.** 올가미 **2.** 덫, 그물 **3.** 함정, 올가미 ; a întinde cuiva un ~ -에 올가미를 치다, -을 함정에 빠뜨리려고 하다 ; a cădea în ~ 함정에 빠지다 ; a prinde în ~ 덫으로 잡다, 덫을 설치하다

lațe, s.f. **1.** 양모 타래, 다발 **2.** 헝클어진 (뒤엉킨) 머리털

laudanum, s.n. 아편제

laudativ, ~ă, ~i, ~e, I. adj. **1.** 찬미의, 칭찬의 **2.** 칭찬하는, 찬사하는 II. adv. 칭송의, 찬양의

laud|ă, -e, s.f. **1.** 칭찬, 경의, 찬사 **2.** 의례적인 인사말 **3.** 영광, 찬미, 감사 ; demn/ vrednic de ~ 칭찬할만한, 칭찬할 가치가 있는, 훌륭한

laur, ~i, s.m. **1.** 승리, 명예 **2.** 산사나무 (의 열매) ; cunună de ~i 월계관 ; încununat cu ~i 월계관을 쓴 ; a culege ~i 영예를 얻다, 칭찬을 받다 ; a se culca pe ~i 성공에 만족하다

laurea|t, -tă, -ți, te, s.m. 그리고 f. **1.** 수상자, 계관 시인 **2.** 국가상 수상자

lavabil, ~ă, ~i, ~e, adj. 빨 수 있는, 물세척이 가능한

lavabou, ~ri, s.n. **1.** 세면장, 화장실 **2.** 세면대

lavalier|ă, -e, s.f. 넥타이

lavand|ă, -e, s.f. 라벤더 수 (라벤더로 향기를 낸 일종의 화장수)

lav|ă, -e, s.f. 용암, 화산암

lavin|ă, -e, s.f. 눈사태

laviț|ă, -e, s.f. 긴 의자, 벤치

laviu, ~ri, s.n. 동판 부식법, 수채화

lavoar, ~e, s.n. 세면대

laxativ, ~e, s.n. 용변을 순조롭게 하는 완화제

lazaret, ~e, s.n. 격리 병원, 검역소

lazurit, s.n. 청금석

lăbărț|a, -ez, -ai, -at, vr. **1.** 형태가 파괴되다 **2.** 늘어지다, 느슨하게 걸려 있다 **3.** 배를 깔고 엎드리다 **4.** (두 다리를) 벌리다

lăbărța|t, -tă, -ți, -te, adj. **1.** 모양이 (형태가) 흐트러진 **2.** 넓게 뻗은 **3.** 느슨하게(헐렁하게) 걸린 **4.** 배를 깔고 엎드린 **5.** (두 다리를) 벌린

lăcărie, s.f. **1.** 물웅덩이 **2.** 수영용 풀 **3.** 깊은 늪

lăcărit, s.n. 유전 방식 (의 한 종류)

lăcătus, ~i, s.m. 자물쇠 제조공 ; ~ de revizie 수리공, 수리 기술자

lăcătuşări|e, -i, -s.n. **1.** 열쇠 자물쇠 제조 수리업 **2.** 열쇠, 자물쇠 제조 수리 가게

lăcom|i, -esc, -ii, -it, vi. vr. **1.** 탐내다, 갈망하다 **2.** 동경하다, 선망하다 ; a se ~ la... -을 갈망하다

lăcomi|e, -i, s.f. **1.** 대식, 폭식 **2.** 식탐, 탐욕 ; cu ~ 탐욕스럽게, 게걸스레

lăcomi|t, -tă, -ți, -te, adj. 게걸스러운

lăcrim|a, -ez, -ai, -at, vi. **1.** 눈물을 떨어뜨리다 **2.** 울다 **3.** 눈물을 흘리다

lăcrimar, -e, s.n. 창문이나 문 위에 설치된 비 막이 처마

lăcrima|t, -tă, -ți, -te, adj. 눈물에 젖은

lăcrimăt|or, -oare, -ori, -oare, adj. 슬픈, 슬프게 만드는

lăcrimioar|e, -e, s.f. 은방울꽃
lăcu|i, -iesc, -ii, -it, vt. **1.** 니스 칠을 하다 **2.** 광택을 내다
lăcust|ă, -e, s.f. 메뚜기
lăfă|i, -iesc, -ii, -it, vr. 큰 대자로 드러눕다, 팔다리를 펴다
lăicer, ~e, s.n. 길고 가느다란 양탄자 (융단, 카펫)
lăi|eț, -ață, -eți, -ețe, I. adj. 유랑집시의 II. s.m. 그리고 f. 유랑 집시
lălă|i, -iesc, -ii, -it, vt. 윤창(輪唱)하다, 명랑하게 노래하다
lăl|âu, -âi, -âie, -âit, adj. 서투른, 어색한, 솜씨 없는
lămbu|i, -iesc, -ii, -it, vt. 은촉홈을 파다
lămbuit|or, -oare, s.n. 은촉
lămâi, s.m. 레몬나무
lămâ|ie, -i, s.f. 레몬 ; zeamă de ~ 레몬 쥬스(즙)
lămâioar|ă, -e, s.f. 백리향속 식물의 일종, 백리향
lămâiț|ă, -e, s.f. **1.** 레몬 나무의 일종 **2.** 백리향 (방향(芳香)이 있는 잎을 가진 광대수염 과의 관목)
lămpări|e, -i, s.f. 램프(전등, 전구)의 제전소, 안전등 창고
lămpiț|ă, -e, s.f. 작은 램프
lămur|i, -esc, -ii, -it, I. vt. **1.** 설명하다, 명료하게 하다, 해명하다, 해결하다 **2.** 계몽하다, 교화하다 II. vr. 이해하다, 동의하다
lămurir|e, -i, s.f. **1.** 설명 **2.** 해석 **3.** 해설 ; muncă de ~ 설명적인 노력, 주석 작업
lămuri|t, -tă, -ți, -te, I. adj. **1.** 설명된, 설명의 **2.** 명료한, 확실한 II. adv. 명백하게, 뚜렷하게
lămurit|or, -oară, -ori, -oare, adj. 설명의, 해석의
lăncier, ~i, s.m. **1.** 창기병 **2.** 옛날 독일, 폴란드의 창기병
lăpăi, vi. 겹쳐지다, 씌워지다, 덮이다
lăptar, ~i, s.m. 우유장수, 우유 배달부
lăptăr|easă, -ese, s.f. 우유 장수 (여성), 젖 짜는 여자
lăptări|e, -i, s.f. **1.** 우유 가게 **2.** 우유점, 낙농장 **3.** 낙동업, 낙농제품
lăptişor de matcă, s.n. 로열젤리
lăpt|oc, -oace, s.n. 물방아용의 물줄기, 물방아용 수로(水路)
lăpt|os, -oasă, -oşi, -osae, adj. **1.** 젖이 나는, 젖을 내는 **2.** 젖 같은, 유백색의
lăptuc|ă, -i, s.f. 상치
lărg|i, -esc, -ii, it, I. vt. **1.** 넓히다, 넓게 하다 **2.** 크게 하다, 늘리다, 확장하다 II. vr. 늘어나다, 늘어지다
lărgim|e, -i, s.f. 넓이, 폭 (가로 폭) ; de vedere 넓은 식견 (관점) ; având o ~ de... -의 폭(견해)을 가지고
lărgi|t, -tă, -ți, -te, adj. 폭이 넓은
lăsa, -las, lăsai, lăsat, I. vt. **1.** -하게 하다, -시키다 **2.** 놓아주다, 풀어주다, 풀어놓다 **3.** -하게 내버려두다 **4.** 멈추다, 그만두다, 포기하다 **5.** 간과하다, 생략하다 ; a ~ pe cineva să... -을 -하도록 내버려 두다 ; lasă-mă! 나를 제발 좀 (혼자 있게) 내버려 두게나! ; lăsând la o parte... -외에, -은 물론이고 ; fără a-şi ~ adresa 주소도 남기지 않은 채 ; să lăsăm amănuntele 세부적인 것(자질구레한 것)은 생략합시다 ; să lăsăm asta

pe mâine 그 일은 내일로 미룹시다 ; a-şi ~ barbă 수염을 기르다 ; vinul acesta lasă un gust neplăcut 이 포도주는 불쾌한 맛(인상)을 남긴다 ; a ~ să intre în... -안으로 (들어오도록) 허락하다 ; a ~ lucrul 일을 제쳐놓다 ; a ~ o moştenire cuiva -에게 유산을 남기다 ; a ~ ochii în jos 눈을 아래로(밑으로) 떨구다(떨어뜨리다) ; a ~ să aştepte -로 하여금 기다리게 하다 ; a ~ urme asupra (소유격) -에 영향을 끼치다 ; a ~ afară 생략하다 ; nu ~ pe mâine ce poţi face azi 오늘 할 수 있는 일을 내일로 미루지 마라 II. vr. **1.** 남겨지다 **2.** -에서 내리다 **3.** 약해지다, 가라앉다, 떨어지다, 앉다, 눕다 4. 감소하다, 축소하다, 사라지다, 몰락하다 ; a nu se ~ 포기하지 않다, 양보하지 않다 ; a se ~ de... -을 포기하다, 그만두다 ; a se ~ pe... -을 믿다, 신임하다 ; a se ~ în/ pe seama cuiva -에게 의존하다 ; a se ~ în voia (소유격) -하는 것을 포기하다 ; a se ~ învins 넘겨주다, 양도하다, 양보하다 III. vi. (열, 값 등이) 내리다 ; lasă! rmsid 내버려 두게!, 문제를 만들지 말게!, 개의치 말게!

lăsat, s.n. 고해 수요일 전의 3일 동안

lăsăt|or, -oare, -ori, -oare, adj. **1.** 부주의한, 소홀한 **2.** 맥없는, 활기가 없는

lăscaie, lăscăi, s.f. (영국의) 청동화; a nu avea nici o ~ 동전 한 닢 없다

lăstar, ~i, s.m. **1.** 옆가지, 분파 **2.** 초등학교

lăstăr|i, -esc, -ii, -it, vi. 싹이 트다, 발아하다

lăstăra|s, -şi, s.n. 막 자라는 관목, 어린 관목

lăstun, ~i, s.m. 바위 제비, 흰털 발제비

lătra, latru, lătrai, lătrat, vi. **1.** 짖다 **2.** 캥캥하고 짖다 **3.** 투덜거리다, 호통치다

lătrat, s.n. 짖음, 소리 지름

lătrătur|ă, -i, s.f. 짖는 소리, 울음소리

lăturalinc, ~ă, ~i, ~e, adj. **1.** 옆의, 측면의, 바깥쪽의 **2.** 격리된, 절연된 **3.** 완곡한, 우회적인 ; căi ~e 우회도로

lăturaş, ~ă, ~i, ~e, I. adj. 옆의, 측면의, II. s.m. **1.** (마차에 붙어 달리는) 말구종 **2.** 선도견 **3.** [체조] 안마

lături, s.f. pl **1.** 맛없고 멀건 음식 **2.** 돼지 먹이, 구정물

lăţ|i, -esc, -ii, -it, I. vt. **1.** 넓히다 **2.** 팽창시키다 **3.** 펴다, 뻗다 II. vr. 넓혀지다

lăţim|e, -i, s.f. (가로) 폭, 넓이 ; a avea o ~ de... -의 폭을 가지다, 폭이 -에 이르다

lăţ|os, oase, oşi, oase, adj. **1.** 털이 덥수룩한 **2.** 털투성이의 **3.** 긴 머리(털)의

lăuda, laud, lăudai, lăudat, I. vt. **1.** 칭찬하다, 환호하다, 찬양하다 **2.** 아첨하다 **3.** 입에 발린 말을 하다 II. vr. 큰소리치다, 자랑하다, 뽐내다 ; cum te mai lauzi? 어떻게 지내니?

lăudabil, ~ă, ~i, ~e, I. adj. 칭찬할 만한, 기특한, II. adv. 기특하게

lăudăr|os, oasă, oşi, oase, I. adj. 자랑하는, 제자랑 뿐인 과장된 II. s.m.

그리고 f. 허풍선이 자기 자랑하는 사람,

lăudăroşeni|e, -i, s.f. **1.** 자랑, 자만 **2.** 허풍, 자랑거리

lăuntric, ~ă, ~i, ~e, I. adj. 내부의, 안쪽의, 안의 II. adv. 안으로, 내부로

lăut, s.n. 씻기, 빨기, 세탁, 목욕

lăutar, ~i, s.m. 음악가, 바이올린 켜는 사람

lăut|ă, -e, s.f. **1.** 류트 (14-17 세기의 기타 같은 현악기) **2.** 바이올린 **3.** 현악기

lăutăr|esc, -ească, -eşti, adj. 음악가의, 바이올린 켜는 사람의

lăuz|ă, -e, s.f. 산후 조리하는 사람

lăuzie, s.f. 해산중, 분만, 산욕

lână, lânuri, s.f. **1.** 양모, 양털 **2.** (그리스 신화) 황금 양털 **3.** (제지용의) 목 섬유 ; ~ în ~ 완전한 양털 ; de ~ 양털로 된, 모의, 모 제품의

lânări|e, -i, s.f. 울(양모) 방적소

lânce|d, -dă, -zi, -de adj. 약한, 허약한

lâncezeală, s.f. **1.** 약함, 허약, 권태 **2.** 무감각 **3.** 냉담, 무관심

lâncez|i, -esc, -ii, -it, vi. **1.** 약해지다, 수척해지다 **2.** 불경기가 되다

lângă, prep, **1.** 옆에, 근접한, 가까이 **2.** 멀지 않게 **3.** -에 비교해서, -의 옆에 ; de ~ -의 가까이에(근처에) ; de pe ~ -의 주변에 -와 더불어, -에 추가하여 ; pe ~ că... -뿐만 아니라

lân|os, -oasă, -oşi, -oase, adj. 양털의, 양털 같은

L

leac, ~uri, s.n. **1.** 치료, 의료, 처치 **2.** (의)약 ; ~ universal 만병통치약 ; de ~ 의약의, 약용의, (nici de ~)전혀, 조금도 ; fără ~ 불치의, 교정(치료) 불능의 ; a-i găsi cuiva ~ul -에 달려들다, -을 야단치다 ; a da de ~ 약효를 보다(발견하다)

leafă, lefi, s.f. **1.** 급료, 월급 **2.** 임금, 품삯

leagăn, ~e, s.n. **1.** 요람 **2.** 요람지 **3.** 둥우리, 둥지 ; cântec de ~ 자장가 ; din ~ până la mormânt 요람에서부터 무덤까지 ; a se da în ~ 흔들리다, 진동하다, 매달리다

leal, ~ă, ~i, ~e, I. adj. 정직한, 성실한 II. adv. 정직하게, 성실하게

lealitate, s.f. 정직, 성실, 성의

leandr|u, -i, s.m. 서양의 마삭나무과의 상록 관목, 서양 협죽도

leasă, lese, s.f. **1.** 장애물 경주, 허들 경주 **2.** 둑, 댐, 양식, 고기를 잡는 어살 **3.** 수풀, 덤불

leat[1]**,** ~uri, s.n.병사, 군인(친숙하게 부르는 표현))

leat[2]**,** s.n. 할당액, 분당액

leaţ, ~uri, s.n. 얇고 긴 나무판자

lebădă, lebede, s.f. **1.** 백조 **2.** 백조 별자리(시그너스) ; cântecul lebedei 백조의 노래

lebărvurşt, ~i, s.m. (간으로 만든) 쏘시지

lectic|ă, -i, s.f. (1인용) 가마

lector, ~i, s.m. 강연자, 강사

lectorat, ~e, s.n. **1.** 강사의 직, 강좌 **2.** 강사 사무실, 교무실

lectur|ă, -i, s.f. 수업, 강의, 읽기 ; sală de ~ 강의실, 열람실 ; a face ~ 읽다, 강연하다, 강의하다

lecţi|e, -i, s.f. **1.** 학과 수업, 교과 **2.** 수업(시간) **3.** 숙제, 과제 ; ~ particulară 개인강습 ; a da cuiva o ~ -에게 강습을 하다, -을 가르치다 ; a da lecții 강습하다 ; a lua lecții de engleză 영어 레슨을 받다

lecu|i, -iesc, ii, it, I. vt. **1.** 치료하다, 교정하다 **2.** 고치다 II. vr. **1.** 고쳐지다 **2.** 회복되다

lefeg|iu, -ii, s.m. 고용인, 돈받고 일하는 사람

lefter, ~ă, ~i, ~e, adj. 무일푼의, 파산의, 파산된 ; a lăsa ~ pe cineva -을 탈취하다, -을 빈털터리로 만들다

lefter|i, -esc, ii, it, I. vt. -을 털다, 빈털터리로 만들다, 탈취하다 II. vr. (돈)이 없어 쩔쩔매다

leg|a, leg, ai, at, I. vt. **1.** (-에) 묶다, 매다, 잇다, 조이다, 연결하다 **2.** (책을) 엮다 **3.** 설립하다 **4.** 결혼하다 **5.** 매력을 느끼게 하다 **6.** 시작하다 **7.** 강요하다 **8.** [법률]진술하다 **9.** 표현하다 ; a ~capetele unei frânghii 로프의 양 끝을 연결하다 ; a ~ prietenie cu -와 친분을 맺다 ; a ~ o rană 상처를 묶다 ; a-și ~ soarta de... -와 운명을 같이 하다 ; a ~ de mâini 손을 묶다 ; a ~ la gard 바보로 만들다 ; a ~ strâns -을 단단히 묶다 II. vr. **1.** 엮어지다 **2.** 약속하다 **3.** 응고하다, 굳어지다 ; a se ~ de... -와 연결되다, -에 엮이다 ; a se ~ cu... -와 한 패가 되다 ; nu te lega de el! 그를 내버려둬! III. vi. (과일 등이) 과실을 맺다

legal, ~ă, ~i, ~e, I. adj. 법률상의, 합법의 II. adv. 법적으로

legalit|ate, -ăți, s.f. 적법, 합법, 정당함 ; a fi în ~ 법을 준수하다

legaliz|a, -ez, -ai, -at, I. vt. **1.** 증명하다, 확인하다 **2.** 적법화(합법화)하다 II. vr. 증명이 되다

legaliz|are, -ări, s.f. 보증. 인증

leg|are, -ări, s.f. 속박, 결합, 묶기

legat[1], s.n. **1.** 묶기 **2.** 책의 표지

legat[2], ~e, s.n. 유산

lega|t[3], -ți, s.m. 황제, 교황 등의 사자

lega|t[4], -tă, -ți, -te, I. adj. **1.** 구속된, 묶인 **2.** 일관된, 밀착한 ; bine ~ 억센, 강한, 불굴의 II. adv. 일관되게

legatar, ~ă, ~i, ~e, s.m. 유산 수령인

legato, adv. [음악]부드럽게, 음을 끊지 않고

legați|e, -i, s.f. 공사 관 조직 일체 (공사 파견, 직원 등)

legăm|ânt, -inte, s.n. **1.** 약속 **2.** 맹세, 서약 **3.** 동의, 이해

legăn|a, leagăn, ai, at, I. vt. **1.** 흔들다 **2.** 균형을 잡다, 평형을 유지 시키다 II. 흔들리다

legăna|t, -tă, -ți, -te, adj. 흔들림, 비틀거림 ; mers ~ 비틀거리는 걸음걸이

legăt|or[1], -oară, -ori, -oare, I. s.f. **1.** 머리 수건 **2.** 넥타이 **3.** 털 목도리 II. adj. 묶는

legător[2], ~i, s.m. **1.** 제책기, 제본하는 사람 **2.** 다발 (더미 묶음)짓는 농업 기계

legători|e, -i, s.f. **1.** 제본소, 제책소 **2.** 제본(업)

legătur|ă, -i, s.f. **1.** 끈, 띠, 테 **2.** 묶음, 다발 **3.** 관계 **4.** (서적 등의) 제본, 표지 **5.** 접속, 접촉 **6.** 조화, 하모니 **7.** [전기]커플링, 연결기 **8.** [기계]접합, 연접 ; în ~ cu... -와 관련하여 ; asta nu are nici o ~ cu problema 이것은 그 문제와는 아무런 관련이 없다 ; nu e nici o ~ între... -사이에는 아무런 연관이 없다

leg|e, -i, s.f. **1.** 법, 법칙 **2.** 규칙 **3.** [종교]율법 ; ~ constituţională 헌법 ; ~ de procedură 소송법 ; ~ eletorală 선거법 ; ~ nescrisă 관습법 ; ~ în vigoare 유효한 법 ; ~ penală 형법 ; legile jocului 게임의 법칙 ; după ~/ conform legii 법에 따르면 ; în afara legii 법외 이외에 ; în numele legii 법의 이름으로 ; a aplica ~a 법을 집행하다 ; a călca ~a 법을 어기다 ; a da o ~ 법을 발표하다 ; a respecta ~a 법을 준수하다 ; a pune pe cineva în afara legii -을 법률의 보호 밖에 두다 ; cuvântul lui ~ e pentru ea 그녀에게는 그의 말이 법이다

legendar, ~ă, ~i, ~e, adj. **1.** 전설적인 **2.** 신화의

legend|ă, -e, s.f. **1.** 전설 **2.** 신화 **3.** (지도, 삽화등의) 명, 범례, 설명

leghe, s.f. 연맹, 동맹

legionar, -i, s.m. **1.** (고대 로마의) 레기온 병 **2.** 철위병 (양차 대전 중 조직된 루마니아 내 파시스트 군 조직)

legislativ, ~ă, ~i, ~e, adj. 법률을 제정하는, 입법상의, 입법부의, 입법의 ; organ ~ 입법부 (조직) ; puterea ~ă 입법권

legislatur|ă, -i, s.f. **1.** 입법부, 입법기관 **2.** 입법 활동 기간

legislaţi|e, -i, s.f. 입법, 법률 제정

legist, ~ă, ~i, ~e, adj. ; (숙어적 형태로만 사용) medic ~ 법 의 학자

legitim, ~ă, ~i, ~e, adj. **1.** 합법의, 적법의 **2.** 법의 **3.** 정의로운, 올바른

legitim|a, -ez, ai, at, vt. **1.** 동일시하다, 확인하다 **2.** 합법으로 인정하다 **3.** 정당화하다

legitimaţi|e, -i, s.f. 신분증, 확인서, 신원 증명

legitimit|ate, -ăţi, s.f. 합법성, 정당성

legiuit|or, -oară, -ori, -oare, I. adj. 입법의 ; corpurile legiuitoare 입법부(기관) II. s.m. 그리고 f. 입법자, 입법부

legiun|e, -i, s.f. 군대, 군단, 다수, 무리

legum|ă, -e, s.f. 채소

legumicol, ~ă, ~i, ~e, adj. 채소의, 채식의

legumicult|or, -oară, -ori, -oare, s.m. 그리고 f. 원예가, 정원사, 채소 기르는 사람

legumicultur|ă, -e, s.f. 채소업, 야채업(농사)

legumin|os, -oasă, -oşi, -oase, adj. 콩의, 콩이 열리는

lehamite, s.f. 혐오, 싫증 ; a-i fi ~ de ceva -에 대해서 진절머리가 나다, -을 메스꺼워하다, -에 싫증이 나다

lei|t, -tă, -ţi, -te, I. adj. **1.** 전면에 걸쳐 **2.** 꼭 맞는, 적격의, 적당한 **3.** 꼭 닮은 ; a fi ~ 꼭 닮다 II. adv. 알맞게, 적당하게

lejer, ~ă, ~i, ~e, I. adj. 가벼운, 약한 II. adv. 가볍게, 사뿐히

lele, s.f. **1.** 여자 자매, 누이 **2.** 숙모 **3.** 젊은 여성 ; fecior/ pui/ fiu de ~ 서자, 사생아, 잡종, (욕으로) 자식, 놈

lemn, ~e, s.n. **1.** 나무 **2.** 재목, 살림, 숲 **3.** 나무 조각, 나무 막대기 ; ~e de foc 장작, 땔감, 불쏘시개 ; a face de ~ (a amorţi 마비되다, 곱아지다, 감각을 잃다 ; a dormi ~ 숙면하다, 곯아떨어지다

L

lemnar, ~i, s.m. **1.** 목수, 목공 **2.** 나뭇꾼

lemnări|e, -i, s.f. **1.** 나무, 재목 **2.** 목재 **3.** 나무 적재장

lemn|os, -oasă, -oşi, -oase, adj. **1.** 나무의, 목재의 **2.** 나무와 같은, 목질의

lenaj, ~uri, s.n. **1.** 모직, 모포 **2.** 모직물

lene, s.f. 게으름, 나태

leneş, ~ă, ~i, ~e, I. adj. **1.** 게으른 **2.** 한가한 **3.** 나태한 **4.** 생기 없는 II. adv. 게으르게, 한가하게 III. s.m. **1.** 게으름뱅이 **2.** [동물]나무늘보

lenev|i, -esc, ii, it, vi. 게으르다, 꾸물거리다

leninism, s.n. 레닌주의 (Leninism)

lenini|st, -stă, -şti. -ste, I. s.m. 그리고 f. 레닌주의자, II. adj. 레닌주의의

lenitiv, ~ă, ~i, ~e, adj. [의학]진통성의, 통증을 완화하는, 진통제

lenjer|easă, -ese, s.f. 여재봉사

lenjeri|e, -i, s.f. **1.** 속옷 내의 (특히 여성) **2.** 침구, 이부자리

len|t, -tă, ţi, -te, I adj. 속도가 느린, 더딘 II. adv. 천천히

lenticular, ~ă, ~i, ~e, adj. 렌즈의, 안구 수정체의

lentil|ă, -e, s.f. **1.** 렌즈, 수정체 **2.** 확대경, 확대렌즈

leoaic|ă, -e, s.f. 암사자

leoarb|ă, -e, s.f. **1.** 갈고랑쇠 **2.** 함정, 올가미

leoarcă, adj. 흠뻑 젖은, 똑똑 떨어지는

leonin, ~ă, ~i, ~e, adj. **1.** 사자의 **2.** 용맹스러운, 당당한 ; contract ~ 당당한 협정 (협약)

leopar|d, -zi, s.m. 표범

leordă, s.f.. [식물]잎이 넓은 마늘의 일종 leurdă

lepăd|a, lepăd, -ai, -at, I. vt. **1.** 떨어지게 내버려 두다 **2.** 던지다, 집어 던지다 **3.** -을 던져버리다 **4.** 떠나다, 포기하다 ; a ~ masca 마스크를 벗기다 ; a-şi ~ pielea (뱀 따위가) 허물을 벗다 II. vr. ; a se ~ de... -을 끊다, -을 부인하다 III. vi. 실패하다, 성공하지 못하다, 유산하다

lepăd|are, -ări, s.f. 떨어뜨림, 무심코 행함 ; ~ de sine 금욕, 무사

lepădătur|ă, -i, s.f. **1.** 유산 조산아, 팔삭 동이 **2.** 괴물, 기형동물 **3.** 악당, 자식

lepidodendron, ~i, s.m. **1.** 비닐(모양)의 모수석(模樹石)

lepidopter, ~e, s.n. (인시류의 곤충) 나방, 나비 따위

lepr|ă, -e, s.f. [의학] **1.** 나병 **2.** 흑사병, 전염병 **3.** 더러운 (비열한) 놈

lepr|os, -oasă, -oşi, -oase, I. adj. 나병의, 나병에 걸린 II. s.m. 그리고 f. 나(병)환자

leprozeri|e, -i, s.f. 나병원, 나환자 요양소

lesbian|ă, -e, s.f. 동성애를 하는 여자

lesne, adv. 쉽게 ; ~ crezător 쉽게 믿는, 경솔하게 믿어 버리는

lesnici|os, -oasă, -oşi, -oase, I. adj. 쉬운 II. adv. 쉽게

lespe|de, -zi, s.f. **1.** 널빤지, 판, 평판 **2.** 포석, 판석 **3.** 묘석, 묘비

lest, ~uri, s.n. (배에 짐이 적을 때 배의 균형을 위해 바닥에 실은) 모래

나 돌로 된 바닥짐

leş, ~uri, s.n. **1.** 시체, 송장 **2.** 동물의 시체

leşie, s.f. **1.** 양잿물 (세탁용) 알킬리액 **2.** 담그는 통(액체) **3.** 용해, 알칼리

leşietic, ~ă, ~i, ~e, adj. **1.** 알칼리, 가성소다 **2.** 회색, 어두움 **3.** 짭짭함, 소금기

leşin, ~uri, s.n. 기절, 졸도

leşin|a, leşin, -ai, -at, vi. 실신하다, 기절하다 ; a ~ de râs 졸도할 정도로 웃다

leşina|t, -tă, -ţi, -te, adj. **1.** 기절한, 졸도의 **2.** 아찔한, 기절 할 것 같은 **3.** 사랑에 고민하는, 상사병에 걸린 ; ~ de foame 배가 고파서 기절할 것 같은 ; ~ de oboseală 지쳐서 기절할 것 같은

letargic, ~ă, ~i, ~e, adj. 혼수의, 혼수상태의

letargi|e, -i, s.f. 혼수(상태), 인사불성

let|on, ~ă, ~i, ~e, adj. **1.** 레트(Lett)인의, 레트어의, 레트어 **2.** 레트비아(발트해 연안의 구 소련방 공화국)

letonă, s.f. 레트어

letopiseţ, -e, s.n. **1.** 연대기 편년사 **2.** 연대기

le|u, -i, s.m. **1.** 사자 **2.** 루마니아 화폐 단위

leuc|ă, -i, s.f. 디딤대, 디딤목, 옆에 댄 널 ; lovit cu leuca (머리가) 이상한, 머리가 돈, 취한

L

leucemie, s.f. [의학]백혈병

leucocită, s.f. [의학]백혈구

leucocitoz|ă, -e, s.f. [의학]백혈구의 증가

leuc|om, -oame, s.n. [의학]백내장(안과)

leucoree, s.f. [의학]백대하(白帶下)

leurd|ă, -e, s.f. 야생 마늘, 들 마늘

leuştean, s.m. 미나리류의 일종

lev|a, -e, s.f. 불가리아의 화폐 단위(레프, 레바)

levantin, ~ă, ~i, ~e, I. adj. 레반트 지방의 II. s.m. 그리고 f. 레반트 사람

levat|ă, -e, s.f. 묘기, 재주, 책략

levănţică, s.f. 라벤더 (유럽산 방향성인 꿀풀과에 속하는 다년생)

leviatan, ~e, s.n. [성서] 레비아단(수중에 사는 거대한 괴물)

levier, ~e, s.n. 지레, 수단, 레버

levi|ga, -ghez, -gai. -gat, vt. 거르다, 물에 담가 우리다

levig|are, -ări, s.f. 거르기, 여과

levuloz|ă, -e, s.f. 과당

lexic, s.n. 어휘, 단어, 용어

lexical, ~ă, ~i, ~e, adj. 어휘의, 단어의 ; fondul principal ~ 기초어휘

lexicograf, ~ă, ~i, ~e, s.m. 그리고 f. 사전 편집자

lexicografic, ~ă, ~i, ~e, adj. 사전 편집의

lexicografie, s.f. 사전 편집(법)

lexicolog, ~ă, ~i, ~e, s.m. 그리고 f. 어휘론자

lexicologic, ~ă, ~i, ~e, adj. 어휘론의

lexicologie, s.f. 어휘론

lexic|on, -oane, s.n. 사전, 사서

lez|a, -ez, -ai, -at, vt. **1.** 나쁜 짓을 하다, 부당한 취급을 하다 **2.** 상처를 입히다 **3.** 위험하게 하다

leziun|e, -i, s.f. 상해, 상처, 손상

lezmaiestate, s.f. 불경죄, 대역죄

lian|ă, -e, s.f. **1.** 목성(木性) 덩굴 식물 **2.** 정글에 번성한 덩굴류

lian|t, -ți, s.m. 묶는 것, 바인더, 바인딩

libarcă, libărci, s.f. 바퀴(벌레)

libați|e, -i, s.f. 헌주, 신주, 음주

libelul|ă, -e, s.f. 잠자리

liber[1], ~e, s.n. 참피 나무

liber[2], ~ă, ~i, ~e, I. adj. **1.** 자유의 **2.** 독립한 **3.** 유용한 **4.** (사람에 대해서) 자유로운 **5.** 자연적인 **6.** 열린 **7.** 무료의 **8.** [화학]비연쇄의 ; ~ arbitru 자유의지 ; ~ de -로부터 자유로운 ; ~ de prejudecăți 편견이 없는 ; în aer ~ 야외에세 ; timp ~ 자유시간 ; intrarea ~ă 자유로운 입장 ; traducere ~ă 의역 ; zi ~ă 쉬는 날 ; a da cuiva mână ~ă -에게 도움을 주다 ; a avea timp ~ 자유시간을 갖다 ; a fi ~ să facă ceva -하기에 자유롭다, -할 시간이 있다 II. adv. 자유롭게

liber|a, -ez, ai, at, I. vt. **1.** 전속시키다, 전역(예비역) 하다 **2.** 해방하다, 자유롭게 하다 II. vr. 전속되다, 옮겨지다, 이적되다

liberal, ~ă, ~i, ~e, I. adj. 자유주의의, 자유로운, 자유주의자의, 개방적인 II. adv. 자유로이, 개방적으로

liberalism, s.n. 자유주의

liberalit|ate, -ăți, s.f. 관대, 너그러움

liber|are, -ări, s.f. 해방, 석방 ; ~ de datorie 의무로부터의 해방 ; ~ definitivă 완전한 석방 ; ~ pe cauțiune 보석 ; ~ provizorie 임시석방 ; ~a condițională 조건부 석방

liberat|or, -oare, -ări, -oare, s.m. 그리고 f. 해방자, 구제자

liber|t, -ți, s.m. 로마 노예 (신분 또는 책무) 로부터의 해방(된자)

libert|ate, -ăți, s.f. **1.** 자유 **2.** 해방 **3.** 면허, 허가, 지나친 자유 ; ~a cuvântului 발언의 자유 ; ~a presei 언론의 자유 ; ~a religiei 종교의 자유 ; ~a supravegheată 보호감찰 ; în ~ 상세하게, 충분히, 자유롭게 ; a da cuiva ~ deplină -에게 자유행동을 허용하다 ; a-şi lua ~a da a/ să... 감히 -을 하다, 제멋대로 -을 하다, 실례되게 -을 하다 ; a pune în ~ 자유롭게 해주다, 방면하다

libertin, ~ă, ~i, ~e, I. adj. 방자한, 방탕한 II. s.m. 방탕자, 난봉꾼

libertinaj, s.n. 방탕, 난봉

libidin|os, -oasă, oşi, -oase, I. adj. 호색의, 선정적인, 외설적인 II. adv. 외설적으로

librar, ~i, s.m. 책장수, 책방(주인)

librări|e, -i, s.f. **1.** 서점, 책방 **2.** 서적(도서)판매업

libret, ~e, s.n. 가사, 대본, 오페라나 오라토리오의 대본

libreti|st, -şti, s.m. 리브레토 (libret) 의 작가

licăr, ~e, s.n. **1.** 섬광, 광채 **2.** 불꽃

licări, pers.3, licăreşte vi. **1.** 불꽃을 튀기다, 번쩍이다 **2.** 번쩍 빛나다 **3.** 희미하게 비치다

licărir|e, -i, s.f. **1.** 섬광, 불꽃 **2.** v. licăr

liceal, ~ă, ~i, ~e, adj. 중등교육과정의, 고등학교의

lice|an, ~ană, ~eni, ~ene, s.m. 그리고 f. 고등학생

licenț|ă, -e, s.f. **1.** 면허, 인가, 허가 **2.**

L

(면허의) 등급 정도 **3.** 면허증 ; a şi lua ~ 면허를(면허증을) 취득하다

licenți|a, -ez, -ai, -at, vt. **1.** 해고하다 **2.** 해산시키다

licenția|t, -tă, -ți, -te, s.m. 그리고 f. -의 허가를 얻은 자, -의 면허를 얻은 자 ; ~ în drept 법학사 ; ~ în litere 문학사 ; ~ în ştiinţe 이학사

licenți|os, -oasă, -oşi, -oase, adj. 방탕한, 음란한, 점잖지 못한

lice|u, -e, s.n. (중)고등학교

liche|a, -le, s.f. **1.** 아첨꾼 **2.** 건달

lichefi|a, -ez, -ai, -at, I. vt. **1.** 녹이다 **2.** 액화시키다 II. vr. 용해되다, 액화되다, 녹다

lichefia|t, -tă, -ți, -te, adj. 액체의, 액상의 ; aer ~ 액체 공기

lichefier|e, -i, s.f. 액화

lichelism, s.n. **1.** 알랑거림, 아첨 **2.** 비열함, 불량기

lichen, ~i, s.m. 지의류의 식물, 이끼

lichi|d, -dă, -zi, de, I. adj. **1.** [음성] 유음의 **2.** 유창한, 흐르는 듯한 **3.** 쉽게 현금화 되는 II. s.n. **1.** 액체, 음료 **2.** [음성]유음

lichid|a, -ez, -ai, -at, I. vt. **1.** 청산하다, 철폐하다, 끝내다 **2.** 끝맺다 **3.** 처리하다 **4.** 지우다 없애다 II. vr. 청산되다

lichid|are, -ări, s.f. 청산, 폐지, 정리 ; ~a unei succesiuni 상속권의 정리 ; ~a unei societății 회사의 청산, 파산

lichidat|or, -oară, -ori, -oare, s.m. 그리고 f. (파산 따위의) 청산인

lichior, ~uri, s.n. 리큐르, 달고 향기 있는 독한 술

lici|t, -tă, -ți, -te, adj. 합법의, 정당한

licit|a, -ez, ai, at, I. vi. (경매 등에서) 값을 매기다 II. vt. 경매하다

licitan|t, -tă, -ți, -te, s.m. 그리고 f. 경매인, 값을 매기는 사람

licitați|e, -i, s.f. 경매

lic|oare, -ori, s.f. **1.** 과즙, 신주, 넥타 **2.** 음료

lictor, ~i, s.m. 릭터 (고대 로마의 하급 관리)

licurici, s.m. 흙 개똥벌레

lider, ~i, s.m. 지도자, 선도자, 리더

lied, ~uri, s.n. 노래, 가곡

lift, ~uri, s.n. 승강기, 엘리베이터

lift|ă, -e, s.f. **1.** 이상한 사람 **2.** 이교도, 이방인 **3.** 철면피, 천박한 사람

liftier, ~ă, ~i, ~e, s.m. 그리고 f. 승강기 수행인(시중드는 사람)

ligament, ~e, s.n. 인대, 유대, 연줄

ligatur|ă, -i, s.f. **1.** 잡아매기, 연결 **2.** (혈관 따위를 잡아매는) 결찰사 **3.** [인쇄] 연자, 합자

lig|ă, -i, s.f. **1.** 동맹, 연맹, 연합, 리그 **2.** 결합, 동맹국

lighe|an, -ne, s.n. **1.** 물동이 **2.** 사발 **3.** 세면기

lighioan|ă, -e, s.f. **1.** 동물 **2.** 야수 **3.** (집합적) 가금

lignific|are, -ări, s.f. 목화(木化)

lignin|ă, -e, s.f. 목질(木質)

lignit, s.n. 아탄(亞炭)

lihn|i, -esc, ii, it, vr. ; a I se ~ de... -때문에(-로 인하여) 기운을 잃다, 실신하다, 현기증이 나다

lihni|t, -tă, -ți, -te, adj. 기절 할 것 같은, 아찔한, 굶주린, 쇠약한

liliac¹, ~i, s.m. 라일락

liliac², ~i, s.m. 박쥐

liliacee, s.f. 나리 (백합)과

L

liliach|iu, -ii, adj. 라일락색의
liliputan, ~ă, ~i, ~e, I. adj. 릴리푸트 (liliput) 사람의, 난쟁이의 II. s.m. 그리고 f. 릴리푸트 사람, 난쟁이
liman, ~uri, s.n. **1.** 둑, 제방 **2.** 연안, 해안 **3.** 항구
limbaj, ~e, s.n. **1.** 언어 **2.** 말하기, 발언 **3.** 말투, 어법
limb|ă, -i, s.f. **1.** [해부]혀 **2.** 언어 **3.** 어조 **4.** 불꽃 ; ~ literară 문어 ; ~ maternă 모국어 ; ~ moartă 사어 ; ~ modernă 근대어 ; ~ rea 나쁜말 ; ~ vie 살아있는 언어 ; cu limba scoasă 몹시 지쳐서 ; a arăta/ a scoate limba (la doctor) 의사에게 혀를 내밀어 보이다 ; a dezlega limba cuiva -의 말문을 열다 ; a-şi înghiţi limba 혀를 치아 안쪽(뒤쪽)으로 유지하다 ; a-şi muşca limba -의 혀를 깨물다 ; a prinde ~ (눈, 얼음, 날씨 등이) 풀리기(녹기) 시작하다, 염탐하다 ; a trage pe cineva de ~ -에게 알리다, 신호하다 ; a fi cu două limbi 일구이언하다, 거짓말하다
limbric, ~i, s.m. 회충
limbu|t, -tă, -ţi, -te, I. adj. 이야기하기 좋아하는, 말 많은 II. s.m. 그리고 f. 수다쟁이
limbuţi|e, -i, s.f. 수다, 재잘거림
limfatic, ~ă, ~i, ~e, adj. 림프의, 림프액 (질)의
limfatism, s.n. 임파선
limf|ă, -e, s.f. 림프, 임파(액)
limfocit, ~e, s.n. 림프구, 림프 세포
limit|a, -ez, -ai, -at, I. vt. **1.** 제한하다, 한계를 두다 **2.** 축소하다 II. vr. 자제하다, 제한되다
limit|are, -ări, s.f. **1.** 제한, 한정 **2.** 교구, 편협
limita|t, -tă, -ţi, -te, adj. **1.** 제한된, 한정된, 금지된 **2.** 모자라는 듯한, 줄인 **3.** 좁은, 가는, 편협한, 도량이 좁은
limitativ, ~ă, ~i, ~e, adj. 제한된, 한정된
limit|ă, -e, s.f. **1.** 한계, 극한, 제한 **2.** 제한 시간 **3.** [수학]제한 값 (가치) ; fără ~ 무제한의 ; ambiţia lui nu avea limite 그의 야망은 끝이 없었다 ; a depăşi orice ~ 한계를 벗어나다 ; a pune/ fixa o ~ 제한하다
limitrof, ~ă, ~i, ~e, adj. -에 인접한
limnologie, s.f. 호소학, 담수 생물학
limonad|ă, -e, s.f. 레몬 수, 레몬 에이드
limonit, s.n. 갈철광
limpe|de, -zi, I. adj. **1.** 깨끗한 **2.** 맑은, 명료한 **3.** 명백한 **4.** 정직한 ; a avea o idee ~ despre... -에 관하여 확실한 생각을 가지고 있다 II. adv. 분명하게
limpez|i, -esc, -ii, -it, I. vt. **1.** (액체 등을) 정화하다 **2.** 헹구다, 씻어내다 **3.** 분명히 하다 II. vr. **1.** (날씨가) 맑아지다 **2.** (액체가) 깨끗해지다 **3.** (사건, 사물 등이) 분명하게 되다
limpeziciun|e, -i, s.f. 맑음, 명확, 명료
limuzin|ă, -e, s.f. 세단형 자동차, 리무진
lin¹, ~i, s.m. 잉어류의 유럽산 담수어
lin², ~ă, ~i, ~e, I. adj. **1.** 고요한, 조용한 **2.** 속도가 느린, 더딘 **3.** 점잖은, 온화한 II. adv. 조용히, 점잖게, 온화

하게
linariț|ă, -e, s.f. 야생마
lindin|ă, -i, s.f. 기생충의 알, 유충
lineal, ~e, s.n. **1.** 자 **2.** [인쇄] 잉크가 흘러들어 가는 라인(괘) **3.** 빗질 된 (가지런히 정리된) 길고 가느다란 조각, 세편
lingă|u, -i, s.m. **1.** 대식가, 포식가 **2.** 아첨꾼
linge, ling, linsei, lins, I. vt. 핥다, 빨다 ; a-şi ~ buzele 입술을 빨다 ; a-şi ~ degetele 자신의 손가락을 빨다 II. vr. 서로 핥다(빨다) ; a se ~ pe bot 너무 늦게 출전하다
lingoare, s.f. 장티푸스
lingotier|ă, -e, s.f. 금은괴 주조 (주형)
lingo|u, ~uri, s.n. 금이나 은 의 덩어리, 금은 괴
lingual, ~ă, ~i, ~e,, adj. 혀의, 말의, 설음의
lingurar, ~i, s.m. **1.** 숟가락 (주로 목재) 만드는 사람 **2.** 집시
lingur|ă, -i, s.f. 숟가락
linguriț|ă, -e, s.f. **1.** 차 스푼 **2.** 디저트 스푼
lingur|oi, -oaie, s.n. 국자
linguş|i, -esc, -ii, -it, I. vt. 아첨하다, 굽실거리다 II. vr. 굽실거리다, 아부하다, 아첨하다
linguşir|e, -i, s.f. **1.** 아첨 **2.** 알랑거림, 아양
linguşit|or, -oară, ori, -oare, I. adj. 아첨하는 II. s.m. 아첨꾼
lingvi|st, -stă, -şti, -ste, s.m. 그리고 f. 언어학자
lingvistic, ~ă, ~i, ~e, adj. 언어학의, 언어학상의, 어학의
lingvistic|ă, -e, s.f. 언어학
lini|a, -ez, -ai, -at, vt. 선을 긋다, 구별하다
liniar, ~ă, ~i, ~e, I. adj. 직선의, 곧은, 쭉 뻗은 II. adv. 곧게, 직선으로, 똑바르게
linia|t, -tă, -ți, -te, adj.줄(선)을 그은 ; hârtie ~ă 선(줄)이 그어진 종이
lini|e, -i, s.f. **1.** (다양한 의미의) 선, 줄, 열 **2.** 일련, 연속(물) **3.** 방향 **4.** 자 ; ~ aeriană 항공 ; ~ curvă 곡선 ; ~ de autobuz 버스노선 ; ~ de cale ferată 철로 ; ~ de conduită 폴리스 라인 ; ~ de luptă 전선 ; de tramvai 트람바이 노선 ; ~ genealogică 족보 ; ~ pararelă 평행선 ; de prima ~ 가장 중요한 ; în linii mari 광범위하게 말해서 ; a coborî în ~ directă din - 의 직계 후손으로 내려오는 ; a fi pe ~ 옳다, 올바른 접근법(방법)이다
linier|e, -i, s.f. 줄긋기, 괘선 작업
lini|oară, -oare, s.f. 연자 부호, 하이픈
linişte, s.f. **1.** 조용함, 고요함, 평화, 적막 **2.** 침묵 ; ~ mormântală 완전한 침묵 ; în ~ 침묵 속에서, 고요하게, 조용하게
linişt|i, -esc, -ii, -it, I. vt.**1.** 진정시키다, 가라앉히다 **2.** 위로하다, 위안하다, 편하게 해주다 **3.** (어린아이를) 조용하게 하다, 달래다 II. vr. **1.** 조용해지다, 고요해지다 **2.** 진정되다 **3.** 멈추다 ; linişteşte-te! 진정하게!, 마음을 가라앉히게! ; savantul nu se va ~ până când... 그 학자는 -할 때까지는 단념하지 않을 것이다
linişti|t, -tă, -ți, -te, I. adj. **1.** 정지한, 움직이지 않는 **2.** 조용한 **3.** 소음 없

L

는 II. adv. 조용하게
liniştit|or, -oară, -ori, -oare, adj. 안심시키는, 안심되는, 마음 든든한
liniuţ|ă, -e, s.f. 선, 줄 ; ~ de unire 하이픈, 연자부호
linograf, ~e, s.n. 자동식자기, 라이노타이프
linogravur|ă, -i, s.f. 목판(화)
linoleum, ~uri, s.n. **1.** 리놀륨, 바닥 압착 깔개 **2.** 기름먹인 천, 유포
linotip, ~uri, s.n. 라이노타이프 (자동 주조 식자기)
linotipi|st, -stă, -şti, -ste, s.m. 그리고 f. 라이노타이프(linotip) 식자공
lin|s, -să, -şi, -se, adj. **1.** 핥은 **2.** (머리 등이) 매끄러운, 윤기가 나는
linş|a, -ez, -ai, -at, vt. 린치를 가하다
linşaj, -e, s.n. 사형, 사벌
lin|te, -ţi, s.f. [식물]편두, 렌즈 콩
lintiţ|ă, -e, s.f. 좀 개구리 밥
lin|x, -cşi, s.m. 스라소니
lipan, ~i, s.n. 황갈색의 광물성 천연안료
lipaz|ă, -e, s.f. 리파아제, 췌액, 지방분해 효소
lipăi, lipăi, -ii, -it, vi. 발의 각질을 문질러 떼다.
lipcă, adv. 움직이지 않고 한자리에 있는 ; a sta ~ 꼼짝하지 않고 (서)있다
lip|i, -esc, -ii, -it, I. vt. **1.** 붙이다 **2.** 풀칠하다 **3.** 고무를 바르다 **4.** 고정하다 **5.** 용접하다 ; a ~ de... -에 붙이다, -에 적용(응용)하다, -로 향하다 ; a-şi ~ faţa de geam 얼굴을 유리창에 붙이다 ; a ~ cuiva o palmă -의 따귀를 찰싹 때리다 II.. vr. **1.** -에 붙다 **2.** 눈을 감다 **3.** 끈적해지다 ; a se ~ de... -에 달라붙다, -로 전달되다, 이익을 얻다 ; nu se lipeşte învăţătura de el 공부하는(배우는) 것이 그에게는 너무 어렵다 ; mi se lipesc ochii de oboseală 피곤하여 눈이 감기다 ; a se ~ de un perete 벽에 붙어(가까이에) 서있다
lipici, ~uri, s.n. **1.** 우아, 매혹 **2.** 아교, 접착제, 풀
lipici|os, -oasă, -oşi, -oase, adj. **1.** 끈끈한 **2.** 끈적이는, 들러붙는 **3.** 끈적끈적한
lipi|e, -i, s.f. 평평하고 둥근 빵 덩어리
lipi|t, -tă, -ţi, -te, adj. 달라붙은 ; sărac ~ 너무나 가난한
lipit|or, -oare, -ori, -oare, s.f. **1.** 거머리 **2.** 흡혈귀 고리 대금업자
lipitur|ă, -i, s.f. **1.** 납땜, 땜 **2.** 초 벽칠
lipom, ~uri, s.n. 지방종
lipov|ean, -eană, -eni, -ene, I. adj. 다뉴브 델타에 거주하는 사람의 II. s.m. 그리고 f. 다뉴브 델타에 거주하는 사람
lips|ă, ~uri, s.f. **1.** 부재, 결석 **2.** 결핍, 부족 **3.** 실수, 잘못 **4.** 필요, 궁핍, 곤궁 ; ~ de bani 돈의 부족 ; ~ de drepturi 권리의 부족 ; ~ de răspunderi 책임감 부족 ; ~ de grijă 관리부족, 관심의 부족 ; ~ la cântar 무게부족(중량미달) ; din ~ de... -의 부족으로 ; ~ de timp 시간부족 ; a aduce ~ de... -이 필요하다 ; a fi ~ de... -이 부족하다
lips|i, -esc, -ii, -it, I. vi. **1.** 결석 (불참)하다 **2.** (법정에) 궐석하다 **3.** 부재하다 **4.** 필요하다 ; a-i ~ ... -이 필

L

요하다, -이 부족하다 ; nu-mi lipseşte nimic 내가는 부족한 것이 없다 ; de ce ai ~t de la şcoală? 너는 왜 학교를 결석했냐? ; a ~ (de) la întâlnire 약속을 지키지 못하다 II. vt. 빼앗다 III. 1. 거절하다 2. 포기하다 ; a se ~ de... -을 포기하다, -을 단념하다, -없이 지내다

lipsi|t, -tă, -ţi, -te, adj. **1.** 빈곤한, 빈궁한 **2.** 결핍한 , 결핍된 **3.** -을 박탈당한 ; ~ de ... -이 결여된, -이 부족한 ; ~ de inimă 냉정한, 냉혹한 ; ~ de minte 이성적이지 못한

lir|ă, -e, s.f. **1.** 수금, 서정시 **2.** 거문고 **3.** 칠현금 **4.** [화폐] 리라 ; păsărea ~ (호주산) 금조

liric, ~ă, ~i, ~e, adj. **1.** 서정적인 **2.** 서정시 적인, 감정의

liric|ă, s.f. **1.** 서정시조 (풍), 감상주의 **2.** 서정시

lirism, s.n. 서정주의

lis|ă, -e, s.f. **1.** [항공]가설 활주로 **2.** 선반

lisez|ă, -e, s.f. 윤(광택) 내는 기계

list|ă, -e, s.f. **1.** 목록, 명부 **2.** 행사 일람표 요람 ; ~ de candidaţi 후보 등록 부 ; ~ electorală 선거인단 명부 ; a întocmi o ~ 명부(리스트)를 작성하다

lişiţ|ă, -ţe, s.f. 큰물 닭, 대머리 물 닭

litani|e, -i, s.f. **1.** 장황한 애기 **2.** 시시하고 장황한 이야기

litargă, s.f. [화학]일산화연 (도자기의 유약이나 유리의 원료)

literal, ~ă, ~i, ~e, adj. 문자의, 문자로 나타낸

literalmente, adv. 문자 그대로

literar, ~ă, ~i, ~e, I. adj. 문학의, 문예의, 문필의 II. adv. 문학상으로, 문학적으로

litera|t, -tă, -ţi, -te, s.m. 그리고 f. 문학가, 저작가, 유식한 사람

literatur|ă, -i, s.f. **1.** 문학 **2.** (참고목록의) 참고자료 ; ~ comparată 비교문학 ; ~ ştiinţifico-fantastică 공상과학문학

liter|ă, -e, s.f. **1.** 글자, 문자 **2.** 문학 **3.** 활자 (체) ; ~ cu ~ 문자 그대로, 엄밀하게 ; om de ~ 학자 ; a rămâne ~ moartă 사어로 남다

litiaz|ă, -e, s.f. 결석 병

litigi|os, -oasă, -oşi, -oase, adj. 소송의, 소송 할 수 있는

litig|iu, -ii, s.f. 소송, 고소

litiu, s.n. 리튬

litograf, ~ă, ~i, ~e, s.m. 그리고 f. 석판 공, 석판화가

litografi|a, -ez, -ai, at, vt. 석판으로 인쇄하다

litografic, ~ă, ~i, ~e, adj. 석판 (인쇄)의

litografi|e, -i, s.f. 석판술, 석판 인쇄

litografiere, s.f. 석판 인쇄하기

litoral, ~uri, s.n. 해안선 ; pe ~ 해안에서

litosferă, s.f. 암석권, 지각

litot|ă, -e, s.f. 곡언법, 완서법

litr|ă, -e, s.f. **1.** 1/4 리터 **2.** 1/4 킬로그램

litr|u, -i, s.m. 리터

lituan|ă, -e, s.f. 리투아니아 사람 [언어]

lituanian, ~ă, ~i, ~e, I. adj. 리투아니아 (어, 사람)의, II. s.m. 그리고 f. 리투아니아 사람 (말)

liturghi|e, -i, s.f. **1.** 예배식, 전례 **2.**

상찬식 **3.** 미사
liturghier, ~e, s.n. 미사 전서, 기도서
liturgic, ~ă, ~i, ~e, adj. 예배식의
liț|ă, -e, s.f. 전선 가닥 (줄)
livadă, livezi, s.f. **1.** 과수원 **2.** 잔디, 목초지 **3.** 초원
livi|d, -dă. -zi, -de, adj. 납빛의, 창백한
lividit|ate, -ăți, s.f. 납빛, 잿빛
livr|a, -ez, -ai, -at, vt. **1.** 배달하다, 전하다 **2.** 공급하다
livrabil, ~ă, ~i, ~e, adj. 배달 될 수 있는, 인 도 준비가 된
livr|are, -ări, s.f. 배달, 납품, 교부, 공급
livr|ă, -e, s.f. (무게의 단위인) 파운드
livre|a, -le, s.f. 제복, 정복
livr|esc, -ească, -ești, adj. **1.** 서적(상)의 **2.** 학구적인
livret, ~e, s.n. ; a ~ de economii 저축 은행 통장 (CEC 통장) ; ~ militar 군인 신분증, 확인서
lizibil, ~ă, ~i, ~e, adj. 읽기 쉬운, 명료한
lizier|ă, -e, s.f. **1.** (숲 등의) 가장자리 **2.** (직물의) 변폭, 식서
lob, ~i, s.m. **1.** 둥근 돌출부, 엽 (葉) **2.** 귓불
loba|t, -tă, -ți, -te, adj. 열편 (裂片)의, 얇게 패어 들어간
lobod|ă, -e, s.f. 명아주과의 잡초
lobul, ~i, s.m. **1.** [해부]소엽(小葉) **2.** [식물] 소열편
loc, ~uri, s.n. **1.** 장소, (극장 등에서) 자리, (땅) 부지, (토지) 구획지역 **2.** 통로 **3.** 직업 **4.** 기회 ; ~ comun 공공장소 ; ~ de casă 집의 부지 ; ~ de întâlnire 만남의 장소 ; ~ de naştere 태어난 장소 ; ~ de parcare 주차장 ; ~ de trecere 통과지점 ; ~ geometric 궤적 ; ~ în colț 구석자리 ; ~ în spate 뒤편의 자리 ; ~ sigur 안전한 지역 ; ~uri ieftine 저렴한 좌석 ; de ~ 전혀 ; de pe ~ 전혀 움직이지 않는, 멈춰서있는 ; din ~ în ~ 여기저기 ; în ~ul (소유격) -대신에 ; în ~ul tău 너의 입장에서, 너의 위치에서 ; în tot ~ul 모든 장소에서 ; în/prin unele ~uri 몇몇 장소에서 ; la ~ 전에 있던 대로 ; la un ~ 함께 ; pe ~ 즉석에서, 그 자리에서 ; a-şi afla ~ul 자리를 잡다 ; a avea ~ 발생하다 ; a da ~ la -에 자리를 내주다 ; a-şi face ~ 자신을 위해서 공간을 만들다 ; faceți ~! 비켜주세요! ; a lua ~ 자리에 앉다 ; luați ~! 앉으세요! a ocupa mult ~ 많은 장소를 차지하다 ; a ține ~ul cuiva -의 자리를 대신하다 a o lua din loc 출발하다 ; a pune ceva în locul (소유격) -의 자리에 -을 넣다 ; 요-te la ~ul tău! 너의 자리로 돌아가라! ; a fi la fața ~ului 현장에 있다 ; a sta pe ~ 전혀 움직이지 않다 ; stai pe ~! 움직이지 마라! ; nu era ~ul sa... -할 여지가 없었다 ; nu mai era nici un loc 어떤 자리도 없었다(남아 있지 않았다)
local, ~ă, ~i, ~e, I. adj. 지방의, 국부의 ; anestezie ~ă 국부 마취 II. s.n. **1.** 건물 **2.** 레스토랑 **3.** 펍(pub)
localit|ate, -ăți, s.f. 위치, 장소, 지역
localiz|a, -ez, ai, at, I. vt. **1.** 국한하다 **2.** 지방화하다 **3.** 배치 (배속)하다

II. vr. **1.** 국한 (제한)되다 **2.** 지방화되다
localnic, ~ă, ~i, ~e, adj. 원주민의, 출생의, 토착인의
locaş, ~uri, s.n. **1.** 주거, 거처 **2.** 집 **3.** 홈, 좁은 통로, 주화 넣는 구멍
locatar, ~ă, ~i, ~e, s.m. 그리고 f. **1.** 숙박인, 하숙인 **2.** 차용자 **3.** 입원자, 수용자
locativ, ~ă, ~i, ~e, I. adj. **1.** 거주하는, 차용하는 **2.** 임대의, 임차의, 지대의 II. s.n. [문법]처격(어)
locaţi|e, -i, s.f. **1.** 차용, 임차 **2.** 임대 **3.** 세, 고용, 보수
loco, adv. **1.** [상업]현장도 조건으로 **2.** 지역적으로
locomobil, ~ă, ~i, ~e, adj. 이동의, 이동 할 수 있는
locomobil|ă, -e, s.f. 수송용 증기 기관 (차)
locomotiv|ă, -e, s.f. 기관차, 엔진 기관 ; ~ cu abur 증기 기관 ; ~ electrică 전기 기관
locomot|or, -oare, -ori, oare, adj. 이동의
locomoţi|e, -i, s.f. 이동(력), 여행(기관)
locotenen|t, -ţi, s.m. **1.** [군사]중(소)위, 위관, (상관 부재시) 대리관 **2.** 중령 **3.** 대(중)위
locotenenţ|ă, -e, s.f. ; ~ domnească 임시 통치자, 임시 대리인, 대표자 역
locotract|or, -oare, s.n. 기관차나 객차를 선로 위에서 끄는 작은 기관차
locş|or, -oare, s.n. 조그만 구획지 (토지, 장소)
locţiitor, -oare, -ori, -oare, s.m. 그리고 f. **1.** 대리인, 관리인 **2.** (정치 활동 등에 있어서) 대리, 서리
locu|i, -iesc, -ii, -it, vi. 살다, 거주하다 ; a ~ în... -에서 살다, -에 거주하다
locuibil, ~ă, ~i, ~e, adj. 살기에 알맞은, 서식하기에 적당한
locuint|ă, -e, s.f. **1.** 거주지, 주택, 거처 **2.** 보(소)유물 **3.** 집, 아파트, 연립주택 ; a se stabili cu locuinţa la ... -에 숙소를 정하다
locui|t, -tă, -ţi, -te, adj. 사람이 살고 있는
locuit|or, -oare, -ori, -oare, s.m. 그리고 f. **1.** 주민 **2.** 서식 동물
locuţiun|e, -i, s.f. 구, 관용구, 어구
loden, ~e, s.n. 거친 털, 투박한 방수천, 보풀 (코트, 외투)
loess, ~uri, s.n. [지질]중국 북부, 미시시피 강, 라인강 유역 등의 황토, 뢰스
logaritm, ~i, s.m. [수학] 대수 ; tab(e)lă de ~i 대수 표
logaritmic, ~ă, ~i, ~e, adj. [수학]대수의
logic, ~ă, ~i, ~e, I. adj. 논리적인, 필연적인 II. adv. 논리적으로, 논리상으로
logică, s.f. 논리(학)
logici|an, -ană, -eni, s.m. 그리고 f. 논리학자
logistică, ~ă, ~i, ~e, I. adj. 논리학의 II. s.f. 수리 논리학
logod|i, -esc, -ii, it, I. vt. 약혼시키다 II. vr. 약혼하다
logodn|ă, -e, s.f. 약혼 ; inel de ~ 약혼반지

logodnic, ~i, s.m. 약혼자
logodnic|ă, -e, s.f. 약혼녀
logof|ăt, -eți, s.m. **1.** (주로 정부 내의) 각종 고관 명, 대법관 **2.** v. vătaf ; ~ de obiceiuri 의전관
logogrif, ~uri, s.n. **1.** 글자 맞추기, 글자 놀이 **2.** 퍼즐
logoree, s.f. 수다, 다변
logos, ~uri, s.n. **1.** (우주의) 이치, 이성 **2.** 발언 (하나님의) 말씀 **3.** 가르침, 설교
loial, ~ă, ~i, ~e, I. adj. **1.** 성실한, 고결한, 충실한 **2.** 정직한 **3.** 솔직한 II. adv. 충실하게, 정직하게
loialit|ate, -ăți, s.f. **1.** 충성, 성실 **2.** 정직 **3.** 솔직함
loitr|ă, -e, s.f. 마차 짐칸 옆에 물건이 떨어지지 않도록 덧 댄 울타리
loj|ă, -i, s.f. **1.** 극장의 박스, 객석 **2.** 객차 내의 작은 객실 **3.** 숙소, 오두막집
lombar, ~ă, ~i, ~e, adj. [해부]허리의, 요추의
lombard, ~uri, s.n. 금융 대부 (이탈리아 Lombardy 의 대금업자들이 행한 금융업)
londonez, ~ă, ~i, ~e, I. adj. 런던의, 런던 토박이의 II. s.m. 그리고 f. 런던시민
longevit|ate, -ăți, s.f. 장수
longitudinal, ~ă, ~i, ~e, adj. 경도의, 세로의
longitudin|e, -i, s.f. 경도 ; la 5° estică 동경 5도에
lop|ată, -eți, s.f. **1.** 부삽 **2.** 가래 **3.** 노 ; cu lopata (din belşug) 많이, 풍부히, 유복하게 ; a da la ~ -에 창을 달다, 선동하다
lopăt|a, -ez, ai, at, vi. 배를 젓다, 저어가다
lopătar, ~i, s.m. **1.** 노 젓는 사람 **2.** 보트 젓는 사람, 사공 **3.** 노랑 부리 저어새
lor, I. adj. pos. (소유형용사) 그들의 ; (소유관사와 함께) a, al, ale, ai ~ 그들의 것 II. pron. (대명사 3인칭 복수) 그들에게
lor|d, -zi, s.m. 지배자, 주인
lorniet|ă, -e, s.f. 관극용 소형 쌍안경, 오페라글라스
lorni|on, -oane, s.n. **1.** 코안경 **2.** 외알 안경
lostriț|ă, -e, s.f. 표면이 거칠거칠한 면포
lot, ~uri, s.n. **1.** 일부, 분배, 몫 **2.** 할당, 분담 **3.** 구상
lotc|ă, -i, s.f. 기선, 보트
loteri|e, -i, s.f. **1.** 추첨, 복권 **2.** 운, 숙명
loto, ~uri, s.n. **1.** 숫자 카드 맞추기 놀이 **2.** 복권, 추첨
lotu|s, -şi, s.m. 연꽃
loțiun|e, -i, s.f. **1.** 묽은 샴푸, 액체 **2.** 묽은 로션
lov|i, -esc, -ii, -it, I. vt. **1.** 치다, (손으로) 때리다 **2.** 강타하다 **3.** 찰싹 때리다 **4.** -에 도달하다, 맞추다 **5.** 상처주다, 해를 입히다 II. vr. **1.** 서로 치다 **2.** 잘 맞다 **3.** 상처를 입다 ; a se ~ de ... -에 직면하다, -에 맞서다 ; se loveşte ca nuca în perete 전혀 적절치 않다 III. vi. 치다, 때리다, 공격하다
lovir|e, -i, s.f. 타격, 때리기
lovitur|ă, -e, s.f. **1.** 타격, 강타 **2.** (문) 노크 **3.** 공격 **4.** [스포츠]타격 ; ~ de

grație 최후의 일격 ; ~ de pedeapsă 벌 ; ~ de sabie 칼로 내려치기 ; ~ de stat 쿠데타 ; ~ de trăznet 번개, (비유적으로) 청천벽력 ; ~ de teatru 무대상(연극)의 극적 행동 ; ~ liberă fotbal (축구 등의) 프리킥 ; ~ mortală 치명적인 일격 ; dintr-o ~ 한 방에 ; a da lovitura 가격하다, 치다 ; a da o ~ cuiva -에게 일격을 가하다 ; a para o ~ 가격을 피하다

loz, ~uri, s.n. 복권 (추첨표)

lozi|e, -i, s.f. 고리 버들

lozinc|ă, -i, s.f. 표어, 함성, 선전 문구

lu|a, iau, -ai, -at, I. vt. **1.** -을 취하다 **2.** -을 잡다 **3.** -을 사다 **4.** -을 시작하다 (a apuca) **5.** 병에 걸리다 **6.** 접수하다 (a prelua) **7.** 소비하다 (a consuma) **8.** 먹다 (a lua masa) **9.** 빌리다 (a închiria) **10.** 정복하다 (a cuceri) ; a ~ de ... -로 잡다 ; a ~ din ... -을 줄이다, -을 약하게 하다 ; a ~ drept 잘못 생각하다, 잘못 보다 ; a o lua către -로 가다 ; a o lua la fugă 도망가다; a lua cu împrumut -을 빌리다 ; a ~ drept bun -을 당연한 것으로 생각하다 ; a ~ în serios 심각하게 받아들이다(생각하다) ; a o ~ la/spre -로 방향을 돌리다 ; ia-o încet! 천천히 해! ; mi-a luat două ore 나한테는 두 시간이 걸렸다 II. vr. **1.** 결혼하다 **2.** 받아들여지다 ; a se lua la bătaie/ceartă 싸우기 시작하다 ; a se lua după 모방하다, 따라하다 ; a se ~ la ... -하기 시작하다

luare, s.f. 취득, 획득 ; ~ aminte 주의, 조심 ; ~ în considerare 고려하기, 고려함 ; cu ~-aminte 주의 깊게, 조심스럽게

lubric, ~ă, ~i, ~e, adj. 호색의, 음탕한

lubricit|ate, -ăți, s.f. **1.** 욕망 **2.** 음란 **3.** 윤활

lubrifian|t, -ți, s.m. 윤활유, 감마제

lucearn|ă, -e, s.f. 채광창, 빛

luce|afăr, -eri, s.m. **1.** 금성, 샛별 **2.** 발광체, 모범, 귀감 **3.** 미소년, 미남자 ; ~ul de dimineață 새벽별 ; ~ul de seară 저녁별

lucernă, s.f. 자주개자리 (클로버 비슷한 콩과의 목초)

luc|i, -esc, -ii, -it, vi. **1.** 비추다, 번쩍이다 **2.** 빛나다 **3.** 불꽃을 튀기다

luci|d, -dă, -zi, -de, I. adj. 맑은, 투명한, 깨끗한 II. adv. 분명히, 맑게

lucidit|ate, -ăți, s.f. 맑음, 명확, 명료

luci|os, -oasă, -oși, -oase, adj. **1.** 빛나는, 윤나는 **2.** 번쩍이는

lucir|e, -i, s.f. **1.** 광휘, 빛남, 맑음 **2.** 광채 **3.** 광택

lucit|or, -oare, -ori, -oare, adj. **1.** 빛나는, 번쩍이는 **2.** 눈부신 **3.** 표현하는, 나타내는

luci|u, -e, -i, I. adj. **1.** 미끄러운 **2.** 부드러운, 평탄한 ; sărăcie lucie 비참한 가난 II. s.n. 빛남, 광택

lucra, -ez, -ai, -at, I. vi. **1.** 일하다, 노동하다 **2.** 수고하다 **3.** 작동하다, 기능을 발휘하다, 효력을 보다 ; a ~ la... -에서 일하다 ; mașina nu lucrează 그 기계는 작동하지 않는다 ; a ~ noaptea 밤에 일하다 II. vt. **1.** 경작하다 **2.** -을 다루다 III. vr. 경작되다

lucr|are, -ări, s.f. **1.** 일하기, 작용 **2.**

일, 쓰기 **3.** 실현, 성취 ; ~a pământului 경작일 ; ~ de diplomă 졸업논문 ; ~ literă 문학작품 ; lucrări publice 공공작업

lucra|t, -tă, -ți, -te, adj. 정교한, 공들인

lucrativ, ~ă, ~i, ~e, adj. **1.** 유리한 **2.** 수지맞는 **3.** 돈이 되는

lucrăt|or, -oară, -ori, -oare, I. adj. **1.** 일하는, 노동하는 **2.** 활동적인 **3.** 부지런한 II. s.m. 그리고 f. 노동자, 직공 ; ~ cu ziua/ ziler 날품팔이 하는 일군

lucrătur|ă, -i, s.f. **1.** 실행, 실시 **2.** 유행, 패션 **3.** 솜씨, 기술

lucru, ~ri, s.n. **1.** 사물 , 대상 **2.** 물건, 물체 **3.** 일 **4.** 행동 **5.** 소유물 ; ~ cu ziua 하루일과 ; un ~ de la sine înțeles 자명한 일 ; un ~ nimic 하찮은 일 ; ~ din topor 어색한 일 ; ~ manual 수작업 ; haine de ~ 작업복 ; la ~ 작업장에서 /(또는 감탄사로) 일해! ; stare de ~ri 상황 ; am auzit ~ri frumoase despre tine 나는 너에 관하여 좋은 소식을 들었다 ; a face un ~ bine 어떤 일을 잘하다 ; a face ~rile pe jumătate 반값으로 일하다 ; a lăsa ~rile 일을 내버려두다 ; asta schimbă ~rile 이것이 일을(문제를) 바꾼다 ; se vede ~l că... 아마도 -인 듯하다 ; nu se omoară cu ~rile 그는 죽도록 일하지는 않는다 ; a nu avea de ~ 실직 중이다, 고장이다 ; a da cuiva de ~ -에게 일거리를 주다 ; a avea ceva în ~ 손에 무엇인가를 가지고 있다, 일거리가 있다 ; nu e ~ de glumă 농담할 일이 아니다 ; aici nu e ~ curat 이곳에는 무엇인가 감춰진 일이 있다 ; mare ~ dacă nu s-a îmbolnăvit 만약에 그가 병들지 않았다면 대단한 일이다 ; așa stau ~rile 그런 사정이므로 ; cum stau ~rile 사태가 그렇듯이, 일이 직면하고 있는 바와 같이

lufar, ~i, s.m. 청색물고기, 전갱이류

luf|ă, -e, s.f. 수세미

lugubr|u, -ă, -i, -e, I. adj. **1.** 애처로운, 가여운 **2.** 슬퍼하는, 침울한 **3.** 쓸쓸한 II. adv. **1.** 쓸쓸히 **2.** 가엽게

lui, pron. 그의, 그것의, 그에게

lujer, ~i, s.m. [식물]줄기, 대

lule|a, -e, s.f. 담뱃대, 파이프 ; îndră- gostit ~ 눈멀 정도로 사랑에 빠진 ; a lua/fura ~ua neamțului 몹시 취하다

lumân|are, -ări, s.f. **1.** 양초 **2.** 등불 **3.** 가는 초 ; drept ca ~a 화살처럼 똑바로 ; a căuta ceartă cu ~a 싸움(말다툼)의 주도권을 잡다 ; a căuta ceva cu ~a -을 -에 억지로 끌어들이다

lumânărar, ~i, s.m. 양초 제조인

lumânărică, lumânărele, s.f. **1.** 현삼과의 베르바스쿰속의 식물 **2.** 용담과의 식물

lum|e, -i, s.f. **1.** 세계, 세상, 태양계 **2.** 우주 **3.** 사람들, 인류 **4.** 삶, 존재 **5.** 왕국, 영토 ; ~a cinematografului 영화세계 ; ~a mare 상류사회 ; ~ nouă 신세계 ; ~a veche 구세계 ; ca lumea adv. 좋게, 잘, 적절히 adj. 좋은 ,훌륭한, -해야만 하듯이 ; ca vai de lume 끔찍하게 călătoria în jurul lumii 세계여행 ; de când ~a 태초부터 ; de ~ 세상의 ; în fața lumii 공개적으로 ; în ~a întreagă 전 세상에 ; în toată ~a 모든 세상에 ; nimeni pe ~

이 세상에 누구도 ; puțină lume 적은(약간의) 사람들 ; a-şi lua ~a în cap 똑바로 가다, 본능적으로 행동하다 ; a dormi ca dus de pe ~ 숙면하다, 단 잠을 자다 ; e cel mai bun om din lume 그는 세상에서 가장 좋은 사람이다 ; a se duce în ~a lui -의 일에만 신경 쓰다; a ieşi în ~ 세상으로 나가다 ; a aduce pe ~ -을 세상으로 가져오다 ; a fi singur pe lume 세상에 혼자로 있다 ; nu ştiu pe ce lume sunt 난 엄청 화가 났다; a veni pe ~ 세상에 나오다 ; ce o să zică lumea? 세상 사람들이 뭐라고 하겠니?

lumen, ~i, s.m. 루멘 (광속의 단위)

lum|esc, -ească, -eşti, adj. **1.** 세상의, 현세의 **2.** 세속적인 **3.** 명랑한, 쾌활한

lumin|a, -ez, -ai, -at, I. vt. **1.** 빛내다, 불을 켜다 **2.** 빛을 발산하다 **3.** 계몽하다 II. vr. **1.** (얼굴빛이) 밝아지다 **2.** (정신이) 맑아지다 **3.** 이해하다 ; se luminează (de ziuă) 동이 튼다, 새벽이 밝아온다 III. vi. 빛나다, 빛을 비추다

lumina|t, -tă, -ți, -te, I. adj. **1.** 빛나는, 밝은, 점화된 **2.** 문명화된, 계몽된, 정통한 II. s.n. 조명, 계몽

lumin|ă, -i, s.f. **1.** 빛 **2.** 불 **3.** 광명, 문화, 교육, 지혜 ; lumina lunii 달빛 ; lumina ochilor 눈빛 ; lumina zilei 일광 ; lumina soarelui 태양광 ; ~ din spate auto 자동차의 후미등 ; bec de 30 de lumini 30촉 전등 ; a arunca (o) ~ asupra (소유격) -위에 빛을 비추다, -위를 밝게 하다 ; a da ~ 빛을 비추다 ; a vedea lumina zilei 이 세상에 태어나다 ; a păzi ca lumina ochilor 소중히 여기다(간직하다) ; a pune în ~ 제출하다, 내놓다, 출판하다 ; a scoate/ da la ~ 공개하다, 폭로하다, 밝히다

luminăt|or, -oare, -ori, -oare, adj. 빛을 발하는

lumināți|e, -i, s.f. **1.** 조명 **2.** 계몽

luminiscen|t, -tă, -ți, -te, adj. 발광성의, 발광의

luminiscenț|ă, -e, s.f. 발광, 냉광

luminiş, ~uri, s.n. (숲 속의) 빈터, 공터

lumin|os, -oasă, -oşi, -oase, adj. **1.** 빛나는, 반짝이는 **2.** 빛의 **3.** 밝은, 명확한, 분명한

luminozit|ate, -ăți, s.f. 광명, 광휘, 광도

lumpenproletariat, s.n. 부랑 생활자

lunar, ~ă, ~i, ~e, I. adj. **1.** 달의, 달과 같은 **2.** 매달의 II. adv. 매달마다

lunatic, ~ă, ~i, ~e, I. adj. 몽유병의 II. s.m. 그리고 f. 몽유병자

lunație, s.f. 삭망월, 태음월

lun|ă, -e, s.f. **1.** [천문]달 **2.** 달빛 **3.** (달력) 달, 개월 luna trecută 지난달 ; ~ de miere 허니문 ; ~ plină 보름달 ; noaptea cu ~ 달밤 ; pe ~ 달에 ; a făgădui câte în ~ şi în soare 터무니없는 약속을 하다 ; e ~ 달빛이다

lunc|ă, -i, s.f. 물가, 강변, 물가의 목초지 습지

lunec|a, lunec, -ai, -at, I. vi. **1.** 미끄러지다 **2.** 미끄러지듯 나아가다 **3.** 흘러가다 II. vt. 미끄러트리다, 미끄러지게 하다

lunec|os, -oasă, -oşi, -oase, adj. 미

끄러운

lunecuş, ~uri, s.n. **1.** 미끄러지기 쉬운 살 얼음 **2.** 얼음으로 덮인 길 (땅) **3.** 스케이트 링크

lunet|ă, -e, s.f. **1.** 망원경 **2.** 궁륭(궁륭이 교차해서 생기는 능선)

lung, ~ă, ~i, ~e, I. adj. **1.** 긴 **2.** 광대한, 길게 뻗은 **3.** (폭) 넓은, (수프 등이) 묽은 II. adv. 길게, 오랫동안 ; a se uita ~ la cineva -을 뚫어지게 바라보다 III. s.n. 길이 ; nu-şi cunoaşte ~ul nasului 그는 이곳을 모른다

lungan, ~ă, ~i, ~e, s.m. 그리고 f. 꺽다리, 지나치게 키 큰 사람

lung|i, -esc, -ii, -it, I. vt. **1.** 길게 하다, 늘이다 **2.** 오래 끌다 **3.** 연기하다, 연장하다 II. vr. **1.** 늘어지다, 연장되다 **2.** 몸을 쭉 펴다

lungim|e, -i, s.f. **1.** 길이 **2.** 지속 (기간) ; ~ de undă 파장 ; în ~ 길이로 ; are 1 m ~ 그것의 길이는 1 미터이다

lungiş, s.n. 길이 ; în ~ 길이로 ; în ~ şi-n curmeziş 넓고 멀리

lungui|eț, -ață, -eți, -ețe, adj. 다소 (조금) 긴

luni, s.f. 월요일 ; lunea (부사적으로) 매 월요일(마다), 월요일에

luntraş, ~ă, ~i, ~e, s.m. 그리고 f. 뱃사공

luntre, s.f. 작은 배, 보트 ; a se face ~ şi punte 수단 방법을 가리지 않고 목적을 달성하다

lup, ~i, s.m. 이리, 늑대 ; ~ de mare 물개 ; ~ în piele de oaie 양의 가죽을 쓴 늑대 ; mi-e o foame de ~ 나는 매우 배가 고프다 ; vorbeşti de ~ şi ~ul la uşă 호랑이도 제말 하면 온다

lupanar, ~e, s.n. 매춘굴

lup|ă, -e, s.f. **1.** 확대경, 돋보기 **2.** 금속 덩어리 (조각)

lup|esc, -ească, -eşti, adj. 늑대 같은, 욕심 많은, 잔인한

luping, ~uri, s.n. 고리를 만든, 루프로 묶은 고리, 올가미

lupoaic|ă, -e, s.f. 늑대(암컷)

lupoaie, s.f. 초 ~~종용~~속의 기생 식물

lupt|a, -lupt, -ai, -at, vt. **1.** 싸우다 **2.** -와 다투다, 겨루다 **3.** -을 상대로 싸우다(전쟁하다) **4.** [스포츠] 경기하다 ; a ~ pentru libertate 자유를 위해서 싸우다

lupt|ă, -e, s.f. **1.** 싸움, 결투, 투쟁 **2.** 논쟁 **3.** 전쟁, 전투 ; ~ aeriană 공중전 ; a lupta pentru existența 생존경쟁 ; ~ de clasă 계급투쟁 ; ~ de cocoşi 닭싸움 ; ~ la baionetă 보병전 ; lupte libere 자유형 레슬링 a cădea în ~ 죽다 ; a se lua lupta cu cineva -와 싸우다

luptăt|or, -oare, -ori, -oare, s.m. 그리고 f. **1.** 싸우는 사람, 챔피온 **2.** 전사, 군인, 용사 **3.** [스포츠] 레슬링 선수

lupus, s.n. [의학] 낭창(얼굴이나 목 따위에 발생하는 피부병)

lustrag|iu, -ii, s.m. 거리의 구두닦이

lustru[1], s.n. **1.** 광택, 윤 **2.** 광채 빛 **3.** 표면, 얄팍함 ; a da ~ (여격) -에 광택을 내다 ; a scoate ~ul 광택이 발하다(날아가다)

lustr|u[2], s.m. 매 5년

lustru|i, -iesc, -ii, -it, I. vt. **1.** 광택을 내다 **2.** (옷을) 잘 차려 입다 ; a ~

pantofii 구두를 닦다 (광내다) II. vr. 자찬하다

lustrui|t, -tă, -ţi, -te, adj. **1.** 윤이 나는, 광나는 **2.** 인위적인, 인조의

lustruit|or, -oare, -ori, -oare, s.m. 그리고 f. **1.** 광내는 사람 **2.** 광택제

luş|a, -ez, -ai, -at, vi. 사팔뜨기가 되다, 엿보다, 곁눈질하다

lut, ~uri, s.n. **1.** 점토, 흙 **2.** 땅 **3.** 시체, 송장

lutări|e, -i, s.f. 점토채굴장

luteină, s.f. [생물] 루테인(혈청, 노른자위 따위의 황색소)

luteran, ~ă, ~i, ~e, I. adj. 루터파의 II. s.m. 그리고 f. 루터 교회 신자

luteranism, s.n. 루터주의, 개신교

luteţiu, s.n. [화학] 루테튬(희토류 원소)

lutişor, s.m. 황토, 황토색

lut|os, -oasă, -oşi, -oase, adj. 점토의

lutr|ă, -e, s.f. [동물]수달

lutru, s.n. 수달 가죽

lux[1], ~uri, s.n. **1.** 사치, 초사, 호사 **2.** 풍부 ; ~ de amănunte 풍부한 (많은) 세부, 세목 ; a trăi în ~ 호화롭게 살다

lux[2], lucşi, s.m. 럭스(조명도의 단위)

lux|a, -ez, -ai, -at, vt. (발목을) 삐다, 탈구시키다

luxaţi|e, -i, s.f. 탈구, 탈골

luxmetr|u, -i, s.n. 조명도를 측정하는 기구

lux|os, -oasă, -oşi, -oase, I. adj. **1.** 사치스러운, 호사스런 **2.** 값 비싼 II. adv. 사치스럽게, 호사스럽게

luxurian|t, -tă, -ţi, -te, adj. 무성한, 울창한, 화려한

M

M, m, s.m. 루마니아어 알파벳의 16 번째 자

mac, ~i, s.m. 양귀비

macabr|u, -ă, -i, -e, -adj. 죽음을 연상시키는 , 죽음의, 몸서리치는, 소름끼치는, 기분 나쁜, 무시무시한

macac, ~i, s.m. [동물]여우 원숭이(屬). 짧은 꼬리 원숭이.

macadam, ~uri, s.n. 쇄석(碎石), 포도(鋪道)(쇄석을 아스팔트 또는 피치로 굳힌) 머캐텀식 도로 (발명자 이름인 MacAdam에서 유래)

macadmiz|a, -ez, -ai, -at, vt. 도로에 쇄석을 깔고 굳히다, 머캐텀 포장을 하다

macagi|u, -i, s.m. (철도의) 전철수(轉轍手)

macara, ~le, s.f. **1.** 크레인, 기중기 **2.** 활차(滑車), 원치, 도르래장치

macaragi|u, -i, s.m. 기중기운전자

macaroan|ă, -e, s.f. (특히 pl.) 마카로니, 이탈리아 국수

macat, ~uri, s.n. (면이나 모로 된) 침대덮개, 이불

macaz, ~uri, s.n. 스위치, 전철기, 포인트; a schimba ~ul 전철을 하다, [비유]한 사건의 흐름을 다른 방향으로 바꾸다, 태도를 바꾸다

macedon|ean, -eană, -eni, -ene, I. adj. 마케도니아의 II. s.m. 마케도니아 사람(남자)

macedon|eancă, -ence, s.f. 마케도니아 여인

macedoromân, ~ă, ~i, ~e, I. adj. 마케도루마니아의 II. s.m. 마케도루마니아 사람(남자)

macedoromânc|ă, -e, s.f. 마케도루마니아의 여자

macer|a, -ez, -ai, -at, vt. (담그는 액체안에) 넣다, 담그다, 적시다, 담가서 부드럽게 하다

macer|are, -ări, **macerați|e,** -i, s.f. 담그기, 적시기

macera|t, -tă, -ți, -te, adj. 담그어진, 적신

macferlan, ~e, s.n. 인버네스(남자용의 소매없는 겉옷)

machet|ă, -e, s.f. **1.** [건축]모형 **2.** [미술]초, 초벌그림, 모형상 **3.** (제본) 견본 **4.** [영화]미니아처 **5.** [연극]무대 장치의 모형

machi[1], s.n. (코르시카섬의) 밀림, 관목지대

machi[2], s.m. 제2차 세계대전중 독일군 점령하의 프랑스에서 항독운동을 계속한 애국자(단체)

machi|a, -ez, -ai, -at, vt. 그리고 vr. 화장시키다, [연극]분장하다

machiaj, ~e, s.n. **1.** 화장, 분장 **2.** 화장품

machia|t, -tă, -ți, -te, adj. 화장한, 분장한

machiavelic, ~ă, ~i, ~e, adj. 마키아벨리적인, 권모술수적인, 약삭빠

른

machiavelism, s.n. 마키아벨리즘, 권모술수

machier|e, -i, s.f. 화장, (참조) machiaj

machior, ~i, s.m. [연극, 영화]분장사

macl|ă, -e, f. [광물]쌍정(雙晶)

macrameu, ~ri, s.n. 매듭실 장식, 마크라메레이스(짠 레이스의 일종)

macrobiotică, s.f. 장수법

macrocefal, ~ă, ~i, ~e, I. adj. 머리가 큰, 대두(大頭)의 II. s.m. 대두(大頭)

macrocefali|e, -i, s.f. 거대뇌

macrocosm, s.m. 대우주

macroeconomie, s.f. 거시경제

macromolecular, ~ă, ~i, ~e, adj. 고분자

macromolecul|ă, -e, s.f. 거대분자(1000개 이상의 원자로 구성된)

macroscopic, ~ă, ~i, ~e, adj. 육안으로 보이는, 거시적(巨視的)인

macrostractur|ă, -i, s.f. (금속 따위의) 매크로조직

macr|u, -ă, -i, -e, adj. (고기에 대해) **1.** 지방분이 없는(적은) **2.** 기름기와 뼈가 없이 순수한.

macul|a, -ez, -ai, -at, vt. vr. 더럽히다, 얼룩지게 하다.

maculat|or, -oare, s.n. 메모지

maculatur|ă, -e, s.f. **1.** 포장지, 잘못 인쇄된 종이 **2.** 더러운 (포장)종이, 파지, 보잘 것 없는 물건, 무의미함

macul|ă, -e, s.f. 오점, 얼룩

madam, s.f. (이름 앞에 붙여 일반 기혼 여자에 대한 경칭) 부인 (이름을 붙이지 않고 제3자를 가리켜) 부인, 마님, 아주머니

madam|ă, -e, s.f. **1.** (기혼)여자에 대한 경칭으로) 부인 **2.** (집의 안주인 에 대한 호친으로)부인, 아주머니 **3.** 호텔 객실 전속 매이트 **4.** 뚜장이

madipolon, s.n. 마다폴람면포, (인도의)마다폴람에서 나오는 두꺼운 캘리코

madon|ă, -e, s.f. 성모(마리아)

madrepor, ~i, s.m. [동물]녹석(綠石)(석산호의 일종)

madrigal, ~uri, n. [문학]목가, 연가,[음악]마드리갈

madrilen, adj. s.m. 마드리드의

mae|stru, -ştri, s.m. **1.** 명인, 대가, 전문가; ~ al sportului 스포츠 챔피언, 기록 보유자; ~ de balet 발레의 거장 **2.** 선생, 스승

mag, ~i, s.m. 마법사, 마술사, 점성가; cei trei ~i 동방박사 3인

magazi|e, -i, s.f. **1.** 보관소, 창고, 헛간, 곡창, 창고, 재목창고 **2.** [의학]탄창, 탄약고

magazin, ~e, s.n. **1.** 상점, 가게, 점포; ~ de stat 국영상점; ~ cu autoservire 셀프서비스 가게; ~ cu sucursale 체인점; ~ universal 백화점, 큰 상점 **2.** 잡지

magazinaj, ~e, s.n. **1.** 창고에 넣기 **2.** 재고기간 **3.** (창고의) 보관료

magazi(o)ner, ~i, s.m. 창고관리인, 창고업자

maghernit|ă, -e, s.f. 작은 점포, 노점; 헛간, 광; 오두막

maghiar, ~ă, ~i, ~e, I. adj. 헝가리(사람, 말)의 II. s.m. f. 헝가리 사람

maghiran s.m. [식물]마요라나 (꿀

풀과에 속하는 요리용 식물)

magic, ~ă, ~i, ~e, adj. [비유]마법의, 마술의; 요술같은, 불가사의한

magici|an, -ană, -eni, -ene, s.m.f. 마술사, 마법사, 요술쟁이

magi|e, -i, s.f. 마술, 마법, 마력; magie neagră, 마술, 요술 (귀신의 힘을 빌어서 하는)

magistral, ~a, ~i, ~e, adj. 대가다운, 능숙한, 탁월한, 노련한

magistral|ă, -e, s.f. **1.** 간선(幹線), 도로, 공도(公道); 주요도로 **2.** 철도; 간선 **3.** 수도본관 **4.** 가스 본관

magistra|t, -ți, s.m. (옛) **1.** 판사, 검사 **2.** 고위관리

magistratur|ă, -i, s.f. **1.** [역사](행정, 사법을 경함) 행정 장관, 지사, 시장 **2.** [법률]사법관의 직위(임기); 사법관

magistr|u, -ştri, s.m. (학생에 대해) 선생, 교수

magiun, s.n. 자두잼

magmatism, ~e, s.f. [지질]응고 등 마그마에 대한 모드 진행과정

magm|ă, -e, s.f. [지질]마그마, 암장

magna|t, -ți, s.m. **1.** (헝가리, 폴란드의)최고귀족. **2.** [비유]부유한 실업가, 거물, 귀인

magne|t, -ți, s.m. **1.** 자석; ~ natural. 자연자석 **2.** [비유]인력(引力)이 있는 것; 인기 있는 사람.

magnetic, ~ă, ~i, ~e, adj. 자석(자기)의, 자기에의 한, 자력인 있는; câmp ~ 자장, 자계; pol ~ 자극(磁極)

magnetism, s.n. 자기(磁氣), 자기학; ~ terestru 지자기(地磁氣)

magnetit s.m. magnetită, s.f. 자철광(磁鐵鑛)

magnetiz|a, -ez, -ai, -at, vt. **1.** 자화시키다, 자기를 띄게하다. **2.** 최면술을 걸다. **3.** [비유] 매혹하다

magnetiz|are, -ări, s.f. **1.** 자화(磁化) **2.** 최면술 걸기

magnetizat|or, -oare, -ori, -oare, s.m.f. 최면술사, 자기요법시술사

magnetof|on, -oane, s.n. 녹음기; bandă de ~ 녹음테이프

magnetograf, s.n. 자력기록기

magnetometr|u, -e, s.n. 자력계

magnetou, ~ri, s.n. (자동차)자석발전기, 점화플러그.

magnetr|on, -oane, s.n. 마그네트론, 자전관(磁電管)(단파용진공관)

magnezic, ~ă, ~i, ~e, adj. 마그네슘의; acid ~ 산화 마그네슘

magnezie, s.f. [화학]산화마그네슘(마그네시아), 고토(苦土)

magnezit, s.n. 능고토석(菱苦土石)

magneziu, s.n. [화학]마그네슘

magnific, ~ă, ~i, ~e, adj. 찬란한, 화려한; 장려한, 장엄한; 으리으리한

magnoli|e, -i, s.f. [식물]목련

mahala. ~le, s.f. **1.** 교외,변두리, 근교; 도시주변의 지역; 도시의구, 지구, 지역; de ~ a)교외의, 변두리의 b)보통의 평범한, 열등의 **2.** [비유] 빈민굴, 슬럼가

mahalagioaic|ă, -e, s.f. **1.** 변두리에 사는 여자, 교외거주자 **2.** 저속한 여자; 말 버릇이 고약한 여자, 말 많은여자

mahalagism, ~e, s.n. **1.** 저속하고, 조잡한 표현 **2.** 저속한 행동 **3.** 소문, 험담, 허튼소리, 잡담

mahalagiț|ă, -e, s.f. (지역) v. mahalagioaică

mahalagi|u, -i, s.m. **1.** 변두리에 사는 사람, 교외거주자 **2.** (저속한, 버릇없는)싸우기 좋아하는 놈

maharadjah, ~i, s.m.인도 왕자 직위

mahăr, ~i, s.m. 중요인물, 거물

mahmud|ea, -ele, s.f. (옛날) 터키 금화

mahmur, ~ă, ~i, ~e, adj. 물을 마셔 지친, 숙취의, 골이 멍한; 기분이 언짢은 (잠을 오래 자고나서)

mahmur|eală, -eli, s.f. 숙취; 기분이 언짢음,우울; 몽롱, 멍함(잠을 오래 자거나 술을 마신 후 머리가)

mahomedan, ~ă, ~i, ~e, I. adj. 회교의, 회교도의 II. s.m. 그리고 f. 회교도

mahomedanism, s.n. 회교, 이슬람

mahon, s.n. [식물]마호가니

mahorcă, s.f. 러시아의 하급 담배의 일종

mai[1], adv. **1.** (비교급에 사용) ~ aproape 더 가까이; ~ bine a)더 좋게; b)더 잘; ~ curând a)더 일찍; b) 오히려; ~ mult 더많이; ~ cu seamă 또는 ~ ales 특히; ~ puțin 더 적게; ~ deştept 더 현명하게; ~ întâi 첫째로 우선; ~ pe urmă 또는 ~ apoi 나중에, 그리고나서; ~ rar 더 드물게; ~ înainte 전에 **2.** ("cel"과 함께 최상급을 형성) cel ~ frumos 가장 아름다운; cel ~ viteaz 가장 용감한 **3.** 거의, 하마터면; ~ să nu-l cunosc 나는 그를 거의 (하마터면) 알아보지 못할뻔했다; ~ toți 거의 모두 **4.** 아직, 다시; ~ sunt aici. 나는 아직 이곳에 있다; ~ vino o dată 다시 한번 와라; ~ e vorbă 당연히 **5.** 그밖에, 그 외에; cine ~ era acolo 그밖에 누가 더 있었니?; ce ~ ştii? 그외에 무엇을 더 너는 아니? **6.** 그러나, 그래서; isteț om ~ eşti 당신은 그러나 현명하다. **7.** 전에; ai ~ văzut aşa ceva? 너는 전에 그러한 것을 본적이 있니? **8.** 감탄문에 사용 ce ~ 어머! 얼마나 근사한 사람인가!

mai[2], I. s.m. 5월 II. ~uri **1.** 빨랫 방망이 **2.** 두드리는 기구 **3.** [방언]간

mai|a, -ele, s.f. 효소; 초모(醋母), 효모, 이스트

maial, ~e, s.n. [방언]5월제

maic|ă, -i, s.f. **1.** (mamă) 어머니; ~ sa 그의 어머니; Maica Domnului (또는 Precista) 성모마리아 **2.** 수녀, 비구니 **3.** 마음에 드는 사람, 애인

maidan, ~e, s.n. 빈공간, (아이들의) 놀이터

maiest|ate, -ăți, s.f. 위엄, 존엄, 장중함, 장엄함

maiest(u)os, (-oasă, -oşi, -oase), adj. adv. 위엄있는, 장엄한, 장중한, 당당한

maimuț|ă, -e, s.f. **1.** 원숭이 **2.** 흉내내는 사람, 모방하는 사람

maimuțăr|eală, -eli, s.f. **1.** (분별없는)흉내, (맹목적인)모방; 흉내; 과장 **2.** 매우서툰 연극 익살스런 짓, 바보짓

maimuțăr|i, -esc, -ii, -it, vt. 흉내내다; 맹목적으로 모방하다

maimuțări|e, -i, s.f. v. maimuțăreală

maimuț|i, -esc, -ii, -it, vt. v. maimuțări

maimuț|ică, -ele, s.f. 꼬마원숭이

maimuțoi, ~, s.m. **1.** 원인(猿人) **2.** 원숭이, 모방자 **3.** 원숭이 얼굴, 원숭이 같이 추한 얼굴

maionez|ă, -e, s.f. 마요네즈

maior, ~i, s.m. 육군소령, 대대장

maior|easă, -ese, s.f. 소령, 대대장의 부인

maiou, ~ri, s.n. 속샤쓰, 내의; (무용, 체조용의) 타이츠

mai|stru, -ştri, s.m. 명인(名人), 대가, 전문가, (장인계급에서)우두머리, 기능장, 십장, (직공)장(長)

majă, măji, s.f. 옛 루마니아의 무게 단위

majest|ate, -ăți, s.f. v. maiestate

majest|(u)os, -(u)oasă, -(u)oşi, -(u) oase, adj. v. maiest(u)os

majolică s.f. 마졸리카 도기(유약을 칠한 그림이 있는 도기; 스페인의 섬 이름에서 유래)

major, ~ă, ~i, ~e, adj. **1.** 성년의 **2.** 더 큰(많은), 중대한, 주요한; forță ~ă 불가항력 **3.** [군사]stat ~ 참모부; [논리]termen ~ 대전제;[음악]gamă ~ă 장음계; la ~ A장조

major|a, -ez, -at, vt. 봉급을 인상하다; 가격을 올리다; 추가 청구액을 가산하다

major|are, -ări, s.f. 가격올림, 봉급인상(majora의 명사형)

majora|t, I. -tă, -ți, -te, adj. 인상된, II. -te, s.n. **1.** 성년 **2.** [법률]장자 상속 승계(권)

majordom, ~i, s.m. (왕가 귀족 따위의)우두머리 하인

majoritar, ~ă, ~i, ~e, adj. 다수

majorit|ate, -ăți, s.f. 다수, 대다수; ~ absolută 절대다수; ~a celor prezenți 참석자의 대다수; ~a prietenilor săi 그의 친구들의 대부분 (대다수); în ~a cazurilor 대부분의 경우에서; cu ~ de voturi 대다수 투표로

majur, ~i, s.m. [속어]군대 상사

majuscul|ă, -e, s.f. 대문자

mal, ~uri, s.m. 강가; 해안, 해변; a se îneca(ca țiganul 또는 tocmai) la ~ 바로 목표 앞에서 실패하다; a da de ~ (pe cineva 또는 ceva)누구를 마음대로 하다.; 누구를 불행하게 하다; a ajunge la ~ 일이 순조롭게 되다. 극복하다.

mala, ~le, s.f. (미장이가 쓰는) 다듬이 흙손

malac, ~i, s.m. **1.** 물소 새끼 **2.** [비유, 경멸]뚱뚱보

malacof, malacov, ~uri, s.n. 후프스커트(속버팀으로 부풀게 한 18세기 부인용 스커트), (말총으로 짠) 빳빳한 천

maladi|e, -i, s.f. 병환, 질환, 병

maladiv, ~ă, ~i, ~e, adj. 병약한, 잘 앓는, 병적인

malahit, s.n. [광물] 공작석

malaiez, ~ă, ~i, ~e, s.m. 그리고 f. 말레이 사람

malar, ~e, s.m. 광대뼈

malaric, ~ă, ~i, ~e, 말라리아의, 말라리아병을 앓고있는

malarie, s.f. 말라리아

malax|a, -ez, -ai, -at, vt. (버터, 진흙 따위를) 반죽하다, 이기다

malax|are, -ări, s.f. 반죽, 이기기

malax|or, -oare, s.m. (버터, 진흙, 시멘트따위를) 반죽하는 기구, 혼합기

maldăr, ~e, s.n. **1.** 쌓아올린 것, 퇴

적, 더미; 묶음, 다발; 단 **2.** (지방)꼴, 목초

maleabil, ~ă, ~i, ~e, adj. **1.** (금속의) 전연(展延)성의, 유연한, 휘기 쉬운 **2.** 유순한, 순종하는

maleabilitate, s.f. **1.** (금속의) 전연성 **2.** 유순, 온순

malign, ~ă, ~i, ~e, adj. (병에 대해) 악성의; tumoare ~ 악성 종양

malițiˈos, -oasă, -oşi, -oase, adj. **1.** 악의있는, 원한을 품은 **2.** 장난기 있는, 익살떠는

malițiozit|ate, -ăți, f. **1.** 악의, 적의, 원한 **2.** 익살스러운 장난

malm, s.m. [지질]백(白)쥐라 (쥐라기층의 최상부 층)

malone|st, -stă, -şti, -ste, adj. 불성실한, 정직하지 않은, 파렴치한

malot|ea, -ele, s.f. 부인용 모피 외투

maltaz|ă, -e, s.f. 말타제

maltoz|ă, -e, s.f. [화학]맥아당

maltrat|a, -ez, -ai, -at, vt. 학대하다, 골탕먹이다, 시달리게 하다, 때리다

maltrat|are, -ări, s.f. 학대, 골탕먹임, 괴롭힘

maltrata|t, -tă, -ți, -te, adj. 괴롭혀진, 학대받은, 고통받은

malț, s.n. 맥아, 엿기름

malțific|are, -ări, s.f. 맥아로 만드는것, 엿기름이 됨

malvacee, s.f. pl. [식물]무궁화과

mamaie, s.f. v. mamă

mamar, ~ă, ~i, ~e, adj. 유방의; glandă ~ă, 유선(乳腺), 흉선

mam|ă, -e, s.f. **1.** 어머니; 엄마; de ~ 어머니의, 어머니다운; vai de mama lui 불행한 사람; ~ mare 할머니; ~ bună 생모; ~ vitreagă 계모; (동화에서) ~ pădurii 숲속의 마녀; să te ia mama dracului! 개같은 놈 뒈져라! la mama dracului 매우 먼 곳에 **2.** (dragul mamii 또는 puiul mamii 등) (나의) 아이 **3.** 나이든 부인에 대한 호칭 **4.** o ~ de bătaie 호되게 치기(때리기); de mama focului 광장한, 심한, 거대한; frumoasă de mama focului 홀딱 삼키고 싶을 만큼 아름다운

mamelar, ~ă, ~i, ~e, adj. v. mamar

mamel|ă, -e, s.f. (여자에 있어서) 가슴, 유방; (동물에 있어서) 젖꼭지; (남자에 있어서) 젖꼭지

mamel|on, -oane, s.n. **1.** 젖꼭지, 유두 **2.** (혼자 서있는) 둥근 산, (언덕) 구릉

mameluc, ~i, s.n. **1.** 친위대의 병사 **2.** [비유] 건달, 겁쟁이, 나약한 사내

mamifer, ~e, s.n. 포유동물

mamon, ~i, s.m. 맘몬 (시리아의 황금의 신), [비유]금전욕

mamoş, ~i, s.m. 산파, 산부인과 의사

mamu|t, -ți, s.m. 매머드(홍적기에 서식한 거대 코끼리)

manager, ~i, s.m. 지배인 매니저; (연극, 음악 따위의) 흥행사

mană, s.f. **1.** [비유]만나(이스라엘 민족이 아라비아 사막을 방황할 때 신으로부터 받은 음식); 신이 주시는 음식; mana viilor (식물의) 곰팡이병 **2.** (식물의 잎, 불거리에서 나오는)단물 **3.** [식물]고조병충해, 해충 **4.** [비유]축복, 신의 은총

manc|ă, -e, s.f. 유모, 보모

manciuri|an, -ană, -eni, -ene, I. adj

만주(사람, 말)의 II. s.m. 그리고 f. 만주사람
manco, s.n. 결핍, 부족, 적자, 결함, 결손, 부족액
mandarin, ~i, s.m. **1.** (중국 청조의) 고관 **2.** 만다린 나무
mandarin|ă, -e, s.f. 귤, 작은 밀감
mandat, ~e, s.m. **1.** 명령, 지령; 위임, 위탁, 전권 **2.** ~ de aducere 구인장; ~ de arestare 체포령; teritoriu sub ~ 위임 통치령 (제1차 세계대전 후 국제연맹에 의한) **3.** ~ (poştal)우편환, 우편환 신청용지; (송금)환
mandatar, ~ă, ~i, ~e, s.f. 수임자, 수탁자, 위임자
mandibul|ă, -e, s.f. [동물]척추동물의 하악 (아래턱)
mandolin|ă, -e, s.f. 만돌린; a cânta la ~ 만돌린을 연주하다
mandragor|ă, -e, s.f. [식물]만드라고라속
mandr|ă, -e, s.f. 산채로 물고기를 보관하는 대나무울, 어량(魚梁)
mandril, ~i, s.m. [동물]만드릴(서아프리카산의 비비)
mandrin, s.m. (선박의)굴대, 축
mandrin|a, -ez, -ai, -at, vt. (선반에) 고착시키다; (철판에)구멍을 뚫다 (넓히다)
mandrin|ă, -e, s.f. 스프링잭, (기구의) 고정장치, (선박의) 물림장치, (철판을뚫는) 천공기
manechin, ~e, s.n. 마네킨 **1.** 마네킨 걸 **2.** (그림)인체모형 **3.** 장식적 존재, 로봇
manej, ~uri, s.m. 마술(馬術); **1.** 승마학교 **2.** (서커스) 원형 경기장
manel|ă, -e, s.f. [건축]막대기. 장대, 발침대
manet|ă, -e, s.f. 핸들, 손잡이
manevr|a, -ez, -ai, -at, I. vi. **1.** (기차에 대해서)(차량을)측선(대기위치)(側線)에 넣다, 전철하다 **2.** [군사](기동)연습을 하다 **3.** [비유]책동하다. 책략(술책)을 쓰다 II. vt. **1.** (철로)(열차를)편성하다, 조차(操車)하다 2 운동하다, 기동하다 움직이다
manevrabil. ~ă, ~i, ~e, adj. 조종하기 쉬운, 다루기 쉬운
manevr|are, -ări, s.f. **1.** 조종하기, 다루기, 운전하기 **2.** (철로)(열차의) 입환 작업하기, 조차(操車)
manevr|ă, -e, s.f. **1.** 군사 연습, 교련, 조정 **2.** (철로)(열차의)입환 작업, 조차(操車) **3.** [비유]책동, 술책, 운동 **4.** [해양]밧줄, 동색(動索)
mangafa, ~le, s.f. **1.** 아둔한, 답답한 사람 **2.** 건달 쓸모없는 사람, 무능력자; 어리석은 사람, 바보
mangal, ~uri, s.m. **1.** 목탄 **2.** 화로
mangaliță, s.f. 루마니아 돼지 종자의 이름
mangan, s.m. 망간
mangana|t, -ți, s.m. 망간산염
manganic, ~ă, ~i, ~e, adj. 망간의; 망간을 함유한
manganin, s.m. 망가닌
manganit, s.m. 수(水)망간광
mangan|os, -oasă, -oşi, -oase, adj. 망간을 함유한
mangosi|t, -tă, -ți, -te,[방언]I. adj. 서투른, 우매한; 변변치 않은 II. s.m. 건달, 무능력자, 쓸모없는 사람; 바보
mangur|ă, -e, s.f. 파편, 작은 조각,

빵부스러기

mangust|ă, -e, s.f. [동물]망고우스(쥐, 뱀을 잡기위해 기르는 인도산의 족제비)

maniabil, ~ă, ~i, ~e, adj. **1.** 다루기 쉬운 **2.** [비유] 조종하기 쉬운, 온순한, 유순한

maniac, ~ă, ~i, ~e, I. adj. 발광한; 편집광인, 괴벽인 II. s.m. 그리고 f. 미치광이, 기인(奇人)

manichiur|ă, -i, s.f. 손톱다듬기

manichiurist|ă, -e, s.f. 매니큐어(손톱) 화장사(여자)

mani|e, -i, s.f. 광기, 편집광

maniera|t, -tă, -ți, -te, adj. I. 예의바른, 잘 배운, 좋은 태도를 가진 **2.** 일부러 꾸민듯한, 부자연스러운, 거짓의

manier|ă, -e, s.f. **1.** (특히 pl.)생활양식, 예의범절, 몸가짐 **2.** (문학, 예술) 예술상의 작품, 수법, 다름, 풍(豐). 방도, 방법; de(aşa) ~, ...한 방법으로

manierism, s.m. **1.** 인위, 인공, 기교품, 인조품, 꾸미기, 멋내기. **2.** 기교주의, 꾸미는 짓, 매너리즘

manife|st, I. -stă, -şti, -ste, adj. 명백한, 뚜렷한, 분명한 II. -ste, s.n. 선언(문), 성명(서)

manifest|a, manifest 그리고 -ez, -ai, -at. I. vt. 표명(표시, 발표) 하다, 나타내다 II. vr. 나타나다, 표명되다 III. vi. 시위운동을 하다. 시위운동에 참가하다

manifestan|t, -tă, -ți, -te, s.m. 그리고 f. 시위운동자

manifest|are, -ări, s.f. 표시, 표명

manifestați|e, -i, s.f. 시위운동

manila, s.f. 마닐라삼

manioc, s.m. [식물]카사바속의 식물, 타피오카 (남미의 관목, 뿌리에서 정분을 채취함)

manipul|a, -ez, -ai, -at, vt. (손으로) 다루다, 기교있게 다루다, 조종하다; 교묘히 조작하다; ....에 속임수를 쓰다,

manipulan|t. -tă, -ți, -te, s.m. 그리고 f. **1.** 손으로 다루는 사람, 교묘히 다루는 사람, 조종자, 조작하는 사람, 사무조수, 조수 **2.** 전차 운전기사

manipul|are, -ări, s.f. 취급, 조정, 조처, 조작

manipulat|or, I. -oare, -ori, -oare, manipulant 참조 II. -oare s.m. 송신기(의키)

maniş|că, -te, [고어]와이샤쓰의 앞쪽

manită, s.f. [화학]마니트

manivel|ă, -e, s.f. 크랭크핸들, 크랭크

manometric, ~ă, ~i, ~e, adj. 압력계의, 압력계로 잰

manometr|u, -e, s.m. 압력(혈압)계, 기압계

manoper|ă, -e, s.f. **1.** 손으로 하는 작업, 일, 취급, 처리, 행동 **2.** 책략, 음모, 책동, 술책, 간계

mansarda|t, -tă, -ți, -te, adj. 망사르드식(2중박공식) 지붕의; locuință ~ă 지붕밑방

mansard|ă, -e, s.f. 이중 박공의 지붕, 지붕창, 지붕밑 방, 고미다락

manş|ă, -e, s.f. **1.** [항공]조종간, 조타축 **2.** [스포츠]라운드 **3.** 날라가는 표적(전투기와 대공포의)

manşet|ă, -e, s.f. **1.** 커푸스, 소맷부

리, 바지하단 접힌부분 **2.** 큰표제(신문의) **3.** 방주(傍註)

manş|on, -oane, s.m. **1.** 머프(양손을 따뜻하게 하는 모피로 만든 외짝의 토시 같은것) **2.** 끼우는 관

manta, ~le, s.f. **1.** 외투, 망토; ~ de ploaie, 비옷; [비유] ~ de vrme rea 필요한 경우에만 찾아지는 사람; a-şi întoarce mantaua după vânt 상황에 따라 태도를 바꾸다 **2.** [기술] 피봉, 덮개, 싸개

mantelă, -e, s.f. [고어]치마위에 입는 넓고 짧은 반코트

manti|e, -i, s.f. (고어 특히 비유) **1.** 다른 옷 위에 입는 넓고 긴 소매 없는 외투 같은 연미복 **2.** 신부들이 입는 긴 옷

mantil|ă, -e, s.f. (스페인, 멕시코 여성의) 머리, 어깨를 덮는 베일; (여성용의) 작은 망토

mantis|ă, -e, s.f. [수학](로고의) 가수(假數)

mantou, ~ri, s.n. 망토, (우아한) 부인코트

manual, I. ~ă, ~i, ~e, adj. 손의, 손으로 하는; lucru ~ 수공노동, 손일 II. ~e, s.n. 교과서, 안내서, 개론

manufactur|a, -ez, -ai, -at, vt. 제조(제작)하다

manufactur|ă, -i s.f. 제조, 제조(공업); 공장 제조소

manufacturier, ~ă, ~i, ~e adj. 제조(업)의; 제조업에 종사하는

manuscris, ~e, s.n. **1.** 원고 **2.** (인쇄에 대하여)수서(手書) **3.** 사본. 필사본

manutanț|ă, -e, s.f. **1.** [군사]곡식창고 **2.** 공장 등의 창고관리

mapamond, ~uri, 지구전도, 양반구도(兩半球圖)

map|ă, -e, s.f. **1.** 서류꽂이, 서류철 **2.** 서류가방

marabu, s.m. **1.** [조류학]황새의 일종 **2.** (회교의)도사, 은자, 그 암자

marafet, ~uri, s.n. **1.** (특히 pl.)허례, 허풍, 형식, 속임수 **2.** (특히 pl.) 꾸밈, 장식물(옷) **3.** 겉치레의 것, 하잖은 일, 무가치인 것, 사소한 것 **4.** [고어]기교, 책략, 트릭, 속임수

maram|ă, -e, s.f. **1.** (얇은)두건; 베일 **2.** 손수건

maramureş|ean, -eană, -eni, -ene, I. adj. 마라무레슈인의 II. s.n. 그리고 f. 마라무레슈 사람

marangoz, ~i, s.m. 배 만드는 목수

marasm, s.n. **1.** 소모, 쇠약증 **2.** 윤리적 타락

marat|on, -oane, s.n. [스포츠]마라톤

maratoni|st, -şti, s.m. 마라톤주자

marazuri, s.n. 허례, 허풍, 장식, 겉치레

marc, s.n. (과일 또는 채소로부터 얻어지는) 파스타

mar|ca, -chez, -cai, -cat, **1.** 표시하다, 명시하다, 특징짓다, 두드러지게 하다, 흔적(자국)을 남기다, 낙인을 찍다 **2.** 지적하다, 가리키다, 나타내다 **3.** [스포츠](수비)마크하다, 득점하다

marcaj, ~e, s.n. **1.** 표시하기 **2.** [스포츠]마크하기, 수비하기

marcant, -tă, -ți, -te, adj. 눈에 띄는, 현저한, 저명한; o personalitate ~ă 저명인사

marc|are, -ări, s.f. **1.** 표시하기, 특

M

징짓기 **2.** [스포츠]마크하기, 득점하기

marcasit, s.n. [광물]백철광

marca|t, -tă, -ţi, -te adj. **1.** 표시가 있는, 자국이 있는, 낙인찍힌, 날인된 **2.** 지적된, 가리켜진, 기입된 **3.** 현저한, 눈에 띄는 **4.** 마크 된

marcat|or, -oare, s.n. [농업]이랑을 만드는데 쓰이는 가래

marcă, mărci, s.f. **1.** 표; 인장; 낙인; 상표; marca înregistrată 등록상표 **2.** 자국, 흔적 **3.** 특징, 특성; 표시, 징후, 증거; 저명 **4.** ~ poştală 우표, 도장 **5.** 증명서 **6.** 경계표 경계, 국경지방 **7.** [재정]마르크(독일 옛화폐)

marcgraf, ~i, s.m. [역사]변경방백(邊境方伯) 태수

marchetări|e, -i, s.f. 상감세공(象嵌細工), 쪽매붙임

marchitan, ~i, s.m. [고어]소매상인

marchităni|e, -i, s.f. [고어] **1.** 소매점, 노점, 잡화점 **2.** 자잘한 매물, 잡동사니 **3.** 집에서 쓰는 작은 철물들

marchiz, ~i, s.m. 후작

marchiz|ă, -e, **1.** 후작부인, 후작의 딸 **2.** (건물의)차양 (플랫폼의)유리로 된 지붕, 계단, 입구의 지붕; (기차) ~ de locomotivă 기관차의 차양

marchizet, s.m. [섬유]얇은 천의 일종(커어튼, 모기장 따위에 씀)

marcotaj, ~e, s.m. [원예]취목, 휘묻이; 취목법

marcot|ă, -e, s.f. [원예]휘묻이 하는 가지; (딸기 따위의)기는 줄기

mard|eală, -eli, s.f. [은어]매질, 강타

mard|i, -esc, -ii, -it, vt. [은어]때리다, 매질하다, 소리나게 치다

mar|e¹, -i, adj. **1.** 커다란, 큰(정도, 지속, 넓이, 수, 가치, 내용, 부피, 깊이 등에서); un zid ~ 커다란 담; literă ~ 대문자; degetul ~ a)엄지손가락 b)엄지발가락; (흐르는 물에 대해) a veni mare 물이 많아지다; a vorbi în gura ~ 크게 말하다; a fi cu gura ~ 싸우기 좋아하다, 잔소리하기 좋아하다 **2.** 어른의 성인이 된; de ani e ~ şi minte n-are. 충분히 나이를 먹었지만 현명하지 않다; fată ~ 처녀, 미혼여자; a se face ~ 어른이 되다, 성장하다 **3.** [비유]위대한, 높은 자리에 있는; e un om ~ acum. 그는 지금 세력있는 사람이다; la mai ~ 계속해서 멀리, 계속해서 높히; ~ şi tare 영향이 많은, 큰 세력있는; a se ţine ~ 자부심이 강하다, 거만하다 **4.** Mi-e mai ~ dragul (ruşinea) ... 나는 기분 (하고 싶은 마음), 부끄러워 할 일이다; Mi-e mai ~ mila 나는 가슴이 찢어질 정도로 아프다

mare², mări, s.f. 바다, 대양; marea neagră 흑해; rău de ~ 배멀미; [비유] o ~ de oameni 많은 사람들, 군중; a promite ~a cu sarea 꿈같은 일을 약속하다; a cerca ~a cu degetul 운수를 시험하다, 어려운 시도를 해보다; peste nouă mări şi nouă ţări 매우 멀리, 이 세계의 끝에

maree, ~ s.f. 썰물; 썰물과 밀물; 밀물

maregraf, ~e, s.m. [기상]자동 기록시 검조기(檢潮器)

mareometr|u, ~e, s.n. 자동기록 검조기 mareograf 참조

mareşal, ~i, s.m. [군사]원수(元帥); ~ al palatului 궁내장관

M

marfă. mărfuri, s.f. 물건, 물품, 화물; tren de ~ 화물차

margaret|ă, -e, s.f. [식물]데이지, 마아가레트

margarină, s.f. 마아가린, 인조 버터

marghi|ol, -oală, -oli, -oale, adj. [방언]영리한, 교활한, 민첩한

marghiloman, ~e, s.n. 럼주나 꼬냑을 넣고 끓인 터어커식 커피

marghiol|eală, -eli, s.f. [방언]점잔빼는 말(짓), 겉치레; 책략, 간계, 허위, 기만

marghiol|i, -esc, -ii, -it, vr. [방언]체하다, 점잔빼다, 허세부리다.

marginal, ~ă, ~i, ~e, adj. **1.** 가장자리의, 끝의; 난외(여백)의; 경계의; note ~e 난외의 주(섬), 방주(傍註) **2.** (문제나 제안에 대해서) 제2의, 2차적, 부수적인

marginalia, s.f. [고어]방주(傍註). 난외에 써넣기

margin|e, -i, s.f. **1.** 가장자리; 가, 변두리(숲의); 물가, 강가, 바닷가; 끝(도시의); de ~ 변두리의, 가장자리에 있는 **2.** 경계, 한계; a fi fără margini 또는 a nu avea margini 끝이 없다, 무한하다

margraf, s.m. (고대 독일의) 변새(邊塞)총독

mariaj, ~e, s.n. **1.** 혼례식, 혼례 **2.** 결혼(생활) 부부(관계)

marin, ~ă, ~i, ~e, adj. 바다의; faună ~ă 바다 동물

marin|a, -ez, -ai, -at, vt. [요리] **1.** 소금에 절이다 **2.** 토마토 소스에 담그다.

marinar, ~i, s.m. 사공, 마도로스

marina|t, -tă, -ți, -te, adj. 소금에 절여진; măsline ~e 절여진 올리브; chiftele ~e 토마토 소스에 담겨진 고기 경단

marinat|ă, -e, s.f. [요리]마리네이드 (식초 및 포도주에 향료를 넣은 양념; 여기에 고기나 생선을 담금); 마리네이드에 절인 고기 (생선)

marin|ă, -e, s.f. 항해술, 해군

marinăr|esc, -ească, -ești, adj. 선원의 마도로스의; beretă marinărească 마도로스 모자

marinărie, s.f. 선박 조종술

marionet|ă, -e, s.f. [그리고 비유] 꼭두각시; 허수아비; teatru de ~ 인형극

marital, ~ă, ~i, ~e, adj. [법률]남편의

maritim, ~ă, ~i, ~e, adj. **1.** (도시, 지방이)바다에 면하는 **2.** 해상의, 항해의; 선박의; comerț ~ 해상무역; drept ~ 해양법; putere ~ă 해군력

marj|ă, -e, s.f. (인쇄물의) 난외, (노트의 왼쪽) 여백; (시간, 힘 따위의) 여유

marmelad|ă, -e, s.f. 설탕에 졸인 과일, 마아말레이드, 잼

marmit|ă, -e, s.f. 남비, 솥

marmor|a, -ez, -ai, -at, vt. 대리석 무늬를 넣다

marmoraj, ~e, 대리석 무늬

marmora|t, -tă, -ți, -te, adj. (특히 종이에 대해) 대리석무늬가 새겨진

marmoră, s.f. marmură 참조

marmor|ean, -eană, -eeni, -eene, **marmore|u,** -e, -i, -e, adj. 대리석 같은; 대리적 특유의; 대리석 같이 흰

marmot|ă, -e, s.f. [동물]마르모트

M

marmur|ă, -e, s.f. **1.** 대리석; a fi de marmură 또는 a fi rece ca o marmură 대리석처럼 무감각한, 냉정한 **2.** 대리석 동상

marn|ă, -e, s.f. [광물]이회암(泥灰巖); [농업]이회토 (비료로 씀)

maro, adj. 갈색의

maroan|ă, -e, s.f. (통조림된 또는 구운) 먹는 밤

marochin, s.n. (양이나 염소, 소) 모로코 가죽

marochinări|e -i, s.f. 모로코 가죽 제조(법); 모로코 가죽 제조 공장; 모로코 가죽제품; 모로코 가죽 상점

marot|ă, -e, s.f. 편집, 괴벽; 고정관념

marsuin, ~i, s.n. 돌고래의 일종

marsupial, ~e, s.n. 유대류(有袋類)

marsupiu, s.m. (유대동물의)육아낭

marş, ~uri, s.n. I. [군사, 음악]행진곡 ; [군사]행진, 행군; ~ forțat 강행군 II. interj. [군사]앞으로 갓!

marş|ă, -e, s.f. [지질](네덜란드 등의) 간척지(해면보다 낮은)

marşrut, ~e, s.n. **marşrut|ă,** -e, s.f. [군사]행군 루트

martac, ~i, s.m. (기면축) 기둥

martie, s.m. 삼월

martin, ~i, s.m. (제비) 갈매기

martingal|ă, -e, s.f. **1.** 가슴걸이(말이 머리를 숙이지 못하도록 안장에 맨 가죽끈) **2.** (노름에서)질때마다 거는 돈을 갑절로 걸기 **3.** 삼각 돛의 하활을 아래쪽에 고정시키는 밧줄

martir, ~ă, ~i, ~e, s.m. 그리고 f. [비유]순교자; 박해받는 사람

martiri|u, -i, s.m. 순교, 수난; [비유] 박해, 학대; 고통, 고회

martiriz|a, -ez, -ai, -at, vt. 학대하다, 박해하다; 몹시 괴롭히다; 순교하다

martor, ~ă, ~i, ~e, s.m. 그리고 f. 증인; ~ ocular 목격자; a lua pe cineva de ~ 누구를 증인으로 채택하다; Dumne- zeu mi-e ~ că... 진실을 말할 것을 약속합니다.

marț, s.m. invar. a face (a fi 또는 a rămâne) marț a) (카드놀이) 전패시키다, 누구의 패를 못쓰게 하다; b) 확실히 능가하다; c)꼼짝 못하게 하다

marțafoi, ~, s.m. 건달, 부랑아, 쓸모없는 놈, 멍청이, 촌뜨기, 놈

marți, s.f. 화요일; marțea 매주 화요일에

marțial, ~ă, ~i, ~e, adj. 씩씩한, 용사 같은, 군인다운, 군의; lege ~ă 군법; curte ~ă 군법회의

marțian, s.m. 화성에 사는 사람, 화성인

marul|ă, -e, s.f. [방언]상치

marxism, s.m. 마르크스주의

marxism-lenimism, s.m. 마르크스 레닌주의

marxi|st, -stă, -şti, -ste, I. adj. 마르크스 주의적인, 마르크스주의(자)의, II. s.m. 그리고 f. 마르크스주의자

marxist-lenini|st, -stă, -şti, -ste, I. adj. 마르크스 레닌주의의; învățătura ~ă 마르크스레닌 이론, 원리

mas, ~uri, s.n. **1.** 숙박, 체류, 휴식 **2.** 숙박장소

mas|a, -ez, -ai, -at, I. vt. 마사지하다, 안마하다 II. vt. 한덩어리로 만들

다, 밀집시키다, 집결시키다, 집중시키다

masacr|a, -ez, -ai, -at, vt. **1.** 살육하다, 학살하다, 도살하다 **2.** [비유]망쳐놓다, 못쓰게 만들다

masacr|u, -e, s.n. 살육, 학살, 도살

masaj, ~e, s.n. 마사지, 안마

masala, ~le, s.f. 횃불

masalagi|u, s.m. 횃불드는 사람

masa|t, -tă, -ți, -te, adj. 마사지된, 집결된, 집중된

masă, s.f. I. mese. **1.** 탁자, 테이블; cu (또는 pe) nepusă ~ 갑자기, 전혀 기대하지 않게; Masa Rotundă 어떤 주제에 대한 자유로운 토론; ~ de biliard 당구대; ~ de scris 책상 **2.** 식사(시간), 식탁; a da o masa 만찬을 열다; a lua masa 식사하다; a pofti pe cineva la ~ a) 누구를 식사에 초대하다; b) 식사에 청하다; a pune (또는 a întinde, a aşterne) masa 식탁을 차리다; a sta în capul mesei 헤드테이블에 앉다; a strânge masa 식탁을 치우다; a sta la ~ 식사하다; înainte de ~ 오전에; după ~ 오후에; a -i fi (cuiva) casa casă şi masa ~ 편안하고 조용한 생활을 영위하다 II. mase (그리고 비유) 덩어리; 더미; 전체; 집단, 군중; [물리]질량; în ~ 대량으로, 집단으로

mas|ca, -chez, -cai, -cat, vt. **1.** (그리고 vr.) 가면을 씌우다, 변장하다, 위장하다 **2.** 숨기다, 덮어주다

mascara, ~le, s.f. [비유]익살꾼, 어릿광대; a face pe cineva de mascara 누구를 웃음거리로 만들다

mascarad|ă, -e, s.f. 가면을 쓴(가장한) 사람들의 모임; 가면무도회, 가장 행렬

masc|are, -ări, s.f. 가면을 씀, 변장 위장

mascar|on, -oane, s.n. [건축](장식용의) 괴인면(怪人面)

masca|t, -tă, -ți, -te, adj. 가면을 쓴, 가장한; bal ~ 가장무도회

mască, măşti, s.f. **1.** 가면, 탈; a smulge masca cuiva [비유]가면을 벗기다, 정체를 밝히다 **2.** [비유]구실, 가면, 가장, 핑계 **3.** 가장, 분장 **4.** ~ mortuară 데드마스크 **5.** 방독면

mascot|ă, -e, s.f. 행운의 부적, 마스코트

mascul, ~i, s.m. (동물의)숫컷

masculin, ~ă, ~i, ~e, adj. 남성의; [문법]genul ~ 남성

masculinitate, s.f. 남성; 남자다움, 씩씩함

mascur, ~i, s.m. (거세된) 수퇘지

maseter, ~i, s.m. [해부]교근(咬筋)

masez|ă, -e, s.f. 마사지 하는 여자

masicot, s.n. [화학]일산화납

masiv, I. ~ă, ~i, ~e, adj. 부피가 큰; 육중한, 무거운; 단단한; (용모, 체격. 정신)올찬, 굳센; 당당한, 훌륭한; 대량의; aur ~ 순금 II. -e, 그리고 auri, s.n. 단층지괴, 대산괴(大山塊)

masiu, ~ri, s.n. [종교]종부성사

masivitate, s.f. 육중함 무거움; 단단함; 굳셈; 당당함

mason, fracmason 참조

masor, ~i, 안마장이, 마사아지사

mast, ~e, s.n. **1.** 돛대, 마스트 **2.** 기둥 장대

mastic, ~uri, s.n. **1.** 유향수지(乳香樹脂) **2.** 매스틱, 시멘트(접합 충전용) **3.** 유향

masticat|or, -oare, -ori, -oare, adj. 저작의, 씹는; muşchi ~ 저작근
masticați|e, -i, s.f. 저작(咀嚼)
mastică, s.f. 유향 알콜수
mastit|ă, -e, s.f. [의학]유선염(乳腺炎)
mastodon|t, -ți, s.m. (고대생물) 마스토돈(제3기산의 코끼리 비슷한 큰 동물)
mastoid|ă, -e, adj. 젖꼭지 모양의; [해부]apofiză ~ 유양돌기(乳樣突起)
mastoidit|ă, -e, s.f. [의학]유양돌기염
maşinal, ~ă, ~i, ~e, adj. 자동적으로, 기계적으로
maşinați|e, -i, s.f. 음모, 책모, 책략
maşin|ă, -i, s.f. **1.** 기계; ~ infernală 시한폭탄; ~ cu abur 증기기관; ~ de amestecat 믹서; ~ de calculat 계산기; ~ de cusut 재봉틀; ~ de gătit 가스렌지; ~ de scris 타자기; ~ de spălat 세탁기 **2.** 자동차
maşinări|e, -i, s.f. 기계제조, 기계류
maşinism, s.n. 기계조립(설계), 기계사용; 기계주의 ; 기구
maşini|st, -stă, -şti, -ste, s.m. 그리고 f. **1.** 기계 설계자 **2.** (전차, 전기기관차 따위의) 운전자
maşinut|ă, -e, s.f. (maşină 의 축소형) 작은 기계, 작은 자동차
maşter, I. ~ă, ~i, ~e, adj. 비인간적인, 잔인한, 사악한 II. ~i 양아버지
maşter|ă, -e,[방언]양어머니
ma|t, I. -tă, -ți, -te, adj. (종이에 대해서) 광택이 없는, (빛에 대해)흐릿한, 희미한, (소리에 대해)무딘, 잘 울리지 않는 II. a face(또는 a da) ~ pe cineva 누구를 이기다, (장기에서)이기다
mata, pron. pers. 당신
matador, ~i, s.m. 투우사, 투우에서 제일 마지막으로 소를 죽이는 사람
matahal|ă, -e, s.f. **1.** 거인, 거상 **2.** 괴물, 유령
matale, pron. pers. 당신
matcă, mătci, s.f. **1.** 하천 바닥, 하상(河床) **2.** 샘 **3.** 여왕벌 **4.** 계도, 계보
matelo|t, -ți, s.m. 마도로스, 선원
matematic, ~ă, ~i, ~e, adj. 수학적인, 정확한, 엄밀한
matematică, s.f. 수학
matematici|an, -ană, -eni, -ene, s.m.f. 수학자
material, I. ~ă, ~i, ~e, adj. **1.** 물질적인; 물질에 관한; 구체적인, 실질적인 **2.** 육체의 관능적인 **3.** 금전적인 **4.** 경제적인 (재정적인); bază ~ă 자원 II. ~e, s.n. 재료, 원료 **2.** 요소 자료
materialiceşte, adv. 물질적으로
materialism, s.n. [철학]유물론; 물질주의; ~ dialectic 변증법적 유물론; ~ istoric 사적유물론
materiali|st, -stă, -şti, -ste. I. adj. 유물론의; 물질주의의; concepție ~ despre lumea 유물론적 세계관 II. s.m.f. 유물론자, 물질주의자
materialit|ate, -ăți, s.f. 물질성, 구체성, 유형
materializ|a, -ez, -ai, -at, vt. 구체(물질, 유형)화하다. 구체적으로 나타내다, 실현하다
marerializ|are, -ări, s.f. 구체화, 유형화, 실체화, 물질화
materializa|t, -tă, -ți, -te, adj. 구체

M

화된, 물질화된, 실현된
materialmente, adv. 물질적으로, 육체적(관능적)으로
materi|e, -i, s.f. **1.** 물질, 재료; ~ primă 원료 **2.** 소재, 제목; a intra în ~ 본제에 들어가다 (문제에 관하여 논하다); în ~ de ...에 관하여 **3.** 대상, 문제, 내용; tablă de ~ 목차
matern, ~ă, ~i, ~e, adj. 어머니의, 모친의; limbă ~ă 모국어
maternit|ate, -ăți s.f. **1.** 어머니임, 모성 **2.** 산원
matim|ă, -i, s.f. **1.** 교리, 연구대상, 도덕 **2.** 숙제
matinal, ~ă, ~i, ~e, adj. 아침의, 아침 일찍 일어나는
matineu, -e. s.n. **1.** (연극에) 오전공연 **2.** (여성의) 아침실내복
matis|a, -ez, -ai, -at, vt. 윤을 없애다.
matlas|a, -ez, -ai, -at, vt. (의자 따위에) 속을 넣다.
matos|i, -esc, -ii, -it, vr. (도)취하다, 심취하다
matostat, ~uri, s.n. [광물] 벽옥
matracuc|ă, -e, s.f. 추악한 여자, 옷을 못입는 여자, 속된 여자
matrapazlâc, ~uri, (특히 pl.) 협잡꾼, 사기꾼, 사기행위
matriarhat, s.n. 여가장제, 모권제
matrice, ~, s.f. **1.** [해부]자궁; [비유] 모태 **2.** [수학]행렬
marticol, ~ă, ~i, ~e, adj. 등록된, 명부에 기입된; foaie ~ă 인사기록 대장
matricol|ă, -e, 그리고 **matricul|ă** -e, s.f. 명부, 등록대장, 등록, 등기
matrimonial, ~ă, ~i, ~e, adj. 결혼의, 부부의
matriț|ă, -e, s.f. 활자의 주형, 지형(紙型)
matrițer, ~i, s.m. 주형 만드는 사람
matroan|ă, -e, s.f. (고대로마)시민의 부인; 나이 지긋한 품위 있는 부인; (경멸) 뚱뚱하고 저속한 중년 여인
matroz, ~i, s.m. 마도로스
matur, ~ă, ~i, ~e, adj. (지적, 육체적으로)성숙한; (의사표시가)진지하고 통찰력이 있는; un om ~ 성년 남자, 중년 남자
maturați|e, -i, s.f. (과실 따위의)익기, 성숙
maturit|ate, -ăți, s.f. (과실의) 익음, 성숙; (기회가)무르익기; (정신적) 원숙, 노숙; examen de ~ 고등학교의 졸업시험
maturiz|a, -ez, -ai, -at, I. vt. 성숙시키다 II. vr. 성숙하다
maturiz|are, -ări, s.f. 성숙함
maț, ~e, s.n. **1.** (특히 pl.)장(腸), 장관(腸管), 내장, 창자; ~ul orb/mort 맹장; aprindere de ~ 장염; a i se lărgi (또는 lungi) cuiva ~ul spre ceva 무엇을 갈망하다, 탐내다; a fierbe ~ele în cineva 화가나서 속이 부글부글끓다; a-i chiorăi cuiva ~ele (de foame) 배가 고파 위가 꾸륵꾸륵 소리나다
mațe-goale, (또는 fripte) s.n. (경멸) 밥도 제대로 못 먹는 녀석
maur, ~ă, ~i, ~e, I. adj. 무어 사람의 II. 무어인
maus, s.n. 카아드 놀이 이름
mausole|u, -e, s.n. 장려한 무덤, 영묘, 능

mavrofor, ~i, s.m. 그리스의 의용병
maxilar, ~e, s.n. I. 턱뼈, 악골; ~ superior 윗턱; ~ inferior 아래턱 II. adj. 턱뼈의
maxil|ă, -e. s.f. [해부]윗턱, 윗턱뼈
maxim, I. ~ă, ~i, ~e, adj. 최고의, 최대한; valoarea ~ă 최고가치 II. -e, s.n. 최고 최대
maximal, ~ă, ~i, ~e, adj. 최고의; preț ~ 최고 가격
maxim|ă, -e, s.f. 격언, 금언
maximum, s.m. maxim 참조
mazagran, ~e, s.n. 냉커피
mazăre, mazăre, s.f. 완두
mazet|ă, -e, s.f. 무기력한 사람, (승부내기에)서투른 사람
mazil, ~i, s.n. 물러난 군주; 보직이 없는 소귀족
mazil|i, -esc, -ii, -it, vt. **1.** 자리에서 쫓아내다. **2.** 제거하다, 몰아내다
mazili|e, -i, s.f. 쫓아냄, 제거, 추방
mazurc|ă, -i, 마주르카(폴란드의 춤); 마주르카곡
mă, I. interj. măi 참조 II. pron. pers. 나를
măcar, I. adv. 적어도; ar trebui ~ să se scuze 적어도 그는 사과해야만 한다 II. conj. ~ de 또는 ~ dacă, ~ să, 할지라도, .. 던간에; Măcar de-ar fi orice, tot mă duc. 무엇이던간에 나는 간다; ~ că 비록 ... 일지라도 III. ~ cine 누구던간에, 각자; ~ ce 무엇이던간에; ~ cât 얼마던간에; ~ care 누구던간에
măcă|i, măcăi, per. 3, -e, -ii, -it, vi. **1.** (쥐가)찍찍거리다. **2.** 잡담하다, 수다떨다
măcăir|e, -i, s.f. măcăit, ~uri. s.n. (오리가) 꽥꽥
măcăleandr|u, -i, s.m. [조류]울새
măc|ău, -aie, s.n. [방언]몽둥이
măc|easă, -ese, s.f. 들장미의 열매
măcel, ~uri, s.n. 도살, 살육, 학살
măcelar, ~i, s.m. **1.** 백정; 도살자
măcelăr|easă, -ese, s.f. **1.** 백정의 부인 **2.** 여자 백정, 푸줏간 여주인
măcelări, -esc, -ii, -it, vt. 도살하다, 살육하다
măcelări|e, -i, s.f. 푸줏간
măcelărir|e, -i, s.f. 도살 살육
măcelări|t, -tă, -ți, -te, adj. 도살된, 살육된
măc(i)eş, ~i, s.m. 들장미(울타리 만드는데 많이 쓰이는)
măcin|a, macin, -ai, -at, I. vt. **1.** 갈다, 빻다, 가루로 만든다 **2.** 으스러트리다. 분쇄하다, 눌러 부수다 II. vr. [비유]무너지다, 허물어지다. 붕괴하다, 풍화하다
măcin|are, -ări, s.f. 빻기. 가루로 만들기; 부수기, 으깨기
măcinat, -tă, -ți, -te, adj. 부서진, 간
măcinătur|ă, -i, s.f. **1.** 가루, 밀가루 **2.** 붕괴, 무너짐
măciniş, ~uri, s.n. **1.** măcinare 참조 **2.** 곡식가루, 가루로 빻는 곡식
măciuc|ă, -i, s.f. **1.** 지팡이, 몽둥이의 둥근 끝부분 **2.** 몽둥이; Mi s-a făcut părul ~ 머리가 쭈뼛하다 **3.** 몽둥이로 치기
măciuli|e, -i, s.f. (지팡이의)손잡이; (칼의)자루끝; (못, 바늘의) 머리; mă- ciulia chibritului 성냥개비 머리부분; ~ de mac 양귀비의 열매
măcriş, s.m. 수영속의 식물 (소루쟁이 따위); ~ul-calului 수영 ; ~ul-ie-

M

purelui 괭이밥류

mădular, ~e, s.n. **1.** (육체)사지 **2.** 회원

măduvă, s.f. 뼈골, 골수; până la(în) măduva oaselor 심금, 골수까지, 뼈속까지

măgar, ~i, s.m. **1.** 당나귀; a nu fi nici cal, nici ~ 상황이 분명하지 않다, 애매하다, 정체를 알 수 없다 **2.** 바보

măgădan, ~i, s.m. **măgădă|u** -i s.m. 촌스런 사람(놈)

măgă|oaie, -oi, s.f. 괴물, 거인

măgăr|esc, -ească, -eşti, adj. 당나귀의 당나귀같은; tuse măgărească 백일해, 백일기침

măgăreşte, adv. 당나귀같이

măgări|e, -i, s.f. 우둔(함) 미련한 짓

măgăriț|ă, -e, s.f. 당나귀 암컷

măgăruş, ~i, s.m. 조그만 당나귀

măgheran, s.m. maghiran 참조

măgul|eală, -eli (그리고 -ele), s.f. 아첨, 치렛말, 빌붙음

măgul|i, -esc, -ii, -it, vt. ...에게 아첨하다, 알랑거리다

măgulir|e. -i, s.f. 아첨하기, 빌붙기

măgulit|or, -oare, -ori, -oare, adj. 빌붙는, 아부(아첨)하는, 발림말하는

măgur|ă, -i, s.f. 언덕

măi, interj. **1.** (동등한 위치나 위사람에게 아랫사람을 향한 말) 헤이!, 들어봐라! **2.** (감탄, 놀람, 혼란, 불확실한 성을 표현하는 감탄사) 정말!,그렇구나!

măiculiț|ă, -e, **măicuț|ă,** -e, s.f. **1.** 엄마 **2.** 수녀

măiestr|i, -esc, -ii, -it, vt. 거짓꾸미다. 가장하다, ...체하다.

măiestri|e, -i, s.f. 솜씨, 기능, 숙련, 숙달, 정통, 예술

măiestri|t, -tă, -ți, -te, adj. 명인의, 명인같은, 숙달된, 교묘한

măi|estru, -astră, -eştri, -estre, adj. **1.** 교묘한 명인의, 명인같은; 예술적인, 예술의 솜씨좋은, 능숙한 **2.** 기획적인, 불가사의 한, 놀랄만한

măiug, ~e, s.n. **1.** 방망이 **2.** (전투용) 곤봉

măjar, ~i, s.m. 생선장수

mălai, s.n. **1.** 옥수수가루 **2.** 옥수수 낱알; şi-a mâncat ~ul 살아남다; vrabia ~ visează 좋아하는 것을 꿈꾼다; 희망은 생각의 에너지다 **3.** 수수

mălăi|eț -iață, -ieți, -iețe, adj. **1.** (열매, 과일에 대해) 너무 익은, 무른, 부서지기 쉬운 **2.** (사람에 대해) 기운이 없는, 빌빌 하는

mălăişt|e, -i, s.f. 수수밭, 옥수수밭

mălăoi, ~, s.m. 백일화속

măldăr|i, -esc, -ii, -it, vt. 쌓다, 쌓아묶다

mălin, ~i, s.m. 서양갈매나무

mălin|ă, -e. s.f. 서양갈매나무의 열매

măliniş, ~uri, s.n. 서양갈매나무 숲

mălura|t, -tă, -ți, -te, adj. (곡식에 대해) 흑수병(黑穗病)에 걸린, 고조병(枯凋病)의

mălur|ă, -i, s.f. 흑수병

mălurici, ~, s.m. 야생완두

mălur|os, -oasă, -oşi, -oase, adj. mălurat 참조

mămăligar, ~i, s.m. (경멸) mămăligă를 많이 먹는 사람; 시골 사람

mămălig|ă, -i, s.f. **1.** 물에 옥수수가루를 넣고 끓인 음식; a o pune de ~ 곤궁에 처하다. **2.** 창의성도 없고 기운이 없는 사람

mămălig|os, -oasă, -oşi, -oase, adj. (사람에 대해) 힘없는, 기운없는

mămăliguț|ă, -e, s.f. mămăligă 의 축소형

mămăruț|ă, -e, s.f. 무당 벌레

mămic|ă, -i, **mămiț|ă,** -e, **mămițic|ă,** -i, mămucă, s.f. 엄마

mămular, ~i, s.m. 잡화상

măna, -ez, -ai, -at, vt. (식물과 수확에 대해) 고조병충해에 걸리다

măna|t, -tă, -ți, -te, adj. (식물과 열매에 대해) 고조병충해에 걸린

mănăstir|e, -i, s.f. 수도원

mănăstir|esc, -ească, -eşti, adj. 수도원의

măngăl|ău, -aie, s.n. (세탁물은 주름펴는) 압착롤러(나무로 만든)

măngălu|i, -iesc, -ii, -it, vt. 세탁물의 주름을 펴다.

măn|os, -oasă, -oşi, -oase, adj. **1.** 비옥한 **2.** 생산적인, 돈이 벌리는

măntăluț|ă, -e, s.f. 작은 오바(코트)

mănunchi, ~uri, s.n. **1.** 다발, 묶음; un ~ de flori 꽃다발 **2.** 핸들 손잡이

mănuşar, ~i, s.m. **1.** 장갑 만드는 사람 **2.** 보호용 글러브 (주조자등)

mănuş|ă, -i, s.f. **1.** 장갑, 글러브; mănuşi de box 권투 글러브; a umbla cu mănuşi (cu cineva) 다른 사람에 대해 정중하게(조심해서)대하다; [비유]a arunca (cuiva) mănuşa 누구에게 도전하다; a ridica mănuşa 도전을 받아들이다 **2.** [방언](냄비 등의)손잡이

M

măr, I. meri, s.m. 사과나무; de florile ~ului 이유없이 II. mere, s.n. **1.** 사과; ~ pădureț 야생사과; ~ul nu cade departe de pom 콩심은데 콩나고 팥심은데 팥난다는 뜻; ~ul discordiei 분쟁의 씨; a bate pe cineva ~ 누구를 푸른멍이 들도록 때리다 **2.** [해부] ~ul lui Adam 후두돌기

mărar, s.m. [식물]양념이나 약초로 쓰이는 서양자초

mărăcinar, ~i. s.m. [조류]검은 박새류

mărăcin|e, -i, s.m. **1.** 가시덤불 **2.** 가시가 돋힌 여러식물, 엉컹퀴, 가시; a sta ca pe mărăcini 가시방석에 앉다

mărăciniş, ~uri, s.n. 가시나무 덤불

mărăcin|os, -oasă, -oşi, -oase, adj. 가시의; (지역에 대해) 가시덤불로 뒤덮힌

măre, mări, interj. 놀람, 호기심, 감탄, 등을 나타내는 감탄사; 확인, 긍정을 강조하는 말

măr|eț, -eață, -eți, -ețe, adj. **1.** 뛰어난, 탁월한, 고상한, 광대한, 웅대한, 숭고한, 웅장한 **2.** [방언]자부심이 강한, 거만한

măreție, s.f. **1.** 탁월, 고상, 광대, 숭고, 웅장 **2.** 거만

mărfar, ~e, s.n. 화물차

mărgăr|ea, -ele, s.f. 진주 비슷한 물건

mărgăritar, ~e, s.n. [비유] **1.** 진주 (진주조개의) **2.** [식물]은방울꽃 **3.** [식물]겨우살이 **4.** 자갈

mărgăritărel, ~e, s.n. **1.** 작은 진주 **2.** (특히 pl.) 작은 은방울 꽃

mărgărit|ă, -e, s.f. [곤충]무당벌레

mărg|ea, (-ică), -ele, s.f. **1.** (특히 pl.)인조진주 (목걸이) **2.** [식물]왕쌀새 **3.** 칠면조의 늘어진 살
mărgean, ~uri, s.n. 산호
mărgeluş|ă, -e, s.f. **1.** mărgea의 축소형, 작은 인조진주 **2.** [식물]지치
mărginaş, ~ă, ~i, ~e, I. adj. 인접한, 이웃의, 국경의 II. 도시나 마을경계(의 끝)의 주민
mărgin|ean, -eni, s.m. 국경에 사는 사람들
mărgin|i, -esc, -ii -it, I. vt. **1.** 경계를 정하다, ..에 테두리를 정하다, 둘러싸다 **2.** [비유] 한정하다, 국한하다, 제한하다 II. vr. **1.** a se ~ cu ...에 경계를 잇대다, 인접하다 **2.** a se ~ la ... 에 국한하다
mărginir|e -i, s.f. 한계, 경계, 제한
mărgini|t, -tă, -ți, -te adj. **1.** 경계있는, 한정된, 좋은 **2.** (사람에 대해) 융통성 없는, 마음이 좁은, 편협한
măr|i, -esc, -ii, -it, I. vt. 그리고 vr. 크게하다. (커지다), 확대하다; 확장하다, 넓히다, 증가하다; a ~ salariul 봉급을 올리다 II. vt. 찬양하다
măric|el, -ea, -ică, -ei, -ele, adj. 상당히 큰
mări|e, -i, s.f. 폐하; măria ta[역사] 폐하, 각하
mărim|e, -i, s.f. **1.** 크기, 부피, 면적, 비율; în ~ naturală 실물크기로 **2.** 저명인사 고관 **3.** 영광, 명성
mărinimi|e, -i, s.f. 도량, 아량, 너그러움, 선이 굵음
mărinim|os, -oasă, -oşi, -oase, adj. 도량이 넓은 관대한, 아량있는, 자비심 많은
mărir|e, -i, s.f. **1.** 크게함, 확장함, 넓힘, 늘림 **2.** 명성, 영광, 광대, 찬란; 권위
măriş|or, -oară, -ori, -oare, adj. măricel 참조
mări|t, -tă, -ți, -te, adj. **1.** 확장된, 증가한, 커진, 넓혀진 **2.** 영광스러운, 명예로운
mărit|a, mărit, -ai, -at, I. vt. 그리고 vr. (여자에 대해서) 결혼시키다; a ~t pe fiica sa cu un doctor 그는 자기 딸을 의사와 결혼시켰다; a se ~ cu cineva 누구와 결혼하다 II. 싸게 팔다
măritat, s.m. 결혼(여자의); fată de ~ 결혼 할 수 있는 처녀
măritat|ă, -e, f. 기혼녀
măritiş, ~uri, s.n. 결혼(여자의)
mărmur|i, -esc, -ii, -it, vt. înmărmuri 참조
mărmuri|t, -tă, -ți, -te, adj. **1.** 대리석의; 대리석으로 덮혀진 **2.** înmărmuri 참조
mărşălu|i, -iesc, -ii, -it, vi. [군사]행군하다, 행진하다.
mărturi|e, -i, s.f. **1.** 증인의 진술 **2.** 증언 **3.** 확증, 보증, 증명 **4.** 세례 매달; a depune ~ 증언하다.
mărturis|i, -esc, -ii, -it, I. vt. 그리고 vi. **1.** 진술하다, 보고하다, 설명하다, 알리다, 홍보하다 **2.** 고백하다 II. 고해(참회, 고백)하다
mărturisir|e, -i, s.f. **1.** 진술, 보고, 설명, 통보 **2.** 고백 **3.** 고해, 참회
mărțis|or, I. **1.** s.m. sg. [속어]3월 **2.** 버들개지 II.(pl.-oare) 3월1일에 여자에게 선물하는 행운의 메달
mărun|t, -tă, -ți, -te, adj. **1.** (매우)조그만; 미세한, 아주 작은; bani

mărunți 잔돈; un bărbat ~ 조그만 사람 **2.** 가느다란, 미세한; ploaie ~ă 가랑비 **3.** 중요하지 않은, 보잘 것 없는; multe şi ~e 모든 종류의 것

măruntaie, s.f. pl. **1.** 내장, 창자 **2.** [비유]내부, 핵심, 내면

mărunț|el, -ică, -ei, -ele adj. mărunt 참조

mărunț|i, -esc, -ii, -it, vt. 조그맣게 만들다, 산산조각 내다.

mărunțiş, ~uri, s.n. **1.** (특히 pl.) 작은일, 자질구리한 일, 하찮은 일 **2.** 사소한 것, 부수적인 것; 상세 **3.** sg. 잔돈, 거스름돈 **4.** pl. 잡화, 철물; a vinde cu ~ul 소매하다

mărunțişar, ~i, s.m. 잡화, 상인

măsc|ară, -ări, s.f. [속어](특히 pl.) 외설, 음담

măscărici, ~ s.m. **1.** 익살광대, 익살꾼 **2.** 삐에로, 어릿광대

măs|ea, -ele **1.** 어금니; ~ de minte 사랑니; a trage la ~ 많이 마시다, 꿀떡꿀떡 마시다; îmi crapă ~ua în gură 초조해서 미칠 것 같다; nici cât să pui pe o ~ 너무 적은, 불충분한 **2.** (방앗간의) 나무 바퀴 **3.** 자동차바퀴 등의 굴대

măselariț|ă, -e, s.f. 사리풀(가지과의 독초)

măsela|t, -ți, adj. m. porumb ~ 이빨모양의 하얀 옥수수

măslin, ~i, s.m. 올리브 나무

măslinar, ~i ,s.m. 올리브장수

măslin|ă, -e, s.f. 올리브; ulei de măsline 올리브 유

măslini|u, -e, -i, adj. 올리브 색깔의

M **măslu|i,** -iesc, -ii, -it, vt. **1.** (카드게임에서) 속이다 **2.** 위조하다

măsluir|e, -i, s.f. **1.** 사기, 속이기 **2.** 위조, 모조

măslui|t, -tă, -ți, -te adj. **1.** (카드게임에서)속이기 위해 표시해둔 **2.** 위조된

măsluito|r, -oare, -ori, -oare, s.m. 그리고 f. **1.** 사기꾼 (게임에서) **2.** 위조자

măsur|a, măsor, -ai, -at, I. vt. **1.** 측량하다. 치수를 재다, 측정하다 **2.** [비유]조망하다, 개관하다, 관찰하다, 평가하다 **3.** [비유]통과하다, 횡단하다 **4.** [비유]곰곰 생각하다, 재보다 II. vt. ..와 비교하다, ..재보다

măsurabil, ~ă, ~i, ~e, adj. 측정할 수 있는

măsura|t, -tă, -ți, -te, adj. **1.** 측정된 **2.** 제한된 **3.** 절제하는, 온건한, 알맞은; cu paşi măsurați 침착한 걸음으로

măsur|ă, -i, s.f. **1.** 도(度), 양(量), 눈금, 척도자; în mare ~ 대부분; după (또는 pe) ~ 치수(정도)에 알맞게, 상응하게; pe ~ ce ...하면 할수록; pe ~ ce înbătrânesc 늙으면 늙을수록; în măsura în care ..하는 정도에 (비율) 따라서; a lua cuiva măsura 치수를 재다 **2.** 척도, 표준, 규범; în aceeaşi ~ 똑같은 정도로, 바로 똑같이 **3.** [음악]박자; a bate măsure 박자를 치다 **4.** 음의 장단, 운율 **5.** 완화, 제한, 억제; a păstra măsura 분수를 지키다, 절제하다; peste ~ 과도하게, 터무니없는 **6.** [비유]조치, 방책; a lua măsura 조치를 취하다 **7.** a fi în ~ să ..할 수 있는; cu ~ 분수를 지키는, 절제하는

măsurăt|oare, -ori, s.f. 측량, 측정

măsurător, I. -oare, -ori, -oare, adj. 측량하는 II. -oare, -ori -oare, s.m. 그리고 f. 재는 사람, 측량사 III. 계량기, 측량기

măsuț|ă, -e, s.f. 작은 탁자; ~ de noapte 침실용 탁자

mătanie, mătănii. s.f. **1.** 깊은 경배 (성자의 초상화 앞에) **2.** (카톨릭교의)로사리오

mătase, mătăsuri, s.f. 비단, 실크; ~ artificială 인조실크 ; ~ naturală 천연실크; [식물]mătasea-broastei 미역의 일종; mătasea porumbului 술 (옥수수의)

mătăciun|e, -i, s.f. [식물] **1.** 맬리사, 향수박하 **2.** 용머리

mătăhal|ă, -e, s.f. matahala 참조

mătăhă|i, -iesc, -ii, -it, vi. vt. 흔들다, 흔들흔들하다, 비틀거리다.

mătăhăl|os, -oasă, -oşi, -oase, adj. 거대한; 기형의, 불구의; 볼품없는, 둔중한

mătăluță, pron. pers. matale 참조

mătăsar, ~i, s.f. **1.** 실크 짜는 사람, 실크 장사꾼 **2.** 누에

mătăsică, s.f. 면과 섞여진 실크

mătăs|os, -oasă, -oşi, -oase, adj. 실크의

mătrăgună, s.f. [식물]벨라도나, 가지속의 식물

mătrăş|i, -esc, -ii, -it, vt. [속어]밖으로 던져버리다

mătreață, s.f. **1.** 비듬 **2.** mătasea-broastei 참조

mătur|a, mătur, -ai, -at, vt. 그리고 vi. **1.** 청소하다, 쓸다 **2.** [비유]치우다, 제거하다, 쫓아버리다

mătur|ă, -i, **1.** 비, 빗자루; mătura nouă mătură bine 새 비는 잘 쓸린다 (새 일꾼은 일을 잘한다) **2.** [식물]수수

măturăt|oare, -ori s.f. 소제기

măturăt|or, -oare, -ori, -oare, s.m. 그리고 f. 도로 청소부

măturică, -i, s.f. 조그만 비

mătur|oi, -oaie, 큰 빗자루

mătuş|ă, -i, s.f. **1.** 고모, 이모 **2.** [속어]나이 든 여자에 대한 존칭

mătuşică, s.f. mătuşă의 축소형

mățar, ~i, s.m. 소세지용 내장 파는 사람

măzărar, ~i, s.m. [곤충]완두 풍뎅이

măzăra|t, -tă, -ți, -te, adj. **1.** (곡식에 대해) 낱알이 큰 **2.** (눈에 대해) 커다란

măzăriche, s.f. **1.** [식물]살갈퀴속 **2.** [식물]연리초 **3.** 우박

mâglis|i, -esc, -ii, -it, vt. 아첨하다, 아부하다; 유혹하다, 나쁜 길로 인도하다

mâhn|i, -esc, -ii, -it, I. vt. 화나게 하다, 몹시 슬프게 하다, 불쾌하게 하다, 우울하게 하다 II. vr. **1.** 화나다, 슬프다, 불쾌하다, 우울하다; a se ~ de ceva ..에 대해서 화나다 **2.** 후회하다

mâhnir|e, -i, s.f. 화, 불쾌, 슬픔, 우울

mâhni|t, -tă, -ți, -te, adj. 화난, 불쾌한, 슬픈, 침울한

mâhnit|or, -oare, -ori, -oare, adj. 화나는, 불쾌한

mâine, adv. 내일에; de ~ 내일부터; ~ poimâine 곧; pe ~ 내일까지

mâitur|ă, -i, s.f. [속어]빠른 걸음, 달림, 속보

mâl, ~uri, s.n. 진흙, 진창

mâlc, adv. 조용하게; a tăcea ~ 쥐죽은듯이 입을 다물다.

mâlc|i, -esc, -ii, -it, vt. 쥐죽은듯이 침묵하다; 벙어리가 되다, 갑자기 침묵하다

mâl|i, -esc, -ii, -it, I. vt. 진흙으로 덮다, 진흙으로 채우다 II. vr. 진흙에 파묻히다, 진흙으로 (꽉)막히다

mâlitur|ă, -i, s.f. 진흙이 쌓여 있는 곳

mâl|os, -oasă, -oşi, -oase, adj. 진흙투성의, 진창의, 진흙이 있는

mân|a, mân, -ai, -at. I. vt. (동물을) 풀다; (말, 소등을)데리고 가다, 이끌다 II. vi. 마차를 몰다

mână, mâini, s.f. **1.** 손; de mâna întâi 일등의, 최고급의; de mâna a doua 이등의, 일등급이 아닌; a fi cu dare de ~ 유복한, 부유한; de ~ 손으로, 손갖고; ~ de lucru 노동력; lucru de ~ 수공, 노동, 손일; pe sub ~ 비밀히, 남몰래 ; a-şi muşca mâinile 절망하여 손을 쥐어짜다; a se lua cu mâinile de cap 놀라서 말문이 막히다, 손을 머리위로 치키다; [비유] a se spăla pe mâini 어려운 문제에 대한 책임지는 것을 거절하다; a scăpa (또는 a pierde) ceva din ~ 누가 무엇을 잃다; a-i fi (또는 a-i veni) peste ~ 누구에게 성가시다, 불편하다; a avea ceva la ~ 무엇을 손에 넣다, 소유하다; a avea pe cineva la ~ 누구를 붙잡다; a pleca cu mâna goală 빈손으로 떠나다; a da (cuiva) o ~ de ajutor 누구를 돕다, ..에게 도움의 손길을 주다; [비유]a fi legat de mâini şi de picioare 움직이지 못하다; 아주 무력하다; a avea (ceva) pe ~ ...을 처리하다; a pune mîna pe ceva 잡다, 손에 넣다; 압도하다 a pune ~ de la ~ 자선을 통해 모으다; are ~ bună 그가 하는 것은 무엇이든 성공한다; îi dă mâna să râdă 잘 웃을 수 있다; a fi iute de ~ 툭하면 때리다; a fi ~ spartă 낭비하다; a avea ~ largă 선이 굵다. 배짱이 세다; a sta cu mâinile în sân 수수방관하다; 적극적으로 참여하지 않다; a avea (또는 a fi) mână strânsă 절약하다; sărut mâna 여자, 신부님, 나이 많은 분들에게 하는 인사; a cere mâna unei fete 여자에게 청혼하다; a ajunge pe mâini bune 소중히 간직하다. 보관되어있다; a fi în mâna cuiva 누구의 손에 있다, ..힘, 권력속에 있다; a duce (pe cineva) de ~ 누구를 인도하다, 보호하다, 지지하다; a da din mâini 손짓하다; a(-şi) da mâna (cu cineva) 악수하다; a pune mâna în foc pentru cineva (또는 ceva) 누구를(무엇을) 보증하다; a fi mâna dreaptă a cuiva 누구의 오른팔이다; a fi uşor de mână 솜씨있게 일하다 **2.** 한줌; o ~ de zmeură 한 움큼의 딸기

mânăt|arcă, -ărci, s.f. 식용버섯

mânător, ~i, s.m. 양치기

mânc|a, mănânc, -ai, -at, I. vt. **1.** 먹다; 식사하다;[동물]먹다; a ~ din ochi 깨물고 싶도록 귀여워하다; a ~ cu ochii 누구를 빤히 보다, 훑어보다; l-aş ~ fript (또는 de viu) 나는 그에게 싫증나다; a ~ cuiva zilele (또는 viața) 누구의 인생을 고통스럽게 만들다; a ~ bătaie 매맞다; a-şi

~ banii 돈을 허비하다. 탕진하다; a-şi ~ de sub unghie 매우 인색하다; a-i ~ cuiva câinii din traistă a) 크기가 조그많다 b)숙맥, 바보이다; a fugi mâncând pământul 매우 빨리 달리다; a ~ urechile capul cuiva 누구를 영락(零落)시키다, 빌어먹게 하다; a ~ cuvinte 말을 삼키다, 말하기를 삼가다 **2.** (곤충에 대해) 갉아먹다 **3.** (신체의 부분)가렵다; mă mănâncă pielea 피부가 가렵다; (농담) a-l ~ pe cineva spinarea 등이 근지럽다 (맞기를 원한다는 표현) **4.** (불,땅 등) 삼키다; (물에 대해)씻어 버리다, 씻어 털어버리다; apa mănâncă malul 물이 해안을 침식하다; (녹 등에 대해)녹이 슬어 부식시키다 **5.** [비유]갉아먹다, 쇠약하게 하다, 괴롭히다; îl mănâncă gelozia 질투가 그를 못 살게 군다(괴롭히다) II. vr. (사람에 대해) **1.** 서로 잡아먹다, 살육하다; 나쁜 짓을 하다. **2.** 화나다

mânc|are, -ăruri, s.f. **1.** 먹기;식사 **2.** 음식; de-ale mâncării 식료(품) 양식

mânca|t, I. -tă, -ți, -te, adj. **1.** 먹혀진, 삼켜진 **2.** 배부른; suntem mâncați 우리는 이미 배부르다 **3.** 삼켜진; 씻어 내려가 버린, 침식된 **4.** (비유)갉아먹혀진; 쇠약해진 II. s.n. 먹기; 식사; a se pune pe ~e 식사에 몰두하다

mâncăci|os, -oasă, -oşi, -oase, adj. 많이 먹는; 식욕이 왕성한

mâncărică, s.f. 식사

mâncărici, s.n. **mâncărime** s.f. 가려움, 근지러움; a avea ~ la limbă 매우 말이 많다, 수다스럽다

mâncăt|or, -oare, -ori, -oare, s.m. 그리고 f. 식사하는 사람

mâncători|e, -i, s.f. 질투, 시기; 음모, 계략, 간계

mâncătur|ă, -i, s.f. **1.** 침식 **2.** 상처 (자국)

mâncă|u, -i, s.m. 대식가, 탐식가

mândr|ă, -e, s.f. 사랑하는 여자, 애인

mândrețe, ~ s.f. **1.** 아름다움, 화려함, 찬란함, 빛남, 눈부심 **2.** 매우 아름다운 사람(물건); o ~ de fată 매우 아름다운 처녀

mândr|i, -esc, -ii, -it, vr. (cu ceva) ..을 자랑하다; ....에 대해 자부심을 갖다

mândri| e, -i, s.f. **1.** 만족감, 충족감; 자랑, 자부, 긍지 **2.** 거만, 교만, 불손

mândr|u, -ă, -i, -e, I. adj. **1.** 자부심이 굉장한, 자랑스런; 만족한 **2.** 거만한, 교만한, 불손한 **3.** 행복한 **4.** 아름다운, 화려한 II. -i, s.m. 사랑하는 사람, 애인

mândrul|eană, -ene, **mândruț|ă,** -e, s.f. [속어]mândră 참조

mânea, mân, mâsei, mas, vi. 밤을 보내다, 어딘가에서 밤을 보내며 머무르다, 잠자다; (parcă)i-au mas şoarecii în pântece (또는 în burtă) 항상 배고픈 사람에 대해서 말하는 것

mânec|ă, -i, s.f. 소매; a trage pe cineva de ~ a) ..에게 끈질기게 달라붙다; b) 누구에게 주의를 환기시키다; a o băga pe ~ 나쁜 상황에 처하다, 놀라다, 당황하다

mânecuț|ă, -e, s.f. **1.** 작은 소매 **2.**

(pl.)소매 씌우기, 일토시, 커푸스 커버

mâner, ~e, s.n. 손잡이

mângâi|a, mângâi, -ai, -at I. vt. **1.** 쓰다듬다, 애무하다; (반어법)호되게 때리다 **2.** 위로하다, 용기를 북돋다, 진정시키다, 달래다 II. vr. 마음을 가라앉히다, 진정하다. 만족하다

mângâiel|e, -i, s.f. **1.** 쓰다듬, 애무 **2.** 위로, 위안, 용기를 줌, 진정시킴

mângâit|or, -oare, -ori, -oare, adj. 위로하는, 위안적인, 진정적인, 마음을 부드럽게 해주는

mângâi|os, -oasă, -oşi, -oase, adj. (시적으로)쓰다듬는, 애무하는, 사랑이 충만한, 사랑스러운

mâni|a, mâinii, -ai, -at, I. vr. 화나다, 흥분하다, II. vt. 화나게 하다, 불쾌하게 하다

mâni|e, -i, s.f. 화, 분노; iute la ~ 성마른, 불끈거리기 잘하는

mâni|os, -oasă, -oşi, -oase, adj. 성난, 화난, 흥분한; a fi ~ Dunăre 매우화난, 매우 흥분되어있는

mânj|eală, -eli, s.f. vt. **1.** 때, 더러움, 오점 **2.** 점토 **3.** 올실에 윤기 올리는 풀

mânj|i, -esc, -ii, -it, vt. **1.** 더럽히다, 오점을 남기다; [비유]명예를 더럽히다 **2.** ..을 칠하다, ..으로 털어내리다

mântu|i, mântui 그리고 -esc, -ii, -it, I. vt. **1.** [종교]구원하다, 구해주다, 구하다, 해방시키다 **2.** 끝내다, 완성하다, 마치다 II. vr. **1.** 구원되다 **2.** 끝나다

mântuială, s.f. de ~ 피상적인, 어리석은

mântuir|e, -i, s.f. [종교]구원, 해방

mântuit|or, -oare, -ori, -oare, I. adj. 구원적인, 구하는 II. s.m. [종교]구세주

mânu|i, -iesc, -ii, -it. vt. **1.** (기구, 도구를)사용하다, 다루다, 운전하다 **2.** 조정하다, 조작하다

mânuir|e, -i, s.f. 취급, 사용, 조정, 다룸

mânuit|or, -oare, -ori, -oare, s.m. 그리고 f. 조정하는 사람, 운전자; ~ de bani 금융업자

mânuşiţ|ă, -e, **mânuţ|ă,** -e, s.f. (mână 의 축소형) 작은 손

mân|z, -ji, s.m. 어린 말, 망아지; a umbla ca mânzul după iapă 또는 a merge (또는 a se ţine) mânz (după cineva) 누구와 붙어 다니다.

mânz|are, -ări, s.f. 우유를 갖고 있는 양

mânza|t, -ţi, s.m. 두달에서 두 살 사이 (지방에 따라 다름) 에 있는 송아지

mânzărar, ~i, s.m. 양치기

mânzeşte, adv. a râde ~ 억지로 웃다

mânzişor, ~i, s.n. 조그만 망아지

mânzoc, ~i, s.m. 한살 된 망아지

mârc, interj. a nu zice nici ~ 한마디 말도 하지 않다, 입 다물다

mârâi, mârâi, -ii, -it, vi. **1.** (개에 대해) 으르렁거리다 **2.** (사람에 대해) 불분명하게 말하다, 우물거리다; 투덜대다

mârâi|ală, -eli, s.f. mârât, s.n. **mârâtur|ă,** -i, s.f. 으르렁거리는 소리, 투덜

mârlan, ~i, s.m. 버릇없는자, 무례한

놈, 촌뜨기

mârşav, ~ă, ~i, ~e, adj. **1.** 비천한, 근본적으로 나쁜, 야비한 **2.** [방언] 더러운

mârşăvi|e, -i, s.f. 비천, 사악, 야비

mârțoag|ă, -e, s.f. 노마, 늙은 말

mârzac, ~i, s.m. 타타르족의 귀족

mâț, ~i, s.m. 고양이 새끼

mâț|ă, -e, s.f. 고양이; a prinde (pe cineva) cu mâța-n sac 현행범으로 체포하다; a trage mâța de coadă 돈이 없다, 가난하다, 곤궁한 생활을 하다; a se uita ca mâța-n calendar 아무것도 이해하지 못하다, .. 문제(주제)에 대해 아무것도 모르다

mâțşior, ~i, s.m. **1.** 작은 고양이 **2.** (특히 pl.)버들개지

mâzgă, s.f. **1.** 진흙, 진창 **2.** 이토층(강바닥)무른 진흙, 이끼층 **3.** [속어] 쥬스, 식물즙

mâzgăl|eală, -eli, s.f. [비유]마구쓰기, 마구 칠하기; 엉터리그림, 졸작

mâzgăl|i, -esc, -ii, -it, vt. **1.** 더럽고 지저분하게 쓰다, 갈겨쓰다; 더럽게 그리다, 마구 칠하다; [비유]재주없이 쓰다 **2.** 더럽히다

mâzgăli|t, -tă, -ți, -te, adj. **1.** 지저분하게 쓰여진, 갈겨쓴; 더럽게 그려진 **2.** 더럽혀진

mâzgălitur|ă, -i, s.f. mâzgăleală 참조

mâzg|os, -oasă, -oşi, -oase, adj. **1.** (흙에 대해서)진창의, 진흙투성이의, 끈적끈적한 **2.** (식물에 대해) 즙이 많은

mea, mele, adj. 그리고 pron. pos, 나의; cartea mea 나의 책; e a mea 나의 것이다.

meandr|u, -e, s.n. **1.** (특히 pl.)(강줄기의)굽이, 굴곡; 곡류 **2.** [건축]굴곡무늬, 그리이스 무늬

meat, ~uri, s.n. [해부]관(管), 도(道)

mecanic, ~ă, ~i, ~e, I. adj. 기계의, 기계에 의한; **1.** 기계적인; 자동적인 **2.** 무의식의, 무감정한 II. s.m. **1.** 기계학자, 기계공 **2.** 엔지니어, 기관사

mecanică, s.f. 기계학, 역학; ~ aplicată 응용역학

mecanicism, s.n. [철학]우주, 기계관, 기계론

mecanici|st, -stă, -şti, -ste, I. adj. 기계론의 II. s.m. 그리고 f. 기계적인 세계관의 추종자

mecanism, ~e, s.n. [그리고 비유] 기계장치; 장치; 기관. 기구

mecaniz|a, -ez, -ai, -at, vt. 기계화하다. 기계장치로 하다

mecaniz|are, -ări, s.f. 기계장치화, 기계화; ~ a agriculturii 농업기계화

mecaniza|t, -tă, -ți, -te, adj. 기계화된

mecanizator, ~i, s.m. 농업기계를 다루는 기술자

mecanochimic, ~ă, ~i, ~e, adj. 기계화학의

mecanotehnică, s.f. 기계기술

mecanoterapie, s.f. 기계치료법

mecă|i, mecăi, -ii, -it, vi. (염소가) 울다; (사람에 대해) 떨리는 소리로 말하다

mecet, ~uri, s.n. 회교의 교당

meci, ~uri, s.n. 시합, 경기; ~ de fotbal 축구시합

meconiu, s.n. 배내똥, 태변

medalia|t, -tă, -ți, -te, I. adj. 상패(훈장)를 받은 II. s.n. 그리고 f. 상패

(훈장)를 받은 사람

medali|e, -i, s.f. 메달, 기장; 훈장, 상패; ~ de aur (argint, bronz)금(은, 동)메달; a acorde cuiva o ~ pentru ceva 무엇 때문에 ..에게 메달을 수여하다; a lua o ~ la Jocurile Olimpice 올림픽에서 메달을 따다; reversul medaliei 메달의 뒷면

medalier, ~i, s.m. 매달 수집 상자; 메달 수집

medali|on, -oane, s.n.! 대형기념패; 로켓 (사진, 머리카락 따위를 넣어 목걸이처럼 매다는 것)

medalistică, s.f. 매달 수집가

medel|ean, -eni, s.m. 큰 개

medelnicer, ~i, s.m. (중세의)전선사(典膳司) 의 장관

medelniț|ă, -e, s.f. 세면기, 세숫대 (영주와 그 손님들이 식사 전 또는 후에 손을 씻는 곳)

medi|a, -ez, -ai, -at, vt. 조정(중재)하다. 화해시키다

medial, ~ă, ~i, ~e, adj. (자음, 문자가) 낱말의 중앙에 있는

median, ~ă, ~i, ~e, adj. 가운데의, 중앙의; linie ~ă 중선(中線)

median|ă, -e, s.f. 중선(中線)

mediant|ă, -e, s.f. 중음, 가온음

media|t, -tă, -ți, -te, adj. 간접의

mediat|or, -oare, -ori, -oare, I. adj. 중재하는 II. s.m. 그리고 f. 조정자, 중재자

mediați|e, -i, s.f. 조정. 중재

medic, ~i, s.m. 의사; ~ veterinar 수의사; ~ militar 군의; a consulta ~ 친찰받다; ~ chirurg 외과의사

medical, ~ă, ~i, ~e, adj. 의사의, 의학의, 의술의; concediu ~ 병가휴가; certificat ~ 진단서; consult ~ 의사 진단

medicament, ~e, s.n. 약, 의약, 약제; a prescrie cuiva un ~ 누구에게 약을 처방하다; a lua ~ 약을 먹다, 복용하다

medicament|os, -oasă, -oși, -oase, adj. 약효가 있는

medicați|e, -i, s.f. 치료, 요법; 특약

medicinal, ~ă, ~i, ~e, adj. 약용의; plantă ~ă 약초, 약용식물

medicină, s.f. 의약, 의술; ~ legală 법의학

medicini|st, -stă, -ști, -ste, s.m. 그리고 f. 의학부 학생

medico-farmaceutic, ~ă, ~i, ~e, adj. 의학과 약학에 관한, 의학, 약학의

medico-legal, ~ă, ~i, ~e, adj. 법의학

medico-sanitar, ~ă, ~i, ~e, adj. 의학의, 위생에 관한

medi|e, s.f. **1.** 중간, 평균, 중앙; ~ arhimetică (산술)평균, 상가(相加)평균; în ~ 평균하여 **2.** 평점

medieval, ~ă, ~i, ~e, adj. 중세의

medievi|st, -stă, -ști, -ste, s.m. 그리고 f. 중세연구가

mediocrit|ate, -ăți, s.f. **1.** 하찮음, 빈약함 **2.** 범용, 평범 **3.** 평범한 사람

mediocr|u, -ă, -i, -e, adj. **1.** 보잘것없는; 무능한 열등의; 빈약한, 초라한 **2.** 평범한, 범용한

medit|a, -ez, -ai, -at, I. vi. 명상(삼사숙고)하다;[종교]묵상하다 II. vt. **1.** 연구하다, 고찰하다. **2.** 계획하다, 인출하다. **3.** 과외교습하다

meditativ, ~ă, ~i, ~e, adj. 명상(묵

상)적인, 생각에 잠긴

meditat|or, -oare, -ori, -oare, s.n. 그리고 f. 명상자

meditați|e, -i, s.f. **1.** 명상, 묵상, 심사숙고 **2.** 묵상, 사색 **3.** 과외 수업; sală de ~ 기숙사 교실

mediterane|an, -ană, -eni, -ene, adj. 지중해의; climă meditereană 지중해성 기후

medi|u, I. **1.** -e, -i, adj. 중간의; învățământ ~ 중학과정; școală medie 중학교; evul ~ 중세 **2.** 평균의; salariu ~ 평균월급; valoare medie 평균가치 II. -i, s.n. **1.** 환경, 주위세계; ~ înconjurător 주위환경; ~ de viață 생활범위; adaptarea la ~ 환경적응 **2.** (사회적인)환경, 주위, 배경

medular, ~ă, ~i, ~e, s.f. 골수의

meduz|ă, -e, s.f. **1.** [그리이스 신화] 메두사 **2.** [동물]해파리

mefistofelic, ~ă, ~i, ~e, adj. 매피스토펠레스같은, 악마의

megaf|on, -oane, s.n. 메가폰; (라디오의)확성기

megali|t, -ți, s.m. [고고학]유사이전의 거석(巨石)

megalitic, ~ă, ~i, ~e, adj. 거석(巨石)의

megaloman, ~ă, ~i, ~e, I. adj. 과대망상증의 II. s.m. 그리고 f. 과대망상증 환자

megalonami|e, -i, s.f. 과대망상증

megieș, ~ă, ~i, ~e,[방언]I. adj.이웃의 II. s.m. 이웃사람

megleni|t, -tă, -ți, -te, **meglenoromân,** -ă, -i, -e, s.m. 그리고 f. 메글레노 루마니아인 II. adj. 메글레노 루마니아(인)의

mehă|i, pers.3, mehăie, -i, -it, vi. (염소가)울다; (사람이) 떠는 소리로 말하다.

mei, ~uri, s.n. [식물]기장; ~ păsăresc 지치

meiște, -i, s.f. 기장 밭

mejdin|ă, -e, s.f. 이랑, 두둑

melancolic, ~ă, ~i, ~e, I. adj. 우울한, 침울한; 서글픈, 쓸쓸한; 애조를 띤 II. 우울증 환자

melancoli|e, -i, s.f. 우울, 침울; 우수, 서글픔; 우울증; a cădea în ~ 우울증에 빠지다

melanin|ă, -e, s.f. 멜라닌, 흑색소

melanj, ~uri, s.n. 혼합

melanterit, s.n. 녹반, 황산제일철

melasă, s.f. 당밀

melc, ~i, s.m. **1.** [동물]달팽이; **2.** [해부]내이(內耳)의 와우(蝸牛)

meleișor, ~i, s.m. **1.** 작은 달팽이 **2.** (pl.) 여러 형태로 된 국수 스프

meleag, ~uri, s.n. (특히 pl.) 주위; 부근, 근망; 지역, 장소

melegar, ~e, s.n. [방언]온상

meleste|u, -ie, s.n. 젖는 주걱; 나무주걱

melifer, ~ă, ~i, ~e, adj. (꽃에 대해서)꿀을 내는

melinită, s.f. 맬리 나이트(폭약)

melisă, s.f. [식물]맬리사풀, 향수박하

meliț|a, meliț, -ai, -at, I. vt. **1.** 삼껍질을 벗기다 **2.** [비유]때리다. 구타하다 **3.** 쓸데없이 떠들다

melița|t, I. -tă, -ți, -te, adj. (삼에 대해)벗겨진 II. s.n. **1.** 삼껍질 벗기기 **2.** 떠듬

melit|ă, -e, s.f. **1.** 삼껍질 벗기는 기구, 마즐(痲櫛) **2.** 입; a da cu(din) ~ 떠들다.
melit|oi, -oaie, s.n. 커다란 삼 베끼는 기구
melodic, ~ă, ~i, ~e, adj. 선율적인, 선율의
melodică, s.f. 선율학
melodi|e, -i, s.f. 멜로디, 선율; 아름다운 곡조; 음악적인 음조
melodi|os, -oasă, -oşi, -oase, adj. 선율적인; 곡조(선율)가 아름다운; 듣기좋은
melodramatic, ~ă, ~i, ~e, adj. 멜로드라마식의, 신파극같은, 통속극의
melodram|ă, -e, s.f. 멜로드라마, 신파극, 통속극
meloman, ~ă, ~i, ~e, s.m. 그리고 f. 음악광, 음악에 미친 사람
melomanie, s.f. 음악광
melo|n, -oane, s.n. 멜론
melope|e, -i, s.f. [음악]낭음법; 낭음가; 단조로운 노래
membran|ă, -e, s.f. [해부, 식물]막(膜) (전화기, 확성기)진동판; 양피지
membran|os, -oasă, -oşi -oase, adj. 막질의
membr|u, I. -ă, -i, -e, s.m. 그리고 f. 사지, 수족, 손발 II. (단체의)일원, 임원, 회원, 사원 III. [수학]방, 정식의 변(邊)
memor|a, -ez, -ai, -at, vt. 기억하다, 암기하다.
memorabil, ~ă, ~i, ~e, adj. 기억해야 할, 잊을 수 없는
memorandum, ~uri, s.n. **1.** [외교]각서; [행정, 군사]훈령, 명령 **2.** 메모; 비망록
memor|are, -ări, s.f. 기억, 기억작용
memora|t, -tă, -ţi, -te, adj. 기억된
memorial, ~uri, s.n. 외교각서; 진정서; 기록; 업무일지
memori|e, -i, s.f. **1.** 기억력; din ~ 외워서 **2.** 기억; 죽은 후의 명성(평판); în memoria cuiva ...를 추모하여
memori|u, -i, s.n. **1.** 각서, 진정서, 의견서, 청원서 **2.** 학술논문, 연구보고 **3.** 역사상의 기록; 회상록, 수기
memoriz|a, -ez, -ai, -at, vt. memora 참조
menad|ă, -e, s.f. [그리스신화]박쿠스신의 무녀(巫女); 광란적인 여자; 타락한 여자
menaj, ~uri, s.n. **1.** 가정, 가사, 살림 **2.** 부부생활; 가족; un ~ bun 좋은 부부생활
menaj|a, -ez, -ai, -at, vt. 그리고 vr. ...을 조심스럽게 다루다. 대하다; 몸을 아끼다, 자중 자애하다; 신중히 행동하다; 사이좋게 지내다
menajament. ~e, s.n. **1.** 조심, 주의, 신중 **2.** 침작, 동정, 경의
menaj|are, -ări, s.f. menaja 의 명사형 (조심함, 신중함, 침착함)
menajer, ~ă, ~i, ~e, adj. 가사에 관한; 살림 잘하는, 주부다운; 절약하는, 아끼는
menajer|ă, -e, s.f. 주부, 가정부
menajeri|e, -i, s.f. 동물수집; 동물원; 동물의 구경거리
mendre, s.f. pl. a-şi face ~le (cu cineve) ...를 조롱하다, 웃음거리로 만들다.
menengh|i, -e, -, -e, I. s.m. 그리고

f. 약삭빠른 사람, 교활한 사람 II. adj. 교활한
menestrel, ~i, s.m. 중세의 음유시인
menghin|ă, -e, s.f. 나사 바이스
menhir, ~e, s.n. 맨히르, 입석(立石)(유사이전의 거석(巨石)기념물)
men|i, -esc, -ii, -it, vt. 그리고 vi. **1.** 미리 결정하다; 결정하다, 조치하다; 운명을 결정하다 **2.** (미신에서) 예언하다, 미리 알려주다
meninge, s.n. [해부]뇌막
meningit|ă, -e, s.f. 뇌막염
meningococ, ~i, s.m. 뇌막염균
menir|e, -i, s.f. 동사 meni의 명사형
menisc, ~uri, s.n. 오목 볼록 렌즈
meni|t, -tă, -ți, -te, adj. **1.** 미리 결정된 **2.** 마법에 걸린, 홀린
meniu, ~uri, s.n. 메뉴
menopauză, s.f. [의학]월경폐지. 폐경기
menoragi|e, -i, s.f. [의학]월경하다
menstrual, ~ă, ~i, ~e, adj. 월경의
menstruați|e, -i, s.f. 월경
mensual, ~ă, ~i, ~e, adj. 매달의, 월1회의
mental, ~ă, ~i, ~e, adj. mintal 참조, 마음의, 정신적인
mentalit|ate, -ăți, s.f. 정신상태; 성향. 기질
mentă, s.f. 박하; ceai de ~ 박하차
mentol, s.n. 박하뇌 (박하유의 유효성분으로 두통 따위에 씀)
mentor, ~i, s.m. 좋은 지도자, 사부, 스승
mențin|e, mențin, -ui, -ut, vt. 존속시키다, 유지하다, 보존하다, 그대로 지탱하다; 머무르다, 지속하다; 주장하다
menținere, s.f. 보존, 존속, 지속, 지탱
menționa|a, -ez, -ai, -at, vt. 언급하다, 진술하다.
menționa|re, -ări, s.f. 언급, 진술
mențiun|e, -i, s.f. **1.** 언급, 진술 **2.** (성적 따위의) 등급표시 **3.** 표창
menuet, ~e, s.f. (무용, 음악) 미뉴에트
menzil, ~uri, s.n. (옛) 우체, 체신
meoțian, s.n. [지질]선신세(鮮新世)(제3기 최후의 지질시대)의 제1단계
mercantil, ~ă, ~i, ~e, adj. 상업상의
mercantilism, s.n. 중상주의
mercenar, ~i, s.m. **1.** 용병 **2.** 돈이면 무엇이든 하는 사람
merceologie, s.f. 상품학
merceri|e, -i, s.f. 잡화(점); 잡화장사
merceriz|a, -ez, -ai, -at, vt. 머서 가공하다, 광택가공을 하다.
merceriza|t, -tă, -ți, -te, adj. 머서법으로 가공된
merchez, ~uri, s.n. 트릭
mercur, s.n. 수은
mercurial[1], ~e, s.n. 시장 시세표
mercurial[2], ~ă, ~e, ~i, adj. 수은을 함유한; 수은의 작용에 의한
mercuric, ~ă, ~i, ~e, adj. oxid ~ 산화수은
mercur|os, -oasă, -oşi, -oase, adj. 수은을 함유한
merede|u, -ie, s.n. **1.** 낚시, 고기그물 **2.** 포크모양의 나무된 도구
meremet, ~uri, s.n. (건물의)수선
meremetis|eală, -eli, s.f. 수선작업

meremetis|i, -esc, -ii, -it, vt. (건물을)수선하다.

mereu, adv. 계속, 끊임없이, 항상

mer|ge, merg, -sei, -s, vi. **1.** 가다; a ~ drept 똑바로 가다; a ~ desculţ 맨발로 가다; a ~ în baston 지팡이를 집고 가다; a ~ pe jos 도보로 가다; a ~ pe bicicletă 자전거 타고 가다; a ~ cu maşina 자동차 타고 가다; a ~ înainte (înapoi)앞으로 (뒤로)가다; a ~ sus (în sus, la deal)올라가다; a ~ jos (în jos, la vale)내려가다; a ~ la dreapta (la stînga) 오른쪽(왼쪽)으로 가다 **2.** (기계에 대해) 작동하다, 운전중이다. **3.** ceasul ~ bine 시계가 잘간다; îmi ~ bine (rău) 나는 잘(나쁘게) 지낸다; cum ~ cu sănătatea 건강이 어떠합니까? **4.** 어울리다, 맞다: cravata aceasta ~ la costumul cel nou 이 넥타이는 새옷에 어울린다; aceste culori nu merg împreună 이 색깔들을 서로 맞지 않는다. **5.** 성공하다; 잘되다; toate îi merg în plin. 모든 것이 그에게는 잘 된다 **6.** 퍼지다; vestea ~ ca vântul. 소문은 바람처럼 퍼진다

meridian, ~e, s.n **1.** 자오선, 경선; ~ de origine (단 primul ~, 또는 meridianul zero)본초자오선 **2.** adj. 자오선의, 정오의

meridional, ~ă. ~i, ~e, adj. 남방의, 남쪽의

merinde, ~, s.f. (특히 pl.) 식량

meriş|or, I. ~i, s.m. **1.** 작은 사과나무 **2.** 월귤나무 II. -oare, s.m. **1.** 작은 사과 **2.** 월귤

merit, ~e, s.n. **1.** 공적, 공로 **2.** 재능, 가치, 장점

merit|a, merit, -ai, -at, vt. **1.** 얻다, 받다; a ~ apreciere 인정을 받다; a ~ o pedeapsă 벌을 받다 **2.** ...만하다, ...가치가 있다; nu ştiu dacă merită să mă ocup de asta 이일에 내가 전념할 가치가 있는지 모르겠다

merita|t, -tă, -ţi, -te, adj. 당연히 받을 만한; a-şi primi pedeapsa ~ă 받을만한 벌을 받다

meritor|iu, -e, -i, adj. 존경할 만한, 찬양할만한

merit(u)|os, -oasă, -oşi, -oase, adj. 가치있는; 성공한; 칭송받을만한

merl|on, s.n. 총안벽(銃眼壁)의 철부(凸部)

mers, s.n. **1.** 걷기, 보행, 걸음; din ~ 가면서; ~ul trenurilor 기차 시간표; ~ graţios 우아한 걸음걸이; ~ul ceasornicul 시계진행 **2.** (기계파워의) 운전, 활동, 진행 **3.** 발전; ~ul general al omenirii 인류의 일반적인 발전

mersi. interj. 감사합니다

mertic, ~e,(그리고 ~uri) s.n. **1.** 곡물을 재는 말, 이름, 곡량 단위의 이름 **2.** 한사람분의 음식

mesa, adv. a băga pe cineva ~ 누구를 구렁텅이(곤경)에 빠뜨리다; a intra (또는 a cădea) ~ 곤경에 빠지다

mesad|ă, -e, s.f. 모피로 된 안감

mesager, ~i, s.m. [그리고 비유]사자(使者), 심부름꾼, 사신, 전령; 문서를 전달하는 비둘기

mesageri|e, -i, s.f. (철도, 선박에 의한)수송, 운수; 철도 화물(차)

masaj, ~e, s.n. **1.** 전언, 전갈 **2.** 통첩; 교섭; 메시지

meschin, ~ă, ~i, ~e, adj. **1.** 사소한, 편협한 **2.** 중요하지 않은, 가치없는
meschinări|e, -i, s.f. 사소함, 중요하지 않음, 편협함
mescioan|ă, -e, s.f. 작은 탁자
mes|ean, -eni, s.m. 한솥밥 먹는 친구; 만찬 참석자 일동
meseriaş, ~ă, ~i, ~e, s.m. 그리고 f. 수공업자, 세공업자; 직공
meseri|e, -i, s.f. **1.** 수공업 **2.** 직업, 일
mesia, s.n. 메시아, 구세주
mesianic, ~ă, ~i, ~e, adj. 메시아의, 메시아에 관한.
mest|eacăn, -eeceni, s.m. 자작나무
mestec|a, mestec, -ai, -at, vt. 그리고 vi. **1.** 씹다 **2.** 섞다, 혼합하다
mestec|are, -ări, s.f. **1.** 씹음 **2.** 혼합함, 섞음
mesteca|t, -tă, -ți, -te, adj. **1.** 씹혀진 **2.** 혼합된
mestecăniş, ~uri, 자작나무 숲
mestecăt|or, -oare s.n. 주걱, 휘저어 섞게하는 나무 도구
mesuț|ă, -e, s.f. măsuță 참조
meş, s.n. **1.** [방언]나이테; 결절(結節) **2.** 층; ~ de nisip 모래층
meş|ă, -e, s.f. **1.** 고수머리, 곱슬곱슬한 머리털 **2.** 솜둔 베개
meşin|ă, -e, s.f. 구두에 사용하는 얇은 양 또는 염소가죽
meşter, I. ~ă, ~i, ~e, adj. 경험있는 노련한, 대가 같은 II. ~i, s.m. **1.** 명인, 대가, 상수(上手), 전문가 **2.** 우두머리, 장색(匠色), 스승
meşter|esc, -ească, -eşti, adj. 스승(우두머리, 명인)다운
meştereşte, adv. 수공업적으로
meşter-grin|dă, -zi, s.f. [방언]대들보
meşter|i, -esc, -ii, -it, vt. **1.** 일하다, 작업하다, 마치다, 완성하다; a ~ o traducere 번역을 끝내다 **2.** 수선하다, 개선하다
meşteriț|ă, -e, s.f. (어떤 분야의)전문가 여성, 대가 여성
meşteşug, ~uri, s.m. **1.** 수공업 **2.** (예술, 학문의)원리; 예술, 학문 **3.** 재능, 노련, 숙련
meşteşugar, ~i, s..m. 수공업자
meşteşugăr|esc, -ească, -eşti, adj. 수공업의
meşteşug|i, -esc, -ii, -it, vt. **1.** meşteri 참조 **2.** 숙련을 갖고 일하다 **3.** 음모를 꾸미다, 선동하다 **4.** 위조하다
meşteşugir|e, -i, s.f. **1.** 숙련, 노련 **2.** 음모, 선동
meşteşugi|t, -tă, -ți, -te, adj. **1.** 예술적으로 만들어진, 솜씨있게 만들어진; 예술적인, 숙련된 **2.** 간교한 **3.** 인위적인
metabolic, ~ă, ~i, ~e, adj. 물질교대의, 신진 대사의
metabolism, s.n. 신진대사, 물질대사
metacarp, ~uri, s.m. [해부]장골(掌骨)
metacentr|u, -e, s.n. [선박, 항공]부력의 경심(傾心)
metafizic, ~ă, ~i, ~e, adj. 형이상학의; 초자연적인, 추상적인
metafizică, s.f. 형이상학; 순수철학; 우주철학; 추상론
metafizici|an, -ană, -eni, -ene, s.m.

그리고 f. 형이상학자

metafoni|e, -i, s.f. 모음 변이(母音變異)

metafor|ă, -e, s.f. 은유

metaforic, ~ă, ~i, ~e, adj. 은유적인

metaforism, s.m. 은유법, 은유적인 표현방법

metagenez|ă, -e, s.f. 순정세대교번(純正世代交番)

metal, ~e, s.n. 금속; ~ prețios 귀금속

metaleps|ă, -e, s.f. [수사학]전유법(轉喩法)

metalic, ~ă, ~i, ~e, adj. 금속의, 금속제의

metalifer, ~ă, ~i, ~e, adj. 금속을 함유한

metaliz|a, -ez, -ai, -at, vt. **1.** 정련하다 **2.** 금속화하다 **3.** 금속으로 씌우다 도금하다

metaloceramică, s.f. 가루금속학

metalochimic, ~ă, ~i, ~e, adj. 금속화학의

metalochimic, s.f. 금속화학

metalografic, ~ă, ~i, ~e, adj. 금속조직학의, 금상학(金相學)의

metalografic, s.f. 금속조직학; 금속판 인쇄술

metaloi|d, -zi, s.m. 비(非) 금속

metalurgic, ~ă, ~i, ~e, adj. 야금학(술)의; industrie ~ă, 제련업(소)

metalurgie, s.f. 야금학, 야금술

metalurgi|st, -stă, -şti, -ste, s.m. 그리고 f. 야금학자; 제련업자; 금속가공업자

metamorfic, ~ă, ~i, ~e, adj. (바위가)변성의

metamorfism, s.n. [지질]변성(變成) 작용

metamorfoz|a, -ez, -ai, -at, I. vt. ..으로 변형시키다; (성격 모습 따위를) 일변시키다 II. vr. 변하다

metamorfoz|ă, -e, s.f. 변신(變身); 변형; 변태, 탈바꿈; (성격따위의) 돌변

metan, s.n 메탄

metaplasm|ă, -e, s.f. [언어]어형변화

metapsihic, ~ă, ~i, ~e, adj. 심령학적인

metapsihologic, s.f. 심령학

metastaz|ă, -e, s.f. [의학](염증, 종양, 특히 암의) 이동, 전이(轉移); [수사학]전가범

metatars, ~uri, [해부]척부(蹠部), 중족(中足)

metatarsi|an, -ană, -eni, -ene, adj. 중족(中足)의

metatez|ă, -e, s.f. [언어]음위전환(音位轉煥);[의학]환부전이

metazoare, s.n. pl. [생물]후생(後生)동물

meteahn|ă, metehne, s.f. **1.** 잘못, 모자람, 고장 **2.** (육체적인)부상, 허약

metempsihoz|ă, -e, s.f. 윤회, 전생

meteor, ~i, s.m. **1.** 대기현상 **2.** 유성(流星), 별똥별

meteoric, ~ă, ~i, ~e, adj. 대기현상의, 운석의, 별똥별의

meteori|t, -ți, s.m. 운석

meteorograf, ~e, s.n. 기상자기기

meteorolog, ~i, s.m. 기상 학자

meteorologic, ~ă, ~i, ~e, adj. 기상의; buletin ~ 기상통보, 일기예보; stații ~e 기상관측소, 측후소

meteorologie, s.f. 기상학
meterez, ~e, s.n. **1.** [군사]보루, 참호; 둑 **2.** 성벽의 요철형의 총안
meterhan|ea, -ele, s.f. 군대음악
meticul|os, -oasă, -oşi, -oase, adj. 지나치게 세심한, 소심한; 너무 꼼꼼한
meticulozitate, s.f. 소심, 세심, 매우 꼼꼼함
metil, s.m. [화학]메틸
metilen, s.m. 메틸렌
metilic, ~ă, ~i, ~e, adj. 메틸을 함유한; alcool ~ 메틸알콜
meti|s, -să, -şi, -se, s.m. 그리고 f. **1.** 백인과 인디언의 혼혈 **2.** 혼혈아
metoc, ~uri, s.n. 암자, 수도원 분소
metod|ă, -e, s.f. **1.** 방법, 방식, 순서; ~ de cercetare 연구방법; ~ de învăţământ 교수법 **2.** 질서, 체계 **3.** 입문서, 강의록
metodic, ~ă, ~i, ~e, adj. 조직적인, 방법적인; 질서있는, 정연한
metodic|ă, -i, s.f. 방법론(학)
metodism, s.n. 감리교
metodist, -stă, -şti, -ste s.m. 그리고 f. **1.** 감리교신자 **2.** 방법론(학)자, 방법 존중자
metodologic, ~ă, ~i, ~e, adj. 방법론에 관한
metodologic, s.f. 방법론, 방법학
metonimic, ~ă, ~i, ~e, adj. 환유적인
metonimi|e, -i, s.f. 환유
metop|ă, -e, s.f. [건축]도리아식에서 건물의 네모진 벽면
metraj, ~e, s.n. 미터로 잰 물질의 길이; 특히 옷감에서 미터로 잰 양
metres|ă, -e, s.f. 정부, 첩
metric, ~ă, ~i, ~e, adj. 운율의; 미터의; sistem ~ 미터법
metrică, s.f. 운율학, 시학
metrită, s.f. [의학]자궁염
metro, ~uri, s.n. 지하철
metrologie, s.f. 도량형학
metron|om, -oame, s.n. [음악]박절기(拍節器)
metropol|ă, -e, s.f. **1.** (식민지에 대한)본국, 모국, 도시 **2.** 수도; 세계의 큰 도시들
metropolitan, I. ~ă, ~i, ~e, adj. 대주교 주재의 II. ~e, s.n. metro 참조(지하철)
metr|u, -i, s.m. **1.** 미터 **2.** 미터자 **3.** 운율
meu, mea, mei, mele, adj. 그리고 pron. pos. 나의; cartea e a mea 책은 나의 것이다; prietenul meu 나의 책; al meu mi-a spus asta 나의 남편은 나에게 이것을 말했다.
mexican, ~ă, ~i, ~e, I. adj. 멕시코의 또는 멕시코사람의 (에 관한) II. s.m. 그리고 f. 멕시코 사람
mezalianţ|ă, -e, s.f. 열등한 사회계층(조건)의 사람과의 결혼
mezanin, ~e, s.n. 1층과 2층 사이에 위치의 낮은 층, 중이층
mezat, s.n. [경매]; a scoate la ~ 경매에 붙이다.
mezdr|i -esc, -ii, -it, vt. **1.** 칼로 자르다 매끄럽게 하다 **2.** (양들이)나무껍데기를 갉다.
mezel, ~uri, s.n. (특히 pl.) 소세지류
mezelar, ~i, s.m. 소세지류를 팔거나 만드는 사람
mezelări|e, -i, s.f. 소세지류를 만드는 공장이나 파는 상점

mezelic, ~uri, s.n. **1.** 간식, 조찬; 간단한 음식 **2.** [비유]사소한 것
mezenter, ~e, s.n. [해부]장간막(腸間膜)
mezin, ~ă, ~i, ~e, s.m. 그리고 f. **1.** 막내 **2.** 많은 형제들 가운데 두 번째 아이
mezocarp, s.n. [식물]중과피(中果皮)
mezoderm, s.n. [생물]중배엽(中胚葉)
mezofil, s.n. [식물]잎의 중간 표피 조직
mezolitic, s.m. 중식기시대
mezotorax, s.n. [해부]가운뎃 가슴, 중흉
mezozoic, ~ă, ~i, ~e, adj. 중생대의
mezzo-forte, adv. [음악]약간 세게
mezzo-sopran|ă, -e, s.f. 메조소프라노
mi, s.m. invar[음악]미 (음계의 제3음); (현의) E 선; E 음; ~ major E 장조; ~ minor E 단조
mi|a, -ele, s.f. 암양
mial|ă, -e, s.f. **1.** mia 참조 **2.** 양의 거골(距骨)
miasm|ă, -e, s.f. 독기, 역한 냄새, 독취
miau, interj. 고양이 울음소리
miazănoapte, s.f. **1.** 북쪽; 북반구; de (또는 dinspre) ~ 북쪽의 **2.** 북쪽에 위치한사람들(지역)
miazăzi, s.f. **1.** 남쪽; 남반구; de (또는 dinspre) ~ 남쪽의 **2.** 남쪽에 위치한 사람들(지역)
mic, ~ă, ~i, adj. **1.** 작은, 조그만; mâini ~ 조그만 손들; literă ~ă 소문자; Asia Mică 소아시아; cameră ~ă 작은방 **2.** (목소리, 소리에 대해) 약한, 작은 **3.** (낮, 밤에 대해) 짧은 **4.** 조그만, 어린, 키가 작은; de ~ 어릴 때부터 **5.** 하찮은, 작은 **6.** 마음이 좁은, 편협한; ~ la suflet 소심한
micasist, ~uri s.m. 운모편암(片岩)
mică¹, s.f. 운모
mică², s.f. [속어]înrt-o/pe ~ de ceas 매우 빨리, 순식간에
micelă, s.f. [생물]미셀 (유기체를 구성하는 최소분자)
miceli|u, -i, s.n. [식물]균사(체)(菌絲體)
michiduță, s.m. 작은 악마
micim|e, -i, s.f. **1.** 작음, 적음 **2.** 소심함, 하찮음, 마음이 좁음
micolog, ~ă, ~i, ~e, s.m. 그리고 f. 균학자
micologie, s.f. [식물]균류학, 균학
micoz|ă, -e, s.f. [식물]사상(絲狀)균병
microb, ~i, s.m. 미생물; 세균
microanaliz|ă, -e, s.f. [화학]미량 분석
microbalanță, s.f. 미량 저울(미량 분석에 사용하는 저울)
microbi|an, -ană, -eni, -ene, adj. 미생물의; 세균의; 세균에 의해 발생하는
microbiolo|og, -oagă, -i, -oage s.m. 미생물(세균)학자
microbilologic, ~ă, ~i, ~e, adj. 미생물(세균)학의
microbiologie, s.f. 미생물학, 세균학
microcefal, ~ă, ~i, ~e, I. adj. 소두화(小頭花)의; 소두(小頭)의 II. s.m. 그리고 f. 머리가 작은 사람

microcefalie, s.f. [의학]소두(小頭); 소두증
microclimă, s.f. 미기후 (어느 국부 지역의 기상)
micrococ, ~i, s.m. 구균, 구상(球狀) 세균
microcosm, ~uri, s.m. 소우주, 소세계
microcristalin, ~ă, ~i, ~e, adj. 미정질(微晶質)의
microfilm, ~e, s.n. 축사 필름, 마이크로 필름
microf|on, -oane, s.n. 마이크로 폰; (전화)송화기; (라디오) 마이크로 폰, 확성기
microfotografi|e, -i, s.f. 현미경 사진
microgram, ~e, s.n. 백만분의 1 그램
microlit, ~e, s.n. [광물]미정(微晶)
micrometr|u, -e, s.n. 측미기(測微器), 마이크로미터
micron, ~i, s.m. 백만분의 1밀리미터, 밀리미크론
microorganism, ~e, s.n. 미생물
microsc|op, -oape, s.n. 현미경
microscopic, ~ă, ~i, ~e, adj. **1.** 현미경에 의한, 눈으로 보이지 않는 **2.** 극히 작은, 미세한
microscopi|e, -i, s.f. 현미경 검사
microseism, ~e, s.m. 미약한 지각진동
microseismic, ~ă, ~i, ~e, adj. 미약한 지각진동의
microsi|on, -oane, s.n. (LP 레코오드의) 매우 가는 홈; LP 레코오드
microtom, ~uri, s.n. 미크로 톰, 박편 절단기
microzoare, s.n. pl. [생물]현미경적 동물
micsandr|ă, -e, s.f. [식물]아라세이도
micşor|a, -ez, -ai, -at, vt. 작게하다, 축소시키다, 감축하다, 단축시키다; 가격, 가치 등을 내리다
micşor|are, -ări, s.f. 축소, 감축, 단축; (가격, 가치 등의)내림
micşora|t, -tă, -ţi, -te, adj. 축소된, 단축된, 감축된; 내려진
micşune|a, -ele, s.f. 제비꽃, 오랑캐꽃; Pe când va face plopul pere şi răchita micşunele 결코 ...아니다, 한번도 그런적이 없다
micuţ, ~ă, ~i, ~e, adj. 조그만, 작은
midie, s.f. 섭조개
mie, mii **1.** num. card. 그리고 adj. (그리고 비유) 천(千); cinci mii de oameni 5천명; mii şi mii 수천의; cu miile (또는 cu mia)매우 많은; o ~ şi una de nopţi 천일야화 II. s.f. (그리고 비유) 천; 천원 짜리 지폐
mied, s.n. 밀주(蜜酒)
miel, miei, s.m. (한달 정도 된)새끼양; zăpada (또는 omăţul) mieilor 봄눈; carne de ~ 양고기
mielăre|a, -ele, s.f. [식물]서양 모형(牡荊)나무
mielină, s.f. [의학]미엘린 (신경초(鞘)의 주성분)
mielită, s.f. [의학]척수염
mieluş, ~ă, ~i, ~e, **mieluş|el.** -ea, -ei, -ele, **mieluţ,** ~ă, ~i, ~e, s.m. 그리고 f. 작은 새끼 양
miercuri, ~ I. s.f. 수요일; azi e ~ 오늘은 수요일이다; miercurea ies 수요일마다 나는 나간다; miercurea

viitoare 다음 수요일에 II. adv. 수요일에

miere, s.f. 꿀; luna de ~ 허니문

mier|iu, -ie, -ii, adj. [방언]하늘색의

mierl|ă, -e, s.f. 지빠귀

mier|ăi. miorlăi 참조

mierl|iu, I. -ie, -i, adj. [방언]깨끗하지도 하고 흐리지도 않은 II. adv. a se uita ~ 애타게 바라보다

mier|os, -oasă, -oşi, -oase, adj. **1.** [그리고 비유]꿀처럼 달콤한 **2.** 거짓의, 위선의

mierţ|ă, -e, s.f. [방언]곡물 양 단위

mieun|a, miaun 그리고 mieun, -ai, -at, vt. 야옹 울다

mieunat, ~uri, s.n. (고양이가) 냐옹움

miez, ~uri, s.n. **1.** 핵, 속, 내부, 안쪽; 핵심; 중심부 **2.** 빵의 안쪽의 보드라운 부분 **3.** [비유]핵심. **4.** ~ul zilei 한낮; ~ul nopţii 한밤중; ~ul verii 한여름

miez|os, -oasă, -oşi, -oase, adj. **1.** 속이 많은, 핵심이 있는 **2.** [비유]내용이 풍부한; 본질적인, 가치있는, 중요한

miezuin|ă, -e, s.f. [방언] **1.** 경계 지은 논두렁 **2.** 집사이의 공간

migală, s.f. 매우 세심함, 꼼꼼함

migăl|eală, -eli, s.f. migală 참조

migăl|os, -oasă, -oşi, -oase s.f. adj. 세심하게 일하는; 꼼꼼함을 요하는

migdal, ~i, s.m. 편도나무

migdal|at, -tă, -ţi, -te, adj. 편도 모양(꼴)의

migdal|ă, -e, s.f. 편도, 아몬드

migr|a, -ez, -ai, -at, vt. (인구, 동물, 새에 대해서)다른 곳으로 이주하다, 이동하다

migrat|or, -oare, -ori, -oare, adj. 이동하는, 이주하는, 이주성의; păsări migratoare 철새

migraţiun|e, -i, s.f. 이주, 이동

migren|ă, -e, s.f. 두통; 편두통

mihalţ, ~i, s.m. [어류]모캐

mihon|a, -ez, -ai, -at, vi. mihoti 참조

mihot|i, -esc, -ii, -it, vi. **1.** (말이)울다 **2.** (사람이)껄껄웃다

miimle, -i, s.f. 천분의 일

mij|eală, -eli, s.f. 어슴프레하게 보임; 나타남

mij|i, -ese, -ii, -it, vi. **1.** 나타나기 시작하다, 보이다, 나타나다; mijeşte de ziuă 날이 밝는다 **2.** 싹트다 발아하다; mijeşte iarba 풀이 싹튼다; îi mijeşte mustaţa 그의 콧수염이 돋아난다 **3.** 눈을 반쯤 감다(피곤에 지쳐서 또는 졸려서)

mijl|oc, s.n. I. sg. 중앙, 중간, 한가운데; 중심; în ~ul drumului 길가운데; prin ~ul (가운데를) 통하여; e cineva la ~ 누군가 관계하고 있다, 원인이다; e ceva la ~ 뒤에는 불확실한 어떤 것이 있다; ~ul zilei 한낮에; la ~ul ...가운데에; în ~ul 바로 중앙에; (비유) drum de ~ 중도, 중용; aici nu există drum de ~ 여기에는 중도가 없고 한가지 선택만이 있다; a sta la ~ 주저하고 있다, 망설이다 II. ~uri [해부]허리; a apuca pe cineva de ~ 누군가의 허리를 잡다, III. -oace, **1.** (보조)수단, 방책 **2.** 돈, 지불수단 **3.** 기구, 기계; mijloace de producţie 생산기구

mijlocaş, ~ă, ~i, ~e, adj. **1.** 중산층,

중류의; țăran ~ 다른 사람의 노동을 착취하지 않고 자신의 생존을 보장해주는 토지나 다른 생산 수단을 소유하고 있는 농민 **2.** (체육, 축구 등의)중앙 공격수

mijloc|i, -esc, -ii, -it, vt. 중재하다; 주선해주다, 조정하다

mijlocir|e, -i, s.f. 중재, 주선

mijlocit|or, -oare, -ori, -oare, s.m. 그리고 f. 중재자; 주선자 ; 조정자

mijloci|u, -e, -i, adj. **1.** 중간에, 중앙에 위치한; deget ~ 중지 ; copil ~ (세명의 아이들가운데) 두 번째 아이 **2.** 중간정도 크기의

milascop, ~i, s.m. 민어

milanez, ~ă, ~i, ~e, I. adj. 밀라노 사람의, 밀라노에 관한 II. s.m. 그리고 f. 밀라노 사람

milanez|ă, -e, s.f. 반모직

mil|ă, -e, s.f. **1.** 동정, 연민, 측은, 함께 고통을 나눔; de mila (cuiva) ... 누구를 동정하여, ...을 불쌍히 여겨; mi-e ~ de ea 나는 그녀를 동정한다, 연민의 정을 느낀다; mi s-a făcut ~ 동정심이 나를 사로잡았다; a-i face cuiva ~누구에게 동정심을 베풀다; plângea, mai mare mila 그는 가슴이 찢어지도록 울었다; fă-ți ~ și pomană cu mine 나를 동정하다; îți plâng de ~ 나는 너를 불쌍하게 여긴다 **2.** 자선 **3.** 자비, 자선; unde pune el mâna, pune și Dumnezeu mila 그는 무엇을 하던간에 행운이 있다 **4.** 마일

milenar, ~ă, ~i, ~e adj. 천년의

mileni|u, -i, s.n. 천년

miliamper, ~i, s.m. [전기]밀리암페어, 1000분의 1암페어

miliar, ~ă, ~i, ~e, adj. 마일의 이정을 표시하는; piatră ~ă 이정표

miliard, ~e num. card. 십억

miliardar, ~ă, ~i, ~e, s.m. 그리고 f. 10억 장자; 대부호

miligram, ~e, s.m. 밀리그램

mililitr|u, -i, s.m. 밀리리터

milimetric, ~ă, ~i, ~e, adj. 밀리미터 단위의

milimetr|u, -i, s.m. 밀리미터

mili|on, -oane, num. card. 백만

milionar, ~ă, ~i, ~e, s.m. 그리고 f. 백만장자

milionim|e, -i, s.f. 백만분의 일

milit|a, -ez, -ai, -at, vi. (pentru) ...을 위해 싸우다, 투쟁하다

militan|t, -tă, -ți, -te, I. s.m. 그리고 f. 투사, 열성분자 II. adj. 싸우는, 교전하는; 전투적인, 공격적인

militar, ~ă, ~i, ~e, I. adj. 군사의, 군의, 군대의; serviciu ~ obligatoriu 병역의무 II. s.m. 군인; 군직

militarism, s.n. 군국주의, 무단정치

militarist, -stă, -ști, -ste, adj. 군국주의의

militariz|a, -ez, -ai, -at, vt. 군대화하다; 군국화하다; ..에게 군국주의를 고취하다

milităr|esc, -ească, -ești, adj. 군사의, 군대의, 군인의

militărește, adv. 군인으로, 군대적으로, 군사적으로

milităr|os, -oasă, -oși, -oase, adj. 군사적인, 군인같은

miliți|an, -ană, -eni, -ene s.m. 그리고 f. **1.** 교통경찰; 경찰, 순경 **2.** 민병, 국민병

miliți|e, -i, s.f. **1.** 경찰 **2.** 민병(대)

milivol|t, -ţi, s.m. 밀리볼트

mil|og, -oagă, -ogi, -oage, s.m. 그리고 f. 거지

milog|eală, -eli, s.f. 구걸행위

milog|i, -esc, -ii, -it, vr. 구걸하다

milogir|e, -i, s.f. 구걸함, 애원함

milogi|t, -tă, -ţi, -te, adj. (목소리에 대해) 울음섞인, 구걸하는

mil|os, -oasă, -oşi, -oase, adj. 동정심이 있는, 불쌍히 여기는, 자비심 깊은

milosteni|e, -i, s.f. **1.** 자비, 자선, 동정 **2.** 자선, 회사

milostiv, ~ă, ~i, ~e, adj. 자비로운, 가엽게 여기는, 자비심이 많은

milostiv|ă, -e, s.f. [식물]등에 풀속의 일종(현삼과)

milostiv|i, -esc, -ii, -it, vr. [속어](de cineva)누구를 동정하다.

milostivire, s.f. 동정, 연민, 자비

milu|i, -iesc, -ii, -it, vt. **1.** 누구에 대해 자비를 베풀다 **2.** 누구에게 동정을 베풀다, 자선하다

miluir|e, -i, s.f. **1.** 자비, 자선 **2.** 화사함, 적선함

milui|t, -tă, -ţi, -te, I. adj. 자비가 베풀어진, 자선이 이루어진 II. 세궁민, 빈민

miluit|or, -oare, -ori, -oare, adj. 자비로운, 가엾게 여기는

mim, ~i, s.m. 몸짓익살극, 무언극; 그 배우; 어릿광대

mim|a, -ez, -ai, -at, vt. 몸짓으로 흉내다, 몸짓연극을 하다

mimetism, s.n. (몸짓, 태도 따위의) 기계적인 모방

mimic, ~ă, ~i, ~e, adj. 몸짓(손짓)의, 풍자희극의

mimică, s.f. (몸짓, 손짓 태도에 의한) 표현; 무언의 몸짓(손짓)

mimoz|ă, -e, s.f. [식물]미모사, 함수초

min|a, -ez, -ai, -at, vt. [그리고 비유] 파다, 파들어가다, 굴착하다, (밑에) 갱도를 파다; 서서히 파들어가다, 침식하다; 조금씩 소모 (약화)시키다.

min|are, -ări, s.f. [그리고 비유]파들어감, 팜, 굴착, 갱도를 팜; 침식, 소모

minaret, ~e, s.n. (회교 사원의) 첨탑

mina|t, -tă, -ţi, -te, adj. [그리고 비유]파들어간, 굴착된, 침식된, 소멸된

min|ă, -e, s.f. **1.** 광산; 갱도 **2.** [비유] 광갱, 보고 **3.** [군사]지뢰, 기뢰 **4.** 흑연 **5.** 얼굴모습, 용모, 풍모; a avea ~ bună 인상이 좋다

mincin|os, -oasă, -oşi, -oase I. adj. **1.** 거짓말 같은, 거짓말하는 **2.** 거짓의, 사기의, 허위의 II. s.n. 그리고 f. 거짓말쟁이

minciun|ă, -i, s.f. **1.** 거짓말; ~ gogovată 뻔히 들여다보이는 거짓말; ce-i în mână nu-i ~ 남의 돈 천냥이 내 돈 한푼만 못하다. **2.** 과자 종류

mindir, ~e, s.n. **1.** 짚을 꽉 채운 요; 이불 **2.** 겨울에 입는 짧은 윗도리

mindirig|iu, -ii, s.m. 짚으로 만든 요 만드는 사람

minei, ~e, s.n. 달, 날, 종교 행사가 적혀있는 그리스 정교책

miner, ~i, s.m. 광부, 갱부;[군사]지뢰 가설병

mineral, I. ~ă, ~i, ~e, adj. 광물의; 광물을 함유한; apă ~ă 광천수, 탄산

수; regiune ~ă 광물계 II. -e, s.n. 광물, 무기물

mineraliz|a, -ez, -ai, -at, vt. 그리고 vr. [지질]광물화하다; 광물을 함유시키다.

mineralizare, s.f. [지질]광화 (작용); 광물을 함유시킴

mineralizat|or, -oare, -ori, -oare, adj. [지질]광물화시키는

mineralog, ~i, s.m. 광물학자

mineralogic, ~ă, ~i, ~e, adj. 광물학의, 광물학적인

mineralogie, s.f. 광물학

mineralogi|st, -stă, -şti, -ste, s.m. 그리고 f. 광물학자

minereu, ~ri, s.n. 광석; ~ de fier 철광석

minerit, s.n. **1.** 광산 일 **2.** 광부직업

minerit|ă, -e, s.f. 여자 광부

ming|e, -i, s.f. 공

miniatural, ~ă, ~i, ~e, adj. 세밀화로 장식된(그려진), 소형의

miniatur|ă, -i, s.f. **1.** 모형, 축소형, 축도 **2.** 세밀화(법); pictură în ~ 세밀화 초상

miniaturi|st, -stă, -şti, -ste, s.m. 그리고 f. 세밀화가, 미니어처화가

minier, ~ă, ~i, ~e, adj. 광산의; industrie ~ă 광산업

minim, ~uri, s.n. 최소한, 최저, 최단, 미니멈

minimal. ~ă, ~i, ~e, adj. 최소의; preț ~ 최소가격; valoare ~ 최소가치

minimaliz|a, -ez, -ai, -at, vt. 최소로 하다, 최저로 어림잡다; 경시하다, 얕보다

minimalizare, s.f. 최소한도로 하기, 최저로 어림잡기; 경시하기

minister, ~e, s.n. 내각; ~ul afacerilor interne 내무부; ~ul comerțului 상공부; ~ul de finanțe 재무부; ~ul afacerilor externe 외무부

ministeral, ~ă, ~i, ~e, adj. 내각의, 성(부)의; 장관(대신)의

minister|easă, -ese, s.f. 여성장관

mini|stru, -ştri, s.n. 장관, 대신; consiliu de miniştri 국무회의

miniu, s.n. [화학]연단(鉛丹)

minor, ~ă, ~i, ~e, adj. **1.** 미성년의 **2.** 보다 작은, 소형의, 덜 중요한 **3.** [음악]단조의 **4.** [논리]termen ~ 소전제

minorat, s.n. 미성년 나이 (상황)

minorit, -ți, adj. [교회]프란치스코회의 수사

minoritar, ~ă, ~i, ~e, s.m. 그리고 f. 소수파 사람, 소수당 사람, 소수민족 사람

minorit|ate, -ăți, s.f. 소수파, 소수자의 무리, 소수당; 소수민족; a fi în ~ 소수파에 속하다; problema ~ăților 소수민족문제

minotaur, ~i, s.m. (그리스 신화의) 인신우두(人身牛頭)의 괴물

mintal, ~ă ~i, ~e, adj. 마음의 정신적인; alienație ~ă 정신착란, 광기

mint|e, -ți, s.f. **1.** 사고력, 이해력, 판단력, 지력; 이성; 정신; măsea de ~ 사랑니; îmi vine ceva în ~ 또는 îmi trece (îmi dă, îmi trăsneşte) ceva prin ~ 무엇인가 나에게 생각이 든다, 마음에 떠오른다; îl învăț eu ~ 나는 그를 정신차리게하다; a (se) învăța ~ 본심으로 돌아오다(오게 하다); îmi stă ~a în loc 나로서는 아

무래도 그 점을 알 수가 없다; e la ~ omului 분명하다, 쉽게 알 수있다; a ajunge (또는 a intra, a cădea, a fi) în ~a copiilor 노망들다; nu e cu ~a întreagă 제 정신이 아니다; a-şi pierde minţile 본 정신을 잃다, 정신이 돌다; a-şi ieşi din minţi 미치다; a-şi pune ~a cu cineva 별 가치 없는 사람과 진지한 관계를 맺다; a scoate pe cineva din minţi 누구의 정신을 잃게 하다, 화나게 하다; a-şi băga minţile în cap 주의하다 신중해지다 **2.** 기억, 추억; a ţine ~ 기억하다 **3.** 상상(력)

mint|ean, -ene, s.n. (모직) 나사의 상의 (소매없음)

mintenaş, adv. [방언]곧, 즉시, 금방

mint|os, -oasă, -oşi, -oase, adj. 현명한, 사려깊은, 이성적인

minţ|i, mint, -ii, -it, vt. 그리고 vi. **1.** 거짓말하다; minte de stinge (dengheaţă apele, de stă soarele în loc) 터무니없는 거짓말을 한다 **2.** 속이다, 현혹하다; a-şi ~ foamea 잠정적으로 배고픔을 가라앉히다

minun|a, -ez, -ai, -at, I. vt. 놀라게 하다, 경탄하게 하다 II. vr. 놀라다, 경탄하다

minuna|t, -tă, -ţi, -te, adj. 그리고 adv. 훌륭한, 광대한, 호화로운, 탁월한, 근사한, 아름다운; (adv.) ~ de 굉장히; ~ de frumoasă 굉장히 아름다운

minunaţi|e, -i, s.f. 호화로움, 훌륭함, 탁월함, 근사함, 훌륭함

minun|e, -i, s.f. 기적; ca prin ~ 기적 같은; mare ~ 믿을수 없다, 기적같다; de ~ 매우 좋은, 탁월한

minus, I. adv. ..없이, ..보다 적게 II. ~uri, s.n. 감소, 결핍, 부족, 결손

minuscul, ~ă, ~i, ~e, adj. 매우 작은; (literă) ~ă, 소문자

minut, ~e, s.n. 분; într-un ~ 한순간에; 즉시; din ~ în ~ 매순간마다

minutar, ~e, s.n. 분침

minut|ă, -e, s.f. minut 참조

minuţie, s.f. minuţiozitate 참조

minuţi|os, -oasă, -oşi, -oase, adj. 매우 세밀한, 초정밀의

minuţiozit|ate, -ăţi, s.f. 세밀, 초정밀, 자세

mioar|ă, -e s.f. 한 살에서 두 살까지의 어린양

mioarc|ă, -e, s.f. [동물]두꺼비

miocard, s.n. [해부]심근(心筋)

miocardit|ă, -e, s.f. 심근염

miocen, s.n. [지질]중신세(신생대 제 3기)

miogen, ~ă, ~i, ~e, adj. 근육조직에 있는 알부민 타입의 프로테인

miograf, ~e, s.n. [의학]근육운동 기록기

mi|op, -oară, -opi, -oape, adj. 근시의; 근시안적인

miopi|e, -i, s.f. 근시

miorcă|i, -iesc, -ii, -it, vi. **1.** 꽥꽥 울다 **2.** (특히 아이들에 대해서)훌쩍거리며 울다; 이유없이 울다; 소리내어 울다

mioriţ|ă, -e, s.f. 1살에서 2살에 이르는 작은 양(mioară의 축소형)

miorlă|i, miorlăi, -ii, -it. I. vi. (고양이에 대해)야옹거리다 II. vi.그리고 vr. miorcăi 참조

miorlăi|ală, -eli, s.f. **miorlăit,** ~uri, s.n. **1.** 고양이의 야옹 울음소리 **2.** 훌

쩍거리며 우는 소리
miorlăit|or, -oare, -ori, -oare, adj. (사람의 목소리에 대해서)울음섞인
miorlăitur|ă, -i, s.f. **1.** 고양이의 야옹소리 **2.** 훌쩍거림
miotomi|e, -i, s.f. [의학]근육 해부(술)
miozin|ă, -e, s.f. 근육조직에 있는 글로불린 타입의 프로테인
miozotis, s.m. [식물]물망초
mir¹, s.n. de ~ 속세의; 이세계의
mir², ~uri, s.n. [종교]성유(聖油), 향유, 발삼(수지와 정유의 혼합물); a da cuiva (또는 a lovi pe cineva) la ~ 누구의 이마를 때리다; 파괴하다.
mir|a, mir, -ai, -at, vr. 놀라다; 경악하다; le miri ce 매우 조금; le miri cine 어떤 별 대수롭지 않은 사람
miracol, ~e, s.n. 기적, 신비로운, 현상; 희한한 일
miracul|os, -oasă, -oşi, -oase, adj. 기적적인, 초자연적인
miraj, ~e, s.n. **1.** 신기루 **2.** 환영, 환상, 헛된 희망
mirare, s.f. 놀람, 경악; de ~ 놀라운, 불가사이한, 기이한; v-ar fi de ~ să ... 하는 것은 놀랄 일이 못된다
mira|t, -tă, -ţi, -te, adj. 놀라운
mir|ă, -e, s.f. **1.** 겨냥, 조준 **2.** (총의) 가늠쇠 **3.** (텔레비젼) 테스트패턴
mir|e, -i, s.m. **1.** 신랑 **2.** pl. 신랑 신부
mir|ean, -eni, s.m. (세)속인
mir|eancă, -ence, s.f. 세속 여인
mir|easă, -ese, s.f. 신부; a plânge ca o ~ 가슴이 찢어 질 정도로 슬프게 울다; a sta ca o ~ 아무것도 하지 않다, 쓸데없이 서 있다.
mir|easmă, -esme, s.f. 향기, 향내, 좋은 냄새, 방향
mirenie, s.f. 세속인 신분
miriad|ă, -e, s.f. 무수, 대단히 많은 수(양)
miriagram, ~e, s.n. 1만 그램
miriametr|u, -i, s.m. 1만 미터
mirific, ~ă, ~i, ~e, adj. 놀라운, 이상한
mirişt|e, -i, s.f. 벼, 보리 등의 곡식을 베고 난 뒤의 논, 밭
mirodeni|e, -i, s.f. **1.** 향기나는 물건, 냄새 좋은 양념; 양념, 향료 **2.** 향기, 향내 **3.** [식물]노란 장대속의 일종
mironosiţ|ă, -e, s.f. **1.** 신앙이 깊은 체하는 여신자 **2.** 거짓 믿는 사람
miros, ~uri, s.n. **1.** 냄새, 향기; ~ greu 악취 **2.** 후각 **3.** (짐승의) 후각
miros|i, miros, -ii, -it, I. vi. 냄새나다; 향기나다; miroase a trandafiri 장미 냄새가 났다; peştele stricat miroase 썩은 생선 냄새가 났다; nici usturoi n-a mâncat, nici gura nu-i miroase 그는 아무것도 일어나지 않은 것처럼 행동한다 II. vt. **1.** 냄새 맡다 **2.** [비유] 눈치채다, 추측하다
mirosit|or, -oare, -ori, -oare, adj. 향기나는, 좋은 냄새가 나는
mirozeni|e, -i, s.f. [속어]기이한 일, 기묘함, 이상함
mirozná, s.f. [방언]냄새, 향기
mir|t, -ţi, s.m. [식물]미르테, 은매화
miru|i, -iesc, -ii, -it, vt. **1.** [종교]성유를 발라 축성하다 **2.** 얼굴을 가격하다
miscelane|a, -e, s.f. **miscelane|u,** s.n. 잡록(雜錄), 잡집, 수필

mischet, s.n. 매우 작은 씨를 가진 포도 종류
miscibil, ~ă, ~i, ~e, adj. 혼합할 수 있는, 혼합하기 쉬운
misi|e, -i, s.f. misiune 참조
misionar, ~ă, ~i, ~e, s.m. 그리고 f. 선교사, 전도사
misi|t, -tă, -ţi, -te, s.m. 그리고 f. 중재인, 중개인; 중매인, 브로커
misiti|e, -i, s.f. **1.** 중재, 중개업무 **2.** 중개수수료
misiun|e, -i, s.f. **1.** 사명, 임무; a avea o ~ 임무를 받다 **2.** (특히 외교) 사절단 **3.** [종교]포교, 전도
misiv|ă, -e, s.f. 편지
misogam, ~ă, ~i, ~e, s.m. 그리고 f. 결혼을 싫어하는 사람
misogamie, s.f. 결혼을 싫어함
misog(h)in, ~i, s.m. 여자를 싫어하는 사람
mister, ~e, s.n. **1.** 신비, 불가사의, 수수께끼; 비밀, 기밀 **2.** 불가해, 비법 **3.** [종교]비의(秘義); 비전(秘傳); 교리(教理); **4.** (중세의) 성사극(聖史劇)
misteri|os, -oasă, -oşi, -oase, adj. **1.** 불가해한, 알 수 없는, 수수께끼 같은, 비밀의 **2.** 신비로운, 불가사의한
mistic, ~ă, ~i, ~e, adj. **1.** 신비적인, 신비주의의 **2.** 숨어있는 의미를 지닌, 이성으로 설명할 수 없는, 비밀의
mistică, s.f. 신비교, 신비설, 밀교
misticism, s.n. 신비설, 신비주의; 신비교
mistific|a, mistific, -ai, -at, vt. 기만하다, 현혹하다, 속이다
mistificat|or, -oare, -ori, -oare, s.m. 그리고 f. 신비가, 신비주의자
mistificaţi|e, -i, s.f. 기만, 속임수, 현혹
mistral, s.m. 남 프랑스에서 부는 한랭하고 건조한 북서풍
mistreţ, ~i, s.m. 멧돼지
mistri|e, -i, s.f. 흙손
mistri|i, -iesc, -ii, -it, vt. 흙손으로 바르다.
mistu|i, mistui 그리고 -iesc, -ii, -it, I. vt. **1.** 소화시키다. 소화하다, 삭히다 **2.** [비유]용인하다, 관용을 베풀다, 참다 **3.** (불에 대해서)태워버리다 II. vr. **1.** 정신적으로 고통받다; (도덕적, 육체적으로)파괴하다 **2.** 사라지다, 숨다
mistuir|e, -i, s.f. **1.** 소화 **2.** 태워버림, 재로 만듬
mistuit|or, -oare, -ori -oare, adj. **1.** 파괴적인 **2.** [비유]정신적으로 고통을 주는 (육체적, 도덕적으로)파괴하는; durere mistuitoare 파괴적인 고통
mişc|a, mişc, -ai, -at, I. vt. **1.** 움직이게하다, 옮기다; 작동하게 하다; 출발시키다 **2.** [비유]야기하다 **3.** [비유]감동을 주다, 마음을 움직이다 II. vi. **1.** 흔들다; a ~ din cap 머리를 흔들다 **2.** 나아가다, 출발하다 **3.** 행동하다, 노력하다; .. 에 정통하다; 만족스런 결과를 초래하다; elevul acesta mişcă deloc 이 학생은 향상을 하지 못했다 III. vr. **1.** 움직이다; 회전하다 **2.** 가다, 장소로 움직이다 **3.** 대항하다, 반항하다
mişc|are, -ări, s.f. **1.** 움직임, 활동, 행동; 작동; a pune în ~ 움직이게 하다; 작동시키다; a face ~ 움직이게

하다; în doi timpi şi trei miscări 즉시 곧; a (sur-)prinde ~a ....을 발견하다, 알아내다, 그 숨은 목적을 재빨리 포착하다; ~ de gimnastică 체조연습; miş- cări de trupe 군대(병력)이동 **2.** [정치]동요, 격동; ~a muncitorească 노동운동 **3.** 변화, 변경; ~ în diplomaţie 외교관의 경질

mişca|t, -tă, -ţi, -te, adj. 움직여진, 작동된; 감동 받은

mişcăt|or, -oare, -ori, -oare, adj. **1.** 움직이는, 작동하는 **2.** 감동적인

miş|el, -ea, -ei, -ele, I. adj. **1.** (사람에 대해서)비천한, 저속한 **2.** 비겁한 II. s.m. 그리고 f. **1.** 악당, 부랑배, 비열한 녀석 **2.** 비겁자, 겁쟁이

mişel|esc, -ească, -eşti, adj. (행동에 대해서) 비천한, 저속한; 교활한, 사기치는; 야비한

mişeleşte, adv. 저속하게, 비천하게, 야비하게, 교활하게

mişel|ie, -i, s.f. **1.** 비천, 저속, 야비 **2.** 비겁

mişin|ă, -i, s.f. [방언] **1.** 곡물; 재산 **2.** (개미등) 파놓은 흙무덤 **3.** 무리. 떼, 군집 **4.** (망아지의)이빨의 반점

mişmaş, ~uri, s.n. **1.** 혼합물, 혼잡, 잡동사니 **2.** 광천수를 넣은 흰 포도주

mişu|i, -iesc, -ii, -it, vi. **1.** 여기저기 무리를 지어 움직이다, 군집하다, 밀집하다, 우글거리다 **2.** 압도하다, 엄습하다.

mişui|ală, -eli, s.f. 밀집, 군집, 우글거림

mişun, ~i, s.m. [동물, 방언] 산쥐

mişun|a, mişun, -ai, -at, vi. 군집하다, 밀집하다, 우글거리다

mit, ~uri, s.m. 신화; 전설

mit|ă, -e, s.f. (특히 sg.) 뇌물

mitenă, -e, s.f. 손가락 없는 부인용 장갑

mitic, ~ă, ~i, ~e, adj. 신화적인; 전설의; 가공적인

miting, ~uri, s.n. 미팅, 모임, 회합

mitit|el. I. -ea, (또는 -ică), -ei, -ele, adj. 조그만, 낮은, 왜소한 II. -i, s.m. (특히 pl.) 석쇠에 구운 소세지

mitocan, ~i, s.m. [경멸]거칠고 촌스런 사람, 촌놈; 도시주변에 사는 사람

mitocanc|ă, -e, 나쁜 행동을 하는 도시 주변 여자

mitocăn|esc, -ească, -eşti, adj. mitocăneşte adv. 행실이 나쁜(나쁘게), 저속한(하게)

mitocăni|e, -i, s.f. 행실 나쁨, 버릇없음, 비속, 통속

mitocănime, s.f. 천민, 하층민; 서민

mitologic, ~ă, ~i ~e, adj 신화의; 신화학(상의)

mitologi|e, -i, s.f. 신화; 신화학

mitrali|a, -ez, -ai, -at, vt. 기관총으로 사격하다; 산탄을 발사하다

mitralier|ă, -e, s.f. 기관총

mitralior, ~i, s.m. 기관총사수

mitr|ă, -e, s.f. **1.** [종교]주교관(主教冠) **2.** [해부]자궁

mitropoli|e, -i, s.f. [교회, 장소] **1.** (동방교회의) 수석대주교가 있는 도시(거주지) **2.** 수석대주교 성당

mitropoli|t, -ţi, s.m. (동방교회의) 수석대주교

mitu|i, -iesc, -ii, -it, vt. 매수하다, 뇌

물을 주다

mitui|tor, -oare, -ori, -oare, s.m. 그리고 f. 뇌물을 주는 사람, 매수자

miț|ă, -e, s.f. **1.** 동물의 털, 모피 **2.** 첫 번째 깍은 양의 털; 양의 꼬리 , 머리, 다리의 하급 털

miț|os, -oasă, -oşi, -oase, adj. (털에 대해서) 길고 숫이 많은; (동물에 대해) 길고 촘촘한 털을 가진

mițu|i, -iesc, -ii, -it, vt. (한살 정도 되는 양의)털을 깎다.

mix|t, -tă, **micşti,** -e, adj. 섞은, 혼합된; tren ~ 화물칸과 객차가 합쳐진 기차

mixtur|ă, -i, s.f. 혼합물

miz|a, -ez, -ai, -at, vt. **1.** (스포츠, 카드게임) 돈을 걸다. **2.** [비유]...에 의지하다.

mizantrop, ~i, s.m. 인간 혐오자; 염세자

mizantropic, ~ă, ~i, ~e, adj. 사람을 싫어하는, 염세적인

mizantropie, s.f. 인간혐오, 인간을 싫어함, 염세적 성격

miz|ă, -e, s.f. (카드게임에서) 돈을 걸기.

mizer, ~ă, ~i, ~e, adj. 가련한, 가엾은, 측은한

mizerabil, ~ă, ~i, ~e, adj. **1.** 불쌍한, 비참한, 가난한 **2.** 비굴한, 파렴치한 **3.** 빈약한, 고소한, 무가치한

mizericordie, s.f. 동정, 자비, 연민

mizeri|e, -i, s.f. **1.** 비참; 곤궁, 빈곤, 가난 **2.** 재난, 불행 **3.** (특히 pl.) 성가신 일, 귀찮은 일; a face cuiva mizerii 성가시게 하다, 귀찮게 하다

mladă, mlăzi, s.f. [식물] **1.** 어린가지, 잔가지 **2.** 빽빽한 숲

mlajă, mlăji, s.f. **1.** [식물]버들(속) **2.** 버들가지

mlaştin|ă, -i, s.f. 늪, 수렁; 소택지, 습지

mlădi|a, mlădii 그리고 -ez, -ai, -at, I. vr. **1.** 숙이다, 굽다, 휘다; 흔들거리다 **2.** [비유]상황에 적응하다, 타협적이되다 II. vt. (목소리 등을) 변조(變調)하다

mlădier|e, -i, s.f. I. [그리고 비유] 휨, 흔들거림; 적응, 타협함 II. [음악]전조(轉調)

mlădi|os, -oasă, -oşi, -oase, adj. **1.** [그리고 비유]유연한, 휘어지는, 구부려지는, 흔들거리는; 쉽게 적응하는, 양보하는, 굴복하는 **2.** (소리에 대해)잘 울리는, 운율적인

mlădiț|ă, -e, s.f. **1.** 어린가지, 잔가지 **2.** 자손, 후예

mlădi|u, -e, -i, adj. mlădios 참조

mlăstin|os, -oasă, -oşi, -oase, adj. 늪의, 수렁의, 진창의

mnemotehnic, ~ă, ~i, ~e, adj. 기억을 돕는, 기억을 발달시키는

moac|ă, -e, s.f. [방언] **1.** 양치기의 지팡이 **2.** [은어]얼굴 **3.** 멍청한 여자

moale¹, s.n. (관사를 사용해서만) **1.** ~le capului 정문(頂門)유아의 정수리의 발딱이는 부분 **2.** 몸의 말랑말랑한 부분

moale², moi, adj. **1.** 잘 휘어지는, 부드러운; 쉽게 구부러지는 **2.** 연약한, 순종하는; nu-i este ~ 그에게는 좋지 않다, 어떤 좋지 않은 일이 일어나다; a-i fi (cuiva) ~ 또는 a trăi (또는 a se aşeza) pe moale 걱정없는 평온한 삶을 영위하다 **3.** (소리에 대해)부드러운, 조용하고 부드러운,

유성의 **4.** (빛에 대해)약한, 흐린, 뿌연 **5.** (걸음걸이에 대해서)가벼운 **6.** (비유 사람에 대해) 힘없는, 약한; a o lăsa ~ 순종하다, 굴복하다.

moar, s.n. (섬유)물결무늬가 있는천

moară, mori, s.f. 제분기, 맷돌; 제분소, 방앗간; ~ de apă 물방아(간); ~ de vânt 풍차(집); ~ de aburi; 증기 제분소; [비유] ~ hodorogită 수다장이; ca la ~ 순서대로, 차례차례로; ca o piatră de ~ 맷돌처럼 매우 무거운; a-i lua (또는 a-i tăia) (cuiva) apa de la moară 말하지 못하게 하다, 말하는 것을 중단시키다; a-i umbla (cuiva) moara 잘되다; a se bate (또는 lupta) cu morile de vânt 쓸모없고 우스꽝스러 행동을 하다, 가상의 적과 싸우다

moare, s.f. 절이는데 쓰이는 소금물

moarte, morți, s.f. 죽음; a muri de ~ bună 제명에 죽다, 자연사하다; e fără ~ 매우 지속적이다; a face ~ de om 살인하다; a-şi face ~ de om 자살하다; asta e moartea mea 어떤 사실이 굉장히 마음에 들 때 쓰는 표현; a fi pe ~ (또는 a trage să moară 또는 de ~) 죽음에 임박해 있다, 위독하다; bolnav de ~ 위독한, 중태에 빠진; boală lungă, ~ singură 긴 병은 확실한 죽음을 부른다; luptă pe viață şi pe ~ 결사적인 싸움; pedeapsă cu ~a 사형; cu ~ în suflet 극도로 슬픈; a se da ceasul morții 절망적인 노력을 하다, 매우 불안해 하다 (동요하다); (a fi)uitat de moarte 매우 늙다

moaş|ă, -e, s.f. 산파

moaşte, s.f. pl. [종교]성유물(聖遺物); a păstra ceva ca pe nişte ~ 어떤 것을 성유물처럼 매우 소중하게 간직하다.

mobil, I. ~ă, ~i, ~e, adj. **1.** 움직이는, 이동하는, 유동하는 **2.** [비유]유동적인, 불안정한, (표정, 시선이) 끊임없이 변화하는 **3.** [법률]bunuri mobile 동산(動產) II. -e, s.n. 동기, 이유, 동인

mobil|a, -ez, -ai, -at, vt. 가구로 장식하다, 가구로 꾸미다, 가구를 비치하다

mobila|t, -tă, -ți, -te, adj. 가구가 비치된; cameră ~ă 가구가 비치된 방

mobil|ă, -e, s.f. 가구; a cumpăra ~ în rate 월부로 가구를 사다

mobiliar, ~ă, ~i, ~e, adj. [법률](자산에 대해) 동산(動產)의, 동산에 관한

mobilier, s.n. 가구, 집기

mobilitate, s.f. **1.** 이동성, 가동성 **2.** (표정, 양상 따위의) 변화; (감정 따위의)변덕스럼, 불안정성

mobiliz|a, -ez, -ai, -at, vr. **1.** 군대를 동원하다(전쟁같은 위급시); (장정, 예비병을)소집하다; 전시체제로 전환하다; a ~ pe cineva pe loc 누구를 전시체제에서 그 자리에 동원하다 **2.** 집단을 공공이익을 위해 훈련시키다

mobiliz|are, -ări, s.f. (전시체제를 갖추기 위한)동원, 소집

mobilizat|or, -oare, -ori, -oare, adj. [비유]동원하는

moc, moacă, moci, moace, s.m. 그리고 f. 무기력자, 무능력자; 무위도식하는 사람; 멍청이, 바보

mocan, ~că, ~i, ~ce, s.m. 그리고 f.

산악지역(트란실바니아)에 사는 루마니아인들; 특히 이 지역의 목동들

mocă|i, mocăi 그리고 -iesc, -ii, -it. vr. 장난하다, 시시덕거리다, 농담하다.

mocăn|esc, -ească, -eşti, adj. 산악지방(특히 루마니아의 트란실바니아)에 사는 거주인에 관한(mocan 참조)

mochet|ă, -e, s.f. 융단, 양탄자

mocirl|ă, -e, s.f. **1.** 웅덩이에 괸 물; 진창 **2.** [비유] 도덕성의 타락

mocirl|os, -oasă, -oşi, -oase, adj. 진창의, 웅덩이 같은

mocn|i, -esc, -ii, -it, vi. **1.** (불꽃 없이)천천히 타오르다; 재밑에서 은근히 타다; 막꺼지려고 하다 **2.** [비유] 쓸모없이 시간을 보내다; 드러누워 무위도식하다 **3.** 폭발하려고 하다; 혁명, 마음의 감정을 은근히 품다; 말없이 우울하게 지내다

mocni|t, -tă, -ţi, -te, adj. **1.** (불꽃 없이)은근히 타는 **2.** (사람, 감정에 대해)마음을 숨긴, 우울한 **3.** (비에 대해)조용히 계속되는

mocofan, ~i, s.m. **1.** 우둔한 사람, 바보 **2.** 버릇없는 사람

mocoş|eală, -eli, s.f. 천천히 조심성있게 일함; 시간낭비; 지나치게 천천히, 지나치게 꼼꼼하게 일함

mocoş|i, -esc, -ii, -it, vi. 지속적으로 꼼꼼하게 일하다; 어떤 일에 너무 많은 시간을 잃어버리다; 너무 세심하게, 너무 천천히 일하다; 시간을 잃어버리다

mod, ~uri, s.n. **1.** 방법, 방식, 양식; ~ de producţie 생산방법; în ~ cinstit 정직하게, 명예롭게; în ~ economic 경제적으로 **2.** [문법]동사의 법 **3.** [음악]조(調), 선법(旋法)의

modalit|ate, -ăţi, s.f. **1.** 사정, 방법, 방식 **2.** [논리]양식, 형식, 양상

mod|ă, -e, s.f. 유행; la ~ 현대적인, 새 유행의; jurnal de ~ 유행에 관한 잡지

model, ~e, s.n. **1.** 모범, 귀감, 본보기, 전형 **2.** 본, 모형, 표본 **3.** 모델 **4.** 마네킹; a servi ca ~ 모델로 종사하다.

model|a, -ez, -ai, -at, vt. **1.** 모양(형성)을 만들다; 모형을 통해 직접적으로 접근할 수 없는 현상 또는 대상물을 연구하다 **2.** 마음대로 수정하다, 영향을 주다

modelat|or, I. -ori, s.m. 모형제작자, 견본 만드는 사람, 조형가 II. -oare, n. 견본만드는데 사용되는 도구

modeli|st, -stă, -şti, -ste, s.m. 그리고 f. modelator 참조

moder|a, -ez, -ai, -at, vt. **1.** 절제(억제)하다; 완화시키다; 감소시키다 **2.** 진정시키다, 자제하다.

modera|t, -tă, -ţi, -te, adj. 절제한, 무리없는, 온화한; [정치]온건한

moderat|or, I. -oare, -ori, -oare, adj. 알맞게 하는, 조절하는, 억제하는 II. -oare, s.n. [기술]조절기

moderaţie, s.f. **1.** 경감, 완화 **2.** 절제; 온건

moderato, adv. [음악]알맞은 속도로

modern, ~ă, ~i, ~e, adj. 최근의, 현재의; 근대의, 현대의; 근대적인. 현대적인; 신식의; istoria modernă a) 중세말 즉 1453년(콘스탄틴노플의

멸망)부터 1789년의 프랑스 혁명까지 b) 1789년 프랑스 혁명부터 1979년 시월사회주의 혁명까지; limbă modernă 현재살고 있는 사람들이 쓰는 언어

moderniz|a, -ez, -ai, -at, vt. 현대(근대)화하다; 현대식으로 만들다; 옛 텍스트의 언어를 현대 언어로 변경하다.

moderniz|are, -ări, s.f. 현대화, 근대화

moderniza|t, -tă, -ţi, -te, adj. 현대화(근대화)된, 신식으로 고친

modernizat|or, -oare, -ori, -oare, adj. 현대화하는; 새롭게 고치는.

mode|st, -stă, -şti, -ste, adj. **1.** 겸손한, 겸허한, 검소한, 수수한 **2.** 단순한, 소박한; 사양하는; (돈 액수에 대해) 많지 않은, 별의미 없는; o casă modestă 조촐한, 소박한 집

modestie, s.f. **1.** 겸손, 겸양 **2.** 검소, 조촐함 **3.** 절제, 온건

modific|a, modific, -ai, -at, vt. (양상, 형태, 내용을) 바꾸다, 수정하다, 변경하다; 개조하다; 고치다, 바로잡다

modificabil, ~ă, ~i, ~e, adj. 수정할 수 있는, 변경할 수 있는, 고칠 수 있는

modific|are, -ări, -s.f. 변화, 변경, 수정, 고침

modist|ă, -e, s.f. 부인복(장신구 모자) 제조인(상인)

modul, ~i, s.m. **1.** [수학]계수(係數), 율; (실수, 복소수)의 절대치 **2.** [건축]표준자(標準자) **3.** 우주선의 일부; modul lunar 달 착륙선

modul|a, -ez, -ai, -at, vt. **1.** [음악]조바꿈하다 **2.** 소리에 억양을 붙이다. **3.** 변조하다, 주파수를 바꾸다.

modul|are, -ări, s.f. **1.** 조바꿈 **2.** 억양 붙임 **3.** 변조화

modula|t, -tă, -ţi, -te, adj. 조바꿈된, 억양을 붙인, 변조된

modulaţi|e, -i, s.f. [음악, 물리]조바꿈, 변조

mofet|ă, -e, s.f. [지질](탄장, 깊은 우물 따위의) 탄산가스; 탄산 분출갱

moflu|z, -ză, -zi, 그리고 -ji, -ze, adj. **1.** 불만족스러운, 실망한, 기분이 언짢은 **2.** 가난한, 파산한, 지급능력이 없는

mofluz|i, -esc, -ii, -it, vi. 지급불능에 빠지다, 파산하다; 가난해지다

moft, ~uri, s.n. **1.** 가치없는 문제(일), 하찮은 일; a umbla cu ~uri 핑계를 만들다. **2.** (pl.)겉치레, 허식; a face ~uri ..체하다, 잠잔빼다.

moftang|iu, -ioaică, -ii, -ioaice, s.m. 그리고 f. 진지하지 못한 사람, 허풍선이

moftur|os, -oasă, -oşi, -oase, adj. 변덕스러운; 허세부리는

mogâld|eaţă, -eţe, s.f. **1.** (안개, 어둠, 먼거리 때문에)분명하게 보이지 않는 물건(생물, 존재); 난장이 **2.** 작은 흙더미

mohor, s.n. [식물]강아지풀

mohorâ|t, -tă, -ţi, -te, adj. 어두운 색깔의; [비유]슬픈

mohor|î, -ăsc, -âi, -ât, vr. **1.** 진한 붉은색 또는 일반적으로 진한 색깔이 되다 **2.** [비유]슬퍼지다, 우울해지다, 우울한, 침울한

moin|a, pers.3, -ează, -ă, -at, vr.

impers. 그리고 vi. (얼음 따위가)녹다, 녹아없어지다; (se) moinează 녹다

moină, s.f. **1.** 얼음이 얼고 난 겨울 후에 오는 따뜻하고 축축하고 시간 **2.** 여러해 동안 경작되지 않은 토지

mojdr|ean, -eni, s.m. [식물]만나나무

mojic, ~ă, ~i, ~e, I. adj. 버릇없는, 야비한, 거칠은 II. s.m. 그리고 f. **1.** 거칠고 촌스런 사람, 버릇없는 사람 **2.** 농부

mojici|e, -i, s.f. 버릇없음, 야비, 거칠음

mojicime, s.f. 농민, 농부; 천민, 하층민

mol, I. ~uri, s.n. 부두; 방파제 II. ~i, s.m. 몰, 그램분자

molar, ~i, s.m. (dinte) ~ 어금니

molatic, ~ă, ~i, ~e, adj. **1.** 부드러운, 유연한 **2.** 조용한, 느린; 게으른 **3.** 힘없는, 축 늘어진

molâ|u, -ie, -i, adj. **1.** 힘없는; 느린, 게으른 **2.** 결단력없는, 의지가 없는

molcom, ~ă, ~i, ~e, adj. 조용한, 고요한, 평온한; a tăcea ~ 쥐 죽은 듯이 침묵하다.

molcom|i, -esc, -ii, -it, vt. 진정시키다, 조용하게 하다, 가라앉히다.

moldov|ean, -eancă, -eni, -ence s.m. 그리고 f. 몰도바 사람.

moldoven|esc, -ească, -eşti, adj. moldoveneşte, adv. 몰도바지방의, 몰도바 사람의; (명사) 몰도바언어

moldovenism, ~e, s.n. 몰도바어 (말씨; 말투, 어법)

molecular, ~ă, ~i, ~e, adj. 분자의, 분자로 된

molecul|ă, -e, s.f. [물리, 화학]분자

molest|a, -ez, -ai, -at, vt. 괴롭히다, 구박하다, 방해하다

moleşeală, s.f. 무기력; 허약, 약함

moleş|i, -esc, -ii, -it, I. vt. 무기력하게 하다 II. vt. 무기력해지다; 약해지다, 부드러워지다

moleşit|or, -oare, -ori, -oare, adj. 무기력한; 허약한

moletier|ă, -e, s.f. 각반(脚絆)

molfă|i, molfăi 그리고 -iesc, -ii, -it, vt. **1.** (이가 없어서) 어렵게 음식을 씹다; 갉아먹다; 천천히 (식욕이 없이)음식을 먹다 **2.** [비유] 분명하지 않게 말하다. 웅얼거리다

molibden, s.m. [화학]몰리브텐, 수연(水鉛)

moliciun|e, -i, s.f. **1.** 유연함, 부드러움 **2.** 힘없음, 무기력, 나태 **3.** 쾌적, 안락

moli|d, -zi, s.m. [식물]독일 가문비

moli|e, -i, s.f. 나방; 좀 나방

molif|t, -ţi, s.m. molid 참조

molim|ă, -e, s.f. 유행(전염)병, 역병

molips|i, -esc, -ii, -it, **1.** vt. 전염되다, 감염되다 **2.** [비유]누구로부터 영향을 받다

molipsir|e, -i, s.f. 전염, 감염

molipsit|or, -oare, -ori, -oare, adj. 전염되는 감염되는

molitv|ă, -e, s.f. (동방 정교의)신부의 기도

molitvelnic, ~e, s.n. 동방정교 의례서

moloh, ~i, s.m. 식인종

moloz, s.n. 토사, 돌조각, 파편

molton, s.n. [섬유]부드러운 폴란넬

molur|ă, -i, s.f. [식물]회향(茴香)

molu|scă, -şte, s.f. 연체동물
momâie, momâi, s.f. **1.** 허수아비 **2.** [비유]못 생긴 사람 **3.** 토지 경계표시
mom|eală, -eli, s.f. **1.** 미끼 **2.** 유혹, 미혹; cu soşele şi momele 기만과 사기로
moment, ~e, s.n. **1.** 순간, 일순, 일각; de ~ 잠시의; pentru ~ 임시로; pe ~ 처음순간에, 그 순간에; în tot ~ul 영원히, 영구히; la ~ 즉시; din ~ în ~ 또는 dintr-un ~ într-altul 즉시, 당장; 곧; nici un ~ 결코 .. 아님; din ~ ce .. 때문에 **2.** 단계, 과정; ultimele momente (ale unui om) 죽기 직전의 순간; în ~ul de faţă 현재에 ; din primul ~ 처음부터; în ultimul ~ 마지막 순간에; la un ~ dat 어떤 순간에; 갑자기; un ~ 잠깐(잠시 중단을 요구 할때 쓰이는 표현) **3.** 시기 **4.** [물리]모멘트, 능률 **5.** 계기; 기회
momentan, ~ă, ~i, ~e, adj. 일시적인, 순식간의 **2.** 현재의 **3.** 즉시.
mom|i, -esc, -ii, -it, vt. **1.** 말로 현혹시키다, 속이다 **2.** 미끼로 고기 또는 다른 동물을 꼬시다 **3.** (잠시동안)진정시키다.
momir|e, -i, s.f. **1.** 꾐 **2.** 유혹, 유괴, 현혹
momiţ|ă, -e, s.f. **1.** maimuţă, 참조 **2.** (송아지의)지라
monad|ă, -e, s.f. **1.** [생물]단세포 동물 **2.** [철학]단자 (라이프니쯔 학설중의 만물의 소인(素因)
monah, ~i, s.m. 승려, 수도사
monahal, ~ă, ~i, ~e, adj. 승려의, 수도원의
monarh, ~i, s.m. 군주
monarhic, ~ă, ~i, ~e, adj. 군주정치의, 군주제의
monarhi|e, -i, s.f. 군주정치, 군주제; ~ absolută전제(절대)군주제; ~ constituţională 입헌군주제
monarhi|st, -stă, -şti, -ste, s.m. 그리고 f. 군주정치주의자, 왕정 주의자
monden, ~ă, ~i, ~e, adj. **1.** 사교계의; 유행을 쫓는, 세속적 쾌락을 좋아하는 **2.** 세속의, 현세의
mondial, ~ă, ~i, ~e, adj. 세계의, 세계적인; războiul ~ 세계전쟁
mondir, ~e, s.n. (고대로마의) 무릎까지 내려오는 속옷; 유니폼
moned|ă, -e, s.f. 동전; a bate ~ 동전을 발행하다.
monetar, ~ă, ~i, ~e. **1.** adj. 화폐의, 통화의; sistem ~ 화폐제도 **2.** ~i, s.m. 화폐 발행에 종사하는 사람
monet|ă, -e, s.f. monedă 참조
monetări|e, -i, s.f. 조폐국
mongol, ~ă, ~i, ~e, I. adj. 몽고의, 몽고사람에 관한 II. s.m. 그리고 f. 몽고사람
monit|or, I. -oare, s.n. [항해]모니토르함 (소형군함); 포함 II. -oare, -ori, -oare, s.m. 그리고 f. **1.** (학급의)감독생, 반장, 지도생, 학급임원 **2.** 모니터(감시)장치(라디오, 텔레비전 방송국의 음질, 영상, 조정 장치 따위); 모니터(방송국의 의뢰를 받고 방송의 인상, 비형을 보고 하는 사람) **3.** 신보(新報)(신문명)
monobloc, I. ~ă, ~i, ~e, adj. [야금](총따위가)단일 주형으로 주조된 II. ~uri, s.n. 만일 주형 기구
monocefal, ~ă, ~i, ~e, adj. 머리하

나의

monocelular, ~ă, ~i, ~e, adj. 단세포의

monoclu, ~ri, s.n. 외알막이(안경)

monocor|d, I, -dă, -zi, -de,[음악]adj. 일현(一絃)의 II. -de, s.n. 일현금

monocotiledona|t, I. -tă, -ți, -te, adj. 외떡잎의, 단자엽(單子葉)의 II, -te, s.n. 외떡잎 식물

monocrom, ~ă, ~i, ~e, monocromatic, ~ă, ~i, ~e, adj. 단색의

monocultur|ă, -i, s.f. 단일재배, 단작(單作)

monodi|e, -i, s.f. [그리스 문학]독창곡; 비극중의 서정구

monofaza|t, -tă, -ți, -te, adj. [물리](전류가) 단상(單相)의

monofobi|e, -i, s.f. 고독, 공포증

monoftong, ~i, s.n. 단모음

monoftong|a, -ghez, -gai, -gat, vt. 단모음화하다

monogami|e, -i, s.f. 일부일처제

monogeneză, s.f. [생물]단성(무성)생식

monografic, ~ă, ~i, ~e, adj. 전공논문의, 개인연구의

monografi|e, -i, s.f. 전공논문, 개인연구

monogram|ă, -e, s.f. (성명 첫글자 따위의)짜맞춘 글자

monoic, ~ă, ~i, ~e, adj. [식물]암수한그루의

monolit, I. ~tă, ~ți, ~te, adj. 돌덩이 하나의; (조직따위가) 하나로 통제된; 한결같은 II. ~ți, s.m. 한개의 돌로 된 기념비

monolitic, ~ă, ~i, ~e, adj. 돌덩이 하나의; 하나로 된, 일원적인

monol|og, -oage, s.n. **1.** 독백, 혼잣말; 독백극, 일인연극 **2.** 회화의 독차지, 다른 사람에게 말할 시간을 주지 않고 혼자 떠드는 것

monolo|ga, -ghez, -gai, -gat, vi. 혼자말하다. 독백하다; 자기 자신과 이야기 하다

mon|om, -oame, s.n. **1.** [수학]단항(單項), 일항(一項)) **2.** 일렬, 연속

monometalism, s.n. [경제]단본위제

monopetal, ~ă, ~i, ~e, adj. (꽃에 대해서) 꽃잎이 하나의

monoplan, ~e, s.n. [항공]단엽 비행기

monopol, ~uri, s.n. [그리고 비유] 전매(권), 독점

monopoli|st, -stă, -şti, -ste. I. adj. 독점적인, 전매의 II. s.m. 그리고 f. 전매자, 독점자

monopoliz|a, -ez, -ai, -at, vt. 전매하다, 독점하다; ...의 전매권을 얻다.

monosilab, ~e, s.n. 단음절어, 단철어

monosilabic, ~ă, ~i, ~e, adj. 단음절의; 단음절로 된

monoteism, s.n. 일신교, 일신론

monotei|st, -stă, -şti, -ste, **1.** s.m. 그리고 f. 일신론자 **2.** adj. 일신교의 일신론의

monotip, ~uri, s.n. [인쇄]자동식자 주조기, 모노 타이프

monoton, ~ă, ~i, ~e, adj. **1.** (소리, 맬로디에 대해)단조로운 **2.** [비유] 한결같은, 변함없는, 지루한

monotoni|e, -i, s.f. 단조로움, 무변

화; 지루함
monovalen|t, -tă, -ţi, -te, adj. [화학]일가 (一價)의
monsenior, ~i, s.m. **1.** [역사]각하; 예하; 전하 **2.** 종교의 사제에 대한 칭호
mon|stru, -ştri, I. s.m. **1.** [신화]괴물; 거대한 것, 괴상한 것 **2.** 괴물같은 사람, 무서운 사람, 잔인한 사람, II. adj. sg. 굉장한, 거대한; succes ~ 굉장한 성공
monstru|os, -oasă, -oşi, -oase, adj. **1.** 거대한, 굉장한, 엄청난 **2.** 기괴한, 괴물같은; 기형의 **3.** 잔인한, 흉악한, 무서운
monstruozit|ate, -ăţi, s.f. **1.** 기형; 기괴함, 괴상함 **2.** 잔인, 극악무도
mont, ~uri, s.n. **1.** 다리나 팔을 절단하고 남아있는 부분 **2.** 뼈의 돌출부분, 끝부분
mont|a, -ez, -ai, -at, vt. **1.** (부품을)맞추다, 조립하다; 설비하다 **2.** (보석을)박다 **3.** (필름, 연극)편집하다, (각본을)연출하다 **4.** 격분시키다 **5.** (남성동물에 대해)교미시키다
montaj, ~e, s.n. **1.** (필름,기계 등 부분품의)조립 **2.** [영화]몽타쥬 **3.** [그림, 사진]합성 화법; **4.** 필름, 편집
montan, ~ă, ~i, ~e, adj. 산의, 산악의; 산의 속성에 속하는
montan|t, I. -tă, -ţi, -te, adj. 위로 솟은, 높은, 올라간 II. -ţi, s.m. 기둥, 지주
mont|are, -ări, s.f. **1.** 맞춤, 조립; 설비 **2.** (보석을)박음 **3.** [필름, 연극]편집, 연출 **4.** 격분 **5.** 교미
monta|t, -tă, -ţi, -te, adj. **1.** 조립된, 짜맞추어진 **2.** (보석이)박혀진 **3.** 편집된, 연출된 **4.** 격분된
mont(at)or, ~i, s.m. **1.** 조립공 **2.** 금은 세공인; (그림의)표장공 **3.** (영화의)필름 편집인
mont|ă, -e, s.f. **1.** 교미 **2.** 종마
montur|ă, -i, s.f. **1.** (부분품)조립(작업) **2.** (보석, 상감용어)대금(臺金), 좌금(座金)
monument, ~e, s.n. **1.** 기념물, 기념비, 기념상; 기념건조물 **2.** 영구적 가치가 있는 업적, 불멸의 작품 **3.** monument al naturii 천연기념물
monumental, ~ă, ~i, ~e, adj. 기념비의 기념건조물의, 기념비와 같은; [비유]장대한, 화려한, 불멸의, 거대한, 굉장한
mop|s, -şi, s.m. **1.** 불독(개)와 같은 추한 얼굴의 작은 개 **2.** 납작코를 가진 사람
mor, interj. (곰에 대해서)곰이 으르렁거리는 소리
moral, I. s.n. 정신, 마음, 정신 상태; 용기, 정신력; a ridica cuiva moral-ul 누구에게 용기를 주다; a(-i) scădea (cuiva) moralul 실망시키다, 낙담시키다 II. ~ă, ~i, ~e, adj. 풍습(풍속)에 관한; 도의(도덕)에 관한, 도덕적인; 교훈적인
moral|ă, -e, s.f. **1.** 도덕, 도의 원리; **2.** 윤리학 **3.** 훈계 **4.** 교훈
moralic|esc, -ească, -eşti, adj. 도덕적으로, 윤리적으로; 도덕적 내용을 가진
morali|st, -şti, s.m. **1.** 도덕학자, 윤리학자 **2.** 훈계자
moralit|ate, -ăţi, s.f. **1.** 도덕성; 품행 **2.** 도의심, 도덕 관념 **3.** 교훈
moraliz|a, -ez, -ai, -at, vt. 교화하다,

도덕적인 가르침을 주다; 훈계하다, 꾸짖다

moralizat|or, -oare, -ori, -oare, adj. 교훈적인, 교화하는; 도덕을 가르치는

moralmente, adv. 도덕상, 도의상; 도덕적인 관점에서

morar, ~i, s.m. **1.** 방앗간의 주인; 방앗간에서 일하는 사람 **2.** [동물]거저리

moratori|u, -i, s.n. 지불유예

moravuri, s.n. pl. 관습, 풍습, 풍속

morar|easă, -ese, s.f. 방앗간 여주인

morăr|esc, -ească, -ești, adj. 방앗간의

morărie, s.f. morărit 참조

morărit, s.n. 방앗간일; 제분업

morărit|ă, -e, s.f. morăreasă 참조

morb, ~uri, s.n. 병; morbul lui Pott 척추결핵

morbi|d, -dă, -zi, -de, adj. 병이 난, 병의; 건강하지 못한

morbiditate, s.f. 병적 성질; 병든 상태; 이병률(罹病率), 환자수

morcov, ~i, s.m. 당근

morcov|eancă, -ence, s.f. [식물] 타원형의 열매와 하얀꽃을 가진 덩굴식물

morcov|iu, -ie, -ii, adj. 당근색깔의; 붉은

mordan|t, -ți, s.n. **1.** [음악]모르덴트 **2.** [화학]부식제; 매염제

moren|ă, -e, s.f. [지질](빙하에 의한) 퇴석(堆石)

morfem, ~e, s.n. [문법]형태소(形態素)

morfină, s.f. 모르핀

morfinism, s.n. [의학]모르핀 중독

morfinoman, ~ă, ~i, ~e, s.m. 그리고 f. 모르핀 중독자

morfol|i, -esc, -ii, -it, vt. molfăi 참조

morfologic, ~ă, ~i, ~e, adj. [생물]형태학의; [언어]형태론의

morfologie, s.f. [생물]형태학; [언어]형태론, 어형론

morganatic, ~ă, ~i, ~e, adj. 귀천상혼(貴賤相婚)의; căsătorie ~ă, 귀족이 신분낮은 여자와 하는 결혼

morgă, s.f. **1.** (신원불명의)시체공시장; 병원의 시체 안치장 **2.** 교만; 남을 무시하는 태도

moriș|că, -ti, 그리고 -te, s.f. **1.** [농업](곡식을 까부는)키 **2.** (커피, 후추 등을 빻는) 분쇄기 **3.** (바람, 물, 손으로 움직이게 하는)방아 **4.** 장난감 풍차

morman, ~e, s.n. 무더기; 더미, 쌓아올린것

mormă|i, mormăi, -ii, -it, vi. **1.** (곰에 대해서) 으르렁거리다 **2.** 중얼거리다, 웅얼거리다; pe mormăite (불만족하여) 불평하는, 투덜대는

mormăi|ală, -eli, s.f. **mormăit,** ~uri, s.n. **1.** 으르렁거림 **2.** 중얼거림 웅얼거림

morm|ânt, -inte, 그리고 -ânturi, s.n. **1.** 무덤; 묘지; a duce (pe cineva)la ~ 또는 a băga (pe cineva) în ~ 누구의 죽음을 야기하다; 누구를 심하게 괴롭히다; a intra în ~ 죽다 **2.** 묘석, 묘비

mormântal, ~ă, ~i, ~e, adj. 무덤의; tăcere ~ă 죽은 듯이 고요함

mormoloc, ~i, s.m. **1.** 올챙이 **2.** 유

약한 남자 **3.** 꼬마

mormoros|i, -esc, -ii, -it, vi. 중얼거리다, 웅얼거리다

morocăn|i, -esc, -ii, -it, vt. 그리고 vi. 욕하다, 꾸짖다, 질책하다, 야단치다

morocăn|os, -oasă, -oşi, -oase, adj. **1.** (사람에 대해)성난, 투덜거리는 우울한 **2.** 바보같은 표정을 짓는

moroi, ~, s.m. 유령, 도깨비

mors|ă, -e, s.f. [동물]해마(海馬)

mort, moartă, morţi, moarte, adj. I. **1.** 죽은; a se face mort în păpuşoi 또는 a face pe mortul în păpuşoi 아무것도 모르게 만들다, 바보로 만들다; a fi ~ după (또는 fără) cineva (또는 ceva)(..없이) 살 수 없다, ...에 미치다 (열정이다); a fi mai mult ~ decât viu (두려움, 병으로)탕진되다, (차라리 죽는 것이 낫다는 뜻); nici ~ 어떤 경우에도 ... 아니다; ~-copt 하여튼, 무조건; beat mort 매우 취한; a umbla (또는 a se ţine) ~ după ....을 얻기 위해 싸우다, 투쟁하다; a o lăsa moartă (în păpuşoi) 무엇을 포기하다; a ajunge la un (într-un)punct mort 해결할 수 없게 되다 **2.** (신체의 일부분에 대해) 무감각한, 마비된, 경직된; carne moartă 굳은살 **3.** [식물] 시든, 마른 **4.** (물건) 생명이 없는; 조용한 움직이지 않는; limba moartă 사어(死語); **5.** (색깔) 흐린, 빛이 없는 II. s.m. 죽은 사람; 주검, 시체; apa morţilor 신기루; a scula (또는 a trezi, a deştepta) şi morţii (또는 din morţi) 매우 강하고 날카로운 소리에 대해 쓰는 표현; a umbla (또는 a merge) ca după ~ 매우 느리게 가다; ca la mort (a se aduna, a veni 와 연결되어) 숫자가 매우 많은

mortal, ~ă, ~i, ~e, adj. 치명적인; lovitura -~ă 치명적인 타격; salt ~ 매우 위험한 공중 회전

mortalitate, s.f. 사망률; ~ infantilă 유아 (한살 미만) 사망률

mortar, s.n. 모르타르

mortăciun|e, -i, s.f. **1.** 썩은 짐승의 시체; 시체 **2.** [비유]매우 힘없는 피조물

mortez|ă, -e, s.f. [기술]장부 구멍을 파는 기계

mortier, ~e, s.n. [군사](구포, 박격포의)포구

mortific|a, mortific, -ai, -at, vr. (육체를) 괴롭히다, 모욕하다; 고문하다

mortuar, ~ă, ~i, ~e, adj. 죽음의; 사망자의; 매장의, 장례식의; giulgiu ~ 관에 덮는 검은천; anunţ ~ 부고(訃告); registru ~ 사망자 명부

morţiş, adv. 무조건, 하여튼; a ţine ~ 무엇을 끝까지 추적하다.

morun, ~i, s.m. [어류학]찰갑상어 속의 일종

morunaş, ~i, s.m. [어류학]작은 철갑상어속

morvă, s.f. sg. [수의]마비저(馬鼻疽)(말의질병)

mor|os, -oasă, -oşi, -oase, adj. [수의]마비저의

mosafir, ~i, s.m. musafir 참조

mosc, s.m. 사향(麝香)

moscal, ~i, s.m. muscal 참조

mosche|e, -i 그리고 -e, s.f. 회교의 교당

moscovi|t, -tă, -ţi, -te, adj. 모스코바 사람의; 모스코바의

mos|or, -oare, **mosorel,** ~e, s.n. 실패, 실꾸리

mostr|ă, -e, s.f. **1.** 상품견본 **2.** (비유, 특히 반어법으로)모범, 전형, 범례

moş, ~i, s.m. **1.** 노인; ~ Martin 곰(동물 우화의); ~ Crăciun 산타크로스; a-i veni cuiva ~ Ene pela gene 졸립다 **2.** [방언]할아버지; 아저씨 **3.** 조상; de când cu ~ Adam 옛날에; un obicei din ~i strămoşi 옛날 관습 **4.** pl. 눈사람

moş|i, -esc, -ii, -it, I. vt. 산파 일을 하다, 출생시키다 II. vt. vi. 그리고 vr. 천천히 일하다; 한가지일에 많이 애쓰다, 노력하다.

moşie, -i, s.f. **1.** 토지, 소유토지 **2.** 조국, 고향

moşier, ~i, s.m. 지주, 토지, 소유자

moşir|easă, -ese, **moşierit|ă,** -e, s.f. 여자 토지 소유자, 여자 지주

moşier|esc, -ească, -eşti, adj. 지주의

moşmon(d)|i, -esc, -ii, -it, vi. moşmoli 참조

moşmoan|ă, -e, s.f. [식물]서양모과

moşmol|eală, -eli, s.f. 천천히 함, 늑장부림, 꾸물거림

moşmol|i, -esc, -ii, -it, vi. **1.** 느리고 무겁게 움직이다; 늑장부리다 **2.** 부정확하게 일을 하다 **3.** 찾다.

moşmon, ~i, s.m. 서양모과나무

moşn|eag, -egi, s.m. 노인

moşn|ean, -eni, s.m. 자유농민(토지를 소유한 농민)

moşor|oi, -oaie, s.n. 흙더미; 개미무덤, 두더지가 파헤친 흙더미

moşmond|i, -esc, -ii, -it, vi. moşmoli 참조

moşten|i, -esc, -ii, -it, I. vt. 상속받다 (상속인이 되다) II. vr. 유전되다

moştenir|e, -i, s.f. **1.** 상속(권); 상속재산 **2.** [비유]유산

moşteni|t, -tă, -ţi, -te, adj. 상속받은, 이어받은. 계승된

moştenit|or, -oare, -ori, -oare, s.m. 그리고 f **1.** 상속인; prinţ ~ 황태자 **2.** (농담) 아이

moşulic|ă, -i, s.m. 작은 노인

motan, ~i, s.m. 숫고양이; [비유]응큼한 사람

motănaş, ~i, s.m. 작은 숫고양이

motet, s.n. [음악]모텟성가(聖歌)

motiv, ~e, s.n. **1.** 동기, 이유; pentru ~ul că ... 왜냐하면, ...때문에; pe ~ că ... 때문에;... 구실로; fără ~ 이유없이 **2.** [음악, 그림]주제, 모티브

motiv|a, -ez, -ai, -at, vt. (..의) 이유, 동기를 설명하다(보여주다); ...에 동기를 주다; 정당한 이유를 붙이다

motiv|are, -ări, s.f. motiva의 명사형; 유고결석표

motiva|t, -tă, -ţi, -te, adj. 정당한 이유가 있는

motociclet|ă, -e, s.f. 오토바이, 자동자전거

motociclism, s.m. 모토스포츠

motocicli|st, -stă, -şti, -ste, s.m. 그리고 f. 오토바이 타는 사람

motocompres|or, -oare, s.n. [기술]자동압착기

motocultur|ă, -i, s.f. [농업]동력경작, 기계농업

motol|og, -oagă, -ogi, -oage, s.m. 그리고 f. 우둔한 사람, 바보

motonav|ă, -e, s.f. 발동기선

mot|or, I. -oare, -ori, -oare, adj. 움직이는, 발동의; 원동력이 되는 II. -oare, s.n. 동력; 발동기, 엔진, 모터; ~ cu explozie 내연기관; ~ cu reacție 제트추진기관

motoret|ă, -e, s.f. 가벼운 오토바이, 스쿠터

motorină, s.f. 디젤

motoriz|ă, -ez, -ai, -at, vt. ...에 모터를 붙이다; 동력화하다. 기계화하다

motoriz|are, -ări, s.f. 동력화; 기계화

motoriza|t, -tă, -ți, -te, adj. 모터가 붙은; trupe ~e 기계화부대

motot|ol, I. -oale, 그리고 -oluri, s.n. 뭉치, 덩어리; a face ~ 둥글게 하다, 둥근 덩어리로 만들다; 짓누르다; a cădea ~ 의식없이 쓰러지다 II. -oale, adj. 힘없는, 활력없는

mototol|i, -esc, -ii, -it, vt. **1.** 훔치다, 덩이로 만들다 **2.** (의복을)구기다

motrice, adj. invar. 움직이게 하는, 추진하는; forță ~ 원동력

moț, I. ~uri, s.n. **1.** (머리 앞이나 꼭대기에 있는)가마, 머리술; (아이)앞머리, 도가머리; (새)볏 **2.** 닭볏 **3.** 술 모양의 꼬리부분 **4.** 끝(부분); **5.** a fi (mai) cu ~ 특출한 II. moațe, s.n. 머리지질 또는 감는 종이 III. moață, moți, moațe, s.m. 트란실베니아산맥에 거주하는 사람

moța|t, -tă, -ți, -te, adj. **1.** 머리술이 있는**2.** [비유]우쭐대는, 잘난체하는 **3.** 뾰족한

moță|i, moțai, -ii, -it, vi. **1.** 꼬박꼬박 졸다 **2.** a ~ din cap 머리를 끄덕이다 (긍정, 인사 등으로)

moțăi|ală, -eli, s.f. **1.** 좀, 졸음 **2.** 끄덕임

moțional, ~ă, ~i, ~e, adj. [문법]명사의 성을 나타내는 어미 변화의

moțiun|e, -i, s.f. [정치]동의, 발의; [문법]명사에 어미를 붙여 성을 나타내는 어미변화

moț|oc, -oace, s.n. [방언]가마, 머리술

mov, adj. invar. 접시꽃 빛깔의, 붉은 보라색의

movil|ă, -e, s.f. **1.** 언덕 **2.** (경계등을) 표시하기위해 만든 돌무덤 또는 흙무덤 **3.** 덩이, 더미

moviliț|ă, -e, s.f. movilă의 축소형

mozaic[1], ~uri, s.n. **1.** 모자이크 **2.** 모아박는 세공, 쪽매붙임 **3.** 모자이크병(식물의 전연병)

mozaic[2], ~ă, ~i, ~e, adj. 모세의

mozol|i, -esc, -ii, -it, I. vt. 이 없이 씹다, 입을 우물우물하며 씹다. II. vr. 더러워지다.

mraniță, s.f. 퇴비, 거름; 부식토

mraniț|os, -oasă, -oși, -oase, adj. (땅에 대해) 퇴비가 뿌려진

mr|eajă, -eje, s.f. (고기)그물; [비유]a prinde în mreji 함정을 만들고 꾀다

mr|eană, -ene, s.f. [어류학]돌잉어속

mrej|i, -esc, -ii, -it, vt. **1.** 그물을 짜다. **2.** 음모를 꾸미다

muc, I. ~i, s.m. (특히 pl.) 콧물 II. ~uri, s.n. (램프, 양초, 따위의)심지; 타다 남은 양초; a-i pica mucul după cineva 누구를 매우 사랑한다

mucali|t, -tă, -ţi, -te, adj. 진지한 표정을 지으면서 웃음을 유발하는; 익살스러운, 해학을 좋아하는, 재치있는

mucava, ~le, s.f. 판지, 마분지

mucăr|i, -esc, -ii, -it, vt. 양초의 심지를 자르다

muce|d, -dă, -zi, -de, adj. **1.** 곰팡이가 슨, 곰팡이의 **2.** (냄새) 곰팡내 나는 **3.** (종이에 대해)누렇게 변한

mucegai, ~uri, s.n. 곰팡이

mucegă|i, -iesc, -ii, -it, vi. 그리고 vr. 곰팡이가 슬다(나다)

mucegăi|t, -tă, -ţi, -te, adj. 곰팡이가 슨

mucenic, ~ă, ~i, ~e, s.m. 그리고 f. **1.** 순교자 **2.** 3월9일 40순교자를 위한 동방정교 축일 **3.** 이날 먹는단 음식

mucenici|e, -i, s.f. 순교자들의 고통스런 삶, 순교, 수난

mucez|eală, -eli, s.f. 곰팡이

mucez|i, -esc, -ii, -it, vi. 그리고 vt. **1.** 곰팡이가 슬다 **2.** [비유]단조로운 생활을 하다, 하는 일 없이 지내다

much|(i)e, -ii, s.f. **1.** 두면이 교차하는 선 **2.** 가장자리, 변(테)두리, 모서리 **3.** 경계 **4.** 날 있는 연자의 등; a fi (또는 a sta) pe muchie de cuţit 위험에 처해있는; (ca 또는 cât)(de) o muchie de cuţit 매우 좋은, 매우 적은 **5.** 산꼭대기, 정상

muchier, ~e, s.n. 판자의 가장자리를 바르게 하는 대패

mucilagin|os, -oasă, -oşi, -oase, adj. 점액질의, 끈적끈적한

mucilagi|u, -i, s.n. **1.** 식물점액질; 점액 **2.** 고무풀

mucles, interj. 조요히하라고 할 때 쓰는 표현; 쉿! 조용!

mucoas|ă, -e, s.f. 점막

muc|os, -oasă, -oşi, -oase, I. adj. **1.** 콧물의 **2.** (기관에 대해)점액을 만드는 **3.** 끈끈한 양상을 가진 II. s.m. 그리고 f. **1.** 진지하지 못한 사람

mucozt|ate, -ăţi, s.f. mucus, s.n. 점액의 많은 양; 점액

muezin, ~i, s.m. 회교 교당에서 기도시간을 알리는 사람

muf|ă, -e, s.f. [기술]끼우는 관

mufl|ă, -e, s.f. **1.** (화학실험용의)흙접시(직접 화염이 닿지 않게 기열하는 그릇); 도기 굽는 가마 **2.** 겹도르래; 도르래 장치

muflon, ~i, s.m. (뿔이 둥글게 휜)야생 양

mufti|u, -i, s.m. 회교의 고승 (동시에 최고 법관)

muget, ~e, s.n. I. 뿔달린 동물에서 나오는 긴 울음소리 II. **1.** 사람의 강하고 찢어질 듯한 비명소리; 부르짖음, 외침 **2.** 기계의 날카로운 소리 **3.** 바람, 폭풍, 물에서 나오는 강한 소리

mug|i, -esc, -ii, -it, vi. I. (뿔달린 동물에 대해) 기다란 소리를 내다; 울부짖다 II. **1.** (사람에 대해)큰소리다, 외치다; 소리지르다 **2.** [기계]강한 소리를 내다 **3.** (바람)윙윙거리다, (물)콸콸 소리를 내다

mugitor, -oare, -ori, -oare, adj 울부짖는; 큰소리로 외치는; 강한 소음을 내는; 윙윙거리는; 콸콸 소리를 내는

mugur, ~i, s.m. **1.** 봉오리 **2.** 싹, 눈 **3.** 뿔달린 동물에 있어서 앞다리 사이

에 있는 가슴부분
muguraş, ~i, s.m. mugur의 축소형
mui|a, moi, -ai, -at, I. vt. **1.** 물에 담그다(적시다) **2.** 축축하게하다 **3.** vt. 그리고 vr. 부드럽게 하다 유연하게 하다 II. vr. 약해지다, 힘을 잃어버리다 III. **1. vt.** 그리고 vr. 잠잠하게 하다, 조용하게 하다 **2.** 감동시키다, 설득하다 **3.** 구개음화하다.
muieratic, ~ă, ~i, ~e, adj. **1.** 여자같은, 유약한 **2.** (남자에 대해)여자처럼 된
muier|e, -i, s.f. **1.** [경멸, 속어]여자 **2.** [방언]부인
muier|esc, -ească, -eşti, adj. 여자의
muiereşte, adv. 여자답게, 여자같이
muieret, ~uri, s.n. 여성, 여편네들
muieruş|că, -te, s.f. muiere의 축소형
mujdei, s.n. [요리]소금, 식초 등에 담근 마늘
mujic, ~i, s.m. mojic 참조
mul|a, -ez, -ai, -at, I. vt. **1.** 주조하다, 거푸집에 붓다, (..의) 모양을 짓다; 원하는 모델을 만들다, 변형하다 **2.** 인간 몸의 부분, 윤곽을 뽑아내다 II. vr. 틀에 맞다; 몸에 맞다
mulaj, ~e, s.n. **1.** 주조 **2.** 원형, 주형
mulatr|u, -ă, -i, -e, s.m. 그리고 f. 흑백 혼혈아
mulgăt|or, -oare, -ori, -oare, I. s.m. 그리고 f. (소, 양)젖 짜는 사람 II. adj. 우유를 갖은, 젖이 짜질 수 있는,
mulge, mulg, mulsei, muls, vt. **1.** 젖을 짜다, 우유를 짜다 **2.** [비유]이득을 취하다, 착취하다
mulger|e, -i, s.f. **muls,** s.n. **mul|soare,** -ori, s.f. 젖짬
mul|t, I. adv. (양, 강도, 가치, 거리, 시간, 반복)많이; cu ~ 매우 많은 정도로; cel ~ ① 최대로 ② 많아야; mai ~ 특히; de ~ 오래전부터; mai ~ sau mai puţin 많든 적든 간에; ~ şi bine 오랫동안; a nu mai avea ~ ① 어떤 행동의 끝무렵에 있다 ②살날이 얼마 남지 않았다, II. adj. -tă, -ţi, -te, (숫자, 시간, 양, 종류, 비율 등이) 많은; de ~e ori 여러번; a nu mai avea zile multe 죽음 가까이에 있다; a nu şti multe ① 빨리 행동으로 옮기다 ② 쉽게 화를 내다; ~ cu ~ul 또는 ~ul cu ~ 매우 많이; multe(şi de) toate 많은 종류의 물건; 여러 문제; multe şi mărunte 많은 사소한 문제들; şi mai multe nu 하여튼, 무조건
multic|el, (-ică, -ei, -ele) adj. 그리고 adv. 상당히 많은; 상당히 오래
multicolor, ~ă, ~i, ~e, adj. 여러 색깔의
multiform, ~ă, ~i, ~e, adj. 여러 형태의; 다형의
multilateral, ~ă, ~i, ~e, adj. 다방면의; 다변의
multimiliardar, ~ă, ~i, ~e, s.m. 그리고 f. 거부(巨富)
multimilionar, ~ă, ~i, ~e, s.m. 그리고 f. 거부(巨富)
multinaţional, ~ă, ~i, ~e, adj. 다국가의
multiplic|a, multiplic, -ai, -at, vt. **1.** 증가시키다, 되풀이하다 **2.** 곱하다.
multiplic|are, -ări, s.f. **1.** 증가, 되풀이 **2.** 곱하기

multiplicativ, ~ă, ~i, ~e, adj. 배가(증가)하는; 증식시키는; 곱셈의

multiplicat|or, -oare, s.n. **1.** [수학] 승수, 적분인자 **2.** 복사기, 등사기

multiplicaţi|e, -i, s.f. multiplicare 참조

multiplicit|ate, -ăţi, s.f. 다수

multipl|u, I. -ă, -i, -e, adj. 여러 가지의, 가지가지의, 다양의, 다종의; 많은, 다수의;[수학]배수 (倍數)의 II. -i, s.m. [수학]배수(倍數)

multipolar, ~ă, ~i, ~e, adj. 다극(多極)의

multiş|or, -oară, -ori, -oare, adj. multicel 참조

multitudin|e, -i, s.f. 다수; 군중; (한 문제에 나타나는)다양한 양상

mulţime, -i, s.f. **1.** 많은 사람(물건, 생물) **2.** [비유]군중, 대중; 집단 **3.** [수학]집합

mulţum|i, -esc, -ii, -it, I. vi. 감사하다, 사의를 표하다; a ~ pentru ceva 무엇에 대해서 감사하다; mulţumesc 감사합니다 II. vt. **1.** 보답하다, 감사함을 표하다 **2.** 만족시키다, 만족하게 하다 III. vr. 만족하다

mulţumir|e, -i, s.f. **1.** 감사를 표시함 **2.** 만족, 기쁨

mulţumi|t, -tă, -ţi, -te, adj. 만족한, 행복한

mulţumită, I. s.f. 감사(함) II. prep. (3격지배) ...덕분으로; ~ ţie 당신덕택에

mulţumit|or, -oare, -ori, -oare, adj. **1.** 만족스러운, 기쁜 **2.** 감사하고 있는, 고마움을 느끼는

mulur|ă, -i, s.f. 복공(벽 윗부분에 수평으로 돌린 장식적 돌출부)

mum|ă, -e, s.f. mamă 참조

mumi|e, -i, s.f. 미이라; [비유](미이라 같이) 바싹 마른 약한 사람

mumific|a, mumific -ai, -at, vt. 미이라로(같이)만들다

munc|ă, -i, s.f. **1.** 일, 노동; munca câmpului 경작; ~ intelectuală 정신노동; ~ suplimentară 시간외 노동; oamenii muncii 일하는 사람; profecţia muncii 노동자 보호 **2.** 이득, 이익 **3.** 노력; ~ silnică 강제노동 **4.** 고통

muncel, ~e, s.n. (단단한 바위로 되어 있으며 산맥 아래 단계를 구성하는) 산 또는 조그만 언덕

munc|i, -esc, -ii, -it, I. vt. 그리고 vi. 일하다; 경작하다 II. vr. 그리고 vi. 고통받다, 괴로워하다; a se ~ cu gândul 노심초사 하다 II. vt. 고문하다, 괴롭히다

munci|t, -tă, -ţi, -te, adj. **1.** 피곤에 지친, 탕진된 **2.** 경작된 **3.** 노력해서 획득한(번) **4.** 고통 받은

muncit|or, -oare, -ori, -oare, I. s.m. 그리고 f. 노동자(여인); ~ calificat 숙련공(노동자) II. adj. **1.** 노동자의; clasa muncitoare 노동계급 **2.** 근면한, 열심히 일하는

muncitore|sc, -ască, -eşti, adj. 노동자의; pardid ~ 노동당

muncitoreşte, adv. 노동자처럼, 노동자답게

muncitorime, s.f. 노동자 전부, 다수 노동자

municipal, ~ă, ~i, ~e, adj. 도시의

municipalit|ate, -ăţi, s.f. **1.** 시청, 읍(면)사무소; 이곳에 근무하는 직원 **2.** (자치의)시, 읍, 면

municipi|u, -i, s.n. **1.** (사회, 정치, 경제, 문화의 중요한 역할을 하는) 큰 도시 **2.** 로마제국에서 자치권을 갖고 있는 도시

muniți|e, -i, s.f. 군수품

mun|te, -ți, s.m. **1.** 산; (pl.)산맥; de ~ 산의, 산맥의 **2.** ~ de pietate 전당포

munt|ean, -eancă, -eni, -ence, s.m. 그리고 f. **1.** 산에 사는 사람 **2.** 루마니아의 문테니아에 사는 사람

munten|esc, -ească, -ești, adj. muntenește, adv. **1.** 산의 **2.** 문테니아지방에 속하는, 문테니아 지방에 관한

muntenism, ~e, s.n. 문테니아 지방 언어 표현(구조, 단어)

munt|os, -oasă, -oși, -oase, adj. 산이 있는, 산으로 구성된; 산의

mur, ~i, s.m. **1.** 나무딸기나무 **2.** [고어]벽, 담

mur|a, -ez, -ai, -at, vt. **1.** (오이 등을) 식초에 절이다; 시게되다 **2.** 발효과정을 통해 즙이 많은 상태에서 저장하다 **3.** (식물을)물에 담그다 **4.** (비유)완전히 젖게 하다

mural, ~ă, ~i, ~e, adj. 벽의; 담의; pictură ~ă 벽화

mura|t, I. -tă, -ți, -te, adj. **1.** 식초에 절인, 신 **2.** [비유]완전히 젖은 II. 발효과정을 통해 저장된

mur|ă, -e, s.f. **1.** 나무딸기; aşteaptă să-i pice ~-n gură 그는 호박이 넝쿨째 떨어지기를 기다리고 있다 **2.** 나무 딸기 나무

murătur|ă, -i, s.f. (식초에 절인) 채소, 과일

murdar, ~ă, ~i, ~e, adj. **1.** 더러운 **2.** [비유] 불순한, 부정(不正)한, 부정직한

murdăr|i, -esc, -ii, -it, vt. 그리고 vr. **1.** 더럽히다 (더러워지다); 지저분하게 하다 (지저분해지다) **2.** [비유] (평판을)더럽히다. 품위를 떨어뜨리다.

murdărie, -i, s.f. **1.** 더러움, 때; 쓰레기; 오물 **2.** 경멸적인 것, 타락; 추잡함

murg, I. ~ă, ~i, adj. (말에 대해서)검붉은, 진한갈색의 II. ~i, s.n. 갈색말 III. ~uri, s.n. 석양

murgulet, ~i, **murguşor,** ~i, **murguț,** ~i, s.m. 갈색의 작은말

mur|i, mor, -ii, -it, vi. **1.** 죽다; (식물에 대해)말라죽다. 시들다; a ~ cu zile 예기치 않은 상황이나 충분히 치료되지 못한 병으로 일찍 죽다; a ~ de supărare 화나 죽을 지경이다; a ~ de ruşine 부끄러워 죽을 지경이다; a ~ de râs 포복절도 하다; a ~ de necaz 화나 미칠 지경이다; a ~ după cineva 누구를 미친 듯이 사랑하다. **2.** 점점 사라지다

muribun|d, -dă, -zi, -de, I. adj. 죽어가는 위독한, 빈사 상태의 II. s.m. 그리고 f. 위독한 사람, 빈사상태의 사람

murin|d, -dă, -zi, -de, adj. 죽는

murit|or, -oare, -ori, -oare, I. adj. 죽어야하는, 죽음을 면치 못하는; a fi ~ de foame 매우 가난하다 II. s.m. 그리고 f. 인간, 사람

murmur, ~e, s.n. **1.** 중얼(웅얼)거림; 알지못하는 소음 **2.** (기계나 모타)가 돌아가는 소리 **3.** 투덜거림, 불평하는 소리 **4.** (잎, 물결 따위의)살랑거

림, 졸졸 흐르는 소리

murmur|a, murmur, -ai, -at, **1.** vt. 속삭이다; 중얼거리다 **2.** vi. 속삭이다; 중얼거리다; 불평하다 **3.** (잎, 물결따위가)살랑거리다. 졸졸 흐르는 소리를 내다

mursă, s.f. **1.** [방언]꿀과 물 또는 우유로 섞어 만든 음료 **2.** 쥬스

mursec|a, mursec, -ai, -at, vt. [속어] **1.** 갈기갈기 찢어질 정도로 물다 **2.** [방언]뼈, 살 등을 으깨다. **3.** [비유]...를 때리다

murui, -iesc, -ii, -it, vt. **1.** [방언]벽을 물로 반죽한 진흙으로 바르다; 벽의 갈라진 틈을 진흙으로 바르다 **2.** 화로에 들어가기 전에 진흙 칠을 하다 **3.** 더럽히다

mursaca, ~le, s.f. [요리]다진고기, 감자, 가지로 만든 터어키 요리

musafir, ~i, s.m. 손님; ~i nepoftiți 초대받지 않은 손님

musai, adv. [방언]무조건, 확실히; e ~ să mergem 우리는 꼭 가야 한다

muscal, I. ~i, s.m. **1.** 러시아인; 모스크바에 사는 사람 **2.** 마부 II. pl. ~e, s.n. 팬플류트

muscar, ~i, s.m. **1.** 낚시꾼 **2.** 황금새의 일종

musca|t, -tă, -ți, -te, adj. 사향포도 냄새가 나는

muscă, muşte. s.f. **1.** 파리; să se audă musca! 완전히 조용히 하라; rău de ~ (말에 대해서) 사나운, (사람에 대해)감정을 억제하지 않는; a cădea ca musca-n lapte 나쁜 순간에 어딘가에 도착하다, 적절하지 못한 시기에 개입하다; a muri ca muştele 많이 죽다; a se simți cu musca pe căciulă 죄가 있다고 느끼다. 양심의 가책을 느끼다 **2.** (망아지의)이빨의 반점 **3.** (권투에서) 48-51 kg 사이의 체급

muscări|e, -i, **muscărime** s.f. 파리 전체

muscel, ~e, s.n. 산과 언덕사이의 중간쯤 되는, 약간 높은 산(과수원등으로 되어있다)

muschetar, ~i, s.m. muşchetar 참조

muscoi, ~ s.m. **1.** 커다란 파리 **2.** 금파리

muscular, ~ă, ~i, ~e, adj. 근육의

musculatur|ă, -i, s.f. 근육조직

musculiț|ă, -e, s.f. muscă의 축소형, 작은 파리

muscul|os, -oasă, -oşi, -oase, adj. 근육이 발달된

muselină, s.f. [섬유]모슬린

musiu, s.m. 남자에 대한 칭호(불어 mousieur에서 유래)

muson, ~i, s.m. 계절풍, 몬순

must, ~uri, s.n. **1.** 발효되기 전의 포도즙 (과일즙), 과실주 **2.** 쥬스 **3.** 나무즙 (수액)

must|ață, -ăți, s.f. **1.** 콧수염; a râde (또는 a zâmbi)pe sub ~ 은밀히 웃다 또는(아이러니한)웃음을 띄다; a trage (또는 a duce)la mustață 많이 마시다 **2.** [식물]까끄라기 **3.** [동물]수염

mustăcioar|ă, -e, s.f. 작은 콧수염

mustăci|os, -oasă, -oşi, -oase, adj. **1.** 콧수염의 **2.** [식물, 동물]수염의

mustări|e, -i, s.f. 포도즙(must)을 파는 장소나 만드는 곳

must|i, -esc, -ii, -it, vi. **1.** (액체에 대

해) 표면으로 나오다, 나타나다 **2.** 액체로 꽉차있다

must|os, -oasă, -oşi, -oase, adj. (포도, 과일) 즙이 많은

mustr|a, mustru, -ai, -at, vt. 질책하다, 야단치다; 욕하다; a-l ~ conştiinţa 양심의 가책을 느끼다

mustr|are, -ări, s.f. **1.** 질책, 야단, 꾸짖음, 비난 **2.** 후회, 유감; ~ de conştiinţă 양심의 가책

mustrăt|or, -oare, -ori, -oare, adj. 질책하다, 야단치는, 비난하는, 꾸짖는

mustu|i, -iesc, -ii, -it, vt. 포도를 압착하다

mustuit|or, -oare, s.n. 포도주 착취기

musulman, ~ă, ~i, ~e, I. s.m. 그리고 f. 회교도 II. adj. 회교(도)의

muşama, ~le, s.f. 밀먹인천, 유포(油布), 방수포(防水布)

muşamaliz|a, -ez, -ai, -at, vt. 비밀(내밀)로 하다; 무마시키다, 깔아뭉개다, 삭제(커트)하다; 얼버무리다

muşc|a, muşc, -ai, -at, vt. 그리고 vi. 물다; a ~ din ceva 무엇을 물어뜯다; a -si ~ mâinile (sau degetele) 고통스럽게 후회하다, 비통해하다; 화나다, 분노하다; a-şi muşca limba(또는 buzele) 자제하다, 감정을 숨기다; a muşca pământul (상처를 입거나 죽어서)땅에 쓰러지다

muşcat|ă, -e, s.f. 양아욱

muşcăt|or, -oare, -ori, -oare, adj. **1.** [비유]타는 듯한 고통의 감정을 일으키는 **2.** [비유]반어적인, 신랄한, 찌르는 듯한

muşcătur|ă, -i, s.f. **1.** 뭄, 문상처; 타는듯한 고통스런 감정 **2.** 신랄한 비판 **3.** 한번 물 수 있을 만큼의 양

muşcel, ~e, s.n. muscel 참조

muşchetar, ~i, s.n. 근위기병, 소총병

muşchi, I. s.m. **1.** sg. 이끼 **2.** 근육 II. ~uri. (소의)허리살

muşchiu, ... muscu 참조

muşetel, s.m. [식물]카밀레, 개꽃

muşiţ|ă, -e, s.f. **1.** (금)파리무리(떼) **2.** 구더기떼 **3.** 식물의 뿌리나 잎에 기생하는 벌레떼

muştar, s.n. (식물, 요리)겨자; a-i sări cuiva ~ul 화나다

muşteri|u, -i, s.m. 손님, 고객

muştiuc, ~uri, s.n. (취주악기의)입대는 곳; (담뱃대 따위의)물부리

muştrulu|i, -iesc, -ii, -it, vt. **1.** (심하게)훈련시키다 **2.** 비난하다, 질책하다, 욕하다

muştrului|ală, -eli, s.f. **1.** 심한 훈련 **2.** 비난, 질책

muşur|oi[1], -oaie, s.n. **1.** (개미 등이) 파놓은 흙무덤 (덩이); (뿌리에)모여있는 흙무덤(바람을 피하기 위해, 기대기 위해 등) **2.** 흙더미; 언덕

muşuroi[2], -iesc, -ii, -it, vt. **1.** (식물의 뿌리를 보호하기 위해)뿌리 옆에 흙을 모아두다. **2.** 더미를 만들다, 모으다

mu|t, -tă, -ţi, -te, adj. **1.** 벙어리의 **2.** [비유]말이 없는

mut|a, mut, -ai, -at, I. vt. **1.** 이사하다; (다른 장소로)데리고 가다. 놓다 등; a-şi ~ gândul 무엇을 숙고하다; a-i ~ cuiva fălcile 강하게 빰을 때리다 **2.** 옮기다(직장을) II. 이주하다; s-a ~t de aici 그는 이곳에서 이주했

다

mut|are, -ări, s.f. **1.** 이사 **2.** (직장)옮김 **3.** 이주

mutați|e, -i, s.f. **1.** 이주(이사)신고 **2.** 변경 **3.** mutație consonantică 자음추이

mutăt|or, -oare, s.n. [전기]정류기(整流器)

mutălă|u, -i, s.m. 바보, 얼간이

mutătoare, ~, s.f. [식물](네델란드)작약

muteşte. adv. 벙어리처럼, 말없이

mutil|a, -ez, -ai, -at, vt. **1.** (팔 다리를)자르다 **2.** 추악하다, 만들다, 보기흉하게 하다.

mutil|are, -ări, s.f. **1.** (팔,다리의)절단 **2.** 추악하게 함

mutila|t, -tă, -ți, -te, I. adj. 팔 다리를 잘린 II. s.m. 그리고 f. 팔, 다리가 잘린 사람

mutr|ă, -e, s.f. **1.** 얼굴, 용모 **2.** 모습; după mutra cuiva 누구의 사회적 조건에 의해; a face mutre 입을 삐죽거리다, 상을 찌푸리다; nu e pentra mutra ta 너의 것이 아니다

mutual, ~ă, ~i, ~e, adj. 상호의. 쌍방의, 상호 관계의

mutulică, s.m. mutălău 참조

mutenie. s.f. **1.** 벙어리 상태 **2.** 고요함(조용함)

mutunache, s.n. **1.** 어릿광대 **2.** 과대하게 멋을 내는 젊은이 (맵시꾼)

muz|ă, -e, s.f. [신화, 시] **1.** 뮤즈, 시의 여신 **2.** 시적인 영감 **3.** 시, 문학

muze|u, -e, s.n. 박물관; de ~ 박물관의

muzical, ~ă, ~i, ~e, adj. 음악의(에 관한); 음악적인; 음악을 아는, 음악을 좋아하는; 음악에 재능이 있는

muzicalit|ate, -ăți, s.f. 음악성

muzican|t, -tă, -ți, -te, **1.** 악기에 맞추어 노래하는 사람 **2.** 음악을 전공하는 사람

muzic|ă, -i, s.f. **1.** sg 음악; 악곡; 곡 **2.** 음악학 **3.** 작곡; a-i face cuiva ~ 누구에게 스캔들을 만들다 **4.** 오케스트라

muzici|an, -ană, -eni, -ene, s.m. 그리고 f. 작곡을 하거나 연주하는 사람; 음악 예술을 아는 사람

muzicolog, ~i, s.m. 음악이론가, 음악 학자

muzicologie, s.f. 음악이론, 음악학

muzicuț|ă, -e, s.f. **1.** 하모니카 **2.** 입

N

N, n, s.m. 루마니아어 알파벳의 17 번째 자

na, interj. **1.** poftim! ia! ține! 등과 같이 쓰임; Na-ți-o(bună) 또는 na-ți-o frântă(că ți-am dres-o) 놀람, 절망, 등을 가리키거나 누군가가 말한 것과는 일치하지 않음을 표현 **2.** (누군가와 의견이 일치하지 않거나 초조, 불만족, 놀람, 절망을 표시) iata!, uite! 등의 표현과 비슷 **3.** 집안의 가축을 쫓을 때 내는 소리

nabab, ~i, s.m. **1.** (이란, 인도, 파키스탄등의) 정부 고관, 장교 **2.** 부호

nacafa, ~le, s.f. **1.** 요구 **2.** 기분, 변덕 **3.** 열정, 걱정 **4.** 불만, 불쾌

nacealnic, ~i, s.m. (군사, 종교단체, 민간)기관의 장(長), 우두머리; 명령권자

nacel|ă, -e, s.f. [항공]기구(氣球) 비행선 따위에 매달린 선실과 바구니(사람과 짐용)

nacru, s.m. 진주모(母)

nad|ă, s.f. I. -e **1.** 미끼 **2.** [비유]유혹, 매력 II. pl. năzi, 덧붙인것, 부가물

nadir, s.n. [천문]천저(天底)

nad|ol, -oală, -oli, -oale, adj. [방언] 잔인한

naf|ea, -ele, s.f. 배, 복부

naft, s.n. 석유 나프타

naftalină, s.n. 나프탈린

naftenic, ~i, adj. m. [화학]acid ~ 나프탄산

naftol, ~i, s.m. 나프톨

nagit, ~i, s.m. [조류학]푸른 도요

nagod|ă, ~e, s.f. [방언] **1.** 이상한, 기묘한 존재나 사물 **2.** pl. 미신

nah|ap, ~i, s.m. (물)소용돌이

nai, ~uri, s.n. 팬플룻

naiad|ă, -e, s.f. [신화]샘의 여신, 물의 요정

naiba, s.f. art. 악마; Al naibii (de)… 매우, 지나친; a da de ~ 궁지에 빠지다; a da (a lăsa pe cineva 또는 de ceva) naibii (또는 la naiba) ...... 에 대해서 흥미가 없다, 포기하다; a nu avea nici pe ~ 건강하다, 편안하다, 아무문제가 없다

naică, s.f. [방언]지방에서 나이든 부인에게 사용하는 호칭

nainte, adv. înainte 참조

naiv, ~ă, ~i, ~e, adj. **1.** 순진한, 단순한, 자연스러운,. 순박한, 솔직한 **2.** 어린애 같은, 어리석은

naivit|ate, -ăți, s.f. **1.** 순진함, 단순함, 순박함, 솔직함 **2.** 어리석음, 어린애 같음

nalbar, ~i, s.m. [곤충]흰나비과의 일종

nalb|ă, -e, s.f. [식물]당 아욱속; ~ de grădină 아욱 속에 속하는 꽃의 일종; ~ de mare 알테아 (접시꽃속의 일종)

nal|t, -tă, -ți, adj. înalt 참조

namesnic, ~i, s.m. (중요 공무원의)

대리인, 대표

namiază, s.f. nămiază 참조

namil|ă, -e, s.f. 거인, 매우 큰 물건, 거대한 괴물(환상적인 존재)

nan|ă, s.f. 나이든 부인이나 자매에 대한 존칭

nanchin, nanghin, s.n. [섬유] 황색의 난징 무명

nani, interj. (아이들의 용어에서) 아이를 잘 자라고 할때 쓰는말; a face ~ 자다.

naos, ~uri. s.n. 교회당의 신도석; 성상안치소

nap, ~i, s.m. 구경 캐비지; nap 또는 ca un nap, ca napul 완전히 벗은; 매우 가난한; ~ porcesc 고구마의 일종

napoleon, ~i, s.m. **1.** 옛 프랑스의 금전 (약20프랑) **2.** 중간크기의 사과종류

nar|a, -ez, -ai, -at, 설명하다

naramz, ~i, s.n. 오렌지 나무

naramza|t, -tă, -ţi, -te, adj. 오렌지 색깔의

naramz|ă, -e, s.f. 오렌지

naramzi|u, -e, -i, adj. 오렌지색깔의

narativ, ~ă, ~i, ~e, adj. 이야기체의, 서사체의

narat|or, -oare, -ori, -oare, s.m. 그리고 f. 이야기하는 사람, 설화자

naraţiun|e, -i, s.f. 이야기하기, 서술; 이야기, 설화

nară, nări, s.f. 콧구멍

narci|s[1], -şi, s.m. 자기 모습에 도취하는 남자; 매우 아름다운 젊은 남자

narcis[2], s.m. narcisă 참조

narcis|ă, -e, s.f. [식물]수선화

narcisism, s.n. 자기도취; 나르시지즘

narcotic,~e, I. s.n. 마취제 II. adj. ~ă, ~i, ~e, 마취시키는, 최면성의

narcotin|ă, -e, s.f. 나르코틴 (수면제로 사용됨)

narcotiz|a, -ez, -ai, -at, vt. 마취시키다

narcotiz|are, -ări, s.f. 마취시킴

narcoz|ă, -e, s.f. 마취

nard, s.m. [식물]감송(甘松); 감송향(甘松香)

narghil|ea, -ele, s.f. 물담뱃대, 수연통(水煙筒)

narodnic, ~ă, ~i, ~e, s.m. 그리고 f. narodnicism에 관한; narodnicism 주의자

narodnicism, s.m. 19세기 후반 러시아에서 일어난 소시민 지식인들의 사회·정치적인 운동으로 혁명의 근본적인 힘은 노동자가 아니라 농민들과 지식인들에게 있다고 주장하는 주의

nartex, ~uri, s.n. 성당 정문안의 현관

nart, ~uri, s.n. **1.** 가축이나 생산품에 부과하는 세금의 최대 한계로써 과거 관청에 의해 확정된 돈의 총액 **2.** 관청에 의해 정해진 최대 판매가격 **3.** 하루 지주의 땅에서 농노가 일해야 하는 일의 기준

narval, ~i, s.m. [동물]일각(一角) 고래

nas, ~uri, s.n. 코; sub nasul cuiva 또는 sub nas 누구의 코밑에, 아주 가까이에; pe nas 큰소리로; a avea nas 또는 a-şi ridica nasul 용기를 내어 감행하다; a-şi cunoaşte (또는 vedea, şti) lungul nasului 자신의

힘으로 어느 정도 할 수 있는지를 인식하다, 다른 사람에 대하여 취해야 하는 정도를 인식하다; a-i cădea nasul cuiva 용기를 잃어버리다, 부끄럽다; nu-i ajunge cu prăjina la nas 자부하다, 자만하다; a umbla (또는 a fi) cu ~ul pe sus 콧대를 세우다, 거만하다; a da nas (cuiva) ~에게 너무 많이 허용하다; a tăia (또는 a scurta) nasul (cuiva) 또는 a da (cuiva) peste nas 누구의 잘못을 고치다, 꾸짖다, 챙피를 주다, 벌을 주다; a-i scoate (cuiva ceva) pe nas 비난하다, 질책하다; a fi (또는 face) de nasul cuiva 누구에게 상용하다, 어울리다, 알맞다; a-i veni (cuiva) muştarul la nas 또는 a-i tremura (cuiva) nasul 화내다; a lăsa (또는 a pune) nasul în jos 부끄러워하다, 죄지은 것처럼 느끼다; să-ţi fie în nas! 부끄럽게 생각하다!; a-şi băga (또는 a-şi vârî) nasul în ceva 어떤 일(사건)에 개입하다; a duce (또는 a purta) de nas (pe cineva) ...을 하도록.....를 이끌다, 지배하다; 속이다; a(-i) trece (cuive) pe la (또는 pe lângă) nas 유용한 기회를 잃다; a arunca (cuiva ceva) în nas 직접 말하다; a-i râde cuiva în nas 조롱하며 앞에서 웃다; a-i ieşi (또는 a-i de) pe nas 싫증이 나다; a trânti (또는 a închide) (cuiva) uşa în nas 누구를 받아 들이는 것을 거절하다; 화가나서 문을 쾅 닫고 나가다; a nu vedea de nas 주의하지 않다; a da cu nasul (pe cineva) 누구를 빨리 지나가다; a de nas(ul) cu cineva 뜻밖에 누구를 만나다; nas în nas 서로 마주보고

nastur|e, -i, s.m. 단추

naş, ~ă, ~i, ~e, s.m. 그리고 f. 대부, 결혼입회인; a-şi găsi ~ 자신의 선생을 만나다

naşte, nasc, născui, născut, I. vt. **1.** 아이를 낳다, 분만하다, 출산하다 **2.** [비유]생산하다, 창조하다; 유발하다 II. vr. **1.** 태어나다 **2.** 발생하다, 나타나다

naşter|e, -i, s.f. **1.** 출생; 정주; locul naşterii 출생지; zina naşterii 생일; din ~ 타고난, 천성의 **2.** [비유]발생

nat, s.n. [방언]사람, 개인; tot ~ul 각자

natal, ~ă, ~i, ~e, adj. 출생의; oraşul ~ 출생도시

natalitate, s.f. 출생률

nataţie, s.f. 수영

nativ, ~ă, ~i, ~e, adj. **1.** 태생의, 출신의; 타고난, 천부의, 자연의 **2.** (금속에 대해) 순수한

natr|ă, -e, s.f. 날실

natriu, s.n. 나트륨

natural, I. ~ă, ~i, ~e, adj. **1.** 자연의; ştiinţe ~e 자연과학; graniţă ~ă 자연경계선 (강따위); mărime ~ă 실물크기; copil ~ 사생아 **2.** 자연스러운, 순수한, 참된; mătase ~ 본견(本絹) **3.** 단순한, 가공되지 않은 II. adv. 당연히, 자연히

naturaleţe, s.f. 인위성이 없는 자연적인 것

naturalism, s.n. 자연주의

naturali|st, -stă, -şti, -ste, I. adj. 자연주의의 II. s.m. 그리고 f. **1.** 자연주의자 **2.** 자연과학자

naturaliz|a, -ez, -ai, -at, vt. 귀화시

키다; (동식물을) 풍토에 길들이다
naturaliza|t, -tă, -ți, -te, adj. 귀화한
natur|ă, -i, s.f. **1.** 자연; 주위 자연환경; lege a naturii 자연법칙; în ~ 실질적으로 **2.** 자연(계), 만유, 현상계 **3.** 천성; 소질, 본성, 본질 **4.** 성격; de natură să .... 할 수 있는
nați|e, -i, s.f. națiune 참조
național, ~ă, ~i, ~e, adj. 국민의, 민족의, 국가의; șosea ~ă 국도
naționalism, s.n. 국가주의, 민족주의
naționali|st, -stă, -ști, -ste, I. adj. 국가주의의, 민족주의의 II. s.m. 그리고 f. 국가주의자, 민족주의자
naționalit|ate, -ăți, s.f. **1.** 국적 **2.** 국민성, 민족성 **3.** 소수민족
naționaliz|a, -ez, -ai, -at, vt. 국영화하다; 자국민화하다; 귀화시키다
naționaliz|are, -ări, s.f. 국영화; 귀화
naționaliza|t, -tă, -ți, -te, adj. 국유화된, 귀화된
națiun|e, -i, s.f. 국민(독자적언어, 문화를 갖고 독자적인 국가 체제를 이룬 민족); 국가
naufragi|a, -ez, -ai, -at, vi. **1.** 파선(난파)하다 **2.** [비유]자신의 희망과는 다른 상황에 처하다
naufragia|t, -tă, -ți, -te, adj. 난파한 (배나 사람)
naufragi|u, -i, s.n. 파선
nautic, ~ă, ~i, ~e, I. adj. 항해(술)에 관한; 수상경기에 관한 II. s.f. 항해술(학)
nautil, ~i, s.m. [동물]앵무조개
naval, ~ă, ~i, ~e, adj. 배의; 항해에 관한
nav|ă, -e, s.f. **1.** 배 **2.** 선함 **3.** ~ cosmică 우주선
navet|ă, -e, s.f. **1.** (베틀의) 북 **2.** (두 지점을 규칙적으로 왕복하는) 연락 자동차(전차, 배); a face naveta 왔다갔다 하다 **3.** 식료품 운반에 쓰이는 도구(상자모양)
navi|ga, -ghez, -gai, -gat, vi. **1.** 항해하다 (항공하다) **2.** 배(비행선)를 타고 여행하다; 배를 조정하다
navigabil, ~ă, ~i, ~e, adj. 항행할 수 있는
navigabilitate, s.f. 항해 할 수 있음, 배가 다닐 수 있음.
navigat|or, -oare, -ori, -oare, s.m. 그리고 f. 뱃사람; 항해자; 항송사
navigați(un)e, -i, s.f. **1.** 항해, 항공 **2.** 항해술, 항해학 **3.** 항로
navlos|i, -esc, -ii, -it, vt. 배를 임대하다
navlu, ~ri, s.n. 뱃짐, 선하(船荷)
nazal, ~ă, ~i, ~e, adj. 코의; sunet ~ 비음, 콧소리
nazalitate, s.f. 비음성
nazaliz|a, -ez, -ai, -at, vt. 코를 통해서 발음하다, 비음을 내다
nazaliz|are, -ări, s.f. 비음화 하기
nazuri, s.n. pl. 변덕; a face ~ 변덕스럽게 행동하다, 변덕부리다
năbădăi, s.f. pl. 화, 분노; a băga (pe cineva) în năbădăi 놀라게 하다, 무섭게 하다; 마음의 평정을 잃게 하다
năbădăi|os, -oasă, -oși, -oase, adj. **1.** 쉽게 화내는 **2.** 변덕스러운 **3.** (동물에 대해서)거친, 사나운
năb|oi, -oaie, s.n. [방언]강, 큰 물결; 빙하; 홍수
năbo|i, -iesc, -ii, -it, [방언]범람하

다, 흘러넘치다; 돌진하다, 승격하다

năbuc, s.n. 흰 영양 가죽의 모조품

năbuş|eală, -eli, s.f. 후덥지근함, 더위

năbuş|i, -esc, -ii, -it, vt. înăbuşi 참조

năclă|i, -iesc, -ii, -it, vt. 끈적끈적하고 더러운 물질로 뒤덮다.

năclăi|os, -oasă, -oşi, -oase, **năclăi|t,** -tă, -ţi, -te, adj. 더러운, 기름묻은

nădăjdu|i, -iesc, -ii, -it, vt. 희망하다; 희망이 성취되리라는 것을 확신하다

nădejd|e, -i, s.f. 희망; 희망이 성취되리라는 신념; de ~ 모든 신념을 갖을 수 있는; a trage ~ 희망하다, 바라다; a se lăsa în ~a (cuiva) ...를 믿다; a-şi pune ~ (în cineva) ....를 믿다, 의지하다; a-şi lua ~ 모든 희망을 잃다

nădrag, ~i, s.m. 남자용 바지

nădrăgar, ~i, s.m. 농민들이 도시인들에게 붙인 경멸적인 이름

năduf, s.n. **1.** 가슴 답답, 호흡 곤란; 천식; 질식 **2.** 질식할 듯한 더위 **3.** 화, 분노

năduş|eală, -eli, s.f. **1.** 땀; a-l trece pe cineva toate năduşelile 땀에 흠뻑 젖다 **2.** 더위, 후덥지근함

năduş|i, -esc, -ii, -it. I. vi. **1.** 땀이 나다 **2.** (그리고 vr.) 질식하다, 숨이 막히다 II. vt. (요리) 약한 불로 끓이다

năduşi|t, -tă, -ţi, -te, adj. 땀이 나는, 땀에 젖은

năduşit|or, -oare, -ori, -oare, adj. 질식하는

năfram|ă, -e, 그리고 năfrămi, s.f. 아마, 면 등으로 만들어진 천 조각으로 두건, 손수건, 수건 등으로 쓰임

năgară, s.f. [식물]나래새의 일종

năier, ~i, s.m. 뱃사공

năim|eală, -eli, s.f. 임대, 소작

năim|i, -esc, -ii, -it, vt. **1.** 종사하다 **2.** 임대하다

năimi|t, -tă, -ţi, -te, I. s.n. 그리고 f. 임시고용인 II. adj. 임대된

năjit, s.n. 두통, 치통, 이(耳)통, 신경통

năltut, ~ă, ~i, ~e, adj. 상당히 큰

năluc|ă, -i, s.f. **1.** 유령, 환영, 환상 **2.** 착각, 망상, 신기루

năluc|i, -esc, -ii, -it, **1.** vr.(3격) 상상하다, 착각하다 **2.** vi. 흐릿하게 나타나다. 생각 속에 나타나다 **3.** vt. 매혹시키다(아름다움, 눈부심을 통해서)

nălucir|e, -i, s.f. nălucă 참조

năme|te, -ţi, s.m. (특히 pl.) 눈더미; (어떤 것의)더미, 많은 양

nămeteni|e, -i, s.f. 괴물, 거인

nămeţ|i, -esc, -ii, -it, vt. 눈으로 덮히다

nămiază, s.f. 정오; ziua ~-mare 대낮에

nămol, ~uri, s.n. **1.** 진창 **2.** [비유]더미

nămol|os, -oasă, -oşi, -oase, adj. 진창의

nănaş, ~ă, ~i, ~e, s.m. 그리고 f. naş 참조

năpast|ă, -e, s.f. **1.** 불행, 불운, 재해, 곤궁 **2.** 중상모략 **3.** 학대, 박해 **4.** 임의로 징수된 세금

năpăd|i, -esc, -ii, -it, I. vt. 덮다, 뒤덮다, 포위하다; 침입하다; [비유]정

복하다, 앞도하다; (눈물, 웃음) 참을 수 없을 정도로 눈물을 흘리다, 웃다 II. vi. 침략하다, 습격하다

năpăstu|i, -iesc, -ii, -it, vt. **1.** 다른 사람에게 옳지 못한 짓, 나쁜 짓을 행하다; 다른 사람을 학대하다, 억누르다 **2.** 중상모략하다

năpăstui|re, -i, s.f. 나쁜 짓; 학대; 중상모략; 억압

năpăstuit|or, -oare, -ori, -oare s.m. 그리고 f. **1.** 압제자, 억누르는 자 **2.** 중상모략자

năpârc|ă, -i, s.f. **1.** 살무사, 독사 **2.** [비유]매우 나쁘고 위험한 사람

năpârl|i, -esc, -ii, -it, vi.(동물, 새들에 대해) 털갈이 하다, 허물을 벗다

năpârlir|e, -i, s.f. 털갈이하기, 허물벗기

năpârli|t, -tă, -ți, -te, adj.(동물, 새들에 대해) 허물 벗은; 털이 없는

năpârst|oc, -oacă, -oci, -oace, s.m. 그리고 f. 난장이, 조그만 사람

năplă|i, -iesc, -ii, -it, vr. **1.** 질식시키다 **2.** 악몽을 꾸다

năprasn|ă, -e, s.f. năpastă 참조

năprasnic, ~ă, ~i, ~e, adj. **1.** 갑작스런, 예기치 않은 **2.** 격렬한, 광포한 **3.** 무서운, 소름끼치는

năprasnic|ă, -e, s.f. [식물]참으아리

năprăsnic|i, -esc, -ii, -it, vr. 무섭게 되다

năpust|i, -esc, -ii, -it, I. vr. 공격하다, 습격하다, 돌진하다 II. vt. **1.** 덮어버리다 **2.** 떠나다 버려버리다 궁지에 쳐넣다

năpusti|t, -tă, -ți, -te, adj. 버려진, 궁지에 빠진

nărav, ~uri, s.n. **1.** 풍습, 관습, 습관 **2.** 나쁜 습관, 악덕; a învăța pe cineva cu ~ ...를 타락시키다, 나쁜 습관을 갖게 해주다; lupul își schimbă părul dar ~ul ba 늑대는 털을 바꿀지라도 본성은 변하지 않는다

nărăvaș, ~ă, ~i, ~e, adj. (특히 말에 대해서) 길들여지지 않은, 야생성의

nărăv|i, -esc, -ii, -it, vt. 그리고 vr. 나쁜 습관을 갖다

nărăvi|t, -tă, -ți, -te, adj. 나쁜 습관에 물든

nărt|os, -oasă, -oși, -oase, adj. **1.** 커다란 코를 가진 **2.** [비유] 거만한

năru|i, nărui, -ii, -it, vr. 쓰러지다, 넘어지다; 폐허가 되다

năruitur|ă, -i, s.f. 붕괴, 잔해, 와해

năsad|ă, -e, s.f. **1.** 타작하기위해 마당에 뿌려진 곡식알 **2.** 타작 마당

năsăli|e, -i, s.f. 관대(棺臺)

năsăd|i, -esc, -ii, -it, vt. 타작하기 위해 곡식을 마당에 흩어 놓다

născare, s.f. 출생; din ~ 타고난, 천성의

născătoare, s.f. **1.** 어머니 **2.** 성모마리아

născân|d, -dă, -zi, -de, adj. 나타나기 시작하는, 존재하기 시작하는, 표명되기 시작하는

născoc|eală, -eli, s.f. 발견, 고안

născoc|i, -esc, -ii, -it, vt. **1.** 창조하다; 발견하다, 발명하다 **2.** 고안해내다, 만들어내다 **3.** vr. 나타나다

născocir|e, -i, s.f. **1.** 발견, 발명 **2.** 고안

născocit|or, -oare, -ori, -oare, I. adj. 창의적인, 독창적인, 상상력이

풍부한 II. s.m. 그리고 f. 발명가

născu|t, -tă, -ți, -te, I. adj. 태어난, 출생한 II. s.m. 그리고 f. întâiul-născut 장남, 장녀, 장자; nou-~ 갓난아기

năsilnic, ~ă, ~e, adj. **1.** 격렬한, 강렬한, 사나운, 무력의; 나쁜, 가차없는, 혹독한 **2.** 불만족하는, 거역하는

năsl|i, -esc, -ii, -it, vi. ...을 얻으려고 노력하다

năs|os, -oasă, -oşi, -oase, adj. 큰 코를 갖고 있는

năstav, ~uri, s.n. **1.** 충동, 자극, 성벽 **2.** 경향, 재능, 풍성

năstrap|ă, ~e, s.f. **1.** [방언]물병, 물컵 **2.** 물병에 든 물의 양

năstruşnic, ~ă, ~i, ~e, adj. **1.** 비범한, 특이한, 보통이 아닌 **2.** 기이한, 이상한

năstruşnici|e, -i, s.f. 비범, 특이함, 보통은 넘음, 기이함

năsturaş, ~i, s.n. 작은 단추

nasture|l, -i, s.n. **1.** năsturaş 참조 **2.** [식물]데이지

năsuc, ~uri, (nas의 축소형) 작은 코

năsu|i, -iesc, -ii, -it, vr. 뻔뻔스럽게 되다

năş|i, -esc, -ii, -it, vi. 대부가 되다

nătăflete, nătăfl|eț, -eață, -eți, -ețe, I. adj. 바보의 단순한 II. s.m. 그리고 f. 바보 멍청이

nătănt|ol, -oală, -oli, -oale, adj. [방언]nătâng 참조

nătăr|ău, -aucă, -ăi, -auce, adj. 바보의, 어리석은, 멍청한

nătâng, ~ă, ~i, ~e, adj. **1.** 바보의, 멍청한, 정신박약의 **2.** 세련되지 못한, 능숙하지 못한 **3.** 고집 센, 다루기 어려운, 순종하지 않는

nătâng|i, -esc, -ii, -it, vr. 바보가 되다, 멍청해지다

năuc, ~ă, ~i, ~e, adj. **1.** nătăflet 참조 **2.** (격한, 감정, 고통, 소음 때문에) 혼미한, 혼란스러운, 어지러운; 당황한, 어리둥절한

năuc|eală, -eli, s.f. 어지러움, 혼미, 당황

năuc|i, -esc, -ii, -it, vt. 혼란스럽게 하다, 어리둥절하게 하다, 어지럽게 하다

năuci|t, -tă, -ți, -te, adj. 어지러운, 당황한, 혼미한

năut, s.n. 이집트 콩

năvală, s.f. **1.** 돌격; a da ~ 돌격, 돌진하다 **2.** 급격한 움직임, 속력, 빠름 **3.** 분출, 폭발

năvalnic, I. ~ă, ~i, ~e, adj. **1.** 자제할 수 없을 정도로 급격한, 폭발적인, 격렬한, 사나운 **2.** 급류의 II. s.m. [식물]양치(養齒)

năvăd|i, -esc, -ii, -it, vt. 날실을 베틀에 걸다

năvăl|i, -esc, -ii, -it, vi. **1.** 공격하다, 돌진하다, 습격하다 **2.** (향하여) 빨리 움직이다, 빠르게 들어가다(나가다)

năvălir|e, -i, s.f. 공격, 돌진

năvălit|or, -oare, -ori, -oare s.m. 그리고 f. 공격자, 침입자

năv|od, -oade, s.n. 예망, 트롤어망

năvodar, ~i, s.m. **1.** 트롤 어부 **2.** 트롤 어망 만드는 사람

năvod|i, -esc, -ii, -it, vt. 트롤어망으로 고기를 잡다

năzarnic, ~ă, ~i, ~e, adj. 시의하는, 의심많은

năzăr|eală, -eli, s.f. năzărire 참조

năzăr|i, pers.3, năzăre 그리고 năzărește. -i, -it. I. vr.(있지 않은 것을) 본 것 같은, 들은 것 같은 생각이 든다 II. vi. 흘낏 보다, 어슴푸레하게 보다

năzărir|e, -i, s.f. 환영, 착각, 환청, 상상, 유령(pl.)

năzbâti|e, -i, s.f. 농담, 익살

năzdrăvan, ~ă, ~i, ~e, adj. **1.** 비상한, 비범한, 이상한 **2.** [동화]초자연적인, 마법의 **3.** 장난을 좋아하는, 익살맞은

năzdrăvăni|e, -i, s.f. **1.** 비범한 행동, 믿을 수 없는 것, 특별한 것 **2.** 초자연적인 것, 마법의 것 **3.** năzbâtie 참조

năzu|i, -iesc, -ii, -it, vi. **1.** 열망, 갈망하다; 애쓰다, 노력하다 **2.** (도움; 호의, 인내)를 호소하다, 도움을 갈구하다 **3.** ...향하여 가다

năzuinț|ă, -e, s.f. 노력, 열망, 갈망, 호소

năzur|os, -oasă, -oși, -oase, adj. 변덕스러운, 기분이 수시로 변하는

nea, I. interj. [속어](가축을 다룰 때) 외치는 소리 II. s.m. nene 참조 III. s.f. [방언]눈(雪)

neabătu|t, -tă, -ți, -te, adj. **1.** 접어든 길에서 비켜 날 수 없는 **2.** (원리, 규범에서) 비켜날 수 없는; 견고한, 확실한, 필연적인

neaccentua|t, -tă, -ți, -te, adj. 강조되지 않은

neacoperi|t, -tă, -ți, -te, adj. 덮어지지 않은, 개방된, 노출된

neacorda|t, -tă, -ți, -te, adj. (악기에 대해서) 조율되지 않은

neadevăr, ~uri, s.n. 비진실, 거짓, 허위

neadevăra|t, -tă, -ți, -te, adj. 거짓의, 허위의, 진실이 아닌

neadeveri|t, -tă, -ți, -te, adj. 증명되지 않은, 확인되지 않은, 불확정한

neadmisibil, ~ă, ~i, ~e, adj. 허용되지 않는, 금지된

neadormi|t, -tă, -ți, -te, adj. 잠들지 않은; [비유]주의 깊은, 조심하는, 경계(감시)하는

neagă, s.f. [속어]고집쟁이, 심술꾸러기, 심통장이

neagresiune, s.f. 공격하지 않음, 비공격; pact de ~ 불가침 협정

neajun|s, I. ~suri **1.** 불쾌함, 싫음, 어려움 **2.** 부족함, 결핍 II. -să, -și, -se, adj. **1.** [속어]가난한, 자신이 없는 **2.** (드물게 사용) 도착하지 않은 **3.** 비길데 없는, 미치지 않는

neajuta|t, -tă, -ți, -te, adj. 도와주지 않은

neajutora|t, -tă, -ți, -te, adj. **1.** 가난한 **2.** 곤경에 빠진

neam, I. adv. [방언]전혀...아니다, 아무것도 아니다 II. **1.** ~uri, de neam 또는 neam de ...출신의, ...국적의; a-și trage neamul din ... ...에서 유래하다, 태생이다 **2.** 씨족, 종족, 가족(무리) **3.** 친척 a fi ~ (de) a cincea spiță 또는 a fi ~ după Adam 사돈의 팔촌이다 **4.** 세대 **5.** 지주계급 **6.** 같은 계층(직업)의 사람들 **7.** 종류, 종족; neamul omenesc 인종

neamestec, ~uri, s.n. 불간섭

neamț, nemți, s.m. 독일인

neant, s.n. 무(無)

neaoș, ~ă, ~i, ~e, adj. **1.** 진실의, 진짜의, 올바른 **2.** 자국의, 원주의, 고

유한, 토착의

neapăra|t, I. -tă, -ți, -te, adj. **1.** 방어할 수 없는, 막을 수 없는 **2.** 필수의, 꼭 필요한; a avea ~ă nevoie de ceva 무엇이 절박하게 필요하다 II. adv. 무조건

nearticula|t, -tă, -ți, -te, adj. **1.** 분명하게 발음되지 않은, 음절이 나뉘어지지 않은 **2.** 관사가 동반되지 않은

neascultare, s.f. 불복종

neasemăna|t, -tă, -ți, -te, neasemnit, -tă, -ți, -te, adj. 비교될 수 없는, 비길데 없는; ~ de 매우; ~ de frumos 매우 아름다운

neasigura|t, -tă, -ți, -te, adj. 보증되지 않은; 보험에 들지 않은

neasimila|t, -tă, -ți, -te, adj. 동화되지 않은, 동일시되지 않은

neastâmpăr, s.n. 초조, 불안; (아이들) 장난, 개구쟁이 짓, 멋대로 굴기

neastâmpăra|t, -tă, -ți, -te, adj. 초조한, 가만있지 않은, 동요하고 있는; 멋대로 구는, 장난치는

neastupa|t, -tă, -ți, -te, adj. 막히지 않은, 열린(뚫린)

neaştepta|t, -tă, -ți, -te, adj. 기대하지 않은, 예측하지 않은; pe ~e 기대하지 않게, 뜻밖에

neatân|s, -să, -şi, -se, adj. [그리고 비유]건드리지 않은, 손대지 않은; 도달할 수 없는

neatârnare, s.f. 독립, 종속되지 않음, 자율

neatârna|t, -tă, -ți, -te, adj. 종속되지 않은, 독립의, 자율적인

neaten|t, -tă, -ți, -te, adj. 부주의한, 조심하지 않은

neautentic, ~ă, ~i, ~e, adj. 확인되지 않은, 불확정한, 확실하지 않은

neautoriza|t, -tă, -ți, -te, adj. 권한이 부여되지 않은, 권위가 박탈된

neauzi|t, -tă, -ți, -te. adj. **1.** (소리 등이) 들리지 않은 **2.** (최상급 용법) 들어보지 못한, 비상한

neaveni|t, -tă, -ți, -te, adj. [법률]무효의

nebăgare, s.f. din ~ de seamă 부주의로 인하여, 신중하지 못해

nebănui|t, -tă, -ți, -te, adj. **1.** 의심스럽지 않은, 믿을 수 있는 **2.** 예감되지 않은; de ~ 예측할 수 없는

nebătu|t, -tă, -ți, -te, adj. **1.** 구타당하지 않은 **2.** (길에 대해서) 밟지않은

nabău|t, -tă, -ți, -te, adj. 취하지 않은; 정신이 말짱한; de ~ 마시지 못하는

nebântui|t, -tă, -ți, -te, adj. 조용한; 해를 입지 않은, 모면한

nebirui|t, -tă, -ți, -te, adj. 패하지 않은, 격파되지 않은(될 수 없는), 이겨내기 어려운, 무적의

nebuloas|ă, -e, s.f. [천문]성운

nebul|os, -oasă, -oşi, -oase, adj. 안개가 낀, 흐린, 어두컴컴한

nebulozit|ate, -ăți, s.f. **1.** 성운 같은 물체(상태) **2.** 흐릿함

nebun, ~ă, ~i, ~e, I. adj. **1.** 미친, 정신 나간, 광증의; a fi ~ după cineva 누구를 미치게 좋아하다 **2.** 어리석은, 바보같은 **3.** 멋대로 구는 **4.** 이상한, 비상한 II. s.m. 그리고 f. **1.** 미친 사람 **2.** 바보 멍청이 **3.** 개구쟁이, 심술쟁이

nebunariț|ă, -e, s.f. [식물]사리풀 (가지과의 독초)

nebunatic, ~ă, ~i, ~e, adj. nebun I. 3 참조

nebun|eală, -eli, s.f. [속어]못남, 어리석음, 바보짓

nebun|esc, -ească, -eşti, adj. 바보의, 멍청한, 어리석은, 정신이상의, 미친

nebuneşte, adv. **1.** 멍청하게, 무지하게, 미친 상태로 **2.** 무지무지하게

nebuni|e, -i, s.f. **1.** 미침, 광기; a iubi, a plăcea etc. la ~ 무지무지하게, 미칠 정도로 사랑하다 **2.** 바보, 멍청함 **3.** 우매함, 어리석음 **4.** 장난, 농담

necaz, ~uri, s.f. **1.** 불쾌, 짜증, 불만, 화나는 일, 싫은 일 **2.** 화, 분노, 성을 냄; a avea ~ pe cineva 누구에게 화내다

necăj|i, -esc, -ii, -it, I. vt. **1.** 화나게 하다, 짜증나게 하다, 분노하게 하다, 격분시키다, 흥분시키다 **2.** 놀리다, 야유하다, 우롱하다 II. vr. **1.** 화나다, 흥분(격분)하다 **2.** 애쓰다, 노력하다

necăji|t, -tă, -ţi, -te, adj. **1.** 화난, 성난, 분노한 **2.** 재력이 없는, 무산의, 빈궁한

necălca|t, -tă, -ţi, -te, adj. **1.** 다리지 않은 **2.** (길에 대해서) 발 디디지 않은

necăpătui|t, -tă, -ţi, -te, adj. 살림 준비가 되어 있지 않는, 자력이 없는

necăptuşi|t, -tă, -ţi, -te, adj. 먹이를 얻어먹지 못한, 부양받지 못한

necăsători|t, -tă, -ţi, -te, adj. 미혼의

necerceta|t, -tă, -ţi, -te, adj. 연구되지 않은, 시험되지 않은

neceru|t, -tă, -ţi, -te 요구되지 않은

necesar, I. ~ă, ~i, ~e, adj. 필요한 II. s.n. 필요

necesarmente, adv. 필연적으로

necesit|a, necesit, pers.3, necesită, -ai, -at, vt. 필요로 하다, 요구하다

necesit|ate, -ăţi, s.f. 필요, 필요한 일; de primă ~ 절대적으로 필요한; cu ~ 꼭, 무조건적으로

nechema|t, -tă, -ţi, -te, adj. 불려지지 않은, 초대되지 않은

nechez, ~uri, s.n. nechezat 참조

nechez|a, nechez, -ai, -at, vi. (말에 대해) 말이 울다

nechezat, ~uri, s.n. 말이 움

nechibzuinţă, s.f. 경솔함, 무분별함

nechibzui|t, -tă, -ţi, -te, adj. 경솔한, 무분별한, 생각하지 않은

necicatriza|t, -tă, -ţi, -te, adj. 상처가 아물지 않은

necinste, s.f. 불명예, 치욕

necinst|i, -esc, -ii, -it, vt. **1.** ...의 명예를 빼앗다. ...에게 오명을 씌우다. 치욕을 주다 **2.** 폭행을 가하다

necinstire, s.f. **1.** 치욕을 줌 **2.** 폭행을 가함

necinsti|t, -tă, -ţi, -te, adj. 불성실(무정직, 파렴치)한; 도둑의, 절도의

necioplire, s.f. 갈지(닦지)않음, 조야

neciopli|t, -tă, -ţi, -te, adj. **1.** 갈지(닦지)않은, 거칠은 **2.** [비유] 교육, 문화가 없는

necit|eţ, -eaţă, -eţi, -eţe, adj. 읽을 수 없는, 잘 읽지 못하는; 해결할 수 없는, 풀 수 없는

neciti|t, -tă, -ţi, -te, adj. **1.** 읽히지 않은 **2.** 독서하지 않은, 무학의

neclar, ~ă, ~i, ~e, adj. 분명하지 않은

neclintire, s.f. 움직이지 않음

neclinti|t, -tă, -ți, -te, adj. **1.** 움직이지 않는 **2.** [비유]변화하지 않는, 지정된, 확고한

necolora|t, -tă, -ți, -te, adj. 무색의; 색깔이 칠해지지 않은

necondiționat, -tă, -ți, -te, adj. 조건 없는, 무조건의

neconsecven|t, -tă, -ți, -te, adj. 모순된, 시종일관하지 않은; 비논리적인

neconsola|t, -tă, -ți, -te, adj. 위로할 수 없는, 위로가 되지 않는, 어쩔도리 없는

neconstituțional, ~ă, ~i, ~e, adj. 헌법에 위배하는

neconteni|t, -tă, -ți, -te, adj. 중단되지 않는, 지속적인, 끊임없는

necontesta|t, -tă, -ți, -te, adj. 논쟁될 수 없는, 확실한

neconvenabil, ~ă, ~i, ~e, adj. **1.** 부적합한, 어울리지 않는, 맞지 않는 **2.** 받아들일 수 없는, 부당한

nec|opt, -oaptă, -opți, -oapte, adj. **1.** 익지 않은 **2.** [비유] 미숙한, 경험없는

necorec|t, -tă, -ți, -te, adj. 맞지 않는, 틀린, 정확하지 않은

necredinci|os, -oasă, -oși, -oase, adj. **1.** 불충한, 불성실한, 신의 없는 **2.** 믿지 못하는 **3.** 신앙이 없는, 무신의

necredință, s.f. **1.** 부정직함, 사기, 배반, 신의가 없음 **2.** 무신앙

necrezu|t, -tă, -ți, -te, adj. de ~ 믿을 수 없는; 믿을 수 없을 정도로 비상한

necrofag, ~ă, ~i, ~e, adj. 송장을 먹고 사는, 썩은 것을 먹는

necrofor, ~i, s.m. 송장벌레

necrolog, ~uri, s.n. 사망자의 이력, 약전(略傳); 추도사, 추도의 시문

necroman|t, -tă, -ți, -te, s.m. 그리고 f. 강신술사, 무당; 마술사

necromanți|e, -i, s.f. 강신술(降神術), 무술(巫術)

necropol|ă, -e, s.f. (옛날의) 지하묘지; 공동묘지

necroz|a, pers.3, necrozează, -ă, -at, vr. [의학](뼈대) 회저병에 걸리다; [식물]암종에 걸리다

necroz|are, -ări, s.f. [의학]회저병에 걸림

necroza|t, -tă, -ți, -te, adj. [의학]회저병에 걸린

nacroz|ă, -e, s.f. 회저; [식물]암종병

necruțăt|or, -oare, -ori, -oare, adj. 동정심 없는; 가차 없는

nectar, ~e, s.n. [식물, 신화] 신주(神酒); 감미로운 음료

necuget|are, -ări, s.f. 생각(수고)하지 않은 행동(사실)

necugeta|t, -tă, -ți, -te, adj. 생각(숙고) 하지 않은

necum, **1.** adv. 결코....아니다 **2.** 하물며...아니다

necumpăni|t, -tă, -ți, -te, adj. 생각(숙고)하지 않는, 분별없는, 사려없는

necumpăta|t, -tă, -ți, -te, adj. 사려없는, 분별없는, 경솔한

necunoscu|t, -tă, -ți, -te, I. adj. 알려지지 않은, 유명하지 않은; (작가

들) 무명의 II. s.m. 그리고 f. 알려져 있지 않은 것 (사람)

necunoştinţ|ă, -e, s.f. 무지, 배우지 못함

necununa|t, -tă, -ţi, -te, adj. 결혼하지 않은

necuprin|s. I. adj. -să, -şi, -se, 포함되지 않은; 무한의, 한계가 없는 II. s.n. 끝없는 공간, 광대, 무한

necura|t, I. -tă, -ţi, -te, adj. **1.** 깨끗하지 못한, 청결하지 못한 **2.** 저주받은, 악마의 II. s.m. 악마

necurma|t, -tă, -ţi, -te, adj. 끊임없는, 중단되지 않는

necuviinci|os, -oasă, -oşi, -oase, adj. 예의 없는, 버릇없는, 무엄한

necuviinţ|ă, -e, s.f. 버릇없음, 예의 없음, 뻔뻔스러움

nedeclinabil, ~ă, ~i, ~e, adj. [문법] 불변화의, 변화하지 않는

nedefini|t, -tă, -ţi, -te, adj. 부정확한, 명료하지 않은; 막연한; pronume ~ 부정 대명사

nedelicateţ|ă, -e, s.f. 부정적; 야비, 상스러움, 무례

nedeprin|s, -să, -şi, -se, adj. 연습하지 않은, 미숙한, 익숙하지 않은

nedesăvârşi|t, -tă, -ţi, -te, adj. **1.** 완성되지 않은 **2.** 완전하지 않은

nedescărca|t, -tă, -ţi, -te, adj. **1.** 짐을 내리지 않은 **2.** [비유] ...로부터 면해지지(해방되지)않은

nedesfăcu|t, -tă, -ţi, -te, adj. **1.** 열려지지 않은, 펼쳐지지 않은; 풀리지 않은 **2.** [상업]팔리지 않은

nedesluşi|t, -tă, -ţi, -te, adj. 분명하지 않은, 흐릿한

nedespărţi|t, -tă, -ţi, -te, adj. 분리되지 않은, 나누어지지 않은; 갈라질 수 없는

nedetermina|t, -tă, -ţi, -te, adj. 정해지지 않은

nedezlega|t, -tă, -ţi, -te, adj. **1.** 풀어지지 않은 **2.** 미해결의, 풀리지 않은; de ~ 풀 수 없는

nedezlipi|t, -tă, -ţi, -te, adj. **1.** 떼어내지 않은 **2.** [비유] 분리시킬 수 없는

nedezminţi|t, -tă, -ţi, -te, adj. 거부되지 않은; 필연적인

nedisciplina|t, -tă, -ţi, -te, adj. 규율이 없는, 무규칙의, 방자한

nedori|t, -tă, -ţi, -te, adj. 원하지 않은

nedormi|t, -tă, -ţi, -te, adj. 잠들지 않은

nedospi|t, -tă, -ţi, -te, adj. pâine ~ă 효모를 넣지 않은 빵

nedovedi|t, -tă, -ţi, -te, adj. 증명되지 않은

nedr|ept, I. s.n. pe ~ 불공정하게, 부당하게 II. -eaptă, -epţi, -epte, adj. 부정한(불공평한), 부당한

nedrept|ate, -ăţi, s.f. 부정, 불법, 불공평, 부당

nedreptăţ|i, -esc, -ii, -it, vt. 누구에게 부당한 짓을 하다, 누구를 부당하게 다루다

nedumerir|e, -i, s.f. 망설임, 우유부단함, 어찌할 바를 모름, 결정짓지 못함

nedumeri|t, -tă, -ţi, -te, adj. 망설이는, 우유부단한, 어찌할 바를 모르는, 결정짓지 못하는

neegal, ~ă, ~i, ~e, 평등하지 못한, 똑같지 않은

neeligibil, ~ă, ~i, ~e, adj. 선택할 수 없는

neexplica|t, -tă, -ți, -te, adj. 설명되지 않은

nefa|st, -stă, -şti, -ste, adj. 불행, 화를 가져 올

nefavorabil, ~ă, ~i, ~e, adj. 호의가 없는, 불리한, 반갑지 않은

nefăcu|t, -tă, -ți, -te, adj. 만들어지지 않은; 쓰여지지 않은, 배우지 않은

neferice, adj. invar., 불행한

neferic|i, -esc, -ii, -it, vt. ...를 불행하게 하다

nefericí|t, -tă, -ți, -te, I. adj. 불행한 II. s.m. 그리고 f. 불행한 사람

nefer|os, -oasă, -oşi, -oase, adj. 철을 함유하지 않은

nefi|ert, -artă, -erți, -erte, adj. 끓이지 않은, 삶지 않은

neființă, s.f. 무존재, 무

nefir|esc, -ească, -eşti, adj. 비자연적인, 비정상적인

nefolosit|or, -oare, -ori, -oare, adj. 사용될 수 없는, 쓸모없는, 소용없는

nefrân|t, -tă, -ți, -te, adj. [특히 비유]부서지지 않은, 휘어지지 않은

nefrip|t, -tă, -ți, -te, adj. 굽지않은

nefrit, s.n. [광물]연옥

nefrit|ă, -e, s.f. [의학]신장염

nefunda|t, -tă, -ți, -te, adj. 근거없는

neg, ~i, s.m. 무사마귀

neg|a, neg, -ai, -at, vt. 부정하다, 부인하다

neg|are, -ări, s.f. 부정, 부인

negativ, I. ~ă, ~i, ~e, adj. **1.** [수학·물리]음수의 **2.** 부정의, 부정적인, 부인하는 **3.** 소극적인 II. ~e, s.n. [사진]음화, 네가티브

negativism, s.n. [의학]거부증; [철학]부정주의; [교육, 심리]반항벽

negativi|st, -stă, -şti, -ste, I. adj. 부정주의자의 II. s.m. 그리고 f. 부정주의자

negați|e, -i, s.f. **1.** 부정, 부인, 거부, 반대 **2.** [문법]부정사

negândit, s.n. pe ~e 기대하지 않게, 생각지도 않게

negel, ~i, s.m. neg의 축소형

negelariț|ă, -e, s.f. [식물]애기똥 풀

neghin|ă, -e, s.f. [식물]선옹초(밀밭에서 자리는 독초)

neghin|os, -oasă, -oşi, -oase, adj. 선옹초를 함유한

neghi|ob, -oabă, -obi, -oabe, I. adj. 바보의 멍청한, 어리석은 II. s.m. 그리고 f. 바보 멍청이

neghiobi|e, -i, s.f. 바보스러움, 멍청함, 어리석음

neglij|a, -ez, -ai, -at, vt. 소홀히 하다, 무시하다, 빠뜨리다, 잊다

neglijabil, ~ă, ~i, ~e, adj. 소홀히 할 수 있는, 무시할 수 있는

neglijen|t, -tă, -ți, -te, adj. 태만한, 부주의한, 소홀한; 무관심한

neglijenț|ă, -e, s.f. 등한, 소홀, 태만; 부주의, 무관심

neglijeu, ~ri. s.n. 아무렇게나 한 차림, 잠옷바람; 실내복, 네글리제

negoci|a, -ez, -ai, -at, vt. 담판하다, 교섭하다, 협상하다; (결혼, 매매, 계약 따위를) 알선(중매)하다; (증권, 어음 따위를) 매매하다, 양도하다

negocian|t, -ți, s.m. 도매상인; 무역

업자; 상인
negociat|or, -oare, -ori, -oare, s.m. 그리고 f. 협상위원; 중개인
negociați|e, -i, s.f. 교섭, 담판, 절충, 협상
negocierer|e, -i, s.f. 교섭, 담판, 거래, 협상
negoț, ~uri, s.n. 상업거래
negrăi|t, I. -tă, -ți, -te, adj. 이루 말로 표현 할 수 없는, 형언키 어려운; 무한한
negre|ală, -eli, s.f. **1.** 검음, 흑색 **2.** 검은색 물감
negreață, s.f. negreală 참조
negreşit, adv. 확실하게, 틀림없이
negrici|os, -oasă, -oşi, -oase, adj. **1.** 검은(색의) **2.** (사람에 대해) 검은 피부의
negri|or, -oară, -ori, -oare, adj. 검은색의
negroi|d, -dă, -zi, -de, s.m. 그리고 f. 흑인종을 닮은 사람
negr|u, I. s.n. 검은색; mi se face ~ înaintea ochilor. (화가 나서) 잘 보지 못하다; a vedea totul în ~ 염세주의자이다; [화학]~ de fum 카본 블랙; nici cât e ~ sub unghie 손톱의 때만큼도 아니다, 절대 아니다 II. -i, s.m. 흑인, 검둥이 III. ~neagră, -i, -e, adj. **1.** 검은; ~ pe alb 서면으로 인쇄하여; a-i face cuiva zile negre ...를 화나게 하다, 삶을 고통스럽게 하다; preț ~ 암시장 가격 **2.** (사람에 대해) 검은 피부의 **3.** [비유]슬픈, 우울한 **4.** [비유]삭막한, 잔인한 **5.** [비유]비밀의
negruş|că, -te, s.f. [식물]니켈라속
negur|ă, -i, s.f. **1.** 안개; 어슴푸레함, 어두움 **2.** [비유](양과 수에 있어서) 많음.
negur|os, -oasă, -oşi, -oase, adj. **1.** 안개 낀; 어두운, 음침한 **2.** [비유](사람, 눈에 대해) 슬픈, 침울한 **3.** [비유]분명하지 않은, 흐린
negustor, ~easă, ~i, ~ese, s.m. 그리고 f. 상인, 거래인
negustor|esc, -ească, -eşti, adj. **1.** 상인의, 상인에 관한, 상인 특유의 **2.** 상업에 관한, 장사의
negustoreşte, adv. 상인으로써, 상인같이
negustori|e, -i, s.f. **1.** 거래, 장사 **2.** 상업
negustorime, s.f. 상인
negustor|os, -oasă, -oşi, -oase, adj. 상업술의, 상인자격(능력)이 있는
negustător, -i, s.m. negustor 참조
nehotărâre, s.f. 망설임, 결단을 못내림, 결심을 못함
nehotărâ|t, -tă, -ți, -te, adj. **1.** 결정되지 못한; 흔들리는; 주저하는; 결심을 못한 **2.** [문법]부정의; pronume ~ 부정대명사
nehrăni|t, -tă, -ți, -te, adj. 영양섭취를 못한, 음식을 못먹은
nehrănit|or, -oare, -ori, -oare, adj. 자양분이 없는, 영양이 풍부하지 못한; 비옥하지 못한
neică, neiculiță, s.m. [방언]nene 참조; nene의 애칭
neierta|t, -tă, -ți, -te, adj. **1.** 용서받지 못한 **2.** 허용될 수 없는
neiertă|tor, -toare, -tori, -toare, adj. 용서받지 않는; 가차없는, 엄한, 관대하지 않은

neimitabil, ~ă, ~i, ~e, adj. 모방할 수 없는

neimpozabil, ~ă, ~i, ~e, adj. 세금이 면제된

neinteresa|t, -tă, -ţi, -te, adj. 관심이 없는, 흥미가 없는

neinvita|t, -tă, -ţi, -te, adj. 초대받지 못한

neiscăli|t, -tă, -ţi, -te, adj. 서명이 없는

neisprăvi|t, -tă, -ţi, -te, adj. **1.** 완성되지 않은, 끝나지 않은 **2.** 능력이 없는, 서투른, 미숙한

neistovi|t, -tă, -ţi, -te, adj. 지치지 않은, 탕진되지 않은

neizbân|dă, -zi, s.f. 패배, 실패

neizbuti|t, -tă, -ţi, -te, adj. 성공하지 못한, 실패한

neizblânzi|t, -tă, -ţi, -te, adj. 길들이기 힘든; 다루기 힘든; 광포한

neîmbrăca|t, -tă, -ţi, -te, adj. 옷을 입지 않은

neîmpăca|t, -tă, -ţi, -te, adj. **1.** 화해될 수 없는, 만족시키지 못하는 **2.** 설득되지 못하는, 완고한

neîmpărtăşi|t, -tă, -ţi, -te, adj. 전해지지 않은; o dragoste ~ă 불행한 사랑

neîmplinir|e, -i, s.f. 성취되지 못함, 완수되지 못함

neîmplini|t, -tă, -ţi, -te, adj. 성취되지 못한, 완성되지 못한

neîmpodobi|t, -tă, -ţi, -te, adj. 보석으로 치장되지 못한, 장식되지 않은

neîncălţa|t, -tă, -ţi, -te, adj. 신을 신지 않은

neîncăpăt|or, -oare, -ori, -oare, adj. 좁은, 넓지 않은

neîncepu|t, -tă, -ţi, -te, adj. 시작되지 않은, 사용되지 않은; apă ~ă 다른 사람들이 가기 전에 우물이나 샘물에서 갖고 온 물(미신에서 기적의 힘을 갖고 있다고 믿어짐)

neînceta|t, -tă, -ţi, -te, adj. 중단 없는, 멈추지 않은; 지속적인, 꾸준한

neînchipui|t, -tă, -ţi, -te, adj. 그리고 adv. 상상할 수 없는(없을) 정도로, 생각할 수 없는(없을) 정도로; ~ de frumos 상상할 수 없을 정도로 아름다운

neîncredere, s.f. 불신, 의심, 믿지 못함

neîncrezăt|or, -oare, -ori, -oare, adj. 믿지 못하는, 의심적인

neîndemânare, s.f. 숙련되지 못함, 능숙하지 못함

neîndemânatic, ~ă, ~i, ~e, adj. 능숙하지 못한, 숙련되지 못한

neîndeplinir|e, -i, s.f. 성취되지 못함, 불이행, 불실행

neîndeplini|t, -tă, -ţi, -te, adj. 성취되지 못한, 이행되지 못한, 완수되지 못한

neîndoi|os, -oasă, -oşi, -oase, adj. 의심할 여지없는; 확실한

neîndreptăţi|t, -tă, -ţi, -te, adj. 권리(자격) 없는; 부당한; 근거 없는

neînduplec|are, -ări, s.f. 용납하지 않음; 엄격함, 가차없음; 완고함

neîndupleca|t, -tă, -ţi, -te, adj. 용납하지 않은, 고집이센; 엄한, 가차없는

neîndura|t, -tă, -ţi, -te, **neîndurăt|or,** -oare, -ori, -oare, adj. 동정심 없는

neînfrâna|t, -tă, -ţi, -te, adj. 구속 없

는, 억제됨이 없는; 제어하기 힘든

neînfrân|t, -tă, -ţi, -te, adj. 이겨낼 수 없는

neînfricare, s.f. 두려움이 없음; 용기, 대담함

neînfric(oş)a|t, -tă, -ţi, -te, adj. 두려움 없는, 대담한, 겁 없는

neîngădui|t, -tă, -ţi, -te, adj. 허용되지 않는

neîngriji|t, -tă, -ţi, -te, adj. 돌봐주지 않은, 소홀히 한, 등한시 한; 무관심한, 근심하지 않은

neîngropa|t, -tă, -ţi, -te, adj. 매장되지 않은, 묻지 않은

neînlătura|t, -tă, -ţi, -te, adj. de ~ 피할 수 없는

neînsemna|t, -tă, -ţi, -te, adj. 중요하지 않은, 가치 없는

neînsufleti|t, -tă, -ţi, -te, adj. 죽은, 죽은 모습의

neînsura|t, -ţi, adj. (남자들에 대해) 결혼하지 않은, 미혼의

neîntârzia|t, adv. 즉시

neîntemeia|t, -tă, -ţi, -te, adj. 논증되지 못한, 근거 없는

neîntina|t, -tă, -ţi, -te, adj. 흠 없는, 순결한

neînt|ors, -oarsă, -orşi, -oarse, adj. 돌지 않는, 바뀌지 않는; 움직이지 않는; a dormi ~ 깊이 잠들다, 움직이지 않고 잠들다

neîntreba|t, -tă, -ţi, -te, adj. 질문되지 않은

neîntrebuinţa|t, -tă, -ţi, -te, adj. 사용되지 않은

neîntrecu|t, -tă, -ţi, -te, adj. 능가할 수(되지)못하는, 도달하지 못하는

neîntrerup|t, -tă, -ţi, -te, adj. neîncetat 참조

neînţeleger|e, -i, s.f. 잘못 이해함, 오해; 부조화, 불일치; 갈등, 싸움

neînţelegăt|or, -oare, -ori, -oare, adj. 이해하지 못하는, 이해하기를 거부하는

neînţel|es, -easă, -eşi, -ese, adj. 이해될 수 (되지)못하는, 설명 될 수 (되지) 못하는; 설명되기 어려운; 인간의 사고로는 생각하기 어려운

neînvăţa|t, -tă, -ţi, -te, adj. 배우지 못한, 알지 못하는; o lecţie ~ă 배우지 않는 과제

neînveli|t, -tă, -ţi, -te, adj. 덮히지 않은

neînvin|s, -să, -şi, -se, adj. 이길 수 없는(이기지 못하는)

nelămurir|e, -i, s.f. 분명하지 않은 문제, 충분히 밝히지 않은 사실

nelămuri|t, -tă, -ţi, -te, adj. 정확하게 구별 될 수 없는, 분명하지 못한; 불확실한, 흐린, 불분명한; 정확하게 설명하기, 밝히기 어려운

neleal, ~ă, ~i, ~e, adj. neloial 참조

nelealit|ate, -ăţi, s.f. neloialitate 참조

nelega|t, -tă, -ţi, -te, adj. **1.** 묶이지 않은 **2.** [비유]자유스러운 **3.** 속되지 않은

nelegitim, ~ă, ~i, ~e, adj. 위법의, 법에 어긋난; 사생의, 서출의; copil ~ 사생아

nelegiuir|e, -i, s.f. 불법(행위), 범죄

nelegiui|t, -tă, -ţi, -te, adj. 법에 어긋난, 위법의

nelimita|t, -tă, -ţi, -te, adj. 무한한, 경계 없는, 한없는

nelinişt|e, -i, s.f. 불안, 동요

nelinişt|i, -esc, -ii, -it, vt. vr. 불안하게 하다(불안하다), 동요하다; 흥분하다

neliniştit, -tă, -ți, -te, adj. 불안한, 동요하고 있는, 가만있지 않은; 흥분하고 있는; 고민하고 있는

nelipi|t, -tă, -ți, -te, adj. 접착되지 않은, 붙지 않은

nelipsi|t, -tă, -ți, -te, adj. 항상 존재하는, 한번도 없어 본적이 없는, 누구로부터 떨어져 본적이 없는

nelocui|t, -tă, -ți, -te, adj. 거주해 본 적이 없는, 살고 있지 않은

nelogic, ~ă, ~i, ~e, adj. 비논리적인, 불합리한, 부조리한

neloial, ~ă, ~i, ~e, adj. 충성되지 못한, 불충한; 성실하지 못한, 정직하지 못한; 정당하지 못한

neloialit|ate, -ăți, s.f. 불충; 불성실성, 부정직; 비정당

nelucra|t, -tă, -ți, -te, adj. 미경작(미개간)의

nemaiauzi|t, -tă, -ți, -te, adj. 들어본 적이 없는, 굉장한

nemaipomeni|t, -tă, -ți, -te, adj. 있어본 적이 없는, 굉장한

nemaivăzu|t, -tă, -ți, -te, adj. 본적이 없는, 굉장한; adv. ~ de frumos 매우 아름다운

nemărginir|e, -i, s.f. 끝없음, 무한함

nemărgini|t, I. -tă, -ți, -te, adj. 끝없는, 무한한 II. s.n. 끝없음, 무한

nemăsura|t, -tă, -ți, -te, adj. 1. nemărginit 참조 2. 대단히 많은, 과도한, 굉장한

nemâncare, s.f. 먹지 않음; 기아

nemânca|t, I. -tă, -ți, -te, adj. 1. 먹지 않는 2. 빈 위를 갖고 있는, 배고픈 II. ~e, s.n.; pe ~e 무엇을 먹기 전에; 먹지 않고

nemângâia|t, -tă, -ți, -te, adj. 위로를 받지 못한; 위로 할 수 없는; (고통 등이) 나을 수 없는, 가라앉을 수 없는

nemer|i, -esc, -ii, -it, vt. nimeri 참조

nemerita|t, -tă, -ți, -te, adj. 받을 가치가 (자격이) 없는

nemernic, ~ă, ~i, ~e, adj. 1. 낮은, 천한, 수치스러운; 쓸모없는, 능력없는 2. 가난한, 빈궁한 3. 이방의

nemernici|e, -i, s.f. 천함, 수치스러움; 비열함

nemesteca|t, -tă, -ți, -te, adj. 씹지 않은; a înghiți pe ~ 씹지 않고 삼키다

nemeş, ~ă, ~i, ~e, s.m. 그리고 f. 1. 몰도바 지방에서 귀족적인 타이틀이 없는 군주에게 주는 명칭(중세시대) 2. 중세시대 트란실바니아의 중·소 귀족에 대한 명칭

nemeşesc, -ească, -eşti, adj. nemeş에 관한

nemeşteşugi|t, -tă, -ți, -te, adj. 인위적인 아닌, 자연적인

nemetalic, ~ă, ~i, ~e, adj. 비금속의

nemijloci|t, -tă, -ti, -te, adj. 직접적인

nemil|os, -oasă, -oşi, -oase, **nemilostiv,** ~ă, ~i, ~e, adj. 무자비한, 잔인한, 동정심 없는

nemilui|t, -tă, -ți, -te, adj. 많은, 무진장의; cu ~a 매우 많이, 산더미 같이

nemistui|t, -tă, -ți, -te, adj. 1. 소화

되지 않은 2. 불에 의해 타지 않은

nemişcare, s.f. 부동, 움직이지 않음

nemişca|t, -tă, -ţi, -te, adj. 부동의, 고정된; 움직이지 않은; 생명이 없는

nemişcă|tor, -toare, -tori, -toare, adj. 움직이지 않는; avere nemişcătoare 부동산 = avere imobilă

nemţ|esc, -ească, -eşti; adj. 1. 독일인의, 독일어(의) 2. (옷에 대해) 서양식의

nemţeşte, adv. 독일인처럼, 독일어로; (명사화하여) 독일어

nemţişor, ~i, s.m. [식물]참제비고깔

nemţoaic|ă, -e, s.f. 1. 독일여자 2. 독일출신의 행정가 여자

nemulţ|ămi …… nemulţumi 참조

nemulţum|i, -esc, -ii, -it, vt. 만족시키지 못하다; ....를 화나게 하다

nemulţumir|e, -i, s.f. 불만족; 화; 불만, 화, 마음에 안듬

nemulţumi|t, -tă, -ţi, -te, adj. 불만족인; 화난

nemulţumit|or, -oare, -ori, -oare, adj. 만족하지 못한, 불만족의; 감사할줄 모르는

nemunci|t, I. -tă, -ţi, -te, adj. 1. 경작되지 않은 2. 힘들이지 않고, 노력없이; bani ~ţi 노력없이 번 돈 II. adv. pe ~e 힘들이지 않고, 일하지 않고

nemurire, s.f. 불멸, 불사

nemurit|or, I. -oare, -ori, -oare, adj. 1. 불멸의, 결코 죽지 않는, 영원히 사는 2. 인간의 정신 속에 영원히 사는 II. s.n. 신(神)

nenatural, ~ă, ~i, ~e, adj. 비자연적인

nene, s.m. 1. 젊은 사람이 좀 더 나이든 사람(또는 동생이 형에게)에게 부르는 존칭; (지방에서)조카가 삼촌을 부르는 호칭 2. 마음에 들지 않는 놀라움을 표시하는 말 3. 놀람, 만족을 표현할 쓰는 말

neneacă, s.f. (지방이나 가족 사이에서)엄마

nenişor, ~i, s.m. nene의 축소형

nenoroc, s.n. 불행, 재난; 실패

nenoroc|i, -esc, -ii, -it, I. vt. 불행하게 만든다, 곤궁에 빠뜨리다 II. vr. 불행해지다

nenorocir|e, -i, s.f. 1. 불행; din ~ 불행하게도; 고통 2. 재난을 불러일으킨 사건; 커다란 화

nenoroci|t, -tă, -ţi, -te, I. adj. 불행한 II. s.m. 그리고 f. 불행한 사람

nenoroc|os, -oasă, -oşi, -oase, adj. 행운이 없는; (하는 일에 있어서) 성공을 못하는

nenumăra|t, -tă, -ţi, -te, adj. 셀 수 없이 많은; 무한한; de numărate ori; 셀 수 없이 여러번

neobişnui|t, -tă, -ţi, -te, adj. 익숙하지 않은, 습관이 안된

neobosi|t, -tă, -ţi, -te, adj. 피곤에 지치지 않은, 줄기찬

neobrăz|are, -ări, s.f. 뻔뻔스러움, 파렴치함

neobrăza|t, -tă, -ţi, -te, adj. 뻔뻔스러운, 염치없는

neobserva|t, -tă, -ţi, -te, adj. 관찰되지(보여지지)않은; 평가되지 않은, 주시되지 않은

neoclasic, ~ă, ~i, ~e, adj. 신고전주의의
neoclasicism, s.n. 신고전주의
neodihni|t, -tă, -ți, -te, adj. **1.** 쉬지 않는 **2.** 지치지 않은, 피곤하지 않은; ...할 준비가 항상 되어 있는
neofalină, s.f. 벤진의 일종
neofi|t, -tă, -ti, -te, 새 개종자, 새 신자
neogen, s.n. (자질) 신제3기
neogr|ec, -eacă, -eci, adj. 근대그리스 말의
neolitic I. ~ă, ~i, ~e, adj. 신석기 시대의 II. s.n. 신석기 시대
neologic, ~ă, ~i, ~e, adj. 외국말에서 차용된; 새로운 형태로 구성된
neologism, ~e, s.n. 최초 만들어 졌거나 또는 외국어에서 벌려온 말; 신조어
neom, neoameni, s.m. 정상적인 인간의 성질이 결여된 사람; 비정상적인 사람
neomen|esc, -ească, -eşti, adj. 비인간적인
neomeni|e, -i, s.f. 비인간성; 잔인성, 야생성
neomen|os, -oasă, -oşi, -oase, adj. 비인간적인, 동정심이 없는; 사악한; 잔인한
neon, s.n. 네온
neone|st, -stă, -şti, -ste, adj. 불성실한, 부정직한
neonestitate, s.f. 부정직성
neoplasm, ~e, s.n. [의학]신성물(新成物), 이상형성; (특히)종양
neoplatonism, s.n. 신플라톤학파의 철학; 신플라톤주의
neopri|t, -tă, -ți, -te, adj. **1.** 방해받지 않은, 자유스러운 **2.** 허용된
neorândui|ală, -eli, s.f. 불규칙; 난잡, 혼란, 혼잡
neorganic, ~ă, ~i, ~e, adj. 무기(無機)의
neostoi|t, -tă, -ți, -te, adj. neobosit 참조
neozoic, I. ~ă, ~i, ~e, adj. 신생대의 II. s.n. 신생대
nepământ|ean, -eană, -eni, -ene, nepământ|esc, -ească, -eşti, adj. 지상(地上)에서 오지 않은, 지상의 속성을 갖고 있지 않은; [비유]다른 세계에서 온 것처럼 보이는
nepartinic, ~ă, ~i, ~e, adj. 비당파적적인, 중립의; 편견없는
nepărtinire, s.f., 비당팡성, 중립; 객관
nepărtinit|or, -oare, -ori, -oare, adj. 비편견적인, 객관적인, 올바른
nepăsare, s.f. **1.** 걱정이 없음, 상관이 없음; 상관, 걱정, 관심이 없는 상태 **2.** 무관심, 냉담, 개의치 않음
nepăsăt|or, -oare, -ori, -oare, adj. **1.** 어떻든 상관이 없는, 중요하지 않은 **2.** 무관심한, 냉담한, 개의치 않은
nepăta|t, -tă, -ți, -te, adj. 더러워지지 않은; [비유] 깨끗한; 죄 지지 않은, 순결한
nepătrun|s, -să, -şi, -se, adj. **1.** 통과할 수 없는; 침입할 수 없는; 빛이 통과할 수 없는; 어두운 **2.** (생각, 감정 등을) 나타내지 않는 **3.** [비유]탐구할 수 없는, 밝힐 수 없는; 비밀스런, 신비한; 알려져 있지 않은
nepieptăna|t, -tă, -ți, -te, adj. 빗지 않은
nepierit|or, -oare, -ori, -oare, adj.

불멸의, 사라지지 않는
neplată, s.f. 지급하지 않음, 체납
neplăcer|e, -i, s.f. **1.** 불쾌함, 싫음 **2.** 역겨움, 화, 불만족
neplăcu|t, -tă, -ţi, -te, adj. **1.** 마음에 안 드는, 싫은 **2.** 불쾌한, 역겨운, 만족스럽지 못한, 짜증난, 화난
neplăti|t, -tă, -ţi, -te, adj. 지불되지 않은, 체납한
nepoat|ă, -e, s.f. **1.** 여 조카 **2.** 손녀
nepofti|t, -tă. -ţi, -te, adj. 초대받지 않은, 원하지 않은, 부르지 않은
nepoliteţ|ă, -e, s.f. 무례, 불손
nepolitic|os, -oasă, -oşi, -oase, adj. 불손한, 무례한, 예의바르지 못한
nepopular, ~ă, ~i, ~e, adj. 비통속적인, 일반에 적합하지 않은; 인기(평판)없는
nepot, -ţi, s.m. **1.** 남자 조카 **2.** 손자
nepotism, s.n. 친족 진지에의 정실인사(특혜), 민족주의
nepotoli|t, -tă, -ţi, -te, adj. 진정하지 못하는; 불안해 하는; 평온함이 없는, 평화롭지 못한; 화해하지 못하는, 조화롭지 못한
nepotrivir|e, -i, s.f. 서로부합하지 않음, 서로 맞지 않음, 서로 일치하지 않음; 모순
nepotrivi|t, -tă, -ţi, -te, adj. 맞지 않은, 적합하지 않은, 일치하지 않은, 모순된
nepoţ|ea, -ică, -ele, s.f. **1.** 작은조카 **2.** 작은손녀
nepoţe|l, -i, s.m. **1.** 작은조카 **2.** 작은 손자
nepovesti|t, -tă, -ţi, -te, adj. **1.** (아직)설명되지 않은, 이야기 되지 않은 **2.** 말로는 표현될 수 없는
nepractic, ~ă, ~i, ~e, adj. 비실용(비실제)적인; 경험이 부족한, 세상일에 어두운; 실행이 불가능한
neprecupeţi|t, tă, -ţi, -te, adj. 유보없는, 조건 없는
nepregăti|t, -tă, -ţi, -te, adv. 준비되지 않은
nepregeta|t, -tă, -ţi, -te, adj. **1.** 지치지 않은, 부지런한 **2.** 중단되지 않는, 지속적인
nepretenţi|os, -oasă, -oşi, -oase, adj. 요구하지 않는, 욕심 많지 않은; 겸손한
nepreţui|t, -tă, -ti, -te, adj. **1.** 평가할 수 없는, 계산할 수 없는; 매우 가치 있는 **2.** 다른 사람에 대해 느끼는 사랑스런 감정의; 매우 사랑스런
neprevăzăt|or, -oare, -ori, -oare, adj. 조심하지 않는, 신중하지 못한
neprevăzu|t, -tă, -ţi, -te, adj. 예견하지 못한; 추측할 수 없는; 뜻밖에 일어난; 기대하지 않은
nepricepere, s.f. **1.** 무능력 **2.** 무지, 어리석음
nepricepu|t, -tă, -ţi, -te, adj. **1.** 무능력한 **2.** 이해하지 못하는; 어리석은, 아무것도 모르는
nepricopsi|t, -tă, -ţi, -te, adj. **1.** 가난한, 빈곤한 **2.** 배운 것이 없는, 학식이 없는
neprielnic, ~ă, ~i, ~e, adj. 불리한, 호의가 없는; 적대감이 있는
neprieten|esc, -ească, -eşti, adj. 비우호적인, 절대적인
neprieten|os, -oasă, -oşi, -oase, adj. **1.** 비우호적인, 우정이 없는; 불친절한; 적대적인; 비사교적인 **2.**

[비유](실내 등이) 차가운, 안락하지 못한

neprihăni|t, -tă, -ţi, -te, adj. 흠 없는, 죄 없는, 순수한

neprimejdi|os, -oasă, -oşi, -oase, adj. 위험하지 않은

neprimit|or, -oare, -ori, -oare, adj. 손님 대접이 나쁜, 무뚝뚝한

neprobabil, ~ă, ~i, ~e, adj. 정말 같지 않은, 있음직하지 않은

neprocopsi|t, -tă, -ţi, -te, adj. nepricopsit 참조

neptuni|an, -ană, -eni, -ene, neptunic, ~ă, ~i, ~e, adj. [지질]수성(水成)의, 수성 층의

neptunism, s.n. [지질]수성설(水成說)

neptuniu, s.n. [화학]넵투늄

neputinci|os, -oasă, -oşi, -oase, adj. **1.** 무능력한, 힘이 없는, ...할 가능성 또는 자유가 없는 **2.** 힘없는, 약한, 병든

neputinţ|ă, -e, s.f. **1.** 무능력; ...할 가능성, 자유가 없음; cu ~ 불가능한, 실현할 수 없는 **2.** 힘없음, 무력; 약함, 허약함; 병

nera|s, -şi, adj. 면도하지 않은

nerăbare, s.f., 인내심 없음; 참을성 없음, 성미 급함; 초조(기다림 때문), 긴장, 두려움; 무엇인가를 시작하고, 착수하고, 끝내고자하는 성급함, 뜨거운 열망; cu ~ 초조하게, 성급하게

nerăbdăt|or, -oare, -ori, -oare, adj. 참을성 없는, 성미 급한; 초조한; 자제할 수 없는; 신경질적인

nerăsplăti|t, -tă, -ţi, -te, adj. 보상받지 못하는

nerăsuflat, s.n. pe ~e 단숨에

nerealizabil, ~ă, ~i, ~e, adj. **1.** (실망에 대해)성취할 수 없는 **2.** (계획에 대해) 실행할 수 없는

nerecunoscăt|or, -oare, -ori, -oare, adj. 은혜를 모르는, 배은망덕한

nerecunosu|t, -tă, -ţi, -te, adj. 인정받지 못한

nerecunoştinţă, s.f. 배은망덕, 감사할줄 모름

neregularit|ate, -ăţi, s.f. 불규칙, 불순(不順), 변칙

neregula|t, -tă, -ţi, -te, adj. 불규칙적인, 고르지 않은, 비순서적인

neregul|ă, -i, s.f. **1.** 비순서, 비규칙; 무질서 **2.** 위법

nereid|ă, -e, s.f. 그리고 f. 네레이데스(바다의 요정)

nereuşi|t, -tă, -ţi, -te, adj. 실패한, 성공하지 못하는

nereuşit|ă, -e, s.f. 실패

nerezolva|t, -tă, -ţi, -te, adj. 풀어지지 않은, 해결되지 않은

ner|od, -oadă, -ozi, -oade, adj. 멍청한, 바보의, 어리석은, 단순한

nerozi|e, -i, s.f. 멍청함, 바보, 어리석음, 단순함

neruga|t, -tă -ţi, -te, adj. 부탁되지 않은, 청하지 않은

neruşinare, s.f. 뻔뻔스러움

neruşina|t, -tă, -ţi, -te, adj. 뻔뻔스러운

nerv, ~i, s.m. **1.** 신경; boală de nervi 신경병; a avea nervi 신경질적이다, 성을 잘내다, 성마르다; a avea nervii slabi 쉽게 흥분하다, 민감하다 **2.** 신경조직 **3.** (腱), 힘줄 **4.** [비유]

힘, 활력
nervatur|ă, -i, s.f. [식물]엽맥(葉脈)
nervați|e, -i, s.f. [식물]맥상(脈狀)
nerv|os, -oasă, -oşi, -oase, adj. **1.** 신경에 관한; sistem ~ 신경계통 **2.** 신경질적인, 안절부절 못하는 **3.** 기운 센, 힘찬; 힘줄 많은
nervozitate, s.f. 신경과민, 신경질
nervur|ă, -i, s.f. **1.** 잎맥 **2.** 곤충의 시맥(翅脈) **3.** (제봉)(책등의)철끈 **4.** [건축](궁륭의)리브; (배, 비행기 따위의)늑재(肋材)
nesatura|t, -tă, -ți, -te, adj. [화학] 포화상태가 아닌
nesaț, s.n. 강한 욕망, 탐욕, 욕구
nesăbuinț|ă, -e. nesăbuir|e, -i, s.f. 경솔, 깊게 생각하지 않음
nesăbui|t, -tă, -ți, -te, adj. 깊게 생각하지 않은, 경솔한
nesănăt|os, -oasă, -oşi, -oase, adj. 건강하지 못한
nesăra|t, -tă, -ți, -te, adj. **1.** 소금을 치지 않은 **2.** [비유](사람 또는 그 표현에 대해) 지루한, 재미없는, 진부한; 의미 없는, 내용 없는
nesătul, ~ă, ~i, ~e, adj. **nesătura|t,** -tă, -ți, -te, adj. **1.** 배부르지 않은; 배고픈 **2.** [비유]만족하지 못하는, 탐욕스러운, 욕심 많은
nesăți|os, -oasă, -oşi, -oase, I. adj. **1.** (갖고 있는 것에) 만족 못하는; 욕심 많은, 탐욕스러운 **2.** 배부르지 않은 **3.** [비유]자제, 절제 할 수 없는 II. s.m. 그리고 f. 대식가, 탐식가
nesăvârşi|t, -tă, -ți, -te, adj. 끝마치지 못한
neschimba|t, -tă, -ți, -te, adj. 변하지 않은
nescriptic, ~ă, ~i, ~e, adj. [부기]fond ~ 비예산재정
nescrobi|t, -tă, -ți, -te, adj. (빨래에 대해) 풀을 먹이지 않은
neseca|t, -tă, -ți, -te, adj. 마르지 않은; 끝없는, 탕진 되지 않은
nesfârşi|t, I. -tă, -ți, -te, adj. 끝없는, 한없는 II. ~uri, s.n. 무한, 영원
nesigur, ~ă, ~i, ~e, adj. 불확실한, 불확정적인; 불안전한
nesiguranț|ă, -e, s.f. 불확실, 불안정; 불안전
nesili|t, -tă, -ți, -te, adj. 강제(강요) 되지 않는, 억지가 없는, 자발적인; 자연적인, 고의가 아닌
nesimțire, s.f. **1.** 무의식; 기절 **2.** 뻔뻔스러움 **3.** 무관심, 냉담, 무감각
nesimți|t, adj. -tă, -ți, -te, **1.** 민감하지 못한, 태연한 **2.** 무관심한, 무감각한 **3.** 느끼지 못하는
nesimțit|or, -oare, -ori, -oare, adj. **1.** 느끼지 못하는, 예민하지 못하는, 무감각한 **2.** 무의식상태의; 죽은
nesociabil, ~ă, ~i, ~e, adj. 비사교적인
nesocot|i, -esc, -ii, -it, vt. **1.** 과소평가하다, 경멸하다 **2.** 무시하다, 고려하지 않다
nesocotinț|ă, -e, s.f. 무사려, 무분별, 경솔
nesocotir|e, -i, s.f. 경멸, 무시, 과소평가
nesocoti|t, -tă, -ți, -te, adj. 경솔한, 무사려한, 분별없는
nesomn, s.n. 불면
nespăla|t, -tă, -ți, -te, I. adj. 빨지 않은 II. s.m. 그리고 f. 건달
nespu|s, (-să, -şi, -se), adj. 그리고

adv. 말할수 없는(없이); ~ de frumos 말할 수 없이 아름다운

nestabil, ~ă, ~i, ~e, adj. 불안정한, 잘 변하는, 변덕스러운

nestabilitate, s.f., 불안정; 무상; 변동, 변덕

nestatornic, ~ă, ~i, ~e, adj. 불안정한, 변하는

nestăpâni|t, -tă, -ți, -te, adj. 멈출 수 없는; 자제할 수 없는, 제어할 수 없는

nestăvili|t, -tă, -ți, -te, adj. 방해되지 않은, 멈출 수 없는; 제어할 수 없는, 격렬한; 거역할 수 없는

nestemat|ă, -e, adj. 비싼, 값을 매길 수 없는; (piatră) ~ 보석

nestin|s, -să, -şi, -se, adj. 힘있게 타고 있는; 꺼질 수 없는; (불에 대해) 살아 있는; [비유](감정에 대해)진정되지 않는; 영원히 지속되는

nestrăbătu|t, -tă, -ți, -te, adj. 통과되지 않은, 밟지 않은

nestrămuta|t, -tă, -ți, -te, adj. **1.** 움직이지 않는, 고정된, 안정된 **2.** [비유](사람과 그 행동에 대해)변하지 않는; 확고한

nestrica|t, -tă, -ți, -te, adj. 파손되지 않은; 완전한; 순결한

nestricăt|or, -oare, -ori. -oare, adj. 해가 되지 않는

nesuferi|t, -tă, -ți, -te, adj. 참기 어려운, 인내하기 어려운; 역겨운

nesupăra|t, -tă, -ți, -te, adj. 성가심을 당하지 않는, 방해되지 않는

nesupuner|e, -i, s.f. 법에 어긋나는 행위; 불복종

nesupu|s, -să, -şi, -se, adj. 법률 따르지 않는, 거역하는; 반항하는

neşans|ă, -e, s.f. 이롭지 못한 일; 불행, 곤란

neştiinț|ă, -e, s.f. **1.** 모름, 무지; neştiință de carte 문맹 **2.** 교양이 없음

neştire, s.f. în ~ (왜 또는 어떻게인지)알지 못하고; 우연히; 정신없이; 의미 없이; 계산 없이

neştiu|t, -tă, -ți, -te, adj. 알지 못하는, 무지한; 알려져 있지 않은, 연구되지 않은; 비밀의; 무명의

neştiut|or, -oare, -ori, -oare, I. adj. 알지 못하는; 교양이 없는 II. s.m. 그리고 f. ~ de carte 문맹자

ne|t, -tă, -ți, -te, adj. **1.** 분명한, 명백한, 정확한; 결정적인 **2.** 정량의, 순(수)한; greutate netă 실 중량

netăgădui|t, -tă, -ți, -te, adj. 의심할 여지가 없는, 토론한 여지가 없는(그정도로 명백한); 반박할 수 없는, 논쟁이 될 수 없는

netămădui|t, -tă, -ți, -te, adj. 낫지 않은

nete|d, -dă, -zi, -de, adj. **1.** 표면이 거치르지 않고 평탄한, 평평한, 고른; 반짝이는, 매끈매끈한; (피부가) 주름이 없고 매끈한; (머리카락이) 펴진, 잘 벗어진; (지면이)굴곡이 심하지 않고 평탄한 **2.** [비유]분명한, 깨끗한, 정확한

netermina|t, -tă, -ți, -te, adj. 끝나지 않은

netez|i, -esc, -ii, -it, vt. **1.** 평탄하게 하다, 평평하게 하다, 고르게 하다; 매끄럽게 하다; 수평으로 하다; a(-i) netezi cuiva calea 누구에게 ...을 쉽게 하다 **2.** (옷들을)쉽게 다리다 **3.** 머리를 정리하다, 가지런히 하다

neteziş, ~uri, s.n. 평원, 평야

netezi|t, -tă, -ți, -te, adj. **1.** 평평하게 된; 수평으로 된 **2.** (쉽게)다려진

netezit|oare, -ori, s.f. **1.** 윤내는 나무 **2.** 땅을 수평으로 만드는 도구

netezit|or, -oare, s.n. **1.** 주철에서 가장자리를 매끄럽게 할 때 쓰이는 도구 **2.** 연마기

net, adv. 정량으로

net|ot, -oată, -oți, -oate, I. adj. 바보의, 멍청한, 어리석은, 둔한 II. s.n. 그리고 f. 바보

netrebnic, ~ă, ~i, ~e, I. adj. **1.** 쓸모없는, 가치 없는 **2.** 소용없는 II. s.m. 그리고 f. 쓸모없는 사람, 무능한 사람

netrebnici|e, -i, s.f. 쓸모없음, 소용없음, 가치없음

netrebuinci|os, -oasă, -oşi, -oase, adj. 쓸모없는, 소용없는, 불필요한

netrecu|t, -tă, -ți, -te, adj. 넘어갈 수 없는; 넘어가지 못하는

netulbura|t, -tă, -ți, -te, adj. **1.** 방해받지 않은; 한적한 **2.** 흔들리지 않은; 확고한

netun|s, -să, -şi, -se, adj. 자르지 않은, 깍지 않은

nețărmuri|t, -tă, -ți, -te, adj. 제한되지 않은; 경계 없는; 무한한

nețesălat, -tă, -ți, -te, adj. [동물]솔질을 하지 않은; (사람)머리를 빗지 않은, 머리가 헝클어진

neuita|t, -tă, -ți, -te, adj. 잊혀지지 않은, 잊을 수 없는; 생각할 가치가 있는; 영원한

neum|ă, -e, s.f. [음악]중세초기의 음표

neumbla|t, -tă, -ți, -te, adj. **1.** (길, 장소에 대해)사람들이 거의 지나가지 않은; 한번도 지나간 적이 없는; 살지 않은 **2.** (사람에 대해) 여행을 조금한

neural, ~ă, ~i, ~e, adj. 신경의, 신경계통의

neuni|t, -tă, -ți, -te, adj. 일치되지 않은, 합일되지 않은

neurastenic, ~ă, ~i, ~e, I. adj. 신경쇠약에 걸린 II. s.m. 그리고 f. 신경쇠약증 환자

neurasteni|e, -i, s.f. 신경쇠약

neurasteniz|a, -ez, -ai, -at, I. vt. 신경을 쇠약하게 만들다 II. vr. 신경쇠약증에 걸리다

neurină, s.f. 노이린

neurmărir|e, -i, s.f. 추적되지 않음

neurochirurugie, s.f. 신경외과

neurolog, ~i, s.m. 신경과 전문의, 신경학자

neurologie, s.f. 신경학

neuron, ~i, s.m. 뉴우런(이론), 신경(기본) 단위

neutralitate, s.f. 중립

neutraliz|a, -ez, -ai, -at, vt. **1.** 중립화하다, 중립을 선언하다 **2.** [화학]중화시키다, 중성으로 하다 **3.** 무효로 하다, 상쇄하다

neutraliz|are, -ări, s.f. **1.** 중립화 **2.** [화학]중화 **3.** 무효화

neutron, ~i, s.m. 중성자

neutr|u, ~ă, ~i, ~e, adj. **1.** (국가, 민족에 대해)중립의; 불편부당의; zonă neutră(또는 teritoriu ~)중립지역 **2.** 아무쪽도 아닌, 무관심한 **3.** [문법]중성의 **4.** [화학]중화된 **5.** [물리]중성의, 전기(자기)를 띄고 있지 않은

neuzita|t, -tă, -ți, -te, adj. 사용하지 않은

nev|astă, -este, s.f. 부인, 아내; a lua de ~ 부인으로 맞아들이다

nevăstuic|ă, -i, s.f. **1.** 족제비 **2.** [방언]부인

nevătăma|t, -tă, -ți, -te, adj. 상처입지 않은, 부상당하지 않은; 건드리지 않은, 온전한

nevătămăt|or, -oare, -ori, -oare, adj. 해가되지 않는, 무해한

nevăzu|t, I. -tă, -ți, -te, adj. 볼 수없는, 보이지 않는; 평가 할 수 없는, 파악할 수 없는; a se face ~ 갑자기 떠나다, 사라지다 II. s.n. pe ~e 맹목적으로, 보지 않고

nevârstnic, ~ă, ~i, ~e, adj. 미성년의; 젊은, 나이 어린

nevertebra|t, I. -tă, -ți, -te, adj. [동물]무척추의 II. s.n. pl. 무척추동물

nevestic|ă, -i, s.f. (결혼)부인, 아내 (nevastă 의 축소형)

nevindeca|t, -tă, -ți, -te, adj. 난치의, 불치의

nevinova|t, -tă, -ți, -te, adj. **1.** 죄없는 **2.** 순결한

nevinovăți|e, -i, s.f. **1.** 무죄; 죄없음 **2.** 순결

nevo|i, -iesc, -ii, -it, I. vt. (단지 수동적으로만) 어떤 방법으로 행동하기를 강요당하다; 의무가 지워지다 II. vr. 노력하다, 애쓰다

nevoiaş, ~ă, ~i, ~e, adj. **1.** 가난한, 궁핍한; 불행한 **2.** 힘없는, 무능한

nevoie, nevoi, s.f. **1.** 필요, 불가피, 필연, 요구; de ~ 필요한; la ~ 필요한 경우에; de voie, de ~ 원하건 안 원하건; a avea ~ de ceva 무엇이 필요하다; a avea(또는 a fi) nevoie să ....하는 것이 필요하다; a-şi face nevoile 용변을 보다 **2.** 가난, 곤궁 **3.** 물질적인, 도덕적인 고통을 야기 시키는 것, 불행, 화; ~ fi mâncat de nevoi 많은 불쾌, 곤궁을 겪다; la ~ 어려운 시기에; de ~ 필연적인 결과로, 만부득이; de (또는 din) nevoia cuiva ~ 때문에; nevoia mare 매우

nevolnic, ~ă, ~i, ~e, I. adj. 힘없는, 약한 II. s.m. 그리고 f. 허약한사람

nevralgic, ~ă, ~i, ~e, adj. 신경통의; punct ~ (신경통의) 압통점

nevralgi|e, -i, s.f. 신경통

nevrednic, ~ă, ~i, ~e, adj. 가치없는; 미천한

nevrednici|e, -i, s.f. 무가치, 비열함, 비천함

nevrica, ~le, s.f. 신경성발작

nevric|os, -oasă, -oşi, -oase, adj. 신경질적인, 히스테릭한; 신경쇠약의, 신경과민의

nevrit|ă, -e, s.f. 신경염

nevropa|t, -tă, -ți, -te, I. adj. 신경병의 II. s.m. 그리고 f. 신경병환자; 신경병 소질자

nevropatie, s.f. 신경질환

nevropter, ~e, s.n. [생물]맥시류

nevroz|ă, -e, s.f., 신경증, 노이로제

nevru|t, -tă, -ți, -te, adj. 원하지 않은

nex, ~uri, s.n. 관련, 결합, 연결

nezdruncina|t, -tă, -ți, -te, adj. 흔들리지 않은, 부동의

nicăieri, adv. 어떤 곳에도 없다; 어떤 경우에도 아니다

nichel, s.n. 니켈

nichel|a, -ez, -ai, -at, vt. 니켈 도금을 하다

nichela|t, -tă, -ți, -te, adj. 니켈 도금한
nichelin|ă, -e, s.f. 니켈린
nichipercea, s.m. art. [속어]악마
nici, I. adv. **1.** (부정을 뜻하거나, 부정을 강조하다) ~ la şcoală n-a venit azi 그는 오늘도 학교에 오지 않았다; ~ nu-l cunosc 나는 그를 전혀 모른다; ~ nu mă gândesc 나는 그것에 대해 전혀 생각하지 않는다; ~ măcar 한번도 ... 아니다; ~ că s-a văzut aşa ceva 아직 그런 것을 본적이 없다 **2.** (부정대명사 unul, una, unii, unele 와 결합하여)부정의 강조형이 된다; nici unul 한남자도 없다 II. conj. ~ ··· ~ ...도 아니고 ...도 아니다; ~ nu vede ~ n-aude 그는 보지도 못하고 듣지도 못한다; ~ la umbră, ~ la soare 그늘에도 아니고 햇볕에도 아니다; ~ una, ~ două(또는 alta) 별안간, 뜻밖에
nicicare, pron. nehot. 어느 누구도 아니다
ni**cicând,** adv. niciodată 참조
nici(de)cum, adv. [방언]결코 ... 아니다
niciodată, adv. 한번도 .. 아니다
niciunde, adv. [방언]어디에도 아니다
nicotină, s.f. 니코틴
nicotinism, s.n. 니코틴 중독
nicoval|ă, -e, s.f. 모두; [비유]între ciocan şi ~ 곤궁한
nicrom, s.n. 니크롬
nihilism, s.m. 허무주의, 니힐리즘
nihili|st, -stă, -şti, -ste, s.m. 그리고 f. 허무주의자
nimb, ~uri, s.n. **1.** 배광, 후광 **2.** [비유]명성, 영광 **3.** 먼지구름
nimenea, nimeni, pron. neg. 아무도 아니하다, 한사람도 ...아니다
nimereală, s.f. la ~ 운을 하늘에 맡기고, 되어가는 대로
nimer|i, -esc, -ii, -it, I. vt. **1.** (던져서)맞히다; a ~ cu o piatră 돌로 맞히다 **2.** (누구를)만나다, 발견하다 **3.** 찾다, 알아내다; n-a ~t stradă 그는 거리를 찾지 못했다; a ~t orbul Brăila 참으면 많은 것을 얻는다; ai ~t 알아맞혔다; a o ~ 핵심을 파악하다, 급소를 찌르다 II. vi. 도착하다 III. vr. 일어나다, 생기다
nimeri|t, I. -tă, -ți, -te, adj. **1.** 잘 선택된, 상황과 경우에 알맞은; 상응하는, 적당한 **2.** 성공된, 좋은 II. ~e s.n. pe ~e 되는대로, 닥치는 대로
nimf|ă, -e, s.f. **1.** [신화]님프, 물의 요정; [비유]아름다운 아가씨 **2.** [동물]번데기
nimic(a), I. pron. neg, 무(無), 아무것도 없다(아니다); a vinde pe ~ (거의)공짜로 팔다; de ~ 가치가 없는, 중요하지 않은, 사소한; om de ~ 쓸모없는 사람; întru (또는 cu) ~ 전혀 ... 아니다; lucru de ~ 무가치한 것 II. ~uri, s.n. **1.** (특히 복수) 사소한 것, 무가치; 무의미 **2.** (단수) 무(無), 전무
nimică, s.f. sg. 사소한 것, 무가치한 것
nimic|i, -esc, -ii, -it, vt. 없애다, 무(無)로 만들다; 파괴하다, 끝내다, 제거하다, 멸망시키다
nimicire, s.f. 없앰; 파괴, 제거, 멸망
nimicit|or, -oare, -ori, -oare, adj. 없애는, 파괴하는

nimicnic|i, -esc, -ii, -it, vt. nimici 참조
nimicnici|e, -i, s.f. 무가치함, 쓸모 없음
nin|ge, pers.3, ~, ninse, nins, vi. 그리고 vt. 눈이 내리다; parcă-i tot ~ şi-i tot plouă 항상 불만족인 사람에 대해서 하는말; (vt.) 눈으로 덮다
nin|s, -să, -şi, -se, -adj. **1.** 눈으로 덮힌; **2.** [비유]하얀 백발의; (a fi) nins de ani (또는 de vreme) 늙다
nins|oare, -ori, s.f. **1.** 눈 내림 **2.** 눈
niobiu, s.n. [화학]니오브, 니오븀
nisam-nitam, adv. nițam-nisam 참조
niscai(va), adj. nehot. nişte 참조
nisetr|u, -i, s.m. [어류학]철갑상어
nisip, ~uri, s.n. 모래; ca(또는 cât) nisipul 매우 많이; a clădi(또는 a funda) pe nisip 모래위에 짓다; 실패할 일을 계획하다; ~ la rinichi 신사(腎砂)
nisipar, ~e, s.n. **1.** 모래를 채굴하거나 파는 사람 **2.** 모래를 뿌리는 차량 (전차 등에)
nisipariț|ă, -e, s.f. [어류학]모래무지
nisipiş, ~uri, s.n. 모래벌(판)
nisip|os, -oasă, -oşi, -oase, adj. 모래로 덮힌; 많은 모래를 함유한
niş|ă, -e, s.f. 벽감(壁嵌) (초상·꽃 병 따위를 놓는 벽의 오목한 부분)
nişte, art. nehot. 명사 앞에서 정해지지 않은 양·수를 나타내는 부정관사
nit, ~uri, s.n. 대갈못, 리베트
nitam-nisam, adv. 갑자기, 뜻밖에
nitra|t, -ți, s.m. 질산염; ~ de argint 질산은
nitric, ~ă, ~i, ~e, adj. 질산의; acid ~ 질산
nitrific|a, nitrific, -ai, -at, vt. 질화하다, 니트로화하다
nitri|t, -ți, s.m. 아질산염
nitrobenzen, s.m. 니트로벤젠
nitroceluloz|ă, -e, s.f. [화학, 폭약] 니트로 셀루로스, 질화면
nitrogen, ~i, s.m. 질소
nitroglicerină, s.f. 니트로글리세린
niturare, s.f. [금속]질화작용과 그 결과
nitu|i, -iesc, -ii, -it, vt. 리베트(대갈못)를 막다; 리베트로 죄다
nit|el, -ică, -ei, -ele, num. nehot. [방언]조금
nițeluş, num. nehot. [방언]nițel 참조
nivel, s.m. I. ~uri **1.** 높이, 수위, 수평; ~ul apei 수면; ~ul mării 평균해면; ~ de trecere 건널목 **2.** [비유]수준, 정도, 단계; ~ de trai 생활수준; tratative la cel mai înalt ~ 최고위급회담 II. ~e, 수준기; ~ hidraulic 수준기(水準器), 레벨
nivel|a, -ez, -ai, -at, vt. 수평으로 하다, 고르다; [비유]평준화하다, 차이를 없애다; (수준기로)재다, (토지의)높이를 측량하다
nivel|are, -ări, s.f. 수평화; 평준화
nivel|ă, -e, s.f. 수준기(水準器)
nivelment, ~e, s.n. **1.** 수평으로 하기; 땅고르기; 평등화 **2.** 수준측량
nivelmetr|u, -e, s.n. 수준기
niznai, adv. a se face ~ 아무것도 모르는 것처럼 행동하다
noad|ă, -e, s.f. [속어]미골(尾骨)

noapte, nopți, s.f. **1.** 밤; de ~ 밤의; fluture-de ~ 나방; Azi- 또는 astă-~ 지난밤; la ~ 오늘밤; peste (또는 pe) ~ 밤 동안; ~ de ~ 매일밤; de(또는 cu) ~ 매우 일찍, 이른 새벽; cu ~a în cap 오늘 아침(새벽) **2.** 빛이 없음, 어두움; în pivniță era ~ 지하실은 컴컴했다 **3.** 문맹, 교육이 없음; prost ca ~a 매우 어리석은

noaten, ~ă, ~i, ~e, s.m. 그리고 f. 두 살 이내의 어린양(털)

nobil, ~ă, ~i, ~e, I. adj. **1.** 귀족의 **2.** 고귀한, 고결한, 고상한; 위엄있는, 의젓한, 점잖은 **3.** 귀한; metal ~ 귀금속 II. s.m. 그리고 f. 귀족, 양반

nobiliar, ~ă, ~i, ~e, adj. 귀족의

noblim|e, -i, s.f. 귀족계급, 귀족신분

noblețe, s.f. **1.** 귀족의 신분, 귀족계급 **2.** 고귀(고결, 고상)함, 의젓함, 점잖음

nociv, ~ă, ~i, ~e, adj. 해로운, 위험한

noctambul, ~ă, ~i, ~e, s.m. 그리고 f. 몽유병자; [비유] 노느라고 밤을 지새는 사람

nocturn, ~ă, ~i, ~e, adj. 밤의

nocturn|ă, -e, s.f. [음악]야상곡; [스포츠]meciul s-a disputat în ~ 경기는 나이터 경기로 열렸다

nod, ~uri, s.n. **1.** 매듭, 마디, 혹; [의학, 식물]결절 (結節); [천문]교점(交點); ~ de cale ferată, 접속역; 합류점; a căuta cuiva ~ în papură 부당하게 누구를 비난하고 죄를 뒤집어 씌우다 **2.** 나무의 마디, 옹이 **3.** [해부]관절, 손가락 마디; ~ul gâtului 목젖 울대뼈 **4.** 한문제의 해결이 걸려있는 점; 문제를 해결하기 위해 넘어야 하는점; ~ gordian 극히 어려운 일 **5.** 질식할 듯한 감정; a înghiți (cu 또는 la) noduri 말할 수 없이 고통을 참아내다(겪다); 억지로 먹다

nodal, ~ă, ~i, ~e, adj. [광학, 물리] 마디의, [비유]본질적인

nodos, adj. eritem ~ 관절에 나타나는 홍진(紅疹)

nodozit|ate, -ăți, s.f. (동식물의)마디

nodul, ~e, s.n. 그리고 f. ~i, s.m. **1.** [지질]유괴(瘤塊), 단괴(團塊) **2.** [의학]작은 마디, 결절(結節)

nodur|os, -oasă, -oși, -oase, adj. **1.** (천, 직물)많은 매듭이 있는 **2.** (나무, 식물)많은 마디가 있는 **3.** (사람) 골질의, 뼈가 굵은

noian, ~e, s.n. **1.** 많은 양(부피), 많은 수 **2.** 광할한 물의 넓이, 끝없이 광무함 **3.** 심연, 절벽

noiembrie, s.n. 11월

noim|ă, -e, s.f. 의미; cu ~ 논리적으로, 이성적으로; 현명하게; fără ~ 의미없이, 목적없이

noim|e, -i, s.f. 구분의 일

noiț|ă, -e, s.f. 조화(爪花), 조갑백반(爪甲白斑), 속손톱

nojiț|ă, -e, s.f. **1.** 구두끈 **2.** 구두끈 구멍

noma|d, -dă, -zi, -de, I. adj. 유목의; 방랑하는, 떠돌아 다니는; 철따라 이주하는 II. s.n. 방랑자; 유목민

nomadism, s.n. 방랑생활

nomenclat|or, -oare, s.n. 명칭사전 분류집, 술어집

nomenclatur|ă, -i, s.f. **1.** 술어전체. 전문어휘 총체 **2.** 목록, 카탈로그, 명

부 **3.** 기관의 조직 도식(圖式), 가요형식

nominal, ~ă, ~i, ~e, adj. **1.** 이름을 나타내는, 이름을 포함하는 **2.** 명목상의, 명의상의; valoare ~ă 명목가치(가격); salaria ~ 명목임금; [문법]flexiune ~ 명사변화

nominalism, s.n. [철학]유명론(唯名論), 명목론

nominali|st, -stă, -şti, -ste, s.m. 그리고 f. 유명론자, 명목론자

nominati|v, **1.** ~e, s.m. 제1격, 주격 **2.** -vă, -vi. -ve. adj. 이름을 기재한, 기명의

nomografi|e, -i, s.f. 법률론, 법률학; 계산도표학

nomogram|ă, -e, s.f. 노모그램, 계산도표

nomol, s.n. nămol 참조

nonagenar, ~ă, ~i, ~e, **1.** s.m. 그리고 f. 90세의 사람 **2.** adj. 90세의

nonsens, ~uri 무의미, 넌센스

noptatic, ~ă, ~i, ~e, adj. 밤마다의

nopticică, s.f. noapte의 축소형

noptier|ă, -e, s.f. 침대 옆 탁자

noptiț|ă, -e, s.f. 분꽃

nopt|os, -oasă, -oşi, -oase, adj. 어두운

nor, ~i, s.m. 구름; până la(또는 în ~) nori 구름까지 (매우높이); a fi nor 구름이 꼈다; Trăieşte cu capul în ~i 또는 parc-ar fi căzut din ~i 주위사항에 대해 낯설어 하는 사람에 대해서 하는 말; ~ de praf 먼지구름

noră, nurori, s.f. 며느리

nord, s.n. 북쪽; de ~ 북쪽의

nord-american, ~ă, ~i, ~e, I. adj. 북아메리카의 II. s.m. 그리고 f. 북아메리카사람

nord-core|ean, -eană,-eeni, -eene. I. 북한의 II. s,m. 그리고 f. 북한사람

nord-est, s.n. 북동

nord-estic, adj. 북동(쪽)의

nordic, ~ă, ~i, ~e, adj. 북쪽의; (명사화하여) 북유럽사람

nord-vest, s.n. 북서

nord-vestic, ~ă, ~i, ~e, adj. 북서(쪽)의

norişor, ~i, s.m. nor의 축소형

norm|a, -ez, -ai, -at, vt. 규격을 통일하다, 표준에 맞추다; 준칙에 따라 정하다

normal, ~ă, ~i, ~e, adj. **1.** 정상의, 정규의; 보통의, 평상의 **2.** 표준적인, 규준에 따르는 **3.** şcoală ~ă 사범학교

normali|st, -stă, -şti, -ste, s.m. 그리고 f. 사범학교 학생

normaliz|a, -ez, -ai, -at, vt. **1.** 표준화하다; 정상화하다 **2.** 규준에 맞추다

normali|zare, -zări, s.f. 표준화, 규격화; 정상화

norm|are, -ări, s.f. 규격통일, 준칙설정

normativ, I. ~ă, ~i, ~e, adj. 규범이 되는, 규준이 되는 II. ~e, s.n. 규범, 규준, 지침

norm|ă, -e, s.f. **1.** 준칙, 규격, 표준, 규준; 모범; ~ morală 도덕적 규범 **2.** 평가기준 **3.** 시간단위당 해야 하는 일의 양

nor|oc, -oace, s.n. **1.** 행운, 다행; cu 또는 fără(de) ~ adv. 성공적으로, 또는 실패하여; adj. 운 좋은 또는 운 나쁜; la ~ 운에 맡기고; a avea un ~

orb 커다란 행운이 있다; ~! 건배! **2.** 운명; aşa i-a fost ~ul 이것이 그의 운명이었다 **3.** 행복감

noroc|i, -esc, -ii, -it, vt. **1.** 행복하게 하다; 행운을 갖다 주다 **2.** 운명지워 주다

noroci|re, -i, s.f. 행운, 성공; din ~ 운좋게

noroci|t, -tă, -ţi, -te, adj. norocos 참조

noroc|os, -oasă, -oşi, -oase, adj. **1.** (사람에 대해)운좋은, 행운이 있는 **2.** (행동에 대해)좋게 끝을 맺는

nor|od, -oade, s.n. **1.** 민족 **2.** 대중

nor|oi, -oaie, s.n. **1.** 진흙, 진창; 오물; 수렁, 습지, [비유]더러워져서 치워야 하는 것; 더러운 행동, 천한 행동; 부패, 타락

noro|i, -iesc, -ii, -it, I. vt. 오물로 더럽히다 II. vr. (진창 속에)빠지다

noroi|os, -oasă, -oşi, -oase, adj. 오물로 더러워진; 진창의

nor|os, -oasă, -oşi, -oase, adj. 구름낀

noru(le)ţ, -i, s.m. nor의 축소형

norvegi|an, -ană, -eni, -ene, I. adj. 노르웨이 사람의, 노르웨이의; (명사화하면)노르웨이 말 II. s.m. 그리고 f. 노르웨이 사람

nostalgic, ~ă, ~i, ~e, adj. **1.** 향수의 **2.** 그리움의, 동경의

nostalgi|e, -i, s.f. **1.** 향수, 그리움, 동경 (사랑하는 장소, 가까이 있는 사람을 다시 보고자 하는 욕망이 야기한 슬픈 감정 또는 과거의 추억을 다시 체험하고자 하는 욕망이 만들어낸 슬픈 감정) **2.** 애석함

nostim, ~ă, ~i, ~e, adj. **1.** 재미있는, 즐거운 **2.** 매력있는, 마음에 드는, 우아한

nostimad|ă, -e, s.f. 즐거운 일(사건)

nostrom, ~i, s.m. [항해]선장

nostru, noastră, noştri, noastre, I. adj. pos. 우리들의; învăţătorul ~ 우리들의 선생; caietele noastre 우리들의 공책 II. pron. pos (al, a, ai, ale 뒤에서) 우리들의 것; un prieten al ~ 우리들의 친구

not|a, -ez, -ai, -at, vt. **1.** ...에 표를 하다(표시등을 통해); 적어두다; 음악의 악보를 적다 **2.** 평가하다, 점수를 매기다 **3.** 강조하다; 기억해 두다

notabil, ~ă, ~i, ~e, I. adj. 중요한; 현저한, 뚜렷한 II. s.m. 명사, 유력가, 거물

notabilit|ate, -ăţi, s.f. 명사, 유력가, 저명가

notar, ~i, s.m. 공증인

not|are, -ări, s.f. **1.** ..에 표를 하기, 적어둠 **2.** 평가 **3.** 강조

notariat, ~e, s.n. 공증인의 직분; ~ de stat 국가공증

notaţi|e, -i, s.f. 기호붙이기, 표기, 표시; 기호(표기, 표시)법; 기호; 성적매기기

not|ă, -e, s.f. **1.** 노트, 메모, 적어두기; a lua ~ (de ceva) ...에 대해서 알다; a lua note 적어두다 **2.** 주(註), 주석, 주해; ~ marginală 방주 **3.** 문서, 의견서; 통첩, 각서; schimb de note 문서 교환 **4.** 상업계산서; 전표 **5.** 학교점수; 평가, 성적 **6.** [음악]음표, 조표 **7.** [비유]특징, 차이

notes, ~uri, s.n. 메모장, 노트북

notific|a, notific, -ai, -at, vt. 통고하

다, 고지하다

notific|are, -ări, s.f. 통고함, 고지함

notiț|ă, -e, s.f. notă의 축소형; (어딘가 공식적으로 발표된)공시, 고지; 메모

notoriet|ate, -ăți, s.f. 유명, 저명; 평판이 자자함; de ~ publică 저명한

notori|u, -e, -i, adj. 주지의, 유명한, 알려진

noțiun|e, -i, s.f. 관념, 의식, 지식, 개념; noțiuni elementare 기초지식

nou, ~ă, noi, noi 그리고 nouă, adj. **1.** 새로운; anul ~ 새해; lună nouă 새달; ~ -venit 새로 온 ; un ~-venit 신참자; ~ -născut 갓 태어난; 신생아; din ~ 다시, 새로이 **2.** 새것의, 사용하지 않은; o rochie nouă 새옷; ~-nouț 금빛으로 반짝 빛나는, 아주 새로운 **3.** 어린, 젊은; cartofi noi 올감자 **4.** 신선한, 싱싱한; a câștigat puteri noi 싱싱한 힘을 얻었다 **5.** 미숙한, 경험부족의; ~ în meserie 그는 초심자이다

nouă, num. card. 아홉, 구; peste ~ mări și ~ țări 바다와 강을 건너; 매우멀리

nouălea, noua, num. ord. 아홉 번째; a fi în al ~ cer 행복의 정점에 있다; pe planul al nouălea(중요하지 않은 것에 대해 말할 때 사용한다)

nouăsprezece, num card. 열아홉, 19

nouăsprezece|lea, -a, num. ord. 열아홉번째

nouăzeci, num. card. 구십(90)

nouăzec|ilea, -ea, num. ord. 구십번째

nour, ~i, s.m. nor 참조

nouraş ~i, s.m. 작은 구름

nout|ate, -ăți, s.f. **1.** 새로움 **2.** 금방 유통되었거나 발견된 새것 **3.** 소식, 통지, 흥미 있는 뉴스

novac, ~i, s.m. (민속)거인

novat|or, -oare, -ori, -oare, s.m. 그리고 f. 개혁자, 혁신자; 새로운 이념을 갖고 있는 사람

novați|e, -i, s.f. [법률](채권, 계약 따위의)갱신; 교체

novic|e, -i, -e, I. s.m. 그리고 f. **1.** 초심자, 무경험자, 풋내기 **2.** [종교](수련기에 있는)수도자, 수녀 II. adj. 미숙한, 경험 없는, 서투른

noviciat, s.n. [종교]수련기, 수련소; 수련

novocain|ă, -e, s.f. 노보카인

nu, adv. **1.** 아니, 아니오, 그러지 않다. (질문에 대해서) **2.** …아니다, …아니하다, …않다; el ~ se sperie 그는 놀라지 않는다; ~ ştiu 나는 모른다; ~ se poate 그럴 수 없다, 불가능하다; încă ~ 아직 아니다; ~ prea 특별한 것 없다; ~ numai 뿐만 아니라; cum de ~ 어떻게 아니겠는가; ~ tocmai 바로 아니다; de ce ~ ? 왜 아니겠는가?

nuanț|a, -ez, -ăi, -at, vt. **1.** 색깔과, 음조에 미묘한 차이를 주어 재현하다 **2.** ...에 뉘앙스를 주어 표현하다; 미묘한 차이를 고려하여 표현하다

nuanța|t, -tă, -ți, -te, adj. **1.** 색깔과 음조에 미묘한 차이를 준 **2.** ...에 뉘앙스를 주어 표현된

nuanț|ă, -e, s.f. **1.** 명암의 차이, 색조, 농담(濃淡) **2.** [비유]미묘한 차이, 뉘앙스, (문체의)미묘한 음영

nubil, ~ă, ~i, ~e, adj. 나이찬, 결혼

적령의

nuc, ~i, s.m. 호두나무

nucar, ~i, s.m. [조류학]산갈가마귀

nuc|ă, ~i, s.f. **1.** [식물]호두 **2.** [기술](총기, 자물쇠 따위의)정동(停動) 장치

nucet, ~uri, s.n. 호두나무 과수원

nuclear, ~ă, ~i, ~e, adj. 핵의, 원자핵의; fizică ~ 핵물리학; reacție ~ă 핵반응; armă ~ă 핵무기

nuclein|ă, ~e, s.f. [화학]누클레인

nucleol, ~i, s.m. [해부]인(仁)

nucleon, ~i,s.m. 핵입자

nucleoproteid|ă, -e, s.f. (특히 pl.) 핵단백질

nucle|u, -e, s.n. **1.** [물리]원자핵 **2.** [식물]핵, 씨, (세포의)핵 **3.** [비유] 중심, 핵심

nuc(u)şoar|ă, -e, **1.** nuc의 축소형 **2.** 호도의 열매

nuc(u)şor, ~i, s.m. 호두나무

nud, I. nudă, nuzi, nude, adj. **1.** 벌거벗은, 나체의; [법률]proprietate ~ă 다른 사람이 사용하도록 된 재산 **2.** [비유]장식 없는, 단순한; 복잡하지 않은; 단순한; 순수한; 깨끗한 II. ~uri, s.n. 나체, 벌거벗은 사람; 나체 모델의 포즈

nudism, s.n. 나체주의

nudit|ate, -ăți, s.f. **1.** 벌거숭이, 나체 **2.** 장식이 없음, 단순함 **3.** [비유]숨김이 없음, 직접적임

nuf|ăr, -eri, s.m. 수련

nuga, ~le, s.f. [요리]누가

nui|a, -ele, s.f. **1.** 회초리 **2.** 회초리로 때림

nuieluş|ă, -e, s.f. 가느다란 회초리

nul, ~ă, ~i, ~e, adj. **1.** 없는, 무가치한; 존재하지 않는; (경기에 대해) 무승부로 끝난 **2.** [법률]무효의; ~ şi neavenit 무효의; a declara ~ 무효를 선언하다, 무효로 하다; (비유) a fi ~ la … 아무것도 모르다

nul|ă, -e, s.f. **1.** (숫자) 제로, 영 **2.** 무가치, 무효, 무능력

nulit|ate, -ăți, s.f. **1.** 무가치, 무의미 **2.** 무효 **3.** 무가치한 사람

numai, I. adv. 단지; 다만, 오직, ... 뿐; nu ~ , dar şi .... 뿐만 아니라 ... 도; ~ bun 바로 좋은; ~ ce .... 하자 곧; când aprind o țigară, ~ ce o auzi protestând 내가 담뱃불을 붙이자 곧 그녀는 항의를 했다 II. ...만; ~ că .... 만; ~ de (또는 să dacă)… ...하는 조건으로, ...때만; ~ cât .... 하자 곧

numaidecât, adv. **1.** 즉시, 곧 **2.** 무조건

num|ăr, -ere, s.n. **1.** 수, 숫자; 번호, 호수; 사이즈(치수); ~ de telefon 전화번호; locuiesc la ~ul 60 나는 60 번지에 산다; în ~ul de azi al ziarului 오늘 신문 호에는; (la pantofi) poartă numărul 41 그는 구두 41 사이즈를 신는다; toate numerele spcctacolului au fost reuşite 모든 공연들은 성공했다; la ~ 또는 în ~ de 전부; erau în ~ de 6 그들은 전부 여섯이다; un număr de... 약간의 **2.** 숫자, 수; ~ul lor s-a mărit 그들의 숫자는 많아 졌다; fără ~ 무수한; [문법]~ul singular 단수; ~ul plural 복수 **3.** ~ ul unu 일등, 첫 번째; 일급의

număr|a, număr, -ai, -at, vt. 그리고 vi. **1.** 수를 세다 **2.** 계산하다 **3.** 계산하여 지불하다 **4.** 무엇을 무엇 속에

세어 넣다, 간주하다
numărare, 수를 셈, 계산, 간주
numărăt|oare, -ori, s.f. **1.** 수를 셈 **2.** 계산
nu-mă-uita, s.f. [식물]물망초
nume, ~ s.n. **1.** 이름, 명칭, 칭호; ~ de botez (또는 mic) 세례명, 이름; ~ de familie 성(姓); în ~le ... 대신에, ... 편에서, ... 의 임무로; numai cu ~le .... 의 이름으로만; a cunoaşte (pe cineva) numai după ~ 누군가를 이름으로만 알고 있다; a lua ceva în ~ de rău 곡해하다, 화나다; pe ~le meu 나의 이름으로 **2.** 소문, 평판, 명예; 신망, 존경; a-i ieşi(cuiva) ~ rău 나쁜 평판을 얻다 **3.** [문법]명사
numeral, ~e, **1.** s.n. 수사; ~ cardinal 기수; ~ ordinal 서수 **2.** adj. 수를 나타내는, 수의
numerar, s.n. 정금(正金); 통화; 현금; a plăti ~ 현금으로 지불하다
numeric, ~ă, ~i, ~e, adj. 수의, 수에 관한; 수로 표시된, 숫자상의
numericeşte, adv. 숫자상으로
numer|os, -oasă, -oşi, -oase, adj. 수많은
numerot|a, -ez, -ai, -at, vt. (...에)번호(번지)를 매기다
numero|tare, -tări, s.f. 번호매기기
numerota|t, -tă, -ţi, -te, adj. 숫자를 붙인, 번호를 매긴
num|i, -esc, -ii, -it, I. vt. **1.** 명명하다, 이름을 주다 **2.** 소환하다 **3.** 임명하다 II. vr. 불리다, 이름이 ....이다
numir|e, -i, s.f. **1.** 명명 **2.** 이름 **3.** 임명
numisma|t, -ţi, s.m. 고전학자(古錢學者)(옛 동전이나 메달을 연구하는 사람)
numismatic, ~ă, ~i, ~e, adj. 고전학(古錢學)의; 옛 동전이나 메달을 연구하는 학문의
numismatică, s.f. 고전학(古錢學)
numi|t, -tă, -ţi, -te, adj. 불린, 임명된, 명명된, 소환된
numitor, ~i, s.m. [수학]공통분모; a aduce la acelaşi ~ 공통분모로 하다
numuli|t, -ţi, s.n. [지질]화폐석(石)
numulitic, ~ă, ~i, ~e, adj. 화폐석을 함유한, 고제삼기(古第三紀)의
nun, ~ă, ~i, ~e, s.m. 그리고 f. 결혼 입회인
nuntaş, ~i, s.m. 결혼식의 하례객
nuntă, nunţi, s.f. **1.** 결혼식; 결혼; ~ de argint 은혼식; a juca la două nunţi 일석 이조하다, 일거양득하다 **2.** 결혼식하례객
nunt|i, -esc, -ii, -it, [민속] I. vt. 결혼시키다 II. vi. 결혼식을 하다
nunţiatur|ă, -i, s.f. 교황대사(教皇大使)의 직
nunţi|u, -i, s.m. 교황대사
nupţial, ~ă, ~i, ~e, adj. 혼례의; (동물에 대해) 짝짓는
nur, ~i, s.m. (특히 pl.)(여자의)매력
nurc|ă, ~i, s.f. **1.** [동물]밍크 **2.** 밍크의 털
nurli|u, -e, -e, adj. (여자에 대해서) 매력있는
nut, ~uri, s.n. 긴 홈, 물 홈(끼워맞추기 위한)
nutreţ, ~uri, s.n. 사료, 여물
nutr|i, -esc, -ii, -it, I. vt. **1.** 먹이를 주다, 사료를 공급하다 **2.** (감정을)품게하다, 고양시키다; a ~ speranţa

희망을 품다 II. vr. 먹(고 살)다
nutrir|e, -i, s.f. 먹이를 줌
nutritiv, ~ă, ~i, ~e, adj. 영양이 풍부한, 자양분이 있는; 사료를 주는
nutriți|e, -i, s.f. 영양섭취
nuvel|ă, -e, s.f. 단편소설
nuveleț|ă, -e, s.f. nuvelă의 축소형
nuvelist, -stă, -şti, -ste, s.m. 그리고 f. 단편소설작가
nuvelistic, ~ă, ~i, ~e, adj. 단편소설에 관한, 단편소설의
nuvelistică, s.f. 단편소설류, 단편소설작법

O

O

O, o, I. s.m. 루마니아어 알파벳의 18 번째 자 II. interj. 놀람, 감탄, 만족, 희망, 슬픔 등을 나타내는 감탄사 III. art. 그리고 num. nehot. 여성 단수 부정관사, 수사 IV. 인칭 대명사 여성 4격 V. [속어]avea 와 vrea 참조

oac, interj: 개구리 울음소리를 흉내 낸 말

oacheş, ~ă, ~i, ~e, adj. **1.** (머리 눈썹이) 검은, 피부가 갈색의, 거무스름한 **2.** (양에 대해) 눈 주위에 검은 점들이 있는

oaie, oi, s.f. 양; a o face de ~ 매우 멍청한 짓을 하다; prea e de ~ (전혀 맞지 않는 행동이나 말에 대해서 표현할 때 쓰인다); a suge (de) la două oi 양쪽에서 유익한 공존을 이끌어내다; ca oile 무더기로, 무질서하게

oal|ă, -e, s.f. (넓이 보다 높이가 크고 보통 입구가 넓은 금속, 도자기 또는 흙을 만든) 남비, 단지, 병, 사발 등; a-şi băga nasul unde nu-i fierbe oala 아무데나 쓸데없이 껴들다, 참견하다; a prinde (또는 a lua) pe cineva ca din ~ 어려움 없이 (뜻밖에) 누구를 잡다; a se face oale şi ulcele 오래전에 사망하다; a plăti oalele sparte 다른 사람의 행동으로 고통받다; a pune (toate) în aceeaşi ~ 다른 문제, 물건들을 섞어 혼란을 일으키다

oară, ori, s.f. **1.** (특히 sg.) 번째, 회; prima ~ 첫 번째, 제1회 **2.** (특히 복수로 부사적인 수사와 함께) 번; de trei ori 세 번; de multe ori 여러번; de numărate ori 셀 수 없이 여러번; de câte ~ 몇 번이나; ori de câte ori ... .. 할때마다

oarbă, adj. orb 참조

oare, adv interj. (보통 의문의 가치를 강하게 하거나 절의 의심정도를 강하게 해줄 때 사용한다) va veni ~ 그가 정말 올까?

oarecare, adj. nehot. **1.** 정해지지 않은 어떤; 무엇이든 상관없는, 중요하지 않은; vorbea cu ~ dispreț 그는 좀 경멸적으로 말했었다 **2.** (명사화 하여) 어떤 사람(것)

oarecum, adv. 어떻게 해서든지, 어떤 방법으로든지, 어느 정도든지; a-i fi (cuiva) ~ 누구에게 어렵다, 마음에 안든다, 창피하다

oar|zăn, -ă, -zeni, -zene, adj. [방언] 다른 것 보다 일찍 익은, 조숙한; a-i spune cuiva ~ (în față) 누구에게 무엇을 솔직하게 말하다

oaspete, oaspeți s.m. 손님

oaste, oşti, s.f. **1.** 군대, 병역 **2.** 전쟁, 전투

oaz|ă, -e, **1.** 오아시스; 휴식을 주는 모든 것 **2.** 남극 대부의 얼음 없는 지역

O

obadă, obezi, s.f. (차륜의) 덧바퀴, 바퀴의 테

obad|a, -ez, -ai, -at, vt. 바퀴에 테를 매우다

obârş|i, -esc, -ii, -it, vt. vr. 유래하다, 나오다

obârşi|e, -i, s.f. **1.** 원천, 수원(水原) 출발점 **2.** 기원, 근원, 출처 유래, 출생, 출신

obcin|ă, -e, s.f. opcină 참조

obedien|t, -tă, -ţi, -te, adj. 복종하는, 순종하는

obedienţ|ă, -e, s.f. 복종

obelisc, ~uri, s.n. 오벨리스크(고대 이집트에서 태양신앙의 상징으로 삼았던 방첨탑(方尖塔)

oberliht, ~uri, 상공에서 오는 빛, 상방 광선(上方光線), 공광(空光)

obez, ~ă, ~i, ~e, adj. 지나치게 살찐

obezitate, s.f. 과도의 비만

obi|ală, -ele, s.f. 양말 대신이나 양말위에 농민들이 발에 감싸는 천

obicei, ~uri, s.n. **1.** 습관, 버릇; de ~ 보통, 일반적으로; după ~ 보통 때처럼; a avea ~ul să ... ...하는 버릇이 있다 **2.** 관습, 풍습; ~urile pământului 루마니아의 봉건시대 시골에서 풍습

obid|ă, -e, s.f. **1.** 깊은 슬픔, 정신적인 고통; 비통, 쓰라림; 화 **2.** 억압, 모욕, 치욕, 부당

obid|i, -esc, -ii, -it, I. vr. 그리고 vi. 절망 또는 고통에 처하다; 절망하다, 화나다; 쓰라린 고통을 맛보다 II. vt. 슬프게 하다 III. vt. 억압하다

obidi|re, -ri, **1.** 상심, 괴로움 **2.** 고통; 억압

obidi|t, -tă, -ţi, -te, adj. **1.** 고통스러운, 슬픈, 우울한 **2.** 억압받은

obiect, ~e, s.n. **1.** 물체, 사물; 물건 물품 **2.** 대상, 목적, 목표 **3.** [문법]목적어 **4.** [철학]대상, 객체

obiect|a, -ez, -ai, -at, vt. 반박하다, 반대하다. 이의를 제기하다

obiectiv, I. ~ă, ~i, ~e, adj. **1.** [철학] 객관적인, 즉물적인 **2.** 중립적인 공평한; 보편타당한 **3.** [문법]목적어적인 II. -e, s.n. **1.** 목적, 목표 **2.** 대물렌즈 **3.** [군사]목표지점

obiectiva|t, -tă, -ţi, -te adj. 구체화된, 객관화된

obiectivism, s.n. 객관주의

obiectivi|st, -stă, -şti, -ste, I. adj. 객관주의의 II. s.m. 그리고 f. 객관주의자

obiectivitate, s.f. **1.** 객관성 **2.** 보편타당성, 공평성

obiecţi|e, -i, s.f. 반박, 반대, 이의; a ridica o ~ 이의를 제기하다

obijdu|i, -iesc, -ii, -it, vt. obidi 참조

obişnu|i, -iesc, -ii, -it, I. vt. **1.** 습관, 버릇을 갖다, ..하는 습관이 있다; obişnuiesc să fumez după masă 나는 식사 후 담배피우는 습관이 있다 **2.** 익숙하게 하다, 친숙하게 하다; a ~ pe cineva cu ceva 누구를 무엇에 익숙하게 하다 II. vr. 무엇에 길들다, 친숙해지다, 익숙해지다

obişnuinţ|ă, -e, s.f. 습관, 버릇; din ~ 습관에 따른, 버릇이 된; 상습적으로

obişnui|t, -tă, -ţi, -te, adj. **1.** 습관된, 버릇된 익숙한, 친숙한 **2.** 매일 매일의, 일상적인; 보통의

oblădu|i, -iesc, -ii, -it, vt. **1.** 그리고 vi. 다스리다, 통치하다, 관리하다;

지배하다; 경영하다 **2.** 방어하다, 보호하다

oblăduir|e, -i, s.f. **1.** 통치함, 다스림, 관리함, 지배함 **2.** 방어함, 보호함

oblăduit|or, -oare, -ori, -oare I. adj. **1.** 다스리는, 통치하는, 관리하는; 지배하는, 경영하는 **2.** 방어하는, 보호하는 II. s.m. 그리고 f. **1.** 관리자, 통치자, 지배자 **2.** 방어자, 보호자

oblânc, -uri, s.n. 안장머리(안장 앞의 돌기 부분)

oble|te, oble|ț, -ți, s.m. 작은 대구

obl|i, -esc, -ii, -it, vt. [방언]평준화하다 고르게 하다, 평평하게 하다, 똑같이 하다

oblic, ~ă, ~i, ~e, adj. **1.** 비스듬한, 기울어진, 굽은; (눈에 대해) 사시의; [비유](시선이) 음흉한, 엉큼한 **2.** [문법]종속격, 사격(斜格) (제1격 이외의 격) (루마니아어에서는 3격에 주어진 명칭)

oblicitate, s.f. **1.** (선, 면의) 경사 **2.** (행동의) 엉큼한

oblig|a, oblig, -ai, -at, I. vt. **1.** 의무를 지우다, 강요(강제, 구속) 하다 **2.** (감사할)의무를 지우다 II. vr. 의무를 지다, 책임을 맡다

obligativitate, s.f. ~a învățământului 교육의 의무

obligat|or,-oare, -ori,-oare, **obligatori|u,** -e, -i, adj. 의무적인 강제적인; 불가피한 필연적인; serviciul militar ~ 병역의 의무

obligați|e, -i, s.f. **1.** 의무, 책임; **2.** [법률]채무 **3.** [정치, 경제]채권

obligațiun|e, -i, s.f. obligație 참조

oblig|eană -ene s.f. [식물]창포

obliter|a, -ez, -ai, -at, I. vt. **1.** 문자를 지우다, 말살하다 **2.** (우표에) 소인을 찍다 **3.** [의학]폐색하다, 도관(導管)을 막다 II. vr. 닳아 없어지다

obliterați|e, -i, s.f. **1.** 문자의 말살, 삭제 **2.** (우표에) 소인을 찍음 **3.** [의학]폐색

obloj|eală, -eli, s.f. [속어]찜질약, 압정포; 붕대

obloj|i, -esc, -ii, -it, [속어] I. vt. **1.** (상처를) 압정포 등으로 치료하다(옛날 할머니 하는 식으로); 상처에 붕대를 감다 **2.** [비유] 돌봐주다 II. vr. 감싸주다, 덮어주다(따스하게하다)

obl|on, -oare, s.n. 덧문, 블라인드

oblong, ~ă, ~i, ~e, adj. 기다란

oblu,[방언]I. oablă, obli, oable adj. 직선의; (들판이) 평평한; (높이) 가파른, 거의 수직의; (음이) 단조롭고 느린 II. adv. 직선으로; 똑바로

ob|oi, -oaie, s.n. [음악]오보에

oboi|st, -stă, -şti, -ste, s.n. 그리고 f. 오보에 연주자

obor|î, obor -âi, -ât, vt. doborî 참조

obor|oc, -oace, s.n. **1.** (중세시대) 선문 **2.** 44-22 ocale 정도의 무게 측량; 입구가 넓은 원추형통 (곡식 등을 운반하고 재기위한) **3.** (고기를 잡기위한) 가는 나뭇가지로 만든 바구니; a ține sub ~ 숨기다; a pune lumina sub ~ 겸양하여 자신의 재능과 지혜를 감춘다는 뜻

obos|eală, -eli, s.f. 피로, 권태

obos|i, -esc, -ii, -it, I. vt. 지치하게 하다; 피곤하게 하다 II. vi. 그리고 vr. 지치다, 피로하다, 싫증나다 III. vr. 노력하다, 애쓰다

obosi|t, -tă, -ți, -te, adj. 지친, 피곤한, 힘이 탕진한

obosit|or, -oare, -ori, -oare, adj. 피로하게 하는, 권태로운, 지루한

obot, ~e, s.n. 썰매의 활목

obraț, ~e, 그리고 ~uri, s.n. [방언] 26.76m 에 해당하는 옛날 길이 단위; 오늘날은 보통 짧은 정해지지 않은 길이

obra|z, I. pl. -ji, s.m. **1.** 뺨; să-ți fie rușine ~ului 부끄러워해라!; a-i plesni (또는 a-i crăpa) cuiva ~ul de rușine 매우 창피하다, 부끄럽다; a fi gros de ~ 뻔뻔하다, 부끄러움이 없다; a avea ~ subțire 잘 성장했다, 행동이 아름답다; e vorba de ~ul nostru 우리들의 명예에 관한 문제이다; a fi fără ~ 뻔뻔스럽다, 부끄러워하지 않다, 파렴치하다; a-și pune ~ul pentru cineva 누구를 위해 변호하다, 옹호하다 **2.** 얼굴; a ieși cu ~ curat 어려운 상황에서 명예롭게 빠져나오다; a-i spune 또는 a-i zice cuiva de la ~ 돌리지 않고 직접 이야기하다; a vorbi 또는 a prosti (pe cineva) de la ~ 명백한 거짓말을 하다, 사기하다; a face (cuiva) pe obraz 누구에게 보답하다; a da obraz 너무 많이 약속하다 **3.** 사회적인 신분, 조건 II. pl. -ze 그리고 -zuri s.n. 인간성, 개성

obraznic, ~ă, ~i, ~e, I. adj. 뻔뻔스러운, 부끄러워 할 줄 모르는; 무례한, 버릇없는, 불손한; 거만한, 건방진 II. s.m. 그리고 f. 철면피, 뻔뻔스러운 사람, 불손한 사람

obrăje|l, -i, **obrăjor,** -i, s.n. obraz 의 축소형

obrăzar, ~e, s.n. (약봉) 마스크; (펜싱)투구

obrăznicătur|ă, -i, s.f. 파렴치한 사람, 뻔뻔스런 사람

obrăznic|i, -esc, -ii, -it, vr. 뻔뻔스러워지다; 대담해지다; 불손해지다, 버릇없어지다

obrăznici|e, -i, s.f. 뻔뻔스러움, 파렴치함, 불손함, 버릇없음

obrăznicuț, ~ă, ~i, ~e, adj. 상당히 뻔뻔스러운, 버릇없는, 무례한

obrint|eală, -eli, s.f. [속어]염증, 곪음

obrint|i, pers.3, obrintește -ii, -it, vr. 그리고 vi. [속어]염증이 나다, 곪다

obscen, ~ă, ~i, ~e, adj. 저속한, 무례한; 외설의, 추잡한

obscenit|ate, -ăți, s.f. 저속함, 무례함; 외설스러움, 추잡함

obscur, ~ă, ~i, ~e, adj. **1.** 어두운, 컴컴한; cameră ~ă 어두운 밤 **2.** 애매한, 이해하기 어려운 **3.** 세상에 알려지지 않은, 이름 없는, 별로 중요하지 않은

obscuranti|st, -stă, -ști, -ste I. adj. 비개화론자의, 반계몽주의의, 몽매주의의 II. s.m. 그리고 f. 몽매주의자, 비개화론자, 반계몽주의자

obscurit|ate, -ăți, s.f. **1.** 어둠, 암흑 **2.** 애매, 난해 **3.** 세상에 알려져 있지 않음

obsed|a, pers.3, -ează, -ă, -at, vt. (심리, 감정에 대해) [비유]끊임없이 괴롭히다, 줄곧 머리에서 떠나지 않다; 귀찮게 따라다니다

obsedan|t, -tă, -ți, -te, adj. [비유] 끊임없이 괴롭히는, 줄곧 머리에서

떠나지 않는

observ|a, observ, -ai, -at, vt. **1.** 관찰하다, 관측하다 **2.** 연구하다, 조사하다, 시험해보다 **3.** 감시하다, 엿보다 **4.** 법을 준수하다

observabil, ~ă, ~i, ~e, adj. **1.** 관찰할 수 있는 **2.** 조사, 연구 할 수 있는 **3.** 감시 할 수 있는 **4.** 법을 준수 할 수 있는

observ|are, -ări, s.f. **1.** 관철 **2.** 조사, 연구 **3.** 감시 **4.** 법준수

observat|or, I. -oare, -ori, -oare, adj. 관찰하는 II. s.m. 그리고 f. 관찰자 (회의의)옵서버, 방관자, 구경꾼 III. -oare, s.n. 천문대, 관측소, 기상대; ~ astronomic 천문대

observați|e, -i, s.f. **1.** 조사, 연구, 감시 **2.** 의견, 고찰; 주의 **3.** 비평, 이의

obsesi|e, -i, s.f. 강박관념

obsidian, ~e, s.n. [지질]흑요석

obstacol, ~e, s.n. **1.** 장애, 방해 **2.** [스포츠]장애물

obstetric(al) ~ă, ~i, ~e, adj. 산과(産科)의 **2.** s.f. 산과학(産科學), 조산술(助産術)

obstin|a, -ez, -ai, -at, vr. 고집부리다

obstina|t, -tă, -ți, -te adj. 고집센, 완고한, 끈덕진, 집요한

obstinați|e, -i, s.f. 고집, 완고, 완강; 끈덕짐

obstructiv, ~ă, ~i, ~e, adj. [의학]폐색하는

obstrucți|e, -i, s.f. **1.** [정치]의사방해 **2.** [의학](위장 따위의) 폐색

obstructionism, s.n. 의사방해책

obşt|e, -i, s.f. **1.** 공동사회, 전체사회, 인구, 민족; 대중; (în) de ~ 일반적으로, 전반적으로, 대개 **2.** 원시마을사회

obşt|esc, -ească, -eşti, adj. 국민에 관한; 공공의, 일반적인; binele ~ 공공안녕; [역사]obştească adunare 국민의회; a-şi da ~ul sfârşit 죽다

obtur|a, -ez, -ai, -at, vt. (구멍 따위를) 막다

obturat|or, -oare, s.n. 폐쇄물, 밀폐재료; [사진]셔터

obturație, s.f. 폐쇄, 폐색

obtuz, ~ă, ~i, ~e, adj. **1.** unghi obtuz [기하]둔각 90도보다 더 큰 각도 **2.** [비유] (감각, 지능이) 둔한, 우둔한

obuzier, ~e, s.n. 곡사포

oca, ~le, s.f. **1.** [속어]1과4분의1 리터(또는 킬로)에 해당하는 옛날 부피 및 무게 단위 **2.** oca mică 틀린 척도; a prinde cu ~ua mică 사기하는 사람을 체포하다

ocară, ocări, s.f. 욕, 모욕, 모멸, 치욕; de ~ 치욕의, 모멸(모욕)적인; a ajunge de ~ 놀림의 대상이 되다, 모욕적이 되다

ocarin|ă, -e, s.f. [음악]오카리나(오지 또는 금속제의 달걀 모양의 피리)

ocazi|e, -i, s.f. 기회, 경우; 동기, 원인; a scăpa ocazia 기회를 놓치다; de ~ a)일정한 경우에만 적합한; 특별한 b)우연의; a cumpăra ceva de ~ 즉흥구매하다; cu altă ~ 다른 경우에; a da ~ 야기하다

ocazional, ~ă, ~i, ~e. adj. 기회가 되는, 우연한 때에 따라서

ocărâ|re, -ri, 모욕함, 욕함

ocăr|î, -ăsc, -âi, -ât, vt. **1.** 욕하다, 꾸짖다 **2.** 모욕하다

ocârmu|i, -iesc, -ii, -it, vt. cârmui

참조

ocârmuir|e, -i, s.f. 정부

occident, s.m. **1.** 서(西); 서방, 서쪽 **2.** 서양

occidental, ~ă, ~i, ~e, adj. 서쪽의; 서양의, 서구의

occipital, I. ~ă, ~i, ~e, adj. 후두부의 II. pl. ~e, s.n. 후두골

occiput s.n. 후두부, 뒤통수

ocean, ~e, s.n. 대양, 대해

oceanic, ~ă, ~i, ~e, adj. **1.** 대양의, 대양에서 사는 **2.** 대양과 비슷한

oceanografic, ~ă, ~i, ~e, adj. 해양학의

oceanografie, s.f. 해양학

ochead|ă, -e, s.f. 몰래 보는 시선; 암시되거나 말한 어떤 것에 대해 주의를 끌어내기 위해 의도적으로 눈을 감음; 눈으로 하는 표시

ochean, ~e, s.n. 망원경

ochean|ă, -e, s.f. [어류학]구리빛 황어

ochelari, s.m. pl. 안경; ~ de soare 선글라스; ~ de cal (마차 끄는 말의) 눈가리개; [비유] a avea ~ de cai 시야가 좁다, 편견에 사로 잡혀 있다

ochena|t, -tă, -ți, -te, adj. 크고 밝은 눈을 가진

ocheşele, s.f. pl. [식물]비름과의 술맨드라미

ochi[1], I. pl. ochi, s.m. **1.** 눈; văzând cu ~i 빨리; 명백하게; de ~i lumii 외견상, 겉보기에는; cu ~ închişi a) 분별력없는; b)외워서; 매우 쉽게, 어려움 없이; cât ai clipi din ~ 눈 깜작 할 사이에, 별안간; a scoate cuiva ~i a)누구의 눈알을 후벼내다 b) 누구를 눈멀게 하다 c)비난하다; cât vezi cu ~i 눈이 바라볼 정도로 넓은; a păzi (또는 a îngriji) pe cineva ca ~i din cap 누구를 자기의 눈처럼 보호하다; a iubi pe cineva ca ~i din cap 누구를 모든 것을 다 바쳐 사랑하다; a i se scurge ~i după cineva (또는 ceva) 많은 사랑으로 누구를 바라보다, 누구를 매우 좋아하다; a nu avea ~ să vezi pe cineva 또는 a-i fi cuiva drag cu sarea-n ~ 눈의 가시이다, 누구에 대해서 화나다; a privi pe cineva cu ~ buni (răi) 누구에 대해 호감(악의)이 있다; a da ~i cu ci-neva 누구와 마주치다; a-şi vedea visul cu ~i 희망이 이루어지다; a fi cu ~ şi cu sprâncene 명백하다, 분명하다; a-fi cu ~i-n patru 경계하고 있다, 조심하고 있다; a lua la ~ pe cineva 겨누다, 눈독들이다; a pune ~i pe cineva 마음에 들다, 추적하다; între patru ~ 단 둘이서; a face (cuiva) cu ~ul 눈을 깜박거리다; a da ~i peste cap 아양떨다; a arunca praf în ~i cuiva 누구의 눈에 모래를 뿌리다, 속이다; plin ~ 매우 충분한, 꽉찬; cu un ~ la făină şi cu altul la slănină 눈을 흘기다; 곁눈질하다; din ~ 눈어림으로; a măsura pe cineva din ~ 눈으로 측정하다, 눈짐작하다; 연구하다; a spune verde-n ~ 누구에게 무엇을 직접말하다; a bate la ~누구의 시선을 끌다; a face ~ a)(동물 에 대해) 보기 시작하다 b)[비유] 깨어나다, 눈뜨다; a mânca cu ~i 식욕이 나다, 왕성하게 먹다 **2.** , 매듭 **3.** 싹, 눈, 봉오리 **4.** 점(주사위, 카드 따위의) II. pl ~uri **1.** (공작꼬리, 나비날개 등의)

점 **2.** 기름방울(수프 위에 뜸) **3.** (요리) 계란후라이 **4.** (자동차) ~ de pisică 후미등; (라디오) ~ magic 매직 아이, 동조지시관(同調指示管); **5.** [섬유] 코 **6.** 둥근 타원형의 지붕창문; ~ de fereastră 창유리 **7.** ~ de pădure 숲속의 빈터; ~ de zăpadă, de iarbă 눈, 풀로 얻은 얼룩; **8.** ~ de apă a)소용돌이 b)웅덩이 **9.** 아궁이 **10.** [식물]~ul boului 프랑스 국화; ~ul-lupului 질경이

och|i², -esc, -ii, -it, I. vi. 그리고 vt. 목표로 삼다, 노리다; a ~ cineva 누구를 겨누다, 겨냥하다, 누구를 가리켜 말하다 II. vt. 보다, 인지하다, 알다

ochi|os, -oasă, -oşi, -oase, adj. [속어]크고 아름다운 눈으로; [비유]반짝이는

ochir|e, -i, s.f. **1.** 겨냥 **2.** 시선

ochişor, ~i, s.n. 작은 눈

ochitor, ~i, s.m. 조준수, 감적수

ochitur|ă, -i, s.f. ochire 참조

ocin|ă, -i, s.f. 상속받은 땅

ocluzi(un)|e, -i, s.f. **1.** [의학]~ intestinală 장폐색 **2.** (금속에 의한) 기체의 흡수 **3.** (증기의) 폐색 **4.** [언어](소리의) 폐쇄

ocluzi|vă, -e, s.f. 폐쇄음

ocnaş, ~i, s.m. **1.** 소금광에서 일하도록 처벌받은 죄수 **2.** 죄수, 죄인

ocn|ă, -e, s.f. **1.** 제염소, 암염갱 **2.** 암염갱에서 일하도록 처벌받은 죄수들의 감옥 **3.** 감옥

ocniț|ă, -e, s.f. [속어] **1.** ocnă의 축소형 **2.** 벽감(벽 또는 담의 오목한 부분) **3.** 깊은 구멍

oc|ol, I. ~uri, s.n. **1.** 회전, 순회; ~ul pământului 세계순회여행; a da ~ 돌다, 회전하다 **2.** 우회; [비유]둘러대는 언동; de ocol 도는; 간접적인; fără ~ 직접적으로, 주저하지 않고 II. -oale, s.n. **1.** 우리; ~ de vite 가축우리 **2.** 옛 행정구역 단위

ocol|i, -esc, -ii, -it, I. vt. **1.** 주위를 돌다, 회전하다 **2.** [비유]피하다, 돌려 이야기하다 II. vi. **1.** 우회하다 **2.** 방향을 바꾸다, 선회하다

ocolir|e, -i, s.f. **1.** 회전함, 주위를 돔 **2.** 우회 **3.** 선회

ocoliş, -uri, s.n. 우회도로

ocoli|t, I. -tă, -ți, -te adj. [비유]pe căi ~e 간접적인 방법으로 II. ~e, s.n. pe ocolite 빙둘러서, 간접적으로

ocrot|i, -ii, -it, vt. 보호하다; 방어하다, 도와주다, 지지하다

ocrotir|e, s.f. 보호; 방어; 지지

ocrotit|or, -oare, -ori, -oare, I. adj. 보호하는, 방어하는 II. s.m. 그리고 f. 보호자, 방어자

ocru, s.n. [지질]황토(철의 산화물을 포함한 흙)

octaedric, ~ă, ~i, ~e, adj 정팔면체의

octaedr|u, -e, s.n. 정팔면체

octant, ~e, s.n. **1.** [기하]8분원 **2.** [천문]천체가 태양에 대해서 이각 45도의 위치에 있음 **3.** [항해]팔분의(八分儀)

octav|ă, -e, s.f. **1.** [음악]옥타브 8도 음정 **2.** [종교]대제일 후 8일간, 팔부 첨례; 대제일후 8일째

octet, ~e, s.n. **1.** 8중주(단), 8중창 **2.** [화학](원자간의) 8우설

octod|ă, -e, s.f. 8극관

octogenar, ~ă, ~i, ~e, I. adj. 80세의 II. s.m. 그리고 f. 80세의 사람
octog|on, -oane, s.n. 8각형, 8변형
octogonal, ~ă, ~i, ~e, adj. 8각형의
octoih, ~uri, s.n. [종교]성가집, 찬송가집
octombrie, s.m. 시월
octopo|d, -dă, -zi, -de, I. adj. 다리 여덟의 II. s.m. 그리고 f. 8완류, 8각류
ocular, ~ă, ~i, ~e, I. adj. 눈의; martor ~ 현장목격자, 실지 증인 II. s.n. 접안렌즈
oculi|st, -stă, -şti, -ste, s.m. 그리고 f. 안과의사
ocul|t, -tă, -ţi, -te, adj. 숨은, 비밀의; 신비적인
ocupa, ocup, -ai, -at, I. vt. 점령하다, 차지하다, 점유하다; a ~ un loc 장소를 차지하다; ocupă tot spaţiul 장소를 모두 차지하다; a ~ o funcţie, o slujbă 관직을 차지하다 II. vr. 일을 하다, 활동하다; a se ~ de ceva 종사하다; a se ~ de cineva 보살피다
ocupan|t, -tă, -ţi, -te, s.m. 점유자; 거주자; 점령군
ocup|are, -ări, s.f. **1.** 점령; ~a oraşului 도시 점령; ~ a unui scaun, a unui loc 의자, 자리 차지 **2.** (관직의) 차지
ocupa|t, -tă, -ţi, -te, adj. **1.** 점령된 **2.** 종사하는, 바쁜
ocupaţi|e, -i, s.f. **1.** 점유, 점령 **2.** 일, 직업
odagaci, s.m. [식물] **1.** 비누풀속(석죽과의 초본; 잎의 즙은 비누대용) **2.** 알로에
odaie, odăi, s.f. 방
odalisc|ă, -e, s.f. **1.** 터키 황제의 궁녀들을 섬기던 여자노예 **2.** 터어키 황제의 처첩, 하렘의 여자
odată, adv. **1.** 한번; ~ şi ~ 아주 오래전에; 언젠가; a fost ~ ca niciodată 옛날에 **2.** 갑자기; ~-l văd că se scoală 갑자기 나는 그가 일어나는 것을 본다
od|ă, -e, s.f. 송가
odăiţ|ă, -e, s.f. 작은 방
odăjdii, s.f. pl. [종교]성직자의 제복, 미사복
odg|on, -oane, s.n. 밧줄
odicolon, s.n. [속어]쾰른 향수
odihn|ă, -e, s.f. I. sg. **1.** 휴지, 고요함, 정숙, 평안, 휴식 휴양; zi de ~ 휴일; casă de ~ 휴양소; fără ~ 휴식없이; [비유]odihna veşnică 영면(永眠) **2.** 마음 편한함 II. 층계 참(층계에서 다른층계로 가는 평평한 부분)
odihn|i, -esc, -ii, -it, I. vr. 쉬다, 휴식하다, 휴양하다 II. vr. 그리고 vi. 자다; Domnul să-l odihnească în pace 평온 속에 잠들게 하소서
odihni|t, -tă, -ţi, -te, adj. **1.** 쉬는 **2.** 조용한, 평온한
odihnit|or, -oare, -ori, -oare, adj. 평온을 주는
odinioară, adv. 전에
odi|os, -oasă, -oşi, -oase, adj. 싫은, 지겨운, 역겨운
odolean, s.m. [식물]쥐오줌풀
odometr|u, -e, s.n. 보도계(보행거리측정기), 노정계 (路程計)
od|or, -oare, s.n. **1.** 보석, 보물 **2.** [비유]사랑하는 여인
odoriz|a, -ez, -ai, -at, vt. 향료, 방향

물과 혼합하다
odorizan|t, -ți, s.m. [화학]향료, 방향물
odrasl|ă, -e, s.f **1.** 아이, 자손, 후예 **2.** [식물]새싹
odrăsl|i, -esc, -ii, -it, vi. **1.** [그리고 비유]싹이 트다 **2.** 낳다 자라다, 발전하다, 생기다
oenologie, s.f. 포도주 양조학
of, I. interj. 아! (고통, 실망, 후회, 화남 등등을 나타내는 감탄사)
ofens|a, -ez, -ai, -at, I. vt. (의) 감정을 상하게 하다, 성나게 하다, (의) 기분을 해치다; 모욕하다 II. vr. 화를 내다, 기분이 상하다
ofensare, s.f. 감정을 상하게 함, 성나게 함, 기분을 해침; 모욕함
ofensa|t, -tă, -ți, -te, adj. 모욕당한
ofensat|or, -oare, -ori, -oare, adj. 무례한, 모욕적인
ofens|ă, -e, s.f. 모욕, 무례
ofensiv, ~ă, ~i, ~e, adj. 공격적인
ofensiv|ă, -e, s.f. [그리고 비유]공세, 공격
ofer|i, ofer, -ii, -it, vt. **1.** (그리고 vr.) 제공하다, 원하여지지 않은 물건을 받도록 (호의로) 제안하다; 선물로 주다; 처분하도록 하다; a-şi ~ serviciile 봉사하다, 돌보아주다; a ~ un preț 팔 값을 부르다 **2.** [비유]가리키다, 보이다, 진열하다
ofertan|t, -tă, -ți, -te, adj. 제공자
ofert|ă, -e, s.f. 제공; 오퍼, 팔값(을 매김); 입찰; 팔 물건의 총체; cerere şi ~ 수요와 공급
ofici|a, -ez, -ai, -at, vt. (미사를)집행하다, (결혼식을) 거행하다
oficial, ~ă, ~i, ~e, adj. **1.** 당국의, 관(官)의 , 공(公)의 **2.** 공공의, 공인의 공적의 **3.** 정식의, 공식의
oficialit|ate, -ăți, s.f. **1.** 공적인 사람; 관청 **2.** 공적인 태도, 공적인 성격
oficializ|a, -ez, -ai, -at, vt. 공식화하다
oficialmente, adv. 공적으로
ofician|t, -tă, -ți, -te. I. adj. 제식을 행하는 II. s.m. 제식집행자, 집전하는 성직자
oficiere, s.f. 제식집행
oficinal, ~ă, ~i, ~e, adj. 약국의, 약용의; plante ~e 약용식물
oficin|ă, -e, s.f. 약국실험실; 음모의 온상, (도둑의) 소굴
ofici|os, -oasă, -oşi, -oase, adj. 비공식의, 공적인 확인을 받지 않은
ofici|u, -i, s.n. **1.** 사무소, 청, 원 ,국, 부; ~ poştal 우체국 **2.** 직무, 직책 **3.** 성무, 제식; ~ divin 미사 성제 **4.** 알선, 보살핌, 돌봄
ofil|i, -esc, -ii, -it, I. vt. 시들게 하다 II. vr. **1.** 시들다 **2.** [비유]쇠약해지다, 수척해지다, 여위다; 피곤에 지치다
ofilir|e, -i, s.f. 시듬, 여윔
ofili|t, -tă, -ți, -te, adj. **1.** (식물에 대해) 시든 **2.** [비유]창백한; 야윈; 피곤한; 탕진된
ofițer, ~i, s.m. **1.** 장교; ~ de stat major 참모장교, 영관 **2.** 공무원; ~ al stării civile 호적계원
ofițer|easă, -ese, s.f. 장교부인
ofițer|esc, -ească, -eşti, adj. 장교의; cizme ofițereşti 장교군화
ofițereşte, adv. 장교처럼, 장교답게
ofițerime, s.f. 장교; 장교의 총체

ofrand|ă, -e, s.f. **1.** [종교]헌납, 봉헌; 봉헌물, 제물 **2.** 기부금, 선물
ofsaid, ~uri, s.n. [스포츠]어프사이드
ofset, s.n. [인쇄]오프셋인쇄
oft, ~uri, 한숨
oft|a, -ez, -ai, -at, vi. 한숨쉬다 (그리움, 후회, 화 때문에); a ~ după cineva (또는 ceva) 누구를 (무엇이) 잃어버림에 대해 애석해하다; 누구를 (무엇을) 갈망하다
oftalmie, s.f. 안질; 안염
oftalmolog, ~i, s.m. 안과의사
oftalmologic, ~ă, ~i, ~e, adj. 안과의
oftalmologie, s.f. 안과학
oftalmome|tru, -tre, s.n. (안구의) 굴절계
oftalmoscop, ~uri, s.n. 검안경(檢眼鏡)
oftat ~uri, s.n. **1.** 한숨 **2.** 한숨 쉬는 사람
oftic|a, oftic, -ai, -at, I. vr. 폐결핵에 걸리다 II. vt. 곤궁에 처하게 하다
oftica|t, -tă, -ţi, -te, adj. 폐결핵에 걸린
oftică, s.f. 폐결핵
oftic|os, -oasă, -oşi, -oase, adj. **1.** 폐결핵의 **2.** 약한, 힘없는
ofus|ca, -chez, -cai, -cat, vt. 그리고 vr. 모욕하다, 충격을 주다
ogar, ~i, s.m. 사냥개 (그레이하운드의 일종)
ogăratic, ~ă, ~i, ~e, adj. 사냥개처럼의; 마른
ogăreşte, adv. 사냥개 처럼(빠르게)
ogârj|i, -esc, -ii, -it, vr. 야위다, 수척해지다, 마르다
ogârji|t, -tă, -ţi, -te adj. 야윈, 마른
ogheal, ~uri, s.n. 누빈 이불
ogival, ~ă, ~i, ~e, adj. [건축]첨두(尖頭)식의, 고딕식의
ogiv|ă, -e, s.f. **1.** [건축]첨두홍예 **2.** (포탄의) 탄두
oglin|dă, -zi, s.f. 거울
oglind|i, -esc, -ii, -it, vr. **1.** (그리고 vt.) 반사하다; [비유] **2.** 거울에 비치다, 반영하다; 거울을 들여다 보다
oglindir|e, -i, s.f. 반사, 반영
oglinduţ|ă, -e, s.f. **oglinjoar|ă,** -e, s.f. 작은 거울
ogod, ogoade, s.n. **1.** 정직, 솔직 **2.** 고요, 평온
ogo|i, -iesc, -ii, -it, vt. 그리고 vr. 조용해지다, 잠잠해지다
og|or, -oare, s.n. **1.** 전답, 경작지 **2.** 휴한(휴경)지
ogor|î, -ăsc, -âi, -ât, vt. 경작하다
ogr|adă, -ăzi, s.f. **1.** 뜰, 앞뜰, 안마당 **2.** 과수원
ogrinji, s.m. pl. (짚이나 건초의) 부수러기
ogur, ~uri, s.n. (미신에서) 징조, 표시
ohabnic, ohavnic, ~ă, ~i, ~e, adj. (사유 물건에 대해) 침해 할 수 없는
ohm, ~i, s.m. [전기]오옴
ohmme|tru, -tre, s.n. 오옴계
oier, ~i, s.m. 양치기
oieri|e, -i, s.f. **1.** 목사, 목양장 **2.** 양치기, 목양
oierit, s.n. oierie, 참조
oină, s.f. [스포츠]11명씩 팀을 짜서 막대기로 공을 쳐서 상대방 지역에 넣는 경기
oişt|e, -i, s.f. (수레의) 채, 끌채; a ni-

meri ca ieremia cu ~ a-n gard. nimeri 참조

oiț|ă, -e, s.f. **1.** 작은 양 **2.** [식물]아네모네

ol, ~uri, s.n. 항아리

olac, I. ~i, s.m. 전령, 속달 배달인 II. ~e, s.n. 우편마차

olaltă, adv. între ~ 함께; după ~ 차례차례, 잇달아; 계속해서; lângă ~ 서로 나란히; la ~ 서로, 함께

olan, ~e, s.n. **1.** 기와 **2.** 토관, 하수관

olandă, s.f. [섬유]얇은 고급 삼베; 아마포, 린네르

olandez, ~ă, ~i, ~e, I. adj. 홀랜드의 II. s.m 그리고 f. 홀랜드 사람

olandină s.f. [섬유]삼이 반섞인 직물

olar, ~i, s.m. 옹기쟁이, 도공

olat, ~uri, 그리고 ~e, s.n. 지역, 지구, 지방

olăcar, ~i, s.m. **1.** olar 참조 **2.** 우편마부

olări|e, -i, s.f. **1.** 요업 **2.** 도기공장 **3.** 도기

olărit, ~uri, s.n. olărie 참조

oleacă, adv. 조금 약간

oleacee, s.f. pl. 기름을 채취할 수 있는 식물

oleagin|os, -oase, -oşi, -oase, adj (식물에 대해) 기름을 함유한

oleandr|u, -i, s.m. [식물]leandru 참조

olea|t, -ți, s.m. 유산염

oleat|ă, -e, s.f. 아래에 대고 베낌(베낀 것)

olecuță, adv. 조금, 약간

oleic, ~ă, ~i, ~e, adj. 올레인의; acid ~ 올레인산

oleină, s.f. 올레인

oleo(leo) interj. aoleu 참조

olfactiv, ~ă, ~i, ~e, adj. 후각의

oligarh, ~i, s.m. 과두정치가

oligarhic, ~ă, ~i, ~e, adj. 과두정치의

oligarhi|e, -i, s.f. 과두정치

oligocen, s.n. 점신세(4500-2500만년전의 시대)

olimpiad|ă, -e, s.f. **1.** (고대 그리스의) 올림피아기(올림피아의 대회를 행한 해부터 다음 대회까지의 4년간) **2.** (현대의) 올림픽 경기대회

olimpi|an, -ană, -eni, -ene, adj. **1.** 신과같은, 숭고한, 기품 높은, 위엄있는 **2.** 올림포스의 신들의

olimpic, ~ă, ~i, ~e adj. **1.** 올림픽의; jocuri ~e 올림픽경기의 **2.** 올림피아의

oliț|ă, -e, s.f. 작은 항아리

oliv|ă, -e, s.f. 올리브

olmaz, ~uri, s.n. 다이아몬드

ol|og, -oagă. -ogi, -oage, I. adj. **1.** 다리하나 또는 둘이 없는; 걸어다닐 수 없는; 다리가 마비된; ~ de un picior 다리 하나의 **2.** [식물]난장이의, 왜소한 II. s.m. 그리고 f. 절름발이

olog|eală, -eli, s.f. 걸어갈 수 없음, 다리마비

olog|i, -esc, -ii, -it, I. vt. 절름발이가 되게 하다, 다리 불구가 되게 하다, 다리를 마비시키다 II. vi. 절름발이가 되다, 다리불구가 되다, 다리가 마비되다

olograf, ~e, adj. s.n. 자필 유언장

oloi, ~uri, s.n. **1.** [방언]기름 **2.** 기름물감

olt|ean, -eancă, -eni, -ence, s.m. 그

리고 f. 올테니아 사람

olten|esc, -ească, -eşti, adj. 올테니아(인)의

olteneşte, adv 올테니아 처럼

om¹, oameni, s.m. **1.** 사람, 인간; oamenii muncii 일하는 사람, 활동하는 사람; (nu-i) nici picior de ~ 아무도 없다; ca ~ul 누구에게나 일어날 수 있는 것처럼; am greşit şi eu ca ~ul 나도 누구나 하는 것 처럼 실수를 했다; (호격에서) ~ul lui dumnezeu 또는 ~ulei 아이고!; om bun! 좋은 의도로 왔다는 것을 집주인에게 확신시키기 위해 문을 노크하는 사람이 주는 대답; ca oamenii 인간답게 **2.** 남자, 사람; ~ de încredere 신뢰할 수 있는 사람; a fost un ~ mare 그는 위대한 사람이었다; ~ de cuvânt 약속을 잘 지키는 사람; ~ de lume 속된 사람; ~ de nimica 쓸모없는 사람, 건달; e un ~ de nădejde 그는 의지할 만한 사람이다; ~ de onoare 명예있는 사람; ~ al legii 법률가 **3.** 하인, 신하; omul lui dumnezeu 좋은 사람 **4.** 남편

om², [속어]vom 참조

omag, s.m. [식물]개정향풀

omagi|a, -ez, -ai, -at, vt. 누구에게 존경과 경의를 표하다, 충성을 맹세하다

omagial, ~ă, ~i, ~e, adj. 충성, 경의의 성격을 가진, 존경의 표시인

omagi|u, -i, s.n. 신하로서 받들어 섬김, 충성의 맹세; 경의(를 표하기), 구애

omăt, ~uri, s.n. [방언]눈

ombilic, ~uri, s.n. [해부]배꼽

ombilical, ~ă, ~i, ~e, adj. 배꼽의; cordon ~ 탯줄

omega, s.m. 오메가

omen|esc, -ească, -eşti, adj. 인간 속성의, 인간에 관한

omeneşte, adv. 인간의 관점에서, 인간처럼, 인간의 조건에서

omen|i, -esc, -ii, -it, vt. [속어] **1.** 손님을 맞이하다 **2.** 섬기다, 존경하다

omenie, s.f. **1.** 인간성; .**2.** 인정 **3.** 존경할만한 태도, 정직, 성질; om de ~ 행실이 바르고 품위있는 사람; cu ~ 호의로; a învăţa (pe cineva) ~ 누구를 점잖게 하기 위해 처벌하다; a şti ~ 이해심 있다; a-şi mânca omenia 화해하다

omenir|e, -i, s.f. **1.** 인류 **2.** 사람의 무리, 군중

omen|os, -oasă, -oşi, -oase, adj. 예의바른, 품위있는, 단정한, 성실한, 정직한

omi|dă, -zi, s.f. 애벌레, 모충; a mânca ca omizile 많이 먹다; a curăţa de omizi 모충을 구제(驅除)하다

omili|e, -i, s.f. [종교]설교, 성서의 해설

omisiun|e, -i, s.f. **1.** 빠뜨려하기, 빠뜨림, 생략 **2.** 누락, 탈락, 빠짐; 탈자(脫字)

omi|te, omit, -sei, -s, vt. **1.** 빠뜨리다, 생략하다 **2.** 누락시키다 탈락시키다

omiter|e, -i, s.f. 생략하기, 빠뜨리기

omlet|ă, -e, s.f. [요리]오믈레트

omnibus, ~uri, s.n. 합승마차, 합승자동차, 버스

omnipoten|t, -tă, -ţi, -te, adj. 전능의; 절대적 권력이 있는

omnipotență, s.f. 전능, 절대적 권력

omniscien|t, -tă, -ți, -te, adj. 전지(全知)의

omniscienț|ă, s.f. 전지(全知)

omnivor, ~ă, ~i, ~e, I. adj. 잡식성의 II. ~e, s.n. 잡식가[동물]

omofon, ~ă, ~i, ~e, adj. 동음의 (쓰는 것은 다르게 쓰지만 똑같은 발음의)

omofoni|e, -i, s.f. 동음이철

omof|ora, -oare, s.n. [종교]대주교가 교회에서 입는 옷

omogen, ~ă, ~i, ~e, adj. 동질의, 균질의

omogenit|ate, -ăți, s.f. 동질(균질)성

omogeniz|a, -ez, -ai, -at, vt. 동질(균질)로하다

omogeniz|are, -ări, s.f. 동질로 함

omogenizat|or, -oare, s.n. 혼합기

omol|og, -oagă, -ogi, -oage, adj. [수학]대응의; [화학]동족의

omolo|ga, -ghez, -gai, -gat, vt. [법률]승인(인가)하다; [스포츠] (기록을) 공인하다; a ~ recordul mondial 세계기록을 공인하다

omolog|are, -ări, s.f. 승인(인가)공인

omonim, I. ~e, s.n. [언어]동음이의(同音異義) II. ~i, s.m. 동명이인

omonimi|e, -i, s.f. [언어]동음이의의 상태

omopla|t, -ți, s.m. 견갑골(肩胛骨)

omor, ~uri, s.n. 살인

omorâre, s.f. **1.** 살해, 살인함 **2.** 살인

omorât|or, -oare, -ori, -oare, I. adj. 살인의, 살인자의, 살인적인 II. s.m. 그리고 f. 살인자

omor|î, omor, -âi, -ât, I. vt. **1.** 살인하다; 살해하다, 죽이다; a ~ pe cineva cu zile 누구의 죽음을 야기하다; 계속해서 고통스럽게 하다; a ~ în bătaie 매우 심하게 때리다 **2.** [비유]파괴하다; a-şi omorî timpul 시간을 잃어버리다, 쓸데없는 일로 시간을 낭비하다 II. vr. 힘을 탕진하다 지치다; a se omorî de râs 매우 강하게 웃다; a se omorî cu firea 무엇을 하기 위해 있는 힘을 다하다

omucid, ~e, s.m. **1.** 살인자 **2.** 살인

omucider|e, -i, s.f. [법률]살인(죄)

omuleț, ~i, s.m. **1.** 키가 작은 사람 **2.** [비유]쓸모없는 사람

omuşor, ~i, s.m..**1.** omuleț 참조 **2.** [해부]목젖 **3.** 울대뼈

onani|e, -i, s.f. [방언]~ de om 추악한 사람

onanie, s.f. [의학]수음(手淫), 자위행위

oncogen, ~ă, ~i, ~e, adj. 암을 유발시키는

oncolog, ~ă, ~i, ~e, s.m.f. 암전문의

oncologic, ~ă, ~i, ~e, adj. 암의

oncologie, s.f. 종양학

onctu|os, -oasă, -oşi, -oase, adj. **1.** 기름 모양의 **2.** 기름기 있는

onctuozitate, s.f. 기름기, 유질

ondin|ă, -e, s.f. [신화]물의 요정, 물의 신

ondul|a, -ez, -at, vt. **1.** (머리카락 위의) 웨이브를 만들다, 파마하다 **2.** vi.(물이)일렁거리다, 물결치다; (사물이)구불거리다

ondula|t, -tă, -ți, -te, adj **1.** 물결모

양의 **2.** (머리에 대해) 파마한, 웨이브모양의

ondulat|or, -oare, s.f. (머리털)아이론

ondulatori|u, -e, -i, adj. 파상의, 물결무늬를 한, 파동 치는

andulați|e, -i, s.f. **1.** (머리털의) 웨이브; ~ permanentă 파마 **2.** 파동, 물결침

ondul|or, -oare, s.m. [전기]정류기(整流機)

oner|os, -oasă, -oși, -oase, adj. [법률]부담이 무거운; 비용이 드는; 유상의

on|est, -stă, -ști, -ste, adj. 존경할만한, 정직한, 성실한, 공정한

onestitate, s.f. 정직, 성실, 공정

oniric, ~ă, ~i, ~e, adj. **1.** 꿈의, 꿈같은, 몽환(몽상)의; delir ~ 몽상, 섬망, 헛소리 **2.** 꿈속에 살면서 세상에서 이방인이 된

onirism, s.n. 몽환상태

onix, s.m. [지질]줄 무늬가 있는 마노

onoare s.f. **1.** 명예, 영광; de ~존경할만한, 명망있는, 훌륭한; om de ~ 명예있는 사람, 신사; chestiune de ~ 명예(체면) 문제; pe cuvântul meu de ~ 맹세코; a-și da cuvântul de ~ 명예를 걸고 약속하다 **2.** 존경, 경의 **3.** 경의 표하는 일; 예우; președinte de ~ 명예 대통령; gardă de ~ 의장 위병; domnișoară de ~ 신부들러리; doamnă de ~ 궁녀 **4.** (인사); am ~ să... ..하는 것이 영광이겠습니다.

onomastic, ~ă, ~i, ~e, adj 고유명사의

onomastcă, s.f. **1.** 고유명사 연구 **2.** 고유명사

onomastic|on, -oane, s.n. 고유명사 사전

onomatopee, ~, s.f. 의성어

anomatopeic, ~ă, ~i, ~e, adj. 의성어의

onor, ~uri, s.n. ~i, **1.** (특히 pl.)경의 표하기; [군사]a da (또는 a suna) ~ul누구에게 경의를 표하다; a face ~urile casei 경례하다 **2.** (특히 pl.) 명예직 고관

onor|a, -ez, -ai, -at, vt. **1.** 존경하다, 존중하다. **2.** 명예롭게 하다, ...에게 영광을 돌리다 **3.** 보수(사례)를 지급하다

onorabil, ~ă, ~i, ~e, adj. 명예로운, 명망 높은, 고귀한

onorar, I. ~ă, ~i, ~e, adj. onorific 참조 II. -e, s.m. onorariu 참조

onorari|u, -i, s.n. 사례금

onora|t, -tă, -ți, -te, adj 존경된, 존중된, 명예로운

onorific, ~ă, ~i, ~e, adj 명예상의; membru ~ 명예회원; titlu ~ (특별한 공훈 때문에) 부여된 칭호

ontogenetic, ~ă, ~i, ~e, adj. [생물]개체 발생의

ontogenic, s.f. [생물]개체 발생

ontologic, ~ă, ~i, ~e, adj. 존재학의, 본체론의

ontologie, s.f. [철학]존재학, 본체론

oolit, ~e, s.n. [광물]어란상(魚卵狀), 석회암

oolitic, ~ă, ~i, ~e, adj. 어란상의, 석회암질의

oologie, s.f. 조란(鳥卵)학

oosfer|ă, ~e, s.f. [식물]난구
op, ~uri, s.n. 작품; 책, 논문
opac, I. ~e, s.n. 나무 못 II. ~ă, ~i, ~e, adj. 불투명한; [비유]둔한
opacitate, s.f. **1.** 불투명 **2.** [비유]둔함
opai(e)ț, ~e, s.n. 수지램프
opal, ~e, s.n. [광물]오팔, 단백석
opalescen|t, -tă, -ți, -te, adj. 단백과의, 유색산광의
opalescenț|ă, -e, s.f. 단백광, 유색산광
opalin, ~ă, ~i, ~e, adj. 오팔 빛의, 단백광의, 유백색의
opăr|eală, -eli, s.f. 뎀, 짓무름
opăr|i, -esc, -ii, -it, I. vt. **1.** 끓는 물을 붓다(씻기 위해, 껍질을 벗기기 위해) **2.** 끓는 물에 데다 II. vr. **1.** (특히 조그만 아이에 대해) **1.** 피부가 짓무르다; (곡식에 대해)깜부기 병에 걸리다
opări|t, -tă, -ți, -te, adj. **1.** (특히 아이들에 대해)피부가 짓무른 **2.** [비유]화난, 심술난
opăritur|ă, -i, s.f. opăredă참조
opcin|ă, -e, s.f. 산꼭대기
oper|a, -ez, -ai, -at, I. vt. **1.** 하다, 생기게 하다 **2.** [외과]수술하다 **3.** 시행하다, 실시하다, 완수하다 **4.** [군사]작전을 수행하다 II. vr. [외과]수술을 받다.
operabil, ~ă, ~i, ~e, adj. 수술 할 수 있는
operan|t, -tă, -ți, -te, adj. 효력있는, 성공한; o măsură ~ă 성공적인 조치
opera|t, -tă, -ți, -te, I. adj. 수술받은 II. s.n. 그리고 f. 수술환자
operativ, ~ă, ~i, ~e, adj. **1.** 빨리 작용하는; 효능있는; 효과적인 **2.** 행동에 관한
operativitate, s.f.효능, 효과, 적용력
operat|or, -oare, -ori, -oare, s.m. 그리고 f. **1.** [의학]수술자, 집도자 **2.** [영화]촬영기사, 카메라맨 **3.** (기계의)조작자, 운전자
operatori|u, -e, -i, adj. 수술의, 외과의
operați|e, -i, s.f. **1.** (외과)수술,[수학]연산, 계산, [군사]작전(행동) **2.** 작용, 활동; 조작; 실험 **3.** 거래, 매매; ~ de credit 신용거래; ~ bancară 은행거래
oper|ă, -e, s.f. **1.** [음악]오페라 **2.** 오페라 극장 **3.** 오페라 작품
opercul, ~e, s.m. **1.** [식물]과개(果蓋) **2.** [어류학]아가미 뚜껑
operet|ă, -e, s.f. 오페레타
opin|a, -ez, -ai, -at, vt. 그리고 vi. 의견을 말하다; 고려하다, 생각하다; 간주하다; 태도를 취하다; a ~ pentru ceva 찬성하다
opincar, ~i, s.m. **1.** 끈으로 맨 가죽 신발을 신은 사람, 농부 **2.** 위 신발을 만드는 사람
opinc|ă, -i, s.f. **1.** 끈으로 맨 가죽신발 **2.** 농민
opincări|e, -i, s.f. 가죽 끈 신발 상점
opini|e, -i, s.f. 의견, 견해, 판단, 관점, 생각; a avea curajul ~i 의견을 말할 용기가 있다; a face ~ separată 자신의 의견을 갖다; opinia mondială 세계여론; opinia pu-blică 여론
opint|eală, -eli, s.f. 큰 노력, 힘씀; pe ~ 노력하여, 있는 힘을 다해

opint|i, -esc, -ii, -it, I. vt. **1.** 힘을 써서 짐을 들어올리다; 무엇을 힘들게 들다 **2.** 동물이 더 빨리 가도록 강요하다. **3.** 충동하다 자극하다 II. vr. **1.** 무엇을 올리거나 들기 위해 애쓰다. 노력하다 **2.** 단호하게 출발하다, 돌진하다.
opintir|e, -i, s.f. 노력, 애씀
opiu, s.n. 아편
opl|ean, -ene, s.n. 썰매 바닥을 고정하며 가로 지르는 두 나무들 중의하나
oplos|i, -esc, -ii, -it, I. vt. 숙박시키다. 잠자리를 제공해주다; 좋은 환경을 만들어주다, 보호하다 II. vr. 숙박하다, 피난처를 구하다.
oponen|t, -tă, -ți, -te, s.m. 그리고 f. 반대자, 상대
opoponax, s.m. [식물]오포파낙스
oportun, ~ă, ~i, ~e, adj. 시기에 맞은, 계기가 좋은, 때맞은, 적절한; 유익한
oportunism, s.m. 편의주의, 기회주의, 형세관망주의
oportuni|st, -stă, -şti, -ste, s.m. 그리고 f. 편의주의자, 기회주의자
oportunitate, s.f. **1.** (시기 상황의) 형편이 좋음, (일처리가)시기에 적절함 **2.** 편의주의, 관망주의, 기회주의
oposum, ~i, s.m. [동물]주머니쥐
opoterapie s.f. [의학]장기액(臟器液)요법
opozabil, ~ă, ~i, ~e, adj. **1.** 마주 대하게 할 수 있는, 대항할 수 있는 **2.** [법률]항변할 수 있는
opoziți|e, -i, s.f. **1.** 대응, 상응; 대립, 상반; în ~ cu 반대하여 **2.** 반대, 대항, 적대, 반대 **3.** [천문]대충(태양과 육성과의 황경차가 180도가 되었을 때) **4.** [법률]항고 **5.** [정치]야당, 반대당
oprelişt|e, -i, s.f. **1.** 금지조치, 금지명령 **2.** 방해
opresiun|e, -i, s.f. **1.** 가슴의 압박감, 숨참; (마음의)답답함 **2.** 압재, 압박, 학대, 억압
opresiv, ~ă, ~i, ~e, adj. 압제적인; 억압적인
opresor, ~i, s.n. 압제자
opr|i, -esc, -ii, -it, I. vt. **1.** 세우다, 서게하다, 멈추게하다 **2.** 저지하다; 방해하다; 제지하다 **3.** 잡아주다. 간직해주다, 보전하다, 보존하다; a ~ pe cineva la masă 식탁에 붙잡아두다; a ~ un loc 자리를 차지하다; intrarea oprită 입장금지 II. vr. **1.** (그리고 vr.)서다, 멈추다 **2.** 머무르다, 쉬다. **3.** 중지하다, 중단하다; a se ~ din ...에서 멈추다. 중단하다; a se ~ din citit 읽는 것을 중단하다 **4.** 억제하다, 삼가다, 참다; nu mă pot ~ de râs 웃음을 참을 수 없다. III. vi. 빼내다; a ~ din salariu 봉급에서 빼내다
oprim|a, oprim, -ai, -at, vt. 압제(억압)하다, 학대하다; (의)가슴을 압박하다
oprim|are, -ări, s.f. 억압, 압제, 학대, 압박
oprima|t, -tă, -ți, -te, adj. 압제에 신음하는, 학대당하는
oprir|e, -i, s.f. **1.** fără ~ 중단 없이 **2.** 정거장, 멈춤 **3.** 빼냄, 공제(총액에서) **4.** 금지 **5.** 정지, 정체, 중단
opri|t, -tă, -ți, -te, adj. 금지된; pădure ~ 방풍림

oprit|oare, -ori, s.f. **1.** 제동체인, 브레이크 체인 **2.** 제방, 둑

opritur|ă, -i, s.f. [방언]보호산림(눈사태를 막기 위해)

oprobriu, s.n. 치욕, 오명

opt, I. nnm, card. 8 II. s.m.여덟

opt|a, -ez, -ai, -at, vi. (...중에서)고르다, 선택하다

optativ I. ~ă, ~i, ~e, adj. [문법]소망법; propoziție ~ă 소망문 II. ~e, s.n. 소망형

optic, ~ă, ~i, ~e, adj 눈의, 시각의; iluzie ~ă 착시; 착각; nerv ~ 시신경

optică, s.f. **1.** 광학, 광학론 **2.** [비유] 관점, 전망

optici|an, ~ană, ~eni, ~ene, s.m. 그리고 f. 안경(광학기계)상인 (제조업자)

optim, ~ă, ~i, ~e, adj. 아주 잘

optim|e, -i, s.f. **1.** 8分 **2.** 8분음표

optimism, s.n. 낙천주의; 낙관

optimi|st, -stă, -şti, -ste, I. adj. 낙천주의의, 낙관적인 II. s.m. 그리고 f. 낙천주의자

optsprezece num. card. 18

optsprezece|lea, -a, num. ord. 18번째

opt|ulea, -a, num. ord. 8번째

optzeci, num. card. 80

optze|cilea, -cea, num. ord. 80번째

opțiun|e, -i, s.f. 선택

opulen|t, -tă, -ți, -te, adj. 부유한; (살림이)풍족한, 호사스러운; (수학, 파워가) 남아돌도록 풍성한; 풍만한

opulență, s.f. 부유, 호사; 풍만

opu|ne, opun, -sei, -s, I. vt. **1.** 마주대하게 하다, 대응시키다 **2.** 대립시키다, 대조시키다. **3.** 대항시키다, 적대시키다; a ~ rezistență 대항하다 II. vr. 반대하다, 적대하다.

opuner|e, -i, s.f. **1.** 마주 대함. **2.** 대립, 대조 **3.** 대항, 적대

opus[1]**,** s.n. [음악]작품

opus[2]**,** -să, -şi, -se, adj. **1.** 마주보는, 대조되는; unghiuri ~e 대정각 **2.** 적대하는

opuscul, ~e, s.n. 소논문, 소품; 소책자

opust, ~uri, s.n. 댐, 제방, 둑

or, conj. 그러나

oracol, ~e, s.n. **1.** (고대 그리스) 신탁, 신의 **2.** 예언 **3.** (권위자, 전문가가 내리는)결정, 판정; 권위자

oral, I. ~ă, ~i, ~e, adj. 구어의; 구전의; 구두의; examen ~ 구두시험 II. ~e, 구두시험

oralitate, s.f. 구어

orangutan, ~i, s.m. urangutan 참조

oranist, ~uri, s.m.(종교적 행렬에서 성체나 주교 머리 위에 펴받쳐지는) 용개, 천개

oranj, adj. invar. 오렌지 색의

oranjad|ă, -e, s.f. 오렌지 즙

orar, I. ~e, s.n. **1.** 시간표 **2.** 스톨라; 영대(주교, 사제가 미사도니 걸치는) II. ~ă, ~i, ~e, adj. 시간의; diferență ~ă 시간차이

oraş, ~e, s.n. **1.** 도시; de ~ 도시의 **2.** 중심가

orat|or, -oare, -ori, -oare, s.m. 그리고 f. 연설자, 변사, 웅변가

oratonic, ~ă, ~i, ~e, adj. 연설의, 연설적인, 연설가의, 웅변의

oratorie, s.f. 웅변, 능변

orați|e, -i, s.f. ~ de nuntă 결혼 주례

O

or|ă, -e, s.f. **1.** 시간; cu orele 시간동안; pe ~ 한 시간에; la ora actuală 지금, 현재; ~ de audienţă 영접시간 **2.** 강의 시간 **3.** 시(時); la ora l0 10시에

orăcă|i, pers.3, orăcăie, -i, -it, vi. 꽥꽥거리다(개구리 등이); (아이들이) 울다

orăcăi|ală, -eli, s.f. orăcăit, ~uri, s.m. 꽥꽥거리는 소리

orăş|ean, -eancă, -eni, -ence, s,m. 그리고 f. 도시인

orăşel, ~e, s.n. 작은 도시

orăşen|esc, -ească, -eşti, adj. 도시의; populaţie orăşenească 도시인구

orăseneste, adv. 도시적으로

orăşenime, s.f. 도시인구

orăt|anie, -ănii, s.f. (식용의)새

orândar, ~i, s.m. [방언]술집주인; 소작인

orând|ă, -zi, 그리고 -de, s.f. **1.** [방언]술집 **2.** 소작

orându|i, -esc, -ii, -it, vt. **1.** 질서있게 배치하다, 정리하다, 정돈하다 **2.** 조치하다, 처리하다; 명명하다 **3.** 결정하다; 명령하다 **4.** 준비하다

orindui|ală, -eli, s.f. **1.** 정리, 정돈, 정열; a pune în ~ 정리하다 **2.** 처리, 명령, **3.** 사회질서(원칙)

orânduir|e, -i, s.f. 정리; 정돈; 조직

orb, I. oarbă, orbi, oarbe, adj. [비유] 눈먼, 눈이 보이지 않은; 맹목적인; noapte oarbă 칠흑처럼 캄캄한 밤; mânie oarbă 맹목적 분노; încredere ~ 맹목적 신임; cartuş ~ 공포(空砲); noroc ~ 큰 행운; fereastră oarbă 들여다보이지 않는 창문 II. s.m. 그리고 f. 장님; a nimerit ~ul Brăila 나다니다 보면 행운을 만나는 수도 있다; prinde ~ul, scoate-i ochii 아무소득도 없다 III. s.n. ~ul găinilor 야맹증

orbecă|i, -iesc, 그리고 **orbecăi,** -ii, -it, vi.(어둠 속에서)더듬어 찾다, 더듬거리다

orb|esc, -ească, -eşti, adj. (행동, 감정 등에 대해서) 맹목적인; încredere orbească 맹목적 신념

orbeşte, adv. 맹목적으로

orbe|te, -ţi, s.m. 스파락스 (러시아나 헝가리 초원에 사는 일종의 들쥐)

orb|eţ, -eaţă, -eţi, -eţe, s.m. 그리고 f. 장님; (눈먼)거지; a se bate ca orbeţii 어디에 부딪히는지 보지 않고 마구 서로 때리다

orb|i, -esc, -ii, -it, I. **1.** vt. 눈을 멀게 하다; 누구의 눈을 뽑다; 시선을 흐리게 하다 **2.** 이성을 잃게 하다, 객관적인 판단을 못하게 하다; 속이다, 착각을 일으키게 하다 II. vi. 장님이 되다. 눈이 멀다

orbicular, ~i, adj. m. 둥근; 환상(環狀)의; 원을 그리는

orbire, s.f. 눈멈; 정신이 흐림, 무의식

orbiş, adv. [비유]보지 않고서, 눈을 감고; 생각해 보지 않고, 맹목적으로; 미친듯이

orbi|t, -tă, -ţi, -te, adj. **1.** 눈먼 **2.** [비유]정신 나간, 무분열한, 미친; 매혹적인

orbital, ~ă, ~i, ~e, adj. 궤도의

orbit|ă, -e, s.f. **1.** 눈구멍 **2.** 궤도 **3.** (활동, 세력)영향범위

orbit|or, -oare, -ori, -oare, adj. 눈부

신; 눈이 어찔한 정도의; 이성을 잃게 하는, 생각을 어둡게 하는

orcan, ~e, s.n 대폭풍, 허리케인

orchestr|a, -ez, -ai, -at, vt. 관현악으로 작곡(편곡)하다

orchestral, ~ă, ~i, ~e, adj. 관혁악의

orchestr|are, -ări, s.f. **orchestrați|e,** -i, s.f. 관혁악법, 관현악(곡)편성

orchestr|ă, -e, s.f. **1.** 관혁악, 오케스트라 **2.** (고대 그리스의 극장 무대 전면의)합창석

orcic, ~uri, s.n. 물추리 막대, 수레에 가로지는 나무(마구(馬具)에 깔 가죽을 잡아매는)

ordali|e, -i, s.f. [역사](중세기의)신명심판(불, 열에 손을 넣어도 다치지 않는 자나 싸워서 이기는 자를 무죄로 인정)

ordi|e, -i, s.f. hoardă 참조

ordin, ~e, s.n. **1.** 지령, 훈련, 임무; la ~ele d-voastră 당신의 명령으로!; ~ de chemare 징집령 **2.** 훈장 **3.** 종교 교단; ~ religios 수도회 **4.** [식물, 동물]목(目), 족(族) **5.** [건축]양식; ~ul doric 도리아식 **6.** 서열, 계층, 계급; de prin ~ 1등급의

ordinal, ~ă, ~i, ~e, adj. numeral ~ 서수

ordinar, ~ă, ~i, ~e, adj. **1.** 보통, 통상적인, 일상의 **2.** 흔해빠진

ordin|e, ~i, s.f. **1.** 순서, 차례, 질서; ~ alfabetică, cronologică 알파벳, 연대기 순서; ~ de zi 의사일정(議事日程); la ~a zilei 의사일정에 **2.** 정리, 정돈; a face ~정리하다 **3.** orânduire 참조

ordon|a, vt. **1.** ordon, -ai, -at, 명령하다 **2.** -ez, -ai, -at, 정리하다, 정돈하다

ordonanț|a, -ez, -ai, -at, vt. 지불명령을 발부하다

ordonanț|are, -ări, s.f. 지불명령

ordonanț|ă, -e, s.f. **1.** 법령, 법규, 결정, 명령; ~de plată 지불명령 **2.** [군사]전령기병

ordona|t, -tă, -ți, -te, adj. **1.** (사람에 대해)단정한, 꼼꼼한 **2.** (물건에 대해)정돈된, 질서있는

ordonat|ă, -e, s.f. [수학]세로좌표

oread|ă, -e, s.f. [신화]산의 요정

oreion, s.n. sg. 유행성 이하선염

oreşniț|ă, -e, s.f. 견과(堅果)모양의 구근(球根); 땅콩

orez, s.n. 쌀

orezări|e, -i, s.f. 벼농사; 논

orfan, ~ă, ~i, ~e, I. adj 고아의 II. s.m. 그리고 f. 고아

orfelin, ~ă, ~i, ~e, s.m. 그리고 f. orfan 참조

orfelinat, ~e, s.m. 고아원

organ, ~e, s.n. **1.** 기관(器官), 몸부분 **2.** 기계의 장치 **3.** [비유]행동, 의사전달의 행동, 수단; 기관지 **4.** [정치, 행정]기관 **5.** 오르겔

organdi(n), s.n. [섬유]오건디 (얇고 질긴 목면직)

organic, ~ă, ~i, ~e, adj **1.** 기관의 **2.** 유기적인; chimie ~ă 유기화학 **3.** 조직적인

organism, ~e, s.n. **1.** 기구, 기관, 조직체; 인체 **2.** 공인된 단체 **3.** 유기체, 생물

organi|st, -stă, -şti, -ste, s.n. 그리고 f. 오르간 연주자

O

organiz|a, -ez, -ai, -at, I. vt. **1.** 조직하다. 편성하다; 체계화 하다 **2.** 운영하다, 주치하다; 창설하다 II. vr. 조직화(체계화)되다, 정리(정돈)되다

organiz|are, -ări, s.f. **1.** 조직(화)기구 **2.** 운영, 주최, 창설, **3.** 정리

organiza|t, -tă, -ți, -te, adj. 조직화된, 체계화된, 개최된

organizat|or, -oare, -ori, -oare, I. adj 조직적인, 조직(구조)상의 II. s.m. 조직자, 준비인; 형성자; 창립자

organizați|e, -i, s.f. 조직, 기구; ~ de partid 당기구; ~ de masă 대중조직

organogen, ~ă, ~i, ~e, adj. [화학] 기관 형성의

organoterap|ie, -ii, s.f. 장기요법

org|ă, -e, s.f. 오르겔

orgiac, ~ă, ~i, ~e, adj. 주신제(酒神祭)(박쿠스제)의

orgi|e, -i, s.f. [그리스 신화]주신(박쿠스)제; 방탕한 술자리, 유흥; 방종

orgoli|os, -oasă, -oși, -oase, adj. 거만한, 교만한, 우울한, 자존심이 강한

orgoli|u, -i, s.n. 뽐내기, 우쭐대기; 거만, 오만, 교만; 자존심, 자부심

orhidee, ~ s.f. [식물]난초과의 식물

orhit|ă, -e, s.f. [의학]고환염

ori, I. adv.(의문 문장에서)혹시 II. conj, 또는; ~ ...~ 또는, 또는

oribil, ~ă, ~i, ~e, adj. 무시무시한, 소름끼치는; 흉악한, 몹시 나쁜

oricare. pron. nehot. 모든 사람, 누구이던간에

oricând, adv. **1.** 항상; 늘, 언제나 **2.** (비교급에서 ca, decât 뒤에서) 다른 어떤 때; mai frumoasă ca ~ 다른 어떤 때 보다 더 아름다운

oricât, I. conj, 아무리...할지라도; ~ de rău ar fi 아무리 나쁠지라도 II. adv. 그리고 pron. nehot. 수 양에 상관없이; oricâți bani ai avea, tot nu-ți ajung 너는 많은 돈을 갖고 있어도 여전히 충분하지 않다

orice, pron. nehot. 무엇이던간에; cu ~ chip (또는 preț) 여하튼간에, 어떤 희생을 치르더라도

oricine, pron. nehot. oricare 참조

oricum, adv. 어떻든 상관없이 모든 방법으로

ori|e, -i, s.f. [양어]예망, 트롤어망

orient, s.n. 동양, 동쪽; 근동; ~ul mijlociu 중동; Extremul ~ 극동

orient|a, -ez, -ai, -at, vt. **1.** (어떤 방향으로)돌리다. (...에)방향을 부여하다; 방향을 주다; 바로잡아 향하게 하다; 누구에게 위치를 가르쳐주다; 누구에게 상황(사정)을 교도(계몽, 설명)하다 **2.** vr. 옳은 방향을 찾다; 방향을 알다; 형편을 알게 되다.

oriental, ~ă, ~i, ~e, I. adj. 동양의; 동쪽의 II. s.m. 그리고 f. 동양사람

orientalism, s.m. 동양사람 특징의 모든 것; 동양학

orientali|st, -stă, -ști, -ste, s.m. 그리고 f. 동양학자

orientalistică, s.f. 동양학

orient|are, -ări, s.f. **1.** 방향정하기 **2.** 상황교학; 계몽, 설명, **3.** 방향, 경향

orifici|u, -i, s.m. [기술](파이프 따위의)구멍; 도관

original, ~ă, ~i, ~e, I. **1.** 최초의, 근본의, 본래의; 원본의; în ~ 원본의, 복사되지 않은; text ~ 원본 **2.** 독창

적인, 참신한; 특색있는, 독특한 II. ~e, s.m. 원본, 원화, 원작, 원서, 원문, 원어; 진품, 진짜 모델

originalit|ate, -ăți, s.f. **1.** sg. 본원적임, 원형임; 창의, 독창성 **2.** 특이성, 특색 **3.** 기발함

originar, ~ă, ~i, ~e, adj. **1.** 원래의, 최초의 **2.** 타고난

origin|e, -i, s.f. **1.** 시발, 시초; 기원, 원천; la ~ 처음에 **2.** 태생, 출신; 혈통; originea unui cuvânt 말의 유래; e român de ~ 그는 루마니아 혈통이다 **3.** [수학](좌표의)원점

oriîncotro, adv. 어느방향으로 가던 상관없이

orişicare, pron. nehot. oricare 참조

orişice, pron. nehot. orice 참조

orişicine, pron. nehot. oricare 참조

orişicând, adv. oricând 참조

orişicât, adv. conj, oricât 참조

orişicum, adv. oricum 참조

ori(şi)unde, adv. 어디에서든지간에

orizont, ~uri, s.n. **1.** [지질]지평선, 수평선 **2.** [비유]시계, 시야; 전망

orizontal, ~ă, ~i, ~e, adj. 수평의, 지평의

orn|a, -ez, -ai, -at, vt. 장식하다, 아름답게 하다

ornament, ~e, s.m. **1.** 장식 **2.** 장식품 **3.** [인쇄]문식 **4.** [음악]장식음

ornament|a, -ez, -ai, -at, vt. 장식하다

ornamental, ~ă, ~i, ~e, adj. 장식의

ornamentare, s.f. 장식하기

ornamentați|e, -i, s.f. 장식법; 장식

ornare, s.f. ornamentare 참조

ornic, ~e, s.m. 추시계

ornicări|e, -i, s.f. **1.** 시계 제조기술 **2.** 시계상점

ornitol|og, -oagă, -ogi, -oage, s.n. 그리고 f. 조류학자

ornitologic, ~ă, ~i, ~e, adj. 조류학의

ornitologie, s.f. 조류학

ornitorinc, ~i, s.n. [동물]오리 너구리

or|oare, -ori, s.f. **1.** 공포, 전율, 무서움 **2.** 혐오, 증오, **3.** 소름끼치는 것, 끔찍함 **4.** 잔악한 행위; a comite orori 잔악한 짓을 하다

orogenetic, ~ă, ~i, ~e, adj. 산악형성의

orogenez|ă, -e, s.f. 산악형상, 조산(造山)운동

orogenic, ~ă, ~i, ~e, adj. 산악형성의

orografic, ~ă, ~i, ~e, adj. 산악학의

orografie, s.f. 산악학

orologeri|e, -i, s.f. 시계제조업; 시계공장; 시계포

orologi|u, -i, s.m. (건물의)큰 시계; 괘종시계

orops|i, -esc, -ii, -it, vt. **1.** 억압하다, 박해하다 **2.** 추적하다 ,쫓다 **3.** 저주하다, 욕하다

oropsi|t, -tă, -ți, -te, adj. **1.** 억압받는, 박해받는 **2.** 버려진

orpiment, s.m. [화학]웅황, 석황

or|t, -ți, s.m. 작은 동전; a (-şi)da ortul popii 죽다.

ortac, ~i, s.m. [방언]동료, 친구

ortocentric, ~ă, ~i, ~e, adj. [수학] 수심의(垂心)의

ortocentr|u, -e, s.n. 수심

ortoclaz, s.n. [지질]정장석(正長石)

ortocronatic, ~ă, ~i, ~e, adj. [사진] 원색의

ortodox, -xă, -csi, -xe, adj. [종교] 동방정교회에 관한; 정통파의; 관습을 엄격히 지키는

ortodoxie, s.f. [종교]동방정교; 정통성, 정통신앙

ortoepic, ~ă, ~i, ~e, adj. 바르게 발음된; 정칙 발음법의

ortoepie, s.f. 정음학(正音學), 정음법, 정칙(正則)발음법

ortogoral, ~ă, ~i, ~e, adj. 직사각형의; 수직의, 직각의

ortografi|a, -ez, -ai, -at, vt. (말을 철자법에 따라)철자하다

ortografic, ~ă, ~i, ~e, adj. 정서법상의, 정서법에 맞는

ortografi|e, s.f. 정서법(正書法), 정자법(正字法)

ortolan, ~i, s.n. [조류학]멧새류의 작은새

ortoman, ~ă, ~i, ~e, adj. **1.** (목동들에 대해)부자인(가축 수에 있어서) **2.** (도둑들에 대해)용감한, 용맹스런 **3.** (말에 대해)마른, 잘 달리는

ortope|d, -zi, s.m. 정형외과의사

ortopedic, ~ă, ~i, ~e, adj. 정형외과의

ortopedie, s.f. 정형외과

ortoscopic, ~ă, ~i, ~e, adj. [광학] 바로보이는, 정시(正視)의

ortoz|ă, -e, s.f. ortoclaz 참조

orz, ~uri, 그리고 oarze, s.m. **1.** 보리; a strica ~ul pe gâşte 물건을 평가 할 줄 모르는 사람에게 특별한 선물을 하다, 돼지에게 진주를 던지다(마태복음 7:6) **2.** 보리밭

orzar, I. ~i, s.m. 보리장수 II. ~e, s.m. 보리창고(헛간)

orzări|e, -i, s.f. **1.** 보리밭 **2.** 보리창고

orzişor, s.m. **1.** [속어]orz의 축소형 **2.** [요리] 보리쌀

orzoaică, s.f. 두줄 보리

os, oase, s.m. 뼈; ~ de peşte 물고기의 가시, 물고기의 등뼈; ~ mort 외골증(外骨症); a-şi lăsa (또는 a-i rămâne) undeva oasele 객지에서 죽다; a muia (또는 a rupe) oasele cuiva 누구를 심하게 때리다; a-i ajunge cuţitul la ~ 인내를 잃다; 악을 더 이상 참지 못하다; până la oase 또는 pâna în măduva oaselor 온몸 전부; 매우 많이, 깊숙하게 (골수에 사무치게); a băga (또는 a intra cuiva) frica(또는 spaima, groaza etc.)în oase 놀라게하다, 무섭게 하다; a fi numai piele şi oase 또는 a-i număra oase 또는 a-i număra oasele 매우 약하다, 피골이 상접하다; a(-i) trece(cuiva)os prin os 극도로 지치다; a căpăta) os prin os 극도로 지치다; a căpăta (또는 a avea, a dobândi etc.)un os de ros 이익을 얻다; [비유](a fi)din os sfânt (또는 din 또는 domnesc)군주 집안 출신이다

osana, ~le, s.f. (pl.)하느님과 예수를 찬미하는 소리

osatur|ă, ~i, s.f. **1.** (집합적) 뼈, 골격 **2.** [기술]뼈대

osând|ă, -e, s.f. [속어] **1.** 벌, 체벌; a-şi face osânda 벌을 받다 **2.** 저주, 불행, 재앙

osând|i, -esc, -ii, -it, vt. **1.** 처벌하다, 벌주다 **2.** 저주하다

osândir|e, -i, s.f. **1.** 벌, 체벌(함) **2.** 저주함

osândi|t, -tă, -ți, -te, I. adj. **1.** 벌받은, 체벌된 **2.** 저주받은 II. s.m. 그리고 f. 벌받은자, 저주받은 사람

osânz|ă. -e, s.f. 돼지 지방(기름)

osârdie, s.f. 근면, 부지런함

oscil|a, -ez, -ai, -at, vi. **1.** (추 따위) 흔들다, 진동하다; 동요하다; 규칙적으로 왔다갔다하다. **2.** [비유]주저하다; 망설이다; 결정하지 못하다

oscilan|t, -tă, -ți, -te, adj. **1.** (추 따위가)흔들리는, 동요하는 **2.** 주저하는, 망설이는

oscil|are, -ări, s.f. **1.** 흔들림, 동요, 왔다갔다 함 **2.** 주저 망설임

oscilat|or, -oare, s.n. (라디오)발진기, 진동자; (지속진동을 일으키는 데 쓰이는)3극관

oscilatori|u, -e, -i, adj. 진동의

oscilați|e, -i, s.f. [물리]흔들림, 진동, 왕복운동, 강쇠진동

oscilogral, -e, s.n. 진동 기록기, 오실로 그래프

oscilogram|ă, -e, s.f. 오실로 그램

osci|or, -oare, s.m. 작은 뼈

osculați|e, -i, s.f.(두 곡선의)접촉

oseb|i, -esc, -ii, -it, vr. 구별, 구분되다

osebir|e, -i, s.f. 구별, 구분; fără ~ 구분 없이, 똑같이

osebi|t, I. -tă, -ți, -te, adj. **1.** 다른. **2.** 특별한, 매우 큰 II. ~ de ...외에

oseină, s.f. [화학]골소, 오세인

oseminte, s.n. pl. (사람, 짐승의) 해골

osi|e, -i, s.f. 축

osific|a, osific, -ai, -at, I. vt. 뼈로 변하게 하다 II. vr. 뼈로 되다

osific|are, -ări, s.f. 골화(骨化)

osifica|t, -tă, -ți, -te, adj. 뼈로 화한

osmin, s.n. [화학]오스뮴

osmotic, ~ă. ~i, ~e, adj. 삼투의; presiune ~ă 삼투압

osmoz|ă, -e, s.f. 삼투

os|os, -oasă, -oşi, -oase, adj. **1.** 뼈의; sistem ~ 뼈조직 **2.** 뼈 성질의

ospăt|a, -ez, -ai, -at, I. vt. 숙박시키다; 음식을 주다; 접대하다 II. vr. 먹다; 즐기다

ospătar, ~i, s.m. 종업원, 웨이터

ospătări|e, -i, s.f. 객주집

osp|ăt, -ete, s.n. (잔치)음식; 잔치

ospeție, s.f. 손님후대

ospici|u, -i, s.n. (순례자) 여행자를 위한 수도원, 숙박소; 양육원, 양로원, 구제원

ospitalier, ~ă, ~i, ~e, adj. 손님을 후대하는

ospitalitate, s.f. 환대, 후대; 극진한 대접

ostaş, ~i, s.m. 군인

ostatec, ostatic, ~i, s.m. 인질, 볼모

ostăş|esc, -ească, -eşti, adj. 군인의

ostăşeste, adv. 군인처럼

ostăşime, s.f. 군인(집단)

osteit|ă, -e, s.f 골염

osten|eală -eli, s.f. **1.** 애씀; 피곤, 지침; (a fi)rupt (또는 frânt) de ~ 과로하다 **2.** 힘든 일; 노력, 애씀; a-şi da ~ 애쓰다

osten|i, -esc, -ii, -it, I. vt. 누구를 지치게 하다, 애쓰게 하다 II. vi. 힘든 일을 하여 힘을 잃다; 지치다 III. vr.

지칠 정도로 걸어가다
osteni|t, -tă, -ți, -te, adj. 피곤한, 지친
ostenit|or, -oare, -ori, -oare, adj. **1.** 피곤에 지친 **2.** 애쓴, 힘들게 일한
ostentativ, ~ă, ~i, ~e, adj. 뚜렷한, 명백한; 공공연한, 노골적인
ostentați|e, -i, s.f. 겉보기, 겉치레, 과시; 허영, 허식
osteoartrită, s.f. 골관절염
osteoclast, ~e, s.n. 용골세포, 파골세포
osteoclazi|e, -i, s.f. 골절술, 정형술
osteogen, ~ă, ~i, ~e, adj. 뼈 생성의
osteolog, ~i, s.m. [해부]골학자
osteologic, ~ă, ~i, ~e, adj. 골학의
osteologie, s.f. 골학
oste|om, -oame, s.n. 골종
osteomielit|ă, -e, s.f. 골수염
osteoplastie, s.f. 골형성술
osteoporoz|ă, -e, s.f. 골다공증
osteosarc|om, -oame, s.f. 골육종
osteosintez|ă, -e, s.f. 뼈의 접합술
osteotomi|e, -i, s.f. 골절단술
osti|e, -i, s.f. **1.** (양어) 작살 **2.** [교회] 성체
ostil, ~ă. ~i, ~e, adj. 적의를 품은, 적대적인
ostilit|ate, -ăți, s.f. 적의, 반감; (pl. 에서; 그리고 군사) cu ~ 적의 (반감)를 갖고
osto|i, -iesc, -ii, -it. [속어] I. vt. 진정시키다, 안정시키다 II. vr. vi. 중지하다, 끝나다
ostracee, s.f. pl. 굴 류
ostracism, s.n. 패각, 추방 (고대 그리스의 시민이 위험 인물의 이름을 조개껍질 또는 사기 조각 따위에 적어서 투표하여 재판하지 않고 국외로 추방한 제도)
ostracit|ă, -e, s.f. 굴 껍질의 화석
ostraciz|a, -ez, -ai, -at, vt. 추방하다
ostreicultur|ă, -i, s.f. 굴 양식(법)
ostreț, ~e, s.n. **1.** 격자 울타리 **2.** 어량(魚梁) (고기들의 통행을 금하기 위해 물밑에 쳐놓은 격자 울타리)
ostrogo|t, -tă, -ți, -te, s.m. 그리고 f. 동고트족
ostrogotic, ~ă, ~i, ~e, adj. 동고트의
ostropel, ~uri, s.n. **ostropeț,** ~uri, s.n. 마늘 양념을 한 고기요리
ostr|ov -oave, **1.** 큰 섬 **2.** (하천, 호수 안에 있는) 작은 섬
ostrov|ean, -eni, s.m. 섬사람
osuar, ~e, s.n. 납골당
oşt|ean, -eni, s.m. 군인
oştir|e, -i, s.f. 군대
otac, ~uri, s.n. [방언] **1.** 임시 오두막 (농민, 어민, 목동들을 위한) **2.** 들이나 산에 있는 가축우리
otalgie, s.f. 이통(耳痛)
otari|e, -i, s.f. [동물]물개; 강치
otavă, s.f. 재생초(再生草), 두 번째 베는 건초
otânj|i, -esc, -ii, -it, vt. [방언]강하게 때리다
otcup, ~uri, s.n. 임대차, 소작지
otcupci|u -i, s.m. 소작인
otgon, s.n. odgon 참조
otic, ~e, s.n. 가래
oticn|i, -esc, -ii, -it, vi. [속어] **1.** 있는 힘을 다 해 애쓰다 **2.** 토하려고 애쓰다
otit|ă, -e, s.f. 이염(耳炎)

otoman, ~ă, ~i, ~e, adj. (옛 터어키의) 오토만 제국의

otoman|ă, -e, s.f. **1.** 소파 **2.** 가로로 이랑무늬가 있는 견모 교직

otomicoz|ă, -e, s.f. 이(耳) 진균증

otoplasti|e, -i, s.f. [의학]조이(造耳)술, 외이(外耳) 정형술

otoragi|e, -i, s.f. 이(耳) 출혈

otorinolaringolog, ~i, s.m. 이비인후과 전문의

otorinolaringologie, s.f. 이비인후과(학)

otosc|op, -oape, s.n. [의학]검이경(檢耳鏡)

otova, adj. adv. 단일형태의, 단조의; 직선의; 단조로운

otpust, ~uri, s.n. 미사 마침 성가

otr|avă, -ăvuri, s.f. 독

otrăv|i, -esc, -ii, -it, vt. 그리고 vr. **1.** 물, 음식에 독을 넣다; 독을 넣어 죽이다 **2.** 화나게 하다(극도로) **3.** 부패하게 하다

otrăvi|cios, -cioasă, -cioşi, -cioase, adj. 독을 함유한; 해로운; 상처를 주는

otrăvir|e, -i, s.f. **1.** 독을 줌 **2.** 상처를 줌

otrăvi|t, -tă, -ți, -te, adj. **1.** 독을 넣은; 독살된 **2.** 독이 든 **3.** 화난

otrăvit|or, -oare, -ori, -oare, adj. 독이든; 해로운

otr|eapă, -epe, s.f. **1.** 걸레; 누더기 **2.** [비유]쓸모없는 사람, 의지없는 사람

otuzbir, s.n. **1.** 카드 게임의 일종 **2.** cu ~ 힘으로, 억압적으로

oțărâ|t, -tă, -ți, -te, adj. 화난, 분노한; 슬픈

oțăr|î, -ăsc, -âi, -ât, vr. **1.** (그리고 vt.) 화나다, 분노하다; a se ~ la cineva 누구에게 호통치다 **2.** 얼굴을 찡그리다, 인상쓰다

oțel, ~uri, s.m. 쇠, 철; de ~ 쇠의; ~-balot 쇠 테두리; a fi iute(slab) de oțele 본래 빠르다(약하다)

oțelar, ~i, s.m. 제련(주조)공

oțelări|e, -i, s.f. 제련소

oțel|i, -esc, -ii, -it, vt. **1.** 쇠의 강도를 높이다 **2.** [비유]강하게 한다 **3.** vr. 술에 취하다, 도취하다

oțelire, s.f. **1.** 단단하게 함 **2.** 강하게 함

oțeli|t, -tă, -ți, -te, adj. **1.** 단단하게 된 **2.** 강해진

oțeli|u, -e, -i, adj. 철 색깔의

oțet, ~uri, s.n. 식초; ~ de vin 포도초; a face pe cineva cu ou şi cu ~ 놀리다. 모욕하다; încetul cu încetul se face ~ul 인내로 목표에 도달하다

oțetar, I. ~i, s.m. **1.** 식초제조인 또는 식초판매인 **2.** [식물]옻나무 속의 일종 II. ~e, s.n. 온갖 양념을 담은 그릇(식탁용)

oțetări|e, -i, s.f. 식초공장

oțet|i, -esc, -ii, -it, vt. 그리고 vr. **1.** 초가 되다 **2.** 화나다

oțetire, s.f. 초가됨

oțeti|t, -tă, -ți, -te, adj. 초가 된; 화난

oțet|os, -oasă, -oşi, -oase, adj. 신

ou, ~ă, s.n. **1.** 달걀, 알; ~ă, moi 반숙; ~ă tare 완숙; ca oul 약한, 부서지기 쉬운; a face ~ă 알을 낳다; a umbla cu cineva ca cu un o~ (moale) 누구의 비위를 많이 맞추어주다; umblă parcă are ~ă in poale (또는 parcă calcă pe ~ă) 지나치게 조심스럽게

하다; a sta pe ouă 알을 품다
ou|a, pers.3, luă, -ă, -at, vi. 알을 낳다.
ouătoare, adj. f. găină ~ 알 낳는 닭
ouş|or, -oare, **ouț,** ~e, s.n. 작은 달걀
oval, I. ~e, s.n. 타원형 II. ~ă, ~i, ~e, adj. 달걀모양의, 타원형의
ovar, ~e, s.m. [해부]난소; [식물]자방
ovari|an, -ană, -eni, -ene, adj. 난소의
ovarit|ă, -e, s.f. 난소염
ovați|e, -i, s.f. 개선축하; 열렬한 환영
ovațion|a, -ez, -ai, -at, vt. 열렬하게 갈채하다
ovăz, ~uri 그리고 oveze **1.** 귀리 **2.** 귀리밭
oviform, ~ă, ~i, ~e, adj. 달걀모양의
ovin, ~ă, ~i, ~e, adj. 양의, 양류의; rasă ~ă 양류
ovipar, I. ~ă, ~i, ~e, adj. [동물]난생의 II. ~e, s.m. pl. 난생동물
ovipozit|or, -oare, s.n. 산란관
ovogeneză, s.f. 난(卵) 형성
ovoi|d, ~dă, -zi, -de, **ovoidal,** ~ă, ~i, ~e, adj. 난형의
ovul, ~e, s.n. **1.** [생물]난자, 난세포 **2.** [식물]배젖, 배주
oxala|t, -ți, s.m. 수산염
oxalic, ~i, adj. m. acid ~ 수산
oxi|d, -zi, s.m. 산화물; ~de carbon 일산화탄소
oxid|a, -ez, -ai, -at, vr. 그리고 vt. 산화시키다 (산화하다)
oxidabil, ~ă, ~i, ~e, adj. 산화할 수 있는, 녹슬기 쉬운
oxidan|t, -tă, -ți, -te, adj. 산화시키는
oxid|are, -ări, s.f. 산화시킴
oxida|t, -tă, -ți, -te, adj. 산화됨
oxidați|e, -i, s.f. 산화(작용)
oxidril, ~i, s.n. [화학]수산기(基)
oxigen, s.m. 산소
oxigen|a, -ez, -ai, vt. **1.** 산화시키다. **2.** (머리털을)옥시풀로 산화 시키다, 금발로 염색시키다 **3.** (섬유)표백하다
oxigena|t, -tă, -ți, -te, I. vt. 산소를 함유한; apă ~ 과산화수소; păr ~ 옥시풀로 탈색한 머리
oxi|ton, -oane, s.n. 옥시톤 (끝 음절에 강세 악센트가 있는 말)
oxiur, ~i, s.m. [의학]선충, 요충
ozocherită s.f. [광물]지랍(천연의 파라핀)
ozon, s.n. 오존
ozona|t, -tă, -ți, -te, adj. 오존을 함유한
ozoniz|a, -ez, -ai, -at, vt. **1.** (산소를) 오존화하다 **2.** 오존 살균(처리)하다

P

P

P, p, s.m. 루마니아어 알파벳의 19번째 자

pa, interj. 아이들을 향해 또는 친한 성인들 사이에서 헤어질 때 사용하는 인사말

pac, I. interj. 물건이 떨어지거나 충돌할 때 나는 소리 II. ~uri,[방언](담배)갑, 꾸러미, 다발

pace, s.f. **1.** 평화; tratat de ~ 평화조약; ~ separată 단독강화; ~ mondială 세계평화; ~ între popoare 민족평화; sol de ~ 강화사절; a încheia ~ 평화를 체결하다; a face ~ a) 강화를 체결하다; b) 화해하다 **2.** 평화, 침묵, 평안, 휴식; a lăsa pe cineva în ~ 누구를 괴롭히지 않다 ... 에 간섭하지 않다; dă-i ~ 내버려두어라; fii pe ~ 걱정하지 마라 **3.** 마음의 평화, 평정, 안식; a nu avea ~ 괴롭다, 마음의 평화가 없다; odihnească în ~ 고이 잠드소서(사망한 사람에 대해) **4.** ~ bună 그만두자

paceaur|ă, -e, s.f. **1.** 걸레, 행주 **2.** 경박하고, 추하고, 나쁘고 더러운 여자에 대한 칭호

pacfong, s.n. [화학]구리, 니켈, 아연의 합금

pachebot, ~uri, s.n. 여객선, 정기선, 연락선

pachet, ~e, s.n. **1.** 소포, 화물; ~ poştal 우편소포; a face ~ 짐을 꾸리다 **2.** 꾸러미

pacheţel, ~e, s.n. 작은 소포

pacien|t, -tă, -ţi, -te, s.m. 그리고 f. 환자

pacienţă, s.f. 참기; 참을성

pacific, ~ă, ~i, ~e, adj. 평화로운, 평화를 사랑하는, 평화적인; 온화한, 유순한; 평온한; oceanul pacific 태평양

pacific|a, pacific, -ai, -at, vt. **1.** 전쟁, 분쟁을 중당하게 하다, 평화를 회복하다; 분쟁을 끝내다 **2.** 마음의 평화를 회복하다, 화해하다; 육체적인 고통을 가라앉히다; 진정시키다

pacificare, s.f. 평화회복; 평정; 강화, 화해

pacificat|or, -oare, -ori, -oare, I. adj. 평화를 회복하는; 중재하는, 화해적인 II. s.m. 그리고 f. 평정자, 조정자, 화해자

pacifism, s.n. 평화주의, 평화론

pacifi|st, -stă, -şti, -ste, I. adj. 평화주의의, 평화론의 II. s.m. f. 평화주의자, 평화론자

pacinic, ~ă, ~i, ~e, adj. paşnic 참조

paciuli|e, -i, s.f. [식물]파출리(인도산 꿀풀과의 향료식품)

pacoste, ~ s.f. **1.** 불행, 재앙, 재난 **2.** 불행을 일으키는 자; 악마

pact, ~e, s.n. 협정, 조약; 규약, 계약; ~ de neagresiune 불가침조약

pactiz|a, -ez, -ai, -at, vi. 계약(협정)을 체결하다; 타협하다

padel|ă, -e, s.f. [스포츠]작은 노; 양 끝에 물갈퀴있는 노

padişah, ~i, s.m. (터어키의)황제

padoc, ~uri, s.n. 마굿간 및 경마장에 부속된 풀이 난 땅

paf, interj. **1.** 강하게 누르거나 치거나 파열할 때 나는 소리; 팍! **2.** a rămâne ~ 놀라다; a face ~ 놀라게 하다

pafta, ~le, s.f. **1.** 고리, 버클 **2.** 죔쇠

pag, ~ă, ~i, ~e, I. adj. (말 또는 다른 동물)하얀 반점이 있는 붉은 또는 검은

pagin|a, -ez, -ai, -at, vt. **1.** 책 따위에 페이지를 매기다 **2.** [인쇄](활자를 앞줄 뒷줄로) 바꾸어 짜다; 페이지로 짜다

paginator, ~i, s.m. [인쇄]식자공

paginație, **1.** 페이지 매기기 **2.** [인쇄]페이지의 정판(整版)

pagin|ă, -i, s.f. 페이지; [인쇄]a pune în ~ 페이지를 매기다

pagodă, -e, s.f. 탑, 파고다

pagub|ă, -e, s.f. 해, 손실, 손해; a fluiera (또는 a sufla, a vorbi, etc.) a ~ 손해를 미리 알다; 입은 손해에 대한 애석함을 표명하다; atâte ~ 또는 mare ~ 또는 nici o ~ 또는 ~-n ciuperci 입은 손실에 대해 전혀 개의치 않거나 포기함을 표현하는 말; a lucra (또는 a ieşi) în ~ 손해 입다; a rămâne de ~ 손해보다

pahar, ~e, s.n. **1.** 컵, 유리잔; un ~ cu (또는 de) vin 포도주 한잔; ~ cu picior 긴 다리가 달린 잔; a da ~ul peste cap 또는 a bea ~ul până-n fund 바닥까지 잔을 비다; a ciocni ~ele 잔을 부딪히다; a bea un ~ prea mult 술을 과음하다 **2.** [비유]고통; a i se umple (cuiva) paharul 또는 a(-i) fi plin paharul 윤리적 고통을 많이 참다, 고통을 더 이상 참을 수 없다 **3.** 방혈기

paharnic, ~i, s.m. 작인(酌人)

pahiderm, ~i, s.m. [동물]가죽이 두터운 후피 동물

pahonț, ~i, s.m. [방언] **1.** (러시아의)수렛군 **2.** 러시아의 군인

pai, ~e, s.n. 짚, 짚대, 지푸라기; om de ~e 짚으로 만든 인형, 허수아비; foc de ~e 순간적인 감격, 일시적인 흥분; a-şi aprinde ~e in cap 벌집을 쑤시다, 곤경에 빠지다; a stinge focul cu paie 또는 a pune paie pe(ste) foc 상황을 악화시키다

paian, ··· păian ··· 참조

paiant|ă, ~e, s.f. 골조건축

paiaț|ă, -e, s.f. **1.** [비유]어릿광대, 클라운 **2.** [비유]개성없고 진지하지 못한 사람

paiațări|e, -i, s.f. **1.** 요술; 익살떨기 **2.** 익살극

paiet|ă, -e, s.f. (특히 pl.)(옷의장식으로 쓰이는)금속조각

paing, ~i, s.m. păianjen 참조

pair, ~i, s.m. 궁신, 대귀족

paisprezece, num. card. 숫자 14

paisprezece|lea, -a, num. ord. 열네번째

pajişt|e, -i, s.f. 잔디장(밭)

pajur|ă, ~i, s.f. [조류학] **1.** 수리의 일종; [동화]여러 모습으로 나타나는 큰새 **2.** 문장(紋章)

paj, ~i, s.m. 시동

paladin, ~i, s.m. 귀족; 중세 방랑귀족; 용감한 남자

palafit|ă, -e, s.f. 호상(湖上)가옥
palan(c), ~e, s.n. 도르래, 윈치
pal|ancă, -ănci, s.f. 말뚝; a face (또는 de) ~ 땅에 쓰러지게 하다
palanchin, ~e, s.n. 가마
palat, ~e, s.n. **1.** 궁궐, 대궐, 궁전; 성 **2.** 구개, 입천장; ~ artificial 인공구개
palatal, I. ~ă, ~i, ~e, adj. 구개음의, 구개의 II. s.f. 구개음, 경구개음
palataliz|a, -ez, -ai, -at, vt. [음성]구개(음)화하다
palataliz|are, -ări, s.f. [음성]구개(음)화
palataliza|t, -tă, -ţi, -te, adj. 구개(음)화된
palatin, I. ~i, s.n. [역사]궁중백작, 팔라틴 백작; 헝가리의 부왕 II. ~ă, ~i, ~e, adj. **1.** [역사]궁중에서 직무를 맡아보는 **2.** [해부]구개의
palatinat, ~e, s.n. 궁중백(宮中伯)의 지위 및 영지
palavrag|eală, -eli, s.f. 쓸데없는 말, 잔말, 수다
palavrag|i, -esc, -ii, -it, vi. 지껄이다, 수다 떨다
palavragioaic|ă, -e, s.f. **1.** 수다스런(말많은)여자 **2.** 허풍선이
palavragi|u, -i, s.m. **1.** 수다장이 **2.** 허풍선이
palavr|ă, -e, s.f. **1.** (특히 pl.)수다, 쓸데없는 이야기 **2.** 허풍선
pal|ă, -e, s.f. **1.** 날개, 회전판(프로펠라, 풍차따위의); [항공]~ de elice 프로펠라 **2.** (곡식, 건초 등) 한무더기, 묶음 **3.** paloş 참조 **4.** ~ de vânt 돌풍, 질풍
pale|e, -i, s.f. [건축](기호 따위로써 줄지어 박은)말뚝의 열
paleocen, s.n. 효신세(신생대 고 제3기의 최초시기)
paleogen, s.n. 고제3기
paleograf, ~i, s.m. 고문서학자, 고문자학자
paleografic, ~ă, ~i, ~e, adj. 고문서학의
paleografie, s.f. 고문서학, 고문자학
paleolitic, ~ă, ~i, ~e, adj. 구석기시대의
paleontolog, ~i, s.m. 고대생물학자
paleontologie, s.f. 고대생물학
paleoslav, ~ă, ~e, adj. 고대 슬라브의
paleozoic, I. ~ă, ~i, ~e, adj. 고생대의 II. s.n. 고생대
palet|ă, -e, s.f. **1.** 팔레트 **2.** 탁구배트 **3.** [기술]물갈퀴, (추진기 따위의) 날개회전
paliativ, I. ~ă, ~i, ~e, adj. **1.** (약 따위가)일시적인 효력 밖에 없는 **2.** [비유]임시방편의 II. ~e, s.n. **1.** 일시적 완화제 **2.** 고식적인 수단
palicar, ~i, s.m. **1.** [역사]그리스의 용군 **2.** 영웅
pali|d, -dă, -zi, -de, adj. **1.** 창백한 **2.** (빛에 대해)흐린, 빛이 약한 **3.** (색깔에 대해)흐릿한, 지워진
lpaiditate, s.f. 창백; 흐림; 흐릿함
palier, ~e, s.n. **1.** [기술]축받이; 축받이대 **2.** 층계참(站) **3.** 수평부(水平部)
palimpsest, ~e, s.n. 쓰인 글자를 지우고 그 위에 다시 글자를 써넣은 양피지
palinc|ă, -i, s.f. [방언]소주의 일종

P

palingeneză, s.f. 소생, 재생, 윤회
palinodi|e, -i, s.f. (먼저 썼던 시를) 취소하는 시, 개영시(改詠詩)
palisad|ă, -e, s.f. 말뚝 울, 판자울타리
palisandr|u, -i, s.m. [식물]자단
palm, ~i, s.m. palmier 참조
palmac, ~e, s.m. [방언]세관
palmares, s.n. [스포츠]수상자 명부
palma|t, -tă, -ţi, -te, adj. **1.** [식물]손바닥모양의 **2.** [동물]물갈퀴가 있는
palm|ă, -e, (그리고 pălmi), s.f. **1.** 손바닥; a bate dia palme 손바닥을 치다; cât ai bate din palme 갑자기, 순식간에; ca-n ~ a) 매끄러운 표면의, 평평한; b) 매우 좋은; c) 상세하게; d) 어느 곳에도 없다; a ţine (또는 a duce, a purta) ca pe palme 매우 잘 돌보다; a ghici în ~ 손금을 보다; a avea (pe cineva) în palmă 누구를 자기 지배 하에 놓다; a juca pe ~ 손바닥위에 갖고 놀다 **2.** 옛날 길이의 단위(약 25-28cm); de-o ~ 매우 조그만; o ~ de loc 한 뼘의 땅 **3.** 따귀; a lua la palme pe cineva 누구의 따귀를 때리다 **4.** 종려과의 식물, 종려, 야자; palmele academice 교육공로 훈장
palmer, ~e, s.n. [기술]마이크로미터, 측미계
palmet|ă, -e, s.f. **1.** 작은 종려나무의 일종 **2.** 부채꼴로 가지를 펴게 하는 과수용틀 **3.** 종려 잎 모양의 건축용 장식
palmier, -i, s.m. 종려나무, 종려
palmiform, ~ă, ~i, ~e, adj. 손바닥 모양의
palmiped, ~e, s.n. 물새
palmita|t, -ţi, s.m. [화학]팔미틴산염
palmitie, ~ă, ~i, ~e, adj. acid ~ 팔미틴산
paloare, s.f. 창백함, 파리함, 핏기 없음
palonier, ~e, s.n. [기술]방향타, 조종간
paloş, ~e, s.n. 칼(두 날이 있고 넓은)
palp|a, -ez, -ai, -at, vt. **1.** 손으로 가볍게 만지며 환자를 진찰하다 **2.** 손으로 만져보다
palpabil, ~ă, ~i, ~e, adj. **1.** 손으로 만질 수 있는 **2.** 분명한, 명백한, 확실한
palpit|a, palpit, -ai, -at, vi. **1.** (특히 심장에 대해)고동치다, 맥이 뛰다 **2.** [비유]가슴이 설레다, 두근거리다 **3.** 흥분하다
palpitan|t, -tă, -ţi, -te, adj. 맥이 뛰는, 고동하는, 두근거리는; 설레는
palpitat|e, -i, s.f. 심장의 고동; 마음 설렘
palplanş|ă, -e, s.f. [기술](갱도에 사용하는)널빤지; (물막이, 모래막이용)널빤지
paltin, ~i, s.m. [식물]단풍나무
palt|on, -oane, s.n. 겨울 코트, 오바; 외투
paludic, ~ă, ~i, ~e, adj. 학질의, 말라리아의
paludism, s.n. 말라리아, 학질
palu|stru, -stră, -ştri, -stre, adj. 늪에서 자라는, 늪의; friguri palustre 말라리아
pamflet, ~e, s.n. 팜플렛, 풍자적 소논문(소책자)
pamfletar, ~i, s.m. 풍자적 소논문의

저자, 팜플렛의 작가
pamfleti|st, -şti, s.m. pamfletar 참조
pampas, ~uri, s.m. (남미의)대초원, 팜파스
panaca|u, -e, s.n. 만병통치약
panaghiar, ~e, s.n. 성모마리아상
panaghi|e, -i, s.f. **1.** 성모마리아 **2.** 부활절후 첫째주일에 수도원에서 먹는 성체 조각
panahid|ă, -e, s.f. 고인을 위한 연미사
panama, ~le, s.f. **1.** 파나마지(작은 정자(井字)무늬가 있는 직물, 얇은 하복지 **2.** 파나마 모자
panarici|u, -i, **panariti|u,** ~i, s.m. [의학]표저(瘭疽)(손가락 및 손톱 밑의 염증)
panaş, ~uri, s.n. (군모 앞에 세운)깃털장식
pană, I. pene, s.f. **1.** 깃(털); ~ de păun 공작의 깃; a se umfla în pene 뽐내다, 빼기다; ~ (de scris) 펜, 깃펜; [스포츠]categorie ~ 페더급 **2.** [비유]필치, 필적 **3.** [기술]쐐기, 볼트 **4.** 대갈못 압정, 나무못(쇠망치 끝의) 못 뽑는 부분 **5.** (뱃머리의)하부, 노깃 **6.** [음악]현악기를 타는 양금채 **7.** 베이컨조각 **8.** ~ de somn 메기 꼬리나 뱃살 **9.** 자동차 사고
pancart|a, -e, s.f. 벽보, 포스터; 플래카드
pancreas, ~uri, s.n. 췌장, 지라
pancreatic, ~ă, ~i, ~e, adj. 췌장의, 지라의
pancronatic, ~ă, ~i, ~e, adj. [사진](감광판이)전색(全色)의, 범색성의
pandalii, s.f. pl. 광포, 격노; l-au apucat ~le 격노하다
pandantiv, ~e, s.n. **1.** 목걸이 끝에 늘어트린 보석 따위의 장신구 **2.** [건축]펜덴티브, 삼각홍예
pandecte, s.f. pl. 유스티아누스 법권
pandemoniu, s.n. [종교]지옥의 수도; 악마의 소굴; 온갖 악덕이 지배하는 곳
pandişpan, ~uri, s.n. [요리]비스켓
pandur, ~i,, s.m. [역사]헝가리 출신의 보병(17·18세기 오스트리아 군대 내의) **1.** 18·19세기 올테니아 군인 **2.** 투도르 블라디미레스쿠Tudor vladimirescu(1944) 사단의 군인
panegiric, ~e, s.n. 칭송사; 찬사
panegiri|st, -şti, s.m. 찬사를 보내는 사람
panel, ~e, s.n. 판넬, 벽판, 머름, 벽널
paner, ~e, s.n. 바구니, 광주리
paneraş, ~e, s.n. 작은 바구니
panglicar, ~i, s.m. **1.** 요술쟁이 **2.** [비유]사기꾼
panglic|ă, ~i, s.f, **1.** [기술]끈, 띠, 리본; 바퀴, 고리, 띠, 벨트 **2.** [동물]촌충
panglicări|e, -i, s.f. **1.** 요술 **2.** [비유]신기
panglicuţ|ă, -e, s.f. panglică의 축소형
pangolin, ~i, s.m. [동물]천산갑(穿山甲)
panică, s.f. 공황, 공포; 혼란
panicul|ă, -e, s.f. [식물]원추화
panific|a, panific, -ai, -at. vt. 빵으로 만들다

panificabil, adj. 빵이 될 수 있는
panificație, s.f. 빵으로 만들기
panopli|e, -i, s.f. 무구(武具)장식, 군장모음
panoptic, ~e, s.n. 집안이 한 눈에 다 볼 수 있는 구조의 건물
panoram|ă, -e, s.f. 파노라마, 요지경; 전경; 전망
panoramic, ~ă, ~i, ~e, adj. 파노마라 같은; 전경이 보이는
panou, ~ri, s.n. **1.** (광고용의) 게시판 **2.** [건축]널빤지, 패널 **3.** ~ de tragere 표적판
panromanic, ~ă, ~i, ~e, adj. 범 로마의
pans|a, -ez, -ai, -at, vt. **1.** (부상자에게)붕대를 감다. **2.** (말, 가축) 말 빗으로 빗다, 글경이질하다
pansaj, ~e, s.n.(말 따위의)글경이질
pansament, ~e, s.n. 붕대
pans|ea, -ele, **panselul|ă,** -e, s.f. [식물]삼색제비꽃
panslav, ~ă, ~i, ~e, adj. 범슬라브의
panslavism, s.n. 범슬라브주의
pantahuz|ă, -e, s.f. 교회 헌금, 기부금 리스트
pantalon, ~i, s.m. **1.** 바지 **2.** [기술] 사이펀관
pantalonar, ~i, s.m. 지난 세기 서양의 옷을 입은 진보적 청년들에게 보수적 귀족이 준 경멸적인 명칭, 도시적인 옷을 입은 사람
pantalonaş, ~i, s.m. pantalon의 축소형
pant|ă, -e, s.f. 경사, 언덕, 비탈; în ~ 경사진
panteism, s.n. 범신론
pantei|st, -stă, -şti, -ste, I. adj. 범신론적인 II. s.m.f 범신론자
panteon, s.n. 판테온, 만신전(萬神殿)
panter|ă, -e, s.f. 표범
pantof, ~i, s.m. 구두, 단화
pantofar, ~i, s.m. 구두장이, 제화공
pantofări|e, -i, s.f. 제화업
pantofior, ~i, s.m. pantof의 축소형
pantograf, ~e, s.n. **1.** 사도기(寫圖器), 축도기(縮圖器) **2.** 전차의 팬타그라프, 집전기(執典器)
pantometr|u, -e, s.n. 정각측기, 만측기
pantomim, ~i, s.m. 무언극, 팬터마임
pantomim|ă, -e, s.f. 무언극, 팬터마임
pantomimic, ~ă, ~i, ~e, adj. 무언극의, 손짓몸짓의
pap, s.n. 죽(밀가루, 빵 따위의)
papa, s.m. 아빠
papagal, ~i, s.m. 앵무새; a avea ~ 많이 말하다
papagalic|esc, -ească, -eşti, adj. **1.** 앵무새처럼의 **2.** 흉내 내는
papagaliceşte, adv. 앵무새처럼
papain|og, -oage, s.n. (특히 복수에서) 대말, 죽마; a vorbi în papainoage 뽐내며 말하다
papal, ~ă, ~i, ~e, adj. 로마 교황의
papalitate, s.f. 교황의 직위; 교황권
papalug|ă, s.f. **1.** 허수아비; 못생긴 여자 **2.** 유령
papanaş, ~i, s.m. **1.** [요리]밀가루, 달걀, 치즈로 만든 음식 **2.** 클로바의 일종
paparud|ă, -e, s.f. (특히 pl.)가뭄에

비를 부르며 춤을 추고 노래하는 여자

paparug|ă, -e, s.f. [곤충]무당벌레

paparun|ă, -e, s.f. [식물]개양귀비

papaverace|u, -e, I. adj. [식물]양귀비과의 II. s.f. (특히 pl.) 양귀비과

papaverină, s.f. [화학]파파베린

pap|ă, I. s.f. **1.** (아이들 용어) 밥, 음식 **2.** [방언]달걀요리 II. -i, s.m. 교황

papă-lapte, s.m. 유약한 사람, 졸장부

papetări|e, -i, s.f. **1.** 제지, 제지공장 **2.** 문방구 pl. **3.** 문방구점

papilar, ~ă, ~i, ~e adj. 젖꼭지 모양의, 젖꼭지 모양의 작은 돌기가 있는

papil|ă, -e, s.f. 젖꼭지 모양의 작은 돌기

papilionacee, ~ s.f. 접형화

papiliot|ă, -e, s.f. papiotă 참조

papi|on, -oane, s.n. 나비 넥타이

papiot|ă, -e, s.f. 커얼페이퍼 (머리를 지질 때 머리를 마는 종이)

papirologie, s.f. 고문서 연구(파피루스에 쓴)

papirus, ~uri, s.m. **1.** [식물]파피루스 지초(紙草) **2.** (고대 이집트, 그리스 로마의) 종이 **3.** (파피루스에 쓴) 고문서

papistaş, ~ă, ~i, ~e, [경멸어] I. adj. 가톨릭의 II. s.m. 가톨릭교도

papornit|ă, -e, s.f. **1.** 갈대바구니 **2.** 갈대바구니 병

papricaş, s.n. [요리]헝가리 굴라쉬

paprică, s.f. **1.** [방언]파란 고추, 파프리카 **2.** 빨간 고추

papuaş, ~ă, ~i, ~e, s.m. 그리고 f. 파푸아인, 파푸아여자

papuc, ~i, s.m. **1.** 슬리퍼 실내화; a fi sub ~ 누구에게 복종하다; a da cuiva ~ii 내쫓다 **2.** 받침의 면적을 크게 하기 위해 기둥 밑에 놓는 나무 조각; 쇠장식

papucaş, ~i, **papuce|l,** -i, s.m. papuc의 축소형

papucă, s.m. 할아버지

papugi|u, -i, s.m **1.** 슬리퍼 제조공 **2.** 사기꾼

papură, s.f. 갈대

par, I. ~ă, ~i, ~e adj. [수학]짝수의; număr ~ 짝수 II. ~i s.m. 기둥; i se apropia funia de par 늙다 (죽을 무렵); 기일에 임박하다

para[1], ~le, s.f. (루마니아의) 옛 동전 (1레우의 100분의 1); a nu avea nici o ~ chioară 한 푼의 돈도 없다; a şti câte ~le face cineva 누구의 성격, 능력 등이 잘 설명되다; a face pe cineva de două ~le 누구를 욕하다 꾸짖다; a lua pe cineva la trei ~le 한 일에 대해 누구에게 댓가를 요구하다, 책임을 묻다, 비난하다; nu face ~le 가치가 없다

par|a[2], -ez, -ai, -at, vt. [스포츠](펜싱 등의 경기에서) 피하다

parabol|ă, -e, s.f. **1.** 비유, 우화 **2.** [수학]포물선

parabolic, ~ă, ~i, ~e adj. **1.** 비유의, 우화적인 **2.** 포물선을 이루는

paraboloi|d, -zi, s.m. 포물선

paracentez|ă, -e, s.f. 고막 절개술

paraclis, ~e, s.n. **1.** 예배당 **2.** 미사

paracliser, ~i, s.m. 성당의 고용인, 성당지기

parad|ă, -e, s.f. (군대의) 정렬; 열병식 퍼레이드

P

paradigm|ă, -e, s.f. 어형변화표, 활용의 보기; 어형변화어
paradis, s.n. 파라디스, 천국, 낙원; 에덴동산
P
paradisiac, ~ă, ~i, ~e, adj. 천국같은
parados, ~uri, s.n. [군사](참호 따위의) 뒷 담장
paradox, ~e, s.n. 역설; 모순된 이론; 자가당착의설
paradoxal, ~ă, ~i, ~e adj. 역설적인, 모순된, 괴상한
paraf|a, -ez, -ai, -at, vt. ...에 화압(畫押)하다, 수결을 하다
paraf|ă, -e, s.f. 서명 끝의 장식 글자; 간소화한 서명, 수결(手決)
parafin|a, -ez, -ai, -at, vt. 파라핀을 바르다
parafin|ă, -e, s.f. 파라핀
parafinic, ~ă, ~i, ~e, adj. 파라핀을 칠한
parafoc, ~uri, s.n. [기술]화염 방지벽
parafraz|a, -ez, -ai, -at, vt. 석의하다, 의해하다; 의역하다
parafraz|ă, -e, s.f. **1.** 석의, 의해; 의역 **2.** [음악]패러프레이즈, 변곡
parafulger, ~e, s.n. **1.** [전기]어스; 접지선 **2.** 피뢰침
paragat, ~e, s.n. [양어]바다낚시기구(고리가 죽 달려있음)
paragin|ă, ~i, s.f. 황무지, 비경작지; 폐허
paragraf, ~e, s.n. **1.** 파라그라프, 절표 **2.** 문절, 절, 단락; 조항, 항목, 항
paralactic, ~ă, ~i, ~e adj. [천문]시차의
paralax|ă, -e, s.f. [천문]시차
paralel, ~ă, ~i, ~e adj. **1.** 평행한;[전기]legătură în ~ 병렬(식)연결 **2.** 동시에 존재하는
paralel|ă, -e, s.f. **1.** 평행선 **2.** 유사, 대등; 상응 **3.** (pl.) 평행봉
paralelipiped, ~e, s.n. 평행 6면체
paralelipipedic, ~ă, ~i, ~e adj. 평행 6면체의
paralelism, s.n. **1.** 평행; 비교, 대응 **2.** 유사
paralelogram|ă, ~e, 평행 4변형
parale|u, -i, s.m. (동화에서) leu ~ 사자같이 용감한 영웅
paralitic, ~ă, ~i, ~e, **1.** adj. 마비된, 풍중에 걸린 **2.** s.m..f. 마비(풍증)환자
paraliz|a, -ez, -ai, -at, I. vt. **1.** [의학]마비시키다 **2.** [비유]무력하게 만들다, 약하게 만들다 II. vi. 그리고 vr. [의학]마비되다, 불수(不隋)가 되다 III. vr. 약해지다
paralizan|t, -tă, -ți, -te, adj. 마비시키는, 무력하게 만드는
paralizare, s.f. [비유]마비, 불수; 무력, 침체
paraliza|t, -tă, -ți, -te, adj. 마비된, 불수된; 약화된, 침체된
paralizie, s.f. 마비, 불수; 풍중; 무력, 침체
paramagmetic, ~ă, ~i, ~e, adj. 상자성(常磁性)의
parament, ~e, s.n. [건축]장식보(제단, 설교단의)
parametr|u, -i, s.m. 파라미터, 매개변수, 조변수
paranoia, s.f. 편집병, 편집광
paranoic, ~ă, ~i, ~e, adj. 편집병의, 편집광의

parantez|ă, -e, s.f. **1.** 둥근 괄호 표시 **2.** 삽입구(문)
parapet, ~e, s.n. **1.** 난간 **2.** 흉벽
paraplegie, s.f. 사지(四肢)의 마비
parapon, s.n. 불만족, 싫음; 화; 슬픔; 역겨움
paraponis|i, -esc, -ii, -it, vr. 화나다, 만족하지 않다
parapsihologic, ~ă, ~i, ~e, adj. 초심리학의
parapsihologie, s.f. 초심리학(텔레파시와 같은 정상을 넘어선 정신현상 연구)
parascântei, ~e, s.n. **1.** 불티막이 **2.** 보호벽(플래시오버에 대한)
parascoveni|e, -i, s.f. [방언](특히 pl.) 어리석은 행동; 쓸모없음, 무가치함
parasol, ~uri, s.n. **1.** 양산, 파라솔 **2.** 차양
parastas, ~e, s.n. [종교]죽은 이를 위한 미사, 연미사, 진혼제
parasut|a, -ez, -ai, -at, vt. 낙하산으로 강하(낙하)시키다
parasut|ă, -e, s.f. 낙하산
parasutism, s.n. 낙하산, 강하법
parasuti|st, -stă, -şti, -ste, s.m. 그리고 f. 낙하산으로 내리는 사람; 낙하산병
paratactic, ~ă, ~i, ~e, adj. 병렬의
paratax|ă, -e, s.f. [문법]병렬
paratific, ~ă. ~i, ~e, adj. 파라티푸스의
paratifos, s.n. 파라티푸스
paratrăsnet, ~e, s.n. 피뢰침
paravan, ~e, s.n. 병풍, 간막이
paravânt, ~uri, s.n. 방풍막
parazăp|adă, -ezi, s.f. 방설벽
parazi|t, -tă, -ţi, -te, I. adj. 기생하는 II. s.m. 그리고 f. **1.** 식객, 기식자 **2.** 기생동물[식물]; 기생 **3.** [비유]방해, 잡음
parazitar, ~ă, ~i, ~e, adj. 기생충으로 인한; 기생충적인; 기생충처럼 사는
paraziticі|d, -dă, -zi, -de, adj. 기생충을 죽이는
parazitism, s.n. **1.** 기식 **2.** [생물]기생; 기생상태
parazitologic, s.f. 기생충학
parazitoz|ă, -e, s.f. 기생충 침입
pară, s.f. **1.** 불꽃, 화염; 작열, 백열, 열화; de ~ 빨갛게 타오르는; 뜨거운; a se face foc şi ~ 미친듯이 성나다, 광포하다; a trece prin foc şi ~ 모든 위험에 맞서다, 목적에 도달하기 위해 모든 가능한 것을 다하다 **2.** [비유]고통; 정신적 괴로움; 고통스런 갈망 **3.** ~, pere, 배(과일); 전등;a-i pica (또는 a-i cădea cuiva)para în gură 노력 없이 어떤 것을 얻다; Nu plăteşte nici o pară putredă 가치 없는 어떤 것이나 누군가에 대해 표현하는 말
parâm|ă, -e, s.f. [항해]밧줄, 닻줄
parbriz, ~e, s.n. (자동차)앞창, 바람막이
parc, ~uri, s.n. **1.** 공원; 정원; ~ naţional 국립공원 **2.** 소유차량 전부 **3.** 주차장
par|ca, -chez, -cai, -cat, vi. 주차하다
parcaj, ~e, s.n. (자동차)주차
parcă, adv. ...(문장 앞에서)마치...처럼...하다; ~ ar vrea să plouă 비가 올 것처럼 보인다; ~ are dreptate 그

가 옳은 것처럼 보인다
parce, s.f. pl. [신화]운명의 여신
parcel|a, -ez, -ai, at, vt. 세분하다, 작게 구분하다
parcel|are, -ări, s.f. 작게 하기, 세분하기
parcel|ă, -e, s.f. 작은 조각, 소부분; 작은 농토
parcheriz|a, -ez, -ai, -at, vt. 파커라이징(특수용액을 써서 강철의 표면을 강화하는 법) 하다
parchet, ~e, s.n. **1.** 쪽매널마루 **2.** 벌채지역 **3.** (법정의)재판관석
parchet|a, -ez, -ai, -at, vt. **1.** 쪽매널마루를 깔다 **2.** 숲을 벌채구역으로 나누다
parchetar, ~i, s.m. 쪽매마루 까는 사람
parcheta|t, -tă, -ți, -te, adj. **1.** 쪽마루 깐 **2.** 벌채구역으로 나눈
parcimoni|e, ~i, s.f. 절약, 검소
parcimoni|os, -oasă, -oşi, -oase, adj. 절약하는, 검소한
par|curge, -curg, -cursei, -curs, vt. **1.** (어떤 길, 거리를)통과하다; 지나다; (끝까지)가다 **2.** 대강 훑어보다
parcur|s, I. -să, -şi, -se, adj. 돌아다닌, 통과한 II. ~uri, s.n. 돌아다니기; 통행, 주행; 통행거리; 통과하는 길; 행로, 코오스
pardesi|u, -e, s.n. 망토, 외투
pardon, interj. 미안합니다!
pardon|a, -ez, -ai, -at, vt. 용서하다, 사정을 보아주다
pardo|s, -şi, s.m. 레오파드
pardos|eală, -eli, s.f. **1.** 바닥(마루, 시멘트, 아스팔트, 모자이크등의) **2.** 포장도로
pardos|i, -esc, -ii, -it, vt. **1.** 바닥을 (마루, 시멘트, 아스팔트 등으로)깔다 **2.** 도로포장하다
paremiolog, ~ă, ~i, ~e, s.m.f. 속담 연구가
paremiologic, ~ă, ~i, ~e, adj. 속담 연구의
paremiologie, s.f. 속담연구론; 속담집
parenchim, ~e, s.n. **1.** [해부]선(腺) 세포직 **2.** (식물의)유(柔) 조직
parenteral, ~ă, ~i, ~e, adj. [의학]장관외(腸管外)의, 비경구(非經口)적인
parez|ă, -e, s.f. 불완전마비; 경증마비
parfum, ~uri, s.n. **1.** 좋은 냄새, 향기, 방향 **2.** 향료; 향수; 향 **3.** [비유] 특별한 분위기, 특징적인 점
parfum|a, -ez, -ai, -at, vt. **1.** 향기롭게 하다, 향기가 풍기게 하다 **2.** 향수를 뿌리다
parfuma|t, -tă, -ți, -te, adj. 향기로운; 향수를 뿌린
parfumeri|e, -i, s.f. 향수제조; 향수판매(점); 향수
parhelic, ~ă, ~i, ~e, adj. 환일의
parhelie, s.f. 환일(幻日)
paria¹, s.m. **1.** (인도에서)종교상, 사회상 권리를 인정받지 못하는 천민 **2.** 사회에서 소박받는 사람
pari|a², -ez, -ai, -at, vt. 내기하다
parici|d, -dă, -zi, -de, I. adj. 친부모살해의 II. s.m. 그리고 f. 친부모살해범 III. ~duri, s.n. 친부모살해
parietal, ~ă, ~i, ~e, adj. (의학, 식물) 두정골의; 씨방벽의
parimi|e, -i, s.f. 격언, 속담
paripena|t, -tă, -ți, -te, adj. (잎이)

우수우열의(偶數羽裂)의
parisilabic, ~ă, ~i, ~e, adj. 격변화 과정에서 음절 수가 불변인
paritate, s.f. **1.** 동수, (숫자)짝수 **2.** 동등
pariu, ~ri, s.n. 내기; a face un ~ 내기하다
parizer, s.n. 파리의 소세지
parizi|an, -ană, -eni, -ene, I. adj. 파리의 II. s.m. 그리고 f. 파리사람
parlagi|u, -i, s.m. [방언]백정(도살장에서)
parlament, ~e, s.n. 의회, 국회
parlament|a, -ez, -ai, -at, vt. 담판하다, 토의하다, 협의하다
parlamentar, ~ă, ~i, ~e, I. adj. 의회의, 국회의 II. s.m. 국회의원
parlanemtarism, s.n. 의회제도
parmac, ~i, s.m. 기둥
parmaclâc, ~uri, s.n. **1.** 난간, 흉벽 **2.** 울타리, 담
parmezan, s.n. 이탈리아 파르마 산 치즈
parnasi|an, -ană, -eni, -ene, I. adj. 고답파의 II. s.m. 고답파 시인
parodi|a, -ez, -ai, -at, vt. (명작을) 풍자적으로 개작하다; 패러디 하다
parodi|e, -i, s.f. 패러디, (명작을)풍자적으로 개작
paroh, ~i, s.m. 목사, 신부
parohial, ~ă, ~i, ~e, adj. 성당교구의, 교구의
parohi|e, ~i, s.f. 성당교구
paro|i, -iesc, -ii, -it, vi. (양봉)(같은 여름 두 번째로)분봉하다
parol, interj. 맹세코!
parol|ă, -e, s.f. **1.** 암호! a da ~a 암호를 대다 **2.** 약속, 언약, 언질 **3.** 말, 언사
paroli|st, -stă, -şti, -ste, s.m. 그리고 f. 약속을 지키는 사람
paronim, ~e, s.n. 동근(동원)어
paronimi|e, -i, s.f. (어근, 어간에서의)파생; 파생어
paroti|d, -dă, -zi, -de, adj. [해부]이하선(耳下腺)의
paroxism, s.n. [의학](질병, 발작의) 절정, 극도
paroxistic, ~ă, ~i, ~e, adj. 격렬한 발작을 나타내는
paroxit|on, -oane, s.n. 어미에서 2번째 음절에 악센트가 있는 단어
parsec, ~e, s.m. 파이섹(천체의 거리를 나타내는 단위, 3,259 광년에 해당)
parşiv, ~ă, ~i, ~e, adj. **1.** 비천한 **2.** 뻔뻔스러운 **3.** 저속한
partaj, s.n. 나누기, 분할
parte, părţi, s.f. **1.** 부분, 조각; în ~ 부분적으로; în bună ~ 대부; în (cea mai) mare ~ 대부분; a face ~ din.. 속하다, 부분이다; a lua ~ la .. ...에 참가하다; ~ de vorbire 품사; ~ de propoziţie 문장의 성분 **2.** (구성)요소, 핵심; ~ esenţială 본질적인 요소 **3.** 몫, 할당; ~ de câştig 이익배당; ~a leului 최대부분, 이익의 대부분 **4.** 장소, 곳; în ce ~? 어디에서? 어디로?; în toate părţile 도처에, 모든 곳에, 사방에; în altă ~ 다른 곳으로(에서) **5.** 면, 방면, 옆; de o ~ şi de alta 양쪽에; (pe)de o ~ … (pe) de altă ~ (또는 pe de alta) 한편은 … 다른 한편은; la o ~ 떨어져; 멀리 떨어져; de ~a aceasta 이편에, 이쪽에 이 세상에; de ~a aceea 저쪽에, 저 세상에;

a pune (a lăsa) de o ~ 곁에 놓다, 돌보지 않다; la o ~ 옆으로 가라, 비켜라; a da la o ~ 옆으로 치우다; 멀리하다, 제거하다; a fi de ~a cuiva 누구를 지지하다, 지원하다; din ~a mamei 어머니 쪽에서; din (또는 despre) ~a lui 그에 관하여; 그쪽에서; salută-l din ~a mea 나의 안부를 그에게 전해 주세요 **6.** a avea ~ de ceva a)누구에게 주어지다, 분배되다 b)즐거워하다 **7.** [법률]정당; ~a adversă 반대당

partener, ~ă, ~i, ~e, s.m. 그리고 f. 자기편, 짝; 상대

partenogenetic, ~ă, ~i, ~e, adj. 단성생식의

partenogeneză, s.f. 단성(單性)생식

parter, s.n. **1.** 1층 **2.** (극장)아래층(뒷자리) **3.** 화단

particip|a, particip, -ai, -at, vi. **1.** (la) ~ 참가하다 **2.** 참여하다; a ~ la discuții 토론에 참여하다

prticipan|t, -tă, -ți, -te, s.m. 그리고 f. **1.** 참가자 **2.** 참여자

participați|e, -i, s.f. **1.** 참여, 참가, 관여 **2.** 한몫 끼기, 참여하기, 이익배당

participial, ~ă, ~i, ~e, adj. 분사의, 분사적인

participi|u, -i, s.n. 분사; ~ prezent 현재분사; ~ trecut 과거 분사

particular, ~ă, ~i, ~e, I. adj. **1.** 사적인, 개인의; casă ~ă 개인집; lecții ~e 개인교습 **2.** 특별한, 독특한; semn ~ 특별표시, 특징 II. s.m. 그리고 f. 개인, 사인(私人)

particularit|ate, -ăți, s.f. 특수성; 독자성; 특색; 특성

particul|ă, -e, s.f. **1.** 분자, 미분자, 미립자 **2.** [언어]소사(小辭)(접두사, 접미사)

partid, ~e, s.n. 당; 정당; membru de ~ 당원; secretarul organizației de ~ 당서기; fără(de) ~ 무소속의

parti|dă, I. -de, s.f. **1.** 시합, 게임;~ de tennis 테니스 경기(시합) **2.** 한번에 팔거나 산 물건의 양 **3.** 결혼 또는 결혼계획 **4.** 무리,집단 **5.** (부기)부기; contabilitate în ~ 복식 부기

partinic, ~ă, ~i, ~e adj. 당파적인; 당의, 당에 관계하는

partinitate, -ăți, s.f. 불공평, 편파, 치우침

partitiv, ~ă, ~i, ~e, adj. 부분을 나타내는

partitur|ă, -i, s.f. [음악]총보, 악보

partizan, ~ă, ~i, ~e, s.m. 그리고 f. **1.** 같은 편, 한편, 당원, 지지자 **2.** 유격대원, 빨치산

parțial, ~ă, ~i, ~e, adj. **1.** 역성드는, 편드는; 불공평한, 편파적인 **2.** 일부분의, 부분적인

parțialitate, s.f. 편파성, 불공평

parven|i, parvin, -ii, -it, **1.** (부정한 방법이나 유리한 조건 없이)정치적, 사회적, 물질적으로 좋은 상황에 다다르다 **2.** 성공하다 **3.** (편지 등이)목적지에 다다르다 **4.** (소리, 빛이)어느 정도까지(느낄 정도까지)퍼지다

parveni|t, -tă, -ți, -te, s.m. 출세자

parvenititsm, s.n. 성공하려는 경향(욕망)

pas, I. pași, s.m. **1.** 걸음; ~ cu ~ 한걸음 한걸음; a merge la ~ (사람에 대해)걸음걸이로 가다; (자동차에

대해)서행하다; ~ alergător 속보; la tot ~ul 또는 la fiecare ~ 어디로 가든, 어디에서나; a face un ~ greşit a)헛딛다, 넘어지다; b)실패하다, 실수하다; a ceda (또는 da) ~ul 누구를 앞서 가게 하다; **2.** [비유]방법, 수단, 조치; un ~ riscant 대담한 조치 **3.** 걸음걸이, 보행법, 보조, 스텝; a ține ~ul cu cineva 누구나 보조를 맞추다; ~ de vals 왈츠 스텝 **4.** 가능성; a da ~ul cuiva să facă un lucru 누구는 ...을 한 가능성, 시간이 있다 **5.** 한 걸음의 폭 **6.** 발자국 II. ~uri, s.n. 오솔길

pas|a, -ez, -ai, -at, vt. **1.** [스포츠]볼을 패스하다 **2.** 건네주다

pasabil, ~ă, ~i, ~e, adj. (어떤 관점에서)받아들일 수 있는

pasager, ~ă, ~i, ~e, I. s.m. 그리고 f. 지나가는 사람, 통행인; 승객 II. adj. 지나가는, 빨리 스쳐지나가는

pasarel|ă, ~e, s.f. **1.** 인도교, 구름다리 **2.** [항해]선교(船橋)

pas|ă, -e, s.f. **1.** [스포츠]패스(공의) **2.** (최면술사의)손놀림 **3.** (노름)한 판마다 거는 돈

pasămite, adv. [속어]아마, 혹시

pasăre, păsări, s.f. 새; ~ călătoare 철새; ~ de pradă 맹금; păsări de curte 식용새; ~-muscă 벌새; toată ~a pe limba ei piere 자신의 불행은 각자 책임이다

pascal, ~ă, ~i, ~e, adj. 부활절의

pască, păşti, s.f. [방언]부활절 케익

pasibil, ~ă, ~i, ~e, adj. ~ de pedeapsă 형벌을 받아야함

pasiență, -e, s.f. (카드 케임)패떼기

pasifloră, s.f. 꽃시계 덩굴

pasion|a, -ez, -ai, -at, I. vt. 감격해 하다, 열중케 하다, 열광시키다 II. vr. 열중하다, 열광하다

pasional, ~ă, ~i, ~e, adj. 정욕의; 치정의; crimă ~ 치정사건

pasionan|t, -tă, -ți, -te, adj. 격정을 일으키는, 열광시키는, 도취시키는

pasiona|t, -tă, -ți, -te, adj. 정열적인, 열렬한

pasiun|e, -i, s.f. **1.** 격정, 열정, 정열 **2.** 열정의 대상, 열중, 강한 집착 **3.** [음악]수난곡

pasiv, I. ~ă, ~i, ~e, adj. **1.** 수동적인; 소극적인 **2.** [문법]수동형의 **3.** [부기]부채의 **4.** [군사]apărare ~ă 방공 II. s.n. **1.** [문법]수동태 **2.** (부기)부채

pasivitate, s.f. 수동성, 수동

paspoal, s.n. (의복의)선(渲), 선두름

past|ă, -e, s.f. 반죽한 것; 치약(튜브에 들은); 풀; ~ de dinți 치약

pastel, ~uri, 그리고 ~e, s.n. 파스텔; 파스텔화

pasteuriz|a, -ez, -ai, -at, vt. 파스퇴르법으로 살균하다

pasteuriz|are, -ări, s.f. 파스퇴르법, 저온살균법

pasteurizat|or, -oare, s.n. 파스퇴르 살균기

pasti|lă, -e, s.f. 정제, 환약

pastiş|a, -ez, -ai, -at, vt. (예술가의 스타일이나 양식을)모방하다, 모작하다

pastiş|ă, -e, s.f. **1.** 모방화 **2.** 모작

pastor, ~i, s.m. [종교]목사

pastoral, ~ă, ~i, ~e, adj. 목동의; 전

원의; poezii ~ 전원시

pastoralism, s.n. 전원극 경향

pastr|amă, -ămuri, s.f. 소금에 절인 고기; a face pe cineva ~ 누구를 매우 심하게 때리다; a se face ~ 매우 약해지다

paşalâc, ~uri, s.n. [역사]터키의 paşa에 의해 통치되는 지방

paşap|ort, -oarte, s.n. 여권; a da cuiva ~ul 누구를 내쫓다

paş|ă, -i, s.m. [역사]터키 영내에서 문무고관의 이름 앞에 붙여 썼던 칭호; ca un ~ 걱정없이, 매우 잘, 귀족처럼

paşl|i, -esc, -ii, -it, vt. **1.** a o ~ 도망가다 **2.** 훔치다

paşnic, ~ă, ~i, ~e, adj. **1.** 평화로운, 평화롭게 사는 **2.** 조용한, 고요한

paşol, interj. (방언, 속어)꺼져! 없어져!

paşopti|st, -stă, -şti, -ste, I. adj. [역사]1848년 혁명세대의 II. s.m. 그리고 f. 1848년 혁명군

paşte[1], pasc, păscui, păscut, vt. **1.** (그리고 vi.)풀을 먹다; [비유]교양을 쌓다, 정신적 상태를 발전시키다 **2.** vt. 방목하다; ce paşti aici? 의무를 다하지 않는 사람에 대한 비난의 말; a paşte muştele (또는 vântul, bobocii)쓸데 없이 시간을 보내다; a-l paşte (pe cineva) gândul ~ 에 전념하다, 몰입하다; a paşte pe cineva 누구를 살피다(나쁜 짓을 할 기회를 엿보면서) **3.** (위험, 죽음, 불행에 대해)집요하게 추적하다, 뜻하지 않게 돕다; 살피다

paşte[2], s.n. paşti, s.f. pl. 부활제; din an în ~ 매우 드물게; la ~le cailor 한번도 ... 적이 없다; nu-s în toate zilele paştile 매일 특별한 일이 일어나지 않는다

pat, ~uri, s.n. **1.** 침대; ~ de campanie 야전침대; ~ ul moarte 임종의 자리; a cădea la ~ 병나다; a se pune în ~ a)잠자러 가다; b)침대에 놓다; a sta în ~ 자다, 병상에 눕다; a zăcea în ~ 병상에 눕다; a face patul 잠자리를 마련하다 **2.** [건축]온상, 묘상 **3.** 들것 **4.** ~ul puştii 총의 개머리판 **5.** 하상(河床) **6.** 광층; ~ de nisip 모래층; ~ de strung 선반층

patalama, ~le, s.f. 학위증

pataram|ă, -e, s.f. pătanie 참조

patas|că, -te, s.f. [방언] **1.** 장의사(마)차 **2.** 들것

pată, pete, s.f. **1.** 오점, 얼룩; a căuta pete în soare 없는 곳에서 무조건 결점을 찾다 **2.** [비유]결점, 흠; fără ~ 결점없는

patef|on, ~oane, s.n. 축음기

paten|t, I. -tă, -ţi, -te, adj. 명백한, 공공연한 II. -tă, s.n. **1.** 똑딱단추, 누름단추 **2.** (cleşte)~ 납작 집게

patent|a, -ez, -ai, -at, vt. 면허장을 주다, 특허(특허권)를 주다

patent|ă, -e, s.f. 특허(장), 특허권

pater|ă, -e, s.f. (신주를 담던)큰 잔

patern, ~ă, ~i, ~e, adj. 아버지 같은, 아버지의

paternitate, s.f. **1.** 아버지 임 **2.** (어떤 작품의)작자임

patetic, ~ă, ~i, ~e, adj. 감동적인, 비장한; 격앙된

patetism, s.n. 감동시키는 기술, 감동적임

pateu, ~ri, s.n. [요리] **1.** 파이 **2.** ~

(de ficat) 간 파이
patim|ă, ~i, s.f. **1.** 격정, 열정; a iubi cu ~ 정열적으로 사랑하다 **2.** …광, …벽 ; patima cărţilor 노름벽 **3.** 고통
patin|a, -ez, -ai, -at, vi. **1.** 스케이트 타다 **2.** 녹이 슬다
patinaj, ~e, s.n. 스케이트 타기
patinat|or, -oare, -ori, -oare, s.m. 그리고 f. 스케이트 타는 사람
patin|ă, -e, s.f. **1.** 녹, 녹청 **2.** 스케이트
patinoar, ~e, s.n. 스케이트 장
patinor, ~i, s.m. patinator 참조
patiseri|e, -e, s.f. **1.** 과자 **2.** 과자제조업 **3.** 과자점
patogen, ~ă, ~i, ~e, adj. 병을 일으키는
patogenetic, ~ă, ~i, ~e, adj. 병원(病原)의
patogenie, s.f. 병원(病原)학
patogenitate, s.f. 병원(病原)체 속성
patologic, ~ă, ~i, ~e, adj. 병리학의; 병의
patologie, s.f. 병리학
patos, s.n. 격정, 열정; 정열; 파토스; 광증, 격양, 비장
patrafir, ~e, s.n. [종교]스톨라; 영대(주교 사제가 미사때 걸치는)
patriarh, ~i, s.m. **1.** 족장, 가장 **2.** [종교](동방교회의)총 대주교; 교수
patriarhal, ~ă, ~i, ~e, adj. **1.** 족장의, 가장의 **2.** 총대주교의
patriarhat, s.n. **1.** (동방교회)대주교의 지위(임기); 총 대주교의 관할지구 **2.** 가부장제도, 부권
patriarhi|e, -e, s.f. **1.** 동방정교교회 **2.** 동방정교교회 장소
patrici|an, -ană, -eni, -ene, I. adj. (로마의)귀족의 II. s.m. 그리고 f. 귀족
patri|e, -i, s.f. 조국, 모국; 고국; 출생지; 고향
patrimonial, ~ă, ~i, ~e, adj. 유산의, 세습재산의
patrimoni|u, -i, s.n. 유산, 세습재산
patrio|t, -tă, -ţi, -te, s.m. 그리고 f. 애국자
patriotar|d, -dă, -zi, -de, adj.극단적인 애국자인, 제나라 자랑이 심한
patriotic, ~ă, ~i, ~e, adj. 애국심이 강한, 애국적인
patriotism, s.n. 애국심, 조국애
patristică, s.f. 교부신학(教父神學)
patriţ|ă, -e, s.f. 활자 모형제작용의 주형
patrologie, s.f. 교부학, 교부문헌사
patr|on, I. -oană, -oni, -oane, s.m. 그리고 f. 파트론 **1.** 고용주, 사업주, 주인; 공장주 **2.** 후원자, 비호자, 보호자, 후견인 **3.** [교회]수호성인, 수호신 II. -oane, s.n. [방언]모형, 원형, 본
patron|a, -ez, -ai, -at, vt. 수호하다; 후원하다
patronaj, ~e, s.n. **1.** 수호; 보호; 후원 **2.** 후원회
patronat, s.n. **1.** 고용주의 지위(권리); (집합적)고용주 **2.** (고대 로마의)평민 비호귀족임
patronimic, ~ă, ~i, ~e, adj. 아버지의 이름을 따라 지은
patrontaş, ~e, s.n. [속어]한약통
patru, num, card. 4 ; a fi cu ochii în ~ 조심하다; a face pe dracu-n ~ 모

든 노력을 다하다; între ~ ochi 우리 둘이서만; cât ~ 매우 많은

patrul|a, -ez, -ai, -at, vi. 정찰하러 가다; 순찰하러 가다

patrulater, ~e, s.n. 4 변형의

patrul|ă, -e, s.f. 순찰(대), 정찰(대)

partulea, patra, num. ord. 네 번째

patruped, ~e, s.n. 네발가진 짐승

patrusprezece, num. card. paisprezece 참조

patrusprezece|lea, -a, num. ord. paisprezecelea 참조

patruzeci, num. card. 40

patruzeci|lea, -ea, num. ord. 40번째

patvag|on, -oane, s.n. [속어]침대차량

patachin|ă, -e, s.f. **1.** [식물]서양 갈매나무 **2.** 저속하고 퇴폐적인 여자

pauper, ~ă, ~i, ~e, adj. 가난한

pauperiz|a, -ez, -ai, -at, vt. 빈곤하게 하다

pauperiz|are, -ări, s.f. 빈곤화

paupertate, s.f. 가난, 곤궁

pauşal, s.n. 총계, 총액, 전액

pauz|ă, -e, s.f. **1.** 중지, 휴식, 중단 **2.** 막간, 휴게 **3.** [음악]쉼표

pav|a, -ez, -ai, -at, vt. 포장하다

pavagi|u, -i, s.m. pavator 참조

pavaj, ~e, s.n. **1.** 포장공사 **2.** 포장도로, 포도

pavan|ă, ~e, s.f. 에스파니아 무용의 일종, 공작무도

pava|t,. -tă, -ţi, -te, adj. 포장된

pavator, ~i, s.m. 포장하는 기능공

pav|ază, -eze, s.f. **1.** 방패; a sta ~ 보초서다, 방어하다 **2.** [비유]방어, 보호

pav|ea, -ele, s.f. 포장도로, 포도

pavian, ~i, s.m. [동물]비비

pavili|on, -oane, s.m. **1.** 정자 **2.** 별채, 딴채 **3.** 깃발, 신호기 **4.** (악기의) 나팔모양으로 된 부분; (확성기의) 나팔; (전화기의)수화기; ~ul urechii 외이(外耳)

pavoaz|a, -ez, -ai, -at, vt. 방, 건물 등을 그림, 깃발로 축제의 포시로 장식하다; 장식하다, 치장하다

pază, s.f. 감시; 보호; a sta la (또는 de) ~ 보초서다, 보호하다; paza bună trece primejdia rea 조심이 지혜의 어머니이다; cu ~ 조심스럽게

pazi|e, -i, s.f. 낙수홈통; 차양, 처마

paznic, ~i, s.m. 감시자

păcală, s.m. 익살꾼, 어릿광대

păcat, ~e, s.n. **1.** 죄; ~ de moarte 살인죄; a-şi face ~ cu cineva 누구에게 부정한 짓을 하다; a vorbi cu ~ 중상하다, 모독하다; a intra (또는 a cădea)în ~ 실수하다, 잘못하다; a-şi spăla ~ 죄를 씻다 **2.** 불행, 재앙, 불운; din ~e 유감스럽게도; a-l împinge (또는 a-l îndemna, a duce)pe cineva păcatul să… 나쁜 생각에 대한 충동을 느끼다; ce ~! 얼마나 유감인가!; ~ele mele 하느님 맙소사; e ~ de dumnezeu 좋지 않다, 옳지 않다

păcăl|eală, -eli, s.f. 장난, 농담

păcăl|i, -esc, -ii, -it, I. vt. 장난하기 위해(즐기기 위해)누구를 잘못(실수)하게 하다; 속이다 II. vr. 속다

păcălici, s.m. 장난하는 사람, 익살꾼

păcălitur|ă, -i, s.f. păcăleală 참조

păcăn|i, -esc, -ii, -it, vi. 짧고 반복

적인 소음을 내다; 딸랑거리다; 딸가닥거리다

păcăt|os, -oasă, -oşi, -oase, I. adj. **1.** 죄지은, 죄많은; 사악한, 나쁜 **2.** 불행한, 가난한 II. s.m. 그리고 f. **1.** 죄인, 죄지은 자 **2.** 불쌍한 자 **3.** 악당

păcătos(en)i|e, -i, s.f. 죄지음, 죄

păcătu|i, -iesc, -ii, -it, vi. 죄짓다

păcătuire, s.f. 죄지음

păclic, s.f. [방언]목동들 외투

păcorniț|ă, -e, s.f. [방언]타르통(마차바퀴용)

păcurar, ~i, s.m. **1.** 양치기 **2.** 타르장수

păcură, s.f. sg. **1.** 원유, 석유 **2.** 타르

păcurăraş, ~i, s.m. **1.** 작은 양치기 **2.** 젊은 양치기

păcurăresc, -ească, -eşti, adj. 양치기의

păcurăriț|ă, -e, s.f. **1.** 양치기부인 **2.** 여자 양치기

păcur|os, -oasă, -oşi, -oase, adj. 석유를 함유한

păduce|l, -i, s.m. [식물]서양산사나무

păduch|e, -i, s.m. 이; ~ de lemn 빈대; ~ (de frunză)진딧물

păduche|a, -z, -ai, -at, vt. 그리고 vr. 이를 잡다; 이가 있다

păducherniț|ă, -e, 그리고 -i, s.f. [방언] **1.** 이가 사는 곳 **2.** 더러운 집

păduchi|os, -oasă, -oşi, -oase, adj. 이가 꽉 찬; 더러운; 가난한

pădurar, ~i, s.m. 삼림(수렵)감시원, 산림관, 산지기

păduratic, ~ă, ~i, ~e, adj. **1.** [식물] 숲에 살며 자라는; 야생의 **2.** 숲으로 둘러쌓인; 숲이 있는

pădurărit, s.n. 삼림 감시원의 직업; 일생

pădur|e, -i, s.f. **1.** 숲; 산림; (사람에 대해)din (또는 de la) ~ 교양 없는, 예의 없는; nu e ~ fară uscături 실수 없는 사람은 없다; a căra lemne la ~ 물은 바다로 간다 **2.** 삼림지, 큰 삼림

pădur|ean, -eană, -eni, -ene, I. adj. 숲의 II. s.m. 그리고 f. 산 사람

pădureana, s.f. ocrt. [속어] **1.** 숲의 정령 **2.** 숲의 요정

pădur|eancă, -ence, s.f. 숲(산)에 사는 여자 또는 그 곳 출신의 여자

pădur|eț, -eață, -eți, -ețe, adj. **1.** (나무와 열매에 대해)숲 또는 경작지에서 성장한; 야생의; măr ~ 야생 능금; a se sătura ca de mere ~e 싫증나다 **2.** (사람들에 대해)야성의, 무뚝뚝한

păduric|e, -i, s.f. 작은 숲

pădur|os, -oasă, -oşi, -oase, adj. 숲으로 덮힌, 숲이 많은

păftăluț|ă, -e, s.f. 작은 버클(죔쇠)

păgân, ~ă, ~i, ~e, I. adj. 이교의, 사교의, 이교도의 II. s.m. 그리고 f. **1.** 이교도, 사교도 **2.** 악인, 악한

păgânătate, s.f. **1.** 이교민(異教民) **2.** 이교, 사교

păgân|esc, -ească, -eşti, adj. 이교의, 사교의

păgâneşte, adv. **1.** 이교도처럼 **2.** 동정심 없이

păgânim|e, -i, s.f. 이교민(異教民)

păgânism, s.n. 이교, 사교

păgubaş, ~ă, ~i, ~e, s.m. 그리고 f. 손실부담자, 손해 입은 사람; a se lăsa ~ ..을 포기하다; a lăsa ~ 손해를 야기하다

P

păgub|i, -esc, -ii, -it, **1.** vi. 손해를 입다 **2.** vt. 손해를 입히다
păgubi|t, -tă, -ți, -te, adj. 손해 입은
păgubit|or, -oare, -ori, -oare, adj. 손해를 가져오는; 해를 입히는
păgub|os, -oasă, -oşi, -oase, 항상 손해만 보는, 항상 실패하는
păhărel, ~e, păhăruț, ~e, s.n. 작은 잔(컵)
păi, adv. **1.** (그리고 ~ da, ~ desigur, ~ că) 물론 , 당연히
păianjen, ~i, s.m. **1.** 거미 **2.** (pânză de) ~ 거미줄 **3.** [기술]그래브(준설)선
păienjeniş, ~uri, s.n. 거미줄
păi|os, -oasă, -oşi, -oase, adj. 줄기가 짚처럼 된
păiş, ~uri, s.n. 짚
pălăl|aie, -ăi, s.f. 이글거리며 타는 불
pălălă|i, -iesc, -ii, -it, vi. **1.** (불에 대해)큰 불로 타다; 퍼지다 **2.** 펄럭거리다
pălămar, ~i, s.m. [방언]교회 일보는 사람
pălămid|ă, -e, s.f. **1.** [식물]엉겅퀴 일종 **2.** [어류학]가다랭이
pălări|e, -i, s.f. 모자; ~ de paie 밀짚모자; a-şi scoate pălăria 모자를 벗다
pălărier, ~i, s.m. 모자 만드는 사람
pălărioar|ă, -e, **pălăriuț|ă,** -e, s.f. 작은 모자
pălăvatic, ~ă, ~i, ~e, adj. [방언] **1.** 비천한, 쓸모없는 **2.** 경박한
păl|i, -esc, -ii, -it, I. [방언]vt. **1.** 치다, 때리다; 공격하다 **2.** (심리적, 육체적 상태에 대해)사로 잡다, 엄습하다; m-a ~t plânsul 눈물(울음)이 터져나오다; m-a ~t somnul 잠에 빠지다 **3.** 마르게 하다 II. vi. **1.** (그리고 vr.) [식물]시들다, 마르다, 노랗게 되다 **2.** 창백하게 되다 **3.** 빛이 꺼지다
pălimar, I. ~e, s.n. **1.** 난간, 흉벽 **2.** 베란다 **3.** 밧줄 II. ~i, s.m. pălămar 참조
păli|t, -tă, -ți, -te, adj. **1.** 시든, 마른 **2.** 창백해진 **3.** 창백한
pălitur|ă, -i, s.f. 침, 때림, 타격
păliur, ~i, s.m. [식물](울타리로 쓰이는 갈매나무과의)가시덤불
pălmaş, ~i, s.m. 가난한 농민
pălmu|i, -iesc, -ii, -it, vt. 따귀 때리다
pălmuire, s.f. 따귀 때림
păltiniş, ~uri, s.n. 단풍나무 숲
păltior, ~i, s.m. [속어] **1.** 작은 단풍나무 **2.** (야생의)구즈베리 덤불
pămătuf, ~uri, s.n. **1.** 면도용 솔 **2.** ~ (de pudră)분첩 **3.** 새털 브러시
pământ, ~uri, n. **1.** 지구, 지구인; la căpătul ~ului 아주 멀리에; de când lumea şi ~ul 또는 cât e lumea şi ~ul a)줄곧, 계속 b)(부정문에서)한 번도 ... 아니다 **2.** de ~ 흙의; ca pământul a)완전히 b)깊은, 무거운 c)결코 .. 아니다; la ~ a)아래에 누운, 뻗은; (사람에 대해)굴복된, 억압된 b)(명령)자라!; a tăcea ca ~ul 완전히 침묵하다; ca de la cer la ~ 하늘처럼 아주 멀리; parcă l-a înghițit ~ul 또는 parcă a intrat în ~ 흔적 없이 사라졌다; a-i veni cuiva să intre în ~ 너무 수치스러워서 사람얼굴을 들고 다닐 수 없다; a ieşi

ca ~ 땅속에서 솟아나다(갑자기 나타나다); a fi cu picioarele pe ~ 환상에 사로잡히지 않다; a lăsa toate la (또는 în) ~ 되는대로 맡기다, 포기하다; a nu-l mai ține (또는 a nu-l mai încăpea) nici pământul de ~ 강한 감정을 느끼다; a nu-l mai încăpea (pe cineva)pământul 자랑스럽다; a nu-l răbda ~ul 나쁜 사람에 대해서 이야기 하는 표현; a face una cu ~ul (또는 o apă şi un ~) 땅에 쓰러지다; (mănâncă) de stinge ~ul 땅이 꺼지도록 먹다; din ~ 또는 din fundul ~ului 또는 din fundul ~ului 또는 din ~ din iarbă verde 어디에서든 간에; nu se ştie ca ~ul 알 수 없다 **3.** 밭, 들; cultura ~ului 경작; (sărac) lipit ~ului 매우 가난한

pământ|ean, -eană, -eni, -ene, I. adj. **1.** 땅의, 현세의 **2.** 토착의, 자국의 II. s.m. 그리고 f. **1.** 지구인 **2.** 토착인, 원주민

pământ|esc, -ească, -eşti, adj. 지상의; 현세의; cele pământeşti, 지상의 것, 일시적인 것; rămăşitele pământeşti 사람; 육신

pământi|u, -e, -i, adj. 흙색깔의; 창백한

pământ|os, -oasă, -oşi, -oase, adj. **1.** 흙이 있는 **2.** 흙 색깔의, 흙성분이 있는

pământel, ~e, s.n. 규조토

pănur|ă, -i, s.f. [방언](pl.)거친 천

pănuş|ă, -i, s.f. (특히 pl.)옥수수 싸는 잎

pănuşiț|ă, -e, s.f. [방언][식물]나래새의 일종

păp|a, pap. -ai, -at, vt. **1.** (아이들 용어에서)먹다 **2.** [비유]소비하다, 낭비하다, 탕진하다

păpădi|e, -i, s.f. [식물]민들레

păpălău, s.n. [식물]꽈리속

păpărad|ă, -e, s.f. [방언]풀어서 반숙한 계란

păpuc···, papuc 참조

păpur|i, -esc, -ii, -it, vt. 갈대 잎으로 빽빽하게 하다

păpuriş, ~uri, s.n. 갈대

păpuşar, ~i, s.m. 꼭두각시를 놀리는 사람; 인형제조자

păpuş|ă, -i, s.f. **1.** [비유]인형; 인형같이 예쁜 여자 **2.** 꼭두각시; teatru de păpuşi 인형극 **3.** 둥근 뭉치 **4.** 번데기

păpuş|ică, -ele, 작은 인형

păpuş|oi, **1.** ~ s.m. [방언]옥수수 **2.** -oaie, s.n. 옥수수밭; las-o moartă-n ~ 집어 치워라

păr, peri, s.m. **1.** 배나무 **2.** 머리털(카락), 털; un fir de ~ 머리카락 하나;~ de porc 돼지털; ~ de cămilă 낙타털; ~ de cal 말의 꼬리털 또는 갈기; (toți 또는 cu toții)în ~ 전부 갖추어진; tras de ~ 견강부회이다; din fir în ~ 또는 până într-un ~ 매우 자세하게; a-şi smulge ~ul din cap 또는 a se lua cu mâinile de ~ 절망적이다(머리카락을 쥐어뜯을 정도로); a se lua de ~ cu cineva 매우 심하게 싸우다; a-i ieşi cuiva ~ul prin căciulă 끝없이 기다리다; a despica firul de ~ în patru 과도하게 자세하게 조사하다; în doi peri a)애매모호한 b)술취한 c)늙은; i se face ~ul măciucă 머리카락이 곤두 설정도무섭다; a scoate cuiva peri albi 많

은 불행을 야기하다; I. se ține (또는 îi atârnă)viața într-un fir de ~ 위험천만이다, 위기일발이다; a se lua cu mâinile de păr 또는 a-și smulge părul din cap 절망적이다; a se da după păr 환경에 적응하다; N-am păr în cap 또는 cât păr în cap, ca părul din cap 매우 많은; cât păr 매우 많은; cât păr în palmă 아무것도 아니다, 전혀 아니다 a avea păr pe limba 바보다

păragină, s.f. paragină 참조

părangină, s.f. [식물]봄쇄풀

părădu|i, -iesc, -ii, -it, I. vt. [방언] 낭비하다, 재산을 탕진하다 II. vr. (건물, 가구 등이)부서지다, 망가지다

părădui|t, -tă, -ți, -te, [방언]adj. 부서진

părăgin|i, -esc, -ii, -it, vr. **1.** 폐허가 되다 **2.** 부서지다

părăginire, s.f. **1.** 폐허가 됨 **2.** 부서짐

părăgini|t, -tă, -ți, -te, adj. **1.** 폐허가 된, 황량한 **2.** 부서진

părăluț|ă, -e, s.f. **1.** 작은 동전 **2.** [식물]데이지

părăs|i, -esc, -ii, -it, vt. **1.** (누구를 어느 장소에)버려두다, 누구나 헤어짐 **2.** (직업, 일등을)포기하다, 중단하다

părăsire, s.f. **1.** 버려짐 **2.** 고 독, 고립; în ~ 돌보는 이가 없는, 돌보아지지 않은 **3.** 포기; a lăsa în ~ a)포기하다 b)게을리하다, 돌보지 않다

părăsi|t, -tă, -ți, -te, adj. 포기한, 버려진

părcan, ~e, s.n. **1.** 물을 막는 둑, 댐 **2.** 난간, 흉벽 **3.** 말뚝

părcălab, ~i, s.m. pârcălab 참조

părea, par, părui, părut, vi. 그리고 vr. 보이다(생각되다); pare deștept 똑똑한 것처럼 보이다; (비인칭) (se) pare că⋯ ...처럼 보인다; îmi pare bine 기쁘다, 좋다; îmi pare rău 유감이다; pe cât se pare, va ploua 보이건데 비가 올 것이다; îmi pare că e bolnavă 그가 아프다고 나는 생각한다(생각된다)

părelnic, ~ă, ~i, ~e, adj. 외관상의, ...처럼 보이는

părer|e, -i, s.f. **1.** 생각, 의견, 견해; a fi de ~ 의견(생각)이다; a fi de aceeași ~ 똑같은 생각이다; a-și spune (a-și da) ~a 그의 생각을 말하다; a da cu ~a 추측하다; ~ de bine 기쁨, 즐거움; ~ de rău 유감; într-o ~ 운좋게 **2.** 환상, 환영, 착각

păresimi, s.f. pl. [방언]사순절

păretar, ~e, m. [방언] **1.** 벽걸이융단 **2.** 처마를 받치는 기둥 **3.** 벽에 대는 판자

păre|te, -ți, s.m. perete 참조

părin|te, -ți, s.m. **1.** 아버지 **2.** pl. 부모, 양친, 조상 **3.** (호격)목사님

părint|esc, -ească, -ești, adj. **1.** 아버지의 **2.** 부모의; casa părintească 부모집

părintește, adv. 부모처럼; 사랑으로, 따스함으로

păr|os, -oasă, -oși, -oase, adj. 털의, 털많은

părpăriț|ă, -e, s.f. 방앗간에서 움직이는 돌에 고정된 쇠

părtaș, ~ă, ~i, ~e, s.m. 그리고 f. **1.** 참가자; a fi ~ la ceva 무엇에 참가

하다; ~ la o crimă, la un furt 범죄 등 공모자 **2.** (드물게)신봉자, 추종자

părti|cea, -cică, -cele, s.f. 작은 부분(parte의 축소형)

părtin|i, -esc, -ii, -it, vt. 이롭게 하다, 이익을 주다

părtinir|e, -i, s.f. 이익 줌, 이롭게 함; fără ~ 공평하게

părtinit|or, -oare, -ori, -oare, adj. 이롭게 하는, 비호하는

păru|i, -iesc, -ii, -it, I. vt. **1.** 머리털을 뽑으며 때리다 **2.** 머리털을 제거하다 II. vr. [가족]서로 머리카락을 뜯으며 싸우다

părui|ală, -eli, s.f. 머리잡고 싸움

păs, ~uri, s.n. 걱정, 고심, 화; fără ~ 근심 없이

păs|a, pers 3. pasă, -ă, -at, vi. impers. **1.** 불안을 느끼다, 걱정이다; 어려움을 느끼다; nu-mi pasă 상관없다, 괜찮다; puțin îmi pasă 별로 걱정이 안되다; ce-i pasă 그에 관해서는; nu-mi pasă de el a)그는 나에게 상관없다 b)나는 그가 두렵지 않다 **2.** (명령형에서) a)시도해라 b)해봐라 **3.** 가다

păsare, s.f. [속어]걱정, 근심

păsat, s.n. **1.** 옥수수알 **2.** 옥수수죽

păsărar, ~i, s.m. **1.** 새장수, 새키우는 사람 **2.** 매

păsăr|ea, -ică, -ele, s.f. 작은새; a avea o păsărică 미치다; 기발한(이상한)생각을 갖다

păsăr|esc, -ească, -eşti, adj. **1.** 새의, neamul ~ 조류 **2.** limbă păsărească 알아 듣기 힘든 말

păsăreşte, adv. 새처럼; a vorbi ~ 알아듣기 힘들게 말하다

păsăret, păsărime, s.n. 조류

păsăric|ă, -i, s.f. 작은 새

păsăruic|ă, -e, s.f. păsărea 참조

păscăt|oare, -ori, s.f. [속어]목초

păscut, s.n. 방목하기

păst|aie, -ăi, s.f. [식물]장각(長角)

păstărnac, ~i, păstârnac, ~i, s.m. 아메리카 방풍(미나리과)

păstor, ~i, s.m. 양치기

păstoraş, ~i, **păstore|l,** -i, s.m. 작은 양치기

păstor|esc, -ească, -eşti, adj. 양치기의

păstor|i, -esc, -ii, -it, vt. **1.** 가축을 돌보다, 양을 지키다, 목장으로 데리고 가다 **2.** 교회의 교리 정신으로 안내하다

păstorie, s.f. **1.** 종교적 안내; 종교적 지도자의 기능 **2.** 직

păstorit, s.n. păstorie 참조

păstoriț|ă, -e, s.f. 여자 양치기

păst|os, -oasă, -oşi, -oase, adj. 죽 같은

păstr|a, -ez, -ai, -at, vt. **1.** 보존하다, 간직하다; 좋은 상태로 유지하다, 돌보다; 음식을 잘 보존하다; (법 등을)존중하다, 위반하지 않다 **2.** 유지하다, 지속시키다; a ~ tăcere(a) 침묵하다, 누설하지 않다; a(-şi) ~ calmul (또는 sângele rece)침착하다; a ~ amintirea (cuiva 또는 ceva) 또는 a ~ (pe cineva 또는 ceva) în amintire (또는 în inimă, în minte, în suflet) a)잊지 않다 b)과거의 어떤 것을 반영하다 **3.** 비밀을 지키다

păstrare, s.f. **1.** 보존, 유지, a da în (또는 spre) ~ 보존하다 **2.** 유지

păstrăt|or, -oare, -ori, -oare, adj. 잘 보존하는; 경제적인
păstrăv, ~i, s.n. **1.** [어류]송어 **2.** [식물]싸리버섯
păstrăvar, ~i, s.m. 송어 낚시꾼
păstură, s.f. (양봉)풀
păsu|i, -iesc, -ii, -it, vt. **1.** 필요한 시간을 주다; 허용하다, 연기하다 **2.** [기술]잘맞게 하다
păş|i, -esc, -ii, -it, vi. **1.** 가다, 걷다 **2.** 들어가다 **3.** 나가다 **4.** 넘어가다
păştiţ|ă, -e, s.f. [식물]아네모네
păşun|a, -ez, -ai, -at, I. vi. (가축이) 목장으로 풀을 먹으러 가다; 풀을 먹다 II. vt. 양을 돌보다; 풀을 먹게 하다
păşun|e, -i, s.f. 목초지, 목장
păt|a, -ez, -ai, -at, [비유] I. vt. 더럽히다, 얼룩지게 하다; 모독하다 II. vr. 더러워지다, 얼룩지다
păta|t, -tă, -ţi, -te, adj. 더럽혀진, 얼룩진; 모욕당한
pătărani|e, -i, s.f. pătanie 참조
pătimaş, ~ă, ~i, ~e, adj. 열정적인, 정열적인
pătim|i, -esc, -ii, -it, **1.** vt. 고통 받다, 인내하다, 참다 **2.** vi. 아프다
pătimir|e, -i, s.f. 고통
pătlagin|ă, s.f. [식물]질경이
pătlăg|ea, -ică, -ele, s.f. **1.** ~ (roşie) 토마토 **2.** ~ (vânătă)가지
pătrar, ~e, s.n. **1.** 4분의 1 **2.** 4분의 1월 **3.** 4분의 1년
pătra|t, I. -tă, -ţi, -te, adj. **1.** 네모난, 사각의; 정방형의 **2.** [수학]rădăcină ~ă 평방(제곱)근 II. -tă, s.n. **1.** 사각형, 정방형 **2.** [수학]자승, 제곱, 평방
pătrăţel, ~e, s.n. pătrat의 축소형
pătrim|e, ~i, s.f. 4분의 1
pătrunde, pătrund, -unsei, -uns, I. vi. 통해지나가다, 돌아가다, 스며들다; aburii au pătruns prin crăpături 김이 틈 사이로 스며들었다 II. vt. **1.** 주의 깊게 보다, 살피다; a ~ cu mintea 무엇을 파악하다; a ~ cu privire 응시하다 **2.** 깊은 인상을 주다 **3.** 지배하다, 압도하다 III. vr. (de ceva) 알다, 경험하다; 명심하다
pătrunder|e, -i, s.f. **1.** 침입, 들어감 **2.** 주의 깊게 살핌, 봄 **3.** 날카로운 관찰, 통찰력, 간파력
pătrunje|l, ~i, s.m. 파슬리
pătrun|s, -să, -şi, -se, adj. **1.** 통과된, 지나간; 매우 잘 익은 **2.** [비유]흥분된, 인상받은 **3.** [비유]생각된, 확신된
pătrunzăt|or, -oare, -ori, -oare, adj. **1.** 통과하는, 스며든, 날카로운; 예민한; 자극성이 있는; frig ~ 살을 에는 추위; minte pătrunzătoare 예민한 지력, 날카로운 오성 **2.** 감동적인
pătuc, ~uri, s.n. 작은 침대
pătul, ~e, s.n. **1.** 옥수수 창고 **2.** 닭장 **3.** 온상 **4.** 어량 **5.** 매복하는 곳(사냥)
pătur|ă, -i, s.f. **1.** 덮개, 씌우개 **2.** 층 **3.** 계층, 사회층; păturile sociale 사회계층
pătur|i, -esc, -ii, -it, vt. 접다
pătur|ică, -ele, s.f. pătură의 축소형
pături|t, -tă, -ţi, -te, adj. 접혀진
pătut, ~uri, s.n. pătuc 참조
pătani|e, -i, s.f. (뜻하지 않은, 불편한)사건, 체험
păţ|i, -esc, -ii, -it, vt. **1.** 마음에 안드는 이상한 일이 누구에게 발생하다,

기대하지 않은 어떤 것에 부딪치다; am ~t o mare ruşine 나는 큰 치욕을 당했다; ce ai ~t ? 무슨 일이 일어났지?; a o ~ 곤궁에 빠지다; din pățite 경험으로; a fi pățit multe 많은 체험을 하다 **2.** 고통 받다

păți|t, -tă, -ți, -te, adj. 경험이 많은, 아는 것이 풍부한; a fi Stan ~ul 경험이 풍부한 사람이다

păun, ~i, s.m. 공작; a se umfla în pene ca un ~ 공작처럼 뽐내다

păunaş, ~i, **păune|l,** -i, s.m. păun의 축소형

păun|i, -esc, -ii, -it, vr. (드물게)뽐내다

păuniț|ă, -e, s.f. **1.** 공작의 암컷 **2.** [곤충]잠자리

păz|i, -esc, -ii, -it, I. vt. **1.** 보호하다, 지키다, 감시하다; 보초서다; Doamne păzeşte ! a)천만에 b)당치도 않다; a-şi ~ gura (또는 limba) 침묵하다, 신중하게 말하다, 필요하지 않은 것은 말하지 않다; frica păzeşte pepenii 주의는 지혜의 어머니; a o lua la trei păzeşte 도망가다 **2.** 관찰하다, 지키다, 따르다; a ~ o lege 법을 지키다 **3.** 종사하다, 돌봐주다, 걱정하다; păzeşti? 무엇을 하니? 무엇으로 시간을 보내?; a-şi ~ treaba 자신의 일을 걱정하다; 신중하다; a-şi ~ drumul 자신의 길을 가다 II. vr. (de ceva) 조심하다

păzi|t, -tă, -ți, -te, adj. 감시받는, 보호받는

păzit|or, -oare, -ori, -oare, I. s.m. 그리고 f. 보호자, 감시인 II. adj. 보호의…; înger ~ 수호천사

pâcâ|i, pâcâi, -ii, -it, vi. [방언]짙은 연기를 내다, 자욱이 연기를 피우다

pâcl|ă, -e, s.f. **1.** 안개, 증기, 김 **2.** 무더움 **3.** [비유] 어두움

pâcl|os, -oasă, -oase, adj. 안개 낀, 증기가 있는; 불분명한

pâin|e, -i, s.f. **1.** 빵; ~ caldă 신선한 빵; ~ rece 오래된 빵; ~ neagră 흑빵; ~ albă 흰빵 ; ~ goală 마른빵; a fi bun ca pâinea caldă 매우 좋다 매우 선량하다; a se vinde ca ~a caldă 매우 쉽게 팔리다; a mânca ~ şi sare cu cineva 같이 살다; a avea ~a şi cuțitul în mână 손에 권력을 잡다 **2.** 영양, 생계(의 유지); a lua cuiva ~a de la gură 누구로부터 존재의 가능성을 빼앗다, 살 방법이 없게하다; a pune pe cineva în ~ 누구에게 생계를 마련해주다 **3.** [방언]곡식

pâinişoar|ă, -e, s.f. **1.** 작은 빵 **2.** [식물]들사리버섯 (독버섯의 일종)

pâlc, ~uri, s.n. **1.** 무리, 떼, 집단 **2.** [군사]소부대

pâlni|e, -i, s.f. **1.** [기술]깔때기; ~ de alimentare 곡식용 깔때기; ~ acustică 보청기; ~ telefonică 수화기 **2.** 나무 모아두는 장소 **3.** [지질]분지; a-şi face (또는 a-si duce) palmele pâlnie(la gură 또는 la ureche) 잘 들리기 위해 입을 손을 깔때기처럼 만들어 말하다

pâlpâ|i, pers.3, pâlpâie, -i, -it, vi. **1.** (불꽃이) 너울거리다, (불에 대해) 타다 **2.** (새, 곤충) 가벼운 소리를 내며 날개를 움직이다 **3.** 가볍게 진동하다, 움직이다

pâlpâi|ală, -eli, pâlpâir|e, -i, s.f. pâlpâit, ~uri, s.n. **1.** 불이 너울거림 **2.** [곤충, 새]날개가 펄럭임

pâlpâi|tor, -oare, -ori, -oare, adj. **1.** 너울거리는 **2.** 펄럭이는

până, I. conj. **1.** temporal (~ ce, ~ când, ~ să) ~할 때까지, ~것 까지; ~ 동안; ~(ce) vin 내가 올 때까지; ~ să vină trenul 기차가 도착할 때까지; ~ nu ...전에; până nu pleacă 그가 떠나기 전에; bate fierul ~ e cald 쇠는 뜨거울 때 두드려야 **2.** local(~ unde) ...하는 곳까지; ~ unde nu venise nimeni 아무도 도착하지 않았던 곳까지 II. prep. (~ la, ~ in)까지; ~ seara 저녁까지; ~ la prânz 점심까지; ~ la Bucureşti 부카레스트까지; ~ în oraş 도시까지; ~una alta 당분간; ~ la urmă 마지막에(으로) 끝까지

pândar, ~i, s.m. 삼림감시인

pând|ă, -e, s.f. 감시 살핌, 엿봄; a sta la ~ 매복하다

pând|i, -esc, -ii, -it, I. vt. **1.** 살피다, 감시하다; a ~ pe cineva 누구를 살피다 **2.** 기회를 엿보다, 살피다; pândeşte momentul prielnic 적당한 순간을 살피다 II. vi. 매복하다. 숨어서 기다리다

pândit|or, -oare, -ori, -oare, adj. 매복하는, 살피는

pângăr|i, -esc, -ii, -it, vt. **1.** 모욕하다 **2.** 더럽히다

pângărir|e, -i, s.f. 모욕; 더럽힘

pângări|t, -tă, -ţi, -te, adj. **1.** 모욕당한 **2.** 수치스러운

pântecăraie, s.f. [방언] (설사로 인한) 배 통증

pântece, ~s.n. **1.** 복부; 배; a fi cu ~le lipit de coaste 배고프다 **2.** (모유) 모태, 자궁; rodul ~lui 태아; a fi cu ~le la gură 만삭이다

pântec|os, -oasă, -oşi, -oase, adj. **1.** 배 나온, 큰 배를 가진 **2.** 밖으로 나온 벽을 가진

pânta|t, -tă, -ţi, -te, adi. 아마의; cu copertă ~tă 아마로 묶은

pânz|ă, -e, s.f. **1.** 아마포; de ~ 아마의; până in ~ele albe 중단 없이, 끝까지; ~ de cort 천막천; ~ de păianjen 거미집; a zări ca printr-o ~ 불분명하게, 흐리게 보이다 **2.** (pl.)침대보 **3.** (특히 pl.)돛 **4.** 그림 **5.** [지질]층; ~ de apă 수면층

pânzet, ~uri, s.n. pl.에서 아마포(제품)

pânzică, s.f. 얇은(저 품질의) 아마포

pâr|ă, -e, s.f. **1.** 한탄, 원망 **2.** 고발 **3.** 저주 **4.** 심판

pâr|ău, -aie, s.m. **1.** 시냇물 **2.** 많음

pârâ|i, pers.3, pârâie, -ii, -it, vi. 찢어지거나 부서지는 길고 둔탁한 소리를 내다, 우지끈하는 소리를 내다, 우르르 꽝 하는 소리를 내다, 탁탁 소리나다, 바스락 소리나다

pârâiaş, ~e, s.m. 작은 시내, 작은 개울

pârâit, ~uri, s.n. 우지끈, 우르르 꽝, 탁탁, 바스락

pârâit|oare, -ori, s.f. 딸랑이

pârâitur|ă, -i, s.f. pârâi의 소리들

pârâş, ~i, s.m. 고소인

pârâ|t, -tă, -ţi, -te, I. adj. 고발된; 모함된; 중상 받은 II. s.m. 그리고 f. 피고인

pârât|or, -oare, -ori, -oare, I. adj. 고발하는 II. s.m. 그리고 f. 고발인, 고소인

pâr|âu, -aie, s.m. 시내, 개울
pârâuaş, ~e, **pârâuț,** ~e, s.n. pârâiaş 참조
pârcălab, ~i, s.m. **1.** 변경방백 **2.** 면장, 동장;시장 **3.** 세금징수원 **4.** 교도소장
pârdalnic, **1.** ~ă, ~i, ~e, adj. (농담으로) 저주받은 **2.** s.m. art. 악마
pârgar, ~i, s.m. **1.** [고어](시,읍,면) 의회의원 **2.** **[방**언] 경솔한 놈
pârgă, s.f. **1.** în ~ (열매, 곡식) 거의 익은; 익기 시작하는 단계의 **2.** (과일, 곡식의)익는 단계 **3.** (곡물, 채소 따위의)첫물의 것, 첫 이삭
pârghi|e, -i, s.f. 지레
pârgu|i, -iesc, -ii, -it, vt. (채소, 과일, 곡식 등이)익기 시작하다
pârgui|ală, -eli, s.f. 과일이 익기 시작하는 첫 번째 단계
pârgui|t, -tă, -ți, -te, I. adj. 익기 시작하는 II.익기 시작함
pârgoal|ă, -e, s.f. **1.** 불고기, 구운 고기 **2.** [방언]다진 고기
pârgol, ~uri, s.n. **1.** 큰불; 화재; a se face foc şi ~ 제정신이 나가다, 매우 화내다; a face ~ (불을 통해)폐허로 만들다; a da ~ 불사르다 **2.** 큰 더위, 폭염 **3.** [비유]폐허, 황폐
pârgol|i, -esc, -ii, -it, vt. **1.** (파괴할 목적으로)불을 놓다 **2.** 태우다 **3.** (태양에 대해)이글이글 끓다 **4.** (태양에 대해)더위, 열기로 마르다, 건조해지다, 시들다
pârgoli|t, -tă, -ți, -te, adj. **1.** 불탄 **2.** 태양으로 탄
pâr|î, -ăsc, -âi, -ât, vt. **1.** 누구의 어떤 사실에 대해 슬퍼하다 **2.** 고소하다 **3.** 중상하다, 모함하다
pârlea, s.m. sg. ține-te (또는 tunde-o, întinde-o)pîrleo!; du-te pârlii! 나가라! 꺼져!
pârl|eală, -eli, s.f. **1.** 태움, 그을임 **2.** 사기, 기만 **3.** 손실, 손해; a-şi scoate pârleala 손실을 매꾸다, 회복하다
pârleaz, ~uri, s.n. (담 따위의)지나가는, 통과하는 좁은 장소
pârl|i, -esc, -ii, -it, vt. **1.** 태우다, 그슬리다; soarele i-a ~t 태양에 그슬리다 **2.** (돼지 따위를)불에 굽다, 그릴하다 **3.** (해로)검게 되다, 햇빛에 타다
pârlir|e, -i, s.f. 동사 pârli의 명사형
pârli|t, -tă, -ți, -te, **1.** 태움, 그슬림 **2.** 불에 구움 **3.** 햇빛에 탐
pârloag|ă, -e, s.f. 휴한지
pârn|aie, -ăi, s.f. 큰 흙냄비
pârpăl|i, -esc, -ii, -it, I. vt. 그슬리다, 굽다 II. vr. **1.** 따뜻하게 하다 **2.** 버둥거리다, 아파서 몸부림 치다
pârpăli|t, -tă, -ți, -te, adj. 그슬린
pârti|e, -i, s.f. **1.** 눈길 **2.** 오솔길
pârțag, ~uri, s.n. 벌컥 화냄, 변덕스럼
pâslar, ~i, s.m. 펠트 실내화(긴구두)
pâslă, s.f. 펠트
pâsl|i, -esc, -ii, -it, vr. 펠트처럼 되다
pâsl|os, -oasă, -oşi, -oase, adj. 펠트의, 펠트같은
pâş, interj. 가만히 걷는 걸음소리
pâşin, ~ă, ~i, ~e, adj. [방언]조용한, 나지막한; 수줍어하는, 부끄러워하는
pe. prep. I.(상황보어) **1.** (장소) 1)... 위에; ~ masă a)탁자 위에; b)탁자 위로; ~ mare 바다 위에 2)...에; ~

lume 세계에, 도처에 3)...가에, ..근처에; ~ Main 마인 강가에; ~ acasă a)집 근처에; b)집안에; ~ lângă 옆(근처)에; ~ aici 이곳 근처에; ~ unde 어딘가에 **2.** (시간) 1)...동안, ...까지, ...에; ~ mâine a)내일동안; b)내일까지; ~ căldura asta 이 더위에; pe când ... a)...하는 동안 b)...반면에; ~ ploaie 비오는 동안; ~ vremea mea 내 시절에; ~ sfârşite 끝에(까지); ~ lună 달이 있는 동안 2)...경; ~ la ora 5 5시경에 3)...마다; pe an 1년마다, 매년; ~ oră 시간마다; ~ săptămână 주일마다 4)....무렵(향해가는 의미); pe primăvară 초봄에; p-nserate 초저녁 무렵 **3.** (방법) 1)...로, ...의해, ...대로, ~ ascuns 몰래, 비밀로; ~ furiş, 몰래, 살짝; ~ apă şi ~ uscat 해륙양도로; ~ rând 순서대로; ~ voie 의지대로; ~ alese 선거로 2)...통해; a ieşi ~ usă 문을 통해 나가다; ~ fereastră 창문을 통해

pebrină, s.f. (누에의)미립자병

pecen|eg, -eagă, -egi, -ege, I. adj. 9세기와 11세기 사이에 유럽남동부나 동부를 통해 이동했던 터키 민족의 일부에 관한 II. s.m. 그리고 f. 위 민족

pecetar, ~i, s.m. 도장 파는 사람

pece|te, -ţi, s.f. **1.** 도장, 인장, 봉인; a pune ~a ....에 도장을 찍다 **2.** [비유]표시, 특징

pecetlu|i, -iesc, -ii, -it, vt. [비유]도장 찍다, 날인(조인, 봉인)하다

pecetlui|t, -tă, -ţi, -te, adj. 봉인된, 날인된

pechinez, ~i, s.m. 발바리

peci|e, -i, s.f. (돼지, 양, 소의)(뼈나 지방이 없는)살코기

pecingin|e, -i, s.f. [의학]태선(苔癬), 피붓병; se întinde ca o ~ 잡초처럼 퍼지다

pecingin|os, -oasă, -oşi, -oase, adj. 피붓병이 있는

pectin|ă, -e, s.f. 펙틴

pectoral, ~ă, ~i, ~e, adj. 가슴의

peculia, s.n. **1.** [역사](외세의 의해 굴복당한 사람의)개인 재산 **2.** 현금

pecuniar, ~ă, ~i, ~e, adj. 돈의, 금전상의

pedagog, ~ă, ~i, ~e, s.m. 그리고 f. **1.** 교육가, 교육자, 교육학자 **2.** 반장

pedagogic, ~ă, ~i, ~e, adj. 교육법의, 교육학의; 교훈적인

pedagogi|e, -i, s.f. 교육법, 교육학

pedal|a, -ez, -ai, -at, vi. **1.** 페달을 밟다 **2.** [비유]무엇을 강조하다

pedal|ă, -e, s.f. **1.** 페달, 발판, 발걸이; a pune ~a 고집하다, 주장하다 **2.** 페달 음, 지속저음

pedan|t, -tă, -ţi, -te, I. adj. 세세한 일에 얽매이는, 꼼꼼한, 옹졸하고 융통성 없는; 유식한척 하는, 학자인 체하는 II. s.m. 그리고 f. 사소한 일에 구애되는 사람; 융통성 없는(옹졸한)사람; 소인; 학자연하는 사람, 현학자

pedanterie, s.f. pedantism, s.n. 학자인 체하기; 사소한 일에 얽매임, 융통성 없는 태도

ped|eapsă, -epse, s.f. **1.** 벌, 처벌, 형벌; ca ~ 형벌로써; a-şi primi pedeapsa 처벌받다, 벌을 받다; pedeapsă capitală(또는 cu moartea) 사형 **2.** 고통(물리적 또는 원리적);

불행
pedel, ~i, s.m. 학교의 수위
pedeps|i, -esc, -ii, -it, vt. 처벌하다
pedepsire, s.f. 처벌
pedepsi|t, -tă, -ţi, -te, adj. 벌받은
pedera|st, -şti, s.m. 남색가
pedestraş, ~i, s.m. 보병
pedestrme, s.f. 보병
pede|stru, -stră, -ştri, -stre, I. adj. **1.** 걸어서가는, 도보의 **2.** pl. 보병의 II. s.m. 그리고 f. **1.** 도보자 **2.** 보병
pediatric, ~ă, ~i, ~e, adj. 소아과의
pediatrie, s.f. 소아과
pediatr|u, ~ă, ~i, ~e, s.m. 그리고 f. 소아과 의사
pedichiur|ă, -i s.f. (발의)굳은 살, 티눈 따위를 치료
pedichiuri|st, -stă, -şti, -ste, s.m. 그리고 f. 발 치료자
pedicul, ~e, s.n. **1.** [식물](양치류의) 입자루; 버섯자루 **2.** [동물]육경(肉莖)
pedicula|t, -tă, -ţi, -te, adj. [식물]잎자루가 있는; 균병이 있는; 육경이 있는
pediculoză, s.f. 이로 인한 병
pedicut|ă, -e, s.f. [식물]석송(石松)
pedigriu, s.n. (순종 동물의)혈통서(표)
pedogenetic, ~ă, ~i, ~e, adj. 유생생식의
pedogeneză, s.f. **1.** [생물]유생생식 **2.** (토양) 토양생성(론)
pedolog, ~i, s.m. **1.** 토양학자 **2.** 아동학자
pedologic, ~ă, ~i, ~e, adj. **1.** 토양학의 **2.** 아동학의
pedologie, **1.** 토양학 **2.** 아동학
pedometr|u, -e, s.n. 보도계
peduncul, ~i, s.m. **1.** [식물]꽃꼭지 **2.** [동물]육경(肉莖)
peduncula|t, -tă, -ţi, -te, adj. [식물, 동물]육경이 있는, 꽃꼭지가 있는
pegamoid, s.n. 일종의 방수포(防水布)
pegas, s.m. [신화, 별, 어류]페가수스(날개달린 천마); 페가수스 좌; 페가수스 속(날치의 일종)
pegmatit, ~e, s.n. **pegmatiţ|ă,** -e, s.f. 결정(結晶)화강암
pehblendă, s.f. [광물]역청, 우라늄광
pehlivan, ~i, s.m. **1.** 어릿광대 **2.** 교활한 사람 **3.** 익살꾼
pehlivăni|e, -i, s.f. 익살, 농담, 해학
peiorativ, ~ă, ~i, ~e, adj. 경멸적인, 비방적인, 업신여기는
peisagi|st, -stă, -şti, -ste, s.m. 그리고 f. 풍경화가
peisagisti|c, -că, -ci, -ce, adj. 풍경화의; 풍경의
peisagistică, s.f. 풍경화
peisaj, ~e, s.n. 풍경
pelagic, ~ă, ~i, ~e, adj. 원양의, 심해의, 바다의
pelagră, s.f. 펠라그라, 이탈리아 문둥병, 옥수수 홍반(피부병의 일종)
pelagr|os, -oasă, -oşi, -oase, adj. 펠라그라의(에걸린)
pelargoni|e, -i, s.f. [식물]양아욱, 제라늄의일종
pele(g)rin, ~i, s.m. 순례자
pelerinag, ~e, s.n. **1.** 순례, 행각 **2.** 여행탐방
pelerin|ă, -e, s.f. 소매 없는 외투, 망토

pelican, ~i, s.m. 펠리칸
pelicul|ă, -e, s.f. **1.** 필름 **2.** 얇은 껍질, 얇은 막
pelin, s.n. [식물, 음료]쑥, 쑥술
pelinc|ă, -i, s.f. [방언]배내옷, 포대기, 기저귀
peliniț|ă, -e, s.f. [식물]쑥
pelt|ea, -ele, s.f. 과일젤리
peltic, ~ă, ~i, ~e, adj. 속삭이는, 귓속말하는
peltică ri|e, -i, **peltic|eală,** -eli, s.f. 속삭임
peluz|ă, -e, s.f. **1.** 잔디밭; 잔디 **2.** 천장이 없는 경기장 관람석
pelvi|an, -ană, -eni, -ene, adj. [해부]골반의; oase pelviene 골반뼈
pembe, adj. 검붉은
penaj, ~e, s.n. **1.** 맹금류의 털, 깃 **2.** (투구 등에)깃털묶음 장식
penal, I. ~ă, ~i, ~e, adj. [법률]형벌의, 벌의; 형법상의, 형사의; drept ~ 처벌권; codul ~ 형법 II. s.n. penar 참조
penaliceşte, adv. 형법상, 형사상
penali|st, -stă, -şti, -ste, s.m. 그리고 f. 처벌권자
penalitate, s.f. **1.** 형법제도, 형법체계; 형법 **2.** (축구)페널티킥
penaliz|a, -ez, -ai, -at, vt. ...에게 벌을 주다(스포츠에서)
penaliz|are, -ări, s.f. [스포츠](반칙자에게 주는)벌
penar, ~e, s.n. 펜을 넣는 통
pena|t, -tă, -ți, -te, adj. [식물]깃 모양의
penați, s.m. pl. [신화]가정의 수호신
pendinte, adj. invar. **1.** 늘어져 있는, 드리워진 **2.** 미해결의; 계류중의; proces ~ 계류 중인 소송
pendul, ~e, s.n. **1.** 추, 진자 **2.** 추시계
pendul|a, -ez, -ai, -at, vt. 왔다갔다 하다; 추처럼 움직이다; (사람에 대해)왔다갔다하다(결정하지 못하고)
pendular, ~ă, ~i, ~e, adj. 시계추의(와 같은); mişcare ~ă 추 운동
pendul|are, ~ări, s.f. 추 운동
pendul|ă, -e, s.f. 추시계
penel, ~uri, 그리고 ~e, s.n. 붓, 모필; 화필; 화법, 운필 법
penet, ~uri, s.n. penaj 참조
penetr|a, -ez, -ai, -at, vt. (드물게) 들어가다, 침투하다
penetrabil, ~ă, ~i, ~e, adj. 들어갈 수 있는, 침투할 수 있는
penetrabilitate, s.f. 침투성, 가입성
penetran|t, -tă, -ți, -te, adj. 들어가는, 침투하는; (사람에 대해)강한, 날카로운; (시선에 대해)날카로운
penetrați|e, -i, s.f. **1.** 파고들어감, 침입 **2.** 관통
penibil, ~ă, ~i,~e, adj. **1.** 힘드는, 고생스러운 **2.** 고통스러운, 참기 어려운
penicilin|ă, -e, s.f. 페니실린
peninsular, ~ă, ~i, ~e, adj. 반도의
peninsul|ă, -e, s.f. 반도
penitenciar, ~e, s.n. 감옥
peniten|t, -tă, -ți, -te, I. adj. 회개하는, 속죄하는 II. s.m. 그리고 f. 고해하는 사람, 속죄하는 사람
penitenț|ă, -e, s.f. 고해, 회개
peniț|ă, -e, s.f. **1.** (pană의 축소형으로)작은 펜 **2.** [식물]나래새의 일종
pens|ă, -e, s.f. **1.** 집게 **2.** 몸에 꼭 맞도록 꼬맨 부분

penset|ă, -e, s.f. (pensă의 축소형) 핀세트

pensi|e, -i, s.f. 연금; ~ de întreţinere(또는 alimentară)급양비; la ~ 연금 상태의; a ieşi (=a scoate pe cineva) la ~ 은퇴하다, 연금생활로 들어가다

pensi|on, -oane, s.n. 기숙학교

pension|a, -ez, -ai, -at, vt. 연금을 주다; 연금을 주고 퇴직시키다

pensionar, ~ă, ~i, ~e, s.m. 그리고 f. **1.** (정년)퇴직자, 연금수령자 **2.** 수용소에 갇혀있는 사람 **3.** 감옥에 갇힌 사람

pension|are, -ări, s.f. 연금부 퇴직

pensiun|e, -i, s.f. **1.** 하숙, 기숙; 하숙비 **2.** 하숙집

pensul|are, -ări, s.f. 화필로 그림

pensul|ă, -e, s.f. 화필, 붓

pentaedr|u, -e, s.n. 5면체

pentag|on, -oane, s.n. 5각형

pentagonal, ~ă, ~i, ~e, adj. 5각형의

pentagram|ă, -e, s.f. 5각의 별표

pentametr|u, -i, s.m. [운율학](고대 그리이스, 로마시의)장단단 5보격 시

pentateuh, ~uri, 모세5경

pentatl|on, -oane, s.n. (올림픽)5종경기

pentatonic, ~ă, ~i, ~e, adj. [음악]5음의, 5음 음계의

pentele|u, -ie, s.n. **1.** sg. 루마니아의 치즈 종류 **2.** 절벽

pentod|ă, -e, s.f. 5극 진공관

pentru, I. prep. **1.** ...때문에, ...이유로, ...덕분에; pentru asta a plecat 이 때문에 그는 떠났다; Nu pentru alta, ci.. 다른 이유에서가 아니라, 그러나 **2.** (간접보어) ...에 대해서; Mulţumeşte pentru buna găzduire 환대에 대해 감사하다; pentru puţin 천만에요(고마움을 표시할 때 답변으로); pentru nimic în lume 어떤 경우에도 아니다 **3.** ..할 목적으로; Scrie pentru bani 돈벌 목적으로 글을 쓴다

penultim, ~ă, ~i, ~e, adj. 끝에서 두 번째의

penumbr|ă, -e, s.f. 희미한 빛, 어슴푸레한 빛

penurie, s.f. 결핍, 부족, 궁핍

penenaş, ~i, s.m. 작은 멜론

pepenări|e, ~i, s.f. 멜론 밭

pepen|e, ~i, s.m. **1.** 멜론; ~ galben 참외, 멜론류; ~ verde 수박; gras ca un ~ 통처럼 두껍고 둥근; a scoate pe cineva din pepeni 인내심을 잃게 하다, 신경질 나게 하다 **2.** [방언] 오이

pepen|os, -oasă, -oşi, -oase, adj. 둥근, 두터운

pepinier|ă, s.f. **1.** 묘판, 묘종 **2.** 직업양성소

pepit, adj. (invar.)서로 다른, 두색깔이 교차되는 마름모꼴 무늬로 짜진

pepit|ă, -e, s.f. 귀금속 덩어리

peplu, ~uri, s.n. [역사](고대 그리스 부인의)주름 있고 소매 없는 긴 옷

pepsic, ~ă, ~i, ~e, adj. 펩신의

pepsin|ă, -e, s.f. 펩신

pepton|ă, -e, s.f. 펩톤

per, perp. (상품의 가격에 관해 사용) .. 개당

per|cepe, percep, -cepui, -ceput, vt. **1.** 파악하다, 이해하다, 지각하

다, 인지하다 **2.** 세금을 걷다
perceper|e, -i, s.f. **1.** 파악, 이해, 인지 **2.** 세금징수
perceptibil, ~ă, ~i, ~e, adj. **1.** 파악할 수 있는, 인지할 수 있는 **2.** (세금) 징수할 수 있는
perceptibilitate, s.f. **1.** 지각할 수 있음 **2.** 세금의 징수 가능성
perceptiv, ~ă, ~i, ~e, adj. 지각의
perceptor, ~i, s.m. 세금 징수원
percepți|e, s.f. **1.** 지각, 인지 **2.** 세무사무소
percheziți|e, -i, s.f. [법률]가택수색
percheziționa, -ez, -ai, -at, vt. [법률]가택수색하다
perciuna|t, -tă, -ți, -te, adj. 관자놀이에 기른 곱슬머리가 있는
perciun|e, -i, s.m. 관자놀이에 기른 곱슬머리
percusiun|e, -i, s.f. percuție 참조
percut|a, -ez, -ai, -at, vt. **1.** 격발하다 **2.** [의학]타진하다
percutan|t, -tă, -ți, -te, adj. [군사] 격발하는
percut|or, -oare, s.n.(총의)격침, 격철
percuți|e, -i, s.f. **1.** [의학]타진(打診), 타진법 **2.** [음악]instrument de ~ 타악기 **3.** [군사](총 따위의)격발; armă cu ~ 격발총
perdaf, ~uri, s.n. **1.** 수염이 자란 방향과는 반대로 위 아래로 면도하기; a da (또는 a trage) cuiva un ~ **2.** 누구를 거칠게 욕하다
perd|ea, -ele, s.f. **1.** 커튼; 장막; [비유]fară ~ 직접적으로, 돌리는 것 없이 드러내놓고; cu ~ 간접적으로, 우회적으로, 비밀리에; a-i pune cuiva ~ele la ochi 있는 그대로 보는 것을 방해하다 **2.** 방풍림 **3.** 양 우리
perdelu|i, -iesc, -ii, -it, vt. 커튼처럼 덮다
perdeluț|ă, -e, s.f. 작은 커튼
perdiți|e, -i, s.f. 퇴페, 타락; 멸망
perech|e, -i, s.f. **1.** 짝, 벌, 쌍, 켤레; o ~ de pantofi 구두한켤레; o ~ de ochelari 안경 한짝; o ~ de boi 한짝의 황소; o ~ de palme 두 빰따귀 **2.** 두사람; 부부; 자웅; 쌍; o ~ fericită 한쌍의 행복한 부부; o ~ de porumbei 비둘기 한 쌍 **3.** fără ~ 유일한, 예외없는; nu are ~ 비슷하지 않다, 유일하다
peregrin, ~i, s.n. pelerin 참조
peregrin|a, -ez, -ai, -at, vi. **1.** 여행하다, 편력하다 **2.** 산책하다
peregrinaj, ~e, s.n. pelerinaj 참조
peregrinați|e, -i, s.f. 긴 여행, 편력
peremptori|u, -e, -i, adj. 단호한; 결정적인; 항변의 여지가 없는; 분명한
peren, ~ă, ~i, ~e, adj. [식물]오래 계속하는, 영속하는, 오래전부터 계속해온
perenitate, f. 영속, 영존
pere|te, -ți, s.m. 벽; ceas de ~ 벽시계; ~ de stâncă 암벽; a se de cu capul de pereți 절망하다, 저지른 잘못을 굉장히 후회하다; între patru pereți a)보호되어 b)비밀로; 고립되어; a vorbi la pereți 헛되이 말하다, 벽에다 말하다; a spune cai verzi pe pereți 속이다, 기만하다; perete în perete 벽을 둔(이웃)
pereu, ~ri, s.n. (토사의 붕괴를 막는)돌담, 돌축대

perfec|t, I. -tă, -ți, -te, adj. 완전한, 완전무결한, 흠없는; 완성된 II. ~e, s.n. 현재 완료; mai-mult-ca-perpect 과거완료

perfect|a, -ez, -ai, -at, vt. 완전하게 하다, 완성하다, 완결하다

perfectibil, ~ă, ~i, ~e, adj. 완전하게 할(될)수 있는

perfectibilitate, -ăți, s.f. 완전하게 할 가능성 ; 완전성

perfectiv, ~ă, ~i, ~e, adj. [문법]완료의

perfecți|e, -i, s.f. 완성, 완결; 완전

perfi|d, -dă, -zi, -de, adj. 신의가 없는; 신용할 수 없는, 속이는, 허위의; 배신하는

perfidi|e, -i, s.f. 불성실, 배반; 불신, 배신

perfor|a, -ez, -ai, -at, vt. 구멍을 뚫다(파다); 차표에 구멍을 뚫다(승무원이)

perforaj, ~e, s.n. **perfor|are,** -ări, s.f. 구멍을 뚫기

perfora|t, -tă, -ți, -te, adj. 구멍이 뚫린

perforat|or, I. ~oare, s.n. **1.** 펀치(종이에 구멍) **2.** 드릴 **3.** 굴착기, 착암기 II. -oare, -ori, -oare,구멍 뚫는 사람

perforați|e, -i, s.f. 구멍 뚫기; [의학]~ intestinală 탈장

performanț|ă, ~e, s.f. [스포츠]기록, 성적, 성과; 공훈; 성능

pergament, ~e, s.n. 양피지; (양피지에 쓴) 고사본, 고문서; (hârtie) ~ 유산지(硫酸紙)

pergament|os, -oasă, -oşi, -oase, adj. 양지피 모양의

pergamoid, s.n. 일종의 방수포(防水布)

perghel, ~uri, s.n. **1.** 원 **2.** 콤파스 **3.** 둥근 천장의 오목한 부분

pergolă, -e, s.f. 담쟁이 넝쿨, 장미 따위로 지붕을 만든 정자

perhidrol, s.n. [화학]농축 과산화수소수

peri|a, perii, -ai, -at, vt. **1.** (그리고 vr.) 머리를 빗다, 빗으로 머리를 깨끗이 하다 **2.** vt. [비유]문학이나 논문을 개선하다, 옳게 하다 **3.** 때리다 **4.** 아첨하다

periant, ~e, s.n. [식물]화피(花被), 화개(꽃받침과 꽃부리의 총칭)

peria|t, I. -tă, -ți, -te, adj. 머리를 빗은 II. 빗질함

pericard, ~e, s.n. [해부]심낭, 심(외)박

pericardit|ă, -e, s.f. 심낭염

pericarp, ~e, s.n. [식물]과일의 껍질

periclaz, s.n. [광석]페리클레이스

periclit|a, -ez, -ai, -at, vt. 위험하게 하다

pericol, ~e, s.n. 위험; ~ de moarte, 죽음의 위험; cu ~ vieții 생명의 위험에 처하여

pericul|os, -oasă, -oşi, -oase, adj. 위험한

periclita|t, -tă, -ți, -te, adj. 위험에 처한

peridot, s.n. [광석]감람석

peri|e, -i, s.f. [기술]솔, 부러시; ~ de cap (de dinți, de haine)머리빗(치솔, 옷솔); a da cu peria 빗질(솔질)하다

perier, ~i, s.n. 솔(빗)제조자

periferic, ~ă, ~i, ~e, adj. **1.** 변두리

에 관한; 변두리에 위치한 **2.** 중요하지 않은, 부수적인
periferi|e, -i, s.f. **1.** 변두리, 주변 **2.** 도시변두리; de ~ a)지방의 b)별로 중요하지 않은 c)변두리에 속한; 변두리 특성의
perifrastic, ~ă, ~i, ~e, adj. [문법, 수사학]완곡한, 빙둘러서 말하는; formă ~ă 조동사 결합형태
perifraz|a, -ez, -ai, -at, vt. 완곡한 표현법을 쓰다
perifraz|ă, -e, s.f. 완곡한 표현법; 빙둘러서 말하는 표현법; 한 낱말과 뜻이 같은 둘 이상의 낱말로 된 표현, 우언법
perigeu, s.n. [천문]근지점(近地點)
perihelin, s.n. 근일점(近日點)
perim|a, pers.3, -ează, -ă, -at, vr. (소송, 어음 따위가)기한이 지나다, 무효가 되다
perim|are, -ări, s.f. 무효가 됨, 기한이 지남
perima|t, -tă, -ți, -te, adj. 기한이 지난, 무효가 된
perimetric, ~ă, ~i, ~e, adj. 주위의, 주변의
perimetr|u, ~e, s.n. [수학](도형 따위의)주위, 둘레; (세력 따위의)범위; 한지역의 경계
perin|ă, -i, s.f. pernă 참조
perind|a, perind, -ai, -at, -at, vr. **1.** 순서대로 지나가다(오다); 돌다, 회전하다 **2.** 이곳에서 저곳으로 지나가다
perineu, s.n. [해부]회음
perinița|ă, -e, s.f. pernă의 축소형
perin|oc, -oace, s.n. 마차 축발이대
perioad|ă, -e, s.f. **1.** 기간; 시기, 시대; (시간적인)사이, 동안 **2.** [천문, 물리]주기;[지질]기(紀);[수학]순환절;[의학]기(期) **3.** [문법, 수사학]종합문;[음악]악절
periodic, ~ă, ~i, ~e, adj. **1.** 주기적인 **2.** [문법, 수사학]종합문의
periodicit|ate, -ăți, s.f. 주기성
periodiz|a, -ez, -ai, -at, vt. 시대(시기)를 구분하다
periodiz|are, -ări, s.f. 시대(시기)구분
periost, s.n. 골막
periostit|ă, -e, s.f. 골막염
periostoz|ă, -e, s.f. 골막종
peripatetic, ~ă, ~i, ~e, adj. 페리파토스(소요학파, 아리스토텔레스 학파)의 사람
peripateticі|an, -eni, s.n. 페리파토스 학파의 사람
peripeți|e, -i, s.f. 뜻밖의 돌발사건; (연극, 소설, 시의 주인공의)운명의 급변
periplizon, s.n. a lua (pe cineva)în ~ 누구를 놀리다, 조롱하다
perisabil, ~ă, ~i, ~e, adj. 소멸하기 쉬운, 덧없는
perisc|op, -oape, s.n. [군사]잠망경, 전망경
perispomen, ~e, s.n. (그리스 문법) 낱말의 마지막 음절에 억양부호가 있는 낱말
peristil, ~uri, s.n. 기둥으로 둘러싸인 회랑 또는 안마당, 열주랑; 회랑이 달린 안마당
perişoar|ă, -e, s.f. **1.** (특히 pl.)고기경단; ciorbă de perişoare 고기경단 스프 **2.** 작은 배(먹는것)
periş|or, -ori, s.n. (păr의 축소형) **1.**

작은 배나무 **2.** 작은 머리카락 **3.** 노루발풀
peritone|u, -e, s.n. 복막
peritonit|ă, -e, s.f. 복막염
periuț|ă, -e, s.f. **1.** (perie 의 축소형) 작은 솔(빗) **2.** 알랑거리는 사람
perj, ~i, s.n. [방언]자두나무
perj|ă, -e, s.f. [방언]자두
perla|t, -tă, -ți, -te, adj. **1.** 진주 같은 **2.** 진주로 장식한
perl|ă, -e, s.f. 진주; ~ de cultură 양식진주
perlit|ă, -e, s.f. 진주석(화산지방에 있는 유리 모양의 돌)
permanen|t, I. -tă, -ți, -te, adj. 항구적인, 영속적인, 항구불면으로; 확고부동의; 계속적인; 오래 지속하는 II. (여자머리의)파아마
permanentiz|a, -ez, -ai, -at, vt. 영구히 만들다, 존속하게 하다
permanenț|ă, -e, s.f. 영구성, 영속성, 영구불변; 확고부동; în ~ 중단없이
permeabil, ~ă, ~i, ~e, adj. 투과하는, 침투성의
permeabilitate, s.f. [물리]침투성, 투과성
permian, s.n. 2첩기(계)(고생대의 마지막기)
permi|s, I. -se, s.n. 허가증, 면허증; ~ vânătoare 수렵허가증 II. -să, -şi, -se, adj. 허가된
permisi|e, -i, s.f. [군사]휴가
permisiun|e, -i, s.f. 허가; 동의, 찬동
per|mite, permit, -misei, -mis, vt. **1.** 허락하다, 승인하다, 허용하다, 받아들이다 **2.** a-şi ~ 감히 ... 하다, 서슴치 않고 ... 하다
permut|a, permut, -ai, -at, vt. **1.** 바꾸다, 뒤바꾸다, 교환하다 **2.** [수학] 순열을 바꾸다
permut|are, -ări, s.f. (드물게) **permutați|e,** -i, s.f. 교대, 교체, 교환; 위치 바뀜
pern|ă, -e, s.f. **1.** 방석, 베개; ~ de ace 바늘꽂이; ~ electrică 전기요, 전기방석 **2.** perinoc 참조
pernici|os, -oasă, -oşi, -oase, adj. 해로운, 악성의; 위험한; 유독한; anemie pernicioasă 악성빈혈; febră pernicioasă 악성 말라리아
perniț|ă, -e, **pernuț|ă,** -e, s.f. pernă 의 축소형
per|on, -oane, s.n. 플랫 홈
perone|u, -e, s.n. 비골, 종아리뼈
peror|a, -ez, -ai, -at, vi. 격렬하게 많이 말하다; 주장하다 토론하다
perorați|e, -i, s.f. (연설 따위의)결론, 마지막부분
peroxi|d, -zi, s.m. 과산화물
perpeleală, s.f. **1.** 고통 **2.** de ~ 반쯤 익은
perpel|i, -esc, -ii, -it, I. vt. **1.** (불, 석탄에)굽다, 끓이다 **2.** [비유]괴롭히다, 고통스럽게 하다 II. vr. 괴로운 입장에 있다, 안절부절하다
perpelit, -tă, -ți, -te, adj. **1.** 끓인, 구운 **2.** [비유]고통스런
perpendicular, ~ă, ~i, ~e, adj. 수직의, 직각의
perpendicular|ă, -e, s.f. 수직선
perpetu|a, -ez, -ai, -at, I. vt. 존속시키다, 영원히 지속시키다 II. vr. 존속하다, 영원히 지속하다
perpetu|are, -ări, s.f. 존속, 지속

perpetuitate, s.f. 지속성, 영속성

perpetu|u, -ă, -i, -e, adj. 항구적, 영구적인, 끊임없는, 부단한

perple|x, -xă, -csi, -xe, adj. 당황한, 어리둥절한; 깜짝놀란

perplexit|ate, -ăţi, s.f. 당황, 어리둥절

persan, ~ă, ~i, ~e, I. adj. 페르시아의 II. s.m. 그리고 f. 페르시아인

persecut|a, persecut, -ai, -at, vt. 박해하다, 학대하다, 귀찮게 쫓아다니다

persecut|are, -ări, s.f. 박해, 억압, 추적

persecuta|t, -tă, -ţi, -te, adj. 박해받는, 학대받는

persecut|or, -oare, -ori, -oare, s.m. 그리고 f. 박해자, 학대하는 사람

persecuţi|e, -i, s.f. 박해, 학대, 괴롭힘; mania persecuţiei 피해망상

persever|a, -ez, -ai, -at, vi. 현 감정, 태도, 상황에 확고하게 머물다, 끈기있는 태도를 취하다; 고집하다

perseveren|t, -tă, -ţi, -te, adj. 끈기있는, 집요한, 끈질긴, 참을성 있는

perseverenţ|ă, -e, s.f. 참을성, 끈기, 인내, 확고부동(일, 신념, 태도)

persi|an, -ană, -eni, -ene, adj. persan 참조

persi|ană, -ene, s.f. 차양덧문, 겉창

persienesc, adj. persan 참조

persifl|a, -ez, -ai, -at, vt. 빈정거리다; 야유하다

persiflaj, ~e, s.n. 빈정거림, 야유

persist|a, persist, -ai, -at, vi. **1.** (행동, 감정)확고하게 머물다, 끈질기다 **2.** 오래 지속하다

persisten|t, -tă, -ţi, -te, adj. **1.** 완강한, 집요한, 끈질긴 **2.** 오래 지속하는

persistenţ|ă, -e, s.f. 확고부동, 견고, 완강, 고집, 집요, 지속, 영속

persoan|ă, -e, s.f. **1.** 사람, 인간; în ~ 사람의, 인적인; 개인적인; 사적인 **2.** [법률]인(人) 권리 의무의 주체로 인정받을 힘이 있는 것; ~ juridică 법인 **3.** 인칭

personagi|u, -i, personaj, ~e, s.n. **1.** 저명인사, 인물 **2.** (소설, 연주)작중(등장)인물

personal, I. ~ă, ~i, ~e, adj. 사람의, 인적인; 자신의, 개인적인; 사적인; 개성적인, 독창적인; date ~e 인적사항, 신상명세; drept ~ 인권; pronume ~ 인칭대명사 II. ~uri, s.n. 인원, 직원, 종업원; 여객열차

personalit|ate, -ăţi, s.f. 인격; 개성; a face personalităţi, 개인 감정을 나타내다

personific|a, personific, -ai, -at, vt. 의인화하다, 인격화하다; 구체화하다

personific|are, -ări, s.f. 인격화, 의인화; 구체화

personifica|t, -tă, -ţi, -te, adj. 인격화된, 의인화된; 구체화된

perspectiv|ă, -e, s.f. **1.** 조망, 전망; 원근법 **2.** 관점, 시야; 전망, 가망, 희망

perspicace, adj. invar. 통찰력있는, 혜안의

perspicacitate, s.f. 통찰력, 혜안, 명석

persuad|a, -ez, -ai, -at, vt. 납득시키다, 설득하다

persuasiun|e, -i, s.f. 설득, 납득

persuasiv, ~ă, ~i, ~e, adj. 설득력이

있는

pertinen|t, -tă, -ți, -te, adj. **1.** 적절한, 정당한 **2.** [법률]증거가 관련성이 있는 **3.** [언어]관여적인

pertinență, s.f. 적절성, 타당성, 관여성

perturb|a, -ez, -ai, -at, vt. 교란하다, 혼란케하다, 어지럽히다

perturb|are, -ări, **perturbați|e,** -i, s.f. 혼란, 교란

perturbator, -oare, -ori, -oare, adj. 교란하는 혼란케하는, 어지럽히는

perturbaț|ie, -ii, s.f. 교란, 혼란

peruc|ă, -i, s.f. 가발

peruchier, ~i, s.n. 가발기술자

peruvi|an, -ană, -eni, -ene, I. adj. 페루의 II. s.m. 그리고 f. 페루인

peruz|ea, -ele, s.f. 터키옥(玉)

pervaz, ~uri, s.n. 테, 틀; ~ de fereastră a)창틀; b)창문턱; ~ de usă 문틀; ~ de pardoseală 장식머름(바닥과 벽의 이음매를 감추는 장식); 발판

perver|s, -să, -şi, -se, adj. **1.** 비뚤어진, 악의의, 악랄한 **2.** 타락한, 패륜의, 패덕의

perversit|ate, -ăți, s.f. 사악; 패륜, 패덕; 타락, 퇴폐

perversiun|e, -i, s.f. 퇴폐, 부패

pervert|i, -esc, -ii, -it, vt. **1.** 타락시키다, 퇴폐시키다, 문란케하다 **2.** 변질시키다

pervertir|e, -i, s.f. **1.** 타락시킴, 퇴폐하게 함 **2.** 변질시킴

pescaj, ~e, s.n. (바다)물의 깊은 곳

pescar, ~i, s.m. **1.** 어부 **2.** [조류]아비(물새의 일종)

pescăr|easă, -ese, s.f. 생선판매여자

pescăr|esc, -ească, -eşti, adj. 고기의, 생선의

pescăreşte, adv. 어부의 관습대로, 어부처럼

pescări|e, -i, s.f. **1.** 어업, 수산업 **2.** 고기잡이 **3.** 생선요리

pescăriț|ă, -e, s.f. 고기잡는 여자

pescăraş, ~i, s.m. 갈매기

pescu|i, -iesc, -ii, -it, -vt. 그리고 vi. 고기를 잡다, 낚다

pescuit, ~uri, s.n. **1.** 고기잡이 **2.** 낚시

pesemne, adv. 아마, 혹시, 추측컨대

pesimism, s.n. 염세주의

pesimi|st, -stă, -şti, -ste, I. adj. 염세주의의 II. s.m. 그리고 f. 염세주의자

pesme|t, -ți, s.m. **1.** sg. 마른 빵 조각 **2.** 토스트 **3.** pl. 비스케트

pestă, s.f. 페스트; ~ porcină 돼지 페스트(콜레라)

peste, prep, **1.** ..위로, ...넘어; ~ munți şi văi 산과 계곡 넘어; ~ tot(locul)사방에, 곳곳에; picior ~ picior 다리가 겹쳐져; a sări ~ un şanț 참호를 뛰어넘다; ~ măsură 과도하게, 터무니없이; a se da ~ cineva(또는 ceva) 뛰어넘다; a se da ~ cap a)공중제비를 하다 b)악착같이 일하다; a da ~ nas a)비난하다; b)타이르다, 나무라다; ~ drum 맞은편에 **2.** ...동안, ...뒤에; ~ o lună 한달 뒤에; ~ noapte 밤새도록 **3.** ~ putință, 불가능한; unul ~ altul 함께; ~ puterea cuiva 누구의 능력을 벗어난

pestel|că, -ci, s.f. [방언]앞치마
pestilen|t, -tă, -ți, -te, adj. **1.** 페스트 같은 **2.** 해독을 끼치는
pestilenț|ă, -e, s.f. 악취, 페스트
pestilențial, ~ă, ~i, ~e, adj. 페스트성의; 페스트를 감염시키는; 악취를 내는
pestriț, ~ă, ~i, ~e, adj. **1.** 다채로운, 가지각색의, 알록달록한 **2.** [비유] 가지가지의, 여러 가지의 **3.** a avea inima ~ă 또는 a fi ~ la mațe 나쁜 마음을 갖다
pestrițătur|ă, ~i, s.f. 혼잡, 다양, 가지각색
peş, s.n. într-un ~ 한쪽으로; 기운
peşcheş, ~uri, s.n. **1.** 공물, 공세 **2.** 선물
peşchir, ~e, s.n. **1.** 손수건 **2.** 식탁보 **3.** 두건
peşin, adv. 현금으로; a plăti ~ 현금으로 지불하다; bani ~ 현금
peşt|e, -i, s.m. 물고기; os de ~ 물고기 등뼈; ~ -ferăstrău 톱상어; untură de ~ 간유(肝油); cât ai zice ~ 순식간에, 즉석에서 ; ~-lup 넙치비슷한 물고기; a tăcea ca un ~ 입을 꽉 다물다; a se zbate ca ~ le pe uscat 힘들게 싸우다; asta e altă mâncare de ~ 이것은 다른 것이다
peşter|ă, -i, s.f. 동굴
peştiman, ~e, s.n. 치마같은 농부 옷
peştişor, ~i, s.m. 작은 물고기
petal|ă, -e, s.f. 꽃잎
petard|ă, -e, s.f. 작은 폭약 장전물; 폭죽, 꽃불
petec, s.n. petic 참조
petic, ~e, s.n. **1.** 조각, 작은 지면; un ~ de pământ 작은 땅 조각; un ~ de hârtie 종이조각 **2.** 헝겁조각; a fi numai ~e 또는 a nu se mai ține ~ de ~ 찢어지다, 넝마가 되다 **3.** a-şi da în ~ 들어나다
peticar, ~i, s.m. 넝마주의
petic|ă, -e, s.f. 걸레, 넝마조각, 누더기
petic|i, -esc, -ii, -it, vt. 꼬매다, 수선하다, 헝겊을 대다
petici|t, -tă, -ți, -te, adj. **1.** 헝겊 댄, 수선한 **2.** 찢어진
peticuț, ~e, s.n. 작은 헝겊조각
petit, s.n. [인쇄]8포인트 활자
petiț|ă, -e, s.f. 뇌관
petiți|e, -i, s.f. 탄원, 청원
petițion|a, -ez, -ai, -at, vi. 탄원하다, 청원하다
petiționar, ~ă, ~i, ~e, s.m. 그리고 f. 청원자, 탄원자
petrecanie, s.f. **1.** 죽음 **2.** (오늘날 가족에서)a(-i) face de ~ 살해하다; 파괴하다; a i se face(cuiva) de ~ 죽음의 위험으로 몰아넣고 싶다; a-şi face de ~ 자살하다
petrecăr|eț, -eață. -eți, -ețe, adj. 노는 것을 좋아하는
pe|trece, petrec, -trecui, -trecut, I. vt. **1.** 동반하다, 동행하다, 바래다주다; a ~ pe cineva până acasă 누구를 집까지 동행하다 **2.** 찔러 꿰뚫다, 지나가다, 통과하다; a ~ ața prin urechile acului 실이 바늘귀를 지나가다; a ~ pe după ceva 무엇을 휘감다 **3.** 보내다, 지내다; a-şi ~ vacanța la mare 방학을 바다에서 보내다 II. vi. 즐기다, 즐겁게 보내다; am petrecut foarte bine 매우 즐겁게 지냈다 III. vr. 일어나다, 발생하다;

acțiunea se ~ în evul mediu 사건은 중세에서 일어나다

petrecer|e, -i, s.f. **1.** 즐거움, 위안, 환담 **2.** 지나감, 통과 **3.** (시간을)보냄

petrific|a, petrific, -ai, -at, vt. 그리고 vr. 화석이 되게 하다, 석화하다, [비유]무변화로 있다

petrific|are, -ări, **petrifier|e,** -i, s.f. 화석형성, 화석

petrochimie, s.f. 석유화학

petrograf, ~ă, ~i, ~e, s.m. 암석학자

petrografie, s.f. 암석학

petrol, s.n. 석유

petrolier, I. ~ă, ~i, ~e, adj. 석유의… II. ~e, s.n. 유조선

petrolifer, ~ă, ~i, ~e, adj. 석유를 함유한, 석유를 산출한

petroli|st, -stă, -şti, -ste, s.m. 그리고 f. **1.** 석유산업에서 일하는 사람 **2.** 유전소유자

petulan|t, -tă, -ți, -te, adj. 기운이 넘치는, 활발한, 극성스런

petulanță, s.f. 활발, 극성

petuni|e, -i, s.f. 페튜니아속(일종의 나팔꽃)

peț|i, -esc, -ii, -it, vt. 구혼하다, 청혼하다

pețiol, ~uri, s.n. [식물]잎꼭지

pețiola|t, -tă, -ți, -te, adj. 잎꼭지가 있는

pețire, s.f. pețit, s.n. 청혼, 구혼

pețit|or, -oare, -ori, -oare, s.m. 그리고 f. **1.** 청혼자, 구혼자 **2.** 중매장이

pezevenchi, ~, s.m. 사기꾼

pfun|d, -zi, s.m. 파운드

pian, ~e, s.n. **1.** 피아노; ~ cu coadă 그랜드 피아노 **2.** 피아노 연주

pianin|ă, -e, s.f. 소형 피아노

piani|st, -stă, -şti, -ste, s.m. 그리고 f. 피아니스트

pia|stru, -ştri, s.n. 터키, 레바논 및 이집트의 화폐단위

piatră, pietre, s.f. **1.** 돌, 광석; de ~ 돌의; epoca de ~ 석기시대; stâncă de ~ 암벽; ~ de şlefuit 숫돌; ~ fundamentală 초석; ~ funerară 묘석; ~ de moară 맷돌; ~ prețioasă보석; ~ semi-prețioasă 준보석; ~ unghiulară (보도의)귀돌, 연석, 경계석; ~ kilometrică 마일표석; ~ ponce 경석(輕石); ~ de încercare 시금석; ~ de construcție 건축용 석재; ~ de hotar 경계석; tare ca piatra 돌처럼 단단한; a avea o ~ pe inimă 근심거리가 있다; mi s-a ridicat o ~ de pe inimă 안심된다, 한시름 놓인다; ~ în casă 미혼녀; a scoate apă din ~ 모든 노력을 다하여 실현하다, 획득하다; a fi sănătos ca piatra 참으로 튼튼한; apa trece, pietrele rămân 어려움도 지나간다; nu rămâne ~ pe ~ 완전히 파괴되다 **2.** 싸라기눈, 우박; bate ~ 우박이 내린다 **3.** 물때; ~ de vin 주석(酒石) **4.** 치석

piață, piețe, s.f. **1.** 광장; piața operei 오페라 광장 **2.** 시장; ~ de flori 꽃시장; a face piața 구매하다, 시장보다 **3.** [군사]요새, 성채

piațet|ă, ~e, s.f. 작은 광장

piază, s.f. 징조, 징후

pic, I. interj. 방울이 떨어지는 소리를 낼때(똑, 똑, 똑 …) II. ~uri, s.n. **1.** 방울, 물방울 **2.** un ~ 조금, 약간의; un ~ de apă 한방울의 물; fără ~ de milă 조그만 동정도 없이

pic|a, pic, -ai, -at, [속어] I. vi. **1.** 떨어지다; a ~ de somn 매우 피곤하다; a ~ în mâinile cuiva 누구의 수중에 들어가다 **2.** (물방울이)뚝뚝 떨어지다 **3.** 오다, 도착하다; trebuie să pice în câteva minute 몇분 내로 와야 한다

picaj, ~e, s.n. 비행기 추락

pican|t, -tă, -ți, -te, adj. **1.** 자극적인 (보통 맛이 매운 등) **2.** [비유]재미있는, 재치있는 **3.** [비유]매력적인

picanteri|e, -i, s.f. **1.** 자극성 음식 **2.** 풍자, 비꼼, 빈정댐; 외설적인 이야기

pica|t, -tă, -ți, -te, adj. **1.** picat din cer(din soare)매우 아름다운 **2.** 더러운

pic|ă, -i, s.f. **1.** sg. 증오, 적대; a avea ~ pe cineva 원망하다, 미워하다 **2.** (카아드 놀이의)스페이드

picăt|or, -oare, s.n. **1.** 적하병 **2.** 피페트(액체나 가스를 옮기는 작은 관)

picătur|ă, -i, s.f. [의학]소량, 미량; ~ cu picătură 한방울씩, 조금씩; printre picături 때때로; a semăna ca două picături de apă 다른 사람과 똑같은 모습을 갖고 있다

picățele, s.f. pl. 점, 반점; cu ~ 작은 점이 있는; nostim şi cu ~ 매력적인

picher, ~i, s.m. 선로 인부 감독

piche|t, I. -turi, s.n. **1.** 트럼프놀이의 일종 **2.** 피게(가는실과 굵은 실로짜서)높낮이 무늬가 있는 무명천 II. -te, s.n. 전초 중대; pichet de grevă 파업자들 보초 III. -ti, s.m. 푯대, 푯말, 피케트

pichet|a, -cz, -ai, -at, vt. **1.** 말뚝을 박다 **2.** 얼룩점을 넣다

pichetaj, ~e, s.n. 말뚝박기; 얼룩점 넣기

pici, ~ s.m. (사내)아이

pici|or, -oare, s.n. **1.** 발; 다리; picioarele (de) dinainte 앞발; picioarele (de) dinapoi 뒷발; cu picioarele goale 맨발로; bun (또는 iute) de ~ 빠른; în piciare 또는 d(e)-a-n picioarele 서있는, 곧은; în vârful picioarelor 발끝으로; cu ~ul 도보로; a se scula în picioare 일어서다; a sări drept în picioare 뛰어오르다; a se pune (또는 a fi) pe (또는 în) picioare a)건강해지다 b)물질적인 상황이 호전되다(회복되다); n-a pus ~ul afară 집 밖으로 발을 내놓지 않았다(나가지 않았다); a pune pe picioare a)무엇을 조직하다, 창안하다 b)병자를 돌보아 주다; a se topi pe picioare (또는 (de)-a-n picioarele) 천천히 야위어 가다; a boli (또는 a duce boala) pe picioare 침대에 누울 정도는 아닐 정도로 아프다; a fi cu un ~ în groapă 매우 늙다(아프다), 거의 죽어가다; a dormi în picioare (또는 d(e)-a-n picioarele)서서 자다; a sări într-un ~ 매우 기뻐하다; a bate din ~ 발을 구르다; a o lua la ~ 또는 a-şi lua picioarele în spinare 도망가기 시작하다; a prinde ~ 앉다, 어느곳에 정주하다; a călca (pe cineva) pe ~ a) (그의발을 밟으며) 무엇을 말하거나 하지 못하게 경고하다 b)(누구에게)무엇을 화가나서 말하다 (하다); a călca cu ~ ul stâng a)왼발로 밟다

b)틀리게 시작하다; a face(또는 a căpăta) picioare 사라지다; ~ peste ~ 다리를 포개고(앉다); a călca în picioare 파괴하다; a pune ~ul în prag. 단호한 태도를 취하다, 힘있게 반대하다; a da cu ~ul 유용한 기회를 놓지다(거절하다); a de (cuiva)un ~ 누구를 차다; a fi pe ~ de război 전쟁의 상황에 있다; a fi pe ~ de egalitate 똑같은 전력을 누리다; a trăi pe ~ mare 지나치게 풍요로운 생활을 하다; 많이 지불하다; a fi pe ~ de ducă 떠날 준비가 되어 있다; a lega de mâini şi de picioare; 움직이지 못하게 하다; 행동할 수 없게 하다; a-şi tăia craca de sub picioare 이익을 잃다; a nu-l mai ține picioarele 또는 a cădea de pe picioare 너무 피곤해서 힘, 균형을 잃은 사람에 대해서 말함; a sta cu picioarele pe pământ 땅에 두발로 서다; a nu avea nici cap, nici picioare 쓸모가 없다; din cap până-n picioare 머리에서 발까지; cu coada între picioare 부끄러운, 창피한; a da din picioare a)때려서 쫓다 b)발버둥치다; a da din mâini şi picioare 곤궁에서 벗어나기 위해, 좋은 결말을 맺기 위해 모든 행동의 가능성을 다하다; a lua(pe cineva) peste ~ 누구를 놀리다, 조롱하다; a i se tăia(또는 a i se înmuia)cuiva(mâinile, şi) picioarele 물리적으로 허약한 느낌을 갖다; nici ~ de ··· 아무도; a vorbi (a scric) cu picioarele 틀리게 또는 잘 못 말하다(쓰다) **2.** (탁자, 산, 담의)다리, 밑부분, 기슭 **3.** 1/3m 정도 되는 길이의 단위

picioroange, s.f. pl. **1.** 대말 **2.** 섭금류 **3.** 긴다리

picioruş, ~e, **picioruț,** ~e, s.n. 작은 발

picn|i, -esc, -ii, -it, vt. 누구를 던져서 맞추다; 갑자기 닥치다(병, 고통이)

picnic, ~uri, s.n. 피크닉, 소풍

picnometr|u, -e, s.n. [물리]비중병

picoteală, s.f. 졺, 졸음

picot|i, -esc, -ii, -it, vi. 꾸벅꾸벅 졸다

picric, adj. acid ~ 피크린 산

pict|a, -ez, -ai, -at, vt. 그리고 vi. 그림을 그리다

pictografie, s.f. 그림 글자 쓰는 법(원시적 표기법)

pictor, ~iță, ~i, ~ițe, s.m. 그리고 f. 화가

pictural, ~ă, ~i, ~e, adj. 그림의, 그림같은, 그림이 든

pictur|ă, -i, s.f. sg. 화법, 회화, 그림

piculeț, ~e, s.n. pic 참조

piculin|ă, -e, s.f. 피콜로

picup, ~uri, s.n. 픽업(전축의)

picur, I. ~i, s.m. 방울, 물방울 II. s.n. 소향, 미량

picur|a, picur, -ai, -at, **1.** vi. 그리고 vt. 물방울이 방울져 떨어지다; 비가 가볍게 내리다 **2.** vi. 울리다, 진동하다; a ~ de somn 졸다

picuş, ~uri, s.n. **1.** 작은 방울 **2.** 졸음 **3.** pl. 못하지 않은 이익

picuț, ~uri, s.n. pic(II 2)참조

pidosnic, I. s.n. [식물]바위취 II. ~ă, ~i, ~e, adj. 근사한, 진기한, 웃기는

piedestal, ~e, 그리고 ~uri, s.n. 대, 밑받침; 발판

piedic|ă, ~i, s.f. **1.** 장해, 방해, 어려움; a pune cuiva ~ 방해하다 **2.** 매는 사슬, 끄는 사슬 **3.** [기술]제동자, 갈고랑이

pieire, s.f. **1.** 죽음; 살육 **2.** [비유]멸망

piclar, ~i, s.m. **1.** 제혁공 **2.** 가죽장수

piclări|e, ~i, s.f. **1.** 가죽 제품 **2.** 제혁업 **3.** 제혁

pieli|cea, pieli|cică, -cele, s.f. **1.** 양털조각 **2.** 가죽조각

piele, piei, **1.** 피부; boală de ~ 피부병; în ~a goală 벌거벗은; a i se face ~a de găină (또는 ~a găinii)소름이 끼치다; a fi dezbrăcat la ~ 벌거벗은; n-aş vrea să fiu în ~a lui 나는 너의 입장이 되고 싶지 않다; a nu-şi mai încăpea în ~ a)매우 행복하다, 기쁘다 b)매우 뽐내다; îl mănâncă ~ a 몹시 그는 시건방지게 군다; a-i lua (cuiva) şapte (또는 nouă) pici 약탈하다; a-şi ieşi din ~ 매우 강한(기쁨, 역겨움 들)의 감정에 사로잡히다; a se băga sub ~a cuiva 누구에게 신임을 얻는데 성공하다; a plăti cu pielea 육체적인 처벌을 감수하다; a-şi vinde scump ~a 굽히지 않고 싸우다; vai şi amar de ~a lui ! 그에게 나쁘다; a simţi pe propria sa ~ 결과를 인내하다; a fi cu ~a groasă 뻔뻔스럽다; a-şi pune ~a la saramură a)모험하다, 감행하다 b)일을 실현하기 위한 일정한 제한을 두다 **2.** 가죽; de ~ 가죽의; mănuşi de ~ 가죽장갑 **3.** 모피; 양모; lupul în ~ de oaie 양가죽을 쓴 늑대

pieliţ|ă, -e, 피부; pieliţa din jurul unghiei 손톱 주위 피부; pielţa laptelei 우유막; pieliţa fructelor (열매)과일 껍질)

pielm, ~uri s.n. 거친 밀 (옥수수)

piept, I. ~uri, s.n. **1.** 가슴; 흉곽, 흉부; cosul ~ului 흉곽; ~ de pasăre 새 가슴; cu capul în ~(챙피해서)머리를 숙이고; a strânge la ~ 포옹하다, 껴안다; a da ~ cu cineva 누구에게 적대시 하다, 반항하다, 누구와 싸우다; a se bate cu pumnii în ~ 뻐기다; a lua de ~ 누구를 힐문하다, 책임을 추종하다; a pune mâinile pe ~ 죽다; a-şi sparge ~ul (strigând, vorbind etc.)있는 힘을 다해 소리치다; ~ la ~(싸움 등에서) 직접적으로, 가까이에서 **2.** 가슴(여자의) **3.** ~ de munte 산비탈 II. pieptţi, s.m. 와이셔츠의 가슴

pieptar, ~e, s.n. **1.** 양모(털)조끼 **2.** 쇠로된 갑옷 조끼 **3.** 말의가슴혁대

pieptăn|a, pieptăn, -ai, -at, vt. **1.** (그리고 vr.) 빗질하다 **2.** [섬유]a ~ in cânepă (삼을)훑다; a ~ lână 양모를 빗다, 소모하다; [비유]a-şi ~ stilul, fraza 문체를 다듬다

pieptăna|t, -tă, -ţi, -te, adj. **1.** 머리를 빗은 **2.** 양모를 빗은, 삼을 훑은

pieptănăt|oare, -ori, s.f. [방언]양모 빗는 빗, 삼을 훑는 기구(틀)

pieptănătur|ă, -i, s.f. 헤어스타일, 이발

pieptănuş, ~i, s.m. **1.** 작은 빗 **2.**.[조류]딱새 종류

pieptene, ~i, s.m. **1.** 머리빗; ~ des 살이 고운 빗, 참빗 **2.** [기술]방열기 **3.** [섬유]바디

pieptiş, adv. **1.** 가파르게 **2.** 대담하

게 3. 가슴을 맞대고

piept|os, -oasă, -oşi, -oase, adj. **1.** (남자들에 대해)넓은 가슴의 **2.** (여자 들에 대해)가슴이 풍만한

pierde, pierd, pierdui, pierdut, I. vt. **1.** 잃다, 상실하다; a ~ timpul 시간을 잃다; a ~ drumul 길을 잃다, 길을 찾지 못하다; a ~ războiul 전쟁에 지다; a ~ pământul de sub picioare a)균형을 잃다 b)일정한 물질적 사회적 상황을 잃어버리는 순간에 있다; a-şi ~ minţile 이성을 잃다; a-şi ~ cumpătul (또는 capul) 또는 (refl.) a se ~ 냉정함, 침착함을 잃어버리다; a-şi ~ curajul 용기를 잃다; a ~ pe cineva din ochi 매우 사랑하다; a pe cineva din vedere 누구를 간과하다; a ~ urma cuiva ...의 흔적을 잃다 **2.** 놓치다, 상실하다; a ~ trenul 기차를 놓치다; a ~ o ocazie 기회를 놓치다 **3.** 까닥 잘못하여 놓치다; a pierdut prietenia mea 그는 나의 우정을 놓쳤다 II. vr. **1.** 멸망하다 **2.** 길을 잃다; s-an pierdut în pădure 그들을 숲속에서 길을 잃었다 **3.** 사라지다; s-a pierdut printre copaci 그는 나무들 사이로 사라졌다.

pierder|e, -i, s.f. **1.** 상실 **2.** 손해; ~ de vreme (또는 de timp)시간상실

pierde-vară, s.m. invar, 쓸모없는 자, 건달, 무능자, 무용지물

pierdu|t, -tă, -ţi, -te, adj. 사라진, 잃어버린

pier|i, pier, -ii, -it, vi. **1.** 멸망하다, 없어지다; 생명을 잃다, 죽다; iarba rea nu piere 나쁜 풀은 죽지 않는다; nu piere lumea dacă ··· 어떤 불행도 없다 **2.** 중지되다; mi-a pierit glasul de emoţie 흥분되어 말을 할 수가 없었다 **3.** 사라지다, 보이지 않게 되다; piei din faţa mea ! 앞에서 사라져!

pieri|t, -tă, -ţi, -te, adj. (사람들에 대해) **1.** 약한, 창백한 **2.** 용기없는; 낙담한

pierit|or, -oare, -ori, -oare, adj. **1.** 죽는; ~ de foame 매우 가난한, 먹을 것이 없는 **2.** 사라지는, 잠시 지나가는, 덧없는

pieritur|ă, -i, s.f. 허약자

piersic, ~i, s.m. 복숭아나무

pierisic|ă, -i, s.f. 복숭아

pierzanie, s.f. **1.** 죽음, 대량학살; 죽음의 위험; 불행, 커다란 고통 **2.** 부패, 타락

pierzare, s.f. pierzanie 참조

pies|ă, -e, s.f. 조각 **1.** [기술]부품 **2.** 극작품, 음악작품 **3.** 동전

pietate, s.f. **1.** 신앙심, 경건한 마음 **2.** 경애심, 효성

pietin, s.m. (소, 양 따위의 발톱 썩는 병)

pieton, ~i, s.m. 도보자, 보행자

pietrar, ~i, s.m. **1.** 석공 **2.** 포석공 **3.** [조류]pietrosel 참조

pietrări|e, -i, s.f. **1.** 채석장 **2.** 석공업

pietri|cică, -cea, -cele, s.f. 작은 돌

pietriş, ~uri, s.n. 자갈돌

pietr|oi, -oaie, s.n. 큰돌

pietr|os, -oasă, -oşi, -oase, adj. **1.** (장소, 길 등에 대해) 돌이 많은; (땅에 대해)돌을 함유한 **2.** 단단한, 강한; 힘센 **3.** (열매에 대해)딱딱한 핵이 있는

pietrose|l, -i, s.m. **1.** [어류]황어류 **2.** [어류]작은 대구 **3.** 바위사위에 사

는 철새

pietru|i, -iesc, -ii, -it, vt. **1.** 포장하다, 포석을 깔다 **2.** 자갈을 깔다

pietrui|t, -tă, -ţi, -te, adj. 포장된, 자갈이 깔린

pieziş, (~ă, ~i, ~e) adj. adv. **1.** 경사진, 기울어진, 비스듬한; a zâmbi ~ 악의로, 아이러니 하게 입 한구석으로 웃다 **2.** 간접적으로; 비밀리에 **3.** 사팔눈의; a privi ~ pe cineva 흘겨보다

piezometr|u, -e, s.n. [물리]압력계; 유압계

pifti|e, -i, s.f. **1.** [요리]젤리속의 어육 또는 수육; a face (pe cineva) ~ 매우 심하게 때리다

pigmen|t, -ţi, s.m. (해부, 화학)색소; 안료, 염료

pigmint|a, -ez, -ai, -at, vt. 물들이다, 염색하다

pigmenta|t, -tă, -ţi, -te, adj. 염색된; 색소가 침착(沈着)한, 착색의

pigmentaţi|e, -i, s.f. 염색, 착색; 색소구성

pigme|u, -i, s.m. **1.** 아프리카의 피그미족 **2.** [신화]소인족 **3.** 가치없는 사람

piguleală, s.f. **1.** 주둥이로 쪼아먹음 **2.** 조금씩 듬 **3.** 천천히 속임, 훔침

pigul|i, -ese, -ii, -it, vt. **1.** 주둥이로 쪼아 먹다 **2.** 조금씩 들다 **3.** 모르는 사이에 누구를 천천히 속이다, 훔치다

pihot|ă, -e, s.f. 보병

pijama, ~le, s.f. 파자마, 잠옷

pilaf, ~uri, s.n. 이탈리아 풍의 일종의 쌀요리; a face pe cineva ~ 누구를 몹시 때리다

pila|stru, ~ştri, s.m. 벽기둥, 난간기둥

pil|ă, -e, s.f. **1.** 줄; ~ de unghii 손톱용의 줄 **2.** ~ electrică 전지, ~ atomică 원자로, 원자력 전지 **3.** 기둥, 교각

pild|ă, -e, s.f. **1.** 예, 보기; de ~ 예를 들면; a da ~ 보기를 들다, 예를 들다 **2.** 비유

pil|eală, -eli, s.f. 폭음

pil|i, -esc, -ii, -it, I. vt. **1.** 줄질을 하다; maşină de pilit 줄질용 기계 **2.** [비유]윤을 내다, 연마하다, 광택을 내다 **3.** 마시다 II. vr. (얼큰하게)취하다

pili|t, -tă, -ţi, -te, adj. **1.** 줄질된 **2.** 취한

pilitur|ă, -i, s.f. 줄밥

pilon, ~i, s.m. 시멘트(철)기둥(탑); (다리, 가로 입구에 세운)장식용 사각탑; 고대 이집트 궁전·사원의 탑문

pil|or, -oare, s.n. [해부]유문(幽門)

pil|os, -oasă, -oşi, -oase, adj. **1.** [해부]허리털의 **2.** [방언]강한, 힘센

pilo|t, -ţi, s.m. **1.** [항공]파일러트 **2.** [항해]안내인, 조종사 **3.** (기초공사용)말뚝

pilot|a, -ez -ai, -at, vt. 수로를 안내하다; 운전하다; 말뚝을 박다

pilotaj, ~e, s.n. [항공, 항해]물길 안내, 도선, 조종술; ~ fără vizibilitate 맹목비행

pilot|ă, -e, s.f. 새털요

pilotin|ă, -e, s.f. 수로안내 보트

pilug, ~e, s.n. (약조제용 유발에 쓰이는)유봉, 큰 망치; a tunde ~ 가죽까지 벗기다

pilul|ă, ~e, s.f. 환약; a înghiţi o ~ 고

언을 받아들이다, 싫은 일을 승낙하다

pin, ~i, s.m. **1.** 유럽 소나무 **2.** 소나무

pinacotec|ă, -i, s.f. 화랑, 회화관

pindaric, ~ă, ~i, ~e adj. 고대그리스 서정시인 핀다르(pindar) 풍의

pineal, ~ă, ~i, ~e adj. 솔방울 모양의; glandă ~ă 송과선(松果腺)

pinge|a, -ele, s.f. 신바닥(신발 밑창)(교환용)

pingel|i, -esc, -ii, -it, vt. 밑창을 대다

ping-pong, s.n. 탁구

pinguin, ~i, s.m. 펭귄

pini|on, -oane, s.n. **1.** [건축]박공, 합각머리 **2.** 작은 톱니바퀴

piniped, ~e, s.n.(pl.)기족동물; 기족류(지느러미 모양의 발을 가진)

pinten, ~i, s.m. **1.** (특히 pl.) 박차; a da ~i calului 말에 박차를 가하다; a bate din ~i 박차를 찰깍찰깍 소리를 내다; a ~ bucurie 기뻐서 뛰다 **2.** [동물]말, 소의 뒷발톱

pintena|t, -tă, -ți, -te, adj. 박차를 가한

pinten|og, -oagă, -ogi, -oage, adj. (말에 대해서)발 아래 부분에 하얀 색깔이 있는

pinul|ă, -e, s.f. [광학]조준의(照準儀)

piole|t, -ți, s.m. (등산)(아이스)피켈

pion, ~i, s.m. **1.** (장기의)졸 **2.** 새로운 이념을 위해 싸우는 군인

pionez|ă, -e, s.f. piuneză참조

pionier, ~ă, ~i, ~e, s.m. 그리고 f. **1.** [군사]공병 **2.** 개척자, 선구자

pionier|esc, -ească, -ești, adj. 개척자의

pi|os, -oasă, pioși, pioase, adj. 독실한, 경건한; 효성스런, 존경심 있는

pip|ă, -e, s.f. **1.** 담뱃대 파이프 **2.** [기계]관, 통

pipă|i, pipăi, -ii, -it, vt. 그리고 vr. 손으로 만지다, 손으로 대보다

pipăibil, ~ă, ~i, ~e, adj. 손으로 만질 수 있는

pipăi|t, I. s.n. **1.** 촉각 **2.** 손으로 만져봄; pe ~e 손으로 더듬으며 II. -tă, -ți, -te, adj. 손으로 만져본

pipăruș, ~i, s.m. 작고 매운 고추

piper, ~i, s.m. **1.** 후추(나무) **2.** 파프리카(고추)

piper|a, -ez, -ai, -at, vt. ...에 후추를 뿌리다; 후추로 조미하다

pipera|t, -tă, -ți, -te, adj. **1.** 후추를 뿌린, 매운 **2.** (가격에 대해)매우 높은 **3.** (농담에 대해)야비한

piperment, s.n. 페퍼민트 술

pipernic|i, -esc, -ii, -it, vr. (동물, 식물에 대해)성장이 멈추다, 퇴화하다

piperninci|t, -tă, -ți, -te, adj. 성장이 멈춘, 퇴화된, 오그라든

piperniț|ă, -e, s.f. **1.** 후추 통 **2.** 후추 가는 기계

pipet|ă, -e, s.f. [화학]피펫 (아주 적은 액체나 가스를 옮기는 작은 관)

pipirig, s.m. [식물]등심초, 갈대류

pipot|ă, -e, s.f. 조류의 위; 사람의 위; a i se umfla (cuiva) pipota a)화내다 b)매우 자부심이 강하다; a-i crăpa (cuiva) pipota de nerăbdare 매우 초조해하다

pir, s.m. [식물]개밀의 무리

piramidal, ~ă, ~i, ~e, adj. **1.** 피라미드 모양의 **2.** 거대한, 엄청난

piramid|ă, -e, s.f. 피라미드

piramid|on, -oane, s.n. 해열 진통제
pirand|ă, -e, s.f. 집시여자; 집시부인
pira|t, -ţi, s.m. 해적
pirateri|e, -i, s.f. 해적질; 해적같은 행위
pireu, ~i, s.n. [요리]감자죽(삶은감자 으깨 놓은것)
piridină, s.f. [화학]피리딘(휘발성 유동 알칼리)
piriform, ~ă, ~i, ~e, adj. 서양배 모양의
pirit|ă, -e, s.f. [광물]황철광; 유황분이 섞인 광물
pirofor, I. ~ă, ~i, ~e, adj. [화학, 물리]자연성의(공기에 접촉하면 자동적으로 발화하는) II.~i, s.m. 자연성 물질
pirogalol, s.n. 피로갈롤, 초성몰식자산(사진 현상 약품)
pirog|ă, -i, s.f. 카누우
pirogen|are, -ări, s.f. piroliză참조
pirograv|a, -ez, -ai, -at, vt. (목판에) 불에 달군 쇠꼬치로 그림을 그리다, 낙화(落華)하다
pirogravor, ~i, s.m. 낙화공
pirogravur|ă, -i, s.f. 낙화(落華)법
piroliză, s.f. [화학]열작용만에 의한 화학 분해
piroluzit, ~e, s.n. [광물]연망간광
piroman,~ă, ~i, ~e, s.m.f. 방화광 환자
piromanie, s.f. 방화광증
pirometric, ~ă, ~i, ~e, adj. 고온 측정의
pirometr|u, -e, s.n. 고열온도계
pir|on, -oane, s.n 갈고리
piron|i, -esc, -ii, -it, vt. **1.** 갈고리로 고정시키다, 잡다, 치다 **2.** 움직이지 못하게 하다 **3.** (시선, 생각, 주의)를 고정시키다, 집중시키다; a-şi ~ privirile la ceva 무엇을 뚫어지게 쳐다 보다
pironi|t, -tă, -ţi, -te, adj. **1.** 고정된 **2.** [비유]움직이지 않은; 응시하는
pirosc|op, -oape, s.f. [물리]일정한 온도에 도달한 것을 나타내는 온도계
pirosferă, s.f. 지구의 내부
pirostri|e, -i, s.f. (특히 pl.) **1.** (난로 안의)장작 받치개 **2.** [교회]신부관; a-şi pune ~ile în cap 결혼하다
piroş|că, -ţi, 또는 -te, s.f. (특히 pl.) 효모가 든 반죽가루로 만든 러시아식 파이
piroteală, s.f. 졸음, 노곤함, 잠에 취함
pirotehnic, ~ă, ~i, ~e, adj. 꽃불제조(술)의; 연화(술)의; 꽃불같은
pirotehnici|an, -ană, -eni, -ene, s.m. 그리고 f. 꽃불제조가
pirotehnie, s.f. 꽃불제조술, 연화술
pirotermic, ~ă, ~i, ~e, adj. 화열로 열을 증가시키는
pirot|i, -esc, -ii, -it, vi. **1.** 졸다 **2.** 잠에 취하다 **3.** 무기력하다
piroti|t, -tă, -ţi, -te, adj. 조는, 잠에 취한, 무기력한
pirpir|iu, -ie, -ii, adj. **1.** 정상적인 발육이 정지된; 허약한 **2.** 재산이 없는 **3.** 빈약 하게 옷을 입은, 얇은 옷을 입은
piruet|ă, -e, s.f. 팽이의 일종; (무용에서)한쪽 발끝으로 돌기; 선회
pirui, pers.3, piruie, -i, -it, vi. (새에 대해)저음을 내다, 저음으로 지저귀

다

pis, interj. 고양이 부르는 소리; a nu zice nici ~ 아무것도 말하지 않다, 아무 소리도 내지 않다

pis|a, -ez, -ai, -at, vt. **1.** 발로 짓밟다, 부수다 **2.** [비유]때리다, 구타하다 **3.** [비유]누구를 고문하다

pisani|e, -i, s.f. 비문, 비명

pisa|t, -tă, -ţi, -te, adj. 부수어진, 짓밟혀진

pisăg|i, -esc, -ii, -it, vt. pisaI참조

pisăl|og, -oag, -ogi, -oage, I. adj. 끈질긴 (요구따위가) II. s.m. 그리고 f. 학대자 III. -oage, s.m. 절구공이

pisălog|eală, -eli, s.f. 끈질긴 청원

pisălog|i, -esc, -ii, -it, vt. pisa(3) 참조

pisc, ~uri, s.m. **1.** 산꼭대기, 정상 **2.** 배의 끝 **3.** 채를 다는 막대

piscicol, ~ă, ~i, ~e, adj. 물고기의, 양어에 관한

piscicultură, s.f. 양어

piscin|ă, -e, s.f. **1.** 연못, 양어지 **2.** 수영장, 풀

pisc|oi, -oaie, s.n. **1.** [방언]맷돌의 깔때기 **2.** 피리

piscu|i, -iesc, -i, -it, vt. **1.** 지저귀다 **2.** 삐악삐악 울다

pisic, ~i, s.m. 작은 고양이

pisic|ă, -i, s.f. **1.** 고양이; ~sălbatică 삵괭이; a se înţelege ca şoarecele cu pisica 서로 이해하지 못하다, 누구와 잘 지내지 못하다; ce iese din ~ şoareci mănâncă 콩 심은데 콩나고 팥심은데 팥난다; a avea ochi de ~ a)날카로운 눈을 갖다 b) 교활하다; a fi ~ plouată 낙담하다

pisic|esc, -ească, -eşti, **pisic|os,** -oasă, -oşi, -oase, adj. 고양이 비슷한, 고양이 같은

pisicuţ|ă, -e, s.f. 작은 고양이

pisoi, ~, s.m. 고양이 새끼

pist|ă, -e, s.f. [스포츠] **1.** 발자취 **2.** 트랙, 경주로 **3.** 활주로

pistil, ~uri, s.m. [식물]암술

pist|ol, I. -oale, s.n. **1.** 권총, 피스톨 **2.** [기술]~ de sudură 용접용 버너 II. -oli, s.m. 옛 스페인 프랑스 금화

pistoleţ, ~e, s.n. 작은 권총

pist|on, -oane, s.n. [기술] **1.** 피스톤; 밸브 **2.** (금관악기의) 밸브, 피스톤

piston|a, -ez, -ai, -at, vt. **1.** 짜내다 **2.** 괴롭히다

pistonaj, ~e, s.n. **piston|are,** -ări, s.f. 짜냄

pistrui, ~, s.m. (특히 pl.) 주근깨

pistruia|t, -tă, -ţi, -te, adj. **1.** 주근깨가 있는 **2.** [비유]알록달록한

pişc|a, pişc, -ai, -at, vt. **1.** 꼬집다 **2.** (현악기의 줄을) 뜯다 **3.** 찢어내다, 뜯다 **4.** [곤충]쏘다 **5.** (바람, 추위 등)살을 에이다 **6.** (음료, 양념) 화끈하다

pişcar, ~i, s.m. [어류]미꾸라지 속의 일종

pişc|are, -ări, s.f. **1.** 꼬집음 **2.** 쏨

pişcăci|os, -oasă, -oşi, -oase, adj. (음식과 음료에 대해) 매운, 화끈거리는

pişcătur|ă, -i, s.f. **1.** (곤충들이) 쏨 **2.** 상처자국, 흉; ~ de vărsat 마마자국 (곰보) **3.** 꼬집음 **4.** [비유]빈정댐, 비꼬기

pişcot, ~uri, s.n. 비스켓트

pişicher, ~i, s.m. 교활한 사람, 능청스런 녀석

pitac, I. ~i, s.m. 동전 II. ~e, s.n. **1.** 작위 수여증 **2.** 명령 칙령(서)
pitagoreic, ~ă, ~i, ~e adj. 피타고라스(학파)의
pitar, ~i, s.m. **1.** 빵굽는 사람 **2.** [역사]중세의 전선사(典膳司) 의 장관
pitaric|ă, -i, s.f. [식물]자작나무버섯
pit|ă, -e, s.f. **1.** 빵 **2.** [비유]필요한 양분
pitecantrop, ~i, s.m. 원인(猿人)
pit|i, -esc, -ii, -it, I. vt. 숨기다 II. vr. 숨다; 웅크리다
pitic, ~ă, ~i, ~e, I. adj. 피그미의 소인족의; 난장이의 II. s.m. 그리고 f. 난장이
pitic|i, -esc, -ii, -it, vt. 그리고 vr. (드물게) 작아지다; 축소되다
pitiş, adv. 몰래, 살짝
pitoaş|că, -te, s.f. [식물]식용버섯의 일종
pitor|esc, -ească, -eşti, adj. 그림의; 그림같은, 경치좋은
pitpalac, ~i, s.m. [조류학] **1.** 메추라기 **2.** 메추라기 우는 소리를 흉내 내는 말
pitul|a, -ez, -ai, at, vr. a piti 참조
pitulic|e, -i, s.f. [조류학]바위종다리(휘파람새 과의 일종)
pituş|că, -ti, s.f. 작은 빵
piţigăi|a, -esc, -ai, -at, vt. (목소리를) 날카롭고 가늘게 하다
piţigăia|t, -tă, -ţi, -te, adj. (목소리에 대해) 날카로운, 가는, 높은
piţigoi, ~, s.m. 박새과의 새(박새, 곤줄박이 따위)
piţul|ă, -e, s.f. **1.** [역사]헝가리-오지리 제국 동전 **2.** [비유]민들레의 줄기
piu|a, -ez, -ai, -at, vt. [섬유](피륙을) 마전하다
piuar, ~i, s.m. [섬유]마전하는 사람
piu|ă, -e, 그리고 pive, s.f. **1.** [섬유]마전기계 **2.** 절구 유발(乳鉢) **3.** 쇄광망치 **4.** 큰가마
piu|i, pers.3, piuie, -ii, -it, vi. **1.** (새들이) 울다 (짹짹, 삐악삐악) **2.** 쉿소리를 내다, 휙소리를 내다; 날카로운 소리를 내다
piuit, s.n. 새우는 소리; 쉿소리, 날카로운 소리; a-i pieri cuiva ~ul 말하고 싶은 기분을 잃다; (놀라서)말하고 싶은 용기를 잃다; a-i lua cuiva ~ul a)침묵하고 하다, 손으로 입을 막다 b)누구를 살해하다
piritur|ă, -i, s.f. **1.** 새들이 우는 소리 **2.** 날카롭고 가는 소리
piuliţ|ă, -e, s.f. **1.** 암나사 너트 **2.** 절구
piunez|ă, -e, s.f. 제로용 핀
pivnicer, ~i, s.m. **1.** 포도주 창고의 감독자 **2.** 포도주를 돌보는 귀족의 명칭
pivnicioar|ă, -e, s.f. 작은 지하창고
pivniţ|ă, -e, s.f. 지하실, 지하창고
pivot, ~uri, s.n. **1.** [기술]축 **2.** [식물]곧은 뿌리 **3.** 주축, 중추
pivot|a, -ez, -ai, -at, vi. [기술]축으로 돌다, 축처럼 돌다, 회전하다
pivotan|t, -tă, -ţi, -te, adj. [식물] rădăcină ~ă 곧은 뿌리
pizmaş, ~ă, ~i, ~e, adj. **1.** 시기심 있는; 질투가 심한 **2.** 악의 있는, 적대감있는
pizmă, s.f. 시기, 질투, 증오, 미움
pizmu|i, iesc, -ii, -it, vt. 시기하다,

질투하다; 화내다

pizmuir|e, -i, s.f. pizmă 참조

pizmui|t, -tă, -ţi, -te, adj. 질투를 당하는, 적대되는

plac, s.n. 마음에 듬, 호의; 희망; pe (또는 după)(bunul) ~ 마음대로; a fi la bunul ~ al cuiva 누구 마음대로이다; a face cuiva pe ~ 누구 희망대로 하다

pla|ca, -chez, -cai, -cat, **1.** 표면을 다른 물질로 보호하거나 치장하기 위해 씌우다; 도금하다; (벽토를)바르다; (베니어판 따위를) 붙이다 **2.** (럭비)태클하다

placaj, ~e, s.n. **1.** 합판, 합재 **2.** 도금 **3.** (럭비)태클

placard|ă, -e, s.f. 플래카아드, 벽보, 포스터

placa|t, -tă, -ţi, -te, adj. **1.** 도금된, 베니어 판으로 부친 **2.** (럭비)태클당한

placă, plăci, s.f. **1.** 금속판; 석판; 나무판 **2.** (음식)판 **3.** [사진]건판

placebo, s.n. 가짜 약, 심리적 진정제

placentar, ~ă, ~i, ~e, adj. [의학]태반의; [식물]태좌의

palcent|ă, -e, s.f. [식물]태좌;[의학]태반

plachet|ă, -e, s.f. **1.** 소책자 **2.** 장방형의 작은 금속판(기념의 표적)

placheu, ~ri, s.n. blacheu 참조

plachi|e, -i, s.f. **1.** 생선요리의 일종 **2.** 일종의 쌀로 만든 요리

placi|d, -dă, -zi, -de, adj. 평온한, 온화한

placiditate, s.f. 평온, 온화

plaf|on, -oane, s.n. **1.** 천장 **2.** 최대한 **3.** (속력 등)최대치 **4.** 최고 높이 **5.** 상승한도[항공]

plafon|a, -ez, -ai, -at, vt. 최대치, 최대 수에 고정시키다; 그 자리에 머물다, 그 수준에 머물다

plafon|are, -ări, s.f. 최대 수에 고정됨

palfona|t, -tă, -ţi, -te, adj. 최고에 고정된, 한계 지워진

plagă, plăgi, s.f. **1.** 상처 **2.** [비유]불행, 고난

plagi|a, -ez, -ai, -at, vt. 그리고 vi. 표절하다

plagiat, ~e, s.n. 표절

plagiat|or, -oare, -ori, -oare, s.m. 그리고 f. 표절자

plagioclaz, s.n. [광물]사장석(斜長石)

plai, ~uri, s.n. **1.** 고원목장; 산 **2.** 평평한 산의 초원지역 **3.** 오솔길 **4.** 지역

plaivaz, ~e, s.n. 연필

plaj|ă, -e, s.f. 해변; a face ~ 일광욕을 하다

plan, I. ~uri, s.n. **1.** 계획, 복안, 구상; a face ~uri 계획을 세우다; ~ cincinal 5개년 계획 **2.** 도면, 도식, 설계도; ~ de construcţie 건축설계 **3.** [지질]평지, 평야 **4.** pe primul ~ 전면에 II. ~ă, ~i, ~e, adj. 평평한

plan|a, -ez, -ai, -at, vi. **1.** 공중에 떠돌다, 날다; 감돌다 **2.** 초연하다 **3.** [기술]평평하게 하다 **4.** 무겁게 내리누리다

plan|are, -ări, s.f. plana 의 명사형

plana|t, -tă, -ţi, -te, adj. zbor ~ 활공

planat|or, -oare, s.n. [기술]평평하게 만드는 망치의 일종

plancă, plănci, s.f. 목재운반용 활로
plancton, s.n. 플랑크톤
planetar, ~ă, ~i, ~e, adj. 유성의, 유성같은
planetari|u, ~i, s.n. 플라네타륨, 천상의(天象儀)
planet|ă, -e, s.f. 유성, 혹성; ~ artificială 인공위성; 지구
planic, ~ă, ~i, ~e, adj. 계획에 따라서
planific|a, planific, -ai, -at, vt. 설계하다; 계획하다; 입안하다; 확정하다
planific|are, -ări, s.f. 설계함, 계획함, 입안함; 확정
planifica|t, -tă, -ţi, -te, adj. 설계된, 계획된
planificat|or, -oare, -ori, -oare, I. adj. 기획하는, 계획의 II. s.m. 그리고 f. 기획자, 계획수립자
planiglob, ~uri, s.n. 평면 구형도
planimetric, ~ă, ~i, ~e, adj. 평면 측량의
planimetrie, s.f. 평적측정법, 평면 측량
planimetr|u, -e, s.n. 면적계, 플라니미터
planisfer|ă, -e, s.f. 평면구형도
planisferi|c, -că, -ci, -ce, adj. 평면구형도의
planografi|e, -i, s.f. 평판인쇄, 옵셋 인쇄
plan|or, -oare, s.n. 글라이더
planorism, s.m. 글라이더 스포츠
planori|st, -stă, -şti, -ste, s.m. 그리고 f. 글라이더 조종사, 제작자
planş|ă, -e, s.f. **1.** 감광판, 건판; 화판; 전지(全紙) **2.** 금속판, 나무판(판화통) **3.** 포석(鋪石)
planşet|ă, -e, s.f. **1.** 작은 판자 **2.** 제도판
planşe|u, -e, s.n. 마루, 바닥
plant|a, -ez, -ai, -at, vt. **1.** (그리고 vr.) 심다 **2.** 세우다, 박다, 꽂다 **3.** (지뢰를)가설하다; a se ~ în faţa cuiva 누구 앞에 적대감 갖고 멈추다
plantatoare, ~, s.f. 나무 심는 기계
plantat|or I. -ori, s.m. **1.** 초목을 심는 사람, 재배자 **2.** 이주자, 이민 II. -oare s.m. 과종꼬챙이
plantaţi|e, -i, s.f. 식물심기, 재배, 식수, 조림, 재배지, 대농원
plan|tă, -i, s.f. 식물; 초목; 풀
plant|on, -oane, s.n. 보초; a fi(또는 a sta) de ~ 보초서다
plantul|ă, -e, s.f. 새싹, 맹아
plantur|os, -oasă, -oşi, -oase, adj. 풍족한, 많은; 대량의, 힘센
plapumă, plăpumi, s.f. 이불(솜 등이 들어있는); întinde-te cât ţi-e plapuma 누울 자리를 보고 다리를 뻗어라
plas|a, -ez, -ai, -at, I. vt. **1.** 예금하다, 투자하다; 팔다, 판매하다 **2.** (토론과정에)적당한 시간에 말하다 **3.** 자리에 앉히다, 고용하다 **4.** 패스하다 II. vr. 자리에 앉다; 지위에 앉다; a se ~ pe poziţii progresiste 진보적인 입장에 서다
plasament, ~e, s.n. **1.** 취직시키다 **2.** 판매, 매각; 예입, 예금, 투자 **3.** 패쓰
plas|are, -ări, s.f. **1.** 취직시킴 **2.** 판매함, 예금함, 투자함 **3.** 패쓰함
plasat|or, -oare, -ori, -oare, s.m. 그

리고 f. **1.** (극장 등에서)자리 안내인 **2.** 상품만매인

plas|ă, I. -e, s.f. 그물 II. plăsi(옛)구역

plasma, s.f. 혈장; 플라즈마

plastic, ~ă, ~i, ~e, adj. **1.** 조소의, 조소적인; 조형적인; arte plastice 조형미술 **2.** 성형적인 **3.** 유형의 입체적인; 구성적인

plastică, s.f. [그리고 의학] **1.** 조소, 조각, 조형미술 **2.** 조각품 **3.** 정형술, 성형술

plasticit|ate, -ăți, s.f. **1.** 조소성, 조형성, 성형성 **2.** 입체성 **3.** 형성(능)력 **4.** 구상성 **5.** 유연성

plasticiz|a, -ez, -ai, -at, vt. **1.** 조형화하다 **2.** 입체화하다 **3.** 구상화하다

plasticizare, s.f. **1.** 조형화 **2.** 입체화 **3.** 구상화

plastifi|a, -ez, -ai, -at, vt.플라스틱 가공을 하다

plastifian|t, -ți, s.m. 플라스틱 가공제

plastifier|e, -i, s.f. plastifia의 명사형

plastilină, s.f. 조소형 점토

plastograf, ~ă, ~i, ~e, s.m. 그리고 f. 서류위조자, 사인위조자

plastografi|a, -ez, -ai, -at, vt. 서류위조하다, 사인 위조하다

plastografi|e, -i, s.f. 서류나 사인위조

plastr|on, -oane, s.n. 폭넓은 넥타이, 와이셔츠의 앞쪽; 가슴받이(검술용)

plastur|e, -i, s.m. 반창고

pla|t, -tă, -ți, -te, adj. **1.** 평평한, 평탄한; picior ~ 평발 **2.** [비유]평범한, 싱거운, **3.** [스포츠] 100(400 등) m. plat 100(400)미터경기

platan, I. ~i, s.m. 플라타너스 II. ~e, s.n. 저울

plată, plăți, s.f. **1.** 지불; 빚갚기 **2.** 임금, 봉 **3.** 포상; 벌금; a-şi lua plata 적당한 처벌을 받다; a se duce (a pleca, a merge) în plata domnului (a lui Dumnezeu) 가고 싶은 곳으로 가다

platband|ă, -e, s.f. **1.** 화단 **2.** 평평하고 요철없는 쇠시리

platcă, plătci s.f. a intra (în)platcă (카드놀이) 게임을 잃다; 빚진 돈을 갚다; a pune (또는 a face) platcă 잃게하다; a rămâne ~ 조롱받다

platform|ă, -e, s.f 플랫폼 **1.** 평평한 지붕, 옥상 **2.** [철도]무개화차 **3.** 화물창갑판 **4.** [건축]각재(角材) **5.** [군사]포좌 **6.** [정치]정견, 정책강령

platin|a, -ez, -ai, -at, vt. **1.** 백금을 입히다 **2.** 백금색으로 만들다

platina|t, -tă, -ți, -te, adj. 백금을 입힌 **2.** 백금색으로 한

platin|ă, -e, s.f. **1.** 백금; negru de ~ 백금흑

platinit, ~uri, s.n. 플라티나이트(철과 니켈의 합금)

platitudin|e, -i, s.f. **1.** 평범, 진부함 **2.** 진부한말, 생각

platnic, ~ă, ~i, ~e, s.m. 그리고 f. 채무자; bun(또는 rău) ~ 좋은(나쁜) 채무자

platonic, ~ă, ~i, ~e, adj. **1.** 플라톤 철학의 **2.** (순수하게) 정신적인 **3.** 실현될 수 없는

platonici|an, -ană, -eni, -ene, s.m. 그리고 f. 플라톤 학파의 철학자

platonism, s.n. 플라톤 철학
platoş|ă, -e, s.f. 갑옷
platou, ~uri, s.n. **1.** 고원 **2.** 큰 쟁반 **3.** 측음기의 회전판
plaur, ~i, s.m. (다뉴부 델타지역의) 갈대섬
plauzibil, ~ă, ~i, ~e, adj. 그럴듯한, 수긍할 수 있는
plav|ă, -e, s.f. 가는 어부 그물
plavi|e, -i, s.f. plaur참조; a se lăsa ~ 바닥에 눕다
plaz, ~uri, s.n. 쟁기자루
plăc|ea, plac, -ui, -ut, vi. **1.** 마음에 들다; 좋아하다; îmi place această carte 나는 이 책을 좋아한다; îi place muzica 그는 음악을 좋아 한다; îmi place să cred că ... ...하기를 희망 한다; îmi place să... ...하기를 좋아하다 **2.** 만족하다
plăcer|e, -i, s.f. **1.** 좋아함, 기쁨; 마음에 듬, 호의; cu ~ 기꺼이; 천만에 (감사에 대한 대답으로); de ~ 재미로; îmi face ~ 매우 마음에 들다; a face cuiva ~ 누구를 즐겁게 하다; fă-mi plăcerea ~ 저에게 호의를 베풀어 주세요 **2.** 기쁨, 즐거움 **3.** 희망; 맛; după(de) plăcere 마음대로, 기분나는대로, 의지대로
plăcintar, ~i, s.n. 파이 만들거나 파는 사람
plăcint|ă, -e, s.f. 일종의 파이; a-i veni (또는 a-i pregăti) cuiva o plăcintă 불행한 사건이 닥치다; a aştepta cu plăcinte calde 즐거운 마음으로 기다리다; a sta ca o ~ 수동적이다, 무감각하다, 편안하다
plăcintări|e, -i, s.f. 파이점(가게)
plăcu|t, -tă, -ţi, -te, adj. 마음에 드는, 좋아하는, 쾌적한
plăcuţ|ă, -e, s.f. placă의 축소형
plăieş, plăieşi, s.m. **1.** 국경경계병 **2.** 산사람
plămadă, s.f. **1.** 효모, 이스트 **2.** [비유]씨앗
plămăd|eală, -eli, s.f. plămadă **1.** 참조
plămăd|i, -esc, -ii, it, I. vi. 효모를 만들다 II. vt. **1.** 효모를 넣어 반죽하다 **2.** [비유]만들다
plămădir|e, -i, plămădi의 명사형
plămădi|t, -tă, -ţi, -te, adj. **1.** 효모를 넣어 반죽된 **2.** 만들어진
plămân, ~i, s.m. 폐
plămânărică, s.f. [식물]아르니카
plănu|i, -iesc, -ii, -it, vt. **1.** 계획을 세우다 **2.** 의도하다 **3.** 고안하다, 구상하다
plănui|t, -tă, -ţi, -te, adj. **1.** 계획세운 **2.** 의도된 **3.** 고안된
plăpân|d, -dă, -zi, -de, adj. **1.** 연약한 **2.** 부드러운, 섬세한 **3.** 민감한
plăpumar, ~i, s.n. 이불제조공
plăpumăr|easă, -ese, s.f. **1.** 이불제조여공 **2.** 이불제조여인
plăs|ea, -ele, s.f. 칼손잡이, 칼자루
plăsmu|i, -esc, -ii, -it, vt. **1.** 생산하다, 만들다; 형성하다 **2.** 고안하다, 발명하다, 꾸미다 **3.** 위조하다
plăsmuir|e, -i, s.f. **1.** 생산, 만듬; 형성 **2.** 고안, 발명 **3.** 위조
plăsmui|t, -tă, -ţi, -te, adj. **1.** 생산된, 형성된 **2.** 고안된 **3.** 위조된
plăsmuit|or, -oare, -ori, -oare, s.m. 그리고 f. **1.** 창조가 **2.** 발명가, 고안가 **3.** 위조자
plăt|i, -esc, -ii, -it, I. vi. **1.** 지불하다,

빚을 갚다, 청산하다 **2.** 벌금을 물다, 보상하다; a ~ cu capul 잘못으로 죽다; **3.** 봉급을 주다 II. vi. 가치가 있다; a nu plăti o ceapă 가치없다

plătibil, ~ă, ~i, ~e, adj. 지불할 수 있는

plătic|ă, -i, s.f. [어류]넙치속

plătit|or, -oare, -ori, -oare I. adj. 지불하는 II. s.m. 그리고 f. 지불자

plăv|ai, -aie, -ăi, plăvan, ~ă, ~i, ~e, adj. (동물에 대해) 하얀색깔이 나는

plăvit, ~ă, ~i, ~e, adj. **1.** plăvai 참조 **2.** 블론드색의

plăvi|u, -e, -i, adj. 블론드색의

plângăci|os, -oasă, -oşi, -oase, adj. 항상 울 준비가 되어있는; 쉽게 우는; 한탄하는; 항상 우는; (목소리) 한탄하는, 슬픈

plângăr|eț, -eață, -eți, -ețe, adj. plâ- ngăcios, 참조

plângăt|or, -oare, -ori, -oare, adj. **1.** 우는 **2.** 한탄하는, 슬픈 **3.** salcie plân- gătoare 수양버들

plânge, plâng, -sei, -s, I. vi. 울다; a-i ~ cuiva de milă 누구를 동정하다 II. ...을 슬퍼하며 울다, 탄식하다 III. vr. 한탄하다

plânger|e, -i, s.f. **1.** 움, 울음 **2.** 탄식함 **3.** 한탄함

plân|s, ~uri, I. s.n. 울음, 흐느낌; 눈물; 한탄; 탄식; a izbucni în ~ 눈물을 터뜨리다; de ~ 한탄할 만한 II. -să, -şi, -se, adj. **1.** 울었던 **2.** [비유] 슬픈

plânset, ~e, s.n. 한탄; 탄식; 울음

plâns|oare, -ori, s.f. **1.** 울음, 한탄 **2.** 울음병

plean, ~uri, s.n. **1.** 노획물, 전리품 **2.** 약탈물

pleasc, interj. 찹, 찹

pleasnă, plesne, s.f. **1.** 채찍; a lua în ~ 누구를 놀리다

pleaşcă, s.f. **1.** 바라지 않았던 행운; a cădea(또는 a da) pleaşce(peste ´cineva) 바라지 않았던 행운을 갖다 **2.** 약탈

pleată, plete, s.f. (특히 pl.) **1.** 등까지 늘어지도록 또는 어깨까지 자라도록 내버려둔 머리카락; 다듬지 않은 파마 하지 않은 머리

pleavă, pleve, s.f. **1.** 왕겨 **2.** [비유] 가치 없는 물건; 가치 없는 사람

plebe, s.f. **1.** (고대로마) 평민(생산적인 일을 하지 않는) **2.** 하층민, 천민

plebei|an, -ană, -eni, -ene, I. adj. 평민계급의, 하층민의 II. s.m. 그리고 f. 하층민, 평민

plebe|u, I. -i, s.m. 하층민, 평민 II. -e, -i, -e, adj. 비천한, 하층민의

plebiscit, ~e, s.m. (고대 로마) 평민회의의 결의; 인민 투표

plec|a, plec, -ai, -at, I. vi. **1.** 떠나다, 출발하다, 가다; a ~ la plimbare 산보하러가다 II. vt. 그리고 vr. **1.** 숙이다, 구부리다; a-şi ~ capul 머리를 숙이다; a-şi ~ urechea la ... 주의깊게 듣다; a ~ ochii 눈을 내리다 **2.** vr. [비유]존경, 복종의 표시로) 몸을 숙이다

plecare, -ări, s.f. pleca의 명사형

pleca|t, -tă, -ți, -te adj. **1.** 떠난, 출발한 나간 **2.** 숙인 구부린 **3.** 복종한

plecăciun|e, -i, s.f. **1.** (깊은)인사, 절 **2.** (인사 형태로 사용) Plecăciune, părinte!

pled, ~uri, s.n. (스코트랜드) 격자무늬의

pled|a, -ez, -ai, -at, I. vi. 소송하다, 변호하다; a ~ pentru cineva 누구를 위하여 변호하다 II. vt. 옹호하다, 지지하다, 주장하다

pledan|t, -tă, -ți, -te adj. avocat ~ 변호사

pledoari|e, -i, s.f. 변론술; [법률]구두변론, 변호

pleiad|ă, -e, s.f. **1.** [천문]묘성(아틀라스와 플레이오네의 7딸이 별이 되었다고 하는) **2.** 시파(詩派)

pleistocen, s.n. [지질]홍적세

plen, s.n. 총회, 전원, 총원

plenar, ~ă, ~i, ~e, adj. 총회의, 전원의; ședință plenară 전원출석 (주주) 총회

plenipoten|t, -ți, s.m. 그리고 f. plenipotențiar 참조

plenipoten|ță, -țe s.f. 전권 (全權)

plenipotențiar, ~ă, ~i, ~e, I. adj. 전권을 가진 II. s.m. 전권위원

plenison, ~ă, ~i, ~e, adj. (모음에 대해) 음절성격을 가진

plenitudine, s.f. 충만, 충족, 충실

pleoap|ă, -e, s.f. **1.** 눈꺼풀 **2.** 관뚜껑

pleonasm, ~e, s.n. [수사학]말의 중복 중어(重語), (예) 역전앞

pleonastic, ~ă, ~i, ~e, adj. 중복된

pleosc, interj. 부드러운 물체가 떨어질 때 나는 소리

pleoscăi, pleoscăi, -ii, -it, vi. **1.** 쩝쩝거리며 먹다 **2.** 첨벙첨벙치다

pleoşcă|i, pleoşcăi, -ii, -i, vi. **1.** 쩝쩝거리며 먹다 **2.** 첨벙첨벙치다

pleoşcăit, ~uri. pleoşcăi의 명사형

pleoşt|i, -esc, -ii, -it, I. vt. **1.** 누르다, 평평하게 하다 **2.** (귀, 머리)내리다 II. vr. [비유]용기를 잃다, 축 처지다, 낙담하다

pleoşti|t, -tă, -ți, -te, adj. **1.** 눌린, 납작해진; o pălărie pleoştită 납작해진 모자 **2.** 늘어진 **3.** 낙담한, 용기를 잃은

plescaviță, s.f. 피부발진

plescă|i, plescăi 그리고 plescăiesc, -ii, -it, vi. pleoscăi 참조

plescăitur|ă, -i, s.f. **1.** 혀를 차는 소리 **2.** 물을 첨벙거림

plesizaur, ~i, s.m. (고대생물)장경룡(長頸龍)(바다에서 살았던 거대한 고생동물)

plesnet, ~e, s.n. 천둥소리, 폭발소리, 벽력

plesn|i, -esc, -ii, -it. I. vi. **1.** 부서지다, 폭발하다; paharul a plesnit 유리잔이 부셔졌다; [비유] a ~ de râs 배꼽을 쥐고 웃다; a-i plesni cuiva obrazul de ruşine 매우 수치스럽다; a-i plesni (ceva) în (또는 prin) cap(în minte, prin gând) 갑자기 생각나다 **2.** 채찍질 소리나다, 부딪치다; a ~ din bici 채찍질 소리나다 II. vt. 때리다, 치다

plesni|t, -tă, -ți, -te, adj. 부서진, 폭발된

plesnit|oare, -ori, s.f. **1.** 채찍끈 **2.** (장난감)딱총 **3.** [식물]야생오리

plesnitur|ă, -i, s.f. **1.** 총소리, 폭음, 벽력; (채찍 따위의) 찰싹하는 소리 **2.** 폭발, 갈라짐, 부서짐

pleş, pleaşă, pleşi, pleşe, adj. 대머리의

pleşuv, ~ă, ~i, ~e, adj. **1.** 대머리의 **2.** 벌거벗은, 벗겨진

pleşuv|i, -esc, -ii, -it, vi. 대머리가 되다

pleşuvi|e, -i, s.f. 대머리

pleşuvi|t, -tă, -ţi, -te, adj. 대머리의

pleter, ~e, s.n. 연못에 강으로 고기가 이동 못하게 쳐놓은 벽

pletoră, s.f. **1.** [의학]다혈질, 적혈구과다 **2.** 과잉, 과다

pletoric, ~ă, ~i, ~e, adj. 다혈질의; 너무 많은, 과다한

plet|os, -oasă, -oşi, -oase, adj. 긴 머리의; salcie pletoasă 버들

pleur|ă, -e, s.f. 늑막, 흉막

pleurezi|e, -i, s.f. 늑막염

pleurit|ă, -e, s.f. 건성 늑막염

pleuritic, ~ă, ~i, ~e, adj. 늑막염의

pleuropneumoni|e, -i, s.f. 늑막폐렴

plevuş|că, -ti, 그리고 -te, s.f. **1.** [어류]잉어과의 작은 고기 **2.** [비유]쓸모없는 사람

plex, s.n. (신경, 혈관 따위의) 총(叢)

plexiglas, s.n. 플라스틱 유리

pli|a, -ez, -ai, -at, vt. 접다

pliabil, ~ă, ~i, ~e, adj. 접을 수 있는

plian|t, -tă, -ţi, -te, adj. (의자, 탁자 등) 접을 수 있는

plia|t, -tă, -ţi, -te, adj. 접혀진

plic, ~uri, s.n. 편지봉투

plici, interj. 물 첨벙거리는 소리

plictic|os, -oasă, -oşi, -oase, adj. **1.** 지루한, 심심한 **2.** 불쾌한, 싫은

plictis, s.n. **plictis|eală,** -eli, s.f. 지루함, 심심함

plictis|i, -esc, -ii, -it, vt. **1.** (그리고 vr.)심심하다, 지루다 **2.** 화나게하다, 불쾌하게하다, 역겹게하다

plictisi|t, -tă, -ţi, -te, adj. **1.** 지루한, 심심한 **2.** 싫은, 싫증난 **3.** 역겨운, 싫음

plictisit|or, -oare, -ori, -oare, adj. plicticos 참조

plier|e, -i, s.f. 접음

plimb|a, plimb, -ai, at, I. vr. 산책하다, 산보하다; a se plimba ca vodă prin lobodă 방해받지 않고 돌아다니다 II. vt. **1.** 산책시키다 **2.** 여기저기 움직이게 하다

plimb|are, -ări, s.f. **1.** 산보, 산책; a trimite la ~ 내쫓다 **2.** 산보함

plimbăr|eţ, -eaţă, -eţi, -eţe, adj. 돌아다니기 좋아하는, 어슬렁거리는

plimbărică, s.f. plimbare의 축소형

plin, I. s.n. (특히 관사가 붙어서) 충만, 그득함, 많음, 풍부; în ~ul nopţii 한밤중에; din ~ 충분히; a-i merge cuiva în ~ 잘 지내다, 성공하다; a-i ieşi cuiva cu ~ul 행운을 갖고 오다 II. ~ă, ~i, ~e, adj. **1.** 그득한, 가득찬; ~ ochi 끝까지 꽉찬; lună plină 보름달 **2.** 빈틈없는, 치밀한, 꽉 들어찬; profesor ~ 정교수 **3.** 둥근

plinătate, s.f. 풍부함, 그득함, 충만됨

plint|ă, -e, s.f. [건축]주추; 굽도리널

plinuţ, ~ă, ~i, ~e, adj. plin의 축소형

pliocen, s.n. [지질]선신기, 제3기상층

plis|a, -ez, -ai, -at, vt. 주름잡다

plisa|t, -tă, -ţi, -te adj. 주름잡힌; fustă, ~ă 주름치마

plis|ă, -e, s.f. 프러시 (긴 털이 있는 일종의 벨벳)

plisc, ~uri, s.n. 부리, 주둥이; (경멸) ţine-ţi ~ul 주둥이 닥쳐!; [식물]~ul cucosului 독미나리

pliscuş|or, -oare, s.n. plisc의 축소형

pliseu, ~ri, s.n. 주름

plit|ă, -e, s.f. 오븐의 윗 둥근판; 오븐

pliu, ~ri, s.n. 주름

pliv|i, -esc, -ii, -it, vt. 잡초를 제거하다

plivire, s.f. 잡초제거

plivit, -tă, -ţi, -te adj. 잡초가 제거된

plivit|or, -oare, -ori, -oare, s.m. 그리고 f. 잡초 제거하는 사람

plivitur|ă, -i, s.f. 제거된 잡초

ploaie, ploi, s.f. **1.** 비; pe ~ 비오는 동안; manta de ~ 우비; ~ măruntă 이슬비; 가랑비; ~ cu băşici 소나기; ~ de gloanţe **2.** 탄우(彈雨); apă de ~ a)빗물; b) 쓸데없는 소리

ploc|on, -oane, s.n. **1.** 선물 **2.** 세금

plocon|eală, -eli, s.f. **1.** 숙임, 절함 **2.** 아첨 **3.** 복종

plocon|i, -esc, -ii, -it, vr. **1.** 절하다, 매우 겸손하게 몸을 숙이다; 매우 예의 바르게 인사하다 **2.** 아첨하다

ploconir|e, -i, s.f. ploconeală 참조

plod, plozi, s.m. **1.** (보통 경멸적으로) 조그만 아이, 갓난아이 **2.** 새싹

plod|i, -esc, -ii, -it, [속어] vt. (새끼를) 낳다

ploi|cică, -cele, s.f. ploaie의 축소형

ploi|os, -oasă, -oşi, -oase, adj. 비가 오는, 많은 비를 가진, 비에 적합한; timp ~ 우기

plomb|a, -ez, -ai, -at, vt. **1.** 납(치과) 충전하다 **2.** 납봉을 하다

plombagină, s.f. 흑연

plomb|are, -ări, s.f. **1.** 충전함 **2.** 납봉함

plomb|ă, -e, s.f. 납으로 봉하기, 치과의 충전(充塡)

plonj|a, -ez, ai, -at, vi. [스포츠]잠수하다, 다이빙하다

plonj|on, -oane, s.n. 잠수, 다이빙

plop, ~i, s.m 포플라; ~ tremurător 미루나무; ~ alb 은백양

plopiş, ~uri, s.n. 포플라숲

ploscă, ploşti, s.f. **1.** (나무, 금속, 진흙으로 된) 목 짧은 호로병 **2.** 탄약가루 넣는 통 **3.** 환자 소변통

ploşniţ|ă, -e, s.f. 빈대

ploştin|ă, -e, s.f. 늪지

plou|a, pers.3, plouă, -ă, -at, vi. **1.** 비인칭 [그리고 비유]비 오다; plouă cu găleata(ca din cofă) 억수처럼 비가 쏟아지다; a ~ mărunt 가랑비 오다; stă să plouă 비가 오려하다; m-a plouat 비에 젖었다 **2.** 갑작스럽게 대량으로 쏟아지다

ploua|t, -tă, -ţi, -te adj. **1.** (비에)젖은 **2.** 기분 나쁜, 우울한

plug, ~uri, s.n. **1.** 쟁기, 가래; de la coarnele ~ului 시골에서

plugar, ~i, s.m. 농부, 농민

plugăr|i, -esc, -ii, -it, vi. 경작하다, 밭을 갈다

plugărie, s.f. 경작, 농업

plugărime, s.f. 농민, 마을의 농민 전체

plugărit, s.n. plugărie 참조

pluguş|or, -oare, s.n. **1.** 작은 쟁기, 가래 **2.** 새해 전날 젊은이들이 노래를 부르고 종을 울리며 갖고 돌아다니는 꽃과 색깔칠하는 종이로 장식된 쟁기

plumb, I. ~i, s.m. **1.** sg. 납, 연; apă de ~ 희차초산연액; de ~ 납의 **2.** 탄

환 II. ~uri, s.n. 연필 III. ~i, s.m. ~uri, s.n. 봉합용 납

plumbifer, ~ă, ~i, ~e adj. 납의

plumbu|i, -iesc, -ii, -it, vt. **1.** 납으로 봉하다 **2.** 납으로 싸다

plumbuire, s.f. plumbuit, s.n. **1.** 납봉 **2.** 납으로 쌈

plumbui|t, -tă, -ți, -te, adj. **1.** 납으로 봉한 **2.** 납으로 싼

plumbur|iu, -ie, -ii, adj. 납색깔의

plumier|ă, -e, s.f. 펜갑, 필통

pluminăr|ică, -ele, s.f. [식물]아르니카

plural, ~e, s.n. [문법]복수

pluralit|ate, -ăți, s.f. **1.** 다수, 다양성 **2.** 복수성

pluricelular, ~ă, ~i, ~e adj. [생물] 다세포의

plus, ~uri, s.n. **1.** 과잉, 초과; în ~ 이외에, 더하여 **2.** 플러스(덧셈부호)(+); cinci plus trei fac opt 5 더하기 3은 8 **3.** 더하여, 보다 많이

plusprodus, s.n. 잉여생산물

plusvaloare, s.f. 잉여가치

plusa|t, -tă, -ți, -te, adj. **1.** 플러시(긴털의 벨벳일종) 같은 **2.** 플러시로 덮은

plutaş, ~i, s.m. 뗏목꾼

plut|ă, -e, s.f. **1.** 뗏목; a face ~ (움직이지 않고) 배영하다 **2.** [식물]미국고리버들의 일종 **3.** 코르크

plutăr|i, -esc -ii, -it, vi. **1.** 뗏목으로 가다 **2.** 물위로 나르다

plutărie, s.f. 뗏목 띄우기; 뗏목업

plutărit, s.n. 뗏목 띄우기

plut|i, -esc, -ii, -it, vi. **1.** 물위에 떠있다 (떠서가다); barca pluteşte pe valuri 배가 파도 위를 타고 떠간다 **2**. 뜨다, 떠다니다 **3.** [비유]압도하다, 지속하다

plutir|e, -i, s.f. 떠있음, 떠다님, 뜸

plutit|or, I. -oare, -ori, -oare, adj. 떠다니는, 떠있는; pod ~ 로프에 의한 나룻배; lemne plutitoare 유목 II. -oare s.n. [기술]부이, 부표

plutocra|t, -tă, -ți, -te s.m. 그리고 f. 금전정치가, 부자, 재벌; 금융 자본가

plutocrați|e, -i, s.f. 금전정치, 금전주의; 재벌, 부호층

plut|on, -oane, s.n. [군사]보병중대, 기병중대; 분대, 반; ~ de execuție 총살 집행반

plutonier, ~i, s.m. 상사; 분대장; (특무)상사

plutoniu, s.n. 플루토늄

plutu|i, -iesc, -ii, -it, vt. (가죽의 표면을) 도톨도톨하게 하다

pluviograf, ~e, s.n. 우량계

pluviometric, ~ă, ~i, ~e, adj. 우량계의

pluviometr|u, -e, s.n. 우량계

pneu, ~ri, s.n. (자동차 따위의) 타이어

pneumatic, ~ă, ~i, ~e adj. 공기의; 압착공기의; poştă ~ă 속달우편 (압착공기 전송우편)

pneumococ, ~i, s.m. 폐렴균

pneumoconioz|ă, -e, s.f. 폐진증

pneumoni|e, -i, s.f. 폐렴

pneumotorax, s.n. [의학]기흉(법), 기흉증

poal|ă, -e, s.f. **1.** 옷자락; a se ține de poala cuiva a) (아이들) 엄마 보호하에 있다 b)끈질기게 누구를 쫓다; a-l trage copiii de poale 조그만 아

이들을 갖고 있다, 많은 가족들이 있다; a ține (pe poalele) ei 누구에게 많은 재량권을 주지 않다 **2.** 옷 가장자리 **3.** 산의 기슭 **4.** [의학]~ albă 대하, 냉 **5.** [식물]poala rândunicii 살갈취(속)

poam|ă, -e, s.f. **1.** 열매, 과일 **2.** [방언]포도 **3.** ~ bună 쓸모없는자

poans|on, -oane, s.n **1.** (석재, 조각용의) 송곳, 끌 **2.** 금속, 가죽 따위의 세공용 연장 **3.** 각인 검인

poanson|a, -ez, -ai, -at, vt. **1.** 각인을 찍다, 각인하다 **2.** (송곳으로) 구멍을 뚫다

poansonez|ă, -e, s.f. 구멍 뚫는 기계, 천공기

poant|ă, -e, s.f. **1.** 농담 등의 절정, 최고점 **2.** 손가락 끝, 발가락 끝

poanter, ~i, s.m. 사냥개 포인터

poară, s.f. sg. [속어]싸움

poarc|ă, -e, s.f. **1.** 암퇘지 **2.** 어린이 놀이의 일종

poartă, porți, s.f. **1.** [그리고 스포츠] 문; porțile de fier 철문; din ~ în ~ 이집 저집; a sta ca vițelul la poarta nouă 길을 잃고 멍청하게 서있다; ~ de apă 참호(보루)의 문 **2.** 좁은 계곡, 협로

pocă|i, -iesc, -ii, -it, vr. **1.** 참회하다, 고해하다 **2.** 후회하다 **3.** 어느 종파의 추종자가 되다

pocăinț|ă, -e, s.f. 참회, 고해, 후회

pocăi|t, -tă, -ți, -te, I. adj. **1.** 참회한 **2.** 후회한 II. s.m. 어느 종파의 추종자

pocâlti|t, -tă, -ți, -te, adj. 배고픈, 굶은 기아에 허덕이는

poc|eală, -eli, s.f. **1.** 흉악함, 흉측스러움 **2.** 기형

pocher, ~e, s.n. 포커

poc|i, -esc, -ii, -it, vt. **1.** 외모를 추하게 만들다, 꼴사납게 하다 **2.** 변모시키다 **3.** 마법을 걸다

pocin|og, -oage, 그리고 -oguri s.n. **1.** 싫음, 불쾌, 편하지 못함, 역겨움; a face un ~ 누구에게 장난치다

poci|t, -tă, -ți, -te adj. **1.** 추악한, 보기흉한 **2.** 재앙을 부르는

pocitani|e, -i, s.f. **1.** 괴물 **2.** 무서운 것, 도깨비

pocitur|ă, -i, s.f. pocitanie 참조

pociumb, ~i, s.m. 구획 말뚝

pocl|adă, -ăzi, s.f. 언치(안장 밑에 가는)

pocl|ău, -ăie, s.n. 자루모양의 그물

poclit, ~uri, s.n. 마차(차)의 지붕

pocl|on. -oane, s.n. plocon 참조

pocn|eală, -eli, s.f. 쾅소리

pocnet, ~e, s.n. 쾅소리

pocn|i, -esc, -ii, -it, **1.** vi. 짧게 소리나다; (문, 창문 등) 서로 큰소리로 부딪치다; (손가락, 뼈 등이) 무척 큰 소리를 내다 **2.** vt. 짧고 힘있게 때리다 **3.** vr. 부서지다

pocnit|oare, -ori, s.f. plesnitore 참조

pocnitur|ă, -i, s.f. **1.** pocnet 참조 **2.** 침, 때림

pod, ~uri, s.n **1.** 다리; 교각; ~ de vase 부교, 주교(舟橋); ~ plutitor 로프에 의한 나룻배; ~ mișcător 도개교; ~ul palmei 손등 **2.** 다락방; ~ de fân 건초를 쌓아두는 곳(시렁); a cădea ca din ~ 정신없이 있다 **3.** (갱내의) 땅바닥 **4.** 천장

podagră, s.f. (말의) 통풍

podar, ~i, s.m. **1.** 뱃사공 **2.** 배 삯 징수인

podărit, ~uri, s.n. **1.** 다리 세관 **2.** 운임

podbal, s.n. [식물]머위

pod|ea, -ele, s.f. (나무)바닥, 마루청

pod|eală, -eli, s.f. **1.** podea 참조 **2.** 나무 천장

podeț, ~e, s.n. **1.** 작은 다리 **2.** 인도교

podgor|ean, -eni, I. s.m. 포도재배 농부 II. -eană, -eni, ene, adj. 포도의

podgor|eancă, -ence s.f. 포도재배 농부여인

podgori|e, -i, s.f. 포도재배

pod|i, -esc, -ii -it, vt. 마루로 바닥을 깔다

podid|i, -esc, -ii, -it, I. vt. (웃음, 울음에 대해) 누구를 사로잡다, 엄습하다; (그리움, 잠, 걱정이) 사로잡게 하다; (눈물, 피가)갑자기 흐르게 하다 II. vi. 솟다, 솟아오르다

podin|ă, -e, s.f. **1.** 들보 **2.** 마루바닥 **3.** 교판 **4.** 더미의 아랫부분

podiş, ~uri, s.n. 교원

podiş|că, -ti, s.f. **1.** podeț 참조 **2.** 플랫폼

podi|t, -tă, -ți, -te, adj. 마루 바닥을 간

podium, ~uri, s.n. 연단; (지휘자가 서는) 단; 무대; 교단

podmet, ~uri, s.n. [방언]미끼

podmol, ~uri, s.n [속어] **1.** 진흙 **2.** 높고 가파른 강가

podoab|ă, -e, s.f. **1.** 장식품; 보석 **2.** [비유]명예; 고유성질

podv|adă, -ezi, s.f. 부역 의무

podval, ~e, s.n. 통 저장소

podzol, ~uri, s.n. 포드졸 (시베리아 따위의 회색 산성토양 지대)

poem, ~e, s.n. **poem|ă,** -e, s.f. 영웅시; 시

poe|t, -tă, -ți, -te, s.m. 그리고 f. 시인

poeta|stru, -ştri, s.m. 엉터리 시인

poetic, ~ă, ~i, ~e, adj. 시의; 시적인; arta ~ă 시학, 시법; licență ~ă 시에 허용된 파격(破格)

poetică, s.f. 시학, 시론, 작시법

poetiz|a, -ez, -ai, -at. vt. 시적으로 만들다, 시로 만들다

poetiz|are, -ări, s.f. 시화함, 시적으로 함

poez|ea, -ele, s.f. 엉터리 시, 가치없는 시

poezi|e, -i, s.f. **1.** 시, 운문 **2.** 시문학; 시학

poezioar|ă, -e, s.f. 엉터리 가치 없는시

pofid|ă, -e, s.f. 반항; 경멸; în pofida cuiva 누구에게 반항하여

pofil, ~e, s.n. 말꼬리 밑으로 지나가는 끈

poft|ă, -e, s.f. **1.** 흥미; 욕구; 열망, 탐욕; a-şi pune pofta-n cui ...에 대한 욕구를 포기하다; am ~ să mă duc la cinema 극장에 가고 싶다; după pofta inimi 마음대로; a râde cu ~ 진심으로 웃다; a) 식욕을 없애다 b) 기분을 망치다 **2.** 식욕; ~ bună 식사하기 전에 하는 인사; pofta vine mâncând 가지면 가질수록 더 원한다

poft|i, -esc, -ii, -it, I. vt. **1.** 희망하다, 갈구하다, 요구하다; cât pofteşti 네

가 얼마나 요구하던간에 **2.** 청하다, 초대하다; a ~ la masă 식탁에 초대하다 II. vi. ...에 욕심이 나다

poftici|os, -oasă, -oşi, -oase, adj. 열망하는, 탐내고 있는, 욕심내는

poftim, interj. **1.** 누군가에게 무엇을 줄때 사용하는 정중한 표현 **2.** 오도록 또는 앉으라고 권할 때 쓰는 표현 **3.** (ei) 라는 표현 뒤에서 불쾌함을 나타낼 때

poftir|e, -i, s.f. 청함, 부탁함

poftor|i, -esc, -ii, -it, vt. **1.** 반복하다, 회상하다 **2.** 희망하다 **3.** 청하다

pogan, ~ă, ~i, ~e, adj. [방언] **1.** 큰, 강한, 힘센 **2.** 미운, 추한

poghiaz, ~uri, s.n. [방언](a umbla) în ~uri 정처없이 배회하다

poghibal|ă, -e, s.f. [방언]쓸모없는 자

pog|on, -oane, s.n. [농업]땅 넓이의 단위(약 반핵타)

pogonărit, s.n. 경작된 pogon 이 내는 세금

pogonici, ~ s.m. [속어]목동

pogor|î, pogor, -âi, -ât, vi. coborî 참조

pogrebani|e, -i, s.f. 장례

pogrom, ~uri, s.n. (슬라브 제국의) 유태인 학살

pohfală, s..f **1.** 칭송 **2.** 화려 **3.** 자만, 자존

poh|ot, -oată, -oţi, -oate,[방언]악한, 악당, 불량배

poi|ană, -eni, 그리고 -ene, s.f. 초원, 숲속의 빈터

poi|ată, -eţi, s.f. [방언] **1.** 닭장 **2.** 가축우리 **3.** 헛간

poienit|ă, -e, s.f. 작은 초원

poimâine, adv. 모레

pojar, ~uri, s.n. **1.** sg. 홍역, 마진 **2.** 큰불 **3.** 열, 더위

pojarnic, ~i, s.m. [방언, 고어]소방수

pojarniţ|ă, -e, s.f. [식물]고추나물속의 초목

pojărnici|e, -i, sf. [방언, 고어]소방서

pojghiţ|ă, -e, s.f. **1.** 막, 표면에 생긴 엷은 층; ~ de lapte 우유막; ~ de gheată 얼음층 **2.** (상처의) 껍질 **2.** 나무 껍질

pojijie, s.f. [방언]살림 도구, 집에서 쓰는 기구 전체

pol, ~i, s.m. **1.** [지질, 물리, 수학]극; ~ul nord 북극; ~ pozitiv 양극 **2.** [비유]pl. 극단, 정반대 II. 화폐단위 (20 레이에 해당)

polar, ~ă, ~i, ~e, adj. **1.** 극의, 양극의; 자극의, 극성의; steaua ~ 북극성; (cerc ~ 극과; urs ~ 북극곰)

polarimetri|e, -i, s.f. 편광측정

polarimetr|u, -e, s.n. 편광계

polaritate, s.f. **1.** 극성 **2.** 반대성, 대립성, 대극성

polariz|a, -ez, -ai, -at, vt. 극성을 주다, 편광시키다

polarizan|t, -tă, -ţi, -te, adj. 극성을 주는, 편광을 일으키는

polariz|are, -ări, s.f. **1.** 분극; 성극, 성극(成極) 작용 **2.** 편광; 편파

polarizat|or, -oare, -ori, -oare, adj. polarizant 참조

polarizaţi|e, -i, s.f. polarizare 참조

polariz|or, -oare, s.n. polarisator 참조

polat(r)|ă, -e, s.f. [방언]창고, 헛간

polc, ~uri, s.n. [고어]중세의 부대 단위

polc|ă, -i, s.f. **1.** 폴카 **2.** 농부 여인 상의

polcovnic, ~i, s.m. [고어]부대의 지휘자

polcovnici|e, -i, s.f. [고어]지휘자, 위치(계급)

polei, s.n. **1.** 얇은 얼음층 **2.** 은박지

pole|i, -iesc, -ii, -it, vt. **1.** 도금하다; 얇은 종이로 싸다 **2.** 반짝반짝 하게 하다, 윤나게 하다, 금빛깔을 띄게 하다; 미화하다

polei|ală, -eli, s.f. **1.** 도금함; 얇은 종이로 쌈 **2.** 반짝반짝 하게 함, 윤이 나게 함; 미화함 **3.** 은박지 **4.** 금박지(담배의)

poleir|e, -i, s.f. poleială 참조

polei|t, -tă, -ţi, -te adj. **1.** 도금된 종이로 싼 **3.** 윤이 나는, 반짝 반짝하게 된

polemic, ~ă, ~i, ~e adj. 논쟁의; 논박하는; 비평적인; 적대적인

polemic|ă, -i, s.f. 논쟁; 토론, 논박

polemiz|a, -ez, ai, -at, vi. 논쟁하다

polen, ~uri, s.n. [식물]꽃가루

poleniz|a, -ez, -ai, -at, vt. 꽃가루를 옮기다

poleniz|are, -ări, s.f. 꽃가루 옮김

poliandr|ă, -e, adj. **1.** 일처다부의 **2.** 수술이 많은

poliandrie, s.f. 일처다부제

poliatomic, ~ă, ~i, ~e, adj. [화학]다원자의

polibazic, ~i, adj. 다염의

policar, ~i, s.m. 엄지손가락

policlinic|ă, -i, s.f. 종합병원

policrom, ~ă, ~i, ~e, adj. 다색의, 울긋불긋한

poliedr|u, -e, s.n. 다면체

polifonic, ~ă, ~i, ~e adj. 다음(다성)의 중음(重音)적인

polifoni|e, -i, s.f. **1.** [언어]다음, 중음 **2.** [음악]폴리포니, 다음음악

poligam, ~ă, ~i, ~e adj. 일부다처의; [식물]자웅의 두가지 꽃이 있는; 양성화와 단성화가 있는

poligamie, s.f. 일부다처제; 자웅잡성

poliglo|t, -tă, -ţi, -te, I. adj. 몇 개 국어로 쓴; 몇 개 국어에는 통한 II. s.m. 그리고 f. 몇 개 국어 에 능통한 사람

polig|on, -oane, s.n. [기하]다각형

poligonal, ~ă, ~i, ~e, adj. 다각형의

poligraf, ~i, s.m. **1.** 다작가 **2.** 복사기

poligrafic, ~ă, ~i, ~e, adj. **1.** 다작가의 **2.** 복사기의

poligrafi|e, -i, s.f. **1.** 다방면의 작가의 전 작품 **2.** (도서관의) 잡다한 서적의 진열장

polioghi|e, -i, s.f. 수다

polimer, ~i, s.m. 중합체, 이량체

polimeriz|a, -ez, -ai, -at, vt. 중합(重合)하다

polimeriz|are, -ări, s.f. 중합

polimorf, ~ă, ~i, ~e, adj. 다형의, 다형성의

polimorfism, s.n. 동질 다상, 동질 이상, 다형

polinevrit|ă, -e, s.f. 다발성 신경염

polin|om, -oame, s.n. 다항식

poliomielită, s.f. 척수회백질염(소아마비)

polip, ~i, s.m. [식물, 의학] **1.** 용종(균 점막에 생기는 종기) **2.** 다족류

polisemantic, ~ă, ~i, ~e, adj. 여러 의미가 있는
polisemie, s.f. [언어학]다의성
polisilabic, ~ă, ~i, ~e, adj. 다음절의
politehnic, ~ă, ~i, ~e, adj. **1.** 여러 가지 기술의 **2.** 이공과 대학의
politehnic|ă, -i, s.f. 이공과 대학, 공업전문 학교
politehnizare, s.f. 이공계대학간의
politeism, s.n. 다신교; 다신적 신앙
politei|st, -stă, -şti, -ste, I. adj. 다신교의, 다신교를 신봉하는 II. s.m. 그리고 f. 다신교도
politețe, s.f. 예의, 예절 공손함
politic, ~ă, ~i, ~e, adj. **1.** 정치적인, 정치상의, 정치(학)의 **2.** 정책상의, 정략적인
politic|ă, -i, s.f. **1.** 정치; 국사; 행정; 정책 **2.** 정치학
politic|esc, -ească, -eşti, adj. politic 참조
politici|an, -eni, s.m. 정치가, 정치학자, 정론가
politic|os, -oasă, -oşi, -oase, adj. 예의바른, 정중한
politiz|a, -ez, -ai, -at, vt. 정치성을 띄게하다; 정치화하다
polit|ă, -e, s.f. I. (그리고 -i) 칸막이 벽 II. 교환; a plăti polița 복수하다; ~a de asigurare 보험증
poliți|e, -i, s.f. [고어]경찰
polițien|esc, -ească, -eşti, adj. 경찰의
poliți|st, -şti, I. s.m. [고어]경찰 II. -stă, -şti, -ste adj. 경찰의; roman ~ 범죄소설
poliurie, s.f. 다뇨증
polivalen|t, -tă, -ți, -te adj. 다가(多價)의, 다치(多値)의
polivalenț|ă, -e, s.f. 다가(多價), 다치(多値)
polivitamin|ă, -e, sf. 폴리비타민
poliz|a, -ez, -ai, -at, vt. 윤나게 하다
poliz|are, -ări, s.f. 윤나게 함
poliza|t, I. -tă, -ți, -te, adj. 광택이 나는, 윤나는 II. s.n polizare, 참조
poliz|or, -oare, s.n. 연마기
polo, s.n. 폴로(말, 자전거를 타고 공을 치는 하키 같은 경기)
polob|oc, -oace, s.m. 통
pol|og, -oage, s.n. **1.** 건초더미 **2.** 천개 **3.** 천막천
polog|i, -esc, -ii, -it, vt. **1.** 풀을 베다 **2.** 풀을 베어 눕히다
polon, ~ă, ~i, ~e, adj. 폴랜드의
poloneşte, adv 폴랜드어로, 폴랜드 사람처럼
polonez, ~ă, ~i, ~e, I. adj. 폴랜드의 II. s.m. 그리고 f. 폴랜드 사람
polonez|ă, -e, s.f. 폴로네즈(폴란드의 국민적인 무도의 하나)
polonic, ~e, s.n. 국자, 수프용 스푼
poltron, ~ă, ~i, ~e, I. adj. 비겁한 겁많은 II. s.m. 그리고 f. 비겁자, 겁장이
poltroneri|e, -i, s.f. 겁, 비겁함; 비겁한 짓
poluți|e, -i, s.f. 몽정
pom, ~i, s.m. 나무
pom|adă, -ade, 그리고 -ezi, s.f. 포마드
pomanag|iu -ioaică, -ii, -ioaice, s.m. 그리고 f. 구걸하는 사람
pom|ană, -eni, s.f. **1.** 자선, 적선; 선행; a cere de ~ 구걸하다; a-şi face

(milă şi) ~ cu cineva 누구를 도와 주다; de ~ 공짜로, 거저 2. [교회]장례식 음식

pomad|a, -ez, -ai, -at, vt. 포마드를 바르다

pomada|t, -tă, -ţi, -te adj. 포마드 바른

pomelnic, ~e, s.n. [교회]미사 때 언급하는 사람의 명단 2. [비유]긴 기도

pomeneală, s.f. 언급; nici ~ de ... (또는 să ...) ...문제밖이다

pomen|i, -esc, -ii, -it, I. vt. 그리고 vi. 1. (그리고 vr.) 언급하다; a ~ (despre) ... ...에 대해 언급하다; cum s-a pomenit mai sus 위에서 언급한 것처럼 2. 기억하다, 회상하다; a ~ un mort 죽은 사람을 회상하다 3. 알다; 흔한 일이다; aşa te-am pomenit 항상 나는 너를 이렇게 알았다; aşa am pomenit la noi 우리에게는 흔한 일이다 4. (그리고 vt.) 보다, 일어나다; 체험하다; aşa ceva n-am mai pomenit 나는 이런 것을 아직 보지 못했다 II. vr. 1. 갑자기 인식되다, 갑자기 도착하다, 갑자기 있게 되다; m-am pomenit cu el în casă 갑자기 그가 집에 있었다; te pomeneşti că vine 아마 그가 올 것이다; unde te pomeneşti? 어디에 너는 있을 것 같으니? 2. [방언]깨다

pomeni|t, -tă, -ţi, -te adj. 언급된

pomet, ~uri, s.n. 1. 과수원 2. (pl.)과일

pomeţi, s.m. pl. 광대뼈, 악골

pomicol, ~ă, ~i, ~e adj. 과일의

pomicultor, ~i, s.m. 과일 재배 농부

pomicultură, s.f. 과수 재배

pomină, s.f. 1. 명성, 유명; de ~ a)유명한, 명성있는, 잊을 수 없는 b)비상한; a-i se duce pomina 명성이 퍼지다; a se face (a ajunge) de ~ 조롱 받다

pomişor, ~i, s.m. 작은 나무

pomojni|c, -i, s.m. 조수

pomolog, ~i, s.m. 과수 재배자

pomologic, ~ă, ~i, ~e, adj. 과수 재배법의

pomologi|e, -i s.f. 과수재배법, 과실학

pomoste, ~, s.f. 땅을 돋우기 위해 쌓은 흙

pomostin|ă, -e, s.f. [방언]차의 바닥

pomp|a, -ez, -ai, -at, vt. (펌프로) 퍼내다, 빨아올리다; a ~ bani de la cineva 누구로부터 논을 빌리다

pompagi|u, -i, s.m. 펌프 기술자

pomp|are, -ări, s.f. 펌프로 퍼올리기

pomp|ă, -e, s.f. 1. 펌프; ~ de incendiu 소방펌프; ~ pneumatică 공기펌프; ~ aspiratoare-respângătoare 흡압펌프 2. 화려, 장려; pompe funebre 장례

pompier, ~i, s.m. 1. 소방수 2. pl. 소방대

pomp|on, ~oane s.n. 1. (명주, 털실 따위의) 술 2. 화장용 브러시

pomp|os, -oasă, -oşi, -oase, adj. 장중한, 화려한, 호화로운

pomuleţ, ~i, s.m. 작은 나무

pomuşoară, s.f. [방언]까치밥 나무 (열매)

ponce, adj. invar. 속돌, 경석의

ponciş, I. adv. 곁눈으로, 비스듬히;

a se uita ~ a)누구를 흘려보다, 곁눈으로 보다 II. ~ă, ~i, ~e, adj. **1.** 사팔눈의 **2.** 비스듬한

ponderabil, ~ă, ~i, ~e adj. 무게가 있는, 무게를 달 수있는

ponderal, ~ă, ~i, ~e, adj. 무게의

pondera|t, -tă, -ți, -te, adj. **1.** (마음이) 균형이 잡힌 **2.** (성격이) 침착한 온건한

ponderat|or, -oare, -ori, -oare, adj. **1.** 균형을 유지하게 하는 **2.** 지나치지 않게 하는

ponderație, s.f. **1.** (무게, 힘의) 균형, 평형 **2.** 침착, 온건

ponder|e, -i, 그리고 -e s.f. **1.** 무게 **2.** [비유]비중, 중심

ponegr|eală, -eli, s.f. ponegrire, 참조

ponegr|i, -esc, -ii, -it, vt. 중상하다, 비방하다, 모략하다

ponegrir|e, -i, s.f. 중상, 모략, 비방

ponegri|t, -tă, -ți, -te, adj. 중상모략을 받은, 비방된

ponegrit|or, -oare, -ori, -oare, I. adj. 중상모략적인, 비방적인 II. s.m. 그리고 f. 중상모략가

ponei, ~ , s.m. 조랑말

poniv|os, -oasă, -oși, -oase, adj. **1.** 눈이 나쁜, 잘 보지 못하는, 한눈으로 밖에는 보지 못하는 **2.** 어리석은, 바보같은, 멍청한

pon|or, -oare, s.n. 비탈

ponorâ|t, -tă, -ți, -te, adj. 급경사의, 험준한

ponorâtur|ă, -i, s.f. 비탈진 장소, 협곡

pon|os, -oase, 그리고 -osuri, s.n. **1.** 중상모략, 모욕; a purta ~ul 나쁜 평판을 초래하다 **2.** 잘못, 죄, 실수 **3.** 화, 불쾌, 짜증, 역겨움; a purta ~ cuiva 원망하다

ponos|i, -esc, -ii, -it, vt. **1.** (옷들을) 닳아 없애다, 낡게 하다 **2.** 중상모략하다, 모욕하다

ponosi|t, -tă, -ți, -te, adj. 닳은, 낡은

pont, ~uri, s.n. **1.** [고어](시간, 공간상) 점, 경계; la ~ 정확한 때, 때맞추어 **2.** (법의) 문항, 장, 절 **3.** [고어]문제, 질문 **4.** 암시; a bate ~ul 암시하다; a-i face cuiva ~ul 누구를 속이다, 우롱하다

pont|a, -ez, -ai, -at, vt. 그리고 vi. 체크하다, ...에 점을 찍다

pontaj, ~e, s.n. 점찍기, 체크하기; ceas de ~ 시간 기록시계, 타임 레코더; fișă de ~ 시간 기록 카드; număr de ~ 검사표

pontator, ~i, s.m. 근무자들의 출석을 체크하거나 일한 양과 질을 평가하는 사람

pontă, s.f. 산란, 산란기

pontic, ~ă, ~i, ~e adj. 흑해지역의

pontif, ~i, s.m. **1.** [역사]주교회의 회장 **2.** (오늘날) 주교, 대주교

pontifical, ~ă, ~i, ~e, adj. 주교의, 교황의

pontificat, ~e, s.n. 주교의 지위; 교황의 지위

pontific|e, -i, s.m. pontif 참조

pont|on, -oane, s.n. **1.** (수면에 임시로 만든) 부교, 주교 **2.** 거룻배

pontonier, ~i, s.m. 가교병, 선창지기

pop, I. ~i, s.m. 지주; 받침대 기둥, 대 II. ~uri, (삼)다발

popas, ~uri, s.n. **1.** (쉬기 위해) 멈

춤; 여행 중 한 장소에 오래 머무름; 휴식; fără ~ 쉬지 않고, 끊임없이; a nu avea ~ 평온하지 않다 **2.** 멈춤 장소, 쉬는 장소

pop|ă, -i, s.m. **1.** [속어]신부, 목사 사제; a plăti ca popa 확실히 지불해야 한다; a da ortul popii 죽다 **2.** (카드 놀이) 왕

popândă|u, -i, s.m. **1.** [동물]다람쥐의 한 종류 **2.** 허수아비

popând|oc, I. -oci, s.m. **1.** popândău **1.** 참조 **2.** 아이 II. -oacă, -oci, -oace adj. 작은

pop|esc, -ească, -eşti, adj. **1.** 목사의, 신부의 **2.** [비유] 큰; 강한; mere popeşti 달고 맛있는 사과 종류

popeşte, adv. 목사처럼, 신부같이; a călca ~ 이유없이 거만하다

pop|i, -esc, -ii, -it, vt. 신부가 되다

popic, ~e, s.n. (볼링)핀

popicar, ~i, s.m. 볼러

popicări|e, ~i, s.f. 볼링레인

popie, s.f. 사제의 직

popime, s.f. 성직, 성직자임

popondeț, ~e, s.n. 허수아비

popond|eață, -ețe, s.f. 엉덩이(아이)

popone|țe, -ți, **poponeț,** ~i, s.m. **1.** 들쥐 **2.** 수지램프 **3.** 허수아비 **4.** (아이의)엉덩이

poplin, ~uri, s.n. 포플린

pop|or, -oare, s.n. **1.** 민족, 국민 **2.** 한 지방의 주민 전체 **3.** 인민, 민중, 평민 **4.** 무리 **5.** 사람들

poporal, ~ă, ~i, ~e, adj. [고어]popular 참조

poporan, ~ă, ~i, ~e, I. adj. popular 참조 II. s.m. 그리고 f. (특히 pl.) 목사 아이

poporanism, s.n. **1.** 19세기 말과 20세기초에 농민들을 사회발전의 기초와 프로레타리아의 혁명적인 역할을 주장하는 사회 정치적 흐름; 농민의 생활을 표현하는 문학 흐름 **2.** 농민에 대한 사랑

poporani|st, -stă, -şti, -ste, I. adj. poporanism에 해당되는 II. s.m. 그리고 f. poporanism의 추종자

poporime, s.f. [고어]인구, 주민 전체

popos|i, -esc, -ii, -it, vi. **1.** 쉬기 위해 멈추다, 밤을 지새다 **2.** 쉬다

popot|ă, s.f. 장교식당; 장교식당 장소

popr|eală, -eli, 그리고 -ele, s.f. [고어] **1.** 방해; 금지조치 **2.** 압류 **3.** 체포, 구금

popr|i, -esc, -ii, -it, vt. **1.** 방해하다, 금지하다 **2.** 압류하다 **3.** 체포, 구금하다

poprir|e, -i, s.f. **1.** 방해, 금지함 **2.** 압류; a face ~ 압류하다 **3.** 체포; a pune la ~ 체포하다

popri|t, -tă, -ți, -te, adj. **1.** 금지된 **2.** 압류된 **3.** 체포된

poprit|or, -oare, -ori, -oare, adj. 압류하는

popul|a, -ez, -ai, -at, vt. 사람을 살게 하다(정착시키다), 번식시키다, 이식하다, 정착하다

popular, ~ă, ~i, ~e, adj. 인민의, 민중의, 대중의; **2.** 민중적인, 민간의 **3.** 민중을 위한 **4.** 민중에 의해 사랑받는, 인기있는

popularitate, s.f. **1.** 대중성, 통속성 **2.** 인기 명성

populariz|a, -ez, -ai, -at, vt. 민간에 보급하다, 통속화하다

populariz|are, -ări, s.f. 민중화, 통속화

populariza|t, -tă, -ți, -te adj. 민간에 보급된, 통속화된; 인기를 얻은

popula|t, -tă, -ți, -te, adj. 거주하는, 사람들이 있는

populați|e, -i, s.f. 인구

por, ~i, s.m. 털구멍

porc, ~i, s.m. **1.** 돼지; păr de ~ 돼지털; ~ ghimpos 호저(豪豬); ~ de mare 돌고래; ~ul nu se îngrașă în ajun 많은 시간을 허비하고 마지막 순간에 만회하려고 시도하다; a tăcea ca ~ul în păpușoi(또는 în cucuruz) 직접적인 비난을 피하기 위해 매우 중요한 일을 하는 것처럼 치묵하다; a mâna porcii la jir 코골다; cine se bagă în tărite îl mănâncă porcii 더러운 것을 잡은 자는 더럽혀진다; a face pe cineva albie de ~i 누구를 욕하다 **2.** 뻔뻔스러운 놈; ~ de-câine 더러운 놈

porcan, I. ~i, s.m. **1.** [방언]큰 돼지 **2.** [식물]식용버섯의 일종 II. ~e, s.n. 건초더미

porcar, ~i, s.m. 돼지치기

porcări|e, ~i, s.f. **1.** 돼지사육 **2.** 돼지같음, 불결함, 더러움, 천함 **3.** 외설스러운 말, 음담

porc|esc, -ească, -ești, adj. 돼지의, 돼지같은; a avea noroc ~ 뜻하지 않은 행운이 있다.

porc|i, -esc, -ii, -it, I. vt. 욕하다 II. vr. 돼지처럼 행동하다

porcin|ă, -e, s.f. **1.** (pl.) 돼지 **2.** [방언]돼지고기

porc|os, -oasă, -oși, -oase, adj. 돼지의…, 돼지같은; 음담패설의, 통속적인

porcușor, ~i, s.m. [어류]황어류

porecl|ă, -e, s.f. **1.** 별명; 덧이름 **2.** [고어]이명, 애칭

porecl|i, -esc, -ii, -it, adj. 별명이 붙은

porfir, s.n. 반암(班岩)

porfir|ă, -e, s.f. 자색, 심홍색, 보라빛

porfiri|u, -e, -i, adj. 검붉은, 자주색의

porifer, ~ă, ~i, ~e, adj. 다공성(多孔性)을 일으키는

porn|eală, -eli, s.f. [속어] **1.** 출발 **2.** 초원

porn|i, -esc, -ii, -it, vi. 그리고 vr. **1.** 출발하다, 떠나다, 가다; la ora 6 am ~t 6시에 우리는 출발했다; trenul a ~t 기차는 떠났다; a ~ la drum 길을 떠나다 **2.** (그리고 vt.) 움직이다; 진행하다; 돌기 시작하다; motorul a pornit 모토가 돌기 시작했다. **3.** (그리고 vt.)시작하다; s-au pornit ploile 비가 오기 시작했다; a ~ lucrul 일을 시작하다; a o ~ la treabă 일을 하기 시작하다; a se ~ pe plâns(pe râs)울기 (웃기)시작하다

pornir|e, -i, s.f. **1.** 출발, 스타트 **2.** 움직임, 작동함 **3.** 경향, 내면적 충동 **4.** 열광 **5.** 열정 **6.** 편견

porni|t, -tă, -ți, -te, adj. **1.** 막 ....하려하다; ...시점에 있다; o piatră ~ă să cadă 돌이 막 떨어지려하다 **2.** ...경향적인, ..에 기운 **3.** 나쁜

pornit|or, -oare, s.n. 시동기, 스타터, 시동버튼

pornitur|ă, -i, s.f. 무너짐, 붕괴
pornografic, ~ă, ~i, ~e, adj. 춘화의; 호색(외선)문학의
pornografi|e, -i, s.f. 춘화, 호색(외설)문학(표현)
poroinic, s.m. [식물]난초과의 일종
por|os -oasă, -oşi, -oase, adj. 작은 구멍(모공, 기공)이 많은
porozit|ate, -ăți, s.f. 다공질
port, ~uri, s.n. **1.** (sg.)운반, 착용, 나름, 휴대; ~ul armelor 무기휴대 **2.** 옷, 의상; ~ țărănesc 농부옷; ~ popular 민속의상 **3.** 태도, 행동 **4.** 항구, 항구도시
portabil, ~ă, ~i, ~e, adj. 운반할 수 있는, 휴대할 수 있는
portal, ~uri, s.n. **1.** 정문 **2.** 터널문
portalt|oi, -oaie, s.n. (접목의)대목
portan|t, -tă, -ți, -te, adj. 받치는
portanț|ă, -e, s.f. [항공](날개면의)양력
portar, ~i, s.m. **1.** 수위, 문지기 **2.** [스포츠]골키퍼 **3.** [역사]고위관리
portarmă, s.f. permis de ~ 무기소지 허가증
portativ, I. ~e, s.n. [음악]악보의선 II. ~ă, ~i, ~e, adj. 휴대할 수 있는, 휴대용의, 운반하기 쉬운; dicționar ~ 콘사이스사전
portavi|on, -oane, s.n. 항공모함
portavoce, s.n. (바다) 메가폰
portăr|easă, -ese, s.f. 문지기여자
portăre|l, -i, s.m. [고어]집달리
portbagaj, ~e, s.n. 짐 얹은 선반
portbaionet|ă, -e, s.f. 총검꽂이
portcart, ~uri, s.n. [군사]지도케이스
portcuțit, ~e, s.n. 나이프 걸이
portdrapel, s.m. 깃대꽂이
porthartă, porthărți, s.f. 지도 케이스
portic, ~uri, s.n. 주랑, 회랑
portier|ă, -e, s.f. (자동차, 기차, 마차)문
portiț|ă, -e, s.f. **1.** 작은 문; ~ de scăpare 비상구 **2.** [군사, 기술]부교
portjartier, ~e, s.n. (스타킹을 고정시키는)벨트
portmone|u, -e, s.n. 돈지갑
portocal, ~i, s.m. 오렌지 나무
portocal|ă, -e, s.f. 오렌지
portocali|u, -e, -i, adj. 오렌지 색깔의
portofel, ~e, s.n. 지갑
portofoli|u, -i, s.n. **1.** 장관의 직 **2.** [고어]서류가방 **3.** 지갑 **4.** 유가증권, 주식 **5.** 미발표작품
portpagin|ă, -i, s.f. 종이보관상자
portperi|e, -i, s.f. 빗꽂이
portret, ~e, s.n. **1.** 초상(화); 인물사진 **2.** 성격묘사, 인물묘사
portreti|st, -stă, -şti, -ste, s.m. 그리고 f. 초상화가
portscul|ă, -e, s.f. 연장통
portsemnal, ~e, s.n. 자동차 헤트라이트 받침
portțigaret, ~e, s.n. 담배케이스
portuar, ~ă, ~i, ~e, adj. 항구의
portughez, ~ă, ~i, ~e, I. adj. 포루투칼의 II. s.m. 그리고 f. 포르투갈사람
portulac, ~i, s.m. **portulac|ă,** ~e, s.f. [식물]쇠비름
portulan, ~e, s.n. [역사]항해안내서
portun|ealtă, -elte, s.f. 연장함
portvizit, ~e, s.n. [고어]서류함

porțelan, ~uri, s.n. **1.** (sg.)자기 **2.** 도자기 제식기

porți|e, -i, s.f. 부분, 몫; (식사의)한 끼분; 배당

porțiun|e, -i, s.f. porție 참조

porumb, I. ~i, s.m. **1.** 비둘기 **2.** 옥수수 II. ~uri, 옥수수밭 III. ~ă, ~i, ~e, adj. 회색의

porumbac, I. ~i, s.m. 밤나방 일종 II. ~ă, ~i, ~e, adj. 알록달록한

porumbar, I. ~i, s.m. **1.** 인목(장미과의 상록교목) **2.** [방언]매, 보라매 II. ~e, s.n. **1.** 비둘기 장 **2.** 옥수수 창고

porumb|ă, -e, s.f. **1.** 인목 **2.** 비둘기

porumb|ea, -ele, s.f. [방언]비둘기

porumb|el, I. -ei, s.m. **1.** 비둘기 **2.** 인목숲 II. -ea, -ei, -ele, adj. 회색의

porumbişt|e, -i, s.f. 옥수수밭

porumbiț|ă, -e, s.f. 비둘기

porunc|ă, -i, s.f. 명령; 임무; cele zece porunci 십계명; de ~ 명령대로

poruncealǎ, s.f. de ~ a)명령대로 b)피상적으로

porunc|i, -esc, -ii, -it, vt. 그리고 vi. **1.** 명령하다; 임무를 주다; 명하다 **2.** 주문하다; a ~ o trăsură 마차를 주문하다

poruncit|or, -oare, -ori, -oare, adj. **1.** 명령하는; 명령하는 것을 좋아하는 **2.** 명령적인

posac, ~ă, ~i, ~e, adj. 성난; 말없는; 우울한

posad|ă, -e, s.f. [고어] **1.** (산의)고갯길 **2.** [방언]방앗간

posed|a, posed, -ai, -at, vt. **1.** 소유하다, 갖다 **2.** 점유하다; a ~ o limbă(străină) 외국어를 지배하다

posedan|t, -tă, -ți, -te, adj. 재산을 가진; clase ~e 부유층

posedare, s.f. **1.** 소유함 **2.** 점유

posesie, posesiun|e, ~i, s.f. **1.** 소유, 점유 **2.** 소유물, 재산

posesiv, ~ă, ~i, ~e, adj. [문법]소유의, 소유를 나타내는; pronume ~ 소유대명사

poses|or, -oare, -ori, -oare, s.m. 그리고 f. **1.** 소유자 **2.** 소작인

posibil, ~ă, ~i, ~e, I. adj. 가능한, 가능성 있는, 실현성있는, 받아들일수 있는; 있을법한 II. adv. 혹시 III. s.n. 가능성, 가능한 것; a face tot ~ul 가능한 것을 하다; în măsura ~ului 가능성의 테두리에서

posibilit|ate, -ăți, s.f. **1.** 가능(성); 실현성, 실현가능함, 있을법함 **2.** (pl.)가망, 가능력

posmag, ~i, s.m. (토스트처럼 자른)마른 빵

posmăgi|t, -tă, -ți, -te, adj. 마른, 건조한

posomorâr|e, -i, s.f. 슬픔, 우울

posomorâ|t, -tă, -ți, -te, adj. **1.** 슬픈, 우울한; 어두운 색깔의 **2.** 고독한, 어두운 **3.** 흐린

posomor|eală, -eli, s.f. 슬픔, 맬랑콜리; 근심, 걱정

posomor|î, -ăsc, -âi, -ât, vr. **1.** (그리고 vt.) 표정이 어둡다, 슬프다; 표정을 찡그리다 **2.** (하늘)구름으로 덮히다, 흐리다, 어둡다, 안개가 지다, 비가 오다 **3.** 슬픈 표정을 짓다

pospai, s.n. **1.** 밀가루 **2.** 표면성; 얇은 층

pospă|i, -iesc, -ii, -it, vt. **1.** 얇은 층

으로 덮히다 **2.** [비유]허식을 부리다

pospăi|ală, -eli, s.f. **1.** 얇은 층 **2.** 허식

pospăi|t, -tă, -ţi, -te, adj. **1.** 얇은 층으로 덮힌 **2.** 허식을 부린, 피상적인

post, ~uri, s.n. **1.** 자리, 부서; 지위, 역할, 직무; la ~ 일할준비가 된 **2.** [군사]초소; 보초병; ~ de observaţie 감시초 **3.** [부기]기입

post ··· post 참조

post|a, -ez, -ai, -at, vt. 그리고 vr. (사람, 사물을)배치하다; 부서에 앉히다

postament, ~e, s.n. 기저(基底), 주각(柱脚)

postat|ă, -e, s.f. **1.** 한사람 또는 많은 사람들이 정해진 시간에 일한 경작지의 부분; 나무가 베어진 숲의 부분 **2.** 일정한 길이; 거리

post|av, ~uri, s.n. 모직물

post|avă, -ăvi. s.f. **1.** 통(빨래, 빵) **2.** 밀가루 통

postăvar, ~i, s.m. 모직물 만드는 사람

postăvăr|easă, -ese, s.f. 모직물제조여자

postăvări|e, -i, s.f. **1.** 모직물제조공장 **2.** 모직물(pl.)

postbelic, ~ă, ~i, ~e, adj. 전쟁후의; perioada ~ă 전쟁후시대

postdat|a, -ez, -ai, -at, vt. 실제보다 날짜를 늦추다

postdiluvi|an, -ană, -eni, -ene, adj. 노아의 홍수 이후의

postelnic, ~i, s.m. [역사] **1.** 시종, 의전관 **2.** (18세기)외무부 장관

postelnicie, s.f. [역사] **1.** 의전관직 **2.** (18세기)외무부 장관직

posteri|or, I. -oară, -ori, -oare, adj. **1.** 후의, 뒷날의 **2.** 뒤쪽의 II. ~oare, s.n. 엉덩이

posterioritate, s.f. 다음의 것(일), 뒤에 오는 것(일)

posteritate, s.f. 후손, 후예, 자손, 후세

posteuc|ă, -i, s.f. 기름칠하는 동안 마차바퀴를 지탱해주고 올려주는 짧고 굵은 나무

post|faţă, -feţe, s.f. 후기(後記)

post|i, -esc, -ii, -it, vi. 단식하다

postiş, ~ă, ~i, ~e, adj. (머리, 수염, 치아)가짜의

postmeridian, ~ă, ~i, ~e, adj. 오후의

postoperatori|u, -e, -i, adj. 수술후의

post|pune, -pun, -pusei., -pus, vt. [문법]뒤에 놓다

postpuner|e, -să, -şi, -se, adj. 뒤에 놓음

postpu|s, -să, -şi, -se, adj. 뒤에 놓인

post-restant, adv. 우체국 유치

postscriptum, s.n. 추신

postulan|t, -tă, -ţi, -te, s.m. 그리고 f. 지원자

postulat, ~e, s.n. 공리, 규범, 공준(公準)

postum, ~ă, ~i, ~e, adj. 사후의, 사후에 발표된

postur|ă, -i, s.f. **1.** 자세, 태도 **2.** 경우; 입장, 신분, 상태

postverbal, ~e, s.n. 동사형에서 파생된

poşet|ă, -e, s.f. 지갑

poşidic, ~uri, s.n. [방언]조그만 동

물(아이들)의 무리
poşircă, s.f. 약하고 질 나쁜 음료
poştal, ~ă, ~i, ~e, adj. 우편의, 우편에 관한; carte ~ă 우편엽서; carte ~ ilustrată 그림엽서; mandat ~ 우편환; factor ~ 우체부; funcţionar ~ 우체국 직원
poştar, ~i, poştaş 참조
poştaş, ~i, s.m. **1.** 우체부 **2.** 우체부 마차
poşt|ă, -e, s.f. 우편, 체신; 우체국
pot, ~uri, s.n. 내기 건돈
potabil, ~ă, ~i, ~e, adj. 음료로 적합한, 마실 수 있는
potabilit|ate, -ăţi, s.f. 마실 수 있음
pot|aie, -ăi, s.f. **1.** 게으른 개 **2.** 성격 없는 사람
potasă, s.f. 가성칼륨
potasic, ~ă, ~i, ~e, adj 칼륨을 함유한
potasiu, s.n. 포타슘, 칼륨
potcap, ~uri, s.n. 그리스 정교 신부 원통형 모자
potcoav|ă, -e, s.f. 말발굽; a umbla după potcoave de cai morţi 획득한 가능성이 없는 물건들을 좇아다니다
potcovar, ~i, s.m. 제철공, 말발굽쟁이
potcovări|e, -i, s.f. **1.** 말발굽 공장 **2.** 말발굽 제조업
potcov|i, -esc, -ii, -it, vt. **1.** 말발굽을 달다 **2.** 속이다, 사기치다
potcovi|t, I. s.n. potcoveală 참조 II. -tă. -ţi. -te, adj. 말발굽을 단
potâng, ~uri, s.n. 쟁기 묶는 끈
potârnich|e, -i, s.f. [동물](메추리과에 속하는)자고; a se împrăştia ca puii de ~ 사방으로 흩어지다
potec|ă, -i, s.f. 오솔길
poten|t, -tă, -ţi, -te, adj. 강한, 힘센; 생식력 있는
potenta|t, -ţi, s.m. 세력가, 전제군주, 폭군
potenţ|ă, -e, s.f. **1.** 힘, 능력, 활력, 세력 **2.** 생식력
potenţial, I. ~e, s.n. [물리]전위, 포텐셜 II. ~ă, ~i, ~e, adj. 가능적인, 잠재적인, 잠재하는
potenţialitate, s.f. 가능성, 잠재력
potenţiometr|u, -e, s.n. 전위차계(電位差計)
poteraş, ~i, s.m. [고어, 속어]포리, 정리
poter|ă, -e, s.f. 포리무리
poticn|eală, -eli, s.f. **1.** 무엇에 걸려 기우뚱거림 **2.** 방해 **3.** 어려움에 부딪침
poticn|i, -esc, -ii, -it, vr. **1.** 가는 동안 무엇에 걸려 기우뚱거리다; 균형을 잃다; 넘어지다 **2.** 방해하다 **3.** 어려움에 부딪치다 **4.** 힘들게 발음하다
poticnir|e, -i, s.f. poticneală 참조
potir, ~e, s.n. [식물]꽃받침
pot|log, -oage, s.n. 옷에 대는 가죽천
potlogar, ~i, s.m. **1.** 옷에 가죽 천을 꼬매는 사람 **2.** 사기꾼
potlogăreşte, adv. 사기꾼처럼
potlogări|e, -i, s.f. 도둑질, 사기
potnog, ~i, s.m. (복수)직물기의 디딤판
potol|i, -esc, -ii, -it, **1.** vt. 그리고 vr. 해소하다, 완화하다; 진정하다; 가라앉히다; a ~ setea 갈증을 해소하

다 2. vr. 잠잠해지다; vântul s-a potolit 바람이 잠잠해졌다

potolire, s.f. 동사 potoli의 명사형

potoli|t, -tă, -ţi, -te, adj. 1. 해소된, 완화된, 가라앉힌, 진정된 2. 잠잠해진

potolit|or, -oare, -ori, -oare, adj. 잠잠하게 하는 , 진정시키는

potop, ~uri, s.n. 1. 홍수 2. 파괴, 황폐하게 함 3. 다수, 다량; (부사적으로)ploaia cade ~ 비가 억수처럼 쏟아지다

potop|i, -esc, -ii, -it, vt. 1. 범람하다 2. 파괴하다, 폐허로 만들다

potopire, s.f. 1. 범람 2. 파괴, 폐허로 만듬

potopi|t, -tă, -ţi, -te, adj. 1. 범람한 2. 폐허가 된

potopit|or, -oare, -ori, -oare, adj. 범람하는

potpuriu, ~ri, s.n. 혼성곡, 접속곡; [비유]섞임

potrical|ă, -e, s.f. 천공기; (가죽이나 양귀에 구멍뚫는 송곳)

potricăl|i, -esc, -ii, -it, vt. 구멍을 뚫다

potrivă, s.f. 닮음, 동일형태; de o ~ 또는 pe o ~ 똑같은 형태의; cei de o ~ 그와 같은 것들; de o ~ de mari 똑같이 큰; după potriva cuiva a)누구와 닮게 b)누구의 지위에 맞게 c)똑같은 나이로

potriv|eală, -eli, s.f. 1. 일치, 서로 맞음; cu ~ 적절한, 해당하는 2. 행운 3. [기술]끝손질

potriv|i, -esc, -ii, -it, I. vr. 1. 똑같다, 닮다 2. (서로)맞다, 적합하다, 어울리다; părerile noastre nu se potrivesc 우리의 의견들은 서로 일치하지 않는다; socoteala de acasă nu se potriveşte cu cea din târg 상대방을 생각하지 않다, 사정을 충분히 생각하지 않다; a se ~ ca nuca în perete 맞지 않다; pantoful nu mi se potriveşte 구두가 맞지 않는다; rochia ţi se potriveşte de mi- nune 옷이 근사하게 너에게 어울린다 3. ...을 표준으로 하다, 본뜨다, ...에 따르다; nu te ~ la vorbele lui 그의 말을 따르지 마라; dacă m-aş ~ nevestei … 부인을 표준으로 하면 4. 어울리다 II. vt. 조화시키다, 적합시키다; 바르게 하다, 정돈하다; a ~ un ceas 시계를 맞게 하다; a-se ~ părul 머리를 정돈하다 III. vi. 준비하다, 마련하다; ~ră să plece seara 저녁에 떠날 준비를 했다

potrivir|e, ~i, s.f. 1. 똑같음, 닮음 2. (서로)어울림, 맞음; 일치, 합일 3. 조화, 적합

potrivi|t, I. 1. -tă, -ţi, -te, adj. 1. 맞는, 어울리는 2. 상응하는, 일치하는 3. 적당한; ~ de tare 적당히 강한 II. prep.(3격)...에 따라; ~ ordinului 명령에 따라

potrivnic, ~ă, ~i, ~e, I. adj. 1. 적의가 있는, 적개심에 찬 2. 반갑지 않은, 적당치 않은, 나쁜 3. 반대하는 II. s.m. 그리고 f. 반대자; 적

potrivnici|e, -i, s.f. 좋지 않은 상황; 방해; 어려움

potr|oc, -oace, s.n. (pl.) 1. 닭(또는 새)의 내장스프 2. 짠 음식

poturi, s.m. pl. 1. [고어]헐렁하고 짧은 바지 2. 좁은 농부바지

poţiun|e, -i, s.f. [의학]물약

pov|ară, -eri, s.f. **1.** 짐 **2.** 부담, 귀찮은 일, 고생

povarnagi|u, -i, s.m. [방언]화주 제조자, 알콜증류자

pov|arnă, -erne, s.f. 화주제조

pov|ață, -ețe, -ii, -it, vt. **1.** 충고하다; 교훈을 주다 **2.** 이끌다, 안내하다

povățuir|e, -i, s.f. **1.** 충고, 교훈 **2.** 이끔

povățuit|or, -i, s.m. **1.** 충고자 **2.** 안내자

povârn|i, -esc, -ii, -it, vr. (땅, 일등이)기울다, 쓰러지다, 넘어지다

povârniş, ~uri, s.n. 비탈

povârni|t, -tă, -ți, -te, adj. 비탈진

povestar, ~i, **povestaş,** ~i, s.m. [방언](동화)이야기꾼

pove|ste, -şti, s.f. **1.** 동화, 이야기, 우화; ca în ~ 동화 속에서처럼 매우 아름답게, 근사하게; nici ~ 문제 밖이다; a sta de ~ 길게 환담하다; a ajunge de ~ 유명해지다; a rămâne de ~ 잘 알려지다; dacă-i aşa ~a 그렇다면 **2.** 역사, 사건; **3.** 과정, 역사; ~a vieții lui 그의 일생의 과정

povest|i, -esc, -ii, -it, I. vt. 이야기하다 II. vi. [방언]환담하다, 잡담하다

povestir|e, -i, s.f. **1.** 이야기 **2.** 동화

povestit|or, -oare, -ori, -oare, s.m. 그리고 f. (동화)이야기꾼

poz|a, -ez, -ai, -at, I. vi. **1.** 모델이 되다(화가 앞에) **2.** 포즈를 취하다, 연기를 하다 II. vt. 그리고 vr. 사진을 찍다

poz|ă, -e, s.f. **1.** 포즈, 태도; a-şi lua o ~ 포즈를 취하다 **2.** 사진

pozitiv, ~ă, ~i, ~e, adj. **1.** 확실한, 명확한, 실제의 **2.** 실증적인 **3.** 긍정적인 **4.** 적극적인

pozitivism, s.n. 실증주의

pozitivi|st, -stă, -şti, -ste, **1.** adj. 실증주의자의 **2.** s.m. 그리고 f. 실증주의자

pozitron, ~i, s.m. 양전자

poziți|e, -i, s.f. **1.** [군사]위치; 진지; 장소; a se găsi pe poziții opuse 서로 반대하는 위치에 서다 **2.** 태도, 자세; a lua ~ față de ceva ...에 대한 태도를 취하다 **3.** 직책, 관직

poznaş, ~ă, ~i, ~e, adj. **1.** 우스운, 우수꽝스러운 **2.** 익살스러운

pozn|ă, ~e, s.f. **1.** 재담, 익살 **2.** 호기심을 일으키는 이상한 상황 **3.** 웃기는 상황

practic, ~ă, ~i, ~e, adj. **1.** 실질적인 **2.** 편리한, 효능적인 **3.** 실천의, 실용의, 실제의

practic|a, practic, -ai, -at, I. vt. 실천하다, 실행하다, 시행하다 II. vr. 흔히 그러하다, 관례로 되어 있다

practicabil, ~ă, ~i, ~e, adj. **1.** 실행할 수 있는, 실현성있는, 실용성있는 **2.** (길이)다닐 수 있는, 교통 가능한

practican|t, -tă, -ți, -te, s.m. 그리고 f. **1.** 실무자, 개업자 **2.** 실습생

pratic|ă, -i, s.f. **1.** 실천, 실행, 실험 **2.** 실시, 시행 **3.** 활동범위, 영업범위(의사, 변호사)

practici|an, -ană, -eni, -ene, s.m. 그리고 f. **1.** 개업의사 **2.** 실무전문가

practicism, s.n. 실용주의

pradă, prăzi, s.f. **1.** 노획물, 전리품; 나포물; 사냥으로 잡은 짐승; 약탈물; pasăre de ~ 맹금; ~ (또는 prada) cuiva 굴복하여; a face ~ 약탈하다, 노획하다; **2.** [방언]낭비

praf, ~uri, s.n. **1.** 먼지; a face ~ 먼지를 일으키다; a şterge ~ul 먼지를 닦다; a face pe cineva (ceva) ~ a)먼지로 만들다; b)파괴하다; 죽이다; c)누구를 깜짝 놀라게 하다; a se alege ~ de ceva 어떤 흔적도 남아있지 않다; a face ~ şi pulbere 파괴하다; a arunca ~ în ochi cuiva ... 의 눈을 속이다 **2.** 가루; ~ de puşcă 탄약가루; ~ de copt 빵가루; ~ de lapte 우유가루

prag, ~uri, s.n. **1.** 문지방; ~ul uşii 문지방; ~ de sus 상인방(문, 창 따위 위의 횡목); a se lovi cu capul de ~ul de sus 슬픈 경험을 통해 현명해진다; a pune piciorul în ~ 서로 반대하다, 힘있게 밟다; a bate ~urile 모든 문을 노크하다, 돌아다니다 **2.** [비유]건너는 지점; 사막; 끝; în ~ul 시작에; sîntem în ~ul iernii 초겨울이다; în ~ul vieții 인생의 시작에 **3.** 모래톱, 여울

pragmatic, ~ă, ~i, ~e, adj. 실제적인; 실용적인; 공익이 되는; 실용주의의; 유익한

pragmatism, s.n. 실용주의

pragmati|st, -stă, -şti, -ste, s.m. 그리고 f. 실용주의자

pralin|ă, -e, s.f. 편도의 설탕졸임과자

pramati|e, ~i, s.f. 나쁜 사람, 부패자

prapur, ~i, s.m. **1.** [고어]깃발 **2.** [속어]배부분의 털(동물)

praşil|ă, -e, s.f. 잡초를 없애기 위해 밭이랑을 북돋는 일

praşti|e, -i, 그리고 prăştii, s.f. 투석기; a de cu praştia 투석하다; ca din ~ 매우 빨리

prat, ~uri, s.n. [방언]초원

pravil|ă, -e, 그리고 -i, s.f. [고어] **1.** 법, 규칙 **2.** 법전

pravoslavnic, ~ă, ~i, ~e, I. adj. [고어]그리스정교의 II. s.m. 그리고 f. 그리스 정교신자

praxis, s.n. [고어] **1.** 경험 **2.** 서류

praxiu, ~ri, s.n. 사도행전

praz, praji, s.m. 부추, 파

praznic, ~e, s.n. [종교] **1.** 축제일 **2.** 장례음식

prăbuş|eală, -eli, s.f. prăbuşire 참조

prăbuş|i, -esc, -ii, -it, I. vr. **1.** 쓰러지다, 무너지다, 넘어지다, 붕괴하다; casa s-a ~t 집이 무너졌다 **2.** [비유]무너지다, 사라지다 II. vt. 쓰러트리다

prăbuşir|e, -i, s.f. **1.** 쓰러짐, 무너짐, 붕괴 **2.** [비유]사라짐

prăbuşi|t, -tă, -ți, -te, adj. **1.** 쓰러진, 무너진, 붕괴된 **2.** 사라진

prăd|a, prăd 그리고 prad, -ai, -at, vt. **1.** 약탈하다, 노획하다 **2.** [방언]낭비하다, 폐허로 만들다

prădalnic, ~ă, ~i, ~e, adj. 약탈하는, 약탈적인

prăd|are, -ări, s.f. 약탈

prăda|t, -tă, -ți, -te, I. adj. **1.** 약탈된 **2.** 낭비된 II. s.n. prădare 참조

prădăciun|e, -i, s.f. 약탈

prăfări|e, ~i, s.f. **1.** (sg.)많은 먼지 **2.** [고어]탄약가루, 공장

prăf|os, -oasă, -oşi, -oase, adj. 먼지가 있는

prăfu|i, -iesc, -ii, -it, vt. 그리고 vr.

1. 먼지로 뒤덮히다 2. 가루로 만들다
prăfui|t, -tă, -ți, -te, adj. 1. 먼지로 뒤덮힌 2. 가루가 된
prăfur|os, -oasă, -oşi, -oase, adj. prăfuit 참조
prăguş|or, -oare, s.n. 작은 문지방
prăj|cală, -eli, s.f. 1. 고기를 구음
prăj|i, -esc, -ii, -it, I..vt. 고기를 굽다, 빵을 굽다, 그슬리다 2. 커피를 볶다 3. [비유]괴롭히다 II. vr. 1. 햇빛에 태우다 2. 애를 먹다, 손해를 입다
prăjin|ă, -i, s.f. 1. 막대기, 장대; 기둥, 지주; ~ de pompare 펌프의 손잡이; nu-i ajungi cu prăjina la nas 그는 콧대가 높다 2. [비유]키다리 3. [스포츠]장대; săritură cu prăjina 장대 높이뛰기 4. 측량막대
prăjir|e, -i, s.f. 그슬림, 구음
prăji|t, -tă, -ți, -te, adj. 구운, 그슬린
prăjit|oare, -ori, s.f. 1. 굽기 2. 커피 볶는 기구
prăjit|or, -oare, -ori, -oare, s.m. 그리고 f. 굽는 사람
prăjitur|ă, -i, s.f. 과자, 케익
prăp|astie, -ăstii, s.f. 절벽, 협곡; a fi pe marginea ~i 절벽 끝에 있다, 매우 위급한 상황에 있다; a vorbi prăpăstii a)무서운 이야기를 하다 b)어리석은 말을 하다
prăpăd, ~uri, s.n. **prăpădeni|e,** -i, s.f. 1. 파괴, 황폐 2. 다수
prăpăd|i, -esc, -ii, -it, I. vt. 1. 파괴하다, 황폐화시키다, 폐허로 만들다; 망하게 하다; a ~ din ochi 말할 수 없이 사랑하다; a ~ pe cineva în bătăi 심하기 때리다 2. [방언]낭비하다 3. 살해하다, 죽이다 II. vr. 멸망하다, 죽다; a se ~ de râs 죽도록 웃다; a se ~ după cineva 사랑하다; a se ~ de dorul cuiva 매우 그리워하다
prăpădi|t, -tă, -ți, -te, adj. 1. (물건, 사물들이)비참한 상태에 있는, 부서진, 무너진, 공궁한 2. (존재)힘이 탕진된, 끝난, 약한
prăpăsti|os, -oasă, -oşi, -oase, adj. 1. 가파른(통과할 수 없을 정도로)깊은 2. [비유]어지러울 정도의, 굉장한 3. [비유]상상할수 없을 정도의 4. [비유]나쁘게 생각하는, 어두운 생각만하는
prăs|i, -esc, -ii, -it, I. vr. (동물에 대해)증가하다, 번식하다 II. vt. 1. (동물, 식물)기르다, 번식시키다, 사육하다 2. (돈을)절약하다
prăsil|ă, -e, s.f. 1. 증가, 번식; 사육; de ~ 사육의 2. 새끼동물, 어린동물 3. 동물 등의 후손
prăsir|e, -i, s.f. 증가, 번식, 사육
prăsit|or, -oare, -ori, -oare, adj. (동물에 대해)사육되는
prăs|i, -esc, -ii, -it, vt. 잡초를 제거하기 위해 밭이랑을 삽 등으로 돋우다
praşilă, s.f. prasilă 참조
prăşir|e, -i, s.f. prăşit, ~uri, s.n. prăşi의 명사
prăşit|oare, -ori, 그리고 -oare, s.m. 그리고 f. 갈퀴, 괭이
prăşit|or, -oare, -ori, -oare, s.m. 그리고 f. 밭을 가는 사람
prăşitur|ă, -i, s.f. 1. 밭을 가는 일 2. 갈퀴로 간 밭
prăştin|ă, -i, s.f. 1. 포도로 만든 소

주 2. 마른 풀을 건초 차에 졸라 매는 막대

prăval, ~uri, s.n. (드물게)1. 폭포 2. 내리구름

prăvalnic, ~ă, ~i, ~e, **prăvălatic,** ~ă, ~i, ~e, adj. 가파르게 떨어지는, 가파른

prăvăl|i, -esc, -ii, -it, vt. 1. (그리고 vr.)밑으로 떨어지다 2. 쓰러지다, 떨어지다

prăvăliaş, ~i, s.m. 가게, 상점, 상인

prăvăli|e, -i, s.f. 상점, 가게

prăvălioar|ă, -e, s.f. 작은 상점

prăvălir|e, -i, s.f. 1. 아래로 떨어짐 2. 몰락, 파괴

prăvăliş, ~uri, s.n. 가파른 비탈, 땅떨어지, 절벽

prăvăli|t, -tă, -ți, -te, adj. 1. 떨어진 2. 몰락한, 파괴된

prăznu|i, -iesc, -ii, -it, vt. vi. 1. (축제, 기념제 따위를)거행하다; 기념하다 2. 즐기다, 연회를 베풀다

prăzul|iu, -ie, -ii, adj. 연두색의

prânz, ~uri, s.m. 점심; înainte de ~ 오전에; la ~ 점심에; după ~ 오후에

prânzare, s.f [속어]점심식사

prânz|i, -oare, s.n. [속어]아침식사

prânzit|or, -oare, s.n. [방언]식당

prâs|ea, s.m. 1. 막내 2. 조그만 아이

prâsnel, ~e, s.n. 1. 팽이 2. 프라이휠, 속도조정바퀴

prea, adv. 너무, 과도하게, 매우; ~ mult 너무 많은; se ~ poate 많은 가능성있다; e ~ de tot e din cale afară 허용된 한계를 넘다; nici ~-~, nici foarte-foarte 그저 그렇다, 나쁘지도 않고 좋지도 않다; a nu şti prea multe 농담을 모르고 쉽게 화를 낸다

preabun, ~ă, ~i, ~e, I. adj. 매우 좋은 II. s.m. art. 신

preacinsti|t, -tă, -ți, -te, adj. 존경해 마지 않는; (명사화하여) 성모마리아

preacurat, ~ă, adj. [교회](도덕적 면에서)깨끗한; (명사로 쓰일 경우) 성모마리아

preacuvi|os, -oasă, -oşi, -oase, adj. [교회](성직자에 대한 호칭으로)매우 경건한

preaferici|t, -tă, -ți, -te, I. adj. [교회](성직자에 대해)매우 행복한 II. s.m. 그리고 f. 성인

preaiubi|t, -tă, -ți, -te, adj. 매우 사랑받는

preajmă, s.f. 환경, 주위, 주변; prin ~ 주변에, 가까이에; în ~ a oraşului 도시주변에

prealabil, ~ă, ~i, ~e, adj. 먼저의, 미리하는; 앞서하는, 미리하는; în ~ 먼저, 우선

prealumina|t, -tă, -ți, -te, adj. [고어] 1. 빛나는 2. (귀족에 대한 존칭으로)귀하 3. [비유]지혜가 많은

preamăr|i, -esc, -ii, -it, vt. 찬미하다, 칭송하다, 영광을 찬송하다

preamărir|e, -i, s.f. 칭송, 찬미

preamări|t, -tă, -ți, -te, adj. 1. 찬미된 2. 숭고한, 강한

preambul, ~uri, s.n. 1. 머리말, 전문 2. 서곡, 전조

preaplin, ~uri, s.n. [기계]월류관, 배출관

preaputernic, ~ă, ~i, ~e, adj. 전능한

preasfânt, ~ă, ~i, ~e, adj. 성인의

preasfinți|a, -ile, s.f. art. [교회]~ ta 사제에 대한 호칭, 칭호
preaviz, ~uri, 그리고 ~e, s.n. **1.** 유예기간, 사전통고기간 **2.** 예고
precambrian, s.n. [지질]전 캄브리아기의
precapitali|st, -stă, -şti, -ste, adj. 전 자본주의의
precar, ~ă, ~i, ~e, adj. 언제 어떻게 될지 모르는, 일시적인, 임시의, 덧없는
precau|t, -tă, -ți, -te, adj. 조심하는, 신중하는
precauți|e, -i, s.f. **1.** 예비, 예방 **2.** 조심, 신중
precădere, s.f. 상위, 우위; 우선, 선호; cu ~ 특히, 우선
preced|a, preced, -ai, -at, vt. 앞서다, 앞서가다, 앞장서다, 선행하다
preceden|t, -tă, -ți, -te, I. adj. **1.** 앞선, 먼저의 **2.** 이전의, 지난 II. -te, s.n. 전례, 선례, 전철
preceden|ță, -țe, s.f. 앞섬, 우위, 상위
precept, ~e, s.n. 교훈, 규범, 계율, 계명
preceptor, ~i, s.m. 가정교사
precesiune, s.f. [비유, 천문]세차(歲差)
precipit|a, precipit, -ai, -at, vt. 그리고 vr. **1.** 재촉하다, 빨리 가게하다, 촉진하다 **2.** [화학]침전시키다
precipitan|t, -te, s.n. [화학]침전제
precipit|are, -ări, s.f. **1.** 급함, 다급, 시급, 서두름 **2.** 침전
precipita|t, I. -tă, -ți, -te, adj. **1.** 급한, 빠른, 황급한 **2.** [화학]침전된 II. -te, s.n. 침전물, 앙금
precipitați|e, -i, s.f. **1.** [기상]강수 **2.** 급함, 다급, 시급, 서두름
preci|s, -să, -şi, -se, adj. **1.** 명확한, 분명한, 정확한 **2.** 어김없는, 확실한 **3.** 꼭맞는, 정각인
precistă, adj. s.f. [종교](maica) ~ 성모마리아
preciz|a, -ez, -ai, -at, vt. 명확하게 말하다; 밝히다, 분명(명확)하게 만들다
preciz|are, -ări, s.f. 명확히 밝힘, 분명히 함
precizi|e, -i, s.f. **1.** 정확(성), 명확, 정밀 **2.** 정확성, 어김없음 **3.** 상세한 정보
precoc|e, -i, -e, adj. **1.** 철이른, 빨리 익는 **2.** 조숙한, 올된
precocita|te, -ăți, s.f. 철이름, 올됨, 조숙
preconcepu|t, -tă, -ți, -te, adj. 선입관념이된; idee ~ă 선입관(견)
preconiz|a, -ez, -ai, -at, vt. **1.** 계획하다 **2.** 의견을 표명하다 **3.** 권하다, 추천하다
precum, conj. ~처럼; ~ şi 및, 도; ~ ca să ~ 하기 위해
pre|cugeta, -cuget, -ai, -at, vt. 미리 생각하다
precugetare, s.f. 미리 생각함
precugeta|t, -tă, -ți, -te, adj. 미리 생각한
precumpăn|i, -esc, -ii, -it, I. vi. 다른 것보다 더 많은 무게, 중요성, 영향이 있다; 압도하다; 결정적 요소를 구성하다 II. vt. 균형을 유지하게 하다; 보상하다, 같게하다; 조정하다
precumpănit|or, -oare, -ori, -are,

adj. 더 중요한; 압도하는; 결정적인
precup|eț, -eață, -eți, -ețe, s.m. 그리고 f. 야채상인
precupeț|i, -esc, -ii, -it, vt. **1.** (야채로)거래하다; 값을 깍다 **2.** [비유](부정적구성에서)아무것도 두려워하지 않다, 피하지 않다, 꺼리지 않다; a nu ~ nici un efort 어떤 노력도 주저하지 않다
precurm|a, precurm, -ai, -at, vt. 중단시키다, 끝나게 하다
precurs|or, -oare, -ori, -oare, s.m. 그리고 f. 선구자
precuvânt|are, -ări, s.f. 서언
pre|da, -dau, -dai, -dat, vt. **1.** 넘겨주다, 인도하다, 양도하다 **2.** 강의하다, 강연하다 **3.** (그리고 vr.)항복하다
pred|are, -ări, s.f. **1.** 인도함, 양도함 **2.** 강의, 강연 **3.** 항복
predeces|or, -oare, -ori, -oare, s.m. 그리고 f. **1.** 선임자, 선행자, 선배 **2.** s.m.(특히 pl.) 조상
predestin|a, -ez, -ai, -at, vt. 예정하다, 운명짓다
predestin|are, -ări, s.f. 예정, 운명지음
predestina|t, -tă, -ți, -te, adj. 숙명지워진
predestinați|e, -i, s.f. predestinare 참조
predetermin|a, predetermin, -ai, -at, vt. 미리 결정하다
predic|a, predic, -ai, -at, vi. 그리고 vr. 설교하다; a ~ în deșert 쓸데없이 말하다
predica|t, I. -tă, -ți, -te, adj. 설교된 II. -te, s.m. [문법]술어
predicativ, ~ă, ~i, ~e, adj. 술어적으로; nume ~ 술어명사
predicator, ~i, s.m. 설교자
predic|ă, -i, s.f. 설교
predilec|t, -tă, -ți, -te, adj. 좋아하는
predilecți|e, -i, s.f. 편애, 치우친 기호, 특히 좋아함; de ~ 특히 좋아하는
predispoziți|e, -i, s.f. 소질, 체질, 경향, 버릇
predi|spune, -spun, -spusei, -spus, vi. vt. **1.** ..의 소지를 마련해 주다, 누구에게 무슨 경향(소질, 체질, 버릇)을 갖게하다 **2.** 특정 병에 대해 민감하게 하다
predispu|s, -să, -şi, -se, adj. ...의 경향을 지닌, ..에 민감한
predomin|a, predomin, -ai, -at, vi. 압도하다, 우세하다, 지배적이다, 으뜸가다
predominan|t, -tă, -ți, -te, adj. 으뜸가는, 주된, 우세한, 튀어난
predomin|are, -ări, s.f. 으뜸, 우세, 우월, 탁월
preduc|ea, -ele, s.f. **1.** 펀치, 천공기 **2.** 새김눈, 새김자국
preeminenț|ă, -e, s..f 절대적 우세, 으뜸, 우월, 탁월; 최상권, 절대권위
preemțiun|e, -i, s.f. 선매
preex|ista, -ist, -istai, -istat, vi. 먼저 있다, 선재(先在)하다
preexisten|t, -tă, -ți, -te, adj. 먼저 존재하는, 이미 존재하던
preexistență, s.f. 먼저 있음, 전존재, 선존재
prefabric|a, prefabric, -ai, -at, vt. 조립식으로 짓다
prefabrica|t, I. -tă, -ți, -te, adj. 조립

식의; casă ~ă 조립식 가옥 II. -te, s.n. 조립식용 부품

pre|face, -fae, -făcui, -făcut, I. vt. **1.** 새로 만들다, 개작(개조)하다, 변경하다 **2.** (그리고 vr.)변하다; a se ~ în lichid 액체로 변하다 **3.** 필적을 위조하다; a-şi ~ scrisul 필체를 위조하다 II. vr. ..인척하다, 꾸미다; a se ~ că e bolnav 아픈척하다

prefacer|e, -i, s.f. **1.** 개조, 새로 만듬, 변경 **2.** 변화 **3.** ....인척함, 가장, 꾸밈

perfaţ|a, -ez, -ai, -at, vt. ....의 머리말을 쓰다

prefăcători|e, -i, **prefăcătur|ă,** -i, s.f. 위장, 허위, 속임

prefăcu|t, -tă, -ţi, -te, adj. 위선적인, 허위의

prefec|t, -ţi, s.m. **1.** (고대로마)총독 **2.** 도지사

prefectur|ă, -i, s.f. **1.** 도, 도청; 도청 소재지 **2.** (고대로마)총독의 직; 총독관할구역

prefer|a, prefer, -ai, -at, vt. 보다 좋아하다, 선호하다

preferabil, ~ă, ~i, ~e, adj. 더 바람직한, 더 나은, 더 선호하는

preferans, ~uri, s.n. 카드놀이 일종

prefera|t, -tă, -ţi, -te, adj. 마음에드는, 좋아하는

preferenţial, ~ă, ~i, ~e, adj. 우선적인, 특혜의; tarif vamal ~ 특혜 세율

preferinţ|ă, -e, s.f. 보다 좋아함; 기호; de ~ 특히

prefeudal, ~ă, ~i, ~e, adj. 봉건제도 이전의

prefigur|a, prefigur, -ai, -at, vt. 미리 나타내 보이다;예시하다, 예고하다

prefigur|are, -ări, s.f. 동사 prefigurare의 명사형

prefiguraţ|ie, -ii, s.f. 예시, 예고

prefir|a, prefir, -ai, -at, I. vt. 손가락 사이로 지나가게 하다; 차례차례 조사하다 II. vr. **1.** 흘러가다 **2.** 펼쳐지다, 흩뿌리다 **3.** 지나가다

prefix, ~e, s.n. 접두사

prefix|a, -ez, -ai, -at, vt. 접두사를 붙이다

preflorați|e, -i, s.f. [식물](봉오리속의)꽃잎이 접힌 상태

pregăt|i, -esc, -ii, -it, I. vt. **1.** (그리고 vr.) 준비하다; a ~ unelte 도구를 준비하다; a ~ pe cineva pentru un examan 누구로 하여금 시험준비를 시키다 **2.** 조리하다; a ~ mâncare de seară 저녁을 조리하다 II. vr. 준비되어 있다

pregătir|e, -i, s.f. 준비; pregătiri de drum 여행준비; a face pregătiri 준비하다; pregătiri de război 전쟁준비

pregăti|t, -tă, -ţi, -te, adj. **1.** 준비된 **2.** 무장된 **3.** 조리된

pregătit|or, -oare, -ori, -oare, adj. 준비하는; curs ~ 준비과정

preget, ~e, s.n. 행동의 중단; fără ~ a)중단없이 b)즉시

preget|a, preget, -ai, -at, vi. **1.** 주저하다, 망설이다 **2.** 게으르다, 비활동적이다, 굼뜨다

pregnan|t, -tă, -ţi, -te, adj. 의미심장한, 함축성있는; 간단명료한, 분명한

pregnanţ|ă, -e, s.f. 의미심장, 함축성, 간단명료, 분명

preimperiali|st, -stă, -şti, -ste, adj. 제국주의 이전의
preistoric, ~ă, ~i, ~e, adj. 선사시대의
preistori|e, -i, s.f. 선사시대; 선사시대의 역사
preîncălzir|e, -i, s.f. 예열함, (조작에 앞서서)따뜻하게 함
preîncălzit|or, -oare, s.n. 예열기, 예열장치
preîntâmpin|a, preîntâmpin, -ai, -at, vt. 예방하다, 사전조치를 취하다
preîntâmpin|are, -ări, s.f. 예방, 사전조치
prejos, adv. a fi mai ~ de (또는 ca) .. 보다 높이 있지 않다
prejudec|a, prejudec, -ai, -at, vt. 미리 판단하다
prejudec|ată, -ăţi, s.f. 편견, 선입관
prejudici|a, -ez, -ai, -at, vt. 해를 끼치다
prejudiciabil, ~ă, ~i, ~e, adj. [법률] 해를 끼치는, 해로운, 불리한
prejudici|u, -i, s.n. **1.** (권리, 이익의) 침해, 손해, 폐 **2.** 편견, 선입관
prelarg, s.n. în ~ 넓은 곳에서
prela|t, -ţi, s.m. 고위 성직자 ; 수교
prelat|ă, -e, s.f. 방수포
preleger|e, -i, s.f. 강의, 강연
preliminar, I. ~e, 그리고 ~ii, s.n. 전제, 머리말, 서언; 예비 절충 II. ~ă, ~i, ~e, adj. 전제의, 예비의; jocuri ~e 예선게임
prelin|ge, preling, -sei, -s, vr. **1.** 흘러내리다; 방울방울 천천히 흘러내리다 **2.** 미끄러지다
prelin|s, -să, -si, -se, adj. (머리카락)매끈한
prelu|a, preiau, -ai, -at, vt. 인수하다
prelu|are, -ări, s.f. 인수
prelucr|a, -ez, -ai, -at, vt. **1.** 가공하다, 세공하다; 개조하다 **2.** 설명하다 **3.** 계몽시키다, 설득하다
prelucr|are, -ări, s.f. **1.** 가공, 세공; 개조 **2.** 설명 **3.** 계몽, 설득
prelucra|t, -tă, -ţi, -te, adj. **1.** 가공된 **2.** 설득된
prelucrăt|or, -oare, -ori, -oare, adj. 가공하는
prelud|a, -ez, -ai, -at, vi. [음악]시험 삼아 소리를 내보다
preludi|u, -i, s.n. [음악] **1.** 전주곡 **2.** [비유]전조, 서막
prelung, ~ă, ~i, adj. 긴; picioare, ~i, 긴다리; o faţă ~ă 긴 얼굴; strigăt ~ 길게 지속된 외침
prelung|i, -esc, -ii, -it, vt. 그리고 vr. 연장하다; 연기하다
prelungir|e, -i, s.f. 연장, 연기
prelungi|t, -tă, -ţi, -te, adj. 연장된, 연기된
premarxi|st, -stă, -şti, -ste, adj. 막시즘 이전의
prematur, ~ă, ~i, ~e, adj. 너무 이른, 시기상조의, 조숙한, 올된
premedit|a, -ez, -ai, -at, vt. 미리 숙고하다, 계획하다
premedit|are, s.f. 머리 숙고하기
premedita|t, -tă, -ţi, -te, adj. 의도적인, 사전에 계획된
premeditaţi|e, -i, s.f. premeditare 참조
premen ··· primen 참조
premergăt|or, -oare, -ori, -oare, I.

adj. 앞서가는, 선행하는 II. s.m. 그리고 f. 선배, 선행자 선구자
pre|merge, -merg, -mersei, -mers, vi. 앞서가다, 선행하다
premi|a, -ez, -ai, -at, vt. 상을 주다
premial, ~ă, ~i, ~e, adj. 상의
premian|t, -tă, -ți, -te, s.m. 그리고 f. 학년말 상을 받은 학생; 상 받은 사람
premia|t, -tă, -ți, -te, adj. 상을 받은
premier, ~i, s.m. 국무총리
premier|ă, -e, s.f. 초연, 처음공연, (영화의 공개시사회)
premier|e, -i, s.f. 상을 줌, 표창
premis|ă, -e, s.f. 전제
premi|u, ~i, s.n. **1.** 상, 상품 **2.** 보수, 사례 **3.** 프래미엄
premolar, ~i, s.m. [해부]소구치(小臼齒)
premonopoli|st, -stă, -şti, -ste, adj. 전(前) 전매의, 전독점의
prenot|a, -ez, -ai, -at, vt. 사전에 등록하다
prenume, ~ , s.n. 이름
pre|ocupa, -ocup, -ocupai, -ocupat, I. vt. (생각, 감정 등에 대해)누구를 지배하다, 압도하다, 흡수하다; 걱정시키다; 흥미를 끌게 하다, 몰두시키다 II. vr. 흥미를 갖다
preocup|are, -ări, s.f. 걱정, 염려, 불안; 몰두, 전념; 관심, 흥미
preocupa|t, -tă, -ți, -te, adj. 매우 전념한, 열중한
preocupați|e, -i, s.f. preocupare 참조
preopinin|t, -tă, -ți, -te, s.m. 그리고 f. 먼저 발언(발의, 제의)하는 사람
preo|t, -ți, s.m. 목사, 신부, 성직자
preot|easă, -ese, s.f. **1.** 목사의 신부 **2.** 여자 사제
preot|esc, -ească, -eşti, adj. 신부에 속하는, 신부에 관한
preoț|i, -esc, -ii, -it, **1.** vt. 신부가 되다 **2.** vr. 신부로서 활동하다
preoțime, s.f. 사제의 직; (총체적으로)성직자들
prepalatal, ~ă, ~i, ~e, adj. [언어]전부경구개(음)의
prepar|a, prepar, -ai, -at, vt. **1.** (그리고 vr.)준비시키다(하다) **2.** 갖추어 놓다, 마련하다 **3.** (약, 요리)조제하다, 조리하다
prepar|are, -ări, s.f. **1.** 준비 **2.** 마련 **3.** 조리, 조제
preparat, ~e, s.n. 준비된 것; 제품, 약제
preparative, s.f. pl. 준비, 채비; a face ~ 준비하다
preparat|or, -oare, -ori, -oare, s.m. 그리고 f. **1.** 준비하는 사람, 조제하는 사람 **2.** 조교 **3.** 가정교사
preparați|e, -i, s.f. preparare 참조
prepel|eac, -eci, s.m. [방언] **1.** 시골찬장의 일종 **2.** 건초머리를 쌓는 기둥 **3.** 사다리
prepelicar, ~i, s.m. 메추라기 사냥개; 스패니얼(개의 일종)
prepeliț|ă, -e, s.f. 메추라기
preponder|a, -ez, -ai, -at, vi. 우세(유력)하다, 우월하다
preponderen|t, -tă, -ți, -te, adj. 우세(유력)한, 우월한
preponderenț|ă, -e, s.f. 우위, 우세, 우월
prepoziți|e, -i, s.f. [문법]전치사

prepozițional, ~ă, ~i, ~e, adj. 전치사의

pre|pune, -pun, -pusei, -pus, vt. **1.** [속어]의심하다, 추측하다 **2.** (드물게)일을 맡기다

prepuner|e, ~i, s.f. **1.** [속어]의심 **2.** 일을 맡김

prepu|s, I. -să, -şi, -se, s.m. 그리고 f. (드물게)대리인, 대표자 II.~uri, s.n. [속어]의심, 추측

prerevoluționar, ~ă, ~i, ~e, adj. 혁명이전의

preri|e, -i, s.f. 풀밭, 초원, 목장

prerogativ|ă, -e, s.f. 특권, 특전

preromantic, ~ă, ~i, ~e, adj. 전기 낭만주의의

preromantism, s.n. 전기 낭만주의

pres|a, -ez, -ai, -at, I.vt. **1.** 누르다, 죄다 **2.** 짜다, 압박하다 II. vi. 서두르다, 바쁘다, 시급하다; 붐비다; 밀려들다

presan|t, -tă, -ți, -te, adj. **1.** 절박한, 긴급한 **2.** 절실한, 간절한

pres|are, -ări, s.f. 동사 presa의 명사형

presa|t, I. -tă, -ți, -te, adj. 압박된 II. s.n. presare 참조

presat|or, -oare, s.n. 압착공

pres|ă, -e, s.f. **1.** 압박, 압착; 압착기, 압축기; ~ de imprimat 인쇄기 **2.** 정기간행물, 신문, 잡지; 인쇄물; 출판물; libertatea presei 출판의 자유; a avea ~ bună 명성을 갖다

presăd|i, -esc, -ii, -it, vt. [속어]이식하다

presăr|a, presar, -ai, -at, vt. 뿌리다, 흩어지게 하다

preschimb|a, preschimb, -ai, -at, vt. I. 교환하다, 바꾸다; a ~ bani 돈을 교환하다 **2.** (그리고 vr.)변경하다, 변화시키다

preschimb|are, -ări, s.f. **1.** 교환, 바꿈 **2.** 변경, 변화

pre|scrie, -scriu, -scrisei, -scris, I. vt. **1.** 지시하다; (약)처방하다 **2.** 규정하다, 조처하다 **3.** 베끼다 II. vr. 시효가 지나다, 시효에 걸리어 소멸하다

prescriptibil, ~ă, ~i, ~e, adj. 시효에 걸릴 수 있는

prescripț|ie, -i, s.f. **1.** 시효 **2.** (약)처방 **3.** 지시

prescur|ă, -i, s.f. 성찬용 빵

prescurt|a, -ez, -ai, -at, vt. 새 텍스트의 범위를 줄이다; 제목이나 말을 짧게 하다

prescurt|are, -ări, s.f. 동사 prescurta의 명사형

presen, ~e, s.n. (말의)가슴 혁대

presentiment, ~e, **presimțăm|ânt,** -inte, s.n. 예감, 예측

pre|simți, -simț, -simții, -simțit, vt. 예감하다, 예측하다

presimțir|e, -i, s.f. 예감, 예측

presiun|e, -i, s.f. **1.** 압력; ~ atmosferică 기압; [그리고 비유]a fi sub ~ 압력 밑에 있다 **2.** (정신적)억압, 압박; a face presiuni asupra cuiva 누구에게 억압을 주다

presociali|st, -stă, -şti, -ste, adj. 사회주의 이전의

pres|or, I. -oare, s.n. (천 따위의)압착공 II.-ori, s.m. 프레스부에 일하는 사람

prest|a, -ez, -ai, -at, vt. 일을 완수하다, 행동을 전개하다; a ~ jurământ

맹세하다

prestabil|i, -esc, -ii, -it, vt. 미리 정하다, 미리 확정하다

prestanță, s.f. 위엄, 늠름한 모습, 당당한 풍채

prest|are, -ări, s.f. 동사 presta의 명사형

prestați|e, -i, s.f. **1.** prestare 참조 **2.** (금전의)공급, 지급, 대여

prestidigitator, ~i, s.m. 요술쟁이, 마법사

prestidigitați|e, -i, s.f. 요술, 마법

prestigi|u, -i, s.n. **1.** (도덕적)권위, 위신, 위세; 영향력 **2.** 매력

presu|pune, -pun, -pusei, -pus, vt. 미리 가정하다, 예상하다; 추측하다

presupuner|e, ~i, s.f. 미리 가정, 예상; 추측

presupu|s, I. ~suri, s.n. presupunere 참조 II. -să, -şi, -se, adj. 예상된, 추측된

presur|ă, ~i, s.f. 멧새속의 일종

presus, adv. 위에, 그 위에; a fi mai ~ de ceva .... 보다 많다, 더 크다, 더 중요하다

pres, ~uri, s.n. 계단이나 바닥에 까는 길고 좁은 양탄자

preşcolar, ~ă, ~i, ~e, adj. 학교 연령이 아직 안되는; 유치원 교육의

preşedint|e, -tă, -ți, -te, s.m. 그리고 f. 대통령; 의장, 회장, 총재, 총장

preşedințial, ~ă, ~i, ~e, adj. 대통령(의장, 회장)의

preşedinție, s.f. 대통령의 임무(기간, 일)

pret|a, -ez, -ai, -at, vr. **1.** 옳지 않은 것을 하는 것에 일치하다 **2.** ...에 적합하다

pretcar, ~e, s.n. [방언]천공기, 드릴

pretenden|t, -tă, -ți, -te, s.m. 그리고 f. **1.** 지망자, 지원자; ~ la tron 왕위를 요구하는 왕자 **2.** 구혼자

pretenți|e, -i, s.f. **1.** (권리)의 요구, 주장; (주장되는)권리, 특권 **2.** 의도, 의사, 지망; fără pretenții 적당한, 알맞은

pretenți|os, -oasă, -oşi, -oase, adj. **1.** 많은 요구가 있는, 많은 것을 요구(기대)하는 **2.** 잘난체하는, 거드름피는 **3.** 특별한 관심을 요구하는

preterit, ~e, s.n. [문법]과거

pretext, ~e, s.n. 핑계, 구실, 변명

pretext|a, -ez, -ai, -at, vt. 핑계삼다, 구실로 하다

pretimpri|u, -e, -i, adj. 시기가 이른, 철이른

pre|tinde, -tind, -tinsei, -tins, I. vt. **1.** 요구하다, 바라다, 기대하다 **2.** 주장하다 **3.** 필요로 하다; problema ~ o examinare atentă 문제는 주의 깊은 시험을 필요로 한다 II. vr. 부당하게 자기 것으로 하다

pretin|s, -să, -şi, -se, adj. 있지 않은 것이 지나가기를 원하는; 틀린

pretor, ~i, s.m. **1.** (고대로마)대법관 **2.** (고대로마)집정관

pretorat, ~e, s.n. **1.** (고대로마)대법관의 직 **2.** (고대로마)집정관의 직

pretori|an, -ană, -eni, -ene, adj. [역사]집정관의

pretori|u, -i, s.n. **1.** (고대로마)법정 **2.** (장군의)영사

pretur|ă, -i, s.f. (대법관)집정관의 직(임기)

pretutindeni, adv. 도처에, 곳곳에, 사방에, 모든 곳에

preț, ~uri, s.n. **1.** 값, 가격, 시세; ~urile au scăzut 가격이 내렸다; cu orice ~ 어떤 경우에도 **2.** 가치; a pune ~ pe ceva 무엇에 가치를 두다; a ajunge la ~ 평가받다, 찾게되다; de ~ 가치있는, 비싼, lucruri de ~ 가치 있는 물건 **3.** 댓가, 비용; cu ~ul vieții 인생을 댓가로, 인생을 희생하여 **4.** [속어]~ de un ceas 약 1시간 **5.** 보상, 상, 보수; ca ~ al muncii sale 그의 일에 대한 보상으로

prețălu|i, -iesc, -ii, -it, vt. 평가하다, 값을 매기다

prețăluir|e, -i, s.f. 동사 prețălui의 명사형

prețі|os, -oasă, -oşi, -oase, adj. **1.** [비유]가치있는; 비싼 **2.** 꾸민, 부자연스런, 겉치레의

prețiozitate, s.f. 부자연스런 겉치레, 꾸민 태도

prețu|i, -iesc, -ii, -it, I. vt. **1.** 값을 매기다, 돈으로 가치를 정하다 **2.** 가치를 인정하다, 평가하다 II. vi. 가치있다

prețuir|e, -i, s.f. 동사 prețui의 명사형

prețuitor, ~i, s.m. 값을 정하는 사람, 평가하는 사람

pre|umbla, -umblu, -umblai, -umblat, vr. plimba 참조

preval|a, -ez, -ai, -at, I. vi. (보다)낫다, 우세하다, (을)능가하다 II. vr. ...을 이용하다

prevaricat|or, -oare, -ori, -are, s.m. 그리고 f. 독직자; 부정한 재판관; 배임자

prevaricațiun|e, -i, s.f. 의무의 태만; 부정, 독직, 배임

prevăzăt|or, -oare, -ori, -oare, adj. 선견지명이 있는; 신중한

pre|vedea, -văd, -văzui, -văzut, I. vt. **1.** 앞을 내다 보다, 예지하다, 예견하다 **2.** 지시하다, 명하다, 규정하다 **3.** 필요한 것으로 무엇을 또는 누구를 준비시키다, 돌보다, 공급하다 II. vr. 반사되다, 반영되다; ...을 통하여 보다

preveder|e, -i, s.f. **1.** 예견, 예지 **2.** 돌봄; prevederi sociale 사회복지 **3.** 지시, 규정 **4.** 신중 조심

pre|veni, -vin, -venii, -venit, vt. **1.** 알리다, 기별하다, 통치하다 **2.** 예방하다, 피하다

prevenir|e, -i, s.f. **1.** 알림, 기별, 통치 **2.** 예방

prevenit|or, -oare, -ori, -oare, adj. 마음에 드는, 친절한

preventiv, ~ă, ~i, ~e, adj. 예방의, 방지하는; arest ~ 미결구류; măsuri ~e 예방대책

preventori|u, -i, s.n. (결핵 따위의 예방을 위한)의료원

prevenție, s.f. 미결구류의 상태

prevest|i, -esc, -ii, -it, vt. 미리 알리다, 미리 통고하다; 예시하다

prevestir|e, -i, s.f. **1.** 예시 **2.** 징조

prevestit|or, -oare, -ori, -oare, I. adj. 미리 알리는, 미리 통고하는; 예시하는 II. s.m. 그리고 f. 통고자, 예시자

previzibil, ~ă, ~i, ~e, adj. 예측할 수 있는; 예상할 수 있는

previziun|e, -i, s.f. 예측, 예상

prezbi|t, -tă, -ți, -te, adj. 노안의

prezbiteri|an, -ană, -eni, -ene, I. adj. 장로파의, 장로교회의 II. s.m.

그리고 f. 장로파교도
prezbiteriu, -i, s.n. 사제의 주택
prezbitism, s.n. prezbirie, s.f. 노안
prezen|t, I. -tă, -ţi, -te, adj. **1.** 있는, 출석한, 출근한, 입회한 **2.** 현재의, 동시대의, 현시의, 지금의 II. s.m. 그리고 f. 출석자 III. -turi, s.n. **1.** (단수)현재; [문법]현재 **2.** [고어]선물
prezent|a, -prezint, -ai, -at, I. vt. **1.** 소개하다, 자신을 알리다; dă-mi voie să-ţi prezint pe prietenul meu? 당신에게 제 친구를 소개해도 되겠습니까? **2.** 내놓다, 제출하다; a~ o petiţie 청원하다; a ~ un proiect de lege 법초안을 제출하다 **3.** 제시하다, 전시하다, 보여주다; a ~ biletul de intrare 입장권을 보여주다;[군사]a ~ arma 무기를 전시하다; a ~ un spectacol 공연하다; a ~ o telegramă 전보를 발송하다 **4.** 진술하다, 표명하다, 피력하다; a ~ omagiile sale 경의를 표하다 **5.** 제공하다, 바치다, 주다, 야기하다; a ~ dificultăţi 어려움을 야기하다 II. vr. **1.** 나타나다, 출석(두)하다; m-am ~t acolo la ora 5 나는 5시에 그곳에 출두했다 **2.** 누구에게 자신을 소개하다; daţi-mi voie să mă prezint 저를 소개해도 되겠습니까? **3.** 제공되다, 주어지다; i s-a prezentat o ocazie minunată 근사한 기회가 그에게 주어졌다 **4.** 인상을 주다
prezentabil, ~ă, ~i, ~e, adj. 떳떳이 내놓을만한, 내보일 수 있는, 소개할 만한
prezent|are, -ări, s.f. **1.** 소개 **2.** 제공, 제출 **3.** 제시, 전지, 공연 **4.** 진술, 표명 **5.** 나타남, 출석함
prezentaţi|e, -i, s.f. prezentare 참조
prezent|ă, -e, s.f. **1.** 출석 **2.** 있음, 존재함; în prezenta .. ....면전에서, ... 앞에서; ~ de spirit 재치
prezerv|a, prezerv, -ai, -at, vt. 예방하다, 보존하다; 지키다, 보호하다
prezerv|are, -ări, s.f. 예방, 보존
prezervativ, ~e, s.n. 예방물, 콘돔
prezicăt|or, -oare, -ori, -oare, s.m. 그리고 f. 예언자; 점장이
pre|zice, -zic, -zisei, -zis, vt. **1.** 예언하다 **2.** 누구의 미래를 알아맞히다
prezicer|e, -i, s.f. 동사 prezice의 명사형
prezid|a, -ez, -ai, -at, vt. 그리고 vi. (의)의장이 되다; 사회하다, 주재하다
preziden|t, -ţi, s.m. preşedinte 참조
prezid(enţ)ial, ~ă, ~i, ~e, adj. preşedinţial 참조
prezidenţi|e, -i, s.f. preşedinţie 참조
prezidi|u, -i, s.n. 회장단, 의장단 ; 상석
preziu|ă, s.f. în preziua 전날에
prezumtiv, ~ă, ~i, ~e, adj. 추정의, 가정의
prezumţi|e, -i, s.f. **1.** 추정, 가정 **2.** 자만, 거만
prezumţi|os, -oasă, -oşi, -oase, adj. 잘난체하는, 젠체하는, 뻔뻔스러운
prib|eag, -eagă, -egi, -ege, adj. **1.** 방랑하는, 헤매고 돌아다니는 **2.** 도주중인, 달아나는 **2.** 고독한, 외로운

pribeg|i, -esc, -ii, -it, vi. **1.** (고향 없이)떠돌아 다니다, 방랑하다 **2.** 이주하다, 외국에서 살다, 고향을 떠나다, 망명하다

pribegi|e, s.f. **1.** 유랑 **2.** 이주, 추방, 망명

pribegi|t, -tă, -ți, -te, adj. **1.** 방황하는, 떠돌아다니는 **2.** 추방된, 고향이 없는

prib|oi, -oaie, s.n. **1.** 천공기 **2.** [식물]제라늄

pribo|i, -iesc, -ii, -it, vr. [방언](천공기로)구멍을 뚫다

pricaz, ~uri, s.n. [방언]불행을 일으키는 일(사건); 나쁜징조; a face ~ 불행을 갖고 오다

pricăji|t, -tă, -ți, -te, adj. [방언]작고 발육이 안된, 충분히 성장되지 않은

pric|e, ~i, s.f. **1.** 싸움, 갈등, 다툼; de ~ 적대하는; a se pune de ~ 서로 적대하다 **2.** 화, 불행; a face ~ 불행을 가져오다

pricep|e, pricep, -ui, -ut, I. vt. 이해하다, 파악하다 II. vr. 정통하다, 능통하다, 익숙하다

priceper|e, ~i, s.f. **1.** 이해, 파악 **2.** 이해(력)통찰(력) **3.** 유능함, 숙련, 노련

pricepu|t, -tă, -ți, -te, adj. 정통한, 잘 알고 있는, 지식이 많은

prichici, ~uri, s.n. [방언]난로 등의 밖으로 튀어나온 좁은 가장자리

prichinde|l, -i, s.m. 난장이, 꼬마

prici, ~uri, s.m. 나무침상, 나무침대

pricinaş, ~ă, ~i, ~e, s.m. 그리고 f. **1.** 싸움하기 좋아하는 사람 **2.** 피고인

pricin|ă, -i, s.f. **1.** 이유, 원인, 동기; din pricina lui 그 때문에; fără(nici o) ~ 이유 없이; ~ de ceartă 분쟁의 원인 **2.** 싸움, 불이해의 원인; 갈등, 문제; 소송; a căuta ~ 분쟁의 원인을 찾다; a găsi(cuiva) ~ 싸움할 구실을 찾다

pricinu|i, -iesc, -ii, -it, vt. 원인을 일으키다, 야기하다, 유발하다

pricinuire, s.f. 동사 pricinui 의명사형

pricolici, ~ s.m. (미신에서)동물의 모습을 한 나쁜 영혼

pricomigdal|ă, -e, s.f. [요리]당행과(견과류가 들어가는 과자)

pricops|eală, -eli, s.f. **1.** 부; 이익 **2.** 지식, 앎

pricops|i -esc, -ii, -it, I. vr. 그리고 vt. **1.** 부자가 되다, 이익을 얻다 II. vr. 배우다

pricopsi|t, -tă, -ți, -te, adj. **1.** 부자가 된, 이익을 얻은 **2.** 배운, 학식있는

pridid|i, -esc, -ii, -it, vt. **1.** 끝까지 완수할 수 있다 **2.** 누구를 제압하다, 공격하다 **3.** 승리하다

pridv|or, -aore, s.n. 발콘, 현관, 주랑

prielnic, ~ă, ~i, ~e, adj. 유용한, 유익한, 이익이 있는, 적당한, 기회가 좋은

prier, s.m. [속어]4월

prieten, ~ă, ~i, ~e, a.m. 그리고 f. **1.** 친구 **2.** 애인

prieten|esc, -ească, -eşti, adj. 친절한; 친구에 관한, 친구다운, 우정있는

prieteneşte, adv. 친구처럼, 친절하게

prieteni|e, -i, s.f. 우정

prieten|os, -oasă, -oşi, -oase, adj. 우정있는, 우의가 두터운; 친한; 친절한; 마음에 드는, 상냥한

prieteşug, ~uri, s.n. [방언]prietenie 참조

prigoan|ă, -e, s.f. 추적

prigon|i, -esc, -ii, -it, vt. **1.** 박해하다, 적대시하다, 학대하다 **2.** 추적하다, 추격하다

prigonir|e, -i, s.f. **1.** 박해, 학대 **2.** 추적, 추격

prigoni|t, -tă, -ţi, -te, adj. **1.** 박해받는 **2.** 추격된

prigonit|or, -oare, -ori, -oare, s.m. 그리고 f. 추적자, 박해자

prigor, ~i, s.m. [조류]prigorie 참조

prigor|i, -esc, -ii, -it, -vt. 그리고 vr. **1.** 가열하다; 햇빛에 태우다; 덥게하다 **2.** [비유]고통받다, 고문받다, 괴로워하다

prigori|e, -i, s.f [조류]벌잡이 새

prihan|ă, -e, s.f. (도덕적으로)죄, 불명예; fără ~ 순결한

prii, pers.3, prieşte, prii, priit, vi. (3격과 함께) 누구에게 유용하다, 유익하다, 쓸모가 있다, 좋다; îi prieşte marea 바다는 그에게 좋다

priinci|os, -oasă, -oşi, -oase, adj. 유용한, 유익한, 좋은

priinţ|ă, -e, s.f. **1.** 친근한 태도, 호감, 친절, 호의; a fi(cuiva) cu ~ 헌신적이다, 충실하다 **2.** 도움; de ~ 유익한, 쓸모가 있는, 도움을 주는

prilej, ~uri, s.n. **1.** 기회 **2.** 동기, 이유; a da ~ la ceva ...에 동기를 주다; cu ~ul ....에 즈음하여

preleju|i, -iesc, -ii, -it, vt. 야기하다, 유발하다

prim, ~ă, ~i, ~e, num. ord. 첫 번째; în ~ul rând 첫째로; pentru ~a oară 첫 번째로; a fi în ~ele rânduri 선두에 있다; marfă de ~a calitate 일등급상품; de ~ă necesitate 필수불가결한; număr ~ 소수(素數)

prim|a, -ez, -ai, -at, vi. 상석을 차지하다, 첫째를 차지하다, 최고이다

primadon|ă, -e, s.f. (오페라의)프리마돈나

primar, I. ~i, s.m. [고어]시장(市長)(지방자치단체의)장(長) II. ~ă, ~i, ~e, adj. 처음의, 최초의; 원시의, 원래의; [고어]şcoală, ~ă, 국민학교; medic ~ (병원의)과장의사;[지질]eră ~ă 고생대; văr ~ 사촌

primat, s.m. **1.** [종교]수석, 주교, 대주교 **2.** 수위, 지상, 최고

primate, s.f. pl. ordinul ~lor 영장류의 동물

prim|ă, -e, s.f. 프레미엄, 증거할당금; ~ de asigurare 보험료

primăr|easă, -ese, s.f. [고어]여자시장

primări|e, -i, s.f. [고어]시청

primă|vară, -veri, s.f. **1.** 봄; la ~ 다음 봄; de ~ 봄의 **2.** [비유]젊은 시절

primăvăratic, ~ă, ~i, ~e, adj. 봄의, 봄같은; 봄에 익은

primejdi|e, -i, s.f. 위험; ~ de moarte 죽음의 위험; a pune în ~ 위험에 빠트리다; de ~ 위험한

primejdi|os, -oaseă, -oşi, -oase, adj. 위험한

primejdu|i, -iesc, -ii, -it, vt. 위험하게하다, 위험에 빠뜨리다; a-şi ~ viaţa 일생을 걸다

primejdui|t, -tă, -ti , -te, adj. 위험에 처한
primen|eală, -eli, s.f. **1.** 옷을 갈아입음 **2.** 갈아입을 깨끗한 옷 **3.** 활기있게 함, 생생하게 함
primen|i, -esc, -ii, -it, I. vt. **1.** (옷을) 갈아입다; a ~ patul 침대보를 갈다 **2.** [비유]새롭게하다 II. vr. **1.** 옷을 갈아입다 **2.** 개선되다, 새롭게되다
primenir|e, -i, s.f. 동사 primeni의 명사형
primeni|t, -tă, -ți, -te, adj. **1.** 새 옷으로 갈아입은 **2.** 새로워진, 개선된
prim|i, -esc, -ii, -it, vt. **1.** 받다, 얻다; a primi o scrisoare 편지를 받다; a ~ o vizită 방문을 받다 **2.** 받아들이다, 용인하다; a ~ o ofertă 제안을 받아들이다 **3.** 허용하다, 받아들이다; a ~ într-o şcoală 학교에 받아들이다; a ~ la examen 시험을 허용하다
primir|e, -i, s.f. **1.** 수취, 받음; a confirma ~a 수취를 확인하다; a da în ~ 넘겨주다; a lua în ~ 받아들이다, 인수하다; zi, oră de ~ 영접일, 영접시간; s-a făcut o ~ frumoasă 좋은 영접을 준비했다; a lua pe cineva în ~ a)돌봐주다; b)비난하다; **2.** 받아들임, 용인 **3.** 허용, 허락
primit|or, -oare, -ori, -oare, I. adj. **1.** (손님을) 반갑게 맞이하는, 환대하는 **2.** 허용되는 II. s.m. 그리고 f. 수취인
primogenitură, s.f. [고어]장자(長子)의 자격
primordial, ~ă, ~i, ~e, adj. 최초의, 초기의, 제1의; 원시의, 원시시대의
primordialitate, s.f. 최초성, 초기성; 원시성
primul|ă, -e, s.f. [식물]앵초
primulină, s.f. [화학]프리뮬린
primus, ~uri, s.m. 석유곤로
prin, prep. **1.** 통해서; ~ tine 너를 통해서; ~ geam 창문을 통해서 **2.** 안에서, 속에서; a rătăci ~ pădure 숲 속을 방황하다; ~ vecini 이웃에서; ca ~ vis 꿈속에서 처럼 **3.** ~ urmare 결국, 그래서 **4.** a începe (a sfârşi) ~ .. 하면서 시작하다(끝마치다)
princeps, adj. invar, ediție ~ 초판
princiar, ~ă, ~i, ~e, adj. [그리고 비유]임금의, 국왕의; 왕족의; 임금 같은, 위풍있는; 화려한
principal, ~ă, ~i, ~e, adj. 주된, 주요한; 중요한; [문법]propoziție principală 주절
principat, ~e, s.m. **1.** 후작의 지위 **2.** 후작령
princip|e, -i, s.m. **1.** 영주 **2.** 군주 **3.** 후작 **4.** 왕자
principes|ă, -e, s.f. principe의 여성형
principial, ~ă, ~i, ~e, adj. 원리, 원칙에 따르는, 근본적인
principialitate, s.f. 원칙성, 근본성
principi|u, -i, s.m. **1.** 원리, 원칙 **2.** 주의, 근본방침 **3.** 근원, 근본
prinde, prind, primsei, prins, I. vt. **1.** 붙들다; 포박하다; a ~ un hoț 도둑을 붙잡다; pisica ~ şoareci 고양이가 쥐를 잡다 **2.** 잡다, 붙잡다; a ~ in brațe pe cineva 누구를 포옹하다; a ~ pe cineva de mijloc 누구를 포옹하다; racul l-a prins de deget 게가 그의 손가락을 잡았다; a ~ pe Dumnezeu de un picior 천국에 갈 것 같은 기분이다; a ~ ocazia 기회

를 포착하다; am prins trenul în ultimul moment 마지막 순간에 기차를 잡았다 **3.** 현장을 급습하여 체포하다, 엄습하다; a ~ asupra faptului 현행범을 체포하다; a ~ cu ocaua mic (또는 mâța-n sac) 도둑질할 때 체포하다; ne-a prins noaptea pe drum 길을 가다, 밤을 만났다 **4.** 얻다, 받다, 획득하다; a ~ rădăcini 뿌리를 뻗치다; a ~ floare 곰팡이가 나다; a ~ curaj 용기를 얻다; a ~ gust de ceva 무엇에 대해 흥미를 갖다; a ~ puteri 원기를 회복하다; a ~ minte 이성적이 되다; [비유]a ~ cheag 부자가 되다 **5.** 엄습하다, 사로잡다, 느끼다; m-a prins somnul 잠에 사로 잡히다; nu se ~ somnul de el 그는 불면에 시달리다; a ~ pică pe cineva 원한을 품다; mă ~ mirarea 나는 놀랐다 **6.** 파악하다, 알다, 이해하다; ~ ușor 그는 쉽게 이해한다, 파악한다; nu se ~ nimic de el 그는 아무것도 이해하지 못한다; cât poți ~ cu privirile 시야가 미치는 한; a ~ de veste (제때에)알다, 인지하다; **7.** 어울리다, 맞다; rochia o ~ foarte bine 옷이 잘 어울린다 **8.** 설비하다, 고정하다, 부착시키다; ~ vița de par 포도나무를 기둥에 매다; a ~ în jug 멍에에 매다; a ~ cu acul 철하다 **9.** 시작하다; prinse a fugi 그는 도망가기 시작했다; (vr.) a se ~ la vorbă 누구와 말하기 시작했다 **10.** (예술적으로)재연하다 II. vi. 유용하다, 도움이 되다; banii aceștia îmi prind bine 이 돈은 나에게 유용하다 III. vr. **1.** 매달리다; s-a prins de gâtul meu 내목에 매달렸다; a se ~ in horă 윤무를 추다; **2.** (그리고 vi.)뿌리를 뻗치다; trandafirii s-au prins 장미가 뿌리를 뻗쳤다 **3.** (비유)통하다, 성공하다; ideile acestea nu prind la noi 이 생각은 우리에게서 성공하지 못한다; aici nu se prind minciumile tale 이곳에서 너의 거짓말을 통하지 않는다 **4.** 내기하다 **5.** 의무가 지워지다 **6.** (우유)시어지다

prinder|e, -i, s.f. 동사 prinde의 명사형

prinos, ~uri, s.n. **1.** 제물, 공물 **2.** 신하로서 받들어 섬김, 충성의 맹세

prin|s, I. s.m. prindere 참조 II. -să, -și, -se, adj. **1.** 붙잡힌 **2.** 바쁜 **3.** 고정된

prins|oare, -ori, s.f. **1.** 내기; a pune(그리고) a face ~ 내기하다 **2.** [고어]감옥; 구금

printre prep. **1.** 가운데; ~ prietenii mei 내 친구들 가운데; a privi ~ gene 반쯤 눈을 감고보다; ~ altele 다른 것 중에서도 (그중에서도) **2.** 사이에; ~ rânduri 줄 사이에 **3.** 통해서; ~ ceață 안개를 통해서

printru, prep, printr-un ...을 통해; printr-o ...을 통해; printr-o întâmplare 사고를 통해; printr-însul 그를 통해

prinț, ~i, s.m. 왕자

prințes|ă, -e, s.f. 공주

prințisor, ~i, s.m. 작은 왕자

prinzăt|oare, -ori, s.f. 새덫

prinzăt|or, -oare, -ori, -oare I. adj. 잡는 II. s.m. 그리고 f 잡는 사람 III. -oare, s.n. 잡는 기구

prioritate, s.f. 우선권, 선취권

pripas, ~uri, s.m. **1.** 가축의 새끼 **2.** de ~ a)(가축)주인없이 떠돌아 다니는 b)(아이)버려진; c)(사람)이방인의

pripă, s.f. 서두름, 바쁨; în ~ 바쁘게, 빨리

pripăş|i, -esc, -ii, -it, I. vr. 어느 곳에 정주하다 II. vt. 숙박시키다

prip|eală, -eli, s.f. 서두름, 바쁨

prip|i, -esc, -ii, -it, I. vr. **1.** 서두르다 **2.** (불가에서)불을 쬐다, 따뜻하게 하다 II. vt. **1.** 너무 빠르게하다 **2.** (태양에 대해)타다, 이글거리다

pripir|e, -i, s.f. 동사 pripi의 명사형

pripi|t, -tă, -ţi, -te, adj. **1.** 서두른, 바쁜 **2.** 빨리 태운, 빨리 구운

prip|on, -oane, s.m. **1.** 작은 말뚝 **2.** 이음밧줄

pripon|i, -esc, -ii, -it, vt. (동물, 배) 작은 말뚝에 묶다

priponir|e, -i, s.f. 동사 priponi의 명사형

priponi|t, -tă, -ţi, -te, adj. 묶여진

prip|or, -oare, s.m. 비탈, 언덕

pripor|os, -oasă, -oşi, -oase, adj. 비탈진

pris|acă, -ăci, s.f. 양봉원; 꿀벌통

prisăcar, ~i, s.m. 양봉가

prisăcări|e, -i, s.f. **1.** 양봉원 **2.** 양봉

prisăcăriţ|ă, -e, s.f. 양봉가(여자)

prisl|op, -oape, s.n. **1.** [방언]산길, 계곡 **2.** 숲속의 빈터

prismatic, ~ă, ~i, ~e, adj. 프리즘의, 각주의 (角柱)의

prism|ă, -e, s.f. 프리즘; a vedea(또는 a privi)printr-o anumită ~ 특별한 관점에 따라 사물을 보다

pris|os, -osuri, 그리고 -oase s.m. 과잉, 과다; de ~ 과잉의, 과다의

prisoselnic, ~ă, ~i, ~e, adj. 과잉의, 불필요한

prisos|i, -esc, -ii, -it, vi. 과잉되다, 남다

prisosinţ|ă, -e, s.f. 과잉, 충만; cu ~ 풍족한

prisp|ă, -e, s.f. **1.** 복도 **2.** 현관 **3.** 융기

pristan, I. ~i, s.m. [고어] **1.** 전령, 사신 **2.** 토지감시인 **3.** 지령, 훈령

pristăv|i, -esc, -ii, -it, vr. [고어]죽다

pristăvir|e, -i, s.f. 죽음

pristol, ~uri, s.n. 재단탁자

pristoac|ă, -e, s.f. 포도를 나르는 통

pritoc s.n. **pritoc|eală, -**eli, s.f. 포도주를 부음

pritoc|i, -esc, -ii, -it, vt. 포도주를 발효 후 다른 통에 붓다; [비유]옮기다

pritoci|t, -tă, -ţi, -te, adj. 부어진

priv|a, -ez, -ai, -at, **1.** vt. 누구를 이익, 권리를 누리지 못하게 장해하다, 필요한 것을 못가게 하다, 빼앗다, 약탈하다 II. vr. 필요한 것, 재산, 권리를 포기하다

prival, ~uri, s.m. [방언]자연적인 연결수로(운하)

priva|t, -tă, -ţi, -te, adj. 사적인, 개인의, 사사로운; 사용의; 사유의

privativ, ~ă, ~i, ~e, adj. **1.** 배타적인 **2.** [문법]부정의; prefix ~ 부정접두사

privaţiun|e, -i, s.f. (특히 pl.) 결핍, 상실, 박탈

priv|eală, -eli, s.f. **1.** 봄; a sta(또는 a ieşi) în priveală 보다 **2.** 소망, 전망

privegh|ea, -ez, -eai, -eat, I. vi. **1.**

깨어있다, 잠자지 않다 **2.** 밤샘하다 II. vt. 감시하다, 파수보다

privegher|e, -i, s.f. **1.** 깨어있음, 감시함 **2.** 밤샘

priveghet|or, -oare, -ori, -oare, s.m. 그리고 f. 감시자

priveghi, ~uri, s.m. **1.** 밤샘 **2.** 감시

privelişt|e, -i, s.f. **1.** 전망, 조망; 파노라마 **2.** 모습, 광경

priv|i, -esc, -ii, -it, vt. **1.** (그리고 vi.) 보다, 바라보다, 응시하다; a nu ~ ceva cu ochi buni 허용하지 않다; a ~ afară 밖을 응시하다 **2.** 시인하다, 인지하다, 간주하다 **3.** unipers .... 에 관하다; 누구를 흥미롭게 하다; asta nu te priveşte 이것은 너에 관한 것이 아니다; în ceea ce te priveşte ... 너에 관한한

privighet|ori, s.f. 나이팅게일

privilegi|a, -ez, -ai, -at, vt. (에게)특전(특전)을 주다; 특대하다

privilegia|t, -tă, -ţi, -te, I. adj. 특전이 부연된 II. s.m. 그리고 f. 특전이 있는 자

privilegi|u, -i, s.n. 특전, 특권; 특허, 면허

privinţ|ă, -e, s.f. 관계, 관련; în această ~ 이 관점에서; în privinţa .... 관하여, 고려하여; într-o ~ 한편으로; în toate privinţele 모든 관점에서

privir|e, -e s.f. **1.** 시선, 봄; a arunca o ~ 시선을 던지다, 보다 **2.** 고려, 참작; 관계, 관점; cu ~ la 에 관하여

privit|or, I. adv. ~ la ... 에 관하여 II. -oare, -ori, -oare, s.m. 그리고 f. 관객

priz|a, -ez, -ai, -at, vt. [고어]코로담배를 빨다(내쉬다)

priz|ă, -e, s.f. **1.** 소켓; ~ de pământ 접지, 어드 **2.** [건축]응고, 응결; a face ~ 응결시키다 **3.** 코담배

prizăr|i, -esc, -ii, -it, vr. [방언](식물, 동물) 발육, 성장이 정지되다; 왜소하게 되다, 작아지다

prizări|t, -tă, -ţi, -te, adj. 발육, 성장이 정지된; 왜소한

prizonier, ~ă, ~i, ~e, s.m. 그리고 f. 죄수

prizonierat, s.m. 구금상태

proasp|ăt, -ătă, -eţi, -ete, adj. **1.** 신선한 **2.** [비유]싱싱한, 젊은 **3.** (공기가)깨끗한

proaş|că, -te, s.f. 어딘가에서 뿜어져 흩어진 물, 오물의 양; a face ~ 황폐하게 하다

prob|a, -ez, -ai, -at, vt. **1.** 시험하다 **2.** 증명하다, 명백히 하다

probabil, ~ă, ~i, ~e, adj. 있을법한, 그럴듯한, 틀림없을 듯한; timpul ~ 일기예보

probabilit|ate, -ăţi, s.f. **1.** 있을 법함, 그럴듯함, 가망성 **2.** [수학]확률; [철학]개연성; după toate probabilităţile 혹시, 아마

proban|t, -tă, -ţi, -te, adj. 증거가 되는, 입증하는

probarm, ~e, s.n. 견본책(공책)

probat|or, -oare, -ori, -oare, adj. 입증의, 증명의; act ~ 자격증명서

prob|ă, -e, s.f. **1.** 검사, 실험; a pune pe cineva la ~ 시험해보다; de ~ 실험적으로 **2.** 시험; ~ scrisă 필기시험 **3.** 견본, 표본 **4.** 증거, 증명, 실증

probitate sf. 성실, 청렴

problematic, ~ă, ~i, ~e, adj. 의문

의, 의심스러운; 문제점이 있는; 애매한

problematic|ă, -i, s.f. 문제성, 문제점

problem|ă, -e, s.f. 문제; 숙제; 연구과제; 의문, 설문, 출제; 어려움; ~ actuală 현안문제

proboscid|e, ~, s.f. (드물게) (코끼리)긴코; (곤충)입, 끝

proboscidi|an, -eni, s.m. 장비류 (현재는 코끼리뿐)

proboz|i, -esc, -ii, -it, vt. [방언]꾸짖다, 욕하다, 야단치다

probozir|e, -e, s.f. [방언]꾸짖음, 욕함

proced|a, -ez, -ai, -at, vi. **1.** 일하다, 행동하다, 일을 완수하는데 일정한 수단을 사용하다 **2.** 시작하다, 착수하다; a ~ la anchetă 설문조사를 착수하다

procede|u, -e, s.m. **1.** 방법, 방식, 수단 **2.** 제법, 처리법

procedural, ~ă, ~i, ~e, adj. 소송절차에 관한

procedur|ă, -i, s.f. 소송절차

procent, ~e, s.m. **1.** 퍼센트, 100분의 1, 백분율 **2.** 비율, 이율, 이자

procentaj, ~e, s.m. 퍼센티지, 백분비, 백분율

procentual, ~ă, ~i, ~e, adj. 백분비의 백분율의

proces, ~e, s.m. **1.** [법률]소송 **2.** 진행, 계속; 경과; 과정; ~ de productie 생산과정; a face(intenta) un ~ 소송을 제기하다; a face procesul (cuiva) 비난하다; ~ verbal 기록, 조사; ~ verbal al unei şedințe 회의기록

procesiun|e, -i, s.f. [교회](종교상의 엄숙한) 행렬, 행진

procitani|e, -i, s.f. 반복; (학생의)시험

procit|i, -esc, -ii, -it, vt. **1.** (학생을) 시험보다 **2.** 반복하여 읽다 **3.** 비난하다, 꾸짖다

proclam|a, proclam, -ai, -at, I. vt. **1.** 단언하다, 주장하다; **2.** 성명(선언, 포고)하다 II. vr. 발표되다, 선언되다

proclam|are, ări, s.f. 선언, 성명, 포고, 공포

proclamați|e, -i, s.f. 선언서, 포고령

procle|t, -tă, -ți, -te, I. adj. **1.** 불신앙의, 독신(瀆神)의 **2.** 무서운 **3.** 나쁜, 사악한

proclitic, ~ă, ~i, ~e, adj. [문법]후접적인, 액센트가 다음 말에 붙어 발음되는

proconsul, ~i, s.m. [역사]지방총독

proconsular, ~ă, ~i, ~e, adj. 지방총독의

proconsulat, ~e, s.n. 지방총독의 직위

procre|a, -ez, -ai, -at, vt. 낳다, 만들다, 생식하다

procre|are, -ări, **procreați|e,** -i, s.f. 생식, 출산

procur|a, procur, -ai, -at, vt. **1.** 얻게 하다, 얻어주다, 마련해주다; 공급하다, 제공하다 **2.** 야기하다

procur|are, -ări, s.f. 동사 procura 의 명사형

procurator, ~i, s.m. [역사](고대, 로마)지방 징세관, 대관; 행정장관

procuratur|ă, -e, s.f. 검사

procur|ă, -e, s.f. 대리(권), 전권; 업무대리권

procuri|st, -şti, s.m. 업무대리인, 지배인

procuror, ~i, s.m. 검사, 검찰관

prodecan, ~i, s.m. 부학장

prodig, ~ă, ~i, ~e, adj. 낭비하는, 헤프게 쓰는

prodigalitate, -ăţi, s.f. **1.** 낭비(성), 방탕, 호탕 **2.** 풍부, 윤택

prodigi|os, -oasă, -oşi, -oase, adj. 놀라울만한, 경탄할만한, 굉장한; 비범한, 뛰어난

producăt|or, -oare, -ori, -oare, I. adj. 생산하는 II. s.m. 그리고 f. 생산자 [영화]제작자

pro|duce, -duc, -dusei, -dus. I. vt. **1.** 생산하다, 산출하다 **2.** 제작하다, 제조하다 **3.** 수확을 많이 내다 **4.** 일으키다, 야기하다 II. vr. **1.** 일어나다, 발생하다 **2.** 나타나다, 등장하다

producer|e, -i, s.f. **1.** 생산 **2.** 제조 **3.** 수확 **4.** 야기 **5.** 등장

product, ~e, s.n. [고어]생산물; 제품

productiv, ~ă, ~i, ~e, adj. **1.** 생산적인, 생산할 수 있는 **2.** 생산력이 풍부한, 다산하는; 수익이 있는; pământ ~ 비옥한 땅

productivitate, s.f. 생산성, 제작력; 창조력; 다산, 다작; 수익이 많음

productometr|u, -e, s.m. 생산측정기

producți|e, -i, s.f. **1.** 생산, 산출; 제조; ~ planificată 계획생산; mod de ~ 생산방법; mijloace de ~ 생산수단; relații de ~ 생산관계; unelte de ~ 생산도구; forțe de ~ 생산력; capacitate de ~ 생산용량; plan de ~ 생산계획; a fi în ~ 일하고 있다 **2.** (생)산물, 제품; 수익, 수확 **3.** 창작, 작품

produf, ~uri, s.n. [방언]얼음 3명

produs, ~e, s.n.(특히 pl.) **1.** 생산물, 산물, 제품 **2.** [화학]생성물 **3.** 수익, 수확고 **4.** [수학]적, 곱하기

proeminen|t, -tă, -ți, -te, adj. **1.** 돌출한 **2.** [비유]두드러지는, 특출한

proeminenț|ă, -e, s.f. **1.** 돌기, 돌출 **2.** 두드러짐, 특출

profan, ~ă, ~i, ~e, I. adj. **1.** 세속적인, 비종교적인 **2.** 모르는, 문외한의 II. s.m. **1.** 속인, 현세주의자 **2.** 불신자

profan|a, -ez, -ai, -at, vt. **1.** 신성을 더럽히다, 모독하다, 세속화하다 **2.** 오용하다, 남용하다

profan|are, -ări, s.f. 동사 profana 의 명사형

profanat|or, -oare, -ori, -oare I. adj. 신을 모독하는, 불경한 II. s.m. 그리고 f. 신을 모독하는 사람, 불경자

profer|a, -ez, -ai, -at, vt. 말하다, 발언하다; a ~ blesteme 저주하다

profes|a, -ez, -ai, -at, vt. **1.** (직업 따위를)행하다, 영위하다 **2.** 공언하다, 언명하다, 주장하다

profesare, s.f. 동사 profesa의 명사형

profesional, ~ă, ~i, ~e, adj. 직업의 직업적인; şcoală, ~ă 직업학교; secret ~ 직업상비밀

profesionism, s.m. 직업, 전문행위

profesioni|st, -stă, -şti, -ste, s.m. **1.** 경영자, 실업자 **2.** 전문가, 정통한사람 **3.** 프로선수

profesi|e, profesiun|e, -i, s.f. **1.** 직업; de ~ 직업의 **2.** [고어]~ de credință 신앙고백

profes|or, -oară, -ori, -oare, s.m. 그리고 f. **1.** 교수; ~ universitar 대학교수 **2.** 선생

profesoral, ~ă, ~i, ~e, adj. **1.** 교수의, 교수(교사)같은; consiliu~ (총체적으로)교수(진) **2.** 학자연하는, 유식한척하는

profesorat, s.m. 교수직; 교수의 재직기간

profesorime, s.f 교수의 전부

profe|t, -ți, s.m. 예언자, 선지자

profetic, ~ă, ~i, ~e, adj. 예언자의, 예언력있는

profetiz|a, -ez, -ai, -at, vt. 선지하다, 예언하다

profeți|e, -i, s.f. 예언

profil, ~uri, s.n. **1.** 옆모습, 옆얼굴; 윤곽 **2.** (건축. 기계, 지질) 단면(도) **3.** 외관, 외모, 모습

profil|a, -ez, -ai, -at, I. vt. **1.** 윤곽을 나타내다 **2.** 측면도를 그리다 II. vr. 옆모습이 나타나다, 윤곽이 나타나다

profilatic, ~ă, ~i, ~e, adj. 예방의

profil|are, ări, s.f. 동사 profila의 명사형

profilaxie s.f. 예방(법)

profilograf, ~e, s.n. 자동단면측기

profir, ~ă, ~i, ~e, **profiri|u,** -e, -i, adj. [고어]분홍색의

profit, ~uri, s.m. **1.** 이익, 이득, 이윤; în ~ul (cuiva) ...에 이득이 되도록, ...위하여 **2.** 자본이윤

profit|a, profit, -ai, -at, vi. 이익을 보다; 무엇의 혜택을 입을 기회를 이용하다

profitabil, ~ă, ~i, ~e, adj. 이익이 되는 유익한

profit|or, -oare, -ori, oare, I. adj. 이익을 내려고하는, 수익을 얻으려하는 II. s.m. 그리고 f. 이익 보려는 자, 이기주의자

profun|d, -dă, -zi, -de, adj. **1.** 깊은, 바닥이 깊은 **2.** 근본적인, 철저한; cunoștințe ~e 근본지식

profund|or, -oare, s.m. (비행)승강타(昇降舵)

profunzim|e, -i, s.f. **1.** 깊이 **2.** 근본

profuziun|e, -i, s.f. **1.** 풍부, 다량 **2.** 과잉

progenitur|ă, -i, s.f. **1.** 자녀, 자손 **2.** 동물의 새끼

progesteronă, s.f. 황체호르몬

prognoz|ă, -e, s.f. 예측, 예보(일기의); 예후

program, ~e, s.m. **1.** 프로그램, 차례 **2.** 예정, 계획; 예정표; după ~ 계획에 따라 **3.** 정강, 주의, 강령

program|a, -ez, -ai, -at, vt. **1.** 프로그램에 맞는 행동을 짜다; 프로그램을 확정하다; 행동의 프로그램 속에 누구를 포함시키다 **2.** 문제를 풀기 위해 누구를 조직화 하다 **3.** 프로그램밍하다

programatic, ~ă, ~i, ~e, adj. 프로그램대로의, 순서(계획, 예정)대로의; 강령에 의거한

program|ă, -e, s.f. ~ școlară, 교과과정; ~de învățământ 수업계획

progres, ~e, s.m. 진행, 전진, 진보, 진척, 향상, 발달; a face ~e 진보하다

progres|a, -ez, -ai, -at, vi. 진보하

다

progresi|e, -i, s.f. [수학]급수

progresi|st, -stă, -şti, -ste, I. adj. 진보주의자의 II. s.m. 그리고 f. 진보주의자

progresiv, ~ă, ~i, ~e, adj. 전진적인, 진보적인; 점진적인

progresivitate, s.f. 진보성

prohab, ~uri, 그리고 ~e, s.m. [방언]바지의 가랑이

prohib|i, -esc, -ii, -it, vt. 금하다, 금지하다, 저지하다

prohibi|t, -tă, -ţi, -te, adj. 금지된

prohibitiv, ~ă, ~i, ~e, adj. 금지하는, 제한적인; sistem ~ 무역금지지제(국내산업을 육성하기 위한)

prohibiţi|e, -i, s.f. **1.** 금지, 금제 **2.** 수입금지

prohod, ~uri, s.m. **1.** 장례미사, 연미사 **2.** 장례

prohod|i, -esc, -ii, -it. **1.** 장례미사, 연미사를 보다 **2.** 장례를 치루다

proiect, ~e, s.m. **1.** 계획, 기획 **2.** 의도 **3.** 초안; ~ de lege 법안 **4.** 제안, 제의

proiect|a, -ez, -ai, -at, I. vt. **1.** 계획하다, 기도하다 **2.** 투사하다, 투영하다, 비추다 **3.** 던지다 II. vr. **1.** 튀어나오다 **2.** 투영되다, 던져지다

proiectan|t, -tă, -ţi, -te, I. adj. 계획의, 구상의 II. s.m. 그리고 f. 계획구상자

proiect|are, -ări, s.f. 동사 proiecta의 명사형

proiectil, ~e, s.m. 사출물, 발사체

proiect|or, -oare, s.m. 투광기; 탐조등, 투사등; 헤트라이트; 영사기, 환등기

proiecţi|e, -i, s.f. **1.** (광선의)사출 **2.** 영사 **3.** 발사, 사출, 분출

prolegomene, s.m. pl. 서론

proleps|ă, -e, s.f. [수사학, 문법]예변법(반대론을 예견하여 미리 예방선을 치는 방법)

proletar, ~ă, ~i, ~e, I. adj. 프롤레타리아의, 무산자의 II. s.m. 그리고 f. 프롤레타리아; 무산자의

proletariat, s.m. 프롤레타리아 계급, 무산(노동자)계급

proletariz|a, -ez, -ai, -at, vt. 무산화(프로레타리아화)하다(중산계급따위를)

proletariz|are, -ări, s.f. 무산화, 프로레타리아화

proletcultism, s.m. 시월 혁명 후소련에서 나타난 문화운동(일체전통적인 예술가치를 무시한다)

prolifer|are, -ări, s.f. 증식, 번식

prolific, ~ă, ~i, ~e, adj. 생식력이 강한, 번식이 빠른

proli|x, -xă, -csi, -xe, adj. (말 따위가) 장황한, 말이 많은

prolixitate, s.f. 장황, 지루하게 길기

prolog, ~uri s.n. 머리말, 서언, 서두

promenad|ă, -e s.f. **1.** 산책, 소풍 **2.** 산책길, 소풍길

prometiu, s.n. [화학]프로메튬

promiscuitate, s.f. 혼합, 뒤죽박죽, 혼잡

promisiun|e, -i, s.f. 약속, 언약

pro|mite, promit, -misei, -mis, vt. 그리고 vi. **1.** 약속하다, 언약하다 **2.** 유망하다, 장래성이 있다

promiţăt|or, -oare, -ori -oare, adj. 유망한, 장래성 있는

promontori|u, -i, s.m. 갑(岬), 곶,

해각

promoroacă, s.f. 서리

promot|or, -oare, -ori, -oare, s.m. 그리고 f. 발기인, 주창자, 주동자

promoţi|e, -i, s.f. 동기생

promov|a, -ez, -ai, -at, vt. **1.** 승진시키다, 진급시키다; 성공적으로 공부를 끝마치다 **2.** 촉진하다, 지원하다, 진흥하다

promov|are, -ări, s.f. 동사 promova의 명사형

promova|t, -tă, -ţi, -te, adj. **1.** 승진된 **2.** 촉진된, 추진된

promp|t, -tă, -ţi, -te, adj. 재빠른, 신속한

promptitudine, s.f. 신속, 민첩, 빠름

promulg|a, promulg, -ai, -at, vt. 발포(공포)하다

promulg|are, -ări, s.f. 발포(공포)함.

pronaos, ~uri, s.m. 성당입구

pronie, s.f. 신

pronominal, ~ă, ~i, ~e, adj. 대명사의

pronostic, ~uri, s.n. 예상, 예측

pronosti|ca, -chez, -cai, -cat, vt. 예상하다, 예측하다

pronume, ~, s.m. 대명사

pronunţ|a, pronunţ, -ai, -at, I. vt. **1.** (그리고 vi.) 발음하다; a ~ un cuvânt 단어를 발음하다 **2.** 연설하다 **3.** [법률]선고하다, 언도하다; a ~ o sentinţă 판결을 내리다 II. vr. 발음되다; 의사를 표시하다

promunţ|are, -ări, s.f. 동사 pronunţa의 명사형

promunţa|t, -tă, -ţi, -te, adj. 강조된, 두드러진, 정해진

pronunţi|e, -i, s.f. [고어]발음하는 방법; 발음

proor ... pror 참조

propag|a, propag, -ai, -at, vt. 그리고 vr. **1.** 퍼뜨리다 **2.** 선전하다, 보급시키다

propagand|ă, -e, s.f. 선전, 유세; 홍보

propagandis|t, -stă, -şti, -ste, s.m. 그리고 f. 선전원; 선전자

propagandistic, ~ă, ~i, ~e, adj. 선전을 일로 삼는, 선전의

propag|are, -ări, s.f. 동사 propaga의 명사형

propagat|or, -oare, -ori, -oare, s.m. 그리고 f. 선전자

propan, s.n. 프로판

proparoxiton, ~e, s.m. 프로파록시톤(어미에서 세 번째 음절에 악센트가 있는 낱말)

propăş|i, -esc, -ii, -it, vt. 진보하다, 발전하다, 번성하다

propăşir|e, -i, s.f. 진보, 발전, 번성

propăşit|or, -oare, -ori, -oare, adj. 번성하는, 번영하는

prop|ea, -ele s.f. (바퀴)브레이크, 제동기

propice, adj. invar. 유익한, 유리한, 좋은

propilee, s.f. (신전 따위의)입구, 정문

proporţi|e, -i, s.f. **1.** 비율, 비례; în ~ cu ..비례하여 **2.** 크기, 사이즈; a lua proporţii 발전하다, 많이 성장하다 **3.** [수학]비, 비례

proporţion|a, -ez, -ai, -at, vt. 균형 잡히게 하다

proporțional, ~ă, ~i, ~e, adj. 비례하는, 비례의 동일비의; 균형이 잡힌

proporționalitate, s.f. 균형; 비례

proporționa|t, -tă, -ți, -te, adj. 비례관계에 있는; 균형잡힌

propovădu|i, -iesc, -ii, -it, vt. 생각, 종교교리, 개념을 퍼트리다; 설교하다

propovăduir|e, -i, s.f. 동사 propovădui의 명사형

propovăduit|or, -oare, -ori, -oare, s.m. 그리고 f. 설교자, 선전자

propoziți|e, -i, s.f. [문법]절; ~ principală 주절; ~ subordonată 부문장

proprietar, ~ă, ~i, ~e, s.m. 그리고 f. **1.** (집, 토지) 소유자, 지주

propriet|ate, -ăți, s.f. **1.** 소유; 소유권 **2.** 소유물, 소유주 **3.** 특성, 특징 **4.** (말 따위의)적절, 정확

proprietăr|easă, -ese 여자소유자

prori|u, -e, -i, adj. **1.** 자신의; cu propriile ei mâini 자신의 손으로; propria ta viață 자신의 인생 **2.** (3격과 함께) 고유의, 특유한, 독특한 **3.** (pentru) 적당한 **4.** 상응하는, 알맞은, 적합한; termen ~ 적합한 표현; ~zis 원래의, 본래의, 고유한; nume ~ 고유명사; sens ~ 본래의미

proptar, ~e, s.m. 베틀

propt|ea, -ele, s.f. **1.** 버팀목(기둥) **2.** [비유]보호, 지지, 후원

propt|eală, -ele, s.f. **1.** 버팀 **2.** 후원

propt|i, -esc, -ii, -it, I. vt. 버팀목을 대다; 버팀목으로 받치다 II. vr. vt. .. 에 의지하다, 기대다

proptire s.f. 동사 propti의 명사형

proptit|or, -oare, -ori, -oare, adj. 의지하는, 기대는

propuls|a, -ez, -ai, -at, vt. (추진기로)앞으로 나가게 하다; 밀다

propuls|are, -ări, s.f. 앞으로 추진, 밈

propulsi|e, -i, s.f. 추진; ~ cu reacți(un)e 역추진

propuls|or, -oare, s.n. 추진기, 프로펠러

pro|pune, -pun, -pusei,, -pus, I. vt. **1.** 제의하다, 제안하다, 제출하다 **2.** (a- și ~ ceva) 무엇을 의뢰하다, 계획하다 II. vr. 제의하다

propuner|e, -i, s.f. 제의, 제안, a face ~ 제안하다. 요청하다

pror|ă, -e, s.f. 뱃머리

prorector, ~i, s.m. 부총장

proroc, ~i, s.m. 예언자

proroc|i, -esc, -ii, -it, vt. 예언하다

prorocir|e, -i, s.f. 예언

prorocit|or, -oare, -ori, -oare, adj. 예언하는

prorog|a, prorog, -ai, -at, vt. (회의를)연기하다, 연장하다

prorog|are, -ări, s.f. 연기, 연장

proroga|t, -tă, -ți, -te, adj. 연기된

proscomid|i, -esc, -ii, -it, vt. 봉헌하다

proscomidi|e, -i, s.f. [종교]봉헌

pro|scrie, -scriu, -serisei, -scris. vt. **1.** 금지하다; 폐지하다 **2.** 추방하다

proscripți|e, -i, s.f. (고어와 역사) **1.** 추방 **2.** 금지; 폐지

proscri|s, -să, -și, -se, I. adj. **1.** 추방된 **2.** 금지된, 폐지된 II. s.m. 그리고 f. 추방당한 사람

prosector, ~i, s.m. **1.** 해부학 실습의 조수, 해부조수 **2.** 시체 해부자

proslăv|i, -esc, -ii, -it, vt. **1.** 영광을 찬송하다, 찬미하다, 기리다 **2.** vr. 만족하다, 흡족하다

proslăvir|e, -i, s.f. 동사 proslăvi의 명사형

prosodic, ~ă, ~i, ~e, adj. 운율학의

prosodie s.f. 운율

pros|op, -oape, s.m. 손수건

prosopoee, s.f. (수사학의)의인법, 활유법

propătur|ă, -i, s.f. 신선한 음식

prospect, ~e, s.n. 설명서, 안내서

prospect|a, -ez, -ai, -at, vt. **1.** [광산]시굴하다, 답사하다 **2.** 시장을 개척하다

prospect|are, -ări, s.f. 시굴, 시장 개척

prospect|or, -oare, -ori, -oare, s.m. 그리고 f 탐광자; 답사자, 탐험자

prospecțiun|e, -i, s.f. prospectare 참조

prosper, ~ă, ~i, ~e, 번창하는, 번성하는, 융성한

prosper|a, prosper 그리고 -ez, -ai, -at, vi. 번창(번영)하다, 발전하다

prosper|are, s.f. 번창, 번영

prosperitate, s.f. **1.** 성공, 행운 **2.** 융성, 번성, 번영, 번창

prospețime, s.f. [그리고 비유]신선함

prost, proastă, proști, proaste, adj. **1.** 어리석은; 바보의; 둔한; 미련한 **2.** 나쁜; marfă proastă 나쁜물건; situație proastă 나쁜 상황 **3.** 평범한, 보통의 **4.** 무지한

prostat|ă, -e, s.f. [해부]전립선

prostatic, ~ă, ~i, ~e, adj. **1.** 바보의, 어리석은 **2.** 죄없는, 순진한, 우둔한, 미련한

prostatit|ă, -e, s.f. 전립선염

prostă|ău, -ancă, -ăi, -ance, I. adj. 어리석기 짝이 없는 II. -ăi, s.m. 바보

prostănac, ~ă, ~i, ~e, I. adj. 바보의 II. s.m. 바보

prost|eală, -eli, s.f. [고어]어리석음, 우둔, 무지

prostern|a, prostern 그리고 -ez, -ai, -at, vr. 엎드리다(복종, 찬양, 추종의 표시도)

prostern|are, -ări, s.f. 엎드림

prost|esc, -ească, -ești, adj. prostește adv. 우둔한, 미련한, 바보같은

prost|i, -esc, -ii, -it, I. vt. **1.** 우둔하게하다 **2.** 당황하게하다, 어쩔줄 모르게하다 **3.** 바보로 간주하다 II. vr. **1.** 바보가 되다, 우둔해지다 **2.** 나쁘게 되다 **3.** 무의미한 짓을 하다

prostic|el, -ea, 그리고 -ică, -cei, -cele, adj. 상당히 바보인, 어리석은

prosti|e, -i, s.f. **1.** 우둔, 무지, 어리석은 일 **2.** 무의미함

prostime, s,f. [고어]민중, 보통사람; 천민, 하층민

prostir|e, -i, s.f. **1.** 어리석음 **2.** [방언]아마포

prosti|t, -tă, -ți, -te, adj. **1.** 어리석은, 바보가 된, 정신없는 **2.** 피곤에 지친

prostitu|a, -ez, -ai, -at, vt. 그리고 vr. **1.** 매음을 시키다(매음하다) **2.** 더럽히다, 타락시키다

prostituat|ă, -e, s.f. 매춘부

prostituție, s.f. 매음

prostovan, ~i, s.m. 멍청이, 바보

prostov|ol, -oluri, 그리고 -oale s.m. 투망

prostrație, s.f. 극도의 쇠약, 허탈

prostuț, ~ă, ~i, ~e, adj. 좀 둔한

protagoni|st, -stă, -şti, -ste, s.m. 그리고 f **1.** 주연, 주연배우 **2.** 중심인물, 선구자, 주창자

protal, ~e, s.m. [식물]전엽체

protaz|ă, -e, s.f. **1.** (고대 그리스연극)주제 제시부 **2.** [수사학]조건구; (삼단론 법의) 대전제

protect|or, -oare, -ori, -oare I. adj. 보호하는, 후원하는, 옹호하는 II. s.m. 그리고 f. 보호자, 옹호자, 후원자

protectorat, ~e, s.m. 보호령제도; 보호령; 보호국

protecți|e, -i, s.f. **1.** 보호, 옹호, 비호; a lua pe cineva sub ~ 누구를 보호하다 **2.** 후원, 두둔

protecționism, s.m. 보호무역주의

protecționi|st, -stă, -şti, -ste, adj. 보호무역주의의

protegu|i, -iesc, -ii, -it, vt. 보호하다

proteguit|or, -oare, -ori, -oare, adj. 보호하는

proteic, ~ă, ~i, ~e, adj. 갖가지형태를 나타내는; [화학]substanțe ~ 프로테인, 단백질

protein|ă, -e, s.f. 프로테인 단백질

protej|a, -ez, -ai, -at, vt. **1.** 보호하다, 지키다 **2.** 후원하다, 두둔하다

protej|are, -ări, s.f. **1.** 보호, 지킴 **2.** 후원, 두둔

proteja|t, -tă, -ți, -te, adj. 보호된, 방어된; 후원된

protest, ~e, s.n. **1.** 항의, 의의 **2.** (어음 따위의) 인수(지불)거절, 거절증서

protest|a, -ez, -ai, -at, vi. **1.** 항의(항변)하다, 이의를 제기하다 **2.** (어음의)인수를(지분을)거절하다

protestan|t, -tă, -ți, -te, I. adj. 신교의, 신교도의, 프로테스탄트의 II. s.m. 그리고 f 신교도, 프로테스탄트

protestantism, s.m. 신교, 신교의 교리; (총체적) 신교도, 신교교회

protest|are, -ări, s.f. 동사 protesta 의 명사형

protestatar, ~ă, ~i, ~e, I. adj. 항의의 II. s.m. 그리고 f 항의하는 사람

protetic, ~ă, ~i, ~e, adj. **1.** 인공보철에 관한 **2.** 의미를 바꾸지 않고 단어 앞에 부가하는

prote|u, -i, s.m. 변화무쌍한 사람, 변하기 쉬운 사람

protez|ă, -e, s.f **1.** 어두음(語頭音) 첨가 **2.** [의학](인공적 기구로 신체의 일부기관을 바꾸는)보철술

protipendadă, s.f. 가장 높은 귀족계급

protist, ~e, s.m. 원생생물 (原生生物)

protoc|ol, -oale, s.n. **1.** 기록; 조서; 의사록, 회의록; (조약)원안; (외교)의정서; 외교문서 **2.** (일반사회의) 예의범절

protocolar, ~ă, ~i, ~e, adj. 조서에 의거한, 기록대로의, 회의록 형식의

protoiere|u, -i, s.m. 수석사제

protoierie, s.f. 수석사제의 직

protoistoric, ~ă, ~i, ~e, adj. 원시사(原始史)의

protoistorie, s.f. 원시사(철기시대에 상응)

proton, ~i, s.m. 양자(陽子), 프로톤

protonic, ~ă, ~i, ~e, adj. **1.** 양자의 **2.** [문법]악센트있는, 음절 앞에 있는

protoplasmatic, ~ă, ~i, ~e, adj. 원형질의

protoplasmă, s.f. 원형질

protoplasmic, ~ă, ~i, ~e, adj. 원형질의

protopop, ~i, s.m. 수석사제

protopop|easă, -ese, s.f. 수석사제의 부인

protopopi|e, -i, s.f. **1.** 수석사제의 직, 계급 **2.** 수석사제의 지역

protoprezbiter, ~i, s.m. protopop 참조

protoprezbiter|ă, -e, s.f. protopopeasă 참조

protosinghel, ~i, s.m. 보좌신부

prototip, ~uri, s.n. **1.** 견본, 모형 **2.** 원형; 전형, 본보기

protoxid, ~uri, s.m. 제1산화물

protozoar, ~e, s.n. 원생(原生)동물

protuberan|t, -tă, -ți, -te, adj. 돌출된, 융기한

protuberanț|ă, -e, s.f. 돌출, 융기

proțap, ~uri, s.m. **1.** (수레의)채, 끌채 **2.** 옛날 군주의 훈령을 꽂아놓는 끝이 갈라진 막대; a umbla cu jalba în ~ 항의하다

proțăp|i, -esc, -ii, -it, I. vr. **1.** 기대하다, 의지하다 **2.** 고정되다 **3.** 누구 앞에 도전적으로 멈추다 **4.** 뻐기다 II. vt. 때리다

proțăpi|t, -tă, -ți, -te, adj. **1.** 움직이지 않는, 고정된 **2.** 교만한, 뽐내는

prov|ă, -e, s.f. proră 참조

pro|vedea, -văd, -văzui, -vărut, vt. 필요한 것을 누구에게 주다

pro|veni, -vin, -venii, -venit, vi. ... 에서 유래하다, 나오다, 생기다

provenienț|ă, -e, s.f. **1.** 발송지, 출발지, 원산지 **2.** 근원, 원천

provensal, ~ă, ~i, ~e adj. 프로방스(프랑스남부)의

proverb. ~e, s.n. 속담, 격언

provrbial, ~ă, ~i, ~e, adj. 속담의, 격언의

proviant, ~uri, a.n. 저장품; 양식식량

providență, s.f. 신의섭리

providențial, ~ă, ~i, ~e, 신의 섭리에 의한

provincial, ~ă, ~i, ~e I. adj. 지방의, 시골의... II. s.m. 그리고 f 지방민, 시골사람

provincialism, ~e, s.m. **1.** 사투리, 시골말 **2.** 촌티, 시골풍

provincializ|a, -ez, -ai, -at, vt. 지방화하다

provinci|e, -i, s.f. **1.** (행정구역상의) 주, 도 **2.** 지방, 시골 **3.** 이탈리아 이외의 로마의 속주

provizi|e, -i, s.f. 저장, 구매, 비축; 저장품, 비축품

provizi|on, -oane, s.m. 수수료, 구전, 코미션

provizorat, ~e, s.m. 일시적인 상태

provizori|u, -e, -i, adj. 잠정적인, 임시적인, 일시적인

provoc|a, provoc, -ai, -at, vt. **1.** 도전하다, 도발하다; a ~ la întrecere 경쟁에 도전하다 **2.** 유발하다, 자극하다; a ~ un incident 사고를 유발하다

provocan|t, -tă, -ți, -te, adj. **1.** 도전하는, 도발하는 **2.** 유발하는

provoc|are, -ări, s.f. **1.** 도전, 도발 **2.** 유발, 자극

provocat|or, -oare, -ori, -oare, I. adj. 도전하는, 도발하는 II. s.m. 그리고 f 선동자, 도발(도전)자

proxene|t, -tă, -ţi, -te, s.m. 그리고 f. 매음중개자, 뚜장이

proxenetism, s.n. 매음중개업, 포주업

proxim, ~ă, ~i, ~e, adj. (시간, 공간상)가장 가까운

proximitate, s.f. 부근, 근방; (시간) 가까움

prozaic, ~ă, ~i, ~e adj. **1.** 평범한 **2.** 예술적 가치가 없는(문학작품, 문체 등)

prozat|or, -oare, -ori, -oare, s.m. 그리고 f. 산문가

proză, s.f. 산문

prozeli|t, -tă, -ţi, -te, s.m. 그리고 f. 개종자; (정당 따위의) 신임자

prozelitism, s.m. 개종권유

prrr, interj. 말을 멈추게 하는 소리

prubulu|i, -iesc, -ii, -it, vt. [방언] **1.** 시험해보다, 시도하다 **2.** 생각하다, 추정하다

pruden|t, -tă, -ţi, -te, adj. 신중한, 사려깊은

prudenţă, s.f. 신중, 사려깊은

pruj|i, -esc, -ii, -it, vi. [방언] **1.** 농담하다 **2.** 익살스런 이야기를 하다

prujitur|ă, -i, s.f. [방언]농담, 익살, 일화, 우스운 이야기

prun, ~i, s.m. 자두나무

prun|ă, -e, s.f. 자두; a vorbi cu prune în gură 불분명하게 말하다

plunări|e, -i, s.f. 자두 과수원

prunc, ~i, s.m. 남자 갓난아이

prunc|ă, s.f. (여자)갓난아이

pruncie, s.f. 어린 시절

pruncucider|e, -i, s.f. 유아살해

pruncucigaş, ~ă, ~i, ~e, s.m. 그리고 f. 유아살해자

prunculeţ, ~i, **pruncuşor,** ~i, **prun- cuţ,** ~i, s.m. 갓난아이

prund, ~uri, s.n. **1.** 자갈강가, 모래강가 **2.** 자갈, 조약돌

prundar, ~i, s.m. [조류] **1.** 검은 할미새 **2.** 검은 가슴 물떼새

prundiş, ~uri, s.m. prund 참조

prund|os, -oasă, -oşi, -oase, adj. 자갈같은

prundu|i, -iesc, -ii, -it, vt. (길이 자갈로)깔리다

prundui|t, -tă, -ţi, -te, adj. (자갈로) 깔린

prunet, ~uri, s.m. 자두정원(과수원)

prurit s.n. [의학]소양증

prusac, ~ă, ~i, ~e, **prusi|an,** -ană, -eni, -ene I. adj. 러시아의 II. s.m. 러시아

prusic, adj. acid ~ 청산염

psalm, ~i, s.m. 찬미가; 구약성서 중 150시편의 이름

psalmi|st, -şti, s.m. **1.** 성가의 작자 **2.** 성가를 부르는 사람 **3.** 시편의 작자(특히 다윗왕)

psalmodi|a, -ez, -ai, -at, vt. (그리고 비유) 성시를 송독하다; (낭독, 말 따위를)단조롭게 하다

psalmodi|e, -i, s.f. **1.** (낭독, 말, 노래, 시)단조무변함 **2.** [종교]성시낭독(가창)방식

psal|t, -ţi, s.m. 성가대원

psaltichie, s.f. 성가

psaltir|e, -i, s.f. 시편; 찬미가집

pseudoarti|st, -stă, -şti, -ste, s.m.f. 사이비예술가
pseudomorfoz|ă, -e, s.f. [광물]가상, 가정
pseudonim, ~e, s.m. 필명, 아호; 가명
pseudopod, ~e, s.n. [생물]위족(僞足)
pseudoştiinţă, s.f. 거짓학문
psihanali|st, -stă, -şti, -ste, s.m. 그리고 f. 정신분석학자
psihanalitic, ~ă, ~i, ~e, adj. 정신분석의, 정신분석학적인
psihanaliză, s.f. 정신분석학(프로이트의)
psihasteni|e, -i, s.f. 신경쇠약, 노이로제, 정신쇠약증
psihiatrie, s.f. 정신병목, 정신의학, 정신병자
psihiatr|u, -i, s.m. 정신병의사
psihic, I. ~ă, ~i, ~e, adj. 영혼의, 정신의, 심적인 II. s.m. 심적인 상태
psihofiziologic, ~ă, ~i, ~e, adj. 정신생리학의
psihofiziologie, s.f. 정신생리학
psihogen, ~ă, ~i, ~e, adj. 정신발생학의
psihogeneză, s.f. 정신발생학
psihol|og, -oagă, -ogi, -oage, s.m. 그리고 f. 심리학자
pshiologic, ~ă, ~i, ~e, adj. 심리학적인, 심리학의, 정신상태의
psihologie, s.f. 심리학자
psihologism, s.m. 심리주의
psihologizan|t, -tă, -ţi, -te, adj. 심리학적인 요소에 과도한 중요성을 주는
psihomotor, ~i, adj. 운동작용과 정신작용의
psihonevroz|ă, -e, s.f. 정신신경증
psihopa|t, -tă, -ţi, -te, s.m. 그리고 f. 정신병자
psihopatie, s.f. 정신병, 정신장애
psihopatologie, s.f. 정신병리학
psihoterapeu|t, -ţi, s.m. 정신요법의사, 심리요법 의사
psihoterapeutic, ~ă, ~i, ~e, adj. 정신요법의, 심리요법의
psihoterapie, s.f. 정신요법
psihoz|ă, -e, s.f. 정신병, 정신이상
pterodactil, ~i, s.m. 익룡(고생물)
ptialină, s.f. 프티알긴, 타액소
ptiu, interj. 뜻하지 않은 상황에 경멸, 놀람, 싫음을 표현하는 말
ptomain|ă, -e, s.f. 프토마인, 사독(단백질이 부패과정에서 생기는 독소)
ptoz|ă, -e, s.f. 위눈까풀 하수증
ptru, interj. prrr참조
puber, ~ă, ~i, ~e, adj. 사춘기에 이른, 발정기의
pubertate, s.f. 사춘기
pubi|an, -ană, -eni, -ene, adj. [해부]치골의
pubis, ~e, s.m. 치골
public, I. ~ă, ~i, ~e, adj. **1.** 공적인, 공공의; a face ~ 공포하다; grădină ~ă 공원; opinie ~ă 여론; telefon ~ 공중전화; drept ~ 공권 **2.** 국가의; buget ~ 국가예산; forţă ~ă 공권력 II. s.m. 공중; 광중; 독자; 대중
public|a, public, -ai, -at, vt. 공포하다. 공포(발포)하다; 출판(간행)하다
publicabil, ~ă, ~i, ~e, adj. 공개할 수 있는, 공포할 수 있는

publicl|ări, s.f. 동사 publica의 명사형
publicați|e, -i, s.f. **1.** 출판, 간행; 공표, 발표, 공고 **2.** 출판물, 간행물
publici|st, -stă, -şti, -ste, s.m. 그리고 f. 문화, 정치, 사회 성격을 가진 작품을 발표하는 사람; (현재 의미) 신문기고가
publicistic, ~ă, ~i, ~e, adj. 신문업의, 저널리즘의
publicistică, s.f. 신문업, 저널리즘; 신문, 장치; 시평
publicitate, s.f. **1.** 광고, 선전 **2.** 공개
puc, ~uri, s.n. (아이스하키의)팩
puchin|ă, -i, s.f. [방언]눈곱
puchin|os, -oasă, -oşi, -oase, adj. [방언] **1.** 눈곱이낀 **2.** 더러운
puci, ~uri, s.m. 구테타
puci|os, -oasă, -oşi, -oase, adj. [방언]냄새가 고약한
pud, ~uri, s.m. 러시아의 중량단위의 명칭(약 16.38kg)
pudel, ~i, s.m. 푸들(복슬개의 일종)
pudic, ~ă, ~i, ~e, adj. 정숙한, 얌전한, 조심성있는, 점잖은
pudicitate, s.f. 수줍어함, 정숙함
pudlaj, ~e, s.n. (야금)용철 정련법
pudoare, s.f. 삼감, 점잖음; 정숙함; 수줍음; atentat la ~ 풍기사범
pudr|a, -ez, -ai, -at, vt. 그리고 vr. 분칠하다, 분바르다
pudra|t, -tă, -ți, -te, adj. 분칠한
pudr|ă, -e, s.f. 분가루
pudrier|ă, -e, s.f. 분통
puericultură, s.f. 육아법, 육아학
pueril, ~ă. ~i, ~e, adj. 유치한, (어린애같이)순진한, 실없는, 진지하지 못한
puerperal, ~ă, ~i, ~e, adj. 산욕의; febră ~ă 산욕열
puf, ~uri, s.m. **1.** 거위 등의 새털; plapumă de ~ 거위털 **2.** 솜털 같은 수염 **3.** 분첩
pufă|i, -iesc, -ii, -it, vi. **1.** 자욱하게 연기가 일다 **2.** (기관차에 대해)칙하고 소리를 내다 **3.** 콧 숨쉬다; 가쁘게 숨쉬다.
pufăi|ală, -eli, s.f. **pufăi,** ~uri, s.m. **1.** 연기 남 **2.** 칙 하는 소리 **3.** 콧숨쉼
pufn|i, -esc, -ii, -it, vi. **1.** 콧숨 쉬다; 가쁘게 숨쉬다 **2.** (기관차, 모토 등) 칙 하는 소리를 내다 **3.** a ~ de râs 큰 소리로 웃다
pufnitur|ă, -i, s.f. 연방 콧숨쉬기(헐떡이기)
pufoaic|ă. -e, s.f. 오리털 쟈켇
puf|os, -oasă, -oşi, -oase adj. 솜털로 덮힌, 부드러운, 가벼운
pufuleț, -e, s.n. puf의 축소형
pugilism, s.n. 권투경기
pugili|st, -şti, s.m. 권투선수
pugilistic, ~ă, ~i, ~e, adj. 권투경기의
puhav, ~ă, ~i, ~e, adj. **1.** (사람과 신체의 부분) 부풀고 부드러운 살의; 부풀은 **2.** 부드러운
puh|ă, -e, s.f. 긴 채찍
puhăv|i, -esc, -ii, -it, vr. 부풀다
puh|or, -oaie, s.m. [그리고 비유]큰 물결, 홍수, 큰물; în puhoaie 엄청나게, 억수같이
puhoier, ~i, s.m. [조류]솔개의 일종
pui[1], -. I. s.m. **1.** 새 새끼; ~ (de găină) 병아리; a muri ca un ~ de găină 빨리, 쉽게 죽다; ~ de urs 곰새끼; ~ de

pernă 작은 방석(벼개) **2.** (휘묻이하기 위한)어린 가지 **3.** 아이; ~ul mamii 가장 사랑하는 아이; ~ de lele 여자 꽁무늬를 쫓아다니는 남자; ~ de bogdaproste 거지아이; nici ~ de … ..의 흔적이 없다; nici ~ de om 사람 한명도 없다 **4.** (증가형) ~ de om 강한 사람; ~de bețiv 술고래; ~ de ger 혹독한 추위; a trage un ~ de somn 잠깐 자다 **5.** [재정]발행 **6.** 노젓는 배

pu|i², pers 3. -iește, -i, -it, vt. [방언] 새끼를 낳다

puiandr|u, -i, s.f. **1.** 암탉 **2.** [비유] 여자에 대한 애칭

puicul|eană, -,ene, **puiculiț|ă,** -e, s.f. puică 참조

puie|t, I. s.n. **1.** 부화, 부란 **2.** 벌의 유충 II. -ți, s.m. (pl.) 어린가지

pui|os, -oasă, -oşi, -oase, adj. 다산의

puişor, ~i, s.n. **1.** 작은 병아리 **2.** 여자에 대한 애칭 **3.** 작은 벼개

puit|or, -oare, -ori, -oare, s.m. 그리고 f. [인쇄]삽지공; ~ de mine 지뢰 부설함

puiuț, ~i, s.m. puişor 참조

pul, ~uri, s.n. (특히 pl.) (주사위놀이의)돌(말)

pulberări|e, -i, s.f. **1.** 화약 공장 **2.** 화약고

pulber|e, -i, s.f. **1.** 먼지; a se face praf şi ~ 재가 되다 **2.** 화약

puli|e, -i, s.f. 도르래; 피대줄 거는 바퀴

pulmou, ~i, s.m. plămân 참조

pulmonar, ~ă, ~i, ~e, adj. 폐의; tuberculoză ~ 폐결핵

pulover, ~e, s.m. 스웨터

pulpan|ă, -e, s.f. (옷)자락

pulp|ă, -e, s.f. **1.** 장딴지 **2.** (열매의) 살부분 **2.** [의학]골수

puls, s.n. 맥박; a lua cuiva pulsul 누구의 맥박을 재다

puls|a, -ez, -ai, -at, vi. **1.** 맥박이 뛰다, 고동하다 **2.** 활기있게 움직이다, 약동하다

pulsați|e, -i, s.f. 박동, 고동

pulveriz|a, -ez, -ai, -at, vt. 분말로 하다, 갈다, 타다; 분쇄하다

pulveriz|are, -ări, s.f. 동사 pulveriza의 명사형

pulveriza|t, -tă, -ți, -te, adj. 분말로 된, 가루가 된

pulverizat|or, -oare, s.m. 분쇄기

pulverulen|t, -tă, -ți, -te, adj. 가루 모양의, 분말상의

pumn, ~i, s.m. **1.** 주먹; a râde în ~i 만족하여 몰래 웃다; a se bate cu ~ii în cap 머리털을 잡고 싸우다; un ~ de ... 한줌의....; a strânge ~ii 주먹을 쥐다 **2.** 주먹으로 침

pumnel, ~e, s.n. 단도

pumnice|l, -i, **pumnişor,** ~i, s.m. pumn의 축소형; 작은 주먹

punci, ~uri, s.n. 펀치, 오색주

punct, ~e, s.m. **1.** [음악, 스포츠, 기하, 문법]점, 부점(附點), 득점; 성적, 평점, 점수; 구두점, 종지부; ~ şi virgulă 세미콜론(;); două puncte 콜론(:); ~e de suspensie 또는 ~e ~e 작은 반점; a pune ~ul pe i i에 점을 찍다, 문제에 있어서 필수적이라고 정확하게 규정하다; ~ cardinal 방위, 동서남북; ~ de onoare 명예문제; ~ de plecare 출발점; ~ de fierbere 비등점; ~ de îngheț 빙점; ~ de topire 융해점; un ~ nevralgic (신경통의) 압통점; a fi pe ~ul de a ... 막 .. 하려는 시점에 있다; ~ de vedere 관점; din ~(ul) de vedere ...의 관점에서; a pune (un aparat) la ~ 조정하다; pus la ~ 잘 옷을 입은, 가지런한; a pune pe cineva la ~ 누구에게 무엇이 합당한지 틀린지를 가리켜 주다; la ~ 정확한때에; ~ cu ~ 한점 한점, 하나 하나; până la acest ~ 이 단계까지 **2.** (자수에서)바늘자리

punc|ta, -ez, -ai, -at, vt. **1.** 점을 찍다, 점선을 치다; [음악]부점을 하다 **2.** [스포츠]매경기의 점수를 표시하다 **3.** 강조하다, 두드러지게 하다

punctaj, ~e, s.n. **1.** 점찍기; 체크하기 **2.** 점수표시

punct|are, -ări, s.f. 동사 puncta의 명사형

puncta|t, -tă, -ți, -te, adj. 점찍힌

punctat|or, -oare, s.m. 눈금 새기는 송곳

punctiș|or, -oare, s.n. 작은 점

punctual, ~ă, ~i, ~e, adj. **1.** (사람에 대해)정확한, 꼼꼼한, 어김없는; 엄수하는 **2.** (말에 대해) 점괄(點括)적인(동작을 발전의 일점에서 포착하는 아스펙트) **3.** adv. 제시간에, 정확한 시간에

punctualitate, s.f. 어김없음, 시간엄수

punctuație, s.f. 구두점, 구두법

puncți|e, -i, s,f. [의학]천자법(穿刺法)

pune, pun, pusei, pus. I. vt. **1.** 놓다, 두다; a ~ cartea pe masă 책을 탁자위에 놓다; a ~ jos 내려놓다; a ~ la loc 제자리에 도로 두다; a ~ în cui 못에 걸다; a-și pune pofta în cui 희망을 포기하다; a ~ foc 불을 지르다; a ~ temelie 초석을 놓다; a ~ piedici 또는 a ~ bețe-n roate 방해하다; a ~ o vorbă(bună) pentru cineva 누구를 칭찬하다, 누구를 옹호해주다; a ~ la o parte(bani) 저축하다; a ~ impozite 세금을 매기다; a ~ bani (la dobândă) 세금을 부과하다; a ~ peceta 도장을 찍다; a-și ~ iscălitura 싸인하다; a ~ mâna (또는 umărul) 도와주다; a ~ mână de la mână 기여하다; a ~ la colț 구석에 놓다, 치우다; a ~ la zid 누구를 총살하다; 저주하다; a ~ în picioare 누구에게 필요한 것을 제공하다; a pune mâna pe cineva 누구를 체포하다; a-și ~ capul, viața pentru cineva(또는 ceva) 누구를 위해 생명의 위험을 무릅쓰다; a ~ la îndoială 의심하다; a ~ pro- blema 문제를 제기하다; a ~ pe tapet 토론하다; 토론주제로 삼다; a ~ față în față 적대시키다, 대립시키다; a ~ pe socoteala cuiva 누구의 탓으로 돌리다; a-și ~ nădejdea în ceva 무엇에 희망을 걸다; a ~ cuiva un lucru înainte 누구에게 무엇을 제공하다; **2.** 운반하다, 가지고 오다, 야기하다; a ~ la vot 투표에 부치다; a ~ pe cineva în încurcătură 누구를 혼란스럽게 하다; a ~ pe calea cea bună 올바른 길로 가게 하다; a ~ în vânzare 판매하다; a ~ bine 또는 a ~ la adăpost 안전하게하다 **3.** ...하게하다, 시키다; a ~ să cânte 노래시키다; a ~ la muncă 일하게 하다; a ~ în lucru 착수하다;

4. 심다, 씨를 뿌리다; a ~ grâu 밀씨앗을 뿌리다 **5.** [속어]증가하다; am pus un 1 kg. 체중이 1kg 늘었다 **6.** 옷을 입다, 걸치다; a-şi ~ rochia 옷을 입다; a-şi ~ cravata 넥타이를 매다; a-şi ~ pălăria în cap 모자를 쓰다; [비유] a ~ coarne 누구와 아내와 간통하다 **7.** a ~ sub acuzare 고소하다; a ~ amanet 저당하다; a ~ la cale 계획하다, 실천하다; a ~ capăt 끝내다; a ~ cruce unui lucru 최종적으로 포기하다; a ~ pe fugă 도망치다; a ~ în funcţiune 운전을 개시하다; a-şi ~ în gând 계획하다, 구성하다; a ~ cuiva gând rău 누구에게 대해 나쁜생각을 하다; a ~ pe cineva pe gânduri 누구를 진정시키다; a ~ pe cineva la locul lui 누구에게 올바른 길을 가르치다; a ~ masa 식탁을 차리다; a-şi ~ mintea cu cineva 누구와 관계를 맺다, ...와 음모를 꾸미다; a ~ pe note 작곡하다; a ~ la punct punct 참조; a ~ rămaşag 내기하다; a ~ în scenă 상연하다, 공연하다; a ~ şaua 안장을 얹다; a ~ şaua pe cineva 일을 재촉하다; a ~ temei, preţ pe ceva 무엇에 가치를 두다; a-şi ~ viaţa în primejdie 생명을 위태롭게 하다; a ~ în evidenţă 강조하다 **II.** vr. **1.** 앉다. 눕다; a se ~ în pat 침대에 눕다; a se ~ chezaş 보증하다; a se ~ bine cu cineva 누구와 불화하다; **2.** 시작하다; se puse o iarnă grea 혹독한 겨울이 시작되었다; se ~ pe ploaie 비가 오기 시작한다; a se ~ pe muncă 일하기 시작하다; a se ~ pe plâns 울기시작하다; a se ~ pe vorbă 대화하기 시작하다; a se ~ cu gura pe cineva 누구를 심문하다, 질책하다 **3.** 적대시하다, 반대하다; a se ~ împotriva cuiva 누구에 반항하다; a se ~ în calea cuiva 누구를 방해하다

punere, s.f. 동사 pune의 명사형; ~ sub acuzare 고소; ~ în libertate 석방; ~ în funcţiune 작동; ~ în lucru 착수; ~ în posesie 소유함; ~ în scenă 공연; ~ în vânzare 판매함; ~ la punct 수선, 수리

pungaş, ~i, s.m. **1.** 소매치기 **2.** 사기꾼

pung|ă, -i, s.f. **1.** 주머니; ~ (de bani) 돈주머니, 돈지갑; a face gura ~ (불만족의 표시로) 입을 오므리다; a fi gros la ~ 매우 부자다; a lega băierile pungii 아끼다, 구두쇠다 **2.** 봉지

pungăş|eală, -eli, s.f. 도둑질, 사기, 협잡

pungăş|esc, -ească. -eşti, adj. 도둑질의, 사기의

pungăş|i, -esc, -ii, -it, vt. 훔치다, 사기치다

pungăşi|e, -i, s.f. 도둑질, 사기

pungăşoaic|ă, -e, s.f. **1.** 여자소매치기 **2.** 여자사기꾼

pung|i, -esc, -ii, -it, vt. **1.** (그리고 vr.)오무리다 **2.** pungăşi 참조

punguliţ|ă, -e, **punguţ|ă,** s.f. 작은 주머니

punic, ~ă, ~i, ~e, adj. [역사]카르타고의

pun|te, -ţi, s.f. **1.** 다리로만 건널 수 있는 좁은 다리, 인도교; a se face luntre şi ~ 무엇인가를 방해하기위해 모든 수단을 강구하다; **2.** [해양]갑판 **3.** 발판 **4.** (짐 나르는)멜대

puntiț|ă, -e. s.f. punte의 축소형
pup, ~i, s.m. [방언] **1.** 봉오리 **2.** 작은 더미; a şedea ~ 웅크리다
pup|a, pup, -ai, -at, vt. vr. **1.** 키스하다, 뽀뽀하다; a se ~ în bot cu cineva 누구와 친밀한 관계를 맺다 **2.** 원하는 것을 얻게 되다
pupat, ~uri, s.m. 키스
pup|ă, -e, s.f. (배의 뒷부분) 선미
pupăci|os, -oasă, -oşi, -oase, adj. 키쓰하기 좋아하는
pupătur|ă, -i, s.f. pupat 참조
pup|ăză, -eze, s.f. **1.** 후투티(철새); a-i merge gura ca pupăza 수다스럽다, 말을 많이 하다 **2.** [식물]완두 **3.** 허수아비 **4.** colac peste ~ 불행은 혼자 오지 않는다
pupăzoi, ~. s.m. 후투티(수컷)
pupil, ~ă, ~i, ~e, s.m. 그리고 f. 피후견인, 미성년자, 어린아동, 고아
pupil|ă, -e, s.f. [해부]동공
pupitr|u, -e, s.m. 작은 책상; 악보대; 포도주병을 거꾸로 쫒아놓는 선반
pupuic|ă, -i, I. adj. 우아한 II. s.f. 사랑하는 사람에 대한 애칭
pur, I. ~i, s.m. [식물]파속, 부추 II. ~ă, ~i, ~e, adj. **1.** 순수한, 깨끗한; alcool ~ 순수알콜 **2.** 순결한, 순량한, 결백한 **3.** 단순한, 순진한; ~ şi simplu adv. 단순하게, 간단하게 **4.** (목소리)청아한, 깨끗한
purade|l, -i, s.m. 집시아이
purc|ea, -ică, -ele s.f. 암퇘지새끼; a lua ~ua de coadă 취하다
pur|cede, purced, -cesei, -ces, vi. **1.** 출발하다, 길을 떠나다; a ~ la drum 길을 떠나다 **2.** 시작하다; purceseră ploile 비가오기 시작했다; a ~ la lucru 일을 시작하다; a ~ grea 임신하다 **3.** 유래하다, 나오다; toate de la dânsa au purces 그 여자로부터 모든 것이 나왔다.
purce|l, -i, s.m. 수돼지 새끼; cu ~ şi (cu) cățel 모두
purceluş, ~ă, ~i, ~e, s.m. 그리고 f. purcel의 축소형
purces, ~uri, s.m. **1.** 출발 **2.** 유래
purc|oi, -oaie, s.n. **1.** 더미 **2.** 무더기
pur|ga, -ghez, -gai, -gat, I. vr. 하제(下劑)를 복용하다 II. vt. (불순물)제거하다. 깨끗이하다
purg|are, -ări, s.f. **1.** [의학]하제복용 **2.** [비유]깨끗이함
purgativ, ~e, s.n. [의학]하제(下劑)
purgatoriu, s.m. 연옥
purgați|e, -i, s.f. **1.** [의학]하제를 써서 배출시킴; 하제 **2.** 깨끗이 씻어냄
puric|a, puric, -ai, -at, vt. **1.** 벼룩을 잡주다 **2.** 철저하게 조사하다
puric|e, -i, s.m. **1.** 벼룩; a i se face inima cât un ~ (커다란 위험에 처해 있을 때나 매우 놀랬을 때 표현하는 말); a nu face mulți ~ undeva (또는 cu cineva) 오래 머무르지 않다; (동화에서) de când se potcovea ~le 오래전에 **2.** 매우 작은 못 **3.** 잔디
puric|os, -oasă, -oşi, -oase, adj 벼룩으로 꽉 찬
purific|a, purific, -ai, -at, vt. 정화하다. 불순물을 제거하다, (금속을)정련하다; vr. 깨끗하다, 정화하다.
purific|are, -ări, s.f. 정화
purificat|or, -oare, -ori, -oare, adj. (특히 비유적으로) 깨끗이 하는, 정화하는
purism, s.n (언어의) 순수주의

puritan, ~ă, ~i, ~e, I. adj. **1.** 청교도의 **2.** (청교도처럼) 엄격한 II. s.m. 그리고 f. 청교도; (교리, 주의, 도덕에 대해) 엄격한 사람

puritanism, s.m **1.** 청교, 청교주의 **2.** 엄격주의

puritate, s.f. **1.** 순수 **2.** 순결, 결백

purj|a, -ez, -ai, -at, vt. [기술]하제를 복용시켜 장을 씻어내다.

pur|oi, -oaie, s.m. 고름

puroi|a, -ez, -ai, -at, vi. 화농하다, 곪다

puroi|os, -oasă, -oşi, -oase, adj. 화농성의, 곪은

puriură, s.f. 자색, 보랏빛

purpurină, s.f. [화학]푸르푸린, 자홍색소

purpuri|u, -e, -i, adj. 자홍색의

pursânge, adj. invar. (말에 대해)순수혈통의

purt|a, port, -ai, -at, I. vt. **1.** 나르다, 가지고 가다, 지다; a ~ un copil în braţe 아이를 팔에 안고가다; a ~ arme 무기를 갖고 가다(나르다); a ~ pe cineva pe palme 누구에게 각별한 관심을 보이다, 누구를 소중히 하다; a ~ vorba 수다 떨다 **2.** 데리고 돌아다니다, 안내하며 돌아다니다; m-a ~ în tot oraşul 그는 나를 시내를 데리고 돌아 다녔다; ce vânt te poartă la mine? 무슨 바람이 불어서 나에게 왔니?; a ~ de nas 누구를 속이다, 우롱하다; a ~ cu vorba pe cineva 시간을 벌기위해 거짓약속을 하다 **3.** 쓰다, 입다; a ~ o pălărie 모자를 쓰다; a ~ doliu 상을 입다; a ~ coarne 기만당하다(남편이) **4.** a ~ de grija 돋보다; a ~ răspunderea 책임이 있다; a ~ duşmănie cuiva 적시대하다 ; a ~ luptă cu cineva 누구와 싸우다; a ~ cuiva sâmbetele 누구에 대해 복수를 꾀하다; a ~ interes 흥미를 갖다 II. vr. **1.** 행동하다. 태도를 취하다; nu ştie să se poarte 그는 예절에 어긋난다; despinde cum te porţi 네가 어떤 태도를 취하느냐에 달려있다 **2.** impers. 유행이다; nu se mai poartă astfel de pantofi 이 구두는 더 이상 유행이 아니다

purt|are, -ări, s.f. 동사 purta의 명사형

purta|t, -tă, -ţi, -te, adj. **1.** (옷에 대해) 낡은 **2.** (사람에 대해) 경험이 많은

purtăt|or, -oare, -ori, -oare, I. adj. 운반하는, 가져오는; nori ~i de ploaie 비가 갖고 오는 구름 II. s.m. 그리고 f 운반자; ~ de pace 평화의 사절

purulen|t, -tă, -ţi, -te, adj. 화농한, 화농성의

purulenţ|ă, -e, s.f. 곪은 상태

purure(a), pururi, adv. 항상, 영원히; de-a ~ 영원히

pu|s, I. -să, -şi, -se, adj. **1.** 놓여진, 둔; masă ~ă 차린 식탁 **2.** 고용된; ~ pe lucru 일에 고용된

pust|ă, -e. s.f. (헝가리의 초원, 목장)

pusti|e, -e, s.f. **1.** 사막, 황무지, 황야 **2.** 악마; ducă-se pe pustiu(pustii) 그 같은 놈은 뒤져라.

pustiet|ate, -ăţi, s.f. **1.** 황무지, 사막; 외딴곳 **2.** 외로운, 고독

pusti|i, -iesc, -ii, -it. I. vt. **1.** 황무지로 만들다, 황폐시키다 **2.** 버려두다,

외롭게하다 II. vr. 도망가다, 물러나다, 몸을 피하다

pustii|t, -tă, -ți, -te, adj. **1.** 황폐한, 페허가 된 **2.** 고독한, 버려둔

pustiit|or, -oare, -ori, -oare, adj. 황폐하게하는, 폐허로 만드는

pusti|u, I. -uri, s.m. **1.** 황야, 사막, 황무지; în ~ 헛되이; a ~ 죽음을 예고하는; a fluiera a ~ 유감의 표시로 피리를 불다 **2.** 고독, 쓸쓸함, 고립 **3.** 고통, 화 II. -e, -i, adj. **1.** 황폐한, 사막의 **2.** [비유]사람이 살지 않는; 비어있는 **3.** 고독한, 혼자의

pustnic, ~ă, ~i, ~e, s.m. 그리고 f 은자, 세상을 등진 사람

pustnic|i, -esc, -ii, -it. I. vi. 은둔하여 살다, 은둔생활을 하다 II. vr. 은둔자가 되다, 고독한 생활을 하다

pustnici|e, -i, s.f. 은둔생활

pustul|ă, -e, s.f. 피부에 돋아난 작은 종기

puşcaş, ~i, s.m. **1.** 총을 갖은 않은 군인 **2.** 사냥꾼 **3.** 포병

puş|că, -ti, s.f. 총, 소총; gol ~ a)완전나체; b)가난한; ca din ~ 빠르게 II. (부사) 매우 빨리, 곧, 즉시; se duse ~ la poartă 그는 빠르게 문으로 갔다

puşcăriaş, ~i, s.m. 죄수

puşcăvi|e, -i, s.f. 감옥

puşch|ea, -ele, s.f. 농진, 농포, 작은 종양; ~ pe limbă-ți 하느님맙소사

puşcoaie, ~, s.f. **puşc|oci,** -oace, s.m. 딱총

puşculiț|ă, -e, s.f. **1.** 작은 총 **2.** 저금통

puşlama, ~le, s.f. 변변찮은 사람, 무능자

puştan, ~i, s.m. 젊은 남자

puştonc|ă, -e, s.f. 젊은 여자 처녀

puşti, ~, s.m. 젊은 남자

pute|a, pot, putui, putut I. vt. vi. 할 수 있다. 할 능력이 있다; nu pot minți 나는 거짓말하지 못한다; poate mult pe lângă dânsul 그에 대해 영향력 있다; cât îi poate capul 얼마나 영리한가, 무엇을 할 수 있나; cât îi poate pielea 그는 얼마나 가치가 있나; a nu mai ~ de ... a)더 이상 어떻게 할 수 없다 b)무관심하다; nu mai pot de frig 나는 추위를 더 이상 견디어 낼 수 없다; a nu mai ~ de bucurie 나는 기뻐서 어쩔줄 모르다; a nu mai ~ după ... 죽을 지경이다; fără doar şi poate 확실히, 의심할 여지없이; peste poate 너무 많이, 과도하게, 능력을 초과하여 II. vr. 가능하다; ce se poate 그럴수 있다, 그럴 가망성이 있다

puter|e, -i, s.f. **1.** 힘; nu mai are ~ 그는 더 이상 힘이 없다; cu ~ 힘있게, 강하게; cu toată ~a 모든 힘을 다해; fără ~ 힘없이; din toate puterile 있는 힘을 다해; ~ de muncă 노동력; ~ de înțelegera 이해력 **2.** 세력, 권력; 무력; ~a populară 노동자가 이끄는 정부; a fi în ~ cuiva 누구의 의지에 달려있다; a avea depline puteri 전권을 갖고 있다; a da puteri depline 전권을 주다; a ajunge la ~ 권력에 도달하다;mai-
le puteri 강대국; cu de la sine ~ 멋대로, 자의적으로; ~ de cumpărare 구매력; ~ legislativă 입법권 **3.** 한가운데, 중앙; în ~a iernii 한 겨울에; în ~a vârstei 한창나이에; în toată

~a cuvântului 단어의 진정한 의미에서 **4.** [수학](자)승; a ridica la puterea a 3-a 3승하다; doi la ~a treia 2의3승(2/3) **5.** 가치, 능력, 성과; ~ calorică 발열량; cai-~ 마력

puternic, ~ă, ~i, ~e, adj. **1.** 강한, 힘센; un om ~ 강한 사람; miros ~ 강한 냄새 **2.** 세력있는, 권력을 쥔, 강력한

putin|ă, -i, s.f. **1.** 통; a spăla putina 몰래 도망치다 **2.** 목욕통

putinci|os, -oasă, -oşi, -oase, adj. **1.** 강한 **2.** 힘있는

putin|ică, -ele, 그리고 -ici, s.f. 작은 통

putinț|ă, -e, s.f. **1.** 가능성; peste ~ 불가능한; după ~ 될 수 있는 한, 되도록 **2.** 힘, 세력, 권력; a face tot ce-i stă în ~ 자기가 할 수 있는 모든 것을 다하다; a-i sta cuiva în ~ 누구의 의지에 달려있다

put|oare, -ori, s.f. **1.** 나쁜 냄새 **2.** 창녀

putre|d, -dă, -zi, -de, adj. 썩은, 부식한; ~ de bogat 매우 부자인; ploaie ~ă 지긋할 정도로 내리는 비; lemn ~ 썩은 나무; societate ~ă 부패한 사회; e ceva ~ în Danemareca 무엇인가 정상적이 아니다

putrefacți|e, -i, s.f. 썩음, 부패

putregai, ~uri, s.m. **1.** 썩은 나무나 식물; [비유]늙고 힘없는 사람 **2.** [비유]사회에 해로운 것, 부패

putregăi|os, -oasă, -oşi, -oase, adj. 썩은

putregăi|t, -tă, -ți, -te, adj. 썩은

putregiun|e, -i, s.f. 썩음

putrez|eală, -eli, s.f. 썩음

putrez|i, -esc, -ii, -it, vi. 썩다, 부패하다

putreziciun|e, -i, s.f. **1.** 썩음, 부패 **2.** 시체 **3.** [비유]부패

putrezir|e, -i, s.f. **1.** 썩음 **2.** 부패

putur|os, -oasă, -oşi, -oase, I. adj. **1.** 냄새나는 **2.** 썩은 II. s.m. 그리고 f. 게으름뱅이, 건달

puturoşenie, s.f. **1.** 악취 남 **2.** 게으름

puț, ~uri, s.m. **1.** 우물; a cădea din lac în ~ 조약돌을 피하니 수마석을 만난다; ~ absorbant 배수로 **2.** 수직 갱도

puțar, ~i, s.m. **1.** 우물 파는 사람 **2.** 갱도노동자

puț|i, puț, -ii, -it, vi. 냄새나다; 악취를 풍기다; a ~ locul sub cineva 매우 게으르다; a puți a pustiu 벌거벗다; parcă îi tot pute ceva 항상 불만족이다

puțin, I. adv. **1.** 적게, 조소하게; cel ~ 적어도; cel mai ~ 가장 적게; câtuşi de ~ 결코 아니다; nu mai ~ 마찬가지로; mai ~ de ... ...보다 적은; ~ câte ~ 점점, 단계적으로; ~ a lipsit să nu... 막 ...하려는 시점에 있다; cât de ~ 아무리 적을 지라도 **2.** 조금, 약간; peste ~ 곧 II. ~ă, ~i, ~e, adj. **1.** 약간의, 조금의; ~ vin 포도주 약간; ~ la minte 바보의, 멍청한; pentru ~ 감사하다는 상대방의 말에 별것 아닙니다 라는 표현 **2.** 작은; om ~ la trup 신체가 작은 사람 **3.** pl 적은 것, 소소한 것; în ~e zile 며칠 내에

puținătate, s.f. 소소함, 작음

puținel, adv. 약간

puțint|el, -ea, 그리고 -ică, -ei, -ele

adj. 약간의

puzderi|e, -i, s.f. **1.** 삼부스러기 **2.** 무더기, 더미, 많음; ~ de stele 무수하게 많은 별

puzzle, s.n. 퍼즐게임

Q

Q, q, s.m. 루마니아어 알파벳의 20 번째 자
quadrivium, (주로 중세의) 초등교육 단계 이후에 이어지는 교육과정
quarc, ~uri, s.m. [물리학]쿼크
quartet, s.n. v. cvartet
quatrocenti|st, -stă, -şti, -ste, 15세기 (르네상스 시대의) 예술가를 총칭하는 말
quatrocento, s.n. 15세기 르네상스 문화를 총칭하는 말

R

R, r, s.m. 루마니아어 알파벳의 21번째 자

rabat, ~uri, s.m. 할인, 감가, 값 깎기

rabat|a, -ez, ai, -at. vt. 가격을 깎다, 할인하다, 공제하다

rabatabil, ~ă, ~i, ~e, adj. 접을 수 있는

rabia|t, -tă, -ţi, -te, adj. 미쳐 날뛰는, 광포한

rabic, ~ă, ~i, ~e, adj. 광견병의

rabie, s.f. 광견병

rabin, ~i, s.m. 유태교 법률, 종교학자, 유태의 지도자

rablag|i, -esc, -ii, -it, vr. 오래되다, 낡다; (사람에 대해) 힘을 잃다, 기력이 없어지다

rablagi|t, -tă, -ţi, -te, adj. 오래된, 낡은; 힘이 빠진

rabl|ă, -e, s.f. **1.** 오래되고 낡고 가치 없는 물건 **2.** 추하고 늙은 동물 **3.** 힘없는 늙은이

rabot|a, -ez, -ai, -at, vt. 대패질하다; 평평하게 깎다

rabotaj, ~e, s.m. **rabot|are,** -ări, s.f. 대패질

rabotat, s.n. rabotaj 참조; maşină de ~ 대패기계

rabotez|ă, -e, s.f. 플레이너(평평하게 깎는 기계)

ravotor, ~i, s.m. 대패질하는 사람

rac, ~i, s.m. **1.** [동물]가재; roşu ca un ~ 가재처럼 새빨간; a da înapoi ca ~ul 나쁘게 되다, 더 이상 발전하지 않다 **2.** 코르크 뽑는 기구 **3.** [항해]닻 **4.** [의학]암

racateţ, ~i, s.m. [방언]청개구리

racem, ~e, s.n. [식물]총상화(總狀花)

rachet|ă, -e, s.f. **1.** 로케트; 꽃불 **2.** 테니스라켓

rachieri|e, -i, s.f. **1.** 화주양조장(특히 Rachiu) **2.** 술집 **3.** 화주양조업

rachier, ~i, s.n. **1.** 화주 양조자 **2.** 술집주인

rachiu, ~ri, s.n. (루마니아의) 소주 일종 (포도주, 과일, 곡식 등으로 만든)

racil|ă, -e, s.f. **1.** 치료할 수 없는 오랜 병 **2.** 오랜 적의, 증오

racl|a, -ez, -ai, -at, vt. [의학][기술] 깎다, 긁어내다, 긁어버리다, 벗기다

raclaj, ~e, s.n. 깎기, 긁기

racl|ă, -e, s.f. **1.** 관 **2.** 궤짝, 상자

racl|or, -oare, s.n. 긁는 연장

racol|a, -ez, -ai, -at, vt. (당원, 지지자 고객 등을) 모으다.

racolaj, ~e, 모집, 권유

racol|are, -ări, s.f. 동사 racolare의 명사형

racord, ~uri, s.n. **1.** 잇기, 연결, 접합 **2.** 연결부품 **3.** [영화]장면의 연결, 장면조정

racord|a, -ez, -ai, -at, vt. 잇다, 연결

하다,
racord|are, -ări, s.f. 이음, 연결함
radar, ~e, s.n. 전파탐지기, 레이다
rad|ă, -e, s.f. 정박지, 닻을 내리는 곳
rade, rad, răsei, ras, vt. **1.** (그리고 vr.) 면도하다 **2.** 깎아내다, 긁어내다 **3.** 문지르다 **4.** 파괴하다, 헐다, 철거하다; a ~ de pe suprafața pământului 땅에서 사라지게 하다 **5.** (적을)처부수다
rader|e, -i, s.f. 동사 rade의 명사형
radi|a, -ez, -ai, -at **1.** vi.(그리고 vt.) [그리고 비유]빛나다, 광선을 발하다; a ~ de bucurie 기뻐하다 **2.** 지우다, 없애다
radial, ~ă, ~i, ~e, adj. 방사선 모양의
radian|t, -tă, -ți, -te, adj. 방사하는 복사의
radianț|ă, -e, s.f. 광휘, 빛남
radiar, ~ă, ~i, ~e, adj. radial 참조
radiat|or, -oare, s.n. 방열기, 라디에이터 (자동차) 냉각기, 라디에이터; ~ de calorifer 난로(중앙난방식); ~ electric 전기난로
radiați|e, -i, s.f. 복사, 방사; 발광
radical, I. ~e, s.m. [수학]조; [화학]기, 조, [문법]어간, 어조 II. ~i, s.m. pl. 급진당원, 과격파, III.~ă, ~i, ~ e, adj. **1.** 뿌리박은, 뿌리깊은, 근원의, 근원적인 **2.** 근본적인, 철저한, 과격한, 극단의
radicalism, s.n. 급진주의
radicul|ă, -e, s.n. **1.** [건축](물의 침식을 막는) 보강공사; (수문 따위의) 토대; (하수, 터널 따위의) 역아아치
radier|ă, -e, s.f 고무지우개
radier|e, -i, 동사 radia의 명사형
radin|ă, -e, s.f. [방언]그물의 일종
radio, ~uri, s.n. 라디오
radioactiv, ~ă, ~i, ~e, adj. 방사선의
radioactivit|ate, -ăți, s.f. 방사능
radioaltimetr|u, -e, s.n. 전자 고로 측정기
radioamplific|are, -ări, s.f. 앰프
radiocomunicați|e, -i, s.f. 무선통신
radiocouduct|or, -oare, s.m. (라디오)코히러(무전 검파기의 일종)
radiodifuz|a, -ez, -ai, -at, vt. 방송하다
radiodifuziun|e, -i, s.f. 방송
radioelectricitate, s.f. 전파기술
radioelement, ~e, s.n. 방사성원소
radioemisi(un)|e, -i, s.f. 방송
radioemițăt|or, -oar, s.n. 방송국 기계
radiofar, ~e, s.n. 무선등대, 무선표식
radiofic|are, -ări, s.f. 방송수신기
radiofica|t, -tă, -ți, -te, adj. 방송수신기가 설치된
radioficați|e, -i, s.f. 방송수신기
radiofonic, ~ă, ~i, ~e, adj. 라디오 방송의
radiofoni|e, -i, s.f. 무선전화; 라디오방송
radiofrecvenț|ă, -e, s.f. 방송주파수
radioghid|a, -ez, -ai, -at, vt. 무선으로 유도하다
radioghidaj, ~e, s.n. (비행기, 선박의) 무선유도
radioghida|t, -tă, -ți, -te, adj. 무손으로 유도된
radiogoniometr|a, -ez, -ai, -at, vt.

방향 탐지하다.

radiogonimetric, ~ă, ~i, ~e, adj. 방향 탐지의

radiogoniometri|e, s.f. (전파에 의한) 방향 탐지

radiografi|a, -ez, -ai, -at, vt. X선 촬영을 하다

radiografic, ~ă, ~i, ~e, adj. X선 사진에 관한

radiografi|e, -i, s.f. X선 사진술

radiogram|ă, -e, s.f. **1.** X선 사진 **2.** 무선전보

radiojurnal, ~e, s.n. (라디오) 뉴스

radiolare, s.f. pl. [동물]방상충(方散蟲)류

radiolog, ~i, s.m. 방사선학사, X선 전문의사

radiologie, s.f. **1.** 방사선학 **2.** 방사선과

radiometri|e, -i, s.f. 방사측정(술)

radiometr|u, -e, s.n. 복사계, 라디오미터

radionavigație, s.f. 방향탐지기에 의한 비행

radiorecept|or, oare, s.n. (라디오) 수신기

radiorecepți|e, -e, s.f. (라디오) 수신

radioreportaj, ~e, s.n.뉴스방송, 실황방송

radioreporter, ~i, s.m. 실화방송자, 라디오리포터

radi|os, -oasă, -oşi, -oase, adj. **1.** 빛을 내는, 빛날 **2.** 기뻐하는, 만족해하는, 행복해 하는

radioscopic, ~ă, ~i, ~e, adj. X선 진찰의

radioscopi|e, -i, s.f. X선 검사,

radiostațiun|e, -i, s.f. 전파국

radiotehnică, s.f. 전파 기술

radiotelef|on, -oane, s.n. 무선전화기

radiotelefonie, s.f. 무선전화

radiotelegrafi|a, -ez, ai, at, vi. 그리고 vt. 무선전신으로 알리다

radiotelegrafia|t, -tă, -ți, -te, adj. 무선전신으로 알린

radiotelegrafic, ~ă, ~i, ~e, adj. 무선전신의

radiotelegrafie, s.f 무선전신

radiotelegrafi|st, -stă, -şti, -ste, s.m. 그리고 f. 무선전신기사

radiotelegram|ă, -e, s.f. 무선전보

radioterapie, s.f. X(방사)선 요법

radiotransmisiune, s.f. 라디오중개방송

radiu, s.n. 라듐

radiumterapie, s.f. 라듐요법

radius, s.n. [생물]요골

radon, s.n. 라돈(방사성원소)

raf, ~uri, s.m. 자전거바퀴

rafal|ă, -e, s.f. **1.** 돌풍, 질풍, 스콜 **2.** [군사](기관총 따위의) 일제사격

rafi|e, -i, s.f. 라피아 야자수

rafin|a, -ez, -ai, -at, vt. **1.** 정제하다 **2.** [비유]세련되게 하다, 정련하다, 정묘하게 꾸미다

rafinament, ~e, s.n. **1.** 세련, 정묘함, 교묘함 **2.** 빈틈없음, 닳고닳음

rafin|are, -ări, s.f. 동사 rafina의 명사형

rafina|t, -tă, -ți, -te, adj. **1.** 정제된 **2.** 세련된, 우아한, 고상한 **3.** 술수에 능한, 교활한

rafin(at)or, ~i, s.m. **1.** 제당(정유)업자, 제당(정유)기술자 **2.** (제지펄프

의)정제조(槽)

raft, ~uri, s.n. 서가; 칸, 칸막이

ragac|i, -e, s.n. 찝게같은 어부의 도구

rage, rag, răgii, răgit, vi. (특히 소, 사슴 등) 울부짖다

ragil|ă, -e, s.f. 삼을 훑는 기구

raglan, ~e, s.n. 라글란형 외투(소매깃에 잇닿은 느슨한 신사용, 여성용, 운동용 외투, 레인코트)

rahagi|u, -i, s.n. rahat 파는 사람

rahat, ~uri, s.n. **1.** 터키의 사탕류 **2.** 쓸데없는 것

rahianestezi|e, -i, s.f. [의학]척추마비

rahidi|an, -ană, -eni, -ene, adj. 척추의

rahitic, ~ă, ~i, ~e, adj. 구루병의

rahitism, s.n. 구루병

rai, s.n. 천국; 천당; 에덴; 가장 아름다운 장소

raia, ~le, s.f. [고어] **1.** 터키 정부에 의해 직접 지배받는 영토 **2.** 터키 압제하에 있는 그리스도교도

raid, ~uri, s.n. **1.** (기병대, 비행기 따위의) 기습, 급습 **2.** (자동차) 장거리 질주

rai|on, -oane, s.n. **1.** 루마니아 도시의 지역, 행정단위 **2.** (백화점의) 판매장. 판매코너

raional, ~ă,. ~i, ~e, adj. raion의 형용사형

raion|ore, -ări, s.f. raion으로 분리하기

rait|ă, -e, s.f. 소풍, 여행, 주요; 도정(道程); 순회 a da(도달 a trage)o ~ prin oraş 도시를 한바퀴 돌다(관람목적)

rajah, ~i, s.m. (인도)왕, 군주

ral, ~uri, s.n. (특히 pl.) 헐떡거리는 소리

rali|a, -ez, -ai, -at, vr. **1.** 집합하다 **2.** 의견에 동조하다

ralier|e, -i, s.f. **1.** 집합 **2.** 가람, 동조

ram, ~uri, s.n. **1.** 가지(나무); **2.** 사슴뿌리가지; 강줄기; 동맥, 신경의 가지 **3.** [비유]학문의 분야

ramadan, ramazan, s.n. 회교력의 9월(이달중 회교도는 해가 돋을 때부터 넘어갈 때까지 단식함)

ram|ă, -e, s.f. **1.** (그림, 액자) 해두리, 틀, 테 **2.** 노

ramblei|a, -ez, -ai, -at, vt. **1.** 흙으로 매우다, 매립하다 **2.** [광산](폐갱을) 메우다

rambleiaj, ~e, s.m. **rambleier|e,** -i, s.f. 흙으로 돋우기(메우기); 성토

rambleu, ~uri, s.n. 흙으로 돋우기

ramburs, s.n. 수취인 대금지급, 대금상환

ramburs|a, -ez, -ai, -at, vt. 반불하다, 상환하다; 갚다

rambursabil, ~ă, ~i, ~e, adj. 상환할 수 있는

ramburs|are, -ări, s.f. 상환함

ramc|ă, -e, s.f. [인쇄]체이스(철판인쇄의 판면을 죄는 쇠테)

ramific|a, ramific, -ai, -at, vr. 가지를 치다; 분기(분파)하다

ramific|are, -ări, s.f. 가지 침; 분파함

ramifica|t, -tă, -ți, -te, adj. 가지침; 분파된

ramificați|e, -i, s.f. **1.** 잔 가지; 분지(分枝); (신경따위의) 분맥; (철도의) 분선; 분파 **2.** (과학의)분과; (회사

R

의)지점
ramoleală, s.f. 노쇠, 힘빠짐
ramol|i, -esc, -ii, -it, vr. 노쇠하다; 정신적, 육체적 힘이나 날카로움을 잊어버리다
ramolir|e, -i, s.f. 동사 ramoli의 명사형
ramolisment, s.n. ramoleală 참조
ramoli|t, -tă, -ți, -te, adj. 노쇠한, 힘빠진(정신적, 육체적으로)
ramp|ă, -e, s.f. **1.** (층층대) 난간 **2.** 승강장, 짐 싣는 곳 **3.** 무대 제일 앞쪽 가장자리; 각광; a chema la ~ 예술가가 박수를 통해 다시 무대에 나오라고 요구하다; a vedea lumina rampei 공연되다
ramur|ă, -i, s.f. **1.** 가지(나무) **2.** 지류, 지맥 **3.** 학문의 분야
rană, răni s.f. **1.** 상처; a pune degetul pe ~ 불행한 상황의 참된 이유를 밝히다 **2.** 정신적 고통, 도덕적 아픔
ranchiun|ă, -e, s.f. 원한, 앙심, 악감; a purta cuiva ~ 누구에 대해 원한을 품다
ranchiun|os, -oasă, -oși, -oase, adj. 원한을 품는, 앙심을 먹는
randament, ~e, s.n. **1.** 산출액, 수확고, 생산율 **2.** 생산고, 생산성 **3.** 수익, 이윤 **4.** 효율(기계)
ranfort, ~uri, s.n. [기술]보강(재)
rang, ~uri, **1.** 열, 줄 **2.** 순서, 석차 **3.** 신분, 지위, 계급
rangă, răngi, s.f. 쇠막대기, 철봉
raniț|ă, -e, s.f. 배낭
ranti|e, -i, s.f. 외투종류
ranuculacee, s.f. pl. [식물]미나리아 재비과 식물
rapac|e, -i, adj. 욕심 많은, 탐욕스러운
rapacitate, s.f 욕심, 탐욕
rapanghel, s.n. [속어]; a lua la ~ 싸움하다
rapăn, s.n. **1.** 비루, 옴 **2.** [식물]창포병
rapel, s.n. **1.** [기계]조정; 역행(장치) **2.** 추가예방접종 **3.** [스포츠]로프로 내려옴
rapi|d, I. -dă, -zi, -de, adj. 빠른, 빨리 달리는; tren ~ 특급열차 II. -de, s.n. 특급열차
rapiditate, s.f. 빠름, 급속, 신속
rapiț|ă, s.f. 평지씨; ulei de~ 평지씨 기름
rap|ort, I. ~uri, s.n. **1.** 비율, 비례, 비교; în ~ cu ... 비하여; sub toate ~urile 모든 관점에서 **2.** 관계, 관련; 교섭, 교제; a fi în ~uri bune cu cineva 누구와 좋은 관계에 있다. 사이좋게 지내다; **3.** [수학]비 비례, 비례 II. ~oarte s.n. 이야기, 진술 **2.** [군사]보고
raport|a, -ez, -ai, -at. I. vt. **1.** [그리고 군사]보고하다, 진술하다; 알리다 **2.** 비교하다 **3.** 수익을 가져다주다 **4.** [측량](축도, 각 따위를) 그리다 II. vr. (la ceva) 무엇에 관련되다
raport|or, I. -oare, s.n. [수학, 측량] 분도기 II. -oare, -ori, -oare, s.m. 그리고 f. 보고서
rapso|d, -zi, s.n. 음유시인
rapsodi|e, -i, s.f. 광상곡, 광시곡
rapt, ~uri, s.n. (미성년자의) 유괴
rar, (~ă, ~i, ~e), adj. 그리고 adv. **1.** 가끔; [비유]특별한; vine ~ 그는 가끔 온다; oaspeți, ~i 특별한 손님 **2.** 적은, 희박한, 드문드문; păr ~ 성긴

머리카락 **3.** 천천히 그리고 분명하게; a vorbi ~ 그는 천천히 그리고 분명하게 말한다

rarefi|a, -ez, -ai, -at, vt. 그리고 vr. 희박해지다. 수효가 줄어든다

rarefia|t, -tă, -ți, -te, adj. 희박해진

rarefier|e, s.f. 희박

rareori, adv. 가끔

rarisim, ~ă, ~i, ~e, adj. 매우 가끔

rarişt|e, -i, s.f. 숲을 쳐서 트이게 하기; 숲속의 빈터

rarit|ate, -ăți, s.f. **1.** 적음; 드묾 **2.** 희박

rari|ță, -e, s.f. **1.** 쟁기 비슷한 농기구 **2.** [천문]오리온좌의 별(천랑성), 시리우스

ra|s, I..-să, -şi, -se, adj. **1.** 면도한 **2.** 문지른; **3.** 꽉찬 **4.** 평평한 II. ~uri, s.n. 면도함

ras|ă, -e, s.f. **1.** 인종, 종족; 민족; de ~ 인종의; câine de ~ 순종의 개 **2.** 사제모자

rascolnic, ~ă, ~i, ~e, s.m. 그리고 f. 17세기 러시아정교에서 분리된 종파의 추종자

rasial, ~ă, ~i, ~e, adj. 종족의

rasism, s.n. 민족주의, 인종적인 편견

rasi|st, -stă, -şti, -ste. I. adj. 민족주의자의, 인종주의자의 II. s.m. 그리고 f. 민족주의자, 인종적 편견 주의자

ras|ol, -oluri, 그리고 -oale, s.n. 삶은 고기; 수프고기; a da ~ 어떤 일을 빨리, 서투르게 하다

rasol|eală, -eli, s.f. 서투름, 졸작

rasol|i, -esc, -ii, -it, vt. 서투르게 하다

rasoli|t, -tă, -ți, -te, adj. 서투르게 한

rastel, ~e, s.n. 격자

raster, ~e, s.n. 망판용 스크린, 점선이 그어져 있는 판

rat|a, -ez, -ai, -at. I. vt. 놓치다, 잃다, 실패하다; a ~ o ocazie 기회를 놓치다; a ~ un examen 시험에 실패하다 II. vi. (무기)불발하다

rata|t, -tă, -ți, -te, adj. 놓친, 실패한

rat|ă, -e, s.f. 비율, 율; 분할 불입금(액)

rateş, ~e, s.n. 여관

rateu, ~ri, s.n. 불발; 불이 안 붙음

ratifica, ratific, -ai, -at, vt. **1.** 비준(재가)하다 **2.** 시인하다

ratific|are, -ări, s.f. **1.** 비준 **2.** 시인

rat|ă, -e, s.f. 오리; ~ sălbatică 야생오리

rați|e, -i, s.f. **1.** 한사람 병사(명)에의 하루치 식사 할당량 **2.** 나눗셈

rațion|a, -ez, -ai, -at, vt. **1.** 분배하다, 할당하다 **2.** 논리적인 방법으로 생각하다, 이성적인 방법으로 판단하다

rațional, ~ă, ~i, ~e, adj. **1.** [수학]유리(有理)의 **2.** 이성적인, 이성에 의한, 이성을 갗춘 **3.** 순리적인, 합리적인

raționalism, s.m. **1.** 이성론 **2.** 합리주의

raționali|st, -stă, -şti, -ste, I. adj. 이성론의, 합리주의적인 II. s.m. 그리고 f. 이성론자, 합리주의자

raționaliz|a, -ez, -ai, -at, vt. **1.** 합리화하다

raționaliz|are, -ări, s.f. 합리화, 분배

raționaliza|t, -tă, -ți, -te, adj. 합리

R

화된, 분배된

raționalizator, ~i, s.m. 일을 분배하는 방법에 종사하는 사람

raționament, ~e, s.n. 논법, 추론

rațion|are, -ări, s.f. 동사 raționa의 명사형

raționa|t, -tă, -ți, -te, adj. **1.** 분배된 **2.** 논리적인 방법으로 생각된

rațiun|e, -i, s.f. **1.** 이성, 오성 **2.** 근거, 합리성; ~ de stat 국가의 건립원칙; **2.** [수학]나눗셈

R

ravagi|u, -i, s.m. **1.** 참해, 큰 피해; a face ravagiu 힙쓸어 피해를 주다

raz, ~uri, s.n. 줄(강철), 강판

razachie, s.f. 크고 길고 살이 많은 포도가 열리는 포도나무

razan|t, -tă, -ți, -te, adj. 땅바닥에 말이 닿을락말락하다 빨리 지나가는

raz|ă, -e, s.f. **1.** 광선; 빛; raze x x선, 렌트겐선; ~de acțiune 사정거리, 항송거리; **2.** [비유] 빛; ~ de speranță, 희망의 빛 **3.** 방사선

razi|e, -i, s.f. 경찰의 검거, 일제단속

razna, adv. a o lua ~ a) 목표 없이 떠나다; b)틀린 길로 접어들다; c)[비유]주제에서 벗어나다

răbd|a, rabd, -ai, -at, I..vt. 그리고 vi. 참다, 인내하다, 견디다; nu-l rabdă inima să ... 참지못하다; a ~ de foame, 배고픔을 참다; a ~ de frig 추위를 참다 II. vr. 인내하다

răba|are, -ări, s.f. **1.** 인내, 참음; a scoate pe cineva din răbdări 이성을 잃게 하다 **2.** 고집

răbdăt|or, -oare, -ori, -are, adj. **1.** 참는, 인내하는 **2.** 고집센

răboj, ~uri, s.n. 부신(符信) (나무에 금을 새겨 돈 관계를 표시하고 하나씩 가졌던) 어음나무

răbufn|eală, -eli, s.f. **1.** 부딪치는 소리, 시끄러운 소리 **2.** 튀어나옴, 내뿜음 **3.** (큰소리로)파열

răbufn|i, -esc, -ii, -it, vi. **1.** 부딪치는소리를 내다, 시끄러운 소리를 내다 **2.** 내뿜다, 튀어나오다 **3.** 한참 침묵 후 큰소리로 불만을 토로하다

răbufnir|e, -i, s.f. răbufneală 참조

răbuială, s.f. [방언] **1.** 바름 **2.** 문지름

răcan, ~i, s.m. 신병, 신참자

răcar, ~i, s.m. 가재상인

răcădu|i, -iesc, -ii, -it, vr. 위협적인 태도를 취하다; 누구에게 언성을 높히다

răcăne|l, -i, s.m. 청개구리

răc|eală, -eli, s.f. **1.** 추위 **2.** 무관심, 냉담, 무기력 **3.** 감기

răchitan, ~i, s.m. 부처꽃 속(잎이 버드나무와 비슷함)

răchit|ă, -e, s.f. 내버들, 육지꽃 버들

răchitiş, ~uri, s.n. 버들숲

răc|i, -esc, -ii, -it, I. vt. **1.** 차갑게하다 **2.** 냉각시키다 II. vr. **1.** 차가워지다; a-şi răci gura degeaba 쓸데없이 말을하다, 쓸데없이 고집부리다 **2.** 흥미를 잃다, 무관심해지다, 소외되다 **3.** 감기 걸리다

răcir|e, -i, s.f. **1.** 차갑게함; (자동차) instalație de ~ 냉각장치 **2.** 냉각 3. 냉담 **4.** 감기에 걸림

răci|t, I. s.n. răcire 참조 II.-tă, -ți, -te, adj. **1.** 차갑게된 **2.** 무관심해진 **3.** 감기에 걸린

răcit|oare, -ori, s.f. 냉각조

răcit|or, -oare, s.n. **1.** 아이스박스 **2.** 냉각기

răcnet, ~e, s.n. **1.** 동물의 울부짖음 **2.** 강한 외침

răcn|i, -esc, -ii, -it, vi. 울부짖다, 강하게 소리 지르다

răc|oare, -ori, s.f. 시원함; e ~ 시원하다; la ~ 감옥에서; a băga pe cineva în toate răcorile 누구를 무섭게 하다

răcor|eală, s.f. răcoare 참조

răcor|i, -esc, -ii, -t, vr. **1.** 시원해지다 **2.** 더위나 갈증이 해소되다 **3.** 기분이 상쾌해지다 **4.** 진정되다

răcori|t, -tă, -ţi, -te, adj. **1.** 시원한, 상쾌한 **2.** [비유]진정된

răcorit|or, -oare, -ori, -oare, I. adj. 시원한, 상쾌한 II. s.f. pl. 청량음료

răcor|os, -oasă, -oşi, -oase, adj. 시원한, 상쾌한

rădas|că, -te, s.f. 하늘가재

rădăcin|ă, -i, s.f. (식물의)뿌리; [언어]어조;[수학]근; [비유]근본, 권원, 기초; a curma răul de la ~ 악을 뿌리채 뽑다; rădăcina pătratră 제곱으로

rădăcin|os, -oasă, -oşi, -oase, adj. 많을 뿌리를 가진

rădvan, ~e, s.n. 마차

răfu|i, -iesc, -ii, -it, I. vr. 누구와 청산하다, 담판하다 II. vt. **1.** 욕하다; 때리다 **2.** (부채를)청산하다

răfui|ală, -eli, s.f. **1.** 청산, 담판 **2.** 싸움, 갈등

răgace, ~, s.f. rădască 참조

răgaz, ~uri, s.n. **1.** 빈시간 **2.** 휴식, 휴지; fără ~ 중단없이

răgăli|e, -i, s.f. 뿌리부분

răget, ~e, s.n. 외침, 큰소리, 울부짖음

răgil|a, -ez, -ai, -at, vt. (삼을)훑다

răguş|eală, -eli, s.f. 목이 쉼, 쉰 목소리

răguş|i, -esc, -ii, -it, vi. 목이 쉬다

răguşi|t, -tă, -ţi, -te, adj. 목쉰, 목소리가 잠긴

rămas, I. ~suri, s.m. **1.** 남아있음, 머물러있음; ~ bun 잘있어; a-şi lua ~ bun de la cineva 누구와 헤어지다 **2.** [고어]유산 II. -să, -şi, -se, adj. 남아있는, 머물러있는

rămăşag, ~uri, s.n. 내기; a pune (또는 a face) ~ 내기하다

rămăş|i, -esc, -ii, -it, vr. 내기하다

rămăşiţ|ă, -e, s.f. **1.** 나머지; ~ele pămînteşti 사체 **2.** 체불

răm|âne, rămân, -ăsei, -as, I. vi. 머무르다, 남다; a ~ acasă 집에 머무르다; a nu ~ nimic 아무것도 남아있지 않다; a ~ dator 빚지다; ~ între noi 우리 둘이서만 이야기하면; ~ mulţumit de ceva 무엇에 만족하다; a ~ pe dinafară 투항하다; a ~ pe drumuri 실직하다; a ~ pe gânduri; 생각에 잠기다; a ~ de ruşine 웃음거리되다; a ~ grea 임신하다; a ~ baltă 중단되지않다, 끝나지않다, 해결되지 않다; a ~ pe mâna cuiva 누구의 마음에 달려있다 II. vt. 이기다

rămâner|e, -i, s.f. 남아있음; ~ în urmă 뒤에 남아 있음

rămura|t, -tă, -ţi, -te, adj. rămuros 참조

rămur|ea, -ică, -ele, s.f. 작은 나무가지

rămuriş, ~uri, s.m. rămurişt|e, -i, s.f. (집합적으로)작은 가지

R

rămur|os, -oasă, -oşi, -oase, adj. 많은 가지가 있는
răn|i, -ese, -ii, -it, vt. [그리고 비유] 상처를 입히다, 상처나게 하다, 해치다
rănir|e, -i, s.f. 상처
răni|t, -tă, -ţi, -te, I. adj. 상처입은 II. s.m. 그리고 f. 부상자
răpă|i, -iesc, 그리고 răpăi, -ii, -it, vi. **1.** (비에 대해) 후루룩 내리다; (무기에 대해) 따따따 소리내다 **2.** (사람에 대해) 두드리다; 노크하다; 박수치다; în sală răpăie aplauzele 홀에서는 박수가 울려퍼졌다.
răpăi|ală, -eli, s.f. răpăit, ~uri, s.n. **1.** (비가)후루룩 내림, (무기가)따따소리냄 **2.** 두드림, 박수침, 노크
răpăit|or, -oare, -ori, poare, adj. 비가 후두룩내리는, 따따소리내는, 두두르는
răpăitur|ă, -i, s.f. (특히 pl.)răpăială 참조
răpăn|os, -oasă, -oşi, -oase, adj. **1.** 옴에 걸린, 창포명의 **2.** 더러운
răpciugă, s.f. 마비저(말이 걸리는)
răpciug|os, -oasă, -oşi, -oase, adj. **1.** 마비저에 걸린 **2.** 더러운
răp|i, -esc, -ii, -it, vt. **1.** 유괴하다 **2.** 약탈하다, 빼앗다; asta mi-a ~t somnul 이것이 나의 잠을 빼앗아갔다 **3.** [비유]마음을 빼앗다, 매혹시키다, 황홀하게하다; frumuseţea ei m-a ~t 그녀의 미모가 나를 매혹시켰다.
răpir|e, -i, s.f. **1.** 우리 **2.** 약탈 **3.** 매혹
răpi|t, -tă, -ţi, -te, adj. 매혹당한, 마음을 빼앗긴
răpit|or, -oare, -ori, -oare, I. adj. **1.** 약탈하는, 약탈적인; pasăre răpitoare 맹금 **2.** [비유]매혹시키는 II. s.m. 그리고 f. 약탈자, 유괴자
răpos|a, -ez, -ai, -at, vi. 죽다
răposa|t, -tă, -ţi, -te, adj. I.죽은 II. s.m. 죽은 사람
ră|pune, -pun, -pusei, -pus, vt. [특히 속어] **1.** 살해하다, 죽이다; a-şi ~ capul, viaţa, zilele 자살하다 **2.** 굴복시키다, 압도하다; l-a răpus o congestie pulmonară 그는 폐렴으로 죽었다.
răpuner|e, -i, s.f. 동사 răpune의 명사형
răpu|s, -să, -şi, -se, adj. 압도된, 굴복된; ~ de somn 잠에 압도된; ~ de oboseală 피곤에 지친
răr|i, -esc, -ii, -it, 또. vt. (시간, 공간상)드물게 하다, 희박하게 하다, 드문드문 만들다, 천천히 하게하다
rărir|e, -i, s.f. 동사 rări의 명사형
răriş, ~uri, s.m. 숲속의 빈터; 숲을 쳐서 트이게 하기
răriş|or, -oară, -ori, -oare adj. 상당히 드문
rări|t, I. s.n. **1.** rărire 참조 **2.** [농업] 간벌 II.-tă, -ţi, -te, adj. 드문, 희박한, 느린; pulsul ~ 느린 맥박; păr ~ 성긴 머리
răritar|ă, -i, s.f. 숲속의 빈터
rărit|a, -ez, -ai, -at, vt. 쟁기로 땅을 일구다
răritat, s.n. rărita의 명사형
rărunchi, ~, s.m. **1.** 신장 **2.** 내면; a ofta din ~ 깊이 한숨쉬다
răsad, ~uri, s.n. **1.** 휘묻이, 꺾꽂이, 싹 **2.** 민족, 인종
răsadniţ|ă, -e, s.f. 온상

răsalaltăieri. 그저께
răsăd|i, -esc, -ii, -it, vt. (초목)심다.
răsădir|e, -i, s.f. răsădit, ~uri. 동사 răsădi 명사형
răsăr|i, -răsar, -ii, -it, vi. **1.** (별)떠오르다 **2.** [식물]솟다, 개화하다, 싹이 트다 **3.** 나타나다, 등장하다 **4.** 튀어나오다 **5.** 일어나다, 튀어오르다
răsărir|e, -i, s.f. 동사 răsări의 명사형
răsări|t, I. ~uri, s.n. **1.** 해, 달의 뜸; ~ul soarelui 일출, 해돋이 **2.** 동쪽 II. -tă, -ți, -te, adj. **1.** (식물에 대해)싹이 튼, 솟아나는 **2.** (아이)성장하는, 크는 **3.** 가장 좋은, 특별한; e cel mai ~ dintre ei 그는 그들 중 최고이다
răsărit|ean, -eană, -eni, -ene, adj. 동쪽의 동방의; 동양사람의
răsătur|ă, -i, s.f. **1.** 문지름; 무엇인가를 문질러 없애 버린 곳(종이에 지우개로 지운 부분) **2.** 면도함 **3.** 지우고 난 나머지
răscit|i, -esc, -ii, -it, vt. 새로 다시 죽 읽다
răs|coace, -coc, -copsei, -copt. I. vr. **1.** 너무 익다 **2.** (계란)완숙이 되다 II. vt. 아주 오래 삶다(굽다)
răscoal|ă, -e, s.f. **1.** 혁명, 봉기, 구테타, 반란 **2.** 소음
răsc|ol, -oale, s.n. **1.** 마차나무막대 **2.** 양떼들의 주인 찾음(우리에서)
răscol|i, -esc, -ii, -it, vt. **1.** 파헤쳐 찾다. 상세하게 조사하다. 뒤지다; a ~ sertarele 서랍을 뒤지다; **2.** 불을 피우다 **3.** 먼지를 일으키다 **4.** 봉기하게 하다, 동요하게하다 **5.** 양떼들을 우리에서 주인에게 골라주다
răscolir|e, -i, s.f. 동사 răscoli의 명사형
răscoli|t, -tă, -ți, -te, adj. **1.** 뒤적인, 두루찾은 **2.** 파헤친 **3.** 동요하는
răscolit|or, -oare, -ori, -oare, adj. 동요시키는, 흥분시키는
răs|copt, -coaptă, -copți, -coapte, adj. 너무 많이 익은
răscrăcăr|a, -ez, -ai, -at, I. vt. 다리를 벌리게 하다 II. vr. 두발을 벌리다
răscrăcăra|t, -tă, -ți, -te, adj. 다리가 벌어진
răscro|i, -iesc, -ii, -it, vt. 잘라내다, 도려내다
răscroi|ală, -ieli, s.f. 잘라냄, 도려냄
răscroitur|ă, -i, s.f. răscroială 참조
răscruc|e, -i, s.f. **1.** 교차로, 갈림길 **2.** [비유]전환점 **3.** 수레의 채(고삐를 매기위한) **4.** 창의 십자를 이룬 살 **5.** 물레의 가락
răscul|a, răscol, -ai, -at, I. vt. 봉기하게하다. 선동하다. 사주하다 II. vr. 봉기하다, 모반하다
răscula|t, -tă, -ți, -te, I. adj. 반란을 일으킨 II. s.m. 그리고 f. 폭동자, 봉기자
răscumpăr|a, răscumpăr, -ai, -at, vt. **1.** 되사다; 웃돈을 주고 사다 **2.** 몸값을 치루고 석방시키다 **3.** 빚을 갚다 **4.** 보상하다
răscumpărabil, ~ă, ~i, ~e, adj. **1.** 되살 수 있는 **2.** 몸값을 치루고 석방시킬 수 있는 **3.** 빚을 갚을 수 있는 **4.** 보상할 수 있는
răscumpăr|are, -ări, s.f. 동사 răscum- păra의 명사형
răscunoscu|t, -tă, -ți, -te, adj. 매우 유명한

R

răsfăț, ~uri, s.n. **1.** (너무 귀여워하여) 버릇없음 **2.** 즐거움 **3.** 풍부함

răsfăț|a, răsfăț, -ai, -at, I. vt. (너무 귀여워하여) 버릇없이 만들다, 응석받이로 키우다 II. vr. **1.** 즐기다 **2.** 풍부하게 살다 **3.** 확장하다

răsfăț|are, -ări, s.f. 동사 răsfăț|a의 명사형

răsfăța|t, -tă, -ți, -te, adj. **1.** 버릇없는, 응석받이인; 변덕스러운 **2.** 걱정없이 사는

R

răsfir|a, răsfir, -ai, -at, I. vt. **1.** (수염, 머리카락 등) 풀다, 분리시키다, 갈라지게하다 **2.** 분산시키다, 흩어지게하다 II. vr. 풀어지다, 분리되다; 분산되다, 흩어지다

răsfir|are, -ări, s.f. 동사 răsfira의 명사형

răsfira|t, -tă, -ți, -te, adj. **1.** 풀어진, 갈라진 **2.** 분산된

răsfo|i, -iesc, -ii, -it, vt. (신문, 책 등) 빨리 읽으며 종이를 넘기다

răsfoi|ală, -eli, **răsfoir|e,** -i, s.f. (신문, 책 등) 빨리 읽으며 책장을 넘김

răs|frânge, -frâng, -frânsei, -frânt, I. vt. **1.** 반사시키다 **2.** (옷 등) 접다, 접어올리다 II. vr. **1.** 반사되다, (소리)메아리치다 **2.** 반영되다, 반작용이 있다 **3.** 접히다

răsfrânger|e, -i, s.f. 동사 răsfrânge의 명사형

răsfrân|t, -tă, -ți, -te, adj. 접혀진

răsfug, s.n. (양의) 회선증(廻旋症), 선도명(旋倒溟);

răspas, ~uri, s.n. răgaz 참조

răspăr, s.n. în ~ a)털이 자라는 방향을 거슬러 b)물 흐르는 방향을 거슬러 c)적대적인; în ~ul ...반대하여, 거역하여; a lua în răspăr a)놀리다, 조롱하다 b)욕하다, 꾸짖다

răspând|i, -esc, -ii, -it, I. vt. **1.** (빛, 열기 등)사방으로 퍼지게하다 **2.** 유포하다, 알리다; a ~ știri; 소식을 알리다 II. vr. **1.** 알려지다. **2.** 분사되다

răspândi|re, -i, s.f. 동사 răspândi의 명사형

răspîndi|t, -tă, -ți, -te, adj. **1.** 퍼진, 흩어진 **2.** 알려진, 유명한

răspândit|or, -oare, -ori, -oare, s.m. 그리고 f. 선전하는 사람, 전파자, 유포자

răspânti|e, -i, s.f. 교차로

răspic|a, răspic, -ai, -at, vt. **1.** 갈라지게하다, 가르다 **2.** (분명히) 발음하다, 말하다

răspica|t, -tă, -ți, -te, adj. 분명한

raspl|ată, -ăți, s.f. 보상; 처벌

răsplăt|i, -esc, -ii, -it, vt. 보상하다, 복수하다(처벌하다)

răsplătir|e, -i, s.f. 보상, 복수

răspoimâine, adv. 글피

răspop|i, -esc, -ii, -it, vt. 파계시키다, 성직자 직위를 박탈시키다

răspopi|t, -ți, adj. 성직자 직을 발탈당한

răs|punde, -pund, -punsei, -puns, I. vi. **1.** 대답하다; a ~ la o întrebare, la o scrisoare 질문, 편지에 대답하다 **2.** (누구를 위해)책임지다, 보증하다 **3.** ..로 통하다; ușa ~ în grădină 문은 정원으로 통한다 **4.** 상응하다; nu ~ așteptărilor 우리 기대에 상응하지 못한다 II. vr. [속어]연결되어 있다.

răspunder|e, -i, s.f. 책임; a trage la

~ (pe cineva) 누구를 책임지게 하다; pe ~a mea 내가 책임을 지고

răspuns, ~uri, s.n. 대답; a da ~ 대답하다

răspunzător, -oare, -ori, -oare, adj. 책임있는 보증하는

răsputer|e, -i, s.f. din răsputeri 있는 힘을 다해

răstav, ~uri, s.m. **1.** 이랑, 발고랑

răstălmăc|i, -esc, -ii, -it, vt. **1.** (틀리게)설명하다. (틀리게)주해(해석)하다; 해석을 고치다, 새 해석을 붙이다 **2.** 반사시키다

răstălmăcir|e, -i, s.f. 틀린 해석, 새 해석

răstălmăci|t, -tă, -ți, -te, adj. 틀리게 해석된, 새로 해석된

răst|eală, -eli, s.f. [속어]소리 지름, 거칠게 말함

răst|i, -esc, -ii, -it, vr. (la cineva) 거칠고 위협적으로 소리지르다

răstign|i, -esc, -ii, -it, I. vt. **1.** 누구를 십자가에 못박아 살해하다; 고문하다 **2.** 움직이지 못하게 팔을 옆으로 벌리다 II. vr. 사지가 벌어지다

răstignir|e, -i, s.f. 동사 răstigni의 명사형

răstigni|t, -tă, -ți, -te, adj. 십자가에 못박혀 살해된; 사지가 벌어진

răstimp, ~uri, s.m. **1.** 시기, 시간; în ~uri 때때로 **2.** 막간; în ~ 그사이에

răsti|t, -tă, -ți, -te, adj. 위협적인(목소리가); 거친

răstoac|ă, -e, s.f. 소용돌이; 고기를 잡기위해 물을 퍼낸 강줄기

răstoc|i, -esc, -ii, -it, vt. (고기를 잡기위해) 물의 흐름을 빼돌리거나 수량을 낮추게하다

răsturn|a, răstorn, -ai, -at, I. vt. **1.** 쓰러지게하다, 넘어뜨리다, 전복시키다; a ~ un scaun 의자를 쓰러트리다; a ~ brazda 이랑을 엎다; a ~ casa 집을 전복시키다 **2.** 엎지르다; a ~ un pahar 잔을 엎지르다 **3.** [비유]정부를 전복시키다 II. vr. 쓰러지다, 엎어지다; 뒤집히다; barca s-a ~t 배가 뒤집혔다

răsturn|are, -ări, s.f. 동사 răsturna의 명사형

răsturnat, -tă, -ți, -te, adj. 쓰러진, 넘어진; 전복된; 뒤집힌

răsturnăt|or, -oare, s.m. 덤프카

răsturniş, ~uri, 절벽, 가파른 비탈

răsuc, ~uri, s.m. 실패

răsuc|eală, -eli, s.f. 돌림

răsuc|i, -esc, -ii, -it, I. vt. **1.** 돌리다, 회전시키다; 말다, 감다; **2.** 정신없이 만들다, 돌게하다; a-şi ~ capul cuiva 머리가 돌다; a ~ capul cuiva 누구의 머리를 돌게하다; a-şi ~ mustața 콧수염을 배배돌리다(꼬다); a-şi ~ o țigară 담배를 말다 **3.** (손, 발) 삐게하다 II. vr. 돌다, 회전하다

răsucir|e, -i, s.f. 동사 răsuci의 명사형

răsuci|t, I. -tă, -ți, -te, adj. **1.** 회전, 돌진, 감은 **2.** 삔 II. s.m. 돌림; maşină de ~ 연사기(撚絲機)

răsucitori|e, -i, s.f. 연사공장

răsucitur|ă, -i, s.f. **1.** 각연사, 실을 감는 법 **2.** [비유]굽은 길

răsufl|a, răsflu, -ai, -at, I. vi. **1.** 호흡하다, 숨을 돌리다, 한숨쉬다; a ~ adânc 깊이 숨쉬다; ~ uşurat 가벼운 기분으로 숨쉬다 **2.** (바람, 공기) 새

R

다 **3.** [비유]울분의 마음을 풀다, 가슴을 후련하게 하다 **4.** [비유]소문나다; taina a ~t 비밀이 탄로났다 II. vr. **1.** 증발하다 **2.** 알려져 있다 **3.** 숨을 돌리다 **4.** 가슴이 후련해지다

rasufl|are, -ări, s.f. 호흡; fără ~ 죽은; dintr-o ~ 빨리; a-şi ține ~a 숨을 죽이다; a i se curmat ~a (강한 감정, 공포로) 숨이 질식되다; a-şi da ~a 죽다

R

răsufla|t, I. s.n. pe ~e 천천히 II. -tă, -ți, -te, adj. **1.** 증발된 **2.** 낡은

răsuflăt|oare, -ori, s.f. 배기공, 통기공

răsuflăt|or, -oare, s.n. 배기장치

răsuflet, ~e, s.n. **1.** 호흡 **2.** 미풍

răsuflu, ~ri, s.n. 호흡; 쉬는 시간; a-şi, ține ~l 숨을 멈추다

răsun|a, pers.3, răsună, -ă, -at, vi. 울리다; [비유]메아리치다, 누구의 마음을 울리다

răsunăt|or, -oare, -ori, -oare, adj. **1.** 울리는, 메아리치는 **2.** [비유]마음을 울리는; un succes ~ 마음을 울리는 성공

răsunet, ~e, s.n. [비유]울림, 메아리

răsur|ă, -i, 또는 -e s.f. **1.** 들장미 **2.** 닳아헤짐 **3.** (출산)후진통

răsuri|u, -e, -i, adj. 장미색깔의

răschia|t, I. -tă, -ți, -te, adj. **1.** 물레 감은 **2.** 분산된

răschi|a, -ez, -ai, -at, vt. 물레로 감다

răschira|t, -tă, -ți, -te, adj. răsfirat 참조

răschit|or, -oare, s.n. 물레, 실감는 틀

răşin|ă, -i, s.f. 수지, 송진

răşin|os, -oasă, -oşi, -oase, adj. 송진의

răslu|i, -iesc, -ii, -it, vt. **1.** 껍질을 벗기다 **2.** 빼앗다 **3.** 파괴하다

răsluir|e, -i, s.f. 동사 răslui의 명사형

răslui|t, -tă, -ți, -te, adj. **1.** 껍질을 벗긴 **2.** 뺏은 **3.** 파괴된

răspălu|i, -iesc, -ii, -it. vt. 줄질하다; 깎다

rătăc|i, -esc, -ii, -it, I. vr. **1.** 길을 잃다, 틀린 길로 가다, 어느 곳 인줄 모르다 **2.** 없어지다 II. vi. 길을 잃고 헤매다 III. vt. **1.** 잊다 **2.** 길을 잃다

rătăcir|e, -i, s.f. 동사 **1.** rătăci의 명사형; **2.** 광기, 제정신 아님, 홀림

rătăci|t, -tă, -ți, -te, adj. **1.** 길을 잃은 **2.** 제정신이 아닌, 마음이 헷갈리는, 홀린, 미친

rătăcit|or, -oare, -ori, -oare, adj. 방황하는

rătez, ~e, s.n. 나무빗장

rățoi[1], ~, s.m. 수오리

rățo|i[2], -iesc, -ii, -it, vr. 누구를 위협하다, 큰소리치다

rățuş|că, -ti, 그리고 -te, s.f. **1.** 작은 오리 **2.** 어린이 놀이의 일종

rău, I. rea, răi, rele, adj. **1.** 나쁜, 사악한; un om ~ 나쁜 사람; purtarea rea 나쁜 태도; o veste rea 나쁜 소식; o faptă rea 악행; vreme rea 나쁜 날씨; poamă rea 다루기 힘든 녀석; digestie rea 소화불량; a-şi face inimă rea(또는 sânge ~) 불화하다; ~ de mama focului 매우 나쁜; e ~ la inimă 마음씨가 나쁘다; e rea de gură 입버릇이 나쁘다 **2.** 역겨운, 불쾌한, 나쁜; miros ~ 나쁜 냄새;

nume ~ 악명; a lua ceva în nume de ~ 악의로 해석하다; a privi ceva cu ochi răi 보기싫어 하다; într-un ceas ~ 불행한 시간에; e ~ de el 그는 곤궁에 빠져있다; a duce casă rea cu cineva 누구와 다툼 속에 살다 II. adv. **1.** 나쁘게, 악하게; a auzi ~ 그는 나쁘게 듣는다; miroase ~ 나쁘게 냄새 난다; e ~ 불편하다, 불쾌하다; e ~ cu ~ dar mai ~ fără ~ 때때로 나쁜 것도 좋은 면이 있다; mi-e ~ 나는 불쾌하다, 힘든 생활을 하다; îmi vine ~ 나에게는 어울리지 않는다; a sta ~ a)불편하다, 가난하게 살다, b)곤궁에 처해있다; a-i şedea ~ 행동, 옷이 맞지 않다; a fi ~ dispus 기분나쁘다; a arăta ~ 나쁘게 보인다; îmi pare ~ 나에겐 유감이다; a fi ~ văzut 평이 나쁘다; tot mai ~ 점점 나쁘게; faci ~ că 네가 ...하는 것은 나쁜 것이다; a se pune ~ cu cineva 누구와 불화가 있다; ~ crescut 나쁘게 교육(성장)받은; cu atât mai ~ 점점 더 나쁘게; **2.** 매우, 몹시; e bolnav ~ 그는 몹시 아프다 II. rele. s.n. **1.** 악, 사악, 나쁜 것; a face cuiva un ~ 누구에게 나쁜 짓을 하다; a face rele 악행을 저지르다; cu ~ 힘으로, 폭력으로; cu ~l nu ajungem la nimic 폭력으로 아무것도 얻지 못한다; cu părere de ~ 유감스럽게도; a vorbi de ~ 험담하다; a dori ~l cuiva 누구에게 나쁜일이 일어나도록 바라다 **2.** 병, 고통; ~ de mare 배멀미

răufăcăt|or, -oare, -ori, -oare, s.m. 그리고 f. 악한

răut|ate, -ăţi, s.f. **1.** 나쁨, 사악함, 악함, 음흉함; cu ~ 악의로, 음흉하게 **2.** 죄 **3.** 나쁜 행동 **4.** 나쁜 사람

răutăci|os, -oasă, -oşi, -oase, adj. 악으로 가득찬, 악질적인; 화나게 하는

răuvoit|or, -oare, -ori, -oare, adj. 누군가에게 악을 바라는, 나쁜 뜻을 표현하는

răvar, ~e, s.n. **1.** 여과기 **2.** 화분 **3.** 휘젓는 막대

răvaş, ~e, s.n. 편지, 쪽지

răvăş|eală, -eli, s.f. 혼란, 뒤섞임, 뒤죽박죽

răvăş|i, -esc, -ii, -it, vt. **1.** 무질서하게 만들다, 뒤죽박죽 만들다; 분산시키다; **2.** [비유]정신적으로 매우 혼란스럽게 하다

răvăşir|e, -i, s.f. 동사 răvăşi의 명사형

răvăşi|t, -tă, -ţi, -te, adj. **1.** 뒤죽박죽된, 혼란스러운; păr ~헝클어진 머리 **2.** [비유]방향을 잃은, 혼란한

răzăt|oare, -ori, s.f. **1.** 강판, 줄 **2.** (구두의 흙을 훔치는 현관의)매트

răzătură, -i, s.f. răsătură 참조

răz|bate, -bat, -bătui, -bătut, I. vi. [그리고 비유] **1.** 방해물을 제거하며 힘들게 나아가다, 길을 나아가다; 통과하다, 지나가다 **2.** 여기저기 헤매다 II. vt. 압도하다; l-a răzbătut foamea 배고픔이 그를 압도했다.

răzbătăt|or, -oare, -ori, -oare, adj. 굴하지 않고 길을 헤쳐가는; 굴복하지 않는

răzbel, ~e, s.n. război 참조

răzb|i, -esc, -ii, -it. I. vi. **1.** [그리고 비유]방해물을 넘어 길을 가다, 헤치고 지나가다, 돌파하다 **2.** 목표에

R

도달하다 II. vt. **1.** 승리하다; 살해하다 **2.** 압도하다 **3.** 극복하다, 제압하다; a ~ toate greutăţile 모든 어려움을 극복하다

răzbit|or, -oare, -ori, -oare, adj. 돌파하는, 헤치고 지나가는

războ|oi¹, -oaie, s.n. **1.** 전쟁; a duce (또는 a purta) ~ 전쟁을 수행하다; ~ mondial 세계대전; de ~ 전쟁의; ~ atomic 원자폭탄전쟁; ~ rece 냉전; a fi pe picior de ~ 누구와 다투고 있다; de după ~ 전후의 **2.** 다툼, 싸움, 분쟁 **3.** 베틀

războ|i², -iesc, -ii, -it, vr. 전쟁하다. 서로 다투다

războinic, ~ă, ~i, ~e, I. adj. 전쟁의 II. s.m. 전사, 군인

războir|e, -i, s.f. 전투, 전쟁

războit|or, -oare, -ori, -oare, adj. 전쟁하는

răz|bubui, pers.3, -bubuie, -bubui, -bubuit, vi. 천둥치는 소리가 나다, 쾅쾅울리다

răzbun|a, răzbun, -ai, -at, vr. **1.** (그리고 vt.) 복수하다 **2.** [속어](날씨에 대해)맑아지다, 개다

răzbun|are, -ări, s.f. 복수

răzbuna|t, -tă, -ţi, -te, adj. 복수당한

răzbunăt|or, -oare, -ori, -oare, adj. 복수심있는, 복수심이 강한

răzbunic, ~i, s.m. [속어]선조할아버지

răzbunic|ă, -i, s.f. [속어]선조할머니

răzeş, ~i, s.m. 자유농민

răzeş|esc, -ească, -eşti, adj. 자유농민의(같은, 처럼)

răzeşi|e, -i, s.f. **1.** 자유농민 사회상태 **2.** 자유농민의 재산

răzeşime, s.f. 자유농민의 총체

răzeşiţ|ă, -e, s.f. 자유농민여인

răzgâia, răzgâi, -ai, -at, vt. 버릇 나쁘게하다, 누구의 변덕을 받아주다, 응석부리게하다

răzgâi|ală, -eli, s.f. 버릇없음, 응석부림

răzgâia|t, -tă, -ţi, -te, adj. 버릇없는, 응석부리는

răzgând|i, -esc, -ii, -it, vr. **1.** 숙고하다, 깊이생각하다 **2.** 내려진 결정에 대해 생각해보다, 생각, 결정, 의견을 변경하다

răzgândir|e, -i, s.f. 동사 răzgândi의 명사형

răzl|eţ, -eaţă, -eţi, -eţe, adj. 흩어져있는, 떨어진, 분리된, 고립된

răzleţ|i, -esc, -ii, -it, vr. 흩어져있다, 떨어져있다, 고립되어있다

răzleţir|e, -i, s.f. 동사 răzleţi의 명사형

răzlog, ~i, s.m. 담기둥

răzmeriţ|ă, -e, s.f. 봉기, 반항, 항거

răzmepo|t, -ţi, s.m. 증손

răzn|i, -esc, -ii, -it, vr. 떨어지다, 분리되다; 사라지다

răz|or, -oare, s.n. **1.** 두둑, 이랑 **2.** 밭, 들 **3.** 화단 **4.** 오솔길 **5.** 곡괭이

răzor|i, -esc, -ii, -it, I. vt. 경계를 정하다, 3분하다 II. vr. ~와 경계하다

răzu|i, -iesc, -ii, -it, vt. 긁어내다, 문질러 떼어내다

răzui|ală, -eli, s.f. **răzuir|e,** -i, s.f. răzuit, s.n. 긁어냄, 문질러없앰

răzuit|oare, -ori, s.f. **1.** 줄, 강판

răzuit|or, -oare, s.m. 긁어내는 도구,

깎는 도구

răzuş, ~uri, s.m. **1.** 긁어내는 기구 **2.** 갈고리의 일종

răzvrăt|i, -esc, -ii, -it, I. vr. **1.** 항거하다, 봉기하다 **2.** 반란을 일으키다 II. vt. 선동하다

răzvrătir|e, s.f. **1.** 항거, 봉기 **2.** 반란, 선동

răzvrăti|t, -tă, -ți, -te I. adj. **1.** 항거하는, 반란을 일으키는 II. s.m. 그리고 f. 선동자, 반란자

râcă, s.f. 싸움, 다툼; a purta cuiva ~ 누구를 적대시하다; a se pune râcă 싸움하며 대항하다

râcâ|i, râcâi, -ii, -it, vt. (동물, 새)땅을 파헤치다; a(-l) ~ (pe cineva) la inimă 마음을 괴롭히다

râcâir|e, -i, s.f. râcâit, ~uri, s.n. râcâitură, ~i, s.f. 파헤침

râde, râd, râsei, râs, vi. **1.** 웃다; a(-şi) ~ în barbă 몰래 웃다, (참으며)웃다; a ~ mânzeşte 억지로 웃다; a ~ cuiva în nas (또는 în față, în obraz)앞에 있는 누구를 놀리다; a~în hohote 크게 웃다; a ~ la cineva 누구에게 웃다; cine ~ la urmă, ~ mai bine 맨 나중에 웃는 자가 제일 잘 웃는다 **2.** 조소하다, 놀려대다; a-şi ~ de cineva 누구를 놀리다 **3.** a-şi ~ de o fată 하녀를 욕보이다

râgâi, râgâi, -ii, -it, vi. 트림하다

râgâi|ală, -eli, s.f. râgâit, ~uri, s.n. 트림

râie, s.f. **1.** (가축의)옴; se ține ca râia de om 빠져나갈 수 없다 **2.** [비유]불행

râi|os, -oasă, -oşi, -oase, adj. 옴의; a face pe râiosul 잘난체하다

râma, pers.3, râmă, -ă, -at, vi. (돼지에 대해)땅을 파헤친다

râm|ă, -e, s.f. 지렁이

râmător, ~i, s.m. 돼지

râmătur|ă, -i, s.f. (돼지가)파헤친 땅

râml|ean, -eni, s.m. [고어]로마인

rână, s.f. 옆, 측면; a sta pe o ~ (또는 într-o) ~ a)옆으로 눕다 b) 옆으로 기울다

rânc|ă, -i, s.f. **1.** 소의 음경 **2.** 채찍

rânce|d, -dă, -zi, -de, adj. 썩은 냄새가 나는, 부패한

râncez|eală, -eli, s.f. 썩은 냄새

râncez|i, -esc, -ii, -it, vi. vr. 썩은 냄새가 나다

râncezi|re, -i, s.f. 썩은 냄새남

rânchez|a, pers.3, rânchează, -ă, -at, vi. 말이 힝힝거리다

rânchez|are, -ări, s.f. rânchezal, ~uri, s.n. 말 우는 소리

rând, ~uri, s.n. **1.** 옆, 줄; 행; 선; 계열; 차례, 순서; astăzi e ~ul meu 오늘은 내 차례다; îi vine ~ul la fiecare 누구에게나 차례가 온다; ~ pe ~ 순서대로; ~uri, ~uri, 차례대로; de-a rândul 잇달아, 차례차례로; ani de-a ~ul 수년동안, 다년간; trei zile de-a ~ul 3일 연속; a fi la ~ 차례이다; a ține ~ 순서를 지키다; a ceda cuiva ~ul 누구에게 자리를 양보하다; la ~ ul meu 내쪽에서; a fi de ~ 임무중이다 **2.** 등급, 지위, 신분; a fi în ~ cu cineva 누구와 똑같은 위치에 있다; de ~ 보통의; haine de ~ 평상복; un om de ~ 보통사람; în primul ~ 처음에; a fi în primele

R

~uri 첫 번째에 있다 **3.** 층, 그룹; un ~ de cărămizi 한줄의 기와 **4.** 번; de ~ul acesta 이번에는; într-un ~ 어느 날; în mai multe ~uri, 여러번 **5.** 줄 **6.** 질서, 규칙 **7.** 층
rândaş, ~i, s.m. [고어]종, 하인
rându|i, -iesc, -ii, -it, I. vt. **1.** 정열하다**2.** 명령하다, 지시하다, 규정하다 **3.** [고어]임명하다 II. vr. **1.** 정열되다, 배열되다 **2.** 떠나가다
rândui|ală, -eli, s.f. **1.** 정열, 정리, 정돈 **2.** 질서, 규칙 **3.** 명령, 지령, 규정 **4.** 의식행사
rânduir|e, -i, s.f. 동사 rândui의 명사형
rândun|ică, -ele, 그리고 -ici s.f. 제비
rândune|l, -i, s.m. 제비(숫컷)
rân|i, -esc, -ii, -it, vt. (마굿간을)청소하다
rânjet, ~e, s.n. 히죽웃음
rânj|i, -esc, -ii, -it, vi. 그리고 vr. **1.** 히죽 웃다 **2.** [동물]이를 들어내고 위협하다
rânji|re, -i, s.f. 동사 rânji의 명사형
rânji|t, -tă, -ţi, -te, adj. 히죽 웃는
rânjit|or, -oare, -ori, -oare, adj. 히죽 웃는
rânjitur|ă, -i, s.f. 히죽 웃음
rântaş, ~uri, s.n. 밀가루를 버터로 볶은 것
rânz|ă, -e, s.f. **1.** 닭 위 **2.** 위; [비유] 심장
rânz|os, -oasă, -oşi, -oase, adj. 성마른, 벌컥 화를 내는
râp|ă, -e, 그리고 -i, s.f. **1.** 비탈 **2.** 협곡; a se duce de ~ 멸망하다
râp|os, -oase, -oşi, -oase, adj. 가파른
râs, I. râşi, s.m. 스라소니 II. ~uri, s.n. 웃음; de ~ 웃음거리의; a ajunge de ~ul lumii 또는 a se face de ~ 웃음거리가 되다; a face pe cineva de ~ 누구를 웃음거리로 만들다; a se strica de ~ 죽도록 웃다
râset, ~e, s.n. 웃음
râşcov, ~i, s.m. [식물]젖고리 버섯속
râşn|i, -esc, -ii, -it, vt. (곡식)갈다; a ~ cafea 커피를 갈다
râşniţ|ă, -e, s.f. 분쇄기, 제분기; a ajunge de la moară la ~ 나쁜 상태에 빠지다
rât, ~uri, s.n. **1.** 돼지 입 **2.** 초원, 풀밭
râtan, ~i, s.m. 돼지
râu, ~ri, s.m. **1.** 강 **2.** [비유]흐름; un ~ de lacrimi 눈물의 홍수
râuleţ, ~e, s.n. 작은 강
râur|a, pers.3, -ează, 그리고 -ă, -at, **râur|i,** pers.3, -eşte, -i, -it, I. vi. [비유]넘치다, 도도히 흐르다, 범람하다 II. vt. (어떤 장소를)관류하다
râuş|or, -oare, s.n. 작은 강
râvn|ă, -e, s.f. **1.** 열정, 열망 **2.** 충동, 갈망
râvn|i, -esc, -ii, -it, vi. **1.** (la ceva)갈망하다 **2.** 열망하다, 욕심내다
râvni|t, -tă, -ţi, -te, adj. 갈망하는, 열망하는
râvnit|or, -oare, -ori, -oare, I. adj. **1.** 갈망하는 **2.** 열망하는 II. s.m. 그리고 f. 열광하는 사람, 갈망하는 사람
re. s.m. invar. [음악]레, 다장조 음계의 제2음; (바이올린 등의)D선
reabilit|a, -ez, -ai, -at, vt. 그리고 vr. 복권(복위, 복직)시키다; 명예를 회

복시키다

reabilit|are, -ări, s.f. 복권, 복직

reabilitat, -tă, -ți, -te adj. 복권된, 복직된

reabon|a, -ez, -ai, -at, vr. 예약신청을 갱신하다

reacoper|i, reacopăr, -ii, -it, vt. 다시 덮다

reactanț|ă, -e, sf. [전기]리액턴스

reactiv, I. ~i, s.m. 반응물; 반응체, 시약 II. ~ă, ~i, ~e, adj. 반응(반동)하는, 반응성의

reactiv|a, -ez, -ai, -at, vt. **1.** 다시 활발하게하다 **2.** 복직되다

reactiv|are, -ări, s.f. 동사 reactiva의 명사형

reactivit|ate, -ăți, s.f. 반응성; 반응

reactopropuls|or, -oare, s.n. [항공]프로펠러 터번

react|or, -oare, s.n. 반동자; 제트엔진; 리엑터; 초크코일

reactualiz|a, -ez, -ai, -at, 다시 현실화하다, 다시 현재화 하다

reacți|e, -i, s.f. [화학, 생물]반응, 반동, 반작용; ~ nucleară 핵반응

reacțion|a, -ez, -ai, -at, vi. 반응하다, 반동적인 태도를 취하다

reacționar, ~ă, ~i, ~e, I. adj. 반동적인 II. s.m. 그리고 f 반동(분)자

reacțiun|e, -i, s.f. [정치]반동; 반응

readapt|a, -ez, -ai, -at, vt. 다시 적응(순응)시키다

readapt|are, -ări, s.f. 재적응(순응)

rea|duce, -duc, -dusei, -dus. vt. 다시 가져오다

readun|a, readun, -ai, -at, vt. 그리고 vr. 다시 모으다

reafirm|a, reafirm, -ai, -at, vt. 다시 확인하다, 재확인하다

reajust|a, -ez, -ai, -at, vt. 다시 맞게 하다, 다시조정하다

real, I. ~ă, ~i, ~e, adj. 사실의, 정말의, 현실의, 실재의; 실제의; 실상의; valoarea ~ă, 실가 II. ~i, s.m. 옛 스페인의 은화

re|alege, -aleg, -alesei, -ales, vt. 재선출하다

realeger|e, -i, s.f. 재선출, 재선거

realgar, s.m. [광물]계관석

realiment|a, -ez, -ai, -at, vt. 다시 음식을 주다, 다시 공급하다; 비축을 새로 하다(음식, 군수품 등)

realiment|are, -ări, s.f. realimenta의 명사형

realism, s.n. **1.** 사실주의 **2.** 현실주의 **3.** [철학]실재론; ~ socialist 사회주의적 사실주의; ~ critic 비판적 사실주의

reali|st, -stă, -şti, -ste. I. adj. **1.** 현실주의적인 **2.** 사실주의의, 사실적인 II. s.m. 그리고 f. 사실주의자, 현실주의자, 실재론자

realit|ate, -ăți, s.f. **1.** 현실; 현실성; 리얼리티; în ~ 사실, 실제로

realiz|a, -ez, -ai, -at, vt. **1.** 현실화하다, 실현하다, 실행하다 **2.** 영화를 제작하다

realizabil, ~ă, ~i, ~e, adj. 현실화 할 수 있는, 실현할 수 있는, 실행할 수 있는

realiz|are, -ări, s.f. 현실화, 실현, 실행

realizat, -tă, -ți, -te, adj., 실현된, 실행된, 현실화한

realizat|or, -oare, -ori, -oare, s.m. 그리고 f **1.** 실천가, 실행가 **2.** [영화]

R

감독, 제작자 **3.** 연출가

realmente, adv. 실제로, 사실

reamint|i, -esc, -ii, -it, vt. 다시 기억하게 하다; a-şi ~ 다시 기억하다

reamintir|e, -i, s.f. 기억, 추억

reangaja|t, -tă, -ţi, -te, adj. 다시 고용된

reanim|a, -ez, -ai, -at, vt. 소생시키다, 되살아나게 하다, 다시 활기를 띄게 하다

reanim|are, -ări, s.f. 소생, 재생

reapariţi|e, -i, s.f. 재출현

re|apărea, -apar, -apărui, -apărut, vi. 재출현하다

re|aprinde, -aprind, -aprinsei, -aprins, vt. 다시 점화시키다, 다시 불을 붙이다

rearm|a, -ez, -ai, -at, vt. 그리고 vr. 재무장하다, 재장전하다

rearm|are, -ări, s.f. 재무장

reasigur|a, reasigur, -ai, -at, vt. 다시 보증하다

reasigur|are, -ări, s.f. 다시 보증, 보증갱신

reaşez|a, reaşez, -ai, -at, vr. 다시 앉히다

reavăn, reavănă, reveni, revene, adj. 축축한, 신선한

reavoinţă, s.f. 악의

reazăm, ~e, s.m. **1.** 지주, 버팀목; punct de ~ 지점(支點) **2.** [비유]의지, 원조, 조력

rebarbativ, ~ă, ~i, ~e, adj. 험상궂은, 무뚝뚝한

rebec, ~uri, s.n. [음악]삼현호궁(三弦胡弓)(중세 음유시인의 악기)

rebeg|eală, -eli, s.f. 뻣뻣함 (추위 때문에)

rebeg|i, -esc, -ii, -it, vi. (추위 때문에) 뻣뻣해지다

rebegi|t, -tă, -ţi, -te, adj. **1.** 뻣뻣해진(추위로); 얼은 **2.** 목쉰

rebel, ~ă, ~i, ~e, I. adj. **1.** 반역(모반)하는, 선동적인 **2.** 반항적인 II. s.m. 그리고 f 반역자, 반도, 선동자

rebeliun|e, -i, s.f. 반역, 반란; 거역, 반항

rebobin|a, -ez, -ai, -at, vt. (전선, 코일 등)다시 감다

rebobin|are, -ări, s.f. 동사 rebobina의 명사형

rebus, ~uri, s.n. 그림수수께끼

rebut, ~uri, s.n. 폐품, 허접쓰레기

rebut|are, -ări, s.f. 폐물로하여 버림

rebuta|t, -tă, -ţi, -te, adj. 폐물로 버린

rec, ~uri, s.n. 수평봉, 철봉

recalcitran|t, -tă, -ţi, -te, adj. 완강하게 반항하는, 고집하는, 말을 듣지 않는

recalcitranţ|ă, -e, s.f. 고집, 반항

recalcul|a, -ez, -ai, -at, vt. 다시 계산하다

recalcul|are, -ări, s.f. 다시 계산함

recalific|a, recalific, -ai, -at, vt. I. vt. 재교육시키다 II. vr. 재교육받다

recalific|are, -ări, s.f. 재교육

recapitul|a, -ez, -ai, -at, vt. 요점을 되풀이다, 요약하다; 재검토하다; 대충복습하다

recapitul|are, -ări, s.f 동사 recapitula의 명사형

recapitulativ, ~ă, ~i, ~e adj. 요점을 되풀이하는, 요약하는

recarbur|a, -ez, -ai, -at, vt. 다시 기화시키다, 다시 탄화시키다

recarbur|are, -ări, s.f. 동사 recarbura의 명사형

re|cădea, -cad, -căzui, -căzut. vi. 다시 떨어지다

recăder|e, -i, s.f. 동사 recădea의 명사형

recăpăt|a, recapăt, -ai, -at, vt. 다시 획득하다, 다시 받다

recăpăt|are, -ări, s.f. 재획득

recăsător|i, -esc, -ii, -it, vr. 재혼하다

recăsătorir|e, -i, s.f. 재혼

recăsători|t, -tă, -ţi, -te, adj. 재혼한

recâştig|a, recâştig, -ai, -at, vt. 재획득하다

rec|e, -i, adj. **1.** 차가운; 찬; 추운; mâini reci 찬 손; o climă ~ 추운기후; război ~ 냉전; locuinţă ~ 추운방; la ~ a)떨어진 온도에; 0℃내외에 b)보통 온도에 c)객관적으로; a judeca ceva la ~ 무엇을 객관적으로 판단하다; **2.** [비유]냉정한, 침착한; 냉혹한, 무정한; 냉담한; 무감각한; cu sânge ~ 침착하게; 냉담하게; a zâmbi ~ 차갑게 웃다; a lăsa ~ 무관심하게 하다

recensăm|ânt, -inte, s.m. 인구조사

recen|t, -tă, -ţi, -te, adj. 그리고 adv. 최초의(에), 요즈음의(에)

recenz|a, -ez, -ai, -at, vt. **1.** (인구, 투표 등을) 조사하다 **2.** 비평, 평론하다

recenzen|t, -tă, -ţi, -te, s.m. 그리고 f. (서적, 예술 따위의)비평가

recenzi|e, -i, s.f 비평, 평론

recenz|or, -oare, -ori, -oare, s.m. 그리고 f. 인구조사원

recept|a, -ez, -ai, -at, vt. 수신하다 (라디오)

receptacul, ~e, s.n. [식물]꽃받기, 화탁(花托)

recept|are, -ări, s.f. 수신

receptiv, ~ă, ~i, ~e, adj. 감수성이 예민한, 민감한; 수용력있는

receptivitate, s.f sg. 감수성

recept|or, I. -oare, s.m. 수신기, 수화기; 수신국 II. -oare, -ori, -oare, adj. 수신의

recepţi|e, -i, s.f. **1.** 받기, 수령, 수납; [전기]수신 **2.** 리셉션, 접대, 접견

recepţion|a, -ez, -ai, -at, vt. **1.** 접수하다 **2.** (리디오)수신하다

recepţionar, ~ă, ~i, ~e, s.m. 그리고 f. 제품접수계원

recepţion|are, -ări, s.f. **1.** 접수 **2.** 수신

rechem|a, rechem, -ai, -at, vt. 다시 부르다, 재소환하다

rechem|are, -ări, s.f. 재소환, 다시 부름

rechin, ~i, s.m. **1.** 상어 **2.** [비유]욕심장이

rechizite, s.f. pl. 학용품, 필기도구

rechizitori|u, -i, s.m. **1.** (검사의)논고; 구형 **2.** 비난

rechiziţi|e, -i, s.f. 징발, 징수

rechiziţion|a, -ez, -ai, -at, vt. 징발하다, 징수하다

rechiziţion|are, -ări, s.f. 징발함, 징수함

rechiziţiona|t, -tă, -ţi, -te, adj. 징발된, 징수된

recidiv|a, -ez, -ai, -at, vi. **1.**(같은 죄를)재범하다 **2.** (병이)재발하다

recidivi|st, -stă, -şti, -ste, s.m. 그리고 f. 재범자, 누범자

recif, ~e, s.n. 암초

recipiendar, ~ă, ~i, ~e, s.m. 그리고 f. **1.** (학술단체 따위의)신회원 **2.** 학위수여자

recipient, ~e, s.n. 그리고 [화학](기체, 액체 따위를 받는)그릇; 종모양의 유리그릇

recipis|ă, -e, s.f. 영수증, 인수증

reciproc, ~ă, ~i, ~e, adj. 상호의, 상관의, 호혜의; [수학]상변의, 역(逆)의; numere ~e 상반 방정식, 역수; pronume ~ 상호대명사

reciprocit|ate, -ăți, s.f. 상호성

recit|a, recit, -ai, -at, vt. 암송하다, 낭송(음송)하다

recital, ~uri, s.n. 독주(독창)회, 리사이틀; ~ de pian 피아노독주회

recit|are, -ări, s.f. 암송, 낭송

recitato|r, -i, s.m. 암송(낭송)자

recitativ, ~e, s.n. [음악]서창(조), 서창부 낭음조

recit|i, -esc, -ii -it, vt. 다시 읽다

reclam|a, reclam, -ai, -at, vt. **1.** 요구하다, 주장하다, 청구하다 **2.** 반환(반납)을 청하다; (관용)간청하다 **3.** 필요로하다, 요구하다

reclamagi|u, -i, s.m. 광고원

reclaman|t, -tă, -ți, -te, s.m. 그리고 f. 청구자, 소원자, 의의제기자

reclam|are, -ări, s.f. 반환청구, 이의, 항의; 소원

reclama|t, -tă, -ți, -te, I. adj. **1.** 요구된, 주장된, 청구된 **2.** 소원된 II. s.m. 그리고 f. 피고인

reclamați|e, -i, s.f. 이의, 항의; 이의제기, 상소; 청구, 요구

reclam|ă, -e, s.f. 광고, 선전; a face ~ 광고하다, 선전하다

reclas|a, -ez, -ai, -ati, vt. 재분류하다, 등급을 다시 정하다

reclas|are, -ări, s.f. 재분류

reclăd|i, -esc, -ii,, -it, vt. 재건축하다

reclădir|e, -i, s.f. 재건축

recluzi|e, -i, **recluziune,** -i, s.f. **1.** 은둔, 칩거 **2.** [법률]징역

re|coace, -coc, -copsei, -copt. vt. 가열시키다[기술]

re|coacer|e -i s,f. 가열

recolt|a, -ez, -ai, -at, vt. **1.** 수확하다, 추수하다, 거두어들이다, 베어들이다 **2.** [의학]피, 소변을 모으다 (시험하기 위해)

recolt|ă, -e, s.f. **1.** 수확, 추수 **2.** 수확물

recomand|a, recomand, -ai, -at. vt. **1.** 권고하다, 충고하다 **2.** 추천(천거, 소개)하다

recomandabil, ~ă, ~i, ~e, adj. 추천(전장)할만한, 존경할만한

recoamnd|are, -ări, s.f. 추천, 권고

recomand|at, -tă, -ți, -te, adj. **1.** 추천된, 권고된; 지시된 **2.** 등기로한; scrisoare de ~ 등기편지

recomandată, s.f. 등기편지

recomandați|e, -i, s.f. **1.** 조언, 충고, 전고 **2.** 추천, 천거 **3.** 등기로 부치기

recompens|a, -ez, -ai, -at, vt. 보답하다, 사례하다, 상주다

recompens|ă, -e, **recompensați|e,** -i, 보수, 보답, 사례

recomprim|are, -ări, s.f. 재압축

recom|pune, -pun, -pusei, -pus, vt.

다시 꾸미다(짜다), 다시 조립하다

recompuner|e, -i, s.f. 다시 짬, 다시 조립함

reconcili|a, -ez, -ai, -at, vt. 그리고 vr. **1.** 화해시키다 **2.** 융화(조화)시키다

reconciliabil, ~ă, ~i, ~e, adj. 화해(융화, 조화)시킬 수 있는

reconcilier|e, -i, s.f. 화해, 융화

recondiționa|a, -ez, -ai, -at, vt. 수선하다, 고치다

recondiționa|are, -ări, s.f. 수선

recondiționa|t, -tă, -ți, -te, adj. 수선된

reconducți|e, -i, s.f. 연장, 갱신

reconfirm|a, reconfirm, -ai, -at, vt. 재확인하다

reconfort s.n. reconfortare 참조

reconfort|a, -ez, -ai, -at, vt. **1.** (의) 기운을 회복시키다. 튼튼하게하다 **2.** (의)용기를 돋구어주다, 위로(격려)하다

reconfortan|t, I. -tă, -ți, -te, adj. **1.** 원기를 회복시키는, 튼튼하게하는 **2.** 용기를 돋구어주는 위로하는

reconfort|are, -ări, s.f. 동사 reconforta의 명사형

reconforta|t, -tă, -ți, -te, adj. **1.** 원기가 회복된 **2.** 용기가 북돋아진

reconsider|a, reconsider, -ai, -at, vt. 재고하다, 다시 심의(심사)하다

reconsider|are, -ări, s.f. 재고, 재심의(심사)

reconstituant, ~e, s.n. [의학]강장제

reconstitu|i, reconstitui, -ii, -it, vt. 다시 새로(원상대로)구성(편성, 재정)하다; 건강을 회복시키다; 재건하다

reconstituir|e, -i, s.f. 동사 reconstitiui의 명사형

reconstrucți|e, -i, s.f. 재건, 부흥

reconstru|i, -iesc, -ii, -it, vt. 재건하다, 부흥시키다

reconstruir|e, -i, s.f. 재건, 부흥

reconvențional, ~ă, ~i, ~e, adj. [법률]반소(反訴)의

recopi|a, -ez, -ai, -at, vt. 다시 베끼다, 정서하다

record, ~uri, s.n. **1.** [스포츠]최고기록 **2.** [공업]최고생산고; **3.** [전기]최대출력; a bate ~ul 최고기록에 도달하다; ~ mondial 세계기록

recordman, ~ă, ~i, ~e, s.m. 그리고 f. 기록보유자

recre|a¹, -ez, -ai, -at, I. vr. 즐기다, 휴양하다, 쉬다 II. vt. 즐겁게하다, 유쾌하게하다, 활기띄게하다.

recrea ², -ez, -ai, -at, vt. 재창조하다

recre|are, -ări, s.f. 동사 recrea 의 명사형

recrea|t, -tă, -ți, -te, adj. **1.** 활기찬, 쉰, 휴양한 **2.** 재창조된

recreativ, ~ă, ~i, ~e, adj. 유쾌한, 재미있는, 기분전환이 되는

recreați|e, -i, s.f. **1.** 기분전환, 오락, 휴양, 휴식, 리크레이션 **2.** (학교)휴게시간

recrimin|a, -ez, -ai, -at, vt. 욕설(비난, 힐난)하다; 신랄하게 비판하다

recrimin|are, -ări, s.f. 비난, 비난, 힐난

recristaliz|are, -ări, s.f. 재결정(再結晶)

recrudescenț|ă, -e, s.f. (화재, 폭동, 추위 등)다시 심해짐, 재연; (병

따위)재발
recru|t, -ţi, s.m. 신병; 신참자, 풋내기, 초심자
recrut|a, -ez, -ai, -at, I. vt. **1.** [군사](신병을)징집하다 **2.** [비유]모집하다 II. vt. [군사]징집되다, 보충되다
recrut|are, -ări, s.f. 동사 recruta의 명사형
rect, s.n. 직장(直腸)
rectal, ~ă, ~i, ~e, adj. 직장의
rectific|a, rectific, -ai, -at, vt. **1.** 바로잡다, 고치다, 정정하다 **2.** [화학]정류하다 **3.** [기술]연마하다, 닦다
rectific|are, -ări, s.f. 동사 rectifica의 명사형
rectificator, ~i, s.m. 연마공
rectiliniar, ~ă, ~i, ~e, 바르게 영상을 찍는
rectilini|u, -e, -i, adj. 직선의
rectitudin|e, -i, s.f. **1.** 직선적임 **2.** [비유]올바름, 곧음, 공정함
recto, s.n. invar. (책, 원고따위의)겉페이지
rector, ~i, s.m. 대학총장
rectorat, ~e, s.n. 대학총장의 직
rectrice, ~, s.f. [조류학]미우(尾羽)
recţiun|e, -i, s.f. [문법]제사법(制辭法)
recucer|i, -esc, -ii, -it, vt. 다시정복하다
recucerir|e, -i, s.f. 재정복
recuceri|t, -tă, -ţi, -te, adj. 재정복된
recul, ~uri, s.n. **1.** 후퇴, 퇴각 **2.** 퇴보
recul|a, -ez, -ai, -at, vi. 후퇴하다, 뒤로 물러서다
re|culege, -culeg, -culesei, -cules, vr. 제정신으로 돌아오다, 마음의 평온을 다시 찾다; 깊이 생각하다
reculeger|e, -i, s.f. 동사 reculege의 명사형; moment de ~ 묵념의 시간
re|cunoaşte, -cunosc, -cunoscui, -cumoscut. vt. **1.** (다시)인식하다; a ~ după voce 목소리로 다시 알아보다 **2.** 승인하다; a ~ un guvern 정부를 승인하다 **3.** 고백하다; a ~ o vină 죄를 고백하다 **4.** [군사]정찰하다
recunoaşter|e, -i, s.f. 동사 recunoaşte의 명사형
recunoscăt|or, -oare, -ori, -oare, adj. 고맙게 여기는 감사하는
recunoscu|t, -tă, -ţi, -te, adj. **1.** 인식된 **2.** 승인된 **3.** 고백된 **4.** 정찰된
recunoştinţ|ă, -e, s.f. 감사하는 마음
recuper|a, -ez, -ai, -at, vt. **1.** 되찾다, 회수하다; 만회하다 **2.** 다시 이용하다
recuperabil, ~ă, ~i, ~e, adj. 다시 회복할 수 있는, 회수 할 수 있는
recuper|are, -ări, s.f. 동사 recupera의 명사형
recuren|t, -tă, -ţi, -te, I. adj. [의학](열이) 회귀하는, 재발하는; febră ~ă 회귀열 II. s.m. 그리고 f. 소송청구인
re|curge, -curg, -cursei, -curs, vi. ...에 호소하다, 도움을 청하다; ...을 이용하다
recurs, ~uri, s.n. [법률]항소, 상고
recursori|u, -e, i, adj. 항소의, 상고의
recuz|a, -recuz, -ai, -at, vt. [법률]기피하다, 이의를 신청하다
recuzabil, ~ă, ~i, ~e, adj. 기피할 수

있는, 이의를 신청할 수 있는

recuz|are, -ări, s.f. [법률]동사 recuza의 명사형

recuza|t, -tă, -ți, -te, adj. [법률]기피된

recuzit|ă, s.f. 필요품, 필수품; 소도구, 부속품

recviem, ~uri, s.n. **1.** (성당)죽은 사람을 위한 기도; 연미사 **2.** [음악]진혼곡

re|da, -dau, -dădui, -dat, vt. **1.** 다시 누구에게 물건을 주다, 상황을 다시 만들어 주다 **2.** [비유]묘사하다, 상연하다

redact|a, -ez, -ai, -at, vt. **1.** 작성하다; 요약하다; 쓰다 **2.** 편집하다

redact|are, -ări, s.f. 동사 redacta의 명사형

redacta|t, -tă, -ți, -te adj. **1.** 작성된; 요약된; 기안된 **2.** 편집된

redact|or, -oare, -orim, -oare, s.m. 그리고 f. 기안자, 작성자; 편집자

redacți|e, -i, s.f. **1.** 기초, 기안; 작성 **2.** 편집

redacțional, ~ă, ~i, ~e, adj. 기안의, 편집(편찬)의

reden, ~e, s.n. **1.** 축성의 철각(凸角)보루 **2.** (경사진 성벽위의 갓돌의)층층; [건축](고딕 건축의 홍예안쪽 둘레의)꽃잎모양의 장식

red|are, -ări, s.f. 동사 reda의 명사형

rd|deschide, -deschid, -deschisei, -des- chis, vt. 다시 열다 I. vr. 다시 열리다, 다시 활동이 시작되다(학교, 연구소 등)

redeschider|e, -i, s.f. 동사 redeschide 의 명사형

redeschi|s, -să, -şi, -se, adj. 다시 열린

redeştept|a, redeştept, -ai, -at. I. vt. 다시 깨우다 II. vr. 다시 깨다

redeştept|are, -ări, s.f. 동사 redeştepta의 명사형

rede|veni, -vin, -venii, -venit, vi. 다시되다; cerul a ~t albastru 하늘이 다시 파래졌다

redevenț|ă, -e, s.f. 차지료(借地料), 지대(地代)

redij|a, -ez, -ai, -at, vt. redacta 참조

redingot|ă, -e, s.f. 외투

redistil|are, -ări, s.f. 재증류

rediu. ~uri, s.n. 작고 최근에 조성된 숲

redobând|i, -esc, -ii, -it, vt. 다시 얻다, 다시 획득하다

redobândir|e, -i, s.f. 동사 redobândi의 명사형

redobândi|t, -tă, -ți, -te, adj. 다시 얻은, 다시 획득된

redres|a, -ez, -ai, -at, vt. **1.** 다시 세우다, 다시 일으키다, 재건하다 **2.** 바르게하다, 바로고치다, 교정하다

redres|are, -ări, s.f. 동사 redresa의 명사형

redresa|t, -tă, -ți, -te, adj. **1.** (처음의)보통상태로 다시 돌아간; 바르게 된 **2.** [전류]정류된

redres|or, -oare, s.n. 교정자(矯正者); 정류기

re|duce, -duc, dusei, -dus, I. vt. **1.** (압력, 가격, 속력 등을) 낮추다, 떨어뜨리다, 축소하다; a ~ cheltuielile 지출을 줄이다; a ~ prețurile 가격을 낮추다; a ~ impozitele 세금을 낮추다; a ~ orele de lucru 일하는

시간을 줄이다;[수학]a ~ o fracție 약분하다 **2.** [화학]환원하다, 변형시키다 **3.** 강요하다; a ~ la tăcere 침묵하게 하다 II. vr. **1.** 축소되다, 감소되다 **2.** (la) ...에 이르다, 변형되다

reducer|e, -i, s.f. 동사 reduce의 명사형 **1.** 감소, 낮춤, 줄임, 할인; ~ a prețurilor 가격인하; ~ de personal 인원감소 **2.** [수학, 화학, 기술]환원, 변용, 변형

reductibil, ~ă, ~i, ~e, adj. 감소(축소)할 수 있는; [화학]환원할 수 있는;[수학]약분할 수 있는

reduct|or, -oare, -ori, -oare adj. **1.** (속력, 압력)을 감소시키는 **2.** 산화물을 감소시키는 II. s.n. [화학]환원제, [기계]감속장치, [사진]축사기

reducți|e, -i, s.f. **1.** 축소, 감소; 절감, 경감, 삭감; 할인 **2.** [의학]진정, 진압, 정복 **3.** [법률]형의 감소, 즉 감형

reduplic|a, reduplie, -ai, -at, vt. 되풀이하다, 반복하다; 이중으로 하다, 곱으로하다, 중복시키다

reduplic|are, -ări, **reduplicați|e,** -i, s.f. [문법]반복, 중복

redu|s, -să, -şi, -se, adj. **1.** [화학, 수학]환원된 **2.** 축소된, 감소된, 할인된

redutabil, ~ă, ~i, ~e, adj. 몹시 무서운; 위험한

redut|ă, -e, s.f. [군사] **1.** 축성 각면보루(各面堡壘) **2.** (옛)무도회, 무도장

reedit|a, -ez, -ai, -at, vt. **1.** 재판(再版)하다 **2.** (소문을)다시 퍼뜨리다; 되풀이하다

reedit|are, -ări, s.f. 재판, 중판

reedita|t, -tă, -ți, -te, adj. **1.** 재판된 **2.** 되풀이된

reeduca, reeduc, -ai, -at, vt. 재 교육시키다, 재훈련시키다

reeduca|are, -ări, s.f. 재교육

reeduca|t, -tă, -ți, -te, adj. 재교육된

reeligibil, ~ă, ~i, ~e, adj. 재선될 수 있는

reevalu|a, -ez, -ai, -at. vt. 재 평가하다

reexamin|a, -ez, -ai, -at, vt. **1.** 다시 검사하다, 재검하다 **2.** 재시험 보게 하다

reexamin|are, -ări, s.f. 재검, 재시험

re|face, refac, -făcui, -făcut. I. vt. 다시 만들다; a ~ o clădire 건물을 다시 짓다; a-şi ~ viața 새 삶을 시작하다 II. vr. 건강해지다, 회복되다

refacer|e, -i, s.f. 동사 reface의 명사형

refăcu|t, -tă, -ți, -te, adj. 다시 만들어진

refec, ~uri, s.n. (천, 의복따위의) 가장자리; a lua pe cineva la ~ 누구를 욕하다

refec|a, refec, -ai, -at, vt. 가장자리를 감치다, (의)단을 박다

refectori|u, -i, s.n. (수도원, 학교의) 식당

refen|ea, -ele, s.f. 만찬, 향연

referat, ~e, s.n. 보고, 보고강연, 레포트; 신간서적의 비평

referendar, ~i, s.m. 회계검사원의 주인 검사관

referendum, ~uri, s.n. 국민투표

referen|t, -tă, -ți, -te, s.m. 그리고 f. 보고자, 보고강연자; 비평가

refer|i, refer, -ii, -it. I. vi. 보고하다,

강연하다; 비평(소개)하다 II. vr. (la)에 관계하다
referinț|ă, -e, s.f. 참조, 추천, 소개; 조회
referir|e, -i, s.f. cu ~ la ... 관련하여
referit|or, -oare, -ori, -oare, adj. 에 관하여
reflect, ~e, s.n. reflex 참조
reflect|a, -ez, 그리고 reflect, -ai, -at, I. vt. 반사하다; 반영하다 II. vr. 반사되다 III. vi. **1.** 숙고하다, 깊이 생각하다 **2.** (la) ...을 얻으려고 애쓰다
reflect|are, -ări, s.f. **1.** 반사 **2.** 숙고
reflect|or, -oare, s.n. 반사장치, 반사기, 반사경, 반사망원경
reflecți|e, -i, s.f. **1.** 숙고, 깊이 생각함 **2.** 관찰 **3.** 반사
refle|x, I. s.n. **1.** [의학]반사(작용, 운동); ~ condiționat 조건반사; ~ abdominal 복벽반사 **2.** 반사(빛) II. -xă, -esi, -xse, adj. 반사작용의 mişcări ~e 반사작용
reflexi|e, -i, s.f. **1.** (빛, 소리)반사, 반향 **2.** 삼사, 숙고, 반성
reflexiv I. ~ă, ~i, ~e, adj. **1.** 반사하는 **2.** [문법]재귀적인; prounme ~ 재귀대명사 II. -e, s.f. [문법]재귀대명사
reflux, ~uri, s.n. **1.** [비유]썰물, 간조 **2.** [화학, 기계]환류
reform|a, -ez, -ai, -at, vt. **1.** 개혁(개선, 개정)하다 **2.** 정년으로 퇴직시키다 **3.** (조사)제대시키다; (말을)폐용하다
reforma|t, -tă, -ți, -te, adj. **1.** 퇴직된 **2.** 제대된 **3.** 신교의
reformat|or, -oare, -ori, -oare I. adj. 개혁의 II. s.m. 그리고 f. 개혁자, 종교개혁자
reform|ă, -e, s.f. **1.** 개혁, 혁신, 개조, 개량 **2.** [군사]퇴력, 제대, 군마의 폐용 **3.** [종교]종교개혁
reformism, s.n. 개량주의; 사회개혁론
reform|st, -stă, -şti, -ste, s.m. 그리고 f. 개혁파, 혁신파; 개량주의자
refracta, pers.3, refractă 그리고 refractează, -ă, -at, vr. [물리]굴절하다
refractar, ~ă, ~i, ~e, adj. **1.** 내화(耐火性)의; 물리화학 작용에 저항하는 **2.** 복종하지 않는, 반항(저항)하는
refractaritate, s.f. [물리]내화성
refracta|t, -tă, -ți, -te, adj. [물리](빛, 파동)굴절된
refractometr|u, -e, s.n. 굴절계
refract|or, -oare, s.n. 굴절계; 굴절망원경
refracți|e, -i, s.f. (광선 따위의)굴절
refrangibil, ~ă, ~i, ~e adj. 굴절될 수 있는, 굴절성이 있는
refrangibilit|ate, -ăți, s.f. 굴절성
refren, ~e, 그리고 ~uri, s.n. 반복구, 후렴
refriger|a, -ez, -ai, -at, vt. 냉각하다, 냉동하다
refriger|are -ări, **refrigerați|e,** -i, s.f. 냉각, 냉동
refrigeren|t, I. -e, s.n. 냉동기, 냉각기 II. -tă, -ți, -te, adj. 냉각하는, 냉수용의
refugi|a, -ez, -ai, -at, vr. 피난(피신)하다, 망명하다; 은둔하다
refugia|t, -tă, -ți, -te, I. adj. 피신한, 피난간 II. s.m. 그리고 f 피난자, 망

명자

refugi|u, -i, s.n. **1.** 피난소, 대피소, 은신처 **2.** 산장 **3.** (도로의)안전지대

reful|a, -ez, -ai, -at, vt. **1.** (정신분석) 억압(억제)하다 **2.** 밀어넣다, 눌러 넣다, 압축하다

reful|are, -ări, s.f. 동사 refula의 명사형

refula|t, -tă, -ți, -te, adj. **1.** 억압된, 억제된 **2.** 압축된

refut|a, -ez, -ai, -at, vt. 논박하다, 반박하다

refuz, ~uri, s.n. **1.** 거절, 거부, 사양

refuz|a, refuz, -ai, -at, vt. **1.** 거절하다, 거부하다, 사절하다, 사양하다; a ~ o invitație 초대를 거절하다 **2.** 인정하지 않다, 받아들이지 않다

regal, I. ~ă, ~i, ~e, adj. 왕의, 군주의 II. -e, s.n. 대향연

regal|a, -ez, -ai, -at, I. vr. **1.** 스스로 즐기다, 맛있는 것을 먹다 II. vt. 진수성찬으로 대접하다, 아주 기쁘게 하다

regali|st, -stă, -şti, -ste, s.m. 그리고 f. 왕당파, 왕권주의자

regalism, s.n. **1.** 제왕취미 **2.** 군왕 **3.** 왕권(왕당)주의

regalitate, s.f. 왕권정치

regat, ~e, s.n. 왕국

regat|ă, -e s.f. 보트(요트)레이스

regăs|i, -esc, -ii, -it, I. vt. 다시 발견하다 II. vr. **1.** 똑같은 장소, 상황에 처하다 **2.** 정신적인 평정을 다시 찾다

regățean, -eni, s.m. 1차 세계대전 후 왕국의 국민

regățeancă, -ence, s.f. 왕국의 거주 여자

reg|e, -i, s.n. 왕

regener|a, -ez, -ai, -at, vt. 그리고 vr. 쇄신(개혁)하다; 새사람이 되다; 갱생시키다

regener|are, -ări, s.f. 쇄신(개혁), 갱생

regenera|t, -tă, -ți, -te, adj. 쇄신된, 새사람 된

regenerat|or, I. -oare, -ori, -oare, adj. 재생시키는, 쇄신하는 II. -oare, s.n. 재생장치

regen|t, I. -tă, -ți, -te, s.m. 그리고 f. 섭정하는 사람

regent|ă, -e, adj. [문법]상위문장에 속하는

regenț|ă, -e, s.f. 섭정정치; 섭정제; 섭정식

reg|esc, -ească, -eşti, adj. 왕의

regeşte, adv. 왕처럼

regici|d, I. s.n. 왕 살해 II. -dă, -zi, -de, s.m. 그리고 f. 왕 살해

regi|e, -i, s.f. **1.** 세무서; 세무관리 **2.** 재산관리; 국가관리, 국영 **3.** [영화, 연극]연출, 감독

regim, ~uri, s.n. **1.** 정체(政體); 국가행정 **2.** (공공기관의) 관리(법) **3.** 식이요법; a pune la ~ 식이요법을 하다 **4.** 기관의 회전속도 **5.** [문법]보어, 목적어

regiment, ~e, s.n. [비유] **1.** 연대 **2.** 연대군인

regimentar, ~ă, ~i, ~e, adj. 연대의

regin|ă, -e, s.f. **1.** 왕비 **2.** 여왕 **3.** regina nopții 선인장의 일종

regional, ~ă, ~i, ~e, adj. 지방의, 지방특유의

regionalism s.n. **1.** 지방(분권)주의 **2.** 지방어

regional|ist, -stă, -şti, -ste, s.m. 그리고 f. 지방주의 사람

registrat|or, -oare, -ori, -oare, s.m. 그리고 f. **1.** 기록계원 **2.** 자동기록기

registratur|ă, -i, s.f. 기록, 등록; 기록실, 등기실; 서류(보관)장

registr|u, -e, s.n. **1.** 목록, 표; 색인; 기록, 명부; 등록부; 등기부 **2.** (풍금의) 음전(音栓); 성역(음역)

regiun|e, -i, s.f. **1.** 지방, 지역, 지대; 범위, 영역 **2.** [학문]영역분야 **3.** 신체의 국부

regiz|a, -ez, -ai, -at, vt. 예술적인 관점에서 공연을 이끌다, 조직하다; 상연하다

regiz|or, -oare, -ori, -oare, s.m. 그리고 f. 연출가

regizoral, ~ă, ~i, ~e, adj. 연출의

regl|a, -ez, -ai, -at, vt. **1.** (기계를) 조정(조절)하다 **2.** [군사]무기를 정열, 조준하다

reglabil, ~ă, ~i, ~e, adj. **1.** 조절할 수 있는 **2.** 정열할 수 있는

reglaj, ~e, s.n. **regl|are,** -ări, s.f. **1.** 조절, 조정 **2.** 정열

reglement, ~e, s.m. regulament 참조

reglement|a, -ez, -ai, -at, vt. 규제하다, 통제하다; 법규를 제정하다

reglementar, ~ă, ~i, ~e, adj. 규정에 맞는; 규정에 관한(의한)

reglement|are, -ări, s.f. 규제; 규칙제정

reglet, ~e, s.n. [인쇄]격행조, 인테르(행간에 삽입하는 얇은 연판)

regl|or, I. -oare, -ori, -oare, s.m. 그리고 f. 기계의 조정공 II. -oare, s.n. 괘선치는 기계

regn, ~uri, s.n. [생물]계(界); ~ animal 동물계

regres, ~e, s.n. 퇴보

regres|a, -ez, -ai, -at, vi. 퇴보하다

regresiun|e, -i, s.f. 바다수면이 낮아짐

regresiv, ~ă, ~i, ~e, adj. 퇴보하는

regret, ~e, s.n. **1.** 애석, 애도, 슬픔; 아쉬움, 미련 **2.** 후회, 회환 **3.** 섭섭함, 유감

regret|a, regret, -ai, -at, vt. **1.** 애석하게 여기다, 애도하다 **2.** 후회하다, 뉘우치다, 유감스럽게 여기다

regretabil, ~ă, ~i, ~e, adj. 유감스러운, 애석한; 슬픈

regreta|t, -tă, -ţi, -te, adj. 애도함

regrup|a, -ez, -ai, -at, I. vt. 다시 집결(규합, 통합)하다 II. vr. 다시 집결되다

regrup|are, -ări, s.f. 재집결, 재규합

regul|a, -ez, -ai, -at, vt. **1.** 정열시키다; 체계화하다; 맞게하다 **2.** 가르치다, 교훈을 주다; 침묵하게 하다

regulament, ~e, s.n. 지시; 규정

regulamentar, ~ă, ~i, ~e, adj. reglementar 참조

regular, ~ă, ~i, ~e, adj. regulat 참조

regul|are, -ări, s.f. 동사 regula의 명사형

regularit|ate, -ăţi, s.f. 규칙성, 정열함, 가지런함

regulariz|a, -ez, -ai, -at, vt. 정리하다; (기계를)조정하다; 정규화하다

regulariz|are, -ări, s.f. 정규화; 정리, 조정

regula|t, -tă, -ţi, -te, adj. **1.** 규칙적인 **2.** 정열된

regulat|or, I. -oare, s.n. 조정(조절)

기 II. -oare, -ori, -oare, s.m. 그리고 f. 조정자

regul|ă, -i 그리고 -e, s.f. **1.** 규칙, 규정, 규율; 관례; 법칙, 법; regulile bunei cuviințe 예법, 예절; **2.** 규율, 질서; de ~ 보통, 규칙상 **3.** 월경

reia|t, -tă, -ți, -te, adj. (천에 대해)줄무늬가 있는

reieş|i, reies, -ii, -it, vt. 결과로 나타나다, 결과가 되다

reimprim|a, reimprim, -ai, -at, vt. 다시 인쇄하다; a ~ o carte 책을 재판(再版)하다

reimprim|are, -ări, s.f. 재판(再版)

reincarn|a, -ez, -ai, -at, vt. 그리고 vr. (죽은 뒤 영혼이)다른 육체에 깃들다

reincarn|are, -ări, s.f. 죽은 뒤 영혼이 다른 육체에 깃들기

reinstal|a, -ez, -ai, -at, vt. 그리고 vr. 다시 설치하다

reintegr|a, -ez, -ai, -at, vt. 복직시키다;[수학]다시 적분하다

reintegr|are, -ări, s.f. 복직

reintr|a, reintru, -ai, -at, vr. 다시 들어오다

reintroduce, -duc, -dusei, -dus, vt. 다시 도입하다

reintroducer|e, -i, s.f. 재도입

reîmpădur|i, -esc, -ii, -it, vt. 다시 숲을 조성하다

reîmpădurir|e, -i, s.f. 다시 숲을 조성함

reîmpărț|i, reîmpart, -ii, -it, vt. 다시 분할하다, 다시 나누다

reîmpărțir|e, -i, s.f. 재분할

reîmprospăt|a, -ez, -ai, -at, vt. 그리고 vr. 다시 신선하게 하다

reînarm|a, -ez, -ai, -at, vt. 그리고 vr. 재무장하다

reînarm|are, -ări, s.f. 재무장

reîncadr|a, -ez, -ai, -at, vt. reintegra 참조

reîncadr|are, -ări, s.f. 복직

reîncălz|i, -esc, -ii, -it, vt. 재가열하다

reîncălzire, -i, s.f. 재가열

re|începe, -încep, -începui, -început I. vt. **1.** 그리고 vi. 다시 시작하다 **2.** 다시 받아들이다

reînceper|e, -i, s.f. 동사 reîncepe의 명사형

reîncolț|i, -esc, -ii, -it, vt. 다시 솟아나게 하다

reînființ|a, -ez, -ai, -at, vt. 다시 창설하다; 다시 만들다

reînființ|are, -ări, s.f. 재창설; 다시 만듬

reînflor|i, -esc, -ii, -it, vt. 다시 꽃피게 하다; 다시 번성시키다

reînno|i, -iesc, -ii, -it, vt. **1.** 다시 새롭게하다 **2.** 서류를 갱신하다, 유효기간을 연장하다 **3.** 반복하다 **4.** 다시 시작하다

reînnoir|e, -i, s.f. 동사 reînnoi의 명사형

reînoi|t, -tă, -ți, -te, adj. **1.** 다시 새롭게된 **2.** 갱신된 **3.** 반복된 **4.** 다시 시작된

reînsufleț|i, -esc, -ii, -it, vt. 다시 활기있게 하다, 다시 생생하게 하다, 다시 생기를 주다

reînsuflețire, s.f. 동사 reînsufleți의 명사형

reîntâln|i, -esc, -ii, -it, vt. 다시 만나다, 재회하다

reîntâlnir|e, -i, s.f. 다시 만남, 재회
reîntiner|i, -esc, -ii, -it, vr. 다시 젊어지다
reîntinerire, s.f. 다시 젊어짐
reîn|toarce, -torc, -torsei, -tors, I. vr. 다시 돌아오다 II. vt. **1.** 다시 돌아오게 하다
reîntrem|a, -ez, -ai, -at, vr. 다시 건강해지다, 원기를 다시 회복하다
reînverz|i, -esc, -ii, -it, vt. 다시 푸르게 되다
reînvi|a, -ez, -ai, -at, I. vi. (죽은 후) 환생하다 **1.** 호흡, 심장 기능을 가동시키다; 힘과 활력을 다시 얻다; 다시 태어나다 II. vt. 다시 사용하게 하다, 다시 생명력을 얻게 하다
reînvier|e, -i, s.f. 동사 reînvia의 명사형
relaş, s.n. (극장, 영화)휴장
relat|a, -ez, -ai, -at, vt. 자세하게 보고하다, 설명하다
relat|are, -ări, s.f. 자세한 보고, 설명
relativ, ~ă, ~i, ~e, adj. **1.** 관계가 있는; pronume ~ 관계대명사; propoziție ~ă 관계절; ~ la ... ...에 관한 **2.** 비교적인(비교적으로) 상관적인 **3.** 상대적인
relativism, s.n. [철학]상대론, 상대주의
relativi|st, -stă, -şti, -ste. I. adj. 상대론의 II. s.m. 그리고 f. 상대론자
relativitate, relativității, s.f. 상대성이론
relați|e, -i, s.f. **1.** 관계, 관련, 연관 **2.** 교섭, 교류, 교제; a fi în relații bune cu cineva 누구와 좋은 관계에 있다 **3.** 이야기, 상술, 진술; a da relații 정보를 주다
relax|a, -ez, -ai, -at, vr. 늘어지다, (심신이)풀리다, 휴식하다
relax|are, -ări, s.f. **1.** 휴식 **2.** (근육의)이완
relaxa|t, -tă, -ți, -te, adj. 이완된, 풀어진
releg|a, releg, -ai, -at, vt. **1.** (외딴곳으로)쫓아보내다; 치워놓다, 추방하다, 멀리하다 **2.** 귀양보내다
relegare, s.f 추방
relega|t, -tă, -ți, -te, adj. 추방된
rele|u, -e, s.n. 릴레이
relev|a, relev, -ai, -at, vt. 눈에 뜨이게하다, 두드러지게하다; 강조하다
relev|are, -ări, s.f. 눈에 뜨이게 함, 두드러지게 함, 강조
releve|u, -e, s.n. 건축의 요소를 계단에 표시함
relicv|ă, -e, s.f. (성자, 순교자의)성유골, 성유물
relief, ~uri, s.n. [지질](토지의)기복; 울툭불툭함; în ~ 높아진, 두드러진; a scoate în ~ 두드러지게 하다, 강조하다
relief|a, -ez, -ai, -at, vt. 두드러지게 하다, 강조하다
reliefa|t, -tă, -ți, -te, adj. 두드러진
religi|e, -i, s.f. 종교
religi|os, -oasă, -oşi, -oase, adj. **1.** 종교의, 종교에 관한 **2.** 종교적인, 신앙심이 두터운
religiozitate, s.f. 종교적 감정; 종교심
relu|a, reiau, -ai, -at, vt. **1.** 다시 받아들이다 **2.** 다시 시작하다, 계속하다, 지속하다
relu|are, -ări, s.f. **1.** 다시 받아들임

2. 다시 시작함, 계속
remai|a, -ez, -ai, -at, vt. (그물, 양말 따위를)짜깁다
remaier|e, -i, s.f. 짜깁기
remanent, ~ă, ~i, ~e, adj. [전기]잔류하는
remanență, s.f. [전기]보자성(保磁性); 전류자기
remani|a, -ez, -ai, -at, vt. 다시 손질하여 고치다, 수정하다, 개정하다; a ~ guvernul 개각하다
remanier|e, -i, s.f. 수정, 개정, 개작, 개조; ~ a guvermului 개각
remarc|a, remarc, -ai, -at, I. vt. **1.** 주의(주목)하다 **2.** 알아보다, 식별하다 II. vr. 눈에 띄다
remarcabil, ~ă, ~i, ~e, adj. **1.** 주목(괄목)할만한, 현저한, 뚜렷한, 놀랄만한 **2.** 저명한, 뛰어난
remedi|a, -ez, -ai, -at, vt. 상황, 상태를 개선시키다, 고치다
remediabil, ~ă, ~i, ~e, adj. 고칠 수 있는, 개선시킬 수 있는
remedier|e, -i, s.f. 고침, 개선함
remedi|u, -i, s.n. **1.** 개선방법, 해결 **2.** 약
rememor|a, -ez, -ai, -at, vt. 회상시키다
rememor|are, -ări, s.f. 회상
remilitariz|a, -ez, -ai, -at, vt. 재군비(무장)하다
remilitariz|are, -ări, s.f. 재무장
reminiscenț|ă, -e, s.f. 어렴풋한 기억(추억); 무의식적인 추억
remite, -mit, -misei, -mis, vt. **1.** 건네주다, 넘겨주다, 제출하다 **2.** 빚을 포기하다
remiter|e, -i, s.f. **1.** 넘겨줌, 건네줌, 제출 **2.** 꿔준 돈 포기; ~ de datorie 꿔준 돈 포기
remiz|a, -ez, -ai, -at, vt. (장기)비기다
remiz|ă, -e, s.f. **1.** 무승부 **2.** 수수료, 구전, 코미션 **3.** 차고, 농기구 창고 **4.** 사냥을 위한 숙박소로의 작은 숲
remont|a, -ez, -ai, -at, vt. **1.** 다시 설치하다, 다시 조립하다 **2.** 다시 되다, 다시 이루어지다 **3.** [군사]다시 공급하다
remont|ă, -e, s.f. 군마보충
remontoar, ~e, s.n. (시계의)용두; 용두달린 시계 **2.** 태엽 감는 나사
remorc|a, remorchez, -ai, -at, vt. **1.** (배, 자동차 등)밧줄로 끌다 **2.** 사람을 데리고 가다, 강제로 끌고 가다
remorc|are, -ări, s.f. (해양)예선; 끎
remorc|ă, -i, s.f. **1.** 끄는 밧줄 **2.** 트레일러; la ~ 예인되는; a fi la remorca cuiva 누구에 달려있다
remorcher, ~e, s.n. **1.** 예선 **2.** 견인차
remuner|a, -ez, -ai, -at, vt. ...에게 보답하다; (일에 대한)보수(사례금)을 지불하다
remuner|are, -ări, s.f. 보답, 보수 지불
remuneratori|u, -e, -i, adj. 보수(사례)로서의
remunerați|e, -i, s.f. 보수, 수당, 사례금
remușc|are, -ări, s.f. 양심의 가책
ren, ~i, s.m. [동물]순록
renal, ~ă, ~i, ~e, adj. 신장(콩팥)의
renan, ~ă, ~i, ~e, adj. 라인강의, 라인강 연안 지방의
renaște, -nasc, -născui, -născut, vi.

1. 다시 태어나다 **2.** 다시 발생하다 **3.** 다시 피어나다(반성하다)
renaşter|e, -i, s.f. **1.** 르네상스 **2.** 다시 태어남
renăscăt|or, -oare, -ori, -oare, adj. 다시 발생하는
renăscu|t, -tă, -ți, -te, adj. 다시 태어난; 다시 일어난
reneg|a, reneg, -ai, -at, vt. **1.** 거짓으로 부인하다 **2.** 자기 것으로 인정하지 않다 **3.** (신앙따위를)버리다, 포기하다
reneg|are, -ări, s.f. 동사 renega의 명사형
renega|t, -tă, -ți, -te, s.m. 그리고 f. 배교자, 변절자
renghi, ~uri, s.n. 장난; a juca (cuiva) ~ul 누구에게 장난치다
renglot|ă, -e, s.f. 서양자두나무 일종
reniten|t, -tă, -ți, -te, adj. 반항적인, 고집센
reniu, s.n. [화학]레늄
renov|a, -ez, -ai, -at, vt. 쇄신(개혁, 혁신, 개량)하다
renov|are, -ări, s.f. 쇄신, 혁신, 개혁
renovat|or, -oare, -ori, -oare, I. adj. 혁신하는, 개혁하는 II. s.m. 그리고 f. 혁신자, 개혁자
renovați|e, -i, s.f. renovare 참조
rent|a, pers.3, rentează, -ă, -at, vi. 이익이 생기다. 벌다
rentabil, ~ă, ~i, ~e, adj. 이자를 낳는, 벌이가 되는
rentabilit|ate, -ăți, s.f. 충분한 수익성
rent|ă, -e, s.f. 이자; 지대, 집세; 연금; ~ viageră 평생연금
rentier, ~ă, ~i, ~e, s.m. 그리고 f. (이자, 연금)생활자, 금리생활자
renume, s.n. 평판, 명성, 고명
renumi|t, -tă, -ți, -te, adj. 이름난, 명성이 높은
renunț|a, renunț, -ai, -at, vi. (la ceva 또는 la cineva)을 포기하다
renunț|are, -ări, s.f. 포기
reorganiz|a, -ez, -ai, -at, vt. 다시 조직(편성)하다
reorganiz|are, -ări, s.f. 재조직, 재편성
reorganizat|or, -oare, -ori, -oare, s.m. 그리고 f. 재조직(편성)하는 사람
reostat, ~e, s.n. [전기]가감저항기
repar|a, repar, -ai, -at, vt. **1.** 수리하다, 수선하다 **2.** 고치다, 수정하다 **3.** 보상하다, 배상하다
reparabil, ~ă, ~i, ~e, adj. **1.** 수선(수리)할 수 있는 **2.** 보상할 수 있는
repar|are, -ări, s.f. **1.** 수선, 수리 **2.** 보상
reparat|or, -oare, -ori, -oare, adj. 수선하는, 보상하는
reparați|e, -i, s.f. 수선, 보상
repartiți|e, -i, s.f. 분할, 배분; 분배
repartiz|a, -ez, -ai, -at, vt. 분배하다, 할당하다
repartiz|are, -ări, s.f. 분할, 분배
repartiz|or, -oare, s.n. 분배기
repartri|a, -ez, -ai, -at, I. vt. 본국에 송환하다 II. vr. 고향으로 돌아가 본국에서 받아들여지다
repatrier|e, -i, s.f. 본국송환
repaus, ~uri, s.n. 휴식
repauz|a, -ez, -ai, -at, vr. 휴식하다
repe|de, I. adv. 빨리; a lua pe cin-

eva 누구를 습격하다 II.-zi, adj. **1.** 빠른, 속력있는 **2.** 급격한; un torent ~ 급류 **3.** 가파른

repeguş, ~uri, s.n. 비탈

repejor, adv. 상당히 빠르게

repen|t, -tă, -ți, -te, adj. [식물]기어 가는

reper, ~e, s.n. **1.** 표시, 표적, 부호 **2.** 눈금 **3.** [비유]근거, 요점

reper|a, -ez, -ai, -at, vt. **1.** 표를 찍다 **2.** 위치를 알아내다

reper|are, -ări, s.f. 동사 repera의 명사형

repercusiun|e, -i, s.f. **1.** (소리의) 반향, (빛의)반사; 반동 **2.** (일의)반향; 영향

repercut|a, pers.3, repercutează, -ă, -at, vr. **1.** [비유]반향하다, 반사하다 **2.** 영향(결과, 반향)을 가져오다

repercuta|t, -tă, -ți, -te, adj. 반향된, 반사된

repertori|u, -i, s.n. **1.** 목록, 일람표, 색인; 수첩, 노트 **2.** 유집, 총람 **3.** 상연(연주)목록, 레파토리

repet|a, repet, -ai, -at, vt. 그리고 vr. 반복하다

repet|are, -ări, s.f. 반복

repeta|t, -tă, -ți, -te, s.n. 반복된

repeten|t, -tă, -ți, -te, s.m. 그리고 f. 유급생, 낙제생

repetenți|e, -i, s.f. 낙제, 유급

repetit|or, I. -oare, s.n. 공부방(기숙사) II.~i, s.m. 보충교사

repetiți|e, -i, s.f. **1.** 반복, 되풀이 **2.** (연극, 연설)연습, 복습; ~ gererală 총연습

repez|eală, -eli, s.f. 빠름, 성급; 속력; la ~ 매우 빠르게

repez|i, reped, -ii, -it, I. vr. **1.** 빨리 가다, 빨리 달리다; s-a ~t până în oraş 그는 시내까지 빨리 갔다 **2.** [비유](la)누구를 향해서 돌진하다 II. vt. **1.** 누구를 빨리 보내다 **2.** 던지다 **3.** 주먹으로 때리다 **4.** 누구에게 소리지르다

repeziciun|e, -i, s.f. 속력, 속도

repeziş, ~uri, s.n. **1.** 격렬한 행동; 돌진 **2.** 비탈 **3.** 급류

repezi|t, -tă, -ți, -te, adj. **1.** 빠른, 급한 **2.** 화난

replant|a, -ez, -ai, -at, vt. **1.** 옮겨 심다, 이식하다 **2.** 재식림하다

replant|are, -ări, s.f. 옮겨 심음, 이식

replic|a, replic, -ai, -at, vt. **1.** 반박하다 **2.** 대꾸하다

replic|ă, -i, s.f. **1.** 응답, 응수; 말대꾸, 항변; fără ~ 최종적으로; a fi tare în replici 즉각적으로 가장 적합한 대답을 하다(토론에서) **2.** [연극]다른 배우의 대사를 받는 대사

repopul|a, -ez, -ai, -at, vt. 다시 거주하다

repopul|are, -ări, s.f. 재 거주

report, ~uri, s.n. **1.** [상업, 부기]이월, 전기; 이월금 **2.** [주식]이월거래; 거래 유예금

report|a, -ez, -ai, -at, vt. 이월하다, 전기하다

reportaj, ~e, s.n. **1.** [신문, 라디오] 현지보고기사, 사회탐방 방송 **2.** 탐방

report|are, -ări, s.f. 동사 reporta의 명사형

reporter, ~i, s.m. (탐방)기자

repovest|i, -esc, -ii, -it, vt. 다시 설명하다

reprehensibil, ~ă, ~i, ~e, adj. 비난할만한

reprehensiun|e, -i, s.f. 비난, 질책

represalii, s.f. 보복, 복수, 앙갚음

represiun|e, -i, s.f. 억압, 탄압, 진압; 징벌, 처벌

represiv, ~ă, ~i, ~e, adj. 억압적인, 탄압적인, 억누르는; măsuri ~e 탑압수단

reprezent|a, reprezint, -ai, -at, vt. **1.** 표현하다, 나타내다 **2.** 대리하다, 대표하다 **3.** [연극]상연하다, (역을) 맡아하다, 연기하다

reprezentan|t, -tă, -ți, -te, s.m. 그리고 f. 대표자, 대리인

reprezentanț|ă, -e, s.f. 정치 경제 분야의 외국 대표기관; ~ comercială 통상대표부

reprezent|are, -ări, s.f. 동사 reprezcnta의 명사형

reprezentativ, ~ă, ~i, ~e, adj. **1.** 대표적인, 전형적인; 대표하고 있는 **2.** 대의 하는

reprezentați|e, -i, s.f. **1.** 상연, 공연 **2.** 표현, 묘사

reprim|a, reprim, -ai, -at, vt. 억누르다, 억제하다, 억압하다

reprim|are, -ări, s.f. 억누름, 억제, 억압

reprim|i, -esc, -ii, -it, vt. 다시 받아들이다, 휴가였던 사람을 다시 고용하다

reprimir|e, -i, s.f. 동사 reprimi의 명사형

repriz|ă, -e, s.f. **1.** [영화, 연극]재상연 **2.** [스포츠]전반전, 후반전; 라운드 **3.** 속도의 증가

reprob|a, reprob, -ai, -at, vt. 비난하다, 인정하지 않다, 거부하다

reprobabil, ~ă, ~i, ~e, adj. 비난할만한, 비난받아야 하는

reprob|are, -ări, s.f. 동사 reproba의 명사형

reprobat|or, -oare, -ori, -oare, adj. 비난하는 질책하는

reproducăt|or, -oare, -ori, -oare, adj. 재생산하는, 재생하는

repro|duce, -duc, -dusei, -dus, I. vt. **1.** 복사하다; 모방하다 **2.** 생각을 기억해내다 **3.** 재현하다, 다시 제시하다 **4.** 재생하다 **5.** 번식시키다 II. vr. **1.** 번식하다 **2.** 다시 일어나다, 되풀이 되다

reproducer|e, -i, s.f. **1.** 복사, 모방함 **2.** 생각을 기억함 **3.** 재현 **4.** 재생 **5.** 번식

reproducți|e, -i, s.f. **1.** 재생 **2.** 번식

reprofil|a, -ez, -ai, -at, vt. **1.** 회사나 연구소의 모습을 변경하다 **2.** 재조직하다

reprofil|are, -ări, s.f. **1.** 재조직 **2.** 모습변경

reproş, ~uri, s.n. 비난

reproş|a, -ez, -ai, -at, vt. 비난하다, 나무라다

reproşabil, ~ă, ~i, ~e, adj. 비난할만한

reptil|ă, -e, s.f. 파충류

republica, republic, -ai, -at, vt. 재출판하다

republican, ~ă, ~i, ~e, I. adj. 공화국의, 공화제의, 공화당의 II. s.m. f. 공화주의자; 공화당원

republic|are, -ări, s.f. 재출판

repudi|a, -ez, -ai, -at, vr. **1.** (누구를, 무엇을)더 이상 알지 못하다; 거부하다; 멀리하다, 쫓아내다 **2.** 유산을 포기하다

repudier|e, -i, s.f. **1.** 거부, 거절; 쫓아냄 **2.** 포기

repugn|a, pers.3, repugnă, -ai, -at, vi. 싫어하다, 혐오감을 갖다; 마음에 안들다

repulsi|e, -i, s.f. 혐오, 증오, 불쾌감, 반감

repulsiv, ~ă, ~i, ~e, adj. **1.** 물리치는 **2.** 혐오감을 주는, 불쾌한, 싫은

repune, -pun, -pusei, -pus, vt. 다시 놓다(pune 동사와 접두사 re-의 결합)

repurt|a, -ez, -ai, -at, vt. **1.** 회상시키다 **2.** 승리, 성공을 거두다

reputa|t, -tă, -ţi, -te, adj. 유명한, 알려진

reputaţi|e, -i, s.f. **1.** 평판, 명성; a avea o ~ proastă 나쁜 평판을 얻다

resac, ~uri, s.n. 해안에 밀려오는 파도

resciziun|e, -i, s.f. [법률](계약의) 취소

rescript, ~e, s.n. **1.** 훈련, 칙령, 교서, 칙서

resemn|a, -ez, -ai, -at, vr. 체념하다, 단념하다

resemn|are, -ări, s.f. 체념, 포기, 단념

resemna|t, -tă, -ţi, -te, adj. 체념한, 포기한; 힘없는, 용기없는

resentiment, s.n. 원한

resfira, răsfira 참조

resimţ|i, resimt, -ii, -it, vt. 그리고 vr. 느끼다

resorb|i, resorb, -ii, -it, vt. [의학]다시 흡수하다

resorbţi|e, -i, s.f. [의학]재흡수

resorcină, s.f. 레조르신

res|ort, I. -orturi, s.n. **1.** [기술]용수철 **2.** [비유]원동력 II.-oarte, s.n. 영역, 관할; nu e de ~ul lui 그의 관할이 아니다

respect, s.n. 존경, 존중, 경의; a ţine (pe cineva)la ~ 거리감을 갖다, 친근하지 못하다; a pune (pe cineva) la ~ 존경심을 일으키다; ~ele mele 존경하옵게도

respect|a, respect, -ai, -at, I. vt. **1.** 존경하다 **2.** 존중하다, 소홀히 하지 않다 II. vt. **1.** 체면을 지키다, 자중하다 **2.** 서로 존경하다

respectabil, ~ă, ~i, ~e, adj. **1.** 존경할만한 **2.** 현저한, 주목할만한, 인상적인; 큰

respect|are, -ări, s.f. 존경, 존중

respecta|t, -tă, -ţi, -te, adj. 존중되는, 존경되는

respectiv, ~ă, ~i, ~e, I. adj. 각자의, 각기의 II. s.m. 그리고 f. 각각, 각자 III. adv. 각기, 제각기, 각자

respectu|os, -oasă, -osi, -oase, adj. 경의를 표하는, 공손한

respingăt|or, -oare, -ori, -oare, adj. 반감을 일으키는, 거부적인

res|pinge, -ping, -pinsei, -pins, vt. **1.** 거절하다, 퇴짜놓다; a ~ la examen 시험에 떨어지다 **2.** 물리치다; a ~ un atac 공격을 물리치다

respinger|e, -i, s.f. **1.** 거절, 퇴짜, 물리침

respir|a, respir, -ai, -at, I. vi. 호흡하다, 숨쉬다 II. vt. **1.** 숨을 들이마시다

2. [비유]발산하다, 퍼지다
respirare, s.f. respirație 참조
respirat|or, -oare, -ori, -oare, adj. 호흡의; aparatul ~ 호흡기
respirați|e, -i, s.f. 호흡; greutăți de ~ 호흡곤란
responsabil, ~ă, ~i, ~e, I. adj. 책임 있는, 책임져야하는 II. s.m. 그리고 f. 책임자
responsabilit|ate, -ăți, s.f. 책임
rest, ~uri, s.n. **1.** [수학]나머지 **2.** 나머지, 찌꺼기; ~uri, alimentare 음식 찌꺼기 **3.** 다른 것, 그밖의 것
restabil|i, -esc, -ii, -it, I. vt. 다시 만들다, 환원하다, 회복하다; a ~ ordinea 질서를 회복시키다 II. vr. **1.** 재생산되다 **2.** 회복하다
restabilir|e, -i, s.f. **1.** 회복 **2.** 환원
restan|t, -tă, -ți, -te, adj. 남는; 체납한
restanț|ă, -e, s.f. **1.** 나머지, 잔액; **2.** 지불미필
restanțier, ~ă, ~i, ~e, adj. 미불의, 낙제한
restatornic|i, -esc, -ii, -it, vt. restabili 참조
restaur|a, -ez, -ai, -at, vt. 수복하다, 복원하다; 재건하다; 부흥시키다; 회복시키다; (왕정을)복위(복고)시키다
restaurant, ~e, s.n. 레스토랑
restaur|are, -ări, s.f. 수복, 복원; 재건, 부흥; 회복; 복구
restaurați|e, -i, s.f. **1.** restaurare 참조 **2.** epoca de ~ 왕정복고시대
restei, ~e, **reste|u,** -ie, s.n. 교형재(橋형材), 마룻귀틀을 받치는 가로나무
restitu|i, -iesc, 그리고 **restitui,** -ii, -it, vt. 되돌려주다, 반환하다
restituir|e, -i, s.f. 반환
re|strânge, -strâng, -strânsei, -strâns, vt. 그리고 vr. 축소하다, 감소하다; 제한하다
restrânger|e, -i, s.f. 축소, 감소, 제한
restrân|s, -să, -şi, -se, adj. 제한된
restrictiv, ~ă, ~i, ~e, adj. 제한하는, 구속하는
restricți|e, -i, s.f. 제한, 제약, 억제; 구속; fără ~ 제한없이
restrişt|e, -i, s.f. 불행, 재난, 위험
restructur|a, -ez, -ai, -at, vt. 구조를 바꾸다
restructur|are, -ări, s.f. 구조변경
resurs|ă, -e, s.f. 자력, 재력; 자원, 재원
resuscit|a, -ez, -ai, -at, vt. reînvia 참조
reşedinț|ă, -e, s.f. 주소, 주택, 관저; 거주, 주재; 거주지, 주재지; de ~ 거주의 주소의
reşou, ~ri, s.n. 풍로; 접시 데우는 기구, 가스, 전기레인지
retasur|ă, -i, s.f. [야금]수축소
retenți|e, -i, s.f. **1.** [의학]정체 **2.** [법률]유치 **3.** 유지, 보존
retevei, ~e, s.n. 짧은 나무조각
retez, ~e, s.n. [속어]la ~ul părului 목에
retez|a, retez, -ai, -at, vt. **1.** 자르다, 베다; a ~ capul 목을 베다; a i-o ~ cuiva 누구에게 자제하도록 하다; 토론을 갑자기 중단시키다 **2.** [비유] 갑자기 중단시키다
retez|are, -ări, s.f. **retezut,** ~uri,

s.n. 벰, 자름
reteza|t, -tă, -ți, -te, adj. 잘려진, 베어진
reticen|t, -tă, -ți, -te, adj. **1.** 망설이는, 주저하는, 자제하는 **2.** 터놓고 말하지 않는, 거리끼는
reticen|ță, -e, s.f. 할말을 일부러 안 함
reticul, ~e, s.n. [광학](망원경 렌즈의)십자선
reticular, ~ă, ~i, ~e, adj. **reticula|t,** -tă, -ți, -te, adj. 그물모양의
retin|ă, -e, s.f. [해부]망막; 그물막
retipăr|i, -esc, -ii, -it, vt. 다시 인쇄하다
retipărir|e, -i, s.f. 재 인쇄
retop|i, -esc, -ii, -it, vt. 다시 녹이다
retopir|e, -i, s.f. 다시 녹임
retor, ~i, s.m. **1.** (고대에서)수사학의 대가 **2.** 웅변가, 연설자
retoric, ~ă, ~i, ~e, adj. 수사학의, 수사학적인
retorică, s.f. 수사학
retorism, s.n. 빈말
retoroman, ~ă, ~i, ~e, I. adj. 레토로망스어의(북이태리 산간지방에서 쓰이는 로망스어) II. s.m. 그리고 f. 레토로망스인들
retort|ă, ~e, s.f. 증류기, 레토르트
retract|a, -ez, -ai, -at, I. vt. 취소하다, 철회하다; a-şi ~ cuvintele 말을 취소하다 II. vr. 움츠러들다, 오므라들다
retract|are, -ări, s.f. **1.** 취소, 철회 **2.** 축소
retracti|l, ~ă, ~i, ~e, adj. 수축성의, 움츠러지는
retracți|e, -i, s.f. 수축; 축소; 단축
retra|duce, -duc, -dusei, -dus, vt. 다시 번역하다
retraducer|e, -i, s.f. 재번역
re|trage, -trag, -trăsei, -tras, I. vt. 뒤로 잡아당기다; 거두어들이다; 철회하다, 취하하다; a ~ de la şcoală 학교를 그만두게 하다; a-şi ~ banii de la bancă 은행에서 돈을 찾다 II. vr. 물러나다, 떠나가다; 은퇴하다, 퇴각하다; armata se ~ 군대가 퇴각하다; a se ~ dintr-o funcție 직책에서 물러나다; a se ~ dintr-o societate 사회생활을 그만두다
retrager|e, -i, s.f. **1.** 뒤로 잡아당김 **2.** 퇴각, 철수; ~a frontului 전선의 철수; a bate în ~ 후퇴하다; ~ cu torte 횃불퍼레이드 **2.** 철회, 취하; ~a unei promisiuni 약속철회; ~ din lume 이 세계로부터의 은퇴
retransmisi|e, -i, **retransmisiun|e,** -i, s.f. 중계방송
retrans|mite, -mit, -misei, -mis, vt. 중계방송하다
retransmiter|e, -i, s.f. 중계방송
retra|s, -să, -şi, -se, adj. 은퇴한, 고독한; a trăi ~ 은둔생활을 하다
retrat|a, -ez, -ai, -at, vt. [기술]다시 처리하다, 다시 가공하다
retrat|are, -ări, s.f. [기술]재처리, 재가공
retră|i, -iesc, -ii, -it, vt. 다시 한번 살다
retribu|i, -iesc, -ii, -it, vt. 보수(급료)를주다
retribuir|e, -i, s.f. 보수를 줌
retribuți|e, -i, s.f. 보수, 급료
retri|mite, -mit, -misei, -mis, vt. 다시 보내다

retrimiter|e, -i, s.f. 재발신
retroactiv, ~ă, ~i, ~e, adj. 소급력있는; efect ~ 소급력
retroactivit|ate, -ăţi, s.f. 소급성
retroced|a, -ez, -ai, -at, vt. (받은 것을)도로 돌려(물려)주다; 권리, 재산, 영토 등을 반환하다
retroced|are, -ări, s.f. 반환
retrogra|d, -dă, -zi, -de, adj. **1.** 역행의, 후퇴의 **2.** 태양과 반대되는 방향으로 움직이는
retrograd|a, -ez, -ai, -at, vt. **1.** 후퇴하다 **2.** 퇴보하다
retrograd|are, -ări, s.f. 후퇴, 퇴보
retrospectiv, ~ă, ~i, ~e, adj. 회고적인
retroversiun|e, -i, s.f. (외국어로의)번역
retroviz|or, -oare, s.n. (자동차)백미러
retur, s.n. **1.** 귀환; 발송인으로 다시 돌아가야 한다는 우체 표시 **2.** [스포츠]설욕전
retuş, ~uri, s.n. [사진]수정, 정정부분
retuş|a, -ez, -ai, -at, vt. [사진]수정, 정정하다
retuş|are, -ări, s.f. 수정, 정정
reţ|ea, -ele **1.** 그물, 네트; ~ de păr 머리그물, 헤어네트; ~ de pescuit 고기 그물; ~ de bagaje 그물선반; ~ de cale ferată 철로망; ~ de comunicaţii 통신망; ~ de irigaţie 배수로망; ~ telefonică 전화망 **2.** [군사]철조망
reţet|ă, -e, s.f. **1.** (의사의)처방, 처방전 **2.** 요리법
reţinăt|or, -oare, s.n. 억류방지 밸브
re|ţine, -ţin, -ţinui, -ţinut I. vt. **1.** 붙들다, 만류하다, 붙잡다 **2.** 공제하다 **3.** 표, 장소를 예약하다 **4.** 돌려주지 않다, 지불하지 않다 **5.** 기억하다, 잊어버리지 않다 II. vr. 억제하다, 참다
reţiner|e, -i, s.f. 동사 reţine의 명사형
reţinu|t, -tă, -ţi, -te, adj. 예약된, 붙잡아둔, 억류된
reumatic, ~ă, ~i, ~e, adj. 류머티스의
reumatism, ~e, s.n. 류머티즘
reumatismal, ~ă, ~i, ~e, adj. 류머티스의
reum|ple, -plu, -plui, -plut, vt. 다시 채우다
reun|i, -esc, -ii, -it, vt. 그리고 vr. **1.** 결합하다 **2.** 수집하다, 모으다 **3.** 통합하다
reunir|e, -i, s.f. 결합, 모임, 통일(합)
reuniun|e, -i, s.f. **1.** 결합, 합병 **2.** 모임, 집회, 회합 **3.** 개최
reuş|i, -esc, -ii, -it, vi. 그리고 vt. 성공하다, 도달하다, 이룩하다
reuşi|t, -tă, -ţi, -te, adj. 성공한
reuşit|ă, -e, s.f. 성공
reutil|a, -ez, -ai, -at, vt. 새로운 도구로 다시 갖추다, 다시 시설을 갖추다
revaccin|a, -ez, -ai, -at, vt. 다시 면역접종을 하다
revaccin|are, -ări, s.f. 재변역 접종
revalorific|a, revalorific, -ai, -at, vt. 새로 평가하다, 평가를 새로하다
revalorific|are, -ări, s.f. 재평가
revanş|a, -ez, -ai, -at, vr. **1.** 복수하다 **2.** 보복하다
revanşar|d, -dă, -zi, -de, adj. 복수심이 강한, 보복적인

revanş|ă, -e, s.f. **1.** 복수 **2.** 보복 **3.** 설욕

revărs|a, revărs, -ai, -at, vr. **1.** 강가로 흘러넘치다, 범람하다 과도하게 흐르다 ; (사람)지방질이 많다 **2.** (사람, 자동차)많이 분사 되다, 흩어지다, 퍼지다 **3.** (빛)퍼지다, 확산되다

revărs|are, -ări, s.f. 동사 revărsa의 명사형

revărs|at, I. adv. 많이, 풍성하게; a creşte ~ 왕성하게 성장하다 II. s.n. ~ul zorilor 또는 ~ de zori 아침 동틀 무렵 III. -tă, -ţi, -te, adj. **1.** (물에 대해)범람하는 **2.** (머리카락)풀어진 **3.** 퍼진 **4.** 늘어진

revăzu|t, -tă, -ţi, -te, adj. 새로 교정되고 개선된

re|vedea, -văd, -văzui, -văzut, vt. **1.** (vr.)다시 보다 **2.** 기억을 다시 불러 일으키다 **3.** 쓰여진 텍스트를 다시 살펴보다

reveder|e, -i, s.f. **1.** 재회; la ~ 안녕! **2.** 다시 살펴봄

reveion, s.n. revelion 참조

revel|a, -ez, -ai, -at, vt. **1.** (그리고 vr.)알리다, 드러내다 **2.** 나타내다 **3.** 계시하다 **4.** 현상하다

revel|are, -ări, s.f. **1.** 알림, 드러냄 **2.** 나타냄 **3.** 계시 **4.** 현상

revelat|or, I. -oare, -ori, -oare, adj. 나타내는, 보여주는, 현상하는, 계시하는 II. -oare, s.n. [사진]현상액

revelaţi|e, s.f. **1.** 폭로, 누설; **2.** 계시, 묵시; a fi o ~ 기대이상이다

reveli|on, -oane, s.n. 12월 31일밤; 망년회

revendic|a, -revendic, -ai, -at, vt. 요구(청구)하다; (자신의 권리를)주장하다

revendic|are, -ări, s.f. 요구, 청구, 권리주장(사회적, 정치적으로)

revendicativ, ~ă, ~i, ~e, adj. (사회적 권리를)요구하는

reven|eală, -eli, s.f. **1.** 축축함 **2.** 신선함, 선선함 **3.** 향기

reven|i, I. -esc, -ii, -it, vi. 그리고 vr. 축축해지다, 시원해지다 II. revin, -ii, -it, vi. **1.** 돌아오다, 다시 오다, 그 이전의 상태로 되돌아오다; a ~ la viaţă 중병에서 회복하다; a-şi ~ în fire (또는 în sine)제정신으로 되돌아오다 **2.** 어떤 개념, 주제에 다시 종사하다 **3.** 어울리다 **4.** 말한 것을 포기하다, 더 이상 존중하지 않다 **5.** 의무, 책임이 돌아오다

revenir|e, -i, s.f. 동사 reveni II.의 명사형

revent, s.n. 대황(약용식물)

rever, ~e, s.n. [의복]밖으로 접히는 부분, 칼라; [스포츠]백핸드

reverber, ~e, s.n. 반사경

reverberaţi|e, -i, s.f. 반사

reverend|ă, -e, s.f. 신부 옷

reverenţ|ă, -e, s.f. **1.** 존경, 숭배 **2.** 절, 경례

reverenţi|os, -oasă, -oşi, -oase, adj. 공손한, 정중한, 예의바른

reveri|e, -i, s.f. 공상, 몽상

revers, ~e, s.n. 뒷면, 안, 이면, 후면; ~ul medaliei 한 상황의 암흑면

reversibil, ~ă, ~i, ~e, adj. **1.** 거꾸로 할 수 있는; 뒤집을 수 있는 **2.** (재산 따위가 본래의 소유자에게)복귀할 수 있는; (연금이 권리자의 사후 자손들에게)옮겨질 수 있는 **3.** [물리, 화학]가역의

reversibilit|ate, -ăți, s.f. **1.** 반환성, 전환성, 역전성 **2.** [물리, 화학]가역성

reversiun|e, -i, s.f. **1.** [법률]복귀전 **2.** [생물]격세 유전

re|vinde, vând, -vândui, -vândut, vt. 다시 팔다

reviriment, ~e, s.n. **1.** (운명, 의견 따위의)급변, 돌변 **2.** (부채 따위의) 상쇄결제, 대체

revist|ă, -e, s.f. **1.** 잡지 **2.** a trece în ~ 순서대로 조사하다

revizi|e, -i, s.f. 정정, 개정, 수정; 교정, 교열

revizionism, s.n. 수정주의

revizioni|st, -stă, -şti, -ste, I. adj. 법 수정주의의 II. s.m. 그리고 f. 법 수정주의자

reviz|or, -oare, -ori, -oare, s.m. 그리고 f. 검열자, 검사인

revizu|i, -iesc, -ii, -it, vt. **1.** 수정하다, 개정하다, 정정하다 **2.** 검사하다, 점검하다

revizuir|e, -i, s.f. **1.** 수정, 개정, 정정 **2.** 검사, 점검

revizui|t, -tă, -ți, -te, adj. 수정된, 개정된, 정정된

revoc|a, revoc, -ai, -at, vt. **1.** (명령 따위를)취소하다, (법을)폐지하다 **2.** 해임하다, 면직하다

revocabil, ~ă, ~i, ~e, adj. **1.** 취소(폐지)할 수 있는 **2.** 파면할 수 있는

revoc|are, -ări, s.f. **1.** 취소, 폐지 **2.** 해임, 파면

revoca|t, -tă, -ți, -te, adj. **1.** 취소된, 폐지된 **2.** 해임된, 파면된

revolt|a, revolt, -ai, -at, vr. **1.** 반항하다 **2.** 분개하다

revoltan|t, -tă, -ți, -te, s.m. 그리고 f. 불쾌한

revolta|t, -tă, -ți, -te, adj. **1.** 반항한, 반란을 일으킨 **2.** 분개한

revolt|ă, -e, s.f. **1.** 반란, 모반 **2.** 반항, 항거 **3.** 격분

revoltăt|or, -oare, -ori, -oare, adj. 분개하는; 옳지 못한

revoluți|e, -i, s.f. **1.** 혁명; 국가전복 **2.** 급변, 변동, 혁신 **3.** [천문]공전, 주기적 회전

revoluțion|a, -ez, -ai, -at, vt. 혁명을 일으키다, 변혁하다, 혁신하다

revoluționar, ~ă, ~i, ~e, I. adj. 혁명의, 혁신적인 II. s.m. 그리고 f. 혁명가; 혁명당원

revoluțion|are, -ări, s.f. 혁명, 변혁, 혁신

revoluționarism, s.n. 혁명이념, 혁명태도

revolver, ~e, s.n. **1.** 연발권총 **2.** [기술]strung- ~ 포탑(터릿)선반; cap- ~ 터포탑선반의 회전반

revulsi|e, -i, s.f. [의학]유도법

revulsiv,[의학]I. ~ă, ~i, ~e, adj. 유도하는, 유도법의 II. ~e, s.n. 유도재

rezecți|e, -i, s.f. [의학]절제(술)

rezed|ă, -e, s.f. [식물]목서초

rezem|a, reazem, -ai, -at, vt. 그리고 vr. **1.** 기대다; a ~ bastonul de zid 지팡이를 담에 기대다; a ~ pereții(또는 peretele)춤추지 않다, 아무것도 안하다 **2.** [비유]기초하다

rezema|t, -tă, -ți, -te, adj. **1.** 기댄 **2.** 지지된, 의지된

rezemăt|oare, -ori, s.f. **1.** 팔걸이 **2.** 난간

rezerva, rezerv, -ai, -at, vt. 보존해

두다; 마련해두다; 예약하다; a ~ un loc 자리를 잡아두다; a-şi ~ dreptul să ... 할 권리를 갖다

rezerv|are, -ări, s.f. 동사 rezerva의 명사형

rezerva|t, -tă, -ţi, -te, adj. **1.** 잡아둔, 예약된 **2.** 조심성있는, 신중한, 수줍은

rezervaţi|e, -i, s.f. 보호령, 보호지

rezerv|ă, -e, s.f. **1.** 저장물; 예비품; 보류, 저장, 예비; ~ de alimente 식량비축; fond de ~ 적립금; de ~ 예비의 **2.** [군사]예비군; 예비대; ofiţer de ~ 예비역장교 **3.** 제한, 조건, 제외; fără ~ 무제한으로, 전적으로; cu multă ~ 조심성있게; sub rezerva ... 을 조건으로 하고

rezervi|st, -şti, s.m. 예비병

rezerv|or, -oare, s.n. 저수지, 물탱크; loc ~ (만년필의)잉크통; 저수조

rezida, pers.3, rezidă, -ai, -at, vt. ..에 달려있다, ...에 있다

reziden|t, -ţi, s.m. 거류민; 주재관

rezidenţ|ă, -e, s.f. 거주, 주재; 거주지

rezid|i, -esc, -ii, -it, vt. 다시 건축하다

rezidual, ~ă, ~i, ~e, adj. 폐물의, 나머지의

reziduu, ~ri, s.n. **1.** 찌꺼기 **2.** 나머지, 잔재, 폐물

rezili|a, -ez, -ai, -at, vt. (계약을)해약하다, 취소하다

rezilier|e, -i, s.f. (계약의)해약

rezinaj, ~e, s.n. (수지의)채취

rezina|t, -ţi, s.m. [화학]수지산염

rezinific|a, rezinific, -ai, -at, vt. 수지화하다

rezist|a, rezist, -ai, -at, vi. **1.** 저항하다, 맞서다 **2.** 반대하다, 거역하다 **3.** 견디어내다 참고 견디다

rezisten|t, -tă, -ţi, -te, adj. **1.** 잘 견디어 내는, 지탱하는 **2.** (사물이)내구성이 있는 질긴

rezistenţ|ă, -e, s.f. **1.** 저항, 항쟁 **2.** 지구력 **3.** 저항성, 지탱력

rezistivitate, s.f. [전기]고유저항

rezolu|t, -tă, -ţi, -te, adj. **1.** 결심한 **2.** 확고한

rezoluţi|e, -i, s.f. **1.** 결심, 결의 **2.** (문제의)해결 **3.** [의학]소산(消散) **4.** [법률](계약의)해제, 취소

rezolv|a, rezolv, -ai, -at, vt. 그리고 vr. **1.** 해결하다(되다) **2.** (작은 단위로)환산하다

rezolvabil, ~ă, ~i, ~e, adj. 해결될 수 있는

rezolv|are, -ări, s.f. 해결

rez|on, -oane, s.n. **1.** 이유, 동기, 근거 **2.** 이성, 이지, 양식, 분별, 판단력

rezon|a, -ez, -ai, -at, vi. 추론하다, 생각하다

rezonabil, ~ă, ~i, ~e, adj. **1.** 이성있는, 합리적인, 분별있는, 지각있는 **2.** (가격)적당한

rezonanţ|ă, -e, s.f. **1.** 울림, 반향 **2.** 공명

rezonator, ~i, s.m. 공명기

rezorcină, s.f. [화학]레조르신

rezult|a, pers.3, rezultă, -ai, -at, vi. (의)결과이다, 결과로서 생기다, (에)기인(유래)하다

rezultant|ă, -e, s.f. [수학, 비유]결과, 결론; [수학]종결식

rezultat, ~e, s.n. **1.** 결과, 결말, 귀착 **2.** 성과, 효과; 성공; a da ~e 성공하

다

rezum|a, rezum, -ai, -at, I. vt. **1.** 요약(개괄)하다 **2.** 포함하다 II. vr. 제한되다

rezumat, ~e, s.n. 요약; în ~ 요약하여

rezumativ, ~ă, ~i, ~e, adj. 요약하는

rican|a, -ez, -ai, -at, vi. 히죽이죽 웃다, 비웃다

ricin, ~i, s.m. 아주까리, 피마자; ulei de ~ 피마자 기름

ricin|ă, ~e, s.f. **1.** [속어]피마자 기름 **2.** 피마자

ricoş|a, -ez, -ai, -at, vi. 튀며날다

ricoşeu, ~ri, s.n. **1.** 튀며날기 **2.** [비유]역효과, 간접효과

rics|ă, -e, s.f. 인력거

rictus, ~uri, s.n. 입을 비죽거리며 이를 드러내기, 비웃으며 입을 비죽거림

rid, ~uri, s.n. (얼굴)주름

ridic|a, ridic, -ai, -at, I.vt. **1.** 들어올리다; a ~ o greutate 무거운 것을 들어 올리다; a (-şi) ~ capul a)머리를 들다 b)반항하다; a-şi ~ nasul 뻐기다, 우쭐대다; a ~ de jos 올리다; a ~ paharul 잔을 들다; a ~ un copil 아이를 들어 올리다; a ~ şedinţa 회의를 마치다; a ~ cortina 커텐을 걷다; a ~ preţurile 가격을 올리다; a ~ ancora 닻을 올리다; a ~ mănuşa 결투의 도전에 응하다 **2.** 높이다, 일으키다; a ~ o plângere 소송을 일으키다; a ~ glasul 목소리를 높이다 **3.** 촉진시키다, 증진시키다, 장려하다; a ~ cuiva moralul 누구는 격려하다; a ~ la mare cinste 큰 영예를 주다; a ~ producţia 생산을 장려하다; a ~ o obiecţie 이의를 내세우다; a ~ pretenţii 요구하다; a ~ o problemă 문제를 토의에 부치다 **4.** 설치하다, 세우다; a ~ un oraş nou 새 도시를 세우다; a ~ o statuie 기념비를 세우다 **5.** 빼앗다; a ~ (cuiva) un drept 권리를 빼앗다; a ~ cuiva viaţa 생명을 빼앗다; a ~ o pedeapsă 벌을 취소하다 **6.** 선동하다; a ~ poprul 국민을 선동하다 **7.** 멀리하다, 제거하다; a ~ masa 식사를 마치다 **8.** 일으키다 **9.** 오르다; a ~ un deal 산을 오르다 **10.** [기술]a ~ un plan 지도에 위치, 각으로 측정하여 새기다;[수학]a ~ la putere 승(제곱)하다 II. vr. **1.** 일어나다; a se ~ de la masă 식탁에서 일어나다; a se ~ în capul oaselor 일어나다 **2.** 반항하다, 거역하다 **3.** 올라가다; fumul se ridică 연기가 올라가다; se ridică nori 구름이 올라가다; avionul s-a ~t 비행기가 올라갔다; luna se ridică pe cer 달이 하늘로 뜬다 **4.** 총액이 된다; suma totată se ridică la … 총액은 …이다 **5.** 있다, 서있다; acolo se ridică o falnică cetate 그곳에 자랑스런 성이 있다 **6.** 솟다 **7.** 나타나다 **8.** 커지다

ridic|are, -ări, s.f. 동사 ridica의 명사형

ridicat, I. s.n. ridicare 참조 II. -tă, -ţi, -te, adj. **1.** 올라간 **2.** 끌어올려진 **3.** 일어선 **4.** 든 **5.** 큰 **6.** 장려된

ridicata, s.f. sg. cu ~ 일괄하여, 통틀어

ridicătur|ă, -i, s.f. 고원

ridich|e, -i, s.f. **1.** 무우 **2.** a freca cuiva ~a a)때리다 b)화나게 하다

ridicol, I. ~e, s.n. 우스움, 어리석음, 조롱, 조소 II.~ă, ~i, ~e, adj. **1.** 우스운, 우스꽝스러운 **2.** 터무니없이 적은
ridiculiz|a, -ez, -ai, -at, vt. 웃음거리로 만들다; 야유하다, 조롱하다
rig|ă, -i, s.m. **1.** 왕 **2.** 킹(카드에서)
rigi|d, -dă, -zi, -de, adj. **1.** 꿋꿋한, 뻣뻣한, 곧은 **2.** 강직한, 엄격한, 준엄한
rigiditate, s.f. **1.** 꿋꿋함, 뻣뻣함, 곧음 **2.** 엄격, 준엄
rigl|ă, -e, s.f. 자
riglet|ă, -e, s.f. 측량막대
rig|oare, -ori, s.f. **1.** 엄격, 준엄, 가혹 **2.** 엄밀, 정확, 엄정; de ~ 상황에 맞는; 불가결의; la ~ 필요한 경우에, 극단적인 경우에
rigol|ă, -e, s.f. 고랑; 도랑
rigur|os, -oasă, -oşi, -oase, adj. **1.** 엄격한, 준엄한, 가차없는 **2.** 엄밀한, 정확한
rigurozitate, s.f. **1.** 엄격, 준엄 **2.** 엄밀성, 정확성
rihtu|i, -iesc, -ii, -it, vt. 가죽을 우두질하다
rim|a, -ez, -ai, -at, **1.** 운(韻)이 맞다 **2.** 일치하다
rim|ă, -e, s.f. **1.** 운, 학운 **2.** 시
rimel, s.n. 마스카라
rind|ea, -ele, s.f. 대패; a da la ~ 대패질하다
rindel|are, -ări, s.f. 대패질
rindelu|i, -iesc, -ii, -it, vt. 대패질하다
rindeluit, s.n. rindelare 참조
ring, ~uri, s.n. (권투)링
rinichi, ~, s.m. 신장
rinocer, ~i, s.m. 코뿔소
rinolog, ~ă, ~i, ~e, s.m.f. 비(鼻)과학 의사
rinologic, ~ă, ~i, ~e, adj. 비(鼻)과학의
rinologie, s.f. 비(鼻)과학
rinoplasti|e, -i, s.f. [의학]코 성형수술
ripost|a, -ez, -ai, -at, vi. **1.** 말대꾸하다 **2.** (펜싱)반격하다, 응수하다
ripost|ă, -e, s.f. **1.** 말대꾸 **2.** (펜싱)반격, 응수
rips, ~uri, s.n. 가로로 줄이 진 무명 옷감
ripsa|t, -tă, -ţi, -te, adj. rips 모양의
risc, ~uri, s.n. 위험, 모험, 리스크; cu orice ~ 모든 위험을 무릅쓰고
risc|a, risc, -ai, -at, vt. 그리고 vi. 감행하다, 모험하다 (생명, 명예 따위를)걸다; a ~ să··· (또는 de-a ···)... 를 감행하다
risca(n)t, -tă, -ţi, -te, adj. 위험한, 모험적인
risip|ă, -e, s.f. **1.** 낭비, 사치; 풍부 **2.** 명망, 파괴 **3.** 흩어짐, 분산
risip|i, -esc, -ii, -it, vt. I. **1.** 낭비하다, 사치하다 **2.** 파괴하다 **3.** 흩어지게하다, 분산시키다 II. vr. **1.** 낭비되다 **2.** 흩어지다; norii s-au ~t 구름이 흩어졌다 **3.** 퍼지다 **4.** 붕괴되다, 폐허가 되다
risipir|e, -i, s.f. 동사 risipi의 명사형
risipi|t, -tă, -ţi, -te, adj. **1.** 흩어진 **2.** 낭비된 **3.** 산만한 **4.** 파괴된, 붕괴된
risipitor, -oare, -ori, -oare, adj. **1.** 낭비적인 **2.** 파괴하는
risipitur|ă, -i, s.f. 폐허
rişcă, s.f. 위로 던져진 동전이 떨어

지는 부분을 알아맞히는 행운게임

rit, ~uri, s.n. **1.** 제식, 제사, 전례; 의식 **2.** 관례

ritm, ~uri, s.n. 리듬, 율동, 운율

ritm|a, -ez, -ai, -at, vt. (에)리듬을 붙이다

ritma|t, -tă, -ți, -te, adj. 리듬을 가진

ritmic, ~ă, ~i, ~e, adj. 리듬에 관한; 리듬이 좋은, 운율적인, 율동적인

ritmică, s.f. (수사, 음악)음율학

ritornel|ă, ~e, s.f. 노래전후에 연주하는 소악장

ritos, adv. 단호하게, 결정하여

ritual, I. ~uri, s.n. 의식, 제식 II.~ă, ~i, ~e, adj. 의식의, 의식에 관한

riț, ~uri, s.n. 잘 접어지기 위해 마분지나 두꺼운 종이에 만들어진 선

rițu|i, -iesc, -ii, -it, vt. 위 단어(riț)에서 그 선을 만들다

rival, ~ă, ~i, ~e, s.m. 그리고 f. 경쟁자, 대항자

rivalit|ate, -ăți, s.f. 경쟁, 대항, 대적

rivaliz|a, -ez, -ai, -at, vt. 겨루다, 경쟁(대항)하다

riveran, ~ă, ~i, ~e, adj. 강가의, 강가에 있는

riz, ~uri, s.n. 새김

rizeafc|ă, -e, s.f. 청어종류

rizibil, ~ă, ~i, ~e, adj. 웃기는, 우스꽝스러운

rizicultur|ă, -i, s.f. 벼농사

rizom, ~i, s.m. [식물]근경(根莖)

rizopod, ~e, s.n. [동물]근족충류

roab|ă, -e, s.f 손수레

roade, rod, rosei, ros, I. vt. **1.** 갉다, 갉아먹다; a ~ un os 뼈를 갉다; a ~ lemnul 나무를 갉아먹다; a(-și) ~ unghiile 손톱을 뜯다 **2.** 쓸리다 **3.** 부식하다; rugina ~ fierul 녹이 철을 부식하다 **4.** 괴롭히다; îl ~ gelozia 질투가 그를 괴롭히다; mă roade la inimă 마음이 괴롭다 II. vr. **1.** 닳다, 문질러지다 **2.** 쓸리다

roadere, s.f. 동사 roade 의 명사형

roată, roți, 또는 roate, s.f. **1.** 바퀴, 수레바퀴; ~ de căruță 마차바퀴; a pune ceva pe roate 매우 유용한 조건하에서 전개되게 하다; a pune cuiva bețe-n roate 방해하다; s-a întors ~a 상황이 변했다; roata lumii 지구; roata soarelui 태양; a trage pe ~ 수레를 타고 가다 **2.** [기술]주륜(主輪); ~ liberă 자유륜; ~ motrice 동륜; ~ de transmisie 진동륜; ~ de comandă 원동륜; ~ de rezervă, 예비바퀴; ~ dințată 톱니바퀴; ~ de moară 방아(풍차)바퀴 **3.** 물레 **4.** 원; a face roate 또는 a da ~ 돌다; a se așeza ~ 원으로 앉다; a se uita ~ 주위를 둘러보다

rob, roabă, ~i, roabe, s.m. 그리고 f. **1.** 노예; ~ul lui Dumnezeu 신의 노예 **2.** [속어]죄수 **3.** 하인, 종

robac|i, -e, -i, -e adj. 부지런한, 근면한

robanc, ~uri, s.n. 장대패(거친 일에 쓰는)

rob|ă, -e, s.f. 긴옷; 법복

rob|i, -esc, -ii, -it, I. vt. **1.** 노예로 만들다; [속어]붙잡다; 예속시키다 **2.** [비유]매혹하다 II. vi. **1.** 노예로서 섬기다 **2.** 노예처럼 일하다

robi|e, -i, s.f. **1.** 노예 상태, 노예 신분 **2.** [속어]구금

robinet, ~e, s.n. [기술](수도, 가스) 꼭지

robir|e, -i, s.f. 동사 robi의 명사형
robi|t, -tă, -ți, -te, adj. **1.** 예속된 **2.** 매혹된
robit|or, -oare, -ori, -oare, adj. 매혹시키는
robo|t, -ți, **1.** 로보트, 인조인간 **2.** 부역자
robotă, s.f. **1.** 부역 **2.** 힘든 일
robot|eală, -eli, s.f. 힘든 일
robot|i, -esc, -ii, -it, vi. **1.** 힘들게 일하다 **2.** 여기저기 다니면서 집안일 외에 다른 사소한 일을 하다
robotică, s.n. (집안)일
robotiz|a, -ez, -ai, -at, vt. 로봇화하다
robu|st, -stă, -ști, -ste, adj. **1.** 건장한, 튼튼한 **2.** 굳건한
robustețe, s.f. 튼튼함, 굳건함
roc, ~uri, s.n. [방언]짧은 겨울코트
rocad|ă, -e, s.f. **1.** (장기)왕과 탑(차)의 위치를 바꾸는 수 **2.** [군사]전선에 평행하는 군용도로[철도]
rocarniț|ă, -e, s.f. 돛을 들어 올리는 쇠바퀴
roc|ă, -i, s.f. 바위
rochi|e, -i, s.f. 원피스
rochiț|ă, -e, s.f. 작은 원피스
rock, s.n. 락 춤[음악]
rococo, adj. 로코코양식의
rod, roade, s.m. **1.** 열매; ~ul pământului 농작물; ~ul pântecelui 태아; a da roade 열매를 맺다; 성과를 거두다; [식물]~ul pământului 천남성과 식물의 일종; **2.** 아이
rod|a, -ez, -ai, -at, vt. **1.** [기술](차, 모토를)가게하다, 시운전하다 **2.** 표면을 매끄럽게 하다
rodaj, ~e, s.n. (자동차, 모터)시운전
rodan, ~e, s.n. 물레
roda|t, I. -tă, -ți, -te, adj. 시운전된
rodentici|d, -zi, s.m. 쥐를 죽이는 재료(독)
rod|i, -esc, -ii, -it, vi. 열매를 맺다, 성과를 거두다
rodi|e, -i, s.f. [식물]석류열매
rodier, ~i, s.m. [식물]rodiu 참조
rodin|ă, -e, s.f. [속어]산모에게 주는 선물
rodir|e, -i, s.f. 동사 rodi의 명사형
rodi|t, -tă, -ți, -te, adj. 열매를 맺은, 열매가 많이 달린
rodit|or, -oare, -ori, -oare, adj. 비옥한; 열매를 맺는; pom ~ 과일나무
rodi|u, I. s.n. 로듐 II. ~i, s.m. 석류나무
rodnic, ~ă, ~i, ~e, adj. **1.** 많은 열매를 맺는 **2.** [비유]성공적인
rodnic|i, -esc, -ii, -it, vt. 열매를 많이 맺게하다
roduici|e, -i, s.f. 비옥함, 열매를 많이 맺음
rododendron, -i, **rododendr|u,** -i, s.m. [식물]만병초속
rodomontad|ă, -e, s.f. 호언장담, 허풍
rod|or, -ore, s.n. [기술]연삭기, 연마기
roentgen, s.m. 렌트겐
roentgenterapie, X선요법
rofii, s.f. pl, 옴, 두창
rogodele, s.f. pl. [속어]과일, 열매
rogojinar, ~i, s.m. 돗자리 만드는 사람
rogojin|ă, -i, s.f. 돗자리
rogoz, ~uri, s.n. 갈대
rogoz|os, -oasă, -oşi, -oase, adj. 갈

대로 덮힌

ro|hatcă, -hătci, s.f. 빗장; 차단기

roi[1], I. roi, s.m. roire참조 II. ~uri, s.n. 떼, 무리; ~ de albine 벌떼; ~ de muşte 파리떼

ro|i[2], -iesc, -ii, -it, vi. (특히 벌에 대해 그리고 비유적으로) 떼를 짓다, 떼를 지어 이동하다

roib, roaibă, -i, roaibe, adj. I. (말에 대해) 붉은, 갈색털의 II. s.m. 붉은, 갈색털 말

roib|ă, -e, s.f. **1.** 밤색 털의 암말 **2.** [식물]꼭두서니

roibul|eț, -eață, -eți, -ețe, a.m. 그리고 f. roib의 축소형

roiniț|ă, -e, s.f. **1.** [식물]멜리사 **2.** 벌집

roir|e, -i, s.f. **roişt|e,** -i, s.f. **roit,** ~uri, s.n. 동사 roi의 명사형

roit|or, -oare, -ori, -oare, adj. (벌에 대해) 떼를 짓는

rol, ~uri, s.n. **1.** [연극]역; a avea un ~ important 중요한 역할을 하다; joacă în ~ul ... 의 역할을 한다 **2.** 목록, 명부; a pune pe ~ 목록하다

rol|ă, -e, s.f. [기술]롤러

rom, I. ~i, s.m. 집시 II. ~uri, s.n. 럼주

roman, I. ~e, s.n. 소설, 로망 II. ~ă, ~i, ~e adj. 로마의; cifre ~e 로마 숫자 III. s.m. 그리고 f. 로마인

romancier, ~ă, ~i, ~e, s.m. 그리고 f. 소설가

romanic, ~ă, ~i, ~e, adj. 로마의; limbă ~ă 로마어

romani|st, -stă, -şti, -ste, s.m. 그리고 f. **1.** 로망스어 전공자 **2.** 로마법 전공자

romanistică, s.f. 로망스 어 문학

romanitate, s.f. **1.** 로망스어족 전체 **2.** 로마 민족 성격(특징)

romaniț|ă, -e, s.f. [식물]로마산 개꽃

romaniz|a, -ez, -ai, -at vt.로마화하다

romaniz|are, -ări, s.f. 로마화

romaniza|t, -tă, -ți, -te, adj 로마화된

romantic, ~ă, ~i, ~e, I. adj 낭만주의의 II. s.m. 그리고 f. 낭만주의자

romantism, s.n. 낭만주의

romanț|a, -ez, -ai, -at, vt. 소설화하다, 소설로 엮다

romanța|t, -tă, -ți, -te, adj. 소설화된

romanți|os, -oasă, -oşi, -oase, adj. 꿈꾸는, 멜랑콜리한, 명상에 잠긴

român, I. ~ă. ~i. ~e, adj. 루마니아의 II. ~i, s.m. **1.** 루마니아 사람 **2.** [속어]농부, 남편

română, s.f. 루마니아어

românc|ă, -e, s.f. **1.** 루마니아 여자 **2.** [속어]여자 농민

român|esc, -ească, -eşti, adj 루마니아의

româneşte, adv. 루마니아어로; a vorbi ~ 루마니아어로 말하다

român|i, -esc, -ii, -it, vt. **1.** 루마니아화하다 **2.** 루마니아어로 번역하다

românie, s.f. [고어]루마니아어

românime, s.f. 루마니아의 모두

românism, ~e, s.n. **1.** 루마니아의 국가 감정; 루마니아의 영혼 **2.** 루마니아의 언어 특성

româniz|a, -ez, -ai, -at, vt. 루마니아화하다; a ~ un cuvânt 단어를 루

마니아화하다
românizare, -ări, s. f 루마니아화
romb, ~uri, s.n. 마름모꼴
rombic, ~ă, ~i, ~e, adj. 마름모꼴의
romboedric, ~ă, ~i, ~e, adj. 능면체의, 사방 육면체의
romboedru, -e, s.n. 능면체, 사방 육면체
romboid, -dă, -zi, -de, I. adj 마름모꼴형의 II. s.m. 장사방형
romboidal, ~ă, ~i, ~e, adj. rombic 참조
rond, ~uri, s.n. **1.** 둥근 화단 **2.** [군사] 순시, 순찰, 순라
rondă, -e, adj. s.f. (글씨) 원자서법(圓字書法)
rondea, -ele, s.f. rondelă 참조
rondel, ~uri, 그리고 ~e, s.n. 3연으로 되는 14행시 (윤선체의 시)
rondelă, -e, s.f. [기술]둥글게 자른 조각
rondo, ~uri s.n. [음악]론도, 회선곡
rondou, ~ri, s.n. [음악] **1.** 원형화단 **2.** (바다) 배를 180도 돌리는 것
röntgen, s.m. 렌트겐
ronțăi, ronțăi 그리고 -iesc, -ii, -it, vt. 갉다
ronțăială, -eli, s.f. **ronțăire,** -i, s.f. **ronțăit,** ~uri, s.n. 갉음
ropot, ~e, s.n. **1.** (말이) 속보로 달림 **2.** 끊임없이 쏟아짐; ~ de ploaie 소나기; ~ de aplauze 환호, 홍수같은 박수
ropoti, -esc, -ii, -it, vi. 빠르고 운율적인 소리를 내다(어딘가에 부딪히며)
ropotitor, -oare, -ori, -oare, adj 빠르고 운율적인 소리를 내는
ros, roasă, roşi roase adj. **1.** 닳은, 헤진; haine ~ 낡은(닳은) 옷 **2.** 문질러진 **3.** 침식된, 부식된 **4.** 고통받는
rosătură, -i, s.f. **1.** [의학]마찰로 난 상처 **2.** 부식장소
rosbif, ~uri, s.n. 로스트 비프
rosbrat, ~uri, s.n. 로스구이
roshar, s.n. 말의 꼬리털 또는 갈기
rost, ~uri, s.n. **1.** 질서, 규칙; 생활질서; fără ~ 규칙없이; a-şi pierde ~ul 이성을 잃다 b)더 이상 기분 좋지 않다; a strica cuiva ~ul 누구의 무엇을 망치다; cu tot ~ul 다 갖추고 **2.** a face ~ de ceva ...을 조달하다; a face ~ de bani 돈을 조달하다; e ~ de mâncare 먹을 것이 있다 **3.** 의미, 목적 이유; fără ~ 의미없이; ~ul vieții 생의 의미; a nu avea nici un ~ 어떤 의미도 없다; a plânge fără ~ 이유 없이 울다; a da de ~ul unui lucru 무엇을 밝히다 **4.** 권능, 자격 **5.** [기술]이은자리, 접합점 **6.** 입, 언어, 말; pe de ~ , de-a ~ul 외워서; a învăța pe de rost 외우다; a lua pe cineva la ~ 누구를 훈계하다 욕하다
rosti, -esc, -ii, -it, I. vt. **1.** 발음하다 **2.** 말하다, 설명하다 II. vr. 발표되다
rostire, -i, s.f. 동사 rosti 의 명사형
rostogol, ~uri, s.n. 뒹굴음; de-a ~ul 구르며
rostogoli, -esc, -ii, -it I. vt. 굴리다 II. vr.구르다, 뒹글다
rostogolire, -i, s.f. **rostogolit,** ~uri, s.n. rostogoli 의 명사형
rostopască, s.f. [식물]큰 애기 똥풀
rostral, ~ă, ~i, ~e, adj. [건축]뱃부리 모양의

rostu|i, -iesc, -ii, -it vt.**1.** 정열하다, 정돈하다 **2.** 공급하다

rostui|t, -tă, -ţi, -te adj. **1.** 정열된, 정돈된 **2.** 공급된

rosur|ă, -i, s.f. rosătură 참조

roşca|t, -tă, -ţi, -te adj. 붉은 적자색의

roşcov, ~i, s.m. [식물]~ sălbatic 콩나무 (세례요한이 먹었다고 하는) 일종

roşcovan, ~ă, ~i, ~e, I. adj. 빨간, 붉은 II. s.m. 그리고 f. 붉은 머리

roşcov|ă, -e, s.f. 콩의 일종

roş|eală, -eli, s.f. [속어]붉은색

roş|eață, -eţi, s.f. 붉은 색

roş|i, -esc, -ii, -it, I. vi. vr. 붉어지다 II. vt. 붉게 만들다

roşiatic, ~ă, ~i, ~e, adj. 붉은

roşi|e, -i, s.f. 토마토

roşioar|ă, -e, s.f. **1.** [어류]붉은 바다 돌잉어 **2.** 포도종류

roşi|or, I. -ori, s.m. 루마니아 군대의 붉은 경기병 II. -oară, -ori, -oare adj. 상당히 붉은

roşi|t, -tă, -ţi, -te, adj. 붉어진

roştei, ~e, s.n. [방언]창살

roşu, I. s.n. **1.** 붉은; a vedea ~ înaintea ochilor 화나다 **2.** 화장; ~ (de buz) 루즈; a se da cu ~ 빨갛게 칠하다 **3.** (카드놀이) 하트의; valetul de ~ 하트의 잭 II. roşii, s.m. (특히 pl.) **1.** [정치]공산당원 빨갱이 III. adj. 붉은; ~ deschis, închis 연한 분홍, 검붉은; ~ aprins 진한, 붉은; ceară roşie 봉합; om ~ 붉은 머리의 사람; pieile ~ii 인디안; cu obrajii ~ii 붉은 빰을 한 **2.** 붉게 타는; fier ~ 붉게 이를 거리는 소리 **3.** [비유, 정치]붉은

rotacism, s.n. **1.** 모음사이 자음을 r로 발음하기 **2.** 모음사이 n을 r 로발음하기

rotacizan|t, -tă, -ţi, -te, adj. rotacism을 나타내는

rotaciza|t, -tă, -ţi, -te, adj. rotacism한

rotar, ~i, s.n. **1.** 바퀴, 마차 만드는 사람

rot|are, -ări, s.f. (체조의) 회전

rotaş, ~ă, ~i, ~e, adj. s.m. (cal) ~ 체에 맨 말

rota|t, -tă, -ţi, -te adj. **1.** 바퀴모양의 둥근 **2.** 둥근 점을 가진; cal ~ 밤색에 얼룩이 있는말

rotativ, ~ă, ~i, ~e, adj. 회전하는, 회전식의; maşină(또는 presă) ~ă 윤전기

rotaţi|e, -i, s.f. **1.** 회전운동, 선회 **2.** prin ~ 바꾸어서, 교대로

rotăr|easă, -ese, s.f. 마차 만드는 사람의 부인

rotări|e, -i, s.f. **1.** 마차 제조업 **2.** 마차 제조 공장

rotăriţ|ă, -e, s.f. rotăreasă 참조

rot|i, -esc, -ii, -it, I. vt. 회전하다; a ~ ochii 눈을 돌리다 II. vr. **1.** 돌다 **2.** (새들에 대해) 날개를 펴다 **3.** 회전하다; pământul se roteşte în jurul soarelui 지구는 해 주위를 회전한다

rotifer, ~e, s.n. [동물]원충류

rotila|t, -tă, -ţi, -te, adj. **1.** 둥근 **2.** 휘어진

rotilit|ă, -e, s.f. [속어]작은 바퀴

rotir|e, -i, s.f. 동사 roti 의 명사형

rotiş, adv. [속어]둥글게

rotit, s.n. **1.** rotire 참조 **2.** 큰 뇌조새가 짝지을 때 내는 소리
rotitur|ă, -i, s.f. [속어]
rotiț|ă, -e, s.f. 작은바퀴
rotoc|ol, I..-oale, s.n. **1.** 둥근 판 **2.** 회전; a da rotocoale 회전하다 II..-oală, -oli, -oale, adj. 둥근
rotocol|i, -esc, -ii, -it, vr. 돌다, 회전하다
rotocoli|t, -tă, -ți, -te, adj. 둥근
rotofei, ~e, ~, ~e, adj. 뚱뚱한, 살찐
rotond|ă, -e, s.f. 원형의 건물(방)
rot|or, -oare, s.n. [기술](터어빈, 콤프레서의)회전자; (헬리콥터의)회전날개
rotul|ă, -e, s.f. [해부]슬개골
rotun|d, I, ~uri, s.n. 둥근 II.-dă, -zi, -de, adj. **1.** 둥근; mingea e ~ă 공은 둥글다; cifră ~ă 우수리가 없는 수 **2.** 둥근, 둥글게 **3.** 살찐, 뚱뚱한
rotunj|el, -ea, -ei, -ele, adj. 둥근
rotunj|i, -esc, -ii, -it, I. vt. 둥글게 하다; 완전하게 하다 II. vr. 둥글게 되다
rotunjim|e, -i, s.f. **1.** 둥근 것의 질 **2.** 둥근 형태
rotunjir|e, -i, s.f. 동사 rotunji 의 명사형
rotunji|t, -tă, -ți, -te, adj. **1.** 둥글게 된 **2.** 둥근 **3.** 완전하게 된
rotunji|tor, -oare, s.n. [기술](가죽 등을)매끄럽게 하는 도구
rotunj|or, -oară, -ori, -oare, adj. 상당히 둥근
rouă, s.f. **1.** 이슬; cade rouă 이슬이 내리다 **2.** [식물]roua cerului 끈끈이 주걱
rour|a, pers.3, rourează, -ai, -at, I. vi. 이슬이 내리다 II. vt. [비유]이슬로 축이다; 이슬로 젖다
roura|t, -tă, -ți, -te, adj. 이슬이 내린, 이슬로 젖은
rour|ică, -ele, s.f. [식물]화본과 식물
rouruscă, s.f. [식물]야생포도
rovin|ă, -e, 그리고 -i, s.f. **1.** 늪지 **2.** 구렁이
roz, ~ă, ~i, ~e, adj. 장밋빛의; a vedea(totul) în ~ 낙천적이다
rozacee, s.f. pl. 장미과
rozalb, ~ă, ~i, ~e, adj. 밝은 장밋빛의
rozas|ă, -e, s.f. [건축]장미꽃 모양의 장식
roz|ă, -e, s.f. [식물, 건축]장미꽃; [건축]원화창; a sta pe ~e 이로운 상황에 처하다; roza-vânturilor 나침패
rozăt|or, -oare, -ori, -oare, I. adj. 갉아 먹는 II. s.n. 설치류의 동물
rozet|ă, -e, s.f. **1.** [식물]근생엽(根生葉) **2.** [건축]장미꽃 모양의 장식
rozi|u, -ie, -ii, adj. 장밋빛 붉은 색의
rozmarin, ~i, s.m. [식물]로즈메리(지중해 지방원산의 방향 상록 관목)
rubarbă, s.f. [식물]대황(大黃)
rubedeni|e, -i, s.f. [속어] **1.** 친척관계 **2.** 친척
rubeol|ă, s.f. [의학]풍진
rubi|a, -ele, s.f. 터키 금화 이름
rubiacee, s.f. pl. [식물]꼭두서니과
rubicon|d, -dă, -zi, -de, adj. (얼굴에 대해)새빨간
rubidiu, s.n. [화학]루비듐
rubin, ~e, s.n. 홍옥, 루비

rubini|u, -ie, -i, [고어] **rubin|os,** -oasă, -oşi, -oase, adj. 홍옥색의
rubl|ă, -e, s.f. 러시아의 화폐단위
rubric|ă, -i, s.f. 신문, 기사의 부분
rucsac, ~uri, s.n. 배낭
rudar, ~i, s.m. 목재조각사
rud|ă, ~e, s.f. **1.** 친척; a avea rude la Ierusalim 보호를 해주는 영향력 있는 인물을 갖다; ~ de departe 먼 친척; ~ de aproape 가까운 친척; a fi ~ cu cineva 누구와 친척이다 **2.** [고어, 속어]가족 **3.** [속어]동물, 종족
rudărie, s.f. 수레 목수일
rudeni|e, -i, s.f. **1.** 친척관계 **2.** 친척
rudiment, ~e, s.n. **1.** (학문 예술의) 초보, 기초 **2.** [생물]원기(原基)
rudimentar, ~ă, ~i, ~e, adj. **1.** (학문 예술의)초보적인, 기초적인 **2.** 불충분한, 불완전한 **3.** [생물]원기의
ruf|ă, -e, s.f. 빨래; 속옷, 내의; 덮개, 보; rufe de pat 침대보; rufele se spală în familie 가정문제는 가정에서 해결해야 한다
rufărie, s.f. 속옷, 빨래의 전부
ruf|os, -oasă, -oşi, -oase, adj. 찢어진
rug, I. ~i, s.m. 그리고 ~uri, s.n. **1.** ~ (de mure)나무딸기의 그루 **2.** 야생 장미나무 II.~uri, s.n. 장작더미
rug|a, rog, -ai, -at, I. vt. 청하다, 부탁하다; te rog 또는 rogu-te 부탁한다 II. vr. **1.** 기도하다 **2.** (허가를)청하다; a se ~ de cineva să ... 누구에게 부탁하다
rug|are, -ări, s.f. 동사 ruga 의 명사형
rug|ă, -i, s.f. **1.** 요구, 부탁 **2.** 기도 **3.** [방언]십자가상
rugăciun|e, -i, s.f. 기도
rugămin|te, -ţi, s.f. 청원
rugăt|or, -oare, -ori, -oare, adj. 요구하는, 청하는
rugbi, s.n. 럭비
rugin|ă, -i, s.f. **1.** [비유]녹; de ~ 녹의 **2.** [식물]rugina(grâului) 깜부기병 **3.** [식물]골풀, 등심초
rugin|i, -esc, -ii, -it, vi. **1.** 녹슬다 **2.** [비유]단풍이 들다 **3.** [비유]늙다
ruginir|e, -i, s.f. 녹슴
rugini|t, -tă, -ţi, -te, adj. **1.** 녹슨 **2.** (목소리)목쉰 **3.** (나뭇잎)단풍든 **4.** [비유]늙은
ruginitur|ă, -i, s.f. 녹슨 물건; 사용해 오래된 가치 없는 물건
rugini|u, -ie, -ii, adj. 녹색깔의
rug|os, -oasă, -oşi, -oase, adj. 까칠까칠한, 거친
rugozit|ate, -ăţi, s.f. 거침, 까칠까칠함
ruin, s.n. [식물]체꽃
ruin|a, -ez, -ai, -at, I. vr. **1.** 해치다, 망치다 **2.** 붕괴되다, 파괴되다 II. vt. **1.** 해치다, 망치다 **2.** 파괴하다, 파산시키다
ruin|are, -ări, s.f. 동사 ruina의 명사형
ruina|t, -tă, -ţi, -te, adj. 파괴된, 붕괴된
ruin|ă, -e, s.f. **1.** 붕괴, 파괴 **2.** 쇠약, 파산, 몰락 **3.** 멸망
ruj, ~uri, s.n. 루즈
ruj|a, -ez, -ai, -at, vt. 루즈를 입술에 바르다
rujalin|ă, -e, s.f. [식물]당아욱속
ruj|ă, -e, s.f. [식물] **1.** 노란 꽃의 이름(특히 민들레) **2.** [방언]장미

rujeolă, s.f. [의학]홍역

rul|a, -ez, -ai, -at, I. vt. **1.** (섬유물질을)감다 **2.** (돈을)회전시키다, 굴리다, 유통시키다 **3.** 굴리다 **4.** (필름을)돌리다 II. vi. **1.** (필름이)상연되다, 돌다 **2.** (차, 등이)달리다, 구르다 **3.** (돈 등이)유통되다

rulad|ă, -e, s.f. **1.** (요리)다진 고기를 얇은 고기 조각으로 싸서 만든 요리 **2.** 잼을 넣은 돌빵 **3.** [음악]루울라아드(단을 모음 음절을 빠르게 연속적으로 부르는 장식 악절)

rulaj, ~e, s.n. **1.** (화물 자동차에 의한 상품의)운송 **2.** 돈 등의 회전

rulan|t, -tă, -ți, -te, adj. 회전하는, 굴러가는; material ~ (기관차, 객차, 화차 따위의)차량; fonduri rulante 운전자본

rul|are, -ări, s.f. 동사 rula 의 명사형

rulet|ă, -e, s.f. **1.** 루울렛 놀이 **2.** (가구다리에 붙이는)작은 바퀴 **3.** 줄자

ruliu, s.n. [해양](벼의)좌우로 흔들림

rulmen|t, -ți, s.m. **1.** 베어링 **2.** fond de ~ 유통자금

rulou, ~ri, s.n. **1.** 원통평의 물건 **2.** 굴림대 **3.** 롤러 **4.** 땋은 머리칼

rumb, ~uri, s.n. [해양]나침판 32 방위의 2점간의 각거리(11°15′)

rumbatr|on, -oane, s.n. [물리]속도변조기

rumeg|a, rumeg, -ai, -at, I. vt. 반추하다 II. vt. **1.** [가족]씹다 **2.** [비유]오래생각하다

rumeg|are, -ări, s.f. 동사 rumega 의 명사형

rumegăt|or, -oare, -ori, -oare, I. adj. 반추하는 II.-oare, s.n. pl. 반추동물

rumegătur|ă, -i, s.f. **1.** 반추된 것(양식) **2.** 톱밥

rumeguș, s.n. 톱밥

rumei|or, -oară, -ori, -oare, adj. **1.** 붉은 **2.** 햇빛에 검게 탄

rumen, I. ~e, s.n. (반추동물의)제1위 II. ~ă, ~i, ~e, adj. **1.** 붉은 빰의 **2.** 갈색의

rumen|eală, -eli, s.f. **1.** (빰의)홍조 **2.** [속어]화장

rumen|i, -esc, -ii, -it, I. vr. **1.** 붉게 되다 **2.** [속어]화장하다 **3.** 검게(갈색)태우다 II. vt. **1.** 부끄럽게(빰을 붉게)만들다 **2.** 검게(갈색)타다

rumeni|t, -tă, -ți, -te, adj. **1.** 붉어진 **2.** 검게(갈색)태워진

rumen|iu, -ie, -ii, adj. 붉은

rummy, s.n. 일종의 카드놀이

rum|oare, -ori, s.f. **1.** 소음 **2.** 소문

runc, ~uri, s.n. 경작하거나 목초지로 사용하기 위해 나무를 베어 낸 숲

rund|ă, -e, s.f. [스포츠]라운드

rune, s.f. 룬문자 (고대 북유럽 문자)

runic, -ă, ~i, ~e, adj. 룬문자의

rupe, rup, rupsei, rupt, I. vt. 그리고 vr. **1.** 부수다, 깨뜨리다; a-și ~ piciorul 다리가 부러지다; [비유]a-și ~ gâtul(생명, 명예, 재산을)잃다; a ~ un baston 지팡이를 부러뜨리다; a ~ frontul 전선을 돌파하다; a ~ cuiva gura 말없이 만들다; a ~ ceva în două 둘로 부수다; a-i ~ cuiva oasele 뼈를 부수다; a ~ cuiva inima 마음을 아프게 하다; mi se ~ inima de milă 연민으로 마음이 아프다 **2.** 찢다, 찢어내리다; a-și ~ hainele 옷을 찢어버리다; a ~ cuiva urechile 귀를 잡아당겨 벌주다; a-şi ~ de la gură 먹을 것을 남기다 **3.** 끊다; a ~ relaţiile 관계를 끊다; a o ~ cu cineva 누구와의 모든 관계를 끊다; a ~ târgul(preţul) 긴 협상 후 일치를 보다 **4.** (돈)받다 **5.** a o ~ 말을 더듬거리며 말하다; a o ~ la fugă 도망치다 II. vr. 헤어지다, 이별하다

rupere, ~i, s.f. 동사 rupe 의 명사형

rupie, rupii, s.f. (인도, 파키스탄의) 화폐단위

rup|t, I. s.n. ~ul preţului 가격확정; nici în ~ ul capului 어떤 경우에도 … 아니다, 결코...아니다; cu ~ul 도매로; pe rupte 또는 pe ruptele(a) 강하게; a învăţa pe ~e 많이 배우다 II.-tă, -ţi, -te, adj. **1.** 부서진 **2.** 찢어진 **3.** 끊긴; ~ de oboseală 죽도록 피곤한 **4.** 분리된 **5.** a fi ~ 또는 bucăţică rupte cu cineva 누구와 닮다; a fi din soare 매우 아름답다

ruptoare, s.f. ~a preţului 가격의 확정

rupt|or, -oare, s.n. 차단기, 개폐기

ruptur|ă, -i, s.f. **1.** [비유]깨어짐, 부수어짐, 파괴 **2.** 틈 **3.** 찢어진 옷

ruptur|i, -esc, -ii, -it, vi. 그리고 vt. 어렵게 말하다

rural, ~ă, ~i, ~e adj. 시골의, 농촌의

ru|s, I..-şi, s.m. 러시아인 II.-să, -şi, -se, adj. 러시아의

rusali|e, -i, s.f. **1.** 오순절, 성령강림절 **2.** 물, 숲의 정령 **3.** 하루살이

ruscuţ|ă, -e, s.f. [식물]복수초

rus|esc, -ească, -eşti, adj. 러시아의

ruseşte, adv. 러시아식대로; 러시아어로

rusism, ~e, s.n. 러시아에서 차용된 말[언어]

rusoaic|ă, -e, s.f. 러시아 여인

rusofil, ~ă, ~i, ~e, adj. 친 러시아의, 러시아 애호의

rustic, ~ă, ~i, ~e, adj. 농촌의, 시골풍의, 촌스런, 상스러운, 거칠은

ruşfe(r)t, ~uri, s.n. **1.** 중세에 루마니아 지역에서 일을 얻기 위해 주는 돈 **2.** 부역

ruşin|a, -ez, -ai, -at, I. vr. 부끄러워하다, 챙피하다 II. vt. 부끄럽게 하다

ruşinare, s.f. 동사 ruşinare, s.f. 동사 ruşina 의 명사형

ruşina|t, -tă, -ţi, -te, adj. 부끄러운, 창피한

ruşine s.f. **1.** 치욕, 모욕; a-i fi cuiva ruşine 부끄러워하다; să-ţi fie ~ 부끄러워해라; a-i plesni (또는 crăpa) cuiva obrazul de ~ 죽도록 부끄럽다 **2.** 수치, 부끄러움, 수줍음; fără ~ 뻔뻔스럽게 **3.** 창피, 치욕, 욕; a-i face cuiva ~ 창피를 주다

ruşin|os, -oasă, -oşi, -oase, adj. **1.** 부끄러워하는, 창피스러운 **2.** 치욕적인

rut|ă, -e, s.f. **1.** 루트, 도로, 육로, 길 **2.** [식물]운향과 식물, 루타

rut|ean, -eană, -eni, -ene, adj. 루테니아의

rutenism, s.n. 루테니아에서 온 말

ruteniu, s.n. 루테늄

rutier, ~ă, ~i, ~e, adj. 도로의, 항로의

rutina|t, -tă, -ţi, -te, adj. 숙달된, 숙련된

rutină, s.f. **1.** 관례; 인습 **2.** 숙달, 숙련

S

S, s, s.m. 루마니아어 알파벳의 22번째 자

sabat, s.n. **1.** 안식일 **2.** (악마를 중심으로 한)마술사, 마녀들의 집회

sabie, săbii, s.f. 검, 긴 칼; a trece (또는 a lua, atrage) în (또는 sub, prin) ~ (pe cineva) 죽이다, 살해하다.

sabin, ~ă, ~i, ~e, adj. 사비나(이탈리아 중부)의

sabin|ă, -e, s.f. 노간주 나무의 일종

sabl|a, -ez, -ai, -at, vt. (금속면을) 분사기로 닦다(윤을 없애다, 매끄럽게 하다)

sabl|are, -ări, s.f. sabla의 명사형

sabord, ~uri, s.n. [해양]현문(舷門)

sabord|a, -ez, -ai, -at, vt. [해양](침몰시키기 위해) 배 밑에 구멍을 뚫다

sabo|t, -ți, s.m **1.** 나막신 **2.** ~ (de cale)제동기, 브레이크; ~ de frână 제동편(片)

sabot|a, -ez, -ai, -at, vt. (조업을)방해하다; 사보타즈하다; (숨겨진 도구를 통해) 행동의 과정을 방해하다

sabotaj, ~e, s.n. 사보타즈, 태업; 조업 방해

sabot|are, -ări, s.f. 동사 sabota의 명사형

sabot|or, -oare, -ori, -oare, s.m 그리고 f. 사보타즈하는 사람, 태업자

sabur, s.n. 알로에 축출액

sac, ~i, s.m. **1.** 자루, 주머니, 부대 **2.** 작은 주머니, 지갑. **3.** (거친)배실 **4.** (자루를 만드는)굵은 삼배 **5.** [방언]개미알 **6.** ~ fără fund a)대식가 b)마르지 않는 샘; a da de fundul ~ului 가난하게 되다.

saca, ~le, s.f. (물을 이동하는)수레 위에 있는 물통

sacada|t, -tă, -ți, -te, adj. 급격하고 불규칙한, 발작적인, 단속적인

sacagi|u, -i, s.m. 물수레를 운반하는 사람; a vinde apă la ~ 쓸데없는 짓을 하다

sacerdotal, ~ă, ~i, ~e, adj. 성직자의; (가톨릭)사제의

saciz, ~uri, s.n. **1.** 콜로포늄(바이올린 활 줄에 바르는 정제수지 **2.** 유향, 고무진

sacnasi|u, -e, s.n. **1.** 불쑥 나온 창, 돌출창 **2.** 응접실

sacoş|ă, ~e, s.f. 여행 작은 가방; (차장, 수금인)가방; 연장 주머니

sacou, ~ri, s.n. 콤비로 입는 상의

sacral, ~ă, ~i, ~e, adj. [해부]천골의

sacrament, ~e, s.n. 성사(聖事)(가톨릭; 세례; 견진. 성체: 고백, 병자, 신품, 혼인의 일곱째; 신교: 세례, 성찬의 두가지); 성찬, 성만찬식

sacramental, ~ă, ~i, ~e, adj. **1.** 성사의 **2.** 장엄한

sacrific|a, sacrific, -ai, -at, I. vt. **1.** 바치다 **2.** (학문등 기타 유용한 목적

으로)동물을 죽이다 II. vr. 희생하다
sacrifica|t, -tă, -ți, -te, adj. 희생된
sacrifici|u, -i, s.n. 희생; a face mari sacrificii 큰 희생을 하다
sacrilegi|u, -i, s.n. 모독, 신성모독
sacristi|e, -i, s.f. [종교] **1.** 제의실, 의식용 구실
sacrosanc|t, -tă, -ți, -te, adj. 신성한; 침해할 수 있는
sacr|u, -ă, -i, -e, adj. **1.** 신성한 **2.** 존경심을 일으키는
sacrum, s.m. 천골
sad, ~uri, s.n. 과수원
sadea, I. adj. invar. **1.** 순수한, 깨끗한 **2.** 단일 색깔의 **3.** 단순한 II. adv. 단순하게; 순수하게; 단순히
sadic, ~ă, ~i, ~e. I. adj. 새디즘의, 학대음란증의 II. s.m. 그리고 f. 위의 사람
sadin|ă, -i, s.f. [식물]금까끄라기
sadism, s.n. 새디즘, 학대음란증
safic, ~ă, ~i, ~e, adj. 사포 시체(詩体)의
safir, ~e, s.n. 사파이어
safran, ~uri, s.n. [해양]키의 밑 판
saftea, s.n. **1.** 첫번째 판매(구입) **2.** [비유](행운의)시각; a face ~ a)첫번째 판매를 하다 b)시작하다
safter|ea, -ele, s.f. [식물]푸마리아초
saitian, ~uri, s.n. 모로코 가죽 표지
sagac|e, -i, -e, adj. 예민한
sagacitate, s.f. 예민성
sagn|ă, -e, s.f. 마찰로 생긴 상처
sago, s.n. 사고(사고 야자의 나무 심어서 채취한 쌀모양의 식용 전분)
sahan, ~e, s.n 금속 그릇
sai|a, -ele, s.f. **1.** (책 따위의)접합 부분 **2.** (책 따위를)꿰매는 실 **3.** [방언] 추녀, 챙
saivan, ~e, s.n **1.** (겨울) 양우리 **3.** 열려진 천막
sake, s.n. 정종
salahor, ~i, s.m. 일용 노동자
salahor|i, -esc, -ii, -it, vi. **1.** 일용 노동자로 일하다 **2.** 심하게 일하다
salahori|e, -i, s.f. **1.** 일용 노동자의 일, 상태 **2.** 힘든 일
salam, s.n. 살라미
salamalee, ~uri, s.n. (터어키) 인사
salamandr|ă, ~e, s.f. 도룡뇽
salari|a, -ez, -ai, -at, vt. salariza 참조
salaria|t, -tă, -ți, -te. I. adj. 봉급을 받는 II. s.m. 그리고 f. 봉급생활자
salari|u, -i, s.n. 봉급, 월급; ~ mediu 평균월급; ~ în acord 업적봉급
salariz|a, -ez, -ai, -at, vt. 봉급을 지불하다
salariz|are, -ări, s.f. 봉급 지불
sal|ată, -ate, 그리고 -ăți, s.f. **1.** [식물] 양상치 **2.** 샐러드; ~ de castraveți 오이 샐러드
salatier|ă, -e, s.f. 샐러드 접시
sală, săli, s.f. **1.** (넓은)방, 실, 홀; ~ de așteptare 응접실, 대기실 **2.** 현관
salband|ă, -e, s.f. [지질]가장 자리 장식
salbă, salbe 그리고 sălbi, s.f. **1.** 목걸이 **2.** 목밑에 처진살 **3.** [식물]~ -moale 참벗살 나무속의 관목 **4.** salba dracului 나쁜놈
salbie, sălbii, s.f. [식물]샐비어
salcă, sălci, s.f. [식물]수양버들
salce, sălci, s.f. I. [식물]사르사파릴과(약초), 사르사파릴 뿌리(이뇨제)

S

II. 수양버들
salcie, sălcii, s.f. 버들; ~ pletoasă (또는 plângătoare) 수양버들
salcâm, ~i, s.m. 아카시아
salep, ~uri, s.n. 샐렙뿌리
salepgi|u, -i, s.m. 샐렙파는 사람
saleu, ~ri, s.n. 소금뿌린 막대기 과자
salicila|t, ~ţi, s.m. 살리칠산염
salicilic, ·~ă, ~i, ~e, adj. acid~ 살리칠산
S
salin, ~ă, ~i, ~e, adj. 소금기 있는
salin|ă, -e, s.f. **1.** 암염광산 **2.** 염전
salinitate, s.f. 염분, 염도
salivar, ~ă, ~i, ~e, adj. 침의, 타액의; glandă ~ ă 타액선, 침샘
salivaţie, s.f. 타액 분비
salivă, s.f. 침, 타액
salmonid, ~e, s.n. (물고기) 연어과
sal|on, -oane, s.n. **1.** 객실, 응접실 **2.** 살롱
salonaş, ~e, s.n. salon의 축소형
salopet|ă, -e, s.f. 작업복, 작업바지
salpetru, s.n. 초석, 질산칼륨
salt, ~uri, s.n. 뜀, 뛰어오름, 도약; în ~uri 비약적인, 갑작스런
salt|ea, -ele, s.f. 매트리스
saltimbanc, ~i, s.m. 곡예사, 어릿광대, 떠돌이 써커스 단원
salt|ă, -e, s.f. **1.** 이화산(물과재의 혼합물을 분출하는)
salubritate, s.f. **1.** 건강에 적합함, 위생적임 **2.** 위생단체, 보건소
salubr|u, -ă, -i, -e, adj. 건강에 좋은, 위생적인
salut, ~uri, s,n. 인사, 절, 경례
salut|a, salut, -ai, -at, vt. 인사하다, 절하다
salutar, ~ă, ~i, ~e, adj. 건강에 이로운, 몸에 좋은
salut|are, -ări, s.f. 동사 saluta 의 명사형
salv|a, -ez, -ai, -at, vt. 구원하다, 구조하다, 구하다
salv|are, -ări, s.f. **1.** 구원, 구조 **2.** 구조 협회
salvat|or, -oare, -ori, -oare, I. adj. 구조하는 II. s.m. 그리고 f. 구조자
salv|ă, -e, s.f. 예포, 축포
salve, interj. 헤어질때 주로 사용하는 인사법
salvgardare, s.f. 보호, 호위
salvi|e, -i, s.f. salbie 참조
samani|u, -e, -i, adj. 짚 빛깔의, 담황색의
samar, ~e s,n. **1.** 길마 **2.** 용마루의 마룻대
samar|ă, -e, s.f. [식물]시과(翅果)
samavolnic, ~ă, ~i, ~e, adj. 임의대로의, 제마음대로 하는
samavoinici|e, -i, s.f. 제멋대로 함
sameş, ~i, s.m. 출납계, 회계
samoe|d, -dă, -zi, -de, s.m. 그리고 f. 사모에드 사람
samovar, ~e s,n. 사모바르 (러시아의 물끓이는 기구)
samsar, ~i, s.m. 중개인
samsarlâc, ~uri, s,n. 중개소
samur, ~i, s.m. **1.** 검은 담비 **2.** 검은 담비의 모피
samurai, ~, s.m. 사무라이
samuraslă, s.f. [식물]자생 식물
sanatorial, ~ă, ~i, ~e, adj. 요양소의, 요양소 생활의
sanatori|u, -i, s.n. 요양소
sanchi, adv. [가족]소위, 일컬어서

sanchi|u, -e, -i, adj. 말없는, 중얼거리는; 고집센
sanctific|a, sanctific, -ai, -at, [교회]성화시키다, 성인으로 하다, 성자로 숭앙하다.
sanctuar, ~e, s.n. **1.** 성소; 교회, 성전 **2.** 예루살렘 성전의 지성소(至聖所)
sancțion|a, -ez, -ai, -at, vt. **1.** 비준하다; 인가하다; 승인하다 **2.** 벌하다
sacțion|are, -ări, s.f. 동사 sancționa의 명사형
sancțiun|e, -i, s.f. **1.** 비준; 인가; 승인 **2.** 처벌, 제재
sandal|ă, -e, s.f. 샌들
sandarac, s.n. 산다라크 수지
sandvici, sandviş, ~uri, s.n. 샌드위치
sanghinolen|t, -tă, -ți, -te, adj. 피 섞인, 피빛깔의
sangeac, ~uri, s.n. **1.** 초록색의 터어키 깃발 **2.** 터어키 행정구역
sanguin, ~ă, ~i, ~e, adj. 혈액의; 핏빛깔의; grupă ~ă 혈액형; tip ~ 또는 temperament ~ 다혈질 사람
sanhedrin, s.m. (고대 유대사) 최고 법원
sanie, sănii, s.f. 썰매
sanitar, ~ă, ~i, ~e. I. adj. **1.** 보건의 위생의 II. s.m. 위생시설
sanscri|t, -tă, -ți, -te, adj. 범어의, 산스크리트의
sanscrită, s.f. 산스크리트, 범어
sanscritolog, ~i, s.m. 범어학자, 산스크리스트 학자
santal, ~i, s.m. [식물]백단
santin|ă, -e, s.f. [해양](더러운 물이 괴는) 배 밑바닥
santinel|ă, -e, s.f. **1.** [군사]보초, 파수병; 감시, 파수; a fi de ~ 또는 a sta ~ 보초서다
santonină, s.f. [화학]산토닌 (구충제)
sap|ă, -e, s.f. **1.** 괭이, 곡괭이 **2.** [군사]포가(砲架) **3.** 지붕의 마룻대 **4.** 말의 엉덩이
saponific|a, saponific, -ai, -at, vt. 비누로 만들다
saponific|are, -ări, s.f. 비누로 만듬
saponificație, s.f. 비누화
saprofită, s.f. 부생(腐生) 식물(균류)
saraband|ă, -e, s.f. 사라반드(무용 무곡); 떠들썩한 춤, 법석
saraili|e, -i, s.f. 중동의 과자이름
saramur|a, -ez, -ai, -at, vt. 소금에 절이다,
saramur|ă, -i, s.f. **1.** 소금물 **2.** 잿물
sarazin, ~ă, ~i, ~e, s.m. 그리고 f. 사라센의
sarcasm, ~e, s.n. **1.** sg. (가시 돋친) 빈정거림, 비꼬기
sarcastic, ~ă, ~i, ~e, adj. 빈정대는, 비꼬는
sarcin|ă, ~i, s.f. **1.** 무게 **2.** 짐 **3.** 부담, 무거운 짐, 책임; a pune în sarcina cuiva 누구에게 무엇의 책임을 지우다; a cădea în sarcina cuiva a)누구의 의무다 b)누구의 짐이 되다; **4.** 임무, 의무 **5.** 업무 **6.** 임신 **7.** 충전(~ electrică)
sarcofag, ~e, s.n. (고대인의) 석관
sarcom, s.n. [의학]육종
sardanapalic, ~ă, ~i, ~e, adj. 사르다나 팔(앗시리아왕)의; 방종한
sard|ea, -ele, s.f. 정어리; ca sardele 서로 밀착하여

S

sardonic, ~ă, ~i, ~e, adj. 냉소적인, 빈정대는

sardonix, s.m. 붉은 줄 마노

sare, săruri, s.f. I. sg. **1.** 소금; ~ de bucătărie, 식염; ~ gemă (또는 mare 또는 bulgăr) 암염; ~a pământului a)세상의 소금 (마태복음) b) 사회의 지도자; marea cu ~a 실현되기 불가능한; mi-e drag (또는 îmi să) ca ~a-n ochi 누구에게 참을 수 없다; mi-e cum i-e câinelui a linge ~ ....에 대해 흥미가 없다; a nu avea ~ de mămăligă 가난했다; a nu mai mânca pâine şi ~ cu cineva 누구와 관계가 없다 **2.** 강제노동 **3.** 위트 II. [화학]염, 염류; ~ amară 사리염 황산마그네슘

sare-garduri, s.m. 여자 꽁무니 쫓아다니는 사람

saric|ă, -i s.f. 농부옷

sarma, sarma|lă, -le, s.f. (양배추나 포도 잎) 에 쌓인 고기요리

sarmatian, s.n. [지질]사르마티아 (동유럽 옛지방)

sarsailă, s.m. 악마

sart, ~uri, s,n. [해양]돛대 밧줄

sa|s, -şi, s.m. (트란실바니아의) 작센 사람

saschiu, s.m. [식물]덩굴일일초속 (마삭 나무과의 다년초)

sastis|i, -esc, -ii, -it, I. vr.**1.** 혼란스럽다 **2.** 지루하다 II. vt.**1.** 혼란스럽게 하다, 정신없게 하다 **2.** 괴롭히다, 성가시게 하다

sastisi|t, -tă, -ţi, -te, adj. **1.** 혼란스런, 정신없는 **2.** 지루한

saseu, ~ri, s.n. **1.** 작은 봉지 **2.** 작은 주머니

sasi|u, -e, -i, adj. 사팔뜨기의, 사시의

sat, ~e, s.n. **1.** 마을 **2.** ~ul arde şi baba se piaptănă 세계는 멸망하는데 사소한 일에 신경쓴다; aici e ~ fără câini 이곳은 아무도 통제하지 않는 곳이다; aici e ~ul lui Cremene 무엇이든지 다 할 수 있는 통제할 수 없는 장소; a se mânia ca văcarul pe ~ 이유 없이 화내다; a face ~ a)정주하다 b)누구와 잘 지내다

satan|ă, ~e, s.f. **1.** sg. art. 사탄 **2.** 악마

satanic, ~ă, -i, -e, adj. 악마의, 악마 같은

sateli|t, -ţi, s.m. 위성; 위성군; ~ artificial al pământului 인공위성

satin, s.n. (직물)사틴, 수자

satin|a, -ez, -ai, -at, vt.사틴처럼 윤나게하다

satir, ~i, s.m. **1.** [그리스 신화]사티로스 (반인반수의 숲의 신) **2.** 색마, 방탕자

satir|ă, ~e, s.f. **1.** 풍자시, 풍자적인 글 **2.** 야유, 풍자

satiric, ~ă, -i, -e, I. adj. 풍자적인, 야유하는 II. s.m. 풍자시인 (작가)

satiriz|a, -ez, -ai, -at. vt.풍자하다, 야유하다

satirizare, s.f. 풍자함

satis|face, -fac, -făcui, -făcut, vt. 만족시키다, 흡족하게하다 충족하다

satisfacţi|e, -i, s.f. 만족, 충족; a da ~ 만족을 주다

satisfăcăt|or, -oare, -ori, -oare, adj. 만족하는

satisfăcu|t, -tă, -ţi, -te, adj. **1.** 만족

한 **2.** 성취된; dorință ~ă 성취된 희망

satâr, ~e, s.n. 뼈를 자르는 짧고 넓고 무거운 부엌칼

satrap, ~i, s.m. [역사]고대 페르시아 제국의 태수 **2.** [비유]사치를 즐기는 폭군

satur|a, -ez, -ai, -at, vt. [화학]포화시키다

satura|t, -tă, -ți, -te, adj. [화학]포화된

saturație, s.f. **1.** [화학]포화; până la ~ a) [화학]포화상태까지 b)싫증난 **2.** 싫은

saturnale, s.f. pl. [로마신화]사투르누스(농경의신)

saturnism, s.n. [의학]연독

saț, s.n. **1.** 배부름, 포식; fără ~ 물릴 줄 모르는, 욕심많은; a ține de ~ 배부르게 하다 **2.** 싫증, 염증 **3.** 포화

sau, conj. **1.** 또는; ~ ...~ 또는 ... 또는 **2.** 다시 말해서, 다른 말로 **3.** 및 **4.** 혹시

saul|ă, ~e, s.f. [해양]아마노끈, 밧줄

saun|a, -e, s.f. 사우나

saurian, saurieni, s.m. 도마뱀

savan|ă, -e, s.f. 사바나, 대초원

savan|t, -tă, -ți, -te, I. adj. 조예가 깊은, 정통한, 박식한 II. s.m. 학자

savantlâc, ~uri, s.m. 학식

savarin|ă, -e, s.f. 생크림과 럼주로 된 케익 이름

savoare, s.f. **1.** 맛 **2.** 풍미

savur|a, -ez, -ai, -at, vt. 맛보다, 음미하다

savur|os, -oasă, -oşi, -oase, adj. 맛있는, 풍미있는

saxhorn, ~uri, s.n. [음악]색스호은

saxof|on, ~oane, s.n. 색스폰

saxofoni|st, -şti, s.m. 색스폰 연주가

saxon, ~ă, ~i, ~e, I. adj. 작센의 II. s.m. 그리고 f. 작센 사람

să, conj. **1.** ~것 (주어 명사절) E bine să pleci 네가 떠나는 것이 좋다 **2.** 술어적; pare să fie un om cumsecade 점잖은 사람처럼 보인다 **3.** 부가적; Nu-i mândră să-mi fie dragă 내가 사랑한 정도로 예쁘지 않다 **4.** (간접 직접 보어); putem chiar să nu mai fiu acuma 나는 지금 올 수가 없다 **5.** 목적보어; A ieşit să-i întâmpine 그를 마중하러 나갔다 **6.** 결과; Am râs să leşin 기절할 정도로 웃었다 **7.** 조건절; Ar fi fost prins să nu fi fugit 도망가지 않았더라면 붙잡혔을 것이다 II. 숙어적 용법; Măcar să... .. 만 안한다면; Nu mă duc, măcar să mă omori 네가 나를 죽이지만 않는다면 나는 가지 않겠다; Numai să ... 단지 ..하면; Până să ...까지; pentru ca să a)..위하여; învăț pentru ca să reuşesc la examen 시험에 합격하기 위해 공부한다 b)..고; A plecat mulțumit pentru ca să se întoarcă peste o oră din nou 그는 만족하여 출발했고 한 시간 후 다시 돌아왔다; Fără să ... a) ...없이; A plecat fără să verse o lacrimă 눈물을 흘리지 않고 그는 출발했다; b) ...지라도; Fără să-mi fi spus cineva, am bănuit adevărul 누군가 나에게 말하지 않을지라도 나는 진실을 추측했다

săbărel, ~e s.n. 민속춤 이름

săbloar|ă, -e s.f. **1.** 조그만 칼 **2.** [식

물]마늘의 일종; 글라디올러스
săbiuț|ă, -e, s. f. săbioară 참조
săcăluş, ~uri, s.n. 16세기경의 소형 포
săcel|a, -ez, -ai, -at, vt. (방언.)말빗으로 빗다, 솔질하다
săcui, ~e, **săculeț,** ~e, s.n. **1.** 작은 자루 **2.** 작은 주머니
săcuşor, ~i, s.m. 작은 자루
săd|i, -esc, -ii, -it, vt. **1.** 묘목을 심다 **2.** 나무를 심다
sădil|ă, -e, s.f. 치즈 넣는 자루
sădir|e, -i, s.f. 동사 sădi의 명사형
sădit|or, -oare, -ori, oare, I. adj. 심는 II. ~oare, s.n. 땅에 꽂는 막대; 심어지는 것
sag|eată, -eți, s.f. **1.** 화살; ca săgeata 화살처럼 빨리 **2.** 찌름, 찌르는 고통 **3.** 빈정댐, 비꼼 **4.** 긴 안내표시 **5.** (물레방아의) 날개 **6.** 막대(끌어올리는 우물) **7.** [기하]원호의 법선 **8.** cât ajunge săgeata 짧은 거리, 사소한일 **9.** ~ de trăsnet 번개; [식물]săgeata apei 쇠귀나물
săget|a, săget 그리고 -ez, -ai, -at, I. vt. **1.** 화살로 맞히다; 쏘다 **2.** 꽂다; mă săgeată prin inimă 가슴에 고통이 있다 **3.** (시선으로) 길게 뚫어보다 II. vi. 쏜살같이 날다
sgetar, ~i, s.m. 궁사
săget|are, -ări, s.f. 동사 săgeta의 명사형
săgetaş, ~i, s.m. săgetar 참조
săgetat|or, -oare, -ori, oare, I. adj. **1.** 꿰뚫는 **2.** 화살처럼 빠른 **3.** 똑바른 **4.** 반짝이는 II. s.m. **1.** 궁사 **2.** [천문]사수좌
săgetătur|ă, -i, s.f. **1.** 화살 쏨 **2.** 찌르는 아픔
săget|ică, -ele, s.f. **1.** 조그만 화살 **2.** [식물]제라늄, 양아욱
săgn|i, -esc, -ii, -it, I. vr. 안장 때문에 상처를 얻다 II. vt. 낙인을 찍다
săidăcar, ~i, s.m. 안장장이, 마구사
sălaş, ~e, 그리고 ~uri, s.n. **1.** 숙소 **2.** 피난(은신)처 **3.** 양우리 **4.** 마굿간 **5.** 기숙사 **6.** 마을 **7.** 집시가족 **8.** [방언]관
sălăşlu|i, -iesc, -ii, -it, I. vt. 숙박하다, II. vr. **1.** 숙박하다 **2.** 정주하다 III. vi. 거주하다, 머물다. 체류하다
sălbatic, ~ă, ~i, ~e, I. adj. **1.** 자연그대로의, 저절로 자란 **2.** 야생의, 놓아기른 **3.** 미개한, 야만의 **4.** 거친, 사나운, 난폭한 II. s.m. 그리고 f. 야수
sălbătic|i, -esc, -ii, -it, vr. 야성화하다
sălbătici|e, -i, s.f. **1.** 자연그대로 **2.** 야생 **3.** 미개함, 야만성 **4.** 거침, 사나움
sălbăticir|e, -i, s.f. 동사 sălbătici의 명사형
sălbătici|t, -tă, -ți, -te, adj. 야생화된
sălbăticiun|e, -i, s.f. **1.** 야생동물; 은둔자 **2.** 황무지 원시림
sălbăti|e, -i, s.f. [식물]독보리속
sălciniş, sălciş, ~uri, s.n. 버들숲
sălci|u, -e, -i, adj. **1.** (물에 대해) 약간 소금기 맛있는, 물맛이 좋지 않은 **2.** (음식, 음료 등) 맛이 좋지 않은
săliț|ă, -e, s.f sală의 축소형
sălt|a, salt, -ai, -at, I. vi. vr. **1.** 뛰다, 점프하다, 껑충껑충 뛰어오르다 **2.** (외부 충동으로) 튀겨지다; 요동하다; 빨리 가다; 나타나다; 뜻하지 않

게 올라오다; **3.** îmi saltă inimă (de bucurie)무척 기뻐하다 II. vt. **1.** 높이다, 올리다 **2.** 뛰어오르게하다 **3.** 번성하다 III. vi. 올라가다; 번성하다 IV. vr. 크다; 높이 쏘다

sălta|t, -tă, -ți, -te, adj **1.** 뛰어오르는 **2.** 빠른 **3.** 위에 있는

săltăr|eț, -eață, -eți, -ețe, adj. **1.** 뛰어오르는; 빠르게 움직이는 **2.** (춤, 음악) 생생한 운율의

săltăt|oare, -ori, s.f. 고기 그물

sămânță, semințe, s.f. I. sg. **1.** 씨, 씨앗 **2.** 후손, 후예 **3.** 종류, 종, 부류; 족속; ~ de oameni răi 나쁜 사람의 부류; ~ de hoți 도둑의 족속 **4.** 싹; 원인, 이유, 동기; ~ de ură 증오의 원인; **5.** de ~ a)종자의 b)종자; grâu de ~ 종자로 쓰이는 곡물 ; a căuta ~ de vorbă a)화제의 실마리로 삼다 b)싸울 이유를 찾다; a avea ~ de vorbă 말하고 싶어하다

sănătate, s.f. **1.** 건강; 건재, 몸성함; a bea în ~a cuiva 누구의 건강을 위해 축배를 들다 **2.** ~ ! a)헤어질 때 희망의 인사 b)끝났다 더 이상 할 것이 없다는 말

sănăt|os, -oasă, -oși, -oase, adj. **1.** 건강한; 위생적인 **2.** 튼튼한, 기운좋은 **3.** 무사한 **4.** 건강에 좋은 유익한, 효험있는; 자양이 되는 **5.** 건전한; minte sănătoasă 건전한 정신;. bine-ai venit ~! 환영한다! să fii ~ a)만족 또는 희망의 표시 b)너의 일이다; dumneata să fii ~ ! a)나에게 더 이상 할 말이 없다면 ... ; b)모르겠다!; a o lua la sănătoasa 빨리 떠나다

săni|a, -ez, -ai, -at, vt. 썰매를 하다

săniat, s.n. 썰매 타는 것

sănicioar|ă, -e, s.f. [식물]참반디속

săniuş, ~uri, s.n. **1.** 썰매 타는 장소 **2.** 썰매타는 것

săniuț|ă, -e, s.f. 조그만 썰매

săp|a, sap, -ai, -at, vt. **1.** 파다, 캐다; 삽질하다 **2.** 파내다 **3.** 파뒤집다, 파일구다 **4.** 새기다, 파다 **5.** [비유]전복시키다, 파괴하다 **6.** 고장을 내다

săpălig|ă, săpălug|ă, -i, s.f. 곡괭이, 칼퀴 쇠스랑

săpăt|or, -oare, -ori, -oare, s.m. 그리고 f. **1.** 파는 일을 하는 사람 **2.** (나무, 돌) 새기는 사람

săpătoare, ~ s.f. 경작기, 교토기

săpătur|ă, -i, s.f. **1.** 파냄, 팜 **2.** 구덩이, 웅덩이

săptămânal, I. ~ă, ~i, ~e, adj. 주일의, 매주의 II. ~e, s.n. 주간지

săptămân|ă, -i, s.f. 주, 1주간; săptă- mâna mare (또는 patimilor) 부활제의 전주(前週)

săpun, ~uri, s.n. **1.** 비누 **2.** a rade pe cineva fără ~ 비난하다

săpunar, ~i, s.m. 비누제조인

săpunariț|ă, -e, s.f. [식물]비누풀속

săpuneală, s.f. **1.** 비누로 문지름 **2.** 비난, 질책 **3.** 비누거품

săpunel, ~e, s,n. **1.** 작은 비누 **2.** 항문 좌약

săpun|i, -esc, -ii, -it, vt. **1.** 비누칠(질)하다 **2.** 비난하다, 질책하다

săpunier|ă, -e, s.f. 비누곽

săr|a, -ez, -ai, -at, vt. **1.** 소금칠하다 **2.** 소금넣다, 소금에 절이다 **3.** a-şi ~ inima 적에 대한 복수로 만족을 느끼다

sărac, ~ă, ~i, ~e, I. adj. **1.** 가난한,

S

재력이 없는 **2.** 모자라는 빈약한, 불모의; pământ ~ 불모의 땅 **3.** 모자라는 부족한; ~ în vitamine 비타민이 부족한; ~ cu duhul 바보의 멍청한 **4.** 초라한 **5.** 가련한 **6.** ~ de părinți 고아 II. s.m. 그리고 f. 거지

sărad, ~uri, s.n. [방언]끈

sărar, I. ~i, s.m. 소금장수 II. ~e, s.n. 소금통

săra|t, -tă, -ți, -te, adj. **1.** 소금기 있는; apă ~ă 소금물 **2.** 소금에 절인 **3.** 유머가 풍부한 **4.** 과장된

S

sărăcăci|os, -oasă, -oşi, -oase, adj. 가난한, 곤궁한

sărăc|i, -esc, -ii, -it, I. vi. 가난하게 되다 II. vt. **1.** 가난하게 하다 **2.** a ~ pe cineva de ceva 누구에게서 무엇을 빼앗다 **3.** [방언]동정하다

sărăci|e, -i, s.f. **1.** 가난, 곤궁 **2.** 부족, 결핍 (de)

sărăcime, s.f. 가난한 자

sărăci|t, -tă, -ți, -te, adj. 가난해진

sărăcuț, ~ă, ~i, ~e, adj. sărac의 축소형

sărănt|oc, -oacă, -oci, -oace, s.m. 그리고 f. 거지

sărătur|ă, -i, s.f. **1.** 소금에 절임 **2.** 소금지역 **3.** 소금에 절인 음식

sărbăt|oare, -ori, s.f. **1.** 휴일, 축제일; de sărbători 축제일을 맞이해 **2.** 축제; de ~ 축제적인, 장엄한

sărbător|esc, -ească, -eşti, adj. 축제적인, 경사스러운

sărbătoreşte, adv. 축제일답게; 장중하게

sărbător|i, -esc, -ii, -it, vt. 축하하다, 기념하다, 축제를 하다; a ~ ziua de naştere 생일을 축하한다 (축하행사를 하다)

sărbez|i, -esc, -ii, -it, vr. **1.** (우유에 대해) 변하다 시게하다 **2.** 색깔이 변하다 **3.** 창백하게 되다

sărdac, ~e, s.n. [방언]농부 옷

săr|i, sar, -ii, -it, I. vi. **1.** 튀다, 뛰어오르다, 껑충뛰다, 도약하다; a ~ în sus 위로 뛰어오르다; a ~ din somn 잠에서 벌떡 일어나다; a ~ în ajutorul cuiva(또는 pentru cineva) 누구를 도우러 뛰어가다 **2.** 돌진하다 **3.** 쏘다, 갑자기 던지다 **4.** 암컷과 교미하다 **5.** a ~ la cineva 누구를 공격하다; a ~ de (또는 în) gât cuiva 누구를 포옹하러 달려가다; a ~ din lac în puț 조약돌을 피하다, 수마석을 만나다; a ~ peste cal 허용된 한계를 넘어가다; a ~ cu gura 누구의 말을 가로막다; a ~ în ochi 눈에 띄다, 명백하다; a-şi ~ din minți 이성을 잃다, 정신을 잃다; i-a ~t muştarul (또는 țandăra) 분노하다; îi sar ochii de durere 아파서 미칠 지경이다

săricică, s.f. **1.** [화학]비소 **2.** 구연산 **3.** [식물]수송나물무리

sărindar, ~e, s.n. 40일간의 연미사

sări|t, I. -tă, -ți, -te, adj. **1.** 미친 **2.** cu inima ~ă 심하게 걱정하는 II. ~e, s.n. **1.** pe ~e a)비약하여 b)뛰어넘어 **2.** 교미

sări|tă, -te, s.f. **1.** 뜀, 뛰어오름, 도약, 비약 **2.** a-şi ieşi din ~e 또는 a-şi pierde sărita 인내를 잃다; a scoate din ~e 어쩔줄 모르게하다, 당황하게 하다

sărit|or, -oare, -ori, -oare, adj. **1.** 뛰는 뛰어오르는, 도약하는 **2.** 도울 준비가 되어있는

sărit|oare, -ori, s.f. **1.** 폭포 **2.** 방해 (물)
săritur|ă, -i, s.f. 뜀 도약
sărman, ~ă, ~i, ~e, adj. sărac 참조
sărmăluț|ă, -e, s.f. sarma 참조
sărut, ~uri, s.n. 키쓰
sărut|a, sărut, -ai, -at, vt. 키스하다
sărut|are, -ări, s.f. 키스
sărutat, ~uri, s.n. **1.** sg. 키스함 **2.** 키스
săs|esc, -ească, -ești, adj. (트란실바니아) 작센의
săsește, adv. (트란실바니아의) 작센인 처럼, 작센어른
săsoaic|ă, -e, s.f. (트란실바니아) 작센여자
săt|ean, -eni, s.n. 농민, 마을사람
săt|eancă, -ence, s.f. 농민여자, 마을여자
săt|esc, -ească, -ești, adj. 마을의
săticel, ~e, **sătiș|or,** -oare, **sătuc,** ~uri **sătuc|ean,** s.n. 작은 마을
sătu|l, -li, -le, adj. **1.** 배부른 **2.** 싫증난
sătur|a, satur, -ai, -at, I. vr.**1.** 배부르다, 배불리 먹다 **2.** 만족하다, 충족하다 **3.** a se ~ de ceva 싫증나다; m-am ~t până în gât 목까지 차있다 (싫증난다는 뜻) II. vt. 배부르게 하다, 포식시키다
sătura|t, I. -tă, -ți, -te, adj. **1.** 배부른 **2.** 싫증난 II. ~e, s.n. a mânca pe ~e 배불리 먹다
săți|os, -oasă, -oși, -oase, adj. 배부른; 영양이 풍부한
său, sa, săi, sale, 3인칭 소유형용사; 그의, 그녀의; al ~a sa 그의 것, 그녀의 것
săvârș|i, -esc, -ii, -it, I. vt. **1.** 완수하다; 실현하다; 완전히 끝내다 **2.** 성취하다, 실행하다 **3.** 행하다 II. vr. 죽다
săvârșir|e, -i, s.f. 동사 săvârși의 명사형
sâc, interj. 서로 주먹으로 치는 흉내를 내면서 내는 소리
sâcâ|i, sâcâi, -ii, -it, I. vt. 가만히 내버려두지 않다; 끊임없이 화나게하다; 신경쓰게하다 II. vr. 이리저리 움직이다
sâcâi|ală, -eli, s.f 동사 sâcâi 의 명사형
sâcâi|t, -tă, -ți, -te adj. (사람에 대해) 만족하기 어려운
sâcâit|or, -oare, -ori, -oare, adj. 성가시게 하는; 화나게 하는
sâmb|ătă, -ete, s.f. 토요일
sâmbraș, ~i, s.m. [고어]밭을 갈 때와 양우리를 지을때 같이 일하는 사람
sâmbr|ă, -e, s.f. [고어, 방언] **1.** 동료관계 **2.** 조합, 단체
sâmbur|e, -i, s.m. (열매에 대해) 핵, 씨 **2.** 핵심, 중심, 골자, 요점 본질 **3.** [비유]소부분
sâmbur|os, -oasă, -oși, -oase, adj. (열매에 대해) 핵 씨를 갖은
sân, I. ~i, s.m. (여자들) 유방, 가슴 II. ~uri, s.n. **1.** 가슴; a pune o scrisoare în ~ 편지를 가슴에 숨기다; a crește (또는 a încălzi, a ține) șarpele în (또는 la) sân 고마워 할 줄 모르는 사람을 도와주다, 은혜를 배풀다; a-i trece (cuiva) un șarpe (race) prin ~ 공포에 질리게하다; a trăi ca-n ~ul lui Avram 행복하게

S

살다; a fi (a umbla) cu crucea-n ~ a) 선하다, 경건하다 b)위선이다; **3.** [비유]마음; cu ~ul plin de speranțe 희망으로 가득찬 마음으로; a fi cu frica-n ~ 심한 공포를 갖다 **4.** 모태, 자궁; a sta cu mâinile-n ~ 아무것도 하지 않다 **5.** [비유]가운데 내부; în ~ ul pământului 땅 내부에 **6.** [지리]~ (de mare) 만

sân|eață, -ețe, s.f. [고어]화승총, 라이플 총

S

sânge, s.n. **1.** 피; [비유]기질 ~ roşu (또는 arterial) 동맥피; ~ negru (또는 venos) 정맥피; pierdere de ~ 피 손실; ~ fierbinte a)따스한 피 b) 열혈한(熱血漢); ~ rece a)냉혈의 b)[비유]냉담함; cu ~ rece 냉정하게; cu ~ iute 자제력이 없는, 날뛰는; lacrimi de ~ 쓴 눈물; a scuipa (또는 a vărsa) ~ 각혈하다; a lua (또는 a lăsa) cuiva ~ 피를 뽑다; plin de ~ 피투성이의; donator de ~ (수혈의) 급혈자; a-şi da (또는 vărsa) ~ le (pentru cineva) 누구를 위해 희생하다 목숨을 바치다; a-i îngheța ~ele în vine 놀라다, 공포에 질리다; a-i fierbe ~le 화가나서 피가 끓어오르다; a bate până la ~ 몹시 때리다 (피가 날 때까지); a suge ~le cuiva 착취하다, 억압하다 **2.** 혈통, 핏줄기; 종족; rudă de ~ 근친, 혈족; legătură de ~ 혈연, 혈족관계; de ~ nobil 귀족출신(혈통)의; are ~ albastru în vine 명문(귀족) 출신이다; o are în ~ 유전이다, 물려받은 것이다; ~ din ~le meu 나의 혈육 **3.** [식물]~ le voinicului 스페인 살갈퀴; ~ de-nouă-frați 또는 ~ le-dracului 또는 ~ le-zmeului 기린혈(용형수의 수지로 착색제)

sâng|eapă, -epe s.f. [방언]화주잔

sânger, ~i, s.m. [식물]층층나무과

sânger|a, -ez, -ai, -at, I. vi. **1.** 피를 흘리다; 상처를 입다 **2.** 아프다; îmi sângeră inima 나의 마음이 아프다 II. vt. **1.** 피 흘리게 하다; 죽이다 **2.** [동물]방혈법(防血法)을 쓰다 III. vi. 그리고 vr. [동물]피병을 앓다

sângera|t, I. -tă, -ți, -te, adj. **1.** 피투성이의, 피가 나는 **2.** [비유]고통스러운; cu inima ~ă 아픈 마음으로 **3.** (눈에 대해) 충혈된 **4.** 빨간, 핏빛의 II. s.n. **1.** 출혈 **2.** [의학]탄저

sângeratic, ~ă, ~i, ~e, adj. **1.** 피에 굶주린 **2.** (사건에 대해) 피비린내 나는, 유혈의

sângerăt|or, -oare, -ori, -oare, adj. 피 흘리는

sângerătur|ă, ~i, s.f. 피흘림

sânger|iu, -ie, -ii, -ie, adj. 핏빛의, 피처럼 빨간

sânger|os, -oasă, -oşi, -oase, adj. **1.** (인간에 대해) 피에 굶주린, 잔인한 **2.** 피투성이의 **3.** (사건에 대해) 유혈의 **4.** (눈에 대해) 충혈된 **5.** 핏빛의, 붉은

sângi|os, -oasă, -oşi, -oase, adj. **1.** 피묻은 **2.** [비유]다혈질의, 흥부하기 쉬운

sânişor, ~i, s.m. sân 의 축소형

sânt, ~ă, adj. [속어]신성한

sânzi|ană, -ene, s.f. **1.** [식물]꼭두서니과의 식물(잎, 꽃 뿌리는 응유제로 함) **2.** [교회]성 세례 요한의 축일 **3.** 루마니아의 여자 악령의 이름

sârb, ~ă, ~i, ~e, I. adj. 세르비아의

II. s.m. 그리고 f. 세르비아인
sârbă, s.f. **1.** 세르비아어 **2.** 민속춤
sârb|esc, -ească, -eşti, adj. 세르비아의
sârbeşte, adv 세르비아언어로; 세르비아처럼
sârbism, ~e, s.n. 세르비아어에서 차용된 말
sârboaic|ă, -e, s.f. 세르비아여자
sârg, s.n. de (또는 în, cu) ~ 급하게, 빠르게, 즉시
sârgh|i, -ii, s.f. [방언]판매대
sârgu|i, -iesc, -ii, -it, vr. 애쓰다, 노력하다
sârguinci|os, -oasă, -oşi, -oase, adj. sârguitor참조
sârguință, s.f. 애씀, 노력; 근면
sârguit|or, -oare, -ori, -oare, adj. 부지런한, 근면한; 열심인
sârjoac|ă, -e, s.f. 밀과 호밀과의 혼합사료
sârm|ă, -e s.f. **1.** 철사; ~ de cupru 동선; ~ ghimpată 가시철조망; perie de ~ 철사솔 **2.** [고어](금, 은) 줄 **3.** [고어]금은 선세공 **4.** [어류]치어
sârm|os, -oasă, -oşi, -oase, adj. 철사줄과 비슷한; 거칠은
sârmuliț|ă, -e, **sârmuşoară,** -e adj. 가는 철사
sâsâ|i, sâsâi, -ii, -it, vi. **1.** (뱀, 닭) 쉿소리를 내다, 쉬쉬 소리를 내다 **2.** (타고 있는 젖은 나무에 대해) 식식거리다 **3.** (사람에 대해) 속삭이다, 귓속말하다
sâsâiac, ~e, s.n. 곡식창고(나무로 된)
sâsâ|ială, -ieli, s.f. 동사 sâsâi의 명사형
sâsâ|it, I. -ită, -iți, -ite, adj. 속삭이는; 쉬쉬소리를 내는 II. s.n. 쉬쉬소리, 쉿소리
sâsâitur|ă, -i, s.f. 속삭임, 쉿소리
scabie, s.f. 옴
scabr|os, -oasă, -oşi, -oase, adj. 옴병이 걸린
scaden|t, -tă, -ți, -te, adj. 지급기한이 다된, 만기의
scadenț|ă, -e, s.f. 만기일
scafandr|u, -i, s.m. **1.** 잠수부 **2.** 잠수옷
scaf|ă, -e, s.f. **1.** 나무그릇(목기) **2.** [건축]홈통, 홈
scai, ~, s.m. **1.** 가시 식물; a se ține ~ de cineva 달라붙다, 가만히 내버려두지 않다; **2.** ~ -mărunt 갈퀴덩굴; ~ -voinicesc 야생산토끼풀
scaie|te, -ți, s.m. 엉겅퀴
scalar, ~ă, ~i, ~e, adj. [수학]스칼라의
scal|ă, -e, s.f (라디오 수신기의) 다이얼.
scal|d, -zi, s.m. 고대 스칸디나비아의 시인
scald|ă, -e, s.f. **1.** 목욕탕 **2.** 목욕통
scalen, ~ă, ~i, ~e, adj. [수학](삼각형이) 부등(不等) 변의
scalp, ~uri, s.n. **1.** (아메리카 인디언이 전리품으로 적의 머리에서 벗긴) 머리가죽 **2.** 머리가죽벗기기
scalp|a, -ez, -ai, -at, vt. 머리가죽을 벗기다.
scalpel, ~e, s.n. [외과]메스 해부도
scamator, ~i, s.m. 요술꾼, 소매치기꾼
scamatori|e, -i, s.f. **1.** 요술 속임수 **2.** 소매치기

S

scam|ă, -e, s.f. **1.** 실 **2.** sg. 린트 천

scand|a, -ez, -ai, -at, vt. 박자를 맞추어 읽다, 또박또박 말하다

scandal, ~uri, s,n. **1.** 추문, 스캔들 **2.** 소란, 난동

scandalagi|u, -i, s.n. 스캔들을 일으키는 남자

scandaliz|a, -ez, -ai, -at, I. vt.분개시키다, (의)빈축을 사다 II. vr. 분노하다, 얼굴을 찡그리다

scandaliza|t, -tă, -ți, -te, adj 분개한

S

scandal|os, -oasă, -oşi, -oase, adj. 언어도단의, 분노할만한, 파렴치한, 수치스러운

scandinav, ~ă, ~i, ~e, I. adj. 스칸디나비아의 II. s.m. 그리고 f. 스칸디나비아 사람

scandiu, s.n. [화학]스칸듐

scapăt, s.n. **1.** 해가 짐 **2.** 언덕

scape|t, -ți, s.m. 19세기 초 러시아의 극도의 금욕주의를 표방한 종파의 신도

scapolit, s.m. 규석

scapul|ă, -e, s.f. 견갑골

scarabe|u, -i, s.m. 풍뎅이과의 벌레

scară, scări, s.f. **1.** 사닥다리 **2.** 계단 **3.** 단 **4.** 발판 **5.** 등자(鐙子) **6.** [음악]음계 **7.** 등급, 서열 **8.** 척도 **9.** 열, 줄 **10.** 단계 정도 상황

scarific|a, scarific, -ai, -at, vt. **1.** [농업]흙을 긁어 고르다 **2.** [건축]설계하다 **3.** [의학]난절(亂切)하다

scarificat|or, -oare, s.n. **1.** [외과]난절도 **2.** [농업]흙을 긁어 고르는 기구 **3.** (줄 긋는) 철필

scarlatină, s.f. 성홍열

scati|u, -i, s.m. [조류]검은 방울새

scatoalc|ă, -e, s.f 뺨따귀

scaun, ~e, s.n **1.** 의자 **2.** 변기 **3.** [음악]현악기의 줄받침 **4.** 나무 의자 **5.** 왕좌, 옥좌, 왕위 **6.** 법관 자리(의자)

scă|dea, scad, -zui, -zut, I. vt. **1.** 감소시키다, 축소시키다 **2.** 줄이다 **3.** 공제하다, 제하다 **4.** 내리다 II. vi. **1.** 축소되다, 줄다 **2.** 내려가다; 기울다 **3.** 바짝 졸여지다

scăder|e, -i, s.f. 동사 scădea의 명사형

scăfârli|e, -i, s.f. 해골, 두개골

scăiuş, ~i, s.m. 산토끼 꽃

scălâmb, ~ă, ~i, ~e, I. adj. **1.** 기형의, 불구의 **2.** 신이 늘어난 II. s.m. 기형아 불구자

scălâmb|a, scălâmb, -ai, -at, I. vt. 비틀다, 비틀어구부리다, 뒤틀다, 왜곡하다

scălâmbăi|a, -ez, -ai, -at, vr. scălâmba 참조

scăld|a, scald, -ai, -at, I. vt. **1.** 목욕시키다 **2.** a o ~ 대답이나 결정적 태도를 회피하다 II. vr. **1.** 목욕하다 **2.** [비유]반사하다

scălda|t, I. -tă, -ți, -te, adj. 목욕한; ~ în sudoare 땀으로 목욕한 II. s.n. 목욕

scăldăt|oare, -ori, s.f. **1.** 목욕 **2.** 목욕통 **3.** 목욕물

scăm|os, -oasă, -oşi, -oase, adj. 실 모양의, 섬유질의

scămos|a, -ez, -ai, -at, I. vr. 실을 풀리다 II. vt. 실을 빼다 (직물을) 풀다

scăp|a, scap, -ai, -at, I. vi. **1.** 달아나다, 벗어나오다, 빠져나오다, 면하다; 해방되다; a ~ teafăr 무사히 모

면하다; a ~ cu viața 구사일생으로 도망치다; a ~ ca prin urechile acului 간신히 빠져나오다 **2.** 간과하다 **3.** (de) ...로부터 떨어지다 **4.** 지다, 가라앉다; soarele scapă 해가 지다 II. vt. **1.** 구하다, 구조하다; 해방시키다 **2.** 풀어주다 **3.** 놓치다 잃다 **4.** a ~ o vorbă 입에서 말이 불쑥 새어나오다; a ~ din vedere 간과하다, 주시하지 않다; III. vr. **1.** 잊다 **2.** (de) 모면하다

scăp|are, -ări, s.f. 동사 scăpa의 명사형

scăpăr|a, scapăr, -ai, -at, vi. **1.** 불을 쳐내다(부싯돌로); cât ai ~ din amnar 순식간에 **2.** (불꽃이) 튀다 **3.** 반짝 빛나다 **4.** 번쩍이다 빛나다, 섬광을 내다 **5.** fuge de-i scapără picioarele 매우 빠르게 달리다; a ~ din picioarele (초조해서) 발을 동동 구르다; a-i ~ cuiva prin minte 빠르게 생각나다

scăpăr|are, -ări, s.f. **scăpărat,** s.n. 명, 동사 scăpăra의 명사형

scăpărat|oare, -ori, s.f. 부싯돌, 성냥

scăpărat|or -oară, -ori, -oare, adj. **1.** 반짝이는, 빛을 내는 **2.** [비유]매우 지적인, 영민한

scăpăt|a, scapăt, -ai, -at, vi. **1.** (별에 대해)지다, 가라앉다; soarescapăta a)해가 짐, 일몰 b)서쪽 **2.** 떨어지다 **3.** 가난해지다

scăpăta|t, I. -tă, -ți, -te, adj. 가난해진 II. s.n. 일몰, 해지기

scăric|ică, -ele, **scărişoar|ă** -e, s.f. scară의 축소형

scăriț|ă, -e, s.f. scară의 축소형

scărmăn|a, scarmăn, -ai, -at, vt. **1.** (모, 깃털) 풀다, 양털을 가려내다 **2.** [비유]신랄하게 비난하다 **3.** (섬유) (양털) 솔질하다

scărmăna|t, I. -tă, -ți, -te, adj. (모에 대해) 양털을 가려낸 II. s.n. 비난, 질책, 꾸짖음

scărmănătur|ă, -i, s.f. **1.** (모의) 양털을 풀고 가려냄 **2.** 가려낸 양털 **3.** 꾸짖음, 질책

scărmăn|eală, -eli, s.f. 질책, 꾸짖음

scărpin|a, scarpin, -ai, -at, vt. 그리고 vr. 긁다; a se ~ în cap 난처해하다

scăunaş, ~e, **scăunel** ~e, s.n. 작은 의자

scăunoaie, ~, s.f. [속어]작업대

scăzăm|ânt, -inte, s.n. 감소, 줄어듬

scăzător, ~i, s.m. [수학]뺄 수

scăzu|t, -tă, -ți, -te, adj. **1.** 줄어든, 감소된 **2.** 작아진 **3.** 축소된 **4.** (목소리) 약해진 **5.** (요리) 조른

scâlci|a, -ez, -ai, -at, I. vt. (신을)닳게하다 II. vr. (구두가) 닳다, 늘어나다

scâlcia|t, -tă, -ți, -te, adj. **1.** (구두에 대해) 닳은, 형태가 일그러진 **2.** 일그러진, 보기 흉하게된

scânc|eală, -eli, s.f. 흐느낌

scâncet, ~e, s.n. **1.** 흐느낌, 훌쩍임 **2.** 입을 비죽거림

scânc|i, -esc, -ii, -it, vi. **1.** 흐느끼다 훌쩍이다 **2.** 입을 비죽거리다

scândur|ă, -i, s.f. **1.** 판자 **2.** 마루

scândur|ea, scândur|ică, -ele, s.f. scândură 의 축소형

S

scândur|eană, -ene, s.f. (배틀의) 발판

scântei|a, -ez, -ai, -at, vi. **1.** 불꽃을 튀기다, 번쩍이다 **2.** (불꽃 따위가) 튀다 **3.** (눈) 꿰뚫어보다

scânteie, scântei, s.f. 불꽃, 불티, 섬광; a i se face (cuiva) scântei pe dinaintea ochilor (맞았을 때) 별이 왔다 갔다 하다; a se învăță ca țiganul cu scânteia 나쁜 것에 익숙하다

scânteier|e, -i, s.f. scânteia의 명사형

S

scânteiet|or, -oare, -ori, -oare, adj. **1.** 반짝이는 **2.** 불꽃이 튀는

scânteioar|ă, -e, **scânteiuț|ă**, -e, s.f. [식물]꿀풀

scârbavnic, ~ă, ~i, ~e, adj. 구역질나게하는, 역겨운

scârb|ă, -e, s.f. **1.** 역겨움; 싫음; mi-e ~ de ... 역겹다 **2.** 역겨운 사람 **3.** [속어]걱정, 근심

scârb|i, -esc, -ii, -it, I. vt. 역겹게 하다, 구역질나게 하다 II. vr. **1.** 역겹다, 구역질나다 **2.** (de) 싫증이 나다 **3.** 슬퍼하다 **4.** 화나다

scârb|os, -oasă, -oşi, -oase, adj. **1.** 역겨운, 구역질나는 **2.** a fi ~ la vorbă 외설스런

scârboseni|e, -i, s.f. 역겨움

scârnav, ~ă, ~i, ~e, adj. **1.** 더러움 **2.** 역겨운 **3.** 음담을 좋아하는; a avea gura ~ă 욕쟁이이다

scârnăvi|e, -i, s.f. **1.** 더러움 **2.** 역겨움 **3.** 더러운 놈

scârț, interj. **1.** 문이나 바퀴에서 나는 날카로운 소리 **2.** 갈 때 신에서 나는 소리를 흉내 내는 단어

scârțâ|i, scârțâi, -ii, -it, vt. **1.** 삐걱거리다 **2.** 날카로운 소리를 내다 **3.** 찌륵찌륵 울다 **4.** ~ la vioară 바이올린을 켜다

scârțâi|ală, -eli, s.f. **1.** 삐걱거림 **2.** 날카로운 소리를 냄 **3.** 찌륵찌륵 움

scârțâi|t, I. -tă, -ți, -te, adj. 삐걱거리는 II. -turi, s.n. 삐걱거림

scârțâit|or, oare, -ori, -oare, adj. 삐걱거리는

scârțâit|oare, -ori, s.f. 그리고 f. 삐걱거리는 소리

scelera|t, -tă, -ți, -te, s.m. 그리고 f. 악한, 악당, 불량배

scenari|u,~i, s.n. 공연대본; ~ cinematografic 시나리오 각본; ~ radiofonic 라디오 대본

scen|ă, -e, s.f. **1.** 무대; a pune în ~ 공연하다; a părăsi scena a)무대를 떠나다 b)배우 직업을 그만두다 **2.** 출현, 등장 **3.** 사건 **4.** a face o ~ 에게 싸움을 걸다

scenet|ă, -e, s.f. 축소된 연극

scenic, ~ă, ~i, ~e, adj. 무대의, 무대 위의; 연극의

scenograf, ~i, s.m. 무대장치가

scenografie, s. f. 무대장치, 무대예술

sceptic, ~ă, ~i, ~e, I. adj. 회의적인, 의심하는 II. s.m. 그리고 f. 회의주의자

scepticism, s.n. **1.** [철학]회의주의 **2.** 회의적인 태도; 불신, 의심

sceptr|u, -e, s.n. (왕권의 상징인) 왕홀(王笏); 왕권

scheci, ~uri, s.n. 스케치

schel|ă, -e, s.f. **1.** (건축용) 발판 **2.** 빈계, 구각공 **3.** 부두, 잔교 **4.** [고어]항구 **5.** [고어]시장 **6.** ~ (de petrol)

석유산지
schelări|e, ~i, s.f. 발판, 비계
schelet, ~e, s.n. **1.** 해골 **2.** 골격, 뼈대 **3.** 윤곽
scheletic, ~ă, ~i, ~e, adj. 골격의, 뼈대의; 해골같은, 피골이 상접한
schematic, ~ă, ~i, ~e, adj. **1.** 도표의, 도식의 **2.** 간략한
schematism, s.n. **1.** 도식화 (경향) **2.** [철학](칸트의) 도식론
schematiz|a, -ez, -ai, -at, vt. 도식화하다
schem|ă, -e, s.f. **1.** 도표 도식; 계획도
schepsis, s.n. 파악, 이해력
scherzando, adv. [음악]활기있고 경쾌하게
scherzo, s.n. [음악]스케르쪼
scheun|a, scheaun, -ai, -at, vi. 흐느껴울다. 훌쩍 울다
scheunat, s.n. **scheunătur|ă,** -i, s.f. 흐느껴 움, 훌쩍임
schi, ~uri, s.n. **1.** 스키 **2.** 스키 스포츠
schi|a, -ez, -ai, -at, vi. 스키를 타다
schiaun, ~e, s.m. scheunat 참조
schif, ~uri, s.n. (혼자 타는) 경정(輕艇)
schij|ă, -e, s.f. **1.** 유탄 **2.** 주철
schlav, ~ă, ~i, ~e, adj. schilod 참조
schilăv|i, -esc, -ii, -it, vt. schilodi 참조
schil|od, -oadă, -ozi, -oade, adj. 불구자, 팔다리가 잘려진
scbilodi, -esc, -ii, -it, I. vt. 불구가 되게 하다 II. vr. 불구가 되다
schilodi|t, -tă, -ți, -te, adj. 불구가 된
schim|ă, -e, s.f. **1.** 사제의 질서 **2.** 사제의 옷 **3.** 몸짓 **4.** 인상 얼굴의 찡그림
schimb, ~uri, s.n. **1.** 교환; ~ de cuvinte 의논, 토론 **2.** 바꿈; a face ~ 바꾸다 **3.** 일하는 사람 선원 **4.** 교대; ca ~ul 교대하여 **5.** 속옷 **6.** în ~ a) 상쇄하여 b) ... 댓가로
schimb|a, schimb, -ai, -at, I. vt. **1.** 바꾸다 **2.** 교환하다 **3.** 변화시키다 **4.** 변하게하다 **5.** 교대시키다 **6.** a ~ foaia (또는 cântecul, tonul, nota) 태도를 바꾸다; a ~ vorba 대화를 다른 방향으로 가게하다; se schimbă vorba 현 상황을 수정하는 어떤 것이 개입될 때 쓰는 표현 II. vr. **1.** 변하다 **2.** 교환되다 **3.** 옷을 갈아입다
schimb|are, -ări, s.f. 동사 schimba 의 명사형
schimba|t, I. -tă, -ți, -te, adj. **1.** 변경된 **2.** 바꾼 II. -e, s.n. pe ~e a)교환하여 b)교대하여
schimbăt|or, I. -oare, -ori, -oare, adj. 바꾸는, 교환하는 변하는 II. -oare, s.n. ~ de vitează 변속기, 기아; ~ de căldură 열교한 장치
schimnic, ~ă, ~i, ~e, s.m. 그리고 f. 은둔자
schimnic|esc, -ească, -eşti, adj. 은자의, 은둔적인
schimnic|i, -eac, -ii, -it, I. vr. 은둔자가 되다 II. vi. 은둔(자) 생활을 하다
schimnici|e, -i, s.f. 은둔 생활
schimonos|eală, -eli, s.f. **1.** 얼굴 찡그리기(찌푸리기) **2.** 찡그린 모습(행동) **3.** 보기 흉한(왜곡된) 일
schimonos|i, -esc, -ii, -it, I. vt. 꼴

사납게 만들다, 보기 흉하게 하다, 형태를 일그러뜨리다 II. vr. **1.** 얼굴을 찡그리다 **2.** 비틀어지다

schimonosi|t, -tă, -ți, -te, adj **1.** 보기 흉하게 된, 형태가 일그러진 **2.** 비틀어진

schimonositur|ă, -i, s.f. **1.** 얼굴 찌푸림 **2.** 불구

schinduf, s.m. [식물]백리향

schingiu|i, -iesc, -ii, -it, vt. 고문하다, 학대하다 괴롭히다, 고통을 주다

schingiuir|e, -i, s.f. 고문, 학대

schi|or, oare, -ori, -oare, s.m 그리고 f. 스키타는 사람.

schip, ~uri, s.n. 텀프카

schiptr|u, -e, s.n. sceptru 참조

schismatic, ~ă, ~i, ~e, adj. [교회] 이교(異教)하는

schism|ă, -e, s.f. **1.** [종교]교회분리, 이교 **2.** (정치, 예술 따위의) 분열, 분파

schit, ~uri, s.n. 수도원

schiț|a, -ez, -ai, -at, vt. **1.** 스케치하다 **2.** 고안하다 **3.** 윤곽을 잡다 **4.** 예시하다

schiț|ă, -e, s.f. **1.** 스케치 **2.** 고안 **3.** 예시 **4.** 윤곽

schizofrenic, ~ă, ~i, ~e, adj. 정신분열증의

schizofrenie, s.f. 정신분열증

sciatic, ~ă, ~i, ~e, adj. **1.** nerv ~ 좌골신경 **2.** nevralgie ~ ă 좌골 신경통

scientism, s.n. 과학 만능주의.

scienti|st, -stă, -ști, -ste, s.m.f. 과학만능주의자

scind|a, -ez, -ai, -at, vt. 그리고 vr. 세분하다, 분할하다

scind|are, -ări, s.f. 세분, 분할

sci|t, -tă, -ți, -te, I. s.m. 그리고 f. 스키타이인 II. adj. 스키타이의

scizion|a, -ez, -ai, -at, vt. 그리고 vr. 분리하다, 분열시키다

sciziun|e, -i, s.f. 분열, 분리(정당, 집단의)

sclav, ~ă, ~i, ~e, s.m. 그리고 f. 노예

sclavagism, s.n. 노예제도 옹호주의

sclavagi|st, -stă, -şti, ste, adj. 노예제도 주장의

sclavaj, ~e, s.n. **sclavi|e,** -i, s.f. 노예임, 노예상태

sclerodermie, s.f. [의학]경피증

sclerometr|u, -e, s.f. [물리]경도계

sclerotic|ă, -e, s.f. (눈의) 공막

scleroza, -ez, -ai, -at, vt. 경화시키다

scleroză, s.f. [의학]경화증

scleroz|are, -ări, s.f. 경화

scleroza|t, -tă, -ți, -te, adj. 경화된

scleroz|ă, -e, s.f. [의학] 경화증

sclifos|eală, -eli, s.f. 익살

sclifos|i, -esc, -ii, -it, vr. **1.** 이유 없이 울다, 우는체하다 **2.** 익살부리다.

sclipeț, ~i, s.m. [식물]양지꽃 속의 뿌리

sclip|i, -esc, -ii, -it, vi. 반짝이다, 빛나다; 깜박이다; 윤이 나다; a ~ din ochi 눈을 깜박이다

sclipici|os, -oasă, -oşi, -oase, adj. sclipitor 참조

sclipir|e, -i, s.f. 동사 sclipi의 명사형

sclipit|or, -oare, -ori, -oare, adj. 반짝이는, 빛나는

sclipu|i, -iesc, -ii, -it, vt. 조금씩 모

으다; 공급하다
sclivis|i, -esc, -ii, -it, I. vt. 윤이 나게 하다, 미끄럽게 하다 II. vr. 화장하다, 옷치장하다
sclivis|t, -tă, -ţi, -te, adj. **1.** 윤이 나는, 매끄러운 **2.** 옷치장한
scoab|ă, -e, s.f. **1.** 죔쇠, 걸쇠 **2.** 캡슐 **3.** 움푹 팬 곳, 홈
scoarţ|ă, -e, s.f. **1.** 나무껍질; 껍질, 표피; ~ (cerebrală) 뇌피 **2.** 책뚜껑 **3.** 양탄자
scoate, scot, scosei, scos, vt. **1.** 꺼내다; 꺼집어내다; 빼내다 **2.** 내밀다; a ~ limba 혀를 내밀다 **3.** 진열하다, 앞에 놓다 **4.** 내어보이다, 제시하다 **5.** 들어내다 **6.** 가져오다; a ~ la vânzare 팔기위해 내놓다; a ~ la mezat (또는 la licitaţie) 경매에 부치다; a ~ la iveală 나타나게 하다; a ~ din răbdări (또는 din fire, 또는 din tâtâni) 어쩔줄을 모르게하다, 당황하게 하다; a ~ din minţi 제정신을 잃게하다; a ~ la (또는 la pepeni) 누구를 황폐시키다; a ~ nume rău cuiva 누구의 명성을 상하게 하다 **7.** 발표하다 **8.** (din) 도와주다; a ~ din necaz 곤궁에서 빠져나오도록 도와주다; a ~ din iarnă 겨울을 넘기다 **9.** 꺼내다; a ~ sabia 칼을 빼다 **10.** 찢어내다 **11.** 강탈하다 **12.** 퍼내다 **13.** 갖고 오다 **14.** 빼앗아가다, 떼어가다 **15.** 옷을 벗다 **16.** 이끌다 **17.** 쫓다 **18.** 고안하다, 창작하다 **20.** 만들다; l-a scos om 그는 그를 인간으로 만들었다; a ~ fotografii 사진을 찍다 **21.** a ~ apă din piatră seacă 불가능한 것을 만들다; a ~ sufletul cuiva 화나게 하다; a-şi ~ sufletul 매우 지치다; a ~ la pensie 은퇴시키다; a ~ din circulaţie 축출하다; a ~ cuiva peri albi 괴롭히다; a ~ pui 부화하다
scobai, ~, **scobar,** ~i, s.m. 잉어종류
scob|i, -esc, -ii, -it, I. vt. **1.** 구멍을 파다 **2.** 끌로 파다 II. vi. 구멍을 뚫다 III. vr. 쑤시다; a se ~ în nas 코를 쑤시다
scobi|t, I. -tă, -ţi, -te, adj. **1.** 파낸 **2.** 끌로 판 II. s.n. **1.** 우묵하게 팜 **2.** 끌로 팜
scobit|oare, -ori, s.n. 이쑤시개
scobitur|ă, -i, s.f. **1.** 구멍; 움푹 파인 곳 **2.** 잘라낸 틈
scoc, ~uri, s.n. **1.** 고랑 **2.** 홈통 **3.** 산의 목재운반활로
scochin|ă, -i, s.f. **1.** 고랑 **2.** 구멍; 웅덩이
scocior|î, -ăsc, -âi, -ât, I. vi. **1.** 구멍을 파다 **2.** 파헤치다, 뒤지다 II. vt. **1.** 찾다 **2.** 파헤치다 **3.** 파내다 **4.** 찾아내다
scofală, s.f. 유용, 유용한 것
scofâlc|i, -esc, -ii, -it, vr. **1.** 매우 허약해지다; 매우 마르다 **2.** [비유]휘어지다 비틀어지다
scofâlci|t, -tă, -ţi, -te, adj. **1.** 매우 허약해진 **2.** 휘어진
scoic|ă, -i, s.f. **1.** 조개 **2.** 차일
scolastic, ~ă, ~i, ~e, adj. 스콜라 철학의
scolastică, s.f. 스콜라 철학
scolioz|ă, ~e, s.f. [의학]척추 측곡(側曲)
scolopendr|ă, -e, s.f. **1.** [동물]지네 **2.** [식물]골고사리의 일종

sconc|s, -şi, s.m. 스컹크
scont, ~uri, s.n. 할인
scont|a, -ez, -ai, -at, vt. **1.** 할인하다 **2.** 의지하다
sconta|t, -tă, -ţi, -te, adj. **1.** 할인된 **2.** 의지된
scop, ~uri, s.n. 목적; 목표; în ~ul ... 목적으로
scop|i, -esc, -ii, -it, vt. (동물을) 거세하다
scopi|t, -tă, -ţi, -te, adj. 거세된
scopt, scoaptă, scopţi. scoapte, adj. **1.** 삶아진 **2.** 익은 **3.** 건조한 메마른
scor, ~uri, s.n. 득점, 스코어
scorboroşi, -esc, -ii, -it, vt. vr. 구멍이 패이다
scorboroşi|t, -tă, -ţi, -te, adj. 비어 있는
scorbur|ă, -i, s.f. 1구멍 **2.** 동굴
scorbur|os, -oasă, -oşi, -oase, adj. **1.** 구멍이 파인 **2.** 동굴이 많은
scorbut, s.n. [의학]괴혈병
scorbutic, ~a, ~i, ~e, adj. 괴혈병의
scormon|i, -esc, -ii, -it, I. vi. **1.** 찾다, 뒤지다 **2.** 구멍을 뚫다 .파헤치다 II. vt. **1.** 샅샅이 뒤치다, 사방을 파헤치며 찾다 **2.** 구멍을 뚫다, 꿰뚫다 **3.** 파헤집다 **4.** 꺼내다 **5.** 파뒤집다 III. vr. a se ~ în pungă 주머니를 뒤지다
scorn|eală, -eli, s.f. 거짓말
scorn|i, -esc, -ii, -it, I. vt. **1.** 생각해내다, 고안하다, 발명하다 **2.** 꾸며내다, 허구하다 **3.** 몰다 II. vr. 발생하다, 나타나다
scorni|t, -tă, -ţi, -te, adj. 고안해낸, 꾸며낸, 거짓말 같은
scornitur|ă, -i, s.f. 거짓
scoroj|i, -esc, -ii, -it, vr. **1.** (나무, 가죽, 종이 등) 매우 마르다, 표면이 망가지다, 훼손되다 **2.** (주변 환경 때문에) 부풀어서 훼손되다, 손상되다 **3.** 말라서 갈라지다 **4.** (사람)매우 약해지다
scoroji|t, -tă, -ţi, -te, adj. 훼손된, 손상된
scorpi|e, -i, s.f. **1.** 스코르피온, 전갈 **2.** 용 **3.** [별]전갈자리
scorpion, ~i, s.m. 전갈
scorţar, I. ~i, s.m. [조류학]박새과의 새 II. -e, s.n. [방언]양탄자
scorţăre|l, -i, s.n. [조류학]딱따구리; 나무 발바리
scorţisor, ~i, s.m. 계피나무
scorţisoară, s.f. 계피
scorţişori|u, -e, -i, adj 계피색깔의
scorţ|os, -oasă, -oşi, -oase, adj. **1.** 나무껍질로 만든; **2.** 딱딱한 **3.** 거친
scoruş, ~i, s.m. [식물]마가목류; 마가목; ~ de munte 마가목
scoruş|ă, -e, s.f. [식물]마가목 열매
scot|ă, -e, s.f. [해양]범각삭 (돛을 풍향에 맞게 조정하는 밧줄)
scotoc|i, -esc, -ii, -it, vt. vi. vr. 샅샅이 뒤지다
scoţi|an, -ană, -eni, -ene, I. adj. 스코트랜드의 II. s.m. 그리고 f. 스코트랜드인
scov|ardă, -erzi, 그리고 -erze, s.f. 둥글 납작한 과자
scrab|ă, -e, s.f. 슬리퍼, 실내화
scrânciob, ~uri, s.n. **1.** 그네, 시소 **2.** 널
scrânt|eală, -eli, s.f. **1.** 탈구, 삠 **2.** 광기
scrânt|i, -esc, -ii, -it, I. vt. **1.** 관절을 삐다, 탈구시키다 **2.** a o ~ 바보짓을

하다, 실수하다 II. vi. 미치다
scrânti|t, -tă, -ţi, -te, adj. **1.** 관절을 삔, 탈구된 **2.** 미친
scrântit|oare, -ori, s.f. [식물]눈양지꽃
scrântitur|ă, -i, s.f. 관절을 삠, 탈구
scrâşnet, ~e, s.n. 이가는 소리
scrâşn|i, -esc, -ii, -it, vi.이를 갈다; a ~ din dinţi 이를 갈다
scrâşnir|e, -i, s,f. 이를 감
scrâşni|t, I. -tă, -ţi, -te, adj. **1.** 이를 가는 **2.** 이를 악문 II. ~uri, s.n. 이를 감
screm|e, screm, -ui, -ut, vr. **1.** 배설을 하기위해 힘을 쓰다 **2.** [비유]노력하다 힘을 다하다 ; a se ~ să ... 막 하려하다
scremet, ~e s.n. screme 의 명사형
screper, ~e, s.n. 긁어내는 기구
scrib, ~i, s.m. 서기(書記); 필생, 서생
scrie, scriu, scrisei, scris, I. vi. **1.** 쓰다 **2.** 쓰여있다; ~ în carte 책에 쓰여있다 **3.** de cînd scria musca pe perete 옛날에; aşa i-a fost scris 이러한 것이 그의 운명이었다 II. vt. **1.** 쓰다 **2.** 묘사하다 **3.** 적어두다, 기입하다 **4.** 문서로 지시하다 **5.** 등기하다; a ~ ceva pe numele cuiva 누구의 이름으로 등기하다 **6.** 등록하다 **7.** 그리다, 표시하다 **8.** a-i ~ cuiva 누구에게 적당하다, 어울리다
scrier|e, -i, s.f. **1.** 필법; 필적, 서체 **2.** 글자, 문자 **3.** 저작물
scriit|or, -oare, -ori, -oare, s.m. 그리고 f. **1.** 작가 **2.** 서생, 서기
scriitoric|esc, -ească, -eşti, adj. 작가의
scriitur|ă, -i, s.f. **1.** 쓰는 법, 필적, 서체 **2.** 악보법
scrijel|i, -esc, -ii, -it, vt. **1.** 금(틈)을 내다, 할퀴다 **2.** 고랑을 파다
scrijelitur|ă, -i, s.f. 할퀸 상처, 금(틈)
scrimă, s.f. 펜싱
scrin, ~uri, s.n. 서랍장
scripcar, ~i, s.m. 바이올린 연주자
scripc|ă, -i, s.f. **1.** 바이올린 **2.** 바이올린소리, 음악 **3.** 바이올린 연주자의 예술
scripe|te, -ţi, s.n. **1.** 활차, 도르래 **2.** 롤러
scripte, s.f. pl. **1.** 지표, 지수 **2.** 역사서류
scriptic, ~ă, ~i, ~e, adj. **1.** 예산상의 **2.** 서면으로
scriptologie, s.f. 관료제 정치
scriptur|ă, -i, s.f. **1.** 신구약이 포함된 성서 **2.** 문학 학문서적 **3.** 텍스트
scri|s, I. -să, -şi, -se, adj. **1.** 쓰여진 **2.** 묘사된 **3.** 지시된 **4.** 표시된 **5.** ca ~ 동판에 새긴 것처럼; ~ de frumos 그림처럼 아름다운 II. s.n. **1.** 필체, 필기; în ~ 필기로 **2.** 수기, 원고 **3.** 문서 기록
scris|oare, -ori, s.f. **1.** 편지; 증권; ~ de trăsură 선하증권 **2.** 서류, 문서, 원문(본)
scrisor|ică, -ele s.f. scrisoare 의 축소형
scroaf|ă, -e, s.f. **1.** 암퇘지; ~-mistreaţă 야생 암돼지
scroamb|ă, -e, s.f. scrabă 참조
scrob, s.n. [방언]푼 달걀
scrobeală, s.f. 전분(가루)
scrob|i, -esc, -ii, -it, vt. (빨래) 풀을

S

매기다

scrobi|t, -tă, -ți, -te, adj. **1.** 풀을 매긴 **2.** 빳빳한

scroful|ă, -e, s.f. [의학]선병질(腺病質)

scroful|os, -oasă, -oşi, -oase, adj. 선병질의, 선병질에 걸린

scrofuloză, s.f. 선병, 선병질

scrum, s.n. **1.** 재; a se face ~ şi cenuşă 재가 되다; a se alege ~ şi cenuşă de ceva 파괴되다 **2.** 그을음, 검댕

scrumbi|e, -i, s.f. 청어

scrum|i, -esc, -ii, -it, I. vt. 태우다, 재로 변하게하다 II. vr. 재가 되다

scrumier|ă, -e, s.f. 재털이

scrup|os, -oasă, -oşi, -oase, adj. 부서진. 부서지기 쉬운

scrupul, ~e, s.n. **1.** (양심의) 불안, 가책, 의구심; fără ~e 양심없이

scrupul|os, -oasă, -oşi. -oase, adj. **1.** 양심적인 **2.** 꼼꼼한, 지나치게 세심한

scrupulozitate, s.f. **1.** 양심적임 **2.** 꼼꼼함

scrut|a, -ez, -ai, -at, vt. **1.** 탐색하다, 캐내다 **2.** 자세히 검사하다, 유심히 살피다

scrut|are, -ări, s.f. 동사 scruta의 명사형

scrutăt|or, -oare, -ori, -oare, adj. 탐구하는, 검사하는, 살피는

scrutin, ~e, s.n. 투표방법

scuar, ~uri, s.n. (거리의) 작은 공원

scuf|ă, -e, **scufi|e,** -i, s.f. 두건, 테없는 모자; ~ de noapte 잠잘 때 쓰는 잠옷 두건

scufiț|ă, -e, s.f. scufă 의 명사형

scufund|a, scufund, -ai, -at, I. vr. 물속에 잠기다, 잠수하다, 가라앉다 II. vt. 잠수시키다, 가라앉히다

scufunda|t, -tă, -ți, -te, adj. **1.** 잠수한 **2.** 가라앉은

scufundătur|ă, -i, s.f. 잠수, 가라앉음

scuip|a, acuip, -ai, -at, I. vi. 침을 뱉다 II. vt. 누구에게 침을 내뱉다 (경멸)

scuip|are, -ări, s.f. 침 뱉음

scuipa|t, I. -tă, -ți, -te, adj. 침 뱉음 II. s.n. 침, 타액

scuipăt|oare, -ori, s.f. 침 뱉는 통

scul, ~uri, 그리고 ~e, s.n. (머리카락의) 묶음, 다발

scul|a, scol, -ai, -at, I. vt. **1.** 깨우다, 깨게 하다 **2.** 일어나게 하다(아픈 후) **3.** 부추기다; a ~ pe cineva în capul cuiva 누구에 대항해서 일어서게 하다 **4.** 동원하다 II. vr. **1.** 건강해지다, 회복하다 **2.** 일어서다 **3.** 반항하다

scul|are, -ări, s.f. 동사 scula의 명사형

scul|ă, -e, s.f. **1.** 도구 **2.** [고어]보석

sculpt|a, -ez, -ai, -at, I. vt. 새기다; 새겨 파다 II. vi. 조각하다

sculpta|t, I. -tă, -ți, -te, adj. 새긴, 조각된

sculptor, ~i, s.m. 조각가

sculptoriț|ă, -e, s.f. 여 조각가

sculptural, ~ă, ~i, ~e, adj. 조각의, 조각에 관한

sculptur|ă, -i, s.f. 조각; 조각술; 조각물

scump, ~ă, ~i, ~e, adj. **1.** 비싼 **2.** 가치 있는 **3.** 고귀한 **4.** 인색한 **5.** 말없

는; ~ la vorbă 말없는 **6.** a fi ~ la vedere 잘 보이지 않게 하다

scumpăt|ate, -ăți, s.f. **1.** 보물 **2.** cu ~ a)세밀한 b)세심한

scumpet|e, -uri, s.f. **1.** 가격의 급상승; 가격이 오르는 시기 **2.** 가치 있는 물건 **3.** 인색

scump|i, -esc, -ii, -it, I. vt. 비싸게 하다, 비싸게 팔다, (사람에 대해) 비싼 가격을 요구하다 II. vr. **1.** 비싸지다 **2.** 인색해지다

scumpi|e, -i, s.f. [식물] **1.** 옻나무 **2.** [방언]라일락

scumpir|e, -i, s.f. 비싸짐

scun|d, -dă, -zi, -de, adj. **1.** 낮은, 얕은 **2.** 작은

scur|ge, scurg, -sei, -s, I. vt. **1.** 흘러나가게 하다, 새나가게 하다 **2.** 거르다, 여과하다 **3.** 마지막 한 방울까지 비우다 **4.** 건조시키다 **5.** a ~ de bani pe cineva 또는 a ~ banii cuiva 돈을 착취하다 II. vr. **1.** 흐르다 **2.** 새다 스며들다 **3.** 지나가다 **4.** a i se ~ cuiva ochii după ceva 무엇을 갈망하다

scurger|e, -i, s.f. 동사 scurge의 명사형

scurm|a, scurm -ai, -at. I. vt. **1.** (땅을) 파헤치다 **2.** [비유] 탐색하다, 캐내다 II. vi. 파다

scurm|are, -ări, s.f. 동사 scurma의 명사형

scurmătur|ă, -i, s.f. **1.** 파헤침 **2.** 파헤친 구멍(웅덩이)

scur|s, -să, -şi, -se, adj. **1.** 흐른, 새나간 **2.** 비게 된

scurs|oare, -ori, s.f. **1.** 개숫물, 허드렛물, 새는 물 **2.** 누수 **3.** 하수 **4.** 큰물 유수 **5.** 거품 찌끼 **6.** 하상

scur|t, -tă, -ți, -te, adj. **1.** 짧은; vedere ~ă 근시; ~ în picioare 다리가 짧은; (pe) ~ 짧게 말하면; ~ şi cuprinzător 간결하게; ~ la vorbă 퉁명스럽게, 쌀쌀하게; în ~ 또는 în ~ă vreme 곧; a ține de (또는 din) ~ 거칠게 대하다; a trage ~a 실패하다 **2.** 작은 **3.** 갑작스러운, 빠른, 신속한 **4.** a lua de (din) ~ 거칠게 대하다; a avea mână ~ 인색하다

scurt|a, -ez, -ai, -at. I. vt. **1.** 짧게 하다, 축소시키다; a ~ de un cap 머리를 베다 **2.** 줄이다, 단축시키다, 요약하다 **3.** a ~ cuiva limba 입을 막다, 말못하게 하다; a ~ vorba 또는 a o ~ 대충 말하다 II. vr. 짧게되다

scurt|are, -ări, s.f. 동사 scurta의 명사형

scurtătur|ă, -i, s.f. **1.** 곤봉; 몽둥이 **2.** 지름길

scurtcircuit, ~e, s.n. 단락(短絡), 쇼트

scurteic|ă, -i, s.f. 무릎까지 오는 털 외투

scurtime, s.f. 짧음

scut, ~uri, s.n. **1.** 방패 문장 **2.** [비유] 보호

scutec, ~e, s.n. 포대기

scut|i, -esc, -ii, -it, vt. **1.** 면해주다 (임무, 의무) **2.** (de) ...로부터 막아주다, 빠져나오게하다

scutier, ~i, s.m. 시종

scutir|e, -i, s.f. 동사 scuti의 명사형

scuti|t, -tă, -ți, -te, adj. 면한, 해방된; ~ de serviciul militar 병역 의무가 면제된

scutur|a, scutur, -ai, -at, I. vt. **1.** 흔들다; a ~ mâna cuiva 악수하다; **2.**

흔들어 부풀게 하다; a ~ pernele 방석을 흔들어 부풀게 하다 **3.** 흔들어 떨어뜨리다, 털어버리다, 털다; a ~ praful 먼지를 털어버리다 **4.** 털어내다 **5.** a ~ buzunarele (또는 punga) cuiva 또는 a ~ pe cinva de bani 누구의 주머니를 (돈을) 털다 II. vr. **1.** (de ceva) 털어버리다 **2.** 떨어지다; se scutură frunzele 잎들이 떨어지다 III. vi. **1.** 깨끗하게 하다, 청소하다 **2.** (de din) 흔들리다; a ~ din cap 머리가 흔들리다

scutur|are, -ări, s.f. 동사 scutura의 명사형

scutura|t, -tă, -ți, -te, adj. **1.** 털어진, 털어버린, 흔든

scuturăt|oare, -ori, s.f. 먼지 터는 빗자루

scuturăt|or, -oare, s.n. **1.** 섬유에서 순수하지 못한 것을 털어버리는 기계 **2.** 긴 짚을 제거하는 기계

scuturătur|ă, -i, s.f. 털어버림, 흔듬

scuz|a, scuz, -ai, -at, I. vt. 용서하다 II. vr. 사과하다, 사죄하다

scuzabil, ~ă, ~i, ~e, adj. 용서될 수 있는

scuz|ă, -e, s.f. **1.** 용서; 사죄; a-şi cere scuze 용서를 청하다 **2.** 변명

seamă, s.f. de bună ~ 확실히, 의심할 여지없이, 분명히; mai cu ~ 특히; de-o ~ cu mine a) 나와 동배의 b) 나와 같은 사람의; o ~ 몇몇, 약간의; o ~ de vreme 얼마동안, 잠시; peste ~ 과도한, 엄청난; de ~ 중요한, 의미있는; 저명한; fără ~ 많은 수 없는; pe seama (cuiva) a) 누구에게 유익한 b)누구에게 부담이 되는; a-şi da seama 의식하다; a lua seama 또는 a băga de ~ a)주의하다 b)보다, 관찰하다 c)이해하다; a şti (또는 a-şi da) seama 익숙하다, 정통하다; a face seama cuiva 누구를 살해하다; a-şi face seama 자살하다; a da seama 변명하다 해명하다; a cere ~ 답변 해명을 요구하다; a lăsa în (또는 pe) seama cuiva 누구에게 위임하다; a lua în ~ a) 인수하다; 누구에 관심을 보이다 b)주의; 고려하다; a lua pe seama sa 무엇을 맡다, 책임 따위를 지다; a ține seama 고려하다

seamăn, semeni, s.m. **1.** 이웃사람 **2.** 동포 **3.** fără ~ 특별한, 비할바 없는

seară, seri, s.f. 저녁; seara 저녁에; astă ~ 또는 de ~ 오늘 저녁에; de cu ~ 전날 저녁에; către (또는 spre 또는 pe) 저녁 무렵; bună seara 저녁 인사

searbăd, -ă, serbezi, serbede adj. **1.** 케케묵은, 진부한 **2.** 지루한, 단조로운, 하찮은 **3.** 핏기없는

sebace|u, -e, -ei, -e, adj. glandă sebacee 피지선(皮脂腺)

seboree, s.f. [의학]피지루(皮脂漏)

sebum, s.n. (생리) 피지(선분비물)

sec, I. seacă seci, adj. **1.** 메마른, 마른 **2.** 건조한 **3.** 가뭄의; 황폐한, 불모의 **4.** 고갈된, 시들어죽은 **5.** 달지 않은 **6.** 벌거벗은 **7.** 비어있는 **8.** 허무한, 덧없는 **9.** 어리석은; în ~ 헛되이; a munci în ~ 그는 결코 성공하지 못한다; de ~ 단식의; a scoate din piatră seacă 불가능한 것을 만들다(하다)

sec|a, sec, -ai, -at, I. vt. **1.** 마르게 하

다 건조시키다 **2.** 고갈시키다 **3.** 죽도록 괴롭히다 II. vi. **1.** 마르다, 고갈하다 **2.** 시들다, 메마르다 **3.** 사멸하다

secantǀă, -e, s.f. [수학]세칸트

secară, s.f. 호밀

secǀare, -ări, s.f. 동사 seca의 명사형

secaǀt, -tă, -ți, -te, adj. 매마른, 고갈된, 시든

secăciunǀe, -i, s.f. 말라있음, 건조, 불모

secărică, s.f. **1.** [식물]카룸(회향풀의 일종) **2.** 카룸 열매; 카룸열매가 든 소주

secătuǀi, -iesc, -ii, -it, vt. **1.** 고갈시키다 **2.** (돈. 힘) 탕진 시키다

secăturǀă, -i, s.f. **1.** 쓸모없고 경박한 사람 **2.** 가치 없는 몸짓

secerǀa, secer, -ai, -at I. vt. **1.** 베다 **2.** [비유] 마구쓰러뜨리다 II. vi. **1.** 수확하다 거두어(베어)들이다 **2.** 날뛰다

secerǀă, -i, s.f. **1.** 낫 **2.** 벰, 베어들임

secerătǀoare, -ori, s.f. 풀베는 기계

secerător, -oare, -ori, -oare, s.m. 그리고 f. 풀 베는 사람

seceriş, s.n. **1.** 풀을 벰; 풀을 베는 시기 **2.** 수확

secesiune, s.f.; războiul de ~ 분리전쟁

secetă, s.f. 한발, 메마름, 불모, 가뭄

secetǀos, -oasă, -oşi, -oase, adj. 메마른, 건조한

sechestrǀa, -ez, -ai, -at, vt. 압류하다, 강제보관하다

sechestrǀare, -ări, s.f. 압류

sechetrǀu, -e, s.n. 압류

secol, ~e, s.n. 그리고 ~i, s.m. **1.** 세기 **2.** 시대

secreǀt, I. -tă, -ți, -te, adj. **1.** 비밀의, 기밀의 **2.** 숨기는 II. -e, s.n. **1.** 비밀, 기밀 **2.** 비결, 요결

secretǀa, -ez, -ai, -at, vt. 분비하다(생리)

secretar, ~i, s.m. **1.** 비서, 서기; 간사 **2.** (회의에서 선출되어 의장보좌와 기록을 맡은)서기, (국회 따위의) 사무처장 **3.** (장을 보좌하는) 문서담당비서

secretariat, ~e, s.n. **1.** 비서(서기)직 **2.** 사무국, 비서실

secretǀor, -oare, -ori, -oare, adj. 분비하는, 분비를 돕는

secrețiǀe, -i, s.f. 분비(작용); 분비물

sectanǀt, -tă, -ți, -te, s.m. 그리고 f. 어떤 종파의 신도

sectar, I. ~ă, ~i, ~e, adj. 광신적인, 과격한 II. s.m. **1.** 광신자, 광신적인 신봉자 **2.** 종파심이 강한 사람

sectǀă, -e, s.f. **1.** 파, 종파, 분파, 유파

sectǀor, -oare, s.n. **1.** [기하]부채꼴 **2.** 구역, 지구 **3.** 분야

secțiǀe, -i, s.f. **1.** 구간; (행정부상의) 부, 과 **2.** 소대

secționǀa, -ez, -ai, -at, vt. **1.** 구분(분할)하다 **2.** 자르다, 절단하다

secțiunǀe, -i, s.f. 자름, 절단; 잘린 곳; (책의) 절, 단

secui, ~ s.m. 스제클러인 (항가리인과 가깝고 터어키어를 쓰는종족)

secuiǀesc, -ască, -eşti, adj. 스제클러인의

secular, ~ă, ~i, ~e, adj. **1.** 백년의, 1세기의 **2.** 매우 오래된

secularizǀa, -ez, -ai, -at, vt. (교회의

재물, 성직자)를 세속으로 돌리다, 환속시키다

secun|d, -ă, -zi, -de, 서수 **1.** 두번째의, 제2의, 제2차의 **2.** [음악]제2(저음)부

secund|a, -ez, -ai, -at, **1.** 보좌하다, 지원하다; (에게) 도움을 주다 II. vi. [음악]반주하다

secundan|t, -ți, s.m. **1.** 입회인(전투의) **2.** 원조자, 보호자

secundar I. ~ă, ~i, ~e, adj. **1.** 제2(차)의; infecție ~ă 2차 감염; școală ~ă 중등학교 **2.** 부차적인, 종속적인 II. s.n. 초를 가리키는 바늘(시계에서); 초침

secund|ă, -e, s.f. **1.** 초 **2.** 순간; o ~ ! 잠깐!

secur|e, -i, s.f. 도끼

securi|t, -ți, s.m. 안전유리

securitate, s.f. **1.** 안전, 안정; 안보; consiliul de securitate, 안전보장이사회 **2.** 안기부, 중앙정보국(의 요원)

sedativ, I. ~ă, ~i, ~e, adj. 진통의, 진정의 II. pl. ~e, 진통제, 진정제

sedentar, ~ă, ~i, ~e, adj. 늘 앉아있는, 한자리에만 눌러있는; 외출하지 않는, 집에만 틀어박혀있는; viață, ~ă 한곳에서 움직이지 않는 생활

sedil|ă, -e, s.f. 다른 소리라고 표시하기 위해 자음 밑에 붙이는 표시

sediment, ~e, s.n. [지질](모래, 진흙 따위) 침전물

sediment|a, -ez, -ai, -at, vr. 침전되다

sedimentar, ~ă, ~i, ~e, adj. 침전성의

sediment|are, -ări, s.f. 침전

sedițí|os, -oasă, -oși, -oase, adj. 반란(폭동)을 일으키는; 반란을 도발하는

sedi|u, -i, s.n. 행정기관이 있는 장소(건물)

seducăt|or, I. -oare, -ori, -oare, adj. 유혹하는, 꾀는 II. s.m. 유혹하는 자

se|duce, -duc, -dusei, -dus, vt. **1.** 유혹하다, 꾀다 **2.** 매혹하다, 사로잡다

seducți|e, -i, s.f. **1.** 유혹, 꾐 **2.** 유혹하는 힘; (욕정을 끄는) 매력

segmen|t, I. -ți, s.m. 피스톤 링 II. -te, s.n. (3분된)부분; ~ de cerc (원을 자fms)궁형, 활꼴

segment|a, -ez, -ai, -at, vt. 분할하다

segreg|are, -ări, s.f. 분리

segregați|e, -i, s.f. 분리

seif, ~uri, s.n. 금고

seim, ~uri, s.n. 폴랜드 지방의회

sein, ~ă, ~i, ~e, adj. (모에 대해) 밝은 회색의

seismic, ~ă, ~i, ~e, adj. 지진의

seismograf, ~e, s.n. 지진계

seismogram|ă, s.f. 지진기상 (지진계에 기록된 진동도)

selb|ă, -e, s.f. 어린 숲

selec|t, -tă, -ți, -te, adj. 추려진, 알짜의

select|a, -ez, -ai, -at, I. vt. 고르다 추리다, 선택하다 II. vi. 전파를 분리하다

selectiv, ~ă, ~i, ~e, adj. 선택하는, 선택적인; (무전) 분리하는

selectivitate, s.f. **1.** [물리]선택도 **2.** [전기]선택성

select|or, -oare, s.n. 셀렉터
selecți|e, -i, s.f. 선택, 선별, 선발
selecțion|a, -ez, -ai, -at, vt. 선택(선출, 선발)하다; 선별하다
selecțion|are, -ări, s.f. 선발, 선출, 선택
selemet, s.n. a scoate pe cineva la ~ 누구를 영락시키다
seleni|t, -ți, s.m. **1.** 셀레나이트, 투명석고 **2.** 달세계의 사람
seleniu, s.m. 셀렌, 셀레늄
selfact|or, -oare, s.n. 목면 제조에서 쓰는 자동식 방적 기계
self-service, s.n. 셀프 서비스 식당(상점)
semaf|or, -oare, s.n. **1.** [철도]신호기, 시그날 **2.** (해안의)신호기(소) **3.** 신호등
semantic, ~ă, ~i, ~e, adj. 의미(론)의
semantică, s.f. 의미론
semasiologie, s.f. 어의학, 의미론
semăn|a, I. semăn, -ai, -at, vt. **1.** 씨를 뿌리다 **2.** 퍼트리다 II. semăn 그리고 seamăn vi. **1.** 닮다 (전치사는 cu) **2.** 보이다, 생각되다
semănare, s.f. **1.** 씨뿌림 **2.** 닮음
semănat, s.n. 씨뿌림
semănăt|oare, -ori, s.f. 씨뿌리는 기계
semănător, ~i, s.m. 씨뿌리는 사람
semănătur|ă, -i, s.f. **1.** 씨뿌리기, 파종 **2.** 파종된 논밭
semestrial, ~ă, ~i, ~e, adj. 6개월마다의; 6개월간의
semestr|u, -e, s.n. 6개월, 반년 **2.** (6개월간의) 학기
sem|eț, -eață, -eți, -ețe, adj. **1.** 자부심이 강한 **2.** 교만한 **3.** 대담한
semeț|i, -esc, -ii, -it, vr. **1.** 뻐기다, 자랑하다 **2.** 감히 하다, 대담하게 하다
semeție, s.f. **1.** 자부심 **2.** 교만 **3.** 대담함
semiautoma|t, -tă, -ți, -te, adj. 반자동의
semicerc, ~uri, s.n. 반원
semicolonial, ~ă, ~i, ~e, adj. 준 식민지의
semiconsoan|ă, -e, s.f. 반자음
semidoc|t, -tă, -ți, -te, adj. 파상적이고 적은 지식을 가진
semifabricat, ~e, s.n. 반제품
semifinal|ă, -e, s.f. 준결승
semiflui|d, -dă, -zi, -de, adj. 반유동성의
semiîntuneric, s.n. 어스름
semilun|ă, -i, s.f. 반달
seminar, ~e, 그리고 -ii, s.n. **1.** 세미나 **2.** 신학교
seminari|st, -şti, s.m. 신학생
semincer, ~i, s.m. 모수(종자를 얻기 위한 나무)
seminți|e, -i, s.f. **1.** 종족, 민족 **2.** 후손 **3.** (동물의)종
semințiş, ~uri, s.n. 자연적으로 씨가 뿌려진 곳
semiobscuritate, s.f. 어스름
semiologie, semiotică, s.f. 기호학
semi|t, -tă, -ți, -te, I. adj. 유태인의 II. s.m. 그리고 f. 유태인
semitologie, s.f. 셈어학
semiton, ~uri, s.n. 반음
semivocal|ă, -e, s.f. 반모음
semize|u, -i, s.m. 반신(半神)

semn, ~e, s.n. **1.** 표시, 표, 표징, 부호; ~ de carte 서표; ~ de punctuație 마침표, 구두점; ~ ele citării 따옴표; ~ul exclamării 감탄 부호; a da ~ de viață a)소식을 주다(살아있다고 하는) b)소식을 듣다 **2.** 신호; a face ~ cu mâna 손으로 신호하다 **3.** 징조, 징후 **4.** 증거; ca (또는 în) ~증거로 **5.** 기호 **6.** 낙인, 화인 **7.** 좌(座) **8.** 표적

semn|a, -ez, -ai -at, vt. 싸인하다, 서명하다

semnal, ~e, s.n. **1.** 신호; ~ de alarmă, 경고신호 **2.** 계기, 개시(의 신호) **3.** a da ~ul 신호를 주다

semnal|a, -ez, -ai, -at, vt. 신호를 알리다

semnaliz|a, -ez, -ai, -at, vt. 표지를 하다; 신호하다; 주의를 주다

semnaliz|are, -ări, s.f. semnaliza의 명사형

semnalment, ~e, s.n. (범죄자, 유실물 따위의)특징, (인상착의) 기록

semnatar, ~i, s.m. 서명자, 조인자

semnătur|ă, -i, s.f. 서명

semnificativ, ~ă, ~i, ~e, adj. **1.** 뜻을 나타내는 **2.** 무엇을 표현하는, 암시하는 **3.** 의미있는; 주요한

semnificație, -i, s.f. **1.** 의미, 뜻 **2.** 의의

senat, ~e, s.n. 상원

senator, ~i, s.m. 상원위원

senă, s.f. 센나의 잎 (완화제)

senil, ~ă, ~i, ~e, adj. 노년의, 노인의, 늙음에 의한

senilitate, s.f. 노쇠

senin, I. ~ă, ~i, ~e, adj. **1.** (하늘에 대해 그리고 비유로) 맑은, 청명한, 조용한 II. s.n. 하늘색

seninătate, s.f. **1.** 하늘색 **2.** 평온

senior¹, adj. 손위의

senior², adj. ~i, s.m. [스포츠]시니어

sens, ~uri, s.n. **1.** 의의, 목적; fără ~ 무의미한 **2.** 의미, 뜻 의의 **3.** 방향; stradă cu ~ unic 일방통행

sensibil, ~ă, ~i, ~e, adj. **1.** 감수성이 날카로운, 민감한 **2.** 느낄 수 있는, 감지될 수 있는

sensibilit|ate, -ăți, s.f. **1.** 감수성, 감성, 민감성 **2.** 감도; [사진]감광도

sensibiliz|a, -ez, -ai, -at, vt. 민감(예민)하게하다; [사진]감도를 높이다

sentenți|os, -oasă, -oși, -oase, adj. **1.** 격언조의, 격언을 좋아하는 **2.** 점잔빼는 (어조 따위가); 과장된

sentiment, ~e, s.n. **1.** 느낌, 감각, 지각; 의식, 자각 **2.** 감정; 감명; 감상

sentimental, ~ă, ~i, ~e, adj. 감정적인, 감상적인

setimentalism, s.n. 감상적인 태도(경향), 감상적임, 센티멘탈리즘

sentinț|ă, -e, s.f. **1.** 격언, 금언 **2.** (재판관의) 판결; (심판관의) 판정

senzați|e, -i, s.f. **1.** 느낌, 감각, 인상; 기분 **2.** 감동, 센세이션; de ~ 감동을 주는 이목을 끄는; a face ~ 센세이션을 일으키다

senzațional, ~ă, ~i, ~e, adj. **1.** 감동을 주는; 이목을 끄는, 센세이션날한

senzitiv, ~ă, ~i, ~e, adj. 감각의; 감각력이 있는; 예민한

senzorial, ~ă, ~i, ~e, adj. 감각의; 감각 기관의

senzual, ~ă, ~i, ~e, adj. **1.** 관능적인, 육감적인; 육욕에 빠진 **2.** 감각의, 감각적인

senzualism, s.n. 관능주의; 관능적인 인생관

senzualit|ate, -ăți, 관능성; 육감(성); 관능적 쾌락

sepal|ă, -e, s.f. [식물]악편

separ|a, separ, -ai, -at, vt. **1.** 떼어놓다, 분리하다 **2.** 가르다, 쪼개다, 분할하다 **3.** 멀리하다; 헤어지게하다, 이별시키다

separabil, ~ă, ~i, ~e, adj. 갈라놓을 수 있는, 분리할 수 있는

separ|are, -ări, s.f. 분리

separa|t, -tă, -ți, -te, adj. 분리된

separatism, s.n. [정치, 종교]분리주의

separati|st, -stă, -şti, -ste, s.m. 그리고 f. 분리주의자

separat|or, -oare, s.n. 분리기, 분리장치

separați|e, -i, s.f. **1.** 분리, 격리 **2.** 갈라섬, 이별, 결별

separeu, ~ri, s.n. 별실

sepia, s.f. 오징어의 먹물; 세피아(오징어의 먹물로 만든 갈색의 그림물감)

sepi|e, -i, s.f. [동물]오징어

septembrie, s.m. 9월

septentrional, ~ă, ~i, ~e, adj. 북쪽의

septic, ~ă, ~i, ~e, adj. 부패성의; 세균감염성의

septicemi|e, -i, s.f. [의학]패혈증

septuagenar, ~ă, ~i, ~e, s.m. 그리고 f. 70세의 노인

sepulcral, ~ă, ~i, ~e, adj. 무덤의; 무덤에서 나온 듯한, 음울한

ser, ~uri, s.n. [의학]혈청

serafic, ~ă, ~i, ~e, adjl 세라핀의; 천사같은; 청순한

serafim, ~i, s.m. 세라핀, 9계급중 최고의 천사

serafini|c, -că, -ci, -ce, adj. serafic 참조

serai, ~uri, s.n. 터어키 황재의 궁전

seral, ~ă, ~i, ~e, adj. 저녁의

serat|ă, -e, s.f. 음악이나 문학 성격의 모임(저녁의)

ser|ă, -e, s.f. 비닐 하우스, 온실

serb|a, -ez, -ai, -at, vt.기념하다; [비유]칭송하다

serb|are, -ări, s.f. 기념, 축제

serdar, ~i, s.m. [역사]총사령관

serenad|ă, -e, s.f. 세레나데

sergen|t, -ți, s.m. [군사]중사; 하사

seri|a -ez, -ai, -at, vt. 계열별로 나누다, 배열하다

sericicult|or, -oare, -ori, -oare, s.m. 그리고 f. 양잠가

sericicultură, s.f. 양잠

seri|e, -i, s.f. **1.** 일련, 연속 **2.** 일련의 규격품 **3.** 시리즈, 총서; 한 벌 세트 **4.** 계열; de ~ 일련으로; în ~ 대량으로

sering|ă, -i, s.f. 분무기; 주입기

serios, I, -oasă, -oşi, -oase, adj. **1.** 신중한, 근엄한; 믿음직한; 성실한, 진지한 **2.** 착실한, 꼼꼼한; 부지런한, 근면한 **3.** 중한, 중대한 II. s.n. a lua în ~ 참말로 받아들이다 III. adv. 진지하게 신중하게

seriozitate, s.f. 진지한 태도; 신중함, 착실함; cu ~ 진지하게

serj, s.n. (직물)사아지; 세루

serologic, ~ă, ~i, ~e, adj. 혈청학의
serologie, s.f. 혈청학
ser|os, -oasă, -oşi, -oase, adj. [의학]장액성의; 장액을 분비하는
seroterapie, s.f. [의학]혈청요법
serpentin, s.n. [광물]사분암
serpentin|ă, -e, s.f. **1.** 색종이 테이프 **2.** (증류기 따위의) 나선관, 사관, 선륜
sertar, ~e, s.n. 서랍
serv, ~i, s.m. **1.** 부역농부 **2.** 노예 **3.** [고어]하인
servaj, s.n. **1.** 농노의 신분 **2.** 굴종, 예속
servan|t, -ţi, s.m. [군사]포수
servant|ă, -e, s.f. **1.** 부(副)식탁 **2.** 시종
serv|i, -esc, -ii, -it, I. vi. **1.** ...에 쓸모 있다, 소용되다, ...에 쓰이다 **2.** 누구에게 시중들다, 누구를 돌보아주다 **3.** 봉사(헌신)하다 II. vt. **1.** 모시다, 섬기다 **2.** 식사 시중들다 **3.** 공을 서브하다 III. vr. **1.** 무엇을 이용하다, 쓰다 **2.** 손수접시에 음식을 덜다
serviabil, ~ă, ~i, ~e, adj. 남의 일 보기 좋아하는, 도와주는
serviabilitate, s.f. 도와줄 수 있는
servici|u, -i, s.n.. **1.** 섬기기, 모시기; 시중들기 **2.** 근무; ~ militar 군사(병역) 근무; de ~ 근무 중인 **3.** 봉사 **4.** 서브
serviet|ă, -e, s.f. 서류가방, 책가방
servil, ~ă, ~i, ~e, adj. **1.** 노예의; 노예같은, 천한, 비굴한 **2.** (번역) 원문에 너무 구애된
servi|ism, s.n. 사대주의, 노예근성
servit|or, -oare, -ori, -oare, s.m. 그리고 f. **1.** 종, 하인, 머슴 **2.** 봉사자
servitut|e, -ţi, s.f. 굴종, 순종; 종속상태
servus, interj. [가족]인사
sesiun|e, -i, s.f. 개회기간, 회기
sesiz|a, -ez, -ai, -at, vt. **1.** 파악하다, 이해하다, 알아듣다 **2.** 제기(제소)하다
sestert, ~i, s.m. 고대로마의 은화
set, ~uri, s.m. (정구, 탁구) 세트, 회전
sete, s.f. **1.** 갈증, 목마름; mi-e ~ 나는 목마르다 **2.** 욕구, 갈망; cu ~ 열정적으로; 힘으로
set|os, -oasă, -oşi, -oase, adj. **1.** 목마른 **2.** [비유]열망하는, 탐욕하는
seu, s.n. 수지, 경지; 지방; a trăi din ~l său 자신의 힘으로만 살다
sevă, s.f. **1.** 진 수액 **2.** 정기, 활기; cu ~ 힘있게
sever, ~ă, ~i, ~e, adj. **1.** 엄한, 엄격한; 준엄한; 가혹한 **2.** 혹독한, 막심한 **3.** 검소한
severitate, s.f. **1.** 엄함, 엄격, 준엄; 엄중함 **2.** 가혹함, 치열함
sex, ~e, s.n. 성(性); sexul tare (또는 viril) 남성; sexul slab (또는 frumos) 여성
sexagenar, ~ă, ~i, ~e, s.m. 그리고 f. 예순살 노인
sextan|t, -ţi, s.m. (天) 6분의(儀)
sext|ă, -e, s.f. [음악]6도(음정)
sextet, ~e, s.n. 6중창 (중주) 단
sexual, ~ă, ~i, ~e, adj. 성의, 성에 관한; 성적인; 성욕의
sez|on, -oane, s.n. .**1.** 계절; 철 **2.** 시기;철, 때 **3.** 시이즌, (적절한)시기
sezonier, ~ă, ~i, ~e, adj. 계절의, 계절에 따른

sfadă, sfezi, s.f. 다툼; 갈등
sfanț, ~i s.m. 오스트리아의 구 은화
sfarog, s.n. 말라버린 물건
sfarog|i, -esc, -ii -it, vr. 말라버리다
sfarogi|t, -tă, -ți, -te adj. 말라버린
sfat, ~uri, s.n. **1.** 충고, 조언 **2.** 회의, 협의회 **3.** 협의, 상의
sfădăli|e, -i, s.f. 싸움, 다툼
sfăd|i, -esc, -ii, -it, I. vr. 다투다, 싸움하다 II. vt. 꾸짖다 질책하다
sfănțu|i, -esc, -ii, -it, vt. **1.** 매수하다 **2.** 사기하다, 돈을 털다
sfănțuit|or, -oare, -ori, -oare s.m. 그리고 f. 사기꾼, 공갈협박자
sfărâma, sfărâm, -ai, -at, I. vt. **1.** 부수다, 깨뜨리다, 조각나다 **2.** [비유] 파괴하다 **3.** 살해하다, 죽이다 II. vr. **1.** 부수어지다, 조각나다 **2.** 괴로워하다
sfărâm|are, -ări, s.f. sfărâma의 명사형
sfărâmătu|ră, -ri, s.f. 조각으로 부서진 물건, 파편, 조각
sfărmici|os, -oasă, -oşi, -oase, adj. 쉽게 부서지는, 쉽게 조각나는
sfăt|os, -oasă, -oşi, -oase, adj. 말하기 좋아하는; 말을 잘 하는
sfătoşeni|e, -i, s.f. 말을 잘함, 말하기 좋아함
sfătu|i, -iese, -ii, -it, I. vt. 충고하다, 조언하다 II. vr. 상의하다, 협의하다 III. vi. 잡담하다, 이야기하다
sfătuir|e, -i, s.f. **1.** 충고, 조언 **2.** 상의
sfătuit|or, -oare, -ori, -oare, s.m. 그리고 f. 조언자
sfânt, sfântă, sfinți, sfinte, I. adj. **1.** 성스런; 신성한, 거룩한 **2.** 존경할 만한, 고귀한, 엄숙한 **3.** [가족]유익한, 치료에 효력이 있는 II. s.m. 그리고 f. **1.** 성도, 성인 **2.** a-i ieşi (cuiva) un sfânt din gură 올바른 말을 하다, 옳게 말하다; a sta (ca un) ~ 움직이지 않다; (아이들) 점잖다; a-l fura (pe cineva) sfinții 자다; 죽다
sfâr, interj. 빠르게 움직이다 돌때 나는 소리
sfârc, ~uri, s.n. **1.** 한 기관의 부드럽고 탄력있는 끝 **2.** (동물꼬리, 채찍의) 끝
sfârâ|i, sfârâi, -ii, -it, vi. **1.** 움직임의 속도 때문에 가볍고 특징적인 소리를 내다; 빠르게 움직이다; a-i sfârâi cuiva inima 괴로워하다; a-i sfârâi cuiva călcâiele (după cineva) 매우 사랑받다; a-i sfârâi călcâiele 매우 빠르게 도망치다 **2.** 기름이 끓을 때 (탈 때) 나는 소리를 내다 **3.** 빠른 날개 짓으로 날아가다; 곤충이 찌르륵 거리다
sfârâit, s.n. 동사 sfârâi의 소리
sfârâit|or, I. -oare, -ori, -oare, adj. 동사 sfârâi의 소리의
sfârl|ă, -e, s.f. 손가락으로 코끝을 튀기기
sfârl|ează -eze, s.f. 팽이; 풍신기(바람의 방향을 가리키는 금속판)
sfârloag|ă, -e, s.f. 조악한 신
sfârnar, ~i, s.m. 상인
sfârş|eală -eli, s.f. 기절
sfârş|i, -esc, -ii, -it, I. vt. **1.** 끝내다, 끝마치다, 완수하다 **2.** 중단하다 II. vi. 그리고 vr. 끝나다 III. vi. 결말을 짓다, 종결하다 IV. vr. **1.** 끝나가다 **2.** 죽다 **3.** 사라지다
sfârşi|t, I. -tă, -ți, -te, adj. 약한, 어

지러운, 기절한 II. ~uri, s.n. **1.** 끝, 종결, 마침; fără ~ 끝없는; în ~ 끝으로, 마침내; pe ~e, 거의 끝난; a fi pe ~e 기울다; a-şi da ~ul 죽다 **3.** 목표

sfârtic|a, sfârtic, -ai, -at, vt. 찢다

sfârtica|t, -tă, -ţi, -te, adj. 찢어진, 찢긴

sfâşi|a, sfâşii, -ai, -at, vt. 찢다

sfâşiet|or, -oare, -ori, -oare, adj. 찢는; 매우 슬픈

sfecl|ă, -e, s.f. **1.** 무우; ~ de zahăr 사탕무우 **2.** 사탕무우

sfecl|i, -esc, -ii, -it, vt. a o ~ a)곤궁에 처해있다, b) 실수하다

sfenoid, ~e, s.n. [해부]접형골

sfer|ă, -e, s.f. **1.** 구(球); [기하]구체, 구면, 구형 **2.** 범위, 한계, 영역

sferic, ~ă, ~i, ~e, adj. **1.** 구형의, 공 모양의 **2.** 구(면)의, 구체의

sfert, ~uri, s.n. 4분의 1; un ~ de ceas

sfeşnic, ~e, s.n. 촛대, 샹들리에

sfeteri|seală, -seli, s.f. 갈취, 빼앗음

sfeteris|i, -esc, -ii, -it, vt. 갈취하다, 빼앗다

sfetnic, ~i, s.m. **1.** [고어]충고 **2.** 충고자, 조언자

sfi|ală -eli, s.f. 부끄러움, 수줍음, 소심

sfid|a, -ez, -ai, -at, vt. 적대시하다, 대들다

sfid|are, -ări, s.f. 대듬, 적대시함

sfidăt|or, -oare, -ori, -oare, adj. 대드는, 적대시하는

sfi|i, -esc, -ii, -it, vr. 주저하다, 수줍어하다, 부끄러워하다, 두려워하다, 겁먹다

sfiici|os, -oasă, -oşi, -oase, adj. sfios 참조

sfincter, ~e, s.n. [해부]괄약근

sfinţenie, s.f. **1.** 성스러움, 신성, 성덕 **2.** 신앙심, 경건; cu ~ a)경견하게 b)양심적으로

sfinţ|i, -esc, -ii, -it, vt. **1.** 신성하게 하다, 축성하다 **2.** 성직에 임명하다 **3.** 봉헌하다 **4.** (별)지다

sfinţi|e, -i, s.f. 신성, 충성, 봉헌

sfinţi|t, I. -tă, -ţi, -te, adj. 축성된 봉헌된, 성직에 임명된 II. s.n. [속어] 별이 짐

sfin|x, -cşi, s.m. [그리고 비유]스핑크스

sfi|os, -oasă, -oşi, -oase, adj. 수줍은, 부끄러워하는, 소심한

sfoară, sfori, s.f. **1.** 끈, 줄, 매는 줄 **2.** a trage pe ~ 누구를 속이다; a întinde sfoara (prea mult) 극도로 추진하다; a trage sforile 뒤에 조종하다; a da ~ în ţară 소식을 알리다 **3.** 토지를 재는 옛 척도 **4.** [스포츠](댄스에서) 두 다리를 벌리고 앉는 연기

sfor, s.n. ~ul apei 물살

sforar, ~i, s.m. **1.** 끈을 만드는 사람 **2.** 모사꾼

sforă|i, sforăi, -ii, -it, vt. **1.** 코를 골다 **2.** 콧숨 쉬다, 헐떡이다

sforăi|ală, -eli, s.f. **sforăit** s.n. 코를 곰, 콧숨 쉼

sforăit|or, -oare, -ori, -oare, adj. **1.** 코를 고는; 헐떡이는 **2.** 교만한, 오만한

sforări|e, -i, s.f. 모함

sforţ|a, -ez, -ai, -at, vr. 애쓰다, 노력하다

sforț|are, -ări, s.f. 노력, 애씀
sforzando, adv. [음악]강음으로, 갑자기 강하게
sfredel, ~e, s.n. **1.** 송곳 **2.** [별]마부좌
sfredel|i, -esc, -ii, -it, I. vt. 그리고 vi. 구멍을 뚫다 II. vt. [그리고 비유](시선, 아픔, 감정) 꿰뚫다, 찌르다 III. vr. 나사모양으로 움직이다
sfredelit|or, -oare, -ori, -oare, adj. **1.** 꿰뚫는 **2.** 날카로운 찌르는
sfredeluş, ~i, s.m. **1.** [조류]굴뚝새 **2.** 요마, 요괴
sfrij|i, -esc, -ii, -it, vr. 약해지다, 오그라들다; 마르다
sfriji|t, -tă, -ți, -te, adj. 약해진, 오그라든; 마른
sfrunta|t, -tă, -ți, -te adj. 뻔뻔스러운, 부끄럼없는
shop, ~uri, s.n. 상점, 숍
si, s.m. [음악]시; 장음계의 제7음
siaj, ~e, s.n. [해양](배의) 항적(航跡)
siamez, ~ă, ~i, ~e, I. adj. 타이의 II. s.m. 그리고 f. 타이인
sibari|t, -tă. -ți, -te, s.m. 그리고 f. 시바리스사람 (이탈리아 남부에 있던 기원전 510년에 멸망한 그리스 도시)
siberi|an, -ană, -eni, -ene, I. adj. 시베리아의 II. s.m. 그리고 f. 시베리아 사람
sibiaş, ~e, s.n. (구두에 사용하는) 두터운 실
sibilan|t, -tă, -ți, -te adj. **1.** 휘파람소리 같은 **2.** [언어]치찰음의
sibil|ă -e, s.f. 무녀, 무당; 여자 점장이
sibilic, ~ă, ~i, ~e, adj. 무당의; 예언(자)적인
sic, adv. 이대로, 원문대로 (인용문 또는 진기한 말 뒤에 삽입하여 '원문대로' 임을 나타내는 말)
sicativ, I. ~ă, ~i, ~e, adj. 건조시키는 II. s.n. 건조제
sic|ă, -i, s.f. [식물]갯솔
sicomor, ~i, s.m. [식물]단풍나무의 일종
sicri|u, -e, s.n. **1.** 관 **2.** 상자; 궤짝 **3.** 장농
sictir, interj. hai ~ 나가! 꺼져!
sictir|i, -esc, -ii, -it, vt. 누구를 욕하면서 쫓아내다
sidef, s.n. 진주모
sidefa|t, -tă, -ți, -te adj. 진주모의(같은)
sideral, ~ă, ~i, ~e, adj. [천문]항성의; an ~ 항성년
siderit, s.n. 자철, 천연자석
sideroz|ă, -e, s.f. **1.** 능철광 **2.** [의학]철 침착증, 철분 흡입병
siderurgie, s.f. **1.** 철공술 **2.** 제철술
siest|ă, -e, s.f. 점심후의 휴식, 낮잠, 오수
sieşi, pron. refl. pers.3, 여격 강조형태 재귀대명사
sifilis, s.n. [의학]매독
siflan|t, -tă, -ți, -te, adj. **1.** 휘파람 소리를 내는; 휙휙 소리를 내는 **2.** [언어]치찰음의
sifli|e, -i, s.f. [해양]호각, 기적
sif|on, -oane, s.n. **1.** [물리]사이펀, 흡수기 **2.** 트랩(하수관의) **3.** 사이펀병, 탄산수병 **4.** [동물]수관
sifonofor, ~e, s.n. [동물]관수모류(管水母類)
sigil|a, -ez, -ai, -at, vi. 도장을 찍다,

봉인하다

sigial|t, -tă, -ți, -te, adj. 봉인된

sigili|u, -i, s.m 도장, 타인; 압인, 인장

sigl|ă, -e, s.f. 약자의 첫글자

signal, ~e, s.n. **1.** 신호, 신호소리 **2.** 신호기

signatur|ă, -i, s.f. 서명, 사인, 날인

sigur, I. ~ă. ~i, ~e, adj. **1.** 확실한, 의심할 여지없이 명백한 **2.** 확신하는 **3.** 믿을만한, 신뢰할 수 있는 **4.** 안전한 **5.** ~ de sine 자각이 있는; a merge la ~ 직접 목표물에 가다, 실수하지 않다; a lua la ~ 직접 다루다(공격하다) II. adv. **1.** 확실하게, 안전하게 **2.** 그렇다, 확실하다 라는 뜻을 말할 때 사용

siguranț|ă, -e, s.f. **1.** 안전; ac de ~ 안전핀 **2.** 확실 **3.** 지각, 자의식 **4.** 안보경찰

siha|stru, -ştri, s.m. 은둔자

sihăstr|i, -esc, -ii, -it, I. vi. 은둔자로 살다, 은둔하다 II. vr. 은둔자가 되다

sihăstri|e, -i, s.f. **1.** 은둔생활; 고독; 은퇴 **2.** 은둔 장소

sihl|ă, -e, s.f. 정글; 빽빽한 숲

silab|ă, -e, s.f. 음절

silabic, ~ă, ~i, ~e, adj. 음절의, 음철의

silabis|i, -esc, -ii, -it, vi. 음절로 나누다

silabisire, s.f. 음절로 나눔

silă, s.f. **1.** 역겨움, 싫음; 혐오; în ~ 싫음, 불쾌한; a-i fi cuiva ~ de ceva a)혐오감을 느끼다 b)흥미가 있다; a i se face cuiva ~ de ceva 싫증나다 **2.** 강제, 구속 억압; cu de-a sila 억지로, 강제로; de ~ de milă 싫든 좋든 **3.** 세력, 힘, 권력

sileps|ă, -e, s.f. [문법]실렙시스 (문법 규칙에 따르지 않고 의미에 따라 성 수를 일치시키는 방법)

silex, ~uri, s.n. 부싯돌

silfid|ă, -e, s.f. **1.** 여자 공기요정 **2.** 가냘프고 아름다운 여자

silh|ui, -uie, -ui, -uit, adj. **1.** (장소에 대해) 숲으로 덮힌; 들어갈 수 없는 **2.** (사람) 당황한, 경솔한

sil|i, -esc, -ii, -it, I. vt. 강요하다, 억지로 시키다 **2.** 설득하다 II. vi. 그리고 vr. **1.** 애쓰다, 노력하다 **2.** 서두르다

silica|t, -ți, s.m. [화학]규산염

silic|ă, -e, s.f. [화학]무수규산, 규토

silicic, ~i, adj. m. acid ~ 규산

silici|os, -oasă, -oşi, -oase, adj. 규토질의; 규토를 함유한

siliciu, s.n. [화학]규소

silic|os, -oasă, -oşi, -oase, adj. 규토질의

silicoză, s.f. [의학]규폐증

silicv|ă, -e, s.f. [식물]장각과(長角果)

silinț|ă, -e, s.f. **1.** 근면 **2.** 노력, 애씀; a-şi da silința a)노력하다 b)부지런하다, 근면하다

silir|e, -i, s.f. 동사 sili 의 명사형

silişt|e, -i, s.f. **1.** 마을이 있는 장소 **2.** 집건축 장소 **3.** 휴한지

sili|t, -tă, -ți, -te, adj. **1.** 강요된 **2.** 형식적인, 진솔하지 못한 **2.** (행동) 바쁜 서두르는

silit|or, -oare, -ori, -oare, adj. 근면한, 부지런한

silitră, s.f. **1.** [화학]초석(礎石), 질산

칼륨 **2.** [고어]화약

silitr|os, -oasă, -oşi, -oase, adj. 초석을 함유한

silnic, ~ă, ~i, ~e, adj. **1.** 강제적인; muncă ~ă 강제노동 **2.** (행동에 대해) 급한

silnic|ă, -e, s.f. [식물]적설초(積雪草)

silnic|i, -esc, -ii, -it, vt. **1.** 억지로 시키다, 강요하다 **2.** [비유]폭행하다

silnici|e, -i, s.f. **1.** 강요 **2.** [고어]힘

silnici|t, -tă, -ţi, -te, adj. 강요된

silogism, ~e, s.n. 삼단논법

silogistic, ~ă, ~i, ~e, adj. 삼단논법의

siloz, ~uri, s.n. 사일로, 곡물저장고

siluet|ă, -e, s.f. 실루엣, 반면영상; 영상 그림자, 윤곽

silu|i, -iesc, -ii, -it, vt. **1.** 힘을 사용하다, 무력을 쓰다 **2.** 폭행하다 (여자에게) **3.** [비유]위조하다, 변질시키다; 경멸하다, 무시하다

siluir|e, -i s.f. 폭행

silumin, s.n. 실루민(주물용 경합음)

silur, ~i, s.m. [식물]약용 좁쌀풀 (현삼과)

silu|rian, -riană -rieni, -riene, adj. 실루리아기의; epocă (또는 eră) ~ă 실루리아기

silvic, ~ă, ~i, ~e, adj. 숲의, 산림의

silvicult|or, -oare, -ori, -oare, s.m. 그리고 f 임학자; 식림자

silvicultură, s.f. 임학, 임업

silvostep|ă, -e, s.f. 숲과 스텝 사이의 진행 지역

simandic|os, -oasă, -oşi, -oase, adj. **1.** 고귀한, 고결한; 고상한, 품위있는 **2.** 많은, 큰(양, 총액에 대해)

simbion|t, -ţi, s.m. 공생(共生)의상대

simbiotic, ~ă, ~i, ~e, adj. 공생의

simbioz|ă, -e, s.f. 공생

simbol, ~uri, s.n. **1.** 상징; 기호 **2.** [종교]신경 (信經)

simbolic, ~ă, ~i, ~e, adj. 상징의, 상징적인 **2.** 기호의

simbolică, s.f. **1.** 기호세계 **2.** 상징론

simbolism, s.n. 상징주의

simbolist, -stă, -şti, -ste, I. adj. 상징주의의 II. s.m. 상징주의(자)

simbolistică, s.f. 기호학 상징론

simboliz|a, -ez, -ai, -at, vt. 상징으로 나타내다; (의) 상징이다; 기호로 나타내다

simbolizare, s.f. 상징화, 상징적 표현, 상징으로 나타내기

simbriaş, ~ă, ~i, ~e, s.m. 그리고 f. 임금 노동자

simbri|e, -i, s.f. 임금, 월급, 보수

simetri|e, -i, s.f. 일치, 조화, 균제; 대칭

simfonic, ~ă, ~i, ~e, adj. [음악]심포니의, 교향곡의

simfoni|e, -i, s.f. **1.** [음악]심포니, 교향악 **2.** 조화(색깔)

simfoniet|ă, -e, s.f. [음악]simfonie의 축소형

simigeri|e, -i, s.f. 반지, 팔자모양(covrig)의 과자를 굽는 곳

simigi|u, -i, s.m. 팔자모양의 과자(covrig)를 굽는 사람

similar, ~ă, ~i, ~e, adj. 유사한, 동류의 비슷한

simili, - 접두어로 비슷하다는 뜻

similitudin|e, -i, s.f. **1.** 유사 **2.** [수

사학]직유

siminichie, s.f. **1.** [식물]센나, 석결명(石決明)류의 콩과식물 **2.** [의학]센나의 잎 (하제용)

siminoc, s.m. [식물]떡쑥 (이질을 막는데 사용)

simi|t, -ți, s.m. covrig의 일종

simoniac, ~i, s.m. 성물(성직) 매매자

simonie, s.f. 성물 매매

simpatetic, ~ă, ~i, ~e, adj. 동감의, 공감의; 신비력있는, 마술적인; 교감성의

simpatic, I. ~ă, ~i, ~e, adj. **1.** 동감의, 공감의, 동정의; 같은 뜻의 **2.** 마음에 드는, 기분이 좋은, 호감이 가는 **3.** [해부]sistemul nervos ~ 교감신경조직; **4.** cerneală ~ă 은현잉크 II. s.m. marele ~ 교감신경

simpati|e, -i, s.f. **1.** 동감, 공감, 동정 **2.** 호의, 교감

simpatiz|a, -ez, -ai, -at, I. vt. 호감을 갖다, 좋아하다 II. vi. 공감하다 동감하다

simpatizan|t, -tă, -ți, -te, s.m. 그리고 f. 동조자, 공명자

simpatrio|t, -ți, s.m. 동국인, 동향인

simplicitate, s.f. **1.** 소박; 단순, 솔직 **2.** 어리석음, 우직

simplific|a, simplific, -ai, -at, vt. **1.** 간소(간략, 단일, 단순)하게하다 **2.** [수학]약분하다

simplific|are, -ări, s.f. 간소(간략, 단일, 단순)화

simplism, s.n. **1.** [논리]논리전개의 불충분 **2.** 간략주의; 지나친 단순화; 단일주의

simpli|st, -stă, -ști, -ste, adj. **1.** (개념, 방법등) 피상적인, 너무 단순한, 일방적인 **2.** (사람)단순한; 단순하게, 판단하는

simplitate, s.f. 단순, 우직, 소박, 감소

simpl|on, -oane, s.n. 국제 고속기차의 이름

simpl|u, -ă, -i, -e, adj. **1.** 단순한 단일한; timp ~ 단순시제 **2.** 간단한, 간결한, 간편한 **3.** 정신없는, 소박한 **4.** (사람에 대해) 순박한, 솔직한, 고지식한 **5.** 교양이 없는; 교육을 받지 않은 **6.** 순진한 **7.** (부사적으로 명사 앞에) 단지...만의 **8.** ~ ca bună ziua 매우 단순한; un ~ muritor 보통사람

simpozi|on, -oane, s.n. **1.** 주연, 향연 **2.** (학술적인) 회의, 회합

simptom, ~e, s.n. **1.** [의학]증상, 증후 **2.** 전조, 조짐, 낌새

simptomatic, ~ă, ~i, ~e, adj. **1.** (병의) 증상을 나타내는, 증후의 **2.** (현상, 사건의) 조짐의, 징후의

simptomatologic, ~ă, ~i, ~e, adj. 징후(증후)학의

simptomatologi|e, -i, s.f. 징후(증후)학

simț, ~uri, s.n. **1.** 감각; 감각기능, 감관, 관능; cele cinci ~uri 5관, 5감 **2.** 감정, 느낌; 취미, 좋아함; ~ul frumosului 미적감정, 미감 **3.** 관능, 욕망 **4.** 이해(력); 사려 분별; 생각; 이성; 판단력; bun ~ 상식; ~ moral 도덕감; ~ practic 실용감

simțăm|ânt, -inte, s.n. 감정 느낌, 기분; 감수성; 정서

simț|i, simț -ii, -it, I. vt. **1.** 느끼다, 감지하다; a ~ frigul 추위를 느끼다

2. 인지하다, 지각하다, 알아채다 3. [비유]이해하다 4. 인상을 받다 II. vr. 1. 자각하다, 느끼다; a se ~ bine 좋다고 느끼다 2. 생각하다 3. 건전한 정신을 보여주다

simțir|e, -i, s.f. 1. 느낌, 감지 2. 인지, 자각 3. 의식; fără ~ 의식없이; a-şi pierde ~a (또는 simțirile) 기절하다, 의식을 잃다; a-şi veni în ~ (또는 simțuri) 의식을 찾다 4. 상식

simți|t, -tă, -ți, -te, adj. 1. 느낀, 인지된 2. 감정적인 3. (사람에 대해) 상식있는 4. (사람에 대해) 예의바른, 점잖은

simțit|or, -oare, -ori, -oare, adj. 1. 민감한, 감수성이 예민한 2. 알아챌 수 있는, 눈에 띌 만큼의; 주요한

simul|a, -ez, -ai, -at, vt. 가장하다, ...인체하다, 위장하다

simulacr|u, -e, s.n. 1. 흉내 2. 환상

simulan|t, -tă, -ți, -te, s.m. 그리고 f. 꾀병부리는 사람, 미친 척하는 사람 등

simul|are, -ări, **simulați|e,** s.f. 위장, 거짓꾸밈

simultan, I. ~ă, ~i, ~e, adj. 동시의, 동시에 행하여지는 II. s.n. (장기) 동시에 두는 게임

simultaneitate, s.f. 동시성

simultane|u, -e, adj. simultan참조

simun, s.n. (사하라 사막 따위의) 열풍

sin, s.m. invar. [고어]아들

sinagog|ă, -i, s.f. 유태인의 교회당(조직)

sinalagmatic, ~ă, ~i, ~e, adj. 쌍무적인; contract ~ 쌍무계약

sinalef|ă, -e, s.f. 약철(두 음절을 한번에 발음하기)

sinapism, ~e, s.n. [의학]겨자연고

sinaxar, ~e, s.n. 성인들의 생애를 짧게 적은 책; 성인들의 이름이 적혀진 기독교 달력

sinăl|ău, -aie, s.n. 약간 휘어진 두꺼운 칼

sincer, ~ă, ~i, ~e, adj. 1. 솔직한; 성실한, 착실한; 2. 진실한, 참된

sinceritate, s.f. 솔직; 성실; 진실

sinchiseală, s.f. 걱정, 돌봄, 관심

sinchis|i, -esc, -ii, -it, I. vr. 1. (de ceva) 돌보다 보살피다; 관심을 갖다 2. 근심하다, 걱정하다 II. vt. 방해하다

sincopa|t, -tă, -ți, -te, adj. 1. [음악](음표가)절분된 2. [언어]어중음(모음)이 없어진

sincop|ă, -e, s.f. 1. [음악]절분법 2. [의학]가사, 졸도 3. [언어]어중음(語中音) (모음) 소실

sincretism, ~e, s.n. [철학, 종교]여러 학설의 혼합; (기독교) 통합운동; [인류학]두가지 다른 문화의 융합; [언어]융합 (하나의 형태가 다른 여러 기능을 겸하는 현상); [심리](뒤섞이고 막연한) 전체적 인상

sincron, ~ă. ~i, ~e, adj. 동시에 일어나는, 동시의

sincronic, ~ă, ~i, ~e, adj. 동시에 일어나는(일어난); [언어]공시적인

sincronism, ~e, s.n. 동시적임, 동시성; [영화]동시녹음

sincromistic, ~ă. ~i, ~e, adj. 동시성의, 동시녹음의

sincroniz|a, -ez, -ai, -at, vt. 동시에 일어나게 하다, 동시성을 갖게하다; [영화]동시녹음을 하다

sincroniz|are, -ări, s.f. 동기화, 동기조작; 영상과 발성과의 시간적 일치

sincrotron, ~uri, s.n. 싱크로트론(전자 따위를 가속하는 원자물리학용의 장치)

sindic, ~i, s.m. [법률]관리자, 이사

sindical, ~ă, ~i, ~e, adj. 관리자의, 간사의, 이사의

sindicalism, s.n. 조합운동

sindicali|st, -stă, -şti, -ste, s.m. 그리고 f. 조합주의자

sindicaliz|a, -ez, -ai, -at, vr. 조합을 결성하다

sindicat, ~e, s.n. **1.** 노동조합 **2.** 법률고문의 직

sindrofi|e, -i, s.f. **1.** (가정에서) 손님들의 회합; 참석자 전원 **2.** [방언]우정, 동료애

sindr|om, -oame, s.n. [의학](병발)증상군

sine, pron. refl. 재귀대명사 3인칭 목적격 강세형; de la ~ 자신의 힘으로

sineală, s.f. [방언]파란색

sinecdoc|ă, -e, s.f. [수사학]제유법(부분으로써 전체를 전체로써 부분을 나타내는 냄)

sinecur|ă, -i, s.f. 한직(閑職)

sinecuri|st, -stă, -şti, -ste, s.m. 그리고 f. 한직의 사람

sinedri|u, -i, s.n. [교회]유대인 최고평회의

sineli ... sini|i 참조

sinelu|i, -iese, -ii, -it, vt. 동물의 털을 깨끗하게 하다

sinerez|ă, -e, s.f. [언어]모음융합(두개의 모음이 한개의 모음 또는 음절로 생략되기)

sinet, ~uri, s.n. [고어] **1.** 서류, 원전 **2.** 영수증

singular, I. ~ă, ~i, ~e, adj. **1.** 단수의; număr ~ 단수 **2.** 이상한, 기이한 **3.** 독특한, 특이한, 비범한 II. s.n. [문법]singularitate, s.f. 특이성; 기이함; 단수성

singulariz|a, -ez, -ai, -at, I. vt. 유달리 눈에 띄게하다, 기발하게 보이게 하다 II. vr. 유달리 눈에 띄는 행동을 하다, 별난 짓을 하다

singur, ~ă, ~i, ~e, adj. **1.** 혼자, 홀로, 단독으로; de unul ~ 혼자, 홀로; ~-cuc 천애고아의, 외톨이의; ~-singurel singurel 참조 **2.** 유일한, 단 하나의; o ~ă dată 단 한번만; un ~ cuvânt 오직 한 말 만 **2.** (부정분에서)단 하나도 아니다 라는 뜻; **4.** 단지; ~만 **5.** 스스로

singuratec, 그리고 **singuratic,** ~ă, ~i, ~e, adj. **1.** 고립된, 혼자 사는, 고독한 **2.** (물건) 동떨어진 **3.** [문법]단수

singurăt|ate, -ăţi, s.f. **1.** 고독; 은둔 **2.** 외딴곳; 황무지

singur|el, -ea (또는 -ică) -ei, -ele, adj. singur의 축소형

sini|e, -i, s.f. **1.** 과자를 굽는데 사용되는 둥근 금속모양 **2.** (둥글고 세발 딸린)낮은 농민 학자

sinil|i, -esc, -ii, -it, vt. 파랗게 물들이다

sinili|u, -e, -i, -i, adj. 푸른

sinistra|t, -tă, -ţi, -te, I. adj. 재해를 당한 II. s.m. 그리고 f. 이재민

sini|stru, I. -stră, -ştri, -stre, adj. **1.** 불길한; 험악한, 험상궂은; 음흉한,

흉악한 **2.** 위험한, 해로운 II. s.n. 재해, 재난, 천재, 천변
sin|od, -oade, s.n. 종교회의
sinodal, ~ă, ~i, ~e, adj. [교회]종교회의의
sinodic, ~ă, ~i, ~e, adj. **1.** [별]삭망의; lună ~ă 태음월 **2.** [교회]종교회의의
sinol|og, -oagă, -ogi, -oage, s.m. 그리고 f. 중국학자
sinologic, ~ă, ~i, ~e, adj. 중국학의
sinologie, s.f. 중국학
sinonim, I. ~ă, ~i, ~e, adj. 동의(同義)의 II. s.n. 동의어(同義語)
sinonimic, ~ă, ~i, ~e, adj. 동의어
sinonimică, s.f. 동의어론
sinonimie, s.f. 동의성, 동의연구
sinoptic, ~ă, ~i, ~e, adj. 개괄적, 대조적
sinovial, ~ă, ~i, ~e, adj. [해부](선(腺)따위가) 활액인, 관절액의
sinovie, s.f. [해부]활액, 관절액
sinovită, s.f. [의학]활액막염
sintactic, ~ă, ~i, ~e, adj. 문장구성법의, 문장론의, 통사론의
sintagm|ă, -e, s.f. [언어]통합, 사절(둘 이상의 기호 결합체를 가리키는 소쉬르의 용어)
sintax|ă, -e, s.f. [언어]문장구성법, 구문(構文) 법
sinterizare, s.f. [물리]반융
sintetic, ~ă, ~i, ~e, adj. [논리, 철학, 언어]종합적인; 총괄적인; [화학]합성의; limba ~ă 종합적 언어
sintetiz|a, -ez, -ai, -at, vt. 종합하다, 총괄하다; 합성하다
sintez|ă, -e, s.f. [논리, 철학]종합; 총괄; [화학]합성; [수학]조립
sintonie, s.f. (라디오) (전파의) 동조
sintoniz|a, -ez, -ai, -at, vt. (전파를) 동조시키다
sinuci|de, -d, -sei, -s, vr. 자살하다
sinucider|e, -i, s.f. 자살
sinucigaş, ~ă, ~i, ~e, s.m. 그리고 f. 자살자
sinu|os, -oasă, -oşi, -oase, adj. **1.** 구불구불한, 굴곡이 있는 **2.** (사람의 성격) 변덕스런, 왔다 갔다 하는
sinuozit|ate, -ăți, s.f. **1.** 구불구불함 **2.** 변덕스러움
sinus, ~uri, s.n. **1.** [의학]공동(空洞) **2.** [수학]정현(正弦), 사인(sin)
sinusoidal, ~ă, ~i, ~e, adj. [수학]정현곡선의
sinusoid|ă, -e, s.f. [수학]정현곡선
sinuzal, ~ă, ~i, ~e, adj. [의학]공동(空洞)의
sinuzit|ă, -e, s.f. [의학]두염
sionism, s.n. 시온주의, 유태민족주의
sioni|st, -stă, -şti, -ste, I. adj. 시온주의의 II. s.m. 그리고 f. 시온주의자
sipet, ~e, s.n. 궤짝 (쇠가 박히고 색깔이 칠해진); 가방
sipic|ă, -i, s.f. [식물]체꽃
sire, s.m. invar, (호격에서만) 제후에 대한 칭호
sir|eap, -eapă, -epi, -epe, adj. **1.** (말들에 대해) 난폭한, 야생의; 길들여지지 않은 **2.** floare ~ă (말의) 하얀 이마반점
siren|ă, -e, s.f. **1.** [그리스 신화]바다의 요정, 반인 반어의 요정 **2.** 사이렌, 기적

siri|an, -ană, -eni, -ene, I. adj. 시리아의 II. s.m. 그리고 f. 시리아 사람
siriman, ~ă, ~i, ~e, adj. sărman 참조
siroco, s.n. (덥고 건조한) 지중해의 동남풍
sirop, ~uri, s.n. 시럽
sirop|os, -oasă, -oşi, -oase, adj. **1.** 시럽과 같은 **2.** 달콤한
sisal, ~i, s.m. [식물]사이잘(용설란의 일종)
sist|a, -ez, -ai, -at, vt. 정지(중지) 하다, 중단하다
sist|are, -ări, s.f. 정지, 중지, 중단
sistem, ~e, s.n. **1.** 조직, 체제; 계통 질서; ~ zecimal 십진법; ~ nervos 신경조직; ~ solar 태양계 **2.** [지질] 계(系) **3.** 체계적 (조직적) 방법, 방식 **4.** 타입, 형
sistematic, ~ă, ~i, ~e, adj. 체계적인, 계통적인, 조직적인, 질서있는, 분류상의
sistematică, s.f. **1.** 계통법, 조직법, 분류법 **2.** 분류학 **3.** 대강(大綱) (학문의)
sistematiz|a, -ez, -ai, -at, vt. 계통을 (체계를)세우다, 조직화하다, 제도화하다; 질서를 잡다, 분류하다
sistematiz|are, -ări, s.f. 동사 sistematiza의 명사형
sistol|ă, -e, s.f. [의학](심장의) 수축
sistolic, ~ă, ~i, ~e, adj. 심장수축의
sistr|u, -e, s.n. (고대 이집트의) 요령 비슷한 악기의 일종
sitar, ~i, s.m. **1.** [조류]도요새 **2.** 체를 만드는 사람
sit|ă, -e, s.f. **1.** 체; 여과기; ~ de sârmă 철망체; ~ de păr 가는 철망으로 만든 체; plouă ca prin ~ 가랑비가 오다; a trece prin ~ 근본적으로 자제하게, 비판적으로 조사하다; a vedea ca prin ~ 흐릿하게 불분명하게 보다 **2.** 가스맨틀 **3.** (라디오) 그리드
siteav, ~ă, ~i, ~e, adj. 목쉰
sitiş|că, -ti, s.f. [방언] **1.** sită 의 축소형 **2.** 차 끓이는 쓰이는 계란모양의 구멍이 많은 그릇
sitisoar|ă, -e, **sitit|ă,** -e, s.f. sită 의 축소형
sitiv|i, -esc, -ii, -it, vi. 목이 쉬다
sitronad|ă, -e, s.f. 레몬수, 레모네이드
situ|a, -ez, -ai, -at, I. vr. 위치하다, 자리를 잡다 II. vt. **1.** 위치를 정하다, 자리잡아주다 **2.** 누구에게 자리를 가리켜주다
situa|t, -tă, -ţi, -te, adj. 물질적인, 좋은 상태에 있는; 부유한
situaţi|e, situaţiun|e, -i adj. **1.** 상태, 상황, 환경; ~ economică 경제상황; ~ juridică 법률상태; a fi la înălţimea situaţiei 완전히 신임 받는 임무에 상응하다; a te pune în situaţia cuiva 다른 사람이 처해있는 상황을 이해시키다; a fi călare (또는 stăpân) pe situaţie 비평적 상황에서 상황을 압도하다 **2.** 위치, 자세 **3.** 지위; 재산상태 **4.** 분위기 **5.** 상황보고, 통계보고
situl|ă, -e, s.f. 두레박
siv, ~ă, ~i, ~e, adj. 회색의
slab, ~ă, ~i, ~e adj. **1.** 수척한, 살이 없는, 갸냘픈; (동물에 대해) 쇠진한 **2.** 약한, 힘없는, 허약한; ~ de fire (또는 de caracter, de inimă) 줏대없

는, 우유부단한; ~ de înger 유약한; a avea picioare ~e 몸이 허약하다 **3.** (물건에 대해) 오래 가지 못하는, 지속적이지 못한; punctul ~ 또는 partea ~ă 허약한 점 **4.** (용해) 진하지 않은; soluție ~ă 진하지 않은 액체 **5.** [비유]가치 없는; 평범한 **6.** (사람에 대해) 지방이 없는 **7.** (땅에 대해) 비옥하지 못한, 척박한

slad, ~uri, s.n. [방언]맥아, 엿기름

sladniț|ă, -e, s.f. [방언]맥아 저장소

slai, ~uri, s.n. **1.** 썰매의 활목을 연결하는 두판자 **2.** [해양]덧댄 외부 판자 **3.** 방앗간 천장 받침 기둥

slalom, ~uri, s.n. [스포츠]슬라롬(스키활강)

slană, s.f. [방언]비계살, 베이컨

slatin|ă, -e, s.f. **1.** 소금물의 원천 **2.** 짠 음식

slav, ~ă, ~i, ~e I. s.m. 그리고 f. 슬라브인 II. adj. 슬라브의

slavă[1], s.f. 슬라브어

slav|ă[2], -e, s.f. **1.** 명성, 명예; 영광; 훌륭함 장려 **2.** 높이(하늘 공간의); a ridica în ~ 누구를 극구 칭찬하다; a ridica casa în ~ 시끄럽게 하다 **3.** (전치사로) ...덕분으로; ~ domnului 하느님 덕분에 **4.** [교회]찬송가의 이름

slavic, ~ă, ~i, ~e adj. [고어]슬라브의

slavism, ~e, s.n. 슬라브어에서 차용된 말

slavi|st, -stă, -şti, -ste s.m. 그리고 f. 슬라브말 연구가

slavistică, s.f. 슬라브학

slaviz|a, -ez, -ai, -at, vt. 슬라브화하다

slavofil, ~ă, ~i, ~e I. adj. 슬라브사람을 좋아하는, 친로파의 II. s.m. 그리고 f. 친로파

slavon, ~ă, ~i, ~e, I. s.m. 그리고 f. 슬라브 사람 II. adj. [고어] **1.** 슬라브의; Limba slavonă 고대 교회 슬라브어에서 러시아, 세르비아, 불라리아에서 발전된 문학, 교회 슬라브용어 **2.** (문자) 키릴어의

slavonă, s.f. 고대 슬라브어

slavon|esc, -ească, -eşti, adj. 슬라브의

slavoneşte, adv. 슬라브어로

slavonic|esc, -ească, -eşti, adj. 슬라브의

slavonie, s.f. pe ~ 슬라브어로

slavonism, ~e, s.n. **1.** 다른 언어로 들어간 슬라본어 **2.** 슬라본 문화의 영향

slavoslov|i, -esc, -ii, -it, vt. [교회] 찬양하다, 칭송하다

slăbăciun|e, -i, s.f. slăbiciune 참조

slăbăn|og, -oagă, -ogi, -oage, I. adj. **1.** 마른, 수척한, 가냘픈 **2.** 허약한, 힘없는 **3.** [고어]아픈 II. s.m. 약한 사람, 허약자 III. s.m. (그리고 f.) [식물]봉선화

slăbănog|i, -esc, -ii, -it, vi. 그리고 vr. 약해지다, 수척해지다

slăbănogi|t, -tă, -ți, -te adj. 약한, 수척해진

slăbătur|ă, -i, s.f. 매우 약한 사람 [동물]

slăb|i, -esc, -ii, -it, I. vi. **1.** 수척해지다, 살이 빠지다 **2.** 약해지다, 감소되다; interesul slăbeşte 흥미가 줄어들다 II. vt. **1.** 약하게 만들다; boala l-a slăbit 병이 그를 약하게 만들었

다 2. 마르게 하다; gimnastica slăbeşte 체조는 몸을 마르게 한다 3. 느슨하게 하다; a ~ o funie 밧줄을 느슨하게 하다; a nu ~ ceva din mână 손에서 놓지 않다; a nu ~ pe cineva 누구를 가만히 두지 않다; a nu ~ pe cineva din ochi 눈에서 놓치지 않다

slăbiciun|e, -i, s.f. **1.** 수척함, 메마름 **2.** 약함, 허약함, 힘없음 **3.** 부족; 약한 점, 약점 **4.** 선호, 좋아함 **5.** 가치 없음

slăbi|t, -tă, -ți, -te adj. **1.** 수척해진, 마른 **2.** 허약해진; 힘없는 **3.** (신체조직) 아픈

slăbuț, ~ă, ~i, ~e adj. slab의 축소형

slădări|e, -i, s.f. [방언]건물(맥아용)

slănin|ă, -i, s.f. 비계, 삼겹살

slănin|os, -oasă, -oşi, -oase adj. 비계살의, 기름기 많은

slăv|i, -esc, -ii, -it, vt. **1.** 칭송하다, 찬양하다, 찬미하다. .....에게 영광을 주다 **2.** [고어]존경하다

slăvi|t, -tă, -ți, -te adj. **1.** 찬양된, 찬미된, 칭송된 **2.** 영광스러운

sle|i, -iesc, -ii, -it, I. vr. **1.** 딱딱해지다 응고되다; 얼다 **2.** [비유]탕진되다 II. vt. **1.** (우물을) 고갈시키다 **2.** [비유]탕진시키다

slei|t, -tă, -ți, -te, adj. **1.** 응고된, 딱딱해진 **2.** (우물) 고갈된 **3.** 탕진된

slimu|i, -iesc, -ii, -it, vt. 계획을 세우다; 꾸미다; 준비하다, 정열하다

slin, ~uri, s.n. [방언]때

slin|os, -oasă, -oşi, -oase, adj. 더러운, 때가 낀

slip, ~uri, s.n. (남녀용) 수영팬티; (선박수리용) 선가(船架)

slobo|d, -dă, -zi, -de, adj. [속어] **1.** 자유스런; 얽매이지 않은; 자치의 **2.** 제한받지 않는; 허용된; e ~ 허용되다; a avea mână ~ă 관대하다; eşti ~ să ... 자유럽게 하다 **3.** 방종의; 뻔뻔스런; a fi ~ la gură a)주저하지 않고 좋은 뜻을 넘어 마음대로 말하다 **4.** 비어있는 **5.** 느슨해진, 풀어진; a da frâu ~ 풀어주다

slobozeni|e, -i, s.f. [속어] **1.** 자유; cu ~ 솔직하게 **2.** 허락, 허용

sloboz|i, slobod (2인칭 slobozi) -ii, -it, vt. [속어] **1.** 풀어주다, 자유롭게 하다 **2.** 방면하다 **3.** 떨어지게 하다 **4.** 발사하다, 발포하다

slobozi|e, -i, s.f. 조세가 면제된 예전 식민지 마을

slogan, ~uri, s.n. 슬로간, 표어, 구호, 주의

sloi, ~uri, s.n. **1.** 얼음덩이 (빙원에서 분리되어 물위에 떠다니는); a-i trece (cuiva) un ~ (de gheață) prin inimă 공포의 전율이 흐르다, 소름 끼치다; a fi ~ 매우 춥다 **2.** [비유]냉정한 사람 **3.** 고드름

slomn|i, -esc, -ii, -it, I. vt. 말을 더듬다 II. vi. (빛, 색깔에 대해) 천천히 나타나다

slovac, ~ă, ~i, ~e, I. adj. 슬로바키아의 II. s.m. 그리고 f. 슬로바키아 사람

slov|ă, -e, s.f. **1.** 키릴문자 **2.** 필체 **3.** 이론

sloven, ~ă, ~i, ~e, I. adj. 슬로베니아의 II. s.m. 그리고 f. 슬로베니아 사람

sloveneşte, adv. 슬로베니아처럼;

슬로베니아 말로

sloven|i, -esc, -ii, -it, vt. 더듬거리며 한자 한자 읽다

slugarnic, ~ă, ~i, ~e, adj. 하인같은, 노예근성의, 굴종적인

slug|ă, -i, s.f. **1.** 종, 하인; sluga dumitale (또는 dumneavoastră) 인사할 때 쓰는 표현

slugăre|ală, s.f. 섬김

slugăreşte, adv 종처럼, 노예처럼

slugăr|i, -esc, -ii, -it, I. vi. **1.** (하인, 종으로서) 섬기다 **2.** [비유]종처럼 행동하다; 굴복하다, 굴종하다 II. vt. 섬기다, 모시다, 시중들다

slugărie, s.f. **1.** 섬김 **2.** 종, 하인 신분 **3.** 굴종

slugărime, s.f. 하인, 종

slugărit, s.n. 섬김

slugărnic|i, -esc, -ii, -it, vi. slugări 참조

slugărnici|e, -i, s.f. 노예근성, 굴종, 노예태도

sluger, ~i, s.m. [고어]옛 궁정 관리

slugoi, ~, s.m. 하인, 종

sluj, s.n. invar. a face ~ a) (개에 대해) 두발로 일어서다; b)아첨하는 태도를 취하다, 알랑거리다

slujbaş, ~ă, ~i, ~e s.m. 그리고 f. 관리

slujb|ă, -e, s.f. **1.** 자리, 지위 고용, 임명; a fi în slujba cuiva 누구에게 고용되어 있다 **2.** (가끔) 군대의무 **3.** 임무 **4.** 종사함 **5.** [교회]미사, 예배

slujbuliț|ă, -e **slujbuşoar|ă,** -e s.f. slujbă의 축소형

sluj|i, -esc, -ii, -it, I. vi. **1.** 고용되어 있다, 근무하다 **2.** 공적으로 근무하다, 자리를 갖다 **3.** 유익하다, 도움되다; a ~ la ceva 무엇에 도움되다 **4.** (군인으로서) 근무하다 **5.** [교회]예배보다, 미사를 드리다 II. vt. **1.** 누구를 모시다, 섬기다 **2.** 누구에게 쓸모가 있다 III. vr. 무엇을 이용하다

slujit|or, -oare, -ori, -oare, s.m. 그리고 f. **1.** 하인, 머슴 **2.** 군인, 용병 **3.** 사환

slujiforime, s.f. 종의 신분; 굴종

slujnicar, ~i, s.m. 여자 꽁무니를 쫓아 다니는 사람

slujnic|ă, -e, s.f. 하녀

slujnic|ea, **slujnicuț|ă,** -e s.f. slujnică의 축소형

slu|t, -tă, -ți, -te adj. **1.** 절단된, 불구가 된, 기형의 **2.** 추악한

slutiş|or, -oară, -ori, -oare, adj. 거의 추악한

sluțeni|e, -i, s.f. **1.** 흉함, 추함, 못생김 **2.** 못생긴 사람, 추악한 사람, 괴물

sluț|i, -esc, -ii, -it, I. vt. **1.** 절단하다, 불구로 만들다 **2.** (그리고 vr.) 추악하게 만들다, 흉하게 만들다, 기형으로 만들다 II. vr. 인상 쓰다, 얼굴을 찡그리다

sluție, s.f. slutenie 참조

sluți|or -oară, -ori, -oare, adj. 거의 못생긴

sluțitur|ă, -i, s.f. 허수아비; 괴물

smaltin|ă, -e, s.f. [광물]스말틴, 비코발트광

smalț, ~uri, s.n. 에마넬, 법랑, 잿물, 유약, 광택제

smaragd, ~e, **smarald,** ~e, s.n. 취옥, 에메랄드

smălț|a, -ez, -ai, -at, vt. 여러 색깔로 칠하다

smălța|t, -tă, -ți, -te, adj. 다양한 색깔의
smălțu|i, -iesc, -ii, -it, vt. **1.** 에나멜을 칠하다 **2.** 다양한 색깔로 칠하다
smălțuire, s.f. smălțui의 명사형
smălțuit|or, -oare, -ori, -oare, s.m. 그리고 f. 법랑도공, 칠보자기공
smânci, vt. smuci 참조
smântână, s.f. 크림, 유지(乳脂); [비유]제일 가치 있는 것
smântân|i, -esc, -ii, -it, vr. 우유에서 유지를 모으다
smântânic|ă -i, s.f. [식물]애기풀속 십자화
smântâni|t, -tă, -ți, -te, adj. 우유에서 유지를 제거한
smântin|os, -oasă, -oși, -oase, adj. **1.** 유지처럼, 유지를 함유한 **2.** 유지와 비슷한
smârc, ~uri, s.n. 늪; 진흙, 진창; 수렁, 습지
smârcâ|i, smârcâi, -ii, -it, vi. smiorcăi 참조
smârc|os, -oasă, -oși, -oase, adj. 늪지의; 수렁의
smârd, ~ă, smârzi, ~e, adj. (방언, 사람들에 대해) 더러운, 역겨운
smârd|oare, -ori, s.f. 역겨운 사람
smea|d¹, -dă, -zi, -de, adj. (사람의 얼굴에 대해) 갈색피부의
smead², s.n. 미끼
smerenie, 1. 겸손한 태도, 존경하는 태도; 점잖은 태도 **2.** 경건함
smer|i, -esc, -ii, -it, I. vr. **1.** 존경에 가득찬 겸손한 태도를 취하다 **2.** [교회]경건한 태도를 보이다 II. vt. 겸손하게 하다
smeri|t, -tă, -ți, -te, adj. **1.** 겸손한 **2.** 경건한
smic|ea, -ele, s.f. 사과, 배의 가지(30센티까지의 가늘고 휘어지는 가지)
smicur|a, smicur, -ai, -at, vt. 부수다, 산산조각 내다
smicur|are, -ări, s.f. smicura의 명사형
smidar, ~e s.n. smidă가 있는 장소
smid|ă, -e s.f. 어린 나무 또는 가시덩쿨 산딸기 나무의 숲
smint|eală, -eli, s.f. **1.** 미침, 광기, 정신착란(병) **2.** [고어]무질서; 괴롭힘, 성가시게 함, 방해, 해를 입힘; fără ~ a)해없는; b) 무조건의; a da (pe cineva) de ~ 누구를 우습게 만들다; 웃음거리로 만들다
smint|i, -esc, -ii, -it, I. vt. **1.** 누구를 미치게 만들다; a ~ în bătaie 매우 심하게 때리다 **2.** 속이다; 유혹하다, 유인하다; 누를 방해하다; **3.** (그 자리에서) 움직이게 하다, 밀다 **4.** 해를 입히다, 부수다 **5.** [속어]말을 왜곡하다 II. vr. 미치다, 이성을 잃다 III. vi. 실수하다, 잘못하다
sminti|t, -tă, -ți, -te, adj. **1.** 미친, 정신이 돈 **2.** (사람의 행동에 대해) 사려분별이 없는 **3.** 움직여진, 이동된
smiorcă|i, smiorcăi, -ii, -it, vi. **1.** 콧숨 쉬다 **2.** vr. 울다, 또는 우는척하다
smiorcăi|ală, -eli, s.f. **smiorcăit,** s.n. **1.** 콧숨 쉼 **2.** 콧숨소리
smirdar, ~i, s.m. [식물] **1.** 석남(石南) 속 **2.** 월귤나무
smirna, smirnă¹, adv. 똑바로, 움직이지 않고
smirnă², s.f. 몰약, 미르라

smoală, s.f. 타르
smoc, ~uri, s.n. **1.** 한줌; ~ de păr 한줌의 털 **2.** 다발, 묶음; ~ de flori 꽃다발
smochin, ~i, s.m. 무화과 나무
smochin|ă, -e, s.f. 무화과
smochin|i, -esc, -ii, -it, vr. 주름살이 생기다
smochini|t, -tă, -ți, -te, adj. 주름잡힌, 주름살 투성이의
smoculeț, ~e, s.n. smoc의 축소형
smol|i, -esc, -ii, -it, vt. 타르로 덮다(칠하다)
smoli|t, -tă, -ți, -te, adj **1.** 타르로 칠해진 **2.** 갈색 피부의
smomi, vt. momi 참조
smotoc|eală, -eli, s.f. 드잡이 싸움
smotoci, -esc, -ii, -it, vt. 때리다, 구타하다.
smotocir|e, -i, 때림, 구타
smredu|i, -iesc, -ii, -it, vr. [고어]전염되다
smreduit|or, -oare, -ori, -oare adj 전염하는
smuc|eală, -eli, s.f. smucitură 참조
smuc|i, -esc, -ii, -it, I. vt. 찢어내고 분리하고, 자리에서 밀어내기 위해 힘있게 당기다 II. vi. (총) 뒤로 반동되다 III. vr.(빠져나오기 위해) 발버둥치다, 요동하다
smuci|t, -tă, -ți, -te adj. (찢어내고, 분리하고, 밀어내기 위해) 힘있게 당겨진; vorbă ~ ă 빠르게 말한 말; a fi ~ la vorbă 빠르게 말하다
smucitur|ă, -i, s.f. 동사 smuci 의 명사형
smul|ge, smulg -sei, -s, vt.**1.** 꺼내고 떨어지도록 힘있게 당기다; a-şi ~ părul (머리를 쥐어 뜯으며) 고통을 강력하게 표현하다 **2.** ~ o floare 꽃을 따다; a ~ din mână 손에서 빼앗다 **3.** 강요하다; a ~ o promisiune 약속을 강요하다; a ~ din ghearele morții 죽음에서 구하다 **4.** (vr.) 물러나게하다(물러나다), 멀리하다(멀어지다) **5.** (vr.) 헤어지다(사라지다)
smul|s, -să, -şi, -se, adj. 힘있게 당겨진; 빼앗긴; 멀어진
smuls, s.n. 힘있게 당김, 빼앗음
smunci,.... smuci 참조
snameni|e, -i, s.f. [방언]괴물, 추악한 것
snoav|ă, -e, s.f. 일화
sn|ob, -oabă, -obi, -oabe, I. s.m.f. 속물; 유행을 무조건 따르는 사람 II. adj. 속물근성의; 유행을 무조건 따르는
snobism, s.n. 유행추종; 속물 근성
snop, ~i, s.m. **1.** 단; a face ~i 단으로 묶다 **2.** 묶음, 다발; ~ de raze 방선속(放線束)
snop|eală, -eli, s.f. (효력있는) 구타
snop|i, -esc, -ii, -it, vt. **1.** 단으로 묶다 **2.** a ~ (în bătăi) 실컷 때리다, 매우 나쁘게 때리다 **3.** vr. 매우 피곤하다
snopuleț, ~i, **snopuşor,** ~i, s.m. snop의 축소형
soacr|ă, -e, s.f. 시어머니, 장모; ~ mare 시어머니; ~ mică 장모
soarb|ă, -e, s.f. 마가목의 열매
soare, sori, s.m. **1.** 해, 태양; răsărit de ~ 일출, 해돋이; ~ de apus 일몰, 해지기; ~ cu dinți 좋은 날씨의 추위; sub ~ 이 땅에, 이 세상에; cu ~

해가 비치는, 양지 바른; a fi rupt din ~ 매우 아름답다; a se uita (la cineva) ca la ~ 매우 사랑하다, 태양처럼 숭배하다; a i se pune (cuiva) ~le drept inimă 매우 배고프다; a dori câte-n lună ş-n ~ 불가능한 것을 희망하다; a promite câte-n lună şi-n ~-n ~ 꿈 같은 일을 약속하다; ~-răsare a) 동쪽; b) 해돋이; ~-apune 또는 ~-scapătă a) 서쪽; b) 일몰; 저녁

soar|ea, -ele, s.f. 야회(夜會)

soartă, sorţi, s.f. **1.** 운명, 숙명; 운; a trage la sorţi 제비 뽑다 **2.** 불운, 재난, 불행 **3.** 생활상태 **4.** 사건의 경과; 해결, 결과

soaţ|ă, -e, s.f. **1.** 부인, 아내 **2.** 여자친구, 여자 동료 **3.** 비슷한 모습; 꼭 닮은 모습

sobar, ~i, s.m. 화(난)로를 만드는 사람

sob|ă, -e, s.f. **1.** 스토브, 난로; 오븐, 화덕 **2.** 방

sobi|ţă, -ţe, s.f. sobă의 축소형

sobol, ~i, s.m. [동물] **1.** 두더지 **2.** [고어]검은 담비 **2.** 담비의 모피

sob|or, -oare, s.n. [고어] **1.** 모임, 회의 **2.** [교회]종교회의 **3.** 성당

sobor|î, -ăsc, -âi, -ât, vi. 회의하러 모이다

sobornic, ~ă, ~i, ~e, adj. 전체 교회의; 보통의; 보편적인

sobornic|esc, -ească, -eşti, adj. [고어]종교회의 결정에 근거한

sobriet|ate, -ăţi, s.f. **1.** (음식의) 절제, 절식 **2.** 절도, 검소, 간소

sobr|u, -ă, -i, -e, adj. **1.** 절제하는 **2.** 간소한, 검소한, 수수한; 절도있는; 점잖은

sobuşoar|ă, -e, s.f.sobă의 축소형

soc, ~i, s.m. [식물]라일락

sociabil, ~ă, ~i, ~e, adj.사교적인; 사근사근한

sociabilitate, s.f. 사교성

social, ~ă, ~i, ~e, adj. **1.** 사회적인, 사회의, 사회생활의; ştiinţe ~e 사회학 **2.** 회사의; capital ~ 회사 자본금

social-democra|t, -tă, -ţi -te, I. adj. 사회민주주의 II. s.m.f. 사회민주당원

social-democraţie, s.f. 사회민주주의

socialism, s.n. 사회주의

sociali|st, -stă, -şti, -ste adj. I. adj. 사회주의의 II. s.m.f. 사회주의자

socializ|a, -ez, -ai, -at, vt. 그리고 vr. 사회화하다, 사회주의화하다

socializ|are, -ări, s.f. 사회화, 사회주의화

socializa|t, -tă, -ţi, -te, adj. I. 사회화된 II. 사회주의화 된

socialmente, adv. 사회적으로, 사회상으로

societar, ~ă, ~i, ~e, s.m.f. **1.** (정규의) 사원, 회원, 단원 **2.** [고어]주주

societ|ate, -ăţi, s.f. **1.** 사회; ~ feudală 봉건사회 **2.** 사회단체, 회, 협회, 학회; ~ sportivă 체육회 **3.** 회사; ~ în nume colectiv 합병회사; ~ pe acţiuni 주식회사 **4.** 교제, 사교; în ~a cuiva 누구와 교제하여

sociol|og, -oagă, -ogi, -oage, s.m.f. 사회학자

sociologic, ~ă, ~i, ~e, adj. 사회학의

sociologie, s.f. 사회학

soclu, ~ri, s.n. (동상 따위의) 초석; (기둥) 받침돌; 받침

socote|ală, -eli, s.f. **1.** 계산, 산술; a face cuiva socoteala 계산해주다, 지불하다; socoteala de-a casă nu se potriveşte cu cea din târg 예상을 잘못하다; pe socoteala mea 내 계산으로, 내 부담으로; a greşi socotelile 예측을 잘못하다, 틀리게 계산하다; a ieşi la ~ 유익한 해결에 이르다; a pune (ceva) la ~ 고려하다; a nu-i veni la ~ 마음에 들지 않다, 적합하지 않다; a pune (ceva) în socoteala cuiva a)누구에게 책임을 밀다 b)누구를 비난하다 **2.** 변명, 답변; a da ~ 답변하다, 보고하다; a-şi da ~ de ceva 변명, 해명하다 **3.** 계산서, 청구서; a face socoteala 지불하다; a avea o ~ cu cineva 누구와 결말지어여할 것이 있다; **4.** 계획, 의도 **5.** 결산, 청산 **6.** 고려, 참작; a ține ~ de ceva 무엇을 고려하다; ținând ~ de 무엇을 고려하여 **7.** 숙고, 생각; cu ~ 숙고하여; fără ~ 생각하지 않고; **8.** 생각, 의견; după socoteala mea 내 생각으로는, 내 계산으로는; a-şi da cu socoteala 생각하다

socot|i, -esc, -ii, -it, I. vt. **1.** 계산하다, 산술하다 **2.** 고려하다, 헤아리다, 숙고하다; a ~ consecințele 결론을 헤아리다 **3.** 의도하다 **4.** 생각하다 **5.** 평가하다 **6.** 관찰하다 II. vr. **1.** (누구와) 청산하다 **2.** 누구와 무엇의 해명을 요구하다 **3.** 고려하다, 헤아리다 **4.** 생각하다

socotinț|ă, -e, s.f. **1.** 생각, 의견 **2.** 평가 **3.** 상식, 숙고 **4.** 이성 **5.** 의지

socoti|t, I. -tă, -ți, -te, adj. 사려깊은, 현명한 II. s.m. 계산

socotit|or, -oare, -ori, -oare, s.m.f. 부기계원

socr|i, -esc, -ii, -it, vt. 성가시게하다, 괴롭히다

socriț|ă, -e, s.f. soacră 의 축소형

socr|u, -i, s.m. **1.** 시아버지; 장인; ~ mare 시아버지; ~ mic 장인; (복수) 시아버지, 시어머니

sodă, s.f. **1.** 소다 **2.** 소다수

sodiu, s.n. [화학]소듐, 나트륨

sodom, s.n. [속어] **1.** 많음, 대량 **2.** 커다란 불행, 재난 재앙

sodom|i, -esc, -ii, -it, [속어] I. vt. 파괴하다 II. vr. 파괴되다

sodomie, s.f. [고어]비정상적 성적 관계, 성적 문란

sofa, ~le, s.f. 소파

sofism, ~e, s.n. 궤변

sofi|st, -stă, -şti, -ste, s.m. 그리고 f. 소피스트, 궤변가

sofistic, ~ă, ~i, ~e, adj. 궤변적인

sofistică, s.f. 궤변법, 궤변술

sofisticări|e, -i, s.f. 궤변술

sofit|ă, -e, s..f 띠모양의 조명

sofra, ~le, s..f [고어]작고 낮고 원형의 탁자

sofrag ... sufrag 참조

soharici s.n. [고어]야전용 군인과자

soi [1], ~uri s.n. **1.** 종속, 종족; de ~ 양질의, 선택된; tot ~ul de ~ 모든 종류의 **2.** sg. (드물게) 기름기 때

soi [2], -iesc, -ii, -it, (드물게) I. vt. **1.** [동물]품종을 개량하다 **2.** 더럽히다 II. vr. 더러워지다

soia, s.f. [식물]콩

soi|os, -oasă, -oşi, -oase, adj. 더러

운; 끈적끈적한

soitar, ~i, s.m. [고어]궁중의 익살광대

sol, I. s.m. invar. [음악]솔 G 음 II. ~i, s.m. **1.** 전령, 메신저 **2.** 대사 **3.** 시골의 혼례에 손님을 초대하러 다니는 사람 III. ~uri, s.n. 지면, 땅바닥; 흙, 토양

solanacee, ~, s.f. [식물]가지과의 식물

solanină, s.f. 솔라닌(가지과 식물에 발견되는 유독 알카로이드)

solar, ~ă, ~i, ~e, adj. 태양의; an ~ 태양년

solari|u, -i, s.n. 일광욕실, 솔라리움

sol|ă, -e, s.f. **1.** 양서대과의 물고기 **2.** [농업]원작지

solb|ă, -e, s.f. 주사위

sold, ~uri, s.n. **1.** 잔고, 잔액; 차감계산, 결산; ~ creditor 대월액: ~ debitor 차월액 **2.** 나머지 **3.** 옛 판매대

sold|a, -ez, -ai, -at, I. vt. **1.** 대차계산을 하다 **2.** (대차 차액을) 청산하다 **3.** 염가특매하다 II. vr. (대차 차액이) 청산되다

solda|t, -ţi, s.m. **1.** 군인 병사; 병졸 **2.** 전사 수호자

sold|ă, -e, s.f. 봉급(군인, 군속 따위의); a fi în solda cuiva 누구에게 고용되어있다

soldăţe|l, -i, s.m. soldat의 축소형

soldăţesc, -ească, -eşti, adj. 군인의, 군인다운

soldăţeşte, adv. 군인처럼

soldăţie, s.f. 군인의 지위, 생활, 상태, 업무

soldăţime, s.f. 군인 전부

soldăţoi, ~ s.m. soldat의 증대형

solecism, ~e, s.n. [문법]어법상의 잘못, 파격(어법)

solemn, ~ă. ~i, ~e, adj. **1.** 축제의, 축제일다운 **2.** 중대한, 엄숙한, 장중한 **3.** 완전한; 심오한 **4.** 성스런, 장엄한

solemnitate, -ăţi, s.f. **1.** 성전 의식 **2.** 엄숙, 장중 **3.** 성스럼, 장엄

solenoi|d, -zi, s.m. [전기]솔레노이드 (코일의 일종)

solfatară, -e, s.f. [지질]유기공

solfegi|a, -ez, -ai, -at, vi. 계명으로 연습하다

solfegi|u, -i, s.n. 계명에 의한 성악 연습곡

sol|i, -esc, -ii, -it, vt. [고어]사절을 통해 알리다

solicit|a, solicit, -ai, -at, vt. **1.** 간청하다, 청원하다 **2.** 독촉하다; 권유하다, 부추기다 선동하다

solicitan|t, -tă, -ţi, -te, s.m. 그리고 f. 간청자, 청원자

solicit|are, -ări, s.f. 동사 solicita의 명사형

solicitat|or, -oare, -ori, -oare, s.m. 그리고 f. solictant 참조

solicitudine, s..f. 염려; 주의, 조심

solid, I. -dă, -zi, -de adj. **1.** 고체의; 고형의 **2.** 굳은, 굳건한, 질긴 **3.** 변치 않는 **4.** 강한, 힘센 **5.** 확고한, 확실한 **6.** 큰, 무거운 II. s.n. 고체; 고형

solidar, ~ă, ~i, ~e adj. **1.** 연대적인 **2.** 서로 굳게 맺어진, 불가분의 **3.** [기술]상호작용하는

solidaritate, s.f. **1.** 연대(책임) **2.** 연대성(의식)

solidariz|a, -ez, -ai, -at, I. vr. 서로 연대책임을 지다 II. vt. 연대책임을

지우다

solidific|a, solidific, -ai, -at, I. vt. 고체화시키다, 응고시키다 II. vr. 고체가 되다, 응고(응결)하다

solidific|are, -ări, s.f. 고체화, 응고, 응결

soliditate, s.f. **1.** 견고, 내구성, 굳음 **2.** 견실, 공고

soli|e, -i, s.f. [고어] **1.** 사절; a trimite o ~ 사절을 파견하다 **2.** 임무; a-şi da solia 임무를 완수하다 **3.** 사절단

soliloc, ~uri, s.n. **solilogh i|e,** -i, s.f. 독백, 혼잣말

solipe|d, -dă, -zi, -de I. adj. 발굽이 하나인, 단제(單蹄)의 II. s.m. 그리고 f. 단제류

solipsism, s.n. [철학]유아(唯我)론

soli|st, -stă, -şti, -ste, s.m. 그리고 f. 독주(독창)자

solistic, ~ă, ~i, ~e, adj. 독주자의

solitar, ~ă, ~i, ~e, I. adj. **1.** 혼자서는, 홀로 있는 **2.** 황량한, 고적한, 쓸쓸한, 사람이 살지 않는 **3.** 고독한, 고독을 좋아하는 II. s.m. 그리고 f. 은자, 운둔자 III. s.m. 외알박이 다이아몬드

solitudin|e, -i, s.f. **1.** 고독, 은둔, 적막 **2.** 쓸쓸한 곳; 인적이 끊어진 곳

solniț|ă, -e, s.f. 소금통; 소금종지

solo, I. s.n. invar. [음악]독주, 독창 II. adj. 독주하는 III. ~ soli s.m. 독주자

solomonar, ~i, s.m. [속어]점성가; 마법사

solomon|i, -esc, -ii, -it, vt. [속어] **1.** 마법을 쓰다 **2.** 주문으로 불러내다

solomoni|e, -i, s.f. [속어] **1.** 마법, 마술 **2.** 휼계, 간계

solstițial, ~ă, ~i, ~e, adj. [천문]지(至)의

solstiți|u, -i, s.n. [천문]지(至)

solubil, ~ă, ~i, ~e, adj. **1.** 용해될 수 있는; 용성(溶性)의 **2.** (문제가) 풀릴 수 있는, 해결 될 수 있는

solubilit|ate, -ăți, s.f. **1.** [화학]용해도 **2.** 해결, 가능성

soluți|e, -i, s.f. **1.** [화학]용해; 용액 **2.** 해결, 해결책 **3.** [수학]해답, 풀이 **4.** ~ de continuitate 중절, 단점; (빙하 따위의)벌어진 틈

soluțion|a, -ez, -ai, -at, vt. (문제를) 해결하다, 풀다

soluțion|are, -ări, s.f. 해결

solvabil, ~ă, ~i, ~e adj. 지불능력이 있는

solvabilitate, s.f. 지불능력

solven|t, -tă, -ți, -te, I. adj. **1.** (학생에 대해) 장학생이 아닌, 학비를 지불하는 **2.** 지불 능력이 있는 II. s.m. 용매, 용제

solvenț|ă, -e, s.f. 지불능력

solv|i, -esc, -ii, -it, vt. 그리고 vr. 용해되다

solz, ~i, s.m. **1.** (생선)비늘; cu ~i 비늘이 있는 **2.** (피부) 때; a-i cădea (cuiva) ~ii de pe ochi 갑자기 비몽에서 깨어나다

solzişor, ~i, s.m. solz의 축소형

solz|os, -oasă, -oşi, -oase, adj. 비늘 있는

solm|a, -ez, -ai, -at, vt. (법적으로) 독촉하다

somatic, ~ă, ~i, ~e, adj. [의학]신체의, 신체에 관한

somatologie, s.f. [의학]생체학, 인

체학

somați|e, -i, s.f. 독촉, 최고(催告)

sombrer|o, -e, s.n. (스페인, 멕시코의) 챙이 넓은 모자

someşană, s.f. 트란실바니아 민속춤

somier|ă, -e, s.f. (침대의) 매트레스

somit|ate, -ăți, s.f. 최고권위자, 최고권력자

somn, I. ~i, s.m. [어류](유럽산의) 큰 메기 II. ~uri, s.n. **1.** 잠, 수면; a-i fi ~ (cuiva) 졸립다; a trage (un pui de) ~ 잘자다, 숙면하다; a dormi ~ul iepurelui 가벼운 잠을 자다; pică de ~ 또는 íl păleşte ~ul 졸려 죽을 지경이다; ~ de iarnă 겨울잠; ~ul de veci 죽음 **2.** 피곤; 졸리움

somn|a, -ez, -ai, -at, vi. vt. 그리고 vr. [속어]자다

somnambul, ~ă, ~i, ~e, s.m. 그리고 f. 몽유병환자

somnambulic, ~ă, ~i, ~e, adj. 몽유병의

somnambulism, s.n. 몽유병

somn|ie, -ii, s.f. 졸리움

somnifer, I. ~ă, ~i, ~e, adj. 졸리게 하는 II. ~e, s.n. 수면제

somniş|or, I. -oare, s.n. 잠 II. -i, s.m. 메기

somnol|a, -ez, -ai, -at, vi. 졸다

somnolen|t, -tă, -ți, -te adj. 비몽사몽간의, 졸고있는, 무기력한

somnolență, somnolențe, s.f. 비몽사몽간의 상태; 졸음; 무기력

somnor|a, -ez, -ai, -at, vi. 졸다

somnoroas|ă, -e, s.f. [식물]산형과 식물

somnor|os, -oasă, -oşi, -oase, I. adj. **1.** 졸리운 **2.** [비유]활기 없는, 무기력한 II. s.m. 그리고 f. 잠꾸러기

somnoroşie, s.f. somnolență 참조

somnuleț, I. ~e, s.n. somn의 축소형 II. ~i, s.m. [어류]작은 메기

somon, ~i, s.m. [어류]연어

somotei, ~, s.m. (1kg 까지의) 작은 메기

somptu|os, -oasă, -oşi, -oase, adj. 사치스러운, 호화스러운, 화려한

somptuozitate, s.f. 사치스러움, 호화로움

son, ~uri, s.n. 소리, 음향, 울림; 음성, 음

sonant|ă, -e, s.f. [언어]명음(鳴音)

sonat|ă, -e, s.f. [음악]소나타

sonatin|ă, -e, s.f. [음악]소나티네

sond|a, -ez, -ai, -at, vt. **1.** 깊이를 조사하다; (항만의) 수심을 재다;[의학](상처의) 깊이를 살펴보다; 검진하다 **2.** 탐색하다, 조사하다

sondaj, ~e, s.n. **1.** [해양]수심측정; [의학](상처의)길이 조사 **2.** [비유] 탐색 조사 **3.** 시굴, 천공

sond|are, -ări, s.f. sonda의 명사형

sond|ă, -e, s.f. **1.** [해양]측연, 수심측량기; [의학]소식자 (消息子) **2.** 보링기계

sondez|ă, -e, s.f. [해양]측심기; [광산]보링기계

sondor, ~i, s.m. [광산]보링을 하는 사람

soneri|e, -i, s.f. **1.** 초인종, 자명종; 벨(장치) **2.** 초인종, 자명종의 단추

sonet, ~e, s.n. 소네트(14행시)

sonet|ă, -e, s.f. 말뚝박는 기계 (망치, 철퇴)

soneti|st, -stă, -şti, -ste, s.m. 그리고 f. 소네트 시인

sonic, ~ă, ~i, ~e, adj. 음의, 소리의

sonometr|u, -e, s.n. 소노미터, 측음기

sonor, ~ă, ~i, ~e, adj. **1.** 소리를 내는, 소리의; undă ~ă 음파 **2.** 울려 퍼지는, 울리는; voce ~ă 낭랑한 목소리 **3.** 반향하는 **4.** [언어]유성의 consoană ~ă 유성자음 **5.** [영화] film ~ 토오키 영화 **6.** [비유]중요한; 유명한

sonorit|ate, -ăţi, s.f. **1.** 잘 울려 퍼짐, 반향이 좋음 **2.** [언어]유성

sonoriz|a, -ez, -ai, -at, vt. **1.** [언어](무성음을) 유성화하다 **2.** [영화]영화에 음향효과를 곁들이다, 토오키로 하다

soporifer, soporific, I. adj. ~ă, ~i, ~e, 최면 작용을 하는 II. ~e, s.n. 최면제

sopran, ~ă, ~i, ~e, I. s.m. 그리고 f. 소프라노 가수 II. s.n. 소프라노

soprano, s.n. 소프라노

soră, surori, s.f. **1.** 자매, 누이, 누이동생; ~ bună 친자매; ~ vitregă 의붓자매; ~ de lapte 젖자매; ~ de caritate 간호원; ~ de mireasă 신부의 들러리; [비유]~ cu moartea 매우 큰, 굉장한; **2.** 친구 **3.** [교회]수녀

sorb, I. ~i, s.m. 개쉬땅나무 II. ~uri, s.n. (물)소용돌이

sorbet, ~uri, s.n. 소르베(술, 향료, 과즙이든)아이스크림

sorb|i, sorb, -ii, -it, vt. **1.** (홀짝홀짝) 들이마시다, (할짝할짝) 핥다; (공기를) 들이마시다; a ~ din ochi 깨물고 싶도록 귀여워하다; a ~ cuvintele 주의깊게 듣고 읽다 **2.** [비유]흡수하다 **3.** [비유]매혹하다

sorbit, s.n. sorbi의 명사형

sorbit|or, -oare, -ori, -oare, adj. 홀짝이는, 흡수하는

sorbitur|ă, -i, s.f. **1.** 홀짝 마심; 빨아들임 **2.** 삼킴 **3.** 음료스프

sorcov|ă, -e, s.f. 꽃으로 장식한 새해 축하용 막대

sorcoveală, s.f. **1.** 새해 축하 (sorcovă로) **2.** 타작, 매

sorcov|i, -esc, -ii, -it, vt. **1.** (sorcovă)로 새해 인사하다 **2.** 때리다, 구타하다

sordi|d, -dă, -zi, -de adj. [비유]더러운; 역겨운

sor|ean, -eni, s.m. [어류](유럽산) 대구

sorginte, s.f. I. pl. sorginte 유래, 기원, 출처 II. pl. sorginţi 샘, 수원(水源)

sor|i, -ese, -ii, -it, I. vt. 햇빛에 내놓다 II. vr. 햇볕을 쬐다

sorit[1], ~e, s.n. [논리]연쇄추리

sori|t[2], **-**tă, -ţi, -te adj. 해가 비치는, 양지바른

sor|oc, -oace, s.n. **1.** 기간, 기한; a sfinţi ~ul 지불기한을 엄수하다; a da cuiva soroace 누구에게 생각 시간을 주다; a i se împlini ~ul a)(사람에 대해)죽다, 사망하다; b)있는 것을 중단하다; (pe) la soroace 때때로 **2.** 시간 시기 **3.** 수확시기 **4.** [속어]월경 **5.** [교회]연미사 **6.** 가장자리 **7.** 질서 **8.** 운명, 예언

soroceal|ă, -li, s.f. [속어]sorocire 참조

soroc|i, -esc, -ii, -it, vt. [속어] **1.** 기

한을 확정하다 **2.** 정하다, 확정하다 **3.** (미신에서) 미리 운명을 정하다

sorocir|e, -i, s.f. [속어]동사 soroci 의 명사형

sorocovăț, ~i, s.m. [고어]시간에 따라 가치가 변하는 옛 은화

sor|os, -oasă, -oși, -oase, adj. 햇빛이 드는

sort, ~uri, s.n. 종류; 부류; 품종

sort|a, -ez, -ai, -at, vt. 품별하다, 정리하다

sort|are, -ări, s.f. 품별, 정리

sortat|or, -oare, -ori, -oare, I. s.m. 그리고 f. 품별하는 사람, 분류자 II. s.n. 선별기

sort|i, -esc, -ii, -it, vt. 운명을 정하다

sortiment, ~e, s.n. 똑같은 종류 물품의 총체

sorti|t, -tă, -ți, -te adj. 운명이 미리 정해진

sorț, ~i, s.m. 제비, 추첨; a trage la sorț a) 추첨을 통해서 결정하다 b) 병역의무로 들어가다; a cădea (또는 ieși) la sorți 추첨을 통해 결정하다; ~i de izbândă 기회, 찬스

sorțar, ~i, **sorțaș,** ~i s.m. 신병

sos, ~uri, s.n. 소오스

sos|i, -esc, -ii, -it, I. vi. **1.** 도착하다, 오다; a sosit primăvara 봄이 왔다; i-a ~t ceasul 그의 시간이 왔다 (죽어야 한다) **2.** (드물게) ...하는 상황에 있다, 하게 되다 II. vt. 소식없이 누구를 잡다, 놀라게하다

sosier|ă, -e, s.f. 소오스 그릇

sosir|e, -i, s.f. 도착

sosi|t, I. -tă. -ți, -te adj. 도착된 II. s.n. bun ~ 환영한다는 인사말

sosit|or, -oare, -ori, -oare, adj. 도착하는

sosma, ~le, s.f. (고기를 잡기위해) 얼음에 뚫은 구멍

sote, ~uri, s.n. (기름에) 튀긴 요리

sotnic, ~i, s.m. 코작 중대의 장교

sotni|e, -i, s.f. 코작중대 (약 100명)

soț, ~i, s.m. **1.** 남편, 신랑 **2.** pl. 부부 **3.** 부인, 아내 **4.** [속어]동료 **5.** cu ~ 짝수의; fără ~ 홀수의; a nu avea ~ 그와 견줄만한 사람은 없다

soți|e, -i, s.f. **1.** 부인, 아내 **2.** [고어] 남편 **3.** [속어]동료

soțioar|ă, -e, s.f. soție의 축소형

sotior, ~i, s.m. soț의 축소형

sovârf, ~i, s.m. [식물]마요라나

sovârvari|ță, -țe, s.f. [식물]고추나물(속)

sovhoz, ~uri, s.n. 소프호즈(소련의 국영기계화 집단 농장)

soviet, ~e, s.n. 소비에트

sovietic, ~ă, ~i, ~e, I. adj. 소비에트의, 소련의; republică, ~ă 소비에트 공화국; uniunea sovietică 소비에트 연방, 소련; II. s.m. 그리고 f. 소련인

sov|on, -oane, s.n. **1.** 베일(신부의) **2.** 두건(신부의) **3.** 수의 **4.** 비싼 옷

spadasin, ~i, s.m. 검객; 자객

spad|ă, -e, s.f. 검, (큰)칼

spagat, ~e, s.n. 매는 실, 가는 삼노끈

spaghete, s.f. pl 스파게티

spahi|e, -i, s.m. [방언]지주

spahi|u, -i, s.m. [고어]터어키 기병

spaimă s.f. **1.** 놀람, 공포, 두려움, 경악; de ~ 놀라운, 두려운, 경악스러운; a intra spaima în cineva 매우 쉽게 항상 놀라다; a trăi cu spaima-n sân 항상 공포에 질리다; a da (또는 băga) spaimă în cineva (또는 spaimă cuiva)놀라다 공포에 질리다; a lua spaima cuiva 누구에 의해 공포에 질리다 **2.** [속어]노이로제 **3.** 괴물

spalet, ~e, s.n. [고어]견장

spalier, ~e, s.n. **1.** 격자울타리 **2.** (두 줄로 선) 사람 울타리(열)

spanac, s.n. **1.** pl. ~e 시금치; [비유, 가족]중요하지 않은 일; ~-porcesc 초록족의 명아주속; ~-sălbatic 하얀꽃의 명아주속; ~ul ciobanilor 삼각형잎과 초록꽃의 명아주속 **2.** pl. ~uri 어리석음

spanc|ă, -e, adj. f. oaie ~ a)하얀 양; b) 메리노양의 종류; lână ~ 메리노 양털

spangă, spăngi s.f. [고어] **1.** 칼, 검 **2.** 총검; cu ~ 강제로, 난폭하게; a duce între spăngi 군사적인 감시를 하다

spaniol, ~ă, ~i, ~e, I. adj. 스페인의 II. s.m. 그리고 f. 스페인 사람

spaniol|esc, -ească, -eşti, adj. 스페인의

spanioleşte, adv. 스페인처럼, 스페인어로

spanioloaic|ă, -e, s.f. 스페인 여자

sparanghel, s.m. 아스파라거스

sparcet|ă, -e, s.f. [식물]가시완두

sparge, sparg, spărsei, spart, I. vt. 부수다, 깨뜨리다; [그리고 비유]; a ~ gheața 얼음을 부수다; a ~ un pahar 유리잔을 부수다; a ~ un geam 유리창을 깨뜨리다; a ~ capul cuiva 자기가 관여하지 않은 사실의 마음에 들지 않은 결과를 지지해야 하는 사람에 대해서 말하는 것; a-şi ~ capul a)머리에 상처를 입다 b)[비유] 무엇에 대해 골머리를 썩다; a-şi ~ pieptul 가슴이 터지도록 소리를 지르다 **2.** (나무를) 쪼개다 **3.** 파괴하다; 전복시키다; 쓰러뜨리다; a ~ banca 은행을 폭발시키다; a ~ cuiva casa 가정의 행복을 파괴하다; a ~ norma 규범을 초과하다 **4.** 입어 해트리다, 구멍을 내다; pe unde a spart dracul opincile 매우 멀리 떨어진 곳에 **5.** 약탈하다; hoții au spart casa 도둑들이 집을 약탈했다 **6.** 돌파하다; a ~ un zid 담을 돌파하다 **7.** (드물게) 휴한지를 경작지로 만들다 **8.** 해산하다, 끝마치다; a~ o adunare 집회를 해산시키다; a ~ greva 파업을 철회시키다 **9.** (군인들) 정복하다 추적하다 II. vi. 스스로 벌어지다 III. vr. **1.** 폭발하다; 부서지다; s-a spart geamul 유리창이 부수어졌다; s-a spart paharul 잔이 깨졌다; a se ~ de râs 포복절로 하다; [비유]a se ~ în capul cuiva 누구에게 되돌아오다 **2.** 분산되다, 흩어지다; norii se sparg 구름이 흩어지다 **3.** (목소리에 대해) 목이 쉬다 **4.** (옷) 찢어지다, 구멍나다 **5.** 죽다 **6.** 크게 소리치다 **7.** 끝나다, 해산되다

sparger|e, -i, s.f. 동사 sparge의 명사형

spargheț, ~uri, s.n. [건축]교각앞 쇄빙주 (다리를 유빙으로부터 보호하는)

spar|t, I. -tă, -ți, -te, adj. **1.** 부서진, 깨진; râde ciob de oală ~ă 똥묻은 개가 겨 묻은 개 나무란다; gură ~ă 수다장이; a fi mână ~ă 낭비하다; a plăti oalele ~e 책임을 맡다; a mânca de parcă ar fi ~ 게걸스럽게 먹다 2. (옷에 대해) 찢어진, 닳은 3. (목소리에 대해) 목 쉰 4. (목재) 갈라진 5. (벽, 집)쓰러진 II. s.m. 끝; la ~ul târgului 너무 늦게 도달하여

spartan, ~ă, ~i, ~e, I. adj. 1. 스파르타의, 스파르타식의 2. [비유]엄격한, 엄한 II. s.m. 그리고 f. 1. 스파르타인 2. 엄격한 사람의 생활방식

spasm, ~uri, s.n. [의학]근육의 경련

spasmodic, ~ă, ~i, ~e, adj. 경련(상)의

spat, ~uri, s.n. [광물]벽개(劈開) 광물

spat|ă, I. -e, s.f. 1. (직기) 바디 2. 검, 칼 II. spete 1. 견갑골; lat în spete 어깨가 넓은 2. 등 3. 등받이 (의자의)

spate, ~, s.n. 1. 등; în ~ a)등대고, 등으로; b) 뒤에; a duce în ~ a)등에 지다; b)돌보다주다; în ~le ...뒤에; de la ~ a)뒤의 b)뒤에서; din ~ 뒤에서; la ~ 뒤로; pe la ~ 뒤에서; a ataca pe la ~ 뒤에서 공격하다; a întoarce (cuiva) ~le 등을 돌리다; 알고 싶어하지 않다, 무관심하다; a-l strânge pe cineva în ~ a) 옷이 작다; b)겁먹다; a nu şti nici cu ~le 아무것도 모르다; a avea ~ 지지를 (보호를)받다; a da capul pe ~ 머리를 뒤로 젖히다; a da (un pahar) pe ~ 잔을 단숨에 비우다; a arunca ceva pe (또는 în) ~le cuiva 누구에게 책임을 전가하다; mă doare în spate 무관심하다 2. 뒷부분 3. 등받이

spati|e, -i, s.f. [방언](카드놀이의) 클럽

spatula|t, -tă, -ţi, -te, adj. (드물게) 주걱 모양의

spatul|ă, -e, s.f. 칼 모양의 얇은 주걱

spaţi|a, -ez, -ai, -at, vt. 공간을 넓게 하다, 많이 벌어지게하다

spaţial, ~ă, ~i, ~e adj. 공간의, 공간적인; 우주공간의

spaţi|at, -tă, -ţi, -te adj. 넓은 공간으로, 벌어진

spaţi|os, -oasă, -oşi, -oase adj. 넓은, 넓은 공간을 가진

spaţi|u, -i, s.n. 1. 공간; geometrie în ~ 체적측정, 입체기하; ~ gol 빈 공간 2. ~ cosmic 우주공간; ~ aerian 대기 천공 3. 천공 4. 테두리; 제한된 영역 5. 거리 6. 간격, 사이 7. 거주 공간 8. [인쇄]여백 9. [음악]악보의 선 사이 10. 시간의 폭

spăimânt|os, -oasă, -oşi, -oase, adj. 무섭게 하는

spăim|os, -oasă, -oşi, -oase, adj. 쉽게 놀라는, 겁먹는; 겁주는, 무섭게 하는

spăl|a, spăl, -ai, -at, I. vt. 1. 씻기다, 부시다, 헹구다; a ~ pe cineva pe cap 누구를 욕하다, 비난하다; a-şi ~ obrazul 치욕에서 벗어나다, 복잡한 일에서 빠져나오다; a ~ putina 도망치다; a ~ rufele (murdare) în familie 싸움을 해결하다 2. 깨끗이 하다 3. (힘, 계략으로) 탈취하다, 빼앗다 4. (죄를) 씻다; 명예를 다시 찾다 5. 헹구다 6. (금속) 세광하다 II. vr. 1. 씻다; a se ~ prin gură 또는 pe dinţi 이를 닦다; a se ~ pe mâini a)손을 씻다 b)아무것과로 관계하지 않다; spală-te pe cap! a)머리를 감아라! b)혼자 정해라! 2. 세탁되다 3. [비

유]결백해지다
spăla|t, I. -tă, -ți, -te, adj **1.** 씻긴; 깨끗한 **2.** (사람에 대해) 깨끗하게 옷을 입은; 교양있는 II. s.n. 씻음, 세탁; mașină de ~ 세탁기
spălăc|i, -esc, -ii, -it, vr. (색깔에 대해) 색이 바래다
spălăcioas|ă, -e, s.f. [식물]개쑥갓류
spălăci|t, -tă, -ți, -te, adj. **1.** 색이 바랜 **2.** [비유]희미한; 창백한; 진부한; 생기 없는; 시든
spălăcitur|ă, -i, s.f. **1.** 개숫물, 허드렛물 **2.** 색깔이 바랜 물건
spălăt|or, I. -oare, s.n. **1.** 세면대 **2.** 세탁장, 세면장 **3.** 개수대 **4.** 행주 II.-ori, s.n. 세탁부
spălător|easă, -ese, s.f. 세탁부(여자)
spălători|e, -i, s.f. **1.** 세탁소(집), 세탁기구 **2.** [광산]광산의 세탁장치
spălătur|ă, -i, s.f. **1.** 세탁; 세면 **2.** 개숫물 **3.** [의학]씻어 깨끗이함 **4.** 물기 있는 음식 **5.** 침식; 침식된 곳 **6.** 물이 날라온 돌
spălăț|el, -ică, -ei, -ele, adj. 말끔한
spărgăt|or, -oare, -ori, oare, I. adj. 잘게 부수는 II. s.m. 그리고 f. **1.** 침입자 **2.** ~ de piatră 분쇄기 **3.** ~le grevă 파업 파괴자; ~ de nuci 호두까지
spărtur|ă, -i, s.f. **1.** 틈, 균열, 새 **2.** 조각 **3.** [비유]분쟁, 알력, 불화
spărar, I. ~i, s.m. 영주의 칼을 만들고 시종하는 직책의 사람 II. -e, s.n. 등받이
spătăr|easă, -ese, s.f. 검객의 부인
spătăr|el, -ei, s.m. spătar의 하부직책의 사람
spătări|e, -i, s.f. **1.** [고어]spătar의 관청 또는 지위 **2.** spătar의 건물 **3.** 영주의 궁전
spăt|os, -oasă, -oși, -oase, adj. 어깨가 넓은
spân, ~ă, ~i, ~e, I. adj. 수염없는 II. s.m. 수염없는 사람
spânatic, ~ă, ~i, ~e, adj. 수염이 드문드문 난
spân|i, -esc, -ii, -it, vi. [방언] **1.** 수염이 없게 되다 **2.** (새에 대해)깃털을 잃다
spân|z, -ji, s.m. [식물]미나리 재비과의 식물
spânzu|i, -iesc, -ii, -it, vt. 병든 동물을 spânz로 치료하다
spânzur|a, spânzur, -ai, -at, I. vt. **1.** 목매달아 죽이다, 교수형에 처하다; a tăia și ~ a)힘을 남용하다 마음대로 하다, b) 분노하다; **2.** 거꾸로 매달다; a ~ cuiva lingurile de gât 식탁에 늦게 온 사람에게 식사를 주지 않다 **3.** (돈을)낭비하다 II. vi. 매달려있다. 걸려있다; a ~ de... ..에 달려 있다. 종속되어 있다 III. vr. 목매달아 자살하다
spânzura|t, -tă, -ți, -te, I. adj. **1.** 교살된 **2.** 목매달아 처형된 II. s.m. 그리고 f. **1.** 목매달아 죽은 자, 교수형 당한 자 **2.** [비유]부랑자
spânzurăt|oare, -ori, s.f. **1.** 교수형 **2.** 교수대
spârc, I. ~i, s.m. 꼬마, 애송이 II. ~uri, s.n. 쓸모없는 조각, 부스러기
spârcu|i, -iesc, -ii, -it, vt. **1.** 조각내다, 찢다; 찢어발기다 **2.** 파괴하다, 부수다, 파멸시키다

special, ~ă, ~i, ~e, adj. **1.** 특수한, 특별한 **2.** 특유한, 특이한; în ~ 특히

speciali|st, -stă, -şti, -ste s.m. 그리고 f. 전문가, 전공자

specialit|ate, -ăţi, s.f. **1.** 전문, 전공; ~ secundară 부전공 **2.** 특산물, 명산(名産)

specializ|a, -ez, -ai, -at, I. vr. 전문으로 하다, 전공하다 II. vt. 특수화하다; 전문화하다

specializ|are, -ări, s.f. 특수화, 전문화

specializa|t, -tă, -ţi, -te adj 전문의

speci|e, -i, s.f. **1.** 종, 종류 **2.** [생물]종(種)

specific, I. ~ă, ~i, ~e adj. I. (어떤 종류에) 특유한, 특수한; 특징의 II. s.n. 특징

specifica, specific, -ai, -at, vt. 특수성을 규정(한정)하다, 명시하다, 특기하다

specific|are, -ări, **specificaţi|e,** -i, s.f. 명확하게 함; 분류; 특정

specificitate, s.f. 특수성, 특징

specimen, ~e s.n. 견본, 표본

speci|os, -oasă, -oşi, -oase, adj. 그럴듯한; 허울좋은

spectacol, ~e, s.n. **1.** 광경, 구경거리 **2.** (영화, 연극의) 공연; a se da în ~ 이목을 끌다, 웃음을 자아내다

spectacular, ~ă, ~i, ~e, **spectaculo|s,** -oasă, -oşi, -oase, adj. 구경거리가 될만한, 눈부신, 장관인

spectat|or, -oare, -ori, -oare, s.m. 그리고 f. **1.** 구경꾼, 관객, 관람자 **2.** 목격자

spectral, ~ă, ~i, ~e adj. **1.** 스펙트럼의, 분광의; analiză ~ă 스펙트럼 분석 **2.** 유령같은, 유령의

spectrofotometrie, s.f. [물리]분광측광

spectrofotometr|u, -e, s.n. 분광측광계

spectrograf, ~e, s.n. [물리]분광 사진기

spectroheliograf, ~e s.n. [물리]분광 태양 사진기

spectrometr|u, -e s.n. [물리]분광계

spectrosc|op, -oape, s.n. [광학]분광기

spectroscopie, s.f. 분광학

spectr|u, -e, s.n. **1.** [광학]스펙트럼, 분광 **2.** 유령, 귀신, 망령

specul, ~e, s.n. [의학]검경(檢鏡)

specul|a, -ez, -ai, -at, vt. **1.** (그리고 vi.) 투기하다 **2.** (그리고 vi.) 사변, 사색하다, 깊이 생각하다, 순 이론적으로 생각하다

speculan|t, -tă, -ţi, -te s.m. 그리고 f. 투기업자, 투기자

speculativ, ~ă, ~i, ~e, adj. 사색적인, 순이론적인

speculat|or, -oare, -ori, -oare, s.m. 그리고 f. speculant 참조

speculaţi|e, -e, s.f. **1.** 사색, 사변; 순이론, 공론 **2.** 투기

specul|ă, -e, s.f. **1.** 투기; 과도하게 비싸게 팜 **2.** 주식 거래

spelb, ~ă, ~i, ~e, adj. **1.** (사람에 대해)창백한 **2.** (눈에 대해)흐릿한 3 (음료수)맛있는, 김빠진

spelc|ă, -i, s.f. [방언] **1.** 머리핀 **2.** 옷삔, 삔로치

spelunc|ă, -i, s.f. **1.** 더러운 집, 누옥 **2.** 추잡한 술집

spenţer, ~e, s.n. 일종의 재킷

speolog, ~i, s.m. 동굴 학자

speologi|e, ~i, s.f. 동굴학

sper|a, sper, -ai, -at, vi. 그리고 vt. 기대하다; 희망하다; sper că va veni 그가 오기를 희망하다; nu sper că.... 하는것을 의심하다

speranţ|ă, -e, s.f. 기대, 희망; în speranţa că..........희망에서

speri|a, sperii, -ai, -at, I. vt. **1.** 무섭게 하다, 경악하게 하다, 겁먹게 하다 **2.** 감탄의 마음이 생기게 하다; de speriat 놀랄만한 II. vr. 무섭다, 경악하다. 놀라다; a-şi speria somnul (또는 a-i speria cuiva soumnul) 깨어있다; a se ~ şi de umbra sa 겁이 많다

speria|t, I. -tă, -ţi, -te, adj. 놀란, 겁먹은, 경악한, 무서운 II. s.m. 무서움, 경악, 겁

sperietoare, -ori, s.f. 허수아비; 무섭게하는 사람(물건)

sperietur|ă, -i, s.f. **1.** 공포, 겁 **2.** (미신에서) 겁먹어서 생긴 병

speri|os, -oasă, -oşi, -oase, adj. **1.** 쉽게 무서워하는; 겁먹는 **2.** 무서운

sperjur, I. ~uri, s.n. 거짓맹세 II. ~ă, ~i, ~e, s.m. 그리고 f. 거짓맹세하는 사람

spermanţet s.m. **spermanţetă,** s.f. 스테아린, 경지

spernatic, ~ă, ~i, ~e, adj. 정액의

spernatogeneză, s.f. 정자형성

spernatozoi|d, -zi, s.n. 정자, 정충

spermă, s.f. 정액

speteală, -eli, s.f. 허리를 펴지 못하는 병

spet|ează, -eze, s.f. **1.** (의자의)등받이 **2.** 횡목 **3.** 풍차의 날개 **4.** (사다리의)디딤판

spet|i, -esc, -ii, -it, I. vt. 허리를 꼬부라지게 하다. II. vr. **1.** 허리가 꼬부라지다 **2.** 지칠 때까지 일하다 **3.** 비싼 돈을 지불하다

speti|t, -tă, -ţi, -te, adj. **1.** 허리가 꼬부라진 **2.** 기력이 탕진된

speţ|ă, ~e, s.f. 종, 종류, 부류; în ~ 현재의 경우에

speze, s.f. pl 잡비, 비용

spic, ~e, s.n. **1.** 이삭; a da în ~ 또는 a-i da ~ul 또는 a face ~ 익어가다 **2.** (수를 놓거나 옷감을 짜는 데 있어서) 이삭모양의 장식 **3.** 모피의 털실 끝 **4.** ~ de zăpadă 짓눈깨비 **5.** (산의)꼭대기 **6.** 지붕 끝

spicher, ~iţă, ~i, ~iţe, s.m. 그리고 f. 아나운서

spicu|i, -iesc, -ii, -it, vt. **1.** 이삭을 따다; 추수 후 남아 있는 이삭을 모으다. **2.** [비유]여기 저기에서 모으다, 수집하다

spicu|ială, -ieli, s.f. 동사 spicui의 명사형

spicuit|or, -oare, -ori, -oare, s.m. 그리고 f. **1.** 이삭 모으는 사람 **2.** 수집하는 사람

spiculeţ, ~e, s.n. **spicuşel,** ~e, s.n. spic의 축소형

spicuş|or, -oare, s.n. spic의 축소형

spilcui|t, -tă, -ţi, -te, adj. 치장된, 멋낸

spin, ~i, s.m. **1.** 가시; a sta pe(또는 ca pe) ~i 좌불안석이다; a fi(또는 a sta)ca un ~ în ochi cuiva 눈의 가시이다 **2.** [식물]가시나무 덤불 **3.** [식물]소나무일종 **4.** [식물]인목(장미

과의 상록 소교목) **5.** [기술]핀, 고리

spinal, ~ă, ~i, ~e, adj. 척추의, 척추의

spin|are, -ări, s.f. **1.** 등, 잔등이, 등마루; şira spinării 척추; în ~또는 de-a ~(a)또는 cu ~a 등에 어깨에 무거운 짐을 지고; a avea pe cineva în ~ 누구에게 시달리고 있다; a cădea în ~a cuiva 누구의 짐이 되다; a trăi pe ~a cuiva 기생충처럼 살다, 남에게 빌붙어서 살다; a arunca(또는 pune)ceva în ~a cuiva 누구를 ...에 대해 책임있게 만들다 **2.** 산등성이 **3.** 옷의 등 부분

spinări|e, -i, s.f. **spinăriş,** ~uri, s.n. [방언]가시덤불

spinăruş|ă, -e, s.f. spinare의 축소형

spinel, ~i, s.n. [광물]첨정석

spinet|ă, -e, s.f. 스피네트(하프시코드의 일종)

spinic|el, -ei, s.m.(드물게) spin의 축소형

spiniş, ~uri, s.n. spinărie 참조

spiniş|or, -ori, s.m. spin의 축소형

spin|os, -oasă, -oşi, -oase, adj. **1.** 가시가 있는, 가시투성이의 **2.** [비유]어려운; 엄한 **3.** [비유]복잡한; 민감한; 깊이 생각하는

spinterisc|op, -oape, s.m. 스핀타이스코프(알파선 관측경)

spinteca, spintec, -ai, -at, vt. **1.** 가르다, 쪼개다 **2.** 찢다. **3.** [비유]횡단하다, 헤쳐 나가다

spintecăt|or, -oare, -ori, -oare, adj. 가르는

spintecătur|ă, -i, s.f. 길고긴 쪼갬(가름); 갈라진 곳

spinterometr|u, -e, s.m. 전압을 재는 기계

spinuț|ă, -e, s.f. [식물]샐러드용 상치

spi|on, -oană, -oni, -oane. I. s.m. 그리고 f. 간첩, 스파이, 밀정, 탐정 II. s.m. 표준자, 자

spion|a, -ez, -ai, -at, I. vi.탐정하다, 간첩 노릇하다 II. vt. 염탐하다, 몰래 엿보다

spionaj, s.n. 탐정, 스파이 행위

spriai, ~uri, s.n. [해양]환기구멍

spiral|ă, -e, s.f. **1.** 나선 **2.** 태엽; în ~ 나선형의

spiran|t, -tă, -ți, -te, adj. 마찰음의

spirant|ă, -e, s.f. [음성]마찰음

spir|ă, -e, s.f. 나선의 한둘레; 나선, 소용돌이

spiriduş, ~i, s.m. (동화에서) **1.** 산, 땅의 요정 **2.** 활발한 아이

spiril, ~i, s.m. [의학]나선 상균

spirit, ~e, s.n.**1.** 정신; 재기; ~ universal 다방면에서 박식한 사람 **2.** (pl.)의견; 공공의견 **3.** 지력, 이지; 상상력; de ~ a)정신이 총명한 사람; b)재기가 넘치는 사람 **4.** 경향, 능력 **5.** 일화, 아이러니; a face ~e 위트를 하다 **6.** 정신, 기풍; ~ de partid 당의 정신 **7.** 의미 **8.** 특성, 특질, 본질 **9.** 얼, 혼백 **10.** 유령, 망령 **11.** [언어]기음(氣音)

spiritism, s.n. 강신설(술)

spiriti|st, -stă, -şti, -ste. I. adj. 강신술의 II. s.m. 그리고 f. 강신술신자

spiritual, I. ~ă, ~i, ~e, adj. **1.** 정신적인, 영적인 **2.** 기지가 있는, 재치가 있는; 현명한, 지적인 **3.** [종교, 철학] 영적인; 초자연적인 II. s.m. [교회]

목자, 수도자
spiritualiceşte, adv. 영적으로
spirituali|st, -stă, -şti, -ste I. adj. 유심론적인, 정신주의적인 II. s.n. 그리고 f. 유심론자, 정신주의자
spiritualism, s.n. 유심론; 심경론; 정신주의
spiritualitate, s.f. 정신성, 영생.
sprirtualiz|a, -ez, -ai, -at, vt. 영화하다, 정신화하다
spiritualiza|t, -tă, -ţi, -te, adj. 영화된, 정신화된
spiroche|t, -ţi, s.m. (세균)스피로헤타
spirometr|u, -e, s.m. 폐활량계
spirt, ~uri. **1.** 에틸알콜, 알콜 **2.** 매우 부지런하게(부사적으로)
spirtier|ă, -e, s.f. 알콜 램프
spirt|os, -oasă, -oşi, -oase, I. adj. (음료)알콜을 함유한 II. s.f. pl. 알콜 음료
spital, ~e, s.n. 병원
spitalic|esc, -ească, -eşti, adj. 병원의
spitaliz|a, -ez, -ai, -at, vt. 병원에 입원시키다
spitaliz|are, -ări, s.f. 병원에 입원시킴
spitaliza|t, -tă, -ţi, -te, I. adj. 병원에 입원한 II. s.m. 입원환자
spiţ|ă, -e, s.f. **1.** (바퀴의)살 **2.** (사다리의)디딤대 **3.** 버팀목 **4.** 혈통; spiţa neamului 계보
spiţăra|t, -tă, -ţi, -te, adj. [방언]레이스가 달린
spiţelnic, ~e, s.n. 바퀴의 살 구멍을 뚫는 드릴
spiţer, ~i, s.m. [속어]약사
spiţer|easă, -ese, s.f. [속어] **1.** 여약사 **2.** 약사의 부인
spiţeri|e, -i, s.f. [속어] **1.** 약국 **2.** pl. 약 **3.** 약사업
spiţuri, s.n. pl. (드물게) 레이스
splai, ~uri, s.n. 부두, 방파제
splendi|d, -dă, -zi, -de, adj. 휘황찬란한, 빛나는; 장려한, 화려한, 눈부시게 아름다운
splend|oare, -ori, s.f. **1.** 빛,광휘, 광채 **2.** 찬란함, 탁월, 뛰어남 **3.** 장려함, 화려함, 눈부신 아름다움
splenic, ~ă, ~i, ~e, adj. [해부]비장의
splin, s.n. 짜증, 심술
splin|ă, -e, s.f. **1.** [해부]비장; fără ~ 지치지 않는 **2.** [식물]바위취
splint, ~uri, s.n. 끝이 벌어진 핀, (빗장, 너트 따위가 빠지지 않게 끼우는)코터 핀, 고정쇠
splinuţ|ă, -e, s.f. [식물] **1.** 바위취 **2.** 미역취
spo|i, -iesc, -ii, -it. I. vt. **1.** 석회를 바르다, 석회칠을 하다 **2.** 금속물건이나 토기를 보호제로 바르다 II. vr. **1.** 피상적으로 문화개념, 교양적 태도를 자기 것으로 하다 **2.** 화장하다
spoi|ală, -eli, s.f. **1.** 석회칠; 표면보호층 **2.** 피상적 문화 교양 수용
spoit|or, I. ~i, s.m. (동사 spor) 칠하는 사람 II. -oare, s.n. 칠하는 솔
spoitor|easă, -ese, s.f. (동사 spor) 칠하는 여자
spoitorie, s.f. 칠하는 직업
spoli|a, -ez, -ai, -at, vt. 약탈(강탈)하다, 사취하다, 횡령하다
spoliat|or, -oare, -ori, -oare, s.m. 그리고 f. 약탈자, 강탈자, 사취자,

횡령자

spoliaţie, spoliere, s,f. 약탈, 강탈, 사취, 횡령

sponc|ă, -i, s.f. [속어] **1.** (옷에)브로치, 핀; 죔쇠, 걸쇠 **2.** pe sponci 소량의, 조금의

spondaic, ~e, adj. a. [운율]강강격의, 장장격의

spond|eu, -ee, s.n. [운율]장장격, 강강격

spondilif|ă, -e, s.f. [의학]척추염, 추골염

spondiloz|ă, -e, s.f. [의학]척추 분리증

spongi|e, -i, s.f. [동물]해면

spongier, ~i, s.m. 해면류

spongi|os, -oasă, -oşi, -oase, adj. **1.** 해면질의, 해면처럼 구멍이 많은, 물을 흡수하다는 **2.** (땅이)물렁물렁한

spongiozitate, s.f.해면질

spontan, ~ă, ~i, ~e, adj. **1.** 자발적인, 자연발생적인; 저절로의 **2.** 갑작스러운

spontaneitate, s.f. 자발성; 자연발생; 자유의사

spor, I. ~i, s.m. [식물, 생물]포자(胞子)II. ~uri, s.n. **1.** 진보, 발전, 성장; cu ~ 유익하게, 수확이 많게 ; 빠르게; fără ~ 수익이 없이; 천천히; 조금의; a avea ~ 짧은 시간에 많이 생산하다; ~ la lucru! 일하라고 촉구하는 말 **2.** 풍부, 충만, 번성; 이익; 비옥 **3.** 상승; ~ de salariu 봉급상승

sporadic, ~ă, ~i, ~e, adj. 산재하는, 산발성의; (병 따위의)특발성의, 산재성의

sporadicitate, s.f. (병 따위의)특발(산발)성, 산재성

sporang|e, -i, s.n. [식물]홀씨주머니, 포자낭

spor|i, -esc, -ii, -it. I. vt. **1.** 증가시키다, 크게하다. 자라게 하다, 성장시키다 **2.** (봉급을)올리다 **3.** 촉진시키다, 박차를 가하다 **4.** 과장하다, 허풍떨다 II. vi. **1.** 증가하다, 커지다, 성장하다. **2.** 진보하다, 발전하다, 번성하다 **3.** [고어]서두르다

sporifer, ~ă, ~i, ~e, adj. 홀씨를 가진, 홀씨가 생기는

sporir|e, -i, s.f. 동사 spori의 명사형

sporit|or, -oare, -ori, -oare, adj. **1.** 성장하는, 커지는; 진보하는 **2.** [속어]번성하는

spornic, ~ă, ~i ~e, adj. **1.** 번영하는, 유익한 **2.** 수확이 많은, 비옥한 **3.** 부지런한, 근면한 **4.** 풍부한 **5.** 말 많은, 수다스런 **6.** 경제적인, 절약하는

sporofil|ă, -e, s.f. [식물]포자식물

sporofi|t, -ţi, s.m. 포자체, 조포체

sporovă|i, -iesc, -ii, -it, vi. 그리고 vt. 수다를 떨다. 쓸데없는 말을 하다

sporovăi|ală, -ieli, s.f. 수다

sport, ~uri, s.n. 스포츠, 운동, 운동경기; teren de ~ 운동장; a face ~운동하다

sportiv, ~ă, ~i, ~e, I. adj. **1.** 운동의, 운동에 관한; întâlnire (또는 întrecere) ~ă 또는 concurs ~ 운동시합 II. s.m. 스포츠맨, 운동자

sportivitate, s.f. 운동정신

sporulaţie, s.f. [식물]홀씨 형성

spov|adă, -ede, s.f. [방언]고해

spovădu|i, -iesc, -ii, -it, vr. [방언] 고해하다

spovedani|e, -i, s.f. **1.** 고해. **2.** 고백

spoved|i, -esc, -ii, -it. I. vr. **1.** 고해하다 **2.** 고백하다 II. vt. [교회]고해를 듣다

sprafc|ă, -e, s.f. **1.** (법적인)조사 심리 **2.** a face ~ din(또는 de) 파괴하다

sprânc|eană, -ene, s.f. **1.** 눈썹; a ridica sprâncenele (또는 din sprâncene) (놀람, 불만족으로 표시하는) 눈썹을 치켜세우다; a încreți (또는 încrunta) sprâncenele(또는 din sprâncene)이마를 찡그리다(불만족, 우울 등의 표시); a se uita pe sub sprâncene 몰래 엿보다; a alege pe (또는 după) ~ 더 좋은 것을 고르다; a fi cu sprâncene a)너무 눈에 띄다 b)부인할 수 없다 **2.** 산등성이, 산꼭대기 **3.** [비유]가장자리

sprâncena|t, -tă, -ți, -te, adj. **1.** 짙은 눈썹을 가진 **2.** 화장한, 치장한, 장식된 **3.** călătorie ~ă 좋은 여행

sprâncen|ea, -ele, **sprâncenuț|ă,** -e, s.f. sprânceană의 축소형

spre, prep. **1.** (장소 의미) 방향으로, 향하여; ~ răsărit 동쪽으로, 동쪽방향으로; ~ casă 집으로, 집을 향하여; ~ cer 하늘 향하여 **2.** (시간)가까이, 경, 무렵; ~ ziuă 동틀무렵; ~ iarnă 겨울 무렵 **3.** ..위해; ~ a face 하기위해 **4.** ~ pildă 예를 들면; ~ marea mea bucurie 큰 기쁨으로 **5.** ..로, 로써; ~ răsplată 보상으로

sprijin, ~e, s.n. **1.** 지원, 지지, 후원; [비유]도움, 보호; în ~ul părerii mele 내 의견을 지지하여; a veni în ~ul cuiva 누구를 도와주러 오다; punct de ~ 지지점 **2.** 버팀목, 버팀대 **3.** 후원자, 지지자

sprijin|i, sprijin, -ii, -it, I. vt. **1.** 받치다, 버티다, 지지하다; a ~ un zid 담을 받치다; a se ~ de ceva 무엇에 기대다 **2.** 후원하다 지지하다; 도와주다; 보호하다; a ~ pe cineva 누구의 편을 들다 **3.** [비유]근거를 두다 **4.** [고어]반항하다 **5.** [방언]막다, 저지하다 II. vr. **1.** ..에 기대다; a se ~ în coate 팔꿈치로 괴다; a se ~ pe cineva a)의지하다; b)믿다. **2.** ..에 근거하다

sprijinir|e, -i, s.f. 동사 sprijini의 명사형

sprijinit|or, -oare, -ori, -oare, I. adj. 지지하는, 받치는 II. s.m. 그리고 f. 후원자, 지지자, 보호자

sprint, ~uri, s.n. [스포츠]스프린트, 스퍼트; 연주

sprint|a, -ez, -ai, -at, vi. (결승점 가까이에서)역주하다

sprintei|or, -oară, -ori, -oare, adj. 거의 빨리 달리는

sprinten, ~ă, ~i, ~e, adj. **1.** 빨리 달리는, 빠른; ~ la minte 명민한, 총명한, 통찰력있는 **2.** (물건에 대해)날렵한, 우아한, 높은, 가느다란 **3.** (옷에 대해)가벼운

sprinte|neală, -eli, s.f. **1.** 빠름 **2.** 날렵함, 우아함, 가느다람

sprinten|el, -ea, (-ică), -ei, -elc, adj. 상당히 민첩한

sprinter, ~ă, ~i, ~e, s.m. 그리고 f. 단거리 경주자; 속도 경기의 전문가

sprințar, ~ă, ~i, ~e, adj. **1.** 방자한, 자유분방한 **2.** 민첩한 **3.** 경박한 **4.** 가만있지 못 하는 **5.** [비유]교만한

spulber, ~e, s.n. **1.** 회오리눈; 회오

리바람 **2.** 파괴; 황폐; a merge în ~ 파괴되다

spulber|a, spulber, -ai, -at. I. vt. **1.** 소용돌이치며 멀리가게 하다; 분산시키다. **2.** [비유]파괴하다 II. vr. **1.** 분산되다, 흩어지다 **2.** 소용돌이치며 멀리 가다 **3.** 파괴되다

spulbera|t, -tă, -ți, -te, adj. **1.** (눈, 먼지, 나뭇잎에 대해)소용돌이 치며 흩어지는, 소용돌이치는 **2.** (사람에 대해)경박한, 어찌할 바를 모르는 **3.** (바람에 대해)소용돌이치는, 강한 **4.** (비유, 사람에 대해)분노하는

spulberatic, ~ă, ~i, ~e, adj. 경박한, 가벼운

spulberătur|ă, -i, s.f. **1.** 바람에 날리는 눈, 먼지, 잎 **2.** 사방으로 흩어지는 물건

spum|a, -ez, -ai, -at. **1.** vi. (그리고 vr.)(물, 물결에 대해)거품이 일다, 거품으로 뒤덮히다; **2.** vi. (사람에 대해) a ~ de furie(또는 ciudă) 화가 나서 부글부글 끓다

spuma|t, -tă, -ți, -te, adj. 거품으로 덮힌; (말에 대해)땀으로 덮힌

spum|ă, -e, s.f. **1.** 거품; a face ~ 거품을 만들다. 거품을 내다; a lua spuma 거품을 걷어내다 **2.** 가장 좋은 것 **3.** 끓을 때 물위에 있는 거품; a face spumă(또는 spume) la gură 화가 나서 부글부글 끓다; cu spume la gară 입에서 거품을 물고 **4.** 비누거품; 땀

spumeg|a, spumeg, -ai, -at, vi. **1.** 거품이 일다 **2.** (말에 대해)땀으로 뒤덮히다 **3.** [비유]분격하다; a ~ de furie(또는 de mânie) 화가 나서 거품을 내다 **4.** 삶을 즐기다, 쾌활하다

spumegai, s.m. 더러운 거품

spumega|t, -tă, -ți, -te, adj. 거품으로 꽉 찬

spumegăt|or, -oare, -ori, -oare, adj. 거품내는

spumeg|os, -oasă, -oşi, -oase, adj. 거품으로 뒤덮힌

spumier|ă, -e, s.f. 거품 걷어내는 숟가락

spum|os, -oasă, -oşi, -oase. adj. **1.** (액체에 대해)거품의; vin ~ 샴페인 **2.** 거품같은; 투명한; 가벼운 **3.** (표현 방법)다양한, 다채로운

spune, spun, spusei, spus, vt. **1.** 말하다; 표현하다; 설명하다; a ~ adevărul (또는 drept, 또는 curat) 진실을 말하다; a ~ pe dinafară 외워서 말하다; ce-ți spuneam eu! 내가 뭐라고 그랬어!(말한 것처럼 됐다는 뜻); nu mai spune! 또는 ce spui 놀라움이나 믿을 수 없음을 나타내는 표현; a ~ verde în față 얼굴에 대고 솔직하게 말하다 **2.** 불러일으키다. **3.** 노래하다 **4.** 보고하다; 토의하다 **5.** 포함하다 **6.** 읽다. **7.** 고백하다. 누설하다 **8.** 고소하다 **9.** 설명하다 **10.** 명명하다

spuner|e, -i, s.f. 동사 spune의 명사형

spurc|a, spurc, -ai, -at. I. vt. **1.** 더럽히다 **2.** 신성을 모독하다. 명예를 더럽히다 **3.** 욕하다, 저주하다 **4.** 더러운 음식(교회에서 금지한)에 손대다 II. vr. **1.** 더럽혀지다, 오물이 묻다 **2.** 명예가 더럽혀지다. 모독되다

spurcaci, ~s.m. [조류]남유럽산의 작은 조류

spurca|t, -tă, -ți, -te, I. adj. **1.** 더러

운, 구역질나는 **2.** (말에 대해)비열한, 저속한, 점잖지 못한; ~ la gură 점잖지 못하게 말하는 **3.** (음식에 대해)깨끗하지 못한; (사순절에)금지된; **4.** [비유]천한; 역겨운 **5.** (사물에 대해)나쁜, 옳지 못한 **6.** [비유]이교도의 II. s.m. 그리고 f. **1.** 천한사람 **2.** [비유]이교도, 무신론자 **3.** ~ul 악마

spurcăciun|e, -i, s.f. **1.** 더러운 물건; 더러움; 오물 **2.** 저속함, 점잖지 못한 행동 **3.** 나쁜 사람, 더러운 놈 **4.** 괴물

spu|s, I. ~să, ~şi,. ~se, adj. 말하여진, 설명된 II. ~suri 이야기

spus|ă, -e, s.f. 말하여진 것; 말

spuz|ă, -e, s.f. **1.** 뜨거운 재; a trage spuza pe turta sa 이익을 취하려고 하다 **2.** [비유]매우 많음

spuz|eală, -eli, s.f. **1.** [속어]피부발진 **2.** [비유]많음

spuz|i, -esc, -ii, -it. I. vt. 피부발진을 일으키다 II. vr. 피부 발진이 나다 III. vi. 많이 나타나다

spuzi|t, -tă, -ţi, -te, adj. 피부발진이 난

ss, sst, st, interj. 조용히 하라고 할 때 내는 소리; 쉿!

sta, stau, stătui, stat, vi. **1.** 서있다, 서다, 움직임을 멈추다; stai pe loc!; a)서라!; b)기다려라!; stai să-ţi spun 말하게 해다오; stai puţin (또는 un pic 또는 cu binişorul)잠깐 기다려라; 좀 참아라; a ~ în (또는 pe)loc; a)서있다 b)꼼작 않다; c) 아무것도 하지 않다; ceasul a stat 시계가 서 있다; a ~ ţintuit locului 못박힌 것처럼 서 있다; a nu-i mai ~ gura 말 재주가 좋다; a stat ploaia(vântul)비가(바람이)멈추었다 **2.** (아무것도 하지 않고)서있다; 기다리다; 머무르다, 체재하다; (차들에 대해)멈추어있다;a ~ nu putea ~ locului 가만히 있을 수 없다; stai binişor 조용히 해!; a ~ acasă 집에 머무르다; am stat o lună la Braşov 나는 한단 동안 브라쇼브에 머물렀다; mai stai puţin! a)잠시만 더 머물러라! b)잠시 기다려라!; stă ce stă şi .... 그는 잠시 기다렸고 그리고....; a ~ la locul său a)그 자리에 머물러 있다. 떠나지 않다;b)[비유]뒤로 물러 있다, 방해하지 않다; gândul îmi stă la tine 나는 너를 생각한다 **3.** 있다; 체류하다; 살다; 거주하다; a ~ în preajma cuiva 누구가까이에 거주하다; a ~ în poartă, în prag 문에, 문 지방에 있다; unde stai ? 어디에 사니?; stau la ţară 나는 시골에 산다; a-i ~ cuiva în cale (또는 în drum) 누구의 방해가 되다; 누구의 길을 가로 막다; a ~ înaintea cuiva a)누구 앞에 서있다; b)누구에게 대항하다; c)누구에게 종사하다; a ~ de faţă 현존하다, 그곳에 있다; (사물에 대해) a ~ în faţa cuiva 누구의 면전에 서다; a ~ în umbră a)그늘에서 숨어 기다리다 b)표면에 나서지 않다; a ~ deoparte a)떨어져 머무르다; b)[비유]멀리 떨어져 있다; a ~ în mâna cuiva 누구의 수중에 있다; a-i ~ cuiva în putinţă 누구의 세력안에 있다; a-i ~ cuiva în fire 본래부터 그렇다, 타고낳다; a-i ~ (cuiva) pe limbă 무엇을 마음에 두고 있다; a ~ pe capul cuiva 누구를 계속해서 괴롭히다; a-i capul unde-i stau picioarele 누구의 목을 치다 **4.** (계속)있다, 지속되다 **5.** (그 곳에)서있다, 앉아 있다; 누워있다; a ~ drept(ca lumânarea) (초처럼) 똑바로 서있다; a ~ în picioare a)서 있다; b)배겨내다; a ~ neclintit 움직이지 않고 서있다; a ~ ca o stană de piatră 돌부처 같이 서있다; a ~ cu nasul în pământ(부끄러워, 죄지어서)고개를 떨구고 서있다; a ~ cu mâinile în sân 아무것도 하지 않고 있다; a ~ cu dinții la stele 굶다, 배가 고파 죽을 지경이다; a ~ cu ochii pe cineva 째려보다, 관찰하다, 감시하다; a ~ cot la cot 어깨를 맞대고 서 있다; a ~ grămadă 서로 밀착되어 있다; abia stă de somn 졸려서 쓰러질 뻔 했다; abia mai stă pe picioare (피곤해서)서 있을 수 없다; a ~ culcat 누워있다; a ~ turcește 책상다리로 앉아 있다; a ~ pe vine 웅크리다; a ~ (ca)pe ace(또는 ghimpi, foc, jar)바늘 방석에 앉아 있다; a ~ jos a)앉다. b)앉아 있다; a ~ pe pat a)침대 위에 앉다; b)침대 위에 앉아 있다; a ~ pe scaun a)의자에 앉다; b)의자 위에 앉아 있다; a ~ la închisoare 감옥에 갇히다; a ~ ca o găină plouată 멍청하게 서 있다 **6.** ..에 종사하다; a ~ de cineva 누구를 돌보다; a ~ (de cineva)să.......누구를 ...하도록 촉구하다 **7.** ...에 달려 있다. ...에 있다; meritul lui stă în.... 그의 공적은 ...에 있다. **8.** 수영하다, 떠있다; untdelemnul stă la suprafața apei 기름은 물위에 뜬다 **9.** [비유]마음에 들다, 맞다; 느끼다; 있다; a ~ bine(또는 rău)cu cineva 누구와 잘(또는 나쁘게) 지내다; cum stai cu sănătatea? 건강은 어떠니 ? stă bine 좋다; costumul îți stă bine 옷이 너에게 잘 어울린다. **10.** 어울리다, 적합하다; nu-ți stă bine să vorbești astfel 그렇게 말하는 것은 너에게 어울리지 않는다. **11.** (접속법 앞에서)...하려는 순간이다; stă să plouă 비가 오려한다; casa stă să cadă 집이 쓰러지려 한다 **12.** a ~ de vorbă 수다 떨다, 잡담하다; a ~ de învățătură 공부에 전념하다; a ~ de pază (또는 de strajă) a)보초서다 b) 감시 하다; a ~ în cumpănă 주저하다, 망설이다; a ~ (cuiva) într-ajutor (또는 în ajutor)도와주다; a ~ la sfat a)상의하다; b)잡담하다; a ~ îndoială a)의심하다; b)주저하다; a ~ la pândă 매복하다; a ~ la tocmeală 거래하다; a ~ la(또는 pe)gânduri 주저하다; a ~ (dus, pierdut)pe gânduri 생각에 잠기다; a ~ (tot) nemăritată 미혼이다. 아직 결혼하지 않았다; sub ascultarea (또는 la porunca) cuiva 누구의 명령하에 있다

stabil, ~ă, ~i, ~e, adj. **1.** 안정된; 흔들리지 않는; 확고부동한; 불변의; 견고한; 영속성있는 **2.** 같은 장소에 계속 거주하는

stabil|i, -esc, -ii, -it. I. vt. **1.** 확고하게 하다; 결정하다; 정하다; am stabilit definitiv 최종적으로 확고하게 결정했다 **2.** 증명하다 **3.** 실현하다 **4.** 설정하다 **5.** 정주하다 II. vr. 정주하다

stabiliment, ~e, s.n. 설립, 설치시설; 공장; 가게; 정주

stabilit|ate, -ăți, s.f. 안정(성); 견고; 내구성; 연속성; 견실

stabiliz|a, -ez, -ai, -at, vt. 안정시키다, II. vr. 안정되다

stabiliz|are, -ări, s.f. 동사 stabiliza의 명사형

stabilizat|or, I. -oare, -ori, -oare, adj. 안정시키는 II. -oare, s.n. 안정장치; [항공]자동 안정 장치, 수평 안정 판; [화학]안정제

stabulați|e, -i, s.f. (가축 따위를)외양간(우리)에 넣기

stacan|ă, -e, s.f. 항아리, 단지; (뚜껑과 손잡이가 있는)맥주용 컵

stacato, I. adv 단음으로, 스타카토로 II. s.n. 단음주법

stachetă, s.f. v. stachetă 참조

stacoj, ~i, s.m.(드물게) 가재, 랍스터

stacoji|u, -e, -i, adj. 검붉은색의

stacoş, (···) stacoj 참조

stadial, ~ă, ~i ~e, adj. 단계적인

stadic, s.f. [측량]시거의(視距儀)

stadimetr|u, -e, s.n. [측량]지도에서 거리를 재는 기계

stadi|on, -oane, s.n. 경기장, 경주장, 스타디움

stadi|u, -i, s.n. **1.** 발전의 단계; 정도, 수준 **2.** 거리의 단위(147에서 192m)

stafid|ă, -e, s.f. 건포도

stafid|i, -esc, -ii, -it, vr. **1.** (포도에 대해)마르다. 건포도가 되다 **2.** (사람, 신체부분에 대해)주름살이 잡히다 , 쪼그라들다.

stafidi|t, -tă, -ți, -te, adj. **1.** 마른, 건포도가 된 **2.** 주름살이 잡힌

stafi|e, -i, s.f. **1.** 유령, 귀신 **2.** 허수아비, 추한 사람

stafilococ, ~i, s.m. 포도상 구균

stafi|os, -oasă, -oşi, -oase, adj. 유령의, 유령같은; 요괴같은; 무서운

stagiar, ~ă, ~i, ~e, I. adj. 실습중의 II. s.m. 그리고 f. 실습중인 사람; 시보

stagi|u, -i, s.n. 실습(기간); a-şi face ~l 실습인으로 일한다

stagiun|e, -i, s.f. 정기적인 연극 공연기간

stagu|a, -ez, -ai, -at, vi. 흐르지 않다; 침체하다; 부진하다; 정체하다

staguan|t, -tă, -ți, -te, adj. 흐르지 않는, 괴어있는; 침체한, 부진한; apă ~ă 괴어 있는 물

stagn|are, -ări, s.f. 흐르지 않음; 괴어있음; 활발치 않음, 침체, 정체

stal, ~uri, s.n.(극장의)특별 지정석

stalactit|ă, -e, s.f. [지질]종유석

stalagmit|ă, -e, s.f. [지질]석순

stalagmometr|u, -e, s.n. 적량계

stamb|ă, stămburi, s.f. **1.** 면직물, 캘리코, 사리사 **2.** (특히 pl.)면직물류 **3.** 인쇄기 **4.** [비유]a se da în ~ 웃음거리가 되다; a de pe cineva în ~ 고발하다

stamboal|ă, -e, s.f. [방언]곡물을 되는 그릇; cu ~a 매우 많이

stamin|ă, -e, s.f. 수꽃술

staminifer, ~ă, ~i, ~e, adj. [식물]수술이 있는

staminodi|u, -i, s.n. [식물]헛수술

stamp|a, -ez, -ai, -at, vt. 각인을 찍다

stamp|ă, -e, s.f. 각인

stan, ~i, s.m. [방언]stană참조

stana|t, -ți, s.m. [화학]석산염

stan|ă, -e, s.f. 바위, 큰 돌; a rămâne

(또는 a sta)(ca o) ~ de piatră 움직이지 않다.

stancă, stănci, s.f. [조류]까마귀의 일종

stand, ~uri, s.m. **1.** 진열대 **2.** 사격장 **3.** (자동차)시험대

standard, ~e, s.n. 표준, 규격; ~ de viață 생활 수준

standardiz|a, -ez, -ai, -at. vt. 표준(규격)화하다; 통일 규정하다

standardiz|are, -ări, s.f. 동사 standardiza의 명사형

standardiza|t, -tă, -ți, -te, adj. 규격화(표준화)된

stanic, ~ă, ~i, ~e, adj. [화학]제 2주석의, 4가의 주석을 함유한

stanifer, ~ă, ~i, ~e, adj. 주석을 함유한

stanină, s.f. [화학]주석, 철, 동의 복합자연황화물

staniol, s.n. 알루미늄박

stanişt|e, -i, s.f. [방언] **1.** 여름에 가축들이 쉬는 그늘진 시원한 장소 **2.** [군사]야영지

staniu, s.n. 주석

stan|os, -oasă, -oşi, -oase, adj. 주석을 함유한

stan-pățitul, s.m. 많은 경험과 많은 교훈을 얻은 사람

stanț|ă, -e, s.f. [운율]시(의)절, 절로 된 시

stare, stări, s.f. **1.** 상황, 상태; 위치; ~a sănătății 건강상태; ~ de fapt 사태 상태; ~a civilă 시민 계급; oficiul stării civile 호적사무소; ofițer al stării civile 호적사무소장; ~a materială 물질, 재산상태; ~a socială a)사회 상황 b)사회 계급; a fi în ~ (să)...할 수 있다; în ~ bună (proastă) 좋은 (나쁜)상태에서; ~ de asediu 포위상태; a fi în ~ de apărare 방어상태에 있다; ~ de pace(război)평화(전쟁)상황 **2.** 기분상태 **3.** 좋은 물질적 상황, 복지, 재산; **4.** om cu ~ 부유한 사람; a fi cu ~ 부자이다, 부유하다 4[고어]사회계급; **5.** 계급, 단계

stareț, ~ă, ~i, ~e, s.m. 그리고 f. 수도원 원장

staro|ste, -şti, s.m. **1.** 조합장 **2.** 시수비대장 **3.** 결혼중개인

start, ~uri, s.n. [스포츠]스타트; a se prezenta la start 또는 a lua startul 체육경기에 참가하다

starter, ~i, s.m.**1.** [스포츠]스타터 **2.** [기계]시동기, 스타터

stat, I. ~e, s.n. **1.** 국가; ~ socialist 사회주의 국가; ~ federativ 연방국가; de ~ a)국가의; b)국가에 속한; c)국가에 관한; şeful ~ului 국가 원수; lovitură de ~ 비상 위헌 행위, 쿠데타; ministru de ~ 국무위원, 장관, om (또는 bărbat)de ~ 정치가; funcționar de ~ (또는 al statului) 공무원 **2.** (봉건질서에서)계급; ~ele generale a)(성직, 귀족, 제3계급의) 3부회 b)네델란드 의회 **3.** 리스트; ~ de plată 지불목록; ~ personal 인사기록카드 II.~uri, s.n. **1.** 머무름 **2.** 크기, 모습; mic(mare)de ~ 큰, 작은; de un ~ de om 성인 크기의 **3.** 신체 **4.** 상황. 상태

statal, ~ă, ~i, ~e, adj. 국가의

stater, ~i, s.m.(고대 그리스)화폐의 단위

static, ~ă, ~i, ~e, adj. **1.** 정지(상태)

의; **2.** 고정된 상태의

statică, s.f. 정력학(靜力學)

statistic, ~ă, ~i, ~e, adj. 통계학의

statistic|ă, -i, s.f. 통계학

statistici|an, -ană, -eni, -ene, s.m. 그리고 f. 통계가, 통계학자

stativ, ~e, s.n. **1.** 대(臺), 가(架), 3각(脚), **2.** 베틀

stat|or, -oare, s.m[전기]고정자(固定子)

stator|i, -esc -ii, -it, vi. [고어]확정하다. 결정하다.

statornic,~ă, ~i, ~e, adj. **1.** (사람과 그 의견에 대해)매우 힘들게 변하는: 안정된, 고정된, 불변의: 항시적인, 지속적인 **2.** (거주지, 인구에 대해)고정된, 장소가 변하지 않는

starhornic|i, -esc, -ii -it, I. vt. **1.** 한 장소에 정주시키다. **2.** 그 무엇을 확정하다: 결정하다, 확고히 하다. II. vr. **1.** 정주하다. **2.** 확정되다.

startornici|e, -i, s.f 지속성, 불병성, 확정

statornicir|e, -i, s.f 동사 statornici 의 명사형

statosc|op, -oape, s,n 고도 측정기 (비행기)

statu|a, -ez, -ai, -at, vt. 판결하다, 결정하다.

statuar, ~ă, ~i, ~e, adj. 조상(凋傷)의, 입상(立像)의

statuet|ă, -e, s.f. 자그마한 상

statuie, statui, s.f. **1.** 상(像), 조상, 입상: a ridica cuiva o ~ a) 누구에게 감사를 표하다. b)누구를 과도하게 칭송하다 **2.** [비유]냉정한 사람

statu-quo, s.n 현상(現狀)

statur|ă -i, s.f. 키, 신장

statut, ~e ,s.n **1.** 법령, 법규, 법률상의 제도: ~ personal 대인법규 **2.** 헌법

statutar, ~ă, ~i, ~e, adj. 규정의, 법규의, 법규에 따른

stați|e, -i, s.f **1.** 정거장, 역: ~ de tramvai 전차 정류장: ~ de troleibuz 트롤레이 버스 정류장: ~ de tren 기차 정거장: şef de ~ 역장 **2.** 체재장소, 머무는 곳 **3.** [고어]휴양지 **4.** 소(所), 국(局): ~ de radiodifuziune 방송국: ~ de emisie, recepție 발신, 수신소: ~ de pompare 양수장, 급수장

staţion|a, -ez, ai, -at, I. vi. 머무르다, 주차하다:[군사]주둔하다. II. vt.(드물게) (특별한 장소에)머무르게 하다.

staționar, I. ~ă, ~i, ~e, adj. **1.** 정차하고 있는, 진전이 없는 **2.** 한자리에 머물러 있는, 고정되어 있는 II. ~e, s.n **1.** (해군)경비정, 초계정 **2.** (병원의)동

stațion|are, -ări, s.f 동사 staționa 의 명사형

stațiun|e, -i, s.f stație참조

staul, ~e, s.n 양 우리

stav|ă, -e, s.f. 종마 목장

stavil|ă, -e, s.f **1.** 수문 **2.** 댐. **3.** [비유]장해, 방해: fără ~ a) 중단 없이, 지속적으로 b)많은: a pune ~ gurii 입을 다물다 **4.** 어려움: 저항, 반항

stavri|d, -zi, s.m 대구의 일종

stavrofor ~i, s.m (그리스 정교)가슴에 십자가를 걸 수 있는 신부

staz|ă, -e, s.f. [의학](혈행(血行) 따위의) 정지

stămbar, ~i, s.m. (면직물, 겔리코)

상인

stămbări|e, -i, s.f **1.** 겔리코 상점 **2.** 겔리코류

stăncuț|ă, -e, s.f. [조류]까마귀의 일종

stănoag|ă, -e, s.f [인쇄]활자상자

stăno|g, -oage, s.n **1.** (말과 말을 칸막이 하는) 마구간 안의 횡목 **2.** (말을 매는)기둥

stăpân, ~a, ~i, ~e, s.m. 그리고 f. **1.** 소유자: 노예 소유자: ~ul casei 집 주인(소유자) **2.** 주인: 고용주: a intra (또는 a se băga) la ~ 취직하다. 고용살이 가다; a fi fără ~ a)자주적이다, 자유롭다 b)배회하다: a da la ~ 가르치다: a căuta ~ (하녀, 도제로써)일을 찾다. **3.** 군주, 지배자: a fi ~ pe situație 상황을 압도하다. 상황에서 강하게 느끼다: a fi ~ pe sine 자신을 억제하다. a fi ~ pe soarta (또는 viața) sa 운명을 이겨내다: a se face ~ pe ceva 무엇을 점령하다, 자기 것으로 하다.

stăpân|esc, -ească, -ești, adg: 주인에게 속하는

stăpân|i, -esc, -ii, -it, I. vt. **1.** 소유하다: a ~ o casă 집을 소유하다. **2.** 마스터하다. 억제하다, 지배하다: a ~ o limbă străină 외국말을 마스터하다: a-și ~ pasiunile 정열을 억제하다: a ~ o țară 나라를 지배하다 **3.** 억압하다, 부드럽게하다, 약하게 하다 II. vr.억제되다 III. vi. 지배하다, 다스리다, 관리하다

stăpânir|e, -i, s.f **1.** 지배, 다스림, 통치 **2.** 소유(물) **3.** 주권, 지배권, 통치: a avea ~ asupra cuiva 누구를 다스리다 **4.** 정부 국가의 권위

stăpâni|t, -tă, -ți, -te, adj. 절제하는

stăpânit|or, -oare, -ori, -oare, I. adj. 소유하는, 지배하는; clasa stăpînitoare 지배계급 II. s.m 그리고 f. **1.** 지배자 **2.** 소유자, 주인

stăreț|i, -esc, -ii, -it, vi. 수도원장의 신분으로 수도원을 이끌다.

stăreți|e, -i, s.f **1.** 수도원장의 집 **2.** 수도원장의 관청(직위)

stărfoc|i, -esc, -ii, -it, vt. [방언]으깨다, 밟아 부수다

stărost|i, -esc, -ii, -it, vi. **1.** 누구를 위해 청혼하다. **2.** 결혼식을 이끌다.

stărosti|e, -i, s.f **1.** 조합장 직위 **2.** [속어]청혼, 중매

stăru|i, stărui, -ii, -it, vi. **1.** 고집하다, 주장하다: a ~ pe lângă cineva 누구에게 주선하다: a ~ pentru cineva 누구를 위하여 책임지다. 보증하다. **2.** 고집하다. 굽히지 않다: a ~ în părerea sa 그의 의견을 굽히지 않다.

stărui|ală, -ele, [고어], stăruinț|ă, -e, s.f **1.** 고집, 주장; prin ~ ajungi la țintă 고집으로 목표에 달하다. **2.** 중재, 조정, 알선 **3.** 끈질긴 행동, 노력

stăruit|or, -oare, -ori, -oare, adj. **1.** 고집하는 **2.** 지속적인, 끈질긴

stătăt|or, -oare, -ori, -oare, adj. **1.** 서 있는, 움직이지 않는; ape stătătoare 괸 물 **2.** (사람) 정주하는 **3.** de sine ~ 독립적인, 자주적인

stătulet, ~e, s.n 작은 국가(stat의 축소형)

stătu|t, -tă, -ți, -te, adj. **1.** 신선하지 않은(이상한 모양이나 냄새가 나는); (공기에 대해) 나쁜 **2.** (사람에 대해) 늙은 **3.** (꽃) 시든

stavăr, ~i, s.n [방언]마굿간 지기

stăv|i, -esc, -ii, -it, vr. **1.** 정주하다: 머물다 **2.** (무엇에) 도달하다.

stăvilar, ~e, s.n **1.** 댐 **2.** 수문 **3.** 장해, 방해

stăvil|i, -esc, -ii, -it, vt. **1.** 둑을 쌓다 **2.** [비유]차단하다, 막다, 저지하다

stâlc|eală, -eli, s.f **1.** 으깸; 이그러트림 **2.** [비유]두들겨 팸, 때림

stâlc|i, -esc, -ii, -it, I. vt. **1.** 으깨다, 이그러트리다, 밟아 부수다; a ~ în bătaie 대리다 **2.** 더듬다: a ~ o limbă 말을 더듬다; a ~ cuvintele 소리를 이상하게 내며 틀리는 발음하다

stâlci|t, -tă, -ți, -te, adj. **1.** 으깨진, 부수어진, 불구가 된; 두들겨 맞은 **2.** (말에 대해) 더듬거리는, 틀린

stâlcitur|ă, -i, s.f **1.** 으깨진 것, 부수어진 것 **2.** 으깨짐, 부수어짐

stâlp, ~i, s.m **1.** 기둥, 지주, 말뚝: ~ de cort 텐트 말뚝; ~ de felinar 가로등 기둥; ~ de galerie (갱도 천장의) 지주: ~ de poartă 문기둥; ~ de semnal 신호등 기둥; ~ de telegraf 전신주; a sta (또는 rămâne) ~ 기둥처럼 꼼짝 않고 서 있다 **2.** 침대의 다리 **3.** [비유]지주, 의지되는 곳, 버팀목 기둥; ~ul casei 집의 기둥(비유의 뜻)

stâlpan, ~i, s.m (철이 박힌) 곤봉, 철퇴

stâlpar, ~i, s.m 옛 오스트리아 은화

stâlp|are, -ări, s.f. 종려나무가지

stâlp|i, -esc, -ii, -it, vt. 경계석을 박다.

stâlp(u)şor, ~i, **stâlpuleț**, ~i s.m. stâlp 의 축소형

stâmp|i, -esc, -ii, -it, vt. 중지하다, 중단하다.

stân|ă, -e, s.f 목사, 목양장; a închide lupul în ~ 적을 집으로 데리고 오다; a veni la spartul stânii 너무 늦게 오다

stânc|ă, -i, s.f **1.** 바위; **2.** 방해, 장애, 어려움

stâncări|e, -i, s.f. 많은 바위들

stânc|os, -oasă, -oşi, -oase, adj. 바위로 된, 바위로 꽉 찬, 바위의

stâng, I. ~ă, ~i, ~e, adj. 왼쪽의, mână ~ă 왼손; piciorul ~ 왼발; partea ~ă 왼편; pe partea ~ă 왼편에 II.~ul s.m. art. 왼발; a călca cu ~ul a) 무엇을 틀리게, 서투르게 시작하다; b)거북하게 오다 III. ~a s.f. art. **1.** 왼손, 왼팔, 왼편; 왼쪽; casa din ~a 왼쪽의 집; de-a ~a 왼쪽으로: în ~a 왼쪽에; a ține (또는 a merge pe) ~a 좌측통행하다; la ~a a) 왼쪽에; b)왼쪽으로; a face (또는 coti) la ~a 왼쪽으로 돌다; a face (또는 trage) la ~a 숨다, 웅크리다; a face la ~a-mprejur a)왼편으로 돌다 b)[비유]사라지다 **2.** 좌익정당; partid de ~a 좌익정당

stângac|i, -e, -i, -e, I. adj. **1.** 왼손잡이의 **2.** [비유]서투른, 솜씨없는 II. s.m. 그리고 f. 왼손잡이

stângaci|e, -i, s.f 서투름, 솜씨 없음

stângism, ~e, s.n. [정치]혁명원리를 적용하는데 있어서 배타적 정치성향

stângi|st, -stă, -şti, -ste, I. s.m.그리고 f. stângism주의자 II. adj. stângism 주의의

stânişoar|ă, -e, s.f 작은 양목사

stânjen, ~i, s.m **1.** 옛날 길이의 척도 (약 1.96 - 2.23m) **2.** [식물]붓꽃속

stânjen|eală, -eli, s.f **1.** 방해, 장애 **2.** 수줍음, 부끄러워함

stânjen|ească, -eşti, adj. prăjină ~ stânjen과 똑 같은 길이의 단위

stânjene|l, -i, s.m [식물]붓꽃

stânjen|i, -esc, -ii, -it, I. vt.방해하다, 저지하다, 막다 II. vr. 부끄러워하다, 수줍어하다

stânjenir|e, -i, s.f 동사 stânjeni의 명사형

stânjeni|t, -tă, -ţi, -te, adj. 방해된, 저지된

stânjeni|u, -e, -i, adj. 붓꽃색깔의, 보라색의

stârc, ~i, s.m [조류]왜가리속

stârc|i, -esc, -ii, -it, I. vr. **1.** 웅크리다, 쪼그리다 **2.** 오그라들다, 쪼그라들다 II. vi. (기다리다) 마비되다 III. vt. 짓밟다, 으깨다

stârci|t, -tă, -ţi, -te, adj. **1.** 웅크린 **2.** 수축된, 오그라든

stârculeţ, ~i, s.m. [조류]작은 왜가리

stârn|i, -esc, -ii, -it, I. vt. **1.** (동물을) 몰다, 쫓다 **2.** 움직이게 하다; 소용돌이치게 하다. **3.** 권하다, 자극하다, 고무하다; **4.** 야기시키다, 불러일으키다 **5.** [방언]생각해내다, 고안해내다 II. vr. 일어나다, 발생하다.

stârnit|oare, -ori, s.f. 바위 밑에 숨어 있는 고기를 놀라게 하기 위해 물을 휘젓는 막대

stârp|i, -esc, -ii, -it, I. vt. **1.** 파괴하다, 파멸시키다 , 말소하다 **2.** 폐지하다, 없애다, 제거하다 II. vi. 그리고 vr. **1.** 아이를 못낳게 되다; 유산하다, 낙태하다 **2.** 우유를 만들지 못하다.

stârpiciun|e, -i, s.f. **1.** [고어]불모, 불임 **3.** 유산, 낙태

stârpitur|ă, -i, s.f. **1.** 기형, 괴물; 난장이 **2.** [속어]아이 못낳는 여자

stârv, ~uri, s.n. 시체

stea, stele, s.f **1.** 별: ~ călăuzitoare 행동의 기초개념: ~ cu coadă 혜성: ~ căzătoare 유성: ~ua ciobanului a)저녁별: b) 북극성: ~ua dimineţii 샛별: a vedea stele verzi (강한 타격을 받았을 때) 별이 보인다 **2.** [비유]운명의 별: 운명, 운수: ~ fericită 행운의 별; ~ nenorocită 흉성; a crede în ~ua sa 자신의 운명을 믿다: a se naşte sub o ~ norocoasă (또는 rea) 행운을 갖다(갖지 못하다): vai de ~ua lui 그의 마음이 아프다. **3.** 인기배우, 스타 **4.** (훈장으로써) 별 **5.** 별표 **6.** (말 따위의)이마의 별: a fi cu ~ în frunte 특출한 사람 **7.** 고기 국물에 뜨는 기름

steag, ~uri, s.n **1.** 깃발; 기; ~ naţional 국기; a duce ~ul 기를 들다, 이끌다: a coborî(또는 închina) ~ul a)기를 내리다; b) 싸움을 포기하다: a ţine sus ~ul a)기를 들다: b) 끈질기게 싸우다; a ridica ~ul alb 평화를 원하다. **2.** [비유] 독트린, 신조, 주의, 이론

steajăr, ~e, s.n [속어]탈곡하는 장소에 꽂아둔 기둥

stearic, ~ă, ~i, ~e adg 스테아린의; acid ~ 스테아린산

stearină, s.f 스테아린

steatit, s.n [광물]동석 (凍石)

steatoză, s.f. [의학]이상피지 분비증

stebl|ă, -e, s.f 줄기

stegar, ~i, s.n **1.** 가수 **2.** [고어]경찰 **3.** [비유]기수, 지도자

stegozaur, ~i, s.m (고대생물)검룡

stegulеț, ~e, s.n 작은 깃발

stei, ~uri, s.n **1.** 바위의 뾰족한 부분 **2.** (드물게) 바위 소금덩이

stejar, ~i, s.m. 떡갈나무, 참나무; verde ca ~ul 힘센, 건장한

stejăraş, ~i, **stejăr|el**, -ei, s.m. 어린 참나무

stejăriş, ~uri, s.n **stejărişt|e**, -i, s.f. 참 나무숲, 떡갈나무 숲

stelaj, ~e, s.n. 서가

stelar, ~ă, ~i, ~e, I. adj. 별의 II. s.n (크리스마스에) 별을 갖고 다니는 아이

stela|t, -tă, -ți, -te, adj. 별 모양의, 별 종류의

stel|ă, -e, s.f. 석비, 묘석: 기념 돌기둥

stel|i, -esc, -ii, -it, vi. 번득이다: a-i ~ cuiva ochii 누구의 눈앞에 어른거리다.

stelit, s.n [광물]스텔라이트

steli|os, -oasă, -oşi, -oase, adj. **1.** 별의 **2.** 반짝이는

steluț|ă, -e, s.f **1.** 작은 별 **2.** 별 모양의 유리 장식 **3.** 별표 **4.** 불꽃, 불티 **5.** 사각모양으로 자른 밀가루 반죽 **6.** 별 모양으로 이은 곳 **7.** 하얀 이마 반점 **8.** 눈보라 **9.** ~ (de grăsime)수프 위의 기름방울 **10.** ~-de-munte 에델바이스

stem|ă, -e, s.f **1.** 문장, (방패에 있는) 표장 **2.** 왕관, 장식머리띠; a fi cu ~-n frunte a) 특별한 사람이다; b) 귀족이다 **3.** [고어]보석 **4.** 이마의 반점

stenahori|e, s.f [고어] **1.** 호흡장애, 호흡곤란 **2.** 지루함 **3.** 곤궁

stenic, ~ă, ~i, ~e, adj 강한, 힘있는

stenodactilograf, ~ă, ~i, ~e, s.m. 그리고 f. 속기 타이피스트

stenodactilografie, s.f 타이프라이터 속기술

stenografi|a, -ez, -ai, -at, vt. 속기하다.

stenografic, ~ă, ~i, ~e, adj. 속기의, 속기술의

stenografie, s.f 속기술.

stenografiere, s.f 속기

stenogram|ă, -e, s.f. 속기문자부호

stenos, s.n [고어]천식

stenotipie, s.f 속기터이프라이터술

stenotip|st, -stă, -şti, -ste, s.m 그리고 f. 속기 타이피스트

stenoz|ă, -e, s.f. [의학]협착

stentor, ~i, s.m 목소리가 큰사람

step|ă, -e, s.f 스텝 (대초원)

stepen|ă, -e, s.f [고어]등급; [비유] 계급, 서열

ster, ~i, s.m 스테르(입방미터)

stereochimic, ~ă, ~i, ~e, adj. 입체화학의

stereocomparat|or, -oare, s.m. 실체비교기

stereocromie, s.f. 스테레인크롬화법

stereofonic, ~ă, ~i, ~e, adj. 입체음향의

stereofonie, s.f 입체음향술

stereofotogrammetri|e, s.f 실체사진측량

stereograf, I. ~e, s.n 투명화법 기계 II. ~i, s.m 투영화법작가

stereografic, ~ă, ~i, ~e, adj. 투영

화법의, 실체화법의, 입체평화법의
stereografic, s.f 투영화법, 실체화법, 입체평화법
stereogram|ă, -e, s.f 실체화
stereometric, ~ă, ~i, ~e, adj. 체적측정의, 입체기하의
stereometric, s.f 체적측정; 입체 기하학
stereometr|u, -e, s.n 실적계, 체적계
stereosc|op, -oape, s.n. [광학]입체경; 실체경
stereoscopic, ~ă, ~i, ~e, adj. 입체(실체) 경의
stereoscopie, s.f 입체경 연구(법); 입체영상
stereostatică, s.f. 입체정력(精力)학
stereotip, I. ~uri, s.n 스테프로판(연판)[인쇄] II.~ă, ~i, ~e, adj. **1.** 스테프로판의 **2.** 판에 박은, 틀에 박힌, 상투적인
stereotip|a, -ez, -ai, -at, vt. **1.** [인쇄]스테로판으로 하다. 지형으로 인쇄하다. **2.** 고정시키다, 틀에 박히게 하다
stereotipar, ~ă, ~i, ~e, s.m 그리고 f. 스테로판 제조인
stereotipic, ~ă, ~i, ~e, adj. 판에 박은, 틀에 박힌, 상투적인
stereotipie, s.f 스테로판 제조: 스테로판 제조소(인쇄소)
stereotipi|st, -stă, -şti, -ste, s.m. 그리고 f. 스테로판 제조인
stereotomic, ~ă, ~i, ~e, adj. 절체(截體)학의
stereotomie, s.f. [기하]절체학, (석재 따위의) 절체법
steril, I. ~ă, ~i, ~e, adj. **1.** 열매를 맺지 못하는: 메마른, 불모의: sol ~ 메마른 땅; bărbat ~ 생식능력부족의 남자; femeie ~ă 아이를 낳지 못하는 여자 **2.** [광물]금석, 광석이 함유되지 않은 **3.** [비유]헛수고의, 보람 없는, 부진(빈약)한; 창의력(상상력)이 부족한: scriitor ~ 창의력이 부족한 작가; efort ~ 쓸모없는 노력 **4.** 무균의 II. ~e, s.n. [광물]금석 광석이 함유되지 않은 돌
sterilitate, s.f **1.** 열매를 맺지 못한, 불모의 상태: 헛수고, 보람 없음 **2.** 불임, 번식불능 **3.** [식물]불임성
steriliz|a, -ez, -ai, -at, vt. **1.** 살균(소독)하다. **2.** 불임케 하다, 불모의 상태로 만들다
steriliz|are, -ări, s.f. **1.** 불임케하기, 단종: 살균, 소독 **2.** 메마르게 하기
steriliza|t, -tă, -ți, -te, adj. **1.** 무균의 **2.** 불임의, 불모가 된
sterilizat|or, -oare, -ori, -oare I. s.m 그리고 f. 불임수술자 II. s.n 살균기, 소독기
sterin|ă, -e, s.f [화학]스테롤, 스테린
sterlin|ă, -e, adj. f. 영국의 화폐이름
stern, ~uri, s.n. [해부]흉골
sternal, ~ă, ~i, ~e, adj. 흉골의
sterp, stearpă, sterpi, sterpe, adj. **1.** (장소)불모의, 메마른 **2.** (시기, 시대) 수확이 없는, 빈궁한 **3.** (사람)불임의 **4.** (결혼) 아이 없는 **5.** [동물]수태하지 못하는, 불임의 **6.** [식물]열매를 맺지 못하는 **7.** 쓸모없는, 헛된
sterpătur|ă, -i, s.f **1.** 새끼를 낳지 못하는 양 **2.** 아이를 낳지 못하는 여자
sterpiciune, s.f 불임, 불모

stetosc|op, -oape, s.n 청진기
stewar|d, -zi, s.m. 스튜어트
stewardes|ă, -e, s.f. 스튜어디스
stibină, s.f. [화학]휘안광, 휘안티몬강
sticlar, ~i, s.m. 유리 직공
sticl|ă, -e, s.f **1.** 유리: ~ de cuarț 석영글라스; ~ de ochelari 안경알: ~ optică 광학유리: geam de ~ 창유리; fabrică de ~ 유리공장 **2.** 병: ~ de vin 포도주병: ~ de lampă 램프유리 **3.** (경멸) 외눈 안경
sticlări|e, -i, s.f **1.** 유리제품, 유리그릇 **2.** 유리공장 **3.** 유리제품가게
sticlărit, s.n 유리세공
sticle|te, -ți, s.n **1.** 되새 속; a avea (a fi cu) sticleți 묘한 생각을 하다; a scoate cuiva sticleții din cap 묘한 생각을 몰아내다 **2.** [고어]경찰
sticlețe|l, -i, s.m 작은 되새
sticl|i, -esc, -ii, -it, I. vt.**1.** 반짝이다, 빛나다. **2.** (눈에 대해) 불꽃을 튀기다. 번득이다: a-i ~ ochii pe undeva 어딘가에서 시간을 보내다. II. vt. 무엇을 눈에 고정시키다. 응시하다
sticlir|e, -i, s.f. 동사 sticli의 명사형
sticlişoar|ă, -e, s.f sticlă 의 축소형
sticli|t, -tă, -ți, -te, adj (눈에 대해) 응시하는
sticl|os, -oasă, -oşi, -oase, adj. **1.** 반짝이는; 유리 같은 **2.** (눈에 대해) 우두커니 응시하는 **3.** (서리에 대해) 흑상의 (서리 눈이 오지 않고도 추워서 초목이 검어지는) **4.** [해부]umoare sticloasă (안구의) 수정체
sticlozit|ate, -ăți, s.f 유리같음, 유리질
sticluț|ă, -e, s.f sticlă 의 축소형
stif|os, -oasă, -oşi, -oase, adj. 쓴
stigleț... sticlet... 참조
stigmat, ~e, s.n **1.** (상처)자국, 흔적, (천연두)자국 **2.** (노예)낙인 **3.** [식물]압술 머리, 주두 **4.** [곤충]숨구멍, 기공
stigmatic, ~ă, ~i, ~e, adj. 수차교정(收差矯正)의, 보정(補正)의
stigmatism, s. n [광학]무비점수차(無非點收差)
stigmatiz|a, -ez, -ai, -at, vt. **1.** 오명을 씌운다. 비난하다. **2.** 상처자국을 내다, 낙인찍다
stigmatiza|t, -tă, -ți, -te, adj. **1.** 오명이 씌워진, 비난된 **2.** 낙인찍힌
stih, ~uri, s.n **1.** 시의 행 **2.** (pl.) 시 **3.** 성서문구
stihar, I. ~e, s.n (성가대가 입는)넓고 긴 상의 II. ~i, s.m 시인
stihi|e, -i, s.f **1.** (자연)요소 **2.** 유령, 귀신 **3.** [비유]환영 **4.** (시) 황무지: 사막
stihir|ă, -e, s.f. [교회]성가
stihoavn|ă, -e, s.f. [교회]미사 마침 성가
stihu|i, -iesc, -ii, -it, vi. 그리고 vt. 시를 짓다; 시화하다
stihui|re, -i, s.f. stihui의 명사형
stihuit|or, -oare, -ori, -oare, s.m. 그리고 f. 시인
stihurel, ~e, s.n 보잘 것 없는 시
stil, ~uri, s.n. **1.** 문체; 필법, 화법; ~ direct(indirect)직접(간접)화법:~ epistolar 서간 문체 ; ~ comercial 상업문 **2.** 양식, 스타일, 풍 **3.** 행동방식, 스타일, 투, 멋 **4.** 철필 **5.** [식물]화주, 암술

stil|a, -ez, -ai, -at, vt. 훈련하다. 가르치다

stila|t,, -tă, -ți, -te, adj. **1.** 잘 교육된; 멋있게 옷입은; 예의바른 **2.** (일) 훈련된, 숙달된

stilet, ~e, s.n 칼 몸이 좁은 단검

stili|st, -stă, -şti, -ste, s.m. 그리고 f. 명문가, 문장가

stilistic, ~ă, ~i, ~e, adj. 문체(상)의

stilistică, s.f 문체론

stiliz|a, -ez, -ai, -at, vt. 양식화하다, 미적으로 간소화시키다.

stiliza|t, -tă, -ți, -te, adj. **1.** 문체에 맞게 된 **2.** 양식화 된

stilizat|or, -oare, -ori, -oare, s.m. 그리고 f. 문장을 문체에 맞게 작성하는 사람

stiloba|t, -ți, s.m. [건축]기단(基壇)

stilografie, s.f 철필(펜)화식의 전기제판 (술)

stilou, ~uri, s.n. 만년필

stim|a, -ez, -ai, -at, vt. 높이 평가하다, 존경하다

stimabil, ~ă, ~i, ~e, I. adj. 존중받을 수 있는, 평가 받을 수 있는 II. s.m. 그리고 f. (호격)나의 존중하는

stima|t, -tă, -ți, -te, adj. 존경하는; ~e domn 존중하는 분

stim|ă, -e, s.f. **1.** 존중, 존경; cu ~ 존경심을 갖고; cu toată stima 매우 존경하여; cu deosebită ~ 특별한 존경심으로 **2.** 존경, 경건

stimul, ~uri, s.n. 자극

stimul|a, -ez, -ai, -at, vt. **1.** 격려하다, 고무하다 **2.** 자극하다

stimul|are, -ări, s.f. **1.** 격려, 고무 **2.** 자극

stimulent, ~e, s.n. **1.** 자극, 격렬 **2.** 자극제, 흥분제

stindard, ~e, s.n **1.** 깃발, 기; a ridica ~ul revoltei 혁명의 깃발을 들다. **2.** 전선 **3.** 전쟁의 표시

stingăt|oare, -ori, s.f. **1.** 불티막이 (굴뚝, 기관차등의) **2.** ~ (de lumînări) 소등기

stinge, sting, stinsei, stins I. vt. **1.** 끄다; a ~ lampa (lumânarea) 등(초)을 끄다; a ~ focul a) 불을 끄다; b) 화재를 진압하다; bea de ~ 과음하다; fură de ~ 훔치다. **2.** 스위치를 돌려서 끄다; a ~ lumina (electrică) 전기 불을 끄다; a ~ strălucirea ochilor 눈빛이 꺼지다. **3.** 부드럽게 하다, 약하게 하다; 잠잠하게 하다, 가라앉히다 **4.** 지우다, 말살하다, 없애다 **5.** 파괴하다; 죽이다, 살해하다; a ~ de pe suprafața pământului 땅 표면에 사라지게 하다; a ~ în bătăi 마구 때려주다 **6.** [화학]소화(消和)하다; a ~ var 석회를 소화하다 II. vr. **1.** (불, 빛에 대해)꺼지다 **2.** 온화해지다, 약해지다, 잠잠해지다 **3.** 사라지다, 소멸되다, 줄어들다; 죽다; a se ~ de dor 보고 싶어 애타다; a se ~ încetul cu încetul 천천히 소멸되다; a se ~ în floarea vârstei 한참 나이에 죽다. **4.** [비유, 가족]황폐되다 **5.** (눈에 대해) 빛을 잃다 **6.** (목소리에 대해) 소리가 막히다. **7.** (색깔) 바래다

stinger|e, -i, s.f. 동사 stinge의 명사형

stingher, ~ă, ~i, ~e, I. adj. **1.** 짝없는, 외짝의 **2.** 고독한, 외로운

stingher|eală, -eli, s.f **1.** 방해, 지장 **2.** 제지, 억제

stingher|i, -esc, -ii, -it, vt. 방해하다, 억제하다, 제지하다

stingheri|t, -tă, -ţi, -te, adj. **1.** 방해받은 **2.** 소심한, 서투른

stinghi|e, -i, s.f. 횡목, 머름

stinghiuţ|ă, -e, s.f 작은 횡목

stin|s, I. -să, -şi, -se, adj. **1.** 꺼진; (빛에 대해) 꺼진 **2.** (눈, 시선에 대해) 빛이 없는, 눈먼 **3.** (소리에 대해) 탁한, 무성음의 **4.** (색깔에 대해) 바랜 **5.** (의무, 형벌)면제된, 소멸된 **6.** 죽은 **7.** var ~ 소화석회 II. s.n 끔; aparat de ~ 소화기

stipel|ă, -e, s.f. [식물]작은 탁엽(托葉)

stipendi|a, -ez, -ai, -at, vt. 봉급을 지급하다; 돈으로 도와주다

stipendi|u, -i, s.n. [방언]장학금

stipul|a, -ez, -ai, -at, vt. [법학]약정하다, (계약 조항을) 규정하다

stipulaţi|e, -i, s.f [법률]약정, 규약

stirax, s.m. [식물] **1.** 때죽 나무과의 식물 **2.** 안식 향, 소향 향

stirig|oaie, -oi, s.f. [식물] **1.** 하얀 박새 **2.** 검은 박새

stirpe, ~ s,f. 혈통 가계

stiv|a, -ez, -ai, -at, vt. stivui 참조

stivat|or, -oare, -ori, -oare, s.m. 그리고 f. 쌓아올리는 사람

stiv|ă, -e, s.f. 쌓은 더미

stivu|i, -iesc, -ii, -it, vt. (똑같은 종류를) 쌓아올리다

stivuit|or, -oare, -ori -oare, s.m. 그리고 f. 쌓아올리는 사람

stoarce, storc, storsei, stors, vt. **1.** 짜다, 짜내다; a ~ o lămâie 레몬을 짜다; a ~ struguri 포도를 짜다 **2.** (빨래를)짜다; a ~ rufele 빨래를 짜다; a ~ lacrimi 눈물을 짜다 **3.** [비유]무엇을 우려내다; a ~ bani 돈을 우려내다. **4.** [비유]약탈하다, 탕진시키다; a ~ de puteri 힘을 탕진시키다; a ~ ţara 나라를 약탈하다 **5.** 강탈하다.

stoarcer|e, -i, s.f. 동사 stoarce의 명사형

stobor,[방언]I. ~i, s.m 끝이 뾰족한 담말뚝 II. ~uri, s.n **1.** 판자담 **2.** 묘지

stobor|î, -ăsc, -âi, -ât, vt. 담장을 치다.

stoc, ~uri, s.n 재고품, 저장품

sto|ca, -chez, -cai, -cat, vt. 사들이다, 저장하다

stocaj, ~e, s.n 사입, 저장

stocher, ~e, s.n. (증기기관차의)자동식 급탄 장치

stoc|i, -esc, -ii, -it, vt. [방언]짜내다

stoci|t, -tă, -ţi, -te, adj. 마른; 힘없는

stof|ă, -e, s.f. **1.** 두꺼운 천 **2.** 능력(전치사 de를 사용); a avea ~ 특별한 능력을 갖고 있다.

stog, ~uri, s.n. 건초더미, 곡식더미

stog|oş, -oasă, -oşi, -oase, adj. (양에 대해) 살찐

stogoşa|t, -tă, -ţi, -te, adj. **1.** stogos 참조 **2.** (모자) 뾰족한

stoic, ~ă, ~i, ~e, I. adj **1.** 스토아주의의 **2.** [비유]금욕의, 극기의 II. s.m. 그리고 f. **1.** 스토아주의자 **2.** 금욕, 극기주의자

stoicism, s.n **1.** 스토아주의 **2.** 금욕, 극기주의

stol, ~uri, s.n **1.** 무리 (새); ~ de păsări 새의 이동; ~ de lăcuste 메뚜기 떼 **2.** 무리, 더미 **3.** [고어, 군사]본대, 주력 **4.** [방언]묶음, 다발

stol|ă, -e, 로마 부인의 긴 겉옷
stoler, ~i, s.m. [방언]목수
stolerie, s.f. [방언]목수업
stoliş|or, -oare, s.n 작은 무리(떼)
stoln|ă, -e, s.f 갱도, 횡갱
stolnic, ~i, s.m. **1.** 주방장(군주를 위한) **2.** [속어]결혼식 식사 대접하는 사람
stolnic|easă, -ese, s.f **1.** [고어]주방장 부인 **2.** 결혼식 식사 대접하는 사람의 부인
stolnice|l, -i, s.m. [고어]stolnic 밑에 있는 하위계급의 귀족
stolnicie, s.f. [고어]주방관청(직)
stol|on, -oane, s.n. [식물]가는 줄기
stomac, ~uri, s.n 위; dureri de ~ 위통: boală de ~ 위병; a nu avea (pe cineva) la ~ 싫증이 나다; a-şi pune ~ul la cale 배고픔을 가라앉히다.
stomacal, ~ă, ~i, ~e. adj 위의; spălătură ~ă 위세척
stomat|ă, -e, s.f. [식물]숨구멍
stomatit|ă, -e, s.f. [의학]구내염(口內炎)
stomatolog, ~i, s.m. 구강병 의사
stomatologic, ~ă, ~i, ~e. adj. 구강의학의
stomatologie, s.f 구강의학
stop, I. interj. **1.** 서! 멈춰! **2.** (전보에서) 마침 점 II. ~uri, s.n **1.** 신호등 **2.** 브레이크 등불
stop|a, -ez, -ai, -at, I. vi. 멈추다, 서다 II. vt. **1.** (차를)멈추게 하다 **2.** (옷의 터진 곳을)짜깁기하다.
stor, ~uri, s.n (창문에 치는)발, 블라인드
storax, s.n (약)소합향 (옛날의 기침약)
storcăt|oare, -ori, s.f 탈수기
storc|i, -esc, -ii, -it, vt. 짜내다, 퍼내다
storci|t, -tă, -ţi, -te, adj. 짜낸, 퍼낸
storcit|or, -oare, -ori -oare, adj. 짜낸, 퍼낸
storn|a, -ez, -ai, -at, vt.(주문을)취소하다, 해약하다
storno, s.n invar. **1.** 삭제, 청산 **2.** 장부의 오기 정정
stors, I. stoarsă, storşi, stoarse, adj. **1.** 짜낸 **2.** [비유]탕진된 II. s.n **1.** 짜냄 **2.** 포도 짜는 시기
stos, ~uri. s.n 카드놀이 일종
strabism, s.n 사팔뜨기, 사시
strabometr|u, -e, s.n 사팔 측정기구
strabotomi|e, -i, s. f 사팔뜨기 수술
strachină, străchini, s.f 사발, 대접 (접시대신사용); a călca în strachini 바보짓하다; parcă calcă-n străchini 살얼음을 밟는 기분이다; a mânca cu cineva dintr-o ~ 한솥밥 먹는 사이다, 매우 친하다.
stradă, străzi, s.f **1.** 거리, 도로; omul de pe ~ 모르는 사람; a arunca (pe cineva) în ~ a)집에서 내쫓다; b)누구를 거지로 만들다 **2.** 길거리에 사는 사람
stradel|ă, -e, s.f 골목
strai. s.n. I. ~e 옷 II. ~uri [해양]지삭(支索)
straiţ|ă, -e, s.f. [방언]자루
strajă, străji, s.f **1.** 감시, 경계, 망; a face (또는 a fi de) ~ 감시하다. 망을 보다; a pune (pe cineva) de ~ 누구를 망보게 하다. 보초세우다; a pune ~ gurii 입에 재갈을 물리다 **2.** 초소

3. 성채, 성벽 **4.** [고어]권위 **5.** 야간 당직 **6.** 보초 **7.** foaie de ~ (책의)면지 **8.** 차단기

stram|ă, -e, s.f 실

stran|ă, -e, s.f [교회] **1.** 교회 의자 (긴 벽가에) **2.** 성가대

strangul|a, -ez, -ai, -at, vt. **1.** (그리고 vr.) 교살하다 **2.** 질식시키다.

strangul|are, -ări, s.f. 교살, 질식

strangula|t, -tă, -ți, -te, adj. 교살된; hernie ~ă 탈장

strangulați|e, -i, s.f. **1.** 교살 **2.** 탈장

strani|u, -e, adj. 이상한, 기묘한

strapazan, ~e, s.n. 배 가장자리에 노를 고정시키기 위한 못

strapontin, ~e, s.n **strapontin|ă,** -e, s.f. (자동차의)접어넣은 의자

stras, ~uri, s.n 인조 금강석, 인조보석

strașnic, I. ~ă, ~i, ~e. adj. **1.** 매우 좋은; 매우 큰; 매우강한; 특별한; 대규모의, 광대한; muncitor ~ 유능한 일꾼: nuntă ~ă 웅대한 결혼식 **2.** 끔찍한, 무서운; ger ~ 끔찍한 추위 II. adv. **1.** 매우 강하게, 매우 많이 **2.** ~ de ... 말 할 수 없이...한, 굉장히...한

strat, ~uri, s.n **1.** [지질]층, 지층; ~ de pământ 지층; ~ de zăpadă 설층 **2.** 계층, 사회 층 **3.** 묘상, 화단 **4.** [속어]침대 **5.** 발판 **6.** 총 개머리판 **7.** 자궁

stratagem|ă, -e, s.f 계략, 책략, 술책

strateg, ~i, s.m. 전략자

strategic, ~ă, ~i, ~e. adj **1.** 전략의 **2.** 전략적인, 전략상, 중요한

strategie, s.f 전략, 용병술, 병법; 책략, 계략

stratific|a, stratific, -ai, -at, vt. 그리고 vr. 층을 이루게 하다, 층으로 겹치다; 층이 지다

stratific|are, -ări, s.f. 동사 stratifica의 명사형

stratifica|t, -tă, -ți, -te, adj. 층이 진, 층을 이룬

stratigrafi|e, -i, s.f. 층위학, 지층학

stratosfer|ă, -e, s.f. 성층권

stratosferic, ~ă, ~i, ~e, adj. 성층권의

stratus, s.m. 층운

strat|ă, -e, s.f. 치부책, 장부

străba|te, -t, -tui, -tut. I. vt. **1.** 통과하다, 횡단하다, 지나가다; a ~ o cameră 방을 통과하다; a ~o țară 나라를 횡단하다 **2.** 꿰뚫다, 관통하다 II. vi. **1.** 관통하다. 꿰뚫다. **2.** 뚫고 지나가다

străbătăt|or, -oare, -ori, -oare, adj. **1.** 통과하는, 뚫고 지나가는 **2.** 관통하는

străbun, ~ă, ~i, ~e, I. adj. **1.** 선조의 **2.** 옛날의, 오랜된, II. s.m. 그리고 f. **1.** 선조 **2.** 조상

străbun|esc, -ească, -ești, adj. 조상의, 선조의; 옛날의, 오래된

străbunic, ~ă, ~i, ~e, s.m. 그리고 f. 조상, 선조

străchiner, ~i, s.m. 그릇 만드는 사람, 도공

străchin|ea, -ele, s.f. 작은 접시(주발)

străchinoaie, ~, s.f. 큰 주발

străchinuț|ă, ~e, **străchioar|ă,** -e, s.f. 작은 주발

strădalnic, ~i, ~e, adj. [고어]부지런한, 근면한.

strădani|e, -i, s.f. 근면, 부지런한, 노력
străd|i, -iesc, -ii, -it, vr. 애쓰다, 수고하다, 노력하다
strădui|ală, -eli, **străduinț|ă,** -e, s.f. 애씀, 수고, 노력
străduit|or, -oare, -ori, -oare, adj. 근면한, 노력하는, 애쓰는
străduț|ă, -e, s.f. 작은(좁은)일
străfulger|a, pers.3, străfulgeră, -ă, -at, I. vi. **1.** 번쩍이다. 반짝이다. 빛나다 **2.** (생각, 이념에 대해)번개처럼 머리에 오르다 II. vt. 반짝하며 지나가다
străfulger|are, -ări, s.f. 동사 străfulgera의 명사형
străfund, ~uri, s.n. 깊은 곳
străgăli|e, -i, s.f. **1.** 바퀴의 마찰을 피하기 위해 마차 바퀴 축에 끼우는 구멍 뚫린 금속핀 **2.** 마구 장식
străin, ~ă, ~i, ~e, I. adj. **1.** 외국의, 딴곳의, 외래의; limbă ~ă 외국어 **2.** 서먹서먹한, 남남같은; 관계가 없는 **3.** 낯선, 잘 모르는, 낯익지 않은 II. s.m. 그리고 f. 타곳(타향)사람. 외국인, 낯선 사람
străinăt|ate, -ăți, s.f. **1.** 외국; a pleca în ~ 외국으로 여행하다 **2.** 낯선 환경
străin|el, -ea, -ei, -ele, adj. [속어]상당히 낯선
străini|or, -oară, -ori, -oare, adj. 상당히 낯선
străinuc, ~ă, ~i, ~e, adj. 상당히 낯선
străjer, ~i, s.m.(드물게) 감시인, 보초
străju|i, -iesc, -ii, -it. I. vt. **1.** 파수보다, 감시하다, 지키다 **2.** 경계를 정하다, 한정하다 II. vi. 보초를 서다
străjuir|e, -i, s.f. **1.** 파수, 감시 **2.** 보초를 섬
străjuit|or, -oare, -ori, -oare, I. adj. 보초서는, 감시하는 II. s.m. f. 감시자, 보초
strălimped|e, -zi, adj. (드물게)매우 깨끗한
străluc, ~i, s.m. 사향 하늘소
străluc|i, -esc, -ii, -it. vi. **1.** 빛나다, 반짝이다, 광선을 말하다 **2.** [비유] (사람에 대해)탁월하다
strălucir|e, -i, s.f. **1.** 빛남, 반짝임 **2.** 아름다움, 명성, 힘, 권세
străluci|t, -tă, -ți, -te, adj. **1.** 반짝이는, 빛나는, 광선을 발하는 **2.** (사람에 대해)탁월한; (추상적으로)명성이 있는 **3.** 빛나는, 훌륭한; 비싼, 가치 있는
strălucit|or, -oare, -ori, -oare, adj. **1.** 빛나는, 광선을 말하는 **2.** (눈에 대해)반짝이는, 빛나는 **3.** [비유]훌륭한; 화려한
strălumin|a, -ez, -ai, -at, vi. 그리고 vt. 강하게 빛나다
strămătur|ă, -i, s.f. **1.** (색깔 있는) 털실 **2.** 실
străm|oș, -oașă, -oși, -oașe, s.m. 그리고 f. **1.** 조상 **2.** 선조
strămoș|esc, -ească, -ești, adj. 오래된, 옛날부터 내려오는; 선조의
strămoșeste, adv. 옛 관습대로
strămur|are, -ări, **strămurariț|ă,** -e, s.f. 긴 회초리
strămut|a, strămut, -ai, -at. I. vt. **1.** 이주하다; 이사하다; a ~ cuiva fălcile 아구를 힘있게 가격하다;

a-şi ~ fălcile 입을 크게 벌리다(하품하다) **2.** [고어]생각을 바꾸다 **3.** 변경하다, 바꾸다 II. vr. 다른 장소로 가다, 장소를 변경하다; 이주하다; a se ~ de aici(또는 din viață) 죽다

strănep|ot, -oată, -oți, -oate. s.m. 그리고 f. **1.** 증손 **2.** 증조카 **3.** pl. 후손

strănu|t, ~uri, s.n. 재채기

strănut|a, strănut, -ai, -at, vi. 재채기하다; praf de strănutat 재채기 나게 하는 가루

strănut|are, -ări, s.f. **strănutat.** ~uri, 재채기

străpungăt|or, -oare, -ori, -oare, adj. 뚫는

străpunge, -pung, -punsei, -puns, vt. **1.** 뚫다, 구멍을 뚫다. 꿰찌르다 **2.** [비유]돌파하다; a ~ frontul 전선을 돌파하다

străpunger|e, -i, s.f. străpunge의 명사형

străpun|s, -să, -şi, -se, adj. 꿰찔린, 뚫린

străşnic|i, -esc, -ii, -it, vt. 거칠게 다루다, 무섭게 하다

străşnicie, s.f. **1.** 엄함. 가혹함 **2.** 힘. 폭력 **3.** 무서운

stră|tăia, -tai, -tăiai, -tăiat, vt. 짜르다

stră|țese, -țes, -țesui, -țesut, vt. 짜넣다, 섞어짜다

străvăzăt|or, -oare, -ori, -oare, adj. (드물게)투명한

străvech|i, -e, -i, adj. **1.** 오래된 **2.** (옷에 대해)낡은, 달아 빠진

străvedea, -văd, -văzui, -văzut. I. vt. 흐릿하게 보다. II. vr. **1.** (거울, 물에)자신의 모습을 비추어 보다. **2.** 불분명하게 보이다

străvezime, s.f. (드물게)투명도

străvezi|u, -e, -i, adj. **1.** 투명한; (옷감)매우 가벼운, 얇은 **2.** (사람의 얼굴)창백하고 부드러운 **3.** 분명한 **4.** [비유]분명한; 비밀이 없는; 쉽게 알 수 있는

strâmb, I. ~ă, ~i, ~e, adj. **1.** 굽은, 휘어진; linie ~ă 곡선 **2.** (사람에 대해) 등이 휜; 곱사등의; 기형의 **3.** 기울어진; 경사진; 비뚫어진 **4.** 틀린, 옳지 못한 II. adv **1.** 숙여서, 기울여서; să stăm ~ şi să judecăm drept 진실을 인식하자; a călca ~ 옳지 못한 행동을 취하다; a râde, a zâmbi ~ 억지로 웃다; a privi ~ pe cineva 적대시하며 보다 **2.** 틀리게, 올바르지 못하게; 정당하지 못하게; 진실되지 못하게

strâmb|a, strâmb, -ai, -at. I. vt. **1.** 휘어지게 하다, 구부리다; 정상적인 위치에서 벗어나게 하다; 한쪽으로 기울게 하다; a ~ fierul 철을 휘다; a ~ cuiva fălcile 누구의 이를 빼다; a ~ cuiva gâtul 일정한 방향으로 볼 수 있도록 강제로 목을 한 위치에 있게 하다 **2.** (얼굴)찡그리다 **3.** (누구를 조롱하며)흉내내다. II. vi. a ~ din nas 누구에게 코를 찌푸리다(불만, 경멸의 표정으로) III. vr. **1.** 휘어지다; 기울다; 굽다; a se ~ de râs 배를 움켜 잡고 웃다 **2.** (아파서, 경멸적으로)얼굴을 찡그리다

strâmba|t, -tă, -ți, -te, adj. **1.** 휘어진, 굽은 **2.** 찡그린, 일그러진

strâmbăt|ate, -ăți, s.f. 비정당성, 옳지 못함

strâmbătur|ă, -i, s.f. **1.** 휘어짐, 굽음 **2.** 얼굴의 찡그림 **3.** (조롱하는)흉내 **4.** 휘어진 물건

strâmbet, ~e, s.m. 인상, 얼굴 찡그림

strâmt, I. -tă, -ți, -te, adj. **1.** 좁은; usă,~ă 좁은 문 **2.** 넓지 않은, 좁은 **3.** [비유]편협한, 고루한; a fi ~ la minte 편협하다 II. s.n.(드물게)a fi la largul tău şi la strâmtul altuia 누군가 남을 방해하며 자신의 과도한 자유를 차지할 때 빈정대며 하는 말

strâmt|a, -ez, -ai, -at. I. vt. 좁게하다. II. vr. 좁아지다

strâmtic|el, -ea, (-ică),-ai, -ele, adj. 상당히 좁은

strâmtim|e, -i, s.f 좁음

strâmt|oare, -ori, s.f. **1.** 굴곡, 만곡, 협곡 **2.** 해협 **3.** 좁은 곳 **4.** [비유]곤경, 압박

strâmtor|a, -ez, -ai, -at. I. vt. **1.** 누구의 행동을 방해(제한)하다; 좁은 장소에 쌓다; 협곡에 밀어 넣다; 제한하다 **2.** 강요하다 II. vr. 검소한 생활에 만족하다

strâmtor|are, -ări, s.f. 동사 strâmtora의 명사형

strâmtora|t, -tă, -ți, -te, adj. 곤궁에 처한, 어려운 지경에 이르른

strântuț, ~ă, ~i, ~e, adj. 매우 좁은

strângăt|or, -oare, -ori, -oare. I. adj. **1.** 모으는 **2.** 절약하는; 인색한 II. s.m. 그리고 f. **1.** 수집가 **2.** 절약가

strân|ge, strâng, -sei, -s. I. vt. **1.** 꽉 조이다. 단단하게 당기다; a ~ bine o sfoară 끈을 단단하게 당기다; a ~ frâul 고삐를 당기다; a ~ un nod 매듭을 꽉 조이다 (묶다) **2.** (우정, 동맹 관계)더 긴밀히 하다; 강하게 하다 **3.** 누르다; a ~ mâna 악수하다; a ~ la piept 가슴에 꽉 껴안다; a ~ de gât (pe cineva) a)누구를 교살하다 (목조르다) b)강요하다 **4.** 포옹하다, 껴안다; a ~ în brațe 포옹하다 **5.** 강요하다, 심하게 재촉하다; a ~ cu uşa(또는 în cleşte) a)강요하다; b) 무엇을 알도록 강요하다; a ~ pe cineva în chingi 누구를 잠시 붙잡다 **6.** (옷에 대해서)꽉 조이다; mă ~ pantoful 구두가 꽉조인다; fiecare ştie unde-l ~ gheata 누구나 그의 고충을 안다 **7.** 단단히 죄다; a ~ şurubul a)나사를 단단히 죄다; b)강제수단을 사용하다. **8.** 압축하다 **9.** (눈을)감다; (입술을)삐죽 내밀다; (입을)오무리다; a ~ fruntea 이마를 찡그리다, 눈썹을 찌푸리다; a ~ pumnii 주먹을 쥐다 **10.** 끌어당기다; 같이 놓다; a ~ picioarele 발을 같이 놓다; a nu-şi mai ~ picioarele (de pe drumuri) 하루 종일 돌아다니다. **11.** 모으다; a ~ mărci 우표를 모으다; a ~ recolta 수확하다 **12.** 집합시키다. 모이게 하다; a ~ multă lume 많은 사람들을 집합시키다; a ~ oşti 군대를 징집하다 **13.** 저축하다; 절약하여 모으다; a ~ bani 돈을 저축하다; a ~ bani albi pentru zile negre 어려운 시기를 위해 돈을 모으다; **14.** 걷다, 모으다; a ~ cotizațiile 기부금을 모으다; a ~ impozite 세금을 걷다 **15.** 정열하다, 정리하다; a ~ cărțile 책을 정리하다; a ~ mesa 식탁을 치우다; a ~ patul 침대를 정리하다; a ~ lucurile din cameră 방에 있는 물건을 정리하다 **16.** 낚아채다; l-a strâns dumnezeu(또는 moartea)그는 죽었다 II. vi. 오그라들다; a ~ din buze 입을 오므리다; a ~ din sprâncene 눈썹을 찌푸리다; cât ai ~ din ochi 즉시 금새, 눈깜짝 할 사이에; a ~ din umeri 어깨를 으쓱하다 III. vr. **1.** 주름이 지다; s-a strâns pielea 피부가 주름이 졌다. **2.** 줄다, 오그라들다; s-a strâns stofa(lâna)la spălat 천이 빨 때 줄었다. **3.** 죄다, 압박되다; mi se ~ inima 심장이 경련이 일어난다; 심장이 죈다 **4.** 움츠려들다; a se strânge în sine 폐쇄적이되다, 자폐적이다. **5.** (우유에 대해)응고되다; (액체에 대해)얼다 **6.** 모이다; a se ~ în jurul cuiva 그의 주위에 모이다; a se ~ la cineva 누군가에 모이다; a se ~ de pe drumuri 집에 머무르다, 돌아다니지 않다 **7.** 서로 압박하다, 누르다, 밀치다

strânger|e, -i, s.f. 동사 strânge 의 명사형

strân|s, I. -să, -şi, -se, adj. **1.** 꽉 묶은, 꽉 조인 **2.** (옷에 대해)꽉 끼는 **3.** 격분한, 분개한 **4.** (사람사이의 우정, 관계)긴밀한, 지속적인 **5.** [비유](생각, 표현에 대해)정확한; 간결한, 요약된 **6.** 잡은; a fi la mână (또는 la pungă), a fi cu mâna ~ă a)절약하다 b)인색하다 **7.** 서로 밀치는, 빽빽한; rânduri ~ 빽빽한 줄; ~ cu uşa 강요하는 **8.** 꽉 쥔; cu pumn ~ 주먹을 꽉 쥐고 **9.** 매우 가까이 있는 **10.** (옷감, 종이)접혀진 **11.** 웅크린; 오그라든; 축소된; cu buzele ~e 입을 오므리고; cu inima ~ă 심장이 꽉 죄어 **13.** (물건에 대해)모인, 모아진 **14.** (돈에 대해)저축된 **15.** (세금)걷어진 **16.** 정리된 II.adv. **1.** 매우 밀접하게 **2.** 매우 강하게; 많이 **3.** 자세하게, 엄격하게 III. s.m. **1.** strâ- ngere 참조 **2.** 수확 **3.** 수확시기

strâns|ă, -e, s.f. **1.** [속어]이익; 재산; 수입 **2.** 수확; a face strânsa a)좋은 결과를 얻다; b)부자가 되다

strânsătur|ă, -i, s.f. **1.** strângere 참조 **2.** strânsură 참조

strâns|oare, -ori, s.f. **1.** 압박(감정) **2.** [비유]엄한 감시, 제한; 강요 **3.** 좁은 장소 **4.** 고통 **5.** 재산 **6.** 수확 **7.** [고어]모음

strânsur|ă, -i, s.f. **1.** 집합, 집회 **2.** (경멸)무뢰한, 건달; de ~ a)모든 종류의; b)임시의; oaste de ~ 정규군대 옆에서 싸우는 농민들로 구성된 임시 군대 **3.** 곡식, 건초; 수확; 가축먹이 **4.** 수입 **5.** 누름, 압박; ~ de mâna 악수

streaşină, streşini, s.f. **1.** 차양, 차일, 처마; a(-şi)pune mâna ~ la ochi 해를 가리고 보기 위해 손을 눈 위에 갖다 대다 **2.** 추녀의 물받이 **3.** streaşina pădurii 숲 그늘; 숲의 가장자리

streche, s.f. **1.** (곤충)등에; 쇠파리 **2.** [비유]미친 짓, 바보같음; a dat ~a în el 또는 l-a lovit ~a a)(동물에 대해)미친듯이(이유없이)달리다; b)(사람에 대해)이상하게 행동하다, 이유 없이 흥분하다

strech|ea, -ez, -eai, -eat, vi. **1.** (동물에 대해)(쇠파리에 놀라)질주하다; **2.** (사람에 대해)이상하게 행동하다; 미치다

strechea|t, -tă, -ţi, -te, adj. **1.** (동물에 대해)(쇠파리에)찔린; 미쳐 날뛰

는 **2.** (사람에 대해)이상한 행동을 하는, 미친

strecur|a, strecor, -ai, -at. I. vt. **1.** 여과하다, 거르다 **1.** 미끄러지게 하다; **3.** 속삭이다 II. vr. **1.** (액체에 대해)새다, 스며나오다 **2.** 미끄러지다 **3.** (나쁜 의도로)스며들다; 몰래 침입하다 **4.** 지나가다; s-au strecurat ani mulți 많은 세월이 지나갔다

strecurăt|oare, -ori, s.f. 여과기, 여과지, 필터

strein, străin 참조

strepez|eală, -ali, s.f. 이가 들뜸(이의 자극)

strepez|i, -esc, -ii, -it. I. vr. (이에 대해)(과일이나 신 것을 먹을 때)이가 자극 받다 II. vt.(이를)들뜨게 하다. 자극하다.

streptococ, ~i, s.m. 연쇄상 구균

streptomicină, s.f. 스트렙토마이신

streşin|i, -esc, -ii, -it, vt. 차양을 설치하다

streşini|t, -tă, -ți, -te, adj. 차양이 설치된

stretenie, s,f. [속어][종교]2월2일 청정일(淸淨日)

stria|t, -tă, -ți, -te, adj. 줄무늬가 있는, 줄쳐진

striați|e, -i, s.f. 줄무늬; 줄을 넣기

stric|a, stric, -ai, -at. I. vt. **1.** 망가트리다; 쓸모없게 만들다; 나쁘게하다; a ~ o unealtă 연장을 망가트리다; merele putrede strică şi pe cele bune 썩은 사과가 좋은 사과들을 망가트린다 (미꾸라지 한 마리가 물을 흐린다) **2.** 강제로 열다, 억지로 열다 **3.** 파손하다; 부수다; 파괴하다; a ~ o casă a)집을 부수다 b)결혼 생활을 그만 두게 하다 **4.** 잘못을 저지르다 **5.** [비유, 속어](정신적인 상태에 대해)마음을 상하게 하다; 기를 꺾다 **6.** 훼방하다; 망치게하다; a ~ cuiva plăcerea 누구의 기분을 망치다 **7.** 나쁜 영향을 주다,(윤리적으로)타락하게 하다; filmele rele strică tineretul 나쁜 영화는 젊은 사람에게 나쁜 영향을 준다 **8.** 틀리게 하다, 망치다; graba strică treaba 서두름은 일을 망치다 **9.** 불구로 만들다; 죽이다; 해를 입히다 **10.** 취소하다; 철회하다; a ~ o logodnă 약혼을 취소하다 **11.** 친구사이를 갈라지게 하다 **12.** 낭비하다 II. vi. 쓸모없다; 맞지 않다; 해치다; nu strică(또는 n-ar strica)să..... 면 나쁘지 않을 것이다; III. vr. **1.** 나쁘게 되다, 망가지다; 부서지다; 갈라지다; 못쓰게 되다; 상하다. laptele s-a stricat 우유가 상했다; scaunul s-a stricat 의자가 부서졌다; s-a stricat vremea 날씨가 나빠졌다; **2.** 부상을 입다 **3.** 윤리적으로 타락되다 **4.** 붕괴되다. 무너지다 **5.** 누구와 싸우다; 적이 되다; 갈라지다 **6.** (우정에 대해)갈라지다 **7.** (모임에 대해)해산되다

strica|t. I. -tă, -ți, -te, adj. **1.** 부서진; 쓸모없이 된 **2.** (음식에 대해)상한 **3.** (건물에 대해)부서진, 붕괴된 **4.** (사람에 대해)병든, 아픈; ~ de vărsat 곰보자국의 **5.** 변성된, 퇴화된 **6.** (우정, 사랑)갈라진, 없어진 **7.** 도덕적으로 타락한 II. s.m. 그리고 f. 타락한 사람

stricăci|os, -oasă, -oşi, -oase, adj. 해를 끼치는

stricăciun|e, -i, s.f. **1.** 해, 손상 **2.** 상함, 썩음 **3.** (도덕적으로)타락, 부패

strcăt|or, -oare, -ori, -oare, adj. **1.** 해를 끼치는 **2.** 타락시키는; 부패하게하는

stricăț|el, -ea(-ică), -ei, -ele. adj. **1.** (상당히)부패한, 상한 **2.** 곰보자국의

stricn|ea(lă), -ele, s.f. [방언]접는 칼

stricn|i, -esc, -ii, -it. I. vt. [방언] **1.** 피를 뽑기 위해 병든 동물을 칼로 찌르다; 피가 날 때까지 채찍으로 치다 **2.** 고기를 깨끗이 하기 위해 가르다

stricnină, s.f. 스트리키닌(독성이 강한 알칼로이드)

stric|t, -tă, -ți, -te, adj. 엄한, 엄격한, 꼼꼼한; 정확한, 엄밀한; a fi ~ necesar 무조건 필요하다

stricteț|e, s.f. 엄함, 엄격함; 꼼꼼함; 정확함

strictur|ă, -i, s.f. 협착; 요도협착; 식도 협착

striden|t, -tă, -ți, -te, adj. **1.** (소리에 대해)날카로운, 새된 **2.** 불쾌한, 화나는 **3.** (색깔에 대해)너무 맑은, 눈에 띄게 알록달록한

stridenț|ă, -e, s.f. **1.** 날카로움, 새됨 **2.** 날카로운 소리, 새된 소리

stridi|e, -i, s.f. 굴, 가래

strig|a, strig, -ai, -at. I. vi. **1.** 소리치다; 외치다; a ~ în gura mare a)크게 알리다; b)큰소리로 외치다, 소리 지르다; a ~ către cineva 누구에게 소리치다; a ~ după cineva 누구를 부르다; a ~ cât îl ține gura 있는 힘껏 외치다 **2.** (누구에게)욕을 퍼붓다; 소리치다. **3.** (악기에 대해)울리다 **4.** 도움을 요청하다 **5.** (새, 동물에 대해)소리를 내다. 노래를 부르다 **6.** (춤, 노래를)외치다 II. vt. **1.** (큰 소리로)부르다; a ~ pe cineva 누구를 부르다; a ~ pe cineva pe nume 누구의 이름을 부르다 **2.** (큰소리를)외치다; 슬피 울다 **3.** (큰소리로)요구하다; 명령하다. **4.** [군사]징집하다 **5.** 소리 높혀 읽다, 낭독하다 **6.** (비인칭)부르다; cum te strigă 이름이 무언가? 어떻게 부르지?

strig|are, -ări, s.f. **1.** 외침. 소리 지름; 부름 **2.** 소음; 부름 **3.** 낭독 **4.** 한탄 **5.** 요구; 명령 **6.** 비난 **7.** 도움요청

strigat, s.n. **1.** 낭독 **2.** 큰소리로 외침(춤출 때)

strig|ă, ~e, s.n. **1.** 외치는 소리 **2.** 알림, 명령 **3.** 동물이나 새소리 **4.** 큰소리로 부르는 소리 **5.** 춤출 때 내는 소리

strigăt|or, I. -oare, -ori, -oare, adj. 소리치는; 부르는; 공식적인; ~ la cer; 분격하는 II. -ori, s.n. 소리치는 사람

strigătur|ă, -i, s.f. 춤노래

strigoaic|ă, -e, s.f. **1.** 여자 귀신 **2.** [비유]늙은 마녀

strig|oi, -oaie, -oi, -oaie, s.m. 그리고 f. (미신에서)유령, 귀신

strigoiaş, ~i, s.m. 나방

strigoime, s.f. (드물게, 미신에서) 유령의 무리

stringen|t, -tă, -ți, -te, adj. 꼭해야만 하는, 엄격한, 강제적인

stringență, s.f. 꼭 해야만함, 강제

striv|i, -esc, -ii, -it, vt. **1.** 짓밟다, 짓누르다, 으깨다, 밟아부수다; 으스러트리다; 밟아 죽이다 **2.** [비유]파

괴하다, 멸망시키다 **3.** 포개어 쌓다, 과도하게 짐을 지우다; 밀집시키다; 질식시키다; 억압하다, 억누르다

strivire, s.f. 동사 strivi의 명사형

strivi|t, -tă, -ți, -te, adj. **1.** 짓밟힌, 으깨진, 으스러트려진 **2.** [비유]억압된, 억눌린

strobosc|op, -oape, s.n. 스트로보스코프(급속히 회전 또는 진동하는 물체를 관찰 연구하는 장치)

strofan|t, -ți, s.m. [식물]스트로판투스속(협죽도과의 만성 관목으로 씨는 약에 쓰임)

strofantină, s.f. 스트로판틴(스트로판투스의 씨로 만든 강심제)

strof|ă, -e, s.f.(시의)절

stroi, ~uri, s.n. [고어] **1.** 군인의 행렬 **2.** a bate la stroi 또는 a purta în stroi 두줄로 서서 서로 회초리로 때리는 군인들의 체형벌

stronțianit, s.n. 스트론티안석

stronțiu, s.n. [화학]스트론튬(금속원소, sr)

strop, ~i, s.m.**1.** 방울; 빗방울; ~ cu ~ a)방울방울, b)점점 더 **2.** (시)눈물 **3.** 소량; nici un ~ 전혀 없다

strop|eală, -eli, s.f. **1.** 부음, 뿌림 **2.** 적시는 액체 **3.** 짧고 약한 비

strop|i, -esc, -ii, -it. I. vi. **1.** 뿜어나오다. 튀다 **2.** (가볍게)비오다 II. vt. **1.** 적시다; 뿌리다; a ~ ceva cu sudoare 땀으로 적시다, 힘들게 일하다; a-și ~ măseaua 실컷 마시다. **2.** 얼룩지게 하다 III. vr. 젖다; a se ~ de sus până jos 위에서 아래까지 젖다

stropir|e, -i, s.f. stropi의 명사형

stropi|t, I. -tă, -ți, -te, adj. **1.** 적신, 젖은 **2.** 얼룩진 II. s.n. **1.** stropire 참조 **2.** aparat rotativ de ~ 스피링클러

stropit|oare, -ori, s.f. **1.** 물뿌리개 **2.** 살수차 **3.** 분무기 **4.** 성수(聖水)채

stropitur|ă, -i, s.f. **1.** 적심, 뿌림 **2.** 방울

stropol|eală, -eli, s.f. 악착스럽게 일함

stropol|i, -esc, -ii, -it, vi. 악착스럽게 일하다, 부지런히 일하다

stropş|eală, -eli, s.f. **1.** 욕하는 말 **2.** 간질

stropş|i, -esc, -ii, -it. I. vt. **1.** 짓밟다. **2.** 으스러트리다 **3.** (비유)불구로 만들다 6(병에 대해)덮치다 II. vr. 꾸짖다, 호통치다 III. vi. (말하면서) 침을 튀기다

stropşi|t, -tă, -ți, -te, adj. **1.** 짓밟힌 **2.** 부서진 **3.** 손상된 **4.** [비유](사람에 대해)미친; 날뛰는

stropşitur|ă, -i, s.f. **1.** 훼손 **2.** 훼손된 물건

stropuleț, ~i, s.n. 작은 방울

structur|a, -ez, -ai, -at, vt. 구조를 이루게 하다; 구조화(조직화)시키다

structural, ~ă, ~i, ~e, adj. 구조의, 조직상의

structuralism, s.n. (언어, 철학)구조주의

structurali|st, -stă, -şti, -ste, **1.** adj. 구조주의의 **2.** s.m. 또는 f. 구조주의자

structur|ă, -i, s.f.(인체)건조물, (물질 따위의)구조; 조직; (시 따위의) 구성

struguraş, ~i, s.m. **1.** 작은 포도 **2.** pl. [방언](서양)까치 밤나무 **3.** [방

언]오렌지 색깔의 조팝나물속

strugur|e, -i, s.m. 포도

strugure|l, -i, s.m.작은 포도

struj|an, -eni, s.m. [방언]옥수수줄기

struj|ea, -ele, s.f. [방언]대팻밥

struj|i, -esc, -ii, -it, vt. [방언] **1.** 깃털 등을 나쁜 것을 제거하며 깨끗하게 하다 **2.** (칼로)새기다. **3.** 못쓰는 부분을 제거하다

struji|t, -tă, -ți, -te, adj. **1.** (못쓰는 부분이)제거된 **2.** (칼로)새긴 **3.** (나쁜 것이)제거되어 깨끗하게 된

strujitur|ă, -i, s.f. 대팻밥

strun|ă, -e, s.f. **1.** [음악]현; a cânta cuiva în ~ 누구에게 아첨하다; 누구의 호감을 얻기 위해 똑같은 생각을 갖다 **2.** 고무줄; a merge ~ 매우 잘 가다 **3.** (말에 물리는)재갈에 말린 쇠사슬, 마함사슬; a ține pe cineva în ~ 누구를 억제하다

strun|ea, -ele, s.f. [방언]말에 물리는 재갈에 딸린 쇠사슬

strung, ~uri, s.m.**1.** 선반공 **2.** 양치기

strung|ă, -i, s.f. **1.** 젖 짜는 우리 **2.** 좁은 통로 **3.** 오솔길, 좁은 산길 **4.** 이 빠진 자리

strungăr|eață, -ețe, s.f. **1.** 이 빠진 자리 **2.** 착유통

strungăr|i, -esc, -ii, -it, vt. 선반으로 깎아내다

strungări|e, -i, s.f. **1.** 선반세공. **2.** 양치기

strungări|t, s.n. 선반세공

strungăriț|ă, -e, s.f. 양치기 여자

strunguliț|ă, -e, **strunguț|ă,** -e, s.f. **1.** 작은 젖 짜는 우리 **2.** 작은 좁은 길

strun|i, -esc, -ii, -it, vt. **1.** [그리고 비유]제압하다, 지배하다; a ~ calul 말을 고비를 당겨 제압하다 **2.** (현을) 늘이다, 당기다(조율하기 위해서) **3.** 꽉 묶다

strunj|i, -esc, -ii, -it, vt. 선반 세공하다

strup, s.n. 말의 꼬리에 매는 줄

struț, I. ~i, s.n. 타조; pene de ~ 타조 깃털; stomac de ~ 크고 좋은 위 II. ~uri, s.n. [방언]작은 꽃다발

stuc, s.n. [건축]치장용 석회도료

stuca|t, -tă, -ți, -te, adj. 석회도료가 칠해진

stucatur|ă, -i, s.f. 치장용 모르타르 세공

studeniț|ă, -e, s.f. **1.** [속어]괴혈병 **2.** [식물]금관초속

studen|t, -tă, -ți, -te, s.m.그리고 f. 대학생; de ~ 학생의; viața de ~ 대학생활; ~ în drept, în filosofie 법학, 철학 학생; ~ în medicină 의대학생

studenț|esc, -ească, -ești, adj. 대학생 교육의, 대학생에 속하는; club ~ 대학생 클럽

studenție, s.f. 학생 생활; 대학생시기; 대학생신분

studențime, s.f. 대학생 전부

studi|a, -ez, -ai, -at. I. vt. **1.** 연구하다, 공부하다; a ~ medicina, dreptul 의학, 법을 공부하다. **2.** (자세히)관찰하다. (꼼꼼히)조사하다; a ~ acte 서류를 살펴보다; a ~ atent o problemă 문제를 주의 깊게 살펴보다 II. vr. **1.** 일정한 태도를 취하다. **2.** 관찰되다 III. vi. 대학에 다니다

studia|t, -tă, -ţi, -te, adj. **1.** 연구된; 조사된 **2.** 배운 **3.** [비유]꾸민, 거짓의

studio, ~uri, s.n. **1.** 살롱, 식당, 침실 겸용의 넓은 방 **2.** 아틀리에 작업실 **3.** (영화, 라디오)스튜디오 촬영소 방송실

studi|os, -oasă, -oşi, -oase, adj. (공부)부지런한, 근면한, 열심인

studi|u, -i, s.n. **1.** 연구; 공부; ~ individual 독학; plan de studii 강의요강, 커리큘럼; coleg de studii 학교 친구; a-şi face studiile 공부하다, 강의를 듣다, 학교를 다니다, 연구하다; a-şi fi făcut studiile 깊히 연구하다; a pune o piesă (de teatru) în ~ 연극작품을 사전 연습하다; a fi în ~ 예비 준비하다. **2.** 전공 **3.** pl. 학식; a avea studii 학문적으로 학식을 갖추다 **4.** 논문, 연구 작품 **5.** [예술]소품; cap de ~ 습작용 머리 소상

stuf, s.n. **1.** 갈대 **2.** 갈대숲 **3.** (머리털의)숲

stufat, ~uri, s.n. 양피와 마늘 음식

stufăraie, s.f. **stufări|e,** -i, s.f. **stufăriş,** ~uri, s.n.**1.** 갈대숲

stufiş, ~uri, s.n. 덤불, 수풀

stuf|os, -oasă, -oşi, -oase, adj. **1.** (나무, 숲에 대해서)빽빽한 **2.** (수염에 대해)털이 많은

stuhui|t, -tă, -ţi, -te, adj. [방언]갈대로 덮힌, 갈대지붕의

stup, ~i, s.n. **1.** 벌집, 벌통; a fi (bogat) ca un ~, a fi ~ de bani 매우 부자이다 **2.** 벌 떼

stupar, ~i, s.m.벌치기, 양봉하는 사람

stupă, s.f. 삼찌꺼기

stupări|e, -i, s.f. 양봉원

stupărit, s.f. 양봉

stupefacţi|e, -i, s.f. 놀라 어리둥절함, 깜작 놀람, 경악

stupefi|a, -ez, -ai, -at, vt. 깜짝 놀라게하다. 어리둥절하게 하다. 아연실색케 하다

stupefia|t, -tă, -ţi, -te, adj. 깜짝놀란, 어리둥절한

stupefian|t, I. -tă, -ţi. -te, adj. 깜짝 놀라게 하는, 아연실색케 하는; 마취시키는 II. -te, s.n. 마취제

stup|i, -esc, -ii, -it. I. vi. [방언](경멸과 화남의 표시로)침 뱉다 II. vt. **1.** 침을 뱉다; a-şi ~ sufletul (cu cineva)몰상식한 사람으로 고통 받다 **2.** (고양이에 대해)푸우하는 소리를 내다

stupi|d, -dă, -zi -de, adj. **1.** (사람들에 대해)머리가 둔한, 우둔한, 어리석은 **2.** 의미없는, 불합리한

stupidit|ate, -ăţi, s.f. **1.** 어리석음 **2.** 의미없음, 불합리, 부조리

stupil|ă, -e, s.f. 도화선

stupinaş, ~ă, ~i, ~e, adj. (나무에 대해)똑같은 줄기에서 나온

stupin|ă, -e, s.f. **1.** 양봉원 **2.** [속어]나무기둥

stupiniţ|ă, -e, s.f. **1.** 작은 양봉원 **2.** [속어]작은 나무기둥 **3.** [식물]흰제비란 속

stupi|t, -ţi, s.m. **1.** [방언]침 **2.** [식물]~ul -cucului 흰제비란 속

stupoare, s.f. **1.** 경악, 놀람, 망연자실 **2.** [의학]마비, 혼미

sturion, ~i. s.m. 철갑상어

sturlubatic, ~ă, ~i, ~e, adj. 날뛰는,

광폭한, 미친

sturluib|a, -ez, -ai, -at, vi. 이성을 잃다

sturluiba|t, -tă, -ţi, -te, adj. 날뛰는, 미친

sturz, ~i, s.m. 개똥지바퀴; ~ de iarnă 개똥지바퀴의 일종

sturzişor, ~i, s.m. 작은 개똥지바퀴

sturzoaic|ă, -e, s.f. 개똥지바퀴 암컷

sturzuleţ, ~i, s.m. 작은 개똥 바퀴

suav, ~ă, ~i, ~e, adj. 그윽한, 달콤한, 감미로운; 사랑스러운, 우아한

suavit|ate, -ăţi, s.f. 그윽함, 감미, 향미; 아리따움, 우아

sub, I. prep, **1.** (장소의 상황보어 앞에서) ..밑에; ~ pat 침대 밑에; ~ pământ 땅 밑에; ~ nivelul mării 바다 표면 밑에; ~ soare 지구상에; a muri ~ cuţit 수술대 위에서 죽다; pe ~, de ~ 밑에서(출발점을 가리킴); de ~ pat 침대 밑에서; pe ~ ferestre 대략 창문 밑에서, 창문 밑 어딘가에서 **2.** 안에서; ~ umbra pomului 나무그늘 안에서 **3.** 앞에서; ~ ochii mei 내 눈 앞에서; ~ zidurile cetăţii 성벽 앞에서 II. (시간의 상황보어 앞에서)**1.** ..하에, 시기에; ~ Mihai Viteazul 미하이 비테아줄 시기에 **2.** 무렵; 동안; ~ seară 저녁 무렵; ~ amiază 정오 무렵; 정오가 될 무렵 III. (원인의 상황보어 앞에서) ...때문에, ...아래에; ~ influenţa soarelui 태양의 영향 아래, 태양의 영향 때문에 IV. (방법의 상황보어 앞에서) **1.** (누구에 대해 복종의 관계를 표현) ...하에, ...안에; a avea ~ mână 손안에 있다. 마음대로 할 수 있다; pe ~ mână 몰래; ~ ochii cuiva 누구 앞에서, 누가 있는 데서; a ţine ~ cheie 달아 놓고 있다. 폐쇄하고 있다; a trece (ceva) sub tăcere 비밀로 하고 있다; a se găsi ~ foc 최전선에 있다; ~ presiune 압력 하에; ~ orice critică 모든 비난 하에; ~ supraveghere 감시하다; ~ motiv că ...라는 구실로; ~ nici un cuvânt (또는 chip, 또는 motiv)어떤 경우도 아니다; ~ semnătură 서명하여; ~ titlul de....이름으로, 제목으로; **2.** ...로; ~ pedeapsa cu moartea 사형선고를 받고 V. (관계 상황 보어 앞에서) ~ raportul ....관점에서

subaliment|a, -ez, -ai, -at. vt. 그리고 vr. 영양실조(불량)가 되게 하다(되다)

subalimentare, s.f. 영양실조

subalimenta|t, -tă, -ţi, -te, adj. 영양실조가 된

subalimentaţie, s.f. 영양실조

subalpin, ~ă, ~i, ~e, adj. 알프스산기슭의

subaltern, ~ă, ~i, ~e, I. adj. **1.** 아래의, 하위의, 하급의 **2.** [비유]열등한 II. s.m.그리고 f. 하급직원, 부하

subaltern|are, -ări, s.f. [언어, 문학]종속개념

subapreci|a, -ez, -ai, -at, vt. 과소평가하다

subaprecier|e, -i, s.f. 과소평가

subarbu|st, -şti, s.m. 1미터를 넘지 않는 관목

subarend|a, -ez, -ai, -at, vt. 전차(轉借)하다

subarendaş, ~ă, ~i, ~, s.m. 그리고 f. 전차인

subaren|dă, -zi, s.f. 용익권대차
subatin|s, -să, -şi, -se, adj. 열심히 언급되는
subcarpatic, ~ă, ~i, ~e, adj. 카르파티아 산맥 하부지방의
subchiriaş, ~ă, ~i, ~e, s.m. 그리고 f. 세든 집에 다시 세들어 사는 사람; 전차인
subchirurg, ~i, s.m. [고어]외과의사
subclas|ă, -e, s.f. 하급
subcomisar, ~i, s.m. 부재무관
subconştien|t, -tă, -ţi, -te, adj. 잠재의식의, 의식하의
subcortical, ~ă, ~i, ~e, adj. [생물] 피질 밑의
subcutana|t, -tă, -ţi, -te, adj. 피부 밑에, 피하(皮下)의
subcutane|u, -e, -i, -e, adj. 피하(皮下)의
subdirect|or, -oare, -ori, -oare, s.m. 그리고 f. 부지배인, 부소장, 차장; 교감
subdivi|de, -d, -zai, -zat, vt.(드물게)더 세분하다
subdiviz|a, -ez, -ai, -at, vt. 더 세분하다
subdiviziun|e, -i, s.f. 세분, 재분할, 하위구분
subdoninant|ă, -e, s.f. [음악]하속음
subestim|a, -ea, -ai, -at, vt. 과소평가하다, 가치 이하로 평가하다
subetaj, ~e, s.f. 하부층
subevalu|a, -ez, -ai, -at, vt. 과소평가하다
subexpu|s, -să, -şi, -se, adj. (사실) 불충분하게 노출시킨
subgrup|ă, -e, s.f. 하위군
subiect, ~e, s.n. **1.** 테마, 주제; 소제; ~ul unui roman 소설의 주제; ~ de compoziţie 작문 주제; ~ de conversaţie 대화 주제 **2.** 이유, 동기, 원인 **3.** [문법]주어 **4.** (인간에 대해)인물, 대상 **5.** [철학]주체
subiectiv, ~ă, ~i, ~e, adj. **1.** 주관적인, 주체의 **2.** 주어의
subiectivism, s.n. 주관적인 경향; 주관론, 주관주의
subiectivi|st, -stă, -şti, -ste, I. adj. 주관주의의 II. s.m. 그리고 f. 주관주의자
subiectivitate, s.f. **1.** 주관(주체)성 **2.** 마음, 자아
subintitul|a, -ez, -ai, -at, vt. 부제를 달다
subi|t, -tă,. -ţi, -te, adj. 갑작스러운, 빠른; 예기치 않은
subîmpărţ|i, subîmpart, -ii, -it, vt. 재분할하다. 더 세분하다
subîmpărţir|e, -i, s.f. 재분할, 더 세분함
subînchiri|a, -ez, -ai, -at, vt. **1.** 세든 집을 다시 세주다 **2.** 세든 집에 다시 세들어 살다
subînchirier|e, -i, s.f. 전차(轉借)
subînţele|ge, -g, -sei, -s, I. vt. 말없이 서로 이해시키다. II. vr. 말없이 서로 이해하다. 암암리에 서로 의사소통이 되다
subînţel|es[1], -easă, -eşi, -ese, adj. 간접적으로 이해하는
subînţeles[2], ~uri, s.n. a vorbi cu ~ 암시하다
subjonctiv, s.n. [문법]접속법
subjug|a, subjug, -ai, -at. vt. **1.** 굴

복시키다. 정복하다; (경제적, 정치적으로)종속시키다 **2.** [비유]억제하다

subjug|are, -ări, s.f. 제압, 정복, 굴복

subjugăt|or, -oare, -ori, -oare, adj. (드물게) **1.** 굴종시키는, 정복하는 **2.** 제압하는

sublim, I. ~ă, ~e, ~e, adj. 숭고한; 장엄한; 고상한; 고귀한 II. s.n. 숭고, 극치

sublim|a, -ez, -ai, -at. I. vt. [화학] 승화시키다; 정화시키다 II. vi. 승화하다

sublim|are, -ări, s.f. 승화, 정화

sublima|t, -ți, s.m. 승화물

sublimit|ate, -ăți, s.f. 숭고

sublini|a, -ez, -ai, -at, vt. **1.** 밑줄 긋다 **2.** [비유]강조하다, 두드러지게 하다

sublinia|t, -tă, -ți, -te, adj. **1.** 밑줄친 **2.** 강조된

sublocotenen|t, -ți, s.m. 육군 소위

submarin, I. ~ă, ~i, ~e, adj. 바다 속의, 해저의 II. s.n. 잠수함

submersibil, ~ă, ~i, ~e, I. adj. 잠수할 수 있는; 물속에 담글 수 있는 II. s.n. 잠수함

submersiun|e, -i, s.f. **1.** 잠수; **2.** 범람, 침수

submin|a, -ez, -ai, -at, vt. (몰래)공격하다, (행동을)쓸모없게 하다

submultipl|u, -i, s.m. [수학]약수

subnutri|t, -tă, -ți, -te, adj. 영양실조의

subnutriție s.f. 영양실조

subofițer, ~i, s.m. 하급 장교

subordin, ~e, s.n. 아목(亞目); în ~ 또는 în ~le cuiva 누구에게 종속된

subordon|a, -ez, -ai, -at, vt. 종속시키다, 아래에 두다, 복종시키다

subordon|are, -ări, s.f. 종속; 종속관계; [문법]종속

subpământ, ~uri, s.n. 땅밑

subpământ|ean, -eană, -eni, -ene, adj. 땅 밑의

subpolar, ~ă, ~i, ~e, adj. 극 아래의

subpopula|t, -tă, -ți, -te, adj. 지역에 대해 인구가 적은

subprefec|t, -ți, s.m. (옛날의)부시장

subprefectur|ă, -i, s,f. (옛)부시장직

subpresiun|e, -i, s.f. 압력

subpu|s, -să, -şi, -se, adj. 아래에 놓인; cu brațele ~e a)팔짱을 끼고; b)[비유]수수방관하고; cu picioarele ~le 웅크리고

subraț, s.n.(드물게)겨드랑이

subrau, ~ri, s.n.(부인의 겨드랑이에 대는)땀받이

subrăcir|e, -i, s.f. 표준체온이하로 내림

subret|ă, -e, s.f. (드물게)하녀

subrog|a, subrog, -ai, -at. vt. 그리고 vr. 대리시키다, 대위시키다

subrogați|e, -i, s.f. (채권자의)대리; (권한)위임

subscri|e, -u, -sei, -s, I. vt. **1.** 서명하다, 날인하다, 사인하다 **2.** (그리고 vi.)(일정금액을 내기로)약속하다, 예약하다, 신청하다 II. vi. 동의하다, 찬동하다

subscrier|e, -i, s.f. 동사 subscrie의 명사형

subscripți|e, -i, s.f. 응모, 가입 신청

(금), 예약 신청(금) 기부금

subscri|s, -să, -şi, -se, I. adj. **1.** 서명된 **2.** 가입 신청된 II. s.m.그리고 f. 서명자

subsecretar, ~i, s.m. ~ de stat 차관

subsecretariat, ~e, s.n. ~ de stat 차관의 직, 차관실

subsecți|e, -i, s.f. 하위부서

subsecven|t, -tă, -ți, -te, adj. 다음의, 그후의

subsemn|a, -ez, -ai, -at, vt. 서명하다

subsemna|t, -tă, -ți, -te, s.m. 그리고 f. 서명된

subsidenț|ă, -e, s.f. [지리]침강

subsidiar, ~ă, ~i, ~e, adj. 부가되는; 보조가 되는; în ~ 두번째로, 이열에

subsidi|u, -i, s.n. 헌납금; 원조금

subsol, ~uri, s.n. **1.** 지하 **2.** 지하실 **3.** 각주 부분; notă în ~ 각주 **4.** 신문의 문화면

subsonic, ~ă, ~i, ~e, adj (속도가) 음속 미만인

subspeci|e, -i, s.f. [생물]아종(亞種)

substantiv, ~e, s.n. 명사

substantiv(iz)|a, -ez, -ai, -at, (드물게)I. vt. (형용사, 부사 등을)명사화하다 II. vr. 명사가되다

substantiva|l, I. -lă, -li, -le, adj. 명사의 명사에 준하는 II. adv. 명사적으로

substantiv(iz)a|t, -tă, -ți, -te, adj. 명사화된

substanț|ă, -e, s.f. **1.** 물질 **2.** 실체, 본질 **3.** 요점, 요지. **4.** 실질, 내용; în ~ 실질적으로, 대체로

substanțial, ~ă, ~i, ~e, adj. **1.** 실체의, 본체의 **2.** 실질적인; 자양분이 많은 **3.** 중요한, 의미가 큰

substanțialitate, s.f. [철학]실체성

substați|e, -i, s.f. 전기 변전소

substituen|t, -ți, s.m. 대용요소

substitu|i, substitui, -ii, -it. I. vt. 바꾸다, 대체하다, 대용하다 II. vr. 대신이 되다, 대체되다

substituibil, ~ă, ~i, ~e, adj. 대체될 수 있는

substituir|e, ~i, s.f. 대체, 바꿈, 대용

substitu|t, -ți, s.m. 대리인, 대행자

substituți|e, -i, s.f. 대리, 대용, 대체; [화학]치환;[수학]대입; [법률]대승(代承)상속인 지정

substrat, ~uri, s.m. [지질]하층토; [철학]기체; [언어]기층

subsum|a, -ez, -ai, -at, vt. 포함(포괄)하다; [논리]포섭하다, 종속시키다

subsum|are, -ări, s.f. 포함, 포괄, 포섭; 배열; 분류; 추론

subsuma|t, -tă, -ți, -te, adj. 포함된, 포괄된, 포섭된

subsu|oară, -ori, s.f. 겨드랑이; la ~ 팔밑에; a ține de ~ a)팔 밑에 잡다; b)포옹하다; a sta cu mâinile ~ 쓸데없이 서 있다. 빈둥거리다

subşef, ~i, s.m. 차장, 부장

subtensiun|e, -i, s.f. [전기]저 전압

subteran, I. ~ă, ~i, ~e, adj. **1.** 지하의 **2.** [비유]숨겨진, 은밀한; 불법의 II. ~e, s.n 지하실, 지하도

subterfugi|u, -i, s.n. 핑계, 구실; 기만, 술책

subtil, ~ă, ~i, ~e, adj. **1.** 예민한, 민감한, 기민한, 치밀한; 교묘한, 교활

한 **2.** 미묘한, 기묘한; 파악하기 어려운 **3.** 매우 미세한; 희박한; 가벼운

subtilit|ate, -ăți, s.f. **1.** 미묘, 기묘, 예민, 기민; 교환 **2.** 미세; 잘 퍼짐

subtiliz|a, -ez, -ai, -at, vt. **1.** 속여넘기다 **2.** 미묘하게하다; 교묘하게하다; 희박하게하다

subtitlu, ~ri, s.n. 부재

subton, ~uri, s.n. 제2음정, 기초음하의 배음; 부속음

subtropical, ~ă, ~i, ~e, adj. 아열대의; 회귀선내의, 열대내의

subți|a, -ez, -ai, -at. I. vt. **1.** 얇게 만들다. 가늘게 하다; 좁게하다; a-și ~ buzele a)입을 뾰족하게하다; b)거의 들리지 않게 말하다 **2.** (옷에 대해)누구를 더 여위게 만들다 **3.** (액체 , 가스를)희박하게하다 **4.** (목소리를)높이다. 날카롭게하다 **5.** [비유]정제하다, 순화하다; 세련되게하다. 고상하게하다 II. vr. **1.** 얇아지다, 좁아지다, 가늘어지다 **2.** 가늘게하다 **3.** 정제되다, 순화되다; 고상하게 되다

subția|t, -tă, -ți, -te, adj. **1.** 얇아진, 가늘어진 **2.** (액체, 가스)희박해진, 묽어진 **3.** [비유]정제된, 순화된, 고상하게 된

subțiere, s.f. 동사 subția의 명사형

subțiratic, ~ă, ~i, ~e, adj. **1.** (상당히)얇은, 가는. **2.** (사랑에 대해)마른, 가느다란 **3.** (목소리)가는

subțir|e, -i, adj. **1.** 얇은; 가는; foaie ~ 얇은 종이; teavă ~ 가느다란 관; strat ~ 얇은층; praf ~ 가는 먼지; ~ la pungă a)좁은 주머니로; b) 인색한 **2.** (사람에 대해)마른, 여윈 **3.** (신체부분에 대해)빈약한; 연약한 **3.** (옷에 대해)얇은, 가벼운 **5.** (액체, 가스에 대해)희박한 **6.** (비에 대해)가는 **7.** (바람에 대해)선선한, 잘 스며드는 **8.** (목소리에 대해)높은, 가는 **9.** (사람에 대해)세련된, 멋진; 섬세한 **10.** [비유]섬세한; 예민한; **11.** 교활한; 빈틈없는; cu plan ~ 간접적으로; 교활하게 **12.** (청각에 대해)분명한; a auzi ~ 분명하게 듣다

subțir|el, -ea(-ică), -ei, -ele, adj. **1.** 상당히 얇은 **2.** 마른, 여윈

subțirenie, s.f. (드물게) **1.** 얇음, 가늠 **2.** 마름, 여윔 **3.** 섬세한, 정교함; 교활함

subțirime, s.f. **1.** 얇은 **2.** 마름, 여윔

subunitar, ~ă, ~i, ~e, adj. [수학]단위보다 작은

subunit|ate, -ăți, s.f. (군사, 경제, 행정)단위의 하부 분할

suburban, ~ă, ~i, ~e, adj. 교외의

suburbi|e, -i, s.f. 변두리

subvenți|e, -i, s.f. 보조금, 장려금

subvențion|a, -ez, -ai, -at, vt. 보조금, 장려금을 주다

subvențion|are, -ări, s.f. 보조금(장려금)지급

subvenționana|t, -tă, -ți, -te, adj. 보조금(장려금)이 지급된

subversiv, ~ă, ~i, ~e, adj. (질서, 법규)를 전복하는, 파괴하는

subversiun|e, s.f. -i, 전복, 파괴

subzidi, -esc, -ii, -it, vt. 오랜 담 밑에 새로 보강하다 (튼튼하게 하기 위해)

subzidir|e, -i, s.f. 동사 subzidi의 명사형

subzist|a, subzist, -ai, -at, vi. **1.** 존속하다; 효력을 유지하다 **2.** 살아가

다; 생계를 유지하다

subzistență, s.f. **1.** 생활수단; 호구지책, 생계 **2.** 식량

suc, ~uri, s.m. **1.** 쥬스; 액; ~ de portocale 오랜지 쥬스; ~ gastric 위액 **2.** [식물]즙

sucal|ă, -e, s.f. **1.** 물레; în ~ 나선형의 **2.** (직기의)북

sucăl|i, -esc, -ii, -it, vt. **1.** (계속해서)괴롭히다, 못살게 굴다 **2.** 물레를 돌리다

succed|a, succed, -ai, -at, I. vi. **1.** ....의 뒤를 잇다, ...을 계승하다 **2.** [법률]상속하다 II. vr. 계속해 일어나다, 연달아 오다.

succedane|u, -e, s.n. 대용품, 대용물

succed|are, -ări, s.f. 동사 succeda의 명사형

succes, ~e, s.n. **1.** 성과, 성공; cu ~ 성공적으로; a avea ~ 성공하다; a dori(또는 ura) cuiva ~ 누구에게 성공을 빌다 **2.** (극장)좋은 성과, 인기, 성공

succesibil, ~ă, ~i, ~e, adj. 상속자격이 있는

succesiun|e, -e, s.f. **1.** 계속, 연속; 잇따라 일어남 **2.** 상속; 상속재단; drept de ~ 상속권 **3.** 계승

succesiv, ~ă, ~i, ~e, I. adj. 계속적인, 연속의; 뒤이어 일어나는(오는) **2.** 점진적인 II. adv. 점점

succes|or, -oare, -ori, -oare, s.m. 그리고 f. **1.** 후계자, 후임자 **2.** [법률]상속자

succesoral, ~ă, ~i, ~e, adj. 상속에 관한

succin, s.n. [광물]황호박

succin|t, -tă, -ți, -te, adj. (이야기, 설명 따위가)간결한

suc|eală, -eli, s.f. **1.** 돌림. **2.** (정신이)돔; 미침

suc|i, -esc, -ii, -it. I. vt. **1.** 감다; a ~ firul 실을 감다; a(-și) ~ o țigară 담배를 말다; a-și ~ mustața 콧수염을 말다 **2.** 돌리다; a ~ butonul aparatului 기계의 스위치를 돌리다 **3.** 관절을 삐다, 탈구시키다 **4.** (몸을)돌리다 **5.** (소매를)접다 **6.** (목을)비틀다 **7.** [비유]돌게하다; a ~ cuiva capul 누구의 머리를 돌게하다; a ~ vorba 말을 왜곡하다 **8.** 누구를 괴롭히다 II. vr. **1.** 감아지다 **2.** (사람에 대해)돌다; 몸을 돌리다 **3.** [비유](해결을 발견하기 위해)머리를 쥐어짜다

sucilă, s.n. invar 대갈못, 나무못

suci|t, I. -tă, -ți, -te, adj. **1.** 감아진 **2.** 돌린 **3.** 관절이 삔 **4.** 휜 **5.** 나선형의 **6.** 정신이 돈 **7.** 비합리적인, 비자연적인 II. s.n. 돔. 감음

sucit|oare, -ori, s.f. 개미잡이새

sucit|or, -oare, s.n. 홍두깨, 미는 방망이(밀가루 반죽)

sucitur|ă, -i, s.f. **1.** 돔. **2.** 굽은 길

sucomb|a, sucomb, -ai, -at, vi. 죽다

suculen|t, -tă, -ți, -te, adj **1.** (음식물이)맛 좋은, 맛이 풍부한 **2.** 즙이 많은 **3.** 내용이 풍부한

suculență, s.f. [그리고 비유](음식의)풍미; 다즙

sucursal|ă, -e, s.f. **1.** 지점 , 지부

sud, I. s.n. **1.** 남쪽; de ~ 남쪽의; spre ~ 남쪽으로 **2.** 남방; din ~ 남쪽 지역에서 II. (형용사)남쪽의; polul ~ 남

극

sud|a, -ez, -ai, -at. I. vt. **1.** 땜질하다. 용접하다 **2.** [비유]들어붙게 하다; 단단하게 하다 II. vr. (뼈에 대해)유착되다, 접합되다

sudabil, ~ă, ~i, ~e, adj 납땜할 수 있는, 용접할 수 있는

sudabilitate, s.f. 납땜할 수 있음, 용접할 수 있음

sud-african, ~ă, ~i, ~e, I. adj 남아프리카의 II. s.m. 그리고 f. 남아프리가인

sudaj, ~e, s.n. 납땜, 용접

sudalm|ă, -i, s.f. 욕

sud-american, ~ă, ~i, ~e. I. adj 남아메리카의 II. s.m. 그리고 f. 남아메리카사람

sud|are, ări. 동사 a suda의 명사형

suda|t, I. -tă, -ți, -te, adj.납땜된, 용접된, II. s.n. 납땜, 용접

sudați|e, -i, s.f. 땜

sud-coreean, ~ă, ~i, ~e, I. adj. 한국의 II. s.m. 그리고 f. 한국사람

sud-dunăr|ean, -eană, -eni, -ene, adj. 남 다뉴브강의

sud-est, s.n. 남동; de ~ 남동의

sud-estic, ~ă, ~i, ~e, adj. 남동의

sudic, ~ă, ~i, ~e, adj. 남동의

sudi|t, -ți, s.n. 외세 보호하에 있던 루마니아 지역 거주인

sud|oare, -ori, s.f. **1.** 땀; cu ~a frunții 얼굴에 흐르는 땀으로; sudorile morții 죽을 때의 식은 땀; sudor reci 식은땀 **2.** 힘든 일

sudor, ~i, s.m. 용접공

sudoral, ~ă, ~i, ~e, **sudorific,** ~ă, ~i, ~e, adj. 발한시키는

sudoripar|ă, -e, adj. f. 발한하는; glandă ~ 땀샘

sudoriț|ă, -e, s.f. 용접공여자

sudu|i, sudui, -ii, -it, [속어] vi. 욕하다, 저주하다 II. vt. **1.** [속어]저주하다; 누구를 욕하다 **2.** 비난하다

suduitur|ă, -i, s.f. 욕, 저주

sudur|ă, -i, s.f. **1.** 땜질, 용접, 납땜 **2.** 땜질한 부분 **3.** [비유]접합

sud-vest, I. s.n.남서; de ~ 남서쪽의 II. adj. 남서쪽의

suedez, ~ă, ~i, ~e, I. adj 스웨덴의 II. s.m. 그리고 f. 스웨덴사람

suedeză, s.f. 스웨덴 언어

sufer|i, sufăr, -ii, -it, I. vi. 아프다. 괴로워하다; 고통을 겪다; suferă de reumatism 류마티스의 고통의 겪다 II. vt. **1.** 견디다, 참다; a ~ o durere 고통을 참다; a ~ de foame 배고픔을 참다 **2.** (손해를)입다, 혼나다; (..에)시달리다; a ~ o pagubă 손해를 입다; a ~ o pedeapsă 처벌을 받다. **3.** 참을 수 없다. 성미에 맞지 않다; a nu putea ~ pe cineva 누구를 참을 수 없다. **4.** 허용하다; nu sufăr aşa ceva 날것을 허용하지 못한다

suferin|d, -dă, -zi, -de, 병으로 괴로워하는; 아픈

suferinț|ă, -e, s.f. 고통, 아픔(도덕적 또는 물리적); a fi în suferință 무엇이 없다

suferi|t, -tă, -ți, -te, adj. 참을 수 있는

suferit|or, -oare, -ori, -oare adj 아픈; 참는

sufertaş, ~e, s.n. 부엌그릇

suficien|t. -tă, -ți, -te, adj. **1.** 충분한, 넉넉한; a fi ~ 충분하다 **2.** (사람

에 대해)거만한

suficienț|ă, -e, s.f. **1.** (드물게)충분 **2.** 거만, 자기도취

sufit, ~uri, s.n.(체크무늬 또는 장미 무늬 따위가 있는 처마도리 따위의) 밑면

sufix, ~e, s.n. 접미사

sufix|a, -ez, -ai, -at, vt. 접미사로써 붙이다

sufl|a, suflu, -ai, -at, I. vi. **1.** 불다; a ~ în foc 불을 불다; a ~ în lumânare (în lampă)램프 불을 붙어끄다; a ~ (cuiva) în borş 뜻하지 않게 누구의 일에 끼어들다; cine s-a fript cu supa, suflă şi-n iaurt 좋지 않은 경험이 필요이상 신중하게 만든다; a ~ în fundul paharului a) 잔을 비우다; b)잔 안을 들여다 보다; a ~ cuiva ceva (또는 pe cineva) de sub nas 훔치다 **2.** 호흡하다(동물에 대해), 숨쉬다; [비유]살다; a ~ din greu 힘들게 숨쉬다; a nu mai ~ a)죽다; b)[비유]꼼짝 않고 있다 **3.** (바람에 대해)불다 **4.** 불다; 연주하다; a ~ în fluier 피리를 불다 II. vt. **1.** 불다; a ~ aer(în ceva)공기를 불어넣다; a ~ praful (de pe ceva)먼지를 불어버리다; a ~ fumul în obrazul cuiva 누구의 얼굴에 연기를 불다 **2.** 코를 풀다 **3.** 불다; a ~ trâmbițele 나팔을 불다 **4.** (유리)불다 **5.** a ~ ceva cu aur, argint 금,은 도금하다 **6.** 속삭이다; a ~ (cuiva, ceva)la ureche 누구의 귀에 속삭이다; a nu ~ cuvânt 한마디도 하지 않다

suflai, ~uri, s.n. 취관; 풀무의 바람 구멍

suflant|ă, -e, s.f. 송풍기

sufl|are, -ări, s.f. **1.** 붐 **2.** 입김. **3.** 불어댐 속삭임 **4.** 호흡; într-o ~ 한숨에; fără ~ 죽은; a-şi da ~a (de pe urmă)죽다 **5.** [비유]생물, 사람; toată ~a 온 세계 모든 사람

suflăt|oare, -ori, s.f. 나팔관

suflăt|or, I. ~i, s.m. **1.** [음악]취주자 **2.** 유리 부는 직공 **3.** pl. 관악기 II. -oare, s.n. **1.** 유리 부는 파이프 **2.** 나팔관

suflec|a, suflec, -ai, -at, I. vt. 걷어올리다, 접다; a ~ mânecile 소매를 접다; a ~ pantalonii 바지를 걷어올리다 II. vr.**1.** 소매를 접다 **2.** 치마를 올리다

sufleca|t, -tă, -ți, -te, adj. 걷어올린, 접은

sufleor, ~i, s.m. 프롬프터

suflet, ~e, s.n. **1.** 정신, 마음; 성격; 인간성; din ~ 또는 din(또는 cu)tot ~ul 충심으로; 솔직하게; 매우 많이; a avea ~ 또는 un ~ mare 고귀한 마음을 갖다; a avea un ~ negru 시커먼, 나쁜 마음을 갖다 ; om fără ~ 무감각한사람, 냉혹한 사람; cu ~ul îndurerat 고통으로 가득 차서; mi se rupe ~ul de milă cuiva 누구에 대한 연민으로 마음이 찢어진다 **2.** 본질, 근본요소, 원동력; a fi ~ul unei acțiuni 행동의 원동력이다 **3.** 용기; a prinde ~ 용기를 내다 **4.** [종교, 철학]영혼; cu trup şi ~ 심신을 모두, 심신을 다하여; a fi trup şi ~ (cu cineva)누구와 일심동체이다; 누구에게 극단적으로 헌신하다; a-şi da ~ul 숨을 거두다; a-şi trage ~ul 마지막 숨을 거두다; a nu avea(pe cineva) la ~ 좋아하지 않다; a scoate cuiva ~ul 가만히 두지 않다, 신경 쓰게 하다; a-i ieşi(cuiva) ~ul a)죽다; b)힘들게 일하다, 괴로워하다; cu ~ul pe buze a)죽음의 고통에서; b)피곤(감정)으로 거칠게 숨을 몰아쉬며; a-şi stupi ~ul [비유]무엇으로 괴로워하다, 힘들게 일하다; a-şi vinde ~ul 심하게 죄를 짓다; a-şi căuta de ~ 경건한 삶을 영위하다; 교회의 규범과 일치하여 생활하다 **5.** [교회]혼백, 망혼; a căuta de ~ul cuiva 죽은 사람을 기억하여 봉헌하다 **6.** 인생, 삶; a avea, şapte ~e 쉽사리 죽지 않다; a mai prinde ~ (병이 난후)다시 건강해지다; a lua cuiva ~ul 누구를 죽이다 **7.** 심장; cât timp îi mai bate ~ul în piept 심장이 뛰는 한; a-i merge(cuiva) la ~ 만족감을 주다 **8.** 사람, 인간, 거주인; nici ~ (de om)사람이 없다; satul are o mie de ~e 마을의 인구는 천명이다 **9.** 호흡; într-un ~ 단숨에; a-şi lua ~ 깊히 숨을 들이 마시다; a-i veni ~ul la loc a)호흡을 진정시키다;b)잠잠해지다; a-şi încărca ~ul 나쁜일을하다, 양심을 짓밟다; a avea (ceva) pe ~ 양심의 가책이 되다 **11.** 감정; 표현; 생생함, 활기; cu ~ 활기있게, 생생하게; fără ~ 생기없이 **12.** copil de ~ 입양아; a lua (pe cineva)de ~ 누구를 입양하다; a da de ~ 아이를 입양시키다

suflet|esc, -ească, -eşti, adj. 정신의, 영혼의; 도덕적인

sufleteşte, adv. 정신적으로; 도덕적으로

sufleţel, ~e, s.n. suflet의 축소형

sufleu, ~ri, s.n.(요리)수플레(달걀흰자 위에 우유를 섞어 구은 요리 또는 과자)

sufl|oi, -oaie, s.n. [방언] **1.** 부는 관 **2.** 부는 피리

suflu, ~ri, s.n. **1.** 호흡, 숨 **2.** 미풍 **3.** 폭풍 **4.** [비유](감정 따위의)격발, 폭발; 열, 정열

sufoc|a, sufoc, -ai, -at, vt. 그리고 vr. 숨막히게하다, 질식시키다

sufocant, -tă, -ţi, -te, adj. 숨막히게 하는, 질식시키는

sufrageri|e, -i, s.f. **1.** 식당 **2.** 식당기구

sufraget|ă, -e, s.f. 부인 참정권론자

sufragi|u¹, -oaică, -i, -oaice, s.m. 그리고 f. 식탁에서 시중드는 사람

sufragi|u², -i, s.n. **1.** 투표, 선거; ~ universal 보통선거 **2.** 동의, 찬성

sugac|i, -e, -i, -e, **sugar,** ~ă, ~i, ~e, I. s.m. 그리고 f. 갓난아이 II. adj. 갓난아이의

sugativ|ă, -e, s.f. (hârtie) ~ 압지

sugăt|oare, -ori, s.f. 압지

sugăt|or, -oare, -ori, -oare I. adj. [고어]빠는, 어린아이의 II. s.m. 그리고 f. **1.** 어린아이 **2.** 술주정꾼

suge, sug, supsei, supt I. vt. **1.** (어머니 젖을)빨다; a ~ (ceva) o dată cu laptele mamei 무엇을 어버이로부터 물려받다; a-şi ~ de sub unghii 매우 인색하다 **2.** 핥다; a ~ o bomboană 사탕을 핥다. **3.** 빨아들이다; a ~ din ţigară 담배를 빨아들이다 **4.** 비워버리다, 다 마시다 **5.** 흡입하다 **6.** [비유]빨아내다, 약탈하다, 탈진시키다; a ~ sângele cuiva 누구를 괴롭히다. 약탈하다; a ~ până la măduvă 가난하게 하다, 갖고 있는

것 모두 빼앗다 II. vr. (사람)여위다

suge|l, -i, s.m. **1.** [식물]붉은 광대수염; ~ alb 광대 수염 **2.** [속어]표저, 생안손

suger|a, -ez, -ai, at, vt. 암시하다; 시사하다; 머리에 떠오르게 하다; 불러일으키다

suger|are, -ări, s.f. 동사 sugera의 명사형

suger|e, -i, s.f. **1.** 빠는 행위 **2.** 배들이 서로 빨려 들어가는 행위

sugesti|e, -i, s.f. **1.** 암시, 시사; 충고 **2.** 시사(암시) 된 생각; 암시작용

sugestion|a, -ez, -ai, -at. I. vt. 암시를 주다, 생각을 불어넣다 II. vr. 스스로 생각이 나다

sugestiv, ~ă, ~i, ~e, adj. 암시하는, 불러일으키는

sughiț, ~uri, s.n. **1.** 딸꾹질 **2.** 흐느낌

sughiț|a, sughiț, -ai, -at, vi. **1.** 딸꾹질하다 **2.** 흐느끼다

sughițat, s.n. **1.** 흐느낌 **2.** 딸꾹질

sugiuc, ~uri, s.n. **1.** 호도가 들어 있는 빨아 먹는 사탕 **2.** (저장용)단단한 소세지

sugrum|a, sugrum, -ai, -at, I. vt. **1.** 목을 조르다, 교살하다 **2.** (옷에 대해)꽉끼다 **3.** [비유]숨막히게 하다, 질식시키다 II. vr. **1.** (끈등이)감기다 **2.** (사람, 기둥 등이)좁아지다

sugrum|are, -ări, s.f.동사 sugruma의 명사형

sugruma|t, -tă, -ți, -te, adj. **1.** 교살된, 목이 졸린 **2.** 억압받는, 숨막히는

sugrumăt|or, -oare, -ori, -oare, adj. **1.** 목조르는 **2.** 억압하는, 숨막히게 하는

suguş|a, -ez, -ai, -at, vt. 목조르다, 교살하다

suhat, ~uri, s.n. **1.** 목초지 **2.** (가축이 마시는)약간 깊은 물

suhăți|e, -i, s.f. [방언]목초지

sui, sui, suii, suit. I. vi. 그리고 vr. **1.** 올라가다, 오르다; a (se) ~ pe munte 산을 오르다, 등산하다; a (se) ~ în maşină, vagon 차에 타다; a (se) ~ în pom 나무위에 오르다; a (se) ~ călare 또는 în şa 말안장에 타다; 말에 타다; a i se ~ la cap 우쭐대다; s-a suit scroafa-n copac 뻔뻔스러워졌다; a (se) ~ pe tron 왕위에 오르다 **2.** [비유]앞으로 나아가다, 승진하다 **3.** (위로)올라가다; a (se) ~ în văzduh 하늘로 올라가다; luna (se) suie pe cer 달이 뜬다; i s-a suit sângele în obraz 얼굴이 빨갛게 되다; (vinul) i s-a suit la cap 취하게 하다, 도취시키다; i s-a suit părul în vârful capului 머리가 쭈뼛하다 **4.** (가격에 대해)오르다 **5.** (총액, 숫자에 대해)달하다, 이르다; numărul lor se suie la vre-o sută 그들의 수는 약 100명에 달한다 **6.** (목소리에 대해)높이 올라가다 II. vt. **1.** 올라가다; a ~ un munte 등산하다; a ~ o scară 계단을 올라가다; [비유]a ~ cele mai înalte trepte 가장 높은 지위에 오르다 **2.** 올리다; a ~ ceva pe dulap 무엇을 장롱 위에 올리다; a ~ (pe cineva) în tren 누구를 기차안에 태우다 **3.** (값을)올리다; a ~ temperatura cuptorului 화덕의 온도를 올리다

suicid, s.n.(드물게)자살

sui-generis, adj. invar 고유한

suir|e, -i, s.f. 동사 sui의 명사형

suiş, ~uri, s.n. **1.** 올라감, 오름. **2.** 비탈

suit, s.n.**1.** 오름,올라감 **2.** 위로 운반하는 행위

suit|ă, -e, s.f. **1.** 수행. 수행원; 동행, 동행자 **2.** [음악]조곡(組曲) **3.** 계속, 후속 **4.** 잇달음, 계속, 연속

suit|oare, -ori, s.f. [광산]통풍갱

sui|tor, -ore, -ori, -oare, I. adj. **1.** (식물에 대해)기어올라가는; plantă suitoare 덩굴식물 **2.** (리듬, 운에 대해)상승하는 II. s.m. 조상

sujet, ~uri, s.n. **1.** 주제, 테마 **2.** 이유, 동기

sul, ~uri, s.n. **1.** 롤러; 실감게; ~ de hârtie 두루마리; a face ~ 감다 **2.** 직기의 감는 축; ~ul de dinainte 직포를 미끄러지게 하는 횡목; ~ul de dinapoi (방적기의)실꾸리 **3.** (체조) 철봉 **4.** 침대위에 까는 쿠션 **5.** 연기기둥; 회오리 바람 **6.** 방선속(放線束)

sul|ă, -e, s.f. 펀치, 구멍 뚫는 연장; a pune cuiva sula în coastă 칼을 목에 들이 대다; 궁지에 몰아넣다

sulcină, s.f. sulfină 참조

sulage|t, -tă, -ţi, -te, adj. (드물게) 호리호리한, 마른, 날렵한, 가느다란, 섬세한

suletic, ~ă, ~i, ~e, adj. (사람에 대해)길고 마른

sulf, s.n. 유황; floare-de-~ 유황화

sulfanid|ă, -e, s.f. [화학]설풀아미드, 설퍼제

sulfa|t, -ţi, s.m. [화학]황산염; ~ de cupru 황산구리

sulfat|a, -ez, -ai, -at, vt. **1.** [화학]황화하다 **2.** 황산구리 용액을 뿌리다 **3.** (호지를)황화칼슘으로 개량하다

sulfhidric, adj .m. 황화수소의; acid ~ 황화수소

sulfin|ă, -e, s.f. [식물]전동싸리

sulfi|t, -ţi, s.m. [화학]마황산염

sulfur|a, -ez, -ai, -at. vt. **1.** [화학]황화하다. 유황과 화합하다 **2.** (식물, 곡식)황화물로 다루다

sulfura|t, -tă, -ţi, -te, adj. 황화한; hidrogen ~ 황화수소

sulfur|ă, -i, s.f. 황화물; ~ de carbon 황화탄소

sulfuric, ~ă, ~i, ~e, adj. 6가(價)의 황을 함유한; acid ~ 아황산

sulfur|os, -oasă, -oşi, -oase, adj. (유)황질의; acid ~ 아황산

sulicioar|ă, -e, s.f. suliţă의 축소형

suliman, ~uri, s.n. **1.** 화장품 **2.** [식물]금관초속

sulimen|eală, -eli, s.f. **1.** 화장품 **2.** 화장

sulimen|i, -esc, -ii, -it. vt. **1.** (그리고 vr.)화장하게 **2.** [비유]치장하다

sulimeni|t, -tă, -ţi, -te, adj. 화장한

sulit|a, -ez, -ai, -at, vt. (드물게)창을 던지다

suliţar, ~i, s.m. [고어], **suliţaş,** ~i, s.m. 창던지는 사람

suliţ|ă, -e, s.f. **1.** 창; aruncător de ~ 창 던지는 사람 **2.** [비유]찌름, 악의 **3.** 한 시간 반 정도의 시간

sultan, ~i, s.m.술탄, 회교국 군주.

sultanat, ~e, s.n. 술탄의 왕위(영토)

sultan|ă, -e. s.f. 술탄의 딸 또는 부인

sultanin, ~ă, ~i, ~e, adj. 최고급의; stafide ~ 큰 씨 없는 건포도

sultăn|esc, -ească, -eşti, adj. 술탄의

sultănica, s.f. [방언]루마니아 민속 춤의 일종

suman, ~e, s.n. **1.** 무릎까지 오는 긴 농부 옷 **2.** 위 옷을 만드는 천

sumar, I. ~ă, ~i, ~e, adj. **1.** 간략한, 요약된 **2.** 매우 간단한, 피상적인 **3.** (옷에 대해)검소한, 필요한 부분으로만 만든 II. s.n. **1.** 내용. **2.** 개요. **3.** 목록

sum|ă, ~e, s.f. **1.** 총계, 합계; ~ totală 총계 **2.** 양, 수 **3.** 총액

sumăieş, ~e, s.n. suman의 축소형

sumănar, ~i, s.m. suman만드는 사람

sumănări|e, -i, s.f. **1.** suman 만드는 사람의 일 **2.** suman 가게

sumănel, ~e, s.n. **sumănuț,** ~e, s.n. suman의 축소형

sumbr|u, -ă, ~i, ~e, adj. **1.** 어두운, 캄캄한 **2.** [비유]슬픈, 우울한, 침울한

sumec|a, sumec, -ai, -at, vt. 위로 접다

sumedeni|e, -i, s.f. 많은 양, 많음, 다수

sum|es, -easă, -eşi, -ese, adj. 위로 접은

sum|ete, -et, -esei, -es, vt. 그리고 vr. (소매를)위로 접다

sumisiun|e, -i, s.f. 복종, 굴복, 황복

sumuliț|ă, -e, **sumuşoar|ă,** -e, s.f. sumă의 축소형

sumut|a, sumut, -ai, -at. I. vt. [속어]부추기다, 선동하다, 사주하다 II. vr.감행하다 III. vi. 입맛 다시다

sun|a, sun, -ai, -at I. vi. **1.** 울리다, 소리나다; a ~ a gol 빈소리가 나다; cântecul sună frumos 노래가 아름답게 울린다; a ~ bine la ureche 귀에 기분좋게 울리다; a ~ rău la urechi 귀에 거슬리다; a-i ~ (cuiva) doagele a)(사물에 대해)못쓰게 되다; b)(사람에 대해)거의 죽어가다 **2.** (종에 대해)종이 울리다 **3.** (시계에 대해)시간을 알리다; i-a ~t cuiva ceasul (morții)마지막 인생의 종이 울렸다. **4.** (물에 대해)졸졸소리가 나다 **5.** (나뭇잎, 등)바스락 거리다 **6.** (바람)윙윙 거리다 **7.** (귀에 대해) 윙윙거리다 **8.** 불다; a ~ din corn 호른을 불다 **9.** 메아리치다 **10.** 초인종을 울리다; a ~ la uşa cuiva 누구의 초인종을 울리다 II. ...라고 씌여 있다; textul sun astfel 텍스트는 이렇게 씌여 있다. III. vt. **1.** 울리게 하다; a ~ clopotul 종을 울리다; a ~ sfârşitul orii 강의 끝나는 종이 울리다; a ~ alarma 경고를 울리다 **2.** 초인종으로 누구를 부르다 **3.** 불다; a ~ atacul 공격 나팔을 불다 IV. vr. (비인칭) **1.** 알리다; nu s-a sunat încă 아직 알리지 않았다 **2.** (비인칭) 사람들은 말한다. 소문이다

sun|are, -ări, s.f. sunat, s.n. 동사 suna의 명사형

sunătoare, s.f. [식물]고추나물속의 초목

sunăt|or, I. -oare, -ori, -oare, adj. **1.** 울리는, 소리나는; bani ~i a)동전; b)현금; şarpe ~ 방울뱀 **2.** 바스락소리나는 **3.** (바람)윙윙거리는 **4.** [비유]호언장담하는 **5.** 소리나는 울리는 II. s.m. **1.** 초인종

sunduc, ~e, s.n. [방언]궤짝

sunet, ~e, s.n. **1.** 소리, 음, 톤; ~ de clopot 종소리; ~ înalt 고음; ~ jos

저음 **2.** 종이 침; ~ul ceasului 시계 종소리 **3.** 메아리 **4.** 소음 **5.** [언어]음성

sup|a, -ez, -ai, -at, vi. 밤참을 먹다

supap|ă, -e, s.f. 날름쇠, 밸브; ~ de siguranță 안전판

supat, ~uri, s.n. [방언]침대 밑 공간

sup|ă, -e, s.f. 수프

supăr|a, supăr, -ai, -at. I. vt. **1.** 화나게 하다 **2.** 괴롭히다. 성가시게 하다, 방해하다 **3.** 아프게 하다, 고통을 주다 II. vr. **1.** 화나다; 짜증나다; a se ~ pe cineva(de ceva) (무엇에 대해) 누구 때문에 화나다 **2.** 누구와 사이가 나빠지다

supăr|are, -ări, s.f. **1.** 화, 짜증; să nu-ți (또는 să nu vă) fie cu supărare 또는 dacă(또는 de) nu ți-ar (또는 v-ar)fi cu supărare 방해할까 두렵다고 말하는 정중한 표현방식; fără ~ 방해받지 않고 있다고 말하는 정중한 표현방식 **2.** 어려움, 곤란 **3.** 방해, 해 **4.** 불편; 고통 **5.** 걱정, 근심 **6.** 흥분, 화, 분노

supăra|t, -tă, -ți, -te, adj. **1.** 슬픈; 짜증난; 싫증난; a fi tare ~ 매우 슬프다 **2.** 화난, 분노한: a fi ~ (foc) pe cineva 누구에게 분노하다

supărăci|os, -oasă, -oşi, -oase, adj. **1.** 민감한 **2.** 화나게 하는, 짜증나는

supărăt|or, -oare, -ori, -oare. adj **1.** 화나게 하는 **2.** 지루한, 싫증나는

super- 초과 뜻을 나타내는

superarbitr|u, -i, s.m. 거중조정인(居中調停人)

superb, ~ă, ~i, ~e, adj. **1.** (눈부시게)아름다운; 희한한, 찬란한; 훌륭한, 화려한; 웅장한 **2.** 오만한, 거만한

superbie, s.f. 오만, 교만

superciment, ~uri, s.n. [건축]슈퍼시멘트

superficial, ~ă, ~i, ~e, adj **1.** 표면의; 겉에만 보이는 **2.** 피상적인, 천박한

superficialitate, s.f. 피상적임

superfin, ~ă, ~i, ~e, adj. 최상의, 극히 좋은

superfluitate, s,f.(드물게) 여분, 과잉

superflu|u, -ă, -i, -e, adj. 필요 이상의, 없어도 될, 쓸데없는

superfosfa|t, -ți, s.m. 과린산 비료

superi|or, -oară, -ori, -oare, I. adj. **1.** 보다 위의, 상부의; etaje superioare 상층; cursul ~ al unui râu 강의 상류;[음악]registru ~ 높은 성역 **2.** 높은, 나은; 상급의, 우위의, 고등의; ofițer ~ 상급장교; autoritate superioară 상급기관; învățământ ~ 상급 교육기관 **3.** 우월한, 우수한; a fi ~ 우월하다 **4.** 뛰어난, 탁월한, 우세한; vin ~ 우수한 포도주 II. s.m. 그리고 f. **1.** 상관 **2.** [교회]수도원(회)장

superioritate, s.f. **1.** 우위, 우월; 탁월; 상급, 상위 **2.** 우월감, 거만

superlativ, I. ~ă, ~i, ~e, adj. 최상급의 II. s.n. 최상급; ~ absolut 절대 최상급; ~ relativ 상대 최상급

super|pune, -pun, -pusei, -pus. vt. supurapune 참조

supersonic, ~ă, ~i, ~e, adj. 초음속의; viteză ~ă 초음속도

superstiți|e, -i, s.f. 미신

superstiți|os, -oasă, -oşi, -oare, adj. 미신적인

supeu, ~ri, s.m. 밤참

supier|ă, -e, s.f. 수프 그릇

supin, ~e, s.n. [문법]목적 분사

suplean|t, -tă, -ți, -te, s.m.그리고 f. **1.** 대리인 **2.** 보조교사

supletiv, ~ă, ~i, ~e, adj. 보충의, 추가의; 보조적인

suplețe, s.f. **1.** 유연성; **2.** 순응성, 적응성

suplic|a, suplic, -ai, -at, vi. 간청하다

suplican|t, -tă, -ți, -te, s.m. 간청자, 청원자

suplic|ă, -i, s.f. 청원, 탄원; 청원서

suplici|u, -i, s.n. **1.** 체형; 형벌 **2.** 고문, 고통, 괴로움

supliment, ~e, s.m. **1.** 부가, 추가 **2.** (신문잡지의)부록 **3.** 추가 요금

suplimentar, ~ă, ~i, ~e, adj. 추가의; ore ~e 초과근무시간; unghiuri ~e 보각

suplin|i, -esc, -ii, -it, vt. **1.** 대리하다 **2.** 보충하다, 채우다

suplinir|e, -i, s.f. **1.** 대리 **2.** 보충

suplinit|or, -oare, -ori, -oare, I. adj. 대리하는 II. s.m. 그리고 f. 대리자

supl|u, ~ă, ~i, ~e, adj. **1.** 유연한, 잘 휘는, 보드라운 **2.** 순응성이 많은; 유순한 **3.** (걸음)경쾌한, 가벼운, 민첩한

suport, ~uri, s.m. **1.** 버티는 물건, 받침;[건축]버팀목, 지주; (도구, 기계의)대 **2.** 지지, 후원

suport|a, suport, -ai, -at, vt. **1.** 참다. 견디다; **2.** 관용하다, 감수해 내다 **3.** 이겨내다. 견디다.**4.** (비용을)부담하다

suportabil, ~ă, ~i, ~e, adj. **1.** 참을 수 있는, 견딜 수 있는 **2.** 용인할 수 있는, 무리가 없는

suporter, ~i, s.m. [스포츠](선수, 팀의)후원자

supozit|or, -oare, s.n. [의학]좌약

supoziți|e, -i, s.f. **1.** 가정 **2.** 가설

supraabunden|t, -tă, -ți, -te, adj. 충분하고도 남는, 여분의; 매우 많은

supraabundenț|ă, -e, s.f. 여분, 과잉

supraaglomer|are, -ări, s.f. 초과적재

supraaglomera|t, -tă, -ți, -te, adj. 초과적재된

supraaliment|a, -ez, -ai, -at, vt. 그리고 vr. 보통이상의 음식을 주다, 식이요법을 쓰다

supraalimenta|t, -tă, -ți, -te, adj. 보통이상의 음식이 공급된

supraalinentați|e, -i, s.f. 식이요법(보통량 이상으로 급식하는)

supraapreci|a, -ez, -ai, -at, vt. 과대평가 하다

supraaprecier|e, -i, s.f.과대평가

supraarbitr|u, -i, s.m. 거중조정인

suprabugetar, ~ă, ~i, ~e, adj. 예산에 계산되지 않은; 초과예산의

supraestim|a, -ez, -ai, -at. vt. 과대평가하다

supraestim|are, -ări, s.f. 과대평가

supraevalu|a, -ez, -ai, -at, vt. 과대평가하다

supraf|ață, -ețe, s.f. **1.** 표면, 면, 외면, 평면; la ~ a)표면에 b)표면적으로; suprafața apei 물의 표면 **2.** [비

유]외견, 피상
suprafir|esc, -ească, -eşti, adj. 초자연적인
supraforțăr|eață, -ețe, s.f. [항공]~ zburătoare 하늘의 요새(미국의 B29 폭격기)
supraimpresiun|e, -i, s.f. [사진] 이중인화
supraîncălz|i, -esc, -ii, -it, vt. 과열하다
supraîncălzir|e, -i, s.f. 과열
supraîncălzi|t, -tă, -ți, -te, adj 과열된
supraîncălzit|or, -oare, s.n. 과열기
supraîncărca, -carc, -cărcai, -cărcat, vt. 짐을 더 (너무)싣다; 지나친 부담을 지우다; 과적하다
supraîncărca|t, -tă, -ți, -te, adj. 과적된
supralicit|a, -ez, -ai, -at, vi. **1.** (경매에서)더 비싼 값을 부르다; 물건이 더 비싸지다 **2.** (남보다)약속을 더 크게 내걸다, 한술 더 뜨다
supralicitat|or, -oare, -ori, -oare, s.m. 그리고 f. (경매에서)더 비싼 값을 부르는 사람
supralicitați|e, -i, s.f. (경매에서)더 비싼 값을 부르기
supramuncă, s.f. 초과노동
supranatural, I. ~ă, ~i, ~e, adj. **1.** 초자연적인 **2.** [비유]이상한, 신비한, 비법한 II. s.m. 초자연(적인 것)
supranume, ~, s.n. 별명, 이명
supranumerar, ~ă, ~i, ~e, adj 정원외의, 여분의
supranum|i, -esc, -ii, -it, vt. 별명을 붙이다
supranutri|t, -tă, -ți, -te, adj. 영양과잉된
supraofert|ă, -e, s.f. 첫 번째 제의보다 더 유리한 제의
supra|om, -oameni, s.m. 초인
supraomen|esc, -ească, -eşti, adj. 초인적인, 인간 이상의
supraordona|t, -tă, -ți, -te, adj. 계급에서 상부 자리를 차지하는; fracție ~ă 가분수
suprapământ|esc, -ească, -eşti, adj. 이 세상을 초월한, 천국(천상)의; 신성한; 영적인; 초자연의
suprapopul|a, -ez, -ai, -at, vr. 인구과잉되다
suprapopula|t, -tă, -ți, -te, adj. 인구 과잉된
suprapopulați|e, -i, s.f. 인구 과잉
suprapresiun|e, -i, s.f. 초과압력; 고압
suprapreț, ~uri, s.m. 법정 가격보다 비싼 가격; 보통 보다 비싼 가격
supraproducți|e, -i, s.f. 생산 과잉
supraprofit, ~uri, s.n. 초과이익
supra|pune, -pun, -pusei, -pus. I. vt. 겹치다. 포개다. 쌓다 II. vr. 포개지다, 덮히다
suprapu|s, -să, -şi, -se, adj. 겹쳐진, 포개진; clasă ~ă 지배계층
suprarealism, s.n. 초현실주의
suprareali|st, -stă, -şti, -ste, adj. 초현실주의자
suprarenal, ~ă, ~i, ~e, adj. [해부] 신장 위에 있는; 부신의; glandă ~ă 부신(副腎)
suprasarcin|ă, -i, s.f. 과적
suprasatur|at, -tă, -ți, -te, adj. 과포화된; 포만의, 포식한

suprasaturați|e, -i, s.f. 과포화; 포만, 포식

suprasensibil, ~ă, ~i, ~e, adj. 초감각적인, 감각을 초월한

suprastructural, ~ă, ~i, ~e, adj. 상부공사의, 상부구조물의; 상층구조의

suprastructur|ă, -i, s.f. **1.** [건축, 토목]상부공사, 상부구저(물) **2.** [철학](마르크스주의에서 경제적 토대위에서는)상층(상부)사회구조

supratax|ă, -e, s.f. 부가세

supratensiun|e, -i, s.f. **1.** [전기]과압 **2.** 극도의 긴장

supratimp, ~i, s.m. 초과 노동

suprauman, ~ă, ~i, ~e, adj. 초인적인, 인간이상의

supravegh|ea, -ez, -eai, -eat, vt. 주의 깊게 감시하다, 관찰하다; 통제하다

supravegher|e, -i, s.f. 감시, 관찰; 통제; a avea sub ~ 감시하다

supravaghet|or, -oare, -ori, -oare, a,m. 감시자

supra|veni, -vin, -venii, -venit. vi. (뜻하지 않게)나타나다

supraviețu|i, -iesc, -ii, -it, vi. 살아나다; ..보다 오래 살다

supraviețuit|or, -oare, -ori, -oare, s.m. 그리고 f. 살아남은 사람

suprem, ~ă, ~i, ~e, adj. **1.** 최고의; 최상의; 지상의 **2.** 최후의; momentul ~ 최후 순간; voință ~ă 마지막 의지

supremați|e, -i, s.f. 최고권, 패권; 최고위, 지배(권)

suprim|a, suprim, -ai, -at, vt. **1.** 없애다, 제거하다; 인멸하다 **2.** (법규등)폐지하다 **3.** (발행을)금지하다 **4.** (문장을)삭제하다 **5.** 빼앗다, 몰수하다 **6.** 말살하다, 죽이다

suprim|are, -ări, s.f. 동사 suprima의 명사형

suprima|t, -tă, -ți, -te, adj. **1.** 제거된 **2.** 폐지된 **3.** 금지된 **4.** 삭제된 **5.** 몰수된 **6.** 죽인

sup|t, I. -tă, -ți, -te, adj. 여윈, 마른 II. s.n. **1.** 빰. **2.** 젖을 줌

su|pune, -pun, -pusei, -pus, I. vt. **1.** 굴복시키다; 제압하다; **2.** (동물을) 길들이다 **3.** (강한 감정에 대해) 억제하다 **4.** [비유]하위에 두다; 종속시키다 **5.** 내맡기다 II. vr. **1.** 굴복하다 **2.** 순응하다

supuner|e, -i, s.f. 동사 supune의 명사형

supur|a, pers.3, -ează, -ă, -at, vi. (상처, 종기가)곪다; 고름이 나오다

supuran|t, -tă, -ți, -te, adj. 곪는

supurați|e, -i, s.f. 곪음, 화농

supu|s, -să, -şi, -se, I. adj. **1.** 복종하는; 말 잘 듣는; 유순한; 굴종하는; un copil ~ 말 잘 듣는 아이 **2.** 노예같은 **3.** 의무의; ~ dărilor 세금의 의무가 있는 **4.** 내맡긴; ~ boalelor 병에 내맡긴 II. s.m. 그리고 f. 국민; 하인

supuşeni|e, -i, s.f. 국적

sur, ~ă, ~i, ~e, adj. **1.** 회색의; cap ~ 회색머리 **2.** (구름, 하늘에 대해)회색의; 흐린 **3.** [비유]아주 오랜; 바랜; din vremuri ~e 아주옛날부터

surat|ă, -e, s.f. [속어]여자친구; 자매

suratic, ~ă, ~i, ~e, adj. 회색을 띤

surăț|ică, -ele s.f. surată의 축소형

surâ|de, surâd, -sei, -s. vi. **1.** 웃다; a

~ cuiva 누구에게 웃음 짓다 **2.** [비유]마음에 들다. 호의를 보이다; 누구를 끌다. 호감을 주다; 누구에게 맞다

surâs, ~uri, s.n. 웃음, 미소

surâzăt|or, -oare, -ori, -oare, adj. **1.** 웃는, 미소짓는 **2.** 쾌활한 **3.** 호감을 주는, 마음을 끄는

surc|ea, (-ică), -ele, s.f. 나무조각, 지저깨비, 대팻밥

surcal, ~e, s.n. surcea 참조

surchid|eală, -eli, s.f. [방언]몰아댐; 때림

surchid|i, -esc, -ii, -it, vt. 몰아내다. 때리다.

sur|d, -dă, -zi, -de, I. adj. **1.** 귀먹은; 난청의; a rămâne ~ la ceva 듣지 않다; 냉담한 채로 있다; a fi ~ de-o ureche 한귀가 멀다; a fi ~ toacă 귀가 절벽이다 **2.** 무감각한, 둔감한. **3.** [언어]무성음의; consoană ~ă 무성음 **4.** (소리에 대해)맑지 않은 **5.** (감정에 대해)침울한; 애매한 **6.** (아픔)무딘 II. s.m. 그리고 f. 귀머거리; a bate toaca(또는 toba) la urechea ~ului 쇠귀에 경 읽기다; unde a dus ~ul roata şi mutul iapa 어디든

surda, adv.(de-a) ~ 쓸데없이, 헛되이

surdin|ă, -e, s.f.**1.** [음악]악음기; în ~ a)소리를 죽인; b)조용히

surdit|ate, -ăți, s.f. **1.** 귀가 먹음, 귀가 들리지 않음, 난청 **2.** 방음

surdomu|t, -tă, -ți, -te, I. adj. 귀먹은, 벙어리의 II. s.m. 그리고 f. 농아

surescit|a, surescit, -ai, -at, vt. 지나치게 흥분시키다; 강하게 자극하다

surescitabil, ~ă, ~i, ~e, adj. 지나치게 흥분하기 쉬운

surescitabilitate, s.f. 지나치게 흥분하기 쉬움

surescitan|t, -tă, -ți, -te, adj. 지나치게 흥분시키는

surescit|are, -ări, s.f. 지나치게 흥분시킴

surescita|t, -tă, -ți, -te, adj. 지나치게 흥분된

surescitați|e, -i, s.f. 지나치게 흥분된

suret, ~uri, s.n. (중세 루마니아)서류 복사본

surfil|a, -ez, -ai, -at, vt. (천의)실의 꼬임새를 튼튼히 하다

surghiun, ~uri, s.n. **1.** 추방, 망명; a trimite în ~ 추방하다 **2.** 추방자

surghiun|i, -esc, -ii, -it, vt. **1.** 추방하다; 망명시키다 **2.** [고어]수도원으로 보내다

surghiuni|t, -tă, -ți, -te, s.m.그리고 f. 추방자

surguci, I. ~s.m. [식물]참제비 고깔 II.~uri, s.n. 보석에 장식된 깃털장식

sur|i, -esc, -ii, -it. I. vi. 회색이 되다 II. vt. 회색이 되게 하다

surioar|ă, -e, s.f. soră의 축소형

suri|u, -e, -i, adj. 연한 회색의

surlaş, ~i, s.m. surlă를 부는 사람

surl|ă, -e, s.f. **1.** 피리모양의 옛 관악기(오보에의 전신); cu surle şi tobe a)많은 소음으로; b)소란을 피는 **2.** [방언]돼지코 **3.** 갈대, 짚으로 된 지붕의 나무 오두막

surlişoar|ă, -e, s.f. surlă의 축소형

surliț|ă, -e, s.f. surlă의 축소형

surmen|a, -ez, -ai, -at, I. vt. 과로시키다. 혹사시키다 II. vr. 과로하다. 혹사당하다

surmenaj, ~e, s.n. **surmen|are,** -ări, s.f. 과로, 혹사

surmena|t, -tă, -ți, -te, adj. 혹사당한, 과로한

surnatural, ~ă, ~i, ~e, adj. 초자연적인

surnum|i, -esc, -ii, -it, vt. 별명을 붙이다.

surogat, ~e, s.n. 대용품, 대용물

suror|ă, -i, s.f. soră 참조

surp|a, surp, -ai, -at. I. vt. **1.** 부수다, 쓰러트리다; 붕괴시키다; 파괴하다 **2.** [비유]망하게 하다. 못쓰게 하다. 파멸시키다. II. vr. 무너지다, 파괴되다, 멸망하다

surp|are, -ări, s.f. 동사 surpa의 명사형

surpa|t, -tă, -ți, -te, adj. **1.** 쓰러진, 붕괴된, 파괴된 **2.** (강가, 흙)무너진; 가파른

surpăci|os, -oasă, -oşi, -oase, adj. 가볍게 무너진

surpătur|ă, -i, s.f. **1.** 붕괴, 무너짐, 쓰러짐 **2.** 가파르게 된 땅; 자갈, 돌 **3.** 폐허

surplus, ~uri, s.n. 잉여; 과잉; 여분

surprin|de, surprind, -sei, -s, vt. **1.** 현장에서 붙들다 **2.** 기습하다. **3.** 깜짝 놀라게 하다 **4.** 발각하다, 포착하다

surprinder|e, -i, s.,f. **1.** 현장 체포; prin ~ 뜻하지 않게, 불시에 **2.** 놀람 **3.** 포착, 파악

surprin|s, -să, -şi, -se, adj. **1.** 현장에서 잡힌; ~ asupra faptului 현행범으로 잡힌 **2.** [비유]놀란

surprinzăt|or, -oare, -ori, -oare, adj. 놀란, 뜻밖의

surpriz|ă, -e, s.f. 놀라움, 뜻밖의 일(기별, 방문, 선물);[군사]기습

surs|ă, -e, s.f. **1.** 샘, 원천; ~ de lumină 광원 **2.** [비유]본원, 기원, 근원; 출처, 근거 **3.** 원전(原典)

surtuc, ~uri, s.n. 쟈케트

surtucar, ~i, s.m. 시민

surtucaş, ~e, s.n. **surtucel,** ~e, s.n. surtuc 의 축소형

surgi|u, -i, s.m. **1.** 우편마차 **2.** 별자리 이름

surven|i, pers.3, survine, -i, -it, vi. 뜻밖에 오다. 돌발하다

surzeală, surzenie, s.f. 귀먹음

surz|i, -esc, -ii, -it, I. vi. 귀먹다 II. vt. 귀먹게 하다

surzilă, s.m. invar. 귀머거리

sus, adv. **1.** 위에, 높히; ~ de tot 아주 높이; a purta capul ~ 거만하다; de ~ a)위에 b)위에서; c)상류계급의; mai ~ de ....의 북쪽의; din ~ de.. 따로 떨어진; ...의 위에서; de ~ în jos 위에서 아래로; de ~ şi până jos 위에서 아래까지; în ~ şi în jos 여기저기에; cu fața în ~ 엎드려서; cu gura în ~ 벌어진 곳을 위로하여; cu fundul în ~ a)뒤집힌, 거꾸로 b)무질서한 c)화난; a răsturna cu ~ul în jos 무질서하게 하다; 파헤치다; a lua (또는 duce) pe cineva pe ~ 강제로 끌고 가다; a umbla cu nasul pe ~ 뻐기다, 코가 높다; 거만하다; a privi de ~ 경멸하다; a trata (또는 lua)pe cineva de ~ 아랫 사람처럼 다루다; 낮게 취급하다. **2.** 위로; în ~

a)산위로; 상류로; b)하늘로; c)북쪽으로; din ~ul 위에서; a sări în ~ 기뻐서 껑충 뛰다 **3.** mai ~ 더 높이; (mai) ~ amintit 위에서 언급된 **4.** (소리, 목소리에 대해)높은; ~ şi tare a)단호한; b)큰 소리로 **5.** (기독교)하늘에; de ~ 위에서, 신에게서; cel de ~하느님

susai, s.m. [식물]방가지 똥

susan, s.m. **1.** [식물]참깨 **2.** 참깨(의)씨

susceptibil, ~ă, ~i, ~e, adj. **1.** 격하기 쉬운, 반발심이 강한 **2.** 할 수 있는 **3.** 쉽게 변경될 수 있는

susceptibilit|ate, -ăți, s.f. **1.** 감수성, 민감성; 격하기 쉬운 성질 **2.** 할 수 있음

suscit|a, suscit, -ai, -at, vt. **1.** 불러일으키다 **2.** 생기게 하다, 야기하다. 선동하다, 사주하다

sus-cita|t, -tă, -ți, -te, adj. 위에서 언급된

sus|ean, -eană, -eni, -ene, s.m. 그리고 f. **1.** 마을이나 지역의 위에 사는 사람 **2.** 몰도바 북쪽에 사는 사람

sus-numi|t, -tă, -ți, -te, adj. 위에서 언급된

suspec|t, -tă, -ți, -te, adj. 수상한, 의심스러운

suspect|a, -ez, -ai, -at, vt. 수상히 여기다, 의심하다

suspend|a, suspend, -ai, -at, I. vt. **1.** 매어달다, 늘어뜨리다, 걸다 **2.** [비유](장점)중단시키다; 정지 시키다; 금지하다 **3.** (직능 따위를)일시 정직(휴직)시키다 II. vr. (de ceva) 걸려있다, 메어 달리다

suspend|are, -ări, s.f. 동사 suspenda의 명사형

suspenda|t, -tă, -ți, -te, adj. **1.** 매어달린, 걸어놓은; pod ~ 적교(吊橋) **2.** 중간에 걸려있는 **3.** 일시 중지된, 정지된 **4.** (직능)정직된

suspensi|e, -i, s.f. **1.** 매어달기, 매어달림 **2.** (일시적)중지, 중단, 정지 **3.** (공무원의)정직 ; [음악]계류 ; [물리]현탁 (액): puncte de ~ [문법]정지점, 중단표(····); (자동차)차체받이 장치(스프링 따위)

suspensiv, ~ă, ~i, ~e, adj. 정지(중지)하는 (법의 판결, 계약의 실행 따위를); [문법]중지의, 생략의

suspens|or, -oare, s.n. [외과]현수대; 걸빵

suspiciun|e, -i, s.f. 혐의, 용의

suspin, ~e, s.n. **1.** 한숨; a-şi da ultimul ~ 마지막 숨을 거두다 **2.** 흐느낌 **3.** [방언]천식

suspin|a, suspin, -ai, -at, vi. **1.** 한숨 쉬다 **2.** 흐느끼다

suspinăt|or, -oare, -ori, -oare. adj. **1.** 한숨 쉬는 **2.** 흐느끼는

sustentați|e, -e, s.f. **1.** 평형의 유지 **2.** [항공]부력, 양력

sus|trage, -trag, -trăsei, -tras I. vt. **1.** 다른 사람의 것을(속임수, 계략으로)강탈하다. 빼앗다 **2.** 방해하다 II. vr. 피하다, 벗어나다, 면하다

sustrager|e, -i, s.f. **1.** 강탈, 훔침 **2.** 방해. **3.** 면하게 함

susținăt|or, -oare, -ori, -oare. I. adj. **1.** 발치는 **2.** 지지하는; 생계를 받치는 II. s.m. 그리고 f. **1.** 지지대, 받침대 **2.** 생계 후원자

susțin|e, susțin, -ui, -ut. I. vt. **1.** 받치다; 유지하다. 지탱하다 **2.** 기운나

게 하다, 부양하다, 먹여 살리다 **3.** 지지하다 옹호하다. 변호하다 II. vr. **1.** 몸을 지탱하다, 서 있다 **2.** 지속되다, 유지되다

susținu|t, -tă, -ți, -te, adj. **1.** 일관하여 변함없는, 줄기찬, 꾸준한 **2.** [문체, 음악]높은 수준을 유지하는; 고상한

susur, s.n. 물 흐르는 소리, 나뭇잎이 바람에 살랑거리는 소리

susur|a, pers.3, susură, -ă, -at, vi. 졸졸 흐르다, 살랑거리다 (나뭇잎이)

sutan|ă, -e, s.f. 법의(法衣), 수탄(카톨릭 신부의 긴 옷)

sutar, ~i, s.m. 백단위 지폐

sutaş, ~i, s.m. (백명의 군인을 지휘하는)장교

sut|ă, -e, num. card. 백 100; trei sute 삼백(300); la ~ 백분율을 나타낼 때; cinci la ~ 5%, 100분 5; ~ la ~ 백퍼센트의; 완전한, 의심할 여지없이; de o ~ de ori 백번 II. s.f. **1.** 숫자 백 **2.** 백단위 지폐

sutălea, suta, num. ord. (al sutălea, a suta)백번째

sutien, ~e, s.n. 브라자; 가슴받이

sutim|e, -i, s.f. 백번의 일

sutişoar|ă, -e, s.f. sută 의 축소형

sutur|a, -ez, -ai, -at, vt. 봉합하다 (의학에서)

sutur|ă, -i, s.f. 봉합(두 뼈의); (상처의)봉합

suvac, ~e, s.n. 바늘, 송곳

suveic|ă, -i, s.f. **1.** 북(직기의); iute ca o ~ 매우 민첩한; 부지런한 **2.** 재봉틀의 아래 실받이

suvelnițlă, -e, s.f. suveică 의 축소형

suvenir, ~e, s.n. **suvenir|e,** -i, s.f. **1.** 기억, 추억, 회상 **2.** 기념품; 추억의 선물

suveran, ~ă, ~i, ~e, I, adj. **1.** 지상의, 최고의; 최고의 권한을 가진 **2.** 절대적인, II. s.m. 그리고 f. 주권자, 군주

suveranit|ate, -ăți, s.f. **1.** 지상권; 군주의 신분(지위, 권한), 주권, 통치권, 절대력, 절대권위 **2.** 주권이 행사 하는 영토

suzeran, ~ă, ~i, ~e, I. adj. 봉건군주의 II. s.m. 그리고 f. 봉건군주

suzeranit|ate, -ăți, s.f. 종주의 지위; 종주권(이 미치는 영토)

sveter, ~e, s.n. 스웨터

sving, ~uri, s.n.**1.** (권투)스윙(옆으로 크게치기) **2.** [음악]스윙

Ş

Ş, ş, s.m. 루마니아어 알파벳의 23번째 자

ş- şi에서 파생; ş-apoi, ş-atunci 그리고 나서

şa, şei, s.f. **1.** (말, 자전거 오토바이) 안장; a pune ~ua (pe cine va)지배하다, 굴복시키다, 강요하다, 착취하다 **2.** (산의)함지, 분지

şabac|ă, -e, s.f. (샤쓰나 탁자보에 만든)자수

şabana, ~le, s.f. 비싼 긴 겉옷

şabăr, ~e, s.n. 갉아내는 도구

şabl|on -oane, s.n. **1.** 형지(型紙), 형판(型板), 등사원지; 틀, 본, 원형 **2.** [비유]관습적 방식, 기계적 조작; 틀에 박힌 것, 획일적이고 융통성 없음

şablon|a, -ez, -ai, -at, vt. **1.** 형판으로 본을 대고 무늬를 대다; 형판으로 박아넣다 **2.** 천편일률적으로 다루다

şablonar, ~i, s.m. 형판 갖고 일하는 사람

şablonar|d, -dă, -zi, -de, adj. 독창성 없는, 판에 박힌

şacal, ~i, s.m. 재칼(개과에 속하는 맹수)

şagă, şăgi, s.f. [방언]농담; în ~ 농담으로; fără ~ 진지하게; a face ~ 농담하다; a se întrece cu şaga 진지하게 되기 시작하다; nu-i (lucru) de ~ 농담 아니다.

şagrin, s.n. 샤그린 가죽, 오톨도톨한 가죽

şagrin|a, -ez, -ai, -at, vt. (가죽을)겉이 오톨도톨하게 만들다.

şah, I. şahi, s.m. 페르시아(이란)왕 II. şahuri, s.n. 장기; 체스; ~ la rege 장군!; partidă de ~ 장기한판; ~ (şi) mat 외통수다; a da ~ 장군 부르다; a ţine în ~ 누구를 끝까지 몰아치다, 끊임없이 추궁하다.

şahăr-mahăr, ~uri, s.n. 장기 두는 사람; a umbla cu (또는 a face) ~ 폭리를 취하다.

şahi|st, -stă, -şti, -ste, I. adj. 장기의 II. s.m. 그리고 f. 장기 두는 사람.

şai, s.n. [고어]옛 하얀 천(영주의 옷을 만듬)

şaib|ă, -e, s.f. [기술] **1.** 좌금(座金) **2.** 피대돌리는 바퀴.

şaic|ă, şăici, s.f. **1.** 밑바닥이 평평한 보트 **2.** 통나무배

şaidaj, ~e, s.n. [광산]수선광

şaisprezece, num. card. 16

şaispreze|celea, -cea, num. ord. (al ~ celea, a ~cea) 16번째

şaizeci, num. card. 60

şaize|cilea, -cea, num. ord. (al ~l-ea, a ~cea) 60번째

şal, ~uri, s.n. 목도리

şaland, ~e, s.n (바닥이 평평한)짐배, 거룻배.

şal|ău, -ăi, s.m. **1.** [어류]농어 종류 **2.** [고어]구리동전

şale, s.f. pl. 허리, 요부; durere de ~

요통; a se îndoi (apleca) din ~ 구부리다; a se îndrepta din ~ 허리를 펴다

şalg|ău, -ăi, s.m. **1.** 암염갱에서 일하는 사람 **2.** 암염갱에서 일하도록 처벌 받은 죄수

şaltăr, ~e, s.n. [전기]스위치.

şalup|ă, -e, s.f. 배에 실는 작은 배; 란치

şalvara|giu, -gii, s.m. 터키식 바지(salvari) 만들거나 파는 사람

şalvari, s.m. pl. 터키식 바지

şalvir, ~i, s.m. 사기꾼

şambelan, ~i, s.m. 시종

Ş

şamot|a, -ez, -ai, -at, vt. 내화 점토를 바르다

şamotar, ~i, s.m. 내화점토를 바르는 사람

şamot|ă, -e, s.f. 샤모테, 내화점토(耐火粘土) (내화 벽돌용의)

şampan|ă, -e, s.f. (중국의) 삼판, 작은 거룻배.

şampanie, s.f. 샴페인

şampaniz|a, -ez, -ai, -at, I. vi. (포도주에 대해) 샴페인 같이 거품 일다 II. vt. 거품 일게하다.

şampon, s,n. 샴푸

şan, ~uri, s.n. 장화의 구둣골

şancr|u, -e, s.n. [의학]하감(下疳)

şandrama, ~le, s.f. **1.** 바라크 판잣집, 가건물 **2.** 오두막

şans|ă, -e, s.f. 운, 행운, 좋은 가능성

şansonet|ă, -e. s.f. 샹송, (가벼운 풍기적인 내용의) 짤막한 가요

şansoneti|st, -stă, -şti, -ste, s.m. 그리고 f. 샹송가요작곡자(가수)

şantagi|st, -stă, -şti, -ste, s.m. 그리고 f. 협박조로 요구하는 사람, 재물갈취자.

şantaj, ~e, s.n. 협박조 요구, 재물갈취

şantaj|a, -ez, -ai, -at, vt. 협박하다 (무엇을 얻기 위해)

şantan, ~uri, s.n. 음악을 들려주는 카페 (술집)

şantez|ă, -e, s.f. (술집) 카페에서 노래하는 여자

şantier, ~e s.n. (건물, 다리, 길 등) 건축장; ~ naval 조선소

şanţ, ~uri, s.n. **1.** 길, 포장; a de în ~ 도랑으로 떨어지다

şap|ă, -e, s.f 방수물질 (아스팔트 등)

şapcă, şepci, s.f. (학생, 군인, 노동자 등의) 차양있는 모자

şapirograf, ~e, s.n. 복사기, 등사기

şapirografi|a, -ez, -ai, -at, vt. 복사하다

şapte, num. card. 7(일곱); a umbla pe ~ cărări 취하다; a munci (mânca, bea) cât ~ 매우 많이 일하다 (먹다, 마시다); a lua şapte pici de pe om (또는 de pe o vită) 누구를 힘에 부치게 일하도록 강요하다

şapte|lea, -a, num. ord. (al ~lea, a ~a) 일곱 번째

şaptesprezece, num. card. 17.

şaptesprezece|lea, -a, num. ord. (al ~ lea, a ~a) 17번째

şaptezeci, num. card. 70

şaptezec|ilea, -ea, num. ord. (al ~ilea, a ~ea)70번째

şarad|ă, -e, s.f. 문자 수수께끼; 수수께끼; 몸짓 수수께끼; a vorbi în şarade 어렵게 말하다

şarampoi, ~ , s.m. [방언]담이나 다리 기둥용 굵은 말뚝

şaran, ~i, s.m. [어류]잉어류
şaret|ă, -e, s.f. 2륜 마차
şarg, ~ă, ~i, ~e, I. adj. (말에 대해) 황회색의 II. s.m. 그리고 f. 황회색 말
şarj|a, -ez, -ai, -at, I. vt. [군사](말을 질주하면서) 공격하다 II. vi. 과장해서 연기하다
şarj|ă, -e, s.f. **1.** 용광로에 광석을 잠입하기 및 그 광석 **2.** 공격 (말을 몰고) **3.** (운동)공격 **4.** 만화, 희화; 과장 **5.** 과장된 연기
şarlatan, -că, -i, -ce, s.m. 그리고 f. 협잡군, 사기꾼
şarlatan|esc, -ească, -eşti, adj. 사기꾼같은
şarlatani|e, -i, s.f. 사기, 협잡
şarlatanism, ~e, s.n. şarlatanie 참조
şarl|ă, -e s.f. [방언]개
şarlot|ă, -se, s.f. 푸딩
şarman|t, -tă, -ţi, -te, adj. 귀여운, 어여쁜, 매혹적인
şarpant|ă, -e. s.f. (건축물의)뼈대, 틀, 골격.
şarpe, şerpi, s.m. **1.** 뱀; ~ cu clopoţei 방울뱀; ~ o cu-ochelari 코브라; ~ de casă 독없는 뱀; piele de ~ 뱀가죽; a-l muşca ~le de inimă 유혹하다; l-a muşcat ~ le individie 질투에 사로 잡혔다; a călca ~le pe coadă 모욕하다; a hrăni ~le la sân 배은망덕한 놈을 먹여 살리다 **2.** 악의 있고 간사스러우며 꾀가 있는 사람; gură de ~ 중상자, 비방자
şarpie, s.f. 누더기
şart, I. s.n.: după ~ 규정대로; cu ~ a) 이성적으로; b) 규칙적으로; fără ~ 의미없는, 질서없는; pe ~ 순서대로; II. interj 손바닥으로 때리는 소리
şase, num. card. 6(여섯)
şase|lea, -a, num. ord. (al ~lea, a ~a) 여섯째
şasiu, ~ri, s.n. [기술]sasiu 참조; (자동차의) 차체, 몸체; (창 따위의)틀, 테
şaten, ~ă, ~i, ~e, adj. (머리카락, 털에 대해)밤색의
şatrange, s.f. pl. [고어]장기, 체스(게임); în ~ 장기판처럼 격자무늬의
şatră, şetre, s.f. **1.** 집시천막; ţigan de ~ 방랑집시 **2.** 집시 거주지 **3.** 오두막
şavana, ~le, s.f. şabana 참조
şăgalnic, ~ă, ~i, ~e, adj. 익살맞은; 농담을 좋아하는
şăgui, -esc, -i, -it. vi. 농담하다, 익살부리다.
săluţ, ~e, s.n. 작은 목도리
şănţiş|or, -oare, s.n. 조그만 도장(şanţ의 축소형)
şănţui, -esc, -i, -t, I. vt. 도장을 파다, 호를 파다 II. vr. (얼굴에 대해) 주름잡히다.
şătrar, ~i, s.m. **1.** 떠돌이 집시 **2.** 장돌뱅이 **3.** (군주들)천막 지키는 사람
şâsâ|i, şâsâi, -ii, -it. vt. 조용히 하라고 쉿 하고 소리를 내다
şchioap|ă, -e, s.f. 짧은 거리 (엄지와 인지사이의 거리); de ~ o (또는 cât o ~)짧은 거리; [비유]매우 작은
şchi|op, -oapă, -opi, -oape, I. adj. 절뚝거리는, II. s.m. 그리고 f. 절름발이

Ş

şchiop|a, -ez, -ai, -at, vi. **1.** 절름발이가 되다 **2.** 절뚝거리다.

şchiopăt|a, -ez, -ai, -at, vi. [그리고 비유]절뚝거리다.

şchiopătură, s.f. 절뚝거림

şcoală, şcoli s.f. **1.** 학교; 학교건물; copil de ~ 학생; ~ elementară 국민학교 (초등학교); ~ medie 중등학교; (과거) ~ primară 초등학교; ~ particulară 사립학교; a da le ~ 학교에 보내다 **2.** 강의, 가르침 **3.** (문학적, 예술적)방향

şcol|ar[1], -ariţă, -arite, s.m. 그리고 f. 학생

şcolar[2], ~ă, ~i, ~e, adj. 학교의

şcolaritate, s.f. **1.** 학생시절 **2.** 학생육성

şcolariz|a, -ez, -ai, -at, vt. 학교에 등록시키다(등록하다)

şcolăr|esc, -ească, -eşti, adj. **1.** 학생의 **2.** 학생다운

scolăreşte, adv. **1.** 학생다운 **2.** 학생처럼

şcolăr|i, -esc, -ii, -it, vi. (누구나)동급생이다

şcolărime, s.f. 학생 전체

şcolăriţ|ă, -e, s.f. şcolar 참조

şcoli|t, -tă, -ţi, -te, adj. 배운

şedea, şed, şezui, şezut, vi. **1.** 앉다; 자리잡다; a ~ (ca) pe ghimpi (또는 pe foc , pe ace) 가시방석에 앉다; a ~ pe scaun)의자에 앉다; a ~ la masă 식사하다; a ~ în pat 침대에 눕다 **2.** 머무르다; 쉬다; a ~ locului 서있다; 조용히 머무르다; a ~ mâinile în sân 손 놓고 가만히 있다; a-i ~ cuiva (ceva) la inimă 매우 무엇을 원하다; 무엇에 전념하다; a ~ pe capul cuiva 누구를 화나게 하다; a ~ strâmb şi a judeca drept 진실을 인식하다 **3.** 살다, 거주하다; a ~ cu chirie 세들어 살다; şade în strade X 그는 X 가에 산다 **4.** 비인칭; 잘 맞다; îmi şade bine (또는 rău) 잘(안) 맞다 **5.** 비인칭; 어울리다; nu şade bine 잘 어울리지 않다

şeder|e, -i, s.f. **1.** 앉음; 가만히 있음 **2.** 휴식; 휴양 **3.** 체류

şedinţ|ă, s.f. **1.** 회의; ~ plenară 총회; ~ de închidere 폐회; ~ extraordinară 특별회의 **2.** 상담, 협의 **3.** 공판 **4.** [의학]~ de raze X, X선

şef, ~ă, ~i, ~e, s.m. 그리고 f. 우두머리, 수령, 장(長), 지휘자; ~ de gară 역장

şefi|e, -i, s.f. şef의 위치, 존엄, 지휘; şef직 기간

şeic, ~i, s.m. şeih, ~i, s.m. 족장, 추장

şeitan, ~i, s.m. 악마

şelar, ~i, s.m. 안장제조공(안장장이)

şelări|e, -i, s.f. 마구 제조업(판매업), 마구가게

şeluţ|ă, -e, s.f. 작은 안장

şemineu, ~ri, s.n. 벽난로, 난로

şemizet|ă, -e, s.f. (여자용)슈미제트, 흉의

şenil|ă, -e, s.f. 애벌레, 유충, 쐐기벌레, 송충이

şepcar, ~i, s.m. 모자 제조공

şepcuţ|ă, -e. s.f. şapcă의 축소형

şeptel, ~uri, s.n. 가축전체

şeptim|e, -i. s.f. 7분의 1

şerb, ~ă, ~i, ~e, s.m. 그리고 f. **1.** 소작농 **2.** 노예

şerbet, ~uri, s.n. 과일사탕시럽; 셔베트
şerbetelniţ|ă, -e, s.f. 셔베트 담는 통
şerbetier|ă, -e, s.f. **1.** 셔베트 담는 유리집 **2.** 양철통
şerb|i, -esc, -ii, -it, vi. 소작농 하인으로 섬기다 (일하다)
şerbir|e, -i, s.f. **1.** 소작농 하인(노예) 신분 **2.** 의무
şerfu|i, -iesc, -ii, -it, vt. (가죽의 귀퉁이나 가장자리를) 접을 수 있게 얇게 하다
şerif, ~i, s.m. **1.** (아랍나라에서)남자 **2.** (미국)보안관
şerlac, s.n. şelac 참조. 셸락(와니스 따위의 원료로 쓰이는 수지)
şerlai, s.n. [식물] **1.** 샐비어 **2.** 금불초의 일종 **3.** 서양자초
şerpar, I. ~e, s.n. (넓은)가죽혁대 II. ~i, s.m. 뱀을 잡는 독수리
şerpări|e, -i, s.f. 뱀의 총체; 뱀무리가 있는 곳
şerp|esc, -ească, -eşti, adj. **1.** 뱀의, 뱀같은 **2.** (눈에 대해)날카로운 **3.** [비유]간교한, 사악한
şerpeşte, adv. 뱀처럼
şerpişor, ~i, s.m. **1.** şarpe의 축소형; 작은뱀 **2.** 초조해하는 사람
şerpoaic|ă, -e, s.f. **1.** 암 뱀 **2.** [비유] 교활한 여자 **3.** [비유]악의 있고 간사하고 꾀가 있는 사람
şerpoi, ~ , s.m. 큰뱀
şerpu|i, -iesc, -ii, -it, vi. 뱀이 기어가는 것 같은 형태를 취하다; 굽이치다, 꾸불꾸불하다
şerpui|ală, -ieli, s.f. **1.** 굽이침 **2.** 만곡, 굴곡; 구부러진 길
şerpuir|e, -i, s.f. 꾸불꾸불함
şerpui|t, -tă, -ţi, -te, adj. 꾸불꾸불한
şerpuit|or, -oare, -ori, -oare, adj. 꾸불꾸불한
şerpuitur|ă, -i, s.f. 굽은 길
şerui, seruiesc, -ii, -it, vt. 벗겨진 가죽위에 붙어있는 살을 떼어내다.
şeruit|or, -oare, s.n. 벗겨진 가죽위에 붙어있는 살을 떼어내는 칼
şervet, ~e, s.n. **1.** 손수건 **2.** 냅킨
şerveţel, ~e, s.n. **1.** 작은 손수건 **2.** 종이냅킨
şes, I. şeasă, şese, adj. 평평한 II. ~uri, s.n. **1.** 평원, 평지 **2.** [해부]옆구리
şesim|e, -i, s.f. 6분의 1
şestin|ă, -e, s.f. 산위 평평한 부분
şetruţ|ă, -e. s.f. **1.** 작은 추녀, 챙 **2.** 작은 집시 천막
şevalet, ~e, s.n. 화가(畵架)
şeviot, s.n. 체비오트 양(羊); 그 양털 (모직물)
şevro, s.m. 염소새끼
şezăt|oare, -ori, s.f. **1.** 방적실; 방적하는 저녁 (모임) **2.** 이야기 나눔; 문학의 밤(만남)
şezăt|or, -oare, -ori, -oare, adj. 거주하는, 정주하는
şezin|ă, -e, s.f. 옛날 몰도바 동전
şezlong, ~uri, s.n. 긴 의자
şezut, ~uri, s.n. I. 앉음 II. **1.** 엉덩이, 궁둥이 **2.** 항문 **3.** [고어]거주지
şfăru|i, -iesc, -ii, -it, vt. 끈으로 묶다
şfichi, ~uri, s.n. I. interj. 채찍소리 II. s.n. **1.** 채찍의 끝 **2.** 채찍가격 **3.** 독설, 욕; a lua (pe cineva) în ~ 비난(탄핵, 혹평)하다. **4.** 머리술(털뭉치)

şfichiu|i, -iesc, -ii, -it, vt. **1.** 채찍으로 치다; 짧게 때리다 **2.** 비난(탄핵, 혹평)하다

şfichiuir|e, -i, s.f. 동사 şfichiui의 명사형

şfichiuit|or, -oare, -ori, -oare, adj. **1.** 채찍으로 때리는 **2.** 혹평하는, 빈정대는, 풍자하는

şfichiuitur|ă, -i, s.f. **1.** 채찍질 **2.** 풍자, 해학 아이러니, 빈정

şi, A. adv. I. **1.** 정말, 실제로; spre seară au ~ venit 저녁에 그들은 정말 왔다. **2.** 바로 그렇게, 그대로; cum au hotărât au ~ făcut 그들이 결정한대로 바로 그렇게 했다 **3.** ...라고도, 더하여; îl mai cheamă ~ Niculae 그는 니쿨라에 라고도 불린다 **4.** 도; 역시; 마찬가지로; ştii ~ tu nemțeste 너도 독일어를 말 할 수 있니? **5.** 그렇게; cum e sacul ~ peticul 윗물이 맑아야 아랫물이 맑다 **6.** (비교급에서 형용사나 부사 옆에) 더 (비교급 강조) ~ mai mare 더 큰; ~ mai ~ 더 많은 II. (시간적 의미) **1.** 즉시, 그 자리에서; nici n-au terminat bine discuția, că prietenul ~ intră în cameră 토론이 끝나지 않자 친구가 즉시 방안으로 들어갔다 **2.** 이미, 벌써; masa a ~ fost pusă 식탁은 이미 차려졌다 B. conj. I. **1.** (병행)그리고; 와(과), munca ~ învățătura 일과 공부; este tânăr ~ voinic. 그는 젊고 힘있다; doi ~ cu trei fac cinci 2와(더하기) 3은 다섯이다 (2+3); douăzeci şi doi **2.** (10분법)콤마; trei ~ paişprezece 3. 14 **3.** (강조와 반복) ..도 ..도; a luat ~ cartea ~ caietul 그는 책도 공책도 가졌다 **4.** (의문대명사) 그래서; Ei şi?, 무슨 상관인가?, 무슨 중요성이 있다는 것인가? II. 그러나, 하지만; auzea ~ nu pricepca nimic. 그는 들었지만 이해하지 못했다 III. 그래서, 그 결과; ai dreptate ~-ți dau cartea. 너는 옳다, 그래서 나는 너에게 책을 준다

şiac, ~e, s.n. 농부 옷을 만드는 거친 옷감

şiboi, s.n. [식물]겨자과의 다년생 초목

şic, I. s.n. **1.** 멋; **2.** pl. ~uri, 네덜란드 금 II. adj. 멋진, 근사한; 유행의; 최고의, 훌륭한; 상냥한, 친절한

şican|a, -ez, -ai, -at, vt. 트집 잡다, 귀찮게 굴다, 화나게 하다.

şicanat|or, -oare, -ori, -oare, I. adj. 귀찮게 구는, 트집 잡는, 화나게하는 II. s.m. 그리고 f. 트집쟁이

şican|ă, -e. s.f. 어거지, 트집

şicu|i, -iesc, -ii, -it, vt. 그리고 vr. 금박으로 장식하다.

şie, pron. refl. (3격, 3인칭) 재귀대명사 3인칭 강세형

şif|on, -oane, s.n. 하얀 면(천)

şifon|a, -ez, -ai, -at, vt. 그리고 vr. **1.** 구기다 **2.** [비유]화나게 하다, 성가시게 굴다

şifona|t, -tă, -ți, -te, adj. **1.** 구겨진 **2.** 화난, 성가신

şifonier, ~e, s.n. 장롱

şild, ~uri, s.n. 열쇠구멍을 덮는 금속이나 플라스틱 판

şilling, ~i, s.m. 영국화폐

şimi, s.n. 재즈 댄스의 일종이나 그 음악

şinar, ~e, s.n. 궤도나 레일을 고정시

키는 못

şin|ă, -e, s.f. **1.** 궤도, 레일 **2.** 철판 **3.** 철대, 윤철

şindil, şindril 참조

şindr|ă, -e. s.f. 지붕널빤지, 너와

şindrilar, ~i, s.m. **1.** 지붕널빤지, 너와를 파는 사람이나 가게 **2.** 위 직업

şindril|i, -esc, -ii, -it, vt. 너와로 지붕을 잇다.

şin|or, -oare, s.n. 끈, 줄

şinsil|ă, -e, s.f. **1.** [동물]친칠과 **2.** 친칠과 모피.

şinu|i, -iesc, -ii, -it, vt. 레일을 깔다.

şip, I. ~i, s.m. [어류]철갑상어 II. ~uri, s.n. 병

şipc|ă, -i, s.f. 가늘고 긴 나무가지

şipculiț|ă, -e, s.f. sipcă의 축소형

şipot, ~e, s.n. **1.** 물이 힘 있게 솟는 샘 **2.** 물이 빠르게 흐르는 장소

şir, ~uri, s.n. **1.** 줄, 열; un ~ de bănci 벤취의 열; în ~ a)줄지어 b)순서대로; a se ține ~ 순서대로 오다; ~uri, ~uri 줄지어, 나란히 **2.** 연쇄; ~ de munți 산맥; ~ de mărgele, perle 진주목걸이 **3.** 연결, 관계, 관련; fără ~ 연결없는

şirag, ~uri, s.n. **1.** 줄, 열; în ~ 순서대로 **2.** 유리목걸이

şir|ă, -e, s.f. **1.** 짚더미 **2.** şira spinării 척추

şiregl|ă, -e, s.f. [방언]짐마차의 마부석

şiret, I. ~uri, s.n. **1.** 끈, 줄. **2.** 좁은 띠 **3.** (pl.)레이스, 테두리 II. ~eată, ~eți, ~ete, adj. **1.** 교활한, 간교한 **2.** 간사한, 얄미운 **3.** 뺀질뺀질한

şireteni|e, -i, s.f. **1.** 교활, 간교 **2.** 간사함, 얄미움 **3.** 뺀질뺀질함

şiretlic, ~uri, s.n. 사기, 속임수

şirețel, ~e, s.n. 작은 끈(줄)

şirinc|ă, -i, s.f. 가늘고 긴 지대(地帶)

şiriteni|e, -i, şiretenie 참조

şiroi¹, -oaie, s.f. **1.** 강, 큰물, 해류; a curge ~ (또는 şiroaie) 큰물이 흐르다. **2.** 급류

şiroi², pers.3,. -ieşte, -i, -it, vi. **1.** (도도히)넘쳐 흐르다. **2.** 급하게 흐르다.

şiruleț, ~e, **şiruț,** ~e, s.n. şir의 축소형

şist, s.n. **1.** 유청(乳淸) **2.** pl. ~uri. [지질]편암(片岩); 혈암

şist|os, -oasă, -oşi, -oase, adj. 편암질의

şistozitate, s.f. 편암질 구조

şiş, ~uri, s.n. (지팡이에 숨겨진) 단검

şişă|i, pers.3, şişăie, -i, -it, vi. 가볍게 살랑거리는 (옷스치는)소리가 난다

şişcă, s.f. **1.** (사료용)썬 짚 **2.** pl. şişti. 마녀

şişcorniț|ă, -e, s.f. 짚을 써는 기계

şiştar, ~e, s.n. 짠 우유 담는 통

şiştav, ~ă, ~i, ~e, adj. (곡식에 대해) 덜 자란, 알차지 않은; (사람에 대해); 허약한

şiştăv|i, -esc, -ii, -it, vr. **1.** (곡식에 대해) 작아지다 **2.** (사람에 대해)허약해 지다

şişt|oare, -ori. s.f. [방언](수레바퀴의)살

şiştor, ~i, s.m. **1.** 농부집 끝에 세우는 뾰족한 기둥 **2.** 방앗간 울타리

şițar, ~i, s.m. şindrilar 참조

şiț|ă, -e, s.f. 지붕 널빤지

Ş

şiţui, şindrili 참조

şlagăr, ~e, s.n. 유행곡

şlamp|ăţi, -ătă, -eţi, -eţe, adj. (남자, 특히 여자에 대해) 옷을 단정치 못하게 입는

şleahtă, şlehte, s.f. **1.** 도장, 패, 무리 **2.** 옛 폴란드 귀족

şleahtic, ~i, s.m. 옛 폴란드 귀족

şleapcă, şlepci, s.f. 삼각모자

şleau, ~ri, s.n. **1.** 비포장 시골길; pe ~ 곧바로, 곧장; a vorbi pe ~ 솔직히 말하다 **2.** (말)고삐 **3.** 여러 종류의 나무들이 있는 숲

şlefu|i, -iesc, -ii, -it, I. vt. **1.** 닦다, 광택을 내다. 연마하다 **2.** (보석 따위를) 자르다. 세공하다 **3.** [비유](문학작품) 말을 여러번 다듬다 **4.** [비유](사람을)세련되게 하다 II. vr. [비유] 세공되다, 다듬어지다; 세련되다

şlefui|t, -tă, -ţi, -te, adj. **1.** 닦인, 갈아진 **2.** 세련된, 교양있는 **3.** 여러번 고쳐진

şlefuitor, ~i, s.m. 연마공

şlep, ~uri, s.n. 예인선에 끌리는 거룻배

şlepar, ~i, s.m. 거룻배 선원

şliboviţ|ă, -e, s.f. 자두로 만든 코냑의 일종

şlif, ~uri, s.n. **1.** 갈기, 닦기, 연마 **2.** 광택 **3.** 세련, 우아함

şliţ, ~uri, s.n. **1.** 길쭉이 갈라진 틈, 구멍 **2.** (바지의)옆 타짐

şluc, ~uri, s.n. 한 모금의 입

şmag, s.n. 맛

şmal, ~e, s.n. [인쇄]가늘고 긴 활자

şmecher, ~ă, ~i, ~e, I. adj. **1.** 꾀가 있는 **2.** 간교한 II. s.m. 그리고 f. **1.** 꾀가 있는 사람 **2.** 간교한 사람

şmecher|esc, -ească, -eşti, adj. 약삭빠른, 교활한

şmecher|i, -esc, -ii, -it, vt. 속이다

şmecheri|e, -i, s.f. **1.** 사기술 **2.** 교활한 행동

şmirghel, s.n. (연마용) 에머리, 금강사

şmotr|i, -esc, -ii, -it, vt. [방언]비난하다, 질책하다

şmotru, ~ri, s.n. **1.** 군사훈련 **2.** 비난, 질책

şnapan, ~i, s.m. 사기꾼, 야바위꾼

şniţel, ~e, s.n. 얇게 썬 고기요리(스테이크 처럼)

şnur, ~uri, s.n. [방언]끈, 줄

şnuru|i, -iesc, -ii, -it, vt. 끈으로 묶다

şnuruleţ, ~e, s.n. 작은 끈

şoacăţ, ~i, s.m. 외국인, 특히 독일인에 대한 경멸어

şoaldă, s.f. **1.** 사기; a umbla cu şoalda 사기하다, 속이다 **2.** 미끼(급류에서 사용하는)

şoaldin|ă, -e, s.f. [식물]꿩의 비름

şoapt|ă, -e, s.f. **1.** 속삭임, 속삭이는 소리; în ~ a)낮은 소리로; b) 몰래 **2.** [비유]웅얼거림 **3.** pl. 중상, 수다

şoarec|e, -i, s.m. 쥐; ~ de bibliotecă 책벌레; ~ de birou 관료주의자; a trăi ca mâţa cu ~le 견원지간이다 ; i-au mas şoarecii în pântece 무척 배 고팠다; a se ascunde în gaură (또는 bortă) de ~ (무서워서) 쥐구멍에 숨다; ~ de câmp 들쥐

şobolan, ~i, s.m. 쥐

şoc, ~uri, s.n. **1.** 충돌; 충격, 타격, 부딪침 **2.** 전기쇼크 **3.** (정신적)쇼크

şoc|a, -chez, -cai, -cat, vt. **1.** 부딪치

다, 충돌하다 **2.** (감정을)상하게 하다 충격을 주다

şocan|t, -tă, -ţi, -te, adj. 충격을 주는

şoca|t, -tă, -ţi, -te, adj. **1.** 충격받은 **2.** 화난

şocolat|ă, -e, s.f. 쵸코레트

şod, şoadă, şozi, şoade, adj. [방언] **1.** 이상한, 진기한 **2.** 농담하는

şofer, ~i, s.m. 운전기사

şofran, s.m. **1.** [식물]크로커스 **2.** 사프란

şofrăni|t, -tă, -ţi, -te, adj. (음식에 대해) 사프란으로 된.

şoim, ~i, s.m. **1.** 매; ~ de vânătoare 사냥매 **2.** [비유]용기있고 용감하고 자부심 많은 사람 **3.** 빠른 말

şoiman, ~ă, ~i, ~e, s.m. 그리고 f. **1.** (큰)매 **2.** [비유]용감하고 자부심 있는 남자 **3.** [속어]빠른 말

şoimar, ~i, s.m. 매 조련사, 매 사육사

şoimăn|esc, -ească, -eşti, adj. **1.** 매의 .. **2.** 영웅의

şoimăr|i, -esc, -ii, -it, vt. [신화, 속어](얼굴에) 일그러뜨리다, 보기 흉하게 하다

şoimeşte, adv. 매처럼; 날쌘, 민첩한

şoimul|ean -eni, **şoimuleţ,** ~i, s.m. **1.** 작은 매 **2.** 영웅 **3.** 빠른 말

şold, I. ~uri, s.n. **1.** 히프, 엉덩이; într-un şold 비스듬한, 한쪽으로 기울어진; cu mâna (mâinile) în ~ 걱정없는, 어려움 없는; a sta cu mâinile în ~uri 게으름피다, 아무것도 하지 않다 **2.** (동물에)허리부분 **3.** 비탈

şoldan, ~i, s.m. **1.** 한살박이 토끼 **2.** [비유]젊은 사람

şoldar, ~e, s.n. (말의) 껑거리끈, 일치끈

şoldăn|i, -esc, -ii, -it, vt. şoldi 참조.

şold|eală, -eli, s.f. 요통, 고관철통

şold|i, -esc, -ii, -it, I. vt. (말 엉덩이에) 상처를 주다, 고관절을 아프게 하다, II. vr. 한쪽으로 기울다.

şoldiş, adv. 절뚝거리며, 비스듬하게; (말에 대해) a umbla ~ 옆으로 쓰러지다.

şoldi|t, -tă, -ţi, -te, **şold|iu,** -ie, -ii, adj. **1.** (동물에 대해서)고관절이 삔 **2.** (물건에 대해)옆으로 기운, 비스듬한

şoldur|os, -oasă, -oşi, -oase, adj. 큰 히프를 가진

şolomon .... şolomon 참조

şoltic, ~ă, ~i, ~e, I. adj. 익살떠는, 장난기 있는; 교활한, 약삭빠른 II. s.m. 그리고 f. 익살꾼, 어릿광대; 교활한 사람, 약삭빠른 사람

şolticări|e, -i, s,f. 장난, 농담

şoltuz, ~i, s.m. 면장, 동장, 이장

şom|a, -ez, -ai, -at, vi. 실업자가 되다

şomaj, s.n. 실업, 실직

şomer, ~ă, ~i, ~e, s.m. 그리고 f. 실업자

şomoi|og, -oage, s.m. 솔, 걸레, 행주

şomolt|oc, -oace, s.n. şomoiog 참조

şont, şoantă, sonţi, şoante, adj. 절뚝거리는; 불구의

şontică|i, -iesc, -ii, -it, vt. 절뚝거리다.

şontor|og, -oagă, -ogi, -oage, I.

adj. 절뚝거리는; 다리를 저는 II. s.m. 그리고 f. 절름발이

şontorog|eală, -eli. s.f. 절름발이 상태

şontorog|i, -esc, -ii, -it, I. vt. 절름발이로 만든다 II. vi. 그리고 vr. **1.** 절름발이가 되다 **2.** 불구가 되다

şontorogi|t, -tă, -ţi, -te, adj. **1.** 절름발이가 된 **2.** 불구가 된

şopa, interj. 속삭일 때 나는 소리

şopă|i, -iesc, -ii, -it, vi. 속삭이다.

şopă|ială, -ieli, s.f. 속삭임

şopăit, s.n. 속삭임; pe ~e a)속삭이는 소리로; b)몰래

Ş

şopârlaiţ|ă, -e, s.f. **1.** [속어]피부 디프테리 **2.** [식물]난초과 일종 **3.** [식물]물매화속풀

şopârl|ă, -e, s.f. 도마뱀

şopârliţ|ă, -e, s.f. 작은 도마뱀

şopot, ~e, s.n. **1.** 물이 졸졸 흐르는 소리, 바람이 살랑거리는 소리 **2.** 속삭이는 소리; în ~ 속삭이는 소리로

şopot|i, -esc, -ii, -it, vi. **1.**(물, 바람, 낙엽)소리가 나다. 살랑거리다 **2.** (그리고 vt.)속삭이다

şopotit|or, -oare, -ori, -oare, adj. 살랑거리는, 바람소리 나는, 졸졸 물소리 나는

şopr|on, -oane, s.n. 우리, 헛간

şopron|eată, -ete, s.f. şopron 참조

şopt|eală, -eli. s.f. 속삭임

şopt|i, -esc, -ii, -it, vt. 그리고 vi. **1.** 속삭이다, 낮은 소리로 알리다 **2.** 웅얼거리다, 살랑거리다.

şopti|t, I. tă, -ţi, -te, adj. 속삭인 II. s.n. **1.** 속삭임; pe ~e 낮은 소리로, 몰래 **2.** 살랑거림, 웅얼거림

şoptit|or, -oare, -ori, -oare, adj. **1.** (사람에 대해)속삭이는 **2.** (목소리에 대해)낮은 소리의

şorecie, s.f. [속어]쥐약

şorec|iu, -ie, -ii, adj. (말털 색깔)쥐색의

şoricar, ~i, s.m. **1.** 폭스-테리어 (강아지일종) **2.** 말똥가리

şoricăr|i, -esc, -ii, -it, vi. (동물에 대해) 쥐를 사냥하다.

şoricări(m)e, s.f. **şoricărit** s.n. 쥐무리

şoricească, s.f. [속어]쥐약; (특히) 아비산

şoric|el, -ei, s.m. 작은 쥐

şoric|esc, -ească, -eşti, adj. 쥐의

şorici, s.n. (햄, 베이컨 따위의)두꺼운 껍질

şoricioaic|ă, s.f. **1.** (pl. -e) 쥐(암컷) **2.** 쥐약(특히 아비산)

şoricuţ, ~i, s.m. 작은 쥐, 생쥐

şort, ~uri, s.n. 짧은 바지

şorţ, ~uri, s.n. **1.** 행주 치마 **2.** 웃옷위에 걸치는 교복의 일종 **3.** 앞치마

şorţuleţ, ~e, s.n. şorţ의 축소형

şos|ea, -ele, s.f. 차도, 도로; ~ naţională 국도; ~ comunală 지방도

şosel|a, -ez, -ai, -at, vt. **1.** 들길을 포장을 해서 차도로 만들다 **2.** 한 지역에 도로를 내다

şosela|t, -tă, -ţi, -te, adj. 포장된

şoset|ă, -e, s.f. 양말

şoşoi, şoşoi, vt. 그리고 vi. 속삭이다

şoşon, ~i, s.m. 구두위에 신는 겨울 덧신

şoti|e, -i, s.f. **1.** 재담, 익살, 장난, 희롱 **2.** 간계, 계략

şotr|on, -oane, s.n. 아이들이 돌을

차서 땅에 그려진 사각형을 지나가게 하는 아이들 놀이

şovar, s.m. [식물] **1.** 갈대 **2.** 포아풀

şovă|i, şovăi, -ii, -it, vi. **1.** 불안하게 걷다, 비틀거리다 **2.** [비유]주저하다, 망설이다 **3.** 핑계를 대다

şovă|ială, -ieli, s.f. **1.** 비틀거림 **2.** 주저함 망설임

şovăielnic, ~ă, ~i, ~e, adj. 비틀거리는; 주저하는, 망설이는

şovăir|e, -i, s.f. 주저함, 망설임; fără ~ 주저하지 않고, 단호하게

şovăi|t, -tă, -ţi, -te, adj. **1.** 주저하는 **2.** 구불구불한

şovăit|or, -oare, -ori, -oare, adj. 주저하는, 망설이는

şovăitur|ă, -i, s.f. 비틀거림

şovâlc, iuterj. 절름거리거나 비틀거리는 걸음을 흉내내는 소리

şovâlcă|i, -iesc, -ii, -it, vi. [비유]절뚝거리다

şovin, ~ă, ~i, ~e, I. adj. 맹목적인 애국주의의; 국수주의의 II. s.m. 그리고 f. 국수주의자

şovinism, s.n. 국수주의, 맹목(배타)적 애국

şovini|st, -stă, -şti, -ste, adj. s.m. 그리고 f. 국수주의자

şpaclu, ~ri, s.n. 나무 손잡이 있는 금속, 삼각형날의 도구, 주걱, 흙손

şpagă, s.f. **1.** 뇌물, 팁 **2.** 단검

şpais, ~uri, s.m. [방언]회반죽, 모르타르

şpalt, ~uri, s.n. **1.** [인쇄]세로의 단 **2.** 질 나쁜 가죽

şpan, ~uri, s.n. **1.** 나뭇조각, 대팻밥 **2.** (트란실바니아) 귀족 명칭

şparl|i, -esc, -ii, -it, vt. 훔치다; a o ~ 몰래 떠나다

şpăclu|i, -iesc, -ii, -it, vt. 매끄럽게 하다

şpăclui|ală, -eli, s.f. 매끄럽게 함

şpăltu|i, -iesc, -ii, -it, vt. 가죽을 두텁게 자르다.

şperacl|u, -e, s.n. 곁쇠, 갈고랑이

şperlă, s.f. (뜨거운)재; a da pe cineva prin ~ a) 누구를 나쁜 상황에 처하게 하다; b)누구와 나쁘게 지내다; a o da prin ~ 불쾌한 일을 겪다

şperţ, ~uri, s.n. 뇌물

şperţar, ~i, s.m. 뇌물을 요구하거나 받곤 하는 사람

şperţu|i, -iesc, -ii, -it, vt. 매수하다.

şperţui|ală, -eli, s.f. (능동적 또는 수동적) 매수

şpighel, s.n. [금속]경철

şpil, ~uri, s.n. 서로 짠 음모. 속임수

şpis, ~uri, s.n. [인쇄]단어나 행간 사이가 시커멓게 인쇄된 부분

şpiţ, I. ~i, s.m. 스피츠 개 II. ~uri, s.n. **1.** 자연석에 구멍을 파는 쇠꼬챙이 **2.** 절련 물부리 **3.** 뾰족한 끝

şplint, ~uri, s.n. 쐐기, 고정쇠, 코터-핀

şpor, ~i, s.m. [방언]구두 징

şpraiţ, ~uri, s.n. [건축]지주(支柱), 지름대

şpraiţu|i, -iesc, -ii, -it, vt. 지주를 대다

şpriţ, ~uri, s.n. 포도주에 소다수 탄 음료

şpriţu|i, -iesc, -ii, -it, vt. 포도주에 탄 소다 음료나 알콜 음료를 소비하다; 취하다

şrapnel, ~e, s.n. 유산탄

şrot, ~uri, s.n. 거칠게 빻은 곡물, 조

Ş

맥(粗麥)

ştab, ~i, s.m. **1.** 참모 장교; **2.** 우두머리 장(長)

ştachet|ă, -e, s.f. **1.** 격자울타리, 격자 담장 **2.** [스포츠](장대높이 뛰기의)횡목

ştafetar, ~i, s.m. [고어]급사(急使)

ştafet|ă, -e, s.f. **1.** [고어]급사(急使); 속달편배달인 **2.** 속달편지 **3.** [스포츠]릴레이(역전)경주 **4.** 릴레이 경주 막대 **5.** 역전 경주자

ştaif, ~uri, s.n. **1.** 버크럼(풀아교풀따위를 빳빳이 먹인 아마포) **2.** 구두 뒤꿈치 부분에 대는 빳빳한 가죽

Ş

ştampil|a, -ez, -ai, -at, vt. **1.** 검인을 찍다 **2.** 낙인을 찍다

ştampil|ă, -e, s.f. **1.** 인(印), 압인, 스탬프 **2.** 날인기

ştangă, ştăngi, s.f. 쇠기둥(막대)

ştanţ|a, -ez, -ai, -at, vt. 각인을 찍다.

ştanţ|ă, -e, s.f. **1.** 각인 **2.** 천공기, 펀치

ştanţat|or, -oare, -ori, -oare, s.m. 그리고 f. 천공기 작업자

ştaufer, ~e, s.n. 윤활유

ştănţu|i, -iesc, -ii, -it, vt. 각인을 찍다, 구멍을 뚫다

şteamp, ~uri, s.n. 도쇄기, 도광기

şteand, ~uri, s.n. 우유제품을 담는 통

şteap, ~uri, s.n. [방언] **1.** 그루터기 **2.** 가늘고 예리한 나무조각; **3.** 나무조각, 장작

ştecăr, ~e, s.n. 플러그

ştempar, ~i, s.m. [방언]쇄광기 작업자

ştempăr|i, -esc, -ii, -it, vt. [방언](광물) 빻아 부수다, 분쇄하다

ştempăriţ|ă, -e, s.f. [방언]쇄광작업 여자

ştempel, ~e, s.n. **1.** [인쇄]스탬프 **2.** 도장, 압인, 날인

ştemplu|i, -iesc, -ii, -it, vt. 도장을 찍다, 날인하다.

ştemu|i, -iesc, -ii, -it, vt. 끌로 파다, 끌로 세공하다

ştemuit|or, -oare, -ori, -oare, s.m. 그리고 f. 끌로 파는 작업자

ştergăr|i, -esc, -ii, -it, vt. (손수건으로)닦다

ştergăt|oare, -ori, s.f. **1.** 현관 깔판 **2.** 손수건

ştergăt|or, -oare, s.n. **1.** 걸레 **2.** 대포닦는 원형솔 **3.** 자동차(와이퍼)

şter|ge, şterg, -sei, -s. I. vt. **1.** 닦다(습기를)훔치다; 깨끗하게 하다; a ~ praful 먼지를 닦다; a-şi ~ mâinile 손을 닦다; a-şi ~ nasul 코를 닦다; a ~ ghetele 구두를 닦다; a ~ de praf 누구의 먼지를 털다 **2.** 지우다, 말소하다, 없애다; a ~ un cuvânt (paragraf) 말을 지우다; a ~ o pată a) 오점을 닦아지우다 b)오점을 제거하다; a ~ cu buretele 누구의 잘못을 용서하다. **3.** [비유]깨끗하게 하다; a ~ o ruşine 치욕을 깨끗이 하다 **4.** 폐지하다 **5.** 파괴하다, 뿌리뽑다; a ~ de pe faţa pământului 살해하다; 파괴하다 **6.** 가볍게 건드리고 지나가다 **7.** (드물게)때리다; a ~ cuiva o palmă 따귀를 때리다 **8.** 절단하다, 베다 **9.** [가족](cuiva, ceva) 빼앗다, 훔치다 **10.** [비유]가다, 사라지다 a o ~ 또는 a ~ putina 사라지다; a o ~ englezeşte 영어로 추천하다 II. vr. **1.** 닦아지다 **2.** (색깔에 대해) 바래

다; 어두워지다; a se ~ din amintire 기억에서 사라지다 **3.** (누구 옆을)가 볍게 건드리다

ştergur|ă, -i, s.f. [방언] **1.** 손수건 **2.** 걸레

şterpeleală, s.f. [가족]동사 şterpeli 의 명사형

şterpel|i, -esc, -ii, -it, vt. [가족] **1.** 훔치다, 빼앗다 **2.** a o ~ 빨리 사라지다 **3.** 지나가면서 누구를 가볍게 건드리다

şters, ştearsă, şterşi, şterse, adj. **1.** 색이 바랜, 광택이 없어진 **2.** 어두운, 불분명한; 윤곽이 뚜렷하지 못한 **3.** 형태가 무디어진 **4.** (목소리)둔탁한 **5.** [비유](사람에 대해)평범한, 재능이 없는

ştersătur|ă, -i, s.f. **1.** 제거, 삭제, 없앰 **2.** 삭제된 말, 삭제 장소

şterț, ~uri, s.n. [방언] **1.** 우유 젓는 막대 **2.** 수지램프 **3.** 수지램프 심지

ştevi|e, -i, s.f. [식물]수영, 승아

şti, ştiu, ştiui, ştiut, I. vt. **1.** (무엇을) 알다; ştiu ce-i de făcut. 무엇을 해야 할지 나는 모른다; nu ştiu nimic 나는 아무것도 모른다; nu vreau să ştiu de nimic. 나는 아무것에 대해서도 알고 싶지 않다; nu ştiu, n-am văzut 나는 아무것도 모른다; ştiu cu ce ştiu 또는 las că ştiu eu 나는 상황을 잘 알고 있다; a şti, ce-i (또는 cât, îi) face pielea 나는 그가 가치 있다는 것을 안다; ştii ce (ceva, una)? 내가 너에게 말하는 것을 주의깊게 들어라라는 뜻; mai ştii? 누가 알겠느냐?; să ştiu bine că ... 내가 안다 알지라도; cine ştie ce a văzut? 그가 무엇을 보았는지 누가 알겠는가? (아무도 모른다는 뜻); nu-i cine ştie ce 거의 아무것도 아니다; Dumnezeu ştie 또는 ştie Dumnezeu 신만이 안다(아무도 모른다는 뜻); a ~ (pe cineva)de frică 누구를 무서워한다 **2.** 인식하다, 듣고 알다; (aşa) să ştii! 이렇게 알아라! **3.** (누구를 잘) 알다 (친밀하다); îl ştiu bine 나는 그를 잘 안다; nu-l ştii pe tata 나의 아버지를 잘 모르세요?; te ştiu eu! 나는 너를 잘 안다! **4.** 할 수있다, 이해하다, 알다; a ~ nemțeşte 독일어를 하다; a ~ carte a) 읽고 쓸수 있다; b)전문가이다; a ~ o meserie 수공업을 할 수있다; ştie să cânte la vioară 그는 바이올린을 연주할 수 있다; a ~ şi toaca din cer 모든 것을 다 안다, 진지하다; a ~ lecția (rolul) 숙제 (역할)을 할 수 있다; a ~ pe de rost (또는 pe dinafară) 외우다; a nu mai ~ ce să facă 해결책을 찾지 못하다(곤궁에서 벗어나기 위해); a nu mai ~ ce să facă de ... 무엇에 압도당하다; a nu mai ~ de unde s~o apuce 한 사실이 어디서 시작하는지 모른다; a nu şti ce vrea 결심할 수 없다, 주저하다 **5.** 기억하다 **6.** 이해하다; a nu ~ multe 또는 a nu ~ de glumă 농담을 이해하지 못하다; nu ştiu cum 설명 할 수 없을 정도로; a fi nu ştiu cum 기이하다 이상하다; a~i fi (cuiva) nu ştiu cum să ... 누구에게 ... 하는 것이 어렵다(고통스럽다); un nu ştiu cum 불명확한 것 **7.** 무엇을 자세하게 알다; 정통하다 II. vi. **1.** (무엇에 대해)알다; a-i cuiva de urmă 누가 어디에 있는지 안다; pe cât (după

Ş

cât(e)) ştiu 내가 아는 한 **2.** (누구를) 존중하다; 두려워하다; a(-i) ~ cuiva de frică 누구를 두려워하다; a ~ de dragul cuiva 누구를 사랑하다; a ~ de cineva 누구에 대해 소식을 알다 III. vr. **1.** 서로 알다, 서로 관계를 갖다; ne ştim de mult 우리는 오래 전부터 서로 알고 지낸다 **2.** 고백하다, 무엇이라고 간주되다; a se ~ vinovat 죄가 있다고 고백하다 **3.** (비인칭) 알려져있다; se ştie că ... 라고 알다(알려져 있다)

ştift, ~uri, s.n. (작은 옷 구두 밑창을 고정시키기 위한 대가지 없는) 못

ştiftu|i, -esc, -ii, -it, vt. 못을 박다

ştiftui|t, -tă, -ţi, -te, adj. 못으로 고정된

ştiinţ|ă, -e, s.f. **1.** 학문, 학; 과학; 학과; ştiinţele naturii 자연 과학; ştiinţele sociale 사회과학; om de ~ 학자 **2.** 지식, 학식; ştiinţă de carte 읽고 쓸 수 있음 **3.** 앎, 지식; cu ~ 알고 의식적으로; fără ~ 모르고, 무의식적으로; cu (fără) ştiinţa cuiva 누구의 동의로(없이); a nu avea ~ de ceva 누구에 대해 모르다; spre ~ 알림, 광고(함); a da ~ 알리다, 소식을 전하다

ştiinţific, ~ă, ~i, ~e, adj. 학문의, 과학의; 학술(학문)적인, 과학적인

ştiinţificeşte, adv. (드물게) 학문적으로

ştim, s.m. 털찌꺼기

ştim|ă, -e, s.f. **1.** 음부(音部), 음역; 음전(音栓), 음주(音柱) **2.** (미신)요정

ştioaln|ă, -e, s.f. [방언] **1.** 웅덩이 **2.** 진창

ştiobâlc, interj. 첨벙소리

stiobâlcă|i, -esc, -ii, -it, vt. 그리고 vr. (물속에)첨벙 떨어지다

ştir, s.m. [식물]아마란트 (비름과의 관상용 식물)

ştirb, ~ă, ~i, ~e, adj. **1.** 이가 빠진; ştirba -baba-cloanţa a)민속 신화의 늙은 마녀; 늙고 나쁜 여자에게 주는 별명; b) 이 빠진 아이에게 주는 농담 **2.** (컵, 잔의)이가 빠진 **3.** 날이 무딘

ştirbenie, s.f. 이 빠진 곳

ştirb|i, -esc, -ii, -it, I. vi. 이 빠지다 II. vt. **1.** 이 빠지게 하다 **2.** 날을 무디게 하다 **3.** [비유]손상시키다; 짧게 하다; 누구에게 손해를 입히다; a ~ drepturile 누구의 권한을 축소시키다 III. vr. **1.** (컵, 잔, 항아리) 이가 빠지다 **2.** 날이 무디어지다

ştirbi|t, -tă, -ţi, -te, adj. **1.** 이 빠진 **2.** 날이 무디어진 **3.** 짧아진, 좁아진

ştirbitur|ă, -i, s.f. **1.** 이 빠진 틈 **2.** 틈, 갈라진 틈

ştir|e, -i, s.f. **1.** 소식; a da de ~ 또는 a (se) face (de) ştire 소식을 주다 전하다, 알리다; a şti de ~a cuiva 누구에 대해 소식을 알다; 누가 무엇을 하는지 어디에 있는지 알다; ultimele ştiri 마지막 소식 **2.** (소식의) 근원, 원전 **3.** 자식, 앎; cu (또는 fără) ~a cuiva 알고(모르고); a avea în (또는 de) ~ 알다; în ~a cuiva 누구의 보호(보살핌)의

ştiric|i, -esc, -ii, -it, vt. [방언] **1.** 조사하다, 알아내려고 하다 **2.** 알리다, 전하다

ştiubel, ~e, s.n. **1.** 봉방, 꿀벌통 **2.** 나무기둥의 빈 공간(집물건을 보관) **3.**

[방언]우물주위의 빈공간의 나무 기둥

ştiuc|ă, -i, s.f. 에속스속의 일종(날카로운 이빨의 탐식성 물고기)

ştiuculiţ|ă, -e, s.f. ştiucă의 축소형

ştiule|te, -ţi, s.m. 옥수수 줄기

ştiu|leu, -leie, s.n. 옥수수 줄기

ştiu|t, -tă, -ţi, -te, adj. **1.** 알려진; e ~ de toţi. 많이, 보통 알려져 있다 **2.** 많이 아는, 유식한

ştiut|or, -oare, -ori, -oare, I. adj. 아는, 지식이 있는 II. s.m. 그리고 f. 식자; ~ de carte 읽고 쓸 줄 아는 사람

ştraf, ~uri, s.n. 벌금

ştraif, ~uri, s.n. 묶는 끈; 줄, 선

ştrand, ~uri, s.m. 해변

ştreang, ~uri, s.n. **1.** 삼노끈, 밧줄; 교수형에 쓰이는 줄; a pune cuiva ~ul de gât [비유]무엇을 하도록 압박하다; a-şi pune streangul de gât 목매달다 **2.** 고삐

ştrecu|i, -iesc, -ii, -it, vt. (가죽 가공에서) 살과 지방을 제거하다

ştrengar, ~i, s.m. **1.** 장난꾸러기 **2.** 경박한 젊은이

ştrengăr|esc, -ească, -eşti, adj. 장난꾸러기 같은

ştrengăr|i, -esc, -ii, -it, vi. **1.** 장난치며 돌아다니다, 돌아다니다 **2.** 쓸데없는 생활을 하다

ştrengări|e, -i, s.f. **1.** 장난 **2.** 사랑장난(모험)난봉

ştrengăriţ|ă, -e, s.f. **1.** 장난기 많은 여자 아이 **2.** 방탕한 여자

ştrudel, ~e, s.n. (요리)롤파이의 일종

ştur, ~uri, s.n. **1.** 광석 채석장 **2.** 함석

ştuţ, ~uri, s.n. 짧은 접합관

şub|ă, -e, s.f. **1.** 남성용 털 달린 긴 외투 **2.** 털 있는 두터운 옷

şubeic|ă, -e, s.f. 부인용 모피자겟

şubiţ|ă, -e, s.f. şubuliţă 참조

şubler, ~e, s.n. 노기스(미끄럼자)

şubre|d, -dă, -zi, -de, adj. **1.** (사람에 대해)허약한; 쓰러질 듯하는 **2.** (물건에 대해)쓰러질 듯한 **3.** [비유](이론, 논증 등)진지한 토론이 더 필요한; 확증되지 않은

şubrezeni|e, -i, s.f. **1.** 허약함 **2.** 쓰러질듯함 **3.** 취약한 기초, 확증되지 않음

şubrez|i, -esc, -ii, -it, I. vt. **1.** 허약하게 만들다 **2.** 쓰러지게 만들다 II. vr. **1.** (사람)허약해지다 **2.** (물건, 건물)흔들거리다

şubuliţ|ă, -e, s.f. şubă의 축소형

şuc, ~uri, s.n. [방언]길이의 단위

şuchea|t, -tă, -ţi, -te, adj. [방언]반쯤 미친

şuet|ă, -e, s.f. 친구들 사이의 가볍고 재미있는 이야기

şugăre|l, -i, s.m. [식물]박하; 개곽향

şugub|ăţ, -eaţă, -eţi, -eţe, adj. **1.** 웃기는 재미있는, 익살스러운 **2.** 위험한, 믿을 수 없는

şugubin|ă, -e, s.f. **1.** 벌금 **2.** 사고; a da de ~ 우습게 되다, 부끄럽게 하다 **3.** 중죄

şugu|i, -iesc, -ii, -it,[방언]I.vi. 농담하다 II. vt. 속이다, 기만하다

şui, I. şuie, şui, şuie, adj. **1.** (사람에 대해) 마른, 얇은, 날씬한 **2.** (식물에 대해) 휘어지는 **3.** (물건에 대해) 가는 **4.** (시선에 대해)날카로운 **5.** 반미친 II. s.n. [속어]여러 병들의 민속 이름

Ş

şuier|a, suier, -ai, -at, I. vi. **1.** (바람, 폭풍 에 대해) 쏴쏴소리내다, 윙윙 소리내다 **2.** (사람, 새에 대해)휘파람 불다; a ~ din frunză 나뭇잎으로 소리를 내다 II. vt. **1.** 휘파람 불어 불러내다 **2.** 휘파람 불어 연주하다 **3.** 날카로운 휘파람 소리로 불만족을 표시하다.

şuierat, ~uri, s.n. 휘파람 붐; 휘파람 소리

şuierăt|oare, -ori, s.f. 기적, 뱃고동

şuierăt|or, -oare, -ori, -oare, adj. 쏴쏴소리나는, 윙윙소리나는, 휘파람소리나는; consoană suierătoare 치찰음

şuierătur|ă, -i, s.f. 휘파람소리; 윙윙소리

şuiet, ~e, s.n. 나뭇잎, 물, 바람소리

şui|eţ, -eaţă, -eţi, -eţe, adj. 날씬한, 가는

şuiţ|ă, -e, s.f. [동물]다람쥐의 한 종류

şular, ~e, s.n. **1.** 가철(가봉)용실 **2.** 가철용 철사

şuler, ~i, s.m. **1.** 사기꾼 **2.** 깡패

şumar, ~i, s.m. 산림지기

şum|ăn, -ănă, -eni, -ene, adj. 취한

şumen|i, -esc, -ii, -it, vr. [방언]취하다

şunc|ă, -i, s.f. **1.** 소세지 종류; ~ afumată 훈제 햄 **2.** 돼지의 허벅지 고기

şupur|i, -esc, -ii, -it, vr. [방언]기어가다, 살금살금 가다

şur|ă, -i, s.f. **1.** 창고, 헛간 **2.** 건초더미

şurub, ~uri, s.n. **1.** 나사 나선; ~ fără sfârşit 만년나사; 나선, 소용돌이; în ~ 나선모양의 **2.** 소용돌이

şurubar, ~i, s.m. **1.** 약삭빠른 놈, 교활한 놈 **2.** 증류기 기능을 감시하는 사람

şurubări|e, -i, s.f. **1.** 나사의 총체 **2.** 모든 부속품

şurubel, ~e, s.n. 작은 나사

şurubelniţ|ă, -e, s.f. 도라이버

şurubu|i, -iesc, -ii, -it, vt. 나사를 조이다; a o ~ 돌리다; 사기치며 돌아다니다

şuşan|ea, -ele, s.f. 화승총

şuşăniţ|ă, -e, s.f. (가죽, 종이, 땅)조각

şuşlet|e, -ţi, s.m. 마차 뒤쪽의 짐칸

şuşot|eală, -eli, s.f. 속삭임

şuşot|i, -esc, -ii, -it, vi. **1.** 속삭이다 **2.** 조용히 말하다 **3.** (물에 대해)졸졸 소리가 나다

şuşotit, s.n. **1.** 속삭임 **2.** 물이 졸졸거림

şuştac, ~i, s.m. 옛 폴란드 동화(전)

şuşu|i, şuşui, -ii, -it, I. vi. (나뭇잎이) 살랑거리다, 바스락거리다 II. vt. 속삭이다

şuşu|ială, -ieli, s.f. **şuşuit**, s.n. **1.** 살랑거림 **2.** 속삭임

şut[1], ~uri, s.n. **1.** [광산] 1노동시간; 교대시간 **2.** 광부의 성과 **3.** (축구)슛

şut[2], -ă, şuţi, şute, adj. 뿔 하나의

şut|a, -ez, -ai, -at, vi. (축구) 슈팅하다

şuvar, ~i, s.m. [식물]~ de-munte 포아풀(속)

şuviţ|ă, -e, s.f. **1.** 모발의 다발, 땋은 머리 **2.** 좁은 길 **3.** 시내

şuv|oi, -oaie, s.n. **1.** 급류, 폭포 **2.** [비유]사람의 무지 **3.** 홍수처럼 쏟아지는 말(언어) **4.** 소낙비

Ş

şvab, I. ~ă, ~i, ~e, adj. 슈바벤의 II. ~ă, ~i, ~e, s.m. 그리고 f. 슈바벤 사람 III. ~i, s.m. [곤충]바퀴벌레

şvaițer, s.n. 스위스 치즈

şvarț, ~uri, s.n. 원두커피

şvăb|esc, -ească, -eşti, adj. 슈바벤의

şvăboaic|ă, -e, s.f. 슈바벤여자

T

T, t, s.m. 루마니아어 알파벳의 24번째 자

ta, interj. 누군가의 쓸데없는 많은 말을 모방하는 표현

tabac, ~uri, s.n. **1.** 코로 흡입하는 담배; ~ de mestecat 씹는 담배 **2.** [방언]연초, 담배 **3.** 담뱃잎

tabacher|ă -e, s.f.담뱃통; 코담배 넣는 갑

tabacioc, s.n. [방언]담배, 연초

tabagic, ~ă, ~i, ~e, adj. 니코틴 중독의

tabagism, s.n. 니코틴 중독

taban, ~uri, s.n. **1.** 구두의 안쪽 바닥 가죽 **2.** [방언]지붕뼈대의 횡목 **3.** 칼 만드는 좋은 쇠

tab|ără, -ere, s.f. **1.** 야영지; a aşeza tabara 설영(設營)하다; a lăsa totul (toate) ~ 모든 것을 무질서하게 만들다; **2.** 천막야영지(학생, 운동선수들의 휴식 장소) **3.** (마차, 차)행렬 **4.** 군대; 무리 **5.** 정당; 연맹; 그룹

tabel, ~e, s.n. **1.** 표, 일람표, 도표, 색인, 목록이 있는 종이(판) **2.** [고어] 전망

tabelar, ~ă, ~i, ~e, adj. 판자모양의

tabel|ă, -e, s.f. 표, 일람표, 목록, 색인

tabernacul, ~e, s.n. **1.** 천막, 막사(중세) **2.** (카톨릭)감실

tabes, s.n. [의학]근육의 위축증, 노증; 척수염

tabetic, ~ă, ~i, ~e, I. adj. 노증의 II. s.m. 그리고 f. 노증환자

tabi|e, -i, s.f. [고어] **1.** 토루, 흙벽 **2.** 야영지

tabiet, ~uri, s.n. **1.** (좋은, 나쁜) 습관(음식, 음료, 잠, 옷 등에 대해); 태도, 열정적 도박; cu ~uri 정확하고 고정된 습관으로; a-şi face ~ul 습관이 된 취향에 만족하다; a strica (cuiva)tabietul 누구의 취향, 기분을 망가트리다 **2.** 안락한 생활, 안락함, 편안함; cu ~ 안락하게, 편안하게

tabietl|iu, -ie, -ii, adj. **1.** 고정된 습관을 가진 **2.** 세세한 일에 얽매이는, 꼼꼼한

tabinet, s.n. 카드게임 일종

tabla, ~le, s.f. **1.** (사탕 파는 사람의) 판매대 **2.** 쟁반 **3.** 조리대, 사이드 테이블

tabla-başa, s.m. **1.** [고어]행렬하는 말(술탄이 루마니아 군주에게 선물로 준) **2.** [비유](부사적으로)편안하게

tablag|iu, -ii, s.m. (열정적인) 주사위 놀이꾼

tabl|ă, -e, s.f. **1.** 금속판(집을 덮거나 등을 만드는데 사용); ~ de fier 철판 **2.** (나무, 금속, 돌) 판자, 철판 **3.** 칠판; ~ de perete 칠판; tabla neagră 흑판; a ieşi la ~ 칠판으로 가다; a scrie pe ~ 칠판에 쓰다; **4.** 표; tabla înmulțirii, tabla lui pitagora 구구표; 5. 리스트 목록; ~ de materii 내용 목록 6. [방언]쟁반 7. 밭 8. 채소밭 9. 주사위 게임; a face pe cineva o ~ 주사위 게임하다.

tablet|ă, -e, s.f. **1.** 알약; 정제 **2.** [고어]수첩

tablier, ~e, s.n. 다리의 대들보 전부

tablou, ~ri, s.n. **1.** 그림, 회화; ~ viu, vivant 활인화(活人畫); a rămâne ~ (놀라서)몸이 굳어지다 **2.** [비유]전망, 조망, 경치 **3.** [비유]묘사 **4.** [연극](극의) 장(場) **5.** 표, 일람표; 명부 **6.** 계기판; (자동차) ~ de bord 계기판; · de comandă 배전반; ~ de distribuție [전기]배전반; **7.** 도표

tabu, s.n. 타부; 금기; 금제

tabular, ~ă, ~i, ~e, adj. 표의; 평판 모양의; diferență ~ă[수학]표차

tabulatură s.f. (타자기의)도표작성 장치

tabulhana, ~le, s.f. 터어키 군사음악

tabun, ~uri, s.n. **1.** 스텝이나 목초지역에서 말을 방목하여 키우는 시스템 **2.** 양, 가축 떼

taburet, ~e, s.n. 등 없는 걸상; 발을 올려놓는 발받침(의자)

tac, I. interj. 부딪칠 때 나는 소리 II. ~uri, s.n. 당구막대

tacâm, ~uri, s.n. **1.** 한벌의 식사용구 (나이프, 포크, 스푼) **2.** (한벌의)식탁용구, 식기; a mai pune un ~ 한 벌의 식탁용구를 더 차리다 **3.** 장식 **4.** 도구; ~ de vânătoare 사냥도구 **5.** 쓸모없는 사람 **6.** 집시 음악대 **7.** 마구

tache|t, -ți, s.m. [기계]캠

tachin|a, -ez, -ai, -at, vt. **1.** 짓궂게 굴다, 장난치다, 약 올리다 **2.** [비유]괴롭히다

tachinări|e, -i, s.f. 짓궂은 성미; 짓궂은 짓

taci|t, -tă, -ți, -te, adj. 침묵하는, 말없는

taciturn, ~ă, ~i, ~e, adj. 말없는, 과묵한, 말이 적은

taclale, s.f. pl. 수다

taclit, ~uri, s.n. 귀족이 머리나 허리에 두르는 비단띄

tacrir, ~uri, s.n. **1.** 심문 **2.** 회의록, 조서

tact, ~uri, s.n. **1.** [음악]박자 **2.** 만감함, 조심스러워함; 예의, 예절; cu ~ 재치있는

tactic, ~ă, ~i, ~e, adj. **1.** 전술상의, 전략상의 **2.** 책략적인, 수완이 능란한

tactic|ă, -i, s.f. **1.** 전술, 전략 **2.** 책략, 계략

tactician, -ană, -eni, -ene, s.m. 그리고 f. 전술가; 술책가, 책략자

tactic|os, -oasă, -oşi, -oase, adj. (사람과 그 태도에 대해)절도 있는, 균형 잡힌; 부드러운

tactil, ~ă, ~i, ~e, adj. **1.** 촉각에 느껴지는 **2.** 촉각의

tafta, ~le, s.f. 타프타, 호박직

taftur, ~i, s.m. (말의)복대

tagă, s.f. [고어]부정; 반박; fără (de) ~ 의심할 여지없이

tagm|ă, -e, s.f. 지위, 위치, 계급

tahân, ~uri, s.n. 깨소금

tahicardi|e, -i, s.f. [수학]심장고동의 이상 급속

tahigraf, I. ~e, s.n. 속기사 II. ~i, s.m. 기록 회전계, 속도계기

T

tahigrafi|e, -i, s.f.속기
tahimetri|e, -i, s.f. 회전속도 측정
tahimetr|u, -i, s.n. 회전 속도계
tahmin, ~uri, s.n. 어림계산
tahometr|u, -e, s.n. 회전 속도계
taht, ~uri, s.n. **1.** 부지사의 또는 다른 지방 행정의 관사 **2.** 우체국 **3.** 왕좌
taică, s.m. [속어] **1.** 아버지 **2.** 나이 많은 사람에게 부르는 친근한 용어 **3.** 신부나 목사에게 부르는 호칭
taier, ~e, s.n. 토기, 목기
taifas, ~uri, s.n. 잡담, 대화; a sta la ~ 잡담하다
taifun, ~uri, s.n. 태풍
taiga, ~le, s.f. (시베리아의)침엽수림
tain, ~uri, s.n. **1.** 분배량; 일인분의 양식(군인들, 하인들); 매일 주는 식량에 해당하는 돈 **2.** 일정한 기간동안 동물에 주는 먹이량 **3.** 현물급여
tain|ă, -e, s.f. **1.** 비밀; 신비; 기적; 기적같은 이야기; în ~ a)비밀리에, 몰래; de ~ 가까운, 친밀한, 터물 없는; Cina cea de ~ 최후의 만찬 **2.** 비밀 장소 **3.** (교회에서) sfintele taine 또는 cele şapte taine 칠성사; a sta de ~ 또는 a face ~ cu cineva 누구와 비밀 대화를 하다,
tainic, ~ă, ~i, ~e, I. adj. **1.** 신비로운 **2.** 알려지지 않은, 비밀의 **3.** 친근한 **4.** (장소에 대해)떨어진, 외딴 **5.** (사람에 대해) 홀로있는, 고독한; 은둔한 **6.** 삼가는, 신중한 II. adv. 비밀리에
tainiț|ă, -e, s.f. **1.** 동굴, 지하실 **2.** 비밀 장소
tai|or, -oare, s.n. **1.** 스커트 **2.** 쟈켓으로 구성된 부인복 **3.** 쟈케트
talab|ă, -e, s.f. **1.** 써레의 일종 **2.** 논밭 고르는 기계
talaj, s.n. talaş 참조
talan, s.m. **1.** 탄저, 비탈저 **2.** 늙고 허약한 말
talangă, tălăngi, s.f. 소방울
talan|t, -ți, s.m. 고대 그리스 중량 및 화폐단위
talar, ~e, s.n. (군인이나 그 외 직업인들의)제복
talaş, s.n. **1.** 나무 조각(대패질 하면서 나오는), 지저깨비 **2.** 도구상자, 연장 그릇
talaşcă, tălăşti, s.f. [방언]혁대
talaz, ~uri, s.n. 파도
tal|ă, -e, s.f. **1.** 사람들의 떠드는 무리; 군중 **2.** 소음; a sta de ~ 잡담하다
talâm, ~uri, s.n. [고어] **1.** 절, 경례 **2.** 태도 행동
talc, s.n. [광물]활석
talcioc, ~uri, s.n. 옛물건 파는 시장
talent, ~e, s.n. **1.** 재주, 재간, 재능, 수완; de ~ 재능있는 **2.** 재주 있는 사람
talenta|t, -tă, -ți, -te, adj. 재능있는
taler, I. ~e, s.n. **1.** 토기, 목기 **2.** 쟁반 **3.** 천칭의 저울판 **4.** [음악]심벌즈(타악기의 하나) **5.** 흙으로 만든 비둘기 (던져올려 사격 연습에 쓰임) II. ~i s.m. 옛날의 은화
talger, ~e, s.n. taler 1,2,3,4 참조
talhiş, ~uri, s.n. [고어] **1.** 대신이 술탄에게 드리는 보고 **2.** 술탄의 명령
tali|an, -ene, s.n. 큰 고기 그물
tali|e, -i, s.f. **1.** 허리; a lua de ~ 허리를 잡다; în ~ 외투없이; pe ~ 꽉끼는 **2.** 코르셋 모양의 여성 흉의 **3.** 모습,

체격; a avea o ~ frumoasă 잘 생긴 체격을 갖다 **4.** (옷의)치수 크기 **5.** [비유]지적수준; a fi de talia cuiva 누구와 동등하다; de ~ 재능있는

tali|on, -oane, s.n. 동죄(同罪)의 형벌, 모진 복수; legea ~ ului 동태복수법, 반좌법

talionic, ~ă, ~i, ~e, adj. 동죄형벌의

talisman, ~e, s.n. 부적

taliu, s.n. 탈륨(금속원소의 하나)

talmeş-balmeş, s.n. 어지럽게 서로 엉킴

talmud, ~uri, s.n. 탈무드(유태교 율법)

talmudic, ~ă, ~i, ~e, adj. 탈무드의

talmudism, s.n. **1.** 유태교, 율법 교리 **2.** 교리주의, 원리주의

talmudi|st, -stă, -şti, -ste, I. adj. 탈무드적인 II. s.m. 그리고 f. 탈무드 신봉자, 탈무드 학자

talofit|ă, -e, s.f. [식물]엽상(葉狀)식물

tal|on, -oane, s.n. **1.** [재정](수표, 어음, 영수증 따위의)원장부분 **2.** (양말의)뒤축, 뒤꿈치 **3.** (카드 게임)돌리고 남은 카드 **4.** (자동차)타이어 끝

talpă, tălpi, s.f. **1.** 발바닥; a-şi lua tălpile la spinare 떠나다, 출발하다; din creştet până-n tălpi 머리에서 발끝까지; a fi, a se scula, a se pune în tălpi a)침대에서 일어나다; b)[비유]움직이기 시작하다 **2.** talpa-gâştei a)눈꼬리 주름(나이든 사람); b)흘겨 씀; c) [식물]금어초; talpa-ursului [식물]어수리, 아칸더스; talpa-lupulii 속새과; **3.** 양말 바닥, 구두바닥 (밑창); a bate talpa (la pământ) 꽉 밟다; **4.** 밑창가죽 **5.** [건축]기초; 기초 들보; [비유]talpa casei 집안의 어른, 남편; talpa ţării 농민들; talpa iadului a)(동화에서) 지옥의 지하; b)(동화에서) 지옥 지배자의 어머니; c)악마, 마녀 **6.** [비유]기초, 지지대 **7.** 베틀의 발판 **8.** 썰매의 활목 **9.** (천칭의) 다리 나무 **10.** (바다)용골에 접하는 바깥 널판 **11.** 기계의 평평한 바닥 **12.** 궤조각(철로의) **13.** (총의)개머리 판 바닥 **14.** (갱도의)밑바닥

talpin|ă, -e, s.f. (인조)밑창 바닥

taluz, ~uri, s.n. 경사지, 비탈, 사면

talveg, ~uri, s.n. [지질]골짜기 사이 길

taman, adv. **1.** 바로; 정확하게 그때 **2.** 특히 **3.** (늦게야)비로소

tamar, ~e, s.n. 들 것

tamarin, ~i, s.m. [식물]타마린드

tamarişcă, s.f. [식물]위성류

tamazlâc, ~uri, s.n. 소떼

tamâş, ~uri, s.n. 통을 고정시키기 위해 통 밑에 괴는 버팀목

tambuchi, ~uri, s.n. 갑판의 입구

tambur, I. ~e, s.n. **1.** 북 **2.** 원통; 드럼통 **3.** 현관의 외실, 회랑 II. ~i, s.m. 북치는 사람, 고수

tambur|ă, -e, s.f. 만 돌진과 비슷한 악기

tamburin|ă, -e, s.f. 탬버린

tamj|ă, -e, s.f. [방언](믿을 수 없는) 사건, 역사

tam-nesam, tam-nisam, adv. 갑자기

tamp|on, -oane, s.n. **1.** (기차의)완충기; stat ~ 완충국 **2.** (외과)면구, 지혈전(止血栓) **3.** 종이 위 잉크 마르

T

게 (닦게) 하는 것 **4.** 화학반응 억제 물질

tampon|a, -ez, -ai, -at, I. vr. 서로 충돌하다 II. vt. 상처를 솜, 가제로 닦다

tampon|are, -ări, s.n. 동사 tampona 의 명사형

tampona|t, -tă, -ți, -te, adj. 충돌로 손상된

tam-tam, ~uri, s.n. **1.** 징 **2.** [비유]소음 **3.** (아프리카 토인의)북

tanagr|ă, -e, s.f. [고고학]타나그라 인형(그리스 고도 타나그라에서 발굴된 작은 인형)

tanana, tananică, s.f. [방언]집시 춤의 일종

T

tanan|t, I. -ți, s.m. 유피제, 유피재료 II. -tă, -ți, -te, adj. 유피제의

tana|t, -ți, s.m. 탄닌산염

tanăt, s.m. [방언]갱내가스, 메탄가스

tanc, ~uri, s.n. **1.** 탱크, 전차 **2.** (유조선의)탱크 **3.** 급유차 **4.** ~ petrolier 유조선

tanchet|ă, -e, s.f. tanc의 축소형

tanchi|st, -stă, -şti, -ste, s.m. 그리고 f. 전차군(장교), 기갑병

tandalic, ~ă, ~i, ~e, adj. 목적 없이 돌아 다니는 (사람); 헝클어진

tandaluț|ă, -e, s.f. (베틀에서)천을 고정시키는 막대

tandem, ~uri, s.n. **1.** 두 사람이 나란히 앉게 만든 자전거 **2.** 직렬실린더 **3.** 단짝

tandrețe, s.f. 상냥함, 애정, 자애

tandr|u, -ă, -i, -e, adj. **1.** 부드러운, 연한 **2.** 애정어린, 정다운 **3.** 민감한

tandur, s.n. **1.** pl. ~e, 밑에 화로가 있는 탁자 **2.** [비유]게으름

tandur|iu, -ie, -ii, adj. 게으른

tan|ca, -ele, s.f. (세관)모피

tangaj, ~e, s.n. (배, 비행기의)앞 뒤로 흔들림

tangen|t, -tă, -ți, -te, adj. 접촉하는; 접선의

tangent|ă, -e, s.f. **1.** [기하]접촉선; prin ~ 접선의; **2.** 간접적 관계

tangenț|ă, -e, s.f. 접촉; punct de ~ 접점

tangențial, ~ă, ~i, ~e, adj. **1.** 접선의, 정접(正接)의 **2.** 지나가며 접촉하는; a atinge o problemă ~ 문제를 슬쩍 건드리다

tangibil, ~ă, ~i, ~e, adj. 만져서 알 수 있는; 촉지할 수 있는; 확실한 명백한

tangou, ~ri, s.n. 탱고

tanic, ~i, adj. acid ~ 탄닌산

tanin, ~uri, s.n. [화학]탄닌

tanin|os, -oasă, -oşi, -oase, adj. 탄닌을 함유한

tantal, s.n. [광물]탄탈

tantalit, s.n. [광물]탄탈석

tanti, s.f. invar. 숙모, 아주머니

tantiem|ă, -e, s.f. 이익의 배당률

taol|ă, -e, s.f. 강의 만곡

tap|a, -ez, -ai, -at, vt. **1.** 값을 생각없이 누구에게서 돈을 꾸다 **2.** 머리를 빗질해 올리다

tapaj, s.n. 소란, 소동; 떠들썩한 소문, 센세이션

tapang|ea, -ele, s.f. 손바닥으로 치기; 따귀

tap|ă, -e, s.f. **1.** 목재 끝에 다른 것과 연결하기 위해 판 구멍 **2.** 도끼로 나무를 비스듬하게 판 자국

tapet, ~e, s.n. **1.** (벽에 치는)융단 **2.** 작은 양탄자 **3.** a pune (또는 a aduce, a veni) pe tapet 토론에 붙이다; 회의일정에 올리다

tapet|a, -ez, -ai, -at, vt. 벽에 융단으로 덮다

tapinos, adv. [고어]복종적으로

tapiocă, s.f. 타피오카 (manioc 뿌리로 만든 식용전분)

tapir, ~i, s.m. [동물]맥(貊)

tapis|a, -ez, -ai, -at, vt. 벽을(융단, 벽지 따위로) 바르다(장식하다)

tapisa|t, -tă, -ți, -te, adj. 벽지로 벽을 바른

tapiseri|e, -i, s.f. (벽에 걸거나 테이블에 펴놓는) 장식 융단; 벽지, 방장

tapițer, ~i, s.m. 실내 장식공, 표구사, 도배장이

tapițeri|e, -i, s.f. **1.** tapițer의 직업 **2.** tapițer 가게 **3.** 장식융단, 벽지

tapoie|t, -tă, -ți, -te, adj. [방언]뾰족한

tapur|ă, -i, s.f. (야금)수축할 때 생기는 금속의 금

tar, ~i, s.m. 옛 중량 척도(약 125kg)

tara, s.f. tară3 참조

tarabagi|u, -i, s.m. 행상인

tarab|ă, -e, s.f. **1.** 판매대, 좌판대; de ~ 사소한 **2.** 술집의 바

tarac, ~i, s.m. 말뚝

taracan, ~i, s.m. [방언]투구 풍뎅이

taraf, ~uri, s.n. (집시)음악대; 민속음악 오케스트라

tarama, s.f. 짠 하급의 생선알

tarancă, tărănci, s.f. [어류]황어속

tarantel|ă, -e, s.f. **1.** 타란텔라(이탈리아 민속춤) **2.** 독거미 일종

tarantul|ă, -e, s.f. 독거미 일종

tarapana, ~le, s.f. [방언](중세 루마니아의)동전

tarapangele, s.f. pl. [방언]야채, 채소

tarapangi|u, -i, s.m. [고어]동전, 제조직공

tarar, ~e, s.n. 까부르는 기구, 키

tarara, s.f. 끝나지 않은 것처럼 보이는 단조로운 멜로디

tara|t, -tă, -ți, -te, 흠있는, 결함있는

tar|ă, -e, s.f. **1.** 상품 포장의 무게 **2.** 사용되지 않은 금속 무게 **3.** [비유] 흠, 오점; 치욕

tardiv, ~ă, ~i, ~e, adj. 늦은; 늦게 온

tardivitate, s.f. 늦음, 지체

tare, I. adv. **1.** 매우, 몹시; ~ recunoscător 매우 고마운; ~ iubit 매우 사랑 받는 **2.** 강하게 힘있게; a lovi ~ 강하게 치다 **3.** 큰소리로; a cânta ~ 큰 소리로 노래 부르다 **4.** 빠르게; a mâna caii ~ 말을 빠르게 몰다 II. adj. **1.** 단단한; 끈질긴; 굳은; 강인한; pâine ~ 단단한 빵; ~ ca piatra 돌처럼 단단한; carne ~ 질긴 고기; pânză ~ 뻣뻣한 천; ziduri tari 단단한 벽 **2.** (생물이나 신체부분)힘있는; 건장한; ~ ca stejarul 참나무처럼 건장한; dreptul celui mai ~ 강자의 진리, 무단 정치; [비유]~ de (o) ureche (de urechi) 청각장애의 **3.** (사람에 대해) 강한 의지의, 고집센 **4.** (집단에 대해)힘센 강한 **5.** (사람에 대해)가차없는; 동정심 없는; 악한 **6.** (사람에 대해) 힘센, 강한; a fi ~ pe situație 상황을 통제(압도)하다; a fi ~ în specialitate 좋은 전문가이다. **7.** (논증에 대해) 설득력있는; 사람을 납득시키는 **8.** (자연 현

T

상에 대해) 강한, 거친; 심한; o furtună ~ 거친 폭풍; [비유]vorbe (cuvinte) tari 거친 말; **9.** (소리, 소음에 대해) 큰 **10.** (공기에 대해) 차가운, 서늘한; 신선한 **11.** (냄새에 대해)심한, 코를 찌르는 **12.** (알콜 음료에 대해) 강한, 센, 도수가 높은; un vin ~ 강한 포도주; un oțet ~ 강한 식초 **13.** (색깔에 대해)밝은; 진한

targă, tărgi, s.f. **1.** 들 것 **2.** 맬대; a trage targa pe uscat 곤궁한 생활을 영위하다

tarhan, ~i, s.m. [곤충]바퀴

tarhon, s.m. [식물]쑥의 일종

tarif, ~e, s.n. 가격표, 정가표, 물가표; 요금(표), 운임(표); 세율; 관세(표)

T

tarif|a, -ez, -ai, -at, vt. 가격(요금, 임금)을 정하다

tarifar, ~ă, ~i, ~e, adj. tarif 에관한

tarisf|a, -ez, -ai, -at, vt. 가격(요금, 임금)을 정하다.

tarifar, ~ă, ~i, ~e, adj. tarif 에 관한

tarisfa|t, -ți, s.m. [방언]청혼자

tarla, ~le, s.f. **1.** (4길로 경계하는)들 **2.** 좋은 길

tarlaliz|a, -ez, -ai, -at, vt. tarla로 들, 밭을 나누다.

tarlatan, s.n. [고어]얇은 모슬린 일종

tarniț|ă, -e, s.f. **1.** (농민들의)나무 안장 **2.** 산의 정상(안장모양의) **3.** (양이나 가축이 다니는)산길

taroc, s.n. 이탈리아 카드놀이의 일종

tarod, ~uri, s.n. 암나사 홈을 파는 기구

tarpan, ~i, s.m. (중앙 아시아의)들말, 야생마

tars, ~uri, s.n. [해부]불골, 족로골, 복사뼈.

tarsian, ~ă, ~i, ~e, adj. [해부]부골의

tartaj. ~e, s.n. **1.** 책뚜껑, 책표지 **2.** 손으로 쓴 책

tartan, ~e, s.n. 격자무늬 모직물

tartar, **1.** adj. sos ~ 달단 소스 (마요네에즈 소속의 일종) **2.** ~uri, s.n. 저승의 바닥없는 심연, 지옥

tart|ă, -e, s.f. 과일 케익

tartin|ă, -e, s.f. 치즈나 소세지를 넣은 버터 방조각; 샌드위치

tartor, ~i, s.m. **1.** 악마의 파장 **2.** 폭군 **3.** 잔인한 사람

tartoriț|ă, -e, s.f. **1.** 여자 악마 **2.** [비유]악녀

tartric, ~ă, ~i, ~e, adj. acid ~ 주석산

tartr|u, -ri, s.n. **1.** [화학]주석 **2.** (치과) 치석

tas, ~uri, s.n. [고어] **1.** 접시, 공기; 천칭의 접시; a umbla cu ~ul 구걸하러 다니다 **2.** 잔 **3.** [음악]심벌즈 **4.** 매달 뚜껑

tas|a, pers.3, -ează, -ai, -at, vr. 내려앉다, 침하(강하)하다.

tas|are, -ări, s.f. 동사 tasa의 명사형

taseu, ~ri, s.n. 작은 모루

tasma, ~le, s.f. 비단실, 가죽실

taşcă, tăşti, s.f. **1.** 시장 바구니(가방) **2.** 돈 지갑

tataie, s.m. [방언, 호격] **1.** 아버지 **2.** 할아버지

tată, tați, s.m. **1.** 아버지, 부친; ~ de familie 가장, 세대주; tata-mare, tata-moşu 할아버지; tata-socru 시아버지; ~ vitreg 계부; din ~ în fiu 세

대에서 세대로 이어지는; Bucățică ruptă tată-său 아버지를 꼭 닮았다는 뜻. **2.** 부모가 아이에게 친근감을 표시할 때 부르는 호칭 **3.** [가족]존경과 친근감으로 나이 많은 남자에게 부르는 호칭 **4.** 선조, 조상 **5.** [비유]기초자, 건립자 **6.** (기독교 신앙에서) 신, 하느님; Tatăl nostru 주기도문

taton|a, -ez, -ai, -at, vt. [비유]더듬다, 모색하다; a ~ terenul 행동하기 전에 성공할지 여부를 탐색하다

tatu|a, -ez, -ai, -at, vt. 그리고 vr. 문신을 넣다

tatuaj. ~e, s.n. 문신 (넣기)

taur, ~i, s.m. **1.** 황소; a lua (prinde) ~ ul de coarne 어려운 문제에 집요하게 대항하다 **2.** [곤충]하늘 가재 **3.** (별자리)황소자리

taurin, ~ă, ~i, ~e, I. adj. 황소의 II. s.f. pl, 황소

tautologic, ~ă, ~i, ~e, adj. 동의어 반복의; 중복된

tautologi|e, -i, s.f. [수사학]동의어 반복

tavan, ~e, s.n. **1.** 천정; a sta cu ochii în ~ 게으름 피다, 무위도식하다 **2.** [방언](천장에 사용하는 25mm 두께의) 판자 **3.** (선원이 잠자는) 범선 끝의 덮혀진 부분

tavă, tăvi, s.f. **1.** 쟁반 **2.** 빵 굽는 금속판 **3.** a da tava pe cineva 누구를 엄습하다

tavern|ă, -e, s.f. **1.** (중류 이상의 술을 파는)경식당; 캬바레 **2.** 선술집

tax|a, -ez, -ai, -at, vt. **1.** 과세하다; 납세액을 정하다 **2.** 가격(요금)을 정하다 **3.** 비난하다

taxat|or, -oare, -ori, -oare, s.m. 그리고 f. (전차 안에서 표를 파는)차장

tax|ă, -e, s.f. **1.** 세금, 세액 **2.** 수강료

taxi, ~uri, s.n. 택시; 택시미터

taxidar, ~i, s.m. [고어]세금징수원

taxidărie, s.f. [고어]세금징수

taximetr|u, -e, s.n. 택시 미터

tăbăcar, ~i, s.m. 무두장이, 제혁공

tăbăcăr|esc, -ească -ești, adj. 제혁공의; lână tăbăcărească 양가죽에서 뽑아낸 털

tăbăcări|e, s.f. **1.** 무두질, 제혁 **2.** 제혁 공장

tăbă|ceală, -celi, s.f. **1.** 무두질, 제혁

tăbăc|i, -ese, -ii, -it, vt. **1.** (가죽을) 무두질 하다 **2.** [비유](농담으로)심하게 때리다

tăbăci|t, -tă, -ți, -te, adj. **1.** 무두질된 **2.** [비유](사람의 피부에 대해) (바람, 햇빛에)탄, 그을은 **3.** 못 투성이의, 멍투성이의

tăbăcit|or, I. -oare, -ori, -oare, adj. 무두질 하는 II. -oare, s.n. 무두질통

tăbănaş, ~e, s.n. [방언]작은 가축떼(무리)

tăbăraş, ~i, s.m. 야영지의 군인

tăbăr|î, tabăr, -âi, -ât, vi. **1.** asupra cuiva, pe cineva) 급습하다, 습격하다 , 엄습하다 **2.** a ~ (cu gure)호되게 꾸짖다, 호통치다 **3.** (드물게) 빨리 달리다 **4.** 야영하다 **5.** 피곤에 지쳐 쓰러지다

tăbârc|ă, -e, s.f. [방언] **1.** 무게, 짐, 업무 **2.** 기둥(무거운 것을 들어올리는)

tăbârc|i, -esc, -ii, -it, I. vt. (힘들며)

T

들어올리다 (등, 팔, 손); 무거운 것을 끌다 II. vr. **1.** 힘들게 들고 올라가다 **2.** (짐 때문에) 힘들게 가다

tăblăc|i, -esc, -ii, -it, vt. 가죽을 피며 유연성 및 광택을 주다

tăblăluț|ă, -e, s.f. 작은 쟁반

tăbli|e, -i, s.f. **1.** 간판, 표시판 **2.** (나무, 양철)판

tăbliț|ă, -e, s.f. **1.** 작은 석판 **2.** 작은 판 **3.** 문패 **4.** 이정표

tăblu|i, -iesc, -ii, -it, vt. (집을) 양철로 덮다

tăbultoc, s.m. 하인, 부하

tăcă|i, -iesc, -ii, -it, vi. 재깍재깍 소리를 내다, 탁탁 소리내다; (심장에 대해) 두근거리다

T

tăcăit|oare, -ori, s.f. [조류]때까치

tăc|ea, tac, -ui, -ut, I. vi. **1.** 침묵하다, 입다물다; a ~ chitic,(또는 mâlc, molcom, ca peştele, ca melcul, ca pământul) 아무것도 말하지 않다; taci din gură 또는 tacă-ți gura 입다물어!; nu-i mai tace gura 입이 헐 정도로 말하다; om care tace şi face a)말없이 일만하는 사람; b)음흉한 사람; tace şi coace 몰래 복수를 계획하다; Ia taci ! 누구의 말에 기쁨과 믿을 수 없음을 나타내는 말 **2.** (자연요소, 의인화 된 사물) 잠잠하다 **3.** 대답하지 않다 II. vt. 비밀로 하다 숨기다

tăcer|e, -i, s.f. **1.** 침묵; a trece (ceva) sub ~ 무엇을 숨기다, (의도적으로)생략하다; 무시하다 **2.** 조용함 **3.** 은폐 **4.** 휴식 **5.** [비유]냉정함, 무관심

tăciun|a, -ez, -ai, -at. I. vt. 약간 타게 하다 II. vr. (곡식에 대해) 깜부기 병에 걸리다

tăciunaş, ~i, s.m. 작은 타는 석탄

tăciuna|t, -tă, -ți, -te, adj. **1.** (사람, 눈, 머리 털) 석탄처럼 까만 **2.** (곡식에 대해) 깜부기 병에 걸린

tăciun|e, -i, s.m. **1.** 타는 석탄, 타는 장작; a nu avea nici tăciuni în vatră 가난하다 **2.** [식물]깜부기병

tăciun|os, -oasă, -oşi, -oase, adj. 깜부기병의

tăcu|t, I. s.n. 침묵; pe ~ e(le) a)조용히, 말없이 b) 비밀리에 II. -tă, -ți, -te, adj. **1.** 조용한, 말없는 **2.** 숨기는, 은폐하는; 수줍어하는, 삼가는

tăfăl|og, -oagă, -ogi, -oage, adj. [방언]느릿느릿 움직이는

tăfâlc|ă, -i, s.f. [방언]작은 자루

tăgad|ă, -e, s.f. 부정. 부인, 반박

tăgădnic, ~ă, ~i, ~e, adj. 부인하는, 허위의

tăgădu|i, -iesc, -ii, -it, vt. **1.** 부정, 부인하다, 반박하다 **2.** (드물게) 거절하다, 거부하다.

tăgădui|ială, -ieli, s.f. 부정, 부인, 반박, 거절, 거부

tăgârț|ă, -e, s.f. 자루; (양치기의) 가죽 자루

tăi|a, tai, -ai, -at, I. vt. **1.** 자르다, 잘라내다, 베다; a ~ cu toporul 도끼로 잘라내다; a ~ cu fierăstrăul 톱으로 자르다; a ~ pâine 방을 자르다; a-şi ~ părul 머리카락을 자르다, 이발하다; a ~ un pom 나무를 베어 쓰러트리다; a ~ o pădure 숲을 벌채하다; a ~ lemne 목재를 자르다; a ~ un picior (o mână) 다리(손을)절단하다; a ~ capul 머리를 베다; a ~ nodul gordian 난 문제를 풀다; a ~ foile unei cărți 책을 잘라 펴다; a ~ (în) bucăți 조각내다; [비유]a ~ răul din rădăcină 악을 뿌리 채 뽑다; a ~ câinilor frunză 바보처럼 멍하니 바라보다; **2.** 둘을 자르다, 두조각 내다; 분리시키다 **3.** 절개하다; a ~ un abces 종기를 잘라내다 **4.** 쪼개다; a ~ lemne 장작을 쪼개다; a-şi ~ drum 자신의 길을 개척하다 **5.** 짧게하다; 짧게 자르다; **6.** (텍스트를) 간략하게 하다, 생략하다 **7.** (파도를)가르다 **8.** (옷) 마르다 **9.** (나무, 돌을) 빠개다, 잘라 가르다 **10.** (동전을) 찍다 **11.** 방해하다, 가로막다; a ~ cuiva drumul (또는 apa) 길을 가로 막다; 물을 가로막다; a ~ cuiva apa de la moară 누구에게서 모든 도움수단을 빼앗다; a ~ cuiva vorba 누구의 말을 가로막다 **12.** 횡단하다, 가로지르다; a ~ drumul 갈을 횡단하다; **13.** 참살하다, 찔러죽이다 **14.** (동물을) 도살하다 **15.** 감소시키다, 축소시키다; a ~ respirația 숨을 막히게 하다; a ~ pofta a)식욕을 감소시키다; b)흥미를 감소시키다; a ~ setea 갈증을 해소시키다; a ~ efectul 효과를 줄이다 **16.** (고통에 대해) 쑤시다, 짜른 듯이 아프게 하다; mă taie prin trup 온몸이 쑤신다; mă taie în piept 가슴에 심한 통증으로(찌른듯이)아프다; mă taie foamea (또는 la stomac) 위가 콕콕 쑤신다 **17.** 족하다, 충당하다, 미치다; cât m-o tăia puterea 내 힘이 미치는 한; cât m-o tăia capul 내가 이해 하는 한; atât îl taie capul 그가 할 수 있는 전부다 **18.** (카드)패를 떼다 **19.** 허풍 떨다; a ~ (la) minciuni (palavre) 허풍떨다 **20.**(a ~ pe cineva)(누구를) 능가하다 II. vr. **1.** 베어지다, 잘려지다; a se ~ la deget 손가락을 베다 **2.** 교차되다; liniile se taie în A 선은 A에서 교차된다 **3.** (직물에 대해) 찢다 **4.** (우유에 대해) 응고되다 **5.** 서로 찌르다 (죽이다) **6.** 중단되다; s-a tăiat gerul 추위가 중단되었다.; mi se taie glasul 목소리가 나오지 않는다; mi se taie picioarele 다리가 잘려지다; mi se taie inima 심장이 짓눌린다; mi se taie pofta 식욕이 사라지다; mi se taie respirația 호흡이 막히다 III. vi. **1.** 날카롭다, 자른다; cuțitul taie bine 칼이 잘 든다; [비유]a ~ în carne vie 스스로를 해치다, 자신에게 손해 되는 짓을 하다 **2.** a ~ peste câmp 지름길로 가다 **3.** 공격하다, 때리다, a ~ şi spânzura 전지전능하다, 막강하다.

tăiculean, s.m. **tăiculiță,** s.m. **tăicuț(ă)** s.m. [속어]아빠

tăier|e, -i, s.f. 동사 tăia의 명사형

tăiet|oare, -ori, s.f. [식물]목향(木香)

tăiet|or, -oare, -ori, -oare, I. adj. [고어]베는, 날이 날카로운 II. s.m. 그리고 f. 절단기; III. pl. -oare, s.n. 도마, 장작패는 받침대

tăietur|ă, -i, s.f. **1.** 자름, 벰 **2.** 자른 자국, 벤 자국; 상처 **3.** 물에 의해 패인 깊은 길 **4.** 절벽 **5.** (옷의) 스타일, 형, 본 **6.** 벌목 장소 **7.** 찌르는 듯한 아픔(마음) **8.** 지워진 텍스트 부분 **9.** 지움

tăifăsu|i, -iesc, -ii, -it, vi. 잡담하다, 담소하다

tăinici|e, -i, s.f. [속어]비밀

tăinu|i, -iesc, -ii, -it, I. vt. 비밀로 하다; 숨기다, 감추다, 은폐하다; 장물을 팔다; II. vr. 숨다 III. vi. 환담하다, 가까이 토의하다.

tăinuir|e, -i, s.f. **1.** 은폐, 비밀로 함, 숨김 **2.** 비밀 회담

tăinui|t, -tă, -ți, -te, adj. **1.** 숨긴, 비밀로 하는; 은폐된 **2.** 눈에 띄지 않는, 신중한

tăinuit|or, -oare, -ori, -oare, I. adj. 숨기는, 비밀로 하는, 은폐하는 II. s.m. 그리고 f. 은폐자

tăi|os, -oasă, -oşi, -oase, adj. **1.** (물건에 대해) 벨 수 있는; 예리한, 날이 선; **2.** (바람, 추위에 대해) 살을 에는 듯한 **3.** [비유](시선, 목소리에 대해) 날카로운; 찌르는 듯한 **4.** [비유](사람에 대해) 신랄한, 비꼬는

T

tăiş, ~uri, s.n. **1.** 칼날 **2.** [비유]cu două ~uri 쌍방을 상하게 하는; cuțit cu două ~ uri 해결이 서로 반대의 두 효과를 갖고 올 수 있는 상황 **3.** a trece sub ~ul săbiei 살해하다 **4.** 완전히 파괴하다.

tăiței, s.m. pl. 국수; supă cu ~ 국수 스프

tălaniț|ă, -e, s.f. [고어]창녀, 매춘부

tălălă|i, -iesc, -ii, -it, vi. **1.** 잡담하다 **2.** 빈둥거리며 돌아다니다

tălălău, s.n. [방언]소음, 왁짜지껄

tălăncăn|i, pers.3, -este, -i, -it, vi. [방언](종에 대해) 종소리가 울리다

tălăzu|i, pers.3, -ieste, -i, -it, vi. 그리고 vr. 파도가 일다, 물결치다

tălăzuir|e, -i, s.f. 파도(가임), 물결(침)

tâlhărăşug, ~uri, s.n. 도둑질, 강도(질)

tălmac|i, -e, -i, -e, s.m. 그리고 f. **1.** 번역자, 통역자 **2.** 해설자

tălmăc|i, -esc, -ii, -it, I. vt. **1.** 번역하다, 통역하다 **2.** 해석하다, 설명하다 **3.** (수수께끼, 문제를) 풀다 **4.** 표현하다 II. vr. 서로 상담하다

tălmăcir|e, -i, s.f. 동사 tălmăci의 명사형

tălmăcit|or, -oare, -ori, -oare, s.m. 그리고 f. 번역자, 통역자

tălmăsag, ~uri, s.n. 위트, 유머

tălpas, ~i, s.m. [고어]보병

tălpălu|i, -iese, -ii, -it, vt. [방언](구두에) 바닥을 대다

tălpăsiț|ă, s.f. a-şi lua tălpăşita (부끄럽고, 두려움 등등 때문에) 자리를 빨리 떠나다

tălpig, I. ~e, s.n. **1.** (물레의)발판 **2.** (시소의) 둥근 활목 **3.** (썰매의)활목 II. ~i, s.m. 나무신

tălp|oi, -oaie, s.n. **1.** [건축](농부집의) 기초 대들보 **2.** (썰매) 활목

tălp|os, -oasă, -oşi, -oase, adj. (땅에 대해) 점토를 함유한

tălpu|i, -iese, -ii, -it, vt. **1.** (구두에) 밑창을 대다 **2.** (양말)바닥을 갈다 **3.** (썰매 활목 등)서로 대다

tălpuitor, ~i, s.m. 구두장이, 구두수선공

tămădu|i, -iesc, -ii, -it, I. vt. 건강하게 하다, 치료하다, 병을 낫게 하다; [비유]개선하다 II. vr. 건강해지다, 병이 낫다

tămădu|ială, -ieli, s.f. **tămăduir|e,** -i, 동사 tămădui 의 명사형

tămăduit|or, -oare -ori, -oare, I. adj. 치료효과(약효)가 있는 II. s.m. 그리고 f. [속어]

tămâ|ia, -iez, -iai, -iat. I. vi. [교회] (향이) 퍼지다 II. vt. **1.** [교회](향을) 퍼뜨리다 **2.** 아첨하다, (극구)찬양하다 III. vr. 취하다, 도취되다

tămâia|t, -tă, -ți, -te, adj. **1.** (향, 냄새가)나는 **2.** [비유]취한, 도취된

tămâie, s.f. 향, 유향; a fugi de ceva (cineva) ca dracul de ~ 피해서 다니다

tămâier, ~e, s.n. **1.** 향로 **2.** [식물]노간주 나무

tămâier|e, -i, s.f. **1.** 향을 피움 **2.** 아첨(함)

tămâiernit|ă, -e, **tămâiet|oare,** -ori, s.f. 향로

tămâioar|ă, -e, s.f. [식물] **1.** 명아주 속 **2.** 제비꽃, 오랑캐꽃 **3.** 털가름 나물

tămâi|os, -oasă, -oşi, -oase, I. adj. (과일, 특히 포도에 대해) 좋은 냄새가 나는; strugure ~ 머스케트 포도 II. s.f. 머스케트 포도(주)

tămâiț|ă, -e, s.f. [식물] **1.** (냄새 좋은) 명아주 속 **2.** 인동 덩굴

tămânjer, ~e, s.n. [방언]치즈 젖는 기구

tămânj|i, -esc, -ii, -it, vt. **1.** [방언]더럽히다 **2.** 되는대로 칠하다, 마구 바르다

tămbălău, s.n. [가족]소음, 시끄러움; 시끄러운 축제

tăngăn|i, -esc, -ii, -it, vt. (종을)울리다

tăpă|lagă, -lăgi, s.f. [방언] **1.** 크고 두터운 신발 **2.** 크고 두터운 발 **3.** 훔친 동물 발을 감싸는 천(흔적을 남기지 않기 위해)

tăpălăg|os, -oasă, -oşi, -oase, adj. **1.** (사람에 대해) 크고 두터운 발을 가진 **2.** (동물에 대해) 둔중한, 느릿느릿한 **3.** (식물에 대해) 크고 넓은 잎의

tăpălă|i, -iese, -ii, -it, vi. 발을 구르다 (발바닥으로)

tăpăl|og, -oagă, -ogi, -oage, adj. **1.** 크고 두툼한 발을 가진 **2.** 느릿느릿 가는

tăpşan, ~e, s.n. **1.** 고원 **2.** 비탈

tăpş|i, -esc, -ii, -it, vt. **1.** 밟아다지다 **2.** (사랑의 표시로) 뺨을 가볍게 건드리다

tărăboanț|ă, -e, s.f. 손수레

tărăboi, s.n. 큰 소란, 소음; 소동

tărăbuț|ă, -e, s.f. 일용품, 소지품

tărăgăn|a, -ez, -ai, -at, I. vt. **1.** (문제의 해결, 행동개시 끝) 하루 연장하다; 해결, 행동을 늦게 하다 **2.** 천천히 가다 (다리를 끌며) **3.** 천천히 말하다 II. vr. (시간에 대해) 지속되다; 연장되다 III. vi. **1.** 천천히 그리고 슬프게 노래하다 **2.** (바람이) 불다

tărăgăna|t, -tă, -ți, -te, adj. **1.** 하루 연장된; (해결, 행동)늦은 **2.** (말)느린 **3.** (노래) 천천히 **4.** (땅에 대해) 약간 비탈진

tărăgăn|eală, -eli, s.f. 연장

tărăgăni ...... tărăgăna 참조

tărăşeni|e, -i, s.f. [속어](복잡하고 불쾌한) 사건의 연속; 얽힘, 꼬임

tărâcioare, s.f. pl. 작은 겨, 밀기울; tărâță의 축소형

tărâm, ~uri, s.n. **1.** 지역; de pe alte ~uri, 다른 지역에서; (동화에서) ~ul celălalt 실질 세계저편 땅속 먼 곳, 이상한 사람들이 사는 곳 **2.** [비

T

유]활동 영역

tărânc, ~uri, s.n. 마차의 밧줄(쇠사슬)

tărâța, pers.3, -ează, -ă, -at, vr. 가죽(껍질)이 벗겨지다

tărâțe, s.f. pl. **1.** 겨, 밀가루; scump la ~ şi ieftin la făină 사소한 것에는 인색하지만 쓸데없는 것에 낭비하는 사람; a face (pe cineva) tărâțe 누구를 살해하다, 갈기갈기 찢다 **2.** 톱밥 **3.** [방언]비듬

tărâț|os, -oasă, -oşi, -oase, adj. 겨를 포함한

tărbacă, s.f. [가족]a da în ~ a)몹시 때리다; b)[비유]놀리다, 욕하다

tărbăc|i, -esc, -ii, -it, I. vt. **1.** 몹시 때리다 **2.** [비유]놀리다, 욕하다 **3.** 오물을 밟다 II. vr. 오물로 더럽혀지다

T

tărc|a, -chez, -cai, -cat, vt. **1.** (여러가지 색깔로) 칠하다 **2.** 더럽히다

tărca|t, -tă, -ți, -te, I. adj. **1.** (다양한 색깔로) 칠해진 **2.** 알룩달룩한 **3.** 더러워진 II. s.m. 그리고 f. 여러 색깔의 동물

tărcătur|ă, -i, s.f. **1.** 잡색 **2.** 잘못된 색깔 배합 **3.** 잡색물건

tărhat, ~uri, s.n. 짐

tăricel, -cea, -cei, -cele, adj. **1.** 상당히 강한 **2.** 상당히 단단한 **3.** 상당히 큰

tări|e, -i, s.f. **1.** 힘 **2.** 싸움 능력, 윤리적 힘, 꿋꿋함; ~ de caracter 강인한 성격; a afirma cu ~ 굳세게 주장하다 **3.** 세력, 권력; 권위 **4.** 강함, 단단함; 지속성; 내구성; **5.** [비유]가치, 유효 **6.** [비유]정점 **7.** (시인) 하늘 **8.** 지고; 정점; (산의)정상 **9.** (음료, 냄새, 소리의) 강도

tăriş|or, I. -oară, -ori, -oare, adj. tăricel(**1. 2.** 3)참조 II. adv. 상당히 빠르게, 격렬하게

tărtăcuț|ă, -e, s.f. **1.** 호박 일종 **2.** (농담)머리 **3.** 작은 사람

tărtănaş, ~e, s.n. tartan의 축소형

tărtăn|eț, -eață, -eți, -ețe, adj. **1.** (신체에 대해) 작고 뚱뚱한 **2.** (머리에 대해) 둥근

tăscu(li)ț|ă, -e, s.f. **1.** 작은(시장)주머니 **2.** 작은(돈, 담배)주머니

tăsul|ă, -e, s.f. 작은(돈, 담배) 지갑

tăsulc|ă, -i, s.f. taşcă참조

tătar, ~ă, ~i, ~e, I. adj. 타타르의 II. s.m. 그리고 f. 타타르인; doar nu vin (또는 dau) ~ii ! 타타르인들은 오지 않는다(서두를 필요 없다는 뜻); parcă-l alungă ~ii din urmă 타타르인 들이 뒤에서 그를 쫓는 것 같다(그는 미친 사람처럼 뛴다는 뜻) III. s.f. 타타르 언어

tătarc|ă, -e, s.f. **1.** 타타르 여자(부인) **2.** 타타르 암말 **3.** (타타르인이 입었던) 긴 모피코트 **4.** (병이나 등불로 사용하는) 구멍파인 호박

tătăiş, ~i, s.m. [식물]떡쑥뿌리

tătăiş|ă, -e, s.f. [방언] **1.** 남편 또는 처의 자매 **2.** 아주머니; 누이

tătăi|t, -tă, -ți, -te, adj. [방언]속삭이는; 살랑살랑 소리나는

tătăn|easă, -ese, s.f. [식물]우엉

tătăraş, ~i, s.m. 작은 타타르인

tătăr|esc, -ească, -eşti, adj. **1.** 타타르의 **2.** 무거운, 몹시 악한

tătăreşte, adv. 타타르적(방식)으로

tătărime, s.f. 타타르민족(종족)

tătăriț|ă, -e, s.f. 타타르여자

tătăr|î, -ăsc, -âi, -ât, vt. [방언] **1.** 꾸

짖다, 야단치다 **2.** 저주하다
tătăroaic|ă, -e, s.f. 타타르 여자
tătân, ~i, s.m. [속어]아버지 ~e-meu 또는 ~ă-meu 나의 아버지
tătic, ~i, s.m. 아버지
tătucă, s.m. 아버지
tău[1], ~ri, s.n. **1.** 못; 연못; 호수 **2.** [고어]나락; 심연
tău[2], ta, tăi, tale, adj. 그리고 pron. pos. 너의; tatăl ~ 너의 아버지; casa ta 너의 집; prietena ta 너의 친구; maică-ta 너의 어머니; al tău a)네 것; b)너의 부인; ai tăi a)너의 가족, 너의 부하; b)너의 친척 c) 너의 친구, 너의 추종자; ale tale 너의 물건, 너의 습관, 의견, 실수; a fi pe-a ta 네가 원하는 것처럼 그렇게 있다.
tău|i, -iesc, -ii, -it, vr. [방언](흐르는 물에 대해) 흐르다가 멈추다, 고이다
tăun, ~i, s.m. [곤충]등에, 쇠파리
tăuraş, ~i, s.m. 어린 황소
tăur|ean, -eni, s.m. **1.** 어린 황소 **2.** 힘센 숫소
tăuş|i, -esc, -ii, -it, vt. [방언] **1.** 숨기다, 은폐하다, 비밀로 하다 **2.** 거짓 증언하다
tăval|ă, -e, s.f. [방언] **1.** 도로용 땅고르는 기계, 롤러 **2.** 경작용 땅고르는 기계
tăvăl|eală, -eli, s.f. 구타, 침, 때림; a trage (cuiva) o ~ a)걸리다, 배겨내다 b)부서지지 않다
tăvăl|i, -esc, -ii, -it, vt. **1.** (그리고 vr.)(땅위에서) 이리저리 굴리다; a se ~ de râs 웃으며 몸을 데굴데굴 굴리다 **2.** 누구를 밑으로 쓰러드리며 구타하다 **3.** 더럽다 **4.** (풀, 꽃을) 짓밟다, 쓰러뜨리다
tăvălitur|ă, -i, s.f. (사람이나 동물이) 풀이나 꽃을 짓밟은 장소
tăvălug, ~i, s.m. 땅이나 밭 고르는 기계, 롤러; a se duce de-a ~ul 굴러가다; a da (pe cineva) de-a ~ul 누구를 굴리다
tăvălug|i, -esc, -ii, -it, vt. 롤러로 땅위나 밭 위를 지나가게 하다; 길 위의 흙덩이를 부수어서 평평하게 하다
tăviţ|ă, -e, s.f. tavă, 의 축소형
tâcâ|i, tâcâi, -ii, -it, vt. (심장이) 두근거리다
tâlc, ~uri, s.n. **1.** 의미 **2.** 해석, 주해, 분석 **3.** (농담적인) 비유, 암시; a vorbi cu ~ 암시적으로 말하다; a vorbi în ~uri 비유로 말하다
tâlcu|i, -iesc, -ii, -it, vt. **1.** 분석하다, 해석하다 **2.** 번역하다
tâlcuit|or, -oare, -ori, -oare, s.m. 그리고 f. **1.** 해석자, 분석자; 설명자 **2.** 번역자, 통역가
tâlhar, ~i, s.m. **1.** (길거리)도둑 **2.** 건달, 깡패 **3.** [가족]사기꾼
tâlhăr|ea, -ele, s.f. [식물]상치류
tâlhăr|esc, -ească, -eşti, adj. **1.** 도둑같은, 약탈적인; 범죄(자)의 **2.** 교활한
tâlhăr|i, -esc, -ii, -it, vi. **1.** 도둑으로 살다 **2.** 도둑질 하다, 약탈하다
tâlhări|e, -i, s.f. **1.** 도둑질, 강도짓 **2.** 약탈
tâlhăroaic|ă, -e, s.f. **1.** 여 도둑 **2.** 여자 사기꾼
tâlhăroi, ~, s.m. **1.** 도둑 **2.** 건달
tâlhăr|os, -oasă, -oşi, -oase, adj. **1.** 도둑같은, 도둑의 **2.** 교활한, 계략 많

은

tâlpac, ~ă, ~i, ~e, adj. (땅에 대해) 점토를 함유한, 진흙의

tâlv, ~uri, s.n. **1.** [식물] 호리 병박 **2.** 호리병

tâmp, ~ă, ~i, ~e, I. adj. **1.** 우둔한 어리석은, 바보같은 **2.** (기구에 대해) 무딘 II. s.m. 그리고 f. 바보, 멍청이

tâmpeni|e, -i, s.f. 어리석음, 우둔함, 멍청함

tâmp|i, -esc, -ii, -it, I. vt. **1.** 멍청하게 만들다, 바보로 만들다, 둔하게 하다 **2.** [비유]무디게 하다 II. vr. **1.** (그리고 vi.) 멍청하다, 바보가 되다, 둔해지다 **2.** [비유]무뎌지다 **3.** [비유]잠잠해지다

T

tâmpin|ă, -e, s.f. [고어]북

tâmpi|t, -tă, -ți, -te, adj. **1.** 어리석은, 멍청한, 바보같은 **2.** 멍한, 아련한 **3.** [가족](목적에)상응하지 않은, 맞지 않은

tâmplar, ~i, s.m. 목수

tâmpl|ă, -e, s.f. **1.** [해부]관자놀이 **2.** 구렛나루; a avea tâmple cărunte 구렛나루의 머리카락이 하얗다 **3.** [교회]성상벽

tâmplăr|easă, -ese, s.f. 목수부인

tâmplări|e, -i, s.f. **1.** 목수일 **2.** 목수 작업장 **3.** 목수가 만든 물건

tânăr, ~ă, tineri, tinere, I. adj **1.** (식물, 사람) 젊은; 어린; de ~ 젊었을 때부터; a se căsători de ~ 젊어서 결혼하다 **2.** 새로운, 최근의; vin ~ 새 포도주; lună, ~ă 초생달 II. s.m. 그리고 f. 젊은이

tândală, s.m. invar. 건달, 무위도식하는 사람

tândăl|i, -esc, -ii, -it, vt. **1.** 무위도식하다 **2.** 천천히 일하다, 굼뜨게 일하다

tândălitur|ă, -i, s.f. 시간 허비, 빈둥거림

tângu|i, -iesc, -ii, -it, I. vr. **1.** 비탄해하다, 한탄하다; 울면서 말하다; a se ~ de ceva 무엇에 대해 한탄하다 **2.** [비유]한탄조로 말하다; 통곡하다 **3.** [고어]고소하다

tângu|ială, -ieli, s.f. **1.** 한탄, 비탄 **2.** 한탄하는 소리, 비탄에 잠긴 소리

tângui|os, -oasă, -oşi, -oase, adj. **1.** 한탄하는 비탄하는 **2.** 슬픈

tânguir|e, -i, s.f. **1.** 한탄, 빈탄 **2.** [고어]화, 분노 **3.** 한탄하는 소리 **4.** [고어]불평, 항의

tânguit|or, -oare, -ori, -oare, adj. (목소리, 소리에 대해) 한탄하는, 비탄에 잠긴, 슬픔에 잠긴

tânj|ală, -eli, s.f. 채(수레의); a mâna pe ~ 천천히 가다; a se lăsa pe ~ a) 매우 천천히 당기다 (마차 등) b)[비유](사람에 대해) 천천히 게으르게 일하다; 빈둥거리다

tânj|i, -esc, -ii, -it, I. vi. **1.** 허약해지다, 힘없어지다 **2.** [식물]시든다 **3.** [비유]막히다 II. vt. 갈망하다; a ~ după ceva 무엇을 갈망하다; a ~ de dorul cuiva 누구에 대한 그리움으로 애타다

tânjit|or, -oare, -ori, -oare, adj. **1.** 허약한, 힘없는; 시드는 **2.** 갈망한, 애타는 **3.** 슬픈

tân|t, -tă, -ți, -te, adj. tont 참조

târboc, ~uri, s.n. 자루모양의 그물 (조개, 고기잡이용)

târc|ol, -oale, s.n. 순회, 빙 돌음; a da târcoale 주위를 빙돌다

târcol|i, -esc, -ii, -it, vi. 주위를 돌다

târf|ă, -e, s.f. 창녀, 매춘부

târg, ~uri, s.n. **1.** 시장; ~ săptămânal 주일장 ; ~ anual 대목장(일년마다 열리는); ~ de țară 대목장; a se duce la ~ 장에 가다; la spartul ~ ului a) 장이 파한 후; b)늦게, 맨끝에 **2.** 거래; a face (또는 încheia) ~ul cu cineva 누구와 거래를 체결하다; a se ajunge cu ~ul 거래가 되다 **3.** (작은)도시 **4.** 시내, 중심가; a se duce în ~ 시내에 가다

târgov|eț, -eață, -eți, -ețe, s.m. 그리고 f. **1.** 시장 지역거주인 **2.** 시민

târgoveț|i, -esc, -ii, -it, vr. 시민이 되다

târgovețime, s.f. (드물게) 시민

târgu|i, -iesc, -ii, -it, I. vt. **1.** (무엇을) 사다 **2.** 구매하다 II. vr. **1.** 서로 의견일치를 못보다, 다투다 **2.** 계약하다

târgui|ală, -eli, s.f. **1.** 구매, 계약; a sta la ~ 거래하다 **2.** 서로 다툼 **3.** 구매된 물건

târguleț, ~e, **târguş|or,** -oare, s.n. (작은)도시

târ|î, -ăsc, -âi, -ât, I. vt. **1.** 잡아끌다, 끌어당기다, 끌고가다; a ~ după sine 잡아끌다; a ~ barca pe uscat 힘들게 살다; a ~ înaintea cuiva 앞에서 끌다; a ~ pe cineva în noroi a) 누구를 오물 속으로 끌어들이다; b) 나쁜짓 하게 하다 **2.** 갖고 가다 **3.** 충동질하다 II. vr. **1.** 기어가다 **2.** 힘들게하다; a se ~ în genunchi a)무릎으로 기어가다; b)복종하다 **3.** (걸려있는 물건에 대해) 질질 끌다 **4.** (3격) a-şi ~ zilele 삶을 끌어나가다

târâ|i, târâi, -ii, -it, vt. 그리고 vr. târî 참조

târâ|ială, -ieli, s.f. **1.** 끌어당김, 끔 **2.** 기어감

târâiş, târâş, I. adv. **1.** 끌면서 **2.** 기어가며 **3.** 힘들게; ~-grăpiş, 힘들게, 어렵게 II. s.n. **1.** 질질 끔; de-a târâişul 질질 끌며 **2.** 기어감

târât|or, -oare, -ori, -oare, adj. **1.** 기어가는, 기는; animal ~ 파생동물, 파충류; plantă târâtoare 덩굴풀 **2.** [비유]소심한, 겁많은; 비굴한

târâtoare, ~ s.f. **1.** 파생동물 **2.** [비유, 경멸]비굴한 사람, 아첨가

târâtur|ă, -i, s.f. **1.** 건달 **2.** (여자)창녀

târlaş, ~i, s.m. **1.** 양치기 **2.** 양떼주인

târl|ă, -e, s.f. **1.** 양, 우리 **2.** 양떼

târlici, s.m. pl. (천으로 만든)슬리퍼

târli|e, -i, s.f. 썰매

târlioar|ă, -e, **târlulit|ă,** -e, s.f. 작은 썰매

târn, ~uri, s.n. **1.** 큰 빗자루 **2.** [식물] 인목

târnat, ~uri, s.n. 현관

târn|ă, -e, s.f. [방언] **1.** 바구니 **2.** 어살 **3.** (음식운반용) 광주리 **4.** 민속춤 이름

târnăc|op, -oape, s.n. 곡괭이

târn|og, -oage, s.n. [방언]넓고 큰 바구니

târnomată, s.f. [방언](짚, 이삭) 조각, 부스러기

târnos|i, -esc, -ii, -it, vt. (교회를) 헌당하다

târnu|i, -iesc, -ii, -it, vt. **1.** (큰 빗자루로)쓸다 **2.** 머리를 잡아당겨 바닥에 쓰러뜨리다

T

târnu|ială, -ieli, s.f. **1.** (빗자루를)씀 **2.** 머리를 잡아 쓰러뜨림

târoag|ă. -e, s.f. [방언]오두막

târpan, ~e, s.n. (삼베는)낫 기구

târsân|ă, -e, s.f. **1.** (밧줄 등을 만들기 위해)말 털 짬 **2.** 거친 염소 털직

târsoag|ă, s.f. 크고 막자란 수염

târş, ~i, s.m. **1.** 마르고 자라지 못한 나무 **2.** 가지 덤불

târşâ|i, târşâi, -ii, -it, I. vt. **1.** (소리 내며 땅을 매끄럽게 하며)신발이나 발을 끌고 가다 **2.** 발을 끌며 걷다 II. vr. 질질끌리다

târşâ|ială, -ieli, s.f. 동사 târşâi의 명사형

târşâit, s.n. **1.** 질질 끌고 감 **2.** 소리

târsâitur|ă, -i, s.f. 질질 끌고감

târş|i, -esc, -ii, -it, vt. târşâi 참조

târşit, ~uri, s.n. târsâit 참조

târşit|oare, -ori, s.f. 써레의 일종

târtan, ~i, s.m. [식물]양배추 일종

târtiț|ă. -e, s.f. 새의 둔부

târzielnic, ~ă, ~i, ~e, adj. **1.** 늦게 오는 **2.** 느린 **3.** 굼뜨는

târzi|or, -oară, -ori, -oare, adj. 상당히 늦는

târz|iu, I. -ie, -ii, adj. **1.** 늦은; într-o târzie vreme 늦게; nu (după) târzie vreme 곧 **2.** (시간, 계절에 대해)(평상시보다)길게 연장되는, 끝에 가까이 가는; 뒤늦은; la o oră târzie 뒤늦은 시간에; vară târzie 늦여름; **3.** 늦게 찾아오는 **4.** (식물, 열매)늦게 익는, 철늦은; fructe târzii 철늦은 과일 **5.** (사람에 대해)늦게 이해하는; ~ la minte 천천히 힘들게 알아듣는 II. adv. 더디게 이해하며; mai ~ a)더늦게; b)몇시간 후; mai curând sau mai ~ 조만간; cel mai ~ 늦어도; ~ de tot 매우 늦게; noaptea ~ 밤늦게; ~ după-amiază ~ 오후 늦게; seara ~ 저녁 늦게; până seara ~ 저녁 늦게까지; într-o seară ~ 어느 늦은 저녁 III. s.n. într-un ~ 한참 후에

tea, interj 놀람, 불쾌감을 표현하는 말

teacă, teci, s.f. **1.** 칼집; a scoate (trage) sabia din ~ 칼을 칼집에서 뽑다; a se face ~ de pământ 사라지다, 숨다; a rămâne ~ 나체로 있다 **2.** (드물게) 손잡이가 들어가고 고정되는 손도구 부분 **3.** 깍지, 껍데기

teafăr, ~ă, teferi, tefere, adj. **1.** 다치지 않은; 건강한; 온전한; **2.** 온전한 정신의

teamă, s.f. 걱정, 근심; 두려움, 무서움; mi-e ~ 나는 두렵다; mi-e ~ că ... 까봐 나는 두렵다; nu-ți fie ~ 아무것도 두려워마라; de ~ că .. ~ 두려워서; de teama lui 그에 대한 두려움으로

teamăt, ~e, s.n. 두려움

teanc, ~uri, s.n. 다른 물건위에 놓인 똑같은 물건들의 무더기

teapă, s.f. **1.** 종류, 성격 **2.** 사회적 지위(계급)

teară, teri, s.f. [방언] **1.** 날(실) **2.** 배틀

tearfă, terfe, s.f. [방언] **1.** 걸레; 누더기 **2.** 혼수

teasc, ~uri, s.n. **1.** 포도주 압착기 **2.** 인쇄기, 각인기; a fi sub ~ 억압받고 있다; a ieşi de sub ~ 억압에서 해방되다 **3.** 덫

teatral, ~ă, ~i, ~e, adj. **1.** 연극의 **2.**

연극적인; 자연스럽지 못한; 부자연스런
teatrologie, s.f. 연극학
teatr|u, s.n. **1.** 극장; 무대; ~ de păpuşi, marionete 인형극장; ~ în aer liber 노천(야외)극장; a merge la ~ 극장으로 가다 **2.** 연극; 극작; 희곡; de ~ 연극의; piesă de ~ 희곡 작품; lovitură de ~ a)장면의 급변; b)뜻하지 않은 사고 **3.** 희곡 작품; ~ l antic 고대 희곡 작품; a face ~ 꾸미다, 인체하다 **4.** 연극술 **5.** 사건 현장; ~ de operaţii(de război) 전쟁현장
tecalemit, ~e, s.n. 기름주입기
techer-mecher, adv. 즉시; 억지로
tecşil|ă, -e, s.f. [방언]돈(담배) 지갑
tectonică, s.f. 구조 지질학
tedeum, ~uri, s.n. 성 암보로시오의 사은 찬미가 (카톨릭 교회의 대의식 때 부르는 노래)
tefelug, ~e, s.n. 롤러; 흙고르는 기계
teglic|i, -e, s.n. 가죽 펴는 기구
tegument, ~e, s.n. [생물]외피, 피막, 포피
tegumentar, ~ă, ~i, ~e, adj. 외피의, 피막의, 포피의
tehnic, ~ă, ~i, ~e, adj. I. adj. 기술적인; 전문의; termen ~ 전문용어; 학술적인 II. s.f. **1.** 기술, 기교; 기법, 수법 **2.** 공학; 공업, 공예(학)
tehnici|an, -ană, -eni, -ene, s,m. 그리고 f. **1.** 기술자 **2.** 전문가 **3.** 공예가
tehnicism, s.n. 기술주의
tehnicitate, s.f. 전문적임
tehnicolor, ~ă, ~i, ~e, adj. (영화에 대해) 자연색깔을 필름에 담는 특별 기술의
tehnocra|t, -tă, -ţi, -te, s.m. 그리고 f. 테크노크라트, 전문지식을 갖춘 고위관리직
tehnocratic, ~ă, ~i, ~e, adj. 기술주의의, 테크노크라트의
tehnocratism, s.n. 테크노크라시 주의, 테크노크라트 중용주의
tehnocraţie, s.f. 테크노크라시, 기술주의
tehnografie, s.f. 공예 기계학
tehnolog, ~i, s.m. 공(예)학자
tehnologic, ~ă, ~i, ~e, adj. 공(예)학의
tehnologie, s.f. 공학
tehnoredact|are, -ări, s.f. [인쇄]출판의 기술적 작업
tehnoredact|or, -oare, -ori, -oare, s.m. 그리고 f. [인쇄]출판의 기술적 작업자
tehnoredacţie, s.f. [인쇄]출판의 기술적 작업
tehu|i[1], -iesc, -ii, -it. I. vt. 누구를 혼란스럽게 하다 II. vt. 혼란스럽다
tehu|i[2], -ie, -i, adj. 혼란스런, 정신이 멍한
tei, ~, s.m. **1.** 보리수나무; floare de ~ 보리수 나무꽃 **2.** 보리수 나무 껍질; a lega două-n ~ 작은 재산을 얻다; a găsi ~ de curmei 핑계를 대다
teic|ă, -i, s.f. **1.** 방앗간에 빻기 전에 곡식이 떨어지는 움직이는 상자 **2.** 구유 **3.** 두레박
teină, s.f. [화학]테인
tei|os, -oasă, -oşi, -oase, adj. (열매) 단단한
teism[1], s.n. 테인 중독
teism[2], s.n. 유신론
tei|st, -stă, -şti, -ste, s.m. 그리고 f.

T

유신론자
teişor, ~i, s.m. **1.** 작은 보리수 나무
teiuleț, ~i, s.m. 작은 보리수 나무
tejgh|ea, -ele, s.f. **1.** 판매대 **2.** 작업대
tejgheluț|ă, -e, tejghea의 축소형
tejghetar, ~i, s.m. 술집주인
tel, ~uri, s.n. **1.** 거품일게 하는 기계 **2.** 용수철 **3.** 얇은 줄(음악기구)
telal, ~i, s.m. 헌 물건 장수
telaliț|ă, -e, s.f. 헌물건 장수여자
tel|eagă, -egi, s.f. **1.** 작은 두바퀴 수레 **2.** 손수레
teleap, interj. ~ 신발 끄는 소리
telebusol|ă, -e, s.f. 원격 전송 콤파스(비행기)

T

telecinematograf, ~e, s.n. 텔레비전에 의한 영화의 방송 장치; 영화방영반
telecom|andă, -enzi, s.f. 원격 조종
telecomunicați|e, -i, s.f. 전기 통신
teleferic, ~e, s.n. 공중 케이블카
telef|on, -oane, s.n. **1.** 전화 **2.** 전화기; ~ interior 내부 전화; ~ automat 자동식 전화; ~ public 공중 전화 **3.** 전화함; a da cuiva un ~ 누구에게 전화하다 **4.** 전화번호
telefon|a, -ez, -ai, -at, vt. 그리고 vi. 전화하다
telefonic, ~ă, ~i, ~e, adj. 전화의, 전화에 의한; convorbire ~ă, 전화 통화; cabină ~ă 전화실; legătură ~ ă 전화연결; aviz ~ 전화통지
telefoni|st, -stă, -şti, -ste, s.m. 그리고 f. 전화 교환수
telefotografi|e, -i, s.f. **1.** 사진전송 **2.** 망원 사진술
telegar, ~i, s.m. 젊고 용감한 말
teleg|ea, -ele, s.f. teleguță 참조
teleghid|a, -ez, -ai, -at, vt. 원격조종하다
teleghida|t, -tă, -ți, -te, adj. 원격조종된; avion ~ 원격조종 비행기; rachetă ~ă 원격조종 로케트
telegraf, I. ~e, s.n. **1.** 전신(기) **2.** (옛) 신호기
telegrafi|a, -ez, -ai, -at, vt. 그리고 vi. 전보로 알리다, 타전하다, 발진하다
telegrafic, ~ă, ~i, ~e, adj. 전신에 관한; 전신에 의한
telegrafie, s.f. 전신(술); ~ fără fir 무선 전신
telegrafi|st, -stă, -şti, -ste, s.m. 그리고 f. **1.** 전신 기사 **2.** 전보배달부
telegram|ă, -e, s.f. **1.** 전보 **2.** 전신
teleguț|ă, -e, s.f. **1.** 작은 두바퀴 수레 **2.** 작은 손수레
teleimprim|are, -ări, s.f. 텔레 타이프 침
teleimprimat|or, -oare, s.n. 텔레타이프; 텔레타이프 담당자
teleleic|ă, -i, s.f. [속어]경박한 여자
telel|eu, -ea, -ei, -ele, s.m. 그리고 f. 쓸모없는 사람; 건달; a umbla ~ 쓸데없이 돌아다니다
teleloaic|ă, -e, s.f. 옛물건 행상여인
telemea, s.f. 양치즈
telemecanică, s.f. 원격조종기술
telemetric, ~ă, ~i, ~e, adj. 원격 측정의
telemetrie, s.f. 원격 측정
telemetr|u, -e, s.n. 거리 측정계
telencefal, ~e, s.n. [해부]대뇌
teleobiectiv, ~e, s.n. [사진]망원렌즈

teleologic, ~ă, ~i, ~e, adj. 목적론적인

teleologie, s.f. [철학]목적론

telepatic, ~ă, ~i, ~e, adj. 정신감응의

telepatie, s.f. (심령술)격감전심, 원감(현상)정신감응, 이심전심, 텔레파티

telereglaj, ~e, s.n. 원격 조종방법의 총체

telesc|op, -oape, s.n. 망원경

telescopic, ~ă, ~i, ~e, adj. **1.** 망원경의 **2.** 망원경으로 본

teletin, ~uri, s.n. 러시아 가죽

televiziune, s.f. 텔레비전

televiz|or, -oare, s.n. 텔레비전

telpiz, ~ă, ~i, ~e, adj. 교활한, 간교한

telur, s.n. [화학]텔루르

teluric, ~ă, ~i, ~e, adj. **1.** 대지의 토지의 **2.** [화학]acid ~ 텔루로산

tematic, ~ă, ~i, ~e, adj. **1.** 주제의, 주제에 따른 **2.** 어간의; vocală ~ă 어간 모음 **3.** s.f. 테마전체, 본질적 테마

tem|ă, -e, s.f. **1.** 근본 사상, 주의; 제목; 주제; pe tema .. 주제에 대해 **2.** [음악]주제, 주상(主想), 주선율 **3.** 숙제 **4.** [언어]어간

temăt|or, -oare, -ori, -oare, adj. 무서운, 두려운

tembel, ~ă, ~i, ~e, adj. 무관심한; 멍청한

tembelism, ~e, s.n. 무관심

tem|e, tem, -ui, -ut, I. vr. **1.** 두려워하다, 무서워하다; a nu se ~ 무서워하지 않다; 두려워하지 않다 **2.** 걱정하다, 근심하다; mă tem că ... 까봐 걱정이다 II. vt. **1.** [속어]질투하다 **2.** 의심하다 **3.** 걱정하다

temei, ~uri, s.n. **1.** 기초; 토대; 가장 중요한 부분; cu ~ a)근본적인, 기초의; b)기초 있는; lipsit de (또는 fără) ~ 사실 근거가 없는; a pune ~ pe ceva 무엇에 무게를 두다; **2.** 원인, 이유, 동기, 까닭 **3.** 정점, 가운데; în ~ ul nopții 한밤중에 **4.** [고어]본대, 주력부대

temeinic, ~ă, ~i, ~e, adj. **1.** 굳건한, 진지한, 근본적인 **2.** 철저한, 심원한

temeinicie, s.f. **1.** 굳건함, 진지함, 근본적임 **2.** 지속됨, 불변성

temeli|e, -i, s.f. 기초, 토대; din (또는 până în) temelii (또는 temelie) 기초부터(까지); 완전히; a pune ~ 기초를 놓다

temen|ea, -ele, s.f. 절, 경배; a face temenele 절하다

temen|i, -esc, -ii, -it, vr. 깊이 절하다

temerar, ~ă, ~i, ~e, I. adj. 무모한, 무작정인, 경솔한; judecată ~ă 경솔한 판단 II. s.m. 그리고 f. 무모한 사람

temer|e, -i, s.f. 동사 teme의 명사형

temeritate, s.f. **1.** 무모, 무작정, 경솔 **2.** 경솔한 짓

temet|eu, -eie, s.n. [고어]묘지

temnic, ~uri, s.n. [방언] **1.** 겨울 벌집 두는 지하 장소 **2.** 전쟁시 지하 참호 **3.** [고어]감옥

temnicer, ~i, s.m. 간수

temnicioar|ă, -e, s.f. 작은 감옥

temniț|a, -ez, -ai, -at, vt. 감옥에 가두다

temniț|ă, -e, s.f. 감옥

T

temper|a, -ez, -ai, -at, vt. 완화하다, 진정시키다

temperament, ~e, s.n. **1.** 체질; 기질, 성질 **2.** 원기, 활발

temperamental, ~ă, ~i, ~e, adj. 체질의, 기질의

temperament|os, -oasă, -oşi, -oase adj. 활발한, 원기가 있는, 정열적인, 격하기 쉬운

temperanţă, s.f. 절제; 금주

tempera|t, -tă, -ţi, -te, adj. 중용의, 온건한, 온당한; [기상]온화한

temperatur|ă, -i, s.f. **1.** 온도; 기후; 기온; **2.** 열; a avea ~ (mare) (높은) 열을 갖고 있다

tempest|ă, -e, s.f. 폭풍, 태풍

tempestu|os, -oasă, -oşi, -oase, adj. 폭풍치는

templier, ~i, s.m. [역사, 교회]성당기사

templ|u, -e, s.n. 신전, 사당, 사원, 절; 성당, 성전

tempo, s.n. 템포, 박자

temporal, I. ~ă, ~i, ~e, adj. **1.** 시간의; propoziţie ~ă 때를 나타내는 부문장; conjuncţie ~ă 시간 접속사 **2.** 측두부의, 관자놀이의; os ~ 측두골; arteră ~ă 관자놀이 동맥 II. ~e, s.n. [해부]측두골

temporal|ă, -e, s.f. **1.** [문법]때를 나타내는 부문장 **2.** [해부]관자놀이 동맥

temporar, ~ă, ~i, ~e, adj. 일시적인; 임시의

temporiz|a, -ez, -ai, -at, vt. 기다리다, 대기하다, 망설이다; 연기하다

temu|t, I. -tă, -ţi, -te, adj. 무서움을 주는; de ~ 위험한 II. s.n. 무서움, 공포

ten, ~uri, s.n. 빰색깔; 얼굴 빛, 안색

tenac|e, -e, -i, -e, adj. **1.** 단단한; 강인한 **2.** 끈질긴, 완고한, 고집스런

tenacitate, s.f. **1.** 완고함, 고집셈, 끈질김 **2.** 단단함, 강인함

tencu|i, -iesc, -ii, -it, vt. **1.** 회칠(모르타르 칠)로 칠하다

tencu|ială, -ieli, s.f. 덧칠, 회칠, 모르타르 칠

tencui|t, I. -tă, -ţi, -te, adj. 회칠한 II. s.n. 회칠

tendar, ~e, s.n. **1.** 보호천막의 지주 받침대 **2.** 구명보트 받침대

tend|ă, -e, s.f. (배 뒷부분에 있는) 보호 천막

tendenţionism, s.n. tendenţiozitate 참조

tendenţi|os, -oasă, -oşi, -oase, adj. 어떤 목적이 있는, 숨은 의도를 들어내는; 무엇을 암시하는; 객관성이 결여된, 편파적인

tendenţiozitate, s.f. 숨은 의도, 목적성, 경향

tender, ~e, s.n. **1.** [철도]탄수차

tendin|os, -oasă, -oşi, -oase, adj. [해부]건성(腱性)의, 건(腱)의, 힘줄의

tendinţ|ă, -e, s.f. **1.** 경향, 추세; 풍조; 성향; 성벽 **2.** (작품, 행위) 의도, 경향 **3.** 상황, 경기(시세의)

tend|on, -oane, s.n. [해부]건(腱), 힘줄

tenebr|ă, -e, s.f. 어둠, 암흑

tenebr|os, -oasă, -oşi, -oase, adj. **1.** 어두운, 캄캄한 **2.** (사람에 대해) 침울한, 우울한 **3.** [비유]엄큼한, 음험한

teni|e, -i, s.f. [동물]촌충
tenis, s.n. 테니스; ~ de masă 탁구
tenor, ~i, s.m. **1.** 테너 **2.** 테너 가수
tensiometr|u, -e, s.n. [의학]압력 반응계, 장력계
tensiun|e, -i, s.f. **1.** 긴장(교육, 정신) (줄따위가)팽팽함, (관계)절박, 긴박(상태) **2.** [물리]장력(張力), 응력; (증기)압력;[의학]혈압; ~ arterială 혈압;[전기]전압
tensometr|u, -e, s.n. 장력계
tensor, ~i, adj. s.m. (muşchi) ~ 장근(張筋)[수학]텐서
tent|a, -ez, -ai, -at, vt. 교사하다, 유혹하다, 마음을 끌다
tentacul, ~e, s.n. [동물]촉수
tentacular, ~ă, ~i, ~e, adj. 촉수의
tentativ|ă, -e, s.f. **1.** 시도, 기도 **2.** [법률]미수죄
tentați|e, -i, s.f. 유혹
tent|ă, -e, s.f. 색과 물 혼합; 색깔의 뉘앙스
teobromină, ~e, s.f. [화학]테오브로민(이뇨제)
teocra|t, -tă, -ți, -te, s.m. 그리고 f. 신정론자(神正論者)
teocratic, ~ă, ~i, ~e, adj. 신정(神政)의
teocrați|e, -i, s.f. 신정(神政)정치
teodice, s.f. [철학]변신(辯神)론, 신의론
teodolit, ~e, s.n. [천문]경위의(經緯儀)
teogonic, ~ă, ~i, ~e, adj. 신통계보학의
teogoni|e, -i, s.f. 신통 계보학
teolog, ~i, s.m. 신학자
teologal. ~ă, ~i, ~e, adj. 신에 관한
teologic, ~ă, ~i, ~e, adj. 신학(상)의
teologi|e, -i, s.f. 신학
teorb|ă, -e, s.f. [음악]현악기의 일종
teorem|ă, -e, s.f. [수학]정리(定理); 정률
teoretic, ~ă, ~i, ~e, adj. 학리적인, 이론적인; 공리의
teoreticeşte, adv. 이론적으로
teoretician, -ană, -eni, -ene, s.m. 그리고 f. 이론가
teoretiz|a, -ez, -ai, -at, vt. 이론화하다
teori|e, -i, s.f. **1.** 이론, 학리 **2.** 학설, 설; în ~ 이론상 **3.** [군사]학과, 교본
teozof, ~i, s.m. 접신론자, 신지학자
teozofie, s.f. 접신론(接神論)
teracot|ă, -e, s.f. 테라콧타(구운점토), 테라콧타 토기
terapeutic, ~ă, ~i, ~e, adj. 치료상의
terapeutică, s.f. 치료(학)법
terapie, s.f. 치료요법
terasament, ~e, s.n. 흙쌓기, 성토, 흙운반; 쌓아 놓은 흙
teras|ă, -e, s.f. **1.** 발코니, 옥상 정원; 평면지붕 **2.** 동산; 고원, 구릉
teratologie, s.f. 기형학(畸形學), 변태론
teraz, s.n. 저질 포도 종류
terbiu, s.n. [화학]테르븀
terchea-berehea, s.m. 쓸모없는 놈, 건달
terci, ~uri, s.n. 물에 삶은 옥수수로 만든 음식(옥수수죽); a face pe cineva ~ 누구를 부수다; 파괴하다
tereciu|i, -iesc, -ii, -it, I. vt. 짓밟다, 짓누르다; 죽으로 만들다 II. vr. 죽이 되다

terciu|ială, -ieli, s.f. **1.** 짓밟음, 짓누름 **2.** 죽

terebentină, s.f. [화학]테레벤틴, 송진

teren, ~uri, s.n. **1.** 토지, 땅; 지역, 터, 장소; ~ de construcție 건축장소; ~ agricol 농지; ~ petrolifer 석유산지; ~ nisipos 모래 땅; ~ mlăștinos 늪지; a sonda (pipăi) ~ul 지형을 탐사하다; a câștiga ~ 약간 진보하다 **2.** [지질]지형; 지질; 토양 **3.** (활동) 장소 **4.** 라운드, 운동장; ~ de aviație 비행장소; ~ de vânătoare 사냥터; ~ de tenis 테니스 장; a ieși pe ~ 결투하다; a părăsi ~ul 패하다, 항복하다; **5.** 활동분야

tere|stru, -stră, -ștri, -stre, adj. 지구의, 지상의; 현세의; 육지의

terezi|e, -i, s.f. 천칭; 저울

terfar, ~i, s.m. [방언]신부 안내자

terfel|i, -esc, -ii, -it, vt. **1.** 더럽히다 **2.** [비유]모욕하다

terfeli|t, -tă, -ți, -te, adj. **1.** 더럽혀진 **2.** [비유]모욕당한

terfel|og, -oage, s.n. **1.** 잡기장 **2.** 낡고 찢어진 책 (공책)

terfelogi|t, -tă, -ți, -te, adj. (종이, 서류 등) 낡은, 찢어진, 너덜너덜한

tergiman, ~i, s.m. 번역가, 통역가

tergivers|a, -ez, -ai, -at, vt. 얼버무리다; 주저하다; (결심, 해결) 미루다

tergivers|are, -ări, s.f. 동사 tergiversa의 명사형

teribil, ~ă, ~i, ~e, adj. **1.** 공포감을 일으키는, 무서운 **2.** 어마어마한, 굉장한, 심한; ~ de interesant 굉장히 재미있는 **3.** [가족]동화같은

terier, ~i, s.m. (개) 테이러(사냥개이롱)

terifian|t, -tă, -ți, -te, adj. 무서운, 두려운, 끔찍한

terigen, ~ă, ~i, ~e, adj. [지질]육성(陸成)의

teritorial. ~ă, ~i, ~e, adj. 영토(영지, 관구)의; 토지의; armată ~ă 예비군; ape ~e 영해; proprietate ~ă 토지 재산

teritori|u, -i, s.n. 영토, 판도; 영지, 소유지, 소속지역; 조국

termal, ~ă, ~i, ~e, adj. 온천의; ape ~e 온천수; stațiune ~ă 온천장

terme, s.f. pl. 로마의 공중목욕탕

termen, I. ~i, s.m. **1.** 술어; 전문 용어, 명칭; ~ tehnic 기술 용어; [비유]a fi în ~i buni cu cineva 누구와 좋은 관계에 있다 **2.** [수학]항(項) **3.** pl. (조약의)조항 II. ~e, s.n. **1.** 기일, 기한; la ~ 정시에, 정해진, 기간에 **2.** 기간; în ~ de două zile 이틀 내에 **3.** 끝, 종말, 한계, 한도; 경계 **4.** a fi în ~ 병역의무를 하다

termic, ~ă, ~i, ~e, adj. 열의

termin|a, termin, -ai, -at, I. vt. 끝마치다, 종료(완료)하다, (회의)폐회하다 II. vr. **1.** 끝나다; a se ~ cu cineva 누구와 끝내다 **2.** 다 되다; a se ~ ascuțit 뾰족하게 되다

terminal, ~ă, ~i, ~e, adj. 말단의

termin|are, -ări, s.f. 동사 termina의 명사형

terminat, s.n. 끝; a fi pe ~e 끝나다

terminați|e, -i, s.f. **1.** 끝부분 **2.** 끝음(소리)

terminologic, ~ă, ~i, ~e, adj. 학술어의

terminologi|e, -i, s.f. 학술어, 전문 용어
terminus, s.m. invar, 종착역, 종점
termit, s.n. [화학, 기술]테르미트 (알루미늄 분말과 산화철과의 혼합물)
termit|ă, -e, s.f. [곤충]흰개미
termocauter, ~e, s.n. [의학]소작기 (燒灼器)
termocentral|ă, -e, s.f. 화력발전소
termochimic, ~ă, ~i, ~e, adj. 열화학의
termochimie, s.f. 열화학
termodinamică, s.f. 열역학
termoelectric, ~ă, ~i, ~e, adj. 열전기의
termoelectricitate, s.f. 열전기
termoficare, s.f. 원격난방; instalație de ~ 원격 난방장치
termof|or, -oare, s.n. 전기 보온기
termogen, ~ă, ~i, ~e, adj. 열을 내는
termograf, ~e, s.n. 자기(自記)온도계
termoizolan|t, -tă, -ți, -te, adj. 단열하는
termolabil, ~ă, ~i, ~e, adj. (일정한 온도의)열에 파괴되는, 비(불)내열성의
termometric, ~ă, ~i, ~e, adj. 온도계의, 온도 측정의
termometr|u, -e, s.n. 한란계, 온도계, 체온계; 검온기
termonuclear, ~ă, ~i, ~e, adj. 열핵반응에 의한
termoregulat|or, -oare, s.n. 온도조절기
termos, ~uri, s.n. 보온병
termostabil, ~ă, ~i, ~e, adj. 내열성의
termostat, ~e, s.n. 정온기, 온도 조절장치
termotehnică, s.f. 열학
termoterapie, s.f. [의학]온열요법
tern, ~ă, ~i, ~e, adj. [비유]윤이 안나는, 흐린; 흐릿한 (빛깔)
ternar, ~ă, ~i, ~e, adj. 셋으로 되는; [화학]세성분의, 삼원(三元)의
teroare, s.f. **1.** 공포, 무시무시함 **2.** 공포의 대상 **3.** 공포지배(시대)
terorism, s.n. 공포정치, 테러리즘
terori|st, -stă, -ști, -ste, I. adj. 폭정주의의, 공포정치의; 테러의 II. s.m. 그리고 f. 폭정주의자, 공포정치가; 테러리스트
teroriz|a, -ez, -ai, -at, vt. 위협하다, 공포심이 나게 하다; 공포정치를 하다
terpene, s.f. pl. [화학]테르펜
terpentină, s.f. 테르펜틴, 송진
tertel, ~uri, s.n. [고어]금실이나 비단실
tertip, ~uri, s.n. 간계; 계략, 책략
terț, ~ă, ~i, ~e, I. adj. 세 번째의 II. s.m. 그리고 f. [음악]3도 음정
terțet, ~e, s.n. 3부합창곡, 3부합주곡
terția, s.f. invar. [인쇄]16포인트 활자
terțiar, ~ă, ~i, ~e, I. adj. 제3의, 제3위의;[지질]제3기(紀)의;[의학]제3기의 II. s.n. sg. 제3기[지질]
terțină, ~e, s.f. 제3운구법 (3행 1절을 이루는 이탈리아의 시형)
tesac, ~e, s.n. 보병의 단검
tescovin|ă, -e, s.f. **1.** 포도 압착 및

설탕 압착에 생기는 찌꺼기 **2.** 두번째로 짜낸 포도주, 하등 포도주
tescu|i, -iesc, -ii, -it, vt. **1.** 포도를 짜다 즙을 만들다 **2.** [비유]농축하다
tescui|t, -tă, -ți, -te, adj. **1.** 포도를 짠, 압축한 **2.** 농축된
teslar, ~i, s.m. 목수
tesl|ă, -e, s.f. 채, 끌채
teslări|e, -i, s.f. 목수 직업
test, ~e, s.n. **1.** 테스트; 간단한 시험 **2.** [동물](조개류, 유각류 따위의)외각, 껍데기; (거북의)등
test|a, -ez, -ai, -at, vt. **1.** (지능, 적성을)검사하다 **2.** 유언하다
testace|u, -e, s.n. [동물]조개류
testament, ~e, s.m. **1.** 유언 유서; a lăsa prin ~ 유언으로 양도하다, 유증하다 **2.** [종교]vechiul ~ 구약 성서; noul ~ 신약성서
testamentar, ~ă, ~i, ~e, adj. 유언에 의한, 유서의; executor ~ 유언집행자
testat|or, -oare, -ori, -oare, s.m. 그리고 f. 유언자
test|ea, -ele, s.f. (10, 12, 24 등 물건 개수의)묶음
testemel, ~e, s.n. (알록달록하고 4각의)머리 두건
testicul, ~e, s.n. [해부]고환
testicular, ~ă, ~i, ~e, adj. 고환의, 고환이 있는
testimonial, ~ă, ~i, ~e, adj. 증언에 의한; 증거가 되는; probă ~ă 증언(에 입각한 증거)
testimoni|u, -i, s.n. (드물게) 증명서
teşcher|ea, -ele, s.f. **1.** [가족]돈지갑; 돈 **2.** [고어](공공)증명서 **3.** 여권
teş|i, -esc, -ii, -it, vt. **1.** 나무를 비스듬하게 자르다 **2.** 매끄럽게 하다, 모서리를 둥글게 하다 **3.** 납작하게 누르다
teşil|ă, -e, s.f. cu gândul (cam)pe ~ 주저하는
teşi|t, -tă, -ți, -te, adj. **1.** 비스듬하게 자른; 둥글게 하는 **2.** 납작하게 누른
teşifur|ă, -i, s.f. **1.** 나무를 비스듬하게 벰 **2.** 매끄럽게 만든 표면 **3.** 그루터기
teşmecheri|e, -i, s.f. 사기, 속임수
teşmen|i, -esc, -ii, -it,[방언]I. vt. 혼란스럽게 하다, 당황케하다 II. vr. 혼란스럽다, 당황하다
teşmeni|t, -tă, -ți, -te, adj. **1.** 혼란스런, 당황한 **2.** 가치없는, 쓸모없는; 타락한
teş|os, -oasă, -oşi, -oase, adj. 비스듬한
tetanic, ~ă, ~i, ~e, adj. [의학]파상풍의, 강직경련을 유발하는
tetanie, s.f. [의학]테타니, 강축증(근육의 경련발작)
tetanos, s.m. [의학]파상풍, 강직경련
tetea, s.m. art. invar. [속어]아버지; 할아버지
tetraclorur|ă, -i, s.f. [화학]4염화물; ~ de carbon 4염화탄소
tetracord, ~uri, s.n. [음악,고대]4현금; 사음음계
tetraedric, ~ă, ~i, ~e, adj. [기하]4면체의
tetraedr|u, -e, s.n. [기하]4면체
tetraevanghel, ~e, s.n. 4복음서
tetrag|on, -oane, s.n. [기하]4각형
tetragonal, ~ă, ~i, ~e, adj. 사각형

의
tetralin|ă, -e, s.f. [화학] 테트랄린, 테트라히드로나프탈린
tetarlogi|e, -i, s.f. (고대 그리스) 사부극;[음악]가극의 4부작
tetrapod, ~uri, s.n. 4발 달린 탁자
tetrarh, ~i, s.m. 4분령(四分領)의 영주
tetrarhi|e, -i, s.f. 사분령; 사분령 태수직; 로마시대의 사분 통치
tetrasilabic, ~ă, ~i, ~e, adj. 4음절의
tetravalen|t, -tă, -ți, -te, adj. [화학]4가의
tetravanghel, ~e, s.n. tetraevanghel 참조
tetr|ea, -ele, s.f. [고어]사탕, 단것
teu, ~ri, s.n. **1.** T자형의 것 **2.** 공항의 T자형 지시등
teug|ă, -e, s.f. [해양]선수루
teuton, ~ă, ~i, ~e, I. adj. 튜우톤 사람의, (경멸)독일의 II. s.m. 그리고 f. 튜우톤 사람, (경멸)독일사람
teutonic, ~ă, ~i, ~e, adj. 튜우톤 민족의
tevatură, s.f. **1.** 시끄러움, 스캔들 **2.** 불쾌, 역겨움 **3.** 반항, 소동
tex, ~uri, s.n. 섬유실의 굵기 측정 제도
text, ~e, s.n. **1.** 원문, 본문; 문서; 제목; [연극]대본, 대사 (작문)문제 **2.** 작사 **3.** 20포인트 활사
textil, ~ă, ~i, ~e, adj. 직물의, 섬유의; industrie ~ă 섬유산업
textil|ă, -e, s.f. **1.** 섬유상점 **2.** pl. 섬유류
textual, ~ă, ~i, ~e, adj. 본문(원문) 그대로의
textur|ă, -i, s.f. **1.** 직물, 직조법, 피륙 짜기 **2.** (피부, 뼈 따위)조직;[지질]조직,석리(石理); (작품의) 짜임새, 구조
tezaur, ~e, s.n. **1.** 재산, 재물; 부, 재화 **2.** 국고, 재무부 **3.** (은행)금고 **4.** 어휘, 사전; 지식의 보고 (백과전서 따위의 이름)
tezaurar, ~i, s.m. [고어]재무부 장관
tezauriz|a, -ez, -ai, -at, vt. (돈)모아 두다, 축재하다
tezauriz|are, -ări, s.f. 동사 tezauriza의 명사형
tez|ă, -e, s.f. **1.** 명제, 논제; 주장, 의견; în ~ generală 일반적으로 말해서; a susține o ~ 주장을 내세우다 **2.** (학위, 졸업) 논문; (학위논문의)발표, 토론; (학위 논문의) 출판물; ~ de licență(또는 doctorat) 박사학위 논문
tezism, s.n. 주장, 의견피력
tezi|st, -stă, -şti, -ste, I. adj. (논문) 주장을 피력하는 II. s.m. 그리고 f. 주장과 의견 피력자, 논문 발표자
ti, interj. (놀람, 경탄, 역겨움 등을) 표현하는 감탄사
tiar|ă, -e, s.f. **1.** 고대 페르시아 왕관 **2.** 교황의 삼중관(三重冠)
tibet, s.n. 일종의 능 모직물
tibi|a, -i, s.f. [해부]경골
tibişir, ~e, s.n. [고어]백묵, 분필
tic, ~uri, s.n. [고어]시계 째깍거리는 소리
tică|i, -iesc, -ii, -it, I. vi. **1.** (심장에 대해)뛰다, 두근거리다 **2.** (시계에 대해)째깍거리다 II. vr. 천천히, 느릿느릿 일하다

ticăială, s.f. 느린 일
ticăit[1], ~uri, s.n. **1.** (심장의) 뜀, 두근거림 **2.** (시계의)째깍소리
ticăi|t[2], -tă, -ţi, -te, adj. 느릿느릿 일하는
ticăl|os, -oasă, -oşi, -oase, I. adj. **1.** 비난 받을 만한 일을 하는, 비열한, 하찮은, 가치 없는 **2.** 불행한 II. s.m. 그리고 f. **1.** 건달, 하찮은 놈 **2.** 불행한 사람
ticăloşeni|e, -i, s.f. ticăloşie 참조
ticăloşeste, adv 천하게, 비열하게
ticăloş|i, -esc, -ii, -it, I. vr.**1.** (도덕적으로)타락하다 **2.** [고어]한탄하다 II. vt. 타락시키다
ticăloşi|e, -i, s.f. **1.** 비열, 하찮음, 천함, 야비함 **2.** 가난, 곤궁, 불행 **3.** 비열한 짓, 야비한 행동
ticăloşi|t, -tă, -ţi, -te, adj. 타락한, 비열한
tichet, ~e, s.n. 티켓트, 차표
tichi|e, -i, s.f. **1.** 모자(머리 정수리에 쓰는 둥근 모자; ce-i lipseşte chelului ? ~ de mărgăritar 쓸모있건 없건 필요성도 없이 다른 어떤 것을 원하는 사람에 대해 비꼬는 말 **2.** [속어] 갓난 아기용 모자; a se naşte cu tichia în cap 행복하다
tichiuţ|ă, -e, s.f. tichie의 축소형; (동화에서) tichiuţa dracului 쓰면 몸을 안보이게 하는 모자
ticlu|i, -iesc, -ii, -it, vt. **1.** 정열하다, 배치하다; 똑바로 하다 **2.** 고안해내다; a o ~ bine 그럴싸한 거짓말을 꾸며대다 **3.** 편집하다
tics|i, -esc, -ii, -it, vt. **1.** 꽉 채우다 **2.** (그리고 vr.)[고어](서로)밀치다
ticsi|t, -tă, -ţi, -te, adj. **1.** 꽉 찬 **2.** 밀집된 **3.** 덮힌
tic-tac, I. interj. 시계 똑딱거리는소리
tidv|ă, -e, s.f. tigvă참조
tifan, ~e, s.n. 고기 그물 일종
tifdruc, s.n. [인쇄]요판 인쇄
tific, ~ă, ~i, ~e, I. adj. **1.** 티푸스성의 **2.** 티푸스병 II. s.m. 그리고 f. 티푸스환자
tifl|ă, s.f. **1.** a da (cuiva) cu tifla; a) 경멸하다 b)조롱하다
tifoidă, adj. [의학]febră ~ 장티푸스
tif|on, -oane, s.n. 거즈
tifos, s.n. [의학]티푸스; 발진티푸스
tig|aie, -ăi, s.f. 프라이팬
tigăiţ|ă, -e, s.f. tigaie 축소형
tighel, ~e, s.n. 박음질, 누비질
tighel|i, -esc, -ii, -it, vt. 누비다
tigheli|t, -tă, -ţi, -te, adj. 누빈
tignafes, ~uri, s.n. (동물의)폐기종
tig|oare, -ori, s.f. [방언]쓸모없는 사람; 게으르고 힘없는 사람
tigra|t, -tă, -ţi, -te, adj. 호랑이 무늬의
tigres|ă, -e, s.f. **1.** 호랑이 암컷 **2.** 잔인한 여자
tigroaic|ă, -e, s.f. 호랑이 암컷
tigr|u, -i, s.m. **1.** 호랑이 **2.** [비유]잔인한 사람
tigv|ă, -e, s.f. **1.** 해골 **2.** (경멸)머리; 사람 **3.** [방언]둥근 산꼭대기 **4.** [식물]호리병박; cap de ~ 돌대가리
tihăr|aie, -ăi, **tihări|e**, -i, s.f. **1.** 가파른 절벽 **2.** 협곡
tihn|ă, -e, s.f. **1.** 편안함; 휴식 안락함; 한가함; în ~ 안락하게 **2.** [고어] 만족
tihn|eală, -eli, s.f. [고어]tihnă참조

tihn|i, pers.3, -eşte, -i, -it, vi. 기분에 맞다, 쾌적하다, 안락하다

tihni|t, -tă, -ţi, -te, adj. **1.** 조용한, 평온한 **2.** (사람에 대해) 안락한

tij, adv. [고어]마찬가지로, 똑같이

tij|ă, -e, s.f. **1.** [식물]줄기, 대 **2.** (피스톤의) 간(桿)

tild|ă, -e, s.f. 틸드기호 (스페인어에서 n을 [ɲ]로 발음시키기 위한 (~)기호

tiliac|eu, -ee, -ei, -ee, I. adj. 보리수의 II. -ee, s.n. pl 피나무과

tilinc, interj. (반복되어) 찌르릉, 딩댕

tilinc|ă, -i, s.f. (간단한) 목동피리

tilincuţ|ă, -e, s.f. tilincă의 축소형

tili|şcă, -şti, s.f. [식물]털이슬

timbr|a, -ez, -ai, -at, vt. **1.** 우표를 붙이다 **2.** 인지를 붙이다 **3.** 인지값을 지불하다

timbra|t, -tă, -ţi, -te, adj. **1.** 우표붙인 **2.** 인지 붙인

timbr|u, -e, s.f. **1.** 우표, 인지; 인지세 **2.** 소인, 관인, 인장; 스탬프 **3.** 음색, 음향 **4.** 종, 초인종, 벨

timf, ~i, s.m. [고어]옛 폴란드 동전

timi|d, -dă, -zi, -de. I. adj. **1.** (사람에 대해) 겁많은, 소심한, 수줍은 **2.** (행동) 박력없는, 무기력한; 소심한 II. s.m. 그리고 f. 소심한 사람

timidit|ate, -ăţi, s.f. 수줍음; 겁; 소심

timoftic|ă, -i, s.f. [식물]큰조아재비(포아풀과)

timol, ~i, s.m. [화학]티몰(방부제)

timon|ă, -e, s.f. [해양]배 운전대

timoneri|e, -i, s.f. **1.** [해양]조타석, 조타수 위치 **2.** ~ de frână 제동 장치

timonier, ~i, s.m. [해양]조타수(조수)

timora|t, -tă, -ţi, -te, adj. 소심한, 겁많은

timp, I. ~uri, s.n. **1.** 시간; 시기; de la un ~ (또는 드물게) dintr-un ~ a) 몇 시간 전부터 b)정해진 시점부터; la ~ 정확한 시간에, 제때에; din ~ 제때에; din ~ în ~ 여러번, 자주; (în) tot timpul 시간 전부, 계속해서, 줄곧; în acelaşi ~ a)동시에; b)똑같이; cât ~ 동안; a(-şi) trece ~ul 시간을 보내다; e ~ul să ... 시간이다, 적기이다; i-a sosit ~ul 그의 시대가 도래했다; fie- care lucru la ~ul său 모든 것은 시기가 있다 **2.** (pl. 그리고 ~i) [스포츠]경기시간 **3.** 시대; pe ~uri 이전에, 옛날에 **4.** [고어]계절 **5.** 날씨, 기후 **6.** [문법]시칭; concordanţa ~urilor 시제일치 II. ~i, s.m. **1.** 단계, 시기 **2.** [음악]박자; măsură în trei (patru) ~i 4분의 3박자 **3.** [기술]피스톤의 행정(行程)

timpan, ~e, s.n. **1.** [해부]고실, 중이(中耳), 고막 **2.** [음악]팀파니 **3.** [건축]박공벽면

timpanism, s.n. [의학]고창; 고음(鼓音)

timpani|st, -stă, -şti, -ste, s.m. 그리고 f. [음악]북치는 사람

timpanit|ă, -e, s.f. [의학]고창; 중이염

timpuri|u, -e, -i, adj. **1.** 때 이른, 조기의, 초기의; de ~ a) 이른; 올된; 조숙한; b)땅거미 지기 전; prea de ~ 너무 이른 **2.** (과일, 채소) 조숙한 **3.** (나무에 대해) 일찍 푸르게 되는

timus, s.m. [해부]흉선

tină, s.f. [방언] **1.** (거리의)똥, 오물 **2.** 흙, 땅

tinctorial, ~ă, ~i ~e, adj. (식물, 화학 제품에 대해) 염색용의, 염색의

tinctur|ă, -i, s.f. 염색, 색조

tind|ă, -e, s.f. **1.** 현관; a face o treabă până în ~ 일을 끝내지 않고 시작하다 **2.** 복도, 회랑 **3.** [교회]입구 **4.** 발코니

tin|de, -d, -sei -s, vi. **1.** 애쓰다, 노력하다; 목표로 하다 **2.** 경향이다

tindech|e, -i, s.f. (배틀의)천을 펼치게하는 나무조각

tiner|el, -ea, (ică) -ei, -ele, adj. 앳된; tânăr의 축소형

tiner|esc, -ească, -eşti, adj. 젊은

tinereşte, adv. 젊은이 같이

tineret, s.n. 젊은이

tinereţe, s.f. **1.** 젊음, 청춘 **2.** 청소년의 혈기 **3.** 젊은이들

tinerime, s.f. 젊은이들

ting, interj. (종소리)팅

tingir|e, -i, s.f. 깊은 냄비

tinich|ea, -ele, s.f. **1.** 얇은 금속판, 생 철판 **2.** 저질 금속; a fi (또는 a rămâne, a ajunge 또는 a lăsa pe cineva) tinichea 돈 한푼 없다 **3.** 생철통 **4.** 얇은 판자

tinicheluţ|ă, -e, s.f. tinichea의 축소형

tinichigerie, -i, s.f. **1.** 함석장이 일 **2.** 함석장이 공장

tinichigi|u, -i, s.m. 함석장이

tin|os, -oasă -oşi, -oase, adj. **1.** 똥, 오물로 가득 찬 **2.** 더러운

tinov|ă, -e, s.f. 늪지

tio, interj. [속어]동물을 쫓는 소리

tiohă|i, -iesc, -ii, -it, vt. (개, 동물들을) tio 소리로 쫓다

tip, I. ~i, s.m. 녀석, 자식; un ~ ciudat 별난 놈 II. ~uri, s.n. **1.** 형, 원형 **2.** 전형, 유형, 표준 **3.** 견본, 표본 **4.** 전형적 인물 인간형

tipa, interj. ~-~ 살살 걸어가는 소리

tipar, ~e, s.n. **1.** 인쇄; greşeală de ~ 미스프린트; a da la ~ 인쇄하다; bun de ~ 인쇄에 돌릴 준비가 된; sub ~ 인쇄중 **2.** [고어]인쇄술, 인쇄업; 인쇄소 **3.** 틀, 본, 원형, 모형 **4.** 형, 틀 **5.** 각인, 타형 **6.** [건축]판자를 대기

tiparniţ|ă, -e, s.f. [고어](책)인쇄

tipăr|i, -esc, -ii, -it, vt. **1.** 인쇄하다; 출판하다 **2.** [비유]윤곽을 그리다, 스케치하다 **3.** 형을 찍다 **4.** 꼴을 만들다 주조하다 **5.** 평평하게 하다

tipărir|e, -i, s.f. 동사 tipări의 명사형

tipăritor, ~i, s.m. 인쇄자

tipăritur|ă, -i, s.f. 인쇄물

tipes|ă, -e, s.f. 창녀

tipic[1], I. 전형적인, 대표적인; 독특한 II. s.n. 전형적인 것

tipic[2], ~uri, s.n. **1.** 규범, 서식, 규격, 규칙 **2.** [교회]의식, 의례

tipicar, ~ă, ~i, ~e, I. adj. (사람에 대해)형식적인, 형식을 지나치게 중시하는 II. s.m. 그리고 f. 형식주의자

tipi|e, -i, s.f. 공모양의 산

tipiz|a, -ez, -ai, -at, vt. 유형화하다, 규격화하다

tipiz|are, -ări, s.f. 규격화, 규격통일

tipiza|t, -tă, -ţi, -te, adj. 규격화된

tipograf, I. ~i, s.m. 인쇄자 II. ~e, s.n. 행주조기

tipografic, ~ă, ~i, ~e, adj. (활판)인쇄술의

tipografi|e, -i, s.f. 인쇄술
tipologic, ~ă, ~i, ~e, adj. 유형학의, 유형학상의
tipologi|e, -i, s.f. 유형학
tipometr|u, -e, s.n. [인쇄]활자자
tipsi|e, -e, s.f. **1.** 예술적으로 장식된 큰 쟁반 **2.** [음악]침발
tipsioar|ă, -e, s.f. tipsie의 축소형
tiptil, adv. **1.** 소리없이 살살 가며, 몰래, 살짝 **2.** a se îmbrăca ~ 위장하다
tri, ~uri, s.n. **1.** [스포츠]사격의 과녁 쏘기 **2.** 사격
tirad|ă, -e, s.f. **1.** (연주)긴 독백 **2.** [비유]장광설
tiraj, ~e, s.n. **1.** 인쇄부수, 발행부수 **2.** 필름의 복사 **3.** (굴뚝의)통풍
tiralior, ~i, s.m. [군사]보병대
tiran, ~ă, ~i, ~e, I. adj. **1.** 전제자 같은; 압제적인; 전횡의 **2.** 포학한, 잔인한 II. s.m. 그리고 f. 전제군주, 폭군, 압제자
tiranic, ~ă, ~i, ~e, adj. 전제적인; 포학한, 압제적인
tiranic|esc, -ească, -eşti, adj. tiranic참조
tirani|e, -i, s.f. (고대)참주정치, 전제군주권; 폭정; 포학, 압제, 압박
tiraniz|a. -ez, -ai, -at, vt. 전제정치(폭정을)를 하다; 압제하다; 학대하다
tirbuş|on, -oane, s.n. 코르크 마개 뽑이
tirf|on, -oane, s.n. [철도](침목의)나사못,
tiriac, s.n. [화학, 의학]테리아카(중세의 해독연약)
tiriach|iu, -ie, -ii, adj. (술이나 마약에) 취한
tirighie, s.f. 주석(酒石)
tiroi|d, -dă, -zi, -de, I. adj. 갑상선의 II. s.f. ~ă, -e, [해부]갑상선
tiroidi|an, -ană, -eni, -ene, adj. 갑상선의
tiro|ez, ~ă, ~i, ~e, I. adj. 티롤 사람의, 티롤의 II. s.m. 그리고 f. 티롤사람
tiroxină, s.f. [의학]티록신(갑상선호르몬)
tirs, ~uri, s.n. [신화]주신 바카스의 지팡이
tis|ă, -e, s.f. [식물]주목(朱木)
tist, ~uri, s.n. 장교, 지휘자
titan, ~i, s.m. **1.** [신화]티탄, 타이탄 **2.** [비유]거인 장사 **3.** [화학]티탄
titanic, ~ă, ~i, ~e, adj. 기인적인, 거인같은, 초인적인
titanit, ~uri, s.n. [광석]티탄석
titirez, ~i, s.m. **1.** 플라이 휠 **2.** 터번, 와륜
titir|i, -esc, -ii, -it, vr. 세심하게 닦아내다
titlu, ~ri, s.n **1.** 칭호, 직함, 학위; 관직명; 자격, 작위; ~ de docter 박사학위; ~ de glorie 공훈, 업적, 명예; ~ de onoare 특별 공훈 때문에 부여된 칭호; cu ~ provizoriu 임시직의; cu ~ definitiv 정식직의 **2.** 표제, 제목 **3.** [법률]항, 절 **4.** [법률](권리)증서; [재정, 상업] 공채증서, 증권; ~ de proprietate 부동산 등기 증서(권리증) **5.** 전권, 요구권 **6.** cu ~ de informaţie 검토하며, 인지하고; cu ~ particular 비공식으로 **7.** [스포츠]타이틀, ~ de campion 챔피온 타이틀 **8.** [재정]지폐; ~ de rentă 연금증서; ~ la ordin 지시증권 **9.** (금의) 순

도

titr|a, -ez, -ai, -at, vt. [화학](용액을) 적정하다, (광석을)시금하다; (금, 합금의) 순분을 검정하다

titra|t, -tă, -ţi, -te, I. adj. **1.** 직위(학위)가 있는 **2.** (용액이)적정된 II. s.m. 그리고 f. 학위자

titrat|or, -oare, -ori, -oare, s.m. 그리고 f. 용액을 적정하는 전문가

titr|u, -e, s.n. **1.** [화학]적정량 **2.** (견사, 따위의)섬도 **3.** (드물게)금의 순도

titular, ~ă, ~i, ~e, I. adj. 정식의, 실제 직책을 가진; profesor ~ 정교수 II. s.m. 그리고 f. 직함(칭호)을 가진 사람; (학교)정교수

titulariz|a, -ez, -ai, -at, vt. 본관에 임명하다, 임관시키다

titulatur|ă, -i, s.f. 칭호 (를 줌; 로 부름)

tiu, interj. (후회, 놀라움을) 나타내는 말

tiv, ~uri, s.n. 깃(옷) 접은 부분

tiva(i), interj. 빨리 꺼져라

tiv|eală, -eli, s.f. tivitură 참조

tiv|i, -esc, -ii, it, vt. **1.** 깃을 접어 솔기가 뵈지 않게 박다; 둘러싸다 **2.** a o ~ la fugă (또는 de fugă) 사라지다

tivilichi|e, -i, s.f. 코르셋

tivitur|ă, -i, s.f. **1.** 깃 접은 부분 **2.** 가장자리 **3.** 깃

tiz, ~ă, ~i, ~e, s.m. 그리고 f. 이름이 같은 사람

tizan|ă, -e, s.f. 탕약

tizic, ~uri, s.n. 딱딱하게 굳은 소똥

toac|ă, -e, s.f. **1.** 교회에서 미사 시간을 알리며 서로 마주 쳐서 소리내는 나무판자; uscat ~ (또는 ca toaca) 매우 약한; a face urechea ~ 귀를 먹게 하다; a şti şi toaca în (또는 din) cer a)많은 것을 알다; b)전지(全知)하다; ucigă-l toaca a)악마; b)망할! **2.** 교회에서 낮의 미사나 간식시간을 알리는 소리 **3.** 빈말, 수다

toaip|ă, -e, s.f [방언]도끼모양 기구

toalet|ă, -e, s.f. **1.** 화장, 단장; articol de ~ 화장품; a-şi face toaleta 단장하다, 화장하다 **2.** (여자의)옷, 의상 **3.** 화장대, 경대 **4.** 화장실

toamn|ă, -e, s.f. 가을; de ~ 가을의; vreme de ~ 가을 날씨; floare de ~ 가을 꽃; (부사)toamna 가을 동안, 가을에; astă ~ 지난 가을; la ~ 내년 가을; pe ~ 또는 în ~ 가을에; până la ~ 가을까지 ;

toan|ă, -e, s.f. **1.** 변덕, 일시적 기분; cu toane 변덕스런; a avea toane 변덕스럽다; a fi în toane bune (rele) 좋은 (나쁜) 기분이다 **2.** 발작; a-i veni (cuiva) o ~ (또는 toane, toanele) 미쳐 날뛰다; ~ de plâns 오열 **3.** 급한 움직임, 갑작스런 변화; ~ de vânt 돌풍 **4.** o ~ 순간 **5.** 약간 **6.** 얼음 구멍 **7.** 물고기가 먹이 찾는 시간

toarce, torc, torsei, tors, vi. **1.** (그리고 vt.) (실을)잣다, 방적하다; (실을)드리다; a ~ firul 실을 뽑다; a-şi ~ pe limbă 말하기 전에 깊게 생각하다; nu i-a tors (mamă-sa) pe limbă 언변이 좋다 **2.** 고양이가 그르렁거린다

toart|ă, -e, 그리고 torţi, s.f. **1.** (냄비, 항아리)손잡이; la ~ 굉장한; prietenie la ~ 가장 높은 우정; prieteni la ~ 친우 **2.** 철대 **3.** 귀걸이

toast, ~uri, s.n. 축배, 건배; a ridica

un ~ 건배하다, 축배하다

toast|a, -ez, -ai, -at, vi. (...건강을 축원하여, ..을 위해)건배하다

tobaş, ~i, s.m. 북치는 사람

tob|ă, -e, s.f. **1.** 북; a bate toba a)북치다; b)(초조해서)어떤 물건을 손가락으로 리듬있게 치다; c)비밀을 퍼뜨리다; d)기침하다; a bate toba la urechea surdului 쓸데없이 충고하다 (말하다); a bate (cuiva) toba: 칭송하다; a umbla cu toba 또는 a-i bate cuiva toba 누구의 물건(재산)을 경매에 부치다; a face (cuiva) spinarea (또는 pântecele) ~ 누구를 몹시 때리다; a fi ~ de carte (또는 de învățătură) 매우 많이 배웠다, 학식 있다; cu surle şi tobe 떠들썩하게 **2.** [기술]기계의 북모양의 부분; 고륜, 고동; (자동차) ~ de eşapament 소음기 **3.** 필름 보관통 **4.** 소세지 일종 **5.** (카드놀이) 카로

tobiț|ă, -e, s.f. 작은 북

tobogan, ~e, s.n. **1.** 미끄럼틀 **2.** 토보간 썰매

toboşar, ~i, s.m. 북치는 사람

toc, I. ~uri, s.n. **1.** 펜대; ~ rezervor 만년필 **2.** 용기; 덮개; 집; ~ de ochelari 안경집 **3.** (창문)틀 II. interj. 부딪히는 소리(예, 퍽!)

toc|a, toc, -ai, -at, I. vt. **1.** 잘게 썰다, 잘게 자르다 **2.** [비유]돈을 낭비하다; a-şi ~ bani 자기 돈을 낭비하다. **3.** [비유]a ~ (pe cineva) 누구를 가난하게 하다; 약탈하다; 파멸시키다 **4.** 수다떨다; a ~ verzi şi uscate 쓸데없는 것을 지껄이다 **5.** (pe cineva) 설득시키다; a-i cuiva la cap (또는 la ureche)누구를 괴롭히다 II. vi. **1.** [교회]미사시간을 알리다; unde popa nu toacă 매우 멀리 **2.** (무기가)달그닥거리다 **3.** 망치질하다.

tocan|ă, -e, s.f. 스튜

toca|t, -tă, -ți, -te, adj 잘게 다진(썬); carne ~ă 다진 고기

tocat|ă, -e, s.f. [음악]피아노 및 오르간의 환상곡 풍의 곡

toc|ă, -i, s.f. 챙 없는 모자

tocăli|e, -i, s.f. 딸랑이

tocăn|i, -esc, -ii, -it, vt. 망치질 하다, 때리다

tocăniț|ă, -e, s.f. tocană의 축소형

tocăt|or, I. -oare, s.n. **1.** 고기 다지는 (써는) 칼 **2.** 고기 다지는 도마 II. -oare, -ori, -oare, adj. 고기 다지는

tocătur|ă, -i, s.f. **1.** 다진 고기 **2.** 썬 짚

toc|eală, -eli, s.f. 기계적으로 외어 공부함

toc|i, -esc, -ii, -it, I. vt. **1.** (날을) 무디게 하다; a ~ vârful creionului 연필 끝을 무디게 하다 **2.** (사용을 통해)닳게 하다, 낡게 하다; a ~ hainele 옷을 낡게 하다 **3.** [비유]무디게 하다, 무감각하게 하다; a ~ răbdarea 제 정신 아니게 하다; a-şi ~ răbdarea 인내심을 잃다; a-şi ~ gura (în zadar) 입이 닳도록 말하다 **4.** 갈다, 날카롭게 하다 **5.** (그리고 vi.) 기계적으로 외어 공부시키다 II. vr. **1.** 무디어지다 **2.** 낡다 닳다,

tocilar, ~ă, ~i, ~e, s.m. 그리고 f. **1.** 칼 가는 사람 **2.** 기계적으로 외어 공부하는 학생

tocil|ă, -e, s.f. 숫돌; a da la ~ 갈다

tocilări|e, -i, s.f. **1.** 칼 가는 사람 작

업장 2. 이 직업

toci|t, -tă, -ţi, -te, adj. 1. 무디어진 2. 낡은, 닳은 II. s.n. 외어공부 하는 학생

tocitor, ~i, s.m. 채석장 노동자

tocmagi, s.m. pl. (집에서 만든)국수

tocmai, adv. 1. 바로; 막; ~ voiam să plec 막 나가려했다; 바로, 다름 아닌, 꼭; ~ bine a)바로 정확한 시간에, 바로 잘; ~ la timp 바로 그 정확한 시간에; ~ pe ~ 바로 그렇게 2. 비로소; ~ sosise 비로소 그는 도착했다 3. 아주 멀리; ~ în fundul curţii 멀리 마당 뒤에 4. 몹시, 너무; nu ~ bătrân 그렇게 반드시 늙지 않다, 너무 늙지 않다

tocmăge|l, -i, s.m. 1. pl. [방언](집에서 만든)국수 2. [식물]맨드라미

tocm|eală, -eli, s.f. 1. 거래 2. 일치; 합의, 타협 3. 조직 4. 지시, 규정

tocm|i, -esc, -ii, -it, I. vr. 1. (상품의 가격)서로 이야기 하다 (일치를 보기위해) 2. [고어]고용되다 3. [고어]형성되다, 조직되다 4. [고어]설치되다 II. vt. 1. 고용하다 2. (자동차를)빌리다 3. [고어]배치하다, 정돈하다 4. [방언]수선하다, 고치다 5. 조직하다 6. 조치하다

tocsin, ~e, s.n. 경종(의 소리)

tog|ă, -i, s.f. (고대로마) 토가 (길고 펑퍼짐한 옷)

tohoarc|ă, -e, s.f. 양치기의 양털 옷

toi, ~uri, s.n. 1. 정점; în ~ul iernii 한겨울에; în ~ ul verii 한 여름에; în ~ ul serbării, petrecerii 축제의 정점에; când soarele era în ~ 해가 하늘 꼭대기에 있을 때 2. 소음 3. 무리, 떼 4. [고어]după ~ul cuiva 누구의 취향대로

to|iag, -iege s.n. 1. 지팡이 2. 왕홀(五笏) 3. [비유]도움, 원조 4. [속어]죽은 사람의 머리맡이나, 가슴, 손에 놓는 초 5. 야곱의 띠(오리온 상좌의 세 개의 별을 이은 직선을 말함)

toiegel, ~e, s.n. toiag 의 축소형

tol|ă, -e, s.f. 양철판

tolan|i, -esc, -ii, -it I. vr. (사람, 동물)편안하게 눕다 II. vi. 편안하게 누워있다

tolbaş, ~i, s.m. 행상인

tolb|ă, -e, s.f. 1. 여행(사냥)가방 2. 화살집

toler|a, -ez, -ai, -at, vt. 1. 묵인하다, 허용하다 2. 너그러이 봐주다

tolerabil, ~ă, ~i, ~e, adj. 용인 할 수 있는, 관대히 봐 줄 수 있는,

toleran|t, -tă, -ţi, -te, adj. 너그러운, 관대한, 아량있는

toleranţ|ă, -e, s.f. 1. 관용, 아량; casă de ~ 창가(娼家) 2. (약에 대해) 내성(耐性) 3. [기계]공차, 한계

toloac|ă, -e, s.f. 1. 휴경지 2. (집과 마을 가장자리 사이의)공터

tologăn|i, -esc, -ii, -it,[방언]I. vt. 누구를 욕하다 II. vi. 항상 투덜거리다, 떠들다, 중얼거리다

tolog|i, -esc, -ii, -it, [방언] I. vt. 1. 경작하지 않다 2. (풀, 씨앗 등)밟다 II. vr. (사람과 동물에 대해) 풀 위에 눕다

toloşcan, ~ă, ~i, ~e, s.m. 그리고 f. 1. 뚱뚱한 아이 2. 오리 새끼

toluen, s.n. [화학]톨루엔

tom, ~uri, s.n. (책의) 권; 책; 작품

tomat|ă, -e, s.f. 토마토

tombac, s.m. (금속) 인조금(구리와 아연의 합금)

tombater|ă, -e, s.f. [고어]동양식 의상이나 모자

tomber|on, -oane, s.n. 덤프차

tombol|ă, -e, s.f. 복권

tomn|a, -ez, -ai, -at, I. vi. (양, 가축에 대해) 가을을 지내다 II. vt. 가을이 지나가게 하다

tomnat, s.n. **1.** (양, 가축에 대해) 가을 보냄 **2.** 목초지에서 가을을 보내는데 드는 비용

tomnatic, I. ~e, s.n. **1.** 양치기가 양떼들과 가을을 지내는 곳 **2.** 누군가 가을을 보내는 장소 II. ~ă, ~i, ~e, adj. **1.** 가을의; (나무에 대해)가을에 열매를 맺는 **2.** 성숙한; flăcău ~ 노총각 III. adv. 가을처럼; 슬프게; 맬랑콜리하게

ton, I. ~i, s.n. [어류]다랑어 II. ~uri, s.n. **1.** 음색; 음조 **2.** [음악]소리의 높이, 음고; (장단의) 조(調), 주조(主調); a da ~ul [음악, 비유]선창하다; a fi în ~ cu ... a)누구와 뜻을 같이 하다; b)누구와 일치하다 **3.** 어조, 어해, 말투; 말씨; 태도 ~ul face muzica 어떻게 말하는 가를 중요시 하다는 뜻; a schimba ~ 태도를 바꾸다; a ridica ~ul 큰소리로 말하다; a coborî ~ 조용히 말하다 **4.** 문체의 투 **5.** (그림)색조, 빛깔 **6.** 액센트 **7.** [고어]a-şi da ~ 고상하게 행동하다

tonaj, ~e, s.n. **1.** (해양) 톤수 **2.** 총중량

tonali|tate, -tăţi, s.f. **1.** [음악]음조, 조성 **2.** 강세 **3.** 말투, 말씨 **4.** (그림) 색조

ton|ă, -e, s.f. 톤; ~-registru 등록톤수

tonic, I. ~ă, ~i, ~e, adj. **1.** (모음, 음절에 대해)악센트가 있는; [문법] accent ~ 강세 악센트 **2.** 기운을 돋구는 II. ~e, s.n. 강장제

tonic|ă, -e, s.f. [음악]주조음(主調音), 주음

tonicitate, s.f. (근육의)긴장도, 탄력성

tonific|a, tonific, -ai, -at, vt. (근육을)탄력있게 하다, 튼튼하게 하다

tonsur|ă, -i, s.f. **1.** 삭발 (성직자가 될 때 머리 가운데를 둥글게 깎는 것) **2.** 삭발 부분

tont, toantă, tonţi, toante, I. adj. 바보같은, 어리석은 II. s.m. 바보, 멍청이

tontăl|ău, -ăi, I. adj. 바보의, 멍청한 II. s.m. 바보

tontoroi, s.n. a juca (또는 sări) ~ul 리듬없이 춤추다 (놀다), 한발로 뛰다

tonus, s.n. **1.** [의학]토누스, 근육의 가벼운 긴장 **2.** [비유]힘, 정력

top, ~uri, s.n. **1.** 뭉치; ~ de hârtie 종이뭉치 **2.** 면뭉치 **3.** 천 **4.** 탑, 전성기 (가수, 배우)

topaz, ~e, 그리고 ~uri, s.n. [광물]황옥

top|ciu, -cii s.m. [고어]포병

topen|ie, -ii, s.f. [가족]황폐; topenia pământului a)초과하는, 정도를 넘는 b)매우 더운 날씨

top|i, -esc, -ii, -it, I. vt. **1.** 녹이다, 용해시키다; a ~ un metal 쇠를 녹이다; a ~ unt 버터를 녹이다. **2.** (물속에서) 풀리게 하다, 없어지게하다, 용해시키다 **3.** 융합하다 **4.** [식물]물

에 담구어 보드랍게 하다 **5.** [비유] (마음, 감정) 누그러지게 하다, 풀리게하다 **6.** [비유]파괴하다; 없어지게 하다 **7.** [비유]소비하다 II. vr. **1.** 녹다, 용해되다; gheața se topește 얼음이 녹다 **2.** (물에)풀리다 **3.** 융합되다 **4.** (초가)타 없어지다 **5.** [비유] (마음, 감정)누그러지다 풀리다 **6.** [비유](사람에 대해)쇠약해지다, 마르다, 야위다; a se ~ de-a-n picioarele 명백하게 쇠약해지다; a se ~ după cineva (또는 de dorul cuiva) 누구를 매우 좋아하다; a se ~ de râs 매우 많이 웃다 **7.** 사라지다; m-am topit 나는 사라졌다

topic, ~ă, ~i, ~e, adj. **1.** (이름에 대해) 지방의, 고장의 **2.** [언어학]단어의 위치에 관한

topic|ă, -i, **1.** [언어학]문장, 어구의 구조 **2.** 일반적으로 인정받는 (상투적인)이론

topil|ă, -e, s.f. **1.** 삼 따위의 침지소(浸漬所) **2.** 용광로

topi|t, I. -tă, -ți, -te, adj. **1.** 녹은, 용해된 **2.** 물에 타 부드럽게된 **3.** 마른, 야윈 **4.** 분해된, 융해된 **5.** 파괴된 II. s.n. **1.** 녹음, 용해 **2.** 물에 탐(삼따위)

topit|oare, -ori, s.f. 용광로

topit|or, -oare, -ori, -oare, **1.** s.m. 그리고 f. 용광공; 제령공 **2.** 용광로

topitor|ie, -ii, s.f. 융(용)해; 융해시설(설비)

topitur|ă, -i, s.f. 용해액

topliț|ă, -e, s.f. **1.** 온천 **2.** 웅덩이

topograf, ~ă, ~i, ~e, s.m. 그리고 f. 지형학자, 지지학자

topografic, ~ă, ~i, ~e, adj. 지형학의; 지형측량의; hartă ~ă 지형도

topografi|e, -i, s.f. 지형학; 지형도, 지도

topologi|e, -i, s.f. **1.** 지세학(地勢學) **2.** [수학]위상기하학

toponimic, I. ~ă, ~i, ~e, adj. 지명학의, 지명에 관한 II. ~e, s.n. 지명

toponimi|e, -i, s.f. 지명학, 지명연구

top|or, -oare, s.n. 도끼; din ~ [비유] 거친; a fi ~ de oase [비유]많이 고생하다, 고통 받다; coadă de ~ a)도끼자루; b)[비유]도구; a sta cu ~ul la brâu 항상 다툴 태세가 되어있다; a face cuiva un ~ (또는 ~ul) a)놀리다, 희롱하다 b)두들겨 패다

toporaș, I. ~e, s.n. 작은 도끼 II. ~i, s.m. [식물]오랑캐꽃

topor|âște, -âști, s.f. (낫, 도끼) 자루

topor|ișcă, -iști, s.f. 짧은 자루 도끼

toptan, s.n. cu ~ul a)일괄하여, 통털어; b)매우 많이

toptan|giu, -gii, s.m. 도매상

topuz, ~uri, s.m. **1.** 왕홀(王笏) **2.** 곤봉

tor, s.n. **1.** [건축]큰 구슬선 **2.** [수학] 원화면, 구; a face ~ 누구의 전리를 침해하다

torace, s.n. [해부]가슴, 흉곽, 흉부

toracic, ~ă, ~i, ~e, adj. 가슴의, 흉곽의

torcăt|oare, -ori, s.f. 직물기

torcăt|or, -oare, -ori, -oare, s.m. 그리고 f. 실 잣는 사람, 방적공

torcători|e, -i, s.f. 방적(업); 방적공장

toreador, ~i, s.m. 투우사

torent, ~e, s.n. **1.** 급류, 격류, 분류;

în ~ 많은 **2.** [비유]흐름

torențial, ~ă, ~i, ~e, adj. **1.** (비에 대해) 억수로 쏟아지는; ploaie ~ă 억수로 쏟아지는 비 **2.** (흐르는 물에 대해) 급류의, 격류의

tori|d, -dă, -zi, -de, adj. 찌는 듯한, 몹시 더운

torit, s.n. [화학]규토륨광, 토르석

toriu, s.n. [화학]토륨

tornad|ă, -e, s.f. 회오리바람, 토네이도

toroipan, ~e, s.n. [방언]몽둥이; cu ~ul 억지로

tor|on, -oane, s.f. 밧줄의 날가닥

torop|eală, -eli, s.f. **1.** 몽롱한 상태; 잠에 취함, 졸음 **2.** 무감각 **3.** 몽상 **4.** 더위

torop|i, -esc, -ii, -it, vt. **1.** 몸이 나른하게하다, 몽롱하게 하다 **2.** 엄습하다 **3.** 심하게 매질하다; 죽이다

toropit|or, -oare, -ori, -oare, adj. 몽롱하게 하는, 졸리운

torp|edo, -edouri, s.n. **1.** 계기판(자동차의) **2.** 불록브레이크

torpi|d, -dă, -zi, -de, adj. 마비된, 무기력한

torpil|a, -ez, -ai, -at, vt. **1.** (해양)어뢰로 공격하다 (파괴하다) **2.** [비유]계획을 좌절시키다

torpil|ă, -e, s.f. **1.** 수뢰, 어뢰 **2.** [어류]시끈 가오리

torpil|or, -oare, s.n. [해양]수뢰(어뢰)정

torr, ~i, s.m. 토르(가스, 압력 단위 이름)

tors, I. toarsă, torsi, toarse, adj. 방적된 II. s.n. **1.** (실을)잣음, 방직 **2.** 고양이 소리 **3.** pl ~uri 토르소, (머리 및 손, 발이 없는) 조상(彫像), 상반신상

torsad|ă, -e, s.f. [건축]밧줄꼴 쇠시리

torsiun|e, -i, s.f. 꼬기, 드리기; 꼬임, 비틀림

tort, ~uri, s.n. **1.** 꼬인줄(실) **2.** 실로 짠 직물

tort|ă, -e, s.f. 케이크

tortiț|ă, -e, s.f. toartă의 축소형

tortur|a, -ez, -ai, -at, vt. **1.** 고문하다 **2.** 몹시 괴롭히다, 큰 고통을 주다 **3.** 곡해하다 왜곡하다

tortura|t, -tă -ți, -te, adj. **1.** 고통당한 **2.** 왜곡한

tortur|ă, -i, s.f. 고문; 고통; cameră de ~ 고문실

torturăt|or, -oare, -ori, -oare, adj. 고문하는; 괴롭히는

tort|ă, -e, s.f. 횃불

tos, adj. invar. zahăr ~ 정제설탕

tot, I. toată, toți, toate, adj. **1.** 전체의, 모두, 전부의; ~ trupul 전 육체; toată ziua a)온 종일 b) 낮 전부; din toată inima 충심으로; toată lumea a)모든 사람 b)전 세계; toți oamenii 모든 사람들; cu ~ ..... 불구하고; cu ~ părul cărunt 흰색머리에도 불구하고; tot timpul 시간 내내 **2.** 완전한; ai toată dreptatea 네가 전부 옳다; (loc, adj.) de ~ 아주, 매우; mic de ~ 아주 작은; mare de ~ 매우 큰; un om de toată încrederea 매우 믿을 만한 사람; **3.** sg. 각각의; ~ omul 각자, 각각의 사람; în toată sâmbăta 매 토요일 마다; (loc,adj.) de toată ziua 또는 de toate zilele 매일 매일의; (loc. adv.) peste tot locul 또는

în tot locul 사방에 **4.** pl. 전부의; (loc. adv.) în toate părțile 곳곳에; a vârî în toți sperieții 무섭게 놀라게 하다 II. toată, toți toate, pron. nehot. **1.** pl. 전치사 cu 뒤에서; cu toții, cu toatele, 모두; de toți, de toate 전부; eram zece de toți (또는 cu toții) 우리는 전부 열명이었다 **2.** (중성의미, nimic 과는 반대)모든 것; a ști toate 모두 알다; bun la toate 모든 것에 다 좋은; (loc. adv.)înainte de toate 무엇보다 먼저, 우선; (loc. conj.) cu toate că ...... 불구하고, ...지라도 **3.** sg. (~, ~ul) 모든 것; (loc. adv.) cu ~ul (그리고 cu ~ ul) 완전히; cu ~ul a)전체적으로; b)완전히; întru ~ul a)전혀 b)모든 관점에서; peste ~ a)사방에; în ~ 또는 (în) ~ului ~ a)전체적으로 일반적으로 b)한마디로, 결국; ~ în ~ 완전히; de ~ a)완전히; b)영원히; c)매우; (loc. prep.) cu ~ cu ..... 또는 cu ..... cu ~ 함께; cu cal cu ~ 말과 함께; asta-i ~ 또는 atâta ~ 이것이 모두다; a pierdut ~ 그는 모든 것을 잃었다 III. adv. **1.** 지금은, 아직; (부정문에서) 아직 아니다; ~ mai lucrează 그는 아직도 일하고 있다; ~ n-a terminat 그는 아직 끝내지 못했다 **2.** 계속해서; ~ acasă am să șed 나는 계속해서 집에 있을 것이다; să ~ aibă douăzeci de ani 그는 많아야 스무살일 것이다; omul ~ om 사람은 계속 사람이다; două zile au ~ lucrat 그들은 이틀동안 계속 일했다 **3.** 자주, 반복하여; am ~ auzit de el 나는 그에 대해 자주 들었다; **4.** 점점더;noaptea se face ~ mai întunecoasă 밤은 점점 어두워진다 **5.** 마찬가지로; ~ aici 마찬가지로 여기에; ~ din București 마찬가지로 부카레스트 출신인; ~ în aceeași vreme 마찬가지로 똑같은 시간에; ~ așa(또는astfel) 마찬가지로; ~ atât a)똑같이 많이; b)같은 종류의; ~ atunci 항상 그 시간에; ~ atât de mare 똑같이 큰; ~ același 바로 똑같은 것; ~ acolo 바로 그곳에; ~ acest, ~ acel 바로 그것; ~ una de mare 똑같이 큰 **6.** 아주 똑같이, 똑같은 정도로; scria ~ cum vorbea 말한것과 똑같이 썼다 **7.** 다시 **8.** 단지; ~ oaspeți de seamă 단지 중요한 손님만; ~ unul și unul 단지 선택된 사람들만 **9.** 보통; 규칙적으로; 매번; se ducea zilnic acolo și ~ pe jos 그는 매일 갈때마다 보통 걸어서 간다; ~ la două ceasuri 보통 그시간마다 **10.** 하지만, 그럼에도; ~ mă voi duce 그럼에도 나는 갈 것이다; ~ e bine că .. 하지만 ...하는 것은 좋다; cauți neîncetat și ~ nu găsești 끊임없이 너는 찾지만 찾지 못한다 IV. s.n. **1.** 모든것, 모두; ~ul e pierdut 모든 것은 사라졌다; a lua ~ul 모든 것을 갖다 **2.** 전부; cu ~ 전부; în ~ul 전체를 통털어 **3.** 요점, 중요한 것; aici e ~ul 여기에 요점이 있다; ~ul e că ... 중요한 것은 ... 것이다

total, I. ~ă, ~i, ~e, adj. **1.** 전체의, 전부의, 전적인, 총 **2.** [비유]완전한 II. ~uri, s.n. 총액; 총계; în ~ 전체적으로

totalitar, ~ă, ~i, ~e, adj. 전체주의의, 절대적인

totalitarism, s.n. 전체주의

totalit|ate, -ăți, s.f. 전체, 총체, 전부
totaliz|a, -ez, -ai, -at, vt. 합산하다, 합계하다
totalizat|or, -oare, s.n. 계산기, 합산기, 가산기
totalmente, adv. 완전히, 전연, 전적으로
totdeauna, adv. **1.** 항상, 끊임없이; 지속적으로; pentru ~ 영원히 **2.** 매번 **3.** 보통 일반적으로
totdeodată, adv. totodată 참조
totem, ~uri, s.n. 토템
totemic, ~ă, ~i, ~e, adj. 토템의, 토템신앙의
totemism, s.n. 토템숭배 ; 토템연구
totodată, adv. 동시에
totuna, adv. 똑같이; a-i fi (cuiva) ~ 누구에게 마찬가지다, (상관없다) 매일반이다
totuşi, conj. 하지만, 그럼에도 불구하고
toval, ~uri, s.n. **1.** 소가죽 **2.** [비유]무감각, 뻔뻔함 (얼굴에 가죽)
tovarăş, ~ă, ~i, ~e, s.m. 그리고 f. 동무, 동료; 동배; 당원; ~(ă) de viața 인생의 반려자 (부인, 남편); ~ de drum 여행 동료
tovălaş, ~uri, s.n. 얇은 소가죽
tovărăş|esc, -ească, -eşti, adj. 동료의, 동료같은
tovărăş|ie, -ii, s.f. **1.** 동료 관계; a ține (cuiva) tovărăşie 동무 해주다 **2.** 공동체
tovărăşiț|ă, -e, s.f. 여자 동료 (tovărăşă) 의 축소형 (존칭의 의미)
toxic, I. ~ă, ~i, ~e, adj. 유독의 II. ~e, s.n. 독, 독물
toxicit|ate, s.f. 독성
toxicof|or, -oare, -ori, -oare, adj. (사람에게) 독성 요소를 함유한
toxicolog, ~i, s.m. 독물 학자
toxicologic, ~ă, ~i, ~e, adj. 독물학에 관한
toxicologie, s.f. 독물학
toxin|ă, -e, s.f. (생리) 독소
trabuc, ~uri, s.n. 아바나 여송연
trac [1]**,** ~ă, ~i, ~e, I. adj. 트라치아의 II. s.m. 그리고 f. 트라치아인 (옛 남동유럽의 종족)
trac [2]**,** I. s.n. 무대공포심; a avea ~ 무대 공포심을 갖다 II. interj. 화살을 쏘거나 총을 쏠 때 나는 소리
tracic, ~ă, ~i, ~e, adj. 트라치아의
tract, ~uri, s.n. [고어] **1.** 지방도 **2.** 교통
tractir, ~e, s.n. 여관
tract|or, -oare, s.n. 트랙터, 견인차
tractor|ist, -istă, -işti, -iste, s.m. 그리고 f. 트랙터기사
tracțiun|e, -i, s.f. **1.** 끌기, 잡아(끌어)당기기, 견인; forță de ~ 견인력; 흡인력; rezistență la ~ 잡아당기는 강도 **2.** (자동차) 구동; ~ cu aburi 증기 운전; (자동차) ~ în față (또는 pe roțile din față) 전륜구동
tradiți|e, -i, s.f. **1.** 전승, 구전, 구비 **2.** 전통, 관습, 관례
tradițional, ~ă, ~i, ~e, adj. 전통의, 인습의, 관습의
tradiționalism, s.n. 전통주의
tradiționali|st, -stă, -şti, -ste, I. adj. 전통주의의 II. s.m. 그리고 f. 전통에 집착하는 사람; 전통주의자
traducăt|or, -oare, -ori, -oare, s.m. 그리고 f 번역가; 통역가
traduce, -duc, -dusei, -dus, I. vt. **1.**

번역하다 **2.** [비유]나타내다, 표현하다 **3.** 해석하다 **4.** 옮기다 **5.** [법률] 소환하다 호출하다 **II.** vr. **1.** 번역하다 **2.** [비유]나타나다, 표현되다

traducer|e, -i, s.f. 동사 traduce의 명사형

traductibil, ~ă, ~i, ~e, adj. **1.** 번역할 수 있는 **2.** 분석할 수 있는, 해석할 수 있는

traduct|or, -oare, s.n. (전신) 번역기구

trafic, ~uri, s.n. **1.** 거래, 매매 **2.** (기차, 자동차, 비행기) 왕래, 교통; 화물수송; ~ feroviar 철도 수송(교통); ~ intern 내부교통; ~ poştal 항공 수송; ~ terestru, aerian 지상, 항공 교통 **3.** 암거래, 부정거래

trafi|ca, -chez, -cai, -cat, vi. 암거래하다, 부정거래하다

trafican|t, -tă, -ţi, -te, s.m. 그리고 f. 부정거래자, 암거래자

trafor|a, -ez, -ai, -at, vt. 격자세공 일을 하다

traforaj, ~e, s.n. **1.** 격자(格子)세공, [뇌문(雷文)]세공 **2.** 격자세공기구

trage, trag, trăsei, tras I. vt. **1.** 끌다, 잡아당기다; 잡아끌다; a ~ căruţa 마차를 끌다; a ~ în sus 위로 당기다; a ~ spre sine 자기쪽으로 당기다; a ~ după sine 뒤에서 끌다; a ~ uşa (după sine) 문을 뒤에서 끌어 닫다; a ~ (mai) încoace 가까이 당기다; a ~ încoace şi încolo 여기저기 잡아 당기다; a-şi ~ căciula peste urechi 모자를 눌러쓰다; a ~ o brazdă 고랑을 만들다; a ~ foloase 이익을 얻다; a ~ învăţăminte din ceva 교훈을 얻다; a ~ profit 이익을 얻다; a ~ în (또는 la) judecată 법에 소환하다; a ~ o linie 줄을 당기다; a ~ de păr , de urechi 머리카락, 귀를 잡아당기다; [비유](a fi) tras de păr 견강부회이다; a ~ la răspundere 책임지게하다; a ~ de mânecă a)주의를 주다; b)소매를 당기다; a ~ ţărâna pe cineva 누구를 매장하다; a ~ pe sfoară 속이다 기만하다; a ~ pe roată 바퀴를 굴리다; a ~ la fund 어려운 상황으로 밀어넣다; a ~ clopotele 종을 당기다, 종을 치다; a ~ sforile 음모를 꾸미다; a ~ concluzia 결론을 끌어내다; [비유]a ~ consecinţele 결과를 끌어내다 **2.** 뒤에서 끌다 질질 끌다; a ~ targa pe uscat 또는 ~ mâţa de coadă 가난한 생활을 하다; a ~ piciorul 발을 끌다, 절뚝거리다 **3.** 입다; 벗다; a ~ ghetele 신발을 신다(벗다) **4.** 찌르다; a ~ în ţeapă 누구를 말뚝에 박다, 찌르다 **5.** (강 흐름을)돌리다 **6.** (어딘가로) 몰다; a ~ maşina la pompă de benzină 차를 주유소로 몰다 **7.** 인내하다, 참다; 속죄하다, 보상하다; a ~ necazuri 많은 고난을 참다; a ~ păcatele altuia 다른 사람의 죄를 보상하다; a ~ o spaimă (de moarte)죽음의 고통을 인내하다 **8.** 뽑다, 뽑아내다; a ~ un dinte 이를 뽑다 **9.** 가죽지갑에서 뽑다; a ~ sabia din teacă 칼을 칼집에서 뽑다 **10.** (포도주를 통에서)뽑아내다; a ~ la sticle 병에 담다 **11.** 빨다 **12.** 회수하다, 되돌려받다; a-şi ~ banii îndărăt 돈을 되돌려 받다 **13.** 호흡하다, 숨을 들이마시다; a-şi ~ sufletul a)힘들게 숨쉬다; b)마지막 숨

을 거두다 **14.** 담배 피우다; a ~ un fum din țigară 담배 한 모금 빨다 **15.** 마시다; a ~ la măsea (또는 la mustață) 술 취하다 **16.** [인쇄]인쇄하다; a ~ o carte în o mie de exemplare 책을 100부 인쇄하다 **17.** 갈다; a ~ briciul pe curea 면도날을 가죽혁대에 갈다 **18.** 통과하게 하다 **19.** 철사를 만들다 **20.**지속하다; a ~ un somn 깊은 잠을 자다 **21.** 노래하다, 춤추다, 놀다; a ~ un cântec 노래하다 **22.** 가하다; a ~ cuiva o palmă 뺨따귀를 때리다; a ~ cuiva un pumn 주먹으로 일격을 가하다; a ~ cuiva o (mamă 또는 sfântă de) bătaie 두들겨 패다; **23.** (누구를) 주무르다, 안마하다 **24.** (바람) 바람을 맞다; mă ~ de la fereastră 창문에서 바람을 맞다 **25.** 발행하다; a ~ o cambie 어음을 발행하다 **26.** 쏘다, 발사하다; a ~ un glonț 총알을 쏘다 **27.** a ~ aghioase a)깊이 자다; b)코를 골다; a ~ un chibrit 성냥을 긋다; a ~ chiulul a)서로 누르다; b)(cuiva)누구를 속이다; [비유]a ~ la gogoşi 거짓말하다; a ~ o înjurătură (또는 un strigăt) 저주(또는 소리)를 내뱉다; a-şi ~ numele 이름의 근원을 밝히다; a ~ nădejde 희망을 쫓다, 희망하다; a ~ ochiade 추파를 보내다 II. vi. **1.** 무게를 달다; a ~ (greu) la cântar 무게가 (무겁게) 나가다; a ~ (greu) în cumpănă 중요하다, 비중있다 **2.** 머물다; a ~ la hotel 호텔에 머물다; a ~ la cineva 누구집에 들르다 **3.** 마음이 끌리는 것을 느끼다; ~ spre casă 집으로 마음이 끌리다 **4.** 노력하다, 추구하다; ~ a mare 그는 성공하려 한다 **5.** a ~ cu urechea 귀를 기울이다; a ~ cu ochiul (la ceva, la cineva) (무엇, 누구를)흘겨보다 **6.** a ~ să moară (또는 de moarte)죽으려 하다 **7.** (비인칭, 바람)불다 **8.** (연필, 펜)줄을 긋다; (비유) a ~ cu buretele peste ceva 잊어버리다. 덮어버리다; **9.** a ~ cu acul 꼬매다, 바느질하다; a ~ cu coasa 낫질하다; a ~ la rame (또는 la lopată 또는 din lopată) 노를 젓다 **10.** a ~ la sorți 제비뽑다, 추첨하다 **11.** 쏘다; a ~ cu puşca, revolverul 총을 쏘다 **12.** (바람에 대해) 불다 **13.** a ~ la fit 학교수업을 빼먹다 III. vr. **1.** 힘들게 움직이다; a se ~ cu greu 무겁게 걷다 **2.** 뒤로 불러내다; a se ~ îndărăt; a)물러나다 b) 뒷걸음칠 치다; [비유]a se ~ trage în sus 도망치다 **3.** (얼굴, 몸에 대해) 야위다, 마르다; s-a tras la față 얼굴이 말랐다; s-a tras (pe) la ochi 눈이 쑥들어갔다 **4.** 출신이다; se ~ din neam de profesor 그는 교수 집안 출신이다 **5.** 원인이다, 유래하다; 덕분이다; asta mi se ~ de la el 이것은 그의 덕이다; din asta i s-a tras moartea 이것이 그의 죽음의 원인이었다 **6.** (복권에 대해)추첨되었다

tragedi|an, -ană -eni, -ene, s.m. 그리고 f. 비극배우

tragedi|e, -i, s.f. **1.** 비극 **2.** 비극적 사건; 슬픈 일, 불행 **3.** 고통

trager|e, -i, s.f. 동사 trage의 명사형; ~ de inimă 취향; 숭배; ~ la țintă 과녁 (표적) 사격

tragic, I. ~ă, ~i, ~e, adj. 비극의; 비극적인, 비참한; a o lua în ~ 너무 비

극적 관점에서 받아들이다

tragicomedi|e, -i, s.f. **1.** 희비극 **2.** [비유]희비극 사건

tragicomic, ~ă, ~i, ~e, adj. 희비극의

tragism, s.n. 비극, 비극적 성격

traheal, ~ă, ~i, ~e, **trahe|an,** -ană -eni, -ene, adj. 기관(氣管)의

trahe|e, -i, s.f. **1.** [해부]기관 **2.** [동물]기도 **3.** [식물]기포

traheit|ă, -e, s.f. [의학]기관염

traheotomi|e, -i, s.f. [의학]기관절개술

trahit, s.n. [지질]조면암(粗面岩)

trahomă, s.f. [의학]트라코마

trai, ~uri, s.n. **1.** 삶; 존재; ~ bun (rău) 좋은 (나쁜) 삶; mod de ~ 삶의 방법; a nu mai fi de ~ 또는 a nu mai avea ~ 누구 때문에 더 이상 살 수 없다; a nu avea ~ (bun) cu cineva 누구와 잘 지낼 수 없다 **2.** 생활(방법); a duce un ~ vesel 즐거운 생활을 영위하다 **3.** 즐겁고 풍요로운 삶; a se pune pe ~ 즐겁고 풍요로운 삶을 영위하기 시작하다 **4.** 공동생활

traiect, ~e, s.n. 도정, 여정

traiectori|e, -i, s.f. 탄도; (혜성, 혹성의) 궤도; (저기압의)진로

trail|ă, -e, s.f. 밧줄을 이용하는 나룻배

trainic, ~ă, ~i, ~e, adj. 지속하는, 지속적인

traist|ă, -e, s.f. **1.** 자루; 주머니; 부대; cu traista în băț 매우 가난한; îi mănâncă câinii din ~ 그는 바보다; a prinde (pe cineva) cu rața în ~ 누구를 현행범으로 붙잡다; a-i bate (cuiva) vântul în ~ 가난하다; ~ goală (또는 ușoară) 빈털터리 **2.** 먹이 자루 (말용) **3.** 주머니(자루)의 내용물 **4.** [식물]traista-ciobanului 활나물

tralala, I. interj. (노래할 때) 라...라 II. adj. invar. 무지한, 우직한; a fi cam ~ 약간 돌았다

tram|ă, -e, s.f. **1.** (직물) 씨실 **2.** 음모

trambal|a, -ez, -ai, -at. I. vt. 끌고 다니다 II. vr. (사방으로) 돌아다니다

trambulin|ă, -e, s.f. [스포츠]도약판

tramcar, ~e, s.n. [고어]수송마차

tramp|ă, -e, s.f. [방언]; a face trampa a)교환하다; b)(누구에게) 알리다

tramvai, ~e, s.n. 전차

tranc(a), interj. 떨어지기나 부딪칠 때 나는 소리

trandafir, ~i, s.m. **1.** [식물]장미; ~ sălbatic 야생장미 **2.** [식물]~ de-munte 알프스 들장미 **3.** [동물]~ de-mare 말미잘 **4.** 모과나무 **5.** 소세지 종류

trandafiraș, ~i, **trandafir|el** -ei, s.m. trandafir의 축소형

trandafir|iu, -ie, -ii, adj. **1.** 장미색의 **2.** 낙관적인; 장미꽃의

transalpin, ~ă, ~i, ~e, adj. 알프스 산맥의 저 너머에 있는

transatlantic, I. ~ă, ~i, ~e, adj. 대서양을 횡단하는; 대서양 저 너머의 II. ~e, s.n. 대서양 횡단 정기선

trans|ă, -e, s.f. 최면상태

transbord|a, -ez, -ai, -at, I. vt. (배, 기차의 승객, 화물을 다른 배 기차에) 갈아 태우다, 옮겨 싣다 II. vi. 배

를 갈아타다; 갈아타다

transbord|are, -ări, s.f. 동사 transborda의 명사형

transbord|or, -oare, s.n. **1.** (철도의)전차대 **2.** 나룻배, 연락선

transcarpatic, ~ă, ~i, ~e, **transcarpatin,** ~ă, ~i, ~e, adj. 카르파텐 산맥저편의

transcenden|t, -tă, -ți, -te, adj. 초월적인, 선험적인

transcendental, ~ă, ~i, ~e, adj. **1.** 초월적인, 선험적인 **2.** 형이상학적인; 초감각적인; 이상주의적인

transcendentalism, s.n. 선험론, 선험주의

transcendenț|ă, -e, s.f. 초월성; 초감각성

transcri|e, -u, -sei, -s, vt. **1.** 베껴 쓰다; 옮겨 쓰다 **2.** [음악]편곡하다 **3.** [법률]등기하다

transcrier|e, -i, s.f. **1.** 베껴 씀, 옮겨 씀 **2.** 편곡 **3.** 등기, 등록

transcripți|e, -i, s.f. **1.** 베껴 쓰기; 사본, 등본; **2.** [법률]등기 **3.** 편곡

transcri|s, -să, -şi, -se, adj. **1.** 베껴 쓴, 옮겨 쓴 **2.** [법률]등기된

transdanubia|n, -ană, -eni, -ene, adj. 다뉴브강 건너 사는

transept, ~uri, s.n. [건축](십자형 교회당의) 좌우의 익부

transfer, ~uri, s.n. **1.** 옮김, 이동, 이전 **2.** (소유권, 채전의) 양도; (주식의) 명의 변경

trans|fera, -fer, -ferai, -ferat. I. vt. **1.** 옮기다, 전임시키다; 이전시키다; (권리를) 양도하다 **2.** (에너지, 열) 옮기다 II. vr. 전임하다, 이전하다

transfigur|a, -ez, -ai, -at, vt. (그리고 vr.) (표현, 모습, 형태, 내용, 성격, 정신상태, 본질)변모시키다, 변용시키다

transfigur|are, -ări, s.f. **transfigurați|e,** -i, s.f. 변모, 변용

trans|forma, -form, -formai, -format, vt. I. (그리고 vr.) 변화시키다, 변형(변모)시키다, 개조하다; (태도, 성격을) 바꾸다,[전기]변류시키다 II. vi. [스포츠]반칙 등으로 점수를 얻다

transformabil, ~ă, ~i, ~e, adj. 변형될 수 있는

transformabilitate, s.f. 변형 될 수 있는

transform|are, -ări, s.f. 변화, 변형, 변모; 전환; (성격, 태도의) 일변;[수학]변형;[전기]변압

transformat|or, I. -oare, -ori, -oare, adj. 변압하는, 변류하는 II. -oare, s.n. 변압기, 트랜스

tansformați|e, -i, s.f. [고어]transformare 참조

transformism, s.n. 생물변이설

transfug, ~ă, ~i, ~e, s.m. 그리고 f. [군사]탈주병, 투항자; 개당자(改黨者), 변절자

transfuz|a, -ez, -ai, -at, vt. [의학]수혈하다

transfuzi|e, -i, s.f. [의학]수혈

transgresiun|e, -i, s.f. [지질]해진(海進)

transhuman|t, -tă, -ți, -te, adj. 이동하는

transhumanț|ă, -e, s.f. 양떼의 이동

transilvăn|ean, -eană, -eni,-ene, transilvan, ~ă, ~i, ~e, I. adj. 트란실

바니아의 II. s.m. 그리고 f. 트란실바니아 사람

transilvăn|eancă, -ence, s.f. 트라실바니아 여자

transist|or, -oare, s.n. [전기]트랜지스터

translat|or, -oare, -ori, -oare, s.m. 그리고 f. **1.** 번역자 **2.** [전신, 전화]중계기

translați|e, -i, s.f. **1.** [수학, 물리]병진(竝進)운동 **2.** 옮기기, 이동, 이전

transliterați|e, -i, s.f. (딴 나라글자로) 바꿔 쓰기

transluci|d, -dă, -zi, -de, adj. 반투명의

transluciditate, s.f. 반투명

transmarin, ~ă, ~i, ~e, adj. 바다건너의, 해외의

transmigrați|e, -i, s.f. **1.** 윤회, 전생 **2.** (민족의) 이주

transmisibil, ~ă, ~i, ~e, adj. 전해질 수 있는; 양도 될 수 있는

transmisibilitate, s.f. 전파성, 양도할 수 있음

transmisi|e, -i, **transmisiun|e,** -i, s.f. 전달, 송달, (소리, 빛의) 전파, 감염; (무전)송신 (전력) 수송;[군사]통신; [법률]양도; [기계]전동 장치

trans|mite, -mit, -misei, -mis, vt. **1.** [법률]양도하다 **2.** 전하다, 전달하다; 전갈하다; a ~ o boală 병을 전염하다; 유전하다 **3.** (라디오) 전파하다

transmiter|e, -i, s.f. 동사 transmite의 명사형

transmițăt|or, I. -oare, -ori, -oare, adj. 전하는, 전파하는 II. -oare, s.n. 전신기

transmutați|e, -i, s.f. 변질, 변화; 변모

transparen|t, I. -tă, -ți, -te, adj. **1.** 투명한 **2.** [비유]명백한 **3.** [비유]비쳐 보이는, 얇은 II. -te, s.n. 줄친 책받침

transparent|ă, -e, s.f. **1.** 투명(성) **2.** 명백함

transperant, ~e, s.n. 창문 커텐

transpir|a, transpir, -ai, -at, vi. **1.** 땀이 나다, 땀을 흘리다 **2.** [식물]증산(蒸山)작용하다 **3.** (소문이)퍼지다

transpira|t, -tă, -ți, -te, adj. 땀이 난; [식물]증산된

transpirați|e, -i, s.f. 발한; 땀; [식물]증산작용

transplant|a, -ez, -ai, -at, vt.**1.** 옮겨심다; 이식하다 **2.** 옮겨놓다, 이주시키다

transplant|are, -ări, s.f. 이식; 이주; 옮겨 심음

transplantați|e, -i, s.f. 이식; 이주

transport, ~uri, s.n. **1.** 운송, 수송; mijloace de ~ 운송 수단; cheltuieli de ~ 운임; avion, vapor de ~ 수송선 **2.** pl. 수송 기관; ministerul ~urilor 교통부 **3.** 화물 **4.** [비유]흥분, 격정 **5.** 전기 이월

transport|a, transport, -ai, -at, I. vt. **1.** 운송(수송, 운반)하다 **2.** 옮기다 **3.** [비유]열광시키다, 흥분시키다 **4.** 이월하다 전기하다 II. vr. **1.** 가다 **2.** 운송되다 **3.** 이월되다

transportabil, ~ă, ~i, ~e, adj. 수송(운반)될 수 있는

transport|are, -ări, s.f. 동사 transporta의 명사형

transporta|t, -tă, -ți, -te, adj. 흥분된, 열광하는; a fi ~ de bucurie 기뻐 어쩔줄 모르다; ~ de fericire 행복에 취한

transport|or, I. -oare, -ori, -oare, adj. 운반(운송) 하는; bandă transportoare 콘베이어 벨트 II. -oare, s.n. 콘베이어 운반기; ~ oscilant 요동운반장치, 셰이커콘 베이어

transpozitiv, ~ă, ~i, ~e, adj. [언어] 어순 전환이 자유로운

transpoziți|e, -i, s.f. transpunere 참조

trans|pune, -pun -pusei, -pus, I. vt. **1.** 바꾸어 놓다, 옮겨놓다 **2.** [비유] 무대에 올리다; a ~ în film 영화화하다 **3.** [음악]이조하다 **4.** II. vr. 상태에 빠지다

transpuner|e, -i, s.f. 동사 transpune의 명사형

transsiberi|an, I. -ană, -eni, -ene, I. adj. 시베리아 횡단의 II. -ene, s.n. 시베리아 횡단 기차

transsubstanțiun|e, -i, **transsubtanțier|e,** -i, s.f. (기독교) 화체(化体), 실체적 변화(미사 중 성변화로서 제물인 밀떡과 포도주가 그리스도의 살과 피로 변함)

transsudați|e, -i, s.f. 침출, 여출

transvaz|a, -ez, -ai, -at, vt.(액체를) 딴 그릇에 옮기다

transvaz|are, -ări, s.f. 동사 transvaza의 명사형

transversal, ~ă, ~i, ~e, adj. 가로 놓인, 횡단하는; 비스듬한; secțiune ~ă 횡단면

transversal|ă, -e, s.f. [수학]횡단선

transvert|or, -oare, s.n. [전기]변환장치; 변압기; 회전변류기

tranș|a, -ez, -ai, -at, vt. **1.** 자른 동물의 고기를 종류, 질 따라 분리하다 **2.** (곤란, 문제를) 딱잘라 해결하다, 단호하게 결정짓다

tranșan|t, -tă, -ți, -te, adj. **1.** 단정적인; 결단력있는, 단호한 **2.** (색체가) 강렬한; (대립의) 뚜렷한

tranș|ă, -e, s.f. **1.** 단편; 부분 **2.** (채권) 분할 발행분

tranșee, -, s.f. **1.** [군사]참호 **2.** 구덩이, 호

tranzacți|e, -i, s.f. **1.** 타협; [법률]화해 **2.** [상업]거래, 매매

tranzacțional, ~ă, ~i, ~e, adj. 타협적인, 화해에 의한, 화해의

tranzit, ~uri, s.n. (세관)면세 통과; [철도]여객, 화물의 통과

tranzit|a, -ez, -ai, -at, vt. (화물을) 면세통과시키다

tranzitiv, ~ă, ~i, ~e, adj. [문법]타동적인; verb ~ 타동사

tranzitor|iu, -ie, -ii, adj. 일시적인, 잠시의, 덧없는

tranziți|e, -i, s.f. 통과; 변화; 과도(상황, 상태, 생각); de ~ a)중간의, 과도의; b)임시의

trap, I. interj. 사람의 무거운 발걸음 소리 II. ~uri, s.n. (말의)속보, 총총걸음; a merge la (또는 în) ~ 빠른 걸음으로 가다; mers la ~ 속보

trap|a, pers.3, -ează, -ă, -at, vi. (말에 대해) 속보로 가다

trap|ă, -e, s.f. **1.** (마룻바닥, 천장 따위에 낸) 뚜껑문; (배, 비행기) 현문 **2.** (사냥) 함정

trapez, I. ~e, s.n. **1.** [기하]사다리꼴 **2.** (체조)그네 II. ~i, s.m. [해부]승모

근

trapez|are, -ări, s.f. [고어]trapeză 참조

trapez|ă, -e, s.f. (수도원의) 식당

trapezări|e, -i, s.f. (수도원의)식당

trapezoedr|u, -e, s.n. [기하]마름모꼴 24면체 (결정)

trapezoid, ~e, s.n. [기하]사다리꼴

trapezoidal. ~ă, ~i, ~e, adj. 사다리꼴의

trapi|st, I. -şti, s.m. [교회]트라피스트 수도사 II. s.n. 트라피스트 치즈

tra|s, -să, -şi, -se, adj. **1.** (얼굴과 그 부분) 야윈, 마른, 피곤한 **2.** (사람에 대해) 피곤한, 야윈 얼굴을 가진 **3.** ~ (ca) prin inel 호리호리한

tras|a, -ez, -ai, -at. vt. **1.** (그림, 도면, 선을) 그리다, 긋다, (건물 따위의) 설계도를 그리다 **2.** 묘사하다, 나타내다 지시하다

trasat|or, I. -oare, s.n. -oare, s.n. [기술] II. -ori, s.n 겨냥도 그리는 사람

traseu, ~ri, s.n. **1.** 노선 **2.** 그리기, 설계; 줄, 선; 설계도

tras|or, -oare, s.n. **1.** 철필; 줄긋는 펜촉 **2.** 예광탄

trat|a, -ez, -ai, -at, I. vt. **1.** 다루다, 대우하다; a ~ pe cineva ca pe un prieten 누구를 친구로 다루다(대우하다); a ~ pe cineva de la egal la egal 누구를 동등하게 대하다 **2.** (의사) 치료하다 **3.** 대접하다; a ~ pe cineva cu vin 누구에게 포도주를 대접하다 **4.** 교섭, 담판하다; a ~ cu cineva despre pace 누구와 평화에 대해 교섭하다 **5.** (주제를) 논하다 **6.** [화학]처리하다; 가공하다 II. vr.치료받다 III. vi. 논하다; a ~ despre literatură 문학에 대해 논하다; a ~ cu cineva despre un lucru 일에 대해 누구와 협의하다

tratabil, ~ă, ~i, ~e, adj. 다룰 수 있는; 치료 될 수 있는

tratament, ~e, s.n. **1.** 대우, 대접, 취급; ~ rău (prost) 학대; ~ preferențial 우대 **2.** 치료; a fi în ~ul unui medic 의사의 치료를 받고 있다 **3.** [화학]처리법, 가공 **4.** [음성]변화

trat|are, -ări, s.f. trata의 명사형

tratarisi|i, -esc, -ii, -it, vt. 동사 trata의 옛 형태

tratat, ~e, s.n. **1.** 조약; 협정; ~ de pace 평화협정 **2.** 논문, 논술

tratative, s.f. pl. 타협

tratați|e, -i, s.f. (손님들에게) 대접

trat|ă. -e, s.f. 환어음

traumatic, ~ă, ~i, ~e, adj. [의학]상처로 인한, 외상(성)의

traumatism, ~e, s.n. **1.** [의학]외상성 질병상태 (중상) **2.** 정신의 병적 상태; 심한 충격

traumatologi|e, -i, s.f. [의학]외상 치료학

travali|u, -i, s.n. [기술]능률; 출력

travers|a, -ez, -ai, -at, vt. **1.** 건너다, 횡단하다, 가로지르다; a ~ strada 도로를 횡단하다; a ~ munții 산을 넘어가다; a ~ un râu 강을 건너다; a ~ o pădure 숲을 통과하다 **2.** (시기를) 살다, 경험하다, 맛보다

travers|ă, -e, s.f. **1.** [철도]침목 **2.** 빗장; 보; 가로장

travertin, s.n. [지질]석회화, 규화

travest|i, -esc, -ii, -it, vt. 그리고 vr. 가장(변장) 시키다

travestir|e, -i, s.f. 가장, 변장
travesti|t, -tă, -ți, -te, adj. 가장된, 변장된
trăd|a, -ez, -ai, -at I. vt. **1.** 배반하다 **2.** (결혼) 기만하다 **3.** 속이다 II. vr. 배반되다
trăd|are, -ări, s.f. **1.** 배반 **2.** 부정
trădăt|or, -oare, -ori, -oare, I. adj. **1.** 배반하는, 부정한 짓을 한 **2.** 속이는, 기만하는 II. s.m. 그리고 f. 배반자
trăgac|i, I. -e, s.n. 방아쇠 II. -i, s.m. 저격병 III. -e, -i, -e, adj. (동물에 대해서) 잘 끄는
trăgăt|oare, -ori, s.f. **1.** 안장의 등자를 연결하는 줄 **2.** 마구줄 **3.** 쇠좆매 (소의 음경을 말려서 만든 매) **4.** 방아쇠 **5.** 탈화기 (脫靴器)
trăgăt|or, I. -oare, -ori, -oare, adj. 잘 끄는 II. -oare, -ori, -oare, s.m. 그리고 f. **1.** 끄는 사람; ~ de sfori a)인형극에서 인형 줄 갖고 연극하는 사람; b)선동자 **2.** 저격수; în ~i 산개대형(散開隊形) **3.** [상업]어음 발행인 II. -oare, s.n. (제도용의) 오구(烏口)
tră|i, -iesc, -ii, -it, I. vi. **1.** 살다; 살아있다; a ~ cât lumea 오래 살다; să trăieşti! a) (술잔) 건배! b)감사합니다!;[군사]să trăiți! 알았습니다! 명령대로 하겠습니다; să trăiască! 만세!; aşa să trăiesc! 맹세코; 정말로!; omul cât trăieşte învață 살아있는 동안 배워야한다; om ~ şi-om vedea! 우리는 알게 될 것이다; cât vei ~ 너의 일생 동안 **2.** 존속하다, 있다; 지속하다 **3.** 생활태도(방법)을 영위하다; 생을 보내다; a ~ cu capul în nori 사실을 인지하지 못하다; a ~ ca un paşă (또는 ca un prinț) 영주처럼 살다 **4.** 헌신하다; trăieşte pentru ştiință 학문에 생을 바치다 **5.** (어딘가에서) 살다 **6.** (누구와) 교제하다, 같이 살다; a ~ bine cu cineva 누구와 잘 지내다 **7.** ... 으로 먹고 살다; a ~ din munca sa 일하여 먹고 살다; a ~ numai cu legume 단지 야채로만 먹고 살다; a ~ pe spinarea cuiva 누구의 식객이다 II. vt. **1.** 살게 하다 **2.** 체험하다; 보내다; 지내다; a ~ o viață cumpătată 절제있는 생활을 보내다; a-şi ~ viața (또는 traiul)생을 즐기다; a ~ o epocă frumoasă agitată 아름다운, 동요하는 시대를 체험하다; şi-a trăit traiul (şi-a mâncat mălaiul) 늙었다, 다 살았다 **3.** 깊이 느끼다
trăinicie, s.f. 지속성
trăir|e, -i, s.f. **1.** 생, 인생; **2.** 체험
trăistuț|ă, -e, s.f. traistă 의 축소형
trăi|t, I. -tă, -ți, -te, adj. 체험한; 진실의 II. s.n. 체험; din ~ e 자신의 경험(체험)으로
trăit|or, -oare, -ori, -oare, adj. **1.** 살아있는, 사는, 존재하는 **2.** 생을 보내는
trăncăneală, s.f. **1.** 떠벌림, 수다, 떠듬 **2.** 수다, 쓸데없는 소리
trăncăn|i, -esc, -ii, -it, vi. **1.** (그리고 vt.) 수다떨다, 떠벌이다, 두서없는 말을 하다 **2.** 코를 골다; 덜커덩 소리나다; 딸가닥 딸가닥 소리내다
trăncăni|t, s.n. **1.** trăncăneală 참조 **2.** 덜거덩소리; 딸가닥소리; 코 고는 소리
trăpaş, ~i, s.m. 속보로 가는 말
trăsătur|ă, -i, s.f. **1.** 얼굴의 윤곽(선) **2.** 특징 **3.** 특성(성격)묘사; trăsătu-

rile unei opere literare ale unei epoci 한시대의 문학작품들의 특징; în trăsături mari 대충, 큰 윤곽으로 **4.** 펜으로 씀, 필치; ~ de unire 하이폰; dintr-o ~ de condei 단번에

trăscău, s.n. 강한 소주

trăsn|aie, -ăi, s.f. **1.** (경박하고, 우둔한) 장난; 해학, 유희 **2.** 갑작스런, 우스운 생각, 기묘한 착상

trăsn|eală, -eli, s.f. **1.** 미친 짓 **2.** 나쁜 기분

trăsnet, ~e, s.f. 번개; a rămâne ca lovit de ~ (놀라, 무서워서) 꼼짝않고 있다; lovitură de trăsnet 뜻하지 않은 일

trăsn|i, -esc, -ii, -it, I. vi. **1.** 비인칭; (번개가) 치다; a trăsnit 번개가 쳤다 **2.** 생각이 떠오르다; a-i ~ (cuiva ceva) prin cap 머리에 떠오르다; face ce-i trăsneşte prin cap 막 떠오른 생각을 하다 **3.** 세게 때리다 **4.** [비유]우리 같은 소리를 내다, 미쳐 날뛰다 **5.** (총) 큰소리가 나다 II. vt. **1.** (번개에 대해) 때리다; a trăsnit un pom 번개가 나무를 때렸다; [비유]a ~ pe cineva ca din senin 갑자기 누구를 때리다 **2.** 고안해내다, 생각해내다; a-l trăsni pe cineva prin minte 갑자기 기묘한 생각이 떠오르다 **3.** 세게 때리다 **4.** [비유]두들겨 패다 **5.** 도취시키다 III. vr. **1.** [비유] 미치다 **2.** 도취되다

trăsni|t, -tă, -ţi, -te, I. adj. **1.** 번개에 맞은; [비유]압도하는; a rămâne ca ~ 번개에 맞은 것처럼 꼼짝않고 있다 **2.** 미친; 기묘한 **3.** 술 취한 **4.** [비유]저주받은; 비참한

trăsnit|or, -oare, -ori, -oare, adj. **1.** 번개 친 **2.** [비유]압도하는; 파괴적인, 파멸시키는

trăsnitur|ă, -i, s.f. 천둥

trăsur|ă, -i, s.f. **1.** 마차; ~ de piaţă 임대마차; [고어]~ cu aburi 기차 **2.** (별자리) 마부좌 **3.** [고어]얼굴 윤곽 **4.** 밭 경계 **5.** (드물게)필치; ~ de unire 하이푼

trăsuric|ă, -i, s.f. **1.** trăsură 의 축소형 **2.** 유모차

trâmb|ă, -e, s.f. **1.** 큰 천 조각 **2.** 선, 줄 **3.** 물 소용돌이, 회오리 **4.** 사람의 무리 **5.** 열

trâmbiţ|a, -ez, -ai, -at, I. vi. 나팔을 불다 II. vt. [비유]세상에 알리다, 소문을 퍼트리다

trâmbiţ|are, -ări, s.f. 동사 trâmbiţa 의 명사형

trâmbiţaş, ~i, s.m. 나팔수

trâmbiţ|ă, -e, s.f. 나팔; a suna din ~ 나팔을 불다

trândav, ~ă, ~i, ~e, adj. 게으른; 느릿느릿 억지로 움직이고 일하는

trândăv|eală, -eli, s.f. trândăvie 참조

trândăv|i, -esc, -ii, -it, vi. 게으르다; 빈둥거리다

trândăvie, s.f. 게으름; 빈둥거림

trândăvi|t, I. s.n. trândăvire 참조 II. -tă, -ţi, -te, adj. 게으른, 빈둥거리는

trânji, s.m. pl. **1.** trând **1.** 참조 **2.** [식물]난초과 식물

trânjoaic|ă, -e, s.f. [식물]미나리아재비과

trânt|ă, -e, s.f. (둘이나 집단의) 씨름, 레스링 같은 운동; a se lua la ~ 씨름 (레스링, 몸싸움)하다

trânt|eală, -eli, s.f. **1.** 씨름, 몸싸움

2. 매, 구타; a lua (pe cineva) la ~ 누구를 구타하다

trânt|i, -esc, -ii, -it, I. vt. **1.** 힘있게 던지다; 내던지다, 팽개치다; a ~ la pământ 땅에 쓰러트리다 **2.** 탁 닫다; a ~ uşa 문을 쾅닫다; a ~ uşa de perete 문을 세게 열어젖히다 **3.** a ~ (la examen) 시험에 떨어뜨리다 **4.** 옷 등을 빠르게 걸치다 **5.** 야기하다, 일으키다; a ~ un hohot de râs 깔깔거리는 웃음을 야기하다 **6.** 엉뚱한 이야기를 하다; a ~ o grosolănie 무례한 말을 하다; a ~ o minciună 새빨간 거짓말을 하다 II. vr. **1.** 쓰러지다; a se ~ pe canapea 소파에 쓰러지다 **2.** 몸싸움하다 **3.** (문이) 쾅 닫히다, 열리다

trântir|e, -i, s.f. 동사 trânti의 명사형

trânti|t, -tă, -ţi, -te, adj. (편안하게) 누워있는

trântitur|ă, -i, s.f. 몸싸움; 쓰러트림

trântor, ~i, s.m. **1.** [곤충]수펄 **2.** [비유]게으름뱅이, 무위도식자; 기식자

trântor|i, -esc, -ii, -it. 무위도식하다, 빈둥거리다

trântoriţ|ă, -e, s.f. 무위도식하는 여자; 가식여자

treabă, treburi, s.f. **1.** 종사, 종업; 활동; a avea ~ 종사하다, 바쁘다; a-şi căuta (또는 vedea) de ~ a)부지런히 일하다; b)다른 일에 개입하지 않고 자기 일을 하다 **2.** 일; 직무, 업무; a se lua cu treaba 일하며 다른 것을 잊어버리다; a se pune pe ~ 진지하게 일하기 시작하다; a se da la ~ 일하고 싶어지다; e ~ 할 일이 많다; a face ~ 일을 잘 하다, 의무를 다 하다; a face ~ bună 좋은 일을 하다; **3.** 행동, 행위; (사람에 대해) de ~ 단정한, 정직한, 점잖은, 착실한; cu ~ 잘 생각하여, 규칙대로, 올바르게; mare ~ ! 중요한 일이다! **4.** 일, 사고, 문제, 흥미; a avea ~ cu cineva (또는 undeva) 누군가와 (또는 어딘가에서)거래 관계가 있다; 볼일이 있다; asta-i treaba mea 이것은 나의 일이다; ce ~ am cu ...... 나에게 무슨 상관이야?; nu e treaba mea 나의 일이 아니다, 나하고는 관계가 없다; a-şi face treaba cu ceva (cu cineva) 무엇을 이용하다 **5.** (pl. trebi) [고어]국가이익, 국가업무; 공공업무; **6.** 습관, 관습; 생활 방법; 나쁜 습관 **7.** 상황, 상태; 환경; treaba stă aşa (또는 astfel) 상황은 이렇다; se vede treaba că ... ... 같다, ... 같은 생각이 들다 **8.** 이익; 유용; 장점; a nu fi de nici o (또는 nici de-o) ~ 쓸모없다, 소용없다

treacăt, s.n. **1.** 지나감, 통과함; din ~ 달려가며; 대충; în ~ a)지나가며, 때때로 b)가는 도중에; 빨리; 서두르며 c)짧게 요약하여 **2.** 지나가는 장소

treanca-fleanca, s.f. 쓸데없는말; a fi o ~ 쓸모없다

treanţă, trenţe, s.f. 넝마조각, 누더기

treapăd, s.n. **1.** 속보, 총총걸음 **2.** 왔다갔다함 **3.** 말이 힘차게 내딛는 소리

treaptă, trepte, s.f. **1.** 계단; 사다리, 디딤판 **2.** [비유]단계; 지위, 계급; 수준; 정도; **3.** 위치 상황 **4.** [비유]사

회적 범주

treasc, ~uri, s.n. 폭주포(불꽃 놀이포)

treaz, ~ă, treji, treze, adj. **1.** 깨어있는, 깬 **2.** 술 취하지 않은 **3.** [비유]조심하고 있는, 주의를 게을리 하지 않는

trebălu|i, -iesc, -ii, -it, vt. 그리고 vi. 모든 사소한 일을 다하다

trebnic, ~e, s.n. [교회]성사정식서(聖事 定式書)

trebui, pers.3, trebuie, ~, ~t, I. vi. 필요하다; cum trebuie 합당하게; 올바르게, 잘; așa-ți trebuie! 너에게는 당연하다 II. vt. 비인칭 **1.** 하여야 한다; trebuie să vină 그는 즉시 와야 한다; trebuie să învețe 그는 배워야한다; lucrul trebuie făcut bine 그 일은 잘되야 한다; ar ~ să scrie 그는 써야 할 것이다; n-ar ~ să se ducă acolo 그는 가지 않아야 할 것이다; (인칭적으로) trebuiră să plece 그들은 가야했었다; trebuiau să învețe 그들은 배워야했다 **2.** (인칭대명사 여격과 함께)필요하다; îmi trebuie o carte 나는 책이 필요하다; nu-mi trebuie nimic 나는 아무것도 필요하지 않다; nu trebuie să aştepți 너는 기다릴 필요가 없다 **3.** (비인칭) 그럴 ... 같다, 가능하다; la munte trebuie că a nins 산에는 눈이 오는 것 같다

trebuinci|os, -oasă, -oşi, -oase, adj. 필요한, 필수적인; 유용한; 요구되는

trebuinț|ă, -e, s.f. **1.** 필요, 필수; de ~ a)필요한, 필수적인; b) 유용한; de mare ~ 매우 필수적인; îmi face (또는 am) ~ 나에게 필요하다 **2.** 유용, 유익; a nu fi de nici o ~ 매우 무익하다 **3.** 흥미 **4.** 문제, 사건

trebuit|or, -oare, -ori, -oare, adj. trebuincios 참조

trebuşoar|ă, -e, s.f. 쓸모없는 일(사고, 문제)

trecăt|oare, -ori, s.f. **1.** 오솔길; 협곡 **2.** 건너는 길

trecăt|or, -oare, -ori, -oare, I. adj. **1.** 지나가는 **2.** 일시적인, 덧없는 II. s.m. 그리고 f. **1.** 지나가는 사람 **2.** 여행자, 방랑자

trec|e, trec, -ui, -ut, I. vi. **1.** 지나가다; elevul ~ pe lângă profesor 학생이 교수 옆을 지나간다; trenul ~ la ora opt 기차는 8시에 지나간다; apa ~ pe lângă casă 물은 집 옆을 흐른다; fratele meu ~ mâine pe aici 내 형은 내일 이곳을 지나간다; călărețul ~ pe lângă noi 기수가 우리 옆을 지나간다; glonțul mi-a trecut pe la ureche 총알이 내 귀를 스치고 지나갔다; a trecut baba cu colacii 너무 늦었다, 기회를 놓쳤다 **2.** (일정한 방향으로) 가다, 날아가다; ~ spre Braşov 그는 브라쇼브로 간다 **2.** 잠시 들르다; a ~ pe la noi 잠시 우리 집에 들르다 **4.** 지나가다; 마중하다, 데리고 오다; ~ pe lângă noi 그는 우리 집을 지나간다, 우리를 마중한다 **5.** 건너뛰다 (간다); ~ peste șanț, peste pod 그는 구덩이를, (다리 위를) 건너뛴다(간다); ~ peste râu 그는 강위를 건너간다 **6.** 횡단하다; a ~ pe stradă 길을 횡단하다; **7.** [비유]간과하다, 무시하다; a ~ peste cineva a)누구를 간과하다; b)

누구를 무시하다, 과소평가하다 **8.** 다른 곳으로 가다; 장소를 변경하다; 건너가다; (학생) 진급되다; a ~ în frunte 앞에 있다; treci în frunte, în clasă 앞서서, 교실로 가라; a ~ la cineva 또는 în rândurile cuiva 또는 de partea cuiva 누구편을 들다; a ~ la duşman 적에게 투항하다; a ~ în cealaltă lume 또는 în vecie 저세상으로 가다; 죽다; a ~ la loc 자기 자리로 가다; a ~ la examen 시험에 합격하다; a ~ în clasa următoare, în anul următor 다음 학급, 다음 학년으로 진급하다 **9.** 차례차례 돌아가다; a ~ din mână în mână 이 손에서 저 손으로 돌아가다 **10.** 돌리다; 주의를 다른 곳에 주다; 다른 것을 시작하다; a ~ la fapte 행동하다 **11.** 통과하다; a ~ pe un drum 길을 가다; a ~ prin oraş, prin pădure 도시를, 숲을 통과하다; a ~ pe undeva 어느 곳을 지나가다; a ~ ca câinele prin apă a)가까스로 헤쳐나오다 b) 힘들게 공부를 끝내다; a ~ prin foc şi prin apă 누구를 위해 물 불을 가리지 않다; nici prin vis nu-mi ~ 꿈에도 그것을 나는 생각해 보지 않는다 **12.** 경험하다, 겪다; a ~ prin multe 많은 것을 겪다 **13.** (법에 대해)(투표를 통해)인정되다, 확정되다 **14.** (무엇을 통해)빠져나가다; a-i ~ printre degete 손가락 사이로 빠져나가게하다; îi trec mulți bani prin mână 많은 돈을 소비하다 **15.** 돌파하다 **16.** (시간에 대해) 지나가다, 흐르다; timpul ~ repede 시간은 빨리 흐른다; a trecut ora 시간은 지나갔다; a trecut mult de când ... ... 이래로 많은 시간이 지나갔다; va mai ~ mult până când ... ... 까지 많이 걸릴 것이다; nu trecu mult 오래 걸리지 않았다; a trecut de (ora) trei 3시가 지나갔다; nu e timpul trecut 너무 늦지 않았다; a trecut termenul 기간은 지나갔다 **17.** (행동, 고통, 병 등에 대해)사라지다; 중단되다; 끝나다; durerea ~ 고통은 사라진다; mi-a trecut foamea, pofta 배고픔, 식욕은 사라졌다; mânia lui ~ repede 그의 분노는 빨리 사라진다 **18.** 넘어가다; a trecut de treizeci de ani 그는 이미 서른 살이 넘었다; trenul a trecut de Braşov 가차가 브라쇼브를 넘어갔다 **19.** 더 크다; 위로 미치다; îi ~ de umăr 그의 어깨 넘어로 까지 크다; treacă de la mine! 양보를 나타낼 때쓰는 말 **20.** 변하다; o combinație chimică trece în alta 화학합성은 다른 것으로 변한다 **21.** 간주되다; a ~ drept (또는 de)învățat 그는 배운 것으로 간주된다 **II.** vt. **1.** 건너가다, 넘어가다; a ~ un pod 다리를 건너가다; a ~ un râu 강을 건너가다; a ~ în revistă a)(군대를)사열하다; b)조사하다, 자세히 검사하다 **2.** [비유]간과하다, 주의하지 않다; a ~ cu vederea a)간과하다; b)무시하다 **3.** 뛰어넘다; a ~ hopul 어려움을 뛰어넘다(극복하다) **4.** 횡단하다; a ~ strada 도로를 횡단하다 **5.** 건네주다; 건너가게 하다; a ~ (ceva, pe cineva) apa, dealul (누구를, 무엇을) 강을, 언덕을 건네(건너가게 해)주다; [비유]a ~ pe cineva prin toate apele 누구를 중상하다; 깔보다 업신여기다; a ~ (pe cineva) pe sub ascuţisul săbiei (또는 sub sabie)죽이다 **6.** (손으로)비비다; a trecut mâna peste frunte 그는손으로 이마를 문지른다 **7.** (공간, 길) 통과하다; a ~ un tunel 턴넬을 통과하다 **8.** 관통시키다, 통과시키다; a ~ aţa prin ac 실을 바늘구멍에 통과시키다; a ~ acul prin ceva 바늘을 무엇에 꽂다; a ~ prin sită 여과시키다;a ~ mâna prin deschizătura uşii 손을 문틈으로 디밀다 **9.** 휘감다, 두르다; a ~ mâna pe după gâtul cuiva 팔로 누구의 목을 감다 **10.** 양도하다; a ~ cuiva un drept 누구에게 권리를 양도하다 **11.** 손에서 손으로 건너가게하다, 계속 전달해주다; a ~ paharul din mână în mână 잔을 돌리다 **12.** 기입하다; a ~ ceva în registru 무엇을 기입하다; a ~ ceva în socoteala cuiva 무엇을 누구의 계산으로 하다 **13.** 배치하다, 지정하다; a ~ pe cineva într-un post 누구에게 자리를 배치하다 **14.** 합격하다; a ~ un examen 시험에 합격하다; a ~ clasa 진급하다; a ~ doctorul 박사학위하다 **15.** 합격하다; a ~ un elev (la examen) 시험에 학생을 합격시키다 **16.** (육체적 상태에 대해) 엄습하다; a-l ~ (pe cineva) fiorii, sudori reci, năduşelile 소름이, 진땀이 그에게 엄습하다. **17.** [속어](용변에 대해)용변을 보다 **18.** (시간을) 보내다; a-şi ~ vremea 시간을 보내다 **19.** (상품들을) 팔다 **20.**지나치다; a ~ măsura 정도를 넘다, 지나치다 **21.** 묵과하다, 간과하다; a ~ cu tăcerea 또는 sub tăcere 묵과하다 III. vr. **1.** 흐르다; 사라지다; 끝나다 **2.** 시들다; 소멸하다; florile s-au trecut 꽃들이 시들었다. **3.** (사람들에 대해)늙다 **4.** (과일에 대해)너무 익다 **5.** (불에 대해)꺼지다 **6.** (드물게 사용)숨이꺼지다 **7.** (물질에 대해)없어지다; 줄어들다 **8.** (드물게 사용)일어나다, 발생하다 **9.** a (nu) se ~ cu firea a)진지하게 (않게) 받아들이다; b)흥분하다(흥분하지 않다); a se ~ din pahare (또는 din băut) 술을 과음하다; a se ~ cu gluma 지나친 농담을 하다; s-a trecut de glumă, de şagă 농담 할 때가 아니다 **10.** 주목되다, 영향을 갖다

trecer|e, -i, s.f. **1.** 지나감 **2.** 넘어감, 건너감; ~ a unui râu, ~ a munţilor 강을 건넘, 산을 넘음; punct de ~ 통과점 **3.** 통과함; în ~ a)지나가면서 b)일시적인 **4.** (시간의)흐름 **5.** (기간의)경과 **6.** ~ din mână în mână 돌아다님 **7.** (시험의)합격; notă de ~ 합격 점수 **8.** 건너는 장소; ~ de nivel 교차로; 건널목; ~ inferioară, superioară 지하, 고가차도 **9.** 영향; a avea ~ a)큰 영향을 갖다; b)(상품에 대해) 쉽게 팔리다; om cu ~ 영향력있는 사람 **10.** ~ cu vederea 간과

trecu|t, I. -tă, -ţi, -te, adj. **1.** 지나간; 사라진; 없어진; săptămâna, luna ~ă 지난주, 지난 달; zilele ~e 지난 날들; anul ~ 지난해 **2.** 늙은; ~ înainte de vreme 조숙한 **3.** (식물, 꽃) 시든 **4.** ~ din copt a)(열매에 대해) 너무 익은; b)너무 구운 **5.** (물질에 대해)(부분적으로) 사용된 **6.** ~ (din băutură) 술 취한 **7.** ~ prin ciur şi prin dirmon a)자세하게 조사하다; b)많은 경험을 얻다; c) 중상모략하

다 II. s.n. 과거; în ~ 옛날에, 과거에; din ~ 옛날부터; a o rupe cu ~ul 과거를 잊어버리다; 과거와 단절하다; a avea un ~ 과거를 갖다

trefil|a, -ez, -ai, -at, vt. (금속을 늘여) 철사로 만들다

trefil|are, -ări, s.f. trefilat s.n. 철사로 만듬, 철사제조

trefilat|or, -oare, -ori, -oare, s.m. 그리고 f. 철사제조공

trefl|ă, -e, s.f. **1.** 트럼프의 클로버 **2.** 클로버무늬가 있는 천

tregher, ~i, s.n. [방언](역)짐꾼

trei, I. num. card **1.** 삼(3), 셋; erau ~ 셋이 있었다; câte ~ 또는 ~ cu trei 셋씩; de ~ ani a)3년 전부터; b)3살의; ~ şi un sfert 3시15분; ~ fără un sfert 2시45분, 3시15분전; ~-~ 천천히, 힘들게, 어렵게; a lua pe cineva la ~ păzeşte (또는 la ~ parale) 누구에게 그의 행동에 대해 설명을 요구하다; 누구와 거칠게 말다툼하다 **2.** [식물]trei-fraţi 꼬까오랑캐꽃 II. num. ord. invar 셋째; etajul ~ 3층

treier, s.n. treierat 참조

treier|a, treier, -ai, -at, vt. **1.** 타작하다 **2.** [비유]돌아다니다

treierat, s.n. **1.** 타작 **2.** 타작시기

treierăt|oare, I. -ori, s.f. **1.** 타작기 II. -oare, s.f. 타작하는 여자

treierător, ~i, s.m. 타작 하는 남자

treieriş, s.n. treierat 참조

treilea, treia, num. ord. al treilea 세번째 (남성 단어); a treia (여성단어)

treim|e, -i, s.f. **1.** 1/3 **2.** 세짝 **2.** [종교]삼위일체

treisprezece, I. num card. 13, de ~ ani a)13년 전부터; b)13살의 II. num. ord. 13번째; rândul ~ 13번째 줄 III. s.n. 13

treisprezecelea, treisprezecea, num. ord. al treisprezecelea 13번째; a treisprezecea 13번째

treizeci, I. num. card. 30 II. num. ord. 30번째; rândul ~ 30번째 줄 III. s.m. 30

treizecilea, treizecea, num. ord. al treizecilea 30번째 (남성의 경우); a treizecea (여성의 경우)

trematod, ~e, s.n. [동물]흡충류

trem|ă, -e, s.f. 트레마, 분음부호

tremol, tremolo, s.n. [음악]전음, 트레몰로

tremur, s.n. **1.** 떨림(무서움, 추위 등으로) **2.** (목소리, 악기소리)진동 **3.** 흔들림, 요동

tremur|a, tremur, -ai, -at, I. vi. **1.** 떨다, 떨리다; îi tremură mână 그의 손이 떨리다; a-i tremura încheieturile 몸 전체가, 사지가 떨리다; a ~ de frig, de frică 추워서, 무서워서 떨다 **2.** (소리, 목소리) 진동하다 **3.** [비유]전율하다, 무섭다 소름끼치다; a ~ de frica cuiva 누가 무서워 떨다; a ~ pentra cineva 누가 걱정이 되다; a ~ după bani a)돈에 대해 탐욕스럽다 b)인색하다 II. vt. 떨게하다, 흔들리게 하다

tremurare, s.f. 떨림, 흔들림, 진동

tremura|t, -tă, -ţi, -te, adj. **1.** 떠는, 흔들리는 **2.** (목소리) 진동하는 **3.** (글씨에 대해) 떨리는; scris ~ 떨리는 손으로 쓴 **4.** 몸서리치는 전율하는 II, s.n. 떨림, 몸서리침

tremurăt|oare, -ori, s.f. [식물]방울

내풀

tremurăt|or, -oare, -ori, -oare, adj. **1.** 떠는, 흔들리는 **2.** (물에 대해) 잔잔하게 흔들리는, 작은 물결이 이는

tremurătur|ă, -i, s.f. (한번의)떨림, 흔들림

tremurân|d, -dă, -zi, -de, adj. 떨리는, 흔들리는

tremurici, s.n. **1.** 떨림, 흔들림 **2.** [방언](흔들리는)조화

tren, ~uri, s.n. **1.** 기차; ~ personal 객차; ~ accelerat 급행기차; ~ de lungă distanță 장거리 특급열차; ~ special 특별열차; ~ subteran 지하철; ~ de marfă 화물차; şef de ~ 차장; mersul ~urilor 기차시간표; a forma un ~ 기차를 연결하다; a scăpa (또는 pierde) ~ ul a)기차를 놓치다 b)좋은 기회를 놓치다 **2.** 열차; ~ auto 화물차 ; ~ de luptă 보급기차 **3.** (자동차); ~ de roți 연동기 **4.** (비행기) ~ de aterizare 다리(비행기의)

tren|a, -ez, -ai, -at, vi. **1.** (행동에 대해) 기다 **2.** (물건에 대해) 무질서하게 놓여있다

tren|ă, -e, s.f. 끌리는 옷 자락

trenci, ~uri, s.n. 트렌치 코오트

trening, ~uri, s.n. 츄리닝복

trențăr|os, -oasă, -oşi, -oase, adj. 누더기의, 넝마의

trențu|i, -iesc, -ii, -it, **trențur|a,** -ez, -ai, -at, vt. 갈기갈기 찢다; 옷을 너덜너덜하게 만들다

trenuț, ~uri, s.n. 작은 기차(tren의 축소형)

trepan, ~e, s.m. **1.** [의학](두개골에 구멍을 뚫는) 톱, 천두기 **2.** (암석, 목재 따위에 구멍을 내는) 천공기, 착암기

trepan|a, -ez, -ai, -at, vt. [의학]개두술을 시행하다

trepan|are, -ări, s.f. [의학]개두술

trepanați|e, -i, s.f. [의학]개두술

trepăd|a, treapăd, -ai, -at, vt. **1.**(말에 대해)미쳐 날뛰다; **2.** (말에 대해) 속보로 가다

trepăd|are, -ări, s.f. trepădat, s.n. **1.** 속보 **2.** 미쳐 날뜀

trepădăt|oare, -ori, s.f. [식물]가지과의 한 속

trepădăt|or, -oare, -ori, -oare, I. adj. 속보로 가는, 미쳐 날뛰는 II. s.m. 그리고 f. **1.** 속보 말 **2.** [속어]결혼식에서 일정한 임무를 수행 하는 사람

trepăduş, ~i, s.m. **1.** (다른 사람의 일로 흥분하여)왔다갔다 하는 사람 **2.** 하인, 사환

trepetnic, ~e, s.n. (몸 부분이 떨리는 것으로 미래를 예언하는)예언서

trepid|a, -ez, -ai, -at, vi. **1.** (기계 따위가) 흔들리다, 진동하다, 요동하다 **2.** 동요하다, (불안) 안절부절 못하다

trepidan|t, -tă, -ți, -te, adj. **1.** 진동하는, 떨리는 **2.** [비유]요란스런, 분주한

trepidați|e, -i, s.f. **1.** (기계 등)진동, 동요 **2.** [비유]흥분

trepied, ~e, s.n. 삼각대

treponemoz|ă, -e, s.f. 다리, 날개가 마비되는 닭병

trepta|t, I. -tă, -ți, -te, adj. 점차적인, 단계적인 II. adv 점점, 단계적으로

tres|ă, -e, s.f. 편물; 엮은 장식끈

tresălt|a, tresalt, -ai, -at, vi. 매우 기뻐하다; 경련하다; a ~ de bucurie 매우 기뻐하다, 좋아서 펄쩍뛰다

tresălt|are, -ări, s.f. 매우 기뻐함

tresăr|i, tresar, -ii, -it, vi. **1.** (강한 감정의 결과) 무의식적으로 급격하게 움직이다, 몸은 떨다; 심장이 급격하게 두근거리다; 소스라치다. **2.** (잠, 무감각 상태에서) 급격하게 깨어나다 **3.** [비유]갑작스럽게 소리 지르다

tresărir|e, -i, s.f. 동사 tresări 의 명사형

tresăritur|ă, -i, s.f. tresărire 참조

tresti|e, -i, s.f. [식물]갈대; ~-de zahăr 사탕수수; ~ mirositoare 창포

trestiiş, ~uri, s.n. 갈대숲

trestioar|ă, -e, s.f. [식물]trestie의 축소형

trestin, ~ă, ~i, ~e, s.m. 3살 백이 가축 (특히 말)

trez|i, -esc, -ii, -it, I. vt. **1.** 깨우다, 깨게하다 **2.** 정신을 차리게 하다 **3.** 현실, 사실을 인식시키다, 의식하게 하다 **4.** (술에서)깨게하다 II. vr. **1.** 깨다; 제정신을 차리다; a se ~ brusc (din somn) 갑자기 잠에서 깨다 **2.** 인식하다, 의식하다 **3.** (술에서)깨다; a se ~ din beție 취한 상태에서 깨다 **4.** (고통에 대해) 다시 느끼다 **5.** (냄새, 음식) 맛, 냄새를 잃어버리다 **6.** 갑자기 어딘가에 있다; a se ~ deodată în fața cuiva 갑자기 누군가 앞에 있다; unde te trezești? 매우 뻔뻔한 사람에게 하는말

trezi|e, -i, s.f. **1.** 깨어있는 상태; 깸 **2.** 말짱한 정신

trezir|e, -i, s.f. 동사 trezi 의 명사형

trezi|t, -tă, -ți, -te, adj. **1.** 깬 **2.** 제정신이 든 **3.** (냄새, 음식) 냄새, 향이 없어진

trezoreri|e, -i, s.f. 회계과; 재무부

trezorier, ~i, s.m. 재무관, 출납관, 회계관

tri|a, -ez, -ai, -at, vt. 고르다, 선별하다, 분류하다

triad|ă, -e, s.f. 세짝, 세 사람 한패, 세개 한번

triaj, ~e, s.n. 구분, 분류; 정리; 선별

trianglu, ~ri, s.n. [음악]트라이앵글

triangul|a, -ez, -ai, -at, vt. 삼각 측량하다

triangulați|e, -i, s.f. 삼각측량

triasic, [지질] I. s.n. 3첩기층 II. ~ă, ~i, ~e, adj. 3첩기층의

triatlon, ~uri, s.n. 3종 경기

triatomic, ~ă, ~i, ~e, adj. 3원자의; 3가의

trib, ~uri, s.n. 인종, 종족

tribal, ~ă, ~i, ~e, adj. 인종의, 종족의

tribazic, ~ă, ~i, ~e, adj. [화학]3염기의

tribord, ~uri, s.n. [해양]우현(右舷)

tribulați|e, -i, s.f. 고민, 고뇌, 번민, 고생

tribun, ~i, s.m. **1.** (로마) 호민관; ~ militar 군단 사령관 **2.** 민족권리 투쟁가

tribunal, ~e, s.n. **1.** 재판소, 법정, 재판; ~ militar 군법 회의; ~ regional 지방법원; ~ suprem 대법원 **2.** 법원 건물

tribunat, ~e, s.n. 호민관의 직, 임기

tribun|ă, -e, s.f. **1.** [스포츠]관람석 **2.** 연단; a se urca la ~ 등단하다

tribut, ~uri, s.n. **1.** 조공, 공물 **2.** [비유]조세, 세금; a-şi da (또는 aduce) ~ul 기부하다

tributar, ~ă, ~i, ~e, adj. 공물(조세)을 바치는; (경제적으로) 종속적인, 예속적인

tricefal, ~ă, ~i, ~e, adj. 머리 셋 가진, 삼두의

tricep|s, -şi, s.m. [해부]삼두근(三頭筋)

tricher, ~i, s.m. [교회]초 꽂는 꽂이가 3개 달린 촛대

trichiaz|ă, -e, s.f. [의학]도첩권모증(倒睫拳毛症)

trichin|ă, -e, s.f. [동물]선모충

trichinoz|ă, -e, s.f. [의학]선모충병

tricicIet|ă, -e, s.f. 세발 자전거

tricl|u, -e, s.n. (드물게) 세발자전거

triclinic, ~ă, ~i, ~e, adj. (결정(結晶)이 삼사(三斜)인

triclini|u, -i, s.n. (고대 로마의)삼면이 소파로 둘러싸인 식탁

trico, ~uri, s.n. tricou 참조

tricocefal, ~i, s.m. [동물]편충

tricofiţie, s.f. [의학]백선

tricolor, I. ~ă, ~i, ~e, adj. 3색의 II. ~uri, s.n. 3색기

tricorn, ~uri, s.n. 삼각모

tricot, ~uri, s.n. 트리코, 메리야스 직; 위의 직물로 만든 옷

tricot|a, -ez, -ai, -at, vt. 짜다, 뜨다

tricotaj. ~e, s.n. 편물

tricot|are, -ări, s.f. 뜨개질

tricota|t, I. -tă, -ţi, -te, adj. 짠, 뜨개질 한 II. s.n. 뜨개질

tricou, ~ri, s.n. tricot 참조

trictrac, ~uri, s.n. 서양 주사위 놀이

trident, ~e, s.n. 삼지창

tridimensional, ~ă, ~i, ~e, adj. 3차원의

tridimensionalitate, s.f. 3차원

triedr|u, -e, s.n. [기하]3등각, 3면각

trienal, ~ă, ~i, ~e, adj. 3년의; 3년간의; 3년제의

trier|e, -i, s.f. 동사 tria 의 명사형

trifaza|t, -tă, -ţi, -te, trifazic, ~ă, ~i, ~e, adj. 3상(三相)의; curent ~ 3상 교류

trifid|ă, -e, adj. [식물]3렬(裂)의

trifoi, I. ~, s.m. [식물] **1.** 클로버; ~-mare 전동싸리; ~-mărunt 잔개자리; ~-măcriş 애기괭이밥; ~-de-lac 또는 ~-amar 조름나물 II. ~uri, s.n. 클로버밭

trifoiaş, ~i, s.m. [식물]노란 클로버

trifoişt|e, -i, s.f. 클로버 밭

trifolioz|ă, -e, s.f. [의학]클로버 독(양의)

triftong, ~i, s.m. [음성]3중모음

trifurca|t, -tă, -ţi, -te, adj. 세 갈래의

trigam, ~ă, ~i, ~e, adj. 3중 결혼의

trigamie, s.f. 3중 결혼

trigemen, ~i, adj. m. [해부]nerv ~ 삼차(三叉)신경

triglif, ~e, s.n. [건축]트리클리프(도리아식 건축의 프리즈를 구성하는 세 줄의 수직홈)

trig|on, -oane, s.n. **1.** 삼각형 케이크 **2.** [해부]~ cerebral 뇌궁

trigonocefal, ~i, s.m. [동물]살무사과의 뱀

trigonometric, ~ă, ~i, ~e, adj. 삼각법의; funcţie ~ă 삼각함수; punct ~ 삼각점

trigonometrie, s.f. 삼각법

tril, ~uri, s.n. [음악]권음, 트레몰로

trilem|ă, -e, s.f. 3가지 중 한가지를 선택해야 하는 상황
trilingv, ~ă, ~i, ~e, adj. 3개국어로 된, 3개국어의
trili|on, -oane, s.n. 백만의 3제곱 (수)
triloba|t, -tă, -ţi, -te, adj. (식물, 나뭇잎의) 3엽의
trilogi|e, -i, s.f. **1.** (고대 그리스) 3부작
trilu|i, -iesc, -ii, -it, vr. 전음을 내다
trimestrial, ~ă, ~i, ~e, adj. 3개월의, 3개월 마다의
trimestr|u, -e, s.n. 3개월간; 한 학년을 3학기로 나눈 한 학기
trinet, ... trimit 참조
trimi|s, I. -şi, s.m. **1.** 사절; 사자(使者) **2.** 파견위원, 대표단 **2.** 대사 **3.** [비유]사도 II. s.n. trimitere 참조
tri|mite, -mit, -misei, -mis, vt. **1.** 보내다; 파견하다; 발송하다, 부치다; a ~ o scrisoare, un colet 편지, 소포를 부치다; a ~ înainte 미리 보내다; a ~ înapoi 되돌려 보내다; a ~ acasă 집으로 보내다; a ~ după cineva (또는 ceva) 누구를 (무엇을)데리러 보내다; a ~ vorbă 말하게 하다; 알리다; a ~ (pe cineva) pe lumea cealaltă (또는 la moarte) 살해하다; a ~ la plimbare a)내보내다; b)해고하다; a ~ la urmă 누구를 감시 하에 고향으로 보내다; a ~ în judecată 누구를 소송걸다; a ~ la ocnă, temniţă, închisoare 구금하다 **2.** 선출하다; **3.** 암시하다 **4.** 운송하다
trimiter|e, -i, s.f. 동사 trimite 의 명사형
trimiţăt|or, -oare, -ori, -oare, I. adj. 보내는 II. s.m. 그리고 f. 발송자
trimorf, ~ă, ~i, ~e, adj. 3가지 모습을 가진; 동질삼상의
trimorfism, s.n. 동질삼상(同質三像)
trimot|or, -oare, I. adj. 3발 동기형의(三發動機型) II. s.n. 3발기
trinc|ă, -i, s.f. [해양]선수 쪽에 있는 돛대의 큰 돛
trinche|t, -ţi, s.m. [해양]앞 돛대
trinit|ate, -ăţi, s.f. **1.** [종교]삼위일체 **2.** 세짝, 셋이 한 벌이 되는 물품
trinitroceluloză, s.f. [화학]면화약
trinitrofenol, ~i, s.m. [화학]피크린산
trinitroglicerină, s.f. [화학]글리세린 트리니니트로
trinitrotoluen, s.n. [화학]트리니트로 틀루엔
trin|om, -oame, s.n. [수학]3항식
trio, s.n. **1.** 트리오, 3인조 **2.** [음악]삼중창, 트리오
triod, ~uri, s.n. [종교]부활절전 10주간의 기도와 성가가 담긴 기독교책
triod|ă, -e, s.f. (라디오) 3극 진공관
trioleină, s.f. [화학]트리오레인
triolet, ~e, s.n. **1.** (운율)8행시 **2.** [음악]3련음표
tri|or, -oare, s.n. 곡물선별기; 곡물정화기
trior|a, -ez, -ai, -at, vt. 곡물을 선별하다; 곡물을 깨끗이 하다
trioxi|d, -zi, s.m. [화학]3산화물
triparti|t, -tă, -ţi, -te, adj. 셋으로 나뉜; pact ~ 3자 동맹
tripetal, ~ă, ~i, ~e, adj. [식물]꽃잎이 셋 있는
tripl|a, -ez, -ai, -at, vt. vr. 세곱하다

tripl|are, -ări, s.f. 세곱
triplet, ~e, s.n. **1.** (똑같은 3개중)세번째 모델 **2.** 다른 시기에 들어왔지만 똑같은 어원을 가진 말들 중에 세번째 형태
triplet|ă, -e, s.f. **1.** [스포츠](축구의)3명의 공격자 **2.** 3인승 자전거
triplicat, ~e, s.n. 제3부본(副本)
tripl|u, I. -ă, -i, -e, adj. 3배의, 3중의; în ~ exemplar 3중 교부 II. s.n. 3배, 3중
triplusalt, ~uri, s.n. [스포츠]삼단뛰기
tripod, ~e, s.n. 3발 기구
tripoli, s.n. 규조트, 규질석회암
tripotaj, ~e, s.n. 책략, 속임수; 부정
tripou, ~ri, s.n. 도박장
tripsină, s.f. 트립신(단백질 분해요소)
triptic, ~uri, s.n. **1.** 세 폭의 연속화(조각) **2.** [비유]구위일체 **3.** 국경 통과 허가증
trirem|ă, -e, s.f. (그리스, 로마) 3층으로 노가 달린 배
trisepal, ~ă, ~i, ~e, adj. [식물]3개의 꽃받침 조각이 있는
trisfetite, s.f. pl. 공현절
trisilab, ~e, s.n. 3음절
trisilabic, ~ă, ~i, ~e, adj. 3음절의
trist, tristă, trişti, triste, adj. **1.** 슬픈, 우울한, 침울한, 쓸쓸한; 마음 괴로운, 고달픈 **2.** (목소리, 노래) 애조어린, 비애로 가득찬 **3.** (상황, 사실 등) 암담한, 참담한, 분통 터지는, 역겨운 **4.** 유감스런 **5.** [비유]황량한, 음산한, 음침한
tristeţ|e, -i, s.f. 슬픔, 우울함, 비애; 황량함, 암담함, 쓸쓸함
trişa, -ez, -ai, -at, vi. 그리고 vt. 속이다(카드게임); 사기치다, 속이다
trişare, -ări, s.f. 속임, 사기, 기만
trişcar, ~i, s.m. **1.** 풀피리 부는 사람 **2.** 풀 피리 만드는 사람
triş|că, -te, s.f. 풀피리
trişcuţ|ă, -e, s.f. 작은 풀피리
triş|or, -oare, -ori, -oare, s.m. 그리고 f. 사기꾼, 속이는 사람
trişt|e, -i, s.f. **1.** 운명, 숙명 **2.** 행운
triton, I. ~i, s.f. **1.** 트리톤(포세이돈의 아들, 반인반어의 신으로 소라고둥을 가졌음) **2.** [동물]소라고둥; 영원 (도로농과의 양서 동물) II. ~uri, s.n. 3련(連)전음(全音)
tritur|a, -ez, -ai, -at, vt. 분쇄하다, 갈다
triumf, ~uri, s.n. **1.** 승리의 기쁨; 개선; 개가; arc de ~ 개선문; în ~ 이겨서 기세등등하여, 의기양양하여; a purta în ~ 행가레치다 **2.** 승리; 성공; ~ul raţiunii 이성의 승리 **3.** 빛나는 성과
triumf|a, triumf, -ai, -at, vt. **1.** 개선하다 **2.** 승리하다 **3.** [비유]성공하다 **4.** 개가를 올리다, 승리를 축하하다
triumfal, ~ă, ~i, ~e, adj. **1.** 개선의; marş ~ 개선행진 **2.** [비유]의기양양한, 위풍당당한
triumfalnic, ~ă, ~i, ~e, adj. triumfător 참조
triumfăt|or, -oare, -ori, -oare, adj. **1.** 전승한, 승리한; 개선하는 **2.** 의기양양한; 승리를 자랑하는; 위풍당당한
triumvir, ~i, s.m. (로마)삼두 정치의 집정관
triumvirat, ~e, s.n. **1.** 삼두 정치 **2.**

삼두 정치의 집정관의직(임기)

triunghi, ~uri, s.n. **1.** 삼각(형); ~ dreptunghi 직각삼각형; ~ echilateral 등변삼각형; ~ isoscel 이등변삼각형; **2.** 셋이 하나가 되는 것 **3.** [음악]트라이 앵글

triunghiular, ~ă, ~i, ~e, adj. **1.** 삼각(형)의 **2.** [스포츠]세나라(팀)가 참가한

trivalen|t, -tă, -ţi, -te, adj. [화학]3가의

trivial, ~ă, ~i, ~e, adj. 비속한, 저속한, 야비한; 진부한

trivialit|ate, -ăţi, s.f. 저속, 비속; 야비; 진부, 평범

trivializ|a, -ez, -ai, -at, vt. 저속하게 하다, 진부하게 하다

trivializ|are, -ări, s.f. 저속하게함, 진부하게함

trivium, s.n. (중세에서) 3과목 (문법, 논리, 수사)

troac|ă, -e, s.f. **1.** (나무기둥에 판)수조, 함지 **2.** pl. 자질구레한 소유물 **3.** 여물통, 구유 **4.** 바가지 **5.** (방앗간) 말가루통

troahn|ă, -e, s.f. 코감기

troc, s.n. 물물거래

trocar, I. ~e, s.n. [의학]투관침

trocuţ|ă, -e, s.f. troacă의 축소형

trofe|u, -e, s.n. **1.** 노획품, 전리품 **2.** (고대에서)승리의 표시, 전승의 기념품 **3.** ~ de vânătoare 사냥 전리품

trofic, ~ă, ~i, ~e, adj. [의학, 생리]영양에 관한

troglobi|e, -e, s.f. [생물]진동굴성(眞洞窟性)

troglodi|t, -tă, -ţi, -te, s.m. 그리고 f. **1.** 혈거인(穴居人) **2.** [비유]원시적인 생활을 하는 사람; 미개인

trohaic, ~ă, ~i, ~e, adj. [운율]장단격의; vers ~ 장단격의 시

trohe|u, -i, s.m. [운율]장단격

tro|ian, I. -iene, s.n. **1.** 눈쌓임, 눈더미 **2.** 더미, 쌓아올린 것; 무더기 **3.** 고대인의 원시적 방어벽 II. -iană, -ieni, -iene, adj. 트로이의 III. -iană, -ieni, -iene, s.m. 그리고 f. 트로이아인

troic|ă, -i, s.f. 세말이 끄는 썰매

troien|i, -esc, -ii, -it. I.. vt. **1.** 눈이 쌓이다 **2.** 쌓이다 II. vr. 눈으로 덮히다

troienir|e, -i, s.f. 눈쌓임

troieni|t, -tă, -ţi, -te, adj. **1.** 눈쌓인 **2.** 덮힌

troiţ|ă, -e, s.f. **1.** 길가의 십자가 **2.** 세 부분으로 된 성상

troleibuz, ~e, s.n. 무궤도 전차

troleu, ~ri, s.n. (전차의) 트롤리

troliu, ~ri, s.n. [기계]윈치, 권양기(捲楊機)

tromb|ă, -e, s.f. (회오리바람에 의한) 물기둥; 회오리바람

tromb|on, -oane, s.n. 트롬본

tromboni|st, -şti, s.m. 트롬본 연주자

tromboz|ă, -e, s.f. [의학]혈전증

tromp|ă, -e, s.f. **1.** (코끼리의)코; (곤충의)문관(吻管) **2.** [해부]~ (uterină) 나팔관 **3.** [해부]trompa lui Eustache 이관(耳管) 유스타키오관 **4.** [기술]공기펌프 **5.** 사팔

trompe|t, -ţi, s.m. 트롬페트 연주자

trompet|ă. -e, s.f. 트롬페트

trompeti|st, -şti, s.m. 트롬페트 연주자

tron, ~uri, s.n. **1.** 왕좌; 왕위, 재위; a se urca (또는 sui) pe ~ 왕위에 오르다; a pune pe ~ 왕좌에 앉히다 **2.** 교황좌 **3.** (농부의) 궤짝 **4.** [방언]관

tron|a, -ez, -ai, -at, vi. 왕좌에 앉다, 군림하다; 통치하다

tronc, interj. (부딪칠 때 나는 소리) 쾅, 탁; a-i cădea cuiva (cu) ~ la inimă 사랑에 빠지다; ~ Mărico (또는 Marghioalo) 처해있는 상황과 맞지 않는 것을 누가 말하기나 할 때 하는 말

tronca-tra(o)nca, interj. 두 물건이 규칙적으로 부딪히는 소리

troncăn|i, -esc, -ii, -it, I.. vi. (덜컹덜컹, 달칵달칵)소리나다 II. vt. [비유]지껄이다

troncănir|e, -i, s.f. troncănit, s.n. 동사 troncănire의 명사형

troncăt, ~e, s.n. 물건이 부딪치거나 구를 때 나는 소리

troncon, ~uri, s.n. [기하]원뿔대

tronconic, ~ă, ~i, ~e, adj. [기하]원뿔대 모양의

troniş|or, -oare, s.n. **1.** 작은 궤짝 **2.** 작은 관

trop, I. interj. 걸을 때 발이 땅을 밟는 소리 II. ~i, s.m. [수사학]전의(轉義), 비유

tropa(i), interj. trop I. 참조

tropă|i, -iesc, -ii, -it, vi. **1.** 발이 땅을 밟는 소리를 내다 **2.** 춤추다, 놀다

tropăi|ală, -eli, s.f. 발이 땅을 밟음; 땅을 밟는 소리

tropăit, s.n. **tropăitură** s.f. tropăială 참조

tropic, ~e, s.n. **1.** 회귀선 **2.** pl. 열대지방

tropical, ~ă, ~i, ~e, adj. 열대의; 열대성(지방)의; căldură ~ă 열대더위

tropism, s.n. [식물]굴성(屈性), 향성(向性)

troposferă, s.f. [기상]대류권

tropot, ~e, s.n. 말발굽이나 신소리

tropot|a, -ez, -ai, -at, **tropoţ|i,** **-**esc, -ii, -it, vi. 말발굽 소리나다, 발이 땅에 디딛는 소리나다

tropotit, s.n. tropot 참조

trosc, interj. 떨어지거나 부딪치거나 찢어질 때 나는 소리

troscot, s.n. [식물]질경이

trosnet, ~e, s.n. trosnitură 참조

trosn|i, -esc, -ii, -it, I. vi. **1.** (나무에 대해) 나무가 갈라지고 부서지고 타는 등의 소리를 내다; 우지끈, 탁 소리나다 **2.** [비유]커다란 성공을 거두다; 유명해지다 **3.** (총이)파열소리를 내다 **4.** 채찍소리를 내다 II. vt. (관절)소리내다; a-şi ~ degetele 손가락을 펴서 소리 내다

trosnir|e, -i, s.f. 동사 trosni 의 명사형

trosnit|or, -oare, -ori, -oare, adj. 부딪치는 소리를 내는

trosnitur|ă, -i, s.f. 우지끈소리; 탁소리; 우지끈, 탁

trotil, ~uri, s.n. [화학]트리니트로 톨루엔

trotinet|ă, -e, s.f. 롤러스케이트

trotuar, ~e, s.n. 보도, 인도

trubaci, ~, s.m. 나팔수

trubadar, ~i, s.m. 남 프랑스 음유시인

truc, ~uri, s.n. **1.** 속임수; 트릭 **2.** 무개화차

trucaj, ~e, s.f. (영화의)트릭

trud|ă, -e, s.f. **1.** 육체적, 지적 노력; 힘든 일, 수고; 피곤; cu ~ 수고하여, 힘들게; a-şi da toată truda 노력하다 **2.** 수고한 결과; 이득, 이익 **3.** 고통, 아픔

trud|i, -esc, -ii, -it, I. vi. 그리고 vr. **1.** 노력하다, 수고하다, 고생하다 **2.** 괴로워하다, 고통스럽다 II. vt. **1.** 고통주다, 괴롭히다 **2.** 고문하다

trudire, s.f. 동사 trudi 의 명사형

trudi|t, -tă, -ţi, -te, adj. **1.** 피곤한 **2.** 피곤에 지친 **3.** 고통스러운, 괴로운

trudit|or, -oare, -ori, -oare, adj. 고생하는

trudnic, ~ă, ~i, ~e, adj. 매우 피곤한, 지친

trudnici|e, -i, s.f. trudă 참조

trufanda, -le, s.f. (과일 따위의) 첫 과일(햇과일); 조기 과일(채소)

trufaş, ~ă, ~i, ~e, adj. **1.** 거만한, 교만한; **2.** 훌륭한, 대단한

truf|ă, -e, s.f. **1.** [식물]송로(松露)류 **2.** trufie참조

trufi|e, -i, s.f. **1.** 교만, 거만; cu ~ 교만하게, 거만하게 **2.** 훌륭함, 대단; 웅장

trunchi, ~uri, s.n. **1.** 나무줄기, 나무기둥; ~ de pom 나무줄기, 나무기둥 **2.** 도마 **3.** 그루터기 **4.** ~ de con 원뿔대; **5.** 토르소 (머리 및 손발이 없는 조상)

trunchi|a, -ez, -ai, -at, vt. **1.** 잘라내다 **2.** [비유]절단하다

trunchia|t, -tă, -ţi, -te, adj. 절단된, 잘라낸

trunchiuleţ, ~e, s.n. trunchi의 축소형

trup, ~uri, s.n. **1.** 몸, 신체, 육체; (cu) ~ şi suflet 전부; (a fi) ~ din ~ul cuiva a)....에서 출생하다 b)일부분이다; a fi ~ şi suflet cu cineva 누구와 밀접하게 관련되어있다 **2.** 토르소 (머리 및 손발이 없는 조상) **3.** 신체; **4.** (건물의)주부분 **5.** 한 구획의 토지 **6.** (옛)단위부대

trup|ă, -e, s.f. **1.** [군사]부대; 단위부대 **2.** [연극]극단

trup|esc, -ească, -eşti, adj. **1.** 육체의, 신체의 **2.** 육감적인, 육체적인, 관능적인

trupeş, ~ă, ~i, ~e, adj. **1.** 건장한; 강한; 신체가 잘 발달한 **2.** (경멸적으로) 뚱뚱한

trupeşie, s.f. 건장함

trupeşte, adv. 신체적으로

trupiţ|ă, -e, s.f. 쟁기의 날

trupşorel, ~e, **trupuşor,** ~oare, trup의 축소형

trus|ă, -e, s.f. **1.** 연장주머니; 왕진가방; (칸막이가 있는) 가방; ~ de prim ajutor 붕대상자 **2.** 도구, 연장; ~ de bărbierit 면도도구; ~ de cusut 재봉 도구

trusou, ~ri, s.n. 신부의 혼수; 태어날 아기의 준비용품

trust, ~uri, s.n. 트러스트, 기업합동

trust|man, -meni, s.n. 트러스트 참가자

truver, ~i, s.m. 북프랑스의 음유시인

tu, pron. pers. **1.** 너(2인칭) **2.** (비인칭)한명 **3.** nici ~ ... nici ~ 아무도 아니다

tub, ~uri, s.n. **1.** 관, 통; 튜우브; ~ de sticlă 유리관 **2.** (음악 악기에서) 음관; ~ de orgă 오르간의 음관 **3.** (치

약, 물감)튜브 **4.** 탄피 **5.** [해부]관, 도관, 유도관; ~ digestiv 소화기(消化); ~ capilar 모세관; **6.** ~ electronic 전자진공관; ~ röntgen 렌트겐 방사선관

tubaj, ~e, s.f. [의학]삽관법

tub|are, -ări, s.f. 쇠관삽입

tub|ă, -e, s.f. [음악]튜바

tubercul, ~i, s.m. **1.** [식물]덩이줄기, 괴경 **2.** [의학]결절(結節), 돌기, 융기

tubercula|t, -tă, -ți, -te, adj. [식물] 덩이줄기(괴경)가 있는

turberculin|ă, -e, s.f. [의학]투베르쿨린 주사액

tuberculiz|a, -ez, -ai, -at, I. vt. 투베르쿨린을 주사하다 II. vr. 투베르쿨린이 주사되다

tubercul|os, -oasă, -oşi, -oase, I. adj. 결핵성의 II. s.m. 결핵 환자

tuberculoză, s.f. 결핵

tuberoz|ă, -e, s.f. [식물]월하향(月下香)

tubiform, ~ă, ~i, ~e, adj. 튜브 형태의

tubing, ~uri, s.n. 석유 축출관

tubular, ~ă, ~i, ~e, adj. **1.** 통모양의 **2.** 통으로 구성된

tubulatur|ă, -i, s.f. 배관식

tubuleț, ~e, s.n. tub의 축소형

tubulur|ă, -i, s.f. 관이 달린 곳

tubuş|or, -oare, s.n. tub의 축소형

tucan, ~i, s.m. 남아메리카 열대지방의 이동 철새

tuci, s.n. **1.** 주철 **2.** ~uri, 주철 주전자

tuciur|iu, -ie, -ii, adj. 어두운 색깔의

tude|sc, -scă, -şti, adj. (드물게) 독일의

tuf, ~uri, s.n. (광물)응회암

tufan, ~i, s.m. **1.** [식물]너도밤나무의 일종 **2.** 덤불 **3.** 막대

tufar, ~i, s.m. **1.** 덤불; **2.** 뿌리에서 자라는 가지를 가진 나무 **3.** 초막

tuf|ă, -e, s.f. **1.** 덤불; ~(de Veneția) 전혀 아니다; a fi ~ a)아무것도 없다; b)아무것도 모르다; ~-n pungă 또는 ~-n buzunar a)무(無); b)돈 없는 사람 **2.** 머리다발 **3.** 푸른 나뭇가지 **4.** 막대, 곤봉

tufăn|ică, -ele, s.f. 국화

tufări|e, -i, s.f. 덤불, 관목숲

tufăriş, ~uri, s.n. 덤불

tufecci|u, -i, s.n. 파나리오트시대의 친위병

tufiş, ~uri, s.n. 덤불, 숲

tufişoar|ă, -e, s.f. tufiş의 축소형

tufos, -oasă, -oşi, -oase, adj. 울창한, 무성한

tui, ~uri, s.n. 터어키 깃발(반달모양의 창, 말꼬리 등이 있는)

tuia, s.f. [식물]측백나무

tuieş, ~ă, ~i, ~e, adj. 반쯤 미친, 실성한

tul, ~uri, s.n. (베일 따위에 쓰는) 얇은 명주 만사

tulai, interj. [방언]화남, 놀람을 표하는 감탄사

tulbura, tulbur, -ai, -at, I. vt. **1.** 흐리게 하다; a ~ apa 물을 흐리게 하다 **2.** 혼란하게 하다, (바다)파도를 일으키다 **3.** [비유]불안하게 하다; 동요하게 하다 **4.** 흥분시키다, 화나게하다 **5.** 선동하다, 교란시키다 **6.** [비유]생각을 혼란스럽게 하다 **7.** 방해하다 괴롭히다 II. vr. **1.** 흐려지다; (하늘에) 구름으로 덮히다, 흐리다;

어두워지다; 불분명해지다 **2.** 불안해지다, 동요되다 **3.** [비유]걱정되다, 고민되다 **4.** 혼란스러워지다

tulbur|are, -ări, s.f. 동사 tulbura의 명사형

tulbura|t, -tă, -ți, -te, adj. **1.** 흐린; (바다, 물결)소용돌이 치는, 동요하는 **2.** (하늘, 구름)흐린 **3.** 불안해하는, 걱정하는; 동요하는 **4.** 흥분된 **5.** 선동된 **6.** 방해된

tulburăt|or, -oare, -ori, -oare, adj. **1.** 흥분하는; 혼란스런 **2.** 걱정하는, 불안한 **3.** 괴롭히는

tulbur|e, -e, -i, -i, adj. **1.** (액체에 대해)흐린, 뿌연; 불투명한 **2.** [비유] (하늘, 날씨) 흐린; cer ~ 흐린 하늘 **3.** (영상에 대해)불분명한, 흐릿한 **4.** (개념, 표현에 대해) 불분명한, 헷갈리는 **5.** (눈, 시선에 대해) 불분명한; a avea vederea ~ 불분명하게 보다 **6.** [비유](사회상태에 대해) 불안한, 혼미한 **7.** (심리 상태) 동요하는 흥분한; 화난

tulbur|eală, -eli, s.f. **1.** 흐림 **2.** 흐린 물

tulbur|el, I. -ea, -ei, -ele, adj. 상당히 흐린 II. -ele, s.n. **1.** 충분히 발효한 포도즙 **2.** sg. 새 포도주

tulbur|iu, -ie, -ii, adj. 상당히 흐린

tulbur|os, -oasă, -oşi, -oase, adj. 흐린

tulei, ~e, s.n. **1.** 깃촉, 깃 **2.** 깃줄기 **3.** 솜털, 솜털같은 수염

tule|u, -i, s.m. **1.** 옥수수줄기 **2.** 깃줄기

tul|i, -esc, -ii, -it, vt. a o tuli (la 또는 de fugă 또는 la sănătatea) (빨리 몰래)도망가다; tule-o! 또는 tulea! 빨리 떠나라!

tulichin|ă, -e, s.f. [식물]서양 팥꽃나무

tulip|ă, -e, s.f. [식물]튤립

tuliu, s.n. [화학]튤륨

tulnic, I. ~e, s.n. 피리 같은 악기

tulnicaş, ~i, s.m. 피리 부는 사람

tulpan, I. ~e, s.n. **1.** 모슬린, 무명 **2.** 삼각두건 **3.** 터반

tulpin|ă, -i, s.f. **1.** [식물]줄기 **2.** [비유](가족, 민족)근원, 기원

tulpiniț|ă, -e, **tulpioar|ă** -e, s.f. tulpină의 줄기

tul|t, -ți, s.m. 옛 터어키, 루마니아 동전

tumb|ă, -e, s.f. **1.** 재주넘기, 공중재비; (de-a)tumba 곤두서서, 거꾸로; a cădea de-a tumba 거꾸로 떨어지다 **2.** [비유]활기찬 움직임

tumbelechi, ~uri, s.n. 팀파니

tumefacți|e, -i, s.f. [의학]종창

tumefi|a, -ez, -ai, -at, I. vr. 붓다 II. vt. 붓게하다, 종기나게 하다

tumefia|t, -tă, -ți, -te, adj. 부은

tumefier|e, -i, s.f. 부음, 종기남

tum|oare, -ori, s.f. [의학]종기

tumul, ~i, s.m. [고고학]봉분, 묘석

tumular, ~ă, ~i, ~e, adj. 무덤의

tumult, ~uri, s.n. **1.** 법석, 소란, 소동, 혼란 **2.** 물의 소용돌이, 급류 **3.** [비유]소동, 혼란(정신적) 불안 **4.** [비유]격정, 흥분; 고통

tumult(u)|os, -oasă, -oşi, -oase, adj. **1.** 소란스런, 시끄러운, 혼란스런 **2.** (물에 대해) 소용돌이치는 **3.** (감정, 열정에 대해) 혼란한, 불안한 **4.** 많은

tumurug, ~i, s.n. 두꺼운 기둥

tun, ~uri, s.n. **1.** 대포; (시)포구, 분화구; ~ de câmp 야포; ~ de asediu 공성포; bubuitul ~urilor 대포소리; ~ antitanc 대전차 대포; ~ antiaerian 대공대포; carne de ~ 육탄병 ; sănătos ~ 정말 튼튼한; înghețat ~ 단단하게 얼은; a dormi ~ 또는 poți să dai cu ~ul 곤히 자다; a scăpa ca din ~ (또는 din gura ~ului)가까스로 빠져나오다

tun|a, tun, -ai, -at, vi. **1.** (비인칭) 천둥치다; tună 천둥치다; a tunat şi-a adunat a)가지각색사람들의 모임이다; b)유유상종 **2.** (비인칭) (벼락 따위가)떨어지다; a tunat 벼락이 쳤다; **3.** 우르르쾅 울리다; 우뢰같은 소리내다 **4.** (대포, 총) 대포소리나다 **5.** [비유]a tuna şi a fulgera 매우 광폭하다 **6.** [방언]갑자기 등장하다 ;

tunar, ~i, s.m. 대포병(수)

tunăt|or, -oare, -ori, -oare, adj. 쾅울리는, 큰소리나는; voce tunătoare, 천둥소리

tun|de, tund, -sei, -s, I. vt. **1.** 자르다, 이발시키다 a ~ iarba 풀을 베다; a ~ oile 양털을 자르다 **2.** [교회]a ~ un popă 신부가 되기 전 머리카락을 자르다 **3.** a o ~ 도망치다 II. vr. 이발하다

tunder|e, -i, s.f. 이발; 양털 자름

tundr|ă, -e, s.f. 툰드라

tunel, ~uri, s.n. **1.** 터널 **2.** (포도주, 맥주)지하실

tuneli|st, -şti, s.n 터널 노동자

tunet, ~e, s.n. **1.** 천둥 **2.** 벼락 **3.** 큰소리, 천둥소리

tungsten, s.n. [광물]텅스텐

tunic|ă, -i, s.f. **1.** (군인, 학생) 웃옷 **2.** (고대 로마) 무릎까지 오는 속옷 **3.** 여자 웃옷 **4.** 양파껍데기

tun|s, I. -să, -şi, -se, adj. 머리 깍은; 털을 벤 II. s.n. (머리, 수염) 자름; 벰, 깍음; maşină de ~ 이발 기계

tuns|oare, -ori, s.f. **1.** tuns 참조(II) **2.** 양털 깍기 **3.** 머리 자르는 방법

tunsur|ă, -i, s.f. tunsoare 참조

tupeu, ~ri, s.n. 뻔뻔스러움; a avea ~l să ... 뻔뻔스럽게 ... 하다

tupil|a, -ez, -ai, -at, vr. **1.** 웅크리다 **2.** 숨다 **3.** 숙이고 앞으로 가다

tur, ~uri, s.n. **1.** 한바퀴 돌기; 일주; 회전; ~ de orizont (문제, 사물의) (망원경, 눈으로)계속적 지역, 토지 관찰 **2.** 일주 여행 **3.** 도정, 거리; ~-retour 왕복, 출발과 도착 **4.** 짧은 산보 **5.** 노력, 인내를 요구하는 행동 **6.** [스포츠](트랙의) 일주; ~ ciclist 자전거 경주 **7.** 라운드, 전반전; ~ final 마지막 라운드 **8.** 순서, 차례

tura, ~le, s.f. **1.** 술탄의 낙관 **2.** 문장 **3.** 동전의 앞면 **4.** [가족]서명; a-şi pune ~ua 서명하다

turanic, ~ă, ~i, ~e, adj. 투란 사람의, 우랄-알타이어 사람의

turați|e, -i, s.f. **1.** 회전, 선회 **2.** 회전수

tura-vura, interj. 두서없이 말하는 것이나 또는 의미없는 말을 자꾸 말하는 것을 가리키는 말; ce mai ~ ? 쓸데없이 왜 말을 많이 하나 ?

tur|ă, -e, s.f. **1.** (노동자)계층; **2.** 한번 회전 **3.** (장기)카슬 (車에 해당)

turb|a, -ez, -ai, -at, vi. **1.** (개들에 대해) 광견병에 걸리다 **2.** [비유]미쳐 날뛰는

turban, ~e, s.n. 터반
turb|are, -ări, s.f. **1.** 광견병 **2.** 화, 분노 **3.** [속어]~ de cap 혼란
turba|t, -tă, -ți, -te, I. adj. **1.** 광견병, 공수병의 **2.** [비유]미쳐 날뛰는 **3.** [비유]굉장히 큰, 강한; 매우 많은; 거대한, 굉장한
turbă, s.f. 이탄(泥炭)
turbăciun|e, -i, s.f. turbare 참조
turbări|e, -i s.f. 이탄이 많은 지역
turbin|ă, -e, s.f. [기계]터어빈; 회전날개
turbinc|ă, -i, s.f. 군인 양식 배낭
turbi|on, -oane, s.n. **1.** 회오리 바람 **2.** 회오리 소용돌이 (물 등)
turbionar, ~ă, ~i, ~e, adj. 선풍의; 회오리 바람의; 선회하는
turbocompres|or, -oare, s.n. 터빈 압축기
turbogenerat|or, -oare, s.n. 터빈 발전기
turbopomp|ă, -e, s.f. [기계]터빈 펌프
turbopropuls|or, -oare, s.n. [항공] 터빈 프로펠라 엔진
turboreact|or, -oare, s.n. 터빈식 제트엔진
turboventilat|or, -oare, s.n. 터빈 통풍기
turbulen|t, -tă, -ți, -te, adj. 소란한, 부산한; 난폭한, 거친
turbulență, s.f. 소란, 부산함; 거침, 사나움, 난폭함
turbur, s.n. 동요, 흥분
turbur ... tulbur 참조
turc, I. ~i, s.m. 터키인; cum e ~ul şi pistolul 윗물이 맑아야 아랫물이 맑다, 그 주인에 그 하인이다; doar nu dau (또는 vin) ~ii 그렇게 서두른 것 없다; a fi ~ 매우 고집 세다, 이해하려 하지 않다 II. ~ă, ~i, ~e, adj. 터키의; limba ~ă 터키어
turc|esc, -ească, -eşti, adj. **1.** 터키(인)의; cafea turcească 터키 커피; față turcească (남자들에 대해)음흉한 시선; (남자들에 대해) a fi ca o (또는 cu un obraz de) babă turcească 주름살 많고 수염이 없다 **2.** [식물]păpuşoi ~ 터키 옥수수
turceşte, adv 터키처럼, 터키 식으로; 터키어로; a sta (또는 a şedea) turceşte 안장 다리로 앉다
turc|i, -esc, -ii, -it, I. vt. 터키 민족과 동화시키다 II. vr. **1.** 터키인과 동화되다; 이슬람화하다 **2.** 취하다
turcime, s.f. 터키인 총체
turcir|e, -i, s.f. turci의 명사형
turci|t, -tă, -ți, -te, adj. **1.** 이슬람화한; 터키인과 동화된 **2.** (드물게) 터키에 복종한
turcoaic|ă, -e, s.f. 터키 여자
turcoaz|ă, -e, s.f. 터키 옥(玉)
turculeț, ~i, s.m. turc의 축소형
tureac, s.n. tureatcă 참조
tur|eatcă, -etci, s.f. **1.** 장화의 목 **2.** 각반
turel|ă, -e, s.f. 포탑; (기관총의) 총좌
turf, ~uri, s.n. 경마(장)
turgescenț|ă, -e, s.f. [의학]종창
turis|m, -e, s.n. 관광, 유람여행
turi|st, -stă, -şti, -ste, s.m. 그리고 f. 관광객, 유람객
turistic, ~ă, ~i, ~e, adj. 관광의, 유람의, 관광여행에 관한
turiț|ă, -e, s.f. [식물]갈퀴덩굴

turlac, ~ă, ~i, ~e, adj. **1.** 술취한 **2.** 마비된, 무감각한

turl|ă, -e, s.f. 교회탑

turlăc|i, -esc, -ii, -it, vr. **1.** 술에 취하다 **2.** 마비되다

turli|st, -şti, s.m. 교회탑 건축가

turmalin|ă, -e, s.f. [광물]전기석(電氣石)

turm|ă, -e, s.f. **1.** 떼, 무리; ~ de oi 양떼 **2.** (경멸) 사람무리; 떼거리 **3.** [교회]신앙인들 공동체

turment|a, -ez, -ai, -at, vr. 술 취하다

turment|are, -ări, s.f. 술취함

turmenta|t, -tă, -ţi, -te, adj. 술취한

turn, ~uri, s.n. **1.** 탑; ~(de sondă) 천공탑; ~ de apă, 저수탑; a se închide în ~ul de fildeş 세계로부터 폐쇄되다 **2.** (공장) 굴뚝 **3.** (장기) 카슬 (車에 해당)

turn|a¹, torn, -ai, -at, I. vt. **1.** 붓다, 쏟다; a ~ apă vin (în pahar)(잔에) 물, 포도주를 붓다; a ~ ulei peste rană 위로하며 누구의 고통을 달래다; a ~ ulei (또는 gas) peste foc 화를 돋구다 **2.** 따르다 **3.** (형태에)주조하다 **4.** (옷에 대해)본 모양대로 생산되다 **5.** 빠르게 구성하다 (편집하다); a ~ o cerere 요구를 빠르게 생각해내다; a ~ la minciuni 허풍치다 **6.** 만들게 하다; a-şi ~ un rând de haine 옷을 만들게 하다; a-şi ~ o casă 집을 건축하게 하다 **7.** 고발하다 **8.** 감금하다 **9.** a ~ la pumni 때리다, 치다 **10.** (드물게)땅바닥에 쓰러뜨리다; II. vi. 억수처럼 비오다, 비가 쏟아 붓다; torană cu găleata 양동이로 붓는 것처럼 비가 내리다 III. vr. 돌아가다

turn|a², -ez, -ai, -at, vt. 촬영하다, 영화화하다

turnan|t, -tă, -ţi, -te, adj. 회전하는; usă ~ă 회전문; pod ~ 선개교(旋開橋)

turnant|ă, -e, s.f. **1.** 모퉁이, 구부러진 곳 **2.** 회전하는 작은 서가

turn|are, -ări, s.f. turna의 명사형

turna|t, I. -tă, -ţi, -te, adj. 꼭맞는 II. s.n. turnare 참조

trunăt|or, -oare, -ori, -oare, s.m. 그리고 f. **1.** 주조공 **2.** 고발자

turnători|e, -i, s.f. **1.** 주조공장 **2.** 주조업[기술] **3.** [비유]고발, 모함

turnesol, s.n. [화학]리트머스액; hârtie de ~ 리트머스 용지

turne|u, -e, s.n. **1.** 순회공연 **2.** 순회경기 **3.** (정치가)순회 연설 여행

turnir, ~e, s.n. (중세 기사의) 마상(馬上)창시합, 무술시합

turniş|or, -oare, turnuleţ, -e, s.n. turn의 축소형

turnur|ă, -i, s.f. **1.** (뜻하지 않은) 형세, 국면; 추세, 경향; lucrurile an luat altă ~ 일은 다른 국면을 맞이했다 **2.** 표현, 어법

turpitudin|e, -i, s.f. 비열한 행위, 파렴치; 음담패설

turt|ă, -e, s.f. **1.** 납작하고 둥근 빵; a face ~ a)납작하게 누르다; b)취하다; a se face (또는 a se îmbăta 또는 a fi) ~ 완전히 취하다; a-şi trage spuza pe ~ 자신의 이익을 도모하다; a-i coace cuiva turta 해를 끼치다 **2.** 케이크 **3.** 꿀을 짜고 남은 것; 해바라기씨 기름

turt|i, -esc, -ii, -it, I. vt. **1.** 납작하게

누르다 **2.** 으깨다; 짓밟아 죽이다 **3.** [비유]파괴하다; 황폐화하다 **II.** vr. **1.** 납작하게 되다 **2.** 힘이 빠지다, 탕진되다 **3.** 술 취하다

turtir|e, -i, s.f. 동사 turti 의 명사형

turtişoar|ă, -e, s.f. turtă의 축소형

turti|t, -tă, -ţi, -te, adj. **1.** 납작하게 누른; nas ~ 납작코 **2.** 짓밟힌 **3.** (완전히) 취한

trutit|ă, -e, s.f. turtişoară 참조

turtur|ea, turtur|ică, -ele, s.f. [동물]잉꼬비둘기

turture|l, -i, s.m. 잉꼬비둘기 숫컷

turu|i, turui, -ii, -it, vi. 빠르게 말하다; 끊임없이 지껄이다; îi turuie gura 쉴새없이 말하다

turu|ială, -ieli, s.f. 빠르게 말함; 쉴새 없이 지껄임

turuitur|ă, -i, s.f. turuială 참조

turung|iu, -ie, -ii, adj. 오렌지색깔의

tus-, 접두어: 모든; tustrei, tustrele 세명(개)모두

tuse, s.f. 기침; acces de ~ 기침 발작; ~ convulsivă (또는 măgărească) 백일해

tuset, ~e, s.n. (반복되는) 기침

tuslama, ~le, s.f. 소다리와 배 고기로 만든 음식

tuş, ~uri, s.n. **1.** 먹 **2.** 먹 그림

tuş|ă, I. -e, s.f. **1.** sg 인쇄활자 **2.** (피아노, 오르간의) 키, 건반 **II.** [스포츠]터치라인; 드로우인

tuşeu, ~ri, s.n. **1.** (피아노 연주에서) 가볍게 침 **2.** [의학]촉진, 내진 **3.** (드물게) 터치, 일필

tuş|i, -esc, -ii, -it, vi. 기침하다

tuşic|ă, -i, s.f. 아줌마

tuşier|ă, -e, s.f. 스템프의 인주

tuşin|a, -ez, -ai, -at, vt. **1.** (양의 배와 다리를) 짧게 깎아주다 **2.** (수염을)자르다

tuşin|are, -ări, s.f. 동사 tusina의 명사형

tusina|t, I. -tă, -ţi, -te, adj. **1.** (양에 대해) **2.** (수염, 머리) 자른, 이발한 **II.** s.n. tuşinare 참조

tuşinătur|ă, -i, s.f. 양털에서 나온 하급털

tuşit, s.n. 기침

tuşitur|ă, -i, s.f. tuşit 참조

tut|ă, -e, s.f. **1.** [기계]글라스-실린더 **2.** 수다쟁이

tutel|a, -ez, -ai, -at, vt. 뒤를 돌봐주다; 후견인 행세를 하다

tutelaj. ~e, s.n. tutelă 참조

tutelar, ~ă, ~i, ~e, adj. 보호의, 수호하는; 후견의

tutel|ă, -e, s.f. **1.** 후견; 감독 **2.** 보호

tut|ore, -oare, -ori, -oare, s.m. 그리고 f. 후견인; 보호자

tutu|i, -iesc, -ii, -it, vt. vr. (친근한 관계의 표시로써) tu 라고 호칭하다; 누구와 친근한 관계에 있다

tutui|ală, -eli, **tutuir|e,** -i, s.f. **tutuit** s.n. tu 라고 호칭함

tutun, ~uri, s.n. **1.** 담배 잎 **2.** 담배, 타박; ~ de mestecat 씹는 담배; ~ de prizat 코담배; a bea ~ 담배 피다

tutunări|e, -i, s.f. **1.** 담배농사 **2.** [고어]tutungerie 참조

tutunărit, s.n. [고어] **1.** 담배농사 **2.** 담배세금

tutunger|easă, -ese, s.f. tutungioacă 참조

tutungeri|e, -i, s.f. 담배 가게 (성냥,

신문, 우표등을 팜)

tutungioaic|ă, -e, s.f. 담배 파는 여자

tutungi|u, -i, s.m. 담배 파는 사람

tutun|iu, -ie, -ii, adj. 담배 색깔의

twist, ~uri, s.n. 트위스트 춤

Ț

Ț, ț, s.m. 루마니아어 알파벳의 25번째 자

ța, interj. 양들을 쫓거나 부를 때 내는 소리

țac, interj. 가위로 물건을 자를 때 나는 소리

țafandache, s.m. 멋쟁이

țagl|ă, -e, s.f. **1.** (가계) **1.** 쇠막대 **2.** 나무 기둥의 뾰족한 끝; a rămâne cu o chii ~ 응시하다

țah, interj. 개짖는 소리

țaică, s.f. [방언] **1.** 아버지 **2.** 맥주효소

țal, ~i, s.m. (호텔, 레스토랑)서비스와 출납을 할 권한이 있는 웨이터

țambal, ~uri, s.n. [음악]심벌즈

țambalagi|u, -i, s.m. 심벌즈 연주자

țambr|ă, -e, s.f. 건축용 목재

țanc, I. interj. 금속성 소리 II. ~uri, s.n. **1.** invar. la ~ 제시간에 **2.** [방언](척도를 재는) 자 **3.** [방언]가파른 바위

țandără, țăndări, s.f. 나무조각. 돌조각; a se face țăndăr; 조각나다; a-i sări (cuiva) țandăra 화내다

tanțoș, ~ă, ~i, ~e, adj. 거만한, 뽐내는

țanțoșie, s.f. (드물게) 거만, 교만

țap, ~i, s.m. **1.** 숫염소; ~ ispășitor 속죄양; a sta ca un ~ logodit 멍하니 서 있다 **2.** 300cc 맥주잔

țapin|ă, -e, s.f. 나무 다루는데 쓰이는 갈고리

țapoș, ~ă, ~i, ~e, adj. **1.** 뿔이 곧바로 선 **2.** 곧바로 선 뿔을 가진

țar, ~i, s.m. 러시아 짜르(옛 러시아 황재)

țarat, ~e, s.n. 짜르 국가

țară, țări, s.f. **1.** 나라, 국가; Țara Românească a)루마니아; b)발라하이; [고어]Țara de Sus 몰도바; [고어]Țara de Jos 발라하이; Țările de Jos 네덜란드; Țara lui Cremene (또는 Papură - Vodă) 주인이 없어 마음대로 할 수 있는 국가; a plăti cât un colț de ~ 매우 가치가 있다; a pune țara la cale a)나라를 통치하다; b) 자격 없이 정치에 대해 논하다; 많은 것을 토론하다; țara e largă a) 하고 싶은 것, 가고 싶은 데로 모든 것을 할 수 있는 자유가 있다; La colț de țară și la mijloc de masă 또는 la mijloc de masă și la colț de țară 위험 없는 곳; peste nouă (또는 șapte) mări și nouă (또는 șapte) țări 매우 먼 곳에 **2.** 지역, 지방 **3.** 평지, 평야 **4.** 고향, 조국 **5.** 내국; 국내; în ~ și în străinătate 국내와 외국에서; **6.** 마을, 시골; la ~ 시골에서; de (la) ~ 시골의 **7.** 민족; a afla târgul și țara 모든 세계를 경험하다; a se pune cu țară 모든 사람과 갈등을 겪다 **8.** 농민

țarc, ~uri, s.n. **1.** 가축우리. 외양간 **2.**

에워싼 곳; 울타리 담 **3.** [방언]헛간 **4.** 어린아이를 넣어두는 격자 둘레 **5.** 아이 놀이 이름

țarcă, țărci s.f. **1.** (새) 까치; a-i umbla gura ca o ~ 쉴새 없이 말하다; a sta ca țarca în par 떠날 준비가 되어 있다 **2.** [비유,경멸]아가리 **3.** 수다스런 여자 **4.** 빨리 뛰며 가는 사람

țarevici, s.m. (제정시대) 러시아 황태자

țarigrăd|ean, -eană, -eni, -ene, I. adj. 콘스탄틴노플의 II. s.m. 그리고 f. 콘스탄틴노플사람

țarigrăd|eancă, -ence, s.f. 콘스탄틴노플 여자

țarin|ă[1], -e, s.f. **1.** 밭 **2.** 마을 지역

țarin|ă[2], -e, s.f. 옛 러시아 황후

țarism, s.n. 옛 러시아 제정

țari|st, -stă, -ști, -ste, adj. 옛 러시아 황제의

țarțam, ~uri, s.n. [방언] **1.** 술. 테 **2.** 레이스 **3.** 장식

țaț|ă, -e, s.f. [속어] **1.** (누나나 나이 많은 여자에게 대하는 호칭)(특히 지방에서) **2.** 아줌마 **3.** 사랑하는 여자 에 대한 호칭 **4.** 세속적 여자

țăcăli|e, -i, s.f. 작고 뾰족한 수염

țăcăn|eală, -eli, s.f. 동사 țăcăni의 명사형; pe (또는 în) țăcăneală 덜커덩거리며

țăcăn|i, -esc, -ii, -it. I. vi. (규칙적으로 부딪치는 소리)덜커덩거리다, (달각달각)(덜컹덜컹)소리나다. II. vt. 타이프치다 III. vr. 반 미치다

țăcăni|t, I. -turi, s.n. 덜컹덜컹 딸각딸각 소리 II. -tă, -ți, -te, adj. **1.** (말이 걷는 것에 대해) 타박타박 걷는 **2.** [비유]반쯤 미친

țăcănitur|ă, -i, s.f. 덜컹덜컹 소리

țăhn|i, -esc, -ii, -it, vi. 개가 짖다(맹수를 쫓으며)

țăhnit, ~uri, s.n. [방언]개 짖는 소리

țăndăr|i, -esc, -ii, -it, vt. 때려 부수다, 깨뜨리다

țăndăr|ică, -ele, s.f. **1.** 나무 조각 **2.** [비유]조그만 아이 (사람)

țăndăr|os, -oasă, -oşi, -oase, adj. 부서진, 조각난

țăp|oi, -oaie, s.n. **1.** 쇠스랑 **2.** (낚시) 어망 손잡이 **3.** 서까래

țăpoşică, s.f. [식물]강아지 풀

țăpuc, ~i, s.m. țap의 축소형

țăpul|elan, -eni, s.m. 어린 염소

țăran, ~i, s.m. 농민; 시골사람

țăranc|ă, -e, (그리고 țărănci) s.f. **1.** 농민여자 **2.** [어류]황어

țărăncuț|ă, -e, s.f. țărancă 의 축소형

țărăn|esc, -ească, -eşti, adj. 농민의, 농부의

țărăneşte, adv. 농민처럼

țărăni|e, -i, s.f. **1.** 농민의 생활, 조건 상태 **2.** 농민의 언어 **3.** [경멸] 거칠음

țărănime, s.f. 농민; 농민전체

țărăni|st, I. -stă, -şti, -ste, adj. 농민주의자의 II. -şti, s.m. **1.** 농민당원 **2.** 농민당

țărănoi, ~s.m. **1.** [경멸] 농민 **2.** 무례한 놈, 버릇없는 놈

țărăn|os, -oasă -oşi, -oase, adj. 농민처럼의, 농민의

țărcălan, ~uri, s.n. [방언] **1.** (목수의) 콤파스 **2.** (별 주위) 고리, 테

țărcu|i, -iesc, -ii, -it, vt. **1.** 우리에 가두다 **2.** 담으로 에워싸다, 둘러치다

țărcuș, ~e, **țărcuș|or,** -oare, s.n. țarc의 축소형

țărână, s.f. **1.** 흙; fie-i țărâna ușoară **1.** (죽은 사람에게) 편안히 쉬소서; praf și ~ 아무것도 아님 **2.** 묘지 **3.** 지면 **4.** [비유]육체; a se așterne țărânii 땅에 엎드리다.

țărân|os, -oasă, -oși, -oase, adj. (땅에 대해) 부서지는

țărișoar|ă, -e, s.f. țară의 축소형

țărm, ~uri, s.n. **1.** 물가, 강가 **2.** [비유]지역; pe alte ~uri 다른 지역에

țărmu|i, -iesc, -ii, -it. vi. 물가에 도착하다

țărmuit|or, -oare, -ori, -oare, adj. 경계를 정하는; 둘러싸는

țărmur(e), s.n. țărm 참조

țărmur|ean, -eană, -eni, -ene. I. adj. 물가에 사는 II. s.m. 그리고 f. 물가에 사는 사람

țărmur|i, -esc, -ii, -it, I. vt. **1.** 경계짓다 **2.** 한계를 정하다 제한하다 II. vr. **1.** (무엇에)인접하다, 이웃하다 **2.** 물가에 도달하다

țăruș, ~i, s.m. 나무기둥

tățic|ă, -i, s.f. tată의 축소형

țâfn|ă, -e, s.f. **1.** (새의) 병적인 설태, 비강염 **2.** 거만, 건방짐; a-i sări (cuiva) țâfna 화내다; a umbla cu țâfna în nas 항상 싸울 준비가 되어 있다

țâfn|os, -oasă, -oși, -oase, adj. **1.** 거만한 뻔뻔스런 **2.** 변덕스런; 성 잘내는

țâhliș, ~uri, s.n. 가시덤불

țâmburuc, ~e, s.n. țumburuș 참조

țânc, ~i, s.m. 아이

țângă|u, -i, s.m. (경멸)아이

țânțar, ~i, s.m. **1.** 모기; a face din ~ armăsar 과장하다 **2.** 마케도니아의 루마니아인

țânțăraș, ~i, s.m. 작은 모기

țânțărime, s.f. 많은 모기들

țâr, I. ~i, s.m. **1.** 건(乾)대구; slab ca un ~ **1.** 마른, 야윈 **2.** 야윈, 삐쩍 마른 사람 II. interj. 귀뚜라미 우는 소리

țâră, s.f. [방언]조금, 작은 조각, 작은 방울; 걸레; a se face ~ a)부서지다 b)작아지다(무서워서); o ~ a)조금; b)잠시

țârâ|i, pers.3, țârâie, -i, -it. I. vi. **1.** 방울방울 떨어지다 **2.** 가랑비가 오다 **3.** (곤충, 새)찌르륵거리다 **4.** 종이 울리다 II. vt. **1.** 졸졸 흐리게 하다, 방울방울 떨어지게 하다 **2.** (양말)꼬매다

țârâială, s.f. **1.** țârâi 동사 I 의 명사형 **2.** 잠시 오는 가랑비

țârâit, I. s.n. țârâială 참조 II. adv. 찌르륵 거리며

țârâita, s.f. art. cu ~ 방울방울; 천천히; 조금씩

țârc, interj. 귀뚜라미 소리

țârcâ|i, -iesc, -ii, -it. I. vi. (액체에 대해) 방울방울 떨어지다 II. vt. (젖소) 매번 조금 우유가 나오도록 젖을 짜다

țârcovnic, ~i, s.m. **1.** 교회를 청소하고 정리하는 사람 **2.** 교회 합창대

țârcovnic|esc, -ească, -ești, adj. 교회합창대의

țârică, țâricuță, s.f. țâră의 축소형

țârlâ|i, țârlâi, -ii, -it, vi. (악기에 대해)단조로운 불협화음을 내다

țârlâit, ~uri, s.n. 단조로운 불협화음

țârlâit|or, -oare, -ori, -oare, adj. 단조로운 불협화음의

țârlâitur|ă, -i, s.f. 단조로운 불협화음소리

țâruca, s.f. țâră의 축소형; nici ~ 조금이 아닌

țâșn|i, -esc, -ii, -it, vi. **1.** (액체, 증기)솟아나오다, 용솟음치다; 뿜어나오다 **2.** 갑자기 나타나다, 튀어나오다; 어딘가로 갑자기 들어가다; 갑자기 출발하다; 공격하다; 힘있게 부딪치다

țâșnir|e, -i, s.f. 동사 țâșni의 명사형

țâșnit|or, -oare, -ori, -oare, adj. 뿜어나오는, 솟아나는

țâșnitur|ă, -i, s.f. 솟아나옴

țâșt! țâști! interj. (빠른 동작의 인상을 일깨워주며) 휙!

țâțac|ă, -e, s.f. tată의 축소형

Ț

țâț|ă, -e, s.f. **1.** (어머니)젖가슴; 유방; copil la ~ 또는 de ~ 갓난아기; a da ~ 젖을 주다; a avea ~ 젖이 있다 **2.** [동물]젖꼭지 **3.** [속어](항아리, 컵) 주둥이 **4.** 문의 경첩 **5.** [식물]țâța-caprei a)선모(仙茅); b)눈개승마; țâța-oii a)디기탈리스 b)앵초속; țâța vacii a)포도종류 b)앵초속

țâțișoar|ă, -e, s.f. țâță의 축소형

țâțâ|i, țâțâi, -ii, -it, vi. **1.** (곤충, 동물에 대해)찌르륵 울다 **2.** (사람에 대해)(실장에 대해)고동치다, 두근거리다; a-i ~ cuiva inima 무서워 떨다

țâțâit, s.n. 찌르륵 우는 소리

țâțân|ă, -i, s.f. **1.** 문의 경첩; a scoate (pe cineva) din țâțâni 매우 화나게 하다 **2.** 붕방 **3.** 해악의 근원

țâțoas|ă, -e, adj. 큰 젖가슴을 가진

țeapă, țepi, s.f. **1.** 말뚝 **2.** 까끄라기 **3.** pl. 그루터기 **4.** 가시 **5.** (고슴도치)털

țeapăn, ~ă, țepeni, țepene, adj. **1.** 경직된, 굳은; 마비된 **2.** 움직이지 않은, 부동의; 죽은 **3.** (건물에 대해)단단한, 지속적인 **4.** [생물]힘센, 긴장한 **5.** [비유]힘센, 능력있는; 대단한, 굉장한

țeastă, țeste, s.f. **1.** 해골 **2.** (거북이의)등

țeavă, țevi, s.f. **1.** 관, 통; 파이프; ~ de apă, de gaze 수도관, 가스관; (자동차) ~ de eșapament 배기통, 마후라; ~ de recordare 접속관, 도입관; a ~ de scurgere 배출관, 홈통; ~ de benzină 휘발유 송수관 **2.** 총열, 총신; armă cu două țevi **2.** 연발총 **3.** [속어]실패

țechin, ~i, s.m. (이탈리아와 아라비아의)금전

țel, ~uri, s.n. **1.** 목표지점, 목표, 목적; a-și atinge ~ul 목표에 도달하다 **2.** 표적 **3.** 가늠쇠; în ~ 또는 în ~ al puștii 조준하며

țelin|ă, I. -e, s.f. 셀러리 II. -i, s.f. **1.** 휴양지 **2.** 목초지

țelin|os, -oasă, -oși, -oase, adj. (땅에 대해)경작되지 않은

țencuș|ă, -e, s.f. **1.** 쐐기모양 조각(빵, 멜론의) **2.** 나무 조각 **3.** 아이들 놀이 일종

țepelin, ~e, s.n. zepelin 참조

țep|os, -oasă, -oși, -oase, adj. 가시있는, 가시 많은

țepuș|ă, -e, s.f. **1.** 작은 뾰족한 말뚝 **2.** 말뚝의 뾰족한 끝 **3.** 작은 나무 조각 **4.** 가시

țesal|ă, -e, s.f. **1.** 털 빗 **2.** 털을 빗기는 솔 **2.** 매질, 구타

țesal|a, țesăl, -ai, -at, vt. **1.** 동물을 솔로 깨끗하게 해주다 **2.** 심하게 매질하다

țesăl|are, -ări, s.f. 동사 țesala 이 명사형

țesăla|t, I. -tă, -ți, -te, adj. 털 손질된 II. ~uri, țesălare 참조

țesăt|oare, -ori, s.f. 배틀

țesăt|or, -oare, -ori, -oare, s.m. 그리고 f. 직조공

țesători|e, -i, s.f. **1.** 직조업 **2.** 직조공장

țesătur|ă, -i, s.f. **1.** 짬, 뜨개질; 직물, 천, 감; ~ de lână, de bumbac 모, 면직물 **2.** 짜는 방법 **3.** 직조업 **4.** [비유] ~ de intrigi, de minciuni 음모, 날조, 거짓말

țes|e, țes, -ui, -ut, I. vt. **1.** 짜다, 뜨다, 엮다; a ~ pânză옷감을 짜다; a ~ covoare 양탄자를 짜다 **2.** (양말)꼬매다 **3.** 수놓다 자수하다 **4.** (거미줄)잣다, 만들다 **5.** [비유]날조하다, 음모를 꾸미다 II. vr. **1.** 짜지다 엮어지다; [비유]날조되다 **2.** [비유]서로 짜맞추다; 서로 엮다

țeser|e, -i, s.f. 동사 țese의 명사형

țest, ~uri, s.n. **1.** 빵을 구울 때 빵을 담는 종 모양의 그릇 **2.** (거북이의) 등

țest|os, -oasă, -oși, -oase, adj. (거북이처럼)딱딱한 등을 가진

țesu|t, I. -tă, -ți, -te, adj. **1.** 짜진, 엮어진 **2.** 꼬맨 **3.** 수놓은 **4.** (거미줄)만든 **5.** [비유]음모가 꾸며진 II. ~uri, s.n. **1.** țesare 참조 **2.** 천을 짬 **3.** 뜨개질 짬 **4.** [해부]조직

țevar, ~e, s.n. 관 냉각 장치

țevări|e, -i, s.f. **1.** 관, 통의 총체 **2.** 관을 만드는 공장

țevișoar|ă, -e, s.f. 작은 관

țev|os, -oasă, -oși, -oase, adj. 파이프처럼 내부가 빈

țevu|i, -iesc, -ii, -it, vt. 감다

țevuir|e, -i, s.f. 감음

țibă, interj. 개를 쫓는 소리

țică, s.m. invar. 아기에 대한 용어

țicl|ă, -e, s.f. 게 잡는 도구

țiclău, ~ri, s.n. 산꼭대기

țicle|te, -ți, s.m. [조류] **1.** 박새 **2.** 유럽의 동고비

țicling, ~uri, s.n. 마루 긁는 칼

țicneală, s.f. [가족]미침, 정신 나감

țicn|i, -esc, -ii, -it, [가족]I. vr. 실성하다; 반쯤 정신 나가다 II. vt. **1.** 밀치다 **2.** 부수다

țicni|t, -tă, -ți, -te, adj. **1.** 반쯤 정신 나간 **2.** (물건)부서진

țicu|i, pers.3, -iește, -i, -it, vi. (낚시)찌가 갑자기 움직이다

țidul|ă, -e, s.f. [방언]표; 증명서

țif, s.m. 풀줄기

țig|aie, -ăi, I. adj. **1.** (모, 털에 대해) 짧은, 주름있고 보드라운 **2.** (양에 대해) 짧고 꼬불꼬불하고 보드라운 털을 가진 II. s.f. (짧고 보드라운 털을 가진) 양종류

țigan, ~ă, ~i, ~e, I. adj. 집시의 II. s.m. 그리고 f. **1.** 집시; ~ de șatră 유랑집시; ~ de vatră 노예집시; a arunca moartea în ~i 다른 사람에게 죄를 전가하다; a se muta ca ~ul cu cortul a)매우 자주 이사하다; b)안정적이지 못하다; a se îneca ca ~ul la mal 좋은 경과가 올 시점에 실패

Ț

한다, 끝나기 직전에 드러나다 **2.** 집시 음악가, 집시악사; tot ~ul își laudă ciocanul 자기 것을 자랑하다; E învățat ca țiganul cu ciocanul (또는 cu scânteia)사람은 습관 의 동물이다 **3.** 검은 피부의 사람 **4.** 나쁜 태도의 사람

țig|ancă, -ănci, s.f. **1.** 집시 여인 **2.** 민속춤의 일종

țig|ară, -ări, s.f. 권련, 담배; ~ de foi 잎 담배

țigaret, ~e, s.n. 권련 물부리

țigaret|ă, -e, s.f. **1.** 담배 **2.** 권련 물부리

țigănaș, ~i, s.m. 작은 집시

țigănatic, ~ă, ~i, ~e, adj. 집시처럼 검은 피부를 가진

țigănărit, s.n. [고어]집시를 노예로 가진 사람이 내는 세금

țigăncuș|ă, tigăncuț|ă, -e, s.f. țigancă의 축소형

țigănească, s.f. **1.** [방언]민속춤의 일종 **2.** 집시 언어

țigăne|l, -i, s.m. tigan 의 축소형

țigăn|esc, -ească, -ești, adj. 집시의, 집시에 관한

țigăn|i, -esc, -ii, -it, vr. 무엇을 얻기 위해 떼를 쓰다

țigăni|e, -i, s.f. **1.** 집시 민족 **2.** 집시 거주지 **3.** 집시 풍습 **4.** 소음, 시끄러움 **5.** [비유]떼를 씀 **6.** 탐욕

țigănime, s.f. 집시민족

țigăn|os, -oasă, -oși, -oase, adj. **1.** 검은 피부를 한 **2.** 태도가 좋지 못한 **3.** 인색한 **4.** 떼를 쓰는

țigănuș, ~i, s.m. **1.** țigan의 축소형 **2.** 따오기 속의 새 **3.** 인어의 종류

țigări|t, -tă, -ți, -te, adj. 마른

țigher, ~uri, s.n. 포도즙

țigâi, ~, s.m. (곤충)바구미

țiglar, ~i, s.m. **1.** 기와제조인 **2.** 기와장이

țigl|ă, -e, s.f. 기와

țiglări|e, -i, s.f. **1.** 기와공장 **2.** 기와가게

țiglin|ă, -e, s.f. țicling 참조

țignal, ~e, s.n. **1.** 기적, 호적 **2.** 신호

țiit|oare, -ori, s.f. (-oare) 첩

țiitor, -oare, -ori, -oare, I. adj. 지속적인 II. s.m. 그리고 f. 행정가

țiitură, s.f. 민속춤의 일종

țilindr|u, -e, s.n. **1.** 실크 헤드 **2.** 등갓

țimbal.... țambal 참조

țimir, ~e, s.n. 문장표시

țint, I. ~uri, s.n. 뾰족한 끝 II. țânc 참조

țincar, ~i, s.m. 아이

țincvais, s.n. 산화아연의 흰빛, 하얀색의 산화아연

ține, țin, -ui, -ut, I. vt. **1.** (손, 이빨, 손안에, 팔에)쥐다, 잡다, 간직하다; a ~ în mână 손안에 잡다; a ~ de (또는 pe după) gât, mijloc 목, 허리를 휘감다; a ~ cuiva lumânarea a)누구 결혼식에 입회인이 되다 b)손에 촛불을 들고 임종을 지켜보다; a ~ cuiva cununia 결혼입회인이 되다; a ~ cuiva pumnii 누구를 지지하다;[스포츠]a ~ mingea 공을 규정보다 오래갖고 있다; [비유]a ~ pe cineva în mână 누구를 장악하다; a ~ soarta (또는 ursita) cuiva în mâna 누구의 운명을 손안에 쥐고 있다; a ~ de căpăstru 누구를 억누르다; a ~ pe cineva sub papuc 누구를 기를 못 펴게 하다; a ~ tovărășie 누구의

상대가 되다; a nu-l mai ~ (pe cineva) picioarele 더 이상 독립적이지 못하게하다; a nu-l (mai) ~ curelele a)용기가 없다; b)견디어 내지 못하다; c)경비를 지출 할 수 없다; cât mă ~ punga 돈이 충분한 한; a striga cât îl ~ gura 있는 힘껏 소리치다; a-şi ~ gura 입을 다물다; a o ~ morțiş (또는 una şi bună) 무엇을 고집하다; a o ~ într-una 계속해서 반복하다; a ~ frânele țării 지배하다; 2. (일정한 상태, 방향에서)유지하다; a ~ nasul (pe) sus 교만하다, 코를 쳐들다; a ~ capul sus 자부심이 강하다 3. (업무에서) 고용하다; a ~ servitori 하인들을 고용하다 4. [비유]행하다; a ~ o cuvântare 연설하다; a ~ judecată 재판하다; a ~ sfat 충고하다; a ~ luptă, război 전투, 전쟁을 하다; a ~ strajă 감시하다 5. [속어]사랑하다 6. (누구와)결혼하다; a ~ pe fata cuiva 누구의 딸과 결혼하다 7. 보관하다, 간수하다; a ~ ceva bine 무엇을 잘 보관하다; a ~ pentru sine 무엇을 간직해두다; a ~ ceva pentru zile grele 무엇을 어려운 때를 위해 간직해두다 8. 보존하다; 사라지지 않게, 상하지 않게 하다; 지속하도록 하다; 유지하다; a ~ legăture cu cineva 누구와의 관계를 유지하다; a ~ mânie, supărare 화내다; a ~ o taină, un secret 비밀을 유지하다; a ~ ceva secret 무엇을 비밀로 하다; a ~ minte a)기억하다; nu pot ~ minte numele 이름을 기억할 수 없다; a-i ~ cuiva (de) cald 누구에게 유용하다, 쓸모있다; a ~ căldura, mirosul 온기, 향기를 보존하다; [비유] a ~ în evidență a)누구에 관심이 있다; b)주목하다; a ~ în suspensie 미결정 상태에 있다 **9.** (건강을)유지하다; a ~ în viață, 살아있다 **10.** 지키다; a ~ o promisiune 약속을 지키다; a-şi ~ cuvântul 언약을 지키다 **11.** 개최하다; a ~ cursuri 강의하다 **12.** 다물다; a-şi ~ gura 입을 다물다 **13.** 속박하다, 막다; a ~ la închisoare 감옥에 가두다 **14.** 막다, 저지하다; a ~ pe loc (în loc)막다; a ~ drumul cuiva a)길을 막다 b)훼방하다; c)누구를 추적하다; a~ de vorbă 시간을 보내기 위해 누구를 붙잡고 있다, 잡담하다; a ~ pe cineva cu vorba 그럴싸한 말로 누구를 구슬리다; a-şi ~ râsul, plânsul 웃지, 울지 않을 수 없다; a-şi ~ răsuflarea 숨을 죽이다; **15.** 기다리게 하다; a ~ pe cineva mult 누구를 오래 기다리게 하다 **16.** 지배하다; a-şi ~ firea 자제하다, 침착하다 **17.** 방해하다; a ~ pe cineva să nu facă un lucru 일을 못하게 하다; a ~ de scurt 속박하다; a ~ de rău 욕하다 **18.** 방어하다; a ~ frontul, un oraş 전선, 도시를 방어하다; a ~ duşmanul în loc 적을 방어하다; a ~ piept cuiva 누구에게 저항하다; a ~ piept unei greutăți, primejdii 어려움, 위험에 맞서다 **19.** 적다; a ~ contabilitatea, socotelile 회계를 보다; a ~ socoteală de ceva 무엇을 고려하다 **20.**차지하다; a ~ loc pentru cineva 누구를 위해 자리를 차지하다; a ~ locul cuiva a)누구를 대리하다; b)누구를 위해 자리를 지키다; a ~ loc de ceva 무엇의 직무를 완수하

다 **21.** 소유하다; 지배하다; a ~ o casă cu chirie 세들어 살다; a ~ mașină 자동차를 소유하다; a ~ casă mare 부유하게 살다; a ~ casă deschisă 손님을 기쁘게 맞이하다; a-și ~ rangul 자신의 분수에 맞는 생활을 하다; a ~ casă cu cineva 누구와 결혼하며 살다 **22.** 돌보다; a ~ pe cineva la școală 누구를 학비를 대주고 학교에 보내다; a ~ (ceva, pe cineva) bine, rău (누구를, 무엇을) 잘, 나쁘게 대하다; a ~ (pe cineva)pe cheltuială sa 누구의 지출을 도맡다; a ~ pe băutură și mâncare 누구를 숙박시키다; a ~ ca pe palme 사랑으로 모든 요구를 들어주며 돌보다; a-și ~ viața (또는 sufletul) numai cu legume 채식주의자다 **23.** 포함하다, 담다; butoiul ~ 50 litri 이 통은 50리터용이다; nu-l mai ~ pământul (또는 locul) de bucurie 그는 좋아서 어쩔줄 모른다 **24.** 길을 가다; 관찰하다, 지키다; 수행하다; a ~ drumul 길을 가다; a-și ~ drumul 자신의 길을 가다; a ~ marea 바다를 지키다; a ~ hotărâre 결정을 내리다; a ~ legea 법을 지키다; a ~ sărbătorile 축제를 거행하다 **25.** 무엇으로 간주하다; a ~ pe cineva de om serios; 누구를 진지한 사람으로 간주하다 **26.** (병, 고통에 대해) 걸리다, 고통받다; (신체기관)아프다; mă ~ febra de mult 오래전부터 열이 있다; mă ~ un junghi 옆구리가 쑤신다; ce-l ~ ? 어디가 아프지요?; mă ~ la lingurică, 배가 몹시 고프다 **27.** 돈이 많이 들다; casa asta mă ~ mulți bani 이집은 많은 돈이 든다 **28.** 의무를 지우다; a ~ pe cineva să plătească despăgubiri 손해를 지불할 의무가 있다 **II.** vi. **1.** (de ...) 붙잡고 있다; a ~ de coadă 자루를 붙잡다 **2.** 단단한게 박혀있다, 고정되어 있다; cuiul ~ bine 못이 잘 박혀있다; [비유]a ~ de un fir de păr 위험천만이다, 위기일발이다 **3.** 속하다; tabloul ~ de-o colecție 이 그림은 수집에 속한다 ; a ~ de domeniul fantasticului 환상의 영역에 속한다 **4.** 누구의 의무이다; 누구의 능력에 속한다; 누구를 흥미(관심)있게 하다; ~ de el să ... 하는 것은 그에 달려있다; ~ de specialitatea lui 그의 전문 분야에 속하다 **5.** 호의를 갖다, 좋아하다, 애착이 가다; a ~ la cineva 누구를 좋아하다; a ~ la viață 인생에 애착을 갖다 **6.** 누구의 편에 서다; ~ cu noi 우리편에 있다; a ~ contra cuiva 누구에 반대하다; a ~ la un loc 일치하다, 연대하다; a ~ laolaltă 같이 있다 **7.** (열열히)희망하다; 큰 가치를 두다; 무엇을 고집하다; țin să văd muzeul 박물관을 보고 싶다; ~ să meargă la teatru 극장에 가고 싶어한다; țin să te conving 너를 설득시키는 것이 중요하다; țin să spun 말하고 싶다 **8.** (따뜻하게, 차갑게)하다; a-i ~ cuiva de frig 누구를 추위로부터 막아주다; 따뜻하게 해주다; a-i ~ cuiva de foame 배부르게 하다; a-i ~ cuiva de urât 재미있게 해주다 **9.** 고집하다; a ~ la părerea sa 자신의 생각을 고집하다; a ~ la vorba sa 자신의 결정을 지키다 **10.** 지속되다; ~ la oboseală 피곤이 지속되다 **11.** 걸리다,

지속되다; festivitățile țin două zile 축제는 이틀동안 지속된다; timpul frumos ~ de o săptămână 좋은 날씨는 일주일전부터 계속되다 **12.** 튼튼하다, 오래보존되다; ghetele țin bine 구두는 튼튼하지 않다; fructele acestea nu țin 이 과일은 오래 보존되지 못한다; culoarea aceasta (nu) ~ bine 이 색깔은 오래간다(가지 못한다) **13.** a ~ la (spre, pe) dreapta, stânga, 오른쪽, 왼쪽으로 가다 **14.** a ~ către (또는 spre) cineva, ceva, 무엇, 누구를 향해가다 III. vr. **1.** 잡다; a se ~ de balustradă 난간을 잡다; a se ~ de mână 손을 잡다; ține-te bine să nu cazi ! 떨어지지않게 잘 잡아라; a se ~ bine în şa a)안장에 잘 앉다; b) 자신의 자리를 확고하게 지키다; a se ~ cu mâinile de burtă de râs 배를 잡고 웃다 **2.** 단단히 잡고 있다; a se ~ doar într-un fir de ață 거의 떨어질(찢어질)지경이다; [비유]a se ~ doar într-un fir de păr 위기일발이다 **3.** (어떤 상황에서)똑바로, 의연히 서있다; a se ~ drept 똑바로 서 있다; a nu se mai putea ~ pe picioare de oboseală 피곤에 지쳐 쓰러지다; (건물에 대해) abia se mai ~ 쓰러질려고 한다; a ~ cu nasul pe sus 교만하다; a se ~ cu capul pe sus 거만하다 자부심이 강하다; a se ~ departe 옆에 떨어져 서다 **4.** (după de cineva) 달라붙다, 바짝 뒤따르다; 떨어지지 않다; [비유]누구에게 복종하다; 모방하다; a se ~ după cineva a) 누구를 따라가다; b)누구를 모방하다; c)[비유]뒤를 쫓다; a se ~ de cineva a)누구 뒤를 쫓다; b)누구를 추적하다; a se ~ unul după altul (또는 în şir)열지어 뒤쫓아가다 **5.** (어딘가에)머무르다; a se ~ în rezervă (또는 la o la distanță) 무엇에 참여하지 않다, 거리를 두다; a se ~ sufletul în cineva 살다, 살아있다 b [비유](de ceva)종사하다; ...외에는 아무것도 안한다; a se ~ de carte 배우는 것에 전념하다; a se ~ de ale sale 자신의 일을 돌보다; a se ~ de treabă 열심히 일하다; a se ~ de prostii 바보짓을 하다; a se ~ numai de minciuni 계속 거짓말 하다; a nu se ~ decât de teatru 극장에 가는 것 외에는 아무것도 안한다 **7.** 평가되다, 간주되다; 여겨지다 ; a se ~ mândru자부심 있는 척하다; a se ~mai cu cap 현명하다고 여겨지다; a se ~ noro-
cos 행운이 있다고 생각되다 **8.** 자제하다; a se ~ să nu râdă 웃지 않을 수 없다; nu se mai ~ de bucurie 좋아서 죽을 지경이다 **9.** 지키다, 따르다; a se ~ de sfaturile primite 충고를 따르다; a se ~ de lege 법을 지키다 **10.** 지키다; a se ~ de cuvânt 약속을 지키다 ; a se ~ de promisune 약속을 지키다 **11.** 잘 행동을 유지하다; a se ~ treaz 깨어있다; a se ~ gata 준비되어있다; ține-te bine ! 용기를 내자! **12.** 힘있다, 건강하다; a se ~ bine 건강하다; se ~ bine la vârsta lui 나이에 비해 아직 건강하다; a se ~ viu, cu zile 살아있다 **13.** (누구와) 애정관계를 갖다 **14.** 개최되다; această săr- bătoare nu se ~ 이 축제는 개최되지 않을 것이다; mâine

nu se țin cursuri 내일 강의가 없다; examenul se ~ în iunie 시험은 6월에 본다 **15.** 속하다

ținer|e, -i, s.f. 동사 ține 의 명사형

țingău, țângău, 참조

ținghilinghi, interj. 종소리; 딸랑딸랑

țintar, I. ~e, s.n. 유희의 일종 II. ~i, s.m. 홍방울새

țintaş, ~i, s.m. 사수

ținta|t, -tă, -ți, -te, adj. **1.** 못박힌 **2.** (동물에 대해)이마에 흰점이 있는

țintaur|ă, -e, s.f. [식물]용담과의 초본

țint|ă, -e, s.f. I. 못 **2.** (옥수수에 대해) în țințe 거의 익은, 먹을 정도 된 **3.** 이마의 흰점 **4.** 표적; a trage la ~ 표적을 향해 쏘다; a ajunge la ~ 목표에 도달하다; a fi ținta tuturor privirilor 모든 주목의 대상이다 **5.** 표적사격 **6.** (부사적으로) a privi ~ 응시하다; cu ochii ~ la cineva 누구를 응시하는 눈으로; a privi (또는 a se uita) fără (de) ~ 허공을 바라보다 **7.** [스포츠]목표 **8.** [비유] 목적

ținteş, ~ă, ~i, ~e, adj. **1.** (사람에 대해)잘 조준하는 **2.** (눈에 대해)날카로운

țint|i, -esc, -ii, -it, vt. **1.** (그리고 vi.) 조준하다; [비유](무엇, 누구를)암시하다 **2.** 고정시키다; a ~ privirile la ceva 무엇을 응시하다, 무엇에 시선을 고정시키다 **3.** (그리고 vi.) [비유]무엇을 겨냥하다; 무엇을 목표로 하다

țintir|e, -i, s.f. 동사 ținti 의 명사형

țintirim ~uri, s.n. 묘원, 묘지

țintişoar|ă, -e, s.f. țintă의 축소형

ținti|t, -tă, -ți, -te, adj. (눈에 대해)응시하는

țintit|or, -oare, -ori, -oare, adj. **1.** (무기로)조준하는 **2.** (무엇을)겨냥하는, 목표로 하는

țintu|i, -iesc, -ii, -it, vt. **1.** 못으로 무엇을 박다; [비유]a ~ la stâlp (또는 la stâlpul infamiei) 공개처형하다 **2.** 고정시키다, 움직이지 못하게 하다; a ~ (pe cineva) locului 서게하다, 움직이지못하게 하다; a rămâne țintuit locului (또는 pe loc, în loc) 서다, 그 자리에 움직이지 않고 있다 **3.** 못 등으로 장식하다

țintuir|e, -i, s.f. 동사 țintui의 명사형

țintui|t, -tă, -ți, -te, adj. **1.** 못 박힌 **2.** 고정된, 움직이지 않는 **3.** 못 등으로 장식된, 보석으로 장식된

ținut, ~uri, s.n. **1.** 지역, 구역 **2.** 장소 **3.** 나라

ținutal, ~ă, ~i, ~e, adj. 지역의, 구역의

ținutaş, ~ă, ~i, ~e, s.m. 그리고 f. 지역, 구역에 사는 사람

ținut|ă, -e, s.f. **1.** 몸가짐, 태도; 행동 **2.** 옷입는 모양; 옷, 제복; ~ de stradă 외출용정장; mare ~ 또는 ~ de ceremonie (de gală, de rigoare) 축제복, 예복; mică ~ 또는 ~ de serviciu 작업복; ~ de seară 야회복 **3.** [음성]길게 뽑음

țip|a, țip, -ai, -at, I. vi. **1.** (크게)소리지르다; a ~ la cineva 누구에게 소리지르다 **2.** 큰소리로 싸우다 **3.** a ~ după cineva 누구를 부르다 **4.** (색깔에 대해)좋지 않은 느낌을 주다 II. vt. **1.** 던지다 **2.** (옷을) 벗어 던지다 **3.** 내던지다 **4.** 쫓아버리다

Ț

țipar, ~i, s.m. (어류)뱀장어
țipa|t, -tă, -ți, -te, adj. 소리 지르는; 큰소리로 말하는
țipăt, ~e, s.n. 부르짖음, 외치는 소리
țipăt|oare, -ori, s.f. (사냥꾼의)호적
țipăt|or, -oare, -ori, -oare, adj. **1.** (목소리에 대해)날카로운 **2.** (색깔, 빛)너무 강한
țipenie, s.f. (부정적 문장에서) 사람; nu se vedea (nici) ~ de om în casă 이집에 사람 한명도 없다
țipirig, s.n. **1.** [화학]염화암모늄 **2.** [식물]골풀, 등심초
țipl|ă, -e, s.f. **1.** (창문으로 쓰는) 말린 동물의 방광; 양피지 **2.** 양피지; 셀로판지
țipot|i, -esc, -ii, -it, vi. [방언]끊임없이 소리 지르다, 한탄하다
țist, interj. 쉿
țistu|i, -iesc, -ii, -it. I. vt. **1.** (그리고 vi.) 누구에 조용히 하라고 쉿 소리를 내다 **2.** 조용히 시키다 II. vi. (탄환) 쉿소리를 내다
țistu|ială, -ieli, **țistuitur|ă,** -i, s.f. **1.** 쉿소리 **2.** (총알의)쉿소리
țiştar, ~i, s.m. [동물]산쥐의 한 종류
țiter|ă, -e, s.f. 거문고와 비슷한 고대 현악기
țiței, ~uri, s.n. 석유; 여러 석유 종류
țiu, I. interj. **1.** 말 모는 소리; **2.** 쉿소리 II. ~ri, s.n. **1.** 끌종류 **2.** 도끼 종류
țiu|i, țiui, -ii, -it, vi. **1.** 휘파람 소리가 나다, 쐣소리가 나다 **2.** (귀에 대해)윙윙거리다; îmi ~e urechea (또는 urechile, în urechi) 귀가 윙윙거리다 **3.** (새에 대해) 지저귀다
țiuit, ~uri, s.n. **1.** 휘파람 소리 **2.** (귀) 윙윙거리는 소리 **3.** 새 지저귐
țiuit|oare, -ori, s.f. **1.** 피리 **2.** [방언] 호적(사냥꾼의)
țiuit|or, -oare, -ori, -oare, adj. 윙윙거리는, 휘파람 소리내는
țiuitur|ă, -i, s.f. țiuit 참조
țivil ...... civil 참조
țivl|i, -esc, -ii, -it, vi. [방언]소리 지르다
țoal|ă, -e, s.f. 옷; 낡은 쟈켓
țoap|ă, -e, s.f. 무례한 놈, 촌뜨기
țocă|i, țocăi, -ii, -it, I. vr. 서로(소리 내며)키스하다 II. vr. 무엇을 빠는 것처럼 자면서 입술을 쩝쩝거리며 움직이다
țocăit, ~uri, s.n. **1.** 쪽하는 키스 **2.** 아이들 빨 때 내는 소리
țoi, I. ~, s.m. [조류]동고비 II. ~uri, s.n. 소주잔
țol, I. ~i, s.m. 길이 단위 (**25.** 4 mm) II. ~uri, s.n. 두터운 담요
țolet, ~uri, s.n. 많은 옷
țolin|ă, -e, s.f. 나쁘고 사악한 여자
țolinc, ~e, s.n. [방언]두터운 담요
țop, I. interj. 떨어지거나 갑작스런 행동 표현 **2.** 행동, 상황의 변화를 표현하는 말 **3.** 누군가의 도착에 내는 소리
țopă|i, țopăi, -ii, -it, vi. 껑껑충 뛰다; 무질서하게 움직이다; 춤추다
țopă|ială, -ieli, s.f. țopăi의 명사
țopăit, s.n. **țopăitur|ă,** -i, s.f. țopăi의 명사형
țopârc|ă, -i, s.f. [방언]țopârlan 참조
țopârlan, ~i, s.m. 촌뜨기, 무례한 놈
țopârlanc|ă, -e, s.f. 촌뜨기 여자
țopârlăn|esc, -ească, -eşti, adj. 촌뜨기 처럼

Ț

țopârlăn|i, -ese, -ii, -it, vt. 촌뜨기라고 욕하다
țuc|a, țuc, -ai, -at, vt. 서로 키스하다
țucal, ~e, s.n. 요강
țucără, adj. invar. fasole ~ 강낭콩
țug, ~uri, s.n. 기차
țugui, ~e, s.n. **1.** 산꼭대기 **2.** 한 물건의 뾰족한 끝
țugui|a, -ez, -ai, -at, I. vr. 뾰족해지다, 뾰족하게 높아지다 II. vt. 입술을 오무리다
țuguia|t, -tă, -ți, -te, adj. 뾰족해진
țuguier|e, -i, s.f. țugui의 명사형
țuguitur|ă, -i, s.f. țugui 참조
țuhaus, s.n. 감옥
țuhă|i, -iesc, -ii, -it, vt. 목적 없이 왔다 갔다 하게 하다, 힘들게 일시키다; [비유]괴롭히다
țuicar, ~i, s.m. **1.** țuică 제조자, 판매자 **2.** țuică 마시는 사람
țuic|ă, -i, s.f. **1.** 열매나 자두로 만든 술(화주); cazan de ~ 화주(火酒) 증류기; cu țuica-n nas, 술 취한 **2.** 화주(火酒)
țuicări|e, -i, s.f. țuică 선술집
țuicu|i, -iesc, -ii, -it, vt. țuică를 마시다
țuicu|ială, -ieli, tuică 마심
țuicul|eană, -ene **țuiculiț|ă,** -e, s.f. țuică의 축소형
țuluc, ~i, s.m. 가마
țumburuş, ~e, s.n. (둥근)단추
țundr|ă, -e, s.f. [방언]농민외투
țundriț|ă, -e, s.f. [방언]tundră 의 축소형
țup .... țop 참조
țurcan, ~ă, ~i, ~e, adj. (털, 모에 대해)긴 털의; 거친; oaie țurcană 거칠고 긴 털을 가진 양
țurcan|ă, -e, s.f. 거칠고 긴 털을 가진 양
țurc|ă, -i, s.f. **1.** 아이들 놀이 일종 **2.** 긴 털의 털 모자
țurcăn|esc, -ească, -eşti, adj. 긴 털 양의
țurl|oi, -oaie, s.n. **1.** [해부]경골 **2.** 낭적 피리 **3.** 고드름 **4.** 물도랑
țurțur, ~i, s.m. **1.** 고드름 **2.** pl 술, 테 **3.** 물도랑
țurțura|t, -tă, -ți, -te, adj. 고드름 달린
țuş|că, -ți, s.f. **1.** 양 종류 **2.** 매듭지은 손수건 (일종의 단체 유희로 이것을 찾아냄); a se face ~ 취하다 **3.** 작고 매운 고추
țuşcov, ~i, s.m. [어류]대구
țuşti, interj. 갑작스럽고 급격한 움직임을 나타내는 말
țuț, ~uri, s.n. 혹, 융기
țuțăneasca, s.f. 농민층 일종
țuțui, ~uri, s.n. țugui 참조
țuțui|a, țuțui, -ai, -at, vt. 기어오르다
țuțu|ian, -ieni, s.n. 트란실바니아 양치기
țuțu|iancă, -ience, s.f. 트란실바니아 양치기 부인
țuțur|oi, -oaie, s.n. **1.** 흐름 **2.** 수도꼭지

U

U, u, I. s.m.루마니아어 알파벳의 26 번째 자 II. interj;놀람, 분노, 후회를 표현하는 감탄사; 환호성을 표현하는 말; 동물(특히 늑대)소리를 흉내 내는 소리

ubicuitate, s.f. 동시에 도처에 있음

ucaz, ~uri, s.m. 명령, 칙령, 훈령,

ucenic, ~ă, ~i, ~e, s.m.f. **1.** 도제 **2.** 철학, 예술의 계승자

ucenic|i, -esc, -ii, -it, vi. 도제로서 사부 선생에게 배우다, 실습하다

ucenici|e, -i, s.f. 도제로서 일함, 도제의 직업, 상태; 도제로서의 시간

ucide, ucid, ucisei, ucis, I. vt. **1.** 죽이다, 살해하다; a ~ cu pumnalul 칼로 찔러 죽이다; a ~ cu un glonț 총으로 살해하다. **2.** 파괴하다; 분쇄하다 **3.** [방언]때리다 **4.** [고어]으스러뜨리다, 눌러 부수다 II. vr. 자살하다

ucider|e, -i, s.f. 살해, 죽임

ucigaş, ~ă, ~i, ~e, I. s.m.그리고 f. 살해자, 살인자 II. adj. 살해하는; 살인적인

ucigă-l-crucea, ucigă-l-toacă, s.m. 악마.

ucigăt|or, -oare, -ori, -oare, I. adj. 1 살인적인; 살해하는 **2.** 파괴하는 II. s.m. 살인자 III. s.m. 사형집행인

uci|s, -să, -şi, -se, adj. **1.** 살해된 **2.** [비유]심하게 두들겨 맞은 II. ~uri, s.m. 살해

ucizăt|or, -oare, -ori, -oare, adj. uci- gător 참조

ucrain|ean, -eană, -eni, -ene. I. adj. 우크라이나의 II. s.m. 그리고 f. 우크라이나 사람.

ucraineancă, s.f. s.g. 우크라이나 여자

ud, I. udă, uzi, ude, adj. **1.** 젖은; (눈에 대해) 촉촉한, 젖은; ~ leoarcă 눈물고인 **2.** 땀나는 II. ~uri, s.m 소변; a lăsa ~ul 소변보다.

ud|a, ud, -ai, -at, I. vt. **1.** 젖게하다; 물에 담그다; a ~ puțin 축이다, 조금 적시다; a ~ cu lacrimi 눈물로 적시다; a-şi ~ gura 갈증을 해소하기위해 조금 마시다; a ~ prânzul(또는 bucatele) 식사 중에 포도주나 다른 술을 마시다; a ~ vinul 포도주를 물로 희석시키다 **2.** 물로 뿌리다, 물을 주다; a ~ grădina, florile 꽃, 정원에 물을 주다 **3.** (강, 바다에 대해) 관개하다. II. vr. **1.** 젖다; a se ~ pe(또는 la) picioare 발을 적시다; a se ~ de tot, până le piele 흠뻑 젖다; i s-au ~t ochii 눈물이 고였다 **2.** 소변보다

ud|are, -ări, s.f. 동사 uda의 명사형

uda|t, I. -tă, -ți, -te, adj. **1.** 축축한, 젖은; 물에 담긴 **2.** (꽃, 정원에 대해) 물이 뿌려진 **3.** (땅에 대해) 물을 댄 II. s.m. udare 참조

udătur|ă, -i, s.f. 1 적심 **2.** 축축함 **3.** 술 **4.** 음식

udăturică, s.f. udătură 의 축소형

ude|ală, -eli, s.f. **1.** 물 많고 젖은, 축축한 장소, 습함 **2.** 술

udometr|u, -e, s.m. 우량계

uf, interj. 화, 지루함 등을 표현하는 말

uger, ze. s.m. (가축의) 젖통이

ughi, ~, s.m. 헝가리 금화

ugili|t, -tă, -ți, -te, adj 슬픈; 굴종하는

ugn|i, -iesc, -ii, -it, vr. 놀라다

ugni|t, -tă, -ți, -te, adj. 놀란

ugu|i, ugui, -ii, -it, vi. (비둘기, 칠면조)구구 소리 내다.

uguir|e, -i, s.f. **uguit** s.n. 비둘기 등 구구소리

uhu, interj. 부엉이 소리

ui[1], interj. **1.** 아! 아야! **2.** 환호성 소리

ui[2], uiesc, uii, uit, vi. 환호성 지르다.

uiemaş, ~i, s.m. 방앗 삯 곡식 걷는 사람

U

uim|ă, -e, s.f. 서혜선염, 서혜선에 생긴 가래톳

uimăc|i, -esc, -ii, -it, vr. [방언]놀라다, 당황하다

uim|eală, -eli, s.f. 놀람, 당황

uim|i, -esc, -ii, -it, vt. **1.** 놀라게 하다; 경탄하게 하다; 황홀하게 하다; 강한 인상을 주다 **2.** 혼란하게 하다, 당혹스럽게 만들다.

uimir|e, -i, s.f. 동사 uimi의 명사형

uimi|t, -tă, -ți, -te, adj. 놀란; 경탄한, 황홀한; 당혹한

uimit|or, -oare, -ori, -oare, adj. **1.** 놀라운, 경탄스런; 당혹스런 **2.** 대단한, 놀랄만한

uit|a, uit, -ai, -at, I. vt. **1.** (그리고 vi.) 잊다, 잊어버리다; a ~ ceva, pe cineva, 또는 de ceva, de cineva 무엇을 잊다; a ~ de la mână până la gură 매우 잘 잊어버리다; a şti ce-au uitat alții (거의)모르다 **2.** 두고오다, 잊어먹다; a ~ cartea acasă 책을 집에 놔두고 오다. 잊어먹다; a ~ umbrele undeva 어딘가에 우산을 잊어먹다 **3.** (그리고 vi.)주의 하지 않다; 소홀히 하다; a-şi ~ datoria 자신의 의무를 소홀히 하다 **4.** 간과하다 **5.** (배운 것을)잊다; a ~ o limbă 말을 잊다. **6.** 용서하다; 눈감아주다; a nu-i ~ cuiva ceva 누구에게 무엇을 용서하지 않다 II. vr. **1.** 보다; a se ~ la cineva, la ceva 누구, 무엇을 보다; a se ~ după cineva 눈으로 뒤쫓다; a se ~ urât, strâmb, chiorâş, (la cineva)누구를 흘겨보다; a se ~ inăuntru, afară 안, 밖을 보다; a se ~ în jos 밑을 보다; a se ~ împrejur 주위를 둘러보다; a se ~ pe fereastră 창 밖을 보다; a se ~ unul la altul a)서로 보다; b)눈으로 이해 하다; a se ~ în gura cuiva a)누구의 충고를 따르다 b)누구의 주장을 믿다; a nu se ~ la cineva 누구를 좋아하지 않다 **2.** (명령형, 감탄 비슷하게) 자! 봐라!; uite ce frumos e 얼마나 이쁜가 봐! **3.** 주의하다. 주목하다 **4.** 잊혀지다

uit|are, -ări, s.f. **1.** 동사 uita의 명사형; ~ de sine a) 꿈; b)무관심; a da (또는 a lăsa)uitării (pe cineva 또는 ceva) 더 이상 흥미를 갖지 않다, 더 좋아 하지 않다 **2.** 무 (無)

uităt|or, -oare, -ori, -oare, adj. 쉽게 잊어버리는

uitătur|ă, -i, s.f. 시선

uiti|t, -tă, -ţi, -te, adj. 꿈꾸는
uituc, ~ă, ~i, ~e, adj. 쉽게 잊어버리는; 멍한
uituc|eală, -eli, s.f. **1.** 건망증 **2.** 멍함
uiuiu, interj. (민속춤에서)환호성
uium, ~uri, s.f. 방아 삯인 곡식
ujb|ă, -e, s.f. (해양)노걸이, 노받이
uju|i, -iesc, -ii, -it, vi. (물에 대해)[방언]물이 쏴쏴 소리내다, 졸졸소리내다
ujuji|t, -tă, -ţi, -te, adj 마른 , 건조한
ulan, ~i, s,m[고어]창기병(槍騎兵)
ulc|ea, ulc|ică, -ele, s,f **1.** 작은 항아리; a-i pune (cuiva) ulcica 또는 a-i face (cuiva)cu ulcica 누구에게 마법을 걸다
ulceluş|ă, -e, **ulceluţ|ă** -e, s.f. 작은 항아리
ulcer, ~e, s,m. (의학, 식물)궤양
ulcer|a, -ez, -ai, at, I. vr. 궤양이 되다 II. vt. [의학]궤양을 일으키다
ulcera|t, -tă, -ţi, -te, adj. 궤양이 된
ulceraţi|e, -e, s.f. [의학]궤양; 궤양 형성
ulcer|os, -oasă, -oşi, -oase, adj. 궤양성의, 궤양이 생긴
ulcicuţ|ă, -e, s.f. 작은 항아리
ulcior……urcior참조
ulei, I. ~uri, s.m. 기름; ~ de cânepă, de nucă 대마유, 호두기름; pictură în ~ 유화; tablou în ~ 유화그림; a picta în ~ 유화 그림을 그리다; ~ comestibil 식용유; ~ mineral 석유 II. ~e, s.m. 봉방
uleia, -ez, -ai, -at, vt. 기름을 칠하다
uleiaş, ~e, s.m. 작은 봉방
uleia|t, -tă, -ţi, -te, adj. 기름 칠한
uleier, ~i, s.m. 착유공
uleier|e, -i. s.f. 기름칠함
ulei|os, -oasă, -oşi, -oase, adj. **1.** 기름있는 **2.** 기름성의, 기름기의
ulicioar|ă, -e, s.f. 골목
ulişor, ~i, s.m. 작은 매
uliţarnic, ~ă, ~i, ~e, adj. 돌아다니는, 어슬렁거리는
uliţ|ă, -e, s.f. **1.** 골목; a bate uliţele 쓸데없이 돌아다니다, 어슬렁거리다 **2.** 골목집에 사는 사람
uli|u, -i, s.m. [조류]매
ulm, ~i, s.m. [식물]느릅나무
ulteri|or -oară, -ori, -oare, adj. (보다)후의, 뒤에 일어나는, 차후의
ultim, ~ă, ~i, ~e, adj. 마지막의; ultima oră 신문의 가장 새 소식
ultimat, ~uri, s.n. ultimatum 참조
ultimativ, ~ă, ~i, ~e, adj. 최후통첩의
ultimatum, ~uri, s.m. 최후통첩
ultrafiltr|u, ~e, s.m. 한외여과기
ultragi|a, -ez, -ai, -at, vt. (공무원을) 모욕하다, 명예 훼손하다; 욕하다
ultragia|t, -tă, -ţi, -te, adj. 모욕당한, 명예 훼손된; 욕먹은
ultragi|u, -i, **ultraj,** ~e, s.n. 심한 모욕, 치욕, 명예훼손
ultramarin, s.n. 청금석(青金石)
ultramicrosc|op, -oape, s.m. 한외 현미경
ultramicroseopic, ~ă, ~i, ~e, adj 한외 현미경적인
ultrascurt|ă, ~e, I. adj. 초단파의 II. s.f. 초단파
ultrasunet, ~e, s.n. 초음파
ultraviole|t, -tă, -ţi, -te, adj. 자외의; raze ~e 자외선

U

ultraviolet|ă, -e, s.f. 자외선
ultravirus, ~uri, s,m. 여과성 병원체
uluc, ~e, s.m. **1.** 급수통; 구유, 여물통 **2.** 추녀의 홈통 **3.** 수로
uluc|ă, -i, s.f. **1.** (울타리)판자 **2.** 판자울타리
ulu|i, -iesc, -ii, -it. I. vt. 어리둥절하게하다; 놀라게하다 II. vr. 어리둥절하다, 놀라다
ului|ală, -eli, **uluir|e,** -i, s.f. 혼란, 당황, 놀람
ului|t, -tă, -ţi, -te, adj. 놀란, 혼란스런, 당황한
uluit|or, -oare, -ori, -oare, adj. 놀란; 뜻하지 않은; 예외적인
uman, ~ă, ~i ~e, adj. 사람의, 인간의, 인류의; 인간적인; 인정있는, 인정많은
umanism, s.m. [철학]인문주의; [문학]인본주의
umani|st, -stă, -şti, -ste I. adj. 인본주의의 II. s.m. 그리고 f. 인문주의자, 인본주의자
umanistic, ~ă, ~i, ~e, adj. 인문주의의
umanitar, ~ă, ~i, ~e, adj. 인도주의적인
umanitarism, s.n. 인도주의
umanitari|st, -stă, -şti, -ste, I. adj. 인도주의의 II. s.m. 그리고 f. 인도주의자
umanitate, s.f. 인성, 인간성; 인류; 인간미, 인성
umaniz|a, -ez, -ai, -at, I. vt. 인간성을 부여하다; 인간답게 만들다, 교화하다 II. vr. 인간성을 띄다; 개화되다

um|ăr, -eri, s,m. **1.** 어깨; ~ la(또는 lângă) ~ 어깨를 맞대고; 같이, 나란히; a da (또는 strânge, ridica) din umeri 어깨를 올리다(으쓱하다)(무관심, 모름 등의 표시로); a pune ~ul 도와주다; a se uita (또는 privi) la cineva peste ~ 경멸하다; a-şi lua călcâiele(또는picioarele)de-a umeri 도망치다; a pune (cuiva)pe umeri 죄를 누구에게 돌리다; a lua (또는 purta) ceva de-a ~ (또는 de-a umeri, la ~, pe ~)어깨 위에 짊어지다. **2.** 옷의 어깨 부분 **3.** 산의 등 **4.** ~ul obrazului 광대뼈 **5.** 양복걸이
umăr|os, -oasă, -oşi, -oase, adj. 넓은 어깨의
umbel|ă, -e, s.f. [식물]산형화
umbelifer|ă, -e, s.f. [식물]미나리과식물
umbeliform, ~ă, ~i, ~e, adj. 산형화 모양의
umbl|a, umblu, -ai, -at, vi. **1.** 이동하다; 가다; a ~ călare 말타고 가다; a ~ cu trăsura, cu maşina 마차, 자동차 타고가다; a ~ bine, prost îmbrăcat 옷을 잘, 나쁘게 입고 가다; a ~ încruntat, posomorât 슬피 가다; îmi umblă prin(또는 în) cap 나는 생각 한다; a ~ de ici (또는 de colo)până colo 방황하다; a ~ cu (traista, plosca de) minciuni 거짓말쟁이다; umblă sănătos! 여행 잘 하라! **2.** (새, 곤충에 대해) 날아가다 **3.** (구름에 대해)움직이다 **4.** 규칙적으로(어딘가로)가다; 다니다; a ~ la şcoală 학교 다니다 **5.** (눈, 입에 대해)가다; îi umblă ochii în toote părţile 그의 눈을 사방으로 돌리다;

U

îi umblă gura (또는 limba)ca o meliță(또는 ca o moară neferecată)수다 떨다 **6.** (자동차)달리다 **7.** (기구에 대해)작동하다. **8.** (돈에 대해) 회전하다, 가치가 있다 **9.** [비유]퍼지다, 돌아다니다; umblă vorba 소문이 돌다**10.** (cu ceva)무엇에 종사하다; a ~ cu șiretlicuri 사기치다; a ~ cu mofturi a) 쓸데없는 것을 말하다; b)어리석은 짓을 하다; a ~ cu mâța-n sac 나쁜 의도를 갖다 **11.** (a ~ să ...)의도를 갖다; 원하다; umblă să-l sperie 그는 그를 놀라게 하려 한다; umblă să se însoare 결혼하려 한다 **12.** 누구를 찾다; a ~ prin lucrurile cuiva 누구의 물건을 뒤지다; a ~ prin cărți 책을 뒤지다 **13.** 뒤쫏다; a ~ după cai verzi (pe pereți) 실현불가능 한 것을 얻으려 한다; a ~ după doi iepuri deodată 동시에 두 마리 토끼를 쫓다.

umbl|are, -ări, s.f. 동사 umbla의 명사형

umbla|t, I. -tă, -ți, -te, adj. **1.** (길에 대해)사람이 많이 다니는 **2.** (사람에 대해)많이 여행하는 II. s.n. umblare 참조

umblăr|eț, -eață, -eți, -ețe, adj.(사람에 대해) 여행하기 좋아하는, 돌아다니기 좋아하는

umblătlor, -oare, -ori, -oare, adj. 다니는, 가는

umblet, ~e, s.n. **1.** 다님 **2.** 보행방법

umbrar, ~e, s.n. 푸른 나무에 덮혀 그늘진 장소

umbr|ă, -e, s.f. **1.** 그늘; la ~ 그늘에서; din ~ 숨어서, 몰래; a acționa din ~ 몰래 행동하다; a lăsa (또는 pune)pe cineva în ~ 누구를 형편없이 만들다, 빛을 잃게 하다 **2.** 어두움, 밤 **3.** 어둔운 부분 **4.** [비유]슬픔, 슬픈 모습 **5.** 그림자 놀이; a se teme și de umbra sa 자기 그림자를 보고 놀라다, 매우 겁이 많다; a face ~ (degeaba)pământului 무엇을 하기에 무능력하다. 빈둥거리다 **6.** [종교]영혼, 망령, 혼백; împărăția umbrelor 저승 **7.** [비유]은퇴, 은둔 **8.** [비유]흔적, 가까스로 인지할 수 있는 표지; nici ~ de ... 어떤 흔적도 없다.

umbrel|ă, -e, s.f. 우산; ~ de soare 양산; ~ de ploaie 우산

umbreluț|ă, ~e, s.f. 작은 양산

umbr|i, -esc, -ii, -it, I. vt.그리고 vi. **1.** 그늘지게 하다 **2.** [비유]누구를 형편없이 만들다, 빛을 못보게 하다. **3.** (그림)명암의 차를 나타내다 **4.** 어둡게 하다 II. vr. **1.** 빛을 잃다 **2.** 어두워지다 **3.** (시선, 모습)침울해지다.

umbrici|os, -oasă, -oși, -oase, adj. umbros참조

umbrir|e, -i, s.f.동사 umbri의 명사형

umbriș, ~uri, s.m. 그늘진 장소; 그늘

umbri|t, -tă, -ți, -te, adj. 그늘진; 어두운; [비유](소리, 목소리에 대해) 힘을 잃은

umbrit|or, -oare, -ori, -oare, adj. 그늘을 주는

umbr|os, -oasă, -oși, -oase, adj. 그늘을 만드는, 그늘이 있는; 그늘진; 어두운

umect|a, -ez, -ai, -at, vt. 축축하게 하다. 적시다.

umect|are, -ări, s.f. 적심, 축축하게 함

ume|d, -dă, -zi, -de, adj. **1.** 습한; 젖은; 물기있는 **2.** (땅에 대해) 물기 있는 **3.** (눈에 대해) 촉촉한 **4.** (날씨에 대해) 습한

umeral, ~ă, ~i, ~e, adj [해부]상박의

umerar, ~e, **umeraş,** ~e, s,n. 양복걸이

umezleală, -eli, s.f. **1.** 축축함, 습함 **2.** 축축한 장소

umez|i, -esc, -ii, -it, I. vt. **1.** 축축하게 하다. II. vr. **1.** 축축해지다 **2.** (눈에 대해)눈물이 고이다, 촉촉해지다, 눈물에 젖다

umezir|e, -i, s.f. 동사 umezi의 명사형

umezi|t, -tă, -ţi, -te, adj. **1.** 축축해진, 습해진. **2.** (눈에 대해)촉촉한

umezit|or, -oare, s.n. 축이개; 가습기

umfla, umflu, -ai, -at, I. vt. **1.** 부풀게 하다; a ~ cauciucul 튜브에 바람을 넣어 부풀게 하다; a-l ~ pe cineva râsul(또는 plânsul)웃음을(울음을)터트리게 하다 **2.** 팽창하게 하다 **3.** [비유]잡다; 올라타다; 올리다 II. vr. **1.** 부풀다; a se ~ de somn 충분히 자다 **2.** 팽창하다; a se ~ în pene 뽐내다 **3.** 물이 불다 **4.** [의학] 염증이 생기다

umflare, -ări, s.f. 동사 umfla의 명사형

umfla|t, -tă, -ţi, -te, adj. **1.** 부픈 **2.** 팽창된 **3.** (물에 대해)부푼 **4.** (피부에 대해) 염증이 생긴 **5.** (가격, 숫자에 대해) 부푼 **6.** (표현에 대해)과장된

umflătur|ă, -i, s.f. 부푼 곳

umidificare, s.f. 축축하게 함

umidifug, ~ă, ~i, ~e, adj. 습기를 싫어하는

umidit|ate, -ăţi, s.f 습기; 습도

umil, ~ă, ~i, ~e, adj 다소곳한, 겸손한

umil|i, -esc, -ii, -it. I. vt. 겸손하게 만들다, 굴복시키다, 자신을 낮추게 하다 II. vr. 복종의 태도를 취하다

umilinţ|ă, -e, s.f. 복종심, 겸허한 마음

umilir|e, -i, s.f. 동사 umili의 명사형

umili|t, -tă, -ţi, -te, adj. **1.** 겸허한 **2.** 복종된 **3.** 치욕스런 **4.** 단순한, 소박한, 가난한

umilit|or, -oare, -ori, -oare, adj. 모욕적인, 굴욕적인

um|oare, -ori, s.f. [해부]체액

umor, s.n. 유머

umoral, ~ă, ~i, ~e, adj. 체액의

umori|st, -stă, -şti, -ste, s.m. 그리고 f. 유머 작가

umoristic, ~ă, ~i, ~e, adj. 유머있는, 해학적인

umpl|e, -u, umplui, umplut, I. vt. **1.** 채우다; a(-şi) ~ buzunarul 주머니를 채우다; a ~ cu apă 물로 채우다; a ~ cu butoi 통을 채우다 **2.** 덮다; a ~ o gaură 구멍을 덮다; a ~ o groapă 무덤을 덮다 **3.** 가득 채우다 **4.** 더럽히다 뿌리다; a ~ de noroi 똥으로 뿌리다 **6.** [비유]쌓다 **7.** 전염시키다 **8.** (냄새) 퍼트리다 II. vr. **1.** 채워지다; (눈에 대해) a se ~ de lacrimi 눈물로 채워지다; a-i se ~ cuiva ochii de lacrimi 눈물이 쏟아지다 **2.** 더러워지다; a se ~ de cerneală 잉크로 더러워지다 **3.** 전염되다

U

umpl|ea, umplu, -ui, -ut, vt.그리고 vr. umple 참조
umplere s.f. 동사 umple의 명사형
umplu|t,. I. -tă, -ţi, -te, adj. **1.** 가득 채워진 **2.** 뿌려진, 더러워진
umplutur|ă, -i, s.f. **1.** 빈 공간을 채우는데 쓰는 것 **2.** (총)장약 **3.** 신문, 잡지의 빈곳을 매우는 1단 기사
un, o, unii, unele ,부정관사, un om 어떤 사람; ~ astfel de om 그러한 사람; unii oameni 많은 사람; ~ oarecare 어떤
unanim, ~ă, ~i, ~e, adj. 만장일치의, 전원일치의
unanimit|ate, -ăţi, s.f. 만장일치
uncheş, ~i, s.m. unchiaş, 참조
unchi, ~, s.m. 삼촌; 아저씨
unchi|aş, -eşi, s.m. 늙은 사람, 나이 든 사람;[방언]unchi 참조
unchişor, ~i, s.m. unchi의 축소형
uncial, ~ă, ~i,~ e, adj. 언셜문자(기원 4,5세기에 개발된 둥그스름한 문자, 고대 로마의 최종문자임)의
unci|e, -i, s.f. 온스
uncrop, ~uri, s.m. 끓는 물; 축제 음식, 성찬(결혼식); 술 (결혼식)
uncropeală, s.f. 뜨거운 느낌
uncropel, s.n. 미지근한 물
und|a, -ez, -ai, -at, vi. (액체에 대해) 물결치다; [속어]끓다
undametr|u, ~e, s.n. 파장계
und|ă, -e, s.f. **1.** 물결; 파도; a ieşi în ~ a)나타나다; b)[비유]드러나다 **2.** 급류, 홍수, 범람 **3.** 소나기; 폭우; 폭설 **4.** (전기) 파동
unde, I. adv. **1.** 어디에?; ~ eşti? 어디에 있니?; pe ~ 어느 방향으로?; ~ şi ~ 여기저기에 **2.** 어디로 ?; ~ te duci? 어디에 가니?; de ~? 어디에서?; până ~ 어디까지? **3.** 무엇을; ~ te gândeşti? 무엇을 생각하니? **4.** 갑자기, 별안간; ~ începe a fugi 갑자기 그는 달리기 시작했다; ~ şi ~ 때때로; de ~ şi până ~? a)어디에서 어디까지? b)어떻게? (da)de ~! 있을 수 없는 일이다! II. (접속사적 용법) **1.** ...곳은; să se ducă ~ vrea 그는 원하는 곳은 가도 된다 **2.** ...면, 때는; să mănânci ~ te vei opri 쉴때는 먹어야 한다 **3.** 때문에; m-am gândit că ~ e aproape casa 집에 가까이 있기 때문이라고 난 생각 했다 **4.** ...했을 지라도; mi-a dat numai două cărţi, de ~ îmi făgăduise cinci 그는 나에게 다섯 권을 약속했지만 단지 두 권만 주었다 **5.** (조건)de ~ nu ···· 아니면
undelemn..... untdelemn 참조
undeva, adv. **1.** 어딘가에; este ~ 그는 어딘가에 있다; se duce ~ 그는 어딘가로 간다 **3.** de ~ a)누군가에게서 b)어딘가에서 **4.** pe ~ 어딘가에서
und|i, -esc, -ii, -it. I. vi. 그리고 vt. [고어]낚시질하다 II. vi. unda 참조
undire, s.f. [고어]낚시
undişoar|ă, -e, .s.f 자그만 낚시
undit, s.n. undire 참조
undiţar, ~i, s.m. 낚시꾼
undiţ|ă, -e, s.f. 낚시도구(대); 낚시 바늘
undr|ea, -ele s.f. andrea 참조; 뜨개질 바늘
undu|i, -iesc, -ii, -it, vi. (물 표면에 대해)물결이 일다; 파도가 일다
undui|os, -oasă, -oşi, -oase, adj. 물

결모양의, 구불구불한

unduir|e, -i, s.f. 동상 undui의 명사형

undui|t, -tă, -ţi, -te, adj. unduios 참조

undula......andula 참조

un|ealtă, -elte, s.f. **1.** 도구. 연장 **2.** [비유]수단, 방법 **3.** (드물게)음모

unelt|i, -esc, -ii, -it, vt.**1.** 선동하다 **2.** 음모를 꾸미다

uneltir|e, -i, s.f. 동사 unelti의 명사형

uneltit|or, -oare, -ori, -oare, s.m. 그리고 f. 음모자

uneori, adv. 자주, 여러번

ungar, ~ă, ~i, ~e, adj. 헝가리의

ungăt|or, -oare, s.n. 기름통, 기름단지, 급유기

unge, ung, unsei, uns, I. vt. **1.** 기름을 바르다. 기름칠하다; a ~ cu ulei 기름칠하다; a ~ cu gudron 타르를 칠하다; a ~ cu smoală 역청을 칠하다 **2.** 향유를 바르다; 성유를 발라 축성하다; a ~ pe cineva la inimă 누구에게 특별한 만족을 주다. **3.** 칠하다 **4.** [비유]뇌물을 쓰다; a ~ pe cineva a)뇌물을 쓰다 b)누구를 때리다 **5.** 섬유로 축성하여 사제직에 오르게 하다 **6.** (벽을)바르다

unger|e, -i, s.f. 동사 unge의 명사형

ungher, ~e, s.n. **1.** 구석 **2.** 은신처, 피난처 **3.** 구석 선반

unghi, ~uri, s.n. **1.** 각, 각도; ~ drept 직각; ~ ascuţit 예각; ~ obtuz 둔각 **2.** 모서리, 모난 곳 **3.** 시각

unghi|e, -i, s.f. **1.** 손톱; ~ de la mână 손톱; ~ de la picior 발톱; a lua pe cineva în unghii a)두들겨 패다; b)갈기갈기 찢다; a reteza cuiva din unghii 누구를 벌하다, 꾸짖다; a pune cuiva unghia în gât 협박하다; a-şi pune unghia în gât 목적을 이루기 위해 모든 것을 다하다; a-şi mânca de sub unghie 구두쇠다 **2.** (동물, 새)발톱 **3.** [식물]unghia-găii 또는 unghia-găinii 트라간트 고무나무

unghioar|ă, -e, s.f. unghie의 축소형

unghiular, ~ă, ~i, ~e, adj. 각의; 모서리의; piatră ~ă a)경계석, 귓돌; b)[비유]기초

unghiuţ|ă, -e, s.f. unghi의 축소형

unguent, ~e, s,n. 연고

ungur, ~i, s.m. 헝가리 사람

unguraş, ~i, s.m. 작은 젊은 헝가리인; [식물]야생박하

ungur|ean, -eni, s.m. 헝가리사람; 트란실바니아사람; 민속 춤 이름

ungur|eancă, -ence s.f. 헝가리여자; 트란실바니아여자

ungur|esc, -ească, -eşti, adj. 헝가리의

ungureşte, adv. 헝가리처럼; 헝가리어로

ungurime, s.f. 헝가리인 전부

ungurism, s.n. 헝가리 차용어

unguroaic|ă, -e, s.f. 헝가리 여자

un|i,[1] -esc, -ii, -it, vt. 그리고 vr. **1.** 하나가 되다; 통일되다 **2.** 동맹을 맺다 **3.** [비유]결혼하다.

uni[2], adj. invar. 한 색깔의

unic, ~ă, ~i, ~e, adj. **1.** 유일한, 단독의 **2.** 독특한, 기발한

unicapsular, ~ă, ~i, ~e, adj [식물] 단자방(單子房)의

U

unicat, ~e, s.n. 원문, 본문
unic|el, -ică, -ei, -ele, s,m. 그리고 f. 외동아이
unicelular, ~ă, ~i, ~e, adj. 단세포의
unicitate, s.f. 단일성
unicolor, ~ă, ~i, ~e, adj. 한 색깔의
unicor|d, -dă, -zi, -de, adj. [음악]한 줄의
unicorn, I. ~ă, ~i, ~e, adj. 외뿔의 II. ~i, s.m. 일각수
unific|a, unific, -ai, -at, vt. 통일(통합)하다
unific|are, -ări, s.f. 통일, 통합
unifica|t, -tă, -ți, -te, adj. 통일된, 통합된
unificat|or, -oare, -ori, -oare, adj. 통일하는, 통합하는
uniflor, ~ă, ~i, ~e, adj. (식물에 대해) 단화(單花)의
unifolia|t, -tă, -ți, -te, adj (식물에 대해)단엽의
uniform, ~ă, ~i, ~e, adj. 똑같은, 획일적인; 단조로운
uniform|ă, -e, s.f. 제복, 교복, 군복
uniformitate, s.f. 획일성, 단일성, 단조로움; 균일; 한결같음
uniformiz|a, -ez, -ai, -at, vt. 표준(규격)화하다; 균일하게 하다, 단일화하다
uniformiz|are, -ări, s.f. 동사 uniformiza의 명사형
uniformizalt, -tă, -ți, -te, adj. 표준화된 균일화된, 규격화된
unilateral, ~ă, ~i, ~e, adj. 일방적인
unilateralitate, s.f. 일방성
unim|e, -i, s.f. 한자리의 수; 음악기호 전부
uninațional, ~ă, ~i, ~e, adj. (국가에 대해) 한 민족의; stat ~ 한민족국가
uninominal, ~ă, ~i, ~e, adj. 이름이 단 하나뿐인; scrutin ~ 단기명 투표
unional, ~ă, ~i, ~e, adj 동맹의, 연합의
unioni|st, -stă, -şti, -ste I. adj. 연합에 속하는; 연합의 II. s.m. 그리고 f. 연합주의자
unipar, ~ă, ~i, ~e, adj. [동물]한번에 새끼를 하나만 낳는
unipersonal, ~ă, ~i, ~e, adj. 단인칭의
unipetal, ~ă, ~i, ~e, adj. [식물]단화관의
unipolar, ~ă, ~i, ~e, adj. [전기]단극의
unir|e, -i, .s.f. 동사 uni의 명사형
unisexua|t, -tă, -ți, -te, adj. 동성간의
unisilab, ~ă, ~i, ~e, adj. 단음절의
unisilabic, ~ă, ~i, ~e, adj. 단음절의
unison, s.n. [음악]동음, 동조(同調); la ~ a)일치하여; b)한음의
uni|t, -tă, -ți, -te, I. adj. **1.** 하나가 된, 통일된 **2.** 서로 일치된 **3.** 동반귀일교회의 II. s.m. 그리고 f. [교회]동방귀일교회
unitar, ~ă, ~i, ~e, adj. 일원적인, 귀일적인; 단일제
unitari|an, -ană, -eni, -ene, s.m. 그리고f. [교회]유니테리언 교도, 유일신교도
unit|ate, -ăți, s.f. 단일성, 통일성; **1.** 단위, 본위; ~ de măsură 도량의 단위 **2.** 일치, 조화 **3.** 동질성 **4.** [군사]단위부대
uniun|e, -i, s.f. **1.** 연합, 합동; 연맹;

U

연방 **2.** 결합, 합병

univalv, ~ă, ~i, ~e, I. adj (조개에 대해)단각의 II. s.m. 그리고 f. 단각조개

univers, ~uri, s.m. 우주, 세계, 삼라만상; 지구; 환경

universal, I. ~ă, ~i, ~e, adj. **1.** 일반적인, 보편적인; 만인공통의, 포괄적인; istoric ~ă 세계사; vot ~ 보통선거; legatar ~ 포괄수유자 **2.** 세계적인, 전세계의 **3.** (사람, 문화에 대해)박식한 **4.** (기계, 기구에 대해) 만능의

universalism, s.n. universalitate 참조

universalitate, s.f. 일반성, 보편성; (지식의)다방면성

universaliz|a, -ez, -ai, -at, vt. 보편화하다

universitar, ~ă, ~i, ~e, adj. 대학의; oraş ~ 대학도시; studii ~e 대학과정의 공부

U

universit|ate, -ăţi, s,f. 종합대학교; 대학건물

univoc, ~ă, ~i, ~e, adj. 같은 뜻의, 같은 음의

un|s I. -să, -şi, -se, adj. **1.** 기름칠해진, 기름 묻은; 때묻은 II. -şi, s.m. 성유축성되어 왕이나 신부가 된 사람

un|soare, -ori, s.f. 기름, 지방; 기름칠함(바름)

unsprezece, num. card. 11

unsprezece|lea, -a, num. card. (al -lea, a -a) 열한번 째

unsur|os, -oasă, -oşi, -oase, adj. 기름 묻은; 끈적끈적한

unt, ~uri, s.n. 버터; ca ~ul 쉬운; a scoate ~ul din cineva 누구를 탕진시키다; 기름; ~ de uncă 호두기름 **3.** [식물]~ul-vacii 난초과의 일종

untar, I. ~i, s.m. 버터제조자 II. ~e, s,n, 버터 만드는 통

untdelemn, s.n. 올리브나 셀러드 식용유

untdelemn|iu, -ie, -ii, adj. 기름색깔의

untier|ă, -e, s.f. 버터 통

untişor, s.n. [식물]미나리아재비속; 고추냉이

unt|os, -oasă, -oşi, -oase, adj. 버터의; 버터 같은

untur|ă, -i, s.f. 지방; 기름; ~ de (porc)돼지기름

untur|os, -oasă, -oşi, -oase, adj. 지방의, 지방성의

un|u, -a, num. card. 하나; ~ şi cu trei fac patru 하나 더하기 삼은 사다(1+3=4); volumal ~ 1권; clasa una 일등급의; tot ~l şi ~l 단지 가치있는 물건이나 사람들; (toţi) până la ~l a)모두; b)만장일치로; a fi una(cu cineva) 다른사람과 똑같다; nici una nici două 전혀무관심하게; a o ţine una şi bună 고집스럽다, 고집하다; ~l câte ~l a) 한 사람씩 b)순서대로; ~l la părinţi 외아들

un|ul, -a, -ii, -ele, pron. nehot. 한사람; unul învăţă, altul..... 한사람은 공부하고 다른사람은........; ~ din noi 우리들 중 한사람; ~ ca ~ 똑같이; ~ ca acesta 이와같은 사람; dintr-una într-alta 한사람에게서 다른사람에게로; nici una nici alta 둘 중에 아무도; până una alta 임시로

unulea, una num. ord. 첫 번째

ura[1], interj. 만세!

ur|a², -ez, -ai, -at. I. vt. **1.** 원하다. 바라다; a ~ sănătate 건강을 바라다 **2.** 축하하다 II. vi. **1.** 축복을 말하다 **2.** 결혼연설을 한다.

uragan, ~e, s.n. 허리케인

urangutan, ~i, s.m. 오랑우탄

uraniu, s.n. 우라니움

ur|are, -ări, s.f. 동사 ura의 명사형

ura|t, I. -turi, s.n. **1.** 희망, 바람 **2.** 새해 축복 II. -ți, s.m. [화학]요산염

ură, uri s.f. **1.** 미움, 증오 **2.** [식물]손바닥 모양의 뿌리를 가진 여러 모양의 난초

urăt|or, -oare, -ori, -oare, s.m. 그리고 f. 새해 노래 부르는 사람

urătur|ă, -i, s.f. 축하; 새해노래

urâci|os, -oasă, -oşi, -oase, adj. 불쾌한 싫은 짜증나는

urâciun|e, -i, s.f. 괴물, 흉칙한 사람

urât, I. -tă, -ți, -te, adj. **1.** 추악한, 못생긴, 흉칙한; ~ foc 무지하게 못생긴 **2.** 나쁜; o faptă ~ă 나쁜 행동 **3.** 싫은 II. adv. **1.** 나쁘게; a se purta ~ cu cineva 누구를 나쁘게 대하다 **2.** 비스듬이, 비뚤어져; a se uita ~ la cineva 누구를 흘겨보다 III. s.n. **1.** 싫음, 혐오 **2.** 지루함, 싫증; a ține cuiva de ~ 누구에게 지루함을 면케해주다; a-i fi (cuiva) ~ 지루하다; a muri de ~ 죽도록 지루하다; a-şi face de ~즐기다

urât|or, -oare, -ori, -oare, adj 미운

urâț|el, -ică, -ei, -ele, adj. 상당히 미운

urâțeni|e, -i, s.f. **1.** 흉함, 추함 **2.** 추한사람, 괴물

urâț|i, -esc, -ii, -it, I. vt. 추하게 하다 흉하게 하다 II. vr. 추해지다

urâțire, s.f. 동사 urâți의 명사형

urban, ~ă, ~i, ~e, adj. 도시의; 도회풍의 세련된

urbanism, s.m. 예의바르고 정중한 행동

urbani|st, -stă, -şti, -ste, s.m. 그리고 f. 도시계획가

urbanistic, ~ă, ~i, ~e, adj. 도시계획에 관한

urbanistică, s.f. 도시계획

urbanitate, s.f. 정중하고 예의 바르고 세련된 행동

urbaniz|a, -ez, -ai, -at, vt. 도시화하다; 세련되게 하다

urbari|u, -i, s.n. 경지(토지)대장

urbe, s.f. 도시

urc|a, urc, -ai, -at I. vt. **1.** 올라가다, 오르다; a ~ scară a)계단을 올라가다; b)사다리를 올라가다 **2.** 들어올리다; a ~ pe cineva sus 누구를 위로 들어올리다; **3.** 올리다; a ~ prețurile 값을 올리다; a ~ chiria 집세를 올리다; a ~ glasul 목소리를 높이다. II. vi. 그리고 vr. **1.** 올라가다; a (se) ~ pe munte, pe scară, 산, 계단에 올라가다; a (se) ~ în tramvai 전차에 올라타다; a (se) ~ pe tron 왕위에 오르다; a (se) ~ în vagon 기차칸에 타다; a se ~ în pom 나무에 올라가다; se urcă băutura la cap 취하다; a i se ~ la cap 뻔뻔스럽다 **2.** 올라가다, 상승하다; 커지다; temperatura se urcă 온도가 상승하다 **3.** [식물]기어 올라가다 **4.** (새, 안개, 해)올라가다 III. vi. (음악, 목소리, 소리)높이 올라가다 IV. vr. (가격에 대해) a se ~ la... ...에 이르다, 도달하다

U

urc|are, -ări, s.f. 동사 urca의 명사형

urca|t, I. s.n. urcare 참조 II. -tă, -ți, -te, adj. **1.** (수입, 총액, 가격)올라간 **2.** (목소리)커진

urcăt|or, -oare, -ori, -oare, adj. 올라가는; plantă urcătoare 반요(攀繞) 식물

urci|or, -oare, s.n. **1.** (물)항아리 **2.** 물 소용돌이 **3.** [의학]다래끼

urcioraş, ~e, **urcioruş,** ~e, s.n. 작은 항아리

urcuş, ~uri, s.n. 비탈; ~ greu 힘든 비탈길; în ~ 위로

urdar, I. ~e, s.n. (남비) 주걱 II. ~i, s.n. 낙농가

urdă, s.f. **1.** 유청치즈 **2.** [식물]꽃다지

urd|i, -esc, -ii, -it, vi. [방언]유청치즈를 만들다

urdin|a, -ez, -ai, -at, vi. 자주가다; 왔다갔다하다; 설사하다

urdin|are, -ări, s.f. 동사 urdina의 명사형

urdiniş, ~uri, s.n. (벌집의)출입구

urd|oare, -ori, s.f. 눈꼽

urdur|os, -oasă, -osi, -oase, adj. **1.** (눈에 대해)눈곱이 낀 **2.** 씻지 않은, 더러운

urech|e, -i, s.f. **1.** 귀; a fi numai urechi 또는 a-şi deschide urechile (în patru) 매우 주의 깊게 듣다; a trage cu urechea 귀담아 듣다; a-i ajunge cuiva ceva la ~ 알려지다; a fi într-o ~ 미치다, 이성을 잃다; a-i trece cuiva (ceva) pe la ureche 무엇을 부정확하게 듣다; a-i intra cuiva (ceva)pe-o ureche şi a-i ieşi pe alta (또는 pe cealaltă) 충고를 받아들이지 않다. 한 귀로 흘리다; a i se lungi (cuiva) urechile (de foame etc.) (배고파서)초조해하다; 무척 갈망하다; culcă-te pe ~a aceea 오래 기다릴 수있다; până peste urechi 매우 과도한 **2.** 청각력, 청취력; a avea ~ muzicală 정확하게 음을 듣는 능력이 있다; a cânta după ~ 악보없이 들은 음을 다시 연주하다 **3.** 귓바퀴 **4.** (물고기)아가미 **5.** 바늘 구멍; a scăpa ca prin urechile acului 가까스로 바져나오다 **6.** 구두끈 **7.** (냄비) 손잡이 **8.** 구두끈 매는 구멍 **9.** [식물]~a-babei 잔버섯; ~a-iepurelui 자금우과의 상록목류; ~a-porcului 샐비어; ~a-şoarecului 물망초; ~a-ursul 앵초속

urech|ea, -ez, -eai, -eat, vt. 귀를 끌어당기다 (벌주기 위해)

urech|eală, -eli, s.f. 귀 끌어당김

urechea|t, I. -tă, -ți, -te, adj. 큰 귀를 가진 II. -ți, s.m. 당나귀나 토끼의 큰귀에 붙여진 별명

urechelniț|ă, -e, s.f. **1.** [곤충]집게벌레 **2.** [곤충]노래기 **3.** [식물]자금우과의 상록목류

urechiuş|ă, -e, s.f. **1.** 작은 귀 **2.** [식물]잔 버섯 **3.** pl. (요리) 다진고기 넣은 삼각형모양의 만두

uredinale, s.f. pl. [식물]수급류

uree, s.f. [화학]요소

uremic, ~ă, ~i, ~e, adj. 요독증의

uremie, s.f. 요독증

ureter, ~e, s.n. [해부]수뇨관

uretral, ~ă, ~i, ~e, adj. [해부]수뇨관의

uretr|ă, ~e, s.f. [해부]요도

uretrită, s.f. [의학]요도염
uretrosc|op, -oape, s,m. [의학]요도경
urgen|t, -tă, -ți, -e, adj. 긴급한, 화급한, 절박한
urgent|a, -ez, -ai, -at, vt. 몰아내다, 재촉하다
urgență, s.f. 긴급, 화급 절박
urgi|e, -i, s.f. **1.** 숙명; 재앙; de ~ 재앙을 부르는 **2.** 화, 적의
urgis|i, -esc, -ii, -it. I. vt. **1.** 누구에게 불쾌감을 주다, 괴롭히다, 학대하다 II. vr. 화나다
urgisir|e, -i, s.f. 동사 urgisi의 명사형
urgisi|t, -tă, -ți, -te, adj. 학대받은 괴로운
uriaş, I. ~ă, ~i, ~e, adj. 거대한; 엄청난 II. s.m. 그리고 f. **1.** 거인 **2.** [비유] 중요한 사람
uric[1], adj. [의학]acid ~ 요산
uric[2], ~e s.n. **1.** 토지 **2.** 토지문서
uricar, ~i, s.m. 문서작성자
urin|a, -ez, -ai, -at, vt. 소변보다, 방뇨하다
urin|are, -ări, s.f. 오줌, 소변
urinifer, ~ă, ~i ~e, adj. 수뇨의, 오줌을 내보내는
urî, -ăsc, -âi, -ât, I. vt. 미워하다. 증오하다; a ~ de moarte 죽도록 미워하다 II. vr. **1.** (상호)서로 미워하다; **2.** mi s-a urât 지루하다 **3.** a i se ~ de ceva, de cineva 누구, 무엇에 싫증나다; a i se ~ cu viața 인생에 싫증나다
url|a, urlu, -ai, -at, vi. **1.** (그리고 vt.) 울부짖다; 소리 지르다. 외치다; 큰소리로 말하다 **2.** (바람, 물, 폭풍)큰소리로 울리다 **3.** 윙윙거리다; îmi urlă capul 머리가 윙윙거리다; îmi urlă urechile 귀가 윙윙거리다
urla|t, I. s,n. **1.** 울부짖음, 외침; 통곡 **2.** (바람, 물) 큰소리가 남 II. -tă, -ți, -te, adj. 울부짖는; 크게 외치는
urlați, s.pl. a se duce pe ~ 소리지르며 빠르게 도망가다
urlăt|oare, -ori, s.f. 급류, 계류
urlet, ~e, s.m 비명; 외침; 울부짖음
url|oi, -oaie, s.m. 연통
urlu|i, -iese, -ii, -it, vt. 깨뜨리다, 부수다
urlui|ală, -eli, s.f. 거칠게 쌓은 곡식
urlui|t, -tă, -ți, -te, adj. (곡식)거칠게 쌓은;[방언]혼란스런, 혼미한
urluit|oare, -ori, s.f. (곡식을 쌓는) 맷돌
urlup, ~i, s.m. 서양자두
urm|a, -ez, -ai, -at. I. vt. **1.** 뒤따라가다; a ~ pe cineva 누구를 뒤따라가다 **2.** 계속하다; a-şi ~ drumul 길을 계속가다; a-şi ~ studiile 공부를 계속하다 **3.** 모방하다; a ~ pilde cuiva 누구의 본보기를 본받다 **4.** 따르다; a ~ sfatul cuiva 누구의 충고를 따르다 **5.** 본받다. 표준삼다 **6.** 다니다, 듣다; a ~ şcoala tehnică 공업학교 다니다; a ~ un curs 강의 듣다 **7.** 의미하다, 일컫다; de aici urmează că...... 의미하다 **8.** 계속하다; urmează-ți povestea ! 이야기를 계속해라! II. vi. **1.** 다음에 오다; urmează o pauză 휴식이 오다; **2.** 계승하다. a ~ cuiva în slujbă 누구의 관직을 계승하다 **3.** 계속하다; urmează cu cititul; 읽는 것을 계속하다 **4.** 따르다; urmează prescripțiile

U

medicului 의사의 처방을 따르다 **5.** 다니다; a ~ la şcoala 학교를 다니다 **6.** 왕위를 계승하다 **7.** 개최되다 **III.** vr. 계속해서 이어지다

urm|are, -ări, s,f. **1.** 동사 urma 의 명사형; ~a acestei acţiuni 이 행동의 결과; prin ~ 그래서; a da ~ 무엇을 고려하다

urmaş, ~ă, ~i, ~e, s.m. 그리고 f. 후계자, 후배 **2.** 후손

urm|ă, -e, s.f. **1.** 발자국; 흔적; 자취; a fi pe urma(또는 urmele) cuiva 누구의 발자국을 따라가다; a da de urma .... 찾는 사람의 신상에 대해 알다; a pierde urma cuiva 누구의 흔적을 잃어버리다; nici ~ 또는 fără ~ de .. ....의 흔적없이; a călca pe urmele cuiva 누구의 발자국을 밟다 **2.** 동물의 발자국; a da de urma vânatului 야생동물의 흔적을 추적하다. **3.** 바퀴자국 **4.** 배 지나간 자리(항적) **5.** [비유] 인상; a lăsa urme adânci 깊은 인상을 남기다 **6.** 흔적, 자취 (문화의) **7.** [수학]교차곡선 **8.** [수학]교점 **9.** 끝; 결과; la ~ 결국, 마지막으로; la urma urmei 결국, 마지막에; pe ~ 그리고 나서, 그 다음에; acum în ~ 최근에; urma alege 유종의 미; cine râde la ~, râde mai bine 마지막에 웃는 자가 이기는 자다; în urma mea a) 내 뒤에; b)나 다음에; a rămâne în ~ 뒤에 남다; a ajunge din ~ 따라잡다; a fi în ~ cu ceva 무엇이 지체되어 있다(밀려 있다); în urma acestui fapt 이 사실의 결과로 **10.** a trimite (pe cineva) la ~ 누구를 고향으로 보내다

urmăr|i, -esc, -ii, -it, vt. 추적하다; 몰래 뒤를 밟다; 뒤따라가다; 관찰하다; 소송을 제기하다; (시선, 생각으로)누구를 따라가다; (행동의 과정, 생각)을 추적하다; 괴롭히다; mă urmăreşte un gând 한 생각이 나를 괴롭히다 **7.** (연설, 강의)듣다; 의도하다, 목표로 정하다

urmărir|e, -i, s.f.동사 urmări 의 명사형

urmări|t, -tă, -ţi, -te, I. adj. **1.** 추적된, 관찰된 **2.** 소송이 제기된 **3.** (시선으로) 따라간 **4.** 목적이 된 **II.** s.m.그리고 f. 추적자, 관찰자 **2.** 고소자

urmărit|or, -oare, -ori, -oare, s.m. 그리고 f. 추적자

următ|or, -oare, -ori, -oare, I. adj. 추적하는, 따라가는; să intre ~ul 다음 들어오세요 **II.** s.m. 그리고 f. 추적자

urn|ă, -e, s.f. 투표함; ~ funerară 유골단지; ~ pentru alegeri 투표함

urn|i, -ese, -ii, -it, I. vt. **1.** (있는 장소에서)움직이다. 떠나다 **2.** 기계를 작동시키다 **II.** vr. (그 장소에서)움직이다

urnir|e, -i, s.f. 동사 urni의 명사형

uroblină, s.f. [화학]우로빌린(갈색을 띈 오줌색소)

urologie, s.f. [의학]비뇨기학

uroscopi|e, -i. s.f. [의학]검뇨

urotropin|ă, -e, s.f. 우로트로필(이뇨제)

urs, urşi, s.m. **1.** 곰; ~ alb(또는 polar)북극곰; ~ furnicar 큰 개미 핥기; piele de ~ 곰가죽; a vinde pielea ~ului din pădure 예측이 어긋나다; a trage nădejde ca ~ul de coadă 실현불가능한 것을 꿈꾸다; de(또는

pe) când se băteau urşii în coadă 옛날 옛적에; a se uita ca la ~ 누구를 괴물처럼 보다 **2.** 둔한 사람 **3.** [식물]urechea-ursului 앵초속 **4.** [건축]대들보

ursar, ~i, s,m. 길든 곰 조련사

urs|ă, ~e, s.f. **1.** [방언]암곰 **2.** (별자리) 곰; ursa-mare 큰곰자리; ursa-mică 작은곰자리

ursăr|esc, -ească, -eşti, adj. **1.** 곰의, 곰같은 **2.** 곰 조련사의

urs|i, -esc, -ii, -it, vt. (미신에서) **1.** 누구의 운명을 미리 정하다 **2.** 마법을 걸다

ursir|e, -i, s.f. 동사 ursi의 명사형

ursi|t, -tă, -ţi, -te, I. adj. 미리 정해진 II. s.m. 그리고 f. 미리 정한 결혼상대자

ursit|ă, -e, s.f. 운명, 숙명

ursitoare, ~, s.f. **1.** (미신에서) 운명의 여신 **2.** 운명, 숙명

ursitor, -oare, -ori, -oare. I. adj. 미리 정해진 II. s.m. 그리고 f. 미리 정해진 신랑(신부)

ursoaic|ă, -e, s.f. **1.** 암 콤 **2.** 굴뚝 **3.** 들보

ursoaie, ursoi, s.f. ursoaică 참조

ursuleţ, ~i, s.m. 작은 곰

ursulim|ă, -e, s.f. [교회]성 우르술라 동정회의 수녀

ursuz, ~ă, ~i, ~e, I. adj. **1.** (사람에 대해) 성미가 까다로운, 비위에 거슬리는; 친절하지 못한 **2.** 매력없는

ursuzenie, s.f. 괴팍함, 매력없음

ursuzlic, ~uri, s.m 불행, 사고

urşinic, s.m. 우단

urticacee, ~, s.f. 쐐기풀과

urtican|t, -tă, -ţi, -te, adj. 따끔따끔 찌르는

urticarie, s.f. [의학]두드러기

urui, vt. hurui 참조 urlui 참조

uru|ială, -ieli, s,f. uriuială 참조

urui|oc, -oace, s.f. 날실의 나머지

urz|eală, -eli, s.f. **1.** 날실 **2.** 음모

urz|i, -esc, -ii, -it. I. vt. **1.** (편물을)짜서 잇다 **2.** 기초하다; 시작하다 **3.** 고안하다; 발명하다 **4.** 선동하다, 음모를 꾸미다 II. vi. 일어나다, 형성되다

urzic|a, urzic, -ai, -at, I. vt. **1.** 따끔거리게하다 **2.** [비유](말로)찌르다 II. vr. 따끔거리다

urzic|are, -ări, s.f. 동사 urzica의 명사형

urzica|t, -tă, -ţi, -te, adj. 따끔따끔 찌르는

urzic|ă, -i, s.f. **1.** 쐐기풀; ~-moartă a)광대수염 **2.** 쐐기풀의 섬유로 짠 모슬린 같은 직물

urzicăt|or, -oare, -ori, -oare, adj. 따끔따끔 찌르는

urzicătur|ă, -i, s.f. 쐐기풀에 쏘임

urzic|os, -oasă, -oşi, -oase, adj. 쐐기풀로 덮힌

urzicuţ|ă, -e, s.f. urzică의 축소형

urzir|e, -i, s.f. 동사 urzi의 명사형

urzit, s,n. urzire 참조

urzitoare, ~, s.f. 음모자

urzit|or, -oare, -ori, -oare, s.m. 그리고 f. 음모자; 편물 짜는 사람

usc|a, usuc, -ai, -at. I. vt. **1.** 말리다; 건조시키다; a ~ prune 자두를 말리다 **2.** 시들게 하다 **3.** 살이 빠지게 하다, 야위게 하다; 힘이 빠지게 하다; [비유]괴롭히다 **4.** [비유]황폐하게 하다 II. vr. **1.** 마르다. 건조하다; a se ~ la foc 옷을 불에 말리다; a i se ~

U

gâtul (또는 gura)de sete 갈증으로 목이 타다 **2.** 시들다 **3.** [비유]마르다; a se ~ pe(또는 de -a-n) picioare 점점 야위다; a se ~ de dor 그리움으로 애타다 **4.** (눈에 대해) 우는 것을 그치다; (눈물에 대해)흐르는 것이 멈추다 **5.** 곤경에 처하다 III. vi. bea de usucă 벌컥벌컥 마시다

usc|are, -ări, s.f. 동사 usca의 명사형

usca|t, I. -tă, -ți, -te, adj. **1.** 건조한, 메마른 **2.** (날씨에 대해) 가뭄의 **3.** (목에 대해)갈증이 나는 **4.** (눈에 대해) 눈물없는 **5.** (목소리에 대해) 거친 **6.** (땅에 대해)비옥하지 못한 **7.** (사람) 창백한; 마른 **8.** (신체 일부분)마비된 **9.** [식물]시든 **10.** [비유]a înşira (또는 vorbi) verzi şi ~e 쓸데없는 말을 지껄이다 II. ~uri, s.m. **1.** uscare 참조 **2.** 대륙; a călători pe ~ 대륙을 여행하다; pe mare şi pe ~ 해륙 양로로; armata de ~ 보병; a pune pe ~ 배를 육지에 도착하게하다; a se zbate ca peştele pe ~ 큰 어려움과 싸우다

uscăci|os, -oasă, -oşi, -oase, adj. **1.** 메마른, 건조한 **2.** (사람에 대해)마른

uscăciun|e, -e, s.f. 건조, 가뭄

uscăt|oare, -ori, s.f. uscătorie 참조

uscăt|or, I. -oare, -ori, -oare, adj. 메마른, 건조한 II. -oare, s.n. 건조기

uscători|e, -i, s.f. 건조장소(장치)

uscătur|ă, -i, s.f. 마르고 잔 가지; 마른 음식

uscătur|ea, (-ică), -ele, .s.f uscătură의 축소형

uscățiv, ~ă, ~i, ~e, adj. (사람에 대해)마른; (식물에 대해)마른

usn|ă, -e, s.f. (냄비의)가장자리; (종의 아래)가장자리; 배 가장자리

ustensil|ă, -e, s.f. 도구, 기구, 용구

ustur|a, pers.3, ustură, -ă, -at, vt. **1.** 따끔따끔거리게하다, 쿡쿡 쑤시게 하다; mă ustură ochii 눈이 따끔거린다; [비유](도덕적, 육체적)아픔을 주다

usturăt|or, -oare, -ori, -oare, adj. **1.** 따끔따끔한, 콕콕찌르는; [비유]날카로운, 예리한

usturătur|ă, -i, s.f. **usturim|e,** -i, s.f. 따끔따끔함, 콕콕 쑤심

usturoi, s.m. [식물]마늘; nici ~ n-a mâncat, nici gura nu-i miroase 아무 일 없는 것처럼 행동한다.

usturoi|a, -ez, -ai, -at, vt. 마늘 양념을 하다

usturoia|t, -tă, -ți, -te, adj. 마늘로 양념한; 마늘 냄새가 나는

usturoiț|ă, -e, s.f. [식물]파속

usuc, s.n. 양모지, 라놀린

uşarnic, ~ă, ~i, ~e, I. adj. 집에 있지 않고 다른 사람의 문을 기웃거리는

uş|ă, -i, s.f. **1.** 문; uşa domnească (또는 împărătească)(동방교회의) 제단 문; la ~ 바로 근처에; a bate la ~ a)노크하다; b)[비유]매우 가까이 있다. 임박해 있다; a da pe ~ afară 문밖으로 내쫓다; a deschide cuiva amândouă uşile 누구를 환영하다; a sta după ~ 고립되어 있다; a ajunge la uşa străinilor 구걸하러 다니다; a umbla din uşă-n uşă 구걸하다; a strânge (pe cineva) cu uşa 강요하다 **2.** [비유]집

uşcioar|ă, -e, s.f. uşiță 참조

U

uşier, ~i, s.m. 문지기

uşiţ|ă, -e, s.f. 작은 문

uşor ¹, ~i, s.m. 문기둥

uş|or ², I. -oară, -ori, -oare, adj. **1.** 가벼운; ~ ca fulgul 깃털처럼 가벼운; să-ţi fie ţărâna uşoară! (장례식에서)편히 쉬소서! ; [스포츠]categorie uşoară (권투에서)57-61kg의 경량급 **2.** 가벼운 식사의, 소화가 잘되는 **3.** [비유]민첩한, 신속한; e ~ de cap 그는 모든 것을 민첩하게 파악한다; a avea mână uşoară 민첩한 손을 갖고 있다. **4.** 쾌적한, 부드러운, 유연한**5.** (잠에 대해)편안한 **6.** (옷에 대해)가벼운, 얇은 **7.** 쉽게 견딜 수 있는 **8.** (물질)고소한, 조금의 **9.** (상처에 대해)가벼운 **10.** (생활)편안한, 걱정없는 **11.** 쉬운, 가벼운; muzică uşoară 경음악 **12.** 겸손한 **13.** (길에 대해) 다닐 수 있는 **14.** [비유]의미없는, 중요하지 않은 II. adv. **1.** 조용히, 가만히 **2.** 힘들지 않게, 편안하게 **3.** 겸손하게, 피상적으로; a lua ~ (또는 a trece ~ peste) un lucru 간과하다.

uşuliţ|ă, -e, s.f. 작은 문

uşur|a, -ez, -ai, -at. I. vt. **1.** 가볍게 하다; 무게를 줄이다 **2.** 완화시키다. 진정시키다 **3.** 쉽게 하다, 어려움을 제거하다. **4.** (집으로부터)해방시켜 주다, 가볍게 해주다; a-şi ~ inima 마음을 가볍게 해주다; a ~ de bani 돈을 쓰다 II. vr. **1.** 가벼워지다 **2.** 완화되다. 진정되다 **3.** 쉽게 되다; sarcina noastră s-a uşurat 우리 임무는 가벼워졌다 **4.** 해방되다; a se ~ de griji 걱정으로부터 해방되다; a se ~ de haine 옷을 벗다; a se ~ de bani a)돈을 잃다; b) 돈을 다 쓰다 **5.** (병에 대해)소멸되다 **6.** (여자에 대해)출산하다

uşur|are, -ări, s.f. 동사 uşura의 명사형

uşura|t, -tă, -ţi, -te, adj. **1.** 가벼워진 **2.** 완화된, 진정된 **3.** (집으로부터)해방된, 벗어난 **4.** [비유]위안받은, 진정된

uşuratic, ~ă, ~i, ~e, adj. 겸손한, 가벼운, 경박한

uşurătate, s.f. 경손, 경박, 가벼움

uşurăt|or, -oare, -ori, -oare, adj. **1.** 가볍게 하는 **2.** 완화하는 **3.** 면해주는 **4.** [비유]위로하는

uşur|el, -ea, -ei, -ele, adj. **1.** 상당히 가벼운 **2.** 상당히 경박한 **3.** 피상적인, 값어치 없는(작가의 작품에 대해)

uşurime, s.f. uşurinţă 참조

uşurinţ|ă, -e, s.f. **1.** 쉬움; 힘들지 않음; cu ~ a)쉽게; b)무관심하게 **2.** 가벼움 **3.** 유용함 **4.** 겸손, 경박 **5.** (병의)완화

uşuţ|ă, -e, s.f. 작은 문

ut, s.n. [음악, 고어]c 음; c 장조 음계의 첫째음, 도(do)음

uter, ~e, s.f. [해부]자궁

uterin, ~ă, ~i, ~e, adj. **1.** 이부(異父)형제(자매)의; fraţi ~i 이부형제 **2.** 자궁의 (에 관한)

util, I. ~ă, ~i, ~e, adj. 쓸모 있는, 유용한, 유익한; 필요한; în timp ~ 알맞은 때에, 때늦지 않게 II. s.m. 유용, 유익

util|a, -ez, -ai, -at, vt. 연장(도구)을 주다, (의)시설을 갖추다; a ~ o fabrică cu maşini noi 공장에서 새 기

U

계를 설치하다.

utilaj, ~e, s.n. 연장(도구)장비, 설비 시설

util|are, -ări, s.f. 동사 utila의 명사형

utila|t, -tă, -ți, -te, adj. 연장(도구, 기계시설)을 갖춘

utilitar, ~ă, ~i, ~e, adj. 실리주의의; 공리적인, 타산적인

utilitarism, s.n. 실리주의; 공리적인 정신

utilitari|st, -stă, -ști, -ste, I. .adj. 실리주의의, 공리주의의 II. s.m. 그리고 f. 실리주의자, 공리주의자

utilit|ate, -ăți, s.f. 유용, 유익; 이용, 사용; 실리, 이득

utiliz|a, -ez, -ai, -at, vt. 이용하다, 활용하다; 사용하다

utilizabil, ~ă, ~i, ~e, adj. 이용, 활용할 수 있는

utiliz|are, -ări, s.f. 이용, 활용

utiliza|t, -tă, -ți, -te, adj. 이용된, 활용된

utopic, ~ă, ~i, ~e, adj. 공상적인, 실현시킬 수 없는

utopi|e, -i, s.f. 이상; 공상, 환상, 몽상, 유토피아

utopi|st, -stă, -ști, -ste, I. s.m. 그리고 f. 공상가, 몽상가; 유토피아를 꿈꾸는 사람 II. adj. 공상적인, 유토피아를 꿈꾸는

utreni|e, -i, s.f. 아침미사; pe la ~ 아침에

uța, interj. huta 참조

uvertur|ă, -i, s.f. [음악]서곡

uvraj, ~e, s.f. 일, 작업; 작품, 제작품, 저서

uvular, ~ă, ~i, ~e, adj. 목젖의; [언어]구개수(음)의, 목젖의 진동에 의해서 생기는

uvul|ă, -e, s.f. [해부]현옹수, 목젖

uz, ~uri, s.n. **1.** 사용, 이용; a face ~ de ceva 무엇을 사용하다; scos(또는 ieșit) din ~ 사용하지 않는 **2.** 사용권, 이용권 **3.** 관습; 습관

uz|a, -ez, -ai, -at. I. vi. a ~ de.... 사용하다. 이용하다 II. vt. 닳아 없애다. 소모하다; 망가트리다; [비유]약하게하다 상하게하다. III. vr. 닳아지다, 상하게 되다, 해지다

uzaj, ~e, s.m. **1.** 닳음, 상함 **2.** 이용, 사용 **3.** 관습

uzanț|ă, -e, s.n. 관습, 관례

uza|t, -tă, -ți, -te, adj. **1.** 닳은, 해진; 시용된, 헌 **2.** [비유](사람에 대해) 노쇠한, 기력을 잃은

uzbec, ~ă, ~i, ~e, I. adj. 우즈베크의 II. s.m. 그리고 f. 우크베크 사람

uzinaj, s.n. uzinare 참조

uzinare, s.f. 제조, 생산

uzin|ă, -e, s.f. **1.** (제조, 생산)공장 **2.** 전기 발전소

uzit|a, -ez, -ai, -at. I. vt. 보통 사용하다 II. vr. 보통 사용되다

uzita|t, -tă, -ți, -te, adj. 보통 사용되는

uzual, ~ă, ~i, ~e, adj. 상용의, 관용의, 통상의, 평범한

uzufruct, s.n. [법률]용익권, 사용수익권

uzufructuar, ~ă, ~i, ~e, adj. [법률] 용익권자에 속하는

uzurar, ~ă, ~i, ~e, adj. 고리의, 폭리의

uzur|ă, -i, s.f. **1.** 파손, 훼손 **2.** (사람에 대해) 노쇠 **3.** [고어]고리, 폭리

uzurp|a, uzurp, -ai, -at. vt. (권리 등을)부당하게 빼앗다, 횡령하다; (왕위를) 찬탈하다

uzurp|are, -ări, s.f. 동사 uzurpa의 명사형

uzurpat|or, -oare, -ori, -oare, s.m. 그리고 f. 횡령자; (왕위)찬탈자; (권리)침해자

U

V

V, v, s.m. 루마니아어 알파벳의 27번째 자

va, vi. (defectiv 3인칭 단수) mai ~ 더 기다려야한다, 아직 더 있어야한다

vacan|t, -tă, -ţi, -te, adj. **1.** (자리, 직위에 대해)비어있는, 공석의 **2.** (법률, 상 속) 소유자가 없는, 상속인이 없는

vacanţ|ă, -e, s.f. **1.** 방학; 휴가; mâine luăm ~ 내일 우리는 방학(휴가)이다; în timpul vacanţei 방학 기간 동안 **2.** (직위, 부서 따위의) 공석, 빈자리, 결원

vacarm, ~uri, s.n. 소동, 소란, 야단법석

vac|ă, -i, s.f. **1.** 암소; ~ de (또는 cu) lapte 젖소; ~ de muls 착취된 사람 또는 상황 **2.** (carne de) ~ 소고기 **3.** [비유]멍청한 여자; s-a dus bou şi s-a întors ~ 배우러 갔다 더 멍청해져 돌아온 사람을 일컫는 말 **4.** [동물]~-de-mare 해우류

vaccin, ~uri, s.n. **1.** 왁찐 **2.** 예방법

vaccin|a, -ez, -ai, -at, vt. 예방접종을 하다

vaccinal, ~ă, ~i, ~e, adj. 왁찐에 관한

vaccin|are, -ări, s.f. 예방접종

vaccinat|or, -oare, -ori, -oare, s.m. 그리고 f. 종두의사

vaccinoterapie, s.f. 왁찐요법

vacs, ~uri, s.n. 왁스

vacuitate, s.f. (드물게) 비어있기; 공허; 허무

vacuol|ă, -e, s.f. [생물]세포의 공포, 액강(液腔), 액포(液胞)

vacuum, ~uri, s.n. 진공

vacummetr|u, -e, s.n. 진공계

vad, ~uri, s.n. **1.** 하상(河床) **2.** 강이나 개울의 얕은 부분; 건너는 길; a-şi face ~ 길을 트며 나아가다 **3.** 길; 도피로 **4.** [비유] 강가 **5.** [상업] (가게, 상점) 교통 좋은 위치; cu ~ 손님이 자주 찾는

vad|ea, -ele, s.f. 지불기한

vademecum, s.n. (휴대용) 책 (편람, 안내서, 제요서 총람)

vadră, vedre, s.f. **1.** 통, 데카리터 **2.** 두레박

vag, I. ~ă, ~i, ~e, adj. **1.** 명확하지 않은, 애매한, 모호한, 막연한; 희미한, 어렴풋한 **2.** [해부]nervul ~ 미주 신경 II. s.n. 막연함, 애매함 모호함

vagabon|d, -dă, -zi, -de, I. adj. 방랑하는, 유랑하는, 돌아다니는, 방랑하기 좋아하는 II. s.m. 그리고 f. 부랑자, 룸펜, 뜨내기, 떠돌이

vagabond|a, -ez, -ai, -at, vi. 떠돌아다니다, 방랑(유랑)하다

vagabondaj, s.n. 방랑(벽), 유랑(벽)

vagabond|are, -ări, s.f. 동사 vagabonda 의 명사형

vagin, ~uri, s.n. [해부]질
vaginal, ~ă, ~i, ~e, adj. 질의
vaginit|ă, -e, s.f. [의학]질염
vag|on, -oane, s.n. [철도](기차의) 차량; 화차; ~ de persoane, marfă 객차, 화물차량; ~-restaurant 식당차; ~ cu două etaje 이층칸; ~-cisternă 유조차
vagonet, ~e, s.n. vagon의 축소형
vagonetaj, s.n. 차량운송
vagonetar, ~i, s.m. 선로기사
vai, I. interj. 다음과 같은 감정을 표현하는 말: 고통, 절망, 후회, 동정, 불쾌; 기쁨, 감탄; 초조; 놀람; ca ~ de lume 매우 나쁜 상황에 있는; 매우 나쁜; ~ de mine 나의 마음이 아프다, 나는 별로 상황이 좋지 않다 II. s.n. **1.** 한탄 **2.** 고통; cu chiu cu ~ 매우 어렵게 간신히
vaicăr, ~e, s.n. 비명; 한탄
vaier, ~e s.n. **1.** vaicăr 참조 **2.** 고통, 아픔
vajnic, ~ă, ~i, ~e, adj. **1.** 강한, 힘센; 거친; 잔인한, 가혹한 **2.** 중요한, 진지한; (사람에 대해) 중요한, 유명한
val, ~uri, s.n. **1.** 물결, 파도; în ~uri 또는 valuri-valuri a)줄지어; b)물밀 듯이; în ~ul apei 거슬러; ~ de căldură, de frig 더위, 추위의 물결; ~urile vieții (또는 lumii) 인생의 소용돌이; ~urile tinereții, 젊은이의 불안함, 변덕스러움; ~ul vremii 시간의 흐름 **2.** 방벽 **3.** [고어]괴롭힘; a face cuiva ~ 누구를 괴롭히다; a avea ~ 괴롭힘을 당하다 **4.** 기회; 핑계 **5.** ~ de pânză 아마포 조각 **6.** 잉크롤러 **7.** 파종용 롤러
valabil, ~ă. ~i. ~e, adj **1.** 유효한 **2.** 승인할 만한, 받아들일 수 있는
valabilitate, s.f. 유효성, 인정성
valah, ~ă, ~i, ~e, I. adj. 루마니아의 문테니아의 옛이름인 발라히아의 **2.** s.m. 그리고 f. 발라히아 사람
vale, văi, s.f. **1.** 계곡; la ~ 계곡으로; a) 밑으로, 산 아래로; b) 강을 따라; de ~ 계곡이 시작하는 곳에서; mai la ~ 계곡 아래로; a-şi lua valea 도망치다; a lua (pe cineva) la ~ 누구를 놀리다; calea-valea 그만하면 됐다
valenț|ă, -e, s.f. [화학]원자가
valerianacee, ~ s.f. [식물]마타리과
valeriană, s.f. [식물]쥐오줌풀
valerianic, ~ă, ~i, ~e, adj. [화학]길초(吉草)의; acid ~ 길초산
vale|t, -ți, s.m. **1.** 하인, 종, 사환 **2.** [비유]비굴하게 아부하는 사람 **3.** (트럼프) 재크
valeu, interj. vai 참조
vali|d, -dă, -zi, -de adj. **1.** 건강한, 긴장한, 기운있는 **2.** 유효한; 정당한 수속을 밟은
valid|a, -ez, -ai, -at, vt. [법률]유효하게 하다, 유효로 인정하다
valid|are, -ări, s.f. 동사 valida의 명사형
validitate, s.f. 유효
vali|u, -i, s.m. [고어](옛 터어키) 총독
valiz|ă, -e, s.f. 손가방, 여행용 가방
valmă, vălmi, s.f. 다수, 다량, 많음; 소란, 야단법석; de-a valma 섞여, 혼합되어; a da valma 습격하다, 돌진하다
val|oare, -ori, s.f. **1.** 가치; [비유]진

가, 특질, 중요성; de ~ 가치 있는; a) (사람에 대해) 유명한, 탁월한; b) (사물에 대해) 값나가는, 값비싼; lipsit de (또는 fără) ~ 가치 없는; a pune (또는 a scoate) în ~ 강조하다, 중요성, 특질을 부각시키다; a acorda (prea) multă ~ 무엇에 높은 가치를 주다 **2.** [비유]저명인사 **3.** ~ nutritivă 영양가 **4.** [경제]사용가치, 교환가치; (구체적으로) 물건; ~ de întrebuințare 사용가치; ~ de schimb 교환가치; ~ a forței de muncă 노동력가치 **5.** [상업 재정]값, 가격; ~ comercială (또는 de circulație) 순환가격; ~ locativă 임대차 가격; ~ estimativă (또는 estimată) 공정(견적)가격; ~ de asigurare 보험가치; ~ totală (또는 globală) 총가격; scrisoarea cu ~ declarată 유가물 편지 **6.** [상업, 재정]생산성, 수익성 **7.** [수학]값, 치 **8.** [상업, 재정]~ monetară 화폐본위; pl. 외국화폐 **9.** [상업, 재정] 은행교환 가치; ~ nominală 명복가치; hârtie de ~ 유가 증권 **10.** [음악](음표가 나타내는) 음의 길이 **11.** (말의) 정확한 뜻

valor|a, -ez, -ai, -at, vi. 값이 나가다, 가치가 있다

valoric, ~ă, ~i, ~e, adj. 가치의, 값의

valorific|a, valorific, -ai, -at, vt. **1.** 유효하게 하다; 유용하게 하다; 가치를 주다; 중요성을 부각시키다 **2.** (화폐, 물건) 돈으로 교환하다

valorific|are, -ări, s.f. 동사 valorifica의 명사형

valor|os, -oasă, -oşi, -oase, adj. 가치 있는; 중요한; 의미있는; (사람에 대해) 유능한; 재능있는

vals, ~uri, s.n. 왈츠

vals|a, -ez, -ai, -at, I. vi. 왈츠를 추다 II. vt. (pe cineva) 누구와 왈츠를 추다

valsat|or, -oare, -ori, -oare, s.m. 그리고 f. 왈츠댄서

valtrap, ~uri, s.n. 안장덮개

valț, ~uri, s.n. 곡식 분쇄기

valutar, ~ă, ~i, ~e, adj. 화폐의

valut|ă, -e, s.f. 화폐본위; 화폐 제도; pl. 외국화폐; ~ forte 경화

valvar, ~ă, ~i, ~e, adj. [식물]판의; 조가비의

valv|ă, -e, s.f. **1.** [해부]판; [식물]판의;[동물](조개, 굴따위의) 조가비, 껍데기 **2.** [기계]벨브

valvârtej, I. adv **1.** 폭풍처럼 빠르게; [비유]매우 흥분하여 **2.** 무질서하게; a face (ceva) ~ 무질서하게 만들다 II. ~uri, s.n. **1.** 소용돌이; în ~ 소용돌이 형태로 **2.** [비유]혼란

valvârtej|i, -esc, -ii, -it, vr. (드물게) (어딘가로) 빠르게 달려간다, 돌진하다

valvolină, s.f. 감마유, 윤활유

valvular, ~ă, ~i, ~e, adj. 판이 있는, 판에 관한, 판모양의

valvul|ă, -e, s.f. [해부](심장의) 판막

vamal, ~ă, ~i, ~e, adj. 세관의; tarif ~ 관세율; funcționar ~ 세관원

vamă, vămi, s.f. **1.** 세관 **2.** 관세; a plăti ~ 관세를 지불하다 **3.** (미신에서) 속전, 몸값 **4.** [속어]수입

vameş, ~i, s.m. **1.** 세관리 **2.** [비유] 도둑

vamp|ă, -e, s.f. 요부, 탕녀

vampir, ~i, s.m. **1.** 흡혈귀 **2.** 남의 피

와 땀을 빨아먹는 사람 **2.** 박쥐 종류
vampiric, ~ă, ~i, ~e, adj. 흡혈귀 같은
van, ~ă, ~i, ~e, adj. **1.** 소용없는, 쓸데없는 의미없는; în ~ 무익하게, 헛되게, 쓸모없이 **2.** 근거없는
vanadin, s.n. [화학]바나딘, 바나듐
van|ă, -e, s.f. **1.** 목욕통 **2.** 세수대
vandal, ~ă, ~i, ~e, s.m. 그리고 f. **1.** 반달 사람 **2.** [비유](예술품 자연미 따위의) 파괴자
vandalism, ~e, s.n. 예술, 문화의 파괴
vandrug, ~i, s.m. 갱도 지주
vangheli, ... evangheli 참조
vanilie, s.f. 바닐라 속, 바닐라 엑스
vanilină, s.f. [화학]바닐린
vanit|ate, -ăți, s.f. 헛됨, 공허, 덧없음, 허무; 자만, 자부, 허영심, 거드름
vanit|os, -oasă, -oşi, -oase, adj. 허영심 많은, 으쓱대는, 거드름 피우는
vap|or, -oare, s.n. 기선 배
vaporaş, ~e, s.n. 작은 배
vapori, s.m. pl. 연무, 안개; 김, 수증기; cal ~ 마력
vaporiz|a, -ez, -ai, -at, **1.** vt. 증발(기화)시키다 **2.** vr. 증발하다
vaporiz|are, -ări, s.n. 동사 vaporiza 의 명사형
vaporizat|or, -oare, s.n. 분무기
vapor|os, -oasă, -oşi, -oase, adj. **1.** 흐릿한, 어렴풋한, 모호한 **2.** 안개 낀
var, s.n. 칼크, 석회; apă de ~ 석회수; lapte de ~ 석회유
vară1, veri, s.f. 여름; vara 여름마다; la ~ 다음 여름에; astă-~ 지난 여름, 이번 여름에; în vara asta 올 여름에; an-~ 지난해 여름에; de cu ~ 여름 동안에; de ~ 여름의; haine de ~ 여름옷; vara sfinților arhangheli 늦여름; semestru de ~ 여름 학기
vară2. vere, s.f. 사촌 자매
varec, s.n. [식물]해초
vargă[1], vergi, s.f. **1.** 회초리; 얇은 막대; a tremura ~ 와들와들 떨다 **2.** pl. 길고 뾰족한 매채 **3.** 회초리로 갈김 **4.** 채찍 **5.** 낚싯대 **6.** [군사]총구멍 닦는 헝겊 **7.** [음악]지휘봉 **8.** [식물]산토끼 꽃
vargă[2], vărgi, 줄, 가늘고 길죽한 것
varia[1], s.n. 잡동사니
vari|a[2], -ez, -ai, -at I. vi. 변하다, 변화하다, 다르다 II. vt. 바꾸다;[음악]변곡하다
variabil, ~ă, ~i, ~e, adj. 변하기 쉬운, 일정치 않은; barometrul arată ~ 청우계가 날씨의 변덕을 나타내고 있다; [문법]변화하는
variabil|ă. -e, s.f. [수학]변수
variabilit|ate, -ăți, s.f. 가변성;[생물]변이성; [문법]변화성
variant|ă, -e, s.f. **1.** 이형(異形);[생물]변형, 변이; [문법](형식, 철자, 읽기 따위의) 변체; 어음(語音)의 와전
varia|t, -tă, -ți, -te, adj. 다른
variați|e, -i, s.f. **1.** 변화, 변천, 변동 **2.** [음악]변주곡; **3.** [생물]변이 **4.** [수학]calculul variațiilor 변분법
variațiun|e, -i, s.f. variație 참조
varice, s.f. pl. [의학]정맥류
varicelă, s.f. [의학]수두(水痘)
varicocel, s.n. [의학]정계 정맥류
varic|os, -oasă, -oşi, -oase, adj. 정

V

맥류성의

variet|ate, -ăţi, s.f. **1.** 다양성, 서로 다름 **2.** [생물]변종 **3.** (pl.) 버라이어티쇼 (노래, 춤, 서커스등)

varieteu, ~ri, s.n. 버라이어티쇼

variol|ă, -e, s.f. 천연두, 두창

variometr|u, -e, s.n. **1.** [전기]바리오미터 **2.** [항공]기압측정기

var|iu, -ie, -ii, adj. [고어]variat 참조

varniţ|ă, -e, s.f. 석회를 굽는 가마

varză, verze, s.f. **1.** 배추; -de-Bruxelles 양배추의 일종; ~-creaţă (또는 nem- ţească) 오그랑 양배추; ~ de iarnă 흰캐비지; ~ acră 절인 양배추; a face o ~ 엉망으로 만들다; a (se) face (또는 a ajunge) (책이나 공책)걸레가 되다

vas, ~e, s.n. **1.** 꽃병, 화분; ~ de flori 화분 **2.** 그릇; ~e de bucătărie 부엌 그릇 **3.** 배, 보트; ~-pilot 수로 안내선 **4.** [해부]맥관, 혈관

vasal, ~ă, ~i, ~e, s.m. 그리고 f. **1.** 신하, 가신

vasalit|ate, -ăţi, s.f. **1.** 예속상태 **2.** 신하의 신분

V

vascular, ~ă, ~i, ~e, adj. [해부, 식물] **1.** 혈관 (도관)의; sistem ~ 혈관 계통

vasculariz|a, -ez, -ai, -at, vt. 혈관화하다

vasculariza|t, -tă, -ţi, -te, adj. 모혈관, 도관이 있는

vascularizaţi|e, -i, s.f. 혈관신생, 혈관화

vasel, ~e, s.n. [고어]군함

vaselină, s.f. [화학]바셀린

vasilc|ă, -i, s.f. 꽃으로 장식된 돼지머리; 새해에 젊은이들이 쟁반에 받쳐들고 집집마다 돌아다니며 축원을 한다

vasili|sc, -şti, s.m. (신화) (사람을 노려봄으로써 죽인다고 하는) 전설적 뱀

vasoconstrict|or, -oare, -ori, -oare, adj. 혈관을 수축시키는

vasoconstricţie, s.f. 혈관수축 신경

vasodilatare, s.f. 혈관 확장

vasodilatat|or, -oare, -ori, -oare, adj. 혈관을 확장 시키는

vasodilataţie, s.f. 혈관 확장

vasomotor, ~i, adj. 혈관운동의; nerv ~ 혈관운동신경

va|st, -stă, -şti, -ste, adj. **1.** 넓은, 널따란, 광대한 **2.** 매우 큰 **3.** 막대한, 원대한

vastitate, s.f. 광대, 광막

vatal|ă, -e, s.f. 베틀의 한 부분

vată, s.f. 솜; 탈지면; ~ de zgură 광재면; ~ de sticlă 유리솜

vatir, s.n. 솜을 넣음

vatman, ~i, s.m. 전차 운전수

vatră, vetre, s.f. **1.** 화덕, 부뚜막; 화덕 옆에 있는 잠자는 곳; a îmbătrâni în ~ 노처녀가 되다; a nu avea nici cenuşă în ~ 거지가 되다; a cloci pe ~ 게으르다, 게으름뱅이다; a cădea cuiva în ~ 불청객이 되다 **2.** 아궁이 **3.** 집(고향); 고향; a lăsa (또는 trimite) un ostaş la ~ a)군인에게 휴가를 주는 b)제대시키다; ţigan de ~ 정주하는 집시 **4.** 동물의 집(둥우리) **5.** 시의 영역; vatra satului 마을 영역

vavilonic, ~ă, ~i, ~e, adj. [고어]바빌로니아의; babilonic 참조

vaviloni|e, -i, s.f. babilonic 참조
vaz|ă, -e, s.f. **1.** 명성, 영향력, 존경; om cu ~ 중요한 사람, 명성있는 사람; de ~ 유명한 **2.** 화분
văcar, ~i, s.m. 목동, 소치기
văcăli|e, -i, s.f. **1.** 가장자리, 테두리, 결(여과기, 분쇄장치) **2.** [식물]버섯의 일종
văcăr|easă, -ese, s.f. 소치기 여자
văcăr|i, -esc, -ii, -it, vi. 소를 치다
văcări|e, -i, s.f. **1.** 소 떼 **2.** 소 우리 **3.** 소치기 직업
văcărime, s.f. 소 떼
văcărit, s.n. [고어]가축세
văcăriț|ă, -e, s.f. 소치는 여자
văcăruş, s.m. [식물]식용버섯의 일종
văcsu|i, -iesc, -ii, -it, vt. (구두를)닦다
văcsuir|e, -i, s.f. 구두 닦음
văcsui|t, -tă, -ți, -te, adj. (구두에 대해) 구두가 닦여진
văcsuit|or, -oare, -ori, -oare, s.m. 그리고 f. 구두닦이
văcuşoar|ă, -e, s.f. **văcuț|ă,** -e, s.f. 작은 소
vădan, ~ă, ~i, ~e, [속어]I. adj. 과부, 홀아비가 된 II. s.m. 그리고 f. 과부, 홀아비
vădanc|ă, -e, s.f. [속어]과부
vădăni|e, -i, s.f. [속어]과부의 신분
văd|i, -esc, -ii, -it, vt. **1.** 증명하다, 보여주다, 지적하다, 나타나게 하다; 분명히 드러나게 하다 **2.** 고발하다
vădi|t, -tă, -ți, -te, adj. 분명한, 확실한
vădrar, ~i, s.m. 통만드는 사람, 통장이
vădărit, s.n. [고어]주세
văduv, ~ă, ~i, ~e, I. adj. **1.** (사람에 대해) 과부(홀아비)가 된 **2.** [비유] 없는 결핍된 II. s.m. 그리고 f. 과부, 홀아비
văduv|esc, -ească, -eşti, adj. (드물게) 과부(홀아비)의
văduv|i, -esc, -ii, -it, I. vt. **1.** 과부(홀아비)로 만들다 **2.** [비유]누구를 홀로 내버려두다, 누구에게서 무엇을 없게하다 II. vi. **1.** 과부(홀아비)가 되다 **2.** (과부) 홀아비로 살다
văduvi|e, -i, s.f. 과부(홀아비)상태; 과부(홀아비)로 지낸 시간
văduvioar|ă, -e, s.f. **1.** 젊은 과부 **2.** [어류]황어의 일종
văduvir|e, s.f. (드물게) 동사 văduvi의 명사형
văduvi|t, -tă, -ți, -te, adj. **1.** 과부(홀아비)가 된 **2.** 결핍된, 없는
văduviț|ă, -e, s.f. văduvioară 참조
văduvoi, ~, s.m. 홀아비
văgăun|ă, -e, (그리고 -i) s.f. **1.** 계곡, 협곡 **2.** 작고 어두운 방 **3.** 나무 구멍 **4.** (드물게) 눈구멍
văiag, ~e, s.n. văiugă (1)참조
văicăr|eală, -eli, s.f. 한탄, 한탄하는 소리
văicăr|i, -esc, -ii, -it, vr. **1.** 한탄하다 **2.** 낙담한 척하다
văier|a, -ez, -ai, -at, vr. văita 참조
văier|are, -ări, s.f. 동사 văiera 명사형
văierat, s.n. (드물게) văierare 참조
văiet ... văit 참조
văişoar|ă, -e, s.f. 작고 얕은 계곡
văit|a, vait, -ai, -at, I. vr. **1.** 한탄하

V

다; 신음하다 **2.** (동물에 대해)울부짖다 II. vt. (누구를)동정하다 불쌍히 여기다

văit|are, -ări, s.f. 동사 văita 의 명사형

văităr|eț, -eață, -eți, -ețe, adj.**vătă|tor,** -oare, -ori, -oare, adj. 한탄하는

văitătur|ă, -i, s.f. văitare 참조

văiug|ă, -i, s.f. [방언]작은 계곡

văl, ~uri, s.n. **1.** 베일; a avea un ~ pe ochi 불분명하게 보다; a i se pune (또는 a i se lua cuiva) un văl pe ochi 보는 것, 이해하는 것, 판단하는 것을 중지하다 (또는 시작하다) **2.** 면사포 **3.** [해부]~ul palatului 연구개 (軟口蓋)

vălătuc, ~i, s.m. **1.** 원통; de-a ~ul 곤두박이로, 구르는 **2.** 정지, 파종용 롤러 **3.** 진흙벽돌

vălătuc|i, -esc, -ii, -it, vt. 진흙 벽돌로 벽을 쌓다

văl|ean, -ă, -eni, -ene, s.m. 그리고 f. 계곡 거주인

văleat, s.n. veleat 참조

vălmaş, ... învălmăs ... 참조

vălmăşag, ~uri, s.n. 혼란, 무질서; 무질서하게 있는 물건

vălțu|i, -iesc, -ii, -it, I. vt. [기술]롤러로 압연하다 II. vi. [고어]왈츠를 추다

vălțuir|e, -i, s.f. 동사 vălțui의 명사형

vălțuit|or, -oare, -ori, -oare, s.m. 그리고 f. 압연기 직공

vălura|t, -tă, -ți, -te adj. învălurat 참조

vălurel, ~e, s.n. 작은 물결, 작은 파도

vălur|os, -oasă, -oşi, -oase, adj. 물결 모양의

vălvăt|aie, -ăi, s.f. vâlvătaie 참조

vămeş|esc, -ească, -eşti, adj. 세관의, 세관에 관한

vămeşi|e, -i, s.f. [고어]세관

vămu|i, -iesc, -ii, -it, vt. **1.** 관세를 거두어들이다, 징수하다 **2.** 방아 삯을 걷다 **3.** [비유]일부를 훔치다

vămuit|or, -oare, -ori, -oare, s.m. 그리고 f. 세관원

văp|aie, -ăi, s.f. **1.** 화염, 불꽃 **2.** 작열 **3.** [비유]밝고 눈부신 빛 **4.** văpaiță (2)참조

văpaiț|ă, -e, s.f. **1.** 수지램프 **2.** 수지 횃불 (고기 잡을 때)

văpă|i, pers.3, -ieste, -i, -it, vi. [고어]불타오르다

văpăier|e, -i, s.f. 동사 văpăi의 명사형

văpăit, s.n. [방언]수지 횃불로 고기 잡음

văps ... v. vops

văr, veri, s.m. 사촌

văr|a, -ez, -ai, -at, I. vi. 여름을 어딘가에서 보내다

vărar, ~i, s.m. 석회가마 노동자

văra|t, s.n. **1.** 여름 보냄 **2.** 여름동안 가축들이 누군가의 풀밭에서 지내는 세금(비용)

văratic (văratec), I. ~ă, ~i, ~e, adj. **1.** 여름의 ...; (식물에 대해) 여름에 파는 (익는); fructe ~e 햇과일; II. s.n. **1.** 여름에 풀밭에서 지내는 비용

vărări|e, -i, s.f. 칼크(석회) 탄광; 석회공장 장소

văr|ga, -ghez, -gai, -gat, vt. 줄치다

vărga|t, -tă, -ți, -te, adj. 줄쳐진

vărgăț|el, -ea, -ei, -ele, adj. 가는 줄
vărguliț|ă, -e, s.f. v. vărguță
văr|os, -oasă, -oşi, -oase, adj. 석회를 함유한
vărs|a, vărs, -ai, -at, I. vt. **1.** 붓다, 쏟다, 따르다; a ~ un pahar 잔을 붓다; a ~ lacrimi 울다; a ~ sânge 살해하다; a-şi ~ sângele (pentru cineva 또는 ceva) 인생을 희생하다; a ~ sudori (또는năduşeli) 또는 a ~ sudori de moarte a)힘들게 하다, 중노동하다; b) 죽음과 싸우다, 사경을 헤매다 **2.** 구토하다; a ~ şi mațele매우 심하게 토하다 **3.**[비유]뱉다;a~venin또는a-şi ~veninul 누구를 증오하며 말하다, 악담하다; a-şi ~ focul mânia (또는 sufletul, amarul) 고통, 화, 분노를 발설하다 (말하다); a ~ foc 불을 내뿜다 (동화 등에서) **4.** [비유](빛, 열기) 발하다 **5.** [비유]분산시키다 **6.** [고어]주조하다 **7.** 지불하다 **8.** 전출, 전근시키다 II. vr. **1.** 부어지다 **2.** (강, 개천에 대해)도달하다
vărs|are, -ări, s.f. 동사 vărsa의 명사형
vărsa|t, I. s.n. **1. v.** vărsare **2.** [의학] 천연두, 마마; ~ de vânt 수두에 생기는 소농포, 수포진; [속어]~-mare 성홍열; [속어]~-mic 홍역 II. -tă, -ți, -te, adj. **1.** 부은, 따른 **2.** 분산된, 흩어진 나온 **3.** (열기, 빛) 발산된 **4.** (직무) 전근된 **5.** (물건에 대해) 낱개로 파는
vărsăm|ânt, -inte, s.n. 지불; 지급; 이전(돈); a face un ~ 지불하다
vărsăt|or, I. -ori, s.m. **1.** 물주전자 **2.** (별자리, 관사와 함께) ~ul 수병좌 II. -oare, -ori, -oare, adj. 다부어진, 부은, 따르는
vărsătură, s.f. **1. v.** vărsare **2.** 토함 **3.** 토해진 것, 토사물
văru|i, -iesc, -ii, -it, vt. 회벽 칠을 하다
văru|ială, -ieli, s.f. 회벽칠함
văruir|e, -i, s.f. 동사 vărui 의 명사형
vărui|t, I. -tă, -ți, -te adj. 회벽칠해진 II. s.n. v. văruială
vărzar, ~i, s.m. 채소 재배자
vărz|are, -ări, s.f. 양배추과자
vărzări|e, -i, s.f. (양)배추 농원
vărzu|i, -iesc, -ii, -it, I. vt. 찢다 II. vr. 왔다 갔다 하다
văsar, ~i, s.m. 통쟁이
văsăr|i, -esc, -ii, -it, vi. [방언]화분, 나무그릇을 만들다
văsărie, s.f. (집이나 식당의) 그릇 전부
văsci|or, -oare, s.n. **văsul|ean,** -ene, s.n. **văsuleț,** -e, s.n. (vas의 축소형) 작은 화분(병)
vătaf, ~i, s.m. **1.** (과거에는) 집사; 관리사 **2.** [고어]총대장
vătăm|a, vatăm, -ai, -at, I. vt. [속어] **1.** 상처를 입히다, 상처를 내다, 부상시키다 **2.** 살해하다, II. vr. **1.** 부상하다, 상처를 입다 **2.** 손해보다
vătăman, ~i, s.m. [고어] **1.** 면장, 동장, 이장 **2.** 세금 징수원 **3.** 총대장, 추장
vătăma|t, -tă, -ți, -te, adj. **1.** 부상당한 **2.** 파손된
vătămăt|or, I. -oare, -ori, -oare, adj. 상처를 입히는, 해로운, 상하게 하는; ~ sănătății 건강에 해로운 II.

V

-i, s.m. 기생식물
vătămătur|ă, -i, s.f. [속어] **1.** [의학] 서혜(鼠蹊) 헤르니아 **2.** 부상
vătăşe|l, -i, s.m. vătaf 의 축소형 **2.** 신부들러리
vătăş|esc, -ească, -eşti, adj. 머슴우두머리의, 집사의
vătăş|i, -esc, -ii, -it, vt. [고어]머슴우두머리로 관리하다
vătăşi|e, -i, s.f. [고어] **1.** 머슴우두머리, 집사직 **2.** 지방장관의 직
vătăşiț|ă, -e, s.f. [고어] **1.** 지방 장관의 부인 **2.** 하녀 우두머리
vătrai, -e, s.n. **1.** 부지깽이; trai pe (또는 cu) ~ 끊임없는 논쟁(갈등) **2.** 고리 손잡이
vătrar, ~e, s.n. 부지깽이
vătraş, ~ă, ~i, ~e, I. adj. (집시에 대해) 정주한 II. s.m. 그리고 f. 정주 집시
vătu|i¹, -iesc, -ii, -it, vt. 솜을 주다
vătui², ~e, ~, ~e, s.m. 그리고 f. **1.** 한 살 막이 염소 **2.** 젊은 사람
vătuir|e, -i, s.f. 솜을 둠
vătui|t, -tă, -ți, -te, adj. 솜을 둔
văz, ~uri, s.n. **1.** 시각; 시력; în ~ul 누구 눈앞에서 **2.** 시점, 관점
văzăt|or, -oare, -ori, -oare, adj. 보는; 증인이 된, 목격한
văzduh, ~uri, s.n. **1.** 대기, 기권 **2.** [고어]공기
văzu|t, I. -tă, -ți, -te, adj. **1.** 보이는, 보여진 **2.** 볼 수 있는, 보이는; de ~ 볼 수 있는, 보이는; vrednic de ~ 볼만한; nimic de ~ 볼만한 것 없음; pe ~e a)명백한, 공개적인; b)자신의 눈으로 본다는 조건으로 **3.** 존경받는, 평가받는 II. s.n. (고어, 방언) **1.** 봄; 시력; din ~e 보아서; **2.** (드물게) 방문
vâj, interj. 바람, 물 등의 소리, 빨리 움직이는 소리
vâjei(e)t, v. vâjâit
vâjâ|i, pers.3, vâjâie, -i, -it, vi. **1.** (바람, 물 등의 소리로) 쏴쏴 소리나다, 휭휭소리내다, 윙윙거리다; (피에 대해) 맥박치다, 고동치다; îi vâjâie cuiva capul urechile 머리, 귀가 윙윙거리다 **2.** (불에 대해) 탁탁소리내다 **3.** (벌에 대해)윙윙거리다
vâjâ|ială, -ieli, s.f. v. vâjâit
vâjâir|e, -i, s.f. v. vâjâit
vâjât|t, -uri, 동사 vâjâi 의 명사형으로 그 소리
vâjâitor, -oare, -ori, -oare, adj. 윙윙거리는, 쉭쉭거리는, 쏴쏴거리는; (불) 탁탁거리는
vâjâitur|ă, -i, s.f. v. vâjâit
vâlc|ea, vâlcică, -ele, s.f. **1.** 조그맣고, 약간 깊은 계곡 **2.** 계곡에 흐르는 개천
vâlce|d, -dă, -zi, -de, adj. 자주색의
vâlceluş|ă, -e, s.f. vâlcea의 축소형
vâlcez|i, -esc, -ii, -it, vt. 자주색으로 만들다
vâlf|ă, -e, s.f. v. vâlvă
vâlnic, ~e, s.n. [방언] **1.** 앞치마 형태의 수를 화려하게 놓은 농부의 치마 **2.** 얇은 농민의 천; 이 천으로 만든 머리두건
vâlt|oare, -ori, s.f. **1.** 소용돌이 **2.** [비유]소동
vâlv|ă, -e, s.f. **1.** 소동; 소란; 명성; a face (multă) ~ 유명해지다; 소란을 일으키다 **2.** [고어]휘황, 화려, 호황 **3.** 자부, 자만 **4.** (동화에서) 유령, 요

V

정; vâlva băii 금광을 지키는 요정
vâlvăt|aie, -ăi, s.f. 화염, 큰 불꽃
vâlv|oare, -ori, s.f. **1.** 화염, 큰 불꽃 **2.** 작열하는 빛
vâlvoi, adj. invar. (머리카락에 대해) 위로솟은; 헝클어진
vâlvor|a, -ez, -ai, -at, vi. (드물게) 타오르다 (큰 불꽃으로)
vâlvot|aie, -ăi, s.f. v. vâlvătaie
vân|a, -ez, -ai, -at, vi. vt. **1.** 사냥하다, 낚시하다; (사람을 잡기 위해) 추격하다 **2.** (끈질기게) (어떤 물건, 사항을) 추적하다
vân|are, -ări, s.f. 동사 vâna 의 명사형
vâna|t, I. -tă, -ți, -te, adj. **1.** 사냥된, 추격된 **2.** 추적된 II. s.n. **1.** 사냥 **2.** 사냥된 물고기
vână, vine, s.f. **1.** 혈관; 정맥; a-i îngheța (cuiva) sângele în vine 무서워서 마비가 되다; cât timp îmi va curge sângele în vine 내가 살고 있는 동안 **2.** [속어]맥박; îi bate vina 맥박이 친다 **3.** [속어]근(육)섬유; ~ de bou 소의 음경; tare (또는 bun) de ~ 강한, 힘센; slab de ~ 약한, 허약한; a fi numai ~ 날쌘, 숙달된; vâna apei 수맥 **4.** 다리; a ședea pe vine 웅크리고 앉다;[방언]cu coada între vine 치욕스런, 부끄러운; 꼬리를 내리고 **5.** [지질, 광산]광맥; ~ de aur 금맥 **6.** 지하수 **7.** ~ de apă 물소용돌이 **8.** 나뭇결 **9.** [식물]엽맥 **10.** 뿌리가지
vână|t, I. -tă, vineți, vinete, adj. **1.** 자주색의 **2.** (안개 때문에) 어두워진, 납색깔의 **3.** (사람, 신체 부분에 대해) 창백한 **4.** (깃털, 가죽 등) 진한 회색의 II. s.n. 자주색
vânăt|aie, -ăi, s.f. (구타로) 살에 나타나는 멍자국
vânăt|ore, -ori, s.f. **1.** 사냥; ~ de urși 곰사냥 **2.** 추적 **3.** 노획물
vânător, ~i, s.m. **1.** 사냥꾼; [비유] ~ de posturi, de fuste 여자 꽁무니를 쫓아 다니는 사람 **2.** [군사]저격병
vânător|esc, -ească, -ești, adj. 사냥의, 사냥꾼의; costum ~ 사냥복
vânătorește, adv. 사냥 법으로
vânătorie, s.f. **1.** 사냥 **2.** 사냥취미
vânătorime, s.f. 사냥꾼 전부
vânj, s.n. [고어]힘
vânj|os, -oasă, -oși, -oase, adj. **1.** 힘센, 기운있는 **2.** 도덕심이 강한; 절개가 있는
vânjoș|a, -ez, -ai, -at, vt. (드물게) 힘세게 하다, 강하게 하다
vânjoșeni|e, -i, s.f. 힘, 강함
vânjoși|e, -i, s.f. v. vânjoșenie
vân|os, -oasă, -oși, -oase, adj. **1.** 혈관의; 굵은 혈관을 가진 **2.** 힘센, 강한
vânt, ~uri, s.n. **1.** 바람; ~ de nord-est 북동풍; ~ ușor 산들바람; ~ de primăvară 봄바람; moară de ~ 풍차; roza vânturilor 아네모네; ca ~ul 바람처럼 날쌔게; ce ~ te-aduce? 무슨 바람이 불어서 왔니?; a se așterne ~ului 바람처럼 빠르게 달리다; a se duce pe aripi de ~ 매우 빠르게 가다; bate ~ ul a)바람이 불다 b)모든 것이 황량하다; a-i bate (cuiva) ~ul în buzuner 매우 가난하다; a arunca banii în ~ 돈을 헤프게 쓰다; a vedea dincotro bate ~ul 상황을 사전에 인식하다 **2.** 공중, 대기;

V

în ~ a)허공 속에 b) [비유]쓸데없이; vorbe în ~ 쓸데없이 한 말 **3.** a face ~ a)부채질하다; b)무엇을 빠르게 움직이게 하다; c) [비유]누구를 서두르게 하다; a-şi face (또는 lua) ~ 빠르게 출발하다; (말에 대해) a lua ~ 질주시키다, 전속력으로 몰다

vânticel, ~e, s.n. vânt의 축소형

vântişor, s.n. v. vânticel

vântoaic|ă, -e, s.f. (미신에서) 폭풍을 일으키는 악령

vântoaie, ~ s.f. v. vântoasă **(1)**

vântoas|ă, -e, s.f. **1.** 센 바람, 폭풍 **2.** pl. (미신에서) 악령

vânt|os, -oasă, -oşi, -oase, adj. 바람 부는

vântr|ea, -ele, s.f. (특히 pl.) 돛

vântu|i, pers.3, -ieste, -i, -it, I. vi. (바람에 대해) 강하게 불다 II. vt. [미신]미치게 만들다

vântui|t, -tă, -ţi, -te, adj. 미친

vântuleţ, ~e, s.n. 미풍

vântur|a, vântur, -ai, -at, I. vt. **1.** (곡식) 곡식을 키로 까불다; **2.** [비유]분산시키다; 파괴하다 **3.** (액체) (반복하여 붓거나 또 따르거나 하여) 차게하다 **4.** 나부끼게 하다 **5.** [비유]혼란하게 하다 **6.** [비유](비밀을) 퍼트리다 **7.** (지역을) 두루 다니다, 돌아다니다 II. vr. **1.** a se ~ de colo până colo a)돌아다니다; b) 왔다 갔다 하다 **2.** (비밀에 대해) 전파되다

vântur|are, -ări, s.f. **1.** vântura 의 명사형 **2.** 소동, 소란

vânturat, s.n. v. vânturare

vânturatic, ~ă, ~i, ~e, adj. 진지하지 못한, 가벼운, 가만있지 못하는

vânturăt|oare, -ori, s.f. 곡식

vântur|el, -ei, s.m. **1.** [조류]황조롱이 **2.** (동화에서) 모험기사

vântur|os, -oasă, -oşi, -oase, adj. **1.** (기후 날씨, 계절에 대해) 바람 부는 **2.** 경박한, 경솔한, 가벼운

vântuş|or, -oare, s.n. 미풍

vânz|are, -ări, s.f. **1.** 판매; a pune în ~ 팔려고 내놓다; de ~ 판매의; contract de ~ 판매계약 **2.** 판매물건 **3.** 모반, 배반

vânzăt|or, -oare, -ori, -oare, I. s.m. 그리고 f 판매자; ~ ambulant 이동판매, 행상꾼; ~ de piei de cloşcă 자본도 없고 물건을 없는 장사꾼 **2.** 배반자, 사기꾼 II. adj. 팔, 파는; a face ceva ~ 팔려고 내놓다

vânzol|eală, -eli, s.f. 소란, 소동, 혼란

vânzol|i, -esc, -ii, -it, I. vr. **1.** 요동치다, 몸부림치다; 세게 움직이다 **2.** 싸우다, 전쟁하다 II. vt. 요동치게 하다, 소란스럽게 하다, 강하게 움직이게 하다

vânzolir|e, -i, s.f. **vânzolit,** s.n. v. vânzoleală

vârcolac, ~i, s.m. **1.** (미신에서) 귀신, 유령; 늑대 인간 **2.** 쇠로 만든 미끼 고기

vârf, ~uri, s.n. **1.** 정상; 꼭대기; 정점; ~ de munte 산꼭대기; ~ul creionului, nasului 연필, 코의 뾰족한 부분; ~ul pomului 나무꼭대기; în ~ul buzelor 피상적으로; 조롱하는, 놀리는; a i se sui (cuiva) părul în ~ul capului (무서워서) 머리가 쭈뼛 서다; a vorbi în ~ul limbii a)속삭이다; b)상냥하게 말하다; plin cu ~ 끝가지 꽉찬; cu ~ şi îndesat a)넘치는;

b)필요보다 많은; a plăti ceva cu ~ şi îndesat 앙갚음을 톡톡히 하다; a pune ~ 언어도단이다; asta pune ~ la toate 언어도단이다 **3.** 물 표면 **4.** 전위; 뾰족한 끝 **5.** [지질]모서리, 각정점 **6.** 정점; ore de ~ 첨단부하(尖端負荷)

vârfar, ~e s.n **1.** 자루가 긴 쇠스랑 **2.** 산꼭대기

vârfş|or, -oare, s.n. v. vârfuşor

vârfu|i, -iesc, -ii, -it, vt. **1.** 뾰족하게 하다 **2.** 꽉 채우다 **3.** [비유](산에 대해) 높이다

vârfuleț, ~e, s.n vârf 의 축소형

vârfuş|or, -oare, s.n. **vârfuț,** ~e, s.n. v. **vârfuleț**

vârgolac, ~i, s.m. v. vârcolac

vâr|î, vâr, -âi, -ât, I. vt. **1.** 꽂다, 꽂아 넣다, 집어넣다; a-şi ~ nasul peste tot (또는 în toate) 아무데나 간섭하다, 참견하다; a ~ cuiva ceva în cap a)잘 이해하게 하다; b) 사실이 아닌 것을 믿게 하다; c)무엇을 암시하다; a ~ vrajbă 음모를 꾸미다 **2.** (누구를 어딘가에) 들어가게 하다; a ~ (pe cineva) în groapă (또는 mormânt 또는 pământ) 누구를 살해하다; a ~ (pe cineva) în boală (또는 sperieți) 누구에게 두려움을 일으키다; a ~ pe cineva la închisoare (또는 în temniță) 누구를 감옥에 집어넣다 **3.** [가족]누구에게 자리를 제공하다 II. vr. **1.** (어딘가로) 기어들어가다; a se ~ sub masă 탁자 밑으로 기어들어가다; a se ~ într-o afacere 무슨 일에 관계하다, 간섭하다 **2.** 몰려들다 **3.** 간섭하다, 끼어들다, 참견하다; a se ~ peste tot 사방에 참견하다; a se ~ (pe) sub pielea cuiva 누구의 사랑, 신임을 얻다

vârlav, ~ă, ~i, ~e, adj. 잽싼, 숙련된, 익숙한

vârlug|ă, -i, s.f. v. zvârlugă

vârst|ă, -e, s.f. **1.** 나이, 연령; de aceeaşi ~ 동년배의; (a fi) în ~ 나이 먹은, 늙은; în ~ de ... ...의 나이에; fără ~ 나이를 알 수 없는; între două vârste 그렇게 젊지도 않고 늙지도 않은, 중년의; vârstă critică 위험한 나이; este de vârsta mea 나와 나이가 같다 **2.** 시기, 해 (인생 중에서) **3.** 근무연한; are vârsta 그는 퇴직할 수 있다 **4.** 시기, 시대; vârsta de mijloc 중세; vârsta de aur 황금세대; vârsta de piatră 석기시대 **5.** [방언] 다른 색깔의 선 **6.** [방언]꽃다발

vârst|ean, -eni, s.m. (드물게) 동년배의 사람

vârstnic, ~ă, ~i, ~e, I. adj. **1.** 중년의; mai ~ decât ...보다 늙은 II. s.m. 동년배 사람

vârstnici|e, -i, s.f. 성년

vârşar, ~i, s.m. 어살 어부

vârş|ă, -e, s.f. 어살

vârşti, interj. 빨리 움직이는 소리, 휙!

vârtej, ~uri, s.n. **1.** (물)소용돌이 **2.** 회오리 **3.** (어지럽게 하는) 회전; [비유]혼란 **4.** [방언]가마 **5.** [식물]~ ulpământului a)송이풀; b)거여목속 **6.** 잭(기중기) **7.** 자동차 잭 **8.** 포도압착나사

vârteji (-,,) v. învârteji

vârtejit|or, -oare, -ori, -oare, adj. 회전하는, 빙빙 도는

vârteju|i, -iesc, -ii, -it, vr. (드물게)

V

회전하다, 선회하다
vârtejuir|e, -i, s.f. 선회, 회전
vârtelnic, ~ă, ~i, ~e, adj. **1.** 도는, 회전하는 **2.** 소용돌이로 꽉찬
vârtelniț|ă, -e, s.f. 물레
vârticuş, ~e, s.n. 소용돌이
vârtoji|t, -tă, -ți, -te, adj. 단단해진
vârt|op, -oape, s.n. hârtop 참조; 협곡, 틈
vârt|os, -oasă, -oşi, -oase, adj. **1.** 강한, 힘센; 단단한 **2.** 빽빽한, 굳은; ou ~ 완숙 **3.** (술에 대해) 독한 **4.** [비유]~ la cap 고집센
vârtoşie, s.f. 힘 기운
vârtu|te, -ți, s.f. [고어] **1.** (육체의) 힘, 기운; om în ~ 강한 남자, 건장한 사람 **2.** 용기 **3.** 질, 성질, 특성
vâsc, ~uri, s.n. [식물]겨우살이; ~ de-stejar 기생목속
vâsc|os, -oasă, -oşi, -oase, adj. 끈적끈적한, 접착성의
vâscozitate, s.f. 끈적끈적함, 접착성
vâslaş, ~ă, ~i, ~e, s.m. 그리고 f. 노젓는 사람
vâsl|ă, -e, s.f. **1.** 노 **2.** 포도나무 줄기
vâsl|i, -esc, -ii, -it, vi. 노를 젓다
vâslir|e, -i, s.f. 노를 저음
vâslişoar|ă, -e, s.f. 작은 노
vâslit, s.n. v. vâslire
vâslit|or, -oare, -ori, -oare, s.m. 그리고 f. 노젓는 사람
vâşc|a, vâsc, -ai, -at, vi. [방언] **1.** 움직이다 **2.** 우글거리다 **3.** [비유]웅얼거리다
vâzdoag|ă, -e, s.f. [식물]빌로도 조화
vâzdog|ea, -ele, s.f. [식물]작은 빌로도 조화
veac, ~uri, s.n. **1.** 백년, 세기; începutul, sfârşitul ~ului 세기초, 세기말; în ~ul trecut 지난 세기에; din ~ 또는 de ~uri 수세기 전부터 **2.** 시대, 시기; ~ul de mijloc 중세; ~ul de aur 황금시대 **3.** [방언]날씨 **4.** (pl. veci) 영원; de ~ 영원히; în veci 또는 în ~ (de~)항상, 영원히; pe veci 영원히 **5.** 존재; 삶; 인생; un ~ de om 연령; a-şi face (duce, trece, petrece) ~ul 시간을 보내다, 인생을 보내다
vecerni|e, -i, s.f. 간식; pe la ~ 저녁 시간에
vech|i, -e, -i, adj. **1.** 오래된; 오랜; lumea veche 구세계 (유럽, 아시아, 아프리카); limbi ~ 고어; vechea slavă, germanică 고 슬라브어, 고독일어 **2.** (농산물에 대해) 작년에 수확한 **3.** (의약, 식품에 대해) 상한; 맛없는; 오래된 **4.** 낡은 **5.** 늙은 **6.** (드물게) 조로한 **7.** 오래 근무한 **8.** 이전의; vechea mea locuință 나의 이전 거주지; lume veche a)고대 b)사라진 사회질서 **10.** 낡은 유행의
vechi|e, -i, s.f. [고어]고대
vechil, -i, s.m. [고어] **1.** 재산관리인; 토지관리인 **2.** 대리인 (왕이나 영주의) **3.** 변호사
vechim|e, -i, s.f. **1.** 오래된 묵은 햇수; 근무 연수; **2.** 고대; în ~ 고대에
vecie, s.f. 영원; pentru ~ 영원히
vecin, I. ~ă, ~i, ~e, adj. 이웃의 II. ~ă, ~i, ~e, s.m. 그리고 f. 이웃(사람) III. ~i, s.m. 노예
vecinăt|ate, -ăți, s.f. **1.** 이웃 사람임; 근린관계; 이웃, 인근; în ~ 이웃

에, 인근에 **2.** 근처 **3.** 이웃사람들
vecinie, s.f. [고어]이웃임
vecsel, ~e, s.n. [상업, 고어]교환
vectoare, ~, adj. s.f. [수학]rază ~ 동경백터
vectorial, ~ă, ~i, ~e, adj. 백터의
vecu|i, -iesc, -ii, -it, vi. 거주하다, 살다, 생활하다, 체재하다
vedea, văd, văzui, văzut, I. vt. **1.** 보다; a ~ lumina zilei 태어나다; văzându-l 그를 보면; o să vezi pe dracul 다시 한번 후회하게 될 것이다; nu pot să-l văd în ochi 그는 나의 성미에 맞지 않다는 뜻; când mi-oi vedea ceafa (되돌아오지 않을 날을 기약해서)결코 ...아니(하)다; cum te văd şi mă vezi 분명하다! **2.** 목격하다, 체험하다 **3.** 주시하다, 관찰하다; 확증하다 **4.** 탐구하다, 자세히 살피다 **5.** 누구를 만나다 **6.** 방문하다, 방문을 받다 **7.** [속어]누구를 도와주다 **8.** 받다 **9.** 알게되다 **10.** 인식하다 **11.** 이해하다, 해석하다 II. vi. **1.** 보다; cât vezi cu ochii 시선이 도달하는 한, 볼 수 있는 한 **2.** 감시하다; 무엇에 주의를 기울이다; a-şi ~ de treabă a)자신의 일을 돌보다 b)남의 일에 간섭하지 않다 **3.** 누구를 돌보다 **4.** 정통하다; 해명하다 **5.** a ~ departe a)멀리보다; b)예견하다; vezi să ... 하도록 주의해라; să vezi 계속해서 들어봐라; să vezi mai departe 계속 지켜봐라; vezi că ...을 보아라; vezi bine! 확실히 해라! III. vr. **1.** 서로 보다; a se ~ în oglindă 거울에 비추어보다 **2.** 서로 만나다; 서로 방문하다; ne vedem mâine a)내일 우리 만나자; b)우리 내일 같이 올 것이다; să ne vedem sănătoşi (또는 cu bine) 다시 만나자 ! 안녕!; ochii care nu se văd se uită 안보면 마음도 멀어진다 **3.** 보이다, 생각되다; se vede că ...처럼 보이다; se vede de cât colo 명백하게; după cum se vede 짐작컨대, 아마도 **4.** 있다; când mă văd acasă 집에 있을때
vedeni|e, -i, s.f. **1.** 환상, 환영 **2.** 신기루, 허상 **3.** (드물게)묘사 **4.** [속어]봄
veder|e, -i, s.f. **1.** 봄; 시력; a cunoaşte din ~ 모습으로만 알다; din ~ a)보아서; 모습으로만 b) 흘낏; în ~a 고려하여; a avea în ~ 고려하다; a avea pe cineva în ~ 누구를 돌보다, 관심이 있다; a avea ceva în ~ 의도하다, 계획하다; a pune în ~ 누구에게 알리다; 경고하다; a fura vederile 눈부시게 하다; a pierde din ~ a)사라지다, 놓치다 b)간과하다; a pieri din ~ 사라지다; a fi scump la ~ 드물게 보이다; a trece cu ~ a a)간과하다 b)관대히 봐주다; la bună ~ 안녕! **2.** 신부감 물색 **3.** 눈빛; 시력; a pierde ~a 시력을 잃다; a fi scurt de ~ 또는 a avea ~a scurtă 근시의; 짧은 안목의 **4.** 모습 외모 **5.** 그림 엽서 **6.** 의견; punct de ~ 관점
vedetă, -e, s.f. **1.** [연극, 영화] 인기배우, 스타 **2.** [해양] 초계정 **3.** [인쇄]커다란 글씨로 씌어진 줄 **4.** a pune în ~ 눈에 띄게 하다; 큰 글씨로 쓰다
vedetism, s.n. (경멸) 명예욕
vedrişoar|ă, -e, s.f. v. vedriţă
veget|a, -ez, -ai, -at, vi. **1.** (식물에

V

대해) 자라다 **2.** (사람에 대해) 무위도식하다

vegetal, ~ă, ~i, ~e, adj. 식물의(에 관한); regn ~ 식물체; pământ ~ 부식토; ulei ~ 식물 기름

vegetal|ă, -e, s.f. 식물

veget|are, -ări, s.f. 동사 vegeta의 명사형

vegetari|an, -ană, -eni, -ene, I. adj. 채식주의의 II. s.m. 그리고 f. 채식주의자

vegetarianism, s.n. 채식주의

vegetativ, ~ă, ~i, ~e, adj. **1.** (동물적 모습) 생장의, 생장을 촉진하는 **2.** 초목같은

vegetați|e, ~i, s.f. **1.** 식물; 초목; (한 지방의) 식물군 **2.** (식물의) 성장 **3.** [의학]비대증식

vegh|e, -i, s.f. **1.** 깨어있음; a sta de ~ 깨어 있다 **2.** 밤샘(초상집에서) **3.** 감시, 경계, 망

vegh|ea, -ez, -eai, -eat, I. vi. **1.** 깨어 있다; a ~ târziu 늦게 남아 있다 **2.** 누구를 주의, 감시하다 II. vt. **1.** (환자를) 감시하다 **2.** 감시하다 망보다, 경계하다 **3.** 감독하다

veghea|t, -tă, -ți, -te, adj. [고어]깨어있는; 경계하는; 주의하는

vegher|e, -i, s.f. 동사 veghea의 명사형

veghet|or, -oare, -ori, -oare, adj. 감시하는

vehemen|t, -tă, -ți, -te, adj. 격렬(열렬, 맹렬)한

vehemență, s.f. 열렬, 격렬, 맹렬

vehicul, ~e, s.n. 교통수단, 운반구, 수레, 탈것

vehicul|a, -ez, -ai, -at, vt. 운반하다, 전달하다

vel, adj. invar. [고어]큰(大)

velar, ~ă, ~i, ~e, adj. [음성]연구개의

velar|ă, -e, s.f. [음성]연구개음

velatur|ă, -i, s.f. [해양]삭구장비

vel|ă, -e, s.f. [해양]돛

veleat, ~uri, s.n. [고어] **1.** 기한, 시기; 년, 해; a-i trece (cuiva) veleatul 시대가 지나간다; i-a sosit ~ul 인생의 종말이 다가왔다 **2.** 인생

veleit|ate, -ăți, s.f. 우유부단한 생각, 부질없는 생각

velier, ~e, s.n. [해양] 돛단 배

velin, ~ă, ~i, ~e, adj. (사산한 송아지 가죽으로 만든) 독피지의; hârtie ~ 독피지

velinț|ă, -e, s.f. 양탄자

veli|t, -ți, adj. s.m. 첫 번째 계급의 (지주귀족 계급 중)

velnicer, ~i, s.m. [방언]회주 양조자

velniş, ~i, s.m. [식물]느릅나무

velniț|ă, -e, s.f. 화주 양조업

velociped, ~e, s.n. (드물게) 자전거

velodrom, ~uri, s.n. 자전거 경기장, 경륜장

velur, s.n. 벨벳, 빌로오드

venal, ~ă, ~i, ~e, adj. 돈에 팔리는, 매수될 수 있는

venalit|ate, -ăți, s.f. 돈으로 매수됨, 돈에 팔림

ven|ă, -e, s.f **1.** [해부]정맥; 혈맥 **2.** 행운, 요행

vendet|ă, -e, s.f. 근친간의 복수 (특히 코르시카 섬의)

vener|a, -ez, -ai, -at, vt. 존경(숭배)하다, 존중하다

venerabil, ~ă, ~i, ~e, adj. 존경(존

V

중)할 만한

vener|are, -ări, s.f. 동사 venera의 명사형

venera|t, -tă, -ţi, -te, adj. 존경받은

veneraţi|e, -i, s.f. 숭배; 존경

veneric, ~ă. ~i, ~e adj. 성병의, 매독의; boală ~ 성병

venerolog, ~i, s.m. 성병학자

venerologie, s.f. 성병학

venetic, I. s.m. 그리고 f. 이방인 II. ~i, s.m. [고어]베니스 금화

vengherc|ă, -i, s.f. [고어]털쟈켓

ven|i, vin, -ii, -it, vi. **1.** 오다; 가까이 가다; a ~ sus, jos, înăuntru, afară 올라오다, 내려오다, 들어오다, 나오다; bine ai venit! 환영한다!; a-i ~ inima la loc 안정하다; du-te, vino 왔다 갔다함; vino-ncoace a)이리로 와라! b)(명사화 되어) 매혹, 매력; c)(드물게) 유혹; 죄; [속어]a ~ după cineva 누구와 결혼하다 **2.** 들어오다; [속어]a ~ în slujbă 취직하다 **3.** (물에 대해) 흘러내리다; 범람하다; râul vine mare 강이 불어난다 **4.** (어딘가에) 도착하다, 헤엄쳐, 날라서 오다; a ~ într-un suflet 급히 오다; a ~ la spartul târgului 늦게 도착하다; a ~ de-acasă a)집에서 오다 b)변명하다; 이해하다; a-i ~ (cuiva) numele 죽다 **5.** (고통, 병, 불행에 대해) 누구에게 닥쳐오다; a-i ~ (cuiva) leşin 기절하다; a-i ~ greaţă 기분이 나빠지다 **6.** 들르다, 방문하다; a-i ~ lacrimile 울다, 울려고 하다; mi-a venit (ceva) în minte 또는 în cap 생각이 떠올랐다; i-a venit muştarul la nas 화났다; a vorbi cum îi vine la (또는 pe) limbă 생각하는 바를 거리낌 없이 말하다 **7.** 따르다; 뒤에 오다; aunl, luna, săptămâna ce vine 다음해, 달, 주일; cei ce vin după noi 후계(임)자; a-i ~ rândul 순서가 되다, 차례가 오다 **8.** 유래하다, 기인하다; boala îi vine din răceală 그의 병은 감기에 기인한다 **9.** 어떤 결과로 끝나다; 갑자기 오다 **10.** (장소, 건물에 대해) 있다; satul vine pe dreapta 마을은 오른쪽에 있다; **11.** 달하다, 미치다; a-i ~ cuiva până la umăr 어깨까지 미치다; a-i ~ (cuiva) apa la gură 어려운 상황에 빠지다 **12.** 도달하다; (상황속에) 처하다; a ~ în nas 없어지다; a ~ la putere 권력을 잡다; a-i ~ (cuiva) nu ştiu cum 고통스런 상황에 빠지다; nu-ţi vine nu ştiu cum? 부끄럽지 않니? a ~ vorba de (또는 despre) .. 어떤 주제를 토론하다; a ~ la vorba cuiva 누구의 예견, 충고가 옳았다고 인식하다; **13.** (사건, 행사에 대해) 일어나다, 개최하다, 임박하다; vine un an (de când) (이래로)일년이 지나갔다; i-a venit ceasul a)그의 시간이 왔다; b)죽음이 임박했다 **14.** 생각나다, 떠오르다; 희망을 갖다; a-i ~ în minte 생각나다; a-i ~ (cuiva) toţi dracii 화나다; ce ţi-a venit ? 무슨 생각이 났니?; nu-ţi vine să crezi 못 믿겠다; îmi vine să plec 나는 떠나고 싶다; a-i ~ (cuiva) la îndemână 누구의 형편이 좋다, 적당하다, 알맞다; cum îi vine cuiva 마음대로, 생각나는대로 **15.** (옷에 대해)사이즈가 맞다; hainele îţi vin rău (bine) 옷이 안 (잘)맞다, **16.** (고어, 부정문에서)

맞다, 일치하다; nu ~ pentru tine 너에게 맞지 않다; a nu-i ~ (cuiva) la socoteală 맞지 않는다 **17.** 속하다 **18.** [속어]총계 ... 으로 되다; în total vine ... 총계로 ... 이 되다 **19.** (누구와관계가)있다; îmi vine nepot 그는 나의 조카이다; cum vine asta? a)무슨 의미인가? 무엇이라 부르는가? b)이것은 어떻게 번역되는가?; vorba vine a)소위, 다시 말해서; b) 문제이다

venin, ~uri ,s.n. **1.** 독, 독액 **2.** [비유] 악의, 적대, 독살스러움 **3.** 화, 분노, 원한; a face ~ 몹시 화내다; a pune cuiva ~ la inimă 다른 사람을 매우 화내게 하다; a-şi vărsa ~ul 누구 앞에서 분노를 나타내다

venin|a, -ez, -ai, -at, vt. **1.** 독을 넣다 **2.** 독살하다, învenina 참조

veninariț|ă, -e, s.f. [식물]등에 풀 속의 일종

venina|t, -tă, -ți, -te, adj. 독살된, 독을 넣은

venin|os, -oasă, -oşi, -oase, adj. **1.** 독이 들은, 독의; şarpe ~ 독뱀; ciupercă veninoasă 독버섯 **2.** [비유]악의를 품은, 원한을 갖은; limbă veninoasă 독설

venir|e, -i, s.f. 동사 veni의 명사형

veni|t, I. -tă, -ți, -te, adj. 도착된; nou ~ 새로 도착된 II. -tă, -ți, -te, s.m. 그리고 f. nou-~ 새로온 사람 III. ~uri s.n. **1.** 수입; a da (또는 aduce) ~uri 수입이 좋다 **2.** 옴; bun ~ 환영

venită, s.f. [방언]v. venire

venit|or, -oare, -ori, -oare, adj. [고어]뒤에 있는

ven|os, -oasă, -oşi, -oase, adj. 정맥의(에 관한)

venozitate, s.f. 정맥이 있음

ventil, ~e, s.n. 벨브, 관

ventil|a, -ez, -ai, -at, I. vt. **1.** 환기하다, (의) 통풍이 잘되게 하다 **2.** [비유]a ~ o idea, ştire 생각, 소식이 퍼지게 하다 II. vr. [비유](생각, 소식에 대해) 퍼지다

ventil|are, -ări, s.f. 동사 ventila의 명사형

ventilat|or, -oare, s.n. **1.** 배기통, 환기장치 **2.** 송풍기, 선풍기

ventilați|e, -i, s.f. **1.** 환기, 통풍; [광산]환기 갱 **2.** 통풍기

ventral, ~ă, ~i, ~e, adj. 배의, 복부의

ventric|ea, -ele, s.f. [식물]v. ventrilică

ventricul, ~e, s.n. [해부]실, 강; 심실; 뇌실

ventricular, ~ă, ~i, ~e, adj. [해부] 심실(뇌실)의

ventrilic|ă, -i, s.f. [식물] **1.** 별꽃 **2.** 현삼과의 일종

ventriloc, ~ă, ~i, ~e, s.m. 그리고 f. 복화술자

ventuz|ă, -e, s.f. **1.** [동물](거머리 따위의) 흡반, 흡구; 흡각자, 방혈기

venu|st, -stă, -şti, -ste, adj. 우아한; 매혹적인

veracitate, s.f. **1.** 진실성 **2.** 성실, 정직

verand|ă, -e, s.f. 베란다

verb, ~e, s.n. **1.** 동사; ~ auxiliar 조동사; ~ modal 화법조동사 **2.** (시)어조 말투

verbal, ~ă, ~i, ~e adj. **1.** 구술의, 구두의; notă ~ ă 서명없는 친서;

proces ~ 회의록 **2.** 동사적인
verbin|ă, -e, s.f. [식물]마편초
verd|are, -ări, s.f. [조류]청 딱따구리
ver|de, I. -de, -zi, -zi, adj. **1.** 초록색의; ~ deschis, închis 연두색의, 진초록의; a se face ~ 초록색이 되다; (사람에 대해) ~ la față) 창백한 **2.** (식물에 대해) 아직 시들지 않은; (명사화 하여) a îndruga verzi și uscate 멍청한 말을 하다 **3.** (과일 야채에 대해) 아직 익지 않은 **4.** (가죽에 대해) 아직 완성되지 않은 **5.** (사람에 대해) 힘센, 싱싱한, 건장한 II. adv. 솔직하게; a o spune ~ 솔직하게 말하다 III. s.n. 초록색; ~-albăstrui 청록색; ~ bătând în galben 황록색; a bate în ~ 녹색을 띄다; de ~ a)(카아드에서) 스페이드의 패; valet de ~ 스페이드; b)(사람에 대해; 카드 예언) 검은 머리와 초록색 눈을 가진; a i se face cuiva ~ înaintea ochilor 현기증이 나다
verd|eață, -ețuri, s.f. **1.** 초록색 **2.** 잎 **3.** 파슬리 잎 **4.** 야채
verdict, ~e, s.n. **1.** (배심관의) 평결; 판결, 의견 **2.** [비유]최종결정
veresie, s.f. [가족]신용(대부), 외상; pe ~ a)외상으로, 신용으로 b)쓸데없이 헛되이
verg|ă, -i, s.f. [해양]활대
verg|ea, -ele, s.f. **1.** 회초리, 매, 가는 막대 **2.** (직물)피륙의 가장자리 **3.** (휘어지는)막대 **4.** 격자
vergel, ~uri, s.n. **1.** (직물)피륙의 가장자리 **2.** 연말에 막대를 갖고 미래의 점을 치는 것
vergel|a, -ez, -ai, -at, I. (진흙을 바를 수 있도록) 벽에 가는 막대를 붙이다 **2.** 막대로 미래를 예언하다
vergeluș|ă, -e, s.f. **vergeluț|ă,** -e, s.f. 가는 막대, 회초리
vergin, v. virgin
veric, ~i, s.m. [가족]어린 사촌
veridic, ~ă, ~i, ~e, adj. 진실한, 정직한, 성실한, 진지한
veridicitate, s.f. 정직, 성실; 진실성
verif, s.n. (a croi o stofă) în ~ (천을) 가로로 자름
verific|a, verific, -ai, -at, I. vt. 확인하다, 검사하다, 검인하다, 심사하다; (진실을) 증명하다, 입증하다 II. vr. 검증되다, 확증되다, 입증되다
verific|are, -ări, s.f. 동사 verifica의 명사형
verifica|t, -tă, -ți, -te, adj. **1.** 입증된 증명된 **2.** (사람에 대해) 유능한, 경험 많은 **3.** 진실로 규명된
verificat|or, -oare, -ori, -oare, s.m. 그리고 f. 검사관, 감사관, 검시관
verigar, ~i, s.m. [식물] **1.** 털 갈매나무 **2.** 타타르 단풍나무
verig|ă, -i, s.f. **1.** 쇠사슬의 고리, 링크 **2.** 연결부분, 부품 **3.** 고리 **4.** [속어]결혼반지 **5.** [방언]섬을 감싸 도는 강줄기
verig|ea, -ele s.f. v. veriguță
verige|l, -i, s.m. [식물]초종용
verighet|ă, -e, s.f. 약혼반지
veriguț|ă, -e, s.f. 작은 사슬고리
verism, s.n. (이탈리아 문학, 음악에서의)진실주의
verist, -stă, -şti, -ste, I. adj. 진실주의의 II. s.m. 그리고 f. [가족]어린 사촌
veriş|or, -oară, -ori, -oare, s.m. 그

V

리고 f. 어린 사촌

verişor|ică, -ici (그리고 -ele) 어린 여사촌

veritabil, ~ă, ~i, ~e, adj. **1.** 진짜의, 사실대로의 **2.** 진실한, 참된, 정말의

verit|ate, -ăţi, s.f. [고어]진실, 사실

vermial, ~ă, ~i, ~e, adj. (드물게) 누에의

vermici|d, I. -dă, -zi, -de, adj. 살충의, 구충의 II. ~e, 살충제, 구충제

vermicular, ~ă, ~i, ~e, adj. 연충모양의

vermifug, I. ~ă, ~i, ~e, adj. 구충의 II. -e, s.n. 구충제

vermină, s.f. (드물게) **1.** 해충, 기생충 **2.** (사회의) 기생충, 악한

vermut, ~uri, s.n. **1.** 베르뭇주 **2.** 베르뭇주병

vernal, ~ă, ~i, ~e, adj. 봄의, 봄에 관한

vernier, ~e, s.n. (천문, 수학, 측량) 아들자, 유척, 부척, 유포

vernis, s.n. 와니스, 니스; [요업]유약, 잿물; 매니큐어액

vernis|a, -ez, -ai, -at, vt. 와니스(옻)을 칠하다; 유약을 바르다

vernisaj, ~e, s.n. **1.** 와니스 (옻)칠(하기); [요업]유약을 바르기 **2.** 미술 전람회 개최전일; 전람회 개최당일

ver|os, -oasă, -oşi, -oase, adj. (사람에 대해) 수상한, 의심쩍은

verosimil, ~ă, ~i, ~e, adj. 진실, 사실처럼 보이는; 가능한, 있을 법한

verosimi|itate, s.f. 사실(진실)처럼 보임

vers, ~uri, s.n. (시, 운문의) 행(行), 시구; a face ~uri 시를 짓다; ~uri albe 무운시

versant, ~e, s.n. (산의) 사면, 비탈

versa|t, -tă, -ţi, -te, adj. (사람에 대해) 능력있는, 경험많은, 숙달한

versatil, ~ă, ~i, ~e, adj. 변덕스런

verset, ~e, s.n. **1.** [종교](성서의) 절; (의식의)창구(唱句)

versific|a, versific, -ai, -at, I. vt. 운문으로 쓰다 II. vi. 시를 짓다

versific|are, -ări, s.f. 동사 versifica의 명사형

versifica|t, -tă, -ţi, -te, adj. 운문으로 쓰여진

versificat|or, -oare, -ori, -oare, s.m. 그리고 f. 시작가; (경멸) (재능이 없는) 작시가

versificaţi|e, -i, s.f. **1.** 작시법 **2.** 시품, 시체; 격조

versiun|e, -i, s.f. **1.** 번역, 번역문 **2.** 표현법, 화법 **3.** [의학]분만시 태아 전위법 **4.** ...판화(化)

verso, s.n. invar. (종이의) 이면

verst|ă, -e, s.f. 옛날 러시아에서 쓰였던 거리 단위; 약1067km

versu|i, -iesc, -ii, -it, vi. 시를 짓다

versui|t, -tă, -ţi, -te, adj. 시화된

versuit|or, -oare, -ori, -oare, adj. [고어]시인

versurel, ~e, s.n. vers의 축소형

vertebral, ~ă, ~i, ~e, adj. 척추의; coloana ~ă 척추

vertebra|t, -tă, -ţi, -te, I. adj. 척추가 있는; II. s.m. 그리고 f. 척추 동물

vertebr|ă, -e, s.f. [해부]추골

vertical, ~ă, ~i, ~e, adj. 수직의;[지질]plan ~ 수직면; [경제] concentrare ~ă (한 산업의 관련된 부분이) 종단적 집중

vertical|ă, -e, s.f. 수직선
verticil, ~e, s.n. [식물]윤생, 돌려나기
verticilat, -tă, -ţi, -te, adj. [식물]윤생의
vertigin|os, -oasă, -oşi, -oase, adj. 굉장히 빠른
vervă, s.f. **1.** 능변, 웅변, 훌륭한 말솜씨 **2.** 정열, 활기, 기백; a fi în (또는 cu) ~ 기백이 있다, 의욕에 차있다
verven|ă, -e, s.f. [식물]마편초
verzal|ă, -e, I. adj. (글자에 대해) 두문자, 대문자의 II. s.f. 두문자, 대문자
verziş, s.n. (드물게) 잎; 채소
verzişoar|ă, -e, s.f. varză의 축소형
verziş|or, I. -oară, -ori, -oare, adj. v. verzui II. s.m. [고어](17세기에) 초록유니폼의 기사
verz|iu, -ie, -ii, adj. v. verzui
verzu|i, -ie, -i, adj. 초록 빛깔의
vesel, ~ă, ~i, ~e, adj. **1.** 즐거운, 기쁜 **2.** 쾌활한, 명랑한 **3.** 기쁘게 하는, 즐겁게 하는 안락한, 기분좋은
veselă, s.f. 식기류
vesel|i, -esc, -ii, -it, I. vt. 기쁘게 하다, 즐겁게 하다 II. vr. 기뻐하다, 즐거워하다
veseli|e, -i, s.f. **1.** 즐거움, 기쁨, 재미있음; în ~ 기분 좋아 **2.** 향연
veselir|e, -i, s.f. 동사 veseli 의 명사형
veseli|t, -tă, -ţi, -te, adj. 기분좋은, 재미있는
veselit|or, -oare, -ori, -oare, adj. 재미있게 하는, 즐겁게 하는
vespas|iană, -iene, s.f. (거리의) 남자 공동변소
vest, s.n. 서쪽
vestal|ă, -e, s.f. 숫처녀
vest|ă, -e, s.f. 조끼
veste, veşti, s.f. **1.** 소식; fără de ~ 소식 없이, 갑자기; a da de ~ 소식을 주다, 전달하다; a prinde de ~ 알다, 인지하다;[방언]a lua de ~ 인식하다; ce mai ~ ? 새 소식 있어요? **2.** 소문, 명성; a-i merge ~a 유명해지다
vesteji ... v. veşteji
vest|i, -esc, -ii, -it, I. vt. 알게하다, 통지하다, 공포하다; 예견하다, 예고하다 II. vr. **1.** 유명해지다 **2.** 나타나다
vestiar, ~e, s.n. 휴대품 맡기는 곳
vestibul, ~uri, s.n. **1.** 현관, 입구 **2.** [해부](내이의) 전정(前庭)
vestic, ~ă, ~i, ~e, adj. 서쪽의; 서양의
vestigi|u, -i, s.n. **1.** 발자취 **2.** 유적, 잔재, 잔해
vestimentar, ~ă, ~i, ~e, adj. 의복의
vestir|e, -i, s.f. 동사 vesti 의 명사형
vesti|t, -tă, -ţi, -te, adj. 명성있는, 유명한
vestit|or, -oare, -ori, -oare, I. adj. 통지한, 알리는; 예고하는 II. s.m. 그리고 f. 전령
vest|on, -oane, s.n. (남자용) 상의, 웃도리
veşcă, veşti s.f. 여과의 나무껍질
veşm|ânt, -inte, s.n. 옷, 의상
veşnic, I. ~ă, ~i, ~e, adj. 영원한; somnul cel ~ 영원한 잠, 죽음 II. adv. 영원히, 항상
veşnici|e, -i, s.f. 영원; pentru ~ 영원히
veşte|d, -dă, -zi, -de, adj. **1.** (식물에

대해) 시든; 마른 **2.** [비유]침침한, 후진 **3.** [비유](사람에 대해) 생기없는, 활기 없는 **4.** (색깔에 대해) 흐릿한, 바랜

veştej|i, -esc, -ii, -it, I. vr. **1.** 시들다 **2.** 창백해지다, 마르다, 여위다; 늙다 II. vt. **1.** 시들게 하다 **2.** 낙인찍다, 욕하다; 처벌하다, 명예를 더럽히다

veştejir|e, -i, s.f. 동사 veşteji 의 명사형

veşteji|t, -tă, -ţi, -te, adj. **1.** veşted 참조 **2.** 낙인찍힌, 처벌받은; 명예가 더럽혀진

veteran, ~ă, ~i, ~e, s.m. 그리고 f. **1.** 고참, 노장, 노련한 사람 **2.** [군사]노병, 고참병 **3.** (고대로마) 귀휴병

veterinar, I. ~ă, ~i, ~e s.m. 그리고 f. 수의사의; medic ~ 수의사 II. s.m. 그리고 f. 수의사

veterinărie, s.f. [가족]여수의사

veto, s.n. 거부; drept de ~ 거부권

vetrel|ă, -e, s.f. **1.** [고어]돛대의 천 **2.** [고어]돛단배

vetrice, ~ s.f. **1.** [곤충]하루살이 **2.** [식물](벌레를 없애는 식물; 쑥국화)

vetrişoar|ă, -e, s.f. vatră의 축소형

vetriţ|ă, -e, s.f. **1.** vetrişoară 참조 **2.** [곤충]하루살이

vetu|st, -stă, -şti, -ste, adj. 낡은; 오랜; 옛날 모델의; 노후한

veveriţ|ă, -e, s.f. [동물]다람쥐

vex|a, -ez, -ai, -at, vt. 기분을 상하게 하다, 화나게 하다, 모욕주다

vexa|t, -tă, -ţi, -te, adj. 모욕당한, 화난

vexator|iu, -ie, -ii, adj. 귀찮은, 약올리는, 남을 괴롭히는

vexaţiun|e, -i, s.f. 성가시게 함, 괴롭힘; 화가 남, 분개; 자존심 상함

vezical, ~ă, ~i, ~e, adj. [해부]방광의

vezican|t, I. -tă, -ţi, -te, adj. [의학, 약]발포하는 II. s.n. 발포약

vezicul|ă, -e, s.f. [해부]방광; ~ biliară, 담낭

via, prep. ...을 통해, ...을 경유하며

vi|a, -ez, -ai, -at, vi. **1.** 살다, 존재하다 **2.** (감정, 태도) 지속하다

viabil, ~ă, ~i, ~e, adj. 존재의, 가능성이 있는; 존속 가능성이 있는

viabilitate, s.f. 자랄 수 있는 힘, 생육력, 생존가능, 생활력

viaduct, ~e, s.n. 육교, 구름다리, 고가교

viager, ~ă, ~i, ~e, s.f. 종신의, 생존하는 동안의; rentă (또는 pensie) ~ă 종신연금수령자

viaţă, vieţi, s.f. **1.** 생활, 생존; 생명, 목숨; pe ~ 평생의; pe ~ şi pe moarte 생사를 걸고, 있는 힘을 다해; plin de ~ 또는 cu ~ 활기있는, 정력있는; fără ~ a)힘없는; b)활기 없는; a scăpa cu ~ 무사히 빠져나오다; cu preţul vieţii 모든 위험을 감수하고; a fi în ~ 살다; a fi om de ~ 활기 있는, 정력이 넘치는 사람이다; a aduce la ~ 건강하게 하다; a-şi pune viaţa în primejdie 매우 위험을 무릎쓰다; **2.** [비유]애인 **3.** 일생, 생애; când ţi-e viaţa mai dragă 생각할 것이 없을 때; din ~ 일생동안; o ~ de om 생애 **4.** 생물, 피조물; 인간 **5.** viaţa de dincolo 또는 de apoi 이승의 생 **6.** 생활 태도, 생활 양식 **7.** 생계, 살림 **8.** 전기, 일대기; vieţile sfinţilor 성자들의 일대기

vibr|a, -ez, -ai, -at, vi. **1.** 떨다, 진동하다 **2.** (메아리에 대해) 공명하다 **3.** (빛에 대해) 떨리다 **4.** [비유](사람에 대해) 감격하다, 감동하다

vibran|t, 1. 떨리는, 울리는 **2.** 감동시키는, 감격적인 감수성이 예민한

vibr|are, -ări, s.f. 동사 vibra의 명사형

vibratil, ~ă, ~i, ~e, adj. 진동성의

vibrat|or, I. -oare, -ori, -oare, adj. 진동의, 진동을 일으키는 II. -oare, s.n. 비브라토

vibrăți|e, -i, s.f. (공기, 현 따위의) 진동(성)

vibrion, ~i, s.m. 비브리오균

vicar, ~i, s.m. [교회]보좌신부

vicariat, ~e, s.n. 보좌신부의 직

viceamiral, ~i, s.m. [해양]해군중장

viceconsul, ~i, s.m. 부영사

vicepreşedin|te, -ți, s.m. 부통령, 부총재, 부회장, 부의장, 부사장

vicereg|e, -i, s.m. 부왕

viceversa, adv 거꾸로, 반대로

vici|a, -ez, -ai, -at, vt. **1.** 공기를 오염시키다, 탁하게 만들다 **2.** [비유]부패시키다 **3.** [법률]무효로 하다

vicia|t, -tă, -ți, -te, adj. **1.** 오염된 **2.** 부패된 **3.** 무효가 된

vicier|e, -i, s.f. 동사 vicia 의 명사형

vicinal, ~ă, ~i, ~e, adj. (길에 대해) 시골 이웃마을을 연결해주는

vici|os, -oasă, -oşi, -oase, adj. **1.** 결점이 있는, 부족한 **2.** [비유]타락한, 방탕한 **3.** [법률]무효의, 허점투성이의

vicisitudin|e, -i, s.f. 어려운 상황의 연속; 불행, 고통

vici|u, -i, s.n. **1.** 결함, 결점; ~ de formă 서식상 결함; **2.** 방탕, 타락 **3.** [비유]불완전

vicl|ean, I. -eană, -eni, -ene, adj. **1.** 교활한, 사기성의; 위선의, 허위의 **2.** 악한, 잔인한 **3.** [고어]부정한, 불충한 **4.** [고어]이교도적인 II. s.m. sg 악령, 악마

vicleim, ~uri, s.n. 크리스마스 놀이

vicleneşte, adv. 교활하게

vicleni|e, -i, s.f. **1.** 부정, 배반, 불충; 허위, 위선 **2.** 간계, 계략, 교활

vicleşug, ~uri, s.n. v. viclenie

vicont|e, -ți, s.m. 자작

vicontes|ă, -e, s.f. 자작부인, 여자작

victim|ă, -e, s.f. 희생자; 피해자, 조난자

victori|e, -i, s.f. 승리

victori|os, -oasă, -oşi, -oase, adj. 승리한, 개선의

vid, I. ~ă, vizi, ~e, adj. 빈, 텅빈, 비어있는 II. ~uri, s.n. **1.** 빈공간

vidanj|a, -ez, -ai, -at, vt. (하수도 구멍) 깨끗이 하다, (세면대 구멍 등) 청소하다

vidanjor, ~i, s.m. 오물수거인

vidm|ă, -e, s.f. [방언] **1.** 유령 **2.** 마녀

vidr|ă, -e, s.f. **1.** 수달 **2.** 수달 가족 **3.** (동화에서) 히드라 물뱀 **4.** (미신에서) (다뉴브강 밑에 사는) 물의 요정

vi|e, -i, s.f. **1.** 포도나무 밭; culesul viei 포도따기; cultura viei 포도재배 **2.** 포도(속)

vier, ~i, s.m. **1.** 포도재배자 **2.** [동물] 돼지나 멧돼지 수컷

vier|easă, -ese, s.f. 포도재배자 부인

vierit, s.n. 포도재배

viermar, ~e, s.n. v. viermărie
viermănar, ~i, s.m. [곤충]쉬파리
viermăn|os, -oasă, -oşi, -oase, adj. 벌레 먹은, 벌레가 있는
viermăraie, ~, s.f. **viermări|e,** -i s.f. 벌레류
viermăt, s.n. v. viermărie
vierm|e, -i, s.m. 벌레, 구더기; 애벌레; are un ~ la inimă 또는 îl roade un ~ la inimă 걱정하다; a avea viermi 불안하다; a-l mânca (pe cineva) viermii de viu 썩은 냄새가 나다
viermişor, ~i, s.m. vierme의 축소형
viermu|i, -iesc, -ii, -it, vi. 우글거리다
viermu|ială, -ieli, s.f. 우글거림
viermuir|e, -i, s.f. 우글거림
viermuleț, ~i, s.m. **viermuş,** -i, s.m. **viermuşor,** -i, s.m. vierme의 축소형
viers, ~uri, s.n. [속어] **1.** 멜로디, 음악 **2.** 목소리
viersu|i, -iesc, -ii, -it, vt. [속어]노래하다
viespar, ~e, s.n. **1.** 말벌집 **2.** [곤충] 말벌속 **3.** [곤충]벌잡이새
viespări|e, -i, s.f. 말벌무리
viesp|e, -i, s.f. **1.** 말벌 **2.** [비유]나쁜 여자
viespoi, ~ s.m. [곤충]viespe의 증가형, 즉 큰 말벌
viet|ate, -ăți, s.f. 생물, 피조물
viețu|i, -iesc, -ii, -it, vi. **1.** 살다 **2.** 생계를 꾸미다 **3.** (누구와) 공동생활하다, 같이 살다 **4.** (어딘가에) 머무르다
vietuir|e, -i, s.f. **1.** 생 **2.** 생활 **3.** 체류
vietuit|or, -oare, -ori, -oare, adj. 사는, 살아 있는
vietuitoare, ~ s.f. 생물
viezur|e, -i, s.m. [동물]오소리
vifor, ~e, s.n. (눈) 폭풍
viforatec, viforatic, ~ă, ~i, ~e, adj. v. viforos
vifor|eală -eli, s.f. v. viforniță
vifor|i, pers.3, -eşte, -i, -it, vt. (폭풍에 대해) 폭풍이 치다
viforniț|ă, -e, s.f. 눈 폭풍
vifor|os, -oasă, -oşi, -oase, adj. **1.** 폭풍이 부는 **2.** (바람, 구름에 대해) 눈 폭풍을 가져오는 **3.** [비유]격심한, 격렬한; 흥분하기 쉬운, 광포한
vig, ~uri, s.n. [속어]천 감는 롤러
vigilen|t, -tă, -ți, -te, adj. 조심하고 있는, 주의하고 있는
vigilență, s.f. 조심, 주의, 경계
vigoare, s.f. **1.** 기운, 힘, 기력; 활기, 생기; în ~ 유효한(법에 대해)
vigoni|e, -i, s.f. **1.** 야생 라마 **2.** 라마 직물
vigur|os, -oasă, -oşi, -oase, adj. 기운찬, 활기있는; 힘센
viit|or, I. -oare, -ori, -oare, adj. 미래의; 다가오는, 앞으로 올; 다음의; viitoarea lui soție 그의 미래 부인; vremurile viitoare 미래의 시간; generațiile viitoare 미래 세대; săptă- mâna viitoare 다음주; timp ~ 미래 II. -oare, -ori, -oare, s.m. 그리고 f. (관사) 미래, 약혼녀 III. s.n. **1.** 미래; pe (또는 în) ~ 미래에 **2.** 전망, 희망, 가망; plin de ~ 또는 cu ~ 전망있는; a avea ~ 전망, 희망이 있다 **3.** [문법]미래

viitorime, s.f. [고어]후세대
viitur|ă, -i, s.f. **1.** 물의 급격한 증가(홍수 위기) **2.** 홍수때 물에 실려온 나뭇가지 등
vijeli|e, -i, s.f. 폭풍
vijeli|os, -oasă, -oşi, -oase, adj. **1.** 폭풍의; 폭풍같은 **2.** 폭풍이 때린 **3.** 사나운 격렬한
vil, ~ă, ~i, ~e, adj. 천한, 비열한, 야비한
vil|ă, -e, s.f. 빌라
vilbrochen, ~uri, s.n. [기술]크랭크축
vileag, ~uri, s.n. [속어](a da 또는 a scoate, a ieşi etc.) în ~ 모든 사람에게 알려지다
vilegiatur|ă, -i, s.f. 피서 생활, 별장 휴가
vilegiaturi|st, -stă, -şti, -ste, adj. 피서 생활자, 별장 휴가자
vil|os, -oasă, -oşi, -oase, adj. [해부]부드러운 털이 난
vilozit|ate, -ăţi, s.f. 부드러운 털로 덮여 있음; 섬모, 융털
vin, ~uri, s.n. **1.** 포도주; ~ roşu 붉은 포도주; ~ alb 백 포도주
vinar, ~i, s.m. [속어]포도주 거래자
vinariţ|ă, -e, s.f. [식물]선갈퀴
vinars, ~uri, s.n. [방언]브랜디, 화주
vinaţ, ~uri, s.n. 포도주
vin|ă, -i, s.f. **1.** 죄; 잘못; de ~ 죄지은, 책임있는; fără ~ a)죄 없는 b)(드물게 물건에 대해) 흠없는; a da (또는 arunca, pune) vina pe ceva (cineva) 누구에게 죄를 돌리다; a face (또는 băga) cuiva ~ 누구를 비난하다; a cădea în ~ 죄짓게 하다 **2.** [법률]범죄
vinărici, ~uri, s.n. [고어]주세
vinări|e, -i, s.f. [고어]포도주 지하창고
vinărit, s.n. **1.** vinărici 참조 **2.** 포도재배
vinci, ~uri, s.n. **1.** [기술]잭 기중기
vincier, ~i, s.n. 기중기 기술자
vinclu, ~ri, s.n. **1.** 모서리 **2.** 꺽쇠
vinde, vând vândui, vândut, I. vt. **1.** 팔다; a ~ blana ursului din pădure 예상을 잘못하다, 사정을 충분히 고려치 않다; a-şi ~ scump viaţa (또는 pielea) 적에 대해 절망적인 방어를 하다; a ~ via pe stafide 나쁜 거래를 하다; cum am cumpărat-o, aşa o vând 나는 들은 대로 이야기 했다 **2.** 재산을 처분하다, 경매하다 **3.** 거래하다 **4.** [비유]돈 때문에 배반하다 **5.** 몸을 더럽히다, 욕되게 하다 **6.** (누구를) 고발하다 II. vr. **1.** (수동태) 팔리다 **2.** 매수되다 **3.** 배반당하다 **4.** 몸을 팔다, 매춘하다
vindec, ~uri, s.n. 치유, 치료
vindec|a, vindec, -ai, -at, I. vt. **1.** 건강하게 하다; 치료하다 **2.** [비유](고통, 분노, 그리움) 해결해주다, 사라지게 하다 II. vr. **1.** 건강해지다, 치료되다 **2.** (상처가)낫다
vindecabil, ~ă, ~i, ~e, adj. 치료될 수 있는, 치유될 수 있는
vindec|are, -ări, s.f. 동사 vindeca 의 명사형
vindeca|t, -tă, -ţi, -te, adj. 치료된; 상처가 아물어진
vindecăt|or, -oare, -ori, -oare, adj. 치료하는
vindec|ea, -ele, s.f. [식물]꿀풀과의

초본

vinder|e, -i, s.f. 동사 vinde의 명사형

vindere|l, -i, s.m. **vindere|u,** -i, s.m. [조류]황조롱이 (매속)

vindicativ, ~ă, ~i, ~e, adj. 복수심에 불타는

vindict|ă, -e, s.f. [고어]처벌, 추적

vineci|or, -oară, -ori, -oare, adj. [속어] **1.** (새에 대해) 자주색의 털을 가진 **2.** (동물에 대해)회색 털을 가진

vineri, ~ s.f. **1.** 금요일; vinerea patimilor (또는 paştilor 또는 mare) 그리스도 수난의 날 **2.** (부사로) 금요일에; vinerea 금요일마다

vinerit|ă, -e, s.f. [식물]금관초속

vineț|ea, (vineti|că) -ele, s.f. [식물] **1.** 달구지 국화 **2.** 금관초속 **3.** 들싸리 버섯 **4.** 느타리속의 일종(식용버섯)

vineț|eală, -eli, s.f. **1.** 푸른 점 **2.** 청색 착색제 (풀백용) **3.** 포도나무병

vineț|iu, I. -ie, -ii, adj. 자주색깔의 II. s.m. 자주색

vingălac, ~e, s.n. [인쇄]식자가

vinicer, s.m. [속어]9월

vinicol, ~ă, ~i, ~e, adj. 포도재배의

viniet|ă, -e, s.f. (책의 표지, 각장 머리 따위의) 장식 커트

vinifer, ~ă, ~i, ~e, adj. 포도주를 산출하는

vinific|a, vinific, -ai, -at, vt. 포도주가 되게 처리하다, 양조하다

vinific|are, -ări, s.f. vinifica 의 명사형

vinificat|or, -oare, -ori, -oare, s.m. 그리고 f. 포도주 양조자

vinificați|e, -i, s.f. (포도주) 양조

vinişoar|ă, -e, s.f. (vină 의 축소형으로) 실동맥, 실핏줄

vinişor, s.n. (vin의 축소형으로) 좋은 포도주

vinograd, ~uri, s.n. 식초, 식용유, 소금, 후추 등으로 만든 차가운 소스

vinova|t, -tă, -ți, -te I. adj. **1.** 죄 지은, 죄있는 **2.** 허가 되지 않은, 허용되지 않은 II. s.m. 그리고 f. 죄인

vinovăți|e, -i, s.f. 죄

vintil, vintir, ~e, s.n. (낚시) 어망

vintre, ~ s.f. [속어] **1.** 배 **2.** (pl.) 내장 **3.** 적리(赤痢)

vintr|ea, -ele, s.f. v. vântrea

vinuleț, ~e, s.n. **vinuț,** ~uri, s.n. 좋은 포도주

vioară, I. viori, s.f. **1.** 바이올린; a cânta (din 또는 la) ~ 바이올린을 연주하다; arcuş de ~ 바이올린 활 **2.** 바이올린 연주자 II. vioare s.f. **1.** [식물, 방언]제비꽃, 오랑캐꽃 III. vioare, adj. (물에 대해) 매우 깨끗한

vi|oi, -oaie, -oi, -oaie, adj. **1.** 생기있는, 활발한; 민첩한, 날쌘; 명랑한, 쾌활한 **2.** (눈에 대해)빛나는, 반짝이는 **3.** 불타오르는 **4.** (소리, 음악에 대해) 생동하는, 활기있는 **5.** (정신적으로) 열정적인

vioiciun|e, -i, s.f. **1.** 생기, 활발, 민첩; 명랑, 쾌활 **2.** 빛남 **3.** 열정 **4.** 활기

viol, ~uri, s.n. 강간(죄)

viol|a, -ez, -ai, -at, vt. **1.** 위반하다, 침해하다 **2.** 침입하다(강제로) **3.** 모독하다 **4.** 강간하다

violacee, ~, s.f. [식물]제비꽃과

violac|eu, -ee, -ei, -ee, adj. 보라색

의

viol|are, -ări, s.f. 동사 viola의 명사형

violat|or, -oare, -ori, -oare, 위반자 침해자; 강간자

viol|ă, -e, s.f. **1.** [음악]비올라 **2.** 비올라 연주자 **3.** [식물]오랑캐 꽃

violen|t, -tă, -ţi, -te, adj. **1.** 세찬; 광포한 **2.** 난폭한, 과격한; moarte ~ă 잔인한 죽음 **3.** (색깔에 대해) 강한 **4.** (사람에 대해) 맹렬한, 격렬한

violent|a, -ez, -ai, -at, vt. [비유]강요하다

violent|are, -ări, s.f. 동사 violenta의 명사형

violenţ|ă, -e, s.f. 맹렬, 격렬; 난폭함, 폭격; 광포; 강요; 위반; 강간

viole|t, I. -tă, -ţi, -te, adj. 보라색의 II. s.n. 보라색

violet|ă, -e, s.f. [식물]오랑캐꽃, 제비꽃

violin|ă, -e, s.f. **1.** 바이올린 **2.** 바이올린 연주자

violoncel, ~e, s.n. 첼로

violonceli|st, -stă, -şti, -ste, s.m. 그리고 f. 첼로 연주자

violoni|st, -stă, -şti, -ste, s.m. 그리고 f. 바이올린 연주자

vior|ea, (viorică) -ele, s.f. [식물] **1.** 제비꽃 **2.** 해총(나리과의 약용식물)

viori|st, -stă, -şti, -ste, adj. 바이올린 연주자

vior|iu -ie, -ii, adj. 연 보라색의

viper|ă, -e, s.f. **1.** 살모사 **2.** [비유]교활한 사람; pui de ~ 나쁜 사람, 나쁜 여자

viperin, ~ă, ~i, ~e, adj. 독사의

vipi|e, -i, s.f. [방언] **1.** 뜨거운 햇빛 **2.** 열 **3.** [비유]정점

vipt, ~uri, s.n. [고어] **1.** 열매, 곡식 **2.** [방언]음식; a lua (또는 ţine) pe cineva în ~ 숙박시키다

vipuş|că, -ti, s.f. 레이스, (군모, 군복의 바지 따위의) 장식가선

vir|a, -ez, -ai, -at, I. vi. **1.** 선회하다, 진로를 바꾸다 **2.** (사람에 대해) 차를 옆으로 몰다 II. vt. **1.** [재정]구좌에 넣어주다

viraj, ~e, s.n. **1.** 회전, 선회, 커브 돌기 **2.** 커브

virament, ~e, s.n. [재정]어음교환, 대체

viran, ~ă, ~i, ~e, adj. (토지에 대해) 경작되지 않은; 공터의

vir|are, -ări, s.f. 동사 vira 의 명사형

vird|are, -ări, s.f. [조류]청딱따구리

virgin, ~ă, ~i, ~e, adj. **1.** 처녀의, 순결한 **2.** [비유]결백한, 죄짓지 않은 **3.** (금속) 순수한 **4.** (장소) 경작되지 않은; pădure ~ă 원시림 **5.** [비유] (물건에 대해) 건드리지 않은, 사용되지 않은

virginal, ~ă, ~i, ~e, adj. **1.** 처녀의, 순결한 **2.** [비유]결백한

virginalit|ate, -ăţi, s.f. 순수성, 순결성

virgul|ă, -e, s.f. 콤마; punct şi ~ 세미콜론

viril, ~ă, ~i, ~e, adj. 남자의, 남성적인, 씩씩한

virilit|ate, -ăţi, s.f. 남성임, 사나이다움, 씩씩함, 성년, 장년

virnanţ, ~i, s.m. [식물]루타(운향과의 다년생 초본)

viroag|ă, -e, s.f. 물이나 강으로 생긴 작은 계곡

viroz|ă, -e, s.f. [의학]바이러스 병

virtual, ~ă, ~i, ~e, adj. 잠재적인, 가능적인

virtu|os, -oasă, -oşi, -oase, adj. **1.** (사람에 대해) 정숙한, 정결한, 정조를 시키는 **2.** (태도에 대해) 고결한, 덕망있는

virtuoz, ~i, s.m. (예술, 특히 음악의) 명수, 거장; 명인

virtuozit|ate, -ăți, s.f. [음악]뛰어난 솜씨, 묘기

virtu|te, -ți, s.f. **1.** 덕, 미덕, 덕행 **2.** 정조, 정절 **3.** în virtutea .....에 의해, ...따라서

virulen|t, -tă, -ți, -te, adj. **1.** 유독한, 독기있는; 병을 일으키는 상태에 있는; (병에 대해) 바이러스에 의해 생기는 **2.** [비유]파괴적인; 폭력적인

virulenț|ă, -e, s.f. 유독성; 전염성; 바이러스 병을 일으킴

virus, ~uri, s.n. 바이러스

vis, ~uri, s.n. **1.** 꿈; în ~ 꿈에서; ca prin ~ 꿈속에서처럼; 몽롱하게; de ~ 꿈같은, 꿈처럼 아름다운; a-şi vedea ~ul cu ochii 꿈이 실현됨을 보다 **2.** [비유]환상; 비사실적인 아름다움; 믿을 수 없는 광경 **3.** 공상 **4.** [비유]착각, 망상 **5.** 열망

vis|a, -ez, -ai, -at, vi. **1.** 꿈꾸다; a ~ urât 악몽을 꾸다 **2.** (무엇을) 생각하다, 몽상하다, 숙고하다; 공상에 잠기다; visează cu ochii deschişi 공상에 잠기다 **3.** 예측하다 예감하다; când nici nu visezi 뜻밖에 II. vt. **1.** 꿈꾸다, 꿈속에서 보다; te-am visat azi noapte 오늘밤 나는 당신에 대해 꿈을 꾸었다 **2.** 열망하다 **3.** 바라다 III. vr. 열망하다; 동경하다, 그리워하다

vis|are, -ări, s.f. 동사 visa 의 명사형

visa|t, -tă, -ți, -te, adj. **1.** 꿈꾸어진, 꿈속에서 본 **2.** 열망된 **3.** 희망된

visăt|or, -oare, -ori, -oare, I. adj. 꿈꾸는, 몽상적인 **2.** 열망하는 **3.** [비유]멍한

visători|e, -i, s.f. 공상, 몽상

visceral, ~ă, ~i, ~e, adj. 내장의

viscere, s.f. pl. 내장

viscol, ~e, s.n. 눈폭풍

viscol|eală, -eli, s.f. **1.** viscolire 참조 **2.** 눈폭풍

viscol|i, pers.3, -eşte, -i, -it, I. vi. **1.** (viscol에 대해) 눈폭풍이 불다 II. vt. **1.** (눈, 눈폭풍에 대해) 누구를 향해 불다 **2.** (비유) 눈 폭풍처럼 빠르게 움직이다

viscolir|e, -i, s.f. 동사 viscoli의 명사형

viscoli|t, -tă, -ți, -te, adj. (눈에 대해) 눈이 흩날리는, 눈보라가 치는

viscolit|or, -oare, -ori, -oare, adj. (viscol에 대해) 눈보라치는, 눈폭풍이 치는

viscolitur|ă, -i, s.f. **1.** viscolire 참조 **2.** 눈보라; 폭설

viscol|os, -oasă, -oşi, -oase, adj. 눈폭풍의

viscoză.. s.f. [화학]비스코스

viscozimetr|u, -e, s.n. 점도계

vist, s.n. 휘스트(트럼프 놀이 일종)

vistavoi, ~, s.n. 당번병

vister, ... v. visitier

vistier, ~i, s.m. [고어]출납계, 회계과장 ; 재무장관

vistieri|e, -i, s.f. [고어] **1.** 재무부 **2.** (비유) 소득 원천 **3.** [고어]국고; 세

무서

vistiernic, ~i, s.m. v. vistier

vistiernic|el, -ei, s.m. [고어]재무관리

vistiernici|e, -i, s.f. v. vistierie

vişin, ~i, s.m. [식물] **1.** 유럽산 벚나무 **2.** ~ sălbatic 서양산 벚나무 일종

vişinat|ă, -e, s.f. 체리브랜드

vişinatic, ~ă. ~i. ~e, adj. 체리맛 나는

vişin|ă, -e, s.f. 유럽산 벚나무 열매(체리)

vişin|ea, -ele, s.f. vişină 의 축소형

vişin|el, -ei, s.m. vişin의 축소형

vişinet, ~uri, s.n. 유럽산 벚나무 정원(밭)

vişin|iu, -ie, -ii, adj. 체리색깔의

vitacee, ~, s.f. [식물]포도 같은 식물

vital, ~ă, ~i, ~e, adj. **1.** 생명의, 생명을 유지하는(데 필요한); 살아있는, 생존력있는; 생기있는, 활기있는 **2.** 매우 중요한, 본질적인, 필수적인

vitalism, s.n. 생기론

vitali|st, -stă, -şti, -ste, I. adj. 생기론의, 활력론의 II. s.m. 그리고 f. 생기론자, 활력론자

vitalit|ate, -ăți, s.f. 생명력, 생활력

vitamin|ă, -e, s.f. 비타민

vit|ă, -e, s.f. **1.** (일반적으로) 뿔 달린 가축; 동물; vite mari 소; vite mici 염소, 양 **2.** 멍청한 사람

vit|eaz, -ează, -eji, -eze, **1.** adj. 용감한 II. s.m. 그리고 f. 영웅 III. s.m. [고어]궁정의 군인

vitej|esc, -ească, -eşti, adj. 영웅같은, 용감한

vitejeşte, adv. 영웅처럼, 용감하게

vitej|i, -esc, -ii, -it, vi. **1.** [고어]영웅처럼 싸우다; 영웅으로 살다 **2.** (지주 계급에 대해 싸우는) 도둑으로 살다

viteji|e, -i, s.f. **1.** 영웅정신, 용감; cu ~ 용감하게 **2.** 영웅적 행동

vitejim|e, -i, s.f. 영웅모두

vitez|ă, -e, s.f. **1.** 속력, 속도; ~ inițială 초기 속력; mică ~ 철로 화물; mare ~ 급행편 화물; în (plină) ~ 가장 빠른 속도로; dă-i ~ ! 빨리 달려라! 속도를 내라!; a băga pe cineva în ~ 누구를 재촉하다 **2.** (자동차) 기아 변속기; viteza întâia 기아 1단

vitezometr|u, -e, s.n. 속도계

viticol, ~ă, ~i, ~e, adj. 포도재배의

viticult|or, -oare, -ori, -oare, s.m. 그리고 f. 포도재배자

viticultur|ă, -i, s.f. **1.** 포도재배 **2.** 포도재배기술

vitişoar|ă, -e, s.f. vită 의 축소형

vitraj, ~uri, s.n. (건물 전체의) 유리; 유리문, 유리창, 유리벽

vitrali|u, -i, s.n. (교회의) 스테인드 글라스

vitreg, ~ă, ~i, ~e, adj. **1.** (부모, 자녀에 대해) 의붓의 ... ;tată copil (계) 의붓아버지, 의붓자식; mamă ~ă a) 계모; b) [비유] 무자비한 어머니; părinți ~i a)의붓부모; b)무자비한 부모; frați ~i 의붓 형제(자매) **2.** [비유]의붓부모처럼 불친절한, 적대적인

vitreg|i, -esc, -ii, -it, vt. 계모처럼 적대적으로 다루다

vitregi|e, -i, s.f. **1.** 계모처럼 대하기 **2.** [비유]거역, 반대 (시간, 운명에 대해)

vitrific|a, vitrific, -ai, -at, vt. 유리화하다

vitrific|are, -ări, s.f. **vitrifier|e,** -i, s.f. 유리화

vitrin|ă, -e, s.f. **1.** 진열창 **2.** 진열대

vitriol, ~uri, s.n. [화학] **1.** 황산염 **2.** [속어]황산

vitriol|a, -ez, -ai, -at, vt. 황산을 첨가하다

vitr|os, -oasă, -oşi, -oase, adj. 유리의 유리성의

viț|ă, -e, s.f. **1.** [식물]~ (de vie) 포도나무, 포도; boltă de ~ 포도덩굴에 얽힌 정자; ~ albă 참아으리; ~-de Canada 야생포도 **2.** 덩굴, 덩굴손 **3.** 머리다발 **4.** 실, 끈 **5.** 가문, 가계, 후손; de ~ a)귀족가문의; b)혈연관계의

viț|ea, vițică -ele, s.f. 1년생까지의 암소

viț|el, -ei, s.m. **1.** 약 한살 까지의 숫소; a sta ca ~ul la poarta nouă 어찌할바를 모르고 있다; ~ul de aur 부와 풍요의 상징 **2.** (carne de) ~ 위 수소의 고기 **3.** (blană, piele de) ~ 소가죽 **4.** 새끼 사슴, 어린 사슴 **5.** [방언]원숭이 **6.** (경멸) 바보, 멍청이

vițelar, ~i, s.m. **1.** 목동 **2.** [식물]봄쇄풀

vițeluş, ~i, s.m. vițel 의 축소형

viți- ... v. vici ...

viț|os, -oasă, -oşi, -oase, adj. **1.** (식물뿌리 에 대해) 가지가 많고 긴 **2.** 긴 털의

viu, I. vie, vii, adj. **1.** 살아있는, 사는; de ~ 아직 살아있는; prin ~ grai 입으로, 구어로; limbii vii 현재 사용되는 언어; a jupui pe cineva de ~ 누구를 가차없이 약탈하다; ~ sau mort 어떤 상태에 있던, 죽음을 무릅쓰고; mai mult mort decât ~ 기진 맥진해있다; rană (또는 carne) vie (피 흐르는) 벌어진 상처; a trage în carne vie 누구를 겨누어 쏘다; tradiție vie 현재 유통되는 전통; **2.** (기독교개념에서) 영원한 **3.** [비유] 활기있는, 생기있는; 힘있는 **4.** (물에 대해) 빠르게 흐르는 **5.** (식물에 대해) 진초록의 **6.** (불에 대해) 불타오르는 **7.** (소리에 대해) 크게 울리는 **8.** (불빛에 대해) 강하게 빛나는 **9.** (색깔에 대해) 밝게 살아있는 **10.** (눈에 대해) 반짝이는 **11.** (추상적으로) 강한; durere vie 심한 고통 II. s.m. 그리고 f. 살아있는 사람; a fi mort între vii 죽은 사람 같다; morții cu morții, viii cu viii 사랑하는 사람의 죽음을 슬퍼하는 사람을 위로하는 말

vivace, adj. invar **1.** 생명력이 강한, 강인한 **2.** [식물]다년생의 **3.** [음악] (부사적으로) 쾌활하게, 생기있게

vivacitate, s.f. 민첩, 활발; 격렬; 활기, 생기

vivandier|ă, -e, s.f. [고어]주보상인, 종군상인

vivat, interj. (술잔을 마주치며 희망의 표시로써) 건배!

vivipar, ~ă, ~i, ~e, adj. (동물에 대해) 태생(胎生)의

vivisecți|e, -i, s.f. 생체해부학

viz|a, -ez, -ai, -at, vt. **1.** 사증(査證)하다, (에)승인서명을 하다 **2.** 무엇을 살펴보다, (에) 마음을 쓰다 **3.** 목표로 삼다, 노리다, 겨냥하다; a ~ pacea 평화를 잊지 않다; a ~ efectul

효과를 얻으려고 애쓰다

viz|are, -ări, s.f. 동사 viza 의 명사형

vizavi, adv. **1.** ...맞은편에; de ~ 맞은편에 있는 **2.** ..에 비교하여 , ...에 대하여

viz|ă, -e, s.f. **1.** 비자 **2.** 사증

vizet|ă, -e, s.f. (문에 있는) 작은 구멍 (보기위한)

vizibil, ~ă, ~i, ~e, adj. **1.** 보이는, 볼 수 있는 **2.** [비유]뚜렷한, 명백한

vizibilitate, s.f. **1.** 눈에 보임, 볼 수 있음 **2.** 시계, 시야; ~a e bună 시야가 좋다 **2.** 보이는 범위(현미경에서)

vizier|ă, -e, s.f. **1.** 모지의 챙, (투구의)면갑 **2.** (총의) 가늠자

vizion|a, -ez, -ai, -at, vt. (드물게) (시연 전) 영화필름을 보다, 검사하다

vizionar, ~ă, ~i, ~e, I. adj. **1.** 예견하는, 예감하는 **2.** 환상적인, 공상적인 II. s.m. 그리고 f. 환상가, 몽상가

vizion|are, -ări, s.f. 동사 viziona의 명사형

vizir, ~i, s.m. [고어](이슬람 제국의) 고관, 대신

vizirat, ~e, s.n. [고어](이슬람 제국의) (고관, 대신의) 직 **2.** 위직의 임기

vizir|esc, -ească, -eşti, adj. [고어] (이슬람제국의) 고관의, 대신의

vizit|a, -ez, -ai, -at, vt. **1.** 방문하다 **2.** 구경(견학) 하다, 시찰하다 **3.** 검사하다, 조사하다

vizit|are, -ări, s.f. 동사 vizita의 명사형

vizitat|or, -oare, -ori, -oare, s.m. 그리고 f. 방문객 손님; 관람자, 구경꾼; 시찰자, 검사관

vizit|ă, -e, s.f. **1.** 방문, 내방; a face o ~ cuiva 누구를 방문하다; a fi în ~ la cineva 누구를 방문하고 있다; a fi în ~ cu cineva 누구와 친교를 맺고 있다; 서로 방문하다; carte de ~ 방문표, 출입증 **2.** (의사의) 회진, 왕진 **3.** 조사, 검사, 검진; ~ medicală 검진

viziti|u, -i, s.m. **1.** 마부 **2.** (관사와 같이) (별자리) 마차부자리

viziun|e, -i, s.f. **1.** 시각, 시력, 이메이지, 이해하는 방법 **2.** 사물을 파악하는 방법; 개념, 의견 **3.** 환영, 공상

vizon, ~i, s.m. **1.** [동물]담비, 밍크 **2.** 밍크모피, 담비모피

viz|or, -oare, s.n. 조준기, [사진]파인더

vizual, ~ă, ~i, ~e, adj. 시각의, 보는 것에 관한; tip ~ 보는 것을 통해서 날카롭게 파악하는 사람; memorie ~ă 보여진 양상을 간직하는 기억; câmp ~ 시야

vizuin|ă, -i, s.f. (야생동물의)동굴

vizuni|e, -i, s.f. v. vizuină

vladnic, ~ă, ~i, ~e, adj. 강한, 힘센, 강인한

vlagă, s.f. 힘, 기운; 생명력; [식물] 생명즙

vlaşiţ|ă, -e, s.f. [식물]작은 양파 종류

vlavie, s.f. v. vlagă

vladic|ă, -i, s.m. 주교; [고어]영주; de la ~ până la opincă 위(사람)에서 아래(사람)까지

vlăgu|i, -iesc, -ii, -it, vt. 힘을 다쓰게 하다, 탕진시키다, 기운빠지게 하다

vlăgui|t, -tă, -ţi, -te adj. 탕진된, 기운빠진

vlăguit|or, I. -oare, -ori, -oare, adj. 기운빠지게 하는, 탕진시키는 II. -ori, s.m. 무두장이, 제혁공

vlăjgan, ~ă, ~i, ~e, s.m. 그리고 f. 힘센 젊은이

vlăstar, ~e, s.m. **1.** 새싹, 눈 **2.** 후손, 자손

voal, ~uri, s.n. **1.** 베일천, 면사포 **2.** 베일; a acoperi cu un ~ 베일로 가리다 **3.** [사진](음화의) 흐림

voal|a, -ez, -ai, -at, I. vt. (베일로) 덮다, 가리다 II. vr. **1.** (목소리에 대해) 목쉬다 **2.** [사진](음화를) 흐리게 하다

voal|are, -ări, s.f. 동사 voala 의 명사형

voala|t, -tă, -ţi, -te, adj. **1.** (베일로) 가린; 흐려진 **2.** (목소리에 대해) 쉰 **3.** [사진](음화가) 흐려진

voalet|ă, -e, s.f. 작은 베일

vocabular, ~e, s.n. **1.** 용어, 술어, 어휘 **2.** 용어집, 단어집

vocabul|ă, -e, s.f. (드물게) 말, 단어

vocal, ~ă, ~i, ~e, adj. 음성의, 구두의; muzică ~ă 성악

vocal|ă, -e, s.f. 모음

vocalic, ~ă, ~i, ~e, adj. 모음의

vocalism, ~e, s.n. 모음체계(조직)

vocaliz|a, -ez, -ai, -at, I. vi. 그리고 vt. [음악]모음으로 발성연습하다 II. vr. (문법, 자음에 대해) 모음화하다

vocaliz|are, -ări, s.f. **1.** 모음의 발성 **2.** 모음화

vocaliz|ă, -e, s.f. 모음으로 발성연습

vocativ, ~e, s.n. [문법]호격

vocaţi|e, -i, s.f. 성향, 적성, 취미, 기호

vocaţiune, -i, s.f. v. vocaţie

voc|e, -i, s.f. **1.** 목소리; cu ~ tare 큰 목소리로; cu ~ înceată 작은 소리로, 속삭이는 어조로; a ridica ~a 목소리를 높이다 **2.** [음악]목소리; 성음; 노래하는 사람; are o ~ frumoasă 아름다운 소리를 갖고 있다; a fi în ~ 목소리가 좋다; ~ de cap, de piept 두성, 흉성; ~ spartă, dogită 쉰 목소리 **3.** [비유]경향, 성향 **4.** [비유]의견

vocifer|a, -ez, -ai, -at, vi. 울부짖다, 고래고래 소리지르다

vociferan|t, -tă, -ţi, -te, adj. 울부짖는, 고래고래 소리 지르는

vocifer|are, -ări, s.f. 고래고래 소리지름

vodă, s.m. **1.** 루마니아 영주를 지칭 **2.** 왕자, 왕; a mânea din pâinea lui ~ 국가의 녹을 먹다

vod|easă, -ese, s.f. [속어]루마니아 영주의 부인; 여자 영주, 여왕

vodevil, ~uri, s.n. 통속 희극, 보드빌, 노래와 춤으로 엮은 소 희극

vodevili|st, -şti, s.m. 통속 희극작가

vodul|easă,-ese, s.f. [속어] vodeasă 참조

vog|ă, -i, s.f. (드물게) 유행

voi¹, 대명사, 복수 2인칭

vo|i², -iesc, -ii, -it, vt. vi. **1.** 원하다, 의도하다; voieste şi vei putea 원하면 그러면 할 수 있다; ce voieşti? 무엇을 원하니? voieste să înveţe 배우려 한다 **2.** 동의하다, 용인하다, 승인하다; nu voieste să meargă cu noi 그는 우리와 같이 가는 것에 동의하지 않는다

voi³, ~uri, s.n. (드물게) **1.** 밭고랑 **2.**

옥수수창고의 줄기로 엮은벽

voiaj, ~e, s.n. 여행

voiaj|a, -ez, -ai, -at, vi. 여행하다

voiaja|t, -tă, -ți, -te adj. 많이 여행하는

voiaj|or, -oare, -ori, -oare, s.m. 그리고 f. 여행자

voie, voi s.f. **1.** 의지, 의도, 의사, 의욕; cu ~ 또는 cu voia mea 의도적으로; fără de ~ 또는 fără voia mea a) 임의로 b)본의 아니게; peste (또는 fără) voia cuiva 누구의 의사에 반해서; cu ~ , fără ~ 또는 de ~, de nevoie 좋든 싫든 **2.** 의향; 원망; 욕구; după ~ 의향대로; în ~ 또는 în toată voia 마음대로, 거침없이; în voia cea bună 걱정없이; voia la dumneata ca la banul Ghica 마음대로; a-i fi (cuiva) voia să ... ...하는 것을 원하다; a face pe voia cuiva 또는 a-i face cuiva voia 누구의 희망을 성취시켜주다; a-i fi (cuiva) pe ~ 또는 a fi pe voia cuiva 누구의 마음에 들다; a împlini voia cuiva 누구의 희망을 채워주다; a fi la voia cuiva 누구의 의사에 맡기다; în voia valurilor 물결 흘러 가는대로; a lăsa în (또는 la) voia întâmplării 운에 맡기다 **3.** 기분, 분위기; ~ bună rea 좋은, 니쁜 기분; a strica voia cuiva 누구의 기분을 망치다; cu ~ bună, rea 좋은, 나쁜 기분으로

voievo|d, -zi, s.m. **1.** 루마니아 몰도바, 문테니아, 트란실바니아의 군주 **2.** [고어]장군 **3.** [종교]천사의 장 **4.** 집시 우두머리 **5.** 성주

voievodal, ~ă, ~i, ~e, adj. 군주의

voievodat, ~e, s.n. 군주의 직

voievod|easă, -ese, s.f. 군주의 부인

voinea, s.m. [방언]신부, 약혼자

voinic, I. ~ă, ~i, ~e, s.m. 그리고 f. 건장한, 힘센, 강한; 용감한 II. ~i, s.m. **1.** 젊고 용감한 사람 **2.** 젊은이 **3.** [고어]군인

voinicaş, ~i, s.m. v. voinicel

voinicească, s.f. **1.** (관사와 같이) 수영종류 **2.** 민속춤이름

voinice|l, -i, s.m. **1.** 젊은이, 젊고 용감한 사람 **2.** [식물]아네모네 일종 **3.** [식물]산토끼 꽃

voinic|esc, -ească, -eşti, adj. **1.** 영웅같은, 영웅적인, 영웅의 용감한; luptă voinicească 영웅적 싸움 **2.** 힘센, 건장한 **3.** 젊은이의 **4.** [고어]군인의

voiniceşte, adv. 용감하게

voinic|i, -esc, -ii, -it, I. vt. **1.** 영웅적 행동을 하다 **2.** (지주계급에 반대해서) 의적으로 살다 **3.** 전쟁하다 II. vr. 잔인해지다, 난폭해지다

voinic|ică, -ele, s.f. [식물]적설초, 개구리 자리

voinici|e, -i, s.f. **1.** 용감함, 용기 **2.** 용감한 행동 **3.** 건장함, 힘

voinicime, s.f. 영웅들 전부

voincit, s.n. 영웅생활

voinic|os, -oasă, -oşi, -oase, adj. 긴장한, 강한, 힘센; 자부심이 강한

voinț|ă, -e, s.f. **1.** 의지; lipsit de (또는 fără) ~ 의지 없이; contra voinței mele 나의 의지에 반해 **2.** 의지력, 단호함 **3.** 뜻에 맞음, 의향 **4.** 동의, 승인 **5.** 목표, 의도 **6.** 희망

voi|os, -oasă, -oşi, -oase, adj. 기쁜, 기분 좋은

voioşi|e, -i, s.f. 기쁨, 즐거움
voir|e, -i, s.f. [고어]v. voinţă
voi|t, -tă, -ţi, -te, adj. 원한; 의도된; 목적된; 원해진
voit|or, -oare, -ori, -oare, adj. 원하는
voivod ... v. voievod
volan, ~e, s.n. **1.** 핸들 **2.** 옷단치레, 옷단주름
volan|t, -tă, -ţi, -te, adj. 고정되지 않는, 이동되는; 비행하는; 떨어지는; foie ~ă a)흐트러진 종이; b)삐라; echipă ~ă 투입될 수 있는 노동자; bibliotecă ~ă 이동도서관
volatil, ~ă, ~i, ~e, adj. [화학]기화하는, 휘발성의
volatilit|ate, -ăţi, s.f. [화학]휘발성, 기화성
volatiliz|a, -ez, -ai, -at, vr. **1.** 기화되다, 증발되다, 발산되다 **2.** [비유]흔적없이 사라지다
volatilizabil, ~ă, ~i, ~e, adj. 기화할 수 있는
volatiliz|are, -ări, s.f. 기화, 증발, 발산
volatiliza|t, -tă, -ţi, -te, adj. 기화된, 증발된
volănaş, ~e, s.n **1.** 작은 핸들 **2.** 작은 옷단 주름
volbur|ă, -i, s.f. **1.** 회오리바람 **2.** (모래, 먼지, 눈)바람 **3.** [비유]소음, 소란 **4.** (물)소용돌이 **5.** [식물]메꽃과
volbur|os, -oasă, -oşi, -oase, adj. **1.** 회오리처럼 회전하는 **2.** 회오리치는
volei, s.n. **volei-bal,** s.n. 배구
voleibali|st, -stă, -şti, -ste s.m. 그리고 f. 배구 선수
volintir, v. voluntar
volintiraş, ~i, s.m. volintir의 축소형
volintir|esc, -ească, -eşti, adj. [고어]지원병의
volintireşte, adv. [고어]지원병처럼
volintirol, ~ s.m. [고어]volintir의 확대형
volitiv, ~ă, ~i, ~e, adj. voliţional, ~ă, ~i, ~e, adj. 의지의 의지에 따른
volnic, ~ă, ~i, ~e, adj. [고어] **1.** 자치의, 독립의 **2.** 강제적인
volniceşte, adv. [고어]지유의지로, 자유로
volnic|i, -esc, -ii, -it, [고어]I. vt. **1.** 자유롭게 하다, 해방하다 **2.** 허락하다; 권리를 주다 II. vr. 노력하다
volnici|e, -i, s.f. [고어] **1.** 자유, 독립; 자치 **2.** 자유, 권한; 허가
volnici|t, -tă, -ţi, -te, adj. [고어]해방된
vol|oc, -oace, s.n. 예망, 트롤어망
volocel, ~e, s.n. (작은) 트롤어망
volog, ... v. voloc
volontir, ~i, s.m. v. voluntar
vol|t, -ţi, s.m. [전기]볼트
voltaic, ~ă, ~i, ~e adj. [전기]볼타식의; arc ~ 전호(電弧); pilă ~ă 볼타전지
voltaj, ~e, s.n. 전압; 전압량
voltampermetr|u, -e, s.n. 볼트암페어계, 전압전류계
volt|ă, -e, s.f **1.** 빙빙 돌기 **2.** (펜싱) 칼끝을 피하는 동작 회전 **3.** (승마) 윤승
voltij|ă, -e, s.f. (드물게) 마예; (말타고 있는) 곡예
voltmetr|u, -e, s.n. 전압계

volubil, ~ă, ~i, ~e, adj. **1.** 수다스러운 **2.** (사람의 태도에 대해) 민첩한, 날랜, 경쾌한 **3.** (식물에 대해) 나사 모양으로 감기는

volubilit|ate, -ăți, s.f. **1.** 능변, 다변 **2.** 민첩성, 날램, 경쾌함

volum, s.n. **1.** pl. ~e (그리고 ~uri) 권, 책, 서적 II. ~e, **1.** 체적, 용량, 용적, 부피, 많음, 다량 **2.** 수량 **3.** 상품의 양 **4.** 음량

volumaş, ~e, s.n. volum의 축소형

volumetric, ~ă, ~i, ~e, adj. 용적측정의; analiză ~ă 용량분석

volumin|os, -oasă, -oşi, -oase, adj. **1.** (물건에 대해) 부피가 큰, 용적이 큰 **2.** (사람에 대해) 뚱뚱한, 비대한 **3.** (책, 작품에 대해) 여러 권으로 된, 방대한

voluntar, ~ă, ~i, ~e, I. adj. **1.** 자유의사에 의한, 자발적인, 지원의, 임의의; act ~ 자발적인 행동 **2.** 의지를 나타내는, 의지가 굳은 **3.** 명령적인 **4.** 고집센 II. s.m. 그리고 f. **1.** 지원병, 의용군 **2.** 의지가 강한 사람, 고집센 사람

voluntariat, s.n. 지원 병역

voluntarism, s.n. [심리, 철학]의지론

voluntari|st, -stă, -şti, -ste, I. adj. 의지론의 II. s.m. 그리고 f. 의지론자

volupt|ate, -ăți, s.f. 육체의 향락, 관능적 쾌락; 정신적 향락, 만족

volupt(u)|os, -oasă, -oşi, -oase, I. adj. 관능적 쾌락을 즐기는, 육감적인, 선정적인 II. s.m. 그리고 f. 주색에 빠진 사람

volut|ă, -e, s.f. (기둥머리, 바이올린의) 소용돌이 꼴 장식

vom|a, -ez, -ai, -at, vt. 토하다, 게우다; 내뿜다, 분출하다

vom|are, -ări, s.f. 동사 voma 의 명사형

voma|t, -tă, -ți, -te, adj. 토한, 분출된

vomer, ~e, s.n. [해부](코의)조골

vomică, adj. s.f. nucă ~ 마전나무(구토제로 씀)

vomit|a, -ez, -ai, -at, vt. v. voma

vomitiv, I. ~ă, ~i, ~e, adj. 토하게 하는, II. ~e, s.n. 구토제

vonicer, ~i, s.m. [식물]참벗살나무속의 관목

vopaiț|ă, -e, s.f. v. văpaiță

vops|ea, -ele, s.f. **1.** 안료, 도료, 염료 **2.** [고어]색깔

vops|i, -esc, -ii, -it, I. vt. **1.** 색칠하다; a ~ în roşu 빨간색으로 칠하다 **2.** 칠하다 **3.** 더럽히다 II. vr. **1.** 더럽혀 지다

vopsir|e, -i, s.f. 동사 vopsi 의 명사형

vopsi|t, -tă, -ți, -te, adj. **1.** 색칠해진 **2.** 더렵혀진

vopsit|or, -oare, -ori, -oare, s.m 그리고 f. 칠하는 사람; 칠쟁이

vopsitori|e, -i, s.f. 칠하는 직업; 칠작업장

vorac|e, -e, -i, -e, adj. 폭식하는

voracitate, s.f. 폭식성

vorbareț, ~ă, ~i, ~e, adj. **1.** 말많은, 수다스러운 **2.** [비유]표현력이 풍부한

vorb|ă, -e, s.f. **1.** 단어; 낱말; ~ cu ~ 한마디 한마디 **2.** 말 어구 말함; auzi ~! 가능해? 들어봐!; ce ~! 사실이

다!, 의심할 여지없다!; a avea o ~ cu cineva 누구와 이야기 할 것이 있다; a nu avea poftă de ~ 말하고 싶은 기분이 없다; a se porni la ~ 말 홍수 속에 빠지다; a ține de ~ 수다 떨며 머무르다; cu vorba că ... 핑계로 구실로 **3.** 설명, 표현; lasă vorba! 또는 vorba! 조용히 해! 그만 말해!; ce mai atâta ~ ? 우리 더 말 할 것이 있나?; a nu da cuiva pas la ~ 말하지 못하게 하다 **4.** 토론, 토의, 담화; 논쟁; vorba multă sărăcia omului 많은 말은 피해를 준다; a deschide vorba despre ceva 무엇에 대해 말문을 열다; fără multă ~ a) 말 많이 하지 않고 b) 투덜대지 않고; din ~ în ~ 토론에 토론을 거쳐; este vorba de (또는 despre) a) ....에 관한 문제이다; b)토론중이다; a-şi face de vorbă cu cineva 누구와 토론할 기회를 발견하다; a întinde (또는 lungi) vorba 대화를 늘리다; fie vorba între noi! 우리끼리 말하자!; nu încape ~ 또는 nici ~ a)무조건, 틀림없이; b)이야기 할 것 못된다, 문제 밖이다; mai e ~ ! 틀림없이; 물론! 당연히! **5.** 표현방법, 말하는 방법; 어투; vorba dulce mult aduce 말 한 마디가 천냥 빚을 갚는다는 뜻; dacă aşa ți-e vorba 그렇게 생각한다면 **6.** 격언, 금언; vorba ceea 일컬 듯이, 사람들이 말하는 것처럼 **7.** 충고, 교훈; respecta vorba tatălui său 아버지의 충고를 존중했다 **8.** 약속, 의무; a-şi ține, călca vorba 약속을 지키다, 깨다; vorba-i ~ 약속은 신성한 것이다; a purta cu vorba 빈 약속을 하다; a spune ~ mare 특별약속을 하다 **9.** 화해, 일치; din două vorbe 또는 dintr-o ~ 토론없이 빠르게; să nu avem vorbe! 나중에 뒷말하지 말자!; a face vorba (또는 vorbele) 정혼하다; a-i face (cuiva) ~ cu cineva 중매하다; a fi în ~ 결혼 계약을 하다 **10.** 소문, 소식; a se face ~ 소문이 퍼지다; a spune (cuiva) două vorbe 누구에게 무엇을 알리다; a trimite ~ 메시지를 전달하다; a lăsa ~ 어디로 떠나기전에 메시지를 남기다; (a sa) umblă vorba (이렇게) 사람들을 말한다 **11.** 중상, 모략; vorbe (proaste) 어리석은 말 **12.** 중재; a pune o ~ pentru cineva 누구를 위해 중재하다 **13.** vorbă-lungă s.m. invar 수다쟁이

vorbăr|eț, -eață, -eți, -ețe, I. adj. 수다스러운, 말많은 II. s.m. f. 수다장이

vorbărie, s.f. 끝없이 많은 말

vorb|i, -esc, -ii, -it, I. vi. **1.** 말하다; a ~ despre ceva (cineva) 무엇(누구)에 대해 말하다; a ~ nemțeşte 독일어로 말하다; a ~ rar a)천천히 말하다; b)드물게 말하다; a ~ serios 진지하게 말하다; a ~ în glumă 농담하다; a ~ în barbă 중얼거리다; a ~ pe nas 콧소리를 하다; a ~ cu gura altuia 확신없이 말하다; a ~ aiurea 헛소리하다; la drept(ul) vorbind 솔직하게 말하면; a face pe cineva să vorbească 누구를 말하게 하다; **2.** 누구에게 말하다; îi vorbesc şi nu răspunde 나는 말하고 그는 대답하지 않는다 **3.** 발음하다 **4.** [비유]증명하다, 확증하다 **5.** 토론하다, 토의하다 **6.** 일치하다, 합의하다 **7.** 연설하

다 II. vt. 말하다; a ~ vrute şi nevrute 많이 쓸데없이 말하다; a ~ prostii 어리석은 것을 말하다; a ~ de bine pe cineva 누구에 대해 잘 말하다; a ~ de rău pe cineva 누구에게 나쁘게 말하다 III. vr. **1.** se vorbeşte 사람이 말하기를, 소위 **2.** 합의하다; a se ~ cu cineva 누구와 약속하다

vorbir|e, -i, s.f. **1.** 동사 vorbi 의 명사형 **2.** 언어; 말투, 어법 **3.** 말

vorbişoar|ă, -e, s.f. [속어]v. vorbuliţă

vorbi|t, I. -tă, -ţi, -te adj. **1.** 말하여진; limba ~ă 구어 **2.** 표현된; 토의된 **3.** 구어의 II. s.n. v. vorbire

vorbit|or, I. -oare, -ori, -oare, adj. **1.** 말하는 **2.** 기분좋게 편안하게 말하는 **3.** 말이 많은 **4.** 웅변적인, 설득력 있는 II. -oare, -ori, -oare, s.m. 그리고 f. **1.** 화자, 말하는 사람 **2.** 연설자, 설명하는 사람 III. ~-oare, s.m. (기숙사 , 감옥에서) 연회실

vorbuliţ|ă, -e, s.f. vorbă 의 축소형

vorbuşoar|ă, -e, s.f [속어] **vorbuţ|ă,** -e, s.f. [방언]v. vorbuliţă

vornic, ~i, s.m. [고어]태수, 지사, 총독 **2.** 몰도바 지방에서 재정, 법무장관 **3.** 마을의 이장 **4.** (결혼식)신부안내자

vornic|easă, -ese, s.f. **1.** vornic 의 부인 **2.** 신부의 가장 친한 친구

vornice|l, -i, s.m. **1.** [고어]태수, 총독의 부하 **2.** 이장 **3.** 신부안내자

vornic|i, -esc, -ii, -it, I. vi. [고어]총독, 장관으로 직무하다 II. vt. [속어] 신랑이 보낸 선물을 결혼식에 알리다

vornici|e, -i, s.f. **1.** [고어]총독의 직 **2.** 총독, 태수의 저택 **3.** 이장의 직 **4.** 이장의 저택

vorniciţ|ă, -e, s.f. [고어] vorniceasă 참조

voroav|ă, -e, s.f. [고어 및 방언] **1.** 말, 언어 **2.** 토론, 토의 **3.** 언술

vorov|i, -esc, -ii, -it, vi. 그리고 vt. [고어 방언] 말하다

voscr|easnă, -esne, s.f. [교회]부활 노래

vostru, voastră, voştri, voastre, I. adj. pos. **1.** 너희들의, 당신들의; profesorul vostru 당신들의 교수; banca vostră 당신들의 의자; caietul vostru 당신들의 공책; profesorii voştri 당신들의 교수들; băncile voastre 당신들의 의자들; caietele voastre 당신들의 공책들, II. pron. pos. 당신들의 것; **1.** m. pl. ai voştri 당신들 것 **2.** n. al vostru, ale vosatre 당신들 것 **3.** gen. pl. (전치사 뒤나 전치사 구 뒤에서) contra voastră 너희들에 반대해서

vot, ~uri, s.n. **1.** 투표, 표결, 의결; a-şi da ~ul 투표하다; buletin de ~ 투표용지 **2.** 투표권; a avea drept de ~ 투표권이 있다; ~ universal 보통 선거권 **3.** 선거 제도; ~ secret 비밀 투표

vot|a, -ez, -ai, -at, I. vi. 투표하다; a ~ pentru cineva (contra cuiva)누구에 찬성에서(누구에 반대하여)투표하다. II. vt. 가결하다, 의결하다; a ~ o lege 법률을 가결하다.

votan|t, -tă, -ţi, -te, s.m. 그리고 f. 투표인, 선거권자

vot|are, -ări, s.f. v. votare

votc|ă, -i, s.f. 보드카
votiv, ~ă, ~i, ~e, adj. 공납의, 봉헌의; 기원의
votr|i, -esc, -ii, -it, vt. [방언]중매하다.
votri|e, -i, s.f. [고어]중매
votru, voatră, votri, voatre, s.m. 그리고 f. **1.** 중매자 **2.** [고어]뚜장이
votum, s.m. 투표
vozglas, ~uri, s.n. [교회](기도 후 신부에 의해서)크게 불려지는 노래
voz|i, -esc, -ii, -it, vt. [방언]쌓다. 모으다.
vrabie, vrăbii, s.f. 참새; a avea minte de ~ 판단력이 없다. 이성이 없다; a scăpa vrabia dim mină 기회를 놓치다
vrac, ~uri, s.n. 가루나 알갱이 요소
vraci, ~, s.m. [속어] **1.** 의사. **2.** 마법사
vraf, ~uri, 더미
vraişte, I. s.f.(무질서하게 하는)자유; 무질서, 혼란, II. 형용사적으로 **1.** (사물에 대해) 질서없는, 흩어진 **2.** (문, 창문에 대해) 활짝 열려진 III. (부사적으로) 무질서하게
vrajă, vrăji s.f. **1.** (동화, 미신에서) 마법, 마술; 주문 **2.** 매혹, 매력
vrajb|ă, -e, s.f. 적대감, 적의; 싸움, 갈등, 증오
vran|ă, -e, s.f. 통의 마개구멍, 통 주둥이
vraniț|ă, -e, s.f. [방언]판자문
vrăbe|te, -ți, s.m. [조류]참새
vrăbier, ~i, s.m. **1.** 참새잡이 **2.** 바보 사냥꾼
vrăbioar|ă, -e, s.f. **1.** [조류]작은 참새 **2.** 로스트비프
vrăbioi, ~, s.m. 큰 참새; 참새 숫컷
vrăbiuț|ă, -e, s.f. 작은 참새
vrăciț|ă, -e, s.f. [고어] **1.** 여의사 **2.** 마녀
vrăfu|i, -iesc, -ii, -it, vt. 쌓다
vrăjar, ~i, s.m. [방언]기둥; 막대
vrăj|i, -esc, -ii, -it, I. vi. 그리고 vt. (동화, 미신에서)마술을 부리다, 마법을 쓰다, 요술을 부리다 II. vt. [비유]매혹시키다
vrăjir|e, -i, s.f.(드물게) 동사 vrăji의 명사형
vrăjit, -tă, -ți, -te, adj. **1.** (동화에서) 마술에 걸린 **2.** 매혹된
vrăjit|or, -oare, -ori, -oare I. s.m. 그리고 f. 마법사, 마녀; II. adj. [비유] 매혹적인
vrăjitor|easă, -ese, s.f. 마녀
vrăjitor|esc, -ească, -eşti, adj. 마법의; 초자연적인; 마녀의, 마술사의
vrăjitori|e, -i, s.f. 마술
vrăjitur|ă, -i, s.f. [속어] **1.** vrăjitorie 참조 **2.** 마법, 마술
vrăjmaş, ~ă, ~i, ~e, I. adj. **1.** 적대적인, 적대시하는, 적의 **2.** 무서운, 잔인한 **3.** (장소, 날씨에 대해) 위험한, 거대한, 적대적인 II. s.m. 그리고 f. 적
vrăjmăs|esc, -ească, -eşti, adj. **1.** 적의가 있는, 적개심에 찬 **2.** 적의
vrăjmăşeşte, adv. [고어]적대적으로
vrăjmăş|i, -esc, -ii, -it, vi. 그리고 vr. 서로 반목하다, 적대시하다, 증오하다
vrăjmăşi|e, -i, s.f. 적대, 적의, 적개심, 증오
vrăjmăş|os, -oasă, -oşi, -oase, adj.

(드물게) 적의가 있는, 적개심에 찬

vrâsnic, ~ă, ~i, ~e, adj. v. vârstnic

vrâst, ... v. vârst

vrea, vreau, vrui, vrut, I. vt. **1.** 원하다, 바라다, 결심하고 있다; 의도하다; aş vrea să vină 나는 그가 오기를 원한다; trebuie să vrei cu adevărat 너는 진실로 원하여야 한다; vreau o carte 나는 책 한권을 원한다; ~ (또는 va) să zică a)소위; b) 그래서, 결국; ce ~ (또는 va) să zică asta? 무슨 뜻이냐? **2.** 요구하다; 기대하다; 명령하다; legea ~ ca ... 법은 ...라고 규정한다; dacă vrei 네가 원하면; orice datorie vrea să fie împlinită 모든 의무를 이행되기를 요구한다 **3.** 희망하다, 갈망하다; 요구하다; vrei nu vrei 원하던 원하지 않던; vrând-nevrând 좋든 나쁘든; a face tot ce vrea din (또는 cu) cineva 누구에게 큰 영향력을 갖다; cât vrei pe cartea aceasta? 이 책에서 무엇을 요구하니? **4.** 승인하다; 용인하다; vrei să taci? 침묵할 것이니? **5.** 할 수 있다; focul nu ~ să ardă 불은 타지 않을 수 있다 **6.** [속어]막 하려 하다; când vru să moară 그가 막 죽으려 할때; fiecare se ~ mai bun 모든 사람은 더 좋기를 바란다 III. v. aux. (voi, vei va vom, veţi, vor 형태로) 미래를 나타냄, vom învăţa 우리는배울 것이다

vreasc, ~uri, 마른 가지

vrednic, ~ă, ~i, ~e, adj. **1.** 부지런한, 근면한 **2.** 능력있는, 유능한 **3.** 가치 있는; a fi ~ 가치가 있다

vrednic|i, -esc, -ii, -it, 참조 învrednici

vrednici|e, -i, s.f. **1.** 근면, 성실, 부지런함 **2.** 능력, 유능 **3.** 영웅적 행동, 용감 **3.** 명예

vrej, ~uri, s.n. 식물 줄기

vrem|e, -uri, (그리고 -i) s.f. **1.** 시기 절기; 계절, 시간; n-am ~ 나는 시간이 없다; atâta ~ 그렇게 많은 시간; câtă ~ a)그렇게 오래; cu ~a 언젠가; de cu ~ 또는 din ~ 일찍; de scurtă ~ 방금 전부터; de ~ ce ... 때문에; de la o (bucată de) ~ 몇시간 전부터; în ~a 지금, 목하; în ~a de faţă 오늘날에; în ~ ce ...동안; într-o ~ a) 언젠가 b) 몇시간 전에; în scurtă ~ 곧, 금방; multă ~ 오랫동안; la ~a asta 이 무렵에; pe ~ de toamnă 가을에; a-şi pierde ~a 시간을 낭비하다, 게으름피다; toată ~a 시간내내; ~a de apoi 최후심판의 날; pe vremuri 전에, 과거에, 언젠가; în negura vremii 먼 옛날에 **2.** pl. 관계, 상황 **3.** 날씨; ~ frumoasă, urâtă 좋은, 나쁜 날씨; pe asemenea ~ 이러한 날씨에

vremelnic, ~ă, ~i, ~e, adj. 짧은 기간의, 일시적인 **2.** 순간적인, 덧없는

vremelnic|esc, -ească, -eşti, adj. [고어]v. vremelnic

vremelniceşte, adv. 일시적으로, 순간적으로, 덧없이

vremu|i, pers.3, -ieşte, -i, -it, vi. **1.** 나쁜 날씨가 되다; vremuieşte 궂은 날씨이다 **2.** (시간에 대해) 흐르다, 지나가다

vremui|ală, -eli, s.f. 궂은 날씨

vremuir|e, -i, s.f. 동사 vremui의 명사형

vreodată, adv. 언젠가; 앞으로는

vreodioară, adv. [고어]전에

vrer|e, -i, s.f. **1.** 원함, 바람 **2.** 결심 **3.** 희망 욕구 **4.** 의도, 목적

vreun, vreo, I. adj. nehot. **1.** 어떤 하나의 **2.** 대략하나의 II. pron. nehot. vreunul vreuna 어느 하나(한명)

vril|ă, -e, s.f. a cădea în ~ 기체를 나선형으로 돌리며 강하하다

vrut|ă, -e, s.f. 의지, 원함; pe vrute a) 마음대로; b)의도적으로; pe vrute sau nevrute 싫던 좋던; vrute şi nevrute 빈말, 쓸데없는 말

vu|i, pers.3, -ieşte, -i, -it, vi. **1.** 윙윙거리다 **2.** (천둥)쿵쿵거리다. 쾅소리를 내다. **3.** (불에 대해)탁탁 소리내다. **4.** 울리다. 울려 퍼지다. **5.** (사람에 대해)소리 지르다. **6.** 메아리치다

vui|ală, -ili, v. vuiet

vuiet, ~e, s.n. **1.** 윙윙, 쉭쉭 **2.** 쿵쿵, 쾅. **3.** 탁탁 **4.** 우렁찬 소리 **5.** 소음 **6.** 메아리

vuiet|a, pers.3, vuietă, -ă, -at, vi.(드물게)**1.** 쿵쿵울리다; 윙윙거리다, 쉭쉭거리다. **2.** 메아리치다

vuiet|oare, -ori, s.f. [식물]시로미

vuir|e, -i, s.f. v. vuiet

vuit, s.n. **1.** vuiet 참조 **2.** 윙윙, 쉭쉭(바람소리)

vuit|or, oare, -ori, -oare, adj.(드물게)**1.** 윙윙거리는, 쉭쉭거리는 **2.** 쾅쾅거리는 **3.** 울리는 **4.** 메아리치는

vulcan, ~i, s.m. **1.** 화산; a sta (ca)pe un ~ 위험에 처해있다. **2.** 위험상태

vulcanic, ~ă, ~i, ~e, adj. **1.** 화산의, 화산이 많은 **2.** [비유]불같은, 열화같은, 격렬한

vulcanism, s.n. **1.** 화산현상, 화산작용 **2.** 격력, 맹렬

vulcanit, s.n. [지질]불카노 암, 황화광, 황철광

vulcaniz|a, -ez, -ai, -at, vt. (고무를) 가황(加黃)하다, 황화하다, 경화하다; 자동차 고무 방꾸를 때우다.

vulcaniz|are, -ări, s.f. (고무의)황화, 가황; 자동차 빵꾸 때우기

vulcanizal|t, -tă, -ţi, -te, adj. 가황된, 경화된; 빵꾸를 때운

vulcanizat|or, -oare, -ori, -oare s.m. 그리고 f. 고무 가황공장직공

vulcanologie, s.f. 화산학

vulg, s.n. (경멸) 민중, 천민

vulgar, ~ă, ~i, ~e, adj. **1.** 비천한, 천한, 비속한 **2.** 평범한, 흔한 **3.** (고어, 언어에 대해)통속의; 일반대중의; latina ~ă통속 라틴어 **4.** 비학문적인

vulgarism, ~e, s.m. 속된 것, 속된 어법, 비어; 속된 생각

vulgarit|ate, -ăţi, s.f. **1.** 속됨. 저속성, 야비함 **2.** pl. 야비한 말

vulgariz|a, -ez, -ai, -at, I.. vt. **1.** [고어]대중화시키다 **2.** 간단하게하다, 쉽게하다 II. vr. 비천해지다; 통속화되다

vulgarizat|or, -oare, -ori, -oare s.m. 그리고 f. 보급자, 통속화, 대중화하는 사람

vulgata, s.f. 라틴어역 성서, 불가타 성서

vulner|a, -ez, -ai, -at, vt.(드물게)상처를 입히다

vulnerabil, ~ă, ~i, ~e, adj. [비유]상하기 쉬운, 손상 받기 쉬운

vulpan, ~i, s.m. [속어]여우

vulpăr|esc, -ească, -eşti, adj. v. valpesc

vulpări|e, -i, s.f. **1.** 여우무리 **2.** 여우

굴 지역

vulp|e, -i, s.f. **1.** 여우; a avea ochi de ~ 교활한 눈을 갖고 있다; pui de ~ 여우새끼; a tocmi ~a din pădure 예측, 예상을 잘못하다 **2.** 여우털 **3.** [비유]여우처럼 교활한 사람 **4.** [속어]신랑의 신부에게 주는 돈 **5.** 포도 종류 **6.** (농부집)채광창

vulpeni|e, -i, s.f. 교활 함; 간계

vulp|esc, -ească, -eşti, adj. **1.** 여우의, 여우같은 **2.** [비유]교활한,

vulpeşte, adv. 교활하게

vulpişoar|ă, -e, s.f. 작은 여우

vulpiț|ă, -e, s.f. v. vulpişoară

vulpoaic|ă, -e, s.f. **1.** 암여우 **2.** [비유]교활한 여자

vulpoi, ~, s.m. **1.** 여우(숫컷) **2.** [비유]교활한 남자

vultan, ~i, s.n. **1.** 독수리 **2.** [비유]영웅

vult|oare, -ori, s.f. v. vâltoare

vultur, ~i, s.m. **1.** 독수리; (시) 맹금; ochi de ~ 날카로운 눈 **2.** [조류]~-bărbos, -cu-barbă 또는 ~-negru 수염수리; ~-pleşuv 수리 **3.** 문장에 있는 독수리 **4.** (별자리) 독수리 자리

vulturaş, ~i, s.m. **vulture|l,** -i, s.m. 작은 독수리

vultur|esc, -ească -eşti, adj. **1.** 독수리의 **2.** [비유]날쌘 용감한, 강한

vultureşte, adv. 독수리처럼; 강하게

vulturic|ă, -i, s.f. [식물]조팝나물속

vulturiț|ă, -e, s.f **vulturoaic|ă,** -e, s.f. **vulturoaie,** ~ s.f. (드물게) 독수리 암컷

vulv|ă, -e, s.f. [해부]여자의 외음부, 음문

vulv - ... v. vâlv

vum, interj. 무거운 종소리

vurt, ~uri, s.n. [방언]싸구려 소주

vutcar, ~i, s.m. 보드카 양조자

vutcă, s.f. 보드카

vuvar, ~i, s.m. [방언]탬버린 연주자

vuv|ă, -e, s.f. [방언]탬버린

vuvu|i, pers.3, vuvuie, -i, -it, vi. 탬버린 소리를 내다(연주하다), 윙윙 소리내다; 쉭쉭소리내다

vuvuit, ~uri, s.n. 윙윙 쉭쉭소리

vuvuitoare, 참조 vuvă

vuvutur|ă, -i, s.f. 참조 vuvuit

W

W, w, s.m. 루마니아어 알파벳의 28 번째 자

warant, ~e, s.n. 보증서

walkie-talkie, s.n. [기술]워키토키

walkman, s.n. 워크맨

watt, wați, s.m. [전기]와트

wattmetr|u, -e, s.n. [전기]계량기

weber, ~i, s.m. [물리]자속의 단위, [전기]전류의 세기의 단위

webermetr|u, -e, s.n. [전기]웨버를 계량하는 기기

week-end, ~uri, s.n. 주말

western, ~uri, s.n. 영화 장르의 하나, 주로 서부개척시기를 배경으로 한 영화

whisky, s.n. 위스키

willy-willy, s.m. [기후]호주의 북쪽 지방에서 나타나는 열대성 싸이클론

woofer, s.n. 우퍼 (스피커)

X

X, x, s.m. 루마니아어 알파벳의 29번째 자

xantină, s.f. [화학]크산틴(혈액, 간, 오줌에 함유된)

xantocromie, s.f. [의학]피부의 황염

xantodermie, s.f. (인종이) 황색의

xantofilă, s.f. 크산토필, 엽황소

xantom, ~e, 황색종

xenofil, ~ă, ~i, ~e, I. adj. 외국인을 좋아하는 II. s.m.f. 외국인을 좋아하는 사람

xenofilie, s.f. 외국인을 좋아함

xenofob, ~ă, ~i, ~e, I. adj. 외국인을 싫어하는 II. s.m.f. 외국인을 싫어하는 사람

xenofobie, s.f. 외국인(것)을 싫어함, 외국인 혐오

xenoman, ~ă, ~i, ~e, adj. 외국인을 숭배하는

xenomorf, ~ă, ~i, ~e, adj. [지질]타형(他形)의

xenon, s.n. [화학]크세논

xeres, s.n. [지리]스페인의 질 좋은 포도주

xerodermie, s.f. 피부건조증

xerofag, ~ă, ~i, ~e, adj. 마른 음식을 먹는

xerofit|ă, -e, s.f. [식물](건조 지대에서 자라는) 건생 식물

xeroftalmie, s.f. [의학]안구 건조증

xerografi|e, -i, s.f. 제로그라피, 건식복사

xerox, ~uri, s.n. 제록스 복사기

xeroxa, -ez, -ai, at, vt. (제록스 기로) 복사하다

xerox|are, -ări, s.f. (제록스 기) 복사

xifoid, ~e, s.n. [해부, 식물]칼 모양의

xilen, ~i, s.m. [화학]크실렌(무색 액체상의 방향족 탄화수소)

xilofag, ~ă, ~i, ~e, adj. [곤충]나무를 파먹는

xilof|on, -oane, s.n. 실로폰

xilograf, ~i, s.m. 목판조각사

xilografic, ~ă, ~i, ~e, adj. 목판술(인쇄)의

xilografi|e, -i, s.f. 목판조각, 목판인쇄

xilogravur|ă, -i, s.f. 목판인쇄

xiloi|d, -dă, -zi, -de, adj. 목질의, 목재 비슷한

xilolit, ~e, s.n. 화석수목(化石樹木), 목재서, 목재로 만든 인조석

xiloză, s.f. [화학]크실로제, 목당의 일종

Y

Y, y, s.m. 루마니아어 알파벳의 30번 째 자

yanke|u, -i, s.m. 양키

yard, yarzi, 야드(길이의 단위)

yemenit, ~ă, ~i, ~e, adj. 예멘사람의, 예멘의

yen, ~i, s.m. (일본의 화폐단위) 엔

yoga, s.f. 요가

yoghin, ~i, s.m. 요가 수행자

yoghist, ~ă, ~i, ~e, adj. 요가철학의

yterbiu, s.n. [화학]이테르븀

ytriu, s.n. [화학]이트륨

yuan, ~i, s.m. 중국 화폐단위

yucca, s.f. invar. [식물]실유카

Z

Z, z, s.m. 루마니아어 알파벳의 31번째 자

za, I. ~le, s.f. **1.** 사슬, 고리; pl. 사슬 **2.** pl. 갑옷 II. prep, [고어]..에서, ..의

zabet, s.m. [고어] **1.** (터키의)태수 **2.** 통치

zabrac, s.n. [고어] **1.** 견책, 힐책, 비난 **2.** 위험, 어려운 시도

zacherlină, s.f. [고어]옛날 사용된 살충제 일종

zacuscă, s.f. 러시아 음식이름

zadar, s.n. 소용없음, 쓸모없음; în ~ 소용없이, 쓸데없이, 헛되이

zadarnic, I. ~ă, ~i, ~e, adj. **1.** 무익한, 쓸데없는, 헛된 **2.** (사람에 대해) 실속없는, 무가치한 II. adv. 쓸데없이, 헛되이

zad|ă, -e, s.f. [식물]낙엽송

zad|ie, -i, s.f. [방언]앞치마

zagara, ~le, s.f. **1.** 가공된 모피 **2.** 옷에 사용되는 모피가장자리

zahana, s.f. 참조 zalhana

zahar|ea, -ele, s.f. [고어] **1.** 터키 군대가 사용하도록 루마니아가 비축하는 비상식량 **2.** 식량(가축)

zaharicale, s.f. pl. 사탕; 단 것

zaharific|a, zaharific, -ai, -at, vt. 당화(糖化)하다

zaharific|are, -ări, s.f. 당화

zaharimetrie, s.f. 검당법

zaharimetr|u, -e, s.n. 검당계

zaharină, s.f. 사카린

zaharis|i, -esc, -ii, -it, I. vr. (물, 단 것 등에 대해)당화되다 **2.** (사람에 대해)정신적으로 허약해지다, 기억력이 감퇴되다 II. vt. **1.** 당화하다 **2.** [비유](목소리)부드럽게 하다

zaharisire, s.f. 동사 zaharisi 의 명사형

zaharisi|t, -tă, -ți, -te, adj. **1.** (단것, 꿀에 대해)당화된; fructe ~e 설탕물에 절인과실 **2.** [비유]단 **3.** (사람에 대해)정신적으로 허약해진; 기억력이 없는

zaharniț|ă, -e, s.f. 설탕통

zaharometr|u, -e, s.n. 검당계

zahar|os, -oasă, -oși, -oase, adj. 사탕질의; produse zaharoase 사탕 **2.** [비유]설탕처럼 하얀, 단단한

zaharoz|ă, -e, s.f. 사카로오스, 자당

zaharuri, s.n. pl. 당제, 당류

zahăr, s.n. **1.** 설탕; ~ de struguri 포도당; ~ de lapte 유당, 락토제; ~ de malț 맥아당; fabrică de ~ 설탕공장; a pune ~ (în ceva) 사탕으로 만들다, 사탕을 넣어 달게하다; om de ~ 착한사람 **2.** [의학, 속어]당뇨병

zaherea, s.f. v. zaharea

zaiafet, ~uri, s.n. 잔치

zaic|ă, -i, s.f. [조류]어치

zaif, ~ă, ~i, ~e, adj. 아픈, 허약한

zaifet, ~uri, s.n. v. zaiafet

zaiflic, s.n. 기분이 좋지 않음, 아픔

zaimf, ~uri, s.n. (카르타고의)여신
zal|ă, -e, s.f. v. za
zalhana, ~le, s.f. 도살장
zambil|ă, -e, s.f. 히아신드
zamb|ol, -oale, s.n. 광주리 일종
zamfir, ~e, s.n. [속어]사파이어
zamfir|ă, -e, s.f. [조류]꾀꼬리의 일종
zamparagi|u, ~i, s.m. 건달
zamparalâc, ~uri, s.n. 잔치, 향연
zapa, interj. 개짓는소리, 멍! 멍!
zapat, s.n. [방언]북서풍
zapci|ală, -eli, s.f. 강제징수
zapcieri|e, -i, s.f. 강제징수 관청
zapci|i, -esc, -ii, -it, vt. 강제징수하다
zapciclâc, ~uri, s.n. **1.** zapcierie 참조 **2.** zapcială 참조
zapci|u, -i, s.m. **1.** 군수 **2.** 세금징수원 **3.** 경찰
zapis, ~e, s.n. 서류, 문서; 증서
zapi|scă, -şti, s.f. 증명서
zapt, s.n. [고어]a face ~ 강제로 자기것으로 하다, 탈취하다
zar, ~uri, s.n. **1.** 주사위; joc de ~ 주사위 놀이; a juca în ~uri 주사위 놀이를 하다 **2.** 자물쇠
zaraf, ~i, s.m. **1.** 환전소 근무자 **2.** 출납계원, 회계원
zarafir, ~uri, s.n. 1 금실 **2.** 금실로 만든천
zarafiţ|ă, -e, s.f. **1.** 환전소 근무자 부인 **2.** 출납계근무자 부인
zară, s.f. 버터를 채취한 후의 신맛이 나는 찌꺼기 우유, 탈지유
zare, zari, s.f. **1.** 지평선; în ~ (또는 zări) a)지평선에; b)멀리에; din zări 멀리에서; a se uita (또는 a privi) în ~ (또는 zări)멀리 바라보다; cât e zarea 시야가 미치는 한 **2.** 햇빛; o ~ de lumină 광휘; a privi (또는 a se uita) în zare (la ceva) 빛에 비추어 보다; o ~ de ··· 약간의 **3.** 새벽, 동틀녘 **4.** 정상, 꼭대기
zarf, ~uri, s.n. 금은세공 찻잔 받침
zarif, ~ă, ~i, ~e, adj. 아름다운
zarişt|e, -i, s.f. **1.** 지평선 **2.** 숲속의 빈터
zarnacad|ea, -ele, s.f. [식물]수선화
zarpa, ~le, s.f. 비싼 천 종류(금, 은, 비단으로 된)
zarvă, s.f. **1.** 소음, 시끄러움; 소란 **2.** 싸움, 다툼
zarzavagioaic|ă, -e, s.f. 야채상인(여자)
zarzavagi|u, -i, s.m. 야채상인
zarzavat, ~uri, s.n. 야채, 채소
zarzăr, ~i, s.n. **1.** 살구나무 **2.** 작은 서양 오얏나무 일종
zarzăr|ă, -e, s.f. **1.** 살구 **2.** 작은 서양 오얏나무 열매
zastup, ~uri, s.n. 큰 삽
zaţ, ~uri, s.n. **1.** 침전물, 앙금 **2.** 식자, 조판
zavelc|ă, -i, s.f. 참조 zăvelcă
zaver|ă, -e, s.f. [고어] **1.** sg. 그리스의 1821년 터키로부터의 해방운동 **2.** 저항
zavergis|i, -esc, -ii, -it, vr. 저항하다, 혁명을 일으키다
zavergi|u, -i, s.m. **1.** 그리스의 1821년 터키로부터의 해방을 위한 투쟁자 **2.** 혁명가, 투쟁자, 독립운동가
zavistic, ~ă, ~i, ~e, adj. v. zavistnic
zavisti|e, -i, s.f. **1.** 질투, 시기; 증오;

적대감, 적의 **2.** 모함, 계략

zavisti|os, -oasă, -oşi, -oase, adj. v. zavistnic

zavistnic, ~ă. ~i, ~e, adj. **1.** 질투하는, 시기하는; 증오하는 **2.** 모함하는

zavistu|i, -iesc, -ii, -it, I. vt. 누구를 시기하다, 질투하다 II. vi. 모함하다, 계략을 꾸미다

zavistuit|or, -oare, -ori, -oare, adj. v. zavistnic

zavragioaic|ă, -e, s.f. **1.** 떠돌아다니는 집시 여자 **2.** 다투기 좋아하는 여자

zavragi|u, -i, s.m. **1.** 집시 **2.** 다투기 좋아하는 남자

zăbal|ă, -e, s.f. **1.** 재갈 **2.** pl. 입 언저리 작은 거품 **3.** 새의 부리 언저리 **4.** 타액, 침

zăbav|ă, -e, s.f. **1.** 지각, 늦음; fără ~ 또는 un bob ~ 곧, 지체하지 않고; a-şi face zăbavă 시간을 허비하다 **2.** 휴식, 쉼 **3.** 시간 보냄, 즐김

zăbavnic, ~ă, ~i, ~e, adj. 지각하는, 늦는; 느린, 굼뜬

zăbăl|os, -oasă, -oşi, -oase, adj. **1.** 지저분한, 더러운 **2.** 재갈물린

zăbăluț|ă, -e, s.f. (말의)재갈에 딸린 쇠사슬

zăbăuc, ~ă, ~i, ~e, adj. 당황한, 정신없는

zăbl|ău, I. -aie, s.n. 거친 천; 배낭, 천막 천; 마차 덮는 천 II. -ăi, s.m. [방언] **1.** 큰 남자 **2.** 큰 개

zăbov|i, -esc, -ii, -it, I. vi. **1.** 너무 느리게 일하다, 서두르지 않다; 지각하다 **2.** 한 장소에 너무 오래 머무르다; 주저하다, 망설이다 II. vr. 누구와 시간을 허비하다; 종사하다

zăbovire, s.f. 동사 zăbovi 의 명사형

zăbovi|t, -tă, -ți, -te. adj. 미루어진, 지연된

zăbovit|or, -oare, -ori, -oare, adj. v. zăbavinic

zăbranic, ~e, s.n. **1.** 사(紗) **2.** (과부가 쓰는)흑사베일

zăbr|ea, -ele, s.f. **1.** (가는)격자(格子); 창살; cu zăbrele 격자로 된; fereastră, uşă cu zăbrele 격자창살

zăbrel|i, -esc, -ii, -it, vt. 창문에 격자를 대다

zăbreli|t, -tă, -ți, -te, adj. 격자가 있는

zăbun, ~e, s.n. **1.** (솜이 든)농부 외투 **2.** (길고 넓은)성직자 의상

zăbunar, ~i, s.m. zăbun을 팔거나 만드는 사람

zăbunaş, ~e, **zăbunel,** ~e, s.n. zăbun의 축소형

zăcare, s.f. 오래 병들어 누워있음; a cădea în ~ 심하게 아프다

zăcaş, ~ă, ~i, ~e, adj. **1.** [방언]와병중인, 몸져누워있는; 약한; 게으른 **2.** 사악한, 나쁜

zăcăm|ânt, -inte, s.n. [광산]광액, 광상

zăcăr|i, -esc, -ii, -it, vi. 게으르다

zăcăşeală, s.f. [방언] **1.** 악, 증오, 시기, 복수심 **2.** 게으름, 무관심

zăcăşie, s.f. [방언]v. zăcăşeală

zăcăt|oare, -ori, s.f. **1.** 큰 통 **2.** 유피통 **3.** 아래맷돌 **4.** (가축)쉬는 장소

zăcăt|or, -oare, -ori, -oare, adj. 병들어 누워있는; 땅에 누워있는

zăcătur|ă, -i, s.f. **1.** 가축이 쉬는 장소 **2.** 큰 통에 들어 있는 포도주

zăc|ea, zac, -ui, -ut, vi. **1.** (침대, 땅에)누워있다; 쉬고 있다; a ~ pe pământ 땅에 누워있다 **2.** 병들어 누워있다 **3.** (땅에, 무덤에) 묻히다; a ~ în pământ, în mormânt 땅속에 누워있다; aici zace … 여기에 누워있다 … **4.** (감정, 기질, 고장)숨겨져 있다 **5.** (어떤 상황에)있다; a ~ la închisoare 감옥에 있다

zăcere, s.f. 동사 a zăcea의 명사형

zăcu|t, -tă, -ți, -te, adj. **1.** 죽은; apă ~ă 폐수 **2.** 썩은 **3.** 심하게 아픈

zădar … 참조 zadar

zădărâre, s.f. 동사 zădărî의 명사형

zădărâ|t, -tă, -ți, -te, adj. 선동된, 흥분된

zădăr|î, -ăsc, -âi, -ât, vt. **1.** 부추기다, 선동하다 **2.** 화나게 하다 **3.** 불안하게하다 **4.** 기습하다 5 불사르다

zădărnic|i, -esc, -ii, -it, vt. 실현되지 않게 하다, 방해하다, 헛되게 하다

zădărnici|e, -i, s.f. **1.** 쓸모없음, 소용없음, 헛됨 **2.** 공허, 무가치

zădărnicire, s.f. 동사 zădărnici의 명사형

zădărnici|t, -tă, -ți, -te, adj. 실패한, 쓸모없게 된, 헛된

zăduf, ~uri, s.n. **1.** 무더위 **2.** 화, 고통

zăduf|os, -oasă, -oși, -oase, adj. 매우 무더운

zăgan, ~i, s.m. [조류]독수리 일종

zăgaş, ~e, s.n. [고어]카날, 수로

zăgaştin|ă, -e, s.f. [방언]고기 그물

zăgaz, ~uri, s.n. **1.** 뚝, 맴; a se rupe (또는 a se deschide, a se descuia) zăgazurile cerului 하늘이 뚫린 것처럼 비가 오다 **2.** [비유]금지, 방해; [심리]억제

zăgăzu|i, -iesc, -ii, -it, vt. **1.** 둑을 쌓다, 제방으로 둘러싸다 **2.** [비유]저지하다, 방해하다

zăgăzuir|e, -i, s.f. 동사 zăgăzui의 명사형

zăgăzui|t, -tă, -ți, -te, adj. **1.** 저지된 **2.** 제방으로 둘러싸인

zăgârn|ă, -e, s.f. 치즈를 거르기 위해 사용되는 자루

zăgneată, s.f. [방언]큰불; a da ~ focului 불사르다

zăgră|i, -iesc, -ii, -it, vt. [방언]말을 많이 하다

zăhă|i, -iesc, -ii, -it, vt. **1.** 화나게 하다, 괴롭히다 **2.** 분산되다; 사라지다

zăhăi|ală, -eli, s.f. 불안, 동요, 고통, 고민

zăhărel, ~e, s.n. **1.** zahăr(설탕)의 축소어미; a duce pe cineva cu ~ul 속이다, 유혹하다, 꼬시다 **2.** pl. [방언]단것들

zăhăr|i, -esc, -ii, -it, vt. [고어]설탕을 뿌리다, 설탕으로 달게 하다

zăhări|t, -tă, -ți, -te, adj. **1.** 설탕으로 달게 한 **2.** 설탕이 들어 있는

zăhătu|i, -iesc, -ii, -it,[방언]I. vt. 놀리다, 우롱하다 II. vr. 망가지다; 사라지다

zăitin, ~uri, s.n. [방언]올리브 기름; a fi ~ pe apă a)죄가 없다; b)이기다, 승리하다

zălar, I. ~e, s.n. [방언]장작패기 II. ~i, s.m. 사슬쟁이

zălet|i, -esc, -ii, -it, vi. [방언]솟아오르다, 튀다, 용솟음치다; 많이 흐르다

zălez|eală, -eli, s.f. [방언]지루함

Z

zălez|i, -esc, -ii. -it, vi. 병들다; 야위다

zălezi|t, -tă, -ți, -te, adj. [방언]허약한, 힘없는; 우울한, 기운없는

zălezitur|ă, -i, s.f. [방언]허약함, 힘없음

zălişt|e, -i, s.f. [속어]바람방향

zăloag|ă, -e, s.f. [방언] **1.** 서표(책 사이에 끼워놓는) **2.** 책의 장(章)

zăl|og, -oage, s.n. **1.** 전당, 저당, 담보; a pune ~ 저당잡히다; a-şi lăsa pielea ~ a) 적의수중에 들어가다; b) 살해되다 **2.** 압류 **3.** 인질

zălog|i, -esc, -ii, -it, vt. **1.** 저당잡히다, 담보로 하다 **2.** 저당으로 잡다, 압류하다 **3.** 인질로 잡다

zălogir|e, -i, s.f. 동사 zălogi의 명사형

zălogi|t, -tă, -ți, -te, adj. **1.** 저당잡힌 **2.** 인질로 잡힌

zălu|d, -dă, -zi, -de, adj. **1.** 정신 나간, 돈; 미친 **2.** 순박한; 경솔한, 가벼운 **3.** 어리석은

zălug, ~i, s.m. [방언]사슬

zăluț|ă, -e, s.f. **1.** 사슬고리 **2.** 앞치마 등에 사슬처럼 연결되어 수놓인 꽃

zăluz|eală, -eli, s.f. 미침, 돔; 어리석음; 혼란

zăluz|i, -esc, -ii, -it, vi. 그리고 vr. 이성을 잃다; 미치다, 정신이 돌다

zăluzi|e, -i, s.f. 참조 zăluzeală

zămări|e, s.f. 즙이 많은 음식

zămâsl|i, -esc, -ii, -it, I. vt. [고어] **1.** 생산하다; (여자에 대해)임신하다; (동물에 대해)새끼를 낳다 **2.** 만들다, 생산하다 II. vr. **1.** 태어나다 **2.** 생산되다; 만들어지다

zămâslir|e, -i, s.f. 동사 zămâsli 의 명사형

zămâsli|tor, -oare, -ori, -oare, adj. **1.** 생산하는 **2.** 만들어 내는

zămârcă, s.f. 참조 zămurcă

zănat, ~uri, s.n. 생업, 직업

zănatec, zănatic, ~ă, ~i, ~e, adj. 미친, 발광한

zăngăn|eală, -eli, s.f. 금속소리

zăngăn|i, -esc, -ii, -it, I. vi. (금속, 종, 유리 등이) 부딪치면서 소리를 내다 II. vt. (위의)소리를 내게 하다

zăngănir|e, -i, s.f. 동사 zăngăni의 명사형

zăngănit, s.n. 참조 zăngăneală

zăngănit|or, -oare, -ori, -oare, adj. (금속등)소리가 나는, 울리는

zăngăt, s.n. v. zăngăneală

zănoag|ă, -e, s.f. **1.** 분지 **2.** 고원 **3.** (댐 뒤에 있는) 깊은 물구멍

zăp|adă, -ezi, s.f. **1.** 눈; om de ~ 눈사람; fulg de ~ 눈송이 **2.** 강설

zăpăc|eală, -eli, s.f. **1.** 당황, 정신없음 **2.** 혼란, 엉킴 **3.** 소음, 소란

zăpăc|i, -esc, -ii, -it, I. vt. **1.** 정신없게 만들다; 당황하게 하다 **2.** 혼란시키다 II. vr. **1.** 정신없다, 당황하다 **2.** 혼란스럽다

zăpăcir|e, -i, s.f. 동사 zăpăci 의 명사형

zăpăci|t, -tă, -ți, -te, I. adj. **1.** 정신없는, 당황한 **2.** 경박한, 분방한 **3.** 혼란한 II. s.m. 그리고 f. 경솔한 사람

zăpăcit|or, -oare, -ori, -oare, adj. 혼란스러운; 정신없는

zăpăd|os, -oasă, -oşi, -oase, adj. 눈이 많은

zăpă|i, pers.3, zăpăie, -i, -it, vi. [방언]개가 짖다

zăpăit, s.n. [방언]개짖는 소리
zăpârstea, s.m. [방언]막내
zăplan, ~i, s.m. 크고 건장한 남자
zăplaz, ~uri, s.n. (판자, 흙)담
zăpodi|e, -i, s.f. [방언] **1.** 고원 **2.** 계곡
zăp|or, -oare, s.n. **1.** (봄의)해빙 **2.** 범람(봄의) **3.** 뚝
zăpor|î, -ăsc, -âi, -ât, vr. (강에 대해) 범람하다
zăps|i, -esc, -ii, -it, vt. [방언] **1.** 급습하여 잡다; 놀라게 하다 **2.** 느끼다, 인식하다
zăpuc, s.n. [방언]v. zăpuşeală
zăpuş|eală, -eli, s.f. 무더위
zăpuş|i, -esc, -ii, -it, vt. 무덥게 만들다, 굉장히 덮게 하다
zăpuşi|t, -tă, -ţi, -te, adj. **1.** (태양에 대해) 뜨겁게 이글거리는; (너무 더워서)헉헉거리는 **2.** zăpuşitor 참조
zărar, ~i, s.m. [방언]우유 짜는 목동
zărăfi|e, -i, s.f. [고어] **1.** sg. 환전직업 **2.** 환전소
zărăst|i, -esc, -ii, -it, vr. [방언]떠돌아 다니다, 방황하다
zărgh|eală, -eli, s.f. 미침, 무분별
zărgheni|e, -i, s.f. [방언] 참조 zărgheală
zărgh|i, -esc, -ii, -it, vr. 미치다
zărghi|t, -tă, -ţi, -te, adj. 미친, 무분별한
zăr|i, -esc, -ii, -it, I. vt. **1.** (어둠이나 먼 거리 때문에)불분명하게, 흐릿하게 보다; a ~ ca prin sită (또는 ca printr-o pânză)색깔이나 윤곽을 구분하지 못하고 흐릿하게 보다; 단지 슬쩍 보다 **2.** 관찰하다, 누군지 발견하다 II. vr. 보이다, 나타나다; a se zări de ziua 날이 밝다 III. vi. 빛나다
zărpălatic, ~ă, ~i, ~e, adj. 경박한, 경솔한
zărvă|i, -iesc, -ii, -it, vi. 떠들다
zărzăraş, ~i, **zărzăr|el,** -ei, s.m. 살구나무
zărzăr|ică, -ele, s.f. [속어]작은 살구
zăst|i, -esc, -ii, -it, vt. [방언]쌓다
zăticn|eală, -eli, s.f. 방해, 훼방
zăticn|i, -esc, -ii, -it, I. vt. 방해하다, 훼방놓다 II. vr. 멈추다, 중단되다
zăticn|ire, -i, s.f. 동사 zăticni의 명사형
zătoac|ă, -e, s.f. 강의 지류(섬과 강가사이의)
zăt|on, -oane, s.n. [방언] **1.** 바다로부터 분리되어진 바닷가에 있는 호수 **2.** 고기가 모이는 강가구멍 **3.** 갈대가 겨울나는 곳 **4.** 땜(물의흐름을 바꾸거나 멈추게 하는) **5.** 고기잡기 위해 강에 놓는 갈대 무덤
zătonar, ~i, s.m. zăton 어부
zăton|i, -esc, -ii, -it, I. vr. (고기에 대해)zăton에 고기가 모이다 II. vt. zăton으로 물의 흐름을 멈추게 하다
zău, interj. I. (aşa와 연결되어 부정과 긍정을 강하게 해주는 표현으로) 맹세코… ; a zice zău 맹세하다; ba(nu) zău 진지하게 말하지만 **2.** 사실, 틀림없이; nu ştiu ~! 의심하다 **2.** 부탁하자 !
zăv|ează, -eze, s.f. [고어] **1.** 커텐 **2.** 벽걸이 융단
zăvo|d, I. -zi, s.m. [방언]큰 양치기개 II. ~uri, s.n. 일시적인 어부 거주지; 이거주지의 모든 도구들

Z

zăv|oi, -oaie, s.n. 강물가 숲; 초원

zăvolniț|ă, -i, s.f. [방언]접을 소매를 받쳐주는 벨트

zăv|or, -oare, s.n. **1.** 빗장 **2.** pl. [속어]족쇄 **3.** 기둥

zăvoraş, ~e, s.n. (zăvor 의 축소형) 작은 빗장

zăvorâr|e, -i, s.f. zăvorî의 명사형

zăvor|î, -ăsc, -âi, -ât, I. vt. **1.** 빗장으로 문을 잠그다 **2.** 가두다, 감금하다 **3.** 족쇄를 채우다 II. vr. 빗장이 질러지다

zâmbăr|eț, -eață, -eți, -ețe, adj. 웃는, 미소짓는

zâmbet, ~e, s.n. 웃음, 미소

zâmb|i, -esc,-ii, -it, vi. **1.** 웃다, 미소짓다 **2.** 누구에게 호의적이다 **3.** 누구에게 적합하다

zâmbir|e, -i, s.f. 웃음, 미소

zâmbit|or, -oare, -ori, -oare, adj. 웃는, 미소짓는

zâmbitur|ă, -i, s.f. (드물게) v. zâmbet

zâmbre, s.f. pl. [의학]부패성구강염; (사람에 대해) a face ~ 갈망하다

zâmbr|u, -i, s.m. [식물]침엽수

zân|ă, -e, s.f. 요정

zâng, interj. 종소리를 표현; 땡! 땡!

zânişoar|ă, -e, s.f. zână 의 축소형

zârn|ă, -e, s.f. [식물]가지과의 한속

zârnoaic|ă, -e, s.f. [방언]마녀

zâzani|e, -i, s.f. 계략, 술책; 싸움, 갈등; a ~ băga (또는 semăna) ~ 다투다

zâzâ|i, pers.3, zâzâie, -i, -it, vi. (곤충에 대해)(곤충이 날아가는 소리로)붕붕거리다, 윙윙거리다

zâzâit, ~uri, s.n. 붕붕, 윙윙

zbangh|iu, -ie, -ii, adj. **1.** (눈에 대해)사팔눈의; (사람에 대해)사팔뜨기의 **2.** (사람, 그 표현에 대해) 불안정한; 분별없는

zbanț, ~uri, s.n. [방언] **1.** 철대 **2.** 구두 수선용 마대가죽 **3.** 흡각기

zbate, zbat, zbătui, zbătut, I. vr. **1.** 몸부림치다; 꿈틀거리다; 몸을 구르다; a se zbate ca peştele pe uscat 어떤 강요된 상황에서 빠져나오기 위해 몸부림치다; a se ~ de moarte 매우 심하게 몸부림치다, 죽음과 싸우다 **2.** [비유]괴로워하다 **3.** (신체부분에 대해)심하게 움직이다, 경련을 일으키다 **4.** (무엇에 도달하기 위해) 몸부림치다, 무척 노력하다 **5.** 심하게 움직이다 **6.** 거래하다 II. vt. [고어]값을 값을 깍다

zbater|e, -i, s.f. 동사 zbate 의 명사형

zbănț-, …v. zbânț

zbânț, s.n. [방언](즐겁게) 뜀

zbânțu|i, -iesc, -ii, -it, vr. (즐겁게) 뛰어다니다, 놀다

zbânțui|ală, -eli, s.f. 참조 zbânțuire

zbânțui|t, -tă, -ți, -te, adj. 즐겁게 뛰어다니는; 가만있지 않은

zbânțuitur|ă, -i, s.f. 참조 zbânțuire

zbâr, interj. 새나 곤충이 날아갈 때 나는 소리, 줄이나 모토의 진동

zbârceală, -ele. s.f. zbârcitură 참조

zbârc|i[1]**,** -esc, -ii, -it, I. vt. 주름살을 짓다 II. vr. **1.** 주름이 생기다 **2.** (드물게)찡그리다 III. vi. **1.** a ~ din nas 코를 찡그리다 **2.** (아이들 놀이에서)잘못하다

zbârci[2]**,** ~uri, s.n. zbârcitură 참조

Z

zbârciog, ~i, s.m. [식물] **1.** 그물우산 버섯[식물]; cu nasul ~ 찡그린 코로 **2.** ~i-grași pl. 삿갓 버섯과의 일종

zbârcir|e, -i, s.f. zbârci의 명사형

zbârcitur|ă, -i, s.f. 주름(살)

zbârâ|i, zbârâi, -ii, -it, vi. 윙윙거리다, 붕붕소리가 나다

zbârl|i, -esc, -ii, -it, I. vr. **1.** (머리카락, 털, 깃털)(놀리거나 분노로)솟구치다(솟구치는 기분을 갖다), 곤두서다; 헝클어지다; mi s-a zbârlit părul în cap 나의 머리가 쭈뼛 곤두섰다 **2.** 갑자기 화나다 **3.** (날씨가)나빠지다

zbârlir|e, -i, s.f. 동사 zbârli 의 명사형

zbârli|t, -tă, -ți, -te, adj. **1.** 머리카락이 곤두선; 헝클어진 **2.** (물 표면에 대해)격렬하게 일렁거리는 **3.** (사람에 대해)화내는 **4.** (날씨에 대해)나빠진

zbârlog, adj. invar. (드물게)더부룩한

zbârn, I. interj. 곤충이 날아갈 때 나는 소리 II. s.n. zbârnâit 참조

zbârnâ|i, pers.3, zbârnâie, -i, -it, vi. **1.** 곤충이나 줄 등에서 같은 소리가 나다, 윙윙거리다, 붕붕거리다 **2.** (바람에 대해)윙윙거리다 **3.** (사람에 대해)불평하다, 투덜거리다

zbârnâi|ală, -eli, s.f. zbârnâire 참조

zbârnâir|e, -i, s.f. zbârnâi의 명사형

zbârnâit, s.n. zbârnâire 참조

zbârnâit|oare, -ori, s.f. **1.** 윙윙거리는 팽이 **2.** 바람불 때 소리나는 용 뒷부분에 붙인 종이 조각

zbârnâit|or, -oare, -ori, -oare, adj. **1.** 윙윙거리는, 붕붕거리는 **2.** 쉭쉭거리는

zbe(n)g, ~uri, **1.** (즐거운)노래; 도약 **2.** (움직이는)무리

zbenghi, ~uri, s.n. **1.** (미신에서)병으로부터 보호하기 위해 이마에 만들어 지는 표시 **2.** 인공적으로 만들어 붙이는 검은 점, 뷰티스포트

zbengu|i, -iesc, -ii, -it, vr. 달리면서 점프하면서 놀다

zbengui|ală, -eli, s.f. zbengui 의 명사형

zbenguir|e, -i, s.f. zbengui의 명사형

zbengui|t, I. -tă, -ți, -te, adj. 들뜬 II. s.n. zbenguială 참조

zbicer, ~i, s.m. 춤출 때 채찍을 내리치는 무용수들의 명칭

zbic|i[1], -e, s.n. [방언]채찍

zbic|i[2], -esc, -ii, -it, I. vt. **1.** 건조시키다 II. vr. 건조되다, 마르다

zbicir|e, -i, s.f. 건조

zbici|t, -tă, -ți, -te, adj. 건조된, 마른

zbiciu|i, -iesc, -ii, -it, vt. [방언]biciui 참조; 채찍질하다

zbier|a, zbier, -ai, -at, vi. **1.** (동물에 대해)울부짖다, 포효하다 **2.** (사람에게)세게 소리 지르다 **3.** 통곡하다

zbierat, s.n. 동사 zbiera 의 명사형

zbierăt, ~e, s.n. zbieret 참조

zbierătur|ă, -i, s.f. 외침, 울음

zbieret, ~e, s.n. **1.** 동물의 울음소리 **2.** (화, 고통의)비명소리

zbihu|i, -iesc, -ii, -it, vt. [방언]심하게 흔들다

zbihui|ală, -eli, s.f. [방언]심하게 흔듦

zbilț, ~uri, s.n. **1.** (떠돌이 개를 잡는) 철사줄 **2.** (물고기를 낚아채는)나무 막대 끝에 달린 쇠고리

zbir, ~i, s.m. **1.** 포리; (일방적으로) 잔인한자 **2.** (드물게)세금징수원

zbendu|i, -iesc, -ii, -it, vt. [방언]흔들다

zbor, ~uri, s.n. **1.** 비행; 날아감; ~ul în cosmos 우주로의 비행; în (또는 din) ~ a)날아가면서; b)빠르게; c) 갑자기; d)지나가면서, 잠시; a-şi lua ~ul a)하늘로 오르다; b)빠르게 달리기 시작하다; c)떠나다, 도망가다; d)사라지다; e)[비유](드물게) 발전하다, 약진하다 **2.** [비유]속도; 달림 **3.** [비유]비상, 도약

zbornic, ~e, s.n. 영웅전설 또는 민요 모음

zborş|i, -esc, -ii, -it, I. vr. **1.** (사람에 대해)위협적인 태도를 취하다; 분노하다, 화내다; 누구에게 소리치다 **2.** (음식에 대해)발효하기 시작하다, 썩다 **3.** [비유]엉망이 되다; planul de excursie s-a zborşit 여행계획은 엉망이 되었다 II. vt. (새, 동물에 대해) 날개를 부르르 털다; 사람의 머리를 엉망으로 하다

zborşi|t, -tă, -ți, -te, adj. **1.** (사람에 대해)화난, 분노한 **2.** (머리카락에 대해)삐죽 선; 헝클어진 **3.** (음식에 대해)상한

zbranca, s.f. art. [방언]a face ~ 파괴하다; a da cuiva ~ 누구를 쫓다

zbreh|ui, -uie, -ui, adj. 미친; 경박한

zbucium, s.n. **1.** (격렬한)흥분, 동요; 고통 **2.** 미쳐 날뜀, 광란, 소란

zbucium|a, zbucium, -ai, -at, I. vr. **1.** 흥분하다, 동요하다; 괴로워하다 **2.** 격렬하게 움직이다, 미쳐날뛰다 II. vt. (이리저리)움직이다

zbucium|are, -ări, s.f. 동사 zbuciuma의 명사형

zbucium|at, -tă, -ți, -te, adj. **1.** 흥분된; 괴로워하는; 불안해하는 **2.** 미쳐 날뛰는

zbuciumăt|or, -oare, -ori, -oare, adj. 흥분하는; 괴로워하는

zbucium|eală, -eli, s.f. zbucium 참조

zbucn|i, -esc, -ii,-it, vi. izbucni참조

zbungh|i¹, -esc, -ii, -it, vi. a o ~ 뛰다, 도약하다

zbunghi², interj. 방해물을 뛰어 넘는 것을 가리키는 말 또는 갑자기 도망가는 것

zbur|a, zbor, -ai, -at, I. vi. **1.** (새, 곤충, 비행기)날아가다; (사물에 대해) 떠있다 **2.** (사람에 대해)비행기타고 가다 **3.** 서둘러 가다 **4.** (시간에 대해)흘러가다 **5.** (드물게)무너지다 II. vt. **1.** 날아가게 하다; a ~ capul cuiva 누구의 목을 치다; a-şi ~ creierii 총으로 자살하다; a ~ pe cineva (de undeva)누구를 해고하다; a ~ laptele 우유를 응고 시키다

zburare, s.f. 날아감, 비상

zbura|t, -tă, -ți, -te, adj. **1.** 날랜, 잽싼 **2.** 경박한

zburătăc|i, -esc, -ii, -it, vt. **1.** (나무, 새에)무엇을 던지다 **2.** 흩으러 버리다, 분산키시다 **3.** 누구를 도와주다 II. vi. 그리고 vr. **1.** (새들이)날개를 치며 땅에서 흩어지다; 땅에서 가까이 잠시 나르다 **2.** (아이들이)자라다, 성장하다

zburătăci|t, -tă, -ți, -te, adj. (아이들)자란

zburătoare, ~, s.f. **1.** 새(류) **2.** 바늘꽃 속

zburăt|or, -oare, -ori, -oare, I. adj. **1.** 나는 **2.** 떠있는 II. s.m. 그리고 f. 비행사 III. s.m. **1.** (신화)밤에 잠속에서 여자를 괴롭히는 악령; (낭만주의 문학)사랑하는 사람의 형상 **2.** 윗돛대

zburătu|i, -iesc, -ii, -it, vt. **1.** zburătăci 참조 (I) **2.** (한번에)베다

zburătur|ă, -i, s.f. **1.** 새나 나무를 향해 던지는 짧은 막대 **2.** 나무토막, 돌맹이 **3.** 던지는 동작; 목표물까지의 거리; la o ~ 던져서 도달하는 거리에

zburătur|i, -esc, -ii, -it, vi. (드물게) **1.** 공중을 날다 **2.** (그리고 vt.) zburătaci (I) 참조

zburd|a, zburd, -ai, -at, vi. 뛰다, 도약하다; 빠르게 여기저기 뛰다; 즐겁게 놀다; 경박하다; a-i zburda (cuiva) inima 매우 즐겁다

zburdalnic, ~ă, ~i, ~e, adj. **1.** (동물에 대해)이리저리 뛰어다니는 **2.** (사람에게) 활발한 **3.** [비유]경박한 **4.** (정신상태)즐거운, 활기찬

zburd|are, -ări, s.f. 동사 zburda 의 명사형

zburdatic, ~ă, ~i, ~e, adj. v. zburdalnic

zburdă, s.f. 활기찬 놀이; 여기저기 뛰어다님; 가만있지 않음

zburdăciun|e, ~i, s.f. zburdălnicie 참조

zburdălnici|e, -i, s.f. **1.** 분방함; 활발함; 동요; 기쁨, 즐거움 **2.** 장난; 뛰어돌아다님; 방종; 놀이

zburdător, -oare, -ori, -oare, adj. (드물게) zburdalnic 참조

zburdătur|ă, -i, s.f. 뜀, 도약

zburiş, adv. (드물게) 날아가는 것처럼, 빠르게

zburli- ··· zbârli 참조

zdelc|ă, -i, s.f. (판매)계약, 서류; (일반적으로)영수증

zdrahon, ~i, s.m. 건장한 남자

zdranc, interj. 금속의 물질이 떨어지거나 부딪칠 때 또는 유리가 깨질 때 나는 소리

zdrav|ăn, I. -ănă, -eni, -ene, adj. **1.** 강한, 힘센; 건장한 **2.** 온전한 **3.** 큰, 굳건한 II. adv. **1.** 강하게 **2.** 많이; a mânca ~ 많이 먹다

zdrăncăni ··· zdrăngăni 참조

zdrăngăn|el, I. -ei, s.m. 작고 둥근 종 II. -ele, s.n. pl. 시계 줄 장식

zdrăngăn|i, -esc, -ii, -it, I. vi. (유리, 금속)등이 부딪치는 소리가 나다 II. vt. **1.** (유리, 금속)등이 부딪치는 소리를 내다 **2.** 피아노를 서투르게 치다

zdrăngănit, s.n. 동사 zdrăngăni 의 명사형; 현악기를 아무렇게나 칠 때 나는 소리

zdrăngănitur|ă, -i, s.f. zdrăngănit 참조

zdr|eanță, -ențe, s.f. **1.** 헝겊조각 **2.** 낡고 찢어진 옷 **3.** [비유]나쁜 놈, 몹쓸 놈 **4.** [비유]기력없는 자

zdrel|i, -esc, -ii, -it, vt. 그리고 vr. 할퀴다

zdrelir|e, -i, s.f. 할큄(할퀸 상처)

zdreli|t, -tă, -ți, -te, adj. 할켜진

zdrelitur|ă, -i, s.f. 할퀸 상처

zdrențăr|os, -oasă, -oşi, -oase, adj. **1.** (옷에 대해)걸레가 된, 찢어진 **2.** (사람에 대해) 걸레 같은, (매우 낡은) 옷을 입은

zdrenț|os, -oasă, -oşi, -oase, adj. zdrențăros 참조

zdrențu|i, -iesc, -ii, -it, I. vt. 옷을 찢다; 걸레로 만들다 II. vr. 걸레가 되다

zdrențui|t, -tă, -ți, -te, adj. 걸레가 된, 찢겨진

zdroab|ă, -e, s.f. [방언]피곤; 흥분; 고통

zdrobeală, s.f. zdrobire 참조

zdrob|i, -esc, -ii, -it, I. vt. **1.** 부수다, 으스러뜨리다; 으깨다; 분쇄하다 **2.** 파괴하다, 쳐부수다 **3.** [비유]압도하다, 때려눕히다; 흥분하게 하다; vestea aceasta m-a zdrobit 이소식이 나를 흥분하게 했다 II. vr. [비유](사람에 대해)흥분하다, 동요하다

zdrobir|e, -i, s.f. zdrobi의 명사형

zdrobi|t, -tă, -ți, -te, adj. **1.** 부수어진; 으깬; 분쇄된 **2.** 파괴된 **3.** [비유](사람에 대해)풀이 죽은, 기가 꺾인; 기진맥진한

zdrobit|or, -oare, -ori, -oare, adj. **1.** 부수는, 으깨는, 분쇄하는 **2.** [비유]기가 죽게 하는; 파괴하는 **3.** [비유]압도하는; 탕진시키는 **4.** 압도적인; dovadă zdrobitoare 압도적인 증거

zdrobitur|ă, -i, s.f. 으깨어짐, 분쇄; 으깨서 생긴 상처

zdronc(a), interj. 망치가 부딪치거나 금속이 떨어질 때 나는 소리

zdroncăn|i, -esc, -ii, -it, vi. (마차 등에)이상한 소리를 내다

zdroş|i, -esc, -ii, -it, vt. [방언]으깨다, 부수다

zdrumic|a, zdrumic, -ai, -at, vt. [속어] **1.** 조각내다, 부수다 **2.** 파괴하다

zdrumic|are, -ări, sf. 동사 zdrumica의 명사형

zdrumica|t, -tă, -ți, -te, adj. [속어] **1.** 조각낸, 부수어진 **2.** 파괴된

zdrumicătur|ă, -i, s.f. [속어]부숨; 조각(부수어진)

zdruncin, s.n. **1.** zdruncinătură참조 **2.** [비유]노력 **3.** [비유]동요, 흥분

zdruncin|a, zdruncin, -ai, -at, I. vt. **1.** 흔들다 **2.** [비유]동요시키다, 흥분시키다; a ~ mintea 정신을 혼란스럽게 하다 **3.** (확신 등)흔들리게 하다, 약하게 하다 II. vr. [비유]흔들리다

zdruncin|are, -ări, s.f. 동사 zdruncina의 명사형

zdruncina|t, -tă, -ți, -te, adj. **1.** (정신적으로)흔들린, 흥분된 **2.** (개념, 신념 등)흔들린, 약해진; 의문시되는

zdruncinăt|or, -oare, -ori, -oare, adj. [비유]흔들리게 하는; 흥분시키는, 동요하게 하는

zdruncinătur|ă, -i, s.f. **1.** 흔들림 **2.** 동요 **3.** 불균형

zdup, interj. **1.** 무거운 걸음 소리나 떨어질 때 나는 소리 **2.** s.n. [가족]감옥

zdupă|i, zdupăi, -ii, -it, vi. [방언]무거운 걸음으로 밟다

zdupăi|ală, -eli. s.f. (드물게) zdupăi의 명사형

zeamă, zemuri, s.f. **1.** 고기나 야채를 끓인 것; 음식의 국물, 끓은 물; a mânca singur bucatele şi a lăsa altora zeama 모든 유익한 것은 자기 가 다 취하다; a nu fi de nici o zeamă 기초를 놓을 수 없는 사람에 대해 일컬음; zeamă lungă a)물을 많이 넣어서 여러 사람이 들수 있도록한 음식 b)잡다하고 긴 말; tot de-o zeamă 끼리끼리; ~ de vorbe 쓸데없는 말 **2.** 과즙, 식물즙; zeamă de prune = țuică **3.** 여러 액체 음료; ou cu zeamă 반숙

zeber|eală, -eli, s.f. 압류

zeber|i, -esc, -ii, -it, vt. 압류하다

zebra|t, -tă, -ți, -te, adj. (얼룩말 무늬처럼)줄쳐진

zebr|ă, -e, s.f. [동물]얼룩말

zebu, s.m. 봉우, 들소

zece, I. num. card. 10 ; este ora ~ 10 시이다 II. num. ord. (드물게) capitolul ~ 10장 III. s.m. 열

zecelea, zecea, num. ord. 10번째

zecer, ~i, s.m. [방언](카드, 돈, 숫자의)10

zecimal, ~ă, ~i, ~e, adj. [수학] 10진법의; număr ~ 소수; fracție ~ă (분모가 10 또는 10승의)소수; logaritm ~ 대수; sistem ~ 10진법; clasificare ~ 십진분류법

zecimal|ă, -e, s.f. [수학]소수(자리); 십진법에 의한 수

zecim|e, -i, s.f. [수학] 10분의 1

zeciu|i, -iesc, -ii, -it, vt. **1.** 10번째 물건을 취하다 **2.** 무엇을 훔치다

zeciu|ială, -ieli, s.f. **1.** 십일조 **2.** 방앗삯 곡식

Z

zeciuir|e, -i, s.f. 동사 zeciui 의 명사형

zefir, I. ~i, s.m. 산들바람 II. ~uri, 부드러운 면직물, 얇은 캐시미어 천

zeflem|ea, -ele, s.f. 가벼운 풍자; 조롱적인 농담; 놀림; a lua în zeflemea 누구를 조롱하다, 놀리다

zeflemis|i, -esc, -ii, -it, vt. 놀리다, 조롱하다, 웃음거리로 만들다 비꼬다

zeflemisir|e, -i, s.f. 동사 zeflemisi 의 명사형

zeflemism, s.n. 조롱하는 경향

zeflemist, -stă, -ști, -ste, I. adj. 조롱하는, 놀리는 II. s.m. 그리고 f. 조롱하는 사람, 비꼬는 사람

zeflemit|or, -oare, -ori, -oare, adj. v. zeflemist

zefl|iu, -ie, -ii, adj. 농담하며 즐거워하는

zeft, s.n. [방언]타르

zegh|e, -i, s.f. **1.** (검은 끈이 달린 하얀 천이나 양털로 만든)농부 옷 **2.** (양털)거친 털

zeie, ~ , s.f. (드물게) 여신

zeit|ate, -ăți, s.f. 여신

zeiț|ă, -e, s.f. 여신

zel, ~uri, s.n. 열성; 노력; 충동; cu ~ 열심히; exces de ~ 지나친 열의

zelar, ~e, s.n. [고어]갑옷

zel|os, -oasă, -oși, -oase, adj. 열성적인

zemnic, ~e, s.n. [방언]지하실; (채소를 위한)겨울지하창고; (벌들이 겨울나는)지하실

zem|os, I. -oasă, -oși, -oase, adj. (과일, 식물에 대해)많은 즙이 있는 II. -oși, s.m. 노란 멜론

zemoș|i, pers.3, zemosește, -i, -it, vr. [방언]즙처럼 되다

zemoșire, s.f. 동사 zemoși 의 명사형

zemu|i, pers.3, zemuieşte, -i, -it, I. vi. 즙이 흐르다 II. vr. 즙이 되다

zenana, ~le, s.f. 실내복용의 옷감

zenit, s.n. 정점; 절정; 천정

zenital, ~ă, ~i, ~e, adj. 천정의; 정점의; 절정의

zeonifer, ~e, s.n. 케이블카

zeplin, ~e, s.n. 체펠린 비행선(발명자의 이름을 땀)

zer, ~uri, s.n. **1.** 유청(乳淸), 유장(乳漿); a se alege brânza (또는 urda) din ~ 악에서 선이 구별되다; a scoate ~ din piatră 믿을 수 없는 것을 하다 **2.** 버터를 채취한 후 신맛이 나는 찌꺼기

zerdiceaf, s.n. [식물]울금

zer|i, -esc, -ii, -it, vr. (우유에 대해) 시게되다

zero, ~uri, s.n. **1.** 제로; 영; a reduce ceva la ~ 무엇을 아무것도 아닌 것으로 하다, 깎아내리다 **2.** [비유]무의미한사람, 무가치 **3.** [물리]빙점

zer|os, -oasă, -oşi, -oase, adj. (우유, 버터에 대해)유청을 많이 함유한, 유청같은

zestraş, ~i, s.m. [방언]데릴사위

zestre, s.f. **1.** 결혼할 때 여자에게 주는 재산; 수도원에 승려가 갖고 가는 물건; 재산전부 **2.** 자산

zetaj, ~e, s.n. [광산]습식선광 (유수(流水)분리작업)

zețar, ~i, s,m. [인쇄]식자공

zețări|e, -i, s.f. [인쇄]식자실

zețăriț|ă, -e, s.f. [인쇄]식자공 여자

zețu|i, -esc, -ii, -it, vt. [인쇄]식자하다(원고를 조판하다)

zețuir|e, -i, s.f. zețuit, ~uri, s.n. [인쇄]식자

zeu, zei, s.m. **1.** [비유]우상; 거짓 신 **2.** 영향력있고 힘있는 사람 **3.** 비상한 도덕과 육체적인 모습을 갖춘 사람; a fi în secretele zeilor 지도자나 위대한 사람에게만 용납된다

zevz|ec, -eacă, -eci, -ece, I. adj. 멍청한, 바보같은; 단순한 II. s.m. 그리고 f. 바보, 멍청이

zevzeci|e, -i, s.f. 멍청함, 바보스러움

zexe, interj. 조심!

zgaib|ă, -e, s.f. **1.** 상처, 할퀸데 **2.** 상처의 딱지 **3.** [속어]눈병 **4.** [속어]가축병

zgancă, zgănci, s.f. [방언]상처딱지

zgardă, zgărzi, s.f. **1.** (개)목걸이 **2.** [고어]목걸이

zgăiba|t, -tă, -ți, -te, adj. 할퀸

zgăibuliț|ă, -e, s.f. zgaibă의 축소형

zgărda|t, -tă, -ți, -te, adj. (드물게) 목걸이를 한

zgărdiț|ă, -e, s.f. zgardă의 축소형

zgău, ~ri, s.n. [고어] **1.** 자궁 **2.** 구멍

zgâ|i, -iesc, -ii, -it, I. vr. **1.** 누구를 뚫어지게 쳐다보다 **2.** 누구를 조롱하며 쳐다보다 II. vt. 눈을 크게 뜨다

zgâir|e, -i, s.f. 동사 zgâi의 명사형

zgâi|t, -tă, -ți, -te, I. adj. **1.** (눈에 대해)크게 뜬 **2.** (사람에 대해) 뚫어지게 바라보는 II. s.m. 그리고 f. 눈딱부리

zgâlțâ|i, zgâlțâi, -ii, -it, I. vt. 심하게 흔들다 II. vr. 흔들리다

zgâlțâi|ală, -eli, s.f. **zgâlțâit,** ~uri, s.n. **zgâlțâitur|ă,** -i, s.f. 심하게 흔들림

zgâlțin|a, zgâlțin, -ai, at, vt. zgâlțâi 참조

zgâmbo|i, zgânboi, -ii, -it, vr. [방언]인상을 쓰다, 얼굴을 찌푸리다

zgâmboi|t, -tă, -ți, -te, adj. [방언]찌푸린 얼굴의

zgândăr|i, -esc, (그리고 zgândar), -ii, -it, vt. **1.** 상처를 더 내다(더 크게 만들다) **2.** 강하게 하다, 부추기다; 나쁜 기억을 되살아나게 하다

zgândărir|e, -i, s.f. 동사 zgândări의 명사형

zgârceni|e, -i, s.f. 인색

zgârc|i[1]**,** -esc, -ii, -it, I. vt. **1.** (추위나, 고통 등 때문에)몸을 웅크리다, 움츠리다 **2.** [식물]오그라들다 **3.** 인색하다, 아끼다

zgârci[2]**,** ~uri, s.n. **1.** 연골 **2.** 통매는 끌

zgârcir|e, -i, s.f. 동사 zgârci의 명사형

zgârci|t, -tă, -ți, -te, adj. **1.** 인색한 **2.** 몸을 웅크린 **3.** 오그라든

zgârcitur|ă, -i, s.f. 신체의 수축된 부분

zgârciur|os, -oasă, -oşi, -oase, adj. (드물게) 딱지가 붙은

zgâri|a, zgârii, -ai, -at, I. vt. **1.** 할퀴다; a ~ pământul 땅을 갈다; a ~ hârtia (또는 pe hârtie) 종이를 긁적거리다, (멍청한 글을 쓰다) **2.** 불쾌한 소리 느낌을 만들어 내다; 불쾌한 맛, 냄새의 인상을 주다

zgâria|t, -tă, -ți, -te, adj. 할퀴어진

zgârie-brânză, s.m. invar, 구두쇠

zgârieci, ~ s.m. [속어]줄치는 자 막대기

zgârie-nori, ~ , s.m. 매우 높은 건물

zgârier|e, -e, s.f. 할퀌

zgâriet|or, -oare, -ori, -oare, I. adj. **1.** 할퀴는 **2.** (소리에 대해)새된 II. s.m. 그리고 f. ~ de hârtie 시시한 작가

zgârietur|ă, -i, s.f. 할퀸 상처, 째진 상처

zgâți|e, -i, s.f. [방언]대담한 처녀

zglăvoac|ă, -e, s.f. [어류]망둑어류

zglobi|or, -oară, -ori, -oare, adj. [속어]zglobiu의 축소형

zglobi|u. -ie, -ii, adj. **1.** 활발한, 생기있는; 방자한 **2.** (춤에 대해)활기있는

zgomot, ~e, s.n. **1.** 소음, 시끄러운 소리; 부서지는 소리; a face ~ 시끄럽게 하다 **2.** 싸우는 소리; 싸움 **3.** [비유]주목; a face (mult) ~ 주목을 끌다

zgomot|a, -ez, -ai, -at, vi. (드물게) **1.** 시끄러운 소리를 내다, 시끄럽다 **2.** (물에 대해)졸졸 소리를 내다

zgomot|os, -oasă, -oşi, -oase, adj. 시끄러운

zgrăbunț|ă, -e, s.f. [속어] **1.** 피부발진 **2.** (버터, 치즈)조각

zgrăbunț|os, -oasă, -oşi, -oase, adj. [속어] **1.** 여드름이 많이 난 **2.** 낟알의

zgrepțăn|a, zgrepțăn, -ai, -at, I. vi. 할퀴다 II. vt. **1.** 땅을 갈다 **2.** 기어오르다 **3.** 매달리다

zgrepțăn|are, -ări, s.f. 동사 zgrepțăna의 명사형

zgrepțen··· zgrepțăn 참조

zgribul|i, -esc, -ii, -it, vi. 그리고 vr. (추워서) 떨다; 웅크리다

zgribuli|t, -tă, -ți, -te, adj. **1.** (사람에 대해)(추워서)떠는; 웅크린 **2.** (동물의 털에 대해)솟구친

Z

zgriburi-··· zgribuli - 참조

zgripsor ··· zgripțor 참조

zgripțor, ~i, s.m. **1.** 독수리 종류 **2.** (문장의)독수리 **3.** (오스트리아의) 옛 금화 **4.** (동화에서)머리 둘 있는 새 **5.** [비유]악인

zgripțoraş, ~i, s.m. **1.** [조류]작은 독수리 **2.** [고어]옛 오스트리아 은동전

zgripțoroaic|ă, -e, s.f. **1.** 독수리 암컷 **2.** [비유]늙고 욕심 많은 여자; (늙은)마녀, 악마

zgripțoroi, ~ s.m. 욕심많고 나쁜사람

zgrunțui|t, -tă, -ți, -te, adj. zgrunțuros 참조

zgrunțur, ~i, s.m. [방언] zgrunzur 참조

zgrunțur|os, -oasă, -oşi, -oase, adj. 단단한 조각으로 된

zgrunzur, ~i, s.m. [방언]단단한 조각

zgudu|i, zgudui, -ii, -it, I. vt. **1.** 흔들다 **2.** [비유]깊이 감동시키다, 전율케 하다 **3.** [비유](의견, 확신)흔들리게 하다 II. vr. 흔들리다

zgudu|ială, -ieli, s.f. zguduitură 참조

zguduir|e, -i, s.f. 동사 zgudui 의 명사형

zgudui|t, -tă, -ți, -te, adj. **1.** 흔들린 **2.** [비유]감동받은 **3.** [비유]동요된, 전율적인

zguduit|or, -oare, -ori, -oare, adj. **1.** 흔드는 **2.** 동요하게 하는; 감동주는; 전율케 하는

zguduitur|ă, -i, s.f. **1.** 강한 흔듬(진동) **2.** [비유]전율

zgul|i, -esc, -ii, -it, vr. [방언]웅크리다

zguli|t, -tă, -ți, -te, adj. [방언]웅크린

zgură, s.f. **1.** 슬래그, 석탄재, 광재(鑛滓) **2.** 용암덩어리 **3.** 그을음, 검댕

zgurific|a, zgurific, -ai, -at, vr. 광재가 되다, 슬랙이 되다

zguri|t, -tă, -ți, -te, adj. 슬랙으로 덮힌; 광재가된

zgur|os, -oasă, -oşi, -oase, adj. 광재가 많은

zgurui|t, -tă, -ți, -te, adj. zgurit 참조

zi, ~le, s.f. **1.** 날, 하루; ~ de lucru 취업일, 평일; ~ de muncă 근무일; ~-muncă 근무일; ziua de azi 오늘날; ziua de mâine 미래; ~ de sărbătoare (또는 mar) 국경일; ~ liberă 휴일; ziua naşterii (또는 aniversară) 생일; ziua numelui (또는 onomastică)세례 받은 날, 영명축일; ~ cu ploaie (또는 ploiasă) 비오는 날; zi-ntâi 달의 1일; o lună de zile a)한달; b) 한달동안; bună ziua! 낮에 하는 인사; a da (또는 dori) cuiva bună ziua 누구에게 인사하다; a-şi lua ziua bună 이별하다, 헤어지다; ~ cu ~ 또는 ~ de ~ a) 매일매일; b) 계속, 끊임없이; c) 점점; din ~ în ~ a) 매일, 날마다; b)점점 더; pe ~ 날마다; într-una din zile 어느날; a doua ~ 다음날; (cu) o ~ înainte 하루전; de toate zilele (또는 toată ziua) a) 매일; b) 보통; la ~ a) 날마다; b) 제때에; de la o ~ la alta a) 매일, 날마다; b) [비유]빠르게; în zilele noastre 오늘날에; de(또는 despre, către) ~ 아침 무렵에, 새벽

Z

에; până în (또는 la) ziuă 새벽에; de cu ziuă (또는 cu ziua-n cap) 꼭두새벽에; la ziuă 새벽에; (de) peste ~ 주간에, 낮에; ~ şi noapte a) 하루종일, 끊이지 않고; b) 모든고생을 불사하고; nici ~ (또는 ziua) nici noapte(a) 결코 ~ 아니다; toată ziua 하루종일; a face noaptea ~ şi ziua noapte a) 밤낮이 바뀌다; b) 불규칙적인 생활을 하다; pe ~ ce trece 매일, 날마다; cât toate zilele (de mare) 무지하게 큰; a fi la ~ 시국에 뒤지지 않고 있다; a da ~ după ~ 미루다, 연기하다; plată cu ziua 하루임금; muncitor ziua 하루노동생활자; a munci cu ziua 날품팔이를 하다 **2.** pl. 생명, 목숨, a scăpa cu zile (오래)살다; cu zilele-n mână a) 생명의 위험에 처해있는; b) 놀랜, 겁먹은; a ridica (cuiva) zilele 누구를 살해하다; a-şi primejdui zilele 자신의 생명을 위태롭게 하다; a muri cu zile 한참 나이에 죽다; **3.** pl. 시절, 때; zilele tinereţii 젊은시절; mic de zile 젊은; vechi (또는 înaintat) în (또는 de) zile 늙은; veşnic de zile 불멸의

ziar, ~e, s.n. 신문

ziari|st, -stă, -şti, -ste, s.m. 그리고 f. **1.** 신문기자, 신문편집인; 신문기고인 **2.** 신문배달, 판매자

ziaristic, ~ă, ~i, ~e, adj. 신문기자의, 편집인의

ziaristică, s.f. 신문잡지업, 저널리즘

zibelin|ă, -e, s.f. **1.** [동물]검은 담비 **2.** (blană) de ~ 검은 담비털

zibeţ|ă, -e, s.f. [동물]사향고양이의 일종

zical|ă, -e, s.f. **1.** 속담; 격언 **2.** 무도가

zicaş, ~i, zicălaş, ~i, s.m. [방언]악사

zicăt|oare, -ori, s.f. **1.** 격언, 속담 **2.** [방언]악곡 **3.** [방언](드물게) 악사

zicătur|ă, -i, s.f. **1.** zicătoare **1.** 참조 **2.** [방언]악곡

zice, zic, zisei, zis, vt. **1.** 말하다; cât ai ~ peste 즉시, 그 자리에서; a ~ nu (또는 ba) 부정하다; 거절하다; 반대하다; a ~ da a) 인정하다; b) 긍정하다; vrea (또는 va) să zică a) 의미하다; b) 그래서, 그 결과; mai bine zis 더 정확하게 말하면 **2.** (텍스트에 대해)일컫다 **3.** [방언]알리다 **4.** 주장하다, 설명하다 **5.** 약속하다 **6.** 대답하다; 항의하다 **7.** 이론을 제기하다; 비난하다 **8.** [속어]연주하다; 노래하다; a ~ din vioară, din fluier 바이올린, 피리를 연주하다 **9.** 생각을 말하다; 생각하다; ...라고 간주하다; (că) bine zici! 좋은생각이야! 잘 말했어!; zi … a) 생각을 말해봐!; b) 그래서; zi, doarme! 그래서 자나?; să zicem a) 가정해보면; b) 예를 들면 **10.** 일컫다, 불리우다; îi (또는 i se) ~ Ioan 그는 요안이라 부른다

zicer|e, -i, s.f. 동사 zice의 명사형

zid, ~uri, s.n. 담; perete de ~ 담벽; între ~uri 담안에, 집안에; a face ~ împrejurul cuiva a) 누구를 엄호하다, 방어하다; b) 누구와 연대하다

zidar, ~i, s.m. 벽공, 벽돌장이, 미장이

zidăr|easă, -esc, s.f. **1.** 미장이여자 **2.** 미장이부인

zidări|e, -i, s.f. **1.** 벽공사, 벽 쌓는일 **2.** 미장이의 직업
zidărit, s.n. zidărie 2 참조
zid|i, -esc, -ii, -it, I. vt. **1.** 벽을 쌓다; a ~ de viu 담으로 둘러싸다 **2.** 건축하다, 집을 짓다; a ~ o casă 집을 짓다 **3.** 기초하다 **4.** (신에 대해)창조하다 II. vr. 형성되다, 올라가다
zidir|e, -i, s.f. **1.** 동사 zidi 의 명사형 **2.** 건물 **3.** 창조 **4.** [고어]피조물
zidi|t, -tă -ți, -te, adj. **1.** 벽으로 막은; usă ~ă 벽으로 만든 문 **2.** 건축된 **3.** 기초된 **4.** (사람에 대해) bine ~ 잘생긴
zidit|or, -oare, -ori, -oare, s.m. 그리고 f. **1.** 건축가 **2.** [종교]창조자
zidu|i, -iesc, -ii, -it, vt. 담으로 둘러싸다
zidurel, ~e, s.n. (드물게)작고 얇은 벽
zigomatic, ~ă, ~i, ~e, adj. [해부]광대뼈의, 관골의
zigom|ă, -e, s.f. [해부]광대뼈, 관골
zigzag, ~uri, s.n. 지그자그; a merge în ~ 지그자기로 가다
zigzaga|t, -tă, -ți, -te, adj. 지그자그 형태의
zilier, ~i, s.m. 하루임금노동자
zilişoar|ă, -e, s.f. ziulică 참조
zilnic, ~ă, ~i, ~e, adj. **1.** 매일의, 날마다의 **2.** 보통의, 평상적인
zimază, s.f. [화학]치마제(알콜을 만드는 효소군의 총칭)
zimberec, ~uri, s.n. [고어]기계
zimbil, ~uri, s.n. [고어]바구니
zimbr|u, -i, s.m. 들소
zimț, ~i, s.m. **1.** 톱니; (동전 등의)톱니, 이 **2.** 금화 **3.** 톱니모양의 흉벽 **4.** pl. [방언](베틀의)첫발뿔
zimț|a, -ez, -ai, -at, vt. 톱니자국을 내다
zimța|t, -tă, -ți, -te, adj. 톱니자국을 낸
zimțişor, ~i, s.m. zimț 의 축소형
zimț|os, -oasă, -oşi, -oase, adj. 톱니가 있는
zimțu|i, -iesc, -ii, -it, vt. zimța 참조
zinc, s.n. [화학]아연, 함석
zinc|a, -chez, -ai, -at, vt. 아연으로 도금하다, 아연을 입히다
zinc|are, -ări, s.f. 아연도금
zinca|t, -tă, -ți, -te, adj. 아연 도금된
zincograf, ~ă, ~i, ~e, s.m. 그리고 f. 아연판공
zincografi|a, -ez, -ai, - at, vt. 아연판으로 하다; 아연판으로 복사하다
zincografic, ~ă, ~i, ~e adj. 아연판술의
zincografi|e, -i, s.f. [인쇄]아연판인쇄; 아연판술
zincogravur|ă, -i, s.f. 아연판공
zincu|i, -iesc, -ii, -it, vt. 아연으로 도금하다
zing … zăng… 참조
zirconiu, s.n. [화학]지르코늄
zis, zisă, zisi, zise, adj. **1.** 말하여진, 구술된; ~ şi făcut 말한 대로 행해지다 **2.** 소위; aşa-~ 소위, 거짓의; aşa-~ doctor 가짜의사
zis|ă, -e, s.f. **1.** 말; 주장 **2.** 격언, 속담 **3.** [고어]충고
ziuatic, ~ă, ~i, ~e, adj. (형제, 자매에 대해)서로 다른 해이지만 똑같은 날에 태어난
ziuă, zile, s.f. zi 참조
ziulică, s.f. [가족]toată ziulica 하루

종일

ziuliță, s.f. [가족] ziulică 참조

ziuşoară, s.f. (드물게) la ~ 아침 무렵에

zizani|e, -i, s.f. **1.** [식물]독보리(속) **2.** zâzanie 참조

zlătar, ~i, s.m. **1.** [고어]집시 금세공사 **2.** 유랑집시

zlătăr|easă, -ese, s.f. [고어] **1.** 집시 금세공사 부인 **2.** 유랑집시 여자

zloată, s.f. 진눈깨비

zlo|t, -ți, s.m. **1.** 폴랜드의 화폐단위 **2.** [고어]금화 **3.** [고어](~ rău)옛은화; a nu plăti nici un ~ rău în ochii cuiva 한 푼의 가치도 없다

zlotaş, ~i, s.m. [고어]세금징수원

zlot|os, -oasă, -oşi, -oase, adj. (날씨에 대해) 축축한

zmăcin|a, zmăcin, -ai, -at, vr. [속어]동요하다, 흥분하다

zmăcin|are, -ări, s.f. [속어]흥분, 동요

zmăcina|t, -tă, -ți, -te, adj. 흥분된, 동요하는

zmei|os, -oasă, -oşi, -oase, adj. (드물게)용처럼; 성미 사나운, 성급한; 힘센

zmeoaic|ă, -e, s.f. **1.** (동화에서) 용 암컷 **2.** 초인간적이며 사악하고 힘센 여자 **3.** [식물]상형과 식물

zmeoaie - , s.f. (동화에서) zmeoaică (1) 참조

zmeoi, ~ s.m. 큰 용

zme|u, I. -i, s.m. **1.** (동화에서) 초인간적인 힘을 갖고 악을 상징하지만 항상 선에 패배하는 환상적 거인 **2.** [비유]영웅; a se lupta ca un ~ 영웅처럼 싸우다 **3.** 용 **4.** 사나운 말 **5.** [속어]상사병 II. -ie, s.n. 종이용

zmeuleț, I. ~i, s.m. zmeu 의 축소형 II. ~e, s.n. 작은 종이연

zmeur, ~i, **zmeurar,** ~i, s.m. [식물] 나무 딸기

zmeură, s.f. [식물]나무딸기의 열매

zmeuret, zmeuriş, ~uri, s.n. 나무딸기 숲

zmeur|iu, -ie, -ii, adj. 나무딸기 색깔의

znami|e, -i, s.f. [방언]약하고 왜소한 사람

zoaie, zoi, s.f. 세탁하고 남은 비눗물; 개숫물, 허드렛물

zoan|ă, -e, s.f. [방언]겨, 짚

zob, ~uri, s.n. **1.** 깨진 그릇 파편이나 장작부스러기; **2.** a face ~ 조각내다 **3.** 말 사료

zob|i, -esc, -ii, -it,[방언]I. vt. 조각내다; 으깨다; 부서트리다 II. vr. 조각나다

zobi|t, -tă, -ți, -te, adj. 조각난, 으깨진, 부수어진; a fi ~ de oboseală 과로하다

zobon - … zăbun 참조

zodiac, ~e, s.n. [별] **1.** 수대(獸帶), 12궁(宮); semnele ~ului 수대기호 **2.** 수대 책

zodiacal, ~ă, ~i, ~e, adj. 수대의, 12궁; lumină ~ ă 황도광

zodiar, ~e, s.n. [고어]수대책

zodi|e, -i, s.f. **1.** 수대기호; 별자리; 성좌; 항성; cititor în zodii 점성가 **2.** 별자리(사람의 출생에 대한) 운명, 숙명; a fi născut în zodia porcului 매우 행운이 있다; a fi născut în zodia rațelor 항상 갈증을 느끼다; a da cuiva în zodii 누구의 운명을 예

언하다; aşa i-a fost zodia 이것이 그의 운명이었다 **3.** (드물게)운명여신

zodier, ~i, s.m. 점성가

zoi|os, -oasă, -oşi, -oase, adj. 더러운

zol|i, -esc, -ii, -it, I. vt. **1.** 빨래하다 **2.** (빵)반죽하다 II. vr. 악착같이 노력하다

zolniț|ă, -e, s.f. [방언]빨래통

zona, s.f. [의학]~ zoster 대상포진

zonal, ~ă, ~i, ~e, adj. 대(帶)의

zon|are, -ări, s.f. 대(帶)를 나눔(분할)

zon|ă, -e, s.f. **1.** 대(帶); zonă temperată 온대; zonă ecuatorială 열대 **2.** [천문]천공권 **3.** (표면, 용적의)부위, 부분 **4.** 지역, 구역, 지대 **5.** [기하]구면대

zonific|are, -ări, s.f. zonare 参조

zoobiologie, s.f. 동물생물학

zoochimie, s.f. 동물화학

zoofit, ~e, s.n. [고어]식충류의 동물(해면, 산호충 따위)

zoogeografie, s.f. 동물지리학

zoografi|e, -i, s.f. 동물지(誌)

zoolatrie, s.f. 동물숭배

zoolatr|u, -ă, -i, -e, I. s.m. 그리고 f. 동물 숭배자 II. adj. 동물숭배하는

zooli|t, -ți, s.m. 화석동물

zool|og, -oagă, -ogi, -oage, s.m. 그리고 f. 동물학자

zoologic, ~ă, ~i, ~e, adj. 동물학의

zoologie, s.f. 동물학

zoomorf(ic), ~ă, ~i, ~e, adj. 동물형태의

zoomorfism, s.m. **1.** 동물변형 **2.** 동물숭배

zoonomie, s.f. (드물게) 동물생리학

zoospor, ~i, s.m. [식물]유주자(遊走子)

zootehnic, ~ă, ~i, ~e, adj. 축산학의

zootehnici|an, -ană, -eni, -ene, s.m. 그리고 f. 축산학자

zootehnie, s.f. 축산학

zooterapie, s.f. 수의학

zop - … zup 참조

zor, s.n. **1.** 급함; 열심; 서두름; cu ~ (또는 cu tot ~ul) 급하게, 성급히; de ~ a) 모든 힘을 다해; b) 열심히; cu ~ul 억지로; în ~ 서둘러서; a avea ~ 급하다, 서두르다; a da ~ 바쁘게 일하다; a da cuiva ~ 누구를 재촉하다; a-i da ~ cu … (또는 că …) ...고집하다; a lua (pe cineva) cu ~ul 누구를 강요하다, 재촉하다; a lua (pe cineva) la ~ 비난하다, 꾸짖다 **2.** 절박함, 꼭 필요함; 화; 강요; a nu avea ~ de ceva (또는 de cineva) a) 꼭 필요하지 않다; b) 걱정하지 않다; ce ~ ai ? 무엇 때문이니?; ~-nevoie 무조건; a nu avea ~ să … 흥미가 없다

zorali|e, -i, s.f. 민속춤 이름

zorcan, ~i, s.m. [어류]잉어의 일종

zor|ea, -ele, s.f. [식물]서양메꽃

zori[1], s.m. pl. **1.** 새벽, 여명; 동틀 새벽; în ~ (de zi) 또는 în ~i zilei 또는 la revărsatul ~lor 또는 de (또는 o dată) cu ~le 새벽에; din ~ în ~ 날마다, 계속해서; se revarsă 또는 se crapă 또는 mijesc ~ 또는 dă în fapt de ~ 동틀때 **2.** luceafăr-de ~ 샛별 **3.** ~le a) 민속 춤 이름; b) 아침음악(신혼부부를 위한)

zor|i[2], -esc, -ii, -it, I. vi. 그리고 vr. **1.** 서두르다, 급하다 **2.** 빠르게 가다 **3.**

재촉하다 II. vt. **1.** 재촉하다, 서두르게 하다 **2.** 고집하다

zor|i³, pers.3, zoreşte, -i, -it, vi. 동트다

zorilă, s.m. invar. 샛별

zorir|e, -i, s.f. 서두름, 급함

zorit¹, ~uri, s.n. 새벽, 여명; la ~ul zorilor 새벽에, 동틀 무렵에

zori|t², -tă, -ți, -te, I. adj. 매우 급하게 II. adv. 서둘러, 바삐

zornă|i, zornăi, -ii, -it, I. vi. (금속, 유리물건에 대해) 구르는 등 쨍그렁 등의 부딪치는 소리가 나다 II. vt. 위의 소리를 내다

zornăi|ală, -eli, s.f. zornăi의 소리

zornăit, ~uri, s.n. zornăială 참조

zornăit|or, -oare, -ori, -oare, adj. 덜컹, 찰칵 등의 소리가 나는

zornăitur|ă, -i, s.f. **zornet**, ~e, s.n. zornăială 참조

zorzoane, s.f. pl. 값싼 장식

zorzo|i, -iesc, -ii, -it, vi. 그리고 vt. zornăi 참조

zorzona|t, -tă, -ți, -te, adj. v. înzorzonat

zuav, ~i, s.m. [군사]알제리 원주민 보병대의 병사

zuf, s.n. [고어]앙골라털

zugrav, ~i, s.m. **1.** 칠쟁이 **2.** [고어] 화가

zugrăv|eală, -eli, s.f. **1.** 칠함; 페인트칠 **2.** (교회의) 그림 **3.** (드물게) 화장 **4.** [비유](드물게) 묘사

zugrăv|i, -esc, -ii, -it, I. vt. **1.** (벽을) 회칠, 페인트 칠하다 **2.** (드물게)그림을 그리다; 묘사하다; 쓰다 **3.** 윤곽을 그리다; 투영도를 그리다 **4.** [비유]묘사하다 II. vr. **1.** 윤곽을 나타내다 **2.** (정신상태에 대해)(얼굴에)나타나다 **3.** 화장하다

zugrăvie, s.f. [고어]회화, 그림

zugrăvir|e, -i, s.f. 동사 zugrăvi의 명사형

zugrăvi|t, I. -tă, -ți, -te, adj. **1.** (벽에 대해)칠해진 **2.** 그려진 **3.** [비유][고어]거짓의 II. s.n. 칠함; 회화

zugrăvitur|ă, -i, s.f. [고어]회화

zuliar, ~ă, ~i, ~e, adj. [고어]시기심이 많은, 질투심의

zulie, s.f. [고어]시기, 질투

zuluf, ~i, s.m. 고수머리

zulufa|t, -tă, -ți, -te, adj. 고수머리를 한

zulufe|l, -i, s.m. (드물게) zuluf 의 축소형

zulum, ~uri, s.n. [고어]옳지 못함

zumaricale, s.f. pl. [고어] **1.** 케익; 사탕; 단 것 **2.** [비유]히스테리 발작

zumbă|i, pers.3, zumbăie, -i, -it, vi. (드물게,곤충에 대해) zumzăi 참조

zumbăir|e, -i, s.f. **zumbăit**, ~uri, s.n. (곤충이)윙윙거리는 소리

zumză|i, pers.3, zumzăie, -i, -it, vi. (곤충에 대해) 붕붕거리다, 윙윙거리다

zumzet, ~e, s.m. **1.** (곤충, 모타) 붕붕, 윙윙소리 **2.** 살랑거리는 소리

zup, interj. 빠르게 움직일 때 나는 소리를 말함

zup|ăi, -iesc, (그리고 zupăi), -ii, -it, vi. **1.** 발을 구르며 걷다, 쿵쿵 걷다 **2.** 때리다, 치다

zupăit, s.n. 쿵쿵(걸을때 나는소리)

zupăitur|ă, -i, s.f. v. zupăit

zupui- ⋯ v. zupăi

zur, interj. 작은 금속물건이 부딪치

Z

거나 굴러갈 때 나는 소리
zurali|e, -i, s.f. zoralie 참조
zură|i, -iesc, -ii, it, vi. 그리고 vt. v. zurui
zurba, ~le, s.f. [고어] **1.** 봉기, 반란 **2.** 소동, 소란; 다툼, 싸움
zurbag|iu, -ie, -ii, I. s.m. 그리고 f. **1.** 싸우기 좋아하는 사람, 소동을 일으키는 사람 **2.** [고어]반란자, 폭동꾼 II. adj. **1.** 싸우기 좋아하는, 소동을 일으키는 **2.** 폭동의, 반란의
zurbal|ă, -e, s.f. zurba 참조
zurbalic, ~uri, s.n. [속어]싸움, 다툼; [고어]반란, 봉기, 폭동
zurbav, ~ă, ~i, ~e, adj. [고어]다투기 좋아하는, 소란을 일으키는
zurb|ă, -e, s.f. v. zurba
zurgălă|u, -i, s.m. (구모양의)작은 종
zurl|iu, -ie, -ii, adj. [가족]방탕한, 미친, 방자한(분방한)
zuru|i, -iesc, (그리고 zurui) -ii, -it, I. vi. (덜컹덜컹, 달각달각)소리나다 II. vt. (덜컹덜컹, 달각달각) 소리를 내다
zuruir|e, -i, s.f. 동사 zurui 의 명사형
zuruit|or, -oare, -ori, -oare, adj. 덜컹덜컹소리나는
zurzur, ~i, s.m. [속어]보석
zuvelc|ă, -i, s.f. zăvelcă 참조
zuză|i, pers.3, zuzăie, -i, -it, vt. zuzui 참조
zuzet, ~e, s.n. [속어] **1.** 붕붕, 윙윙소리 **2.** 살랑거리는 소리
zuzui, pers.3, zuzuie, -i, -it, vi. [속어]살랑거리는 소리를 내다
zuzuit, ~uri, s.n. zuzet 참조
zvastic|ă, -i, s.f. **1.** 나치스의 기장 **2.** 역만자(卍)(힌두교의 상징)
zvăpăi|a, zvăpăi, -ai, -at, vr. 분방하다; 제멋대로굴다; 날뛰다
zvăpăiat, -tă, -ți, -te, adj. 분방한, 제멋대로 구는, 날뛰는, 방탕한
zvâcn|i, -esc, -ii, -it, vi. **1.** (심장, 관자놀이, 맥박에 대해) 강하게 고동치다, 뛰다, 두근거리다 (감정, 피곤 등으로) **2.** (생물에 대해) 갑작스럽게 뛰다, 튀다
zvâcnir|e, -i, s.f. **1.** zvâcni의 명사형 **2.** 경련, 발작
zvâcni|t, I. -tă, -ți, -te, adj. **1.** 고동치는, 뛰는, 두근거리는 **2.** 발작하는 II. s.n. zvâcnire 참조
zvâcnit|or, -oare, -ori, -oare, adj. 심하게 고동치는, 두근거리는; 경련이 일어나는
zvâcnitur|ă, -i, s.f. 두근거림, 고동침
zvânt|a, zvânt, -ai, -at, I. vt. **1.** 건조시키다, 말리다 **2.** (눈물을)닦다 **3.** 파괴하다; a ~ în bătăi 심하게 때리다 **4.** 탕진시키다; 착취하다; fură de zvântă 훔치다; bea de zvântă 무지마시다 II. vr. 마르다
zvânta|t, I. -tă, -ți, -te, adj. (공기에) 말린 II. s.n. **1.** 말림; 눈물 닦음
zvântura|t, -tă, -ți, -te, I. adj. 경박한, 경솔한; 공상적인 II. s.m. 그리고 f. [고어]모험가
zvânturatec, zvânturatic, ~ă, ~i, ~e, adj. zvânturat 참조
zvâr, interj. 하늘을 빠르게 날아가는 소리나 세게 던진 물건이 내는 소리
zvârcol, s.n. 몸부림, 발작
zvârcol|eală, -eli, s.f. zvârcolire

참조

zvârcol|i, -esc, -ii, -it, vr. **1.** (아파서)몸부림치다, 구르다; 발작하다 **2.** (침대에서)이리 뒹굴 저리 뒹굴하다 **3.** (정신적으로)동요하다, 괴로워하다

zvârcolir|e, -i, s.f. 동사 zvârcoli의 명사형

zvârcolitur|ă, -i, s.f. zvârcolire 참조

zvârl|i, zvârl, -ii, -it, I. vt. **1.** 던지다 **2.** (불필요한 것)치우다 **3.** 낭비하다, 소비하다 II. vi. **1.** (무엇을 갖고 무엇에)던지다; a ~ cu pietre în apă 돌을 갖고 물속에 던지다 **2.** (말에 대해)뒷발로 차다 III. vr. **1.** (무엇에)돌진하다 **2.** (말위에) 올라타다

zvârlir|e, -i, s.f. 동사 zvârli의 명사형

zvârlitur|ă, -i, s.f. **1.** zvârlire 참조 **2.** 던짐, 투척; la o ~ de băț 돌이나 막대를 던질 수 있는 거리에

zvârlug|ă, -i, s.f. **1.** [어류]줄 미꾸라지 일종 **2.** [비유]민첩한 사람

zvecu|i, -iesc, -ii, -it, vt. 구두를 꼴에 맞추다

zvecuir|e, -i, s.f. **zvecuit,** s.n. 동사 zvecui 의 명사형

zveli|t, -tă, -ți, -te, adj. **1.** (사람, 동물의 신체에 대해) 호리호리한; 허리가 가느다란 **2.** (새가 나는 모습에 대해)빠른, 우아한 **3.** (물건에 대해) 가느다란, 유연한

zvelețe, s.f. 호리호리함; 빠름, 우아함; 가느다람, 유연함

zvidu|i, -iesc, -ii, -it, vr. [방언]건강해지다

zvic, interj. 휙! (빠른 동작을 나타내는 표현)

zvicâ|i, zvicâi, -ii, -it, vi. (드물게) v. zvicni

zvicân|eală, -eli, s.f. (심장, 관자놀이의)고동

zvicnet, ~e, s.n. zvâcnire 참조

zvoan|ă, -e, s.f. zvon (2) 참조

zvon, ~uri, s.n. **1.** 소문 **2.** 소리(사람, 동물); 소음 **3.** (자연에서 나는)바람, 물, 새 등의 가벼운 소리들 **4.** (멀리서 들리는)종소리

zvonar, ~i, s.m. (드물게)소문내는 사람

zvon|i, -esc, -ii, -it, I. vr. 비인칭 se zvonește … 라는 소문이다 II. vt. **1.** 소문을 퍼트리다 **2.** 소리를 울리게 하다 III. vi. (물에 대해) 살랑거리다

zvonir|e, -i, s.f. 동사 zvoni의 명사형

zvr, interj. zvâr 참조

루마니아어 기본문법 *TABELE GRAMATICALE*

I. 명사(Substantivul)

1. 성(Genul)

<table>
<tr><th>남성</th><th>중성</th><th>여성</th></tr>
<tr><td colspan="2">-자음
-u
-e
-i</td><td>-ă
-e
-ie
-ea
-a</td></tr>
</table>

1) 남성 명사:
- 자음: elev, băiat, student, an, ban, profesor
- u: fiu, leu, metru, membru
- e: frate, munte, dinte, perete, câine
- i: ochi, unchi, pui

2) 중성 명사:
- 자음: creion, dicționar, autobuz, dulap, scaun
- u: exemplu, teatru, timbru, exercțiu, muzeu
- e: nume, prenume
- i: tramvai, ceai, ulei, taxi

3) 여성 명사:
- ă: elevă, casă, stradă, maşină, studentă, profesoară
- e: carte, lume, pâine, facultate
- ie: familie, femeie, cheie, baie
- ea: cafea, şosea, măsea
- a: pijama

2. 수(Numărul)

성	단수	복수	예:
남성	-자음	-i	elev-elevi
	-u	-i	metru-metri
	-e	-i	perete-pereți
중성	-자음, -i	-e, -uri	caiet-caiete, taxi-taxiuri
	-u	-e, uri	teatru-teatre, tablou-tablouri
	-(i)u	-(i)i	fotoliu-fotolii
여성	-ă	-e, -i	fată-fete, lampă-lampi
	-e	-i	floare-flori
	-ea, -a	-le	şosea-şosele, basma-basmale

II. 관사(Articolul)

1. 부정관사(Articolul nehotărât)

수 / 격성	단수			복수		
	남성	중성	여성	남성	중성	여성
주격/목적격	un		o	nişte		
소유격/여격	unui		unei	unor		

2. 정관사(Articolul hotărât)

단수		
성	어말	정관사
남성/중성	-자음, -i	-ul
	-u	-l
	-e	-le
여성	-ă, -e	-a
	-ea, -a	-ua

3. 명사의 곡용(Declinarea substativelor)

ⓐ 부정관사가 올 경우:

격	수	남성	여성	중성
주격	단수	un profesor	o profesoară	un tablou
	복수	nişte profesori	nişte profesoare	nişte tablouri
소유격	단수	unui profefor	unei profesoare	unui tablou
	복수	unor profesori	unor profesoare	unor tablouri
여격	단수	unui profefor	unei profesoare	unui tablou
	복수	unor profesori	unor profesoare	unor tablouri
목적격	단수	un profesor	o profesoară	un tablou
	복수	nişte profesori	nişte profesoare	nişte tablouri

ⓑ 정관사가 올 경우:

격	수	남성	여성	중성
주격	단수	profesorul	profesoara	tabloul
	복수	profesorii	profesoarele	tablourile
소유격	단수	profesorului	profesoarei	tabloului
	복수	profesorilor	profesoarelor	tablourilor
여격	단수	profesorului	profesoarei	tabloului
	복수	profesorilor	profesoarelor	tablourilor
목적격	단수	profesorul	profesoara	tabloul
	복수	profesorii	profesoarele	tablourile

4. 소유 관사(Articolul genitival)

단수			복수		
남성	중성	여성	남성	중성	여성
al		a	ai	ale	

예:
acest câine al vecinului
aceşti câini ai vecinului
această pisică a vecinului
aceste pisici ale vecinului

5. 지시 관사(Articolul demonstrativ)

성격 \ 수	단수			복수		
	남성	중성	여성	남성	중성	여성
주격/목적격	cel		cea	cei	cele	
소유격/여격	celui		celei	celor		

예:
(colegul) cel nou
(colegului) celui nou
(colegii) cei noi
(colegilor) celor noi

III. 형용사(Adjectivul)

1. 형용사의 곡용(Adjectivul calificativ)

형태	단수			복수			예:
	남성	중성	여성	남성	중성	여성	
4	-Ø, -u		-ă -e	-i	-e		alb, albă, albi, albe negru, neagră, negri, negre
3	-Ø		-ă -i	-i			mic, mică, mici
2	-e			-i			dulce, dulci
1	-						bej, bleu, gri, maro, roz

2. 부정관사와 함께 사용되는 경우

1) 단수

격	남성	여성	중성
N.	un profesor tânăr	o profesoară tânără	un tablou frumosG
G.	unui profesor tânăr	unei profesoare tinere	unui tablou frumos
D.	unui profesor tânăr	unei profesoare tinere	unui tablou frumos
A.	un profesor tânăr	o profesoară tânără	un tablou frumos

2) 복수

격	남성	여성	중성
N.	nişte prefesori tineri	nişte prefesoare tinere	nişte tablouri frumoase
G.	unor profesori tineri	unor profesoare tinere	unor tablouri frumoase
D.	unor profesori tineri	unor profesoare tinere	unor tablouri frumoase
A.	nişte prefesori tineri	nişte prefesoare tinere	nişte tablouri frumoase

3. 정관사와 함께 사용되는 경우

1) 단수

남성	여성	중성
profesorul tânăr	profesoara tânără	tabloul frumos
profesorului tânăr	profesoarei tinere	tabloul frumos
profesorului tânăr	profesoarei tinere	tabloul frumos
profesorul tânăr	profesoara tânără	tabloul frumos

2) 복수

남성	여성	중성
profesorii tineri	profesoarele tinere	tablourile frumoase
profesorilor tineri	profesoarelor tinere	tablourilor frumoase
profesorilor tineri	profesoarelor tinere	tablourilor frumoase
profesorii tineri	profesoarele tinere	tablourile frumoase

4. 비교(Gradele de comparație)

① 비교급(Gradul comparativ)

<table>
<tr><td>동등비교</td><td>la fel
tot atât
tot aşa</td><td>de</td><td rowspan="3">형용사</td><td>ca</td><td rowspan="3">명사
목적격 대명사</td></tr>
<tr><td>우등비교</td><td colspan="2">mai</td><td rowspan="2">decât
ca</td></tr>
<tr><td>열등비교</td><td colspan="2">mai puţin</td></tr>
</table>

예: la fel de înalt ca tine
mai înalt decât tine
mai puţin înalt decât tine

② 절대 최상급(Superlativul absolut)

<table>
<tr><td>foarte, prea, tare</td><td></td><td rowspan="3">형용사</td></tr>
<tr><td>grozav, nemaipomenit,
straşnic, îngrozitor</td><td rowspan="2">de</td></tr>
<tr><td>deosebit, extrem,
extraordinar, teribil</td></tr>
</table>

예:
foarte bun
prea dulce
grozav de frumoasă
extrem de scump

③ 관계 최상급(Superlativul relativ)

<table>
<tr><td>cel</td><td rowspan="4">mai</td><td rowspan="4">형용사</td><td rowspan="4">무관사
명사</td><td rowspan="2">din</td><td rowspan="2">단수명사</td></tr>
<tr><td>cea</td></tr>
<tr><td>cei</td><td rowspan="2">dintre</td><td rowspan="2">복수명사
복수대명사</td></tr>
<tr><td>cele</td></tr>
</table>

예: El este cel mai silitor (student) din grupă.

<table>
<tr><td rowspan="4">정관사를
취하는 명사</td><td>cel</td><td rowspan="4">mai</td><td rowspan="4">형용사</td><td rowspan="2">din</td><td rowspan="2">단수명사</td></tr>
<tr><td>cea</td></tr>
<tr><td>cei</td><td rowspan="2">dintre</td><td rowspan="2">단수명사
복수명사</td></tr>
<tr><td>cele</td></tr>
</table>

예: El este studentul cel mai silitor dintre toți.

IV. 대명사(Pronumele)

<table>
<tr><th rowspan="2">인칭
격</th><th rowspan="2">1.</th><th rowspan="2">2.</th><th colspan="2">3.</th><th rowspan="2">4.</th><th rowspan="2">5.</th><th colspan="2">6.</th></tr>
<tr><th>남성</th><th>여성</th><th>남성</th><th>여성</th></tr>
<tr><td>주격</td><td>eu</td><td>tu</td><td>el</td><td>ea</td><td>noi</td><td>voi</td><td>ei</td><td>ele</td></tr>
<tr><td>소유격</td><td>-</td><td>-</td><td>lui</td><td>ei</td><td>-</td><td>-</td><td colspan="2">lor</td></tr>
<tr><td rowspan="2">여격</td><td>mie</td><td>ție</td><td>lui</td><td>ei</td><td>nouă</td><td>vouă</td><td colspan="2">lor</td></tr>
<tr><td>îmi
-mi-</td><td>îți
-ți-</td><td colspan="2">îi, -i-</td><td>-ne-
-ni-</td><td>-vă, v-, -vi-</td><td colspan="2">-le-, -li-</td></tr>
<tr><td rowspan="2">목적격</td><td>mine</td><td>tine</td><td>el</td><td>ea</td><td>noi</td><td>voi</td><td>ei</td><td>ele</td></tr>
<tr><td>-mă, m-</td><td>-te-</td><td>îl, -l,
l-</td><td>-o</td><td>-ne-</td><td>-vă, v-</td><td>îi, -i, i-</td><td>-le-</td></tr>
</table>

1. 인칭대명사(Pronumele personal)

예: mă așteaptă, așteaptă-mă, m-a așteptat
ți se pare, dându-ți, ți-a dat
îl vede, văzându-l, l-a văzut
o întâlnește, întâlnind-o, ar întâlnit-o

ni se cere, dându-ni-l

trezindu-vă, v-a trezit

strigându-vă, i-a strigat

le desenează, desenați-le!, le-ar desena

2. 존칭 인칭대명사(Pronumele personal de politețe)

인칭 / 격	2.	5.	3.		6.	
			남성	여성	남성	여성
주격/목적격	dumneata	dumnea-voastră	dânsul	dânsa	dânşii	dânsele
	dumnea-voastră		dumnealui	dumneaei	dumnealor	
소유격/여격	dumitale		dânsului	dânsei	dânşilor	dânselor
	dumnea-voastră		dumnealui	dumneaei	dumnealor	

예: Dumneata lucrezi în fabrică?

Care e lucrarea dumitale?

Dânşii aşteaptă pe coridor.

Dumneavoastră mergeţi în excursie?

Propunerea dumnealui va fi analizată mâine.

3. 재귀 대명사(Pronumele reflexiv)

인칭 / 격	1.	2.	3.	4.	5.	6.
여격	îmi -mi-	îți -ti-	îşi -şi-	-ne- ni-	-vă vi-	îşi -şi-
목적격	-mă m-	-te-	-se s-	-ne-	-vă v-	-se s-

예: îşi aminteşte amintindu-şi şi-a amintit

se gândeşte gândindu-se s-a gândit

4. 지시대명사 및 형용사(Pronumele şi adjectivul demonstativ)

① 근접: acesta 이(것)

㉠ 명사 뒤에 올 경우:

수 / 격	단수			복수		
	남성	중성	여성	남성	중성	여성
주격목적격	acesta		aceasta	aceştia	acestea	
소유격여격	acestuia		acesteia	acestora		

예:
(blocul) acesta
(fetei) acesteia

㉡ 명사 앞에 올 경우:

수 / 격	단수			복수		
	남성	중성	여성	남성	중성	여성
주격목적격	acest		această	aceşti	aceste	
소유격여격	acestui		acestei	acestor		

예:
acest bloc
acestei fete

② 구어체형: ăsta

수 / 격	단수			복수		
	남성	중성	여성	남성	중성	여성
주격목적격	ăsta		asta	ăştia	astea	
소유격여격	ăstuia		ăsteia	ăstora		

예:
maşina asta
bagajele ăstora

③ 원접: acela 저(것)

㉠ 명사 뒤에 올 경우:

수 / 격	단수			복수		
	남성	중성	여성	남성	중성	여성
주격목적격	acela		aceea	aceia	acelea	
소유격여격	aceluia		aceleia	acelora		

예:
acea maşină
acelor copii

㉡ 명사 앞에 올 경우:

수 / 격	단수			복수		
	남성	중성	여성	남성	중성	여성
주격목적격	acel		acea	acei	acele	
소유격여격	acelui		acelei	acelor		

예:
acea maşină
acelor copii

④ celălalt (다른것)

격 \ 수	단수			복수		
	남성	중성	여성	남성	중성	여성
주격목적격	celălalt		cealaltă	ceilalţi	celelalte	
소유격여격	celuilalt		celeilalte	celorlalţi	celorlalte	

예:
biletele celelalte
celelalte (bilete)

⑤ acelaşi 바로 똑같은(것, 사람)

격 \ 수	단수			복수		
	남성	중성	여성	남성	중성	여성
주격목적격	acelaşi		aceeaşi	aceiaşi	aceleaşi	
소유격여격	aceluiaşi		aceleiaşi	acelorași		

예:
aceeaşi piesă
acelorași sportivi

5. 소유대명사 및 형용사(Pronumele şi adjectivul posesiv)

인칭 \ 수	단수			복수				
	남성	중성	여성	남성	중성	여성		
	al		a	ai	ale			
1.	meu		mea	mei	mele		소유대명사	소유형용사
2.	tău		ta	tăi	tale			
3.	său		sa	săi	sale			
4.	nostru		noastră	noştri	noastre			
5.	vostru		voastră	voştri	voastre			
6.	-		-	-	-			

6. 인칭대명사 소유격의 소유형용사적 용법

인칭	성	대명사
3.	남성	lui
	여성	ei
6.	남성	lor
	여성	

예:
ceasul lui - al lui
cămaşa lui - a lui
banii lui - ai lui
cărţile lui - ale lui

7. 의문대명사 및 형용사(Pronumele şi adjectivul interogativ)

① 의문대명사: cine 누구

<table>
<tr><th rowspan="2">수 / 격</th><th colspan="3">단수</th></tr>
<tr><th>남성</th><th>중성</th><th>여성</th></tr>
<tr><td>주격목적격</td><td colspan="3">cine</td></tr>
<tr><td>소유격여격</td><td colspan="3">cui</td></tr>
</table>

예:
Cine e acela?
Al cui e geamantanul?

② 의문대명사 및 형용사: ce 무엇

<table>
<tr><th rowspan="2">수 / 격</th><th colspan="3">단수</th></tr>
<tr><th>남성</th><th>중성</th><th>여성</th></tr>
<tr><td>주격목적격</td><td colspan="3">ce</td></tr>
<tr><td>소유격여격</td><td colspan="3">-</td></tr>
</table>

예:
Ce ai citit?
Ce carte ai citit?

③ cât 얼마나

<table>
<tr><th colspan="2" rowspan="2">수 / 격</th><th colspan="3">단수</th><th colspan="3">복수</th></tr>
<tr><th>남성</th><th>중성</th><th>여성</th><th>남성</th><th>중성</th><th>여성</th></tr>
<tr><td rowspan="2">주격목적격</td><td>대명사</td><td colspan="3">-</td><td rowspan="2">câţi</td><td colspan="2" rowspan="2">câte</td></tr>
<tr><td>형용사</td><td colspan="2">cât</td><td>câtă</td></tr>
<tr><td rowspan="2">소유격여격</td><td>대명사</td><td colspan="3" rowspan="2">-</td><td colspan="3">câtora</td></tr>
<tr><td>형용사</td><td colspan="3">câtor</td></tr>
</table>

예:
Cât costă?
Câtă sforă ai?
Câte (vederi) ai?

④ care 어느(것)

<table>
<tr><th colspan="2" rowspan="2">수 / 격</th><th colspan="3">단수</th><th colspan="3">복수</th></tr>
<tr><th>남성</th><th>중성</th><th>여성</th><th>남성</th><th>중성</th><th>여성</th></tr>
<tr><td rowspan="2">주격목적격</td><td>대명사</td><td colspan="6" rowspan="2">care</td></tr>
<tr><td>형용사</td></tr>
<tr><td rowspan="2">소유격여격</td><td>대명사</td><td colspan="2">căruia</td><td>căreia</td><td colspan="3">cărora</td></tr>
<tr><td>형용사</td><td colspan="2">cărui</td><td>cărei</td><td colspan="3">căror</td></tr>
</table>

예:
care (frate)?
care (copii)?
cărui frate ?
căruia?

8. 부정대명사 및 형용사(Pronumele şi adjectivul nehotărât)

① fiecare 각자(의)

격 \ 수		단수		
		남성	중성	여성
주격목적격	대명사	fiecare		
	형용사			
소유격여격	대명사	fiecăruia		fiecăreia
	형용사	fiecărui		fiecărei

예:
fiecare (om)
fiecărei fete
fiecăreia

② tot 모두(의)

격 \ 수	단수			복수		
	남성	중성	여성	남성	중성	여성
주격목적격	tot		toată	toți	toate	
소유격여격				tuturor		

예:
Am mâncat tot.
Toți (studentii) sunt în amfiteatru.

③ atât(a) 그만큼

격 \ 수		단수			복수		
		남성	중성	여성	남성	중성	여성
주격목적격	대명사	atât(a)			atâți(a)	atâtea	
	형용사						
소유격여격	대명사	-			atâtora		
	형용사				atâtor		

예:
A lipsit atâta(vreme)!
Când ai citit atâtea (cărți)?

④ unul/un 어떤 한(명)

격 \ 수		단수			복수		
		남성	중성	여성	남성	중성	여성
주격목적격	대명사	unul		una	unii	unele	
	형용사	un		o			
소유격여격	대명사	unuia		uneia	unora		
	형용사	unui		unei	unor		

예:
un frate - unul
unui frate - unuia

⑤ altul/alt 다른(사람)

격 \ 수		단수			복수		
		남성	중성	여성	남성	중성	여성
주격목적격	대명사	altul		alta	alţii	altele	
	형용사	alt		altă	alţi	alte	
소유격여격	대명사	altuia		alteia	altora		
	형용사	altui		altei	altor		

예:
altă maşină - alta
altei surori -alteia

⑥ vreunul/vreun 어떤, 누군가

격 \ 수		단수			복수		
		남성	중성	여성	남성	중성	여성
주격목적격	대명사	vreunul		vreuna	vreunii	vreunele	
	형용사	vreun		vreo			
소유격여격	대명사	vreunuia		vreuneia	vreunora		
	형용사	vreunui		vreunei	vreunor		

예:
vreun tablou vreunul
vreunei colege
vreuneia

⑦ cineva 누군가(를)

격 \ 수	단수		
	남성	중성	여성
주격목적격	cineva		
소유격여격	cuiva		

예:
Te-a căutat cineva.
I-am spus cuiva.

⑧ ceva 무엇인가(를)

격 \ 수	단수		
	남성	중성	여성
주격목적격	ceva		
소유격여격	-		

예:
Vreau să te rog ceva

⑨ câţva 몇몇의

격 \ 수 \ 성		단수			복수		
		남성	중성	여성	남성	중성	여성
주격목적격	대명사	-			câţiva	câteva	
	형용사	câţva		câtăva			
소유격여격	대명사	-			câtorva		
	형용사						

예:
Am lipsit din oraş câţva timp
Au vorbit câteva (persoane)

⑩ altcineva 다른 누군가(를)

격 \ 수	단수		
	남성	중성	여성
주격목적격	altcineva		
소유격여격	altcuiva		

예:
N-a venit Maria, ci altcineva.
Nu e al meu, e al cineva.

⑪ altceva 다른 무엇인가(를)

격 \ 수	단수		
	남성	중성	여성
주격목적격	altceva		
소유격여격	-		

예:
Nu vreau ceai, vreau altceva

⑫ oricine 누구든, 누구나

격 \ 수	단수		
	남성	중성	여성
주격목적격	oricine		
소유격여격	oricui		

예:
Poate să vină oricine.
N-o să-(i) povestesc oricui.

⑬ orice 무엇이든

격 \ 수	단수		
	남성	중성	여성
주격목적격	orice		
소유격여격	-		

예:
Desenez orice (peisaj)

⑭ oricât 얼마나 많을지라도

격 \ 수		단수			복수		
		남성	중성	여성	남성	중성	여성
주격목적격	대명사	-			oricâți	oricâte	
	형용사	oricât		oricâtă			
소유격여격	대명사	-			oricâtora		
	형용사				oricâtor		

예:
Să vină oricâți (prieteni)!

⑮ oricare 누구나, 무엇이든

		단수			복수			
		남성	중성	여성	남성	중성	여성	
주격목적격	대명사	oricare			-			예:
	형용사							oricare (om)
소유격여격	대명사	oricăruia		oricăreia	oricărora			oricărui om -
	형용사	oricărui		oricarei	oricăror			oricăruia

9. 부정대명사 및 형용사(Pronemele şi adjectivul negativ)

① nici unul/nici un

수 / 격		단수			
		남성	중성	여성	
주격목적격	대명사	nici unul		nici una	예:
	형용사	nici un		nici o	nici un doctor- nici unul
소유격여격	대명사	nici unuia		nici uneia	nici unui copil - nici unuia
	형용사	nici unui		nici unei	

② nimeni 아무도~아니다

수 / 격	단수		
	남성	중성	여성
주격목적격	nimeni		
소유격여격	nimănui		

예:
N-a sunat nimeni.
N-o să răspundă nimănui la telefon.

③ nimic 아무것도~아니다

수 / 격	단수		
	남성	중성	여성
주격목적격	nimic		
소유격여격	-		

예:
N-am cumpărat nimic.

V. 수(Numeralul)

1. 기수(Numeralul cardinal)

수 + 무관사명사				수 + de + 무관사명사	
1	unu(+남성, 중성)	11	unsprezece	20	douăzeci
	una(+여성)	12	doisprezece	21	douăzeci şi unu
2	doi(+남성)		douăsprezece		douăzeci şi una
	două(+여성, 중성)	13	treisprezece	22	douăzeci şi doi
3	trei	14	paisprezece		douăzeci şi două
4	patru	15	cin(ci)sprezece	23	douăzeci şi trei
5	cinci	16	şaisprezece	30	treizeci
6	şase	17	şaptesprezece	40	patruzeci
7	şapte	18	optsprezece	50	cin(ci)zeci
8	opt	19	nouăsprezece	60	şaizeci
9	nouă			70	şaptezeci
10	zece			80	optzeci
				90	nouăzeci

100 o sută 101 o sută unu 111 o sută unsprezece 121 o sută douăzeci şi unu 1000 o mie 1001 o mie unu 1011 o mie unsprezece 1021 o mie douăzeci şi unu 1100 o mie o sută	10,000 zece mii 100,000 o sută de mii 1,000,000 un milion

2. 집합:

① amândoi 양쪽의

성 / 격	남성	중성	여성
주격목적격	amândoi	amândouă	
소유격여격	amândurор		
	amândurora		

예:
amândoi prietenii
amândurор prieteniolr

② ambii 양쪽의 (amândoi 와 다름, 여격형태를 취하지 않음)

성 / 격	남성	중성	여성
주격목적격	ambii	ambele	
소유격여격	ambilor	ambelor	

예:
ambii prieteni
ambilor prieteni

3. 서수(Numeralul ordinal):

① 첫번째

수 / 격	단수			복수		
	남성	중성	여성	남성	중성	여성
주격 목적격	primul		prima	primii	primele	
	întâiul		întâia	întâii	întâile	
소유격 여격	primului		primei	primilor	primelor	
	întâiului		întâii	întâilor		

예:
prima bancă
întâiul copil
primei bănci
întâiului copil

②2 이상일 경우:

<table>
<tr><th colspan="2">형태 / 격</th><th colspan="2">서수 + 무관사 명사</th><th colspan="2">정관사 명사+서수</th></tr>
<tr><td rowspan="3">주격목적격</td><td>남성</td><td rowspan="2">(cel de) al</td><td rowspan="2">기수 + lea</td><td rowspan="2">al</td><td rowspan="2">기수 + lea</td></tr>
<tr><td>중성</td></tr>
<tr><td>여성</td><td>(cea de) a</td><td>기수 + a</td><td>a</td><td>기수 + a</td></tr>
<tr><td rowspan="3">소유격여격</td><td>남성</td><td rowspan="2">celui de-al</td><td rowspan="2">기수 + lea</td><td rowspan="2">(celui de) al</td><td rowspan="2">기수 + lea</td></tr>
<tr><td>중성</td></tr>
<tr><td>여성</td><td>celui de-a</td><td>기수 + a</td><td>(celei de) a</td><td>기수 + a</td></tr>
</table>

예:

(cel de)al treilea (concurent) - concurentul al treilea

celui de-al treilea (concurent) - concurentului (celui de) al treilea

VI. 전치사(Prepoziţia)

<table>
<tr><td>asupra, contra, deasupra, dedesubtul, înaintea,
înapoia, îndărătul, împotriva, împrejurul</td><td>+소유격</td></tr>
<tr><td>datorită, mulțumită, grație
asemănător, caracteristic, conform, contrar,
favorabil corespunzător, potrivit, specific, asemenea</td><td>+ 여격</td></tr>
<tr><td>ca, cu, către, de, din, după, fără, în, între, la, lângă,
pe, pentru, peste, până, prin, spre, sub, despre,
dinspre, dintre, înspre, printre, de la, de către,
de pe, fără de, pe la, pe lângă, până la</td><td>+목적격</td></tr>
</table>

VII. 동사(Verbul)

1. 동사의 유형(Clasificarea verbelor)

-e 동 사			-ea 동 사
a coborî 내려오다	a hotărî 결정하다	a merge 가다	a vedea 보다
cobor cobori coboară coborâm coborâți coboară	hotărăsc hotărăşti hotărăşte hotărâm hotărâți hotărăsc	merg mergi merge mergem mergeți merg	văd vezi vede vedem vedeți văd

- a 동사		- i 동사	
a cumpăra 사다	a deranja 방해하다	a veni 오다	a numi 부르다
cumpăr cumperi cumpără cumpărăm cumpărați cumpără	deranjez deranjezi deranjează deranjăm deranjați deranjează	vin vii vine venim veniți vin	numesc numeşti numeşte numim numiți numesc

2. 동사의활용(Conjugarea verbelor regulate)

① 규칙동사(Verbele regulate)

동사 시제	a cânta	a merge	a vedea	a veni	a coborî
직설법 현재	cânt cânți cântă cântăm cântați cântă	merg mergi merge mergem mergeți merg	văd vezi vede vedem vedeți văd	vin vii vine venim veniți vin	cobor cobori coboară coborâm coborâți coboară
불완료 과거	cântam cântai cânta cântam cântați cântau	mergeam mergeai mergea mergeam mergeați mergeau	vedeam vedeai vedea vedeam vedeați vedeau	veneam veneai venea veneam veneați veneau	coboram coborai cobora coboram coborați coborau
단순과거	cântai cântași cântă cântarăm cântarăți cântară	mersei merseși merse merserăm merserăți merseră	văzui văzuși văzu văzurăm văzurăți văzură	venii veniși veni venirăm venirăți veniră	coborâi coborâși coborî coborârăm coborârăți coborâră
대과거	cântasem cântaseși cântase cântaserăm cântaserăți cântaseră	mersesem merseseși mersese merseserăm merseserăți merseseră	văzusem văzuseși văzuse văzuserăm văzuserăți văzuseră	venisem veniseși venise veniserăm veniserăți veniseră	coborâsem coborâseși coborâse coborâserăm coborâserăți coborâseră
접속법	să cânte	să meargă	să vadă	să vină	să coboare
과거분사	cântat	mers	văzut	venit	coborât

② 불규칙 동사(Verbele neregulate)

시제 \ 동사	a fi	a da	a sta	a şti	a avea
직설법 현재	sunt eşti este suntem sunteţi sunt	dau dai dă dăm daţi dau	stau stai stă stăm staţi stău	ştiu ştii ştie ştim ştiţi ştiu	am ai are avem aveţi au
불완료 과거	eram erai era eram eraţi erau	dădeam dădeai dădea dădeam dădeaţi dădeau	stăteam stăteai stătea stăteam stăteaţi stăteau	ştiam ştiai ştia ştiam ştiaţi ştiau	aveam aveai avea aveam aveaţi aveau
단순과거	fusei fuseşi fu(se) fuserăm fuserăţi fu(se)ră	dădui dăduşi dădu dădurăm dăduraţi dădură	stătui stătuşi stătu stăturăm stăturăţi stătură	ştiui ştiuşi ştiu ştiurăm ştiurăţi ştiură	avusei avuseşi avu(se) vuserăm avuserăţi avu(se)ră
대과거	fusesem fuseseşi fusese fuseserăm fuseserăţi fuseseră	dădusem dăduseşi dăduse dăduserăm dăduserăţi dăduseră	stătusem stătuseşi stătuse stătuserăm stătuserăţi stătuseră	ştiusem ştiuseşi ştiuse ştiuserăm ştiuserăţi ştiuseră	avusesem avuseseşi avusese avuseserăm avuseserăţi avuseseră
접속법	să fie	să dea	să stea	să ştie	să aibă
과거분사	fost	dat	stat	ştiut	avut

동사 / 시제	a bea	a lua	a vrea	a mânca
직설법 현재	beau	iau	vreau	mănânc
	bei	iei	vrei	mănânci
	bea	ia	vrea	mănâncă
	bem	luăm	vrem	mâncăm
	beți	luați	vreți	mâncați
	beau	iau	vor	mănâncă
불완료 과거	beam	luam	voiam/ vream	mâncam
	beai	luai	voiai/ vreai	mâncai
	bea	lua	voia/ vrea	mânca
	beam	luam	voiam/ vream	mâncam
	beați	luați	voiați/ vreați	mâncați
	beau	luau	voiau/ vreau	mâncau
단순과거	băui	luai	vrui	mâncai
	băuşi	luaşi	vruşi	mâncaşi
	bău	luă	vru	mâncă
	băurăm	luarăm	vrurăm	mâncarăm
	băurăți	luarăți	vrurăți	mâncarăți
	băură	luară	vrură	mâncară
대과거	băusem	luasem	vrusem	mâncasem
	băuseşi	luaseşi	vruseşi	mâncaseşi
	băuse	luase	vruse	mâncase
	băuserăm	luaserăm	vruserăm	mâncaserămmân
	băuserăți	luaserăți	vruserăți	caserăți
	băuseră	luaseră	vruseră	mâncaseră
접속법	să bea	să ia	să vrea	să mănânce
과거분사	băut	luat	vrut	mâncat

이문수
현재 한국외국어대학교 루마니아어과 교수
루마니아 부쿠레슈티대학교 교환교수
독일 프라이부르그대학교 루마니아어학/역사비교언어학 석사 및 박사
한국외국어대학교 독일어과 졸업

저서 및 논문
『루마니아어회화』
『실용루마니아어』
『루마니아어의 라틴성』
『루마니아어의 발칸언어적인 현상』
『루마니아어 음운 현상에 관한 통시적 연구』

김성기
현재 한국외국어대학교 루마니아어과 교수
독일 프라이부르그대학교 루마니아문학박사
한국외국어대학교 독일어과 졸업

저서
『루마니아문학론』
『루마니아학입문』
『루마니아문법』
『루마니아어 기초문법 연습』
『서양문학의 이해(공저)』

루마니아어-한국어사전

초판 인쇄 2006년 2월 18일
초판 발행 2006년 2월 28일

편저자 ▪ 이문수 · 김성기
펴낸이 ▪ 안병만
펴낸곳 ▪ 한국외국어대학교 출판부
130-791 서울특별시 동대문구 이문동 270
전화: 02)2173-2494, 2495
팩스: 02)962-7122
홈페이지: http://press.hufs.ac.kr
전자우편: press@hufs.ac.kr
출판등록: 제6-6호(1969. 4. 30)
편 집 ▪ 이환기획(02)2254-4301
제 작 ▪ 네오프린텍(주)(02)718-3111

ISBN 89-7464-388-X 11790 정가 45,000원

* 잘못된 책은 교환하여 드립니다.

Cercul polar arctic
Reykjavik
ISLANDA
Marea Norvegiei
I-le Faerøe (Dan.)
Trondheim
I-le Shetland (UK)
Oceanul Atlantic
I-le Hebride
Bergen
Oslo
NORVEGIA
I-le Orkney
Glasgow
REGATUL UNIT AL MARII BRITANII ŞI IRLANDEI DE NORD
Belfast
IRLANDA
Dublin
Marea Nordului
Göteborg
DANEMARCA
Malmö
Copenhaga
Liverpool
Manchester
Hamburg
Birmingham
OLANDA
Amsterdam
Berlin
Londra
Haga
GERMANIA
Marea Mânecii
BELGIA
Köln
Wrocla
Le Hâvre
Bruxelles
Frankfurt
Praga
Nantes
Paris
Luxembourg
REP. CEH
Golful Biscaya
München
Viena
FRANŢA
Berna
La Coruña
Bordeaux
Lyon
ELVEŢIA
AUSTRIA
Oviedo
Bilbao
Torino
Milano
SLOVENIA
Porto
Toulouse
Marsilia
Liubljana
CROA
BOSNIA HERŢEG
Zaragoza
Lisabona
Madrid
ANDORRA
Monaco
PORTUGALIA
Barcelona
I. Corsica (Fr.)
Roma
Marea Adriatică
Valencia
SPANIA
Sevilla
I-le Baleare (Span.)
Marea Tireniană
Napoli
ITALIA
Malaga
I. Sardinia
Marea Mediterană
Palermo
I. Sicilia
MALTA
Africa

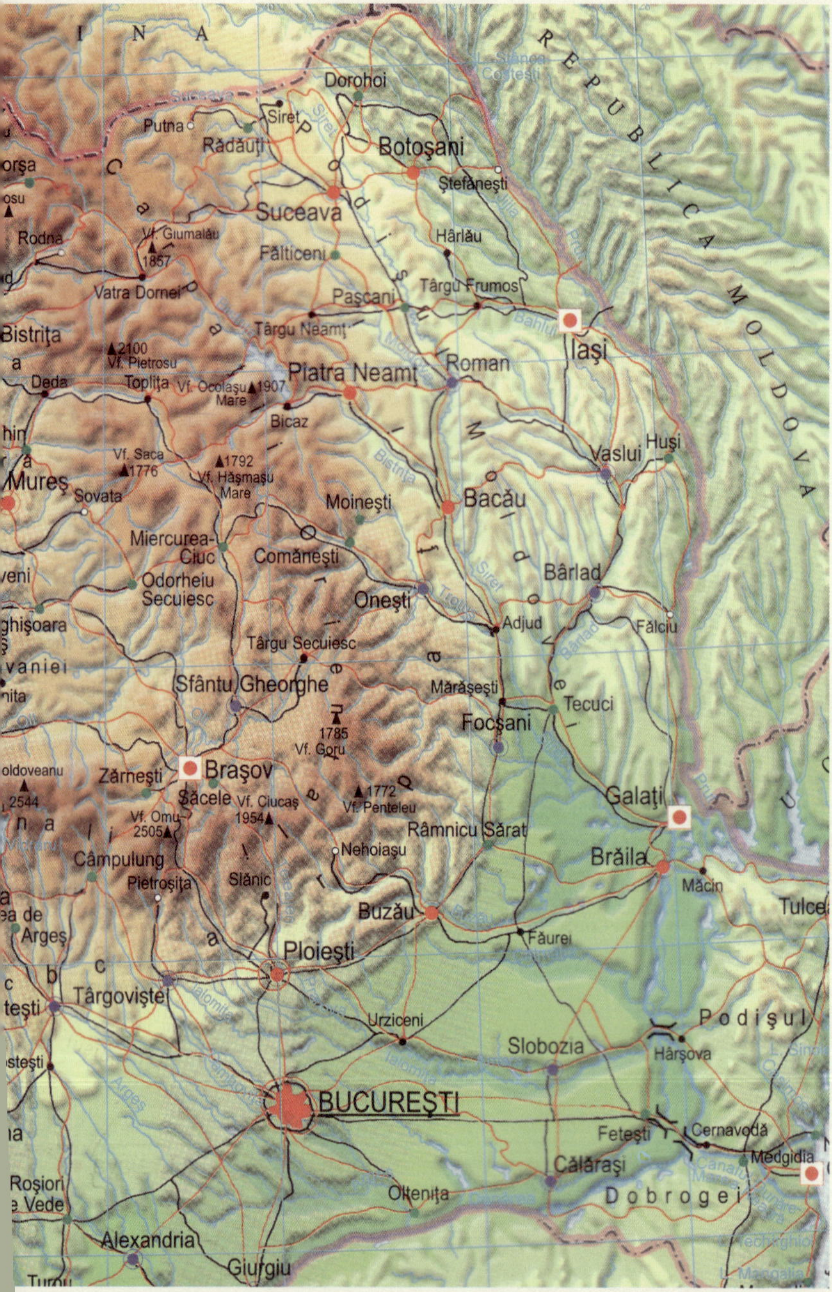

REPUBLICA MOLDOVA
Dorohoi
Siret
Putna
Rădăuţi
Botoşani
Ştefăneşti
Suceava
Rodna
Vf. Giumalău
1857
Fălticeni
Hârlău
Vatra Dornei
Târgu Frumos
Paşcani
Târgu Neamţ
Iaşi
Bistriţa
2100
Vf. Pietrosu
Piatra Neamţ
Roman
Deda
Toplita
Vf. Ocolaşu Mare
1907
Bicaz
Huşi
Vaslui
Vf. Saca
1776
1792
Vf. Hăşmaşu Mare
Mureş
Sovata
Moineşti
Bacău
Miercurea-Ciuc
Comăneşti
Odorheiu Secuiesc
Bârlad
Oneşti
Adjud
Fălciu
Târgu Secuiesc
Mărăşeşti
Sfântu Gheorghe
Tecuci
Focşani
1785
Vf. Goru
Braşov
Zărneşti
Săcele
Vf. Ciucaş
1954
1772
Vf. Penteleu
Galaţi
Vf. Omu
2505
2544
Râmnicu Sărat
Nehoiaşu
Brăila
Câmpulung
Pietroşiţa
Slănic
Măcin
Tulcea
Buzău
Argeş
Făurei
Ploieşti
Târgovişte
Podişul
Urziceni
Slobozia
Hârşova
BUCUREŞTI
Feteşti
Cernavodă
Medgidia
Călăraşi
Dobrogei
Roşiori de Vede
Olteniţa
Alexandria
Giurgiu